国家出版基金项目
NATIONAL PUBLICATION FOUNDATION

海上絲綢之路文獻集成

總主编　陳支平　陳春聲

民間譜牒編　64

主编　林楓

海峽出版發行集團
THE STRAITS PUBLISHING & DISTRIBUTING GROUP
福建人民出版社

本册目次

［福建晉江］南潯粘氏皆山家譜二卷存一卷

粘友文纂修

〔福建晉江〕《南潯粘氏皆山家譜》二卷存一卷，粘友文纂修。南潯粘氏居今福建省晉江市龍湖鎮。其始祖爲金完顔宗翰（女真名作粘罕），八世祖博温察兒入閩，家於晉江十七八都潯渼場，十二世素齋爲泉州郡城肇基祖。皆山房爲該支大宗，然歷經數傳，各房譜牒多散失不全，宗支世系亦源流莫明。民國二十二年（一九三三），友文因集白卿派下六房及其父傳江所載本支家譜，循流溯源，修爲此譜。譜分二卷，上卷載序、凡例、世代字行、祭祖事宜、章程、宗支圖、歷世世系等；下卷載誌銘、圖讚、祭文、券契文憑等。今僅存上卷。考世系所述行實，清末以降，其族人多有赴臺灣及東南亞謀生者。如二十五世傳江曾挈眷渡臺，居九年移眷歸泉，其子冠文仍留臺，後任淡水縣幕賓、新報社主筆，終卒於臺。二十五世傳河，二十七世忠動、忠堯，先後渡嗊叻（新加坡）營生，傳河後卒於嗊叻。民國間，二十七世忠立渡嗊叻、峇株（馬來西亞），任《星中日報》記者，樹膠商會、中華商會坐辦等。據民國二十三年抄本影印。

南潯粘氏皆山家譜

上部

南潯粘氏皆山家譜目録

上部

目録

忌辰并祭品

碓園公祀業記

碓園公錢糧倉米納數

滙川公規訂皆山交輪章程

陶齋公錢糧倉米納數

宗支圖

歷世世系

下部

確園公祖業契鈔
皆山宅春聯
本支祖考妣立牌次序
分支祖叔考妣立牌次序
皆山宅圖
修葺皆山厝屋帳目
文憑證書社會職務

宗支衍派序

竊以天地生物萬殊一本何以吾人獨靈於萬物而長而夷狄者以其心存乎孝悌忠信行脩乎禮義廉恥故與天地配合爲三才者也如既存乎孝則知祖德宗功之遺風而要脩乎禮必守木本水源之支流且惟竭力於孝者固能盡禮之所當然亦惟慎重於禮者固能執孝之所以然且孝爲百行之先本務在禮而禮居五常之中道要於孝是以能孝者不致有

所失禮知禮者不敢有稍缺孝如是之人必知身之所由来者親也親之所由来者生親之親也從而稽之於上反而續之於下自當有以繼往開来之纘緒以倫于光前垂後之盛舉而為生〻不已存於萬世罔替者如我　八世祖白卿公建祠宇在[illegible]鋪內以崇奉爲而　七世祖確園公乃　白卿公第六子也置象峰大厝今糜墜多年無力創造又為三朝口房割賣一半不得重新起蓋以為小宗可祀我　確園

公免逐年東者敬請　神主往復也然必待成立之
子孫而後有所建設焉至　六世祖陶齋公乃　確
園公第二子也建閣下（衍）背山書房屋於今世守永遠以
為　陶齋公派下住居焉想當日之遺徽尚存則知
罔極之恩難報而後世之作述善繼相與追遠之義
莫忘雖時之力不足以從其心然後之心切不可不
竭其力茲先歷叙其事付之於筆以待有志者事竟
成

光緒十九年癸巳五月　日二十五世孫傳江識

皆山家譜叙

吾家先世始自金源後入閩家於晉江十七八都潯
渼場至我
十二世祖素齋公分居於城子孫蕃衍簪纓代有可
謂貴盛矣迨我　白卿公以還脩葺衙口　大宗建
立甲第巷　小宗俎豆馨香千秋罔替歷代修譜記
載周詳自是以後越来數傳各房譜牒居多散失不
全間以宗支世系亦多不知　文於去年冬往衙口

大宗祠辦理進主事留心族譜因有感於心焉於是將吾　白卿公派下六房　先父滙川公所載本支家譜追溯　白卿公以上自始祖以來一本相承造成皆山家譜俾後世閱者可知世系之流傳而不致數典忘祖也俟有餘力再修族譜俾我族人同知一本之誼相愛相親是為至幸

旹

民國二十三年甲戌（國曆七月　古曆六月）穀旦二十六世孫友文拙記

族譜凡例

一譜圖乃我宗人世系法當五世為一提頭繫以朱紋至五服窮則自下而上再為提頭繩〻相因勿替引之凡長子序次皆當從父名直下次子則並長而依齒第列宗支兄弟則依房分之長次第列

一譜之作主於傳世凡我宗人在世系圖惟始祖書號餘皆書名失其名者書字雖子孫脩譜亦

書祖父之名使後得有所考據為子孫命名不得
冒犯也
一譜録之作先書名次書字書號書某人子行幾
書婚娶書功行書官爵無功行官爵者缺之其生
卒及塋子息亦以次書之或有遺忘則書失紀每
世之人依房分長次相屬書之
一宗人以農工商賈治生者不書如仕宦生儒之
類悉書間有從釋老習優隸及有大戇者不敘其

世只於父母録中誌其行事以示後昆其子孫皆書有能率德改行者㸃書凡宗人有善行如孝義賑濟脩築橋路坡塘之類皆書若有大功行足垂不朽者特書其傳

不以有爵者而立不以無爵者而廢若有爵而無行可稱雖有一二政績紀述於在官時者只收於文獻録而已不必特傳

一宗婦不必特書只附書夫録中若驕妬淫悍惡逆或出醮皆不書閨有失紀者則書失紀而犯妬

驕等名者則不下失紀字樣或有賢行或遭不幸能以貞節見則特書之其妾不書有賢行附書有子因子得書其嫁母則於子名下書嫁母某氏生其出母亦如之

一女子只附書其父錄中不肖不書有賢行或能以貞節見或沐有
恩命之榮皆特書立傳

一譜以聯宗族明世系如宗人無嗣擇昭穆相應

者為後其在生前立者書曰以某兄弟之子某為嗣在死後立者書曰某兄若弟之子某嗣其不置後及以螟蛉之子為子皆書絕

一宗人三殤並書未及殤者不書其或已冠而未娶或娶而未弱冠者皆書絕絕者殤者皆不敘世間有絕俗之行穎異之資者則書

一第宅必詳開創遷徙墳墓必圖山川形勢田園器皿係祭祀用者及重器出於先人所遺者必籍

而記之
一家範乃斟酌經傳參籍見聞或特出己見用為
子孫世世法
一朝廷誥勅曰恩典在官紀述曰政績朋舊相與
曰遺贈誌偈誄輓之類以送死曰傷悼先人有所
撰作曰詞翰摠謂之文獻錄凡
恩典皆倫書如官家名流祭弔序賛等文必有關於
各人官爵功行可以傳者方錄之勿得混書以至

浩汗
一家之譜國之史也國史皆記善惡〻
史善惡皆書方爲實録
一斯譜之作天叙民彝煥乎攸寓宜爲
告我後人萬爲珍藏非若珍玉之罷失
得也不可以借人又宗私書非可以外
有數本每房每處各收其一須耆德者
又當時時會聚重脩則珍藏弥周造作

翁之書舍陷水譜皆遺溺者無矣昔人世不脩譜比之不孝君子當慎之有賢此事可也

皆山家譜立法

一斯譜書法依族譜凡例備後日附立

一斯譜以皆山命名以我本支居於此

一本支系統相承俾後之閱者知本々

一分支每世另列以別之

世代字行

族譜原載自十九世始

敦承祖德奕世傳芳忠孝為本詩禮克家

民國二十二年續編

謹遵遺訓以裕後昆文章華國希紹前賢

是年文往衙口　大宗祠進主諸宗人以字行將滿

囑續編之乃以三十五世繼四句一十六字意以承

祖訓而勉後人也　二十六世孫友文識

字行

確園公文輪訂章序

吾家　白卿公派分支六房　確園公
數傳而失祀者五其存者本支祖二房
而外惟三朝口長房　熈齋公派計有兩
宅號曰皆山故稱皆山房云皆山房内分
祖厚敏公兩房　叔祖慎敏公兩房其應
公交輪年份與三朝口房對分之後自皆
次遞當一　厚敏公派　慎敏公派闡先

確園公遺下舊宅一所在象峰頂本擬築以
奉　確園公妣及諸失祀祖先想因經費以
暫擱嗣被三朝口房擅行賣出將其失祀
在伊宅內其　確園公妣兩神主直東以
過其堂上供奉現因年湮代遠所有交輪
者多況有不肖子孫弗顧祖業或盜賣或
預為取用或非自己年份先盜取祖項以
為藉口如此情形誠為交輪直東後患無

多業去産存直當幸遇豐年固可依持从
費如失收者未免仰屋興嗟文兄弟自今
當年份及代三朝口份親到各鄉查察田
迷者折錢者均與認真畧有頭緒原前冊
毀不齊惟存簿底頗詳謹重修造冊牒乙
世子孫得便觀覽之焉
中華民國四年乙卯四月裔孫文文友文謹識

元月十五日荼祝

上蒼應辦物件

三牲全副　米壽朋三個 每十二両　米[illegible]二觔 做十個

紅桔全座　甜碟三色　菜碟二色

麪干三鐘　清茶三杯　紅酒

花瓶　降真東柴　排香一排

綫香足用　大燭全對　小燭足用

天金九十七由　九金伍佰留貳佰 佛前　紅鈔叁佰

壹本

黄錢陸佰留叁佰 佛前

六月初七日

天門開應辦物件

麪三牲一副

五菓全副

清茶三杯

綫香

九金伍佰留三佰 佛前

廷蘭三枚

米百壽龜 貳觔 做貳十個

甜碟

紅酒

降真束柴

黄錢陸佰留三佰 佛前

連炮一封

麪干三鐘

茶碟

排香

天金陸拾凷

紅錢叁佰

花瓶

六燭一對

小燭

大炮三枚

連炮一封

牽程

祖先年節忌辰

元旦　上元　端午　中秋　冬至　摺金各壹仟

清明　中元　錢臘摺銀各壹萬白錢十六文

象峯祖厝四七房　祖叔亦云章磐公摺銀各肆仟白錢弍文民國廿五年神主填牌祀在背山祖厝

陶齋公　基亭公　純侯公　仁宅公祖考妣忌辰

摺銀各壹仟白錢四文

分支祖伯叔忌辰摺銀各弍佰白錢二文

凡年節及前代忌辰分支諸忌辰祭筵各祧出碗堆

茶碗糕香燭酒飯金紙直東辦理

年終 祖廳 佛廳各備蔴糕一團甜粿一團紅橋

一座甜碟一盤大燭一對大爐

自送 神至接 神約備摺金壹萬黄鈔伍仟大炮

二封連炮二封紅桔甜碟以為辭年開正及廳上

神明送 神接 神鋪主宮 真人公 夫人媽

本巷觀音廳ノ佛祖 觀音亭 佛祖送神接神

等用

凡遇佛生日及迎神置香案果盒金香燭炮均直東辦理

七月初一日豎燈

果盒一座　摺金壹仟　銀仔壹萬　粗紙錢袱拾文

連炮一串

八月初一日普度

果盒一座　鮮花一瓶　燒酒　散銀壹萬

摺金壹萬　銃星卅文　篋香足用　大炮三個

章程

連炮　粗紙錢袱捌十支　排香一排　綫香
大燭一對　小燭足用　糭粽各祧隨意辦理
筵席演戲隨力致敬或樂需合辦均可
轎脚媽　果盒　花瓶　銀仔胚肆仟　摺金肆仟
粗紙錢袱四十支　連炮

粘氏㫖山家譜

世系

一世

始祖宗翰 謚桓忠

子二 真珠 割韓奴

二世

真珠 桓忠公長子

子四 秉德 斜哥 詳古 婁室

三世

斜哥 真珠公次子

三世

斜哥 真珠公次子

子三 盆買 割幹 割貞

四世

盆買 斜哥公長子

子一 合打

五世

合打 盆買公子

子三 重山 葛奴申 荊山

六世

重山 合打公長子

世系

第五世合打公之系

六世
重山
合打公長子

七世
南合
重山公長子

八世
博温察兒
南合公長子居晋江始祖
生子三人
子壽
子禄
子正

九世
子禄
博温察兒公次子
子一人
保遂

十世
保遂

第九世子祿公支派分居府城

十世

保遂　子祿公子字希道子二人

添奇

添鳳

十一世

添奇　希道公長子字克昭別號遠儉子二人

綦

細

十二世

細　遠儉公之次子字尚欽號素齋分居府城子四人

烱

煇

燦

燿

十三世

煇　素齋公之次子字時昭別號逸軒子三人

自箴

自有

自新

十四世

自新

保遂公長房孫煇公別號逸軒支派居府城長房二

十四世
自新 逸軒公三子字子孝別號肅軒子一人
鍾德

十五世
鍾德 肅軒公子字宣台別號鳳台子二人
洪勿
洪麟

十六世
洪勿 鳳台公長子字端甫別號奕芳子三人
懋祖
懋祺
懋祐

十七世
懋祺 奕芳公次子字道環別號樸厚子三人
士琰
士瑩
士颷

十八世
士琰

自新公長房孫懋祺公（別號樸厚）支派居府城（長房長六房分居象峯）

十八世

士琰　樸厚公長子，字元璧，別號白卿，子七人：一震、一陞、一驊、一俊、一澎、一廷選、一復

十九世

廷選　白卿公六子，字孫萬，別號確園，一名發舍，子七人：昂侯、文炳、文煜、文燧、文煥、文焯

二十世

昂侯　確園公長子，字彝伯，別號熙齋，一名寔舍，子一人：思篤

文炳　確園公次子，字青伯，別號陶齋，一名

二十一世

思篤　熙齋公長子，字子厚，別號德亭，一名烈舍，又字邦彝，子一人：英瑛

思捷　陶齋公長子，字子敏，別號惠亭，一名

二十二世

英瑛

春瑛

文烽

樑舍子三人
思捷
思達
思瓊

立舍子一人
春瑛

思達
陶齋公次子字子兼別號基亭名景福又名肯舍子五人
際時
會友
裕昆
芳英
慶英

際時

會友

裕昆

芳英

慶英

文煜　三子字定伯別號確園公　子四人　思顯　思忠　思雙　思端

思瓊　三子字環亭別號陶齊公　子一人　烏瑛

思顯　定伯公長子字子通　子一人　平瑛

思忠　定伯公次子字子恕　子一人　瑱瑛

烏瑛

平瑛

瑱瑛

文檖　雁園公四子，字佩伯，別號純齋，子三人：思敎

頊瑛

思雙　定伯公三子，字

思瑞　定伯公四子，字

思斂　純齋公長子，字恪，號義軒，一名振世

思按　純齋公次子，字

思按
思搖

文煥 確園公五子字章伯別號闇齋子三人
思信
思彩
思朋

得光號學騏

思搖 純齋公三子字邦獻號峰軒子二人
國香
國靖

思信 闇齋公長子字子言

思彩 闇齋公次子

國香

國靖

文焯　確園公六子，字勇伯，別號豪齋。子二人：思旺、思成。

文煒　確園公七子，字

世系

思朋　闇齋公三子

思旺　豪齋公長子，字子重。子一人：邁瑛。

邁瑛

思成　豪齋公次子

思琛　浩齋公子

管伯琉浩
廕子一人
思琛

世系

碓園公派下七五四六房何公之子未詳另列

二十一世

智世　又諱邦幹字子樂號仁亭　子二人　實圃　蓉圃

愛世　號瞻堂

聰世　號艮堂

定世

由軒　是號

二十二世

實圃

蓉圃

國材

堂世

楫觀

棠圃　諱解世

林圃　諱國治

華圃　諱國器

有繩

盼暎

士琰公六房孫思篤公別號德亭支派居文錦三朝口六房長

二十二世德

英瑛德亭公子字

別號

子　人

二十三世桒

　公子字

別號

子　人

世忠

世存

二十四世世

世忠長子字　公

別號

仁義繼男

傳桂

世存次子字　公

別號

信義子三

世系

二十五世傳

傳桂仁義公繼男弟

信義公長子承嗣一名秋桂號華庭子一

人

芳成

傳桂信義公長子出繼仁義公為嗣號華

二十六世芳

芳成

芳成

人

傳桂

傳瑩出繼西街

傳波

庭子一人

芳成

傳瑩

信義公次子出繼西街

傳波

信義公三子一名煙波

士琰公六房孫思櫶公別號惠亭支派居文錦皆山六房二

二十二世德

春瑛惠亭公子

士琰公六房孫思達公別號基亭支派居文錦皆山六房二支皆山長房

二十二世德

際時 基亭公長子字別號純侯一名大舍子一人

奕壽

二十三世奕

奕壽 純侯公子字別號仁宅子二人

世水

世蒲

二十四世世

世水 仁宅公長子字清如別號厚畝子二人

傳江

傳漢

二十五世傳

傳江 厚畝公長子字宗千別號滙川一名海舍子五人

冠文

丕文

以文

支文

友文

二十六世芳

冠文

丕文

以文

支文

友文

世系

一世

蒲 仁宅公次子字 別號 慎敏子二人 傳淮 傳河

傳漢 厚敏公次子字達于以字為號子二人 含笑 蘇菊

傳淮 慎敏公長子諱名為號承 嗣 丕文

傳河 慎敏公次子別

含笑

蘇菊

丕文

芳旺

會友 基亭公次子別號文侯一名二舍子二人奕山奕夏

奕山 文侯公長子號川宅

奕夏 文侯公次子號安宅子一人世復

世復 安宅公子

號中莪子一人芳旺

裕昆 基亭公三子別

奕爽 慎侯公長子號

世系

世系

號慎侯子二人
奕穎
國泰

芳瑛
基亭公四子字辰仲號澤侯子二人
奕貫
奕理

順宅

國泰
慎侯公次子號殷宅

奕貫
澤侯公長子字希曾號厚宅子一人
世梭

奕理
澤侯公次子號松宅

世梭
厚宅公子號敬
啟

慶瑛
基亭公
五子

世系

士琰公六房孫思瓊公別號環亭支派居文錦𡮢山六房二

二十二世德

烏瑛環亭公子

世系

英瑛公房孫傳桂公別號華庭之系

房

房三朝口

二十六世芳

芳成

華庭公子一名福成別號

子一人

天賜

二十七世忠

天賜

芳成子別號

子人

孝　孝　孝

二十八世孝

孝

天賜長子一名

鑾顧

孝

天賜次子一名

世系

孝

天暁三子一名

際時公長房孫傳江公別號滙川之系長房長

二十六世芳

冠文滙川公長子字巽音別號伯山一名金鳳嗣子忠謀

二十七世忠

忠謀伯山公嗣子季山公長子承繼字葭生別號希伯一名英英子孝維

二十八世孝

孝維希伯子一名嵩極字　別號

世系

玉文 滙川公次子出繼傳淮公為嗣字巽東別號仲山又號鶴亭一名蟣梅子二人
忠勳
忠堯

忠勳 仲山公長子字仲生別號一名正巳子人
孝申
孝巳
孝丙

孝申 仲生長子一名嵩嶽字別號

孝巳 仲生次子一名嵩甫

世系

孝丙
仲生三子出繼
東生一名嵩歲

忠堯 仲山公次子出繼鵬亭爲嗣字東生別號一名鑄鏷人
子
孝丙
孝庚
孝壬

孝丙 東生嗣子仲生三子承繼一名嵩歲字

孝庚 東生子一名嵩華字別號

世系

孝壬

東生

子一名

嵩蕃字

以文 滙川公三子字璽言別號叔山一名錦竹子忠懋

忠懋 叔山公子字武叔別號曙暉一名天生子人

世系

文文
溮川公四子字巽詞別號季山一名金蓮子二人
忠謀
忠立

忠謀
季山公長子出繼伯山公為嗣字篋生別號希伯一名英英子
孝維

孝維
希伯子一名嵩極

世系

忠立
季山公次子字小季別號若陀一名春生子人

孝于

孝及

世系

友文 滙川公五子字巽能別號幼山又號佑萱一名諼州子
忠恕

忠恕 幼山子字又兮別號 一名巧生子 人

際時公長房孫傳漢公別號達于之系 長房二

二十六世芳

含笑 達于公長子別號孝貞子一人 忠虞

二十七世忠

忠虞 孝貞公子一名串土字虞奠 生子 孝酉

二十八世孝

孝酉 忠虞子一名嵩

世系

際時公長房孫傳淮公之系 二房長

二十六世芳

丕文 傳淮公嗣子長房滙川公撥次男承繼字巽東別號仲山又號鶴亭一名蠟梅子二人忠勳忠堯

二十七世忠

忠勳 仲山公長子字仲生一名正巳子三人孝申孝己孝丙

二十八世孝

孝申 仲生長子字

孝己 仲生次子

世系

孝丙

仲生三子出繼東生爲嗣

字

忠堯
仲山公次子字東生出繼鵬亭為嗣別號一名鑄鑄
子人
孝丙
孝庚
孝壬

孝丙
東生嗣子仲生三子承繼

孝庚
東生次子

世系

孝壬
子
東生三

際時公長房孫傳河公別號中莪之系 二房二

二十六世芳

芳旺　中莪公子別號鵬亭嗣子忠堯

二十七世忠

忠堯　鵬亭嗣子仲山公次子承繼字東生別號一名鑄鑄子孝丙孝庚孝壬

二十八世孝

孝丙　東生嗣子仲生三子承繼字

孝庚　東生次子字

世系

孝壬

東生三子字

粘氏皆山家乘

紀畧世系

上世

景祖生子劾者與旻旻未詳其系劾者生撒改為人
敦厚多智長於用人家居純儉好稼穡為相國每
贊成大計天會十五年追封燕國王大定三年改
贈金源郡王配享　太祖廟廷謚忠毅十五年詔
圖像於衍慶宮子三人　宗翰札保廸宗憲

始祖宗翰公之系

一世

宗翰公名粘没喝漢語訛為粘罕姓完顔後因宗室浩大子孫即以祖所名為氏公為撒改公長子也性剛直膽畧過人佐　金太祖歷建奇勲　太祖嘗謂之曰汝計議多合朕意宗室中雖有長於汝者若謀元帥無以易汝親酌酒飲之解御衣衣之　太宗即位又見親任歷經戰伐俱獲全勝賜鐵

眷賞賚甚厚史稱宗翰内能謀國外能謀敵有古名將之風焉天會十四年薨年五十八封周宋國王正隆二年例封金源郡王大定間改贈秦國王謚桓忠配享　太祖廟廷子真珠　割韓奴　孫秉德　斜哥

撒改公爲人敦厚多智長于用人家居能儉好稼穡爲相國每成賛大計天會十五年追封燕國王大定三年改贈金源郡王配享　太祖廟廷謚忠

叙十五年詒圖像於衍慶宮子三人　宗翰　札

保廸　宗憲

滌樓翁舊譜所傳祖有粘罕之名今乃以

宗翰公為始祖云

二十世嘉樂公謹按

始祖桓忠公勳業銘鼎彛忠貞貫日月觀其定策建

儲不動聲色而奠宗社于磐石之安卓卓古大臣

風烈矣名將云乎哉雅咏厥初頌歌元鳥展讀之

一世

下不勝高山景行之思云

二世

真珠宗翰公子也太宗天會五年命爲直使官出使於宋高宗厚待公盡禮而還子　秉德　斜哥

二世

三世

斜哥真珠公次子累官同知曷蘇館節度使世宗大定初除刑部侍郎遷都統犯罪當就法世宗曰斜哥祖父秦王宗翰有大功特免死久之復起為勸農副使子　盆買　割幹　割貞

四世

盃買斜哥公長子史稱撒改公之曾孫也襲猛謀克始末政績已無所攷但秉德宗室被海陵誅戮之後世宗以盃買為撒改公曾孫襲其官是宜列於此

子　合打

四世

五世

合打盆買公子也章宗泰和中官北路招討使衛紹王太安三年使元行成不合而歸未幾卒子重山劉奴申荆山

六世

粘合重山哀宗正大中為質於元金亾遁使仕焉元太宗二年辛卯春二月為左丞相時耶律楚材為右丞相凡建官立法多出耶律楚材而公實佐成之其行軍尤以不殺見稱太宗七年從征伐詔軍前行中書省事假以便宜所過郡邑望風欵附取長城天長二邑不誅一人復入中書省視事賜中廏馬疋及貫珠九龍袍卒贈太尉封魏國公謚忠

七世

南合重山公子也為江淮安撫使十年詔嗣行軍前中書省事時大將察罕圍壽春七日始下欲屠其城公曰不降者獨守將耳其民何罪由是獲免初元世祖南征軍於沛公曰李璮承國恩坐制一方然其多詐叛無日矣後李璮反帝使諭公曰言猶在耳璮果反矣今宜謹守西鄙對曰臣謹受詔不敢以西鄙為陛下憂明年受中書平章政事四年

病卒封魏國公謚宣昭子博温察兒

謹按

七世祖以上世遠言湮雖疑以傳疑尚多闕文然遥想　列祖立德立言立功垂于金史元史者千秋爛焉根深者葉茂源遠者流長振振繩繩由来有自而我家潯美　大宗自　八世祖始　七世以上闕焉水源木本之謂何玆因脩舊譜公議於大宗祠中龕特設一牌　一世居中　二世　七

世昭穆左右列書追　始祖之所自出一脉相承
源源本本於理則順於情則安質之　祖宗而無
憾告之子孫而皆洽所謂禮以義起者此也
二十世孫嘉樂識

七世

福建泉州府晉江縣南關外潯美分居之祖

八世

博溫察兒南合公子知河中府譜牒遭倭難散失行事莫得而攷矣　公葬永寧楊丹坐卯酉兼甲庚
妣葬南坑垵山坐辛乙兼戌辰子　子壽　子祿
子正

九世

子禄博温察兒公次子官評郎家扁猶存妣慈順孺人鮑氏墓在田頭村生子保遂載刻本支譜中甚悉矣

九世

十世

保遂字希道子祿公子也公稟性剛毅正直不撓里人有善則揚之惡則誠之鄉閭敬服當元季之時所在戰爭公決意不仕潛跡海濱耕釣自娛號二十隱士但承先世家業甚厚後因遭故而盡毀焉生元至正甲辰年十二月初六日卒明永樂癸巳年四月初四日辰時娶深滬窟邊蔡氏生明洪武乙酉年正月廿七日卯時卒永樂乙亥年十一月

初八日辰時享年五十一合葬十七八都吴厝山
坐辛向乙兼戌辰　子添奇添鳳

十一世

添奇字克昭號遠儉保遂公長子也公性慷慨踈財仗義鄰里有急必惓力周之然承父之蠱盡載餘貲出贅山柄不事治生優游卒歳耳生卒失紀僅傳八月初八日娶山柄王氏孺人號端靜生卒失紀僅傳十月初十日偕葬山柄鳳山前近祖屋百步許坐卯酉兼乙辛子　綦　細　二人

泉州郡城肇基之祖

十二世

細字尚欽號素齋添奇公次子娶周氏繼娶劉氏周
即在城金鍾巷公自山柄贅于城因定居焉故其
子孫皆住府城蕃衍貴盛詩禮傳裔以光前裕後
者但公遭家凌替之後與孺人克勤經營遂振家
風然性豪俠輕財好施凡親戚故舊子女貧困者
撫之為婚娶喪葬不吝多費家貲亦因以耗公歿

十二世

後子始官南臺　贈公為南京御史周劉皆為儒人焉公来城置房屋壹座在四科亭後諸子分異竟棄以圖別居焉公生正統己未年二月初五日卒弘治甲子年十二月初七日年六十六周妣號貞淑生正統癸卯年十一月廿五日卒成化壬寅年六月廿八日年四十劉妣號慈肅生景泰辛未年十月十五日卒正德甲戌年五月廿一日年六十四公妣偕葬本都竿柄村坐乾向巽兼亥巳劉

妣另壙在旁離不百步坐　向

子炯　煇　燦　燿四人女一俱周妣出

燦字懋昭後字中美號滌樓登鄉進士為南京山

西道御史　女適王紀生外甥一元一愷皆補郡

學生

祖姑性質温恭志行堅貞　郡主兩表其門

二十世嘉樂公謹按

十二世祖素齋公為郡城肇基之祖積功累仁勇於

十二世

為善至傾家貲弗恤天因人受之際捷于影響槐
庭于門古有明徵禮祖有功宗有德公積善以遺
子孫瓜瓞綿延簪纓踵起榮受　綸恩贈南京御
史寔為吾家二房　小宗而廟宇未建深為惻然
至嘉樂父一驊公遺金五百率諸弟姪卜築于甲
第里輪奂巍然春秋享祀善無不報信哉

十三世

煇字時貽號逸軒　贈南京山西道御史細公次子也娶林氏繼娶許氏公自十五歲喪母既壽於財及長成而二妣皆蚤卒復得陳氏質極姤悍不與公内治家務日惟箠楚子輩置之饑寒而公坦易嗜酒不拘小節有嵇阮之風亦不與陳較故無錙銖之積而子輩皆倚賴於　滁樓翁及王孺人焉明世宗嘉靖時恩例高年賜冠帶鄉民爲公請受壽

十三世

官亦淡無喜色生成化戊子年五月初七日卒嘉靖己丑年六月初二日年六十二林妣號温静生成化壬辰年六月初一日卒弘治丙辰年六月十七日年二十五許妣號慈閨生成化戊子年十月廿八日卒弘治乙丑年六月十九日年三十八二妣火葬在烏墩隆慶六年十二月二十日方塋公于下輦許内山坐巳向亥兼丙壬二妣厝棺一遷合葬公壙之柩前焉有墓誌見族譜文獻録

子自箴林出自有自新許出女二長適李林出次
適[illegible][illegible]吳許出

十三世

武子南合詳元史本傳

十四世

自新字子孝號肅軒煇公三子也生弘治辛酉年二月十九日公性素簡静少時與兄均遭喪母之苦而公年尤幼其苦於繼者獨至勞苦[楚]幾死無何乃之叔父官所得些財本歸盡為繼者刼奪耗散及娶周妣受百難[艱]辛公服商賈妣善針縫努力儉苦以經營因外氏而買居於黃甲境尚期有所建置也不幸方强而卒矣僅遺房屋一間田地數畝卒

十四世

嘉靖甲辰年六月廿九日年四十四周妣號貞勤
生正德辛未年十二月廿七日矢志勤儉節制精
緻女工養育兒女成立不墜焉卒萬曆庚寅年九
月廿八日享壽八十偕葬南安一都庄店鄉岩山
之原坐癸向丁兼丑未與子鍾德及婦合葬
子鍾德女二長適潮州府學訓導江用舶子萬秋
一適南京刑部尚書陳道基之弟道寅
十九世敦祥公謹按

按周妣乃高州府茂名縣知縣周復之孫女江西
叅政周標之姑也當公歿之時而妣年方三十有
四子鍾德公年甫八歲數畝之田四口之家能以
栢舟自守女紅鬻費兒子讀書成立其功誠不淺
鮮哉後鍾德公念妣荼苦百方供養無須刻懈於
以此酧妣慈節之志而謚以貞勤宜矣敦祥祖叔
道羽公修　鍾德公之録而深有穆然於　鍾德
公脩　公及　妣之録特按以示宗人為人母為

十四世

人子者鑒也

二十世嘉樂公謹按

十四世祖肅軒公幼失所恃妾曲圖存於千辛萬苦
中僅能自立而天奪厥壽當斯時也齠齓咻ゝ形
単影隻公宮孤兒存忘未可知也而
祖母周孺人矢志靡他冷竈寒燈一絲一淚凡百艱
危悉以冰霜之至性赴之卒能教子立名大振家
聲以慰英魂於地下古稱嬰杵烈丈夫不圖於閨

壺中見之嗚呼觀斯譜也可歌可泣吾
祖母可謂難乎其難者矣

十四世

十五世

鍾德字于宣號鳳台自新公子也補郡庠生爲人忠厚正直輕財重義八歲喪父不獲奉菽水歡終身爲恨畢生壽旦不許賀祝念母茶苦百方供養無頃刻懈襄逸軒公墳事山家云妨三房遂决策曰三房政我長二無碍便佳孫不𡎺祖後將何期思祖叔滌樓公大造斯民生祠在南潯者值兵火後幾淪禾黍仗襟姪貫齋楊老先生力陳兩院申詳

十五世

鼎建倘無此舉安有今日盐場官民歲祀不廢乎
凡宗戚及鄉隣有事輒赴有急輙助殊無難色鄉
紳欽其正大僉推約正力辭不允舉善不計賄懲
惡不怕勢林震西先生嘖嘖稱曰君甚盛德君子
世盡若公不設官可也下而佃夫佃婦亦載恩思
惠時議立碑以誌不忘公力止乃不果隆慶二年
春與仰樓灵宇北台諸弟同洪南洪舉洪勳諸姪
續脩族譜其有功於吾宗豈淺鮮哉生嘉靖丁酉

年九月廿一日申時卒天啟癸亥年六月廿六日
酉時娶陳妣生嘉靖辛丑年八月初八日卒萬曆
戊申年三月十八日偕葬庄店合父母壙坐癸向
丁兼丑未
子洪豸洪麟女一適洪
敦祥公謹按　滌樓公有德斯民民因心思不忘
乃就場地建祠得以朝夕仰止迨遭兵燹而　鳳
台公猶藉親〻起廢而新之至今場民歲祀不失

十五世

故脩譜特叙　鳳台公有崇報之功云沿遷又廢
僅存數丈之地委於草莽民婦猶思公德過之流
涕茲乃為有力謀去迎神置於郡西意豈　滌樓
公不能自衛此片土歟抑後世子孫之智昏其視
鳳台公寧無媿哉然場民不忘饟羊遺意而悲
式微故特按以竢超宗鳳毛之舉自有是非公論
嘉樂公謹按
十五世祖鳳台公孝思純篤居致敬養致樂喪致哀

祭致嚴爲孺子泣者終其身昔賢讀蓼莪伊蔚之章涕泗滂沱弟子爲之廢篇其至德所感不是過也至於輕財樂施急公尚義爲　滌樓公謀復生祠而重新之不爲威怵不爲利疚心事光明正大如皦日青天譜牒久稽倡率續脩親親長長大抵皆孝思之所凝結而成也嘉樂祇適先志無能續貂展卷之餘益深繩武之思云

十六世

洪彖字端甫號奕芳鍾德公長子也鍾德公輕財重
義磊〻大丈夫稱亢宗公恂〻克承世德敦厚孝
友無負弓冶箕裘之職亦克家令子也鄉族嘖〻
称其惇謹益思鍾德公不置云生萬曆戊辰年十
二月廿三日卒天啟癸亥年正月二十日娶蔡氏
生萬曆庚午年正月十三日卒崇禎乙亥年三月
廿七日至康熙己酉年四月廿三日丑時孫士瑛

十六世

卜地於安南安一都菓園鄉岩山下奉公妣氏葬
坐癸丁兼子午離肅軒公鳳台公塋百步許
子懋祖懋祺懋祐女二長適知縣王天策孫世旭
次適廪生黃方叔長子徵

十七世

懋祺字道璟號樸厚洪务公次子也補郡庠生公承累葉詩書至奕芳公守窮儒無少厚遺公茹淡堅青雲志歌聲出金石也三十歲受知學使文章淵醇鄉垣公推其蜚弧先登竟以數奇屢困然蓬窓論古蕭然自適家政主之賢妣周氏甘貧力織約口而腆以奉公環祖有薄田伯仲議棄則减飱銖積贖帰蓋恐他族逼處為祖宗計長久故今奕芳

公得附祖而安者皆公與妣拮据力也若其守有禮和有序恂恂不設城府雖沒後猶稱公之忠厚長者焉生萬曆丙申年正月廿九日卒順治戊戌年十一月初七日歲甲辰洪潦為災千家石舊閭漂溺葬于河伯痛哉娶周孺人通政使維京公姪女也生萬曆辛丑年七月廿三日卯時卒順治戊子年五月初一日巳時臨窆時有異人指點山川壇石筍邊謂士琰公曰此佳城也欝欝蒼蒼富壽

而昌坐辰向戌兼巽乾经度浅深浮沉而安厝焉
垑訖忽不見人稱仙葬云繼室陳氏生　年五
月五月初一日卒　年五月十六日垑
坐　向

子士琰　士瑩　士颷周出女一

嘉樂公附載

嘉樂脩譜至此不覺感泣数行下也吾

十七世

曾祖樸厚公學富五車而艱于一遇竟以釁序終老
積仁潔行如此而又不免于阨未知天竟何如命
竟何如而至于斯耶每讀龍門史記至孤竹列傳
於西山蕨薇悲歌慷慨直欲搔首而問彼蒼嗚呼
天道無知千古同恨亮夫

十八世

士琰鄉飲大賓字元辟號白卿懋祺公長子也念考清苦儒脩蕭然二悲無以承歡百計經紀頗獲奇贏色養志養有老萊舞綵遺風一切父祖喪葬獨肩任創置祀業以倫烝嘗居平每思甲辰之難常抱隱痛齋咨涕洟行道皆為感泣而石笴祖母佳城至誠感神且有仙塋之瑞皆公孝思之貽也豐膴脩延名宿晨夕聞咿唔聲輙色喜繞膝森森

十八世

泮璧孫昂玉雋戊子秋闈為諸孫子先聲居心以厚終其身半步不到公庭當滄桑之餘推恩沾溉賴以全活者甚眾而公獨然恬然無德色　梁郡守敦請賓席扁曰碩德可風非溢美也年登八十有六仙遊時男七女二孫曾三十有六侍側無缺詩云顯顯令德受祿于天惟其栽之是以培之妣孝惠李孺人卓吾先生胞姪思崇公女也性質溫良相夫事親以敬誨子治家以勤門內藹然春風

至壺範端貞尤為戚族所推重享年六十坦然歸
化亦閨德懿美之報云公生天啟壬戌年五月初
九日申時卒康熙丁亥年十二月十九日卯時塟
惠安十九都橋頭霞美鈫尾石坐丙向壬兼巳亥
五男一澍祔焉妣生天啟丙寅年九月初五日申
時卒康熙乙丑年七月初三日亥時塟南安四都
進坑鄉坐乾向巽兼巳亥原開雙壙虛左以待公
形家云穴窄不宜合葬故後另卜兆云側室賀氏

十八世

生康熙戊申年八月十六日申時卒康熙丙子年
十月廿四日申時葬新门外山川壇石笛宮後坐
甲向庚兼卯酉
子一震　一堅　一驊　一俊　一澍　廷選俱
李出一復賀出
衙口　大宗祠孝友扁文民國二十二年冬立
色養志養有老萊舞綵遺風

十九世

廷選太學生字孫萬（一諱發合）號確園士琰公第六子也公秉性剛方正直不為時俗脂韋態𤏲直而不阿正而能容故不徇於物而物亦無忤少穎善屬文念白卿公年高昆季眾多家務日以浩繁遂從計𤏲策別營新居由合而完而美綜公生平匪惟生之有道抑亦用之有宜奉廿旨營喪葬竭情盡慎上治祖宗大宗小宗煥如下治子孫課經課業肅如晚

十九世

又灑落開陶徑梅林竹塢日侍諸昆從徜徉于皆山齋頭諸子賦詩論文興高采烈座客常滿杯酒不空風致何飄然也然而重規疊矩終凜然有不短垣不可踰之概娶李孺人號敦慈卓吾先生之姪庠生維藩公女也鷄鳴盥櫛善事舅姑公陗直孺人以婉將之公剛嚴孺人以和濟之治家訓子井井有條倡隨逾年百無纖毫齟齬李雲思先生誌語稱為珪璧之合信夫公生康熙丁未年八月念七日

卯時卒乾隆癸亥年十二月十六日酉時享年七
十有七孺人生康熙庚戌年七月初八日未時卒
乾隆戊辰年十月初九日巳時享年七十有九偕
葬南安廿一都蓮花峰之麓坐亥向巳兼壬丙
子七人　昂侯　文炳　文煌　文檖　文煥
文焯　文煒　女一適李
民國二十二年冬裔孫友文奉　主進衙口
大宗祠

十九世

二十世

昂侯字躬伯號熙齋一名寔舍太學生廷選公長子也少知憂勤競〻業〻以冢子佐父成家政經營生息竭日夜不告瘁泉府滚〻然来使天假之年陶計宏材充拓詎可量也未及强仕遽逝惜哉生康熙甲戌年二月初十日卯時卒雍正庚戌年八月廿三日午時塟晋江東門外象坑鄉土名石佛内坐子向午兼癸丁娶黄氏諱　娟號　生康

二十世

熙甲戌年四月初六日丑時卒

年

月

日　時塟

子一人　思篤

二十世

文炳字青伯號陶齋一名標舍太學生廷選公次子也生康熙丙子年十一月初八日午時卒乾隆甲申年十一月廿九日寅時享年六十有九歲葬在本縣卅八都福清橋本山穴坐申向寅兼坤艮分金丙申丙寅娶妣氏陳諱朝舍號勤慎生康熙戊寅年二月初四日午時卒乾隆戊子年二月十九日卯時享年七十有一齡合公同葬

子三人　思捷　思達　思瓊

二十世

文煜字定伯號　廷選公第三子也生康熙己卯

年三月十三日亥卒時　年五月廿三日

時

娶董氏諱　號　生康熙己卯年四月廿五

寅時卒　年十月十六日　時葬

子四人思顯二十世　思忠　思叟　思端　女三人

文燧字佩伯號純齋廷選公第四子也生康熙辛丑年十一月十五日巳時卒乾隆甲子年十一月十八日　時娶李氏諱　號端懿生康熙甲申年正月十五日子時卒乾隆壬申年正月初二日丑時乾隆卅二年三月初八日巳時合葬北門外水流坑大道口穴坐癸丁兼丑未庚子庚午分金又乾隆癸酉年三月十六日巳時合塟象坑鄉莊厝山土名井庵嶺坐乾選兼亥巳

子三人　思敬　思桉　思揺　女二人

文煥字章伯號閣齋太學生廷選公第五子也初年溺樗博之藝唱雉呼盧飈〻不可復制一旦翻然變計曰某自此改矣超苦海出迷津刻意經紀蚕作夜思數十年來財穀倍蓰可謂放下屠刀立地成佛者矣是以君子惡文過而貴速改生康熙乙酉年正月廿七日酉時卒乾隆甲戌年十二月廿四日戌時營樂邱在晉江東門外象坑鄉石佛

二十世

内坐艮向坤兼丑未娶李氏生康熙丙戌年四月
十八日　時卒乾隆癸丑年十一月初一日　時
側室蘇氏生康熙癸巳年九月初凡日辰時
子三人　思信李出　思彩　思朋俱蘇出　女二人
文焯字勇伯號豪齋廷選公第六子也生康熙丁亥
年六月二十日辰時卒乾隆己未年正月三十日
時娶吳氏生康熙丁亥年九月十九日卯時卒
年　月　日　時

子二人　思旺　思成

文煒字管伯又字瀛伯號浩齋廷選公第七子也生康熙壬辰年五月初十日寅時卒乾隆戊寅年正月初六日寅時葬晉江三十六都象坑鄉土名蕭厝園坐乾坤兼寅申分金辛丑丁丑娶鄧氏諱奕舍號閨懿生康熙壬辰年六月初四日丑時卒乾隆庚子年十二月廿六日午時葬晉江三十六都后坑鄉土名蕭厝園坐艮揖坤兼寅申分金辛丑辛

二十世

未

子一人　思琛

二十一世

思篤字子厚又字邦驥號德亭一名烈舍爵侯公子也生雍正丙午年二月初六日午時卒

娶王氏生

雍正戊申年十一月廿四日酉時

二十一世

子一人　英瑛

二十一世

思捷字子敏（一名立舍）號惠亭文炳公長子也生康熙丁酉年（壽五十九歲）二月廿四日亥時卒乾隆乙未年正月初三日丑時葬本縣東關外土名亀亭崎娶王氏諱絨娟號儉信壽六十七歲生康熙已亥年十月初三日巳時卒乾隆乙巳年九月初十日辰時塟東關外鳳山

子一人（二十一世）春瑛

二十一世

思達字子兼號基亭一名景福又名肯舍文炳公次子生康熙庚子年十二月初一日寅時卒嘉慶戊午年正月十五日子時年七十九娶妣氏蘇諱敬舍號脩淑生康熙辛丑年十月初七日丑時卒嘉慶癸酉年六月廿三日午時年九十三合葬在本縣新關外卅三都上倉鄉夫人廟邊土名孤山崙山墘穴坐未向丑兼丁亥分金丁未丁丑

子五人 際時 會友 裕昆 芳瑛 慶瑛
女一人

二十一世

思瓊字子　號環亭文炳公三子也生乾隆庚申年五月初一日巳時卒乾隆甲辰年閏三月廿二日未時年四十五歲葬東岳總督祠邊紙籐帯娶劉氏生卒失紀

子一人　烏瑛

思顯字子通號　文煜公長子也生康熙庚子年十二月廿一日辰時卒

二十一世

葬

娶王氏生康熙庚子年八月初

一日戌時卒　　年　月　日　時

子一人平瑛　女一人許王

思忠字子恕文煜公次子也號　生康熙壬寅年

八月十四日辰時卒　　年　月　日

時葬

娶李氏生康熙壬寅年八月十四日未時卒
年　月　日　時

子一人瑱瑛

二十一世

思雙字子　號　文煜公三子也生乾隆戊午年
六月十六日酉時卒　年　月　日
時塟
娶柯氏生

思瑞字子　號　文煜公四子也生乾隆戊午年
六月十六日酉時卒　年　月　日
時塟
娶李氏
思敬字子恪號義軒一名振舍文燧公長子也生雍
正丁未年九月初四日　時卒乾隆庚辰年三月
廿八日未時塟南安三都上馬籠娶莊氏號節維

生雍正丁未年六月初十日　時卒嘉慶乙丑年
二月廿八日子時塋處失紀

思桉字子　號學驥一名得光文燧公次子也生雍
正辛亥年十二月初五日亥時卒乾隆乙亥年九
月初二日辰時往臺灣羅漢門訊正寢聘梁氏主
內妣劉氏生卒失紀

二十一世

思搖字子（王宗字邦彥）號舉軒一名瑤世文燧（國學生）公三子也生乾隆庚申年八月廿八日戌時卒乾隆壬申（辰）年三月十九日酉時塋三十三都古桃園黃坂鄉土名山仔埔坐壬向丙兼亥巳分金丁亥丁巳娶陳氏號儉肅生乾隆正月初五日戌時卒嘉慶壬戌年四月廿八日巳時塋清源水流坑土名中崙坐艮坤兼寅申分金欠詳

子二人　國香　國靖

思信字子言號　文煥公長子也生雍正乙巳年

十一月十四日酉時卒

乾隆

葬

娶朱氏生雍正丙午年五月十二日未時卒乾隆

癸亥年六月十九日巳時葬南安三都厚卓嶺

角潭坐艮向坤兼丑未繼娶陳氏生雍正丙午年

三月十二日未時

思彩字　號　文煥公次子也生雍正甲寅年
六月十四日亥時聘吳氏

思朋字　號　文煥公三子也生乾隆辛酉年
九月廿二日寅時

思旺字　號　文焯公長子也生雍正辛亥年二

月十四日酉時卒

娶李氏生雍正辛亥年六月初二日午時卒

子一人邁瑛

二十一世

思成字　號　文焯公次子也生乾隆己未年

十月初九日

思琛字　號止所國學生文煒公子也生乾隆丁巳年四月廿七日酉時卒乾隆戊寅年三月初八日卯時塋晋江四十一都上鄉張仔山穴坐卯向酉兼甲庚娶林氏

二十一世

智世又諱邦幹字子樂號仁亭國學生　公　子也

生乾隆甲戌年四月廿七日午時卒嘉慶戊辰年

六月初八日寅時塟北门外清源柳洋鄉土名水

堀湲湖内穴坐坤向艮兼未丑分金丁未丁丑娶

鄧氏諱宛舍號勤肅生乾隆乙亥四月廿八日亥

時卒乾隆乙卯年七月廿二日午時葬東岳金厝

園邉土名瓜藤舵坐壬向丙兼子午嘉慶十五年

二十一世

四月十四日改塋紫鄉峰鄉土名光德田后穴坐
辛乙兼戌辰外向戌辰兼辛乙
子二人實圃 蓉圃
愛世號瞻堂 公 子也生乾隆丙子年十月初
九日午時卒道光甲申年六月初五日酉時年三
十九歲塋處失詳
瞈世號艮堂 公 子也生乾隆癸卯年十月十
九日戌時卒道光丁亥年 月十五日丑時年四

十五歲瑩處失詳

定世　公　子也生乾隆丁亥年正月初九日午時辛乾隆乙卯年閏二月初三日　時

由軒是號並未見及神主只於順慈妣萬氏主內有拾金與由軒公合瑩乃知有一位由軒公而神主想是年久蛀壞姑載之

順慈萬氏諱昭舍年六十六生乾隆辛酉年十一月三十日寅時卒嘉慶丙寅年八月十三日申時瑩東門外土名南山頂坐甲庚兼卯酉道光乙丑年九月十五日拾金與由軒公合瑩清源覆鼎鄉

二十一世

二十二世
英瑛字　號　思篤公子也生乾隆丙寅年四
月廿六日戌時卒　年　月　日　時
歲塟
娶　氏諱　號　生
卒
二十二世
子

二十二世

春瑛字　思揑公子也生乾隆己巳年七月十九日時

二十二世

二十二世

際時字　諱大舍號純侯思達公長子也生乾隆辛酉年四月廿五日戌時卒嘉慶丁丑年四月廿一日戌時年七十七歲合葬文侯公拾金塋南邑二都蔡塘坑鄉土名寶宅穴坐壬丙兼子午分金辛巳辛亥娶妣氏許厚圃公次女諱越舍號端莊生乾隆辛酉年四月初八日卯時卒乾隆甲午年十二月廿九日戌時年三十四塋東門外王公宫

後坐庚向巽兼亥巳拾骸分金改庚戌庚辰繼妣
氏朱錄觀公長女號勤慈生乾隆乙亥年六月初
二日　時卒道光壬辰年十月廿九日辰時合男
塋南邑二都蔡塘坑鄉土名洪山前穴坐壬向丙
兼子午分金辛巳辛亥年七十有八歲
子一人　奕壽

二十二世

會友字　號文侯一名二舍邑庠生思達公次子

也生乾隆辛酉年四月廿五戌時卒嘉慶丁丑年

二月廿五日巳時年七十七歲合兄純侯公拾金

塟南安二都蔡塘坑鄉娶陳文軒官長女諱珍舍

號端恕生乾隆癸卯年五月十二日　時卒嘉慶

丁丑年四月廿二日申時塟北關外蔡厝山土名

老君山邊赤塗堀坐癸丁丑未分金庚子繼娶茅

二十三世

氏諱果娟號柔儉生乾隆壬午年正月十七日
時卒嘉慶　年六月初二日酉時年五十六歲
塟新閣外亭店鄉楊看来官園頭穴坐壬向丙兼
子午
子二人　奕山　奕夏
裕昆字　號慎侯一名裕舍思達公三子也生乾
隆癸亥年十一月十一日丑時卒嘉慶丁丑年五
月十六日未時年七十五塟南安二都蔡塘鄉土

名大溝口穴生子向午兼丁癸分金丁午丁子娶
楊氏諱宣舍號莊儉生乾隆乙丑年十一月廿九
日子時卒嘉慶庚午年十二月初十日未時塟蔡
塘坑大溝口穴生午向子兼丁癸分金庚午庚子
子二八　奕爽　國泰

方瑛字辰仲一名克香號澤侯思達公四子也生乾
隆丁卯年九月廿一日午時卒嘉慶辛酉年三月
廿二日午時道光戊子九月初五日改葬滸山頂

二十二世

穴生辛未戊辰分金辛酉辛卯娶王氏諱可舍號
莊惠生乾隆庚午年十月十九日卯時卒嘉慶己
未年八月廿二日丑時改塟潘山頂與公合壙
子二人　奕貫　奕理

慶瑛字　號　思達公五子也生乾隆己巳年
十一月十八日辰時

二十二世

烏瑛字　號衷侯一名烏思（舍）瓊公子也生乾隆乙酉年十二月廿七日申時卒嘉慶丁丑年四月廿一日戌時年五十三葬新門外義塚宫邊店仔后

失傳

二十二世

二十二世

平瑛字　　思顯公子也生乾隆丁卯年十一月初三日辰時

瑱瑛字　　思忠公子也生乾隆丁卯年七月十四日　時

二十二世

二十二世

國香又諱友世思搖公長子也生乾隆乙酉年三月廿五日　時卒道光丁酉年三月十三日　時娶施氏諱畔舍號　生乾隆癸未年　月　日酉時卒道光丙申年　月　日未時

國靖又諱　思搖公次子也

二十二世

思旺公子也生乾隆庚午年十二月廿

邁瑛字

六日寅時

二十二世

二十二世

寶圃（博舍）公（號寶圃）諱博舍仁亭公長子也生乾隆壬辰年九月十四日丑時卒乾隆戊申年四月廿九日辰時

蓉圃（龍舍）公（號蓉圃）諱龍舍仁亭公次子也生乾隆丙申年十月廿五日辰時卒嘉慶辛未年八月廿一日申時

國材　公　子也生乾隆庚午年二月十九日午時卒乾隆乙酉年九月十一日卯時

陞世號樸厚（主面只見一樸字下字看不見）（厚字代流之）公　子也生

二十二世

乾隆丙子年六月廿三日申時卒乾隆甲辰年七
月廿三日申時

楫觀　公　子也生乾隆乙丑年二月初一日未
時卒道光乙酉年七月初三日酉時葬東門外改
葬南安三都后棹嶺土名石壁后坐艮坤兼丑未
娶王氏號孝莊
子再生　嗣男福慶
母號慈慎傅氏諱倡官承繼孫福慶生雍正甲辰

年九月廿五日巳時卒嘉慶丁巳年十月十八日
寅時塟南安三十一都涪坑鄉土名　　穴坐午
向子置丙壬分金丙午丙子　男楫觀
（解世）棠園諱解世（號棠園）　公　子也生乾隆乙未年七月十
一日寅時卒道光丙戌年九月二十日午時娶陳（年五十二歲）
氏諱端舍號慈淋生乾隆丁酉年五月十九日申
時卒道光甲申年六月廿三日申時塟岳山
子三人長更（二十三世）　朝昆　啟明

林國（國治號林國）諱國治字和平　公　子也生乾隆癸未年
十二月初一日子時卒道光辛未年四月二十日
丑時年六十九歲娶富氏諱　號惠儉生乾隆
壬午年九月十一日未時卒道光丁酉年四月十
九日申時合塋北門外四十都玉倉鄉土名張仔
山坐甲庚向卯酉
子繼應　繼水
華國（國器號華國）諱國治乳諱鼎世　公　子也生乾隆乙亥

年十二月廿二日　時卒乾隆庚戌年六月十一
日未時年三十六娶黄氏諱申舍號孝恬生乾隆
乙亥年五月十一日　時卒乾隆己酉年正月初
一日寅時年三十五歲塟北门外伽彌崙東畔山
狗樓後坐壬向丙兼亥巳分金丁亥丁巳
子二人管英　佐英

二十三世

有繩　公之子母萘順黄氏諱哄舍生乾隆辛未
年四月初九日酉時卒乾隆甲午十一月廿二日

戌時葬東岳山八因園灣頂土名童厝山後坐乙
辛兼酉卯男有繩 有繩無主係由母主内男有繩故記之
盼瞙　公之子母孝肅李氏諱悦官生乾隆庚申
年十一月初十日酉時卒乾隆癸未年十二月十
六日卯時葬清源萬厝山土名霞昂坐丁癸未丑
分金庚午庚子男盼瞙 盼瞙無主係由母主内男盼瞙故記之
婦王氏名寶世號孝則年二十九歲 生乾隆丙戌年正月初七日　時 卒乾隆甲寅年三月初五日寅時
兩婦王欠詳
貞節林孺人 生卒欠紀

二十三世
字　號　英瑛公之子也生　年
月　日　時卒　年　月　日
時塟
娶　氏生　年　月　日　時卒
年　月　日　時
子二八世忠世存
二十三世

二十三世皆山房

奕壽字　號仁宅　贈奉政大夫　累贈修職郎

際時公子也公為人簡易承父祖餘蔭不治生產

優游卒歲娶妣氏陳家務皆賴妣以治理可謂一

生清閑矣生乾隆庚寅年十二月廿一日未時卒

道光己亥年五月初三日酉時享年七十葬南安

二都蔡塘坑鄉土名洪山前穴坐壬向丙兼子午

分金辛巳辛亥妣諱才娟號慈普相夫以治家佐

二十九世

子以節儉故吾　祖父厚敏公克成皆山家業皆
曾祖妣之力也生乾隆乙未年七月初八日亥時卒
咸豐壬子年八月廿八日申時葬北關外卅九都
水流坑土名坑仔山穴坐乾向巽兼亥巳分金庚
辰庚戌
子二人　世水　世蒲　女一　適南安蔡塘坑傅
　女諱粒姑壻諱乞舍
民國二十二年長房曾孫友文奉　主進衙口大宗祠

二十三世分支

奕山號川宅會友公長子生乾隆乙未年三月廿三日戌時卒乾隆癸丑年十二月十七日巳時年十九歲葬處失詳娶吴氏諱蘊娟號　生乾隆丙申年八月廿七日　時卒乾隆己酉年八月十五日午時葬處失詳無傳

奕夏號安宅會友公次子生乾隆癸卯年五月十三日　時卒嘉慶丁丑年四月廿二日申時年三十

五葬新门外玉印脚娶吴氏諱娟號柔綿生乾隆
辛亥年七月廿二日卯時卒嘉慶辛未年五月初
七日未時葬東岳龜亭邊喜鵲坪下穴坐壬丙子
午
子一人世復

奕爽號順宅裕昆公長子生乾隆壬辰年八月初一
日戌時卒道光丙戌年十月廿七日辰時年五十
五葬處失詳娶林氏諱貫娟號端政生乾隆庚子

年八月十二日辰時卒嘉慶庚辰年七月廿九日
未時葬東岳李公祠邊穴坐甲庚卯酉分金庚午
庚辛失傳

國泰號殷宅裕昆公次子生乾隆戊申年七月初九
日　時卒道光丁　年四月廿二日申時年六十
歲葬東門外會魁山失傳

英貫字希曾號厚宅芳瑛公長子生乾隆辛卯年五
月廿八日辰時卒乾隆壬子年五月三十日巳時

二十三世一　分支

時奠東岳弥勒亭五音石邊王母温口穴坐甲庚
兼寅申年二十二娶李氏諱治娟號圓節生乾隆
辛卯年十一月十五日午時卒嘉慶庚申年七月
十六日丑時奠北門外郭厝山穴坐艮坤丑未分
金丁丑丁未
子一人世梭
奕理號松宅芳瑛公次子生　　年十月十七
日　時卒　　年二月廿二日　　時嘉慶庚

申年拾骸改葬北门外花園頭蔡厝山坑邊穴坐
辛乙酉卯兮金丁酉丁卯失傳

二十三世　公文

二十三世

再生號失詳楫觀公子

福慶號失詳楫觀公承繼男

長更號失詳棠圃公長子生嘉慶癸酉年七月初九日　時卒咸豐辛亥年五月十六日酉時葬東岳洪厝窟坐北向南

朝崑號玉山棠圃公次子生嘉慶戊辰年十一月廿七日辰時卒道光庚寅年閏四月初十日丑時

啟明號失詳棠圃公三子生嘉慶戊寅年正月廿四日巳時卒道光庚寅年正月二十日子時

繼應一名應光號苑亭林圃公長子生嘉慶壬子年十一月十三日辰時卒道光甲午年六月廿九日巳時年四十三歲

子二人金鐘　金泉

繼水一名奕水號淡亭林圃公次子生嘉慶丁巳年五月廿二日午時卒道光癸卯年閏七月初十四日

年四十七歲葬東门外會魁山下坐南向北

管英一名繼仁號義宅華圃公長子生乾隆辛丑年十月初十日丑時卒嘉慶辛未年四月初二日未時葬東岳楊布內墓邊坐庚向甲兼卯酉

佐英一名繼佐號義城華圃公次子生乾隆癸丑年六月初五日卯時卒嘉慶庚申年八月初五日亥時葬新门外吊橋頭湖岸坐南向北

承繼男　二十三世　金泉

二十四世三朝口房

世忠字　號仁義　公長子也生　年

月　日　時卒　年　月　日

時塟

娶

承繼男傳桂二十四世

世存字　號信義　公次子也生　年
月　日　時卒　年　月　日
時塟
娶

子三人傳桂　傳螢（西街出继）　傳波

二十四世　皆山房

世水字清如號厚敏　贈奉政大夫　累封贈脩職郎

奕壽公長子也公秉性忠厚不慕浮華敦睦宗族

敬禮神明承家道中落之際克勤克儉百計經營

竭事二親

幸有賢母以相佐而家業乃以復興不幸弟早喪

養寡弟婦兼為建立嗣子公以一身上則菽水承

歡下則栽培後進勞苦實甚修葺皆山厝屋公配

房衍輪當　祖先忌辰年節世事眼見長房孫冠

二十四世

文游泮蹱趄古代書香皆公積德以爲報也生嘉
慶己未年四月二十日巳時卒光緒丙子年八月
初九日申時年七十有八娶文山黄氏繼娶唐氏
塋南邑二都蔡塘坑鄉土名洪山前在　仁宅公
右畔穴坐子向午兼壬丙分金丙子丙午蓋其孝
友天植歿後亦不離宅兆隱然成公之志日黄妣
諱但舍號節儉生嘉慶丁丑年九月初一日寅時
卒道光庚子年十月廿三日巳時年二十四經公

拾

金塋東門外莿圍內穴坐壬丙兼子午分金辛亥
辛巳唐妣諱銀娟號節貞生嘉慶乙丑年八月十
五日寅時卒光緒丁亥年十二月初八日巳時年
八十三塋南邑二都蔡塘坑鄉土名洪山後穴坐
艮向坤內寅申外兼丑未
子二人　傳江黄出傳漢唐出女一唐出適本鋪塔仔頭許
民國二十二年癸酉冬長房孫友文奉　主進銜
口　大宗祠　二十四世公登孝友扁

匾文

家道中落竭力經營菽水事親以承其歡弟又早

亡養寡弟婦爲之立嗣傳世孝友可風矣

二十四世

世蒲字　號慎敏奕壽公次子也生嘉慶癸酉年五月十四日寅時卒道光丙午年二月初三日卯時年三十四娶蔡氏諱榮娟號節靜性勤儉尤孝姑不幸二十而寡矢志柏舟大伯厚敏公爲之碩養嗣以成其節矣生道光丁亥年十月廿九日巳時卒光緒丁丑年六月二十日辰時年五十一葬東門外鳳山光緒年間拾金民國六年丁巳改

外新宅
三部溫厝
鄉宅坐一
分金
霞寅兵
右畔生

葬岳帝廟邊洪厝窟穴坐壬向丙兼亥巳分金丁
亥丁巳次媳陳氏孫芳旺祔焉
子二人　傳淮　傳河
民國二十二年以妣節奉　主進衙口　大宗祠
并登節孝匾

二十四世分支

世復號　奕夏公子生　年八月十六日
時卒　年十月初二日　時年

世椶號敬敏奕貫公子生乾隆壬子年十一月十五
日寅時卒咸豐壬子年正月廿四日巳時年六十
一歲

二十四世

金鐘一名世章繼應公長子出繼水公生
年[illegible]月　日　時卒　年　月
日　時咸豐二年四月廿二日卯時拾骸仝父母
合塋玉倉鄉生甲向庚兼卯酉
金泉　繼應公次子出繼佐英公生卒葬均
失紀

二十四世

二十五世　三朝口房

傳桂一名秋桂號華庭世存公長子也生

年　月　日　時卒光緒　年　月　日

時年　歲塟

娶張氏諱鶯舍號　生　年　月

日　時卒　年　月　日　時年

歲塟

子芳成　女二長適　次適蘇
傳波一名煙波世存公三子也生　　年　月
日　時卒　　年　月　　日　時年
歲塋東岳

二十五世 晳山房

傳江字宗于號滙川一名海舍同知五品銜　累封
脩職郎世水公長子也　公秉性剛彊度量寬宏才
質聰慧讀書得幹鮮程朱道精性學因父老且家
子當從家政棄學就商任祥芝源順號南北郊經
理帳務東翁蔡太老龍官甚信任之其時莊少潭
觀察創辦育嬰堂題捐祥芝公與有力焉後在南
門水巷街自營米行生理字號積倉因遭回祿損

二十五世

失鉅貲漸以失敗而性酷嗜書香建置皆山書室延師課背兒子讀書長子冠文幼年穎悟九歲能文應童子試十五歲入邑庠後又請陳冰若夫子課讀望成大器無如爲甲第　祖祠事侮於勢豪挈眷渡臺灣九年設教於三板橋鄉講善書於艋舺街化及鄉人能知禮讓時法夷入寇臺灣公參贊戎行有勞功績即由軍功保舉同知銜妣亦叨封典焉蓋其平生對親戚故舊遇貧困者則周恤

之族弟傳桂父母歿後年十四無所倚公請父令囑來家給以衣食培以成立資以昏娶慎敏公傳長子淮早逝撥次男承嗣養寡弟婦俾叔有後亦所以續父志也公六歲喪母養於祖母父娶後母未免有異心幸祖母為依父看出情形帶往祥芝就學年十八祖母棄養公以未盡密養抱憾無已娶洪宜人郡西游戎郁齋公女七日後父恐姑媳不合令自為爨以杜後患乃未雨綢繆計也公性純孝

二十五世

能承父意曾謂惟順於父母可以解憂妣亦善盡婦道姑媳始終無間言我皆山介四桃傳漢公兒子蚤歿僅有一孫賴妣養以成人為之婚娶慎敏公派二房均公妣血脈為嗣誠有大造於吾家也畢生克勤克儉甘苦備嘗俾兒子讀書幸得成名兒孫娛目俱享高年是其厚德之所報也宜哉公生道光乙未年四月廿七日酉時卒光緒戊申年十月十一日戌時年七十四宣統元年己酉二月廿

七日酉時穽東門外岳帝廟后土名鐵甲蛇穴內
坐癸向丁兼子午外坐子向午兼癸丁其穴埸開
兩壙先塋於左而虛右妣諱塗舍號慎肅生前濟
道光己亥年十二月初一日申時卒民國十四年
夏曆乙丑九月二十日未時年八十七歲于公之
右即於是年十一月廿四日酉時添壙（民國廿五年右壙被挖即於四月五日古曆三月十四日拾金代補壙）
子五　冠文　丕文（出繼）　以文　爻文　友文
女治雙適妙因五塔巷口莊世渥先生長子祖坤廿

二十五世

三歲守寡廿九而亡姑稱其孝節成名矣外孫莊作楳早跋

民國二十二年癸酉冬奉　主進衛口　大宗祠

公登孝友扁

扁文

生母早逝事父與繼母毫無間言曾云惟順於父母可以解憂撥次男與堂弟傳淮公為嗣養寡弟婦俾能淑慎敏公有後亦所以續父志也

五男友文暨諸孫曾識

公係以外甥承母舅本生傳祖姑父諱乞舍祖姑母
諱粒姑所生故我皆山房不得與傳姓聯姻云

二十五世

二十五世

傳漢字達于以字為號世水公次子也生道光壬寅
年二月十七日辰時卒光緒壬寅年五月初五日
午時年六十一葬東岳民國七年拾金合妣及三
子長媳改葬丁厝山娶洪氏諱珠娟號慎勤生道
光癸卯年九月初十日丑時卒民國乙卯年十月
十八日辰時年七十三拾金合公葬丁厝山
子含笑　蘇菊

女定治達楊早寡　意治適謝

二十五世

傳淮以名為號　世蒲公長子也生道光甲辰年十一月十七日　時辛同治甲子年六月十四年　時合文拾金塋北门外清源山後杉林鄉穴坐乾向巽兼亥巳娶高氏諱晉娟號守勤生民國（道光）丁未年十一月十七日寅時辛民國丙寅年古曆七月初三日未時丁卯四月十五日未時葬東門外土名岳崙穴坐癸向丁兼子午分金丙子丙午公早逝

二十五世

能孝事寡姑節孝可称矣

嗣子丕文

傳河號中莪世蒲公次子也生道光庚戌年七月廿
四日酉時卒光緒癸巳年五月初二日午時往噴
叻謀生卒於叻塋噴叻嘻呷要陳氏諱捍舍號樸
勤本鋪文魁(巷)東元陳尔吟茂才之妹生咸豐癸丑
年七月十七日　時卒民國甲寅年五月十四日
未時葬東岳拾金興姑及子塋岳帝庙邊洪厝窟

穴坐壬向丙兼亥巳分金丁亥丁巳
子一芳旺

二十五世

二十六世　三朝口房

芳成一名福成號惟亭（字敬元）傳桂公子也生前清光緒

年　月　日　時卒民國癸丑年五月

日　時年三十塟

娶翁氏名却舍生前清光緒　年　月　日

時卒民國卅一年壬午三月廿七日　時號敏

儉年六十二塟

子天賜

二十六世

二十六世　皆山房

冠文字巽音一名金鳳號伯山增貢生傳江公長子
也公生於咸豐戊子年四月十七日寅時天資穎
悟九歲能文應童子試十五歲入邑庠時人稱神
童焉意其科甲連登奈久困鄉闈竟以黌序終老
命也何如二十歲因甲第　祖祠事侮於執家隨
父挈眷渡臺施帳設教弟子殊衆後九年父移眷
歸泉公仍在臺設教孝心純篤雖遠離膝下事〻

二十六世

必遵父命得俸逐月寄歸奉養曾任臺北淡水縣幕賓迨乙未年臺灣割與日本 公即圖歸奈因家計清貧謀供菽水不得已再偕諸友渡臺幸而得有機會任新報社主筆不與他事其時在臺諸友均以包鬮獲利邀公贌鹽館公固辭不與自守清貧故臺友俱稱富翁獨公仍貧臺北諸友皆稱贊之奈天不假年竟於光緒甲辰年正月初七日辰時病卒於臺年四十七時德配陳孺人及三弟以

文在臺辦理喪事當其時臺友門生等送葬以數
百計是其忠厚可知葬臺北大加蚋堡德會厝穴
坐乙向辛兼卯酉分金　朝東向西越乙巳年
陳孺人扶主歸家壬子年三弟婦李氏拾骸寄歸
癸丑清明節擇葬東岳過岳帝廟大路上土名蘇
園石頂坐子向午兼癸丁陳孺人本舖西塔前潮
州府陳琴宣翁次孫女隣居莊觀察印潭翁外孫
女係翁物色公之美才而介紹其女以外孫女聯

二夫世

秦晉之姻也孺人諱妹舍又諱圓舍號雪晴生咸豐庚申年三月廿六日子時卒民國甲寅年四月廿一日巳時年五十五塟東岳民國　年拾骸與公合塟癸酉年進主衙口　大宗祠

嗣子忠謀　係四弟文攀長子為繼

女烏呢　適本鋪埯仔頂因齋蘇蘇超然舍次子欽舍

其神主填承繼男忠堯忠謀因在台初填忠堯姑並填之而忠堯係二弟丕文次子侄　溟川公命承堂弟芳旺為嗣合并詳之

丕文字巽東一名蠟梅號仲山主號鶴亭傳江公次
子出繼世蒲公長子傳淮公爲嗣也公爲人誠實
興諸昆季篤志力學守儒士之分不事奢華屢試
不售抑鬱實甚但家計貧乏總以設教謀生耳對
承繼寡母高安人事事順情以悅其意宗族稱孝
焉生於咸豐辛酉年十月廿七日寅時卒光緒乙丁
酉年六月初九日辰時年三十七塟東岳龜亭崎
下李公祠後民國甲寅年三月初十日拾金改塟岳帝

二六七

廟后土名中蓮叢口與　滙川公墓相近穴坐庚
向甲兼酉卯此係曾振仲先生舊擇之地一時代
時代覓未便遂爲壐之娶林氏諱隴舍生光緒丁
丑年二月　　日　時

子二人忠壎　忠堯出繼

以文字巽言一名錦竹號叔山國學生傳江公三子
也公秉性果毅不屈不撓篤志力學屢試不售援
例入國雍娶李氏生前清同治甲子年四月十七
日酉時卒民國三年甲寅九月初九日巳年五十一
塋東岳土名草園石頂穴坐癸丁子午李孺人諱
富舍號和晴生前清同治甲戌年八月初九日未
時卒民國庚午年四月初六日巳時年五十七塋
東岳土名岳斡穴坐癸丁丑未

二十六世

子忠懋

二十六世

文文字巽詞一名金蓮號李山清增貢生民國五年丙辰俊士傳江公四子也公天資聰敏秉性恢諧生平刻苦勵志與諸兄弟交相切磋博通經史又精易理素解禪機好作新詩其餘命卜諸書靡不研究清光緒乙未歲試受知王李樵學使入邑庠壬寅補行庚子　恩正併科鄉試房官薦卷不售甲辰歲試應秦學使舊案取錄一等補入增生出貢改革後應丙辰科錄試獲中俊士前受五塔卷

口莊絢仲孝廉聘教讀繼受舊館驛朱仲顕君聘往省城友讀又受南安后埔鄉林志義觀察聘教讀兼文案八年乃轉本邑新門外亭店鄉楊嘉丙茂才聘教讀五年後歷任培元中學校泉州中學校漢文教員不意天運阨人與出繼男全時染病相繼而亡惜哉生前清同治庚午年六月初二日申時卒民國十三年甲子夏歷五月三十日午時年五十五越初二日安厝東門外鄉厝山穴坐甲向庚兼寅

申娶陳氏南門外亭下鄉滄浪官家女名捧舍號
和碩生前清同治辛未年八月初三日子時卒民
國廿六年七月六號古曆五月廿八日申時（壽六十七）越六
月廿八日葬東岳土名龍塘王邊坐癸向丁兼子
午分金丙子丙午
子忠謀（出繼）忠立
女三長（依治）適釋仔檔魏昭源儒學長子鳳輝次（之治）適本巷莊合夭孝
廣孫丕助　三（未治）適買路頭朱澤官長子禎官

二十六世

友文字巽能一名諼州號幼山又號佑萱郡庠生傳江公五子也少就學諸兄甲辰歲試受知秦學使取入府學第六名生光緒戊寅年七月十八日寅時娶林氏厚誠吉田茂才冢女諱珣蕙號和平生光緒癸未年五月十五日未時卒光緒乙巳年九月廿六日丑時年二十三葬東岳金厝圍頂民國六年三月初五日拾金改塟過岳帝廟邊土名洪厝窟穴坐壬向丙兼亥巳分金丁亥丁巳繼娶詹

二十六世

氏甕水君次妹名愛含別號和順生光緒庚寅年六月初五日寅時卒民國卅一年壬午國曆八月二十古曆七月初九日辰時年五十三塟東門外金厝圍頂

子忠恕盧出 女德香適奏魁楊英儒君次子家禎林出 遠香適城隍口林舒華茂才子昆後 来香適釋仔橋朱 六香適橋南劉 邇香適南安黃則佑住南街玉犀巷 密香適西門尤文禮君長子龍火 韻香廿九年秋季佩實高小畢業

二十六世

含笑號孝貞傳漢公長子也生同治壬戌年十一月初五日戌時卒光緒丙午年閏四月十五日戌時年四十五塟東岳娶陳氏諱楼舍號祥和生光緒己卯年六月初一日申時卒光緒甲辰年五月廿八日酉時年二十六塟東岳民國七年均拾金合達于公妣改塟丁厝山

子宙土

二十六世

蘇菊號孝亭傳漢公次子也生同治戊辰年七月十八日酉時卒光緒癸卯年六月初六日卯時年三十六葬東岳民國七年拾金合達于公妣改葬丁唇山

二十六世

芳旺號鵬亭傳河公子也生光緒戊寅年十一月初五日辰時卒光緒庚子年五月廿九日亥時年二十三癸東岳民國七年拾金合祖母及母改癸岳帝廟邊洪厝窟

嗣子忠堯

二十六世

二十七世三朝口房

天賜字　號　芳成子也生前清宣統　年

月　日　時娶　氏名雙喜生

子輩願永願

二十七世

二十七世 傳江公派

忠謀字葭生一名英英號希伯冠文公嗣子爻文公冢子爲繼己未年秋季畢業閩元私立第一高等小學校甲子春季畢業福建省立十一中學校生前清光緒甲辰年十一月二十日午時卒民國夏曆甲子年五月廿七日午時年二十一歲塟東岳山　年拾金改塟岳斡娶邱氏友谷茂才次女名月娥生光緒戊申年十二月十五日午時

二十七世

子　孝維

忠勳字仲生一名正巳號　丕文公長子也生前
清光緒癸巳年十月廿二日巳時承后埔林志義
翁介紹往嚐叻謀生娶林氏諱伴含字佩玉以字
為號新門街文榮君之妹生前清光緒丙申年十
一月十一日申時卒民國十九年庚午十一月十
三日巳時越十四日塟東门外鳳山土名岳挖穴
坐癸丁丑未分金庚子庚午年三十五歲側室
氏名德貞[illegible]於叻生　年　月　日

二十七世

時三男孝丙五歲失恃隨帶呇株賴德貞頤養

子八　孝申　孝巳　孝丙出繼俱林、出

忠懋字武叔一名天生號曙暉以文公子也生民國
二年癸丑二月二十日戌時十四年仝從兄仲生
往峇株吧轄肄業愛正群俗小學十七年歸國入培元
初中肄業升入昭昧國學特科癸酉春季畢業娶
陳氏大寺后艸埔巷明經公若夫子次男明經幼
余先生愛女名三籌生民國二年癸丑八月十二
日未時再渡息力廿四五年歸戊寅重南遊任籌賑
祖國難民會文書廿八年任中華商會坐辦

二十七世

子

女紫霞

忠立字小季一名春生號若陀又號半僧文文公次
子也生前清宣統己酉年十二月廿六日酉時由
開元私立高等小學校進入泉州私立中學校
年畢業元聘南安坑尾橋霞舒鄉蘇立新君之
女幼殤娶北門外洋塘鄉楊氏天佑君之妹名雨
儀生宣統辛亥年三月初九日　時民國廿三年
渡實叻吞株任星中日報記者樹膠商會中華商
會坐辨

二十七世

子
女君霞　宛霞

忠恕字文幼一名巧生號　友文子也生民國辛酉年七月十六日丑時癸酉春季肄業佩實小學校高等班甲戌秋季畢業乙亥入昭睦國學肄業捕文書科丙子春季畢業秋季轉入泉州私立中學校廿八年春季畢業

二十七世

二十七世　傳漢公派

忠虞字虞生一名串土以字為號舍笑公子生前清光緒辛亥年七月初一日辰時卒民國甲戌年三月初五日辰時塟東岳鳳山坐

分金　年三十四娶二姑次女謝氏諱親舍號桑頗生前清光緒戊申年十一月十九日時卒民國乙丑年夏曆二月初三日丑時葬東岳經拾金改塟岳挖年十八歲繼娶郭氏名緣娟生

二十七世

忠尭字東生一名鑄鑄號　玉文公遺腹次子出
繼堂弟芳旺生前清光緒丁酉年十二月廿六日
酉時肄業本鋪恭后巷文錦高小學校適光復因
而棄之後仝兄仲生渡噴叻謀生乃建商業於峇
株豐順公司娶林氏崎頭廟宮口　君之名
慈舍生前清光緒庚子年八月初五日亥時又在
峇株納側室楊氏名来娘生　年　月
日　時歷任峇株愛羣學校正修學校總理益

臺書報社社長中華商會樹膠商會會長及各社
團董事廿八年受閩省政府陳委任為諮議

子　孝丙（兄忠勳三子為繼）　孝庚（林出）　孝壬（林出）

女

[福建南靖]書洋雙峰河南郡邱氏族譜 不分卷

邱鵬纂修

［福建南靖］《書洋雙峰河南郡邱氏族譜》不分卷，邱鵬纂修。民國二十四年（一九三五），邱鵬據清代傳抄本重訂而成是譜。邱姓緣太公望封於營丘，因地著姓。晋五胡擾亂，乃由河南光州固始入閩粵，始居莆田之巖。粤東、閩西一帶客家邱氏，率奉宋邱烋爲開基始祖。皇祐間，烋子成實開基饒平。數傳至必仁，經商而遷上杭。又數傳，孟志遷南靖書洋雙峰，爲開基始祖。譜載譜序、世系、傳記、字行、墓誌等，頗詳贍可觀。邱氏族人清中葉後多有涉南洋者。如十七世水溶及其長子紹杰葬於檳榔嶼，四子紹昌、五子紹榮生於吧城（今印尼雅加達）。十八世贖回於吧城娶二妻，後返大雙峰。據民國二十四年抄本影印。

旹在民國弍拾肆年歲次旃

蒙大淵獻冬月穀旦

峰山西士子琦敬書

譜序

族譜之脩有二難焉上而祖宗世遠年湮父老不傳譜系莫引其間創立非一所播遷非一邑或宦邸而居或擇勝而處朝幾更代幾易地幾移若者開創若

者守成則祖宗之源委難明也下而族人星羅碁布散處都邑間世數忘之宗支忘之某也出自何祖某也遷自何方紛紛籍籍門户百出一本之戚幾同路人則族人之本末難清也況我

始祖烋公生自景德○以逮今幾六百餘載而相宅卜吉已至五遷支派蕃衍不下萬户且必明公之譜詳自必仁公以前後乎此者未備焉際達公之譜叙自永延公以後前乎

此者無據焉此亦孰非难者是以家譜之作久存是志而尚有待也丙寅年春司鐸墨江之餘守制回家適上杭大脩族譜遍查宗派宗叔子中弟綸音特帶舊譜以眎予余也捧閱之下脩

予又安敢以难自諉哉。特念譜之闕係甚重未可苟也乃與族叔子暘公詣杭登祖堂而覽昭穆謁祖塋而察碑記考訂詳自藏書認詢遍及耆老印合朝代之数質實生卒之年更參　僉

判公作譜於前　左峰公作譜於後始知我祖之歸饒不自饒始亦不自饒止也邱氏出自姜齊遠已盛於河南光州固始因晉五胡擾亂乃入閩粵始居莆田之巖及宋皇祐間（1049至1024）成實公

方開基饒平當年饒之學宫祖之舊居也饒之治署祖之舊基也明成化十四年新建縣乃移祖基於南壇之墟遷祠於金山之背大宗祠宇由此焉肇梳琴峰而面筆架左鳳凰而右天馬

蓋其盛也迄始祖　君與公淑敏公至於若　必仁公復經商杭汀贅韓氏八娘爲室而杭邑之派寖熾寖昌焉如黄坑湖洋來蘓蒔處皆出　仁公三子祿公之後至今宗廟依然塋域

如故可引而知也。如是者有年。自 祿公以下 三五郎迨 四九郎。若 萬四郎逮乎 四海公。蓋五世於茲矣。爰是 永延公。起于及 仁公。百二十七年之間。至永樂年初。乃携子以

歸饒殆亦流必溯源末不忘本之意云斯時同歸是土者　朝旺公則創鉄寮井焉此固同為之七世祖者　回九郎之裔也溯而上之　敏公有子九人長則世居左領移處泰石蕃衍于

烏石高陂　必誠之詒謀誠善
也次為　必形公別創梅州程
鄉等處三為　必著或在海澄
南門外或在萬里涵頭港回則
必明公簽判韶州隨居斯土
焉另　必動公為　敏公五子

創於泉鎮及漳之杜任西山後
分派饒之潘段　必变公為
敏公之六子焉馬寮泰洞及大
榕五折皆其後也而　必化公
則避處海濱分處井卅者就是
我祖　必仁公且　敏公之八

子也。後裔愈蕃。已詳於前。及九
子必達公相傳隱於清遠之
林石其中有詳有不詳者則限
於地而隔於勢莫可如何而大
要可約舉也由是因原及委由
本推末一堂之上昭穆犂然一

脉之傳世系不紊自一世而迄数十世即千百世可按也譜而定焉向之嘆為脩訂之難者庶可以自勉矣是時資顧問者則有叔祖心怡耒學其人相參酌者則有叔逢泰董其事者則有

叔拱垣。至丁卯之冬。而斯譜告成余也幸不忘於所自始而詳乎其所從分因惶然以叙之若夫仁人孝子之思水源木本之想可以聯屬親親與敦宗睦族之盛舉者宜其覽是譜自得也。

無容贅也
旨
乾隆丁卯重脩族譜二十四世
孫藻圃莊臨薰沐百拜敬書
古云譜之有叙所以紀世次也
蓋族頗浩繁地隔世遠無以紀

之則坐次稱謂之間有亡然莫得而稽若今因際逢公所著較而訂之且益綿長具緒焉列上自二十一世始標定数語依輩分編庶問名知叙犂然不紊云耳

旹戊子永歷季冬穀旦一書

文章華國　詩禮傳家　創垂
顯奕　繼述藏嘉　光前榮耀
世德作求　仁親義祖　燕
翼貽謨　桂芳蘭茂　日新月
盛　思皇多祜　福祿來成
慶餘善積　譜澤綿延　宗風

丕振。億萬斯年。

上大始祖乃　忠定公任居營

邱始自邱爵官音郡表河南而

太公封之因地而致姓焉至及

成實公乃聖上封稱忠實流

芳。邱和任三洲典、政。邱岳

得二字褒榮

二世大始祖烋公 生于景德二年丙午十二月初七日寅時至景祐二年

廿九歲登任鴻臚寺卿卒于元祐二年丙寅十月廿七日

享壽八十一歲后十三載子 成賓公鄉荐任樞密

院使至崇寧三年又

五載方受 誥封

妣周氏邱媽 生于天祐二年戊午七月十三日午時卒于崇寧二年六月廿

一日享壽八十五歲

誥封一品太夫人

生三子

生三子

長成實　政和年間科第遂同任適瓊州等處

次成益　政和年間科第居官謫居潮州等處

三成潴

今將封贈始祖誥命抄載

於譜以誌不忘　奉

天承運　皇帝制曰朝廷加恩
必先榮其親若所以重大本而
彰大孝也豈以存没而有間焉
原任鴻臚寺卿邱然為樞密院
使邱成實之父慶種厥子而祿
養不逮揆其所自宜有顯褒特

閨閫訓子成名祿不逮養因子
之貴時贈尔為大夫服此隆恩
永賁泉壤
制誥
崇寧二年八月廿一日
三世威實公二十五郎生皇祐五年壬辰八月廿三

日辰時元符二年丙寅四十五歲鄉薦孝廉歷
任樞密院使享壽八十六歲卒紹興六年丁
巳三月初五日原葬饒平縣治署名曰琴峯
成化年間十三年遷骸于南壇比向

妣張氏

生于熙寧元年丁未六月十六日卯時享壽
七十歲三十二始生子誥封懿德一品夫人生一子名昌

四世君與公

生紹興四年丙子九月廿一日申時至建炎四年
三十四歲以鄉薦官任梅州制史致政養親
享壽九十七歲卒紹熙三年壬子十一月二
十九日

前妣桐氏

生于建中元年庚寅六月初三日卒紹熙三年
壬子二月廿八日享壽廿三歲不幸早世

續配馬氏

生于紹興十六年五月初九日寅時隆興二年馬氏十九歲公年六十九歲生長子七十一歲生次子七十三歲生三子公晚子極矣昌盛亦極矣

生三子

長淑敏

生九子詳于右

次淑敬

生一子一女子名曰必恭女適范氏

三淑效

生二子長名曰必忠次曰必孝

五世淑敏公 生于隆興二年甲申四月初六日巳時至
開禧三年公年四十三歲始生必誠公至
六十五歲生必達公一母生九子並無損失享壽八十五歲
卒淳祐八年戊申二月廿一日

妣古氏 生于淳熙七年庚子七月初七日享壽七
十歲卒于淳祐十一年辛亥十一月廿三日

生九子

長必誠 生二子長曰祿烏石高陂祖次曰春山
嶺東坑祖

次必形 烏洋寨併程鄉祖

三必著
生二子長曰枋萬里涵頭港祖次曰梯
韶興祖

回必明

五必動
生二子長曰潘段漳泉派祖次曰禧澄
海祖

六必变
生三子長曰祐朝陽祖次曰裕揭陽祖
三曰袷澄海祖

七必化
傳弁卅巷西祖

八必仁
即継龍公也

九必達大埔清遠等處之祖

十五世孫開雙峯為九世

祖

邱翁釗文林郎身任滎陽縣正

堂追尋重修河南郡

邱氏族譜總序

邱屬官音郿表河南緣太公封於營邱因地而著姓焉但水木遥遠衍派莫稽故前代湖茫之未辦難以悉附於譜恐後人愈增差訛也今姑誌上杭之太祖流來以備觀覽庶譜系可採

族衆可修。無蹈瀆冒之譏矣。惟
我
雙峯開基始祖孟志公為
石保公所出而石保公兄弟乃
為子承公所出子承公偕兄子
豪公乃念千八七郎所出千八
七郎即維福公也移居田地係

繼龍公之子百七郎之孫爲三五郎之曾孫無復疑矣吾家淵源頗失久不見世傳之確實迹公車未暇似難貫纂姑搜故牒參互考訂俾子孫有仁孝之思者追求水木之根源莫不其如

示諸斯乎。遠稽　太祖三五郎
前有維政公又曰致政公未知
其幾世祖但溯所從來乃自晉
唐之際由河南光州固始縣遷
入江西建昌永豐石城等處繼
遷寧化石壁後因衰宋世亂兵

歲頻仍三五郎與兄三回郎弟三六郎又遷福建上杭縣勝運里太白城聚而居焉　三五郎既後遷於黃岩屏風嶺枕山帶水號牛眠吉地生子十人三六與八早世惟有七人盛傳據舊

譜。百回郎之裔。弘公有序云李
氏之子十人。未知其幾母所生
又據十世孫習公序云李氏下
有一陳氏或繼或庶俱未可知
也百七郎有子三人長繼龍
次夢龍三從龍其繼龍乃韓氏

太婆八娘之夫也相傳云公因
獵歇涼假寐竹下尋暝天墜於
黃岩紫林灘三官地因勝運來
蘇后喬苦於渡水急於祭掃而
豐朗曾田百十郎之后年年懸
希于岩上盖深有利于天墜也

至萬歷甲戌閏臘月。維祿公十
三世孫庠生華與族兄廩生建
名請継龍公之魂以銀牌為記
安塟於墳頭鄉梅花落地金盤
載珠形甲山庚向立石牌記曰
河南郡邱公八郎之墓　韓氏

八娘塟勝運里葉坊坑廪角塘
觀音窠獅形坐東向西墓牌鐫
云河南郡郎媽韓氏八娘墓
其百七郎夫婦之墳未知何處
尚須博訪　繼龍公有子三人
孟維長　仲維福　季維祿

維福之子二人　長子豪
次子承
子豪公排位
五十三郎　即戒㴜房祖也
婆劉氏一娘生四子
長曰元　次曰亨　三曰利
四曰貞俱移廣潮大埔之黄沙
埠後維遷程鄉潮廖等處

子承公排位五十一郎婆黃
氏十娘生三子長石保傳我婁峯一派
次移廣未詳諡號三移廣未知
諡號傳云迁黃頭田按自
維福以後之本支派衍彰彰可
考維福以前之宗系亦不得不

循流而溯源也是以爰稽 維
福公兄弟所分派者 維長之
後居南坑屬上杭縣後多有播
遷異地不見私譜無從考稽
維祿之後居勝運來蘇有五世
孫亦名百二郎居黄坑又移廣

此百二郎之父名回三郎先朝
為左丞有兄四四郎親兄弟原
居扶陽首十世孫祖岐（領鄉薦）十
三世孫尚志（鄉舉）兄自昂（領歲薦）道
成（貢監）任廣西催官陞四川簡卅
知府十六世孫夢鯉作聖（俱領鄉薦）

其遊泮郡邑者，不得勝記，彬彬禮樂，幾於數百，視他房爲最。又考繼龍公之兄弟所分者，從龍公之後移居廣東惠州河源永順等處。夢龍公之後移居程鄉謝田平遠鎮平黃田

頭椽子山等處東石二派有六

世孫希正經魁任潮廣東承天府景陵縣訓

九世孫晏選貢任福建福州府永福縣訓

椽子山一派前有惟岳後有恒泰俱領鄉薦

謝田一派有孫茂陵領天啟丁卯鄉薦

此与我継龍公同氣而分者也

進而考。百七郎之兄弟所
分者　百一郎之次子名從慶
六世孫班任廣東平樂縣訓任扶陽也
灡子名志生六世孫聽領鄉薦任
河南開封府訓移居龍岩　百二郎之
後其子念一念二念七郎皆散

居翁源河源老流塘青草洲等
處　百三郎無傳　百四郎之
長子名茂興移居始興次子名富山
仍居上杭　有二世孫念七公登進士為宋大
理寺評事世與寃民　九世孫弘登順天甲辰進士任
成化戶科都給事得君行道
曾膺簡命封藩

思錫錦袍　弘子禎字國輿貢任維摩廿

同知三子貴顯任廣東布政司經歷任南

坑滿子荣光移居英德百五郎之後

長子先仁孫名子瞻入名宦先仁与

弟仲仁後移河源百六郎無嗣

百七郎乃繼龍公父也我等之太祖

百八郎無嗣　百九郎之長子

慶甫移居英德　次子德智仍居上杭

百十郎之長子萬二郎移居歸善　次

子萬三郎仍居豐朗　十一世孫道隆

登進士任四川巡按陞南雄太守　弟道明貢監任杭州同

知陞應天府　隆之三弟道充任湖廣均州州

判陞北直欒州州同元之男。嘉程例貢任南京中
城兵馬司此六房苗裔與我百七郎
同氣而分者也進而再考三
五郎兄弟所分者三四之後
移居永定之溪南金沙也三六郎之後移居廣潮
程鄉西村西洋後有孫俊由進士任湖廣監察御

史陞福建副今西洋丙村二處子孫蕃衍俱有私譜此二房子孫與我三五郎同氣而分者也揔之吾族之居杭者有三派一為戶科都給事蘭齋公諱弘者一派乃是百回郎之後一為御史練

塘公諱道隆一派乃是百十郎之後一為繼龍公婆韓氏八娘一派乃是百七郎之後獨百一郎 諱班者任扶陽百九郎次子德智者亦任上杭譜序三派而不及此豈二公之後裔亦居他

鄉與姑存以俟參考　又據聰
弘二公譜俱以三五郎初遷上
杭為始祖而以其孫繼輩為一
世祖中金二公則以繼龍配韓
氏為始祖而其以子繼長輩為
一世祖俟他日大建宗祠更定

世次必遵 聰弘二公之制以
繼龍公為一世祖推百七郎為
所自出之祖而上祀三五郎以
隨分之祀斯為確當菴修雙峯
私譜當以 維福公初遷田地
為一世祖而以繼龍公為所出

之祖而上祀百七郎三五郎以
隨分之禮乃遵舊制已外如潼
卅溪浦同安数泳俱尊　九鄉
公為太祖相傳亦自江西流來
後有一子歸上杭以開奕葉此
一節採覽未廣叅考未備未敢

多贅後賢繼起嗣而輯之有厚
望焉訔　康熙五十六年歲次
丁酉端月穀旦開房十二世孫
丙子舉人任河南開封府鄭州
滎陽縣事邱釗謹識我　祖維
福公夫婦挈子媳孫曾十餘人

于永樂拾年喬遷田地爰居十
七年兵沒難當危苦尤甚　公
夫婦既沒忽焉而二子二婦俱
危於是子豪公之回子散居他
處繼之我子承之三子更流異
鄉流離瑣尾未有甚于此時也

至宣德三年我　孟志公携妻子遷至雙峯之麓雙坑之口披蓁剪穢構堂而居因地而名曰大雙峯先年入永四鄙一甲竹塔張孔下為甲首至嘉靖二十年南靖邑候郭大鯤補進班李

佛聽謝尚名為里長頂當永四啚二甲排年里役　據歷代口口相傳天啟年間有漳浦籍渡潯鄉官邱懋煒亦相認云他亦是田地之祖所出故亦餽送伊修祖之資特未詳其私譜姑存

考核。又承家乘　公之九世孫翠峯公有吊蹤圖授其子然此圖省約而隻涯公補輯未詳愚故博採群集而爲是編庶可以彰前美而啟後傳焉耳　又據隻峯私譜云邱廼山耶庄河水

之南曰河南者寔根源由而出
也古置豫州之地音屬宮土野
分已午之間蓋我無徵弗信乃
先人有言曰祖祖住居寧化石
礕娶太婆韓氏裔遷福建上杭
縣住居迨及数世有移去饒平

縣畨而我　祖移來漳州府南
靖縣施洋田地住居數世傳裔
四十餘家因兄弟不睦又散居
社上南渡潯陳崎嶺龍山鎮頭等
處居住而我　祖特來雙峰間
建乃披荒整穢設畧張置為計

其張家平寨下為茅蘆矣然後
邱張交易貼贌資而書譜可誌
是時　孟志始祖生三子長
名　宗生　次名　宗享　三
名　宗政　而三房首坵由此
乎而　高祖在玆毅世壙塋埜

於在西之巔坐西向東我 婺
塋在于東之下乃坐東向西此
墳宅乃子孫萬世不易乎云爾
再稽我 祖原在汀州府上
杭縣居住建有祠堂相傳堂前
亦有大塘堂上崇祀 韓氏太

婆香仗分為三大房亦有移在
廣東省饒平縣居住亦有在上
杭縣居住亦有移來漳州居住
瀨我　祖係是大明永樂十年
歲次壬辰喬遷來至漳州府南
靖縣永豐里施洋田地居住

田地社居住共四代

一世始祖維福公念千八七郎

富寿八十歲塟在田地

社福壇墩坐壬向丙

婆羅氏念四娘

塟在施洋大陂灣

坐酉向卯

上杭有一媽黃氏

永定又一媽朱氏

生二子

長子豪

次子承

伯祖

二世子豪公念五十三郎

享壽六十五歲葬在

施洋大陂補坐未向丑

婆劉氏一娘

葬在田地沒坭蛇坐未向丑

生四子俱移廣詳見前

二世子承公念五十一郎

高壽六十二歲塟在田地社椽樹下坐北向南

婆黄氏十娘

塟在西山斗坐北向南

生三子

長石保

即孟志公父也

次　名字未詳舊譜云移漳州漳浦等處

三　名字亦未詳移平和陳崎嵌昔有邱畏邱才常性來后遷黄田頭

三世祖石保公念五十六郎　享寿五十六歲塟在田地嶺崩墩頭今遷塟雙峰社員山仔也字穴形是也

婆羅氏賜娘　塟在田地牛鬭寨坐東向西

生六男

長孟禮　移平和小溪碇内

次孟義　移平和小溪貢祠

三孟智　移長窖上南

長教大宗坐壬向丙兼亥巳用巳亥巳巳分金其龕位門樓坐壬向丙兼子午用癸亥癸巳分金水放丁口未水坤申丁未巽出口是乙亥

四孟志　我雙峰開基祖

五孟信　未詳

六孟仁　未詳

開斐峰社為一世祖

四世孟志公五十六郎

享壽七十七歲葬在崠頭楊師畬

婆蕭氏七娘

葬在門口窠紫燕傍樑形坐寅向申

孟志公媽之神主祀在大宗

生三子

即斐峰為二世

長宗生

次宗亨

三宗政

五世伯祖宗生公八十三郎

塟在尖崠窠甜竹坑頭茶仔畲尾

婆李氏一娘

塟在老鴉山

生七男

長廣斌　妻陳氏一娘　妾賴瑞玉　生四子

次廣賢　妻翁氏十九娘　生一子

三廣達　妻賴氏二姐　生四子

四廣榮　妻賴氏瑞瑛　生四子

五廣華　妻曾氏七娘　生二子移廣

六廣富　早故

七廣安　妻賴氏　生一子

宗生公媽之神主祀在追遠堂為始祖

孟志公三子即雙峰為二世

五世　宗政公八十八郎

生于宣德九年甲寅歲　卒于成化癸巳年享寿四十歲

葬在碓寮坑口

媽王氏念三娘 塟在長寮頭馬踏凳形

生二男

長志廣

次志坤

王氏外家祖媽曾氏六娘 塟在石墩仔蛇形 主祀双溪祠配春秋祭享

宗政公媽之神主祀在雙溪祠為始祖 宗祠坐未向丑兼坤艮

宗政公長子開雙峰爲三世長大房

六世志廣公念七郎　塟在東邊月形

媽郭氏十四娘　塟在新樓後牛脫靴形

生四男

長永乾　妻羅氏瑞玉　生三子

次永榮　妻劉氏瑞珠　生四子

三永洪　早故無娶

四永財　妻賴氏瑞吉　生五子　移南洋

志廣公媽之神主祀在碓寮坑厝祠為始祖

宗政公次子即為隻峰三世次二房

六世志坤公　塋在金竹徑坐艮向坤

蝴蝶挑風形

媽盧氏妙瑞　塋在門口嶺坐庚向甲

共媽生二男

又継媽羅氏一娘 塋在金星脱泡
再継媽鄭氏五娘 塋在山塘仔象形
生二男
長永發 妻詹氏
次永旺 塋在大金星坐辛向乙 妻楊氏十五娘 生孚
志坤公媽之神主祀在坭乾祠為始祖

志廣公長子開斐峰為四世長房長

七世　永乾公二十一郎　葬在门口窠少山公是也

媽羅氏瑞玉　葬在新楼後

生三子　即斐峰五世

長日養

次祖俊

三祖貴

永乾公長子即淒淒五世

八世日養公孟九郎號膽峯墓在嶺頭大坵頂

媽陳氏坤明墓在嶺頭大坵頂内穴

生三男

長福深　妻曾氏良金

次祖坤　妻李氏良賢

三道夫 早亡 妻嫁

永乾第二子 即雙峰五世

八世祖俊公孟三郎 平正房

媽翁氏坤清

生三男

長福清 早故

次福明 妻詹氏

叁福保 妻余氏三姐 生一子名守怡 無嗣

永乾第三子 即雙峰五世

八世祖貴公孟八郎

媽賴氏坤璐

生三男
長福佑　妻賴氏　生一子名金生 移永安
次福欽　自幼傷人
三五仔 乳名　妻　氏　生四子移永安

日養公長子即雙峰六世大房大

九世福深公念一郎 即秉初公也

媽曾氏良金

生三男

長守忠

次守孝 早亡

三守義 早亡

日養公次子 即雙峰六世大房大二

九世祖坤公號渊泉

媽李氏良賢

生三男

長壽全　妻賴氏玉順

次壽山　妻李氏玉聰

三壽春　妻黄氏玉運　簡玉桂　陳尾娘

祖俊公次子即雙峰六世大房二

九世福明公

媽詹氏

生一子

名守智智生一子名興

日養之長孫福湶公長子即雙峰七世

十世守忠公昭五郎 秉初之父號丹予

媽蕭氏玉明

生三男

長惟元

次惟亨

三惟貞

守忠公之長子即雙峰八世

十一世惟元公號寅初穆二郎

媽蕭氏怨姐

生五男

長文進

次文模

三文煜 妻出

四文斐

五文炳

守忠 二子 即凌峰八世

十一世 惟亨公 穆三郎 號毓初

媽李氏二姐

生三男

長寅

次辰

三辛

守忠三子

十一世惟貞公穆三郎號秉初

媽鄭氏三姐
生二子
長丕振 守云隆
次丕成 守贊文
守忠長孫惟元之長子 即泛峰九世

十二世文進公 號標宜

媽黄氏蔭姐

生三男

長　躍

次　騰

三　甫

日養之孫祖坤長子　即雙峰七世

十世壽全公昭六郎號述吾肇初之父
媽賴氏玉順
生三男
長應梅
次應鸑
三應桂

祖坤次子即雙峰七世

十世壽山公貽五郎號紹淵

媽李氏玉聰

生一子

名應寧　妻余氏葬白芒嶺坐東向西

祖坤第三子

十世壽春公七十五郎號熙陽
媽黄氏玉蘭
簡氏玉桂
陳氏尾娘
生六男
長名椿

次名桐
三名槐
四名楓　號養哥　妻出
五名杞
六名檀　號茂荣　妻賴姐仔　曾尾娘　莊六娘
生二男　長完亡　次早亡

祖坤之孫寿春長子即蓮峰八世

十一世名椿公號孕彩葬在盧前田螺形

媽蕭氏坤仁葬在欽山蝦仔形

生五男

長茂起　妻黃氏

次茂祈　妻洪氏　黃氏

三茂章　妻李氏

四茂魁　妻王氏

五茂润　早故

寿春之次子

十一世名桐公號華彩

媽簡氏連姐

生二男

長茂嵩

次茂桂

寿春之三子即凖峰八世

十一世名槐公號的標

媽張氏李姐

養一子

名茂英　妻蔡氏

寿春之五子

寿春之四子名楓号[illegible][illegible]妻氏

十一世名杞公號永辛

媽翁氏元姐

生三男

長孔正
次孔隆早亡
叁孔成
寿春第六子
十一世名檀公號茂荣
媽賴氏姐仔　曾會尾娘莊六娘

生二男俱早亡 長寃亡次早亡

志廣公之次子長二房 即雙峰為四世

七世永荣公二十四郎 塟在溫潭坪眠犬形 現土名員山仔狗形

婆劉氏瑞珠 塟在芹菜窠吊蹈

生四男

長祖祿 即老樓房是也

次仲浩　即磜下房也

三祖璉

四祖元　即橋亭房也

永荣公之長子　即溪峰五世

八世祖禄公孟六郎　塋在馬鞍山鶖郎形

媽賴氏坤君賢　曾氏坤華辛　塋在馬鞍内鵝地

生四男
長福進
次福隆
三福魁
四福海
妻黄氏　移永安
永荣公之次子

八世仲浩公　塋在芹菜窠常春之公號灣溪 灣

媽陳氏坤全　塋在大洋竹

生三男

長廷盛

次廷芳

三廷菲　妻黃氏十娘　諱永安

仲浩公媽之神主祀在楼仔芳遠堂

永荣之三子

八世祖璉公孟十三郎號碧溪徿伯之公太

媽翁氏坤惠

生三男

長福堯

次福舜
三福禹早亡
永荣之四子
八世祖元公孟四郎號泛溪塟在芹茉峎
媽蔣氏坤珊塟在水交油
生四男

長廷美
次廷隆
三廷彰
四廷才
永荣公長孫祖禄之長子 長二房大郎達峰為六世
九世福進公九十三郎號礼泉 塋在大坪

媽范氏一娘　塟在厝後禾程仔
生四男
長大義
次大順
三大荣
四大信

祖禄公之次子

九世福隆公

媽范氏二娘

祖禄之三子

九世福魁公九十八郎號柳泉

媽黃氏五娘

生四男

長春華

次春茂

三春芳　妻嫁出　景叁郎

四春羨　妻嫁出

仲浩公之長子　長二房二即淮文峰為六世

九世廷葳公八十五郎號沂泉常春父

媽蕭氏三娘

生三男

長養林號毓棟妻謝氏玉愛生一子名宏宏生四子移江西

次頫林

三槐林

仲浩之次子

九世廷芳六十八郎號賓臺芬秋父

媽蕭氏八姐　陳珠姐

生六男

長桂林

次桂樑

三桂香

四桂棟

五桂馥

六桂茂

永崇之孫祖璉之長子長二三房即雙峰六世

九世福（福）堯公念四郎佩佰之公

媽賴氏六娘

生四男

長一蘭　五十七郎号惺宗妻蔡大娘生二男　長宗勲　次宗業

次一桂　生一子名仕山

三一楊

四一榔

祖璉之次子

九世福舜公

媽陳氏十娘

生一子

名一貴 遠往

永荣之孫祖元之長子 長二四房即雙峰 六世

九世廷美公號亦杲
媽黄氏五娘
生三子
長耀東字方元　妻蔣氏玉璉生二子早亡
次耀周無
叁耀文移江西

○祖元之次子

九世廷隆八十三郎號新臺

媽張氏十二娘

生四男

長堯仁

次堯德

叁堯晜

四堯惠

祖元之三子

九世　廷彰七十九郎號耀臺

賢其之公

媽張氏七娘

鄭氏三娘

生二男
長堯春　號熈萬　妻陳氏
次堯化　妻張氏
祖元之四子
九世廷才　號耀宸　丘申之父
媽呂氏三娘

媽鄭氏十三娘

呂氏生三子

長丘㒷祥號叶吉　妻林氏生一子

次丘翰　亡

三丘祝　亡

廷才生四子

長愈高　妻湯氏一娘

次愈俊　妻玉娘

三愈嵩　妻林氏

四愈巖　妻嫁出

祖禄公之長孫福進之長子　二房大郎浚峰公七世

十世大義公景七郎號華宇

媽周氏二娘
生三男
長奇山字坑水
次奇崑字坑崗
三奇亮字坑嘹
福進之次子

十世大順公景五郎號 順吾

媽翁氏

生一子

名應錦 妻陳氏 肖氏

福進之三子 即雙峰為七世

十世大崇公景七郎號 花廷

媽張氏玉珠

生四男

長春芳

次永揚

叁永秀

四永润　娶林氏

福進之第四子

十世大信公景三郎號任廷塋在甜竹坑

媽蕭氏玉璣塋在黄石坂

生三男

長應春號尚景

次應豪妻肖氏

三

祖禄公之三孫福魁之長子 即燮峰公七世

十世春華公號藻陽 歷之父

媽黃氏玉閨

生三男

長丘圻

次志垣 妻鐘氏號維樞生一子三乞鐘氏出

三丘臻 妻李氏

福魁之次子

十世春茂公景八郎

嫣蕭氏

仲浩公之長孫廷鉞之長子 即雙峰公七世

十世養林公號毓棟

媽謝氏玉瑗

生一子

名宏〻生回子

長名泰

次名衍

三名縣

四名晚 俱移江西大王庙

廷盛之次子 即雙峰公七世

十世頗林公六十四郎號淵萌 元良之父

媽詹氏玉聰

李氏玉麟

生四子

長永佳號元良

次永作號名唯號敬詹

三永仁名愿故

四永信名書無傳

廷盛之三子即度峰為七世

十世槐林公九十二郎號常春

媽郭氏玉從

蔡氏太姐

林氏招娘

生四子

長良翰

次良禎

三良佐

四良屏

仲浩公之孫廷芳之長子長二二房即复峰爲七世

十世桂林公景十一郎號羨馥祿父

媽蕭氏五仁

廷芳之次子

十世桂樑景十郎號任宇

媽劉氏玉義

生一子

名興

廷芳第三子

十世桂香公號任陽
媽郭氏玉禮
又媽潘氏
廷芳之四子即雙峰為七世
十世桂棟公
媽吳氏玉智

廷芳第五子

十世桂馥公號芬秋

媽黃氏玉信

生二子

長大戚

次妹良 妻葉氏 又娶妻葉萬姐又張秀娘 黃福姐

廷芳之六子即燮峰爲七世

十世桂茂公名贊

媽薛氏

生一子

名位

祖元公之孫廷隆之長子即燮峰爲七世

十世堯仁公號濟萬

媽李氏石

張氏二娘

生六男

長應啟號唯一妻葉高姐　謝六娘生一子名魁

次應元號復初妻葉正姐生二男長宜次宜

三應魁號會妻　氏生一子名長

四應達

五應适

六應選　四五六俱亡

十世堯德公號中萬

祖元公之孫廷隆之次子即溪峰公七世

媽葉氏

生六男

長應福 妻余申姐生一子名茂蔭

次應禄 妻肖氏

叁應祚 妻翁氏

四應祉 妻張氏

五應祈　妻曾氏

六應禧　妻曾氏

廷隆之三子　印渡峰呂七世

十世堯恩公　號　振萬

媽葉氏金娘

生四子

長以淳號若朴妻陳氏出生二子長唱次赫

次以澤亡

三以漢亡

四以亨妻黄氏生四子

廷隆之四子

十世堯惠號育萬

媽鄭氏
生三子
長厥成
次時英
叁
祖元之孫廷彰之長子即蔓峰為七世

長以淳號若朴妻陳氏出生二子長唱次赫

次以澤亡

三以漢亡

四以亨妻黄氏生四子

廷隆之四子

十世堯惠號育萬

媽鄭氏
生三子
長厥成
次時英
叁
祖元之孫廷彰之長子即𡖖峰為七世

十世堯春公號熙萬

媽陳氏玉和

生六男

長丘杉 妻曾氏出

次丘樞 妻莊氏

三丘里

四丘晩
五丘香
六丘檀
廷彰之次子即復峰公七世
十世堯化公號普萬
媽張氏酉娘

生二子

長丘和 早故

次丘順 妻張氏 無子

祖元之孫廷才之長子 即雙峰第七世呂氏生

十世興祥公 號叶吉名宣

媽林氏

生一子名永

廷才之長次子　鄭氏生

十世愈俊公　號篣辰

媽　王娘

生四子

長真　生一子

次廣

叁慶 亡

勳五使 妻鄭氏生四子

廷才之三子 即復峰首七世

十世愈嶷 號岳甫

妻嫁出生二子

長期馨
次期賢
廷才之四子
十世愈嵩　號岳申
妻林氏
生三子

長朕
次榜
叁宸
福進之孫大順之子即祖祿派也雙峰為八世

十一世應錦公
媽陳氏

肖氏

生四男

長蔭

次坤

三點

勳堯

福進之孫大信之長 即雙峰公八世

十一世應春 號尚景

妻劉氏良全

生五男

長奇圣 奇聖妻謝氏生四子

次奇賢 妻出

三齐斗

四齐奎

五齐華

廷盛之孫槐林之長子即仲浩派也復峰為八世

十一世良翰公號潘侯名雲

媽鄭氏招娘生二子

槐林之次子 即復峰為八世

十一世良禎公 乳名 美 號 為周

媽蕭金娘

李恕姐 生三子

如山

如水

槐林之三子

十一世良佐 名 堅 號 際可

媽李氏賓姐

生四子

長朱成

次　團

三　圓

四　爰

槐林之四子 即雙峰子八世

十一世良屏公名信

媽范氏

生四男

長名芳 妻黄氏

次翁 去都亡 妻陳氏去

三乐時　妻王氏

四有五倫去都亡　妻簡氏

廷盛之孫頗林之長子即复峰公八世

十一世永佳号元良

妻肖氏

生一子名碧

頻林之次子

十一世永作名唯号敬詹

妻羅氏

生一子名昌

志廣公之三子即復峰為四世

七世永洪公二十三郎墓在下寨 無祠

志廣公第四子　即凌峰前四世

七世永財公二十七郎

媽賴氏瑞吉

生五男

長祖泰　妻張氏　稿南洋

次祖秀　妻翁氏　稿南洋

三祖富 妻林氏 福南洋

四文宗 妻李氏 宝祠

五文崇 妻李氏 沖裕

永財公之次子 即復峰尚五世 長二四房

八世祖秀公

媽翁氏

生三子

長世達　妻簡氏生三子稱永安

次世光　夭亡

三世英

永財公之孫祖秀之三子　即後文峯尚六世

九世世英公　號振臺

生三男

長貞會

次元會

三奇會

十九世孫開雙峰為十六世祖

邱鵬 追尋重修邱氏族譜 追稽

我雙峰之族譜因於修譜有缺多於私置改今今

譜訂難全，皆由其弊。自九世祖翁釗公，文林郎
修譜之後，前乎此者，乃彰彰可考，後乎此者
又復多難續矣。惟孟志公之孫宗政之長子
乃志廣公也，斯支其譜多于難續，啟查古傳
係同治乙丑年間長毛賊闖漳，至弍月二十日，
吾鄉被擾，焚樓數座，私譜遂被焚於隆興
樓內，後經竭力修存，惟　志廣公傳下八世至
十三世概未閱細載，致有難全之修訂矣。余念

水源木本切不可因小而失大願後世兒孫務當追念時由重修不可有怠則譜繫可統淵源免失是所切切此序

旹民國弍拾四年歲次旃蒙大淵献冬月穀旦

閩渡峰為十六世孫　邱鵬敬書

福進公之孫大信之子乃永榮之子祖祿派傳也即復峰爲八世

塋在茶子墩坐北向南分金

十一世永和公

媽蕭氏二娘

塋在蕭厝橫路下坐南向北分金

永和公之子開復峰爲九世

塋在三層嶺兜仔望月形

十二世齊文公

媽曾氏都娘

塋在長北嶺頭

齊文公之子 開雙峰為十世祖

生于康熙庚申年卒于乾隆癸酉年享壽七十四歲

十三世文祥公

媽賴氏慈靜

生于康熙庚午年卒于乾隆壬申年享壽六十三歲

公媽合葬在芹山頭中央

文祥公之子 開雙峰為十一祖

十四世 乳雅 等字其賢 諱 達天 諡 秉讓

生于雍正辛亥年卒于嘉慶十二年享壽七十七歲

葬在石古後

媽黃氏 諡 慈娘

生于乾隆己未年卒于乾隆戊申年享壽六十二

歲葬在芹菜窠

達天公之子　開隻峰為十二世祖

十五世祖乳妙字全美諱開榜　生于乾隆壬午年卒于嘉慶戊寅年享壽五十七歲葬山坑內窠崎後段黃田頭

媽鄭氏乳宅謚畜慎　生于乾隆丙申年卒于道光丁亥年葬在大嶺蝦仔後遷馬鞍路腳內大坵田角墓

生四男

長名　日照　住臺灣

次名　月彩

三名 三田 無傳

四名 四必 無傳

開榜公之子 開雙峰爲十三世祖

十六世祖乳月彩諱明皎 生于嘉慶丁巳年卒于道光癸卯年享壽四十七歲葬在烏仔洗浴

妣鄭氏乳真娘 生于嘉慶丁卯年十月廿七日辰時生卒于光緒癸酉年八月十六日享壽八十七歲葬大林坑坐坤向艮兼丑未

生六男

長　文從

次、水溶

三　火綽

四　四迎　繼与新楼四文為長子詳見下

五　五恭　早故

六　六屘

明皎公之長子 開復峰為十四世祖

十七世祖乳文從字振能諱如雲謚秉政 生于道光甲申年九月廿六日卒于光緒乙酉年享壽六十二歲葬在馬鞍山坐巳向亥分金

媽簡氏謚善娘 生于嘉慶丁丑年卒于光緒丁亥年享壽七十一歲葬在山崎坪口

生一子名接輔 生于咸豐辛亥年十月初五日巳時享壽六十八歲卒于戊午年十一月初九日巳時葬在

妻蕭氏 生于咸豐己未年五月十三日午时卒于戊午年三月十二日未时享寿六十歲葬在后平寨月形脚

明皎公次子　開復峰爲十四世祖

十七世祖乳水溶字振寬官克涵甲戌歲進士

生于道光丁亥年八月廿七日辰時享壽六十三歲卒于

光緒己丑年九月十六酉時柩塟在番邦檳榔嶼

媽林氏　蘇氏　楊氏　陳氏　陳氏

生五男

長　紹杰　妻鄭氏生一男名武童

次　紹生　生于咸豐乙卯年八月十二日戌時

三　紹賢　生于咸豐丙辰年二月廿九日時

四　紹昌　咸豐辛酉年正月十一日酉時　吧城生

五　紹榮　咸豐癸亥年二月廿九日辰時　吧城生　住在南洋

明皎公三子　開復峰為十四世祖

十七世祖　火綽　生于道光癸巳年三月十一日寅時出外無回

媽葉氏稅娘 享寿六十八歲塟在后平坑仔嶺長

生一男名金發 咸豐己未年十一月廿八日寅時

明皎公四子 闲復峰為十四世祖
繼与新樓四叉为長子

十七世祖四迎 道光乙未年九月初六日戌時生享寿六
十一歲辛于光緒壬寅年塟在馬鞍

媽鄭氏

生一男名金壺 同治戊辰年正月廿七日寅時生
還接明皎公派傳也

明皎公六子 開雙峰為十四世祖

十七世祖六歷 字 振德 生于道光壬寅年十月初三日寅時 娶妻二次無出

明皎公之孫克涵之長子 開雙峰為十五世祖

十八世紹杰 謚 豪雄 生于道光壬寅年三月初五日酉時 卒于光緒辛卯年四月初十日 壽五十歲 葬番邦檳榔嶼

媽鄭氏 璧娘 生于咸豐己未年七月十九日戌時 享壽三十五歲 卒于光緒癸巳年十月十九日寅時 葬山崎內宮岐坐乾向巽分金

生一男名 武童 生于光緒戊寅年十月初九日酉時 往南洋一去回

武童之妻張氏 生于光緒壬午年六月十六日酉時

文從公之孫接輔之子 涧叟为十六世

十九世 乳 三省

妻 氏

生 男

回迎之子 開復峰為十五世 此子乃新樓還來的

十八世祖金壺 生于同治戊辰年正月廿七日寅時

媽賴氏

生男

長蕢莢

次北辰

永乾公傳下開隻峰九世起至十二世
未見私譜之詳載其名塋皆未從之
修訂矣
子琦啓
開雙峰爲九世祖 即永乾派下也

十二世祖
媽

開復峰爲十世祖

十三世祖

媽

開復峰爲十一世祖

十四世祖

媽

閒漫峰為十二世祖

傳云至二十餘歲業為算命後移鄭山娶妻

葬在鄭山烏回

十五世祖

媽氏

葬在鄭山

生五子

長 爾仔

移來船場圩程渡船

次

名号未詳住在鄭山

閒漫峰為十二世祖

傳玄至二十餘歲業為算命後移鄞山娶妻

葬在鄞山烏回

十五世祖

媽氏

葬在鄞山

生五子

長甭仔　務來船塲圩撑渡船

次　名号未詳住在鄞山

三 名号未詳住在鄰山

四 四文 夫妻移來船塲坪閘

五 名号未詳住在鄰山

閘復峰為十三世祖

十六世祖大閘 乳名甬仔 生于嘉慶壬戌年塟在船塲坟子兩位德凉 兄弟手收田双峯至民國四年乙卯年再安塟在下炉大墩路頂將軍地形后有五雄旗形坐丙向壬兼巳亥正針巳亥分金

媽氏

開渡峰為十三世祖

生于嘉慶十二年丁卯塟在船場后位徙兄弟手收迫渡峰至光緒廿六庚子年再塟在天门竪鼇仔外崎蜈蚣吐珠形坟坐艮向坤兼丑未正針癸丑癸未八分金至池水放申出口浓下三大房坟大平邊塟六世祖未詳名号

十六世祖乳四文諱大成

媽簡氏乳檢娘謚淑杏

生于嘉慶甲戌年出葬在岑頭大埕頂后至民國五年丙辰遷葬在大林乾

田崎頭上山蛇形坟坐甲向庚兼癸
正針辛卯酉分金派下三大房

生二子買一男

長四迎 此乃老楼月彩第四子也

次福星

三水仙 早故 福星長子伍德继与水仙為子

大成之長開雙峰為十四世

十七世祖乳四迎

生于道光乙未年九月初六日戌時，享寿六十一歲，卒于光緒壬寅年，葬在馬鞍内平田頭，後歸住在老樓。

媽鄭氏

生一男名金壺，還接老樓月彩派屯

大成公之次子開復峰為十四世

十七世祖乳福𡌅諱拱照

生于道光甲辰年，享寿五十三歲，卒于，葬在温蒜坑，後至民國三年甲寅，遷葬在山墘坪埼中仙人抱鼓形，坟坐辛向乙兼卯酉，正針丁卯丁酉，八月全豆池分放丙口左異之寸三

名号右邊附葬一穴祖未詳名
派下子孫三大房

媽張氏乳叠娘諡温蝶
乃船場下寨埔張宗女子生于
道光戊申年享壽五十三歲
安葬在嶺頭至民國四年乙卯再遷葬入金蓄薯宮
田頭崎中女人蹲脚形坟坐壬向丙兼子午亥巳正針辛亥辛巳
金豆池放水出口右邊一穴祖未詳名号派下三大房

生四男

長位德 徙与水仙弟子也

次位流 無娶妻 以位德次子海洋与來为子

三贖田 徙与田迎为子也至二十餘歲往南洋吧城娶女二妻后岂没
再娶林氏至民国庚午返来大双峯乡详见下

四連慘 式~~歲~~特賣去菱走那寨仔

福星之長子 澗復峰 十五世

十六世 乳 位德 號 正仁

生于光緒二年丙子七月二十日子時

妻李氏 乳 蔭娘

生于光緒九年癸未八月廿七日寅時

生三男叁女

長海清 此子继与赎田为子

次海洋 此子继与位流为子

三海乾 早故

福星次子闹復峰为十五世

第二女磚娘

第三女阿娘

第六女小娘

十八世 乳位流 謚蘭芳

生于光緒辛巳年正月十一日子時享
壽五十二歲卒于民國二十一年壬申正月十
八日子時安塟在隆興樓后梯仔外坡
坐艮向坤兼丑未正針辛丑未八分金

福星三子淵叟峰為十五世

十八世 乳贖田

三

生于光緒十一年乙酉九月初六日戌時

妻林氏 乳上娘

生于光緒十三年丁酉年

生三男

長海燕

次海堓

三海禽

福星之長孫位德之長子開復峯為十六世

十九世 乳 海清

生于光緒三十三年丁未五月十九日戌時

妻黄氏 乳 言娘

生于民国元年壬子十月十一日卯時

生 一 男 女

南双峯派十七世

長燈堂 号能開

生于民國十九年八月廿二日亥時

九三二年八月廿三日晨時

第二名女 素珠

大清歷代皇帝名字年紀及聖諱列明

順治諱　甲申至辛丑十八年

康熙諱玄燁　玄用元　燁用煜字代　壬寅在位六十年

雍正諱胤禛　胤用允　禛用禎字代　癸卯至乙卯在位十三年

乾隆諱弘歷　弘用宏　歷用歷字代　丙辰在位至乙卯六十年

嘉慶諱旻寧　旻缺中点　寧不可用　丙辰至庚辰廿五年

道光諱顒琰　顒宜缺頁字　琰無代　辛丑至己酉三十年

咸豐諱弈詝　敬避　辛亥至辛酉十一年

同治諱載醇　敬避　壬戌至甲戌十三年

光緒諱載湉　敬避　乙亥至戊申卅四年

宣統諱溥儀　己酉在位三年壬子即民國元年

太子諱璉　敬避

孔子諱敬避丘字仲尼姓孔父名叔梁紇母顏氏名徵在兄孟皮跛足

孟子諱軻敬避姓孟字子輿

重修河南琵邱氏族譜總序

嘗思物本乎天人本乎祖是知人爲萬物之靈則水源木本之思春露秋霜之感誠有不能一日去諸懷者況乎萬物得天地之滋培根深葉茂遂生生而不已吾人得祖宗之庇蔭支昌派衍遂綿綿其可歟則欲知世代源流是曷不貴修譜之功乎無如時遥世隔譜牒就湮雖考訂情殷纂修志切其如見聞未廣何哉茲爰稽我

邱姓譜系蓋丘屬宮音郡表河南緣太公封於營丘故因地而著姓焉但水木遥遠衍派支分故前代溯茫之莫辨難以悉附於譜恐後人愈增差訛也今誌河南開基太祖流來以備觀覽庶譜牒可採世系

所收俾世世子孫有仁孝誠敬之思者追水木之根源不忘追遠報本之念是即予之所厚望也　遠稽

太始祖烋公　推烋公之父號忠定公生一子名壽雋即烋公本身也

生景德三年丙午正月初七寅時景祐二年甲戌廿九歲登進士仕鴻臚寺卿卒元祐二年丙寅十月廿七日享壽八十一歲后十三年成寶公鄉薦仕樞密院使至崇寧二年又五載方受誥封

祖妣周氏　生天祐二年戊子正月十三日午時卒崇寧二年六月廿一日享壽八十五歲誥封一品夫人

生三子　長成寶

次成益　名攸政和年間中進士遂同任謫瓊洲

三成滿　同政和年間科第居官謫潮洲宗祠在饒平縣

二世祖成寶公二十五郎

生皇祐五年壬辰八月初三日辰時元符二年丙寅四十五歲鄉薦授

廉歷任樞密院使享壽八十六歲卒紹興六年丁巳三月初三日
原塋饒平縣治署名曰琴峯後成化十三年開饒平遷祖骸于
南壇北向

祖妣張氏 生熙寧元年丁未六月十六卯時享壽七十歲三十二歲始生一子
誥封懿德一品夫人

生一子名君與

三世祖君與公 生紹興四年丙子九月廿一日申時至建炎四年三十四歲叨鄉薦官
任梅州刺史后致政養親享壽九十七歲卒紹熙三年壬子十一月
廿九日

祖妣桐氏 生紹興十六年五月初九寅時隆興二年廿九歲公六十九歲生
淑敏公七十一歲生淑敬公七十三歲生淑敎公享壽五十歲卒慶
元六年庚申六月初二日

生三子 孟淑敏 生九子
仲淑敬 生一子必恭 一女適范
季淑敎 生二子 長必忠 次必孝

四世祖淑敏公 生隆興二年甲申四月初六巳時，開禧三年四十三歲生必誠公，四十五歲生必達公，一母生九子無一損失，享壽八十五歲，卒淳祐八年戊申貳月廿一日

祖妣古氏 生淳熙七年庚子七月初七日，享壽七十歲，卒淳祐十一年辛亥十月廿二日

生九子：

長必誠 生二子，長名禄，次名祺

次必形 程鄉祖，併湖洋寨祖

三必著 生三子，長祊未叙，次禧海澄祖，三禘萬里涵長祖

四必明 韶州祖

五必動 潘㙊祖，漳泉派

六必變 生三子，長祐，次裕，三袷

七必化 井州港西祖

八必仁 號繼龍公

九必達 大埔清遠祖

五世祖必仁公

生寶慶丙戌年，墓在寧化縣紫林灘，至萬曆二年始迎魂鐫碑卜葬于勝運之葉坊坑梅花落地形，甲山庚向。公始經商汀州勝運鄉，娶韓富豪處女八娘以爲室

祖妣韓氏八娘

葬勝運里葉坊坑麢角塘觀音窠獅形，坐東向西，墓碑鐫云：河南郡丘媽韓氏八娘墓

生三子　長維長　次維福　三維祿

按自
維福公以後之本支衍派夫固彰彰可考也即維福公以前
之宗系亦可因流而溯源也是以爰稽
六世維福公兄弟所分派者
維長公之後居南坑屬上杭縣後多播遷異地不見私譜
無從考稽
維祿公之後居勝運來蘇有五世孫亦名百二郎居黃坑
又移廣此百二郎之父名四三郎先朝為左丞有兄弟四
四郎親兄弟也原居扶陽有十二世孫　祖岐領鄉薦十
三世孫　尚志鄉舉兄自昂　領歲薦　道成貢監任廣西催官陞四川簡州知府

十六世孫夢鯉作聖俱領鄉薦其遊泮郡邑者不得勝記

彬彬禮樂幾於數百視他房為尤盛此與我　維福公

同氣而分也又考

繼龍公兄弟所分者

從龍公之後移居廣東惠州河源永順等處

夢龍公之後移居程鄉謝田平遠鎮平黃田頭椽子山等處

東石一派有六世孫希正經魁任湖廣承天府景陵縣訓九世孫晏選貢任福建福州府永福縣訓

椽子山一派前有維岳後有恆泰俱領鄉薦謝田一派有孫茂陵領天啟丁卯科鄉薦

此與我　繼龍公同氣而分者也進而考之

百七郎之兄弟所分者上杭太白鄉有建大宗祠安　百七郎公之位

百一郎之次子名　從慶六世孫珏任廣東平樂縣訓　住居扶陽　滿子名志生

六世孫聰領鄉薦任河南開封府訓　移居龍巖

百二郎之後其子念一念二念七皆散居翁源河源老流
塘青草州等處
百三郎無嗣七橋房云有傳但未知何處
百四郎之長子名茂興移居始興次子名富山仍居上杭
有二世孫念七郎登進士為宋大理寺評事世無寃民九世孫弘登順天甲辰進士任成化戶科都給事得君行道
曾膺誥命封藩恩賜錦袍　弘子禎字國興貢任維摩州同知　三子貴顯任廣西布政司經歷　任
南坑湍子榮光移居英德
百五郎之後長子先仁孫名子贍入名宦　先仁與弟仲仁居
移居河源
百六郎無傳
百七郎乃繼龍公之父戎等之太祖
百八郎無嗣

百九郎之長子慶甫移居英德 次子德智仍居上杭

百十郎之長子萬二郎移居歸善 次子萬三郎仍居豐朗 有

十一世孫道隆登進士任四川巡按后陞南雄太守 弟道明貢監任杭州同知陞應天府 隆之

三弟道充任湖廣均州州判陞北直欒州州同 充之男吉嘉程例貢任南京中馬城兵司 此六

房苗裔與我 百七郎同氣而分者也 進而再考

三五郎兄弟所分者

三四郎之後移居永定之溪南金沙也

三六郎之後移居廣潮程鄉丙村西洋後有孫俊由進士

任湖廣監察御史陞福建副使 今丙村西洋二處子

孫蕃衍俱有私譜此二房子孫與我 三五郎公同氣

而分者也

總之吾族之杭者有三派一為戶科都給事蘭齋公

諱弘者一派乃是百四郎公之後一為御史練塘公諱
道隆一派乃是百十郎公之後一為繼龍公娶韓氏八
娘一派乃是百七郎公之後獨百一郎公諱珏者住扶陽
百九郎公次子德智者乃住上杭譜序三派而不及此
豈二公之後裔亦居他鄉與姑存之以俟參考
又據聰弘二公譜俱以三五郎公初遷上杭為始祖而以其
孫繼龍輩為一世祖　中金二公則以繼龍配韓氏為始
祖而以其子維長輩為一世祖俟他日大建宗祠更定世
次必遵
聰弘二公之制以繼龍公為一世祖推百七郎為所自出之祖
而上祀三五郎公以隨分之禮斯為確當茲修雙坑私
譜當以

維福公初遷田地為一世祖而以繼龍公為所自出之祖而祀百七郎公三五郎公以隨分之禮乃遵舊制也外如漳州溪浦銅安數派俱遵九鄉公為太祖相傳亦自江西流來後有一子遷上杭以開奕葉此一節採覽未廣參考未備未敢多贅後賢繼起嗣而輯之有厚望焉旹嘉慶四年歲己未月穀旦承開房十二世孫中丙子科鄉試舉人邱翁釗號宛夫任河南開封府鄭州滎陽縣事

祖維福公夫婦挈子媳孫曾十餘人於永樂十年喬遷田地爰歷十七年兵疫難當危苦尤甚是時公夫婦既沒忽焉而二子二婦俱亡于是子豪公之四子散居他處

繼之我　子承公之三子亦流異鄉流離瑣尾未有甚于
此時也至
宣德三年我
孟志公携妻子遷至雙坑之麓雙坑之口披蓁剪穢構
堂而居焉因地而名曰大双坑先年四啚一甲竹塔張孔
下為甲首至　嘉靖二十年南靖邑侯郭大鯤撥補迯班
李佛聰謝尚名下為里長頂當永四啚二甲排年里役
據歷代屢相傳天啟年間有漳浦籍渡潯鄉官丘
懋煒亦相認云他亦是田地之祖所出故亦餽送供修
祖之資特未詳其私譜姑存考核又承家乘
公之九世孫挈峯公有吊蹤圖授其子双涯然此圖者
約而双涯公之補輯未詳愚　故博採郡集而為編

庶可以彰前美而啟後傳焉耳

族譜序

水之汪洋鶩望而源泉分派有井井可觀焉木之喬茂繁陰而發幹生枝有特達分明焉凡物皆然矧於人乎想我祖之聚國族于斯歷年未久而人丁蓋有千餘財穀亦各饒裕尚且列郡邑之里班遊泮水而登科者矣後來越閥名家族陰望重貳者亦有之然究其祖之始出派之分流而漠然莫識者余也舌耕為業竊於 雍正元年再於霞眷授子弟有 萬徵字宜韜者乃大明禮部儒士有傳集一族譜余借出覌之始知 我祖出自上杭而移來田地再遷來邑北大双山之下居焉其始出分派可考其詳焉者矣是以述之云爾 繄我

祖自汀州府上杭縣大明永樂拾年喬遷漳州府南靖縣永
豐里田地之地方住居為永豐啚一甲其尚有一房移在平
和縣陳崎嶺居住原為竹塔張甲首將有丘恩丘財常
來相認至大明天啟年間會認杜潯鄉宦丘懋煒入漳
浦籍當差矣
據上祖歷代相傳乃係寧化石壁人氏由上杭至來漳州歷
年久矣不知年號歲紀亦不識名字來歷迨至大明宣德
三年（田地）遷來雙員坑　平和舉人曾居曾大公曾碧川時來
亘安樓敘及于祖亦是寧化石壁來的有是言亦必有是事
是族譜　係
恒隆公長男百歲翁　諱　仲榮生下第三子　字翠峯有吊蹤
圖傳授其子曰双涯　字　心白心白公因修族譜傳至孫

萬徵字宜韜世代相承修錄族譜觀覽有自余是以

鈔之耳 爰及

始祖維福公念千八七郎 享壽八十一歲葬在田治福壇墩坐壬向丙

祖妣黄氏墓在上杭

祖妣朱氏墓在永定

我祖妣羅氏念四娘 墓在施洋大陂灣坐酉向卯

生二子 長子豪 次子承

子豪公念五十三郎 享壽六十五葬在施洋大坡埔坐未向丑

婆劉氏一娘 葬在井下吻泥蛇坐未兼坤

生四子 曰元 曰亨 曰利 曰貞 俱移廣

子承公念五十一郎　享壽六十二歲葬在下田浴樣樹下坐北
婆黄氏十娘　葬在西山斗坐北
生三子
長名石保
次名未詳田譜云移漳州漳浦等處
三名未詳傳云移平和陳崎嶺后遷黄田頭

石保公念五十六郎　享壽五十六歲葬田治平嶺長后迁來双坑员山仔也字穴
婆羅氏四娘　葬在上田治牛𨶛寨坐庚兼申
生六男
長孟禮移平和小溪碰内
次孟義移平和小溪貢祠
三孟智移長教上南
四孟志即双華開基之祖
五孟信未詳
六孟仁未詳

大明宣德三年我 孟志公喬遷大双坑是為双坑開基之始祖后改為大雙山又曰大雙峯即董坂上大宗祠孝思堂之祖

一世

祖孟志丘公六十五郎 葬在水頭嵊頭楊師畬

婆祖蕭氏七娘 葬在石坂门口窠彩燕傍樑形坐寅向申前丙申年出殯辛丑年安葬至大明萬曆二十八年庚子十二月十五甲申日辛未時更葬厇棺內香籐二節為記

生三男 長名宗生
次名宗亨 無傳
三名宗政

孟志公三男諱 宗政八十八郎

婆王氏三娘

生二子　長名志廣　次名志坤

三世　志廣公念七郎
婆郭氏十四娘

生四子　長永乾　次永榮　三永洪　四永財

三世　志坤公
婆盧妙瑞

生二子　長法廣　次法旺

妣　妣

生三子　生五子

二世

宗亨公

妣林氏二娘

莪

二世

祖考諱宗生丘公八十三郎 葬在尖嶂窠甜竹坑長茶樹林坐乙兼卯

即坪寨下追遠堂之祖

妣李氏一娘 葬在老鴉山美女蹈機形

生七男列下

宗生長男廣斌念二郎

妻陳氏一娘

妾賴氏瑞玉

生四子即董坂約我房是也

次男廣賢念三郎

妣翁氏十九娘

生一子名恆隆即我房之祖也

三男廣達念四郎

妣賴氏二娘

生四子

四男廣榮念五郎

妣賴氏石瑞瑛

生四子即稍明友叔房是也

五男廣華念六郎
妣曾氏七娘
生二子移廣
六男廣富念十二郎早故
七男廣安念十郎
妣賴氏
生一子即赤州龍口潭邊房是也

三世

我
祖考諱廣賢念三郎 乃園角石厝坑小宗祠是也
葬在倒流坑竹森窠右邊內穴蟻仔含泥
妣翁氏十九娘
葬在塚仔窠灰墓
生一子名恆隆

四世

祖考恒隆公念二十七郎 葬在倒流坑竹森窠左邊矿穴娶一妻

一妾以為室

嫡妣張氏一娘 葬在黃大坂單提上穴坐寅向申

生三男 長仲榮 次仲琳 五仲文

一女 嫁根竹王旋輝

庶妣諶氏五娘 葬在甜竹坑灰基面前

生五子 三仲端 六仲寅 八仲海

四仲進 七仲珊

二女 細姑嫁九矩雷寥 三姑嫁后壠翁

恒隆公嫡庶共生八子三女

長男諱仲榮壽九十九歲 妣蕭氏謚嫩珠 即我祖也

次男諱仲琳壽八十六歲 妣 氏 即金生房是也

三男諱仲端 葬在交椅窠輪流祭掃 妣 后嫁出無嗣

四男諱仲進　妣　傳聞思齊心開叔姪房是也

五男諱仲文謚質直　妣王氏謚嫩英
妾韓氏謚嫩坤　生五男　長碩峯　次無嗣　三秀峯　四德峯　五奕峯

六男諱仲寧　妣　傳云阿喜房是也

七男諱仲珊　妣　生一子早故蓋路玖公是也

八男諱仲海壽八十八歲　妣韓氏　生二子長雲峯公生六男　次璋臺公壽登九十三歲

璋臺公妻劉氏生二子長號心良次名閎號平岳進府學庠生開九代文學先鋒矣一妻二妾共生六男家資近有三千餘金誠一族之首出也壽僅五十七歲而卒惜乎壽元不長子亦未長成焉

我

五世

祖考諱仲榮號守吾諡仁德

享壽九十九歲為五代三公名曰百歲翁公正直無私時為一族戶長咸皆嘖嘖曰有此杖衛何慮人牠之委曲乎葬在大隱坪坐丁向癸兼未丑至民国已未年秋月予与銘三哥為首捐貲修封重新灰碑穴仍旧址及葭初十謝土用牲羊行祭上下叔侄咸屬俱來慶賀亦為一時之盛禳奠內池水放甲方辛位坐桃滿四五度交界中金線

妣蕭氏孃娘諡嫩珠

葬在營仔翻虎咬尾形坐艮兼寅

生三男

長 安年十九歲而亡

次 祖壽

三 祖蔭

一女

尾姑嫁張營简出華生二子

六世
祖壽公念五十四郎
妣盧氏 妣金謚惠婉
生一子名魁隆号双源

七世
魁隆公
妣詹氏尾娘
生一子名應祥号孚和

八世
應祥公號孚和亦為一宗之戶長也
妣
生四男 長号麟皇 三萬啟
次思九 四振德早故
三女 長遠姐嫁鄭眷 次金姐嫁鄭新
三奠妮嫁陳武

仲榮公第三男名祖蔭是我氷尾本房之祖也斯時也百歲翁為五代三公祖蔭又為四代兩公語云一家四代子五代三公孫誠一時之盛事也

六世

祖考諱祖蔭號翠峯字世琦謚恂恪念五十五郎

建亭堂五坪頂坐乙向辛兼卯酉丁卯丁酉分金至光緒庚子年再為更易掘深數尺進入一丈祠堂傳高地師游通顯

塟玄坪頂水井窠田上坐巽向乾兼辰戌庚辰庚戌分金至大清康熙三年甲辰正月初七日辰時起工初八寅時更塟穴位進入五尺亡命戊子本山依旧坐巽向乾更用丙辰丙戌分金山巳坐穴地師巫輝乾日師謝銘葵進塟吉日甲辰丙寅辛未庚寅

妣蔣氏名娥玉謚惠婉　塟五水尾吳頂另為飛天馬形

生四子　長必大　次必魁　三必達　四必根

二女　細姑嫁根圻王　三姑附塟水井窠

七世 諱必大齒大郎乃祖蔭之長男也号双池 葬丘處后寧

妣賴氏坤瓊

生 四男 長應鷂出居他鄉
次應鞏
三應鳳 妻三和去番
四應鶊
一女 嫁前山蔣養仲

必大長男應鷂宗一郎

妣陳氏一和

生三男 長啟明号熙宸〻生一子名宗福
次啟朗号丹灼〻生二子 長受祿 次受賜
三早故

必大次男諱應鞏宗二郎

妣曾氏二和

生三子 長啟昭号衷月月生二子 長朝麟 次朝伯
次啟耀号衷援〻生三男 長朝圭 次朝勤 三朝良
三啓哲号衷鑑〻生一子名朝璞

必大四男名應鶚宗三郎号瑞棠

妣李氏四和

生二子　長殷賢号登真〻生一子名時宣〻生一子名森早

故妻嫁出

次殷雲早故

一女　嫁下連城楊家

七世

名必魁乃祖蔭之次男也年廿七歲而卒無嗣葬五張厝員墩仔山

妣王氏坤瑗

生一女

七世

名必振〻三郎号双沂乃祖蔭之四男也葬畬客營山塘墩

妣鄭氏坤璉

生一男名應禎

一女嫁坂寮黃家

嘗觀我
祖蔭公有第三男諱必達號双涯者尝因坪寨下祖祠
堂前平被長房卯約我横行無忌將厝上竟築一高樓
仔於是七大房人等僉舉我祖 双涯 出首控告憑官
斷结隨折毀樓仔論功大矣孝全矣然而衆等背盟
負債不償以致搆禍然此亦是約我狡計煽惑衆人而
假公行私也柰本房人等亦不察自己真情只聽他人詭
計正所謂長他人之志氣滅自己之威風而忘其上存
宗祀下垂後世之大功也然人心雖危天理猶昭今閲
公來歷想公之平高德邵堂羅四代雪煥双眉更蒙
本縣主 張熙奎老爺核其生平以年高行著旌匾
贈公則所謂蒼天不負好心人者如公亦可以無愧矣

方知公之諱改曰不錨如聖云湟而不錨也字改曰心白
言其心事可白也將公嘗有嗟嘆之詞曰汝曹當憫
我我生不辰未堪家多難屢憎於人憎諸多口因
拈韻語以寫懷云云
一生茲多口　不白怨難消　倡義復祠屋　捐貲立首山
公婆安土壤　父母妥冥幽　七祖坟荒蕪　遵先寧衆修
閱墻禦外侮　砥柱挽中流　禁木存樵蔭　補懸止仗首
為公功何在　為族恩反仇　自怨還自艾　不貪亦不求
矢心無偏曲　獨立不比周　一片丹心在　紅塵到白頭
鄉隣張叠軒敘曰老厝長房邱文周父子強佔老厝架築
小樓衆等僉議二房邱心白父子倡義告後祠堂功存
九世宗祀恩及七房族人奈何衆等背盟独賠訟債以

怨報德反告誣焉欲害而不能害而群出先喪因賦詩以贈之

河南衍派雙坑里　心匀丹青孰識之　告復祖祠真可羨
獨賠訟債實堪悲　今人不悯先人惻　族衆無知天地知
却恐史詩編不到　尤夫垂録一篇詩

公退居坪上私室自咏二首

城市囂然蒙俗垢　我求尋此七賢居　清風明月長相伴
綠水青山好投機　夜静剔燈稽古典　春濃荷耒治新畬
有时间坐修庭竹　俗慮闲非謾管伊

又咏松竹

松鬱〻兮竹猗〻　松蒼竹翠兩相宜　虛心勁節闲中雅
傲雪參天分外奇　素影篩金明月下　清音戛玉午風时

謾言此處無朋侶　君子大夫我故知

幸蒙

蒼天默佑祖宗吾庇公至晚景年登七一遂為四代兩公迨至八旬鬚髮垂白身體矍鑠蒙靖邑侯　賜與壽官冠帶榮身旌其匾曰年高行著四字以褒獎之故百歲後因謚曰冠帶行著太歲癸卯春姪　貢設帳於亘安樓上觀其譜故亦叙其事云　蓋想

心向伯公生平夙抱英偉重詩書明禮義至若堪輿星數尅擇吟咏靡所不長正所謂天縱多能為族黨之所具瞻者也迨後因　文周　佑據祖屋架樓啟釁衆舉議　公告復是遇盤根錯節而以利器仗之夫何衆背盟因財

貽累以致釁起蕭墻又受污名然心之純白明可矢天日
幽可質神明是以享壽高而素行著幸蒙
本縣老爺張　熙奎　核實賜有旌善年高行著之匾以激揚
之其著作之譜自可傳於後世爰咏一詩以紀公之始終云
耳

素心純白不沾塵　退居坪上學耕莘　與把詩書躭畎畝
閒觀松竹養精神　年高復賴蒼天庇　行著又還蒙縣主欽
世世兒孫觀此譜　便知公在世為人

姪貞號秉初拜贈

七世

祖考字心白号双涯諱以達公萬五郎

原名不縉謚冠常行着先生享壽八旬加一生崇禎戊寅年初葬洪坑口

福壇邊后遷起數十載至清明雨兼之晋出于丙辰年十月廿六日辰

时移葬白鴉嶺秋池窠坐甲向庚庚寅庚申乃定日課丙辰庚子甲辰戊

辰

妣曾氏謚慈順享壽七十九出葬五坪頂后田后墩坐乾兼亥

生二男　長應初　次應裕

生二女　長姑嫁河港曾

六姑嫁陳待布

八世

應初公 號瓊宇 謚 狂直宗大郎 銘旌懸曰狂而直丘君
享壽四十四 葬在甜竹坑灰墓 坐巽向乾 庚辰庚戌分金

嫡妻蔣氏一娘 謚 賢節 享壽八十一歲 生一女 孫娘 嫁張客簡

予思我母夫婦行年二十八歲 只生一女 未有男嗣 商議娶妾巫氏、游氏，俱無生育，續娶我庶母劉三娘，生我兄弟兩人。予居長，名曰望發者，以為太公望子久矣，諱曰徵者，謂久則徵也。

庶母劉氏三娘 葬坪頂路上 坟員下穴 生二男 長名萬徵 次名萬化

予甫五歲，弟方二歲，不幸先君早喪，我母嫡庶堅誼柏舟矢志，克勤克儉，撫我兄弟，枕霜卧雪，其誰知之。嫡母蔣氏年登六一，蒙鄉老併本族家戶長評出，月旦演戲族奬

褒稱賢節傳芳風四字欽請　邑尊旌匾予思抱愧辭而

不敢受也然生前雖不敢受其匾沒後因謚之曰賢節孺人

九世祖考名汝参号望贊字萬化葬麻畬石坂鄉仔腳坐南

妣陳氏靜娘　葬墨斗堀上穴坐北

十世祖考名彤号商璉字君賜葬李厝坑糞箕窠口坐南

妣王氏礿娘墓在和尚窠口路下坐西

十一世祖考名瑞号懷仁字周哲葬墨斗堀下穴

十世伯祖名彰号商哲墓在畬客营坐東　此以下四穴掛吊

十世叔祖名彩号商仁葬坪面窠長中崎

十世叔祖名朝号商禮葬寨后窠仔田上坐北

十二世叔祖名天恩号元德葬大寮后窠田墩坐北

道光十七年葭月十五世嗣孫庠生漢章自臺灣回梓謁祖併贖存田
段交村坪頂六樟逐年祭掃推入
一段坐大水溝大小五坵帶少秧戶內畝四分正
一段坐眉前洋溪邊弍坵
一段坐廳前墩仔后大小弍坵帶畝弍分正
坐叁段共載稅米五石正抽出稅米弍石付長家送耳部 其餘係
明貴用

八世

我

祖考應裕号瑞宇謚侃烈宗四郎邱公

享壽七十三　𦵏在溪帶棠身亦立爲約正塟在倒流坑貴竹崎坐甲兼寅鳳形

嫡妣蔣氏二娘謚勗間　生于萬曆辛巳年九月三十未时，卒于萬曆癸丑年七月五辰时

享壽三十三　安葬南靖西门外地名石馬頭，后迁回浣頭坐丙向壬猛虎守肉形

生二男　長名高，次名日

繼娶楊氏一娘　塟徑口路上，后迁塟墩長双貿上穴

生一女名龍姑，嫁張寮簡

又繼娶林氏二玉　塟在李厝坑樓后壁

生三男　長名屺，諱萬屺；次名家，諱萬陵；三名足，諱萬崎

九世

考乳名高号火陽諱萬暇乃瑞字公之長男也務上郎

在南靖身故塟在李厝坑大坴窠內崎

妣王氏姐娘

生二男 長名岳諱呈驪号大華娶王氏

次名外諱呈璧

一女 來姑嫁要城韓家舉哥

我

九世

祖考乳名日號山映諱萬峻乃瑞守公之次男也

葬在寨后窠崗坪兼丑

妣汪氏三娘

葬在石溫

生三子長名珠
次名委
三名意

一女美娘嫁長教簡森

九世

考萬屺公行四郎

妣曾氏　娘

葬在蘇畲

生三子長名更諱呈文
次　諱呈史早故
三名蒹早故妻葉氏嫁出

九世

考萬岐公行二郎 号誕伯 謚義勇 年三十四歲因世境擾亂庚子年東槐社土賊有百餘人擄叔水尾新寨時鳴衆追逐岐倡義先驛對敵爲公死難妻少子幼可悲也夫塟在徹長

妣林氏順娘

生二男 長名忠 諱呈騰 次名潭 諱呈志 早故
一女嫁芦溪葉

九世

考萬崎公行四郎 號若京

妣魏氏傳娘

生三男 長名歐 外出早故 次名求 諱呈宗 三名縣 諱呈瑞

十世

我

祖考名巿珠諱呈璉謚球英乃少映公之長男也

前葬五上蕉坑嶺長壢月形后迁来郁樹窠麒麟形坐丙兼壬

妣楊氏名盧娘

葬五磜長林橫蹤上

生三男

長名標

仲名銳

季名蘭

十一世

伯考名標字期元

即球英公之長男也

妣葉氏

生四子

長名松

次名梅

三名樹　付胞弟期提名下

四名梧

十世
叔考名委諱呈珩字斯藏乃少映公之次男也

妣汪氏無生

妾張氏生二男長名寵
次名聊

十世
叔考名意諱呈璵字荊璧冠帶鄉賓一郎乃少映公之三男也葬在大營鄉仔形

妣黄氏謚賢柔葬在太高寮

生四男

長名蔭字德賞　三名天字德如

次名兩字德仁　四名歆字德奮

一女

十一世伯考乳名標 字朔元 即球英公之長男也

妣葉氏 生四子 長次三四 名 松梅樹梧 付胞弟期擬爲子

十二世考乳名松 号先春 生四子一女 長次三四 名 典超暉續 [redacted] 号以海 号潤川 澤

妣王氏

十二世考乳名梅 號又春

妣賴氏 生四男 長次三四 名 顯配佛郡

配往臺灣鳳山縣經商因打死張益犯罪律應候絞幸遇 皇

恩大赦天下后增問流於郴州妻子同往焉

十二世考乳名枱又曰宛春号時芬又曰乾薰其說同也又一名時萬

妣謝氏

生四子　長房
次名成早故
三禮号用和
四粥

十四世考名田丁号遜作

妣　氏

生一子名阿草

我

十一世祖考乳名銳字德先諱期捷謚質直即球英公之次男也
想公生平耕讀為業外事罔聞覌其所擇安塟岀己亥歸之坟
併擇先祖萬峻公之一穴未嘗不慕公之孝究青囊甚精也
原命生康熙己酉年六十月申時享壽四十八歲卒于甲午年十一廿二日
爾時辞世塟在蘇盦目鏡地坐辛向乙兼戌辰

妣簡氏謚懿範四代大媽
原命生康熙乙卯年正十五日酉時卒乾隆三十三戊子年正廿二日辰時
享壽九旬加四歲至廿三日葬後乃后仔后移蘇畓目鏡地鼻鞍穴
伯叔祖改遷手尾坐戌兼乾

螟蛉子長名樹
次名邦

十一世叔考乳名蘭 諱期馨 字德明 謚侃直 即球英公之三男也
享壽三十 出坟在李厝坑畬窑崗坐東
妣 氏壽娘 生康熙十六年 卒於巳 享壽八十一 出葬蘇厝
生一男名祖

十二世叔考乳名祖 號繩武 諱長緒 謚純厚 長緒 生康熙庚辰年 享壽七十
二出卒乾隆辛卯 葬田螺窠崎坐丁
妣葉氏 葬在杉窠崎
生二男 長潘敬 號謹夫 次養成 號志夫 生子號于仲 諱言然 乳名準

十三世叔考乳名潘敬 諱大信 號謹夫 謚朴志 生雍正丁未年 享壽六十
一出坟在牛嶺堀
妣賴氏
生三子 長果 次檻 三振

十四世叔壽詞名杲号必行諱登獻謚寬旬生乾隆壬午年享壽五十三歲葬杉

窠崎坐東

妣賴氏生一子名水濱早故又買一子名繼纘妻曹氏生一子名萬孫

十四世叔秀詞名檻号必盈

妣

生五男

饌号遠情生燦

騰号活溪

鼓

水源

淵

坦

遠平

三韍

四擇

五秉

十四世叔孝詞名振号必超諱登振謚亮直生乾隆癸未享壽七十三歲葬在

杉窠岳

妣曹氏縣娘謚最呎生乾隆戊子后葬崔坑山東坑

生二子

瑩森号遠揚生胡

埤生海當

硬

蓮

月老

一女照治嫁梅林魏

十二世伯考乳名樹 諱奕青 號[illegible]春 即期捷公之長男也

葬在釣魚嶺坪面田上十五世媽祖坟邊

妣葉氏 葬在和尚墩覓頭崎

生四男 長 天林 号耀山

次 天竹 号耀淇

三 孩 早殁

四 堂 号耀文

十三世考乳名天林 号耀山

妣

生

十三世考乳名天竹 号耀淇 葬徑口畬平水路下

妣 氏葬徑口居松田中

生

十三世考乱名堂号耀文

妣

生一子名霍 婆丘深粟仔

且耀文公有兩胞姪曰 士棠
士珍 移臺

我

十二世祖考乳名邦 號甸彩 謚長鐵公即期提公之次男也

原命生于康熙己卯年十弍月廿四日未時 至癸亥年七月初旬年當四十五歲

往臺灣海山長彰化縣南靖厝駐足為商不幸卒于乾隆庚午年十

弍月晉卯時去世享壽五旬加二歲至辛未年三月廿日啓發閩文訃報至

廿七日延請道士安座引魂開通冥路作熾一會法事完滿及后祖骸

係是施洋龍口房叔携歸塟在上蕉坑福壇墩行路外坐南

論為我迁祖骸遲久消世之子孫有可登墳拜掃其恩義大矣尤予之

追修譜牒昭穆不至渺茫源本有可詳明焉耳

妣簡氏 謚慈儀四代大母 原命生于康熙戊寅年十弍月廿九日辰時卒

乾隆壬寅年三月廿旬未時以疾終于内寢享壽八旬加五歲初塟蘇畬

后迁塟根竹徑和尚墩坐壬向丙兼亥巳丁亥丁巳分金用寶窑一度

二度初金水線路金矣

生五男　長名檀　四名取
次名藍
三名剡　五名益

我

十三世祖考乳名檀字大材号車煌謚純謹乃甸彩公之
長男也原命生於康熙辛丑年九月十五日卯享壽五十九歲　嚴生平
樸實居衷不尚浮華勤儉以持己寬厚而待人事無大小率以
謹守為度仰則孝順祖母俯則訓課孫兒家資雖無大發約有
數千金之饒時稱一甲之殷户也至乾隆己亥七月間不幸忽染腹
痛之症飲食少尝至寢尚寐無覺及下半夜又反腹痛危篤愈
甚醫藥罔效至廿八日巳時竟然逝矣九月朔午殯殮首戴幅巾
身着深衣足穿明鞋上下共十一重下午駕輀登蕭崙坐乾兼
亥三分即晚掇慶作讖嗚呼大數莫逃留德澤尤常存凡承孫
輩宜以謹守為法以垂不朽云耳至乾隆己酉迁葬溪后洋至嘉
慶丁巳二月二日重修打灰立碑坐丁向癸兼午子丙子午柳福十度十壹

度坐水綠

崙坑

祖妣陳氏謚敏淑

原命生康熙壬寅年十一月廿五日亥時初出葬長龍仔后迁棺葬黄石坂

老屋洋坐乾巽亥至癸未年重修壁宿七度分金依舊不改

又續娶陳

生一子權

女 解娘適嫁長教后塝鳳長坂

十三世叔考乳名藍号耀田諱大魁謚純靜即旬彩公之次男也

生雍正乙巳年十二月廿四日子時享壽七十三歲卒嘉慶丁巳又六月十一日酉時葬坐蔴

崙坐壬向丙丁巳丁亥分金

妣　氏謚敏慎生雍正乙卯年六月初八日亥時享壽七十六歲卒嘉慶庚午年十二月十三日亥時去世葬洋竹坐北

長名陣付胞兄爲子

生三男 丕名丙 次名煖

二女 端娘嫁東槐 治娘嫁坂寮

十三世叔考乳名剡号耀爵爵諱大官

妣王氏

生三男　長鶱　次默　三章　章生一子名歷左

此耀官公之家眷妻孥搬往臺灣桃仔園下節住居

十三世叔考乳名處諱大蔡号　謚厚朴　即甸彩公之四男也

原命生雍正壬子年五月初三日辰卒乾隆丙午年六月初六辰時享世壽五十五歲葬根圻徑

葛坑長

妣黃氏　葬在坡仔后坑口

生三子　長獅　次慶　早歿葬鞍門叉叉路上　三佃　葬尾圳上田下

十三世叔考乳名益　号遜友　諱大謙　謚文光　童生名益三　即旬彩
公之第五男也　時為淹通經史之儒士惜未入泮有數存焉
原命生雍正甲寅年四月廿四日寅時卒乾隆丁未十月廿六日亥時享壽五十四　葬在
大營尾壠寶崎
妣曾氏　謚敏貞　生乾隆癸亥九月廿四日辰時　卒嘉慶辛未五月初九日午時　葬在
根竹徑內過橋仔崎

生

十四世伯考乳名陣　号皆士　諱登烈　謚猷佩　即大村公之長男也
葬在嶺仔后朋坐南　生乾隆丁丑八月十三日辰時
妣陳氏　生乾隆己卯十月十五日未時　后母子搬家眷往臺甲子蘭

生四男　長江流　三充耳
次醮　四燮然

号有源

十五世考乳名江流諱漢濯　童生名因輪[殷]　謚明哲　乃晢士之長男也
斯為當時究史研經之文人淹通博達之雅士奈[何]青衣未獲三
生不幸矣　葬在坪面蛮虎仔前腳坐東

妣賴氏錦[錦]娘　謚綿儉　后迁葬径口福坛后田中
生一子名厥初　往臺無回
女奪娘嫁張敖

十五世考乳名醮　号漢誠　諱有光　葬在過山仔墩仔坐南
妣葉氏赴娘　生三女　長祝　次三娚　三隱良

十五世考乳名充耳　号漢玉　諱有瑩　葬坡仔后尾圳上
妣謝氏　后嫁出

十五世考乳名斐然 号漢章 諱有文

生三子 長名枧 次潘良 三三鳩

二女 嫁小芦溪

一子名應 号国清

妣葉氏

生二子 家眷往臺

十七世考乳名自 号修己

係從芦溪葉買來以繼厥初之後嗣

妣謝氏梅娘

后因子在家與人構禍往南靖避难 卒葬南靖壠埔

生三男

長章甫　死葬在石礐坑

次章縣　葬大寮后寮

三水濕　葬在施洋后田嶺

十八世考諱名章甫

妣一氏細娘　葬在深寮仔仔小寮仔大路上

生四子

長潘册　葬施洋坪山

次潘振　葬施洋坪山

三潘溪　葬深寮仔宗田上

四潘楚　村邊壽坑毋田路

二女

嫁長林

七娘　嫁南殿后嫁鳳山坂

十四世叔考乳名煖諱登綵号于帶謚順正乃大魁公之次男也
生乾隆癸巳十月二辰陽年四十八岁卒嘉慶庚辰十二月卯時世塟根竹徑列仔角
坐甲兼卯丁酉分金
妣葉氏繼娘謚情善生乾隆癸卯年七月子時享壽五十八岁卒道光庚子六月十二日寅時
塟根竹徑漳州埧蛋仔田上至坑絞甲申兼庚卯收坐經微坐乙向辛兼卯酉氏宿三度初
生四男　長名神駒　三名三廩
次名恩科早故　四名四吉
二女　坤娘嫁河山杜　每娘嫁楓樹坪

十四世考乳名丙諱登陽号于泰生乾隆己卯壽三十一岁
妣張氏色娘謚勤惠生乾隆庚辰壽七十四岁
生一子名細老号漢精諱有詳生乾隆己酉
享壽四十二岁配妻陳氏生一子名吾身

十五世考諱名神駒 諱有別 号漢序 謚正辨 和于第公之長男也生嘉慶

癸亥年六月廿日午時 享壽八十出四代大父卒光緒壬午四月廿日午時葬在丙烏石仔

坑中崎坐寅

妣葉氏謚

生嘉慶丙寅年埜娘仔后葬仔窩均崎坐丁兼未

生一男名水露 妻汪氏喜娘

女血娘嫁嶺脚蘭

十五世考諱名三廣 号漢烈 諱有生乃登孫之三男也

妣陳氏進娘

生一子名目

十五世考諱名四吉 号漢廸

十六世考乳名水露 諱國雲 号成永 謚若雨 即漢序公之四男也

三代大父 生道光丙申年十一月初八日辰時 卒光緒癸卯年六十七歲 出葬根竹徑厝儔石大路上

妣汪氏喜娘謚 四代大母

生道光壬寅六月廿三日辰時 享壽八十三歲卒民國甲子六月廿六日戌時 葬根竹后大潭外水路上

生 長子名石山 又買一子名石頭

三女 屋时娘 何港 娘據 葛山 要 樹林石

十七世考乳名石山 諱家青 謚體仁 三代大父 即成永公之長男也 生咸豐

辛酉年八月十六日巳時 享壽四十六歲卒光緒丙午年五月廿四日未時 辭世出葬根竹徑潭

丹娘窩口外崎田上

河港

妣曾氏好娘謚如意 三代大母 生咸豐辛酉八月廿四日子時 卒陽年四十三歲卒

光緒癸卯二月廿六日出葬坡仔后大灣口田上

生四男　長　水邊
次　水影　付胞弟為子
三　三苟
四　水倫

十七世考諱名　石頓　号　即　成永公之次男之壽同治戊寅三月二十日酉時享四十九歲

卒民國丙寅七月九亥死葬蔡厝漢仔

米椇寨仔

妣曾氏罔娘

葬大寨后窠正窠底

螟蛉子水影

十六世考諱名　目　号　即三廉之男也

梅林

妣魏氏圓娘

生一子名　大孟

女　粉娘　嫁跳龍坑

死　登和尚墩田尾

我

十四世祖考乳名權諱登宜號于平謚順壽乃大村公之次男也

原命生乾隆癸未年十一月初旨寅時享壽五十歲卒嘉慶壬申六月廿九日

寅時世葬松尚墩頂坐申向寅兼坤艮三分丙申丙寅

河潭溪尾

妣曾氏言娘謚情温

原命生乾隆丙戌年十弍月廿八日酉時至道光十七年二月六日巳時辞世七十二寿

七旬加二歲葬坡仔后会於窠崎圳上

此公媽骸未曾其香火合追遠堂

生五子

長名席珍　四名四崇

次名露瀼　五名五祿

三名日燦

一女

巇娘嫁施洋潭尾

十四世考乳名他号可能諱登本　即大蔡公之三男也

生乾隆庚子年七十三日辰　葬過山仔山后寨口大石头脚外穴

無娶妻買一孫名斗号成石　葬溪寨仔口大路上

十四世考乳名默諱登信号　乃劉之次男也　生乾隆癸未年

妣簡氏后嫁出

買一子名宗輝

十五世考乳名宗輝諱有長号漢恬　即登信之螟蛉子也

生乾隆辛巳十六十二日寅時　葬根竹徑厝背仔大路上田下坐北

妣陳氏用娘　生乾隆甲寅九廿三日辰　無出育

買堂兄漢白之第三子名潘為子

十五世伯考乳名席珍 諱有猷 号漢圭又名曰漢儒乃于平公之
長男也亦為當時博學之儒士惜終未聞售焉原命生乾隆己
十月初八申時享壽七十二岁卒咸豐丙辰五月初一辰時葬中元崎坐坤

妣葉氏 解娘 謚綿芳 生乾隆戊申正月初十亥時享壽六十六岁卒咸豐癸丑
三月初八丑時辭世后葬李厝坑拈婆墘

生二男 長中州 次二物
女 鳶娘 嫁長教簡五金為妻
娥娘 嫁船場大福洋張灣

十五世伯考乳名露瀼 諱有甘 号漢白 乃于平公之次男也
原生乾隆丁未十月初四未時享壽六十五岁卒咸豐辛亥十一月初一 葬山后棠俗坐北上穴

妣葉氏 后嫁去芥坪
生四男 長名和尚 隨母去芥坪 娶妻生一子名旺
次名潘 光嗣付堂弟宗釋為子
一女 林娘 嫁小蓮城汪四君為妻

十五世伯考乳名日燦 諱有炎 謚竣諒 即于平公之三男也

原生乾隆庚戌年陽年廿十七巳時卒嘉慶丙子年七月廿五日葬李坑

鞍虎仔后腳

石井 妣曾氏 生嘉慶戊午年四月初辰時年廿八巳時卒道光乙酉年十月初十日葬在

和尚墩大坵田角坐南

生一男乳名柳 諱國榻 生乙亥年行年四十一歲卒咸豐五年

五月四日葬根竹徑山后窠仔坐北下穴

我

十五世祖考乳名四崇 諱有書 號漢朝 謚正高 即于平公之
第四男也原命生乾隆乙卯年正月十三日巳時 享壽七旬加一 終卒
同治乙丑九月十四日巳時 去世是日因豬羊上踏 葬在蘇畲大墩坐庚
向甲兼酉卯至光緒戊申年冬月再修封外土打灰石碑完工告竣
六角翻鬃壽毛行祭 分金仍旧坐畢宿一度兩似棟 五庚五酉分金安福神丙
方興正坟共分金同年葉朝拜 先師亦同此祖骸未摺

水井
妣鄭氏素娘 后謚坤德
生嘉慶己未年二月七日午時 享壽四十四年 道光戊戌年二月十一日未時辭世
葬在鈎魚嶺坪面田上坐東 前有收屋經做
此公媽係火合崇葬坐

生三男 長西階 次水浪 三三重
二女 蘇娘嫁施洋田中央蕭維新
榆娘嫁下坂寮田心樓劉石祿

十五世叔考乳名五祿 諱有位 号漢冠 即于平公之第五子也

原生嘉慶丁卯年十一月十二日戌時 往臺灣十餘年無歸

妣葉氏 無生育嫁出

十六世考乳名中州 号成蕃 諱國都 即漢冠之長子也 生嘉慶

壬申年正月四日辰時 壽六十四歲 卒光緒元年

妣夏娘謚秀春黃氏 生嘉慶壬午年正月三日亥時 壽六十四歲 卒光緒乙酉

葬芦坑圳上

生三男 長丹霞 次本 三水蛲

十六世考諱名二物号成萬

妣浸娘葉氏

買一子名天 后死他鄉

十七世考諱名丹霞号呈彩 即嫂蕃之長男也 塟和尚墩頂田下

寮坳上

妣黄氏曲娘

生五子
長 水港 塟大寮口 妻葉氏后招出住葉寿 生一子萬成
次 水瀨 早故 塟大寮田上
三 三船 賣与呈鳴為子
四 水挺 村肶弟為子
五 五帆

一女 顯娘 嫁工村

十七世考諱名水蟯号呈華

我
十六世祖考乳名西階字國堂號成殿謚良墀即漢朝公
之長男也冠帶榮身例贈鄉大賓原命生嘉慶丁丑年十一月酉
享壽七旬加六歲卒光緒十八壬辰年正月廿四日午時至廿八駕輪豬年兩别
合看上路塋在嶺長仔坐庚兼酉至光緒戊申年重修外土併砌埕打灰豎
碑因坐庚兼申畢宿九度至綠水出甲口安福神丙方坐丁兼未亦用剛
鼠系毛完坟地師葉布周司岸葉朝拜此祖骸未撿

夫坑湯丘
妣李氏育娘后謚勤養　此公媽原父合棠擧葬
生嘉慶戊寅年九月十一日丑行年四十六歲卒同治癸亥九月初二日未辭世葬塋山后
寶星帝殿及后收金經做坐坤兼申井宿五度

生二男　長臨鍾
　　　　次石脇

十六世叔考乳名水浪号成波謚良靜 即漢朝公之次男也

生道光癸未年七月廿四日巳時壽 卒

葬五益仔寨外崎坐南

妣葉氏板娘謚勤蘭

后迁葬五根圻經魏厝小寨仔崎仔尾田上

生四男 長萬倚 次萬鑑

三玉麟往吧城亡

四金生葬本鄉土嶺田下

十六世叔考乳名三重号成文諱國厚謚良任 即漢朝公之三男也

生道光戊子年十一月廿四日丑時壽六十岁卒光緒丁亥四月廿四日申時辭世后收金再迁

葬根圻徑中灣崎坐坤

妣葉氏端娘謚勤貞

生道光庚子年正月廿四日丑時壽六十三岁卒光緒壬寅八月廿四日申時出柩葬

坪面田脚坐乙

買簡五全二子為長男名水摺

后生一子名水朧

女載娘嫁墩下張居由

我

十七世考乳名臨鍾字諱家靈號呈英謚號秀郎成殿公之長男也

原命生道光三十己酉年十弍初三日卯時享壽六旬加六歲鄉大賓三代大

父不幸卒民國甲寅年后五廿二日午時辞世至廿三日入殮上下共十一重衣服上路

用猪羊行祭廿四早又備猪羊合香祟翠祠併入主一座棺莖掘潭全身

面坐巽向乾兼辰戌丙戌丙辰分金軫宿十五度安福神艮方坐甲向庚兼卯酉

心宿五度

新村大厝

妣葉氏慄娘謚淑惠

生咸豐四年癸丑九初四日未時享壽七旬加三歲三代大母大數不幸

卒民國乙丑年七初六卯辞世初七殯殮上下衣裳共十一重用猪羊行

祭初八早合香祟翠堂上用洪救金隻拙禮拔度追薦法吏完滿棺莖

三角坪水掘墩坐壬向丙兼子午中針小数丙子透地丙子危宿十四度

中水線至癸未年收金經作分金改換坐亥向巳兼壬丙用壬

局穿山辛巳室宿十度

生三男　長　長亨
　　　　次名　長佑
　　　　三　長命
四女　次朗娘嫁五東寮陳崇后抬番治简雨水
　　　三隱娘嫁科嶺脚鄭升車
　　　五朝娘嫁新村大厝葉長嗅
　　　七褪娘嫁芦溪田寮葉香茹

十七世胞叔考乳名石勰号雲泉文童名諱毓智即成殿公之次男
也亦為當時之儒士屢試不入泮宮雖同學博其如命何哉
原生咸豐四年岁次癸丑正廿五日巳时享壽五十二岁卒光绪三十甲辰
年正初三酉辞世棺葬和尚墩田下坐西

樹林仔

妣葉氏巧娘謚淑儀三代太母

生咸豐十一庚申年十初四日寅時享壽七十歲卒民國己巳十式十二亥時辞

㘴出葬叙帽墩坐酉兼庚

生二男 長名芳蘇 次名猷猷早故

女 宣娘嫁水井鄭煬 也娘嫁新村葉銳

十七世叔考乳名萬倚号呈依謚毓正即咸波公之長男也

生咸豐己未年享寿七十一歲三代太父卒民国己巳年二 葬九斗垠公崎横

踏上坐南

水井

妣鄭氏雅娘謚淑俊三代母生同治丁卯年享壽五十九歲葬和尚墩半嶺田楼坐庚

生二男名水然 次水昂付星五为乃廿蘇出而卒

女

十七世叔考乳名萬豎 号呈五 諡毓參 即成波公之次男也 生咸豐辛酉年三月
壽六十五 卒民国乙丑 葬大寨口老李洋田上

后畲
妣葉氏貸娘 生光緒丙子年

新村
父葉氏稀娘

十七世叔考乳名水曲 号呈振 諡毓超 即成文之長男 生同治乙丑三月 壽六十
六 卒民國庚午六月初五 死東芹山松柏崎路邊后杠尸返 葬和尚墩嶺田脚坐西

芹溪東山
妣葉氏冥娘 生同治丁卯

生一男名家修 往仰光身故
三女 彩閏娘 嫁東槐新葉
錫 嫁館下 芹溪

十七世叔考乳名水龍諱家榮號呈潤，即成文之次男也，生光緒庚辰年行年四十二岁，卒民国辛酉三月，葬坡仔后岔杉窠下田上。

妣汪氏兆娘，小達墘，生光緒己卯年。

十八世脆兒乳名長亨号際泰諱維元謚心德即呈英公之長男也

生同治辛未年十月初二日戌时不料卒于民國戊寅年十月十一日未時

辭世享壽六旬加八歲葬在犁仔崎坐東向西

占汴坪

妣吳氏餒娘謚

生光緒丙子年十一月廿二日酉時生不料卒于民国

戊寅年九月廿五日寅時辭世享壽六旬加三歲葬瑶潭鞍分金坐巽向乾彰

十八度中木

又買一長子名忠信

生三男　洋湖　哲夫　南基付脆弟維保為子

六女

十八世能旺乳名長佑諱維保号際啟謚明德即呈英公之次男也

生光緒癸未年二月十一日戌時生享壽五旬加五卒民國丁丑十廿二日申時静去

出葬三角坪横路上坐癸向丁至癸巳年八月初五日迁葬苧麻畲烘炉地山尾后面落半山坐丁

向癸兼未丑內向坐丁兼午分金戊午透地安丙壬

葛沂

妣賴氏忍娘謚供愛

生光緒戊子年四月十五子時生享壽七

旬加四不幸卒于中華辛丑年二月初一日卯時辭世出葬在溪尾寨中伯祖左邊坐癸

向丁

生四男

長 南臺

次 天錫

三 名 三煬

四 發鑾早故

五 最伍典

五女

十八世考乳名長命諱維新　號平齋大德郎呈英公之第三

男生光緒十五己丑年九月十一日亥時生平（藏修）志博學通孔孟之詩書意

欲登雲步月去於亂離之遭久廢科舉雖有毛遂之類終無可脫於

叢青囊萬學覓擇不但吾卅已耳癸酉年十二月十四日卯時矢（享壽）三旬四至二

上路（檜）葬在堀潭全身面坐巽向乾兼辰戌（丙戌丙辰）分金

妣簡氏院娘

原命生光緒丁酉年八月十一日午時享壽五十二歲不幸辛于民国戊子年

三月初八日巳時辭世出葬紗帽墩坐西

生

男長名天質

女節娘嫁在田寮親家火坐

等娘嫁在小能城

十八世元乳名芳蘇 号 諱齒德 即阜泉公之子也

生光緒甲申五月廿三日申時壽

妣黄氏團娘

生光緒壬辰三月十一日丑時

生二女 漂娘 如

繼娶吴氏

十九世侄乳名忠信 諱 志学 號 日周

生光緒甲辰年九月初四日子時不幸崩于民国壬申年五月卅早在仰光放双篙船失洛海中

書洋姊夫蕭鵲乙生第四男乳名丙全付為子

科嶺脚

妻鄭氏藪娘

生宣統元年己酉

十九世姪乳名洋湖 諱 志水 号 日流

生光緒丙午年六月三十日子時享壽二十九歲

妻葉氏秧娘

生民国癸丑年七月廿二日巳時不幸卒于壬申年五月初九日酉時葬在大窠田上窠底

繼娶簡氏何妹生

十九世姪乳名哲夫諱志成号日明
生光緒三十四戊申年五月廿日申時

妻張氏

十九世姪乳名南臺
生民國二年癸丑十一月十一日亥時生不幸卒于民國戊寅年三月初七日葬在拜
厓鞍內一窠大路上坐東向西

妻黃氏妹娘
生一女后嫁出

十九世侄乳名天賜諱志𡌿号曰純

生民国丙辰年十一月初二日辰時生

妻劉氏尾娘

生于民國丙寅年八月初六日未時享寿三十七岁不

幸卒于乙未年四月廿四丑时辞世出葬蘇𡍼坐卯酉兼甲庚丁卯丁酉分金

房宿二度中天地人庚寅辛卯一條中正本合小數庚寅辛卯木正針丁卯又加丁丑化木胎向

至癸卯冬收金甲辰春二月初五日葬在坪蹊坐坤兼申

生　三男長　名　如圭

次　如琢

三　如深　故

二女鑾娘

十九世侄乳名三鼎

生民国庚申年四月十八日巳時生

于民國戊寅年十月廿日被偽軍俘服兵役至

湖南耆湘鄉居于桂鳳凰無回

十九世男乳名天賢諱志義號曰禀
生民國八年岁次己未五月二十日寅時
至庚辰年五月初三被偽軍拉服兵役至龍岩無回

十九世侄乳名爰鏊
生民國壬戌年九月十二日戌時行年十四歲不幸卒民國乙亥年六十一日未時
世葬在山腳寮 松柏寮

十九世 第名 伍典六 諱 志書
生民國辛未年十二月廿三日亥時生

妻葉氏 玉花
繼妻鄭氏 發花 生于民國丙寅年

隨男名高陞
生一女名 銹緞

葉生三男
長
次名如芦 故
三

二十世乳名丙金
生于民國丙寅年七月十八日未時
二十世　乳名高陞　卯時
配妻曾氏名月勤

二十世乳名木山

生于民國丁丑年二月十九日亥時

二十世如奎 字新璋

原命生于民國丁亥年七月廿六日巳時生

邱天錫之長男也

配妻汪氏名李娘

原命生于民國丁亥年七月廿六日丑時

生一男名金樹

二女惠卿 香敏

二十世如琢　字新磨

即天錫之次男也

配妻名惜花曾氏

生三男

名

長　江柳　付一半三房為祭

次　江銘

三　江灯　付一半爰盤為祿

二十一世乳名全樹

二十一世孔名江柳

二十一世乳名 江銘

二十一世　乳名　江灯

国家出版基金项目
NATIONAL PUBLICATION FOUNDATION

海上絲綢之路文獻集成

總主編　陳支平　陳春聲

民間譜牒編

65

主編　林楓

海峽出版發行集團
THE STRAITS PUBLISHING & DISTRIBUTING GROUP
福建人民出版社

本册目次

［廣東番禺］番禺芳村謝氏族譜六卷首一卷（卷首至卷四）

謝偉略纂修

［廣東番禺］《番禺芳村謝氏族譜》六卷首一卷，謝偉略纂修。芳村謝氏尊漢明帝時之夷吾爲遠祖。南宋開禧年間，四十四祖六郎自南雄府始興縣遷居番禺縣大田村，爲大田村謝氏開基祖。大田七世祖芳圃遷居花縣莘田，爲莘田謝氏之始祖。芳圃次子義叟（伯顔）遷居芳村，爲芳村謝氏之始祖。譜載譜序、譜例、卷首、原始世系考、世系表、世系譜、雜録。芳村謝氏人丁繁盛，自十世起分房列譜。晚清、民國間有族人遠徙南洋，如十八世謝傑、謝滿「僑居山打根埠」，十九世謝勤敬「葬新爵埠披頭園黃家山」等。據民國二十五年（一九三六）排印本影印。

番禺芳村謝氏族譜

民國二十五年九月市橋二十三世熙敦篆

番禺芳村謝氏族譜序

古者左史記言右史記事而公卿大夫各以家譜此所以別親疏定長幼俾紅紫不得以亂朱異姓不得以混宗而安福立義謝氏之譜所由作也粵稽謝氏姜姓神農之後申伯爲周宣王元舅受封于謝因以爲姓至漢明帝時有若夷吾仕至太傅和帝時瑀拜爲御史中丞倣冀州刺史仲庸中牟令儁中郎將晉懷帝時衡國子監祭酒方平廬江太守方大侍中元帝時鯤爲咸寧侯裒吏部尚書季英五官典午江左琅琊謝氏最盛世稱王謝大元中安錄尚書事加太傅兄尚襲鎮西將軍奕豫州刺史據東陽太守弟萬征西都督石中軍將軍鉞永嘉太守姪靖太常正卿允宣城內史玄以淝水之捷封康樂公勳名功業海內莫加劉宋有國康樂有始興四國而功不廢靈運襲爵子鳳孫超宗俱以詞翰至通顯瞻以中書侍郎出守安城厥後分爲會稽金陵平都新喻臨江安城永新永寧吉水廬陵太和贛州

臨川小阮袁州廣州潮州南雄諸派其間攀龍鱗而附鳳翼者彬彬輩出或以文章名或以武功顯紆青疊紫貴顯於時奈何世遠年湮支分脉異有別居而不知其源因家而莫知其始由是支孫散佚沛出而修之使有官者錄其功名未仕者書其隱德群昭群穆井井有條如江河之有源委山川之有條理蘇老泉所謂世疏而親盡親盡而情疏者則吉不賀凶不弔相視如途人今是譜之作則吉有賀凶有弔一脉之中歡然有恩以相愛蔚然有禮以相接世雖殊而親不盡親不盡而情不疏人人胸中有自然之譜代代相傳有繼世之書則沛之力有益於宗祊有功於謝氏豈小補哉將見由一世而傳之百世由百世而推之千萬世繩繩綿綿勿替引之而謝之與歐蘇寧有異哉予聞謝氏詩鳴江左其簪纓之猷光前振後爰喜而爲之序

旹

大明洪武戊寅孟春　　盧陵親藩阮陵王賜書

重修芳村謝氏家譜序

周官氏族書史氏掌之史失其官而列姓於是乎有譜若廬陵歐陽氏眉山蘇氏其明徵也譜顧不重乎哉夫吾族謝氏不始於芳村曷在乎芳村從遷也八世伯顏公由莘田遷河南始居河南之芳村故自爲芳村謝氏也前此未有遷者也曰有先是六郎公由南雄遷番禺之大田矣未幾再遷花縣之莘田矣何以不在大田莘田曰大宗也禮嫡子歸大宗別子爲貳宗譬之於海大田其星宿也莘田其濫觴也芳村其支派也在芳村言芳村斷自伯顏公始何以不譜大宗曰大宗之譜自宋而元而明諒彼以時纂輯源流備矣獨吾芳村之譜舊多舛錯不甚詳悉小宗不明則大宗無所考據誌職方者必始州縣猶此意也乃吾於茲有感焉吾族發源於宋碩大於明實與市橋有壎篪之誼何以擢高科登顯宦者市橋代有其人卽吾芳村數百年來寂寂無聞若是豈地氣之所致與抑人事之有缺與傳曰國

家之興由禮讓禮讓之行自昭穆始然則序昭穆興禮讓舍譜何以哉今重輯是譜本歐蘇之遺意尤望吾族展觀者明昭穆之序興禮讓之心庶乎家聲不至振也後之善繼者其有鑒於斯編

光緒二十年歲次甲午清和月穀旦　　十九傳直常謹序

重修芳村謝氏族譜序

書曰以親九族詩云本支百世尊祖敬宗由來尚矣前歲我族父老昆弟以敦睦宗族爲急務爰有修譜之議公推偉主其事偉豈敢辭誠以我族舊譜僅紀至十六世止十七世後祇南谷祖麗川祖兩房由直常公幹乾公於光緒時補輯距今亦四十餘年矣且抄本無多若一旦失傳則闔族之文獻無徵歷代之宗支莫辨偉不能漠然置之也於是不揣檮昧重加攷訂以昭穆爲次序生卒配塋則附之其善行美德前未及書者則參之志乘訪之父老而補載之歷時兩載今始校畢付梓此後族人珍重榼藏不虞散佚覽者亦皆有水源木本之思更油然興其尊祖敬宗之念無忘敦睦親親之誼將見冠裳濟美蘭茁增輝寧有既耶是舉也述卿兄贊廷弟永祥弟漢桃姪德泉姪顯厚姪咸與有力焉至於芳村我族源流直常公已紀於前篇茲故弗囋因僅述其顛末以爲之序

旹

民國二十五年歲次丙子中秋

十九傳偉畧敬誌

番禺芳村謝氏族譜

譜例

一此譜本族姓源流不可不考也自始祖至九世以昭穆爲次序以下分房列爲世系表旁行邪上蓋世系非圖不明兹編則以表代圖倣唐書宰相世系表例也

一近代譜學諸家或圖以四世爲一部服窮於四世也亦有以九世爲一部以親九族也今從以九世者格盡別起重書九世之名懸於十世之上明有所承也

一世系譜亦以九世爲一譜繫於世系表之後先表後譜取其明白易見便於互證也

一本族始祖以上之遠祖世系表世系譜係從市橋房二十一世子祥君手輯之市橋譜錄入使知我族之所自也

一本族世遠年湮文獻不足故譜祇紀名字號生終年壽妻室子嗣

塋地其餘傳狀碑志藝文無從查攷槪從畧焉

一本譜所紀名字號闕者代以方空亦有詳其生而闕其終詳其終而闕其生者其餘妻室子嗣塋地或有闕者留空格以備日後訪得補入

一立繼者所生所後皆互書著爲人後且不忘其生也婦他適者不書隱夫凱風孝子抱無言之恫者也配妻曰原配續娶曰繼配妾曰副室以辨別嫡庶也

一世系表直下者父子之相繼也横列者兄弟之相聯也常也重系其名於諸父者爲人後也不刪其名於所生者明自出也變也常以立極變不失經古之道也

一後裔無攷者皆附書無嗣於譜存收族之意也異姓抱養者刪不書防亂宗也

謹按此譜偉畧不揣檮昧畧仿今古成例以從事此修譜之

役置局於民國甲戌之秋斷限於丙子之夏以今年十一月鐫竣曆三寒暑而成此六卷之書繫世之源流昭穆之近遠其規模敢云畧具自茲以往願我族衆咸喻於古者宗譜相維遺意而長幼有別親疎有序則此譜爲不虛矣尤有進者斯譜自十世起分房列譜止錄至廿二世以後蕃衍發祥自應靡艾尤願族衆人自爲錄家自爲譜積散爲合循三十年一世一修之例則事半而功不止倍老蘇族譜引所謂孝悌之心可以油然而生將以此譜爲左券焉

番禺芳村戴氏族譜

番禺芳村謝氏族譜

目錄

番禺芳村謝氏族譜

卷首

謝氏姓原彙纂

嘗聞姓氏之制始自伏羲姓者統其祖考之所自出氏者別其子孫之所自分也凡天下之言姓氏者多本炎黃裔據國語載少典國君娶有蟜氏女而生黃帝炎帝賈逵註謂炎帝母弟之後乃生黃帝究亦同出一祖耳好奇者若于同處必求其異則此母感華陽神龍而生炎帝彼母感電光繞斗而孕黃帝可擇而說焉古史紀少典國君之妃曰安登感神龍于華陽生神農于厲山（今隋之厲鄉也亦曰列山）初名石年育于姜水（今陝西寶鷄縣）故伏羲賜以姜姓始教稼穡故氏神農以火德代伏羲而王故號炎帝立一百二十年而黃崩傳子孫帝魁帝承帝臨帝明帝宜帝來帝裹帝榆罔凡八世而姬姓黃帝代興其時炎帝子孫事帝者爲縉雲氏焉（此世系之始）自黃帝而少昊而顓頊而帝嚳皆姬姓爲帝帝嚳之世炎帝子孫霸九州者爲共工氏焉（賈逵曰或云共工在伏羲神農間者非也亦非舜所流之共工）帝嚳傳堯堯舜之際炎帝子孫或爲侯伯而外總四岳或分伯夷以內作秩宗二臣克修厥職故皆得復賜以姜姓若大宗然者是以氏別雖各異而原姓得不湮者皆二祖所由致也故漢許叔重說文自叙云曾曾小子祖自炎神縉雲相黃共承高辛（共工繼帝嚳而稱霸也）太岳佐夏呂叔作藩俾侯于許（夏封太岳于呂周封呂叔于許）世胙遺靈云云許爲大儒其自叙世系如此則我謝氏亦可譜曰太岳佐夏申伯作藩改封于謝世胙爲靈矣蓋國語云齊許申呂由太姜（即太岳）史記又云歷夏商周三代凡諸侯國號申呂甫紀向蔿許齊皆姜姓之顯著者也按周時諸姜先齊而顯者莫如申申與

周世結婚姻爲周之翰故宣王大封元舅申伯加地進爵改城于謝其詩孔碩也今按謝城與申之舊封俱屬南陽府後之子孫或以國號爲氏則曰申或以國都爲氏則曰謝故魯昭公七年有謝息爲成宰但列國兼并子孫散處秦既滅學譜帙無傳三代以前爵因姓而世守秦漢之際姓必爵而後彰故我謝氏訂系必以東漢鉅鹿太守夷吾公爲始云　　據市橋族譜錄

又按先王制姓氏所以別族類聯婚姻也乃有姓字同而實異者如我姜姓之申異於楚申公以邑爲氏之申我申國之謝異於周宣王支子食采謝邱之謝是也亦有姓字改而實同者如天中記漢末大鴻臚射咸本姓謝名服天子命爲將軍出征以姓謝名服不祥改爲射氏名咸是也至若異姓而同其宗則周之諸姬姓一分百四十溯及堯舜禹湯俱與周同出一祖彼黃帝姬姓之繁衍無論矣其次我炎帝之後言神農則有縉雲氏共工氏龔氏封氏農氏焦氏厲氏逢氏言姜則有申呂甫紀許戎允鄘賴向芮州甘戲露怡再由申則有申屠氏謝氏及由州之淳于由向之尚由許之文由呂之郘之齊以至由齊之連充谷慶賀章邴查丁柴崔盧聶邱都檀法高高堂俱異姓而同其宗後之議婚者安能不相混耶況姜與姬又同出于少典則天下一家之說非虛論也但統視天下聖賢所以有胞與之懷散爲各家後世所以有郡望之設有一郡而數姓者亦有一姓而數望者我謝姓之郡曰陳留望則會稽考謝城與陳留俱屬中州會稽則江左也故論本原當以陳留爲先論門第則以會稽爲貴卽夷吾公亦由會稽而起家焉　　此本氏族博考書纂錄

又謝氏之得姓見諸詩經黍苗篇曰芃芃黍苗陰雨膏之悠悠南行召伯勞之我任我輦我車我牛我行既集蓋云歸哉我徒我御我師我旅我行既集蓋云歸處肅肅謝功召伯營之烈烈征師召伯成之原隰既平泉源既清召伯有成王心則寧（註宣王封申伯於謝召穆公往營城邑故徒役南行而行

者作此）又崧高篇曰崧高維嶽駿極于天維嶽降神生甫及申維申及甫維周之翰四國于蕃四方于宣亹亹申伯王纘之事于邑于謝南國是式王命召伯定申伯之宅登是南邦世執其功王命申伯式是南邦因是謝人以作爾庸王命召伯徹申伯土田王命傅御遷其私人申伯之功召伯是營有俶其城寢廟既成既成藐藐王錫申伯四牡蹻蹻鉤膺濯濯王遣申伯路車乘馬我圖爾居莫如南土錫以介圭以作爾寶往近王舅南土是保申伯信邁王餞于郿申伯還南謝于城歸王命召伯徹申伯土疆以峙其粻式遄其行申伯番番既入于謝徒御嘽嘽周邦咸嘉戎有良翰不顯申伯王之元舅文武是憲申伯之德柔惠且直揉此萬邦聞于四國吉甫作誦其詩孔碩其風肆好以贈申伯（註宣王之舅申伯出封于謝尹吉甫作此詩以送之） 按吾謝氏之子孫讀此詩知得姓之所由來數典而不忘其祖也

編者誌

芳村謝氏世系紀畧

考吾族系本出周宣王元舅申伯王以謝邑封伯後因以爲氏卽詩所謂于邑于謝南國是式者也溯周逮漢明帝時有夷吾公譜以爲吾族一世祖焉沿及兩晉六朝世有令德爲時名卿如安如尙并靈運惠連莊眺輩勳業文章赫赫照人耳目維時與王族相埒非史所稱烏衣王謝者耶雖以唐劉夢得朱雀橋詩有舊時王謝尋常百姓之語然瓜綿葛庇日引月長安有錯薪中無翹楚者於是由江左入嶺南原居南雄府始興縣𥔲磯里以南宋開禧間因事詔民遷徙時隨吾祖而遷者計九十八家悉有名人等而大宗始祖之六郎公遂擇於番禺之北居大田鄉則譜所稱大田始祖六郎從遷也未幾芳圃公復支遷花邑莘田生五子長曰仁叟留莘田次義叟遷芳村次禮叟智叟信叟遷市橋者或爲智叟或爲信叟而木棉房爲禮叟譜錄固殊焉總之不離芳圃之子近是然則芳圃公者又爲芳村市橋之小宗始祖也故八世而下斯譜祇叙芳村義叟支派若其他則不復詳云　　據舊譜錄

六郎公南遷原因

蓋宋朝宮人蘇氏貌美性淫貪私無已變詐出逃日丐夜宿別無知覺偶值南雄府始興縣牛田村富民黄貯萬備船運粮上京回至關口市灣泊有一女子就船乞食萬見其美相誘相戲其女子遂匿船不出因載而歸後　皇上敕復取妃不知蘇氏出逃久矣　上敕行兵部尚書張英貴　欽命行文各省司道府縣嚴行訪緝經年無跡　上准不行後萬將妃改姓姜氏立爲寵妾無人知覺因其家人劉壯反主出逃洩漏弊根傳溢京師兵部尚書張英貴知此頑民違法作孽恐　上察覺罷職喪身乃會同通都官僚密行計議僞稱南雄始興縣牛田村地方擇地建作興良平寇等寨聚兵鎮守庶得國泰民安時貴姑丈萬喬輝現任京都指揮聞獲聲息遂遣家人奔報未經旬日部文批行府縣嚴行遷徙時始興牛田村坊五十八村居民億萬之衆莫不怨嗟惶惶惟猪磯里民九十八家有鄉官陸闇聖羅貴等互相通議曰自祖傳聞南方地面廣濶必有好處衆想開闢住址朝夕相見仍如今日故鄉也衆議而相嘆曰斯非正道乃人君之無道臣不忠君不法臣有誑言君不察臣不諫僞法横行於斯爲甚移徙非常民生無賴矣郎簽名團赴訴本縣告准仍赴本府告准陸續南行時

宋開禧元年正月初五日團詞人陸闇聖羅貴等共九十八家人赴南雄府告准始興縣告准乞給案引

陸闇聖　羅貴　李福榮　麥舜　黄復愈　吳孟魁

鄭一元　陸思道　呂汝遠　胡漢瑞　黎孔超　何大彦

趙舉　陸誠　蘇興　吳國孔　黄大廷　伍元露

阮可益　何羽　譚文廣　黎元滿　黄文富　黎聖俊

謝忠卿　譚廣孚　黃聖求　陳世道　譚君可　周彥才
高譽思　譚廣信　吳仲賢　陳世眞　梁宏益　黎仁傑
高子敵　吳永可　區以信　葉三齊　梁化道　李聖悅
盧明遠　周伯通　區孔道　廖德舉　陸榮澤　李子才
曾一常　黎文達　伍　悅　湯佐才　陸以信　黃文禮
馮三才　馮元昌　黃志經　馮彥來　陸　珍　黃文義
羅元鼎　麥信可　黃悅忠　高易昌　馮元舉　李德譽
湛奇英　陸聖遠　葉春澤　黃仲賢　羅之貯　周官達
李子龍　文可泰　李伯宗　趙汝榮　李應元　何汝祥
郭子文　馮元愈　羅悅秀　伍　顯　張汝學　盧　遠
周子遠　馮生遠　黃因條　梁　維　胡勝章　吳士禮
黃　常　黃河潤　何一星　周君美　麥　全　元巨明
尹中奇　溫大化

知府鍾文達批准查得陸閭聖羅貴等原屬磻磯里民也詞稱遷徙之故乃慮集兵之擾非有禁迫之例也准案給引批照通行止處即傳該掌事人員告下後引毋違

路票

特授廣東南雄府正堂加一級鍾爲逃難給引早救生靈事本年正月內據始興縣牛田村四十八圖磻磯巷居民陸閭聖羅貴等連名稱前內開爲天災人禍民命不堪十全四五猶慮難週及今奉

旨須行取土築設營寨因近處無地可遷遠聞南方廣濶堪遷住址未敢擅自遷移等情到府據此案查得陸閭塱等九十八家素非惡孽宦衿淳民爲此合就給引批限起程凡經關津岸陸此照通行毋得留停阻禁方到止處合應赴該處府縣屬立案定籍繳報文引以憑造册轉報施行

右引給付陸閭塱羅貴等報照通行

承行書吏黃英義

開禧元年乙丑歲正月十五日給

尋獲眠羊嶺墳記

我家占籍於石橋蓋自　文峯公始　公發跡於本邑之楊武都莘田鄉（未開花縣莘田屬番禺后割入花縣）繼而寓於南海三山娶安人邵氏然猶不遑寧處也閱歷附近諸鄉以市橋爲樂土遂擇而居焉時以草昧經綸疇鳥爰止所謂廬於斯墓於斯者未暇及也以　公之先父先公而即世者已不知何許年祗得之閭巷之流傳謂謝家有祖葬牛心嶺形家曾留讖識有石羊眠未起蓮花口未開有人尋得着代代綠衣同之語後聞之大田族人亦云葬牛心嶺者　文峯公之父也斯時亦以爲日已久未即尋求且川源遙隔鄉導無人雖有木本水源之思而悠悠歲月逮嘉靖丙辰兄應垣弟良任南宮未第故里餘閒談及祖德宗功因謂　文峯公之曾祖文江公祖仲廉公馬鬣之封巍然在大田近地何獨　公之父遂置之若滅若沒間得毋大愧先人乎且公之父見奉祀於莘田豈有其主而無其墓之理遂首倡大義偕先輩往大田祭祖既而同大田弟姪數人方舟溯河沿流訪問所謂牛心嶺者水行可三百里許越再宿而至盧家圍村其地已隸從化縣治詢之對河果有嶺名牛心遂絕流而渡亟登而視其名與形相類又詢之此中人云此嶺之旁復有一嶺名眠羊地地上有古墳墳內有石碑相傳市海謝家墓云亟懇爲之指示見墳塋如此滿目蓬蒿石碑大半爲苔蘚剝蝕拂拭而觀尚存　芳圃謝三字兄弟撫掌稱快爰敬而禮之以先世之遺言今得鄉人之指引且形與碑之俱合其爲我　祖之安宅也明矣孰意數百年沉沒一旦遂爾昭彰非我祖在天之靈垂裕後昆何以得此垣兄因命予曰是不可以無紀遂援筆而書之使後世子孫勿以道阻且長力勞費重而置春露秋霜於罔念頓忘我兄弟斬荆棘披蒙茸之始事可也

皆
明嘉靖丙辰季秋遠孫元光於宰甫記
明萬曆癸未仲冬吉旦

宋處士芳圃謝公之墓

遠孫鄉進士奉議大夫廣西上石西州知州
鄉進士文林郎福建漳州府永定縣知縣

生員敬充
生員敬修
生員玉
生員應語
生員應賢
知州元光
知縣良任
生員應誠
生員大壯
生員天謳
生員敬麟
生員夢龍

子經
生員箕
生員奇栻
生員成吾
生員繼中
鄉進士天章
鄉進士萬
賜進士興思
生員遜
生員嘉言
生員紹傳
生員奎明
太洪
等重修

重修　芳圃公墓碑誌

自古之德門巨族必由祖宗之艱難創建積德貽謀而後興亦必有神域佳城萃山川靈淑以鍾毓靈奇而後發我　祖芳圃公原居大田鄉爲七世墓在楊武都眠羊嶺蓋　祖之稅山自宋而卜葬者也（宋字應改元字　芳圃公生在元時此云宋者因前人之訛而未考訂改正也）厥後子孫繁衍析居若大田若莘田若市橋若芳村若　若皆祖之遠裔籍隸兩三邑相去數百里蓋創業固若斯之難爾雖然子姪之聚族雖遙而本源之來有所自也松柏之遺封雖古而神靈故默爲呵護也自宋迄於元維有歷年自元迄於明維有歷年兵燹頻經祭掃幾缺迨萬曆癸未伯祖元光（舉人知州）良任（舉人知縣）嵩（舉人知州）天章（舉人教諭）與思（進士知縣）諸公緬懷祖德痛想遺阡迺命舟洄沿物色故蹟過盧家浦踰牛心嶺披蒙茸斬荊棘拂拭遺碑始得　芳圃謝三字於是議而定之碑而誌之經年湮沒一旦昭彰此雖數公之孝思所致而非我　祖在天之靈默指示於荒榛蔓草間豈易獲此今日者崇碑巨碣馬鬣依然也春雨秋霜簋裘未墜也何物棍徒奕思覬佔嶺從化　江邑侯片言折獄（案定于壬午七月具載從邑文牘）　堂審棒喝後即炳據我　祖之分界立即于山所丈清界至時用包索竪杙次第挨丈共丈得稅壹拾畝零弍分五厘直使荒邱古稅再議然於千百載後衆於以戴　江邑侯之明且公而益念我　祖之靈爽實式憑之也夫羊眠綠衣之語（讖云石羊眠未起蓮花口未開有人尋得着代代綠衣同）已成古蹟數百年來豈無青烏家嘖嘖欽羨者然稅屬吾家物各有主　則妄思侵越不謂無知狂徒狡然思逞幸藉先靈渙然冰釋今而後松楸無恙永安　先骸碑碣不磨勉繩世德則芝蘭實樹其藉培毓於名山大川者固無窮也夫　祖諱添實字慶玉芳圃其號也謹行詳家乘無庸縷述也源于壬午春適自秘省南歸展墓之下爰戳筆而詳其巔末俾後之人知　域之有辨是爲誌

山稅原載番邑楊武都大田堡三十二圖八甲謝君義戶內後割番地爲花邑稅亦撥割
山界東至嶺脚西至嶺頂南至分水北至梁姓分水已上四至共積丈得二千四百六十步共稅壹
拾畝零二分五厘
乾隆癸未季春吉旦
賜進士出身
欽點翰林院庶吉士加一級遠孫敦源百拜立石

嘉慶辛未年重修大田佑啓堂碑記

我族自周宣王元舅申伯食邑於謝因以爲姓歷秦而漢迄於典午之朝遂稱雄江左文章功業冠絕一時至宋咸淳中仕南雄路總管府照磨藝圃公之子六郎公由南雄磚瓏巷遷居於番禺之大田村是爲南遷之始祖厥後子孫繁衍或留住大田或遷於外鄉外邑計自始祖至今歷傳二十餘世爲年不過七百而子姓已有萬餘人矣祖祠創始於前明萬曆重修於崇禎乙亥再修於國朝康熙乙酉三修於乾隆庚辰踵事日增規模宏敞願粤地濕而生白蟻桁桷多被剝蝕諸父老慨然有興修之志爰集祠公推二十三傳臣英翁開國翁建英翁開蕃翁秀玉翁二十四傳惠珍翁大啓翁等爲總理二十一傳宗敬翁二十二傳贊勳翁粲然翁國聰翁尚彪翁天成翁汝能翁二十三傳國英翁孔澤翁超遠翁西爵翁秉昇翁等爲輔理於嘉慶辛未年八月初七日卯時興工九月二十五日未時上樑癸酉年十一月二十日辰時請主陞座計費銀八千兩有奇董事者以祖嘗不給支酌以列祖嘗銀佽助而各房之子孫住居大田及遷居於外者亦無不踴躍捐輸以蕆厥事至每丁帮工七日共帮七千餘工則皆留住大田者之趨事赴功而遷居於外鄉外邑者不能與焉工既竣諸父老命予執筆記之予爲是役也尊祖敬宗教倫睦族一舉而衆善備誠不可以不誌也因叙其始末并將列祖墳塋之土名坐向及某祖遷居某處各房捐助工金改目附列貞石以垂不朽云

祖祠照舊向頭坐亥向巳兼壬丙內盤辛巳辛亥分金盈縮盤丁巳金干化天祿翼宿火局十二度

日後重修切勿聽時師改向慎之慎之

儲授文林郎截選縣知縣壬子科鄉進士二十四傳孫光國書跋

道光癸卯年重修大田佑啓堂碑記

當嘉慶辛未之修祠也房伯照山師誌諸碑爲明年師主講禺山書院洙與大田房大智秀中兩君同列門牆交相愛也暇郎口述我謝氏南遷以來自南宋末迄明季始得立祠祠凡四修因出照山師碑文讀之始悉我子孫萬有餘丁罔非此祠之所出而祠歷數百年賴我　祖靈爽式憑肯構肯堂孔安孔固綿綿延延以至今日上承前人燕翼之謀下固族姓鳩宗之本佑啟後人誠未有艾因是屢承兩君約歸大田拜宗祊瞻輪奐適大宗登槐進庠謁　祖我房宏猷佩熙以同庠故拉洙爲嚮導乃以事不果行而歲月如流不覺轉瞬二十餘年矣辛丑秋我房國屏松秉駿揚挺才顯堯晉秉起雲業宏應豐九人以重陽歸大田展墓見　祖祠被蟻剝蝕中後座幾杌隉焉惻然心傷遂與諸伯叔謀所以修祠者奈　祖嘗微薄苦無餘積而國屏則曰舍簽會一策無以別圖衆聞此言莫不稱善然猶未定局也越壬寅四月國屏挺才兩人以事至大田促舉行會事郎日集祠公推　翁總理會箱　翁勸簽會份不及二月而大田房首簽六十八份外若莘田房簽二十份木棉房簽三十一份芳村房簽二十五份高埔房簽十份上塘房簽十一份松柏壟房簽十份鬱洞房簽五份而我市橋房亦得一百二十份共簽三百份每份銀五元湊成一千五百元另豕魯岡房捐助工金　百兩上塘房捐助工金　百兩暨各房子孫均有工金捐送滙計銀　千　百　十　兩至是修祠之舉成矣乃祈　神卜吉鳩工庀材勤垣墉者仍舊貫增式廓者煥新猷興工則癸卯年六月十五日　時也上樑則七月初四日　時也奉主陞座則十一月十七日　時也猗歟休哉我　祖此祠是爲第五修者歟於是饗廟祭祊式序在位孝孫有慶小大稽首郎洙亦獲從父兄後奔走登邁肅瞻　祖考陟降之地歷溯前人修建

之規且樂各房捐助之不日已成與數邑之宗支一時並集而又幸大智秀中依然健在握手道故俯憶禺山書院中之談家乘讀碑文猶若昨日事而鳥革翬飛竹苞松茂覩斯祠而規模大振氣象又一新也斯不亦我　祖之默相其成而厚食其報者乎是日也諸父兄弟備言燕私顧洙而命之曰是宜誌之以壽貞珉也洙不敢以不文辭至此祠內外坐向悉詳照山師碑記茲不復贅

旹

道光二十三年歲次癸卯季冬穀日二十五傳孫邑庠生洙華恭誌

番禺芳村謝氏族譜

原始世系攷

查我族各房之譜漢東吾公以上之祖無有載者故欲得知我族之所自來亦無從檢閱今從東山志抄得故將謝氏受姓之初祖申伯公至二十八世怡公共二十八世一脉之祖世系行實備錄以資參攷世系至若申伯公以上之祖未登錄者蓋申伯公之前未受姓是以畧之

初受姓始祖諱申伯名恩　炎帝神農之裔姜太公十一世孫也父姜宏道妣孟氏夫人生二子長申甫次申伯爲周宣王元舅仕周爲卿士有大勳勞出封於謝城（即今河南省汝南府（今又改名汝寧）信陽州棘陽東北百里　舊譜云今在河南南陽府唐縣　一云在鄧州南陽縣周之南七未悉執是）尹吉甫作詩以送之子孫遂以邑爲氏又錫之山川土田奬其有功妣張王高三位夫人生四子長左次城三猛四弘

二世祖諱左　申伯公長子也襲封伯爵與方叔南征蠻荊進職司寇妣劉氏夫人子廣

三世祖諱廣　左公之子官南方伯妣牛氏夫人生三子長烈次勳

妣李氏子瑾三燾妣兪氏無嗣

四世祖諱烈　廣公長子妣武氏生二子長隲次隆妣鄒氏子頎

五世祖諱隲　烈公長子爲南陽侯妣鄭氏夫人生二子長預次須

六世祖諱預　隲公長子世襲侯爵妣姬氏夫人生二子長昌俊次克俊

七世祖諱昌俊　預公長子爲大司馬妣姬氏夫人子達

八世祖諱達　昌俊公子爲楚上卿妣姬氏夫人子子明

九世祖諱子明　達公之子爲楚大夫妣周氏淑人生三子長秩次科三和

十世祖諱秩　子明公長子周靈王時爲大夫妣陳氏淑人生二子長昭次雍

十一世祖諱雍　秩公次子爲大夫妣魏氏淑人子林

十二世祖諱林　雍公之子周敬王時爲少宗伯妣陳氏夫人生二

子長澳次海
十三世祖諱澳　林公長子爲中尉大夫妣魏氏恭人生四子長時
次旺三暄四明
十四世祖諱旺　澳公次子任左庶長妣姬氏恭人生三子長挺次
授三指
十五世祖諱挺　旺公長子周烈王時爲蘭陵令君封光威君妣吳
氏王氏夫人生七子長國輝次國耀三國焜四國烇五國粽六國
煌七國烛
十六世祖諱國輝　挺公長子妣吳氏生七子長甯次宇三宙四官
五定六窗七實
十七世祖諱甯　國輝公長子妣王氏生三子長福次祿三祥
十八世祖諱福　甯公長子妣王氏吳氏生三子長陽貞次陽享三
陽通

十九世祖諱陽貞　福公長子妣吳氏生三子長平次中三軍
二十世祖諱平　陽貞公長子妣蘇氏夫人生三子長武次載三臧
二十一世祖諱武　平公長子爲護軍中尉歷任尚書妣邱氏駱氏
張氏徐氏劉氏王氏六位夫人共生三十六子長秉祖次秉禮三
秉祿四秉禎五秉祈六秉祥邱氏出七秉河八秉海九秉淸十秉
漣十一秉江十二秉湖駱氏出十三秉樹十四秉權十五秉槐十
六秉椿十七秉松十八秉梅十九秉桂張氏出二十秉琪二十一
秉瑞二十二秉珍二十三秉珠二十四秉璉二十五秉球徐氏出
二十六秉葵二十七秉華二十八秉芳二十九秉英三十秉蘭劉
氏出三十一秉詔三十二秉誥三十三秉詒三十四秉論三十五
秉詵三十六秉訢王氏出
二十二世祖諱秉槐　武公十五子爲太尉總理軍國度支事妣王
氏夫人子堂

二十三世祖諱堂　秉槐公子爲將軍妣洪氏夫人子英

二十四世祖諱英　堂公之子漢武帝時爲中郎將妣徐氏宜人生三子長文軒次文輸三文輊

二十五世祖諱文軒　英公之子妣朱氏生三子長福瑯次福珮三福珊

二十六世祖諱福瑯　文軒公長子妣巫氏生二子長禮宣次禮宜

二十七世祖諱禮宣　福瑯公長子拜諫議大夫妣陳氏宜人生二子長怡次悅

二十八世祖諱怡　禮宣公長子妣韓氏夫人生五子長夷吾次夷喧三夷咏四夷訔五夷信

番禺芳村謝氏族譜

世系表

遠祖世系表

夷吾 漢明帝永平中爲鉅鹿太守歷任大夫錄尚書事家會稽山陰

瑀澄　瑀漢 御史中丞　瑀池

居貞 冀州刺史　安貞　守貞

仲膺 中牟令

景雋 中郎將　景膺

纘

德　衡 國子監祭酒　衍

鯤 封咸亭侯追贈太常　裒 太常正卿吏部尚書封福祿伯

石 中軍將軍征西大都督封南康郡公贈司空謚曰襄

安 吏部尚書拜太保封建昌公更封廬陵郡公贈太傅謚文靖

奕 安西將軍領豫州刺史掌督軍事贈鎮西將軍

據 東陽太守

萬 撫軍中軍拜豫州刺史領淮南太守監四州軍事

鉞 永嘉太守

朗 東陽太守

允 宣城內史

重 驃騎長史

瞷 主簿遷秘書丞

瞻 參軍主簿中書侍郎出守豫章而居焉

絢 鎮軍長史

晦 太尉參軍加中書令進封建平郡公

遯 竟陵內史

麟 中書侍郎

洪正

士會

永吉

瑞卿

達軒

鳳之——文定——章遠——敬度唐玄宗武德中天策府參軍

世傑唐上元中武岡令——安仁——德昭縣尹——愼言武昌太守

天啓——君賢——繩明——師古

昌禹南唐保大中虔州司馬——元敬——興仁——能軒涂州通判安遷城平湖縣

世望 宋仁宗慶曆五年鄉舉

弘光

和甫

公信 宋崇寧間稅糧千錠

伯成

君憲

惠卿

德卿 廣西經略參議

武仲 授迪功郎國史僉閱紹興中任龍興清安縣尉

石泉 宋淳熙仕南雄路總管府照磨葬南雄屋後園

六郎 南遷鼻祖大田村始祖

普平 遷居南海綠潭奇石上上園

性所

元芝 遷居南海蟠溪大渦

聯芝 遷居南海丹灶鄉

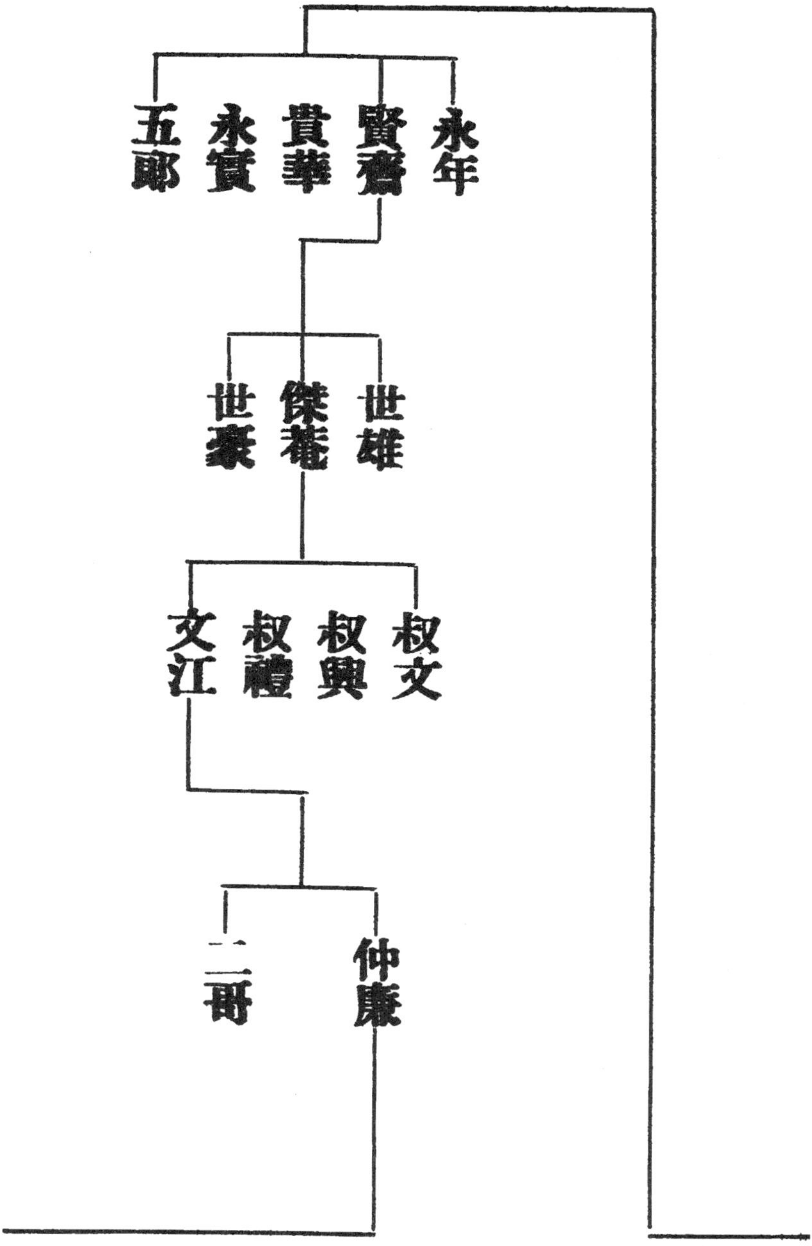
五郎
永實
貫華
賢齋
永年
世豪
傑菴
世雄
文江
叔禮
叔興
叔文
二哥
仲康

（三一）表圖

芳圃　遷居莘田為始祖

廷芝　遷居東莞石灘

智叟

義叟　遷居番禺芳村為芳村始祖　祀至愛堂

仁叟　莘田二世祖祀克昌堂

禮叟　莘田二世祖祀克昌堂

信叟　遷居番禺市橋為市橋始祖　祀崇本堂又祀懷德堂

番禺芳村謝氏族譜

世系譜

遠祖世系譜

初世祖 諱 **夷吾** 字 **堯卿** 東漢明帝時人怡之長子也家浙江會稽府山陰縣少爲郡吏學風角占候太守第五倫禮重之舉孝廉爲壽張令永平十五年蝗發大山流徙國郡游食五穀壽張飛遊不集隨遷荆州刺史章帝駕幸魯陽詔夷吾錄囚夷吾決正一縣三百餘事與上合上嘆息曰諸州刺史盡如此朕不憂天下矣後遷鉅鹿太守所任愛育人民有善績及倫作司徒令班固爲文薦之有曰才兼四科行包九德仁足濟時知周萬物誠社稷之元龜大漢之棟甍云云仕歷大夫錄尚書事後以行春失儀左轉下邳令豫尅死日如期果卒入後漢書方術傳生三子長瑀漢次瑀澄三瑀池

二世祖 諱 **瑀漢** 夷吾公長子和帝永元中官拜御史中丞生三子長安貞次居貞三守貞

東山志云瑀漢公生三子長居貞次居亨三居元未詳孰是

三世祖 諱 **居貞** 名 **儆** 瑀漢公次子官冀州刺史生一子仲庸

四世祖 諱 **仲庸** 居貞公子官中牟令妣王氏張氏孺人生二子長景雋次景儁

五世祖 諱 **景雋** 仲庸公長子官中郎將妣張氏宜人生二子長續次緒緒公世居河南陽夏今太康縣是也

六世祖諱纘 景篤公長子仕晉爲散騎常侍妣王氏恭人生三子長衡次德三衍

七世祖諱衡字仲權 纘公長子晉懷帝朝中官拜國子監祭酒太子太傅左僕射妣王氏恭人生二子長鯤次䲧 公避永嘉時之亂由陽夏遷浙江始甯

八世祖諱䲧別名裒字幼尙 衡公次子晉成帝時任太常正卿吏部尙書破趙有功封爵福祿伯妣張周焦喜四位夫人生六子長奕次據三安四萬五石六鉞

九世祖諱據小名虎字元通號中郎 裒公次子晉朝官東陽太守生二子長朗次允

十世祖諱朗小名胡字長度 據公長子善言玄理文義豔發名並於玄總角時病新起體甚羸未堪勞於叔父安前與沙門支遁講論遂至相苦其母王氏再遣使令還安欲留使竟論王氏因出言云媳婦少遭艱難一生所寄惟在此兒遂流涕攜朗去安謂坐客曰家嫂辭情慷慨恨不使朝士見之朗終於東陽太守生一子重

十一世祖諱重字景重 朗公之子明秀有才名爲會稽王道子驃騎長史生五子長絢次瞻三晦四曜五遯

十二世祖諱瞻字宣遠一字通遠 重公次子陳郡人家於安城六歲時美詩文與從叔混族弟靈運俱有盛名嘗作喜霽詩靈運寫之混咏之王弘之在座以爲三絕人品端正朝野欽重初宋臺始建瞻爲參軍主簿中書侍郎其弟晦爲右衛將軍時晦權遇已重自彭城還都迎家賓客輻輳瞻驚駭謂晦曰吾家素退爲業汝遂勢傾朝野此豈門戶福耶乃籬隔門庭曰吾不忍見此宋主即位晦以佐命功位任益重瞻愈

憂懼及還彭城言於宋高祖曰臣本素士父祖位不過二千石弟年始三十志用凡近位任顯密福過災來乞降黜以保衰門前後屢陳高祖以瞻爲吳興郡又自陳請乃爲豫章太守而成家爲南北朝宋武帝辛酉二年冬十一月卒年三十五臨終遺晦書曰吾得體幸全足矣亦復何恨弟思自勉爲國爲家生一子麟　宋書有傳

歷官安城太守參軍主簿中書侍郎豫章太守

十三世祖諱**麟**　瞻公子南北朝官中書侍郎生一子洪正

十四世祖諱**洪正**　麟公子生一子士會

十五世祖諱**士會**　洪正公子生一子永吉

十六世祖諱**永吉**　士會公子生一子瑞卿

十七世祖諱**瑞卿**　永吉公子生一子達軒

十八世祖諱**達軒**　瑞卿公子生一子鳳之

十九世祖諱**鳳之**　達軒公子生一子文定

二十世祖諱**文定**　鳳之公子生一子章遠

二十一世祖諱**章遠**　文定公子生一子敬度

二十二世祖諱敬度　章遠公子唐玄宗武德中天策府參軍生一子世傑

二十三世祖諱世傑　敬度公子唐上元中官武岡令生一子安仁

二十四世祖諱安仁　世傑公子生一子德昭

二十五世祖諱德昭　安仁公子官縣尹生一子愼言

二十六世祖諱愼言　德昭公子官武昌太守生一子天啓

二十七世祖諱天啓　愼言公子生一子君賢

二十八世祖諱君賢　天啟公子官司戶生一子繩明

二十九世祖諱繩明　君賢公子生一子師古

三十世祖諱師古　繩明公子生一子昌禹

三十一世祖諱昌禹　師古公子南唐保大中官虔州司馬生一子元敬

三十二世祖諱元敬　昌禹公子生一子與仁

三十三世祖諱與仁　元敬公子配劉氏生一子能軒

三十四世祖諱能軒　與仁公子官徐州通判遷安城新里平都縣居住葬盧陵四十都馬子嶺已向僧達仙秘曰大馬趕小馬聲名滿天下四馬一條槍聲名播四

方生一子望一譜名世望

三十五世祖諱**世望**字**應麟**能軒公子宋仁宗慶曆五年鄉舉生一子弘光

三十六世祖諱**弘光**　世望公子生一子和甫

三十七世祖諱**和甫**字**清源**　弘光公子生一子公信

三十八世祖諱**公信**　和甫公子宋徽宗崇寧元年壬午起其家之富稅粮三千石配劉氏生一子伯成

三十九世祖諱**伯成**字**倘友**　公信公子生一子君憲

四十世祖諱**君憲**字**溫輔**伯成公子生二子長憲卿次德卿

四十一世祖諱**德卿**字**穀齋**　君憲公次子仕廣西經畧參議生一子武仲

四十二世祖諱**武仲**字**士英**號**南峯**　德卿公子習書補上舍授迪功郎國史檢閱宋高宗紹興年間任龍興清安縣尉生一子石泉

四十三世祖諱**石泉**字**藝芳**號**藝圃**　武仲公子生宋孝宗淳熙中任南雄路總管府照磨配王氏合葬南雄屋后園生一子六郎

四十四世祖諱**六郎**　石泉公子由南雄府始興縣牛田村礵磯巷遷居番禺慕德里司大田村爲始祖氏號備載大田譜

遠代伯叔祖世系譜

二世叔祖

瑀澄 初世祖夷吾公次子

瑀池 初世祖夷吾公三子

伯祖

安貞 二世祖瑀漢公長子生一子仲儒

叔祖

守貞 二世祖瑀漢公三子官中牟令生一子仲俊

四世伯祖

仲儒 三世伯祖安貞公子生一子景融

叔祖

仲俊 三世叔祖守貞公子生一子景猷

五世伯祖

景融 四世伯祖仲儒公子晉懷帝時官廬江太守生一子方平

叔祖

景猷 四世叔祖仲俊公子官侍中生一子方大

景膺 四世祖仲庸公次子

六世伯祖

方平 五世伯祖景融公子晉懷帝時官廬江太守生二子長季常次季雅

叔祖

方大 五世叔祖景猷公子官侍中生一子季英

緒 五世祖景雋公次子世居河南陽夏今太康縣是也

七世伯祖

季常 六世伯祖方平公長子系傳別譜

季雅 六世伯祖方平公次子生一子塊

叔祖

季英 六世叔祖方大公子官五官司馬生一子鋒

德 六世祖纘公次子

衍 六世祖纘公三子

八世伯祖

鯤 字 **幼輿** 七世祖衡公長子生在陳國時家陽夏乃江左之祖也稚有風節恬於榮進少知名通簡有高識不修威儀好老易能歌善鼓琴懸爲南朝八達中士人王衍嵇紹並奇之明帝嘗問鯤曰卿自謂何如庾亮答曰端委廟堂使百僚準則臣不如亮一邱一壑自謂過之後顧愷之因畫鯤置邱壑中西晉惠帝永興中太傅東海王越聞其名嘗辟爲掾左將軍王敦引爲長史以討杜弢功封咸寧侯敦有不臣之迹顯於朝野鯤知不可以道匡弼乃優游寄適不屑政事從容諷議卒歲而已是時朝望避害皆爲其憂而鯤推理安常時進正言敦既不能用由是少言仕至豫章太守尋卒於官時年四十三敦死後追贈太常謚曰康少嘗行經空亭中夜宿此亭舊每殺人將曉有黃衣人呼鯤字令開戶鯤憒然無懼色便於窗中度手牽之胛斷視之鹿也尋血路獲焉以後此亭無復妖怪生二子長尙次嶸

瑰 七世伯祖季稚公子晉永平年朝中官侍郎

叔祖

鐸七世叔祖季英公子

九世伯祖

奕字**無奕** 八世祖裒公長子少有名譽初爲剡令有老人犯法奕以醇酒飲之醉猶未已安年七八歲在奕膝前諫止之奕爲改容遣之從兄尙有德政既卒爲西藩所思朝議以奕立行有素必能嗣尙事乃遷都督豫司冀幷四州軍事安西將軍豫州刺史假節未幾卒於官贈鎭西將軍生三子長川次靖三玄一女道蘊少聰敏善詩詞適王凝之奕素與桓溫善辟爲安西司馬猶推布衣交好在溫座岸幘笑詠無異常日溫曰此我方外司馬也奕每因酒無復朝廷禮初溫尙南康公主經年不入其室奕嘗逼溫飲溫入南康主門避之主曰君若無狂司馬我何猶得相見奕遂移酒就廳事引溫一兵帥共飲曰失一老兵得一老兵亦何所在溫不之責

尙小名**堅**字**仁祖** 八世伯祖鯤公長子幼有至性七歲喪兄哀慟過禮親戚異之八歲神悟非常父嘗攜之送客或曰此兒一座之顏回也尙應聲曰座無尼父焉別有顏回席賓莫不歎異十餘歲遭父憂丹陽尹溫嶠弔之尙號咷極哀既而收涕告訴舉止有異常童嶠甚奇之及長開率穎秀辨悟絕倫脫略細行不爲流俗之事好衣刺文袴諸父責之因而自改遂知名善音樂博綜衆藝司徒王導深器之比之王戎常呼爲小安豐辟爲掾襲父爵咸寧侯尙爲政清簡始到官郡府以布四十疋爲尙造烏巾幘尙壞之以爲軍士襦袴建元二年詔爲南中郎將永和中拜爲尙書僕射出爲都督江西淮南諸軍事前將軍豫州刺史給

事中僕射如故鎮歷陽加都督豫州揚州之五郡軍事在任有政績上表求入朝因留京師署僕射事尋進號鎮西將軍鎮壽陽尙採拾樂器并製石磬以補大樂江表有鐘石之樂自尙始鎮牛渚秋夜乘月泛舟會袁宏在舫中諷誦卽迎之升舟談論達旦又能作鸜鵒舞庾翼鎮武昌時尙數詣翼諮謀軍事嘗與尙同射翼曰卿若破的當以鼓吹相賞尙應聲而中翼卽以副鼓吹給之升平初又進都督豫冀幽并四州軍事卒於歷陽五十詔贈散騎常侍衛將軍開府儀同三司諡曰簡無子從弟奕以子康襲爵早卒康弟靖復以子肅承嗣又無子靖子虔後以子靈祐繼鯤後

嶸 八世伯祖鯤公次子官拜員外郎生一子繹

叔祖

安 字**安石** 八世祖裒公三子其先陳留郡陽夏人自祖衡寓居會稽東山遂爲越人安年四歲譙郡桓彝見而歎曰此兒風神秀澈後當不減王東海及總角時神識沉敏風宇條暢善行書弱冠詣王濛清言良久既去濛子修曰向客何如濛曰此客亹亹往來逼人王導亦深器之由是少有重名初辟司徒府除佐著作郎免以疾辭居會稽與王羲之及高陽許詢桑門支遁遊處出則漁弋山水入則言詠屬文無處世意揚州刺史庾冰以安有重名必欲致之累下郡縣敦逼不得已赴召月餘告歸復除尙書郎瑯琊王友並不起吏部尙書范汪舉安爲吏部郎安以書拒絕之有司奏安被召歷年不至禁錮終身遂棲遲東山常往臨安山中坐石室臨濬谷悠然歎曰此亦與伯夷何遠嘗與孫綽等汎海風起浪湧諸人並懼安吟嘯自若舟

人以安爲悅猶去不止風轉急安徐曰如此將何歸耶舟人承言即回咸服其雅量安雖放情丘壑然每遊賞必以妓女從既累辟不就會稽王昱聞之曰安石既與人同樂必不得不與人同憂召之必至時安弟萬已爲亞中郎將總藩任之重安雖處衡門其名猶出萬之右人皆以公輔期之處家常以儀範訓子弟安妻劉惔之妹也既見家門貴顯傾動里巷而安獨靜退乃謂曰大丈夫不當如此耶安掩鼻曰恐不免耳及萬黜廢安始有仕進志時年四十餘矣桓溫請爲司馬將發新亭朝士咸送中丞高崧戲之曰卿屢違朝旨高臥東山諸人每相與言安石不出將如蒼生何蒼生今亦將如卿何既到溫甚喜言平生歡笑竟日既出溫問左右頗嘗我如此客否溫後詣安值其理髮安性舒緩久而方罷使取幘溫留見之曰令司馬著幘進其重安如此尋除吳興太守在官無當時譽去後爲人所思頃之徵拜侍中遷吏部尚書中護軍簡文帝疾篤溫上疏薦安宜受顧命及帝崩溫入赴山陵止新亭大陳兵衛將移晉室呼安及王坦之欲於坐害之坦之甚懼問計於安安神色不變曰晉祚存亡在此一行既見溫坦之流汗沾衣倒執手版安從容就席曰安聞諸侯有道守在四鄰明公何須壁後置人耶溫笑曰正自不能不爾耳乃輒解兵與安笑語移日郗超臥帳中聽其言風動帳開安笑曰郗生可謂入幕之賓矣坦之初與安齊名至是方知坦之之劣溫常以安所作簡文帝謚議以示坐賓曰此謝安石碎金也時孝武帝富於春秋政不自已溫威振內外人情噂嗒互生同異安與坦之盡忠匡翼終能輯秩及溫病篤諷朝廷加九錫使袁宏具草安見輒改之由是歷旬不就會溫卒錫命遂寢尋爲尚書僕射領吏部加後將軍及中書令王坦之出爲徐州刺史詔安總關中書事安義存輔導雖會稽王道子亦賴弼諧之益時彊敵寇境邊書續至安每鎮以和靜御以長算

德政既行文武用命不存小察弘以大綱威懷外著人皆比之王導謂文雅過之嘗與王羲之登冶城悠然遐想有高世之志羲之謂曰夏禹勤王手足胼胝文王旰食日不暇給今四郊多壘宜思自效而虛談廢務浮文妨要恐非當今所宜安曰秦任商鞅二世而亡豈淸言致患耶是時宮室毀壞安欲繕之尚書令王彪之等以外寇爲諫安不從竟獨決之宮室用成皆仰模玄象合體宸極而役無勞怨又領揚州刺史詔以甲仗百人入殿時帝始親萬幾進安中書監驃騎將軍錄尚書事固讓軍號之加頃司徒後將軍文武盡配大府又讓不拜復加侍中都督揚豫徐兗靑五州幽州之燕國諸軍事假節時符堅強盛疆埸多虞諸將敗退相繼安遣弟石及兄子玄等應機征討所在尅捷拜衛將軍開府儀同三司封建昌縣公堅後率衆號百萬次於淮淝京師震恐加安征討大都督玄入問計安夷然無懼色答曰已別有旨既而寂然玄不敢復言乃令張玄重請遂命駕出遊山墅親朋畢集與張玄圍棋別墅安棋常劣於玄是日玄懼便爲敵手顧謂其甥羊曇曰以墅乞汝遂游陟至夜乃還指授將帥各當其任桓沖深以根本爲憂遣精騎三千入援安固却之曰朝廷處分已定兵甲毋闕宜留以防西藩玄等既破堅有驛書至安方對客圍棋看書既竟便攝放牀上了無喜色棋如故客問之徐答曰小兒輩遂已破賊既罷還內過限心甚喜不覺屐齒之折其矯情鎮物類如此嘗疑劉牢之不可獨任又知王裕之不宜專城後皆如其言識者服其知人以總統功進拜太保安方欲混一文軌上疏求自北征乃進都督揚江荆司豫徐兗靑冀幽幷甯益雍梁十五州軍事假黃鉞其本官悉如故置從事中郎二人安上疏讓太保及爵不許性好音樂自弟萬喪十年不聽音樂及登台輔期喪不廢又於土山營墅樓館竹林甚盛每携中外子姪往來遊集時會稽王道子專權而奸

詔頗相扇搆安出鎮廣陵之新城以避之帝出餞於西池獻觴賦詩焉安雖受朝寄然東山之志始終不渝每形於言色及鎮新城盡室而行造汎海之裝欲須經略粗定自江道還東雅志未就遂遇疾篤以本志不遂深自慨失因悵然謂所親曰昔桓溫在時吾嘗懼不全忽夢乘溫輿行十六里見一白雞而止乘溫輿者代其位也十六里止今十六年矣白雞主酉今太歲在酉吾病殆不起乎乃上疏遜位詔遣侍中尙書喩旨尋薨時年六十有六帝三日臨於朝堂賜東園秘器朝服一具衣一襲錢百萬布千疋蠟五百斤贈太傅諡文靖以無下舍詔府中備凶儀及葬加殊禮依大司馬桓溫故事又以平符堅勳更封廬陵郡公安少有盛名時多愛慕鄉人有罷中宿縣者還詣安安問其歸資答曰有蒲葵扇五萬安乃取其中者握之京師士庶競市價增數倍本能爲洛中書生詠有鼻疾者故其音濁名流愛其詠而弗能及或手掩鼻以斆之及至新城歲苦水漲沒民田安築埭於城北蓄洩之歲大熟後人追思之名爲召伯埭羊曇者太山人知名士也爲安所愛重安薨後輟樂彌年行不由西州路嘗因石頭大醉扶路唱樂不覺至西州門左右曰此西州門曇悲感不已以馬策扣扉誦曹子建詩曰生存處華屋零落歸山丘慟哭而去生二子長瑤次琰

烏衣巷 在江南江寧府　秦淮南王導及安居此其子弟稱烏衣郎故名

宅　一在烏衣巷桓玄得志欲以安宅爲營混曰召伯之仁猶惠及棠樹文靖之德獨不保五畝耶玄聞慚而止　一在江南揚州府城東今爲法雲寺

薔薇洞 在浙江紹興東山之半安嘗携妓游於此

東山 舊在浙江紹興府上虞縣安隱此舊有石壁精舍即靈運讀書處也
一在江南江寧府東南一名土山安嘗隱會稽東山築此擬之每携從子玄對奕

墩 在江南江寧府今朝天宮後以謝太傅名

祠 在浙江湖州府長興縣名謝太傅祠　今浙江省城東山衖亦有謝太傅祠

墓 一在浙江紹興府上虞縣　一在江南江寧府南石子岡
一在浙江湖州府長興縣初葬建康被發遷此

歷官

萬 字**萬石** 八世祖裒公四子才器俊秀雖器量不及安而善自衒曜故早有時譽工言論善屬文叙漁父屈原季主賈誼楚老龔勝孫登嵇康四隱四顯爲八賢論嘗與蔡系送客於征虜亭與系爭言系推萬落牀冠帽傾脫萬徐拂衣就席神意自若坐定謂系曰卿幾壞我面系曰本不爲卿面計然俱不以介意時亦以此稱之弱冠辟司徒掾遷右司屬不就簡文帝聞其名召爲撫軍從事中郎萬著白綸巾鶴氅裘履版而前既見與帝共談移日再遷豫州刺史領淮南太守監司豫冀幷四州軍事假節王羲之與桓溫牋曰謝萬才流經通處廊廟參諷議固是後來一器而今屈其邁往之氣以俯順荒餘近是違才易務矣溫不從萬既受任北征矜豪傲物常以嘯詠自高未嘗撫衆兄弟安深憂之自隊主將帥以下安無不慰勉謂萬曰汝爲元帥諸將宜數接對以悅其心豈有傲誕若斯而能濟事也萬乃召集諸將都無所說直以如意指四坐云諸將皆勁卒諸將益恨之後爲散騎常侍卒時年四十二一子韶

石字**奴石** 八世祖裒公五子先是童謠云誰謂爾堅石所打碎故桓豁皆以石名子邀功焉堅之敗也雖功始劉牢之而成於玄琰然石時實爲都督焉少患面瘡療之莫愈乃自匿夜有物來舐其瘡隨舐隨瘥舐處甚白故世呼爲謝白面初拜秘書郎累遷尚書僕射征句難以勳封興平縣伯淮淝之役詔石解僕射爲征討大都督與兄子玄琰破符堅遷中軍將軍尚書令更封南康郡公於時學校陵遲石上疏請興復國學以訓冑子班下州郡修鄉校疏奏孝武帝納焉遷衞將軍加散騎常侍以公事與王恭不協上疏遜位詔諭令還歲餘不起表十餘上帝不許病篤進位開府儀同三司加鼓吹未拜卒時年六十二追贈司空謚曰襄一子汪

鐵字**鐵石** 一譜名鉞八世祖裒公六子官永嘉太守二子長冲次邈

十世伯祖

川小名**末**字**叔度**九世伯祖奕公長子官義興太守

靖九世伯祖奕公次子官太常正卿二子長玩次虔

玄小名**羯**字**幼度** 九世伯祖奕公三子少穎悟與從兄朗俱爲叔父安所器重安嘗戒約子姪曰子弟亦何豫人事而正欲使其佳諸人莫有言者玄答曰譬如芝蘭玉樹欲使其生於庭階耳安悅玄少好佩紫羅香囊安患之而不欲傷其意因戲睹取即焚之於此遂止及長有經國才略屢辟不起於是時符堅强盛邊境數被侵寇朝廷求文武良將可以鎭禦北方安乃以玄應舉郗超聞而嘆曰安違衆舉親明也玄必不負舉才也時咸以爲然超曰吾嘗與玄共在桓公府見其使才雖履屐間亦得其任所以知之於是徵還拜建武

將軍兗州刺史領廣陵相監江北諸軍事及符堅自率兵次於項城衆號百萬詔以玄爲前鋒都督徐兗青冀荊五州揚州之晉陵幽州之燕國諸軍事與叔父征虜將軍石從弟輔國將軍琰等拒之衆凡八萬玄先遣劉牢之五千人直指洛澗生擒堅將梁成等收其軍實堅列陣臨淝水玄軍不得渡玄使謂符融曰君遠涉吾境而臨水爲陣是不欲速戰諸君稍却令將士得周旋僕與諸君緩轡而觀之不亦樂乎堅衆皆曰宜阻淝水莫令得上我衆彼寡勢必萬全堅曰但却軍令得過而我以鐵騎數十萬向水逼而殺之融亦以爲然遂麾使却陣衆因亂不能止於是玄與琰等以精銳八千涉渡淝水石軍拒張蚝小退玄琰仍進決戰淝水南堅中流矢單騎而遁臨陣斬符融堅衆奔潰死者不可勝計淝水爲之不流餘衆棄甲宵遁聞風聲鶴淚皆以爲晉師已至草行露宿重以饑凍死者十七八獲堅乘輿雲母車儀服器械軍資珍寶山積牛馬驢騾駱駝十餘萬詔遣殿中將軍慰勞進號前將軍假節固讓不受賜錢百萬綵千疋旣而安奏符堅喪敗宜乘其釁會以玄爲前鋒都督徑造渦穎經畧舊都以勳封康樂公玄請以先封東興侯賜兄子玩詔聽之更封豫寧伯玄還自淮陰遇疾上疏解職詔不許前後表疏十餘上久之乃轉授散騎常侍左將軍會稽內史玄旣輿疾之郡十三年卒於官年四十六追贈車騎將軍開府儀同三司謚獻武一子瑍玄鎮廣陵募饒勇之士得劉牢之等數人爲參軍戰無不捷時號北府兵敵人畏之

宅 在浙江湖州府烏程縣名謝車騎宅

八公山 在安徽鳳陽府　壽州漢淮南王安與賓客八公修煉於此故名玄陳兵淝水符堅見八公山草木皆兵秦師遂潰　山下有廉頗塚

淝水亦在安徽鳳陽府

歷官

叔祖

繹九世伯祖嶸公子

允字**令度**九世祖據公次子官宣城內史四子長裕次純三彪四述

瑤九世叔祖安公長子襲父爵官至瑯琊王友早卒子該嗣終東陽太守無子弟光祿勳模以子承伯嗣劉裕以安勳德濟世特加封該弟澹爲柴桑侯食邑千戶奉　安祀澹少歷顯位兼太尉恭帝元熙中爲光祿大夫兼太保持節奉冊禪宋

琰小名**末婢**字**瑗度**　九世叔祖安公次子弱冠以貞幹稱美手姿與從姪護軍濟雖比居不往來宗中子弟惟與才令者相接初官著作郎轉秘書丞累遷散騎常侍侍中符堅之役安以琰有軍國才用出爲輔國將軍以精兵八千與從兄玄俱臨陣破堅以勳封望蔡縣公徵爲尚書左丞堅將孫恩寇陷會稽殺會稽內史王凝之於是八郡之人一時起兵殺長吏以應恩旬日中衆衆數十萬計詔命琰及劉牢之討破之所向輒克彭城劉裕勇健有大志以賣履爲業好樗蒲爲鄉間所賤牢之引爲參軍使將數十人覘賊遇賊數千人卽迎擊之從者皆死裕墜岸下賊臨岸欲下裕奮長刀仰砍殺數人乃得登岸仍大呼逐之殺傷甚衆牢之怪裕久不返引兵尋之見裕獨驅數千人咸共嘆息因進擊賊大破之恩復逃

遊海島朝廷憂之詔琰爲會稽內史都督五郡軍事琰既以資望鎭越議者謂無復東顧之虞賊既至琰敗績於千秋亭帳下都督張猛斫琰馬琰墮地與二子肇峻俱被害詔以琰父子隕於君親忠孝萃於一門贈琰侍中司空謚忠肅三子長肇次峻三混

韶 小名**封** 字**穆度**

九世叔祖萬公子少有名譽時謝氏猶多彥秀者稱封胡羯末封謂韶胡謂朗羯謂玄末謂川皆其小字也韶朗川並早卒惟玄以功名終韶爲黃門郎官至車騎司馬一子恩

汪

九世叔祖石公子襲父爵南康郡公早卒汪從弟冲以子明慧嗣爲孫恩所害從兄喻復以子爲嗣宋受禪國除

冲 字**秀度**

九世叔祖鐵公長子官中書郎除黃門侍郎不就爲孫恩所害贈散騎常侍一子方明

邈 字**茂度**

九世叔祖鐵公次子性剛骾無所屈撓有理識累遷侍中時孝武帝觴樂之後多賜侍臣文詔辭義有不雅者邈輒焚毀之其他侍臣被詔者或宣揚之故論者以此多邈後爲吳興太守値孫恩之亂爲賊胡桀郜驃等所執害之賊令北面邈厲聲曰我不得罪天子何北面之有遂害之邈妻郄氏甚妬邈先娶妾郄氏怨懟與邈書告絕邈以其書非婦人詞疑其門下生仇玄達爲之作遂斥玄達玄達怒遂投孫恩幷害邈兄弟竟至滅門

贊曰安西英爽才兼辯博宣力方鎭流聲臺閣太保沉浮曠若虛舟任高百辟情惟一丘琰邈忠壯奕萬虛放爲龍爲光或卿或將偉哉獻武功宣授斧克剪凶渠幾淸中寓

十一世伯祖

玩 十世伯祖靖公長子初封東興侯繼封豫寧伯

虔 十世伯祖靖公次子

瑍 十世伯祖玄公子官秘書郎一子靈運

叔祖

裕 字**景仁** 十世叔祖允公長子本名裕與宋高祖同諱故稱字幼為從祖安所知元顯嬖人張法順權傾一時內外無不造門惟景仁不至景仁博聞强識善叙前言往行武帝目之曰此名公孫也年三十為著作郎遷司空司徒左長史晉陵太守轉大司馬右衛將軍加給事中吏部尚書遷領軍將軍左右僕射武帝雅相知重申以婚姻廬陵王義眞妃景仁女也卒年四十七追贈金紫光祿大夫加散騎常侍葬日武帝親臨甚慟一子恂

純 字**景懋** 十世叔祖允公次子初為劉毅豫州別駕衛將軍長史被王鎮惡襲毅毅兵敗純為人所殺孫沈為衛軍錄事參軍山陰令

虥 字**景虥** 十世叔祖允公三子

述 字**景先** 小字**道兒** 十世叔祖允公四子少有至行隨兄純在江陵純遇害述奉喪還都至西塞遇暴風純喪舫流漂不知所在述乘小船尋求經純妻舫過遣人謂之曰小郎去必無及寧可存亡俱盡耶述號泣答曰若安全至岸尚須營理如其已致意外述亦無心獨存因冒浪而進見純喪舫幾沒述號叫呼天幸而獲免咸以為精誠所致武帝聞而嘉之官至司徒左長史轉左衛將軍涖官清約私無宅舍義康遇之甚厚尚書僕射殷

景仁領軍將軍劉湛並與述爲異常之交述美手姿善舉止湛謂人曰我見謝道兒未嘗足及劉湛誅義康外鎮將行歎曰謝述唯勸吾退劉湛唯勸吾進述亡而湛存吾所以得罪也文帝亦曰謝述若存義康必不至此三子長綜次約三緯

肇 十世叔祖琰公長子官驃騎參軍及沒于賊贈散騎常侍

峻 十世叔祖琰公次子以父琰勳封建昌侯及沒于賊贈散騎侍郎

混 字**叔源** 小字**益壽** 十世叔祖琰公三子性至孝善屬文風度爲江左第一孝武帝爲晉陵公主求婿謂王珣曰主婿但如劉眞長王子敬便足珣對曰謝混雖不及眞長不減子敬帝曰如此便足未幾帝崩袁崧欲以女妻之珣曰卿莫近禁臠初元帝始鎮建業公私窘罄每得一豘以爲珍膳項上一臠尤美輒以薦帝羣下未嘗敢食於是時呼爲禁臠故珣因以爲戲混竟尚主襲父爵孫恩之亂父琰及二兄肇峻皆爲都督張猛所害後劉裕左里之捷遂擒猛送於混混刳其肝生食之桓玄嘗欲以安宅爲營混曰召伯之仁猶惠及甘棠文靖之德更不保五畝之宅耶玄聞慚而止歷中書令領中軍左僕射一子惠心

恩 字**景伯** 十世叔祖韶公子宏達有遠畧爲黃門侍郎武昌太守二子長曜次宏微皆歷顯位

方明 十世叔祖冲公子父冲爲孫恩害所方明時隨叔父邈在郡乃勸邈避亂邈弗從故被害方明遂逃走出外乃免後方明結邈門生義等擒其黨而手刃之載母及妹奔東陽劉穆之嘗曰謝方明可謂名家駒元興元年除著作郎轉中軍長史加晉陽太守驃騎長史出爲丹陽尹會稽太守除北武之坐判久繫之獄東土稱之元嘉元年卒於官二子長惠連次惠宣

十二世伯祖

絢 字 **宣映** 十一世祖重公長子官至宋文帝鎮軍長史二子長世基次世猷

靈運 小字 **客兒** 十一世伯祖瑍公子幼穎悟文藻豔逸玄甚異之謂親知曰我乃生瑍瑍那得生靈運靈運少好學博覽羣籍文章之美爲江左第一鯤昭嘗曰謝五言如初發芙蓉自然可愛從叔混特加愛之襲祖父封爵故世稱謝康樂食邑二千戶元嘉初爲永嘉太守愷悌化民不事鞭朴在郡一周稱疾去職賦詩北亭與諸父老叙別無不攀衣泣下者時從弟晦曜宏微等並與書止之不從靈運父祖並葬始甯有故宅及墅遂移籍會稽修營舊業傍山帶江盡幽居之美與隱士王弘之孔淳之等縱放爲娛有終焉之志每有一詩至都邑貴賤莫不競寫宿昔之間士庶皆遠近欣慕名動京師作山居賦並自注以言其事宋太祖登祚徵爲秘書監再召不起上使光祿大夫范泰與靈運書敦奬之乃出就職使整理秘書閣補足闕文撰晉書三十五卷尋遷侍中日夕引見賞遇甚厚靈運詩書皆兼獨絕每文竟手自寫之文帝稱爲二寶後爲臨川內史賜秩中二千石在郡好爲山澤之遊窮幽極險從者數百人伐木開徑百姓驚是山賊爲有司所糾時元嘉十年年四十九降徙廣州乃卒所著文章詩賦並傳於世一子鳳

謝客巖 在浙江溫州府華蓋山東南靈運書白雲曲春草吟於崖上今已蕪沒惟謝客巖三篆字尚存

西堂 亦在浙江溫州府靈運嘗於西堂賦詩竟日不就忽夢弟惠連遂得池塘生春草之句

謝公樓 亦在浙江溫州府城上靈運守郡時建

墓 在浙江紹興府城南

叔祖

晦 字**宣明** 十一世祖重公三子美手姿書言笑眉目分明鬢髮如墨涉獵文義博學多通時人以方楊德祖微將不及晦聞猶以為恨時謝混風華為江左第一嘗與晦俱在武帝前帝目之曰一時頓有兩玉人耳宋初為鎮北將軍與傅亮等同受顧命後官至右衛將軍加散騎常侍入直殿省總統宿衛少年即位加中書令與徐傅輔政進封建平郡公與弟皭同以犯順伏罪死時年三十七一子世休

墓 在湖廣黃州府治西

曜 字**宣鏡** 十一世祖重公四子年數歲所生母郭氏疾驚悸晨昏溫凊動容戚顔未嘗暫改恐婢僕懈倦躬自執勞雖緩步低聲猶恐見駭一家尊卑感其至性咸納履行屏氣語如此者十餘年官至黃門侍郎卒年三十一一子世平

遯 十一世祖重公五子

綜 十一世叔祖述公長子有才藝善隸書為太子中書舍人

約 字**泰溫** 十一世叔祖述公次子任郡陽太守一子稺

緯十一世叔祖述公三子方雅有父風官正員郎尚宋文帝第五女長城公主一子晄

憲心　十一世叔祖混公子

曜小名**多**　十一世叔祖恩公長子從叔父混有句云阿多標獨解弱冠纘華胤官御史中丞驃騎長史

宏微　原名**密**　十一世叔祖恩公次子出嗣從叔峻本名密犯所繼內諱故以字行年十歲與從叔峻童幼時精神端審時然後言所繼叔父混名知人見而異之謂恩曰此兒深中夙敏方成佳器混特重之常曰阿遠剛而有義阿客博而無檢曜恃才而操持不篤晦自智而納善不周至如宏微異不傷物同不害正吾無間然沈約嘗曰簡而不失淡而不流古之所謂名臣宏微當之與族子靈運瞻晦曜等居烏衣巷以文義見賞會常共宴處故謂之烏衣之遊混五言詩所云昔爲烏衣遊戚戚皆親姪者也義熙初襲繼父爵建昌縣侯惟受書數十卷而已遺財祿秩一無干預後官至黃門侍郎瑯琊王大司馬參軍混義熙八年見誅混妻晉陵公主詔與謝氏離絕公主以混家事委之宏微混仍世宰相一門兩封田業十餘處僮役千人惟有二女年並數歲宏微經紀生業事若在公一錢尺帛出入皆有文簿宋武帝受命晉陵公主降封東鄉君以節義可嘉聽還謝氏自混亡至是九年而室宇修整倉庫充盈門徒不異平日田疇墾闢有加於舊東鄉君嘆曰僕射平生重此一子可謂知人僕射爲不亡矣性嚴正舉止必循禮度事繼親之黨恭謹過常伯叔二母歸宗兩姑晨夕瞻奉盡其誠敬及東鄉君薨遺財千萬園宅十餘所又會稽吳興瑯琊諸處太傅安司徒琰時事業奴僕數百人公私咸謂室內資財宜歸二女田宅奴僕應屬宏微宏微一不取自以私祿營葬元嘉十年卒年四十二文

帝嘆惜甚至謂謝景仁曰謝宏微王曇首年踰四十名位未盡其才此朕之責也使工衛營畢葬事追贈太常一子莊

惠連

十一世叔祖方明公長子幼聰敏年十歲能屬文族兄靈運嘉賞之每有篇章對惠連輒得佳句嘗於永嘉西堂思詩竟日不就忽夢見惠連卽得池塘生春草之句大以爲工嘗云此有神助非吾語也又爲雪賦以高麗見奇靈運見其新文每曰張華重生不能尙也文章並行於世官至司徒彭城王義康法曹行參軍年三十七卒

惠宣

十一世叔祖方明公次子官臨川太守

恂

十一世叔祖裕公子官鄱陽太守一子孺子

十三世伯祖

世基

十二世伯祖絢公長子與晦伏罪

世猷

十二世伯祖絢公次子與晦伏罪

鳳

十二世伯祖靈運公子文章爲江左第一神悟非常人皆奇之元嘉中爲鄞令在任未幾惠政大孚人爭祝之於縣東二里道方勝碶以蓄水歲漑田五十餘頃碶北阻大溪復架石爲梁民不病涉因名曰謝鳳橋建祠於碶南像而祀之若遇水旱蝗疫有禱輒應後因坐靈運事同徙嶺南早卒一子超宗

叔祖

世休 十二世叔祖晦公子官秘書郎

世平 十二世叔祖曜公子早卒無後

稺 十二世叔祖約公子官西陽太守

朓 字**玄暉** 十二世叔祖緯公子妻王氏王敬則之女也朓少有美名文章清麗詩品曰奇編秀句往往出羣足使謝混失步鮑昭變色與從叔靈運惠連皆爲三謝爲齊隨王子隆鎮西功曹轉文學子隆在荆州好詞賦朓尤被賞官至尚書吏部郎爲宣城太守時刑清訟簡暇則登覽多題句至今仍稱謝宣城晚慕當塗之青山築室其下好奬人才孔闓粗有才華未爲時知孔珪嘗 草讓表以示朓朓嗟吟良久自折簡寫之嘗直中書省賦詩有蒼苔佐砌上紅葉當階翻之句朓善草隸長五言詩沈約常云二百年來無此作者後爲羣小所搆下獄死時年三十六一子謨

北樓 在江南寧國府治北朓所建

謝公亭 亦與樓同在府治北即朓送零陵內史范雲處

青山 在江南太平府城東南朓嘗築室山下又名謝公山

謝公宅 亦在青山

賞咏亭 牛渚謝尚鎮姑熟嘗秋夜乘月泛江會袁宏傭估客船上歌作咏史詩尚傾聽有勝致遂迎入舟劇談至旦亭名以此同在寧國府

十咏亭　府城東蓋天門山姑熟溪丹陽湖靈墟山凌歊臺謝公宅桓公井牛渚磯望夫石慈姥山十咏也

歷官　宣城太守豫章王行參軍遷尚書吏部郎兼知衛尉事

莊字希逸　十二世叔祖宏微公子七歲能屬文及長美容儀宋文帝見而異之謂殷景仁劉湛曰藍田生美玉豈虛語哉後爲隋王誕軍諮議領記室時南平王鑠獻赤鸚鵡詔羣臣爲賦太子左衛率袁淑文冠當時作賦畢示莊及見莊賦歎曰江東無我卿當獨秀我若無卿亦一時之傑也遂隱其賦孝武嘗問顏延之曰謝希逸月賦何如答曰美則美矣但莊始知隔千里兮共明月帝召莊以延之答語語之莊應聲曰延之作秋胡詩始知生爲久離别沒爲長不歸帝撫掌竟日又王玄謨問莊何者爲雙聲何者爲疊韻答曰玄護爲雙聲磝碻爲疊韻其捷速如此時河南獻舞馬詔羣臣爲賦莊所上甚美又使莊作舞馬歌令樂府歌之孝武帝出行夜還勑開門莊居守以棨信或虛須墨詔乃開上後宴從容曰卿欲效郅君章耶對曰臣聞蒐巡有度郊祀有節盤于游畋耆之前誡陛下今蒙犯塵露晨往宵還容致不逞之徒妄生矯詐臣是以伏須神筆孝武嘗賜莊寶劍莊以豫州刺史魯爽後爽叛帝因宴問劍所在莊對曰昔與魯爽竊爲陛下杜郵之賜上甚悅永建元年遷吳興太守大明元年拜吏部尚書起爲都官尚書改定刑獄遷右衛將軍加給事中後爲尋陽王師加中書令散騎常侍尋加金紫光祿大夫泰始二年卒年四十六贈右光祿大夫謚曰憲所著文章四百餘首行於世五子長颺次朏三顥四嶷五瀹女爲順帝皇后

孺子 十二世叔祖恂公子與族兄莊齊名多藝能猶善聲律與王彧宴於相臺孺子吹笙起舞歎曰今日眞使人飄飄有伊洛間意爲新安主簿出爲廬江郡太守一子璪

十四世伯祖

超宗 十三世伯祖鳳公子隨父鳳往嶺南元嘉末得還好學有文辭盛得名譽嘗作殷淑儀誄奏之孝武帝大歎賞謝莊曰超宗殊有鳳毛鮑昭曰謝五言詩如初發芙蓉自然可愛每一詩出都下莫不傳寫靈運復出初爲義興太守轉黃門侍郎復出爲南郡王中軍司馬撰晉書三十五卷二子長才卿次幾卿

叔祖

譓 十三世叔祖朓公子尚梁武帝第二女永世公主

颺 十三世叔祖莊公長子官晉平太守

朏 字**敬冲** 十三世叔祖莊公次子幼聰慧父甚器之常置左右十歲能屬文莊遊土山使朏命篇攬筆便就琅琊王景文謂莊曰賢子足稱神童復爲後來特達宋明帝嘗勑朏與謝鳳子超宗從鳳莊入二人俱至超宗曰君命不可以不往乃趨而入朏曰君處臣以禮進退不時不入時人兩稱之以比王尊王陽與河南褚炤濟陽江教彭城劉悛號爲天子四友仕宋爲衛將軍梁高帝徵爲侍中不屈遣官宣旨敦譬乃輕舟詣闕自陳詔以爲司徒尚書令朏以脚疾辭乃角巾詣雲龍門謝詔見於華林園明旦輿駕出幸朏宅燕語盡歡固陳本志不許因請東還迎母乃許之臨發復臨幸賦詩餞別到京敕道府於舊宅詔停諸公事及朔望朝謁元

會乘小輿升殿毋憂詔攝職如故卒年六十贈侍中司徒謚曰靖孝二子長淡次謐

顥 字**仁悠** 十三世叔祖莊公三子少簡靜言辭清麗容儀端雅齊永明初高選文學以顥爲竟陵王友歷吏部郎有簡秀之目官至北中郎長史

嶷 十三世叔祖莊公四子

瀹 字**義潔** 十三世叔祖莊公五子年七歲王景文見而異之言於宋孝武召見於人衆中瀹舉止閑詳應答合旨帝悅性甚敏洽明帝廢鬱林領兵入殿左右驚走報瀹瀹與客圍棋每下子輒云其當有意竟局乃還齋臥竟不問外事明帝即位瀹又屬疾不知公事蕭誕以兵臨之瀹曰天下事公卿處之足矣且死者命也何足以此懼人齊建元初爲安城內史出爲吳興太守起吏部尚書加領軍將軍轉散騎常侍官至太子詹事永泰元年卒年四十五贈金紫光祿大夫謚曰簡生二子長覽次舉

璟 十三世叔祖孺子公子少與從叔朓俱知名齊竟陵王子良開西邸招文學璟亦與焉隆昌中爲明帝驃騎參軍記室遷中書郎晉安內史梁天監初遷司農卿東陽太守拜侍中後官至戶部尚書生一子徵

十五世伯祖

才卿 十四世伯祖超宗公長子早卒生一子藻

幾卿 十四世伯祖超宗公次子能清辯時號神童父超宗徙越雋詔家人不得相隨幾卿年八歲別父於新亭不勝其慟遂投於江超宗命估客數人入水救之良久湧出十餘日乃纔能言

居父憂哀毀過禮年十二召補國子生性放達不事容儀性不容非與物多忤有乖己者輒爲之退無所言好飲一日預游宴不得辭而還因詣道邊酒壚停車褰幔與車前三騶對飲論曰謝氏自晉以降雅道相傳景彪景仁德素傳美景懋景先節義流芳方明已行之度玄暉藻繪之奇各擅一時可謂德門者矣梁天監中官侍御史遷中書郎尚書左丞僕射轉左光祿長史後爲威戎將軍有文集行於世幾卿雖不持檢操然於家門篤睦兄才卿早卒子藻幼孤幾卿撫養甚至及藻成立歷淸官皆幾卿訓奬之力也

叔祖

諼 十四世叔祖朏公長子仕梁爲東陽太守秩滿去官郡民送錢一萬止留一百民强納之謝曰數多劉寵更以爲愧人力辭之陳時爲東陽內侯官至司徒右長吏侍中左光祿大夫謚曰靖生一子元式

譓 十四世叔祖朏公次子譓不妄交接門無雜賓有時獨醉曰入吾室者但有淸風對吾飲者唯當明月仕梁爲晉安太守後官右光祿大夫生一子哲

覽 字**景滌** 十四世叔祖瀹公長子選尚齊錢唐公主拜附馬都尉意氣閑雅瞻視聰明梁武帝謂徐勉曰覺此生芳蘭竟體想謝莊正當如此自此仍被賞賚受敕與侍中王暕爲詩答贈其文甚工乃使重作復合旨帝賜詩云雙文既後進二少實名家豈伊爾棟隆信乃俱國華天監中出爲吳興太守中書舍人黃睦之家居烏程子弟專橫前太守折節事之覽未到郡睦之子弟來迎覽逐去其船杖吏爲通者自是睦之家杜門不出不敢與公私門通郡境多

刔爲東道患覽下車肅然一郡甯謐年二十爲太子舍人後拜吏部尚書卒於官贈中書令人
謂家學淵源云生一子犨

舉 字 **言揚**

十四世叔祖瀹公次子幼好學與覽齊名俱預元會江淹一見並相欽揖曰所謂馭
二龍於長塗者也時人語曰王有養矩養乃王筠小字矩乃王泰小字也謝有覽舉
梁丙丁太清元年二月侯景復以河南叛附於梁梁封景爲河南王遣兵援之景請舉十三州
內附梁主詔羣臣廷議僕射謝舉等曰頃與魏和邊境無事今納其叛臣非宜梁主曰得景則
塞北可清機會難得然意猶未決嘗獨言我國家如金甌無人傷缺今忽授景地詎是事宜脫
致紛紜悔之何及中領軍朱异勸納之乃以景爲大將軍封河南王平西諮議周宏正聞納景
曰亂階在此矣仕梁官至尚書令侍中將軍歷戶部尚書遷掌吏部尚書舉祖莊父瀹兄覽並
經此職前代少比當世以爲榮太清二年遷尚書令卒於內臺上曰舉非止歷官已多亦人倫
儀表久著公望悵恨未授之可贈侍中衛將軍開府儀同三司舉宅內山齋捨以爲寺泉石之
美殆若自然有文集二十卷生一子嘏

徵 字 **玄度**

十四世叔祖璟公子美丰采好學善屬文仕梁爲中書舍人兼鴻臚卿與河東裴子
野沛國劉顯同官友善時魏中山王元略還北梁武帝餞於武德殿賦詩三十韻限
三刻成徵二刻便就文甚美帝再覽焉又爲臨安侯猷製放生文亦見賞於世後除尚書左丞
及昭明太子薨帝立晉安王綱爲皇太子將出詔唯召尚書右僕射何敬容宣惠將軍孔休源
及徵三人與議徵時年位尚輕而任遇已重年三十七卒於北中郎豫章王長史歷蘭陵太守
有文集二十卷行世

十六世伯祖

藻 十五世伯祖才卿公子歷清官公府祭酒主簿

叔祖

哲 字 穎豫 十五世叔祖諗公子美丰姿舉止蘊藉襟懷豁朗爲士君子所重仕梁爲廣陵太守侯景之亂因寓居爲仕陳歷吏部尚書中令侍中司徒左長史卒年五十九謚曰康

元式 十五世叔祖諼公子

牢 十五世叔祖覽公子早卒

瑕 字 含茂 十五世叔祖舉公子風神清雅善屬文仕梁爲太子中庶子任建安太守歷侍中中書令都官尚書大建元年卒謚曰光有文集行於世生二子長僑次扎

十七世叔祖

僑 字 國美 十六世叔祖瑕公長子僑素貧嘗一朝無食其子畝欲以班史質錢答曰甯餓死豈可以此充食乎官至散騎常侍侍中御史中丞太常卿出監東陽州梁太清元年卒贈中護軍著有文集十卷生一子畝

扎 字 世高 十六世叔祖瑕公次子博涉文史位湘東王諮議

十八世叔祖

啓十七世叔祖僑公子

四十一世伯祖

惠卿　四十世祖君憲公長子官經署參議生二子長德政次德俊

四十二世伯祖

德政號敏齋四十一世伯祖惠卿公長子

德俊　四十一世伯祖惠卿公次子

大田謝氏世系譜

始祖諱六郎字忠卿號六翁　廼四十三世祖藝圃公之子也南宋開禧年間自南雄府始興縣牛田村磧磯里遷居番禺縣慕德里司大田村爲始祖配安人朱氏生四子長十一郎次十二郎三十三郎四十四郎公葬於土名九潭村金鷄嘴安人葬於土名大圃鯉魚岡坤向每歲九月初五日墓祭各遠房子孫皆至　奉祀大田佑啓堂

祖原居南雄磧磯巷越宋開禧元年爰徙居番禺大田綿烏衣之遠冑創炎海之箕裘厥功宏矣越後子姓漸繁析居各邑溯源追本無不念　祖建基垂後之德者墓塋　年湮石泐壬午歲余自秘省南歸展墓之下心愴榛蕪爰聯各房新　祖之阡而并爲之銘

銘曰　仰惟我祖　創業垂基　炎洲卜處　永衍孫支

吉兆　佳氣長垂　荒阡載闢　式廓宏規

宋處士一世祖考六郎謝公墓

賜進士出身

欽點翰林院庶吉士加一級遠孫敦源百拜敬書

賜進士出身龍安府經歷前北流縣知縣候補內部主政加二級

遠孫堈百拜敬書

乾隆廿八年癸未季秋吉旦遠孫市橋　大田　華田　芳村　田蝶湖　松柏塱　木棉　魯岡房宗子聖漢等重修百拜立石

道光廿七年孟冬吉旦宗子登槐等重修

祖妣朱氏廼六郎公之德配也

謝姓一世祖妣朱氏太君之墓

乾隆廿八年癸未秋吉旦遠孫市橋田螺湖大田松柏朗莘田木棉芳村魯岡房宗子聖漢等百拜立石

二世祖諱十一郎名全字祖通號性所　廼始祖六郎公長子也配安人陳氏十三娘生五子長大奢次誠三永實四永年五五郎合葬土名江村對海三坡營黃濂塘坐乾向巽之原嘗田土名鶴瀝奉祀大田佑啟堂

宋　顯　二　世　祖　考性所謝公墓

妣陳氏安人

賜進士出身翰林院庶吉士加一級遠孫敦源百拜敬書

乾隆癸丑年八月二十四日宗子宗澤百拜重修

二世叔祖

諱十二郎又名貴號元芝　廼始祖六郎公次子也遷居南海蟠溪大渦鄉

諱十三郎號普平　迺始祖六郎公三子也遷居南海綠潭奇石上圍

諱十四郎號聯芝　迺始祖六郎公四子也遷居南海丹灶鄉

三世祖諱誠字貴賢號賢齋　迺二世祖性所公次子也配安人林氏十三娘生三子長俊次英三聰合葬大田村前西邊巽向同四世傑菴一大穴　祀大田佑啓堂

三世伯祖

諱大奢字貴華　迺二世祖性所公長子也生二子長正辰次正卿

祀大田佑啓堂

三世叔祖

諱永實字萬庄　迺二世祖性所公三子也配安人何氏生一子才舉遷居石湖鄉

諱永年字萬寬　迺二世祖性所公四子也配安人闞氏　祀大田

佑啓堂

諱五郎　迺二世祖性所公五子也　祀大田佑啟堂

四世祖諱俊字世傑號傑菴　迺三世祖貴賢公長子也配安人王氏二十七娘生四子長穆次祥三禎四諭　祀大田佑啓堂塋大田村前東邊巽向與三世貴賢公同一大石穴（三世在西四世在東）穴中央各屹立一大石鼻俗云此二石鼻不常動動必吉必遠房有鄉會捷報云

四世伯祖

諱庄字正辰　迺三世伯祖貴華公長子也生四子長大哥次二哥三三哥四四哥

諱値字正卿　迺三世伯祖貴華公次子也生二子長濟元次叔新

四世叔祖

諱英字世雄　迺三世祖貴賢公次子也配安人龍氏生二子長叔

林次有亮　祀大田佑啓堂

諱聰字世豪　迺三世祖貴賢公三子也配安人吳氏生二子長表和次彥清　祀大田佑啟堂

諱才舉　迺三世叔祖永實公之子也生二子長叔游次叔寬

五世祖諱諭字叔大號文江　迺四世祖世傑公四子也配安人鄧氏生二子長班次二哥合塟土名仙阜岡午丙向之原　祀大田佑啓堂

乾隆四年己未二月初七日合莘田芳村市橋三大房重修墓門碑記石臺

乾隆四十八年癸卯立主花縣莘田克昌堂奉祀

五世伯祖

諱大哥　迺四世伯祖正辰公長子也

諱二哥　迺四世伯祖正辰公次子也

諱三哥　迺四世伯祖正辰公三子也

諱四哥　迺四世伯祖正辰公四子也

諱濟元　迺四世伯祖正卿公長子也生一子得游

諱叔新　迺四世伯祖正卿公次子也

諱穆又名九郎字叔興　迺四世祖世傑公長子也葬仙阜岡配安人陳氏葬蓼岡生四子長景祥次景雲三景和四景達嘗田土名大灣頭

諱祥字叔禮　迺四世祖世傑公次子也配安人江氏生一子景秀

諱禎字叔文號文峯　迺四世祖世傑公三子也配安人黃氏生四子長志才次出家爲僧三得才四得喜

五世叔祖

諱松字叔林　迺四世叔祖世雄公長子也配安人鄧氏生二子長時遇次時達

諱有亮　迺四世叔祖世雄公次子也

諱槐字表和　迺四世叔祖世豪公長子也

諱權字彥清　迺四世叔祖世豪公次子也配安人江氏生一子景亨

諱叔游　迺四世叔祖才舉公長子也

諱叔寬　迺四世叔祖才舉公次子也

六世祖諱班字得超號仲廉　迺五世祖叔大公長子也配安人何氏生二子長慶玉次廷玉合葬黃湴塘巽巳向　祀大田佑啓堂

乾隆四年己未二月初七日合三房安墓門碑記石臺

乾隆癸卯年立主莘田克昌堂奉祀

宋　仲廉謝公墓

　　何氏安人

乾隆癸丑年八月廿四日遠孫 芳村房士良 莘田房節南 市橋房明燦 等重修

六世伯祖

諱得游　迺五世伯祖濟元公之子也

諱諄字景祥　迺五世伯祖叔興公長子也配安人歐陽氏生三子長秀發次興發三仲發

諱誼字景雲　迺五世伯祖叔興公次子也配安人江氏生二子長起龍次惠龍

諱郁字景和　迺五世伯祖叔興公三子也配安人朱氏生二子長起宗次康立

諱茂字景達　迺五世伯祖叔興公四子也配安人江氏龍氏合葬黃泥塘生三子長慶春次次春三逢春

諱祥字景秀　迺五世伯祖叔禮公之子也配安人羅氏生二子長

起新次勝新
諱孟義字志才　迺五世伯祖叔文公長子也配安人羅氏
諱孟仁字得才　迺五世伯祖叔文公三子也配安人羅氏生一子
興珍
諱得光字得喜　迺五世伯祖叔文公四子也生一子興華
六世叔祖
諱二哥　迺五世祖叔大公次子也
諱時遇　迺五世叔祖叔林公長子也配安人黃氏生二子長原孫
次原志
諱時達　迺五世叔祖叔林公次子也
諱景亨　迺五世叔祖彥清公之子也生二子長季孫次惠珍
七世祖諱添寶字慶玉號芳圃　迺六世祖仲廉公長子也配安人
王氏區氏何氏劉氏生五子長仁叟次義叟三禮叟四智叟五信

毀後遷居於花縣莘田爲始祖

七世伯祖

諱秀發　迺六世伯祖景祥公長子也配安人黃氏

諱興發　迺六世伯祖景祥公次子也配安人黃氏生一子道立

諱仲發　迺六世伯祖景祥公三子也配安人蘇氏生一子康寧

諱起龍　迺六世伯祖景雲公長子也配安人李氏生一子福潤

諱惠龍　迺六世伯祖景雲公次子也遷居松柏壆

諱起宗　迺六世伯祖景和公長子也

諱康立　迺六世伯祖景和公次子也配安人江氏生一子福祐

諱元亨字慶春　迺六世伯祖景達公長子也配安人譚氏生二子長剛大次志廣合葬芽岡嘗田土名爛口涌等處

諱次春　迺六世伯祖景達公次子也配安人王氏生四子長君選次君舉三君澤四君泰

諱逢春　迺六世伯祖景逢公三子也配安人黃氏生四子長奉玄次君美三君勉四君義

諱起新　迺六世伯祖景秀公長子也無嗣勝新公次子觀福入繼

諱勝新　迺六世伯祖景秀公次子也配安人龍氏生二子長觀泰次觀福

諱興珍　迺六世伯祖得才公之子也

諱興華　迺六世伯祖得喜公之子也生一子蘯叔

七世伯祖

諱原雍字廷玉又字廷芝　迺六世祖仲廉公次子也配安人邵氏遷居東莞石灘鄉莘田譜云南社鄉

諱原孫　迺六世叔祖時遇公長子也生一子

諱原志　迺六世叔祖時遇公次子也生一子景彰

諱季孫　迺六世叔祖景亨公長子也

諱憲珍　廼六世叔祖景亨公次子也生三子長康蔭次康藻三康祖

八世伯祖

諱道立　廼七世伯祖興發公之子也配安人朱氏生四子長朝佑次朝聚三朝輔四朝佐

諱康寧　廼七世伯祖仲發公之子也配安人江氏生四子長受宣次受賢三受實四受珍

諱福潤　廼七世伯祖起龍公之子也配安人龍氏生五子長宗禮次宗卿三宗智四宗玉五宗義

諱福祐　廼七世伯祖康立公之子也生三子長擇善次從善三吉善

諱剛大　廼七世伯祖元亨公長子也配安人李氏合葬藤岡生四子長朝恩次朝宣三朝玉四朝瑤

諱志廣　迺七世伯祖元亨公次子也配安人譚氏帮充軍生二子
長宗仁次宗義
諱君選　迺七世伯祖次春公長子也配安人蘇氏合葬黃湴塘生
四子長朝顯次朝卿三仁卿四貴卿
諱金山字君舉　迺七世伯祖次春公次子過繼兄景彰公仍爲原
志公次子也遷居花縣莘田生二子長廣明次廣昌
諱君澤　迺七世伯祖次春公三子也
諱君泰　迺七世伯祖次春公四子也
諱奉玄　迺七世伯祖逢春公長子也生一子藍玉
諱君美　殖七世伯祖逢春公次子也遷居清遠
諱君勉　迺七世伯祖逢春公三子也生二子長二石次三石
諱君義　迺七世伯祖逢春公四子也生一子元秀
諱靚泰　迺七世伯祖勝新公長子也配安人陳氏生三子長元廣

次元清三元卿

諱觀福　迺七世伯祖勝新公次子起新公繼子也配安人林氏生二子長芳孫次以顧

諱蘆叔　迺七世伯祖興華公之子也生一子惠康

八世叔祖

諱景彰　迺七世叔祖原志公之子也

諱康蔭　迺七世叔祖惠珍公長子也

諱康藻　迺七世叔祖惠珍公次子也

諱康祖　迺七世叔祖惠珍公三子也

莘田謝氏世系譜

始祖諱添寶字慶玉號芳圃　迺大田六世祖仲廉公長子也配安人王氏區氏何氏劉氏生五子長仁叟次義叟三禮叟四智叟五信叟　公在番禺大田爲七世祖遷居花縣莘田爲始祖葬在從化縣楊武都盧家圍村對河牛心嶺旁之眠羊嶺巽向　祀莘田克昌堂

王氏安人葬在莘田村邊土名初生月

劉氏安人葬在土名黃官坑下山蛇坐坤向艮兼丑未之原

乾隆四十年季秋吉日重修

二世祖諱義叟號伯顏　迺莘田始祖芳圃公次子也由莘田遷居番禺芳村爲始祖　祀芳村至愛堂

二世伯祖

諱仁叟號宥寬　迺莘田始祖芳圃公長子莘田房一世祖也配安

人吳氏　祀莘田克昌堂

二世叔祖

諱禮叟　迺莘田始祖芳圃公三子也無嗣　祀莘田克昌堂

諱智叟　迺莘田始祖芳圃公四子也　祀莘田克昌堂

諱信叟　迺莘田始祖芳圃公五子也由莘田遷居市橋爲始祖

芳村謝氏世系表

始祖 二世 三世 四世 五世 六世 七世 八世 九世

伯顏—碧溪—世雄—勢成—宗遠—祖福—元澤—悅崧—順興

宗遠—祖祿—元明—悅江—伯興

宗遠—祖壽—景餘—尚經—少吾

尚經—信吾

尚文
少成　少從　少易

尚錦
志興　進興

稅寧出嗣

安然
觀潮
伯堂
表
國舉

桂山
國英
國鎮
國高

尚寬

元秩　曉江

國常　國成　國慎　國傑

南谷

虞山　靜淵

文泉　志泉　少禹　少業

堯山

翠山

思諫

思禮

思壯

蘭庭

麗川

思明

崑山　思敬

珠江　金泉　龍泉　心泉

桂庭

活泉

粵江　南江

義泉　念江　少行　少傅

矩村—彥相

滄洲—彥綱
　　　彥紀

慕洲—竹所—彥聖

彥從

桂林

粵洲

两川

口口

貴

北昌

德立

尚楚

國德

國本

國健

閑

政

積閏

雪松

倫竹

慕洲

敬洲

穗洲

尚橋

守存

志禮

勢昌

嗣子稅寧

南軒

慎齋

鳴山　壺山

芳洲　貞吾　大有　大賚

大章　大用　大節

芳村謝氏世系譜

始祖諱義叟字彥暀號伯顏　迺莘田始祖芳圃公之次子也元時由花縣莘田來遷爲芳村始祖配大朗劉氏合葬於白雲之陽土名御書閣坐癸向丁兼子午之原　生一子名碧溪

二世祖諱□□字□□號碧溪　伯顏公子配梁氏王氏合葬於南海橫沙村後土名象崗壬丙之原　生一子名世雄

三世祖諱世雄字宗顯　碧溪公子配莫氏李氏合附葬碧溪公塋左　生二子長勢成次勢昌

四世

勢成　宗顯公長子配招氏合附葬於碧溪公塋右　生七子長定次稅寧三清四貴五閑六政七積閏勢昌公無子公以次子稅寧公出繼之

勢昌　宗顯公次子配邵氏合附葬於始祖塋下差一壙　無子

以勢成公次子稅寧公入繼（按）我族世衍支繁誠恐年代久遠尊卑互紊自此定爲兩房

長房

五世

定字宗遠　勢成公長子配曹氏　生三子長祖福次祖祿三祖壽

清字□□號安然　勢成公三子四月初八日諱辰配吳氏九月初五日諱辰立主思成堂合葬動旗皇都崗　生三子長觀潮次桂庭三桂林

貴字□□　勢成公四子配　氏　生一子名北昌

閑字□□　勢成公五子　無嗣

政字□□　勢成公六子　無嗣

積閏字□□　勢成公七子配周氏　生一子名雪松

六世

祖福　宗遠公長子配羅氏　生一子名元澤

祖祿　宗遠公次子配李氏　生一子名元明

祖壽　宗遠公三子配麥氏　生一子名北堂

祥字國興號觀潮　安然公長子生於　年正月二十三日終於　年十月十七日配南海泌涌鄒氏終於　年十二月初七日立主思成堂　生三子長伯堂次南谷三蘭庭

□□號桂庭　安然公次子配潘氏　生二子長活泉次慕洲

□□號桂林　安然公三子配　氏生一子名粵洲

□□號北昌　貴公子配梁氏黃氏　生一子名德立

□□號雪松　積閏公子配林氏　生一子名倫竹

七世

元澤字□□　祖福公子配黃氏　生一子名悅松

元明字□□　祖祿公子配陳氏　生一子名悅江

景餘號北堂　祖壽公子配梁氏　生四子長尙經次尙文三尙錦四尙寬

世高字宗漢號伯堂　觀潮公長子生於明成化甲辰年十月二十一日寅時終於嘉靖己亥年四月二十五日配南海白沙村杜氏生於成化壬寅年三月十三日巳時終於嘉靖甲寅年正月初二日享壽七十有三歲立主思成堂　生四子長表次元宰三元秩四曉江

世奇字孟才號南谷　觀潮公次子終於　年四月十二日配大石何氏終於　年九月初九日立主思成堂　生四子長愷次悌三恒四恂

世亨字宗泰號蘭庭　觀潮公三子生於弘治己酉年十月十七日辰時終於嘉靖丁酉年十月二十四日亥時配室舒氏生於弘治庚戌年九月二十九日午時終於嘉靖丙寅年閏十月二

十四日卯時立主至愛堂思成堂　生三子長金次玉三璋

活泉字幸之　桂庭公長子配蕭氏　生四子長輔次艮相三艮臣四艮忠

慕洲號口口　桂庭公次子配　氏　生一子名竹所

粵洲號口口　桂林公子配何氏　生一子名兩川

德立號口口　北昌公子配關氏　生二子長倘楚次倘橋

倫竹號口口　雪松公子配陳氏　生一子名慕竹

八世

悅松字口口　元澤公子配梁氏　生一子名順興

悅江　元明公子配鄭氏　生一子名伯興

倘經號近淮　北堂公長子配鄭氏　生二子長少吳次信吳

倘文號愛淮　北堂公次子配陳氏　生三子長少成次少從三少易

倘錦號敬淮　北堂公三子配羅氏　生二子長志興次進興
倘寬號泗淮　北堂公四子配黎氏　無嗣
表字以聞號環江　伯堂公長子生於庚午年　月　日終於乙亥年九月二十日配白沙潘氏生終無考杜氏生於壬申年七月十八日午時終於癸亥年八月十四日辰時立主思成堂
生一子名國舉
元宰號桂山　伯堂公次子配丁氏立主思成堂合葬洞旗皇都岡　生三子長國英次國振三國高
俸字元秩　伯堂公三子生於正德丙子年正月十三日子時終於嘉靖乙巳年正月十三日子時配新村張氏生於正德己卯年正月二十一日辰時終於嘉靖辛酉年四月二十二日立主思成堂　生二子長國常次國成
口號曉江　伯堂公四子配杜氏林氏立主思成堂　生二子長

國愼次國傑

愷字□□號庾山　南谷公長子生於明正德丁丑年　月十七日巳時終於萬曆戊子年八月二十三日辰時配羅氏生於正德辛巳年四月初八日子時終於萬曆壬午年十一月二十九日子時立主思成堂　生二子長文泉次志泉

悌字元遜號靜淵　南谷公次子生於正德庚辰年六月初三日終於萬曆己卯年六月初八日配南箕村蕭氏生於嘉靖癸未年五月初五日未時終於萬曆癸酉年九月初二日立主思成堂　生二子長少禹次少業

恒字元成號堯山　南谷公三子生於嘉靖癸未年正月二十三日辰時終於萬曆戊子年六月初五日申時配沙涌鄭氏生於壬午年　月　日終於萬曆甲午年正月十六日酉時立主思成堂　無嗣

恂字□□號翠山　南谷公四子生於嘉靖壬辰年十月初三日亥時終於萬曆乙酉年七月初八日子時原配張氏生於壬辰年八月十三日申時終於隆慶戊辰年十月初二日丑時繼室鄒氏生於　壬辰年九月十五日子時終於萬曆戊戌年正月二十八日子時立主思成堂　生三子長思諫次思禮三思壯

金字元重號麗川　蘭庭公長子生於正德乙卯年十一月十四日丑時終於萬曆乙未年四月二十八日子時配員岡鄉高氏生於正德庚辰年十二月十二日午時終於萬曆庚辰年二月二十六日戌時立主思成堂葬河南鷄寸岡　生一子名思明

玉字元珪號崑山　蘭庭公次子生於明嘉靖癸未年四月十二日戌時終於　癸丑年閏三月初十日亥時配泌涌鄒氏生於嘉靖丙戌年八月十五日辰時終於萬曆壬寅年十二月初

一日子時立主思成堂　生一子名思敬
璟字元璉號珠江　蘭庭公三子生於嘉靖己丑年八月初二日
丑時終於嘉靖乙丑年三月初三日酉時配南箕村蕭氏生於
嘉靖庚寅年六月二十二日午時終於萬曆乙未年七月二十
六日戌時立主思成堂　生三子長可大次可久三思燦
輔號粵江　活泉公長子配鄭氏　生二子長義泉次念江
艮相號南江　活泉公次子配林氏許氏　生二子長少行次少
傳
艮臣號矩村　活泉公三子配沙貝鄧氏　生一子名敬村
艮忠號滄洲　活泉公四子配黃氏簡氏　生二子長彥岡次彥
紀
竹所字□□　慕洲公子配招氏　生二子長彥聖次彥從
两川字□□　粵洲公子配　氏　生一子名□□

尙楚　德立公長子配潘氏　生三子長國德次國本三國徤
尙橋　德立公次子配　氏　生二子長守存次志禮
口號慕竹　倫竹公子配鄭氏　生二子長敬洲次穗洲

九世

順興　悅松公子配吳氏　生一子名茂魁
伯興　悅江公子配郭氏　無嗣
少吾　尙經公子配黎氏　無嗣
信吾號我泉　尙經公次子配黃氏　生一子名茂富
少成　尙文公長子配陳氏　無嗣
少從　尙文公次子配吳氏　無嗣
少易　尙文公三子配邵氏　繼子茂贊
志興號穗泉　尙錦公長子配關氏何氏　生一子茂才
進興號穗淮　尙錦公次子配郭氏黃氏　生二子長啓隆次啓

茹

國華號帶泉　瑻江公子配尹氏　生二子長茂昇次茂恩

國英　桂山公長子配杜氏　生一子名茂勛

國鑽字會存　桂山公次子配郭氏合葬皇都崗　生三子長茂

楚次茂崇三茂權

國高　桂山公三子配羅氏　生二子長茂屏次茂佳

國常　元秩公長子配王氏　生二子長茂章次茂忠

國成號敬梅　元秩公次子配陳氏　生二子長茂梧次茂登

國慎　曉江公長子配　氏　生一子名茂標

國傑　曉江公次子配　氏　生一子名茂林

少仁號文泉　虞山公長子配羅氏馮氏　生二子長茂聯次茂

芳

少義號志泉　虞山公次子配鄭氏黃氏　生三子長茂進次茂

佐三茂興
少禹字□□　靜淵公長子配李氏　生一子名茂卓
少業字□□　靜淵公次子配黃氏鄭氏　生一子名茂生
思謙　翠山公長子配羅氏立主思成堂　生一子名茂賢
思禮號敬山　翠山公次子配郭氏　生三子長茂韜次茂瞻三
茂炳
思壯號念山　翠山公三子配吳氏　生二子長茂愷次茂龍
思明號心垣　麗川公子配吳氏葬河南雞寸岡　生一子名帝
襄
思敬號平菴　崑山公子配何氏　生一子名茂廸
可大字思弘號金泉　珠江公長子配李氏立主至愛堂　生二
子長茂猷次茂倫
可久字思徵號龍泉　珠江公次子配郭氏　生二子長茂芝之次

茂蘭

思爍號心泉　珠江公三子配招氏立主至愛堂　生四子長茂森次茂節三茂蟾四茂卉

廣信號義泉　粵江公長子配陳氏　生三子長茂禎次茂祥三茂超

廣輿號念江　粵江公次子配黃氏　生二子長茂乾次茂奇

□字少行　南江公長子配陳氏　生一子名茂成

□字少傳　南江公次子配李氏　生一子名茂躍

彥相號敬村　矩村公子配麥氏粱氏　生一子名茂覺

彥綱號敬滄　滄洲公長子配羅氏黃氏　生三子長茂陶次茂傳三茂經

彥紀號秉區　滄洲公次子配羅氏　生三子長茂相次茂德三茂弘

口號彥聖　竹所公長子配關氏　生二子長兆蓮次茂連
成號彥從　竹所公次子配黎氏　無嗣
口號口口　兩川公子配　氏　生二子長茂華次茂著
國德字口口　尙楚公長子配　氏　生一子名茂夔
國本字口口　尙楚公次子配　氏　生一子名茂明
國健字口口　尙楚公三子配梁氏　生三子長茂昆次茂珍三
茂瑚
守存字口口　尙橋公長子配陳氏　生二子長茂光次茂政
志禮字口口　尙橋公次子配黎氏　生二子長茂敦次茂教
敬洲字口口　慕竹公長子配黃氏黎氏　生二子長茂儒次茂
滕
穗洲字口口　慕竹公次子配陳氏　生一子名茂志

二房

五世

稅寧字□□　勢昌公繼子七月二十四日諱辰配梁氏五月十三日諱辰黎氏七月二十八日諱辰周氏十月十二日諱辰合葬白雲御書閣始祖塋下差一壙　生一子名敬

六世

敬號南軒　稅寧公子配郭氏同十一月十三日諱辰葬御書閣始祖塋下　生一子名進

七世

進字德卿號慎齋　南軒公子十二月二十一日諱辰配李氏十一月二十四日諱辰繼配曹氏十二月十九日諱辰附葬御書閣祖塋下　生二子長澤次憲

八世

澤號鳴山　愼齋公長子三月十六日諱辰配湖洲何中軒公之
女四月十三日諱辰合葬御書閣祖塋下　生二子長艮次和
憲字元度號壺山　愼齋公次子配李氏合葬御書閣始祖塋下
生五子長大有次大賚三大章四大用五大節

九世

艮字君學號芳洲　鳴山公長子配黃氏合葬於沙涌飛鵝嶺無
子以我池公次子啓基公入繼
和字君顯號貞吾　鳴山公次子十月十八日諱辰配王氏正月
初八日諱辰合葬御書閣祖塋下坐癸向丁　生一子名啓善
大有字思裕號省堂　壺山公長子配李氏　生一子名啓聘
大賚字思德號我池　壺山公次子配何氏　生二子長啟貞次
啟基芳洲公無子公以次子啓基公出繼之
大章字思夔號小山　壺山公三子配張氏　生一子名玉球

大用字思恒號珠海　壺山公四子配郭氏天啓癸亥年葬於御書閣始祖塋下　生二子長啓眞次啓寅

大節字思偉號懷泉一號雪峰　壺山公五子配陳氏何氏　生二子長啓芬次啓岳

長房　五世宗遠祖

九世	十世	十一世	十二世	十三世
順興	茂魁	玉初		
信吾	茂富	瑜初	穎長	秉剛
			秀長	
			賢長	

十四世　十五世　十六世　十七世

國初—德仁、福仁

儀長

少易—茂贊

志興—茂才—公彥、舉先—粹長

進興

啓隆

拱先　寅先

輝長　翰文

士良　士德　士富

國棟　金有

啓茹

佐先　天賓

國光　天桓　穗先

士華

長房 五世 宗遠祖支

十世

茂魁 順興公子配吳氏 生一子名玉初

茂富號斗星 信吾公子配黃氏 生二子長瑜初次國初

茂贊 少易公繼子 無嗣

茂才號逸臺 志興公子配吳氏 生二子長公彥次舉先

啓隆名應運 進興公長子配鄭氏梁氏 生四子長拱先次寅先三佐先四天寶

啓茹名應運 進興公次子配蕭氏 生四子長國先次天桓三穗先四口口

十一世

玉初 茂魁公子配 氏 無嗣

瑜初 茂富公長子配鄭氏 生四子長穎長次秀長三賢長四

儀長

國初　茂富公次子配崔氏　生二子長德仁次福仁

公彥　茂才公長子配鄭氏　無嗣

舉先　茂才公次子配　氏　生一子名粹長

拱先　啓隆公長子配何氏　生一子名輝長

寅先　啓隆公次子配夏氏　生一子名翰文

佐先　啓隆公三子配吳氏　無嗣

彩先字天賓　啓隆公四子配梁氏　無嗣

國先　啓茹公長子配李氏　無嗣

儲先字天桓　啓茹公次子配梁氏　無嗣

穗先字□□　啓茹公三子配周氏　無嗣

□□字□□　啓茹公四子　無嗣

十二世

達仁字穎長　瑜初公長子配　氏　生一子名秉綱

可仁字秀長　瑜初公次子　無嗣

□□字賢長　瑜初公三子　無嗣

□□字儀長　瑜初公四子　無嗣

德仁　國初公長子　無嗣

福仁　國初公次子　無嗣

敦仁字粹長　舉先公子　無嗣

□□字輝長　拱先公子　無嗣

翰文字輝泉　寅先公子配王氏生卒無考梁氏生於雍正壬子年五月十七日戌時終於嘉慶壬戌年八月二十一日巳時葬聚龍崗　生四子長士良王出次士德士富士華梁出

十三世

鎮宗字秉剛　穎長公子　無嗣

勒字士良　輝泉公長子生於乾隆戊辰年二月初四日亥時終
於嘉慶壬申年十二月二十八日酉時葬沙涌飛鵝嶺華尙山
下一壙配李氏　生二子長國棟次金有殤

士德　輝泉公次子　無嗣

士富　輝泉公三子　無嗣

士華　輝泉公四子　無嗣

十四世

國棟字本賢　士良公長子生於乾隆己亥年十二月初四日子
時終於口口年口月口日　無嗣

金有　士良公次子　早殤無嗣

長房　七世伯堂祖支

九世　國舉

十世　彥超

十一世　倫初

十二世　鼎鉉　鼎望　鼎舒

十三世　聖鳳（鼎舒子）

十四世　漢宗　雲開　夹（聖鳳子）

十五世

十六世

十七世

贊初—嘉奇
贊初—嘉珍—光泰—漢昌—敬長
光泰—元光
光泰—元岳—長與—伯祖

彥榮—敬初—鼎望

國英—茂勛—霍初
茂勛—龔初

國鎮—茂楚

茂崇—聯初—仕顯—光隆—漢賓—集大—震符—進全

廣華

坎符—萱桂

艮符—苗箏

巽符

麗符
- 廷昭
- 廷駒
- 令
- 柱

兌符
- 滿
- 廷貞
- 廷燕

茂權

國高
茂屏
茂佳

國常
茂章—賢初
茂忠—能初—有興

漢茂

進大—撝謙

有璵

燦邦　燦國

運昌　運彩　運明

娣　官帶　勸　榮　柏好

公富　公壽

秀華

維滿—公蕩

官帶

公閏

公祥—貴華

甜

珍

洋

榮

運連
- 大蘇
- 細蘇
- 栢成
- 栢興

有永

園成
- 茂梧
  - 行初
    - 爾佐
    - 嘉成

茂登
意初
嘉成
聖龍　聖鳳　聖麟
漢惠　漢高
元生
維炳
期長　期慶　期旺　期全
秀榮（期長子）
秀榮（期全子）

元捷
維煜
期益

元韜
維炣
期建
長庚
秀齡
信有

維炣
秀林
秀洪

維爵

期敬　期猷

松富　松蔭　松鍵　松錦　松茂　松橋　松志

富初—爾惠

期才—松濤

松培

蘊

開

松漢

國慎—茂稼

國傑—茂林

長房　七世　伯堂祖支

十世

彥超　字茂昇　號明環　國舉公長子配郭氏　生二子長綸初次贊初

彥榮　字茂恩　號沛宸　國舉公次子配王氏　生一子名敬初

□□　字茂勛　號玉環　國英公子配梁氏　生二子長霖初次靈初

□□　字茂楚　國鎮公長子配蒙氏　無嗣

□□　字茂崇　國鎮公次子配黃氏合墪皇都岡　生一子名聯初

□□　字茂權　國鎮公三子配郭氏　無嗣

□□　字茂屏　國高公長子配吳氏　無嗣

□□　字茂隹　國高公次子配郭氏　無嗣

□□字茂章　國常公長子配羅氏　生一子名賢初
□□字茂忠　國常公次子配郭氏　生一子名能初
□□字茂梧　國成公長子配招氏　生一子名行初
□□字茂登　國成公次子配吳氏　生二子長意初次富初
□□字茂標　國慎公子配梁氏　無嗣
□□字茂林　國傑公子配　氏　無嗣

十一世

綸初字□□　茂昇公長子配李氏　生三子長鼎鉉次鼎望三
鼎舒敬初公無子公以次子鼎望公出繼之

贊初字□□　茂昇公次子生於　辛酉年十月二十一日寅
時終於　丁酉年四月十一日酉時配李氏生於　壬戌
年十二月初五日丑時終於　丁酉年四月初六日丑時
生二子長嘉奇次嘉珍

敬初　茂恩公子配高氏　無子以綸初公次子鼎望公入繼

霍初　茂勛公子配郭氏　無嗣

翼初　茂勛公次子　無嗣

聯初字口口　茂崇公子生於萬曆己未年五月十九日酉時終於康熙癸亥年六月初十日未時配梁氏生於　庚申年十一月十七日丑時終於　丙子年五月十一日酉時合葬白雲山後黃婆洞　生一子爾燦

賢初　茂章公子配招氏　無嗣

能初　茂忠公子配吳氏　生三子長有興次有璵三有永

行初　茂梧公子配何氏　生二子長爾佐次嘉成意初公無子公以次子嘉成公出繼之

意初　茂登公子配黃氏　無子以行初公次子嘉成公入繼

富初　茂登公次子配　氏　生一子名爾惠

十二世

口口字鼎鉉　綸初公長子配　氏　無嗣

嘉藴字鼎舒　綸初公三子配　氏　無子以嘉成公次子光梧公入繼

嘉奇字艮生　贊初公長子配　氏　生二子長祖錫次祖賜遷居湖廣黄州府廣濟縣五社鄉

嘉珍字鼎冠　贊初公次子生於崇禎辛未年十月初五日卯時終於康熙丙子年三月二十七日亥時配鄭氏生於順治丁亥年二月二十七日亥時終於康熙己酉年三月十三日申時繼配何氏生於順治甲申年十月二十七日寅時終於康熙丁酉年九月初九日戌時　生一子名光泰

嘉樹字鼎望　敬初公繼子配　氏　無嗣

仕顯字爾燦號省北　聯初公子生於順治甲午年十二月二十

五日亥時終於康熙己未年十二月初六日子時配黃氏生於
順治己亥年五月十一日丑時終於康熙乙巳年五月初十日
辰時合葬白雲山後黃婆洞　生一子名光隆
有興字爾顔　能初公長子配何氏　無嗣
有璵字爾璠　能初公次子配劉氏　生二子長燦邦次燦國
有永字爾常　能初公三子配　氏　無嗣
口口字爾佐　行初公子配　氏　無嗣
嘉成字爾俟　意初公繼子配吳氏　生三子長光圖次光梧三
光御鼎舒公無子公以次子光梧公出繼之
口口字爾惠　富初公子配　氏　無嗣

十三世

聖鳳字光梧　鼎舒公繼子配馮氏　生三子長漢宗次雲開三
阿奀

祖錫　艮生公長子隨父入楚
祖賜　艮生公次子隨父入楚
口口字光泰　鼎冠公子生於　　　年二月十二日　時終
於乾隆壬戌年十一月初九日子時配羅氏十二月二十二日
諱辰　生三子長漢昌次元光三元岳
聖德字光隆號樸亭　爾燦公子生於康熙癸亥年六月十四日
申時終於乾隆丁丑年十一月十五日午時配潘氏生於康熙
壬寅年八月二十日巳時終於康熙辛丑年二月二十日辰時
繼配杜氏副室黃氏生終無考合葬初生月　生三子長漢賓
次元升三元上
口口字燦邦　爾瑶公長子生於甲戌年七月二十九日辰時終
於庚申年閏六月十五日酉時配吳氏生於辛巳年二月十七
日巳時終於甲戌年十一月初九日戌時合葬於泌涌塘尾岡

向之原　生二子長運昌次運彩
□□字燦國　爾璠公次子生於戊寅年九月初一日酉時終於
丁酉年正月十五日卯時元配梁氏生終無考繼配簡氏生於
乙酉年十二月二十日申時終於乙未年八月十七日申時公
與梁氏合葬於初生月　生二子長運明次運運
聖龍字光圖　嘉成公長子配張氏　生二子長漢惠次漢高
聖麟字光御號秀山　嘉成公三子生於康熙乙丑年十月十四
日巳時終於乾隆戊辰年三月二十一日辰時元配西聖關氏
生於康熙辛未年三月二十一日辰時終於乾隆己巳年正月
二十七日申時繼配省城冼氏生於康熙丙戌年八月初四日
酉時終於乾隆辛未年八月十四日巳時合葬白雲蒲澗嶺坐
癸向丁兼子午之原　生三子長元生次元韜三元捷

十四世

漢宗　光梧公長子配　氏　無嗣
雲開　光梧公次子配　氏　無嗣
阿奀　光梧公三子配　氏　無嗣
漢昌　光泰公長子配　氏　無嗣
元光　光泰公次子生於　　年十一月初九日　時終於
年正月二十四日　時配梁氏生於壬子年八月十六日丑時
終於辛丑年二月十三日巳時　生一子名敬長
元岳　光泰公三子生於康熙辛丑年三月十六日辰時終於嘉
慶戊辰年五月初四日申時配羅氏生於乾隆丁巳年正月十
八日丑時終於嘉慶甲戌年九月二十八日亥時　生一子名
長興
元澤字漢賓號磐石　光隆公長子生於康熙乙未年二月二十
二日巳時終於嘉慶丙辰年七月二十六日酉時元配麥氏生

於康熙丁酉年三月初八日丑時終於乾隆戊午年正月二十二日申時繼配馮氏生於康熙己亥年五月初九日戌時終於乾隆乙未年九月初九日卯時副室梁氏生於雍正癸丑年十月初七日酉時終於乾隆乙卯年正月十八日卯時　生二子長集大次進大

元升 字漢茂　光隆公次子配何氏葬沙涌村前　無嗣

元上　光隆公三子上殤　無嗣

應遠 字運昌　燦邦公長子生於雍正戊申年六月初二日子時終於嘉慶丙寅年十一月初七日午時配策頭羅氏生於雍正戊申年八月初二日未時終於嘉慶庚申年六月二十二日巳時合葬於赤岡頭　向之原　無子以運明公四子官帶公入繼

應超 字運彩　燦邦公次子配麥氏　無嗣

應高字運明　燦國公長子生於雍正己酉年三月初七日午時終於嘉慶癸酉年正月初十日午時元配璧華梁氏生於雍正癸丑年六月二十七日未時終於乾隆辛亥年正月二十八日未時繼配茶滘黎氏生於乾隆辛未年六月初六日辰時　生五子長勸次榮梁氏出三栢好四官帶五栢流黎氏出運昌公無子公以四子官帶公出繼之

應會字運連　燦國公次子生於乾隆壬戌年十月初五日戌時終於嘉慶戊午年十月初五日亥時元配鄭氏生於乾隆乙丑年五月二十一日巳時終於己亥年八月十三日午時繼配盧氏生於乾隆癸未年二月初九日戌時　生四子長大蘇次細蘇殤三栢成四栢興

元拔字漢惠　光圖公長子配郭氏　無嗣

元勳字漢高　光圖公次子配郭氏　無嗣

元生字漢和號美田　光御公長子生於雍正辛亥年二月初四日子時終於嘉慶辛未年二月二十二日巳時配小港杜氏生於雍正庚戌年八月十一日亥時終於嘉慶己未年二月十一日巳時合葬白鶴洞　生二子長維炳次維炣元韶公無子公以次子維炣公出繼之

元韶字漢雲　光御公次子生於雍正乙卯年十一月十二日丑時終於乾隆乙酉年三月初六日酉時配陳氏生於雍正乙卯年二月初七日辰時終於乾隆丁未年四月二十六日酉時合葬白鶴洞　無子以元生公次子維炣公入繼

元捷字漢英　光御公三子生於乾隆癸亥年九月十八日戌時終於丁未年十一月二十日子時配泮塘梁氏生於乾隆癸亥年九月二十四日子時終於嘉慶戊寅年二月二十四日丑時葬白鶴洞白欖園　生二子長維煜次維爵

十五世

敬長字口口　漢昌公子　無嗣

長興字口口　元岳公子配　氏　生一子名伯祖

斐然字集大別字書圃　磐石公長子邑庠生生於乾隆甲辰年十一月初九日　時終於道光癸未年四月初七日　時元配李氏生於乾隆癸亥年十二月十一日辰時終於乾隆癸卯年四月初四日酉時繼配高村馮氏生於乾隆癸未年十一月初五日　時終於道光丙申年正月初七日　時　生六子長震符次坎符三艮符四巽符五麗符六兌符

成發字進大　磐石公次子配　氏　生二子長百隱次重慶

阿娣　運昌公子　無嗣

觀帶字維泰　運昌公繼子生於乾隆乙巳年十一月初三日丑時配曹氏　生一子名公富

栢好 字維有 運明公子生於乾隆己亥年七月初六日巳時終於　年　月　日　時配秀水梁氏生於乾隆癸卯年十二月十四日辰時終於　年　月　日　時　生三子長公壽次公祥三公閏

栢流 字維泰 運明公五子生於乾隆己酉年十月二十七日亥時終於　年　月　日　時配曹氏生於嘉慶庚申年四月十五日午時終於　年　月　日　時　生一子名公蕩

栢成 字維公 運連公三子生於乾隆癸丑年八月十八日亥時終於　年　月　日　時配何氏　無嗣

栢興 字維信 運連公四子生於嘉慶丁巳年九月初八日申時終於己卯年正月二十五日辰時塟沙涌配黃氏　無嗣

維炳 字茂興 美田公長子生於乾隆庚午年二月十四日未時

終於　年　月　日　時配南邊黃氏生於乾隆癸酉
年五月十四日未時終於　年　月　日　時繼配陳
氏生於甲戌年八月十四日亥時終於　年　月　日
時　生四子長期長次期慶殤三期旺四期全
維炣字□□　漢雲公繼子生於乾隆癸酉年十一月初六日寅
時終於　年　月　日　時配南塘梁氏生於乾隆甲
戌年九月十二日申時終於　年　月　日　時　生
一子名期建
維煜字世魁　漢英公長子生於乾隆壬午年十一月十六日辰
時終於嘉慶壬申年八月十七日丑時配彭氏生於乾隆癸未
年十月初十日未時終於嘉慶壬戌年九月十四日戌時　生
一子名期登
維爝字□□　漢英公次子生於乾隆丁亥年九月初三日子時

終於嘉慶戊寅年三月三十日戌時配白鶴洞關氏生於乾隆
戊子年九月十六日未時終於　年　月　日　時
生三子長期敬次期猷三期才

十六世

伯祖　長興公子　無嗣

震符字鳴謙　書圃公長子生於乾隆乙巳年十月二十八日
時終於道光辛未年五月初二日　時配東漖郭氏生於乾隆
甲辰年九月十九日　時終於道光乙未年五月初三日　時
合葬沙涌崗　生二子長進全次金

坎符字流謙　書圃公次子配坑口陳氏　生三子長薑桂次阿
兆殤三阿蘇殤

艮符字謐謙　書圃公三子配坑口關氏　生一子名苗筍

巽符　書圃公四子殤

麗符字牧謙　書圃公五子配　氏　生四子長廷昭次廷駒三
令殤四柱殤
兌符字福謙　書圃公六子配　氏　生三子長滿殤次廷貞三
廷燕
百隱字撝謙　進大公子殤
重慶字閏謙　進大公次子殤
公富　官帶公子　無嗣
公壽字遠朝　維有公長子生於　己巳年三月十九日巳時
終於　己丑年五月二十三日未時配李氏生於　戊寅
年正月十八日未時終於　己丑年五月二十三日未時合
葬湛涌長腰嶺坐東向西　生一子名聲
公祥字遠茂　維有公次子配　氏　生一子名貴華
公閏　維有公三子　無嗣

公藹　維泰公長子　無嗣

期長字達如　茂興公長子生於乾隆己亥年二月十二日巳時終於　年　月　日　時配南海南塘梁氏生於乾隆壬寅年十月二十八日辰時副室李氏　無子以期全公長子秀榮公入繼

期慶　茂興公次子　無嗣

期旺字達芝　茂興公三子生於乾隆丙午年十二月十一日丑時終於　年　月　日　時配山村徐氏生於乾隆乙卯年四月二十五日卯時終於　年　月　日　時

無嗣

期全字達盛　茂興公四子生於乾隆癸丑年九月十九日卯時終於　年　月　日　時配策頭羅氏生於嘉慶庚申年五月初九日未時終於　年　月　日　時　生三

子長秀榮次秀林三秀洪期長公無子公以長子秀榮公出繼
之
期建 字 達均　維炣公子生於乾隆壬寅年五日初四月亥時終
於　年　月　日　時配秀水南塘梁氏生於乾隆癸
卯年六月二十一日辰時終於嘉慶己未年六月初三日戌時
繼室　氏生於嘉慶丙辰年十一月初七日午時終於
年　月　日　時　生三子長長庚次桂焱梁生三信有
期登　維煜公子　無嗣
期敬 字 口口　維爵公長子生於乾隆辛亥年七月十二日巳時
終於　年　月　日　時配高村馮氏生於嘉慶戊午
年八月二十八日子時終於丁丑年四月十四日申時　生四
子長松富次松蔭三松健四松錦
期獻 字 口口　維爵公次子生於　年十月初五日亥時終於

年　月　日　時配　氏　生三子長松茂次松橋三松
志
期才字口口　維爵公三子生於嘉慶庚申年九月十二日未時
終於　年　月　日　時配　氏　生五子長松濤次
松培三蘊四開五松漢

十七世

進全字廷皆別字鳳池　鳴謙公長子生於　壬申年十二月
十六日卯時終於光緒乙亥年正月三十日酉時配室陳氏生
於光緒丁丑年八月二十八日戌時終於光緒甲午年五月初
十日戌時繼配何氏生於光緒辛丑年二月十四日戌時終於
宣統辛亥年十月初一日寅時葬白雲雙溪寺側　生三子長
家學次家勤三家康　廣華公無子公以次子家勤公出繼之
金字廣華　鳴謙公次子生於嘉慶戊寅年六月二十六日　時

終於咸豐壬子年三月二十二日　時配黎氏生於道光壬午
年八月三十日　時終於咸豐辛亥年四月十九日　時　無
子以進全公次子家勤公入繼

薑桂　流謙公長子　無嗣

苗筍　登謙公子　無嗣

廷昭　收謙公長子配鄭氏　生二子長家德次儉

廷貞　福謙公長子配何氏　生一子名活

廷燕　福謙公次子配陳氏　生一子名翕

聲字秀華　遠朝公子生於道光己亥年八月二十一日巳時終
於光緒戊戌年四月二十七日午時配黃沙郭氏生於道光甲
辰年七月初三日巳時終於宣統庚戌年正月二十九日巳時
葬湛涌長腰崗坐東向西　生二子長光祺次□□殤

□□字貴華　遠茂公子　無嗣

秀榮　期長公繼子配羅氏　生一子名濡高
秀林　期全公次子配駱氏　無子以秀洪公次子聘高公入繼
秀洪號華寬　期全公三子生於道光丙申年十月二十四日
時終於宣統辛亥年三月二十二日　時配何氏　生三子長
爵高次聘高三則高秀林公無子公以次子聘高公出繼之
長庚　期建公長子　無嗣
桂焱字秀齡　期建公次子配梁氏　生一子名德高
信有　期蘧公三子　無嗣
松富　期敬公長子　無嗣
松蔭　期敬公次子生於道光己丑年十一月十八日　時終於
光緒壬辰年五月十三日配梁氏生於道光甲午年五月二十
三日終於光緒甲申年七月廿三日葬河南駁基村白山前
生三子長朗高次進三兆高松鏈公無子公以長子朗高公出

繼之

松徤　期敬公三子配　氏　無子以松蔭公長子朗高公入繼

松錦　期敬公四子　無嗣

松茂　期攸公長子配　氏　生三子長鎮高次讓高三渭高

松橋　期攸公次子配　氏　生一子名奕蘇

松志　期攸公三子配　氏　生一子名贊高

松濤　期才公長子配羅氏　生三子長燦高次勳高三節高

培　期才公次子　無嗣

蘊　期才公三子　無嗣

開　期才公四子　無嗣

松漢　期才公五子配羅氏　無嗣

長房　十七世伯堂祖支

十七世　十八世　十九世　二十世　廿一世　廿二世　廿三世　廿四世　廿五世

進全—拔高—允英—兆榮
　　—憤高出嗣
　　—家康—允圖—牛

揚

廣華—憒高—允釗
　　　　　—允圖出嗣

廷昭—家德
　　—儉

廷貞—翰高

廷燕—遠高

長房　七世 伯堂祖支

十八世

家學 字 拔高 別字 文甫　進全公長子生於道光丁未年十月廿五日巳時終於民國戊午年十月廿七日寅時配大塱鄉羅氏生於道光庚戌年六年十三日子時終於民國壬戌年六月廿二日午時副室袁氏生於同治庚午年閏十月初十日酉時終於光緒丙申年二月廿四日卯時葬坑口大腦崗袁氏葬湛涌初生月　生一子名澤霖

家康 字 口口　進全公三子生於同治辛未年十月初六日申時終于光緒庚子年十一月廿二日巳時配何氏生於　年　月　日　時終於　年　月　日　時　無子以家勤公次子啓洪入繼

家勤 字 憤高　廣華公繼子生於同治甲子年正月初九日子時

終於光緒戊戌年十二月初八日子時配策頭村羅氏生於光緒丙子年六月二十日子時終於民國丙寅年六月二十日寅時葬坑口崗　生二子長啓昭次啓洪家康公無子公以次子啓洪出繼之

家德字□□　廷昭公長子　無嗣

儉字□□　廷昭公次子　無嗣

活宜字翰高號家雄別字佩雲　廷貞公子生於同治丁卯年八月二十三日未時終於光緒戊辰年正月十六日丑時配　氏無子以家康公繼子啓洪兼祧

家翕字遠高號增華　廷燕公子生於同治戊辰年十月初五日亥時終於光緒丙申年三月二十七日亥時配譚氏生於同治癸酉年七月二十四日亥時終於光緒丁亥年十一月二十三日未時　無子以憤高公長子啓昭兼祧

十九世

澤霖字允英別字沛川　拔高公子生於光緒辛卯年七月初六日午時於　年　月　日　時配秀水梁氏生於光緒壬辰年二月初十日　時於　年　月　日　時生　子名光榮

啓洪字允圖　家康公繼子生於光緒乙未年十二月初三日戌時於　年　月　日　時配坑口村吳氏生於庚子年十一月十一日申時於　年　月　日　時　生子長口殤次牛三揚

啓昭字允釗　憒高公長子生於光緒癸未年三月初三日丑時於　年　月　日　時配杜氏生於　年月　日　時於　年　月　日　時　生　子

二十世

牛字　允圖次子生於民國辛未年九月初九日辰時

揚字　允圖三子生於民國甲戌年八月十三日巳時

長房　七世伯堂祖支

十七世　十八世　十九世　二十世　廿一世　廿二世　廿三世　廿四世　廿五世

秀華—澄高—允福
　　　　　—允裕
　　　　　—允善

允慶

十八世

光祺字謚高號佩朝別字東生　秀華公子生於同治戊辰年三月初四日未時終於民國甲戌年三月初十日午時配招村招氏生於同治庚午年四月二十四日辰時於　年月　日　時公葬西聖銅鑼崗　向之原　生五子長達洵次□□殤三達餘四達艮五達熑

十九世

達洵字允福　謚高公長子生於光緒庚寅年八月初一日未時於　年　月　日　時配郭氏生於　年月　日　時終於　年　月　日　時繼配何氏生於光緒癸卯年二月二十二日申時　於　年　月　日時　生　子

達餘字允裕別字漢初　謚高公三子生於光緒丙申年正月初

八日　於　年　月　日　時配關氏生於光緒丁酉年九月二十六日　時　於　年　月　日　時
生　子廣深

達艮字允善　謚高公四子生於光緒己亥年三月十五日　時
於　年　月　日　時配顧氏生於光緒丁未年三月初二日　時　於　年　月　日　時　生　子

達　字允慶　謚高公五子生於光緒甲辰年十二月初七日
時　於　年　月　日　時配吳氏生於光緒丁未年七月二十三日　時　於　年　月　日　時　生
子

二十世

廣深字　允裕子生於　年　月　日　時

長房

七世 伯堂祖支

十七世　十八世　十九世　二十世　廿一世　廿二世　廿三世　廿四世　廿五世

秀榮—滿高—允修—錦標

允修—炳秋

秀林—聘高—允輝—樹
　　　　　　　　　—鏡

秀洪—爵高
　　—聘高（出嗣）
　　—則高

十八世

堅字滿高號佩珍　秀榮公子生於咸豐丁巳年七月十六日時終於民國乙丑年正月初四日　時配吳氏生於同治己巳年三月十四日　時終於民國癸亥年九月二十九日　時塟白鶴洞崗　生一子名耀禎

光字聘高　秀林公繼子生於同治丙寅年十二月初二日卯時終於光緒壬寅年十一月二十三日未時配李氏生於光緒乙亥年六月二十六日卯時終於　年　月　日　時生一子名和祥

坤字爵高　秀洪公長子生於同治甲子年七月二十六日寅時終於光緒庚子年正月二十四日巳時配梁氏生於年　月　日　時　無嗣

權字則高　秀洪公三子生於同治戊辰年六月初八日辰時終

於民國癸亥年八月初九日子時配李氏　無嗣

十九世

耀顧字允修號縉興　滿高公子生於光緒戊戌年九月初七日時於　年　月　日　時配唐氏生於光緒壬辰年十一月十四日　時　於　年　月　日　時　生二子長錦標次炳秋三景開

和祥字允輝　聘高公子生於光緒戊戌年三月十七日亥時於　年　月　日　時配張氏生於宣統己酉年二月十二日丑時　於　年　月　日　時　生　子長樹次鏡

二十世

錦標字　允修長子生於民國丁卯年十二月十二日　時

炳秋 字　允修次子生於民國癸酉年正月初九日　時

景開 字　允修三子生於民國丙子年三月廿八日戌時

樹 字　允輝長子生於民國乙丑年九月十四日未時

鏡 字

允輝次子生於民國辛未年五月初九日亥時

長房 七世伯堂祖支

十七世 十八世 十九世 二十世 廿一世 廿二世 廿三世 廿四世 廿五世

秀齡—德高—容均

松蔭—朗高出繼
　　—進
　　—兆高—鑑
　　　　　—九

松徤—朗高—允銓—細根

十八世

口字德高　秀齡公子配周氏　生一子名容均殤

端字兆高　松蔭公三子生於同治己巳年九月十二日　時配梁氏生於同治甲戌年十一月　日　時　生二子長鑑次九

玉字朗高號佩瓊　松鍵公繼子生於咸豐己未年六月三十日終於光緒丁未年八月十七日配簡氏生於咸豐辛酉年十二月初六日終於民國己未年九月十八日葬坑口石獅頭　生一子名雨

十九世

鑒字允就　兆高公子生於光緒乙巳年六月十六日　時終於民國辛未年七月二十三日　時配梁氏配生於　年月　日　時於　年　月　日　時　無嗣

九字　兆高公生於民國己未年十一月　日　時　於

年　月　日　時配　氏生　子
雨字允銓號縉明　朗高公子生於光緒戊戌年四月　日　時
於　年　月　日　時配麥氏生於光緒戊戌年五
月　日　時　於　　年　月　日　時　生　子名細
根

二十世

細根字　允銓子生於民國戊辰年　月　日　時

長房

七世伯堂祖支

十七世 十八世 十九世 二十世 廿一世 廿二世 廿三世 廿四世 廿五世

松茂—鎮高—允基—焯然

焯銓

焯鉅

讓高—熾寧

讓高—允楠

渭高—霞仔

松橋—奀蘇

十八世

錫字鑽高　松茂公長子生於咸豐丙辰年十月二十四日子時終於光緒丁亥年四月初四日卯時配何氏生於咸豐戊午年年六月初一日巳時　生一子名培

滿添字讓高　松茂公四子生於同治庚午年年十月二十六日未時終於民國壬子年正月二十八日　時配吳氏生於光緒壬午年八月十四日辰時終於　年　月　日　時繼配鍾氏生於光緒己丑年四月十一日卯時　於　年　月　日　時公葬新爵七星崗　生二子長熾寧次傑寧

福字渭高別字漢泉　松茂公五子生於光緒丁丑年五月初七日未時終民國辛未年七月二十二卯時配陳氏生於光緒丁亥年十一月初二日巳時　於　年　月　日　時副室生於光緒辛丑年十月二十七日巳時　於　年

月　日　時葬下馬鋪氈　生一子名霞仔

奀蘇字口口　松橋公子　無嗣

十九世

培字允基號縉紳　鎭高公子生於緒光甲午年七月二十六日未時　於　　年　月　日　時配張氏生於光緒戊戌年十月初六日亥時　於　　年　月　日時　生三子長焯然次焯銓三焯鉅

熾寧字　　讓高公長子生於光緒己卯年二月初三日卯時於　　年　月　日　時　生　子

熾傑字允楠別字裕忠　讓高公次子生於宣統庚戌年正月十五日亥時　於　　年　月　日　時配葉氏生於民國戊午年六月十二日亥時　於　　年　月　日　時生　子

长房 七世伯堂祖支

十七世 十八世 十九世 二十世 廿一世 廿二世 廿三世 廿四世 廿五世

松志—贊高—亨
　　　　　　—英

松濤——勳高

禮根

禮泉

霞仔字　渭高公子生於民國辛未年六月二十六日卯時

二十世

焯然字　允基長子生於民國壬戌年十二月十三日寅時

焯銓字　允基次子生於民國乙丑年三月初十日辰時

焯鉅 字

允基三子生於民國戊辰年九月初六日丑時

十八世

念字贊高　松志公子配　氏　生二子長亨殤次英殤無嗣

允字勷高　松濤公子配　氏　生二子長禮根殤次禮泉殤無嗣

芳村謝氏族譜

十九世偉嵩著

卷三

長房　七世南谷祖支

九世　十世　十一世　十二世　十三世　十四世　十五世　十六世　十七世

文泉—茂聯—毓初—會平—華伍—元超

會平—儒伍

會平—昌茂—元興—運開—國輝—爵廷

元興—運斌—口

運斌—國輝出嗣

運斌—國謨—爵輝

元貴

根　　學成

國泰　　雄威

閏揚　爵齡　光培出嗣

爵善　爵安　金華

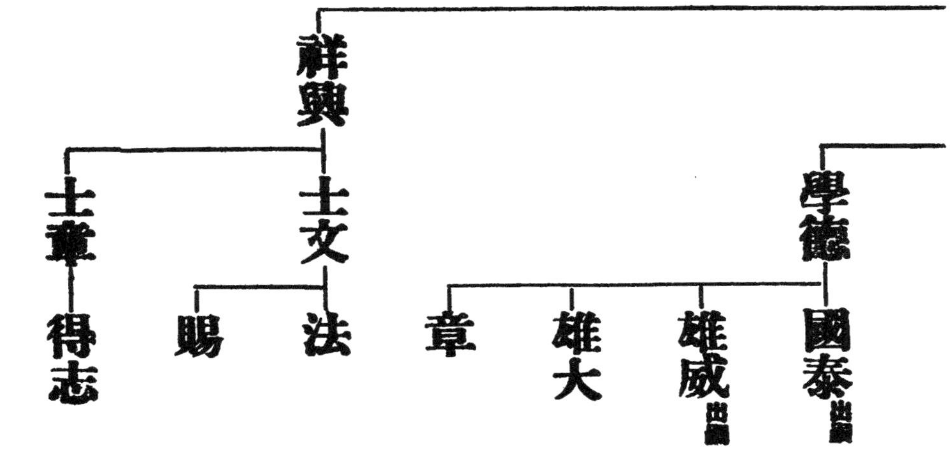
祥興
士章
士文
學德
得志
賜
法
章
雄大
雄威
出繼
國泰
出繼

茂芳—相之—爾璧—彩伍—漢賢—長文—國堯—科

洪

明善

長勤

漢寶—長達

集之—爾啓—彩月—漢蘭—長志

漢朝—長德—爵成

用之—爾登—彩拜—元大

彩君

爾科—彩御、彩廷

彩御—漢侯、漢滔

漢侯—長耀—國安—廣

漢滔—長立—國成—仕保、仕[illegible]

彩廷—漢全—長洪—國閏—仕蒼

漢珍

漢興—長谷—國善

長蕃

國勝

國德—仕志

國開（仕賢、仕蒼 出嗣）

彩客

彩祿

爾錫

彩國—漢邦—大賓—國大—仕平

仕昭

二賓—國豪—仕高

仕生

彩英—漢璋

志泉
- 茂進
  - 非潛
    - 會良
      - 孟交
        - 漢昭
      - 孟誠出嗣
      - 孟垣
        - 尚興
          - 長成
            - 全安
        - 穗興
          - 口
          - 泰成
            - 榮安
            - 茂安出嗣

華旺

和

順興

華旺

茂安

孟倫

元舉

華勝

遂安

桂培

遇安

清培

光培

華高 出嗣

會繁出繼
會洪—廷伍—漢文—華德—國顯

元明—華開
元第—華高—達安
元象—華慶
元象—車
元象—華昭—治安—兆培

元晋
- 華標
  - 國耀
  - 國忠
    - 斌培
  - 國存
    - 錦培
    - 煜培
    - 烜培
    - 信培

漢榮

孟賢

漢昇

華遂

華會

昆懷

燦培

鍾培

勝培

振培

金培

漢明
華則
華約
國光
國生
昆和
昆成
江培
登培
憑福
金掌
德培
開培
慶培

華森　華倘

國文　國魁　國福

興培　敬培　布培　衿　恒

茂佐—賡潛—會綮—孟誠—元聖
　　　　　　　　　　　　└漢業

國仕—秀培
　　　├占培
　　　├謙培
　　　├養培
　　　└允培

茂興
非潛出嗣
賡潛出嗣
躍龍

少禹
茂卓
奕之
口
裔昌出嗣麗川支
大維

少業—茂生—公常—會恩—光儀—元廣—華昌—國發—仕安

國發—仕和（出嗣）

華昌—國潤—仕和

華昌—松

會恩—光文—元章—華昌（出嗣）

思謙—茂貴—性初

思禮—茂韶—公連—爾璋—彩恒—元魁—長煥—善

- 長結
  - 廣
- 長
- 長明
  - 杏
  - 隆運
- 萬聽
- 長朝

士斗—彩伯—漢德—長腥

士斗—彩隆—元燦—相

彩明—元相—長才—姊

長才—朝炳—叢慶

長才—國樑

公儀

公弼—士同—昌大

茂瞻—公信—祖繩—彩珍—元根

茂炳—元羨—會宗—彩光—運泰

思壯

茂愷

茂龍—公泰

長房　七世南谷祖支

十世

□□字茂聯號芳環　文泉公長子配李氏郭氏　生一子名毓初

彥鵬字茂芳號扶搖　文泉公次子配杜氏招氏葬沙涌飛鵝嶺　生三子長相之次集之三用之

□□字茂進　志泉公長子配羅氏　無子以茂興公長子非潛公入繼

彥衡字茂佐　志泉公次子配麥氏黃氏招氏　無子以茂興公次子賡潛公入繼

彥德字茂興　志泉公三子配陳氏　生三子長非潛次賡潛三躍龍茂進公無子公以非潛公出繼之茂佐公無子公以次子賡潛公出繼之

□□字茂卓號清寰　少禹公子配郭氏　生二子長奕之次大

維

□□字茂生　少業公子配羅氏　生一子名公常

彥清字茂貴號鳳臺　思諫公子生於乙酉年十二月二十日酉

時終於丙申年八月初八日酉時配吳氏生於壬午年十二月

初七日午時終於丁卯年二月初六日戌時祀思成堂　生一

子名性初

□□字茂韶　思禮公長子配黃氏　生三子長公達次公儀三

公駒

□□字茂瞻　思禮公次子配梁氏　生一子名公信

□□字茂炳　思禮公三子配陳氏　生一子名元美

□□字茂愷　思壯公長子配黃氏　無嗣

啓韶字茂龍　思壯公次子配羅氏楊氏　生一子名公泰

十一世

毓初　茂聯公子配鄭氏林氏　生一子名會平

相之　茂芳公長子配吳氏　生一子名爾璧

集之　茂芳公次子配　氏　生一子名爾啓

大器字用之　茂芳公三子配梁氏葬大東門外梳頭崗　生三子長爾登次爾科三爾錫

□□號非潛　茂進公繼子配吳氏　生三子長會艮次會鰲三會洪賡潛公無子公以次子會鰲公出繼之

□□號賡潛　茂佐公繼子配　氏　無子以非潛公次子會鰲入繼

躍龍　茂興公三子　無嗣

奕之　茂卓公長子配　氏　生二子長□□次裔昌麗川祖支公宇公無子以次子裔昌公出繼之

大維　茂卓公次子　無嗣
大綱字公常　茂生公子配黎氏　生一子名會恩
大行字性初號養恬　茂貴公子配陳氏　無嗣
大道字公達　茂韜公長子配吳氏　生二子長爾彰次士斗
口口字公儀　茂韜公次子　無嗣
大相字公弼　茂韜公三子配郭氏　生一子名士同
大義字公信　茂瞻公子配吳氏　生一子名祖繩
大全字元美　茂炳公子配羅氏　生一子名會宗
大恩字公泰　茂龍公子配　氏　無嗣

十二世

士高字會平　毓初公子配　氏　生三子長昌貴次儒伍三昌
茂
口口字爾璧　相之公子生於甲戌年　月　日　時終於丙辰

年九月二十四日丑時配陳氏生於戊寅年五月十六日寅時
終於己丑年九月二十日丑時　生一子名彩伍
口口字爾啓　集之公子配關氏　生一子名彩月
口口字爾登　用之公長子配李氏　生二子長彩拜次彩君
名高字爾科　用之公次子配黃氏　公正月十九日諱辰　氏
十月初八日諱辰　葬本村長壽壂向南　生四子長彩御次
彩廷三彩客四彩祿
名揚字爾錫　用之公三子配馮氏合葬東門外梳頭崗　生二
子長彩國次彩英
士魁字會艮號南倘　非潛公長子生於癸巳年十一月十二日
子時終於戊申年五月十四日戌時葬嗬旗配劉氏生於丁酉
年十月十七日酉時終於壬辰年二月初一日巳時繼配陳氏
生於　年　月　日　時終於　年八月十三日　時

生四子長孟交次孟誠三孟垣四孟倫會鰲公無子公以次子孟誠公出繼之

士昌 字會洪　非潛公三子生於順治己亥年二月十七日　時終於雍正甲寅年十月十七日丑時配梁氏生於甲辰年正月初二日　時終於雍正癸丑年十一月三十日亥時合葬赤崗頭　生二子長廷伍次成伍

□□ 字會鰲　賡潛公繼子配　氏　無子以會艮公次子孟誠公入繼

□□ 字□□　奕之公長子　無嗣

士球 字會恩　公常公子配梁氏　生二子長光儀次光文

士升 字爾彰　公達公長子配羅氏　生二子長彩恒次彩明

士斗 字會星　公達公次子配梁氏　生二子長彩栢次彩龍

士同 字會如　公弼公子配　氏　生一子名昌大

祖繩字會詒號嘉謀　公信公子配趙氏　生一子名彩珍

士祖字會宗　元美公子配簡氏　生一子名彩光

十三世

昌貴字華伍　會平公長子生於康熙丁卯年十一月十八日戌時終於乾隆戊午年十一月初一日巳時配梁氏生於庚午年九月十二日未時終於乾隆丙辰年七月十五日巳時　生一子名元昭

昌口字儒伍　會平公次子生於康熙辛未年正月廿五日巳時終於乾隆丁卯年十一月十五日申時配陳氏生於乙亥年十二月十一日丑時終於乙未年十一月二十三日巳時　無嗣

昌茂字彩興號德山　會平公三子生於康熙甲戌年正月初一日子時終於雍正甲寅年十二月初八日未時配許氏生於戊寅年四月十一日寅時終於丁酉年十一月廿三日寅時合葬

江夏村金棱嶺　生四子長元興次口口早殤三元貴四祥興
昌顯字彩伍號懷山　爾璧公子生於辛丑年九月十二日丑時
終於庚午年二月初八日巳時配梁氏生於庚子年四月十四
日子時終於癸丑年六月十九日申時　生二子長漢賢次漢
萬
昌耀字彩月號粵亭　爾啓公子配潘氏　生二子長漢蘭次漢
朝
昌口字彩拜　爾登公長子配吳氏　生一子名元大
昌口字彩君　爾登公次子配　氏　無嗣
昌口字彩御　爾科公長子配關氏　生二子長漢侯次漢韜
元端字彩廷　爾科公次子十月十八日諱辰配羅氏十月初五
日諱辰塟白洞南蛇岡　生三子長漢全次漢興三漢珍
元翹字彩客　爾科公三子十月十二日諱辰配彭氏　無嗣

昌口字彩祿　爾科公四子配羅氏十一月廿五日諱辰　無嗣

昌口字彩國　爾錫公長子配羅氏　生一子名漢邦

口口字彩英　爾錫公次子生於癸酉年十二月初三日巳時終於丁丑年九月二十五日子時配何氏生於癸酉年十二月廿六日卯時終於丙戌年十一月初二日子時　生一子名漢璋

孟交字文伍　會艮公長子配麥氏　生一子名漢昭

孟垣字恒伍號松隱　會艮公三子生於癸酉年十二月二十三日亥時於於乙亥年四月十九日未時配王氏生於乙亥年九月二十八日酉時終於壬辰年九月二十二日丑時合塟於坑口麥村岡　生三子長侑興次穗興三順興

孟倫字倫伍　會艮公四子生於康熙庚辰年三月初七日戌時終於乾隆乙亥年三月十二日午時配東滘梁氏生於　甲申年正月初十日丑時終於乾隆丙子年閏九月十四日辰時

合埜坑口水母岡　生四子長元舉次元明三元第四元象
孟爵 字廷伍　會洪公長子生於壬申年十月二十四日午時終
於戊寅年正月十九日酉時配陳氏生於丁丑年十二月十二
日酉時終於己巳年十月十九日丑時　生三子長漢文次漢
研三漢榮
孟賢 字成伍　會洪公次子生於壬午年四月初四日申時終於
戊寅年二月二十五日戌時享壽八十歲配新爵吳氏生於癸
未年三月十一日巳時終於乙巳年二月十八日午時享壽九
十有五歲合埜沙涌崗　生二子長漢昇次漢明
孟識 字存伍　會黎繼子也配羅氏　生二子長元聖次元相
光儀 字□□　會恩公子配馮氏　生一子名漢贍
光文 字□□　會恩公子配吳氏　生一子名元章
□□ 字彩恒　爾彰公長子配梁氏陸氏　生一子名元魁

口口字彩明　爾彰公子配侯氏　生一子名元相

口口字彩伯　會星公子配　氏　生一子名漢德

口口字彩隆　會星公次子配冼氏　無子以心泉祖支紀三公

次子元燦公入繼

昌大字口口　會如公子配　氏　無嗣

口口字彩眞　會詒公子生於戊子年九月十四日寅時終於癸

卯年六月二十二日午時配李氏繼配梁氏生於癸丑年十一

月十八日卯時終於丁未年六月二十四日申時公塟初生月

氏塟沙涌　生一子名元根梁氏出

聖豪字彩光　會宗公子配何氏　生一子名元泰

十四世

元超字口口華伍公子配　氏　無嗣

元興字漢有　昌茂公長子生於戊寅年七月初十日戌時終於

年三月十七日酉時配招氏生於辛丑年六月二十五日
寅時終於　　年二月初六日戌時　生二子長連開次連斌
元貴字漢□　昌茂次子生於丁未年十二月二十一日酉時終
於庚辰年七月二十九日辰時配郭氏生於庚戌年十月十九
日亥時合葬棠溪村長圍崗　生三子長學　次學成三學德
祥興字□□　昌茂公三子配李氏　生二子長士文次有好
元英字漢賢　彩伍公長子十月初九日諱辰配李氏十一月十
二日諱辰繼配鄧氏九月廿二日諱辰　生二子長文次長勤
元傑字漢萬　彩伍公次子生於庚辰年三月二十九日申時終
於庚申年六月十八日卯時配黎氏生於辛巳年二月十八日
卯時終於戊戌年十二月十八日卯時　生一子名長達
□□字漢蘭　彩月公長子配　氏　生二子長長志次長□
□□字漢朝　彩月公次子配　氏　生一子名長德

元大字□□　彩拜公子配　氏　無嗣

元君字漢侯　彩御公長子配黃氏　生一子名長耀

□□字漢韶　彩御公次子配關氏　生一子名長立

元瑞字漢全號南山　彩廷公長子配郭氏合葬白鶴洞蜘蛇崗

生二子長長雄次長蕃

元宰字漢興　彩廷公次子配　氏　生一子名長谷

□□字漢珍　彩廷公三子配　氏　無嗣

□□字漢邦　彩國公子配彭氏漢璋公無子公以次子長有公

出繼之　生二子長長善次長有

□□字漢璋　彩英公子十二月初二日諱辰配梁氏十一月初

四日諱辰　無子公以漢邦公次子長有公入繼

元□字漢超　文伍公子配　氏　無子以尚興公長子長成公

入繼

元龍字倘興　松隱公長子生於己亥年九月二十三日亥時終於戊申年正月初六日辰時配高氏生於庚子年八月二十日酉時終於庚午年十二月二十六日巳時　生一子名長成漢超公無子以長成公出繼之

元科字穗興號壽星　松隱公次子生於丁未年正月二十四日亥時終於壬子年十二月初二日子時配何氏生於己酉年七月二十七日酉時終於　年十二月初四日　時繼配潘氏生於丙辰年六月初八日卯時終於壬子年十一月二十一日未時　生四子長口口次華旺三泰成四和順興公無子公以次子華旺公出繼之

元旦字順興　松隱公三子生於庚戌年二月二十七日酉時終於戊寅年十月二十七日丑時配　氏　無子以穗興公三子華旺公入繼

元舉 字 漢華　倫伍公長子生於己酉年八月二十六日卯時終於辛亥年十月初四日申時配蟾步冼氏生於壬子年八月十五日子時終於己亥年二月二十四日亥時　生二子長華勝次華高漢君公無子公以次子華高公出繼之

元明 字 漢光　倫五公次子生於乾隆乙卯年九月初二日　時終於乾隆甲午年四月初十日　時配涌口何氏生於乾隆丙辰年十一月初四日　時終於乾隆丁未年十一月初九日時　生一子名華開

元第 字 漢君　倫伍公三子配郭村顧氏　無子以漢華公次子華高公入繼

元象 字 漢垣　倫伍公四子生於乾隆壬戌年八月十四日巳時終於　年　月　日　時配姚氏生於乾隆甲子年十二月初六日戌時終於嘉慶丙子年十一月二十七日戌時

生三子長華慶次阿車殤三華昭
元祜字漢文　廷伍公長子生於己亥年九月初八日亥時終於戊戌年十二月初七日亥時配坑口何氏生於癸卯年十月十六日亥時終於丙申年八月十六日丑時　生一子名華德
元進字漢琎　廷伍公次子生於丙午年五月二十一日辰時終於戊寅年十一月十五日丑時配穀樹梁氏生於戊申年四月初二日卯時終於丁巳年五月初七日卯時　生一子名華標
元口字漢榮　廷伍公三子生於己酉年三月三十日未時終於戊戌年十二月十七日　時配蘇氏生於庚子年五月　五日未時終於壬午年十一月二十七日未時　無嗣
元昌字漢昇　成伍公長子生於庚戌年十二月十四日未時終於癸巳年五月初四日辰時配鍾秀鄉何氏生於辛亥年二月十九日卯時終於癸卯年七月十一日午時葬坑口　生三子

長華遜次華會三華則

元開字漢明　成伍公次子生於癸丑年四月二十三日酉時終於辛卯年三月初七日巳時葬坑口　崗配亭濬陳氏生於甲寅年十月十四日巳時終於戊戌年九月二十三日未時葬沙涌　生三子長華約次華森三華倘

元聖字口口　存伍公長子配黎氏　無嗣

元相字漢業　存伍公次子配吳氏　無嗣

元廣字漢瞻　光儀公子配鄭氏　無子以漢長公子華昌公入繼

元章字漢長　光文公子生於雍正甲辰年六月十八日午時終於嘉慶己未年六月三十日巳時配吳氏生於雍正癸丑年三月初一日卯時終於己未年三月十五日辰時　生一子名華昌漢瞻公無子公以子華昌公出繼之

元魁字漢騶　彩恒公子配馮氏葬沙涌　生六子長長煥次長
桔三長登四長明五長英六長朝
元相字□□　彩明公子配招氏　生一子名長財
元□字漢德　彩伯公子配梁氏　生一子名長昇
元燦字□□　彩隆公繼子配李氏　生一子名長仁
元根字□□　彩珍公子　無嗣
元泰字□□　彩光公子　無嗣

十五世

連開字明禮　漢有公長子配蔡氏生於癸未年八月二十日辰
時　無子以明好公次子國輝公入繼
連斌字明好　漢有公次子生於丁丑年七月初八日巳時配黎
氏生於壬午年八月初九日辰時　生三子長□殤次國輝三
亞全連開公無子公以次子國輝公出繼之

根　元貴公長子中殤　無子以明高公次子雄才公入繼

學成字明立　元貴公次子生於壬子年正月十一日未時終於丁丑年四月二十一日辰時附葬德山祖塋配馮氏生於庚辰年十一月初一日辰時　生一子贊文殤以明高公次子雄威公入繼

學德字明高　元貴公三子生於庚辰年正月初十日辰時終於戊子年六月二十一日未時葬沙涌崗配杜氏生於乾隆壬午年五月十七日未時終於　年　月　日　時　生四子長雄才次雄威三雄大四阿章根公無子公以次子雄威公出繼之明立公無子公以長子雄才公出繼之

士文字廷標　祥興公長子配招氏　生二子長發次賜

士章一名有好字廷斌　祥興公次子配郭氏　無嗣

長文字翰章　漢賢公長子生於乙巳年二月初三日辰時終於

丙子年四月初二日午時配吳氏生於戊申年五月二十八日寅時終於辛丑年正月十一日卯時　生一名國堯

長勤字口口　漢賢公次子生於戊申年十二月初九日酉時終於丁卯年十月初五日酉時配招氏生於庚戌年九月二十八日未時終於乙酉年七月初三日酉時繼配彭氏生於辛酉年正月二十三日戌時終於壬申年九月十七日戌時　無嗣

長達字口口　漢萬公子生於癸丑年十月十九日卯時終於乙亥年十一月十六日子時配　氏　無嗣

長志字口口　漢蘭公子配　氏　無嗣

長口字口口　漢蘭公次子　無嗣

長德字口口　漢朝公子配梁氏　生一子名爵成

長耀字口口　漢俟公子配陳氏　生一子名國安

長立字口口　漢韜公子配黃氏　生一子名成祖

長雄 字□□ 漢全公長子生於戊申年十二月初九日申時終於嘉慶庚申年四月十六日辰時配梁氏生於癸丑年九月二十六日子時終於嘉慶甲寅年十一月十一日申時合葬白洞崗漢全祖塋右壙　生四子長國閏次國開三國德四國勝

長蕃 字□□ 漢全公次子配何氏　無嗣

長菊 字□□ 漢興公子　生一子名國善

長善 字□□ 漢邦公長子　生一子名國大

長有 字□□ 漢章公繼子終於丁未年五月十二日申時配招氏終於丁巳年九月二十日亥時　生一子名國豪

長成 字□□ 漢昭公繼子配　氏　生一子名全安

泰成 字□□ 穗興公三子生於乾隆庚辰年六月初四日丑時終於　壬子年十月二十八日卯時配彭氏　生二子長榮安次茂安華旺公無子公以次子茂安公出繼之

和　穗興公四子配　氏　無嗣

華旺字□□　順興公繼子生於乾隆癸未年十二月十八日申時終於　壬子年十月二十八日卯時配　氏　無子以泰成公次子茂安公入繼

華勝字燕南　漢華公長子生於乾隆丙戌年十月二十一日未時配沙涌鄭氏生於乾隆辛卯年十一月二十九日未時　生二子長遂安次遇安

華開字國上　漢光公子配山村蘇氏　無嗣

華高字茂南　漢君公繼子配陳氏　生一子名達安

華慶字振南　漢垣公長子生於乾隆丁亥年十一月十五日丑時終於　年　月　日　時配郭氏生於戊子年十一月二十四日戌時終於嘉慶壬戌年八月十九日未時　無嗣

華昭字卓南　漢垣公三子生於乾隆戊戌年八月十九日子時

配林氏生於庚子年十二月二十二日巳時　生一子名治安

華德字挺南　漢文公子生於乾隆乙丑年二月二十二日辰時終於壬子年七月初二日辰時配鄭氏生於　年九月初二日　時終於　年十二月初四日　時　生一子名國顯

華標字敬南　漢玶公子生於乾隆己巳年十二月初七日卯時終於嘉慶丁卯年八月初六日戌時配沙涌鄭氏生於壬申年四月二十四日巳時終於道光辛巳年十二月二十一日丑時生三子長國耀次國忠三國存

華逐字口口　漢昇公長子生於乾隆甲戌年十一月初十日辰時終於嘉慶戊寅年十月初七日酉時附葬祖塋下左邊配秀水梁氏生於戊寅年二月十三日辰時終於嘉慶壬戌年十二月初五日巳時葬西坑村後庚向之原　無嗣

華會字□□　漢昇公次子生於乾隆丁丑年十二月二十七日子時終於嘉慶丁丑年五月二十九日申時葬大岡腦南向配泮塘梁氏生於戊寅年正月初六日酉時終於　年　月　日　時　生三子長昆懷次昆和三昆成

華則字□□　漢昇公三子配鍾秀何氏　生一子名國光

華約字炳南　漢明公長子生於乾隆乙亥年五月廿日卯時於終嘉慶丁卯年二月初一日巳時配梁氏生於辛巳年十一月初八日丑時終於庚午年二月十八日辰時　生一子名國生

華森字耀南　漢明公次子配平洲姚氏　生二子長國文次國魁

華尚字秉南　漢明公三子生於乾隆戊子年十月三十日子時終於嘉慶壬戌年十二月二十日子時配璧華梁氏生於壬辰年三月十六日子時終於嘉慶戊寅年七月二十一日未時合

葬沙涌　生二子長國福次國仕

華昌 字 昇南　漢瞻公繼子生於甲申年五月初八日子時終於辛巳年正月二十八日亥時配吳氏生於庚寅年五月初八日子時終於辛卯年八月二十三日酉時　生三子長國發次國閏三國暉

長煥 字 □□　漢弼公長子配鄭氏　無嗣

長結 字 □□　漢弼公次子配鍾氏　生一子名國成

長登 字 □□　漢弼公三子配羅氏　無嗣

長明 字 □□　漢弼公四子配魯氏　生二子長杏次隆

長英 一名 萬聰 字 □□　漢弼公五子　無嗣

長朝 字 □□　漢弼公六子配許氏陸氏　無嗣

長財 字 □□　元相公子配陳氏　生二子長朝炳次國樑

長昇 字 □□　漢德公子配　氏　無嗣

長仁字口口　元燦公子　無嗣

十六世

國輝字朝堅　明禮公繼子配郭氏　無嗣
國謨名阿全　明好公子　無嗣
國泰名雄才　根公繼子配黎氏　生三子長潤揚次爵齡三兆
培治安公無子公以三子兆培公出繼之
雄威字國珍　明立公繼子配黃氏　生三子長蔭祖次榮祖三
金華
雄大字國進　明高公三子　無嗣
章字口口　明高公四子　無嗣
發字口口　廷標公長子　無嗣
賜字口口　廷標公次子　無嗣
得志　廷斌公子　無嗣

國堯字□□　翰章公子生於乾隆癸酉年五月十四日申時終於嘉慶辛未年正月二十一日辰時配本村陳氏生於乾隆　年十二月初九日丑時　生三子長科次洪三明善

爵成　長德公子配吳氏　無嗣

國安字□□　長耀公子配張氏　生一子名廣

國成字成祖　長立公子生於　年十月二十四日　時終於　年十月二十日　時配鄭氏生於八月廿七日　時終於　年十二月初八日　時　生三子長仕保次仕連三□□

國閏字□□　長雄公長子二月十九日諱辰配陳氏墪沙涌飛鵝嶺牛𣲖邊　無子以國開公長子仕蒼公入繼

國開字□□　長雄公次子生於乾隆庚辰年二月二十四日時終於道光壬午年十二月初一日　時享壽六十有三歲配河南瑤頭沙園鄉趙氏生於乾隆　年三月三十日辰時終

於道光己亥年四月十四日卯時享壽七十有六歲塟白鶴洞
崗漢全祖塋左壙趙氏塟坑口大崗腦脚　生二子長仕蒼次
仕賢國閏公無子公以長子仕蒼公出繼之

國德 字□□　長雄公三子生於己丑年九月初九日未時配郭
氏生於丁卯年十一月十七日寅時副室蕭氏生於癸未年十
月十八日亥時合葬西坑牛迹邊　生一子名仕志

國勝 字□□　長雄公四子配何氏　無子以國德公子仕志公
兼祧

國善 字□□　長菊公子　無嗣

國大 字□□　長善公子生於乾隆丙戌年九月十八日丑時終
於道光乙亥年四月二十六日未時配李氏生於癸巳年十二
月十九日卯時終於己未年四月初十日酉時　生二子長仕
平次仕昭

國豪字口口　長有公子生於庚寅年正月十二日辰時終於癸巳年正月十五日申時配陳氏終於癸亥年二月初三日未時繼配黃氏生於甲午年三月二十日巳時終於丁亥年九月十三日巳時　生二子長仕高次仕生

全安字勝顯　長成公子　無嗣

榮安字忠顯　泰成公長子生於乾隆戊申年十二月初九日戌時配黃氏生於乾隆乙卯年九月十八日辰時　無嗣

茂安字聯顯　華旺公繼子生於乾隆壬子年三月十七日亥時配伍氏生於嘉慶庚申年二月初五日亥時　無嗣

遂安字口口　燕南公長子生於　年九月十七日　時終於同治丁卯年六月初七日　時配鍾秀鄉何氏生於　年二月十二日　時終於光緒　年十二月十二日　時公葬南海泌涌大金鐘氏塋泌涌松崗　生一子名桂培

遇安字□□　燕南公次子　無嗣

逵安字□□　茂南公子　無嗣

治安字□□　華昭公子　無子以國泰公三子兆培公入繼

國顯字□□　華德公子　無嗣

國耀字□□　華標公長子　無嗣

國忠字□□　華標公次子配汾水簡氏　生一子名斌培

滿字國存　華標公三子生於乾隆辛亥年正月十二日巳時終於道光庚子年九月二十七日巳時配坑口陳氏生於乾隆壬子年九月二十六日亥時終於光緒丙子年十二月初十日巳時　生四子長錦培次煜培三烜培四信培

昆懷字□□　華會公長子生於乾隆辛丑年三月二十五日酉時終於　年　月　日　時配滘口霍氏生於癸卯年九月二十日申時終於　年　月　日　時　生六子長承

恩次承寵三承錦五振培副室　氏生二子四金培六江培

昆和字□□　華會公次子配策頭羅氏　生一子名登培

昆成字□□　華會公三子配鍾秀鄉彭氏　生二子長憑福次

金掌

國光字順朝　華則公子配省城沈氏　無嗣

國生字朝玉　華約公子生於乾隆己酉年五月初一日酉時終於道光丙申年五月初四日酉時配黎氏生於丁未年五月二十九日丑時終於道光丙申年五月二十二日戌時合葬飛鵝嶺　生四子長德培次開培三慶培四興培

國文字□□　華森公長子配陳氏　無嗣

國魁字□□　華森公次子配蘇氏　生二子長敬培次布培

國福字□□　華尙公子生於道光庚戌年　月初二日未時終於光緒庚寅年七月二十四日午時配李氏生於咸豐壬子年

七月初三日巳時終於咸豐辛酉年十一月十四日丑時　生
二子長衿次恒
國仕字□□　華尙公次子生於乾隆辛酉年三月初二日巳時
終於同治癸亥年七月初二日申時配東溍郭氏生於嘉慶丙
寅年五月十四日卯時終於咸豐乙卯年二月初十日未時
生五子長秀培次占培三謙培四養培五允培
國發字振高　華昌公長子生於甲寅年十月二十八日子時終
於癸酉年三月三十日　時配彭氏生於辛酉年二月初十日
時終於丙寅年四月二十八日辰時繼配邵氏生於戊子年
二月十九日酉時　生二子長仕安次仕和國閏公無子公以
次子仕和公出繼之
國閏字□□　華昌公次子生於丁巳年十二月初二日子時終
於庚戌年十月十一日寅時配吳氏生於己丑年五月初五日

戌時終於丙寅年五月十八日酉時繼配關氏生於丁巳年八月二十七日亥時終於癸酉年十二月初一日辰時　無子以國發公次子仕和公入繼

國暉諱松　華昌公三子生於壬戌年四月初五日巳時終於甲子年八月初一日卯時配羅氏生於壬申年五月二十八日戌時終於丁卯年五月二十九日辰時　無嗣

維善字□□　長煥公子　無嗣

國成小名廣　長結公子　無嗣

阿杏字□□　長明公長子　無嗣

阿隆字□□　長明公次子　無嗣

朝炳字□□　長財公長子　生一子名叢慶

國樑字□□　長財公次子

十七世

爵廷諱能海　國輝公子生於道光壬午年正月初五日未時終
於光緒甲午年六月二十七日午時配山村蘇氏生於道光丁
亥年二月初六日未時終於光緒辛卯年正月初四日巳時
生三子長傑才次傑開三傑□

爵輝字□□　國謨公子生於道光庚子年六月二十五日巳時
終於光緒庚寅年五月初六日申時配汾水簡氏　生一子名
傑鈞

閏揚　國泰公長子　無嗣

爵齡諱林　國泰公次子生於嘉慶庚辰年九月十七日丑時終
於光緒癸巳年月二十九日酉時享壽七十有四歲公葬白雲
鹿鳴崗配沙涌鄭氏生於道光癸巳年三月十五日未時終於
年　月　日　時　生一子名傑元

爵善諱蔭祖　國珍公長子生於嘉慶辛未年九月二十九日丑

時終於咸豐辛亥年五月十三日巳時配滘表李氏生於嘉慶乙亥年五月十四日戌時終於同治庚午年八月初六日辰時
生二子長萬豪次傑能

爵安諱榮祖　國珍公次子生於嘉慶癸酉年五月二十四日申時終於同治丙寅年十二月初五日辰時配吳氏生於道光丁亥年正月二十一日酉時終於同治壬戌年四月二十八日辰時
生二子長傑和次傑華

金華　國珍公三子　無嗣

科　國堯公長子生於乾隆己亥年八月十四日巳時殤於甲辰年三月十九日亥時　無嗣

洪　國堯公次子　無嗣

明善　國堯公三子生於乾隆甲寅年十月二十八日巳時配鄭氏　無嗣

廣　國安公子　無嗣
仕保　國祖公長子因龍船低水淹斃於五月初三日葬在崗聖
廟對面磡邊两穴相連　生一子林開兼祧仕連公
仕連　國祖公次子生於嘉慶甲戌年十一月十三日丑時終於
光緒己丑年十一月十八日申時　無子以仕保公子林開公
兼祧
口口　國祖公三子因龍船低水五月初三日諱辰葬崗聖廟對
面磡邊　無嗣
仕蒼字明順　國閏公繼子生於乾隆丁未年九月二十九日酉
時終於咸豐己未年十月十六日酉時享壽七十有四配坑口
郭氏生於乾隆辛亥年二月初二日未時終於咸豐壬子年三
月二十四日寅時享壽六十有二合葬沙河子柏崗土名蜘蛇
坑坐巽向乾兼巳亥分金之原　生二子長清桂次清朋

仕賢　國開公次子生於乙卯年九月初一日酉時終於丁酉年六月初三日　時配關氏生於丁巳年五月初九日巳時終於　年十一月三十日子時　生一子名林高

仕志　國德公子生於嘉慶丁卯年五月十一日申時終於咸豐丁巳年正月十二日酉時配坑口陳氏生於嘉慶丁卯年七月二十三日丑時終於同治乙丑年十二月初七日卯時　生三子長林煥次林貞三林春

仕平　國大公長子　無嗣

仕昭　國大公次子生於辛酉年正月初八日未時終於辛亥年十二月初一日子時配蘇氏生於己巳年二月二十四日辰時終於乙酉年八月二十九日寅時　生一子名和滿

仕高　國豪公長子生於嘉慶庚午年十一月二十五日丑時終於道光己亥年三月二十日未時配　氏　無嗣

仕生　國豪公次子生於嘉慶乙亥年正月初十日丑時終於光緒庚寅年正月十六日辰時享壽六十有六歲配鍾秀鄉何氏生於嘉慶己卯年三月二十七日申時終於光緒辛酉年三月初三日卯時享壽七十有三歲葬白鶴洞崗　生二子長林熙次林芳

耀字恒益號桂培　遂安公子生於道光甲午年三月二十六日子時終於民國己未年五月十一日申時配招氏黃氏生於道光戊戌年十二月二十七日　時終於同治　年　月初三日辰時副室黎氏生於咸豐庚申年　月　二日未時終於民國辛未年九月十九日午時　生四子嫡子名溥敬庶子名甜勳名鑑滔名閏富淸培公無子公以鑑滔出繼之

淸培字□□　遇安公長子生於　年　月　日　時終於　年　月　日　時配　氏　無子以桂培公　子鑑滔入繼

光培字□□　遇安公次子　無嗣

兆培諱吉祥　治安公繼子生於道光乙酉年九月初七日卯時終於同治癸酉年十一月初三日子時配江氏生於道光庚寅年二月二十六日未時終於光緒　年二月十一日申時公葬湛涌崗氏葬白雲小鳳　生一子名鏘敬

斌培諱能通　國忠公長子生於嘉慶己巳年八月二十九日寅時終於咸豐辛酉年六月二十二日卯時配汾水蘇氏生於嘉慶壬申年十一月初九日卯時終於光緒庚寅年三月初四日午時公享壽七十有九歲　生二子長權次成

春培諱萬通　國忠公次子生於壬午年五月十五日　時終於壬子年二月二十六日申時配　氏　無嗣

錦字同登號錦培　國存公長子生於嘉慶壬午年正月十五日酉時終於道光庚戌年十一月初九日戌時配寺岸鄉蕭氏生

於嘉慶甲申年十一月初四日寅時終於光緒庚寅年二月初
二日卯時　生一子少殤以煜培公次子澤興公入繼

大秋 字 **騰益** 號 煜培　國存公次子生於道光甲申年十月初六
日寅時終於光緒庚寅年二月初八日辰時配策頭羅氏生於
道光丁亥年十一月二十九日丑時終於光緒甲申年四月二
十六日寅時副室南海水籐村周氏生於道光庚子年十一月
三十日未時終於光緒壬午年九月二十五日午時公與嫡室
合葬於黃婆洞上山鳳庶室遷葬黃婆洞打鼓嶺　生四子長
澤倫次澤興三澤芳四澤揚俱庶出錦培公無子公以次子澤
興公出繼之

晙 字 宏益 號 烜培　國存公三子生於道光辛卯年十月初六日
辰時終於光緒乙亥年十一月二十七日丑時配策頭羅氏生
於　年　月　日　時終於　年　月　日　時　生二

子長松次照
恩字誠登號信培　國存公四子生於道光甲午年六月十四日丑時終光緒辛丑年八月十四日未時配譚氏生於道光庚子年五月二十二日戌時終於民國乙丑年六月初四日巳時副室袁氏生於道光丙午年九月初九日卯時終光緒辛丑年四月十五日申時　生三子長思敬次勉敬三鋭敬殤
承恩字文登號燦培　昆懷公長子生於嘉慶癸亥年六月十二日辰時終於光緒乙亥年六月初三日未時葬沙涌隔水崗配鍾秀彭氏生於嘉慶乙丑年十二月十一日申時　生七子長本敬次殤三殤四從敬殤五殤六茂敬七恭敬
承寵字口口號鍾培　昆懷公次子生於嘉慶丙寅年十月二十一日卯時終於　年　月　日　時配李氏葬於鷄扒井　無子以勝培公子肇敬公兼祀

承錦字萬益號勝培　昆懷公三子生於嘉慶戊辰年九月初一日辰時終於　年十一月二十三日　時配策頭羅氏生於　年　月　日　時終於　年　月　日　時　生一子名肇敬

振培字□□　昆懷公四子生於嘉慶庚午年七月初七日子時終於咸豐辛亥年五月初三日　時龍船淹斃配坑口周氏生於道光壬午年四月二十九日　時終於光緒甲申年十月三十日　時與公八字合葬於坑口後底崗　生四子長周敬次殤三止敬四殤

金培字□□　昆懷公庶子生於道光　年五月二十五日辰時終於光緒甲申年六月初六日辰時配白洞吳氏生於道光己酉年九月二十九日辰時終於光緒戊申年五月十四日卯時　生二子長敦敬次昭敬

江培字□□　昆懷公庶子生於道光己酉年正月二十一日辰時　無嗣

登培字□□　昆和公子生於道光己丑年八月十二日卯時終於光緒庚辰年六月二十四日卯時配黎氏生於道光甲　年八月二十一日丑時終於咸豐丁巳年又五月二十日子時繼室鄧氏生於道光辛丑年六月二十四日戌時終於咸豐己未年十一月初一日午時副室李氏生於道光辛丑年九月初七日丑時終於光緒丁亥年九月十四日申時　生二子長瑞敬次祐敬

憑福字□□　昆成公長子　無嗣

金掌字□□　昆成公次子　無嗣

德培諱勝和字□□　國生公長子生於嘉慶壬辰年二月二十三日子時配陸氏　生一子名汝敬

開培字□□　國生公次子生於嘉慶乙亥年十一月十六日丑
時終於癸丑年三月二十三日寅時配楊氏生於　戊寅年
七月初十日未時　生三子長廣田次耀亨三廣心
慶培字□□　國生公三子　無嗣
興培字□□　國生公四子　無嗣
敬培字長登　國魁公長子生於嘉慶丙子年三月二十八日丑
時配鍾氏繼配陳氏　生二子長□殤次貴堅
布培字□□　國魁公次子　年十一月十四日諱辰　無子
敬培公子孫同祀
矜字□□　國福公長子　無嗣
恒字□□　國福公次子　無嗣
枝字信登號秀培　國仕公長子生於道光乙酉年十二月十七
日寅時終於　年　月　日　時配東塱黃氏生於道光庚

寅年九月初七日未時終於同治戊寅年九月初六日卯時繼
配江夏村關氏生於道光丁酉年六月初一日辰時　黃氏生
二子長禮敬次惠敬關氏生一子名裕敬
占培字□□　國仕公次子生於　年　月　日　時終於咸
豐辛酉年四月二十日　時配　氏　無嗣
謙培字□□　國仕公三子生於道光戊戌年　月十三日申時
終於同治癸酉年六月初九日辰時配何氏生於道光丙午年年
四月二十日辰時終於同治乙丑年六月廿六日申時　無嗣
規號養培　國仕公四子生於道光庚子年三月二十八日巳時
終於光緒庚子年三月十七日午時享壽六十有一歲配何氏
生於道光乙巳年十二月初三日子時終於光緒壬寅年二月
二十九日卯時　生三子長善次達三綿
輝號允培　國仕公五子生於道光丙午年年十月十二日酉時終

於民國辛酉年正月十一日寅時享壽七十有六歲配區氏生
於咸豐辛亥年三月初九日巳時終於民國丙寅年七月二十
三日申時　無嗣

仕安字□□　國發公長子生於道光戊戌年八月初一日亥時
終於同治甲戌年六月初一日申時配梁氏生於道光己亥年
八月初二日巳時終於光緒丙子年五月十五日酉時　生四
子長達滔次達顧三達榮四達友

仕和字□□　國潤公繼子生於道光甲辰年八月二十日亥時
終於光緒庚寅年十一月十四日卯時配鄭氏生於道光丙午
年十月十二日巳時終於同治甲戌年四月初三日申時繼室
潘氏生於道光戊申年九月十三日寅時終於光緒戊子年四
月二十日巳時　無嗣

叢慶字□□　朝炳公子　無嗣

長房

七世 南谷祖支 文泉祖後

十七世　十八世　十九世　二十世　廿一世　廿二世　廿三世　廿四世　廿五世

- 爵廷
  - 英華
    - 星耀
      - 顯純
      - 顯順
        - 福基
  - 英秀
    - 星輝
  - 英光

爵輝——傑鈞

長房　七世南谷祖支文泉祖後

十八世

文字英華號傑才　爵廷公長子生於道光乙巳年五月二十七日　時終於光緒庚子年九月初二日　時配西塱鄉關氏生於道光己酉年元月十九日　時終於民國壬戌年三月二十六日　時葬湛涌崗新涼亭　生四子長達次殤三殤四殤

維字英秀號傑開　爵廷公次子生於道光戊申年十二月初三日辰時終於民國癸丑年二月十一日子時配吳氏生於道光庚戌年十月二十九日辰時終於民國甲寅年九月二十日寅時　生一子名明任

標字英光號傑口　爵廷公三子生於咸豐甲寅年元月初九日　時終於光緒戊申年六月十三日　時配東莞壬氏生於咸豐庚申年八月初四日丑時終於民國乙亥年五月十六日子

時

口口字傑鈞　蔚輝公子生於光緒　　年　　月　　日　　時配

氏　無嗣

十九世

達字星耀　英華公子生於同治庚午年八月十九日未時　於

年　　月　　日　　時配鍾秀鄉何氏生於光緒丙子年

八月初一日戌時　於　　　年　　月　　日　　時　生四子

長永艮次殤三永但四殤

明任字星輝　英秀公子生於宣統庚戌年三月十五日丑時

於　　　年　　月　　日　　時配　　氏

二十世

永艮字顯純號善初　星耀公長子生於光緒乙未年五月二十

八日　　時終於民國庚午年八月十三日卯時配　秀彭氏生

於光緒戊戌年二月十二日　時終於民國庚午年六月初四
日　時塟沙涌崗　無嗣
永但字顯順號靖波　星耀公次子生於光緒乙巳年二月三十
日巳時配西坑梁氏生於民國癸丑七月十五日子時　生
子長福基
二十一世
福基字　顯順長子生於民國丙子年二月二十三日午時

長房

十七世 南谷祖支 文泉嗣後

十七世　十八世　十九世　二十世　廿一世　廿二世　廿三世　廿四世　廿五世

閨揚

爵齡—英俊—永聲—添

　　　　　　　　　—倫

通　亨

十八世

枝 字英俊 號傑元　爵齡公子生於咸豐戊午年五月初三日亥時終於光緒乙未年十月二十五日卯時配陳氏生於咸豐庚申年元月十七日辰時終於民國壬子年十二月十三日　時

生二子長沛楠次田殤

十九世

沛楠 字永聲　傑元公長子生於光緒壬午年八月初六日丑時終於民國癸酉年四月初二日　時配吳氏生於光緒丙戌年三月初九日申時葬坑口崗　生六子長殤次殤三添四倫五通六享

沛田 字口口　傑元公次子生於光緒甲申年五月初二日寅時

少殤

二十世

添字　永聲公三子生於民國癸丑年十二月十二日亥時

倫字　永聲公四子生於民國戊午年二月初九日　時

通字　永聲公五子生於民國辛酉年十一月初八日　時

享字　永聲公六子生於民國甲子年九月二十四日未時

長房

七世 南谷祖支 文泉祖後

十七世　十八世　十九世　二十世　廿一世　廿二世　廿三世　廿四世　廿五世

爵善—萬豪
　　—英垣—允富—應標

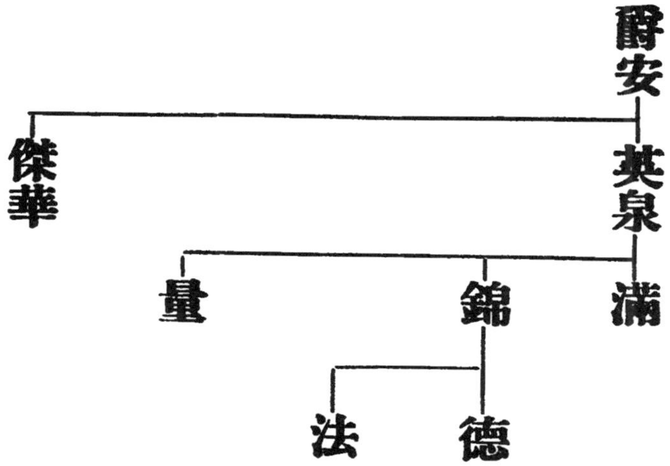
爵安
英泉
傑華
滿
錦
量
德
法

十八世

萬豪字口口 爵善公長子七月二十八日諱辰陰配陳氏 傑能公承祀

瑞字英垣號傑能 爵善公子生於道光戊申年八月十三日時終於民國癸丑年十二月初一日 時配鄭氏生於咸豐壬子年十一月二十日未時終於光緒甲申年九月十二日未時繼配關氏生於 年 月 日 時終於 年 月 日時 生一子名細蘇

傑和字英泉 爵安公長子生於道光丁未年二月初十日戌時終於 年 月 日 時配策頭羅氏生於咸豐辛亥年閏八月十一日巳時終於光緒辛巳年十月二十五日亥時 生三子長滿次錦三量出嗣市橋房

傑華字口口 爵安公次子生於道光己酉年十二月初六日辰

時終於光緒己丑年七月二十三日午時陰配蘇氏　無嗣

十九世

細蘇字允富別字振文　傑能公子生於光緒戊申年九月二十九日辰時配葉氏生於民國乙卯年五月二十四日辰時　生子名應標

滿字　傑和公長子生於同治庚午年十月十九日卯時配　氏

錦字　傑和公次子生於同治丙子年十月二十六日辰時配　氏　生二子長德次法

二十世

德字　錦子生於　年　月　日　時

法字　錦子生於　年　月　日　時

應標字□□　允富子生於民國癸酉年十二月十七日戊時

長房　七世南谷祖支 文泉祖後

十七世　十八世　十九世　二十世　廿一世　廿二世　廿三世　廿四世　廿五世

仕保—林開—進勳

林開—進勤—顯桃

進勤—念金

念扁

念笠

十八世

林開字和玉　仕和公繼子生於道光庚戌年八月二十一日卯時終於光緒甲午年九月二十三日申時享年四十九歲配石村姚氏生於咸豐辛亥年七月初十戌時終於辛亥年三月初三日巳時享壽六十一歲　生六子長進勤次三四五皆殤六進勤

十九世

閏維字允棠號進勤　林開公長子生於同治庚午年十月初四日子時終於光緒庚子年七月二十八日午時未配室客死申江現厝廣肇山莊

閏管字允堅號進勤　林開公次子生於光緒乙酉年十二月初六日巳時終於　年　月　日　時配茶滘黎氏生於光緒丁亥年二月十七日申時　於　年　月　日

時　生四子長念佳次念金扁三念四念笠

二十世

念佳字顯桃　進勤公長子生於　年　月　日　時

配白氏生

生　子

念金字　進勤公次子生於　年　月　日　時

念扁字　進勤公三子生於　年　月　日　時

念笠字　進勤公四子生於　年　月　日　時

長房

七世南谷祖支文泉祖後

十七世　十八世　十九世　二十世　廿一世　廿二世　廿三世　廿四世　廿五世

士蒼—林秀—勤登—滙行
　　　　　　　　—栢祺—厚枝
　　　　　　　　　　　—銘沛
　　　　　—勤寬

勤謙
錦泉
祖銳
祖懷

勤儉
栢純
栢紹
耀彬

耀宗

栢蘇

栢源出嗣

勤盛
振濤

勤敬
祐安
善安

善樵出嗣

振基

承鎬

承煉

振濤出嗣

勤用
善樵
承恩　承萱　承惠

林舉—進榮—栢源

十八世

清貴字和韜號林秀　仕蒼公長子生於嘉慶乙亥年二月十七日亥時終於光緒癸未年十二月十一日午時享壽六十九歲配策頭羅氏生於嘉慶己卯年三月二十三日巳時終於光緒癸巳年十一月二十二日戌時享壽七十有五歲合葬沙河子柏崗土名蚺蛇坑坐巽向乾兼巳亥分金之原　生七子長勤登次勤寬殤三勤謙四勤儉五勤盛六勤敬七勤用

清朋字和口號林舉　仕蒼公次子生於道光丁亥年四月十九日丑時終於咸豐壬子年正月十四日亥時配九江李氏生於道光辛卯年九月二十二日寅時終於道光丙申年十一月初五日辰時享壽六十有五歲　生一子名進榮

十九世

勤登字允昌號進威別字翼庭　林秀公長子生於道光癸卯年

九月初七日丑時終於宣統庚戌年二月二十七日戌時享壽六十八歲配亭滘鄉陳氏生於道光丁未年八月初二日寅時終於光緒丁亥年八月初八日子時繼配伍氏生於同治壬申年正月十二日巳時終於光緒己亥年四月二十八日未時副室陸氏生於同治乙丑年九月二十八日寅時副室歐氏合葬湛涌崗坐　向　兼　之原　生六子長滙行殤次口殤三四五皆殤六栢祺

勤寬字口口　林秀公次子幼殤陰配本鄉劉氏進光承祀

勤謙字允艮號進光別字登卿　林秀公三子生於道光己酉年三月十四日卯時終於光緒丁未年十二月初四日丑時配南海秀水茶園鄉何氏生於咸豐癸丑年五月二十日未時終於光緒辛丑年二月十五日亥時葬白鶴洞路邊　生五子長錦泉次浩泉以下皆幼殤

勤儉字允廉號進裕別字實階　林秀公四子生於咸豐癸丑年三月十二日酉時終於民國甲子年三月二十八日申時享壽七十二歲配西坑梁氏生於咸豐丙寅年八月初四日申時終於民國甲戌年正月十三日未時享壽七十九歲　生四子長栢純次栢紹三栢蘇四栢源進榮公無子公以栢源公出繼之

勤盛字允隆號進亨別字盛棠　林秀公五子生於咸豐丁巳年正月初七日辰時終於光緒戊申年三月廿五日申時配東潡郭氏生於咸豐辛酉年五月初十日申時終於宣統庚戌年四月初三日巳時副室馬氏生於同治己巳年九月二十八日未時公葬長壽塋氏葬坑口崗　無子以勤敬公七子振濤入繼

勤敬字允莊號進樂別字直常　林秀公六子生於咸豐庚申年閏三月三十日未時終於民國甲子年十二月十五日寅時享壽六十有五歲配涌口鄉潘氏生於同治壬戌年十月十四日

申時終於光緒戊戌年十一月十六日丑時繼配黃埔鳳浦鄉梁氏生於光緒戊寅年十二月二十日辰時終於光緒乙巳年十月初九日辰時繼配大墅鄉歐陽氏生於光緒己卯年九月初九日辰時終於宣統辛亥年五月十二日辰時副室市橋左邊鄉陳氏生於光緒戊子年六月二十八日巳時　於

年　月　日　時合葬新爵埠披頭圍黃家山坐癸向丁兼丑未之原　生十子長祐安殤次善安殤三善樵四善鏗殤五善發殤六振基七振濤八九十皆殤勳盛公無子公以七子振濤出繼之勳用公無子公以三子善樵出繼之

勳用字允章號進儀別字達行　林秀公七子生於同治癸亥年十二月十七日亥時終於光緒甲午年六月二十九日子時配東墅鄉關氏生於同治丁卯年十月初四日辰時終於光緒丙申年十一月二十三日丑時合葬白鶴洞崗路邊　無子以勳

敬公三子善樵入繼

英字允興號進榮　林舉公子生於道光己酉年十一月二十二日寅時終於光緒庚辰年七月初一日申時配涌口胡氏生於咸豐丙辰年十二月二十六日卯時終於民國戊午年正月二十六日未時享壽六十三歲陰庶配董氏　於光緒庚寅年十一月二十九日　時表度公無子以進裕公四子栢源公入繼

二十世

滙行　進威公庶子生於光緒庚寅六月十六日辰時幼殤

栢祺字顯頌別字俊賢　進威公六子生於光緒癸卯年十二月二十四日申時　配赤江梁氏

生於光緒丙午年五月二十八日申時

生　子長厚枝殤次銘沛

錦泉字顯業　進光公長子生於光緒丙子年五月二十七日未

時終於民國癸丑年七月十四日戌時配鍾秀麥氏生於光緒壬午年五月十七日酉時終於光緒癸卯年六月初九日巳時合葬白洞崗路邊　生二子長祖銳次祖懷

浩泉　進光公次子生於光緒壬午年十一月十八日巳時幼殤

栢純　進裕公長子少殤陰配本村鍾氏

栢紹字顯讓別字繼蕃　進裕公次子生於光緒壬午年九月二十二日卯時終於民國辛未年十一月二十五日辰時配鍾秀何氏生於光緒乙酉年十一月初二日子時終於民國甲子年三月十九日申時副室梁氏生於光緒己丑年十一月二十二日丑時終於光緒丙寅年二月初七日戌時副室馬氏生於光緒癸卯年正月十一日子時副室生於光緒辛丑年八月十四日未時合葬西墾銅鑼崗與郭山背後向南生二子長耀彬次耀宗

振濤字顯泰別字澄波　進亨繼子生於宣統己酉年二月二十
六日巳時　配蟠崗姚氏生於
民國甲寅年八月二十六日卯時
生　子
祐安　進傑公長子生於光緒丁亥年八月二十二日　時殤於
光緒辛卯年八月初一日　時陰配區氏　振基承祀
善安　進傑公次子生於庚寅年三月十六日寅時幼殤陰配張
氏　振基承祀
善鏗　進傑公四子生於光緒乙未年二月初四日　時殤於光
緒乙未年十一月初七日陰配茶滘仇氏民國丙寅年十一月
初九日表度　無嗣
善發　進傑公五子生於光緒丙申年十一月十一日未時幼殤
陰配茶滘仇氏民國丙寅年十一月初九日表度　無嗣

振基字顯聲別字弼丕　進傑公六子生於光緒丙午年八月三十日未時　配南村孔氏生於宣統庚戌年二月二十九日子時

生　子長承鍴次承煉

善樵字顯謨別字樹朋　進儀公繼子生於光緒壬辰年八月十五日寅時　配河南龍田何氏生於光緒壬辰年二月初二日戌時

生　子長承恩次承萱三承惠

栢源字顯澤　進裕公四子生於光緒丙申年四月初十日申時終於民國戊午年十月十七日申時配坑口陳氏公葬坑口崗脚　無嗣

二十一世

銘沛字　顯頤次子生於民國丙子年四月初十日辰時

祖銳字達材別字劍威　顯業公長子生於光緒戊申年七月初五日子時　配陸氏生於光緒戊申年九月十六日丑時

祖懷字達興　顯業公次子生於民國癸丑年十月初三日午時　配冼氏

耀彬字　顯讓公長子生於民國庚申年二月廿九日午時

耀宗字　顯讓公次子生於民國壬戌年九月十三日丑時

承鍴字　顯聲長子生於民國壬申年正月十五日戌時

承煉　字　　顯督次子生於民國甲戌年　月　日　時

承恩　字　　顯謨長子生於民國甲寅年十月初四日子時

承萱　字　　顯謨次子生於民國丙寅年四月初八日巳時

承惠　字　　顯謨三子生於民國戊辰年七月十四日巳時

長房

七世 南谷祖支 文泉祖後

十七世　十八世　十九世　二十世　廿一世　廿二世　廿三世　廿四世　廿五世

仕賢—林高—進華
　　　　　—進洪

十八世

林高字和恩　仕賢公子生於道光癸未年十月初四日酉時終於光緒庚辰年十月初三日戌時配招村招氏生未道光庚辰年十一月初三日戌時終於光緒己亥年正月二十九日辰時

生二子長進華次進洪

十九世

多字允全號進華　林高公長子生於道光丁未年十月十四日辰時終於光緒甲辰年五月二十六日子時配東漖郭氏生於道光辛亥年十二月二十三日申時終於光緒己卯年十月初九日巳時　無嗣

妹字　號進洪　林高公次子生於同治六月二十八日未時早殤　無嗣

長房

七世 南谷祖支 文泉祖後

十七世　十八世　十九世　二十世　廿一世　廿二世　廿三世　廿四世　廿五世

仕志—林焕
　　—林貞—進釗
　　—林春—進業—漢明

十八世

林煥字□□　仕志公長子生於道光丁亥年七月十七日丑時終於壬子年六月十六日巳時配羅氏葬於西坑崗　無嗣

林禎字□□　仕志公次子生於道光辛卯年十月初六日酉時終於光緒己卯年十月初二日酉時配本村張氏生於道光己亥年五月十六日辰時終於光緒丙子年六月初十日寅時生一子名進釗

林春字和斌　仕志公三子生於道光辛丑年十二月十五日酉時終於光緒甲午年九月二十七日亥時配策頭羅氏生於道光丁未年六月初二日卯時　生一子名進業

十九世

華字允鴻號進釗別字友棠　林禎公子生於同治丙寅年七月初七日巳時終於光緒丙申年八月十六日子時配涌口陳氏

生於同治己巳年七月十二日巳時終於光緒乙未年四月二
十五日未時　無嗣

耕字允揚號進業別字福田　林春公子生於同治庚午年十一
月十二日寅時終於民國丁卯年五月初十日未時配南塘梁
氏早逝繼配坑口關氏生於光緒　年五月二十四日　時
生一子名漢明

二十世

漢明字顯宗　允揚公子生於宣統庚戌年四月初三日　時
配東莞何氏生於民國丙辰
年二月廿五日　時　生　子

長房

七世南谷祖支 文泉祖後

十七世　十八世　十九世　二十世　廿一世　廿二世　廿三世　廿四世　廿五世

仕昭—和滿—進垣—顯陞—銀華

進垣—大蘇

進剛

樹榕　樹根　細蘇

樹林

樹禧

樹添

十八世

林口字和滿　仕昭公子生於道光己丑年正月二十日未時終
於光緒甲申年三月十四日辰時配羅氏早逝繼配蔡氏生於
　年八月初七日未時終於　年八月十一日未時　生
二子長進垣次進剛

十九世

牛字允佳號進垣　和滿公長子生於同治丁卯年四月初八日
丑時　配東漖郭氏生於同治
癸酉年四月二十九日酉時終於宣統庚戌年十月初五日
時繼配溺氏生於　年六月初二日　時終於光緒甲辰年
七月初二日　時繼配陳氏生於同治癸酉年八月十二日
時　生　子長鑑次大蘇三
細蘇

銻字允恩號進剛　和滿公次子生於同治癸酉年五月初八日
丑時　配陳氏　生子
長樹根次樹棔三樹林四樹禧五樹添

二十世

鑑字顯陞　允佳長子生於光緒辛丑年八月十八日寅時
配三水張氏生於宣統己酉年七
月二十五日子時　生子
銀華

大蘇字　允佳次子生於光緒乙巳年五月二十六日申時

細蘇　字

允佳三子生於光緒丁未年九月二十五日寅時

樹根　字

允恩長子生於光緒壬寅年十月十三日子時

樹榕　字

允恩次子生於光緒甲辰年四月十二日丑時

樹林　字

允恩三子生於光緒丙午年四月二十日丑時

樹禧 字　允恩四子生於民國丙辰年八月初七日酉時

樹添 字　允恩五子生於民國己巳年八月初十日戌時

二十一世

錄華 字　顯陞子生於民國癸酉年八月十五日寅時

長房

七世南谷祖支 文泉祖後

十七世　十八世　十九世　二十世　廿一世　廿二世　廿三世　廿四世　廿五世

仕生—林熙—閏開
　　　　　—閏可

林芳

鑑昭

文基

十八世

賢字和禮號林熙　仕生公長子生於道光戊申年六月初十日亥時終於民國乙亥年十六日亥時享壽八十六歲配梁氏生於咸豐丙辰年正月十七日辰時終於光緒丙申年二月十六日寅時　生二子長閏開次閏可

輝字和暢號林芳　仕生公次子生於咸豐己未年三月初二日亥時終於民國癸亥年二月初一日戌時享壽六十有五歲配許氏梁氏繼配郭氏生於同治甲戌年十二月二十七日辰時

生二子長蘇殤次文基

十九世

閏開字允枝號允恩　林熙公長子生於光緒庚辰年十一月廿七日辰時　配蘇氏生於光緒壬辰年八月十三日酉時

生一子口殤

閏可　林熙公次子少殤

蘇號鑑昭　林芳公長子少殤

文基字　林芳公次子生於宣統庚戌年十一月初六日

時

長房　七世南谷祖支 志泉祖後

十七世　十八世　十九世　二十世　廿一世　廿二世　廿三世　廿四世　廿五世

桂培—溥敬—滌球
　　　　　—滌鈞—明安
　　—忠敬—榮秋
　　—源敬出嗣
　　—閏富

清培

源敬

榮椿　榮根

長房七世南谷祖支志泉祖後

十八世

錦字沛泉號溥敬　桂培公長子生於咸豐己未年四月二十五日亥時終於光緒乙未年正月二十日巳時配秀水潘氏生於咸豐辛酉年四月十六日　時終於光緒丙申年十一月二十八日子時生二子長祿球殤次祿鈞

甜芬字沛　號忠敬　桂培公八子生於光緒丙戌年六月十四日酉時　配馮氏生於光緒丁酉年六月初四日辰時終於　年　月　日　時繼配南海泮江易氏生於光緒甲午年正月十七日未時生　子名榮秋

闓富字　號詠敬　桂培公十一子生於光緒壬辰年十二月十五日未時　配鍾氏生於光

緒戊戌年九月二十九日　時

生子

鑑滔字　號源敬　清培公繼子生於光緒戊子年四月初七

日丑時　配橫沙招氏

繼配順德羅氏

生六子長榮椿

次口殤三口殤四口殤五榮根六口殤

十九世

藤鈞字永佳　溥泉公次子生於光緒乙酉年正月二十三日亥

時終於民國庚申年四月二十一日巳時配彭氏生於光緒己

丑年三月初二日子時　生一子明安

榮秋字　忠敬子生於乙丑年六月二十六日卯時

榮椿 字　源敬長子生於民國癸丑年六月二十七日丑時

榮根 字　源敬次子生於民國乙丑年四月二十二日辰時

二十世

明安 字　永佳子生於民國丁巳年十二月二十五日未時

長房

七世 南谷祖支 志泉祖後

十七世 十八世 十九世 二十世 廿一世 廿二世 廿三世 廿四世 廿五世

兆培—鏘敬—永榴—顯權—國球
　　　　　　　　　—梫烱
　　　　　　　　　—煥桃

煥智

煥勞

十八世

金字沛鏗號鏘敬別字節生　兆培公子生於咸豐丙辰年九月初八日卯時終於民國乙丑年二月初九日亥時配鼇頭鄉鄭氏生於咸豐丁巳年八月三十日戌時終於民國乙丑年二月初三日辰時合葬銅鑼崗　生三子長世禎次世鏞殤三世新殤

十九世

世禎字永榴號汝棠別字蔭潮　鏘敬公子生於光緒丙戌年八月十七日卯時　配江夏關氏生於光緒丙戌年十一月十五日辰時

生五子長梭印次梭燗殤三煥桃四煥智五煥勞

二十世

梭印字顯權號瑞潮　永榴長子生於宣統己酉年十二月二十

一日巳時　　配曾溦梁氏生於
宣統庚戌年十一月初九日戌時
生　子名國球
煥桃字顯樞號瑞民　永榴三子生於民國乙卯年五月二十三
日丑時
煥智字　號瑞生　永榴四子生於民國丁巳年八月十六日
巳時
煥勞字　號瑞初　永榴五子生於民國庚午年十月三十日
卯時
二十一世
國球字　號　顯權長子生於民國甲戌年八月初二日
寅時

長房

七世 南谷祖支 志泉祖後

十七世 十八世 十九世 二十世 廿一世 廿二世 廿三世 廿四世 廿五世

斌培—紹敬—永昌—顯星—得海

沛榮

十八世

權字□□號紹敬　斌培公長子生於道光丙寅年十二月二十二日亥時終於同治壬申年十月初二日子時配激表李氏生於道光庚子年五月十四日巳時終於光緒壬辰年十二月初七日未時　生二子長裕齊次仲齊殤

成字沛榮　斌培公次子生於道光壬寅年二月二十七日亥時

配　氏　無嗣

十九世

裕齊字永昌號汝蕃　紹敬公長子生於同治丁卯年二月初四日辰時終於光緒辛丑年四月初九日卯時配梁氏生於同治壬申年三月二十六日丑時

生三子長台殤次殤三蘇九

二十世

蘇九字顯星號鵬熙　永昌公子生於光緒己亥年九月二十五
日戌時　配何氏生於光緒癸
卯年六月初二日巳時
生　子名得海
二十一世
得海字　顯星子生於民國辛未年七月十五日午時

長房

七世 南谷祖支 志泉祠後

十七世　十八世　十九世　二十世　廿一世　廿二世　廿三世　廿四世　廿五世

錦培—沛貞—永濟—顯農—嘉城

永濟—顯俊

世均

煜培

沛艮

永英

永剛

永祥 出嗣

世燊

沛嵩——世膺
　　　——世忠

沛瑛——永祥

烜培—恒敬
　　—沛濤—智森

信培

思敬　勉敬　錕敬

垣　章

十八世

澤興字沛貞號儀敬別字焯文　錦培公繼子生於同治丙寅年七月十一日亥時終於光緒丁亥年六月十六日辰時配秀水鄉梁忠公之長女生於同治丙寅年六月二十一日巳時終於民國丁巳年五月十二月丑時公塟泌涌　崗氏塟白鶴洞老鼠夾　生二子長世經次世均殤

澤倫字沛艮號啓敬別字傑臣　煜培公長子生於咸豐己未年九月二十五日寅時終於光緒乙未年十一月初十日未時配坑口鄉區氏生於咸豐戊午年八月初五日卯時終於民國癸酉年閏五月三十日寅時享壽七十有六歲副室潘氏沛英公無子以三子世楠出繼之　生四子長世榮次世佳三世楠四世燊

澤芳字沛嵩號讓敬別字謙臣　煜培公三子生於同治壬申年

十一月二十七日申時終於光緒甲辰年七月十六日戌時配何氏生於同治癸酉年　月二十九日巳時終於光緒癸巳年四月初八日丑時副室張氏生於光緒乙亥年十二月十一日子時終於民國己巳年正月二十日酉時合葬白洞崗老鼠峽

生二子長世膺次世忠

澤揚字沛瑛號文敬別字顯臣　煜培公四子生於光緒己卯年正月初五日辰時終於光緒己亥年七月初二日申時配馮氏生於光緒丙子年八月初八日申時

公無子以沛艮公三子世楠入繼

松字口口號恒敬　烜培公長子生於同治庚午年正月二十七日申時終於光緒甲午年三月二十六日子時陰配本村黄氏

照字沛濤號吳敬別字晞明　烜培公次子生於同治壬申年九月二十八日丑時終於民國辛未年十月初六日戌時配大橋

鄉麥氏生於光緒辛巳年八月二十九日戌時

生六子長華殤次彬殤三智森四元殤五

樂殤六口殤

亨字　號思敬　信培公長子生於同治癸酉年正年二十日

卯時

卓字沛春號勉敬　信培公次子生於光緒戊寅年十月十六日

巳時終於民國癸亥年六月初九日申時配潘氏生於光緒壬

午年八月二十九日寅時終於光緒甲辰年三月二十四日辰

時繼配杜氏生於光緒　　年二月初七日子時

生二子長垣次章

永字口口號錕敬　信培公三子生於光緒壬午年六月二十二

日　時殤於光緒乙未年六月初三日申時陰配　氏　無嗣

十九世

世經字永濟號汝常別字偉署　沛貞公長子生於光緒癸未年
五月十六日巳時　　配南海濬
表國珍李公長女生於光緒乙酉年四月初九日辰時
生　子長匡時次識時
世均字口口　沛貞公次子生於光緒丙戌年十一月二十五日
亥時殤於光緒庚寅年十二月二十一日巳時陰配馮氏生於
光緒　年十月二十二日　時終於光緒　年十二月初
九日　時　識時承祀
世榮字永英號汝桐別字孟熾　沛艮公長子生於光緒丁丑年
十二月初五日辰時終於民國甲子年七月二十日辰時配西
墾關氏生於光緒丙子年六月初二日寅時終於民國甲子年
九月初三日申時　無嗣
世佳字永剛號汝銘別字惕吾　沛艮公次子生於光緒壬午年

四月二十三日丑時　　配鍾秀

彭氏生於光緒甲申年八月初三日　時

生　子

世燊字永口號汝堂　沛艮公季子生於光緒辛卯年十月初九

日巳時終於　年　月　日　時配　氏　無嗣

世膺字　沛嵩公長子生於光緒丁酉年二月初一日巳時

世忠字　沛嵩公次子生於光緒己亥年五月十九日巳時

世楠字永祥號汝材　沛瑛公繼子生於光緒己丑年九月初六

日丑時　配陳氏生於光緒庚

寅年六月十六日卯時

生　子

智森字永森號汝爲　沛濤子生於民國丁己年十月二十五日

子時　配崔氏生於民國己未

年正月廿三日寅時

生　子

垣字　號銳志　沛春公長子生於民國乙卯年五月二十九

日亥時

章字　沛春公次子生於民國丁巳年六月三十日辰時

二十世

匡時字顯農號乃煊　永濟長子生民國庚戌年十一月二十八

日戌時　配南海何氏生於民

國甲寅年九月二十八日卯時

生　子長嘉城

識時字顯俊號拔生　永濟次子生於民國癸丑年三月初二日

辰時　配　氏生於

生　子

二十一世

嘉城字　顯農長子生於民國乙亥年十月二十六日卯時

長房

七世 南谷祖支 志泉祖後

十七世	十八世	十九世	二十世	廿一世	廿二世	廿三世	廿四世	廿五世
燦培	本敬	永懋	顯貞	傑榮				
				傑炎				

傑華

世的

大霞

細霞

永饒

顯財

顯松 出繼

錦來

□敬

□敬

從敬

□敬

茂敬—澤昌—顯松

恭敬

永業　溢　永宗

顯耕

煉坤　煉東

顯田

應鍵

十八世

根字沛熙號本敬　燦培公長子生於道光己丑年十一月初三日卯時終於辛卯年二月二十一日辰時享壽六十有三配坑口鄉陳氏生於道光癸巳年正月二十一日巳時終於光緒丁未年九月初八日酉時享壽七十有五塟泌涌隔水崗　生二子長作仁次景仁

□□字沛容號從敬　燦培公四子生於道光癸巳年九月二十日巳時終於同治壬戌年四月二十六日未時公葬在甘坎頭配氏　無嗣

聯字沛宏號茂敬　燦培公六子生於道光乙未年七月二十八日子時終於　年　月　日　時配麥氏生於道光壬辰年三月初七日申時終於咸豐癸丑年七月二十六日辰時繼室羅氏生於道光丙子年三月二十日酉時終於光緒己卯

年七月二十二日未時　生二子長澤昌次柱殤

貴字沛高號恭敬　燦培公七子生於道光丙申年十二月初三日亥時終於民國乙卯年十月二十一日午時配彭氏生於道光癸巳年八月十三日辰時終於光緒己丑年八月初六日丑時　生三子長進次溢三漢

十九世

作仁字永懋號汝勤又號廷恩別字惠鴻　本敬公長子生於咸豐丙辰年八月二十五日巳時終於民國壬戌年五閏月初二日酉時配鶴洞鄉吳氏生於同治乙卯年十月二十四日巳時葬南海泌涌　崗　生一子松柏

景仁字永饒號汝儉　本敬公次子生於同治丙寅年十月二十一日子時終於丙寅年十月二十二日酉時配簡氏生於同治

癸酉年二月初五日辰時
生七子長殤次殤三桐四但家五殤六來七殤澤昌公無子公
以四子但家出繼之

澤昌 字□□ 號汝桓　茂敬公子生於同治乙丑年十二月十四
日丑時終於　年　月　日　時配　氏　無子以永饒公
四子但家入繼

進 字永業 號汝聰　恭敬公長子生於同治癸亥年正月初四巳
時終於光緒戊戌年閏三月二十八日辰時配坑口黎氏生
於光緒丙子年十二月十二日辰時終於光緒壬午年四月十五
日未時　無嗣

溢 字□□　恭敬公次子生於同治癸酉年十月初八日亥時終
於光緒壬寅年四月初八日巳時配　氏　無嗣

漢 字永宗 號汝斌　恭敬公三子生於光緒丙子年二月初二日

戌時　配吳氏生於
年　月　日　時終於　年　月　日　時繼室黃氏
生於光緒壬午年九月二十五日寅時
生　子長啓徤次志徤三殤四應徤五殤六殤

二十世

松柏字顯貞號樹芬別字瑞泉　永懋公長子生於光緒庚寅年
正月十六日申時　配順德龍
涌鄉梁氏生於光緒辛卯年三月二十八日亥時終於民國丙
辰年十月十九日申時副室南海官窰何氏生於光緒丙午年
二月初四日午時　生　子
長傑榮次傑炎三傑華四世的殤五大霞六細霞殤

桐字顯財號錦桐　永饒公三子生於光緒壬寅年四月初二日
寅時配　氏

來字　號錦來　永饒公六子生於宣統辛亥年三月三十日
巳時　配　氏　生　子

但家字顯松號錦培　澤昌公繼子生於光緒丙午年十二月初
二日寅時　配梁氏生於宣統
庚戌年正月初四日寅時　生　子

啓鏈字顯耕　永宗長子生於光緒戊申年五月初三日子時
配張氏生於宣統庚戌年十二
月二十九日未時　生　子
長煉坤次煉東

志鏈字顯田　永宗次子生於宣統辛亥年五月二十八日巳時
配梁氏生於民國丁巳年八
月二十八日卯時

應鐩字　永宗四子生於民國丁巳年五月初一日巳時

二十一世

傑榮字　顯貞長子生於宣統辛亥年九月初一日子時

傑炎字　顯貞次子生於民國癸丑年十月十九日午時

傑華字　顯貞三子生於民國乙卯年十一月十五日申時

大霞　字　　顯貞五子生於民國己巳年正月二十七日子時

煉坤　字　　顯耕長子生於民國癸酉年十月初四日寅時

煉東　字　　顯耕次子生於民國乙亥年十月初二日申時

長房

七世 南谷祖支 志泉祖後

十七世　十八世　十九世　二十世　廿一世　廿二世　廿三世　廿四世　廿五世

勝培—肇敬—永泰—顯璜—國輝

有光

十八世

根湛字沛標號肇敬　勝培公子生於　年四月初九日　時終於　年九月初八日　時配陳氏生於　年十月二十二日　時終於　年八月十六日　時　生一子名德寬

十九世

德寬字永泰別字仲伯　肇敬公子生於同治癸酉年十二月十五日辰時　配吳氏生於光緒乙亥年三月二十六日　時終於民國庚午年八月初三日時吳氏葬坑口崗　生二子長沃光次有光

二十世

沃光字顯璜　永泰長子生於光緒戊午年四月初二日　時　配馮氏生於光緒戊申年十月初十日　時　生　子名國

輝

有光 字　永泰次子生於民國癸丑年九月十二日辰時

二十一世

國輝 字　顯璜子生於民國壬申年　月　日　時

長房 七世南谷祖支 志泉祖後

十七世 振培
十八世 周敬
十九世 永原
二十世 顯華　瑞忠　瑞泰
廿一世 成光（顯華子）
廿二世
廿三世
廿四世
廿五世

口

止敬

永讓

永珏

顯鴻

炳全

炳添

永和

永年

炳鉅

炳權

十八世

口口字沛傑號周敬　振培公長子生於道光乙未年八月初四日巳時終於　年　月　日　時配張氏生於道光庚子年四月初七日亥時終於光緒戊寅年九月二十九日　時生二子長贊次鰲

謙字沛揚號止敬　根培公三子生於道光壬辰年十一月初三日亥時終於光緒辛丑年正月十三日辰時配關氏生於道光戊寅年七月十四日巳時終於光緒己亥年正月十三日戌時生九子長殤次殤三殤四艮乾五殤六殤七柏光八殤九柏明

十九世

贊字永原號汝青　周敬公長子生於同治辛未年正月二十一日辰時終於民國癸亥年三月十二日巳時配策頭羅氏生於

光緒丁丑年五月二十六日辰時終於民國甲子年正月十三日子時葬坑口大崗腦　生六子長榮次均三杜四五六以下皆幼殤

縈字永讓號汝謙　周敬公次子生於光緒丙子年四月初八日辰時終於民國　年二月初八日午時配新爵吳氏生於光緒癸未年十月十八日申時

公葬白洞崗

艮乾字永鈺號汝珣　止敬公四子生於光緒戊寅年正月三十日子時終於光緒庚午年四月十一日亥時配吳氏生於丙子年五月十七日寅時終於光緒丙午年四月二十二日辰時

生一子名洪

柏光字永年號汝口別字堅卿　止敬公七子生於光緒壬午年七月十九日子時終於光緒庚午年四月十六日辰時配劉氏

生於光緒辛巳年九月初一日申時

柏明 字永和 號汝口　止敬公九子生於光緒丁亥年三月十四日丑時終於民國乙卯年三月二十八日子時配氏　無嗣

二十世

榮 字顯華 號瑞昇　永原公長子生於光緒丁酉年十一月十九日申時　配新爵吳氏生於光緒庚子年二月初七日未時

生　子長成光

均 字　號瑞忠　永原公次子生於光緒甲辰年八月初七日寅時

杜 字　號瑞泰　永原公三子生於光緒丙午年年十月十二日

戌時

洪字顯鴻號祥輝　永鈺公子生於光緒壬寅年九月二十七日

未時　配李氏生於光緒癸

年四月二十三日未時　生

子長炳全次炳添三炳權四炳鉅

二十一世

成光字　顯華子生於民國戊辰年十二月十三日丑時

炳全字　顯鴻長子生於民國癸亥年九月十五日巳時

炳添 字　顯鴻次子生於民國丙寅年九月初二日卯時

炳權 字　顯鴻三子生於民國己巳年九月十七日寅時

炳鉅 字　顯鴻四子生於民國丙子年二月十九日丑時

長房

七世 南谷祖支 志泉嗣後

十七世　十八世　十九世　二十世　廿一世　廿二世　廿三世　廿四世　廿五世

金培—敦敬—永就—耀燊
　　　昭敬 出嗣

江培—昭敬—炳全

十八世

用字沛莊號敦敬　金培公長子生於同治辛未年四月二十日丑時終於民國丁巳年十一月二十一日子時配　氏生於光緒己卯年十一月十一日戌時終於民國丁巳年四月二十六日酉時　生三子長業次三皆殤

結字沛桐號昭敬　江培公繼子生於光緒丁丑年二月初七日辰時終於民國辛酉年三月初三日卯時配麥氏生於光緒己丑年十月初五日寅時

生二子長滿殤次炳全

十九世

業榮字永就號汝順　沛莊公子生於光緒辛丑年八月二十日子時　配梁氏生於光緒丁未年七月十二日卯時　生

子長耀燊

炳全字　沛桐公子生於民國辛酉年七月初四日巳時

二十世

耀燊字　永就子生於民國癸酉年二月初四日戌時

長房

七世 南谷祖支 志泉祠後

十七世 十八世 十九世 二十世 廿一世 廿二世 廿三世 廿四世 廿五世

登培 — 瑞敬、祐敬

德培—汝敬

開培—廣田
　　—耀亭—金潮
　　—廣心

十八世

瑞敬　登培公長子生於同治辛未年三月初四日卯時終於光緒丁亥年十月二十二日未時陰配潘氏　無嗣

祐敬字沛惠　登培公次子生於同治甲戌年四月初五日亥時配沙涌鄭氏　無嗣

汝敬　德培公子　無嗣

廣田　開培公子　無嗣顯敬公子孫同祀

耀亨字沛華號顯敬　開培公次子生於道光壬寅年正月初四日辰時配順德江氏　生一子名金潮

廣心　開培公三子弱冠出國未知往何方

十九世

金潮字口口　耀亨公子　無嗣

長房

七世南谷祖支 志泉祖後

十七世　十八世　十九世　二十世　廿一世　廿二世　廿三世　廿四世　廿五世

敬培—貴堅—永忠—蘇
敬培—永富

十八世

貴堅 字□□　敬培公次子生於咸豐乙卯年二月二十七日戌時終於民國辛酉年三月二十日巳時配蔡氏生於咸豐辛亥年二月二十七日未時終於民國丁卯年正月十四日亥時葬坑口大崗老坐壬向丙兼子午之原　生二子長大牛次牛富

十九世

大牛 字永忠　貴堅公長子生於光緒甲申年十月初七日寅時

配吳氏生於光緒癸巳年五月十六日未時　生　子名

蘇 殤

牛富 字永富 號艮多　貴堅次子生於光緒　年七月十七日亥時終於　年二月二十六日戌時配陳氏公葬坑口大崗老　無嗣

二十世

蘇　永忠子生民國庚午年十一月二十六日戌時殤於民國甲戌年五月初三日丑時

長房

七世 南谷祖支 志泉祖後

十七世　十八世　十九世　二十世　廿一世　廿二世　廿三世　廿四世　廿五世

秀培—禮敬—永康—積爲
　　　　　　　　—積桂
　　　　　　　　—百甜
　　　　　　　　—百棠

惠敬—炳楠

裕敬—永强

發根

發林

十八世

順字沛忠號禮敬　秀培公長子生於咸豐辛酉年四月二十二日巳時終於民國丁巳年正月二十四日未時配白鶴洞吳氏生於同治壬戌年五月十六日戌時

公葬白雲磨盆崗　生三子長次殤三執堯

賤字沛恩號惠敬　秀培公次子生於同治甲子年八月十五日辰時終於光緒甲辰年四月初七日酉時配汾水李氏生於同治壬戌年正月二十二日申時終於　年十二月初九日未時副室車氏生於　年六月初二日辰時終於　年五月十八日辰時　生一子名炳楠

定字沛寬號裕敬　秀培公三子生於同治甲戌年十月初九日子時終於民國己巳年四月二十七日午時配招氏生於光緒己卯年十一月初八日戌時終於癸卯年十一月初三日寅時

葬沙涌崗　生三子長發釗次發根三發林

十九世

執堯字永康號汝和別字舜階　禮敬公三子生於光緒戊戌年十一月初八日酉時　配鶴山吳氏生於光緒辛酉年八月二十三日寅時

生　子長積爲次積桂殤三百甜四百棠殤

炳楠　惠敬公長子生於光緒壬辰年三月初五日子時殤

發釗字永强號汝生　裕敬公長子生於光緒甲辰年九月一初日巳時　配大鳌鄉伍氏生於宣統辛亥年九月二十日巳時終於民國癸酉年元月二十一日寅時繼室西塱關氏生於宣統庚戌年十二月十八日申時

生　子

發根字　裕敬公次子生於民國乙卯年三月十六日未時

發林字　裕敬公三子生於民國戊午年七月初二日辰時

二十世

積爲字　永康長子生於民國壬戌年七月十一日辰時

積桂　永康次子生於民國戊辰年六月二十九日申時殤於民國辛未年四月十九日戌時

百甜 字　永康三子生於民國辛未年五月二十二日寅時

百棠　永康四子生於民國癸酉年十二月二十三日申時殤於民國甲戌年三月十一日亥時

長房

七世 南谷祖支 志泉祖後

十七世　十八世　十九世　二十世　廿一世　廿二世　廿三世　廿四世　廿五世

養培—艮敬

養培—遠

養培—昳敬—永硯—偉權

允培——琪信

十八世

善字沛純號艮敬　養培公長子生於同治辛未年十月十二日
辰時　配策頭羅氏生於光緒丁
丑年正月二十五日辰時終於光緒癸卯年四月二十七日寅
時繼配高村馮氏生於光緒庚寅年六月初二日辰時

遠字　養培公次子生於光緒丙午年七月二十一日　時
殤於光緒甲辰年六月二十日　時

綿字沛棠號趺敬　養培公三子生於光緒庚辰年十一月初一
日戌時終於民國乙卯年二月初十日亥時配白洞吳氏生於
光緒丙戌年正月二十九日　時終日民國庚申年六月初九
日子時　生一子名大蘇

琪信　允培公子生於光緒乙酉年三月十三日丑時殤於光緒
庚子年正月初三日卯時

十九世

大蘇字永祝別字傑生　厥敬公子生於民國壬子年七月初一日辰時　配鶴山任氏生於民國甲寅年十一月十九日辰時

生　子名偉權

二十世

偉權字　永祝子生於民國癸酉年七月初一日　時

長房

七世 南谷祖支 靜淵祖後

十七世　十八世　十九世　二十世　廿一世　廿二世　廿三世　廿四世　廿五世

仕安—達滔

　　—達榮

　　—達顧

達友—萬全

長房　七世南谷祖支　靜淵祖後

十八世

達滔　字　　仕安公長子配　氏　無嗣

達榮　字　　仕安公次子生於同治壬戌年九月二十二日未時終於民國甲子年九月初六日未時配　氏　無嗣

達顧　字　　仕安公三子生於同治丁卯年七月三十月子時終於光緒壬寅年四月初九日未時配　氏　無嗣

達友　字和德　仕安公四子生於同治己巳年十月十四日　時　配廖氏生於丁丑年六月十四日　時　生　子名萬全

十九世

萬全　字　　和德子生於光緒戊申年六月初十日　時

配林氏生於民國甲寅年正月初
七日　時
生　子

芳村謝氏族譜

十九世偉略署

卷四

長房

八世 麗川祖支 思明祖後

九世　十世　十一世　十二世　十三世　十四世　十五世　十六世　十七世

思明—飛霞—公宇—蕃昌—衍書—口口

蕃昌—承書

公宇—熙昌—華璣—天植—能章—文華—明登

能章—文裕—幸

能章—文傑

裔昌—瓊玉—天松—能興—文長

天松（出嗣）

有淑

文長：嬴登、明登（出嗣）、維登、福登、應登、岸登

公甫—克昌

文德—仲登
文德—爵登
文德—榮登

文旺—諒登
文旺—聯登

崑山後

思敬——茂迪

長房　八世麗川祖支

十世

廷讓字帝襄號飛霞　思明公子生於皇明萬曆庚辰年九月十七日辰時終於萬曆乙巳年七月十四日午時配鹽步梁錦亭公女生於萬曆丁丑年正月十六日子時終於萬曆丁未年十二月初二日丑時合葬本村九華山壬丙兼子午之原江右山人雷九萬點扦名其形曰出水蓮花云　生二子長翰次朝紳

口口字茂迪　思敬公子配　氏　無嗣

十一世

翰字公宁號憲伯　飛霞公子清邑庠生原配徐氏繼配麥氏林氏合葬河南馬婆崗　無子以珠江支公植公子名蕃昌公又以公裔公子名熙昌公又以南谷支奕之公子名裔昌公入繼

朝紳字公甫　飛霞公次子配尹氏　生一子名克昌

十二世

蕃昌字爾傑　憲伯公繼子配郭氏　生二子長衍書次承書

熙昌字明客　憲伯公繼子生於順治甲午年十一月二十一日子時終於康熙戊寅年正月廿一日辰時配粱氏生於順治甲午年八月二十四日未時終於康熙戊子年六月廿七日子時合葬白雲蚺蛇坑　生一子名華璣

裔昌字胤洪　憲伯公繼子生於順治戊戌年三月二十二日辰時終於康熙戊寅年二月十七日巳時配馮氏生於順治戊戌年三月十七日申時終於甲申年五月二十三月卯時合葬白雲蚺蛇坑　生一子名瓊玉

克昌字爾燕　公甫公子配陳氏　無嗣

十三世

衍書　爾傑公子配　氏　生一子□□殤

承書　爾傑公次子配　氏　生一子口口殤

華璣字瑢玉　明客公子生於康熙戊午年十月三十日丑時終於戊戌年七月二十四日巳時配鄒氏生於熙康甲寅年十月初六日酉時終於丁已年七月二十九日未時合葬白雲蚺蛇坑　生二子長天植次天松瓊玉公無子公以天松公出繼之

瓊玉　胤洪公生於康熙甲子年十月初一日卯時終於甲辰年五月初七日未時配王氏無子以瑢玉公次子天松公入繼

十四世

天植號仰山　瑢玉公子生於康熙壬午年十月初五日子時終於乾隆壬午年十二月十六日戌時配吳氏生於康熙甲申年十月初二日酉時終於乾隆乙丑年七月初五日亥時　生一子名能章

天松號口口　瓊玉公繼子生於康熙甲申年十二月初五日丑

時終於乾隆壬戌年十月二十一日申時配粱氏生於熙康丙
戌年六月二十四日卯時終於乾隆甲午年十一月十七日巳
時合葬新爵鶴崗　生一子名能興

十五世

能章　天植公子生於雍戊申年十二月十九日酉時終於乾隆
乙酉年五月二十四日酉時配鄧氏生於雍正戊申年正月初
七日戌時終於嘉慶甲子年十二月二十三日辰時合葬白鶴
洞黃鶴園　生三子長文華次文裕三文傑

能興　天松公子生於雍正甲寅年六月十四日未時終於乾隆
庚戌年十一月初十日酉時配招氏生於乾隆丁巳年十二月
二十八日辰時終於庚戌年十一月十三日申時合葬白鶴洞
生四子長文長次文德三有淑四文旺

十六世

文華字進光　能章公長子生於乾隆乙亥年十一月十一日亥時配郭村顏氏生於乾隆戊寅年正月初七日戌時終於嘉慶甲子年十二月廿三日辰時無子以文長公次子明登公入繼

文裕　能章公次子配吳氏　生一子名幸中殤

文傑　能章公三子少殤

文長字進開　能興公長子生於乾隆戊寅年正月二十二日申時終於嘉慶丙子年三月十七日未時配亭滘連國陳公長女生於乾隆己卯年十月十九日未時終於嘉慶辛未年五月十四日未時繼配九江關氏生於乾隆壬辰年四月初十日巳時終於嘉慶　年八月初十日子時於道光三年四月二十四日合遷葬於大東門外河木塱村土名葫蘆崗內棺向坐癸向丁兼子午之原山碑坐子向午兼癸丁之原此山明登公岸登公與族叔祖雲光公請惠州府胡先生點穴主塟陳氏　生六

子長贏登次明登三維登四福登五應登六岸登文華公無子
公以次子明登公出繼之
文德字進善　能興公三子生於乾隆癸未年九月二十四日辰
時終於嘉慶己未年十一月十三日亥時配覃氏生於乾隆乙
酉年十一月十二日子時終於咸豐壬子年二月二十一日酉
時公葬　氏葬北教場紫薇廟後便坐癸向丁兼子
午之原　生三子長仲登次爵登三榮登
文旺字進達　能興公子生於乾隆壬寅年六月十四日辰時配
滘郭氏　生四子長口殤次口殤三諒登四聯登

十七世

明登字德交　進光公繼子生於乾隆庚子年三月十九日申時
終於同治乙丑年十一月初九日辰時配南塘梁氏生於乾隆
乙巳年五月二十九日未時終於道光丙申年五月十一日酉

時繼配顧氏生於嘉慶庚申年七月二十五日亥時終於光緒
己卯年七月十五日午時梁氏　生三子長家聲殤次挺科三
捷科顧氏生二子長占科次皆殤

贏登字德高　進開公長子生於乾隆戊戌年八月十七日丑時
終於　年　月　日　時配鳌頭鄭氏生於乾隆己亥
五月三十日酉時終於　年　月　日　時　生一子
名拔科

維登字德葵　進開公三子生於乾隆壬寅年六月初七日卯時
終於　年　月　日　時配新爵吳氏生於乾隆乙巳
年十二月十四日辰時終於　年　月　日　時　生
一子名景科

福登字德明　進開公四子生於乾隆乙巳年十月三十日酉時
終於　年　月　日　時配西壆麥氏生於乾隆丙午

年十二月二十七日酉時終於　　年　月　日　時
生二子長振科次覲科
應登字德居　進開公五子生於乾隆戊申年十一月初二日酉
終於道光癸卯年六月二十九日寅時配濬表梁氏生於乾隆
庚辰年七月初九日巳時終於道光丙戌年四月二十八日卯
時副配談氏生於嘉慶癸亥年四月二十四日子時終於光緒
癸未年正月十七日辰時　生四子長殤次高科三祥殤四勤
科
岸登字德遠　進開公六子生於嘉慶丁巳年五月初二日申時
終於咸豐癸丑年正月二十三日丑時配新爵吳氏生於嘉慶
丁巳年六月十九日寅時終於光緒丁丑年十一月初二日申
時公塟小北外白雲御書閣鳳凰台坐子向午兼癸丁之原氏
塟小北外大鳳崗茶坑坐乾向巽兼亥巳之原南基新開濬陳

雲軒點穴　生三子長萬權殤次澤科三存科

仲登字積俊　進善公長子生於乾隆丁亥年七月初一日巳時終於道光甲辰年十月二十八日子時配滘表李氏生於乾隆壬子年正月二十九日酉時終於同治戊辰年閏四月初五日亥時合葬寺右鄉土名謡子崗　生三子長紹科次筆科三顯科

爵登字積佳號善菴　進善公次子生於乾隆癸丑年十月十二日辰時終於同治甲戌年十一月初九日亥時配東滘若春公女郭氏生於嘉慶丙辰年六月二十四日丑時終於同治壬申年十月二十一日辰時合葬南邑泌涌鄉白石崗坐乾向巽兼亥巳之原　生二子長盈科次御科

榮登字積行　進善公三子生於嘉慶丙辰年十二月二十六日丑時終於　年　月　日　時配陳氏生於嘉慶己未

年正月二十九日亥時終於　　年　月　日　時　生

二子長燦科次達科

諒登字積寬　進達公子生於嘉慶丁丑年十一月十二日酉時

終於光緒丙戌年正月二十日卯時配陳氏生於庚辰年五月

初十日　時終於　年三月二十一日　時繼配陳氏

梁氏公葬小北門外雙燕崗　生七子長見安殤次見英殤三

見扁殤四會科五見高殤六見津殤七見旦殤

聯登　進達公四子五月初二日諱辰配杜氏　無嗣

長房

七世麗川祖支 進光祖後

十七世　十八世　十九世　二十世　廿一世　廿二世　廿三世　廿四世　廿五世

- 明登
  - 家聲
  - 口
  - 挺科
    - 益聖
      - 口
      - 顯耀
        - 達墀
          - 國榮
          - 國澤
    - 口
    - 口

顯桐—達華—和翕

　　　—達寧

顯嵩—金賛

捷科

更

□

顯鴻

宏志

宏漢

錫煌

益堅

顯絡　顯仁

達生　蘇細　禮容

岳

顯林

業新　業潘　業根

登謙出嗣

登會—顯生—敬開

占科—登謙—顯勤—福志

口

皆

福滔　口

十八世

挺科 字口口 明登公三子生於嘉慶丙子年十一月初四日寅時終於光緒庚辰年九月十一日未時配吳氏生於嘉慶丁丑年十月十八日戌時終於光緒甲申年十一月初三日卯時生三子長爵聖次口殤三口殤

捷科 字湛魁 明登公四子生於嘉慶乙亥年正月初五日終於丁亥年九月十六日未時配黎氏生於道光壬午年三月初六日辰時終於丙寅年四月初五日酉時 生五子長更殤次爵堅三岳殤四爵謙五爵曾占科公無子公以爵謙公出繼之

占科 明登公五子生於嘉慶癸未年十月初二日酉時終於咸豐辛亥年五月初三日巳時配鍾秀鄉陳氏生於道光乙酉年七月初五日酉時終於光緒丁酉年六月初五日酉時合葬小北草鞋嶺坐丁向癸兼丑未之原端陽競渡不幸龍船低水逝

世無子以捷科公四子登謙公入繼

十九世

登聖字允希　挺科公長子生於道光庚子年十月初六日辰時終於光緒戊子年十一月十九日　時配何氏生於道光庚子年六月二十五日午時終於光緒辛丑年三月十二日　時生七子長口殤次錫康三錫鑫四錫口五口六錫口七錫煌

登堅字允剛　捷科公次子生於道光己酉年十一月初六日卯時終於宣統庚戌年三月十三日亥時配彭氏生於咸豐辛亥年十二月十五日酉時終於民國戊午年二月十八日申時葬西墨羅涌崗　生三子長伯和次伯興三伯轉

登曾字允榮小名樹　捷科公五子生於咸豐辛酉年十月初一日午時終於光緒戊戌年十月初八日寅時配畢氏生於同治癸酉年二月十七日　時終於民國丙寅年三月初五日午時

葬坑口崗　生一子名兆才

登謙小名阿九字允遜　占科繼子生於咸豐甲寅年五月十二日申時終於光緒丙申年十月十五日亥時配楊氏生於咸豐戊午年二月初四日寅時終於同治戊辰年六月十五日午時合葬坑口大崗腦　向之原　生一子名林

二十世

堂牛字顯耀號錫康　登聖公次子生於同治己巳年十月初十日　時終於光緒辛丑年三月初　日未時配甘氏生於光緒丙子年六月初二日申時

公葬坑口大崗腦　向之原　生一子名北江

堂波字顯桐號錫懸　登聖公三子生於同治辛未年七月二十二日亥時　配關氏生於光緒己卯年五月初四日丑時終於民國壬申年七月初三日　時

生六子長深浩次口三口四口五口皆幼殤六錦標
堂允字顯嵩　益聖公四子生於同治癸酉年十二月二十九日
時終於民國壬子年二月初三日　時配吳氏繼配梁氏公
葬白洞崗　生一子名金贊
堂興字顯鴻號錫　益聖公六子生於光緒丁丑年七月二十
九日辰時　配馮氏繼配李氏
生　子長宏志次宏漢
堂養字口口號錫煌　益聖公七子生於光緒癸未年四月初八
時殤於光緒丙午年十一月　日　時葬湛涌崗
伯和字顯縚號錫嵩　益堅公長子生於光緒甲申年十二月二
十六日酉時　配何氏生於光
緒甲申年十月十一日戌時
生二子長炳南次蘇細殤

伯興字顯仁　𤼵堅公次子生於光緒丁亥年十月初六日亥時
終於民國乙丑年五月十二日　時配羅氏生於光緒癸巳年
三月初十日巳時　公葬東塱
崗打倒樹對開　生一子名禮容
伯轉字顯林號錫沛　𤼵堅公三子生於光緒辛卯年十月初八
日辰時　配陳氏生於光緒癸
巳年八月十四日卯時
生　子長業新次業潘三業根
光才字顯生號𤼵三　𤼵會公長子生於光緒丙申年九月二十
九日酉時　配大黃圃劉氏生
於光緒己亥年十月十二日寅時
生　子名敬開
林字顯勤號錫坤别字德泉　𤼵謙公子生於光緒庚寅年九月

初四日寅時　配本村接龍里
陳氏生於光緒乙未年四月初一日亥時
庶室梁氏生於光緒壬辰年二月初六日丑時終
於民國丁卯年六月初七日午時　生　子長福志次口殤三
福滔四口殤俱陳氏所出

二十一世

北江字達墀號錦漢別字超海　顯耀公長子生於光緒己亥年
四月十四日寅時　配簡氏生
於光緒庚子年八月二十五日巳時
生　子長殤次國榮三國澤
心浩字達華號錦明　顯桐長子生於光緒壬寅年八月十一日
寅時　配何氏生於光緒戊申
年十月十五日　時　生

子長和翕
炗仔字達寧號錦標　顯桐七子生於民國丁巳年九月初二日卯時
金贊字　號　顯嵩公子生於光緒丙午年二月初六日子時
宏志字　號　顯鴻長子生於民國乙卯年二月初二日巳時

宏漢 字　號　顯鴻次子生於民國戊午年八月初四日
丑時

炳南 字達生　顯絡長子生於光緒戊申年十月初一日子時
配黃氏生於光緒庚戌年八月
二十三日酉時

禮容 字　顯仁子生於民國己未年二月初二日卯時

業新 字　顯林長子生於民國戊午年二月二十二日酉時

業潘字　顯林次子生於民國壬戌年二月十九日戌時

業根字　顯林三子生於民國壬申年三月初十日子時

敬開字　顯生子生於民國壬申年三月二十五日卯時

福志字　顯勤長子生於民國戊午年十月十三日子時

福滔字　顯勤次子生於民國庚午年八月二十一日戌時

二十二世

國榮字　達墀長子

國澤字　達墀次子

和翕字　達華長子

長房

八世 麗川祖支 進開祖後

十七世　十八世　十九世　二十世　廿一世　廿二世　廿三世　廿四世　廿五世

- 贏登
  - 拔科
    - 益良
      - 口
    - 登超
      - 顯瑞
        - 達恭
          - 永昌
          - 永泰
        - 景慶

景禧

錫田

益顯—顯駿—達釜

十八世

拔科字湛評　贏登公次子生於丁丑年十月二十六日　時終於光緒庚辰年四月初六日巳時配何氏生於嘉慶戊辰年十二月初十日　時終於光緒壬辰年四月十六日子時　生三子長登艮次登超三登顯

十九世

登艮字允貞　拔科公長子生於道光丙午年十二月初二日寅時終於光緒己卯年四月二十二日亥時配梁氏生於道光庚戌年五月二十四日丑時終於　年　月　日　時

生一子口殤

登超字允讓　拔科公次子生於咸豐戊申年十月初八日酉時終於民國丁巳年正月初六日申時配鄭氏生於咸豐辛亥年七月二十一日辰時終於光緒癸卯年三月十九日亥時　生

二子長錫麟次錫田
登顯字允丕　拔科公三子生於咸豐壬子年十一月初四日寅
時　　配梁氏生於咸豐丁巳年
十二月十九日辰時終於光緒壬辰年六月初二日卯時　生
二子長錫驂次錫口殤

二十世

正字顯瑞號錫麟別字剛譜　登超公長子生於光緒己卯年三
月初九日子時終於民國丙辰年七月十一日卯時配羅氏生
於光緒乙酉年十月十二日卯時終於民國癸丑年八月二十
二日辰時合葬坑口崗　生三子長景圖次景慶三景禧殤
佑號錫田　登超公次子生於光緒甲申年正月十七日申時殤
垣字顯駿號錫驂別字惠民　登顯子生於光緒戊寅年七月廿
九日未時　配白洞鄉吳厚徽

長女生於光緒壬午年五月初五日巳時終於民國戊午年八
月二十九日丑時　生一子名振均

二十一世

景圖字達恭號錦屏　顯瑞長子生於光緒癸卯年九月二十八
日辰時　配陳氏生於光緒丁
未年十一月初五日巳時　生　子長永昌次永泰

景慶字　顯瑞次子生於

振均字達鎏號錦釗別字耀全　顯驂子生於光緒丁未年二月
初一日午時　配林氏生於宣
統己酉年七月十六日卯時
生　子

二十二世

永昌 字　逹恭長子生于民國己巳年十月初三日申時

永泰 字　逹恭次子生于民國壬申年三月初七日辰時

長房

八世 麗川祖支 進開祠後

十七世　十八世　十九世　二十世　廿一世　廿二世　廿三世　廿四世　廿五世

維登—景科—益啓—顯銘
　　　　　　　　　—錫美出嗣
　　　　　—益章—錫美

十八世

景科字口口　維登公子生於嘉慶癸酉年六月初七日申時終於咸豐辛亥年五月初三日午時配招氏生於道光辛卯年十二月二十三日巳時終於光緒辛卯年六月二十七日亥時生二子長登啓次登章

十九世

登啓字允升　景科公長子生於道光乙未年九月初七日巳時終於光緒癸巳年七月初三日午時配陳氏生於　戊申年正月十四日巳時終於　年　月　日　時　生二子長錫恩次錫美

登章字允貴　景科公次子生於道光癸卯年五月二十四日子時終於　年　月　日　時配蕭氏生於庚戌年二月十八日辰時終於丁亥年六月十七日巳時繼配蔡氏生於

年月日時終於　年月日時生一子名

口殤

二十世

錫恩字顯銘小名阿朝　益啓公長子生於同治辛未年六月初七日子時終於民國庚午年九月十四日　時配何氏生於光緒乙亥年正月十四日丑時終於民國乙丑年　月　日　時

錫美字　　益啓公次子生於　　甲戌年五月二十日巳時

長房

八世麗川祖支進開祖後

十七世　十八世　十九世　二十世　廿一世　廿二世　廿三世　廿四世　廿五世

福登—振科

福登—覲科—登勳—鑒昌

登勳—顯廷—達文—樹椿

達文—樹祥

汝蘭

顯信—達和—漢添

錦華

錦昌

登成—顯時—達儀—耀佳

達英

登滿

登貴—顯鏗

汝芬

十八世

振科字湛輝　福登公長子生於嘉慶庚午年十月初六日子時

覲科字湛耀　福登公次子生於嘉慶甲戌年三月初七日巳時終於光緒丁丑年五月初三日戌時配羅氏生於嘉慶壬申年八月初三日辰時終於光緒丁酉年十一月初四日未時合葬白雲小鳳凰崗坐乾向巽兼亥巳之原　生六子長登勤次汝蘭殤三登成四登滿五登貴六汝芬殤

十九世

登勤字允猷　覲科公長子生於道光庚子年六月十四日戌時終於丙午年正月二十九日申時配羅氏生於道光壬寅年五月初九日未時終於　年　月　日　時　生三子長鑒昌殤次錫昭三錫儀

登成字允垣　覲科公三子生於道光丁未年八月初十日　時

終於同治己巳年八月二十二日申時配秀水梁桂基公第四女生於道光丁未年二月二十五日未時終於光緒己亥年五月初八日辰時公葬老鼠峽　生一子名錫元

登滿 字 允麟　覲科公四子生於咸豐壬子年三月十一日戌時終於光緒庚寅年二月二十日卯時配陸氏生於咸豐乙卯年十月初六日　時終於光緒壬午年九月三十日亥時公葬白雲雙燕崗氏葬白鶴洞　無子錫金同祀

登貴 字 允豪　覲科公五子生於咸豐甲寅年六月二十五日巳時終於光緒辛卯年二月二十日丑時配王氏生於咸豐戊午年正月二十三日子時終於　年　月　日　時公葬雙燕崗　生一子名錫金

二十世

錫昭 字 顯廷 小名 阿求 號 肯堂　登勤公次子生於同治甲子年

九月十七日巳時終於民國己未年三月二十一日午時配黃
氏生於同治乙丑年九月十一日未時終於　年　月　日
時　生一子名章
錫儀字顯信名禮別字典三　詮勤公三子生於光緒甲申年八
月初六日寅時　配李氏生於
光緒戊子年八月初八日子時
生　子長應提次應滔三應德
乾字顯時號錫元別字堃如　詮成公子生於同治庚午年三月
二十六日子時終於光緒丁未年五月二十三日　時配麥氏
生於同治壬申年十月初八日辰時終於民國戊辰年五月十
七日戌時　生二子長紹威次紹鴻
大森字顯鏗號錫金　詮貴公子生於光緒丙戌年三月十五日
戌時　配李氏生於光緒乙未

年十一月初三日戌時
生　子
二十一世
章字達文號銓璋　顯廷公子生於光緒乙未年正月初四日
時終於民國甲戌年十一月十一日戌時配黃氏生於光緒丁
酉年正月初五日戌時
生二子長樹椿次樹祥
應提字達和號錦英　顯信長子生於光緒辛丑年四月二十八
日辰時　配東滘鄉郭氏生於
民國癸丑年八月初五日寅時
生　子名漢添
應滔字　號錦華　顯信次子生於民國癸丑年十一月初六
日巳時

應德字　號錦昌　顯信三子生於民國壬戌年四月二十日
辰時

紹威字達儀號錦棠　顯時公長子生於光緒壬寅年五月十九
日戌時　配陳氏生於光緒丁
酉年四月十三日辰時
生　子耀佳

紹鴻字達英號錦麟　顯時公次子生於光緒丙午年年五月十一
日申時　配吳氏生於宣統辛
亥年十二月二十六日申時

生　子新蘇殤

二十二世

樹椿 字　達文長子生於民國己未年二月十八日申時

樹祥 字　達文次子生於民國庚申年六月十八日申時

漢添 字　達和長子生於民國乙亥年六月廿四日寅時

耀佳 字　達儀子生於民國庚午年十二月廿一日酉時

長房

八世 麗川祖支 進開祖後

十七世　十八世　十九世　二十世　廿一世　廿二世　廿三世　廿四世　廿五世

應登—□□

應登—高科—發池

應登—祥

應登—勤科—發寬—德

顯慶

登福

十八世

高科字湛賢　應登公次子生於道光癸巳年十一月十五日子時終於光緒丁丑年九月二十七日亥時配吳氏生於道光甲午年十月十七日子時終於光緒甲午年十二月初二日子時　生一子名登池

勤科字湛庭　應登公三子生於道光辛丑年八月初四日辰時終於光緒己卯年二月十二日申時配潘氏　生二子長登寬次登福

十九世

登池字允恭　高科公子生於咸豐戊午年八月初八日巳時終於光緒乙酉年正月十二日戌時配郭氏　無嗣

棠字允同號登寬別字召南　勤科公長子生於同治壬申年八月十九日巳時終於宣統辛亥年十一月十二日巳時配李氏

生於光緒甲申年八月二十八日丑時
生二子長德殤次蘇
寧字益福　勤科公次子生於光緒丁丑年七月二十一日子時
終於宣統辛亥年十二月十五日子時　無嗣

二十世

蘇字顯禮號錫榮　益寬公次子生於宣統庚戌年七月十三日
卯時　配秦氏生於民國丙辰
年七月初二日　時

長房

八世 麗川祖支 進開祠後

十七世 十八世 十九世 二十世 廿一世 廿二世 廿三世 廿四世 廿五世

- 岸登
  - 萬權
  - 澤科
    - 登珍
      - 顯德
        - 金開
      - 顯馥
        - 金就
      - 顯厚
        - 金開 出嗣

金就出繼

金泉

金有

存科

登廷　登宏

顯能

口　沛容

十八世

澤科字湛桃 岸登公次子生於道光丁亥年十二月初九日巳時終於光緒乙未年六月十三日 時配鍾秀村何氏生於道光己丑年九月十八日亥時終於咸豐戊午年五月廿一日丑時繼配邵氏生於道光癸巳年八月廿日巳時終於光緒丙子年五月初九日午時合葬白鶴洞蚺蛇崗 生一子名登珍何氏出

存科字湛和 岸登公三子生於道光丙申年十二月初九日巳時終於 年十月廿日卯時配碧華梁氏生於道光戊戌年十月廿五日 時終於咸豐甲子年二月十八日 時氏娶新爵村後繼配李氏生於道光丁酉年十二月初八日亥時終於光緒辛丑年四月初九日卯時 生二子長登廷次登宏殤

十九世

登珍字允珣　澤科公子生於咸豐甲寅年十一月初九日巳時
終於光緒壬寅年二月十四日　時配白鶴洞吳氏生於咸豐
丁巳年十月初四日卯時終於　年　月　日　時
生三子長錫銘次錫仁三錫義

登廷字允琚　存科公長子生於同治癸亥年正月二十三日辰
時終於光緒己亥年十一月初二日戌時配滘表李氏生於同
治丁卯年五月廿七日卯時終於　年　月　日　時
生一子長煜墀

二十世

錫銘字顯德　登珍公長子生於光緒丁丑年三月十九日未時
終於光緒己亥年八月十三日　時配東塱黃氏生於光緒壬
午年二月初四日申時無子以顯厚長子金開入繼

錫仁字顯馥　登珍公次子生於光緒癸未年六月初八日未時

終於光緒丙申年九月初九日　時　無子以顯厚次子金就
入繼

錫義字顯厚小名松高　登珍公三子生於光緒丙戌年十月初
一日子時　配麥村麥氏生於
光緒丙戌年六月初五日戌時
生　子長金開次金就三金泉四金有顯德公無子以長
子金開出繼之顯馥公無子以金就出繼之

煜墀字顯能　登廷長子生於光緒戊子年十二月初二日未時　配湛涌余氏生於光緒癸巳
年四月初四日辰時
生　子長殤次沛容

二十一世

金開字達培　顯德公繼子生於民國乙卯年二月十二日午時

配李氏生於民國丁巳年九月二十八日巳時

金就 字　顯馥公繼子生於民國己未年五月三十日巳時

金泉 字　顯厚三子生於民國乙丑年十一月初三日午時

金有 字　顯厚四子生於民國己巳年九月二十一日辰時

沛容 字　顯能次子生於民國辛酉年七月二十九日午時

長房

八世 麗川祖支 進善祠後

十七世　十八世　十九世　二十世　廿一世　廿二世　廿三世　廿四世　廿五世

仲登─肇科─登和─顯彰─達餘
　　　　　├開　　　├達仁

肇科

登純出嗣

登均

顯榮

達熙

永熾

顯璧

達津

潤常

會常

益康 出嗣
益强
益齡—金活
益齡—顯隆—炳林

益祥

顯科—益康

錫勤

顯義

顯隆出嗣

十八世

肇科字湛基　仲登公長子生於嘉慶乙亥年十月十七日申時終於光緒癸未年五月二十一日辛時配黃氏生於嘉慶己卯年八月二十八日酉時終於道光丙午年十月十一日辰時公附葬於仲登公左塋下　生三子長益和次開三益純會科公無子公以三子益純公出繼之

肇科字湛瓊　仲登公次子生於嘉慶己卯年三月初八日巳時終於光緒辛卯年八月初九日酉時配鍾秀村潘氏生於道光癸未年十月十一日酉時終於光緒乙未年閏五月十一日卯時公附塟於仲登公墓右便塋下　生五子長益均次益康三益强四益齡五益祥顯科公無子公以次子益康公出繼之

顯科字湛清　仲登公三子生於道光丁亥年四月十二日卯時終於咸豐庚申年十一月初二日亥時配梁氏生於　年十

一月十六日　時終於　年　月　日　時　無子以肇科
公次子登康公入繼

十九世

登和 字 允謙　肇科公長子生於道光辛丑年二月初七日卯時
終於民國丁巳年七月二十二日巳時配彭氏生於道光丁未
年十月初六日巳時終於光緒丙子年六月二十九日寅時繼
配馮氏生於咸豐辛亥年九月初十日亥時終於光緒甲辰年
四月十七日巳時合塟南海鳳崗游魚崗　生一子名錫蝦彭
氏出

登均 字 允衡　肇科公長子生於道光甲辰年十一月十八日巳
時終於光緒壬寅年四月初四日　時配蘇氏生於道光己酉
年五月初七日卯時終於同治壬申年五月三十日辰時繼配
麥氏生於道光庚戌年七月十二日子時終於己巳年六月十

七日寅時　生二子長錫瑤次錫璋

登强字允南　筆科公三子生於咸豐甲寅年四月二十四日未時終於光緒庚寅年十月十六日亥時配吳氏　無嗣

登齡字允顯　筆科公四子生於咸豐己未年六月十二日辰時終於民國甲戌年九月二十五日子時配關氏生於同治丙寅年八月廿二日巳時終於光緒甲午年六月初十日午時　無子以登康公三子顯隆入繼

登祥字允明　筆科公五子生於咸豐辛酉年十一月廿八日卯時終於　年　月　日　時配黃氏生於同治辛未年六月廿三日巳時

登康字允泰　顯科公繼子生於道光庚戌年六月十六日申時終於咸豐丙辰年三月初六日未時配何氏生於咸豐乙卯年十月二十日酉時終於光緒壬辰年六月初二日戌時　生三

子長殤次顯義三顯隆允顯公無子公以三子顯隆出繼之

二十世

溢字顯彰號錫嘏別字頌常　溢和公長子生於同治甲戌年正月十九日辰時　配室黎氏生於光緒丙子年七月初五日卯時終於民國癸亥年四月十七日未時葬南海鳳崗游魚崗　生二子長浩忠次浩鑑

利字顯榮號錫瑤別字瓊洲　溢均公長子生於光緒丙子年四月十六日未時終於民國丙寅年十一月廿三日　時配茶滘黎氏生於光緒庚辰年七月初四日辰時公葬南海鳳崗游魚崗　生一子名作能

滔字顯璧號錫璋　溢均公次子生於光緒癸未年六月二十四日申時　配涌口何氏生於光緒甲申年九月廿九日巳時終於光緒乙巳年四月十八日未

時　生　子名流

通字顯隆號錫開　登齡公繼子生於光緒己丑年七月十一日
巳時　配黎氏生於光緒辛卯
年十二月廿二日巳時終於民國戊午年五月初十日戌時繼
配東聖黃氏生於光緒辛丑年八月十八日巳時
生　子長炳林

口口字口口號錫勤　登康公長子生於光緒癸未年五月十四
日子時終於光緒辛卯年七月二十日未時　無嗣

堅字顯義號錫忠　登康公次子生於光緒癸未年正月廿八日
卯時　配策頭鍾氏生於光緒
己丑年二月十二日午時　副室
氏生於宣統己酉年九月十四日巳時　生　子

二十一世

浩忠字達餘號錦生　顯彰長子生於光緒乙巳年三月二十三
日卯時終於民國辛未年十二月初四日午時葬白洞蚺蛇崗
配　氏　無嗣

浩鑑字達仁別字卓明　顯彰次子生於光緒戊申年五月二十
二日申時　配羅氏生於民國
壬子年十一月初三日巳時終於民國壬申年八月初六日亥
時氏葬新爵蒙家山繼配梁氏生於民國壬子年十二月十三
日丑時　生　子

作能字達熙　顯榮公子生於光緒己亥年三月十八日辰時
配殷氏生於光緒辛丑年四月
初九日辰時　生　子永熾

流字達津　顯璧子生於光緒乙巳年九月二十八日　時終於

民國辛未年二月二十三日　時配東滘郭氏生於光緒丙午
年七月二十九日丑時　公葬
坑口崗　生二子長潤常次會常

炳林字　顯隆子生於民國壬子年十月十五日

二十二世

永熾字　達熙子生於民國癸酉年六月二十三日丑日

潤常字　達津公子生於民國丙寅年九月十五日　時

會常 字

達津公次子生於民國庚午年正月十四日　時

長房

八世 麗川祖支 進善祠後

十七世 十八世 十九世 二十世 廿一世 廿二世 廿三世 廿四世 廿五世

爵登—盈科
盈科—燊清
盈科—燊勳—富權
盈科—燊揚
盈科—燊華—顯邦—焯昌
顯邦—焯柏

焞谿

登才—印權

顯邦出嗣

顯禧

富權出嗣

御科—登聰—顯成

十八世

啓科字滋恩號述非　爵登公長子候選縣巡政廳例授登仕郎生於道光庚寅年三月二十三日巳時終於光緒癸未年九月初五日寅時配羅氏生於道光癸巳年四月初十日未時終於道光戊申年十二月二十二日卯時　生五子長登湍次登勳三登楊四登華五登才

御科字滋熙號絹臣　爵登公次子例授登仕郎補用巡檢生於道光癸巳年六月十九日巳時終於光緒甲申年閏五月十一日午時配亭滘鄉陳氏生於道光丙申年正月二十八日卯時終於光緒辛丑年三月二十日丑時　生一子名登聰

十九世

振亨字□□號登湍　啓科公長子生於咸豐己未年二月十三日辰時終於戊辰年二月十一日寅時配吳氏　無嗣

振輝字允賢號登勳別字耀庭　爲科公次子生於咸豐辛酉年
三月十三日卯時終於民國戊午年八月十四日辰時配鰲頭
鄭氏生於同治甲子年正月初三日寅時終於光緒辛丑年二
月初三日子時　無子以登才四子富權入繼

登楊　爲科公三子生於同治丙寅年八月二十三日子時終於
庚辰年十月二十二日酉時配梁氏　無嗣

振堂字允珍號登華別字愛樹　爲科公四子生於同治己巳年
七月初七日午時終於民國丙辰年二月十六日辰時配汾水
村蘇氏生於同治辛未年四月初五丑日時終於民國乙亥年
十月二十八日子時　無子以登才次子信權入繼

振昭字允讓號登才別字日朝　爲科公五子生於光緒乙亥年
二月十四日寅時　配茶滘殷
俊禧次女生於光緒壬午年年十一月初九日卯時終於民國甲

子年五月十四日未時　生七子長印權殤次信權三翰權四
富權五紹權殤六鉅權殤七志權殤登勳公無子以四子富權
出繼之登華公無子以次子信權出繼之
子貞字允燎號登聰別字餘乾　御科公子生於同治丁卯年三
月二十六日未時終於光緒甲辰年四月初二日酉時配三山
堡涌源鄉唐耀華長女生於光緒己卯年閏三月二十二日未
時　生一子名炳衡

二十世

富權字　號錫楷別字子雲　登勳公繼子生於民國壬子年
九月十四日巳時
信權字顯邦號錫威別字儀三　登華公繼子生於光緒丙午年年

八月十八日未時　配高村馮
國英長女生於光緒丁未年四月十三日申時
生　子長煒昌次煒柏三煒燊
翰權字顯藹號錫鴻別字天慈　登才三子生於宣統己酉年二
月十八日卯時　配南海黎惠
聲次女生於民國癸丑年五月十五日　時
炳衡字顯成號錫德　登聰公子生於光緒壬寅年十一月十三
日辰時　配吳氏生於民國辛
亥年八月二十八日酉時

二十一世

煒昌字顯邦長子生於民國戊辰年十二月廿二日卯時

焯柏 字　顯邦次子生於民國壬申年十月十四日子時

焯燊 字　顯邦三子生於民國丙子年七月十六日亥時

長房

八世 麗川祖支 進善祖後

十七世　十八世　十九世　二十世　廿一世　廿二世　廿三世　廿四世　廿五世

- 榮登
  - 燦科
    - 登評
      - 錫全
      - 顯宗
        - 達基
          - 惠楠
          - 惠枝
      - 顯傑
        - 達高
          - 潤均

沛棠

溢全 出嗣

溢圖—維清

溢常—有

達科—溢全—顯流

顯球

樹

滿

樹榮

樹華

樹貴

十八世

燦科字口口　榮登公長子生於道光癸未年十月十六日巳時終於光緒辛卯年二月初十日未時配鍾秀朝振公女何氏生於道光乙酉年十一月初二日辰時終於宣統辛亥年三月十八日　時　生四子長登評次登全三登圖四登常

達科字口口　榮登公次子生於道光甲午年四月十四日戌時終於咸豐戊午年五月二十七日戌時配　氏　無子公以燦科公次子登全公入繼

十九世

登評字允英小名廣　燦科公長子生於道光丙午年九月初四日申時終於光緒甲辰年二月十六日　時原配鄭氏生於道光丙午年九月廿日未時終於光緒辛巳年九月廿九日丑時繼配王氏生於　年四月初二日辰時終於光緒己亥年五

月十三日　時　生三子長錫釜次錫光三錫豪

登圖字允誠　燦科公三子生於咸豐丙辰年四月十五日子時

終於光緒癸未年六月十六日子時配　生一子名維清殤無

嗣

登常字允端　燦科公四子生於同治乙丑年六月初五日卯時

配郭氏生於同治戊辰年八

月二十七日寅時　生一子

長阿有殤無嗣

登全字允齡　達科公繼子生於咸豐癸丑年八月十五日未時

配山村迪海公女陳氏生於

咸豐庚申年二月初六日酉時終於光緒戊子年十一月初十

日申時繼配黃氏生於　年　月　日　時終於

年　月　日　時　生二子長錫程次錫鋈陳氏出

二十世

錫釜字　　登評公長子生於同治辛未年七月廿二日戌時

錫光字顯宗小名阿佳　登評公次子生於光緒乙亥年四月二十九日丑時終於　年　月　日　時配關氏生於光緒戊寅年五月二十四日丑時

生一子名敬

錫豪字顯傑小名阿洪　登評公三子生於光緒己卯年十一月初八日戌時　　配簡氏生於　年二月十七日　終於　年八月十二日　時塟坑口崗　生　子名祖

昭字顯流號錫程　登全公長子生於　年　月　日　時終於民國辛酉年七月初九日未時配吳氏　無嗣

景字顯球號錫鑾　登全公次子生於光緒己卯年二月二十六

日　時終於民國甲戌年三月二十日酉時配余氏生於光緒
丁酉年十二月初五日辰時
生五子長樹次滿三樹榮四樹華五樹貴

二十一世

敬字達基　顯宗子生於光緒癸卯年五月十九日未時終於民
國辛未年正月初二日　時配高氏生於光緒乙巳年十月十
一日　時　生二子長惠楠
次惠枝

祖字達高號錦榮　顯傑子生於光緒甲辰年八月十二日申時
配馮氏生於光緒戊申年四
月十四日丑時　生　子長
潤均次沛棠

樹字　顯球公長子生於民國己未年閏七月十六日丑時

滿字　顯球公次子生於民國辛酉年二月二十二日辰時

樹榮字　顯球公三子生於民國乙丑年二月十一日辰時

樹華字　顯球公四子生於民國己巳年六月初一日寅時

樹貴字　顯球公五子生於民國辛未年六月十三日午時

二十二世

惠楠字　達基長子生於民國丁卯年九月初三日　時

惠枝字　達基次子生於民國己巳年十二月廿日　時

潤均字　達高長子生於民國庚午年六月二十日　時

沛棠字　達高次子生於民國甲戌年　月初八日丑時

長房

八世 麗川祖支 進達祖後

十七世　十八世　十九世　二十世　廿一世　廿二世　廿三世　廿四世　廿五世

諒登
- 見安
- 見英
- 見扁
- 會科
  - 登純
    - 顯初
      - 漢光

燦明

潤昌

汝華

顯恩

耀松

十八世

會科字湛泉　諒登公四子生於道光庚戌年三月初二日酉時　配郭氏生於咸豐丁巳年十一月二十六日亥時　無子以肇科公三子登純公入繼

十九世

登純字允粹　會科公繼子生於咸豐戊午年十二月二十九日寅時終於　年　月　日　時配吳氏生於咸豐癸亥年正月十五日巳時終於　年　月　日　時　生四子長連殤次理三惠四福

二十世

理字顯初號錫文　登純公次子生於光緒戊子年八月二十三日巳時　配李氏生於光緒壬

辰年九月初十日　時

生　子長漢次燦三昌四華

惠字顯恩號錫慈　益純公三子生於光緒壬辰年五月初十日

時終於民國辛酉年十一月十五日　時配何氏

生一子名松

福字顯傳號錫福　益純公四子生於光緒戊戌年七月初四日

巳時　配劉氏生於　年正

月初六日巳時　生　子名

垣

二十一世

漢字　號漢光　顯初長子生於民國丙辰年八月廿七日卯

時

燦時 字 號燦明 顯初次子生於民國戊辰年十月十三日卯

昌時 字 號潤昌 顯初三子生於民國辛未年二月廿六日午

華時 字 號汝華 顯初四子生於民國癸酉年七月十二日卯

松字　號耀松　顯恩公子生於民國丁巳年十一月初四日

時

垣字　號炳垣　顯傳子生於民國乙丑年七月初二日亥時

長房

八世　珠江祖支　金泉祖後

世	名
九世	金泉
十世	吉臺
十一世	大積
十二世	克新
十三世	燦昇
十四世	明德　明裕　明有
十五世	輔仁（明有子）
十六世	浩清　木清
十七世	和珍　朝珍　君堵（木清子）

燦華

應童　應明

柳清　煜清　國清

連生　祿珍　溢珍

大縚
克壯
倘志　倘賢
應奇
懷仁
承志
坤土　全輝　浮輝

應輝
志仁　亮仁
文

奕仁

廣仁—承芳

閏輝

茂輝

仰輝

從儒

鐸輝

爵輝

從寬

應昌

意仁　重仁

口　兆榮　仲榮　承新　承茂　承銘

從泰　從發

應麟
健仁
承福　承義
從炳　餘輝　顯輝　達輝　從登　從堯

克讓

克君—燦禮—運錦—全仁—樹生

木生

承芳出嗣

華仁—承祐

大綽—克瑞—日時—運通

克璋—日森—應龍—悅仁—旦成—興秀

信成—開—亮希
　　　　奕希
　　　　從遠
　　　　從裕

惠仁—樂成

應亮—相仁—賜成—裔開

日雄—應開—閏

應南

克璿—日廣—應全—耀仁—漢成

應聰—耀仁出嗣

進仁—有成—信輝

玉輝

世仁出嗣

清輝
騰輝
文輝

應華—世仁—明貴—連輝
和輝
瑞輝

- 日康
  - 應魁
    - 慶齡
      - 沛成
        - 彰榮
        - 彰洪 出嗣
      - 蔭成 出嗣
    - 慶賢 出嗣
    - 慶秩 出嗣
    - 慶善
      - 太成

茂倫—公植—克明

公植—蕃昌 出嗣霞川祖支

秀成 出嗣

應彰—慶賢—蔭成—彰洪

應科—慶秩—秀成

長房　八世 珠江祖支金泉祖後

十世

廷瓚字茂獻號吉臺　金泉公長子生於皇明萬曆癸未年十一月十二日戌時終於康熙庚戌年正月十二日丑時配蓼涌念山彭公次女生於萬曆戊子年三月三十日子時終於崇禎壬申年十月二十六日卯時合葬於南海岡背鄉右土名豬𪀯岡巽向兼巳之原祀思成堂　生三子長大積次大縉三大綽

廷珍字茂倫號日環　金泉公次子配麥氏崔氏　生一子名公植

十一世

大積字公爵號天一　吉臺公長子配鄒氏　生一子名克新

大縉字公袞號周辰　吉臺公次子生於萬曆辛亥年十月十九日申時終於康熙庚申年三月初七日戌時配鄧氏生於萬曆

壬子年十一月十三日卯時終於順治己亥年九月初十日巳
時繼配李氏生於萬曆己未年五月二十五日丑時終於康熙
甲申年十一月二十五日丑時合葬白雲蚺蛇坑　向　生三
子長克壯次克讓三克君
大綽字公裕　吉臺公三子配　氏　生三子長克瑞次克璋三
克瓚
大口字公植　日環公子配鄭氏　生二子長克明次蕃昌麗川
祖支公宁公無子公以次子蕃昌公出繼之

十二世

克新字爾鼎號匪菴　大積公子生於　年　月　日　時終
辛卯年七月初七日亥時配郭氏生於己丑年四月初七日戌
時終於甲午年二月十四日亥時合葬白鶴洞　生二子長燦
昇次燦華

克壯字爾剛　大紹公長子生於順治癸巳年二月十七日丑時終於康熙甲申年四月初四日午時配東壆關氏生於順治乙未年十一月廿九日巳時終於康熙壬寅年正月廿三日亥時公塟白鶴洞黃鶴園　向之原氏葬䃟旗丫婆梭　生二子長尚志次尚賢

克讓字爾勛號海濤　大紹公次子生於順治丁酉年九月初五日丑時終於康熙丙子年七月二十七日未時配麥氏生於丁酉年十月十七日戌時終於康熙丁巳年三月廿二日卯時繼配郭氏生於康熙丙午年五月廿九日戌時終於乾隆甲子年十月初七日卯時合葬西壆初生月　無子遺產附祀於克君公子燦禮公

克君字爾瞻號梅貞　大紹公三子生於康熙甲寅年十二月廿四日丑時終於戊辰年四月十四日午時配梁氏生於康熙戊

午年九月初四日未時終於乙未年十一月十五日午時繼配邵氏生於辛酉年十二月初七日酉時終於乙巳年八月初三日辰時繼配梁氏生於丙寅年九月初十日子時終於壬午年十二月初二日巳時合葬蚺蛇坑山　生一子名燦禮克君公無子公以子燦禮公兼祧

克瑞字爾符　公裕公長子配何氏　生一子燦日

克璋字爾琳　公裕公次子生於康熙壬寅年九月初八日酉時終於雍正己酉年十月廿三日酉時配蒙氏生於康熙丙午年正月十九日酉時終於雍正己酉年四月十一日申時　生二子長燦茂次燦英

克璿字爾璽號朝庚　公裕公三子生於康熙乙巳年十一月初十日子時終於乾隆庚午年八月十二日酉時享壽八十有六歲配南邑鳳頭村馮氏生於康熙戊申年十月初十日卯時終

於乾隆丁巳年五月十九日酉時享壽七十歲葬白雲紅花崗

向之原氏葬瑤頭　生二子長曰廣次曰康

克明字爾豪　公植公子配　氏　無嗣

十三世

□□字燦昇　匣菴公長子生於丙辰年二月廿二日巳時終於己亥年十二月十八日子時配羅氏生於辛酉年六月十九日未時終於己卯年正月十九日酉時享壽七十有九歲　生三子長明德次明裕殤三明有

□□字燦華　匣菴公次子生於　年八月廿日未時終於甲申年六月廿八日巳時配梁氏生於　年　月　日　時終於壬寅年八月十七日未時　生三子長應章次應明三應疇

倘志字燦文　爾剛公長子十一月初二日諱辰葬蓼灣園配氏　無子以雲石公子孫同祀

倘賢字燦廷號雲石　爾閔公次子生於康熙甲子年十一月十一日亥時終於乾隆庚辰年四月初五日戌時享壽七十有七配白鶴洞吳氏生於康熙庚午年二月十六日丑時終於乾隆丁亥年三月二十九日卯時享壽七十有八合葬上逕　嶺巽向兼巳之原祀思成堂　生三子長應奇次應昌三應麟

口口字燦蔭　梅貞公子生於康熙丁酉年九月十四日戌時終於乙丑年十一月初五日巳時配　氏　生一子名幹

日時字燦日　爾符公子配梁氏　生一子名運通

日森字燦茂　爾琳公長子生於康熙己卯年七月初一日酉時終於辛未年十月二十一日酉時配梁氏生於庚辰年五月初四日巳時終於丙寅年三月二十七日申時葬白鶴洞黃舍園

生二子長應龍次應亮

日雄字燦英　爾琳公次子生於丙戌年三月十一日戌時終於

戊寅年四月廿五日戌時配黃氏生於己丑年十月初三日
時終於　年七月初五日辰時繼配林氏生於丁酉年閏三
月十九日寅時終於戊申年三月初五日未時　生二子長應
開次應南

日廣字燦賓　朝庚公長子生於乙酉年六月初二日巳時終於
庚辰年五月初四日巳時配羅氏生於丁亥年九月十六日
時終於癸酉年五月廿七日未時　生三子長應全次應聰三
應華

日康字燦寧號蘊山　朝庚公次子生於康熙己丑年正月初六
日卯時終於乾隆辛丑年八月初一日亥時享壽七十有三配
茶滘高興黎公之女生於康熙辛卯年九月初九日辰時終於
乾隆辛亥年二月初八日亥時享壽八十有一公葬康樂前烏
龍岡　向之原氏葬白鶴洞黃含園　生三子長應魁次應彰

三應科

十四世

明德　燦昇公長子生於壬午年八月廿日未時終於戊戌年六月初一日辰時享壽七十有七配簡氏梁氏　無子以明有公子輔仁公兼祧

明裕　燦昇公次子生於丙寅年四月二十日巳時上殤

明有　燦昇公三子生於戊子年七月初六日午時終於癸未年七月二十七日亥時配劉氏生於庚子年五月二十六日未時終於戊寅年六月二十日巳時　生一子名輔仁明德公無子以輔仁兼祧

應童　燦華公長子生於甲辰年九月初九日未時終於甲申年十二月十七日子時葬白鶴洞配　氏　無嗣

應明　燦華公次子生於己酉年七月初六日巳時終於壬午年年

九月十四日巳時塟白鶴洞配　氏　無嗣

應輝　燦華公三子生於戊午年十一月十七日辰時終於庚午年八月十四日寅時配郭氏生於乙巳年四月二十日辰時終於乙亥年七月十四日亥時塟西坑　生五子長德潤殤次志仁三亮仁四進興殤五閏高殤

應奇字運興號逸泉　雲石公長子生於康熙庚寅年正月初二日戌時終於乾隆丁未年正月初二日辰時享壽七十有八配沙涌鄭氏生於康熙壬辰年二月廿八日酉時終於乾隆甲子年九月廿九日辰時繼配招村招氏生於雍正甲辰年四月初四日丑時終於乾隆己酉年十月初十日寅時合葬於河南茘枝園　甸副室麥氏生於庚子年八月十七日辰時終於辛亥年十二月初二日未時　生三子長懷仁麥氏出次奕仁廣仁招氏出

應昌字運吉號熾圖　雲石公次子生於康熙乙未年三月初三日巳時終於辛卯年十一月十七日戌時配東壆關氏生於丁酉年十月廿九日未時終於壬辰年三月十一日午時氏葬雲石祖塋下一壙　生二子長意仁次重仁

應麟字運勝號侶松　雲石公三子生於康熙己亥年正月初九日丑時終於嘉慶丙辰年正月廿九日未時配策頭汝梅羅公之女生於康熙己亥年四月初四日戌時終於嘉慶辛酉年九月初六日子時合葬於西壆　生二子長健仁次華仁

榦字運錦　燦禮公子生於甲子年九月二十九日申時終於乾隆庚戌年八月初一日亥時配郭村顧氏　生一子名全仁

□□字運通　燦日公子配　氏　無嗣

應龍字運德　燦茂公長子生於辛丑年閏六月廿九日巳時終於丁巳年十二月初二日子時配白鶴洞吳氏生於辛丑年八

月十二日申時終於甲寅年十一月二十三日寅時　生二子
長悅仁次惠仁

應亮字運亨　燦茂公次子生於戊午年八月十二日巳時終於
丁卯年正月初八日戌時配范氏生於　　年六月廿五日巳
時終於辛酉年二月十八日亥日繼配曾氏生於辛巳年十一
月十九日終於　年　月　日　時　生一子名相仁

應開字運廣　燦英公長子生於己酉年九月初一日子時終於
己酉年六月初八日子時配簡氏生於壬子年十一月初六日
終於庚子年五月廿五日戌時繼配趙氏生於壬戌年四月初
四日未時終於庚戌年九月初二日辰時　生一子名閏

應南字運炳　燦英公次子配東塱黃氏　無嗣

應全字運富　燦彬公長子十二月初四日諱辰　無子以應職
公長子耀仁公入繼

應聰字運貴　燦彬公次子生於丙辰年四月二十五日午時終於嘉慶丙寅年十月初二日辰時享壽七十有一配高村馮氏生於乾隆己未年十月初三日辰時終於乾隆乙卯年十二月十七日酉時　生三子長耀仁次進仁三世仁運富公無子公以長子耀仁公出繼之運滔公無子公以三子世仁公出繼之

應華字運滔　燦彬公三子生於乾隆甲子年八月二十五日亥時終於嘉慶乙亥年十一月十一日辰時配滘表李氏生於　年五月初六日　時終於　年八月廿六日　時　無子
以應聰公三子世仁公入繼

應魁字運爵號宏基　蘊山公長子生於雍正辛亥年七月十九日巳時終於嘉慶庚申年正月十四日卯時享壽七十歲配南邑上村徤叔何公長女生於雍正壬子年三月二十三日未時終於嘉慶乙亥年正月初六日戌時公葬養濟院傍區庄左邊

巽向兼巳之原氏葬坑口副室陳氏生於乾隆戊午年三月初
三日未時終於乾隆辛卯年十一月初七日戌時葬坑口　生
四子長慶齡次慶賢三慶秩四慶善何氏出運顯公無子公以
次子慶賢公出繼之應科公無子公以三子慶秩公出繼之

應彰字運顯　藴山公次子生於雍正癸丑年十二月初三日辰
時終於乾隆乙亥年正月初五日巳時葬坑口配鄭氏　無子
以宏基公次子慶賢公入繼

應科　藴山公三子十二月十八日諱辰　無子以宏基公三子
慶秩公入繼

十五世

輔仁字兼萬號淡趣　明德公繼子生於乾隆甲子年七月初五
日申時終於嘉慶庚午年十月十七日申時享壽六十有七配
沙涌黄氏生於乾隆甲戌年十一月二十日申時終於

生五子長浩清次木清三棟清四煜
清五國清

志仁字口口　應輝公長子生於甲午年二月初七日辰時終於丁巳年十二月二十日未時葬東明寺外配　氏　無嗣

亮仁字兼信　應輝公次子生於乾隆丁酉年五月初四日酉時終於　　配潘氏生於乾隆辛丑年十二月初四日亥時終於嘉慶乙亥年八月廿九日辰時葬沙涌崗　生一子名文

懷仁字兼義別字秀堦　逸泉公長子生於乾隆甲子年三月十一日寅時終於嘉慶己未年十一月初五日子時配茶滘黎氏生於乾隆癸亥年八月十七日辰時終於癸未年十一月初九日戌時繼配坑口陳氏生於乾隆甲子年十月初一日辰時終於辛丑年五月初四日　時副室吳氏生於壬申年八月二十

六日巳時終於壬子年三月二十二日卯時副室孔氏生於
年　月　日　時終於丁未年五月初四日　時繼配李氏
副室郭氏　生一子名承志郭氏出
奕仁　逸泉公次子二月十七日諱辰　無嗣
廣仁字兼拜　逸泉公三子生於乾隆丙子年正月十八日丑時
終於嘉慶丙寅年三月初一日巳時配穀樹梁氏生於丁丑年
十月初五日丑時終於嘉慶癸亥年正月十九日申時公葬菴
鎮岡乾向兼戌之原氏葬飛鵝嶺　無子以兼毅公三子承芳
公入繼
挐堦字兼善號憲仁別字立齋　熾圖公長子清國學生生於乾
隆丁巳年十一月十九日丑時終於癸丑年十一月初七日午
時配穀樹梁氏生於雍正乙卯年二月二十四日辰時終於嘉
慶甲戌年十月二十三日申時副室植氏　生三子長殤次兆

榮三仲榮殤

重仁字兼芝號樂天　熾圖公次子生於乾隆丙寅年正月初四日戌時終於嘉慶戊寅年七月廿九日亥時配茶滘黎氏副室關氏　生三子長承新黎氏出次承茂三承銘關氏出

健仁字兼毅　侶松公長子生乾隆乙丑年八月十八日酉時終於甲午年七月初九日　時葬西墅配南邑官田頭羅氏生於乾隆丁卯年十月十五日戌時終於嘉慶丁卯年十二月二十六日子時享壽六十有一葬菴鎮岡乾向兼戌之原　生三子長承福次承義三承芳兼拜公無子公以三子承芳公出繼之

華仁字兼伍　侶松公次子生於乾隆庚午年八月初五日辰時終於嘉慶戊午年正月十三日申時與兄兼毅合葬所謂生則同胞死則同穴者也配江夏關氏生於庚午年正月二十八日酉時終於己亥年七月初九日丑時繼配省城黃氏　生一子

名承祐黃氏出

全仁字兼明　運錦公子配　氏　生二子長樹生次木生

悅仁字日昇　運德公長子生於乾隆壬戌年七月廿五日巳時終於嘉慶戊辰年九月二十日亥時配策頭羅氏生於丙寅年十月廿四日未時終於辛卯年七月廿六日未時繼配東滘郭氏生於庚午年四月初十日巳時終於嘉慶辛酉年二月初二日卯時　生二子長誕成羅氏出次信成郭氏出

憲仁字嘉昇　運德公次子生於乾隆甲子年十月初六日巳時終於嘉慶丁卯年十一月十四日未時配秀水黃氏生於丁卯年九月廿九日寅時終於乙卯年三月初二日申時　生一子名樂成

相仁字逢昇　運亨公子配　氏　生一子名賜成

閏字悅昇　運廣公子生於乾隆癸巳年閏三月十七日寅時終

於庚戌年十一月十八日申時　無嗣

耀仁字誕昇　運富公繼子生於乾隆丁丑年正月初五日申時終於嘉慶丁巳年四月十七日巳時配秀水許氏生於戊寅年八月廿四日丑時終於壬申年三月十六日巳時　生一子名漢成

進仁字祥昇　運貴公子配簾頭羅氏　生一子名有成

世仁字達昇　運滔公繼子生於乾隆丙戌年十一月二十五日丑時終於嘉慶辛酉年十一月初六日戌時配陳氏生於乾隆丙戌年十一月廿五日午時終於辛丑年十一月初六日戌時生一子名全

慶齡字皞昇　宏基公長子生於乾隆癸酉年十一月初七日未時配西塱何氏生於乾隆壬申年十月初十日辰時　生二子長沛成次蔭成智昇公無子公以次子蔭成公出繼之

慶善字同昇號□□　宏基公四子生於乾隆丙戌年十二月初三日酉時終於戊子年九月二十六日酉時配本村季三潘公長女生於乾隆乙酉年四月初五日戌時終於嘉慶癸丑年五月初七日辰時塟沙涌　生二子長太成次秀成品昇公無子公以次子秀成公出繼之

慶賢字智昇　運顯公繼子生於乾隆丁丑年十一月十八日巳時終於丁酉年正月十八日戌時塟紅花岡　向之原配馮氏無子公以峻昇公次子蔭成公入繼

慶秩字品昇　應科公繼子生於乾隆庚辰年八月二十五日酉時終於丙午年七月十九日丑時葬紅花岡　向之原配南邑郭村顧氏生於庚辰年二月三十日酉時終於甲辰年正月初二日子時　無子以同昇公次子秀成公入繼

十六世

浩清字滿達　兼萬公長子生於乾隆甲午年正月十六日巳時配瑤頭西華里郭氏生於乾隆己亥年四月初七日申時　無嗣

木清字榮達　兼萬公次子生於乾隆庚子年十一月二十二日巳時配南塘梁氏生於乾隆乙巳年八月二十二日辰時　生三子長和珍次朝珍三君培殤

柳清字秀達　兼萬公三子生於乾隆　年七月十七日酉時配坑口陳氏生於乾隆乙卯年四月初三日未時　生三子長蓮生殤次祿珍三澄珍

煜清字宏達　兼萬公四子生於乾隆甲寅年八月初八日申時配沙涌鄭氏生於嘉慶戊午年十一月十一日子時　無嗣

國清字口口　兼萬公五子生於道光癸未年十一月十二日卯時終於咸豐辛亥年五月初三日巳時配　氏　無子以柳清

公子孫同祀

文　亮仁公子生於嘉慶癸亥年二月初八日卯時配　氏　無嗣

承志字恩文　秉義公子配馮氏　生三子長坤土次全輝三澤輝

承芳字恩溥　秉拜公繼子生於乾隆癸巳年九月十五日辰時終於癸卯年十一月二十六日午時配南海璧華鄉梁志三公次女生於乾隆丙申年十月二十三日丑時終於甲申年三月初七日亥時　生七子長閏輝次茂輝三仰輝四從儒殤五繹輝六爵輝七從寬殤

兆榮字恩贊　秉善公子生於乾隆癸卯年三月十八日戌時終於嘉慶丙子年二月十三日亥時葬西坑　崗　向之原配沙涌鄭氏　生一子名從泰

承新字恩光　秉芝公長子生於乾隆己亥年十二月初四日卯

時配壆頭招氏　生一子名從發

承茂字恩照　秉芝公次子配柳波涌曹氏　無嗣

承銘字恩惠　秉芝公三子　無嗣

承福字恩長別字隱齋　秉毅公長子生於乾隆丙戌年十一月

十三日辰時終於　年　月　日　時配亭滘明國陳公季

女生於乾隆戊子年九月十六日　時終於戊申年四月十九

日午時葬沙涌飛鵝嶺　向之原繼配璧華鄉聖宣梁公季女

生於己丑年正月初四日丑時　生二子長從炳次從材

承義字恩隆　秉毅公次子生於乾隆戊子年六月　日寅時配

招村招氏　生四子長從登次從祖三從亮四從堯

承祐字恩培　秉伍公生於乾隆癸卯年十一月二十四日申時

配泮塘梁氏　無嗣

樹生　全仁公長子　無嗣
木生　全仁公次子　無嗣
讓成字叶光　日昇公長子生於乾隆戊子年二月十三日卯時
終於嘉慶丁巳年四月二十九日亥時配陳氏　生一子名興
秀
信成字叶忠　日昇公次子生於乾隆庚戌年九月十一日丑時
終於咸豐癸丑年三月二十三日巳時配郭氏　生五子長開
瑪次亮瑪三奕瑪四從遠五從裕
樂成字叶純　嘉昇公子生於乾隆己丑年九月二十七日子時
配高村馮氏生於乾隆己丑年十月十六日寅時　無嗣
賜成字恩勝　逢昇公子　生一子名裔開
漢成字口口　旦昇公子配鰲頭鄭氏　無嗣
有成字口口　祥昇公子生於　年　月　日　時終於道光

己酉年十二月十四日　時配黎氏生於　年　月　日
時終於道光壬寅年正月二十六日申時　生五子長信輝次
玉輝三清輝四騰輝五文輝
全字明貴號德義　達昇公子生於嘉慶辛酉年五月初八日辰
時終於道光乙未年二月二十八日亥時配郭氏生於　年
六月十四日丑時終於　年四月二十六日未時　生三子
長運次登三科
沛成字叶泉　峻昇公長子生於乾隆丁酉年三月十二日辰時
配璧華梁氏生於丙午年十月十一日子時　生二子長彰榮
次彰洪蔭成公無子公以次子彰洪公出繼之
太成字口口　同昇公子生於乾隆壬子年七月二十四日丑時
殤於嘉慶戊午年十一月初二日卯時葬沙涌高磡頭山失
無子以有成公子孫同祀

蔭成字叶和　智昇公繼子生於乾隆辛亥年三月初三日丑時終於嘉慶丁丑年三月初七日辰時葬沙涌黃含園配關氏無子以沛成公次子彰洪公入繼

秀成字叶培　品昇公繼子生於嘉慶己未年九月十二日辰時終於丙午年八月初十日亥時配黃竹歧梁公祖榮次女生於嘉慶辛酉年二月初十日丑時終於光緒乙亥年十二月初二日亥時　無子以有成公子孫同祀

十七世

遂奇字和珍　榮達公長子生於嘉慶丙寅年九月初七日子時終於丁卯年　月　日　時配李氏　生一子名榮滔

興發字朝珍　榮達公次子生於嘉慶庚午年十二月初一日子時配黃氏　生一子名錦滔

君培字□□　榮達公三子生於嘉慶乙亥年十一月初三日子

時配　氏　無嗣

蓮生　秀達公長子生於嘉慶丁丑年九月十八日戌時配　氏無嗣

愼字祿珍　秀達公次子生於嘉慶辛卯年六月十二日午時終於道光乙未年十二月初八日戌時配吳氏生於嘉慶癸未年十一月十二日卯時終於道光己亥年七月二十日寅時　無嗣

波字溢珍　秀達公三子生於道光丁酉年五月廿六日午時終於民國己未年九月初一日寅時配鼇頭鄭氏生於道光丁未年八月初八日寅時終於癸未年十月十七日亥時葬白洞老鼠峽崗　生三子長牛妹次卓三湛

坤土　恩文公長子　無嗣

全輝　恩文公次子配何氏　生一子名紹明

澤輝　恩文公三子配周氏　無嗣

從霖字閏輝　恩溥公長子生於嘉慶丙辰年七月二十七日申時終於壬申年九月初九日子時配策頭羅氏生於嘉慶己未年八月二十三日丑時終於壬寅年六月二十五日未時繼配郭氏生於壬午年四月十二日卯時終於癸卯年七月初七日申時　生一子名紹全

從根字茂輝　恩溥公次子生於嘉慶辛酉年十二月十三日丑時終於癸巳年八月初一日戌時配策頭蘇氏生於甲子年三月二十四日辰時終於乙丑年九月二十七日申時　生一子名紹昌

從善字仰輝　恩溥公三子生於嘉慶丁卯年十二月初七日申時終於光緒己未年九月二十三日丑時配何氏生於嘉慶戊寅年八月初四日未時終於咸豐丁巳年十二月三十日子時

生三子長紹德次紹垣三紹熙從禮公無子公以長子紹德
公出繼之
從儒　恩溥公四子生於嘉慶己巳年十月初三日酉時殤於丙
子年八月初十日未時　無嗣
從金字鏵輝號意匠　恩溥公五子生於嘉慶壬申年二月二十
三日未時終於光緒辛巳年六月十八日寅時　無嗣
從禮字爵輝　恩溥公六子生於嘉慶庚戌年六月十八日丑時
終於光緒丁酉年八月二十九日酉時配鄭氏生於丁亥年閏
五月三十日巳時終於咸豐戊午年十一月十七日　時繼配
左氏生於道光丁亥年八月二十六日　時終於光緒丙申年
六月十八日申時　無子公以從善公長子紹德公入繼
從寬　恩溥公七子生於嘉慶丙子年九月十八日丑時殤於己
卯年閏四月初八日　時　無嗣

從泰　恩贊公子配　氏　無嗣

從發　恩光公子配梁氏　生一子名紹珍

從炳　恩長公長子生於嘉慶戊辰年正月初一日丑時　無嗣

從材字幹輝　恩長公次子生於道光辛丑年正月十六日丑時終於光緒丁丑年八月二十二日申時配陳氏生於道光辛丑年三月初八日　時終於咸豐乙卯年七月十九日　時　生一子名紹光

從亮字顯輝　恩隆公長子生於乾隆壬子年十二月十八日未時配羅涌利氏　無嗣

從祖字達輝　恩隆公次子配　氏　無嗣

從登字口口　恩隆公三子生於嘉慶丁卯年六月　日寅時無嗣

從堯字口口　恩隆公四子　無嗣

興秀　叶光公子　無嗣

開　叶忠公子　無嗣

亮希　叶忠公次子　無嗣

奕希　叶忠公三子　無嗣

從遠　叶忠公四子生於嘉慶丙戌年十一月十五日子時終於咸豐辛亥年五月初三日巳時配張氏　生二子長紹開次鴻標

從裕　叶忠公五子生於嘉慶庚辰年六月十七日辰時終於光緒己亥年四月十七日辰時享壽八十歲配郭氏生於道光辛亥年五月二十五日酉時終於宣統己酉年四月十八日酉時享壽八十有九歲　生二子長紹開次紹洪

裔開 字口口　恩勝公子　無嗣

寧 字信輝　有成公長子生於道光丁亥年二月初十日亥時終

於光緒乙未年五月十七日子時配粱氏生於道光庚子年十一月十七日子時終於咸豐戊午年九月二十六日午時　生二子長大牛次二牛

章字玉輝　有成公次子生於同治辛未年九月二十四日辰時終於光緒丙午年七月十九日酉時配黃氏生於同治甲戌年八月二十六日巳時終於光緒癸巳年正月二十二日未時無子以文輝公次子紹桐公入繼

□□字清輝　有成公三子生於光緒乙酉年十月初三日辰時終於戊寅年九月十三日未時配何氏生於光緒乙未年十一月初六日巳時終於民國辛酉年五月十一日丑時　無嗣

□□字騰輝　有成公四子生於光緒乙酉年十二月十九日子時終於乙亥年九月三十日午時配麥氏生於光緒甲申年七月初九日戌時終於民國辛未年六月二十日午時　生一子

名舉

口口字文輝　有成公五子生於光緒辛卯年正月初七日丑時終於光緒戊申年二月初八日巳時配關氏生於光緒戊戌年四月初三日午時終於光緒丙午年三月十九日申時　生二子長紹忠次紹桐玉輝公無子公以次子紹桐公出繼之

連字連輝號敦能　明貴公長子生於道光丙戌年八月二十七日戌時終於光緒壬寅年十一月十五日午時配麥氏生於道光己丑年二月二十日卯時終於宣統辛亥年正月二十二日子時　生五子長紹華次紹泰三紹昌四紹徵五紹培

登字和輝號敦和　明貴公次子生於　年閏四月初十日卯時　生一子名紹佳

科字瑞輝號敦瑞　明貴公三子生於　年九月十六日　時終於　年九月十二日　時配杜氏生於　年九月二十

二月　時終於　年二月十六日　時　生三子長紹剛次紹鴻三紹森

彰榮字□□　叶泉公子生於嘉慶辛未年九月二十四日辰時

無嗣

彰洪字□□　叶和公繼子生於嘉慶乙亥年八月十五日亥時

無嗣

長房

八世 珠江祖支 金泉祖後

十七世　十八世　十九世　二十世　廿一世　廿二世　廿三世　廿四世　廿五世

和珍—榮滔—桂賢—啓桓 出嗣

啓倫

樂賢

啓昌

會流

會洪

會瞵

啓芬

會棠

會儀

會江

潮珍—錦滔—樹—啓桓

長房　八世珠江祖支金泉祖後

十八世

舉字榮滔別字大觀　和珍公長子生於嘉慶癸巳年十一月十一日　時終於民國辛亥年六月十四日　時配麥氏生於　年　月　日　時終於　　年　月　日　時享壽七十有九歲　生二子長桂賢次樂賢

口口字錦滔　潮珍公子配呂氏　生一子名樹

十九世

林字桂賢號繼泉　榮滔公長子配梁氏　生二子長啓桓次啓倫樹公無子公以長子啓桓出繼之

端字樂賢別字正齋　榮滔公次子生於　年　月　日　時終於　年　月　日　時配張氏生於　年　月　日　時　繼配　氏　生二子長啓

昌次啓芬

樹字口口　錦滔公次子配曾氏　無子以桂賢公長子啓桓入繼

二十世

啓倫字　桂賢公次子生於　年　月　日　時

配　氏

啓昌字顯其　樂賢公長子生於　年　月　日　時

配梁氏生於　年　月　日　時

生六子長會流次會洪三

會麟四會棠五會儀六會江

啓芬字　別字碧仁　樂賢公次子生於　年　月　日

時配　氏

啓桓字　樹公繼子生於　年　月　日　時

配　氏

二十一世

會流字　顯其長子生於民國甲子年

會洪字　顯其次子生於民國丙寅年　月　日　時

會麟字　顯其三子生於民國戊辰年　月　日　時

會棠　字　　顯其四子生於民國己巳年　月　日　時

會儀　字　　顯其五子生於民國辛未年　月　日　時

會江　字　　顯其六子生於民國甲戌年　月　日　時

長房

八世 珠江祖支 金泉嗣後

十七世　十八世　十九世　二十世　廿一世　廿二世　廿三世　廿四世　廿五世

祿珍—漢滔—允裕—芝全
　　　　　　　　　積蔭
　　　　　應强

澄珍

鳳滔—允顯

漢滔出嗣

湛全

長房八世珠江祖支金泉祖後

十八世

卓字漢滔別字立峯　祿珍公繼子生於同治辛未年十二月十八日　時終於民國辛未年六月初一日　時配麥氏生於光緒己卯年五月二十八日　時

公壟三聖堂崗　向之原　生四子長明次强三口殤四口殤

牛妹字鳳滔　溢珍公長子生於　年六月初四日　時終於

年十一月初六日　時配關氏生於　年正月初一日

時終於　年十一月初八日　時　生一子名恒

湛字口口　溢珍公三子　無嗣

十九世

明字允裕　漢滔公長子生於光緒辛丑年七月十六日未時

配陳氏生於光緒辛丑年五月十三

日　時　生二子長芝全次

積蔭

應蘋 字　漢滔公次子生於宣統己酉年五月廿二日子時

恒 字 允顯　鳳滔公子生於　年二月二十八日　時終於民

國丁卯年十月初二日　時配陳氏　無嗣

二十世

芝全 字　允裕長子生於民國庚午年閏六月十八日申時

積蔭 字　允裕次子生於民國壬申年十月初十日申時

長房

八世珠江祖支金泉祖後

十七世　十八世　十九世　二十世　廿一世　廿二世　廿三世　廿四世　廿五世

全輝—紹明—允瑞—顯揚—達厚—景桃

十八世

錦江字紹明　全輝公子生於咸豐　年五月十二日巳時終於　年十二月二十一日　時配梁氏生於　年十二月三十日酉時　生一子名炎雄

十九世

炎雄字允瑞號炳麟別字聘南　紹明公子生於同治壬戌年八月初十日子時　於　年　月　日　時配潘氏生於同治戊辰年二月二十九日申時

生一子名國登

二十世

國登字顯揚　允瑞子生於　年十一月十五日辰時

配梁氏生於　年正月初二日辰時

繼配馮氏

次口殤　生二子長柏高

二十一世

柏高字達厚　顯揚子生於光緒戊申年九月二十日未時

配黃氏生於　年五月十一日丑

時繼室游氏生於　年二月十四日巳時　生一子名景桃

二十二世

景桃字　達厚子生於　年　月　日　時

長房

八世 珠江祖支 金泉祖後

十七世 十八世 十九世 二十世 廿一世 廿二世 廿三世 廿四世 廿五世

閏輝—紹全—允艮—倫

允艮—光 出嗣

茂輝—紹昌—炳吉—光

紹昌—允良出嗣

紹昌—球

仰輝
紹德出嗣
紹垣
允佳
偉雄
偉全
偉祥

紹熙

允華—炳開

十八世

口口字紹全　闓輝公長子生於嘉慶甲申年四月十三日申時終於道光乙未年八月二十三日寅時配梁氏生於嘉慶丙戌年五月初六日寅時終於道光丁酉年五月二十四日亥時無子以紹昌公次子允艮入繼

宇字紹昌　茂輝公長子生於道光丙戌年四月十一日亥時終於光緒甲申年二月二十七日丑時配招氏生於道光乙未年三月十六日午時終於光緒戊戌年四月初一日辰時　生三子長炳吉次元三球殤紹全公無子公以次子允艮出繼之

傑字紹垣　仰輝公次子生於道光己酉年四月二十日辰時終於光緒庚子年正月十一日未時配何氏生於咸豐己未年正月十六日申時　生二子長英次蘇

南字紹熙　仰輝公三子生於咸豐壬子年八月十四日辰時終
於光緒己丑年十月二十五日戌時配　氏　無嗣

十九世

元字允艮　紹全公繼子生於同治己巳年六月二十四日　時
配趙氏生於光緒丁丑年五
月二十日巳時終於民國丁卯年二月十三日戌時　生二子
長倫次光炳吉公無子公以次子光出繼之

炳吉字口口　紹昌公長子生於同治壬戌年九月二十八日子
時終於光緒辛卯年四月初十日申時陰配李氏　無子以允
艮次子阿光入繼

球字口口　紹昌公三子生於同治壬申年正月初三日卯時終
於光緒乙巳年七月初八日亥時陰配李氏　無嗣

英字允佳號貴榮　紹垣公長子生於光緒辛卯年七月二十五

日辰時　配范氏生於光緒己

亥年六月十一日巳時　生

子長偉雄次偉全三偉祥四口殤五口殤

蘇字允華號貴言　紹垣公次子生於光緒辛丑年十一月初二

日辰時　配吳氏生於

年五月二十四日申時

生　子名炳開

二十世

倫字　允艮子生於光緒辛丑年十月二十四日卯時

光字　炳吉公繼子生於光緒丁未年七月十八日卯時

偉雄 字　允佳長子生於民國壬戌年十二月十一日巳時

偉全 字　允佳次子生於民國乙丑年閏四月廿六日巳時

偉祥 字　允佳三子生於民國己巳年五月二十五日辰時

炳開 字　允華子生於民國辛酉年十二月初八日辰時

長房

八世 珠江祖支 金泉祖後

十七世　十八世　十九世　二十世　廿一世　廿二世　廿三世　廿四世　廿五世

爵輝—紹德—允富—樹鏗

允富—樹芬

允豪
牛

十八世

汝端 字紹德 爵輝公繼子生於咸豐甲寅年五月十九日辰時終於宣統辛亥年十二月初九日寅時配羅氏生於同治丁卯年三月初七日卯時終於　年　月　日　時　生二子長麗亭次潤昭

十九世

麗亭 字允富 別字文軒 紹德公長子生於光緒丁亥年五月二十九日亥時　配郭氏生於光緒庚寅年七月二十八日未時生　子長樹鑑次樹芬

潤昭 字允豪 別字明生 紹德公次子生於光緒戊戌年三月十三日未時　配鄭氏生於光緒庚子年九月十五日酉時

生　子名牛仔

二十世

樹鑑 字 顯揚　允富長子生於民國壬子年三月二十八日未時

樹芬 字　允富次子生於民國甲寅年五月十三日亥時

牛仔 字　允豪子生於民國庚午年七月十八日辰時

長房

八世 珠江祖支 金泉祖後

十七世　十八世　十九世　二十世　廿一世　廿二世　廿三世　廿四世　廿五世

從發—紹珍—穎

紹珍—尤開—羅仔

十八世

環字紹珍　從發公子生於咸豐辛酉年十一月十六日子時終於民國辛酉年十一月二十六日　時配莫氏生於同治癸酉年九月十一日酉時終於民國壬申年十月二十六日卯時生二子長顙殤次連

十九世

連字允開　紹珍公子生於光緒辛卯年八月初一日辰時　配鄭氏生於光緒己亥年十月初一日戌時　生　子名蘿仔

二十世

蘿仔字　允開子生於民國癸亥年十月十四日卯時

長房

七世 珠江祖支 金泉祖後

十七世　十八世　十九世　二十世　廿一世　廿二世　廿三世　廿四世　廿五世

幹輝—紹光—允容—顯明—讓雄

　　　　　　　　　　　　└讓堯

顯贊—賜棠

柱世

十八世

培 字紹光　幹輝公子生於咸豐庚申年四月十八日辰時終於光緒癸未年二月二十二日未時配鄭氏生於咸豐辛酉年九月二十八日未時終於同治丙寅年五月十七日　時　生一子名德寬

十九世

德寬 字允容　紹光公子生於同治甲戌年五月二十九日　時終於民國乙亥年二月十五日午時配王氏生於光緒庚辰年八月初一日　時　生四子

長柱桃 殤 次柱成三柱昌四柱世

二十世

柱成 字顯明 號明基　允容公次子生於光緒壬寅年九月二十三日　時　配麥氏生於光緒

壬寅年八月十六日　時

生　子長讓雄次讓堯

柱昌字顯贊號贊基　允容公三子生於宣統乙巳年二月二十

七日　時　配范氏生於宣統

乙巳年二月初四日　時

生　子長扁殤次賜棠

柱世字　號耀基　允容公四子生於民國戊午年正月二十

二日　時　配　氏

二十一世

讓雄字　顯明長子生於民國壬戌年十月十六日丑時

讓堯 字

顯明次子生於民國辛未年十月十九日子時

賜棠 字

顯贊子生於民國辛未年正月二十五日子時

長房

八世 珠江祖支 金泉祖後

十七世　十八世　十九世　二十世　廿一世　廿二世　廿三世　廿四世　廿五世

從遠—紹開
從遠—鴻標—大九
鴻標—細九—大蘇
細九—細蘇

從裕

紹洪——允明

棠

十八世

口口字紹開　從遠公長子生於咸豐癸丑年三月十三日　時配陳氏　年　月　日　時終於　無嗣

口口字鴻標　從遠公次子配　氏　生二子長大九次細九隨父商桂省

朝字紹洪　從裕公長子生於道光甲辰年九月二十一日　時終於民國庚申年正月二十六日辰時配李氏生於咸豐戊午年十一月十四日卯時終於民國壬申年五月十五日子時生二子長大會次細會㚻

棠字口口　配　氏　無嗣

十九世

大九字　鴻標公長子

細九字鴻標公次子

大會字允明　紹洪公子生於光緒辛卯年六月二十二日辰時

配關氏生於光緒甲午年十

二月初二日　時　副室　氏

生於光緒丙午年六月十七日　時

生　子

長房　八世珠江祖支金泉祖後

十七世　十八世　十九世　二十世　廿一世　廿二世　廿三世　廿四世　廿五世

信輝—紹球—允昌—卓鉅

信輝—紹章—達洪

紹章—達培出嗣

玉輝—紹桐—麗
　　　　　　—賢
　　　　　　—祺

騰輝—紹和—達培

文輝—紹忠—允才—耀佳

文輝—紹桐（出嗣）

十八世

大牛字紹球　信輝公長子生於　年　月　日　時終於民國戊辰年十月初八日辰時配蘇氏生於　年　月　日　時終於　年九月十三日　時繼配黎氏生於　年十一月二十二日　時終於　年五月二十七日　時繼配關氏

生一子名昌

二牛字紹章　信輝公次子生於光緒丁亥年正月十三日子時終於民國丁卯年七月十七日申時配涌口何氏生於光緒辛巳年十月初四日卯時

生二子長達洪次達培紹和公無子公以次子達培出繼之

德字紹桐　玉輝公繼子生於光緒乙亥年七月初二日酉時終於民國丙寅年十月初三日辰時配陳氏生於乙酉年七月初三日丑時　生三子長麗次

賢三祺

舉字紹和　騰輝公子生於道光己酉年十月十四日申時終於
光緒丁亥年三月二十日申時配郭氏
無子以紹章公次子達培入繼

法字紹忠　文輝公長子生於同治壬戌年五月十一日戌時終
於同治　年正月二十一日辰時配室羅氏生於同治甲戌
年八月十四日卯時終於光緒甲午年二月二十八日酉時繼
配鄭氏生於同治辛未年七月二十八日亥時終於民國辛亥
年三月初九日子時　生一子名娣

十九世

昌字允昌　紹球公子生於光緒甲辰年十月初四日亥時
配陳氏
生　子名卓鉅

達洪字寅時　紹章公長子生於民國庚戌年十一月二十四日

麗字　紹桐公長子生於民國壬子年正月二十二日卯時

賢字　紹桐公次子生於民國甲寅年五月十四日卯時

祺字　紹桐公三子生於民國丁巳年九月十八日子時

達培字　紹和公繼子生於民國壬戌年二月十六日寅時

娣 字 允才　紹忠公子生於光緒癸卯年七月初四日　時

配葉氏生於光緒丙午年年十月二

十二日寅時

生　子名耀佳

二十世

卓鉅 字　允昌子生於民國癸酉年十一月初九日辰時

耀佳 字　允才子生於民國己巳年三月初一日辰時

長房

八世 珠江祖支 金泉祖後

十七世　十八世　十九世　二十世　廿一世　廿二世　廿三世　廿四世　廿五世

運輝—紹華—景賢—顯來
　　　　　　　　　贊業 出繼
　　　紹泰

紹昌—惠陖

紹徵—景新—贇業

紹培—景南—權

和輝—紹佳

瑞輝—紹剛—啓常
　　　　　　啓全

紹鴻—澤禧
　　　—澤恩出嗣

紹森—澤恩

十八世

傑字紹華 連輝公長子生於咸豐辛亥年二月二十五日申時終於同治戊寅年三月初七日巳時配梁氏生於咸豐甲寅年五月十六日丑時終於民國甲戌年六月二十八日申時享壽八十有一歲葬西塱陳家後便 生三子長康次殤三殤

英字紹泰 連輝公次子生於咸豐丙辰年七月初十日卯時終於光緒丙午年三月二十九日申時配何氏生於咸豐戊午年三月二十一日午時終於同治戊午年十月十七日辰時葬西塱何社公側 無嗣

元字紹昌 連輝公三子生於咸豐辛酉年七月初七日 時終於光緒乙亥年七月初二日 時配吳氏生於同治戊辰年十一月十一日 時終於 年 月 日 時 生二子長惠暖(殤) 次惠早

珍字紹徽　連輝公四子生於同治乙丑年三月二十七日酉時終於民國戊辰年六月初二日辰時配陳氏生於同治丁卯年八月二十七日　時公葬三聖堂對面　生一子名榮

基字紹培號蟠石　連輝公五子生於　年　月　日　時終於　年　月　日　時配郭氏陳氏　生一子名淸

永字紹佳　和輝公子生於　年七月二十八日　時終於　年三月初五日　時配郭氏生於　年正月二十八日　時終於　年四月初四日　時　無嗣

耀堂字紹剛　瑞輝公長子生於　年九月十二日辰時終於　年十二月十五日辰時配何氏生於　年九月十六日　時終於　年正月二十四日　時繼配方氏生於　年十月十四日　時終於　年八月初八日　時副室吳氏生於　年八月二十五日　時終於　年正月二十六日

時　生二子長啓常次啓全

九字紹鴻號耀芳　瑞輝公次子生於同治甲戌年九月初二日辰時　配郭氏生於光緒乙酉年八月初八日　時　終於　年　月　日　時　生五子長妹殤次海三蘇殤四蝦五細蝦紹森公無子公以四子阿蝦出繼之

口口字紹森　瑞輝公三子生於同治甲戌年九月初二日辰時終於　年十月十五日巳時配郭氏生於　年七月初十日　時終於　年八月二十日　時　無子以紹鴻四子阿蝦入繼

十九世

康字景賢　紹華公子生於光緒丙子年正月十五日子時終於民國甲子年五月初一日酉時配陳氏生於光緒丙子年十月

初三日子時終於光緒丁未年十月初七日卯時葬坑口紅崗
生三子長贊芬次贊業三桃殤

榮字景新　紹徽公子生於光緒丙申年十二月十三日亥時終
於民國癸亥年八月初二日亥時配吳氏　無子以紹華公次
子贊業入繼

清字景南　紹培公子生於光緒庚子年十一月　日　時
配陳氏生於光緒丁未年　月
日　時　生　子名權

啓常字　紹剛公長子生於民國壬子年七月十九日亥時

啓全字　紹剛公次子生於民國己未年九月初二日寅時

澤禧字又名阿海　紹鴻子生於光緒戊申年六月二十五日巳時

細蝦字號澤恩　紹森公繼子生於民國己未年七月二十八日辰時

二十世

贊芬字顯來　景賢公子生於光緒己亥年十二月初四日時

配梁氏生於光緒戊申年三月初三日未時

贊業字　　榮公繼子生於光緒辛丑年五月十二日　時

權字　　景南公長子生於民國己巳年五月　日　時

国家出版基金项目
NATIONAL PUBLICATION FOUNDATION

海上絲綢之路文獻集成

總主編　陳支平　陳春聲

民間譜牒編

66

主編　林　楓

海峽出版發行集團
THE STRAITS PUBLISHING & DISTRIBUTING GROUP
福建人民出版社

本册目次

［廣東番禺］番禺芳村謝氏族譜六卷首一卷（卷五至卷六）

謝偉略纂修

長房

八世 珠江祖支 龍泉祖後

九世 十世 十一世 十二世 十三世 十四世 十五世 十六世 十七世

- 九世 龍泉
  - 十世 茂芝
    - 十一世 公莫
  - 十世 茂蘭
    - 十一世 公明
    - 十一世 公秀
      - 十二世 奇文
        - 十三世 燦螢
          - 十四世 運俊
            - 十五世 閏仁
              - 十六世 科貴
              - 十六世 就貴
                - 十七世 顯昌
                - 十七世 顯榮

奇周

振昇

長房　八世珠江祖支龍泉祖後

十世

□□字茂芝號瑤臺　龍泉公長子生於壬辰年八月二十二日寅時終於丁酉年二月十二日子時配區氏生於壬辰年九月初五日丑時終於丁酉年三月十六日丑時　生一子名公莫

□□字茂蘭號香宇　龍泉公次子配黎氏高氏　生二子長公明次公秀

十一世

公莫　茂芝公子配　氏　無嗣

果能字公明　茂蘭公長子配梁氏　無嗣

果珍字公秀　茂蘭公次子配鄭氏　生二子長翰客次朝客

十二世

奇文字翰客　公秀公長子配梁氏　生一子名燦螢

奇周字朝客　公秀公次子配羅氏　無嗣

十三世

口口字燦螢　翰客公子配蘇氏　生二子長戴次振昇

十四世

戴字運俊　燦螢公子生於　年十一月初六日　時終於
年　月　日　時配吳氏生於　年三月二十日　時終
於　年　月　日　時　生一子名閏仁

振昇字口口　燦螢公次子生於　年　月　日　時終於
年七月十三日　時配趙氏　年八月二十五日諱辰繼
配陳氏　年七月二十四日諱辰　無嗣

十五世

閏仁字英富　運俊公子　年七月初六日諱辰配陳氏
年十月初二日諱辰　生二子長科貴次就貴

十六世

科貴　閏仁公長子　年七月初二日諱辰配梁氏　無嗣

就貴字成達　閏仁公次子生於嘉慶癸酉年八月十一日寅時終於同治癸酉年十一月初一日未時配嚴氏生於嘉慶甲戌年十二月二十二日申時終於光緒戊子年十二月二十日子時塟西塱銅鑼崗　生二子長念開次念千

十七世

念開字顯昌　就貴公長子生於道光己亥年六月十五日申時終於民國丁卯年六月初二日巳時元配區氏生於道光甲辰年十一月二十日戌時終於光緒戊子年四月初十日亥時繼配李氏生於同治壬戌年四月十三日未時終於光緒甲辰年七月二十一日午時合塟西塱銅鑼崗　生六子長乾殤次口殤三口殤四本殤五牛殤六諒光

念千字顯榮　就貴公次子生於道光己酉年十二月初四日亥時終於光緒己亥年四月初四日申時配吳氏生於咸豐壬辰年六月二十八日卯時終於光緒己卯年二月初十日未時繼配梁氏生於　　年　月　日　時終於　　年　月　日時葬白洞蚺蛇崗　生五子長永次根殤三娣殤四口殤五福

長房

八世 珠江祖支 龍泉祖後

十七世 十八世 十九世 二十世 廿一世 廿二世 廿三世 廿四世 廿五世

顯昌

乾

口

口

本

牛

諒光

顯榮—紹鏗—時楷

顯榮—根

顯榮—娣

顯榮—□

顯榮—晩福

十八世

諒光字信昭號忠敬別字明初　顯昌公子生於光緒甲申年八月初二日辰時　配黃氏生於光緒丙戌年三月二十六日亥時終於光緒丙午年三月二十七日申時繼配鄭氏生於光緒辛卯年四月二十日午時

生　子

錦永字紹鏗號忠球　顯榮公子生於同治甲戌年二月初一日戌時　配郭氏生於光緒甲申年七月十五日辰時終於光緒壬寅年十一月十五日酉時繼配郭氏　生一子名時楷

晚福字　顯榮公次子生於光緒己亥年七月初一日　時

配李氏生於　年　月　日　時

生　子

十九世

時楷 字 號 偉桐　紹鏊子生於民國辛酉年十一月二十六

日辰時

長房　八世 珠江祖支 心泉祖後

九世	十世	十一世	十二世	十三世	十四世	十五世	十六世	十七世
心泉	茂森	開問	奇佳	國興	汝科	昌容		
					汝彰	昌福	易遠	
						昌美		
					汝傑	昌期	燕華	日和
							燕輝	均和
							燕安	

闓問——奇昆——國求——汝聰——昌善

奇昆——彥三

奇昆——連三

闓問——奇佳出嗣

聞問——奇聽——經三

聞問——熙昌出嗣隴川祖父

聞問——奇聖——國泰——汝儉——昌成——興遠——紹登

茂登

光遠

國寶　汝勤　昌仁　慶耀　俊登

汝强　昌勝　超遠

昌明　文遠　瑞全

兆翀

夢桂

夢栢——公露

汝儉

昌英

昌成出嗣

兆勳

兆勳

夢蘭
公源
祖英　祖琦
國登　國勝
上年
國昌
應顯
連長　連科
華
禮明
大維　二維

禮昌　禮中　善

應翰—勝廣—禮舉
　　　　　　禮賢

朝問—祖珍
　　　祖璋—國賢—可輝—昌榮
　　　　　　　　　　　顯宗—惠—河

昌問—祖璵—寧三—汝進

寧三—汝佳—成宗—高明—福

祖球—紀三—三妹

紀三—元燦 出嗣南谷支

維宗—浩明—世貞

維宗—振成

達宗

福明
世豪
世開
世興

祿明
世泰
世傳
世澤

閏明
世文

長房　八世　珠江祖支　心泉祖後

十世

夢松 字 茂森 號 宇蒼　心泉公長子配郭氏　生三子長開問次
閣問三聞問

夢栢 字 茂節 號 浩蒼　心泉公次子配林氏　生一子名公露

夢桂 字 茂蟾 號 勸明　心泉公三子配馮氏　無嗣

夢蘭 字 茂卉 號 海滄　心泉公四子配梁氏　生三子長公源次
公輔三公朗

十一世

開問 字 公舜　宇蒼公長子配郭氏　無子以公倫公次子美客
公入繼

閣問 字 公倫　宇蒼公次子配關氏　生二子長仲客次美客公
舜公無子公以次子美客公出繼之

聞問字公裔號千年　宁蒼公三子配麥氏　生三子長昇客次
熙昌次三喬客麗川祖支公宁公無子公以熙昌公出繼之
口口字公露　茂節公子　無嗣
口口字公源　海滄公長子配陳氏　生二子長耀客次瑢客
朝問字公輔　海滄公次子生於戊辰年五月初九日未時終於
丁丑年五月十七日午時配吳氏生於庚午年九月二十四日
丑時終於丙辰年正月二十日丑時　生三子長瑞客次璋客
三廷客
昌問字公朗　海滄公三子配黃氏　生一子名祖璵

十二世

奇佳字美客　公舜公繼子配區氏　生一子名國興
奇昆字仲客　公倫公子配黃氏　生三子長作三次彥三三連
三

奇聰字昇客號禮伯　公裔公長子配郭氏　生一子名經三

奇聖字喬客　公裔公三子配黃氏　生三子長國泰次國賓三國

祖英字耀客　公源公長子配梁氏　生二子長國登次國勝

祖琦字瑢客　公源公次子正月初七日諱辰配黃氏十二月二十三日諱辰　生一子名國昌

祖珍字瑞客　公輔公長子生於乙未年正月二十二日未時終於戊寅年四月二十七日巳時配朱氏生於己亥年十一月二十五日丑時終於丙寅年五月初十日寅時繼配羊氏生於甲辰年十月十三日卯時終於壬戌年三月十三日未時　無子象三公子孫同祀

祖璋字璋客　公輔公次子生於壬寅年五月二十二日申時終於丁丑年五月十七日未時配蘇氏　生一子名象三

祖球字廷客　公輔公三子配陳氏　生一子名紀三
祖璵字殿客　公朗公子配郭氏　生一子國鎮

十三世

國興字勇三　美客公子配植氏　生三子長汝科次汝彰三汝傑
國求字作三　仲客公長子配吳氏　生一子名汝聰
□□字彥三　仲客公次子配　氏　無嗣
□□字連三　仲客公三子配　氏　無嗣
□□字經三　昇客公子配　氏　無嗣
國泰字接三　喬客公長子配潘氏副室魏氏　無子公以揖三公季子汝儉公入繼
國賓字揖三號祝峯　喬客公次子配吳氏　生三子長汝勤次汝强三汝儉接三公無子公以三子汝儉公出繼之

國登字德三 耀客公長子配陳氏 生一子名上年
國勝字□□ 耀客公次子
國昌字拱三 璿客公子生於甲子年十二月二十四月辰時終
於乾隆丁巳年十一月初一日巳時公葬蚺蛇坑配鄭氏生於
己巳年三月十六日戌時終於戊寅年四月二十九日申時氏
葬西坑赤崗頭 生二子長應顯次應翰
國賢字象三 璋客公子配吳氏 生一子名進修
□□字紀三 廷客公子配吳氏 生二子長三妹次元燦南谷
祖支彩隆公無子公以次子元燦公出繼之
國鎮字寧三 殿客公子配羅氏 生二子長汝進次敬修

十四世

汝科字卓修 勇三公長子配陳氏 生一子名昌容
汝彰字□□ 勇三公次子配吳氏 生二子長昌福次昌美

汝傑字□□　勇三公季子生於　年二月二十二日子時終於　年十一月十五日丑時配譚氏生於　甲戌年五月十二日午時終於　丁酉年二月初九日午時　生一子名昌期

汝聰字□□　作三公子配鄭氏　生一子名昌善

汝儉字樸修　接三公繼子配梁氏　無子以汝强公三子昌成公入繼

汝勤字敏修　揖三公長子配麥氏　生一子名昌仁

汝强字健修　揖三公次子配羅氏麥氏梁氏墊螺涌崗　生四子長昌勝次昌明三昌成四昌英汝儉公無子公以三子昌成公出繼之

上年　德三公子配鄭氏　無嗣

應顯字天佩　拱三公長子生於壬辰年八月初三日午時終於

丁未年十二月二十二日申時元配麥氏生於丁酉年十一月二十四日　時終於乾隆辛酉年十一月二十三日寅時繼配吳氏生於戊戌年六月初七日亥時終於丙寅年五月十四日未時繼配陳氏生於甲午年九月二十七日午時終於壬戌年三月三十日酉時公與陳合塟新爵崗麥與吳合塟祠外壑

生二子長連長次連科

應翰字閏修　拱三公次子生於丁未年三月十六日戌時終於丙辰年十月廿一日亥時配鄭氏生於甲寅年正月十九日酉時終於己卯年五月初三日子時　生一子名勝廣

可輝字進修號隱常　象三公子生於壬寅年三月二十八月巳時終於癸丑年十一月二十六日子時配鄭氏生於乙巳年六月十二日巳時終於壬戌年六月初五日戌時繼配馮氏生於庚午年八月十九日　時終於壬申年四月二十九日未時

生三子長昌榮次顯宗三維宗
三妹　紀三公子　無嗣
汝進字□□　寧三公長子　無嗣
汝佳字敬修　寧三公次子配麥氏吳氏　生二子長成宗次達
宗

十五世

昌容　汝科公子配　氏　無嗣
昌福　汝彰公子配何氏　生一子名易遠
昌美　汝彰公子　無嗣
昌期字□□　汝傑公子生於　辛亥年十一月十五日子時
終於　己丑年七月二十日申時配吳氏生於　辛酉年
五月二十四日巳時終於　壬申年三月初二日辰時葬坑
□崗　生三子長蘇次光三潤

昌善　汝聰公子配梁氏　無嗣

昌成　汝儉公繼子配羅氏葬初生月　生二子長興遠次光遠

昌仁　汝勤公子配簡氏　生一子名慶耀

昌勝　汝强公子配陳氏葬初生月　生一子名超遠

昌明　汝强公次子配吳氏葬披頭園　生一子名文遠

昌英　汝强公四子葬初生月　無嗣

連長字奇標　天佩公長子生於己未年七月二十三日寅時終
於乙未年五月十一日亥時配　氏　生一子名華

連科又名進廣字奇亮　天佩公次子生於己巳年三月初二日
丑時終於嘉慶丁卯年五月初一日未時配秀水梁氏生於乾
隆壬申年七月初十日子時
生四子長禮明次禮昌三禮中四阿善

勝廣字奇英　應綸公子生於乾隆丙子年八月初八日戌時

配郭氏生於乾隆己卯年十月
二十八日未時終於丙午年六月十三日卯時繼配馮氏生於
乾隆甲申年四月二十八日寅時終於丙辰年六月初三日巳
時　生二子長禮舉次禮賢
昌榮一名君　隱常公長子生於癸酉年十一月初一日辰時終
於壬辰年六月二十七日午時配　氏　無嗣
顯宗　隱常公次子生於戊戌年正月初六日申時終於丙寅年
四月十九日辰時配羅氏　生一子名惠
維宗　隱常公三子配吳氏　生二子長浩明次振成
成宗字騰龍　敬修公長子配郭氏　生一子名高明
達宗字騰蛟　敬修公次子生於　年十月十八日　時配吳
氏　生三子長福明次祿明三閏明
十六世

易遠　昌福子　無嗣

蘇字燕華　昌期公長子生於道光壬午年八月二十一日辰時終於同治戊辰年二月二十二日寅時配黎氏生於　辛卯年五月二十四日丑時終於　甲寅年十二月十六日未時繼配羅氏生於　戊子年五月十二日午時終於　乙酉年四月十五日午時　生三子長敬殤次亨殤三蘊

光字燕輝號能遠　昌期公次子生於道光己丑年正月初七日寅時終於光緒辛卯年七月二十八日寅時配招氏生於己亥年十月二十二日未時終於　年三月十三日亥時葬老鼠峽　生一子名朝

潤字燕安號基遠　昌期公三子　無嗣

興遠　昌成公長子配羅氏繼配羅氏　生二子長紹登次茂登

光遠　昌成公次子　無嗣

慶耀　昌仁公子配郭氏　生一子名仕九
超遠　昌勝公子配黃氏葬沙涌崗　無嗣
成就字文遠號燕高　昌明公子生於辛亥年七月二十六日子時終於甲子年十二月初二日子時配何氏生於甲寅年九月初七日寅時終於庚辰年六月二十一日酉時繼配陳氏生於丁巳年十月初三日子時終於壬午年六月二十三日戌時葬披頭園　生四子長瑞全次兆獅三兆勳四兆勳
華　連長公子　無嗣
禮明　連科公長子生於乾隆丙申年九月二十三日寅時　配郭氏生於丙申年正月十九日卯時　生二子長芝榮次芝蘭禮昌公無子公以次子芝蘭公出繼之
禮昌　連科公次子生於乾隆戊申年三月二十四日亥時終於

年二月廿九日配　氏　無子以禮明公次子芝蘭公入繼

禮中字恩超　連科公三子生於乾隆壬子年四月初八日子時

　　配秀水喬梓里潘氏生於甲

寅年閏二月二十二日　時終於嘉慶丁丑年八月二十六日

未時繼配區氏生於嘉慶戊午年三月二十日丑時　無嗣

善　連科公四子生於乾隆甲寅年四月二十四日亥時　無嗣

禮舉　勝廣公長子　無嗣

禮賢字達超　勝廣公次子生於乾隆己酉年六月十四日亥時

　　配吳氏生於乾隆乙卯年九月

初　日　時　無嗣

惠　顯宗公子　生一子名河

浩明　維宗公長子生於嘉慶己巳年二月十四日　時終於光

緒甲午年十二月初六日戌時配潘氏生於光緒甲戌年九月

初十日　時終於光緒癸巳年七月十二日亥時　生一子名
世貞
振成號瑞明　維宗公次子　無嗣
高明　成宗公子　生一子名福
裔字福明　達宗公長子生於道光丁未年八月初九日午時終
於咸豐辛酉年十月二十四日寅時配羅氏繼配　氏葬小北
西得勝　生三子長世豪次世開三世興
口口字祿明　達宗公次子生於嘉慶己未年八月二十三日申
時終於咸豐癸丑年三月十一日辰時得年五十五歲配何氏
生於嘉慶壬戌年九月十七日未時終於同治甲戌年七月二
十七日申時享壽七十有三歲公葬西墅水母崗氏葬泌涌舉
人吼　生三子長世泰次世傳三世澤
口口字閏明　達宗公三子配吳氏葬新爵崗　生一子名世文

十七世

蘊字日和　燕華公三子生於同治丙寅年五月十四日亥時終於民國甲子年八月十八日子時配梁氏生於同治　年八月初七日　時　生二子長耀次鴻均和公無子以次子欣榮出繼之

朝字均和號讓登　燕輝公子生於同治癸亥年十月十六日辰時　配麥氏生於同治　年十二月十七日　時終於光緒戊戌年十月初一日　時　無子以日和公次子欣榮入繼

連滿字紹登又名桂和　興遠公子配周氏　生一子名裕寬

連錦字茂登號英和　興遠公次子配梁氏關氏潘氏　二子長勤鏘殤次勤鐸

仕九字俊登　廣耀公子配羅氏繼配鍾氏　生三子長來仰次

建仰三瑞仰

芝字瑞全　文遠公長子生於辛巳年十月初九日丑時終於癸丑年五月初九日丑時配李氏生於甲午年十月十四日辰時終於癸未年二月初六日巳時繼配胡氏生於癸未年七月十三日寅時終於乙巳年十月廿八日寅時　葬大崗腦　無嗣

根字兆獅　文遠公次子配　氏塟麥村岡　生二子長字坤次字祥

東字兆勳　文遠公三子生於道光庚子年十一月十七日寅時終於壬午年十月十三日子時配黎氏生於道光癸卯年十月初二日未時終於民國辛未年二月二十六日丑時葬西塱銅鑼崗　生三子長字經次字明殤三廣滔兆勳公無子公以三子廣滔公出繼之

閏科字兆勳　文遠公四子配何氏　無子以兆勳公三子廣滔

公入繼

大維字鑾生號芝榮　禮明公長子生於嘉慶己未年十月初七日寅時　無子芝蘭公子孫同祀

二維字盈生號芝蘭　禮昌公繼子生於嘉慶壬戌年二月二十日丑時終於光緒辛巳年二月十七日酉時配上村何氏生於嘉慶戊辰年六月十三日　時終時光緒丁亥年九月十四日時　生一子名德旺

河字口口　惠公子配朱氏　生一子名炳

蔭字世貞號茂棠　浩明公子生於道光癸卯年六月十一日亥時終於光緒壬午年二月二十日卯時配鄭氏生於道光丁未年四月初七日申時終於同治戊辰年四月十一日戌時繼室陳氏生於道光己酉年四月初十月未時終於同治庚午年二月二十三日子時　生一子名七根

福　高明公子　無嗣

丙林字世豪　福明公長子生於　　年十一月初八日　時終於　　年二月初一日　時配招氏生於　　年　月　日　時終於　　年　月　日　時葬西璺三聖堂前　生三子長德次壽三寬

就字世開號丙富　福明公次子生於咸豐丁未年四月十六日卯時終於光緒壬辰年三月十六日戌時配黎氏葬坑口崗生一子名章

和字世興號茂林　福明公三子生於咸豐辛亥年五月初十日卯時終於民國戊辰年九月二十七日丑時配李氏葬白洞崗
無子以世開公子孫同祀

海字世泰別字汝南　祿明公長子生於道光甲申年九月十二日未時終於光緒乙酉年七月初八日未時享壽六十有二歲

配何氏生於道光丙戌年正月二十四日酉時終於光緒戊子年四月十一日亥時享壽六十有三葬老鼠峽崗　生四子長常滔次耀滔三式滔四敏滔

福字世傳　祿明公次子配劉氏葬湛涌崗　無子以世澤公次子漢公入繼

胡字世澤　祿明公三子配關氏葬湛涌崗　生二子長恩次漢世傳公無子公以次子漢出繼之

全字世文　閏明公子生於　年十月十五日　時終於　年十一月初二日　時配羅氏葬坑口崗　生一子名謙

长房

八世 珠江祖支 心泉祖後

十七世 十八世 十九世 二十世 廿一世 廿二世 廿三世 廿四世 廿五世

日和—杰榮—蝦

日和—欣榮 出嗣

均和—欣榮

十八世

耀字杰榮別號捧雲　日和公長子生於光緒庚子年十月初一日子時　配郭氏生於光緒丁未年十二月初五日　時生一子名蝦

鴻字欣榮別字惠餘　均和公繼子生於光緒壬寅年四月初六日子時　配李氏生於宣統辛亥年八月二十五日子時生　子

十九世

蝦字　杰榮子

長房　八世　珠江祖支　心泉祖後

十七世　十八世　十九世　二十世　廿一世　廿二世　廿三世　廿四世　廿五世

紹登—達榮—景端

茂登—勤錄
　　—勤鐸

十八世

裕寬字達榮　紹登公子配羅氏　生一子名景端㸃

勤鏵字口口　茂登公子配周氏　無嗣

長房

八世珠江祖支心泉祖後

十七世 十八世 十九世 二十世 廿一世 廿二世 廿三世 廿四世 廿五世

進登—爵榮—朝璋—顯猷—達昌

達勛—經

錫榮

琫璋

顯輝—達財

達怡—鉅艮

恩榮

翰璋

永滔

永桃

十八世
來仰字爵榮號順寬　進登公長子配郭氏　生二子長賜齡次
賜珩
建仰字錫榮　進登公次子配黃氏　無嗣
瑞仰字恩榮號允寬　進登公三子配梁氏　生一子名疊希
十九世
賜齡字朝璋別字荇田　爵榮公長子生於　年　月　日
時終於　年　月　日　時配陳氏
生二子長作深次作新
賜珩字琫璋　爵榮公次子生於　年　月　日　時終於
年　月　日　時配李氏梁氏　無嗣
疊希字輸璋　恩榮子生於　年　月　日　時終於　年
月　日　時配　氏　無嗣

二十世

作深字顯猷　朝璋公長子生於　年　月　日　時　於

年　月　日　時配羅氏生於

繼配黎氏

生三子長溢疇次溢濂三溢熙

作新字顯輝　朝璋公次子　配

陳氏　生一子名溢泉

永滔字　翰璋公長子

永桃字　翰璋公次子

二十一世

溢疇 字達昌　顯猷長子　配何氏

溢灘 字達勛　顯猷次子　配談氏　生子名經

溢熙 字達怡　顯猷三子　配朱氏　生子鉅艮

溢泉 字達財　顯輝子　配楊氏

二十二世

經字　達勳子

鉅良字　達怡子

長房

八世　珠江祖支　心泉祖後

十七世　十八世　十九世　二十世　廿一世　廿二世　廿三世　廿四世　廿五世

兆獅
- 德榮
  - 蘊章
    - 秉賢
    - 漢
- 旵常

兆勳—耀榮—玉鏗—澤聲
　　—讚榮出嗣

兆勳—讚榮—焯輝
　　　　—晃輝

十八世

宇坤字德榮　兆獅公長子配鄭氏　生一子名伯慶

宇祥字昆常　兆獅公次子葬坑口大腦崗　無嗣

宇經字耀榮號俊偉　兆勳公長子生於咸豐甲子年九月二十三日戌時終於光緒癸卯年五月十五日亥時配陳氏生於光緒戊寅年正月十四日寅時終於光緒癸卯年五月十六日未時葬西壆墟　生二子長禮義殤次玉鏗

廣滔字讚榮字俊錫　兆勳公繼子生於　年　月　日　時終於民國甲戌年十一月初八日　時配曹氏　生二子長焯輝次晃輝

十九世

伯慶字蘊章　德榮公子生於

配駱氏　生　子長秉賢次

漢

玉鑑字凱章　耀榮公子生於

配梁氏　生　子名澤聲

焯輝字　讃榮公長子

晃輝字　讃榮公次子

二十世

秉賢字　蘊章公長子

漢字　蘊章次子

澤聲字　凱章子

長房

八世 珠江祖支 心泉祠後

十七世　十八世　十九世　二十世　廿一世　廿二世　廿三世　廿四世　廿五世

二維—德旺—惠
　　　　　—允周—登謙
　　　　　　　　—登佳

登堅

十八世

根字德旺　芝蘭公子生於道光乙未年十月十七日　時終於光緒乙未年十月二十四日　時配白鶴洞鄉吳氏生於道光丁未年十一月十八日　時終於光緒戊戌年八月初五日時　生二子長惠次娣

十九世

惠字□□　德旺公長子生於同治壬戌年十月二十四日　時終於光緒戊子年七月十六日　時配西塱關氏生於同治戊辰年十一月初六日　時

娣字允周　德旺公次子生於光緒辛巳年三月二十八日　時終於民國丙子年三月廿日寅時配貝江邵氏生於光緒壬辰年　月　日　時　生三子長成錦次蘇三妹

二十世

成錦字　號　顯聲號　益謙　允周公長子生於民國癸丑年九月二十七日　時配陳氏生於民國丙辰年九月十三日　時

蘇字　號　益佳　允周公次子生於民國丁巳年十二月初三日　時

妹字　號　益堅　允周公三子生於民國壬戌年十二月初三日　時

長房

八世珠江祖支心泉祠後

十七世　十八世　十九世　二十世　廿一世　廿二世　廿三世　廿四世　廿五世

河—炳—耀

世貞—熠滔

十八世

炳字□□　河公子配陳氏　生一子名耀

七根字炤滔　世貞公子生於同治甲戌年十月十三日亥時終於光緒戊戌年九月二十日巳時配郭氏生於光緒戊寅年三月初五日丑時終於光緒己亥年十二月初三日未時　無嗣

十九世

耀字　炳公子

長房

八世珠江祖支 心泉祖後

十七世　十八世　十九世　二十世　廿一世　廿二世　廿三世　廿四世　廿五世

- 世豪
  - 廣滔
    - 啓蕃
      - 顯盛
        - 達開
          - 紹彬
      - 顯爵
        - 蘇
      - 華

文

啓邦
顯騰
昭

啓基
顯華
日權

顯騰 出嗣

顯耀

樹

鴻

日滿

啓標
但家

啓潛
顯强
熾金

顯明
沛坤

顯昌

熾輝 熾煊

沛勤

炳滔

啓墉　啓祥

顯恩　執

錫忠

啓然—捌

彥滔—啓昌

啓作—志伸

志添　志錦　志田

啓安

在景　在泰　在焕

十八世

德字廣滔號有勤　世豪公長子生於道光乙未年九月十四日卯時終於宣統辛亥年九月二十二日卯時配招氏塟湛涌崗　向之原　生五子長威次儀三贊四英五均

壽字炳滔號有功　世豪公次子生於　年　月　日　時終於　年　月　日　時配策頭羅氏生三子長艮次棠三蒼

寬字彥滔號有輝　世豪公三子生於道光乙巳年十一月十一日寅時終於民國己未年二月十五日亥時配梁氏生於道光庚戌年十月二十七日丑時終於民國丁未年四月初一日亥時合葬三聖堂後茅林岡　生三子長杜次松三蘇

十九世

威字啓蕃號佐口　有勤公長子生於咸豐己未年十一月二十九日卯時終於光緒癸卯年八月初四日戌時配河南唐氏葬銅鑼崗　生四子長堯次順三華四文

儀字啓邦號佐朝　有勤公二子生於咸豐辛酉年四月二十六日巳時終於民國己巳年四月二十六日申時配茶滘黎氏繼配原氏葬銅鑼崗　無子以啓基公次子顯騰入繼

贊字啓基號佐樞　有勤公三子生於同治壬申年十一月初十日申時終於民國辛酉年十一月十四日申時配坑口陳氏生於　年　月　日　時終於　年　月　日　時公葬西塱崗　生三子長秋次眼三彥啓邦公無子公以次子顯騰出繼之

英字啓標號佐傑　有勤公四子生於同治辛未年正月十九日
申時終於民國甲戌年正月二十五日丑時配麥村麥氏
繼配朱氏
葬湛涌崗　生一子名但家
均字啓潛號佐衡　有勤公五子生於同治甲戌年二月二十二
日寅時
配西坑梁氏生於光緒己卯年三月十九日　時
生　子長柏純次柏津三柏春
艮字啓墉號佐澄　有功公長子生於
配馮氏
生二子長炎次執
棠字啓祥　有功公次子生於

配坑口陳氏
蒼字啓然　有功公三子配陳氏繼配李氏　生一子名八
杜字啓昌號贊杜　有輝公長子生於光緒庚辰年　月　日
時　配谷樹梁氏
松字啓作字贊松　有輝公次子生於　年　月　日　時配
大橋鄉唐氏　生四子長志
伸次志田三志錦四志添
蘇字啓安號贊蘇別字桂泉　有輝公三子生於光緒戊子年
月　日　時配秀水徐氏生於　年　月　日　時終於
年　月　日　時繼配葉氏
徐氏葬坑口大崗腦　生　子長在景次在泰三在煥
二十世
堯字顯盛　啓蕃公長子生於光緒壬午年年九月十六日巳時終

於光緒丙午年三月二十日丑時配白洞吳氏

公葬坑口崗　生一子名煥田

順 字顯爵　啓蕃公次子生於光緒乙未年十二月二十日卯時

終於民國壬戌年六月二十一日午時配　氏　生一子名蘇

華 字　啓蕃公三子生於

文 字　啓蕃公四子生於

眼 字顯騰　啓邦公繼子生於　配

氏　生　子長昭

秋字顯華　啓基公長子生於　生　子長日權次

配　氏

日滿

彥字顯耀　啓基公三子生於　生　子長

配涌口鄉何氏

樹次鴻

但家字　啓標公子

柏純字顯强　啓潛長子　配鍾

秀彭氏　生　子長賜金

柏津字顯明 啓潛次子 配策
頭鄉羅氏 生 子長沛坤
次沛勤
柏春字顯昌 啓潛三子 配秀
水梁氏 生 子長賜煊次
賜輝
炎字顯恩 啓墉長子 配山村
廖氏 生 子長錫忠
執字 啓墉次子
搠字 啓然子

志伸字　號國傑　啓作長子

志田字　啓作次子

志錦字　啓作三子

志添字　啓作四子

在景 字 啓安長子

在泰 字 啓安次子

在焕 字 啓安三子

二十一世

焕田 字 達開 顯盛長子

配　氏　　生　子長紹彬

蘇字　顯爵子

昭字　顯騰子

日權字　顯華長子

日滿字　顯華次子

樹字　顯耀長子

鴻字　顯耀次子

熾金字　顯强子

沛坤字　顯明長子

沛勤字　顯明次子生於民國甲戌年十月二十日　時

熾煊　字　顯昌長子

熾輝　字　顯昌次子

錫忠　字　顯恩子

長房　八世珠江祖支心泉祖後

十七世　十八世　十九世　二十世　廿一世　廿二世　廿三世　廿四世　廿五世

世開—鴻滔—啓華—善勳
　　　　　　　　└信勳

十八世

章字鴻滔號有孚　世開公子生於光緒丁丑年六月十四日申時終於民國戊辰年正月十三日申時配吳氏

葬坑口崗　生一子名女

十九世

女字啓華號漸景　鴻滔公子生於宣統己酉年十二月十三日辰時　配何氏生於宣統辛亥年四月二十九日未時　生　子長善勳次信勳

二十世

善勳字　啓華長子生於民國庚午年九月二十日卯時

信勳字

啓華次子生於民國壬申年七月十九日辰時

長房

八世 珠江祖支 心泉祖後

十七世　十八世　十九世　二十世　廿一世　廿二世　廿三世　廿四世　廿五世

世泰—常滔—啟緒—顯鋆—可淳

顯道—可植

啟智
應彬

啟煜
顯鎏

應詔

可强

耀滔

啟善

顯剛

可桓　可昇

應基

顯熾

顯燊

啟揚

應珠　應樹　應堅　應業

應九

應裔

啟芳

應鑾

- 式滔
  - 啟平
    - 應參
    - 應湛
    - 應忠
  - 啟昌

敏滔

敔頣　應爽　應崧

敔恭

啓堅　應培

十八世

其昌字常滔號觀光又號有恒別號荇川　清國學生世泰公長子也公篤於孝而慎於行長習歧黃壯年遊於歐美暨星洲羣島歸而致力於鄉族事爲懸壺濟世常以鄉族事爲己任力任艱鉅不避險阻事靡大小得公一言而曲直判衆皆翕焉遠近就醫者絡繹不絕不計有無酧謝而赤貧者復施以藥此非公豐於財而市恩也特樂善爲懷而心存濟世耳迨科舉廢學校興公又創辦我族至愛學校以培植子姪曆長斯校以終天年溯生於清道光乙巳年九月十一日申時終於民國戊辰年八月十四日卯時享壽八十有四壽考以終孫支蕃衍識者咸以爲盛德之報云配鍾秀鄉彭氏生於道光丁未年七月二十三日寅時終於光緒壬辰年二月二十五日巳時得年四十六歲葬坑口大崗腦公葬西塱孖樹崗繼配徐氏無所出　生六子

長紹裘次紹煊殤三紹燦四紹棉殤五紹焯殤六紹昂

禮字耀滔號有儀　世泰公次子生於道光己酉年十二月初十日　時終於光緒辛卯年四月二十七日　時得年四十四歲配陸氏生於咸豐癸丑年七月初五日　時終於光緒丁亥年六月二十日　時塟坑口大崗腦　生三子長紹麟次紹登三紹桃

坤字式滔號有規　世泰公三子生於咸豐己未年十二月二十五日寅時終於光緒庚子年十月初五日子時配大江鄉潘氏生於咸豐辛酉年五月二十四日　時公塟西壆初生月　生二子長紹康次紹鏗

釗字敏滔號有鑑　世泰公四子生於同治壬戌年十二月三十日　時　配麥氏生於同治乙丑年六月十二日　時終於民國丁巳年十月十三月　時氏

埜銅鑼崗　生三子長紹寧次紹芬三紹剛

十九世

紹裘字啓緒號佐艮別字述卿　常滔公長子生於同治壬申年九月二十二日寅時　配新爵鄉吳氏生於同治甲戌年十月二十七日辰時　生　子長應浩殤次應銓三應翰四口殤五應詔

紹燦字啓煜號佐熙別字亮廷　常滔公三子生於光緒丁丑年十二月初四日　時　配鄭氏生於光緒癸未年十月十八日　時　生一子應尊

紹昆字啓智號佐聰　常滔公六子生於光緒戊子年三月十八日　時　配何氏生於光緒庚寅

年十一月三十日　時
生　子長應彬次應基
紹麟字敬善別字瑞人　耀滔公長子生於同治甲戌年八月二
十九日　時　　配梁氏生於光
緒乙亥年七月二十三日　時
生　子長應乾次應棪三應傑
紹登字啓揚別字幹生　耀滔公次子生於光緒丙子年八月二
十一日戌時　　配何氏生於光
緒辛巳年十月初四日未時終於民國壬申年九月二十五日
酉時副室吳氏鄒氏　生　子長應初殤次應春殤三應珠四
應樹五應堅六應業七應九八應裔
紹桃字啓芳別字馥林　耀滔公三子生於光緒己卯年五月十
四日　時　　配室蘇氏生於宣

統辛亥年七月十七日辰時
生　子長應鎏
紹康字啓平號佐時　式滔公長子生於光緒乙酉年十一月二
十日　時　配策頭陳氏繼配
郭村梁氏　生　子長應鉅
殤次應參三應湛四應忠
紹鎣字啓昌　式滔公次子生於光緒己丑年九月初四日　時
配東塱鄉何氏
紹寧字啓頤　敏滔長子生於光緒丁亥年八月初三日　時
配梁氏生於光緒己丑年七
月十八日　時　生　子長
應爽次應崧

紹芬字啓恭號佐才　敏滔次子生於光緒壬辰年八月十二日
時終於民國丙寅年十二月二十二日　時配何氏生於光
緒甲午年七月二十四日　時公葬披頭猿岡
紹剛字啓堅別字徤之　敏滔四子生於光緒庚子年八月十五
日　時　配鄭氏生於光緒壬
寅年正月十二日　時終於民國乙丑年四月初七日　時氏
葬老鼠挾崗　生一子名應培

二十世

應銓字顯鋆別字秉衡　啓緒長子生於光緒乙巳年十二月十
二日　時　配南海亭潡鄉陳
氏生於光緒丁未年十一月十四日　時
生　子長可淳
應翰字顯道別字尉文　啓緒三子生於光緒戊申年四月初五

配東漖郭氏生於宣統庚戌年二月初四日　時
日　時

生　子長可植次可强

應韶字別字善銘　啓緒五子生於民國丙辰年六月十一日　時

應蕚字顯鎏　啓煜長子生於光緒戊申年五月二十三日　時

配郭氏生於宣統辛亥年三月初七日未時

應彬字　啓智長子生於民國己未年　月　日　時

應基字　啓智次子生於民國壬申年　月　日　時

應乾字顯剛　啓善長子生於光緒己亥年三月二十日　時終
於民國丙寅年六月十五日　時配梁氏生於光緒庚子年十
二月二十日　時　生二子
長可桓次可昇
應棪字顯熾　啓善次子生於光緒甲辰年八月初八日　時終
於　年　月　日　時配招氏生於光緒丙午年十二月二
十七日　時　副室尹氏生於
光緒丁未年正月十九日　時
生　子
應傑字顯燊別字俠文　啓善三子生於宣統庚戌年十一月十
六日　時　配周氏生於民國
壬子年五月二十一日　時

生子

應珠字　啓揚長子生於民國甲子年　月　日　時

應樹字　啓揚次子生於民國丁卯年　月　日　時

應堅字　啓揚三子生於民國丁卯年　月　日　時

應業字　啓揚四子生於民國己巳年　月　日　時

應九 字　啓揚五子生於民國辛未年　月　日　時

應裔 字　啓揚六子生於民國壬申年　月　日　時

應鎏 字　啓芳長子生於民國癸卯年　月　日　時

應参 字　啓平次子生於民國甲寅年　月　日　時

應湛 字　啓平三子生於民國丙辰年　月　日　時

應忠字　啓平四子生於民國壬戌年　月　日　時

應爽字　啓頤長子生於民國甲寅年十一月廿三日　時

應崧字　啓頤次子生於民國甲子年六月初六日　時

應培字　啓堅長子生於民國乙丑年四月二十四日　時

二十一世

可淳　字　顯鋈長子生於民國庚午年十二月初六日　時

可植　字　顯道長子生於民國辛未年六月十四日　時

可强　字　顯道次子生於民國甲戌年五月二十一日未時

可桓　字　顯剛長子生於民國戊午年八月二十八日　時

可昇字

顯剛次子生於民國甲子年十一月十七日　時

長房

八世 珠江祖支 心泉祖後

十七世　十八世　十九世　二十世　廿一世　廿二世　廿三世　廿四世　廿五世

世傳—裕滔

世澤—有彬—啟莊
　　—裕滔 出嗣

十八世

漢字裕滔號有饒　世傳公繼子生於同治乙丑年五月二十七
日時　配曹氏

恩字口口號有彬　世澤公長子配盧氏　生一子名紹桐

十九世

紹桐字啓莊別字實文　有彬公子配陳氏　無嗣

長房

八世 珠江祖支 心泉祖後

十七世 十八世 十九世 二十世 廿一世 廿二世 廿三世 廿四世 廿五世

文世—亮滔—啓發—顯鴻

十八世

謙字亮滔　世文公子生於咸豐壬子年五月十五日巳時終於民國甲子年七月十七日卯時配何氏生於　年　月　日時終於　年　月　日　時塟新爵崗　生一子名榮

十九世

榮字啓發　亮滔公子生於光緒庚寅年九月初八日子時　配關氏　生一子名應溋

二十世

應溋字顯鴻　啓發子生於宣統庚戌年五月二十三日辰時　配郭氏　生　子

長房　六世桂庭祖支

九世　十世　十一世　十二世　十三世　十四世　十五世　十六世　十七世

九世 義泉
十世 茂禎（義泉子）
十一世 泰初、成初（茂禎子）
十二世 孫壽（成初子）
十三世 炳畧、炳謙、炳進（孫壽子）
十四世 廣升、廣居出嗣（炳進子）
十五世 耀舉（廣升子）
十六世 執（耀舉子）

炳達—廣居—耀能—允生—德興

士逢

孫名

顯初出嗣

茂祥—肇初

茂超—顯初—孫望—炳秀—博文

博燦

孫豪
士交
士良
博仁
博斯

炳元
博滔
博池
耀明

念江—茂乾
　　—茂奇—洪初
　　　　　—允初

少行—茂成

少傳—茂躍

彥相—茂覺—公培—孫偉
　　　　　—公憲

彥綱
- 茂陶
  - 純初
    - 孫譽
    - 孫瑞
    - 孫泰
      - 士鰲
        - 廣發
- 茂傳

茂經—公友—孫成—士祥

　　　　　孫崙—炳華—興萬—蕃

　　　　　孫國—炳鰲—廣祿

　　　　　　　　　　廣連—奇昇—允高—德剛

　　　　　　　　　　　　　　　　允興—德發

　　　　　　　　　　　　奇開—允聰—德維

孫法—士威

彥紀—茂相
彥紀—茂德
彥紀—茂弘

彥聖—兆連—朗初
彥聖—茂連

長房　六世桂庭祖支

十世

□□字茂禎號明宇　義泉公長子配吳氏　生三子長泰初次成初三顯初茂超公無子公以三子顯初公出繼之

□□字茂祥號鳴岐　義泉公次子配黎氏　生一子名肇初

□□字茂超　義泉公三子配關氏　無子以茂禎公三子顯初公入繼

□□字茂乾　念江公長子配羅氏　無嗣

□□字茂奇　念江公次子配梁氏　生二子長洪初次允初

□□字茂成　少行公子配吳氏　無嗣

□□字茂躍　少傳公子配　氏　無嗣

學一字茂覺號星環　敬村公子配莫氏　生二子長公培次公憲

志臯 字茂陶　彥綱公長子配馮氏簡氏　生一子名純初

志禮 字茂傳　彥綱公次子配　氏　無嗣

志文 字茂經　彥綱公三子配粱氏　生一子名公友

志用 字茂相　彥紀公長子配吳氏　無嗣

志口 字茂德　彥紀公次子配　氏　無嗣

志明 字茂弘　彥紀公三子配黃氏　無嗣

兆連　彥聖公長子配郭氏　生一子名朗初

茂連　彥聖公次子配　氏　無嗣

十一世

泰初　茂禎公長子配　氏　無嗣

成初　茂禎公次子配　氏　生二子長孫壽次孫名

肇初　茂祥公子配　氏　無嗣

顯初　茂超公繼子配　氏　生二子長孫望次孫豪

洪初　茂奇公長子配　氏　無嗣

允初　茂奇公次子配　氏　無嗣

公培　茂覺公長子配　氏　生一子名孫偉

公憲　茂覺公次子配　氏　無嗣

純初　茂陶公子配　氏　生三子長孫譽次孫瑞三孫泰

公友　茂經公子配　氏　生四子長孫成次孫崙三孫國四孫
法

朗初　兆蓮公子配　氏　無嗣

十二世

業成字孫壽　成初公長子配黃氏　生五子長炳畧次炳謙三
炳進四炳達五仕達

業口字孫名　成初公次子配　氏　無嗣

業隆字孫望　顯初公長子配黃氏　生二子長炳秀次炳元

業序字孫豪　顯初公次子配吳氏　生二子長士交次士艮

□□字孫偉　公培公子配麥氏　無嗣

□□字孫譽　純初公長子配　氏　無嗣

□□字孫瑞　純初公次子配　氏　無嗣

□□字孫泰　純初公三子配陳氏　生一子名士鰲

德明字孫成　公友公長子配　氏　生一子名士祥

德君字孫崙　公友公次子配　氏　生一子名炳華

德□字孫國　公友公三子配梁氏　生一子名炳鰲

德□字孫法　公友公四子配招氏　生一子名士威

十三世

炳署字□□　孫壽公子配　氏　無嗣

炳謙字□□　孫壽公次子配何氏　無嗣

炳進字□□　孫壽公三子配梁氏　生二子長廣昇次廣居炳

達公無子公以次子廣居公出繼之

炳達　字口口　孫壽公四子配黃氏　無子以炳進公次子廣居公入繼

士達　字口口　孫壽公五子配　氏　無嗣

炳秀　字口口　孫望公長子配黃氏　生四子長博文次博燦三博滔四博池

炳元　字口口　孫望公次子配　氏　無嗣

士交　字炳忠　孫豪公長子配　氏　生二子長博仁次博斯

士良　字口口　孫豪公次子配　氏　無嗣

士鰲　字炳祥　孫泰公子配何氏　生一子名廣發

士祥　字口口　孫成公子配　氏　無嗣

炳華　字口口　孫崙公子配何氏　生一子名興萬

炳鰲　字口口　孫國公子配羅氏　生二子長廣祿次廣連

士威字口口　孫法公子配　氏　無嗣

十四世

廣昇　炳進公子配　氏　生一子名耀舉

廣居　炳達公繼子配　氏　無嗣

博文　炳秀公長子配　氏　無嗣

博燦　炳秀公次子配　氏　無嗣

博滔　炳秀公三子配　氏　無嗣

博池字祥耕　炳秀公四子配　氏　生一子名耀明

博仁字口口　士交公長子配　氏　無嗣

博斯字口口　士交公次子配　氏　無嗣

廣發字口口　炳祥公子配　氏　無嗣

興萬字口口　炳華公子配　氏　生一子名蕃

廣祿字口口　炳繁公長子配　氏　無嗣

廣連 字口口 炳鰲公次子配 氏 生二子長奇昇次奇開

十五世

耀舉 字口口 廣昇公子配 氏 生一子名執

連 字耀能 廣居公子生於道光乙巳年六月十八日辰時終於光緒己卯年五月十三日寅時配黃氏生於 年 月 日時終於 年 月 日 時 生二子長允生次允艮殤

耀明 字口口 博池公子配 氏 無嗣

蕃 字奇昌 興萬公子配 氏 無嗣

奇昇 字口口 廣連公長子配 氏 生二子長允高次允興

奇開 字口口 廣連公次子配 氏 生一子名允聰

十六世

執 字口口 耀舉公子配 氏 無嗣

達 字允生 耀能公子生於同治壬申年八月十二日辰時終於

光緒戊申年三月初八日亥時配鄭氏生於同治癸酉年五月
十四日申時終於光緒己酉年三月十八日戌時　生一子名
德輿

允高字口口　奇昇公長子配　氏　生一子名輝

允興字口口　奇昇公次子配　氏　生一子名彬

允聰字口口　奇開公子配　氏　生一子名德維

十七世

少佳字德輿　允生公子配唐氏　生二子長凌發次凌科

輝字德剛　允高公子配黎氏　生二子長甜次平殤

彬字德發　允興公子配林氏　生一子名巧

口口字德維　允聰公子生於　年十一月二十三日　時終
於　年二月初四日　時配彭氏生於　年十一月十四
日　時終於　年五月二十五日　時　生一子名凌端

長房　六世桂庭祖支

十七世　十八世　十九世　二十世　廿一世　廿二世　廿三世　廿四世　廿五世

德興—凌發—啓卓—顯濃—澤民
　　　　　　　　　　　　澤生
　　　　　　　　　　　　澤培

浚科—啓潛—顯恩

澤霖

德剛—凌鍾—林
　　　　　　—啓潮
　　　　　　—啓德

德發—錦福—永能—熾

德維—凌端—啓芳—顯勳—新

長房　六世桂庭祖支

十八世

煊　字淩發　德興公長子生於道光甲辰年九月二十四日申時終於光緒辛卯年八月二十五月戌時配鄧氏生於道光庚戌年七月二十四日子時終於光緒甲午年四月十六日戌時合葬西壆　生一子名啓卓

祥　字淩科　德興公次子生於道光乙巳年六月十七日申時終於光緒甲申年四月十二日戌時配譚氏生於　年　月　日　時終於光緒戊子年三月十四日未時　生二子長安次明殤

甜　字淩鍾　德剛公子生於道光戊戌年三月初二日卯時終於光緒丙午年十二月十六日巳時享壽六十有九歲配馮氏生於道光丁未年十月初四日未時終於民國戊辰年八月廿九

日卯時享壽八十二歲合塟坑口崗　生三子長林次泰三光

巧字錦福　德發公子配陳氏　生一子名永能

成字凌端　德維公子生於　年七月十六日　時終於

年十一月二十八日　時配李氏生於　年八月十七日

時終於　年二月初四日　時　生一子名佳

十九世

來字啓卓　凌發公長子生於同治戊辰年八月二十八日辰時

終於民國壬子年四月二十四日辰時配黎氏生於同治甲戌

年七月十八日申時終於光緒庚寅年五月十九日未時合塟

羅涌崗繼配鍾氏　生一子名漢桃

安字啓潛　凌科公子生於同治己巳年十二月初九日申時終

於光緒丁未年八月十五日辰時配劉氏生於同治辛未年十

二月二十九日未時終於光緒戊申年九月二十八日未時合

葬坑口崗　生一子名士議

林字　淩鍾公長子

泰字啓潮　淩鍾公次子生於光緒己卯年五月二十一日卯時

配關氏生於光緒己丑年七

月十八日丑時終於民國戊午年六月十五日辰時繼室黃氏

生於光緒乙未年十二日十四日　時

生　子

光字啓德　淩鍾公三子生於光緒辛巳年十一日二十九日寅

時　配麥氏生於光緒癸巳年

八月二十一日丑時

炳桐 字永能　錦福公子生於　　　生一子名熾
配梁氏
佳 字啓芳　凌端公子生於同治壬申年十月十六日　時
配關氏生於光緒丙子年六月十
七日　時終於光緒甲辰年二月初五日　時繼配沈氏生於
年　月　日　時
生一子名勳
二十世
漢桃 字顯濃　啓卓公子生於光緒己丑年五月十三日巳時
配劉氏生於
繼配余氏劉氏　生　子長澤民次澤生三澤培四
澤霖
士識 字顯恩　啓潛公子生於光緒丁亥年四月十六日辰時

配黃氏生於光緒庚寅年三月
十八日申時

熾字　永能子生於民國癸亥年四月十六日辰時

勷字顯勷號光棠　啓芳子生於光緒癸卯年七月十六日　時
配麥氏生於宣統己酉年八
月十四日　時　生　子名
新

二十一世

澤民字　顯濃長子生於民國己未年正月二十二日巳時

澤生字　顯濃次子生於民國庚申年七月二十二日戌時

澤培字　顯濃三子生於民國庚午年二月初十日　時

澤霖字　顯濃四子生於民國癸酉年十一月廿九日　時

新字　顯勳子生於　年　月　日　時

長房　六世桂林祖支

八世　九世　十世　十一世　十二世　十三世　十四世　十五世　十六世

两川—口—茂華
　　　　—茂著—道初

長房　六世桂林祖支

十世

茂華字□□　两川公孫配陳氏　無嗣

茂著字□□　两川公孫配張氏龎氏　生一子名道初

十一世

道初字　茂著公子配　氏　無嗣

長房　六世　北昌祖支

九世　十世　十一世　十二世　十三世　十四世　十五世　十六世　十七世

國德—茂夔

國本—茂明—惠初—孫朗—秉燦—廣全

茂明—享初—孫翹

茂明—萬初—德高

國鍵

茂君

茂貞

景初

孫行

孫澤

孫沂

德燦

茂翃

守存—茂光—善初—孫侯—秉文—達才

守存—茂正

善初—孫伯—秉方

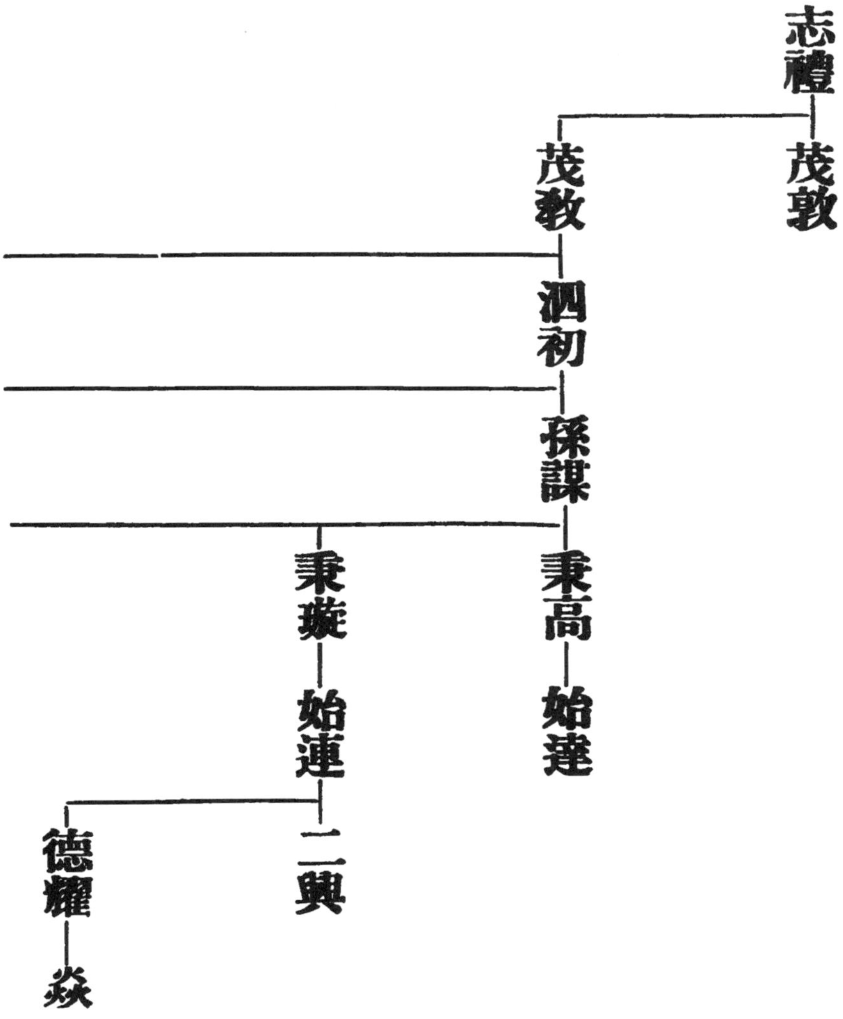
志禮
茂敦
茂教
泗初
孫謀
秉高
秉璇
始達
始連
二興
德耀
焱

孫富

孫華出嗣

秉疊

始開

連標

社帶

叶賓

始隆

承福

孫貴

秉才—始仁—連桂—坤—鐫

秉葵—始義—松景

秉健—始仁出嗣

　　　始義出嗣

始禮—容貴—德章—尚勤

始禮—純貴出嗣

始禮—良貴—德進—尚英

始智—純貴

仲初—孫華—秉康—達生

- 秉洪
  - 始興
    - 連茂
  - 始維
    - 連信
    - 連興
    - 連開

- 始進
  - 連江
    - 進英
      - 日志
  - 連成
  - 連富
    - 進英 出嗣
    - 秀坤
      - 瑞

連貴

長房　六世北昌祖支

十世

茂夔字□□　國德公子配　氏　無嗣

茂明　國本公子配羅氏　生三子長惠初次享初三萬初

茂昆　國健公長子配梁氏　無嗣

茂珍　國健公次子配　氏　生一子名景初

茂瑚　國健公三子配　氏　無嗣

茂光　守存公長子配何氏　生一子名善初

茂政　守存公次子配梁氏　無嗣

茂敦　志禮公長子配羅氏　無嗣

茂教　志禮公次子生於明崇禎丁酉年十一月初四日午時終於甲辰年四月二十二日丑時享壽六十有八歲配郭氏生於丁巳年二月初四日戌時終於癸丑年十月二十七日戌時享

壽五十七歲合葬河南園門口　生二子長泗初次仲初

十一世

□□字惠初　茂明公長子配吳氏　生一子名孫朗

天福字享初號臏五　茂明公次子配羅氏　生一子名孫翹

天壽字萬初　茂明公三子配陳氏　生二子長德高次德燦

天符字景初　茂珍公子配楊氏　生三子長孫恒次孫澤三孫

沂

□□字善初　茂光公子配龔氏　生二子長孫侯次孫伯

□□字泗初　茂教公長子生於明崇禎庚午年十一月十四日亥時終於康熙己酉年六月十二日寅時配鄭氏生於癸丑年十二月十四日亥時終於康熙癸巳年十一月二十日未時合葬於茂教公塋左　生四子長孫謀次孫華三孫富四孫貴仲初公無子公以次子孫華公出繼之

□□字仲初　茂教公次子配潘氏　無子以泗初公次子孫華公入繼

十二世

德昌字孫朗　惠初公子配馮氏　生一子名秉燦

德隆字孫翹號卓軒　享初公子配霍氏　無嗣

德高　萬初公長子配　氏　無嗣

德燦　萬初公次子配　氏　無嗣

□□字孫恒　景初公長子配　氏　無嗣

□□字孫澤　景初公次子配　氏　生一子名秉德

□□字孫沂　景初公三子配　氏　無嗣

德新字孫侯　善初公長子配陳氏　生一子名秉文

德科字孫伯　善初公次子配　氏　生一子名秉方

昌祖字孫謀　泗初公長子配郭氏　生三子長秉高次秉璇三

秉登

口祖字孫富　泗初公三子配　氏　無嗣

顯祖字孫貴號桐菴　泗初公四子生於康熙丙午年八月十八日子時終於乾隆丙辰年十二月初四日戌時葬河南馬涌蒙業園坐辰向戌兼乙辛原向兼巽乾之原配茶滘黎氏生於康熙戊申年六月十三日戌時終於康熙丁酉年三月二十一日子時葬本村土名靴嘴繼配秀水梁氏生於康熙辛酉年五月二十五日卯時終於乾隆丁亥年三月二十一日戌時葬於公塋之左差一壙　生三子長志英次志和三志剛

耀祖字孫華　仲初公繼子配羅氏　生二子長秉康次秉洪

十三世

秉燦　孫朗公子配馮氏　生一子名廣全

秉德　孫澤公子配　氏　無嗣

秉文　孫侯公子配鄭氏　生一子名達才

秉方　孫伯公子配曾氏　無嗣

秉高　孫謀公長子配許氏　生一子名始達

秉璇　孫謀公次子配郭氏　生一子名始連

秉叠　孫謀公三子配梁氏　生二子長始開次始隆

志英字秉才　孫貴公長子生於康熙乙亥年十二月十三日申時終於康熙辛丑年九月十九日子時葬白鶴洞黄含園　無子以秉健公長子始仁公入繼

志和字秉夔　孫貴公次子生於康熙乙酉年十二月二十七日未時終於雍正甲寅年正月初十日申時葬禾含園在鄭丙山下配　氏　無子以秉健公次子始義公入繼

志剛字秉健號定軒　孫貴公三子生於康熙壬寅年四月十七日未時終於乾隆辛丑年十二月初三日辰時葬新爵七星崗

坐丑向未兼艮坤之原配泮塘梁氏生於康熙辛丑年八月初九日亥時終於乾隆戊辰年十一月初八日戌時葬禾舍園秉夔公山側繼配馮氏生於雍正庚戌年八月十九日戌時終於乾隆甲辰年八月二十三日卯時葬於孫貴公墳餘地又配葉氏生於乾隆丁巳年六月二十八日申時終於丁未年二月十六日亥時葬於泗初公墳餘地　生四子長始仁次始義三始禮四始智秉才公無子公以長子始仁公出繼之秉夔公無子公以次子始義公出繼之

秉康　孫華公長子配　氏　生一子名達生

秉洪　孫華公次子配　氏　生三子長始興次始維三始進

十四世

廣全　秉燦公子配　氏　無嗣

達才　秉文公子配　氏　無嗣

始達　秉高公子配　氏　無嗣
始連　秉瑢公子配郭氏　生二子長二興次德耀
始開　秉登公長子配　氏　生一子名連標
始隆　秉登公次子配　氏　生一子名承福
始仁字達誠　秉才公繼子生於乾隆丁卯年十月二十三日巳時終於嘉慶丁丑年七月二十八日丑時塟歐婆崗郭家山後丙向兼巳之原配高村馮氏生於戊辰年二月初七日巳時終於嘉慶庚申年七月二十日酉時葬河南歐基村鎮寶崗丁向兼午之原　生一子名連貴
始義字達聰　秉夔公繼子生於乾隆癸酉年十月十八日子時終於己卯年十月十三日酉時配西墾鄉關氏生於癸酉年八月初二日卯時終於嘉慶戊午年十二月初十日丑時合葬沙涌崗　生二子長餘慶殤次松景

始禮　秉健公三子生於乾隆丙戌年配黃氏　生三子長容貴次純貴三艮貴始智公無子公以次子純貴公出繼之

始智　秉健公四子生於乾隆壬辰年六月初七日申時終於丁未年十月二十九日子時　無子以始禮公次子純貴公入繼

達生　秉康子配　氏　無嗣

始興　秉洪公長子配羅氏　生一子名連茂

始維　秉洪公次子配　氏　生三子長連信次連興三連開

始進　秉洪公三子配黃氏　生四子長連江次連成三連富四連貴

十五世

二興　始連公長子配　氏　無嗣

德耀字聯發　始連公次子配麥氏　生一子名焱

連標　始開公子配梁氏　生一子名叶賓

成福　始隆公子配　氏　無嗣
連貴字德中　始仁公子生於乾隆丁亥年閏七月初三日辰時
配梁氏葬沙涌中心崗　生一子名上培
松景　始義公次子配　氏　無嗣
容貴　始禮公長子配陳氏　生一子名德章
艮貴　始禮公三子配　氏　生一子名德進
純貴　始智公繼子配郭氏　無嗣
連茂　始興公子配　氏　無嗣
連信　始維公長子配　氏　無嗣
連興　始維公次子配許氏　無嗣
連開　始維公三子配招氏　無嗣
連江　始進公長子配　氏　無子以連富公長子進英公入繼
連成　始進公次子配　氏　無嗣

連富　始進公三子配招氏　生二子長進英次秀坤連江公無子公以長子進英公出繼之

連貴　始進公四子配　氏　無嗣

十六世

焱　德耀公子配　氏　無嗣

成字叶賓　連標公子配何氏　無嗣

坤字上培　德中公子生於嘉慶丙辰年九月初七日戌時配何氏生於嘉慶辛酉年七月二十八日子時　生一子名鐫

德章　容桂公子配　氏　生一子名尙勤

炳字德進　桂艮公子　生一子名尙英

進英　連江公繼子配羅氏　生一子名日志

秀坤　連富公子配郭氏　生一子名瑞

十七世

鑴　上培公子配　氏　生五子長滔次渙三釗四禧五歡

倘勤一名閏　德章公子生於道光乙酉年六月二十四日卯時終於光緒癸卯年閏五月初二日寅時配顧氏生於道光戊申年九月初二日申時終於民國壬戌年十月十四日申時　生二子長牛次光鑑

倘英　德進公子配　氏　生一子名世興

日志號時敏字明亮　進英公子生於道光丁卯年四月二十五日申時終於光緒己卯年八月二十七日亥時配鄭氏生於道光癸酉年十二月十五日子時終於光緒丙子年四月二十八日未時合葬白鶴洞蚺蛇崗　生一子名桂芳

瑞　秀坤公子配　氏　無嗣

長房

世六 北昌祖支

十七世　十八世　十九世　二十世　廿一世　廿二世　廿三世　廿四世　廿五世

十七世：鑄

十八世：滔　渙　釗　禧　歡

尚勤

世權　世鴻

錦垣　錦坤　日培　偉强　奀仔

尚英—世興—鴻昭—有醒

世興—翰昭—鋭忠

翰昭—添

世興—祐耀

日志—桂芳—炳光—煥然

十八世

滔字□□　鐫公長子生於道光甲申年正月十一日酉時配
氏　無嗣

渙字□□　鐫公次子生於道光戊子年二月初九日巳時配
氏　無嗣

釗字□□　鐫公三子生於道光癸巳年正月二十二日巳時配
氏　無嗣

禧字□□　鐫公四子生於道光丙申年三月十二日申時配
氏　無嗣

歡字□□　鐫公五子生於道光戊戌年十二月初十日亥時配
氏　無嗣

牛字世權　倘勤公長子生於光緒己卯年七月二十九日辰時
配李氏生於光緒丁亥年二

月初五日巳時　生二子長
錦垣次錦坤
光鑑字世鴻號錦光　尙勤公次子生於光緒庚寅年二月十三
日丑時　配梁氏生於甲午年
十月初十日子時　生三子
長日培次偉强三奀仔
安靖字世興　尙英公子生於咸豐丁巳年十二月二十六日申
時終於民國丙子年八月初三日申時配關氏生於乙丑年八
月二十五日子時　公葬坑口崗
向東　生三子長祐蘇次祐波三祐耀
潤騰字桂芳號德泉別字永年　日志公子生於咸豐辛亥年六
月十七日辰時終於民國戊午年六月十一日亥時享壽六十
八歲配麥氏生於咸豐乙卯年十二月二十一日丑時終於民

國辛未年五月二十六日亥時享壽七十七歲合葬西塱社學前之左　生一子名賜輝

十九世

錦垣 字　世權長子生於民國丙辰年七月二十四日辰時

錦坤 字　世權次子生於民國壬戌年七月初一日申時

日培 字　號植生　世鴻長子生於民國壬戌年九月初三日亥時

偉强字　世鴻次子生於民國丁卯年十二月廿九日子時

奀仔字　世鴻三子生於民國己巳年十月二十二日寅時

祐蘇字鴻昭　世興公長子生於光緒辛卯年十一月三十日子時　配游氏生於光緒庚子年正月二十九日午時　生　子長有醒

祐波字翰昭　世興公次子生於　年　月　日　時　配張氏生於　年　月　日　時　生　子長銳忠次添

祐耀　字　　世興公三子生於　　年　月　日　時

賜輝　字　炳光　號　榮邦　桂芳公子生於光緒己卯年九月初二日

卯時　　配梁氏生於光緒丙戌

年八月二十三日巳時

生　子長煥然

二十世

有醒　字　　鴻照子生於民國庚申年正月初三日未時

銳忠　字　　輸昭長子生於民國　年　月　日　時

添字　翰昭次子生於民國　年　月　日　時

焕然字　炳光子生於民國戊辰年十月十六日未時

長房　世五 積閏祖支

九世　敬洲
十世　茂儒
十一世　起初
十二世　孫和　孫讓
十三世　秉朝　秉憲　艮萬
十四世　宗敬　宗禮出嗣　宗禮
十五世　連昌　紹榮
十六世　口
十七世

威壽

紹奇

紹富—威成—秀龍

紹文

紹卓

紹晚—威揚

孫從—秉佳—廣達—紹高—威元

紹芹出嗣

紹乾

紹聰

廣章—紹芹—威元出繼

威明—潤餘

廣千

孫俊

秉客
秉泰

連昇
萬昇
華昇

明高
明發
四蘇

孫胤

孫漢—秉隆—廣進

紹顯—興茂

紹達

興發—潤清

興秀—潤傑

江榮

- 茂騰
  - 文初
    - 孫賢
      - 秉昇
      - 秉任
    - 有貴
    - 有光

穗洲——茂志

長房　五世積閏祖支

十世

茂儒　敬洲公長子配　氏　生一子名起初

茂騰　敬洲公次子配　氏　生一子名文初

茂志　穗洲公子配　氏　無嗣

十一世

如口字起初　茂儒公子配關氏　生六子長孫和次孫讓三孫從四孫俊五孫胤六孫漢

如鳳字文初　茂騰公子配郭氏　生三子長孫賢次有貴三有光

十二世

孫和　起初公長子配　氏　生二子長秉朝次秉憲

孫讓　起初公次子配　氏　生一子名艮萬

孫從　起初公三子配　氏　生二子長秉佳次秉客

孫俊　起初公四子甲午年五月初三日　時諱辰配李氏壬寅
年四月二十六日　時諱辰　生一子名秉泰

孫胤　起初公五子配　氏　無嗣

孫漢　起初公六子配　氏　生一子名秉隆

孫賢　文初公長子配　氏　生二子長秉昇次秉任

有貴　文初公次子配　氏　無嗣

有光　文初公三子配　氏　無嗣

十三世

秉朝　孫和公長子配　氏　生二子長宗敬次宗禮艮萬公無
子公以次子宗禮公出繼之

秉憲　孫和公次子配　氏　無嗣

艮萬　孫讓公子配　氏　無子以秉朝公次子宗禮公入繼

秉佳　孫從公長子配　氏　生三子長廣達次廣章三廣千
秉客　孫從公次子配　氏　無嗣
秉泰　孫俊公子乙丑年二月初一日　時諱辰配黃氏辛酉年
四月十三日　時諱辰　生三子長連升次萬升三華升
秉隆　孫漢公子配　氏　生一子名廣進
秉昇　孫賢公長子配　氏　無嗣
秉任　孫賢公次子配　氏　無嗣

十四世

宗敬　秉朝公子配　氏　生一子名蓮昌
宗禮　艮萬公繼子配　氏　生六子長紹榮次紹奇三紹富四
紹文五紹卓六紹晚
廣達　秉佳公長子配蘇氏　生四子長紹高次紹芹三紹乾四
紹聽廣章公無子公以次子紹芹公出繼之廣千公無子公以

四子紹聰公出繼之

廣章　秉佳公次子配粱氏　無子以廣達公次子紹芹公入繼

廣千　秉佳公三子配羅氏　無子以廣達公四子紹聰公入繼

連升　秉泰公長子配　氏　生一子名明高

萬升　秉泰公次子乙卯年二月二十一日諱辰配郭氏吳氏

無嗣

華升　秉泰公三子生於辛亥年十二月二十四日辰時終於壬戌年三月十四日戌時享壽七十有一配蘇氏生於丙辰年九月初七日子時終於乙丑生十二月十六日子時享壽七十有一歲　生二子長明發次四蘇

廣進　秉隆公子配　氏　生三子長紹顯次紹達三紹有

十五世

連昌　宗敬公子配　氏　無嗣

紹榮　宗禮公長子配　氏　生二子長口次威壽

紹奇　宗禮公次子配　氏　無嗣

紹富　宗禮公三子配　氏　生一子名威成

紹文　宗禮公四子配　氏　無嗣

紹卓　宗禮公五子配　氏　無嗣

紹腕　宗禮公六子配　氏　生一子名威揚

紹高　廣達公長子配　氏　無子以紹芹公長子威元公入繼

紹乾　廣達公三子配　氏　無嗣

紹聰　廣千公繼子配　氏　無嗣

紹芹　廣章公繼子配　氏　生二子長威元次威明紹高公無

子公以次子威元公出繼之

明高　連升公子丙寅年三月二十五日諱辰配　氏　無嗣

明發　華升公長子配　氏　無嗣

四蘇　華升公次子配　氏　無嗣

紹顯　廣進公長子配　氏　生一子名興茂

紹達　廣進公次子配　氏　生三子長興發次興秀三江榮

紹有　廣進公三子配　氏　無嗣

十六世

□□　紹榮公長子配　氏　無嗣

威壽　紹榮公次子配　氏　無嗣

威成　紹富公子配　氏　生一子名秀龍

威揚　紹晚公子配　氏　無嗣

威元　紹高公繼子配梁氏　無嗣

威明　紹芹公子配　氏　生一子名興

興茂　紹顯公子配　氏　無嗣

興發　紹達公子配　氏　生一子名潤清

興秀　紹達公次子配　氏　生一子名潤傑

江榮　紹達公三子配　氏　無嗣

十七世

秀龍　威成公子配　氏　無嗣

興字潤餘　威明公子配吳氏　生二子長大九殤次松勝

潤清　興發公子配　氏　無嗣

潤傑　興秀公子配吳氏　生一子名業華

長房　五世積閏祖支

十七世　十八世　十九世　二十世　廿一世　廿二世　廿三世　廿四世　廿五世

潤餘—日華—旭輝

潤傑—業華—紹傳

十八世

松勝字日華　潤餘公子生於　年　月　日　時終於

年　月　日　時配李氏　生一子名旭輝

枝字業華　潤傑公子生於　年　月　日　時終於　年

月　日　時配羅氏生於咸豐壬子年十一月初三日辰時

終於民國辛未年三月初一日子時　生一子名細九

十九世

旭輝　日華公子配張氏繼配潘氏　無嗣

細九字紹傳　業華公子生於光緒癸巳年二月十一日午時

配區氏繼配曾氏生於光緒戊

申年六月十五日午時

二房　五世稅寧祖支

九世　十世　十一世　十二世　十三世　十四世　十五世　十六世　十七世

- 芳洲
  - 洪鈞
    - 祥應
      - 拔進
        - 正珣
          - 卓元
            - 全泰
              - 煜明
              - 煜昇（出嗣）
              - 煜光
                - 萬貴
          - 佐元
            - 全泰（出嗣）
            - 全有
              - 煜慶
            - 全禮（出嗣）

全益（出嗣）

興元—全益—熀興—栢熖
　　　　　　　　栢球

熀慶（出嗣）

正玷—掄高—恒傑—熀勝—萬光

恒敬—煜勝（出嗣）
恒敬—煜成—萬明
恒經—定嘉
掄莊—全署—煜貴
掄莊—全署—瑤海
掄諧—廣高—擕千
掄諧—廣昭

- 祥延
  - 文憲
- 祥進
  - 文華
    - 正亮
  - 文憲（出嗣）
- 祥明
  - 文清
    - 作球
      - 信元
    - 作琮
      - 乾元
      - 坤元

文昭
- 作珊
  - 掄開
    - 全忍
    - 熾
    - 有
- 作現
  - 成元
- 作琳
  - 掄泰
    - 全福
      - 澤文
  - 掄三
    - 木

掄滔
全玉
同高
全閨

作琦
定元
全炘
澤桂
應垣
澤勝
應留
滿甜

全印

澤培

衿

應揚

應鸞

應麟

澤福

應才　應駒　應德　應麒

澤安

澤清

有元—全栢—澤蘭—應標

澤蓮

- 貞吾
  - 積臺
    - 如楷
      - 奇彥 出嗣
      - 奇偉
        - 承寵
          - 廣元
            - 全富
              - 德聰
                - 成貴
        - 承命
          - 俊元
            - 全富 出嗣
            - 全仁
              - 德興
                - 進
            - 全義

照元—全禮—德明
　　　　　德敏
　　　　　德昌—文華
　　　　　　　　文輝
　　　　　德茂

承任—秩元—全慶

全煜

全成—天培—文淇

挺甫—奇彥—承宗—連元—全志出嗣

全德

全盛—允明—魁
　　　允口

承業—殿元—全志—榮潤—應行
　　　　　　　　　　　應球
　　　連元出嗣
　　　相元—恒貴

輔元

承祖—捷元—全聖—宜明—倫

如梓—胤蕃—承君—學仲—全英—煜昇—發

滿出嗣

達仲

興甫—奇遇—秉翰—爵一—恒昭—銘可—濡

興甫—奇遇—秉謙—掄拔—全贊

興甫—奇遇—秉謙—掄興（出嗣）

興甫—奇逢—承誨—掄興

大有—啓聘—榮初

大賚—啓貞—保初—有文—承伯—掄先—恒發—廷桂—照

滿

廷開—榮秀

福

勝

廷建

廷標

廷顯

二九

有才—承諒—迪一—文運—信興—茂蕃

華炳出嗣

信交—華炳

掄英

掄魁

承恩—大寧—全會—有興

榮初

大成　大新

全珍　全璉

啓明　啓明出繼　啓發

裕光　學寧

大章—玉球—秀甫
　　　　　　鳳初
　　　　　　象初
　　　　　　桂初—文耀

- 大用
  - 起儒
    - 公宗
      - 有敬
        - 覲天
          - 掄挺
            - 堂
      - 紹忠
      - 有鵬
        - 琦貞
          - 保
          - 德

公覲—嘉堯

嘉舜—承澤—掄一—顯勝—慶明—容

琦閣

琦光—嚴

布

賢一

耀君　閏九　顯德

慶昭　德有　觀　朝　運有

順　敬業

顯一

廣一—合—德仁—庚午

庚保

耀昌—德會—諒

重勝

嘉禹—承功—楚一
興一—萬

起佐—如松—有信

大節—桂芳
桂華—問禮

二房　五世 稅寧祖支

十世

洪鈞字啓基　芳洲公子配陳氏合塟河南大虫窟　生四子長
福初次祿初三壽初四德初

洪慶字啓善號積臺　貞吾公子生於隆慶戊辰年十月二十一
日子時終於崇禎壬午年閏十一月二十一日丑時配泌涌陳
氏生於己巳年九月十二日巳時終於萬曆己酉年九月二十
二日巳時繼配庄頭黃氏生於萬曆丙子年四月初九日戌時
終於順治　年十月十五日巳時繼配麥氏生於萬曆丁丑
年八月初五日子時終於順治　年二月二十七日丑時合
塟白雲塔子崗坐壬向丙兼　之原　生四子長則甫次挺
甫三美甫四興甫

口口字啓聘　大有公子配　氏　無子以啓貞公次子榮初公

入繼

起元字啓貞號復陽　大賚公子配劉氏　生二子長保初次榮初啓聘公無子公以次子榮初公出繼之

朝臏字玉球　大章公子配何氏　生四子長秀甫次鳳初三象初四桂初

起儒字啓眞號抱一　大用公長子配何氏　生二子長公宗次公觀

起佐字啓寅號迎旭　大用公次子配林氏蕭氏　生一子名來寫

桂芳字啓芬　大節公長子配　氏　無嗣

桂華字啓岳　大節公次子配羅氏霍氏　生一子名問禮

十一世

祥應字福初一字介眉號景垣　啓基公長子配白鶴洞太新吳

公三女合葬於東門外蚺蛇坑壬丙之原　生一子名拔俊
祥延 字 祿初　啓基公次子配鍾秀鄉何氏合葬於河南大塘
無子以壽初公次子文憲公入繼
祥進 字 壽初　啓基公三子配沙涌鄭氏　生二子長拔章次文
憲祿初公無子公以次子文憲公出繼之
祥明 字 德初 號 性菴　啓基公四子配南海璧華鄉梁氏　生二
子長拔漣次拔朗
如楷 字 則甫 號 準平　啓善公長子生於萬曆丁未年三月廿八
日辰時終於康熙甲寅年十二月初一日酉時配郭村顧氏生
於萬曆戊申年十一月二十日寅時終於康熙戊辰年二月二
十日亥時繼配梁氏生於泰昌庚申年七月廿一日子時終於
丙戌年二月十五日戌時葬白鶴洞村後土名黃鶴園坐辛向
乙酉卯之原　生二子長人傑次人瑞挺甫公無子公以長子

人傑公出繼之
如口字挺甫　啓善公次子八月初九日諱辰葬東門外天牛坑甲庚之原配滘表李氏正月初六日諱辰葬岑村玉堂崗庚甲兼申寅之原　無子以則甫公長子人傑公入繼
如梓字美甫號尊五　啓善公三子配東滘郭氏合葬天牛坑
生一子名紹孫
如口字興甫　啓善公四子配新爵吳氏葬天牛坑甲庚之原
生二子長紹泰次紹熙
榮初　啓聘公繼子配吳氏　無嗣
保初　啓貞公子配李氏嚴氏　生二子長偉昇次俊昇
秀甫　玉球公長子配　氏　無嗣
鳳初　玉球公次子配　氏　無嗣
象初　玉球公三子　無嗣

桂初　玉球公四子配　氏　生一子名文耀

公宗　啓貞公長子配鄭氏陸氏　生三子長紹修次紹忠三有鵬來鳥公無子公以次子紹忠公出繼之

公覲　啓貞公次子配黃劉蕭氏　生三子長紹賢次紹虞三紹文

來鳥字如松　啓寅公子配郭孔氏　無子以公宗公次子紹忠公入繼

問禮字節公　啓岳公子配孔氏　無嗣

十二世

文秀字拔俊號龐間　福初公子配南海亭滘瑞明陳公季女繼配蔣氏　生二子長正珣次正玿

文憲字拔科　祿初公繼子配省城黃氏　無嗣

文華字拔章　壽初公子配亭滘陳氏　生一子名正亮

文淸字拔漣　德初公長子配麥村麥氏　生二子長正□次正麟

文昭字拔朗號南星　德初公次子生於戊申年八月初十日戌時終於丁卯年十二月十六日巳時配梁氏生於壬子年八月廿七日申時終於壬午年七月廿七日酉時繼配郭氏二月初九日諱辰繼配鄭氏十二月二十八日諱辰公葬蚺蛇坑　氏葬三聖堂　生四子長作珊次作琨三作琳四作琦

奇偉字人瑞　則甫公子生於順治壬辰年二月廿一日寅時終於康熙戊寅年三月廿五日未時配南海赤崗爾嘉梁公之女生於順治庚寅年十一月十九日丑時終於康熙甲申年正月十二日辰時葬河南大松崗坐午向子兼丙壬之原　生三子長荷天次謁天三亮天

奇彥字人傑號履天　挺甫公繼子配南海小湖洲達生何公季

女　生三子長承宗次承業三承祖

胤蕃字紹孫　美甫公子生於崇禎　年九月三十日申時終於康熙戊寅年十月十七日卯時享壽六十有六配何氏生於崇禎庚午年九月初十日卯時終於康熙丙申年正月二十三日辰時享壽八十七副室陳氏生於順治丙申年十月十九日辰時終於康熙丁酉年二月初六日子時享壽六十有二　生一子名承君

奇遇字紹泰　興甫公長子配南海瀲表啓發李公之女　生二子長秉翰次秉論

奇逢字紹熙　興甫公次子生於崇禎辛巳年四月廿九日未時終於康熙乙丑年二月廿九日亥時配黃氏生於壬午年正月十八日丑時終於康熙丁丑年五月十三日卯時　生一子名承誨

有文字偉昇　保初公長子配李氏　生一子名承伯
有才字俊昇號晚亭　保初公次子生於崇禎壬申年二月初四
日辰時終於康熙甲午年二月十三日巳時享壽八十三歲配
吳氏生於丁丑年九月十四日　時終於癸酉年十一月初六
日戌時　生二子長承諒次承恩
文耀　桂初公子配　氏　無嗣
有敬字紹修　公宗公長子配　氏　生一子名承科
有鵬字□□　公宗公三子配何氏　生三子長琦貞次琦光三
琦閣
嘉堯字紹賢　公覲公長子配　氏　無嗣
嘉舜字紹虞　公覲公次子配郭氏　生一子名承澤
嘉禹字紹文　公覲公三子配　氏　生一子名承功
有信字紹忠　來爲公繼子配杜氏　無嗣

十三世

正珣字作瑤　拔進公長子元配郭氏繼配梁氏　生三子長卓元次佐元三興元

正玠字作玶　拔進公次子配黃氏　生三子長掄高次上志三上全

正亮　拔章公子配　氏　無嗣

正口字作球　拔漣公長子配羅氏　生一子名信元

正隣字作琮　拔漣公次子配蘇氏　生二子長乾元次坤元

正口字作珊　拔朗公長子生於戊子年二月三十日戌時終於庚子年二月初七日申時配羅氏生於　年十月十八日寅時終於庚午年十二月十三日未時合塟坑口多松崗　生一子名應元

正口字作琨　拔朗公次子配東滘郭氏合葬本村長壽塋　生

一子名成元

正口字作琳　拔鄺公三子生於乙未年六月二十六日未時終於丁未年十一月二十一日亥時配蔡氏生於己酉年九月十九日子時終於丁酉年六月二十日未時合葬河南石頭村生三子長掄泰次開元三斌元

正口字作琦　拔朗公四子生於戊戌年二月二十六日辰時終於癸丑年六月初八日申時配沙涌郭氏生於辛丑年十一月十六日戌時終於丙子年四月二十日亥時塟沙涌欖園　生二子長定元次有元

承寵字荷天　人瑞公長子配陳氏　生一子名廣元

承命字諟天　人瑞公次子配杜氏　生二子長掄章次掄上

承任字亮天號賓門　人瑞公三子生於康熙癸亥年三月廿八日酉時終於乾隆甲申年十月十七日巳時享壽八十有二配

南海源頭宗亘蕭公之女生於康熙甲子年十月初二日戌時
終於乾隆乙丑年十月初三日亥時副室簡氏生於　年十
月初二日　時終於壬戌年十一月初三日　時副室李氏生
於甲辰年十一月二十日丑時終於辛丑年十月十五日午時
生一子名秩元

承宗字秉君　人傑公長子　無子以秉孚公次子掄萬公入繼

承業字秉孚　人傑公次子配馮氏　生四子長殿元次連元三
相元四輔元秉君公無子公以次子連元公出繼之

承祖字秉乾　人傑公三子配招氏　生一子名捷元

承君字鑾天　紹孫公子生於庚申年二月廿二日子時終於丁
巳年閏九月初九日酉時元配陳氏生於癸亥年五月廿六日
申時終於雍正癸卯年三月十　日申時繼配許氏生於乙酉
年十月初三日辰時終於庚辰年十月十二日巳時　生二子

長學仲次達仲

承□字秉翰　紹泰公長子生於甲辰月二月十九日巳時終於甲戌年十一月二十三日丑時配梁氏生於乙巳年四月初四日巳時終於乙丑年三月初三日巳時享壽八十有一歲　生一子名廷元

承彬字秉諭　紹泰公次子配羅氏　生二子長掄拔次掄興秉穀公無子公以次子掄興公出繼之

承誨字秉穀　紹熙公子生於丙辰年八月十二日卯時終於庚寅年十二月初三日子時配梁氏生於丁巳年七月二十日未時終於丙午年年十月廿六日酉時　無子以秉諭公次子掄興公入繼

承伯字秉蕃　偉昇公子配黃氏　生一子名掄先

承諒字秉信　俊昇公長子配潘氏　生三子長廸一次掄英三

掄魁

承恩字秉公號祝三　俊昇公次子生於康熙壬戌年七月廿七日寅時終於乾隆丙寅年十一月初二日辰時配關氏生於康熙丁卯年九月廿九日亥時終於乾隆癸酉年十月初七日寅時　生三子長大寧次大成三大新

承科字覲天　紹修公子配甘氏　生一子名掄廷

琦禎字御章　有鵬公長子配徐氏　生二子長保次德

琦光字御光　有鵬公次子配宋氏　生二子長嚴次報

琦闓字御昌　有鵬公三子配　氏　無嗣

承澤字秉恩　紹虞公子配羅氏　生四子長掄一次賢一三廣一四顯一

承功字秉侯　紹文公子配何氏　生二子長楚一次興一

十四世

卓元字掄瞻　作瑤公子配吳氏　無子以佐元公長子全泰公
入繼
佐元字掄輔　作瑤公次子配梁氏繼配鄭氏　生四子長全泰
次全有三全禮四全益掄瞻公無子公以長子全泰公出繼之
掄上公無子公以三子全禮公出繼之興元公無子公以四子
全益公出繼之
興元字口口　作瑤公三子配蔡氏　無子以佐元公四子全益
公入繼
上浮字掄高　作玶公子配陳氏吳氏　生三子長恒傑次恒敬
三恒經
上志字掄莊　作玶公次子生於丁未年三月二十日酉時終於
丁未年十一月十九日卯時配吳氏生於庚戌年九月十五日
亥時終於丁亥年十二月廿二日寅時　生一子名全署

上全字掄諧　作玶公三子配粱氏　生二子長廣高次廣昭

信元字口口　作球公子配　氏　無嗣

乾元字口口　作琮公長子配　氏　無嗣

坤元字口口　作琮公次子配　氏　無嗣

應元字掄開　作珊公子生於癸亥年八月廿八日辰時終於丁卯年十月初一日辰時配陳氏生於癸亥年五月廿七日寅時終於戊申年九月十五日子時繼配李氏生於戊子年八月十六日未時終於甲戌年三月三十日辰時　生三子長全忍次全好三阿有殤

成元字口口　作現公子生於戊辰年四月十二日辰時終於　年十二月十三日　時配庄頭吳氏生於庚子年十月二十六日酉時　葬沙涌飛鵝嶺

無嗣

口元字掄泰　作琳公長子生於丁巳年十二月初九日戌時終
於丙辰年九月初三日卯時配策頭羅氏生於己未年七月十
一日卯時終於辛酉年十二月廿三日午時葬新爵鄉　生一
子名全福
開元字掄三　作琳公次子生於丙寅年二月十八日亥時終於
戊午年三月初三日未時配布氏生於丙戌年正月初八日申
時終於癸丑年十月初八日申時葬沙涌繼配　氏　生一子
名木
斌元字掄滔　作琳公三子生於丁丑年五月初四日午時終於
戊寅年十二月二十七日酉時配秀水梁氏　生二子長全玉
次全閏
定元字口口　作琦公長子生於甲子年九月二十日辰時終於
戊辰年九月二十三日亥時配赤崗梁氏生於丁卯年四月十

三日酉時終於己卯年三月十二日亥時葬沙涌欖園　生二子長全炘次全印

有元字□□　作琦公次子生於丁卯年九月初四日巳時終於甲戌年十一月十三日申時配東塱黃氏　生一子名全栢

廣元字掄德　荷天公子配陳氏　無子以掄章公長子全富公入繼

俊元字掄章　諟天公長子配郭氏　生三子長全富次全仁三全義掄德公無子公以長子全富公出繼之

照元字掄上　諟天公次子配梁氏許氏　無子以掄輔公三子全禮公入繼

秩元字掄超號竹溪　亮天公子生於雍正乙卯年八月初一日亥時終於嘉慶乙丑年閏六月二十九日子時配鍾秀鄉義滘何公長女生於乾隆丁巳年二月十七日午時終於嘉慶乙丑

年五月初十日酉時　生三子長全慶次全煜三全成
連元字掄萬　秉君公繼子配關氏　生三子長全志次全德三全盛殿元公無子公以長子全志公出繼之
殿元字闇臣　秉孚公長子配　氏　無子以連元公長子全志公入繼
相元字掄耀　秉孚公三子配　氏　生一子名恒貴
輔元字口口　秉孚公四子配　氏　無嗣
捷元字掄仕　秉乾公子配郭氏　生一子名全聖
學伸字掄岳　穆天公長子生於丙申年五月二十三日亥時終於乙亥年三月初三日寅時配關氏生於庚子年十一月二十三日戌時終於乙　年十月初四日寅時　生一子名全英
達伸　穆天公次子生於甲寅年二月十二日辰時終於癸酉年七月二十七日辰時配　氏　無嗣

廷元字爵一號齒山　秉翰公子生於康熙戊辰年四月二十二日子時終於乾隆丙子年八月二十九日未時配湯氏生於辛未年八月二十九日未時終於乾隆丁巳年二月二十八日未時繼配鄭氏生於丙戌年七月十七日未時終於壬寅年七月初三日未時　生一子名全彥

□元字掄弼　秉論公子配馮氏　生一子名全贊

□元字掄興　秉穀公繼子生於康熙辛巳年四月初二日巳時終於乾隆癸未年十一月二十三日寅時配鄧氏生於乙酉年八月初四日未時終於戊子二月十六日亥時副室　氏生於乙巳年三月十二日未時終於庚申年十二月初八日午時

無嗣

□元字掄先　秉蕃公子配麥氏胡氏　生四子長恒發次二九三英傑四英進

口口字迪一　秉信公長子配　氏　生一子名文運
口口字掄英　秉信公次子配　氏　無嗣
口口字掄魁　秉信公三子配　氏　無嗣
大寧　秉公公長子生於丁亥年八月二十五日戌時終於丁亥年六月十三日酉時元配何氏繼配梁氏生於戊子年五月二十八日申時終於戊寅年十月二十一日戌時繼配陳氏生於乙巳年　月　日　時終於乙未年七月二十七日未時　生一子名全會
大成　秉公公次子生於辛卯年十二月二十八日子時終於戊戌年六月初九日子時配羅氏　生二子長全珍次全璉
大新　秉公公三子配　氏　無嗣
掄挺　覲天公子配　氏　生一子名堂
保　御章公長子配　氏　無嗣

德　御章公次子配　氏　無嗣

殿　御先公長子配　氏　無嗣

報　御先公次子配　氏　無嗣

掄一　秉恩公長子配何氏　生三子長顯勝次顯德三閏九

賢一　秉恩公次子配　氏　生二子長耀君次耀昌公塟新爵

氏塟河南

廣一　秉恩公三子配江氏　生一子名合

顯一　秉恩公四子配梁氏　無嗣

楚一　承功公長子配　氏　無嗣

興一　承功公次子　生一子名萬

十五世

全泰字恒爵　卓元公繼子生於乾隆戊辰年十一月十一日寅

時　配吳氏生於戊寅年正月

二十五日未時終於丙寅年二月二十三日酉時　生三子長
煜明次煜升三煜光仝英公無子公以次子煜升公出繼之
仝有字恒善　佐元公子生於壬申年三月十八日寅時終於戊
寅年五月十九日未時配黃氏崔氏　無子以仝益公次子煜
慶公入繼
仝益字恒正　興元公繼子生於乾隆庚辰年三月初八日巳時
配鄭氏生於乙酉年十一月
初三日亥時終於　　生二子
長煜興次煜慶恒善公無子公以次子煜慶公出繼之
仝口字恒傑　掄高公長子配郭氏陳氏　無子以恒敬公長子
煜勝公入繼
仝茂字恒敬　掄高公次子生於　年　月　日　時終於
年十月十四日　時配黎氏生於　年　月　日　時終

於　年八月二十九日　時　生二子長煜勝次煜成恒傑
公無子公以長子煜勝公出繼之
仝口字恒經　掄高公三子配吳氏　生一子名蛋家
仝署字口口　掄莊公子生於乾隆庚辰年五月二十日子時終
於嘉慶戊寅年十二月十九日巳時配郭氏生於壬午年六月
十九日午時終於嘉慶辛酉年三月初五日申時副室范氏生
於乾隆己酉年十一月十一日申時　生二子長煜貴次瑤海
仝口字廣高　掄諧公長子配梁氏　生一子名携千中殤
仝口字廣昭　掄諧公次子配林氏　無嗣
仝忍字口口　掄開公長子配茶園何氏　無嗣
仝好字口口一名阿熾　掄開公次子配　氏　無嗣
仝輻字口口　掄秦公子配汾水蘇氏　生一子名寸
木　掄三公子配　氏　無嗣

仝玉字口口　掄滔公長子配李氏　生一子名同高
仝閏字口口　掄滔公次子配　氏　無嗣
仝炘字口口　定元公長子生於乾隆庚子年十月二十日　時終於同治壬戌年九月初九日　時配箓頭羅氏生於乙巳年十月初五日　時　生三子長澤桂次建囊三滿甜
仝印字口口　定元公次子配新爵郭氏　生五子長從理次阿矜三阿藏四澤安五澤清
仝栢字口口　有元公子配新爵吳氏繼配白鶴洞吳氏副室梁氏　生二子長澤蘭次澤連
仝富字口口　廣元公繼子配　氏　生一子名德聰
仝仁字恒昇　掄章公次子配蔡氏　生一子名德興
仝義字恒泰　掄章公三子配　氏　無嗣
仝禮字恒達　掄上公繼子配陳氏繼配梁氏　生四子長德明

次德敏三德昌四德茂

全慶字恒顯　掄昭公長子配衛氏生於丙子年七月初七日寅時　無嗣

全煜字恒輝　掄昭公次子配何氏生於戊寅年七月初四日未時　無嗣

全成一名璋字恒參一字雲光號錦山　掄昭公三子配策頭世經羅公次女　生一子名天培

全德字□□　掄萬公次子配　氏　無嗣

全盛字□□　掄萬公三子配　氏　生二子長允明次允□

全志字□□　闕臣公繼子生於嘉慶辛酉年六月十七日　時終於咸豐辛亥年五月初三日　時配李氏　生一子名榮潤

丙字恒貴　掄耀公子配　氏　無嗣

全聖字恒興　掄仕公子配招氏　生一子名宜明

全英 字恒本 掄岳公子生於辛未年正月初二日丑時終於丙申年八月十八日辰時配 氏 無子以全泰公次子煜昇公入繼

全彥 字恒超 別字東介 幽山公子生於乾隆辛酉年二月初十日子時終於嘉慶丙子年五月十一日子時配坑口關氏 生一子名銘可

全贊 字□□ 掄拔公子配 氏 無嗣

全□ 字恒發 掄先公長子配羅氏 生五子長廷桂次廷開三廷建四廷斌五廷顯

二九 掄先公次子上殤 無嗣

英傑 掄先公三子配胡氏 無嗣

英進 掄先公四子配李氏 無嗣

文運 字耀廣 勉一公子配梁氏生於 年十一月初九日

時終於　年正月二十六日　時　生二子長信興次信交
全會字恒廣　大寧公子生於乾隆庚辰年七月十七日戌時終
於嘉慶甲戌年十一月二十五日丑時配蘇氏　生一子有興
全珍字恒蒼　大成公長子終於丁丑年十一月二十六日申時
配梁氏　無子以恒沛公長子啓明公入繼
全鏈字恒沛　大成公次子生於乾隆戊辰年正月十六日亥時
終於乙卯年四月十三日午時配陳氏生於己巳年十二月初
四日辰時終於嘉慶丙寅年八月二十七日子時　生二子長
啓明次啓發全珍公無子公以長子啓明公出繼之
堂字口口　掄廷公子配　氏　無嗣
顯勝　掄一公長子配周氏　生一子名全會
顯德　掄一公次子配　氏　生一子名運有
閏九　掄一公三子配　氏　生二子長阿觀次阿朝

耀君　賢一公長子配周氏　生二子長慶昭次德有
耀昌　賢一公次子配　氏　生二子長德會次重勝殤
合字顯拔　廣一公子配何氏　生一子名德仁
萬　興一公子配　氏　無嗣

十六世

煜明字□□　全泰公長子配鍾氏　無嗣
煜光字□□　全泰公三子配關氏　生一子名明星
煜慶字□□　金有公繼子生於嘉慶庚申年二月二十三日卯時終於　年三月二十一日　時配鄭氏生於　年　月日　時終於　年九月二十日　時　無嗣
煜興字德成　全益公子生於乾隆戊申年二月二十四日申時終於　年　月　日　時配關氏生於乾隆庚戌年九月二十八日丑時終於　年　月　日　時　生二子長柏熖次

柏球

熾勝字□□　恒傑公繼子配許氏陳氏　生二子長秀開殤次

萬光

晚字煜成　恒敬公次子生於　年　月　日　時終於

年五月初二日　時配鄭氏生於　年　月　日　時終於

年十月二十五日　時　生三子長□殤次萬明三海

定嘉字□□　恒經公子配　氏　無嗣

樹號煜貴　全署公長子生於嘉慶丙辰年十二月十七日巳時

配　氏　無嗣

瑤海字□□　全署公次子生於嘉慶戊寅年三月二十一日午

時配　氏　無嗣

寸字澤文　全福公子配　氏　無嗣

同高字□□　金玉公子配　氏　無嗣

澤桂字□□　仝炘公長子生於甲子年三月十二日　時配潘氏生於戊辰年二月初八日　時　生一子名應垣
建囊字澤勝　仝炘公次子配　氏　生一子名應留
滿甜字□□　仝炘公三子配　氏　無嗣
從理字澤培　仝印公長子生於嘉慶戊辰年七月初四日　時終於光緒戊寅年十一月二十四日　時配鄭氏　生三子長伙次贊三華
矜字□□　仝印公次子配　氏　無嗣
藏字澤福號萬祥　仝印公三子生於道光己卯年十月十六日時終於　年　月　日　時配何氏生於壬午年七月二十四日亥時終於甲申年七月十四日巳時　生四子長福能次福改三應德四應麒
澤安　仝印公四子生於庚申年十月十六日戌時終於甲戌年

十月初六日巳時配　氏　無嗣

澤清字□□　仝印公五子

澤蘭字□□　仝栢公長子生於嘉慶丙寅年十二月二十四日辰時終於光緒甲申年二月初八日戌時配梁氏　生一子名應標

澤勝字□□　仝栢公次子配　氏　無嗣澤蘭公子孫同祀

澤連字□□　仝栢公三子配　氏　無嗣

德聰字振朝　仝富公子配　氏　生一子名成貴

多字德興　仝仁公子配　氏　生一子名進

興隆字德明號振玉　仝禮公長子配何氏　無嗣

淩字德敏號振成　仝禮公次子配招氏　無嗣

四字德昌　仝禮公三子生於　年　月　日　時終於咸豐丙辰年二月十一日未時配梁氏生於　年　月　日　時

終於光緒乙酉年三月廿八日戌時　生二子長文華次文輝
遠字德茂　全禮公四子配　氏　無嗣
天培字□□　雲光公子　生一子名文漢
允明字□□　全盛公長子配　氏　生一子名魁
允□字□□　全盛公次子配　氏　無嗣
榮潤字□□　全志公子生於甲午年九月初三日寅時終於己
午年八月初六日子時配梁氏　生二子長應行次應球
萬字宜明號振洪　全聖公子配鄭氏　生一子名倫
煜昇字德章　全英公繼子配　氏　生二子長發次滿銘可公
無子公以次子滿公出繼之
銘可　恒昭公子生於乾隆乙未年二月初五日辰時終於壬子
年八月初七日酉時　無子以德章公次子滿公入繼
廷桂　恒發公長子配江氏　生二子長照次滿

廷開　恒發公次子生於乾隆庚辰年八月十六日　時配杜氏
生四子長殤次喜三福四勝
廷建　恒發公三子配　氏　無嗣
廷標　恒發公四子配　氏　無嗣
廷顯　恒發公五子配　氏　無嗣
信與　文連公長子生於　年三月初三日子時終於丙戌年
八月二十日子時享壽七十有四配彭氏生於辛巳年五月十
四日午時終於道光己巳年八月初三日巳時　生二子長茂
蕃次華炳信交公無子公以次子華炳公出繼之
信交　文連公次子生於甲午年三月二十六日辰時終於申酉
年十二月十一日時　時配　氏　無子以信與公次子華炳
公入繼
有與字德彩號啓彰　全會公子生於乾隆庚戌年四月初八日

戌時配南海赤江鄉黃氏　無嗣

啓明 字 德昌　全珍公繼子配郭氏　生二子長裕光次學寧

啓發 字 德富　全璉公子配　氏　無嗣

全會 字 慶明　顯勝公子配李氏陳氏　生一子名容

運有　顯德公子　無嗣

觀　閏九公長子配　氏　無嗣

朝　閏九公次子配　氏　無嗣

慶昭　耀君公子配招氏　生一子名顧

德有 字 慶隆　耀君公次子配郭氏　生一子名敬業

德會　耀昌公子配吳氏　生一子名諒

德仁　顯拔公子配何氏　生二子長庚午次庚保

十七世

明星 字 萬貴　煜光公子生於嘉慶丙子年十月十二日午時終

於光緒丁丑年三月十七日未時配郭氏塟泌涌鷹管崗　生
二子長定坤次定昌
栢熠字萬英　煜興公長子生於嘉慶戊寅年九月十一日　時
終於咸豐辛亥年五月初三日　時配許氏生於嘉慶戊子年
五月初九日　時終於　年五月廿五日　時塟白洞崗
生二子長家耀次家祥殤
栢球字萬和　煜興公次子生於嘉慶乙亥年十一月十四日
時終於光緒壬辰年十月初七日　時配李氏　生一子名憲
祥
口口字萬光　煜勝公子配　氏　生一子名鑾群
萬明　煜成公次子生於民國紀元前九十二年正月初三日終
於民國紀元前二十七年六月初七日塟坑口大崗腦坐乾向
巽兼巳亥之原配室坑口鄉陳氏生於民國紀元前八十八年

十一月初九日終於民國紀元前二十四年十二月十九日塟於螺涌崗坐西向東繼室陳氏生於民國紀元前七十七年十二月初二日終於民國紀元前六年正月初一日塟坑口鄉東便之崗坐北向南　生二子長金次滿

海　煜成公三子終於　年十月二十八日　時　家德同祀

應垣字洪光　澤桂公子生於道光丁酉年六月二十日　時終於丁亥年十月二十五日　時配何氏生於道光庚戌年三月二十六日　時終於　年　月　日　時葬坑口麥崗　生二子長永安次永然應留公無子公以次子永然出繼之

應留小名阿好　澤勝公子生於道光癸卯年二月十四日　時終於光緒甲辰年四月初十日　時配吳氏生於咸豐丙辰年五月十五日　時葬白洞老鼠挾　無子以應垣公次子永然入繼

伙字應揚　澤培公長子配梁氏繼配鄧氏副室鄭氏　生一子
名廣發
贊字應鸞　澤培公次子生於　年十一月初六日未時終於
年二月十八日　時配梁氏　生一子名永積
華字應麟　澤培公三子配關氏盧氏　生二子長禧次坤
福能字應才　澤福公長子生於嘉慶己卯年十月十六日　時
配　氏　生一子名炳發
福改字應駒　澤福公次子生於道光戊申年八月二十四日
時終於民國丁卯年十月二十日　時配羅氏生於　年
月　日　時　生四子長添卓次添海三添培四添蘇
應德　澤福公三子配　氏　無嗣
應麒　澤福公四子配　氏　無嗣
應標小字阿維　澤蘭公子生於道光丁酉年十一月十四日申

時終於民國丙辰年七月初九日申時配潘氏　生一子名義
妹
成貴字口口　德聰公子配　氏　生一子名蘇娣殤無嗣
進字口口　德興公子配　氏　無嗣
煥字文華　德昌公長子生於道光丁酉年正月十六日　時終
於光緒癸卯年九月三十日亥時配何氏生於　年　月
日　時終於光緒丙午年四月初六日未時葬鳳崗土名西邊
塘坐丑向未兼癸丁二八分金之原丁丑丁未線唱名金星捧
印家宜公葬公右便坐癸向丁兼丑未三七分金之原丁丑丁
未線　生四子長滔次斌三池四偉文輝公無子公以三子阿
池出繼之
文輝　德昌公次子配　氏　無子以文華公三子家銘入繼
文漢小字阿蘭　天培公子配黎氏　生三子長堯次懷三沃

魁　允明公子配　氏　無嗣

應行字□□　榮潤公長子生於　　年　月　日　時配　氏

生於　　　　　　生一子名世蘇

應球字□□　榮潤公次子生於　年　月　日　時配　氏

生於　年　月　日　時　生一子名耀良

倫　宜明公子配　氏　無嗣

發　煜聲公子配　氏　生一子名家瑞

滿　銘可公繼子配　氏　無嗣

照　廷桂公長子配　氏　無嗣

滿　廷桂公次子配　氏　無嗣

喜字榮秀　廷開公次子生於　年三月二十八日　時

終於　年三月二十二日配李氏生於　年

月　日　時終於　年　月　日　時　生三子長權

樹次權慶三權吉

福字榮寬　廷開公三子配　氏　無嗣

勝字松興　廷開公四子配　氏　無嗣

茂蕃字爵英　信興公子生於咸豐乙卯年七月二十一日申時終於光緒丙戌年十一月二十日辰時配關氏生於咸豐戊午年六月初三日丑時終於同治庚午年十一月廿五日卯時生一子名樂年

華炳　信交公繼子生於　年　月　日　時終於癸亥年十月二十三日巳時配　氏　無嗣

耀宗字裕光　啓明公長子生於　年　月　日　時終於光緒甲申年元月初二日　時配郭氏　生一子名紹基

耀祖字學寧　啓明公次子配　氏　無嗣

容　全會公子配　氏　無嗣

順　慶昭公子配　氏　無嗣
敬業　德有公子配梁氏　生二子長樂祥次樂芹
諒　德會公子配　氏　無嗣
庚午　德仁公長子配　氏　無嗣
庚保　德仁公次子配　氏　無嗣

二房　五世　稅寧祖支　鳴山祖後

十七世　十八世　十九世　二十世　廿一世　廿二世　廿三世　廿四世　廿五世

萬貫—家貞—允皓—銘祥

萬貫—定昌

二房　五世稅寧祖支鳴山祖後

十八世

定坤字家貞　萬貴公子生於咸豐壬子年正月二十九日亥時終於光緒戊申年十一月十三日申時配黃氏葬泌涌鷹嘴崗生四子長會楠殤次會聰三會芬殤四會亭

定昌字口口　萬貴公次子配　氏　無嗣

十九世

會聰字允皓別字偉明　家貞公次子生於光緒辛卯年三月二十六日卯時　配吳氏生於　年　月　日　時　生　子名銘祥

二十世

銘祥　允皓長子生於

[illegible]

二房

五世 稅寧祖支 鳴山祖後

十七世	十八世	十九世	二十世	廿一世	廿二世	廿三世	廿四世	廿五世
萬英	家耀	允柔						
	家祥							

萬和—惠祥

十八世

榮字家耀　萬英公長子生於道光戊申年十月十八日　時終於民國乙卯年七月廿三日　時配祻氏生於　年　月日　時終於　辛酉年九月廿九日　時葬白洞崗　生四子長潤寬次潤江殤三潤標殤四潤進殤

十九世

潤寬字允柔　家耀公子生於光緒己卯年三月十五日　時
　配鄭氏生於光緒丁亥年九月初十日　時

二房　五世稅寧祖支鳴山祖後

十七世　十八世　十九世　二十世　廿一世　廿二世　廿三世　廿四世　廿五世

萬光—樂群—允順—顯揚
　　　　　　　　—垣
　　　—允棠—蘇

聯

輝

奀仔

十八世

連養 字樂群　萬光公次子配　氏　生二子長允順次允棠

十九世

能 字允順　樂群公長子生於　年　月　日　時配　氏生

於　年　月　日　時　生二子長笋次垣

□□ 字允棠　樂群公次子生於　年　月　日　時配　氏

生三子長蘇次聯三輝

二十世

笋 字顯揚　允順長子生於

配　氏生於

垣 字　允順次子生於

配　氏生於

蘇字　允棠長子生於　年　月　日　時

聯字　允棠次子生於　年　月　日　時

輝字　允棠三子生於　年　月　日　時

配　氏生於　年　月　日　時

生　子長烎仔

二十一世

烎仔字　輝子生於　年　月　日　時

二房　五世稅寧祖支　鳴山祖後

十七世　十八世　十九世　二十世　廿一世　廿二世　廿三世　廿四世　廿五世

- 萬明
  - 家藹
    - 允興
      - 煥松
      - 煥錚
    - 允校

家德

湛森　允郁　允鏘

錦聲　日聲

允沛

永聲　鐸聲　鎏聲

允垣

銳聲

煒聲

十八世

金字家藹別字玉堂　萬明公長子生於咸豐辛酉年六月十七日　時終於民國壬申年七月十四日　時配黃氏生於八月二十三日　時終於　年十一月二十九日　時繼配周氏生於　年五月十七日　時終於　年　月日　時葬湛涌崗　生四子長榮新殤次炳培三炳恒殤四炳桃

滿字家德　萬明公次子生於同治乙丑年十一月十九日　時

配簡氏生於同治辛未年八月二十日　時　生五子長湛森殤次懋椿三錫恩四澤棠五鈞培

十九世

炳培字允興別字少榮　家藹公次子生於光緒甲辰年十一月

十六日　時　　配羅氏生於

年六月十一日　時　　生

子長烱光殤次煥松三煥錚四熹光殤

炳桃字允棪別字志强　家藹公四子生於民國壬子年七月初

二日　時　　配麥氏生於民國

壬子年四月初七日　時

湛森字口口　家德長子生於　年十二月初十日　時殤於

年十二月初五日　時　無嗣

樾椿字允郁別字萱伯　家德次子生於光緒壬辰年七月二十

一日　時　　配大橋麥氏生於

光緒癸巳年八月二十五日　時

錫恩字允鏘別字贊廷　家德三子生於光緒乙未年十月初二

日　時　配蘇氏生於光緒丙申年三月初十日　時終於民國庚午年二月初六日　時蘇氏葬皇都崗土名馬鞍嶺坐申向寅兼坤艮之原副室陳氏生於光緒丁未年元月十七日　時

生　子長鑑殤次錦聲三日聲

澤棠字允沛別字蓴樓　家德四子生於光緒戊戌年七月十四日　時　配黎氏生於光緒壬寅年十月二十二日　時

副室孫氏生於光緒壬寅年正月十九日　時

生　子長永聲次鐸聲三鑾聲

鈞培字允垣別字秉恭　家德五子生於光緒乙巳年九月十七日　時　配李氏生於光緒乙巳年十月十二日　時

生　子長銳聲次煒聲

二十世

煥松 字　允興長子生於　年　月　日　時

煥錚 字　允興次子生於　年　月　日　時

錦聲 字　允鏘次子生於民國庚午年六月初二日　時

日聲 字　允鏘三子生於民國乙亥年　月　日　時

永聲　字　允沛長子生於民國癸亥年十月二十一日　時

鏵聲　字　允沛次子生於民國丁卯年二月初八日　時

鎏聲　字　允沛三子生於民國戊辰年七月初七日　時

銳聲　字　允垣長子生於民國丙寅年十月初五日　時

煒聲 字

允垣次子生於民國戊辰年十月十八日　時

二房

五世 稅寧祖支 鳴山祖後

十七世　十八世　十九世　二十世　廿一世　廿二世　廿三世　廿四世　廿五世

應垣—永安
　　—永然 出繼

應留—永然

十八世

碩棠字永安號樑標　應垣公長子生於同治癸酉年七月初四日　時　配鄭氏生於光緒辛巳年七月二十二日　時

杰英字永然別字卓庭　應留公繼子生於光緒乙亥年四月二十四日　時　配李氏生於光緒癸巳年九月二十四日　時

二房　五世稅寧祖支鳴山祖後

十七世　十八世　十九世　二十世　廿一世　廿二世　廿三世　廿四世　廿五世

應揚—廣發

應鸞—永積—允彬

應麟—禧—永燊—世勛

十八世

廣發字口口　應揚公子生於咸豐庚申年二月二十五日　時終於光緒戊子年二月二十七日　時配簡氏　無嗣

敬字永積　應鸞公長子生於同治庚午年六月初十日辰時終於宣統戊午年正月二十六日　時配　氏　生一子名文

禧字口口　應麟公長子配　氏　無嗣

坤字永燊別字達朝　應麟公次子生於　年　月　日　時終於　年　月　日　時配李氏梁氏　生一子名世勛

十九世

文字允彬　永積公長子配李氏

世勛字　永燊公子生於　年　月　日　時

二房　五世稅寧祖支鳴山祠後

十七世　十八世　十九世　二十世　廿一世　廿二世　廿三世　廿四世　廿五世

應才—炳發—金富
　　　　　—金有
　　　　　—金全

- 應駒
  - 永昌
    - 巽亨
  - 永順
    - 錦標
    - 錦濤
    - 錦榮

永康
茂南
茂才

永昭
煥章
煥津

十八世

炳發字永賢　應才公長子生於光緒甲申年正月二十日　時
　配何氏生於
添卓字永昌　應駒公長子生於戊子年六月十六日申時
　生三子長金富次金有三金全
　配吳氏生於　年　月
日　時　生　子名巽亭
添海字永順別字華生　應駒公次子生於光緒甲午年五月初
六日未時　配關氏生於
　年　月　日　時
生　子長錦標次錦濤三錦榮
添培字永康　應駒公三子生於光緒乙未年十一月二十日申

時　於　　配梁氏生於
年　月　日　時終於民國庚午年五月初六日　時副室
麥氏生於　　年　月　日　時
生　子長茂楠次茂才
添蘇字永昭　應駒公四子生於光緒庚子年六月二十五日午
時終於民國辛未年五月十四日　時配鄧氏生於
年　月　日　時　　生二子
長煥章次煥津

十九世

金富字　　永賢長子生於　　年　月　日　時

金有字　　永賢次子生於　　年　月　日　時

金全　字　　永賢三子生於　　年　月　日　時

巽亨　字　　永昌子生於民國甲子年八月二十四日　時

錦標　字　　永順長子生於民國乙丑年二月初二日　時

錦濤　字　　永順次子生於民國戊辰年八月十二日　時

錦榮字　永順三子生於民國癸酉年九月十二日　時

茂南字　永康長子生於民國壬戌年四月初十日　時

茂才字　永康次子生於民國己巳年十一月廿五日　時

煥章字　永昭長子生於民國癸亥年十月二十七日　時

煥津字　永昭次子生於民國丙寅年七月二十六日　時

二房　五世 稅寧祖支 鳴山祖後

十七世　十八世　十九世　二十世　廿一世　廿二世　廿三世　廿四世　廿五世

- 文華
  - 家宏
    - 允修
      - 發久
      - 發勢
    - 允調 出嗣

家獻

權　海　允文　安

家銘出嗣

家宜—允調—發灶

發森

文輝—家銘—允才

　　　　　　　—堅

　　　　　　　—鉅

十八世

滔字家宏別字蔭松　文華公長子生於咸豐辛酉年八月二十四日巳時　配陳氏生於同治壬戌年十月二十七日　時生三子長泰次和三安殤家宜公無子公以次子和出繼之

斌字家猷　文華公次子生於　配　氏生三子長章次海殤三權

煒字家宜　文華公四子生於光緒辛巳年四月初八日　時　配　氏　無子以家宏次子和入繼

池字家銘　文輝公繼子生於光緒戊寅年五月十八日　時　配鄭氏生於　繼配麥氏生於

生　子長澤次堅三鉅

十九世

泰字允修　家宏長子生於光緒戊子年正月初十日　時

配何氏生於光緒癸巳年六月十

八日　時　副室九江黎氏生

於光緒丙午年八月二十二日　時　生二子長發久次發勢

章字允文　家獻公長子生於　年　月　日　時

權字　家獻公三子生於　年　月　日　時

和字允調　家宜公繼子生於光緒甲午年十一月　日　時
配梁氏生於
生二子長發灶次發森

澤字允才　家銘長子生於光緒丁未年七月十六日　時
配　氏生於

堅字　家銘次子生於民國丙辰年正月二十五日　時

鉅字　家銘三子生於民國戊辰年六月十八日　時

二十世

發久字　允修長子生於民國庚午年三月　日　時

發勢字　允修次子生於民國甲戌年四月　日　時

發灶字　允調長子生於民國丁卯年十一月　日　時

發森字　允調次子生於民國癸酉年五月　日　時

二房　五世稅寧祖支嗚山祖後

十七世　十八世　十九世　二十世　廿一世　廿二世　廿三世　廿四世　廿五世

應標—永就—煜派

十八世

義妹字永就別字耀權　應標公三子生於於光緒癸未年十月十六日　月　　　　　　　　　　　配利氏生於光緒癸未年九月十五日　時

生一子名煜派

十九世

煜派字　　　　永就子生於民國辛亥年二月二十六日　時

二房　十五世稅寧祖支鳴山祖後

十七世　十八世　十九世　二十世　廿一世　廿二世　廿三世　廿四世　廿五世

文漢
- 家猷
  - 宗
  - 大執
  - 細執
- 家鴻

家源—允榮—長成

十八世

堯字家猷別字仿卿　文漢公長子生於　　年　月　日
時終於　　年　　配李
氏副室　氏　生三子長宗次大執三細執

懷字家鴻　文漢公次子配　氏　無嗣

沃字家源　文漢公三子生於　　年　月　日　時終於
配梁氏　生一子名念

十九世

宗字　　家猷公長子生於

大執字　　家猷公次子生於

紉執　字　家猷公三子生於

念　字　允榮　家源公子生於光緒乙未年六月十八日子時

配黃氏生於光緒丁酉年六月初六

日辰時　副室　氏

生一子名長成

二十世

長成　字　允榮子生於民國丙辰年正月初四日子時

二房　五世　稅寧祖支　鳴山祖後

十七世　十八世　十九世　二十世　廿一世　廿二世　廿三世　廿四世　廿五世

應行—永騂—淮波

　　　　　　└錦

應球—耀良

十八世

世蘇字永騂　應行公子生於光緒丙申年四月十一日酉時

配郭氏

生二子長淮波次淮錦

耀艮字□□　應球公子生於

配　氏　無嗣

十九世

淮波字　永騂長子生於民國　年正月二十八日　時

配　氏

淮錦字　永騂次子生於　年　月　日　時

二房

十五世 稅寧祖支 鳴山祖後

十七世　十八世　十九世　二十世　廿一世　廿二世　廿三世　廿四世　廿五世

發——家瑞——允常
　　　　　　——允恭——華
　　　　　　　　　　——蘇

載添　允建　載來

十八世

葵字家瑞別字子英　發公子生於道光庚寅年正月二十九日子時終於光緒甲辰年十二月十三日未時配何氏生於咸豐甲子年十月二十五日申時終於光緒丁未年正月十八日卯時副室凌氏生於　年　月　日　時
生五子長載倫次載成三載添四載開五載來

十九世

載倫字允常　家瑞公長生於光緒戊子年十二月初七日卯時於　年　月　日　時配梁氏生於光緒辛卯年十一月初十日亥時副室鄺氏生於　甲寅年九月十五日辰時

載成字允恭　家瑞公次子生於光緒甲午年七月初一日巳時

配李氏生於光緒癸卯年八
月二十六日辰時　生　子
長華次蘇
載添字允潤　家瑞公三子生於　丁酉年七月初八日辰時
年　月　日　時配麥氏生於光緒甲辰年九
月十六日亥時　於　月　日　時　生　子長次三
皆殤四九仔
載開字允建　家瑞公四子生於光緒庚子年十一月十五日卯
時　配陳氏生於民國癸丑年
十二月二十五日卯時
載來字　家瑞公五子生於　年　月　日　時

二十世

華字　允恭長子生於　年　月　日　時

蘇字　允恭次子生於　年　月　日　時

九仔字　允潤四子生於　年　月　日　時

二房　五世 税寧祖支 壺山祖後

十七世　十八世　十九世　二十世　廿一世　廿二世　廿三世　廿四世　廿五世

榮秀—權樹
　　—權慶—振鏞—劍光
　　　　　—炳芬—威

權吉

耀

十八世

權樹 字□□ 榮秀公長子生於　年三月二十日　時終於
年五月二十五日　時配招氏生於　年　月　日
時　無嗣

權慶 字家錫 榮秀公次子生於　年　月　日　時
配何氏生於　年　月
日　時　生二子長申次南

權吉 榮秀公三子生於　年　月　日　時配　氏
無嗣

十九世

申 字振鏞 家錫長子生於光緒戊寅年正月二十五日　時
配　氏
生一子名劍光

南字炳芬　家錫次子配　氏　生二子長威次耀

二十世

劍光字　振鏞子生於民國甲子年　月　日　時

威字　炳芬長子生於民國壬子年　月　日　時

耀字　炳芬次子生於民國戊午年　月　日　時

二房

五世 稅寧祖支 壺山祖後

十七世　十八世　十九世　二十世　廿一世　廿二世　廿三世　廿四世　廿五世

- 茂蕃
  - 樂年
    - 景棠
      - 文進
    - 景泰
      - 文開
        - 春秀
        - 春鼎

文進出嗣

春偉

文業

春明

春顯

十八世

樂年　茂蕃公長子生於道光庚辰年八月二十八日卯時終於光緒乙未年二月十七日巳時享壽七十有六配吳氏生於道光甲申年七月初九日巳時終於光緒乙未年二月初一日丑時　生二子長景棠次景泰

十九世

景棠字口口　樂年公長子生於道光庚戌年十一月二十日亥時終於光緒甲午年十一月十一日酉時配李氏生於咸豐丁巳年三月二十三日卯時終於民國乙卯年十月二十八日寅時　無子以景泰公次子文進入繼

景泰字口口　樂年公次子生於咸豐戊午年七月二十日辰時終於民國己巳年十二月十三日未時配杜氏生於咸豐辛酉年二月二十八日丑時終於宣統己酉年三月十三日未時

生三子長可惠次可廉三可語景棠公無子公以次子可廉公
出繼之

二十世

可廉字文進　景棠公繼子生於光緒戊子年八月初七日巳時
終於民國申未年五月初二日辰時配胡氏生於　年　月
日　時　無嗣

可惠字文開　景泰公長子生於光緒乙酉年十二月二十二日
申時終於民國己巳年正月初三日寅時配鄧氏生於　年
月　日　時　生三子長春秀次春鼎三春偉

可語字文業　景泰公三子生於光緒壬辰年五月二十三日卯
時　配區氏生於
生二子長春明次春顯

二十一世

春秀 字　文開公長子生於民國丙辰年三月初五日辰時

春鼎 字　文開公次子生於民國戊午年三月十六日辰時

春偉 字　文開公三子生於民國丙寅年九月初十日午時

春明 字　文業長子生於民國乙丑年八月初六日卯時

春顯 字　文業次子生於民國己巳年六月初九日申時殤

於民國辛未年十月十一日　時

二房　五世　稅寧祖支　壺山祖後

十七世　十八世　十九世　二十世　廿一世　廿二世　廿三世　廿四世　廿五世

裕光—堯池—景成—永吉
　　　　　　　　　—蝦
　　　　—景就—顯榮

景開

顯才

顯森

松添

松貴

十八世

紹基字堯池號榮陞別字達卿　裕光公子生於光緒甲午年十一月初九日亥時終於光緒乙巳年四月十一日亥時配關氏繼配蒙氏　生四子長伯田次伯英三伯傑四伯順殤

十九世

伯田字景成　堯池公長子生於同治丙寅年十二月十六日亥時終於民國己未年七月二十九日丑時配彭氏　生二子長永吉殤次蝦

伯英字景就別字桂生　堯池公次子生於光緒丙子年九月二十四日丑時終於　年　月　日　時配陳氏繼室黎氏副室李氏　生二子長敬球次燦球

伯傑字景開　堯池公三子生於光緒己卯年四月初八日亥時終於民國癸酉年四月初七日申時配冼氏繼配梁氏塟大崗

腦　生三子長松高次松添三松貴

二十世

蝦字　景成公次子生於光緒丙午年九月初五日　時

敬球字顯榮別字志生　景就公長子生於光緒甲辰年十一月二十三日辰時　配郭氏

燦球字顯才　景就公次子生於宣統庚戌年　月　日　時　配何氏

松高字顯森別字偉生　景開公長子生於宣統己酉年十二月初一日　時　配嚴氏

松添字時　景開公次子生於宣統辛亥年十二月初三日

松貫字時　景開公三子生於民國丙辰年十一月十八日

二房

五世稅寧祖支 壺山祖後

十七世　十八世　十九世　二十世　廿一世　廿二世　廿三世　廿四世　廿五世

- 敬業
  - 樂祥
    - 照
    - 永
  - 樂芹
    - 明
    - 盛
    - 賢

十八世

傑字樂祥　敬業公長子生於　年　月　日　時　於　年　月　日　時配何氏生於　年　月　日　時　於　年　月　日　時公偹山打根埠

生　子長照次永

滿字樂芹　敬業公次子生於　年　月　日　時　於　年　月　日　時配李氏生於　年　月　日　時　於　年　月　日　時公僑居山打根埠

生　子長明次盛三賢

十九世

照字口口　樂祥長子生於　年　月　日　時　於　年　月　日　時配陳氏生於　年　月　日　時　於　年　月　日　時

永字口口　樂祥次子生於　年　月　日　時於

年　月　日　時配　氏

明字口口　樂芹長子生於　年　月　日　時於

年　月　日　時配　氏

盛字口口　樂芹次子生於　年　月　日　時於

年　月　日　時配　氏

賢字口口　樂芹三子生於　年　月　日　時於

年　月　日　時配　氏

番禺芳村謝氏族譜

雜錄

芳村謝氏字派記

考吾族曆傳字派分歧以致昭穆時有舛錯昭穆失其次序則禮讓之行難矣前輩杏村公於光緒戊申年制定一聯文曰**顯達繼丕基玉樹增榮彰祖德儉勤敦世守蘭階毓秀振家聲**　刻木爲聯懸諸本堂后寢以備二十傳冠者由顯字起循序作爲傳派以垂久遠尙有闕焉會余於民國甲戌秋賦閑家居重輯族譜所編二十傳名字相同者實繁有徒竊思衍派同名實干犯諱春秋爲尊者諱爲親者諱爲賢者諱所以避諱爲是但向無名册無從攷查今特將顯達兩傳彙錄名册二帙以備擬名者先來本堂管理處檢查使無雷同庶不紊亂亦以副杏村公維繫宗法之遺意也

民國二十三年歲次甲戌冬日　十九世偉略謹記

大田佑啓堂進伙各房祝文

始祖六郎公原籍南雄府保昌縣沙沱村䃴磯巷人也自南宋來至番禺楊武都大田村創業置產遂居焉

萬曆三十一年辛丑起建

太祖宗祠是歲季冬工竣愧吾等虔備祭儀請　主進祠祝文錄後俾得將來子孫披閱而知

祝文曰

天篤我　祖南國開先支分派衍幾及萬烟庭階蘭玉郁郁爭妍顯祥基之未卜致祠宇之缺然玆者孝思駿發廟貌雲連層巒獻秀一水環旋　神靈至止蘋藻千年歡諏穀旦暖日晴天謹以潔牲齋醴少報微虔尚　饗

萬曆丙辰年五月初五日辰時興工重建至壬申冬工竣

弘治元年乙酉二月十二日辰時入　主三房敬祝

大田房祝文

恭維我　祖起跡保昌卜居大田實始發祥子孫支蕃衍各居各鄉建祠萃祀滴水傾觴追遠難已重建共襄鳩工集木肯構肯堂聿觀厥成安侑是將我　祖有靈敢佑無疆冠裳濟美甲第流芳蒸嘗禴祀廟貌生光洋洋如在來格來嘗

時有追宗者愧吾公於萬歷八年庚辰暮春到楊武都牛心嶺之後眠羊山詢之老叟有指此荆棘蔽

固之處舊傳有一謝氏古墓即斬開果然一碑石已朽祇存謝公芳圃之墓斯時因畏老虎放一火炮縮入地三尺掘之又見地劵了然明白適湊捷報會魁一發喜之無地迨萬曆十一年癸未仲冬重修芳圃公墓而獅子嶺司官起夫牽運此大墓石後萬曆二十九年辛丑起造大田始祖六郎公祠宇愧吾公出銀一半五十兩又抱膝居紅石柱二條爲後寢之用餘五十兩大田子孫揭去未還設例豁免利息祇收本銀如有恃頑送官追問嗣後各子孫欣躍還足祠宇不日成功儉積蒸嘗計開上村門口舖廡邊鑊底坦欖山崗圃頭岡下等處愧吾公見嘗租甚薄後承得魚蜆埠蕩步以爲清明祭用又得江村一所灣泊船隻遞年答應俾大田子孫上莘田拜眠羊嶺山其祠後寢有青雲聯步之扁原係廣城人家舊扁僕永和見得因合吾家之用買歸改銜送往大田祖祠竣工越二年始成　此是龍橋公所授舊家譜遺於愧吾公

愧吾公等虔備祭儀請　主進祠祝文曰

天篤我　祖南國鬮先東山派衍幾及萬烟庭階蘭玉郁郁爭姸顧宅基之未卜致祠宇之缺然玆者孝思駿發廟貌雲連層巒獻秀一水還旋神靈至止蘋藻千年敬詹吉旦暖日晴天謹潔牲柔毛剛鬣粢盛酒醴少報微虔尚　饗

大田房祝文

後至萬曆四十四年丙辰五月內潦水汎漲　祖祠與房屋俱傾至崇禎八年乙亥八月十五日辰時重建至順治元年甲申工畢弘光元年乙酉歲二月十二日辰時入主

洪維我　祖起跡保昌卜居大田實始發祥孫支蕃衍各居各鄉建祠萃祀滴水傾觴追遠難已重
建共襄鳩工集木肯構肯堂聿觀厥成妥侑是將我　祖有靈啓佑無疆冠裳濟美甲第流芳蒸嘗
禴祀廟貌生光洋洋如在來格來嘗

市橋房祝文

我
祖德厚澤及來茲厥孫思永刺史及謀衆生有居不遷竊取經久營新鳩工式廓循止崇隆襟
江曼硬域接聲靈祐以昭穆寢成槐里香鷹花朝儿筵俯視楹桷翬搖碩木本水源而有報致愛存
愨著以相昭鳳等居屬两地獲啓七葉之重光今日拜從班末益切烏衣之舊相睇日祗誠宜春有
酌在俎在豆希宥南院且趨且蹐敢云北鄭載錫降臨鑒此積啓尙　饗

莘田房祝文

粵維我　祖祥開南岳派衍東山傳世奕葉子孫延綿宗同一本支分两田聿修廟貌共展孝思於
焉蠲吉奉　主新祠致愛致愨念茲在茲仰藉聲靈思若啓而行若翼俯申微悃酒既濡而殽既馨
或肆或將罔不敬也來格來享幸其佑之尙　饗
是時三房祭祀廟貌維新及越甲申歲市橋房遠孫雍畢館在大田因拜春祭見神樓上祗奉四世之
主詢之老者聞說尙有五世六世僅有山墳而無主念之惡然清明歸鄉商之胤伊叔父奕修伯父及
建儀兄皆說此主不可不入祀也亟欲通知各房長者奈五月潦水汎漲禾稻淹沒暫為停止至乙酉
年奕修伯父欣然具一知單通知各房其詞曰古不云乎子雖齊聖不先父食夫父食之徵猶且不敢

先刋厥子孫儼然據坐堂寢而祖父竟不得一依棲之主於心安乎吾族鼻祖始自大田傳至四世祖世傑公之下五世祖叔興公叔大公六世祖景祥公景雲公景達公仲廉公至七世一則仍居大田一則遷居別處今大田家廟祇奉祀四世祖而叔興祖叔大祖兩代父子竟不設主有是理乎且墳墓巍然具在豈有墓而無主之理此亟當奉主入廟同列祖共享蒸嘗方禮順而情安今衆子孫會議各房捐合嘗租擇吉日修葺祠宇並爲入主祭祀之費木本水源之思諒有同心決其踴躍從事定不遲疑怠緩也爰於是承命封一知單走聞各房會集大田諸叔父幷長者而村前房有季良叔父村後房則有賚配兄孟進兄皆憣然踴躍即擇吉日從事六月二十四日出主七月初四日興工修整神樓韜櫝八月初一日辰時入主大田房奉五世六世叔興公景達公兩代之主出工資二兩宗子兩叔姪奉祀六世景祥公之主共銀一兩松栢塱房奉祀六世景雲公之主出資一兩大田松栢塱木棉三房備辦祭禮物品同一祝文宗子主祭其祝文曰

恭惟我　祖由雄至廣卜居大田溯其在昔奉旨攸遷感晋福地實獲自天支分各處適是羊眠祖功宗德子孝孫賢芝蘭郁郁瓜瓞綿綿簪纓鵲起冠帶蟬聯祠墳肅肅禋祀年年蒸嘗祀典焉敢忘旃顧瞻栗主四代相先五六世祖未及祭筵入主奉祀理亦宜然先靈已妥後裔何言獻花至敬酌水告虔新歆俎豆降鑒瑚璉慚非珍品聊貢時鮮恩流孫子皆爲惠連螽期蟄蟄鳳羽翩翩尚　享

市橋房奉五世六世叔大公仲廉公兩代之主出工資二兩備祭品用銀一十兩莘田房芳村房各具金猪一體三房同一致奠奕修伯父主祭其祝文曰

於惟我　祖爰創丕基踰嶺南來駐跡於茲越至六傳根培幹茂源遠流長感承啟佑或占籍於一鄉或業隆於世守無非祖功宗澤之昭垂允矣仁深德厚之所致若乃經綸草木一時之修舉稍未

逮詎禮明而樂備以故走聞各房此日之儿筵秩序始承先而裕後茲者敬擇吉旦齋戒趨蹌遠孫

繩等奉

五世祖考

六世祖考入列宗祠叙昭穆于一堂肅明禋于萬禩以妥以侑克存蘋藻致潔沼沚虔清伏願

列祖垂庥孫支介福發祥有永振麟趾于億萬年錫福無疆耀鳳毛于千百世都哉尚　饗

是日入主登樓慶賀初二日連演三天京戲

各房致祭禮畢次日即議批發海面各埠各房須部一本以誌規條以一心力共殫孝思批發之後即

同各房長者議立規條以垂不朽

康熙四十四年歲在乙酉仲秋吉旦市橋房遠孫雍舉謹誌　偉畧抄錄

辨訛

始太祖藝圃配王氏合葬南雄屋後園

大田譜誤認芳圃爲藝圃遂謂始祖六郎由南雄南遷負父骨骸至從化縣葬牛心嶺眠羊地後遷居番禺大田村

四世祖世傑生四子長叔興次叔禮三叔文四叔大生仲廉二哥仲廉生慶玉還莘田

叔祖　世雄生二子長叔林次有亮
　　　世豪

大田譜誤載五世叔祖有亮遷居花邑莘田村

六世祖仲廉生二子長慶玉次廷玉慶玉生五子長仁叟次義叟三禮叟四智叟五信叟慶玉即芳圃由大田村遷居花邑莘田村爲莘田村之始祖祀克昌堂葬從化縣屬楊武都牛心嶺眠羊地廷玉即庭芝傳遷東莞石灘或云瀾石

大田譜誤載慶玉生三子仁叟義叟禮叟廷玉生二子智叟信叟義叟生一子伯顏遷居芳村廷芝二子智叟信叟遷居市橋

查德祐係恭宗年號六郎公宋寧宗開禧元年始遷番禺大田南峯公係六郎之祖恭宗係寧宗之曾孫南峯實生在高宗時大約係紹興年號

查咸淳係宋度宗年號六郎公於宋寧宗遷居番禺大田鄉係開禧元年度宗乃寧宗之孫隔五十餘年藝圃公應生於寧宗之先其在宋孝宗淳熙年無疑也

六郎公墓

立合約宗子敏達族老長仁昌隆始興等爲因堌姪榮旋謁祖次日同往九潭尋亞六郎公墳墓到山見有石墓墓門展手俱存惟碑石祇存半邊謝字即詢之　村劉老人說此處一向聲傳係謝家山墳我等未敢盡信以爲然時有田螺房國柱說及竹脚村有王姑丈行年九十歲知到即往詢問他叫其郎王程萬同一位王老人來直指此穴確係謝家祖山后邊與我祖山前後比鄰是則此穴確鑿六郎祖山無疑矣合議約於來歲九月拜山議修并定規條庶不失祖墓

乾隆丁巳歲十二月初六日宗子敏達筆（據市橋族譜轉錄）

遠祖山

三水行臺對河岸上不一二里有村名蔡坑人皆姓陸村邊有寺寺後有山山上有古墓爲賀州太守德政謝公墓又一山爲宋金陵御史秀峯謝公墓一又山爲京姐之墓傳爲御史公之側室墓古磚石多爛而灰沙皆成鐵色堪輿家尤以京姐爲形勝特出今南海縣丹灶周廣等鄉謝姓每清明必到拜山相傳爲廣東謝家遠祖山各房皆愿於此最利發遠房云聞省城芝蘭書室亦設此二公金字牌位未知是否謹記於此以俟後人訪尋

此說得自南海周廣鄉宗弟滄元所傳　市橋十六傳孫聖轉記

［福建晉江］鰲頭陳慶宣派家譜不分卷

陳炎麒纂修

〔福建晉江〕《鰲頭陳慶宣派家譜》不分卷，陳炎麒纂修。始祖六郎，宋末自河南汝寧光州固始遷居安海。修譜事始於明嘉靖間七世祖首山，後續增修十一次。因慶宣一派宗支衍茂，爲查閲便利，方修是譜。譜載譜序、世系、世德傳、地基表等。族人有遷居蘇州、浙江、潮州、臺灣者，清康熙間已有遠赴南洋安南、暹羅、蘇門答臘日里等地者。據民國二十五年（一九三六）抄本影印。

鰲頭陳慶宣派家譜

鰲頭陳慶宣派家譜序

按吾鰲頭家族。始於六郎公諱欽。公生於河南汝寧。光州固始縣。宋末來居安海。

夫人本乎祖。尊祖必敬宗。敬宗必修譜。惟吾族其始本末有譜。至明嘉靖間。吾七世祖首山公。乃苦心搜羅。輯為譜牒。嗣後世代相承。歷代經十一次之增修。始成皇皇巨帙。倘非首山公為啟世計。創此美舉。必定成為散亂而無疑也。

吾族自宋末來居安海。迄今七百餘載。人丁蕃盛。分支派別。今得詳細可考者。莫非斯譜之功也。

惟是宗支衍茂。美備之祖譜卷頁浩繁。查尋不便。披閱誠恐污損。可就吾慶宣公一派。另輯私譜。自始祖六郎公。至嘉誠公。錄其世序。以

詳其源。而利披閱。且將來隨時填記。承先啓後。或亦可以示親義。而動孝思耳。是爲作。

中華民國廿五年古歷丙子梅月望日二十世孫陳炎麒識

鰲頭始祖

六郎公

號六郎 諱歟公 壽九十四歲

生南宋理宗開慶元年己未三月十五日

卒元順帝至正十二年壬辰三月廿五日

長子 十郎

次子 十二郎

三子 十五郎

柯氏

號端質 諱端娟

生南宋度宗咸惇五年己巳正月廿五日

卒 十月十四日

考妣合葬西安鄉土名深溝口又名港仔尾

牌寫鰲陳始祖墳坐乙向辛兼卯酉

墓後有磚壙一首為二世祖胞兄弟十郎暨十五郎

之墳坐丙向壬兼午子外豎牌

二世祖

十二郎

六郎公之次子　諱二官　壽五十九

生元武宗至大二年己酉正月十二日

卒明太祖洪武元年戊申四月初五日

葬晋江九都庄頭鄉〃表坑後　後接逢〃

墓碑書十二郎陳公　今庄头鄉陳姓認为始祖

長　得玄公

二　質冲公

三　質彬公

蔡氏

號貞淑　名貞娟

生元英宗至治元年辛酉四月初六日

卒　五月十七日

葬西安鄉六郎公墓後　碑寫鰲塘陳二世祖墳

三世祖

得玄公

十二郎公長子
號以善 諱貪官 壽六十七
生元順帝至正十四年甲午三月廿六日
卒明成祖永樂十八年庚子

長 良澤公南昭
次 良資公鼎軒
三 良敏公慧軒
四 良勤公懋軒

鮑氏

號貞順 諱順娟
生元順帝至正十五年乙未八月廿四日
卒 失載

考妣合葬晉江七都曾棣鄉塔仔山邊土名狗肚下穴坐壬向丙兼子午分金辛亥辛巳該墳前後計地六坵為虎厝鄉吳瑞老及東井松腳蘇及老耕種　四世良勤公號懋軒祿四處士暨妣鄭氏合葬墳右
四世良澤公號南昭暨妣吳氏合葬墳左　四世良資公號鼎軒祿二處士暨妣守和蔡氏葬墓後土名西林塘穴坐辰戌兼乾巽
四世良敏公號慧軒祿三處士暨妣守順呂氏葬許西坑〃溪安路邊〃
良敏公良資公地七坵為東井鄉蘇昭老耕種

三世祖　二房祖

字賁冲 称十八處士

十二郎公次子

文鳳公 生元順帝至正廿七年丁未正月十二日

卒明成祖永樂五年丁亥十月十二日

長 嵗豐 立嗣

次 嵗益 立嗣

三 嵗鉉 確翁

王氏

諡惠善

生明太祖洪武五年壬子十二月廿五日

卒明英宗正統九年甲子三月初七日

考妣合葬南安四十一都林前鄉穴坐癸向丁兼丑未

子確翁公及妣柔聰伍氏合葬在左畔相去有尺六之

許係是為權

四世祖

良澤公 以善公長子 壽四十七

號南昭 稱一處士 諱澤官

生明惠帝建文四年壬午五月廿五日

卒明英宗正統十三年戊辰四月初五日

長 啟賢

次 啟範 止

三 啟葉 止

四 啟璇

吳氏 號慈愛 諱愛娟 壽八十三

生明惠帝建文四年壬午十月初五日

卒明憲宗成化廿年甲辰六月十七日

考妣合葬晉江七都曹厝鄉土名郭坑山穴坐庚向甲

七世妣蔡氏及八世前山公妣柯氏同葬其間

五世祖

良澤公長子　壽七十六

號惇厚　字昭璞　諱啓宦

啟賢公

生明成祖永樂十八年庚子十月十四日

卒明孝宗弘治八年乙卯四月初六日

長　媽保

次　媽孫

三　媽智

溫氏

號淑順　壽二十三

生明成祖永樂十九年辛丑三月廿五日

卒明英宗正統八年癸亥四月初六日

劉氏

號淑真　諱真娟　壽七十七

生明宣宗宣德三年戊申五月十七日

卒明孝宗弘治十八年乙丑七月廿二日

考妣合葬量埭鄉土名東山頭外鯉穴坐乾向巽

兼亥巳分金丁亥丁巳

十四世顏氏附葬其邊

六世祖

媽孫公 啟貢公次子 壽五十二

号廻齋 字乾胤 名孫官

生明景宗天順六年壬午三月初七日

卒明武宗正德八年癸酉九月廿六日

長 選 見亭

次 志 拱山

三 壽

任氏 号徽從 諱從娟 壽八十五

生明英宗天順四年庚辰二月十四日

卒明世宗嘉靖廿三年甲辰五月十二日

考妣合葬晉江八都內市鄉穴坐乙向辛

兼辰戌分金辛卯辛酉

長婦沈素許氏葬左畔

七世祖

選公

迪齋公長子　号見亭　字廷聘

生明孝宗弘治元年正月廿一日午時

卒明世宗嘉靖四十一年正月十八日未時

長　思聰乏

次　思敏

三　思嚴

四　思敬遷

許氏

号純素

生明孝宗弘治十四年辛酉四月十三日

卒明世宗嘉靖三十八年己未六月廿二日　

葬同本六世迪齋公墓左穴坐乙向辛兼辰戌分金辛卯辛酉

蔡氏

号德愛　諱德娟

生明孝宗弘治十四年辛酉四月十四日午時

卒明世宗嘉靖三十七年戊午七月初三日卯時

與選公合葬晋江七都曹店鄉土名郭坑内

穴坐酉向卯兼庚甲外兼辛山

九世曰潛号肖江暨妣蔡氏及克敬公附葬其間

八世祖

思巖

見亭公三子　壽六十三
號海山　字朝泰　名巖官
生明世宗嘉靖十年辛卯九月初三日
卒明神宗萬歷廿一年癸巳十二月十九日

長曰然 遷潮洲
次曰可 乏
三曰和 心海

黃氏

号孝慈　名慈娟　壽八十一
生明世宗嘉靖十年辛卯十二月十七日
卒明神宗萬歷卅九年壬子九月初二日

考妣合葬晉江七都曹店鄉土名大塘下
穴坐坤艮申寅分金辛未辛
係萬歷庚申四十八年八月十五日巳时葬

九世祖

海山公三子

曰和

号心海　字惟祥　寿五十二

生明世宗嘉靖四十五年丙寅九月初八日子時

卒明神宗萬歷四十五年丁巳十一月廿九日辰時

長　天啟繼禹

二　天智之

三　天俊

四　天德敬字

許氏

謚順慈　名順娟

生明穆宗隆慶二年戊辰三月廿五日戌時

卒明神宗萬歷四十五年丁巳十一月十四日子時

葬妣于萬歷庚申年八月十五日巳時合葬在晋江七都錢埔鄉土名長林坡穴坐庚向甲兼申寅

十世祖

心海公三子

天俊 號心宇 字中明 諱四官

生明神宗萬曆廿九年正月初五日丑时

卒世祖順治十二年乙未十一月廿六日未时

長 士梃

次 士攢

郭氏 號勤慈 諱招娟 壽五十八

生明神宗萬曆廿九年辛丑十一月廿一日辰時

卒清世祖順治十六年己亥六月初七日午時

考妣于康熙卅八年己卯十二月初八日合葬

晉江八都內市鄉土名炉內塔仔塔穴坐癸丁

兼子午分金

十一世

士珽　心宇公長子　壽七十五
号武如　字徵度　諱中官
生明光宗泰昌元年庚申二月十二日辰時
卒清聖祖康熙卅三年甲戌十月卅日戌時
長　胤棋　黄氏出
次　胤禛　吳氏出

黄氏　号孝德　諱恨娟　壽七十六
生明光宗太昌元年庚申五正月廿八日寅時
卒清聖祖康熙卅四年乙亥十月初一日辰時
康熙四十年辛巳十月十八日考妣合葬南安四十一都南青洪山迳鄉山坟土名芸头山草仔安窑穴坐丁向癸兼午子

吳氏　生四月廿八日　卒五月初三日
饒鄭厚
葬錢埔

十二世

胤棋

式如公長子

號達三 字爲敦 諱建官

生明思宗崇禎十三年庚辰閏正月初五日申時

卒清聖祖康熙四十七年戊子閏三月二十日子時

長 元淳 歐氏出

次 元灝 顏氏出

三 元瀚 顏氏出

四 元滉 歐氏出

乾隆十九年甲戌十月初七日

葬錢埔〃 一說曾厝〃郭坑

山與四世祖公穴

史氏

號端肅 諱寧娟

生明思宗崇禎十五年壬午十月廿六日戌時

卒清聖祖康熙六年丁未閏四月廿二日巳時

顏氏

號懿和 諱徊娟 壽七十三

生清世祖順治三年丙戌十一月初七日酉時

卒清聖祖康熙五十七年戊戌十二月廿一日午時

與考合葬五都宅内鄉咬蓮山土名土安山又名龔厝山

穴坐卯兼乙辛分金

歐氏

號素勤 諱貴娟

生清世祖順治六年己丑二月初三日

卒清世宗雍正十二年甲寅九月初一日

十三世

元灝　達三公次子

號怡軒　字于尭　又字迎人　諱旻官

生聖祖康熙十八年己未五月十四日戌時

卒世祖雍正八年庚戌十二月廿二日午時

葬南門外牙蒙合葬李都烏鴨头

祠宮前田岸頂條上脚穴坐卯向

酉兼山辛

蔡氏　号淑孝　名益娟

生聖祖康熙廿二年癸亥十二月初四日亥时

卒高宗乾隆十九年甲戌九月十一日辰时

与子啓湖及婦莊氏合葬五都宅内

錦里吳土名陽墓迹坐艮向坤兼丑

未分金丁丑丁未

長　志寶　存湖

次　志章　孱湖

三　志譽　秉湖

四　志坤　子立榜之

五　志選　子立呈秷蕃

十四世

志寶

元灝公長子 寿五十二

号卧湖 字濔璞 名显官

生聖祖康熙四十年辛巳二月初七九日卯时

卒高宗乾隆十九年甲戌十月十二日辰时

長 立謨名郈

次 立詠名齊

三 立譔名埰

莊氏

号勤愛 名貞娟 寿七十八

生聖祖康熙四十一年壬午十月十八日辰时

卒高宗乾隆四十四年己亥九月初九日子时

考妣与廿世蔡氏合葬晋江五都

宅內鄉里头穴坐艮向坤兼丑未

十四世

元灝公次子

子睿湖　字爾可　諱鐘官　長　立訓　總官

志宗　生聖祖康熙四十四年乙亥正月初十日寅時

卒高宗乾隆十三年戊辰二月十六日辰時　次　立誥　經官

子勤慎　諱言婧

許氏　生聖祖康熙四十八年己丑二月廿三日四戌時

卒高宗乾隆三十七年壬辰正月十七日亥時

考妣合葬晋江八都崎岑上〃候厝〃

十五世

立詠

志宣公次子　寿五十三

号守藻　字蔚之　諱齊官

生世宗雍正七年己酉閏七月廿二日辰时

卒高宗乾隆四十六年辛丑十二月廿四日申时

與祖怡齋公合葬東都坑岬烏鴨夾

穴坐乙向辛兼卯酉

長　國真　諱得官

次　國興　諱地官

高氏

諱器娟　未笄而卒

生雍正　年十月二十日

卒　七月初六日

吳氏

号温恭　諱呂娟　寿八十

生高宗乾隆二年丁巳五月十八日戌时

卒仁宗嘉慶廿一年丙子閏六月廿九日未时

葬錢埔兄亨公墓右穴坐壬向丙

兼亥巳未豎牌墓上但寫祖母二字

十五世祀祖

志宏公三子　寿三十三

号守謐　字偉之　諱池官

立　諱　生乾隆五年庚申十月廿六日辰时

卒乾隆卅七年壬辰三月廿四日酉时　嗣子　国地

次子承　立詠公

葬本山南凤翼八顶东角猪楼边

修从氏穴坐坤向艮兼寅丑同治

二年四月廿二日孙瑞守思公並妣

孙锡世合葬

蔡　氏　諱金娟　改节

十六世

國真 字克正 号嘉誠 乳名得官
立詠公之長子
生乾隆乙丑十月廿九日寅時
卒道光戊子三月廿五日申時
葬前坡兜亭公墓右坐乾向巽兼亥巳
享寿六十有四

楊氏 号儉懿 閨名諒娟
生乾隆丙戌八月二十日酉時
卒道光癸卯七月二十七日酉時
享年七十有八
葬茶埔心海公墓前地穴
坐戌向辰兼辛乙用縫針

長 錫果 名媽力
次 錫彩 名炮官
三 錫圭 名堅官 趺
兼祧於國軍
四 錫顯 名尾官
五 錫枳 名儫枳

十七世

錫禔

字君烈　諡慶宣　乳名炬官
國得公之次子　壽七十有四
生乾隆壬子年七月廿三日未時
卒同治乙丑年閏五月初五日戌時

長清源
次清霖　名揆光
三清露　名思勝
四清光　名光等

合葬蔡埔見亭公墓前
右畔穴坐壬向丙兼亥巳
用縫針

蔡氏

諡肅柔名水娟　享年七十有八
生乾隆癸丑年四月廿五日巳時
卒同治庚午年十一月廿五日巳時

十八世

清

光

字恩齋號穆菴 乳名光箏

錫榩公之四子 享壽七十有九

生道光乙未年三月十四日寅時

卒民國二年八月十七日寅時

長 權燒 殀

次 權釬 字金官

三 權潤 名澤官 為嗣於夥伯

蔡

氏

號靜莊 名蒐娟 享壽七十八

生道光壬寅六月十一日寅時

卒民國九年五月廿三日辰時

先汝合塋下山後土名東坡

墓坐山向

十九世

權金　字寵兼　乳名酎官　篆寶鐵

清等公之次子　享壽四十九　長　炎楠　早殀　周氏出

生同治戊辰正月十八日未時　兼祧權燒

卒

葬西安報恩寺遠顏安堂之園地　次　炎燦　周氏出

周氏　名蓮娟　號誠芽

生光緒辛丑三月廿八日申时

葬安平梅花山土名韭菜坑

坐丁向癸兼未丑

顏氏　名胡娟　號誠芬　壽八十二歲

生光緒庚辰十月初五日亥时

十九世

權潤

享寿三十二歲

諱有賓 字龍恩 諱澤官

生光緒戊寅七月十六日寅時

卒宣統己酉元年八月十三日

清箺公之三子兼祧神彩公

長 奕麒

字麟書

次 奕查

柯氏

名烏玫娟 号緘孝 寿九十歲

生光緒乙酉六月廿一日辰時

二十世

奕麒　字麟書　潤澤公之長子　壽四十四歲

生光緒丙午年五月初七日卯時

卒民國己丑年二月初八日巳時

尤氏　名紅綾娟

生民國五年四月初十日卯時

二十世

夫查　潤澤公之次子

生宣統己酉元年六月廿九日巳時

黃氏　名成徽娟

生民國四年九月初一日巳時

二十世

炎燦　權金公次子

生光绪癸卯十一月廿九辰時

鰲頭陳氏家譜

生枝圖

抄

- 一世 始祖 六郎公
  - 二世 十二郎
    - 三世 呂善
      - 四世 良
        - 良澤 号甬昭
          - 五世 啟
            - 啟賢 号惇厚 出本支
        - 良資 号昇軒
          - 啟範 全
        - 良敏 号慧軒
          - 啟榮 全
        - 良勤 号懋軒
          - 啟璇 分枝祖譜

- 五世 啟 啟賢
  - 六世 媽
    - 媽保
    - 媽孫 号遯齋
      - 七世 廷
        - 廷公 号見亭
          - 八世 思
            - 思聰 全 号海山
              - 号心海
            - 思敏 分支祖譜
            - 思嚴 出本支
              - 九世 曰
                - 曰然 遷廣東
                - 曰可 全
                - 曰和 出本支
            - 思敬
        - 忠公 分支祖譜
        - 寿公 生一子 全絕
    - 媽智

鰲頭陳氏家譜

生枝圖

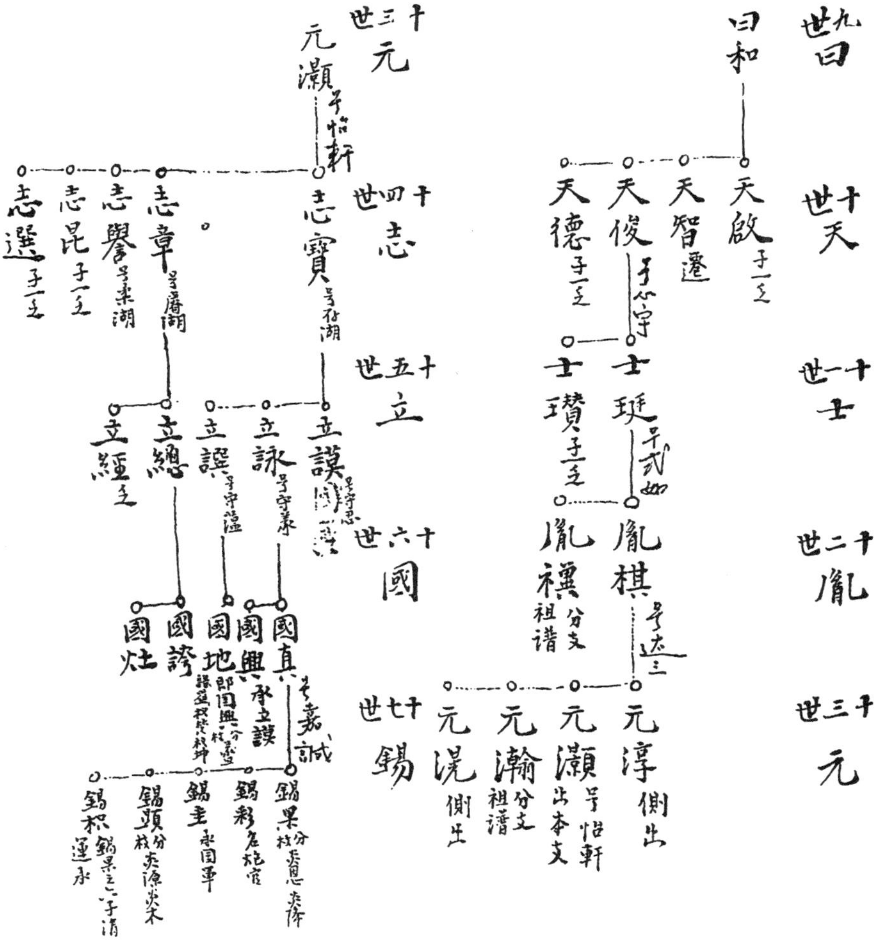
九世 日
日和
十世 天
天啟 子一
天智 遷
天俊 號心宇
天德 子一
十一世 士
士琎 號武如
士瓚 子一
二十世 亂
亂棋 號述三
亂禩 分支 祖譜
三十世 元
元淳 側出
元灝 號怡軒 出本支
元瀚 分支 祖譜
元滉 側出
十三世 元
元灝 號怡軒
十四世 志
志寶 號存湖
志章 號層湖
志譽 號柔湖
志昆 子一
志選 子一
十五世 立
立謨
立詠 號守蒙
立譔 號守謐
立總
立經
十六世 國
國真
國興 承立謨
國地
國誇
國灶
十七世 錫
錫果
錫彩
錫圭
錫頭
錫积

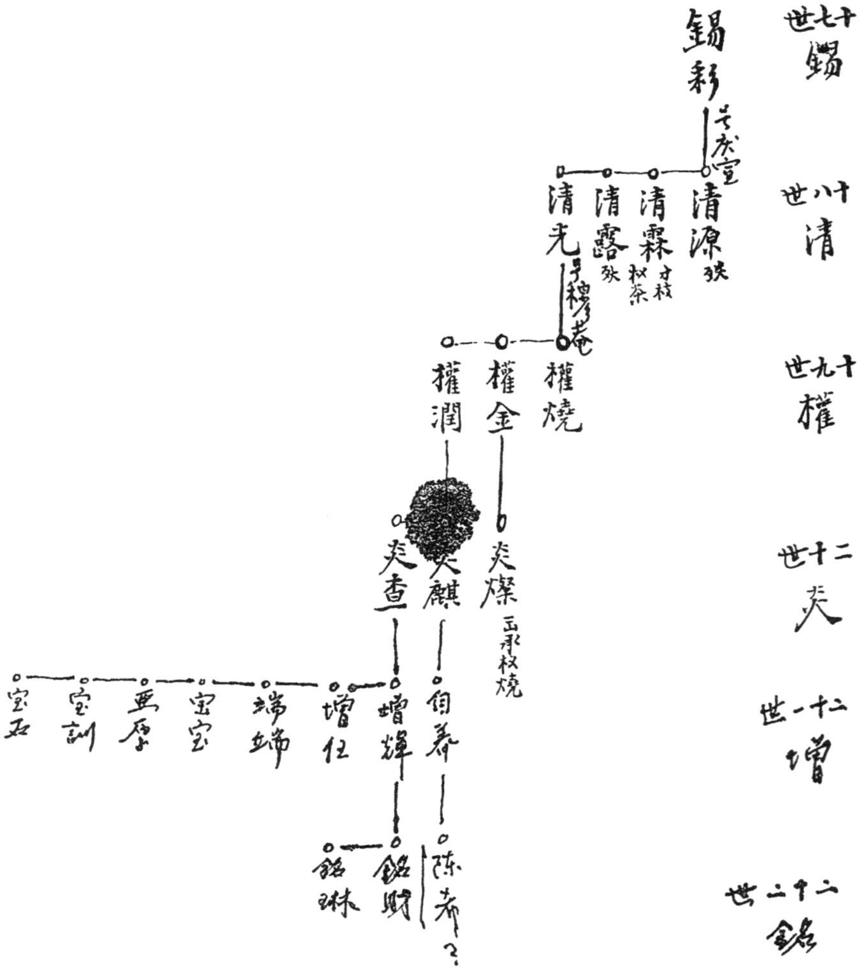

十七世 錫
十八世 清
十九世 權
二十世
二十一世 增
二十二世 銘
錫彩
清源
清霖
清露
清光
權燒
權金
權潤
增輝
增仕
銘財
銘琳

族八世系表

权楚〃建安〃子父传邦　之父〃祖锡耀　曾祖国兴

发青　子父权国　祖传时　曾祖锡康　高祖国兴

权達　子父传昂　祖锡显　曾祖国真

权輝　子父传林　祖锡彩

发恩　子父权要　祖传报　曾祖锡果　高祖国真

传敏　子父锡亨　祖国從　曾祖立花　高祖志揆　乃十一世士撻之曾孙

权平　子父传樗　祖锡仪　曾祖国山　高祖立振

权衡　名坤　子父传让　祖锡富　曾祖国兴

发圭　子父权宗　祖传时　曾祖锡康　高祖国兴

权硫　父传祥　祖国显

权吉　子父　子父传树　祖锡果　曾祖国真

传徒　子父锡树　祖国杏　曾祖立澍　高祖志揆

传庭　子锡登　祖国山　庭兄三：彬、炎、财、芽名用

清
机　系父錫鵬祖国坦曾祖立河高祖志謨乃二房三派第八世孙

清西　系父錫協祖国瀾曾祖立河

連江　系父錫琮祖国耀曾祖立柏高祖志贇乃志謨之兄

秀生　系父国禎祖立旺曾祖志专高祖元申
自十一世士瓘公起分丁泉城居住

鰲頭拾甲

始祖六郎公原住河南汝寧府光州固始縣宋
末來居安海
安海自宋代開築市鎮屢遭變遷清順
治十三年加以截叔積直輜重之罪更歎
痛勸韋縣主王公（諱成祖號岳生）力
訴僅將宮室焚燬百姓則押入泉城康
熙廿三年復旧故土惟遷移之後業多廬
存赧累難堪又辛太守高公（諱拱乾號
九臨）除累寬徵民得安寧鄉人爰建祠
于龍山寺每年訂中秋日致祭以示不忘
主祭者概四冊內顏黃陳蔡吳柯楊李蔡尤曾鄭高葉王許溫林田
蘇吳伍林　安海陳渭沖先生
本族祠堂原在安海山頭圍順治間海氛
化為灰燼至此時子孫半皆遷徙郡城特就
泉之五塔巷龍山地鐵爐鋪五魁境購

買郭姓大厝改建（買丙拱子蕭仟子）歷時已久
損坏不堪十五世立詠公爰於乾隆四年
八月鳩資修葺至十一月完工嗣後嘉慶
四年及廿四年重行修理
明嘉靖七世祖晃亭公和碧峰公建館
口巷公居十二间康熙廿五年安平重兴
世祖建宦公和守尚公爰于三十年重新
起蓋族人將碧石峰公及守尚公入祠
八世祖恩诰公建公業十二间予逍亭係碧石
峰公三子（予逍亭）与妣史氏合塋同安
樵下鄉梧内西山柯姓祖墳下至支派
十四世 志正志宗志高往台南 志文志武往漳州
應天志地志人往安南
六帝公墳相傳為田螺穴以蓋土葬惟為宜不
可立墓庭春灰墓其改風地各二垣仍可

交顏姜耕種
七世祖兜亭公葬曹厝達麓山二虎墓地五
十餘坵內九斗格十七坵又一石二斗格三十四坵
雍正四年至嘉慶十三年房屢被許姓盜葬
又八世祖媽莊氏柯氏（均為山公妣）葬晉江
四都蓮湖鄉土名呂山山狗石下共八首
并被曾氏盜葬以上二處費盡苦心極力
交涉得以恢復後世子孫須認真保管
嘉慶廿五年集資修理頂壚埔五泉公墓
四世媽李孺人伍氏五世祖朴庵公（二房）妣靜
修伍氏李嘉柯氏暨眾歸蔡氏長孫瑾歸
黃氏六世慎齋公妣勤肅柯氏七世守山公
妣端慈林氏次山公妣敏德林氏為山公仰江公
均葬南安卅六都蘭山
三房貿彬公支派傳至六世堅公移居承

春龍窟惠安楓亭康熙四十七年擇來祭祠
八世思立公長子大謀任廣西柳州府改就
廣西梧州府陸川縣任居子孫甚蕃
十五世（長四）立魁公支派往洪瀨
九世（長三）見纓　十三世（長三）元順元直元安
（長四）元祿　十四世（長長）志文志武支派
往漳州嘉慶廿四年尚來祭祠
長房長良（四世三房）澤公支派海山侍叔頂叔眼叔
一部分往廣東廣西臺灣安南陝西漳州
（六房長孫一世）鰲齊公嗣翠峯（十一世廿四房）支派往潮州（珀房）峯文
派往安南台灣漳州鎮住本埠
長房二良資公（日新軒）支派往廣東浙江蘇州
長房三良敏公（慧軒）支派往廣東寧波延平龍巖
長房四良勤公（懋軒）支派蒲興、仙圍、孫墻、莆奧、

餘往安南暹羅呂灣南海漳州泉州洪瀨

二房碓翁公長永霖公（平庵）支派往廣東雷州

南京南海漳州

二房二永厚公（逸庵）支 敦盤峯佳振、秀生、

西邑、一部分往南京

二房三永芳公（朴庵）支派一部分往暹羅、

安南、臺灣雷州高州瓊州漳州黃坤鄉、

二房四 麗叔其祖墓在立厝

族人往安南本 十四世志（天地人） 十五世立（元輝）

往暹羅本 十三世元（冉黎） 十四世志墓

往臺灣本： 十二世胤（積、雲、）胤菊 十三世（元昌）

十四世志（印正） 十五世立（卓、梅、菊、聰、田、山、京、嫣、）

十六世邦雁、 十七世俐金、 十八世清（塔、蘭、）

往臺灣本著： 十六世國（泉沛） 十七世振澤——

往廣東者：八世嘉訒 九世見祺 十世士仮、儀、偕、禧、
十一世外邦、郊生、十四世志千、塈、豐、
往潮州者：六世遊元 七世柳、九世回然、
十世天策 十一世士灝、晉、恢、十二世亂、科、謀、圻、
往雷州者：九世見暴、表、真、繹、十一世士梅、長、
往高州者：十世可熙
往蘇州者：六世細奴
往臺灣者：又有十世士璇、澄、十三世元卿 十四世
志佑 十五世立嘉、欽、鉉、錦、恩、十六世
國永、昭、吉、旺、堆、援、龍、寶、好、十七世錫岳、烟、
往潮州者：碣陽縣者：十四世志周、長久、旌、華、信、業、儒、懷、封、隆、又、宜、智、業、忠、創、遂、豪、
往南京者：九世見思、知、可、
往南海者：八世一棟、標 九世光遠、遂
往淞江者：七世歷、
往寧波者：六世成贊、晏

往陝西者，八世胤楮

往廣西者，八世思立

往福州者，十三世元擀

往延平者，七世晁

往建寧者，十三世元明　十四世志天

往漳州者，九世晁纓　十三世元祿　十四世志敵、流、

往龍巖者，十世中協（子士亨）

往廈門者，十三世元茶　十四世志賜　十九世權諧、楚

往荷屬、蘇門答臘日里、峇抵拋勝、　權格

往泉州者，13元汪、申、修、　15立標、18、清德

往南安蓬盛者，14志煜

往洪瀨者，15立魁　18清潋、瀧、演、派、三、平、丹桂、祥、注、料、酒、池、受、廷、欸、樹、竹、協、福、濟、山、在、石、揆、積

往黃塘鄉，13元偶

往佳拔者，16國根、錫、頂、桃、殿、　18清滔、蘭、斟、洪、綿、仙、八、位、柱、述、沃、煤

二房十三世元美、良、躍、十四世志富、昌、剛、整、興、葉、敏、國基、住居廣東揭陽縣仁美街觀音亭邊康熙廿年有赤官從官來謁祖

十五世立宣、經、蛟同父志偉嘉慶十年移居臺灣鳳山縣南仔坑住居

陳氏出太舜之後至祖媯姓武王克商封胡公滿于陳以奉舜祀傳至漢桓帝封陳寔公為太邱長寔公後有讓公七世孫邃士晉為福建節度使住居莆田元方寔公四子十一世孫元光（字廷炬即漳泉人祀之陳聖王）為泉潮刺史鎮守漳州後王審知為開閩聖祖後嗣借書故漳泉有閩始祖又寔公八世生霸先分封各王金枝玉葉遂遍天下然究之皆太邱苗裔也

碧峰公支派九世曰泗公（次亭）妣蔡氏暨子天注公（玉臺）及妣葬晉江都上郭鄉族人每年四月八日為之掃墓

世德傳

二房　三世祖質沖公洪武三十年建晦翁舊址為業傳
子曜翁成化十年建朱子祠而獻之公
二房　五世祖逸菴諱永厚曜翁公之次子性恬靜善記
憶嘗搗煉丹砂修養真之行年百餘人稱為百歲翁
長房　七世瑞峯公諱倫字字廷序曜翁公之孫循善公之季子為人持
重爲翁吾宗舊無祠宇公倡建設又與仲兄翠峯設立書塾之規模積貲
生息以供祀費
二房　七世首山公諱湖字言器慎翁公長子朴菴公之孫天資俊敏
孝友性成吾宗素未有譜公乃始為倡設生平好為人排難
識見優越人多嘉之
長房　八世海山公少遊銀藝中止業醫又性耽遊覽先是客
遊時允訣名醫必携訪往遊適有便善于風雅因授
以海上方而醫道愈顯云

長房

九世澤澍公諱曰惠（改為文燧）字維疇，北亭公之子也。奮志詩書，資朴有禮，晚年寫意形家，嘗僻名勝，玉石井相語人曰：是地必產舉人，時無徵也，後始服公之明眼。

長房

十二世孕哲公字為保，號守拙，澍公長子，精書法，善醫學，好行文。康熙五十九年續修族譜，平子元珏、孫志祥志法捐資贖公業以歸家族，為之入祠配享。

十二世孕峻公字為高，號（為商）仰軒，生平睦族任卹，時公業變被人減稅抗掾，平子飛擕訟於有司，各之始歸，風出最以次增租對的。仰軒公亦為之配祀祖廟。

縉紳錄

長房三世 呂善公 諱得玄，十二郎公長子，奉授南京留守中衛軍

二房五世 永厚公 號逸菴，字睢琬，碓翁公次子，例授修職郎

二房六世 鍾心公 平菴公之子，諱秉煌，字順華，歲貢生

二房七世 賓崖公 鍾心公長子，諱奎，字良宝，恩進士，奉授宥祭郎

長房八世 逵海公 諱思誠，字朝卿，翠峯公次子，嘉靖己酉科舉人

二房八世 筠江公 諱一恢，字由仁，號元琏，首山公四子，萬曆丙寅歲貢

長房九世 大谏公 思亭公之子，拱山公之孫，隆慶庚午科順天舉人，故廣西柳州府

長房九世 澤湖公 諱惠，字惟晦，號文燧，北亭公之子，晉江庠生

二房九世 盡齋公 諱王，字子發，淮江公之子，郡庠生

二房十世 顯 公 諱丙旦，字巘爵，官章揚，翌予尚公次子，康熙戊午科武舉人，例授武信郎

長房十二世 儱瑶公 文魁

十二世 長房洪績公 彰化庠生，康熙壬寅科歲貢，特授教諭

長房十三世 有光公 臺府庠生

長房十三世 龍乾公 歲貢生

長房十四世 章鐘公 雍正壬子科文舉人

二房十三世 飛騰公 雍正癸卯科武舉人

長房十三世 甲華公 乾隆乙丑科歲貢授訓導

長二房十三世 文炳公 臺府庠生 乾隆乙亥歲貢

二房十四世 承玉公 鳳邑庠生 佳郡公之子 乾隆癸丑歲貢

長二房十六世 毓英公 字仲楠 新竹縣庠生 光緒丁酉科文舉人任廣東[illegible][illegible]報

二房十七世 雪松公 諱璧玉 字秀生 宦章瓊瑤 國貴梅園公長子 宣統元年己酉科恩元

歷代紀元表

宋　西曆960至1276止　共三百十七年

太祖　在位十六年，庚申至乙亥　建隆3　乾德5　開寶8

真宗　在位25，戊戌至壬戌　咸平6　景德4　大中祥符9　天禧5　乾興1

英宗　在位4，甲辰至丁未　治平4

哲宗　在位15，丙寅至庚辰　元祐8　紹聖4　元符3

欽宗　在位一年　號靖康

孝宗　在位27，癸未至己酉　隆興2　乾道9　淳熙16

寧宗　在位30，乙卯至甲申　慶元6　嘉泰4　開禧3　嘉定17

度宗　在位10，乙丑至甲戌　號咸淳

太宗　在位廿二年，丙子至丁酉　太平興國8　雍熙4　端拱2　淳化5　至道3

仁宗　在位41，癸亥至癸卯　天聖9　明道2　景祐4　寶元2　康定1　慶曆8　皇祐5　至和2　嘉祐8

神宗　在位18，戊申至乙丑　熙寧10　元豐8

徽宗　在位25，辛巳至乙巳　建中靖國1　崇寧5　大觀4　政和7　重和1　宣和7

高宗　在位36，丁未至壬午　建炎4　紹興32

光宗　在位5，庚戌至甲寅　號紹熙

理宗　在位41，乙酉至甲子　寶慶3　紹定6　端平3　嘉熙4　淳祐12　寶祐6　開慶1　景定5

恭宗　在位2，乙亥至丙子　號德祐

西曆1277至1367　元　共九十一年

元世祖　在位十七年，丁丑至甲午　號至元

武宗　在位4，戊申至辛亥　號至大

英宗　在位3，辛酉至癸亥　號至治

文宗　在位5，戊辰至壬申　天曆2　至順3

成宗　在位13，乙未至丁未　元貞2　大德11

仁宗　在位9，壬子至庚申　皇慶2　延祐7

泰定帝　在位4，甲子至丁卯　號泰定

元順帝　在位35，癸酉至丁未　元統2　至元6　至正27

西 1368 至 1643 共二百七十六年

明太祖 在位31 戊申至戊寅 号洪武

成祖 在位22 癸未至甲辰 号永樂

宣宗 在位10 丙午至乙卯 号宣德

景宗 在位8 庚午至丙子 景泰7

憲宗 在位23 乙亥至丁未 号成化

武宗 在位16 丙寅至辛巳 号正德

穆宗 在位6 丁卯至壬申 号隆慶

光宗 在位三十日 庚申 号泰昌

思宗 在位18 戊辰至癸未 号崇禎

惠帝 在位4 己卯至壬午 号建文

仁宗 在位1 号洪熙

英宗 在位14 丙辰至己巳 号正統

英宗復辟 天順8 丁丑至甲申

孝宗 在位18 戊申至乙丑 号弘治

世宗 在位45 壬午至丙寅 号嘉靖

神宗 在位47 癸丑至己未 癸酉至己未 号萬曆

熹宗 在位7 辛酉至丁卯 号天啟

西歷 1644 至 1911 共二百六十八年

清世祖 在位18 甲申至辛丑 号順治

世宗 在位13 癸卯至乙卯 号雍正

仁宗 在位25 丙辰至庚辰 号嘉慶

文宗 在位11 辛亥至辛酉 号咸豐

德宗 在位34 乙亥至戊申 号光緒

聖祖 在位61 壬寅至壬寅 号康熙

高宗 在位60 丙辰至乙卯 号乾隆

宣宗 在位30 辛巳至庚戌 号道光

穆宗 在位13 壬戌至甲戌 号同治

宣統 在位三年 己酉至辛亥

干支表

甲子　乙丑　丙寅　丁卯　戊辰　己巳　庚午
辛未　壬申　癸酉　甲戌　乙亥　丙子　丁丑
戊寅　己卯　庚辰　辛巳　壬午　癸未　甲申
乙酉　丙戌　丁亥　戊子　己丑　庚寅　辛卯
壬辰　癸巳　甲午　乙未　丙申　丁酉　戊戌
己亥　庚子　辛丑　壬寅　癸卯　甲辰　乙巳
丙午　丁未　戊申　己酉　庚戌　辛亥　壬子
癸丑　甲寅　乙卯　丙辰　丁巳　戊午　己未
庚申　辛酉　壬戌　癸亥

抄

世系名稱表

字十一世起

士亂元　志立國　錫權(2)清

奕增銘　游楨燦　堆錦瀛

樹烟增　鍾沛松　焰培鈞

漢柳煥

號十三世起

軒湖守嘉　昭穆有序　族派多淳(得)

桂子蘭孫　丕顯烈永　績善万年

在同一孔

冠字十三世起

于爾之光　君思寵爵　祿綿楊世

代流芳遠　純伯以佑　啟盛怡慶　際其孔懷

春冬祭聯文

鳌海家声遠

龍山世澤長

祖廟倚龍山百代請壺高仰止

宗支聯鳌海千秋俎豆慶長新

派分鳌海

祠奠龍山

家居鳌海五馬振家声風景欣春鳌駕

廟倚龍山双溪環廟貌雲仍快上龍門

坟墓表

1 始祖一郎 妣端懿柯氏 二世祖妣淑貞蔡氏 二世十郎 二世十五郎 葬西……

2 二世十二郎 葬晉江九都庄头鄉

3 三世得玄 善居 妣懿順鮑氏 葬塔仔山 座右一首為四世二房（號）勤懋軒

妣懿德鄭氏 左一首為四世南昭 妣慈愛吳氏

四世二房長 資果軒 妣德孫氏 葬塔仔山

四世二房長 宗毅 字慧軒 妣守順吕氏 葬晉江七都嵝嶺山 看許田土樓

去之寿 墓坐左右有墓二首亦我族祖墳 在仁與依公（循東齋父）
你外祖歷年亦由祭掃

三世矢凤公（壽埏）號冲淡 十八世士暨 妣惠善王氏 子世鉉 雍翁 妣季院

伍氏 葬南安九都林芳鄉

4 長 去 四世宗璋（號南昭）妣慈愛吳氏 十一世士璞 妣勤儉吕氏 十二世媽

勤厚黄氏 吳 十二世媽端肅吳氏 祔 妣端孝 端孝許氏

7 七世選公（見亭）妣柔愛蔡氏 朴軒 妣素勤陳氏 號愛王氏

15 十五世守义媽溫恭吳氏 僅寫祖母二字 八世毅軒 妣勤靜

黄氏 八世東山 妣勤貴 林氏 葬東埔郭坑山土名仙人騎樹

5 五世啓亮（惇厚）妣淑順溫氏、淑眞劉氏。十四世顏氏，葬坑四鄉里𡌡，土名东山[illegible]

長房長五世啓璇（璀然）妣徽婉王氏，子循善，婦守周曾氏，孫[illegible]公（彭喜）

九世泗（次亭）妣蔡氏。十世天桂（玉堂）。十一世士崑（誠然，又号宗山）

葬晋江四都上峯鄉，土名吉宫边，牌书三世乐卽

6 六世嫣孫（廸然）妣徽從任氏，長婦絶素許氏，晋江内𡌡鄉，塔境，土名海山[illegible]

長房長 七世忠公（撰然）妣勤素楊氏，葬同安[illegible]，[illegible]陽[illegible]边，九龍潭[illegible]，中央[illegible]，口尚[illegible]，[illegible]石[illegible]官附近

長房八世 長世 思敏逸軒，妣蔡氏，長孫[illegible]，葬灵元山花[illegible]

八世逸軒嫣[illegible]儉許氏，葬晋江四都[illegible]林鄉和尚埔

8 八世海山公，妣孝慈黃氏。世軒王[illegible]良，妣曾氏（長房二）。晋江七都曹[illegible]鄉大[illegible]下

長房長 八世思肖（北亭）葬南安廿七都岑邦鄉

八世嫣北亭，徽柔蘇氏，葬灵元[illegible]坑内背顶，婦[illegible]氏附葬

八世碼北亭，許氏，葬[illegible]元[illegible]坑内水磨田中央

長房九世 （日性）明海，妣孝勤莊氏，子中麟（次天森），葬晋江五都吴[illegible]鄉胡林下，八ㄗ土名大埔山

9 九世 九世 日和（心海）妣順慈許氏，葬晋江[illegible]鄉長林埔

長房長九世日惠（澤淵）子天埠（懋澤）葬南安四一都埔進鄉苦田鐵灶崙

長房長九世日坦（次亭）妣柯氏 十世天啟（廷禹）妣蔡氏 十世天智 錫恒 妣王氏 葬東埔鄉下坑山

10 十世天俊（心宇）妣勤慈郭氏 葬內茶按厝炉內塔仔埔

11 十一世士挺（武出）妣孝淑黃氏 葬南安廿都南青洪山進鄉山 又葬夾山林仔宮崙

11 十一世媽吳氏孝勤厚 葬東埔

長房長 十一世士鶴 字徽皋 號九聲 妣恭淑許氏 葬南安□深坑鄉吉城山

12 十二世胤棋（達三）妣慈和顏氏 葬晉五都宅內鄉 蓮名 坟山土名 土名吳厝山

長房長 十二世胤珽（瑞士）妣仁慈顏氏 葬南安四一都南吉 巴甲鄉卧竺埔

13 十三世元灝（怡軒）十五世祿守慕 葬坑埔烏鴨尖 又五音 墓左 （一）十四世石湖 （二）十四世志恩 志思 （三）守吉 （四）德亭 （五）外孫墓 蔡子昭

14 十四世怡軒媽淑孝蔡氏 十四世志皇石湖 又妣勤愛莊氏 葬內鄉里尖地角 土名陽安進

16 十六世國真（喜誠）葬東埔 兒亭葬右 妣揚氏 葬東埔 海心公葬東

17 十七世慶宣（錫模）妣淑雅蔡氏 葬晉七都東埔鄉

以上均有山圖載在大譜

長房長 十七世慶謨（錫既）妣端慈李氏 葬晉江六都後橋鄉日光山上

長 長 十七世慶直（錫果）妣淑一吳氏 葬里奧崙腰 俾與郭吳頭陽氏祖

長房長十八世連樹（端和）葬本都東角三姓山脚呂注崎邊
長長二八世珍公（玉泉）葬頂壚埔南泉公墓左　嘉慶廿五年集資修理
長四七世清公（平湖）妣執閨呂氏葬晉江六都灵元山圭冠石下面
長四八世時行（述渠）妣端肅黄氏葬晉七都桐林鄉珠郭山上
長四八世述渠媽純慈蔡氏葬南安廿七都吳坑鄉寨內金交椅
長四十世懷質媽曾氏葬桐林鄉八世述渠公墓右
長四十世章輝字鈍中（懷質）勤林侄氏　十一世提（武夫）葬南安四一都南陳鄉外紫城　葬後山尖頂分
長四十一世獻臣媽勤慈鄭氏葬南安溪頭鄉洋坑寨內金交椅右畔
長四十一世士眉（獻臣）妣懿貞任氏與公葬南安四一都南陳東邊山上播旗崙
長四十二世儼耀（山仁）妣貞勤林氏　長子元鳳（積生）葬晉江八都吳山鄉後崙山
長四十一世碼孝恭黄氏　十二世儼札（振野）妣懿柔黄氏葬晉九都丙厝鄉坐北向南
長四十三碼元默（耀生）妣勤淑李氏葬晉四十四都下井塔後鄉
長四十四世志寅（和東）葬南安洪瀨寨東
長四十五世立位（字乎三）妣大勤慈戴氏　又妣黄氏葬南安五都丙仟山穴上
以上均有山圖載在大譜

三房二 四世媽柔禮伍氏 五世承芳（樸庵）妣靜修伍氏 繼妣柔嘉柯氏
眾婦蔡氏 子六次祖秉燉（慎塑）妣勤肅柯氏 七世首山 七世璉公（次山）
妣敏德林氏 長孫婦黃氏 七世湖公（首山）并端慈林氏 七世三子世一根（西山）
孫一瑚（仰江） 均塟南安廿六都蘭山 於北面尾山 并南面田墘
左右面勿溝 墓茔地八坵湖內鄉伯士耕二坵年稅穀仰廿一斗
呼樓一坵十 呼石一片十 及坑鄉吉勝耕三坵年收十 以上計八坵
內一坵亭下小山案迸對方有墓禁一 次山公之墓及田外有祖墓一首
及方尾山界有墓四穴 次山公之墓及 湖內鄉趙宗茂宗及曾業地 五坵年稅二百文
三房二 六世炳燭（鍾庵）妣敏慧曾氏 塟晉江七都立房鄉
三房二 八世首山公繼妣節慈鄭氏 孫婦勤和柯氏 塟南安廿六都六安鄉對面山
三房二 八世西山媽諡一蔡氏 慈淑柯氏 及次山考妣 八世一壤（仰江）考妣
又末堅碑墓四穴 內二穴在內方過溝 近溝一穴係玉峰公墓
塟晉四都蓮湖鄉呂山下狗屎下（金人宮九抗望附近） 化地八坵
三房二 八世一言（肖山）妣賢淑許氏 塟晉江六都內坑鄉崎鄉橋長嶺山

二房三 九世 王猷（魯二）妣淑惠楊氏 葬南安廿六都山前鄉里坟

二房三 七世 璞公（玉山）妣節恒氏 次子一 擇北嶺 葬南安廿五都嶺兜鄉旧宅湖大石下

二房三 十世 可選（景魯）妣貞惠李氏 子士珖 娶老娘傅氏 十二世 胤福

葬南安廿六都蔡厝鄉君子坑

二房三 胤興（兴素）妣慈儉李氏 葬北厝山虎嶼

二房三 立收（健收）妣蒼儉黃氏 葬晋江七都西庭鄉橫坑山 墓苦鄉坳各一坯

二房支派 九世 喜元妣莊淑黃氏 葬南安□□山直嶺（附山柏待虎穴二房 立旺公自往祭掃越年壽終

九世 嬌詒淑洪黃氏 嬪惠洪黃氏 葬晋江七都桐林鄉陳郭山

以上均有山圖載在大譜

18 十八世 清光（樓庵）妣靜恭蔡氏 葬晋江下山後土老東坡

十九世 權金（　） 葬安海振恩寺边顏安宅墓地

19 十九世 權润（有賓） 葬安海古廟边石亭左畔

泉州刺堂各祖先芳名 列祖附祧題名錄

始祖 考六郎公 瑩諱柯氏人

三世祖 考質坪公 妣惠善王孺人

四世祖 考確齋公（次） 妣勇慈任孺人

五世祖 考朴庵公（次三） 妣靜修任孺人 秀嘉柯孺人

六世祖 考慎齋公（次三） 妣勤肅柯孺人

六世祖 考逕山公（長四） 妣毅順何孺人

七世祖 考首山公（次三） 妣諱莊氏林孺人

九世祖 考奎元公（次三） 妣貞德吳孺人 妣惠貞孺人 莊淑貞孺人

二世祖 考十二郎公

四世祖 考南聯公（長） 妣慈懿吳孺人

五世祖 考樸齋公（長） 妣淑順溫孺人 淑貞劉孺人

五世祖 考碩德公（長） 妣懿班王孺人

六世祖 考續善公（長） 妣守閨曾孺人

六世祖 考肅心公（次） 妣慈淑許孺人 慈順王孺人

七世祖 考汝山公（次三） 妣淑德林孺人 淑慈吳孺人

十二世祖 考守光公 妣同一口王孺人

三世祖 考呂善公 妣宜順鮑孺人

四世祖 考懋軒公（長四） 妣慈德郭孺人

五世祖 考崇齋公（長四） 妣慈順黃孺人

六世祖 考迪齋公（長） 妣徽柔任孺人

六世祖 考謹庵公 妣毅貞曾孺人

七世祖 考瑞峰公（長） 妣莊和柯孺人

八世祖 考肖山公（次三） 妣貞順許孺人 勤和柯孺人

十二世祖 考仰軒公 妣莊懿金孺人

歷代脩譜芳名

嘉靖三十年丁未 二房七世 首山公始脩譜 嘉靖卅年 二房七世
崧山公 二房八世 重訂公重脩 萬歷卅年丁未 長房 澤淵公
三次重脩 康熙元年壬寅 二房十世 鈍庵公 四次重脩
康熙一卅年壬午 長房十二世 有光公亂哲公五次重脩 乾隆仁年
戊辰 十三世 元灝公元嘉公六次重脩 乾隆卅年乙丑 十四世 志宝公
志祥公七次重脩 嘉慶廿五年庚辰 十四世 志日印 十五世 明玉
十六世 克明公八次重脩 道光十八年 十五世 三增 十七世 錫果九次重脩
光緒十四年 長房十八世 清日印公 清光公 二房十七世 錫從十次重脩
宣統元年己酉 二房十七世 雪松 二房十六世 景淵 景雲 十一次重脩

民國十二年癸亥公業祖金

拱北境順利每月大洋〢〇元

管口巷內落南畔第十三間泉水美當店大洋〢〇元

南畔第二十三間幸盛鞋店大洋10元（第二十間一連透後店）

南畔第八間益元號（透後店）大洋10元

南畔第十間花腳井大洋〢〢元

南畔第十二間源芳節房大洋〢〢元

北畔第九間錦華成衣店大洋80元（透後）

北畔第十一間永綠大洋10元

玄壇宮梨峯石厝一連三間月收大洋〢〢元

以上五條每間現月收大洋〢〢元全年統計〢〢元

源興金帛店大洋〢〇元

南畔第四間隆盛肉店大洋〢〢元

南畔第七間合璧號衣店大洋80元（店一連二透後店）

南畔第九間陳同興刹衣店（透後店）大洋80元

南畔第十二間秀興豐衣店（全前後新一間）大洋〢〢元

管北巷口北畔第八間杏林春大洋〢〢元

北畔第十間美華大洋〢〢元

新街頭第七間全正一間大洋〢〢元

興福境元巷橫第二房一間

墓蔭表“每年地祖”

始祖墓（東）前三坵以二坵以二坵八外顏姓每季谷八百斤

厝一近地坵七外厝二以地坵東剃顏姓老收〢元

現二房顏影墓後二坵壕〢〢斤東〢〢△

西三房炭〢△

墓東西坵花鄉井10△

草花三子10△

二世祖妣墓東西坵任家见〢〢斤東〢〢△

長房三世祖東井赤瓦老地坵〢〢斤志庸吳承老地收〢人

海口尾西頭10△東先世祖墓東八外竹夫黄全一年墓東坵余坵老田外完厝鮑旗生由鮑收店

墓東曾壕〢〢

六世祖墓皮降斗每年十兩　墓苹米良監　墓迹10斗汁

海山公　墾厝趙来伯租地二坵每年收五

地基表

玄壇宮西畔由宮中巷梁　第六間呂宏每年の收收五　第七間快美每年收五

第八間每年收五　第九間慶君年收五　第十間　第十一間

第十二間　第十三間　以上均每年收五

東畔由以海打路巷頭第二間　由路打巷旁第二間第一間晋利地基每年收收五

第二間恆收年收十四　李收千　第三間徒屋地基收汁　第五間丁凤伯地基每年收收千

聖祖重華公序

按吾族始于虞帝重華公諱舜為顓頊六世孫堯時代甲歲生於姚墟故姓姚常耕歷山以孝德升聞紹唐而有天下號曰有虞厥後禪位於夏子商均作賓於王家孫虞思襲封以縣虞祚十數傳至胡公為周武王陶正之官王利其器用妻以太姬而封諸陳遂以為氏中庸大學章朱子註云子孫為虞思陳胡公之後明徵驗然則姚之後為陳陳之先為姚曰姚曰陳蓋枝分派别而實同出一脈也夫人本乎祖尊祖必敬宗敬宗必脩族自斯譜作俾吾族父兄子弟上以知水有源木有本下以知善相勸惡相規患難相賙

邱冠爵裘聯相慶弔而不並（互）世互親之路
人設之子子孫孫繩繩引之勿替哉是爲序

歲進士裔孫陳應蓮頓首拜撰

民國廿四年陳炎麒抄

重華公　虞思公　胡公儀讚

悅親協帝　岳牧以揚　天秩遂合　虞以紹唐
鳳儀獸舞　恭己垂裳　乃神乃聖　纘保彌長
相古有夏　作賓于王　丕承厥緒（緒）　孝孫有慶
亦越閑武　陶正發祥　分藩太皞　倫恪用光
以國爲姓　俾熾而昌　歷山纘穎（所）　派衍天潢
祖功宗德　令聞令望　永垂于上　冠冕皇堂

裔孫陳夢元頓首（拜）撰

重脩聖像謹序

虞帝重華與光合法歷代祀之帝王廟民間不宜祀也 至聖孔子大賢孟子於虞帝均有標論後學不宜贊之 然四至如一事之親而出可追溯則民亦可祀之以其自人倫之至而學以功人則後學皆可贊 是圖由來已久故老相傳謂前時雜姓聯宗姚與陳皆出同出不敢復歸姚姻一第之 逐年輪祀所出處民以祀法不符爭訟械鬥 二第之 年穀豐熟商賈獲利民無疾病嗣則宜男生第尤難盡述然吾恐祀之者出求願而不出夫陳類之本也適有余鄉姚姓今年輪祀將是圖重加褾褙請贊於余因取其可之宜於民者以昭同姓法

大實聖像贊

惟帝之法　至孝最大　於難屢遭　益徵和諧
入門見親　夔夔齊慄　有庳封弟　親愛無失
竭力耕田　以供子職　不得乎親　負罪引慝
人稱至聖　神感至誠　克禪之位　尊貴罔及
惟帝孝養　孝道益隆　以天下養　膳飲皆豐
遂建宗廟　高曾位祭　父世允若　天下向風
至為善也　人不敢慢　耕於歷山　田夫讓畔
雷澤爭坻　以法解散　河濱之器　苦窳不欺
往而業陶　器牢似鍛　為所感化　遠近爭趨
三年成邑　三年成都　教民稼穡　以成長者
長無有善　便將至舍　從至善者　以教牧野
取諸為帝　善益孳孳　雞鳴而起　其異賤時
凡此數事　民豈能為　況至為臣　臣道克盡
更盡君道　實信公敘　於天覆載　更莫能名
師至庸行　吾族昌盛

光緒丙戌年二月六日裔末葆堂欽堯拜手謹纂

聖祖乘寿帖位一覽表

石山嘉與
庄宅許厝下蔡庄
晋江四都外頭
橋头
蔵亭
塔兜八都
海山亭
晋江十都蓮□ 炉东现为海底头
深圳
白石三班
晋江十九都錦堂

復庫
庄店苏营
宅尾山头
三都周井
呂厝
山段
下五宅陈林海尾头
段康竹鄉房
樟井
晋江十都田半坑
呂厝

西下河境型安海世勳
港内后山
晋江九都西畲
苏村
社店
又東西二房二房三房
晋江四都宅内
内坑灰厝
岐山崙段厝外
南安埕尾
南坑外扗碑厝

社店
内坑
大宅怡山头
安海□棣头
大宅倒桥
塩埔苏堡
井尾鈔壕
岐山
九都下山段
許厝塩埔
霞陸路姚

深沪溪西
東山
蘭途
内市
又淑塔
宅内
安海西宮重峯
宅内
南安占仔山段
社店
宜音福外班

晋江十都灵厦
五店市段亭
呂苏段溪
社店田内
大宅官田
許厝
加追鄉角甘棠陈姚
晋江四都窑苏
晋江四都南村
橋尾外州
南安段田

南柵仕村　安海塔兜　林柄

許塘頭　小橋三登軒　南安郡庭頭

安海坑後鄉　永寧陳　對山柵霞尾

南安蒲內　黃墩

大宅黃塘　崎內陳

湄口　南安都東嶺

維

光緒一十有年歲次乙未梅月辛巳朔越十五丙辰

值安內坑鄉主祭裔孫　偕衆裔孫等謹以剛

鬣柔毛牲醴金帛香燭　致祭于

聖祖重華公帝舜　曰恭惟我

祖生於姚墟　大受堯禪　績著虞廷　為

聖人爲天子　危微一闡十六字之心傳爲子君居

億萬年之綱紀亦哉

慶思公祚衍寔賓華兮夏也以姚姒襄夏后內助中興

中國有一旅康兮資弼輔賢之手

陳胡公太歸受氏苑卿建國王室聯姻

元姬配陳上承

聖祖之明禋下啓田齊之疆域由是氏繼緜延兮

文而衍派漢如潁脩漈共栢奉而追崇惟一脈

之流黃漢名姓而相同姚姒陳胡田我以八人實作

參商之見祿位名壽願子孫亦膺耆歡之隆

亦值今節陳和物華重叠姻豆漢如鷹夫馨香

蕃衍萬世通乎胖蠁惟於我世之光隆源長派遠在天

之靈爽或游於漢宮或登我廟樗或殖俟而

慶生財或受田而月沃壤莫不寖熾而寖

昌伏祈來格而享之

尚

饗

聖像重禳　告文

姚墟所鍾。越虞思公。
冠裳肅穆。四姓合宗。
必敬必恭。彰施五彩。
久年蝕壞。杇腐蓬鬆。
禳褙重重。非敢潤色。

維祖聖君。
聖像重禳。
暨陳胡公。
千秋俎豆。
楮生作君。
訴擇吉旦。
永曜山龍。

謹
告

［福建晋江］溜江吴氏家譜不分卷

吴聲雷纂修

〔福建晉江〕《溜江吴氏家譜》不分卷，吴聲雷纂修。溜江吴氏居今福建省晉江市金井鎮。譜載譜序、修譜規條、房紳衿録、世序、山契、税契、風水給批、印契、山禁、祖厝契、宗支等。宗支詳載生卒年月、配葬及墓誌等。條目衆多，綱紀有序，頗稱詳贍。其宗本於光州固始，次於平海，又次於宋尚書吴鳳入龜湖僑住。始遷祖平菴始居厚垵本鄉之東古榕樹下，既而徙居靖山，後仍卜遷其上方，得地而處。越二世，安泉開東西兩支，西第四支即溜江吴氏共祖。其支數傳式微，越八世徙居溜石，貴誠即居溜之開基祖，傳四支列爲四房。清末頗有族人往南洋者。十六世鴻藻在南洋「建布郊，開茶棧」，長子布祥娶侯氏於三吧壟（今印尼三寶壟），又與弟布漢皆葬三吧壟。據民國二十六年（一九三七）抄本影印。

祖七

房譜序

我宗本於光州固始次于平海
又次于有宋尚書吳諱鳳公入
龜湖僑住而我
五處士平菴公因而就厚垵本鄉
仙境之東古榕脚下始居焉既而
徙居靖山後仍卜遷其上方得地
而處焉越二世
處士安泉公開東西兩支復育
一支移居壕上東西兩支西第

二房世雍公長支分派郡城及住[illegible]

魁

四支即我溜所共祖者也因本支數傳式微越八世隨母徙居溜石是為
崇貴誠公居溜第一世祖次世即傳四支列為四房各房盛衍迄今十有餘世人丁七百有奇而大振書聲第是蕃衍既盛昭穆弗明保無相視若途人者乎不甯惟是溜地頗窄每多散處外鄉及隔州縣者世系弗詳保無不忘所

廟

自出者乎夫立愛惟親立敬
惟長可以途人相視乎物本乎
天人本乎祖可竟忘所從出乎故
脩譜宜亟也余素有志未逮前
覽舊譜係　嗣禎兄承余祖
克宇公命而脩者率多艸畧生
卒無載配塋弗詳且有全支未
及録者余每懷憲不忘茲因乾
隆丙寅正月十五日
癸各房兄以脩譜咐余〻不能辭

二房世雁公長支分派郡城支住

即孜孜詳考世系辨列宗支歷叙昭穆有綱以揭其要有紀以勒其詳善有及聞見者輒標之悉有親覩（視）者必紀之不敢以非子亂吾宗亦不敢以親派作踈族凡居外方必到細考悉登載無遺本年正月族譜告成癸封付曾余轉憲及後来外鄉親派年多世久無所憑循究且自為名號參差不同仍致紊昭穆因不辭勞勸再造

直

各處分支房譜付交一本俾有
宗支世錄可據且使隨時登記于
小譜中後脩譜便于合一而編輯
亦不至有脫畧爲并序
乾隆十三年戊辰端月望日本宗
十世孫晉江縣儒學生員仲山萬
輝敬序
乾隆十四年歲己巳桐月翔越十
五日本宗十三世孫廷麟敬抄于
軒公派本房家譜

二房廿雁公長支分派郡城及淮口

咸豐九年歲次己未仲秋十六世
裔孫建藩（即建池）薰沐重抄
民國二十六年古曆丁丑仲春十八世
孫聲雷重抄

脩譜規條

一宗族脩譜讀書子孫當任其事不可以旁支正派相諉朱子云三十年不脩譜罪在讀書者子孫三世不脩譜比之不慈不孝

一有功於祖宗者必書之以勸子孫之賢者

一有罪於祖宗者必書之以儆子孫之不肖者

一紳衿必書封贈必書以助子孫之勤學者

一分派外鄉及僑住各州縣或流寓未歸者必書以載其支派之由出也

一男子未字紀諱登八歲者方載生年月日

一長子之子居幼次子之子雖長不得序之于前

一妾無入廟之禮不得與妻敵體致失尊卑之分

一禮一子不得承兩家祀父在立嗣子不得以親爭之父亡立祀子當由親及疎

一立嗣子無昭穆者即以養子論不得序之曰嗣子以致紊宗支

一立族中養子之子孫為子者不得書之曰嗣子

一嗣子之親兄弟俱無祀禮不得回祀當立別支繼嗣之

一非子亂宗律有明禁其顯然螟蛉者直書之曰某公之子

一遺腹子歸外家而生至長方還者即以養子論

一殤子無繼立之禮當立祀業兄弟之子輪流直祀祔父
及祖父有本支血絕者上殤之子亦當從權別論
一女子不書者省記之有夫貴者方得錄之取貴貴之義
一婦女與廟絕不得再登譜內
一婦人蚤寡守節成功必書以表其志操
一我族支派分明有移居轉徙者支出有自昭穆可據
即登諸譜若世遠無稽亦不得混入譜內
一進主大宗有乏嗣無立旁支承祀不許入主嗣內
一大宗祭祖庶子養子不得主祭讀書識禮之子孫
方得班列神前執事贊禮

一族譜脩明祭封後交付應會之人或子孫有事請
開觀覧不得妄自註改倘筆迹不同與者受者俱議重罰
一奉主入祠及配享者必書以録前代之德行及大
有功於宗者此不拘常例之内
一譜中叙有功德以示奬及指南背違以示抑者文
不得過百字以致煩鬧失寔

右共二十四條

房紳衿錄

吴 子書泉州府儒學生員

吴 諱蔚泉州府儒學生員

吴 諱魁標南安縣儒學生員

吴 諱登雲晉江縣學武生

吴 慶治台灣縣儒學生員 家銓次子

吴 景元晉江縣學武生 家銓四子

吴 景士晉江縣學武生 家銓五子

吴 炳煌晉江縣學武生 家銓六子

世諱序　溜石派起

一世 季　二世 德　三世 可　四世 喬

五世 承　六世 祖　七世 宗　八世 傳

九世 騰　十世 良　十一世 應　十二世 朝

十三世 廷　十四世 邦　十五世 國　十六世 建

十七世 布　十八世 聲　十九世 名　二十世 長

續世諱序

廿一世 敦　廿二世 倫　廿三世 飭　廿四世 紀

廿五世 集　廿六世 瑞　廿七世 儲　廿八世 精

廿九世 詩　三十世 書　卅一世 行　卅二世 慶

二房廿雍公長支分派郎城及淮口

卅三世 毓　卅四世 秀　三十五世 鍾　卅六世 英

又抄厚垵大譜諱序 自十五世起按尚字十五世在溜石派為八世傳字

尚繩皇祖武道義必恭遵得遂

青雲志榮華顯子孫

世字序 溜石派起

一世 魁　二世 績　三世 茂　四世 顯

五世 世　六世 子　七世 道　八世 克

九世 體　十世 嗣　十一世 爾　十二世 孫

十三世 謀　十四世 光　十五世 大　十六世 昭

十七世 宣　十八世 垂　十九世 裕　二十世 遠

續世字序

廿一世順 廿二世理 廿三世則 廿四世泰

廿五世為 廿六世善 廿七世日 廿八世休

廿九世仁 三十世敬 卅一世孝 卅二世慈

卅三世心 卅四世正 卅五世身 卅六世脩

又抄厚垵大譜字序自十五世起按懋字十五世在溜石派為八世克字

懋學朝天子士彥為公卿孝友

崇世德文章振家聲

二房世雁公長支分派郡城及淮口

二房世雍公長支分派郡城及淮口

象坑山印契

仝立給批人粘九舍、寬舍有承父已置民産山壹所，坐在晋江東関外卅七都東湖鋪象坑鄉，土名董厝山石佛前。闵本宅祖墓邊左畔一穴，坐北向南，今闵乏銀公用，將此穴給與吴惠官葬親，即日仝收過盤儀花邊銀拾弍大，重捌両，庫駝完足。其穴就本宅墓邊左畔三面指明，以中心九步，所吴宅前去開剩砂水，明堂安葬成墳，不敢阻擋。日後不得藉山主混給追傷等情。此係両愿，各無異言。年載墓未銀叁分，鄉歷年依例津貼。保此山穴係承父已置物業，與房親伯叔兄弟姪無干，亦無重給不明為碍。如有不明，山主抵當，不干銀主之事。今欲有憑，仝立給批為照。

中見人　粘寧舍
　　　　張月使
書批人　粘寬舍

乾隆肆拾玖年拾月　日仝立給批人粘九舍
　　　　　　　　　　　　　　　　　寬舍

仝立賣契人粘寬舍九舍聖舍等有承父已置得董宅民產山壹崙坐在晉江東関外卅七都
象坑鄉土名石佛後坐北向南上至山頂分水外為界下至坑為界左至石佛為界
右至大石為界東西南北鐫界拾五處年載配產五分鄉界內原舊墳拾壹首
本宅原空穴弍堆於上年間就本宅空穴邊左畔壹穴給與吳宅開築塋親今
因乏銀公用將此山壹崙及空穴弍堆照四至壹盡托中就與
吳宅上賣出員番銀叁拾六員折紋銀庫駝弍十四両足銀即日仝中三面收訖其山崙
照四至听銀主前去改界築界管掌為業其本宅原空穴弍堆听吳宅開築為
墳或剗平栽種墓蔭與粘無干不敢生端異言保此山及空堆係承父已置
物業與房親伯叔兄弟姪無干亦無重張典掛不明為碍如有不明賣主抵
当不干銀主之事今欲有憑仝立賣契為照

並繳祖契三紙司單壹紙山隣陳宅合約字壹紙又繳上手契拾捌紙再照

山甲張月使　知見粘寧舍　顔來崐　書契寬舍

乾隆伍拾年伍月　日全立賣契人粘寬舍九舍聖舍

計開原舊墳拾壹首

一安平黃墳壹首　一玉埕陳氏壹首　一李氏墳壹首　一邵氏墳壹首

一孫氏墳壹首　一林氏壹首　一陳氏壹首　一楊氏壹首　一曾氏壹首

一陳氏壹首　一馬氏壹首　另載龔氏墳壹首再照

全立洗貼盡賣契幷推関人粘寬舍九舍聖舍等有承父已置董山民產山壹崙坐在

晋江東関外廿七都象坑鄉土名石佛後坐北向南上至山頂分水外為界下至坑為

界左至石佛為界右至大石為界四至明白配產五分鄉界内原舊墳拾壹首本

二房廿二世雇公長支分派郡城及淮口

宅原空穴弍堆本年五月間將此山崙并本宅空穴弍堆一盡繳賣與吳宅上銀
聲登載原賣契明白今因價值未敷又銀完粮托中再就與　吳宅上洗貼盡賣
出員番銀拾四大員折紋銀庫駝九兩叁錢六分銀即日全中三面收訖山听銀主前
去改界築界管掌永為已業其本宅空穴弍堆听吳宅開築為墳栽種墓蔭至
山界內一草一物俱係吳宅物業與粘　無干所載舊墳墓税听吳宅對收貼納若欲
脩葺別遷換扦听吳宅主截與粘　無干價已敷足日後永不得言及貼贖生端等
情其配產伍分鄉係光圖伍甲八六戶推出听宅收入道圖四甲八八戶吳輔廷柱內自
脩完納不得推收兩悞致相賠累保此山穴係承父已置物業與房親伯叔兄弟姪無干
亦無重張典掛不明為碍如有不明賣主抵当不干銀主之事今欲有憑全立洗貼盡
賣契并推閔為照

山甲張月使　知見　顏來崐　粘寧舍　書契　寬舍

乾隆伍拾年六月　日仝立洗貼盡賣契并稚閑人粘　寬舍 九舍 聖舍

稅契

乾隆伍拾年六月典

絕叁紙合稅壹司單

契面銀[illegible]稅銀[illegible]

司單布字[illegible]號

不動產登記證明書

登記人姓名　吳宣勲等

登記號數　不動產登記簿南區第三冊第八八號

收件年月日及號數　中華民國十九年三月二十合收件第一八二號

二房世雇公長支分派郭城及淮口

山地壹所坐落東門外象坑石佛山東至傅

不動產之標示　家山地西至張家山地南至坑溝北至山頂為

界基地面積合計六五九三零平方英尺

登記原因　緣聲請人等承祖遺下於乾隆肆拾玖年十月間向

及其年月日　粘九舍等買斷此山提出契據聲請為共有權移轉登記

登記標的　共有權移轉登記

權利先後欄數　所有權部第弍欄

登記年月日　中華民國十九年十二月三十一日

右證明登記完畢

中華民國十九年十二月三十一日福建晋江地方法院登記處

水流坑風水給批

立給批人晉江清源水流坑鄉吳邦登 彩官應英 岳官芳英 舉官 等緣因本宅有承祖世會產山壹所坐在本鄉其山上壹穴土名大姑墓路內係登等前年擇吉塟親因風水不利公仝拾起別塟確是空堆今將原空穴出與向乾公仝給與 吳麟官等前去擇日塟親即日仝中公收過盤儀銀完足其穴愿就中心九步听銀主前去開築砂水明堂成墓不得私鄙他人其中心九步外听山主會掌每年貼納墓禾銀叁分此係公仝兩愿日後不敢生端異言恐口無憑仝立給批為照 中見康助叔 蔡寬叔 吳班叔

乾隆弍拾壹年十二月 日仝立給批人吳登叔 舉叔 岳英 芳英 彩英 應英

立保領字人吳班叔因功兄登兄有產山壹所坐在水流坑鄉土名大姑墓路內壹穴出與向乾明係功兄前年開築塟親因嫌風水不利經已拾起別塟空堆多年今將空穴公

給與府城內　吳麟官等塋覲即日公仝收過盤儀完足其穴中心九步載在給札
保與山穴確係功兄之物並無不明恐口無憑立保領字為照　另此穴前路外園仔壹
坵係班培植柏栽今屬在界內悉听　麟官前去開築墳庭並收盤儀銀完足日後不
敢異言再照

乾隆弍拾壹年十二月　日立保領字人吳班奇　中見人 康助官 洪栽官 蔡寬官

水流坑山印契

仝立賣尽契并推関人水流坑鄉吳 娘官 岳官 春官 應官 有承祖已置雅山壹崙坐在晉江縣
卅七都水流坑土名大姑墓前年經給與　家麟官壹穴安塋祖墳茲叔姪兄弟相議復
將此山壹崙前至大坑溝及田後為界後至鳳髻石後大石及山脊分水為界左至陳宅
墳界墻埔為界右至顧宅山界水溝為界四至明白年配產米肆分就與

家麟官上盡賣過佛番銀壹拾弍大員折紋銀庫駝捌兩正銀即日收訖產山壹崙听
麟官勒石定界管掌永為己業娘等不得開墾耕種栽插栢木亦不得復給他人致落
山石傷及麟官墳墓至無碍壙地弍要耕種栽插須向麟官認佃估祖內有原葬鄧墳
壹首梁墳壹首丁空紋壹堆周墳壹首共四首係是先給听安各家口有壹穴並無墳界
後日若要脩理安葬須向　麟官道明與娘等無干各家亦不得自擅脩葺遷左右
移徙但價值已數不得言及貼贖係此產山係承祖已置物業與房親叔兄弟姪無干
亦無重張典掛他人為碍如有不明娘等叔姪抵当不干　麟官之事其產未在始圖捌
甲拾戶推出听　麟官收入道圖四甲八八戶納粮不得有無推收互相致累今欲有憑立
賣盡契并推関為照、
其上手祖契多載別業难以分析再照
中見人吳孫可　陳恭舍　何康寔　代書叔吳奇官

二房廿雄公長支分派郢城及淮口

乾隆伍拾叁年十月　日仝立賣盡契人吳娘官 岳官 春官 應官

稅契

乾隆伍拾肆年九月投稅契面

銀捌兩稅銀貳錢肆分正

司单布字[illegible]號

孫厝山風水給批印契

立給批字人晉江縣在城萼輝鋪縣後境孫昭寬老 有承祖遺下産山壹崙坐在東關

外瑞峯嶺土名孫厝山内有風水五大穴其中貳穴坐東向西叁穴坐北向南今欲公置別

業將此風水共五大穴託中引就與　吳宅上賣出尽斷盤稅儀契拆壹佰元銀完足其銀即

日仝中收訖其風水貳穴坐東向西叁穴坐北向南每穴各依例九弓步所　宅上開築砂水明堂成

坟永遠安葬親柩及祖骸礦倘日後若要拾骸添葬抑或挨移前後左右均听其使
不敢阻擋亦不得侵出九弓步外保此山係寬承祖遺下物業與房親疎無干亦無
來歷不明如有等情不干宅上之事恐口無憑立給批字壹紙付執爲照
知見兄孫添官　中人蔡金潤
民國七年叁月　日立給批字人孫貽寬老
稅契民國九年六月福字號

象坑山示禁

欽加同知銜補用直隸州兼充福建督練公所委員署理晉江縣正堂加十級紀錄十次黃　為
出示嚴禁事本年六月十三日據職員吳啟文監生吳垂玉等呈稱切文等闔族承祖置買粘姓座
一崙坐在憲轄東門外象坑鄉土名石佛後於乾隆年間經粘九舍等寫立典賣找斷契據三紙
付文祖收執付縣投稅司單印契可憑糧隸道畬四甲六十八户吳廷輔户下歷來完糧世管無異
族葬纍纍并安葬文等高祖母蔡氏暨曾祖先祖合塋一穴該山四至俱全山石鐫界煌煌可
勘因該山寬闊屢被地棍盜葬壘堆經文祖於嘉慶年間赴道憲府憲前憲呈控蒙府
憲親臨覆勘斷令該山歸文祖管掌繪圖註說蓋立官印付執為憑百餘年來相承無異
迨光緒廿一年間突被東塘頭鄉著惡陳南星等恃轄涎貪在文等界內盜葬親柩復在文等
高祖母坟前築立虛堆較被學眾毀掘先坟經文等叠赴道憲府憲縣憲呈控仰荷羅前

憲親臨履勘斷令陳南星起遷界外詎星習惡成性頑抗不遷文經節次呈催仰荷备前

憲迭次催差押遷專提在案嗣經金差於本年三月間到山厝押據陳南星家屬將盜塟

坟塋虛堆均已一律起遷界外剗平明白追仁憲榮任文等經瀝情呈請示禁仰荷批候催差

稟覆再行出示厲禁等因現在金差經已將押遷情形據實稟覆在案惟念星等盜塟

各坟塋虛堆雖蒙厲押起遷誠恐日久玩生匪徒效尤盜築虛堆意啚佔塟或毀琢界

石妄混侵佔或縱放牛羊任意踐毀或坟前柏木肆行砍伐擾害防不勝防與其事後而

控究孰若未雨而綢繆再四思維惟有再行瀝情懇乞恩准出示厲禁勒立石碑以垂

久遠等情據此查此案先據武生吴炳煌等與陳西京等控訴盜塟毀掘毀坟誣毀各

等情業經羅前縣親臨履勘並飭差傳兩造到案斷令陳西京將所塟新坟遷塟自

已界內嗣後各管各界永釋嫌怨兩造遵依具結完案續据職員吴啟文以陳西京藐

二房世雍公長支分派郡城及淮口

斷不迁反加閙築等情呈催復經飭差押迁嗣據吳啟文節次呈催又經飭差查覆去
後旋據該差以陳南星等外出其家屬邀役同到該山看明已将盗葬坟塋盡推一律
起迁劉平等情稟覆前來茲據前情除批示外合行出示嚴禁爲此示仰象坑鄉及附
近各鄉諸色人等知悉爾等須知盗葬估毀有干禁例自示之後毋得在於職員吳啟文
等祖山界内盗葬估築以及縱放牛羊砍毁柏木情事倘敢故違一經告發定即拘办决不姑寬
其各凛遵毋違特示
宣統貳年七月十三日　給

水流坑山示禁

欽加同知銜補用直隸州兼充福建督練公所委員署理晉江縣正堂加十級紀錄十次黄　為
出示示禁事本年四月廿二日据勝果鋪泉州商會議董職員吴啟文族長吴布爻監生
吴布化僉稱伊等承祖於乾隆年間明買吴娘观等座山壹崙坐在北門外卅九都水
流坑鄉土名大姑墓前至坑溝及田湲為界後至鳳髻石後大石山脊分水為界左至
陳宅坟壙埔為界右至顧宅上水溝為界四至均就山石鐫明溜江吴界配産四人刀粮隸
道畨四甲八十八户吴廷輔户下歷葬伊等十一世祖妣洪氏并十二世祖暨先父等坟塋
世管無異詎料每有附近匪徒或盗葬虛堆圖賣漁利或移徙界石妄混侵佔或坟
前柏木肆行砍毁或縱放牛羊践毁坟塋種種擾害呈請出示示禁等情到縣据此
除批示外合行出示示禁為此示仰水流坑及附近各鄉諸色人等知悉爾等須知佔

二房世雍公長支分派郡城及淮口

塋縱毀均屬有干例禁自示之後毋得在職員吳啟文等祖山界内佔築盜塟以

及縱放牛羊砍毀柏木情事倘敢故違一經該職員指稟赴縣定即拘案究辦決

不姑寬各宜凜遵毋違切切特示

宣統叁年五月十四日給

溝墘祖厝契

仝立賣断厝契字人泉城内勝果鋪二郎境吳建添建標建猷建富建虎布耀等有承祖遺下民厝壹座坐在二郎境土名東門溝墘坐西向東前三間張弍落兩邊護厝并左右壙地中兩大埕并左右壙地各壹所後三間張三落兩畔東西听後及南畔壙地各壹所東至溝西至金池路南至楊宅黄宅厝壁及黄宅菜園北至後营對面弍坂大橋内及郭宅厝前路及大菜園墙并郭宅厝壁四至明白前後水井三口又對面过溝照墻後壙地壹所坐東向西東至趙宅厝壁西至自己墻照南至路北至後营墙四至明白今因公議將此地厝及壙地托中引就與　族長吳澤記賣出清烏銀玖拾員其銀即日仝中收訖其厝前兩落听　族長翻築小宗公仝奉祀祖先後三落及前後左右壙

二房世雁公長支分派郡城及淮口

地并對面照牆後壙地听　族長　翻築居住壹盡充為小宗祀業後世子
孫可以公仝居住不得擅自私賣他人保此厝及壙地係　建添　等承祖遺下
物業與別房無干不敢阻擋藉言生端亦無來歷不明為碍如有不明
建添　等自應抵擋不干族長之事此係兩愿各無反悔恐口無憑仝
立賣斷厝契壹紙付執為照
同治拾壹年柒月　日　立賣斷厝契人吳建添（富　建虎　建猷　標　布　耀）
税契民國元年三月　税字[illegible]

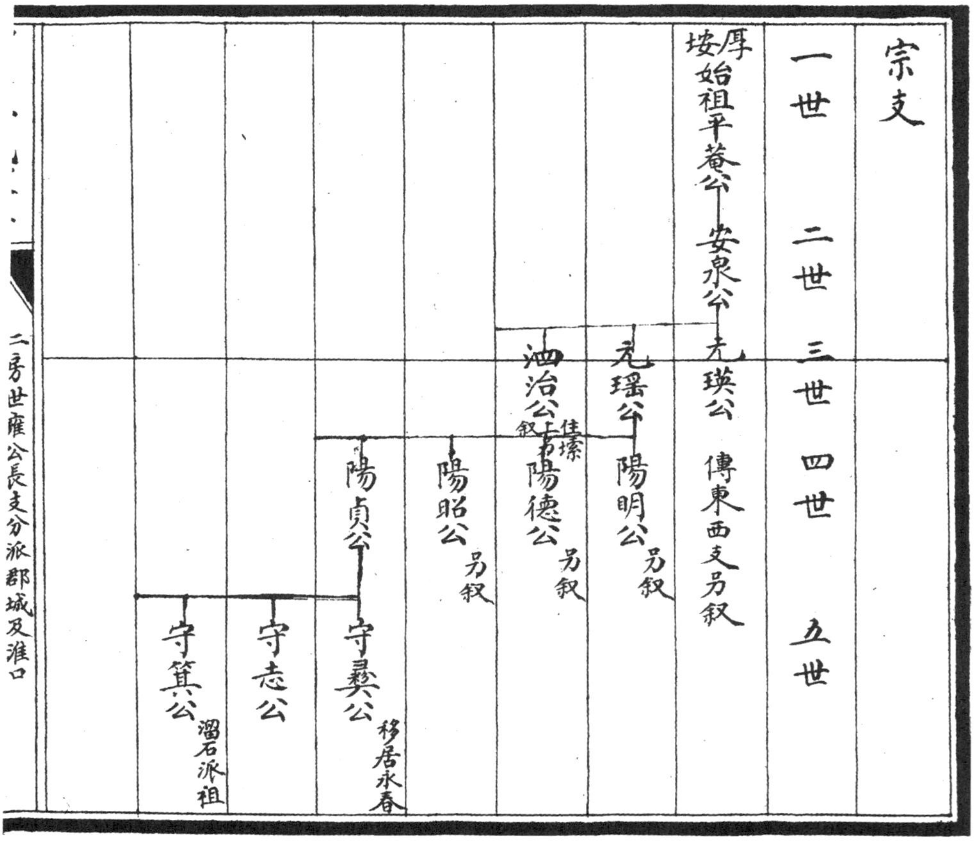
宗支
一世
二世
三世
四世
五世
厚垵始祖平菴公
安泉公
光瑛公
傳東西支另叙
光瑶公
陽明公 另叙
泗治公 佳塽 叙上
陽德公 另叙
陽昭公 另叙
陽貞公
守彝公 移居永春
守志公
守箕公 溜石派祖
二房世雍公長支分派郡城及淮口

六世　七世　八世

守箕公派（陽貞公三子）
宜續公
元治公
魁和公
德貞公（無傳）

元溶公（無傳）
魁崇公（隨母移居溜石，傳四子）

貴吉公（出官北京不還，支莫詳）

居溜第一世　二世　三世　四世　五世

魁崇貴誠公
續玄公（另叙）

續仁公
茂端公（另叙）

續宗公（另叙）
茂德公
顯平公（另叙）

續能公（另叙）
顯厚公
世雍公（即淳然公派，住城內汲田巷）

六世 七世 八世 九世

淳然公派 即世雍公

子昂公 即直軒公 派住城内

道明公 即懷東公叙在淳然公總房譜可觀

子江公 僑菴另叙

道英公 即少東公其支亦叙在淳然公總房譜

道升公 即赵東公本房祖

克考公

體敬公

十世 十一世 十二世 十三世

體敬公派

嗣予公

孕伯 殀無傳

嗣重公 無傳丗公十三年脩譜時失聲至三十年自行補登必与總譜不對

嗣式公

爾鴻公

孫治公

建麟

建宋

建福

二房廿雍公長支分派郡城及淮口

十四世　十五世　十六世

- 廷麟 即愧齋公
  - 邦念
    - 家淵
    - 家立 出繼母族顔氏無傳
    - 家韶
      - 建添
  - 邦彰
    - 家釗
      - 建能
  - 邦源
    - 家錦
      - 繼 建池 家銓長子
    - 家錟
    - 家銓 出繼邦垂叉另叙

邦垂

繼 家銓 邦源三子

建池

建杞

建品 無傳

建富 無傳

建標 無傳

建庶

廷宋

邦本

邦庭

邦正

家興

建澄

家滂

建虎 住三吧壟

邦脩

家紅

建協

廷福

邦志

繼 家波 邦身長子

邦𠂢

繼 家鑒 邦身次子

邦身

家波 出繼邦志

家鑒 出繼邦𠂢

家緌

邦基

二房廿世雇公長支分派郡城及淮口

十七世　十八世　十九世

建添 乳名溪
- 布裕 無傳
- 布海 無傳

建能 乳名梅
- 布燦 無傳

建池 住塗門外淮口鄉
- 布祥 住三吧壟
- 布漢 卒于三吧壟
- 布鋤
  - 聲揚
  - 聲義

雙蘭
聲音
聲磬
聲雷

建杞
布尚
聲梯 弗娶無傳
布定 殀無傳
聲水
求名
景名
志名
庵名
聲奇 殀無傳

二房生雍公長支分派郡城及淮口

建廉
布恩
布賜
布祐　殤

建澄
布櫂
布炎
布棟

建協　住青龍
布投
布頂

布鋤 建池公三子

十八世

聲揚　聲義

十九世

賛名 殀　布名　芳名　浦名　渚名　美名

二十世

長城

喜名

雙蘭
繼名

聲音
好名 殤

二房世雍公長支分派郘城及淮口

聲磬

盛名

聲雷

叙世寔録

厚垵

一世

始祖號五處士謚平菴　諱字忘記　生莫詳卒正月初十日

塟厚垵本處東林山坐巽向乾

始祖妣蔡太孺人諱十娘　二十三都東安里人　生莫詳卒十一月二十日

別塟東安石纓山

男一

來生

二世

二房世雍公長支分派郢城及淮口

來生公號七處士謚安泉始祖五處士公子 生莫詳 卒十一月初七日

妣黃氏謚十孺人錦浦人 生莫詳 卒二月十二日

公妣墓合塋厝垵本處獅尾山坐乾向巽

男三

長元瑛 次元瑤 三泗治 移居悰工

三世

元瑛 元瑤 二公厝垵本處分東西兩大支

東

元瑛公諱元瑛字良乙號啓東 來生公長子郡庠生 生卒壽別載

塋厝垵石井宮西號石狗山掩耳石墓

妣凌氏諱五娘蚶江人 生莫詳 卒洪武己未年正月初九日

塋掩耳石墓公之右坐丁向癸半月石碑

男四

長陽生　次陽午無傳　三陽盛　四陽滿

西

充瑤公諱充瑤字世福號靖山一號二處士加爵都致政來生公次子生卒壽別載

妣黃氏謚肅儀錦浦人生卒壽別載

公妣墓合塋紅艷山坐壬向丙

男四

長陽明　次陽德　三陽昭　四陽貞西第四房祖

四世

二房世寵公長支分派郡城及淮口

陽貞公諱陽貞號正軒元瑤公第四子生卒壽別載

妣詳俱別載

男三

長守奡派住永春墓葬墩上　次守志　三守箕溜石派祖

五世

守箕公諱守箕字紹奴號怡齋正軒公三子生卒壽別載

妣林氏謚順惠生卒別載

男一　公妣合葬墩上鄉西頭守奡公墓左坐卯向酉

宜續

六世

宜續公諱宜續字汝堅號寔齋怡齋公子生卒別載

妣陳氏鳳峯人生卒別載

公妣合塋厚按本山名處和尚坑坐丁向癸

男二

長元治 次元溶無傳

七世

元治公諱元治字善蘊宜續公長子生卒別載

妣周氏塘頭人生卒別載

男二

長仲生 次季生即開溜始祖 又傳有三男貴吉公出官在外莫詳

二房世雍公長支分派郡城及淮口

八世

仲生公諱仲生字𣫭和　元治公長子

妣　詳俱別載

男一　德貞　殀無傳

季生公諱季生字𣫭崇　諱貴誠　元治公季子　隨母移居溜石　生卒別載

妣朱氏　謚端淋　溜石本鄉朱五官公女　生卒別載

公妣合墓葬本鄉山上山脊東負辛向乙　又傳元治公合葬中壙

男四

長續玄　次續仁　三續宗　四續能

公隨母遷溜初代即傳四支列為四房迄今閱十餘世在厚安祖

家人丁有两千之数而我溜自厚垵西房八支中一支開三派守
箕公裔越八世始居于此人丁已近千数世衍代昌難以合
祖家併叙因從居溜自叙故開溜始祖在厚垵為八世而在
溜叙譜仍為一世祖焉

溜石開基

一世

貴誠公　傳四支列為四房

二世　二房

續仁公諱德聖字續仁號賢卿　貴誠公次子　生卒别載

妣林氏　生卒别載

二房世雍公長支分派郡城及淮口

公妣墓合葬本處蘆坑山坐乙向辛

男二

長　茂端　次　茂德

三世　二房次子派

茂德公諱可道字茂德號心齋　續仁公次子　生卒別載

妣　詳別載

公妣墓俱葬蘆坑山坐乙向辛

男二

長　顯平　次　顯厚　派住城內及塗門外田菴等處

四世

顯厚公諱喬重字顯厚號感菴 茂德公次子 生卒壽葬未詳

妣 氏未詳

男一 世雍 即淳然公

五世

世雍公諱承和字世雍號淳然 顯厚公子 生莫詳卒九月十四日

墓葬塗門外田菴墩（田）上與南淮公及妣同穴

妣楊氏生莫詳卒四月十七日

墓葬東嶽武廟圍與直軒公及妣同穴坐寅向申兼甲庚

男二

長子昂 即直軒公住城內 次子江 即淮南公住田菴鄉

二房世雍公長支分派郡城及淮口

六世　住城内

子昂公諱祖剛字子昂號直軒　淳然公長子　生年忌記十一月廿一日　卒年忌記十二月廿二日

墓與妣及五世妣楊氏同穴葬在東嶽南山仔下武曆園坐寅向申兼甲庚

妣陳氏謚純德　生嘉靖乙酉年十一月十四日　卒萬曆戊申年八月廿三日　享年八十四歲

墓與公及五世妣楊氏同穴葬在東嶽南山仔下武曆圍坐寅向申兼甲庚

男三　長道明即懷東公　次道英即步東公　三道升即赵東公本房派赵祖

七世　即本支一世

道升公諱宗麒字道升號赵東　生卜於嘉靖丁巳年八月十七日子昂公手　卒卜於萬曆乙卯年二月初十日

墓在晉江東關外七里菴土名滿州山坐壬向丙兼子午與妣及十世祖

有鉉公十一世祖爾復公同穴內有誌
銘係在十世祖墓之左

妣卜氏 謚孝誠
生卜於嘉靖癸亥年六月廿二日
卒卜於泰昌庚申年五月初六日

墓與公及十世祖有鉉公十一世祖爾復公合塟在七
里菴滿州山坐壬向丙兼子午內有誌銘

男一 克考

此公及妣自開支至今有七世甚然式微經營度口弗念及祖
至乾隆十三年溜石祖家分各房譜一本開看起来忽有一
公一妣並無生年日月塋墳弗載余思憲以来即本房
開支一世祖暫思此公必有多男其神主必在别男奉
祀其坟墓必有可據時只于一族炑名並叔甚是流落
失所乞食路旁前年脩譜勾尋無處神主弗祀

二房世雇公長支分派郎城及淮口

故無所稽查想必在此八矣日後子孫有力須着促

記月日奉祀切不可忽々荒廢於是也至切々々

乾隆廿九年三月十四夜卜地支七月望夜再卜天干

越三十年春日填主奉祀

十三世祖愧齋公記　十六世孫建藩抄 捐同知銜名鴻藻

八世　即本支二世

克考公諱傳稽字克考號古亭 道升公子 生年忘記三月廿一日 卒年忘記二月廿五日

墓葬東関外東塘墩土名聖墩亦

名龔壟墩坐丁向癸兼未丑與體敬

公合葬即父子同穴碑寫

妣古氏謚貞儉

男一 體敬

誌銘列左

清溜江八世克考公 九世體敬公 吳氏佳城

墓 公墓因犯車路於民國二十一年迁塟象坑本山與九世體敬公同穴

生年忘記四月十七日
卒年忘記九月初八日

妣墓與公墓同山在東関外東塘墩土名龔

壟墩亦葬聖墩上隨將三世妣四世伯姆

即三代四骸聚首一室穴坐乙向辛兼卯酉

公墓 丁卯 丁酉 碑寫溜江 八世九世祖妣暨十世祖考妣 吳氏塋

三世四世係就本文論

二房世雍公長支分派郡城及淮口

余翹首瞻依即余之 太高祖及 高祖妣 曾祖伯姆
哀哉痛哉世之微窮耶盖自溜五世分支于福田
乃 世雍公遂傳兩支長 子昂公次 子江公而 子
江公就在福田居住其 子昂公分于城郭矣復傳
三支余乃苐三支 道升公之裔耶自 道升公而
下於茲有七世矣零丁孤苦煢〻孑立惟在救口耳
於是廢世事荒塋墓罪之深重於丘陵今 太高祖
妣暨 高祖妣 曾祖伯姆原俱葬在東關外湖岸上
因年多世久風水損壞余每巡献而退以來禀於
母而諭於弟曰墳塋暫墜於溝壑金骸現於暴露

遂母子兄弟痛而哭曰命之乖蹇致罪於祖宗荒
坵如是難免途人之切齒吁嗟苦哉囊無餘積心
懷憲亂寢食不寧是以轉措拮据再擇一穴坐在東
關外土名畫真靈坐乙向辛兼辰戌山穴廣大椿萱芳
榮新其閨土葳其茂爵俾姑婦母子夫婦得聚
首同坵一塋共享光靈謹占大清乾隆甲戌年閏
四月廿三日卯時拾骸巳時進壙山之精穴之星
三代隱藏奕世名卿爰為誌録曰東湖勝概七星
墩三世同塋四聚群阿房棲鳳堪稱奇御筆
題名我兒孫

大清乾隆甲戌年閏四月　六世孫諜芳 諜瑞 諜耀仝立

乾隆四十五年二月廿三日兆蓋壞換兆棺原內塋

嘉慶五年十月廿三日礶壞再換塋

光緒庚子清明迁塟東岳武曆園直軒公墓左坐寅向申兼甲庚三世同穴

九世　即本支三世

體敬公諱騰莊字體敬號德齋　克考公子生萬曆乙未年三月初四日 卒順治乙未年九月廿一日 享年六十一歲

墓在東関外東塘墩土名聖墩上面前向嶽山坐

丁向癸兼未丑與克考公同穴碑寫

清溜江 八世克考公 九世體敬公 吳氏佳城

墓 公墓因犯車路於民國二十一年迁
塋象坑本山與八世克孝公同穴

妣李氏 諡 勤懿
生萬曆庚子年六月十六日 時
辛康熙甲寅年七月初四日未時 享年七十五歲

墓 塋東關外東塘墩土名龔墓山亦稱
聖墩上山穴廣大將二世妣安在上位

下位四世伯姆即三代四骸聚首一室坐
乙向辛兼卯酉誌諮註兼辰戌碑舊

溜江 八世九世祖妣暨
十世祖考妣 吳氏塋內誌銘

二世四世係就本文論

光緒庚子年清明迁塋東岳武曆園
直軒公墓左坐寅向申兼甲庚

男三

長 嗣予 次 嗣重 此公脩譜時失聲至乙酉年補 三 嗣式

十世 即本支四世

二房世雍公長支分派郎城及淮口

嗣予公諱良許字嗣予歸有錫（體敬公長子）享年五十歲

生天啓乙丑年三月十五日時
卒康熙甲寅年七月十五日時

妣葉氏謚淑慎

生崇禎癸酉年十月十七日
卒康熙癸卯年十二月十五日　享年三十一歲

男一　孚伯　殀

墓公妣之墓在東關外東塘墩土
名糞壟山亦歸聖墩上因山穴
廣大將二世妣三世妣安在上位合塋
坐乙向辛兼卯酉分金（丁卯　丁酉）誌銘註兼辰戌
碑寫溜八世九世祖妣暨（江　十世祖考妣）吳氏塋內有誌銘
二世三世係就本支論

光緒庚子年遷葬東嶽武廟圍直軒

公墓左坐寅向申兼甲庚八九十世同穴

嗣重公諱良昆字嗣重別號有鋐 體敬公次子 生於崇禎己巳年五月廿二日

卒於康熙丁卯年三月廿一日

墓葬東關外七里庵土名滿州山坐壬向丙

兼子午與六七世祖考妣暨十一世爾復公同穴

無傳

嗣式公諱良暘字嗣式號有欽 體敬公第三子 享年五十二歲

生崇禎己卯年十月十三日子時

卒康熙庚午年七月十四日巳時

墓與先妣林氏合葬東岳弓鞋石下

坐丁向癸兼子午內有誌銘

先妣林氏

生崇禎甲戌年三月十六日
卒莫詳
妣係　先妣其後生早喪甚不知其生卒
年月亦不知有此妣因　公塋在湖岓前
年拾骸忽見一妣姓林餘弗明只看崇
禎甲戌年三月十六日今就此日奉祀
墓塋東岳弓鞋石下挨右盡山坤坐丁
向癸兼子午與　公同穴碑寫
溜江　十世祖考妣吳氏塋

誌銘

皇清待贈顯祖考有欽吳公暨先妣林氏墓誌銘

歲己卯六月曾孫宋福麟等将曆于曾祖考妣在東岳弓
鞋石下之兆爰自述其畧云我祖魁崇公居溜于始
五世世雍公開派福田七世道升公分支城郭至有
欽公十世矣自道升公示下即道升公之曾孫麟等
事上即麟等之曾祖零丁相繼光前垂後晉公一人
年多世久厥德莫詳就公諱良賜字嗣式有欽其别
號也生於崇禎己卯年十月十三日　時卒康熙庚
午年七月十四日巳時享年五十有二　妣林氏生
崇禎甲戌年三月十六日　時卒年忘記男一鴻潜
曾祖考妣原同塋在福田鄉河岈上緣風水不利擇

吉兆在晋江東岳土名弓鞋石脚臨田壙坐丁向癸
兼午子分金丙午丙子于乾隆己卯年六月廿二日
時拾骸再換瓦棺　時進壙繼妣蘇氏父在日已
割骨肉拾塟于滿州山與王父同坵即母子一室矣
述其世系垂後昆亦不朽爰為誌六世零丁無忽艾
惟願我祖隱山　二神相背去圖勝兒孫福南來

繼妣蘇氏　謚　慈淑
生崇禎壬午年四月十七日戌時
卒康熙戊戌年十二月廿七日酉時　享年七十七歲
墓塟晋江東關外七里菴滿州山詹厝墳

前右畔坐壬向丙兼子午興男爾鴻

公同穴碑寫溜十世祖妣慈淑穆氏
江十一世顯考鴻潛吳公墓

男一 爾鴻

十一世 即本支五世

爾復公諱應孚字爾復 嗣予公子 生於順治甲午年正月廿九日
卒十一月十二日

墓在東關外七里菴土名滿州山

坐壬向丙兼子午興道升公

及妣暨十世有鉉公同穴近十

世祖墓之左內有誌銘

無傳

爾鴻公諱應壬字爾鴻號漸陸　嗣式公子　享年五十六歲
生康熙辛亥年十月初十日寅時
卒雍正丙午年六月廿六日丑時
墓在東關外七里菴滿州山詹厝
坟前右畔坐壬向丙兼子午與
頀妣合葬即母子同穴碑寫
溜江　十世祖妣慈淋頀氏
十一世顯考鴻潛吳公墓
妣洪氏諡勤慈　田菴人
生康熙己未年五月初三日申時
卒乾隆丁卯年七月廿一日申時　享年六十九歲
墓葬清源水流坑鄉里後土名大姑墓
坐巳向亥兼丙壬與孫治公合葬即
母子同穴碑寫　溜江　吳媽勤慈洪孺人祖　曾孫治附

男一 孫治

誌銘

皇清待贈顯祖妣勤慈洪孺人附男孫治吳公墓誌銘

歲丁丑孫廷麟等以五月將厝王母及父於清源水流坑之兆古者塟必有誌爰自述其世系垂後昆示不朽云自我始祖斟崇公隨母徙居溜地越五世世雍公分派福田遂傳兩支長子昂公次子江公子江公就福田居住子昂公分入城郡復傳有三長道明公次道英公三道升公道升公即本房祖也遞傳五世至王父爾鴻公娶塗門外迎春亭洪諱懋顯公第三

女于歸王父善治家政勤於女紅事曾王母鷄鳴盥
漱甚得其歡至于送終塟祭佐王父經理至誠至敬
鄉鄰無不嘖嘖不幸王父早逝家無遺業父年尚少
零丁孤苦撫養教誨俾克成立娶母蔡氏塗門後河
諱池觀長女生不孝等三人王母方稍自慰時常命
父曰汝已長成惟祖墳塋切宜留心曾王母原塟在
城邊父時時巡視不間風雨常以塟其地為憾緣軍
門有令城壕坟堆務要盡剷父聞之呼天號泣家貧
如洗無可奈何適母再育一弟名天賜父與王母相
議即將此弟分養他氏得銀貲用召工拾曾王母體

于滿州山與王父同埏嗚呼王母與父能割骨月以孝事先如此視古所稱郭巨者殆無以異歟天宜錫以遐福使父康其身永其壽終厥子職以報吾父者報王母也何意父竟以憂勞之故遂致重病先王母而逝所謂天者誠不可知也越四年丁卯祖母亦以憂鬱而終麟等舉皆幼少喪葬之事不能成禮終天之恨曷有極乎祖妣洪孺人生於康熙己未年五月初三日申時卒乾隆丁卯年七月廿一日申時享年六十有九父諱佐國字孫治號輔廷生於康熙庚辰年七月初八日寅時卒乾隆癸亥年十一月十六日卯

時享年四十有四男三長廷麟先娶李諱瑞峯公長
女繼娶鄭伯官次女次廷宋娶黃高舍姪女三廷福未
曾婚聘餘繩繩未艾葬因二穴風水不利拾骸換厝
棺擇吉兆在晉江清源水流坑鄉坐巳向亥兼巽乾
分金丁巳（乾隆廿八年癸未八月廿四日改葬坐巳向亥兼丙壬）以乾隆丁丑年六月初一日午時進壙母
子同坵自愧卑微不敢乞哀言於縉紳以光泉壤爰
述其畧以為誌銘曰源山欝蒼水流水長後人保之
奕昌世甚

哀事孤子吳廷宋廷麟廷福仝泣血稽顙

朞服孫邦銘仝稽首勒石

十二世　即本支六世

孫治公諱佐國字孫治，號輔廷，爾鴻公子，享年四十四歲。生康熙庚辰年七月初八日寅時，卒乾隆癸亥年十一月十六日卯時。墓在清源水流坑鄉里後土名大姑墓，坐巳向亥兼丙壬，與洪媽合葬，即母子同穴。

公貧苦萬狀所擧丈夫子有四其一名天賜因公之
曾王母附城安塟時軍門令將近城坟堆剗平公
號泣無奈將此子寄養他家得銀拾骸迁厝嗚呼
公可謂割骨月以孝事先也　此子生未兩月耳故譜不載

妣蔡氏　謚孝懿　塗門後河人生康熙甲辰年十一月十六日寅時
卒乾隆丁酉年七月初六日辰時
男三
長謀瑞　次廷送　三廷福
墓塟在東關外象坑山石佛後坐艮向
坤兼寅申分金辛丑辛未與愧

齋公合塟即母子同穴
宣統三年二月廿六日改塟坐艮向坤
兼丑未加附有園公即母子媽孫同穴

誌銘

十二世顯祖妣孝懿蔡孺人附男愧齋吳公墓誌
我祖懋崇公居溜為一世越五世世雍公移居福田其長子直軒公分
派入城復傳有三長道明公次道英公三道升公道升公即本房

二房世雍公長支分派郡城及淮口

祖也復傳至祖考孫治公娶妣蔡氏食貧茹淡曾祖考早歿祖
妣日作女紅以事曾祖妣時未及震曾祖妣為讒言所惑欲以
不育之例出之會天大雨鄰人勸止曾祖妣病篤妣依舊孝養
不敢有貳甚得其歡心故自道升公以下累丗零丁至祖妣而
舉丈夫子三父行居一祖考歿父尚幼弱撫二弟以成立補宗
支建祀業母族蔡公一綫幾絕令子繩繩皆父撫養之所
貽也父先室李氏早殀繼配鄭氏康甯在堂不孝邦念邦彰
邦源邦垂皆鄭氏出女三婚娶皆名族邦念本年七月歿矣
家淵家立家滔皆其所出而家立出繼妻族顔氏家朴自邦
彰出歿有七年家錦有二年下及家銨家銓則邦源之所出家

銓 又出繼邦垂曾孫 建能 自 家錦 出 餘絕 絕 未艾祖妣生康熙
甲申年十一月十八日寅時卒乾隆丁酉年七月初六日辰時
享年　父生雍正已酉年三月十九日午時卒乾隆
戊申年十月初三日已時享年六十歲原合塟在棠峯山
因風水不利拾骸即塟于象坑山石佛後坐艮向坤兼寅申 宣統三年改塟坐艮向
坤兼丑未 分金辛丑辛未時嘉慶十七年十一月廿七日未時進壙是
為誌

孺人未舉丈夫子時有諸姑輩日譖於王母曰娶数而不誕育毋此何用王母被譖命孺人自居自爨爰命輔廷公　出孺人號呼將行時天大雨鄰人勸解謂孺人孝感所致不久而王母病則以所得女紅别作淡羹甘楞腹以奉王母王母方悟謂婦誠孝順也嗚呼孺人顛沛瑣尾之秋猶存孝思於不匱至其感動皇天則不可不旌之以示後世也云耳

十二世祖妣蔡孺人之墓原葬在東關外紫峯土名泔蜂其墓一穴開兩大壙右壹一壙至乾隆己酉年以十三世祖　愧齋公塟爲追嘉慶　年拾骸左右壙皆不利即改擇象坑山石佛後仍以　蔡孺人及愧齋公合塟

即母子同穴爺將原塋紫峰墓誌附列俾後可考

皇清待贈顯妣孝懿蔡孺人附長婦順恬李氏墓誌銘

順恬李孺人於愧齋公在日已擇塋在滿州山故無附于右擴後以愧齋公塋焉。按誌銘必未擇滿州山之兆而先作也

不孝廷恭廷信廷惠等將以乾隆丁酉年歲十月初八日巳時奉母柩厝於晉江東關外三十七都紫峰鄉土名泔峰邊坐癸向丁兼子午分金丙子丙午遵古從治命也母沒於丁酉年七月初六日辰時古者踰月而塟母病且篤呼不孝命曰我死須速塟顧以分卑不敢丐銘於縉紳大人惟即吾母生平孝懿勤儉粗誌大慨

二房廿雇公長支分派郢城及淮口

以納諸幽以垂孫子云母系出塗門后河蔡諱池觀公長女于
歸先考孫治府君時王父爾鴻公王母洪孺人咸在堂母則鷄鳴
盥漱克盡婦道甚得王父王母歡無祿王父棄世有諸姑輩日譖
吾母於王母因是多少善怒遂命吾母自紅自爨母惟以十揩
所出度日又譖吾母於王母曰娶婦將為嗣續計今娶数年而
不誕育留此何益遂逐命吾父出吾母吾父孝者也私謂吾母曰
吾非不知汝無辜顧母命不敢違耳汝且潛汝母家俟吾
母息怒復歸未遲苦哉母也禍生不測胥月流離此情此景
誰則克當會天大雨鄰人聞知勸解王母王母方覺悟人謂吾
母孝感所致云居無何而王母染病在床母無完衣冒風歷

雯朝佐々吾父奉湯不怠又以所得女紅每日別任淡美以進
王母私念資安所出徐而察之乃知吾母日無半餐甘枵
腹以奉姑王母病瘳喟然歎曰婦真孝順也吾前所以為
此者過聽以姑譖耳遂命合食姑媳如初嗟乎遇窮乃見節
義母方顛沛瑣尾之秋猶存孝思於不匱既感動於天宜
其歡悅於姑耳王母既喜一堂和氣雖吾父家素貧安之
自若也越明年而不孝恭生又數年而信惠相繼而舉王
母益加篤愛昔羅仲素云天下無不是底父母誠哉斯
言也乃遭家不遭歲癸亥而吾父竟以病沒矣時恭方十五
信方十二惠方七歲上有老姑下有幼兒吾母益加紡織鷄

鳴而起夜半方休又遣不孝兄弟各事其業姑媳母子相依為命又四載而王母以六十九歲終內寢雖傷哉貧（也死）無以為禮然稱家有無必誠必慎居恒撫不孝等甚慈其教不孝等甚嚴曰人家子孫不肖多因母訓不嚴吾不專事姑息也以故不才不至墜入邪途者賴有母師在也邇來衣食稍得無缺母年踰古稀步履自如日與孫輩繞膝一堂不孝方耄期可望庶報罔極於萬一乃于二月染病日甚一日醫藥罔効竟舍不孝而逝耶彌留之時命不孝曰汝兄弟須和好我身衣只用七使我好見翁姑及汝父也其一念孝思臨没又不能忘舉凡歲時伏臘以及先代諱辰必豐必潔以盡

邦垂出嗣廷信後廷信多男垂原歸本房

李氏先擇塟滿州山故無祔焉

孝思大率類此母生於康熙甲申年十一月十八日寅時享年七十有四生不孝等三女一長廷恭奉母命援例入成均生男四邦念邦彰邦源邦垂　而邦垂奉母命出嗣廷信女孫二次廷信生男孫二邦本邦[illegible]　嗣男孫邦垂　女孫二三廷惠生男孫二邦志邦氏　女孫二吾父與王母先于乾隆丁丑歲合塋水流坑之原茲卜塟吾母而以長婦李氏祔焉長婦生前固吾母所素愛者故以為祔不孝等婚娶聘許俱係望族詳載先考誌中茲不復贅銘曰紫峯地靈芒星斗穴真脉固神呵守家婦隨孝母姑媳眠作偶灰石深厚從此天長地久

衰事孤哀子 廷恭 廷信 廷惠 仝泣血稽顙

期服孫 邦念 邦源 邦志 邦衣 邦彰 邦本 邦垂 邦庭 仝稽首勒石

十三世　即本支七世

謀瑞公 諱廷麟 乾隆卅三年四月捐監生名廷恭 字謀瑞 號愧齋 孫治公長子

生雍正己酉年三月十九日午時 卒乾隆戊申年十月初三日午時 享年六十歲

墓葬在東関外象坑山石佛後坐艮坤

兼寅申與十二世祖妣合葬即母子同穴

宣統三年辛亥年二月廿六日改葬坐艮

向坤兼丑未加祔有園公即母子媽孫同穴

愧齋公之墓原塟在東関外紫峯鄉土名泔蜂祔十二世

祖妣孝懿蔡孺人右壙至嘉慶　年拾骸左右壙皆不利

即改擇泉坑山石佛後仍以　蔡孺人及　愧齋公合塟

即母子同穴兹将原塟紫峯墓誌附列於後

不孝邦念邦彰邦源邦垂等将於乾隆己酉年九月廿四

日未時奉父柩祔塟於晋江東関外卅七都紫峯鄉

土名泔蜂邊祖母蔡氏之右壙坐癸向丁兼子午分金
丙子丙午遵古制從治命也父没乾隆戊申年十月
初三日午時距生於雍正己酉年三月十九日午時享
年六旬當父抱恙未篤嘗命不孝曰我死須速塟之合塟
法自古為然甞峯一穴余母曆為其右壙將以先室
祔焉先室既卜築滿州山窆穸稍安勿亂遷以吾祔
爲可也不孝等分卑不敢乞銘於縉紳先生惟即
父生平寔行畧誌其概以納諸幽以垂孫子臨終嗚
咽把筆書囑以示不孝曰同氣有三枝少孤惟母恃
憶父臨終別呼余囑立志昔日無寸土今朝喜有基為

問從何来父祖孝德施只是孳孳善毫無言相欺兄
行弟色笑費錢兄便宜婦人語不聽手足情無移要
寫先人况舉筆淚淋漓今也須臾世萬事枉心機囑
爾子猶子看我兄弟時財物莫較量男兒自强期
塋墓須向前豈可相推為勿長受人屈芳名世上知
憶昔雙親成大孝服勤工賈度霜天人子之心恨
何已罔極未報豈安然何時稍吐凌雲志捧到丹書
拜墓前已矣乎歲不我與此情此境待何年　屈志
經營四十紀千愁萬轡受陵欺欲把肝腸伸一嘆除
却朱衣點頭時羞見人家烝嘗守九世傳来未有基

胸懷景行願未遂示子輩脩力學期此其遺囑手澤
存也鄉党親戚莫不稱道不衰嗚呼天宜錫以遐福
康其身永其壽使不孝等稍圖寸進報罔極於萬一
乃自五月染病竟舍不孝而去嗚呼痛哉

先妣李氏諡順恬諱腰娘　南俊里吉舍之女生乾隆戊午年七月初十日　時
卒乾隆乙亥年十月初十日巳時
墓于乾隆癸未正月拾骸換厝棺塟於東
関外七里菴滿州山上坐壬向丙兼
子午係在爾鴻公墓下碑寫溜江吳氏祖塋

溜江吴氏家譜

二房世雍公長支分派郡城及淮口

繼妣鄭氏諱迎觀謚順貞

生乾隆五年庚申六月十三日酉時

卒嘉慶廿三年戊寅七月廿五日午時享年七十九歲

男四 皆鄭氏出

長邦念 次邦彰 三邦源 四邦垂

墓

謀芳公諱廷送字謀芳號怡齋　孫治公次子

生雍正壬子年正月初一日卯時

卒乾隆　年十二月廿五日　時

墓塋東關外

先妣黃氏諱忌舍謚

孝感坊大方伯高舍姪女

生乾隆癸丑年五月十八日戌時

卒乾隆甲申年二月十七日戌時

墓塋東關外草峰鄉土名墩仔頭

後坐甲向庚兼寅申

繼妣許氏諱貴觀謚順性 西門楠觀長女 享年四十五歲

生 甲子年十一月十九日酉時 卒乾隆戊申年八月十八日酉時

墓

繼妣蔡氏諱金觀謚順奉 廣平倉進觀次女 生乾隆乙亥年六月廿九日寅時 卒乾隆庚戌年六月廿七日未時

男四 長邦本 次邦陞 三邦正 四邦脩

墓葬東關外滿州山坐寅向申兼艮坤

謀翟公諱廷福字謀翟號悦齋　孫治公三子

生乾隆丁巳年正月初四日寅時　享年五十三歲

卒乾隆己酉年十月初八日戌時

墓葬東関外象坑本山與先妣洪氏同穴坐

丑向未兼癸丁

先妣洪氏諱秀觀謚

生乾隆戊辰年四月初二日巳時

卒乾隆甲午年十二月十四日戌時　享年廿七歲

墓于乾隆乙巳年拾骸葬在象坑山右

佛後坐丑向未兼癸丁

繼妣李氏諱謹觀謚順慎
生辛未年三月十七日巳時
卒嘉慶戊寅年七月初九日午時享年六十八歲

男四
長邦志 次邦瓜 三邦身 四邦基
墓葬象坑本山

十四世 即本支八世

思園公諱邦念字光九
號思園 愢齋公長子享年五十歲
生乾隆癸未年正月初八日酉時
卒嘉慶壬申年七月廿四日亥時
墓葬東關外岳頭窟坐坤向艮

二房世雍公長支分派郡城及淮口

兼申寅與　繼妣顏氏合塟

宣統辛亥年改塟象坑本山十四世

至十七世合一穴公左壙妣右壙

先妣黃氏諱蓮觀謚

生乾隆癸未年十一月十三日　時

卒乾隆戊戌年二月廿五日辰時

墓塟在象坑山坐艮向坤兼丑未

宣統辛亥年改塟十四世至十七世公妣合一穴

繼妣顏氏諱皆觀謚

金池啓觀長女　享年三十八歲

生乾隆乙酉年八月廿五日巳時

卒乾隆壬戌年四月初八日午時

二房世雍公長支分派郡城及淮口

墓在東関外岳頭窟坐坤向艮兼
申寅與 思園公合葬即夫婦同穴
宣統辛亥年改葬象坑山十四世至
十七世公妣合一穴公左壙妣右壙

繼妣 氏諱才觀謚 生 卒
男三 皆顏氏出
長 家淵 次 家立 出繼外家顏氏 三 家韜
墓葬象坑本山 宣統辛亥年改
葬十四世至十七世公妣合一穴公左壙妣右壙

恒園公諱邦彰字光斐號恒園　偲齋公次子　享年五十六歲
生乾隆甲申年十二月十一日辰時
卒道光元年辛巳八月十六日辰時
墓葬東関外李公祠後龜亭
下與妣趙氏同穴坐子向午兼癸丁

妣趙氏諱春觀謚　龔庭俊笑觀次女　享年七十九歲
生乾隆乙酉年十二月廿五日丑時
卒道光廿三年癸卯閏七月初八日酉時
墓與公合葬李公祠後龜亭下
坐子向午兼癸丁

男一

家釙

有園公諱邦源字光達號有園 愧齋公三子 享年五十二歲

生乾隆丁亥年十月十八日辰時

卒嘉慶廿三年戊寅二月廿九日亥時

墓葬蔡坑山石佛後坐甲向庚兼卯酉

宣統三年辛亥二月廿六日重脩與媽蔡

氏父愧齋公母子媽孫同穴改坐艮向坤

兼丑未

妣張氏諱完觀謚方淋 大寺後聪觀三女 享年六十歲

二房世雇公長支分派郡城及淮口

生乾隆丁亥年五月十二日午時
卒道光丙戌年五月初二日子時
墓葬東關外五谷祠後坐甲向庚兼
寅申後改葬南山仔與儀寬同穴

男三

長家錦　次家鋏　三家銓出繼碩園公

碩園公諱邦垂字光容號碩園　愧齋公四子　享年七十三歲
生乾隆壬申年十一月廿八日酉時
卒道光甲辰年八月初四日子時
墓葬東岳民國七年改葬象坑本
山與姪成齋孫建品同穴

家縷 字大 體園公三子
生道光乙未年十月廿二日寅時
卒光緒戊寅年正月十四日未時

弗娶無傳

十六世 即本支十七世

建添 乳名溪 字昭籌 號克勤 方圃公子 享年六十歲
生道光丙戌年八月初九日巳時
卒光緒乙酉年六月十九日午時
墓宣統辛亥年改葬象坑亥山
十四世至十七世公妣合一穴公左壙
妣石壙

配周氏諱汝舍謚端慈

生道光丙申年九月廿三日亥時
卒光緒丁酉年十一月十四日酉時　享年六十二歲

墓宣統辛亥年改葬象坑辛山十四

世至十七世公妣合一穴公左壙妣右壙

男二

長布裕　次布海

建能乳名梅字昭哲號惠亭　家針養子　享年五十二歲

生嘉慶乙丑年九月十一日卯時
卒咸豐丙辰年正月廿八日辰時

墓葬東關外狀元榜山頂坐癸向

丁兼丑未　後改葬東岳鄧厝窟

妣周氏 諱 亥觀 謚 崇福衎 後觀 次女 生乾隆甲午年七月廿九日亥時 卒咸豐丁巳年五月廿四日午時 享年八十四歲

承繼男一 家銓 有園公三子

墓葬東岳江厝窟坐 向 無

光緒辛卯年改葬東岳南山仔畀才

淋同穴

守甯公 諱 邦本 字 光立 號

守甯 怡齋公長子 享年廿一歲

生乾隆己丑年七月十四日辰時

卒乾隆己酉年七月初八日午時

墓葬象坑山與怡齋公及母 氏同穴

配陳氏改節出矣

養男家錞 夭

誠園公諱邦陡字光華號誠園　怡齋公次子
生乾隆甲午年八月十九日寅時
卒道光丁亥年六月十四日未時
墓葬象山坑

妣林氏諱益觀謚脩謙
生乾隆乙未年八月初七日亥時
卒嘉慶己未年十二月初三日寅時
墓

繼妣陳氏諱却娘謚端淋
生乾隆壬寅年五月初一日寅時
卒嘉慶戊寅年七月初九日申時
墓

端園公諱邦正字光岩號端園　怡齋公三子　享年四十三歲
生乾隆乙亥年十二月十九日寅時
卒道光辛己年弍月初九日午時

墓葬東關外象坑山石佛後坐艮向

坤兼丑未

先妣黄氏諱諸舍謚

生乾隆己亥年十一月廿九日巳時
卒嘉慶戊辰年正月廿日酉時
享年三十歲

墓于道光乙酉年拾骸葬象坑山

石佛後坐艮向坤兼丑未

繼妣黄氏諱柳舍謚

生乾隆戊申年四月十五日午時
卒咸豐癸丑年九月十七日子時
享年六十六歲

男二

長　家興先妣出

次　家滂繼妣出

墓葬李公祠左畔與家滂同穴

園公諱邦脩字光璟

園怡齋公四子　享年六十四歲

生乾隆壬寅年十一月廿六日亥時

卒道光乙巳年四月十四日巳時

墓葬東岳口孝子坊脚

配馬氏諱意觀謚

生年忘記八月廿五日　時

卒年忘記十二月初三日巳時

男一

家紅

分住青龍

敦園公諱邦志字光有璟

敦園　悅齋公長子　享年四十八歲

生乾隆庚寅年五月十一日辰時
卒嘉慶丁丑年二月初一日辰時

墓葬東関外會魁山坐壬向丙兼子午 道光辛卯年拾骸

先妣楊氏 諱 謚端恪
生乾隆辛卯
卒乾隆六十年二月初一日

墓葬

繼妣鮑氏 諱 謚端祝
生
卒

墓葬

承繼男家波
體園公長子

栱園公 諱邦瓜 字光綿
號栱園 悦齋公次子 享年五十三歲
生乾隆癸巳年二月十四日丑時
卒道光乙酉年九月十二日卯時

先妣陳氏諱觀謚

繼妣周氏諱觀謚

繼妣黃氏諱招舍謚

承繼男家鑒

體園公諱邦身字光

墓塋衆坑辛山

生
卒

墓

生
卒

墓

生
卒

墓

體園公次子

歸
體園悅齋公三子　享年六十三歲

生乾隆辛丑年十月十七日巳時
卒道光廿三年癸卯七月廿八日未時

墓葬象坑辛山

妣黃氏諱蔟觀謚 生嘉慶庚申年六月十八日　時
卒咸豐甲寅年六月初旮　時

享年五十三歲

男三

長家波出継敦園公 次家鑒出継拱園公 三家縷

墓葬象坑辛山

裕園公諱邦基字光 歸裕園悅齋公四子 享年五十八歲
生乾隆甲辰年十一月十八日酉時
卒道光　十二月初七日　時

此公無娶

墓葬象坑辛山

十五世 即本支九世

世譜序十五世原是圓字本支避十三世孫治公諱愢斋公改作家字

家淵 諱家淵 字大潛

號誠篤 思園公長子 享年廿八歲

墓塟宣統辛亥年改塟象坑辛山十四世塋

十七世公妣合一穴公左壙妣右壙

生乾隆庚戌年六月初一日卯時

卒嘉慶丁丑年七月廿日卯時

無娶

家立 字大 諱家立

號茂園 思園公次子

此公出繼母族顏氏無娶

生乾隆壬子年九月廿三日辰時

卒道光丁未年十一月初四日午時

墓塟宣統辛亥年改塟象坑辛山十四

世至十七世公妣合一穴公左壙妣右壙

家韜 字大 諱家韜 號方圃 思圃公三子 享年廿九歲

生嘉慶戊午年九月廿六日寅時
卒道光丙戌年九月廿六日寅時

墓葬宫號辛亥年改葬象坑本山十

四世至十七世公妣合一穴公左壙妣右壙

配蘇氏改節出矣

男一 建添

家釙 恒圃公子

生乾隆乙巳年七月十四日子時
卒嘉慶丙寅年六月初七日巳時

墓葬象坑本山

配 氏改節出矣

養男　建能

家錦　有園公長子
生乾隆己酉年六月初八日辰時
卒嘉慶辛未年五月十三日午時　享年廿三歲

墓葬東岳會魁山嶺坐艮向坤兼丑未

民國七年改葬象坑牽山與叔碩園公姪成齋同穴

配陳氏諱鵲舍謚孝柔
生　年三月十二日　時
卒　年三月初一日　時　享年卌四歲　未歸丙辛

墓葬

承繼男　建池
家銓長子

家錢字大　有園公次子
生乾隆辛亥年三月初三日巳時

公習外科頗精醫道然生平好賭至於累身敗壞毀
于臺郡莫知踪跡無從可考誠足悲夫

家銓 字大鈞 諱家銓 號約齋 有園公三子出繼碩園公享年六十六歲

生嘉慶己未年七月廿九日午時
卒同治甲子年四月十五日

墓葬象坑李山

配張氏 諱煎觀 謚端惠

生嘉慶戊辰年五月十六日子時
卒光緒壬午年六月十三日午時 享年七十五歲

男

長女汝 甲申六月初四日戌時生
次女和 乙未十月廿五亥時生
三女織 乙酉四月廿日寅時生

長 建池 出繼家錦
次 建杞
三 建品
四 建富

五 建標
六 建廉
七 建衎 殤

墓在象坑李山右畔孫厝山

墓與曾孫聲揚雙蒲聲音同穴民國

二房世雍公長支分派郡城及淮口

七年戊午改葬象坑孫厝山坐巽向乾

兼辰戌

家興字大　諱家興號隆圃　端圃公長子　享年卅五歲

生嘉慶癸亥年十二月初八日　時

卒道光丁酉年九月十四日巳時

墓葬東岳鵲鳥柵

配曾氏諱矜觀謚静寬

生嘉慶甲戌年二月廿三日申時

卒光緒庚寅年七月廿九日巳時

男一　建澄

墓

家滂 字大振 諱家滂 號遜園 端園公次子 享年卅六歲

生嘉慶丙子年十月初六日午時

卒咸豐辛亥年八月初二日酉時

墓葬東岳江厝窟

男一 建虎

家紅 乳名巧 字大千 號 園公子

生道光己丑年四月初五日 時

卒光緒癸未年十二月初四日午時

配林氏 諱閃觀 謚

生道光辛丑年十一月十四日

卒光緒乙未年七月初一日

男一 建協

二房廿雇公長支分派郢城及淮口

家波　字大

體園公長子出繼敦園公　生道光癸未五月廿一日辰時

配詹氏　諱于觀

生道光己亥年九月廿七日寅時
卒民國乙丑年十月廿九日　時　享年八十八歲

男一　建猷

弗娶無傳

家鑒　字大器

體園公次子出繼拱園公　生道光庚寅年十二月初九日酉時

弗娶無傳

頂坐癸向丁兼丑未與妣王氏子布燦合一穴

配王氏 諱益觀 謚淑貞

生嘉慶丙子年九月廿一日時 卒道光乙巳年八月廿日未時 享年三十歲

墓葬東岳李公祠邊 光緒辛亥年

與公及子改葬鄧厝窟頂坐癸向丁兼丑未

男一 布燦

建池 字昭澤 咸豐九年二月初五日捐從九品名建藩 號敏齋 捐同知銜名鴻藻

家銓長子出繼家錦

生道光丙戌年七月初一日卯時 卒光緒庚寅年十二月初十日丑時 享年六十五歲

墓葬水流坑李山土名大姑墓坐丙向

二房廿雀公長支分派部戒支雀口

壬兼巳亥民國二年癸丑五月初十日

拾骸換金壙

先室陳氏諱柔舍謚維貞 生道光庚寅年十月廿五日巳時 卒道光丁未年九月初十日辰時 享年十八歲

墓塟過岳牛屘港改塟東岳南山

仔與維徽恭舍英觀四人同穴

民國二十六年古歷丁丑三月初六日移塟瑞峯嶺孫厝山与馬氏林氏同穴

繼妣馬氏諱椽觀謚維徽 生道光癸巳年七月廿六日午時 卒咸豐戊午年六月廿四日酉時 享年廿六歲

墓塟東岳南山仔與維貞恭舍英

觀四人同穴

民國二十六年古曆丁丑三月初六日移葬瑞峯嶺孫厝山与陳氏林氏同穴

繼妣林氏諱播娘謚維儉

生道光甲午年七月十二日巳時
卒民國十年辛酉古曆二月廿五日亥時 享年八十八歲

墓葬東関外瑞峯嶺土名孫厝山

坐壬向丙兼亥巳

男三

民國二十六年古曆丁丑三月初六日拾骸與陳氏馬氏三人同穴

長 布祥 葬三吧巃 次 布漢 葬三吧巃 三 布鋤

誌銘

皇清誥授奉政大夫同知職銜敏齋吴公墓誌

父諱鴻藻號敏齋授同知職銜光世魁崇公由龜湖

分居溜江即我溜始祖也越五世世雍公傳子二長子昂公居郡城次子江公住福田子昂公傳子三道升公即其第三子乃本支祖也迨高祖愧齋公始遷郡東溝墘碩園公為愧齋公第四子碩園公無傳其三兄有園公以第三子約齋公繼之後約齋公因胞兄成齋公無出乃撥長子以承其祧即吾父敏齋公也父穎慧嗜學因貧輟業治生年十三從王父服賈日則會計簿書夜則兼習文事至十八為人記室嘗以筆墨見稱闤闠間嗣是之厦及臺暨浙甯墘川安南等處奔波幾數萬里經營近五十

年艱苦備嘗不敢稍懈素儉約勤敏尤重倫常惟
知奉祖先孝父母篤兄弟教子孫至於濟急恤
貧脩橋補路諸義舉咸樂為之其最致意者溜江
宗祠急倡首脩之而祭費不敷初邀子姓盟會助
祭繼自買田充為祀業不忘本也郡東祖厝恐為後
人廢墜故將首進改為小宗餘皆重新興親族居守
先業也身雖出繼而奉事本生養生送死咸稱道
焉且置店屋充祀業全子職也復因讀史至大利必
歸農乃思農為治國之本況區區一家乎由是留
意阡陌故於淮口鄉買田建宅立主奉祀為後人

久遠計也構書室延名師教子姪輩重書香也

吾族於郡中議立大宗祠父即興倡首籌謀并

督其事留意經畫三年不倦尊祖敬宗之義也城

東二郎廟傾圮爲董事脩葺樂義舉也平生每

以財爲禍胎不欲留餘以教子孫怠惰凡所有皆

傾囊以建正事積而能散也晚年作自述一篇以垂

示我後人綜舉少時之窮苦奔走之焦勞創業之艱

難貽謀之遠大以及遭家不造處置得宜經營出於

萬死一生之中財利盡爲敦本篤親之用苦思勞

身創垂美備不肖所由三復遺訓而戰兢出涕也

配吾母先氏陳繼氏馬氏林子三長布祥馬氏出次布
漢殤次布鋤均林氏出孫四聲圭殤聲椿聲望聲楊
女孫五父生道光丙戌七月初一日卯時卒光緒庚寅
十二月初十日丑時春秋六十有五今将以光緒辛卯年
十二月廿四日瘞北関外清源水流坑之麓土名大姑
墓穴坐丙向壬兼巳亥分金丁巳丁亥
不孝孤子布祥布鋤暨孫等泣誌

清誥封宜人維儉吳母林太宜人誌

母太宜人林氏諱揺娟謚維儉淮口鄉深觀公之長女父授同知職銜號敏齋先娶陳氏維貞繼娶馬氏維徽因讀史至大利必歸農乃再娶吾母另建田宅於淮口使母耕種於其間父得經營南洋建布郊開茶棧無内顧憂者母之力也維時王母與繼母暨諸孀輩原住郡東滸墘母於農事稍暇時往奉侍弗聞間言隣里鄉党咸稱道爲母克勤克儉積餘資以建田業故吾父歸隱得建厦屋者即母所買之田地也祖由溜江五世世雍公傳子二長子昂公

居郡東濟壠次子江公住福田子昂公辛支祖也
迨十六世父敏齋公乃分居淮口買田建宅立主奉
祀為後人久遠計亦母有以相之耳子三長布祥
馬氏出殁三寶壠次布漢殤次布鋤壯業儒後從
商授州同職銜名啟文均母出孫七聲揚早逝聲
義服賈雙蘭聲音殤聲磬菲律濱普智學校
肄業聲評殤聲雷幼讀女孫四曾孫六贊名好名
殤繼名布名著名芳名均幼讀曾女孫一母生道光
甲午七月十二巳時卒民國辛酉舊歷二月廿五日亥
時春秋八十八齡今將以民國十年辛酉葭月十三

日塟東関外瑞峯嶺之叢土名孫厝山穴坐壬
向丙兼亥巳分金丁亥丁巳
不孝啟文泣誌

建杞 字昭德 號敬菴 家銓次子 享年
生道光己丑年六月十四日卯時
卒光緒壬午年五月十二日　時
甲子科丁大宗師歲試
取進臺灣縣學生員 名慶治
墓塟象坑本山

配王氏 諱 恭舍 謚 伯府庭人 生道光癸巳年五月廿一日戌時 卒同治癸亥年三月廿九日亥時

墓葬東岳南山仔與維貞維嶽英觀四人同穴

繼妣丁氏 諱 蕊舍 謚 后河人 生 年八月廿六日 卒光緒 年八月初八日辰

墓東岳南山仔與子布定同穴

男二

長 布尚 生

次 布定 生 卒光緒 弗娶無傳

建品 字昭兹 號 在菴 家銓三子 享年廿四歲

生道光壬辰年五月初六日亥時 卒咸豐乙卯年四月廿七日午時

昭茲業儒善文工詩鄉前輩咸稱擅為詩詠曉
起云濃煙橫鎖危橋斷之句 遂家貧無力聘娶

墓象坑坖山與祖叔碩園伯咸齋三人同穴

建富字昭明號純齋武生名景元 家銓四子 享年

生道光戊戌年八月廿三日寅時
卒光緒丙申年五月廿七日 時

昭明少即為父所惡及長賭博非為累父于囹圄毆母之手
折百六十餘年之輪祀田私盗廢賣及進武生與前ノ更甚

墓在象坑坖山與詹氏同穴

先配顧氏諱英觀謚

生道光庚子年十一月初五日戌時
卒同治甲子光緒丙午年七月初七日未時

墓東岳南山仔與維貞維徽恭含四人同穴

繼配詹氏諱桔娟謚

生道光庚子年六月初五日
卒光緒丙午年二月廿九日

墓象坑申山與純齋同穴

建標字昭僶號雲亭家銓五子

生道光辛丑年四月十四日卯時
卒光緒甲辰年四月十一日辰時

武生名景士

墓象坑申山與妣貞德同穴

配林氏諱險舍謚貞德五堡人

生道光乙巳年九月廿六日
卒光緒辛丑年正月十四日午時

墓象坑申山與公雲亭同穴

建廉字昭旋號曉南　家銓六子

生道光癸卯年十二月初三日卯時
卒光緒丁未年八月廿日巳時　享年六十五歲

武生名炳煌

墓

配黃氏諱真觀謚懿德

生咸豐乙卯年十月初七日午時
卒民國甲子年六月初五日戌時　享年七十歲

墓

男三

長布恩生

次布賜

三布祐殤

二房長光立公

二光華公

俱無傳

建澄字昭 號瞻岵 家興公子

生道光辛卯年六月廿五日未時
卒光緒乙亥年十一月十一日未時

墓

先配 氏諱東治

生道光辛卯年五月初九日 時
卒道光癸卯年五月十三日 時

墓

繼配蔡氏諱寶觀謚克儉

生道光甲辰年九月廿一日寅時
卒宣統戊申年六月初五日申時

男三

墓

長布擢

次布爻

三布棟

建虎字昭寅號

家滂公子 生
卒

墓

配蔡氏諱笑觀謚溫和

生咸豐戊午年五月初五日戌時
卒光緒戊寅年三月十五日未時

二房世雁公長支分派郢城及淮口

墓

在三吧壟
娶繼室　氏

男

建協字昭時號
奉公子
生壬戌年八月初九日寅時
卒光緒癸卯年四月廿六日午時

墓

配康氏諱隨娘
生同治壬申年四月初六日辰時

男長布投
次布頂

三房光有公
光綿公俱無傳
光　公

建猷 字昭來 號慎齋

生同治五年十一月初一日

卒光緒卅四年十二月初五日

弗娶無傳

墓

十七世 即本支十一世

布裕 字宣如 昭箒公長子

生咸豐庚申年六月初七日巳時

卒光緒癸卯年五月初三日

墓 宣統辛亥年改葬象坑辛山十四世至十七世公妣合一穴

配張氏 諱格覲 謚慈勤

生同治乙丑年十月廿七日午時

卒光緒丙申年二月廿三日卯時

墓 宣統辛亥年改葬象坑辛山十四世至十七世公妣合一穴

男無傳

布海 字宣岩 昭箒公次子

生同治壬戌年十一月廿七日寅時

卒

墓 宣統辛亥年改葬象坑辛山十四世至十七世公妣合一穴

二房世雍公長支分派郡城及淮口

配林氏諱甜觀謚慎淑
生同治乙丑年九月廿四日午時
卒己丑年三月初十日寅時

墓葬東岳南山仔山字石脚

繼配張氏諱蘊舍謚慈儉
生　卒　莫詳　墓宣統辛亥年改葬象坑辛山十四世至十七世公妣合一穴

男無傳
墓（慎淑）宣統辛亥年改葬象坑辛山十四世至十七世公妣合一穴

布燦　昭哲公子
生
卒

弗娶無傳
墓與公妣合葬東岳鄧厝塗頂坐癸向丁兼丑未

布祥字宣𫐐　昭澤公長子
生咸豐丙辰年十一月十二日寅時
卒光緒癸巳年八月十三日寅時　享年三十八歲

墓葬三吧龍壟山土名

在三吧龍山娶侯氏諱金娘
生　三吧壟北高然士簡長女

男長聲圭殤
次聲椿　殁丁亥八月廿六日丑時生
三聲璧殤　壬辰五月

布漢字宣雲 昭澤公次子

生咸豐辛酉年五月廿九日五時 卒同治癸酉年閏六月廿四日時 享年十三歲

墓塟三吧龍山土名銀絡大路墘在吴茶富墓頂

布鋤字宣勳 捐直隸州州同名啟文

昭澤公三子

生同治甲子年十二月廿八日子時

配魏氏諱麗娘

西福人

生同治己巳年二月初二日辰時

妾李氏 諱 順娘

俊頭鄉人

生光緒己丑年十二月初二日酉時

男長聲揚
五聲磬
長女快治嫁林進炉
四女倫治殤

次聲義
六庶聲諄殤
次女担治嫁張水厨
五庶女晋治

三雙蘭
七庶聲雷
三女信治嫁林棟樑

四聲音

布尚字宣哲號匡斎 昭德公長子
生咸豐庚申年三月廿三日　時
卒宣统元年己酉六月十五日寅時
享年五十歲

墓

配黄氏諱糖觀謚慈淑 東教塲人
生咸豐壬戌年十一月廿日辰時
卒民国丙寅年二月十三日酉時
享年六十五歲

墓

男長聲梯弗娶無傳
次聲水
三聲奇殤

布定字宣安殀 弗娶無傳
昭德公次子
生同治　九月十一日
卒光绪　七月廿二日

墓東岳南山仔與母丁氏同穴

布思 字宣榮
昭掟公長子
生同治甲戌年三月初六日午時
卒民國甲子年六月十九日寅時
享年五十一歲

墓

配許氏 諱綢娟 謚順儉
生光緒戊子年十月初二日亥時
卒民國辛酉年五月初八日申時
享年三十四歲

墓

布賜 字宣國
生光緒己丑年十月廿二日酉時

配林氏 諱春娟
生光緒庚子年三月十五日午時

男聲鐘

布耀 字宣顯
往南洋一去不返莫詳

布炗 字宣火

配洪氏諱慶觀謚貞順
生光緒丁丑十二月十六日戌時
卒光緒己亥 九日午時

無傳

布棟 字宣棵

弗娶無傳

布投 字宣
生光緒庚寅年四月十五日寅時

布頂 字宣
生光緒癸卯年十月十六日辰時

十八世　即本支十二世

聲揚 字垂訓　宣勲長子　生光緒辛卯年十月廿一日　卒宣統庚戌年十月廿九日亥時

墓與曾祖母張氏及弟雙蘭聲音同穴民國七年戊午改葬象坑孫厝山坐巽向乾兼辰戌

配柯氏 諱壙娘

男 長 贊名 殀　次 希名

聲義 字垂稼 宣勲次子 生光緒癸巳年十一月廿三日丑時

配顔氏 諱招娘 不守婦道出矣

配林氏 諱朗娘

雙蘭 字垂香

宣勲三子

生光緒戊戌年五月廿一日辰時

卒宣統己酉年二月十四日亥時

墓與曾祖母張氏及兄聲揚弟聲音同穴民國七年戊午改葬象坑孫厝山坐巽向乾兼辰戌

養男繼名

聲音 字垂槩

宣勲四子

生光緒庚子年九月廿五日未時

卒宣統庚戌年六月十九日亥時

墓與曾祖母張氏及兄聲揚雙蘭同穴民國七年戊午改葬象坑孫厝山坐巽向乾兼辰戌

養男好名 殁

聲磬 字垂玉

宣勲五子

生光緒癸卯年閏五月初四日寅時

配蘇氏諱絹娘謚　水滎鄉人廷卿公女　生光緒丙午年六月　卒民国癸亥年七月十二日未時　享年十八歲

配繼黄氏諱見娘　東山人

男長盛名

聲雷 字垂雨 宣勲六子 生民國元年壬子三月十五日巳時

配黃氏 諱當娘 許厝埕人 生民國元年壬子九月初七日午時

聲揚 字垂青
生光緒壬午年十二月廿五日午時
卒民國己未年十月廿一日

墓

弗娶無傳

聲水 字垂
生光緒甲申年十月初一日
卒民國壬申年正月初四日酉時 享年四十九歲

墓

配林氏 諱每娟
生光緒戊戌年八月十二日卯時

男長求名 次景名 三志名 四庵名

二房廿世雈公長支分派部成叉佳口

国家出版基金项目
NATIONAL PUBLICATION FOUNDATION

海上絲綢之路文獻集成

總主編　陳支平　陳春聲

民間譜牒編　68

主編　林　楓

海峽出版發行集團
THE STRAITS PUBLISHING & DISTRIBUTING GROUP
福建人民出版社

本册目次

〔福建南靖〕南靖梅林磜頭蘇氏族譜不分卷

蘇振纂修

［福建南靖］《南靖梅林磜頭蘇氏族譜》不分卷，蘇振纂修。梅林鄉蘇氏居今福建省南靖縣梅林鄉磜頭村。入閩始祖蘇益，河南光州固始縣人，唐光啓元年（八八五）隨王潮入閩，居同安縣永豐鄉葫蘆山下。六世祖係北宋名臣蘇頌。十五世祖九三郎遷永定縣金豐里古竹鄉開基。十五傳至興橋，於清乾隆間遷南靖縣梅林鄉磜頭村，奉古竹開基始祖九三郎爲一世祖。是譜於民國三十一年（一九四二）由旅緬二十四世孫蘇振（庚盛）據舊殘譜整理編成，載舊譜序、録譜感言、世系、傳記、生卒年月、葬地等。其族人頗有遷居東南亞者，尤以緬甸爲多。二十三世泰長旅緬，「弱冠亦已客旅緬甸，娶番婆」，生三子。二十四世燦盛旅緬，庚盛移緬。據民國三十一年抄本影印。

考世系知終始

南靖梅林磜頭

蘇氏族譜

修世系族譜序

明先（泉老）公曰：積之有本末，施之有次第。又曰孝弟之行不可缺，禮義之節豈可廢。正為作蘇氏亭記之謂也。窃思子孫之於祖宗，雖源遠流長，亦由抵支分耳，即探本者，茫乎不知其畔岸；追源者，浩乎不知其津涯。而念吾身之所初出，仁孝之心，未嘗不可自藐也。異域殊疆，亦必觀雲山而切念，世遠年湮，猶宜撫風木而興溯。思覽先系則書盈乎四時，思宗誠莫窮萬第，族譜未著而世系則混焉。凡人之生，昧昭穆者，皆不知其姓之所初出，錯本末者，則譜牒之書而未修。然孝子慈孫之心，豈可忽者。予之追思雖殷，奈所遺舊譜，于宋末元初之際、糊塗謬錯、有者代之其人而疏忽焉。予生于族心、自恨生也晚、抑且學疏見寡、兼之代遠系遙、而致祖宗之諱有遺失者、則予誠有不宥之罪矣。予行年四十有四、常思我族以及諸處族姓、並苦同輯譜系之人。古云、日月如梭、催年易邁、中心怵惕、只得遍求各處諸舊譜以及諸史傳鑑中目、某之祖或曰某系、於四千四百四十年之上、黃帝之子、昌意公以下、而修成受姓之始、追至漢代、建公封平陵侯、徙扶風、文歸武功、而至我朝四千四百四十年、修成世系、歷代相傳、一貫而不混。派雖長、可以識其源、枝雖繁、可以知其根、庶綱條正、昭穆辨、錄功德書爵秩、則觀斯譜者、孝悌之心、亦可油然而生之矣。雖然强草創之識、爲苦心討就、修成脈之相會、茲而系成宜其勉之。斯譜之能光先緒，適追來孝也歟。

寫序者不載明時代及何許人與名字。實為缺憾。

錄譜感言

旅緬蘇 振

余當第二次世界大戰方酣這一年，西元一九四二年，民國卅一年，正被困在英屬緬甸，仲秋，為緬甸雨季之期，這時的緬甸已經淪為日軍所有八閱月矣。物質來源及交通均告斷絕，匪亂四起，百業蕭條，為商的苦以營其生，余更是有家歸不得，真是困得難耐，信手偶在從兄舊簿書籍堆裏翻閱，得族譜一冊，展閱之源遠流長，兆家存素有者家存之以昔竹開基始祖一世始。問之從兄曰，此昔年取之同宗何許人也，故抄錄之。後因時勢日非，歲月遷延，竟忘璧還。該譜只載至三世祖止，大概下已開支矣。以下凡廿代，當以吾譜而續之也。

憶我兒年，每當月明風清之夜，老輩相集於階前，抽煙話桑麻，常聞其言曰：我們之祖是由某處遷來的，又有曰又說另一某處也。實際根源不一，均茫不知。實由此測之，非著譜者不力，不肯追源探本，而繼錄者，確自疎忽懶惰承接也。現在一向隔膜的已瞭然明之矣。著譜先人尚要考經傳史鑑，索源探本，若為後人作引根尋源。我們安可當面差過，亟應急而錄之，尤其我們旅外之人，更應錄以留置之。因為多數都由幼年睽隔家鄉，遠涉南洋，既少歸祖塋，亦生疎分支，每逢他邦談宗譜，大有不識了了。欲究之先輩，則山遥水遠，祇好望雲興嘆之感。是故知源之心，不禁油然而生矣。所謂異域殊疆，亦必望雲山而切念。世遠年湮，猶存懷風木而興思者，追此之意歟。

經四考世系，知終始，余經細細推敲，惟惜此譜至中不足，有天圓之缺，其中自受姓以次，便中斷，謬錯，代多失傳。及至唐晉之間，又紊亂不清。實之署代遷遠，居諸迭遷，著譜者既非女媧，若力煉石以補殘缺。余不學無術，年幼識淺，更屬難為力矣。徒使追溯之心，祇可望文興嘆而已耳。惟其中遺失中斷，差節，特奉以處之誌之，有者借他譜而略續接之，至若其中因經過多方謄錄，未免有差錯之嫌者，余則考之以史鑑，刪改而整理之。故當握筆繕錄之際，五中殊有一種感想，欲言之，遂將感想及經過情形寫出，聊以誌後而云焉。

福建定永金豐古竹鄉邊磜頭，

廿四代裔孫：庚盛振蘇整理抄寫於緬甸旅次

時于公元1940年民国廿九年仲秋。

昌意公：

黄帝之子，少昊氏之兄也，娶蜀山氏之女，曰昌僕，

感瑶光貫日之祥，而生高陽氏。

高陽公，即顓頊公，音專旭。

昌意公之子也，娶屠之鄒女，生九子。

(1)曰、駱明　(2)曰、蒼舒　(3)曰、隤敳

(4)曰、檮戭　(5)曰、大臨　(6)曰、尨降

(7)曰、庭堅　(8)曰、仲容　(9)曰、叔達

所謂齊聖廣淵明允篤誠，天下之人，謂之八愷。

又娶勝隤氏之女，生子曰：卷章。

又生庶子曰：窮蟬。曰：檮杌。

卷章公：
高陽公娶勝隤氏所生之子也，娶妻曰女嬌，生二子。
長曰：黎。　次曰：回。
祖父高陽公，命黎爲祝融火正，後黎年六十由回
代我。

回公：即吳回也。
卷章公之次子也，代兄黎公爲祝融火正於高辛之世
食邑于吳，故稱吳回。生子曰陸終。

陸終公：
回公之子也，娶鬼方氏之女名嬇，生子六人。
(1)曰：昆樊　(2)曰惠連　(3)曰籛鏗
4)曰：會人　5)曰曹姓　6)曰季連

此六子一時孿生也，亦毋莠害焉。

昆樊公：妣鄭婆太。

陸終公之長子也，封邑于昆吳，以承繼守祝融之職。

生子十人。

(1)曰：顧。(2)曰：溫。(3)曰：蘇。(4)曰：扈。

(5)曰：廖。(6)曰：董。(7)曰：諸。(8)曰：斟。

(9)曰：祝。(10)曰：雇。是也。

遂各以其名爲姓氏焉。蘇既用爲姓氏，另取其名爲吉利，又曰達惠，爲受姓之初祖。考其經傳史鑑中，爲本姓之先祖考也。

蘇伯吉利公(達惠)：妣余婆太。

昆樊公之第三子也，封爵于鄴，其鄴有蘇城焉。

其縣公居之世，後有分洛陽者，按鄭与洛陽，雖屬兩府，皆河南省轄，距離不大遠，二處俱大興、大旺，水源本木潤茂馨芳，有光蘇氏焉。

整理者按黃帝至商朝末，凡五十帝，計一千二百五十年，查昌意公傳至蘇吉利公，不過七代，其間恐多年代莫從考鏡也。

錢公：妣鄭婆太。

未言公：妣吳婆太。

寀公：妣劉婆太

婁達公：妣巫婆太

忽生公：

為周朝司寇之官，德政化廣，授封于溫，定居河

南洛陽縣，古稱河內是也。被奸訟獄，不興，歷可至

至成康，周公旦，請于成王，封陝西十二邑。

考

按周成王，康王，周公旦時代，為西曆紀元前一○九十年。

有文子公分于洛者，至周末戰國時其脈系有蘇代、

蘇秦、蘇厲兄弟俱以遊說顯達。

蘇秦為燕趙韓魏齊楚合縱長，便是「蘇秦相六國」

的古話，時維西元紀年前333年也。

息公：妣陳婆太。出任江陵侯之官。

弘公：妣盧婆太。出任秦国海常侯之官。

昌公：妣林婆太。為秦国滿卅侯之官。

建公：妣洪婆太。官漢代郡太守。

西元前二百零二年左右，漢高祖從天下豪杰集于國

中〻始居長安、即今之陝西也。漢〻武帝詔公同衛青將軍合擊匈奴有功、封平陵侯。

讚曰：蘇公屈己守、麥穗兩岐、夜女〻丈夫、樂不可支、文武備足 漢〻代周伊。 娶洪氏女、生三子。

廿四：嘉。多智力武勇超群。單車詣營壘、三鼓奪崑崙。堪為公讚之也。

二四：武。大漢武帝四十一年、出使匈奴、奴王強欲其降、不從、萬般苦辱、并遷之牢苦牧羊、杖節牧之、嚙雪嚥氈而終不屈、至周帝始元六年、匈奴臣服後方歸、時經十有九年、歸時鬚髮皓白、官拜典屬國關內侯、名標麒麟閣、子孫相繼七代。

嘉公與武公均因其傳有親生子、二人都由三弟過繼各一子与之者。後有顯者綽公威公者，即承繼嘉公之良嗣也。

△(3)曰：賢。賢公娶余氏女，生六子。官授車騎都尉。

下代過繼一子与長兄嘉傳後。又過繼一子与次兄武傳後。

(1)曰：顯章　(2)曰：定芳　(3)曰：顯瓊

(4)曰：瞻春(公癸)　(5)曰：顯音：　(6)曰：顯慈

賢公為嘉公及武公傳下系統之血統祖脈也。

整理者按，查忿生公為周成王年間司寇。西曆紀元前約一千一百年时期。建公為漢代大守，西历紀元前二百年左右，其中遥隔八九百年之載(三四代，失傳者難以筆記)。

嘉公：妣羊氏。由賢公過繼一子曰癸，瞻春即鼎我房祖也。

後有枝孫易簡公者，官于峒，後由蜀，遂為蜀系

蘇氏始祖馬：有名曰蘇舜欽，更後有蘇洵及軾
轍，父子者，俱為我国宋代歷史的博学名儒，有光
宗譽者。

癸公名又瞻春公：妣黃婆太。
生下十三子，分居河南、湖北等地。長曰：力。餘名及情
形未詳。

力公：妣溫婆太。　生下二子：長曰：求，次曰：春。
求公：妣王婆太。　生子曰：賓。
賓公：妣錢婆太。　生二子：長曰：君弼，次曰：君統。
君統公：　賓公之次子也。生子曰：純。
純公：妣龔婆太。君統公之子也，為建公七世孫，字曰植，
為南陽太守，中陵侯。讚曰：

先朝名父至，此日蘇公臨，行焉与崇樓，后在志忠心。
又娶田氏女，生子曰章。

章公：妣楊婆太

純公之子也，字孺文，蓟州刺史也，有故舊為清河太守，公名與共飲，陳平生之好，相洽也歡，太守喜曰：人皆一天，我獨有二天。章公曰：蘇孺文今夕与故人飲者，私事也；明日蓟州刺史案事者，公法也。遂擧正其罪。以後州境肅然，大有功于一日也。後漢順帝朝西元一三〇年間，又遷為荊州刺史。讚曰：今夕且私飲，明朝案法囚，敖錧一路哭，何恤一家憂。

生子曰謙。

後有枝孫官於趙者，遂繼而居然，事後有蘇崇相唐高宗，榮二；蘇味道相武后，子孫曾玄俱貴顯也。

謙公：妣溫婆太，生子四：不韋。

韋公之子也，官為金城太守。唐李吉甫敘：後其子不韋公復其仇焉。

不韋公：妣王婆太。生子四：順。

謙公之子也，官授扶風太守。復季高殺父之仇。

順公：妣黃婆太。生二：曰則。

不韋公之子也。以才學顯，官授中郎令。

則公：妣陳婆太，生六：四子。

順公之子也，字文卿，官衣疏史，甘不酒，毋累，編常右教，書道甘，於，劉後主之敎亡降，乃受孫之郭太守。厥後，魏主重其學行，親顧而辟之，遂遷侍中，封都高侯。後辭歸，卒。誥曰：「剛鞭」。讚曰：學行卓越，爵祿不移，聞魏代漢，發喪慟地，雖強魏轉，退食委蛇。

長子曰：恬。次子曰：愉。三子曰：遁。四子曰：援。

愉公為晉之光祿大夫。恬公擢晉朝湖南太守，援公亦任州司。遁公高隱不仕，意矜山水，故合為名為遁。有西江月詞以表其志曰：日月枕中一春夢，功名架上飛塵，且放遍舟任遨遊，明日陰晴未定，愚于耕田救畝，英兒明訓一經，令威芳千載，是非萬般罄。

遁公：妣李婆太。

侶公：妣林婆太。

評公：妣吳婆太。

其間由，斷，因前後不載時代，莫處追考。

權公：說是，循公之六世孫，為中侍郎，玉門郡，生子曰：協。

協公：妣秦婆太。

為武威郡守，陞兵部尚書。

綽公：妣熊婆太。生子曰威。

協公之子也，為北朝魏主駕前度支尚書，有字文泰者，夜留綽以政事問之，彼卧而聽，綽陳述治世之要，頗朗如流，泰大駭，起立整衣危坐，不覺各露胸懷，至語曙達不倦。詰朝，泰謂周惠達曰：蘇綽，真其奇士也。後拜左丞，參与機密。上嘉其廉素，封驃騎大將軍，加邳國公，賜歸葬武功。

威公：妣鄭婆太。董婆太。

綽公之子也、字無畏、少有耿志、喪父母、哀毀骨立。累遷尚書太子太保右僕射。嘗言于隋主曰、孝經一卷、足以治国、何用多為。煬帝朝五月五日、百僚多獻珍玩、蘇威独獻尚書（古史）。有讒于帝曰、尚書中有五子歌、帝怒。褫威為民。威有歸朝詩歌以表其忠孝。詩曰：

樹靜風搖不可停、嶸生戒死一般情、公全百行孝先盡、纍纍顛顛到僃慈孰、不是奉焚書、何如坑士隨踵秦、尚書獻、去籍名、亭亭忠孝人。

又被任（貶）為光州刺史、後回居固始縣、林德鄉、生子曰：夔。

夔公 音達：

威公之子也，博覽羣書，猶精鐘律。晉王昭舉公精禮樂之原，賜鴻臚卿。贊曰：

少小聰穎，慧稱常揚，才高班馬，理透朱張；本末內外，三九精詳，龍蛇覺筆，奴義僕剛。明時知曆，推鐘定黃，品音札巫，顧曲瑜正。行樂順志，超世紀綱，盤銘高節，皓皓嚴光。

生子曰：亶 音旦單切 助詞也。。

亶公：

夔公之子也，為唐朝甚州刺史，公少而慧，學問精博，而天呈理義，兼極之巧。生子曰瓌。

瓌公：

宣公之子也。官居[illegible]
西元六百七十年，帝宴百官受賜食，天子名之曰撓尾。瓌獨不進，曰：
臣不稱職，不敢尾。帝嘉其說，俗進左僕射同中
書門下，封許國公，父子俱純良，居相府。卒，謚
「文貞」。開元六年紀元（西元七一八年）。讚曰：
職司燮理，能知人体，時和順，家門多桃李，書曰思
封命，獻忠書五禮，君子薦用，小人退出，俗美，宏仁
蛟騰鳳起，恕以待人，寬仁博己，關云文能範，平章
節砥。　生二子：（1）曰：頲；（2）曰：銑。

頲公
本字遯之：妣林婆太。
瓌公之子也，字廷碩，幼年敏悟，一覽千言，累官修
文館學士，正直敢言，唐開元四年（公元七一六年）相玄宗，襲

封許國公，與張說齊名，盛行天下，張封燕國公。時稱燕許大手筆云。卒。謚「文獻」。娶林氏，生子曰：善易。　讚曰：

八歲能文，遂名成戩，梁簡昭惠，公不肯屈，獻可替否，爲衡爲標，燕許齊名，修史定律，堪與姚宋，垂紳搢笏。　公之胞弟，銑，亦大知名，爲翰林學士，吏部侍郎，徐州刺史等職。

善易公：

邇公之子也，唐憲宗年間（公元公年）爲光州刺史，清廉好士。　讚曰：不爲牲樹，宜植棠蔭，非公不至，式玉式金，民安物阜，遐邇歸心。生子曰繫。

繫公：

善易公之子也，為滁州刺史，大有政績。讚曰：
潁川有黃霸，北海有牛蕭，滁州蘇刺史，去思一同倫。

註：虔公不載時代，中間不知斷去多少。

虔公： 生子曰：震。

繫公之曾孫也，字執儀，官國子監祭酒。讚曰：
公在國子，勵士興文，居中參次，與執同寅，明燭闡外，英毅絕倫，禁中傾敬，席于有賓。

震公：妣吳婆太。

虔公之子也，為清河尹，德政淳美。讚曰：
政尚寬簡，俗增淳誼，溪不潑虎，境不入蝗，蓑刀買犢，龔杜齊芳，來辛叔度，去除平當。

生子曰：英。

英公：妣孔婆太。

震公之子也，元和中，為光州刺史。後卒于官，因家於固始縣焉。

蓬公：妣呂婆太

糾公（又名吉公）妣劉婆太，又鄭婆太。

生三子。⑴長曰：禹。⑵次曰：深。⑶三曰：淵。

公享壽七十八歲而卒。

深公：

糾公之次子也，生子曰：晚。

晚公：

深公之子也，為人敦篤孝行，屢見陰騭于人。一日出遊

劉氏一早帝殿下，令發帑賜之，封曰[illegible]之東[illegible]

總領，遇糧銀三百兩，夜置房中，被盜，若法其危定
故死之也。公曰：此微事耳，勿介，我當為你加壽之望
日，公施銀散軍，秋毫無擾。次年，妻上瑞章生焉。
娶肖氏，生三子。公享壽九十歲而卒。氏與公同葬
固始縣弘崙山，丑山未向。　三子即
(1)長曰：益。　(2)次曰盛。　(3)三曰：廣。

入閩始祖：

一世祖考益公太：妣張婆太。

益公是晚公之長子也，字福增，河南光州固始縣人也。
少諳兵法，官為溫州刺史，時黃巢寇亂，唐僖宗
光啟元年（西元八八五年）封為鋒隨威武節度，隨王潮入閩
。後年老遂擇地於同安縣永豐鄉，葬蘆山下，文

名五炉山下定居，娶張氏，生二子。于同安始有蘇氏焉。

(1)長曰：光曦。(2)次曰：光誨。

公于乾德之年丁卯五月初十日卒，享壽九十三歲。葬縣東三十餘里，土名：茶坑，今曰：民安里，蘇沈是也。

讚曰：

慕公之德，芬芳芳迹，汪洋肆志，喘息弗拭。慕公之行陳王𢈪，並史以本刻，法以義形。慕公之文，紙貴芳存，一言法世，五典之墳。慕公之教，德化神妙，佩服刻銘，是則是傚。

至昭宗朝，追贈上將軍武安侯，

二世祖光誨公：

乃益公之次子也，字明皎，于[illegible]夏七月二十日

[illegible]

將軍、上柱國武安侯。娶陳洪進之女為妻，誥封安國夫人。生子曰：佑圖。公享壽八十歲而卒。讚曰：二代若時雨，可臧岳家名，策兵中原地，齊唱奏凱聲。

妣與公及母張太夫人，皆葬同安縣東，五十里處，土名九溪內東林，山形如飛鳳。銘曰：

三秀高峯兮，同山之原，雙溪水會兮，地傑人賢，處之有娛兮，卜者曰然，骨肉同葬兮，魂氣則天，何必故鄉兮，然後為安。

另一譜載：公生二子，長為文珍公，從興化仙遊，後為該地始祖，文說是賴[illegible]婆太。次子即我公祐圖公也。

三世祖祐圖公：

光誨公之子也，字良謀，登進士第，為漳州府司馬，兼御史大夫，賜司空代國公，耿直不苟，為人所敬憚。娶張氏，生二子。(1)長曰：仲昌。(2)次曰：光昌。

讚曰：龍墀叩諫直登高，白簡捧章秉勑文，黎叢不衰白虎在，奸邪難進青驄存，六軍最後豹驄尾，八荒未審前戟埋輪，服標為護法忠江散魂落魄列而溫。

另譜載：樞密公為朱婆太之，又光昌公生二子長曰蘇緘，次曰：結蘇。緘公定居南安，宦居廣西，適越南侵犯邊界，緘公忠貞衛國，奮勇抗敵，最後與城池同歸而盡，子孫扶棺回福建南安峯里。蘇結又名宣義公。不願為官，到安溪縣衡陽瓜藤墓祖：晃

四世祖仲昌公，妣陳婆太。

幺玄。

仲昌公為祐國公之長子也，字孔學，於大宋開寶六年（西元九七三）年癸酉二月十九日生，年十五，務讀父書，諳國兵法，皆曉，舉進士不中，退益自勵，博覽群聖之文經專，以致天文地理，卜醫覽述數，浮屠莊說，莫不介通。宋天聖二年甲子榜，中翰林院學士。歷任荊湖南北路提點刑獄，知宜郡，復至郴州路左屯衛將軍，嚴明方質，仁讓廉潔，民所觀感，皆服命，而公之庭清暇，不聞有雀角之聲。至於桃山寨蠻寇發，公到任未久，寇自散去，芳跡。

司馬公、范仲淹等，爭薦其英

武兵部尚書兼樞密使，以政績良，贈太師福国公。
於嘉祐四年己亥三月初三日卒。享壽八十歲。
讚曰：傍笑簇矢是子西公，文章機杼，愧人同，臨朝白
馬猶思避，殿上虎生愿教逢。
公同妣葬縣北八里之錄北，土名「顏后」。艮山坤向，形曰「眠牛
倒地」。　銘曰：学甚窮，仁則充，壽有終，福永隆，銘不隳，
耀繼宗。　　生下二子。⑴長曰：統。⑵次曰：紳。
紳，公即我之五世祖也。統公即今永在同安系之祖也。
按：四世叔祖　克昌公官任秘書丞，充廣西馬都監將軍
生二子，長曰：緘。次曰：結。緘公為邕州刺史，卒，謚
「忠勇」。生子曰：子元。封閤門祇候，又改殿中丞通
判邕州。即泉溝頭提学副使，名賢濬知，輔之

祖。現稱在邑城。即現在舒升縣之社女也

緒公，字實甫，宋仁宗皇祐元年（西曆一〇四九）己丑山之進士。任

御史大夫，至嘉祐庚子出之五月十一日至之清溪，衡陽開

基。生四子。(1)曰：九郎。(2)曰：十一郎。(3)曰：三十四郎。

(4)曰：四十五郎。　即晉江系之始祖也。

遠有讚　緒公詩一首云，謹錄如下

五宗老孫子，寶樸惠古風，耕鑿安時論，衣冠與

世同，在家常早起，安國願年豐，語及居臣際，詩

書滿腹中。

五世祖紳公。妣翁羽浚安人。

紳公字儀父，天禧三年進士，歷官大理丞，再遷太

常博士，奉賢良方正科。擢禮部員外郎，通判

揚州。又以上疏極言時事，為帝所嘉納，進史館修撰。累遷尚書禮部郎中。龍圖閣直学士知揚州，復入為史館修撰、權判尚書。後又改集賢閣修撰知河陽。　生下四子。

(1)長曰：畋（田音）。(2)曰：完（音燉）(3)曰：滚。(4)曰：頌。

六世祖頌公：妣余婆太

頌公為紳公之第四子也，字子容，生於宋真宗天禧庚申（西元1020）年秋月。少小聰明，廿歲登進士第，官授觀文殿大学士、太子太保左丞相，封魏国公。一生為官奉公廉潔，時稱賢臣賢相。卒于徽宗朝辛巳（西元1101）年冬月，享壽八十歲。謚正简公。

他一生有創造發明事迹，曾著有一部我国早期出名之药物学「本草圖經」。由于在醫药学上，有巨大貢献。所以現在国家还稱他是歷史的药物学家，又有一部聞名于世的天文学巨著「新儀象法要」。由英国科学家李約瑟博士，譯成英文本，暢銷全世界。更偉大的，還發明一台名震中外的科学儀器「水運儀象台」，用渾天儀、渾象、齒輪、車葉、天関、樞（捦）縱器等机械制造而成。上狹下寬共六分五層，上可測天文，中報時刻，日夜廿四時辰，能自動報時，報刻，日夜運轉不停。後因金兵入侵而遭毀壞。至西元1958、1960年，由中国科学院自然研究科王振鐸先生主持，加以复制，現陳列在北京歷史博物館。所以科学家稱誉　頌公是我国著名的天文学家、鐘表与机械先祖。 他還著有一部《蘇魏公文集》。是我国燦爛文化光輝的一頁。据傳同安尚存有此文集。

頌公的故居，就是現在同安城內的蘆山堂。因為隨官居江蘇省丹陽縣。生下六子。

△ (1)曰：熹。(2)曰：嘉。(3)曰：駒。(4)曰：詒。(5)曰：京。(6)曰：頤。

公年老即偕幼子回福建同安原居，餘均在江蘇省丹陽縣留居。

公是宋哲宗元祐七年壬申歲拜相（西元1092年）。宋朱文公作有碑記在同安儒学教思堂。後祀 頌公於祠堂中。

七世祖頤公。

頌公之六子也。 生二子。 長曰：穀。 次曰：起。

八世祖𣪊（遴音）公：妣黃婆太
官授兵部郎中。生二子。長曰：儒。次曰：參。
儒公後由同安遷徙莆田、仙遊。現在該地蘇氏者
即儒公系也。

九世祖參公：妣陳婆太。生一子曰：白。

十世祖白公：妣黃婆太。生子曰：萬原。

十一世祖萬原公：妣林婆太。
萬原公，白公之子也，宋末為千戶長，曾護宋太
子遊潮州。生子曰：劉義。

十二世祖劉義公：妣趙婆太，王婆太。
為萬原公之子也，宋末寶祐四年（西元1256年）進士，宋主恭

宗德祐二年（西元1276）擢升殿前指揮大將軍，扶太子帝昺到潮州，時天數亡宋，公與元兵屢戰不遂，殉難于亂兵陣中，亡在潮州。　生下四子。

(1)曰：瑾。　(2)曰：竦。　(3)曰：溥。　(4)曰：居重。

據另一譜載：趙夫人亦殉難于亂兵之中，王氏有遺腹而得全。王氏指腹向天禱曰：吾夫一生忠義，伏冀上天垂憐，得全氏夫後進。大概居重公即王婆太遺腹生下之子也。

① 長子瑾公。執学子業。

② 次子竦公。字廷儀。登進士第，官至節推。

③ 三子溥公。字季田。分居福州、僉判、青礁、虎渡、回山、後分貝岱、分壕頭。

按：貞岱開基始祖文煥公，由衢上大江虎渡分派而來。生二子。長曰八郎。次曰九郎。

公葬在仙山後，坐卯兼乙，原有烏甜大樹。扁石之曰：「蘇氏始祖之塋」。另班刊一行。錄以觀覽。

文佛郎言之：十乾啟國崇，潛惟恒允用，英世振家風，孝友承宗志，詩書迪俊英，伯仲和叔季，科甲永聯登。

④四子曰壽居公，他不回同安，依原住潮州。

十三世祖居壽公，妣張婆太。

居壽公，劉義公之弟四子也，因祖父與文魏俱没于王事，又遭元兵之亂，在潮州不安居，考寧日，遂率一家眷到茶陽清遠都梅浪鄉居住。

後公葬於楓浪埕墩、塘仔唇，形曰：水土龜。
生下三子：長曰：弘。十大郎　次曰：毅。　三曰：百隆。
(1)長子弘公。娶張氏，原居楓浪。生子三十二郎，妣劉賴
二氏，入逆流鄉開基，傳生逆流、橫調、陷坑、心田、
大勝、程鄉水口、石圳湖、坪源、蘇氏族姓是也。
(2)次毅公：妣蔡氏。葬在楓浪，寅形，又云孔子彈琴
坐西向東，大河水潮堂。　生下三子。
蔡婆大，葬于龍眷，舊稱馬子擺羊角山頭，地形將軍
脫甲。小地名：私溪大橋頭山頭頂。
(3)三子百隆公：妣張氏。公因受誣，發憤病死。其長
男大五，同母張氏移往漳州銅壺社北山居住，母遺
腹又生一子曰滿。　大五與弟滿，兄弟二人于

元朝皇慶二年癸丑生1313七月春梅溪之舍居，將產
業交給長房敍姪兄弟管理，及一切差貼當之費。
料理清楚後，而回漳州。

十四世祖毅公：妣蔡婆太。生下三子。
①長子九一郎，遷居龍岩。為龍岩蘇氏始祖。
②次子九二郎，遷居惠州，舊稱永安縣，今名紫
金縣之蘇氏始祖也。
③三子九三郎，移居福建汀州永定縣古竹鄉開基。

十五世祖祖：即是
竹古開基始祖一世祖九三郎公：
九三郎公，自粵省潮州大埔楓浪鄉，於萬曆年
間乙丑歲西元1615時開地入閩汀州府永定縣金豐里之

古竹鄉開基。年老歸土之時，迎棺至圳下屋背，忽大雨一場，眾人散下逃雨片刻，棺自埋沒，世稱天葬，生龍口，形曰雄獅帶鈴，穴位坐乙向辛，兼巳亥分金。

妣王三娘婆太。葬在蕉山巷竹園窠，又名禾坪嘴。

生下二子。長曰：萬一郎。次曰：百乙郎。

萬一郎公，移住廣東潮州揭陽鄉居住，將母骸骨運去鶴仔山卜葬。

按：九三郎公在漳州府開元寺左角，建有蘇氏宗祠，過去每年冬至日有會祭，道光廿年辛丑坐八月初日辰時拆卸修建。

又在永定縣城內，北門山腳，建有蘇氏大宗祠。祖祠正位何東，坐丑兼癸。神龕大卜丈，高卜丈，深三之丈

後堂壁高四丈、大三丈深位伏前堂四丈高九尺中
屏高一丈大叁丈左右橫门大四尺直门高九尺大四尺
栯门六扇大门高一丈大六尺。小栯门十扇客门六扇
。左右橫屋長十丈。前涵四尺後涵三尺。民廿八年己
卯歲復修。

二世祖百七郎公，妣老盧五娘婆太。　生下二子。
(1)長子千一郎 名叙興公。移居陳東坑、庵前。
(2)次子千四郎．原居古竹。
公與老夫婦合葬在田洋、鋸落山，書地形曰、仙人献
掌、坤山寅向、庚申庚寅分金。　崇禎十五年　壬午
歲八月廿八日乙丑日辛巳時更葬艮寅、甲卯水來、辰
巽出口、選來龍、庚酉入首、結穴巽方寸山、山對面

艮寅，有砂帽石。主先出武將提督總兵。後出文官科甲者，均由此地所在也。

三世祖千四郎公，妣盧六三娘婆太。生下三子。

又杜小六娘婆太。盧生二子　杜生一子

夫婦合葬磜頭双坑頂，三角斜，午山子向，丙午分金形曰通天海螺。杜婆太亦葬在三角斜，公太之墓後，龍橫路下，鳥形。又說美女照鏡形。辛亥辛巳分金。

(1) 長子曰：志誠公，妣蔡婆太。移居廣東大埔。傳下大埔城前街，和樟溪等處蘇氏族系。

(2) 次子志旺公，妣曾婆太。原居古竹鄉。

（即楊家寨梓叔）

(3) 三子志用公，妣廖婆太。生子一人，曰：林（即楊家寨）

按：林公：生下十一子。(1)曰：永壽。(2)曰：永謀。(3)曰：永禎。

(4)曰：永容。(5)曰：永富。(6)曰：永松。(7)曰：永濤。

(8)曰：永潭。(9)曰：永深。(10)曰：永洪。(11)曰：永倫。

四世祖諡志旺公 志旺：妣曾十娘婆太。生下二子

(1)長曰：安公：妣羅四娘婆太。

(2)次曰：銓公：生下三子。長曰：永全。次曰：永斌。

三曰：永昌。父子遷居本縣擔市中寨。開基。

志旺公太年老歸土。葬在圳下屋背左角圳面。大坪

頂菜園下眠犬形。坐未向丑。丁未丁丑分金。明朝八年

葬。 妣曾十娘婆太。葬在赤寨下井頭八房屋後。

於大明正德五年葬。 後于康熙四十一年壬午年七十

月十二日辰時更葬。

五世祖安公廿四郎：妣羅娘婆太。

公葬在岩背頁大礫，盤龍蛇形。於大清康熙五六年丁酉歲（西元一七一七）年十二月十二日辰時葬。前植紋銀九分金姐內為記，骨點銀硃。據傳五世公，因爭多赴荒野，而遭虎害，家人找着時，只見骨血，是以只將骨血收殮耳。

妣羅四娘婆太。葬在本鄉亞曾墩，龜形。又名黃蜂出巢。坐乙向辛。金罈用四方形者。

生一子曰：永寬。

六世祖永寬公：妣朱二娘婆太。生三子。

（井龍寨屋）（1）長曰：景長。生四子（1）德隆（2）德通（3）德居（4）德用。

（赤寨屋）（2）次子：景英。傳下。坑頭填、南溪八甲是也

（3）三子：景隆。生四子。即我們公太也）竣斥屋

公陽年六十一歲，于一七五三年壽終。乙亥年擇地溪口大

坑洋安葬，形曰：巨鯉落潭，坐亥向巳，辛亥辛巳分金。

妣：朱二娘婆太，葬在赤寨之井頭八房老屋後下香園內。

七世祖景隆公：葬在下北坑，龜形。

妣盧四娘婆太，葬在畚箕窠。

妣朱十七娘婆太。葬樟樹潭。地形曰：沒泥蛇。

生下四子。俱基四甲里。肇造發慶（坳下）福堂。

于康熙三十年辛未歲（西公元1691）七月初三日辰時起乙壬山丙向分金。

①長曰：福齡公。傳下大舊德房。生下七子。

②次曰：福鸞公。自己無生親子，由四弟福連過繼一子立房。傳下坪洋与鄭田房。（四房）葬在坪洋鬼子潭上坎塘

③三曰：福琛公。傳下井頭、塘仔房、古通、龍舌、高斜

四曰：福連公。生下二子，寄福蕃公生，把一子過繼給他立房。自己仍一子，却是丢傳，反成絕嗣。公葬在大坪頂，四世祖吳旺公地右角。公為坪洋房血系公太，盃反為伯祖。每年都由坪洋房祭掃。

據：遺傳話說，福蕃公自己冇親生子，曾向大兄福齡求子過繼立房，兄曰，我七支鐮刀，不知那一支利，所以我不能給你，拒絕要求。後轉四弟，四弟二子，過繼一個与之立房，自己仍一個立房。大概命當絕嗣，餘子却冇傳下繼。福蕃公得承過一子，即傳下坪洋，鄭田房。

八世祖福齡公：　生下七子。　葬在大坪崁，丢今居寮。

(1)妣嚴婆太。葬在坪洋屋背。

(2)妣魏婆太。葬在黃箕寮。庚山甲兮金。

(3)妣胡婆太。葬在寨仔寮。形曰：迴望天獅。

七子于下：(一)曰：鏵公。傳下背坑、井背房。

(二)曰：錡公。傳下南溪田北洋房。

(三)曰：鑽公。傳下、下蛟塘

(四)曰：鍠公。傳下南溪、背龍房。

(五)曰：鑰公。傳下：大舊德房。

(六)曰：錫公。傳下：失傳

(七)曰：鏗公。傳下：園下房。

九世祖鑰公太……夫婦合葬下北坑、南蛇窠。

(1)妣鄭婆太……

(2)妣江婆太……葬在楊屋背頭

(3)妣徐婆太……葬在謝屋坑背頭。

只生一子曰：屏山。

十世祖屏山公太。

妣賴婆太。夫婦同葬在蚊塘頂。形曰：架上金盆。乾山巽分金。

生下二子。

長曰：陶公。

次曰：銳公。

十一世祖陶公太。

妣李婆太。夫婦同葬溪口横山。地形曰：金蓉芙落。辛山乙分金。

生下四子。

(1)長曰：雙光公。

(2)次曰：榮宇公。

(3)三曰：少彰公。

(4)四曰：對臺公。

新樓房、背坑路對面樓

十七世祖對臺公。陶公之第四子也。葬在十二排虎月形，辛山乙卯分金。
妣盧婆太。葬在瑤下山羊坑。
生下三子
(1) 長曰：山祖公太。大四德 在田樓 天機樓房
(2) 次曰：九珍公太。
(3) 三曰：

十八世祖九珍公。葬在烏東坑烏形，丙山壬向，丁亥丁巳分金。
妣名婆太。葬在井背斜窠□。
生下四子。
(1) 長曰：巽翁公。中正樓 日升樓房
(2) 次曰：乾芳公。大舊德、德星樓、德庆樓亦是也。
(3) 三曰：
三房□□公□□，葬在大坪頭。

(4)四曰：竹亭公。太崔田德房

十四世祖竹亭公太。葬在洋竹頂，虎爐形，坐山□□。丁丑丁未分金。

(一)妣魏婆太。葬在瑶下蘭塘。

(二)妣林婆太。葬在田堂。坐石。

(三)妣陳婆太。葬在塔仔坐□□□□□

(四)妣董婆太。葬在上□坑□□

生下五子

(1)曰：興橋。諡梧岡公太。聯發房。

(2)曰：興槐。傳下金紫房

(3)曰：興義。傳下彭坑房

(4)曰：興萊。

(5)曰：興階。傳□□□

(6)四：興由：謚尹東公。大舊德南景樓，北昌樓房。

十五世祖興橋公謚梧鳳公太，移居磜頭。葬在寮仔囝，福林山頂，

妣盧婆太。葬在荒田壟。

興橋公為竹亭公之長子也，幫父管理大批田林、產業
支撐大家庭門楣。最後兄弟分產時，同意各由抽
鬮所得。結果二房興槐公得金仔墩，三房興義公
得鼓坑。四房興萊公與五房興鍇公均得大舊德，惟
六房興由公得磜頭。然而磜頭那麼遠，稻田與山林，雖
然祖業也豐足，只是斯時卻人煙稀少，盜賊甚猖，有
個著名悍匪溫丹士盤據石崠，時出劫舍，擄人勒贖。
非有一身武藝兼勇與過人者，實不敢居住。而興由公
卻是一個讀書文弱，不禁號咷大哭，日夜不休。叔兄長

者，乃超然動了季是情重，義為對換。而是與橋公便移家入磜頭居住。與果真時在垂逕，公曾與門過幾場，知公難圖，有一次入夜悍匪竟集大批來攻，公習婦孺堅守土樓，自己飛奔去竹糾集人馬，與匪惡鬥，匪遺尸十八具，潰敗而去。附近有個山寨，土名芋卵寨，說是埋匪之處，我們幼小時代，多不敢涉足該地也。

公享壽八十歲。生下一子。四：讓德。

十六世祖讓德公太。葬在陳屋碑。陂潭仔。

(1)妣魏婆太。享壽卌歲　葬在禾倉寨。

(2)妣游婆太。2　5　81歲　葬在下蒲山。

(3)妣鄧婆太。2　4　炷歲　葬在瓦窯坪，即福林山路面。

三位婆太共生下捌子。其中1.2.5.7.8之房之中，有一房移居台灣，何房未見注明。

(1)長曰：光琚。

(2)次曰：光琳。

(3)三曰：光碧。傳下：下新樓房、松生、鐙安、德安。

(4)四曰：光彩。謚彰如公傳下、樓樓下樓房

5 五曰：光琇。

(6)六曰：光明。謚仰璋公房

(7)七曰：光華。

(8)八曰：光繩。

十七世祖明光謚仰璋公太。葬在長圳、大寮、圳面。

妣盧婆太。葬在長圳石龍岡、圳下、朝下右氏寮。

生下三子。

(1)長曰：月[illegible]。

(2)次曰：日輝。

(3)三曰：華輝，諡璠岳公太。

此兄弟三人，曾建築一座園寨于石龍壟坑。取名曰明華樓

惜建好不久，即遭洪秀全之長毛匪兵燒毀。我幼時還記

得有一個叫園寨屘公的，零丁人，說是住黃竹塘与姓魏人

入屋，年年有回來掃墓，不知是月輝公或日輝公的子孫

可惜我年幼離家早，不識根源也。

十八世祖華輝，諡璠岳公太。葬在大山頭，形曰：雄雞打翼，巽山乾兮，金之。

妣婆太盧氏。葬在長圳尾。

生下四子。

(1)長曰：抱遠，諡顯揚公太。

(2)次曰：鴻遠。

(3 三曰：顯遠

(4) 四曰：步遠

十九世祖抱遠謚顯揚公太。葬在碗窯坑。

妣李婆太。葬在曹契。

生下三子。

(1) 長曰：朋富。生子：瑞安。瑞德。瑞炳。

(2) 次曰：朋慶。生子：瑞龍。瑞鳳。瑞龍之子茂河茂春。

(3) 三曰：朋山。生子：瑞煥。瑞煥公失嗣。遺有山業：滿頭山角。

由瑞安公之孫茂春公第四子，本長过繼立房。

廿世祖考朋富公太。葬在老樓(福興樓)背，路面。

妣余婆太。葬在長圳，大窠，石龍岡旁

妣簡婆太。葬在灶下坑，嶺下屋角。

生下三子。

(1)長曰：瑞安諡孟常公。只生一子曰：茂春諡正松公，

按：茂春公生四子，(一)曰：全長。(二)曰：接長。(三)曰：

日長。(四)曰：本長。

(2)次曰：瑞德諡孟勤公。生下二子(一)曰：茂隆 (二)曰：茂應。

(3)三曰：瑞炳諡孟俊公。

按：瑞炳公自己識命理与地理，自己夫婦无生育，

由茂春公把次子接長過繼爲孫立房，傳下世脈，

公夫婦均享高年至九十餘歲，五代同堂，受到若

教之姪孫又姪曾孫，及曾宏孫輩而後沒，可謂

若幸而大幸也。

廿一世祖瑞德諡孟勤公。葬在北坑，石碗坑。北坑出背坑之路面上。[illegible]

妣余婆女太。葬在大山頭。[illegible]

生下二子。

(1)長曰：茂隆。

(2)次曰：茂應。謊是過繼与瑞炳公為子立房者。祇是少年時隨人客旅英屬馬來西亞，一去如泥牛入海。

[illegible]

廿之世祖茂隆謚正傑公。

葬在長圳下，与婆太左崗。[illegible]

妣張婆太。葬在田龍墪仔、圳面。[illegible]

生下五子。

(1)長曰：源長。妣盧氏。生下二子。

(一)長曰：燦盛，旅居緬甸。次曰：煌盛。住原籍。

(2)次曰：朝長。妣李氏。生下三子

(一)長曰：庚盛。次曰：祥盛。三曰：森盛。住原籍。

庚盛祥盛，丁年即已旅緬，並子移居緬甸。

(3)三曰：泰長。藉罷亦已客旅緬甸，娶番婆生下二子，孫子也多，均是混血種。

家中昌由張氏母親爲他螟蛉一子曰：順盛爲之立房
(4)四曰：鑑長。十八歲時準頭生毒疔而喪生。
(5)五曰：財長。妣林氏。
生下一男一女，均幼年夭折，竟成絶嗣。

廿三世祖諱朝長公：享壽　歲　葬在荒田龍埜，寮仔崗頂。
妣李氏諱滿娘婆太享壽　歲
生下三子。
(1)長曰：庚盛。移居緬甸。
(2)次曰：祥盛。
(3)三曰：森盛。

［福建南靖］塔下張氏族譜不分卷［一］

張順良纂修

［福建南靖］《塔下張氏族譜》不分卷，張順良纂修。塔下張氏居今福建省南靖縣。閩粤開基始祖爲南宋張化孫。南靖塔下開基祖爲小一郎，明宣德間遷入，堂號「德遠」。譜分甲、乙、丙、丁四册，載序、題詞、照片、圖表、採訪記、本族世系等，内容龐雜。其族裔播遷甚廣，散居福建、臺灣、廣東、四川、雲南、江蘇、上海、河北等地。譜前有僑居海外各地一覽表，知其族人多在海外經商，分布於新加坡、緬甸、爪哇、暹羅、蘇門答臘、婆羅洲、西里伯、安南、檳城、印度等東南亞、南亞國家與地區。如十六世桂龍（嘉昌），清同治間往南洋經商，爲僑商巨擘。十六世立昌往泗水（今印尼泗水市）經商，卒於該地。是譜印於香港，記往海外族人甚詳，蓋修譜多得旅新加坡族人順疇襄助。據民國間排印本影印。

惠存

星洲華僑張順疇敬贈

張氏族譜

張氏族譜

目錄

張氏族譜

張氏族譜

張氏族譜

張氏衍派

張氏族譜

張氏族譜序

天地之生人也水源木本溯古以來國之有史猶家之有譜溯自黃帝軒轅氏之子少昊青陽氏第五子揮公為弓正賜姓張此為得姓之始揮公開張姓始祖生子四男文欽文選文威文光原居黃河以北傳子散住全國各地我祖居四文光公是也遺下衍派綿綿傳至八十世漢代始祖張良公由張良公而至一百二十二代閩粵開基始祖化孫公由化孫公而至一百三十一代塔下開基始祖小一郎公妣莘氏始創塔下派衍西來由永定金沙蕉坑里（又名蕉頭下）初遷大埔長教又遷移至靖邑魏甘馬頭背後移住平和小溪經商生二子長光裕公居小溪次光昭公由小溪隨母遷回馬頭背張屋坪舊址。於明宣德元年七月十四日肇基塔下住址石壁下逐年於是日裔孫輩繼承先志慶祝肇基紀念後輩者欲知先代發展證之歷史考之言傳可知詳矣。

現裔孫輩發起修譜為歷代祖遺親族關念去秋抗戰勝利恢復通商良繼述八年前得弟同意捐資修譜印贈當時因抗戰甫始未舉增修本歲（民三十五年十月十八日）接順疇弟在星嘉坡九月二十日復函言承示印族譜事希在家修撰完備將樣本寄星洲付印伍百本印就分贈海外族衆其餘寄回家中

張氏族譜

分發俾祖遺後裔以資考鏡是以於本三十五年農曆十月二十五日召集當局父老在塔下衍慶樓開會組織修譜委員會並公舉賢能前往各地宗親採訪借譜參考緣以曩者手抄之本錯誤有之遺漏有之歷代源長增修必要旨在完善使吾族人士明瞭歷代光榮史蹟流念於世並使吾族世居家鄉者及僑居海外後輩追思先恩有以感奮而謀正大之發展此則旨外之希望也。

思先輩立譜遠溯根源以誌不忘蓋猶水分派猶木分支祖遺後裔考之有據自無忘矣吾後輩當體先志之善繼而衍之由家族而至宗族而至國族亦至忠盡孝舉也。

朱子曰「子孫雖愚經詩不可不讀祖宗雖遠祭祀不可不誠」吾族後啓輩者以繼追念承先啓後世世相傳可謂孝乎然吾塔下德遠堂祖廟自始祖創建之遺下裔孫繁盛成家立業由此締造之發軔也是爲序！

一百四十七代孫順良敬撰於修譜委員會

中華民國三十五年丙戌歲十月二十九日

張氏族譜

張氏族譜序

漢族發展，由北而南，閩粵客族，追溯原委，多由華北華中而來，張姓郡望向稱「清河」清河漢郡名，轄今山東河北兩省間清河，武城，臨清等數縣。戰國時代，張儀出於魏，秦漢時代，張良出於韓，亦均在華北。東漢以還，南方人物漸有所聞，其最著者當推唐代九齡公。九齡公生於曲江，即今粵北韶關，元末，吾族由閩西寧化而至閩南平和小溪，與居于南靖塔下鄉者爲小一郎公妣華氏偕其幼子光昭。故先相傳華孺人原出客籍，故與居塔下後常用客話，與平和小溪互異，華姓原出於春秋宋國，今河南省，亦中原民族，傳稱客籍，似屬可信，[illegible]。華孺人生在洪武年間，即明代開國初，自二世至五世六世，多屬單傳，人口不旺，至七八九世，始漸繁殖，由本鄉而拓至南歐大墩兩社，南歐社原有彭戴等異姓，後竟無孑遺，我歷代祖妣在此數十方里範圍內，載生載育，克勤克儉，形成三社一族，今雖年淹歲邈，而先人遺澤，至可念也，迄乎清代，一貫農耕，至乾隆嘉慶年間漸多從商從學，或東渡台灣以謀拓展，以學所知，魄力最巨，成就最大者，當推南歐十四代贊廷公，十五代金拔公父子。贊廷「撫堂」公積學從商，商餘事學，年七八十猶手抄大部圖書，金拔公畢生從學，得進士後，辭官而任漳州芝山書院院長，且聯絡隣里本姓，共創「曲江文會」，每年召集同族學生，舉行會考，張姓文風由斯大盛，食澤受賜者甚多，實中興喬也，嗣後生齒日繁，遂有乘帆船而冒險南行者，其中[illegible]

譜序　三

張氏族譜

辛成就偉業者，則有大垻十六代桂龍公桂萬公兄弟，在英荷兩屬繁殖數百口，十七代大壩善慶公為新嘉坡中華商會會長，煜開公任泗水中華商會會長，均以赤手成家，急公好義，著稱一時，順德公清光緒歷任廣東儋洲四會高明從化等縣正堂，光復後任南靖安溪等縣長，政績昭著，十八代南歐泰松公旅居荷屬三馬林達，方正篤厚，有長者風，異族信孚，同僑共敬，至塔下前輩往緬甸暹羅成就偉業者亦頗有其人，惟不知其詳耳，吾族祖先遺訓，不以作官從政爲能，且因百年在南邦發跡者後先相望，聰明才智遂相率從商，旅居而繁殖各屬之人口，幾足與故里三社相埒焉。實中南渡廿年，獨與族人異趣、疲神役力於書室講台間，讀史之餘，深感各姓族譜，足供全民族拓殖研究之參考，而姓氏之來源，則宜以現代史學眼光從事考証，或為可信，或屬無稽，庶乎可辨，當爪哇淪陷，匿居村落之數年間，曾發願企圖在此方面撰著一書，惟南溟重光後，又以人事紛紜，非特無暇及此，即欲一見家譜，而離鄉萬里，亦不可得，比者，得舍間來信，欣悉故鄉有修譜委員會之組織，並附主任温清先生一函，先生乃桂龍公之子，今爲族中長輩，青年時期即以興學育才爲己任，堂構宏開，滿閣桃李，愛鄉愛族，爲人共知，該函囑實中爲譜作序，因就先人所教，讀書所得，謹書梗概如上，此譜修成，使故里及南邦族人，均得户存一編，知祖宗之所自，心儀百代，斷無忝爾所生，則修輯印行，所願不虛矣！

黄帝紀元四六四六年即中華民國三十七年四月二十五日實中謹撰　於泗水天聲報社

張氏族譜

序

鄭漁仲曰：「生民之本，在於姓氏。」章實齋曰：「一物之大者，莫過於人，人之重者，莫過於族。」古人於氏族之重視如此。郯子名官能言其祖，籍談數典而忘其先，是譜牒之為世尚亦久矣。紀世族之統系，詳蕃衍之所自，人事錯綜，開卷了然；唯歷時長遠，必須增修，庶無間斷闕遺之憾！頃者源清宗先生以修譜告竣，將授梓人，而索序於余；竊吾姓為吾鄉巨族，支派固多，本源則一，諸若于此舉，不僅俾數典者而不忘其祖，且有助於民族主義之推行，其收穫豈淺鮮哉！余雖不文，又焉敢辭！勉綴數言，以資紀念。

中華民國三十六年丁亥秋月張修爵敘於南靖縣文獻委員會

張氏族譜

序

凡醉心歐美文化者，對國外之個人主義，推崇備至；視國內之家族主義爲封建遺毒，銳意攻擊，此項幼稚見解，爲知者所不取。蓋歐美國家，其政治已入正軌，有關人民之救濟及福利事業，應有盡有，老弱殘廢之無依者，各得其所，不患貧；不患寡，故其個人主義得以推行無阻成效卓著！然則我國自辛亥革命以還，兵連禍結，迄無寧歲，尤以抗戰後官吏貪汚成風，人民之生命財產且岌岌可危，遑論救濟，倘非宗族間守望相助，疾病相扶持，幾難僥倖圖存。如民國十二年間，內地匪氛四起，居民恐慌萬狀，卓以宗族團結，義旗一舉，直平匪患。又如民國十五年黨軍入閩，族人組織先鋒隊，突擊軍閥，駐漳勁旅，勢如破竹，深得何（應欽）總指揮之嘉許，往事歷歷，功績赫然，殆非醉心歐化者，夢想可及也。

我國之家族制度既不可一日或廢，族叔溫清倡議修譜自有其卓見，並鼓勵乃弟（順疇叔）捐助印刷費，自三十五年冬領導熱心族人，分任採訪考證編輯事務，足跡遍隣縣，搜集族譜四五十本，經八九人晝夜工作，廢時一年有半，始告完成，乃八九人心血之結晶，紀載詳確可以預見。對工作諸公，不辭勞苦，不支薪給，爲宗族服務之精神，至足欽敬！不佞迫於生計，既未捐資，又未分勞，靜夜捫心，慚愧無已。

張善初于國大會議前夕序于山城寓所

張氏族譜

張氏修譜之緣起

族譜上承先緒，下啓孫謀，血統之强弱，種系之盛衰繫焉，各珍藏家舊族本，參差不齊，一尚未曾修正，斷簡殘篇，猶有存者，延再不修，年湮世遠，人事代謝，愈久愈遺漏失真，豈僅無以激發親親相愛之天良，且不知祖宗之歷史何在：忘本詬聲，那堪入耳！所以重修譜留紀念之必要也。

三皇前之人民，知識粗陋，無秩序之判別，黄帝時代，人丁多矣，政事繁矣，察地理而劃都邑，辨異同而分姓氏，我祖揮公乃黄帝第五孫，造弓矢，平苗亂，有功於帝，賜姓張，張氏發軔于上古者久矣！。

嗣後世世相傳，分門別户，遷喬於邑，遷喬於都，浩蕩乎如水之分流萬派，由北屆指而南，世系計壹百肆拾七代，修亦然費時間。

證諸人煙，堪慶瓜瓞億萬，進言人才，難免寥若晨星，盍啓閱張氏家廟德遠堂之聯，使可思過半而知，爰錄于左：

得姓由軒轅大儒一人銘垂二篇扶漢三傑功高四相勅封五虎博物六史貂冠七葉猶是清河族派

揚名顯奕異仙列八位鼎甲九成平興十策忍書百字金鑑千秋青錢萬選通賞億尊依然文獻宗支

觀聯內發載華榮大名，炫耀史册，多由旁親派互相增光，正親曾有幾人？惟有相漢高祖開國之良公，相唐玄宗治國之九齡公，銘垂二篇之載公、仙列八位之果公，博物六史之華公。

張氏族譜

更徵遠代：孝友著名于時，相周宣王中興者有仲公，佐禹治水有功，爲四岳諸侯之長者有天傑公，夏商時代，相繼任大夫者，有臨公，陽公，考公，承公，嚳公，希公，燧公，環公，純公，康公，瑰公，正公，哀公，靈公，宏公，道公，元叔公，趯公，骼公，將軍有浚公，太史有穩公，司徒有禹臣公，忠貞侯有侯公，漢代太守有典公，嵩公，宇公，晋代吏部尚書有次恭公，鄉貢進士都督參軍有景重公，唐代太守有敏承公，揚德公。

近代有金拔公欽點進士，用縣正堂，有際昇公廩生歷任廣東之儋州泗會縣從化縣高明縣，福建之安溪縣南靖縣等縣長。

現代有承俊黃埔軍校畢業軍政部上校，有君武中國空車訓練團轟炸總隊空中射擊教官，有國亮憲兵學校畢業，憲政二二團三營七連上尉連長，有俊民中央軍校畢業河北省機械化部營長，有存軍任福建省政府專員，其他廩貢生，廩生，附生，大學生，高中生，師範生，初中生，計數千名，孔子所謂「才難」今古同慨！

統集各舊本大綱要，分清眉目，彙編總譜，以便中外後起英秀，開卷有益焉。

附大埧要節概況于次：一、大埧位於永定平和鄰近邊隅，山峻田狹，縱橫少實業工作，粮食不敷較任何最缺乏。二、地方居民，向外掙扎，富有冒險性，民紀元前百餘年，首先乘舺舨南渡者，爲新遂公，嗣蟬聯而往，絡繹不絕，至現在連僑生，荷屬居百分之七五，英屬居百分之二五，統計男婦不下七百人。三、南洋發達最早，發數十萬金者，嗎喉有增錦公凰錦公，巴城

張氏族譜

有承萬公，泗里末有立昌公，星州有善慶公，新埔頭有進隆公，發百萬金者，嗎喉有桂隆公桂萬公，萬加老有振塘公，嗎喉又有順爐公，發千萬金者，泗里末有炎開公煜開公，現星州竹林媲美，前途未可量者，有順疇有榮汀，其次，朗如衆星耳，那能比上月亮．上述才難，才加貝字，亦非易得。四、學校之設立，始於民國二年八月，景芳公創辦私立培英第一高小第二國民學校於塔下，由際清校長維持其事，民六年正月，擴充校務起見，移校址於大墺，改私立爲公立培英第二高小第六國民學校，由校長際清卸交公舉揚光接充爲校長，經費南洋募捐半數，一即叻之萬慶，元記，低之益隆興，東興，一自籌半数，辦理畢業班計六組，達三十餘名，同時溫清創辦私立羣英小學一所，超宏創辦私立聚英小學一所，計三校學生三百餘名，成績幾冠全邑！五、塔下南歐曲江多有先進遠涉，暹羅，緬甸，檳榔嶼，台灣等處，號稱巨富者，正不乏人，詳情未悉，待後調查．六、年來物價高漲，供過於求，老弱坐受困苦，呼籲無門，順疇榮汀先後寄欵救濟社中貧民，雖屬車薪杯水，然渴時一滴如甘露，受惠者多記念不忘。七、婚喪禮儀：婚于六禮中簡用四禮，換親迎爲催粧，婚書禮帖全否？各隨俗便，喪崇三父八母圖式，奠禮用單堂雙堂兩等，均以三獻禮爲主。八、忠孝廉節，譜付闕如，未敢附和，九、遺漏差錯之處，閱者鑒諒。

一四七代孫煥堂識于民國三十七年季夏月上浣大墺廬次

譜序　九

張氏族譜

德遠堂張氏家族修譜序

竊謂人本乎祖物本乎天是人與物各有其本也憶我

祖小一郎公肇基於此五百餘年而吾人聚族於斯二十餘代其間科甲鼎盛節孝傳芳人頌曰衣冠世族詩禮家聲實因肇基之固而使氣運興隆今雖年湮代遠而瓜瓞綿延須念乎肇基之祖故温清等召集衆鄉賢及各房長始修

德遠堂張氏家族世譜俾吾海内外之後裔得以追思　列祖事蹟永垂紀念特此為序。

張國景敬題于文誠中學三十六年元月十日

題詞

國民政府主席西北行轅用箋

源遠流長

張治中題

題詞　一三

塔下德遠堂張氏修譜紀念

清河著望載祀數千

緜緜瓜瓞蔓引枝聯

張發奎敬題

德遠堂修譜紀念

譜系脩明

開璉敬題

孝思維則

張景乾

私立大誠中學便用箋

溯源實鑑

星洲順疇敬題

德遠堂修譜紀念

承先啟後

十九代裔孫發輝敬題

綿綿世系衍清河，
一派流傳塔下多。
盛事編修昭穆序，
書增携與見人和。

永定縣湖雷鎮公所鎮長宗晚綬培題

張氏修譜紀念

祖宗雖遠，
譜系不可不明。

德遠堂十九代孫乙中敬題

德遠堂張氏修譜紀念

家居靖邑衍派清河
手修族譜世系不訛

十九代孫鴻棟敬題

張鴻棟印

德遠堂修譜紀念　卅六年十二月

清河德遠有輝公　賜姓以張製造弓
煌煌烈烈青史載　穰穰熙熙振亞東
國族原由宗族始　立身須本孝與忠
承先啓後今人事　一統中華際大同

十六代孫張俊如敬題

德遠堂張氏修譜告竣紀念

知遠知近

十七代孫順良敬題　手修譜委員會

題詞

塔下德遠堂張氏修譜告竣紀念

恩光親故

十六代孫敬忠 [張敬忠印] 題

修譜告竣紀念

念本思源

繼今追昔

張清抱 [張清抱印] 題

德遠堂張氏家族修譜告竣紀念

德光史冊

遠照宗門

張鵬開題 [張鵬開印]

一八

一編在手　萬代在心
承先啟後　努力作人
德遠堂十八代孫慶重敬題
三七年五月十日　泗水

德遠堂修譜紀念
德厚
遠昌
十九代孫慶明題

德遠堂修譜紀念
清河一脈始軒轅　肇創塔下宣德年
爲念先人功績事　修明譜系溯宗源
德遠堂總經理十九代孫朋字敬題

題詞

慎終追遠

福建省政府諮議十八代孫敬甫題

德遠堂修譜紀念

愛祖愛鄉

中國空軍訓練團

轟炸總隊飛行射擊教官十九代孫居武敬題

二〇

德遠堂修譜紀念

修竣張氏根源
譜系支脈綿綿
紀我鼻祖功績
念付耳孫賢能

一四八代孫萬齡　敬題

毋忘祖德
不遺在遠

慶能謹題

德遠堂修譜紀念

溯本思源

二十代孫維光（張維光印）敬題

張氏修譜告竣紀念

里仁為美

十九代孫張國亮題

德遠堂派修譜告成紀念

德傳金鑑著千秋
遠溯清河出系求
堂對塔峯拓徵啟
派分增由澤長流
修成五牒增新史
譜錄英材遍九州
紀得一時稱盛事
念垂萬代衍冥蔟

張耀西 敬題

德遠堂修譜紀念

彌深追遠 因流溯源

二十代孫張［印］敬題

一、故鄉大埧全景

二五

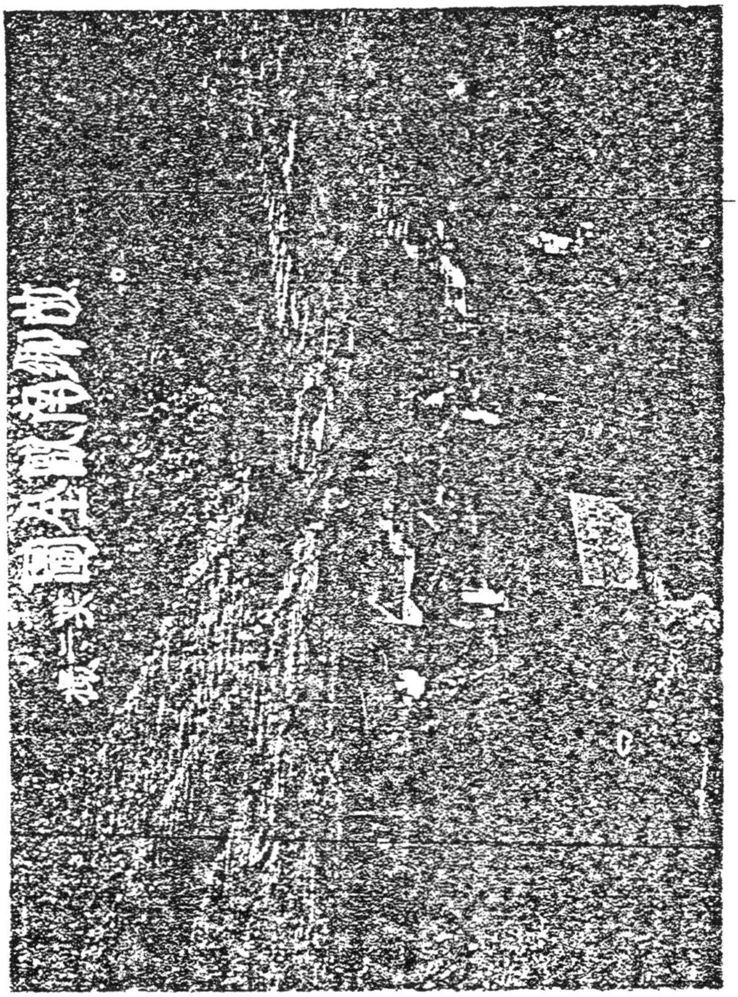

故鄉南歐全景

曲江全景

故鄉曲江及市場全景

塔下張氏家廟

始祖妣之旅

肇基塔下始祖妣華太婆之墓

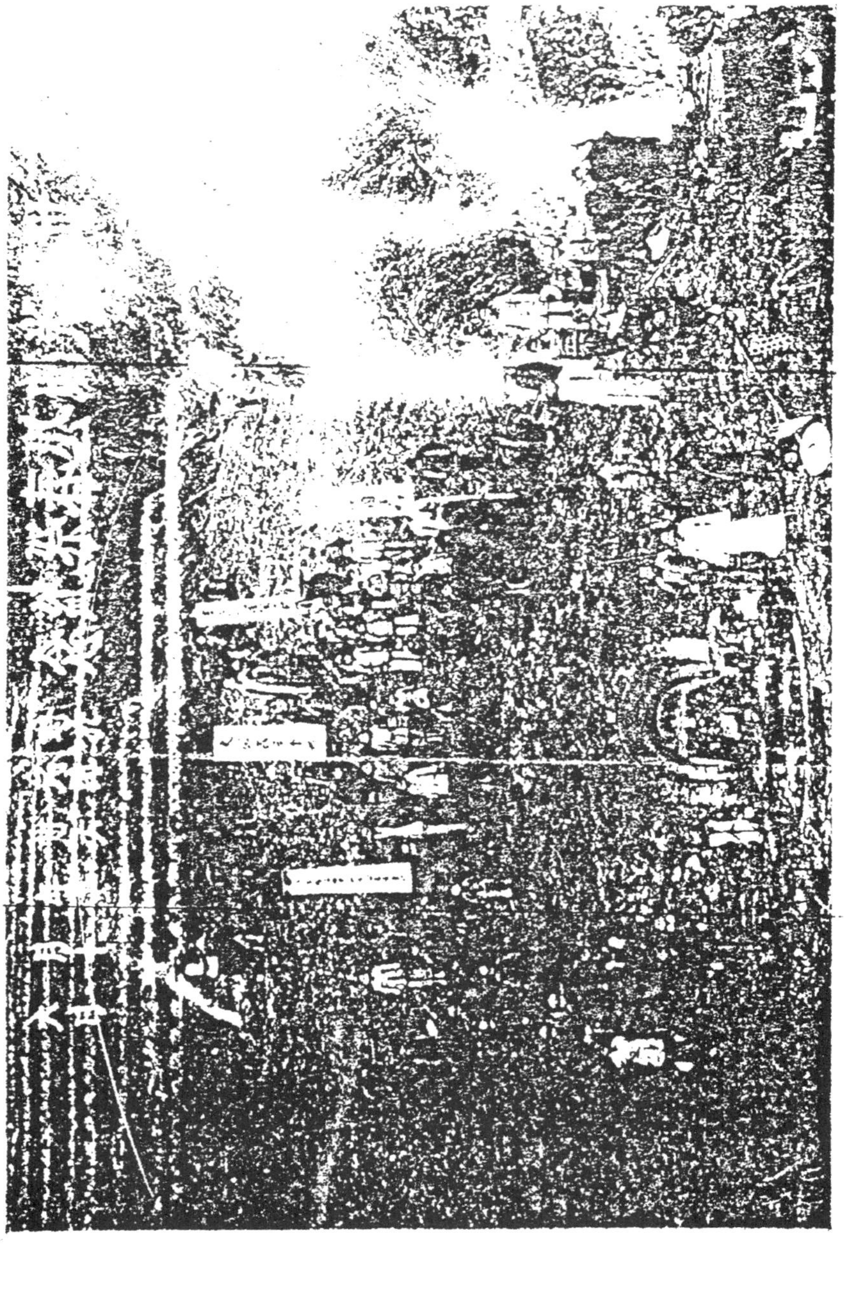

二世祖光昭公之墓春祭紀念

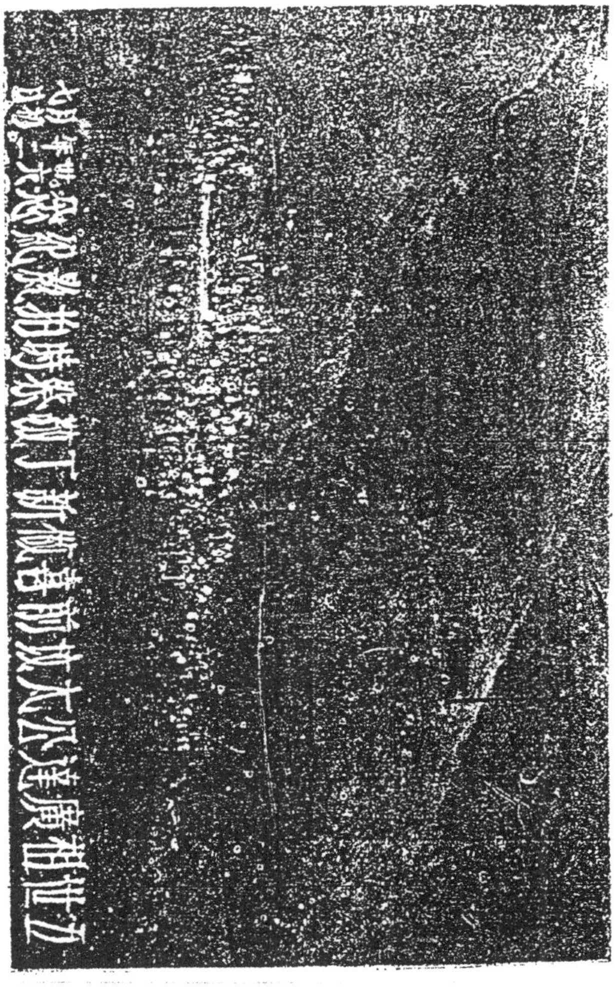

五世祖廣達公坟前吉儀新丁敬祭拍影　民國卅六年二月七日

廣達公之墓

三一

敬宗五世祖歸程

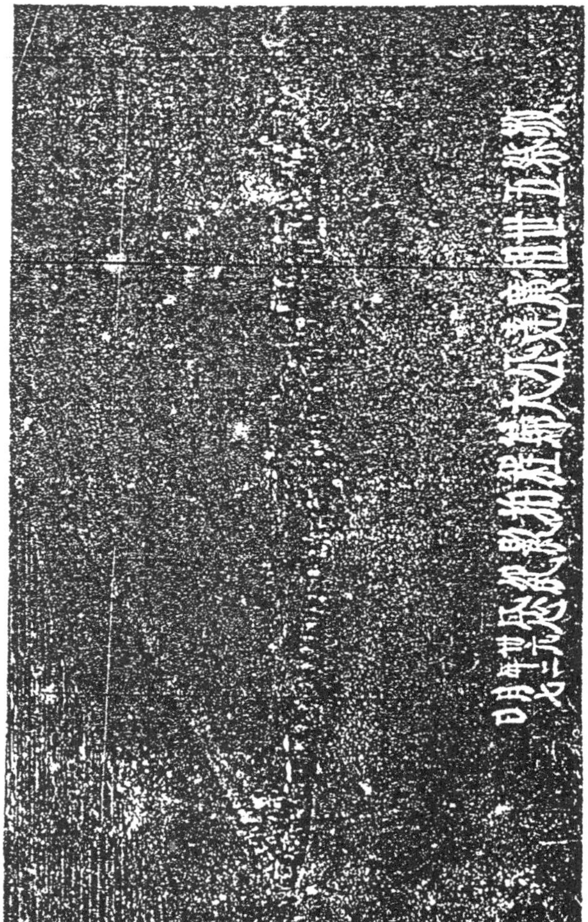

敬宗五世祖原達公太歸程時拓影
在六二七
時卅年月日

十一世祖遂棣公

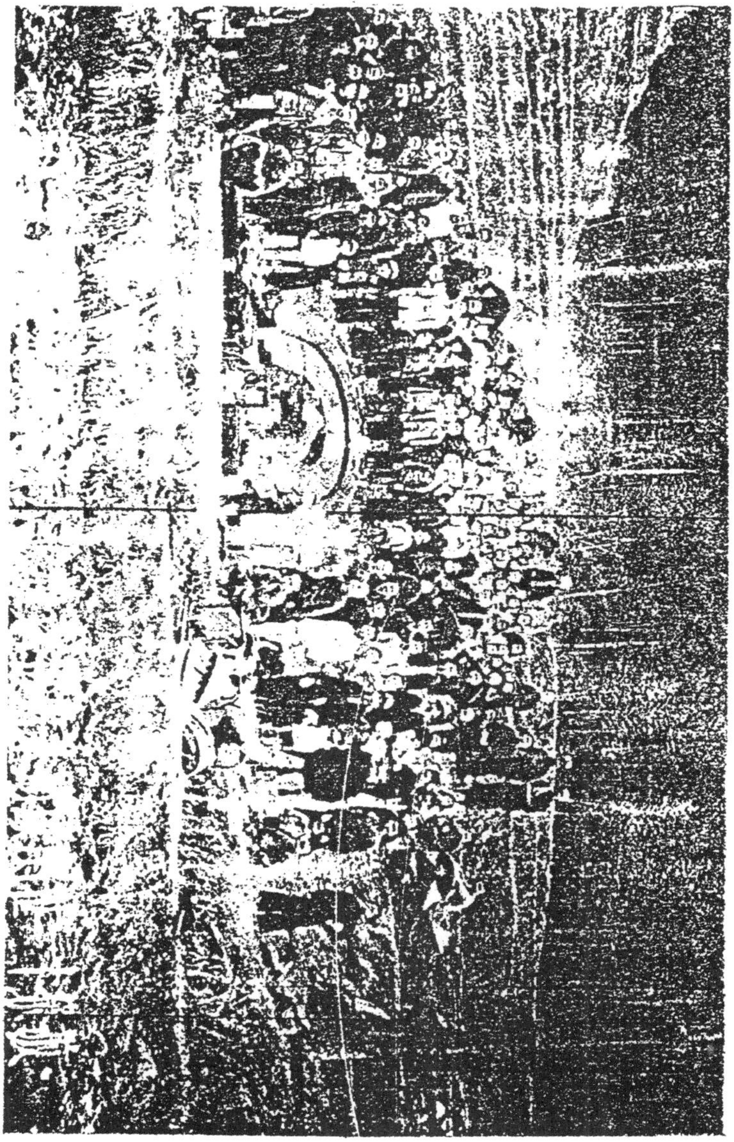

遂棣公春祭

三三

順疇先生肖像

捐資印贈人張順疇先生肖像

本譜採訪組工作人員合影於修委會譜日

南靖塔下德遠堂張氏修譜委員會全體委員一覽表

職別	姓名	別號	性別	年齡	籍貫	略歷	備考
主任委員兼總編輯	張順良	温清	男	五六	南靖	曾任本縣塔下區教育研究會主任私立新民小學校校長	兼總務
副主任委員兼財務組長	張順特	易清	男	五三	南靖	曾任荷屬三馬林達中華學校會長参看三百四十五頁	
副總編輯兼採訪員	張發祥		男	三七	南靖	曾任南靖縣政府教育科科員現任梅江第一中心學校校長	
採訪組長	張乙中	城祥	男	三四	南靖	現任梅江鄉民代表會主席	
採訪員兼校對	張萬齡		男	五七	南靖	曾任緬甸中華學校董事	
採訪員	張敬忠	慶中	男	三〇	南靖	曾任平和私立大誠中學教員南靖縣立中學教員	
採訪員	張國景	榮鄉	男	三六	南靖	曾任文成中學教員現任厦門中華中學教員	
採訪員兼書記	張彩麟	克文	男	三五	南靖	曾任塔下保保長	
採訪員	張鴻材		男	二三	南靖	曾任梅江第一中心學校教員	
校對	張慶明		男	五八	南靖	曾任塔下保代表	
書記	張仰安		男	二四	南靖	曾任南靖田粮處稽征員	
委員	張煥堂		男	七一	南靖	曾任大垻培英小學校長	
委員	張俊如		男	四二	南靖	現任南靖縣執行委員會執委大誠中學教員	
委員	張鴻棣		男	四二	南靖	曾任南靖青年團幹事梅江書教等鄉鄉長	
委員	張善初		男	四〇	南靖	現任律師	
委員	張少松	勝隆	男	三六	南靖	曾任本縣高洋梅江等鄉鄉長	

張氏族譜

委員	張維岳		男	四四	南靖	曾任曲江鄉鄉長
委員	張夢谷	榮谷	男	二九	南靖	現任大埧國校校長
委員	張勝煌		男	四七	南靖	現任大埧保保長
委員	張東麟	呈祥	男	四二	南靖	曾任南歐保保長
委員	張劍蓬		男	二八	南靖	曾任南靖三民主義青年團第八區隊長
委員	張維光		男	四三	南靖	曾任大埧保代表
委員	張建超		男	三六	南靖	現任南歐保保長
委員	張朋宇		男	三六	南靖	現任德遠堂經理
委員	張勳基		男	六二	南靖	歷任曲江郵政代辦所主任
委員	張崇悌		男	五七	南靖	現任大埧保代表
委員	張文仁		男	二九	南靖	現任南靖田粮處課長
委員	張萬發		男	五〇	南靖	曾任塔下保保長
委員	張鵬開		男	四〇	南靖	現任南歐保代表
委員	張錦純	梓文	男	四八	南靖	曾任南歐保保長
委員	張鶴年		男	二七	南靖	現任南歐郵政代辦所主任
委員	張星煌	浪舟	男	三二	南靖	曾任大埧保保長
委員	張增良		男	三五	南靖	現任塔下保代表
委員	張重華		男	三二	南靖	曾任塔下保保長
委員	張壽培		男	三〇	南靖	曾任南歐保保長

塔下德遠堂開基始祖小一郎公遺下裔孫僑居海外各地一覽表

僑居地點	生活狀況	統計人數	備考
英屬新加波	經商		
英屬新埠頭	同上		
緬甸	同上		
荷屬爪哇	同上		
暹羅	同上	369	
英屬蘇門答臘	同上		
荷屬婆羅洲	同上		
荷屬西里伯	同上		
法屬安南	同上	8	
英屬梹城	同上		
印度	同上		

塔下德遠堂開基始祖小一郎公遺下裔孫住居國内各地一覽表

住居地點	生活狀況	統計人數	備考
平和琯溪	世居	49	光昭公遺下移居者如上數 光裕遺下未列在內。
台灣	世居		由四世至十一世先後遷居台湾大數未計
本縣山城	政治經商	39	
龍溪	政治經商	35	
石碼	經商	17	
厦門	經商	23	
福州	世居		先後移居人數未詳
四川重慶	世居		先後移居人數未詳
廣東廣州	經商	21	
雲南昆明	經商	19	
江蘇上海	經商	6	
南京	政治	6	
河北北平	政治	5	

採訪記

民國卅五年農歷十月間，有溫清叔祖發起修譜之舉，召集族中人士開籌備會，組織一塔下德達堂張氏家族修譜委員會—乙中蒙公推担任採訪組工作，負責採訪吾張姓歷代列祖列宗之源流，溯吾族自黃帝賜姓後，歷代先後從黃河以南遷居各地，如漢代張良公居咸陽，九齡公居廣東韶關(曲江)、化孫公肇基閩粵，而化孫裔革皆由上杭寧化石壁下分居永定各地，我塔下始祖小一郎公係化孫公第十代孫由永定初遷大埔長教後遷來塔是也茲將採訪詳情如下：

永定下金金上中等鄉之行

民三十五年十一月十七日，乙中同採訪員萬齡叔二人，至永定下金鄉赤坑社；到逕祥宗兄處是晚召集赤坑士紳商修譜事宜，頗蒙宗親讚同，搜集族譜一本，詳查赤坑社肇基係五郎公，將譜本帶回參考，次日至下洋圩過下金鄉鄉長昆福宗先生，蒙指示十九日至坪水坑，住招源宗兄處，搜羅族譜數冊，均詳載係一二八世祖百二郎先任公派下將譜擇一較詳帶回，廿日至岐嶺井下張保長象坤宗兄處，閱其族譜，與坪水坑共祖，廿一日至陳東鄉超南先生家鄉蒙該社宗親招待，該社族譜因地方多故不靖遺失，後參觀其宗祠，肇基始祖建峰公，其源流亦係五郎公派衍其廟堂以地形建築入其門必先鞠躬，此次之行連日飛雨，經過十餘村社採訪所得者均係化孫公遺下百二郎先任公派衍散住地方，及五郎派下散居地方，搜集族譜有三本，以資考察。

永定思邊之行

民三十六年元月初六日，採訪員發輝彩林二君，前往永定下金鄉思邊謁衡山宗兄搜集族譜一本，并詳查該社肇基始祖係鐵峰公其譜載明鐵峰公有胞弟鐵崖公遷居小溪龜山居住，溯其源流是五郎公遺下派系者，其族譜亦帶回參考，蒙衡山宗兄郵寄新抄譜系一份。

平和琯溪之行

本組採訪員國景敬忠二君，適任琯溪大誠文誠中學教員，函請就地採訪據小溪抄錄譜本載鐵崖公生二子長益舉次益魁與永定思邊相同思邊譜載益舉過房鐵峰公改名益繼湖　思邊亦五郎　公派衍。

永定東安之行

民三十六年閏二月十三日採訪員彩林鴻材二君，前往永定東安社採訪，搜集舊譜一本參考，至三月二十日乙中又同彩林君到東安張詒信保長處二十一日到四背社爰宗親借來　族譜內載詳明。

永定湖雷之行

民三十六年三月二十二日赴湖雷爲張姓長紋培宗先生召集湖雷鎮轄本姓人士謁於修譜俱見熱忱，集中族譜多本，查湖雷前枋松樹崗思邊赤坑莒溪陳東坑等處，係漢代張良公遺下第七代嵩公之次子，讚公遺下一百二十四世五郎公裔孫開基地，至一百二十六世鐵峰鐵崖公。由此証之，五郎公至鐵峰鐵崖係

張氏族譜

由良公遺下第八代分枝。良公遺下第七代孫嵩公之長子壯公傳至化孫公墉系散住地方，永定轄白煉下杉樹下蓮塘四背東安新羅坑岐嶺坪水坑隔口撫溪月流下坡金沙樟塔等處係化孫公第七世孫先任公遺下開基地，依據多本族譜校對，畧列而知之。

永定坎市北山之行

三月二十三日乙中與彩林君到雅坡是百六郎先偉公裔孫，抵蓮塘張秘書長開璉宗先生家中，蒙張劉太太招待，并借有秘書長親修新族譜一本下午往隔口至新羅坑住紹哳先生家中看其舊族譜相同，二十四日到坎市，詢問北山親房北山係百四郎先儀公裔孫，下午又到大水坑是百七郎先倖公之第二子清紹字十八郎公生下六子次子念二郎公生二子長均仲公大水坑開基次均佑公移住溪南里。

永定鳳城金沙之行

三十七年元月二十日採訪員慶和往金沙採訪攜有譜本數冊參考。七月初四日乙中與逢友二人到永定縣城（即鳳城）住張啓賢先生處。在縣諸宗親對修譜甚表同情，初九日到金沙經六七鄉社金沙深塘有一老譜載清紹公字十八郎公生六子念二二三四五六郎公念三郎公生二子長小一郎公移廣東大埔佐粥長教社次小二郎公遷大埔佐粥水口盤龍形爲佐粥開基始祖小三小四無載。

湖我塔下開基始祖小一郎公由金沙蕉頭下（又名蕉坑里）初移大埔長教後到馬頭背往小溪回馬頭背舊址擇遠塔下而塔下老譜載小一郎会兄弟四人始祖小一郎公妣華氏小二郎公妣許小三郎公妣鄧小四郎公妣　余此次採訪　多處相同。

廣東大埔佐粥長教之行

三十七年八月二十一日特派鴻源君送函到白頭垻向左粥宗親經商者廷冠宗兄接洽詢問左粥開基是小二郎公及水口有盤龍形否據云是也如此與金沙譜相同將函托轉交長教左粥兩社宗親當局人士長教有梓明先生親來攜譜參閱同時左粥有纓榮先生之說左粥開基係小二郎公而其老譜因長革收藏人往汕頭採訪情形已得相同，

遠德堂派

塔下大垻南歐曲江等處，自開始修譜由本組工作人員隨時召責採訪。

本組採訪工作始終四載乃告完成雖未敢有云成績，然搜羅族譜遠近新舊計六十餘冊，均經過校對而經過採訪地方亦十餘鄉社，採訪事實亦經各地宗親查對無訛，編修根據以多數譜本相符爲原則，茲當編修告竣，付印之始，將採訪經過，刊誌譜內以資世達有徵。

中華民國卅八年二月日

一百五十代孫乙中

記於修譜委員會辦公室

張氏世系譜

黃帝姓公孫號軒轅，生於軒轅之邱，故曰軒轅氏，國於有熊（有熊古地名即今河南新鄭縣）故亦曰有熊氏，諸侯尊為天子，因有土德之瑞，故號黃帝，命蒼頡為史，始制六書；命其臣風后衍握奇圖，始制陣法，命隸首定數，而律度量衡，命伶倫定律呂，而始有五音，咨於岐伯而作內經，始有醫藥方法，凡宮室器用衣服貨幣之制，皆始於此，在位一百年，享壽一百一十一歲，娶四賢妃，共生二十五子，得姓者十四人，不詳備錄，其子少昊青陽氏第五子揮為弓正，賜姓張，此為受姓之始。

瓜瓞綿長

德遠堂張氏家族修譜委員會全體委員攝影紀念

開張姓始祖揮公

中華民國三十五年丙戌歲孟冬始修

張氏族譜

開張姓始祖揮公 字玉爵 號天祿

祖妣諸葛氏隱人

生子 長文欽 次文選 三文盛 四文光

備註

我祖文光公居四是也文欽公本譜附有嫡系表文選文盛二公原居黃河以北傳子散住各地未詳。

事略

我祖揮公乃黃帝軒轅氏第三妃彤魚氏生之子少昊青陽氏生第五子揮爲弓矢而平苗亂賜姓張

此爲得姓之始始祖職守清河卜居山西太原府

二世祖文光公 號昧

妣

生子 長允格 次台駘

備註

我祖揮公第四子

事略

公按氏族萃書皆以元冥司水政封於汾州主

三世祖允格公

妣

生子（未載）

備註

公係文光公之長子

事略

公爲玉皇上帝是司命灶君之祖也詳於天師譜

張氏族譜

	三世	四世	五世	五世
世祖	台駘公	伊源公	謨公	侯公
妣				
生子	伊源	長謨　次侯　三簡竹　四突美	長紀　次義	長若　次敬和　三立芳
備註	我祖係文光公之次子	我祖係台駘公之子、	公係伊源公之長子	我祖係伊源公之次子
事略	我祖生伊源公居山西太原府	公襲父職司水政		公爲帝堯大夫

張氏族譜

	五世祖 妣	五世祖 妣	六世祖 妣	六世祖 妣
名	簡竹公	实美公	紀公	義公
生子	長正 次果	長德 次威 三實	芳	彷
備註	公係伊源公之第三子	公係伊源公之第四子	公係謨公之長子	公係謨公之次子
事略				

張氏族譜

六世祖 若公
妣
生子 長聖 次道
備註 公係候公之長子
事略

六世祖 敬和公
妣
生子 長泰 次昇
備註 公係候公之次子
事略

六世祖 立芳公
妣
生子 長乾 次坤
備註 我祖係候公之第三子
事略 公爲知府

六世祖 正公
妣
生子 青
備註 公係簡竹公之長子
事略

張氏族譜

六世祖	妣	生子	備註	事略
果公		（未載）	公係簡竹公之次子	公即張果老也，爲侍堯中精金水之術，作歷數星斗書，辨翕翁之氣，隱於恆山之中條山，嘗自言生於堯丙子歲，唐元宗二十二年相州刺史韋濟先生薦之，上遣璽書迎入爲銀青光祿大夫賜號通玄先生
德公		（無載）	公係突美公之長子	
威公		紹	公係突美公之次子	
賓公		（無載）	公係突美公之三子	

張氏族譜

七世

七世祖妣	生子	備註	事略
芳公	相	公係紀公之子	
仿公	(無載)	公係義公之子	
聖公	長遠大 次中華	公係若公之長子	
道公	平	公係若公之次子	

五〇

張氏族譜

七世祖妣 泰公
生子 長福 次祿
備註 公係敬和公之長子
事略

七世祖妣 昇公
生子 長先 次貴 三義
備註 公係敬和公之次子
事略

七世祖妣 乾公
生子 長浚 次齊 三廣
備註 公係立芳公之長子
事略

七世祖妣 坤公
生子 敦吾
備註 我祖係立芳公之次子
事略

張氏族譜

世祖	妣	生子	備註	事略
七世祖 青公		元	公係正公之子	
七世祖 紹公		伯明	公係威公之子	
八世祖 相公		依	公係芳公之子	
八世祖 遠大公		英	公係聖公之長子	

張氏族譜

八世

八世祖妣	生子	備註	事略
中華公	雄	公係聖公之次子	
平公	（無載）	公係道公之子	
福公	項	公係泰公之長子	
祿公	（無載）	公係泰公之次子	

五三

張氏族譜

八世祖	妣	生子	備註	事略
先公		堅	公係昇公之長子	
貴公		（無載）	公係昇公之次子	
義公		單	公係昇公之三子	
浚公		（無載）	公係乾公之長子	

張氏族譜

八世祖妣	生子	備註	事略
齊公	事	公係乾公之次子	
廣公	有	公係乾公之三子	
敦吾公	郊	我祖係坤公之子	
元公	長樂 次育	公係青公之子	

八世

五五

張氏族譜

八世祖：伯明公
妣：
生子：長有倫　次有球　三有從
備註：公係紹公之子
事略：公爲夏農政

九世祖：依公
妣：
生子：長希　次的
備註：公係相公之子
事略：

九世祖：英公
妣：
生子：（無載）
備註：公係遠大公之子
事略：

九世祖：雄公
妣：
生子：（無載）
備註：公係中華公之子
事略：

張氏族譜

九世

九世祖	妣	生子	備註	事略
項公		(無載)	公係福公之子	
堅公字剌渴		(無載)	公係先公之子	爲天官主事見文苑彙雋
單公字子郭		(無載)	公係義公之子	公發明作灶後爲灶神
有公		顏	公係廣公之子	

張氏族譜

九世祖	妣	生子	備註	事略
郊公		重熙	我祖係敦吾公之子	公司火政
樂公		世興	公係元公之長子	
育公		（無載）	公係元公之次子	
有倫公		方	公係伯明公之長子	

張氏族譜

九世祖妣	生子	備註	事略
有球公	(無載)	公係伯明公之次子	

九世祖妣	生子	備註	事略
有從公	(無載)	公係伯明公之三子	

十世祖妣	生子	備註	事略
希公	(無載)	公係依公之長子	

十世祖妣	生子	備註	事略
的公	(無載)	公係依公之次子	

張氏族譜

十世祖	妣	生子	備註	事略
顏公		（無載）	公係有公之子	
重熙公		吳光	我祖係郊公之子	公襲父職司火政
世興公		彭祖	公係樂公之子	
方公		考	公係有倫公之子	

張氏族譜

十一世

祖 吳光公

妣

生子 天傑

備註 我祖係重熙公之子

事略

十一世

祖 彭祖公

妣

生子 乾

備註 公係世興公之子

事略

十一世

祖 考公

妣

生子 厥旦

備註 公係方公之子

事略

十二世

祖 天傑公

妣

生子 欽若

備註 我祖係吳光公之子

事略 佐禹平水有功爲四岳諸侯之長

張氏族譜

十二世

祖 乾公

妣

生子 （無載）

備註 公係彭祖公之子

事略

十二世

祖 厥旦公

妣

生子 存

備註 公係考公之子

事略

十三世

祖 欽若公

妣

生子 長桃 次榆

備註 我祖係天傑公之子

事略 公爲率諸侯會禹王塗山受典制造防山

十三世

祖 存公

妣

生子 珍

備註 公係厥旦公之子

事略

張氏族譜

十四世祖妣 桃公
生子 師
備註 公係欽若公之長子
事略

十四世祖妣 榆公
生子 長臨 次臥
備註 我祖係欽若公之次子
事略

十四世祖妣 珍公字金作
生子 古
備註 公係存公之子
事略

十五世祖妣 師公
生子 宣
備註 公係桃公之子
事略 夏康時爲大夫

張氏族譜

世次	祖	妣	生子	備註	事略
十五世	臨公		宜	我祖係榆公之長子	夏仲時爲大夫
十五世	卧公		（無載）	公係榆公之次子	
十五世	古公		長劉　次處　三來	公係珍公之子	
十六世	宣公		長隲　次隱	公係師公之子	

張氏族譜

十六世祖宜公 妣	事略 為帝相大夫	十六世祖劉公 妣	事略 為田畯官	十六世祖庭公 妣	事略	十六世祖來公 妣	事略
生子 陽		生子 壽		生子 （無載）		生子 厚	
備註 我祖係臨公之子		備註 公係古公之長子		備註 公係古公之次子		備註 公係古公之三子	

十六世

張氏族譜

十七世

十七世祖	祖	妣	生子	備註	事略
十七世祖	隲公		長宋 次宓	公係宣公之長子	
十七世祖	隱公		（無載）	公係宣公之次子	
十七世祖	陽公		安	我祖係宜公之子	帝相時爲大夫
十七世祖	壽公		戊	公係劉公之子	

六六

張氏族譜

世	十七世	十八世	十八世	十八世
祖	孚公	家公	宓公	安公
妣				
生子	成	(無載)	孝	考
備註	公係來公之子	公係隲公之長子	公係隲公之次子	我祖係陽公之子
事略				為寒浞大夫 [illegible]

張氏族譜

世代	祖	妣	生子	備註	事略
十八世	戊公		(無載)	公係壽公之子	
十八世	成公		緯	公係厚公之子	
十九世	孝公		長丞 次永	公係安公之子	
十九世	考公		承	我祖係安公之子	少康時為大夫

夏中興年代

張氏族譜

世祖妣	生子	備註	事略
十九世祖妣 緯公	點	公係成公之子	
二十世祖妣 丞公	黌	公係孝公之長子	
二十世祖妣 永公	伯彥	公係孝公之次子	
二十世祖妣 承公	長 嚳(音酷) 次 爨(竄)	我祖係孝公之子	為帝槐大夫

張氏族譜

世	祖	妣	生子	備註	事略
二十世	點公		遐	公係緯公之子	
二十一世	嚳公		長琦　次瓏　三珍	我祖係承公之子	帝芒時爲大夫
二十二世	琦公		長契　次希	我祖係嚳公之長子	前2014—1997
二十三世	希公		燧	我祖係琦公之次子	帝局時爲大夫（扃）　前1921—1901

張氏族譜

世系	祖	妣	生子	備註	事略
二十四世	燧公		泰	我祖係希公之子	爲廑帝大夫
二十五世	泰公		環	我祖係燧公之子	孔甲時為太史
二十六世	環公		純	我祖係泰公之子	帝發時爲大夫
二十七世	純公		賀	我祖係環公之子	商湯時爲大夫

湯 1783 1754

張氏族譜

二十八世
祖 質公
妣
生子 長 廂 次 康
備註 我祖係純公之子 廂公生子無載

事略

二十九世
祖 康公
妣
生子 啓
備註 我祖係質公之次子

事略 太戊時為大夫

三十世
祖 啓公
妣
生子 長 立 次 位
備註 我祖係康公之子 位公生子無載

事略

三十一世
祖 立公
妣
生子 長 瑰 次 璇
備註 我祖係啓公之長子 璇公生子無載

事略

張氏族譜

三十二世祖 瑰公
妣

生子 長林 次枚

備註 我祖係立公之長子 枚公生子無載

事略 雍己時爲大夫

三十三世祖 株公
妣

生子 庖

備註 我祖係瑰公之子

事略

三十四世祖 庖公
妣

生子 灦

備註 我祖係株公之子

事略

三十五世祖 灦公
妣

生子 長洙 次宋

備註 我祖係庖公之子 宋公生子無載

事略

張氏族譜

三十六世祖妣	沫公	生子 逸	備註 我祖係瀕公之長子	事略
三十七世祖妣	逸公	生子 都	備註 我祖係沫公之子	事略
三十八世祖妣	都公	生子 助	備註 我祖係逸公之子	事略
三十九世祖妣	助公	生子 須	備註 我祖係都公之子	事略

張氏族譜

世	祖妣	生子	備註	事略
四十世	須公	圓	我祖係助公之子	
四十一世	圓公	蕭	我祖係須公之子	
四十二世	蕭公	昶	我祖係圓公之子	
四十三世	昶公	浚	我祖係蕭公之子	

張氏族譜

四十四世祖　浚公
妣
生子　惠
備註　我祖係昶公之子

事略　武丁時爲將軍

四十五世祖　惠公
妣
生子　誼
備註　我祖係浚公之子

事略　武丁時爲司馬官

四十六世祖　誼公
妣
生子　穩
備註　我祖係惠公之子

事略　祖甲時為州牧

四十七世祖　穩公
妣
生子　元
備註　我祖係誼公之子

事略　太丁時為太史

四十八世
祖 元公
妣
生子 長正 次奎
備註 我祖係穩公之子 奎公生子無載
事略 帝乙時爲太史

四十九世
祖 正公
妣
生子 炳
備註 我祖係元公之長子
事略 周武時爲大夫

五十世
祖 炳公
妣
生子 長辰 次振
備註 我祖係正公之子 振公生子無載
事略 周武時爲鄉士

五十一世
祖 辰公
妣
生子 本
備註 我祖係炳公之長子
事略 周康王時爲先鋒

張氏族譜

五十二世祖	本公
妣	
生子	長灼　次熼　三焔
備註	我祖係辰公之子　熼焔兩公生子無載
事略	昭王時爲卿士

五十三世祖	灼公
妣	
生子	哀
備註	我祖係本公之長子
事略	

五十四世祖	哀公
妣	
生子	靈
備註	我祖係灼公之子
事略	周穆時爲大夫

五十五世祖	靈公
妣	
生子	宏
備註	我祖係哀公之子
事略	周夷王時爲大夫

五十六世祖 宏公
妣
生子 長 道
次 紳
事略 共和時爲大夫
備註 我祖係亶公之子 紳公生子無載

五十七世祖 道公
妣
生子 仲
事略 爲酈王時大夫
備註 我祖係宏公之長子

五十八世祖 仲公字廣明號仲甫
妣 孟夫人
生子 長 逸
次 象
備註 我祖係道公之子 象公生子無載

事略
公卽孝友公也周宣王時賢相卽詩中孝友公也，居防山按堂肆考言徙居劍州梓潼縣，宋建炎間勅封神文聖武孝德忠仁王元祐間，加封輔元開化文昌司祿帝君二月初三日聖誕書載昭然，明成化間建廟勅碑，京師國朝嘉慶六年五月初九日奉
上諭敬謹重修廟碑工竣規模，聿煥親臨，虔申展謁行九叩禮，曰敬思 文昌帝君主持文運福國庇民，靈迹最著，海內崇奉與關聖大帝相允文允武，宜列入祀典，用光文治着禮部 大常寺，仿照定制每歲秋春二祭，派大臣一員穿朝服承祭三獻禮祭，餘各直省州縣京照例敬祭。

張氏族譜

世祖妣	生子	備註	事略
五十九世祖妣　逸公	伯謙	我祖係仲公之長子	爲周大夫
六十世祖妣　伯謙公	倍明	我祖係逸公之子	
六十一世祖妣　倍明公	長　實 次　貴	我祖係伯謙公之子 貴公生子無載	
六十二世祖妣　實公	禹臣	我祖係倍明公之長子	

張氏族譜

六十三世祖 禹臣公
妣 黄夫人

生子 元馭

備註 我祖係貫公之子

事略 爲周釐王司徒居曲阜號魯國派

六十四世祖 元馭公
妣

生子 熙

備註 我祖係禹臣公之子

事略

六十五世祖 熙公
妣

生子 元叔

備註 我祖係元馭公之子

事略

六十六世祖 元叔公
妣

生子 奉儀

備註 我祖係熙公之子

事略 爲仕晋大夫

張氏族譜

六十七世
祖　奉儀公
妣
生子　高陵
備註　我祖係元叔公之子

事略
仕晉居山西平陽府曲沃縣派出魯國

六十八世
祖　高陵公
妣
生子　宣武
備註　我祖係奉儀公之子

事略

六十九世
祖　宣武公
妣
生子　侯
備註　我祖係高陵公之子

事略

七十世
祖　侯公字義昭
妣
生子　老
備註　我祖係宣武公之子

事略
周考王時爲晉大夫成公二年鞍之戰以必死致勝列位忠貞侯

張氏族譜

七十一世
祖：公老 字伯原
妣：
生子：君臣
備註：我祖係侯公之子
事略：晉爲忠軍司馬傳廣陵正息譜一卷

七十二世
祖：君臣公
妣：叔夫人
生子：趯
備註：我祖係老公之子
事略：晉平公時繼爲司馬居曲沃縣

前557—532

七十三世
祖：趯公
妣：
生子：長骼 次髓 三體
備註：我祖係君臣公之子 髓體二公生子無載
事略：仕晉大夫

七十四世
祖：骼公
妣：
生子：長進明 次權
備註：我祖係趯公之長子
事略：晉大夫

張氏族譜

世	祖	妣	生子	備註	事略
七十五世	進明公	越孺人　易孺人	孟談	我祖係駱公之長子	仕於趙
七十六世	孟談公		長　柳朔　次　正　三　望	我祖係進明公之子　正望二公生子無載	史記作孟同居開封府延津縣屬鄭國地號廩延派
七十七世	柳朔公	朱夫人　田夫人	開地	我祖係孟談公之長子	仕晉爲栢人宰相左傳哀公五年
七十八世	開地公	朱夫人	長　平　次　壓	我祖係柳翔公之子　壓公生子無載	

七十九世祖：平公 字天佑

妣：陳夫人

生子：長 勝　次 良

備註：我祖係開地公之長子 勝公生子無載

事略：公仕於韓為相

說明

以上備註欄凡有稱「我祖」者係我嫡系

張氏族譜

八十世漢代始祖遺下系統表

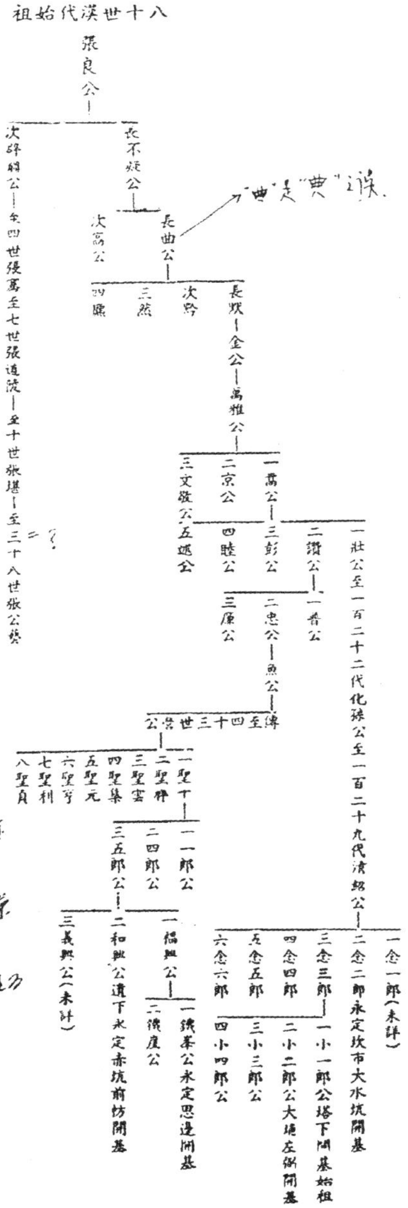

附註：張良公次子辟疆公遺下四大名人：

一　張騫奉帝命尋黄河水源回旨有功

二　張道陵即張天師

三　張堪光武帝時爲魚陽麥穗兩岐

四　張公藝九世同居

张公艺唐朝人。高宗麟德二年(665乙丑)至泰山(寿张，山东阳谷东南)问本末，书"忍"字百余以进。天子为流涕，赐缣帛而去。(唐书孝友传)
公艺与张良相距八百余年，应是良公卅八世孙，非三十八代。

中華民國三十五年丙戌歲孟冬始修

八十世漢代始祖張良公

張氏族譜

八十世漢代始祖良公字子房

祖妣 姜 周 蘇 一品夫人

生子 長 不疑 次 辟疆

備註 我祖係平公之次子辟疆公遺下本譜附有嫡系表

事略 公世為韓國大夫復君父仇曾擊始皇於博浪沙中書傳黃石志切赤松復輔漢高祖即登相位運籌帷幄收秦破楚以定天下爲漢家第一功臣數代公卿居開封府陳留縣惠帝六年卒贈太傅封留侯謚文成敕塟咸陽一廟迨唐太宗詔配饗聖廟咸亨間出饗太公廟事見史傳祀典。

二世祖不疑公

妣 韓夫人

生子 長 典 次 高

備註 我祖係良公之長子高生子未詳

事略 公嗣父侯爵

三世祖典公字存敬

妣 何夫人

生子 長 默 次 黔 三 然 四 麃

備註 我祖係不疑公之長子黔然麃生子未詳

事略 公爲惠御大夫文帝時遷清河太守遂居清河仁里鄉節孝坊。

張氏族譜

四世祖　默公
妣　黄夫人

生子：金

備註：我祖係典公之長子

事略：公襲父職

五世祖　金公
妣　李夫人

生子：萬雅

備註：我祖係默公之子

事略：公爲司馬官

六世祖　萬雅公　字千秋
妣　趙夫人　田夫人

生子：長嵩　次京　三文敬

備註：我祖係金公之子　京文敬二公生子未詳

事略：公爲班固功臣傳留侯之子漢宣帝時元康四年詔加封爲陵陽侯。

七世祖　嵩公
妣　李夫人

生子：長壯　次讚　三彭　四睦　五逑

備註：我祖係萬雅公之長子

事略：公漢元帝時爲東郡太守

張氏族譜

說明：

甲：漢代以下根據採訪多方宗親譜系詳載列祖派衍之嫡系：

漢代始祖張良公遺下第七代孫（漢代起至七世）嵩公，生五子（八世）長壯次讚三彭四睦五逑，八世祖壯公傳至化孫公以下裔孫散居閩粵各地而至南靖塔下肇基始祖小一郎公是一脈嫡系。

乙．永定湖雷前杭譜載：

八世祖讚公妣卜夫人，生三子（九世）長普次忠三廉（長三兩房未詳載）

九世忠公生一子魚公傳至四十三世營公妣朱氏公生于南宋淳熙丁未 終于丁巳年葬於寧化石壁下大坑里中山寅向鳳形公妣合葬生八子（四十四世）聖千聖祥聖雲聖集聖元聖亨聖利聖貞。

四十四世聖千公妣戴氏公葬於上杭小吳地坑口蛇形妣葬於上杭西門峰山尾虎形 生三子長一郎公次四郎公三五郎公。

四十五世五郎公妣劉夫人居寧化石壁下生三子（四十六世）長福興次和興三義興以下列明系統表以資分析：

張氏族譜

五郎公

長福興公（遺下系統閱下表便詳）
次和興公
　長宣公——均政公——後裔永定湖雷前枋桐樹崗等處開基
　次智公——遺下後裔永定下洋赤坑茗溪等處開基
三義興公——未詳

丙：鐵峯公鐵崖公兄弟之溯源：

詳考鐵峯公鐵崖公，係福興公之子鐵峯公字肇祖號十郎，妣熊氏六娘，公妣合塟永定金豐忠坑驢仔嶺風吹羅帶形癸山丁向生二子長天政次益舉（又名益繼公）。

鐵崖公字肇述號伯從生二子長益舉（過房鐵峯公）次益魁原祖妣二墓未詳。

益魁公字漢傑妣及墓亦未詳因先年移平和小溪龜山居住此由漢代第八世讚公遺下一脈嫡系是也。諒鐵崖祖妣均往小溪是以無可查詳，依思邊譜載列明系統表於下：

張氏族譜

謙公嫡系福興公

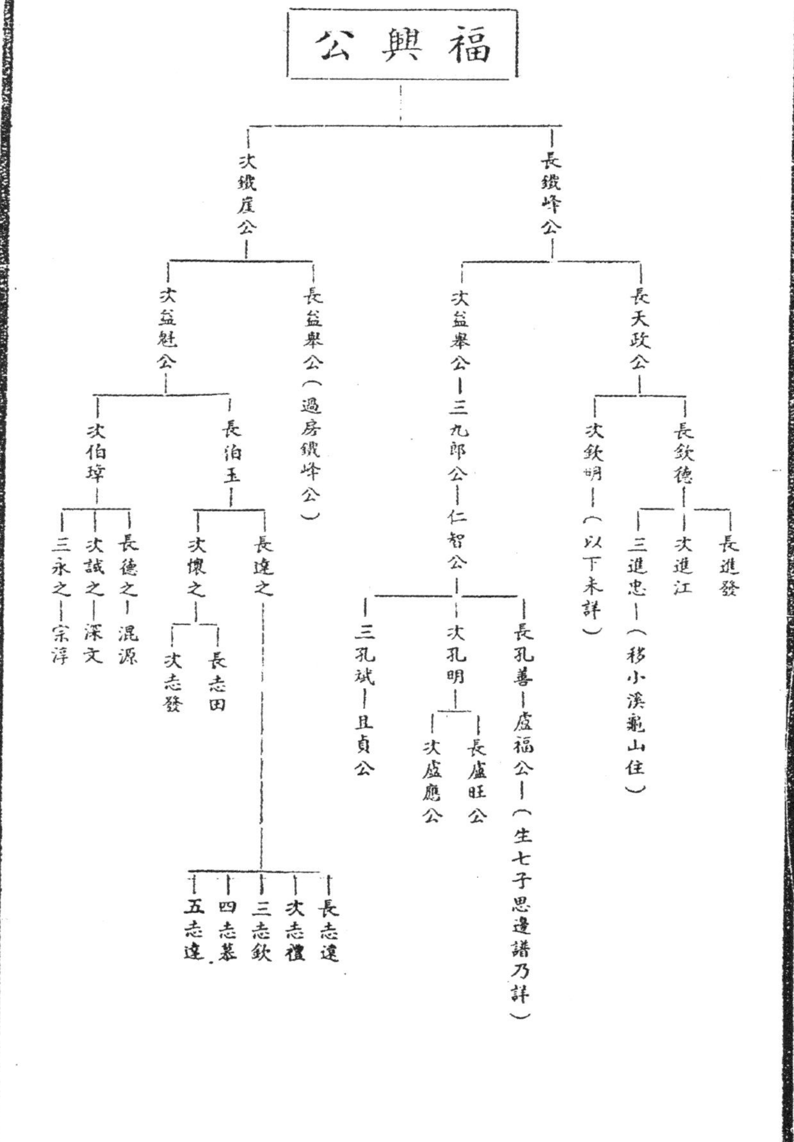

張氏族譜

八世祖　壯公
妣
生子一　嬴
備註　我祖係嵩公之長子、

事略　公居四川眉州武陽彭山縣

九世祖　嬴公
妣
生子　皓
備註　我祖係壯公之子

事略　公一作胤字

十世祖　皓公字叔明
妣　何夫人
生子　長宇　次綱
備註　我祖係嬴公之子　次綱未詳、

事略　公居彭山爲漢元帝廷尉、順帝拜司空、五遷爲尚書僕射、趙騰因災變上書、有司鞫治、引八十餘人皆以誹謗伏重法、力救從末減、朝論韙之、於陽嘉元年、壽八三、賜塋河南縣、

十一世祖　宇公
妣
生子　淼
備註　我祖係皓公之子

事略　公爲范陽太守

張氏族譜

世	祖／妣	生子	備註	事略
十二世	祖 淼公字果 妣	孟成	我祖係宇公之子	公襲父職
十三世	祖 孟成公 妣 胡夫人	平	我祖係果公之子	公漢沖帝質時封肥如侯順天府范陽縣金蘆溝河居住
十四世	祖 平公 妣	長 華 次 英	我祖係孟成公之子 英生子未載	公爲魏漁陽太守
十五世	祖 華公字茂先 妣 華夫人	長 禕 次 韙	我祖係平公之長子 禕生子未載	公學業優博辭藻温麗圖緯方伎之書莫不詳覽晉帝時咸孝二年伐吳有功爲中書令太康三年封廣武侯著有博物志時人比之子產事詳晉書本傳塋在順天府昌平縣綿山居范陽方城

張氏族譜

世祖	妣	生子	備註	事略
十六世祖 踶公		軒	我祖係華公之次子	公爲晋散騎常侍隨元帝時南遷寓居江左
十七世祖 軒公 字公昂		次恭	我祖係踶公之子	
十八世祖 次恭公		甫之	我祖係軒公之子	公爲晋吏部尚書
十九世祖 甫之公	李孺人	宏簡	我祖係次恭公之子	公爲宋德州主簿

張氏族譜

世祖	妣	生子	備註	事略
二十世祖 宏簡公		綸	我祖係甫之公之子	公遷洛陽
二十一世祖 綸公		長 隆 次 恩	我祖係宏簡公之子 恩生子未載	公為宋江淮制置運副史又為并州總督
二十二世祖 隆公		長 子犯 次 昌	我祖係綸公之長子 昌生子未載	公為宋順帝常卿居住河東復徙洛陽居住
二十三世祖 子犯公	金孺人	俊	我祖係隆公之長子	

張氏族譜

二十四世祖 俊公字伯英
妣
生子 長戈 次守禮 三吒子
備註 我祖係子犯公之子 戈吒子二公生子未載
事略 公爲河東從事

二十五世祖 守禮公
妣
生子 君政
備註 我祖係俊公之次子
事略 公爲隋帝時塗山丞

二十六世祖 君政公
妣 朱孺人
生子 長子皮 次子沖 三子胄 四子警 五子鄉 六子猷
備註 我祖係守禮公之子
事略 公爲韶州別駕遂家焉

二十七世祖 子胄公
妣
生子 長弘藏 次弘智 三弘毅 四弘愈
備註 我祖係君政公之三子 藏智毅三公生子未載
事略 公爲剡令

張氏族譜

二十八世祖 弘愈公
妣

事略
公爲索慮丞

生子
長九齡 次九皋
三九章 四九賓

備註
我祖係子胄公之四子
二三四三房生子未載

二十九世祖九齡公 字子壽
祖妣李老誥命一品夫人

生子
極

備註
我祖係弘愈公之長子

事略
公生於廣東曲江縣以進士累官左拾遺玄宗生日進千金鑑錄帝賜書褒美才名價震朝端後爲相極言得失推引正人諤諤有大臣節旋爲李林甫所厄罷相家居卒後天下稱爲曲江公謚文憲贈司空塋在韶州樂昌縣

三十世祖 極公
妣

生子
藏器

備註
我祖係九齡公之子

事略
公爲伊闕令擢太子善贊

張氏族譜

世祖	妣	生子	備註	事略
三十一世祖 藏器公		敦慶	我祖係極公之子	公官長水丞
三十二世祖 敦慶公		長景新 次景重	我祖係藏器公之子 景新生子未載	公爲袁州司倉參軍
三十三世祖 景重公	海璘人	長焆 次燿	我祖係敦慶公之次子 燿公生子未載	公爲鄉貢進士官至洪州都督參軍
三十四世祖 焆公		廷傑	我祖係景重公之長子	公爲歸善令

張氏族譜

三十五世	
祖	廷傑公
妣	
生子	長宏澗 二宏源 三宏澤 四宏洲 五宏海
備註	我祖係焆公之子源澤洲海四公生子未載
事略	黃巢倡亂曲江分派流移江西福建汀州寧化等地

三十六世	
祖	宏澗公
妣	趙老夫人
生子	長璲 次瓘 三郊 四象 五載 六希
備註	我祖係廷傑公之長子璲瓘郊象希五公生子未載
事略	

三十七世	
祖	載公 字子厚
妣	趙老夫人
生子	端
備註	我祖係宏澗公之第五子
事略	公爲神宗時爲崇文校書未幾屏居南山下教授諸生其大旨尚禮生平以易爲宗以中庸爲體著正蒙及東銘西銘世號橫渠先生謚明公

三十八世	
祖	端公
妣	朱氏
生子	長孟祥 次仲祥
備註	我祖係載公之子孟祥公生子未載
事略	公移寧化縣石壁鄉葛藤村開基

張氏族譜

三十九世祖　仲祥公
妣　史氏
生子　邦欽
備註　我祖係端公之次子
事略

四十世祖　邦欽公
妣　朱氏
生子　長賓國　次悦國　三仕國
備註　我祖係仲祥公之子　次三兩房未載
事略

四十一世祖　賓國公
妣　朱氏
生子　揚德
備註　我祖係邦欽公之長子
事略

四十二世祖　揚德公
妣　巫氏
生子　長化龍　次化孫　三化鳳
備註　我祖係賓國公之子
事略　公爲河南開封府太守

中華民國三十五年丙戌歲孟冬始修

一百二十二代閩粵開基始祖化孫公

敬錄

我一百二十一世祖　楊德公作律一首為後裔字輩詞曰

化雲騰上昊　承先紹啓宗

仲興山貽遠　永廷應萬崇

日振昌英俊　賢聲繼祖功

文運開世兆　科元定顯隆

四十三世祖妣　化龍公 字天池 號圖瑞

生子　（未載）

備註　公係楊德公之長子

事略　解元遷移寧化開基中琴堡下都等地

四十三世祖妣　化鳳公 字岐祥

生子　（未載）

備註　公係楊德公之第三子

事略　武舉人遷移福州

張氏族譜

清河世系源流長　卜處移居閩上杭

百忍風聲思祖道　千秋金鑑慕宗枋

承先孝友垂今古　裕後詩書為漢唐

二九苗兒能凜訓　支分富盛姓名香

化孫公遺作

一百二十弍世始祖化孫公 字傳萬 諱衍 號起鳴 妣陳闕恭人

生子十八房

長吉雲	四祥雲	七龍雲	十綿雲	十三卿雲	十六倬雲
次慶雲	五集雲	八福雲	十一景雲	十四帝雲	十七彼雲
三禎雲	六從雲	九自雲	十二星雲	十五闕雲	十八定雲

事畧

公爲欽賜進士，例中憲大夫，初居寧化石壁下葛藤村又遷於上杭縣官店前上吉街共生十八子傳孫一百零八人

備註

我祖係楊德公之次子生於南宋淳熙乙未年二月十二日子時卒於咸淳三年丁卯歲五月二十九日申時於將軍橋鄞坑原葬於上杭城東西洋村李家屋後大坪崗中山兼坤金盤載珠形又曰倒插金釵形於萬曆四十三年乙卯歲八月十一日辰時更葬至康熙十一年壬子歲十二月初二日寅時又更葬至乾隆十七年壬申歲七月十四日申時又更葬金骸仍有三十一件又銀牌一座罐蓋上書

備註

「本山向重修吉日」此為閩汀永杭後一始祖也於道光十八年秋月合族重修石板墳九月二十日辰時立碑公壽九旬加三歲

妣陳太恭人生於淳熙元年甲午歲十二月初一日辰時卒於景定三年壬戌歲三月十八日丑時享壽八旬加九歲

妣闕太恭人生於淳熙十一年甲辰歲十月初十日寅時卒於咸淳七年辛未歲三月十三日午時享壽八十有八歲

二妣合葬於西洋水尾神仙坑丙山兼巳雄鷄打翼形離公坟約三里許於雍正三年乙巳歲五月初五日戌時更修至嘉慶十年乙丑歲五月二十六日寅時更葬照原山向罐內有石小牌一座硃書陳恭人闕恭人今加銀牌一座原牌一座載明「始祖妣陳闕二位婆太」九個字穴旁加一林三娘骸罐衆不敢認查得係田梓樟樹壇房頂謀于此今將此罐移葬于右砂頭上碑上大書「古林三娘之墓」永不得遷移立議字三紙金沙賚勳檢一田梓福廣檢一松源欽賜副榜景興檢一永遠為據

張氏族譜

二世吉雲公 字瑞世 號一郎 王曾 孺人

生子

五房 長騰鳳 字品鳳　三騰蛟 字若龍　五騰蘭 字滋畹
　　 次騰盛 字日新　四騰元 字明珠

備

公係化孫公之長子，遷田梓居住，生於南宋慶元二年丙辰歲二月初七日寅時生，卒於至元庚辰歲二月初十日酉時。王妣生於慶元三年丁巳歲九月十六日卯時，卒於元始祖三年辛巳歲四月二十三日申時。曾妣生於寧宗嘉定三年庚午歲三月廿七日酉時，卒於至元十四年壬辰歲十月十五日未時。

註

二世慶雲 字瑞亮 號二郎 妣林六娘

生子

六房 長騰侶 字鳴元　三騰佑 字純元　五騰仲 字理元
　　 次騰佐 字聖元　四騰位 字仕元　六騰伯 字起元

備

公係化孫公次子，遷半逕居住，生於慶元五年己未五月十三日巳時，卒於端宗景炎二年十一月初四日戌時，林妣生於慶元年己未八月廿三日申時，卒於元始祖至元四年壬午四月初三日巳時。

註

張氏族譜

二世禎雲公字瑞興號三郎妣林五娘	
生子	九房　長騰佶字明元　次騰信字文元　三騰俏字象元　四騰侃字正元　五騰例字調元　六騰仙字盛元　七騰侯字錫元　八騰俊字偉元　九騰俙字炳元
備註	公係化孫公第三子遷進源塘居住生於寧宗嘉泰三年癸亥三月二十二日辰時卒於元始祖至元八年丙戌七月二十七日巳時，林妣生於嘉泰二年壬戌二月初四亥時，卒于至元十年戊子十月十九日丑時
二世祖祥雲公字瑞廷號四郎	祖妣賴五娘　藍四　孺人
生子	七房　長騰光字孟元妣鄭氏　次騰福　三騰千字叔元妣劉氏　四騰林　五騰壽字　六騰輝字仲元　七騰萬字兆元妣石曾氏
事略	恩授鄉飲大賓

備註

我祖係化孫公第四子遷華宅金砂居住，生于嘉定二年巳己歲二月十二日巳時，卒於至元辛巳歲五月初七日辰時，享壽七十三歲，葬在永定溪南里下藍岡將軍上馬形，又名醉翁傍椅形，分金亥山巳兼壬，明萬曆四十三年乙卯歲八月十三日辰時更葬至雍正五年丁未重修，罐内銀牌

藍祖妣生於寧宗丙子年十二月初一日辰時，卒於元始祖丁亥年四月二十一日亥時，享壽七十三歲，葬在永定溪南里上深塘洋西畲丑山未兼艮寒虎咬尾形，洪武四年更葬，隆慶二年重修，清乾隆十八年四月十二日己時更葬罐内銀牌，嘉慶七年重修

賴祖妣生於嘉定二年正月二十日酉時，卒於景炎元年丙子十月初三日卯時，享壽六十八，葬在上杭來蘇里山垻鄉牛背脊

張氏族譜

二世集雲公　字瑞彩　號　妣邱七娘

生子：三房　長騰任　字學元　次騰仁　字德元　三學任　字克元

備註：公係化孫之第五子遷樟樹壇居住生於嘉定三年庚午二月初五日巳時卒於元始祖至元四年壬午十一月十九日寅時，邱妣生於嘉定五年壬申正月十六日酉時卒於元始祖至元六年甲申歲四月初七日卯時

二世從雲公　字瑞明　號六郎　妣楊八娘

生子：二房　長騰陞　字捷登　次騰陞　字進階

備註：公係化孫公第六子遷勝運里黃竹塘居住，生於嘉定四年辛未九月二十日子時卒於元始祖至元七年乙酉二月初十日午時　楊妣生於嘉定三年庚午六月十八日辰時卒於元始祖二年庚辰十一月初九日亥時

張氏族譜

二世龍雲公字瑞華號七郎 妣鍾七娘 胡十娘

生子 四房 長騰純字一成 次騰絃字才方 三騰紳字垂佑 四騰絨字華冕

備註 公係化孫公第七子遷勝運里香溪坑居住生於嘉定六年癸酉三月十五日寅時，卒於元始祖至元九年丁亥五月二十四日酉時 胡妣生於嘉定八年八月十一日戌時卒於元世祖至元十二年十月十三日辰時 鍾妣生於嘉定十一年戊寅十二月二十八日卯時，卒於元世祖至元十年戊子五月二十二日亥時

二世福雲公字瑞靄號八郎 妣劉六娘

生子 六房 長騰義字正田 次騰羲字紹和 三騰群字拔生 四騰羙字餘衍 五騰羔字象玄 六騰美字廣譽

備註 公係化孫公第八子遷嘉應州舉房居住，生於嘉定六年癸酉十月初九日子時卒於元世祖至元十五年癸巳九月二十五日午時 劉妣生於嘉定五年壬申四月初二日卯時卒於元世祖至元十四年壬辰歲十一月二拾七日丑時

張氏族譜

二世自雲公 字瑞山 號九郎 妣孫九娘

生子：七房　長騰春 字惠廣　次騰貞 字元亨　三騰馳 字延鴻　四騰貨 字財值　五騰貫 字彷賢　六騰貴 字登顯　七騰則 字秉覲

備註：公係化孫公第九子遷大埔三河壩居住，生於嘉定八年乙亥八月二十二日亥時卒於元成宗元貞元年乙未歲十一月初五日申時　妣生於嘉定八年乙亥五月二十四日寅時，卒於元成宗大德三年己亥二月二十九日酉時

二世綿雲公 字瑞久 號十郎 妣陳三娘

生子：四房　長騰越 字卓生　次騰起 字鳳舞　三騰超 字行玉　四騰赴 字元吉

備註：公係化孫公第十子遷程鄉縣松口居住生於嘉定十年丁丑正月初十日午時卒於元世祖至元十五年癸巳八月十三日子時，陳妣生於嘉定九年丙子歲九月初三日未時，卒於元成宗大德元年丁酉四月十二日巳時

張氏族譜

二世景雲公 字瑞堯 號十一郎 妣謝三娘

生子

五房

長騰椿 字長茂　三騰楠 字良材　五騰槐 字榮宗

次騰柱 字子芳　四騰松 字節[illegible]

備註

公係化孫公第十一子遷金砂橫山下居住，生於嘉定十二年己卯十二月十四日辰時，卒於元成宗大德四年庚子四月十六日丑時　妣生於嘉定十二年己卯十二月初五日戌時，卒於大德二年戊戌八月初九日巳時

二世星雲公 字瑞霞 號十二郎 妣程六娘

生子

六房

長騰東 字平秋　三騰杞 字性成　五騰析 字建勳

次騰杰 字興文　四騰柏 字生芳　六騰栻 字用占

備註

公係化孫公第十二子遷清流縣居住，生於嘉定十三年庚辰四月十六日申時卒於元成宗貞元元年乙未八月初五日寅時　妣生於嘉定十三年庚辰六月二十日子時卒於大德五年辛丑十月十七日卯時

張氏族譜

二世卿雲公字瑞堂號十三郎妣蘇十娘

生子　七房　長騰旺字相元　三騰昇字世泰　五騰昺字耀廷　七騰時　九騰晶字共盈　十一騰竹
次騰旭字彷且　四騰智字心郎　六騰昭字明德　八騰明　十騰暄字谷成

備　公係化孫公第十三子遷福州府居住，生於嘉定十五年壬午九月二十八日丑時，卒於大德九年乙巳十一月初三日辰時。妣生於嘉定十六年癸未二月十五日未時，卒於大德六年壬寅六月二十日丑時

註

二世帝雲公字瑞漢號十四郎妣易五娘

生子　四房　長騰望字仰高　三騰朗字光宇
次騰明字得西　四騰脺字光仁

備　公係化孫公第四子，遷潮州居住，生於嘉定十六年癸未十月初九日卯時，卒於元武至大三年庚戌三月初十日午時，易妣生於嘉定十六年癸未七月十三日巳時，卒於元仁宗皇慶元年壬子十一月二十五日午時

註

二世閬雲公字瑞發號十五郎妣許九娘

生子七房 長騰官字道優 次騰宗字克成 三騰宋字徵貴 四騰安字爾康 五騰寀字同寅 六騰寓 七騰宏

備 公係化孫公第十五子遷漳州居住，生於南宋理宗寶慶二年丙戌正月二十九日亥時，卒於元仁宗延祐四年丁巳四月初四日申時，妣生於寶慶元年乙酉三月二十二日卯時，卒於延祐六年已未六月初一日酉時

註

二世倬雲公字瑞清號十六郎妣錢滿娘

生子五房 長騰孟字伯勣 次騰季字次三 三騰琮字隆茂 四騰學字希賢 五騰祖字希上

備 公係化孫公第十六子遷汀州府居住，生於寶慶二年丙戌八月十二日巳時，卒於延祐六年已未六月十四日午時，妣生於寶慶二年丙戌三月初十日丑時，卒於元英宗至治二年壬戌七月二十日辰時

註

張氏族譜

備註

銜天蠟燭明成化十九年癸卯歲安葬罐内有有墨硯牌一座化金茶盃許至清乾隆十年乙丑五月初六卯時更葬係百四五六郎公裔孫合修傳云原葬深塘

廖祖妣生卒未詳原葬上杭來蘇里連家田楮樹坪羅賴二姓後龍山明成化十九年癸卯歲更葬化金一碗葬後牧牛生龍馬稱龍馬地上穴壬山丙向

賴祖妣生卒未詳葬龍馬地下穴亥山巳向清康熙二年癸卯十二月二十日辰時上下二穴同時更葬地形仙童赴駒閩粵後裔稱龍馬地於乾隆五十二年四月初六日有百六郎公後裔德隆兄弟胆敢在此坟側圖謀一穴衆覺平後本年八月復修

四世祖品上公字惟全號百六郎

祖妣杜孺人

事畧

生子

長昊賓字治珠妣鍾廖二氏

次昊寶字治華妣湯氏

三昊彩字治亮妣鄭氏

四昊鵠字治球妣賴氏

五昊閏字治玉妣堯氏

備註

我祖係驕輝公之第六子生於至元元年壬午卒於至正壬寅葬於上豐濟橋盧豊村鄭唐下將軍庵對面地形漁翁撒網卯山酉兼乙清康熙九年十月安葬碑傍附葬孫萬八郎右片眼仔坑坟下是田嘉慶十一年於坟脚田内被江姓懸扦一穴平後

杜妣葬永定金沙西湖寨鄒公庵前酉山兼庚地形梅花落地又呼烏鴉落洋康熙五十年八月有百四五六郎公裔孫合修

張氏族譜

五世祖吴實公字治珠

祖妣鍾廖恭人

事畧

誥贈中憲大夫

生子

長斐承號萬一郎

次文承號萬二郎

三舉承號萬三郎

四焕承號萬四郎

五敏承號萬五郎

備註

我祖係晶上公之長子原葬深塘後遷葬永定金砂高峯寨頂丙山壬兼午地形雄牛脫軛於乾隆十年乙丑更塟立墨硯碑每年清明日祭

鍾妣原塟金砂庵前南坑已山亥向於崇禎十六年八月有百四五六郎公等房裔孫重修地形人形每年清明後一日祭

廖妣生卒未載原塟上杭縣横橋南坑即蕭家後龍山遷塟金沙蠟石下圓墩頂即今曰玉石坊

長斐承公移居將軍橋鄞坑次文承公移居漳州南靖三舉承公移居程鄉縣松源洞四焕承公移居桃源鋪五敏承公開基於永定金沙

六世祖敏承公字良輔號五八郎諱肱又號萬五郎

祖妣吴童梁恭人

事畧

曾任河南開封府太守後署開封府正堂

備註

我祖係吴實公之第五子本命生於元英宗辛酉十一月二十八日亥時終於永樂甲申歲二月初七日辰時享壽八旬加四塟於永定金沙草塔水口圓墩壬山丙向地形雄鵝躍水雍正十二年甲寅歲八月重修石坂坟

祖妣童恭人塟金沙春臼窩

吴梁二妣生卒未詳塟於開封府

張氏族譜

敬承公生子十房

生子十房

長先傅公　字千一郎　號百一郎　妣黄孺人
公之子十四郎住金沙小溪背後分廣東大埔黄塘坑

次先任公　字千二郎　號百二郎　妣蕭孺人
公後裔分居金沙南山章塔太白大嶺上水城寨萬壽寺前金豐崎嶺井下撫溪大洋坡坪水坑豐田白崠下凹背東庵上下張灸湖雷蓮塘南靖山兜河坑等處開基

三先倫公　字千三郎　號百三郎　妣傅孺人
公後裔上坑來蘇里下都半逕程鄉縣桃原鋪等處開基

四先儀公　字千四郎　號百四郎　妣曾廖孺人
公後裔西湖寨唐背新寨水尾鄭不平等處開基

五先伊公　字千五郎　號百五郎　妣許孺人
公後裔石碑頭河源縣金沙梅仔窠廣東海豐縣樟塔下村漳州小溪仙人嶺等處開基

六先偉公　字千六郎　號百六郎　妣蔡賴孺人
公後裔永定來蘇里樟樹壇田梓豐田羅陂等處開基

七先俸公　字千七郎　號百七郎　妣陳孺人
公生子（八世）六房第二房清紹公遺下散居永靖和三邑合地大埔左溺等處

八先僖公　字千八郎　號百八郎　妣充廖孺人
公後裔住

九先信公　字千九郎　號百九郎　妣廖孺人
公後裔移住廣東

十先傾公　字千十郎　號百十郎　妣江孺人
公遷永安奥杏後移居南靖曲江汶水坑開基生三子長季七郎本處住次移平和小溪居住三移居横溪季七郎[illegible]

七世祖先俸公 妣陳孺人

生子

六房
長克紹
次清紹
三君紹
四定紹
五球紹
六遠紹

事畧

備註

我祖係敏承公之第七子生卒未詳
塟於上杭磜下虎形地也

八世祖清紹公 字十八郎 妣阮范蘇老孺人

生子

六房
長念一郎公 妣黄孺人生二子長均仲次均佑
次念二郎公 妣楊孺人生子(十世)下列詳載
三念三郎公
四念四郎公
五念五郎公
六念六郎公

事略

備註

我祖係先俸公之次子永定金沙開基塟於永定勝運里下溪墟狗社裡三跳石月形每年定八月十一日敬祭永定坎市大水坑念二郎裔孫稱十八郎公為一世始祖阮妣塟金沙樟塔塘坊范蘇二妣亦塟金沙

九世祖念三郎公妣楊孺人

生子事畧

四房

長小一郎　妣華孺人

次小二郎　妣許孺人

三小三郎　妣鄧孺人

四小四郎　妣余孺人

備註

我祖係清紹公子之第三子原居永定金沙生四子長子小一郎公初遷大埔長教後擇遷塔下開基次子小二郎公遷居大埔左弼開基葬於左弼水口盤龍形

三子與第四子小三郎公小四郎公未詳遷居何處

一百二十二代閩粵開基始祖化孫公遺下我祖坟墓塋址歌

一世化孫葬上杭 金盤栽珠在西洋 雄鷄拔翼西洋内 陳閤同坟只此藏

二世祥雲葬藍崗 醉翁傍椅馬坑崗 藍婆寒虎咬尾穴 賴妣凉傘牛背鄉

三世朧輝念六郎 通天腊燭好名堂 楮樹坪村龍馬主 連坟二穴廖賴娘

四世晶上綱仔形 真穴杜妣地將軍 梅花落地西湖寨 又為杜妣寄雙坟

五世昊實葬金沙 雄牛脱軛地形佳 庵前村上鐘婆太 喝形美女像踏車

六世敏承五八郎 鴨公形地墇塔塘 春臼窠内童婆太 開封二妣是吴梁

七世先俸百七郎 先年居住閗上杭 磜下虎形牛眠地 陳賴合葬此坟堂

八世清紹十八郎 下溪墟里月形上 金沙墇塔是阮妣 蘇范二妣金沙鄉

九世顯祖念三郎 原葬金沙蕉抗鄉 楊氏婆太同坟葬 傳下小糸四大房

一百三十一代塔下肇基始祖小一郎公遺下坟墓塋址歌

一世始祖小一郎　婆太姓名亞一娘
葬在塔下平峰山　眠牛晒日好名堂

二世光昭百一郎　葬於梅凹鼠積糧
廖妣轉角雄鵝地　余妣雄鷄拔翼唱

三世顯佑孟一郎　馬踏金上好風光
湖堀坪中范婆太　地形田鷄浮池塘

四世永勝仲一郎　折角蜈蚣立坟堂
松栢崎頭廖婆太　龍真穴結虎跳墻

五世顯祖廣達公　竹際新丁鬧如蜂
李和村里梭子地　藩妣郎是葬其中

六世顯祖法貴公　葬於仙人献掌中
芋卵山背盧婆太　孩兒望月喜向東

七世東陽季四郎　葬在人形刀背崗
同坟合葬蘇婆太　甲山庚向富貴鄉

八世仰東萬三郎　葬在蛇形下村洋
福壇山背唐婆太　傳下四標世澤長

塔下開基

張氏族譜

一百三十一代開基塔下始祖小一郎公

中華民國三十五年丙戌歲孟冬始修

德遠堂地論

千里來龍，串入天依，拋祖頂，卯龍寸經之過夾，孰不知嫩出精神，偏波羅動；又有梅花五朶之格，艮龍嫩出蜂腰，粗鐘嫩幼，三臺華蓋結穴，又原科甲發於旺地，祥雲盖帳，靜勢皆落，前為三峰六秀，後為重屏相扶，又有巽峰朝對，有人嫌我面山之太迫，孰不知祖生之峻拔，不怕兵卒高强，有人嫌我左邊之太況孰不知地户之謹閉，最喜天門之寬濶，一閉一洩，洩中藏人，兩牢鎮水金土如童關，獅象把水口，雌雄如交鎖，若聽曾祖孟之言，日後財丁兩旺，富貴雙全也乎。

張氏族譜

上尖峯於乾隆四十年乙未歲正月初十日戊午日未時興工建造
下尖峯於乾隆四十年乙未歲二月初一日己卯日未時興工建造
同年二月二十九日謝土祭峯

張氏族譜

小一郎公遺下系統

一百三十一代開基塔下始祖系統表

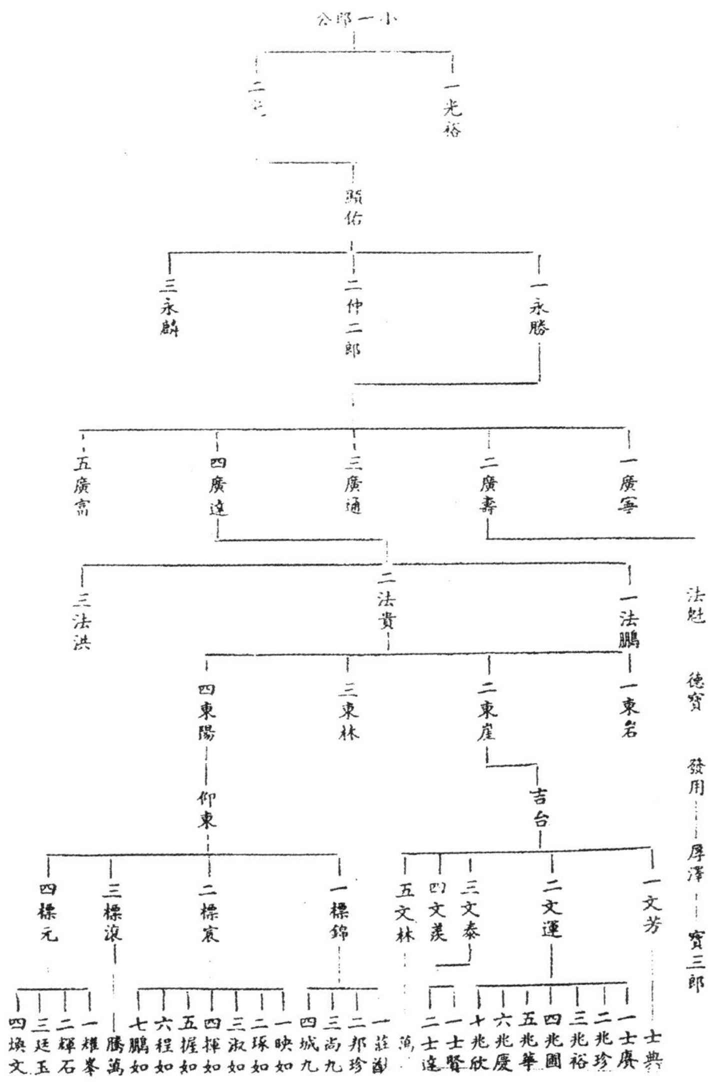

一二五

塔下德遠堂張氏家廟聯文

得姓由轅軒大儒一人銘垂二篇扶漢三傑功高四相
勅封五虎博物六史貂冠七葉猶是清河族派
揚名顯奕襆位列八仙鼎甲九成平興十策忍書百字
金鑑千秋青錢萬選道靈億尊依然文献宗支

清太史張翱敬撰

德廼祖功廼宗行其庭必恭敬止
遠而孫近而子入是室惟孝友于

清進士即用縣正堂十五代裔孫金拔　敬撰

張氏族譜

一百三十一代開基塔下一世始祖小一郎公

祖妣華老安人

生子

二房　長光裕　次光昭

事略

我祖始創塔下衍派西來由永定金沙綿頭下遷移初至靖邑漫地馬頭背後移住平和小溪營業

祖妣華一娘生二子長光裕居小溪次光昭由小溪隨母還回馬頭背張屋坪舊址於明宣德元年七月十四日肇基塔下建屋置田締造之發軔也

溯自始祖妣肇基塔下現裔孫輩每年七月十四繼承先志慶祝肇基紀念備儀謁祖是晚家家戶戶餐宴

註備

我祖係念三郎公之長子始祖妣生於明洪武二十三年庚午歲十一月十三日辰時終於天順五年辛巳歲十二月十九日子時享壽八旬加二初塟孛和村折角蜈蚣十三代時改塟平峯山匏杓坵地形「眠牛晒日」吉地也

祖妣墳址原係希玉公之田玉公在外向先築墳一穴餘田其時將遜外姓幸有博學堪輿之山春公聞悉隨時設法阻止蓋知真穴結於妣墳之址遂於乾隆四十三年戊戌歲三月初六星夜將祖妣金礶移葬平峯山本晚貼字告白翌晨衆裔孫閱後希玉公裔輩到地勘察果見田成墳將墳毀平始見真葬祖妣金礶自知有負孝義即向始祖妣金礶前哭拜嗣後將田喜損獻祖妣築墳之用爰於是年九月二十八日興工築墳聘江西鍾世連先生主造擇己亥年三月十二丙申日巳時安葬金礶塟在墳眉外六尺内外兩向金礶癸山丁碑丑山未兼癸分金

張氏族譜

二世祖光昭公字百一郎　妣廖、余老孺人

生子　一房　顯佑

事略

備註　我祖係小一郎公之次子生卒未詳，塟在本社梅仔凹，寅山申向兼艮丙寅丙申分金，原塋本山骨骸全美，至清乾隆十五年庚午歲十月二十五日更葬，出墳豎碑，地形「老鼠積糧」是也。

妣廖孺人生卒未詳，塟在本社轉角墺，甲山庚向兼卯庚寅庚申分金，至清乾隆十五年庚午歲七月初三日亥時更塋，出墳豎碑，地形「雄鵝浴水」是也。

妣余孺人生卒亦未詳，塟在坂寮黄坭堀，壬山丙向兼亥丁亥丁巳分金，至清乾隆十四年己巳歲十一月二十八日申時更塋，出墳豎碑，地形「雄鷄䘕翼」是也。

三世祖顯佑公字孟一郎　妣范老孺人

生子　三房　長永勝　次仲二郎　三永麟

事略

備註　我祖係光昭公之子生卒未詳，葬在本社馬鞍腰，坐申向寅兼坤丙寅丙申分金，於崇禎七年甲戌歲二月二十日巳卯日安葬，至清乾隆十五年庚午歲八月初二日壬申日申時更葬地形「馬踏金」

妣范孺人生卒亦未詳，葬在坂寮湖堀坪，癸山丁向，兼丑三分，庚子庚午分金，清乾隆十四年己巳歲十一月二十八日癸酉日巳時更葬，地形「田鷄浮塘」是也。

張氏族譜

四世祖 永勝公 字仲一郎
妣 廖孺人
生子 五房 長 廣寧 次 廣壽 三 廣通 四 廣達 五 廣富
事略

備註
我祖係顯佑公之長子生卒未詳葬秀和村地形摺角蜈蚣右屯
廖妣葬上尖峯背松栢崎頭地形猛虎跳墻
生子長三五房未詳

四世祖 仲二郎公
妣
生子 （未載）
事略

備註
公係顯佑公之次子早年移居福州

四世祖 永麟公
妣
生子 （未載）
事略

備註
公係顯佑公之第三子遺下遷居四川
公塋在本社雄邊坑

五世祖 廣壽公
妣
生子 一房 法魁
事略

備註
公係永勝公之次子

張氏族譜

五世祖　廣達公
妣　潘老孺人

生子事畧
四房　長　法鵬　妣熊氏　次　法貴　三　法魁　四　法洪　妣李氏

備註
公係永勝公之第四子生於明成化十五年己亥
辛未詳葬竹𥕦癸山丁兼丑未庚子庚午分金于
崇禎元年戊辰十二月二十四日卯時安葬至清
康熙十六年丁巳歲十二月十八庚申日丑時更
葬墓向大盧溪地形人形
妣潘孺人生大明成化十五年己亥八月初七子、
時卒于嘉靖二十五年丙午十一月十四未時葬
李和村壽六八穴梭仔形也。

六世祖　法魁公　字　法通
妣　陳孺人

生子事畧
一房　德寶

備註
公係廣壽公之子葬在塔下踏石坑

六世祖　法貴公
妣　盧孺人

生子事畧
四房　長　東岩　次　東崖　三　東林　四　東陽

備註
公係廣達公之次子生卒未詳塟下坂
寮於清乾隆六十年甲寅修方出坟地
形仙人献掌。
妣塟塔下上山芋卯山背其穴曰孩兒
望月形

七世祖　德寶公
妣

生子事畧
一房　發用

備註
公係法魁公之子塟在本社大石下

張氏族譜

七世祖	妣	生子事略	備註
東岩公 字季一郎		（未載）	公係法貴公之長子葬河坑細溪土名大禾
東崖公 字季二郎	江孺人	二房 長子波 次子夏	公係法貴公之次子葬於塔下梯子嶺唇 妣塟塔下瓦窯崎
東林公 字季三郎		（未載）	公係法貴公之第三子葬在南歐社華峯樓背山內龍頂前後兩穴外穴妣
東陽公 字季四郎 號金鐘	蘇孺人	一房 仰東	公係法貴公之第四子生于嘉靖二十二年癸卯歲終于崇禎四年辛未歲六月十一酉時享壽八十九歲天啓六年出坎。妣蘇孺人生于嘉靖二十七年丁未卒于崇禎二年二月初五壽八十二歲公妣合塟于刀背人形穴 生二女長女嫁高頭大路下次女嫁大坡頭李家

張氏族譜

八世祖　發用公

妣

生子　一房　厚澤

事略

備註　公係德寶公之子葬于大垻下園

八世祖　子波公

妣

生子

事略

備註　公係東崖公之長子

八世祖　子頁公字吉台

妣　蘇老孺人

生子　五房　長　文芳　次　文運　三　文泰　四　文羨　五　文林

事略

備註　公係東崖公之次子塟于李和村橡樹下岌頭

妣塟塔下茶樹坪

文羨公遷坂寮四門樓後遷台灣

八世祖　仰東公字子寵號萬三郎

妣　唐老孺人謚淑惠

生子　四房　長　標錦　次　標宸　三　標滾　四　標元

事略

備註　公係東陽公之子原命未詳卒于崇禎元年戊辰六月初七初塟汶水坑至清順治六年己丑七月初四日辛酉日巳時迎塟南欵下村洋蛇形地也。

妣唐孺人生于大明隆慶二年戊辰八月十五日申時終于清順治十一年甲午歲七月十七亥時壽八十七歲順治十三年丙申改塟南欵水尾福壇山生四女一女嫁上版寮一女與杏樓下李一女下版寮劉一女高頭峯下曾家。

張氏族譜

九世祖	妣	生子	事略	備註
厚澤公		一房 寶三郎		公係發用公之子
文芳公	呂孺人	一房 士典		公係吉台公之長子
文運公	章孺人	七房 長 士賡 次 兆珍 三 兆裕 四 兆圃 五 兆華 六 兆慶 七 兆欣		公係吉台公之次子葬南歐岌 妣葬橫担崎
文泰公	黃孺人 謝孺人	二房 長 士賢 次 士達		公係吉台公之第三子葬坂寮劉屋嶺頭 黃妣葬于刀背岌項 謝妣葬于祖廟埔

張氏族譜

九世祖　文林公
妣
生子　一房　萬德
事略

備註
公係吉台公之第五子葬在番埧新門墓

九世祖　標錦公字道安
妣　梁孺人
生子　四房　長莊猷　次邦珍　三尚九　四城九
事略　公兄弟有四維持建築順昌樓

備註
公係仰東公之長子生于明萬曆十三年乙酉正月初三日丑時卒于清康熙五年丙午二月二十日午時享壽八旬加二葬于岐箱仔丁山午丙午丙子分金地形葉裏藏瓜
妣梁孺人生于萬曆丙戌年十二月十八日丑時卒于康熙壬寅年二月十一日酉時享壽七旬加七葬在圓仔崎乙山辛辛卯辛酉分金地形仙人騎鶴

九世祖 標宸公 字道亨

妣 劉孺人

生

子 七房

長 缺如 號仕彦　次 琢如 號仕瓊　三 淑如 號仕瑜

四 燁如 號仕璀　五 握如 號仕瑾　六 程如 號仕瑚

七 鵬如 號仕琨

備註

公係仰東公之次子本命生于辛卯年八月十三午時卒未詳葬于木仔畬伸山艮辛丑辛未分金地形坐椅照月吉地也。

妣劉孺人生卒未詳葬于下坂寮村內圓蔡背田中地形觀音坐蓮

事略

湖我　宸公昆仲有四建築塔下順昌樓建至一層時宸公博學堪輿自覺改築圓樓比方式爲佳計劃樓前左右兩傍築長形小屋大樓門朝大溪水預頌日後富貴雙全當時改費頗鉅以致未能也。公遠大之志擴充住室擇遷山城蒲山埔九鍬落湖因行程欠利回遷大垻創建積興樓一生喜打獵取有五世祖七世祖八世祖及本人夫婦坟墓熟識山情常與兄弟談話讚南歐瞭下山上有七星墜地形圖曰該處築坟最好曰開田亦最大嗣後由湶公太開創水田。宸公太為家鄉建設事業之大計劃提倡在塔垻交界之山開闢田園由湖洋坑築水圳昔日已開之田及圳從大垻至馬頭背嶺頂坪路下有當日已開田圳成績可觀但曩日未繼而成情因宸公別創由錦公太主持在上山墩坪頂先開田續開圳而力不足以致未成也此爲開基大垻始祖生平事略敬錄以垂紀念。

附言順昌樓九世祖時是四角式樓迨至中華民國十六年丁卯歲四月十五日由順良提倡秉承先志改建圓樓乃集智識人士磋商贊成並選順良爲建築經理於是年五月初一日興工改建大圓樓次年落成告竣。

九世　一三五

張氏族譜

九世祖　標滾公　字道煥
妣　黄孺人

生子　一房　騰萬

事略　公兄弟有四維持建築順昌樓又與四弟合建世德堂置産立蒸開闢南歐徐下大垳水田一段稅谷三十餘石增加生産

備註

公係仰東公之第三子生於大明萬曆
二十八年三月初七庚戌日申時辛於
清康熙十五年丙辰歲十二月二十日
子時享壽七旬加七初塟七垳田改塟
平峯山龅拘垳後遷塟上尖峯與仙人
献掌上祖相連至民國三十二年癸未
十一月十四日辰時興工九代孫萬齡
萬猷彩林等發起修築出坟。
妣黄孺人生於萬曆二十七年己亥
歲七月初二己酉日巳時卒于清康熙
十年辛亥十二月初一子時享壽七三
祖妣係上版寮黄榮周公之女。

九世祖　標元公　號道　字耆德招四郎
妣　李孺人

生子　四房　長耀容　次輝石　三廷玉　四煥文

事略　公兄弟有四維持建築順昌樓又與三兄合建世德堂置産立蒸

備註

公係仰東公之第四子塟於南歐楓
樹凹對面山坐丙向壬
妣葬於塔下轉角山上横担崎
公妣真像存在南歐遠慶樓廳堂奉
祀

十代
十一代
裔孫

十代孫

張氏族譜

十世祖	士賢公	士達公	萬德公
妣	李孺人		
生子	一房　潮岳	遺下至十四代喜孫	五房　長積昌　次積凬　三積德　四積興　五積龍
事略			公建築萬慶樓德興樓
備註	公係文泰公之長子葬於大路面 李妣葬南溪頭	公係文泰公之次子	公係文林公之子葬庵仔坑上埧山內 生子長積昌塟在豪樹下田面二三 四五房未詳

十世祖	莊猷公　字仕奇　號張一郎
妣	羅孺人
生子	七房　長朝端　次朝常　三朝聘　四朝俊　五朝興　六朝德　七朝谷
事略	
備註	公係標錦公之長子

一三八

張氏族譜

十世祖 邦珍公
妣 黃孺人

生子：四房 長朝舉 次朝剛 三朝考 四朝典

事畧：

備註：公係標錦公之次子

十世祖 尚九公 字士龍 號文質
妣 簡孺人

生子：九房 長天佑 次吉叔 三三叔 四可叔 五舍叔 六遂寶 七天祿 八天珍 九九叔

事畧：

備註：公係標錦公之第三子葬于轉埔
妣簡孺人葬於山猪窠田面

十世祖 城九公
妣 林孺人

生子：一房 遂海

事畧：

備註：公係標錦公之第四子

十世祖 映如公 字仕彥
妣 曾孺人

生子：二房 長福昌 次遂萬

事畧：

備註：公係標宸公之長子葬於塔下大窠
曾妣葬於太石下

張氏族譜

十世祖 瑑如公 字仕瓊
妣 楊孺人
生子 一房 遂恩
事略
備註
公係標宸公之次子塟於本大垻下園松山上光緒乙酉年由善慶公提倡起攢擇吉安塟
妣塟鷄婆崠石灰坟竖石碑

十世祖 淑如公 字仕瑜
妣
生子 （未載）
事略
備註
公係標宸公之第三子

十世祖 揮如公 字仕琚
妣
生子 （不載）
事略
備註
公係標宸公之第四子

十世祖 握如公 字仕瑾
妣 蘇孺人
生子 一房 朝瑾
事略
備註
公係標宸公之第五子塟在南歐畬隔坐西向東
妣塟橫担崎

十世祖　程如公　字仕瑚
妣
生子　（未載）
事略
備註　公係標宸公之第六子

十世祖　鵬如公　字仕琨
妣　江孺人
生子　三房　長安軒　次榜生　三解
事略
備註　公係標宸公之第七子塟在本塔下竹園下至乾隆三十三年戊子八月二十二日起九月初九酉後葬原位　妣江孺人葬於坟寮嶺頭豪樹下坐寅向申

十世祖　鵬萬公　字壽養　號仕鵬　謚文成
妣　陳孺人　謚勤慈
生子　五房　長遂都　次遂進　三遂九　四遂肱　五遂公
事略
備註　公係標滾公之子生於崇禎十年丁丑正月十九己未日戌時終于康熙四十二年癸未二月二十七辰時壽六十七歲　陳妣生於崇禎十一年戊寅十月二十二辛亥日卯時終于康熙四十七年戊子五月二十七寅時享壽七十一歲塟莿坑上凹地形天龍　妣係同皮陳公之女

十世祖　耀峯公
妣　陳孺人
生子　遺下至十三之苐春公
事略
備公　係標元公之長子

張氏族譜

十世祖　輝石公
妣　蟻孺人　李孺人
生子　遺下至十六代門欽公
事略
備註　公係標元公之次子

十世祖　廷玉公　字安靖
妣　曾孺人　謚端肅
生子　四房　長遂良　次遂棟　三遂明　四遂爵
事略　公生平重儒親自建立儒租書租二十五石九斗半逐年分齋革入學買書墨筆以資鼓勵
備註　公係標元公之第三子生卒未詳塟於南歐磜下炭頭未山丑向地形「七星墜地」，相傳於十五代裔孫將中式進士時大路行人來往常聽公坟有鐘鼓之聲今人又稱爲更鼓地，妣塟於汶水坑大石下丙山壬向仙命亦未詳

十世祖　煥文公
妣　黄孺人　李孺人
生子　三房　長遂祿　次遂琪　三遂社
事略
備註　公係標元公之第四子生卒未詳塟在本社牛鼻吼　妣黄孺人生於崇禎十四年九月初四終于康熙十六年三月十五享壽三十七歲乾隆二十二年十月十一日遷塟十二排午時進塟。李妣生于順治十四年丁酉四月十四日未時卒于康熙五十七年壽六二塟于妻坑

十一世祖　朝煥公
妣　黄孺人
生子　一房　位安
事略
備註　公係寶三郎公之子葬在本社牛鼻空圳垢面　妣葬馬頭背

張氏族譜

十一世祖 潮玉公
妣
生子 遺下至十七代振木公
事畧
備註 公係士典公之長子

十一世祖 潮王公
妣 李孺人
生子 一房 善喜
事略
備註 公係士典公之次子

十一世祖 裕堂公
妣 李孺人
生子 五房 長 錫瑚 次 錫璉 三 錫瓊 四 錫瑤 五 錫達
事略
備註 公係兆裕公之長子塟于大湖
妣塟丁心窠

十一世祖 君照公
妣
生子 三房 長 錫亨 次 錫魁 三 錫貞
事畧
備註 公係兆圖公之次子

張氏族譜

十一代孫

十一世祖 潮岳公
妣 詹孺人　童孺人
生子 一房 善俊
事略
備註 公係士賢公之子塟馬頭背嶺唇
上妣合塟于南溪頭

十一世祖 朝端公
妣 黃孺人
生子 二房 長 位數　次 位定
事略
備註 公係莊猷公之長子

十一世祖 朝常公
妣 劉孺人　蔡孺人
生子 二房 長 位慶　次 位仰
事略
備註 公係莊猷公之次子

十一世祖 朝聘公 號待三
妣 林孺人　葉孺人
生子 三房 長 位乾　次 位坤　三 功名
事略
備註 公係莊猷公之第三子塟汶水坑石窠
林妣塟本社圓仔崎石坳仔。
葉妣塟本社大圳面

一四四

張氏族譜

十一世祖 朝俊公
妣 邱孺人
生子 二房 長 仲奇 次 足伯
事略
備註 公係莊猷公之第四子

十一世祖 朝谷公
妣 賴孺人
生子 四房 長 位育 次 位與 三 位總 四 位占
事略
備註 公係莊猷公之第七子

十一世祖 朝舉公
妣
生子 一房 太和
事略
備註 公係邦珍公之長子

十一世祖 朝剛公
妣
生子 遺下至十六代茂宗
事略
備註 公係邦珍公之次子

張氏族譜

十一代孫

十一世祖 朝考公
妣
生子 遺下至十四代彩爵公
事略
備註 公係邦珍公之第三子

十一世祖 朝典公 字遂虞
妣 賴孺人
生子 一房 位生
事略
備註 公係邦珍公之第四子葬大石下月形與妣合葬。

十一世祖 天佑公 字遂樂
妣 黃孺人
生子 四房 長大伯公 次元貴 三永照 四位濟
事略
備註 公係尚九公之長子塟于銅羅窠山心妣黃孺人號大娘葬於庵仔坑地形仙人騎鶴

十一世祖 遂海公
妣 賴孺人
生子 一房 位端
事略
備註 公係城九公之子葬南歐樸枯斗

十一世 祖 福昌公
妣 蘇孺人

生子 五房 長 德仁 次 近仁 三 約仁 四 維仁 五 任仁

事略

備註 公係映如公之長子

十一世 祖 遂萬公
妣 賴孺人

生子 五房 長 英光 次 琪仁 三 連公 四 佛壽 五 覲福

事略

備註 公係映如公之次子

十一世 祖 遂恩公
妣 陳孺人

生子 一房 勝仁

事略

備註 公係琢如公之子塟於塔下三角坵地形葉裏藏瓜
妣葬大墳下園檀树后庚坟五〇七年未

十一世 祖 朝瑾公 字遂
妣 林孺人

生子 一房 宗寶

事略

備註 公係握如公之子

張氏族譜

事略

備註
大石下
妣陳孺人生於康熙癸夘正月十六
丑時葬大塓徐屋田面山唇

十一世祖 遂元公 字 壇 號 朝賡
妣 魏孺人
生子 六房 長位贊 次位憲 三位文 四位德 五位欣 六位先
事略

備註
公係騰萬公之第三子

十一世祖 遂肱公 字 岑 號 朝起
妣 蘇孺人
生子 三房 長位賓 次位登 三位班
事略

備註
公係騰公之第四子生於康熙十三年甲寅正月
初九甲戌日子時享年四十五歲卒于康熙五十
七年戊戌正月二十二未時
妣生於康熙十四年乙卯十一月初五亥時卒
於乾隆二十五年庚辰歲六月初五未時享壽八
旬加六

十一世祖 遂良公 字 景恭 號 朝臣
妣 黃老孺人
生子 一房 位峨
事略
公遊歷四川等十三省晚年回家領導二孫建築倚南樓性好古董置假山
筆架書畫墨硯等紀念妣性賢淑遂棟公過房二子爲祠派衍綿綿

備註
公係廷玉公之長子生卒未詳葬於下
板寮岌頭地形「金龜背印」。
妣葬於南歐祖坟仔仙命未詳地形

張氏族譜

十一世祖 遂棟公
妣 楊孺人 余孺人
生子 四房 長位勝 次位榮 三位剛 四位倫
事略 公遂居南歐建築遠慶樓
備註 公係廷玉公之次子葬於塔下石仔崎
楊妣未歸堂已歿後因托夢是以迎回
金罐塋於塔下馬鞍腰
余妣葬於南歐水口猪羊地

十一世祖 遂明公
妣 黄孺人 盧孺人
生子 一房 位彩
事略
備註 公係廷玉公之第三子

十一世祖 遂祿公
妣
生子 四房 長位能 次位恆 三位朝 四位岳
事略
備註 公係煥文公之長子

十一世祖 遂祺公
妣
生子 一房 位岳
事略 公幼年遊歷四川
備註 公係煥文公之次子

十一代孫

張氏族譜

十一世祖 遂祉公

妣

生子 六房 長位卿 次位學 三位台 四位省 五位順 六亞白

事略

備註

公係煥文公之第三子

世祖

妣

生子

事略

備註

世祖

妣

生子

事略

備註

世祖

妣

生子

事略

備註

十一代孫

一五〇

張氏族譜

世祖妣	生子	事略

備註

世祖妣	生子	事略

備註

世祖妣	生子	事略

備註

世祖妣	生子	事略

備註

張氏族譜

世祖妣	生子	事略
備註		

世祖妣	生子	事略
備註		

世祖妣	生子	事略
備註		

世祖妣	生子	事略
備註		

十二代裔孫

張氏族譜

十二世祖 位安公
妣
生子 一房 奉春
事略
備註 公係朝煥公之子

十二世祖 善喜公
妣 陳孺人
生子 一房 懷安
事略
備註 公係潮王公之子

十二世祖 錫連公
妣
生子 一房 秀華
事略
備註 公係裕堂公之次子

十二世祖 錫瓊公
妣
生子 二房 長秀峰 次秀儉
事略
備註 公係裕堂公之第三子

十二代孫

張氏族譜

十二世祖　錫瑤公
妣　蕭孺人
生子　一房　秀容
事畧
備註　公係裕堂公之第四子葬於祿屎崎
妣葬於下片馬齊窠生下六房兩房
往台灣三房往四川

十二世祖　錫亨公
妣
生子　一房　秀吉
事畧
備註　公係君照公之長子

十二世祖　錫魁公
妣
生子　一房　秀颺
事畧
備註　公係君照公之次子

十二世祖　善俊公
妣　劉孺人
生子　一房　應安
事畧
備註　公係朝岳公之子葬大路下

張氏族譜

十二世
祖 位坤公 字武丘
妣 李孺人 陳孺人
生子 一房 振宗
事略
備註 公係朝牌公之次子

十二世
祖 太和公
妣 唐孺人
生子 二房 長石敢 次石清
事略
備註 公係朝舉公之子

十二世
祖 位生公
妣 黃孺人
生子 一房 穆春
事畧
備註 公係朝典公之子

十二世
祖 永照公
妣 李孺人
生子 五房 長亮春 次塤公 三海春 四陂公 五繩公
事略
備註 公係天佑公之第三子生於康熙癸丑年七月十五日午時卒年未詳葬於南歐轉輪坑 妣李太安生於康熙癸亥十一月廿三日辰時黃太婆合葬庵仔坑

張氏族譜

十二代孫

十二世祖	位端公
妣	賴孺人　鄭孺人
生子	一房　振德
事略	
備註	公係遂海公之子

十二世祖	英光公　字勝輝　號遠爵
妣	簡孺人
生子	二房　長石賓　次芳春
事略	
備註	公係遂萬公之長子

十二世祖	勝仁公
妣	曾孺人
生子	三房　長希德　次希玉　三希遠
事略	
備註	公係遂恩公之子葬於大埧下園檀樹背土坟 妣葬於塔下三角坵

十二世祖	宗寶公　號勝先
妣	江孺人　莊孺人
生子	二房　長長抱　次榮珪
事略	
備註	公係朝瑾公之子

一五六

世祖	生子	事略	備註
十二世祖 勝卿公 字韜羽 妣 邱孺人	四房 長苞春 次杏春 三 春 四榕春		公係安軒公之長子
十二世祖 勝周公 妣 吳孺人	二房 長巧春 次壽春		公係安軒公之第四子生於康熙癸酉歲十月初七未時塟於汶水坑長沙坑頭右片山内坐乙向辛 吳妣生於康熙丁亥十一月初四寅時公妣合塟地形燕子傍樑
十二世祖 位文公 妣	三房 長映春 次山春 三柴春		公孫遂元公之第三子
十二世祖 位賓公 妣 賴孺人	四房 長永春 次仁春 三騰春 四育春		公係遂肱公之長子

張氏族譜

十二世祖　位登公　字恕滿　諡奕昌
妣　邱孺人

生子　四房　長棠春　次懷春　三泉春　四積春

事略

備註
公係遂肱公之第四子生於康熙五十四年乙未歲十二月十二日甲戌日酉時卒於乾隆五十三年戊申七月初九日己巳日卯時享壽七四停棺在指南軒乾隆五十九年元月二十二日午時安葬
妣生於康熙五十四年九月二十一丑時卒於乾隆三十五年庚寅四月十五辰時享壽六六

十二世祖　位城公
妣　余孺人

生子　二房　長衍春　次慶春

事略

備註
公係遂良公之子生卒未詳葬於本社大路面喝形「金鐘伏地」
妣葬於本社凹背地形「海螺形」仙命亦未詳

十二世祖　位勝公
妣　黃孺人

生子　一房　錦春

事略

備註
公係遂棟公之長子

十二世祖　位榮公　字尊三
妣　余老孺人　諡慈淑

生子　六房　長先春　次惠春　三錦春　四餘春　五鴻春　六少春

事略
公恩授鄉飲大賓誥贈文林郎

備註
公係遂棟公之次子葬南歐涼山背坐丙向壬
妣葬於下村洋山塘脣

張氏族譜

十二世祖 位㴇公
妣 黃孺人
生子 二房 長 禧穀 次 煥春
事略
備註 公係遂棟公之第三子

十二世祖 位倫公
妣 呂孺人
生子 七房 長 應春 次 駿春 三 登春 四 珪春 五 欽春 六 晋春 七 全春
事略 公壽官迪功郎於家鄉建築逢原居
備註 公係遂棟公之第四子

十二世祖 位彩公
妣 邱孺人
生子 三房 長 勤春 次 振春 三 俊春
事略
備註 公係遂明公之子

十二世祖 位能公
妣
生子 四房 長 泰春 次 陽春 三 到春 四 此春
事略
備註 公係遂祿公之長子

張氏族譜

代孫

世 祖妣	生子	事略	世 祖妣	生子	事略	世 祖妣	生子	事略	世 祖妣	生子	事略
備註			備註			備註			備註		

張氏族譜

世祖妣	生子	事略	世祖妣	生子	事略	世祖妣	生子	事略	世祖妣	生子	事略
備註			備註			備註			備註		

一六二

十三代裔孫

張氏族譜

十三世祖 存泰公
妣
生子 一房 石呂
事略
備註 公係仕安公之子

十三世祖 懷安公
妣 元孺人
生子 二房 長水養 次貴養
事略
備註 公係善喜公之子

十三世祖 秀華公
妣
生子 一房 茂珍
事略
備註 公係錫璉公之子

十三世祖 秀峰公
妣
生子 一房 宗和
事略
備註 公係錫瓊公之長子

張氏族譜

十三世祖	妣	生子	事略	備註
秀儉公		一房　順和		公係錫瓊公之次子
秀容公	簡孺人	三房　長進和　次榮和　三瑞和		公係錫瑤公之子
秀吉公		五房　長德和　次耀和　三準和　四仁和　五義和		公係錫亨公之子
應安公	羅孺人	一房　達宜		公係善俊公之子

張氏族譜

十三世祖　振宗公　字成林
妣　簡孺人
生子　三房　長泰爵　次明爵　三清爵
事略
備註　公係位坤公之子

十三世祖　石敢公
妣
生子　（未載）
事略
備註　公係太和公之長子

十三世祖　穆春公
妣　蘇孺人
生子　一房　能爵
事略
備註　公係位生公之子

十三世祖　亮春公
妣
生子　一房　文爵
事略
備註　公係永照公之長子

張氏族譜

十三代孫

十三世祖　海春公字溪號榮川
妣　林孺人謚淑德
生子　二房　長華爵　次新爵
事略　公爲修建祖廟嗣首
備註　公係永照公之第三子本命生於康熙五十三年甲午十月十七戌時終於乾隆乙巳六月二十卯時享壽七十二歲葬南畝轄輪坑　妣生於康熙己亥四月二十巳時終於乾隆甲寅四月二十八亥時享壽七十六歲葬山角田山、

十三世祖　振德公
妣　陳孺人　魏孺人
生子　六房　長元爵　次亨爵　三利爵　四貞爵　五全爵　六坎爵
事略
備註　公係位端公之子

十三世祖　石右賓公
妣　　葬布竹案
生子　二房　長爾瞻　次爾三
事略
備註　公係英光公之長子

十三世祖　芳春公字盤石
妣　陳孺人
生子　一房　爾能
事略
備註　公係英光公之次子

一六六

張氏族譜

十三世祖 希德公
妣 黄孺人

生子 二房 長爾惠 次爾璇

事略

備註 公係勝仁公之長子生於雍正九年辛亥十二月二十九中時塟在寮仔一崗
妣黄孺人生於乾隆五年庚寅歲四月初六日亥時塟在下田崎中山寅

十三世祖 希玉公 字質良
妣 賴孺人

生子 五房 長爾寬 次爾南 三爾能 四爾誠 五爾煥

事略

備註 公係勝仁公之次子塟於坪峰山與開基祖妣墳右片外向
賴妣葬於塔下畬㙮洋地形烏鴉落洋

十三世祖 榮珪公 字各帛
妣 簡孺人

生子 六房 長元貴 次春公 三春招 四忠貴 五南貴 六西貴

事略

備註 公係宗實公之子

十三世祖 杏春公
妣 李孺人

生子 四房 長爾功 次爾 三爾穀 四爾

事略

備註 公係勝卿公之第三子

張氏族譜

十三代孫

十三世祖榕春公
妣林孺人
生子一房　爾浩
事略
備註
公係勝卿公之第四子

十三世祖巧春公
妣吳孺人
生子四房　長爾靖　次爾榮　三爾光　四爾泰
事略
公誥封中憲大夫欽加三品
備註
公係勝周公之長子本命生於乾隆丁巳歲七月十三卯時塟於本社大路面吳妣塟於入開基祖妣墳前路下山内
爾靖字禝輝妣沈氏爾光字三輝妣李氏

十三世祖壽春公
妣黄孺人
生子二房　長爾選　次爾安
事略
備註
公係勝周公之次子與妣同塟本大埧徐屋櫞樹墩中心窠崎

十三世祖山春公
妣余孺人
生子一房　致順
事略
備註
公係位文公之子

張氏族譜

十三世祖 永春公
妣 李𢹂人
生子
事略
備註 公係位賓公之長子

十三世祖 仁春公
妣 王孺人
生子
事略
備註 公係位賓公之次子

十三世祖 棠春公 字門華 號世棣
妣 邱孺人
生子 四房 長明光 次周光 三福光 四乾光
事略
備註 公係位登公之長子

十三世祖 懷春公 字德使 號世根
妣 林孺人 蘇孺人
生子 一房 乾光
事略
備公 公係位登公之次子

張氏族譜

十三世祖 琴春公
妣
生子 遺下至十六代 昌元 漢元
事略
備註 公係櫂峯公遺下裔孫

十三世祖 衍春公
妣 汪孺人
生子 三房 長贊坤 次贊朝 三贊翼
事略 公勤儉成家置有本社附近良田多處立為蒸田
備註 公係位峨公之長子生卒未詳葬在在南歐下村洋妣塋在塔下鵝公崎仙命未詳

十三世祖 慶春公
妣 邱孺人 江孺人
生子 五房 長贊匡 次贊植 三贊輔 四贊振 五贊德
事略
備註 公係位峨公第次子

十三世祖 錦春公
妣 黄孺人
生子 六房 長贊永 次贊遠 三贊昌 四贊育 五贊浪 六贊錫
事略
備註 公係位勝公之子

張氏族譜

十三世祖：先春公 字家新 號占梅
妣：江孺人 諡端静
生子：四房 長贊日 次贊颺 三贊襄 四贊廷
事略：公曾往台灣教學回家建築裕源樓世重儒業誥贈文林郎
備註：公係位榮公之長子葬在水南畈裕源樓背望天坵脚其地形曰下山虎

十三世祖：惠春公
妣：黄孺人
生子：五房 長贊明 次贊靖 三贊瑶 四贊宜 五贊宗
事略：
備註：公係位榮公之子

十三世祖：餘春公
妣：李孺人
生子：一房 贊賢
事略：
備註：公孫位榮公之第三子

十三世祖：鴻春公
妣：
生子：一房 贊宗
事略：
備註：公係位榮公之第四子

張氏族譜

十三代孫

十三世祖	妣	生子	事略	備註
煥春公	賴孺人	二房　長贊推　次贊興		公係位剛公之子
應春公	余孺人	二房　長贊仁　次贊義		公係位倫公之長子
駿春公	沈孺人	一房　贊有		公係位倫公之次子
發春公	李孺人	一房　贊崇		公係位倫公之第三子

一七二

張氏族譜

十三世祖 桂春公
妣 王孺人

生子 三房 長贊善 次贊茂 三贊三

事略

備註 公係位倫公之第四子

十三世祖 欽春公 字鵬宵 號振巽
妣 陳孺人

生子 一房 贊理

事略 建築倚峰樓公當日與贊日公贊廷公叙侄在北溪經營枋業發展創建文昌會田產鼓勵後輩讀書現代畢業者皆得享受由此代公之所賜也

備註 公係位倫公之第五子公享壽七七歲塟於構樹角地形猛虎下山
陳妣享壽九旬

十三世祖 全春公
妣 陳孺人

生子 四房 長福貴 次贊芳 三森貴 四新貴

事略

備註 公係位倫公之第七子

十三世祖 勤春公
妣 羅孺人

生子 一房 贊玉

事略

備註 公係位彩公之長子

張氏族譜

	十三世祖	妣	生子	事略	備註
陽春公	十三世祖 陽春公		三房 長贊會 次 三		公係位能公之次子
希弼公	十三世祖 希弼公	李孺人 黄孺人	五房 長贊河 次贊翁 三贊南 四贊參 五贊欣		公係位岳公之長子
希鵬公	十三世祖 希鵬公	李孺人	三房 長贊壽 次贊葵 三贊招		公係位岳公之次子葬於崗尾路面 妣葬於黄坭堀
希定公	十三世祖 希定公		遺下至十六代明經		公係位岳公之第三子

張氏族譜

十三代孫

十三世祖 希福公
妣
生子事略 三房 長松泰 次石松 三松英
備註 公係位卿公之第六子

十三世祖 希眉公
妣 江孺人
生子事略 一房 賛犀
備註 公係位省公之子

十三世祖 希康公
妣 蘇孺人
生子事略 一房 元泰
備註 公係位順公之子

十三世祖
妣
生子事略
備註

張氏族譜

十三世祖妣

生

子

事略

備註

十三世祖妣

生

子

事略

備註

十三世祖妣

生

子

事略

備註

十三世祖妣

生

子

事略

備註

十三代孫

一七六

十四代裔孫

張氏族譜

十四代孫

十四世 祖 石呂公 妣 黃孺人	十四世 祖 貴養公 妣 簡孺人	十四世 祖 宗和公 妣	十四世 祖 順和公 妣
生子 一房 超文	生子 四房 長 宗仁 次 宗義 三 宗禮 四 宗智	生子 一房 貴旺	生子 一房 海旺
事略	事略	事略	事略
備註 公係奉春公之子	備註 公係懷安公之子	備註 公係秀峯公之子	備註 公係秀儉公之子

張氏族譜

十四世祖 進和公
十四世妣 鄒孺人
生子 一房 石文
事略
備註 公秀容公之長子

十四世祖 準和公
十四世妣
生子 四房 長元鳳 次新鳳 三鳴鳳 四犀鳳
事略
備註 公秀吉公之第三子

十四世祖 義和公
十四世妣
生子 一房 智鳳
事略
備註 公秀吉公之第五子

十四世祖 達宜公
十四世妣 江孺人
生子 二房 長順福 次井福
事略
備註 公係應安公之子

張氏族譜

十四世祖 真祿公
妣
生子 二房 長 順生 次 順宗
事略
備註 公係十世士建公後裔

十四世祖 清爵公 字 河秀
妣 李孺人
生子 三房 長 丁福 次 丁馨 三 丁樓
事略
備註 公係振宗公之第三子

十四世祖 彩爵公
妣
生子 遺下至十七代院成
事略
備註 公係十一代朝考公後裔

十四世祖 能爵公
妣 邱陳蔡三孺人
生子 三房 長 光維 次 接慶 三 亮慶
事略
備註 公係穆春公之子

張氏族譜

十四世祖　文爵公
十四世妣
生子　二房　長　起明　次　拔俊
事略　公昆仲三人與兄共維家務
備註　公係亮春公之子

十四世祖　華爵公　字石祿　號國華
十四世妣　梁孺人
生子　二房　長　起良　次　拔茂　幼亡
事略　公昆仲三人勤儉主持家務得弟經商順利共置田產爲祖父增蒸計一百二十石
備註　公係海春公之長子生於乾隆戊辰十一月廿一日子時終於嘉慶元年丙辰四月二十一日卯時享陽四十九歲塟在門口山
妣生於乾隆己巳九月初三日丑時終於嘉慶乙丑五月二十四日亥時塟在大石下路面

十四世祖　新爵公　字新祿
十四世妣　江江二孺人
生子　三房　長　起才　次　起南　三　起隆
事略　公昆仲三人青年時得兄主持往石碣經營枋業發達歸家興家立業
備註　公係海春公之次子

十四世祖　元爵公
十四世妣
生子　遺下至十七代連水連福
事略
備註　公係振德公之長子

張氏族譜

十四世祖	利爵公	貞爵公	坎爵公	爾瞻公
妣		游孺人	林孺人	顏孺人
生子	一房 登良	三房 長英岳 次英開 三英明	三房 長英勤 次英有 三英華	三房 長學越 次宜聰 三往台灣
事略				
備註	公係振德公之第三子	公係振德公之第四子	公係振德公之第六子	公係石賓公之長子

張氏族譜

十四世祖：爾三公
妣：郎孺人
生子：三房　長學林　次門英　三門慶
事略：

備註：公係石賓公之次子

十四世祖：爾能公 字立喜
妣：江孺人
生子：三房　長成兆　次馨兆　三邦兆
事略：

備註：公係芳春公之子生於乾隆十五年庚午十月初四巳時享壽七十三歲終于道光二年壬午三月初三申時、妣生於乾隆十八年癸酉八月十五戌時享壽七十四卒於道光丙戌八月初一日寅時生下一女嫁高頭天助樓

十四世祖：爾惠公
妣：黃孺人
生子：一房　書米
事略：

備註：公係希德公之長子

十四世祖：爾璇公 字深郎
妣：黃孺人
生子：五房　長朝元　次朝福　三朝祿　四朝水　五朝滿
事略：

備註：公係希德公之次子生於乾隆三十六年辛卯十一月二十日卯時塟馬頭背伯公崎黃妣生於乾隆三十六年正月初六辰時享年三十三歲塟桂竹窠

張氏族譜

十四世祖 爾寬公
妣 黃孺人

生子 四房 長 長元 次 添瑞 三 水賜 四 祺瑞

事略

備註 公係希玉公之長子

十四世祖 爾南公
妣

生子 四房 長 [illegible] 次 [illegible] 三 [illegible] 四 傑兆

事略

備註 公係希玉之次子

十四世祖 爾誠公 字友朋
妣 黃孺人

生子 二房 長 發元 次 村元

事略

備註 公係希玉公之第四子本命未詳因家譜失落公原塋徐屋溪五窠口公 妣塋合 焉

十四世祖 爾煥公
妣 賴孺人

生子 一房 新瑞

事略

備註 公係希玉公之第五子公壯年往台灣經商 妣塋於下園

十四世祖	妣	生子	事略	備註
爾妙公 字西貴	黃孺人	五房 長德珍 次德容 三德坤 四德順 五德滿		公係榮珪公之第六子
爾功公		一房 中和		公係杏春公之長子
爾穀公	黃孺人 黃孺人	三房 長景林 次景乾 三景恒		公係杏春公之第三子
爾浩公	黃孺人	一房 景成		公係榕春公之子

張氏族譜

十四世祖 爾榮公 字映輝 諱維彩
妣 李孺人 江孺人
生子 二房 長奕和 次奕運
事略
備註 公係巧春公之次子

十四世祖 爾春公 字朝輝 諱維安
妣 王孺人 江孺人
生子 一房 景芳
事略 公誥封中憲大夫欽加三品
備註 公係巧春公之之第四子塋在松柏坑口對面石路面石崗仔坐辛向乙兼戌辰 妣王孺人改塋於竹䕡 江妣塋在大垻暗唐山坐壬向丙

十四世祖 爾選公 字德輝
妣 葉孺人
生子 三房 長景富 次增華 三玉華
事略
備註 公係壽春公之長子

十四世祖 爾安公
妣
生子 一房 圭壬
事略
備註 公係壽春公之次子

張氏族譜

十四世祖　致順公
妣　賴孺人
生子　二房　長新貴　次國貴
事略
備註　公係山春公之子

十四世祖　致　公
妣
生子　一房　順林
事略
備註　公係永春公之子

十四世祖　致　公
妣
生子　一房　寬泰
事略
備註　公係仁春公之子

十四世祖　明光公字致傑
妣
生子　二房　長成亮　次政亮
事略
備註　公係棠春公之長子本命生於乾隆二十九年甲申歲四月廿四日乙巳日寅時卒於乾隆四十九年甲辰四月二十四日巳時享年廿一歲塟槽坑巽山乾向兼已亥庚辰庚戌分金

張氏族譜

十四世祖：周光公 字致豪 號鳳羽
妣：石孺人
生子：一房 金亮
事略：恩授廸功郎
備註：公係棠春公之次子

十四世祖：福光公 字致强
妣：蘇孺人
生子：一房 炳亮
事略：
備註：公係棠春公之第三子

十四世祖：乾光公 字致九
妣：蘇孺人 李孺人
生子：八房 長如山 次如隆 三如海 四如達 五如茂 六如元 七如慶 八如加
事略：
備註：公係懷春公之子

十四世祖：贊坤公
妣：
生子：一房 位彩
事略：
備註：公係衍春公之長子

張氏族譜

十四世祖　贊朝公
妣　楊孺人
生子　一房　宗繩
事略　公勤儉治家
備註　公係衍春公之次子生卒未詳同妣合塟於乾頭崠尖峯筆下邊

十四世祖　贊翼公
妣　余孺人
生子　四房　長宗福　次宗訓　三宗川　四宗定
事略　公前清大學生
備註　公係衍春公之第三子生卒未詳同妣合塟塔下南面墩地形「金獅過桌」祖妣仙命未詳

十四世祖　贊匡公
妣　李孺人　邱孺人
生子　四房　長元彩　次光彩　三亮彩　四雄彩
事略
備註　公係慶春公之長子

十四世祖　贊植公
妣　陳孺人　巫孺人
生子　四房　長宗華　次宗詞　三宗辰　四宗壬
事略
備註　公係慶春公之次子

張氏族譜

十四世祖	妣	生子	事略	備註
贊輔公	邱孺人 黃孺人	四房 長梅彩 次煥彩 三賢彩 四賀彩		公係慶春公之第三子
贊振公 字蘭芳	蘇孺人	四房 長播彩 次昌彩 三明彩 四永彩		公係慶春公之第四子
贊德公	李孺人	二房 長有彩 次福彩		公係慶春公之第五子
贊永公	簡孺人	一房 萬林		公係錦春公之長子

張氏族譜

十四世祖　贊日公　字光澤　號克恭
妣　蕭孺人　李孺人　李孺人
生子　五房　長拔賢　次拔卿　三拔參　四拔良　五拔玉
事略
備註　公係先春公之長子

十四世祖　贊颺公
妣
生子　三房　長拔能　次拔壯　三拔秀
事略
備註　公係先春公之次子

十四世祖　贊襄公　字光憲
妣　余孺人　魏孺人
生子　五房　長拔文　次拔相　三拔宏　四拔桂　五拔全
事略
備註　公係先春公之第三子

十四世祖　贊廷公　字光邦　號槐堂
妣　黄老安人
生子　三房　長拔萃　次拔璉　三拔麟
事略　公恩授歲進士例封文林郎性喜讀書著作遺有墨跡二十七歲開創義成號發達建築植槐樓
備註　公係先春公之第四子葬於南歐棟背坐丁向癸　妣葬於大塓洋坐辰向戍

張氏族譜

十四世祖	贊明公	贊靖公	贊瑤公	贊賢公
妣		黃孺人 蘇孺人	汪孺人	汪孺人
生子	二房 長光源 次道源	五房 長乾震 次乾仲 三乾萬 四乾敏 五乾讓	一房 接貴	三房 長融建 次雍建 三洪建
事略				
備註	公係惠春公之長子	公係惠春公之次子	公係惠春公第三子	公係餘春公之子

張氏族譜

十四世祖	生子	事略	備註
十四世祖 贊宗公 妣	五房 長金源 次兆源 三清源 四貴源 五湧源		公係鴻春公之子
十四世祖 贊推公 妣 黃孺人 吳孺人	二房 長壬謙 次巽謙		公係煥春公之長子
十四世祖 贊興公 妣 江孺人	四房 長能光 次能貴 三能勤 四能儉		公係煥春公之次子
十四世祖 贊仁公 世 李孺人	二房 長三仲 次蘭鐘		公係應春公之長子

張氏族譜

十四世祖　贊兆公
妣　黃孺人
生子　一房　啓鐘
事略
備註　公係俊春公之子

十四世祖　贊崇公
妣　江孺人
生子　一房　觀坤
事略
備註　公係登春公之子

十四世祖　贊茂公
妣　黃孺人
生子　一房　銘鐘
事略
備註　公係珪春公之次子

十四世祖　贊理公字派泉號斐章
妣　簡孺人
生子　三房　次澤鐘　次衡鐘　三秀鐘
事略　公秉承父志專心求學果得錄取庠生爲我南歐首科文秀才也
備註　公係欽春公之子

張氏族譜

十四世祖妣	生子	事略	備註
贊芬公 黃孺人	一房　祥鐘		公係全春公之長子
贊玉公 蕭孺人	一房　芳招		公係勤春公之子
贊會公	二房　長德宗　次步青		公係陽春公之子
贊南公 蘇江林三孺人	一房　元和		公係希弼公之第三子

十四世祖 贊欣公
妣
生子 一房 元才
事略

備註 公係希弼公之第五子

十四世祖 贊騫公
妣
生子 遺下至十代福旺
事略

備註 公係希鵬公之長子

十四世祖 贊葵公
妣 黄孺人
生子 三房 長雙華 次雙對 三雙溪
事略

備註 公係希鵬公之次子

十四世祖 松泰公
妣 黄孺人
生子 一房 門早
事略

備註 公係希福公之長子

十四代孫

張氏族譜

十四世祖	石松公	贊勤公	元泰公	贊育公
妣		葉孺人	江孺人	
生子	三房 長學早 次順早 三臨早	一房 善仁	一房 長石早 次按早 三觀早 四景早 五寬早	二房 長元庸 次招庸
事略				
備註	公係希福公之次子	公係希眉公之子	公係希康公之子	公係錦春公之第四子

張氏族譜

十四世祖妣

生子

事略

備註

十四世祖妣

生子

事略

備註

世祖妣

生子

事略

備註

世祖妣

生子

事略

備註

張氏族譜

世祖妣	生子	事略
備註		

世祖妣	生子	事略
備註		

世祖妣	生子	事略
備註		

世祖妣	生子	事略
備註		

十五代裔孫

張氏族譜

十五世祖妣	生子	事略	備註
超文公 黃孺人	一房 恭興		公係石呂公之子
宗仁公 李孺人	一房 慶昌		公係貴養公之長子
宗義公 蘇孺人	一房 運昌		公係貴養公之次子
宗禮公	一房 成昌		公係貴養公之第三子

張氏族譜

十五代孫

十五世祖妣	生子	事略	備註
宗智公	四房　長磅昌　次運昌　三茂昌　四同昌		公係貴養公之第四子
選球公	二房　長啓瑞　次日瑞		公係茂珍公之子
桂旺公	二房　長興德　次俊德		公係宗和公之子
海旺公	一房　周孫		公係順和公之子

二〇〇

張氏族譜

十五代孫

十五世祖 智鳳公
妣
生子 一房 榮鍾
事略
備註 公係義和公之子

十五世祖 順福公
妣
生子 一房 增昌
事略
備註 公係達宜公之長子

十五世祖 升福公
妣 李孺人
生子 一房 汝昌
事略
備註 公係達宜公之次子

十五世祖 順生公
妣
生子 一房 元昌
事畧
備註 公係喜孫公之長子

十五代孫

張氏族譜

十五世祖	妣	生子	事略	備註
順亮公		一房 泉昌		公係喜孫公之次子
丁福公		七房 長英來 次松源 三鳳全 四鳳玉 五鳳廷 六鳳源 七鳳水		公係清爵公之長子
丁馨公	黃孺人	三房 長井鳳 次鳳播 三鳳美		公係清爵公之次子
光維公		一房 增發		公係能爵公之長子

張氏族譜

十五世祖：接慶公
妣：劉孺人
生子：四房　長石林　次來璠　三林璠　四全璠
事略：
備註：公係能爵公之次子

十五世祖：亮慶公
妣：
生子：一房　等和
事略：
備註：公係能爵公之第三子

十五世祖：起明公
妣：
生子：二房　長興璠　次坤璠
事略：
備註：公係文爵公之長子

十五世祖：拔俊公
妣：
生子：一房　廷璠
事略：
備註：公係文爵公之次子

十五世祖 起良公 字拔維 諱維芳
妣 黃孺人
生子 二房 長瑚璠 次培璠
事略 公乾隆時國學生博學堪輿選有祖坟數穴
備註 公係華爵公之長子生于乾隆乙未正月十二日寅時終于嘉慶辛未三月初六日午時享陽三十七歲
妣生于乾隆辛丑正月初七日午時終于道光癸卯九月初八日申時享陽六十三歲合葬揚家壢

十五世祖 起隆公 字拔昌 號錫隆
妣 黃孺人 李孺人
生子 四房 長圭璠 次潤璠 三温璠 四璵璠
事略
備註 公係新爵公之第三子生卒未詳老譜遺失尚知享壽六二歲塟趕掃崎，
黃妣合塟
李妣生未詳卒于光緒十年甲申歲五月初享壽七旬加三歲

十五世祖 登良公
妣 詹孺人
生子 一房 佛傳
事略
備註 公係利爵公之子

十五世祖 英岳公
妣 賴孺人
生子 二房 長林衣 次舜衣
事略
備註 公係貞爵公之長子

張氏族譜

十五世祖 英華公
妣 魏孺人
生子 二房 長 開壽 次 開富
事略
備註 公係坎爵公之第三子

十五世祖 學林公
妣 賴孺人
生子 二房 長 增承 次 增水
事略
備註 公係爾三公之長子

十五世祖 成兆公 字學信
妣 黃孺人
生子 二房 長 增榮 次 增培
事略
備註 公係爾能公之長子

十五世祖 馨兆公 字金瑞
妣 賴孺人
生子 一房 嘉扶
事略
備註 公係爾能公之次子

張氏族譜

十五代孫

十五世祖妣	生子	事略	備註
邦兆公 汪孺人	二房 長繼宗 次（未載）		公係爾能公之第三子
書米公 字英兆 吳孺人 李孺人	四房 長增玉 次增立 三增化 四增河		公係爾惠公之子
朝福公	一房 彩榮		公係爾璇公之次子
朝滿公 字勤兆 黄孺人	三房 長嘉渠 次嘉佑 三嘉業		公係爾璇公之第五子

張氏族譜

十五代孫

十五世祖長元公
妣江孺人
生子四房 長步月 次明月 三輪月 四承漢
事略
備註
公係爾寬公之長子

十五世祖添瑞公
妣
生子二房 長增泉 次承强
事略
備註
公係爾寬公之次子

十五世祖水賜公
妣
生子遺下至十八代建興
事略
備註
公係爾寬公第三子

十五世祖祺瑞公
妣
生子一房 承强
事略
備註
公係爾寬公第四子

張氏族譜

十五世 祖				傑兆公
十五世 妣				
生子	一房 增疇	一房 增上	一房 增懷	一房 成武
事略				
備註	公係爾南公之長子	公係爾南公之次子	公係爾南公之第三子	公係爾南公之第四子

張氏族譜

十五代孫

十五世祖　發元公　字達兆　鵬飛
妣　江孺人
生子　一房　嘉程　字承萬号鵬飛
事略
備註　公係爾誠公之子葬寮仔窠地形嫦娥奔斗以石為碑无碑文
妣葬大塘水圳埕下　黄竹甲

十五世祖　新瑞公　字盛兆
妣　黄孺人　番孺人
生子　五房　長　添錦　次　鳳錦　三　承萬　四　勇錦　五　增錦
事略　公幼年拳術壯年出洋經商發達於荷屬嗎唇
備註　公係爾煥公之子生未詳終于南洋荷屬嗎唇葬唇百芝蘭由承萬公手竪有墓碑以爲紀念
妣黄孺人葬塔下禾担崎

十五世祖　德珍公
妣　蘇孺人
生子　一房　嘉華　即增秀
事略
備註　公係西貴公之子　擢如公

十五世祖　中和公
妣
生子　一房　承海
事略
備註　公係爾功公之子

二一〇

十五代孫

張氏族譜

十五世 祖 景林公
妣 吳孺人
生子 四房 長碧海 次木森 三碧欽 四木明
事略
備註 公係爾谷公之長子

十五世 祖 景乾公
妣
生子 三房 長集昌 次昌 三立昌
事略
備註 公係爾谷公之次子 長弍兩房遷居四川台灣等處 三房過房景恆公

十五世 祖 景恆公
妣 江孺人
生子 四房 長立昌 次南昌 三壘昌 四萬昌
事略
備註 公係爾谷公之第三子

十五世 祖 景成公
妣 邱孺人
生子 二房 長光遠 次承山
事略
備註 公係爾浩公之子

張氏族譜

十五世祖 奕和公
妣 游孺人　江孺人
生子 一房 嘉惠
事略
備註 公係爾榮公之長子

十五世祖 景芳公 字奕梅
妣 李孺人　游孺人
生子 五房 長桂福　次桂龍　三桂山　四桂萬　五桂石
事略 公恩授歲進士誥封中憲大夫欽加三品職銜
備註 公係爾泰公之子原命生於嘉慶己巳年三月十九辰時（1809, handwritten）卒未詳塟於大坱田崎癸山丁向兼子午丙子丙午分金，
李妣生于嘉慶甲戌（1814, handwritten）歲三月十八未時遷塟庵仔坑地形觀音坐蓮
游妣生于嘉慶己卯（1819, handwritten）二月初二午時遷塟於汶水坑長沙坑頂大崠地形裝楻之吉地也

十五世祖 景富公 字門錦
妣 葉孺人
生子 三房 長繼隆　次進隆　三提隆
事略
備註 公係爾選公之長子

十五世祖 北壬公
妣
生子 三房 長櫂隆　次觀漢　三妙賜
事略
備註 公係爾安公之子

張氏族譜

十五世祖	妣	生子	事略	備註
新貴公	余孺人	一房 集錦		公係致順公之長子
國貴公		一房 文錦		公係致順公之次子
順林公	蘇孺人	一房 啓章		公係
寬泰公		二房 長 昌三 次 才章		公係

張氏族譜

十五世祖	十五世妣	生子	事略	備註
政亮公	江孺人	四房　長開揚　次忠揚　三明揚　四少揚		公係明光公之子
金亮公 字霽源	賴孺人	五房　長伯卿　次仲卿　三季卿　四叔卿　五雲卿	公思授五品少經商白手成家年三六創建浚源樸	公係周光公之子生於嘉慶四年己未歲七月初六未時享壽八九歲，妣生於嘉慶十四年己巳十二月十七辰時享壽八旬公妣合塟於本社牛鼻吼，
炳亮公 字竹羨	蘇孺人	二房　長石郊　次富揚		公係福光公之子
如山公	葉江蘇三孺人	一房　榮章		公係乾光公之長子

世系	祖	妣	生子	事略	備註
十五世	如海公 字光泰	李孺人	五房 長榮落 次榮文 三榮開 四榮選 五榮祥		公係乾光公之第三子
十五世	如元公	葉孺人	二房 長榮輝 次榮典		公係乾光公之第六子
十五世	如加公		一房 榮魁		公係乾光公之第八子
十五世	位彩公	簡孺人	一房 學武		公係贊坤公之子

張氏族譜

十五世祖　昭彩公　字宗繩
妣　蘇孺人
生子　二房　長青云　次景云
事略
備註　公係贊朝公之子生卒未詳葬於南歐崠斜隔洋
妣仙命未詳

十五世祖　宗福公
妣
生子　四房　長理通　次理仲　三理三　四理中
事略
備註　公係贊翼公之長子

十五世祖　宗訓公
妣　江孺人
生子　四房　長仕巧　次美巧　三東巧　四新巧
事略
備註　公係贊翼公之次子

十五世祖　宗川公　字來彩
妣　江孺人　蘇孺人
生子　一房　上巧
事略　公經筵講官協辦大學士管理國子監事務加三級「蜚聲上國」在家建築西來居前後二座
備註　公係贊翼公之第三子仙命未詳
公妣合葬凹欽頂
江婆太葬在下山角艮山坤向

[福建南靖]塔下張氏族譜

十五代孫

張氏族譜

十五世祖 宗定公 字 定彩
妣 李孺人
生子 一房 石昌 字 清流
事略 公秉性剛直慈善好施雖未達詩書然與金拔進士公非常友好日夜聚首談文親自築大圳面佳城一座以利仙逝時使而安塋創置田園架造屋宇勤儉立業足以遺範後人。
備註 公係贊翼公之第四子公妣仙命未詳合塟于塔下水尾大圳面地形「飛天馬」又名「獅子滾球」。

十五世祖 元彩公字宗元
妣 江孺人
生子 四房 長 達全 次 達貴 三 達廣 四 達新
事略
備註 公係贊匡公之長子

十五世祖 光彩公 字 宗光
妣 江孺人
生子 一房 達仁
事略
備註 公係贊匡公之次子

十五世祖 亮彩公字宗亮
妣
生子 三房 長 達茂 次 達義 三 達龍
事略
備註 公係贊匡公之第三子

張氏族譜

十五世祖　雄彩公　字宗傑
十五世妣　江孺人
生子　四房　長達容　次達順　三達上　四達勝
事略
備註　公係贊匡公之第四子

十五世祖　宗華公
十五世妣　黃孺人
生子　一房　源祥
事略
備註　公係贊植公之長子

十五世祖　宗壬公
十五世妣
生子　一房　高日
事略
備註　公係贊植公之第四子

十五世祖　梅彩公
十五世世
生子　三房　長人秀　次才秀　三合秀
事略
備註　公係贊輔公之長子

張氏族譜

十五世祖：煥彩公
妣：
生子：三房　長桂秀　次仲秀　三伯秀
事略：
備註：公係贊輔公之次子

十五世祖：賢彩公　字宗賢
妣：江孺人
生子：四房　長祿秀　次忠秀　三步秀　四南秀
事略：
備註：公係贊輔公之第三子

十五世祖：賀彩公　字宗海
妣：
生子：二房　長揚秋　次揚秀
事畧：
備註：公係贊輔公之第四子

十五世祖：璠彩公
妣：林孺人　李孺人
生子：三房　長侍鈞　次才成　三和成
事略：
備註：公係贊振公之長子

張氏族譜

十五世祖	妣	生子	事略	備註
昌彩公	簡孺人	一房 學成		公係贊振公之次子
明彩公	江孺人 江孺人	五房 長信成 次福成 三會成 四近成 五滿成		公係贊振公之第三子
永彩公	賴孺人	四房 長開成 次潤成 三才成 四問成		公係贊振公之第四子
福彩公	邱孺人	二房 長銀傳 次金傳		公係贊德公之子

張氏族譜

十五世祖	妣	生子	事略	備註
萬林公	黃孺人	三房 長連福 次才福 三貴福		公係贊永公之子
拔賢公	黃孺人	二房 長蘭增 次元增		公係贊日公之長子
拔卿公		一房 乾增		公係贊日公之次子
拔參公		一房 仁增		公係贊日公之第三子

張氏族譜

十五世祖	妣	生子	事略	備註
拔玉公		一房 錦增		公係贊日公之第五子
拔能公		四房 長福增 次書增 三順增 四達增		公係贊颺公之長子
拔秀公		一房 燕增		公係贊颺公之第三子
拔文公	賴孺人	一房 立增		公係贊襄公之長子

張氏族譜

十五世祖	妣	生子	事略	備註
拔相公	汪孺人	一房 蔚增		公係賛襄公之次子
拔宏公 字萬選	林孺人	三房 長奎增 次耀增 三煥增		公係賛襄公之第三子
拔桂公 字秋選	黃孺人 汪孺人	二房 長勝增 次和增		公係賛襄公之第四子
拔萃公 字俊拔 號篤和 諱超選	陳孺人 林孺人	四房 長夢蘭 次夢黎 三發增 四登瀛		公係賛廷公之長子

張氏族譜

十五世
祖　拔璉公 字金拔 號青選 諱燕臺
妣　李老安人

生子
四房　長培英　次文治　三瑞珍　四瑞昌

事略

公二十一歲錄取府案首、二十二歲進泮入學、後數年上等補增廣生、四十三歲庚午科以五經中式舉人第五名、五十九歲道光六年丙戌科會試中式第弍百壹拾名進士、欽點卽用縣正堂歷任福甯府教諭曾任甘肅縣縣長掌教漳卅芝山兩院院長又發起創辦曲江文會基金田產為每年召集本姓學生會考以資鼓勵厚植人才蓋公著作德遠堂聯文順昌樓聯文及其他書房屋宇神廟聯文多處以及祖廟祖坟豎石棋藉以謁祖紀念素傳公待人以德遺裔繁昌公為吾族之模範人皆崇拜

備註

贊廷公之次子本命生於乾隆三十三年戊子歲四月丙子日申時卒於道光二十七年丁未歲四月十二日享壽八旬塟於南歐大窠崎坤山艮李妣塟於南歐十二揶浪蕩石過路田面上申山寅向次妣塟南歐轉籠坑。

張氏族譜

十五世祖	妣	生子	事略	備註
光源公		一房 邦顏		公係贊明公之長子
道源公		一房 邦清		公係贊明公之次子
乾震公 字昆源	林孺人 江孺人	五房 長龍斌 次龍呂 三龍業 四龍柱 五龍保		公係贊靖公之長子
乾仲公		三房 長龍木 次龍烱 三		公係贊靖公之次子

張氏族譜

十五代孫

十五世祖乾萬公
妣
生子一房 龍立
事略

備註 公係贊靖公之第三子

十五世祖乾敏公
妣江孺人
生子一房 龍保
事略

備註 公係贊靖公之第四子

十五世祖接貴公
妣
生子七房 長汝茂 次松茂 三蔭茂 四僾茂 五蘭茂 六羣茂 七能茂
事略

備註 公係贊瑶公之子

十五世祖融建公
妣邱孺人
生子五房 長海增 次河增 三天增 四加增 五潤增
事略

備註 公係贊賢公之長子

二二六

張氏族譜

十五世祖 洪建公
妣
生子 一房 仕增
事略
備註 公係贊賢公之第三子

十五世祖 金源公
妣
生子 七房 長錦文 次海文 三書文 四定文 五金文 六毓文 七廣文
事略
備註 公係贊宗公之長子

十五世祖 兆源公
妣
生子 一房 承增
事略
備註 公係贊宗公之次子

十五世祖 清源公
妣
生子 一房 井瑞
事略
備註 公係贊宗公之第三子

張氏族譜

十五世祖　貴源公
妣
生子　五房　長步達　次步周　三步松　四步先　五步頌
事略

備註　公係贊宗公之第四子

十五世祖　壬謙公
妣　李孺人
生子　一房　定瑞
事略

備註　公係贊推公之長子

十五世祖　巽謙公
妣　林孺人　李孺人
生子　一房　武瑞
事略　公岳武生

備註　公係贊推公之次子

十五世祖　能光公
妣　黄孺人
生子　二房　長覲明　次覲宏
事略

備註　公係贊興公之長子

張氏族譜

十五世祖 能貴公
十五世妣 江孺人
生子 二房 長 觀彩 次 觀福
事畧
備註 公係贊興公之次子

十五世祖 蘭鐘公
十五世妣 江孺人
生子 一房 啓明
事略
備註 公係贊仁公之次子

十五世祖 啓鐘公
十五世妣 李孺人
生子 二房 長 仁興 次 全興
事略
備註 公係贊兆公之子

十五世祖 觀坤公
十五世妣 吳孺人
生子 一房 德龍
事畧
備註 公係贊宗公之子

張氏族譜

十五世祖　銘鐘公
妣　林孺人

生子　四房　長聚標　次聚奎　三立元　四石元

事略

備註　公係贊茂公之子

十五世祖　澤鐘公　字石堪　號雨亭
妣　蕭孺人

生子　五房　長聚五　次聚三　三聚極　四聚井　五聚滿

事略

備註　公係贊理公之長子

十五世祖　衡鐘公
妣　簡孺人

生子　四房　長聚培　次聚幹　三聚團　四聚成

事略

備註　公係贊理公之次子

十五世祖　秀鐘公　字信科
妣　江孺人

生子　四房　長聚泮　次聚揚　三聚英　四聚國

事略　公好學錄取庠生後研究醫學光榮遠近人士稱賛妙手

備註　公係贊理公之第三子

張氏族譜

十五世祖	妣	生子	事略	備註
祥鐘公	蕭孺人	一房 聚堂		公係贊芳公之子
芳昭公	曾孺人	三房 長錦山 次錦章 三錦華		公係贊玉公之子
德宗公		一房 錦昌		公係贊會公之長子
步青公	簡孺人 邱孺人	三房 長瑞添 次瑞昌 三錦昌		公係贊會公之次子

張氏族譜

十五世祖妣	生子	事略	備註
元和公 黃孺人	四房 長林科 次石科 三俊科 四運科		公係賛南公之子
元才公	二房 長振育 次振書		公係賛欣公之子
雙對公 江孺人	三房 長克邦 次克追 三克繩		公係賛蕤公之子享壽八四歲生第三子幼年往暹
門早公 李孺人	四房 長兆才 次兆斌 三兆洪 四兆田		公係松泰公之子

張氏族譜

十五世祖 臨早公
妣
生子 四房 長兆貴 次兆良 三兆春 四兆水
事略
備註 公係石松公之第三子

十五世祖 善仁公
妣 李璩人
生子 三房 長木如 次德如 三添如
事略
備註 公係贊犀公之子

十五世祖 錦早公
妣 李孺人
生子 一房 開增
事略
備註 公係元泰公之第四子

十五世祖 寬早公
妣 汪孺人
生子 一房 開發
事略
備註 公係元泰公之第五子

張氏族譜

十五代孫

十五世祖	生子	事略
元庸公	一房　順福	
妣		
備註		
公係贊育公之長子		

十五世祖	生子	事略
招庸公	一房　瑞福	
妣		
備註		
公係贊育公之次子		

十五世祖	生子	事略
妣		
備註		

十五世祖	生子	事略
妣		
備註		

十六代孫

張氏族譜

十六世祖 恭興公
妣 簡孺人
生子 三房 長 萬順 次 萬海 三 萬賜
事畧
備註 公係超文公之子

十六世祖 慶昌公
妣 蘇孺人
生子 三房 長 集開 次 佛開 三 石開
事畧
備註 公係宗仁公之于

十六世祖 運昌公
妣 江孺人
生子 一房 集達
事畧
備註 公係宗義公之子

十六世祖 成昌公
妣
生子 一房 石開
事畧
備註 公係宗禮公之子

張氏族譜

十六代孫

十六世祖	妣	生子	事略	備註
茂昌公	賴孺人	一房　集通		公係宗智公之第三子
啓瑞公		三房　長 長淼　次 長順　三 長逢		公係選球公之長子
興德公		一房　榮錦		公係桂旺公之長子
俊德公		一房　粦錦		公係桂旺公之次子

二三六

張氏族譜

十六世祖 周孫公
妣 容錦
生子 一房
事略
備註 公係海旺公之子

十六世祖 陳漢公
妣 簡孺人
生子 一房 福星
事略
備註 公係石文公之長子

十六世祖 榮漢公
妣 箫孺人
生子 一房 月喜
事略
備註 公係石文公之次子

十六世祖 修福公
妣
生子 二房 長振宗 次桃宗
事略
備公 公係新鳳公之子

張氏族譜

十六代孫

十六世祖妣	生子	事略	備註
榮璧公	一房　海宗		公係鳴鳳公之長子
榮開公	一房　憲宗		公係鳴鳳公之次子
兆瑞公	七房　長錦宗　次萬宗　三衍宗　四潮宗　五榮宗　六耀宗　七金宗		公係翟鳳公之長子
榮鐘公	二房　長棣宗　次列宗		公係智鳳公之子

二三八

張氏族譜

十六世祖妣	生子	事略	備註
增昌公 李孺人	五房 長 集雲 次 集芬 三 集萬 四 集燕 五 集貴		公係順福公之子
友昌公	二房 長 集龍 次 集鳳		公係井福公之子
元昌公	二房 長 集基 次 集啓		公係順生公之子
泉昌公	一房 集春		公係順亮公之子

張氏族譜

十六世祖	井鳳公
妣	
生子	一房　開林
事略	
備註	公係丁馨公之長子

十六世祖	鳳播公
妣	江孺人
生子	一房　乾林
事略	
備註	公係丁馨公之次子

十六世祖	鳳美公
妣	李孺人
生子	一房　坤林
事略	
備註	公係丁馨公之第三子

十六世祖	英來公
妣	
生子	三房　長金初　次金旺　三開林
事略	
備註	公係丁福公之長子三男過房井鳳公

張氏族譜

十六世	祖 茂宗公 妣	祖 增發公 妣 蘇孺人	祖 石林公 妣 林孺人 蘇孺人	祖 等和公 妣
生子	一房 欽文	四房 長清文 次立文 三選文 四傳文	三房 長開文 次書文 三德興	二房 長錦文 次先文
事略				
備註	公係十一代朝剛公之裔	公係光維公之子	公係接慶公之次子	公係亮慶公之子

張氏族譜

十六世祖　興璠公
妣

生子　二房　長桂馨　次桂槐

事略

備註　公係起明公之長子

十六世祖　廷璠公
妣

生子　一房　桂基

事略

備註　公係拔俊公之子

十六世祖　湖璠公　字玉卿　號崑圃
妣　蘇孺人　江孺人　簡孺人

生子　二房　長桂珍　次桂榮

事略　公性好讀誠樸待人甚為進士公之愛惜創建桂月齋一所

備註　公係起良公之長子生于嘉慶庚申年四月初二日卯時終於同治丙寅年八月十八日戌時享壽六十七歲葬在馬鞍腰田心蘇江二妣合葬李和村石粉地簡妣葬湖洋窠山內

十六世祖　培璠公
妣　林孺人　李孺人

生子　五房　長桂慶　次桂應　三桂生　四桂景　五桂五

事略

備註　公係起良公之次子

張氏族譜

十六世祖 幸璠公
妣
生子事略 一房 長桂芳
備註 公係起隆公之長子

十六世祖 潤璠公
妣 莊孺人
生子事略 二房 長桂園 次桂鐘
備註 公係起隆公之次子

十六世祖 溫璠公
妣 邱孺人
生子事略 三房 長桂緒 次桂廷 三桂先
備註 公係起隆公之第三子

十六世祖 與璠公字奐卿
妣 邱孺人
生子事略 二房 長桂亨 次桂利
備註 公係起隆公之第四子

張氏族譜

十六代孫

十六世祖	生子	事略	備註
十六世祖佛傳公 妣余孺人	三房 長連興 次連亨 三連添		公係登良公之子
十六世祖林依公 妣	一房 連旺		公係英岳公之長子
十六世祖舜依公 妣葉孺人	三房 長連榜 次連生 三連學		公係英岳公之次子
十六世祖開壽公 妣簡孺人	二房 長連運 次連和		公係英華公之長子

張氏族譜

十六代孫

十六世祖 開富公
妣 李孺人
生子 二房
長 連發 次 連順
事略
備註 公係英華公之次子

十六世祖 增承公 字嘉續
妣 簡孺人
生子 五房
長 作頂 次 正元 三 火焱 四 滿養 五 添足
事略
備註 公係學林公之長子

十六世祖 增榮公
妣 黃孺人
生子 二房
長 作雨 次 作連
事略
備註 公係成兆公之長子

十六世祖 增培公 字嘉植
妣 黃孺人
生子 三房
長 作姣 次 作鯉 三 賜福
事略
備註 公係成兆公之次子

張氏族譜

十六世祖 嘉扶公
妣 蘇孺人
生子 一房 萬盛
事略
備註 公係聲兆公之子

十六世祖 繼宗公
妣 邱孺人
生子 五房 長佛養 次來養 三茂養 四順養 五保養
事略
備註 公係邦兆公之長子

十六世祖 增玉公
生子 四房 長料慶 次衍慶 三必慶 四輝慶
事略
備註 公係書米公之長子

十六世祖 增立公字嘉禮
妣 莊孺人
生子 三房 長洪慶 次善慶 三昌慶
事略
備註 公係書米公之次子

十六世祖	妣	生子	事略	備註
增化公 字嘉育	江孺人	一房 綿慶		公係書米公之第三子
增河公		四房 長耀慶 次生慶 三恩慶 四榮慶		公係書米公之第四子
彩榮公		一房 文義		公係朝福公之子
嘉渠公 字振唐 諱廷興	李孺人 盧孺人	五房 長文盛 次添盛 三坤盛 四永盛 五海盛		公係朝滿公之長子

張氏族譜

十六代孫

十六世祖　嘉佑公字保逢
十六世妣　莊孺人
生子　三房　長松盛　次石周　三道盛
事略
備註　公係朝滿公之次子

十六世祖　嘉業公字裕逢
十六世妣　黄孺人
生子　三房　長炎盛　次隆盛　三庚盛
事略
備註　公係朝滿公之第三子

十六世祖　明月公
十六世妣
生子　三房　長箏鶴　次觀芳　三金芳
事略
備註　公係長元公之次子

十六世祖　輪月公
十六世妣
生子　二房　長春芳　次秋芳
事略
備註　公係長元公之第三子

張氏族譜

十六世祖 承漢公
妣 黃孺人

生子事略：三房 長戊芳 次觀生 三生芳

備註：公係長元公之第四子

十六世祖 增泉公
妣

生子事略：一房 等鶴

備註：公係添瑞公之子

十六世祖 承强公
妣

生子事略：一房 江鶴

備註：公係祺瑞公之子

十六世祖 增疇公
妣

生子事略：一房 等來

備註：公係

張氏族譜

十六代孫

十六世祖 增上公
十六世妣
生子 二房 長光前 次石養
事略
備註 公係[illegible]

十六世祖 增懷公
十六世妣
生子 二房 長[illegible]多 次達遠
事略
備註 公係

十六世祖 成武公
十六世妣
生子 一房 章溪
事略
備註 公係傑兆公之子

十六世祖 嘉程公 字承萬 號鵬飛
十六世妣 曾孺人 王孺人 胡孺人
生子 十一房 長鼎安 次永年 三善福 四明亮 五永亮 六拱亮 七永祥 八永約 九永安 十永吉 十一永壽
事略 甲午年往南洋居 年老倒斗
備註 公係發元公之子与妣王孺人合葬河坑三角崠石坟石碑地形除勒捷肚 妣曾孺人葬田治銅盤砍石灰坟、胡孺人葬坎小坑磜角山各立石碑紀念

張氏族譜

十六代孫

十六世祖 添錦公
妣
房
生子
事略
備註 公係新瑞公之長子

十六世祖 鳳錦公 字嘉儀
妣 詹孺人
三房 長 榮韞 次 鼎三 三 榮草
生子
事略
備註 公係新瑞公之次子

十次世祖 勇錦公
妣
房
生子
事略
備註 公係新瑞公之第四子

十六世祖 增錦公 字嘉依 號
妣 詹孺人
三房 長 永華 次 義傑 三 永傑
生子
事略
備註 公係新瑞公之第五子

張氏族譜

十六代孫

十六世	祖	妣	生子	事略	備註
十六世	增秀公 字嘉華	林孺人	四房 長運喜 次連喜 三補喜 四添喜		公係德珍公之子
十六世	承海公		一房 遜才		公係中和公之子
十六世	碧海公	江孺人	四房 長進開 次項開 三緞開 四松開		公係景林公之長子
十六世	木森公 字嘉渡		四房 長洪開 次丁開 三華開 四添開		公係景林公之次子

十六世祖 碧森公
妣 江孺人
生子 二房 長 活開 次 恩邦
事略
備註 公係景林公之第三子

十六世祖 木明公 字 嘉煌
妣 李孺人
生子 四房 長 佛庇 次 泰開 三 炎開 四 煜開
事略
備註 公係景林公之第四子

十六世祖 立昌公 字 振文
妣 蔡孺人 陳孺人
生子 八房 長 長助 次 長喜 三 長春 四 長衆 五 長炎 六 紹宗 七 成宗 八 成龍
事略 公恩賜州司馬壯年南行泗水經商發展增有景乾公景恒公蒸業兄弟合創順源樓曾源樓捐款修唐屋唐家祠爲紀念八世祖妣外家之舉
備註 公係景恆公之長子生於塔下順昌樓清道光十二年壬辰閏九月初一戌時卒於荷屬泗水民國十年辛酉享壽九旬蔡妣生於道光二十八年戊申壽六四歲陳妣生於同治六年庚辰卒于泗水

十六世祖 南昌公 字 振揚
妣 賴孺人
生子 六房 長 長益 次 長開 三 接開 四 長三 五 長發 六 練發
事略 公恩授歲進士壯志南渡勤儉營業稍獲微利昆仲有四合建屋宇順源樓會源樓。
備註 公係景恆公之次子生卒未詳葬於平峯山竹塔炭頭 賴妣葬庵仔前

張氏族譜

十六世祖　壐昌公字振堯號篤堅
妣　李孺人　蘇孺人
生子　三房　長錬開　次滾開　三會開
事略　公恩授歲進士幼負大志生平勤儉建屋置田均與兄弟合力維持建築順源樓晉源樓。
備註　公係景恆公之第三子生於民國紀元前六十六年丙午歲終于民國十年辛酉二月塟于南歐鈎樹角
李妣生於民國紀元前六十三年己酉歲卒於民國紀元年前一年辛亥月二十四壽六十三歲塟于天子地崠
蘇妣塟于李媽地內右片

十六世祖　萬昌公字振民號篤初
妣　李孺人
生子　三房　長烱開　次啓開　三仕開
事略　公恩授歲進士昆仲行四致力家務至重家庭教育訓勉子姪得長兄南洋經商始建順源樓晉源樓。
備註　公係景恆公之第四子生卒未詳享年五九歲

十六世祖　光遠公
妣
生子　一房　順旺
事略
備註　公係景成公之長子

十六世祖　承山公
妣　江孺人
生子　三房　長石生　次啓萬　三啓增
事略
備註　公係景成公之次子

十六世 祖 嘉惠公 字 妙賜
妣 江孺人

生子 三房 長 順立 次 順忠 三 佛光

事略

備註 公係奕和公之子

十六世 祖 桂福公 諱 嘉祿 字 壽康
妣 游孺人

生子 三房 長 順植 次 順永 三 順恩

事略

公誥授中憲大夫生平濟貧救苦兄弟有五主持家務得二弟南洋經商順利首次建築大垻燕山樓落成後又建築塔下裕德樓時於清光緒五年己卯歲八月十六日興工（即民國紀元前三十三年）又於光緒十四年戊子歲（即民國前二十四年）與本族大垻立昌公兄弟籌劃捐献財力召集塔垻當局人士創建塔下公王角水尾宮即今改建塔下學校是也又於光緒二十四年戊戌歲主持修築德遠堂祖廟爲經理又於光緒二十七年辛丑歲追思上祖提倡上六穴三世祖妣墓增祭蒸以及經理九世祖宸公太蒸業成績頗多此爲公在日急公好義之史跡也。

1879（手寫）

備註 公係景芳公之長子享壽七十二歲

光緒[illegible]乙亥（手寫）

張氏族譜

十六世祖桂龍公 諱嘉昌 字壽榮 妣藍馮蘇黃夫人

1901-6.

生子

十七房

長順安　四順懷　七順華　十順良　十三順時　十六順道

次順成　五順陶　八順化　十一順疇　十四順金　十七順棧

三順養　六順仁　九順傳　十二順寬　十五順流

事略

公於清光緒晋封資政大夫榮封三代貲戴花翎昆仲有五公序次幼志勤奮早歲遷往廣東南雄經商年二十奔走南洋荷屬嗎喥百芝蘭創設益隆號每思家鄉致力家庭寄款回家置田建屋其時爲僑商中之巨擘乃擴設分行益隆棧於英星嘉坡玻離後三八歲南回捐鉅款與兄弟商劃由長兄主持建築裕德樓復赴南洋至年五十之後每一年春往冬回關懷桑梓好義樂施常見修橋造路捐資助學而追思上祖捐献蒸業民國前十六年丙申歲親自建築衍慶樓次年丁酉歲創建凉亭先後七處曰仁壽亭（址榛樹下崍）景仰亭（址南歐崍）惠風亭（址赤坭炭）巽然亭（址牛屎嶺）柔遠亭（址小新崍）如春亭（址平峰山）泰德亭（址崎嶺崍）工竣凡旅客行程皆稱歇凉避雨至功至德且聞公恤人貧苦鄰有困難緊急者肯以銀米移借之用各界人士每稱公是社會之福也光緒二十六年庚子歲於祖廟前竪石棋杆次年辛丑歲擇四月爲公六旬加一壽慶思鄉人遍苦飢乃以米糧撥賑德遠堂派每丁五升復撥每户三斗民國前四年戊申歲又於廣州市創設益隆和號繼於上海新開河（即今民國路）增設營業分行宣統元年獨資砌祖廟前福廢地石坪宣統三年辛亥歲五月撥資賑濟德遠堂派每人一元統核塔下大壩南歐三社在鄉者三千人是時每元值米一斗三升嗣後又復發糶廉價米蓋公發達創業濟世善舉爲世之念。

張氏族譜

備註

公係景芳公之次子生於道光二十一年辛丑歲七月二十六日酉時（即民國紀元前七十一年）終於清宣統三年辛亥歲十二月二十三日戌時四代享壽七一歲停柩在裕德棧正廳擇於民國元年壬子歲二月二十一日請漳州南山寺僧汶水坑道士開始治喪設備廚房分爲天地元黄宇宙六處每小餐計式百桌用猪肉千式斤大餐桌不計做神陞懺二十二日堂奠蒙戚友宗族誼贈辦豕羊七十七副二十三日棡輀五副两日合計八十二副又蒙戚友宗族及漳廈碼上海星嘉坡嗎喉等處商友致送輓聯壹百七十餘軸子孫及姪在家者穿蔴衣壹百三十人是日扶柩迎塟移柩及戚友宗族穿白套五百餘人名吹双台响銃二十支音樂鑼鼓高燈凉傘鳴鑼開道由騎白馬者持全體整肅旗幟導二十四日迎大赴廟治喪諸日參觀者人山人海出殯遇陰天進塟時突出太陽拱照送塟及至坟參觀約三千餘人抵坟午餐每厨房二人到坟出菜公塟於竹塔水井山即今曲江市場後龍山右片地形

馮妣生卒未詳於民國二十五年遷塟於塔下榢樹下崠地形坐椅觀天

蘇妣生於同治元年壬戌歲十二月十一日卯時（即民國前五十年）卒於民九年庚申歲七月　日壽五十九歲與公仝坟合塟，

藍妣生於同治七年戊辰歲十月初十子時（即民國前四十四年）

黄妣生於同治十二年癸酉歲八月初三日辰時（即民國前三十九年）卒於星嘉坡民國三十年十二月十三日早四點（即舊曆辛巳年十月二十五日寅時）享壽六十有九歲暫塟星嘉坡武吉知馬路大巴窯二關塚山之原山明水秀可稱牛眠吉地

註

張氏族譜

十六世祖桂山公 諱嘉南 字壽東

妣 陳 蘇 游 孺人

生子

四房

長順裕　二順選　三順爐　四順友

事略

公恩授歲進士

備註

公係景芳公之第三子三代享壽七十二歲生卒未詳葬於河坑梨仔嶺

十六世祖桂萬公 諱嘉鵬 字壽年 妣 李 江 黃 孺人

1922 76 1846

生子

十五房

長順德　五順發　九順心　十三順坤

二順善　六順姜　十順明　十四順理

三順美　七順興　十一順財　十五順茂

四順源　八順和　十二順遠

事略

公於清歸部選用清軍府昆仲五人青年協助家務得二兄邀往南洋擴大經商於荷屬嗎𡀔百芝蘭發展對祖國家鄉熱心公益築橋造路於民五年由南洋滙款囑第九子建築書洋十駁橋破水墩該橋關廣要道工程二載告竣

備註

公係景芳公1846之第四子四代享壽七十七歲生未詳卒於民國十一年1922葬於書洋內坑屋背後龍山上坟朝向三駁橋頭

江妣暫塟小溪

李妣

黃妣

張氏族譜

十六世祖 桂石公 諱嘉玉 字壽全
妣 黃孺人

生子 三房 長順振 次順鎮 三順祥

事略

備註 公係景芳公之第五子

山下 横坪峰

十六世祖 繼隆公
妣

生子 一房 順恭

事略

備註 公係錦富公之長子

十六世祖 進隆公
妣

生子 三房 長順欽 次順銘 三順彬

事略 公旅居南洋新埠頭經商發達培養裔孫革就學孫韞珀畢業遊歷現在回國於上海紅十字會工作

備註 公係錦富公之次子

十六世祖 提隆公 字嘉仁
妣 孺人

生子 三房 長順恭 次順儉 三順積

事略

備註 公係錦富公之第三子 長子過房繼隆公為嗣

張氏族譜

十六世祖 耀隆公

妣

生子 三房 長順烟 次順義 三順添

事略

備註 公係北壬公之長子

十六世祖 觀漢公

妣

生子 二房 長順發 次順章

事略

備註 公係北壬公之次子

十六世祖 集錦公

妣 黃孺人 陳孺人

生子 三房 長兼昌 次兼益 三兼三

事略

備註 公係新貴公之子

十六世祖 文錦公

妣

生子 一房 兼金

事略

備註 公係圓貴公之子

張氏族譜

世代	祖妣	生子	事略	備註
十六世	祖 啓常公 妣 葉孺人	四房 長 祿安 次 義安 三 禮安 四 桃安		公係順林公之子
十六世	祖 昌三公 妣 江孺人	四房 長 佑安 次 上安 三 止安 四 石基		公係寬泰公之長子
十六世	祖 財章公	一房 全安		公係寬泰公之次子
十六世	祖 忠揚公 字信卿 妣 魏孺人 謚淑和	四房 長 居立 次 居善 三 居勝 四 居照		公係政亮公之長子

十六代孫

張氏族譜

十六世祖	妣	生子	事略	備註
明揚公 字簡卿	葉孺人 江孺人	二房 長居傳 次居孫		公係政亮公之次子
伯卿公 字肇郊 號希宋	魏孺人	四房 長居仁 次居仕 三居由 四居俊	公大學生	公係金亮公之長子生於道光十一年辛卯四月初十寅時享壽六旬加六 妣生於道光十三年癸巳元月二十六申時享壽八一歲公妣合塟大石下妣卒宣統三年辛亥九月初六卯時
叔卿公 字定郡 號希賢	蘇孺人	四房 長居等 次居杰 三居鵬 四居台	公恩授歲進士誥封翰林院賞戴花翎	公係金亮公之第四子
富揚公	魏孺人	二房 長居業 次居成		公係炳亮公之子

二六二

張氏族譜

十六代孫

十六世祖	妣	生子	事略	備註
榮章公	汪孺人	一房 櫂昌		公係如山公之子
榮落公	黃孺人	三房 長 喜昌 次 全昌 三 全和		公係如海公之長子
榮文公	汪孺人	二房 長 能昌 次 聚昌		公係如海公之次子
榮開公	葉孺人	二房 長 河昌 次 輔昌		公係如海公之第三子

張氏族譜

十六代孫

十六世祖	十六世妣	生子	事略	備註
榮選公	鄭孺人	二房 長 衍昌 次 詔昌	公遊羅經商發展榮歸家鄉於光緒二十三年丁酉歲提倡滚公祠建築 勤和樓	公係如海公之第四子
榮祥公		一房 賢昌		公係如海公之第五子
榮輝公		一房 裕昌		公係如元公之長子
榮典公	簡孺人	一房 圳昌		公係如元公之次子

張氏族譜

十六世祖 榮魁公
妣
生子 四房 長根昌 次靄昌 三錫昌 四濟昌
事略
備註 公係如加公之子

十六世祖 漢元公
妣
生子 一房 逢輝
事略
備註 公係十三代䓁春公後裔

十六世祖 門欽公
妣 唐孺人
生子 一房 井旺
事略
備註 公係十世輝石公後裔

十六世祖 學武公
妣 魏孺人 簡孺人
生子 五房 長石培 次榮祥 三榮淵 四榮洲 五榮回
事略
備註 公係位彩公之子

張氏族譜

十六代孫

十六世祖　青雲公
十六世妣　江孺人　蘇孺人
生子　六房　長兆琪　次兆琚　三兆瑤　四兆璇　五兆玖　六兆玠
事略　公一生勤儉手創福源樓乙座
備註　公係昭彩公之長子生卒未詳塟於斜隔洋
妣仙命未詳塟於大坵下

十六世祖　理通公
十六世妣
生子　三房　長富兆　次能兆　三才兆
事略
備註　公係宗福公之長子

十六世祖　理仲公
十六世妣
生子　一房　林兆
事略
備註　公係宗福公之次子

十六世祖　理三公
十六世世
生子　一房　秋兆
事略
備註　公係宗福公之第三子

張氏族譜

十六世 祖 仕巧公
妣
生子 二房 長 運揚 次 青揚
事略
備註 公係宗訓公之長子

十六世 祖 美巧公
妣 吳孺人
生子 四房 長 坤揚 次 玉揚 三 海揚 四 春揚
事略
備註 公係宗訓公之次子

十六世 祖 新巧公
妣
生子 二房 長 青揚 次 春揚
事畧
備註 公係宗訓公之第四子

十六世 祖 上巧公
妣 蘇孺人
生子 一房 兆昌
事略
備註 公係宗川公之子仙命未詳合塟碌頭瓦瑤崎。

張氏族譜

十六世祖　石昌公　字清流
妣　江孺人

生子：七房　長唐漢　次唐標　三唐欣　四唐周　五唐運　六唐錦　七唐湧

事略：—

備註：公係宗定公之子公妣仙命未詳合塋塔下山角頂松山崎是也。我妣係永定高頭廟仔坑社人之女

十六世祖　達全公　字秉虔
妣　楊孺人　簡孺人

生子：七房　長集金　次集連　三集海　四集可　五集方　六集圓　七集成

事略：—

備註：公係元彩公之長子

十六世祖　達廣公　字秉能
妣　黃孺人

生子：八房　長集近　次集遠　三集遊　四集運　五集逢　六集道　七集選　八集遜

事略：—

備註：公係元彩公之第三子

十六世祖　達仁公　字元喜
妣　賴孺人　李孺人

生子：六房　長榮兆　次華兆　三宏兆　四松兆　五欽兆　六添兆

事略：—

備註：公係光彩公之子

張氏族譜

十六代孫

十六世祖	妣	生子	事略	備註
達茂公		一房 四		公係亮彩公之長子
達義公		三房 長啓兆 次南兆 三兩兆		公係亮彩公之次子
達龍公		三房 長貴水 次貴雙 三貴露		公係亮彩公之第三子
達容公	江璊人	六房 長榮昌 次書昌 三應昌 四其昌 五伸昌 六和昌		公係雄彩公之長子

二六九

張氏族譜

十六世祖　達順公
妣　李孺人
生子　二房　長　生昌　次　癸昌
事略
備註　公係雄彩公之次子

十六世祖　祥源公
妣　李孺人　江孺人
生子　一房　永貴
事略
備註　公係宗華公之子

十六世祖　高日公
妣
生子　一房　坤松
事略
備註　公係宗壬公之子

十六世祖　人秀公
妣
生子　二房　長　貴郊　次　貴祈
事畧
備註　公係梅彩公之長子

張氏族譜

十六世祖	妣	生子	事畧	備註
才秀公		二房 長桂落 次桂塈		公係梅彩公之次子
合秀公		一房 貴金		公係梅彩公之第三子
貴秀公		一房 佑興		公係煥彩公之長子
仲秀公		一房 佑先		公係煥彩公之次子

張氏族譜

十六世祖	妣	生子	事略	備註
伯秀公		二房　長佑培　次佑炮		公係煥彩公之第三子
祿秀公字祥泰	江孺人	一房　榮蘭		公係賢彩公之長子
忠秀公	李孺人	三房　長榮啓　次榮海　三榮光		公係賢彩公之次子
步秀公		一房　榮珍		公係賢彩公之第三子

張氏族譜

十六世祖 南秀公 字石南 號祥董

妣

生子 四房 長唐錫 次光廷 三光謙 四光月

事略 公曾學院歲試取進縣學第十八名

備註 公係賢彩公之第四子

十六世祖 揚秋公

妣

生子 二房 長啓明 次啓旺

事略

備註 公係賀彩公之長子

十六世祖 揚秀公

妣

生子 一房 起龍

事略

備註 公係賀彩公之次子

十六世祖 侍鈞公

妣

生子 二房 長友源 次友珍

事略

備註 公係播彩公之長子

張氏族譜

十六世祖	妣	生子	事略	備註
才成公	江孺人	一房　友呂		公係璠彩公之次子
和成公	黄孺人　李孺人	一房　友倫		公係璠彩公之第三子
學成公　字衣善	江孺人	六房　長順金　次順貴　三順發　四順富　五順泉　六順代		公係昌彩公之子
近成公	蕭孺人	三房　長來德　次來芬　三來金		公係明彩公之第四子

張氏族譜

十六世祖 開成公
妣
生子 二房 長欣亨 次欣吉
事略
備註 公係永彩公之長子

十六世祖 潤成公
妣 李孺人 蘇孺人
生子 一房 績珍
事略
備註 公係永彩公之次子

十六世祖 問成公
妣
生子 二房 長欣進 次欣武
事略
備註 公係永彩公之第四子

十六世祖 銀傳公
妣 蘇孺人
生子 一房 繩昌
事略
備註 公係福彩公之長子

張氏族譜

十六代孫

十六世祖妣	生子	事略
金傳公 魏孺人	一房 木昌	
連福公 盧孺人	二房 長 運生 次 等生	
蘭增公	二房 長 漢署 次 漢章	
元增公 蘇孺人	四房 長 漢院 次 漢樹 三 漢運 四 漢生	

備註
公係福彩公之次子
公係萬林公之長子
公係拔賢公之長子
公係拔賢公之次子

二七六

張氏族譜

十六世祖 妣 乾增公	十六世祖 妣 仁增公	十六世祖 妣 錦增公	十六世祖 妣 福增公
生子 一房 啓昌	生子 二房 長 建瑞 次 建琪	生子 三房 長 應芹 次 應兆 三 應遂	生子 二房 長 懷德 次 懷深
事略	事略	事略	事略
備註 公係拔卿公之子	備註 公係拔參公之子	備註 公係拔玉公之子	備註 公係拔能公之長子

張氏族譜

十六世祖	妣	生子	事略	備註
書增公		三房　長懷興　次懷必　三懷昌		公係拔能公之次子
燕增公		一房　懷林		公係拔秀公之子
立增公	林孺人	一房　寬仲		公係拔文公之子
蔚增公	莊孺人	四房　長寬榮　次寬信　三寬正　四寬美		公係拔相公之子

張氏族譜

十六世祖 奎增公
妣 林孺人
生子 一房 寬焱
事略
備註 公係拔宏公之長子

十六世祖 耀增公 字克馨
妣 蘇孺人 魏孺人
生子 四房 長寬廣 次寬寶 三寬勇 四寬榜
事略
備註 公係拔宏公之次子

十六世祖 勝增公
妣 賴孺人
生子 二房 長寬海 次寬瑶
事略
備註 公係拔貴公之長子

十六世祖 和增公
妣 李孺人
生子 一房 寬裕
事略
備註 公係拔貴公之次子

張氏族譜

十六代孫

十六世祖妣	生子	事略	備註
邦顔公	一房 慶揚		公係光源公之子
邦清公	二房 長 嵩揚 次 顯揚		公係道源公之子
龍斌公 江孺人	一房 恒爽		公係乾宸公之長子
龍呂公 王孺人	三房 長 恆鍊 次 河水 三 恒富		公係乾宸公之次子

十六世祖　龍柱公
妣　江孺人
生子事略　遺下至來德
備註　公係乾宸公之第四子

十六世祖　龍木公
妣
生子事略　二房　長恒續　次恒粹
備註　公係乾仲公之長子

十六世祖　龍烱公
妣
生子事略　一房　恒相
備註　公係乾仲公之次子

十六世祖　龍立公
妣　陳孺人
生子事略　八房　長恒豐　次恒增　三恒品　四恒衣　五恒扶　六恒永　七恒命　八恒旺
備註　公係乾萬公之子

張氏族譜

十六世祖　龍保公
妣　江瑤人
生子　一房　恒啓
事略
備註　公係乾敏公之子

十六世祖　松茂公
妣
生子　一房　河清
事略
備註　公係接貴公之次子

十六世祖　蔭茂公
妣
生子　一房　河滘
事略
備註　公係接貴公之第三子

十六世祖　雙茂公
妣
生子　二房　長康常　次訪常
事略
備註　公係接貴公之第四子

十六代孫

張氏族譜

十六世祖 蘭茂公
祖妣
生子 一房 坤常
事略
備註 公係接貴公之第五子

十六世祖 羣茂公
祖妣
生子 一房 佛賜
事略
備註 公係接貴公之第六子

十六世祖 能茂公
祖妣
生子 一房 泉常
事略
備註 公係接貴公之第七子

十六世祖 海增公
祖妣
生子 一房 立奎
事略
備註 公係融建公之長子

張氏族譜

十六世祖 河增公
妣
生子事略 一房 萬鐘
備註 公係融建公之次子

十六世祖 添增公
妣
生子事略 一房 萬昌
備註 公係融建公之第三子

十六世祖 加增公
妣 簡孺人
生子事略 二房 長 萬龍 次 萬豐
備註 公係融建公之第四子

十六世祖 朝增公
妣 簡孺人
生子事略 四房 長 萬山 次 萬光 三 萬祿 四 萬來
備註 公係融建公之第五子

二八六

張氏族譜

十六世祖　仕增公
妣
生子　一房　承奎
事略
備註　公係洪建公之子

十六世祖　書文公
妣
生子　三房　長　接輝　次　養輝　三　棟輝
事略
備註　公係金源公之第三子

十六世祖　步頌公
妣
生子　一房　廷芳
事略
備註　公係貴源公之第五子

十六世祖　定瑞公
妣
生子　一房　承逵
事略
備註　公係壬謙公之子

張氏族譜

十六世祖　武瑞公　字英俊
妣黄孺人
生子事略　五房　長友麟　次友化　三友忠　四友傅　五友善
備註　公係巽謙公之子

十六世祖　觀明公
妣江孺人
生子事略　二房　長承唐　次嵩萬
備註　公係能光公之長子

十六世祖　觀宏公
妣黄孺人
生子事略　一房　萬全
備註　公係能光公之次子

十六世祖　啓捫公
妣黄孺人
生子事略　一房　福駿
備註　公係蘭鐘公之子

張氏族譜

十六世祖	十六世妣	生子	事略	備註
仁興公	陳孺人	三房 長金潮 次海潮 三孟朝		公係啓鐘公之長子
德龍公	李孺人	一房 承祖		公係觀坤公之子
聚樑公	黃孺人	二房 長遜泰 次乾泰		公係銘鐘公之長子
聚奎公	江孺人	一房 興泰		公係銘鐘公之次子

張氏族譜

十六世祖 立元公 妣黃孺人

生子事略：一房 成羣

備註：公係銘鐘公之第三子

十六世祖 聚伍公 妣江孺人

生子事略：二房 長 敦友 次 敦亨

備註：公係澤鐘公之長子

十六世祖 聚三公 字鎮垣 號維城 妣黃孺人

生子事略：五房 長 敦本 次 敦侍 三 敦和 四 敦繩 五 敦柔

備註：公係澤鐘公之次子

十六世祖 聚極公 妣林孺人

生子事略：二房 長 敦鈗 次 敦裕

備註：公係澤鐘公之第三子

張氏族譜

十六世祖 聚井公
妣 江孺人
生子 一房 敦照
事略
備註 公係澤鐘公之第四子

十六世祖 聚培公
妣 江孺人
生子 一房 敦武
事略
備註 公係衡鐘公之長子

十六世祖 聚幹公
妣 陳孺人
生子 一房 敦敵
事略
備註 公係衡鐘公之次子

十六世祖 聚國公
妣 蘇孺人
生子 四房 長 敦煥 次 敦銘 三 敦書 四 敦諱
事略
備註 公係衡鐘公之第三子

張氏族譜

十六世祖　聚成公
妣　蘇孺人
生子事略　三房　長 敦管　次 敦嶷　三 敦良
備註　公係衡鐘公之第四子

十六世祖　聚泮公
妣　江孺人
生子事略　一房　敦仕
備註　公係秀鐘公之長子

十六世祖　聚揚公
妣　黄孺人
生子事略　二房　長 敦淵　次 敦戚
備註　公係秀鐘公之次子

十六世祖　聚英公
妣　黄孺人
生子事略　一房　敦緒
備註　公係秀鐘公之第三子

張氏族譜

十六世	生子	事略	備註
祖 聚國公 妣 蘇孺人	一房 敦植		公係秀鐘公之第四子
祖 聚堂公 妣 林孺人	二房 長 萬鎮 次 萬奕		公係祥鐘公之子
祖 錦章公 妣 陳孺人	二房 長 逢福 次 林福		公係芳招公之子
祖 錦昌公 妣 簡孺人	一房 坤華		公係德宗公之子

張氏族譜

世	祖	妣	生子	事略	備註
十六世	丁昌公	李孺人	三房　長坤衍　次佛舍　三坤祥		公係步青公之長子
十六世	瑞昌公	魏孺人	六房　長坤華　次坤蘭　三坤宏　四坤落　五坤明　六坤芳		公係步青公之次子
十六世	林科公	蘇孺人	三房　長紫恩　次成恩　三榮恩		公係元和公之長子
十六世	振祿公		一房　承春		公係元才公之子

張氏族譜

十六世祖	克追公
妣	蘇孺人
生子	三房　長 長興　次 串興　三 松興
事略	
備註	公係雙對公之次子

十六世祖	明經公
妣	
生子	一房　坤立
事略	
備註	公係十三代希定公之後裔

十六世祖	兆才公
妣	江孺人
生子	四房　長 立傳　次 金和　三 金萬　四 金輝
事略	
備註	公係門早公之長子

十六世祖	兆試公
妣	黃孺人
生子	二房　長 金開　次 金永
事略	
備註	公係門早公之第三子

張氏族譜

十六世祖：兆洪公
妣：董孺人
生子：四房　長金炮　次石春　三金尊　四金俊
事略：
備註：公係門早公之第三子

十六世祖：兆田公
妣：
生子：一房　立傳
事略：
備註：公係門早公之第四子

十六世祖：兆春公
妣：李孺人
生子：三房　長金壽　次金爍　三金富
事略：
備註：公係臨早公之第三子

十六世祖：木如公
妣：蘇孺人
生子：三房　長海生　次圳生　三定生
事略：
備註：公係善仁公之長子

張氏族譜

十六代孫

十六世祖 德如公 妣 葉孺人	十六世祖 添如公 妣 簡孺人	十六世祖 開增公 妣 葉孺人	十六世祖 開發公 妣 魏孺人
生子 一房 洋海	生子 一房	生子 一房 祈河	生子 一房 祈亮
事略	事略	事略	事略
備註 公係善仁公之次子	備註 公係善仁公之第三子	備註 公係錦早公之子	備註 公係寬早公之子

張氏族譜

十六世祖妣 順福公

二房

生子 長荸和 次石和

事略

備註 公係元庯公之子

十六世祖妣 瑞福公

生子 房

事略

備註 公係招庯公之子

十六世祖妣

生子

事略

備註

十六世祖妣

生子

事略

備註

十七代孫

張氏族譜

祖	妣	生子	事略	備註
十七代祖 萬順公	黃孺人	二房 長揚起 次茂起		公係恭興公之子
十七世祖 振木公		一房 捐茂		公係十一代朝玉公後裔
十七世祖 集達公	邱孺人 蘇孺人	一房 永傳		公係運昌公之子
十七世祖 石開公		二房 長學玉 次唐富		公係成昌公之子

張氏族譜

十七世祖	集通公	長淼公	長顯公	榮錦公
妣	江孺人			
生子	三房　長永良　次永和　三永乾	二房　長勝福　次勝芳	一房　總祖	三房　長定南　次定中　三定傳
事略				
備註	公係茂昌公之子	公係啓瑞公之長子	公係啓瑞公之次子	公係興德公之子

張氏族譜

南靖塔下

張氏族譜

十七世祖 輝錦公
十七世妣
生子 二房 長定皇 次定福
事略
備註 公係俊德公之子

十七世祖 容錦公
十七世妣
生子 一房 連鴻
事略
備註 公係周孫公之子

十七世祖 福星公
十七世妣 簡孺人
生子 四房 長泰緒 次泰松 三泰山 四泰陽
事略
備註 公係陳漢公之子

十七世祖 月喜公
十七世妣
生子 二房 長泰坤 次泰成
事略
備註 公係榮漢公之子

張氏族譜

十七世祖妣	振宗公	桃宗公	海宗公 黃孺人	憲宗公
生子	一房 接梅	六房 長碧連 次碧生 三碧衍 四碧安 五碧杞 六碧添	一房 漢清	一房 克清
事略				
備註	公係修福公之長子	公係修福公之次子	公係榮璧公之子	公係榮開公之子

十七世祖妣	生子	事略	備註
錦宗公	一房 克樑		公係兆瑞公之長子
萬宗公	二房 長 克蘭 次 克棟		公係兆瑞公之次子
朝宗公	一房 克綿		公係兆瑞公之第四子
棣宗公	三房 長 煥金 次 煥福 三 煥祿		公係榮鐘公之子

張氏族譜

十七世祖	集芬公	集萬公	集貴公	集龍公
妣	蘇孺人			
生子	二房　長永生　次永亨	一房　永才	一房　永裕	一房　永發
事略				
備註	公係增昌公之次子	公係增昌公之第三子	公係增昌公之第五子	公係友昌公之長子

張氏族譜

十七代祖 集基公
妣 江孺人
生子
事畧
備註
公係元昌公之長子

十七代祖 集啓公
妣
生子
事略
備註
公係元昌公之次子

十七世祖 集春公
妣 蕭孺人
生子
事略
備註
公係泉昌公之子

十七世祖 坤林公
妣 陳孺人
生子 一房 賜松
事畧
備註
公係鳳美公之子

張氏族譜

十七世祖	妣	生子	事略	備註
乾林公		二房 長 賜後 次 賜隆		公係鳳蹯公之子
開林公				公係英來公之第三子
欽文公		一房 永來		公係茂宗公之子
院成公		一房 順揚		公係十四代彩爵後裔

張氏族譜

十七代孫

十七世祖妣	生子	事略	備註
清文公	一房 梅揚		公係增發公之長子
選文公 黃孺人	一房 品揚		公係增發公之第三子
傅文公	一房 泰揚		公係增發公之第四子
書文公 簡孺人	三房 長招揚 次俊揚 三佛賜		公係石林公之子

十七代孫

張氏族譜

世	祖	妣	生子	事略	備註
十七世	錦文公		一房 亨揚		公係等和公之長子
十七世	桂馨公		二房 長祥光 次煥光		公係興璠公之長子
十七世	桂槐公		一房 宏光		公係興璠公之次子
十六世	桂基公	蘇孺人	二房 長續光 次發光		公係廷璠公之子

十七世祖 桂珍公 字泰甫 號全枝
妣 邱孺人 魏孺人
生子 四房 長龍光 次鴻光 三黎光 四覲光
事略 公奮志向學徐學院科試取進南靖學第十四名曹學院歲試補增
備註 公係瑚璠公之長子生于道光丙戌五月初三日申時終于光緒丁丑四月十八日未時年五十二歲丘妣生于戊子六月初一日子時終于同治乙丑十月十九日午時三十八歲魏妣生于道光戊戌正月十八日亥時終于光緒乙未九月初三戌時五十八歲合葬揚家壢

十七世祖 桂榮公 字丹甫 號嘉芬
妣 江孺人
生子 三房 長霊光 次猷光 三弼光
事略 公國學生
備註 公係瑚璠公之次子生于道光戊子九月初五日巳時終于光緒丁亥二月十六日巳時年六十歲妣生于道光甲午二月二十日辰時終于光緒辛巳三月初七日未時合葬汶水坑長沙坑田心

十七世祖 桂慶公
妣 蘇孺人
生子 四房 長繩光 次勝光 三燦光 四耿光
事略
備註 公係培璠公之長子

十七世祖 桂芳公
妣 蘇孺人
生子 一房 德才
事略
備註 公係奎璠公之子

張氏族譜

十七代孫

十七世祖 桂園公 妣 江孺人	十七世祖 桂鐘公 字英甫 妣 簡孺人	十七世祖 桂廷公 妣 黃孺人	十七世祖 桂先公 妣 江孺人
生子 一房 壽才	生子 二房 長賢才 次棟才	生子 二房 長良才 次珍才	生子 三房 長宏才 次木才 三石才
事略	事略	事略	事略
備註 公係潤璠公之長子	備註 公係潤璠公之次子	備註 公係温璠公之次子	備註 公係温璠公之第三子

三一〇

張氏族譜

十七代祖	妣	生子	事略	備註
桂亨公 字桂甫	李孺人	二房 長鴻元 次炳才		公係與璠公之長子
桂利公	江孺人	一房 明光		公係與璠公之次子
連福公（十七世祖）		二房 長裕後 次裕宗		公係十四代元爵公後裔
連興公（十七世祖）	江孺人 蘇孺人	四房 長裕亮 次裕光 三裕全 四裕田		公係佛傳公之長子

張氏族譜

世代	祖	妣	生子	事略	備註
十七世	連旺公	黃孺人	二房　長東榮　次裕崇		公係林衣公之子
十七代	連生公	簡孺人	四房　長裕活　次裕呈　三裕郭　四裕軒		公係舜衣公之子
十七世	連運公	江孺人	二房　長周南　次欽南		公係開壽公之長子
十七代	連和公	李孺人	三房　長先南　次錦南　三通南		公係開壽公之次子

張氏族譜

十七世祖　連發公
妣　江孺人
生子事略　二房
備註　公係開富公之長子

十七世祖　作項公字炳勳
妣　蘇孺人
生子事略　五房　長生甲　次生柳　三生釵　四生祺　五生田
備註　公係增承公之長子

十七世祖　正元公
妣　邱孺人
生子事略　二房　長生甲　次生柳
備註　公係增承公之次子

十七世祖　火焱公
妣　詹孺人
生子事略　一房　生聚
備註　公係增承公之第三子

張氏族譜

十七世祖　滿養公　字盈勳
妣　杞孺人

生子　一房　生章

事略

備註　公係增承公之第四子

十七世祖　添足公
妣　李孺人

生子　二房　長生華　次生林

事略

備註　公係增承公之第五子

十七世祖　作蛟公　字騰勳
妣　李孺人

生子　二房　長長流　次陳佑

事略

備註　公係增培公之長子

十七世祖　作鯉公　字龍勳
妣　邱孺人

生子　五房　長長富　次長鎮　三長錢　四長才　五長貴

事略

備註　公係增培公之次子

張氏族譜

十七世祖 萬盛公
妣 葉孺人
生子 四房 長克昌 次克儀 三克田 四克才
事略
備註 公係嘉扶公之子

十七世祖 來養公
妣
生子 四房 長運科 次發科 三財科 四修科
事略
備註 公係繼宗公之長子

十七世祖 佛養公
妣
生子 二房 長松發 次松扁
事略
備註 公係繼宗公之次子

十七世祖 保養公
妣
生子 一房 陳科
事略
備註 公係繼宗公之第五子

張氏族譜

十七世祖：料慶公
妣：
生子：一房　崇番
事略：
備註：公係增玉公之長子

十七世祖：衍慶公
妣：
生子：四房　長崇行　次崇簡　三崇豐　四崇夫
事略：
備註：公係增玉公之次子

十七世祖：必慶公
妣：
生子：一房　崇休
事略：
備註：公係增玉公之第三子

十七世祖：輝慶公
妣：江孺人
生子：三房　長崇林　次崇容　三崇桂
事略：公壯年旅居廈島開設萬興棧對往來客商及海外歸僑頗蒙招待人稱利便
備註：公係增玉公之第四子

張氏族譜

十七世祖 洪慶公 字禧勳
妣 江孺人
生子 二房 長崇雍 次崇砠
事略 公生平爲鄉里調解和平胞弟南洋發展在家鄉於大圳建築大厦
備註 公係增立公之長子

十七世祖 善慶公 字元勳
妣 蘇孺人 陳孺人
生子 二房 長崇崧 次崇坡
事略 公於民元年捐献田產增五世祖廣達公蒸業後赴南洋曾任星嘉坡商會長熱心勤募款金救國家國府給予一等三級嘉禾愛國奬章
備註 公係增立公之次子
公生于清咸豐戊午年卒于民國五年七月初壹日在星洲旅寓逝世運回原籍安葬當星洲移柩之日江干執紼者達萬餘人極生榮死哀之盛

十七世祖 昌慶公 字壽勳
妣 蘇孺人
生子 三房 長崇典 次崇訓 三崇舉
事略
備註 公係增立公之第三子

十七世祖 綿慶公
妣
生子 一房 崇騰
事略
備註 公係增化公之子

張氏族譜

十七代孫

十七世祖妣	生子	事略	備註
耀慶公	一房　崇金		公係增河公之長子
生慶公	一房　崇遠		公係增河公之次子
恩慶公	一房　崇路		公係增河公之第三子
榮慶公	一房　崇岳		公係增河公之第四子

張氏族譜

十七世祖	文義公
妣	邱孺人
生子	四房　長崇爐　次崇權　三崇華　四崇輝
事略	
備註	公係彩榮公之子

十七世祖	文盛公　字耿勳　號光宗
妣	江孺人　王孺人
生子	六房　長崇維　次崇元　三崇林　四俊如　五仰達　六崇錦
事略	
備註	公係嘉渠公之長子

十七世祖	添盛公
妣	
生子	一房　崇和
事略	
備註	公係嘉渠公之次子

十七世祖	坤盛公　字恆貞
妣	江孺人
生子	三房　長崇榮　次崇信　三選達
事略	公戴宗師歲試取進府學第七名
備註	公係嘉渠公之第三子

十七世祖　永盛公
妣　江孺人
生子　二房　長懷達　次發達
事略

備註　公係嘉渠公之第四子

十七世祖　海盛公
妣　江孺人
生子　一房　如達
事略

備註　公係嘉渠公之第五子

十七世祖　松盛公　字大勳
妣　江孺人
生子　五房　長崇燧　次崇岐　三明達　四專達　五禮達
事略　公慷慨好義以德待人鄰里爭鬥解囊勸和人稱先生息事寧人也上下人士均稱可敬

備註　公係嘉佑公之長子

十七世祖　石周公
妣　蘇孺人
生子　二房　長順達　次來達
事略

備註　公係嘉佑公之次子

十七世祖	妣	生子	事略	備註
道盛公	黃孺人	二房 長崇達 次必達		公係嘉佑公之第三子
炎盛公	黃孺人	二房 長崇忠 次崇綿		公係嘉業公之長子
隆盛公	黃孺人	三房 長茂達 次壽達 三承達		公係嘉業公之次子
庚盛公	江孺人 蘇孺人	一房 柱達		公係嘉業公之第三子

張氏族譜

十七世祖	妣	生子	事略	備註
覲芳公		三房　長啓識　次啓松　三啓竹		公係明月公之次子
金芳公	黃孺人	一房　啓林		公係明月公之第三子
春芳公		一房　啓城		公係輪月公之長子
秋芳公	莊孺人	一房　啓擱		公係輪月公之次子

張氏族譜

十七代孫

十七世祖	妣	生子	事略	備註
戊芳公	黃孺人	三房 長 啓亨 次 啓賢 三 啓善		公係承漢公之長子
等鶴公		二房 長 建詹 次 建派		公係承泉公之子
江鶴公		一房 建熊		公係承强公之子
頂來公		一房 崇院		公係增疇公之子

三二三

張氏族譜

十七世祖 光前公
十七世妣
生子 二房 長崇日 次崇蘭
事略
備註 公係增上公之長子

十七世祖 石養公
十七世妣
生子 二房 長崇泰 次崇欽
事略
備註 公係增上公之次子

十七世祖 逢春公
十七世妣
生子 一房 崇遜
事略
備註 公係增懐公之次子

十七世祖 章溪公
十七世妣
生子 二房 長崇德 次崇候
事略
備註 公係成武公之子

張氏族譜

十七世祖　鼎安公　字吉勳
妣　簡孺人
生子　二房　長　崇僑　次　崇昆
事略
備註　公係嘉程公之長子葬汶水坑磜角何廩塘主石碑紀念
妣葬大僚学背凹缺崃座辛向乙兼…主石碑紀念

十七世祖　永年公　字建勳　號郁如
妣　蕭孺人　陳孺人
生子　四房　長　崇柄　次　崇柱　三　崇僑　四　崇良　五　崇極
事略　公於孫學院歲試取進漳州府學第二十名
備註　公係嘉程公之次子与肖孺人合葬窗路口路面石坎主碑紀念　妣陳孺人葬学背

十七世祖　善福公
妣　林孺人　陳孺人
生子　一房　崇彬
事略
備註　公係嘉程公之第三子

十七世祖　明亮公　字欽勳　號郁美
妣
生子　二房　長　崇楣　次　崇榕
事略
備註　公係嘉程公之第四子

張氏族譜

十七世祖 永亮公 字遠勳 號郁貞
妣 黃孺人 葉孺人
生子 五房 長崇椿 次崇桐 三崇槐 四崇桓 五崇檀
事略 公誥封中書科中書
備註 公係嘉程公之第五子

十七世祖 拱亮公 字選勳
妣 陳孺人
生子 一房 崇美
事略
備註 公係嘉程公之第六子定居南洋

十七世祖 永祥公 字夢勳 號張雲
妣 莊孺人
生子 二房 長崇梯 次崇文
事略 公於沈學院歲次取進縣學第十六名
備註 公係嘉程公之第七子

十七世祖 永約公 字光勳 號郁華
妣 莊孺人 游孺人
生子 四房 長崇猷 次崇栢 三崇祺 四崇凱
事略 公大埧聚英小學校校長
備註 公係嘉程公之第八子

十七代孫

十七世祖 永安公 字 鎮勳 號 張鎮
妣 簡孺人
生子 二房 長 崇樸 次 崇儀
事略 公於王學院科試取進縣學第十四名戴宗師歲試錄取上等第五名補廩
備註 公係嘉程公之第九子

十七世祖 永吉公 字 貞勳 號 郁昌
妣 莊孺人 劉孺人 陳孺人
生子 四房 長 崇權 次 崇銘 三 崇構 四 崇鈞
事略
備註 公係嘉程公之第十子

十七世祖 永壽公 字 仁勳
妣 葉孺人
生子 三房 長 崇悟 次 崇才 三 崇智
事略
備註 公係嘉程公之第十一子

十七世祖 榮韞公
妣 詹孺人
生子 一房 崇興
事略
備註 公係鳳錦公之長子

張氏族譜

十七世祖　鼎三公　字銘勳　號郁文
妣　簡孺人
生子　一房　崇選
事略　公遇學院歲試取進縣學第十九名
備註　公係鳳錦公之次子

十七世祖　榮章公　字成勳　號季達
妣　魏孺人
生子　二房　長崇禮　次崇儀
事略　公於光緒二十五年己亥科歲學院歲試取進府學第十二名
備註　公係鳳錦公之第三子

十七世祖　永華公　字繩瑛
妣　邱孺人
生子　一房　崇茂
事略
備註　公係增錦公之長子

十七世祖　永傑公
妣　簡孺人
生子　一房　崇謙
事略
備註　公係增錦公之第三子

張氏族譜

十七世祖 添喜公
妣
生子 四房 長 崇繩 次 金繩 三 疇繩 四 廣繩
事略
備註 公係嘉華公之第四子

十七世祖 遜才公
妣 蘇孺人
生子 二房 長 喜衍 次 喜根
事略
備註 公係承海公之子

十七世祖 進開公
妣 蘇孺人
生子 四房 長 起宏 次 星宏 三 續宏 四 根宏
事略
備註 公係碧海公之長子

十七世祖 頂開公
妣 蘇孺人
生子 二房 長 儉宏 次 星宏
事略
備註 公係碧海公之次子

張氏族譜

十七世祖	妣	生子	事略	備註
緞開公	翁孺人	五房　長 元宏　次 祖宏　三 光宏　四 恭宏　五 永宏		公係碧海公之第三子
松開公	汪孺人	二房　長 通宏　次 振宏		公係碧海公之第四子
洪開公	簡孺人	一房　壽宏		公係木森公之長子
發開公		一房　兆金		公係木森公之次子

張氏族譜

十七世祖 華開公
妣 葉孺人
生子 二房 長 兆金 次 兆傑
事畧
備註 公係木森公之第三子

十七代祖 添開公
妣 江孺人 游孺人
生子 四房 長 勝煌 次 洪煌 三 契煌 四 焯煌
事畧
備註 公係木森公之第四子

十七世祖 活開公
妣 江孺人
生子 四房 長 亮宏 次 庚宏 三 全宏 四 陳宏
事略
備註 公係碧焱公之長子

十七世祖 恩邦公
妣 江孺人
生子 二房 長 良宏 次 東宏
事畧
備註 公係碧焱公之次子

十七代係

張氏族譜

十七世祖 佛庇公
妣 吳孺人
生子 三房 長 維宏 次 超宏 三 緒宏
事略 公兄弟發達于民國三年甲寅歲兄弟創建萬和樓
備註 公係木明公之長子

十七世祖 泰開公
妣
生子 房
事略
備註 公係木明公之次子

十七世祖 炎開公
妣 江孺人 江孺人
生子 二房 長 欣宏 次 遜宏
事略 公兄弟發達于四水泉遠記在家于民三年兄弟建築萬和樓
備註 公係木明公之第三子

十七世祖 煜開公
妣 黃孺人 孺人
生子 五房 長 水宏 次 桂宏 三 欽宏 四 輝宏 五 廣宏
事略 公發達於荷屬泗水遠記民三年建築萬和樓民七年創共和亭民十一年曲江市對面計劃中學地址民十二年冬創建丁仔角灣石枋橋此橋開廢大道
備註 公係木明公之第四子

張氏族譜

十七世祖 紹宗公 字華堂
妣 陳孺人
生子 一房 榮和
事略
備註 公係景乾公之孫

十七世祖 長助公 字福堂 號金開
妣 蕭孺人 蔡孺人
生子 八房 長榮列 次榮裕 三榮善 四榮綿 五榮通 六榮疇 七榮耀 八榮風
事略 公幼居南洋泗水後在萬加錫開創商號成家立業
備註 公係立昌公之長子

十七世祖 長喜公 字成堂
妣 洪孺人
生子 一房 榮彬
事略
備註 公係立昌公之次子

十七世祖 長春公 字元堂
妣
生子 一房 榮良
事略
備註 公係立昌公之第三子

張氏族譜

十七世	祖	妣	生子事略	備註
十七世	長衆公字南堂	郭孺人		公係立昌公之第四子
十七世	長炎公字啓堂			公係立昌公之第五子
十七世	成宗公			公係立昌公之第六子
十七世	成龍公			公係立昌公之第七子

張氏族譜

十七世祖	長益公	長開公	接開公	長生公
妣			魏孺人	
生子	三房 長樹烈 次容烈 三才烈	一房 諱烈	二房 長洪烈 次慶烈	一房 孫仁丁
事略				
備註	公係南昌公之長子	公係南昌公之次子	公係南昌公之第三子	公係南昌公之第四子

張氏族譜

十七世祖　長發公
妣
生子　一房　慶烈
事略
備註　公係南昌公之第五子

十七世祖　練發公
妣
生子　一房　容烈
事略
備註　公係南昌公之第六子

十七世祖　練開公　字精堂
妣　江孺人　江孺人
生子　二房　長　榮汀　次　榮根
事略
備註　公係壘昌公之長子生於民國前三十八年甲戌歲卒於民國十年辛酉歲九月初九午時享年四八歲塟于五馬窠

十七世祖　滾開公　字泗堂　號揚瀾
妣　蘇孺人
生子　五房　長　榮耕　次　榮檀　三　榮家　四　榮谷　五　榮守
事略　公於光緒二十五年己亥科歲學院歲試取進縣學第八名
備註　公係壘昌公之次子於民國前三十五年丁丑歲五月二十八日戌時卒於民二十二年癸酉歲九月初六子時享年五十七歲
妣蘇氏生於民國前三十二年庚辰歲

張氏族譜

十七世祖 魯開公	十七代祖 烱開公 字煥堂 號陽光	十七世祖 啓開公 字掄堂	十七世祖 仕開公 字朝堂
妣	妣 蕭孺人 黃孺人 蘇孺人	妣 黃孺人	妣 蘇孺人
生子 二房 長 榮富 次 榮墩	生子 四房 長 榮來 次 吳章 三 榮鴻 四 榮榆	生子 四房 長 榮壽 次 榮鈕 三 榮卿 四 榮鉋	生子 三房 長 榮新 次 榮水 三 榮康
事略	事略 公於光緒二十七年辛丑科檯學院歲試取進漳州府學第十三名民五年曾任培英小學校長民二十一年任塔下西園私立新民小學教員	事略	事略
備註 公係壘昌公之第三子	備註 公係萬昌公之長子生於民國前三十四年戊寅歲 蕭妣生於民國前三十四年戊寅歲塟在石崗 次黃妣生於民國前二十四年戊子歲葬木仔崙 三蘇妣生於民國前二十三年己丑歲	備註 公係萬昌公之次子	備註 公係萬昌公之第三子

張氏族譜

十七世	生子事略	備註
祖順旺公 妣黃孺人	一房 東來	公係光遠公之子
祖石生公 妣江孺人	五房 長友來 次松來 三富來 四招來 五進來	公係承山公之長子
祖啓萬公 妣黃孺人	三房 長衍來 次善來 三茂來	公係承山公之次子
祖啓增公 妣江孺人	四房 長宗來 次宋來 三慶來 四全來	公係承山公之第三子

張氏族譜

十七世祖　順忠公
十七世妣　曾孺人
生子　一房　慶基
事略
備註　公係嘉惠公之子

十七世祖　順直公　字培清　號際蘭
十七世妣　蘇孺人
生子　四房　長慶煌　次慶霖　三慶庚　四慶先
事略　公取進縣學兄弟同科王學院歲試取進縣學第十五名
備註　公係桂福公之長子

十七世祖　順永公　字逵清　號際清
十七世妣　李孺人
生子　四房　長慶三　次慶堯　三慶緣　四慶圖
事略　公取進縣兄弟同科王學院歲試取進縣學第十六名歲宗師歲試補增民二年塔下區自治會長同年曾任培英小學校長
備註　公係桂福公之次子

十七世祖　順恩公
十七世妣　莊孺人
生子　一房　慶豐
事略
備註　公係桂福公之第三子

張氏族譜

十七世祖 順安公
妣 曾孺人
生子 三房 長慶星 次慶戩 三慶迪
事略
備註 公係桂龍公之長子生於同治六年丁卯歲十二月十九日午時
曾妣生於同治六年丁卯九月初八辰時

十七世祖 順成公
妣 簡孺人 朱孺人
生子 四房 長慶灝 次慶玉 三慶緘 四慶端
事略
備註 公係桂龍公之次子生於同治九年庚午歲六月初六辰時卒于民七年戊午七月十三日享年四十九歲
簡妣塟於大塓

十七代祖 順養公 字號際樑
妣 吳孺人
生子 六房 長慶全 次慶火 三慶助 四慶選 五慶木 六慶宗
事略 公於光緒二十三年丁酉歲恩授歲進士欽加職銜分巡道曾任荷屬嗎喉埠甲必丹
備註 公係桂龍公之第三子生於同治十二年癸酉歲十二月十四日亥時
吳妣生未詳卒於民國九年庚申十月十四日

十七世祖 順懐公
妣 蘇孺人
生子 三房 長慶平 次慶書 三慶祝
事略
備註 公係桂龍公之第四子生於同治十三年甲戌八月初五日子時終於
塟於屋仔畲
蘇氏

張氏族譜

十七世祖　順陶公
妣　余孺人
生子　六房
長慶長　次慶文　三慶芳　四慶英　五慶瑞　六慶祥
事略
備註
公係桂龍公之第五子生於光緒三年丁丑歲十月初五日卯時終於宣統二年庚戌歲十一月二十二日
余妣

十七世祖　順仁公　字達清　號際乾
妣　簡孺人
生子　三房
長慶麒　次慶鵠　三慶財
事略
1881
1912
備註
公係桂龍公之第六子生於光緒七年辛巳閏七月十三日子時終於民國元年壬子七月初十
簡氏生於光緒六年庚辰十月二十日午時

十七世祖　順華公
生子
事略
備註
公係桂龍公之第七子

十七世祖　順化公　字贊清　號際育
妣　黄孺人
生子　三房
長慶汾　次慶郊　三慶香
事略
備註
公係桂龍公之第八子生於光緒十五年己丑歲十二月初四日卯時終於民國　年暂葬星嘉坡
黄妣生於光緒十五年己丑歲十二月初六辰時

張氏族譜

十七世祖　順傳公
十七世祖妣

生子事略
一房　慶亨

備註
公係桂龍公之第九子

十七代孫

十七世祖順良公字温清號際恭

妣　江　余　孺人

生

長房　慶餘
次　慶賢
三　慶中
四　慶宏
五　慶庠
大慶添

備註

公係桂龍公之第十子生於光緒十九年癸巳歲九月十五日　時
江妣生於光緒十八年壬辰正月初十日亥時終於民國十五年丙寅正月十四日戌時享年三十五歲葬於西園口下片山畲内坤壬乙
余妣生於民國元年壬子歲十二月初九
長女愛銀嫁羊古藍
次女愛齡又名翠玲民二十二年新民小學畢業民二十六年集美師範畢業後嫁平和牯小溪林仔角社又名拿亞甲社李明逵
三女愛葉嫁南溪落飛璵蘇桃章
四女愛華
五女愛
六女愛倫
七女愛玉
八女愛佑

三四二

事　略

余於民國前二年庚戌歲隨父往洋至荅里吉坡荷屬吗𠯠本年九月隨父回國旋承父命維持家務至民二年十月十二日與工
建築順安溪民八年己未一月創辦九思學校私塾族良是年四月又赴星嘉坡至五月廿一日偕慶九南堯回國途經香港由慶九
姪介紹至南洋兄弟烟草公司廠同時由該廠經理介紹參觀馬玉山糖菓餅乾廠下午乘輪赴廣州一遊次日由廣九鉄路搭車
折返香港旋乘輪船到廈六月初七抵家鄉每日與二三知己父老曾談慶豐堂店角築墟之事因河坑宗親挑紙赴長教圩要捐紙
捐在民八年發起創建曲江市場茲將經過情形附述如下是年秋已逢超宏君南旋聞之趨良住宅詢問虛實答曰雖有言而未
知能否成事實君復問以諸父老意見如何答曰極表同情自從逐日與良縝密商劃進行訂是年双十節日於九思學校召開建墟
會議事由良任工作一由良負責結彩搭臺紀念國慶召集培英學生及地方紳士出席一由宏君負責請其私聘教員陳伯英先生
繪市場建築圖樣於開會時懸於會場藉以引發衆觀志趣是時果得父老熱烈贊成乃擬函請秋如君返里協助并訂農曆九月十
一日在慶豐堂備酒召本姓大小十一社人士參議其事又得到會人士一致贊成即成立籌備建築定名曲江墟建築公司集資招
股建築每股三元即日討議地點建築擇於竹落松樹垻洋其特到會熱心人士發表起工之日大家自動喜贈工三日嗣後請人舞
日消於農曆十二月廿六日興工采見同族同宗喜贈工者亦屬不少開工後股金收至第三期停止收入因數量少零星收不敷用由
建築公司財政員超宏君設法先行變賣該圩地基均係田業全市面積及厠所及內外公園地址計用原有稅谷實數九十一石二
斗六升除熱心獻喜依照公議待圩場成立後照登記稅額劃定圩店圩寮每年收地基稅該圩建築時尚乏地基添成方圓欲用南
歐位榮公之蒸田大小七坵同年十一月十五日由建築公司副經理良在南歐公王前及下村洋石墊田合二段私田與南歐位榮

張氏族譜

事略

公裔草對換當時本族賢老居由俊迎煥堂揚然慶煌超宗秩如等在見向位榮公裔孫房長登緒有章流泰招岳等立對換文約各
執一紙約内叙明換與順良之田準順良建築市場及收租管業自對換之後各業各管良換來之田爲建築市場之用即今市場南
門坪直入上片高樹市店十餘間之地基是也該市場落成於民九年九月二十九日開市。
當市場工程建築天半告竣時良與超宏秩如二君每日於塔曲往返之間談間良又提倡對家鄉教育事業亦當並進乃謂達到
建設目的宏如二君頗表贊成是以民九年一月創辦群英衆英兩校舉良任群英校長是年二月二十四日開學上課民十年創辦
私立新民小學兼校長十五年同年公選任塔下區教育研究會會長民十一年冬擇址建校於塔下西園民十三年四月十五日校
舍落成遷校民十二年四月十五日提倡改建順昌樓圓樓五月初一日興工兼任經理民廿一年提倡建立二世祖祭蒸是年三月
蒙南靖縣徐縣長呼給一級家與學一獎匾民二十四年六月蒙福建省教育廳鄭廳長給予「熱心教育」一獎匾民三十年奉南靖
縣政府委任塔下保國民學校校長民三十一年倡議上六穴祖墓輪值祭穴穴祖坟俾裔孫輩每年登坟認識以免如過去祭錯有
之無祭有之此舉頗蒙智識父老贊同民三十二年四月創辦塔下保民衆書報所同年秋公選任首屆保民代表民三十三年奉南
靖縣政府委任梅江鄉學董留主任十月公選任籌備組織德遠堂獎學金委員會主任委員民三十四年奉縣府又委任塔下保國民
學校校長本年公推任梅江鄉塔下保調解委員會委員民三十五年發起德遠堂張氏修譜委員會任主任委員兼編輯民三十六
年五月公推維持德遠堂蒸業保管委員會委員同年任塔下保國民學校建校委員會委員民三十七年公選任塔下示範國民學
校教育基金保管委員十二月公推任曲江市場產業保管委員會主任委員。

十七代祖順疇字易清號際田

祖妣 孺人

生子

五房 長慶漢 慶達 三慶茂 四慶本 五慶泰

備註

公係桂龍公之第十一子生於光緒二十二年丙申歲十一月初七日辰時（即民國紀元前十六年）

黄妣茶周生於光緒二十二年丙申歲二月初九日己時終於民國 年 月 日 時暫藝荷屬三馬林達埠公司山之原

陳氏娟周生於舊曆戊申十月十五於亥時

陳氏星周生於舊曆乙卯十月廿四日亥時

女玉英

女華英

女月英

事略

公自 讀書聰敏過人年十九立志研究商業遊歷上海轉赴南洋荷屬三馬林達開創 隆興有限公司勤儉努力奮鬥發展基金雙百萬億則屢中創設分行於馬辰等 並行設在馬來亞星嘉坡十八溪昬㞙營樹膠及出入口土產兼九八行暨設輪船航務等營業頗稱發達先後曾任三馬林達中華商會會長及新嘉坡中華總商會

張氏族譜

十七世祖　順裕公　字清　號際魁
妣　孺人
生子　三房　長慶堯　次慶煇　三慶起
事略　公王學院歲試取進縣學第十三名
備註　公係桂山公之長子

十七世祖　順選公
妣　孺人
生子　二房　長慶藩　次慶雄
事略
備註　公係桂山公之次子

十七世祖　順璘公
妣　蘇孺人
生子　五房　長慶箱　次慶國　三慶彬　四慶桐　五慶較
事略
備註　公係桂山公之第三子

十七代祖　順友公
妣
生子　六房　長慶　次慶松　三慶靖　四慶瑞　五慶責　六慶辛
事略
備註　公係桂山公之第四子

十七世祖順德公字繩清號際昇

祖妣 曾 吳 周 江 孺人

生子 十房
長慶熙 次慶九 三慶粵 四慶鑾 五慶瑄
六慶溪 七慶可 八慶椿 九慶元 十慶聰

備註 公係桂萬公之長子

事略 公於清光緒二十五年己亥科歲學院科試取進縣學第二名又歲試錄取第三名補廩，幼年時即能熟讀四書五經等書，落筆成文，及長思想日新文法挺秀，著作甚多，尤擅長詩聯（聯文附後）歷任廣東儋洲四會高明從化等縣縣正堂民國初年曾任南靖安溪等縣縣長民三年蒙　黎大總統給予一等三級警察獎章，自棄官歸家省親後，於民八年南渡在星加坡創辦萬山藥局，醫理精明，民十年回國鑒於平和小溪土地肥沃，乃宿志創建屋宇可圖，同時又擴展同爐購地開闢種植，規模宏大，公文學之淵博更向自然界謀實業發展，堪為後輩模範也。

十七代孫

張氏族譜

十七世祖順善公
妣江孺人
生子：三房　長慶成　次慶兆　三慶根
事略：
備註：公係桂萬公之次子

十七代祖順美公
妣孺人
生子：二房　長慶　次慶鐘
事略：
備註：公係桂萬公之第三子

十七代祖順源公
妣孺人
生子：一房　慶玉
事略：
備註：公係桂萬公之第四子

十七世祖順發公
妣江孺人
生子：一房　慶[illegible]
事略：
備註：公係桂萬公之第五子葬於塔下大石下桃仔樹窠山内崎崗
江妣卒於小溪葬于小溪

張氏族譜

十七代祖 順善公
妣 孺人
生子 三房 長慶肅 次慶興 三慶吉
事略
備註 公係樸萬公之第六子

十七世祖 順興公
妣 李孺人
生子 四房 長慶恭 次慶錦 三慶雲 四慶鉅
事略
備註 公係樸萬公之第七子

十七代祖 順和公
妣
生子 四房 長慶珍 次慶森 三慶福 四慶流
事略
備註 公係樸萬公之第八子

十七世祖 順心公字本清
妣 鄭孺人
生子 三房 長慶達 次慶昆 三慶光
事略 公精技藝於閩中及南洋羣島頁有盛名壯年奉父命於書洋舖十版橋便利行人甚得各方人士稱譽功德
備註 公係樸萬公之第九子

張氏族譜

十七代祖　順明
妣
生　房
子　長慶昌　次慶安　三慶妙　四慶倫　五慶魁　六慶祿
事
略
備　公係桂萬公之第十子
註

十七代祖　順財
妣
生　房
子　長慶喜　次慶賢
事
略
備　公係桂萬公之第十一子
註

十七代祖　順遠
妣
生　房
子　長慶恩　次慶榮
事
略
備　公係桂萬公之第十二子
註

十七代祖　順坤
妣
生　房
子　長慶園
事
略
備　公係桂萬公之第十三子
註

十七代祖 順理
妣
生子 房 長慶强
事略
備註 公係桂萬公之第十四子

十七代祖 順茂
妣
生子 房 長慶年 次慶群
事略
備註 公係桂萬公之第十五子

十七世祖 順振公 字拔清 號際新
妣 呂孺人 陳孺人
生子 五房 長慶衍 次慶華 三慶重 四慶能 五慶鐳
事略 公於光緒二十七年辛丑科權學院歲試取進縣學第十一名
備註 公係桂石公之長子

十七代祖 順鎮
妣
生子 房
事略
備註 公係佳石公之次子

張氏族譜

十七世祖　順祥公
妣
生子　房
事略
備註　公係桂石公之第三子

十七世祖　順恭公
妣
生子　一房　慶朝
事略
備註　公係繼隆公之子

十七代祖　順欽公
妣
生子　一房　鎾珀
事略
備註　公係進隆公之長子

十七代祖　順銘公
妣
生子　房
事略
備註　公係進隆公之次子

張氏族譜

十七代孫

十七代祖 順彤
妣
生子 [illegible]房
事略
備註 公係進隆公之第三子

十七代祖 順儉
妣 陳孺人
生子 五房 長 慶湖 次 慶朋 三 慶鴻 四 慶晳 五 慶川
事略
備註 公係提隆公之次子 妣陳孺人 長子過房與順恭爲嗣第五子過房與順積爲嗣

十七世祖 順積
妣
生子 房 慶川
事略
備註 公係提隆公之第三子

十七世祖 順烟公
妣
生子 一房 慶南
事略
備註 公係耀隆公之長子

張氏族譜

十七世祖　順義公
妣
生子　房
事略
備註　公係耀隆公之次子

十七世祖　順添公
妣
生子　房
事略
備註　公係耀隆公之第三子

十七世祖　順登公
妣　戴孺人
生子　三房　長慶海　次慶雲　三慶杰
事略
備註　公係觀漢公之長子

十七世祖　順章公
妣
生子　房
事略
備註　公係觀漢公之次子

十七世祖
妣
生子
事略
備註

十七世祖 兼昌公
妣 林孺人
生子 二房 長崇添 次崇高
事略
備註 公係集錦公之長子

十七代祖 兼益公
妣 江孺人
生子 三房 長福健 次石健 三合健
事畧
備註 公係集錦公之次子

十七世祖 兼金公
妣 江孺人
生子 三房 長崇發 次崇富 三崇木
事略
備註 公係文錦公之子

張氏族譜

十七世祖　祿安公
妣　蕭孺人
生子　一房　慶遠
事略
備註　公係啓章公之長子

十七代祖　禮安公
妣
生子
事略
備註　公係啓章公之次子

十七代祖　桃安公
妣
生子
事略
備註　公係啓章公之第三子

十七世祖　佑安公
妣　林孺人
生子　二房　長　泉福　次　莘福
事略
備註　公係昌三公之長子

十七代孫

十七世祖 止安公
妣
生子 一房 亮福
事略
備註 公係昌三公之次子

十七世祖 止安公
妣
生子 一房 笨福
事略
備註 公係昌三公之第三子

十七世祖 石基公
妣 黄孺人 范孺人
生子 一房 棣福
事略
備註 公係昌三公之第四子

十七世祖 金安公
妣 江孺人 蕭孺人
生子 二房 長慶元 次慶恩
事略
備註 公係才章公之子

張氏族譜

十七代孫

十七世祖 居立公
妣 呂孺人
生子 一房 彩林
事略
備註 公係忠揚公之長子

十七世祖 居善公
妣 李孺人
生子 一房 彩熊
事略
備註 公係忠揚公之次子

十七世祖 居勝公
妣 蘇孺人
生子 一房 彩錦
事略
備註 公係忠揚公之第三子

十七世祖 居照公
妣 蘇孺人
生子 一房 彩松
事略
備註 公係忠揚公之第四子

十七代祖　居俤公
妣　賴孺人
生子　四房　長彩金　次彩東　三彩生　四彩
事略
備註　公係明揚公之子

十七世祖　居仕公字敦樸
妣　葉孺人
生子　二房　長萬石　次萬卷
事略
備註　公係伯卿公之長子生於咸豐七年丁巳歲戊申戊戌己未
妣生於戊辰三月十五卯時

十七世祖　居由公字敦義
妣　邱孺人
生子　三房　長萬齡　次萬家　三萬賡
事略　公性溫和曾任德遠堂經理數十載正直無私合族人士欽佩
備註　公係伯卿公之次子生於咸豐九年己未歲九月二十六午時享壽六旬加八
妣生同治七年戊辰九月初五日子時享年四六歲

十七世祖　居俊公
妣　江孺人
生子　一房　萬年
事略
備註　公係伯卿公之第三子生於同治八年己巳歲乙亥丙辰己亥
妣生於庚戌元月初六午時

張氏族譜

十七世祖 居等公
妣 林㺯人

生子 二房 長 萬疆 次 萬齊

事略

備註 公係叔卿公之長子

十七代祖 居杰公
妣 侯㺯人

生子 一房 萬福

事略

備註 公係叔卿公之次子

十七代祖 居鵬公
妣

生子 三房 長 萬祥 次 萬萧 三 萬輝

事略 公於民三十一年由緬甸回国慷慨喜募公益事業集腋成裘

備註 公係叔卿公之第三子

十七代祖 居臺公
妣

生子 房 長 萬育 次 萬豊 三 萬 四 萬

事略

備註 公係叔卿公之第四子

張氏族譜

十七代祖 居棠公
妣
生子 一房 萬煥
事略
備註 公係富揚公之長子

十七代祖 居成公
妣 江孺人
生子 房
事略
備註 公係富揚公之次子

十七世祖 渭昌公
妣 江孺人
生子 四房 長 順寶 次 順棠 三 吳淼 四 吳容
事略
備註 公係榮章公之子

十七世祖 能昌公
妣 林孺人
生子 四房 長 萬湧 次 萬生 三 萬意 四 萬火
事略
備註 公係榮文公之長子

張氏族譜

十七代祖　聚昌公
妣　江孺人　蘇孺人
生子　二房　長萬忠　次萬流
事略
備註　公係榮文公之次子

十七代祖　河昌公　字水盛
妣　江孺人　李孺人
生子　七房　長萬壘　次萬澤　三萬彬　四萬操　五萬起　六萬鑑　七覲育
事略
備註　公係榮開公之長子

十七世祖　輔昌公
妣　江孺人
生子　二房　長萬田　次萬邦
事略
備註　公係榮開公之次子

十七世祖　衍昌公
妣　江孺人
生子　二房　長萬鍵　次萬咸
事略
備註　公係榮選公之長子

張氏族譜

十七世祖 [illegible]公
妣 江孺人
生子 四房 長 萬程 次 萬豐 三 萬[illegible] 四 萬[illegible]
事略 公承父志在退維持商業發展[illegible]任有方
備註 公係榮[illegible]公之次子

十七世祖 賢昌公
妣 蘇孺人
生子 四房 長 萬仁 次 萬儉 三 萬信 四 萬杰
事略
備註 公係榮祥公之子

十七世祖 裕昌公
妣 蘇孺人
生子 五房 長 萬朋 次 萬鎮 三 萬鴻 四 萬銘 五 萬遐
事略
備註 公係榮煇公之子

十七世祖 圳昌公
妣 黄孺人
生子 房
事略
備註 公係榮典公之子

張氏族譜

十七世祖 榮回公
妣 汪孺人
生子 三房 長聯富 次聯基 三聯通
事略
備註 公係學武公之第五子

十七世祖 兆琪公
妣 蘇孺人
生子 六房 長居恭 次居亨 三居倫 四居敏 五居會 六居圓
事略
備註 公係青雲公之長子生卒未詳 塋於南歐楓樹凹 妣塋於火筒竹

十七世祖 兆琚公
妣
生子 二房 長居源 次居安
事略
備註 公係青雲公之次子生卒未詳享壽七旬加六仝妣合塋於庵仔坑

十七世祖 兆瑶公
妣 游孺人
生子 一房 居亨
事略
備註 公係青雲公之第三子塋於内人字山下堤享年五十四歲

張氏族譜

十七世祖 兆瑛公
妣 林孺人
生子 四房 長 居志 次 居鎮 三 居萬 四 居仔
略事 公性情忠直勤儉持家
備 公係青雲公之第四子生卒未詳葬於南歐鐵路隔岸
妣仙命未詳葬於竹嶺山
註 長子過房兆玠立嗣次子過房兆玖立嗣

十七世祖 兆玖公
妣 魏孺人
生子 一房 居鎮
略事 公勤儉持家
備 公係青雲公之第五子生卒未詳仝妣合葬於湖洋窠
註

十七世祖 兆玠公
妣 蘇孺人
生子 一房 居志
略事
備 公係青雲公之第六子
註

十七世祖 富兆公
妣
生子 二房 長 賜光 次 賜海
略事
備 公係禮通公之長子
註

張氏族譜

十七世	祖 能兆公 妣	祖 林兆公 妣	祖 秋兆公 妣	祖 運揚公 妣 林孺人
生子	二房 長賜水 次賜成	一房 賜美	一房 賜春	四房 長友明 次友聰 三友石 四友欣
事略				
備註	公係禮通公之次子	公係禮仲公之子	公係禮三公之子	公係仕巧公之長子

十七世祖　坤揚公
妣　江孺人

生子　二房　長　仟萬　次　福萬

事略

備註
公係美巧公之長子

十七世祖　兆昌公
妣　蘇孺人

生子　三房　長　振開　次　振業　三　振輝

事略

備註
公係上巧公之子仙命未詳合塟本社大路面坤山艮向地形「虎形」。

十七世祖　唐漢公
妣　江孺人

生子　四房　長　啓恆　次　啓寬　三　啓佑　四　啓順

事略

備註
公係石昌公之長子

十七世祖　唐標公
妣　江孺人

生子　二房　長　啓繩　次　啓崧

事略

備註
公係石昌公之次子

張氏族譜

十七世祖　集近公
妣
生子　一房　開德
事略
備註　公係達廣公之長子

十七世祖　集遠公
妣
生子　四房　長開德　次開騰　三開祥　四開淮
事略
備註　公係達廣公之次子

十七世祖　集運公
妣
生子　一房　石周
事略
備註　公係達廣公之第四子

十七世祖　集道公
妣　江孺人
生子　一房　豢光
事略
備註　公係達廣公之第六子

張氏族譜

十七世祖 佳儀公
妣 蘇孺人
生子 一房 成勇
事略
備註 公係達賓公之第七子

十七世祖 榮兆公 字允忠
妣 江孺人
生子 五房 長俊標 次俊豪 三俊傑 四俊閒 五俊全
事略
備註 公係達仁公之長子

十七世祖 華兆公 字允信
妣 余孺人
生子 一房 輝廷
事略
備註 公係達仁公之次子

十七世祖 宏兆公 字允崇
妣 賴孺人
生子 二房 長俊立 次俊彬
事略
備註 公係達仁公之第三子

十七代孫

三七七

張氏族譜

十七世祖　松兆公　字允嵩
妣　邱孺人　莊孺人
生子　九房　長俊澤　次俊興　三俊啟　四俊寶　五俊賜　六俊建　七俊犀　八俊安　九俊崇
事略
備註　公係達仁公之第四子

十七世祖　欽兆公　字允明
妣　簡孺人　李孺人
生子　四房　長俊開　次俊登　三俊選　四俊霊
事略
備註　公係達仁公之第五子

十七世祖　添兆公　字允泮
妣　蘇孺人
生子　五房　長俊林　次俊迎　三俊禅　四俊賢　五俊長
事略
備註　公係達仁公之第六子

十七世祖　四冠公
妣
生子　四房　長水善　次清善　三能善　四來善
事
備註　公係達茂公之子

張氏族譜

十七世祖 脩兆公
妣
生子 五房 長賜輝 次光輝 三順輝 四琼輝 五加輝
事略
備註 公係達真公之長子

十七世祖 南兆公
妣
生子 一房 光輝
事略
備註 公係達義公之次子

十七世祖 丙兆公
妣
生子 三房 長添輝 次春輝 三亨輝
事略
備註 公係達義公之第三子

十七世祖 貴水公、
妣
生子 一房 錦新
事略
備註 公係達龍公之長子

張氏族譜

十七世祖　貴路 祿 公
妣
生子　二房　長錦焱　次錦練　三錦裕
事略
備註　公係達龍公之第三子

十七世祖　榮昌公
妣　黄孺人
生子　四房　長等鳳　次德鳳　三煌鳳　四添鳳
事略
備註　公係達容公之長子

十七世祖　書昌公
妣　李孺人
生子　三房　長清溪　次清光　三清湖
事略
備註　公係達容公之次子

十七世祖　仲昌公
妣　江孺人
生子　四房　長騰郊　次騰欣　三騰芳　四騰欽
事略
備註　公係達容公之第五子

張氏族譜

十七代孫

十七世祖 生昌公
妣 邱孺人
生子 五房 長春旺 次新旺 三清旺 四添旺 五萬旺
事略
備註 公係達順公之長子

十七世祖 癸昌公
妣
生子 一房 承旺
事略
備註 公係達順公之次子

十七世祖 永貴公
妣 謝孺人 江孺人
生子 五房 長松生 次豪生 三桃生 四龍生 五賜生
事略
備註 公係祥源公之子

十七世祖 坤松公
妣
生子 一房 選揚
事略
備註 公係高日公之子

張氏族譜

十七世祖　貴郊公
妣
生子　一房　萬安
事略
備註　公係人秀公之長子葬於上山窠口大路唇水圳外石路下

十七世祖　貴祈公
妣
生子　一房　福安
事略
備註　公係人秀公之次子

十七世祖　貴落公
妣　蘇孺人
生子　一房　萬流
事略
備註　公係才秀公之長子

十七世祖　貴壘公
妣
生子　一房　萬鍾
事畧
備註　公係才秀公之次子

張氏族譜

十七代孫

十七世祖	生子	事署	備註
貴金公 妣	三房 長妙連 次萬春 三萬松		公係合秀公之子
佑興公字吳興 妣	二房 長初開 次富開		公係桂秀公之子
佑先公 妣	一房 福春		公係仲秀公之子
佑培公 妣	三房 長西萬 次西來 三西進		公係伯秀公之子

張氏族譜

十七世祖	妣	生子	事略	備註
佑炮公		一房 西發		公係伯秀公之次子
榮蘭公	黄孺人	二房 長佛昌 次元茂		公係祿秀公之子
榮啓公	蘇孺人	三房 長木養 次火養 三爍養		公係忠秀公之長子
榮海公	黄孺人	五房 長萬養 次生養 三銘養 四坤養 五河養		公係忠秀公之次子

張氏族譜

十七世祖	十七世祖	十七世祖	十七世祖
榮珍公	唐錫公	光廷公	啓明公
妣	妣邱孺人	妣江孺人	妣吳孺人
生子：二房 長承富 次萬富	生子：一房 德明	生子：一房 德永	生子：二房 長德集 次佛耕
事略：	事略：	事略：	事略：
備註：公係步秀公之子	備註：公係南秀公之長子	備註：公係南秀公之次子	備註：公係揚秋公之長子

張氏族譜

十七世祖啓旺公
妣莊孺人
生子一房
務林
事略
備註
公係揚秋公之次子

十七世祖啓龍公
妣
生子一房
金友
事略
備註
公係揚秀公之子

十七世祖友倫公
妣魏孺人
生子四房
長賜萬　次佛萬　三周萬　四輔萬
事略
備註
公係和成公之子

十七世祖友珍公
妣
生子一房
龍安
事略
備註
公係侍鈞公之子

張氏族譜

十七世祖	友呂公	順金公	順貴公 字德和	順發公
妣	江孺人	黃孺人	游孺人	簡孺人
生子	二房 長 俊萬 次 義萬	四房 長 美基 次 守基 三 崇基 四 長基	二房 長 肇基 次 榮基	一房 茂基
事略				
備註	公係才成公之子	公係學成公之長子	公係學成公之次子	公係學成公之第三子

張氏族譜

十七世祖	妣	生子	事略	備註
順富公	林孺人	五房　長燦基　次端基　三勳基　四洪基　五福基		公係學成公之第四子
順泉公	林孺人	三房　長華基　次算基　三泰基		公係學成公之第五子
順代公	汪孺人	五房　長南基　次北基　三勝基　四亮基　五生基		公係學成公之第六子
來德公	江孺人	三房　長兆熊　次理熊　三勤熊		公係近成公之長子

張氏族譜

十七世祖　采芬公、
妣　魏孺人
生子　三房　長院熊　次琰熊　三興熊
事略
備註　公係近成公之次子

十七世祖　來金公
妣　蘇孺人
生子　遺下至十九代振泰
事略
備註　公係近成公之第三子

十七世祖　欣亨公
妣
生子　一房　廷茂
事略
備註　公係開成公之子

十七世祖　續珍公
妣　蘇孺人
生子　二房　長廷彬　次廷昌
事略
備註　公係運成公之子

張氏族譜

十七代孫

十七世祖 欣進公
妣 蘇孺人
生子 三房 長 廷裕 次 廷嵩 三 廷明
事略
備註 公係問成公之子

十七世祖 繩昌公
妣 黃孺人
生子 三房 長 錫旺 次 錫林 三 錫山
事略
備註 公係銀傳公之子

十七世祖 木昌公
妣 魏孺人
生子 三房 長 永清 次 恩清 三 德清
事略
備註 公係金傳公之子

十七世祖 等生公
妣 黃孺人
生子 一房 繩德
事略
備註 公係連福公之子

張氏族譜

十七世祖	祖妣	生子	事略	備註
漢著公		一房 有福		公係蘭增公之長子
漢章公		二房 長有開 次有順		公係蘭增公之次子
漢運公	陳孺人	一房 有萬		公係元增公之子
啓昌公		一房 恒泰		公係乾增公之長子

張氏族譜

十七代孫

十七世祖 建瑞公
妣
生子 一房 宜豊
事略

備註 公係仁增公之長子

十七世祖 建琪公
妣
生子 一房 廷豊
事略

備註 公係仁增公之次子

十七世祖 應芹公
妣
生子 二房 長明琴 次有琴
事略

備註 公係錦增公之長子

十七世祖 應兆公
妣
生子 一房 瑶琴
事略

備註 公係錦增公之次子

張氏族譜

十七世祖	妣	生子	事略	備註
應瑞公		一房 泮琴		公係錦增公之第三子
懷德公		一房 錫榮		公係福增公之長子
懷深公		一房 華榮		公係福增公之次子
懷興公		三房 長 恩榮 次 爵榮 三 尚榮		公係書增公之長子

張氏族譜

十七世祖	妣	生子	事略	備註
懷昌公		一房　石福		公係書增公之第三子
懷林公		三房　長如松　次錦松　三永松		公係燕增公之子
寬仲公	李孺人	二房　長連生　次灶生		公係立增公之子
寬信公	蘇孺人	三房　長高攀　次高旺　三高增		公係蔚增公之次子

張氏族譜

十七世	祖	妣	生子	事略	備註
十七世	寬炎公				公係奎增公之子
十七世	寬廣公 字大才	李孺人 李孺人	四房 長 良賡 次 高賡 三 乃賡 四 祖賡		公係耀增公之長子
十七世	寬保公	簡孺人	三房 長 新賡 次 颺賡 三 欣賡		公係耀增公之次子
十七世	寬湧公	魏孺人	一房 調賡		公係耀增公之第三子

十七代孫

張氏族譜

十七世祖	寬榜公 字超杰	寬海公	寬瑤公
十七世妣	黃孺人	魏孺人	林孺人
生子	二房 長禧賡 次雍賡	二房 長石欽 次楚欽	一房 喜欽
事略			
備註	公係權增公之第四子	公係勝增公之長子	公係勝增公之次子

十七世祖	寬裕公
十七世妣	蘇孺人
生子	三房 長松欽 次亮欽 三鴻欽
事略	
備註	公係和增公之子

張氏族譜

十七代孫

十七世祖長江公
妣
生子一房 衍慶
事略
備註 公係夢黎公之長子

十七世祖長林公
妣林孺人
生子二房 長昌慶 次永慶
事略
備註 公係夢黎公之次子

十七世祖長城公
妣
生子一房 雙慶
事略
備註 公係夢黎公之第三子

十七世祖長芭公
妣盧孺人
生子二房 長繩慶 次紹慶
事略
備註 公係增發公之子

張氏族譜

十七代孫

十七世祖　長育公
妣
生子　一房　振揚
事略
備註　公係登瀛公之長子

十七世祖　長美公
妣
生子　一房　武揚
事略
備註　公係登瀛公之次子

十七世祖　長佑公　字鳳藻
妣
生子　一房　秋揚
事略　公徐學院科試取進縣學第十九名曹學院歲試補增科試補廪烏學院光緒己丑科歲試中式恩元第一名奉旨恩進士
備註　公係登瀛公之第三子

十七世祖　長華公
妣　余孺人
生子　四房　長清揚　次芳揚　三先揚　四對揚
事略
備註　公係登瀛公之第四子

張氏族譜

十七世祖妣 長茂公
生子 二房 長初祥 次和祥
事略
備註 公係培英公之長子

十七世祖妣 長安公
生子 一房 五祥
事略
備註 公係培英公之次子

十七世祖妣 長徽公 字鳳喈
生子 三房 長荇祥 次端祥 三管祥
事略 公彭學院歲試取進府學第一名科考取錄一等五名補廩
備註 公係培英公之第三子

十七世祖妣 長蔭公
生子 二房 長錦祥 次意祥
事略
備註 公係培英公之第四子

張氏族譜

十七世祖：長馨公　字蔚周　號丹山　諱鳳書
十七世妣：蕭孺人　廖孺人
生子：四房　長兆祥　次振祥　三秉祥　四聚祥
事略：公恩授歲進士吳學院歲試取進縣學第四名
備註：公係文治公之長子

十七世祖：長芳公　字永興
十七世妣：蘇孺人
生子：一房　鐘祥
事略：
備註：公係文治公之次子

十七世祖：長福公　字冠周
十七世妣：蘇孺人
生子：三房　長鎮祥　次孟祥　三惠祥
事略：
備註：公係文治公之第三子

十七世祖：長廈公　字
十七世妣：蕭孺人　莊孺人
生子：四房　長本祥　次解祥　三直祥　四慶祥
事略：
備註：公係文治公之第四子

十七世祖 長祿公 字鳳程 號翔周 諱雲五
妣 李孺人

生子 二房 長 招祥 次 富祥

事略 公曹學院歲試取進縣學第弍名

備註 公係文治公之第五子

十七世祖 長壁公 字肇周 諱鳳岡
妣 蘇孺人

生子 五房 長 益祥 次 載祥 三 參祥 四 賜祥 五 汝祥

事略 公邵學院歲試取進府學第四名

備註 公係瑞珍公之長子

十七世祖 長榮公
妣

生子 二房 長 新祥 次 松祥

事略

備註 公係瑞珍公之次子

十七世祖 長瑜公 字耀周 諱鳳琛 號
妣 蘇孺人 黃孺人

生子 五房 長 受仁 次 受和 三 禮祥 四 受成 五 受賢

事略

備註 公係瑞珍公之弟三子

張氏族譜

十七世祖　長蘭公
妣
生子　一房　崇和
事略
備註　公係瑞昌公之子

十七世祖　慶揚公
妣
生子　五房　長崇永　次崇雨　三崇山　四崇善　五崇祿
事略
備註　公係邦顏公之子

十七世祖　高揚公
妣
生子　一房　崇太
事略
備註　公係邦清公之長子

十七世祖　顯揚公
妣
生子　二房　長崇錦　次崇德
事略
備註　公係邦清公之次子

張氏族譜

十七世祖 恒爽公 字清如
妣 蘇孺人
生子 三房 長逢吉 次逢焕 三逢興
事略
備註 公係龍試公之子

十七世祖 恒練公
妣 蘇孺人 黄孺人
生子 二房 長禮德 次禮傳
事略
備註 公係龍呂公之長子

十七世祖 河水公
妣
生子 一房 禮林
事略
備註 公係龍呂公之次子

十七世祖 恒富公
妣
生子 一房 禮丙
事略
備註 公係龍呂公之第三子

張氏族譜

十七世祖	妣	生子	事略	備註
恆粹公	莊孺人	一房　添化		公係龍木公之次子
恒相公		四房　長集養　次集卿　三集科　四水桃		公係龍烱公之子
恒豐公	蘇孺人　江孺人	一房　南成		公係龍力公之長子
恆增公	陳孺人	一房　添福		公係龍力公之次子

張氏族譜

十七世祖 恒衣公
妣 蘇孺人
生子 一房 南竹
事略
備註 公係龍力公之第四子

十七世祖 恒旺公
妣 莊孺人
生子 一房 德海
事略
備註 公係龍力公

十七世祖 啓恆公
妣
生子 三房 長舜耕 次壽耕 三學耕
事略
備註 公係龍寶公之子

十七世祖 河清公
妣
生子 一房 先海
事略
備註 公係松茂公之子

張氏族譜

十七世祖	河滘公
妣	
生子	三房 長石銘 次志鳳 三忍鳳
事略	
備註	公係蔭茂公之子

十七世祖	坤常公
妣	
生子	一房 學勝
事略	
備註	公係蘭茂公之長子

十七世祖	佛賜公
妣	
生子	一房 學照
事略	
備註	公係犀茂公之子

十七世祖	泉常公
妣	
生子	一房 學亮
事略	
備註	公係能茂公之子

張氏族譜

十七世祖妣 立奎公
生子事略 一房 鸞岳
備註 公係海增公之子

十七世祖妣 萬鍾公
生子事略 一房 春福
備註 公係河增公之長子

十七世祖妣 萬錫公
生子事略
備註 公係河增公之次子

十七世祖妣 萬昌公
生子事略
備註 公係天增公之子

張氏族譜

十七世祖 萬龍公
妣 盧孺人 李孺人
生子 一房 富岳
事略
備註 公係加增公之長子

十七世祖 萬豐公
妣 吳孺人
生子 二房 長榮岳 次華岳
事略
備註 公係加增公之次子

十七世祖 萬山公
妣 李孺人
生子 六房 長招岳 五永岳 六水岳
事略
備註 公係潤增公之長子

十七世祖 萬光公
妣 翁孺人
生子 一房 保岳
事略
備註 公係潤增公之第三子

張氏族譜

十七世祖 萬祿公
妣
生子 一房 春盛
事略
備註 公係潤增公之第子

十七世祖 承奎公
妣
生子 一房 九岳
事略
備註 公係仕增公之子

十七世祖 接輝公
妣
生子 一房 增泰
事略
備註 公係書文公之長子

十七世祖 養輝公
妣
生子 五房 長流太 次流彬 三流柱 四流衍 五流德
事略
備註 公係書文公之次子

十七代孫

張氏族譜

十七世祖	妣	生子	事略	備註
廷芳公		一房　永鐘		公係步頌公之子
承遠公		一房　衍祿		公係定瑞公之子
有麟公 字信和	江孺人	三房　長 祿添　次 賜添　三 水添		公係武瑞公之長子
有化公	江孺人	一房　亮添		公係武瑞公之次子

張氏族譜

十七世祖	十七世妣	生子	事略	備註
有善公	黃孺人	長房 來滅 次 燦添		公係武瑞公之第五子
嵩萬公	江孺人	房 維章		公係觀明公之次子
萬全公，	潘孺人	一房 維宗		公係觀宏公之次子
金潮公	林孺人	一房 纜善		公係仁興公之長子

張氏族譜

十七世祖 海潮公
妣 簡攜人
生子 一房 繩業
事略
備註 公係仁興公之次子

十七世祖 孟潮公
妣 黃攜人
生子 二房 長康寧 次福寧
事略
備註 公係仁興公之第三子

十七世祖 懋泰公
妣 江攜人
生子 一房 春發
事略
備註 公係聚標公之長子

十七世祖 乾泰公
妣 江攜人
生子 一房 續貞
事略
備註 公係聚標公之次子

張氏族譜

十七世祖	成羣公
妣	江孺人
生子	一房 錦賢
事略	
備註	公係立元公之子

十七世祖	敦友公
妣	江孺人
生子	三房 長西潮 次璦瑜 三燮勳
事略	
備註	公係聚五公之長子

十七世祖	敦本公 字肇基 號道仁
妣	魏孺人 簡孺人
生子	二房 長永昌 次永山
事略	公生早勤儉建築源遠樓
備註	公係聚三公之長子

十七世祖	敦詩公
妣	簡孺人
生子	一房 玉慶
事略	
備註	公係聚三公之次子

張氏族譜

十七世祖	敦和公
妣	魏孺人
生子	四房　長賜福　次廷傑　三泗吉　四永儀
事略	
備註	公係聚三公之第三子

十七世祖	敦繩公
妣	林孺人
生子	二房　長發連　次詰連
事略	
備註	公係聚三公之第四子

十七世祖	敦柔公
妣	江孺人
生子	一房　永恭
事略	
備註	公係聚三公之第五子

十七世祖	敦銑公
妣	蘇孺人
生子	二房　長瑞麟　次瑞芬
事略	
備註	公係聚極公之長子

張氏族譜

十七世祖 敦裕公
妣 ○魏孺人
生子 三房 長 瑞慶 次 瑞豐 三 瑞坤
事略
備註 公係聚極公之次子

十七世祖 敦照公
妣 ○江孺人
生子 一房 維蘭
事略
備註 公係聚井公之子

十七世祖 敦武公
妣 吳孺人
生子 一房 明謙
事略
備註 公係聚培公之子

十七世祖 敦敏公
妣 蘇孺人
生子 一房 全壽
事略
備註 公係聚幹公之子

張氏族譜

十七世祖	敦煥公	敦崇公	敦凝公	敦樑公
妣	簡孺人	李孺人	黃孺人	江孺人
生子事略	一房　正光	二房　長啓元　次深元	三房　長濤元　次濟元　三淡元	三房　長松養　次玉輝　三德修
備註	公係聚團公之長子	公係聚成公之長子	公係聚成公之次子	公係聚成公之第三子

張氏族譜

十七代孫

十七世祖	敦仕公	敦淵公	敦續公	萬鎮公
妣	魏孺人	江孺人	李孺人	
生子	四房　長丕謨　次丕烈　三丕顯　四丕承	二房　長丕鑫　次丕森	二房　長丕振　次丕球	一房　佳演
事略				
備註	公係聚泮公之子	公係聚揚公之子	公係聚英公之子	公係聚堂公之長子

張氏族譜

十七代孫

十七世祖　萬奕公
妣　江孺人
生子　一房　裕興
事略
備註　公係聚堂公之次子

十七世祖　逄福公
妣　江孺人
生子　一房　石業
事略
備註　公係錦章公之長子

十七世祖　林福公
妣　莊孺人
生子　一房　蘇欽
事略
備註　公係錦章公之次子

十七世祖　坤華公
妣　陳孺人
生子　二房　長順集　次欽忠
事略
備註　公係錦昌公之子

張氏族譜

十七世祖	妣	生子	事畧	備註
坤蘭公	蘇孺人	二房 長順乾 次順南		公係瑞昌公之次子
坤落公	江孺人	三房 長順清 次順賢 三順長		公係瑞昌公之第四子
坤芳公	簡孺人	五房 長 次 三 四 五		公係瑞昌公之第六子
紫恩公	蘇孺人	二房 長佛生 次集達		公係林科公之長子

張氏族譜

十七代孫

十七世祖	妣	生子	事略	備註
成恩公	蘇孺人	二房　長錦生　次錦貴		公係林科公之次子
榮恩公	蘇孺人	二房　長錦順　次錦萬		公係林科公之第三子
承春公	江孺人	一房　德維		公係振祿公之子
長興公	江孺人	四房　長妙福　次妙金　三妙容　四妙揚		公係克追公之長子

張氏族譜

十七代孫

十七世祖 劉興公
妣 賴孺人
生子 二房 長 妙化 次 妙河
事略
備註 公係克追公之次子

十七世祖 松興公
妣 邱孺人
生子 二房 長 妙忠 次 妙良
事略
備註 公係克追公之第三子

十七世祖 坤立公
妣
生子 一房 洪理
事略
備註 公係明經公之子

十七世祖 金和公
妣 葉孺人
生子 房
事略
備註 公係兆才公之次子

張氏族譜

十七世祖	妣	生子	事略	備註
金萬公	江孺人	一房 漢孟		公係兆才公之第三子
金輝公	江孺人	二房 長 漢興 次 漢朋		公係兆才公之第四子
金開公	蘇孺人	一房 漢欽		公係兆斌公之長子
金永公	黃孺人	三房 長 輔海 次 川富 三 佛銘		公係兆斌公之次子

張氏族譜

祖	妣	生子	事略	備註
十七世祖 金俊公	簡孺人	房 渼昌		公係兆洪公之第四子
十七世祖 立傳公	簡孺人	二房 長渼錫 次渼月		公係兆田公之子
十七代祖 金燦公		房		公係兆春公之次子
十七代祖 金富公		房		公係兆春公之第三子

張氏族譜

十七代孫

十七世祖 梅生公
妣 簡璉人
生子事略
二房 長 松煌 次 吳焱
備註
公係木如公之長子

十七世祖 圳主公
妣 蘇瑞人
生子事略
一房 吳焱
備註
公係木如公之次子

十七世祖 定生公
妣
生子事略
房
備註
公係木如公之第三子

十七世祖 洋海公
妣
生子事略
房
備註
公係德如公之子

張氏族譜

十七世祖 祈河公
妣 葉孺人
生子 一房 爐先
事略
備註 公係開增公之子

十七世祖 祈亮公
妣 江孺人
生子 四房 長賜東 次賜遠 三賜金 四賜炯
事略
備註 公係開發公之子

十七世祖 等和公
妣
生子 房
事略
備註 公係順福公之長子

十七世祖 石和公
妣
生子 房 嘉仁
事略
備註 公係順福公之次子

張氏族譜

十七世祖妣
生
子
事
略
備註

十七世祖妣
生
子
事
略
備註

十七世祖妣
生
子
事
略
備註

十七世祖妣
生
子
事
略
備註

張氏族譜

十八世祖妣	生子	事略	備註
揚起 林	房		公係萬順公之長子
茂起	房		公係萬順公之次子
涓茂公	二房 長華固 次華亮		公係振木公之子
永傳	房		公係集達公之子

十八代孫

張氏族譜

十八世祖	妣	生子	事略	備註
唐富公	李孺人	房		公係石開公之次子
永和公		房		公係集通公之次子
永乾公		房		公係集通公之第三子
勝福公		一房　金祿		公係長淼公之長子

張氏族譜

十八世祖妣	勝芬公	應祖公	定南公	定中公
生子事略	一房 生書	二房 長 金清 次 金榮	三房 長 玉芳 次 海芳 三 煜芳	二房 長 聯芳 次 永芳
備註	公係長淼公之次子	公係長順公之子	公係榮錦公之長子	公係榮錦公之次子

十八代孫

四二九

弘氏族譜

十八世祖　定焴公
妣
生子　三房　長存開　次存帮　三存仁
事略
備註
公係輝錦公之長子

十八世祖　定福公
妣
生子　二房　長華生　次華光
事略
備註
公係輝錦公之次子

十八世祖　連鴻公
妣
生子　二房　長梅生　次先音
事略
備註
公係容錦公之子

張氏族譜

十世祖 泰緒公 字敬德
妣 江孺人
生子 三房 長 熙初 次 隆初 三 木初
事畧
備註 公係福星公之長子

十八世祖 泰松公
妣 莊孺人 孺人
生子 三房 長 有初 次 善初 三 能初
事略 公生平勤儉待人以忠南渡於三馬林達創設大典號年四十二得志 培才任於學置田修橋造路均有貢獻曾任三馬林達中華學校理事長
備註 公係福星公之次子

十八世祖 泰成公
妣
生子 一房 繼初
事略
備註 公係月喜公之次子

十八世祖 接梅公
妣
生子 二房 長 調潤 次 成潤
事畧
備註 公係振宗公之子

張氏族譜

十八世祖妣　碧連公
生子事略　三房　長元潤　次俊潤　三標潤
備註　公係桃宗公之長子

十八世祖妣　碧生公
生子事略　一房　澤潤
備註　公係桃宗公之次子

十八世祖妣　碧衍公
生子事略
備註　公係桃宗公之第三子

十八世祖妣　碧安公
生子事略
備註　公係桃宗公之第四子

張氏族譜

十八世祖碧杞公
妣
生子
事略
備註
公係桃宗公之第五子

十八世祖碧添公
妣
生子
事略
備註
公係桃宗公之第六子

十八世祖漢清公
妣
生子
事略
備註
公係海宗公之子

十八世祖克清公
妣
生子二房　長富潤　次德潤
事略
備註
公係憲宗公之子

十八代孫

張氏族譜

十八世祖 克棎公
妣
生子 二房 長減林 次貫林
事略

備註
公係錦宗公之長子

十八世祖 克蘭公
妣
生子 房
事略

備註
公係萬宗公之長子

十八世祖 克棟公
妣
生子 三房 長茂生 次益生 三建生
事略

備註
公係萬宗公之次子

十八世祖 克綿公
妣
生子 一房 山城
事略

備註
公係朝宗公之子

張氏族譜

十八世	生子	事略	備註
祖 煥金公 妣	房		公係棣宗公之長子
祖 煥福公 妣	房		公係棣宗公之次子
祖 煥祿公 妣	房		公係棣宗公之第三子
祖 永生公 妣	一房 懷清		公係集芬公之長子

張氏族譜

十八世祖	妣	生子	事略	備註
永才公		二房　長仰嵩　次仰河		公係集萬公之長子
永裕公		房		公係集貴公之長子
永發公		房		公係集龍公之子
賜松公	簡孺人	三房　長遠昌　次協昌　三進昌		公係坤林公之子

張氏族譜

十八代孫

十八世祖	妣	生子	事略	備註
賜隆公	江孺人	二房 長富萬 次富金		公係乾林公之次子
永來公	蘇孺人	一房 元賢		公係欽文公之子
順揚公		一房 遜萬		公係院成公之子
梅揚公		一房 振萬		公係清文公之子

張氏族譜

十八世祖 品揚公
妣 曾孺人 李孺人
生子 四房 長忠桂 次忠萬 三春萬 四春生
事略
備註 公係選文公之子

十八世祖 泰揚公
妣
生子 一房 再隆
事略
備註 公係傳文公之子

十八世祖 招揚公
妣 李孺人
生子 一房 福有
事略
備註 公係書文公之長子

十八世祖 俊揚公
妣
生子 一房 纘友
事略
備註 公係書文公之次子

張氏族譜

十八世祖	佛賜公
十八世妣	
生子	房
事略	
備註	公係書文公之第三子

十八世祖	亨揚公
十八世妣	
生子	一房 志松
事略	
備註	公係錦文公之子

十八世祖	桂光公
十八世妣	葉孺人
生子	一房 福衍
事略	
備註	公係桂馨公之長子

十八世祖	焕光公
十八世妣	李孺人
生子	一房 福昌
事略	
備註	公係桂馨公之次子

張氏族譜

十八世祖　宏光公
妣　邱孺人
生子　一房　福仁
事略
備註　公係桂槐公之子

十八世祖　續光公
妣
生子　房
事略
備註　公係桂基公之長子

十八世祖　發光公
妣　江孺人
生子　一房　紀春
事略
備註　公係桂基公之次子

十八世祖　覲光公　字揚烈　號朝道
妣　李孺人
生子　一房　源盛
事略　公爲清國學生待人誠博和靄爲梓叔崇重曾任本社羣英新民及曲江河坑汶峄等學校教師擅撰聯重禮教手訂家禮一部
備註　公係桂珍公之第四子生于光緒乙亥正月二十八日巳時終于民國三十三年甲申七月廿二日申時享壽七十歲葬在湖洋窠
妣生于光緒乙亥十月二十五日申時終于民國三十五年丙戌十二月十五日寅時享壽七十二歲

張氏族譜

十八世祖　献光公
妣
生子　一房　益盛
事略　公少壯經商暹京一時尚稱發達始思建設家鄉而生意失敗至年邁思鄉然已悔之不及
備註　公係桂榮公之子卒于暹羅
妣番氏

十八世祖　繩光公
妣　江孺人
生子　三房　長佛化　次蓬友　三土發
事略
備註　公係桂慶公之長子

十八世祖　德才公
妣　蘇孺人
生子　一房
事略
備註　公係桂芳公之子

十八世祖　壽才公
妣　江孺人　孺人
生子　房　長明星　次
事略
備註　公係桂園公之子

張氏族譜

十八世祖	生子	事略	備註
十八世祖賢才公 妣蘇瑞人	房明山		公係桂忠公之長子
十八世祖貞才公 妣	房		公係桂廷公之次子
十八世祖宏才公 妣	房		公係桂先公之長子
十八世祖木才公 妣	房		公係桂先公之次子

張氏族譜

十八世祖　鴻元公
妣　蘇孺人
二房
生子　長明燈　次明觀
事略
備註　公係桂亨公之長子

十八世祖　炳才
妣
房
生子　長明福
事略
備註　公係桂亨公之次子

十八世祖　裕後公
妣　蘇孺人
一房
生子　漢金
事略
備註　公係連福公之長子

十八世祖　裕宗公
妣　葉孺人
房
生子
事略
備註　公係連福公之次子

張氏族譜

十八世祖　裕亮公
妣　饒孺人
房
生子　進金
事略

備註
公係連興公之長子

十八世祖　裕光公
妣
房
生子
事略

備註
公係連興公之次子

十八世祖　裕金公
妣
房
生子　泰金
事略

備註
公係連興公之第三子

十八世祖　裕田公
妣
房
生子
事略

備註
公係連興公之第四子

張氏族譜

十八世祖	東榮公	裕崇公	裕呈公	裕郭公
妣	黃孺人	葉孺人		
生子	一房 定國	一房 煌炯	房	房
事略				
備註	公係連旺公之長子	公係連旺公之次子	公係連生公之長子	公係連生公之次子

張氏族譜

十八世祖　裕軒公
妣
生子　房
事略
備註　公係連生公之第三子。

十八世祖　周南公
妣
生子　房
事略
備註　公係連運公之長子

十八世祖　欽南公
妣
生子　房
事略
備註　公係連運公之次子

十八世祖　先南公
妣　李孺人
生子　房
事略
備註　公係連和公之長子

十八世
祖 錦南公
妣
生子 房
事略
備註 公係連和公之次子

十八世
祖 通南公
妣
生子 房
事略
備註 公係連和公之第三子

十八世
祖 裕達公
妣
生子 房
事略
備註 公係連發公之

十八世
祖 生釵公
妣 簡孺人
生子 房
事略
備註 公係作頂公之第三子

十八世祖　生其公
妣　楊孺人
生子　二房　長　鴻發　次　鴻元
事略
備　公係作頂公之第四子
註

十八代祖　生田公
妣　楊孺人　林孺人
生子　三房　長　鴻章　次　鴻松　三　鴻武　四
事略
備　公係作頂公之第五子
註

十八世祖　生甲公
妣　邱孺人　江孺人
生子　二房　長　德寶　次　德發
事略
備　公係正源公之長子
註

十八世祖　生卿公
妣　楊孺人
生子　房　鴻基
事略
備　公係正源公之次子
註

張氏族譜

十八代孫

十八世祖 生聚公
妣
生子 房 德英
事略
備註 公係火焱公之子

十八世祖 生章公
妣
生子 房 德朗
事略
備註 公係滿養公之子

十八世祖 生華公
妣
生子 房
事略
備註 公係添足公之長子

十八代祖 生林公
妣
生子 房 長 次
事略
備註 公係添足公之次子

張氏族譜

十八世
祖　陳佑公　字子庇
妣　蕭孺人
生子　三房　長鴻永　次鴻陣　三星煌
事略
備註　公係作蛟公之長子

十八世
祖　長流公
妣　江孺人
生子　二房　長鴻應　次鴻紫
事略
備註　公係作蛟公之次子

十八世
祖　長富公　字子匡
妣　蘇孺人
生子　三房　長鴻魯　次鴻書　三鴻敏
事略　公醫理精明救濟病者如神聖之功
備註　公係作鯉公之長子

十八世
祖　長鎮公
妣
生子　房
事略
備註　公係作鯉公之次子

張氏族譜

十八世祖 長錢公
妣 房
生子
事略
備註 公係作鯉公之第三子

十八世祖 長才公
妣 房
生子
事略
備註 公係作鯉公之第四子

十八世祖 長貴公
妣 房
生子
事略
備註 公係作鯉公之第五子

十八代祖 克昌公
妣 房
生子
事略
備註 公係萬盛公之長子

張氏族譜

十八代祖 克儀公
妣
生子 鴻悅
事略 房
備註 公係萬盛公之次子

十八代祖 克由公
妣
生子
事略 房
備註 公係萬盛公之第三子

十八代祖 克才公
妣
生子 鴻課
事略 房
備註 公係萬盛公之第四子

十八世祖 運科公
妣
生子 忠英
事略 一房
備註 公係石養公之長子

張氏族譜

十八世祖	妣	生子事略	備註
發科公		房 生長	公係石養公之次子
松發公	吳孺人	一房 鴻添	公係佛養公之子
崇番公	江孺人	二房 長 南分 次 南永	公係科慶公之子
崇行公	江孺人	一房 南祺	公係衍慶公之長子

張氏族譜

十八世	祖	妣	生子	房	事略	備註
十八世	崇簡公	蘇孺人		南安		公係衍慶公之次子
十八世	崇豐公	江孺人		南負		公係衍慶公之第三子
十八世	崇夫公	蘇孺人				公係衍慶公之第四子
十八世	崇休公	黃孺人	一	南道		公係必慶公之子

張氏族譜

十八世（代）祖	妣	生子	事略	備註
十八世祖 崇林公	江孺人	二房 長 南楚 次 南相		公係輝慶公之長子
十八代祖 崇榕公		房		公係輝慶公之次子
十八代祖 崇桂公	江孺人	房		公係輝慶公之第三子
十八世祖 崇雍公	蘇孺人	二房 長 南斗 次 南萬		公係洪慶公之長子

張氏族譜

十八世祖 崇砠公
妣 江孺人
生子 一房 南達
事略
備註 公係洪慶公之次子

十八代祖 崇崧公 字子嶽
妣 李孺人 王孺人
生子 房 長南堯 次南鎮 三南海 四南材 五南興 六南通
事略
備註 公係善慶公之長子

十八代祖 崇坡公
妣 李孺人
生子 房
事略
備註 公係善慶公之次子

十八代祖 崇訓公
妣
生子 二房 長南駕 次南軒
事略
備註 公係昌慶公之長子

張氏族譜

十八代祖 崇舉公
妣
生子 房
事畧
備註 公係品慶公之次子

十八世祖 崇鵬公 字霖溥 號子丹
妣 邱孺人
生子 二房 長南左 次南稚
事畧 公王學院科試取進縣學第三名裁宗師歲試錄取上等第三名補廪
壯年涓擇日課兼博學堪輿遠近人士受益欽仰
備註 公係綿慶公之子

十八世祖 崇金公
妣
生子 房
事畧
備註 公係耀慶公之子

十八世祖 崇遠公
妣
生子 房
事畧
備註 公係生慶公之子

張氏族譜

十八世祖 崇路公
妣
房
生子
事略
備註
公係恩慶公之子

十八世祖 崇岳公
妣
房
生子
事略
備註
公係榮慶公之子

十八世祖 崇爐公
妣
房
生子
事略
備註
公係文義公之長子

十八世祖 崇乾公
妣
房
生子
事略
備註
公係文義公之次子

張氏族譜

十八世祖 崇華公
妣
房
生子
事略
備註 公係文義公之第三子

十八世祖 崇輝公
妣
房
生子
事略
備註 公係文義公之第四子

十八世祖 崇繼公
妣
房 一
生子 鴻圖
事略
備註 公係文盛公之長子

十八世祖 崇元公
妣 邱孺人
房 一
生子 鴻亮
事略
備註 公係文盛公之次子

張氏族譜

十八世祖　崇林公
妣
生子　房
事略
備註　公係文盛公之第三子

十八代祖　俊如公
妣　李瑪人
生子　房　長羨仁　次羨貞　三羨堯
事略　公上海東亞體育專門學校畢業曾任南靖縣立曲江小學校長南靖第三區區長廈門双十大同廈中漳州尋源本縣縣中平和大誠等中學教員
備註　公係文盛公之第四子　公曾任船南梅江等鄉鄉長

十八世祖　仰達公
妣
生子　房
事略
備註　公係文盛公之第五子

十八世祖　崇景公
妣　江瑪人
生子　房
事畧
備註　公係文盛公之第七子

張氏族譜

十八世祖	妣	生子事略	備註
崇和公	姚孺人	房 羨才	公係添盛公之子
崇榮公		房	公係坤盛公之長子
崇信公	李孺人 遊孺人	三房 長羨生 次羨意 三羨有	公係坤盛公之次子
選達公		房	公係坤盛公之第三子

張氏族譜

十八世祖懷達公
妣
房
生子
事略

備註
公係永盛公之長子

十八世祖發達公
妣
房
生子
事略

備註
公係永盛公之次子

十八世祖如達公
妣林
二房
生子　長漢乾　次漢石
事略

備註
公係海盛公之子

十八世祖崇燧公
妣蘇
二房
生子　長羨僑　次羨其
事略

備註
公係松盛公之長子

張氏族譜

十八世祖 榮岐
十八世妣
生子 房 美志
事略
備註 公係松盛公之次子

十八世祖 明達
十八世妣 黄
生子 房 美聰
事略
備註 公係松盛公之第三子

十八代祖 專達
十八代妣 蘇
生子 房 長 美志 次 美泰
事略
備註 公係松盛公之第四子

十八世祖 禮達公
十八世妣
生子 房 長 美帮
事略 公省立厦中
備註 公係松盛公之第五子

張氏族譜

十八世祖妣　順達公
生子房　羨敬
事略
備註　公係石周公之長子

十八世祖妣　來達公
生子房　羨益
事略
備註　公係石周公之次子

十八世祖妣　崇達公
生子房　長羨猷　次羨祈　三羨農
事略
備註　公係道盛公之長子

十八世祖妣　必達公
生子房　羨仲
事略
備註　公係道盛公之次子

張氏族譜

十八世祖 榮[illegible]公
妣
生子 房 長 美和 次 美強
事略
備註 公係炎威公之長子

十八世祖 榮綿公
妣
生子 房 長 美恭 次 美良
事略
備註 公係炎威公之次子

十八代祖 茂達公
妣
生子 房
事略
備註 公係隆威公之長子

十八世祖 壽達公
妣 [illegible]
生子 房 美文
事略
備註 公係隆威公之次子

張氏族譜

十八世祖承達公
妣
生子　房　長羨華　次羨
事略
備註　公係隆盛公之第三子

十八世祖柱達公
妣
生子　房
事略
備註　公係庚盛公之子

十八世祖啓識公
妣
生子　房
事略
備註　公係觀芳公之長子

十八世祖啓松公
妣
生子　房
事略
備註　公係觀芳公之次子

張氏族譜

十八世祖 啓許公
妣
房
生子
事略
備註 公係覘芳公之第三子

十八世祖 啓林公
妣
房
生子
事略
備註 公係金芳公之子

十八世祖 啓城公
妣 李孺人
三房
生子 長 鴻祿 次 鴻福 三 鴻初
事略
備註 公係春芳公之子

十八世祖 啓闓公
妣 簡孺人
一房
生子 鴻發
事略
備註 公係秋芳公之子

張氏族譜

十八代祖妣	生子	事略	備註
啓亨 蕭孺人　鍾孺人	四房 長鴻紀　次鴻賛　三鴻蔚　四鴻開		公係戊芳公之長子
十八世祖妣 啓賢公 魏孺人	二房 長鴻貴　次鴻興		公係戊芳公之次子
十八世祖妣 啓善公	房 鴻疇		公係戊芳公之第三子
十八世祖妣 建啓公 黄孺人	三房 長鴻深　次鴻達　三鴻樑		公係等鶴公之長子

張氏族譜

十八世祖	建派公	十八世祖	建興公
妣		妣	簡孺人
生子	三房 長 鴻意 次 鴻照 三 鴻元	生子	一房 鴻進
事略		事略	
備註	公係竽節公之次子	備註	公係十五代水賜公後裔

十八世祖	建熊公	十八世祖	宗院公
妣	李孺人	妣	
生子	一房 鴻貞	生子	房 鴻祥
事略		事略	
備註	公係江鶴公之子	備註	公係項來公之子

十八代孫

張氏族譜

十八世祖 崇日公
妣
房 鴻年
生子
事略
備註 公係光前公之長子

十八世祖 崇欽公
妣
房 鴻球
生子
事略
備註 公係石養公之子

十八世祖 崇巽
妣
房
生子
事略
備註 公係逢遠公之子

十八世祖 崇德公
妣
房
生子
事略
備註 公係章溪公之長子

張氏族譜

十八世祖 崇族公
妣
生子 二房 長鴻順 次鴻乾
事略
備註 公係章溪公之次子

十八世祖 崇僑公
妣 莊孺人
生子 一房 鴻果
事略
備註 公係鼎安公之長子卒於五四年葬塔下禾担崎立石头碑．妣蘇氏四十逝葬南欧水口水库面．立石头碑 妣莊孺人

十八世祖 崇坤公
妣 魏孺人 簡孺人
生子 二房 長鴻渡 次鴻通
事略
備註 公係鼎安公之次子

十八世祖 崇柄公 字其翰
妣 魏孺人
生子 二房 長鴻謨 次鴻訓
事略 公王學院科試取進縣學第十三名
備註 公係永年公之長子

張氏族譜

十八世祖：崇柱公　字其幹
妣：蕭孺人
生子：二房　長鴻健　次鴻慈
事略：公王學院歲試取進縣學第四名
備註：公係永年公之次子

十八代祖：崇樑公
妣：黃孺人
生子：四房　長鴻欽　次鴻架　三鴻陶　四鴻麗
事略：
備註：公係永年公之第三子

十八世祖：崇彬公
妣：江孺人
生子：一房　鴻友
事略：
備註：公係善福公之子

十八世祖：崇楣公
妣：
生子：房
事略：
備註：公係明亮公之長子

十八世祖 崇樅公
妣
生子 房
事略
備註 公係明亮公之次子

十八世祖 崇椿公
妣 黃孺人
生子 二房 長 鴻鐘 次 鴻丙
事略
備註 公係永亮公之長子

十八世祖 崇桐公
妣 李孺人
生子 一房 鴻鎗
事略
備註 公係永亮公之次子

十八世祖 崇槐公
妣
生子 一房 鴻鍊
事略
備註 公係永亮公之第三子

張氏族譜

十八世祖　崇恒公
妣　江孺人
生子　二房　長　鴻銘　次　鴻柳
事略
備註　公係永亮公之第四子

十八世祖　崇檀公
妣
生子　房
事略
備註　公係永亮公之第五子

十八世祖　崇美公
妣
生子　房
事略
備註　公係拱亮公之子

十八代祖　崇梯公字子青
妣　李孺人
生子　二房　長　鴻利　次　鴻隆
事略　公曾任大垻保保長代表生平正直以拍影爲生活
備註　公係永祥公之長子

張氏族譜

十八代祖 崇文公 字子明 號張德
妣 林孺人
生子 二房 長海陸 次鴻傑
事略
備註 公係永祥公之次子

十八世祖 崇猷公
妣
生子 房
事略 公上海美專肄業
備註 公係永約公之長子

十八世祖 崇栢公
妣 吳孺人
生子 房 鴻霞
事略
備註 公係永約公之次子

十八世祖 崇其公
妣
生子 房
事略
備註 公係永約公之第三子

張氏族譜

十八世祖　崇凱公
妣
生子　房
事略
備註　公係永約公之第四子

十八世祖　崇樸公
妣　李孺人
生子　二房　長鴻都　次鴻市
事略
備註　公係永安公之長子

十八世祖　崇儀公　字其肅
妣　朱孺人
生子　二房　長鴻宗　次鴻海
事略
備註　公係永安公之次子

十八世祖　崇權公
妣　黄孺人
生子　房　鴻炎
事略
備註　公係永吉公之長子

十八世祖 崇銘公
妣
生子 房
事略

備註 公係永吉公之次子

十八世祖 崇構公
妣
生子 房 鴻佳
事略

備註 公係永吉公之第三子

十八世祖 崇鈞公
妣
生子
事略

備註 公係永吉公之第四子

十八世祖 崇梧公
妣 李孺人
生子 三房 長 鴻羣 次 鴻虎 三 鴻豹
事略

備註 公係永壽公之長子

張氏族譜

十八世祖　崇材公
妣
生子　房
事略
備註　公係永壽公之次子

十八世祖　崇智公
妣
生子　房
事略
備註　公係永壽公之第三子

十八世祖　崇興公
妣　蕭孺人
生子　一房　存軍
事略
備註　公係榮韞公之子

十八世祖　崇選公　字子和
妣　江孺人　諡蘭周
生子　三房　長鴻世　次鴻棟　三鴻彥
事略
備註　公係鼎三公之子

張氏族譜

十八世祖 榮儒公 字佐如
妣 江孺人 林孺人
生子 二房 長 存大 次 存中
事略 公福州英華書院畢業曾任福州公安局秘書南靖縣政府建設科科長第三學區中心小學校長曲江市場建築公司代表
備註 公係榮章公之長子

十八世祖 榮義公
妣
生子 房
事略
備註 公係榮章公之次子

十八世祖 榮茂公 字子林 號如松
妣 魏孺人
生子 四房 長 鴻振 次 鴻賓 三 紹南 四 鴻品
事略
備註 公係永華公之子
S 玷瑞—煥錦—永華

十八世祖 榮謙公
妣 江孺人
生子 二房 長 鴻宙 次 鴻修
事略
備註 公係永傑公之子

張氏族譜

十八代祖	妣	房	生子	事略	備註
崇繩公					公係添喜公之長子
金繩公					公係添喜公之次子
疇繩公					公係添喜公之第三子
廣繩公					公係添喜公之第四子

張氏族譜

代	祖	妣	房	生子事略	備註
十八代	喜衍公				公係遜才公之子
十八世	啓宏公	江孺人	一房	河養	公係進開公之長子
十八世	呈宏公	江孺人	二房	長 瑞圖 次 軍武	公係進開公之次子
十八世	根宏公	江孺人	一房	瑞增	公係進開公之子

張氏族譜

十八世 祖 健宏公
妣 蘇孺人
生子 四房 長 瑞庭 次 瑞文 三 瑞書 四 瑞秋
事略
備註 公係項開公之長子

十八世 祖 星宏公
妣 蘇孺人
生子 四房 長 瑞汀 次 瑞祿 三 瑞泉 四 瑞水
事略
備註 公係項開公之次子

十八世 祖 元宏公
妣 江孺人
生子 二房 長 瑞年 次 瑞斗
事略
備註 公係緞開公之長子

十八世 祖 相宏公
妣
生子 房
事略
備註 公係緞開公之次子

張氏族譜

十八世祖：光宏公
妣：蘇孺人
生子：一房 瑞文
事略：
備註：公係緞開公之第三子

十八世祖：榮宏公
妣：江孺人
生子：房 瑞書
事略：
備註：公係緞開公之第四子

十八世祖：永宏公
妣：黃孺人
生子：房
事略：
備註：公係緞開公之第五子

十八世祖：通宏公
妣：江孺人
生子：一房 瑞卿
事略：
備註：公係松開公之第六子

張氏族譜

十八世祖　壽宏公
妣
生子　房
事略
備註　公係洪開公之子

十八世祖　兆金公
妣　江孺人
生子　房　瑞聰
事略
備註　公係華開公之長子

十八世祖　兆杰公
妣　江孺人
生子　房　長　瑞德　次　瑞基　三　瑞
事略
備註　公係華開公之次子

十八代祖　勝煌公
妣　江孺人
生子　房　長　瑞坤　次　瑞豐　三　瑞如　四　瑞意　五　瑞紫
事略　公曾任大垻保保長
備註　公係添開公之長子

張氏族譜

十八代孫

十八代祖 拱煌公
妣 黄孺人
生子 房 長瑞𢘈 次瑞 三瑞
事略
備註 公係添開公之次子

十八代祖 契煌公
妣 魏孺人
生子 房 長瑞遠 次
事略
備註 公係添開公之第三子

十八代祖 輝煌公
妣 蘇孺人
生子 房 長瑞石
事略
備註 公係添開公之第四子

十八世祖 亮宏公
妣 黄孺人 蘇孺人
生子 一房 瑞祥
事略
備註 公係活開公之長子

張氏族譜

十八世祖 庚宏公
妣 黃孺人
生子 一房 瑞銀
事略
備註 公係活開公之次子

十八世祖 奎宏公
妣 蘇孺人
生子 房 瑞桃
事略
備註 公係活開公之第三子

十八世祖 陳宏公
妣 吳孺人
生子 三房 長 瑞桃 次 瑞羅 三 瑞壽
事略
備註 公係活開公之第四子

十八世祖 良宏公
妣 李孺人
生子 一房 瑞南
事略
備註 公係恩邦公之長子

十八世祖 東宏公
妣 江孺人
房
生子 瑞丁
事略
備註 公係恩邦公之次子

十八代祖 維宏公
妣 蘇孺人
房 長 興豐 次 興隆
生子
事略 公承叔父之囑維持家鄉塔下唐下鋪石枋路
備註 公係佛庇公之長子

十八代祖 超宏公
妣 江孺人
房 長 興松 次 興邦
生子
事略 公民八年南旋與温清共同創建曲江市場為建築市場財政負兩市場南門係先生個人捐贈建築
備註 公係佛庇公之次子

十八代祖 緒宏公
妣 江孺人
房 長 興虎
生子
事略
備註 公係佛庇公之第三子

張氏族譜

十八代祖　欣宏公
妣
房
生子
事略
備註　公係炎開公之長子

十八代祖　遜宏公
妣
生子
事略
備註　公係炎開公之次子

十八代祖　水宏公
妣　蘇孺人
生子
事略
備註　公係煜開公之長子

十八代祖　桂宏公
妣
生子
事略
備註　公係煜開公之次子

張氏族譜

十八代	妣祖	欽宏公	生子房	略事	備註	公係煜開公之第三子
十八代	妣祖	輝宏公	生子房	略事	備註	公係煜開公之第四子
十八代	妣祖	廣宏公	生子房	略事	備註	公係煜開公之第五子
十八世	妣祖	榮和公 江搖人	生子房 賢宇	略事	備註	公係紹宗公之子

張氏族譜

十八世祖妣
榮烈公
黄孺人

生子　四房
長迎字　次朋字　三芳字　四應字

事略

備註
公係長助公之長子

十八世祖妣
榮裕公

生子　房

事略

備註
公係長助公之次子

十八世祖妣
榮善公

生子　房

事略

備註
公係長助公之第三子

十八世祖妣
榮綿公

生子　房

事略

備註
公係長助公之第四子

十八代孫

四九

張氏族譜

十八世妣祖　榮通公
生子　房
事略
備註　公係長助公之第五子

十八世妣祖　榮疇公
生子　房
事略
備註　公係長助公之第六子

十八世妣祖　榮耀公
生子　房
事略
備註　公係長助公之第七子

十八世妣祖　榮鳳公
生子　房
事略
備註　公係長助公之第八子

張氏族譜

十八世
祖 榮彬公
妣
生子 一房 鵬字
事略
備註
公係長喜公之子

十八世
祖 榮良公
妣
生子 房
事略
備註
公係長春公之子

十八世
祖 樹烈公
妣
生子 房
事略
備註
公係長益公之長子

十八世
祖 容烈公
妣 江孺人
生子 房 焱字
事略
備註
公係長益公之次子

張氏族譜

十八世妣祖 才烈公

房

生子

事略

備註

公係長益公之第三子

十八世妣祖 偉烈公

房 仁字

生子

事略

備註

公係長開公之子

十八世妣祖 洪烈公 賴孺人

一房 仁智

生子

事略

備註

公係接開公之長子

十八世妣祖 慶烈公 魏孺人

二房 長仁智 次仁丁

生子

事略

備註

公係接開公之次子

十八代孫

張氏族譜

十八代祖 榮汀公
十八代妣 江孺人
生子 房 奕聚
事略 公於星嘉坡開設南慶商號民二十五年發起家鄉建立標宸學校基金貢獻鉅資墾植峇山爲故鄉大埧前途福利事業慷慨如義人皆敬之
備註 公係練開公之長子

十八代祖 榮根公
十八代妣 江孺人
生子 四房 長奕鼎 次奕潘 三奕安 四奕柱
事略
備註 公係練開公之次子

十八代祖 榮耕公
十八代妣 李孺人
生子 房
事略
備註 公係滾開公之長子

十八代祖 榮檀公 字國倫
十八代妣 游孺人
生子 三房 長洪生 次金生 三天星
事略
備註 公係滾開公之次子

張氏族譜

十八代祖 榮家公 號寄萍
妣 章孺人
生子 房 長河源
事畧
備註 公係滾開公之第三子

十八代祖 榮谷公 字夢谷
妣 黃孺人
生子 房 長
事畧 公南靖縣政幹所教育系畢業曾任和溪鄉永溪保國校版寮國校上更國校大塓國校等校校長
備註 公係滾開公之第四子

十八代祖 榮守公
妣 游孺人
生子 房
事畧
備註 公係滾開公之第六子

十八代祖 榮富公
妣
生子 房
事畧
備註 公係會開公之長子

張氏族譜

十八代祖 榮敦公 字國和
妣 黄孺人
生子 房 長潤生 次慧生 三華生
事略
備註 公係會開公之次子

十八世祖 榮來公
妣 黄孺人
生子 一房 栢林
事略
備註 公係烱開公之長子

十八代祖 榮章公
妣 吴孺人
生子 四房 長漢字 次陶字 三烱字 四淦字
事略
備註 公係烱開公之次子

十八代祖 榮鴻公
妣
生子 房
事略
備註 公係烱開公之第三子

張氏族譜

十八代祖 榮榆公
妣
生子 房
事略
備註 公係炯開公之第四子

十八代祖 榮壽公
妣 蘇孺人
生子 房 長福字 次德字 三週字
事略
備註 公係啓開公之長子

十八代祖 榮鈕公
妣 游孺人
生子 房 祿字
事略
備註 公係啓開公之次子

十八代祖 榮卿公
妣 魏孺人
生子 房 長勤字 次殷字 三炘字
事略
備註 公係啓開公之第三子

張氏族譜

十八代祖 榮鉋公
妣
房
生子
事略
備註 公係啓開公之第四子

十八代祖 榮新公
妣 黃璓人
房 灘字
生子
事略
備註 公係仕開公之長子

十八代祖 榮水公
妣
房
生子
事略
備註 公係仕開公之次子

十八代祖 榮康公 字白影
妣 蘇璓人
房
生子
事略
備註 公係仕開公之第三子

張氏族譜

十八代祖：東來公
妣祖：
生子：房　長維勝　次維賢　三
事略：
備註：公係順旺公之子

十八世祖：友來公
妣祖：江孺人
生子：三房　長維志　次維發　三維才
事略：
備註：公係石生公之長子

十八世祖：松來公
妣祖：蘇孺人
生子：四房　長維照　次維德　三維亨　四維添
事略：
備註：公係石生公之次子

十八世祖：富來公
妣祖：黄孺人
生子：二房　長維木　次維
事略：
備註：公係石生公之第三子

張氏族譜

十八世祖 招來公
妣
生子 一房 維貴
事略
備註 公係石生公之第四子

十八世祖 進來公
妣 江孺人
生子 一房 維元
事略
備註 公係石生公之第五子

十八代祖 善來公
妣 簡孺人
生子 二房 長維新 次維春
事略 公性和平以木匠爲生活木科竹科各式用具水車椅桌等一切皆能衆稱有巧奪天功之才
備註 公係啓萬公之次子

十八世祖 宗來公
妣 江孺人
生子 五房 長維泰 次維壽 三維祿 四維福 五維全
事略
備註 公係啟增公之長子

国家出版基金项目
NATIONAL PUBLICATION FOUNDATION

海上絲綢之路文獻集成

總主編　陳支平　陳春聲

民間譜牒編 67

主編　林　楓

海峽出版發行集團
THE STRAITS PUBLISHING & DISTRIBUTING GROUP
福建人民出版社

本册目次

〔福建安溪〕清溪竹塔李氏家譜不分卷

唐欽侯纂修

〔福建安溪〕《清溪竹塔李氏家譜》不分卷，唐欽侯纂修。竹塔李氏居今福建省安溪縣。李氏於唐代入閩，居温陵，繼而分派武榮學前，又開支娘仔橋。明永樂間，始祖谷山遷居蓬萊崇善山後，集姓上官，改地號竹塔，次祖順德復改李姓。是譜載歷世支圖、歷世紀實等。李氏自清代漸有族人遷移海外，其與祖籍鄉族往來不斷。民國二十九年（一九四〇）重修族譜，即由海内外族人合修而成，故修譜名録中既有竹塔主事永汭、忠朝、忠長等，又有「外僑董事裔孫」忠侯、忠砂、忠粧、忠省等。另附有光緒二十六年（一九〇〇）重修舊譜，詳於譜序、源流。據民國間抄本影印。

貽穏字序

國順藏欽思　懋弘亂際予

仕志元永忠　君臣岳侯卿

明萬歷八年四岳祖欽召公欽禮公買得崇善里溪頭住
人柯体順懋瞻主仁体遠体明蓮谷主向体免等產
山山所貫李里土名竹塔山載鈔米伍升叁合伍勺听造
丹之時收割入户為業

計開四至　東北至半嶺按為界　東南至西山嶺為界

西至大帽山　南至光浔里尾山崙

北至蔡洋格

萬歷廿五年及卅五卅九等年柯心戭懋奐我新心石我致
從堯從讓等托侻新竹李懷仁李明泉就思耀思義
思政思慶思進　懋儼公懇貼契尾
計開四至
東至彭格嶺　西至大帽山
南至光浔里尾山崙
北至半嶺坡及蔡洋格

重修竹塔李氏家譜序

民國庚辰春塔峯李君忠朝、忠長等感國運之鼎革，嘆倭奴之頻侵，遂動起水源木本之念，乃邀族衆議重修纂，幸得老少歡欣，僉親贊許，斯舉得獲玉成，其任敦請于予。余念朋友之道義不容辭，謹承遵命，以昭孝子仁人報本之心。稽查前譜，行次多有錯落，支圖雜繪，要皆前世編修者鮮於經驗故耳，寔未可以傳世也。與夫譜例之修，先重在系圖，其次在寔錄，系圖與寔錄既缺，統系其何以承先而啟後耶？予為念朋友之閑情，上係 神靈、列 祖之寄託，爰就一世谷山公肇基塔峯而下，系圖並寔錄悉心考究，一切加功推翻，其系圖五世為一提，寔錄以行次為標準，殫精竭慮，亟兩月而譜告成，若

綱在綱有條不紊則後之孝子順孫開譜一覽知其木本水源之有自支分派别所由来從此熾昌百世門第星輝是則某之餘光也

皆民國廿九年庚辰葭冬之吉穀旦

溫泉唐欽儀拜叙

十四世主事裔孫永汭

永南

十五世

忠朝

忠長

外僑董事裔孫

忠侯

忠砂

忠粧

忠省

清溪竹塔李氏家譜歷岳支圖

肇基一岳

始祖 谷山公 子一

二世

順德 子二

三世

淑寶 子五

四世

欽受 子一、

欽禮 子三

欽成 子四

五世

思吉 子二

思政 子二

思安 子一移同邑墘尾

思慶 子二

思庠 無育

思仁 子一移溫州

思賢 子五

思進 子一

淑祖 子二

欽取 子四

欽智 子四

欽召 子二

思迅 子一

思雷 充兵

思風 移温州

思烈 子三

思松 子一住興化

思招

思益 俱止

思桂 子一移延平府

思耀 子四

思義 子四

五世 思吉系子二

六世 孟瑞

天盛子三

七世 祖良

祖添

祖庇

高英

高第 兄弟俱移温卅

孔新

八世 欽左子一

九世 思德子一

長房二派

思政系子二

孟顕

孟舒子二

孔華子一

亂祥子二

際亨

際明

孔殿

思安系子一

天遠移同邑墩尾

思慶系子二

孟禄子三

孔聖子一

使

孔明充兵

之

- 孟仕 子二
  - 孔寅 子二
    - 媽生 移延平府尤溪卅四都清溪社住
    - 天生 與兄仝移
  - 孔員 充兵台灣

長房三派

- 思仁系 子一
  - 天祐 移温州
- 思賢系 子五
  - 天成
  - 天細 子一
    - 德郎
  - 天遲 子二
    - 孔益 又書界

- 天招 子
  - 觀
- 天相
- 天亮

- 孔任 子二
  - 亂起
  - 亂撥 子三
    - 際連 早卒
    - 際山

- 思進系 子一
  - 天賜 子三
    - 孔啟 子一
      - 亂居 子三
        - 際科
        - 際朝
        - 際貫

長房四派

思迅系 子一

天寶 子一

孔使 移興化西門內柴枋邊住

思烈系 子三

天樟 子六

孔起

孔丑 移邵武府真巷牌住

孔禎 子四

亂賢 子一

際宗

亂程

亂猛

亂照

天色子二

天材

孔臻

孔科

孔鼎

孔昌

孔燝

亂明

孔侯

長房五派

思松系子一 天魁 住興化府

思桂系子一 懋登 住延平府

二房長派

思耀系子四 懋熈子三 孔真

孔純子三 亂智

亂森子一 際元

亂助子一 際服

懋忠 子三

孔材 子一
孔樞 子三
孔楫 子三

亂信 子一
亂禮
亂酉
亂晃
亂露 子
亂輝 子二
亂燦 子五

際黨
際慶 承繼 諱際吉
際祖
際卯 殀
際嘉
際慶 出繼
際碧 止

懋濟（子三）　懋魁（子四）

孔陌　孔棣　孔超（俱移溫州）　孔爵（移溫州）　孔第（子三）　孔隘

亂臨　亂荐（充兵 乞效）　亂戊

際保　際珠

思義系　子四

懋會　子一
懋登　子三

孔捷　子一
孔益　子二
孔寶
孔範　子一
孔模

亂福　止
亂儒　子四
亂速
燕英

際長
際拔
際閒
際昂

懋英

懋卿 子一

孔疇 子一

亂昭

二房二派

思德系 子一

懋儀 子六

孔養 子三

亂露

亂寨 子一

際龍

孔俊 子

亂 外移

孔祐

孔嘉 子一

亂孟 移中都

孔端 子三

亂外

孔郁 子四

亂鄉 兄弟俱移江西

亂界 九株松住

亂盛 子六

亂元 子四

際盈

際華 継亂三

際富

際升

際昔

際嘉

際添

際新

亂三 子

際習

際平

際華 承繼

亂連 止

長房二派

九世　十世　十一世　十二世　十三世

- 際亨系 子二
  - 子隱 子六
    - 仕岱 子二
      - 志秦
    - 仕岳 子一
      - 志用
    - 仕崑 子一
      - 志闕 任中都
    - 仕尚 出繼
    - 仕崙 子三
      - 先誠 早世
      - 志桂
      - 志懃 早世
    - 仕岐
      - 志柬
        - 元任

長房三派

際山系子二
子順
子接

際科系子三
子題
子國

子陽子承一
仕崗子二
志籍
志裁住中都

際朝系　子一　来英

際貫系　子二　子魁　子　瑞麟

際宗系　子一　子田　子三

仕考　子二　志聚

仕瑚　子三　志河

志培　繼二房仕投

長房五派至此止

孫元系子陣 子二
仕性 子一
志從
仕貢

孫吉系子六
子姿 子四
仕歲 子二
志旺 子二
元仲
元舉
志汪 出繼
仕合 子繼
志汪 承繼 子六
元返
元玉 早夭
元果

13

子俊 子二
子雅 子三

仕庚
仕冥 出繼
仕政
仕斟
仕審 子六

志溝 子繼
志講 子三

再取
西川
五美
元埕
元蓮
元坪

子男 子一
子寧 子繼

仕倡 繼二房二
仕揖 子一
仕祐 子繼
仕冥 承繼 子一

志道
志突
志萃
志登 子一
有在
志挑

元埕 出繼
元接 不知存亡

- 際祖系 子三
  - 子百
  - 子變
  - 子千
- 際嘉系 子三
  - 子普 子五
    - 仕熏
    - 仕匏 子二
      - 志浮
      - 志榜
    - 仕報
    - 仕兜
    - 仕敏

子儆 子二
仕投 子繼
志培 子三
元泰
元王
元鉗 繼志交
仕田 子養
志助 子一
元榜
子葉
際長系 子繼
子贊 子三
仕煥
仕遐
仕老 繼際星

二房二派

際龍系 子三

子成 早去

子文 子一

子武 子二

仕傳 子二

仕麒 子五

志爍 子一

志剡 子一

志鋪 子三

志賞 子六

元頟 養

元灶

元咏 養

元辰

元純

元業

元剃

元衢

志蔭 子三

志慀 子五

元融 元降 元髯 元聘 元斜 元棱 元潭 元明 元三 元謝

際盈系 子一
子勇

仕麟 號寬歷

十三

志嶺 子六

元鈄
元錐 養
元泉
元水
元森
元磐
元岱

際富系 子四
- 子科
- 子壽
- 子再
- 子姜

際星系 子
- 子贊 承際長
  - 仕遐

際昔系 子
- 子倡 子二
  - 仕鑽
  - 仕渠 子養
    - 志述

際添 子四

子鸞

子鳳 子二

子連 子一

子黎 繼際平

瑞泉 子二

仕為 子三

天因

志文 子養二

志惠 子養

志墻

志述 出繼

志雚 旡孜

元鉗

元欽

元眉

元對 不知何去

際新系 子一 子妙

際習系 子一 子球 子二長早丗

仕水 子一 賜来 子二 任廈

双繼

朝陽

際平系 子繼 子黎 子三

仕益

仕拱 子二

志祖

志偹

仕智

際華系 子 子梅

以上一岙至十三岙完

長房二派

十三世　十四世　十五世　十六世　十七世

元仲系 子三
永達 嗣
忠鵬
忠孝 双承

永發

元嶨系 子三
永雲 子三
忠靴 承永樓 手承
秦契
忠烈
忠砂 継出

永秀 子二
忠絅
君福 坑樓 双承

元返系 子四

忠孝 殤 出半

啟運 子三

忠見 子一

君傳 子一

振才

忠有 子三

君摇 子

水生 出半

君㓜

水生 双承

本順 忠推 双承

永柔 子

忠砂 承繼 子二

君深

坤土

永監 子二
忠芬 子
水能 承繼
忠推 子
君隱
木順 半承忠有
水能 出繼
木水

永箏 出繼元眉

元玉 子一
永陳 子
忠例 子二
海龍
海潤
忠存 早亡

元果系　子三

永陳　出繼元玉

永煌　子三

忠揆　子一

君義

忠添　子三

戊己

進財

進對

忠炭　鬻出

永[木養]　子一

忠石　子三

君璧

君樹

金山　抱養

再取系 子四

永窓 子

忠讀 養

君地 子

春來 養

春求 叒

木連

來成

生財

春求 出羊

永和 子三

忠朝 出羊 子四

天送

天來

天益

四海

忠伴 子一

金讓

忠軟 子二

炳成 養

金成

永情 子三

忠日

金水

忠物 子

忠蝦

西川系 子四

永涼 子四
永檬 子二 双承

忠草 子二 双承
忠葉 子三
忠捡
忠那 子三
忠朝 子内敘
忠日 子

分閭
君安
分閭 出半
君掷 出半
皆浔
君掷 双承
君安 出半
金水

〥十

- 永納 子三
  - 忠真 子三
    - 梓承
    - 方員
  - 忠玲 子四
    - 君慨 子一
      - 祈龍
    - 君塗
    - 君不
    - 君串
  - 諸葛 子四
    - 君釵
    - 君恩
    - 魚鱗

水溢

永眼 子四

忠按 養出

忠訂 子三

天助

順蒸

忠兮 子一

己全

忠墻 子一

登嘉

庚申 出繼忠堅

坤裕 子二

忠蛙 子二
君箕
君買 殤

忠琢 子一
自生

五美系 子四

永清 子三

忠挑 子三
君瑩
君壼 出繼
君本
澤潤 出承忠箮

忠揀 子二
君權
君燕 出繼忠箮

永想 子二

忠笄 承繼

君壹

君燕 俱承繼

澤潤 双承

忠先 子一

君良 承繼

永驅 殤

永旦 子五

忠興 子三

君田

君良 出繼

君圓

元埕系 子三

永系

永乞 子二

永想 繼五美

忠趣 殤

双庫 子一

墨書 抱養

新傳

忠先 出繼永想

忠尚

忠嗹

忠禮

廿一

元蓮系 子二
永望 不知何去
永裕 出繼元計

元坪系 子
永論

元泰系 子二次 繼元潭
永欉 子一
忠靴 子一
秦掣 子
金蓮

元王系 子四
永浮 子
忠粧 承繼
振愛
金良 查名合良
振成

永溪 生二
- 忠粧 出繼
- 忠瓔 生二
  - 新逞
  - 君屋

永极 子養一
- 連枝

永諒 繼元辰

二房二派

元咏系 子
永畨 承
忠尧 永泉双承
榮和

元辰系 子三
永拔 子二
祥大 出半 子三
君田
榮福
水陣 俱養

永諒 養
祥大 双承
榮福

元紀系 子三
永畨 半承 元咏
忠尧 承
榮和

永燮
忠通 双承

永泉　子
忠醍　子
榮美　承繼
忠堯　子二　出半
榮和
榮美　出繼
忠通　子　出半
忠勝

元業系　子四
永洝
永檥
忠欲

廿三

永渺

永潤

元降系 子三

秋菊 子一

忠田 双承永閣

永閣 子

忠侯 双承

連城

元騂系 子三

永柳

忠滋

忠劉

獅象 俱元降子繼

- 元聘　系　子三
  - 永剥　子三　養
    - 忠鏡　子二　承繼
      - 金逞　抱養
      - 君全
    - 忠居　子三　養
      - 奇國　鳳叔承
      - 奇生
    - 三粉　子三
      - 君魁
      - 士普
  - 永盒　子三
    - 忠沛　子三
      - 士樓
      - 士塔
    - 沍進　子
      - 君祿
    - 生

永木 子三

忠省 子二

忠鏡 養 出繼

忠敬 子三

自来 俱養

此篇 忠省子繼

民智

此篇 出繼

君友

金祝

金枝

元斜系　子四次　繼元明　三早亡

永博　子二

忠補　子一

木生

來鳳　出承　忠鏡

忠諸

堯成　叔承

忠芊　子三　出丰

君全

堯成　出丰

君潜

金水

永同

忠芊　承

元棱系　子三

永從　子一

忠宇　子二

君賤

出生

- 永内 子五
  - 忠樹 子三
    - 君緒
    - 君出
    - 君郡 半承忠喜
    - 君平 出繼四房
  - 忠雁 子一
    - 君富
  - 忠喜 子一
    - 君郡 忠樹承繼半
  - 忠恭 贅出
  - 忠政
- 永飯 双承
  - 忠雁 子
    - 君富

金孔
金精

元潭系子一 永旺 養

元明系繼子二 姜能
兩儀 殀

元三系子一 永仁

6

元謝系 子四

永宗 子三
忠贊 子一
君賜 双承
忠守 子一
君賜 繼出羊

永南 子一
忠團

永女 子三
定英
忠䜣
忠珍

戊己 賣出

斜公系 子四 三 四繼出

永所 子一
忠狗 承鴻鄉繼

永禾

元錐系　子四

永音　子三

永漢

永波　繼元水

双振　早夭

忠約　子一

朝明

忠愛　子一

清法

刘

元泵系 子三

永芹 子三

忠向 子二

君第 養

茂成

忠澳 殤

永琛 子一

忠倓 半承永閣

連城 半承永捺為孫

永捺 承孫一

連城

元水系 子四

永波 承維

闌市

忠狗 維

永耀 子三

天賜 子三

金海

永搶　子一

久垵

忠衙

金順

生枝　子四

忠喨　子三

次箕　抱養

新興　半承忠札

忠敏

忠狗　出繼

忠麟

元森系

承往　子一

忠堅　承繼　子一

海濱　承繼

- 永簡 子三
  - 忠堅 出繼
  - 忠慶 子一
    - 哥英
  - 忠瘵 子一
    - 五泗 養

- 元馨系 子四
  - 永桂 子一
    - 忠札 双承
      - 新興 双承
  - 永春 子一
    - 新國 双承
  - 永鄧 子一
    - 忠札 出祥
      - 新興 双承
  - 永昔 子二
    - 新明
    - 新國

元岱系 子三

永虎

永陣

永端

永撰

元鈕系 子五

永儒 子五

坑螺 子二

忠蛤 子三

艽

君熏 抱養

君福 出手

君源 子二

君炎

水坡

麒麟 出繼

麒麟 承繼

永請 子二

忠援 子三

吾兒 子三

忠滚 子三 出半

忠那 子三 出半

田池

君爐 養

君莫

自潤

炳園

初興

君波

君轉

君成

永楓 子

冬種 子三

忠懷 子二

忠滚 子 燊

忠湅 殤

忠溜 子

忠澤 子三

君脫

德郡

君煆

連来

初興

君扁 承繼

榮美

君参

文義 子一

挹財 養

金貞

新典 出半挹財

元欽 系子一

永炮 子半 早卒

忠耶 子一

君爐 養

元眉 系子三

永等

永葩 子二

忠長 子二

君扁 出継

玉樹

忠朕 半承永粮

金英

永粮 子

忠朕 双承

金英

以上十三世至十七世完

清溪竹㙮李氏家譜歷世紀實

開基一世

㙮峯始祖處士字珍元號谷山　生明洪武廿二年己卯正月十五日酉時卒成化廿二年丙午十一月十四日辰時

始祖妣林氏生建文四年壬午七月廿三亥時卒天順七年癸未七月十八未時成化二年丙戌十二月廿五巳時公媽合葬竹㙮土名半嶺坳崙虎形穴坐午子兼丙壬

子一　順德

二世

處士順德公諱熈臨號彬然　谷山公子也生宣德元年
丙午六月初三戌時卒弘治十五年壬戌五月十三未時
至十七年甲子十二月十八丑時葬在本鄉土名頂園上走
馬攀鞍穴于午癸丁
媽官氏諱一娘號慈儉生宣德元年丙午十月廿三日午
時卒弘治十八年乙丑三月十五申時至正德元年丙寅
二月十九寅時葬在本鄉土名鞍內吊壁灯火形庚甲申
寅　公媽合葬後再移本處祖厝崙土名凹堀坐
至此始分二派雲礽孫子舞綵陔下將來定必英英矣支屬
繁衍兆于斯者女締名族益見叢林茂盛從前譜系脩明以

詒燕翼

子二　淑寶　淑祖

女二　長配温泉唐　次配善益廖

三世長派

處士藏珍公諱淑寶號隱玉　順德公長子生天順八年甲申二月初七未時卒嘉靖卅四年乙卯十月十三巳時隆慶二年戊辰十一月廿三卯時葬在本處土名杉仔坳木生對縣筆架乾巽戊辰

媽朱氏諱酉娘號勤慎龍興二畨尾塘人生天順四年庚

辰五月廿四子時卒嘉靖廿一年壬寅六月十三日午時越
卅五年丙辰三月初八巳時葬在本鄉蔴草池壠頭崙癸
丁子午后遷葬祖厝崙境主公垵邊壬丙向
再娶藉氏玉娘泉郡衙後人生成化十一年乙未九月初
七辰時卒隆慶廿年戊辰十一月廿七巳時原葬新厝垵內
崙後遷與朱氏嫣合葬祖厝崙境主公壇邊
子五　欽受前出　欽禮　欽成　欽取　欽智俱后出
女二　長配加壠張　次配蔡洋楊

二派

處士藏育公諱淑祖號隱宗　順德公次子生明成化二年丙戌二月廿九巳時卒嘉靖卅七年戊午九月初二申時旹嘉靖四十年辛酉三月十四日辰時葬在本處壠頭猛虎過墻巽乾巳亥至四十年八月廿六辰時移葬本鄉岩無頭寮坐巽乾兼巳亥

媽韓氏諱政娘本邑還集一畨蓮田人生嘉靖四年戊午四月廿五午時卒嘉靖四十一年壬戌五月廿九酉時至四十四年乙丑八月十四午時葬在本鄉獅壠頭面前近於桂林坑崙對蕭草壠古寨山申寅庚甲

子二　欽召　欽左

女三　長配彭格陳　次配依仁里林浦林　三配溪柯

四世　長派

欽受公諱天賜號月軒　淑寶公長子生正德三年戊辰三月廿一亥時卒萬曆八年庚辰九月廿九戌時萬曆十年壬午十月廿七辰時葬在本鄉土名新厝墓后杉垵仔垵對清水山坐丁向癸

媽謝氏諱昭娘永安里人生正德四年己巳五月廿八日巳時卒萬曆十二年甲申九月十一申時葬在本鄉蓆草壠垵頭對大山坐癸向丁

子一　思吉

女一　配依仁里施家

處士欽禮公諱英文號明仁　淑寶公次子公幽隱高山守分、耕田數佰畝官事百忍為人敬重親誼積穀千鍾怡是快樂仙景生正德庚午年三月初五日巳時卒萬曆己卯年五月廿日申時葬在本處土名楓林前壬丙子午

媽蘇氏四娘娶改揆娘號惠愛生正德乙亥年正月初九日卯時卒嘉靖丙辰年四月十五辰時康熙戊午年十二月初九巳時葬在本鄉土名境主壇外崙近池塘格山對南安

石僊峯辛乚戌辰

再娶陳氏速娘光澙里加櫓坑人乃陳天保女生正德辛未年二月廿一酉時卒嘉靖卅八年己未四月廿四申時至四十年辛酉十月廿六午時葬在光澙里大帽山格頭崎兜崙石下一堆土亥巳乾巽

三娶光澙里圳仔壠朱氏諱桂娘生嘉靖元年壬午十月廿一申時卒嘉靖四十二年癸亥九月廿五酉時隆慶二年戊辰七月初四丑時葬在本鄉土名大山內大山壠垻仔田中厝地后申寅庚甲

四娶蘇氏諱連娘長泰里巖前人生嘉靖二年癸未六月初五

子時卒隆慶三年己巳二月初七申時康熙廿五年十一月
廿二辰時葬在本处磨子坡頭双繭壬丙向
五娶蓮莱柯安國次女諱曉娘生嘉靖三年甲申八月十六
子時卒萬曆廿五年丁酉五月廿二酉時葬在光渴里五本
院圳仔壠田后壁亥巳乾巽
子三　思政　思安　思慶
女　長配九坡孫　次配温泉唐朱出　三配蓮莱加壠張蘇出
四配嶺尾張將柯氏隨帶養贍土田一段受于三子在鴻鄉杉仔坡隨嫁　五配洋山姚　三配大墘林

欽成公諱雄武　淑寶公三子生正德六年辛未四月廿二亥時

卒萬曆十一年癸未八月初十未時至十二年甲申正月十七
巳時葬在本鄉土名埈内崙庚甲申寅
娶光淂里馬頭蘇愈女名五娘生正德七年壬申八月初三日
未時卒嘉靖卅七年戊午十一月十六酉時康熙廿一年壬戌
十一月廿三葬在本鄉土名蔡洋古寨虎岫加壠崙未丑向
兼
子四　思庠　思仁　思賢　思進
女三　長配西山林　次配山柄後余　三配蓮園蘇

欽敢公諱濟英　淑寶公四子生正德八年癸酉正月十七日

卯時卒嘉靖卅八年十一月十四未時萬曆九年癸酉二月
廿七辰時葬在本鄉大山崙蛇形卯酉向
娶姚氏諱大娘洋山人生正德十年乙亥二月十七日寅時
卒嘉靖四十四年八月十三申時葬在彭格西山嶺生乾向
葬兼

子四　思迅　思雷　思風　思烈

女一　配嶺尾張

欽智公諱譽號擇聰　淑寶公五子生正德十年乙亥九月廿
五巳時卒嘉靖四十五年丙寅八月十六申時萬曆二年戊

辰三月廿四巳時葬在蔡洋格湖内丑未坤艮
娶馮氏惜娘泉郡人生正德十四年己卯八月十四亥時
卒嘉靖四十三年甲子十月初四酉時至四十四年乙丑三
月十三巳時葬在彭格丰嶺九層溪員山仔田中
子三思松　思招　思益　思桂

二派

處士欽召公諱佛應　淑祖公長子　翁別號濱田里中豪
舉咸仰愛公公亦以忠寔待人其間亦帶直毅之氣邑市
常引接田疇況祖俞充拓人言豐年增至百餘穀不為多歟

年至百餘穀不為歎廩庾儲蓄千餘計業增二產山場
令子孫栽植其中不惟可以貲妝畜材可用者多生于正
德十六年辛巳五月十四子時卒萬曆廿一年甲午十二
月初九申時
娶加檜坑陳氏大娘生正德十五年庚辰又八月廿日午
時卒萬曆廿一年甲午六月廿一巳時至廿五年丁酉八
月十三公媽合葬在本处新厝穴乾巽向
子二　思耀　思義
女四　長配溪南蘇　次配寨仔後晋　三配烘兜陳
四配黃柱楊

欽左公諱儀招　淑祖公次子生正德甲申年三月十三辰

時卒萬曆丁酉年四月廿三午時

媽蘇氏諱三娘巔頭人生正德乙酉年八月十七日卯時卒

卒萬曆壬寅年九月初三午時　公媽合葬竹塔蔡洋寨

崙大墓酉卯辛乙

子一　思德

女三　長適后堂柯　次適溪墘安　三適田頭黃

五世　長派

思吉公字輝昌號新碧　天賜公長子生嘉靖二年甲辰
六月初六亥時卒天啟元年壬戌五月初二酉時崇禎元年
戊辰八月初四巳時葬在本鄉蔴草壠邊月形穴未丑向
娶林氏尾娘號慈慎依仁里西頭橋人生嘉靖廿七年戊申九
月廿五子時卒天啟三年癸亥十一月十一日未時崇禎三年
戊午八月初八丑時葬在本鄉土名祖厝尾境主壇邊乾
巽亥巳
子二　孟瑞　天盛

長房二派

處士思政公字新居號我所　英文公長子翁積善素敦

欣戚無關于念別有自在胸襟縣門不染田力穡疇畝增
廓牝牡羣山崗布錦鴟夷子之蓄養自良自規劉仲子
之家聲亦淂專制是可以振祖啟後者譜宜表之以勵
子孫之勤鴻造生嘉靖卅年辛亥六月廿日丑時卒萬
曆四十五年丁巳七月廿四未時崇禎二年己巳正月初八
丑時葬在本鄉蓆草壠頭土生牛腿形對觀音獨瓶峯
亥巳乾巽
娶林氏免娘號慈慧本里店後林宏裕公長女生嘉靖卅
五年丙辰十月十六辰時卒萬曆卅一年癸卯二月十八日巳
時年四十有八至卅四年丙午十月廿六辰時葬在本鄉山

後格路上獅形向尾甲庚申寅
子二 孟顯 孟舒
女一 配坑内原吳店甫莊家

思安諱新定 英文公次子
娶龍居姚氏鳳斗寨人
子一 天遠號周仁 移同邑墘尾

思慶公諱新福號特地 英文公三子生嘉靖卅二年癸丑
正月十五巳時卒萬曆卅四年丙午八月廿八未時康熙十

六年丁巳三月初二辰時葬在本處蓆草壠邊觀音崙
寅申甲庚
媽陳氏戉娘　本里蓮格湖仔人生卒失攷葬在本里池塘
格西山嶺頭　寅申甲庚　二骸俱際育築葬
子二　孟祿　孟任
女二　長配上地胡　二配九㘵孫
長房三派
思庠公諱新養　欽成公長子生卒失攷葬在本處蔡
洋格湖内未丑向

娶黄氏 長泰里叅内人無育

思仁公諱新安 欽成公次子生萬曆廿六年丁未十二月初七午時卒萬曆庚午年三月十三未時葬在本鄉土名後格湖内丑未向

娶嫣沈氏 生卒佚

子一 天祐 後移居温州

處士思賢公諱新能號明軒 欽成公三子音容邈不接懿行留生前凡諸戚族者誰不我 公羡兄弟有四翼友

于寔自然老萊供父母色養怡晚年梁謝二女果傳芳
六桂鮮構置清墩屋癸丁丑未建積穀万斯箱賓朋締慶
毫非不苟取高枕石頭眠杖屨樂昇平窀穸化為僊
重脩楊振昆增補　生嘉靖卅一年壬子正月十二日戌時卒
萬曆四十八年庚申二月十一亥時與謝妣合葬楓林前壬丙亥巳
媽謝氏諱大娘光浔里烏秋人生嘉靖卅三年甲寅六月
廿九辰時卒萬曆十四年丙戌九月十四亥時與公仝穴
再娶梁氏尾娘南邑象運人生萬曆十二年甲申二月十
七辰時卒順治十二年甲午九月十四未時享年七十有一
康熙卅四年乙亥十二月十六葬在本鄉蒼墩頭壬丙子午

子五　天成　天細　天遲俱謝出　天招天相　天亮俱梁出

女二　長配嶺頭蘇　次配南安坛頭卓

思進公諱新發號尚峯　欽成公四子生正德元年丙寅又十月初一寅時卒崇禎八年乙亥十一月初五酉時享年七十葬在永春四十五都錦斗鄉土名九埕西山坂巳亥向

娶柯氏七娘彭格頭柯安素長女生正德庚午年九月十六戌時卒崇禎十年丙子八月廿九巳時享年六十有七葬在永春四十五都錦斗鄉土名西山坂田中巳亥向

子一　天賜

女三　長配彭格陳　次配永春山頭陳　三配德化僊仔嶺黄宅

壽享七旬

長房四派

思迅公諱新龍　欽取公長子生嘉靖乙卯年四月廿七日

巳時卒萬曆甲辰年十一月十七日子時葬在蔡洋土名

無頭寨丁癸向

娶媽郭氏南安蓮島人葬在彭格

又娶謝氏諱弗娘永安里人生嘉靖丁巳年四月廿一日子時

卒萬曆丁未年八月十一午時崇禎壬申年三月十一辰時

葬在本處尾洋茶林崙田中坤艮向

子一　天寶郭出

思雷公諱新嚮一號新電　欽取公次子充兵弗詳移温州

思風公諱望月一新影　欽取公三子移温州

思烈公諱新亨　欽取公四子生萬曆八年庚辰五月初九

酉時卒順治戊子年六月廿一卯時與妣合葬

娶楊氏生萬曆丁亥年四月廿一酉時卒崇禎辛巳年二

月十一辰時康熙十一年壬子十二月拾五辰時公媽合葬在
本里溪尾湯内鄉土名橡樹壠龜仔山庚甲甲寅
再娶姚氏
子三　天樟　天色　天材
女一　配嶺尾張

長房五派
思松公諱新茂　欽智公長子
娶謝氏
子一　天魁外出興化府埕庭

思招公　欽智公次子

思益公　欽智公三子。

思桂公諱新月一新泰號溪田　欽智公四子

娶傌倪氏生卒舊譜失攷

子一　懋登移延平府大田縣南門外住

思教公諱新方　　公子生

娶謝氏永安里人生卒俱佚

子一　天奇 移同安墘尾

思柳公諱新惠　公　子生卒失攷

娶莊氏諱傳娘生卒佚葬在安溪縣鳳山荔枝樹路

上碑李公媽墳穴

子一　天球

以上二公之系統因去遠年湮前去之來源無從稽查

欽即次任脩姑特誌之

二房長派

處士思耀公諱新榮號學田　欽召公長子公享年七旬子孫效其敦樸可以無隕家聲效其勤儉可以無廢貲產壽至古稀善始善終懼垂綱者見之自當汗愧生嘉靖庚子年九月初四未時卒萬曆己酉年九月初二申時至四十二年甲寅十一月十二丑時葬在本鄉蓆草壠面前新厝墓申寅向

娶西山林氏大娘生嘉靖癸卯年正月十一日亥時卒萬曆壬寅年十二月十七申時葬在本鄉土名蓆草壠邉形號天才土寅申坤艮

子四　懋熙　懋忠　懋濟　懋魁

女一　配嶺頭蘇

處士思義公諱新富號秀陞　欽召公次子公無豪俠氣
能令豪俠退然自縮有通財義更無德色容守　濱
公之手教區畫允當為子孫之良策溫恭自虛故舊親、
戚款曲較若畫一讓守段公心別無二謀食報於　天必
盛于後若子及孫夯合美彥猗歟盛哉
生嘉靖廿四年乙巳五月卅日巳時卒天啟四年甲子七月十
二午時
娶黃桂林氏三娘生嘉靖戊申年八月十四卯時卒萬曆

甲午年二月廿八寅時至乙巳年十二月廿六日巳時葬在

洋宅林土名崎林仔崙頭丙壬癸丁

再娶林氏信娘龍興里人生嘉靖壬子年三月十三子時

卒崇禎庚辰年又正月十四子時葬在本鄉土名后格湖

内邉崙頭乙辛辰戌

子四 懋會 懋登 懋瑛夭 懋卿 後媽帯生

一女 公以親生嫁之

二房二派

思德公諱新明 欽左公子生嘉靖癸丑年正月十五日巳時

卒崇禎戊辰年正月初九辰時葬在本鄉土名楓林前路
上子午壬丙
娶陳氏　娘生嘉靖乙卯年二月十三申時卒崇禎己巳
年十二月十六寅時葬在本鄉土名蓆草壠古寨山辛乙
戊辰
子一　懋儼
女三　長配九坡葉　次配加曾陳　三配曾口坂傅

六世　長房長派

懋禎公諱孟瑞號振坤　思吉公長子生卒失攷

娶新春林氏生卒失考葬新厝垵内
再娶顏氏生卒亦失考
子三　祖良　祖添俱林生　祖庇顏出
女二　長適科名黄前出　次適来蘇里蘇宅后移温州后出

懋芳公諱天盛　思吉公次子　别號振芳
娶謝氏永安人
又娶鄭氏
子三　高英　高第　孔新俱鄭出　仝移温州府平陽縣住

長房二派

懋宗公諱孟顕 號萃可　思政公長子生萬曆五年丁亥丑

六月廿日戌時卒萬曆乙巳年五月十七巳時年廿九歲越

丙午年十月廿六巳時仝母葬在本鄉蔣草壠半嶺垵

後別號白銀埜垵庚甲申寅向

娶嫣王氏無嗣壽不滿三旬

處士懋泰公諱孟舒號我臺　思政公次子公洒脫為

懷過訪延及古今持訓欲希賢義處重若金石橫中

視若毫毛意氣相許　大丈夫真性無陂哉生萬

曆乙酉年九月初五日子時卒崇禎丁丑年二月廿三
巳時越十二年三月初三丑時葬本鄉蓆草壠崙邊坐
未丑兼坤艮
亢媽鄭氏號慈惠馬頭人生萬曆丙戌年三月廿五日
申時未娶而卒萬曆己亥年十月廿九辰時葬在本
鄉種薑坂崙坐
再配楊氏大娘號慈懿蓮萊荇頭埔人生萬曆乙酉
年十一月廿四子時卒順治戊子年十一月十二未時與
子孔華合葬依仁里曾郁鄉長壠土名蚯蚓山庚甲
甲寅

子二　孔華　孔殿
女二　長配西山林　次配華美王
懋秩公諱孟祿　思慶公長子生卒失致
娶黄氏生卒失致　公媽合葬興一里上地九峯巖古
寨崙下坐
子三　孔聖　孔明　孔員
女四　長配嶺頭蘇　次配温泉唐　三配蔡土楼
四配光淂里烏秋

懋學公諱孟仕　思慶公次子生卒失攷

娶黄氏生卒失攷溪東龔箕坵人移德化湯嶺脚住

子一　孔寅

女四　配虞都陳

長房三派

天成公字懋悦　思賢公長子

天細公字懋轉　思賢公次子

娶沈氏淵兜人　生卒失攷

子一　孔德郎

天遲公字懋宣　恩賢公三子生萬曆卅年壬寅四月廿五卯時卒康熙十三年甲寅三月廿七申時越己未年二月廿四辰時葬在洋宅林鄉土名崎林仔崙未丑丁癸
娶陳氏三娘依仁里畲内人生萬曆卅三年乙巳六月初二巳時卒順治十七年庚子十月廿五巳時葬在本鄉清墘崩山田角癸丁向後移葬
子二　孔界　孔任
女一　配新溪里格口黄家

天招公字懋福　思賢公四子生卒佚
娶張氏　生卒失攷子觀卒仝姪孔界仝葬本鄉土名牛
角壠生
子一　觀
女一　配洋宅林陳

天相公字懋功　思賢公五子生卒失攷
娶翁氏無嗣　葬出水墺頭上穴乾巽向

天亮公字懋耿　思賢公六子生卒失攷

娶莊氏　烏壠格人無嗣

懋麟公諱天賜　思進公之子生萬曆卅二年甲辰七月初
三子時卒順治九年癸巳五月十六日戌時葬在永春四十
五都錦斗鄉土名虎尾宫枋墘頭乾巽巳亥
娶王氏二娘蓬萊苻厝人生萬曆卅八年庚戌正月初三酉
時卒順治十三年丁酉十一月初五寅時葬在永春四十五
都錦斗鄉土名寨上林赤坂厝尾崙巳亥巽乾
子三　孔啟　孔禎　孔丑

長房四派

天寶公字懋老號蒼珍　思迅公長子生卒失考

娶岳氏生卒失考葬在蔡洋益邉崙

再娶陳氏生卒失考

三娶黄氏生卒失考葬彭格鄉土名

四娶周氏生卒記佚康熙癸卯年移興化府西門内柴坊

邉住

子一

孔使岳氏出

懋憲公諱天樟　思烈公長子生崇禎甲子年六月廿八巳時

卒康熙丁卯年八月初十酉時
媽郭氏石碧人生卒失攷
子六　孔超　孔臻　孔科　孔鼎　孔昌　孔燝　俱
移建寧府甌寧縣水吉住

懋峻公諱天色　思烈公次子生崇禎戊辰年三月廿八日
丑時卒康熙十一年壬子正月十五日卯時
娶曹氏生卒失攷
娶郭氏万娘生崇禎庚辰年又正月初五日亥時卒葬佚
子二　亂朗　孔侯

女一配建寧府太山後詹家

懋帛公諱天材　號蒼碧　思烈公三子　生明　丁巳年三月廿

六午時（查公生丁巳前譜有錯）

娶楊氏無子　康熙十八年冬弟天章尋往建寧府甌寧縣水

吉上碑鄉住　卒康熙戊辰年八月十八巳時葬

長房五派

懋榮公諱天球　新惠公子　生卒失考　葬在永安里炭坑

口龍湖王公廟崙

媽廖莊氏生卒失攷葬在永安里法石鄉田中崙近炭坑口坐
向
子一　孔玉
女二　配光浔里王　次尾娘配後浦姜

二房長派

處士懋懸公諱萌春號竹所　思耀公長子竹所君之號也可
以竹林放逸免子代代勤勞浔以終畝毫非無染堪以寄傲誰
如君之可以無事否生萬曆庚申年正月廿八亥時卒
丑年十二月初九寅時葬在本山池塘格官欄山巳亥向

娶媽陳氏生卒佚
子三　孔真　孔紀　孔材
女三　長配來蘇里許　次配縣西街車橋王　三配華美王

處士懋忠公　思耀公次子生卒失考
娶林氏生卒失考與公合葬本鄉土名蔡洋林未丑向
子三　孔樞　孔楫　孔陌

懋濟公　思耀公三子生卒失考
娶　氏生卒失考葬在池塘格水埕尾對大帽山坐

子二　孔棣　孔超

懋魁公　思耀公四子生萬曆癸酉年　月　日　時卒佚

娶上地胡氏五娘生萬曆癸酉年　月　時卒萬曆癸卯

年九月廿八未時康熙丁卯年十二月公妣合葬在蔡洋

林邊坐丙向壬

子四　孔爵　孔第　孔隘　孔提

懋會公　思義公長子生卒失攷

娶陳氏　生卒佚葬在本山五坵仔田角梨仔坂后滿坐

向

子一　孔益

懋登公　思義公次子生卒失攷

娶　氏　生卒失攷葬在本山尾崙脚牛角壠竪路邉

坐　向

子三　孔寶　孔嫣　孔模

懋英　思義公三子早殁葬在門口埈后滴無傳

懋卿公　思義公四子生卒失考葬在本山崎林仔杉脚

木路上启壁庚甲卯酉

娶林氏　生卒失考葬在本處頂園厝地内坐　向

子一　孔疇

二房二派

懋儼公諱望春　思德公之子也號敬然生萬曆壬午年

四月初十辰時卒順治九年癸巳四月初六申時葬在本

鄉蔕草壠邉月角形辛乙酉卯

娶吳氏尾娘赤烏瀨人生萬曆戊子年又六月初二辰時

卒康熙丙午年正月初四戌時葬在蓎草壠田崙園

角丁癸未丑

子六 孔養 孔俊 孔祐 孔嘉 孔端 孔郁

女三 長配石壁郭 次配上地胡 三配嶺頭蘇

七世 長房長派

孔良 懋禎公長子

孔添 懋禎公次子

祖庇　懋禎公三子

高英　懋芳長子

高第　懋芳次子

孔新　懋芳三子

以上俱移温州府平陽縣住生娶卒葬失攷

長房二派

孔華公字弘揉號耀國　懋泰公長子公為人言重金石作事存心理政守分和睦鄉里友敬叔兄弟侄族中豪舉親屬信仰生萬曆己巳年八月十七日午時卒順治癸巳年二月十七申時康熙丁巳年葬在本鄉大帽崎林崙墘乾巽巳亥

娶傀氏三娘庠生新岱公女敬惟之妹生萬曆丙午年二月廿一辰時卒康熙戊午年五月十三午時康熙壬戌年十二月廿三卯時葬在本處大帽山中心石崙未丑丁癸

子一　亂祥　女一夘娘配祥雲渡鍾宅

孔殿公字弘都號憲章　懋泰公次子生萬曆三十九年辛亥九月初六夘時卒崇禎元年戊辰四月廿三日未時葬在洋宅林土名茶仔崙坤艮未丑后再分葬在本处曾口坂格崎兜坤艮向　娶曾氏無子生卒失攷

孔聖字弘振　懋秩公長子生崇禎戊辰年卒康熙年間移延平府尤溪縣廿九都市田上崙卒葬於此

娶王氏 生卒失考

子一 使

孔明 懋秩公次子充兵

孔員 懋秩公三子充兵臺湾

孔寅 懋學公子

娶莊氏 青陽吴店市人

子二 嫣生 天生

長房三派

孔盖公字弘信　懋宣公長子生崇禎九年丙子二月十七
申時卒順治四年丁亥八月十五卯時葬在本处牛角壠
崙生乾向巽

孔任公字弘道　懋宣公次子生崇禎十五年壬午九月初
八寅時卒康熙十八年己未十一月十七酉時葬在本處
柿樹壠格坵外崙乾巽戌辰
娶林氏生卒失考

子二　乿起　乿援

女一　恬娘配依仁里華美王

孔德公　懋轉公子生娶佚

子六　俱移漳平溪南

孔啟公字弘明號國和　懋麟公長子生天啟六年丙寅十一月廿二寅時卒康熙廿二年癸亥九月廿三寅時葬在柿樹壠坵崙庚甲向

娶陳氏三娘永春太平人生崇禎丙戌年又八月十一卯時

卒康熙五十一年壬辰六月十五戌時卒在安海一堆土寄
安至辛丑年三月十五清明拾骸在本处大山崙鴨母坋
頭坐　向
子一　亂居

孔禎公字弘吉號國熙　懋麟公次子生崇禎庚午年六
月廿七戌時卒康熙丁丑年十一月廿三丑時葬在本处吉
圳兜田上壬丙子午
娶蘇氏陔娘南安蓮島人生崇禎十九年壬午十一月十
二亥時卒康熙十九年庚申十二月初三酉時與公合葬楓

林前尾崙壬丙向

子四　乿賢　乿程　乿猛　乿照

女二　長旋娘配永春林頭范六丈　次譞娘配歸地范蔭丈

孔丑　㦗麟公三子

娶柯氏　移邵武府真君碑居住

長房四派

孔使　㦗老公子　移興化府西門內柴坊邊住

孔超　懋憲公長子

孔臻　懋憲公次子

孔科　懋憲公三子

孔罷名高第　懋憲公四子生康熙庚戌年四月十八日未時卒

娶甌寧縣鄭墩鄉徐秀郎長女名添娘生卒失攷

孔昌名五叔　懋憲公五子生康熙甲寅年十二月廿七未時卒壬戌年三月十四未時

孔爍　懋憲公六子

以上兄弟俱移建寧府甌寧縣水吉住

亂朗　懋峻公長子

孔侯　懋峻公次子

長房五派

孔玉　懋榮公長子

二房長派

孔真公　懋熙公長子

孔純公　懋熙公次子生娶卒失考

子三　亂智　亂森　亂助

孔材公　懋熙公三子

子一　亂信

以上亂朗至孔材諸公生娶卒葬不知前譜如何遺失

欽即回續脩因世遠難稽姑特誌之

孔樞公字弘東　懋忠公長子生卒失考

娶胡氏生卒失考康熙廿二年癸亥公媽合葬在本山新

厝墓邊崙對大山艮坤向

子三　亂禮　亂酉　亂晃

女二　長二娘適本洋柯　次六娘適嶺頭蘇

孔楫公字弘庇　懋忠公次子生萬曆卅四年丙午卒康熙

壬戌年十一月廿三巳時葬在本山柯山土名吉坑大崙與十一

世姪士福仝葬坐未丑兼丁癸

娶黃氏大娘格口人生萬曆年間卒康熙丁未年葬在本

處水埕路下田上生乾向巽

子三　亂露　亂輝　亂爍

孔陌　懋忠公三子生娶前譜失登

孔棣　懋濟公長子

孔超　懋濟公次子

兄弟俱移温州平陽住

孔爵公　懋魁公長子　移居温州

孔第公字弘甲　懋魁公次子生萬曆四十二年甲寅四月初十酉時卒康熙十年辛亥八月三十日巳時葬在本鄉土名柿樹壠崙癸丁子午

娶吴氏二娘生萬曆丁巳年五月初四午時卒康熙戊辰年十一月十一未時葬在本鄉土名騎壠崙坤艮申寅

子三 亂臨　亂荐 充兵不知何方去　亂戍 無傳

孔隘公　懋魁公三子移居温州

孔提公字弘機　懋魁公四子生崇禎乙丑年八月初八
辰時卒
娶劉氏　娘同安東橋楊地人生崇禎庚辰年五月十
戊時卒康熙戊寅年六月初一酉時
子一　亂福
女一　意娘適祖家劉淑官
孔益公字弘裕　懋會公長子生卒記葬在本鄉土名覌
音崙坐
娶林氏黃柱人生卒失攷

子二　亂儒　亂逑

孔寶公字弘時　懋登公長子　生卒失攷

孔範公諱嫣娘字弘楷　懋登公次子

娶陳氏　夫卒仝子外出不知何去

子一　燕英

孔模字弘鳴　懋登公三子

娶林氏五埔奇田之女不知何去

孔疇公字弘錫　懋卿公之子
娶衙口陳舅之妹生卒失攷
子一　亂昭
女一　適潯都沈家

二房二派

孔養公字弘惠　懋儼公長子生崇禎丙午年三月十九
酉時卒康熙己未年十二月廿四辰時葬在本處新厝墘内
崙坐乾向巽兼戌辰

娶吳氏好娘依仁里塔尾内人生崇禎己酉年十一月十三
酉時卒康熙甲子年九月廿八寅時葬在本鄉土名楓林前
甲庚寅申

子二　亂露　亂寨

孔俊公字弘秀　懋儼公次子

娶　氏

子一　亂　外移

孔祐公　懋儼公三子生卒失攷

娶　氏

女一　配光滘里東青許家外移

孔嘉公字弘瑞　懋儼公四子生卒失攷

娶溪頭柯氏　生卒失攷

子一　亂孟移中都住

女二　長配教場美　次配同安嶺下葉

孔端公字弘政　懋儼公五子

娶岳氏　生卒失攷與夫及子仝移江西九株松住

女一　城娘配建寧府崇安縣五里庵萊公

子三　亂外　亂獅　亂界俱移江西

孔郁公字弘文　懋儼公六子生崇禎癸酉年十一月十二日辰時卒　己亥年十月初七未時己未年葬在本山崎林仔丙壬巳亥

娶許氏三娘晋江浮橋人生順治己酉年六月十五亥時卒康熙丙子年三月初六未時葬在本鄉四堤路上辛乙酉卯

子四　亂盛　亂元　亂三　亂連

女二　長忠娘適新溪里梁頂觀　次金娘黄口中埔尾楊橋郎

八世長房長派至此俱移江西生傳

長房二派

一爾徵公諱亂祥號謂卿　孔華公之子生崇禎六年癸酉八月廿四午時卒康熙二年癸卯年二月廿四申時葬在竹塔鄉土名出水墘内崙掃箒形壬丙子午

娶林氏順娘縣内后蒲振九之女生崇禎乙亥年四月廿六辰時卒康熙乙未年七月廿四丑時葬在

子二　際亨　際明

嫣生　孔寅長子　移延平府尤溪縣廿四都清溪鄉

任

天生　孔寅次子　與兄仝移

亂瑞公　不知何人之子舊譜失稽

長房三派

一爾科公諱亂起　孔任公長子生康熙六年丁未十月廿日辰時卒康熙四八年甲午六月廿日未時葬在本處瓦頭崙

一爾芳公諱亂援　孔任公次子生康熙十六年丁巳十二月廿六巳時卒雍正四年丙午十二月初十申時葬在本處大山崙鴨母坋頭丁癸未丑

娶劉氏靜娘生康熙廿四年乙丑十二月初九午時卒乾隆廿一年丙子六月初二申時享年七十又二

子二　際連早世　際山

爾似公諱亂居 號景行　孔啟公子生順治十六年己亥

六月十六日寅時卒　葬在本鄉土名好樹埔生

坤艮兼申寅

娶蓬萊劉氏引娘生康熙丁未年五月廿五日卯時

卒乾隆庚申年正月初八子時

子三　際科　際朝　際貫

女二　長廼娘配本里林邉溫進使　次金娘安海山前鄉王

登使

爾及公諱亂賢　孔禎公長子生康熙三年甲辰二月十

九丑時卒雍正五年丙午六月廿二日戌時與爾似合葬
在本鄉土名后路坋仔尾 甲庚卯酉
娶林氏 生卒失考
子一 際宗

爾盈公諱龍程 孔禎公次子 生康熙六年丁未七月十一日
午時卒雍正元年癸卯二月十五辰時葬在大山鴨母坋
坐 向

爾恭公諱 龍猛 孔禎公三子生康熙十四年乙卯三月廿

九辰時公一字爾烈卒康熙乙亥年三月初十辰時葬
在本鄉土名寨埔巽乾巳亥

爾暉公諱龍照、孔禎公四子生康熙廿年辛酉六月十一寅
時卒雍正十一年癸丑三月初七寅時葬在本鄉土名寨
門口坤艮未丑

長房五派

龍賜公　不知何人之子舊譜失稽

二房長派

爾聰公諱亂智　兄亂初不知下落　孔純公子也

娶謝氏同安大澄人生卒失攷

女一　所娘配同安華美店陳毓南 后隨女同邑住

爾茂公諱亂森號經伯　孔純公次子生崇禎丁巳年六月初八

辰時卒康熙廿一年癸亥十二月廿七丑時葬在本鄉土名尾

林卯酉甲庚

媽沈氏　娘　媽孫氏乃本邑内丑舅之妹生萬曆己未年

十一月十一日戌時卒康熙戊午年八月十二戌時與公仝葬

在本處
子一　際元
爾善公諱亂助一字爾資　孔純公三子生崇禎　年五月
十五戌時卒失考葬充潯里洋宅林邊田后壁
娶陳氏　又娶趙氏郭溪下趙人
子一　際服
爾篤公諱亂信　孔材公之子生崇禎辛丑年正月十二日
子時卒康熙丁卯年葬在本處出水埈內崙壬丙向弟亂

美字爾擇被山居咬殁合葬在此
娶張氏同安人生卒失玫
子一　際黨　女一匿娘配溪尾楊

爾敬公諱亂禮　孔樞公長子無傳

亂西公　孔樞公次子無嗣不知去向

爾光公諱亂晃　孔樞公三子生卒失玫葬在本鄉肥猪坳路
上園角生

娶鄭氏　生卒失攷
女一　未娘　適丰嶺盼舅

爾降公諱亂露　號天伯　孔楫公長子生崇禎二年己巳三
月廿三辰時卒康熙三十八年己卯十月初一亥時葬在本
鄉土名水堤灣田台壁與洪氏仝葬
娶洪氏生一子　際吉　因康熙癸卯冬大當逃出後　娶
回官橋許氏早故　傅氏
再娶吾店市蔡氏無育
子　際慶承繼

頭崙面前山坤艮夾丑歿葬在白蟬土内亥巳壬丙
娶林氏謹娘象運人生順治己丑年十月初八卯時卒于
康熙庚辰年正月初四酉時葬在本鄉土名埈内生壬
向丙兼
子五　際嘉　際慶出繼亂露　際碧無出　際保無出　際珠
女一　配官橋許

亂臨字爾淵　孔第公長子生卒娶舊譜失登

亂荐字爾　孔第公三子充兵不知何去

亂戌　孔第公三子　生順治乙酉年十月初三日戌時

卒葬佚無嗣

爾全公諱亂福字爾壽　孔捷公子無傳　卒康熙甲子

秋呼葬

爾業諱亂儒號孫字　孔益公長子生崇禎甲子年十二

月十七辰時卒康熙辛巳年二月廿八申時葬在本山土

名坡頭崙路上生

娶吳氏四娘馬頭人生崇禎壬申年七月廿六辰時卒康熙

癸亥年十一月十二子時葵
子四　際長　際拔　際開　際昂
女一　引娘適運尾半山曾愛官

亂速公諱英瑞　孔益公次子生佚移上府黄金鋪卒
失攷

燕英　孔範公子生卒舊譜失稽

亂昭　孔疇公子生卒失攷

二房二派

亂露公　孔養公長子生卒失考

亂寨公字爾修　孔養公次子生崇禎甲申年三月初三日酉時卒康熙戊戌年十一月十三亥時葬在本鄉土名頂園上亥巳壬丙

娶林氏好娘赤嶺人生康熙壬寅年正月初二日丑時卒雍正丁未年七月十八戌時葬在本處土名崎林仔坐巽乾兼辰戌

子一　際龍

亂孟公　孔嘉公子移中都住

亂外
亂獅

亂界　俱孔端公之子兄弟俱移江西九株松住

爾盛公諱亂左　孔郁公長子生康熙丙午年十一月初一日未
時卒失攷矣

娶林氏照娘鳳山頭人生康熙辛酉年三月三十日辰時卒
康熙戊子年五月初三丑時葬在本處土名新厝墓內癸
丁子午
再娶洪氏四娘南邑人生康熙戊辰年五月十六日丑時
卒乾隆癸未年三月初七申時葬在本鄉格垃崙坐丁癸
兼午子

子六

際盈　際華繼亂三公　際富　際升俱林出　際昔

際嘉俱洪出

女二

長配鳳山林國官　次配佛口蔡愿官

爾第公諱亂元　孔郁公次子生康熙庚戌年四月十六日巳時卒雍正壬子年六月十五巳時葬在本山觀音崙坐癸向丁兼丑未

娶楊氏巧娘生康熙甲子年七月初九申時卒乾隆丙寅年十月初七日辰時葬在本鄉土名池角乾巽亥巳公享壽六十又二

子四　際添　際新　際習　際平

女一　進娘配新溪里虞宗周祖官

爾興公諱亂三　孔郁公三子生康熙壬子年十月廿六日丑

時沉船而卒康熙辛巳年十二月廿八辰時
娶傅氏無育改適
子　際華承繼

爾提公諱亂連　孔郁公四子生卒失考無出一諱英芳與
亂三公全葬本鄉竹塔坑

九世　長房二派

際亨公諱泰郎號會侯　亂祥公長子生順治甲午年四月
初八未時卒雍正戊申年四月廿五申時葬雍正己酉年十月廿五日

未時葬在光浔里種薑坂巽乾巳亥

娶王氏倍娘　華美人生順治丁酉年三月廿二戌時卒雍

正癸丑年十二月廿五卯時葬在本處土名塽頭崙坐　向

萬

子二　子隱　子陽

女四　長配溪頭柯　次配上地胡　三配官橋許　四配祥雲渡鍾

際明諱在郎字維德　亂祥公次子生順治十八年辛丑正

月初五甲時卒康熙十二年癸丑四月廿八未時葬在洋宅

林崎林仔崙申寅坤艮

娶杜氏好娘

長房三派

際山公字維重　號際良　亂援公次子生康熙五十八年庚子三月初八戌時卒乾隆五三年戊申四月十七卯時

胞兄際連早亡

媽蘇氏留娘改適

子二　子順　子接

女五　長笑娘配上場王健官　次金娘配彭格陳園官　三六娘配彭格陳塊官　四盡娘適溪頭柯　五伴娘隨母嫁尾寮林

際科公字維德　爾似公長子生卒失考
娶晋邑安海都㢘膳生金泰官女名舉娘生卒失考
子二　子顯　子國
女一　配黄碧官
際朝公字維選　爾似公次子　生康熙己卯年閏七月十一
丑時卒葬失考
娶　氏
子一　来英

際貫字維通　爾似公三子生康熙丙戌年二月初六丑時
卒　年十二月初二申時葬在本山出水坳
娶本邑王叏官女益娘生光康熙丙申年八月十六卯時
卒雍正乙卯年又四月十六卯時葬在本處光得里土名崎
林仔崙庚甲酉卯　再
娶梁氏珠娘南邑廿七都象運人生雍正乙巳年四月十七
未時卒
子一　子魁
女一　配龍湖

際宗公字維享號際成　爾及公子生康熙戊寅年八月初五酉時卒乾隆戊申年正月廿八卯時
娶黄宅林陳裕使次女名㐲娘生康熙癸未年三月初九日未時卒乾隆五十三年戊申正月廿八日戌時享壽八十有六
子一　子田
女一　賽娘配興二里洋内傅篡官

長房五派至此止

二房長派

際元公諱經字維善號其長　爾茂公子生卒失考

娶許氏欽娘官橋人生順治元年甲申九月初七日申時

卒康熙廿三年甲子五月初三日卯時

子一　子陣　女一　慶娘

際服公　爾善公長子生順治丁酉年三月初八日寅時卒失

考葬

娶南邑白石九溪林氏省娘生康熙甲寅年七月十五日午

時卒

生男一使　乙亥年二月廿六日巳時又次貽娘生　戊寅年四月廿二亥時

際黨　爾篤公之子生康熙辛亥年二月十六日亥時卒葬失考

際吉公諱際慶字維弘　亂露公承繼子生康熙辛亥年九月初五戌時卒乾隆辛未年十一月廿六戌時葬在本處大山崙丙壬午子

娶林氏烈娘象運人生康熙壬戌年四月十五丑時卒康

熙六一年壬寅二月初四日葬在本處真崙頭庚甲酉卯

子四　子姿　子俊　子雅　子男　子寧汝俱殀

際祖公號　亂輝公長子生卒失考

娶科名黃氏　生卒失考

子三　子百　子夔　子千

際嘉公字維憐　名曰喜　亂燦公長子生康熙丁未年八月初八亥時卒雍正癸卯年六月初八丑時葬在本处大山內後仔坂戌辰乾巽

娶黄潭王氏春娘生康熙癸亥年八月初八巳時卒乾隆癸酉年二月廿四辰時葬在本處土名林仔口坐壬向丙兼

子三　子普　子儆　子藥

女四　姜娘適德崇蔡　次適彭格陳　三適黄宅林陳　四適員外家傅官

際碧公　亂燦公三子生康熙辛酉年七月廿六日酉時卒康熙乙丑年四月十六寅時無出

際保　　亂燦公四子無出

際珠　　亂燦公五子無育生康熙丁卯年八月初一日辰
時卒葬失攷

際長字維國　　亂儒公長子生順治戊戌年十一月廿九日
午時卒乾隆元年丙辰三月十六未時葬在
娶　氏　　生卒失攷無育
子一　　子賛際昇子承繼

際扳　亂儒公次子

際開　亂儒三子　生康熙庚戌年正月廿日卯時卒失攷

際昂　亂儒四子　生卒失攷

二房二派

際龍公字維見　號際飛　亂寨公子　公一線繼作辛苦難言否極應泰天道會元服田稼穡食報數存內助令德贊給饔飧撫育双桂報恩敬尊　生康熙戊午年八月十九巳時

卒雍正乙巳年六月初一日巳時 葬在蓆草壠對面园上
丁癸未丑
娶楊氏好娘 后山定舅之姐 生康熙己卯年四月初九酉
時 卒乾隆庚辰年二月廿九酉時 葬在本處蓆草壠茶畲
上 庚甲申寅 長男子成 生康熙乙未年正月廿四戌時 卒乾隆
元年七月十三巳時 仝公合葬 歷年公議抽出蓆草壠門口田
祖弍挨輪收祭忌辰
子三 子成早丧 子文 子武
女一 吉娘 適同尾岩梅陳宅

際盈公字維欽　亂左公長子生康熙丁丑年九月初七未時
卒乾隆丙辰年七月初六午時葬
娶蘇氏　生康熙丙子年十二月十九酉時卒乾隆丁巳年
七月十五酉時葬
子一　子勇
女三　淑娘適湖頭山兜裴　次近娘適湖頭陳　三氣娘適中標許

際富公字維業　亂左公三子生康熙壬午年二月初七日酉
時卒乾隆壬申年九月十五日子時葬在本鄉土名尾路坐
癸丁兼子午

娶中標許氏敬娘改嫁赤嶺
子四　子科　子壽　子再　子婁
女一　娥娘適曾口坂傅香官

際星字維月　龍左公四子生康熙丙申年十二月初三日酉
時卒乾隆癸酉年五月廿九戌時葬
娶蘇氏含娘生康熙戊戌年十二月初四辰時卒雍正己酉
年又七月初九申時葬
又娶葉氏　生卒失考改適
子一　子贊前出手承際長　女一配參內蘇宅

際昔公字維日　亂左公五子生康熙辛丑年十一月十九日丑時卒乾隆辛未年正月初九丑時
娶　氏抱娘生卒失玫
繼子一　子倡

際嘉公字維善　亂左公六子生康熙甲辰年六月廿四辰時卒乾隆乙丑年三月十八午時葬在本處門口案坤艮甲寅

際添字維籌　亂元公長子生康熙癸未年正月廿七卯時卒乾隆辛巳年八月十四未時葬在本處蔡洋格糞箕、

垵湖内子午癸丁
娶林氏程娘鳳山頭人生康熙癸巳年九月初五日午時
卒乾隆三十五年辛卯十月初一日巳時葬在本處上園
角癸丁子午
子四　子鸞　子鳳　子連　子黎維際平

際
新字維　亂元公次子生康熙癸巳年五月廿日巳時卒
乾隆癸巳年三月初四未時葬在
娶林氏宜娘生康熙乙未年十月十二日巳時卒乾隆乙丑
年三月初四未時葬在大山崙坑仔邉

子一　子妙

際習公字維壹　亂元公三子生康熙丙申年六月初三日戌時卒乾隆己巳年五月廿八日

娶楊氏位娘生康熙丙申年八月廿八卯時卒乾隆戊午年二月廿二巳時葬在蒂草壠頭乾巽戌辰

子一　子球

際平公　亂元公四子生康熙甲辰年九月初五亥時卒乾隆廿五年七月廿六巳時葬在本處頂園角丑未艮坤

娶蘇氏續娘號勤順生雍正戊申年六月十八卯時卒乾隆甲午年四月十五吉時葬在大山内蛇形崙田草腹坐

繼子一　子黎際添四子繼

際華字維漢　龍三公承繼子生康熙己卯年八月初七日巳時卒乾隆癸酉年六月初九未時葬在李山蒂草壠乾頂坐壬丙兼亥巳

娶溪蘇氏改適

子一　子梅

十世長房二

處士子隱公字德潛號朝龍　際育公長子鴻造生康熙辛酉年八月初四寅時卒乾隆己巳年十二月廿一日辰時享年六十有九翁溫良持己令德與圭璋齊輝忠信待人聞望同山斗並重其少概見者壎篪之間友恭是敦交遊之際中心必式宗族處以和鄉里孚以睦凡賓朋過訪杯酒留歡有屬義舉秉直不阿且其所最留心者書香一脉尊師重道令族以經史課教兒孫故楠樸素弘齋一室止以斯文為念嗣而蓬萊外甥女壻　必魁劉君情結関山晤對談心因是即景具贈曰

峯房禪寂兩三間　一味幽清閒又閒　濃綠苔痕鋪碧砌

談紅花藍映忠闕　芝蘭有意栽盈室　雲雨無心沛滿山
欲養蒼龍無別處　此中應作葛廬看
己巳仲冬姻侄振昆楊君辱訪心焉慕之亦因即景具贈曰
碧樹羅軒窗　雅意色奏簧　危峯駕秀夫　雁墖題名光噫
公之立心制行如此大丈夫不當如是乎曾日月之幾何而
籬東之黃菊寂寞無言江上之芙蓉慘淡失色豈不痛哉
聊撮其慨以脩家乘云爾葬
娶林氏諱聰娘祥雲渡人生康熙庚午年正月初五日戌時
卒康熙丙申年十二月初五巳時至辛丑年十月廿七辰時
葬在出水坳亥巳壬丙

再娶謝氏受娘后垵人生康熙戊辰年七月初六日未時
卒雍正戊申年十一月廿七日卯時瓦棺葬在出水垵墩上
騎龍斬西卯向
三娶陳氏酉娘生康熙甲子年十月廿四日酉時事堂上皤
皤之姑撫滕前喙喙之子卒乾隆庚寅年六月初一日午時
葬在
子六　仕岱　仕岳　仕崑　仕崗俱林生出繼　仕崙　仕岐俱謝出
女一　典娘適黃宅林陳樀觀
子陽公字德明　際育公次子生康熙乙丑年十月十八午時

卒乾隆辛酉年五月廿五卯時越乙丑年十二月葬在本处楓林前園上癸丁子午

娶謝氏尾娘生康熙丙子年正月十九亥時卒乾隆戊子年七月初七巳時

子　仕崗承繼

長房三派

子順公　際山公長子生娶舊譜失登

子接公　際山公次子生娶舊譜失登

子顕公　際科公長子生　癸巳年四月八日亥時卒

子國公　際科公次子生　壬寅年六月初九辰時卒

來英　際朝公長子生娶舊譜失登

子魁公　際貫公之子生卒失攷
娶殷氏歡娘永安里埔任人生癸亥年十二月初四日未時卒

子二　瑞麟　高陞即行陞公書麟公兄弟而下行書麟之子不知舊譜如何錯落姑特誌之

女一　雪娘適蓮美社林蕤官

子田公字德福號子遂　際宗公之子生康熙乙亥年十月十五寅時卒

娶源口劉氏足娘　生雍正己酉年又七月初六日辰時卒

失攷

子二　仕考　仕瑚

女三　浩娘適曾口坂傅　知娘適彭格陳　送娘適雲美鄭

浩娘未過門而亡生乾隆癸酉年二月初八卯時卒葬在本处大

山生

公從幼失怙恃母經張創業建屋私聚一堂七旬偕老四

代聲揚眉齊案舉桂馥蘭香天倫樂事自爾垂芳

二房長派

子陣公　際元公子生卒失攷

娶傅氏　生卒失攷

子二　仕性　仕貢

女三　信娘適蓬萊蔡　推娘適虞宗周　勧娘適榜頭莊

子姿公字德侯號子芳　際吉公長子生康熙三九年庚

辰七月廿日寅時卒乾隆廿三年戊寅二月十五辰時葬
在本山大墩乾草腹后迁葬在大園觀音崙塔脚坐亥向
巳兼
娶陳氏免娘路美人生康熙四十四年乙酉正月廿一酉時
卒乾隆四十一年丙申九月初十卯時葬在本處出水垵
大水埕田上路后壁亥巳丙壬
子四　仕歲　仕合　仕庚　仕冥出繼
女二　叟娘適彭格陳　次到娘

子俊公字德位　際吉公次子生康熙乙酉年三月初四日

酉時卒
娶黄柱林氏宜娘生康熙戊子年九月初八寅時卒
年　月　時葬
子二　仕政　仕斟
女一　適嶺尾張
子雅公字德常　際吉公三子生康熙戊子年四月初二日
寅時卒乾隆四十二年丁酉二月初五未時葬李鄉土名垵
頭崙坪山辛辰戌
娶蔡氏閨娘生康熙丁酉年十一月初二寅時卒乾隆庚

申年九月初七辰時葬在本鄉圳兜大石中癸丁丑未
再娶廖氏招娘生康熙戊子年正月廿二酉時卒乾隆五
十二年丁未正月十八申時葬在本鄉埈內子午癸丁五弟
子汝公早去生康熙癸巳年十月十三日辰時卒乾隆六年
十二月初七未時葬在本鄉埈頭崙壬丙向
子三　仕審　仕倡出繼二房二　仕邑又名揖

子男公字德蒲　際吉公四子生康熙丙申年十月廿八日
亥時卒佚葬在本鄉大水埕田中亥巳丙壬查壬丙
娶林氏專娘西山人生雍正己酉年四月初十日午時卒

葬失攷

子一　仕祐

子寧公　際吉公六子生康熙乙亥年七月十五辰時卒

乾隆癸亥年十月初三亥時葬在本鄉大墩石皮內

子一　仕冥承繼

子百公　際祖公長子

子變公　際祖公次子

子千公　際祖公三子生卒俱失攷

子普公字德周　際嘉公長子生康熙乙酉年五月十五日
寅時卒乾隆辛丑年九月十三辰時葬在本鄉后仔坂坐
乾巽兼亥巳
媽蘇氏腰娘生康熙丙戌年十一月廿一寅時卒乾隆壬
辰年九月十三亥時葬
子五　仕熏　仕匏　仕報　仕兜　仕敏
女三　長適山頭陳　次適谷口上吟傅　三適大墩林

子儆公字德玩 號林近　際嘉公次子生康熙戊子年十二
月廿九戌時卒乾隆五十一年十月初五日巳時葬在本
山新厝墓内埈邉癸丁兼丑未
娶蘇氏美娘號盟玉參内湖邉人生康熙丙申年十一月廿
一寅時卒乾隆五十一年丙午八月十八未時葬在本處新
園庚甲酉卯
子二　仕投　仕田
女三　答娘適虞宗陳　越娘適官橋許　介娘適參内蘇

子葉公號　際嘉公三子生康熙丁酉年五月十七日寅

時在臺卒乾隆乙未年六月廿三午時

娶王氏恩娘生康熙甲辰年六月初一丑時卒乾隆乙

丑年正月廿五辰時葬在大墘草腹

再娶雲美陳氏生卒失攷

女一　適九垵陳

子贊公字德育　際長公繼長子生

娶谷山林氏生

子三　仕煥　仕遐　仕老繼際星

二房二派

子文公字德章號彬靜　際龍公長子　公德紏公胞兄也
雖至分爨式好無猶友于懇念地理廣遊祖父坟墓多
主拔尤經營創置倉箱堪謳孫曾俊偉克振箕裘生
康熙戊戌年六月廿三巳時卒乾隆五四年己酉又五月
初二未時葬在本鄉土名蓆草壠山對面園角坤艮未丑
娶尾寮林氏早娘生雍正甲辰年正月十六午時卒乾
隆癸丑年五月初八辰時葬在蓆草壠池塘角上坐坤
向艮兼

子一　仕傳

子武公字德糾號周畧　際龍公次子　公德章公胞弟也温純秉性質樸應酧孝友隨分好合聲流訓子勤儉處人寬柔創垂田業坟屋兼優鄉舘當首書香投契晚景閒論人中仙儔生雍正二年甲辰九月廿八亥時卒乾隆五四年己酉四月初五未時享年六十有六葬在大墓内壬丙子午

娶陳氏順娘虞宗人勤儉治家和好族衆婦德婦功鄉閭趋向舉案齊眉古風弗讓别女倡隨動人哀慕家譜錄登勸為賢助生雍正乙卯年正月初一辰時卒乾隆五四年己酉四月廿七酉時享年五十有六葬在本處蓆草壠

對面坤艮兼丑

子二　仕麒　萬得

女二　珪娘適鶴前劉梧官　治娘配福梨溪劉愷官

子勇公　際盈公子往夷無孜

子科公　際富公長子生雍正十二年甲寅十月廿日

戌時卒

子壽　際富公次子早世

子再　際富三子外出無攷

子萋　際富四子早卋

子贊字德育　際星公長子兼承際長生雍正元年癸卯
六月廿七申時卒乾隆四十一年乙未又十月十二戌時葬
在本處
娶蕨山林氏郝娘生卒佚
再娶雲美陳氏屯娘生卒失攷
子　仕煥　仕遊（繼際長公支）　仕老

子倡公字德悠　際昔公繼子　公稟質聰睿善剛善柔

許事快樂無意遲留慷當以慨豪者出流鄉閭俯仰翹然

寡儔桂香飄發啟後宏猷　生乾隆乙丑年十月廿三巳時卒

佚葬在本處内厝垵高林頭癸丁丑未

娶雲美鄭氏英娘生乾隆己卯年二月十八卯時卒

年　月

子二　仕鑽　仕渠

女二　罕娘適谷口趙平官　双娘適

子鸞公字德和　際添公長子生雍正乙卯年十月十八日

酉時卒乾隆甲午年七月初七酉時與父合葬在本處蔡洋
格藔貭垵湖内子午癸丁
娶張氏丑娘改適

子鳳公字德瑞　際添公次子生雍正巳卯年十月十八日
酉時卒嘉慶丁巳年七月廿六午時葬在本鄉内厝垵崙
癸丁丑未
娶蘇氏興娘嶺頭人生乾隆十二年戊辰又七月廿五戌時
卒乾隆五十二年戊申十二月十三申時葬在本鄉内厝垵邉
癸丁子午

再娶崎兜温氏粉娘生乾隆十一年丁卯八月初一日卒
乾隆五十三年戊申七月廿三午時葬在本處柿樹壠頭
石竹仔垵田外角壬丙子午
三娶石壁郭氏完娘生乾隆十七年甲戌十一月廿日辰
時卒道光十三年癸巳十月廿四辰時葬在本處土名覌
音崙内園上癸丁子午
子二　瑞泉蘇生　仕爲郭出

子連又子乾字德坤　際添公三子生乾隆庚申年四月
廿八戌時卒乾隆乙卯年三月十六申時葬在本處土名尾

路上石皮邊坐辛向乙兼酉卯
娶葉氏淑娘生乾隆癸酉年 月 時卒乾隆戊戌年
四月廿三未時葬在本處頂園炭窑上坐 向
再娶洋内傅氏吉娘號儉果生乾隆戊辰年七月十六申
時卒道光十年庚寅十月初七寅時葬在本山蕭草壠
面前園上坐 向
子一 天因傅出

子妙公字德美 際新公之子生乾隆戊午年十月十七日
午時卒乾隆辛卯年十二月廿四巳時葬在本處蔡洋格墓、

箕垵湖内仝際添公合葬

子球公字德琳　際習公之子生乾隆二年丁巳十月十五日
丑時卒乾隆四十五年正月廿九丑時享年四十又五葬在
本處觀音崙園頂癸丁子午分金丙午
娶陳氏甘娘生乾隆甲子年三月十八辰時卒嘉慶元年
丙辰七月初一申時葬在厦門草仔垵金灯山相對穴坐
卯向酉兼乙辛
子二　仕蒼早亡　仕水住厦門

子黎公字德黙　際平公承際添四子繼生乾隆丙寅年正
月初六戌時公单寒拮据漸致寧盈周恤昆季深敦摯
情寬柔處己與世無争中年羽化三桂秀榮積善餘慶
蘭芽挺英卒乾隆己酉年三月廿三戌時葬在本處蒼墘
崙田中壬丙子午
娶丰嶺林氏銀娘生乾隆壬午年三月初三戌時卒乾隆
乙卯年正月十三子時葬本處蓆草壠面前園上生
子三　仕益　仕拱　仕智
女三　招娘適溪頭柯　次讓娘適洋内葉

子一　志闕任中都

仕崙公字馨織　子隱公五子生

卒乾隆　年十一月初三日葬

娶晋邑林氏快娘改適

子三　先誠早世　志桂　志慈早世

女一　適湖頭庵頭林

仕岐公字馨木　子隱公六子生康熙五十年七月十七日

卒時乾隆五十五年庚戌四月初五日享壽七十齡葬

在
娶五里埔王氏法娘生雍正甲辰年七月初八卯時卒乾
隆乙卯年十二月廿七巳時葬
子一　志秉
女一　牽娘適上地胡省官

仕崗公　子陽公承子隱公四子爲繼子生卒葬失攷
娶南邑　氏質娘生卒失攷
子二　志籍　志裁任東都

長房三派

瑞麟公字馨趾　子魁公長子生乾隆庚寅年十一月初二寅時卒乾隆五十五年十月十六亥時葬縣后山觀音亭后横路上立石碑李隨生墓乚辛向

娶官橋許氏　生卒失考

子一　高陞　陞即行書麟之子上行書兄弟不知旧譜如何錯書

仕考公字馨壽　子遂公長子生乾隆辛未年六月初六未時卒道光二年壬午正月十五寅時葬

娶陳氏悦娘東洋人生乾隆辛未年二月　八日寅時
卒嘉慶七年壬戌十一月初九卯時
子一　志聚
女三　京娘適溪南蘇　鏡娘　玉娘

仕湖公字聲璉　子遂公次子生乾隆壬午年八月十二日
寅時卒失孜葬在本山獅鼻內崙犁壁金
娶陳氏甘娘彭格人生乾隆甲申年五月　八日申時卒
葬佚
子二　志河　志培繼仕投為子

二房長派

仕性公　子陣公長子生卒失考葬在本處后口坂乾巽兼

戌辰

元娶　氏生卒失考葬在本處后口坂壬丙亥巳

再娶　氏生卒失考葬在本處官欄山對枣下壠坐

向　兼

子一　志從

仕貢公　子陣公次子　生卒葬失考

仕歲公字馨融號諟四　子姿公長子生雍正壬子年十一月十八戌時卒嘉慶甲戌年十一月初九丑時葬在本山土名松樹墘田后壁甲寅庚甲

娶周氏過娘惠邑人生乾隆庚申年八月初八寅時卒嘉慶庚辰年五月初八未時葬在本山白膳土內坐癸丁兼子午

子二　志旺　志汪出繼諟六

仕合公字馨開號諟六　子姿公次子生乾隆丁巳年三月

初四亥時卒乾隆己酉年正月廿四未時葬在本山土名
頂圍角新厝墓邉庚甲酉卯
子一　志汪承繼

仕庚公　子姿公三子生　年三月廿八寅時往
臺灣卒葬失攷

仕政公　子俊公長子生乾隆丙辰年二月十二申時
卒乾隆十八年癸酉四月初五申時葬

仕斟字　　子俊公次子生
卒葬俱失攷

仕審公字馨聞號寬同　　子雅公長子生乾隆癸亥年八
月十八未時公秉性剛毅直言為良一鄉善士族中欽望
鼎新蓋屋兩座經張倡首勵志燕翼垂芳光前裕後
允卜克昌卒嘉慶辛未年十月十九日葬在本山土名
肥猪垵内崙路下艮坤丑未
娶施氏佔娘南邑娘仔橋人　生乾隆辛巳年二月廿二日
寅時卒嘉慶廿年九月初九卯時葬在本山楓林前厝

地後滀壬丙亥巳

子六　志滀　志誨　志道　志登出繼仕揖　志笑

志莘

仕揖字謦讓　子雅公三子生乾隆　年又七月初七日

午時卒乾隆甲辰年四月廿三日午時葬在本山牛角壠

尾田角生

承繼子　志登

仕祐公　子男公之子也生卒葬失攷

承繼子　有在

仕冥公　子寧公承子姿公四子爲繼生乾隆癸亥年
七月初五子時卒
葬在大草腹監路邊坐　向
承繼男　志桃

仕蕪公字馨金　子普公長子生雍正庚戌年九月廿一丑
時卒乾隆庚辰年十一月初十巳時葬在坡頭穴坐乾巽
兼亥巳

仕匏公字馨草　子晉公次子生雍正癸丑年七月十九日
辰時卒乾隆乙未年八月廿七巳時葬在本處尾崙后湳
壬丙子午
娶羅氏謹娘生乾隆癸亥年九月初二子時卒嘉慶丙子
年五月十三酉時葬在本處蔡洋格路上豎碑外一穴
坐　向
子二　志得　志榜

仕報公字馨瑤　子晉公三子生
卒失攷葬在本鄉旱墘大坵田后壁

公田后壁生

娶周氏等娘田頭人生乾隆戊辰年　月　日　時

卒道光辛巳年十二月初十戌時葬在本山頂園寅申

甲庚攺葬本山格垅田角壬丙子午

再娶同安灣頭陳氏　生

卒葬

子一　志培仕湖次子繼

仕回公字馨顏　子做公次子生乾隆丙子年九月廿九日

丑時卒道光壬辰年正月初七日葬在本山格垅崙頭生

向
娶蘇氏緞娘溪南人生乾隆　年
卒失考葬在鴨母坋田台壁
子一　志助抱養

仕煥公號寬善　子贊公長子生乾隆壬午年九月初二子
時卒道光辛卯年十月十三日葬在李山土名

仕遜公　子贊公次子生
卒葬失考

二房二派

仕傳公字馨受號寬書　子文公長子生乾隆丁丑年七月十四未時卒嘉慶丁卯年八月十六日申時葬在本山大山壠頭深田後壁丁癸子午分金丙子午

娶陳氏善娘號順慈生乾隆乙酉年正月十三日申時卒道光廿五年乙丑正月十八酉時葬在本山土名白蟬土坐癸向丁

子二　志爍　志到

仕麒字馨麟號寬鍾　子武公長子生乾隆己卯年六月初三辰時卒道光十一年辛卯九月十八日巳時葬在本山蒂草壠頭田后壁辛山酉卯

娶劉氏桃娘溪尾人生乾隆卅一年丁亥九月初五日午時卒道光庚子年十二月初三亥時葬在尾林頭虎形坐艮坤兼丑未

子五　志鋪　志賞　志蔭　志懋　志瀕

女一　有娘適西山林國器官

萬得公字馨正號寬歷　子武公次子生乾隆卅八年甲午十二

月初二寅時卒咸豐十年乚夘十二月初九辰時葬在
本鄉土名軍欄山林中乚辛夘酉
抱養四男

仕老鍗
卒葬失攷 查葬在蒂草壠境主公田園后壁坐南向北
子贊公子生

仕鑽公
卒佚葬在
子倡公長子生

仕渠公字馨荷號寬扶　子倡公次子生乾隆壬寅年九月廿九子時卒道光丙午年四月初十午時葬在本山土名內厝垵邊

娶趙氏沙娘號淑節生乾隆癸丑年十月廿一未時卒葬在蓎草壠寨仔科格生

子　志述抱養

瑞泉公字馨安號寬保　子鳳公長子生乾隆乙未年又十月十二巳時卒道光二年壬午年又三月十一辰時葬在本鄉早墩田中癸丁丑未杆葬在尾路頂大石下乾巽戍辰

娶官橋許氏曉娘號儉喻生乾隆己亥年十一月十八子
時卒同治己巳年二月十五辰時享年九十有一葬在
祖厝崙外石皮中辛山酉卯

子二、志交 志惠

女三 偷娘配大墘林 次亦配大墘三落 三、配蓮萊劉

仕為公字馨學號寬次 子鳳公次子生乾隆甲寅年七
月初一辰時卒道光己亥年八月初九巳時葬在崎林仔
三脚木山辛卯酉分金丁酉卯
娶陳氏省娘號孟順彭格人生嘉慶癸亥年八月廿七日

辰時卒道光丁亥年十一月廿六酉時改葬在蔡洋格湖

内壬丙亥巳分金丁亥巳扦葬獅公磐石下路上亥巳壬丙

子三　志墻　志述出繼　志藿

女三

天

因公字馨殷號寬衣　子連公子生乾隆壬寅年十月十

五戌時卒咸豐癸丑年九月十九卯時葬在蓎草壠后滿

坪午子癸丁兼丁癸

娶林氏暖娘號儉柔生乾隆丁未年四月初五戌時卒道

光　年十二月初三子時葬在本鄉蓎草壠觀音崙園

角坐　向

女一　福娘適溪南蘇

仕水號寬岫　子球公子生乾隆甲午年五月初十日未時卒嘉慶乙丑年四月初五日葬在厦澳門後娶許氏號柔順生乾隆己亥年十一月初八寅時卒道光辛卯年十二月廿八亥時葬在厦東邉社口

子一　賜来住厦門

仕益公字馨多號寬裕　子黎公長子生乾隆丁酉年

三月廿三酉時卒乾隆辛酉年十二月初一未時葬在本
山大园垵　中心坐乾巽兼亥巳

仕
拱公字馨臨號寬星　子黎公次子生乾隆庚子年
七月十九未時卒道光辛丑年九月廿三巳時葬在廈
門山
娶張氏進娘福州城市布政衙人生乾隆甲寅年九月
九月廿二日子時卒廈葬廈門山
子二　志祖　志偺

仕智公字磬禮號寬信　子黎公三子生乾隆丙午年
四月廿二日辰時卒道光丁未年三月初十日戌時葬在
厦門山

十二世長房二派
志泰公　仕岱公子生
卒失攷葬

志用字　仕岳公子生

卒葬佚

志闕　仕崑公之子住中都生

卒葬失攷

先誠公　仕崙公長子生

早歿葬

志桂公　仕崙公次子生

卒葬失攷

志秉公　仕岐公子生

卒葬佚

子一　元任

志籍公、仕崗公長子

卒葬失攷

志栽公　仕崗公次子生

任中都卒葬失攷

志聚公　仕考公子生
卒葬失攷

志河公　仕瑚公長子生
卒葬失攷 查葬在肥猪垵内崙坐

志培公　仕湖公次子繼二房仕投為子
二房長派

志從公　仕性公子生
卒葬失攷

二房長派

志旺公字孫明號素聲　諟四公長子生乾隆丁亥年七月十二卯時卒道光庚寅年二月初十日酉時葬在本山大水埕田中坐　向

娶周氏字娘坂頭人生乾隆庚子年七月十三酉時卒道光戊戌年又四月初一巳時葬在本山尾圳仔后遷在柿樹壠崙新開田后壁坐

子二　元仲　元舉

女三　姜娘適洋山胡　領娘適鎮府黄　顆娘適上地王

志汪公字孫淵號素富　諟六公承諟四公次子為繼生
乾隆戊戌年正月廿七申時卒道光甲午年十月初六日
辰時葬在本山大山崙丁癸未丑
娶蓮萊周堂陳氏御娘生乾隆癸丑年八月廿二日午時
卒同治癸酉年又六月十二日午時葬在本鄉尾坋仔田
中夘酉庚甲
子六　元返　元玉早世　元果　再取　西川　五美
女二　安娘適上地胡查王福慶官　寡娘適五里埔王艮官

志濟公字孫澮號素盈　寬同公長子生乾隆庚子年三月十九日

寅時卒道光癸未年七月初一寅時葬在本處蔡洋格
石皮下坐　向
承繼子　　元埕

志講公號素從　寬同公次子生乾隆壬寅年七月廿四酉時
卒道光己丑年十二月十九未時葬在本山出水坡盟田
角坐　向
娶王氏葉娘上地人　生嘉慶己未年九月十四日卒道光
庚寅年四月廿六未時葬在本山下厝埔田后壁坐
向　庚

子三　元蓮　元坪　元堤出繼

志道公號素直　寬同公三子生乾隆庚戌年五月廿三日巳時卒道光乙未年八月初七丑時葬在本山土名尾崙后满路上對崙

志笑公號　寬同公五子生　卒　年二月初十日葬在本山垵頭崙邊

志莘公　寬同公六子生

卒　年八月廿五日葬在本山肥猪崙邊

志登公　仕揖公承寬同公四子為繼生

卒葬失攷

子　元接（不知存亡）

有在公　仕祐公承繼子生

志挑公　仕冥公承繼子

志得公號素自　仕匏公之子生乾隆癸巳年
辛道光戊戌年四月初六日葬在本山蔡洋格與母
墳並坐

志榜　仕匏公次子

志培公字孫栽號素植　馨進公承仕湖公次子爲繼生
乾隆戊申年十二月廿二丑時卒道光壬辰年正月初七
日葬在同邑蓮花山下
娶彭格陳氏敬娘生乾隆壬子年四月廿八寅時卒
道光戊申年七月初三午時葬在本山新園后壁坐
向　兼改葬在本山勘湖崙中條路壬丙子午
子三　元泰　元玉　元鉗繼志交公
女二　染娘　晃娘

志助公　仕回公嗣子生

卒葬在厦門過水東坑社
娶王氏見娘五里埔人生
卒葬在厦門東坑社
子一　元榜

二房二派
志爍公字孫由獅素我　仕傳公長子生乾隆丁未年十月
十一辰時卒道光甲辰年正月廿日未時葬在本山尾
崙大石皮頂　壬丙子午
子一　元頜養

志到公字孫心 號素来　仕傳公次子生
在臺卒失攷
娶芹山陳氏儉娘生
在臺卒失攷
子一　元灶

志鋪公字孫館號素揔　寬鐘公長子生乾隆庚戌年
六月廿五午時卒道光庚子年十二月十五辰時葬、
在本鄉石皮公脚癸丁丑未
娶陳氏千娘同美人生嘉慶己巳年正月十二酉時
卒同治庚午年四月廿八未時　葬在本鄉苬草壠后

海艮坤寅申

子三　元咏養　元辰　元純

志賞公字孫思號素有　寬鍾公次子生嘉慶癸丑年六月初十亥時卒同治己巳年三月初五巳時葬在本處楓埜林前路上坐乾向巽

娶柯氏胖娘溪頭人生嘉慶壬戌年二月初六寅時卒道光己亥年十二月十八子時葬在格坵崙坐艮向坤兼

再娶吳氏益娘邑內北門內人生嘉慶癸亥年八月十四

辰時卒同治甲子年十月初九未時葬在本處青墘
垵坐艮向坤
子六　元業　元剃　元衛　元融　元降俱柯出
元鬍吳出　女一　桊娘適溪頭柯壽官柯出

志蔭公字孫景號素益　寬鐘公三子生嘉慶丁巳年二
月十九未時卒道光戊申年九月初四未時葬在本處
楓林前亥巳乾巽
娶陳氏盞娘洋宅林人生嘉慶庚午年十月初五亥時卒
道光辛丑年十月初五亥時葬在本山

再娶陳氏傚娘彭格人生嘉慶乙丑年十月廿日酉時卒
同治甲戌年五月初八午時葬在本处蔡洋格大頭形
巽乾巳亥分金丁亥巳
子三　元聘　元斜　元棱

志惱公字孫頭號素珠　寬鐘公四子生嘉慶己未年九月廿
三未時卒同治十二年癸酉十二月初五日酉時享年七十又五
葬在本山蕭草壠茶畲頂丁癸午子
娶陳氏綢娘號勤慈彭格人生嘉慶癸酉年十月初十日
卒同治乙丑年五月廿日享年五十有三葬在本山楓林
前艮坤寅申改葬在將軍生拋丑未癸丁

子五　元潭　元明　元三　元謝　元鈄

女一　罔娘適九垵陳

志瀨公字孫燕號素言　寬鐘公五子生嘉慶癸亥年九月初九卯時卒同治庚午年十月初三辰時享年六十有八葬在本山尾路辛乙酉卯

娶蔡氏乖娘魯塵人號慈儉生嘉慶乙亥年九月初九卯時卒光緒元年乙亥六月廿九未時享年六十有二葬在本鄉蔡洋格囷犬頭巳亥兼乾

子六　元錐抱養　元泵　元水　元森　元髻　元岱

女三　忽娘適魯塵眉官　梅娘適蓬萊劉長官

三適同美陳清秀

志述公　仕渠公抱養子生道光甲午年六月十六日未

時卒佚葬在厦門山

志交公字孫昜號素薩　瑞泉公長子生嘉慶丙寅年九

月廿四辰時卒同治己巳年正月廿九巳時葬在本山蔡

洋格糞箕垵湖内辛山酉郊

子養二　元鉗　元欽

志惠公字孫知號素政　瑞泉公次子生嘉慶丙子年六月三十日未時卒光緒乙未年十一月廿九巳時葬在本山狐林頭艮坤寅申

娶柯氏愿娘號使穌溪頭人生道光甲申年十一月十九巳時卒光緒癸巳年十二月廿三巳時葬在本山蔡洋格子午壬丙

子養二　元眉　元對不知去向

女三　炭娘適溪頭柯成官　歎娘適蓬萊劉愷官

寬娘適鶴前劉鉗官

志墻公字孫石號素璧　寬次公長子生道光辛卯年六月廿九申時卒光緒甲午年二月十九巳時

賜來公字孫豊號素豊　仕水公子生嘉慶癸亥年八月廿四未時卒光緒庚辰年　月　日葬在厦門山

娶林氏盡娘行厝人生嘉慶庚午年六月廿八卯時卒道光癸卯年八月廿五子時葬在厦門山

再娶石氏淑娘生嘉慶甲戌年十月十八戌時卒光緒庚辰年十二月　日葬在厦門山

子二　双繼　朝陽養

清溪竹堷李氏家譜歷世紀實

十三世

長房二派

元任字　　志秉公子生

卒佚葬

二房長派

元仲公字昭伯號章語　素聲公長子生嘉慶己未年二

廿三卯時卒同治四年丙寅六月廿五丑時與孫忠鵬合

在本山尾崙后溝坐　向

娶楊氏香娘中厝人生嘉慶辛酉年四月十八日巳時

道光戊戌年四月廿八巳時葬在本山蔡洋格湖内坐

向　無

子二　永達嗣　永發

元舉公字昭提號章仁　素聲公次子生嘉慶己巳年十二

月初四日卒同治二年癸亥九月初九辰時葬在本山

楓林前坐　向

娶陳氏愿娘蓬萊岩頭口人生嘉慶甲戌年四月廿一日

巳時卒光緒己亥年七月初九未時葬在本山楓林前

坐　向

子二　永雲　永秀

女三　碟娘適院宅林陳　吳娘適南安安袋郭來官

棻娘適西山林錦觀

元逅公字䏿越號章來　素富公長子生嘉慶壬申年十

二月初五日戌時卒光緒丁丑年八月初六巳時葬在本

山大山内柿樹壠頭壬丙亥巳改葬寨柯内丑未癸丁

娶陳氏竿娘洋宅林人生嘉慶丙子年五月初三申時

卒光緒六年庚辰七月廿八巳時葬在本山蒂草壠面

前穴庚甲申寅

子四　啟運　永柔　永監　永等繼元眉為子

女二　蜂娘適洋山胡　岩娘適大墘林

元玉字昭金號章錫　素富公次子生嘉慶乙亥年四月

廿三丑時卒道光甲辰年十月初五巳時葬在本處出水垵

內崙路后壁乾巽亥巳

娶林氏未婚而公歿別適

子　永陳承繼

元果公字昭欲號章琴　素富公次子生嘉慶壬申年三月十

一未時卒同治乙丑年十月廿日辰時葬在本山大湾坵
田頂艮坤丑未
娶林氏玉娘生道光癸未年六月廿四日寅時
卒光緒壬寅年正月廿五午時葬在本山章曾墓庚甲申寅
子三　永陳出繼　永煌　永檨

再取字昭容號章信　素富公三子翁為鄉里長辦事秉正
無偏無私結交親友薄己厚人經營為本不敢縱橫思祖
宗之脉傳經數餘年猶恐有失鳩族衆重脩族譜幸得
衆心向齊謹將舉議續纂逐一造明以為後人接承宗

支不免差錯之故焉爾猗歟休哉風何降也鴻造生道
光壬午年十二月廿日寅時卒宣統元年己酉十月初五
巳時葬在本山塔尖脚坐癸向丁兼丑未
娶柯氏謏娘溪頭人生道光丙戌年四月初一巳時卒光
緒十九年癸巳三月廿三辰時葬在本山新厝墓亥巳
乾巽
子四　永窓　永和　永情　永檬早亡

西川公字眧息號章祿　素富公四子公爲人秉性剛直
樂施結交親友厚人薄己勤儉粒積創置家業建立

立規模綽有餘裕生道光八年戊子十月初二戌時卒光緒六年庚辰六月十一亥時葬在本山觀音崙塔脚坐乾向巽兼戌辰

娶陳氏蜜娘彭格人生道光壬辰年九月十六申時卒民國元年壬子正月廿六巳時葬在本處吾坵仔壬丙子午

子四　永涼養　永汭　永眼　坤裕

女二　悔娘適十二路陳　受娘適同美陳

五美公字昭尊號章成　素富公五子生道光十一年辛卯七月初三亥時卒同治癸酉年十一月廿六卯時葬在本山

石杈　癸丁丑未

娶陳氏月娘彭格人生道光甲午年十一月廿八辰時卒同

治壬申年九月十四未時葬在本山寨仔科脚司公髻石

庚甲酉卯

子四　永清　永想養　永驅早世　永旦

女二　配娘適鎮府黃　不娘適邑內王

元埕公字昭石號章埧　素盈公繼子生道光庚辰年十一月十

五丑時卒同治四年乙丑八月廿二卯時葬在厦門山

娶楊氏出娘埔竹庵人生道光己丑年正月廿八日戌時卒

子三　永系　永乞　永想出繼五美

女一　惜娘適大墘林

元蓮公字昭池號章　素從公長子生嘉慶甲戌年八月

日戌時卒

葬在厦門山

娶吳氏欺娘延壽院人生嘉慶庚辰年七月十六日

寅時卒佚葬厦門山

子二　永望不知何去　永裕繼元計

元坪公字昭波　素從公次子生嘉慶戊寅年四月十四巳時卒同治乙丑年九月初十辰時葬在厦門山

子養一　永論

元泰公字昭上號章驕　孫栽公長子生嘉慶丁丑年四月初九子時卒同治乙丑年八月十四查十五辰時葬在本山水攄桍坐　向

娶梁氏意娘光淂里仙苑內人生道光戊子年二月初二酉時卒光緒　年　時葬

子二　永欉　永買 繼元潭

元王公字昭序號章曰　孫裁公次子生道光甲申年二月廿七卯時卒同治十二年癸酉七月十三午時葬在本处尾坋滀内坐壬丙兼亥巳查艮坤丑未

娶彭格陳氏双娘生道光丙申年八月廿日子時卒光緒辛丑年九月十四酉時葬在牛山田頭辛山酉卯

子四　永浮　永溪　永扱　永諒 繼元辰

元榜公　志助公子生

二房二派

元頷公　素我公子生

卒葬失考

元灶公　素来公子生

卒在臺湾失考

元咏公字昭馨號章唫　素摠公長子生道光丙戌年十二月十

一子時卒同治乙丑年正月廿二子時葬在本山蔡洋格
坐巽向乾
娶陳氏改適
子 永沓双承
元辰字昭良號 素揔公次子生道光壬辰年二月初
三辰時卒
娶溪頭柯氏氣娘生道光甲申年 月 日 時卒
子二 永拔 永諒俱養

女三　長適大墩林　次適曾口坂傳　三適溪頭柯

元純公字昭淑號章昔　素捴公三子生道光丁酉年十二月初四日戌時卒光緒乙未年十二月初九午時葬在本山肥豬埈園角辛乙酉卯

娶陳氏巧娘彭格人生道光壬寅年六月初五日酉時卒　年正月初一日

子三　永番（半永元咏）　永奐　永泉

女一　適石壁郭家

元業公字昭創號章垂　素有公長子生道光甲申年八月初一酉時卒同治戊辰年十一月廿七巳時葬在本山水擴搒生

娶嶺美張氏救娘生道光己丑年十月十四日辰時卒年　月

子四　永浚　永檥　永渺　永潤

女一　適崎兜溫

元荊公諱　素有公次子生
卒同治乙丑年十一月十四日卯時葬在本鄉白銀腳頭
坐壬向丙
娶林氏改適
女一　隨母嫁出

元衛公諱章靈　素有公三子生道光己丑年十一月初
六未時卒咸豐戊午年四月初八未時葬在本山楓林
前坐壬向丙

元熊字昭掌號章羆　素有公四子生道光辛卯年十月
十三未時卒咸豐庚申年十一月　日卯時葬在本山
烏勘形生
娶林氏勸娘改適

元降公字昭福號章佰　素有公五子生道光己亥年七
月十五巳時卒光緒丙申年十二月廿八亥時葬在本處
青墘頭　凹內崙
娶柯氏蜜娘媄兇人生道光己酉年五月初六日辰時卒
光緒壬辰年四月初九未時葬在瓦頭崙坐艮向坤

子二　秋菊　永閣

元龔公字昭梓號章茁　素有公六子生道光壬寅年三月初十亥時卒光緒庚子年八月廿六戌時

子　永栁　獅象俱元降子繼

元聘公字昭禮號章時　素益公之子公品行剛毅出言有章一鄉善士舉事正直族中欽望無不聽從兼學地理點穴如神遠近親友到處求請稱羡萬世亦有留名斯可矣

生道光辛卯年六月廿二辰時卒光緒戊戌年九月廿
二巳時葬在本山青墘尾乾巽戌辰
娶陳氏花娘黄宅林人生道光癸巳年三月初三申時
卒光緒乙亥年五月初一丑時葬在本山尾林垵坐
丑未兼癸丁再扦葬在青墘中垵口坐巽乾兼辰戌
子三　永剌養　永盒　永火
女二　信娘適同美陳　旬娘適蓬萊劉

元斜公字昭御號章正　素益公次子生道光甲午年十
月初七巳時卒光緒丙戌年十二月初一戌時葬在臺

娶陳氏寶娘彭格人生道光壬寅年九月初四寅時卒
光緒戊申年十一月初三戌時

子四　永慱　永同　姜能出繼元明　兩儀早殀出繼

元棱字眙受號章受　素益公三子生道光壬寅年十二月
廿一亥時卒民國元年壬子二月十一亥時葬在本處大
墓内癸丁丑未
娶楊氏緞娘甲保人生道光甲辰年十月十五日酉時卒
光緒丁未年七月初七午時

子三　永從　永內　永飯
女四　免娘適五埔陳　甘娘適彭格陳　力娘適五埔陳
　　　孺娘適彭格陳

元潭公字昭井號章兮　素珠公長子生道光辛卯年十二月十三卯時卒同治辛未年二月十六未時葬在本山蒂草壠園上丙壬向
子一　永旺抱養

元明公號章早　素珠公次子生道光丙申年十二月十四日

丑時卒光緒庚辰年五月廿一丑時葬在青墩外畔坐亥向巳兼乾巽

繼子二　姜能　兩儀殀

元三公鉘　素珠公三子生道光甲辰年八月廿六申時

在吉隆坡卒

娶林氏違娘西山人生道光戊申年二月初二戌時卒

年　月

子一　永仁　女一　笑娘

元謝字昭申　素珠公四子生道光丁未年十一月初八卯時
卒光緒乚巳年二月初八巳時葬在蔡洋格乚辛辰戌
娶陳氏宴娘芹内人生咸豐丁巳年八月十八午時卒民
國癸亥年八月廿七巳時葬在本山坤林内角乚辛卯酉
子四　永宗　永南　永女　戊己鬻出
女二　昭娘適石壁郭　次適嶺美張
熕鈄號　素珠公五子生咸豐元年辛亥五月十五午時
卒民國戊辰年正月廿四卯時葬

娶林氏来娘大墩人生同治癸亥年三月十八巳時卒光緒
乙亥年十二月初八寅時葬在
子四　永所　永承　永田繼出　永纓繼出
女一　幼娘適彭格陳合官

元錐公字昭佳號章國　素言公長子生道光庚寅年九
月十二酉時卒光緒癸未年八月十九酉時葬在本山長格坐
山辛兼辰戌
娶陳氏慶娘同美人生道光癸巳年五月十九亥時卒光緒
甲午年十二月廿六酉時葬在本山格仔坐

子四　永音　永漢　永波继元水　双振早夭

元泵字昭来號章稱　素言公次子生道光辛卯年八月初

十九卯時卒　年五月廿一日

娶蔡氏目娘魯塵人生道光壬辰年五月廿日卯時卒

同治戊辰年九月十二日酉時葬在本處蓭草壠面前庚

甲申寅

再娶半嶺林氏豉娘生道光甲辰年正月十一日未時

卒民國壬戌年六月初一酉時

子三　永芹　永琛前出　永掭后出

女二　肖娘適芹内鄭　别娘適九安陳

元水字昭深號章濯　素言公三子生道光戊戌年七月廿七未時卒民國癸亥年七月十九日戌時葬在本山牛只坡頭子午壬丙

娶陳氏妙娘院宅林人生道光丙午年十一月廿八日酉時卒宣統辛亥年十一月廿五酉時葬在本山大山壠頭丁癸午子

子四　永波承繼　永衆　永搶　永運后改名生枝

女一　紗娘適曹口坂傳

元森字貽廣號章畔　素言公四子生道光庚子年十一月三十日辰時卒光緒丁未年八月廿五巳時葬在本处宝斗墓格内崙坐酉卯兼庚甲

娶温氏担娘崎兜人生道光庚子年九月初四申時卒宣統二年庚戌六月廿六亥時葬在本處尖后滿甲庚卯酉

子二　永往　永簡

女二　頭娘適彭格陳　便娘適曾口坂傅

元髻號章告　素言公五子生道光乙巳年二月廿日卯

時卒光緒丁未年八月廿一辰時葬在本處內厝坡頭
路上乾㢲戌辰
娶葉氏䌷娘嶺埔人生咸豐癸丑年六月廿五寅時卒
民國廿四年乙亥十月十九寅時葬在內厝坡頭路上癸丁兼
丑未
子四　永桂　永春　永劎　永昔
女二　樌娘配上地王　次配新溪里石盤兜陳

元岱公字貽山號章瑞　素言公六子生道光丁未年十
月十七戌時卒光緒丁酉年十二月初一寅時葬在本山

尾崙生
娶林氏蠘娘谷山人生咸豐戊午年八月十四午時
卒民國庚午年七月初三亥時葬在角尾河濤生北向南
子三 永虎 永陣 永端 永撰
女二 領娘適馬頭許 軋娘曾口坂傅

元鉗公字貽鐵號章金 素隣公長子生道光庚寅年
十月初六酉時卒光緒丁亥年四月十六日巳時葬在本
山炭窑頂辛乙酉卯

娶林氏訓娘號慈柔大墘人生道光辛卯年十一月廿八
巳時卒光緒壬寅年九月十九巳時葬在本山鵲仔垵
路下坐辛乙兼戌辰
子五　永儒　永請　永楓　冬種　文義養
女一　卜娘適大墘林

元欽公字昭默號章敬　素陣公次子生道光己亥年正
月十二寅時卒光緒丙申年八月廿日戌時葬在壠頭格辛山戌辰
娶后安謝氏罕娘生道光丙午年五月廿三卯時卒光緒
　年七月十四卯時葬厦門山

子一　永炮早卒　女一適參內岩頭王

元眉字貽鬚號章髮　素政公長子生道光辛丑年七月初八未時卒宣統辛亥年六月十五巳時葬在本鄉早田墘頭崙坤艮申寅外未丑

娶柯氏早娘號慈悟生道光丁未年三月初六辰時卒同治戊辰年六月十二日葬在內厝墘中心崙酉卯辛乙溪頭人

再娶張氏月娘號慈儉湯內人生咸豐辛亥年十一月廿九酉時卒光緒甲辰年八月廿六日戌時葬在本山大壠墘寨

仔科格生戊辰辛乙

子三　永等養　永範　永粮俱張出

女四　詩娘適鎮府黃　奎娘適廈門林　近娘適埔德庵刘

茶娘適

双繼公字昭佔號章出　素豐公長子生道光辛卯年八月

十七未時卒葬在廈門

娶黃氏子娘號純正　生道光甲午年九月廿八酉時

卒咸豐戊午年六月十八寅時葬在廈深田内白鶴岩

再娶林氏勸娘　生道光戊戌年三月初四寅時卒葬在廈

門山生

朝陽　素豊公次子生道光甲辰年二月十五未時
卒
娶宋氏蓮娘生咸豊壬子年十月初十卯時
卒葬在厦門

十四世　二房長派

永達公字孝顯號光通　昭伯公嗣長子生道光壬午年

月　時卒葬

娶陳氏梅娘黃宅林人生道光丁亥年四月十八卯時卒

光緒戊戌年十月十七亥時葬在

子　忠鵬　忠孝双承

永發公號光財　昭伯公次子生道光辛卯年正月初四卯

時卒光緒甲申年十月初二日葬厦門

娶賀氏寶娘厦門人生咸豐辛亥年五月初五日卒光

緒丁酉年六月初一未時葬在

永雲號春光查光春

昭提公長子生道光乙未年三月十九日巳時卒光緒丙申年六月初八酉時葬在出水垵豎石座壬丙亥巳

娶林氏籍娘大墩人生道光己酉年十月初十巳時卒民國丁巳年十一月初六卯時葬在本山大園后壁坐向

子三　忠靴半承永欉　忠烈　忠砂繼出

永秀公字孝居號光全　昭提公次子生道光丁酉年九月廿四巳時卒光緒壬辰年七月十六辰時葬寨美大石下

娶陳氏涵娘院宅林人生道光庚戌年十一月廿六巳時卒光緒乙巳年八月初三日巳時葬在

子二　忠綱　忠孝殤

三女　執娘配溪頭柯昔官　枰娘配炭內陳梯官

三視娘

啟運字孝育　章來公長子生道光丙申年十月廿三日午
時卒光緒乙巳年二月初八未時葬在本處田后壁坐乾
巽兼亥巳号光命
娶陳氏寔娘彭格人生道光庚子年七月十五午時卒民
國乙丑年六月初三未時葬在牛眠坡癸丁丑未
子二　忠見　忠有

承柔字孝温光寵章來公次子生道光己酉年八月十三
丑時在石馬丁宜卒光緒壬寅年三月廿四午時

娶張氏成娘岀嶺尾人生同治癸亥年十一月十三午時卒
民國庚申年十一月廿二戌時葬在本處大園角坐乾巽
兼戌辰
子一　忠砂承繼

永監字孝周號光生　章耒公三子生咸豐丁巳年七月廿七
午時卒　年七月廿九酉時葬在牛山
娶楊氏富娘井邊人生同治壬申年十月初二日酉時
子二　忠芬　忠推

女二　笑娘適九安陳　健娘適內園陳

永陳字孝竹號　章錫公嗣子　生咸豐辛亥年二月廿六丑時卒民國八年己未又七月十五未時葬在本山土名

娶上地胡氏應娘生咸豐壬子年十一月初七巳時卒同治庚午年五月廿六酉時葬在出水垵土名大　箍崙坐亥巳兼乾巽

再娶姚氏尋娘洋山人生同治甲子年正月十六日巳時卒光緒廿一年乙未八月廿一日未時葬在本山土名大

坵田角坐甲向寅兼庚甲

三娶嶺尾張氏滿娘逃出

子一　忠例姚出兼承　忠存早亡

女一　輟娘適彭格陳

永煌字孝輝　章琴公次子生咸豐甲寅年十一月廿二日亥時卒光緒壬寅年五月十四申時葬

娶室劉氏掬娘蓬萊人生同治癸亥年五月十八辰時卒光緒戊寅年七月初五卯時葬在垵邊埔角坐北向南

再娶彭格陳氏嬿娘生同治庚午年十一月廿五日卯
時卒民國丁丑年十二月十四未時葬在本山畲林坐
墓内坐
子三　忠撥祀前氏　忠添　忠炭鸞出
女一　由娘適南安山後郭

永⿰木養字孝枝獅光法　章琴公三子生咸豐己未年十一月
初七寅時卒民國己未年五月廿日寅時葬在石馬丁宜
娶蓬萊魁美劉氏好娘生同治壬申年五月初七日巳
時壽域在新厝墓内癸丁丑未

子一　忠石

女二　斷娘適溪尾柯　淡娘適溪美刘

永窓字孝前　再取公長子生咸豐辛亥年五月初四酉時卒光緒元年乙亥十一月初二未時葬在本鄉土名門口桉亥巳兼乾巽

子　忠讀抱養

永和字孝協　再取次子號光共生咸豐乙卯年五月十一戌時卒民國甲戌年九月初一卯時葬在本處樓脚后溝

坐丑向未兼癸丁 改向丑未艮坤

娶劉氏須娘蓮萊人生同治戊辰年七月十四巳時卒民國甲子年正月廿二辰時葬在本處尾崙貢丑未艮坤兼癸丁

子三 忠朝 永丰 永椽 忠伴 忠軟

女三 笑娘適大墘林 善娘適蓮萊刘 丑娘適衙口陳

永情字孝順 再取三子歸 光意生咸豐辛酉年八月十二日申時卒民國癸亥年九月初五辰時

娶溪頭柯氏治娘生同治辛未年六月廿六丑時卒民国庚午年正月十一寅時葬在本處尾崙滿内癸丁丑未

子三　忠日　忠物　忠蝦

女三　蠘娘適烘兜柯　完娘適大墘林　肴娘適曾口坂傅

永檬號光粉　再取四子生同治乙丑年四月廿一巳時卒

光緒庚辰年十月廿三丑時葬在本山蔡洋格庚甲兼

甲寅

双承子　忠朝　忠日

永凉字孝仍　章祿公嗣長子生道光丙午年十一月初六

卯時卒民國壬子年八月初五未時葬在本山鴇仔墘坐

乾巽兼戌辰
娶蓮萊劉氏鶴娘生咸豐丙辰年十二月初一亥時卒民
國戊午年正月初三亥時葬在本山大柯崙亥巳壬丙廿一卒十六月
子四　忠草　忠葉　忠扮　忠那
女三　池娘適大帽魏　娘適蓮美林　園娘配
永芮字孝智號　章祿公次子生咸豐戊午年五月十二巳
時
擇壽域在本處樣腳乾巽戌辰
娶蓮格陳氏延娘生咸豐己未年二月初六日戌時卒民

國庚辰年六月初六巳時照葬在
擇壽域在本山楓林前壬丙子午
子三　忠真　忠玲　諸葛
女二　宜娘　盡娘

永眼字孝龍號光目　章祿公三子生同治壬戌年九月廿二
丑時卒光緒戊戌年九月十三酉時葬在本山出水垵癸丁丑
未　娶溪頭柯氏雖娘生同治庚午年又十月廿八
午時卒民國辛未年七月初六亥時葬在本山堀仔坐壬
向丙兼子午

子四　忠按（出養逃）　忠訂　忠分　忠墻

女一　腰娘

坤裕字孝乾號光後　章祿公四子生同治乙丑年十月十八辰時卒光緒乙未年十二月初六巳時葬在本山土名尾崙生艮向坤

娶彭格陳氏奎娘生同治癸酉年正月十九巳時卒民國戊寅年九月初五戌時葬在大瓏墘艮坤向

子二　忠蛙　忠豚

女三　撘娘適九坎陳　勸娘適彭格陳　瑞娘適大磜

永清字孝澄號光源　章成公長子生咸豐甲寅年六月廿九丑時卒光緒乙巳年十月十六酉時葬在本处城仔墓内壬丙向
娶曾口坂傅氏椒娘生同治戊辰年九月二十日巳時
子三　忠挑　忠揀　忠箵繼永想

永想字孝陟　章成公嗣次子生同治甲子年十二月十一戌時在外卒光緒丙午年七月廿六丑時
娶十二路陳氏送娘改適

子二　忠笋　忠先俱承繼

永驅字　章成公三子生同治丙寅年九月廿七日寅時年十三而殤

永旦字孝平號光連　章成公四子生同治己巳年七月初六卯時卒民國庚辰年正月廿日申時葬在本處尾崙海内艮坤丑未

娶溪頭柯氏抬娘生光緒甲申年正月廿六丑時卒民國戊寅年九月初七卯時

子五　忠興　忠先出繼永想　忠尚　忠嗹　忠禮

女三　未娘適崎縣陳　浪娘適蔡厝　葉娘適蔡厝

永系號　章垻公長子生咸豐辛亥年四月廿四辰時
卒葬失攷

永乞字孝諸　章垻公次子生咸豐辛酉年十月十一申
時在外卒民國己未年十一月初三申時
娶曾口坂傅氏坑娘生同治辛未年十月十七申時卒
光緒丁未年十二月十七戌時葬本山土地公埔格壬丙子午
再娶嶺美張氏美娘生光緒丙子年五月十九酉時

子二 忠趣 双庫

女 前娘

永望狮 元蓮公子生咸豐丙辰年正月廿八寅時卒

失攷

永論狮 元坪公嗣子生咸豐壬子年五月初九卯時

卒葬失攷

永欉字孝生號　章驕公之子生道光丁未年三月廿
一寅時卒同治八年己巳五月初五寅時葬在厦門山
子一　忠鞾養

永浮號　章曰公嗣子生咸豐丁巳年四月廿日午時
卒光緒甲申年十月廿三丑時葬在寔叻
娶陳氏觔娘生同治甲子年正月初七申時卒民國癸丑
年七月廿四卯時葬在大墓内癸丁丑未
子　忠粧承繼

永溪字孝磻　　章曰公次子生同治丙寅年八
月初九卯時壽域在尾崙滿内壬丙亥巳
娶　氏　生卒失攷
重娶尚卿廖氏愛娘生光緒己亥年十一月卅日卯
時
子二　忠粧出繼　忠瑛

承扱　　章曰公三子生同治己巳年八月廿六午
時在外卒
子　連枝抱養

二房二派

永拔字孝全號　元辰公長子生咸豐乙卯年十

一月廿五未時卒民國壬戌年六月十七卯時

娶劉氏看娘山嶺后坑人生同治壬申年四月廿六午時

卒光緒庚子年五月初一丑時

子一　祥火半承永諒　女　蕋娘適西山林

永諒字孝德　元辰養次子生光緒元年乙亥十一月

廿五卯時在外卒

娶曾口坂傅氏齋娘生光緒丁丑年十一月初九酉時卒

永番師　字孝存　章昔公長子生同治乙丑年五月初七

子　祥火双承

巳時卒民國壬戌年六月十七卯時公蒸承元咏

娶陳氏脩娘彭格人生光緒乙卯年五月初一卯時卒

年

子　忠堯双承

永髮字孝令　章昔公次子生同治己巳年八月初八

亥時卒民國癸酉年六月廿日午時

子　忠通双承

永泉字孝魁師　章昔公三子生同治癸酉年七月廿日

丑時卒民國戊辰年八月十七直十八丑時
娶彭格陳氏吉娘生光緒甲申年正月十二亥時
子　忠驄　忠堯（半承永番）　忠通（半承永爽）　忠勝

永浚字孝言　章垂公長子生咸豐壬子年三月十八日
寅時卒
娶林氏閏娘谷山人生同治辛未年五月廿六酉時卒
光緒庚子年閏八月十二酉時
女二

永檨公　諱　章垂公次子生咸豐丙辰年六月初十午時
卒光緒戊戌年五月初二申時
娶彭格陳氏寬娘改適
子一　忠欲

永溯　諱　章垂公三子生同治癸亥年六月廿九日寅
時卒

永潤　諱　章垂公四子生同治乙丑年五月初四酉時

卒

秋菊字孝色　章伯公長子生同治庚午年六月初一
巳時在外卒
娶陳氏煩娘谷口人生同治癸酉年十一月十九日寅
時卒
子一　忠由

永閣字孝安號光鳳　章伯公次子生光緒丙子年二月
初十申時卒民國壬申年十月廿一亥時葬在本處大
湾坵田后壁乾巽戌辰

双承子　忠侯

永柳字孝維號　章苗公承繼子生同治壬申年十一月初六寅時在江頭卒民國
娶傅氏越娘曾口坂人生光緒壬午年十月廿一酉時在江頭卒
子二　忠莁　忠劉

獅象字孝牙　章苗承繼次子生光緒乙酉年三月十五
子時在外洋卒

娶曾口坂傅氏自娘生

卒

永剌字孝皂　章時公長子生咸豐丙辰年二月十六丑

時卒

在夷娶　氏　生卒失考

再娶虞宗炉美前陳氏智娘生光緒癸未年七月初七

申時卒

子　忠鏡永大子承維　忠居養　麒麟后改名三粉夷娶出

永盒字孝嗌　章時公次子生同治癸亥年二月廿七巳時
娶上地王氏鐳娘生同治壬甲年三月廿五辰時卒民國乙亥年五月初六申時
子三　忠沛　江進　忠省
女三　蕙娘適崎縣陳　吟娘　寅娘俱適彭格陳

永火字孝炎號跡　章時公三子生同治戊辰年五月十七丑時卒民國甲戌年六月初九卯時葬在本山手曲灣未丑兼丁癸
娶劉氏六娘昭厝人生同治

己巳年十月初八酉時

子　忠鏡養出繼永剌　忠敕　忠補

女三　筍娘　体娘　籃娘俱適彭格陳

永愽字孝學　童正公長子生同治壬戌年八月十六未時在吉隆坡卒民國戊午年五月廿一酉時

娶彭格陳氏于娘生同治乙丑年五月十五午時卒光緒戊申年九月初三亥時

子二　忠諸　忠芋

女二　温娘適彭格陳　乾娘適西山林

永同字孝展號　韋正公次子生同治丙寅年二月廿九
巳時在洋卒

永從字孝源號光源　元棱長子生同治甲子年二月十五
巳時卒民國己卯年十月廿三卯時葬
娶曾口坂傅氏糍娘生光緒丙子年五月十四巳時卒光
緒甲辰年九月初八吉時
再娶曾口坂傅氏配娘生光緒庚辰年四月初三酉時

子一　忠宇

永内號光裏　元棱公次子生同治戊辰年十一月初四日亥時卒民國己卯年四月初二戌時

娶彭格陳氏添娘生光緒乙酉年十月初八午時

子五　忠樹　忠雁半承永飯　忠喜　忠恭鬻出　忠正

永飯字孝米號　元棱公三子生同治癸酉年正月十三未時在石馬丁宜卒民國甲子年八月初三辰時

娶劉氏宿娘蓮
萊人生光緒壬午年十二月十六卯時卒光緒甲辰年九
月初一日戌時
再娶少卿王氏葉娘生光緒乙酉年七月初三巳卒宣統
庚戌年十月十七辰時
三娶菘洲王氏轉娘生光緒壬辰年十月十三丑時
子三 忠雁（祀刘氏 双承） 金孔 金精
永旺公錦光興 章分公子生同治癸亥年七月廿五巳時

辛光緒辛巳年十一月廿一午時葬在本山早田墘頭
崙穴坐　向

姜能號　章早公長子係承繼生同治辛未年正月初
三酉時卒
娶蓬萊劉氏起娘改適

兩儀號　章早公次子生光緒乙亥年三月廿三子時
卒光緒戊戌年十一月初十卯時葬厦門山

永仁　元三公之子生同治辛未年九月十八未卒
年　月
娶陳氏越娘改節

孟宗獅　元謝長子生光緒壬午年五月廿五辰時卒
民國癸丑年五月廿九丑
娶柯氏叁娘岩山頂人生光緒丙戌年七月廿六酉時卒
民國壬申年十一月廿一亥時
子二　忠贊　忠守　女一李娘適溪頭柯

南山字孝階　元謝公次子生光緒乙酉年十月初七子

時壽域在西前崙茶崙上坤艮丑未

娶大墘林氏蠘娘生光緒乙未年二月十六申時

子一　忠團　女　對娘適彭格隙

永女字孝淑姊　元謝三子生光緒辛卯年八月廿八未時

卒民國癸酉年七月廿九寅

娶石壁郭氏錐娘生光緒戊戌年二月廿九酉時卒民國

辛酉七月初十亥時

子三　定英　忠戇　忠珍

女一　蚵娘適黃宅林陳

戊己　元謝四子繼出免書

永所獅　煩鈄長子生光緒辛巳年六月廿九亥贅

在鴻卿卒民國

子　忠狗 承鴻卿繼

永乘獅　煩鈄次子生光緒甲申年九月廿八未卒光

緒辛丑年五月

永音字孝陽號　章佳公長子生咸豐甲寅年十月初八

巳時卒

娶蓮萊劉氏滿娘生同治丙寅年十二月廿八午時卒民國

戊寅年七月初四酉時

子二　忠約　忠愛

永漢字孝朝　章佳公次子生同治己未年十月廿八未時卒

年　月

双振字孝主　章佳公三子生同治辛未年十一月初九日
申時卒光緒丙戌年十二月三十日巳時葬在李山長格
馬埈穴巽乾巳亥

永芹字孝龍號　元泉長子生咸豐癸丑年十二月初
九巳卒民國己巳年十月廿一丑葬在本山水尾崙嶺下坐
乾向巽兼戌辰
娶陳氏要娘黄宅林人　生咸豐壬申年五月初七巳時查
壬申同治十一

子二　忠向　忠澳殤

永琛字孝方號　元泵次子生同治丙寅年十二月廿二日
亥時卒光緒己亥年十二月初二寅時葬在厦門山
娶傅氏荖娘生光緒丙戌年正月廿四卯時

子一　忠侯半承永閤

永掄號　元泵三子生光緒庚辰年七月十二辰時外
出未詳
娶曾口坂傅氏孰娘生光緒丙戌年七月十九午時卒宣
統己酉年正月廿一日辰時

永波 双承孫 連城 諱光坪 元水承繼長子生同治丙寅年三月廿八酉時

卒民國乙丑年九月十八子葬在大柯崙路下辛山酉卯

娶林氏是娘大墘人生同治甲戌年四月初十未時

子二 閙市 忠狗 生枝子繼

永耀字孝敦 諱光山 元水次子生同治戊辰年十月十三申卒民

國甲戌年十一月初二未時葬在竹塔坑坐申寅兼坤艮

娶下后坑陳氏法娘生光緒辛巳年十一月十一日丑時生

在

子二　天賜　忠衔

女二　寬娘適西山林　完娘適彭格陳

永搶字孝創 號光業 元水三子生光緒己卯年八三月初四酉時卒民國甲戌年十一月初二未葬蔡洋格頭申寅庚甲娶下后坑陳氏悶娘生光緒甲申年十一月廿一戌時

子一　久塗

永運改名生枝字孝復　元水四子生光緒壬午年九月卅日寅時

娶晉口坂傅氏甜娘生光緒甲午年八月廿六寅

子四　忠哫　忠敏　忠狗出繼　忠麟

女二　嫰娘　㦃娘俱配彭格陳

永徑字孝呈號光生　元森長子生同治癸亥年二月廿一未

卒光緒癸未年十二月廿九辰葬在本山長格坐乙辛兼辰戌

娶陳氏改節

子一　忠堅承繼

永簡字孝兜號光約元森次子生同治庚午年六月十七申時

卒光緒丁未年二月十二酉時葬在本处牛山中横路下酉卯辛乙

娶林氏蠘娘石牌人生光緒戊寅年十二月初八日辰時

卒民國壬戌十月初六卯時

子三　忠堅出繼　忠慶　忠療

永桂公　元馨公長子生同治甲戌年八月初五酉時卒光

緒乙未年五月初十酉時葬在漳洲

子　忠札双承
永春字孝長　元譽公次子生光緒己卯年十月廿
四卯時在外卒
娶陳氏有娘彭格人生光緒丙子年七月廿二寅時
卒
子　新國双承
永倒字　元譽三子生光緒己丑年二月十九日寅
時
娶嶺尾張氏肝娘生光緒丙戌年十一月十二酉時

子一　　忠孔出丰

永昔　　元馨四子生光緒乙未年正月廿三巳時

娶芹山陳氏良娘生光緒丁未年四月十三午時

子三　　新明　　新國丰承新永春田　女二

永虎　　章瑞公長子生光緒庚辰三月廿四亥時

辛民國　　年六月十八日

永陣　　章瑞公次子生光緒辛卯年三月初二酉在江

頭未詳

永端字　章瑞公三子生光緒甲午年三月初九酉時在江頭未詳查卒民國庚午年六月廿一戌時

永撰　章瑞公三子生光緒庚子年十一月初八巳時娶吳氏靜娘生光緒戊申三月初三巳卒

永儒字孝雅號　章金公長子生咸豐壬子年二月初九戌時卒民國壬子年六月廿七未時葬在本鄉勘湖崙坐壬丙兼亥巳

娶嶺后坑劉氏觀娘生咸豐乙卯年九月初一亥時卒民國丁卯年六月廿日寅時葬在瓦頭崙厝下壬丙子午

子　坑螺　忠蛤　忠那丰承永炮　忠滚生承永楓　吾兒

女三　尾娘　妹娘　皆娘適蓮彭陳

永請字孝試號光安　章金公次子生咸豐己未年九月廿九巳時卒民國丁巳年九月廿七子時葬在本鄉内厝垵高林頭丑未兼艮坤

娶黄宅林陳氏會娘生同治乙丑年十二月廿一酉時卒民國乙亥年七月初二丑時葬在馬垵格田上壬丙子午

子二　忠挍　忠懷

女三　藉娘適蓮萊昭厝劉　求娘適大墩林　格娘

永楓字孝梗號光智　章金公三子生同治甲子年三月廿六亥時卒光緒丙戌年十月初六卯時葬在本鄉軍欄山田中山辛卯酉折葬在牛山田頭壬丙子午

娶大墘林氏素娘生同治戊辰年八月初六日申時

子　忠滾双承　忠湅殤　忠錠又名溜

冬種字孝季號　章金公四子生同治甲戌年四月初九寅時卒民國庚午年五月廿九巳時葬在本山椽下崙壬丙子午

元娶柯氏鑫娘溪頭人生光緒乙亥年十月初三日寅
時卒光緒甲辰十月初八辰時葬在鵠仔坡路頂酉卯庚甲
再娶嶺美張氏近娘生光緒辛巳年
子一　忠澤

文義錦　章金抱養五子生光緒丙子年九月十八
子時在外卒民國辛未年五月初五巳時
子一　昭財養

永炮字孝連　章敬公子早殁

双承子　忠那

永等字孝朧　元眉抱養子生同治壬戌年十二月初二巳

時往台卒未詳

永葩字孝蘁祿號黄梅　元眉公次子生光緒丙子年正月

十四卯時公守真志樸務本於農然此國運鼎革滄海沸騰雖

僻居山陬尤能以旭諸兒曾每分守己相安無事今家郎長君

敦本為懷即次宗譜之重修實賴其力非翁平時教督有方

曷能臻此

娶西山林氏珠娘生光緒丙戌年四月廿一辰時

子二　忠長　忠朕 永粮 半承

永粮字孝来號先庫　元眉公三子生光緒乙酉六月十五

巳時卒光緒甲辰年八月十二酉時葬在本山出水坳盟田外

角戌辰乾巽 扦葬石竹坳田角癸丁丑未

子　忠朕 双承

十五世　二房長

忠鵬公字悌程號　光通公長子生道光甲辰年七月廿五午時卒同治辛未年三月初七巳時葬在本山尾崙大路后壁坐　向

娶黄氏改適

忠烈　光春公子生光緒壬午年九月初八寅時卒光緒甲辰年八月十二戌時與忠靴合葬本山大園内角

忠綢號　光全公長子生同治壬申年十二月廿八戌時

卒民國丙子年四月廿八辰葬在本山二尖腳猴山庙丙壬午子

子一　君福坑棲子繼半

忠孝　光全公次子生光緒甲午年七月十四日

寅時殤

忠見字梯賢　啟運長子生同治乙卯年四月廿八日

巳時查同治無乙卯

娶林氏綢娘谷山人生光緒壬午年九月廿四巳時卒民

民國戊午年十一月初八巳時

子一　君傳

女二　外娘適曾口坂傅　硯娘配魁美吴

忠有狮　啟運次子生光緒乙亥年七月初五辰時卒

民國己未年十二月初九巳時葬在本山石級脚坐癸丁丑未

娶烘兜柯氏伴娘生光緒甲申年十一月初九辰

時

子三　君搖　君幼　木順双承

女三　銀娘適烘兜柯　順娘適彭格陳　絨娘適曾口坂傅

忠砂字河悌　永桼承繼子生光緒己丑年七月廿六午時

娶新春林氏至娘生光緒癸巳年十一月十九丑時

子二　君深　坤土

女二　賜娘適九垅陳　夜娘適洋山胡

忠芬　永鹽長子生光緒丙申年十一月十九寅時

娶彭格陳氏花娘生光緒乙未年十一月廿五巳時

子 水能 承繼

忠推字 永監次子生光緒戊戌年十月二十亥時

娶曾口坂傅氏厲娘生光緒丙午年又四月廿四子時

子 君隱 木順 承忠有 水能 出繼忠夯 木水

忠例號寶津 永陳長子生光緒丁亥年四月十二酉時

卒民國癸酉年七月廿二未 葬在格坑墘癸丁丑未

娶大墘林氏蔭娘生光緒辛卯年七月初二巳時

子二　海龍　海潤

女二　花娘適曾口坂傅　時娘適黄潭蔡

忠存　永陳次子生光緒戊戌年十二月十九寅時殀

忠撥　獅　永煌長子生光緒丁亥年正月初五巳時卒

民國戊午年七月初二申時

娶劉氏哖娘生光緒癸巳年　月　時在泉卒民國戊

寅年七月　日

子一　君義

忠添　永煌次子生光緒庚寅年十月十四丑時

娶林氏柑娘生光緒丁酉年十一月初一戌時未笄而歿

再娶洋山胡氏仿娘生光緒丁酉年十月十六日戌時

子三　戊己　進財　進對

女一　先娘配彭格陳

忠炭　永煌三子鸞出免書

忠石字錦寶藏永樣嗣子生光緒丁酉年正月廿七午時

娶溪頭柯氏足娘生光緒庚子年九月廿七未時卒民

國癸亥年二月廿八午時葬在本处猫鼻癸丁丑未

再娶上地王氏茅娘生光緒甲辰年十一月十七亥時

子三　君璧　君樹前出　金山抱養

忠讀字悌書　光垂公養子生光緒丙子年四月廿八丑

時在洋卒民國乙亥年十二月十九申時

娶陳氏越娘生光緒丁亥年二月十四日未時卒民國戊寅年五月初七寅時

子三　君地　木連　生財

忠朝字廷悌　永和長子兼承永檬生光緒甲午年七月十六未時君性和厚志切祖宗念譜系之未修遂與族人議重修纂今工力完竣譜系慶成宜表之以為後世子孫者鑒

娶傅氏棕娘曾口坂人生光緒丁酉年十二月廿九辰時未笄而歿

再娶傅氏垂娘生光緒乙未年十一月廿四午時

子四　天送　天来　天益　四海

忠伴字思悌　永和公次子生光緒廿八年壬寅四月十四日寅時

娶林氏莉娘大墘人生光緒乙巳年六月初一酉時

子一　金讓

忠軟字綿悌　永和公三子生光緒乙巳年十月十九日丑時

娶曾口坂傅氏所娘生光緒戊申年九月十二午時卒民國

丁卯年五月十七巳時葬在青墘頭橫路下壬丙子午

再娶谷山蕭氏生娘生宣統己酉年十月廿一丑時

子二　炳成養祀前氏　金成

忠日字新悌　永情長子兼承永椽生光緒乙未年十二

月廿三酉時

娶柯氏砂娘溪頭人生光緒戊戌年十二月十九丑時未笄而

歿葬

再娶崙林吳氏桂娘生光緒癸卯年十一月廿六辰時

子一　金水
忠物字　永情次子生光緒丙午年十月廿日戌時
娶
子
忠蝦字　永情三子生民國癸丑年二月廿八日亥時
娶永定龔氏紂娘生民國庚申年八月廿八未時

忠朝　光粉　双承長子生志親父行下

忠日　光粉　双承次子生志親父行下

忠草號保木　永涼長子生光緒乙亥年九月初三亥時在洋卒民國壬戌光緒己亥年十二月十三申時

双承子二　分閩　居安

忠葉字金悌　永淙次子生光緒壬午年五月十八亥時

娶蓬萊新宮劉氏信娘生光緒甲午年三月十四日辰時

子三　分潤丰承忠草　君掛出丰　皆得

忠捦獅寶提　永淙三子生光緒丙戌年十月初五亥時在

星洲卒宣統辛亥年四月初四吉時

子　君掛双承

忠那號 永涼四子生光緒甲午年八月十三未時卒

民國辛未年十二月初八戌時葬在本山土地公埔格

娶上地胡氏昧娘生光緒辛丑年十月初四日巳時

子二 君安（半承忠草） 水溢

忠眞字珠第號寶明 永芮長子生光緒丙戌年十月廿三日

子時卒民國己巳年八月廿二辰時

娶彭格陳氏五娘生光緒乙未年三月十三日未時

子二　梓承　方員

女二　牡丹適蕉坑陳　領娘適新宮刘

忠玲字璧悌號寶瓏　永芮次子生光緒庚寅年三月廿三巳時卒民國庚午年十月初九戌時葬出水垵亥巳壬丙

娶紫帽兜鄭氏留娘生光緒丁酉年六月十三午時

子　君慨　君塗　君不　君串

女一　報娘適福梨溪刘

諸葛號寶亮　永芮三子生光緒乙未年八月十七寅時卒民國

甲戌年九月十七丑時葬在土地公埔格壬丙子午

娶炭坑陳氏問娘生光緒戊戌年八月廿八寅時

子四　君敘　君恩　魚鱗　庚申出繼忠堅

女一　千娘適彭格陳

忠按　永眼長子生光緒壬辰六月初七寅時出

忠訂字　永眼次子生光緒丙申十二月廿九寅時

娶西山林氏秤娘　生光緒壬寅年五月初九日巳時

子　天助　順發

忠分字　永眼三子生光緒戊申年四月廿四寅時

娶彭格陳氏箕娘生民國甲寅年八月十二戌時

子一　已全

忠墻字城悌　永眼四子生民國元年壬子二月初七日寅時
娶上地王氏楠娘生民國甲寅年八月十四巳時
子　登嘉

忠蛙字　光後公長子生光緒癸巳一八九三年十一月十二日卯時
娶彭格陳氏桃娘生光緒辛丑一九〇一年正月廿二未時
子二　君箕、君買殤

女一禁娘適蓬萊劉

忠琢字　光後公次子生光緒己亥一八九九年十一月十七日酉時

娶谷山林氏配娘生光緒丁未一九〇七年九月廿七寅時

子　自生

忠挑字　永清長子生光緒辛卯年六月廿二未時

娶大墩林氏斟娘生光緒己亥五月廿四巳未笄而歿

再娶嶺后坑劉氏啞娘生光緒戊戌年九月廿九寅時

子　君堂　君壹出繼忠笏　君本　澤潤半承忠笏

女二　醒娘適彭格陳　忠娘適蓮莱劉

忠棣字永清次子生光緒丁酉年九月十九寅時

娶蓮莱劉氏東娘生光緒乙巳年七月廿九酉時

子二　君權　君燕出繼忠笏

忠笋號　永想承永清三子繼生光緒癸卯又五月十
一午卒民國甲子年十一月初四
承繼子　君壹　君燕　澤潤双承

忠先號　永想承永旦次子継生光緒丁未年八月十九
丑時卒民國庚午五月廿四亥時葬在尾崙滸内
娶陳氏改節
子　君良承継

忠興字發悌　永旦長子生光緒甲辰年四月十四日午時

娶黄宅林陳氏蒽娘生光緒丙午年八月初八酉時

子三　君田　君良出継忠先　君圓

忠尚字刑悌　永旦三子生民國癸丑年八月初十寅時

娶蓮莱劉氏沃娘生民國丁巳年八月廿一未時

忠嗹　永旦四子生民國庚申年十一月初五子時
聘吳氏金緞生民國乙丑年十月初三巳時

忠禮　永旦五子生民國乙丑年四月十五辰時

忠趣　永乞子生光緒丁酉年十月十六申時殤
幼娶蔡氏省娘生光緒己亥七月廿七戌時殤

双庫字　永乞次子生宣統元年己酉九月十九戌時

娶嶺尾張氏乖娘生民國甲寅年二月十五戌時

子二　墨書抱養　新傳

忠靴字　永欉之子生同治癸酉年八月初六酉時卒

娶西山林氏豫娘改節

子一　泰契

忠椪字金悌　永浮承繼子生光緒戊子年十月初五日巳時

娶福梨溪劉氏足娘生光緒乙未年九月初六寅時

側室王氏春娘生民國二年癸丑十月初五酉時

子三　振愛　含良　振成抱養

忠瓔字輝悌　永溪次子生光緒己亥年二月廿三巳時

娶上地王氏銅娘生光緒辛丑年二月廿七卯時

子二　新逞　君屋

女三　雪娘　善娘　寶娘　俱未聘

連枝　永扱養子　生民國戊午年二月十八辰時

娶湖頭董氏葉娘　生民國戊午年十月初八辰時

二房二派

祥火　永拔之子　生光緒戊戌年四月廿日寅時　蕉承永

諒

娶大墩林氏琴娘生光緒丙午年七月廿三巳時卒民國丙子年五月初六巳時葬在石偶丁宜

再娶洪氏双金娘金門人生民國丙辰年

子三　君田　榮福　水陣

忠懇號　永泉長子生民國壬子年三月廿一日辰時卒民國癸酉年七月十九午時

娶廣東河氏泗娘改節

子一　榮美承繼

忠堯字　永泉次子生民國甲寅年十二月初五未時
娶彭格陳氏惜娘生民國丙辰年四月廿日卯時
子二　榮和　榮美出継忠懇
忠通字　永泉三子生民國己未年六月初一巳時
娶十二路陳氏笑娘生民國庚申年五月十一申時
子

忠勝字　永泉四子生民國戊辰年正月十五子時

忠欲　永養長子生光緒壬辰年正月初一未早殁

忠田　秋菊子

忠偀　永閣双承子生娶叙外

忠茫

永栁長子

忠劉

永栁次子生民國乙卯年

娶

子

忠鏡字　永剌承永火子繼生光緒戊戌年又三月十
八申時在洋卒
娶劉氏殊娘蓬萊人生光緒丙午年　月　時
卒
子三　金逞養　君全　来鳳承

忠居字樓悌蹄　永剌次子生光緒戊戌年十月十五日
未時卒民國丙子十一月初四申時
娶金門蘇氏閏腰生民國癸丑年八月廿二亥時

子二 奇國 奇生

三粉字 永剌三子生

娶大墩林氏茶娘生光緒壬辰年十月初十丑時

子二 君魁 土普

忠沛字慫悌獅 永盒長子生光緒壬辰年九月廿九

子時卒民國乙亥年四月十六吉時

娶大墩林氏正娘生光緒丁酉年十二月廿五寅卒民國戊午

年八月初九未時
再娶彭格陳氏纘娘生光緒壬寅年四月廿七未時
子二　土樓　土塔俱后生　女一適九安陳前氏出
江進號　永侖次子生光緒庚子年十一月廿五丑時卒
民國乙卯年八月廿日辰時
子　君祿　自來俱養　此篇忠省子繼
忠省字三悌　永侖三子生光緒乙巳年五月廿二卯時

娶彭格陳氏吱娘生宣統庚戌年六月初四戌時

子二　民智　此篇出繼江進

忠敦字　悌　永火長子生光緒辛丑年正月十八戌時

娶彭格陳氏樹娘生光緒癸卯年十一月十一子時在同安

卒民國戊辰七月初六寅時

再娶山内林氏蕉娘生光緒丁未年十一月廿二酉時

子三　居友　金祝　金枝俱后生

忠補字　永火次子生光緒甲辰年十二月廿五日寅時
娶黄宅林陳氏璽娘生光緒乙巳年五月廿二卯時
子二　木生　来鳳 丰承 忠鏡

忠諸號　永愽長子生光緒癸巳年十二月初六亥時卒
光緒戊申九月初十日
双承子　堯成

忠芊　永愽次子生光緒丁酉年五月廿一辰時

娶大墘林氏淂娘生光緒癸卯年又五月廿二戌時

子四 君全 君港 堯成出丰行次 金水

忠宇字永從長子生宣統庚戌年十二月初六巳時

娶黄宅林陳氏用娘生民國甲寅年五月十五寅時

子二 君賤 君緒

忠樹字茂悌祿𨚗寶林　光裹公長子生光緒丙午二月廿五巳時

娶曾口坂傅氏愛娘生光緒戊申年八月初八子時查生三月廿日寅

子三　君出　君郡手承忠喜　君平出繼四房

忠雁字書悌　光裹公次子生光緒戊申年八月初八日子時熹承永飯

娶黄宅林陳氏靜娘生民國癸丑年七月廿一卯時

子一　君富

忠喜字欣悌　光裏公三子生宣統庚戌年七月初三子
時
子　君郡承繼子

忠政字修悌　光裏公四子生民國甲寅年十一月十七日
午時　娶彭格陳氏菊娘生民國癸亥年十一月廿五日
寅時

忠雁　永飯双承長子生娶内叙

子一　君富

金孔字　永飯次子生民國丙辰年六月初二日辰時

娶張氏榮桂娘嶺尾人生民國乙丑年三月廿日巳時

金精字　永飯三子生民國十年辛酉四月廿八日巳

時

忠贊字　永宗長子生光緒乙巳年五月廿日巳時卒

民國癸酉年五月廿四戌時

娶陳氏昔娘彭格人生宣統辛亥年九月廿八戌時

子 君賜 双承

忠守字 永宗次子生光緒丁未年十二月廿二日

丑時娶蓮萊劉氏養娘生民國丙辰年二月十五日

丑時

子 君賜 忠樹三子継 半承忠賢

忠圜字　永南長子生民國甲子年二月初一日寅時
娶溪頭柯氏緩娘生民國丙寅年十月廿五丑時

定英字　永女長子生民國乙丑年八月十五巳時

忠顫字　永女次子生民國戊辰年五月廿日子時

忠珍字　永女三子生民國壬申年十二月十八巳時

忠狥　永所嗣子承鴻卿繼生

忠約字　永音長子生光緒乙酉年九月廿日巳時

娶嶺美張氏連娘生光緒甲申年十月廿九丑時辰甲午

子　朝明

忠愛字　永音次子生光緒庚寅年正月廿二日丑時

在黄宅林卒
娶曾口坂傅氏田娘生
子一　清法
忠向字　永芹之子生光緒甲申年九月廿三子時
娶蓮萊劉氏卜娘生光緒甲午年十一月廿八辰時查申時
子二　君弟養　茂成

忠傒字伯悌　永琛子蕙承永閣居性和學處世寬宏青
年任鄉里閣欽崇生民國甲寅年二月廿日巳時
娶黄宅林陳氏含笑娘生民國乙卯年四月十三日
午時
子一　連城半承永孫為孫

開市姊　永波長子生光緒戊戌年四月廿五亥時
卒民國癸亥年七月十七戌時葬和炉尖路下戌辰辛乙
娶王氏改節

忠狗　永波繼子生民國乙丑年二月十八寅時

天賜字　永耀長子生光緒丁未年二月廿三申時
娶嶺美張氏有娘生光緒乙巳年十二月十二日卯時
子二　金海　金順

忠衙字　永耀次子生民國丁巳年六月初二卯時
聘曾口坂傅氏然娘生民國癸亥年六月十六日巳時

久埈字　永搶長子生民國丁巳年九月廿二酉
時娶彭格陳氏勸娘生民國壬子年十月廿七日酉
時

忠喨獅　生枝長子生宣統辛亥年九月廿六辰時
卒民國甲戌年十一月廿日戌時
娶大墘林氏廷娘生民國壬子年七月初二未時
子　火箕抱養　新興出坪忠札

忠敏字慎悌　生枝次子生民國丙辰年十二月廿九
戌時
娶彭格陳氏倔娘生民國壬戌年十一月初二卯時

忠麟字　生枝四子生民國丁卯年十月廿六日巳
時

忠堅字時悌　永往承繼子生光緒丁酉年六月廿三日
亥時
娶彭格陳氏皆娘生光緒甲辰年三月初十辰時

子一　海濱承繼

忠慶字師悌　永簡長子生光緒甲辰年十一月廿三丑時
娶彭格陳氏久娘　生民國壬子年五月初三寅時

子一　奇英

忠療字　永簡次子生光緒丁未年正月初五亥時
娶董氏歲玉生民國壬子年十月初五酉時姓查沈氏

子一　五泗養

忠札　永桂双承子生叙外

忠札　永鄧長子兼承永桂生宣統己酉年十月廿四日亥

時

娶　氏

子　新興双承

新明字　永普長子生民國壬申年十二月十五未時

新國字　永普次子兼承永春生民國丁丑年二月廿八寅時

宅

新田字　永晉三子生民國庚辰年八月廿三寅時

垸螺字田悌　永儒長子　生同治甲戌年三月初八亥時

在外卒光緒

娶陳氏文娘　生光緒癸未年十二月初十酉時

子二　君黨抱養　君福半承忠綱

忠蛤字高悌號　永儒次子生光緒丙子年七月十六日

辰時卒民國己卯年十月廿四辰時

娶蓬萊劉氏前娘　生光緒壬午年十月廿二卯時

子三　君源　火爻　田沚

忠那宇　永儒三子熙承永炮生光緒辛巳年六月初六

丑時

娶行厝林氏廾娘生光緒癸未年十二月廿九酉時卒民國

癸丑年四月廿二巳時葬在牛山田頂乾巽戌辰

再娶上地胡氏苑娘生光緒癸巳年十二月十八午時

子二　君爐抱養　君莫胡出

女一　香娘適五埔陳

忠滾字衣悌號　永儒四子生光緒丙戌年八月廿五寅時

兼承永楓卒民國辛未年七月初二寅時葬在大墘坡頭埔上艮坤丑未

娶劉氏親娘嶺后坑人生光緒丙申年二月初四未時

子三　自潤　炳團　初興

吾兜號　永儒五子生光緒丙申年八月初一酉時在外

洋卒民國己巳年九月廿六日

娶溪頭柯氏最娘生光緒戊戌年十月廿日酉時

子二　君波　君轉

忠移字遜悌號　永請長子生光緒壬辰年三月十九巳

時卒民國戊寅年二月十六巳時葬在馬安格下橫路癸丁丑未

幼娶陳氏梅娘生光緒丙申年十一月十三寅時未葬而歿

再娶上地胡氏罔娘生光緒己亥年二月廿二卯時

子三　君成　君脫　德郡

忠懷字德悌號寶德　永請公次子生光緒戊戌年六月初二

未時卒民國乙亥年九月廿二卯時葬狹林頭路下丑未癸丁

娶曾口坂傅氏速娘生光緒癸卯年二月初十日辰時

子二　君煅　連来

女一　氄娘適彭格陳

忠滚　光智公双承長子生娶内叙

子　初興

忠湅　光智公次子生光緒辛卯年十月十八辰殤

忠溜　光智公三子生光緒戊戌年四月廿一亥時卒

民國壬戌年九月廿九日巳時葬在本山弘湖内崙乾巽戌辰
娶彭格陳氏淂娘生光緒丙午年九月初八寅時
子　君扁承繼

忠澤字　冬種長子生光緒辛丑年十二月十四日申時
娶魁美劉氏茶娘生宣統辛亥年二月廿三申時
子三　榮美　君參　金貞　新典出

昭財　文義長子生民國甲寅年八月初四酉時
娶潮州許氏仍娘生民國辛酉年十月初十午時
子　新典双承
忠那　永炮双承子生娶内叙
子　君爐養
忠長字尊悌　永葩長子生光緒丙午年十二月廿三卯
時君性剛直深明大義際祢國運鼎革尤以報本為念乃
于民國庚辰春鳩众重修譜系幸得老成慎重斯舉隨即進

行今工力完竣宜表之以爲後世子孫者勸

娶　氏

重娶新春林氏權娘生民國庚甲年二月十五午時

子二　君偏出繼　王樹供前出

忠朕字琴悌　永葩次子兼承永粮生宣統辛亥年三

月十三未時

娶蓮萊劉氏蠷娘生民國癸丑年九月初七巳時

子一　金英

十六世君行 二房長

君福字 忠綢 双承子 生民國壬子年三月三十日午時

娶吳氏票娘 生民國辛酉年正月廿一日未時

君傳字法受 忠見長子 生宣統二年庚戌五月十八子時

娶曾口坂傅氏悶娘 生民國三年甲寅六月十五辰時

子一 振才

君搖字法　忠有長子生光緒甲辰年十月初十巳時

娶曾口坂傅氏領娘生宣統三年辛亥六月十五酉時

子一　水生半承君幼

君幼字　忠有次子生民國壬子年二月初五巳時

子　水生双承

君深字法淵　忠砂長子生民國甲寅年十二月初十日卯時
娶福梨溪劉氏金娘生民國戊午年四月初十日丑時

坤土字法　忠砂次子生民國庚午年五月廿三巳時

水能　忠芬承忠推三子為繼子生民國

君隱字法　忠推長子生民國癸亥年十月十四子時

木順字法　忠推次子薰承忠有生民國辛未年四月十八
寅時

木水字法　忠推四子生民國丙子年十月初二辰時

海龍字法　忠例長子生宣統庚戌年十月廿四日戌時

海閣字法

忠例次子生民國辛酉年八月十一日辰時

君義字

忠撥長子生民國己未年十一月初二酉時

娶十字路陳氏樹榴生民國癸亥年二月十六巳時

戊己字法

忠添長子生民國癸亥年十月初九巳時

進財字

忠添次子生民國丙寅年二月初四戌時

進對字法　忠添三子生民國戊辰年八月初一日酉時

君壁字法　忠石長子生民國六年丁巳五月廿一寅時

娶井邊陳氏妹娘生民國己未年三月廿七巳時

金山　忠石養三子生民國壬申年八月十一午時　宜書樹外行

君樹字法　忠石次子生民國庚申年十月二十日辰時

娶洞邑黃氏抱娘生民國庚申年十一月十五午時

君地號　忠讀長子生光緒丁未年四月十五未時卒民國
乙巳年六月初八亥時
子二　春來養　春求双承

木連字　忠讀次子生宣統二年庚戌三月十九丑時
娶陳氏子娘生民國丁巳年十一月十一日巳時
子一　來成

生財字法　忠讀三子生民國癸丑年正月廿八寅時
娶林氏盤娘生民國辛酉年六月廿九辰時

子一　春求（半承居地）

天送字法　忠朝長子生民國四年乙卯四月初七未時
娶葉氏對娘洋内人生民國庚申年十月十二卯時卒民國戊寅
年三月廿四子時
再娶下村王氏天進娘生民國丁巳年八月初四酉時

天来字　忠朝次子生民國辛酉年三月廿八辰時

天益字　忠朝三子生民國甲子年六月十二子時

四海字　忠朝四子生民國己巳年七月初四巳時

金讓字　忠伴長子生民國乙亥年八月初二辰時

炳成字　忠軟抱養長子生民國癸酉年七月十一日辰時

金成字　忠軟次子生民國己卯年正月初五日辰時

金水字　忠曰長子生民國丁卯年五月初三日戌時

分潤字　忠葉長子兼承忠草生民國丁巳年正月初三日未時

娶溪頭柯氏燕娘生民國乙丑年五月廿九午時

君掷字　忠葉次子兼承忠捨生民國戊午年十一月廿三

巳時娶曾口坂傅氏蓮花生民國丙寅年十一月初七戌時

皆淂字　忠葉三子生民國丁卯年五月初三戌時

君安字　忠耶長子兼承忠草生民國癸酉年四月初

癸亥（一九二三）年

十九子時

水溢字　忠那次子生民國乙亥年正月十五酉時

梓承　忠真長子生民國辛酉年正月十三辰時

娶蓮萊劉氏速娘生民國乙丑年正月十一寅時

方員字　忠真次子生民國丁卯年七月十五卯時

君慨字法慷　忠玲長子生民國乙卯年十月廿一辰時

娶彭格陳氏金用娘生民國庚申年七月初九酉時

子一　祈龍

君塗字法　忠玲次子生民國戊午年三月廿五辰時

君不字法　忠玲三子生民國癸亥年二月十七申時

君串字法　忠玲四子生民國丙寅年正月廿一卯時

君釵字　諸葛長子生民國甲寅年九月廿八丑時
娶彭格陳氏換娘生民國丁巳年十一月十八日辰時

君息字　諸葛次子生民國己未年十二月十三子時
娶曾口坂傅氏賫娘生民國甲子年七月十八寅時

魚鱗字　諸葛三子生民國乙丑年四月初一辰時

庚申字法　諸葛四子生民國戊辰年八月廿六日辰時出繼

忠堅宜書外

天助又名順明字　忠訂長子生民國丁卯年十月初三午時

順發字　忠訂次子生民國丙子年六月初三戌時

己全字　忠令子生民國辛未年十二月廿五卯時

登嘉　忠墻長子生民國庚辰年七月廿三日丑時

君箕　忠蛙長子生民國庚申年八月三十日寅時

娶山嶺美張氏　生民國甲子年八月十五卯時

自生字　忠琢長子生民國戊辰年九月十四丑時

君堂字　忠桃長子生民國丁巳年正月廿五日辰時

娶溪頭柯氏玉蘭生民國壬戌年二月廿八午時

君本字法務　忠挑三子生民國癸酉年四月初四巳時

澤潤字法　忠挑四子兼承忠笋生民國乙亥年十二月初十丑時

君權字　忠捒長子生民國庚午年十一月廿一日亥時

君壹字　忠第繼長子生民國戊辰年十二月廿一日戌時

君燕字　忠第繼次子生民國癸酉年四月廿一午時

澤潤　忠第双承三子生敘在內

君良字　忠先承繼子生民國壬申年十一月廿七日寅時

君田字　忠興長子生民國丁卯年十月十九午時

忠圓字　忠興三子生民國乙亥年十月廿七卯時

墨書字　双庫抱養子生民國癸酉年又五月十七酉時

新傳字　双庫次子生民國戊寅年七月十四丑時

秦契琲　忠靴之子生光緒丁酉年四月初六巳時
娶龍居林氏奉娘生光緒戊甲年五月廿一亥時卒民
國丙寅年十月十七寅時
再娶谷山林氏莫娘生光緒癸卯年
卒民國壬甲年十一月廿日子時
子一　金蓮后出
振愛字　忠粧長子生民國丁巳年七月廿九未時
娶黄氏親娘生民國己未年十一月十一卯時
生

舍良字

忠粧次子生民國辛酉年五月初四日申時

娶永春林氏錦娘生民國壬戌年八月十三寅時

振成字

忠粧抱養三子生民國癸酉年六月十七巳時

新逞字

忠瓔長子生民國甲子年五月初四子時

君屋字

忠瓔次子生民國丁丑年五月二十午時

二房二派

君田字　祥火養長子生民國乙丑年九月初十日巳時

榮福字　祥火養次子生民國壬申年七月初一日酉時

水陣字　祥火養三子生民國己卯年八月廿二日未時

榮美字　忠experiences承繼子生民國己卯年九月初九申時

榮和字　忠堯長子生民國丁丑年四月廿六寅時

金塗字

忠鏡抱養長子生民國壬戌年十二月初十卯時

君全字　忠鏡次子　生民國戊辰年七月十二日戌時

奇國字　忠居長子　生民國壬申年五月廿四午時

奇生字　忠居次子　生民國丙子年五月廿七卯時

君魁字　三粉長子　生民國乙卯年十二月十一日丑時

士普字 三粉次子 生民國戊辰年五月初六辰時

士楼字 忠沛長子 生民國甲子年八月廿四未時

士塔字 忠沛次子 生民國丁卯年十二月廿二戌時

君祿號 江進養子 生民國丁巳年正月十八卯時卒民國戊寅

年九月廿八申時

娶蓮萊劉氏格娘　生民國乙未年六月初二丑時

自來字　沍進養次子生民國戊午年

此篇字　沍進承繼三子生民國戊寅年查丁丑十二月初五午時

民智　忠省長子生民國乙亥年正月廿二辰時

八四

君友字　忠敦長子生民國庚午年十二月廿九巳時

金祝字　忠敦次子生民國甲戌年三月廿一未時

金枝字　忠敦三子生民國己卯年十一月十八戌時

木生字　忠補長子生民國丁卯年二月二十酉時

来鳳　忠補次子蒸承忠鏡生民國丙子年二月十一日申時

君全　忠芋長子生民國甲子年十二月廿六酉時查卯時

娶黑氏却娘生民國癸亥年六月初三卯時

君港　忠芋次子生民國乙亥年五月廿四午時行三

堯成　忠芋次子生民國壬申四月初十酉時蒸承忠諸

金水　忠芋三子生民國丁丑年四月初五戌時

君賤字　忠守長子生民國壬申年十一月初四卯時

君緒字　忠字次子生民國丁丑年四月初二戌時

君出字　忠樹長子生民國庚午年十二月初一辰時
幼娶蓬萊陳氏才娘生民國己巳年九月初十子時

君郡字　忠樹次子出繼承忠喜生民國癸酉年六月初八
申時

君富字　忠雁長子生民國己卯年二月廿三午時

君平字君賜改名　忠守承忠樹三子繼立生民國戊寅年十月廿四
辰時熏承忠贊

朝明字　忠約長子生民國辛酉年八月初一子時

清法字　忠愛長子生

君弟字　忠向養長子生民國戊午年十一月十六寅時

娶彭格陳氏笑娘生民國癸亥年四月初十酉時

茂成字　忠向次子生民國丙寅年正月十八未時　查岨

連城字　忠候長子生民國戊寅年三月十八巳時

蕉承永添為孫

金海字　天賜長子生民國庚午年三月十八午時

金順字　天賜次子生民國庚辰年十一月初一酉時

火質字　忠嘵抱養子生民國乙亥年三月初四寅時

新興字　忠嘵嗣次子兼承忠札生民國己卯年十二月初三戌時

海濱字　忠堅長子係承諸葛子維生民國戊辰年八月廿六辰時

奇英字　忠慶抱養子生民國丙子年十月初十午時

五泗字　忠療養子生民國丙子又三月十二巳時

君黨字　坑螺養子生宣統辛亥年八月初四卯時
娶彭格陳氏利娘生民國戊午年八月初六寅時

君福　坑螺次子熹承忠綱生娶內欽

君源號　忠蛤長子生光緒乙巳年四月初七午時在廈

卒民國己卯年四月廿五吉時

娶彭格陳氏滿娘生光緒丁未年十月初三子時卒民國戊

寅年八月廿一未時

子二　水垵　麒麟出繼火炎

火炎號　忠蛤次子生光緒丁未年十一月廿日丑時在同

安卒民國戊寅年十月

子　麒麟

田池字
娶曾口坂傅氏洨娘生民國戊午年十一月初七丑時
忠蛤三子生宣統庚戌年八月廿七寅時

君莫字
忠那次子生民國己巳年十二月廿八未時

自潤字
娶曾口坂傅氏時娘生民國庚申年四月十四酉時
忠滚長子生民國癸丑年五月初四巳時

炳園字　忠滾次子生民國戊午年七月廿三巳時

初興字　忠滾三子生民國甲子年五月初五辰時

君波字　吾兜長子生民國癸亥年七月廿八戌時

君轉字　吾兜次子生民國己巳年四月初九卯時

君成字　忠拔長子生民國己巳年九月初二子時

君脱字　忠拔次子生民國壬申年六月廿四酉時

德郡字　忠拔三子生民國甲戌年十一月二十午時

君煆字　忠懷長子生民國乙丑年二月初二未時

連来字　忠懷次子生民國戊辰年六月初八辰時

君扁字　忠溜承繼子生民國丁卯年正月十四日申

時

榮美字　忠澤長子生民國丙寅年十二月初六午時

君麥字　忠澤次子生民國癸酉年八月十八亥時

金貞字　忠澤三子生民國丙子年三月初七戌時

新興　忠澤四子生民國庚辰六月廿六巳半承招財

君爐字　忠那養長子生民國己未年五月十一辰時

玉樹字　忠長之子生民國壬申年三月十六未時

金英字　忠朕長子生民國乙亥年十一月初六亥時

二房長　十七世　臣行

振才字　君傳長子生民國丁丑年十月初二未時

水生字　君搖長子兼承君幼生民國己巳年六月初五酉時

春采字　君地養長子生民國癸酉年五月廿五酉時

来成字

本連長子生民國乙亥年八月二十卯時

春求字

生財長子煎承君地生民國戊寅年九月廿

五丑時

祈龍字　君慨長子生民國己卯年正月初五戌時

金蓮　秦契長子生民國己巳年三月二十未時

二房二派

水埈　君源長子生民國庚午年十一月初五巳時

麒麟字

火炎承繼子生民國乙亥年三月初七亥時

以上十三世至十七世完

[illegible]墓拜之[illegible]
鈌之謹接殘譜始祖君達公封唐江陵王諱[illegible]
恢拓田地而聯隣里基業之盛為可継也則雖
有世系之遠宗派之蕃事實之詳亦惟假此以
誇於前而耀於後矣其於譜也何益昔吾唐李
氏之譜以有　唐派之子孫而以親盡弗書者
世系非不遠也其餘一支一派各廬其居各安其
役而以疎遠弗録者宗派非不蕃也継之先人
[illegible]
於譜者事實非不詳也其譜宜盡於此矣然其
意則又在於重一本篤情義以聯属其族者豈
區區於陳迹間哉推是心也跡是行也莫不欲
上録而宗祖使人　知水本木源而齋必盡其誠
祭必盡其敬者是譜也下而子孫使人　知積學

勵行以要其成而顯揚於前壯觀於後者是譜也嗚呼是譜之意端可想矣夫莫為於前雖美弗彰莫為於後雖盛弗傳吾之欲李氏之子孫不以發祖公之遠而沮其進不以支派之蕃而安於不録必知吾之祖谷泰公隨死國之難知希信公父子崇節重義之不易庶幾毋敢作惡以墜先人之業毋敢作慝以廢先人之緒毋敢作怠以荒先人之志則是譜之作不為無益於前無功於後矣不然徒為陳焉耳矣豈惟為是譜之羞抑亦貽先人之憂是為序

萬曆癸丑年孟春月　日　姻家弟倪友亮頓首拜書

李氏蕃衍世系序

世系有圖誌子孫之衆也其先河南光州固始人也唐廣明中避乱入閩溫陵龍頭山居焉而始祖睦齋公娶媽錢氏生二子長子還林家大姨承繼為之林李同宗祠墓塋清源山継而分派武榮學前學前開支良子橋而吾祖　明洪武初詔徵天下州縣人民入衛皇城有司將充入南京留守左衛揔旗因遺民祖伍石永為軍精與祖就異別應民户已難參考後奉例清發泉衛鎮東任所因倭寇鄧茂七海寇飛英復奮威勇突興化府邑郡守熊公諱尚初會各衛屯將協戰而我先人不幸陣亡高祖世襲叛賊未定恩已難擇改姓迯移而子孫不知祖宗歷來

手祖　發祖公已下輯而録之古者三十年為一世又云父子相繼為一世故一世而子孫生矣再世三世而子孫衆矣子孫聚居未有譜牒猶可知也其或星散分處無譜以明之則昭穆或至失序相遇或至途人是故世系圖譜不可不詳也古譜世系韋畫成圖一世二世猶便覧也愈衍愈蕃以至百千萬億不可勝圖矣今以家譜圖易之以大書由固始入閩之温陵武榮居者又有而分永春德化温州建寧邵武江西等府縣者咸皆合考自某世公生某世子某世孫某世曾某世玄則子孫之稍有知識者皆能接譜合考某世而指曰此吾之祖也此吾之父也此吾之身也與兄弟也此吾之從兄弟也此吾之再從兄弟也此吾之伯父也叔父也堂伯

叔父也祖伯叔父也推之子孫曾玄莫不如是
便知源流世派而枝葉遂蕃衍天下均可得而
明矣乎是作此蕃衍世系譜序

萬曆癸丑年桐月　　日六世侄孫孟舒謹誌

清溪竺墘李家譜誌

秀竺　李翁里中高誼人也昆弟子姓並敦義讓
繩武燕翼可以方者侄　我臺君志于世務慮
周見聞購纂脩安邑誌出以示余余首尾翻閱
邑之山川形勝人物挺萃上而吏治得失下而
風俗醇疵庙廡壇墕坊表橋梁奇嶇怪嶺崇巖
蔚翠一花一草可脩藥籠者莫不畢載誌其詳
矣哉　翁問安邑何如余曰寔獨邑治上而州
郡又上而
京國莫不有誌　朝廷信史又必採諸　郡邑
所傳記者然後稱備史是故國風先於雅頌二
南首及脩身齊家又亦有是誌者　翁曰家之
誌何如即家之譜系是已家之譜何以類邑誌
一己人有參[illegible][illegible]札於之遺臣宅寅川郎一、一

澮類邑之㳄勞一係式然類邑之挺萃義方言
誨類吏治恪謹遵守類風化一懐一題之脩庭
除開闢之際類邑之建置堪與規布脩竹茂林
之象夫孰不與邑槩欝々蒼々者相比照也
翁慨然曰昔先公有譜　祖係　福建溫陵武
榮學前遁分娘仔橋支派　旹皇明永樂二十
二年仲冬世乱仝弟眞生逃居安邑而弟承翁
家之業改姓為翁後娶翁女為妻改原姓為李
居在長泰里鎮撫司鄉而我　祖居在蓬萊崇
善山後集姓為上官改地號為竹塔繼次
祖順德公娶上官私㬰蔣嫣之女為妻改原為
李值兵燹之後固失其錄苶欲脩一譜當何所
續余畧陳其義譜系必自近始　邑誌豈必周
秦先漢亦自南唐以來開先令特加詳焉餘既

遠者安得而脩録哉　狄梁公白雲瞻望豈不動人遠祖之思公門桃李豈不炳耀當時声施後世後之人不敢遽以為祖者世系未明故也君子亦太其見　翁亦以茆地基肇為始者明而繫之即未詳者亦宜相照也

翁欣然援筆授紙請余為之譜以谷山公為始祖　順德公為次祖餘後支派適分戚氏宅窆名區皆令畢載噫是譜也昭穆若懸而揭古所稱達孝者善繼述言繼述者善禮制遡於宗廟之禮可深思也是迺人倫之大欵會其可忽諸余受　翁子弟託經二閱歲旹在萬曆壬子癸丑禩也　我臺君又辱婚姻婭盟矣因是譜而誌焉

萬曆四十二年癸丑花月　日忝眷庠生　倪新竺謹書

李氏族譜序

夫族之有譜猶水之有源木之有本也使族屬浩繁而無譜以稽之則支流百世無以知其源旁枝競發何以得其本乎此族譜之不可以不作也作之者何蓋欲以篤尊尊親親之誼以究水源木本之理則人倫明而尊卑以别昭穆分而長幼以序其於家政豈少補哉郡南武榮學前李氏派分娘仔橋遷居清溪崇善里竹塔山後村傳自　谷山公始雖十年星聚後昆振振而家譜闕如也乃　我臺公覩　縣尹脩纂縣誌慨然有報本反始之思囑外祖庠生　倪君緝而録之然世久湮廢舊譜無聞不能殫述畧陳其概迨後兵燹變遷别居異處有流移上府者有寄寓隔属者萍分星散枝葉莫别有九世

孫際亨乃　我臺公之曾孫因充縣役公事浩繁不堪任辨迯躲上郡因得遍尋諸子姓兄弟叔侄里居回閲舊譜整而新之裝製成帙以請余序序惟際亨所言在于篤一本聯族属别親踈序昭穆記生忌録卒塋予謂李氏子際亨雖弗事詩書亦不墜先人繼述之志矣將觀萬物本乎天人本乎祖能知其祖則一家之内上而昭穆尊卑可得而考名諱出處可得而稽下而分居别處能知其初為一人之身之所出而相視不至於途人誠可謂知所本而篤尊尊親親之誼矣予不能文姑述宗蘇老泉先生之為族譜亭記而有聯族之義曰吾見鄉人有為不義者自斯人之逐其兄之遺孤子而不恤也而骨肉之恩薄自斯人之多取其先人之貲田而欺其

諸孤子也而孝悌之行缺自斯人之為其諸孤子之所訟也而禮義之節廢自斯人之以妾加其妻也而嫡庶之别混自斯人之篤於聲色而父子雜處讙譁不嚴也而閨門之政乱自斯人之瀆貨無厭唯富者之為賢也而廉恥之路塞此六行者大乱吾俗焉使能細思而自得之非惟足以聯屬蘇氏之族推而至於鄉里州郡其有梗化乎哉吾意老泉假鄉人之事以戒族而予亦欲假老泉之意以誡李氏而李氏之子孫能於歲時忌節之際盡其懽忻以此六者交相諷諭彷彿於斯人之一節自不見於李氏之門亦庶幾聯屬宗族篤一本之義歟為李氏子者善推其所為可也是為序

康熙二十一年歲次壬戌暑月吉日經親自、

白頓首拜撰

李氏後引家譜誌

稽翁譜序瞻逦祖暨若子孫已登八葉
考君賓翁一派緒别九支暨九支属翁昆弟緒
矣後緒序屬竹所昆弟支派多矣倘不為之
譜支属所繫疇其察之翁之佑啓後人其慮
遠哉
我臺君佐成此舉諸昆季和之折然金玉滿堂
億代同春維睦之氣誰能及此翁所居逦先
人舊廬閉其塋址年庚翁道弗得其詳且言
先考已不知幾許矣
翁年登七旬翁先考八旬而卒酌廬址鼎建大
約幾二百年穰凡未嘗更易孫曹濟濟聪俊
又秩輩出地洮綿遠曷能若是地靈人傑諒
哉地以竹名琅玕澤翠翕羽令

欝然萬象
翁道祖之先人所栽留後續賛績今日茂盛若是孫仍継之其林木杉栢參天齊雲又當何如是可以記此地之春秋譜可以記翁之流世代故因是引而併及之譜誌

清溪李氏誌譜序

草木之秀茂者必出於沃壤，川流之不竭者必出於長源世家巨族慶澤洋溢緜緜接緒者由乎祖宗積德之厚而然也世姓彌昌宗支以盛苟無譜牒以紀之則尊卑之分失序而子孫視為途人者有矣寧不孤祖宗之德乎是誌譜不可以不修也然予幼失父從母招於曾撫養至成人之時而父之家業已被曾耗盡乏存僅遺一籠之薄田在祖居竹塔粗給饘粥是予無暇延及纂修譜牒幸一日妻兄許君乃清溪張標人也來家訪予詢及有家譜誌銘否予以山陬僻處被累厄兵燹無遺迨康熙二十年間予仝一友人躚山擇取墳地至竹林間拾有煨燼之餘家譜片紙行字旋家輟拾類輯所聞成帙雖事實疎缺亦不失家乘之名爾願鉅筆以弁其首為子孫依歸予惟肇基之安非存心之仁者不能為繼述之大非存心之仁者不能勝嘗聞李氏世有令德而聞基業於前子孫多賢而擴基業於後且予聿修世德陰隲靡窮鄉之黄髮之老垂髫之稚莫不得其歡心其出於衆人遠矣又懼宗派之不明先德之弗著者乃輯殘譜重加修訂其尊祖敬宗之道乎則是譜也遠之不可考者削而不書其世系非遠者行實備載如示諸掌可謂明且易矣雖然予之無忝厥祖名此其立心之仁尤可得而知夫仁以立心雖服穹親盡猶在一本也支派疎遠揔一人也繼此而後厥子若孫覩此誌而得其心不惟十世之後視之揔一人一世雖百世之遠視之揔一

人一世也是知李氏之賢子孫宜思所以謹承
於後也繼述者能以仁存心則仁之功溥福慶
之來其有艾耶易曰積善之家必有餘慶以是
為李氏後覲是為序

清康熙二十三年甲子桂月　日九世玄孫際亨
誌書

世系序

天之所以與人者豈偶然哉人為萬物之靈以正五倫之中知祖宗歷來識父母劬劳深恩本當然也而吾之祖其先河南光州固始人也唐廣明中陳友定作乱避兵福建溫陵龍頭山居聚而睦齋公暨媽錢氏生二子長子還林家大姨承繼為之林李仝宗祠傳流子孫支派甚多聚居星散富貴文武双全繼之祖開派武榮學前而學前支分良子橋繼而分派者多支派久遠無譜牒以記之不以為祖無可稽查維大畧而已然我祖來由先人傳記旹　皇明洪武初吊徵天下州縣人民入衛充入南京留守左衛揔旗後清發泉衛鎮東任所因倭奚興化府邑征戰陣亡忠義死節然我瀍祖恩委乚

冀仔迯移清溪而弟立姓為翁居在長泰里鎮撫司鄉而初澧祖公及次祖順德公迯移蓬萊清源里山後住馬立姓上官後倭已平次祖娶上官一娘為媽改夲姓李并改地號笠㽈創置山傷建屋塋坟栽種杉栢茶竹存留雜樹茂盛以為子孫富貴綿遠但前宗譜先人被新溪里舉人林華東倡義起兵困寨固失其録無可稽查謹按譜牒立澧祖李公為始祖開派叔伯兄弟傳至吾父已有八世矣然我先君調卿公素行正直作事不愧于　天壽享三十有一而卒生我兄弟二人泰年裁十歲世事未諳弟在郎裁三歲亦父臨終之日思三世单丁至親手足又無母老予小墳塋未殯思何付托幸外祖振九林公改招于曾至泰成人之時思為人素行

積德為夲風水所關而吾祖墳屋雖高山淺狹
亦不墮先人繼述之傳泰思古之董永賣身塟
父天必有報又古語云作成人子孫事塟祭為
人父者生養成盡人職也甞清康熙丙午年孟
夏繼父代請地理師卜塟曾祖母楊大娘山貫依
仁里曾郁長壠土名蚯蚓山坐庚向甲對鉄峯
立碑畢塟後之時養女贊金身故被後蒲家甲
陳疇兄吳可告究　縣官楊諱貞審斷破銀無
數繼弟在郎不幸疾亡哀哀痛哭墓塟後之時
被山主府城史府二相公嚇騙盤儀再換給批
破銀甚多家緣破盡無奈與人執票下鄉救口
至甲寅年三月十八夜防將曾彪乘耿王作乱
党兵搶縣泰又被搶竹塔所存被帳衣服家器
米穀等物至五月初一夜光得里許潛起義任

營一族被刼寸草無存但聽　天而已嵩海永曆乙卯廿九年即康熙十四年擇地在竺墘土名出水垵內崙箒掃形安塟父骸坐壬向丙對觀音山立碑已畢又丁巳年三月間高祖叔孺骸在瓦窰內叔擇岩公卜塟本处竹塔蔴草壠古寨山觀音崙穴戌辰兼乾巽孺陳氏塟在本處池塘格外馬垵格坵田後壁穴坐寅向申又十月廿七日卯時祖父耀國公安塟大帽山格頭崙穴坐巽向乾至丙寅年十一月初十日辰時迁塟林仔口崙亦巽向乾對蔡洋格峯仔立碑已畢又戊午年閏三月弟在郎化塟本處崎林仔崙穴坐申向寅對清墘案塟畢三月十八日句頭冠蔡寅稱明崇禎三太子攻縣至四月十三夜自退祖母倪氏致病至五月十三午而

辛巳未填還十二月初九日高祖妣蘇四娘塋蔡洋橋尾先年被曽祖叔心特迁賣尾橋劉家今塋本處祖屋後貫厝角穴坐辛向乙兼戌辰對南安石儷峯十一月念三日祖叔弘都公塋在本處崎兜湖内向天鑼形坤艮向對清水外峯蓬島山壬戌年十二月廿三日卯時祖妣三娘倪氏縣後山化塋本處大帽山中心石崙窩内改名岱岳號將軍出洞對清水峯丁癸丑未向竪碑畢各開築沙水明白其曽祖伯萃可公塋在本處半嶺白銀垵前先年被蓬格老姑夫陳冲照争佔一次祖父在阻當継表陳惜叔强佔父在向究今庚申年十二月開築立無字碑畢號小獅仔形至乙丑年武生陳鞱佔山紛綆又要嚇騙春巳告白前庚申年差對感德里粮

務被四甲里長蘇遠丁惜福求亥等迯閃又被
五甲里長翁桂丁荐請猛福等嵎抗計共欠放
旗等項公務銀叁仟餘兩累秦計責叁仟餘板
屢移防兵数次難以拘到賠銀及路費叁佰餘
兩至辛酉年無奈迯生揪回竹塔韋新任 李
老爺諱世碩秦鏡不拏妻子亦不准着親拘托
天庇佑可以脱利後親進山困寨拏責監比翁荐
完明泰一身漂流永德二邑尋我夲房叔爾似
媽生天生及往江西延平建寧等郡三次祝愿
不肯往縣充役因被孽叔爾似出祖四世乘泰
相訪至丙寅春求諸叔伯兄弟揪回祖家居住
未有三月素行不公貪心重財僥險口如糖蜜
心似孔血哄騙鄉閭至八月末旬表親柯伯貴
求買風水籍賣積衆後私酒醴致被蓬格陳鞱

混争山界毁滅貴墓墳堆致柯貴告究後恨氣乘陳丑身故十一月初九日主男陳載等并黨族衆百餘猛將西山嶺頭草埔頭強塟時族中人舉泰為首到縣合告然泰思恐又吊充役不肯出頭被孳叔爾似口甘心毒托族長弘文説合立約倘若吊愿幇一半并誓全始全終丁卯年二月初四日　縣爺孫諱鏞審畢初五果吊充役十五日登卯合有二個月後崇陳復亨郎快頭俵反幇他與泰取之合約時我不還被他母子毆打閤族及通鄉週知泰不日憂慽憂應泰又賠銀兩餘居無奈我何唆快頭撥長差短攞及買辦稟挐家屬被他欝害但　天不從之泰無奈自當不得已自任凡　上人有差里分事件百忍存心不肯横嚇重財失義積多少陰

隲還我子孫日後若能富貴綿遠知其艱苦其大山壠田中朱媽墓申寅向被族伯英儒侵佔今已開築再塟峕清康熙丙寅年十一月廿二日辰時蘇媽化塟夲處竹塔祖屋面前山土名磨子垵双蓢穴坐壬向丙立無字碑凡泰所塟及争執之墓亦盡開築每日多自挑自築泰行此運今雖失志破家幼而失父志思祖宗脩纂族譜亦不失先人継述之傳謹學古之孝子丁蘭買創木主抄填一世二世三世四世以為継世昭穆後我兒孫興旺識者覩之謹誌

皇清康熙乙丑二十四年仲穐月　日九世長孫際亨誌

曾祖我臺李公暨媽孺人楊氏墓誌銘

我曾祖原自清溪竹塔人也移居縣邑西街社壇口住焉其先我始祖乃武榮學前分派喬遷清溪蓬萊竹塔住焉至我曾祖已有六世矣公號我臺諱孟舒字懋泰娶媽慈懿孺人大娘楊氏乃蓬萊荇山桂峯公之長女也生我祖父耀國公及祖叔憲章二人又生我祖姑二人長大娘配之夲處西山林員渠二姑四娘配華美王亂官公媽俱已疾告終于正寢生卒塡在于後而我祖叔不幸無傳僅我祖父娶媽倪氏生我父謂卿及叔亂瑞不幸壽殀又生一女名卯娘配夲邑上坛渡鍾冲觀吾父生我兄弟二人弟在即娶後蒲毋舅林佐殊之三女名好娘弟又不幸然我曾祖

傳至吾父已有八世矣為人言重金石推重
鄉邦持己有勤儉之德事王父母以孝處兄
弟以悌居里則和實天性使然而吾曾祖妣
楊氏贊成居多喜蘭桂之飄香宜享遐筭而
頤期遽爾一疾而云亾曾祖墳塋祖父擇地
卜塋夲祖蕭草壠邊穴坐未向丑媽楊氏亨
昔康熙丙午年間四月十五日辰時卜塋夲
縣依仁里曽渥長壠蚯蚓山崙穴坐庚向甲
差靈氣之攸萃頤以長發其祥銘誌於不朽
後世以釘弗令迁塋夲鄉竹塔坑穴坐申向
寅仝侄孫在郎仝塋

銘曰

窀穸馬鬣山水悠悠神人協吉天降其庥
死者安妥生者無憂後嗣昌盛福祿永求

重修埨峯李氏族譜小引

族之有譜所以聯一氏之子推之其所自出而同歸於一氣也譬之於木千枝萬葉折其枝條肄條幹而皆能辨之曰是某樹之枝也某樹之葉也他不可溷盖合百千父母為一父母親親之心大孝之行也故凡世族大家必重脩譜非重譜也重親也末世不講親親之意動言脩譜甚且有謂他人父謂他人母謂他人昆借引氏之禄位以光寵門楣于是有賤廹貴疏襍親而親親之意盖蕩焉無存余心愧而鄙之是歲余膺

重翁子弟課教暮春之初天朗氣清景風和暢邀　翁遊目騁懷見此𡾰峯疊嶂衆水廻環則有心曠神怡其喜洋洋者矣　翁曰吾　先公

始處泉州府武營南安縣學前支分廿九都娘仔橋至大明永樂甲辰二十二年卜居於斯譜而誌之未已　翁即持卷謂余曰此乃吾家譜也余取而披閱之見其細而詳整而宻分别無紊檃括而聯屬卓然成一家之史心乎　翁且謂余曰吾將使後子若孫觀者敦質行黜浮華毋相即於僥薄益交篤乎親親如此壞爛不収亡滅不究後之視今未必猶今之視昔也于是援筆授紙請余為之纂脩儻所謂善繼人志善之人事是耶非耶余才疎學淺大愧美錦學製之害然既　翁不我遐棄遂乃詳其昭穆遡其支派以前規為恰守則于　重翁家譜雖未得曲暢旁通殆庶幾有補乎虫鼠毀傷之萬一云噫樹木者百年樹意者百世以　翁之意夲支

百世可也請為　翁書于譜之上
旹大清乾隆十有五年歲次庚午季春望日鳳
池居姻家侄楊振昆誌于塔山題名之處

重脩壇峯李氏族譜序

天道不可見考諸日月星辰之旋轉宗系不可知考諸記載註疏之昭垂譜之為言常也正也謂萬世之常道正言猶日月星辰之著明縣象有恆而不忒也自我開介　始祖建竺壇舊有畧存家譜一書但為風雨點污虫鼠損傷所謂存什一於仟佰者豈頤問哉嗟夫父老云遠誰折厥中念天地之悠悠悲吾生之不偶慈　父早世無可從師輯録有志未逮是不能無掩卷而悲懷也已迺者　舅臺楊君來教是家朝夕與居臭味相投山惧夫愈久而愈失其真乃援

筆授紙請為纂脩其所以提挈開示此其尤大彰明較著者也噫微夫人之力則湮没不存惡能施於後世哉漫書数言以誌其上

旹大清乾隆十有五年歲次庚午季春望日

長房　藏珍公支出九世孫維重際山敬誌

埨峯李家宗派譜序

南閩之李始自君達公因武則天以唐為周封
江陵王諱李元詳是也入籍福建墓塋南安子
孫散處溫州延建汀卲興漳永德等府縣而泉
屬五邑皆其苗裔明睦齋公住溫陵龍頭山娶
錢氏生二子長子還林家大姨承継鉄爐廟居
住為之林李同宗祠墓塋清源開南安武榮學
前傳娘仔橋支分吾祖布信公號敬齋生二子
長澐祖次冀生洪武初充兵南京留守左衛揔
旗遺民祖五石永為軍糈後奉例清癸泉衛鎮
東任所継陞鎮東衛縣封指揮使值倭寇鄧茂
七海寇飛英舊威勇罙興化府邑郡守熊公諱
尚初會各衛屯將協戰吾祖陣亡澐祖與冀生
世襲継而改姓避逃安邑弟號谷泰住長泰里

鎮撫司鄉承翁家業立姓為翁後娶翁女改原姓李而我祖號谷山生一子順德公移寓崇善里蓬萊山後集姓為上官改地號竹塔後順德公娶上官私畀蔣媽之女為媳改原姓李明永樂甲辰二十二年仲冬始祖及次祖營建祖宇於竹塔穴坐寅向申兼艮坤見其山水盤旋大帽山觀音山小尖山峙其左夲宅祖宗山峙其右屹然有特起之象四顧有情大致有隱逸佳處後人必有亂裔於斯者卜而居之誠美哉始基矣是歲筵余課教囑余脩譜余閱舊譜尋墜緒之茫茫獨旁搜而遠紹既録纂成帙復繫其詞曰萬物夲乎天而人夲乎祖墖李之祖夲自谷山公子孫蕃衍閱舊譜而多缺畧恐因愈久愈失或以智愚相欺或以富貧相軋一本也而殊

之、以臭味同源也而睽之為胡越則囂凌之風熾而親厚之意衰良可慼也然衆等僉曰予之作譜非敢比夫巨族名家也大要欲溯本原次先後正名分別長幼存事實俾後之子姓兄弟得以知中葉之支分派別尊尊親親永無容混焉耳余感其言而知所云溯本原次先後即春穐繫王次春繫正次王之意也所云正名分別長幼存事實即春秋書名書字爵邑姓氏之意也是故將立綱常倫紀扶世道風俗敦仁講讓發廉激恥予奪之權於是乎寓矣則春秋之微旨不是過也雖望族之脩為亦何有異乎此誠有敦本睦族之意尊祖敬宗之思其關係乎人倫風教也豈淺鮮哉爰不揣固陋遵衆所囑而脩輯以備後之一覧焉是為序

大清乾隆五十有五年歲次庚戌菊月既望家
國學生朝賢敬書

首人長房孫德福
孫粟
二房孫德捷
德瑞
馨問
馨瑶
馨受

法祖上原韻止
忠誠弘國性　仁禮蔚嗣賢
興復我邦家　濟美萬斯年

昭穆字序

國順藏欽恩　懋弘亂際子

仕志元永忠　君臣世侯卿

明萬曆捌年四世祖欽召公欽禮公買得崇善里

溪頭住人柯体順懋瞻主仁体遠体明蓮谷主

佝体勉等產山乙所貫本里土名竹塔山載鈔

米伍升叁合伍勺听造册之時収割入户為業

計開四至　東北至半嶺垵為界

東南至西山嶺為界

西至大帽山　南至光得里尾山崙

北至蔡洋格

萬曆二十五年及三十五三十九等年柯心茂

懋奂我新心石我致從堯從謙等托倪新竹

李懷仁李明泉就思耀思義思政思惠進

懋巖公懇貼契尾

計開四至

東至蓬格嶺　西至大帽山

南至光得里尾山崙　北至半嶺垵及蔡洋格

重脩壇峯李氏後引族譜序

且人生宇宙間而天之所以與人者豈淺鮮哉夫人爲萬物之靈以正五倫之中抑族之有譜猶水之有源木之有本也本夲源源而追述乎先人之支葉樹勲穆考祖訓堪追何古今之有人能世世土著也耶或有支分自東自西自南自北數世之譜牒悉具而載在郡誌者亦鮮然自惠以下十三世譜未續乃歷考數世之實行以續之又各繪高曾祖考及生卒年月世次之詳欲示後之子孫俾接乎目如在父祖之左右可謂知所先務而用心之厚且遠矣覩是譜圖則孝親弟長之道油然而生傳至於今子孫之多若螽斯之蟄蟄後人之盛如瓜瓞之緜緜以究水源木本之理則人倫明而尊君以別昭穆

分而長幼以序其於家政之遺風豈少補哉又
再引傳為山塲事光緒二十年甲午正月間横
坑李守雲路 恢悦 德明 李外士等起義混争大
帽山山界冤至数年破銀無数屡〻到鄉迫鬭
子孫協力同心與他交戰数年他大小傷数百
餘人又不能恐惧屡冤屡深寡不可以敵衆時
族中人舉昭容為首到縣投告幸得 戚老爺
判斷無私聰明正直昭容與恢悦對審屡次天
不從之恢悦被刑罰又禁入牢内 縣爺点原
差地保到大帽山稗山界他用銀買足移徙寨
仔籍作為大帽山稗界址昭容不肯與他稗界
雲路 恢悦 德明 李守外士等甲做二十大古并党
数百餘猛又與子孫交鬬至二十年十二月初
六日午刻十四世侄坤裕被李沛偷打銃傷一

時斃命他又屡〻到鄉攻家幸得　天有報應
神明有佐李守陣中被子孫捉拿時蓬萊永舍
維士蓬格鎮完老等出頭二比勸和甘愿出銀
若干與侄妻子棺槨衣衾做功果之費及衙內
公事銀一切盡皆他支理條直　戚公親臨到
大帽山種界址竺墻李家管山白又流更黃尤
李家管山背水流西各業各管不得混佔明宵
判斷分明畢爰是遵眾脩輯抄上序美以倫世
世子孫之一覽焉是為序
光緒二十六秊歲次庚子荔月上浣日遠齋梁
蒼龍謹書
十三世二房長首人昭容
十四世五房二裔孫永盒儒
十五世二房長裔孫忠綱

四首人乃是為一鄉之善士思數世以來猶譜
放失忘其固陋而且前譜破帙又惧錯悮之不
明令芾念為祖宗之苗裔日夜殷勤招呼族衆
喜得衆心向齊乃輯殘譜重加修訂其尊祖敬
宗之道乎是知抵後之賢子孫宜思所以謹承
於後也繼述者能以仁存心則仁之功溥福緣
善慶之來其有艾耶易云積善之家必有餘慶
以是為後世子孫之相傳焉是為序
光緒二十六年歲次庚子桂月望日梁蒼龍再
書

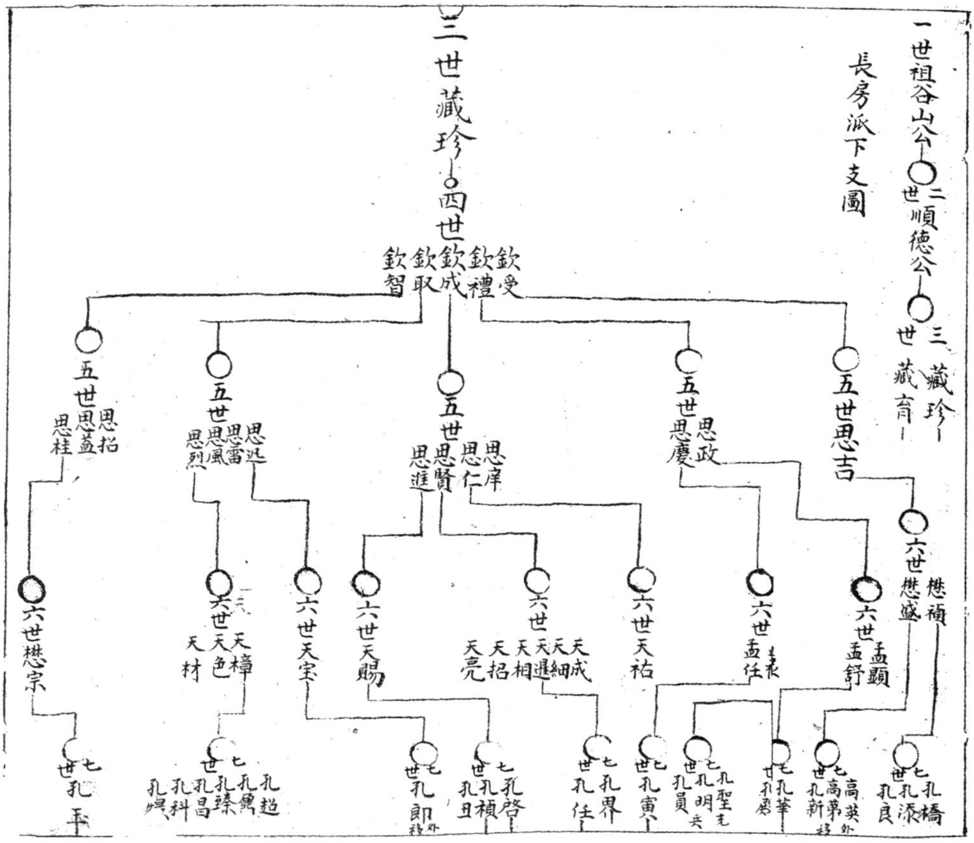
長房派下支圖
一世祖谷山公
二世順德公
三世藏珍
三世藏育
三世藏珍
四世欽受
欽禮
欽成
欽取
欽智
五世思吉
五世思政
思慶
五世思庠
思仁
思賢
思進
五世思迅
思雷
思風
思烈
五世思裕
思蓋
思桂
六世懋禎
懋盛
六世孟顯
孟舒
六世孟任
六世天祐
六世天成
天細
天進
天相
天招
天亮
六世天賜
六世天宝
六世天樟
天色
天材
六世懋宗
七世孔橋
孔添
孔良
七世高英
高第
孔新
七世孔華
七世孔聖
孔明
孔員
七世孔寅
七世孔界
孔任
七世孔啓
孔禎
孔旦
七世孔郎
七世孔超
孔鳳
孔臻
孔昌
孔科
七世孔平

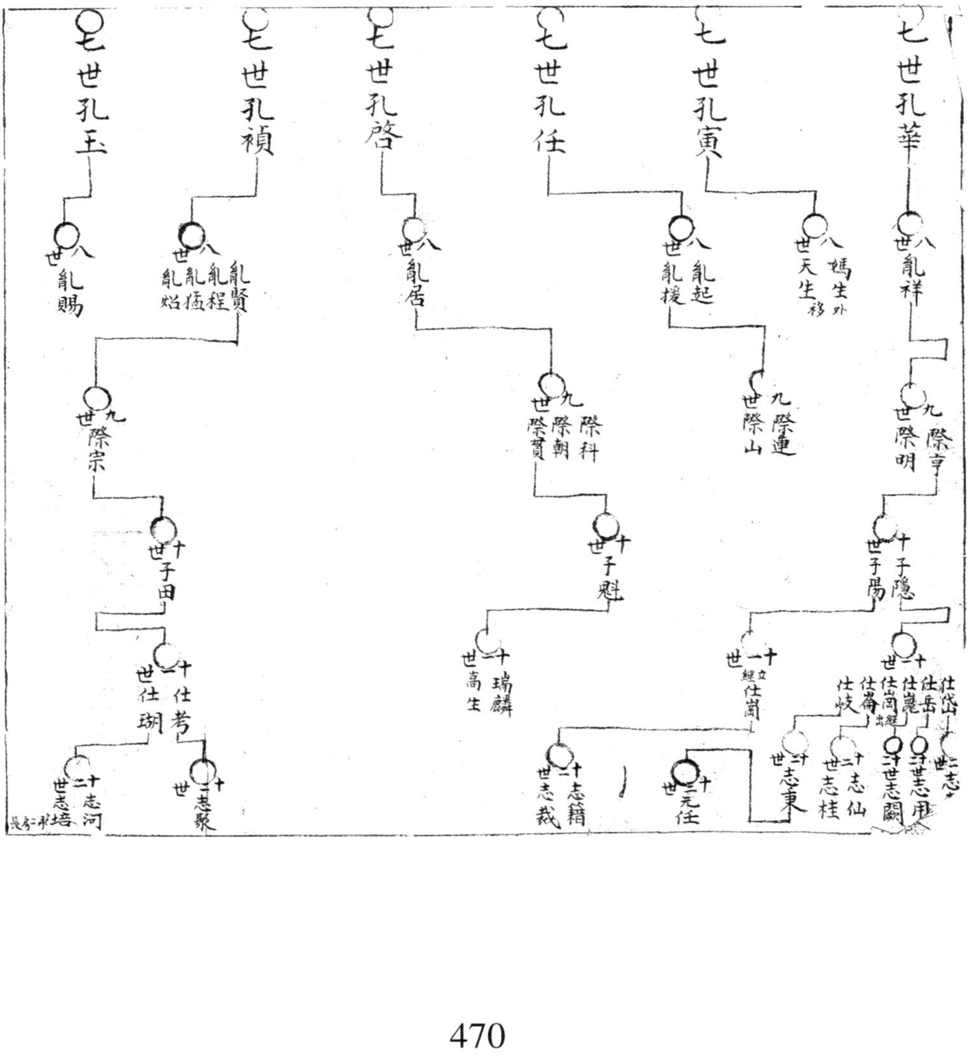
七世孔玉
七世孔禎
七世孔啓
七世孔任
七世孔寅
七世孔華
八世亂賜
八世亂賢
八世亂居
八世亂起
八世亂祥
九世際宗
九世際明
十世子田
十世子魁
十世子隱
十世子陽
十一世仕考
十一世仕瑚
十二世志河
十二世志培
十二世志籍
十二世志栽
十二世元任
十二世志東
十二世志仙
十二世志桂

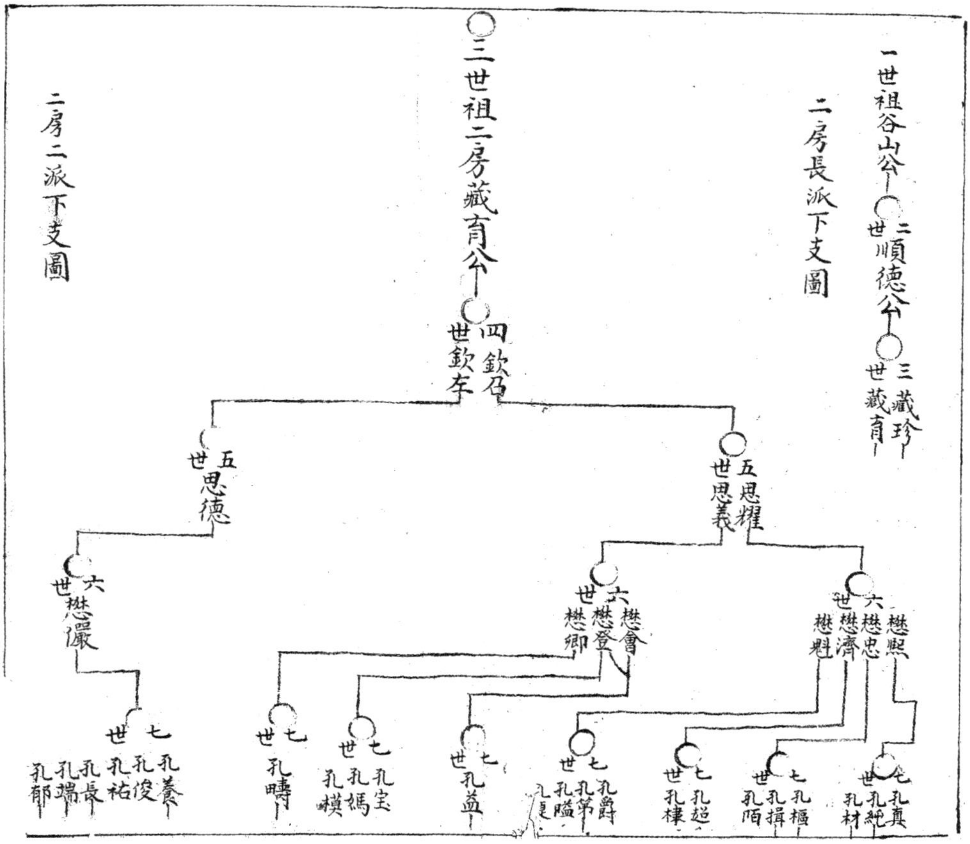
一世祖谷山公
二世順德公
三世藏珍
藏育
二房長派下支圖
三世祖二房藏育公
四世欽召
欽夲
五世思耀
思義
五世思德
二房二派下支圖
六世懋熙
懋忠
懋濟
懋魁
六世懋會
懋登
懋卿
六世懋儼
七世孔真
孔純
孔材
七世孔樞
孔揖
孔陌
七世孔超
孔棣
七世孔爵
孔第
孔臨
七世孔益
七世孔宝
孔媽
孔模
七世孔疇
七世孔養
孔俊
孔祐
孔長
孔端
孔郁

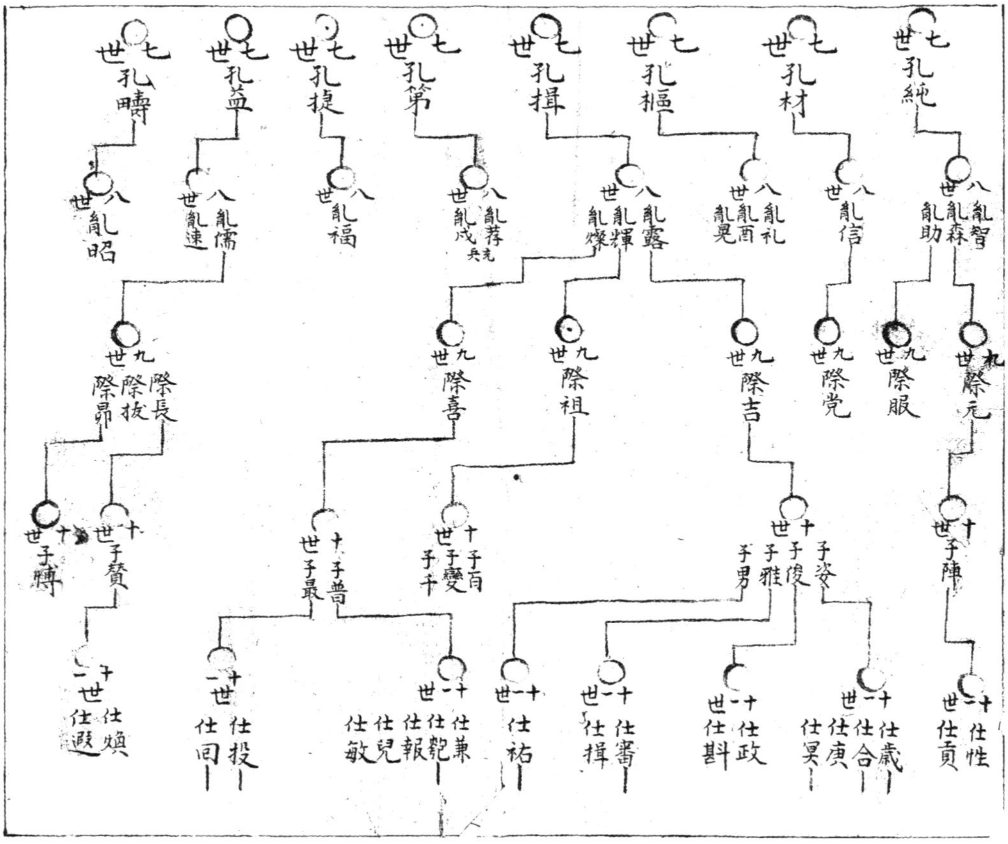
七世 孔純
七世 孔材
七世 孔揖
七世 孔第
七世 孔捷
七世 孔益
八世 亂智 亂森 亂助
八世 亂信
八世 亂礼 亂酉 亂晃
八世 亂露 亂輝 亂爍
八世 亂福
八世 亂儒 亂速
八世 亂昭
九世 際元
九世 際服
九世 際党
九世 際吉
九世 際祖
九世 際喜
九世 際長 際抜 際昴
十世 子陣
十世 子姿 子俊 子雅 子男
十世 子百 子變 子千
十世 子普 子最
十世 子贊
十一世 仕性 仕貢
十一世 仕歳 仕合 仕庚 仕昊
十一世 仕政
十一世 仕審 仕揖
十一世 仕祐
十一世 仕兼 仕報 仕兒 仕敏
十一世 仕投 仕同
十一世 仕煥 仕遐

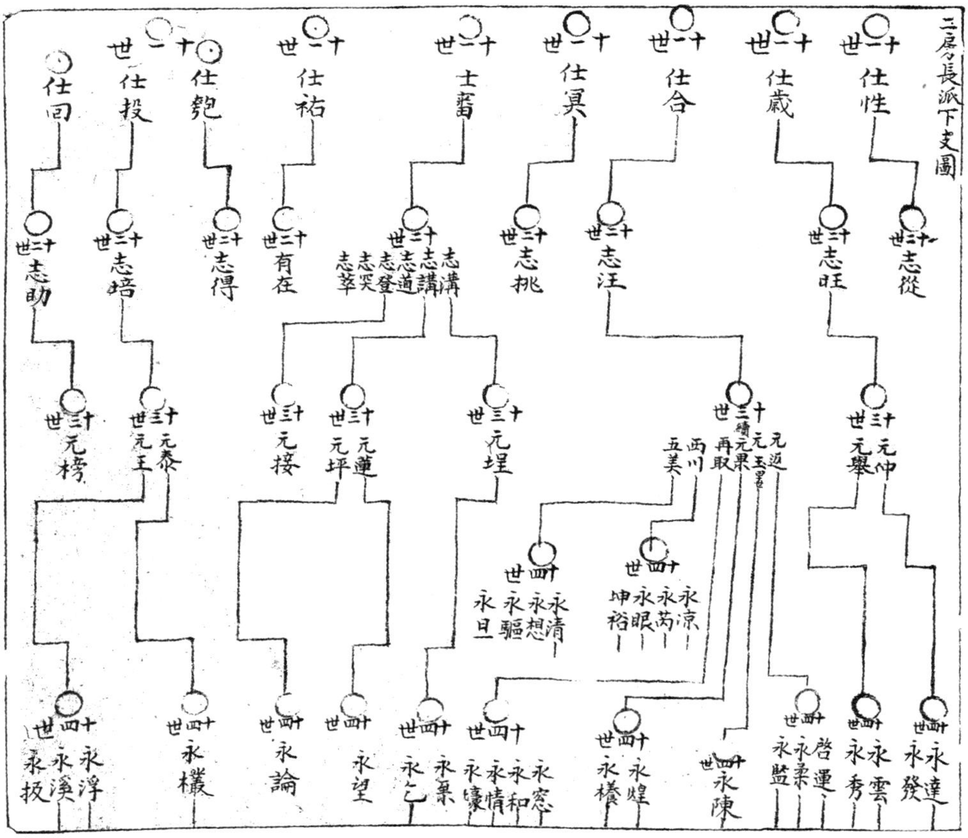
二房分長派下支圖
二十一世 仕性
二十一世 仕歲
二十一世 仕合
二十一世 仕昊
二十一世 士蓄
二十一世 仕祐
二十一世 仕匏
二十一世 仕投
仕司
二十二世 志從
二十二世 志旺
二十二世 志汪
二十二世 志挑
二十二世 志溝 志講 志道 志登 志㕦 志萃
二十二世 有在
二十二世 志得
二十二世 志培
二十二世 志助
二十三世 元仲 元舉
二十三世 元迈 元玉 元果 再取 西川 五美
二十三世 元埕
二十三世 元蓮 元坪
二十三世 元接
二十三世 元泰 元王
二十三世 元榜
二十四世 永清 永想 永驅 永日
二十四世 永凉 永芮 永眠 永裕
二十四世 永達 永發
二十四世 永雲 永秀
二十四世 啓運 永秉 永監
二十四世 永陳
二十四世 永煌 永樣
二十四世 永窓 永和 永情 永懷
二十四世 永巢 永之
二十四世 永望
二十四世 永論
二十四世 永檥
二十四世 永浮 永溪 永扱

十四世 永達
十五世 忠鵬 忠孝

十四世 永發

十四世 永雲
十五世 忠烈

十四世 永秀
十五世 忠綱 忠孝

啓運
十五世 忠見 忠有

十四世 永柔
十五世 忠沙

永監
十五世 忠芬 忠推

十四世 永陳
十五世 忠例 忠存

永煌
十五世 忠撥 忠添 忠炭

十四世 永養
十五世 忠石

二房長支圖

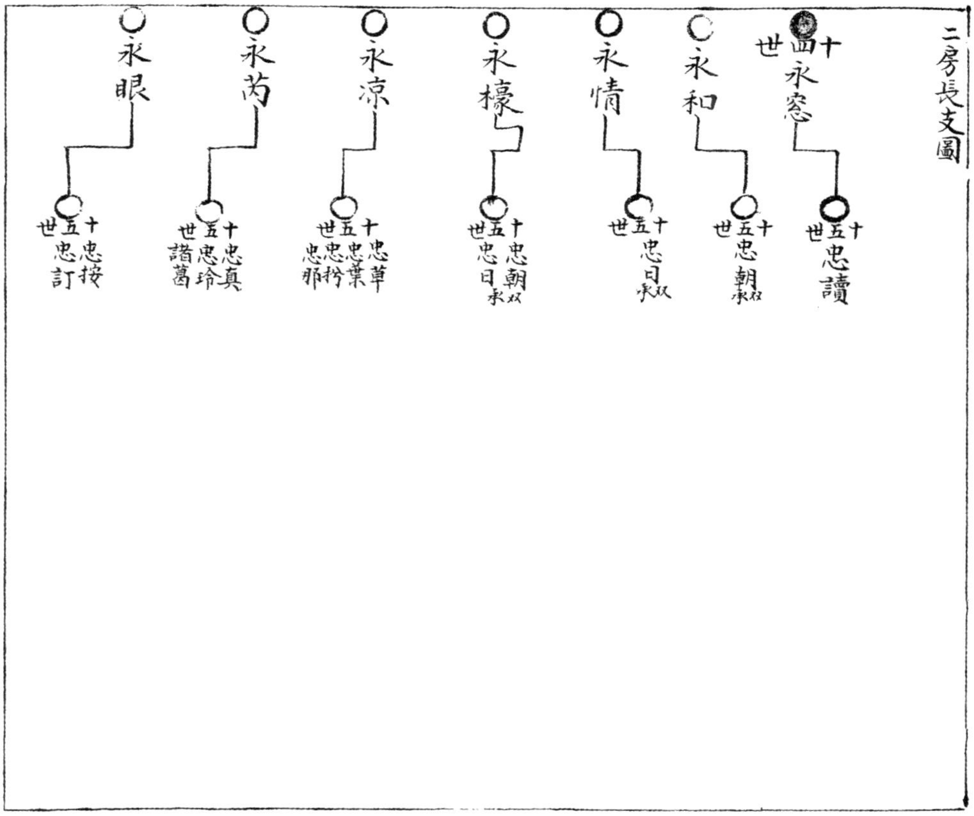
十四世
永窓
永和
永情
永橡
永凉
永芮
永眼
十五世
忠讀
忠朝 承双
忠日 承双
忠朝 承双
忠日
忠草
忠葉
忠拎
忠邪
忠真
忠玲
諸葛
忠按
忠訂

十四世 坤裕
　十五世 忠蛙
　十五世 忠琢

永清
　十五世 忠挑
　十五世 忠種

永乞
　十五世 忠趣

永擸
　十五世 忠靴
　　十六世 君秦

永浮
　十五世 忠粧

永溪
　十五世 忠瓔

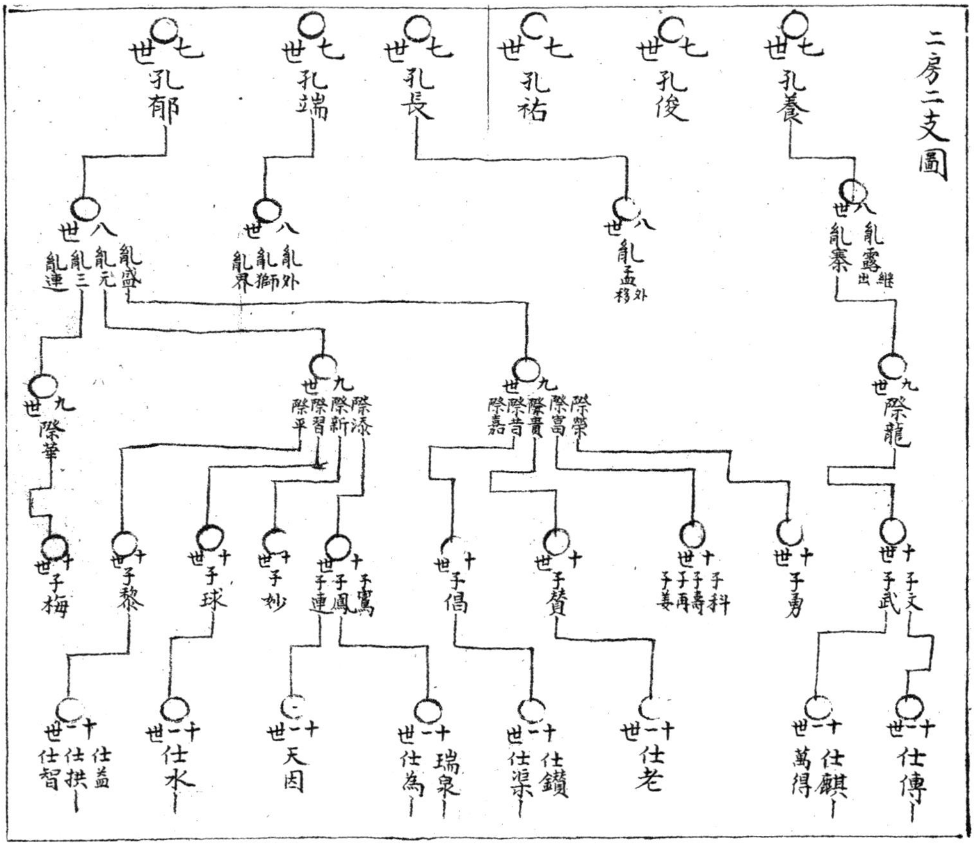
二房二支圖
孔郁
孔端
孔長
孔祐
孔俊
孔養
亂盛
亂元
亂三
亂連
亂外
亂獅
亂界
亂孟
移外
亂露
出繼
亂寨
際華
際添
際新
際習
際平
際榮
際富
際貴
際吉
際嘉
際龍
子梅
子黎
子球
子妙
子鸞
子鳳
子連
子倡
子贊
子科
子壽
子再
子姜
子勇
子文
子武
仕益
仕拱
仕智
仕水
天因
瑞泉
仕為
仕鑽
仕湶
仕老
仕麒
萬得
仕傳

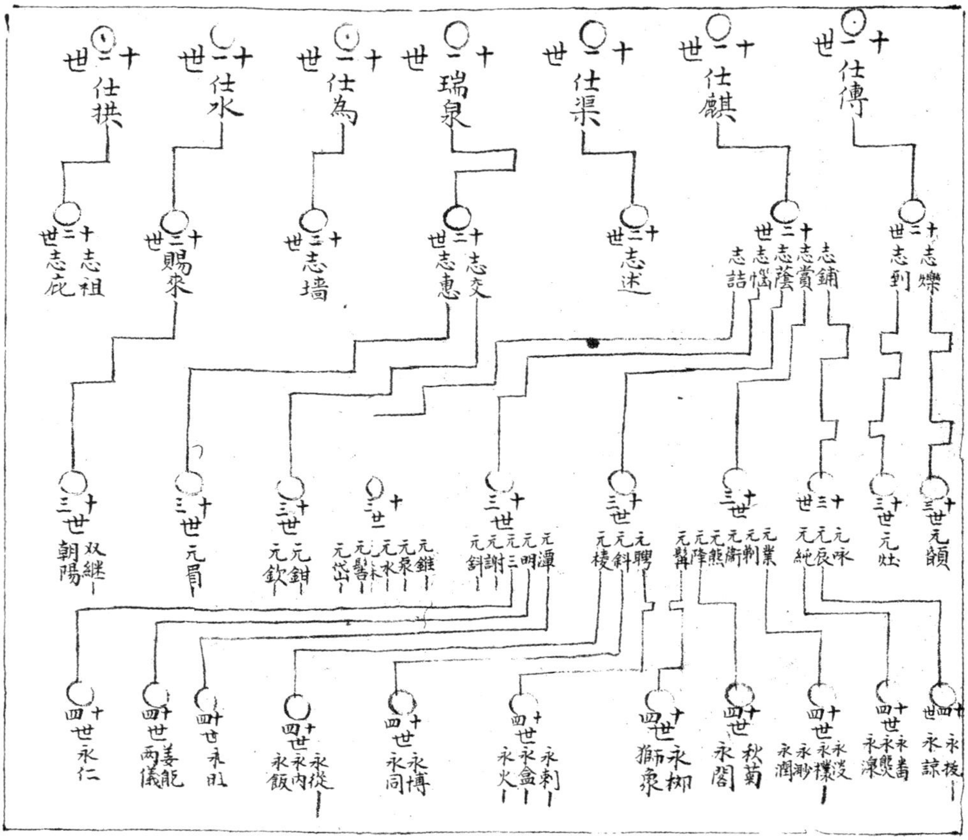
二十一世 仕傳
二十一世 仕麒
二十一世 仕渠
二十一世 瑞泉
二十一世 仕為
二十一世 仕水
二十一世 仕拱
二十二世 志爍 志到
二十二世 志鋪 志賞 志蔭 志惱 志詰
二十二世 志述
二十二世 志交 志惠
二十二世 志墻
二十二世 賜來
二十二世 志祖 志庇
二十三世 元頤
二十三世 元灶
二十三世 元咏 元辰 元純
二十三世 元業
二十三世 元聘 元斜 元棲
二十三世 元潭 元明 元謝
二十三世 元錐 元泉 元水
二十三世 元鉗 元欽
二十三世 元眉
二十三世 繼双 朝陽

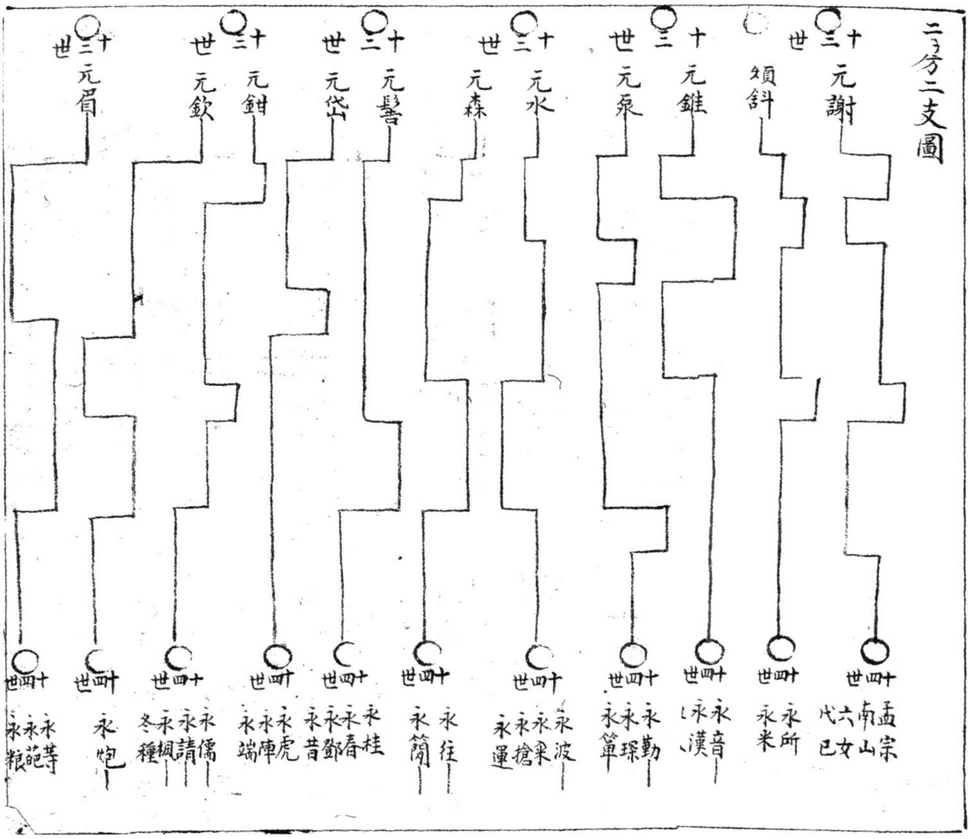
二房二支圖
十三世
元謝
頌斜
十三世
元錐
元泵
十三世
元水
元森
十三世
元謦
元岱
十三世
元鉗
元欽
十三世
元眉
十四世
孟宗
南山
六女
代已
十四世
永所
永米
十四世
永音
永漢
十四世
永勤
永琛
永箄
十四世
永波
永釆
永搶
永運
十四世
永往
永簡
十四世
永桂
永春
永鄧
永昔
十四世
永虎
永俥
永端
十四世
永儒
永請
永楓
冬種
十四世
永炮
十四世
永苓
永葩
永粮

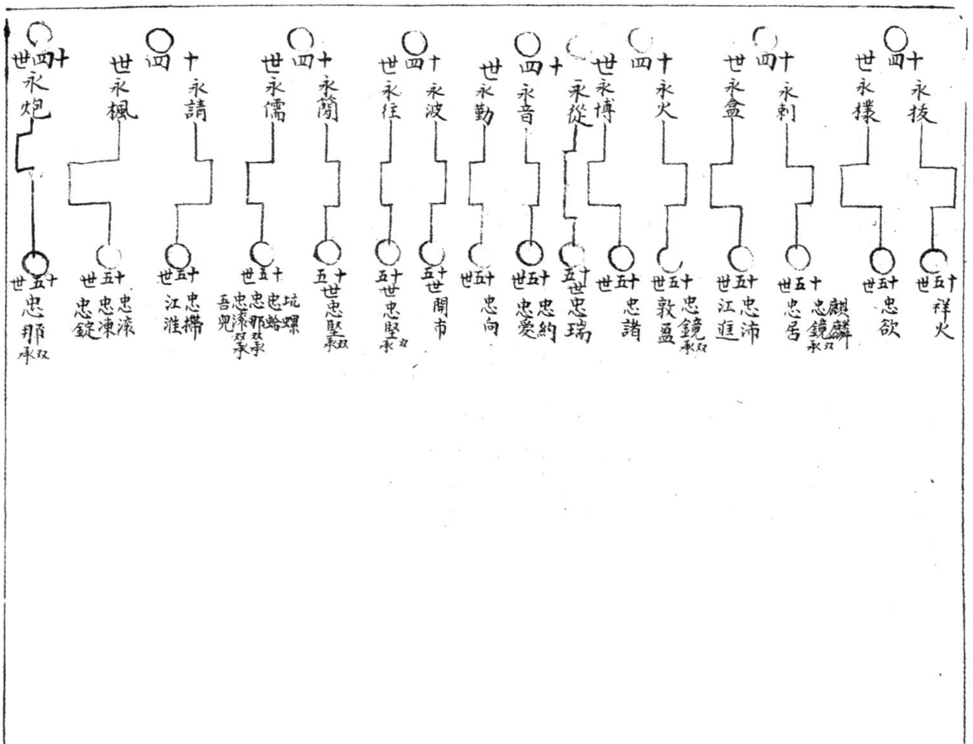
十四世 永抜
十五世 祥火
十四世 永樸
十五世 忠欲
十四世 永剌
十五世 忠居 忠鏡双承 麒麟
十四世 永盒
十五世 忠沛 江進
十四世 永火
十五世 忠鏡双承 敦盈
十四世 永博
十五世 忠諸
永從
十五世 忠瑞
十四世 永音
十五世 忠約 忠愛
十四世 永勤
十五世 忠向
十四世 永波
十五世 閘市
十四世 永往
十五世 忠堅双承
十四世 永蘭
十五世 忠堅双承
十四世 永儒
十五世 坑螺 忠蛤 忠郡双承 忠滚双承 吾兜
十四世 永請
十五世 忠𢵧 江淮
十四世 永楓
十五世 忠滚 忠湅 忠錠
十四世 永炮
十五世 忠郡双承

塔峯開先始高祖處士李公字珍元號谷山娶
媽林氏諱孝娘泉郡西街牌鋪人生一男順
德公一女配泉郡戚家
公生於皇明洪武三十二年己卯正月十五日
酉時　卒於明成化二十二年丙午十一月
十四日辰時
始祖媽林氏生於明建文四年壬午七月廿三
日亥時　卒於明天順七年癸未七月十八
日未時　成化二年丙戌十二月
廿五日巳時公媽合葬崇善里竹塔鄉土名
半嶺埈崙虎形穴坐午向子兼丙壬
二世祖處士順德公諱熙臨號彬然娶上官私
巽之女生二男長藏珍次藏育二女長配湯
泉唐家次配善益廖家

公生於明宣　元年丙午六月初三日戌時
卒於弘治十五年壬戌五月十三日未時
弘治十七年甲子十二月十八日丑時塟在
崇善里竹塔鄉土名頂园上走馬攀垵穴坐
子向午兼癸丁
二世祖媽官氏諱　一娘謚慈儉生於明宣德元
年丙午十月廿三日午時　卒於明弘治十
八年乙丑三月十五日申時　胥明正德元
年丙寅二月十九日寅時塟在崇善里竹塔
鄉土名垵内弔壁灯火形穴坐庚向甲兼申
寅公媽合塟移去本鄉祖厝崙土名凹堀穴
坐　向　兼
祖傳及此始分二派雲礽孫子舞綵階下必英
英矣支屬繁衍又有兆于斯者女配戚屬益見

叢林茂盛譜系益宜修明以為昭穆之序

三世長房高祖處士藏珍公諱淑寶號隱玉娶朱穡二媽生五子欽受欽禮欽成欽取欽智

公生於明天順八年甲申二月初七日未時卒於明嘉靖三十四年乙卯十月十三日巳時　明隆慶二年戊辰十一月廿三日卯時葬在崇善里竹塔鄉土名杉仔垵木生對縣筆架穴坐乾向巽兼戌辰

媽朱氏諱酉娘謚勤慎龍興二啚尾塘人生一男欽受一女配洋山姚家　生於明天順四年庚辰五月念四日子時　卒於明嘉靖二十一年壬寅六月十三日午時旹明嘉靖三十五年丙辰三月初八日巳時葬在崇善里竹塔鄉土名蓆草壠頭崙穴坐癸向丁兼子

午後移葬在祖厝崙境主公壇邊穴坐壬向
丙兼
媽藉氏　諱　玉娘　謚　　泉郡衛後人生四男二
欽禮三欽成四欽取五欽智二女長配加壠
張家次配蔡洋楊家　生於明成化十一年
乙未九月初七日辰時卒於明隆慶戊辰二
年十一月念七日巳時　旹明萬曆三年乙
亥十月廿三日寅晡葬在崇善里竹竺埯鄉
新厝垵內崙亦名杉仔垵對大帽山虎形穴
坐寅向申兼艮坤後迁仝朱氏媽葬在祖厝
崙境主壇邊穴坐壬向丙
三世二房高祖處士藏育公　諱　淑祖　號　隱宗娶
媽樟氏生二男長欽召次欽左三女長配格
口陳家二配依仁里林蒲林家三配溪頭柯

家之所
公生於明成化二年丙戌二月廿九日巳時
卒於嘉靖三十七年戊午九月初二日申時
㫖嘉靖四十年辛酉三月十四日辰時葬在
崇善里竺墘鄉壠頭猛虎過墻穴坐巽向乾
兼巳亥不吉四十三年八月廿六日辰時移
葬本鄉蔡洋土名無頭寨穴坐巽向乾兼巳
亥
媽樟氏 諱 政娘 謚 本縣還集一啚蓮田人
生於嘉靖四年戊子四月念五日午時
卒於嘉靖四十一年壬戌五月念九日酉時
㫖嘉靖四十四年己丑八月十四日午時葬
在竹塔鄉土名 獅壠頭面前近於桂林坑崙
對薦草壠古寨 山穴坐申向寅兼庚甲

四世長房長欽受公諱天賜號明軒娶媽謝氏
生一子思吉一女配依仁里施家
公生於正德三年戊辰三月廿一日寅時　卒
萬曆八年庚辰九月廿九日戌時　萬曆十
年壬午十月廿七日辰時塟在崇善里竹塔
鄉土名新厝墓後杉仔垵對清水山穴坐丁
向癸
媽謝氏諱昭娘永安里人生於正德四年巳巳
五月廿八日巳時　卒於萬曆十二年甲申
九月十一日申時本月十三日午時塟在蓆
草壠垵頭對大山坐癸向丁
四世長房二處士欽禮公諱英文號明仁幽隱
高山守分耕田数百畝官事百忍為人敬重
親誼積穀千鍾恰是快樂仙景

公生於正德庚午年三月初五日巳時
卒於萬曆巳卯年五月二十日申時　葬在
竹塔鄉土名楓林前穴坐壬向丙兼子午
媽蘓氏諱四娘娶改揆娘謚惠愛生於正德乙
亥年正月初九日卯時　卒於嘉靖丙辰年
四月十五日辰時　康熙戊午年十二月初
九日巳時葬在笠埯鄉土名境主壇外崙近
池塘格山對南安石傈峯穴坐辛向乙兼戌
辰　二媽陳氏諱連娘光德里陳天保之女
加樽坑人生於正德辛未六年二月廿一日
酉時卒於嘉靖已未三十八年四月廿四日
申時嘉靖辛酉四十年十月廿六日午時葬
在光得里大帽山格頭崎兜崙石下一堆土
坐亥向巳兼乾巽　三媽朱氏諱桂娘光得

里圳仔壠人生二女一配九垵孫家二配湯
泉唐家生于嘉靖壬午元年二月廿一日申
時卒於嘉靖癸亥四十二年九月廿五日酉
時隆慶戊辰二年七月初四日丑時塟在竹
塔鄉土名大山內大山壠垻仔田中厝地後
穴坐申向寅兼庚甲　四媽蘇氏諱連娘長
泰里巖前人生一女嫁蓬萊加壠張家生于
嘉靖癸未二年六月初五日子時卒於隆慶
己巳三年二月初七日申時康熙二十五年
十一月廿二日辰時塟在竹塔鄉土名磨子
垵頭双繭穴坐壬向丙　五媽柯氏諱曉娘
蓬萊柯安國之次女生三女長配嶺尾張家
将溪頭柯媽隨帶糞土田一段受子叁斗貫
在横坑杉仔垵隨嫁張家管掌二配洋山姚

家三配大墘林家生于嘉靖甲申三年八月
十六日子時卒於萬曆丁酉二十五年五月
二十二日酉時萬曆己亥三十七年十月十二
日卯時塟在光得里五本院圳仔壠田後壁
穴坐亥向巳兼乾巽
四世長房三欽成公諱雄武娶媽藕氏生四男
思庠思仁思賢思進三女長配西山林二配
山炳後余三配蓮園藕
公生于正德六年辛未四月廿二日亥時
卒於萬曆十一年癸未八月初十日未時
萬曆十二年甲申正月十七日巳時塟在竹
塔鄉土名垵内崙穴坐庚向甲兼申寅
媽藕氏諱五娘光德里馬頭藕愈郎之女生于
正德七年壬申八月初三日未時　卒於嘉

靖三十七年戊午十一月十六日酉時康熙
二十一年壬戌十一月廿三日巳時塟在竹
塔鄉土名蔡洋古寨虎岫加壠崙穴坐未向
丑兼
四世長房四欽取公諱濟英娶媽姚氏生四子
思迅思雷思風思烈一女配嶺尾張
公生于正德八年癸酉正月十七日卯時　卒
於嘉靖三十八年十一月十四日未時萬曆
九年癸酉二月廿七日辰時塟在竹塔鄉大
山崙蛇形穴坐卯向酉
姚氏媽諱大娘洋山人生于正德十年乙亥二
月十七日寅時卒於嘉靖四十四年八月十
三日申時順治八年壬辰二月廿八日辰時
塟在九層溪崙穴坐巽向乾

媽卒塟在夲里蓬格西山嶺穴坐巽向乾
四世長房五欽智公 諱 睿 號 擇聪娶媽馮氏
生三子思招思益思桂
公生于明正德十年乙亥九月廿五日巳時
卒於嘉靖四十五年丙寅八月十六日申時
萬曆二年戊辰三月廿四日巳時塟在竹塔
鄉蔡洋格湖内穴坐丑向未兼坤艮
媽馮氏 諱 惜娘泉郡人生于明正德十四年己
卯八月十四日亥時 卒於嘉靖四十三年
甲子十月初四日酉時 嘉靖四十四年乙
丑三月十三日巳時塟在夲里蓬格半嶺九
層溪員山仔田中穴坐 向 兼
四世二房長處士欽呂公 諱 佛應娶媽陳氏生
二男思耀思義四女長配溪南藕二配寨仔

後曽三配烘兜陳四配黄桂楊

翁别號濱田里中豪舉咸仰爱公公亦委蛇以處人世間亦帶直殺之氣邑市常引接田疇况祖俞充拓人言豐年增至百餘穀不為多歉年少至百餘穀不為歉廪庾儲蓄千餘計業增二産山塲令子孫栽植其中不惟可以貲㕦喬材可用者多

公生于正德十六年辛巳五月十四日子時卒於萬曆二十一年甲午十二月初九日申時

媽陳氏諱大娘加曽坑人生于正德十五年庚辰又八月廿日午時　卒於萬曆廿一年甲午六月廿一日巳時　萬曆廿五年丁酉八

月十三日公 媽合塟在竹塔鄉新厝穴坐乾
向巽兼
四世二房二欽左公諱儼招娶媽蘓氏生一子
思德三女長配後堂柯二配溪墘安三配淵
兜黄
公生于正德甲申年三月十三日辰時 卒於
萬曆丁酉年四月廿三日午時
媽蘓氏 諱三娘嶺頭人生于正德乙酉年八月
十七日卯時 卒於萬曆壬寅年九月初三
日午時 公媽仝塟在竹塔鄉蔡洋寨崙大
墓穴坐酉向卯兼辛乙
五世長房長思吉公字輝昌號新碧娶媽林氏
生二男懋禎天盛一女配曾口坂傅家
公生於明嘉靖二年甲辰六月初六日寅時

卒於天啓元年壬戌五月初二日酉時　崇
禎元年戊辰八月初四日巳時塟在竹塔鄉
蓆草壠邊月形穴坐未向丑兼巳亥
媽林氏　諱尾娘謚慈慎依仁里西頭橋人生於
嘉靖二十七年戊申九月廿五日子時　卒
於天啓三年癸亥十一月十一日未時　崇
禎三年戊午八月初八日丑時塟在竹塔鄉
土名祖厝尾境主壇邊穴坐乾向巽兼亥巳
五世長房二處士思政公字新居號我所娶媽
林氏生二子孟顯孟舒一女配炭坑内原吴
店市莊家　是　翁别號我所積善敦素欣
戚無關于念别有自在胸襟縣門不染服田
力穡疇畝增廓牝牡成羣山崗布錦鴟夷子
之蓄養自良自規劉仲子之家聲亦得專制

是可以振祖啓後者譜宜表之以勵子孫之勤　公生于嘉靖三十年辛亥六月二十日丑時　卒於萬曆四十五年丁巳七月廿四日未時　崇禎二年己巳正月初八日丑時葬在竹塔鄉土名蓆草壠頭土生牛腿形對觀音獨瓶峯穴坐亥向巳兼乾巽

媽林氏　諱勉娘　謚慈慧本里溪頭店後林宏裕公長女生於嘉靖三十五年丙辰十月十六日辰時　卒於萬曆三十一年癸卯二月十八日巳時壽享四十八歲萬曆三十四年丙午十月廿六日辰時葬在竹塔鄉土名山後格路上獅形向尾穴坐甲向庚兼申寅

思安公　諱新定娶姚氏龍興一啚巷口寨人生一子天遠　號周仁移同安墘尾

五世長房二思慶公 諱新福 號特地居坂仔娶
媽陳氏生二男孟祿孟任二女長配上地胡
家二配九垵孫家
公生于嘉靖三十二年癸丑正月十五日巳時
卒於萬曆三十四年丙午八月廿八日未時
康熙十六年丁巳三月甲辰初二日戊寅丙
辰時塟在竹塔鄉土名蕭草壠邊觀音崙穴
坐寅向申兼甲庚
媽陳氏 諱戍娘本里蓬格湖仔人生于
塟在本里土名池塘格西山嶺頭穴坐寅向
申兼甲庚　此二骸俱際亨塟
五世長房三思庠公 諱新養欽成公之長子也
娶媽黃氏長泰里參內人無生

公卒葬在本里蔡洋格湖内穴坐未向丑
五世長房三思仁公 諱 新安欽成公之次子也
娶媽沈氏生一子天祐後移温州居住
公生于萬曆二十六年丁未十二月初七日午
時 卒於萬曆庚午年三月十三日未時
萬曆庚午年三月十四日巳時葬在竹塔鄉
土名山後格湖内穴坐丑向未兼
五世長房三處士思賢公 諱 新能 號 明軒欽成
公之三子也音容邈不接懿行留生前凡諸
戚族者誰不我 公羨兄弟有四翼友于實
自然老萊供父 母色養怡晚年梁謝二女果
傳芳六桂鮮構置清墘屋癸丁丑未建積穀
万斯箱賓朋締庋（慶）毫泚不苟取高枕石頭眠
杖屨樂昇平窀穸化為僊

重修楊振昆增補

公娶祖妣謝氏生天成天細天遲續娶梁氏生
天招天相天亮二女長配嶺頭蘓二配南安
坛頭卓
公生于嘉靖三十一年壬子正月十二日戌時
卒於萬曆四十八年庚申二月十一日亥時
媽謝氏諱大娘光德里烏秋人生于嘉靖三十
三年甲寅六月廿九日辰時　卒於萬曆十
四年丙戌九月十四日亥時
媽梁氏諱尾娘南安象運人生于萬曆十二年
甲申二月十七日辰時　卒於清順治十二
年甲午九月十四日未時壽享古稀有一
明崇禎六年癸酉三月十二日公塋在竹塔
楓林前至康熙三十四年乙亥十二月初八
日辰時將謝氏媽合塋楓林前穴坐壬向丙

兼亥巳分金丁巳亥
梁氏媽康熙三十四年乙亥十二月十六日塋
在竹塔鄉蒼墘頭穴坐壬向丙兼子午
五世長房三思進公　諱　新發　號　尚峯欽成公之
四子也娶媽柯氏生一男天賜三女長配蓬
格陳二配永春山頭陳三配德化縣僊仔嶺
黃家壽享七旬
公生于正德元年丙寅又十月初一日寅時
卒於崇禎八年乙亥十一月初五日酉時壽
享古稀　清順治　年　月　日　時塋
永春縣四五都錦斗鄉土名九埕西山坂穴
坐巳向亥兼
媽柯氏　諱　七娘蓬萊溪頭柯安素長女生于正
德庚午年九月十六日戌時　卒於崇禎十

年丙子八月廿九日巳時享壽六十七塟在
永春四五都錦斗鄉土名陳坑西山坂田中
穴坐巳向亥
五世長房四思迅公　諱新龍欽取公之長子也
娶媽郭氏南安蓬島人生一子天寶
公生于嘉靖乙卯年四月廿七日巳時　卒於
萬曆甲辰年十一月十七日子時卒塟在蔡
洋土名無頭寨穴坐丁向癸
又
媽謝氏　諱弗娘永安里人生于嘉靖丁巳年
四月廿一日子時　卒於萬曆丁未年八月
十一日午時崇禎壬申年三月十一日辰時
塟在崇善里西山鄉竹塔尾洋茶林崙尾田
中穴坐坤向艮
郭氏卒塟在夲里蓬格土名　崙穴坐　向

五世長房四思雷公 諱新響 一新雷欽取公之次子也充兵因以弗詳 移溫州

五世長房四思風公 諱望月一新影欽取公之三子也 移溫州

五世長房四思烈公 諱新亨欽取公之四子也娶媽楊姚氏生三男天樟天色天材一女配嶺尾張家

公生于萬曆庚辰八年五月初九日酉時卒於順治戊子六年九月廿一日卯時

媽生于萬曆丁亥十五年四月廿一日酉時卒於崇禎辛巳十六年二月十一日辰時康熙壬子十一年十二月十五日辰時公媽合塋在崇善里溪尾湯內鄉土名橡樹壠龜仔山穴坐庚向甲兼申寅

五世長房五思松公 諱新茂欽智公之長子也
娶媽謝氏生一子天魁外出興化府塩庭
五世長房五思招公
五世長房　思益公
五世長房五思桂公 諱新月一新泰 號溪田欽
智公之子娶倪氏生一子懋登移延平府大
田縣南門外住
五世長房五思教公 諱新方娶媽謝氏永安里
人生一子天奇移同安墘尾
思榔公 諱新惠娶媽莊氏 諱傳娘生一子天球
塋在安溪縣鳳山荔枝樹路上碑李公媽墳穴
五世二房長處士思耀公 諱新榮號學田欽召
公之長子也娶媽林氏生四子懋熙懋忠懋
濟懋魁一女配嶺頭蘊

公享壽七旬子孫効其敦朴可以無隕家聲効

其勤儉可以無廢貲產享壽七旬善始善終

㑩世網者見之自當汗愧

公生于嘉靖庚子年九月初四日未時　卒於

萬曆己酉年九月初二日申時　萬曆四十

二年甲寅十一月十二日丑時塟在竹塔土

名蓆草壠面前新厝墓開龍穴坐申向寅兼

媽林氏　諱大娘夲里西山人生于嘉靖癸卯年

正月十一日亥時　卒於萬曆壬寅年十二

月十七日申時　崇禎十年三月十七日巳

時塟在竹塔土名蓆草壠邉形號天才土穴

坐寅向申兼坤艮

五世二房長處士　恩義公　諱新富　號秀竺欽召

公之次子也娶媽林氏生四男懋會懋登懋瑛早世懋卿後娶媽林氏帶一女公以親女嫁之恩愈篤焉公無豪俠氣能令豪俠退然自縮有通財義更無德色容守　濱公之手教區畫允當為子孫之良策溫恭自虛故舊親戚欵曲較若畫一讓守叚公心別無二謀食報於　天必盛於後若子及孫券合美彥猗歟盛哉

公生于嘉靖二十四年乙巳五月三十日巳時卒於天啓四年甲子七月十二日午時

媽林氏諱三娘夲里黃柱人生于嘉靖戊申年八月十四日卯時　卒於萬曆甲午年二月廿八日寅時　萬曆乙巳年十二月廿六日巳時塟在光得里洋宅林鄉土名崎林仔崙

頭穴坐丙向壬兼丁癸
續媽林氏諱信娘龍興里人生于嘉靖壬子年
三月十三日子時　卒於崇禎庚辰年閏正
月十四日子時清順治四年甲午四月廿一
日巳時塟在竹塔鄉土名山後格湖內邊崙
頭穴坐乙向辛兼戌辰
五世二房二思德公諱新明欽左公之子也娶
媽陳氏生一男懋儼三女長配九垵葉二配
加曾坑陳三配曾口坂傳
公生于嘉靖癸丑年正月十五日巳時　卒於
崇禎戊辰年正月初九日辰時　塟在竹塔
鄉土名楓林前路上穴坐子向午兼壬丙
媽陳氏諱　娘　里人生於嘉靖乙卯年二
月十三日申時　卒於崇禎己巳年十二月

十六日寅時　塟在本里竹塔鄉土名蕭草壠古寨山穴坐辛向乙兼戌辰明甲戌年十二月十四日安塟

六世長房長懋禎公諱孟瑞別號振冲娶林氏龍興新春人生三男孔橋祖良祖添一女配科名黃家後娶顏氏生一男祖庇一女配來蘇里蘇家後移溫州府住　思吉公之長子

林氏媽卒塟新厝垵內

陳氏媽　娘龍興水磨兜人

六世長房長懋芳公諱天盛思吉公之次子也別號振芳娶媽謝氏永安人一娶鄭氏生三男高英高第孔新仝移溫州府平陽縣住

六世長房二懋宗公諱孟顕號萃可思政公之長子也娶媽王氏無嗣壽不滿三旬六十

公生于萬曆五年丁丑六月二十日戌時　卒
於萬曆乙巳十三年五月十七日巳時壽廿
九歲　萬曆丙午年十月廿六日巳時仝母
塟在竹塔土名蕭草壠半嶺坡後別號白銀
樹按穴坐庚向甲兼申寅
六世長房二處士懋泰公諱孟舒號我臺思政
公之次子也娶嫣楊氏生二子孔華孔殿二
女長配西山林二配華美王　公洒脫為懷
過訪延及古今持訓欲希英賢義處重若金
石橫中視若毫毛意氣相許　大丈夫真性
無陂哉　公生于萬曆乙酉年九月初五日
子時　卒於崇禎丁丑年二月廿三日巳時
崇禎十二年三月初三日丑時塟在竹塔鄉
蕭草壠邊崙穴坐未向丑兼坤艮

媽楊氏諱大娘　謚慈懿蓬萊荇頭埔人生于萬
曆乙酉年十一月廿四日子時　卒於順治
戊子年十一月十二日未時　康熙丙午年
四月十五日良時與子孔華合塟依仁里曽
郁鄉長壠土名蚯蚓山穴坐庚向甲兼申寅
媽鄭氏未娶先卒謚慈惠馬頭烏秋人生于萬
曆丙戌年三月念五日申時　卒於萬曆己
亥年十月廿九日辰時塟在夲鄉土名種薑
坂崙穴坐
六世長房二懋秩公諱孟祿思慶公之長子也
娶媽黃氏生三子長孔聖二孔明三孔員四
女長配嶺頭藕二配湯泉唐三配蔡土楼四
配光得里烏秋范　公媽仝塟在龍興二里
九峯巖古寨崙下穴坐　向　兼

六世長房二懋學公 諱 孟仕思慶公之次子也
娶媽黄氏生一子孔寅一女四娘配虞都陳
媽黄氏 諱 娘溪東冀箕垵人後移德化縣湯
嶺脚住
六世長房三天成公 字 懋悦思贊公之長子也
六世長房三天細公 字 懋轉娶沈氏淵兜人生
一男孔德郎
六世長房三懋宣公 諱 天進思賢公之三子也
娶媽陳氏生二男孔界孔任一女配新溪里
格口黄家 公生于萬曆三十年壬寅四月
廿五日卯時 卒於康熙十三年甲寅三月
廿七日申時 康熙己未十八年二月廿四
日良時塟在洋宅林鄉土名崎林仔崙穴坐
未向丑兼丁癸

媽陳氏 諱 三娘依仁里畬内人生于萬曆三十
三年乙巳六月初二日巳時　卒於順治十
七年庚子十月廿五日巳時　葬在竺埨清
墘崩山田角穴坐癸向丁後移葬
六世長房三天招公 字 懋福娶張氏生一女配
洋茶林陳子观卒仝姪孔界葬竹塔鄉土名
牛角壠穴坐　向
六世長房三天相公 字 懋功娶翁氏無子葬本
處出水埈頭上屈穴坐乾向巽
六世長房三天亮公 字 懋耿娶莊氏烏壠格人
無子
六世長房三懋麟公 諱 天賜思進公之子也娶
媽王氏生三男孔啓孔禎孔丑
公生于明萬曆三十二年甲辰七月初三日子

時　卒於清順治九年癸巳五月十六日戌
時　塟在永春四五都錦斗鄉土名虎尾宮
枋墘頭穴坐乾向巽兼巳亥形勢虎形虎過
面宮案外峯立巖尖對照
媽王氏　諱二娘蓬萊符厝人生于萬曆三十八
年庚戌正月初三日酉時　卒於順治十三
年丁酉十一月初五日寅時　塟在永春四
五都錦斗鄉土名寨上林赤坂厝尾崙穴坐
巳向亥兼巽乾形勢天虹貫水面前大溪水
到脚
六世長房四　天賓公字懋老號蒼珍娶岳氏生
一子孔使又娶陳氏黄氏周氏康熙癸卯年
移興化府西門內柴坊邊住　岳氏塟蔡洋
鄉土名益邊崙　黄氏塟蓬格鄉土名　崙

六世長房四懋憲公　諱　天樟思烈公之長子也
娶媽郭氏石碧人生六子孔起孔臻孔科孔
舜孔昌孔燝後移建寧府甌寧縣水吉住
公生于崇禎甲子年六月廿八日巳時　卒於
康熙丁卯年八月初十日酉時
六世長房四懋峻公　諱　天色思烈公之次子也
娶媽曹氏生二子孔朗孔侯移建寧府甌寧縣
水吉住一女配建寧府大山後詹家
公生于崇禎戊辰年元年三月廿八日丑時　卒
於康熙壬子十一年正月十五日卯時又郭
氏諱万娘生于崇禎庚辰十三年又正月初
五日亥時
六世長房四懋帛公　諱　天材　號　蒼碧思烈公之
三子也娶媽楊氏無子康熙十八年冬弟天

章尋往建寧府甌寧縣水吉上碑鄉住　辛
于康熙戊辰年八月十八日巳時　生於明
丁巳年三月廿六日午時
六世長房五懋榮公　諱　天球思益公之子也娶
媽莊廖氏生一男孔玉一女配光得里王家二
女尾娘配後蒲姜家
公塋在永安里炭坑口龍湖王公庙崙穴
媽塋在永安里法石鄉田中崙近炭坑口牌形
穴坐
六世二房長處士懋熙公　諱　萌春　號　竹所思耀
公之長子也娶　媽陳氏生三男孔真孔純孔
材三女長配來蘓許二配縣西街車橋王家
三配華美王家　竹所君之號也可以竹林
放逸兒子代代其勞得以終畝毫非無染堪

以寄傲誰如君之可可以無事否
公生于明萬曆庚申年正月廿八日亥時
卒於明　乙丑年十二月初九日寅時
塟在本山土名池塘格宮欄山坐巳向亥
六世二房長處士懋忠公諱　思耀公之次
子也娶媽林氏生三男孔樞孔楫孔陌
公生于明　年　月　日　時　卒於
年　月　日　時　媽生于
年　月　日　時　卒於　年
月　日　時　公媽合塟在本鄉土名蔡
洋林穴坐未向丑兼
六世二房長懋濟公諱　思耀公之三子也
娶媽　氏生二男孔棣孔超
公生于　年　月　日　時　卒於

年　月　日　時　媽生于
年　月　日　時　卒於　　年
月　日　時　塟在池塘格水埕尾對大帽
山峯坐　向
六世二房長懋魁公　諱　　思燿公之四子也
娶媽胡氏生四男孔爵孔第孔隘孔捷
公生于萬曆癸酉年　月　日　時　卒於
年　月　日　時　媽胡氏謚五
娘上地人生于明萬曆癸酉年　月　日
時　卒於萬曆癸卯年九月廿八日未時
康熙丁卯年十二月　日　時　公媽合塟
在洋宅林邉坐丙向壬
六世二房長懋會公　諱　　思義公之長子也
娶媽陳氏生一男孔葢　公生于

年　月　日　時　卒於　年
月　日　時　媽生于　年　月
日　時卒於　年　月　日　時
塟在夲山土名五坵仔田角梨仔坂後溝坐
向　兼
六世二房長懋登公　諱　思義公之次子也
娶媽　氏生三男孔宝孔媽孔模　公生于
年　月　日　時　卒於
年　月　日　時　媽生于
年　月　日　時　塟在夲山土名尾崙
脚牛角壠竪路邊坐　向
六世二房長懋瑛公　諱
塟在門口埈後溝無傳
六世二房長懋卿公　諱　思義公之三子也

娶媽林氏生一子孔疇　公生于
年　月　日　時　卒於　　年
月　日　時　媽生于　　年　月
日　時　卒於　　年　月　日
時　公塟在本山土名崎林仔三脚木路
上后壁坐庚向甲兼卯酉　媽塟在頂園厝
地內坐　向

六世二房二懋儼公諱望春思德公之子也娶
媽吳氏生六男孔養孔俊孔祐孔嘉孔端孔
郁三女長配石碧郭家二配上地胡家三配
嶺頭蘇家　公號敬然
公生于萬曆壬午年四月初十日辰時　卒於
順治癸巳九年四月初六日申時塟在本里
竹塔鄉土名蓆草壠邊月角形穴坐辛向乙

寅酉卯康熙辛酉年　月　日　時進塟

媽吳氏諡尾娘赤鳥瀨人生于萬曆戊子年又

六月初二日良時　卒於康熙丙午年正月

初四日戌時　塟在竹塔蓆草壠田崙園角

穴坐丁向癸寅未丑

七世長房長孔橋孔添孔良高英高第孔新等

公外移懋齋公諱天遠號竹呆娶林氏三娘

生男名五

七世長房二孔華公字弘採號耀國懋泰公之

長子也娶媽倪氏生一子亂祥一女卯娘配

上坛墘鍾家　公為人言重金石作事存心

理政守分和睦鄉里友敬叔兄弟侄族中豪

舉親屬嘆仰　生于萬曆乙巳年八月十七

日午時　卒於順治癸巳年二月十七日申

時　康熙十六年丁巳　月廿七日卯時葬
在竹塔鄉大帽崎林崙穴坐巽向乾兼巳亥
媽倪氏　諱　三娘庠生　新竺公之女敬惟之妹
生于萬曆丙午年二月廿一日辰時　卒於
康熙戊午年五月十三日午時　康熙廿一
年壬戌十二月廿三日卯時葬在竹塔鄉大
帽山中心石崙穴坐未向丑兼丁癸
七世長房二孔殿公　字弘都　號憲章懋泰公之
次子娶媽曾氏無生公生于萬曆辛亥三十
九年九月初六日卯時卒於崇禎戊辰元年
四月廿三日未時康熙戊午十七年十一月
廿三日辰時葬在洋宅林土名茶仔崙穴坐
坤向艮兼未丑康熙　年分葬在竹塔曾口
坂格崎兜近竹壠對蔡洋古寨清水峯穴坐

坤向艮兼

七世長房二孔聖公 字弘振娶王氏生一子名使充兵孔明充兵孔員充兵臺灣孔寅娶莊氏青陽吴店市人生二男媽生天生公生于崇禎戊辰年　月　日　時　卒於清康熈　年　月　日　時　移延平府尤溪縣卒塟廿九都市田上崙

七世長房三孔盖公 字弘信生于崇禎九年丙子二月十七日申時　卒於順治四年丁亥八月十五日 卯時塟在竹塔牛角壠崙上穴坐乾向巽

七世長房三孔任公 字弘道娶媽林氏生二子亂起亂援一女恬娘配依仁里華美王家

公生于崇禎十五年壬午九月初八日寅時卒

於康熙十八年己未十一月十七日酉時康
熙二十二年癸亥十二月初四日　時塟夲
里柿樹壠格埞外崙穴坐乾向巽兼戌辰
七世長房三孔德公生六子移漳平溪南
七世長房三孔啓公　字　弘明　號　國和娶媽陳氏
生一子亂居　公生于天啓丙寅六年十一月
廿二日寅時　卒於康熙癸亥二十二年九月
廿三日寅時塟在三十六級至康熙丙寅廿
五年十二月十四日辰時瓦棺塟夲山楓林
前尾崙穴坐子向午兼壬丙戌辰年再遷塟
在虎跳石辛未年十二月初四日塟在柿樹
壠埞崙穴坐庚向甲
媽
陳氏　謚　三娘永春太平人生于崇禎丙戌年
又八月十一日　卯時卒於康熙五十一年壬

辰六月十五戌時媽卒在安海一堆土寄安
至辛丑年三月十五清明什骸擇塋在本里
虎跳石後遷塟大山崙鴨母坋頭穴坐　向
七世長房三孔禎公字弘吉號國恩娶媽蘊氏
生四男亂賢亂程亂猛亂照二女長旋娘配
永春林頭范六丈二謙娘亦配歸地范蔭丈
公生于崇禎庚午年六月廿七日戌時　卒於
康熙丁丑年十一月廿三日丑時塟在本里
竹塔鄉土名圳兜田上穴坐壬向丙兼子午
媽蘊氏謚階娘南安蓬島人生于崇禎十九年
壬午十一月十二日亥時　卒於康熙十九
年庚申十二月初三日酉時仝公塟在本山
楓林前尾崙穴坐壬向丙
七世長房三孔丑公字弘　娶柯氏移邵武府

真君牌居住

七世長房四孔郎公外移興化府西門内住

七世長房四孔超孔爵孔臻孔昌孔科孔燝俱係天樟公之子也孔爵名高弟生于康熙庚戌九年四月十八日未時娶毆寧縣鄭墩鄉徐秀郎長女名喚添娘　孔昌名五叔生于康熙甲寅年十二月廿七日未時　卒於康熙壬戌廿一年三月十四日未時

七世二房長孔樞公字弘秉懋忠公之長子也娶媽胡氏生三男亂西亂晃二女長二娘配木洋柯家外甥伯任伯貴二六娘配嶺頭蘇六娘外甥禮等六人　一亂禮

公媽康熙二十二年癸亥十月塟在本里本山新厝墓邊崙對大山穴坐艮向坤

七世二房長孔楫公字弘庇懋忠公之次子也
娶媽黃氏生三男乩露乩輝乩燦
公生于萬曆三十四年丙午　月　日　時
卒於康熙壬戌年十一月廿三日巳時塟楓
林　乾隆　年十二月改迁塟在夲里柯
山土名吉坑大崙穴坐未向丑兼丁癸仝十
一世侄士福仝添塟
媽黃氏謚大娘格口人生于萬曆　年　月
日　時　卒於康熙丁未年　月
日　時塟在竹塔尾崙穴坐坤向艮後迁塟
在夲鄉土名大水埕路下田上穴坐乾向巽
七世二房長孔棣孔趏公外移温州平陽住
七世二房長孔陌公
七世二房長孔爵公外移温州住

七世二房長孔第公 字 弘甲懋魁公之長子也
娶媽吳氏生二男亂荐充兵不知何去亂戍
無傳
公生于萬曆四十二年甲寅四月初十日酉時
卒於康熙十年辛卯八月三十日巳時康熙
十六年丁巳三月初二日午時塟在李里竹
塔鄉土名柿樹壠崙穴坐癸向丁兼子午
媽吳氏 謚 二娘生于萬曆丁巳年五月初四日
午時 卒於康熙戊辰年十一月十一日未
時塟在竹塔鄉土名騎龍崙穴坐坤向艮兼
申寅
七世二房長孔隘公外移温州府住
七世二房長孔提公字弘機懋魁公之次子也
娶媽劉氏生一男亂福一女意娘配祖家劉

淑官

公生于明崇禎乙丑年八月初八日辰時

卒於

媽劉氏謚　娘同安東橋楊地人生于崇禎庚

辰年五月十一日戌時　卒於康熙戊寅年

六月初一日酉時

七世二房長孔益公字弘裕懋會公之長子也

娶媽林氏生二男亂儒亂速

公生于　康熙　年　月　日

時塟在夲鄉觀音崙

媽林氏謚　娘黃柱人

七世二房長孔寶公字弘時懋登公之長子也

七世二房長孔範公諱　媽娘字　弘楷懋登公之

次子也娶媽　氏生一男燕英父卒母子不

知何去

七世二房長孔模公　字弘鳴懋登公之三子也

娶媽林氏五埔人竒田之女不知何去

七世二房長孔疇公　字弘錫懋卿公之子娶媽

陳氏衙口陳鎮舅之妹生一男乩昭一女配

淵兜沈家

七世二房二孔養公　字弘惠懋儼公之長子也

娶媽黄氏生二子乩露乩寨　公生于崇禎

丙午年二月十九日酉時　卒於康熙己未

年十二月廿四日辰時　塟在本鄉新厝垵

内崙對小尖峯穴坐亥向巳後迁穴坐乾向

巽兼戌辰

媽吳氏　謚好娘依仁里塔尾内人生于崇禎己

酉年十一月十三日酉時　卒於康熙甲子

年九月廿八日寅時塟在竹塔鄉土名楓林前穴坐甲向庚兼寅申

七世二房二孔俊公字弘秀懋儼公之次子也娶媽　氏生一男亂　外移

七世二房二孔祐公字弘　懋儼公之三子也娶媽　氏生一女配光得里東青許家外移

七世二房二孔嘉公字弘瑞懋儼公之四子也娶媽柯氏夲里溪頭人生一子亂孟移中都住二女長配永安教塲美次配同安嶺下葉

七世二房二孔端公字弘政懋儼公之五子娶媽岳氏生三子亂外亂鄉亂界移江西九株松住一女城娘配建寧府崇安縣五里庵菜公吳二娘現住江西廣信府上堯縣九株松下灣田中住

七世二房二孔郁公　字弘文懋儼公之六子也
娶媽許氏生四男亂盛亂元亂三亂連二女
長忠娘配新溪里梁頂觀次金娘配黃口中
埔尾池楊橋郎
公生于崇禎癸酉年十一月十二日辰時
卒於　己亥年十月初七日未時　已未
年塟在本山崎林仔穴坐丙向壬兼巳亥分
金丁巳亥
媽許氏謚三娘晋江浮橋人生于順治己酉年
六月十五日亥時　卒於康熙丙子年三月
初六日未時　塟在本鄉四埕路上穴坐辛
向乙兼酉卯
八世長房二爾徵公諱亂祥號謂卿孔華公之
子娶媽林氏生二男際亨際明

公生于崇禎六年癸酉八月廿四日午時　辛
於　　二年癸卯二月廿四日申時　康熙
十四年乙卯三月十四日辰時　塟在夲里
竺埼鄉土名出水垵内崙掃箒形穴坐壬向
丙兼子午
媽林氏　諱順娘縣内后蒲振九之女生于崇禎
乙亥年四月念六日艮時　卒於康熙乙未
年七月廿四日丑時　塟在
八世長房二媽生一子天生移延平府尤溪縣
廿四都清溪鄉住
八世長房二　　公諱亂瑞
八世長房三爾科公諱亂興即亂起孔任公之
長子娶媽　　氏生于康熙六年丁未十月二

十日辰時　卒於康熙四十八年甲午六月
二十日未時　瓦棺葬在夲里瓦頭崙
八世長房三爾方公 諱 亂援孔任公之次子娶
媽劉氏生二男長際連早世 次際山
公生于康熙十六年丁巳十二月廿六日巳時
卒於雍正四年丙午十二月初十日申時
瓦棺葬在竹塔鄉大山崙土名鴨母坋頭穴
坐丁向癸兼未丑
媽劉氏 謚 靜娘生于康熙二十四年歲次乙丑
十二月初九日午時　卒於乾隆二十一年
歲次丙子六月初二日申時享壽七十二歲
葬在
八世長房三爾似公 諱 亂居 號 景行孔啓公之
子娶媽劉氏生三子際科際朝際貫二女長

廼娘配夲里林邉溫進使二金娘配安海山
前鄉王登使
公生于順治十六年己亥六月十六日寅時
卒於
塋在竹塔鄉土名好樹埔穴坐坤向艮兼申寅
媽劉氏諡引娘夲里彭洋孔官支派生于
丁未年五月廿五日卯時　卒於　　庚申
年正月初八日子時
塋在
八世長房三爾及公諱英賢孔禎公之長子娶
媽林氏生一子際宗
公生于康熙三年甲辰二月十九日丑時
卒於雍正四年丙午六月廿二日戌時　乾
隆　年分仝公及爾似公塋在竺墻鄉土名

好樹江埔　乾隆四十九年甲辰十一月廿
三日卯時迁移後路坋仔尾穴坐甲向庚兼
卯酉
媽林氏諱　娘
八世長房三爾盈公諱英程孔禎公之次子也
生于康熙六年丁未七月十一日午時
卒於雍正元年二月十五日辰時
塟在大山鴨母坋形勢蛇形穴坐
八世長房三爾恭公諱英猛孔禎公之三子也
生于康熙十四年乙卯三月廿九日辰時
卒於康熙乙亥年三月初十日辰時公一爾烈
乾隆五十年丙午十二月十六日卯時塟在
竹塔鄉土名寨埔穴坐巽向乾兼巳亥
八世長房三爾暉公諱英照孔禎公之四子也

生于康熙二十年辛酉六月十一日寅時
卒於雍正十一年三月初七日寅時
乾隆三十八年十二月廿一日丑時塟在竹
塔鄉土名寨門口穴坐坤向艮兼未丑
八世長房五亂賜公
八世二房長爾聰公諱亂智兄亂初不知下落
孔純公之次子娶媽謝氏生一女所娘配同
安縣華美店陳毓南諸官後隨女同安居住
謝氏係同安縣大澄人
八世二房長爾茂公諱亂森號經伯孔純公之
三子娶媽沈氏生一子際元
公生于崇禎丁巳年六月初八日辰時
卒於康熙癸亥廿一年十二月廿七日丑寅時
塟在夲鄉土名尾林穴坐卯向酉兼甲庚

媽沈氏謚　娘媽孫氏乃安溪縣丑舅之妹生
于明萬曆己未年十一月十一日戌時卒於
清康熙戊午年八月十二日巳時塟在與公
仝墳
八世二房長爾善公　諱　亂助一字爾賓孔純公
之三子娶媽陳氏生一子際服一趙氏郭溪
下趙人
公生于崇禎　　年五月十五日戌時
卒於
塟在光得里夲山洋茶林邉田後壁穴
八世二房長爾篤公諱亂信孔材公之子娶媽
張氏同安縣人生一子際董即際黨一女臣
娘配溪尾楊家
公生于崇禎辛丑年正月十二日子時　卒於

康熙丁卯年　月　日　時　葬在出水
垵内崙穴坐壬向丙弟亂美字爾擇被虎咬
合葬在此
八世二房長爾敬公諱亂禮無傳亂酉公無嗣
不知下落爾光公諱亂晃娶媽鄭氏生一女
未娘配半嶺盼曷皆孔樞公之子
爾光公　康熙年間迁葬在本鄉土名肥猪
垵路上园角
福房
八世二房長爾降公諱亂露號天伯孔楫公之
長子娶媽洪氏生一男際吉因為康熙癸卯
冬大當逃出後娶回官橋許氏故又娶青陽
蔡氏無出令清康熙二十三年胞弟亂燦次
子際慶撥出繼
公生于崇禎二年己巳年三月廿三日辰時

卒於康熙三十八年己卯十月初一日寅時
葬在本里夲鄉土名水埕濘田後壁穴坐壬
向丙兼寅巳公後有娶洪氏卒仝葬在此
傅氏
許氏官橋人
蔡氏吾店市人
祿房八世二房長爾明公諱亂輝孔楫公之次子娶
媽鄭氏生二男際祖次男際卯幼夭
公生于崇禎壬申年
卒於康熙壬子年十月廿四日丑時
康熙丁卯年葬在夲鄉土名池塘格田後壁
名官欄山穴坐巳向寅兼巽乾
媽鄭氏垵頭人生二女長酉娘配上地胡二腰
娘配科名黄　葬在

壽房八世二房長爾換公諱亂燦號吾叔孔楫公之
三子娶媽林氏生五子際嘉際慶出繼亂露際碧無出
際保無出際珠一女配官橋許生外甥猛官同
官章官
公生于崇禎乙亥年四月初八日未時　卒於
康熙三十二年四月十七日巳時　乾隆甲
午年九月十七日卯時迁塟在竹塔鄉土名
垵頭崙面前山穴坐坤向艮兼未丑
媽林氏諱謹娘衆運人生于順治己丑年十月
初八日卯時　卒於康熙庚辰年正月初四
日酉時　塟在竹塔鄉土名大山坐北向南
寨仔箍脚柿樹壠頭路上穴坐壬向丙兼亥
巳后迁在本鄉垵内穴坐壬向丙兼
八世二房長爾渊公諱亂臨孔第公之子也

乩荐充兵不知何去乩戍無嗣 延清順治乙
酉年十月初三日戌時建生
八世二房長爾全公 諱乩福 字爾壽孔捷公之
子無傳 卒於康熙甲子秋呼
八世二房長爾業公 諱乩儒 號孫宇孔益公之
長子娶媽吳氏生四男際長立繼子贊際拔
際閒際昂一女 引娘配運尾半山曾爱官
公生于崇禎甲子年十二月十七日艮時
卒於康熙辛巳四十年二月廿八日申時
葬在本鄉土名埈頭崙路上穴坐 向
媽吳氏謚四娘馬頭人生于崇禎壬申年七月
廿六日艮時 卒於康熙癸亥年十一月十
二日子時 葬在
八世二房長乩速公 諱英瑞 移上府黄金鋪辛 英昭公

八世二房二亂露公

八世二房二爾脩公 諱亂寨公 孔養公之次子

娶媽林氏生一子際龍

公生于崇禎甲申年三月初三日酉時

卒於康熙戊戌年十一月十三日亥時

塟在竹塔鄉土名頂園上穴坐亥向巳兼壬丙

媽林氏 謚好娘赤嶺人生于康熙壬寅年正月

初二日丑時 卒於雍正丁未年七月十八

日戌時 塟在竹塔鄉土名崎林仔穴坐巽

向乾兼辰戌

八世二房二亂孟公外移

八世二房二亂外亂獅亂界等公俱外移

八世二房二爾盛公 諱亂左即亂盛孔郁公之

長子娶媽林氏生四男際盈際華撥出奉繼

胞叔亂三公　際富際升後娶媽洪氏生二子際昔際嘉二女長配鳳山林國官二配佛口蔡愿官
公生于康熙丙午年十一月初一日未時
卒於
塋在
媽林氏諡烋娘鳳山頭人生于康熙辛酉年三月三十日辰時　卒於康熙戊子年五月初三日丑時後迁塋在竹塔鄉土名新厝墓內穴坐癸向丁兼子午
媽洪氏諱四娘南安人生于康熙戊辰年五月十六日丑時　卒於乾隆癸未年三月初七日申時　塋在本里本鄉格坵崙穴坐丁向癸兼午子

八世二房二爾第公諱亂元孔郁公之次子娶
媽楊氏生男四際添際新際習際平一女進娘
配新溪里梧莊周祖官
公生于康熙庚戌年四月十六日巳時
卒於雍正壬子年六月十五日巳時
塟在夲鄉觀音崙穴坐癸向丁兼丑未
媽楊氏諱巧娘生于康熙甲子年七月初九日
申時　卒於乾隆丙寅年十月初七日辰時
乾隆戊申年十一月廿六日塟在本鄉池角
穴坐乾向巽兼巳亥壽享六十二歲
八世二房二爾興公諱亂三孔郁公之三子娶
媽傅氏無出公卒嫁出立爾盛公次子際華
奉繼
公生于康熙壬子年十月廿六日丑時

卒於康熙辛巳年十二月廿八日良時沉船
八世二房二爾捷公諱亂連孔郁公之四子無出
塋在本山土名竹塔坑一諱英芳名聯使亂三公合葬穴坐向
八世二房長英戌亂福公無傳
二房長英瑞移上四府黄金鋪卒
二房長亂初無傳　亂參不知何去
二房長亂昭無傳
九世長房二際亨公諱泰郎號會侯亂祥公之
長子娶王氏生二男子隱子陽四女長配溪
頭柯二配上地胡三配官橋許四配祥雲渡
鍾家
公生于順治甲午年四月初八日未時　卒於
雍正戊申年四月廿五日申時　雍正己酉
年十月廿五日未時塋在光得里種薑坂穴

坐巽向乾兼巳亥
媽王氏　諱　倍娘本邑華美人生于順治丁酉年
三月廿二日戌時　卒於雍正癸丑年十二
月廿五日卯時塟在本里土名埈頭崙穴坐
向　兼
九世長房三際明公　諱　在郎　字　維德亂祥公之
次子娶杜氏　謚　好娘生于順治十八年辛丑正
月初五日申時　卒於康熙十二年癸丑四
月廿八日未時　康熙十七年戊午又三月
十四日寅時　塟在光得里洋茶林崎林仔
崙穴坐申向寅兼坤艮
九世長房三際山公　字　維重　號　際艮亂援公之
次子娶媽蘓氏生二男子順子接長五女笑娘配
上塲王健官二金娘配蓬格陳園官三六娘

配蓬格陳塊官四盡娘配溪頭柯五伴娘配
尾寮林　蕭氏留娘後嫁尾寮伴娘隨母去
公生于康熙五十八年庚子三月初八日戌時
卒於乾隆五十三年戊申四月十七日卯時
胞兄際連公
九世長房三際[illegible]公　字惟德爾似公之長子娶
媽金氏生二男子顯子國一女配邑庠生黃
天水官胞侄黃碧官　子國生一男名江
女子
媽金氏　謚舉娘晉江安海都廩膳生金泰官之
九世長房三際朝公字惟選爾似公之次子也
生於　己卯年閏七月十一日丑時生一
子名來英
九世長房三際貫公字惟通爾似公之三子娶

媽王氏生一女配龍湖續娶梁氏生一男子
魁　公生于清康熙丙戌年二月初六日丑
時　卒於清　　年十二月初二日申時
塟在夲山土名出水垵穴坐
媽王氏諡益娘夲邑王炎官之女生于康熙丙
申年八月十六日卯時　卒於雍正乙卯年
又四月十六日卯時　乾隆三十九年三月
初二日　時瓦棺塟在夲山光得里土名崎
林仔崙穴坐庚向甲兼酉卯分金庚寅申
媽梁氏諡珠娘南安廿七都象運人生于雍正
乙巳年四月十七日未時
卒於
九世長房三際宗公字惟享號際成爾及公之
子娶媽陳氏生一男子田一女賽娘配興二

里洋內傳纂官
公生于康熙戊寅年八月初五日酉時
卒於乾隆戊申年正月廿八日卯時
媽陳氏 謚 立娘光得里黃宅林陳裕使次女生
于康熙癸未年三月初九日未時 卒於乾
隆五十三年戊申正月廿八日戌時享壽八
十六齡
九世二房長際元公 字 惟善 號 其長乳名 經娶
許氏 諱 欽娘官橋人生于順治元年甲申九
月初七日申時 卒於康熙廿三年甲子五
月初三日卯時 初生女慶娘繼生男子陣
九世二房長際服公生于順治丁酉年三月初
八日寅時娶南安白石九溪林氏諱省娘
生男一使乙亥年二月廿六日巳時生又

次昭娘　戊寅年四月廿二日亥時　省娘
生于康熙甲寅年七月十五日午時
九世二房長際董公即際黨生于康熙辛亥年
二月十六日亥時
九世二房長際吉公　諱際慶　字惟弘亂森公之
次子出繼亂露公娶媽林氏生四男子姿子
俊子雅子男又子汝子寅二人早世
公生于康熙辛亥年九月初五日戌時
卒於乾隆辛未年十一月廿六日戌時
塟在本里土名大山崙穴坐丙向壬兼午子
媽林氏系娘象運人生于康熙壬戌年四月
十五日丑時　卒於康熙壬寅年二月初四
日　時
塟在本里土名直崙頭穴坐庚向甲兼酉卯

九世二房長際祖公　字惟亂輝公之子娶媽
黄氏科名人生三男子百子夑子千
九世二房長際嘉公　字惟憐名曰喜亂燦公之
子娶媽王氏生三男子普子最子葉四女長
姜娘配夲里蔡土摟蔡二配蓬格陳三曉娘
配黄宅林陳四轉娘配員外家博官
公生于康熙丁未年八月初八日亥時
卒於雍正癸卯年六月初八日丑時　葬在
夲里大山嘴後浮坂穴坐戌向艮兼乾巽
媽王氏　諱春娘黄潭人生于康熙癸亥年八月
初八日巳時　卒於乾隆癸酉年二月廿四
日艮時　葬在夲處林仔口穴坐壬向丙
九世二房長際碧公無出生于康熙辛酉年七
月廿六日酉時　卒於康熙乙丑年四月十

六日寅時
九世二房長際珠公無出生于康熙丁夘年八
月初一日艮時
九世二房長際長公諱長　字惟國乩儒公之
長子娶媽　氏無出立繼二房二際昇子子
贊奉祀
公生于順治戊戌年十一月廿九日午時
卒於乾隆元年丙艮三月十六日未時
塟在
媽　氏生于
卒於
塟在
公胞弟際拔名取英際閘生于康熙庚戌年正
月二十日夘時　際鼎名邠英

九世二房二際龍公字惟見號際飛乱寨公之子娶媽楊氏生三男子成早世子文子武一女吉娘配同尾岩梅陳家

公一綫継作辛苦难言否極應泰天道會元服田稼穡食報数存内助令德賛給饔飧撫育雙桂報恩敬尊

公生于康熙戊午年八月十九日巳時

卒於雍正乙巳年六月初一日巳時

塋在蕭草壠對面園上穴坐丁向癸兼未丑

媽楊氏諱好娘后山定舅之姐生于康熙巳卯年四月初九日酉時　卒於乾隆庚辰年二月廿九日酉時　塋在竹塔土名蕭草壠茶畲上穴坐庚向甲兼申寅　長男子成生于康熙乙未年正月廿四日戌時　卒於乾隆

元年七月十三日巳時仝公合塋歷年公議
抽出蓆草壠門口田正租貳挓輪収祭忌辰
九世二房二際榮公 字惟欽亂左公之長子娶
媽蘓氏生一男子勇三女長淑娘配感化里
山兜裴享官次近娘配湖頭來蘓里陳榮官
三氣娘配中標許郡官
公生于康熙丁丑年九月初七日未時　卒於
乾隆丙辰年七月初六日午時
塋在
媽蘓氏諱　娘生于康熙丙子年十二月十九
日酉時　卒於乾隆丁巳年七月十五日酉
時　塋在
九世二房二際華公出継爾三公為子
九世二房二際富公 字惟業亂左公之三子也

娶媽許氏生四男子科子壽子再子姜一女
俄娘配增口坂傅香官
公生于康熙壬午年二月初七日酉時　卒於
乾隆壬申年九月十五日子時　塟在竹塔
鄉土名尾路穴坐癸向丁兼子午
媽許氏　諱　敬娘中標人嫁出赤嶺
九世二房二際星公　字　惟月乱左公之四子娶
媽蘓氏生一男子賛續娶葉氏生一女配参
内蘓家後葉氏嫁出
公生于康熙丙申年十二月初三日酉時
卒於乾隆癸酉年五月廿九日戌時
塟在
媽蘓氏　諱　含娘生于康熙戊子年十二月初四
日艮時　卒於雍正己酉年又七月初九日

申時　塋在

九世二房二際昔公字惟日亂左公之五子娶

媽　氏諱抱娘立二房長子倡為子

公生于康熙辛丑年十一月十九日丑時

卒於乾隆辛未年正月初九日丑時

塋在

九世二房二際嘉字惟善亂左公之六子也

公生于康熙甲辰年六月廿四日艮時

卒於乾隆乙丑年三月十八日午時

塋在本鄉門口案穴坐坤向艮兼申寅

九世二房二際添公字惟籌亂元公之長子娶

媽林氏生四男子鸞子鳳子連子黎子黎撥

付胞弟際平公奉祀

公生于康熙癸未年正月廿七日卯時

卒於乾隆辛巳年八月十四日未時
塟在本鄉土名蔡洋格糞箕垵湖內穴坐子向午兼癸丁
媽林氏諱程娘鳳山頭人生于順治癸巳年九
月初五日午時　卒於乾隆三十五年辛卯
十月初一日巳時
塟在本里頂園角穴坐癸向丁兼子午
九世二房二際新公字惟　亂元公之次子娶
媽林氏生一男子妙
公生于康熙癸巳年五月二十日巳時
卒於乾隆癸巳年三月初四日未時
塟在
媽林氏諱宜娘生于康熙乙未年十月十二日
巳時卒於乾隆乙丑年三月初四日未時
塟在本里大山崙坑仔邊穴坐

九世二房二際習公字惟壹乩元公之三子娶
媽楊氏生一男子球
公生于康熙丙申年六月初三日戌時
卒於乾隆已巳年五月廿八日　時
塋在
媽楊氏諱位娘生于康熙丙申年八月廿八日
卯時　卒於乾隆戊午年二月廿二日巳時
塋在蕭草壠頭穴坐乾向巽兼戌辰
九世二房二際平公立際添公第四男子黎承
繼為子
公生于康熙甲辰年九月初五日亥時　卒於
乾隆廿五年七月廿六日辰時乾隆已丑年
十二月廿二日　時塋在頂園角穴坐丑向
未兼艮坤　媽蘇氏諱續娘謚勤順生于雍正戊申年
六月十八日卯時　卒於乾隆三十年甲午四月十五

日吉時葬在大山内蛇形崙田草圯穴坐　向
九世二房二際華公字惟漢亂盛公第二子出
繼亂三公為子娶媽蘏氏生一男子梅
公生于康熙己卯年八月初七日巳時
卒於乾隆癸酉年六月初九日未時葬在蓆草壠墘頂穴坐　向
媽蘏氏諱𢡟娘溪南人嫁出
十世長房二處士子隱公字德潛號朝龍際亨
公之長子娶媽林氏生四男仕岱仕岳仕崑
仕崗又娶謝氏生二男仕崙仕岐一女典娘配
黄宅林陳構覌後又娶陳氏以為事堂上𪘏
𪘏之姑撫膝前呱呱之子享壽六十有九齡
溫良持己令德與圭璋齊輝忠信待人聞望
同山斗並重其少概見者壎篪之間友恭是
敦交遊之際中心必式宗族處以和鄉里孚
以睦凡賓朋過訪杯酒留歡有屬義舉秉直

不阿且其所最留心者書香一脉尊師重道令族以經史課教兒孫故構樸素弘齋一室止以斯文為念嗣而蓬萊外甥女婿必魁劉君情結關山晤對設心因是即景具贈曰

峯房禪寂兩三間一味幽清閒又閒濃綠苔痕鋪碧砌設紅花蕋映忠闕芝蘭有意栽盈室雲雨無心沛滿山欲養蒼龍無別處此中應作葛廬看

已巳仲冬姻侄振昆楊君辱訪心馬慕之亦因即景具贈曰

碧樹羅軒窓雅意色奏簧危峯駕秀夾雁埨題名光噫　公之立心制行如此大丈夫不當如是乎曾日月之幾何而籬東之紅菊寂

寞無言江上之芙蓉慘淡失色豈不痛哉聊
撮其槪以備家乘云爾
公生于康熙辛酉年八月初四日寅時　卒於
乾隆十四年己巳十二月廿一日辰時
塋在
媽林氏　諱聰娘祥雲塿人生于康熙庚午年正
月初五日戌時　卒於康熙丙申年十二月
初五日巳時　辛丑年十月廿七日辰時
塋在出水垵穴坐亥向巳兼壬丙
媽謝氏　諱受娘后垵人生于康熙戊辰年七月
初六日未時　卒於雍正戊申年十一月廿
七日卯時　瓦棺塋在本里出水垵墩頂騎
龍斬穴坐酉向卯兼
媽陳氏　諱酉娘生于康熙甲子年十月廿四日

酉時　卒於乾隆庚寅年六月初一日午時

十世長房二子陽公字德明際亨公之次子娶

媽謝氏無出胞兄子隱公撥出第四男仕崗

承繼為子

公生于康熙乙丑年十月十八日午時

卒於乾隆辛酉年五月廿五日卯時　乾隆

乙丑年十二月　日寅時塟在本里楓林

前園頂穴坐癸向丁兼子午

媽謝氏諱尾娘　人生于康熙丙子年正月

十九日亥時　卒於乾隆戊子年七月初七

日巳時

十世長房三子　公字　生　八巳年四月

八日亥時　卒於

子國公　生于　壬寅年六月初九日辰時

卒於

十世長房三子魁公 字　　際貫公之子娶媽

殷氏 諱 歡娘永安里埔任人生二男瑞麟高陞

一女雪娘配蓮塊尾林莪官生　　癸亥年

十二月初四日未時

十世長房三子田公 字德福 號 子遂娶媽劉氏

足娘黄口人生二男仕考仕瑚三女長浩娘

配曾口坂傅恰官次知娘配蓬格陳雷官三

送娘配坛尾鄭長官　　浩娘未過門早亡生

于乾隆十九年癸酉二月初八日卯時　卒

於乾隆　年良月吉日良時　塟在夲处大

山形勢將軍点兵

公從幼失怙恃母經張創業建屋私聚一堂七

旬偕老四代聲揚眉齊案舉桂馥蘭香天倫

樂事自爾垂芳

公生于康熙五十八年己亥十月十五日寅時

卒於

媽劉氏生于雍正七年己酉又七月初六日良時

卒於

十世二房長子陣公娶媽傅氏生二男仕性仕

貢三女長信娘配蔡塗樓蔡家二推娘配吾

莊周家三勸娘配坂頭莊家

十世二房長子姿公 字德侯 號子芳際吉公之

長子娶媽陳氏生四男仕歲仕合仕庚仕冥

二女長叟娘配蓬格陳璉官二到娘

公生于康熙三十九年庚辰七月二十日寅時

卒於乾隆廿三年戊寅二月十五日良時

塟在夲山大墘草圳穴坐乾向巽兼戌辰後

迁葬在夲山土名大園觀音崙塔脚穴坐亥
向巳兼
媽陳氏諱勉娘爐尾人生于康熙四十四年乙
酉正月廿一日酉時　卒於乾隆四十一年
丙申九月初十日卯時　葬在夲山土名竹
坑邉穴坐丁向癸兼未丑後迁葬在出水垵
大水埕田上路後壁穴坐亥向巳兼壬丙
十世二房長子俊公字德位際吉公之次子娶
媽林氏生二男仕政仕斟一女配嶺尾張家
公生于康熙乙酉年三月初四日酉時
卒於
媽林氏諱宜娘黄柱人生于康熙戊子年九月
初八日寅時　卒於
葬在

十世二房長子雅公字德常際吉公之三子娶
媽蔡氏無出後娶廖氏生三子仕審仕倡出
繼二房二際昔公為子仕邑
公生于康熙戊子年四月初二日寅時　卒於
乾隆四十二年丁酉二月初五日未時　塟
在本鄉土名垵頭崙坪穴坐乙向辛兼辰戌
媽蔡氏諱閒娘生于康熙丁酉年十一月初二
日寅時　卒於乾隆庚申年九月初七日辰
時　塟在本鄉土名圳兜大石中穴坐癸向
丁兼丑未
媽廖氏諱招娘生于康熙戊子年正月廿二日酉時
卒於乾隆五十二年丁未正月十八日申時
塟在本鄉土名垵內穴坐子向午兼癸丁
子汝公早世生于康熙癸巳年十月十三日

娶媽蘓氏生五男仕兼仕鉋仕報仕兒仕敏
三女長配山頭陳號观二配洋内上砼傳三
配蓬萊大墘林
公生于康熙乙酉年五月十四日寅時
卒於乾隆辛丑年九月十三日辰時
塋在本鄉土名后仔坂穴坐乾向巽兼亥巳
媽蘓氏 諱 腰娘生于康熙丙戌年十一月廿一
日寅時　卒於乾隆壬戌年九月十三日亥時
塋在
十世二房長子最公 字 德玩 號 林近際嘉公之
次子娶媽蘓氏生二男仕投仕回三女長答
娘配吾莊陳次越娘配官橋許三介娘配参
内蘓
公生于康熙戊子年十二月廿九日戌時

卒於乾隆五十一年十月初五日巳時　塋
在夲山新厝墓內埈邊穴坐癸向丁兼丑未
媽蘊氏諱美娘諡盟玉參內湖邊人生于康熙
丙申年十一月廿一日寅時　卒於乾隆五
十一年丙午八月十八日未時
塋在本處新園穴坐庚向甲兼酉卯
十世二房長子葉公字德　際嘉公之三子娶
媽王氏烏娘早世後娶陳氏　娘運尾人生
一女配九埈陳家女名衎娘
公生于康熙丁酉年五月十七日寅時　卒於
乾隆乙未年六月廿三日午時往臺灣身故
媽王氏生于雍正甲辰年六月初一日丑時
卒於乾隆乙丑年正月廿五日艮時墓塋在
大墘草腹

十世二房長子贊公 字德育承繼際長公奉祀
娶婦林氏谷山人生三男仕煥仕遐仕老仕
遐撥為與際長公奉祀仕老撥付與際星公
奉祀
十世二房二子文公 字德章 號彬靜際龍公之
長子娶媽林氏生一男仕傳
公德糾公之胞兄也雖至分爨式好無猶友于
懇念地理廣遊祖父坟墓多主拔尤經營創
置倉箱堪謳孔孫曹後俊偉克振箕裘
公生于康熙戊戌年六月廿三巳時 卒於乾
隆五十四年已酉又五月初二日未時 本
年十二月廿九日 時塋在夲鄉土名蕭草
壠山對面園角穴坐坤向艮兼未丑
媽林氏 諱早娘夲縣尾寮人生于雍正甲辰年

正月十六日午時　卒於乾隆癸丑年五月
初八日良時　塟在蓆草壠池塘角上山穴
坐坤向艮
十世二房二子武公字德糾號周畧際龍公之
次子娶媽陳氏生二男仕麒萬得二女長珪
娘配蓬萊鶴前劉梧覌二治娘配許宅溪劉
愷覌
公德章公之胞弟也溫純秉性質朴應酧孝友
隨分好合声流訓子勤儉處人寬柔創垂田
業坟屋兼優鄉舘當首書香契投晚景閑論
人中仙儔
公生于雍正二年甲辰九月廿八日寅時
卒於乾隆五十四年已酉四月初五日未時
享壽六十六齡　塟在大墓內穴坐壬向丙兼子午

媽陳氏諱順娘吾莊人勤儉治家和好族衆婦
德婦功鄉閭趨向舉案齊眉古風弗讓别世
倡隨動人哀慕家譜録登勸為賢助
媽生于雍正乙卯年正月初一日辰時
卒於乾隆五十四年己酉四月廿七日酉時
享壽五十六歲葬在本处土名蕭草壠對面
穴坐坤向艮兼未丑
十世二房二子勇公字　際盈公之子去番邦
十世二房二子科公字德提際富公之長子生
于雍正十二年甲寅十月二十日戌時
卒於
葬在
胞弟子壽早世子再出外子恭早世
十世二房二子贊公字德育承繼際長公先娶

蕨山林氏却娘後娶陳氏乇娘運尾人生仕
煥另仕遐為際長公奉祀仕老為際星公本
房奉祀
公于雍正元年癸卯六月廿七日申時
卒於乾隆四十一年乙未又十月十二日戌辰時
壟在
十世二房二子倡公字德忞娶鄭氏生二男二
女男仕鑽仕渠長女罕娘配谷口趙平官次
女双娘
公稟質聦睿善剛善柔許事快樂無意遲留慷
當以概豪出者流鄉閭俯仰翹然寡儔桂香
飄發啓後宏猷
公生于乾隆乙丑年十月廿三日巳時
媽鄭氏瑛娘坛尾人生于乾隆己卯年二月十八日卯時
公壟在夲鄉土名内厝垵高林頭穴坐癸向丁兼丑未

十世二房二子鸞公 字德和際添公長子娶媽
張氏丑娘嫁出
公生于雍正乙卯年十月十八日酉時
卒於乾隆甲午年七月初七日酉時
塟在本鄉土名蔡洋格糞箕垵湖合際添公仝安
十世二房二子鳳公 字德瑞際添公次子娶媽
蘊氏生一男瑞泉後娶温氏又娶郭氏生一
男仕為
公生于雍正巳卯年十月十八日酉時
卒於嘉慶丁巳年七月廿六日午時
塟在土名內厝垵崙穴坐癸向丁兼丑未
媽蘊氏 諱與娘嶺頭人生于乾隆十二年戊辰
又七月廿五日戌時 卒於乾隆五十二年
戊申十二月十三日申時

塟在本鄉土名内厝垵邊穴坐癸向丁兼子午
媽溫氏 諱 粉娘崎兜人生于乾隆十一年丁卯
八月初一日　時　卒於乾隆五十三年戊申
七月廿三日午時
塟在土名柿樹壠頭石竹仔垵田外角穴坐壬向丙兼子午
媽郭氏 諱 完娘石碧人生于乾隆十七年甲戌
十一月三十日辰時
卒於道光十三年癸巳十月廿四日辰時
塟在本里土名觀音崙内园上穴坐癸向丁兼子午
十世二房二子乾即子連 字 德坤際添公三子
娶媽葉氏 諱 淑娘生于乾隆癸酉年　月
日　時　卒於乾隆戊戌年四月廿三日未
塟在土名項园炭碣上穴坐　向
時　續娶傅氏吉娘洋内人生一男天因
公生于乾隆庚申年四月廿八日戌時

卒於乾隆乙卯年三月十六日申時
塋在本里土名尾路上石皮邉穴坐 向
媽傅氏諱吉娘號儉果洋內人生乾隆戊辰年七月十六日申時
卒於道光十年庚寅十月初七日寅時
塋在本里土名蕭草前园頂穴坐 向
十世二房二子黎公字德黔承繼際平公娶林
氏生三男仕益仕拱仕智三女長招娘配溪
頭柯二讓娘配洋內葉家
仕益聘黄宅林陳 官之女為婦
公单寒拮据漸致寗盈周恤昆季深敦摯情寬
柔處已與世無争中年羽化三桂秀榮積善
餘慶蘭芽挺英 公生于乾隆丙寅年正月
初六日戌時 卒於乾隆己酉年三月廿三
日戌時 塋在土名蒼墘崙田中穴坐壬向丙兼子午

媽林氏銀娘半嶺人生于乾隆壬午年三月初
三日戌時
卒於乾隆乙卯年正月十三日子時
塋在本鄉土名蓆草壠面前園上坐　向　兼
十世二房二子妙公 字德美 際新公之子生于
乾隆戊午年十月十七日午時　卒於乾隆
辛卯年十二月十四日巳時
塋在本鄉土名蔡洋格糞箕垵湖內仝際添公合安
十世二房二子球 字德琳 際習公之子娶媽陳
氏甘娘生二男仕蒼早世仕水 住在廈門
公生于乾隆二年十月十五日丑時　卒於乾
隆四十七年正月廿九日丑時壽享四十五齡
塋在土名觀音崙園頂穴坐癸向丁兼子午
分金丙子午

媽陳氏生于乾隆甲子年三月十八日辰時

卒於嘉慶元年丙辰七月初一日申時往廈門

塟在廈門草仔垵金灯山相對穴坐卯向酉

兼辛乙

十世二房二子梅公字　際華公之子也

生于

卒於

塟在

十世二房二子勇公字　際盈公之子也

生于

卒於

塟在

十世二房二子科公字德提際富公之長子也

生于雍正十二年甲寅十月二十日戌時

卒於
塋在
十世二房二子壽公字　際富公之子也
生早別世
十世二房二子再公字　際富公之三子出外
十世二房二子姜公字　際富公之四子早別世
十一世長房二仕岱公字馨泰子隱公之長子
娶媽林氏生一男志秦
公生于康熙乙酉年十二月初一日巳時
卒於乾隆壬午年五月初二日　時
塋在
媽林氏眼娘新康里后格人生于
卒於　年四月二十日　時
塋在

十一世長房二仕岳公字馨降子隱公次子娶
媽楊氏生一男志用
公生于康熙己丑年十月初七日未時
卒於乾隆己亥年十月廿八日子時
塋在
媽楊氏論娘謚勤慈在坊里祥雲渡街楊振昆
之姐生于康熙癸巳年五月初七日　時
卒於乾隆乙巳年六月十七日子時
塋在
十一世長房二仕崑公字馨玉子隱公三子娶
媽楊氏生一男志闕往中都
公生于康熙五十二年癸巳正月初八日巳時
卒於乾隆三十一年丙戌十二月初四日午時
塋在林仔口穴坐午向子兼壬丙分金丙午子午

媽楊氏月娘小溪里人生于康熙　年
月　日　時　卒於乾隆五十三年
月廿五日未時
塋在
十一世長房二仕崗公撥付子陽公承繼
十一世長房二仕崙公字馨織子隱公五子娶
媽　氏生三男先誠早世志桂　志慈早世一女
配湖頭庵頭林家
公生于
卒於乾隆　年十一月初三日　時
塋在
媽林氏快娘晉邑城內人嫁出
十一世長房二仕岐公字馨木子隱公六子娶
媽王氏生一男志秉一女牽娘配上地胡省官

公生于康熙五十年　丑七月十七日子時
卒於乾隆五十五年庚戌四月初五日　時
享壽七十齡
塟在
媽王氏法娘新溪里五里埔人生于雍正甲辰
年七月初八日卯時　卒於乾隆己卯年十
二月廿七日巳時　塟在
十一世長房二仕崗公為子陽公承繼娶媽
氏質娘南安人生二男志籍志裁往東都
十一世長房三瑞麟公字馨趾生於乾隆庚寅
年十一月初二日寅時　卒於乾隆五十五
年十月十六日亥時　卤塟縣後山观音亭後
橫路頂穴坐乙向辛立石碑上四字李隨生墓
娶婦許氏依仁里人官橋生男高陞

十一世長房三仕考公字馨壽娶陳氏生男志
聚三女長京娘配溪南蘇鏡官次玉娘三
公生于乾隆辛未年六月初六日未時
卒於道光二年壬午正月十五日寅時
媽陳氏悦娘東洋人生于乾隆辛未年二月
八日寅時　卒於嘉慶七年壬戌十一月初
九日卯時　塋在
十一世長房三仕湖公字馨璉娶陳氏生二男
志河志培繼出仕投公為子
公生于乾隆壬午年八月十二日寅時
塋在本山獅鼻内崙犁壁金
媽陳氏甘娘蓬格人生于乾隆癸未甲申年五月
八日申時

十一世二房長諱仕性公字　子陣公之長
子娶媽　娘生男志從　後娶媽　氏
公生于
卒於
塋在蓆草壠迁移後口坂穴坐乾向巽兼戌辰
媽　氏生于
卒於
塋在蓆草壠迁移後口坂穴坐壬向丙兼巳亥
二媽　氏生
卒於
塋在夲山官欄山對枣脚壠穴坐　向
十一世三房長諱仕貢公字　子陣公次子
公生于
卒於

塋在

十一世二房長諱仕歲字馨融號　諡四子姿公之長子娶嫣周氏生二男志旺志汪撥付諡六公爲子

公生于雍正壬子年十一月十八日戌時

卒於嘉慶甲戌年十一月初九日丑時

塋在本山土名松樹墘田後壁穴坐申向寅兼庚甲

嫣周氏過娘惠安人生于乾隆庚申年八月初八日寅時　卒於嘉慶庚辰年五月初八日未時　塋在本山土名格坵崙大路後壁後迁移土名白蟬土内穴坐癸向丁兼子午

十一世二房長仕合公字馨開號　諡六子姿公之次子承繼男志汪

公生于乾隆丁巳年三月初四日亥時　卒於乾隆己酉年正月廿四日未時

葬在夲山土名 項園角新厝墓邊穴坐庚向
甲兼酉卯
十一世二房長仕庚公 字馨 子姿公之三子
公生于 年三月廿八日寅時 往臺湾
十一世二房長仕冥公 字 子姿公之四子
承繼男志挑
公生于乾隆癸亥年七月初五日子時 卒於
年 月 日 時
葬在大草腹埕路邊穴坐 向 兼
十一世二房長仕政公 字馨 子俊公之長子
公生于乾隆丙辰年二月十二日申時
卒於乾隆十八年癸酉四月初五日申時
葬在
十一世二房長仕斟公 字 子俊公之次子

公生于

卒於

塟在

十一世二房長仕審公字馨問號寬同子雅公之長子娶媽施氏生六男志溝志講志道志登出嗣仕揖公為子志罙志萃

公生于乾隆癸亥年八月十八日未時　卒於嘉慶辛未年十月十九日　時

公秉性剛毅直言為良一鄉善士族中欽望鼎新蓋屋兩座經張倡首勵志燕翼垂芳光前裕後允卜克昌　公塟在夲山土名肥猪垵内崙路下穴坐艮向坤兼丑未

媽施氏佔娘南安娘仔橋人生于乾隆辛巳年二月廿二日寅時　卒於嘉慶二十年九月

初九日卯時　塋在夲山土名楓林前厝地
後溝穴坐壬向丙兼亥巳
十一世二房長仕揖公 字馨讓子雅公之二子
胞兄仕審公撥出第四男志登承與仕揖公
為嗣子
公生于乾隆　年又七月初七日午時
卒於乾隆甲辰年四月廿三日午時　塋在
夲山土名牛角壠尾田角穴坐　向
十一世二房長仕祐公 字　　子男公之子也
承繼嗣子有在
公生于
卒於
塋在
十一世二房長仕兼公 字馨金子普公之長子

公生于雍正癸戌年九月廿一日丑時　卒於
乾隆庚辰年十一月初十日巳時　塟在垵
頭穴坐乾向巽兼亥巳
十一世二房長仕匏公字馨莘子普公之次子
娶媽羅氏生二男志得志榜
公生于雍正癸　年七月十九日辰時　卒於
乾隆乙未年八月廿七日巳時　塟在尾崙
後溝穴坐壬向丙兼子午
媽羅氏謹娘生于乾隆癸亥年九月初二日子
時　卒於嘉慶丙子年五月十三日酉時
塟在土名蔡洋搭路上竪碑外一穴坐　向
十一世二房長仕報公字馨瑤子普公之三子
公生于　年　月　日　時　卒於
塟在土名早墘大坵田後壁坐　向兼

十一世二房長諱仕兒公字馨　子普公之四
子　生于乾隆丙寅年九月初一日亥時
卒於乾隆壬辰年七月二十日午時
塟在本山土名蔡洋格穴坐　向　兼
十一世二房長諱仕敏字馨信公子普公之五
子　生于
卒於
塟在本山土名大墩草腹坐　向
十一世二房長仕投公字馨進子最公之長子
生于乾隆甲午年六月十五日辰時　卒於
道光乙酉年七月十四日巳時　塟在本山
土名崎林仔師公田後壁穴坐　向
媽周氏等娘田頭人生于乾隆戊戌年　月
日　時　卒於道光辛巳年十二月初十日戌時

塋在夲山土名頂園穴坐寅向申兼甲庚
二媽陳氏　娘同安灣頭人生于
卒於
塋在
長房三仕瑚公撥出二男志培承繼仕投公為子
十一世二房長仕回公字馨顔子最公之次子
娶媽藴氏抱養子志助
公生于乾隆丙子年九月廿九日丑時　卒於
道光壬辰年正月初七日　時　塋在夲山
土名格垅崙頭穴坐　向
媽藴氏緞娘溪南人生于乾隆　年　月
日　時　卒於　年　月　日　時
塋在土名鴨母坋田後壁穴坐　向
十一世二房長仕焕公號寬喜子賛公之長子

生于乾隆壬午年九月初二日子時　卒於
道光辛卯年十月十三日　時
塟在本山土名
十一世二房長仕遐公字　　子賛公之次子
生于
卒於
塟在
十一世二房二仕傳公字馨受号寬書子文公
之長子也娶媽陳氏生二子志爍志到
公生于乾隆丁丑年七月十四日未時　卒於
嘉慶丁卯年八月十六日申時　塟在本山
土名大山壠頭深田後壁穴坐丁向癸兼子
午分金丙子午
媽陳氏善娘謚順慈蓬格人生于乾隆乙酉年

正月十三日申時　卒於道光二十五年乙丑正月十八日酉時　塟在本山土名白蝉土穴坐癸向丁

十一世二房二仕麒公字馨麟號寬鐘子武公之長子也娶媽劉氏生五男志鋪志賞志蔭志惱志頹一女有娘配西山林国器官

公生于乾隆己卯年二月初三日辰時　卒於道光十一年辛卯九月十八日巳時　塟在本山土名蒲草壠頭田後壁穴坐辛向乙兼酉卯

媽劉氏桃娘溪尾人生乾隆三十一年丁亥九月初五日午時　卒於道光庚子年十二月初三日亥時　塟在本鄉土名尾林頭虎形穴坐艮向坤兼丑未外寅申

十一世二房二仕萬德字馨正號寬歷子武公

抱養四男

公生于乾隆三十八年甲午二月初二日寅時

卒於咸豐十年乙卯十二月初九日辰時

塋在本鄉土名軍攔山林中穴坐乙向辛兼

卯酉

十一世二房二仕老公字　　子贊公之子也

公生于

卒於

塋在蓆草壠境主公田园右壁坐南向北

十一世二房二仕鑽公字　　子倡公之長子

公生于

卒於

塋在

十一世二房二仕渠公字馨荷號寬扶子倡公
之次子也娶媽趙氏抱養男志述
公生于乾隆壬寅年九月廿九日子時　卒於
道光丙午年四月初十日午時　卒塟在土
名内厝垵邊穴坐　向
媽趙氏沙娘謚節孝生乾隆癸丑年十月廿一
日未時　卒於
卒塟在土名蔴草壠寨仔科格穴坐　向
十一世二房二瑞泉公字馨安號寬保子鳳公
之子也娶媽許氏生二男志交志惠三女長
倫娘配蓬萊大墘林家次配蓬萊大墘三落
林家三配蓬萊劉家
公生于乾隆乙未年又十月十二日巳時　卒
於道光二年壬午年又三月十一日辰時

塋在夲鄉早墘田中穴坐癸向丁兼丑未
媽許氏曉娘謚儉喻官橋人生于乾隆已亥年
十一月十八日子時　卒同治已巳年二月
十五日辰時享寿九十一齡　塋在土名祖
厝崙外石皮中穴坐辛向乙兼酉卯
十一世二房二仕為公字馨學號寛次子鳳公
之次子也娶媽陳氏生三男志墻志述繼出
志藿三女
公生于乾隆甲寅年七月初一日辰時　卒於
道光已亥年八月初九日已時　塋在夲山
崎林仔三脚木穴坐乙向辛兼卯酉分金丁卯酉
媽陳氏省娘謚益順蓬格人生嘉慶癸亥年八
月廿七日辰時　卒道光丁亥年十一月廿
六日酉時　塋在大圓埈内崙後迁塋在蔡

洋格湖内穴坐壬向丙兼亥巳分金丁亥巳

十一世二房二仕天因公字馨殷號寬衣子連
公之子也娶媽林氏生一女福娘長配溪南
蘇家
公生于乾隆壬寅年十月十五日戌時　卒於
咸豐癸丑年九月十九日卯時　葬在蕭草
壠後溝坪穴坐午向子兼丁癸
媽林氏暖娘謚儉柔生于乾隆丁未年四月初
五日戌時　卒於道光　年十二月初三
日子時　葬在本鄉土名蕭草壠觀音崙園
角穴坐　向

十一世二房二仕水公字馨　號寬岫子球公
之子也娶媽許氏生一男賜來往廈門
公生于乾隆甲午年五月初十日未時　卒於

嘉慶乙丑年四月初五日　時

塋在厦門溥後

媽許氏　娘謚柔順生于乾隆巳亥年十一月

初八日寅時　卒於道光辛卯年十二月廿

八日亥時　塋在厦門東邊社口

十一世二房二仕益公字馨多號寬裕子黎公

之長子也

公生于乾隆丁酉年三月廿三日酉時　卒於

乾隆辛酉年十二月初一日未時　塋在土

名大园垵中心穴坐　向

十一世二房二仕拱公字馨臨號寬星子黎公

之次子也娶媽張氏生二男志祖志備

公生于乾隆庚子年七月十九日未時　卒於

道光辛丑年九月廿三日巳時　塋在厦門山

媽張氏進娘福州城布政衙口人生于乾隆甲寅年九月廿二日子時　卒塟在厦門山

十一世二房二仕智公字馨禮號寬信子黎公之三子也生乾隆丙午年四月廿二日艮時卒於道光丁未年三月初十日戌時

塟在厦門山

十二世長房志秦公字　號　仕岱公之子也生于

卒於

塟在

十二世長房志用公字　仕岳公之子也

生于

卒於

塟在

十二世長房志闞公 字　仕崑公之子也
生于
卒於
塋在

十二世長房志仙公 字　仕崙公之長子也
生于
卒於
塋在

十二世長房志桂公 字　仕崙公之次子也
生于
卒於
塋在

十二世長房志東公 字　仕岐公之子也
生于

卒於

塟在

十二世長房志籍公字　仕崗公之長子也

生于

卒於

塟在

十二世長房志裁公字　仕崗公之次子也

生于

卒於

塟在

十二世長房志聚公字　仕考公之子也

生于

卒於

塟在

十二世長房志河公字　　仕瑚公之長子也
生于
卒於
塋在肥猪垵內崙穴坐　向
十二世長房志培公字孫栽號素植仕瑚公之次子也撥出承二房長仕投公為子
十二世二房長志從公字　　仕性公之子也
生于
卒於
塋在
十二世二房長志旺公字孫明號素聲諟四公之長子也娶嫣周氏生二男元仲元舉三女長姜娘配洋山胡家二領娘配鎮府黄家三顆娘配上地王家

公生于乾隆丁亥年七月十二日夘時　卒於
道光庚寅年二月初十日酉時　塟在本山
土名大水埕田中穴坐　向
媽周氏守娘坂頭人生于乾隆庚子年七月十
三日酉時　卒於道光戊戌年又四月初一
日巳時　塟在本山尾圳仔穴坐　向　後
迁塟在柿樹壠崙新開田後壁穴　坐　向
十二世二房長志汪公字孫渊號素富諟四公
之次子也撥出與諟六公為子娶媽陳氏生
六男長元返次元玉世早三元果續四再取五
西川六五美二女長安娘配上地王福慶官
二寡娘配五里埔王良官
公生于乾隆戊戌年正月廿七日申時　卒於
道光甲午年十二月初六日辰時　塟在本

山土名大山崙穴坐丁向癸兼未丑
媽陳氏御娘蓬萊周塘人生于乾隆癸丑年八
月廿二日午時　卒同治癸酉年又六月十
二日午時　塟在本鄉土名尾坋仔田中穴
坐酉向卯兼庚甲
十二世二房長志培公字　孫栽號　素植馨進公
之嗣子也娶媽陳氏敬娘蓬格人生三男元
泰元王元鉗繼出承志交公奉祀　二女長染娘次晃娘
公生于乾隆戊申年十二月廿二日丑時　卒
於道光壬辰年正月初七日　時　塟在同
安縣蓮花山下穴坐　向
媽陳氏　娘　人生于乾隆壬子年四月廿
八日寅時　卒道光戊申年七月初三日午
時　塟在本山土名新園後壁坐　向　兼

十二世二房長志助公字　仕回公之嗣子

也娶媽王氏生一男元榜

公生于

卒於

塋在廈門過水東坑社

媽王氏見娘五里埔人生于

卒於

塋在廈門東坑社

十二世二房長志得公字　號素自仕匏公

之子也

公生于乾隆癸巳年　月　日　時　卒於

道光戊戌年四月初六日　時　塋在本山

土名蔡洋格與母坟並坐穴坐　向

十二世二房長志溝公字孫濬號素盈寬司公

之長子也承繼男元埕
公生于乾隆庚子年三月十九日寅時　卒於
道光癸未年七月初一日寅時　葬在本山
土名蔡洋格石皮下穴坐　向
十二世二房長志講公字孫　號素從寬同公
之次子也娶媽王氏生三男元蓮元坪元埕
第三男撥付胞兄志溝奉祀
公生于乾隆壬寅年七月廿四日酉時　卒於
道光己丑年十二月十九日未時　葬在本
山土名出水垵盟田角穴坐　向
媽王氏葉娘上地人生嘉慶己未年九月十四
日　時　卒道光庚寅年四月廿六日未時
葬在本山土名下厝埔田後壁穴坐　向
兼

十二世二房長志道公字孫　　號素直寬同公之三子也
公生于乾隆庚戌年五月廿三日巳時　卒於道光乙未年八月初七日丑時　卒葬在本山土名尾崙後溝路上對崙
十二世二房長志登公字　　號寬同公之四子也抱養男元接不知存亡
公生于
卒於
葬在
十二世二房長志宊公字　　號寬同公之五子也
公生于　　　卒於
年二月初十日　　時　葬在本山土

名垵頭崙邊穴坐　向
十二世二房長志萃公　字　號　寬同公
之六子也
公生于　卒於
　年八月廿五日　時　塟在本山
土名肥猪崙邊
十二世二房二志爍公　字孫由　號　素我仕傳公
之長子也抱養一子元頷
公生于乾隆丁未年十月十一日辰時　卒於
道光甲辰年正月三十日未時　塟在本山
土名尾崙大石皮頂人形穴坐壬向丙兼子午
十二世二房二志到公　字孫心　號　素來仕傳公
之次子也娶媽陳氏生一子元灶
公生　卒在台湾

媽陳氏儉娘芹山人生

卒在臺灣

十二世二房二志鋪公字孫館號素揔寬鐘公

之長子也娶媽陳氏生三男長抱养元咏次元

辰三元純

公生于乾隆庚戌年六月廿五日午時　卒於

道光庚子年十二月十五日辰時　塟在本

鄉土名石皮公脚穴坐癸向丁兼丑未

媽陳氏千娘同美人生嘉慶己巳年正月十二

日酉時　卒同治庚午年四月廿八日未時

塟在夲鄉蓆草壠後溝穴坐艮向坤兼寅申

十二世二房二志賞公字孫思號素有寬鐘公

之次子也娶媽柯氏生五男元業元剃元衛

元融元降一女案娘配溪頭柯寿官

二媽吳氏生一子元髯
公生于嘉慶癸丑年六月初十日亥時　卒於
同治己巳年三月初五日巳時　塋在土名
楓林前路上穴坐乾向巽
媽柯氏胖娘溪頭人生嘉慶壬戌年二月初六
日寅時　卒道光己亥年十二月十八日子
時　塋在土名格垣崙穴坐艮向坤兼
二媽吳氏益娘邑內北門內人生嘉慶癸亥年
八月十四日辰時　卒於同治甲子年十月
初九日未時　塋在土名青墩垵坐艮向坤
十二世二房二志蔭公字孫景號素益寬鐘公
之三子也娶媽陳氏生二子元聘元斜二女
長詠娘配蓬格陳次送娘配岩山柯汶官
二媽陳氏抱養一子元棱

公生于嘉慶丁巳年二月十九日未時　卒於
道光戊申年九月初四日未時　塟在夲山
土名楓林前穴坐亥向巳兼乾巽
前媽陳氏盞娘院宅林人生于嘉慶庚午年十
月初五日亥時　卒於道光辛丑年十月初
五日亥時　塟在夲山土名
二媽陳氏傚娘蓮格人生于嘉慶乙丑年十月
二十日酉時　卒於同治甲戌年五月初八日午時
塟在夲山土名蔡洋格犬頭形穴坐巽向乾兼巳亥分金丁巳亥
十二世二房二志惱公字孫頭號素珠寬鐘公
之四子也娶媽陳氏生五男元潭次元明三元
三四元謝五元斜一女冏娘配九垵陳
公生于嘉慶己未年九月廿三日未時　卒於
同治十二年癸酉十二月初五日酉時壽享

七十五齡　塟在夲山蓆草壠頭茶畲頂穴
坐丁向癸兼午子
媽陳氏絅娘謚勤慈蓬格人生嘉慶癸酉年十
月初六日　時　卒同治乙丑年五月二十
日　時　壽享五十三齡
塟在夲山土名楓林前穴坐艮向坤兼寅申
十二世二房二志詰公字孫燕號素言寬鐘公
之五子也娶媽蔡氏生六男長抱養元錐次
元泉三元水四元森五元髻六元岱三女長
忽娘配魯塵蔡眉官次梅娘配蓬萊劉長官
三　娘配同美陳清秀官
公生于嘉慶癸亥年九月初九日卯時　卒於
同治庚午年十月初三日辰時壽六十八齡
塟在夲山土名尾路穴坐辛向乙兼酉卯

媽蔡氏乖娘魯壟人 謚慈儉生于嘉慶乙亥年
九月初九日卯時　卒於光緒元年六月廿
九日未時壽享六十二齡
塋在本鄉土名蔡洋格囷犬頭穴坐巳向亥
兼巽乾

十二世二房二志述公字　仕渠公之抱養
子也
生于道光甲午年六月十六日未時
卒於
塋在廈門山

十二世二房二志交公字孫易號素隣瑞泉公
之長子也抱養二男長元鉗次元欽
公生于嘉慶丙寅年九月廿四日辰時　卒於
同治己巳年正月廿九日巳時　塋在本山

土名蔡洋格糞箕垵湖内穴坐辛向乙兼卯酉
十二世二房二志惠公字孫知號素政瑞泉公
之次子也娶媽柯氏抱養二男元眉元對不知何往
生三女長炭娘配溪頭柯成官次歎娘配蓬
萊劉惱官三寬娘配鶴前劉鉗官
公生于嘉慶丙子年六月三十日未時　卒於
光緒乙未年十一月廿九日巳時　塟在本
山土名孤林頭穴坐艮向坤兼寅申
媽柯氏愿娘謚俠穌溪頭人生道光甲申年十
一月十九日巳時　卒於光緒癸巳年十二
月廿三日巳時　塟在土名
十二世二房二志墻公字孫石號素壁寬次公
之子也
公生于道光辛卯年六月廿九日申時　卒於

光緒甲午年二月十九日巳時
塋在
十二世二房二賜來公字孫豐號素豐仕水公
之子也娶媽林氏生一男双繼後娶媽石氏
抱養男朝陽
公生于嘉慶癸亥年八月廿四日未時　卒於
光緒庚辰年　月　日　時
塋在廈門山
媽林氏晝娘行晋人生于嘉慶庚午年六月廿
八日卯時　卒於道光癸卯年八月廿五日
子時　塋在廈門山
二媽石氏淑娘生于嘉慶甲戌年十月十八日
戌時　卒光緒庚辰年十二月　日　時
塋在廈門山

十二世二房二志祖公 字孫居 號素田寬星公
之抱養子也
公生于嘉慶庚辰年八月廿五日未時 卒於
同治甲子年十一月十二日 時 塟在本
鄉土名蔴草壠池角穴坐庚向甲兼申寅
十二世二房二志庇公 字 號素佑寬星公
之次子也
公生于道光 丑年四月廿九日辰時
卒於
塟在厦門山
十三世長房元任公 字 志東公之子也
公生于
卒於
塟在

十三世二房長元仲公字昭伯號章語素聲公
之長子也娶媽楊氏生二男永達嗣永癸
公生于嘉慶己未年二月廿三日卯時　卒同
治四年丙寅六月廿五日丑時　塟在本山
土名尾崙後溝與孫忠鵬仝塟坐　向
媽楊氏香娘中厝人生于嘉慶辛酉年四月十
八日巳時　卒道光戊戌年四月廿八日巳
時　塟在本山土名蔡洋格湖內穴坐　向
兼

十三世二房長元舉公字昭提號章仁素聲公
之次子也娶媽陳氏生二男永雲永秀三女
長碟娘配院宅林陳周官次奚娘配南安安
袋郭來官三案娘配西山林錦官
公生于嘉慶己巳年十二月初四日　時

卒同治二年癸亥九月初九日辰時　塟在本山土名楓林前穴坐　向

媽陳氏歷娘蓬萊岸頭口人生于嘉慶甲戌年四月廿一日巳時　卒於光緒己亥年七月初九日未時　塟在本山土名楓林前穴坐　向

十三世二房長元返公字昭越號章來素富公之長子也娶媽陳氏生四男啓運永柔永監永等（継出承元眉公為子）生二女（長蜂娘配洋山胡家　二岩娘配大坑林家）

公生于嘉慶壬申年十二月初五日戌時卒於光緒丁丑年八月初六日巳時塟在土名大山内柿樹壠頭穴坐壬向丙兼亥巳

媽陳氏罕娘洋宅林人生于嘉慶丙子年五月初三日申時　卒於光緒六年　七月廿

八日巳時　塟在土名蓆草壠面前穴坐庚甲兼申寅
十三世二房長元玉字昭金號章錫素富公之
次子也娶媽林氏未有生育公不幸三十歲
而卒將妻再對與元果合食撥出一子永陳
與元玉公為子
公生于嘉慶乙亥年四月廿二日丑時　卒於
道光甲辰年十月初五日巳時　塟在本處
土名出水埈內崙路後壁坐乾向巽兼亥巳
十三世二房長元果公字昭欲號章琴素富公
之嗣子也承媽林氏生三男長永陳出繼永煌
永檥
公生于嘉慶壬申年三月十一日未時　卒於
同治乙丑年十月廿八日辰時

塋在夲山土名大湾垣田頂穴坐艮向坤兼丑未

十三世二房長諱再取字昭容號素富公

之三子也娶妻柯氏生四男長永窓次永和

三永情四永榛早世

昭容為鄉里長辦事秉正無偏無私結交親友

薄己厚人經營為本不敢縱横思祖宗之脉

傳經已数餘年猶恐有失鳩集族衆要修族

譜幸得衆心向齊謹將修造譜易遂一造明

以為後人接承宗支不免差錯之故馬爾猗

歟休哉風何隆也

昭容生于道光壬午年十二月二十日寅時建生

媽柯氏諛娘溪頭人生于道光丙戌年四月初

一日巳時　卒光緒十九年癸巳三月廿三
日辰時　塟在夲山土名新厝墓邊穴坐亥
向巳兼乾巽
十三世二房長諱西川公字昭息號章禄素富
公之四子也娶媽陳氏生四男長抱养永凉次永
汭三永眼四坤裕二女長悔娘配十二路陳
杭官次受娘配同美陳沭白官
公為人秉性剛直樂施結交親友厚人薄已勤
儉粒積創置家業建立媳婦家貲綽綽有餘
裕哉　公生于道光八年戊子十月初二日
戌時　卒光緒六年　六月十一日亥時
塟在夲山土名觀音崙塔脚穴坐
媽陳氏蚕娘蓬格人生道光壬辰年九月十六
日申時

十三世二房長五美公字昭尊號章成素富公之五子也娶媽陳氏生四男長永清次永想抱养永驅早世四永旦二女長甝娘配鎮府黃照經官次不娘配邑內王榔官

公生于道光十一年辛卯七月初三日亥時辛同治癸酉年十一月廿六日卯時　塟在夲山土名石杈穴坐癸向丁兼丑未

媽陳氏月娘蓬格人生于道光甲午年十一月廿八日辰時　辛同治壬申年九月十四日未時　塟在夲山土名寨仔科脚司公髻石穴坐庚向甲兼酉卯

十三世二房長元蓮公字昭池號章　素從公之長子也娶媽吳氏生二男永望不知何去永裕繼出承二房二元計公奉祀

公生于嘉慶甲戌年八月　日戌時
卒於
塋在厦門山
媽吳氏欺娘延寿院人生嘉慶庚寅年七月十
六日寅時
卒於
塋在厦門山
十三世二房長元坪公字昭波素從公之次子
也抱養子永論
公生于嘉慶戊寅年四月十四日巳時　卒於
同治乙丑年九月初十日辰時
塋在厦門山
十三世二房長元埕公字昭石號章垻素盈公
之嗣子也娶媽楊氏生三男長永柔次永乞

永想繼出承五美公奉祀一女惜娘配大墘林家
公生于道光庚辰年十一月十五日丑時
卒於同治四年乙丑八月廿二日卯時
塟在厦門山
媽楊氏出娘埔竹庵人生于道光乙丑年正月
廿八日戌時

十三世二房長元泰公字昭上號章驕孫栽公
之長子也娶媽梁氏生二男長永欉次永買
繼出承元潭公奉祀
公生于嘉慶丁丑年四月初九日子時　卒於
同治四年乙丑八月十五日辰時
塟在本山土名水擴棲穴坐　向
媽梁氏意娘光得里仙苑内人生于道光戊子

年二月初二日酉時　卒於光緒　年
月　日　時　塋在
十三世二房長元王公字昭亭號章曰孫裁公
之次子也娶妻陳氏生四男長永浮男嗣次永
溪三永扱四永諒撥出二房二承元辰爲子
公生于道光甲申年二月廿七日卯時　卒於
同治十二年癸酉七月十三日午時
塋在夲山土名
妻陳氏双娘蓬格人生道光丙申年八月二十
日子時
十三世二房二元顫公字　　素我公之子也
生于
卒於

十三世二房二元咏公字昭馨號章唫素揔公
之嗣長子也娶嫣陳氏嫁出
公生于道光丙戌年十一月十一日子時
卒於同治乙丑年正月廿二日子時　塟在
本山土名蔡洋格穴坐巽向乾
十三世二房二元辰字昭良號　素揔公之
次子也娶妻柯氏生養二男永拔永諒三女
長配大墘林次配曽口坂傳三配溪頭柯
生道光壬辰年二月初三日辰時
妻柯氏氣娘溪頭人生道光甲申年　月
日　時
十三世二房二元純公字昭淑號章昔素揔公

之三子也娶妻陳氏生三男長永歡次永熊
三永淥一女長配石壁郭家
公生于道光丁酉年十二月初四日戌時
卒光緒乙未年十二月初九日午時　葬在
夲山土名肥猪垵园角穴坐辛向乙兼酉卯
妻陳氏巧娘蓬格人生于

十三世元業公字昭創號章垂素有公之長子
也娶妻張氏生四男長永設次永様三永渺
四永潤一女長配崎兜温家
公生于道光甲申年八月初一日酉時　卒於
同治戊辰年十一月廿七日巳時　葬在夲
山土名水擴樗穴坐　向
妻張氏救娘嶺尾人生道光巳丑年十月十四

日辰時

十三世二房二元剃公字　號　素有公

之次子也娶媽林氏生一女隨母稼出

公生于

卒於同治乙丑年十一月十四日卯時

塟在夲鄉土名白銀脚頭穴坐壬向丙兼

十三世二房二元衛公字　號章璽素有公

之三子也

公生于道光乙丑年十一月初六日未時

卒咸豐戊午年四月初八日未時　塟在夲

山土名楓林前穴坐壬向丙

十三世二房二元熊字昭掌號章羆素有公之

四子也娶媽林氏勸娘嫁出

公生于道光辛卯年十月十三日未時
卒於咸豐庚申年十一月　日卯時
塟在本山土名烏勘形穴坐
十三世二房二元降公字　號　素有公
之五子也娶妻柯氏二男永秋菊　永閣
公生于道光己亥年七月十五日巳時　卒於
光緒丙申年十二月廿八日亥時　塟在土
名青墘頭凹內崙卤塟
媽柯氏蜜娘烘兜人生于道光己酉年五月初六日辰
時　卒於光緒壬辰年四月初九日未時
塟在瓦頭崙穴坐艮向坤
十三世二房二元髯字　號　素有公之
六子也承妻柯氏生四男秋菊出撥 永梆 永閣出撥 獅象

生于道光壬寅年三月初十日亥時　卒於
光緒庚子年八月廿六日戌時　卤葬在吉名尾崙
十三世二房二元聘公　字昭禮　號章時素益公
之長子也娶媽陳氏生三男長永刺　抱養　次永
盒三永火二女長信娘配同美陳二　娘配
蓬萊劉加官
公品行剛毅出言有章一鄉善士舉事正直族
中欽望無不聽從兼學地理點穴如神遠近
親友到處求請稱羨萬世亦有留名斯可矣
公生于道光辛卯年六月廿二日辰時　卒於
光緒戊戌年九月廿二日巳時　葬在夲山
土名青墩尾穴坐乾向巽兼戌辰
媽陳氏花娘員宅林人生道光癸巳年三月初
三日申時　卒光緒乙亥年五月初一日丑

時　塋在夲山土名尾林垵穴坐丑向未兼
癸丁

十三世二房二元斜公字昭御號章正素益公
之次子也娶媽陳氏生四男永博永同姜能繼出
兩儀繼出早世
公生于道光甲午年十月初七日巳時　卒於
光緒丙戌年十二月初一日戌時
塋在臺灣山
妻陳氏寶娘蓬格人生于道光壬寅年九月初
四日寅時

十三世二房二元棲字昭受號　素益公之
三子也娶媽楊氏生三男永從永内永飯四
女長兔娘配吾埔陳次甘娘配蓬萊陳元官

三力娘配吾埔陳　四㾓娘配蓬格陳

生于道光壬寅年十二月廿一日亥時建生

妻楊氏緞娘中保人生于道光甲辰年十月十

五日酉時瑞生

十三世二房二元潭公字昭井號章兮素珠公

之長子也抱養子永旺

公生于道光辛卯年十二月十三日卯時　卒

於同治辛未年二月十六日未時　塋在本

山土名蔴草壠園頂穴坐丙向壬

十三世二房二元明公字昭　號章早素珠公

之次子也承繼　二男姜能兩儀

公生于道光丙申年十二月十四日丑時

卒於光緒庚辰年五月廿一日丑時　塋在

青墘外畔

十三世二房二元三字　素珠公之三子也
娶妻林氏生一子永仁一女笑娘
生咸豐甲辰年八月廿六日申時
妻林氏遠娘西山人生咸豐戊申年二月初
二日戌時
十三世二房二元謝字昭申素珠公之四子也
娶妻陳氏生四男孟宗南山六女戊巳二女
招娘配石壁郭二　娘
生道光丁未年十一月初八日卯時
妻陳氏宴娘芹內人生咸豐丁巳年八月十
八日午時
十三世二房二煩鈄字　素珠公之五子也
娶妻林氏生四男永所永采永田繼出永纏繼出
一女幼娘配蓬格陳合官

生咸豐辛亥年五月十五日午時
妻林氏來娘大墘人生同治癸亥年三月十八日巳時　卒於光緒己亥年十二月初八日寅時

十三世二房二元錐公字昭佳號章国素言公之長子也娶媽陳氏生四男長永音永漢永波撥出承元水為子双振早世

公生于道光庚寅年九月十二日酉時　卒於光緒癸未年八月十九日酉時　塋在夲山土名長格穴坐乙向辛兼辰戌

媽陳氏慶娘同美人生于道光癸巳年五月十九日亥時　卒於光緒甲午年十二月廿六日酉時　塋在夲山土名格仔穴坐　向

十三世二房二元泉字昭來號章稱素言公之

次子也娶媽蔡氏生二子永芹永琛二女肴
娘配芹内鄭次別娘配九埈陳
生道光辛卯年八月十九日卯時
媽蔡氏目娘魯塵人生于道光壬辰年五月二
十日卯時　卒同治戊辰年九月十二日酉
時　塟在本處土名蕭草壠面前穴坐庚向
甲兼申寅
後妻林氏叚娘半嶺人生一男永掭一女性娘
配南安大楣魏家
林氏生道光甲辰年正月十一日未時
十三世二房二元水字昭深號章濯素言公之
三子也娶妻陳氏生四男永波抱養永釆永搶
永運一女紗娘配曾口坂傅

生道光戊戌年七月廿七日未時
妻陳氏妙娘院宅林人生道光丙午年十一
月廿八日酉時
十三世二房二元森字昭廣號章胖素言公之
四子也娶妻温氏生二男永往永簡二女長
頭娘配蓬格陳次便娘配曾口坂傅
生道光庚子年十一月三十日辰時
妻温氏担娘崎兜人生道光庚子年九月初
四日申時
十三世二房二元鬐字昭　素言公之五子也
娶妻葉氏生四男永桂永春永劉永昔二女
樌娘配上地王次樌娘配新溪里石盤兜陳
生道光乙巳年二月二十日卯時
妻葉氏籼娘嶺埔人生咸豊癸丑年六月廿

五日寅時
十三世二房二元岱公字昭山號章瑞素言公
之六子也娶媽林氏生三男永虎永陣永端
二女長領娘配馬頭許二軋娘配曽口坂傅
公生于道光丁未年十月十七日戌時　卒於
光緒丁酉年十二月初一日寅時　塟在夲
山土名尾崙穴坐
妻林氏蠘娘谷山人生咸豐戊午年八月十四
日午時
十三世二房二元鉗公字昭鐵號章金素隣公
之長子也娶媽林氏生四男永儒永請永楓
冬種一女卜娘配大墘內林據官
公生于道光庚寅年十月初六日酉時　卒於
光緒丁亥年四月十六日巳時　塟在夲山

土名炭窟頂穴坐辛向乙兼酉卯
妻林氏訓娘謚慈柔大墘三落人生道光辛卯
年十一月廿八日巳時

十三世二房二元欽公字昭點號章敬素隣公
之次子也娶妻謝氏生一子永炮早世一女栽
娘配參內岩頭王
公生于道光己亥年正月十二日寅時　卒於
光緒丙申年八月二十日戌時
塋在
媽謝氏罕娘後垵人生于道光丙午年五月廿
三日卯時　卒於光緒　年七月十四日
卯時　塋在廈門山
十三世二房二元眉字昭顯號章髮素政公之

子也娶妻柯氏抱養一子永等
後妻張氏生二男永葩永粮四女長詩娘配
鎮府黄次圭娘配厦門林三近娘配埔竹庵
劉四茶娘
生道光辛丑年七月初八日未時
媽柯氏早娘 謚慈悟溪頭人生于道光丁未年
三月初六日辰時　卒於同治戊辰年六月
十二日　時　塟在土名垵頭崙坐坤向艮
兼申寅
二妻張氏月娘 謚慈儉湯内人 生咸豐辛亥年
十一月廿九日酉時
十三世二房二双繼公 字昭佔 號章出素豐公
之長子也娶妻黄氏後妻林氏仝抱養一子
永裕

公生于道光辛卯年八月十七日未時
卒塟在廈門
媽黄氏于娘諡純正生于道光甲午年九月廿
八日酉時　卒咸豐戊午年六月十八日寅
時　塟在廈門山深田内白鶴岩
二媽林氏勸娘生于道光戊戌年三月初四日
寅時　卒塟在廈門
娶妻宋氏
十三世二房二朝陽字　素豐公之次子也
生道光甲辰年二月十五日未時
妻宋氏蓮娘生咸豐壬子年十月初十日卯時
卒塟在廈門
十四世二房長永達公字孝顕號光通昭伯公
之嗣長子也娶媽陳氏生一子忠鵬兩承男

忠孝
公生于道光壬午年　月　日　時
卒於
塟在
媽陳氏梅娘院宅林人生于道光丁亥年四月
十八日卯時　卒光緒戊戌年十月十七日
亥時　塟在
十四世二房長永發公字　號光財昭伯公
之次子也娶媽賀氏
公生于道光辛卯年正月初四日卯時　卒於
光緒甲申年十月初二日　時
卒塟在廈門
媽賀氏宝娘廈門人生于咸豐辛亥年五月初
五日　時　卒於光緒丁酉年六月初一日

未時　塋在

十四世二房長永雲公字號光春昭提公之長子也娶媽林氏生三男忠軏撥出永㯽為子忠烈忠沙繼出

公生于道光乙未年三月十九日巳時　卒於光緒丙申年六月初八日酉時

塋在

媽林氏箱娘大墘人生道光巳酉年十月初十日巳時

十四世二房長永秀公字孝居號光全昭提公之次子也娶妻陳氏生二男長忠網次忠孝撥出兩承三女長執娘配溪頭柯昔官次枰娘配炭坑內陳梯官三視娘

公生于道光丁酉年九月廿四日巳時　卒於
光緒壬辰年七月十六日辰時
塟在
妻陳氏涵娘院宅林人生道光庚戌年十一月
廿六日巳時
十四世二房長啓運字孝亨章來公之長子也
娶妻陳氏生二男忠見忠有生一女芹娘配龍居陳坑胡家
生道光丙申年十月廿三日午時
妻陳氏寔娘蓬格人生道光庚子年七月十五
日午時
十四世二房長永柔字孝温章來公之次子也
娶妻張氏繼男忠沙
生道光己酉年又四月十三日丑時
妻張氏成娘嶺尾人生同治癸亥年十一月十

三日午時

十四世二房長永監字孝周章來公之三子也

娶妻楊氏生二男忠芬忠推

生咸豐丁巳年七月廿七日午時

妻楊氏富娘井邊人生同治壬申年十月初二

日酉時

十四世二房長永陳字孝竹章錫公之嗣子也

娶媽胡氏兩承男忠例二媽姚氏生一男忠

例兩承一女輟娘配蓬格陳三妻張氏生一男忠存

生咸豐辛亥年三月廿六日丑時

媽胡氏應娘上地人生于咸豐壬子年十一月

初七日巳時　卒同治庚午年五月廿六日

申時葬在出水垵土名大箍崙坐亥巳兼乾巽

二媽姚氏尋娘楊山人生于同治甲子年正月

十六日巳時　卒於光緒乙亥年八月廿一
日未時　塋在夲山土名七坵田角穴坐
向
三妻張氏滿娘嶺尾人生同治壬申年四月初
十日未時
十四世二房長永煌字孝輝章琴公之子也娶
妻劉氏嗣男忠撥後妻陳氏生三男忠撥承繼
忠添三男忠炭再承繼劉氏奉祀
生咸豐甲寅年十一月廿二日亥時
先室劉氏搁娘蓬萊人生于同治癸亥年五月
十八日辰時　卒於光緒戊寅年七月初五
日卯時卒塋在垵邉埔角坐北向南
後妻陳氏嫌娘蓬格人生同治庚午年十一月
廿五日卯時

十四世二房長永㦗字孝枝章琴公之子也娶
妻劉氏抱養子忠石
生咸豐己未年十一月初七日寅時
妻劉氏好娘溪尾人生同治壬申年五月初七
日巳時

十四世二房長永窓公字孝前再取之長子也
抱養子忠讀
公生于咸豐辛亥年五月初四日酉時　卒於
光緒元年乙亥十一月初二日未時　塟在
本鄉土名門口案穴坐亥向巳兼乾巽

十四世二房長永和字孝協再取之次子也娶
妻劉氏生　男忠朝　三女長笑娘配大墘林家
次善娘配蓬萊劉三丑娘配衙口陳
生咸豐乙卯年五月十一日戌時

妻劉氏須娘蓬萊人生同治戊辰年七月十四
日巳時
十四世二房長永情字孝順再取之三子也娶
妻柯氏生　男忠曰　三女長蠘娘免娘
圭娘配長坵頭陳
生咸豐辛酉年八月十二日申時
妻柯氏治娘溪頭人生同治辛未年六月廿六
日丑時
十四世二房長永椽字　號光粉再取之四
子也兩承男忠朝忠曰
公生于同治乙丑年四月廿一日巳時　卒於
光緒庚辰年十月廿三日未時　塟在夲山
土名蔡洋格穴坐庚向甲兼申寅
十四世二房長永凉字孝仍章祿公之嗣長子

也娶妻劉氏生四男忠草忠葉忠拎忠那
生道光丙午年十一月初六日卯時
妻劉氏鶴娘蓬萊人生咸豐丙辰年十二月初一
日亥時
十四世二房長永芮字孝智章祿公之次子也
娶妻陳氏生三男忠真忠玲諸葛二女長宜
娘次尽娘
生咸豐戊午年五月十二日巳時
妻陳氏延娘蓬萊格人生咸豐己未年二月初
六日戌時
十四世二房長永眼字孝龍章祿公之三子也
娶妻柯氏生抱二男忠按忠訂一女腰娘
生同治壬戌年九月廿二日丑時
妻柯氏雖娘溪頭人生同治庚午年又十月廿

八日午時

十四世二房長坤裕公字孝乾章禄公之四子也娶妻陳氏生二男忠蛙忠琢二女

公生于同治乙丑年十月十八日辰時　卒於光緒乙未年十二月初六日巳時　塟在本山土名尾崙

妻陳氏圭娘蓬格人生同治癸酉年正月十九日巳時

十四世二房長永清字孝澄章成公之長子也娶妻傅氏生　男忠挑忠稗　二女曲娘次做娘

生咸豐甲寅年六月廿九日丑時

妻傅氏椒娘曾口坂人生同治戊辰年九月二十日巳時

十四世二房長永想字孝陟章成公之嗣次子也娶妻陳氏

生同治甲子年十二月十一日戌時

妻陳氏諱送娘蓬萊十二路人生光緒己卯年三月廿日未時 生瑞

十四世二房長永驅字 章成公之三子也

生同治丙寅年九月廿七日寅時 壽享十歲而卒

十四世二房長永旦字孝平章成公之四子也

娶妻柯氏

生同治己巳年七月初六日卯時

妻柯氏於娘溪頭人生光緒甲申年正月廿六日丑時

十四世二房長永望字 元蓮公之子也

生咸豐丙辰年正月廿八日寅時

十四世二房長永論字 元坪公之嗣子也

公生咸豐壬子年五月初九日卯時
卒塋不知何處
十四世二房長永系字　章垻公之長子也
生于咸豐辛亥年四月廿四日辰時
卒塋不知何處
十四世二房長永乙字孝諸章垻公之次子也
娶妻傅氏生一子忠趂一女前娘
生咸豐辛酉年十月十一日未申時
妻傅氏坑娘曽口坂人生同治辛未年十月十七日申時
十四世二房長永欉公字孝生章驕公之子也
抱養男忠靴
公生于道光丁未年三月廿一日寅時　卒於
同治八年己巳五月初五日寅時
塋在厦門山

十四世二房長永浮公字　章曰公之嗣長子也娶妻陳氏生一女悅娘配溪頭柯家公往番邦卒将妻對胞弟　承繼男忠粧公生于咸豐丁巳年四月二十日午時　卒於光緒甲申年十月廿三日丑時

塋在番邦寔叻山

妻陳氏舫娘蓬格人生同治甲子年正月初七日申時

十四世二房長永溪字孝礄章曰公之次子也承妻陳氏舫娘生二男忠粧（継出承永浮公奉祀）忠嫚

生同治丙寅年八月廿六日午時

十四世二房長永扱字　章曰公之三子也

永扱生同治己巳年八月廿六日午時

十四世二房二永拔字孝全元辰之長子也娶
妻劉氏生一男忠祥火一女蕊娘
生咸豐乙卯年十一月廿五日未時
妻劉氏盾娘嶺後坑人生同治壬申年四月廿
六日午時卒於光緒庚子年五月初一日丑時
十四世二房二永諒字孝德元辰之次子也娶
妻傅氏
生光緒元年乙亥十一月廿五日卯時
妻傅氏齊娘曾口坂人生光緒丁丑年十一月
初九日酉時
十四世二房二永凿字孝存章昔公之長子也
娶妻陳氏

生同治乙丑年五月初七日巳時
妻陳氏修娘蓬格人生光緒己卯年五月初一
日卯時
十四世二房二永熨字孝令章昔公之次子也
生同治己巳年八月初八日亥時
十四世二房二永泉字孝魁章昔公之三子也
娶妻陳氏
生同治癸酉年七月二十日丑時
妻陳氏吉娘蓬格人生光緒甲申年正月十
二日亥時
十四世二房二永淡字孝言章垂公之長子也
娶妻林氏生二女

生咸豊壬子年三月十八日寅時

妻林氏罔娘谷山人生同治辛未年五月廿六日酉時　卒於光緒廿六年庚子閏八月十二日酉時

十四世二房二永樣字　章垂公之次子也

娶妻陳氏生一男忠欲

生咸豊丙辰年六月初十日午時　卒光緒戊戌年五月初二日申時

妻陳氏寬娘蓬格人生同治壬申年七月初十日未時

十四世二房二永渺字　章垂公之三子也

生同治癸亥年六月廿九日寅時

十四世二房二永潤字　章垂公之四子也

生同治乙丑年五月初四日酉時

十四世二房二永秋菊字孝色章佰公之長子
也娶妻陳氏生一女
生同治庚午年六月初一日巳時
妻陳氏煩娘佛口人生同治癸酉年十一月
十九日寅時

十四世二房二永閣字孝安章佰公之次子也
生于光緒丙子年二月初十日申時

十四世二房二永㭎字孝維章苗公之長子也
娶妻傅氏
生于同治壬申年十一月初六日寅時
妻傅氏曰娘曾口坂人生光緒壬午年十月
廿一日酉時

十四世二房二獅象字孝芽章苗之子也

生光緒乙酉年三月十五日子時

十四世二房二永剌 字孝皂章時公之長子也

娶妻陳氏抱養兩承男忠鏡抱養男忠居

生咸豐丙辰年二月十六日丑時

妻　氏　娘畨邦人生一男忠麒麟

妻陳氏智娘吾莊炉美前人生光緒癸未年七月初七日申時

十四世二房二永盒 字孝噬章時公之次子也

娶妻王氏生二　男忠沛忠江進一　女兼娘

生同治癸亥年二月廿七日巳時

妻王氏鐳娘上地人生同治壬申年三月廿

五日辰時

十四世二房二永火 字孝炎章時公之三子也

娶妻劉氏抱養兩承男忠鏡二女長筍娘次

体娘生　男忠敦盈

生同治戊辰年五月十七日丑時
妻劉氏六娘蓬萊昭曆人生同治己巳年十
月初八日酉時
十四世二房二永博字孝學章正公之長子也
娶妻陳氏生　男忠諸
生同治壬戌年八月十六日未時
妻陳氏于娘蓬格人生同治乙丑年五月十
五日午時
十四世二房二永同字孝典章正公之次子也
生同治丙寅年二月廿九日巳時
十四世二房二永從字孝源元棲之長子也娶
妻傅氏生一男忠瑞
生同治甲子年二月十五日巳時
妻傅氏粧娘曽口坂人生光緒丙子年五月

十四日巳時

十四世二房二永内字孝裏元棱之次子也

生同治戊辰年十一月初四日寅時

妻劉氏

十四世二房二永飯字孝米元棱之三子也娶

生同治癸酉年正月十三日未時

妻劉氏否娘蓬萊人生光緒壬午年十二月

十六日卯時

十四世二房二永旺公字　號光興章竽公

之子也

公生于同治癸亥年七月廿五日巳時　卒於

光緒辛巳年十一月廿一日午時　塟在本

山土名早田垵頭崙穴坐　向

十四世二房二姜能字　　章早公之長子也
娶妻劉氏
生同治辛未年正月初三日酉時
妻劉氏起娘蓬萊人生光緒庚辰年十二月
初六日子時瑞生
十四世二房二兩儀公號　　章早公之次子
也　公生于光緒乙亥年三月廿三日子時
卒於光緒戊戌年十一月初十日卯時
塋在廈門山
十四世二房二永仁字　　元三之子也娶妻
陳氏
生同治辛未年九月十八日未時
妻陳氏越娘生光緒丙子年十月廿九日午時
十四世二房二孟宗字孝　元謝之長子也娶

妻柯氏
生光緒壬午年五月廿五日艮時
妻柯氏參娘岩山頂人生光緒丙戌年七月
廿六日酉時

十四世二房二南山字孝階元謝之次子也
生光緒乙酉年十月初七日子時

十四世二房二六女字孝淑元謝之三子也
生光緒辛卯年八月廿八日未時

十四世二房二戊巳字孝　元謝之四子也
生光緒甲午年六月十九日申時

十四世二房二永所字孝　熕鈄之長子也
生光緒辛巳年六月廿九日亥時

十四世二房二永釆字孝　熕鈄之次子也
生光緒甲申年九月廿八日未時

十四世二房二永音字孝陽章佳公之長子也
娶妻劉氏生二男忠約忠愛
生咸豐甲寅年十月初八日巳時
妻劉氏滿娘蓬萊人生同治丙寅年十二月
廿八日午時
十四世二房二永漢字孝朝章佳公之次子也
生同治己未年十一月廿八日未時
十四世二房二双殄公字孝主章佳公之三子
也　生同治辛未年十一月初九日申時
卒光緒丙戌年十二月三十日巳時　塟在
本山土名長格馬垵穴坐巽向乾兼巳亥
十四世二房二永勤字孝龍元泉之長子也娶
妻陳氏生二子忠向忠湧早世　二女長朝娘配
同美陳

生咸豐癸丑年十二月初九日巳時
妻陳氏要娘院宅林人生咸豐壬申年五月
初七日巳時
十四世二房二永琛字孝方元泉之次子也娶
妻傅氏生一女
生同治丙寅年十二月廿二日亥時　卒於
光緒己亥年十二月初二日寅時
塋在厦門山
妻傅氏差娘曽口坂人生光緒　戌年正月
廿四日卯時
十四世二房二永掭字　元泉之三子也娶
妻傅氏
生光緒庚辰年七月十二日辰時
妻傅氏孰娘曽口坂人生光緒丙戌年七月

十九日午時
十四世二房二永頒字孝元水之長子也娶
妻林氏生一子開市
生同治丙寅年三月廿八日酉時
妻林氏是娘大嵌人生同治甲戌年四月初
十日未時
十四世二房二永籴字孝敦元水之次子也娶
妻陳氏
生同治戊辰年十月十三日申時
妻陳氏法娘院後坑人生光緒辛巳年十一
月十一日丑時
十四世二房二永搶字孝創元水之三子也
生光緒己卯年又三月初四日酉時
十四世二房二永運字孝復元水之四子也

生光緒壬午年九月三十日寅時
十四世二房二永往公字孝呈號光生元森之
長子也娶妻陳氏生一女
公生于同治癸亥年二月廿一日未時　卒於
光緒癸未年十二月廿九日辰時　塋在本
山土名長格穴坐乙向辛兼辰戌
妻陳氏　娘　人生光緒乙亥年二月十二
日寅時改節嫁出
十四世二房二永簡字孝兜元森之次子也娶
妻林氏生一子忠堅
生同治庚午年六月十七日申時
妻林氏即娘石牌人生光緒戊寅年十二月初
八日辰時
十四世二房二永桂公字　元髻之長子也

公生于同治甲戌年八月初五日酉時　卒於
光緒乙未年五月初十日酉時
塋在漳州
十四世二房二永春字孝長元謦之次子也娶
妻陳氏
生光緒己卯年十月廿四日卯時
妻陳氏有娘蓬格人生光緒丙子年七月廿
二日寅時
十四世二房二永劉字　元謦之三子也娶
妻張氏
生光緒己丑年二月十九日寅時
妻張氏肝娘嶺尾人生光緒丙戌年十一月
十二日酉時
四世二房二永昔字　元謦之四子也

生光緒乙未年正月廿三日巳時

十四世二房二永虎字　章瑞公之長子也

生光緒庚辰年三月廿四日寅時

十四世二房二永陣字　章瑞公之次子也

生光緒辛卯年二月初三日酉時

十四世二房二永端字　章瑞公之三子也

生光緒甲午年三月初九日酉時

十四世二房二永儒字孝聰章金公之長子也

娶妻劉氏生五男坑螺忠蛤忠那忠滚双承吾

三女長尾娘次妹娘三沓娘配蓬格陳

生咸豐壬子年二月初九日戌時

妻劉氏覲娘嶺后坑人生咸豐乙卯年九月

初一日寅時

十四世二房二永請字孝試章金公之次子也

国家出版基金项目
NATIONAL PUBLICATION FOUNDATION

海上絲綢之路文獻集成

總主編　陳支平　陳春聲

民間譜牒編 70

主編　林　楓

海峽出版發行集團
THE STRAITS PUBLISHING & DISTRIBUTING GROUP
福建人民出版社

本册目次

［福建南安］南安霞錦洪氏族譜二十卷首一卷存十九卷（卷首至世紀卷四）

吴培奇纂修

［福建南安］《南安霞錦洪氏族譜》二十卷首一卷存十九卷，吴培奇纂修。霞錦洪氏爲南安大族，居南安詩山北隅，與永春毗連。明成化間，國柱自南安縣城之平溪遷此開基，依文章山下而居。是譜爲福建南安洪氏第五次重修者，載修譜董事名表、南洋各埠捐款數及芳名、序言、義例、源流、世系、圖録、傳記、林山分界合約、山契、合同等。纂修之舉乃合海内外族人之力，資金亦多來自海外族人捐助。卷首所載南洋各埠捐款數及芳名，列有蚋卯埠菲幣、新嘉埠中國法幣、萬亞老埠荷幣、仙打根埠叻幣、吧城埠金圓券各項，知其族人多移居菲律賓、新加坡、印尼、馬來西亞各國。譜中載清康熙至乾隆間已有族人往南洋謀生，扎根繁衍，至清季愈衆。譜中多見「葬南洋」、「葬蚋卯」、「葬仙打根埠西甫架逢山吧内」等記載。所記居住情形亦頗詳。卷一有十五世裔孫大亮撰《本族經濟文化教育概況》，詳述族人修窗於清季首赴小吕宋謀生情形。據民國三十七年（一九四八）排印本影印。

南安霞錦洪氏族譜世紀

卷首

南安霞錦洪氏族譜

民國三十七年戊子

季冬　端綿敬題

第五次重修族譜董事名表

國內董事

大亮
先程
修京
修泉
福星
鍛鍊
特羽
慎佐
八斗
及時

國外董事

田潤
慎長
買志
良才
癸卯
思閩
加澤

保順

附啓：本次經費雖蒙旅外諸董事努力勸募各僑親踴躍輸將但因金圓貶值不敷甚巨幸賴財政思閩兄同鄉主持一切慷慨先墊俾觀厥成而全盛舉

大堯附識

茲將南洋各埠喜捐款數及芳石列左

蚋卯埠 菲幣

田潤 慎長 買志 良才 思閩 和順 金榜 榮南

以上各捐六百元 弄茂 三百元

有力 慎恬 樟桃 千山 壬癸 小烏 安鎮 烏斗 春水 姜意

有年 思慮 傳明 以上各捐二百元

慎星 思度 思蹇 造端 思比 思羅 賜成 再寶 新同 思恩

錦美 順利 副榜 包來 及第 太順 烏忠 癸卯 慎發 文彬

天生 述濟 汪盞 進成 思帆 新民 思蠔 以上各捐一百元

思抱六十元 松柏 循環 祖國 尤水 元龍 受玉 思欽

適用 受流 永春 思兩 思衆 慎賂 慎堅 秋偉 懷返 文輝

晉服 鴻華 大烏 轉明 元海 文侶 詩書 怡扳 國森 迺三

思烏　思炎　思梅　玉潤　水法　受清　應法　以上各捐伍拾元
振作　四十元元　自成三十元　應龍三十元　先扁　自在
沂水　受回　清閑　思柱　百福　培植　以上各捐貳拾五元　騰雲
叠要　文年　金益　思稟　字悅　學詩　貽謀　思厚　以上各捐貳
拾元　再添　德希　斗相　榮華　祖瑞　自謀　迎來　和緩　以上
各捐拾元

新嘉埠中國法幣

加澤　明理　以上各捐伍百萬元　加才　欽敬　各捐二百萬元
闊俊　泮水　以上一百五十萬元　潤澤　慎建　慎亭　頂怡
其順　思丕　雙鮑　清江　當亭　鳳武　堆增　當駢　思牆　甲巳
以上壹百萬元　思炳五十五萬元　伙進　加業　當義　天來　慎昆
武西　以上五十萬元　火炎　德仁　桂順　思好　既土　受護　良慶

庇佑　以上各捐三十萬元　順理　河水　綏土　良勝　志元　慎林
思祿　順彩　以上各捐二十萬元　當卦十五萬元　天從　再祿
進財　慎周　丁貴　慎田　瑞乾　以上各捐壹拾萬元　思綿　清流
當能　以上各捐五萬元
　萬亞老埠荷幣　修梅　天降　以上各捐二百盾　再德　永章
思樹　以上各捐一百盾　瑞成　才益　連江　事模　文芳　以上各
捐五十盾　同元三十五盾　慎和　慎琛　西河　西川　再寶　清元
萬福　鎮遠　如水　新安　思曉　慎遠　思都　思諒　慎發　錦美
以上各捐二十五盾　慎擺　源英　輪御　繼業　以上各捐二十盾
思中　元禮　振興　卧龍　以上一十五盾　思扮　新壽　再挺
元佑　子眉　和元　慎板　元祺　思炎　安養　以上壹十盾
　仙打根埠叻幣　慎河一百員　尚武五十八元　文榮二十五元

慎創　受坑　以上二十員　乃順　進發　長城　九曲　慎俊　高山

玉錐　以上一十員　受面　永建　思宜　以上五員

吧城埠金圓券　煆煉二千員　修泉　慎柒　以上一千員

慎滾二百五十員　洋溢二百員　慎墘　慎蚋　以上一百五十員

新婑　思冰　應枝　以上一百員　慎俊五十員　當鑒白米一百市斤

本族名行字行歷次續編彙錄

考自　國柱公至今十世其五世以前排行字義不能盡符當仍其舊　難以改同至六世排行曰良七世排行曰宗八世排行曰景九世排行曰瑞今以十世兆字起編十六字一世二字分以名行字行使諸後裔知所遵守焉

兆有必興　先志當成　愼脩思永　受采封榮

雍正二年甲辰葭月穀旦八世孫景鍾九世孫瑞漢頓首拜編

觀光利用　晉爵朝京　文章鵲起　三賢齊名

乾隆四十一年丙申葭月穀旦十世孫福頓首拜續

祖武式型　重禧餘慶　孫謀貽翼　毓秀羣英

旋

咸豐九年己未嘉平穀旦十二世孫志瑞仝拜續

諒

孝友傳家　忠貞帝廷　綿遠富貴　弈世簪纓

三　成肅

光緒三十三年丁未嘉平吉旦十二世孫志清仝拜續

三　成敏

四　脩澤

修譜義例

參酌舊譜重訂

一族姓有源流猶崑岷而江河江河而巨海支分派别非溯源窮流何以知為鼻祖為耳孫茲溯其源所出窮其流所分俾族姓知萬流皆歸一本

一譜為傳信之書不得誣冒以誑其祖此宋狄青所以不敢冒為狄梁公之後也若先世莫詳則倣蘇老泉譜法以其所知者為始祖

一譜立世系圖一脉所行由上流下者也凡圖線直下者父子相繼横而並列者兄弟相聯以左為長以右為少長房之子孫序畢乃及其次舊譜無圖今特增之以便觀閲

一世系圖倣歐蘇二氏之法五世一提綱取五服之義也上自高祖下至元孫元孫再提而至九世取九族之義也又再提而至十三世以至提之無窮者皆服盡之義也是謂上承其祖為元孫下繫其孫為高祖推而上下之則見源流之所自旁行而列之則見子孫之多寡其繫以朱絲者取血脈相貫之

義也

一世系圖凡有傳者用圓圈無傳者用方圈取圖行方止之義此通例也茲圖名上概用圓圈而於無傳者名下註一止字以其較易識別也

一譜編世紀以傳世為一大紀歿者書某公諱某字某妣某氏某名存者書諱某字某別號某示存歿也次書生卒年月日時及墳墓方向或分塋或合塋紀載詳明以防遺忘末記生男名數以明上承下接生生不已之義

一修譜之意凡世次不備而諱字失明不得妄加補註所以傳信也書名字履歷生卒者詳始終也書行次者辨尊卑也書子女嫁娶者重婚姻也書性行者昭有德也書塋址者詳先塋也書爵位者重恩榮也

一婦人必紀某姓某公之女俾後人知母氏之所自出若有顯達可為吾門之光者雖其兄弟伯叔亦並書之至於賢母節婦烈女德行可風政府且旌表之譜中更當留意採訪詳紀其事實以勵風俗

一嫡母雖無子亦必書之庶母不書所以嚴嫡庶之分也若有子女及賢行則書之嫁母不書生卒僅書某氏出或改天改節示母出與廟絶也

一譜所以收宗族明支派如無子者擇本族昭穆相應者爲嗣於本生父之下書其名名下細書曰出嗣某某明所出也於嗣父之下書其名名下細書曰某某第幾子入嗣明所承也嗣子之子孫則繫於嗣父名下若分承兩房則書曰兼承男但生庚婚娶宜分載生子宜分承服制仍重本生父世次仍承本生父旁註兼承某公以爲後來分承之朕兆

一女子不書生卒者以婦人内夫家也舊譜有書其所配者有未盡書者今仍舊例知者書之不知者缺之

一譜後爲附錄凡先人之行狀誌銘遺訓等文可爲子孫勸勉者皆錄之以垂後鑒

一信以傳信疑以傳疑實譜家要法前譜可據者錄之或有所疑不必妄有增

刪庶無害於示信也

一族譜之作天敘民彝煥然齊備後人宜珍而藏之不可輕借他人以防盜抄或遺失非如金玉之物失之而可復得也昔龍門子有言三世不修者等於不孝後之子孫有志者其慎之

中華民國卅六年丁亥夏月霞錦鄉重修族譜董事會　謹訂

霞錦洪氏續修族譜序

族譜何為而作也歐蘇二公懼宗法之失其傳而作也蓋自宗法既廢而世系莫明昭穆莫辨人多數典而忘祖至親如路人其弊不可勝言矣有宋廬陵歐陽修眉山蘇老泉二公目擊心傷力除其弊立族規訂譜例詳近而略遠傳信而闕疑各自譜其本宗縷晰條分羣稱善本後世修譜家因之奉為圭臬焉霞坂洪氏自邑之平溪分支依文章山下而居名勝鍾靈以蕃以大今已挺為詩山巨族矣考其譜牒創於前清雍正初年修於乾隆中年繼而修於咸豐己未年與夫光緒丁未年前作後述歷經四次今又閱四十二年矣此四十二年中房派之興絕聚散男女之生娶卒葬又不知凡幾而舊本蠹殘老成彫謝使非急起重修則年代愈久散失愈多杞宋無徵後患伊于胡底乎洪君大亮有慮及此爰於吾國抗日勝利後倡修譜之議議成當即組織董事會分函南洋各僑親勸募巨資一面聘族中勤孝慎求君分任採輯而以主纂囑余余辭以學

殖久荒益以老夫耄矣無能為也然誼關知交過辭不得乃於客冬應聘勉執筆役由董事會改訂義例余則增畫支圖悉心檢閱刻意訪查沿其舊而輯其新正其訛而補其缺舉全族之房派昭穆生卒名號紀載周詳秩然不紊雖其間狃於董事之舊習未能盡合義例然而編修正確卷頁堂皇公誼私情聊以塞責矣乃者譜成告祖彩烈興高婦孺臚歡廟堂生色貴祖宗在天之靈毋亦欣然默慰乎所願後之覽斯譜者篤於親興於仁立德立功善繼善述異日族乘增光宗風丕振庶乎可對祖宗之靈爽而無愧為肖子肖孫也余且馨香祝之

中華民國三十七年戊子季冬

詩山寒士勗端吳培奇謹序

第五次重修族譜序

譜者所以溯本源明支派序昭穆別親疏維繫親情於不墜進而為一族之教育文化經濟生活之紀實使一代比較一代檢討過去策勵將來誠家族中之信史其意義至深且長也嘗考前譜歷修四次均未能明吾祖之所由出作確鑿之紀載塗聽塗說立原各異迨民國十八年邑之平溪宗叔執譜來家訪亮出示譜牒中載吾祖國柱公生庚與我譜無異亮時年少昧於尊祖敬宗之道未曾注意檢查迨民國三十六年冬倡議修譜乃親到平溪詳加檢閱始知入閩始祖由英林而平溪而下坂本本原原經在尋源考中言之綦詳茲姑不贅第念吾鄉狹處一隅族衆散居南洋各地幾及其半抗戰難中履險如夷迨勝利佳訊傳來均獲安全經濟比戰前尤為發展可謂得天獨厚亦吾祖餘德有以留蔭其子孫矣於是互相慶慰公議重修族譜詢謀僉同當卽成立董事會分司其事一面挨戶採訪一面發函南洋各埠勸募經費幸南洋僑親深明大

義踴躍輸將其中熱誠尤以呂宋蚋卯為最當接鄉信時卽成立董事會專司捐款等事同時顧及家鄉教育及諸公益事業因此徵特作述重光且樹立吾鄉未來無限福利慶譜期近又派財務思閩兄回來共襄譜務及告祖盛典此日族乘觀成先祖是皇雖各董事之努力亦我旅外伯叔弟兄知恩報本不匱孝思之表現也所望後之視今亦猶今之視昔光前裕後代勝一代蔚為南安巨族時代名家是予所厚望馬是為序

中華民國三十七年歲次戊子仲冬　十五世孫大亮薰沐敬序

武榮詩山霞坂洪氏譜序

鍾生也晚去先人歷有八世矣非敢擅造譜牒以示後人也顧念人之有祖猶水之有源木之有本苟不預為記載則昭穆無由辨親疏無由別生卒年月墳墓亦無由考豈非譜不立之故乎予祖洪姓來自光州固始從王入閩一節閩之有祖者類能言之至欲問吾祖之在閩居何地歷何代而始分支於詩山之霞坂則譜牒云亡渺乎其不可考矣然猶憶父諱宗淑在日即命鍾以理譜事嘗稱吾霞坂開基之祖號國柱公育有四男長宣治公次談義公三敦禮公四興仁公始居泉城緣有産業在山遂逃囂城慕詩山而於霞坂托處焉無何敦禮興仁二公早夭而宣治公與談義公郎具有貽謀燕翼之思派分為東西房地別以東西而宣治公祠宇向東襟雙溪而揖高蓋談義公祠宇向西面石壁而拱文章各以遠大為期孰意再傳而後貧富不同盛衰各異而宣治公之子孫視談義公為稍替焉此所以山林池塘概諸物業皆係談義公所置而宣治

公不與焉者也至其歷年祭祠談義公之子孫嘗以牲肉之多寡助宣治公之子孫迄今世傳未之有改此又吾祖之念天顯而敦友于之至意也穀梁子有言曰信以傳信吾父亦有所傳而云然乎鍾於父之所言略知大意早欲纂其始末然年方壯盛猶汲汲詩書以圖寸進茲年云耄還念父命未酬夙志未遂而流光瞬息慨世系之久湮痛老成之云謝春雨秋霜之際徘徊五父傷心防墓者數焉客歲冬至諸父兄遂命予以造譜予不敢辭又幸有叔宗應弟景猛其人光明正大嘗重建小宗恢宏神寢與之語及譜事更喜躍弗勝遂率叔宗光弟景水景陣姪瑞密瑞布瑞世等各房鳩成而男瑞漑瑞漢亦於勤脩之暇稽祖先之神主按歷代之世系爰是著之于筆俾凡我同譜者宛然有曠世一堂呼吸可通子如見其父孫如見其祖而尊尊親親之意油然而興者要亦祖宗之靈爽所式憑而後世之血脉所聯結者也自是而昭穆可辨親疎可別生卒年月墳墓亦無不可考後有作者其亦得以溯本而窮源乎

雍正二年歲次甲辰葭月穀旦八世孫景鍾頓首拜序
男瑞漢頓首拜書

詩山霞坂洪氏重修譜序

慨自萬物本乎天而人生則本乎祖祖也者所謂水之有源本之有本者是也故必推其祖之所自始而稽其行事綜其終始使後之人得以溯其本而窮其源焉此譜之所以若斯之重也我族自國柱公開基世傳自漳爲榜眼公（諱鍾字世啓號毅齋）正派雖前譜遭變遺亡而我鄉音語與漳相似與他鄉不同所謂離祖而不離響是直祖宗在天之靈陰留口碑以代譜牒而使念舊者得以溯其所自也予嘗往漳教讀間與漳州府龍溪學諱文淵字波叔等往來交際切磋之下曾以同宗而問及吾祖開基之事予特以祖知來自漳而特不知漳之始居何地歷何代而始分支於霞坂之實爲告彼乃謂曰兄言謬矣凡吾漳之洪姓者一而已雖其後來之或東或西而究之無二也是爾真漳者也是爾之祖真爲榜眼公之派者也噫以宗人之所言合父老之傳聞則我祖之始於榜眼公之派也無疑然其中之如何由漳抵泉由泉入南則則軼事散失莫稽前雍正甲辰年

胞祖伯景鍾公脩造族譜亦云譜牒云亡而以國柱公之開基為斷蓋直以所知者為始祖此脩譜法也茲者衆人議再重脩非以言前譜之未善也亦以世久言湮所要者祖宗創垂之業如山林池塘之事必書約束防維之事必書生卒年月葬所墳墓之事必書其餘規模一稟前譜而行其曰無褒善也不敢以虛美侈其前人也其曰無貶惡也是卽聖賢善善從長惡惡從短之遺意也至於嫡庶之分養承之辨此特自本自根之論前譜亦有書有不書者以是為一族之條目已耳若夫引經譔詞垂為家乘則有來人之賢者在非一時之所敢任也特為序

乾隆四十一年歲次丙申葭月穀旦十世孫庠生福　拜序

八世孫景　立　九世孫瑞瑤

標　秀　仝校

到

武榮詩山霞坂洪氏重修譜序

竊謂家之有譜猶國之有史也史不脩無以見一國之統緒譜不脩無以明一家之綱紀此譜之所係者重矣我族自　國柱公肇基霞坂至今十有四世瓜瓞綿綿生齒繁焉前八世孫國學生景鍾公始造譜牒稱舊譜遺亡莫知其詳而以所知者為始祖至十世孫邑庠生福公重脩譜牒稱我祖自漳而來為榜眼公正派按榜眼公諱鍾字世啓號毅齋（宋嘉定丁丑會元官至寶謨閣大學士兼工部侍郎擢陞尚書）乃　仁遜公十三世孫仁遜公世居蘇州吳縣（又云徽州歙縣）宗丙辰進士授大理寺評事調知長泰縣因家于泰為史山漳洪之始祖也道光巳亥歲海澄霞苑生員諱澄執譜來家捐資重脩大宗以我祖自霞苑朝儀公而分支越甲辰長泰鸕鷥國學生名綽淑亦執譜來家捐資重修史山家廟以我祖從滿店　攸至公而分支但世遠年湮宇義難得相符是二者之親親亦可附會其說第見水有源流同歸一派木有枝葉總根一本究我祖所從出雖莫知其詳亦未始不出於漳者也茲我同人

等曾念丁亥及甲辰歲經修譜稿值孟春之月衆議續修原將條目既登載者備錄之未登載者續誌之增補纂謄有善必彰有惡必癉遂付泉晉田庵鄉家品叔鐫刻裁成叁付一樣分收以傳後昆將見祖宗至遠也有譜以繫之而遠者不終於遠族屬至渙也有譜以萃之而渙者不終於渙且世序昭穆至易紊也有譜以分析之而紊者不終於紊是譜之修竊比于史之修也尤願後之賢子孫敦尚實行以儒相勸修于家而獻于廷蔚為武榮望族光大門閭斯無忝厥祖焉耳是為序

咸豐玖年歲次己未嘉平穀旦

十二世孫　志瑞　志旋　志諒　仝拜序

武榮詩山霞錦洪氏續修譜序

文章之下有吾埔山馬環山之前後左右聚族而居者是爲霞錦鄉其鄉上通呂李下聯陳林曩昔時氛不靖鄉鄰紛擾而霞錦獨固若金甌是其鄉亦詩山中之巨族也族大者丁必蕃道咸以來尤覺昌熾前人倡議脩譜一時源流不紊昭穆井然迄於今又閱五十年矣年愈積而愈多人亦愈生而愈衆不再議續修則紀載雖光於前而缺略尚貽於後爰謀厥衆僉曰宜修獨是修之難也採輯者不悉心搜訪則周密難董理者不至公無私則協望難霞錦此時身任譜事之人率皆持正不阿或籌款或司數或分任或總理類能經營不懈有始有終故人皆向化不特在鄉之有財者肯捐金以助即在夷之經商者亦聞風恐後樂於輸將所以採訪之費登印之費酬謝之費皆有所資是雖樂捐者之好義而要亦董理勤修皆得人以致之也且夫人豈真必功名煊赫始足以震耀一時名垂後世哉能排難解紛則爲善理事之人能尊祖敬宗則爲敦倫紀

之人人固不可以一格求也況乎鬱久者必洩蓄深者必彰霞錦一鄉既有立大原大本之人安知後不更有掇巍科登顯宦足上繼三瑞之遺芳者乎予躬膺督纂見霞錦續修之士皆能盡心採輯未嘗不心焉羨之卽付泉晉田庵鄉宗　足叔活字印成八付一樣分收以傳後昆而又幸其祖宇龍脉迴環前拱秀峯後瀠詩水卜其間定必有魁奇特達者出而與南邑科甲家媲美匹休也至於宗祖之淵源族姓之蕃衍前人序之已詳而無俟余之贅也是為序

光緒三十三年歲次丁未嘉平穀旦主纂舊門生員呂祖培拜　序

十三世孫　成肅　拜書

十二世孫　志養　志清

十三世孫　成甘　成敏　成作　成輝　仝校

十四世孫　修輝　修居　修賢

姓原 承舊譜

古者聖王賜姓受氏或以功或以地或以國或以官雖有不同凡以類族辨物庶不至於相混也按洪之原出於勾龍勾龍佐高陽為后土能平九州辨土地之宜以教兆民歿祀為社其子名垂為唐虞共工（史記共工官名非女媧所滅之共工也）因以名氏是以其官也漢季避仇益水為洪遷居燉煌而族始大故羣望於燉煌若夫丹陽之族本出衛大夫宏演之後至唐避孝敬諱改姓洪經綸明芻興祖輩乃以文業著今豫章新安之派是其冑也建昌之族本出於唐司倉忝軍殷諤之後至宋避宣祖諱改姓洪文撫之家六世義居而以孝弟著今南康之派其冑也二姓俱見於史其氏各自為郡於吾燉煌實無相統也窮源者詳諸

世本 承舊譜

按洪氏本居河内地共城蓋衛州共城縣也神農有裔曰勾龍者子孫事唐虞為共工列於諸侯國于共世稱衣冠名族秦漢之時皆居共城至漢季子孫避

仇益水為洪徙居沙州之燉煌遂為塞垣之民習尚武勇縉紳儒雅無聞也厥后支子諱士會者復自燉煌遷於吳至宋真宗時吳之諱仁璲公者以進士第四人受從政郎汴京左衛錄事轉承事守大理寺評事乾興元年十月以事調知漳之長泰縣未三年遷潮州通判民乞留之仍以通判署縣事竟卒於官遂家長泰之洪山兜厥子諱憲公由山兜徙居珠浦社其十五世孫慶朝公又由珠浦社徙居史山廷庸公又由史山而遷大鷴鷺至邦正公同兄邦興公乃移旌孝里邦興公居甘棠邦正公居小湖珠是長泰山兜之洪實出於吳珠浦史山之洪實出於山兜而小湖珠之洪又出於史山也

史山家廟　會元陳常夏贈聯云

一脉文明光映史

三吳盈勝引來漳

咸豐己未歲錄

六桂傳芳史略 採檳城六桂堂

周昭王庶子食采翁山遥觀天上白虹而有孕臨十二月始產男孩出世兩手握拳三日不能出聲昭王以口噓之聲手乃放左掌有字曰公右掌有字曰羽遂賜翁姓因此開基子孫綿綿時光易過歲月如流及至宋太祖建隆年間始祖乾度公生有六子家住河南省洛陽縣時因世亂胡夷侵襲六子駐節是邦迫而化姓逃匿六桂遂此分枝因而枝葉暢茂源遠流長綿延及今為昭明本源使後世普遍明白遂將六桂傳芳之始祖及燈號分述如下

祖墓遺詩

落地三朝語不通　生枝是姓公羽翁
諸子傳流分六姓　兄南弟北各西東
枝分南北東西省　六姓原來是一宗
但願兒孫知同族　婚姻嫁娶無亂綱

六桂兄弟　　燈號

長兄處厚公字伯起入洪姓　燉煌堂

次弟處恭公字伯處入江姓　濟淮陽堂

三弟處易公字伯簡入翁姓　鹽官堂

四弟處林公字伯悼入方姓　河南堂

五弟處廉公字伯約入龔姓　武陵堂

六弟處休公字伯容入汪姓　平陽堂

中華民國卅五年四月十日　檳城洪江翁方龔汪六桂堂第四屆執委會宣傳股印發

霞錦洪氏尋源考

我族開基源出何自前譜未得其詳嘗讀八世祖伯景鍾公首創譜序謂「始祖　國柱公始居泉城緣有產業在山因棄城而托居於此」又讀十世祖叔庠生福公重修譜序則謂「國柱公開基世傳自漳為榜眼毅齋公正派故鄉音與漳類似獨異鄰鄉是所謂離祖不離音者」又謂「嘗往漳教讀承漳州府龍溪縣學宗叔文淵公告以吾祖真出自漳亦真為榜眼公之派」且十二世志瑞志旋志諒諸公續修譜序亦謂「道光年間有漳州海澄霞苑鄉洪澄又有長泰鸕鷀鄉洪綽淑先後執譜來鄉捐資修建祖廟亦證以吾祖由漳而來」等語亮生也晚謹按歷屆譜序所言均非確據茲當倡修族譜之際因憶十年前有本邑廿八都平溪鄉宗叔來鄉捐資修建宗祠承云其族譜載有「國柱公住下坂厝分居南永交界之梧埔山」等字乃於客秋九月邀同族叔福星兄八斗趨謁平溪宗叔請閱族譜中載四世普耀公即國柱公之父居下

坂堂又載國柱公生景泰癸酉年九月廿四日午時分居本邑之梧埔山與永春交界等字與我族譜所載相符據此我族源出平溪已無疑義其分居於此仍名為下坂者更足徵其不忘本也亮又於平溪譜端詳其本原并悉國柱公分居下坂之世次焉據載南唐丁巳歲越王王審知入閩我遠祖十四朝奉公從之卜宅於泉州之南𨺗湖之北曰洪氏未幾遷𨺗之西曰英林（俗叫烏林）傳至五世念七評事公為塋窀穸明江夏侯周德興奉建永寧衛城指東西竿頭兩地俾公妣分塋課曰是百子千孫墓也而洪氏遂以蕃衍聚族至三十貢元公分支上廓下洪是為英林開基之始祖傳至十世仲弼公之第四子號子文諱泗公乃分居於南安之平溪　初泗公以明太祖洪武年間隸於南京之留守右衛至成祖永樂九年奉令寄操於泉州之永寧後復奉令得占屯田以軍籍於南安之平溪是為平溪之始祖平溪原名礄溪在明嘉靖初黄蓮峯河清始以礄字易平字至今仍之平溪一世泗公至五世國柱公以明憲宗成化年間分支於此其名為下坂者

蓋仍其平溪原住之宅名云

綜上原原本本則我族開基之來源較諸前譜已確鑿而可據伏念始祖創垂之功德綿延迄今蔚爲南安詩山之巨族我後人當如何崇德報功善繼善述發揚而光大之哉

中華民國三十七年戊子仲冬　十五世孫大亮謹誌

本族經濟文化教育概況

我族位於南安詩山北隅與永春毗連背山面水所佔地域縱橫僅一里有奇南接內益北聯溪東東界下宅西與永之文章交界考我祖於明成化間自邑之平溪分居於此經四百餘年歷世子孫大都苦力為生肩挑背負戴月披星故時人有下坂「拧槌錐」之諺迄至清季民智漸開稍具勇氣者乃遠出謀生先堂伯修蜜富冒險性首先乘駁艇前往小呂宋蚋卯當其時卯地一森林荒島耳堂伯不但作鄉僑之先導且輔助當地政府為繁榮該島之急先鋒由此鄉後輩相率前往得其扶植者既庶且富繼述相承蟬聯鵲起蔚為今日吾鄉經濟之巨源厥功偉矣又先堂叔祖當談則分道揚鑣首到爪哇西里伯島亦導引不少族僑幾與卯僑相輝映惜乎年來土人內變金融對外貶值致華僑亦受無數之損失他如馬來羣島及北婆羅洲仙打根等埠無一不有我族僑之足跡迨民國廿六年軸心國瘋狂翻成巨浪演出世界第二次戰爭吾國為

日本侵略對像自難倖免是年侵入我國土旋分兵南進南洋羣島悉陷日寇手中一般華僑異鄉遭難失所流離而僑眷素仰給僑匯者十居八九一旦中斷生活莫資六七年來始則變賣家器繼則鬻子賣身慘痛情形實有逾於鄭俠之繪流亡圖洎乎抗戰勝利族僑大部獲慶安全經濟發展漸博樂觀可謂吾鄉之得天獨厚矣獨憾文化方面久落人後在前清時代且有下坂「無進學」之譏評非真無進學也因鄉人生活既苦無暇學業幾百年中以科試進學者僅三四人鄰人遂以稀而輕我譏我也民國後教育漸興鄉之少年由小學而中學而大學者數十人或從軍或從政或從事教育或渡洋經商要皆頭角崢嶸不亞於人焉至於吾鄉教育自民國初年詩山青年學會有進化一校之組織假辦吾鄉小宗祠迨民國十三年乃由亮改組霞錦小學初則因陋就簡仍假長三小宗祠為校舍生數二百餘人其設備教法循序改進至新校舍落承成後生數增至四百人凡畢業後之生徒各奮前程均稱不居人下其教肯

經費亦由亮出洋募捐幸僑親多明大義踴躍輸將由呂宋而萬亞而馬來羣島其中以蚋卯僑親最稱熱誠同時成立董事會以主持保管募得之基金及按期接濟校費等事宜斯時卯僑商店計六十四間足見經濟地位之一班矣惜乎領導乏人諸董事因商務關係無暇謀臻完善嗣逢吾國政令整編保甲推行鄉鎮中心小學吾校乃改辦高蓋鄉西北區縣立中心小學其經費縣府發給三份之二學區籌備三份之一至今仍之綜上概況係就個人所知所行者略述一二所望後之視今見文思起逐步改善日異月新跟時代以前進庶光前裕後毋負祖宗開創之艱難後生繼承之責職則幸甚矣

大亮謹誌

中華民國三十七年冬十一月中浣

盟詞 承舊

闔族長房應祥二房應騰三房應雲等議為仝申宗盟以永世規事祥等蓋自先祖披棘啓林世世承守邇來族蝨踵起漸使先祖手澤幾幾欲斬於天啓柒年間被族中應周仝一韶經將宗祠後歴蔭大樟樹四株陰賣世耀我等賴先祖在天之靈鳩鳴搆鼠罔弗失墜口血未乾至崇禎元年間產山坐落橋頭山等處復被應周献豪開釁蕩我疆界屢使先祖血造遺業微綫欲墜夫蔭樹產山重見傾覆賊子叛宗投竄猶輕但念同枝離解弗忽至今環族托處片掌穴地而使他人逼處以爭此土嗟乎周始賣樹再見獻山罪己無赦生人居會投人死骸此更情理所不堪今已罰強埜之家白金十兩以為私橐之填遂將十金僉議余既為下照祠前之費而五兩六錢則又逐房之黔突以均分嗟乎夫罰金以妥先祖之靈試起祖先而問妥乎否也矧分金以填私橐其胡以藉應周之口而杜孫子之惡乎蓋前之所以擒賊頻縱者端昉於衆心之不齊故極

殘宗之子而有漏網之吞舟故不得已姑將此金分之逐房孫子而無所闕遺者非增其衆之私槖也亦以宗有内賊後有外侮不得不謀諸弟姪以捍禦之今日者逐房逐竈以分所罰之金他日務要逐房逐竈以出禦侮之金也故半將此金以戢内奸之胆半將此金以合羣衆之衷也雖然分金可矣而禦侮之金其能保其欣然若於分金否則有不出禦侮之金議與叛宗之罪同科會革宗祠之外此固我同宗所不忍言而亦安得不言者自今而後願你申盟者永守世規勿襲前弊以勞征罪其自世世子孫咸嘉賴之〻可也是為盟

應祥　應滕　應雲

應儀　應台　應賞

崇禎五年正月　日仝立合同人　應瑞　應調　應洛

世璀　世奉　世用

代書啓美　世懷　世潤

按應祥即長房獲西公應騰即二房之大伯公應雲即三房之一蛟公時己五世而日有事於約有事於盟如此是見先人彰癉之嚴而後人所宜凜凜也

五世祖橋頭山合同

仝立合仝人應祥應騰應雲等本族有受米產山壹所坐貫橋頭山等處界址久已登明蓋自始祖創遺使子若孫世世相守毋令他族實逼處此非僅謂臥榻之側也爰有新木惟我採之爰有芻牧惟我專之不意有應周素性蕩檢經於萬曆丁巳年陰揑通族名字假手於林旋献於戴幾使數代來無恙祖山納之虎口幸祖有靈族應祥者首建義舉出血金七兩向戴贖回嗣是雲等鳩各房均出所贖之金以還祥故林之献契戴之繳契皆付應祥收藏以為後左券然而既贖之後故物已歸奚容囂囂再議蓋應周之敢以祖業為奇貨者以其祖所手貽未有分屬也今當於此山三房均管掌雖謂業有所屬亦以明背祖獻累者不得與於此山也芝今而後如本宗有人仍前投官不惟鳴攻祠墻之外務要協聞當道撲殺此獠使閤族世守祖山若金甌之無缺焉謹序其事于左而山之均房分界則詳載後列故今日仝立合同遂房分執云

長房　共出銀二兩三錢三分正
次房　共出銀二兩三錢三分正
三房　共出銀二兩三錢三分正

崇禎二年正月　　日仝立合約人

應祥
應調
應騰
應儀
應雲
應瑞

知見何牧荆

查前譜内不見應周名字今以山之無分推之疑卽東房華宇也兹固弗深考特以祖宗手貽筆墨著之於譜使後之來者閲之而知此山之所由固而祖宗保守之功亦得與山並傳不朽云

又按西房三世有君惠君明君道君進四房頭之分而此獨言三房頭出銀而不及四房者蓋在當日君進公未立承繼之先耳至於五英旣承之後則此山仍為四房頭所有今山現在四房頭均分齊管百有餘年於兹矣後人斷不得執前事而有所疑焉耳 有美誌

山后格文章山契約字

仝立盡賣契人在府城林公玉公籌公宰君趙等有承父祖鬮分產山壹所在永春縣十二都土名文章鄉烏塗坑及大垵東至山后格路合水直落對垵為界西至糞斗格南至山頭大崙北至陳家山餘至田山上培植杉柏雜木芒草

等物載產米一斗零五合係林平本戶又載貼納許家山米一斗今因別置托中就與　洪宅邊賣出銀一百一拾兩正銀即收訖山聽依界管掌為業保此山係自己鬮分物業與房親兄弟之人無干亦無重張典掛不明為礙如有不明賣主抵當不干銀主之事仝立賣盡　為炤

康熙五十二年十二月　日仝立賣盡契林公籌

公玉

公宰

君趙

中見　邱其脩

陳五使

王拔寰

仝立推關人林公玉公籌公宰君趙等有產山一所坐永春縣十一都文章鄉土名烏塗坑太垵配產米一斗零五合係在十二都五甲林平本柱下又載貼納許家山米一斗今山盡賣與　洪宅管掌銀聲四至登載原契其米聽與宅上就林平柱下及許家戶內推出收入　都　甲戶內納粮當差不得有推無收亦不得有收無推互相致累今欲有憑同立推關為炤

康熙五十二年十二月　日同立推關林　公玉　公籌　公宰　君趙

中　陳伍使　王拔裒　邱其脩

以上山既賣明米聽歸戶族於永春未有版籍時因與廖立約將米收寄廖家戶内故今宜有山米納廖年該錢叁百貳拾文是卽此也

與廖家約字

同立合約人洪振洵廖廷牧係隅縣人民因洪于康熙五十二年明買得林府產山一所坐落永春十二都土名文章山受米一斗零五合推收不得越縣兹廖有戶眼憑中議妥收過盤銀完足愿聽洪振洵收入廖廷牧戶内若欲再收聽其自便此係兩愿日後不敢異言等情其米洪自徵納或有米派照依縣例辦貼不得異言今欲有憑仝立約字爲炤

洪振洵

康熙五十三年十一月　日同立約字　廖廷牧

中見人陳咸使

十一月初九日合約此數字在合縫處行書

此與許立約將米仍寄許戶今亦有米艮納許年該錢貳百四十文古

數叁錢二分

同立合約字人許見智洪景允二家屬南永二縣民人洪于本年買得林府產山一所坐落永春十二都土名烏塗坑配產米一畝九分九厘四毫在許戶內今因隔縣又屬親誼約再寄許士振戶內遞年至開徵之時洪自備粮銀送付許前去完納不得誤累或有米派洪自依例貼納內許有祖坟二首俱屬一崙上下洪不得戕傷為害其二首墓稅因產寄托並無言及此係兩比議定後各遵守前言同立合約為炤

許見智　洪景允

康熙五十二年十二月　日仝立合約人　許孟洪　洪宗應

許見俊

中見　陳戊官　代書　薛東官

查此山乃本族長三四之人合買確傳以四十大分為論長得十五分三得十五分四得十分有約為據至於分而復分則別有私數在其山既有多寡之殊故當時貼納廖家山米依古數亦開明長出錢一百二十文三出錢一百二十文四出錢捌十文而凡策應此收山米者亦云長三四各當一年而長三須合當一年總以四十大分為均分也似此紛紜曲折終非永遠之圖爰是一番思度將從前所分山上墓稅不許私收只還長三四通輪收貼許廖二家山米即有便宜亦不過還此人身勞則庶乎有所長或慕義而出頭辦者且有計利而爭先理者其不至礙于公事也善夫

計開可收墓稅額另載於外

附記承買戴宅斐后林山契按當時陳林戴三姓合買正契只在一人收執而林戴所管者只三姓仝立約字而已茲戴欲抽出自巳一分山賣族

卽將那一姓約字繳來便是然而此山又非如上承林之山可比也長得一半三四合得一半兹特記其太槪耳

仝立合約人陳林戴因陳出銀六十兩林出銀三十兩戴出銀三十兩合買府城林府產山一所坐永春文章土名山后格后起至長安亭止共配產米一斗六升五合原寄在永春十二都五甲今日承買以後歷年納粮陳納產米捌升貳合五勺林納產米四升一合二勺五抄戴納產米四升一合二勺五抄不得混推三姓通融樵採不許他人混雜凡山上從前墓稅當照銀額瓜分收取自今日始我三姓之人如欲自己塋親每穴定銀三兩墓稅三分充入三姓照額分用不得短少或有外人求買當聞三姓公議酌定銀兩亦照銀額瓜分從今伊始如敢假籍自己蔭堆私相授受者三姓協同公罰不得偏徇幷囑我三姓之人帮力存留山中杉柏後來公賣俱照銀額公分其林府山契二紙難以分

折付陳伯嵩收執不許損壞失落此係三姓之人從公議妥日後照約遵行各
無後悔今欲有憑仝立合約三紙一樣各執一紙爲炤
林
康熙五十三年二月　日仝立合約人陳　中見陳五使
戴　書人陳琓侯

立繳字人戴士伯因先年與陳林合買得林六舍產山壹所坐永春文章土名
山后格起至長安亭止共配產米一斗六升五合原永春十二都五甲戴四分
得一其山界未曾分管今因欠銀費用將與陳林前立合約托中繳賣與洪宅
銀三十兩正銀即日收訖其山聽　洪宅前去與陳林同管其前年戴有塋墳
一首在烏塗坑其洪日後不得言及給批墓稅等情其貼納米銀俱照舊合約
同納今欲有憑立繳字爲炤

雍正二年九月　日立繳字人戴士伯　士義　中人蔡専使
士綸　哲伯　知見洪老官
士立

今此山米即将山墓税撥抵外尚餘七首可收

按通族承祖山塘原非一處私買者無論已而橋頭山與沽美山等山在族門首既為魚鱗之塋重慶之山乃二世祖坟瑩一派茂林管禁森嚴又屬耳目所及之近地惟是山與永春交界為通族生樵死塋重地故特為揭出詳記於左

又記

乾隆二十年二月承買比溪郭家山一所土名北溪漳州寮的契面銀共一十四兩伍錢内繳字一紙上手契正貼共二紙

附記下坂溪小坑邊沙壓地公地約字

沙壓地者乃族内陞科受米產田被水冲壓也乾隆年間遭外姓佔墾蕩我彊界矣幸我族承祖以來詩書衣冠代有傳人時如景岱者固府縣聞名人也遂率啓道有美有深于乾隆廿二年五月廿八日赴　縣主伍控告越年賴鳳老處方立約計其所費乃通族丁米公出其地亦屬通族公共之地故特記之以示知

仝立約字人陳先登　洪景岱緣下坂溪沙壓地一所陳洪二比互控茲從公親勸處勸　應有沙壓地載產米五分四厘歸陳勸陳出銀捌拾大圓與洪别置永斷葛藤公親二比將銀即時交洪圳及圳下沙壓地一片聽陳管掌永為己業日後二比不得滋事其溪垻圳水產田賴以灌溉互相照護以敦鄰好此係兩愿各無異言其米在本都二甲洪兆興戶内推出聽陳收入本都一甲陳大宗下納粮今欲有憑仝立約字二紙一様各執一紙為炤

乾隆廿三年五月　　日同立約字人陳先登

洪景岱

黄大城

公親賴鳳老　黄洽使

蔡秉使　代書賴殿舍

文章斐后林山與陳分界合約

仝立合約字人洪陳二姓先年有承祖陳林戴同買產山土名坐落永春十二都山后格起至長垵亭止此山四坋均分陳得貳分林得壹分戴得壹分其戴一分之山雍正二年經已繳賣與洪家粮付永春邱其脩戶内完納從前風水通融交塋續後分管山界陳得山自山後格起至美女抱胎臨坑止洪林山界依舊管掌不得紛更洪家前有所塋之墳在陳家山上界内此後聽洪家祭掃脩理抑或拾罐就穴安塋而陳家不得藉山阻當洪家日後亦不得新築虚堆

假藉脩理混佔陳家山界其陳家有墳在洪界内亦依此約脩理至所有異姓
給塋二拾首在彼此之界公約輪值收稅以為貼邱家收納山糧之資茲洪邁
使有承買林清麟蔭穴二首土名石支垵崙及上金墓案原屬陳姓界内係二
十首之内聽其脩理不得戕傷其墓稅銀歷年捌分付邱家收納至於山界日
後各人各管此係公親調處明白二比俱各聽從日後不得異言生端今欲有
憑仝立約字二紙一樣各其秉筆付執為炤

嘉慶二十四年三月　　日仝立約字人　洪兆報

陳尹疊

陳夢齡　陳學椿

公親　黄台和　黄蘇觀

黄文度　秉筆陳肇沛

南安霞錦洪氏族譜世紀

卷一

南安霞坂洪氏族譜世紀卷一

一世祖

明始祖考國柱公　生於景泰六年癸酉九月廿四日午時卒正德甲戌年九月廿八日卯時葬吳埔山頭月碑坐酉向卯

妣歐氏生年月日缺卒正德丙寅年正月初八日吉時塋本鄉吳墘坐西向東形號飛鴉落洋

又妣吳氏生卒年月俱缺塋湖頭庵仙蹟石脚形號蛇耳坐甲向庚兼寅申

男　宣治　談義　敦禮　興仁

我祖生自本邑平溪分居霞錦與呂李陳林諸姓爲隣有卓然自立矯然自命之概相厥地勢高築祠宇拱文山之高聳樂霞水之迴環鋪氈帶曜迴龍顧本吸明堂之秀氣而旋繞於元武自明迄今世族蕃滋士食舊德

農服先疇更有山林池塘田宅子孫攸賴世守堪貲其功遠矣

（附記）吴埔山祖墳明萬歷十四年間被陳崇愛藉稱伊親陳道承買范宗和物業前來佔管復被陳道之子體保將祖墳剗堀填平四世仰溪公諱喬公具狀向詹縣主呈控當蒙審問詳情確係祖墳在先判令崇愛脩理還喬崇愛不肯喬公再行具狀赴泉州府告訴蒙批仰德化縣擄辦復判崇愛照契管業不得混山祖墳剗平着令崇愛脩復墳式付喬祭掃以息爭端

清道光二十年間湖頭庵祖妣吴氏祖墳右畔被溪東鄉林章得圖築虛堆裔孫耆老有吉監生廷梅成功先深等赴　陳縣主呈控章得懼究央伊宗親貢生林國器等處息將虛堆剗平以後不准上下左右築傷

二世

明宣治公　國柱公長子生成化壬寅年四月初二日亥時卒正德丁丑年十二月十六日吉時
妣謝氏生成化壬寅年四月二十日卯時卒嘉靖年缺九月十六日卯時
合塋本鄉石仔洋中坐乾向巽兼戌辰
男　天生　疑即吳山公也舊譜稱本族自此分爲東西房是公即東房之祖也前雍正二年乾隆四十一年兩次脩譜均載公與妣謝氏合塋石仔洋中茲續脩譜細查石仔洋中有一墳碑僅鐫謝氏而無公之名世傳公之子孫有建造灰碑墳式乙酉現在橋頭山坐西南向東北中格兩壙左畔一壙封密疑即是公塋此并記之以待後查　咸豐九年編有誌

明談義公　國柱公次子生宏治乙卯年八月十二日戌時卒嘉靖癸亥年四月廿五日戌時
妣朱氏生宏治癸亥年九月初九日巳時卒萬曆年缺十二月初八日卯

時合塟重慶坐子向午長男君惠長婦馬氏附塟

男　君惠　君明　君道　君進　按舊譜自此分為東西房公即西

西之祖也

敦禮公　國柱公三子生宏治戊午年五月初五日午時卒嘉靖甲午年八

月廿五日巳時葬吳埔山以成厝角坐東向西

妣黄氏生卒年月失記葬吳埔山松樹下坐西向東

又妣林氏生卒年月失記葬吳埔山厝角坐西向東

興仁公　國柱公四子生宏治辛酉年八月初八日子時卒嘉靖庚子年九

月十九日辰時葬石鼓仔坐西向東

妣陳氏生宏治甲子年月日缺卒年月亦缺塟吳埔山厝後坐北向南

三世東房

明吳山公　宣治公子生正德乙亥年八月初九日午時卒萬歷巳亥年九

月廿五日巳時
妣曾氏生正德甲戌年十月十八日吉時卒萬歷辛丑年四月十四日寅
時塋所俱缺
男　竹所　可進
四世東房
竹所公　吳山公長子生嘉靖丙申年十月十六日午時卒萬歷戊午年十
二月十二日子時
妣黃氏生嘉靖庚子年五月廿七日亥時卒萬歷甲戌年五月廿二日寅
時合塋本鄉橋頭山坐庚向甲
男　郭萬　郭億
(附記)考庠生福公私譜添註竹所公及妣黃氏塋處乃在沽美山中垵
頂今往勘之有員石月碑爲據咸豐九年誌

可進公　吳山公次子生嘉靖年缺五月廿一日申時卒萬曆年缺十二月
切三日午時
妣侯氏生嘉靖年缺十一月十八日未時卒萬歷年缺十二月初三日午
合塋橋頭山坐庚向甲
男　春山　華宇
（附記）考庠生福公私譜稱可進公及妣侯氏塋沽美山池仔角頂
中崙今往查勘之未見有墳式咸豐九年誌
五世東房
明郭萬公　竹所公長子生萬歷戊寅年四月廿二日辰時卒萬歷庚子年二
月廿一日巳時塋蓮山后坐乙向辛
郭億公　竹所公次子生卒塋俱缺
春山公　可進公長子生萬歷戊寅年十一月初八日子時卒天啓二年十

二月初三日辰時塋缺

男　良漢

華宇公　可進公次子生缺卒順治年缺十一月十七日酉時塋缺

男　良珍　良烏

六世東房

良漢公　春山公子卒塋俱缺

良珍公　華宇公長子生缺卒順治八年正月廿四日酉時塋

妣彭氏生缺卒順治十五年三月廿三日寅時塋缺

男　宗琎

良烏公　華宇公次子生萬歷巳酉宗三月廿九日酉時卒康熙甲寅年十一月初四日午時

妣晉江東垵鄉蔡椒娘生天啓乙丑年十一月初四日卯時卒康熙丁亥

年九月十九日未時塟溪頭山地狀内坐乾向巽
男　宗生
七世東房
宗珽公　良珍公子生卒缺
清宗生公字承車　良烏公子生順治庚子年十月十六日申時卒乾隆巳未
年十一月十二日亥時塟大姑温家山土名龍后墓坐北向南
妣温氏生康熙壬子年十月廿九日丑時卒康熙丙申年七月初七日丑
時塟重慶新寨
男　景質　景嚴
八世東房
清景質公字振直宗生公長子生康熙壬午年六月廿四日巳時卒乾隆癸未
年二月十二日戌時塟沽美山尖下附塟先人兆

妣溫氏生康熙庚寅年五月十九日辰時卒塋缺

男　瑞機　瑞卿　瑞廉出嗣景賓

景嚴公　宗生公次子生康熙丙戌年十月初五日丑時卒雍正庚戌年二月初七日戌時塋洪埔尾

九世東房

瑞機公　景質公長子生雍正庚戌年七月初五日卯時卒塋缺

瑞卿公　景質公次子生雍正甲寅年正月初九日戌時卒嘉慶年月日塋俱缺

東房終

三世西房

明君惠公諱聰號後溪　談義公長子生嘉靖辛巳年十二月二十日申時卒萬歷乙酉年閏九月十八日丑時

妣馬氏生嘉靖丙戌年十月初四日子時卒萬曆丁酉年十二月十二日未時

公及妣附塋父談義公母朱氏墳中今祭重慶墓長房必加一值祭之人為此故也

男　仰溪　二叔　心推

君明公諱仲陽　談義公次子生嘉靖辛卯年九月十七日申時卒嘉靖辛酉年四月十四日申時塋吳埔山坐庚向甲兼酉卯形名土角男守齋

姪桂庭附塋

男　守齋

君道公諱重志號靜峯　談義公三子生嘉靖乙未年三月廿三日子時卒
萬歷丙辰年五月二十日申時
妣鄭二娘永春花石人也生嘉靖庚子年六月十二日戌時卒萬歷乙卯
年七月十六日午時合塟沽美山尖坐庚向甲形號走馬編鞍
男　桂庭　可珍　恬直　女一
君進公諱晚號雲涯　談義公四子生嘉靖已亥年九月初八日子時卒萬
歷辛亥年九月廿六日寅時塟重慶中崙尾坐向壬丙亥已與繼妣侯氏
合塟
妣顏氏謚慎德生嘉靖甲辰年九月十八日辰時卒萬歷丙子年十一月
十一日寅時塟下埔仔崎坐向酉卯辛乙穴號田蟹吐沫
繼妣侯氏謚慈德生嘉靖癸卯年十一月初七日丑時卒萬曆乙卯年四
月十六日申時與公合塟

嗣孫　五英即五叔乃姪仰溪公五子入嗣

（附記）雍正二年舊譜載雲涯公女二長配十六都黃內黃家次配永春吳洋林家至乾隆四十一年脩譜載女三長配王家次配余家三招贅黃家未知孰是承舊譜

清道光初年重新雲涯公小宗見有魂帛一位不見何世何名查訪莫知時因必棹夢見一白髮老人故題一位祖叔神主而以春秋仝祀承舊譜

四世西房長

明仰溪公諱喬　後溪公長子有守先裕後之志稽其重慶祖山受米冊名係公冊在塔口宗處收藏又萬歷十四年間吳埔山　國柱公祖墳被陳崇愛佔管塡平賴公力告于官邑侯府尊俱審明判令崇愛脩築還公祭掃自此先業收復世守勿替其有功於祖宗者大矣生嘉靖乙巳年九月初一日午時卒萬歷丁巳年九月十一日巳時

妣陳氏生嘉靖巳酉年九月初一日寅時卒萬歷癸亥年五月廿日子時
合塋沽美山池仔角頂坐庚向甲
男　一綠　二叔　三叔　四叔　五叔出承雲涯公爲孫　六叔
二叔公　後溪公次子移居德化舊譜稱至曾孫宗隱公回家現有祖墳在
德化縣東門外土名恨存洋尾西邊崙坐西向東墳式恢大灰牌字畫被
琢頗混其妣係葉姓字跡尚存乾隆廿八年墓右被吳熾蓋傷有仝兆陳
出控
男　名大
心推公　後溪公三子生嘉靖辛酉年九月廿四日未時卒萬歷丁巳年四
月廿九日戌時
娘鄭氏謚靜慎生缺卒年缺八月十四日吉時塋所舊譜失記今傳喬頭
山頂書房后有十五孀柱墓未知是否

男　十五

四世西房二

守齋公_諱成　君明公子生嘉靖甲寅年三月廿九日寅時卒萬曆丁巳年三月廿四日吉時與從弟桂庭公附塋父君明公墳中

妣李氏生嘉靖甲子年六月十四日巳時卒崇禎丁丑生九月初八日戌時塋墓案頭坐西向東

男　大伯　心齋

四世西房三

桂庭公_諱廷選　靜峯公長子生嘉靖己未年三月十二日戌時卒萬曆丁巳年五月初二日吉時附塋伯君明公從兄守齋公墳中穴名土角

妣盧氏謚貞懿生嘉靖甲子年十月初六日戌時卒崇禎辛巳年五月廿五日辰時塋重慶中崙金字面坐向亥巳壬丙

男　應雲　烏二　應賞　應振　一酉　毑叔

可珍公諱八　靜峯公次子生缺卒天啓庚申年五月廿二日吉時塟重慶

中崙頭坐向壬丙子午

妣蘇氏生缺卒順治辛卯年十一月切一日吉時塟永春十二都文章宫

徒崙坐癸向丁次男應策附塟

男　應瑞　應策　應曾　應記

恬直公諱九　靜峰公三子生崇禎辛未年二月十一日戌時卒順治乙酉

年九月切十日辰時塟蓮山後坐寅向申兼艮坤姪烏二附塟

娶楓氏出

男　一詔

四世西房四

按君進公先娶顏氏無出又娶侯氏僅生三女長配王家次配余家三招贅

黃家公年巳及耄遂於萬歷十九年會請族親抱養長房仰溪公之子諱五叔郎五英為嗣孫故四世暫曠而至五世入承

五世西房長

明獲西公諱一綠號應祥　仰溪公長子與二三兄弟如應雲應騰等外逼強鄰丙遭族蝨竭力固圍勞怨不辭其首建義舉固昭昭可考也生隆慶丙寅年正月廿五日戌時卒隆武乙酉年四月廿六日巳時

妣永春上場薛氏二吾公女也順治十八年表叔薛伯遇欲塋外祖于吾縣九十都寄米於吾戶孫宗孟有立合約在生隆慶巳巳年十月初四日巳時卒天啓甲子年十二月十九日辰時

繼妣謝氏生缺卒年缺六月二十日公及妣合塋橋頭山坐申向寅

男　良璨　良泰　良瑋　良瑾　良璞　良球

二叔公　仰溪公次子生卒缺塋蓮山后半山横路上坐東向西

三叔公　仰溪公三子生缺卒年缺三月廿九日塟重慶坑仔口失糸忌辰
配興後溪公輪祭
四叔公仰溪公四子幼殤
五叔公卽仰溪公五公子出承叔君進公爲孫
六叔公號應台仰溪公六子生萬歷丙戌年四月廿五日未時卒順治甲午
年八月初八日戌時塟唐帽小寨貢尾坐向乙辛卯酉
妣蔣氏生萬曆丁亥年四月廿八日丑時卒順治乙未年七月初三日未
時塟唐帽寨外坐向午子丁癸
男　良八　良璿　良爾　良尾
女　長配德化盧　次配永春鄭
大公　二叔公子住居德化生卒舊譜莫紀今查卒六月初二日塟在德化
縣暗林大腸

妣林二娘生缺卒年缺十一月切三日塟在德化縣暗林口答嶺

男　世珍

十五叔公諱一期　心推公子生缺卒十月十七日

妣鄭氏生缺卒七月廿六日葬缺今傳蓮山后古宅媽墓右有十五嬸墓未知是否二忌辰現與仰溪公輪祀

男　良琳

五世西房二

大伯公　守齋公長子生缺卒四月十五日塟宮邊坐東向西

心齋公　守齋公次子生萬曆丙申年七月初十日酉時卒順治丙申年六月初三日寅時塟蓮山后坐東向西長子長公附葬

妣雷氏生萬歷丁未年六月廿九日未時卒順治乙未年九月初一日辰時塟重慶傘頭崙坐北向南

男　長公　良添

女　配德化黄

五世西房三

應雲公號一蛟　桂庭公長子生年缺十二月十二日吉時卒順治年缺五

月廿三日吉時

妣呂氏生年缺正月十一日吉時卒順治癸巳年又六月廿六日卯時合

塟石門山蛇仔崙坐向子午癸丁　公當日曾設教於花石今觀其與應

祥等苦心立約保護江山蓋亦祖宗肖子也

男　良琬　良三　良明

烏二公　桂庭公次子生萬歷辛卯年六月廿九日午時卒萬歷庚申年十

一月廿八日吉時附塟在恬直公墳中　公無傅有田七斗付一蛟鐘元

翼逵一酉諸后裔輪耕祭祀

應賞公諱勳號鐘元桂庭公三子生萬歷丁酉年二月十八日午時卒康熙乙巳年十二月十九日午時塟石門山也字形坐向癸丁子午妣褚氏媽合塟

妣褚氏謚勤慈生萬曆壬寅年三月初九日辰時卒順治辛卯年二月十九日申時與公合塟

繼妣貞惠朱氏生萬歷甲寅年月日時缺卒康熙庚申年八月廿二日辰時塟石門虎形口坐丑向未兼艮坤

男　良脣　良輝

應振公諱鷺號翼逵　桂庭公四子生萬曆己亥年八月三十日戌時卒順治辛丑年七月十五日巳時塟文章山大崙坪蜈蚣牙坐巽向乾

妣侯氏生萬歷戊申年五月廿七日巳時卒順治己丑年十月廿九日申時塟文章古菜壠壬地崙坐申向寅　此地先買穴而後買山乾隆三十

五年界內被陳轄盜給林博經裔孫振阜啓竹出控蒙張憲判令收管承
買契券係景岱子孫收執
男　良碧　良起　良業　良貞　良炎
女　配上場薛
一酉公諱十五　桂庭公五子生萬歷壬寅年三月十五日巳時卒順治壬
辰年三月廿八日午時
妣詩口吳夫娘生萬歷庚戌年十二月初五日辰時卒康熙甲寅年五月
二十日巳時合塋文章山烏塗坑坐向乙辛辰戌
男　良凝　良聖　良吉
女配永春洋上謝
勉叔公　桂庭公六子生缺卒五月廿六日
妣侯氏生缺卒八月初三日合塋沽美山山阿內坐向申寅坤艮

男　良仲　　女一

應瑞公諱一華號若巖　可珍公長子生萬歷戊戌年二月初五日子時卒順治已亥年十二月初二日酉時葬石門山蛇臍坐向丑未癸丁

妣郭一娘謚慎惠生萬曆丙午年十月十一日午時卒康熙戊午年五月廿七日戌時葬文章崎坑内坐向壬丙子午

男　良璇

女　配永春盛

應策公　可珍公次子生缺卒六月初六日附葬毋蘇氏墳中

應曾公諱貫號道一　可珍公三子生萬歷庚子年月日缺卒正月廿五日

妣陳氏生萬曆已酉年月日缺卒隆武年缺八月十六日辰時合葬沽美山險垻子

繼妣吴大娘生萬歷辛亥年十一月十九日亥時卒康熙甲子年九月初

十日申時塋慶重中崙
男　良庶　良弼　良爵
應記公諱美號充實　可珍公四子生萬歷辛亥年八月廿八日巳時卒順
治己丑年三月初八日巳時塋石門山坐癸向丁
妣陳大娘謚慈慎生萬歷甲寅年七月廿八日辰時卒康熙甲戌年九月
初十日未時棺塋本鄉石鼓坂坐向辛乙酉卯
男　良瑗　良瑯　良春
一詔公　恬直公子生萬歷丁酉年月日缺卒崇禎己卯年六月十二日巳
時身沒海中
娶戴氏出
男　良建

五世西房四

興江公諱五英卽五叔雲涯公嗣孫生萬歷辛巳年六月廿七日巳時卒順治丙申年十一月廿九日巳時塋虎鎮頭崙坐向壬丙亥巳穴號虎形

妣馬氏謚勤順生萬歷庚寅年五月初四日申時卒崇禎乙亥年三月十七日亥時塋沽美山崎子坐向坤艮未丑

繼妣陳氏謚懿順生萬歷辛巳年七月十三日酉時卒順治巳亥年九月初九日酉時塋沽美山尾崙坐向艮坤丑未

男　良俟　良琢　良湖俱馬氏出

女　長配吳洋林　次配鳳坡梁俱馬氏出

六世西房長

明良璨公字世璀號玉西　獲西公長子生萬歷辛卯年四月廿八日卯時卒順治辛卯年八月廿九日寅時塋重慶中崙坐東向西

妣陳氏生萬歷甲午年十一月廿八日辰時卒崇禎壬午年九月十一日申時塟沽美山坐申向寅
又妣潘氏生庚寅年二月廿五日辰時戊戌年二月十四日巳時塟重慶坑子口坐西向東
男　宗孟　宗淑　宗任　宗文　崇時
女　長配傒家　次配鄭家
良泰公　獲西公次子生年月日缺卒年缺正月廿一日吉時
妣曾氏生年月缺卒年缺九月廿六日吉時合塟沽美山坐西向東
男　宗仲　宗仁　宗季　宗義　宗禮　宗定
女　長配黄家　次配鄭家
良瑋公　獲西公三子生萬歷己亥年八月初八日亥時卒順治乙未年五月廿四日亥時塟重慶曹斗崙坐向亥巳壬丙

妣黄氏生萬歷壬寅年十二月十五日未時卒康熙癸丑年正月十一日巳時塋重慶坐壬向丙
男　宗伯　宗謀　宗信
女　長配吴家　次配陳家　三配曾家
（附記）按石門内建立祠宇安置神主不知始於何年大約宗伯公時也越乾隆四十四年十二月重修坐向艮坤丑未嘉慶年間爲風雨毁折神主無依乃於十四年議决將祠宇地基築成墳墓安厝　良瑋公　妣黄氏　宗伯公　妣黄氏　宗謀公　妣侯氏　宗信公　妣王氏 咸豐九年誌

良瑾公行六　獲西公四子生萬歷壬寅年四月十六日寅時卒順治丁亥年十月十六日寅時塋沽美山坐申向寅
妣薛氏生嘉靖丙辰年十二月十九日亥時卒康熙甲子年八月十九日

酉時塟沽美山寨子角坐西向東
男　宗秀　宗聖
女　二俱配陳家
良璞公行九　獲西公五子生卒俱缺
妣翁氏生卒俱缺塟險垻孫景已遷塟江西
男　宗器　宗偕
女　一配郭家
良球公行十　獲西公六子生萬歷壬子年九月廿三日寅時卒康熙甲寅
年九月十四日酉時塟重慶中崙坐乾向巽
妣鄭氏生萬歷丙辰年十一月廿五日戌時卒康熙年缺四月廿一日午
時塟蓮山后坐向已亥巽乾
男　宗媽　宗珠　宗武　宗元

女　長配梁　次配吳　三配褚
良八公　應台公長子生缺卒年缺十月初一日吉時
妣林氏生萬歷癸丑年十二月十二日亥時卒嘉熙丁丑年五月廿二日
申時合塋重慶中崙坐向乾巽亥巳
男　宗登　宗諸　宗亮
女　長配周　次配張
良璿公諱丑　應台公次子生崇禎壬戌年正月二十日丑時卒康熙癸卯
年三月廿四日申時塋沽美山坐北向南
妣余氏生崇禎己巳年五月十五日辰時卒康熙戊辰年八月廿二日子
時塋十六都東坑水磨崎坐丙向壬墓地承買東坑王家稅銀五分
男　宗俊
良爾公號敦朴　應台公三子生崇禎乙丑年六月廿四日未時卒康熙癸

未年二月十三日未時
妣葉氏生崇禎己巳年二月十六日卯時卒康熙癸亥年十一月十一日
戌時塟沽美山
女　一配陳家
良尾公　應台公四子生缺卒九月初二日辰時塟沽美山
妣陳氏生缺卒六月十九日戌時塟沽美山坐西向東
女　一配鄭家
處士公諱五字世珍　大公子生辛酉年三月初一日寅時卒順治丁亥年
五月廿二日巳時塟德化縣土名塗坂紗帽石脚
娶劉氏出
（附記）相傳公有兄弟三人　一曰世揚　一曰世軫　世揚移居德化
湯嶺脚其居宅廢墜子孫衰微世軫移居本邑溪尾再遷建甯府地

名失記嘉慶年間三房兆杯公四房兆劣公曾到其地子孫昌熾咸
稱伊祖是本鄉蓮山洋分派
男　宗隱　舊譜稱後溪公次子二叔公派居德化至此始同家
良琳公　十五叔公子生缺卒十二月十七日塋缺　自四世心推公至此
凡五世一切墳墓舊譜皆缺然忌辰祭祀與後溪公無異公之祀業即承
十五嬸之祀業也
六世西房二
長公　心齋公長子生缺卒五月十九日附塋蓮山后父墳中
明良添公字世文　心齋公次子生崇禎庚辰年二月初八日丑時卒康熙丁
丑年九月初十日申時塋沽美山險垻頂坐北向南
妣陳氏生康熙壬寅年七月廿四日午時卒乾隆己巳年十一月十七日
巳時塋重慶塔崙坐向癸丁丑未

男　宗福　宗賤

女　長配陳　次配高　三配陳

六世西房三

良琬公　應雲公長子生天啓丙寅年三月廿六日午時卒康熙甲寅年五月二十日午時守土禦寇殉難

妣郭大娘生天啓乙丑年七月十六日吉時卒順治庚子年七月十一日申時公妣合塟重慶金字面角坐向戌辰乾巽

又妣楊士娘生崇禎戊辰年四月初三日巳時卒康熙庚辰年二月初六日子時塟文章山親光尖後深坑大崙坐向己亥巽乾次男宗醒附葬

男　宗孫　宗醒

女　二俱配郭家

良三公　應雲公次子生萬歷年間卒崇禎年缺六月廿四日葬重慶中崙

腰坐申向寅姪宗孫附葬
良明公字世欽號于讓　應雲公三公子生崇禎癸酉年十月十六日寅時卒康熙辛卯年九月廿六日寅時葬本縣十六都龍鬚崙坐向丁癸未丑此穴承買雷家稅銀照納内有誌銘
妣王氏謚肅慎生崇禎辛巳年七月廿一日丑時卒雍正癸卯年十二月廿三日卯時塋六份山古竹崙坐向辛乙戌辰
男　宗和　宗忠　宗侃　宗斗
女　二配西向陳家
良膺公　應賞公長子生天啓辛酉年四月初九日亥時卒康熙丙寅年十一月廿二日辰時塋石門缴仔内坐向己亥巽乾
妣許亥娘謚恭順生崇禎乙亥年六月初四日申時卒順治已亥年三月初九日辰時塋重慶中崙坐向子午癸丁夫弟良輝附塋

又妣傅愿娘謚勤順生崇禎丁酉年正月十九日戌時卒康熙己巳年十一月廿五日巳時塟六份山大垵頭坐向午子丁癸次婦謝氏附塟

男　宗案　宗情　宗豸

良輝公諱美字世耀　應賞公次子生順治甲申年七月廿七日子時卒康熙丁巳年九月初五日酉時附塟兄嫂許氏墳中

妣朱勉娘謚慈懿生順治壬辰年六月十八日戌時卒雍正癸卯年十一月廿四日酉時塟六份山石獅后湖內坐乙辛辰戌

男　宗捷　宗鄉　宗佐

良碧公字世和號循溪　應振公長子生崇禎己巳年十月十八日子時卒康熙戊子年八月三十日酉時塟石門山坐向壬丙亥巳

妣陳三娘謚勤慈生崇禎壬申年四月十四日丑時卒康熙庚戌年二月二十日己時塟浩美山坐向酉卯辛乙

男　宗聯　宗啓　宗丙
女　配鄭家
又妣王招娘謚淑慎生崇禎戊辰年十二月廿七日亥時卒康熙己巳年十一月初七日戌時塟石門山坐向癸丁子午
女　一配趙家
良起公字世奮號騰鳳　應振公次子生崇禎壬申年九月二十日子時卒康熙丙寅年七月初三日巳時塟石門中崙坐艮向坤
妣余招娘謚孝慈生崇禎戊寅年二月初八日子時卒康熙乙酉年四月十九日辰時塟文章山苦菜壠畬厝外中崙坐申向寅
又妣錢氏謚勤慈生缺卒正月初四日塟本鄉溪宅埔尾
男　宗應
女　配竹脚陳俱余氏出

良業公若垂統　應振公三子生崇禎己卯年十二月廿三日子時卒康熙
康甲寅年五月二十日辰時遭土武殉難塟重慶中崙土名狗肚
妣鄭氏生順治己丑年九月廿五日午時卒康熙己亥年六月初三日未
時塟石門山坐向巽乾辰戌
男　宗光
女　配上場顏家
良貞公字世正號垂紀　應振公四子生順治甲申年三月廿三日子時卒
康熙乙未年七月初七日卯時塟安溪長泰里虎尾鄉山子壠内崙坐向
乾巽亥巳
妣陳寨娘謚勤慈生順治庚寅年四月初四日未時卒康熙丙寅年正月
十六日戌時塟福鼎寨脚黄家山土名直墘坐向乙辛卯酉
男　宗東　宗秋　宗新　宗彭　宗璋

女　一配安溪林

良炎公號君興　應振公五子生順治丁亥年十一月十二日辰時卒熙康甲寅年五月二十日巳時遭土武殉難塟重慶院後坐亥己壬丙

妣蔡賢娘生順治辛卯年九月廿三日子時卒康熙戊戌年三月初六日辰時塟山後格湖窟尾

男　宗順

良凝公諱十六字世聚　一酉公長子生崇禎庚辰年十一月初十日寅時卒康熙己丑年四月十四日寅時

妣陳孟娘生順治乙酉年十一初一日辰時卒康熙己亥年十二月十三日巳時合塟蓮花山小尖湖內中崙坐向酉卯辛乙

男　宗成　宗龍弟良吉三子入嗣

良聖公字世時　一酉公次子生順治甲申年六月初三日亥時卒康熙丁

亥年十一月十七日卯時塟六份山石獅后坐向酉卯庚甲
妣陳大娘生順治乙未年五月初五日午時卒雍正戊申年六月廿二日
午時塟重慶金字面后坐向寅申甲庚
男　宗星　宗高　宗進　宗昆　宗任　宗智
女　一配呂家
良吉公字世甫　一酉公三子生　治庚寅年九月十六日卯時卒康熙丁
酉年三月初七日戌時塟文章山赤墓坪坐向酉卯辛乙
妣馬順娘生順治庚子年四月初一日巳時卒康熙己丑年二月初二日
寅時塟六份山羊廣崎大琵內坐向甲庚卯酉
男　宗居　宗助　宗龍出嗣兄良凝公　宗信　宗恩
女　長配黃　次配鄭
良璘公諱良仲　廸叔公子生崇禎癸酉年月日缺卒康熙甲寅年七月二

十日塟沽美山父墳左畔坐向申寅坤艮

女　緘娘

良璇公字世玉號舜溪　應瑞公子生崇禎己卯年八月初十日卯時卒康

熙乙酉年十月初六日卯時塟本鄉竹林邊坐向亥巳乾巽

妣林東娘謚勤慈生崇禎壬午年九月廿八日子時卒康熙壬寅年七月

二十日丑時塟石門山中崙脚坐子向午

又妣沈亨娘謚懿柔生順治戊子年十二月初一日子時卒雍正甲辰年

三月初三日午時塟石門山林氏媽墓后坐向癸丁丑未

男　宗哲林氏出　宗榜沈氏出

女　長配陳　次配謝　三失記俱沈氏出

良庶公　應曾公長子生缺卒九月初十日塟重慶新寨大楓後弟良爵公

附塟

良弼公　應曾公次子生崇禎己卯年正月十八日午時卒康熙戊辰年六
月初六日巳時
妣王惜娘生順治甲申年七月十三日午時卒康熙甲戌年四月十五日
未時合塋重慶中崙
男　宗盛
女　配古宅吳家
良爵公　應曾公三子生順治辛卯年月日缺卒康熙甲寅年五月二十日
戌時附塋兄良庶公墳中
良瑗公號玉宣　應記公長子生崇禎甲戌年七月二十日寅時卒康熙甲
寅年五月二十日巳時遭土武殉難塋沽美山坐向坤艮申寅弟良春附
塋
妣陳氏謚端莊生崇禎癸未年月日缺卒康熙丁未年十月廿三日寅時

塋石門山大水垵頭坐向子午癸丁男宗郡附塋

又妣盧險娘謚柔順生順治丁亥年六月初六日戌時卒雍正戊申年三月初九日戌時塋石門山鳳髻尖坐向甲庚寅申孫景圖附葬

男　宗郡

明良瑯公字世貢號琳球　應記公次子生崇禎丙子年十二月十二日寅時卒康熙丙寅年十月初五日未時塋唐帽寨虎鎮頭坐壬向丙

妣謝坤娘謚懿慈生順治丁亥年年七月初二日申時卒雍正辛亥年正月十三日辰時塋鳳髻尖石門山內坐東向西

男　宗守　宗容　宗果

良春公號百魁　應記公三子生崇禎癸未年十月初三日寅時卒康熙甲寅年五月二十日巳時遭土武殉難附塋兄良瑗公墳中姪景樹等輪祀

良建公字世國號允桓　一詔公子生崇禎乙亥年正月初八日寅時卒康

熙己亥年二月初七日申時塟文章山烏塗坑杉林崙坐向坤艮申寅

妣陳娘官諡勤慈生順治庚寅年九月初十日卯時卒雍正己酉年七月初一日卯時塟文章山稻馬垵崙尾坐向丁癸未丑

男　宗戍　宗達　宗護

女　長配鄭　次配張　三配謝　四配林

弈業公諱良侯字世傳　興江公長子父子兄弟並遭土武之難一時戮力同心或則敦鴒原急難之情或則痛篤戴天不共之讎其天性激發成仁取義有如此者生萬曆丙午年八月廿七日巳時卒康熙甲寅年五月二十日辰時殉難塟山后格客鈹内崙尾坐向寅申甲庚

妣陳氏諡貞惠生萬曆丁未年九月初一日子時辛康熙庚午年三月初二日酉時塟六份山蒂草壠頭坐向子午壬丙

男　宗恩　宗澤　宗鶴　宗淵

女　長配林　次配黃　三配吳

弈隆公諱辰一名良琢字世益　興江次子生天啓甲子年正月十八日辰時卒康熙甲寅年五月二十日巳時遭土武殉難塋沽美山洪埔　坐向酉卯庚甲

妣戴氏謚慈惠生天啓丙寅年九月初七日寅時卒康熙壬寅年二月初六日申時塋重慶嶺坐向壬丙亥己

又妣莊氏謚温惠生天　乙丑年十月十五日子時卒康熙戊寅年七月廿二日卯時塋沽美山洪埔尾坐向壬丙子午

男　崇曾　宗雪　宗紬　宗乃　宗習俱戴氏出　宗略莊氏出

女　一配尤溪陳戴氏出

弈山公諱良瑚字世代　興江公三子生天啓丙寅年十一月廿八日辰時卒康熙甲寅年五月二十日辰時遭土武殉難塋沽美山坐向乙辛辰戌

彤號向天鑼

妣林氏諡恭惠生崇禎三年己巳正月二十日巳時卒康熙丁亥年五月

十六日子時塟重慶嶺坐向癸丁子午彤號猫兒洗面

男　宗玖　宗逞　宗誥

女　長配侯　次配陳　三配林

七世西房長

明宗孟公小名孫字承岩號南山　良璨公長子生萬曆甲寅年二月十八日

吉時卒康熙壬申年八月十八日吉時

妣劉氏生萬曆乙卯年五月初五日吉時卒康熙戊辰年十二月初二日

吉時合塟沽美山坐西南向東北

男　景昭弟宗淑子入嗣

宗淑公行五字承御號周士　良璨公次子初年遭遇顛連勤苦持躬志固不甘居人下至家資頗足遂延名師課兒曹子景鍾援例入辟雍餘則詩書顯達聲名藉甚厥後子孫昌熾大振門庭非公之積德有餘蔭哉生天啓乙丑年二月初七日戌時卒康熙庚辰年十一月十四日未時塟本鄉石鼓坂坐向辛乙戌辰妣卓氏合塟内有誌銘

妣古宅吴氏謚慈順生缺卒年缺十月十七日塟蓮山后坐東向西

又妣坑園金田卓險娘謚柔順生崇禎乙亥年十二月廿三日亥時卒康熙丁丑年十一月十四日戌時雖不與公同日而生而與公同日而沒蓋亦夫婦之緣子孫之福也與公合塟

男　景長殤　景昭出嗣兄宗孟俱吴氏出　景鍾　景允　景郎　景猛俱卓氏出

女　長配東門謝　次配前坑余俱卓氏出

宗任公行八字承滿號中山　良璨公三子生崇禎戊辰年十一月二十日

卯時卒康熙壬辰年八月十六日戌時塟重慶坐亥向巳
妣林氏生崇禎庚午年三月廿七日酉時卒熙康甲寅年四月十九日辰
時塟橋頭山坐向丙壬巳亥
男　景玉　景憲　景德
女　長配周　次配侯
宗文公行廿二　良璨公四子生崇禎壬申年五月十五日子時卒康熙甲
寅年五月二十日巳時遭土武殉難塟垻子頭坐申向寅
妣謝仙娘謚勤順生崇禎甲酉年十一月初九日戌時卒雍正丁未年正
月初十日巳時塟文章山過橋子畬客崙坐向未丑坤艮
男　景賢　景左　景右
女　配垻坑侯
皇恩三錫宗時公小名夏字承義號常山　良璨公五子曆康熙雍正俱受恩

錫生崇禎戊寅年三月廿四日申時卒雍正辛亥年正月十六日戌時享
年九十有四塋高蓋山紫霞崙坐向巳亥丙壬
皇恩兩錫妣仙鄉郭丑娘謚懿德歷雍正乾隆均受　恩錫生順治庚寅年
二月初四日寅時卒乾隆戊午年十二月廿二日午時享年八十有九塋
文章山稻馬垵坐向未丑坤艮
男　景昉　景妍　景水　景山　景彼　景瑙　景妹
女　長配吉祭鄭　次配上場薛
宗仲公行二字承懿　良泰公長子生缺卒康熙戊午年四月初三日塋重
慶中崙坐東向西
妣陳氏生卒塋墩仔尾坐東向西
又妣陳氏生卒缺塋沽美山坐西向東
女　長配梁前陳氏出　次配永邑烏洋林後陳氏出

宗仁公　良泰公次子生卒塟缺

宗季公　良泰公三子生卒塟缺

宗義公　良泰公四子生卒塟缺

宗禮公　良泰公五子生卒塟缺

宗定公字承安　良泰公六子生康熙年月日缺卒康熙丁巳年二月初二日吉時塟沽美山坐西向東

娶陳氏出

男　景儀

宗伯公行四字承達　良瑋公長子生天啓甲子年四月廿二日巳時卒康熙甲寅年五月二十日巳時遭土武殉難塟橋頭山坐己向亥

妣黄氏生崇禎己巳年四月廿九日戌時卒康熙丁亥年四月廿九日戌時卒康熙丁亥年四月廿一日辰時塟六份山風緣嶺坐癸向丁

男景悦　景全　景豸　景賜
女長配庵邊林　次配大份溫
宗謀公行十三字承智號達士　良瑋公次子萬歷壬申年十一月十一日子時卒康熙乙未年十一月廿九日酉時塟重慶紙坑内坐辛向乙
妣傒氏生萬歷丙子年九月初六日酉時卒康熙癸巳年六月十四日申時塟山後格長二崙坐寅向申
男　景羲　景來　景雙　景法
女　長配蘇坑陳　次配云尾陳　三配仙鄉陳
宗信公小名有　良瑋公三子生順治丙子年十二月廿二日酉時卒康熙乙卯年又六月廿四日申時塟皂斗崙牛運堀邊坐癸向丁
妣王氏生崇禎己卯年二月廿二日午時卒康熙乙未年初一日戌時塟文章山羊那坑楓脚崙坐未向丑

男　景石　景鳳　景祥

女　長配古宅吳　次配黃泉羅

宗秀公小名卯字承實號實然　良瑾公長子生萬歷庚午年七月初四日

卯時卒康熙戊辰年十月初三日未時塟重慶中崙坐壬向丙

妣陳氏生卒缺

又妣蔡氏生崇禎丁丑年七月初三日寅時卒康熙庚寅年十月初一日

酉時塟沽美山坐東向西

男　景纘

女　配觀音亭鄭

明

宗聖公行十七字承楚　良瑾公次子生萬歷乙亥年六月廿一日巳時卒

康熙乙丑年七月初十日巳時塟沽美山坐辛向乙長男景錯附塟

妣李氏生順治戊寅年十二月廿九日寅時卒康熙壬午年十二月初十

日申時塟蓮山後坐南向北
男　景錯　景朝
女　配盧家
宗器公行十四　良璞公長子生崇禎癸酉年二月初四日申時卒康熙乙酉年七月廿二日午時塟江西廣信府上饒縣五十七都二堡黄宅橋坐艮向坤
妣劉氏生崇禎丙子年九月初九日申時卒康熙乙巳年九月十三日寅時塟廣豐縣廿八都十堡前張坐巽向乾
又妣陳氏生崇禎甲戌年又八月廿三日戌時卒康熙辛卯年七月廿二日申時塟廣豐縣廿八都十堡上庵山坐午向子　舊譜記康熙甲辰年移居江西
男　景秋　景己　景三俱劉氏出

宗偕公　良璞公次子生卒缺

宗媽公　良球公長子卒缺

宗珠公字承隋號弈和　良球公次子生順治戊子年九月廿九日丑時卒康熙丁酉年十月初六日寅時塋重慶坑子口坐向癸丁丑未　妣陳氏同塋

妣陳氏生順治丁酉年七月初七日丑時卒雍正癸卯年九月廿七子時與公合塋

男　景彬　景洽　景聘　景正　景富

女　長配仙鄉郭　次配樓前盛　三配山后郭　四配卿源陳

宗武公　良球公三子生順治己丑年十二月初十日午時卒康熙甲寅年五月二十日巳時遭土武殉難蓋亦為勇敢禦寇故也塋沽美山

宗元公字承安　良球公四子生順治壬辰年五月十三日吉時卒雍正癸

卯年年十月初八日寅時塋沽美山尖坐向艮坤寅申
妣高氏生順治辛丑年二月初五日寅時卒康熙戊午年八月廿六日申
時葬重慶中崙坐向甲庚酉卯
又妣黄氏生康熙乙巳年八月廿七日丑時卒雍正丁未六月廿九日未
時塋沽美山險埧路邊坐向寅申甲庚
男　景一　景通
宗登公字承科　艮八公長子生崇禎丙子年九月初五日辰時卒康熙戊
辰年六月廿五日巳時塋沽美山坐酉向卯弟宗諸附塋
妣莊氏生順治癸巳年十月廿二日卯時卒雍正癸卯年正月廿二日丑
時塋沽美山
男　景懇　景靈宗諸次子入承
女　長配溪東林　次配郭井劉

宗諸公字承殿　良八公次子生順治甲申年六月二十日亥時卒康熙甲
戌年十二月廿八日未時附塋兄宗澄公墳中
妣陳氏生順治戊戌年五月二十一日酉時卒年缺六月十六日吉時塋
缺
男　景求　景靈出承兄宗澄　景實　景緒
女　配東門謝
宗亮公字承瑜　良八公三子生順治癸巳年四月廿七日戌時卒康熙庚
寅年九月初六日卯時塋沽美山險壩墳坐向乙辛辰戌
妣林氏生康熙乙巳年十月初一日卯時卒康熙己亥年二月十五日未
時塋沽美山内坐向辛乙酉卯
男　景權　景象　景宇　景匏
女　長配十六都陳　次配漳州黃　三配德化盧

清宗俊公小名使字承雅　良璿公子生順治己亥年正月廿一日丑時卒雍
正壬子年六月初三日申時塟壇園宮角坐向寅申甲庚
妣林氏生康熙戊申年十二月廿五日申時卒乾隆丙寅年四月二十日
午時與公合塟
男　景玠　景珍
女　長配吉祭陳家　次配林家　三配東門謝家　四配林家
宗隱公號逸叟　世珍公子生丁亥年九月十五日酉時卒丙子年六月初
三酉時塟永春四十五都溪口
妣吳雪娘生順治癸巳年二月廿七日酉時卒雍正戊申年正月初七日
酉時塟六份蓮花山脚大壠頭坐向辰戌乙辛
男　景泰　景考　景壬
女　長配鳳坡梁　次配古坑黄　三配仙鄉陳　四配仙鄉郭

（附記）舊譜公由德化還回本鄉

七世西房二

清宗福公字承海 良添公長子生康熙癸亥年八月二十日寅時卒乾隆癸酉年四月十一日寅時附塋大伯公壙中

妣謝氏生康熙辛未年三月廿九日午時卒乾隆己丑年六月廿六日午時塋文章山短崙仔坐南向北

男 景榮 景賀 景董

宗賤公 良添公次子生康熙戊寅正月廿六日申時卒乾隆癸酉年四月初六日午時塋洪埔尾坐北向南

妣陳氏生康熙癸未年二月十六日未時卒乾隆戊寅年六月十七日午時塋洪埔尾坐北向南

男 景戰 景輝 景懶 景鴉

七世西房三

清宗孫公　良琬公長子生順治丙戌年正月初十日子時卒康熙壬寅年七月十九日巳時附塋叔良三公墓中

宗醒公字承待　良琬公次子生康熙乙巳年四月初五日午時卒康熙己亥年十月初十日戌時附塋母楊氏墓中

妣妹雪娘諡端玉生康熙癸丑年十一月廿二日巳時卒乾隆丙子年正月十一日子時塋山後格妣與子景朗號高章公同塋

男　景朗　景淑

宗和公字承履　良明公長子業儒公聰明過人才學兼優奈天奪其年而功名不就良可惜也生康熙丁未年六月初六日寅時卒康熙丙寅年五月初七日巳時塋山後格湖窟尾坐壬向丙骸罐內無書字

宗忠公字承位　良明公次子生康熙辛亥年三月廿一日卯時卒雍正丁

未年七月二十日未時塋石門厝左畔坐向癸丁丑未
妣郭腰娘諡慈淑生康熙丁巳年十二月初六日辰時卒乾隆己巳年十一月初三日戌時塋文章山大崙坪坐向巽乾巳亥
男　景桑　景柳　景草　景廣
女　長配仙鄉郭家　次未詳　三配吉祭鄭家　四配仙鄉郭
宗侃公字承陶號維直　良明公三子生康熙甲寅年六月廿六日寅時卒乾隆己巳年七月初一日子時塋九十都茅草坪牛壠頭坐向未丑丁癸立有石牌此穴係雍正七年承買侯榆伯其稅艮照納
妣陳熟娘生康熙乙卯年十一月初二日戌時卒乾隆辛未年又五月十六日戌時塋安溪長太里長峻后坐壬向丙
男　景樓　景經　景立　景姤　景勵
女　長配上場林　次配郭井林

宗斗公諱柔字承酌　良明公四子生康熙壬戌年正月廿五日吉時卒雍正乙巳年十月三十日酉時往臺身故塋缺

妣坑園陳引娘生康熙甲子年十二月十九日酉時卒雍正戊申年十一月廿二日巳時塋六份山大沽垻西畔大崙坐向巽乾辰戌

男　景楷　景柴

女　長配永邑蚣蜈牙林　次配下宅陳　三配下宅陳　四配大田

宗案公　良膺公長子生康熙己酉年五月初六日丑時卒乾隆辛酉年七月廿七日辰時塋石門蔚内坐向丙壬巳亥

妣楊氏生康熙乙丑年十二月十四日吉時卒乾隆庚辰年正月初六日午時塋沽美山池仔外崙

男　景主　景總　景薦出嗣宗賤殤

宗情公字承志　良膺公次子生康熙辛亥年八月廿九日酉時卒雍正丁

未年三月十二日酉時塟重慶塔崙尾坐向癸丁丑未
妣謝賽娘生康熙乙丑年五月初七日酉時卒康熙乙未年十二月初九
日申時附塟姑傅氏墓中
男　景格　景敦　景園　景曉出嗣弟宗豸
宗豸公字承嚴　良膺公三子生康熙癸丑年十二月十七日辰時卒雍正
丁未年五月三十日巳時塟山後格石皮垵坐向卯酉甲庚
妣謝氏生康熙癸酉年正月廿一日戌時卒乾隆丁亥年三月初四日寅
時塟石門山大水垵頭坐向丑未癸丁
男　景曉兄宗情四子入嗣　景莪
女　長配報恩楊　次配蓬島蘇
宗捷公字承凱號惟奏　良輝公長子生康熙己酉年三月廿五日卯時卒
康熙辛卯年五月初八日卯時塟石門山大水垵頭坐向子午壬丙

娶林氏出
男　景欽　景菊
宗鄒公字承頊　良輝公次子生康熙壬子年九月廿二日子時卒康熙辛
卯年六月十一日午時塟石門山坐向艮坤寅申
娶陳氏出
男　景煖
宗佐公字承輔　良輝公三子生康熙丙辰年七月初一日戌時卒乾隆戊
午年十二月十六日巳時葬山後格大崙邊坐庚甲申寅
妣白友娘謚淑直生康熙丙辰年八月初七日亥時卒乾隆乙丑年四月
初三日申時塟山后格尊字崙蔚内坐向壬丙亥巳
男　景椿　景侯　景切　景探　景亢
女　配上呷莊

宗聯公字承甲號科登　良碧公長子生順治己亥年九月十一日巳時卒
康熙壬寅年十月初三日丑時葬山后格尊字崙坐巽向乾
妣郭意娘生康熙戊申年三月廿七日酉時卒乾隆乙丑年八月初四日
丑時葬重雍中崙尾坐向乾巽亥巳
男　景易　景浩　景初　景祥　景佺
女　長配仙鄉鄉　次配仙鄉陳　三配坑園陳
宗啓公字承沃　良碧公次子生康熙癸卯年八月二十日戌時卒康熙乙
亥年正月廿八日酉時葬沽美山坐向艮坤寅申
娶陳氏出
男　景書
女　配坂頭陳
宗丙公字承寅號柔兆　良碧公三子生康熙丙午年八月二十日戌時卒

雍正丙午年正月廿八日酉時塟沽美山坐向己亥丙壬
妣雷氏生康熙壬戌年正月十一日酉時卒康熙戊戌年二月廿一日卯
時塟重慶中崙尾坐向甲庚寅申
男　景賴　景銳

清鄉飲賓承望公諱宗應字承聞號仰曜　騰鳳公子酷嗜書香名震鄉閭其
子三人入泮有翩翩裘馬之風是亦人中之傑者歟生康熙丙辰年正月
十八日卯時卒乾隆丁巳年又九月初一日戌時塟溪頭鄉坑埔山千工
墓坐向乾巽亥巳
妣溪東林妃娘謚端淑鄉飲賓林繼美公胞姊邑庠生林科捷公胞姑生
康熙丙辰年五月二十日未時卒康熙癸酉年十二月十六日辰時塟本
都頂宅顔家灰墓左畔內崙坐向辛乙酉卯男景誼附塟
又妣卿源陳氏謚勤淑庠生國保公國子學正對揚公胞姑助夫款洽師

傅教子顯耀鄉閭洵可謂賢内助矣生康熙壬戌年二月十九日戌時卒
乾隆辛丑年六月初一日申時與公合塋
男景璘庠生　景瑕庠生　景諠　景琯　景班庠生
女　長配上塲顔　次配延陵吴　三配蓬島郭
宗光公字承龍克明　良業公子生康熙丙午年十一月初七日酉時卒雍
正乙卯年正月廿六日未時塋山后格騎龍斬坐向未丑坤艮
妣林招娘謚懿慈生康熙癸丑年七月初五日午時卒乾隆辛未年十二
月初十日巳時塋文章山烏塗坑坐向辛乙酉卯
男　景仁　景炳　景孔　景貴
女　長配卓埔林　次配仙鄉郭
宗東公字承南號治明　良貞公長子生康熙己酉年十月廿六日未時卒
乾隆辛酉年九月十九日酉時塋山后格赤墓坪坐北向南

妣陳官娘諡勤慎生康熙丙辰年十一月初五日寅時卒雍正壬子年三
月十五日寅時與公合塋
男　景及弟宗秋三子入嗣　景傳　景向　景對
女　長配小沽盛　次配鳳坡梁
宗秋公字承周號柞楢　良貞公次子生康熙辛亥年七月初四日亥時卒
康熙己亥年六月初二日辰時塋安溪長泰里虎尾鄉趙家山流寨崙坐
向戌辰乾巽
妣馬杞娘諡孝恬生康熙己未年三月二十日卯時卒乾隆癸酉年二月
十二日午時塋石門山鳳髻尖坐向巳亥丙壬
男　景金　景科　景及出嗣兄宗東　景載　景標　景烈
女　長配內呷李　次配舊門呂
宗新公字承邑號盤舊　良貞公三子生康熙丁酉年十月初三日辰時卒

康熙己丑年八月二十日申時塟石門鏡面中崙尾坐向巽乾辰戌
妣陳賤娘諡勤淑生康熙甲子年二月十四日午時卒乾隆癸亥年三月
二十日巳時塟山后隔杉林美坐酉向東
男　景鎮
宗彭公號比老　良貞公四子生康熙辛酉年六月廿八日酉時卒康熙庚
辰年四月廿九日巳時塟沽美山坐向甲庚寅申
宗璋公字承圭號純一　良貞公五子生康熙壬戌年十二月十八日未時
卒雍正癸丑年二月十五日辰時塟石門山蛇仔崙后坐向艮坤丑未
妣謝照娘諡慈懿生康熙庚午年四月廿六日亥時卒乾隆丙戌年七月
十六日辰時塟本鄉頂墩坐向辛乙酉卯
男景典　景登　景庭　景國　景傑
女　長配小沽南山陳

宗順公字承禮號和中　良炎公子生康熙庚戌年六月二十日未時卒康熙辛丑年二月初一日卯時塟山後隔頭坐甲向庚

妣黃玉娘諡靜勤生康熙辛亥年四月初一日子時卒乾隆乙未年八月十五日丑時塟山後隔湖堀美

男　景天　景郭　景指

女　長配溪東林　次配安溪　三配薛

宗成公字承樂　良凝公長子生康熙丙辰年十月廿四日辰時卒康熙壬辰年九月初十日午時

妣郭戍娘諡柔慈生康熙戊午年十二月初一日戌時卒乾隆丁卯年五月廿三日卯時合塟重慶新寨尾坐庚向甲

男　景抒　景提

女　二俱配仙鄉郭

宗龍公字承叒良凝公次子生康熙戊辰年八月初二日戌時卒雍正甲辰
年七月廿四日午時塟山后格桃李垵龜仔崙橫路后坐未向丑　姪景
抒附塋
娶陳氏出
男　景閣
女　長配古坑黃　次配溪頭蔡
宗星公　良聖公長子生康熙庚申年六月初九日巳時卒康熙壬午年四
月初一日酉時塟重慶坑仔口
宗高公　良聖公次子生康熙乙丑年五月初五未日卒康熙辛卯年五月
十三日巳時塟山後格烏塗坑
宗進公字承吾號恭禮　良聖公三子生康熙丁卯年十月廿七日戌時卒
乾隆己巳年正月初七日午時塟重慶中崙尾坐向壬丙子午

妣林順娘諡孝勤生康熙丙子年九月三十日卯時卒乾隆癸酉年四月十五日申時塟斐後林坐丁向癸

男　景閨　景鑽　景得　景壽　景抱出嗣弟宗昆　景袗

女　長配仙鄉郭　次配仙鄉陳

宗昆公字承岱號懷玉　良聖公四子生康熙庚午年八月初三日巳時卒乾隆壬戌年三月十七日吉時塟重慶中崙坐向甲庚寅申

妣張雪娘諡勤惠生康熙癸未年七月廿四日申時卒乾隆庚午年十一月初十日寅時塟重慶新寨坐向庚甲酉卯

男　景抱兄宗進五子入嗣　景蔦　景鈞

女　配旦嶺張

宗任公　良聖公五子往溫州不知住址

宗智公字承務號昭明　良聖公六子生康熙丙子年正月初六日丑時卒

乾隆辛卯年十月廿九日寅時塟小寨尾
妣陳金娘生康熙甲申年正月初九日申時卒雍正庚戌年二月初四日
卯時塟新寨尾坐向酉卯辛乙
又妣陳快娘生康熙己卯年十二月初七日亥時乾隆丙申年二月廿七
日寅時塟斐后林坐東向西
男　景愛養　景尋　景波　景鮑　景享
女　長配黌後林　次配陳
宗居公字承所　良吉公長子生康熙癸亥年七月初七日午時卒雍正庚
戌年三月廿三日未時塟斐後林坐南向北
妣鄭内娘生康熙庚午年七月十三日酉時卒乾隆乙酉年三月十三日
巳時遷塟六份山三墳崙坐向壬丙子午長男景茂附塟
男　景茂　景笏

女　配下宅陳

宗助公字承愛號時長　良吉公子生康熙丙寅年三月初八日卯時卒雍正庚戌年十月十六日戌時沽美山坐西向東

妣林氏生康熙己卯年八月初二日酉時卒乾隆壬寅年正月十一日巳時塟本山新寨

男　景悻　景補

女　一配烏翼余

宗信公字承篤號厚義　良吉公三子生康熙辛未年四月十一日酉時卒乾隆甲子年四月廿八日酉時塟沽美山坐西向東

妣張初娘生康熙甲申年三月初十日卯時卒乾隆辛卯年四月初九日未時塟重慶男景培附塟

男　景培

宗恩公字承澤號德山　良吉公四子生康熙辛巳年三月廿九日卯時卒乾隆己亥年五月初二日未塟單洋尾坐向乙辛辰戌
妣陳女娘生康熙壬辰年八月十五日午時卒乾隆庚戌年四月初四日未時塟斐后林掃箒崙尾坐向辰戌巽乾
男　景要　景愈　景實　景點　景照　景脫
宗哲公字承慧良璇公長子生順治辛丑年正月十八日申時卒康熙壬辰年五月廿一日巳時塟石門山厝后中崙沈氏媽墓後坐向艮坤丑未妣林信娘生康熙戊申年十一月廿九日辰時卒康熙丁卯年八月十七日子時塟客鈒内坐東向西
又妣吳員娘生康熙甲寅年六月廿八日午時卒乾隆戊午年六月初一日午時塟重慶新寨角坐西向東
女　長配吉祭鄭　次配仙鄉陳

宗榜公字承奏號和衷　良璇公次子生康熙戊午年八月十五日子時卒
乾隆壬戌年九月初八日亥時塟小寨垵内坐向辛乙戌辰
妣謝玉娘謚孝順生康熙乙丑年九月三十日酉時卒乾隆乙丑年七月
廿一日戌時塟重慶祖墓后垵頭坐向壬丙子午
又妣謝銀娘生卒缺塟石門山坐向坤艮申寅
男　景斗　景武　景千　景佔前謝氏出
女　長配社壇葉　次配胡西陳　三配仙鄉陳　四配梁前謝氏出
宗盛公字承大　良弼公子生康熙丙辰年十月初六日戌時卒雍正癸丑
年十一月初三日卯時塟橋頭山坐南向北
妣盛信娘生康熙己未年五月三十日寅時卒乾隆癸酉年九月廿九日
午時塟險垻墳坐東向西
男　景都　景監　景吟　景趨

女　長配仙郭鄉　次配胡坂蔡　三配仙鄉陳

宗郡公字承武號威奮　良瑗公長子生康熙辛亥年三月廿五日亥時卒康熙戊寅年七月初四日寅時附塋母陳氏墳中

妣陳戊娘謚貞惠生康熙丁巳年八月廿六日戌時卒康熙癸巳年三月廿八日戌時塋沽美山坐向坤艮申寅

男　景團　景圓

女　配永邑陳

宗守公字承本號道立　良琅公長子生康熙癸丑年九月廿三日酉時卒乾隆丁己年七月廿五日午時塋山后格尊字崙坐向寅申艮坤

妣吳岙娘謚勤慎生康熙己未年九月十六日酉時卒雍正壬子年七月廿七日未時塋重慶柴林口坐向寅申艮坤長男黃氏附塋

男　景奮　景畓　景麥　景瑚　景治

女　長配仙鄉郭　次配永邑九斗吳
宗容公字承尊號寬裕　良琅公次子生康熙丁巳年七月廿二日巳時卒
雍正壬子年五月十八日午時塟六份山安宅坐向艮坤未丑
妣吳質娘謚温柔生康熙己巳年正月初九日戌時卒乾隆辛未年十二
月廿八日寅時塟重慶新寨腰坐向庚甲酉卯
男　景樹
女　長配蓬島蘇　次配小沽吳　三配蓬島郭
宗果公字承斷號毅直　良琅公三子生康熙乙丑年正月初六日辰時卒
乾隆乙丑年三月二十日午時塟小寨坐寅向申
妣葉伍娘謚慈儉生康熙甲戌年又五月初五日酉時卒乾隆癸酉年四
月廿一日酉時塟石門山坐丑向未長男景邱附塟
男　景邱　景耀　景請　景推

女　長配山尾林　次配下宅陳

宗戌公字承德號纘求　良建公長子生康熙丙午年七月十七日戌時卒乾隆甲午年十一月十一日巳時塟蓮山坐甲向庚

妣黄省娘謚勤慎生康熙壬子年又七月十八日酉時卒雍正戊申年七月初六日寅時塟文章寨崙中坐向丙壬己亥

男　景註　景集

女　長配仙鄉陳　次配下宅陳　三配垻坑侯　四配下宅陳

宗達公字承桓號四聰　良建公次子生康熙甲子年七月初九日巳時卒乾隆癸酉年六月初七日未時塟洪埔尾

妣謝英娘生康熙己巳年正月廿五日辰時卒康熙乙未年五月初四日未時塟石仔内瓦窰口

又妣林喜娘謚慈柔生康熙壬申年七月廿二日卯時卒乾隆己亥年三

月十二日戌時塟山后格杉林崙坐南向北

男　景解　景掇

宗護公字承求號衞山　良建公三子生康熙甲戌年六月廿五日辰時卒乾隆癸亥年六月十一日午時塟山后格尊字崙尾坐向乙辛卯酉

妣蔡却娘謚柔懿生康熙庚辰年正月初四日卯時卒乾隆甲申年八月廿五日子時塟烏塗坑稻馬垵崙邊坐東向西

男　景素　景定　景儒

女　長配蓬島郭　次配内呷李　三配吳埔山陳

七世西房四

清周仁公諱宗恩字承德　弈業公長子生崇禎癸酉年正月十一日卯時卒
康熙甲寅年五月二十日巳時遭土武殉難塋沽美山坐向乾巽
妣陳氏謚端勤生崇禎丁丑年四月廿五日午時卒康熙丙午年三月初
三日戌時塋下埔仔崎坐辛向乙
男　景乾　景程
宗澤公號周寬一號榮致字承潤　弈業公次子生崇禎丁丑年七月十五日
丑時卒康熙乙酉年六月初九日未時塋福清靈得里頭旂山椒坑坐向
戌辰辛乙
妣黃氏謚淑勤生順治甲申年九月初七日辰時卒康熙癸亥年四月廿
一日午時與公合塋
男　景聚　景仰

女　長配柯　次配謝

宗鶴公字承鳳號周鳴　弈業公三子生順治乙酉年四月廿八日未時
卒康熙甲寅年十月十九日辰時塟文章山湖堀尾坐向甲庚卯酉

宗淵公字承博號棋源　弈業公四子與男景萬景寬景千仝往溫州平陽
縣居住生卒缺

妣黃氏謚柔勤生康熙癸卯年十二月初一日寅時卒康熙戊子年七月
初三日未時塟本鄉宮後岑頂坐向壬丙亥巳

男　景晏　景萬　景寬　景千

女　長配溪東林　次配高口馬

宗曾公字承參號重輿　弈隆公長子生順治甲申年四月廿五日寅時卒
康熙庚寅年五月廿七日戌時塟文章山杉林頭坐向未丑坤艮

妣王省娘謚孝儉生順治辛卯年八月十二日丑時卒康熙甲寅年十月

十八日寅時塟重慶坑仔口坐向坤艮未丑
又妣陳鴛娘謚孝慎生順治庚子年正月十九日卯時卒雍正庚戌年三
月廿九日子時塟坑仔口坐東向西
男　景祿　景緝　景圭
女　一配陳
宗雪公字承豐號重肅　弈隆公次子順治丁亥年五月初七日亥時卒康
熙壬寅年正月廿七日寅時塟本都橋頭曾垻鄉内坐向亥己乾巽
妣吳士娘謚貞勤生順治丙申年六月十一日申時卒乾隆乙丑年五月
初三日巳時塟本都胡椒林坐向卯酉甲庚四婦張氏附塟
男　景王　景安　景德　景愿
宗紬公字承纉號重緒　弈隆公三子順治癸巳四月初十日午時卒康熙
癸丑年五月十四日申時塟重慶嶺坐向丑未癸丁

宗乃公字承寵號重愛　弈隆公四子生順治丙申年六月十一日申時卒康熙辛丑年六月廿九日午時塟本邑三十都松柏湖内坐巽向乾此穴乾隆四十四年三月承買三十都高厝林李答觀給批為據税艮四分其山後李賣於吳吳轉賣陳今税艮完納陳家

妣陳氏諡慈德生康熙甲辰年又六月十六日巳時卒康熙乙未年正月初二日辰時塟本邑大崎后坐癸向丁此穴嘉慶二年承買窰内鄉西洪宗兄彥奇等有給批為據税艮四分公及妣二墳俱有竪碑

男　景仙　景悅　景銓　景蔭　景尊

宗習公字承輪號重繹　乾隆公五子生順治己亥年九月廿一日辰時卒雍正壬子年十月十六日辰時塟重慶山坐乙辛辰戌

妣黃氏器諡勤慈生康熙丙午年九月十八日巳時卒康熙丁酉年三月廿八日卯時塟本都秋竹格内垻壠底坐乙辛辰戌右鐫霞版洪毋黃氏

祖墓康熙五十八年承買吳祚猛風水一穴六十年再買山一崙左右有
石界司單印契據米收入本都二甲洪均戶內完納
男　景疊　景修　景寶
女長配廖　次配盛
宗略公字承約號重禮　弈隆公六子生康熙丁未年五月十一日未時卒
康熙庚寅年十一月廿三日巳時塟文章山大垵格大崙邊坐癸丁子午
妣黃氏謚慈順生康熙辛亥年五月廿一未時卒乾隆壬申年五月初五
日亥時塟沽美山洪埔尾
男　景宋　景君
女二俱配旦嶺張
宗玫公字承報號投贈　弈山公長子生順治丙申年十一月十八日亥時
卒康熙辛卯年五月初一日卯時塟文章山檨脚崙

妣馬鍊娘諡勤貞生順治庚子年八月十八日午時卒雍正甲辰年十月
十一日未時與公合塋
男　景璽　景贊　景文　景多
女　長配黄　次配陳　三配郭
宗逞公字承顔號投傑一號四處士　弈山公次子生順治庚子年七月十三
日寅時卒康熙庚寅年九月初六日巳時塋文章山尊宇崙坐向甲庚寅
申形號東方木
恩錫妣林玉娘諡儉成生康熙癸卯年二月十二日辰時卒乾隆丁巳年
六月二十日酉時塟沽美山尾崙坐向癸丁丑未形號麒麟尾
男　景平　景舉　景才　景陣　景美　景漸
宗誥公字承典號投策　弈山公三子生康熙戊申年八月廿七日辰時卒
乾隆甲子年十二月十一日戌時塋重慶坑仔口坐向寅申甲庚

妣林準娘謚端懿生康熙癸亥年正月十六日寅時卒雍正乙卯年二月十六日辰時塋山后格石皮垵坐向巽乾辰戌

男　景志　景紫　景親　景于　景諶

女　長配旦嶺張　次配胡西陳

南安霞錦洪氏族譜世紀

卷二

八世西房長

清景昭公小名瑛娘　宗孟公子生順治庚寅年月日缺卒康熙甲寅年五月二十日巳時遭土武殉難塋險埧坐東向西

男　瑞暢移居連江丹陽松嶺

女　配永邑謝

景長公　宗淑公長子生卒缺

清國子監景鍾公　小名英字振聲號彭石　宗淑公次子器宇軒昂慷慨有大志素冀詩書顯達未酬其願嗣乃援例入辟雍生平尊宗睦族於雍正甲辰年承父命倡造族譜命子瑞漢操筆編纂成書自是父子令名赫赫昭人耳目蓋亦難能而可貴者也生康熙丙午年十月初四日丑時卒雍正丁未年六月初二日亥時

妣余惜娘生康熙丁未年十一月初八日午時卒雍正丁未年五月初二

日亥時合塋山後隔湖堀尾坐向寅申甲庚
男　瑞溉　瑞漢　瑞汎　瑞沃　瑞湘
女　長配美寮葉　次配下宅陳　三配樓下黄　四配前坑余
景允公諱老字振洵號惟中　宗淑公三子其為人有大志建立山後隔山有功於族厥後孫曹成立身游泮水皆食公之德報也生康熙壬子年七月十二日丑時卒乾隆丁卯年十一月初六日未時塋文章山羊那坑坐向巳亥丙壬與妣合塋
妣盛靜娘生康熙壬子年七月十九丑時卒乾隆丁卯年十二月廿九日巳時與公合塋
男　瑞清　瑞滔　瑞鼎　瑞魁　瑞賡　瑞泌　瑞沛
女　長次三俱配小沽陳　四配中房張　五配路下陳
景郎公號定宰字振中　宗淑公四子生康熙乙卯年八月初六日寅時卒

乾隆庚申年十一月十五日辰時塟文章水尾寨后坐向亥巳壬丙
妣陳志娘謚柔慎生康熙乙卯年六月廿一日辰時卒康熙辛丑年十月
廿六日辰時塟文章山嶺邊格坐子向午
男　瑞彤　瑞棋　瑞槐　瑞會　瑞佇
女　長配上塲顏　次配東門謝　三罕娘未配卒塟斗皂崙坐北向南
又妣王　娘謚淑莊生康熙壬申年十月三十日卯時卒乾隆甲戌年四
月十三日丑時塟斐后林坐向辰戌乙辛
男　瑞坦　瑞到　瑞熙
女　配東門謝
(附記)定宰公墳穴及產山三崙康熙五十二年先承買林公宰公玉等
契一紙又推關洗貼一紙為據其米在林平柱下推出顏瑞麟戶内
完納後乾隆五年又與林伯興等給批字一紙為據

政和公景猛字振寬　宗淑公五子生康熙戊午年六月十六日子時卒雍正壬子年十一月十七日寅時塋文章山尊字崙坐向丁癸未丑繼妣陳氏合塋

妣陳聚娘謚勤慎生康熙己未年六月廿一日巳時卒康熙辛卯年十月初四日子時塋后埈山坐向乾巽亥巳內有誌銘

又妣葉榮娘謚淑慎生康熙丙寅年十一月廿七日辰時卒乾隆癸巳年八月廿六日子時塋本鄉臼墓墳坐向巽乾己亥

又妣陳拔娘謚慈慎生康熙甲戌年正月初二日丑時卒乾隆巳未年八月十三日申時與公合塋

男　瑞瑤　瑞瑾　瑞璞前陳氏出　瑞璇　瑞璣殤　瑞玩後陳氏出

女　長配金田尤　次配東門謝前陳氏出　三配高田葉　四配山兜黃後陳氏出

振崑公諱敬一名景玉　宗任公長子生順治丙申年八月廿七日子時卒康

熙乙丑年十二月廿九日酉時塟重慶圍內山坐向未丑丁癸
妣郭烏娘謚懿貞生順治辛丑年五月廿一日卯時卒乾隆己巳年八月
初二日丑時塟本山圍內坐向子午癸丁
男　瑞寨　瑞城　瑞縣　瑞黼

遠宗公諱祖一名景憲字振典　宗任公次子生康熙乙巳年年正月初三日
吉時卒雍正丙午年七月十七日未時塟缺
妣張氏生康熙戊申年三月二十日酉時卒康熙丙申年十二月十七日
酉時塟圍內山坐向未丑丁癸
男　瑞周　瑞聰　端世　瑞譽　嘉瑞　瑞衛
女　長配旦嶺張　次配湖尾鄭

實行公諱積一名景德字振顯　宗任公三子生康熙庚戌年九月十三日酉
時卒乾隆庚申年十二月十八日寅時塟圍內山坐向坤艮申寅三男瑞

理附塋
妣周氏生康熙乙卯年正月初八日戌時卒康熙壬辰年六月初一日午
時塋重慶紙坑内坐向辛乙戌辰
男　瑞長　瑞糾　瑞理　瑞岳　瑞云
女　長配上呷莊　次配小沽陳
景賢公諱巧字振舉　宗文公長子生順治丁酉年七月廿五日寅時卒雍
正甲辰年又四月初七日戌時塋沽美山厝后坐南向北
妣周氏生順治己亥年九月初七日午時卒雍正丁未年十二月十七日
酉時塋險埧坐北向南
男　瑞泳　瑞磨　瑞共　瑞慶
女　長配小沽陳　次配王　三配仙鄉郭
君宜公諱景左字振翼　宗文公次子生康熙甲辰年十一月三十日辰時

辛雍正己酉年正月十五日戌時塟洪埔尾險填外坐向癸丁丑未
妣陳甲娘謚恭順生康熙辛亥年四月初二日寅時卒乾隆辛酉年九月
十九日酉時塟重慶后頭坐向甲庚寅申
男　瑞滿　瑞道　瑞爵
女　長配仙鄉郭　次配卓埔林　三配侯　四配大姑凌
保愛公諱景右字振助　宗文公三子生康熙丁未年六月十七日未時卒
雍正壬子年八月廿五日酉時塟山後格烏塗坑坐北向南
妣陳靜娘謚慈淑生康熙癸丑年九月廿五日申時卒乾隆庚辰年十一
月廿八日午時塟本鄉什坵厝外坐向申寅坤艮
男　瑞斗　瑞步　瑞雅　瑞柔　瑞春
女　長配吳埔山陳　次配留林侯　三配仙鄉郭
清濟公諱景昉字振輝　宗時公長子生康熙丁未年十月初七日巳時卒

康熙癸巳年二月十五日戌時瘞后垵山坐向戌辰乾巽

妣鄭氏允娘謚淑順生康熙壬子年十二月廿九日寅時卒乾隆癸酉年四月十三日戌時與公合塋

男　瑞沈　瑞渾

女　長配官林李　次配埧坑侯　三配吉祭鄭

萬鎰公景妍字振金　宗時公次子生康熙乙卯年十二月十三日辰時卒乾隆戊辰年六月十五日酉時瘞嶺邊格外坐向壬丙子午

妣薛端娘謚勤順生康熙戊午年十二月十二日丑時卒乾隆甲子年七月初七日午時瘞溪宅埔坐向乙辛卯酉

男　瑞江　瑞海

女　長配仙鄉郭　次配旦嶺張

彭澤公諱景水一名景潤字振取　宗時公三子生康熙戊午年七月廿八日

巳時卒乾隆戊午年十二月十一日巳時葬文章山羊那坑坐向未丑丁
癸
妣李腰娘謚宜慎生康熙甲子年正月三十日丑時卒乾隆己卯年八月
廿一日亥時葬重慶中崙尾坐向寅申甲庚
男　瑞田　瑞溪　瑞潭　瑞渡　瑞降
女　長配仙鄉郭　次配樓前感
石岩公諱景山字振華　宗時公四子生康熙庚申年十月廿三日寅時卒
康熙丁酉年五月廿五日寅時葬文章山赤墓坪中崙坐申向寅
妣蔡謹娘謚淑信生康熙甲子年六月二十五日丑時卒乾隆癸酉年七
月十三日巳時葬山後格湖堀尾坐壬向丙
男　瑞招　瑞善
女　長配仙鄉陳　次配仙鄉郭

隆盛公諱景彼字振節　宗時公五子生康熙癸亥年五月十九日申時卒
乾隆癸酉年四月初七日巳時葬本鄉山尾墓起尺坵坐向酉卯辛乙
妣莊勤娘謚淑人生康熙庚午年二月初二日辰時卒乾隆丙戌年七月
初二日巳時葬大垵格厝後坐向寅申甲庚
男　瑞泮　瑞叟　瑞市　瑞盡　瑞顏　瑞謝
女　長配大坪頭方　次配鳳坡梁
惟善公諱景瑙字振寶　宗時公六子生康熙丙寅年二月廿九日寅時卒
乾隆甲申年二月十五日申時葬文章山赤墓坪坐向乾巽亥巳
妣溫叔娘生康熙癸酉年四月十七日卯時卒乾隆辛卯年十月初三日
辰時與公合塋
男　瑞沐　瑞灘　瑞借出嗣弟景姝
女　長配下宅陳　次配薛　三配頂宅陳

性理公諱景妹字振命　宗時公七子生康熙戊辰年十一月廿一日巳時
卒雍正癸丑年九月十一日未時塟文章山騎龍斬脚坐向坤艮未丑
娶鄭氏出
男　瑞模殤　瑞參殤　瑞借兄景瑠三子入嗣
女　一配下宅陳
振威公諱景儀　宗定公子生康熙乙卯年十二月十六日酉時卒年缺六
月十六日塟六份山風線嶺
妣陳氏生康熙甲戌年正月十一日午時卒乾隆己卯年三月十八日卯
時塟鳳門盧厝後坐西向東
男　瑞操　瑞估
振麗公諱喜一名景悅　宗伯公長子生順治戊子年五月廿四日子時卒康
熙甲午年二月廿三日辰時塟沽美山坐西向東

妣林氏生順治丁酉年正月十七日戌時卒雍正庚戌年正月初八日未時塟沽美山仔坐西向東

男　瑞待　瑞慈　瑞蛟

女　一配東門謝

以久公諱景全字振萬　宗伯公次子生順治壬辰年十一月十九日亥時卒雍正辛亥年六月廿五日午時塟溪東山馬洋坑口中崙赤嶺脚坐向壬丙子午

妣鄭己娘謚勤慈生康熙丁未年四月初八日巳時卒乾隆甲子年九月初四日寅時塟六份石牛格坐向坤艮未丑

男　瑞亨　瑞燕　瑞雄　瑞樑　瑞泰　瑞拔　瑞賞

女　長配東門謝　次配半嶺林　三配胡坂林

振錦公諱景豸　宗伯公三子生康熙庚子年二月廿四日申時卒康熙乙

卯年八月廿五日午時塟皂斗崙坐向丑未癸丁
妣余斷娘謚勤順生康熙戊申年四月廿五日未時卒康熙己亥年三月
廿三日巳時塟沽美山險垻內坐向丑未艮坤
男　瑞盤　瑞瑯
女　長配大份溫　次配柯布趙　三配下宅陳
方賢公諱景賜字振端　宗伯公四子生康熙癸卯年四月十九日辰時卒
康熙丙子年六月初一日戌時塟蓮山后坐向乙辛卯酉
妣劉來娘生康熙年月日缺卒乾隆戊午年七月初六日午時　塟沽美
山險垻垵頭坐向卯酉甲庚
男　瑞勅
振為公諱却一名景義　宗謀公長子生順治丁酉年四月初九日子時卒雍
正甲寅年四月二十日卯時塟重慶中崙尾坐向癸丁丑未

妣張情娘謚淑慎生庚熙甲辰年七月廿二日丑時卒雍正乙巳年十月初一日午時與公合塋
男　瑞育　瑞敏　瑞三　瑞崇　瑞裕　瑞民
女　一配埧坑侯
庶民公諱景來字振脩　宗諜公次子生順治庚子年九月十八日戌時卒雍正癸卯年十一月廿二日辰時塋六份山大沽埧頂坐向艮坤寅申
妣林亘娘生康熙辛亥年十一月廿七日酉時卒乾隆甲子年七月廿四日未時塋文章山尊字崙尾
男　瑞畏　瑞詩　瑞霖
女　長配上埸顏　次配嶺兜許　三配大園張　四配高口吳　五配仙鄉郭　六配下宅陳
惟偶公諱景雙字振偶　宗諜公三子生康熙癸丑年六月十八日辰時卒

乾隆壬戌年三月十六日卯時塟六份編趙格大杷坐向巽乾辰戌
妣余揆官謚勤慈生康熙辛酉年十二月初五日巳時卒雍正辛亥年八
月廿七日卯時與公合葬
男　瑞伯　瑞賢　瑞奏　瑞芬
女　配高嶺林
則性公諱景法字振坤　宗謀公四子生康熙庚申年二月十四日巳時卒
雍正甲辰年又四月十一日辰時塟翰宅大墳后坐壬向丙妣合塟
妣蔡廼娘謚溫惠生康熙甲子年六月二十日申時卒康熙己丑年四月
初三日辰時與公合塟
男　瑞家
女　一配大沽溫
隱巖公諱景石字振維　宗信公長子生康熙甲辰年七月廿二日寅時卒

乾隆甲子年五月十四日酉時塟重慶犁頭崙坐向壬丙子午
妣羅成娘謚勤順生康熙丙辰年八月廿五日戌時卒康熙己丑時六月
二十日未時塟皂斗崙坐向壬丙亥己
男　瑞布　瑞壯
女　長配胡頭前山陳　次配胡西陳
抱忠公諱景鳳字振彩　宗信公次子生康熙丁未年六月初四日寅時卒
雍正壬子年二月初十日未時塟皂斗崙坐向寅申甲庚
妣馬好娘謚勤順生康熙癸亥年八月十二日午時卒乾隆巳己年六月
廿三日寅時塟[illegible]斗崙坐向癸丁丑未
男　瑞格　瑞貢　瑞和　瑞華
女　長配下宅陳　次配郭井林　三配詩古陳　四配下宅陳　五配
羊仔舖黃

景祥公　宗信公三子生卒年月日俱缺塋重慶園内山橋仔頭坐向酉卯庚甲

景纘公字振禹　宗秀公子生康熙戊申年十二月十三日戌時卒康熙壬寅年八月十二日寅時塋沽美山坐西向東

妣陳氏生康熙壬戌年六月十四日辰時卒塋未詳

男　瑞聽　瑞場

女　長配仙鄉郭　次配埔頭林

景錯公字振綜　宗聖公長子生康熙甲辰年六月廿九日寅時卒康熙癸未年六月廿四午時附塋父宗聖公墳中

妣陳氏生康熙丙午年十月十七日午時卒塋缺

男　端送

女　一配溪頭蔡

景朝公字振廷　宗聖公次子康熙壬子年七月切五日寅時卒乾隆戊辰年四月廿七日酉時塟沽美山險堪坐東向西

娶某氏出

嗣男　瑞昌

景秋公　宗器公長子生卒缺

景巳公字振興　宗器公次子生順治庚子年七月廿八日巳時卒康熙戊寅年八月三十日戌時塟江西廣信府廣豐縣廿八都十堡上庵坐壬向丙

妣蘇氏生康熙辛亥年十一月廿九日亥時卒雍正乙巳年三月初九日未時塟江西廣豐縣廿七都五堡祝家墩坐巽向乾

男　瑞長　瑞盛　瑞伯

景三公　宗器公三子生卒缺

景彬公字振班　宗珠公長子生康熙癸丑年四月初二日酉時卒雍正丙午年四月初八日巳時塋缺

妣雷邀娘舊譜記陳氏　生康熙己巳年九月初五日子時舊譜記十五日丑時卒乾隆己未年正月十七日酉時塋缺

男　端裔　瑞衷　瑞體

景洽公字振百　宗珠公次子生康熙乙卯年十一月十六日巳時康熙乙未年七月十三日巳時原塋蓮山后坐東向西

妣余氏生康熙戊辰年正月初六日戌時乾隆丁亥年正月初一日巳時移公合塋福清林泉鄉坐向乙辛卯酉

男　瑞欣　瑞顯

女　一配吉祭鄭

景聘公字振問　宗珠公三子生康熙己未年三月十一日吉時卒雍正乙

卯年八月廿六日申時塟福清靈得里水轉橋脚自己圍頭坐西北向東南
妣林氏生康熙癸酉生七月初一日申時卒乾隆壬午年六月廿日未時與公合塟
男　瑞統　瑞我
景正公　宗珠公四子生康熙甲子年十月初一日未時卒康熙戊子年七月二十日未時塟重慶中崙邊坐西向東
景富公字振貴　宗珠公五子生康熙丁卯年七月初五日午時卒雍正庚戌年三月初七巳時塟重慶金字面男瑞湛附塟
妣林雪娘謚淑慎生康熙己卯年六月廿二日辰時卒乾隆辛卯年十二月十八日卯時塟重慶小寨墳
男　瑞汀　瑞貌　瑞湛

女　長配林　次配陳

為本公諱景一字振千　宗元公長子生康熙甲子年二月初二日寅時卒乾隆癸酉年十月十三日丑時塟重慶院前

妣蔡傅娘謚温恭生康熙庚午年九月廿三日卯時卒乾隆甲申年六月廿六日酉時塟文章山三脚本頭坐酉向卯

男　瑞俊　瑞白　瑞謙　瑞偃出嗣弟景通

女　長配永春謝　次配德化劉

景通公　宗元公子生康熙庚辰年八月初四日巳時卒雍正己卯年四月廿五日辰時塟南洋

男　瑞偃兄景一四子入嗣

景愬公　宗登公長子生年缺正月十五日辰時卒年缺十一月十二時巳時塟缺

景靈公字振國　宗登次子康熙己丑年七月初四日午時卒缺
妣余氏生康熙壬申年七月廿八日辰時卒乾隆丙寅年又正月廿九日
亥時塋合塋小寨垵
男　瑞琛
女　長配吴　次配仙鄉郭
景求公　宗諸公長子生缺正月廿八日卯時卒康熙丙戌年又四月十九
日未時塋缺
景實公　宗諸公次子生年缺八月十三日未時卒康熙壬寅年三月十一
日辰時塋缺
振紳公諱景緒　宗諸公三子生康熙己巳年七月廿六日巳時卒雍正壬
子年七月初四日巳時塋烏塗坑龜仔山坐向庚甲酉卯
妣鄭乃娘庠生濬公胞姊生康熙己卯年七月十九日寅時卒雍正戊申

年八月初四日辰時與公合塋
男　瑞時
女　一配德化
振禮公諱景權　宗亮公長子生康熙庚午年六月十三日巳時卒乾隆丙寅年四月廿一日丑時塋重慶新寨崎仔頂路上坐向申寅庚甲
妣陳氏生康熙壬午年七月初九日卯時卒乾隆丙寅年五月廿九日子時塋文章山嶺邊格
男　瑞歳　瑞出　瑞器
景象公字振節　宗亮公次子康熙甲戌年八月初一日丑時卒乾隆丙寅年五月十二日未時塋山后格烏塗坑杉林尾坐向申寅庚甲
妣尤氏康熙壬午年十一月十七日吉時卒年缺七月十三日酉時塋沽美山坐向酉卯辛乙

男　瑞路　瑞蟳　瑞場

景宇公字振宙　宗亮公三子生康熙戊寅年十月初二日亥時卒乾隆庚子年四月廿九日吉時塟沽美山池仔角外崙坐向辛乙酉卯

妣尤求娘生康熙庚寅年正月初四日丑時卒乾隆辛丑年四月初四日申時塟文章山杉林尾坐向坤艮未丑

男　瑞規　瑞次　瑞澳　瑞胆　瑞狐

女　一配下宅陳

振美公諱景廸　宗亮公四子生康熙丁亥年五月初八日亥時卒乾隆乙酉年五月初八日午時塟南洋

妣林皆娘生康熙癸巳年二月十九日亥時乾隆戊子年九月廿二日丑時塟洪埔尾坐向丑未艮坤

男　瑞粕　瑞佃

女　一配盛

振址公諱景玠　宗俊公長子生康熙巳己年十月初七日吉時卒乾隆庚辰年九月初三日未時葬洪埔尾坐向子午癸丁長男瑞記附葬

妣林筍娘生康熙辛未年十月十三日寅時卒乾隆乙酉年二月十七日未時葬重慶新寨慶坐向乾巽戌辰長婦蔡氏附葬

男　瑞記　瑞呱　瑞梳

振玩公諱景珍號旗寶　宗俊公次子生康熙甲申年六月廿六日未時卒乾隆辛丑年四月十八日未時葬文章山杉林頭坐向辛乙酉卯

妣吳完娘生康熙乙酉年六月十七日午時卒乾隆戊戌年十一月三十日戌時葬文章山尊字崙坐向寅申艮坤

男　瑞寐

女　長配林　次配吳

季山公諱景泰字振極　宗隱公長子生康熙辛亥年十一月初九日辰時
卒雍正庚戌年二月廿三日寅時塟沽美山坐東向西
妣黃熟娘生康熙丁卯年四月廿四日午時卒雍正丙午年十月初八日
卯時塟六份山大壘樹坑内坐向甲庚卯酉
男　瑞帝　瑞照　瑞琮　瑞合　瑞操出嗣弟景考
景考公　宗隱公次子生康熙丁巳年十月廿三日戌時康熙壬寅年四月
十八日卯時塟沽美山仔坐向庚甲申寅
娶李氏出
男　瑞操兄景泰五子入嗣
景壬公字振清號修齋　宗隱公三子生康熙巳卯年正月十五日午時卒
乾隆戊寅年十二月十八日辰時塟德化程田寺格草埔崙
男　瑞接

女　推娘配草埔尾蘇

八世西房二

清景榮公字振杏　宗福公長子生康熙庚寅年四月廿三日酉時卒乾隆辛卯年五月初四日申時塟晉江窺湖鄉

妣謝暖娘生康熙丙申年二月廿七日辰時卒乾隆戊寅年六月十四日巳時塟沽美山坐南向北

男　瑞台　瑞考

女　長配謝　次配大田

景賀公字振芳　宗福公次子生康熙乙亥年七月十一日戌時卒乾隆戊寅年五月十四日未時塟重慶山坐西向東

妣黃參娘生雍正癸卯年十二月十一日午時卒乾隆戊寅年五月廿八日午時塟重慶坑仔口坐東向西

景董公字振烝　宗福公三子生雍正壬子年九月廿八日亥時卒嘉慶乙

亥年四月初一日巳時塋重慶祖墓邊
妣張尋娘謚懿慈生雍正乙卯年正月初五日未時卒乾隆己卯年六月廿四日戌時塋重慶犁頭崙坐北向南
又妣陳氏生缺卒嘉慶年間八月初四日丑時塋沽山美險埧
男　瑞參張氏出　瑞栗　瑞贊陳氏出
女　一配李張氏出
景戰公　宗賤公長子生雍正乙巳年九月廿八日午時外出
景輝公字振彩　宗賤公次子住居晉江窺湖鄉山仔頂生雍正戊申年三月廿三日辰時卒塋在窺湖
妣陳喜娘生康熙子年六月初四日辰時卒塋在窺湖
男　瑞君
景懶公　宗賤公三子生乾隆乙卯年三月廿八日巳時卒乾隆癸酉年四

月初十巳時塟沽美山坐南向北

景鴉公　宗賤公四子生乾隆辛酉年七月三十日辰時卒塟莫考傳聞有一男名瑞治住同安長邊溪處不相往來又有在長泰者不知何名幷未詳其所自出

八世西房三房長蛟公派(應雲)

清景朗公字振令號高章　宗醒公長子生康熙庚辰年正月十三日酉時卒乾隆丙戌年十月初七日辰時塋六份山三墳湖頭坐壬丙亥巳曾與永春孫家結控委勘判定

妣陳者娘生康熙己卯年五月十三日辰時卒乾隆己卯年正月十五日辰戌時塋文章山騎龍斬坐向丁癸午子

男　瑞采　瑞題

女　長配下宅陳　次配梁後改配未詳

景淑公字振艾號治安　宗醒公次子生康熙庚寅年十月十七日亥時卒乾隆辛巳年二月二十日寅時塋山后格尊字崙

妣林　娘生康熙癸巳年二月廿一日卯時卒年月缺塋缺

男　瑞翁　瑞托　瑞齒　瑞巽　瑞巢

女　長配侯　次配永春

景桑公字振柔號爰求　宗忠公長子生康熙丙戌年六月初三日未時卒
乾隆庚寅年又五月十六日巳時塟石門山坐甲向庚
妣陳謹娘謚勤慎生康熙辛卯年七月初十日巳時卒乾隆丙子年八月
十九日辰時塟本鄉土樓口田坐向辛乙卯酉

男　瑞端　瑞臨　瑞皎

女　一配大沽溫

景柳公字振絮號隨絲　宗忠公次子生康熙庚寅年四月初一日寅時卒
乾隆癸酉年九月廿二日辰時塟六份山三　後
妣呂約娘謚義慎生康熙乙未年八月初一日亥時卒乾隆己卯年九月
廿三日辰時塟山后格短崙仔坐庚向甲

男　瑞忍　瑞閱　瑞　瑞閃

女　一配東門謝

景草公字振謀號創業　宗忠公三子生康熙壬辰年十月廿一日辰時卒乾隆庚戌年正月十一日亥時塟本鄉吳墘坐向巽乾己亥

妣馬志娘生康熙戊戌年二月切三日未時卒乾隆乙卯年五月初九日午時塟石門山

男

瑞獻　瑞茅　瑞瑾　瑞揭　瑞樸

景廣公　宗忠公四子生雍正戊戌年六月二十日亥時卒雍正壬寅年七月廿九日戌時埋石門山承位公墓邊坐癸向丁

景樓公字振聳號層百　宗侃公長子生熙康癸酉年五月十三日卯時卒雍正甲寅年十一月二十一日巳時塟重慶中崙尾田前岸坐向甲庚卯酉

妣陳菊娘生康熙戊寅年四月二十七日寅時卒康熙丙戌年七月初三

日卯時塋斐後林坐乙向辛

男　瑞堅　瑞仍　瑞節

女　一配馬頭洋陳

景經公字振品號大綸　宗侃公次子生康熙丙子年三月廿七日戌時卒

乾隆庚寅年正月初五日申時塋斐後林芋横林坐向乙辛辰戌

妣溫金娘生康熙癸未年九月廿三日子時卒乾隆丙申年四月十三日

亥時亦塋芋横林與公同崙在公墳下穴號帝鐘形坐向乙辛卯酉有石

碑為據前譜戴與公合塋誤

養男　瑞暹

女一配樓下黃

清耆老景立公字振卓號文正　宗侃公三子生乾隆壬寅年受皇恩寵錫公

為人秉性正直董修族譜一堂四代均享眉壽其孫有吉克繩祖武如公

亦可以風世矣生康熙癸未年十月初十日戌時卒乾隆壬寅年十二月初五日巳時享年八十有五塟斐後林中心崙坐乙向辛
妣陳賀娘謚端靜生康熙壬辰年七月初一日寅時卒乾隆辛未年二月廿四日酉時塟沽美山坐向巽乾己亥
又妣本邑文廟後李汀娘謚順懿生康熙癸巳年二月廿八日丑時卒乾隆癸丑年七月初九日酉時塟小寨垵
男　瑞西　瑞念陳氏出　瑞殊李氏出
女　長配社壇葉　次配前街黄陳氏出
景姤公字振遇號剛柔　宗侃公四子生康熙乙未年六月初十卯時卒乾隆癸丑年八月十八日丑時塟缺
妣陳長娘生康熙戊戌年八月十三日卯時卒乾隆甲申年六月初一日巳時塟本鄉墓案頂坐向乾巽戌辰

男　瑞利　瑞元　瑞檜　瑞馮

女　一配侯

景厲公字振嚴號文秀　宗侃公五子生康熙庚子年正月廿五日戌時卒

乾隆癸己年五月廿七日亥時塟山后格羊嶺坑坐向丙壬己亥

妣雷居娘生雍正癸卯年十月廿八日午時卒嘉慶丙寅年六月廿五日

巳時塟石門山坐向丙壬己亥

男　瑞評　瑞醉　瑞侶　瑞纖　瑞過

女　長配林　次配陳

景楷公字振範　宗斗公長子生康熙戊子年十一月初五日巳時卒乾隆

甲子年三月初十日子時塟重慶新寨坐酉向東

妣陳銀娘生康熙年月缺卒乾隆年缺七月二十七日卯時塟缺

又妣馬牽娘生康熙庚寅年八月二十四日酉時卒乾隆庚辰年十二月

廿六日子時塟小寨嶺柴林邊坐北向南

男　瑞乞　瑞勃

景柴公　宗斗公次子生康熙乙未年十月廿六日寅時卒乾隆庚午年六月初一日吉時塟缺

八世西房三頂三落柱鍾元公派（應賞）

清景主公　宗棨公長子生康熙乙酉年三月廿六日寅時卒雍正己丑年四月十七日辰時塟沽美山坐北向南

景總公　宗棨公次子生康熙辛丑年七月廿九日吉時卒塟缺

景格公　宗情公長子生康熙乙酉年七月十四日未時卒乾隆乙亥年七月初九日酉時塟台灣鳳山縣西門外蛇頭埔坐向丁癸午子

妣黃蔭娘生康熙己亥年十月十一日卯時卒乾隆庚辰年九月十九日酉時塟台灣鳳山縣蛇頭埔坐向庚甲酉卯

男　瑞元　瑞全　瑞澤

景敦公字振族　宗情公次子生康熙己丑年五月初七日酉時卒乾隆庚子年二月十二日戌時塟石門山坐向亥己壬丙

妣吳迎娘生康熙辛丑年十二月二十日戌時卒乾隆乙卯年四月廿八

日未時與公合塋
男　瑞皆　瑞區　瑞墘　瑞頓　瑞送
女一配梁
景圍公　宗情公三子生康熙癸巳年十一月廿八日丑時卒塋缺
景曉公字振喻號猶義　宗豸公長子生康熙乙未年十二月初二日子時卒乾隆辛未年六月初十日午時塋重慶新寨坐向坤艮申寅
娶某氏出
男　瑞挑
女一配林
景莪公字振菁　宗豸公次子生康熙己亥年二月廿七日辰時卒乾隆辛丑年七月三十日未時塋本鄉五墘坐向庚甲申寅
妣王卿娘生乾隆丙辰年五月三十日卯時卒嘉慶丙寅年十二月初二

未時與公移塟石門山野字形墓下

男　瑞徒　瑞著　瑞春　瑞云

景欽公字振讓號成德　宗捷公長子生康熙庚辰年四月十八日午時卒

乾隆癸酉年四月十六日申時塟石門山坐向艮坤寅申

妣陳好娘生康熙年六月初八日辰時卒乾隆丁酉年七月初三日卯時

文章山客鈸坐向巽乾己亥

男　瑞輪　端科　瑞法　瑞八　瑞鵠殤

女　長配陳　次配蔡

景菊公　宗捷公次子生康熙丙戌年十一月初七日午時卒在外方莫

考

景煖公字振帛號溫厚　宗鄒公子生康熙辛卯年四月初三日辰時卒乾

隆丁亥年二月十五日酉時塟石門山內乾巽外亥己丙壬

妣烏翼余氏險娘生康熙甲辰年二月十九日卯時卒乾隆庚戌年三月初六日戌時塋重慶新寨尾坐向辛乙戌辰

男　瑞若　瑞乃　瑞檀（禡）　瑞周

女　長配胡坂林家　次配永春山內

景椿公（字振　號玉萱）　宗佐公長子生康熙乙酉年六月十四日己時卒乾隆丁卯年十二月廿五日亥時塋石門山坐向壬丙子午

妣李漸娘生康熙丙申年十二月初十日己時卒乾隆戊辰年三月十九日寅時塋石門山坐向卯酉乙辛

男　瑞胥

女　一配戴

景候公　宗佐公次子生康熙己丑年七月二十日未時卒乾隆壬戌年六月初三日丑時塋重慶中崙坐向艮坤寅申

男　瑞劣弟景切次子嗣

景切公字振紬　宗佐公三子生康熙丁酉年三月廿七日卯時卒乾隆庚辰年五月初七日巳時塟重慶新寨坐向乙辛辰戌

妣黃腰娘生雍正丙午年六月廿一日酉時嘉慶丙寅年七月初六日辰時塟山后格尊字崙坐向庚甲申寅

男　瑞樵　瑞劣出嗣兄景倏　瑞印

女　一配陳

景探公　宗佐公四子生康熙壬寅年正月十一日寅時卒乾隆甲戌年七月初二日巳時塟沽美山坐東向西

景亢公　宗佐公五子生雍正丁未年三月廿七日寅時卒乾隆癸酉年五月初四日辰時塟石門山坐向亥巳壬丙

八世西房三　翼逵公派大五柱良碧公派

景易公字振朔號平察　宗聯公長子生康熙辛未年又七月初八日卯時卒乾隆乙亥年十一月二十日寅時葬山後格赤墓坪坐向酉卯庚甲

妣謝恬娘生康熙己卯年正月廿八日酉時卒乾乾丙申年十月廿七日巳時葬小寨垵坐向乾巽戌辰

男　瑞表　瑞快

女　一配黃

景浩公字振波號淵源　宗聯公次子生康熙丙子年八月廿五日未時卒乾隆癸酉年正月十六日酉時葬石門山大水垵頭坐向丑未艮坤

妣陳坦娘生康熙癸未年十月十七日未時卒乾隆戊戌年十月十五日午時葬重慶中崙坐向丑未艮坤

男　瑞益　瑞聳　瑞川　瑞丑

女　長配姚　次配陳

景初公字振慎號可法　宗聯公三子生康熙壬午年又六月初二日巳時卒乾隆丁丑年七月廿八日丑時塟本鄉溪宅埔坐向寅申甲庚

妣謝柔娘生康熙丙戌年八月十二日亥時卒乾隆丙寅年九月十七日午時與公合塟

男　瑞玉　瑞乾　瑞勤　瑞懇

女　二俱配陳

景祥公字振瑞　宗聯公四子生康熙乙酉年九月廿六日寅時卒乾隆壬辰年九月十八日辰時塟山后格杉林内坐向庚甲酉卯

妣趙宣娘生康熙壬辰年七月十九日丑時卒乾隆丁卯年七月初一日丑時塟重慶中崙坐向寅申艮坤

又妣陳氏生康熙乙未年正月初十日寅時卒乾隆丁酉年四月廿四日

巳時葬山后格杉林内坐向庚甲酉卯

男　瑞決養

女長配陳趙氏出　次配戴陳氏出

景　公字振九號孚嘉　宗聯公五子生康熙戊子年八月二十日寅時卒乾隆甲戌年正月廿六日申時葬重慶小寨貢坐向庚甲申寅

妣陳雙娘謚孝順生康熙癸巳年五月廿六日辰時卒乾隆庚辰年三月十三日酉時塋重慶中崙坐向卯酉乙辛

男　瑞恭　瑞揖　瑞珠

女　長配郭　次配尾厝黄

景書公字振册號欽明　宗啓公子生康熙辛未年七月十二日戌時卒乾隆乙丑年八月廿一日午時塋本山石門内坐向丙壬午子

妣陳粉娘生康熙丙子年十月初九日丑時卒雍正丁未年十二月廿七

日未時塟沽美山
又妣陳起娘生康熙丁亥年二月初十日戌時卒乾隆丁未年十二月廿
四日丑時塟文章山土地崙坐向甲寅庚甲
男　瑞旺　瑞誇前陳氏出　瑞奪　瑞南後陳氏出
女　一配陳後妣出
景賴公字振存　宗丙公長子生康熙壬午年六月二十日酉時卒乾隆癸
酉年二月初三日辰時塟廈門山場
娶林氏出
男　瑞述
景銳公字振勉號執人　宗丙公次子生康熙巳丑年八月廿二日酉時
卒乾隆癸亥年四月初四日申時塟在台灣

良起號騰鳳公派後埔洋柱

清邑庠生景肇公乳名景璘字振基號迹豐仰曜公長子　阿文宗歲試入穀取進南安縣學又歷考優等曾建置泉城行館以為試寓固文人中之豪傑者也生康熙辛巳年五月廿一日丑時卒乾隆丙寅年正月初八日子時葬本鄉後井崎坐向丁癸未丑

妣謝勉娘謚惠貞生康熙壬午年四月初一日寅時卒乾隆戊子年正月初九日未時葬山後格

庶妣王氏

男　瑞雲出嗣弟景瑤　養男瑞星　嗣男瑞龍

女　配蓬島郭

清邑庠生景岱公乳名景瑕字振宗號長泰　仰曜公次子　程文宗歲試入穀取進南安縣學　周撫臺觀風超等第一名生康熙癸未年七月初六

日卯時卒乾隆乙未年二月初九日卯時享年七十有三塟山後格蜈蚣牙後坐向未丑坤艮

妣顏黍娘謚惠慎生康熙癸未年正月十八日辰時卒雍正丁未年七月初五日辰時塟山後格坐向丙壬午子

又妣許轉娘謚惠婉生康熙癸巳年五月初五日酉時卒乾隆丁酉年三月廿三日未時塟文章山特坑山

庶妣林氏生康熙丁酉年二月二十日卯時卒乾隆戊戌年六月十八日戌時塟文章山特坑山崙尾

男　端政　瑞昂　瑞昌許氏出　瑞旭　瑞旦　瑞熾林氏出

女　長配金田尤顏氏出　次配水閣黃許氏出

長圓公諱景瑄字振六仰曜公三子生康熙乙酉年十一月十五日戌時卒康熙庚子年十二月二十日辰時附塟母林氏墳中　聘薛氏改嫁

男　瑞雲兄景肇長子入嗣

華山公諱景琯字振嶽　仰曜公四子生康熙巳丑年正月初八日戌時卒乾隆癸亥年十二月初一日戌時塟九柱山溪口内豐平崙坐向寅申甲庚妣梁氏合塟

妣梁雪娘生康熙巳丑年八月廿二日子時卒乾隆戊午年十月初六日卯時與公合塟

又妣謝讓娘生康熙庚寅年二月廿一日日午時卒乾隆辛丑年七月廿四日未時塟山后格竹林尾坐巽乾己亥

男　瑞殿梁氏出　瑞壬謝氏出

女　長配蓬島郭　次配金田武舉人尤捷拔俱梁氏出

邑庠生景瑞公乳名景班字振于號羣后　仰曜公五子

戴文宗歲試入穀取進南安縣學生康熙辛卯年十二月廿三日巳時卒

雍正癸丑年四月廿六日辰時塟沽美山尖坐向申寅庚甲妣合塟

妣溪東古山邊林好娘　林科捷公之妹青年寡守養子成立苦節懿行女界可風宜其泉州五邑郡誌纂入芳名生康熙癸己年四月初九日巳時卒乾隆戊戌年五月十八日未時與公合塟

男　瑞取 兄景仁四子嗣　瑞義 養

林氏係溪東林有宏公長女乾隆二十五年泉州纂脩府誌舉人戴標香黄升貢生林學周生員陳國保洪世朋洪大猷仝向　葉學師僉呈申詳節行編入府誌中

林氏節孝序　舉人尤懷時撰

守節難青年守節尤難有子成節苦無子取繼而成節更苦故庠生洪景瑞妻林氏十七歸夫二十永訣脫不稔難中難不喫苦中苦而改柯易葉則桑榆翁姑哭子之淚未乾失婦之涕漩滴泉壤夫子既抱短折之痛復

深不祀之憂此如茗華亂蓬隨風顛倒何名節之可言乃彼柏舟矢撫成嗣子千難萬苦總以肩任由是親志慰夫魂安兩無愧矣矧其塋祭翁姑孝敬盡焉課督二子詩書顯焉賙賑貧乏惠澤周焉然則林氏之不畏難不避苦以成節義洵足以信今而傳後何論其舉動必莊言笑不苟勤女紅敦節儉諸小善哉懷時與霞坂世有姻親故特為之表而出

垂統公派棋盤柱

清景仁公字振宅號居安　宗光公長子生康熙己巳年九月十三日子時卒乾隆癸酉年三月廿九日酉時塋重慶中崙腰坐北向南

妣陳雀娘謚勤慎生康熙辛未年十二月十二日寅時卒乾隆己巳年六月十一日未時塋山后格大崙坐向癸丁子午

男　瑞好　瑞從　端笑　瑞取出嗣弟景班

景炳公字振著號文彪　宗光公次子生康熙壬午年六月初三日亥時卒
乾隆戊子年四月十九日亥時葬木山石門内坐向巽乾辰戌
妣陳長娘生康熙丙戌年九月廿六日亥時卒乾隆壬寅年十一月初四
日辰時葬山后格石皮垵坐向寅申艮坤
男　瑞黨　瑞珩　瑞珪
女　長配張　次配林
景孔公字振我號禮道　宗光公三子生康熙乙酉年六月二十七日巳時
卒乾隆癸酉年三月初二日亥時葬與妣温氏仝穴
妣温却娘謚慎惠生康熙己丑年八月二十一日午時卒乾隆乙酉年九
月初三日巳時葬山后格尊字崙崎仔尾坐向壬丙亥巳
男　瑞姜　瑞錦　瑞詩　瑞　瑞白
女　一配大沽温

景貴公字振親號成愛　宗光公四子生康熙戊子年十一月初二日戌時卒乾隆壬申年十二月初十日申時葬石門山中崙右邊坐向甲庚卯酉

妣郭後娘生康熙己丑年十二月廿九日午時卒雍正乙卯年十一月初三日亥時葬石門内

又妣梁換娘生康熙庚寅年正月十五日酉時卒乾隆乙丑年七月廿七日寅時葬沽美山橋頭山巻坐向丙壬午子

良貞號垂紀公派尾墘柱

景及公字振器號庸成　宗東公長子生康熙癸未年九月十八日巳時卒雍正己酉年七月十七日未時葬蓮山後坐北向南

妣陳意娘生康熙甲申年七月初一日未時卒乾隆丙申年九月十七日酉時葬重慶中崙

男　瑞卓
女　一配陳
景傳公字振受號心法　宗東公次子生康熙辛卯年五月初九日巳時卒
乾隆壬申年七月十七日寅時塟重慶金字面後坐向艮坤丑未妣林氏
合塟
妣林氏生康熙丙申年二月廿三日亥時卒雍正癸丑年十月初十日辰
時與公合塟
又娶黃氏出
男　瑞楚　瑞純
景向公字振軒號冠冕　宗東公三子生康熙甲午年九月十七日子時卒
乾隆乙未年七月初三日午時塟橋頭山坐向丙壬午子
妣陳悔娘生康熙甲辰年二月初六日辰時卒乾隆戊申年十月十二日

巳時塟沽美山馬路頭坐北向南

男　瑞豚

女　長配呂　次配戴

景對公字振大號魑士　宗東公四子生康熙甲午年九月十七日子時卒

乾隆辛巳年十二月廿四日戌時塟石門大水垵中崙坐北向南

娶葉氏出

男　瑞華

景金公字振兑號來獻　柞楢公長子生康熙乙亥年正月初七日午時卒

乾隆丙辰年四月初九日子時塟南洋

妣薛銀娘謚妙惠生康熙丁丑年三月初九日巳時卒乾隆丙戌年八月

初七日亥時塟觀光尖后雞卵崙貢坐向艮坤寅申

男　瑞擇　瑞撰　瑞插

女　一配舊門呂

景科公字振第號榮登　柞楢公次子生康熙戊寅年八月初十日辰時卒乾隆甲戌年四月廿五日卯時葬烏塗坑崩坪垵崙坐向申寅坤艮

妣陳美娘生康熙丁丑年十二月初四日卯時卒康熙甲午年九月初七日未時葬石門内大水垵坐北向南

又妣陳⿰忄存娘謚慈順生康熙辛巳年十二月廿八日寅時卒乾隆壬申年七月十五日辰時葬沽美山尖寨角坐向乙辛卯酉

男　瑞偶　瑞擯弟景烈五子入嗣

女　一配郭

景載公字振坤號淑南一號維乾　柞楢公三子生康熙辛卯年四月初七日巳時卒乾隆戊午年十月廿二日寅時葬重慶中崙坐酉向卯

妣呂宛娘生康熙壬辰年八月十七日卯時卒乾甲辰年十月十二日未

時塋觀光尖後坐向乙辛卯酉
男　瑞朮
景標公字振準號奪錦　柞楢公四子生康熙癸巳年十月三十日戌時卒
乾隆庚子年十月二十日午時塋山后格大崙坪坐向癸丁丑未
妣李瀟娘謚柔慎生康熙乙未年六月廿三日卯時卒乾隆庚寅年十二
月初五日未時墓直墘貢頂大坵田下
男　瑞陰　瑞通
女長配小沽陳　次配舊門呂
景烈公字振阜號丕承　柞楢公五子生康熙丙申年十二月初四日巳時
卒乾隆癸巳年九月廿六日辰時塋本鄉直墘貢頂大坵下　妣李氏合
塋
妣李爲娘生康熙庚子年正月初十日寅時卒乾隆乙巳年三月廿五日

午時與公合塋
男　瑞荷　瑞化　瑞育　瑞戀　瑞擯（出嗣兄景科）　瑞萬
女　配埔尾陳
景鎮公（字）振藩（號）邦衡　宗新公子生康熙丙戌年十月廿一日亥時卒乾
隆甲子年八月廿一日戌時塋文章山杉林尾坐向坤艮申寅
妣溫氣娘生康熙庚寅年九月初九日戌時卒乾隆乙巳年七月十七未
時塋本鄉蓮山后坐向甲庚寅申
男　瑞妙　瑞曄
女　一配郭
景典公（字）振舜（號）文明　宗璋公長子生康熙丙申年正月初四日亥時卒
乾隆甲午年七月廿七日戌時塋沽美山坐向壬丙子午
妣陳素娘謚儉愛庠生陳國保之妹國子學正陳對揚之姊也生康熙戊

戍年三月十一日戍時卒乾隆乙未年十月十八日寅時塋缺
男　瑞眼　端赫　瑞沓
女　配杏塘太學生陳備觀
景登公字振依號望遠　宗璋公次子生康熙己亥年十二月十四日午時卒乾隆戊申年六月廿五日申時塋山后格竹林崙坐向午子丁癸
妣戚賽娘生雍正壬子年閏五月三十日午時卒乾隆己酉年七月十六日酉時塋山后格尊字崙坐向申寅庚甲
男　瑞姿　瑞竇　瑞盼　瑞貢
女　一配陳
景庭公字振燎號甸設　宗璋公三子生康熙癸卯年三月廿六日辰時卒乾隆戊寅年正月廿六日辰時塋文章山客鈸格坐向未丑丁癸
娶薛氏出

男　瑞京

景國公字振開號良珍　宗璋公四子生雍正丙午年九月初五日亥時卒

乾隆己亥年七月二十二日午時葬水鬼大垵内坐向丑未癸丁

妣林完娘生乾隆己未年四月十五日午時卒嘉慶戊午年十一月十九

日丑時葬山后格長坵田頂坐向酉卯辛乙

男　瑞險殤瑞綢　瑞養　瑞云

女　一配薛

景傑公號英豪　宗璋公五子生雍正癸丑年四月十一日亥時卒乾隆辛

未年六月初二日午時葬沽美山險埧貢坐向壬丙子午衆胞姪等奉祀

良炎號君興公派五坵仔柱

景天公字振子號維保　宗順公長子生康熙辛未年正月初九日寅時卒

乾隆庚午年五月初三日午時塟沽美山仲叔公墓下
妣蔡延娘謚柔慎生康熙戊寅年正月十三日寅時卒乾隆癸巳年七月初九日酉時塟文章山湖崛尾坐向壬丙亥巳
男　瑞滚　瑞現
女　長配林　次配薛　三配鄭

景郭公字振度號謹法　宗順公次子生康熙庚寅年正月廿一日巳時卒乾隆壬申年八月廿七日午時塟石門蛇仔崙坐向癸丁子午
妣陳三娘謚淑慎生康熙丁酉年二月十一日亥時卒乾隆辛丑年五月初一日寅時塟重慶中崙尾坐艮向坤次男瑞據附塟
男　瑞求　瑞據
女　一配大田

景指公字振示號高陞　宗順公三子生康熙乙未年正月初七日寅時卒

乾隆乙亥年七月廿八日巳時塋山後格大坵田下

妣溪尾許勸娘謚懿柔生康熙癸卯年八月十八日午時卒乾隆甲午年

十月廿一日子時塋山後格短崙仔腳

男　瑞抄　瑞忝

女　長配陳　次配陳　三配林

一酉公派土樓柱

景抒公字振箋　宗成公長子生康熙辛巳年九月二十日亥時卒乾隆戊

辰年五月初五日午時附塋胞叔承烎公墳中

娶陳氏出

男　瑞察　瑞堪出嗣弟景提

景提公號方伯　宗成公次子生康熙壬辰年四月初六日未時卒乾隆癸

巳年閏三月初一日未時塟重慶柴林口

景閣公　宗龍公子生康熙癸巳年四月廿七日未時卒乾隆年間九月廿九日吉時

男　瑞堪兄景抒次子入嗣

景閏公字振餘號成歲　宗進公長子生康熙丙申年六月廿四日辰時卒乾隆庚寅年十月十九日酉時塟山后格尊字崙坐向申寅庚甲

妣陳珠娘謚勤愼生雍正甲辰年十一月初九日申時卒乾隆辛巳年十一月十九日巳時塟重慶坐向丑未癸丁

男　瑞妾　瑞是　瑞鈔

女　一配陳

景鑽公字振彌　宗進公次子生康熙己亥年九月廿三日戌時卒乾隆庚寅年九月初九日酉時塟廈門

妣莊月娘生雍正庚戌年三月廿八日戌時卒乾隆辛未年六月十五日巳時塟重慶坑仔口
又妣盛免娘生雍正癸卯年七月十一日辰時卒乾隆年間十二月初六日吉時塟重慶新寨路后坐坤向艮
男　瑞投莊氏出
女　長配陳莊氏出　次失名盛氏出
景得公字振祿號長榮　宗進公三子生雍正癸卯年五月廿二日丑時卒乾隆癸丑年十一月十三日未時塟山後格斐後林脚
妣郭孟娘謚儉德生雍正乙卯年九月廿八日未時卒嘉慶壬戌年五月廿七日申時塟文章山嶺邊格坐向午子丙壬
男　瑞攘
景壽公字振眉　宗進公四子生雍正丁未年三月初二日未時卒乾隆辛

卯年二月廿六日戌時塟重慶坐向艮坤丑未
娶陳氏出
男　瑞雎
女　長配郭　次配陳
景移公字振絺　宗進公五子生雍正乙卯年正月初五日戌時卒嘉慶庚
申年七月廿五日酉時因世風不古致死於難塟山後格斐后林掃箒崙
內坐向坤艮申寅
嗣男　瑞琴　姪兆衷兆胆等仝奉祀祀田一斗在門口大坵園
清鄉飲賓國祥公乳名景抱字振送號保義　懷玉公長子公自少貿易經營
勤儉粒積至家資富有卽建書軒以延師傅構華屋以庇兒孫凡有義舉
無不助成其美若夫立心督農平意收租特其餘事耳宜乎年高德邵壽
晉遐齡後昆昌熾或膺嘉賓或登國學或志切詩書而望題金榜濟濟甯

馨繩繼起非公之貽謀者遠乎生雍正庚戌年十二月二十日酉時卒
嘉慶己卯年十一月十四日寅時享年九十塋文章山客鈸内坐向艮坤
丑未
妣倒橋傅勸娘謚淑善生乾隆庚午年二月初四日寅時卒道光乙酉年
二月初八日午時塋山後格斐後林坐向辰戌乙辛
男　瑞以鄉賓　瑞御鄉賓　瑞露鄉賓　瑞蛙　瑞交鄉賓
女　長配下宅陳　次配内呷李
景蔦公號庚天　懷玉公次子生雍正甲寅年正月廿二日巳時在南洋身
亡忌辰仝引繩公十月初六日
景鈎公號引繩　懷玉公三子生乾隆丁巳年十月吉日吉時卒乾隆庚寅
年十月初六日申時塋重慶中崙坐向寅申甲庚
胞姪瑞以瑞御瑞露瑞交仝奉祀

景愛公字振博號爲仁　宗智公長子生雍正己酉年正月初六日酉時卒
乾隆戊申年三月廿五日亥時塟重慶樹林口坐西向東
妣詩口吳晚娘生乾隆庚申年五月十七日午時卒嘉慶丙辰年八月初
五日未時塟山后格尊字崙坐東向西
男　瑞斜　瑞戰　瑞錯　瑞琴出嗣弟景珍　瑞簪
女　一配大余戴
景尋公字振舊號如新　宗智公次子生雍正辛亥年十月廿九日寅時卒
乾隆辛亥年十月十五日酉時塟缺
妣林感娘生乾隆癸亥年十月十九日戌時卒嘉慶癸亥癸年六月廿五
日吉時塟重慶樹林口坐北向南
男　瑞帝
景波公字振瀾號和平　宗智公三子生雍正甲寅年三月卄二日未時卒

乾隆戊子年八月十五日申時塟在南洋

妣蔡竹娘生乾隆丁卯年七月十四日午時卒嘉慶己卯年九月初五日

申時塟重慶中崙坐向乙辛辰戌

男

瑞爺

景鮑公號知心　宗智公四子生乾隆丙辰年五月廿九日辰時卒乾隆丙

子年三月二十日子時塟新寨坐向酉卯辛乙

景亨公字振禮號燕侯　宗智公五子生乾隆庚申年四月十九日申時卒

乾隆乙己年四月十一日未時塟重慶新寨坐向西東

姪

瑞爺奉祀

景茂公字振育號長盛　宗居公長子生康熙庚寅年五月廿三日酉時卒

乾隆壬午年七月廿四日未時附塟母鄭氏六份山三貢崙尾墳中

妣鄭却娘生康熙壬寅年六月初三日巳時卒乾隆辛巳年六月十一日

戌時塟沽美山坐南向北

男　瑞兒　瑞爽

女　一配下宅陳

景笏公　宗居公次子生雍正癸卯年八月十七日辰時卒乾隆戊寅年二月十九日寅時塟缺

景悻公 字 振憤　宗助公長子生康熙壬寅年六月初一日午時卒乾隆辛卯年五月初八日午時塟重慶新寨頭坐西向東

妣陳志娘生雍正乙卯年十一月十二日卯時卒乾隆年間十月十八日吉時塟沽美山坐南向北

男　瑞圖　瑞顯

景補公 字 振禕　宗助公次子生雍正己酉年十一月十三日寅時卒乾隆甲申年十一月初二日己時塟缺

娶吴氏出
男　瑞眉
景培公字振滋　宗信公子生雍正乙巳年六月廿三日卯時卒乾隆丁亥
年九月十八日辰時附塋母張氏墳中
妣陳新娘生乾隆年月缺卒乾隆丙戌年十二月初二日未時塋重慶新
寨尾
男　瑞欺
景要公字振約號文守　宗恩公長子生雍正壬子年九月廿七日寅時卒
乾隆乙巳年六月廾二日未時
妣林胡娘生乾隆甲子年十一月廿一日寅時卒嘉慶戊寅年三月二十
日寅時塋重慶新寨頭坐向辛乙戌辰
男　瑞道　瑞嗟

女　配山頭葉

景愈公字振師號猶及　宗恩公次子生雍正乙卯年九月廿八日巳時卒乾隆庚寅年正月十八日巳時塟重慶新寨頭

娶陳氏出

女　一

胞姪瑞嗟瑞所奉祀

景實公號有容　宗恩公三子生乾隆戊午年十月十六日巳時在洋身亡忌辰五月十五日胞姪瑞水奉祀

景點公字振金號巽三　宗恩公四子業儒生乾隆壬戌年十一月十六日寅時卒道光己丑年十月十二日巳時享年八十有八塟山后格斐林頭坐同乙辛辰戌

妣林専娘生乾隆己巳年十二月十七日未時卒乾隆乙未年七月初九

日丑時塟本山新寨尾坐西向東
又妣下宅陳靜娘生乾隆辛未年七月十二日寅時卒道光辛卯年十月
十八日巳時與公合塟
男　瑞東林氏出　瑞所　瑞水陳氏出
景照公字振臨　宗恩公五子生乾隆乙丑年十一月初四時巳時卒嘉慶
庚辰年七月廿二午時塟沽美山坐西向東
胞姪瑞所瑞水奉祀
景脫公字振穎　宗恩公六子生乾隆丁卯年十月廿二日戌時在南洋莫
考

八世西房三房二應瑞公派黄蜂腰柱

清景拱公字振持號端好　宗哲公長子生康熙丙子年六月廿二日巳時卒乾隆癸亥年四月十一日申時葬橋頭山山仔邊坐向巽乾辰戌

妣林氏生康熙壬午年四月初二日午時卒雍正甲辰年四月廿二日酉時葬沽美山險堪頭坐向乾巽戌辰

又妣梁圭娘生缺卒乾隆丙戌年四月初十日申時葬沽美山坐東向西

男　瑞雁　瑞鶴　瑞兜

景趨公字振夏　宗哲公次子生康熙己卯年七月十八日未時在洋身亡

妣陳治娘生康熙己丑年三月廿九日酉時卒乾隆庚午年八月初六日子時葬沽美山坐西向東

男　瑞桃　瑞李

景斗公字振日號星德　宗榜公長子生康熙乙未年六月十九日酉時卒

乾隆戊申年七月廿四日巳時塟福清靈德里虎頭山坐西向東
妣王轉娘生康熙丁丑年四月廿四日酉時卒乾隆己亥年八月廿二日
酉時塟福清靈德里虎頭山坐西向東
男　瑞朕　瑞遞　瑞賜　瑞合出嗣弟景佑　瑞欣
景武公字振臨　宗榜公次子生康熙戊戌年六月十六日丑時卒乾隆壬
午年八月初九日辰時塟本鄉溪墩坐向乾巽戌辰
妣李彩娘生雍正辛亥年八月廿六日辰時卒乾隆己巳年十月初六日
酉時與公合塟
又娶蔡氏出
男　瑞深　瑞忖拳
女　配黃
景千公字振倉號君仁　宗榜公三子生雍正甲辰年閏四月初三日巳時

卒乾隆辛丑年三月初四日巳時塟水鬼蛇仔崙坐向卯酉乙辛
妣葉尊娘謚儉生雍正辛亥年六月初九日戌時卒嘉慶戊午年十一月
十五日戌時塟石門山短崙仔坐向丑未癸丁
男　瑞宰　瑞惴　瑞類　瑞樣
女　長次俱配陳　三配黃
景占公號有梅　宗榜公四子生雍正丁未年十一月初九日巳時卒乾隆
丁巳年十一月廿一日巳時塟石門山坐北向南
男　瑞合兄景斗四子來嗣

應曾公派

景都公　宗盛公長子生康熙壬午年七月廿九日卯時卒乾隆丁丑年十
二月三十日辰時塟沽美山坐西向東

景監公　宗盛公次子生康熙乙酉年九月十四日亥時卒乾隆己卯年六月初九日未時往台身故

男　瑞衍　瑞養

景吟公字振杜號美咏　宗盛公三子生康熙癸巳年三月十四日午時卒乾隆乙未年九月初七日亥時塟險垻蔚坐東向西

妣陳煖娘生雍正丁未年八月十六日午時卒乾隆丙午年十月初六日未時與公合塟

男　瑞磚　瑞埕　瑞趣　瑞獺

女　一配永春

清景趖公　宗盛公四子生康熙辛丑年正月廿六日子時卒乾隆庚寅年十月廿一日戌時往台身故

應記公派九架柱

景團公字振衡號惠和　宗郡公長子生康熙癸酉年六月十四日辰時卒
乾隆乙酉年閏二月初三日丑時塟山后格石皮垵頭坐向已亥巽乾
妣林𤇆娘謚慎柔生康熙乙亥年九月廿五日酉時卒乾隆戊子年五月
初五日戌時塟山後格短崙仔坐向申寅坤艮
男　瑞納　瑞奆出嗣弟景圓　瑞咸　瑞配
女　長配葉　次配林

景圓公號德神　宗郡公次子生康熙戊寅年十一月十三日戌時卒康熙
己亥年十一月廿九日卯時附塟祖妣盧氏墳中
男　瑞奆兄景團次子入嗣

景奮公字振興號有能　宗守公長子生康熙辛巳年八月十二日戌時卒
乾隆己巳年七月初九日辰時塟石門大水垵向寅申甲庚

妣黄邀娘謚淑静生康熙乙酉年六月初八日子時卒雍正甲辰年九月初三日寅時附塋姑吴氏墳中
又妣陳酉娘謚孝勤生康熙丁亥年十二月十二日酉時卒乾隆辛卯年四月廿六日巳時塋文章寨頂水鬼内坐向寅申甲庚
男　瑞岱
女　長配黄　次配張
景逵公　宗守公次子生康熙丁亥年十月十一日寅時在洋身故忌辰就立道公配祭
景麥公　宗守公三子生康熙癸巳年二月十五日寅時卒乾隆壬戌年九月廿九日午時塋石門山大水垵坐乙辛卯酉
景瑚公字振璉號貴重　宗守公四子生康熙丁酉年正月廿五日丑時卒乾隆年間三月十四日巳時塋沽美山坐向未丑坤艮

妣林晃娘謚宜順生雍正甲辰年十二月十七日亥時卒乾隆年十一月廿八日巳時塟石門山坐向乙辛辰戍

男　瑞庚

女　配陳

景治公　宗守公五子生康熙壬寅年七月廿三日寅時在洋身故忌辰就立道公配祭

景樹公字振勳號大猷　宗容公子生康熙丁亥年八月初三日卯時卒乾隆戊戌年八月廿九日辰時塟山后格杉林内坐向辛乙戌辰

妣黄信娘生康熙己丑年十月十五日亥時卒雍正壬子年閏五月初七日申時塟石門厲坐向丑未艮坤

又妣余成娘謚心臧生康熙癸巳年十月廿五日巳時塟山後格斐後林坐向辰戍乙辛

男　瑞堯　瑞老　瑞恱　瑞内

女　長配梁　次配余

景邱公字振山號成玉　宗果公長子生康熙己亥年八月初九日亥時卒乾隆丁卯年六月十五日午時附塟母葉氏墳中

娶吴氏出

男　瑞自

景耀公字振炫號光華　宗果公次子生雍正癸卯年五月初十日辰時卒乾隆乙未年二月初七日午時塟文章山却拔内坐向卯酉甲庚

妣謝位娘謚勤靜生雍正癸丑年正月十五日辰時卒乾隆辛丑年十一月十三日未時塟重慶虎探頭坐向辛乙戌辰

男　瑞隈　瑞耍　瑞瓜　瑞陳

女　配陳

景請公字振聘　宗果公三子生雍正丁未年五月廿八日子時卒乾隆乙未年五月十三日辰時塋文章山客拔内坐向丙壬巳亥

娶林氏出

男　瑞伴

女　長配戴　次配溫

景推公字振綏　宗果公四子生雍正庚戌年十月廿五日午時卒乾隆己亥年三月十二日戌時塋石門山坐向艮坤寅申

妣黄却娘謚柔懿生乾隆丁卯年十二月初五日寅時卒乾隆辛卯年二月十三日申時塋缺

男　瑞顯

八世西房三房三　詔公派塔邊墘柱

清景註公字振記號循禮　宗戌公長子生康熙乙亥年九月廿四日辰時卒乾隆甲戌年十二月初五日辰時塟山後格龜仔腰外坐戌向辰兼乾巽

妣黃尾娘生康熙巳卯年五月初二日辰時卒乾隆乙亥年五月初五日午時塟文章山稻馬垵崙尾坐東向西

男　瑞孝　瑞範

女　配林

景集公字振義號大成　宗戌公次子生康熙巳卯年八月十一日午時卒乾隆庚辰年十一月十五日丑時塟重慶新寨崙坐向辛乙酉卯

妣呂信娘謚慎柔生康熙甲申年正月初七日子時卒乾隆甲子年四月初六日午時塟山後格短崙仔坐向庚甲酉卯

又妣陳二娘謚溫柔生康熙辛卯年四月廿九日酉時卒乾隆丙子年五

月十七日未時塋重慶新寨崙坐向庚甲酉卯
男　瑞歷　瑞興呂氏出
女　長配呂呂氏出　次配林陳氏出
景解公字振元號名揚　宗達公長子生康熙癸巳年十二月廿一日子時卒乾隆癸酉年九月廿七日卯時塋重慶新寨尾坐西向東
妣張池娘生康熙丙申年正月初六日未時卒乾隆丙子年二月廿九日巳時塋重慶新寨崙坐西向東
男　瑞由
女　一配呂
景掇公字振時　宗達公次子生雍正丙午年年十二月十五日戌時卒乾隆癸酉三月十一日未時塋新寨園内坐西向東
娶林氏出

胞姪瑞由奉祀

景素公字振朴號富貴　宗護公長子生雍正戊申年正月初六日辰時卒

嘉慶辛未年九月廿八日辰時享年八十有四葬文章山杉林尾坐向巽

乾辰戌

妣陳亦娘生雍正乙卯年四月廿四日巳時卒嘉慶癸酉年六月初三日

申時葬杉林崙頭坐向巽乾辰戌

男　瑞參　瑞寬出嗣弟景定　瑞錢　瑞齊殤

景定公號永保　宗護公次子生雍正戊申年正月初六日辰時卒乾隆壬

申年九月廿七日未時葬蓮山後坐向艮坤寅申

娶李氏出

男　瑞寬兄景素次子入嗣　瑞盾弟景儒次子入嗣

景儒公字振雅　宗護公三子生雍正壬子年閏五月十五日酉時卒乾隆

乙巳年十二月十一日未時塋沽美山險𡊢外坐向艮坤寅申

妣林趨娘生乾隆己未年十一月初二日辰時卒乾隆戊申年五月廿九日巳時塋山後格尊字崙尾坐向卯酉甲庚

男　瑞洗　瑞盾出嗣兄蒼定　瑞迎

女　長配林　次配陳

八世西房四之長
弈業公派樓仔脚柱
清元達公諱乾又名亨字振嘉　周仁公長子生順治丙申年十月十七日戌時卒康熙壬辰年四月廿八日申時塟九十都劉林鄉尾嶺西埔壠坐申向寅
妣謝愛娘謚勤慈生順治辛丑年十月初四日酉時卒乾隆丙寅年十一月初四日卯時塟六份山大沽坝頂坐己向亥兼丙壬
男　瑞密　瑞御　瑞齊　瑞試
女　配高嶺林
滎亨公諱景程字振束　周仁公次子生康熙壬寅年三月廿二日寅時卒乾隆丁卯年五月初七日巳時骸罐塟福清蘇田里東湖尖湖仔内坐向丙壬己亥

妣侯毛娘生康熙壬子年三月廿一日丑時卒乾隆癸亥年八月廿二日
寅時骸罐塟福清光賢里東祭鄉牛路溝山仔頭坐向辰戌乙辛
男　瑞傚　瑞佗　瑞峙　瑞佩
女　長配呂洋黃　次配劉林侯　三配高田葉
雍正丙午年十月廿五日酉時塟福清生祠
處集公諱景聚字振類　周寬公長子生康熙甲辰年九月初十日戌時卒
妣謝險娘生康熙辛酉年三月廿九日酉時卒康熙壬午年八月十六日
巳時瓦罐與公神主合塟文章山騎龍斬崙尾坐庚甲兼申寅次男瑞歡
孫兆昭神主附塟
又妣吳氏謚勤慈生康熙戊辰年五月廿八日申時卒乾隆辛未年四月
初九日戌時塟文章山過橋仔崙坐向壬丙亥巳
男　瑞養　瑞歡

女　長配胡西陳　次配南溪鄭
景仰公號惠前　周寬公次子遷居福清生祠米粉厝生康熙辛亥年四月十五日午時卒乾隆丙寅年九月二十四日午時塋驢嶺頂坐向甲庚卯酉
妣林推娘謚勤儉生康熙丙寅年六月廿一日酉時卒乾隆庚辰年六月初十日酉時塋南寮山坐西南向東北
嗣男　瑞報
齊山公諱景晏字振嬰　棋源公長子生康熙乙丑年十二月十三日辰時卒乾隆戊寅年六月廿一日子時塋福清龍德里虎頭山金鐘潭坐北向南
妣山頭吕愛娘生康熙庚午年五月廿六日丑時卒乾隆乙酉年十二月十六日午時與公合塋

男　瑞赫

女　配溪邊鄭

景萬公　棋源公次子生康熙年間與父遷居温州平陽縣

男　瑞作

景寬公　棋源公三子生康熙年間與父遷居温州平陽縣

男　瑞朝　瑞桑

景千公　棋源公四子生康熙年間與父遷居温州平陽縣

男　瑞琢

西房四之二

弈隆公派土樓仔幷下坂厝柱

清士俸公 諱 景祿 字 振綏　重輿公長子生康熙壬戌年三月初三日未時卒

乾隆甲戌年二月初三日未時骸罐塟文章山騎龍斬崙下
妣許⿱毛灬娘謚淑慎生康熙丁卯年九月廿六日戌時卒康熙甲午年三月
十三日未時骸罐塟文章山三脚木垵中坐向酉卯辛乙婦黃氏附塟
又妣陳却娘謚勤慎生康熙癸亥年十二月廿七日亥時卒乾隆乙酉年
八月初十日巳時塟大田坵脚坐向坤艮申寅婦張氏附塟
男　瑞昂殤　瑞蒲殤　瑞冉
女　配蔡家許氏出　配陳家
士柔公諱景緝字振舟查神主乃號鑫斯字振雨　重興公次子生康熙戊
辰年正月廿五日寅時卒乾隆乙亥主內書丙子年正月十三日寅時塟慶慶
坑仔口坐向丑未艮坤
妣陳善娘生康熙辛未年十月初七日卯時卒康熙己亥年三月廿八日
酉時骸罐塟大垵格崙路頂坐向艮坤丑未

又妣梁地娘生康熙丁丑年六月十六日未時卒雍正丁未年六月廿五日未時骸罐塋沽美山尾崙田岸勘坐北向南

又妣方謹娘謚慈信生康熙丙子年十一月初一日丑時卒乾隆癸酉年八月廿八日子時骸罐塋沽美山尾崙中坐西向東長婦許氏附塋

男　瑞覺陳氏出　瑞枕方氏出

女　長配張家陳氏出　次配林家方氏出

士玉公諱景圭字振介　重輿公三子生康熙癸未年九月初九日酉時卒雍正庚戌年七月初一日未時塋沽美山弈隆公墓內坐西向東

振皐公諱景王　重肅公長子生康熙甲寅年八月初九日辰時卒雍正戊申年五月十八日亥時塋缺

妣李貴娘謚勤慈生康熙壬戌年七月廿五日巳時卒乾隆丁丑年三月初二日卯時塋缺

男　瑞戀　瑞正

女　長次俱配侯家　三配陳家

振慮公諱景安　重肅公次子生康熙甲子年十月初九日辰時卒康熙甲午年七月初三日巳時塋沽美山

娶林氏改節

男　瑞讀

振邁公諱景德　重肅公三子生康熙癸酉年二月廿五日酉時卒缺骸骨

其子瑞偉負塋溫州

妣黄梁娘生康熙乙亥年六月初九日巳時與孫兆高移居溫州

男　瑞偉

女　長配鄭　次配戴

振厚公諱景愿　重肅公四子生康熙丙子年十一月廿五日戌時卒乾隆

甲戌年四月三十日未時葬文章山赤墓坪尾坐向癸丁丑未
妣張寅娘謚勤慈生康熙癸未年三月廿九日卒乾隆丙子年十月廿二
日酉時瓦罐塋胡椒林附姑吳氏墳中
男　瑞艮　瑞坤　瑞帶
女　配林

景仙公　重愛公長子生康熙壬戌年五月初三日未時卒塋缺
妣林恕娘謚順德生康熙丙寅年二月十九日巳時卒雍正乙卯年三月
初六日申時塋福清生祠大埔尾坐南向北
男　瑞越往福清　瑞徙往臺
女　長配溪頭蔡　次配原宅陳

景悅公　重愛公次子生康熙庚午年五月初一日申時卒雍正甲辰年十
月初七日未時骸罐塋大坵田角坐向艮坤寅申

景銓公　重愛公三子生康熙甲戌年七月十三日戌時卒乾隆丁巳年正月廿一日寅時骸罐塟嶺邊格后崙圳古頂坐向子午壬丙姪瑞蟹附塟

景蔭公　重愛公四子生康熙戊寅年十二月十四日巳時卒乾隆乙丑年三月十二日申時塟福清

妣方愛娘生康熙戊寅年六月十五日未時卒乾隆己未年正月初三日寅時塟福清坐北向南

男　瑞成住福清

女　配劉家

皇恩兩錫耆老敬軒公諱景尊字振賢　重愛公五子生康熙壬午年三月十七日戌時卒乾隆辛丑年十一月初二日辰時塟文章山杉林頭坐向午子丙壬

妣陳宜娘謚仁禮生康熙己丑年十月十六日辰時卒乾隆壬寅年五月

廿五日辰時骸罐塟本邑廿九都大旗山長庯嶺吸桶湖中心崙窩坐已向亥兼巽乾有石碑為記此穴嘉慶五年九月承買碧霞陳管觀等給批為據拾年安塟稅銀伍分

男　瑞蟹　瑞尾

弈隆公派五房六房垻腰柱

維金公諱景疊字振錫　重繹公長子生康熙辛未年四月初三日戌時卒乾隆乙亥年正月廿三日巳時骸罐塟重慶嶺金面坐向壬丙子午原承戴家穴稅銀伍分

妣余靖娘謚惠忍生康熙壬申年十二月十九日戌時卒乾隆癸卯年十一月初四日辰時塟文章山客鈸內坐向巽乾辰戌

男　瑞扶　瑞接　瑞攝

女　長配溪東林　次配蓬島蘇

景脩公　重繹公次子生康熙癸酉年十二月初五日酉時卒康熙壬辰年三月初七日午時鑵塟本鄉宮后坐向辛乙戌辰

惟珍公諱景寶字振善　重繹公三子生康熙丙子年十一月十五日寅時卒乾隆甲子年七月廿八日酉時塟山後格石皮垵坐向甲庚卯酉

妣胡西陳賽官謚儉順生康熙庚辰年六月初一日丑時卒乾隆壬辰年十月十八日未時塟大垵格内坐向卯酉乙辛

男　瑞伋　瑞廉

女　長配下宅陳　次配林柄陳

景宋公字振位　重禮公長子生康熙壬申年月日缺卒乾隆乙亥年五月十六日未時塟沽美山坐向庚甲酉卯

妣余香娘生康熙年月日缺卒乾隆丙戌年四月十八日巳日塟文章山

尊字崙坐向卯酉庚甲

男　瑞道　瑞與

女　配坑園戴

景君公　重禮公次子生康熙丙子年二月初五日子時卒乾隆己未年六月初七日寅時塟福清大埔尾坐北向南

妣蔡氏生康熙庚辰年八月廿二日戌時卒雍正丁未年三月十七日辰時與公合塟

繼妣林氏生康熙己卯年四月二十日巳時卒乾隆庚辰年五月廿三日申時塟缺

男　瑞熙蔡氏出

女　二　長蔡氏出次林氏出俱配福清

八世西房四之三

周龍柱弈山公派

清輝寶公諱景璽字振玉　投贈公長子生康熙戊午年九月初一日戌時卒康熙戊戌年五月十九日寅時塟重慶坑仔口中崙尾

娶許氏改節

男　瑞超

女　配德化

助育公諱景贊字振參　投贈公次子生康熙壬戌年六月初五日申時卒雍正乙卯年九月十三日戌時塟重慶嶺坐向壬丙子午

妣侯衔娘謚柔順生康熙甲戌年八月十一日戌時卒乾隆癸未年五月廿九日丑時塟文章山嶺邊格

男　瑞斟　瑞二　瑞寅　瑞戴

女　配溪東林

成業公諱景文字振謨　授贈公三子生康熙丁卯年九月初二日申時卒乾隆癸酉年三月初七日丑時鑵塋重慶樹林口

妣黃好娘生康熙己卯年十二月廿一日卯時卒乾隆庚寅年八月初三日申時塋沽美山險垻邊　坐東北

男　瑞慎　瑞真　瑞放

女　長配曾洋易　次配下宅陳

振藝公諱景多　授贈公四子生康熙己巳年十二月十一日戌時卒乾隆癸酉年正月十七日巳時塋沽美山險垻頂坐東北

妣侯遠娘生康熙癸酉年四月十二日未時卒乾隆壬申年十月廿四日辰時塋沽美山險垻邊　坐東北

秉均公諱景平字振恭授傑公長子生康熙壬戌年三月初七日戌時卒乾

隆丙寅年十一月廿九日戌時罐塟文章山赤墓坪坐向未丑坤艮
妣鄭坂楊賤娘生康熙甲戌年二月十六日午時卒康熙辛卯年四月十
五日辰時罐塟文章山挑水垵崙坐向未丑坤艮次男瑞唱附塟
又妣上呷莊或娘生康熙辛未年八月廿五日酉時卒雍正壬子年八月
十七日巳時罐塟文章山大垵格中崙坐向甲庚卯酉
男　瑞秀　瑞唱　瑞靜　瑞儼
女　長配坑園戴　次配舊門呂
純直公諱景舉字振選　投傑公次子生康熙乙丑年七月初三日巳時
卒乾隆辛巳年六月初二日申時塟山後格石皮垵坐向甲庚卯酉
妣東門謝巧娘生康熙乙亥年五月初五日午時卒康熙癸巳年五月二
十日辰時塟沽美山坐北向南
又妣溪東林雙娘生康熙丁卯年六月廿三日申時卒乾隆庚申年十月

十三日午時塟文章山大材下
男　瑞地　瑞黄
女　長配半嶺林　次配胡西陳
惟賢公諱景才字振用　授傑公三子生康熙戊辰年二月廿九日未時卒
乾隆丁亥年十一月廿七日寅時塟重慶院大樟脚坐向丑未癸丁
妣文章陳撰娘謚恭慈生康熙戊寅年九月廿三日辰時卒乾隆庚辰年
十二月初五日寅時塟重慶嶺坐向甲庚卯酉
男　瑞教　瑞專　瑞基　瑞葉
女　長配文章許　次配湯邊陳
成武公諱景陣字振列　授傑公四子公識詩書理房事名垂於後生康熙
辛未年六月初五日卯時卒乾隆壬申年九月廿四日申時塟山後格外
坑園山湖窟尾坐北向南

妣林糾娘生康熙庚辰年四月十九日辰時卒雍正庚戌年二月十二日卯時與公合塋
又妣褚免娘謚慈順生康熙壬午年十二月十八日未時卒乾隆戊子年六月廿六日子時塟文章山牛路格坐向丑未艮坤
男　瑞反林氏出
女　長配溪東林林氏出　次配上敬亭林褚氏出
里仁公諱景美字振韶　投傑公五子生康熙乙亥年九月廿九日巳時卒乾隆癸未年七月初四日戌時骸罐塟赤墓坪下嶺邊格坐向乾巽亥巳
妣陳又娘謚妙順生康熙壬午年八月初十日午時卒乾隆庚寅年七月初六日巳時骸罐與公合塋
男　瑞入
女　長配溪頭蔡　次配山兜黄

佳景公諱景漸字振然 投傑公六子生康熙庚辰年正月廿一日酉時卒乾隆乙丑年四月十一日辰時塋文章山竹林尾坐向寅申甲庚
妣溫尾娘謚慈順生康熙丙戌年九月廿七日子時卒乾隆丁未年九月初八日戌時塋文章山竹林尾坐向巳亥丙壬
男 瑞瑛 瑞芳 瑞甲
女 配吳埔山陳

士道公諱景志字振意 投策公長子生康熙丁亥年正月初七日辰時卒乾隆庚寅年五月十三日辰時骸罐塋文章山大垵格坐向巽乾巳亥
妣陳佳娘生康熙庚寅年六月初七日午時卒雍正辛亥年六月初五日未時塋文章山竹篙龍崙坐向丑未艮坤
繼妣趙報娘生康熙戊子年五月十一日寅時卒乾隆丁巳年二月廿四日戌時骸罐塋坑仔口坐向寅申甲庚

男　瑞程

朝朱公諱景紫字振奪　投策公子次子生康熙庚寅年十一月十二日子時卒乾隆戊子年十二月初日辰時骸罐塋重慶院園内坐向壬丙子午

妣林智娘謚柔慎生康熙戊戌年五月初十日辰時卒乾隆丁酉年十月初四日酉時塋斐後林坐向甲庚卯酉

男　瑞園　瑞但　瑞磚

女　掬娘配山兜黃　掞娘配石墓黃

景親公　投策公三子生康熙癸巳年九月初五日酉時卒雍正己酉年閏七月十九日戌時塋重慶坑仔口坐向甲庚寅申弟景諶附塋

景于公字振音　投策公四子生康熙丁酉年六月初三日酉時卒乾隆己亥年十一月廿九日吉時塋文章山竹篙龍崙坐向乾巽亥己

妣毛娘生雍正庚戌年六月初二日巳時卒乾隆年缺四月廿五日吉時

塋重慶園坐向甲庚寅申

男　瑞幼　瑞務　瑞井　瑞雪

女

長配坑尾邱　次配湯篷張　三配下宅陳

景謀公　投策公五子生康熙庚子年十月十六日戌時卒乾隆癸酉年三月初十日未時附塋兄景親公墳中

南安霞錦洪氏族譜世紀

卷三

南安霞錦洪氏族譜世紀卷三

九世西房長

長房長之長宗孟公派　連江柱

清瑞暢公字啓茂　景昭公子移居連江丹陽松嶺生卒塋所俱未詳

男　兆新等改號仲國　仲燦

長房長之長宗淑公派　石紫柱

啓鶱公諱瑞溉　景鍾公長子儒童生康熙丙寅年四月初一日巳時卒雍正戊申年七月十四日子時骸罐塋文章山打火崙坐丑向未兼艮坤

妣薛添官謚孝慈生康熙乙丑年十一月初四日吉時卒雍正丁未年四月初四日吉時骸罐塋文章山嶺邊格下坐壬向丙兼亥巳

男　兆穰　兆稠　兆穗　兆秬

女　長配李家　次配陳家

倬修公諱瑞漢字啓雲　景鐘公次子儒童名洪倬豪邁超羣遇試屢拔前茅終不得售其志惟于雍正二年承父命造族譜飭紀敦倫以垂於後嗚呼公不誠我鄉之特出者哉生康熙辛未年四月廿七日丑時卒雍正四年丙午三月十六日酉時罐塋露苧内坐亥向巳兼壬丙

妣顏勵官謚肅順生康熙庚午年六月十六日午時卒乾隆庚寅年十一月十七日吉時棺塋六分山横坑石牛後坐丁向癸

男　兆札　兆檜殤　兆梯

女　長配張家　次配黃家

啓廣公諱瑞汎　景鐘公三子生康熙己卯年三月廿七日辰時卒乾隆戊午年七月廿二酉時塋在臺灣

妣卓七娘生康熙戊寅年六月初九亥時卒康熙辛丑年正月初八日吉時塋險垻坐北向南

又妣黃氏改節

男　兆嬌　兆曹　兆灶出承弟瑞沃

女　配黃家

成玉公諱瑞沃字啓納　景鍾公四子生康熙癸未年九月十一日戌時卒

乾隆庚寅年十一月初九日卯時葬山後格短崙仔鏡面坐向庚甲申寅

妣黃戴娘生康熙癸未年十月十四日寅時卒乾隆己酉年五月廿一日

寅時葬文章山斐後林福鼎金頂坐向丁癸午子

男　兆灶兄瑞汎三子入嗣　兆煉　兆辰出承弟瑞佇　兆標

女　配梁家

青峯公諱瑞湘字啓波　景鍾公五子生康熙壬辰年七月十一日辰時卒

乾隆乙酉年閏二月初十日午時葬重慶內頭崙

妣張寅娘生雍正甲辰年九月初九日辰時卒乾隆丁丑年十月廿三日

戌時塟山後格稻馬垵

男　兆軒　兆窕俱移居廈門港口

坑内柱景允號惟中公派

潔齊公諱瑞清字啓澄　惟中公長子儒童訓課敦篤厥後子大成以臺灣應童子試見售是其善教所獲報者也生康熙辛未年三月初六日酉時卒雍正壬子年正月初七日巳時葬山後格大垅田脚坐巳向亥

妣陳戀官謚恭順生康熙辛未年八月十六日申時卒康熙癸亥年十二月十四日巳時塟本山小寨垵坐壬向丙

又妣呂[毛/灬]娘謚勤儉生康熙庚午年四月初八日亥時卒乾隆癸亥年五月十三日未時塟本鄉石鼓仔埔男兆斐附塟

男　兆斐陳氏出　兆褒　兆貶俱呂氏出

女　長配郭家　次配陳家　三配余家陳氏出　四配黃家呂氏出

成智公諱瑞滔字啓适　惟中公次子生康熙壬申年十二月廿一日子時卒乾隆癸巳年十二月初十日亥時塋山後格龜仔脚坐庚向甲兼酉卯

妣梁設官謚慈修生康熙壬申十一月廿三日丑時卒乾隆癸巳年四月初一日卯時塋山後格過橋子坐申向寅

男　兆棓　兆夢　兆稟

女　長配陳家　次配梁

象物公諱瑞鼎字啓重　惟中公三子生康熙甲戌年九月廿六日子時卒雍正辛亥年五月十八日未時塋露学山坐西向東

娶謝氏改節

男　兆綽　兆葛

女　配薛家

啓偉公諱瑞魁　惟中公四子生康熙丙子年八月廿七日巳時卒乾隆癸酉年四月十八日巳時塟本山新寨頭坐壬向丙

妣陳草官謚宜人生康熙己卯年正月十八日寅時卒乾隆癸酉年四月初九日卯時與公合塟

男　兆綿　兆孕　兆妹

女　長配陳家　次配卓家

成高公諱瑞賡字啓颺　惟中公五子生康熙庚辰年四月切九日寅時卒乾隆癸酉年五月十四日寅時塟文章山大垵内坐丑向未兼癸丁

妣陳妍娘生康熙甲申年三月十七日辰時卒乾隆庚子年七月十七日亥時塟沽美山坐申向寅兼坤艮　男兆縷兆棟附塟

男　兆恪　兆縷　兆棟

女　配陳家

成宗公諱瑞泌字啓業 惟中公六子生康熙乙酉年又四月二十日巳時
卒乾隆癸酉年五月初九日辰時葬文章山斐後林坐午向子兼丙壬
妣王淡娘生康熙己丑年四月十八日巳時卒乾隆壬寅年四月廿二日
丑時葬文章山赤墓坪坐庚向甲兼酉卯
男 兆位兄瑞鼎三子入嗣 兆赤兄瑞磨四子入嗣

成然公諱瑞沛字啓澤 惟中公七子生康熙丁亥年十月初五日戌時卒
乾乾癸酉年二月十九日寅時葬重慶皂斗崙坐寅向申
妣林蘊娘謚慈恭生康熙壬辰年七月十三日巳時卒乾乾乙未年三月
廿七日辰時葬沽美山坐北向南
男 兆卿 兆棗 兆桔
女 配陳家

喬山柱景郎號定宰公派

啓超公諱瑞彤　定宰公長子生康熙乙亥年六月初四日酉時卒康熙丁酉年五月十四日戌時塟高嶺格棕垵中崙坐亥向己兼壬丙

妣葉貴娘謚勤慈生康熙乙亥年二月初二日未時卒乾隆癸酉年五月初五日未時塟斐後林

男　兆關　兆閣兄瑞待四子入嗣

女　配余家

亦流公諱瑞淇字啓瞻　定宰公次子生康熙戊寅年十一月十七日巳時卒乾隆癸酉年五月廿九日巳時塟喬山點金厝後坐向丁癸未丑

妣周七娘生康熙丁丑年十二月廿二日辰時卒康熙己亥年七月初六日午時塟唐帽寨後仙人騎鶴坐乙向辛兼卯酉

繼妣許來官生康熙庚辰年五月初一日亥時卒乾隆壬午年四月廿七

日丑時塟蓮山後厝後頭坐甲向庚兼卯酉
男　兆開周氏出　兆澗　兆闕　兆闖　兆謳俱許氏出
女　長配方家　次配葉家俱許氏出
桂齋公諱瑞槐字啓植　定宰公三子生康熙甲申年十月廿三日午時卒
乾隆甲子年公月初一日未時塟本鄉石鼓仔尾
妣陳恬娘謚靜慎生康熙甲申年三月初九日巳時卒乾隆庚子年十月
二十日未時塟斐後林湖窟尾坐向寅申艮坤
男　兆突　兆穴　兆空　兆蹇
女　長配雙溪陳家　次配鳳坡梁家
正文公諱瑞會字啓合　定宰公四子業儒生康熙庚寅年八月十一日辰
時卒乾隆乙丑年七月十二日酉時罐塟山後格坐艮向坤兼寅申
妣蓬島郭耀官謚慈順生康熙癸巳年二月廿八日午時卒乾隆戊申年

十月初四日申時塟重慶坐艮向坤兼寅申

男　兆種瑞畏子入嗣　兆我瑞糾子入嗣

女　舜娘配溪東林

大明公諱瑞佇字啓順　定宰公五子公秉性正直威聲烜赫談笑可以解紛施德不必望報無如中年命途多舛僅育一男未免有憾而迄今子孫繩繼可比螽斯之羣蓋其有是德而終有是福也生康熙丁酉年四月初四日巳時卒乾隆乙巳年九月廿七日巳時塟山後格杉林頭坐向丁癸未丑

配小岵鄭参娘謚溫柔生康熙丁酉年三月廿八日寅時卒乾隆己未年十二月初九日未時塟沽美山寨崙尾坐申向寅兼坤艮

又妣鳳埔梁居娘謚寬柔生康熙戊戌年十月廿三日巳時卒乾隆己亥年三月廿九日卯時柩塟斐後林橡腳崙尾坐向乙辛卯酉

男　兆儉　兆揉殤　兆辰兄瑞沃三子入嗣

女　宜娘配舊門呂

起南公諱瑞坦字啓道　定宰公六子業儒稟資聰慧博覽經書惜終不得酬其志生雍正癸卯年八月廿三日酉時卒乾隆甲午十二月十四日申時塋斐後林坐甲向庚兼寅申

妣山頭梁柱娘謚慈慎生康熙壬寅年正月初九日亥時卒乾隆庚戌年正月十二日午時塋山後格杉林尾

男　兆潛　兆淵　兆潘　兆池　兆源　兆澔

得稱公諱瑞到字啓今　定宰公七子公精堪輿之術久任族事秉公無私至今鄉人咸仰慕之生雍正己酉年八月廿七日寅時卒乾隆乙卯年三月十七日辰時柩塋山後格頭坐向丙壬巳亥

妣溪邊鄭意娘謚慈愛生雍正庚戌年正月初十日戌時卒嘉慶戊辰年

六月初二日未時柩塋山後格聳拔内坐向子午癸丁

男　兆瑛　兆瑣　兆珮

女　繡娘配霞宅陳貺觀

庶績公諱瑞熙字啓咸定宰公八子生雍正甲寅年九月初八日丑時卒乾隆甲戌年九月初八日巳時塋沽美山蓮山后坐向甲庚卯酉

妣胡西陳者官謚宜順生雍正甲寅年四月初八日申時卒乾隆甲寅年十二月廿八日丑時柩塋山后格羊嶺坑湖内坐向丁癸未丑

男　兆嚴兆紹養

宗淑公派四房窗兜柱

元亮公諱瑞瑶字啓瑜　政和公長子業儒生康熙辛巳年正月初八日寅

時卒乾隆己亥年三月廿四日申時塋文章山雞卵崙坐向未丑坤艮
妣山頭葉居娘謚敬慎生康熙庚辰年七月初九日丑時卒乾隆壬辰年
三月廿八日申時骸罐塋文章山大垭田脚坐向己亥巽乾
男　兆霸　兆犀　兆報
女　長粉娘配舊門呂　次于娘配金田卓

清耆老重純公諱瑞瑾字啓專　政和公次子生康熙丙戌年五月初九日卯
時卒乾隆壬申年七月初三日巳時骸罐塋文章山稻馬垵坐向辛乙戌
辰
妣溪頭蔡懷娘謚淑德生康熙己丑年五月初一日亥時卒乾隆戊子年
正月十六日子時骸罐塋文章山赤墓坪坐向亥巳乾巽
男　兆意邑庠生　兆悻　兆然　兆包　兆檀　兆謀
女　長抄娘配溪東林　次配雙溪陳

中玉公諱瑞璞字啓抱　政和公三子業儒生康熙戊子年九月廿二日酉時卒乾隆乙丑年八月廾八日午時骸罐塟文章過橋仔崙頭中墳坪內坐向丁癸未丑外坐向未丑丁癸

妣吉際鄭引官謚德順生康熙壬辰年十一月廿九日亥時卒乾隆辛卯年六月廿六日亥時塟文章山斐後林坐向巳亥兼丙壬

男　兆彪　兆浸

女　慶娘配東門謝

種德公諱瑞璇字字啓邁　政和公四子生康熙己亥年四月十七日未時卒乾隆乙丑年二月廿一日辰時塟山後格杉林內坐向戌辰辛乙

妣上埔陳抒官謚懿恭生康熙戊戌年十一月十九日子時卒乾隆丙寅年十一月十八日午時塟山后格米粉崎坐向卯酉乙辛

男　兆哥　兆壁　兆緘

瑞璣公　政和公五子生雍正癸卯年十一月十二日戌時殤　塋險坝鬱内山脚

惟士公諱瑞玩字啓志　政和公六子生雍正己酉年十一月初二日酉時卒乾隆乙酉年十二月十九日戌時骸罐塋溪東墓脚坐向申寅艮坤

妣溪東林銀娘謚慈金生雍正庚戌年十二月三十日卯時卒嘉慶丙子年十月十九日酉時塋溪東墓脚坐向坤艮

男　兆陬　兆隨　兆羣

女　忍娘配大岵柯

宗任公派長房圍内柱

瑞寨公字啓營　振崑公長子生康熙戊午年四月初十日申時卒雍正癸丑年九月二十日午時塋圍内山坐向子午壬丙

妣林威娘生康熙甲子年十月初一日丑時卒乾隆年缺十月二十日吉
時塟沽美山坐向甲庚寅申
男　兆淡
女　長配陳家　次配郭家　三配郭家
惟旌公諱瑞城諱啓浚　振崑公次子生康熙庚申年七月廿二日未時卒
乾隆壬申年九月廿六日午時塟園内山坐向辛乙酉卯
妣蔡卿娘生康熙戊辰年七月初八日酉時卒乾隆戊子年十月十二日
寅時塟園内山坐乾向巽兼戌辰
男　兆近　兆生
女　長配張家　次配李家
瑞縣公字啓織　振崑公三子生康熙壬戌年十月十四日寅時卒康熙乙
未年十二月初十日未時骸罐塟園内山坐向辛乙酉卯

妣余端娘生康熙丙寅年六月廿六日戌時卒乾隆戊寅年八月廿一日午時塟圍内山崙尾坐向辛乙酉卯
男　兆徹
女　配霞宅陳
成章公諱瑞黼字啓黻　振昆公四子生康熙乙丑年二月廿一日未時卒乾隆壬戌年五月十九日丑時塟圍内山坐向癸丁丑未
妣陳巧娘生康熙乙亥年三月廿三日亥時卒乾隆己丑年十一月初九日卯時塟文章山杉林内坐向庚甲酉卯
男　兆繞　兆前　兆日　兆月
女　長配古宅吳　次配且嶺張

宗任公派二房圍内臺灣柱

瑞周公字啓旦　遠宗公長子生康熙丁卯年正月廿三日卯時卒乾隆癸
亥年閏四月十六日巳時塟重慶圍内山坐北向南
妣陳宛官生康熙癸酉年十二月十二日寅時卒雍正壬子年八月廿一
日戌時塟坑仔口蔚内坐庚甲酉卯
男　兆咨　兆亞　兆保
女　長配鄭家　次配王家
明哲公諱瑞聰　遠宗公次子生康熙辛未年六月廿四日巳時卒乾隆甲
戌年五月二十日辰時塟臺灣鳳山縣萬丹埔三尖仔坐西向東
妣侯恬娘生康熙己卯年四月初十日寅時卒乾隆癸酉年五月廿一日
午時未年尋公往臺塟林仔厝坐南向北
男　兆默　兆宰　兆因
瑞世公字啓簪　遠宗公三子生康熙癸酉年八月廿四日申時卒乾隆甲

戌年八月廿三日未時塟園内山坐北向南
妣陳氏謚端謹生康熙乙酉年四月廿四日戌時卒雍正甲寅年正月十八日亥時塟紙坑園内山坐西向東
女　配王家
繼妣林娘官生康熙年月日缺卒乾隆年月日缺塟園内山坐西向東
男　兆幸弟瑞譽三子入嗣
瑞譽公字啓永　遠宗公四子生康熙辛巳年七月十三日辰時卒乾隆癸亥年閏四月初九日未時塟洪埔尾崎路邊田後坐北向南
娶柯氏改節
男　兆慶　兆服　兆年出嗣兄瑞世　兆塔殤
女　配王家
瑞嘉公字啓餚　遠宗公五子生康熙甲申年三月初十日戌時卒乾隆甲

戊年八月廿二日午時塟園内山坐西向東

妣吳快娘謚宜慎生康熙戊戌年七月十六日巳時卒乾隆庚辰年正月初一日辰時塟洪埔尾崎大路邊坐北向南

男　兆變　兆抄　兆捧

成厚公諱瑞衛字啓漕　遠宗公六子公自英年往臺立籍於鳳山萬丹之陽建有田產居宅間曾兩次回家修功果建祀業為人如此亦不可多得者生康熙戊子年閏三月初二日卯時卒乾隆丙申年二月初八日辰時塟臺灣南路萬丹埔冷水坑墘坐向甲庚卯酉

妣陳宜娘謚勤懿生康熙己酉年十月二十日巳時卒乾隆乙未年十月初十日酉時與公合塟

男　兆開　兆芳　兆錢　兆志

女　長配陳家　次配張家

宗任公派三房圍内竹林邊柱

瑞長公字啓成　景德公長子生康熙壬申年三月廿二日未時卒乾隆戊子年正月初一日辰時塋圍内山崙尾坐向未丑坤艮

妣李品娘生康熙辛巳年十二月十四日酉時卒乾隆甲戌年九月初三日酉時塋山後格大崙坐向艮坤丑未

男　兆怡　兆巖　兆準出嗣弟瑞理　兆隱　兆栽

女　長配陳家　次及三俱配李家

瑞糾公字啓徵號德芳　景德公次子生康熙乙卯年十月十七日丑時卒乾隆丁丑年五月十六日丑時塋圍内山崙尾坐向申寅坤艮

妣張益娘生康熙己丑年正月廿四日吉時卒乾隆癸酉年六月初二日午時與公合塋

男　兆倡　兆所　兆廉　兆我出嗣瑞會

女　長配霞宅陳　次配漳州

瑞理公　景德公三子生康熙乙酉年八月初四日子時卒雍正甲辰年十一月初一日午時附塟　父景德公墳中

男　兆準兄瑞長三子入嗣

瑞岳公字啓懋號崧高　景德公四子生康熙戊子年二月十四日子時卒乾隆丙申年八月廿一日未時塟山後格短崙仔中心崙坐向庚甲申寅

妣林從娘謚貞勤生康熙壬寅年五月初六日巳時卒乾隆癸酉年三月十五日辰時塟園内山横路頂坐向庚甲酉卯

男　兆望　兆緩　兆話　兆邁

女　配鳳坡梁

瑞云公號成模　景德公五子生康熙庚寅年四月二十日戌時卒乾隆辛卯年九月廿五日巳時塟上帝口坐西向東

妣陳尾娘生康熙庚子年八月廿六日亥時卒乾隆壬戌年十一月初五
日巳時塋缺

女　一配王家

又妣黃惜娘謚勤慎生雍正甲辰年九月十六日辰時卒乾隆庚寅年五
月廿五日酉時塋台灣萬丹埔三尖仔坐西向東

男　兆為　兆諒　兆宙　兆瑙　兆伍

女　長配蔡家　次配林家　三配黃家　四配陳家　五配蔡家

宗文公派長房集坵柱

清瑞泳公字啓游　景賢公長子生康熙丙辰年八月十八日辰時卒雍正辛
亥年三月十五日午時塋蓮山後坐南向北

妣張乃娘生康熙甲子年正月廿二日丑時卒康熙丙戌年二月初十日

亥時塟沽美山窩內坐西向東
又妣蔡玉娘生康熙戊辰年十月廿九日寅時卒康熙戊戌年十月十八
日辰時塟蓮山后半山橫路邊
又妣陳柔娘生康熙甲子年四月十七日丑時卒乾隆丙子年五月初九
日卯時與公合塟
男　兆深　兆茂俱張氏出　兆勸蔡氏出出嗣弟瑞慶　兆雍陳氏出移居蚶江
瑞磨公字啓磋　景賢公次子生康熙戊午年八月初八日未時卒雍正乙
巳年九月初九日未時塟沽美山尖外與佇嬸墳塋毗連
妣陳招娘生康熙丁卯年九月廿六日亥時卒乾隆丙戌年三月十三日
申時塟新寨坐西向東
男　兆頊　兆耿　兆葵出嗣弟瑞慶　兆錐
女　配吉磜鄭

瑞共公字啓友　景賢公三子生康熙壬戌年五月初三日寅時卒康熙丙申年八月廿六日寅時葬重慶中崙后坐東向西

妣卓娘官生康熙巳己年閏三月廿九日未時卒乾隆丁卯年七月初七日酉時葬中崙坐北向南

男　兆梅　兆領　兆標出嗣弟瑞慶

瑞慶公景賢公四子生康熙丁卯年七月三十日戌時卒雍正乙巳年十月初一日子時葬險埧墳外

男　兆勸兄瑞泳三子入嗣　兆標兄瑞共三子入嗣　兆葵兄瑞居三子入嗣

宗文公派二房

瑞滿公字啓溢　君宜公長子生康熙庚辰年正月初一日酉時卒乾隆癸亥年十一月廿三日亥時葬重慶中崙尾坐向癸丁丑未

妣陳金娘生康熙己丑年正月廿八日卯時卒乾隆壬寅年十一月廿一日巳時塟曹斗崙姑陳氏墓脚坐向甲庚寅申

男　兆禮　兆曲

瑞道公　君宜公次子生康熙癸未年十一月初四日寅時卒雍正庚戌年十月廿四日巳時塟沽美山尖坐向辛乙戌辰

達三公諱瑞爵字啓德　君宜公三子生康熙辛卯年二月十四日戌時卒乾隆甲辰年四月初二日戌時塟山後格短崙仔坐未向丑兼丁癸

妣張送娘謚宜慎生康熙庚子年六月十七日寅時卒乾隆丙辰年十月十二日丑時與公合塟

男　兆罐　兆硏　兆缸　兆甕

女　長配三坂尾陳　次配上岬張

宗文公派三房

成中公諱瑞斗字啓玉　保愛公長子生康熙辛未年九月十四日戌時卒乾隆丙戌年二月廿九日午時塟文章山大垢田頂坐向坤艮申寅
妣陳表娘生康熙壬午年四月十八日寅時卒乾隆癸卯年三月十四日卯時與公合塟
男　兆令　兆翰
女　長配陳家　次三俱配黃家

登雲公諱瑞步字啓階　保愛公次子生康熙癸酉年五月十九日午時卒乾隆壬申年八月初一日申時塟斐後林坐向卯酉乙辛
妣侯快官謚溫惠生康熙甲午年十月廿六日酉時卒乾隆壬申年八月初四日巳時塟文章山尊字崙坐向艮坤寅申
男　兆擬　兆趙出嗣弟瑞春　兆陰

女　長配溪邊鄭　次配坑柄呂　三配溪邊鄭

世傳公諱瑞雅字啓恬　保愛公三子生康熙丙子年十月廿五日戌時卒乾隆己巳年五月十七日午時塟蓮山后坐向乙辛辰戌

妣陳貴娘謚貞惠生康熙丙戌年三月十四日戌時卒乾隆辛未年二月廿二日巳時塟蓮山後坐向乙辛辰戌

男　兆遇　兆倪　兆藝

懿德公諱瑞柔字啓遜　保愛公四子生康熙庚辰年二月十七日辰時卒乾隆辛卯年二月廿八日巳時塟缺

妣楊員娘謚淑恭生康熙己丑年四月十二日午時卒乾隆戊戌年九月廿四日酉時塟斐后林坐向甲庚卯酉

男　兆東　兆鞭　兆根　兆能

女　長配蓬島郭　次配下宅陳

清議公諱瑞春　保愛公五子生康熙壬辰年八月初六日未時卒雍正乙卯年十月初五日酉時塋重慶中崙尾坐向艮坤寅申

男　兆賨兄瑞步次子入嗣

宗時公派　春安坵柱

清瑞沈公字啓参　清濟公長子生康熙己巳年十二月廿五日巳時卒乾隆丙辰年五月初五日戌時塋文章山稻馬垵坐向酉卯辛乙

妣林艮娘謚順敬康熙癸酉年八月初四日未時卒康熙丙申年二月廿二日酉時骸罐塋文章山尊字崙坐向甲庚寅申

又妣陳瑞娘謚靜恭生康熙辛巳年九月廿八日寅時卒乾隆乙己年八月十六日巳時柩塋沽美山池仔角中崙坐向庚甲酉卯

男　兆廣養　兆厚　兆體

女　配吉潊鄭

瑞渾公字啓罕諱集雅　清濟公次子生康熙癸未年九月初三日戌時卒
乾隆已卯年三月十六日午時骸罐塟文章山水鬼内坐向巽乾巳亥
妣陳成娘生康熙巳丑年十月十五日巳時卒乾隆壬辰年四月廿七日
酉時塟文章山大崙邊坐向卯乙辛

男　兆罔　兆纂　兆高

女　配金田卓

瑞江公字啓南諱種盈　萬鎰公子生康熙丁亥年七月廿八日巳時卒乾
隆癸酉年六月廿六日申時塟缺
妣廖推官生康熙丙申年四月初二日未時卒乾隆丙戌年四月初八日
未時塟斐後林坐東向西

男　兆講　兆謗　兆諭　兆設　兆諸出嗣弟瑞借

瑞海公字啓籌　萬鎰公次子生康熙丁酉年七月十六日丑時卒乾隆甲戌年九月十四日巳時塋缺
妣林干娘生雍正甲辰年正月十五日酉時卒塋俱缺
男　兆許　兆訥　兆誅

瑞田公字啓制謚百畝　彭澤公長子生康熙辛巳年十二月三十日申時卒雍正乙卯年七月十七日辰時塋重慶中崙坐北向南
妣盛氏生康熙戊子年四月初五日戌時卒雍正癸丑年十一月廿六日巳時與公合塋
男　兆衆

瑞溪公字啓河號長生　彭澤公次子生康熙甲申年九月十六日卯時卒乾隆癸酉年八月廿七日辰時塋新寨坐坤向艮兼申寅
妣吳瑾娘謚勤順生康熙壬辰年十月初十日子時卒雍正壬子年九月

三十日申時與公合塋
又妣張軫娘謚順慈生康熙辛卯年十二月初四日巳時卒乾隆癸卯年
二月十八日辰時骸罐塋張坑内坐向壬丙亥巳
男　兆創養　兆筆
女　長配溪東林　次配鳳坡梁
瑞潭公字啓菀　彭澤公三子生康熙丁亥年十月十九日戌時卒乾隆丙
寅年五月廿六日戌時塋新寨坐向辛乙戌辰
妣李瑞娘謚柔慎生康熙丙申年正月廿八日申時卒乾隆辛丑年閏五
月廾七日亥時塋喬山路頂坐向乙亥丙壬
男　兆熾
女　二俱配陳家
瑞渡公字啓春諱惟量　彭澤公四子生康熙丙申年六月初七日未時卒

乾隆丙寅年五月十五日未時葬新寨坐向酉卯辛乙

娶林氏 改節

男 兆問 弟瑞隆長子入嗣

女 一配下宅陳

瑞降公 字啓升 謚以讓 彭澤公五子生康熙庚子年二月廿九日戌時卒乾隆乙酉年九月初七日未時葬文章山米粉崎坐丁向癸兼午子

妣林完娘生雍正庚戌年正月初五日卯時卒乾隆丁卯年五月初三日未時葬沽美山坐壬向丙兼亥己

又妣黃險娘謚淑順生雍正丁未年六月廿三日午時卒乾隆庚戌年五月初八日午時葬沽美山池仔角頂坐向乾巽戌辰

男 兆問 出嗣兄瑞渡 兆汰 兆印 兆擲

女 配下宅陳

瑞招公字啓大號定集　振華公長子生康熙壬午年十月十三日巳時卒
乾隆丙辰年四月初四日午時葬新寨中崙坐申向寅兼庚甲
妣林氏謚端恬生康熙己丑年七月十七日酉時卒雍正己卯年十月十
一日戌時葬重慶中崙坐甲向庚
男　兆備
女　配東山歐
瑞善公字啓性謚祖舜　振華公次子生康熙丙申年正月十六日巳時卒
乾隆甲辰年十月十五日辰時葬文章山出水崙坐甲向庚兼卯酉
妣蔡吉娘謚德慎生康熙辛丑年正月廿七日子時卒嘉慶丙辰年十一
月十六日未時葬文章山大崙邊坐向艮坤寅申
男　兆汝　兆款　兆丁　兆賽　兆宜
女　長配鳳坡梁　次配霞宅陳

莊敬公諱瑞泮字啓宮　隆盛公長子生康熙己丑年四月初四日戌時卒乾隆壬午年五月十三日申時葬本鄉墩仔尾坐坤向艮兼申寅

妣林銀娘生康熙丙申年十二月初一日戌時卒雍正己酉年九月廿四日午時葬沽美山險埧

又妣余好娘生康熙癸巳年十月二十日丑時卒乾隆戊申年三月初二日酉時葬缺

男　兆約　兆綏　兆鏗　兆計　兆直　兆兵

允順公諱瑞叟字啓尊　隆盛公次子生康熙丙申年七月廿五日未時卒乾隆壬辰年正月初七日卯時葬文章山大坵田頂坐西向東

妣黃恬娘生雍正辛亥年十月二十日午時卒嘉慶辛酉年八月十五日巳時葬在托燈崙脚鄭家墳邊瓦罐失所諒必在左右田後壁

男　兆沙　兆冀

女　配長岸林

韞玉公諱瑞市字啓藏　隆盛公三子公經營拮据日昃不遑曾建書軒冀子以詩書成名尊師禮士殷懃款洽倡修家乘祠宇不避勞怨又於洋井嶺修路不惜己財以便行人為人如此其功德大矣生康熙己亥年七月廿一日戌時卒乾隆壬寅年五月廿一日未時塟大余福坂崙楊廣崎坐丙向壬兼己亥內有誌銘

妣陳竹官謚淑慈生雍正庚戌年三月十二日申時卒乾隆庚辰年六月初二日丑時塟本都隣鄉草埔頭尾崙坐向丁癸未丑

又妣呂萬娘謚敬順生雍正己酉年五月初五日辰時卒乾隆辛丑年八月廿六日未時塟前　妣淑慈陳氏墳邊坐向同此山承買戴家米在戶內完納有契為據

男　兆學陳氏出　兆斆呂氏出

女　長配黃家　次配李家俱陳氏出　三配羅埔余呂氏出

可贊公諱瑞盡字啓能　隆盛公四子生雍正乙巳年九月初八日寅時卒嘉慶丁巳年二月初四日戌時葬洋井冬田内坐亥向巳兼乾巽

妣戴湊娘生乾隆丙辰年十二月初二日戌時卒乾隆庚子年七月十九日申時葬山後格尊字崙

男　兆僚　兆景　兆閫

女　長配坑園陳　次配鳳坡梁　三配坑園陳　四配曾堁柯

和悦公諱瑞顔字啓淵　隆盛公五子生雍正戊申年十二月十三日戌時卒乾隆丙戌年五月二十日寅時葬重慶新寨坐西向東

妣盛玉娘生雍正乙卯年十二月廿九日辰時卒嘉慶癸酉年九月廿五日寅時葬大垵格厝後莊氏媽墓右坐向寅申甲庚

男　兆盾　兆䍦

仁正公諱瑞謝字啓序　隆盛公六子生雍正甲寅年八月十三日申時卒
乾隆庚子年二月十三日巳時葬本鄉張坑内十五堪頭
妣李涼娘生乾隆戊午年十一月初七日酉時卒乾隆乙卯年六月初六
日寅時葬文章山大坵田
男　兆就　兆奏　兆鋪
女　配馬頭洋陳
瑞沭公字啓嚶謚甫頌　惟善公長子生康熙丙申年二月十九日未時卒
乾隆戊戌年八月十一日亥時骸罐葬慶犁頭崙坐子向午兼壬丙
妣陳與娘謚敦德生熙康丁酉年三月廿六日寅時卒乾隆戊戌年閏六
月廿四日未時葬文章山尊字崙坐向艮坤兼寅申
男　兆克　兆主　兆固出嗣弟瑞濰　兆諒
女　二俱配陳家

瑞灘公　惟善公次子生雍正丙午年七月初三日巳時卒乾隆辛酉年正月廿九日戌時塟重慶內頭崙坐向子午癸丁

嗣男　兆固

瑞模公　性理公長子生康熙丙申年十二月初四日辰時殤

瑞參公　性理公次子生康熙庚子年六月初六日巳時殤

瑞借公字啓乘　性理公嗣子生雍正甲寅年二月初二日丑時卒乾隆年缺正月廿一日申時塟文章山龜仔腰坐東向西

妣林究娘生雍正甲寅年七月初七日午時卒乾隆己巳年三月十一日酉時塟新寨坐東向西

又娶陳定娘改節

男　兆諸凡瑞江五子入嗣　兆算　兆鳥賣出

良泰公六子宗定公派

清瑞操公 字啓切　景儀公長子生康熙壬辰年十月初七日申時卒乾隆酉年正月初三日吉時塟重慶中崙尾

娶柯氏 改節

男　兆爺

女　配廈門歐

瑞佔公 字啓鰲　景儀公次子生康熙甲午年九月廿日辰時卒乾隆辛亥年八月三十日未時鑵塟山後格大坵田

妣陳揆娘生康熙甲午年十一月廿二日辰時卒乾隆壬申年十一月廿四日卯時塟沽美山尾崙

繼妣吳氏 神主又書陳秀娘未知孰是 生雍正乙卯年十二月廿四日午時卒嘉慶癸亥年十二月初六日未時塟廈門塔斗埔坐亥向己兼乾巽

男　兆護　兆黑　兆返

女　長配古坑黃　次配吉漈鄭

宗伯公派長房

清瑞侍公 字 啓美　景悅公長子生康熙丙寅年閏四月廿二日戌時卒雍正己酉年九月初五日未時塋缺

妣黃珠娘生康熙己丑年五月廿四日辰時卒雍正丙午年十月初三日申時塋缺

男　兆本　兆知　兆珩　兆閣 出嗣弟瑞彤

瑞慈公 字 啓孝　景悅公次子生康熙己巳年閏三月廿六日卯時卒雍正己酉年十二月十六日申時塋缺

妣林氏生康熙甲戌年七月初九日戌時卒雍正庚戌年閏四月三十日

酉時塋缺

男　兆栖　兆杞

女　配霞宅陳

瑞蛟公字啓濳　景悦公三子生康熙甲戌年十二月十二日未時卒乾隆癸亥年閏四月十七日未時塋沽美山洪埔尾田後坐北向南

妣梁京娘生康熙戊子年十二月初二日未時卒乾隆甲午年十月十二日亥時塋沽美山外垵頭坐西向東

男　兆濟　兆蒲　兆鎬嗣弟瑞賓

宗伯公派二房　喬格柱

清瑞亨公　以久公長子生康熙甲子年十月初一日吉時卒康熙年缺六月三十日未時塋山後格湖窟尾坐向丑未艮坤

詒翼公諱瑞燕字啓謀　以久公次子生康熙未辛年十月廿二日巳時卒
乾隆壬午年三月初三日巳時葬湖窟尾坐丙向壬兼午子
妣林滿娘謚慈順生康熙戊寅年三月廿三日寅時卒乾隆辛未年六月
廿四日巳時葬湖窟尾坐向寅申甲庚
男　兆兩　兆琴
女　長配吉潾鄭　次配吳埔山陳　三配社壇葉
英俊公諱瑞雄字啓才　以久公三子生康熙丙子年二月十三日辰時卒
乾隆己未年十二月初六日巳時葬六份山大岾垻頂坐向壬丙亥巳
妣李惜娘生康熙己卯年十二月初六日酉時卒康熙壬寅年十一月十
八日亥時葬山後格湖窟尾坐向辛乙酉卯
又妣蔡盡娘生康熙癸未卒五月十六日未時卒乾隆壬寅年二月十九
日亥時葬文章山尊字崙坐向庚甲申寅

男　兆丕　兆底俱蔡氏出

女　長配水磨垵黃　次配山兜黃俱李氏出　三配黃家　四配李家俱蔡氏出

安定公諱瑞樑字啓棟　以久公四子生康熙己卯年五月初二日未時卒

乾隆甲午年十一月廿四日申時塟文章山楓脚崙尾坐南向北

妣蔡親娘生康熙丙戌年二月廿四日卯時卒乾隆壬寅年八月廿二日

吉時塟文章山尊字崙坐向艮坤丑未

男　兆持　兆煎　兆契　兆課

女

配胡坂蔡

寶鏡公諱瑞泰字啓皇　以久公五子生康熙癸未年五月廿七日申時卒

乾隆庚寅年十一月廿一日卯時塟文章山大垵格墳後坐向乙辛卯酉

妣戴左娘生康熙戊子年十月初五日辰時卒乾隆庚戌年八月初十日

酉時塟文章山驕龍斬内坐向巳亥丙壬

男　兆總　兆孝　兆院
女　配方家　次配仙鄉郭
廷選公諱瑞拔字啓擢　以久公六子生康熙丁亥年正月十六日巳時卒
乾隆己卯年三月初九日戌時鑵塋文章山水鬼内坐向未丑丁癸
妣盛腰官謚貞勤生康熙甲午年十二月十六日寅時卒乾隆乙丑年八
月廿八日未時塋沽美山尖坐向寅申艮坤
又妣盛愛娘謚淑慈生康熙甲午年十二月廿七日寅時卒乾隆丙戌年
七月初六日初六日申時鑵塋文章山嶺邊格坐向乾巽亥巳
男　兆濊　兆碹前妣出
女　長配内呷李前妣出　次配大峟温後妣出
賜寶公諱瑞賞字啓評　以久公七子生康熙庚寅年三月廿八日子時卒
乾隆甲辰年二月十六日寅時塋山後格拾弔山坐丙向壬兼午子

妣溫聘娘生康熙乙未年十一月廿六日申時卒乾隆丁酉年正月十二日戌時塟文章山騎龍斬下坐巳向亥兼丙壬

男　兆鎬兄瑞蛟子入嗣　兆鋭　兆珩

女　長配謝家　次配陳家　三配李家

宗伯公派三房岑脚柱

國寶公諱瑞盤字啓銘　景豸公長子生康熙戊辰年七月初八日寅時卒乾隆丁亥年五月廿一日寅時塟本鄉山尾墓坐向庚甲酉卯

妣呂祖官生康熙戊寅年七月十一日酉時卒乾隆丁巳年又九月初五日寅時骸罐塟六份山大坵田頂坐向乾巽戌辰

又妣陳省娘生康熙壬午年六月十七日午時卒乾隆辛卯年四月初九日申時塟文章山杉林尾坐向丙壬巳亥

男　兆粒　兆誦　兆弼俱呂氏出　兆庚陳氏出　兆守弟瑞俊四子入嗣

女　長配余家　次配趙家

清瑞瑯公字啓瑯　景豸公次子生康熙丁丑年正月廿六日酉時卒乾隆辛巳年九月初十日午時罐塟六分山磨石崙坐向申寅庚甲　胞姪承祀

宗伯公派四房

瑞勑公字啓封　景賜公子生康熙庚午年七月廿二日戌時卒雍正甲寅年十二月初八日巳時塟沽美山外垵邊坐向坤艮申寅

妣鄭朱官生康熙己卯年四月廿一日戌時卒乾隆丁巳年十一月廿八日丑時與公合塟

男　兆譜　兆低　兆稱

女　長配蔡家　次配陳家

宗謀公派　墩仔尾柱

清瑞育公字啓化　景義公長子生康熙癸亥年二月廿八日午時卒年月日缺塋沽美山外垵口坐西向東

妣張恕娘生康熙戊辰年十二月初二日辰時卒年月日缺塋亦缺

又娶余氏改節

男　兆鮑　兆篇　兆剡　兆勳

瑞敏公　景義公次子生康熙戊辰年二月初三日巳時卒在臺莫考

瑞三公字啓者　景義公三子康熙癸酉年七月十五日寅時卒乾隆丙子年閏九月十六日申時塋文章山嶺邊格

妣陳生娘生康熙癸未年十月初二日戌時卒塋俱缺

男　兆島　兆印　兆仲出嗣弟瑞民　兆粤　兆苗

女　長配陳家　次配黃家

瑞崇公　景峨公四子生康熙己卯年十月二十日亥時卒年缺八月十四
日塋缺
娶林氏改節
男　兆井　兆筆
女　配內呷李
瑞裕公　景峨公五子生康熙壬午年九月十七日申時卒康熙壬寅年六
月初八日午時爽在華坊
瑞民公　景　公六子生康熙丙戌年二月廿八日丑時卒年缺六月廿八
日塋缺
娶吳氏改節
男　兆重兄瑞三三子入嗣
瑞畏公字啓祇　景來公長子生康熙庚午年七月初七日午時卒乾隆癸

亥年八月初九日未時塋缺
妣陳靜娘生康熙戊寅年九月廿九日申時卒乾隆丁丑年正月初三日
申時塋文章山尊字崙尾坐向艮坤寅申
男　兆佛　兆奥　兆讓出嗣弟瑞霖　兆荔出嗣弟瑞詩　兆種出嗣弟瑞會
瑞詩公字啓誦　景來公次子生康熙甲戌年五月廿六日亥時卒雍正癸
卯年七月十三日辰時塋沽美山
妣林燕娘生康熙丙戌年十二月十九日辰時卒塋未詳
男　兆荔兄瑞畏四子入嗣
瑞霖公號甘雨　景來公三子生康熙癸亥年十一月十七日子時卒雍正
辛亥年九月廿三日子時塋沽美山坐北向南
嗣男　兆讓殤
清瑞伯字啓泰　景雙公長子生康熙辛巳年二月初九卯時卒乾隆戊戌

年四月廿七日辰時塟沽美山中垵口坐向酉卯庚甲
妣蔡漸娘生康熙壬辰年五月初四日亥時卒乾隆辛亥年五月十七日亥時塟沽美山外垵頭坐向乾巽亥巳
男　兆竹　兆駕出嗣弟瑞賢　兆學　兆轂
女　配坑園戴
瑞賢公字啓智　景雙公次子生康熙癸未年十二月十八日辰時卒乾隆戊戌年六月廿八日未時塟沽美山外垵坐向庚甲酉卯
男　兆駕兄瑞伯次子入嗣
瑞泰公　景雙公三子生康熙丁亥年正月廿五日卯時卒年缺九月初二日塟南洋
瑞芬公字啓成　景雙公四子生康熙甲午年十一月廾九日巳時卒塟缺
妣余有娘生康熙辛丑年正月十七日酉時卒塟缺

男　兆博　兆南　兆滚俱在福清

女　配棋盤山鍾家

瑞家公字啓宰　景法公長子生康熙辛巳年二月十六日酉時卒乾隆丙寅年七月十七日卯時塋臺灣萬丹埔三尖仔衛叔蔗園頭坐西向東

娶楊氏改節

男　兆譪　兆捷俱在台

女　配林家

宗信公派　石門柱

清紫漢公諱瑞布字啓策　隱岩公長子生康熙癸酉年九月十七日亥時卒乾隆庚辰年正月廿一日卯時塋重慶墓邊坐西向東

妣吳大娘謚順德生康熙甲戌年十二月十三日酉時卒乾隆辛卯年十

二月初三日巳時塟重慶坐南向北
男　兆選　兆房
女　長次俱配陳家　三配王家
達道公諱瑞壯字啓行　隱巖公次子生康熙丙子年九月初三日戌時卒
乾隆丙戌年四月初二日巳時塟文章山水鬼内坐向甲庚寅申
妣黄親娘謚淑愛生康熙甲申年二月廿四日午時卒乾隆戊子年九月
廿三日午時塟唐帽寨坐向甲庚卯酉
男　兆河　兆執　兆永　兆錦　兆香　兆六　兆熟
女　長配余　次配戚
瑞格字啓極　抱忠公長子生康熙甲申年二月初五日戌時卒乾隆癸酉
年四月十六日午時塟重慶坑仔口
妣陳于娘生康熙戊子年十二月二十日辰時卒乾隆己酉年八月初六

日申時鍏塋重慶皂斗崙坐向癸丁丑未
男　兆益　兆芶　兆瀨
女　長配鄭　次配楊家
瑞貢公字啓助號金源　抱忠公次子生康熙丁亥年二月十四日戌時卒
乾隆壬寅年四月初八日午時塋短崙仔坐向丁癸未丑
妣陳好娘生康熙壬辰年七月十八日寅時卒乾隆癸卯年七月二十日
寅時塋山后格騎龍斬邊坐向辛乙戌辰
男　兆藝　兆間出嗣弟瑞華
女　配坑園陳
瑞和公字啓洽號純厚　抱忠公三子生康熙辛丑年五月二十日戌時卒
嘉慶壬戌年九月十三日丑時塋小寨埈坐向卯酉乙辛
妣林雙娘生康熙壬寅年四月初八日午時卒乾隆壬午年正月十五日

酉時塟永春十一都土名石目宮面前坐向丙壬午子

男　兆岸

女　配前埔陳

瑞華公字啓嶽　抱忠公四子生雍正乙巳年四月初九日戌時卒乾隆甲辰年四月初九日戌時塟在外缺

男　兆間兄瑞貢次子入嗣

良瑾公派

瑞聽公字啓訟　振禹公長子生康熙庚寅年四月初五日辰時卒乾隆年月日缺塟缺

娶戴未娘生卒塟缺

又娶吳氏改節

男　兆谿殤

瑞場公　振禹公次子生康熙戊戌年十一月初二日寅時卒俱塋缺

瑞送公　振綜公子生康熙庚辰年十二月十五日亥時卒俱塋缺

瑞昌公　振廷公子生康熙丙申年五月廿一日未時卒雍正年間五月初六日辰時漁蝦溺水而死

附記自瑞聽公以下四人是　獲西公第四子良瑾公所出也諸姪議舉將遺下物業折貼鳩成銀兩就　獲西公所典未贖田底土名孤雲頭四角垢受子一斗配米二升八合契銀一十二兩贖回通房輪耕永為瑞聽等一柱禋祀

良璞公派　江西柱

清瑞長公字啓章　景己公長子住籍江西廣信府廣豐縣生康熙丙寅年十

月十一日午時卒缺
妣陶氏生康熙己巳年三月十一日申時卒乾隆己巳年十月三十日亥時塟廣豐縣二十八都樓底桐樹山坐未向丑
男　兆俊　兆儒　兆任　兆偉　兆佟
女　配陳家
瑞盛公字啓彩　景巳公次子生康熙壬申年九月十一日未時卒康熙戊戌年七月初一日辰時塟江西上饒五十七都土名鶴山西源山坐乾向巽
妣陳氏生康熙丙子年七月初三日酉時卒缺
男　兆儘
瑞伯公生卒塟俱缺

良球公派　福清柱

瑞喬公字啓南　景彬公長子生康熙丙戌年十二月廿二日寅時卒塋未詳

妣郭甲娘生康熙辛卯年二月初七日辰時卒雍正丙午年六月吉日吉時塋生祠橋頭石碑前坐西向東

男　兆入住生祠

瑞衷公　景彬公次子生康熙甲午年十二月十八日寅時卒塋缺

瑞體公字啓存　景彬公三子生康熙戊戌年正月廿九日午時卒塋缺

妣蘇珠娘生雍正辛亥年月日缺卒乾隆戊辰五月十四日巳時塋缺

又妣張情娘生雍正癸卯年九月初九日酉時卒乾隆丁亥年七月十六日申時塋缺

男　兆福住生祠

瑞欣公　景洽公長子生康熙戊子年五月二十日未時卒乾隆癸亥年四月十六日巳時塟福清林泉鄉坐向丑未癸丁
妣戴吉娘生缺卒康熙年間八月廿八日未時塟缺
瑞顯公字啓明　景洽公次子生康熙庚寅年八月廿七日酉時卒塟缺
妣陳叚娘生康熙己亥年七月十二日己時卒塟缺
女
配姚家
瑞統公晰聘公長子生康熙壬辰年九月廿九日丑時卒在福清塟蘇田里
男
兆旺　兆興俱住生祠
祿隆山男兆變附塟
瑞我公景聘公次子生康熙戊戌年十二月廿六日辰時卒塟俱缺
男
兆變　兆昧
瑞汀公字啓嶼號承渚　景富公長子生康熙乙未年正月廿七日戌時卒

乾隆丁卯年三月初一日巳時塟重慶嶺坑仔口坐向甲庚卯酉娶某氏

改節

男　兆涉　兆面

瑞貌公字啓華號承莊　景富公次子生康熙戊戌年八月廿一日未時卒

乾隆戊寅年二月十八日辰時塟福清水返橋坐西向東

娶蔣氏

男　兆猜　兆吝出嗣弟瑞湛

瑞湛公字啓斯號承露　景富公三子生雍正乙巳年七月十三日巳時卒

乾隆戊寅年二月十八日午時附塟父墳中

嗣男　兆吝兄瑞貌次子入嗣

良球公派　垻仔頭柱

瑞俊公字啓位　為本公長子生康熙乙未年八月廿六日巳時卒乾隆辛丑年九月十六日丑時塟文章山大坵田頂坐向辛乙酉卯

妣陳切官生雍正甲辰年十月初一日辰時卒乾隆癸未年二月十一日未時塟文章山大崙尾坐酉向卯

男　兆棖　兆措　兆樂出嗣瑞味　兆守出嗣兄瑞盤　兆員殤　兆南出嗣弟瑞謙

女　配陳家

瑞白公　為本公次子生康熙戊戌年正月初一日卯時卒乾隆庚辰年八月十五日巳時塟南洋

瑞謙公字啓亨　為本公三子生雍正癸卯年十一月初五日巳時卒乾隆甲辰年二月廿五日巳時塟文章山三脚木坐向申寅庚甲

妣李喜官生雍正甲寅年正月廿一日卯時卒乾隆己酉年六月廿二日

巳時塟文章山大崙尾坐向卯酉乙辛

男　兆南（兄瑞俊六子入嗣）　兆報　兆於

女　長配下宅陳　次配杉子尾陳

瑞偃公（字）啓仰　景通公嗣子生雍正戊申年正月十一日丑時卒乾隆丙戌年八月十五日吉時塟在南洋

西長房長之二　應台公派　樹後柱

瑞琛公（字）啓獻　景靈公子生康熙辛丑年閏六月初一日酉時卒在南洋

瑞時公（字）啓習（號）兹機　景緒公子生康熙庚子年十月二十日未時卒乾隆壬寅年十月廿一日丑時塟沽美山尾墳坐向辛乙酉卯

妣張語娘生乾隆辛酉年五月初三日寅時卒嘉慶己未年八月十四日巳時塟重慶冬田邊坐向丑未艮坤

養男兆錠　嗣男兆愴

瑞歲公字啓餘　景權公長子生康熙壬寅年七月廿五日戌時卒乾隆壬午年七月十四日辰時塟斐後林坐東向西

妣林愛娘生乾隆戊午年十月初二日丑時卒乾隆辛巳年六月十八日戌時與公合塟

男　兆成

亦處公諱瑞出字啓入　景權公次子生雍正己酉年三月三十日寅時卒乾隆辛卯年三月初九日辰時鑵塟山後格大崙坐向丁癸未丑

妣陳妍娘謚極順生乾隆壬戌年十一月初一日寅時卒嘉慶丙寅年五月廿三日寅時塟文章山尊字崙坐向寅申艮坤

男　兆屋　兆歉　兆閣

女　悪娘配古宅吳

瑞器公　景權公三子生雍正甲寅年六月初一日寅時卒乾隆甲申年四
月初六日亥時葬在南洋
瑞路公　景篆公長子生卒年月缺葬在南洋
瑞蟳公　景篆公次子生雍正辛亥年正月廿二日亥時卒在海澄
瑞場公字啓壇　景篆公三子生乾隆丁巳年七月廿六日辰時卒在海澄
瑞規公　景宇公長子生雍正壬子年二月初三日丑時卒在南洋
娶林氏改節
瑞次公　景宇公次子生缺卒在南洋
瑞瀉公　景宇公三子生缺卒在外
瑞胆公　景宇公四子生乾隆戊辰年六月廿九日寅時卒在海澄
瑞狮公　景　公五子生乾隆癸酉年七月十四日亥時卒嘉慶壬申年二
月廿四日巳時葬海澄

瑞袷公字啓涉　景　公長子生乾隆戊辰年五月廿九日亥時卒乾隆丙午年五月初八日卯時塟海澄

妣胡厚娘生乾隆庚午年十月二十日辰時卒嘉慶辛未年七月廿三日申時塟海澄

男　兆水

瑞佃公　景勔公次子生乾隆壬申年正月初五日寅時外出缺

瑞記公啓登　景玠公長子生康熙丙申年六月初九日巳時卒乾隆己卯年六月十七日酉時罐附塟父墳中坐向子午癸丁

妣蔡氏生康熙戊戌年七月十四日午時卒乾隆辛卯年八月廿七日丑時罐附塟姑林氏墳中坐向乾巽戌辰

男　兆砂　兆朝　兆曽　兆印

女　長配吕家　次配詹家

瑞呱公景玠公次子生康熙戊戌年十月初四日未時卒在惠安

瑞梳公　景玠公三子生雍正癸丑年十月十七日巳時卒乾隆壬午年六月十七日辰時塟南洋

瑞寀公字啓求　景珍公子生雍正丁未年正月十二日未時卒乾隆癸卯年八月十五日丑時柩塟文章山杉林中坐向午子丁癸

妣謝好娘生雍正乙巳年十月初六日卯時卒乾隆丁未年八月廿七日丑時柩塟重慶中崙尾坐向癸丁子午

男　兆樂兄瑞俊三子入嗣　兆貼

女　配東門謝

西房長房二　二叔公派　蓮山洋柱

瑞帝公字啓典　景泰公長子生康熙癸未年四月初四日卯時乾隆年間

往閩清耕山卒乾隆庚辰年十二月廿四日辰時塟閩清十五都九斗古
院地方土名大坵崙坐向壬丙亥巳
娶梁氏出
男　兆陳
女　巽娘幼殤
瑞照公　景泰公次子生康熙辛卯年九月十九日未時久居南洋
瑞琮公　景泰公三子生康熙甲午年十月初三日酉時往南洋卒缺
亮節公諱瑞合字啓彌　景泰公四子公自幼流落廈門自立室家至於乾
隆乙未年始回家翻蓋舊居然微文德公之力不及此生康熙戊戌年九
月十九日寅時卒乾隆甲辰年六月十四日未時塟文章山短崙仔坐向
申寅庚甲
妣楊田娘謚慈淑生雍正甲寅年八月廿五日寅時卒嘉慶己巳年十月

廿五日戌時塟蓮山洋厝門口大坵田坐向壬丙子午

男　兆生　兆海　兆良

女　配小沽陳

瑞操公　景考公嗣子殤

瑞接公字啓富　景壬公子生康熙年間十一月廿七日寅時住居德化程田寺格卒塟缺

妣謝寶娘謚慈德生雍正戊申年十一月初十日亥時卒乾隆癸巳年六月廿三日亥時塟德化縣土名糞壠坐向壬丙亥巳

男　兆天　兆養　兆吉

女　長配徐家　次配蘇　三配鄭

附記公原住德化程田寺格後未知移居何處或說尤溪大草埔是由程田寺格分派但亦未知分自何人姑誌之以待後查

九世西房二

清瑞台公　景榮公長子生乾隆丁巳年三月初九日亥時卒缺

瑞考公　景榮公次子生乾隆庚午年十二月十七日寅時卒塟俱缺

瑞景公　景賀公子莫考

瑞參公　景董公長子生乾隆乙亥年三月廿一日亥時卒道光丁酉年三月三十日酉時塟廈門增宅社溪宅埔

娶廈門打錫巷鄭勸娘生乾隆戊戌年九月十五日酉時卒咸豐癸丑年正月十七日吉時塟沽美山中垵口池後壁坐西向東

男　兆馨　兆誥

瑞栗公　景董公次子生乾隆乙巳年月日缺往廈門增宅社莫考

瑞贊公　景董公三子生乾隆壬子年月日缺卒在臺灣

瑞君公　景輝公子住居晉江窺湖鄉山仔頂生乾隆庚辰年十一月十三

日亥時卒塟在窺湖
妣窺湖吳息娘生乾隆壬午年正月廿一日寅時卒塟在窺湖傳有二三
子名莫考

九世西房三房長之長房長良琬公派
仙井柱
清瑞釆公字啓芹號清藻　高章公長子生雍正癸卯年十月初八日寅時卒
乾隆癸卯年五月十二日戌時塟山後格存字崙坐向丁癸午子
妣李切娘謚温恭生雍正癸卯年十月十六日寅時卒乾隆辛丑年六月
十七日丑時塟重慶新寨尾坐向坤艮申寅
男　兆扳　兆拙殤　兆瀉　兆飽

女　配曾墘曾

瑞題公字啓橋號魁元　高章公次子生雍正丙午年八月初七日辰時卒乾隆乙酉年又二月初一日寅時葬重慶山金字面角坐向戌辰乾巽

妣美埔馬璜娘生雍正戊申年十一月廿九日卯時卒嘉慶癸亥十二月十八日卯時葬石門内

男　兆挾　兆選

女　長配蓬島蘇　次配林口蔡

瑞翁公字啓鶴　治安公長子生雍正乙卯年七月十四日辰時卒乾隆年缺十月廿七日吉時葬缺

妣黄勸娘生乾隆丙辰年三月初十日子時卒乾隆戊子年五月初六日午時葬重慶新寨坐西向東

男　兆敏　兆慶出嗣弟瑞齒

女　配半嶺林

瑞托公　治安公次子生乾隆己未年七月十四日寅時卒乾隆辛卯年九月十四日吉時塟在南洋

瑞齒公　治安公三子生乾隆乙丑年九月廿七日寅時卒乾隆辛卯年正月十四日寅時塟在南洋

男　兆慶兄瑞侖次子入嗣

瑞異公　治安公四子生乾隆己巳年七月初七日寅時卒乾隆辛卯年三月初四日吉時塟在南洋

瑞巢公　治安公五子生乾隆辛未年五月十六日午時卒乾隆己亥年六月廿六日卯時塟沽美山尾坐癸向丁

西三房長之長房二良明公派美茂柱

瑞端公字啓發號履正　爰求公長子業儒生雍正庚戌年正月初五日戌時卒乾隆庚戌年五月初二日戌時塟石門山蛇仔崙坐向亥巳乾巽

妣大坪頭方女娘生雍正甲寅年四月初六日未時卒乾隆己酉年四月初一日寅時塟重慶中崙尾坐向子午癸丁

男　兆濫　兆汰　兆沁　兆濠

瑞臨公字啓睿號以莊　爰求公次子生乾隆己未年七月廿四日酉時卒乾隆丙午年十月十七日申時塟門山

妣鍾允娘謚貞惠生乾隆己未年八月廿八日未時卒乾隆丙申年五月初七日午時塟石門山坐東向西

又妣呂曉娘謚懿德生雍正甲寅年七月初一日酉時卒嘉慶壬戌年六月十一日巳時塟石門山

男　兆依　兆宅

瑞皎公字啓曰號潔白　爰求公三子生乾隆癸酉年六月初二日寅時卒道光辛巳年十月初十日亥時葬文章山杉林頭坐向庚甲酉卯

妣張勸娘謚儉順生乾隆癸未年十一月初九日申時卒嘉慶辛未年三月初三日寅時葬中崙尾

男　兆洗　兆皓　兆雩　兆誥　兆契

女　初娘配溪東未嫁而亡葬掃手尾

瑞忍公號得善　隨緣公長子生乾隆戊午年四月初二日亥時卒乾隆辛巳年八月初一日午時葬本鄉土角墓内

瑞閬公字啓精號彌高　隨緣公次子生乾隆辛酉年十月廿一日申時卒乾隆辛丑年九月廿九日申時葬石門山

妣坑柄呂惜娘生乾隆戊辰年三月十六日辰時卒乾隆甲寅年十二月

二十日辰時葬石門山

男 兆族 兆牢

女 配宮山陳

瑞闔公號益裕 隨絲公三子生乾隆乙丑年正月廿八日辰時卒乾隆庚辰年三月十九日午時葬重慶山新寨

瑞閃公字啓闢號琬玉 隨絲公四子生乾隆丁卯年十月初九日辰時卒嘉慶丙寅年正月十四日子時葬沽美山垵窩內坐向庚甲酉卯

妣王且娘生乾隆戊寅年正月廿七日未時卒道光壬辰年十二日初三日午時葬文章山竹林

男 兆普 兆共 兆品

女 長配雙墩陳 次配深垵葉

瑞獻公字啓文號賢德 創業公長子生乾隆丁巳年三月初八日寅時卒

乾隆庚子年十二月初九日辰時塟單洋尾
妣中房張晤娘生乾隆戊午年七月初五日寅時卒乾隆戊申年七月初
九日巳時塟重慶新寨山坐西向東
男　兆洒　兆褘　兆斷
女　長配溪東林　次配下宅陳　三配中房張
瑞茅公字啓東號華菅　創業公次子生乾隆壬戌年七月初六日申時卒
嘉慶辛未年正月十五日巳時娘塟石門攀仔內坐巽向乾
妣溪東林醒娘生乾隆癸酉年十月二十日酉時卒道光壬午年三月十
三日午時塟重慶山
男　兆筵
瑞瑾公字啓臻號如瑜　創業公三子生乾隆己巳年五月初八日亥時卒
嘉慶辛未年六月廿九日酉時塟本鄉月牌墓口

妣林綢娘生乾隆庚辰年三月初四日卯時卒乾隆戊申年十一月十七
日子時塟石門山擧仔内坐向巳亥丙壬
又娶曾埧陳聯娘生乾隆癸未年三月十九日亥時卒道光乙未年十二
月十六日巳時塟石門山
男　兆技　兆幼
女　配溪東林
瑞揭公字啓旟號在浚創業公四子生乾隆甲戌年八月初九日未時卒乾
隆乙卯年三月初五日戌時塟石門山鳳髻邊坐南向北
妣呂衍娘生乾隆庚辰年十一月廿九日寅時卒嘉慶戊午年四月十三
日巳時塟石門山
男　兆甘
女　配溪東林

瑞樸公字啓質號脩實　創業公五子生乾隆庚辰年十月初七日子時卒
嘉慶丙子年三月初四日酉時葬文章山大坵田頂坐向丁癸未丑
妣大庭紀報娘生乾隆甲申年十一月十六日亥時卒道光戊戌年三月
廿九日戌時葬石門山
男　兆力　兆超　兆夏
女　長配路後戴　次配鳳坡梁

良明公派　美成柱

瑞堅公字啓冰號吉實　層百公長子生康熙壬寅年九月十九日寅時卒
乾隆戊申年八月廿七日戌時葬石門山大中崙
妣林晃娘生康熙甲辰年閏四月十二日午時卒乾隆壬申年六月初三
日辰時葬美成厝角坐向艮坤丑未

男　兆潤　兆簡

女　配仙鄉陳

瑞仍公字啓囦號得心　層百公次子生雍正己酉年四月初十日丑時卒乾隆戊申年七月初一日辰時塟石門山坐巳向亥

妣陳七娘生雍正辛亥年十二月初一日酉時卒乾隆庚戌年四月初四日辰時塟石門山坐辰向戌

男　兆紹　兆分　兆越　兆香

女　長配坑園陳　次配下宅陳　三配溪東林

瑞節公字啓樽號友睦　層百公三子生雍正甲寅年十二月十五日寅時卒乾隆甲辰年七月十九日午時塟石門山

妣林五娘生乾隆丁巳年三月廿一日亥時卒乾隆丁亥年七月初八日巳時塟石門山

男　兆遂

瑞遲公字啓週號成至　大綸公長子生雍正辛亥年二月十九日申時卒

嘉慶丙寅年八月廿八日申時葬石門山坐亥向巳

妣李腰娘生雍正癸丑年七月十五日亥時卒嘉慶庚申年九月初七日

酉時葬文章山嶺邊格坐卯向酉

男　兆豁　兆撰　兆崢

女　配下宅陳

瑞西公字啓翰號義方　文正公長子生雍正甲寅年六月廾一日辰時卒

乾隆丁未年四月初二日戌時葬文章山草絹尾坐午向子

妣呂恬娘生雍正甲寅年九月初八日未時卒嘉慶癸亥年八月十九日

未時葬石門山中崙坐向艮坤丑未

男　兆誾　兆喜　兆紀

女　長配馬頭洋陳　次配下宅陳
瑞念公字啓祖號爾德　文正公次子生乾隆辛酉年十月三十日寅時卒
乾隆辛亥年十月十九日吉時塟沽美山坐巽向乾
妣安溪趙允娘生乾隆辛酉年三月初七日辰時卒乾隆庚子年八月十
五日未時塟本鄉土角墓口田下坐艮向坤
又妣林五娘生乾隆己巳年十二月廿六日午時卒道光丙戌年十二月
廿六日未時塟山後格龜子崙
男　兆知　兆後　兆慈
女　長配古坑黄　次配杉仔尾陳
瑞殊公字啓會號降才　文正公三子生乾隆甲戌年九月十六日卯時卒
乾隆庚戌年六月廿三日吉時塟山後格大崙尾坐巽向乾
妣霞舒蘇乖娘生乾隆丙子年八月十四日辰時卒光道乙未年八月初

七日吉時塟重慶山坐卯向酉

男　兆宗　兆詩　兆僭　兆淺（殤）

女　配馬洋林

瑞利公（字）啓用（號）成義　剛柔公長子生乾隆丁巳年六月十四日戌時卒乾隆甲寅年八月廿四日巳時塟缺

妣陳盼娘生乾隆戊辰年十一月廿二日戌時卒道光壬午年十二月廿九日吉時塟本鄉下埔仔坐西向東

男　兆欣　兆深

女　長配胡西陳　次配下宅陳　三配永福

瑞元公（號）興隆　剛柔公次子生乾隆庚申年四月初六日午時卒乾隆己卯年六月廿四日未時塟石門山

端檜公（字）啓楫　剛柔公三子生乾隆乙丑年五月十九日戌時卒嘉慶年

月日鈌塟石門山
妣黃寬娘生乾隆甲戌年閏四月初六日辰時卒乾隆乙巳年六月初九日寅時塟石門山
男　兆齡
瑞馮公字啓德　剛柔公四子生乾隆壬申年六月十五日申時卒嘉慶年鈌正月初九日吉時塟沽美山埈窩口坐西向東
瑞評公字啓論　文秀公長子生乾隆丁卯年十一月廿二日寅時卒乾隆乙未年十一月廿八日吉時塟臺灣
娶余氏出
女　一配土坂李
瑞醉公字啓賓號盛在　文秀公次子生乾隆辛未年二月十五日亥時卒嘉慶乙丑年年三月十七日申時塟沽美山

妣墩兜陳妹娘生乾隆庚辰年十月初十日亥時卒道光癸未年十月初八日丑時塟重慶樹林口坐西向東

男　兆迎　兆連俱瑞枕入祠

瑞侶公字啓調號律修　文秀公三子生乾隆癸酉年十二月廿四日寅時卒嘉慶丙辰年七月廿四日吉時塟石門山坐向巳亥巽乾

娶林氏出

男　兆歲　兆權

瑞纖公字啓毫號隆德　文秀公四子生乾隆辛巳年正月初二日寅時卒乾隆丁未年十一月初四日酉時塟石門山

娶林氏出　胞姪兆與奉祀

瑞過公字啓茁號篤祜　文秀公五子生乾隆丁亥十月十二日酉時卒道光戊戌年閏四月廿三日寅時塟石門中崙坐向壬丙亥巳

妣上塘許畔娘生乾隆乙未年十月廿六日寅時卒道光甲辰年九月初九日午時塟石門山鳳髻尖後中崙坐丙壬巳亥
男　兆與　兆宣　兆賓　兆準　兆炳
女　配林俁
瑞乞公字啓靈　景楷公長子生乾隆己未年八月十日亥時卒嘉慶年月日塟俱缺
瑞勃公　景楷公次子生乾隆甲子年十二月十七日酉時外出莫考
三房長之二鍾元公派頂三落柱
清瑞元公　景格公長子生卒缺
瑞全公　景格公次子生卒缺
瑞澤公　景格公三子生卒缺兄弟俱往臺住籍鳳山縣垻頭傳聞子孫昌

熾

瑞皆公字啓是號士及　景敦公長子生乾隆甲子年十二月初二日巳時卒乾隆乙卯年十二月二十日戌時塟重慶新寨頭坐向乾巽亥巳

妣彭口林埔張研娘生乾隆己巳年二月十六日寅時卒嘉慶庚午年五月初六日酉時塟重慶皂斗崙邊坐向艮坤丑未

男　兆習　兆級　兆盞　兆長

女　二俱配舊門呂

瑞區公號周制　景敦公次子生乾隆庚午年四月初六日辰時卒道光癸未年五月十五日酉時塟石門山中崙頭坐向丑未癸丁

妣莊引娘生乾隆甲申年三月初七日未時卒道光壬辰年十二月廿二日戌時與公合塟

男　兆耽　兆朕出嗣瑞送　兆夢出嗣瑞著　兆肥

女　長配扶牆李　次配胡西陳

瑞墘公號成國　景敦公三子生乾隆癸酉年二月初七日寅時卒道光己丑年正月十二日辰時塟文章山火庵崙坐向丑未艮坤

妣報恩楊救娘生乾隆己丑年正月廿八日未時卒嘉慶丁丑年八月廿四日卯時塟小寨埈角坐向艮坤丑未

男　兆諧　兆摺　兆井　兆清

女　長配下宅陳　次配中埔頭林

瑞頻公　景敦公四子生乾隆丙子年正月三十日寅時卒乾隆乙卯年十月十四日未時塟重慶山坐向庚甲申寅

娶某氏出

男　兆鐵

瑞送公　景敦公五子生乾隆庚辰年十二月十四日寅時卒乾隆丁未年

十一月初四日酉時塋在外
娶某氏出
男　兆朕瑞偓次子入嗣
瑞挑公　景曉公子生乾隆乙丑年五月初九日酉時卒乾隆辛丑年七月
廿七日巳時塋新寨崙坐向申寅坤艮
妣園坑戴恭娘謚敬慈生乾隆辛未年十二月初八日申時卒嘉慶庚申
年七月初十日卯時塋重慶新寨坐向未丑坤艮
男　兆鳳殤　兆貴　兆富
瑞徒公字啓義號懷德　景義公長子生乾隆丁丑年十月十九日子時卒
乾隆乙卯年七月初七日辰時塋重慶新寨尾坐向申寅庚甲
娶某氏出
男　兆允

瑞著公 號 克明　景義公次子生乾隆辛巳年四月廿三日寅時卒嘉慶庚辰年十一月十六日寅時塟樹林口

妣大庭戴靜娘謚和德生乾隆乙未年三月十五日巳時卒乾隆乙卯年六月廿三日午時塟安溪胡頭小寨坐南向北

男

兆夢 瑞謳三子入嗣

瑞春公 字 啓先 號 煥彩　景義公三子生乾隆丙戌年三月十七日酉時卒道光辛卯年正月初七日未時塟重慶新寨尾坐向庚甲申寅

妣鳳坡梁新娘生乾隆巳丑年二月十六日申時卒嘉慶乙亥年三月廿九日未時塟重慶中崙尾坐向丑未癸丁

男

兆劍 殤　兆懷　兆音 殤

瑞芸公　景義公四子生乾隆壬辰年五月初八日卯時卒在漳州

瑞輪公 字 啓月 號 光彩　成德公長子生雍正癸丑年十一月初三日未時

卒嘉慶巳巳年五月初三日未時塟山後格羊那坑坐向丙壬巳亥
妣詩口吳珠娘謚淑寶生乾隆丁卯年正月初九日未時卒嘉慶丙辰年
六月初六日未時塟山後格尊字崙頭坐向巳亥巽乾
男　兆返　兆僭　兆靳　兆積
女　長配英橋陳　次配文章陳
端科公字啓枘號連登　成德公次子生乾隆丙辰年十月廿九日辰時卒
嘉慶乙丑年十月廿一日未時塟西巖頭坐丁癸未丑
妣上呷林謹娘謚淑慎乾隆戊辰年正月廿三日丑時卒乾隆丁未年三
月十七日卯時塟重慶樹林口坐乾巽亥巳
男　兆王　兆寄　兆慈　兆園
女　配內呷李
瑞法公字啓節號和興　成德公三子生乾隆己未年九日廿九日丑時卒

乾隆乙卯年五月廿八日辰時葬石門山中崙坐庚寅申
妣内岬李茹娘謚安仁生乾隆戊辰年十一月初二日卯時卒乾隆丙午
年十月初六日寅時葬重慶樹林口坐甲庚寅申
男　兆從　兆丹　兆完
女　長配小沽陳　次配山頭葉
瑞八公字啓時號有慶　成德公四子生乾隆癸亥年七月廿九日亥時卒
嘉慶丁卯年十年廿四日申時葬重慶小寨墳樹林内坐乾巽乙亥
妣古宅吴省娘謚忠順生乾隆辛未年七月廿六日酉時卒嘉慶戊午年
十一月廿二日酉時葬文章山赤墓坪坐乾巽戌辰
男　兆捒　兆勸　兆炭　兆低　兆偃　兆位殤
女　配古安林
瑞鴒公　成德公五子生卒葬俱失

瑞若公字啓時號大悦　溫厚公長子生乾隆壬戌年十一月廿二日辰時
卒乾隆乙卯年八月廿六日卯時塟重慶坑仔口坐向乙辛辰戌
男　兆柱瑞昂三子入嗣
瑞乃公　溫厚公次子生乾隆甲戌年六月初八日巳時卒乾隆甲寅年十
二月初七日戌時塟重慶中崙邊
娶蘇氏出
瑞周公號維遇　溫厚公三子生乾隆甲申年四月初四日辰時卒乾隆丁
未年九月廿七日未時塟石門山大水垵
娶林氏出
瑞胥公　玉萱公長子生乾隆己未年八月初三日辰時卒乾隆己丑年正
月十四日酉時塟石門山蛇仔崙邊坐向子午癸丁
娶莊氏出

瑞岃公字啓優　景傒公子生乾隆甲戌年十一月十五日酉時卒道光庚寅年二月初四日未時葬文章山大崙坐向辛乙酉卯

妣大坪陳愛娘坐乾隆辛卯年二月廿三日辰時卒道光癸巳年九月初五日未時葬大崙脚坐向庚甲酉卯

男　兆牆　兆盤殤

女　長配鳳坡梁　次配舊門呂

瑞樵公字啓漁號常山　振紬公長子生乾隆戊辰年九月十四日丑時卒嘉慶辛酉年十月初三日巳時葬沽美山坐向乾巽亥巳

妣安美林𣱽娘謚柔嘉生乾隆丁丑年九月廿二日酉時卒乾隆己酉年四月三十日未時葬重慶新寨頭坐向辛乙戌辰

男　兆裁　兆繞

瑞印公字啓信號嘉祿　振紬公次子生乾隆戊寅年七月十九日巳時卒

嘉慶壬申年四月初九日巳時塟山後格大崙脚坐向辰戌巽乾
妣內呷李救娘生乾隆庚寅年十一月十一日辰時卒嘉慶丁丑年七月
十三日巳時塟石門山也字形崙邊坐向癸丁丑未
男　兆劉　兆城　兆純　兆窑
女　長配文章陳　次娘坑園陳

三房長之三翼逵公派五柱長

瑞表公字啓裏　景易公長子生康熙壬寅年六月十四日巳時卒乾隆癸
卯年二月廿二日丑時塟石門大水垵頭坐向癸丁丑未
妣郭好娘生雍正丁未年十月十二日卯時卒乾隆丁未年正月廿八日
巳時塟重慶坑仔口坐乙辛辰戌
男　兆倉　兆雙　兆良

女　配下宅陳

瑞快公字啓所號仰樂　景易公次子生雍正甲辰年二月二十日酉時卒乾隆戊申年三月十六日辰時塟山後格尊字崙坐向巳亥巽乾

妣胡坂蔡二娘生雍正辛亥年二月廿七日亥時卒乾隆戊申年五月初四日寅時與公合塟

男　兆添　兆丁　兆慊　兆口　兆雪

女　長配仙鄉陳　次配大庭戴　三配郭井林

瑞益公字啓裕　景浩公長子生雍正庚戌年八月廿六日丑時卒乾隆癸丑年八月十五日戌時塟山後格大崙尾坐向巳亥丙壬

妣陳井娘生乾隆乙丑年二月初六日申時卒乾隆乙巳年四月廿三日午時塟石門內坐向巳亥巽乾

男　兆磋　兆遂　兆釭

女　配下宅陳

瑞聳公字啓拔　景浩公次子生雍正乙卯年十二月十七日卯時卒嘉慶庚申年六月十六日丑時塟石門大水埈頭坐向艮坤寅申

妣江緘娘生乾隆戊辰年五月初三日辰時卒乾隆壬子年十月十三日寅時塟山後格尊字崙頭坐向庚甲酉卯

男　兆挑　兆語　兆正　兆算　兆辦

瑞川公號號厚樸　景浩公三子生乾隆己未年九月十四日未時卒乾隆戊申年九月初四日戌時塟臺灣萬丹街竹巷口坐東向西

妣椒娘謚勤慈生乾隆甲戌年八月十一日亥時卒道光壬午年十一月初八日酉時塟臺灣萬丹埔坐西向東

男　兆美

瑞丑公　景浩公四子生乾隆庚午年七月十三日亥時卒乾隆年間十一

月初八日吉時塟在廈門

瑞玉公字啓瓚　景初公長子生雍正戊申年十二月廿二日辰時卒嘉慶己未年四月初十日寅時塟溪宅埔坐向甲庚寅申

妣林佔娘生乾隆丙辰年十月初十日戌時卒乾隆甲辰年五月十一日午時塟重慶金字面脚坐向乾巽亥巳

男　兆祖　兆仙　兆饌　兆梶

女　長配橋頭陳　次配中埔頭林　三配古林雷

端乾公字啓健　景初公次子生乾隆戊午年三月初七日戌時卒乾隆戊戌年十一月初五日未時塟臺灣萬丹街番仔埔坐西向東

妣歐快娘生乾隆己巳年二月廿三日戌時卒塟缺

男　兆讀

瑞勤公字啓閨號芸窗　景初公三子生乾隆壬戌年四月二十日卯時卒

嘉慶壬戌年八月廿一日戌時塟重慶靳寨樹林口坐向酉卯辛乙
妣廈門後塘陳綢娘生乾隆壬午年三月十二日寅時卒道光丙午年正
月十三日寅時塟重慶新寨坐西向東
男　兆深
女　配山内田家
瑞懋公字啓意　景初公四子生乾隆乙丑年十二月十八日卯時卒嘉慶
壬戌年正月十七日戌時塟臺灣
妣陳變娘生乾隆戊寅年十一月初十日未時卒嘉慶丙辰年十二月初
二日巳時塟臺灣萬丹埔
男　兆鐫
女　長配李　次配沈
瑞決公字啓嫌　景祥公子生雍正甲寅年三月十四日寅時卒乾隆乙未

五月十三日申時塟石門内坐向丁癸未丑
妣謝來娘生乾隆戊午年七月初五日亥時卒乾隆庚寅年五月初十日
辰時塟石門中崙
男　兆賽　兆演　兆韮
瑞恭公字啓敬　景伍公長子生雍正壬子年九月初九日申時卒缺塟在
安海
妣黃勸娘生乾隆己未年十一月初三日辰時卒乾隆丁亥年八月廿二
日吉時塟小寨垵坐向乙辛辰戌
男　兆虎
瑞揖公字啓讓　景伍公次子生乾隆己未年七月初四日辰時卒年月缺
塟廈門山
瑞珠公字啓寶　景　公三子生乾隆己巳年七月初八日寅時卒乾隆丙

午年月日缺塋在厦門

瑞旺公字啓隆號興時　景書公長子生康熙戊戌年八月初八日卯時卒

乾隆癸酉年正月廿七日巳時塋沽美山橋頭山巷坐向丙壬午子

娶陳氏出

男　兆務　兆卯

女　一

瑞誇公字啓多　景書公次子生康熙辛丑年八月廿二日己巳時卒缺塋

在南洋

妣謝玉娘生雍正庚戌年九月廿五日丑時卒塋缺

男　兆反

瑞奪公　景書公三子生雍正甲寅年十月十五日酉時乾隆癸己年二月

廿三日戌時塋臺灣萬丹埔坐南向北

瑞南公　景書公四子生卒塋缺
瑞述公　景賴公子外出生卒缺由仰樂公子孫奉祀

翼達公派五柱二　後埔洋柱良起公派
瑞星公字啓辰號拱臨　迹豐公長子生雍正庚戌年十月初四日午時卒
乾隆戊戌年五月廿五日午時塋文章山大崙坪蜈蚣牙內
妣後山余啓娘生雍正壬子年四月初十日酉時卒乾隆乙巳年五月初
二日未時塋美墘大池角坐向未丑坤艮
男　兆喜　兆環　兆欺　兆挺　兆錄
女　配內洋舉人黃升胞姪諱深世
瑞龍公字啓田號惟馨　迹豐公次子生雍正癸丑年八月初一日未時卒
乾隆丁酉年十五日酉時塋後井崎坐向未丑坤艮

妣竹脚陳全娘雍正癸丑年七月廿一日戌時卒嘉慶丙寅年正月十二日辰時塟後垵員山仔

男　兆慶　兆卜　兆綿　兆勅　兆謨　兆福　兆豁

女　配舊門呂

太學生世俊公乳名瑞政字啓醇號哲謀　長泰公長子生雍正己酉年十一月廿四日未時卒乾隆己丑年七月廿二日申時塟沽美山坐西向東

妣永春埔頭林秀娘謚厚順舉人林功之女生雍正庚戌年八月二十日戌時卒乾隆甲戌年六月廿九日酉時與公合塟

又妣縣内東門柯英娘謚和順生雍正甲寅年十一月二十日巳時卒乾隆庚辰年四月初十日戌時塟大林山坐西向東

又娶姚氏出

男　兆潮　兆沱林氏出

女　配高田葉柯氏出

瑞旭公字啓萬號日軒　長泰公次子業儒生乾隆戊午年八月廿七日未時卒乾隆丙申年十月二十日寅時葬本鄉後林崎坐巽向乾

妣永春上場顏攀娘浦城學斯諆公女孫生乾隆丁巳年二月十六日卯時卒乾隆戊戌年六月初八日巳時與公合葬

男　兆燦　兆煒　兆炬　兆普

女　配中房張

瑞昂公字啓家號志軒　長泰公三子生乾隆庚申年七月廿六日寅時卒嘉慶丁卯年十二月十一日申時葬山後格特坑山脚坐向丙壬巳亥

妣小沽陳倜娘謚謙順生乾隆壬戌年十二月十八日午時卒乾隆戊戌年六月廿七日丑時葬杉垵壠邊坐向未丑坤艮

又妣中房張全娘生卒年月缺葬重慶山坐東向西

男　兆綽　兆紼　兆柱出承瑞若陳氏出

瑞旦公字啓昧號吉齋　長泰公四子業儒生乾隆丙寅年六月十三日寅時卒乾隆丁未年十二月廿七日酉時葬本鄉杉垵墘坐向丁癸未丑

娶李氏出

男　兆增　兆南

瑞昌公字啓善號允文　長泰公五子業儒生乾隆戊辰年三月十五日巳時卒乾隆癸卯年八月廿三日申時塋山後格羊嶺坑坐向坤艮未丑

妣永春州内鄭栽娘謚儉生乾隆戊辰年五月廿一日未時卒乾隆丁酉年四月十一日未時塋山後格特坑崙尾坐向午子丙壬

男　兆衢　兆衛

女　配吉　鄭

瑞熾公字啓富號爾壽　長泰公六子生乾隆己巳年七月十六日辰時卒

乾隆癸丑年三月初四日卯時塟重慶中崙坐向寅申艮坤
妣安溪湖頭李祿娘謚專順瑞安縣正堂李鍾倬女孫生乾隆庚午年九
月初九日辰時卒嘉慶庚申年二月十六日辰時塟重慶新寨路頂坐向
坤艮未丑
男　兆助　兆簪
女　配胡西陳

清太學生世盛公乳名瑞雲字啓卿號際會　長圓公嗣子生康熙壬寅年六
月廿一日午時卒乾隆戊寅年十二月十五日酉時塟山後格龜仔腰
妣永春上場顏恬娘謚靜一生康熙壬寅年十一月十五日未時卒乾隆
壬辰年七月廿四日未時與男兆服合塟
男　兆壂　兆彬　兆恥　兆服
女　配埔頭貢生黃一枝

瑞殿公字啓邦號維新　華山公長子生雍正戊申年五月十四日寅時卒乾隆己巳年十一月廿九日午時塟本都塔口五臺山巖口坐向丁癸午子

妣葉迎娘謚純一生雍正戊申年十月十二日午時卒嘉慶辛酉年七月十一日亥時塟本鄉張坑内坐向乾巽亥巳

附記道光辛卯年纂脩省誌及縣誌舉人呂廷琮廩生葉鴻元貢生洪成時僉請脩入誌内云葉氏者深垵歲貢生教諭葉宏苑女孫也幼誦女訓内則諸篇二十于歸執婦道唯謹越二年夫歿氏哀痛幾絶矢志靡他乃告諸姑抱養一子氏冰霜勵操足不踰閾奉盤匜以事姑勤紡績以給子其茹辛含苦歷盡風凄雨冷而不改柯易葉里人咸稱道焉

男　兆緒

瑞壬公字啓源號維癸　華山公次子生乾隆壬戌年三月廿九日丑時卒

嘉慶戊辰年四月初六日己時塟永春文章苦菜壠畬厝中崙龜仔坐向丁癸午子

妣東門謝六娘謚良順生乾隆乙丑年十二月初三日戌時卒嘉慶辛未年閏三月初八日巳時塟文章寨雞卯崙壙坐向巽乾辰戌

男　兆莆　兆超　兆永

女　配溪東林

瑞取公字啓竹號心筠　羣后公長子生雍正庚戌年正月初一日丑時卒乾隆甲午年七月廿四日子時塟文章山虎仔崙坐向酉卯辛乙

妣永邑州内鄭載娘謚温良生雍正辛亥年八月十九日辰時卒乾隆甲子年十月十四日辰時

又妣後埧顔榮娘生雍正辛亥年二月十六日申時卒乾隆戊申年六月廿二日未時塟重慶新寨坐向辛乙酉卯

男　兆藻　兆葉　兆藏　兆藹

女　長配鳳坡梁　次配古坑黃

瑞義公字啓宜號居仁　羣后公次子生乾隆丙辰年六月十五日辰時卒

乾隆丁酉年九月十七日申時塟本鄉貢頂坐向乾巽亥巳

妣延陵吳賞娘謚懿德生雍正乙卯年十二月十七日巳時卒乾隆戊戌

年五月廿七日巳時塟本鄉貢尾坐向辛乙戌辰

男　兆煥　兆炯　兆灶　兆爐　兆炷出嗣

翼達公派五柱三良業公派　棋盤柱

瑞好公字啓爵號爾靡　景仁公長子生康熙壬辰年七月十六日未時卒

乾隆辛未年三月十三日酉時塟石門山中崙右畔坐向坤艮未丑

妣山兜黃疊娘謚柔順生康熙癸巳年七月廿九日丑時卒乾隆丁亥年

正月廿五日申時塟山後格稻馬埯崙坐南向北
男　兆寬　兆宙　兆醒
女　配大沽溫
瑞從公字啓心號隨欲　景仁公次子生康熙戊戌年二月初六日酉時卒
乾隆癸酉年二月初一日戌時塟石門山坐北向南
娶某氏出
男　兆賤　兆件
瑞笑公字啓忻號成歡　景仁公三子生雍正丁未年十月初一日寅時卒
乾隆戊寅年八月十五日巳時塟重慶中崙坐東向西
娶某氏出
男　兆能　兆每
瑞黨公字啓同號維直　景炳公長子生雍正乙巳年十二月初一日辰時

卒乾隆丙申年十一月初一日寅時葬沽美山險埧外坐向癸丁丑未
妣下宅陳哲娘生雍正辛亥年五月廿九日辰時卒乾隆壬辰年八月廿
四日巳時葬山後格大崙竹篙崙頭坐向乙辛卯酉
男　兆真養　兆謀　兆喊
女　長配古宅吳　次配舊門呂
瑞珩公　景炳公次子生雍正甲寅年十二月十二日卯時卒乾隆巳未年
九月廿五日酉時葬石門内坐南向北
瑞珪公字啓介　景炳公三子生乾隆戊午年十二月十一日未時卒乾隆
癸卯年正月廿二日辰時葬缺
妣中埔頭林於娘生乾隆庚申年閏六月十六日午時卒乾隆丁酉年十
月廿三日亥時葬石門山坐東向西
男　兆塔　兆石　兆某

女　配古宅吳

瑞姜公字啓味號惟周　景孔公長子生雍正庚戌年六月十九日寅時卒乾隆壬寅年七月初二日子時葬山後格却拔頭坐向巽乾辰戌

妣下宅陳蹻娘生乾隆戊午年七月廿三日日辰時卒嘉慶甲戌年十一月廿二卯時葬本鄉墓桊邊坐向壬丙子午

男　兆幸　兆杯　兆且　兆枉

女　長配下宅陳　次配大沽温

瑞錦公字啓尚號成樸　景孔公次子生雍正乙卯年七月初五日午時卒乾隆巳酉年十月二十日酉時葬臺灣萬丹埔

妣湖坂林秀娘生乾隆庚午年四月初八日辰時卒乾隆乙卯年八月廿八日辰時葬臺灣萬丹埔

男　兆迎　兆怕　兆佃

女　配古坑黃

瑞詩公號執禮　景孔公三子生乾隆壬戌年六月初十日酉時卒乾隆乙未年九月十六日午時塟臺灣萬丹埔坐北向南

瑞隆公字啓豊　景孔公四子生乾隆乙丑年四月十四日辰時卒乾隆庚戌年八月初五日寅時塟重慶樹林口坐西向東

娶陳氏出

男　兆來殤

女　二配未詳

瑞白公字啓百　景孔公五子生乾隆辛未年閏五月廿六日丑時卒乾隆乙卯年四月初八日辰時塟山後格却拔內坐向癸丁丑未

娶溫氏出

男　兆泵

瑞脩公字啓巳　景貴公長子生雍正庚戌年十月十九日亥時卒塟在臺灣
妣陳彩娘生乾隆壬戌年五月初九日辰時卒塟在臺灣
男　兆星
女　成娘
瑞劍公字啓佩　景貴公次子生雍正甲寅年七月廿五日子時塟在臺灣
妣王變娘謚柔善生乾隆辛未年二月初十日子時卒乾隆乙未年九月廿六日丑時塟臺灣萬丹埔坐南向北
瑞璉公字啓瑚　景貴公三子生乾隆己未年十月初九日丑時卒缺塟臺灣萬丹埔
瑞壂公字啓淵　景貴公四子生乾隆壬戌年八月十五日申時卒缺塟臺灣萬丹埔

翼達公派五柱四良貞號垂紀公派　尾墘柱

瑞卓公字啓成景及公子生雍正丁未年十二月初一日戌時卒乾隆癸酉年二月廿九日丑時塟石門内大水垵坐北向南

娶林氏出

男　兆吉

瑞楚公字啓寶號惟善　景傳公長子生乾隆己未年十一月廿一日丑時卒乾隆己丑年四月十四日子時塟後山格深坑内坐向丑未艮坤

妣羅坡余要娘生乾隆丁卯年七月十一日酉時卒嘉慶己未年正月廿八日申時塟水鬼深坑壠内坐向甲庚卯酉

男　兆商

瑞純公號允忍　景傳公次子生乾隆戊辰年正月十二日午時卒乾隆辛亥年十二月廿一日巳時塟在南洋

胞姪兆商奉祀

瑞豚公號福祿　景向公子生乾隆乙丑年十月初八日申時卒乾隆乙卯年三月廿五日申時塟水格內崎仔邊

男　兆質養

瑞華公字啓重　景對公子生乾隆辛酉年十月初八日卯時卒塟在飛鸞

妣余氏生乾隆庚申年二月廿九日酉時卒塟在飛鸞

男　兆戲　兆元

瑞擇公字啓處號良緣　景金公長子生康熙丙申年十二月十二日戌時卒乾隆癸酉年二月廿五日午時塟重慶嶺脚坐向丑未癸丁　男兆蘊

附塟

妣蔡菊娘生雍正乙巳年十一月初八日辰時卒乾隆壬寅年四月初八日申時塟石門山中崙坐向子午壬丙

男　兆藴

女　配東門謝

瑞撰公字啓造號紫衣　景金公次子生康熙己亥年十一月初四日寅時卒乾隆丁丑年十月初五日巳時塟石門山中崙坐北向南

妣陳朱娘謚勤信生雍正戊申年九月廿七日酉時卒乾隆丙子年六月廿一日申時塟石門山大水垵

男　兆慶

瑞插公字啓栽號培因　景金公三子生康熙壬寅年十月十六日午時卒乾隆庚寅年十月十六日午時塟在福清

妣彭口李西娘生雍正壬子年二月十二日午時卒乾隆庚辰年三月廿六日未時塟沽美山宗彭公墳頂坐東向西

男　兆蘭

（附記）公己無傳現有田厝存焉姪兆蘊凡遇公妣忌辰年節必享及之

瑞偶公字啓辭號愼言　景科公長子生雍正庚戌年四月廿三日戌時卒乾隆己卯年八月廿七日未時塟險垻外坐南向北

妣溪前陳員娘謚孝勤生雍正辛亥年八月初四日寅時卒乾隆癸酉年十二月廿八日巳時塟橋頭山謙叔祖墳下坐南向北

女　一配溪前陳

（附記）公己無傳計其遺下尚有田二斗厝三間付景標景朮景荷兆蘊等四柱輪耕值當祭祀

瑞擯公字啓謀號來成　景科公次子生乾隆己卯年七月初三日戌時卒乾隆壬寅年月日缺塟在南洋

妣中房張子娘生乾隆甲申年八月十五日午時卒乾隆乙巳年正月初

九日巳時塟本鄉墳尾坐向丁癸午子

男　兆山

瑞朮公字啓釀號秀茂　景載公子生乾隆丙辰年十二月廿八日辰時卒乾隆戊戌年十一月三十日己時塟文章山草絹尾坐向辰戌巽乾

妣頂宅陳烏娘生乾隆辛酉年三月初十日酉時卒乾隆乙卯年五月廿二日酉時塟水格内蛇仔崙坐向未丑坤艮

男　兆績　兆敬　兆讀　兆桃　兆源

瑞蔭公字啓庇號積玉　奪錦公長子生乾隆乙丑年七月廿七日丑時卒乾隆戊申年五月初四日巳時塟山後格大才崙坐向己亥巽乾

妣彭口李勸娘謚儉節生乾隆丙寅年十二月廿七日酉時卒嘉慶乙亥年五月廿五日未時與公合塟

男　兆聘　兆壹

女　長配尤溪　次配大田陳

瑞通公字啓貫號超然　奪錦公次子生乾隆甲戌年二月初六日子時卒嘉慶庚申年三月十八日辰時塟山後格大崙中坐向申寅坤艮

妣中房張長娘謚温柔生乾隆戊寅年八月十八日午時卒道光巳丑年九月初五日辰時塟新寨脚坐西向東

男　兆建　兆乃　兆同

女　長配杉仔尾陳　次配溪東林　三配仙鄉陳　四配下宅陳

瑞荷公字啓幸號默厚　丕承公長子生乾隆己未年十一月廿五日寅時卒乾隆乙巳年八月初四日辰時塟南洋

妣白墓林尾娘生乾隆庚申年四月十九日申時卒嘉慶丙寅年七月廿八日未時塟重慶金字面後坐向卯酉乙辛

男　兆熊　兆規　兆清

女　配下宅陳

瑞化公字啓教號敦厚　丕承公次子生乾隆壬戌年十月初一日午時卒嘉慶戊辰年八月三十日午時塟文章山土地崙坐向申寅艮坤

妣澳下盧亥娘生乾隆庚午年十月十五日亥時卒嘉慶癸酉年九月十九日未時塟外貢

男　兆象　兆鳳　兆周

女　長配下宅陳　次配馬頭洋陳

瑞育公字啓遂　丕承公三子生乾隆己巳年三月十五日辰時卒乾隆甲辰年正月十二日吉時塟在南洋

娶廖氏出

男　兆親

瑞鑾公字啓鳳號飛鳳　丕承公四子生乾隆丙子年三月廿九日丑時卒

乾隆丙申年十一月十二日巳時葬在南洋

瑞葛公　丕承公五子生乾隆甲申年五月廿二日巳時卒乾隆甲戌年十一月十二日戌時葬水格内崎仔邊坐向乙辛卯酉

娶林氏出

瑞妙公字啓贊　景鎮公長子生雍正癸丑年八月初四日辰時卒乾隆辛丑年七月廿六日寅時葬斐後林橡脚崙坐東向西

妣上呷高惜娘生乾隆庚申年閏六月十七日丑時卒嘉慶庚辰年十月十六日辰時葬山後格烏塗坑坐向庚甲酉卯

男　兆寅　兆動　兆前出承瑞曄　兆蘇　兆榮

瑞曄公號震畝　景鎮公次子生乾隆己未年九月廿四日卯時卒乾隆甲午年十月廿七日寅時葬沽美山

男　兆前瑞妙三子入承

瑞眼公字啓慧號明鏡　文明公長子生乾隆癸亥年五月初十日寅時卒
乾隆丙午年十一月廿三日丑時塟本鄉尾墘外貢田下
妣后埔林招娘生乾隆甲子年二月廿七日卯時卒嘉慶辛未年正月初
一日卯時塟本鄉白墓貢頂
男　兆送　兆有　兆閤　兆居　兆寳　兆長　兆角
女　配後山余
瑞赫公字啓顯號維德　文明公次子生乾隆丙寅年正月廿二日亥時卒
乾隆乙卯年七月初五日丑時塟山後格打火崙坐向壬丙子午
妣內呷李賽娘生乾隆庚午年九月十四日午時卒嘉慶己未年九月初
三日申時塟山後格石皮垵坐向卯酉甲庚
男　兆滿　兆映　兆能　兆文　兆厚
女　長配溪東林　次配下宅陳

瑞沓公字啓嚀號惟賢　文明公三子生乾隆己巳年二月廿七日酉時卒嘉慶辛酉年正月初九日辰時塟文章山大崙坪坐向寅申甲庚
妣坑園陳珠娘生乾隆丁丑年正月十五日午時卒嘉慶乙亥年六月初九日巳時塟山後格大崙坪坐向卯酉甲庚
男　兆趕　兆淡　兆祈　兆統殤
女　長配杉仔尾陳　次配八尺盛
瑞姿公字啓張號書紳　景登公長子生乾隆乙亥年五月十三日亥時卒嘉慶丙寅年十月十一日辰時塟重慶新寨脚坐向庚甲申寅
娶王氏出
男　兆緣　兆葵殤
瑞竇公字啓方號燕山景登公次子生乾隆庚辰年十一月十四日辰時卒嘉慶乙丑年二月三十日酉時塟石門山大水垵坐向乾巽戌辰

妣楊氏謚淑靜生乾隆年月日俱缺卒嘉慶丁卯年二月三十日酉時塟
沽美山馬路頭坐向艮坤寅申
男　兆海
瑞盼公字啓顧號美英　景登公三子生乾隆乙酉年八月初三日卯時卒
道光壬午年七月廿三日午時塟文章山竹篙崙坐向壬丙子午
妣蓋娘溪劉逆娘生乾隆丁酉年十一月廿九日酉時卒道光丙申年三
月初一日初一日申時塟文章山嶺邊格
男　兆待殤　兆麵　兆騷
女　長配安美林　次配溪東林　三配安美林
瑞貢公號問師景登公四子生乾隆辛卯年九月十一日寅時卒道光己酉
年十一日廿八日酉時塟本鄉白墓墘坐向坤艮未丑
妣岩田邱玉娘謚美材生乾隆庚子年三月十二日辰時辛同治辛未年

九月十一日午時塟水鬼内

男　兆色　兆省

女　二俱配半嶺林

瑞京公字啓教號戰成　景庭公子生乾隆丙子年七月廿八日申時卒嘉慶壬申年三月十一日巳時塟客拔崙水崛頂

妣湖美黄位娘生乾隆丙戌年七月廿九日未時卒乾隆丙午二月十一日子時塟沽美山馬路頭坐向艮坤寅申

又妣漳州陳淡娘生乾隆庚辰年月日缺卒嘉慶丙子年三月初七日吉時塟水格内崎仔邊

男　兆禄　兆杉　兆才

瑞綢公字啓實號承綴　景國公長子生乾隆壬午年九月廿八日申時卒道光乙未年九月初八日酉時塟文章寨崙内

妣曾墘曾雪娘生乾隆甲申年正月十一日未時卒嘉慶甲子年六月十
三日巳時葬山後格蜈蚣牙脚坐向癸丁丑未

男　兆詩　兆猜殤　兆畜

女　配杏塘陳

瑞春公景國公次子生乾隆己丑年十一月十五日酉時殀

瑞芸公號爾道　景國公三子生乾隆癸巳年九月十二日午時卒嘉慶年
間七月廿五日午時葬山後格石皮垵坐向寅申甲庚

妣小沽陳伏娘生乾隆壬寅年六月初一日戌時卒咸豐癸丑年十一月
初一日戌時葬後林山脚坐向戌辰辛乙

男　兆浪　兆錠

女　長配安美林　次配岧田蔡

翼逵公派五柱五　五坵仔柱良炎公派

瑞滾公字啓繡　景天公長子生康熙丁酉年八月初二日申時卒乾隆年間八月初四日吉時塟廈門山場

妣王宜娘生康熙戊戌年九月初十日午時卒乾隆庚子年二月十九日未時塟石門山坐東向西

男　兆湊　兆相

女　長配仙鄉郭　次配吉滁鄭

瑞現公字啓昭　景天公次子生康熙庚子年正月初一日辰時卒乾隆戊戌年十月初一日已時塟沽美山險坝坐東向西

妣惠安蔡雀娘生雍正己酉年十二月十五日辰時卒乾隆戊戌年九月三十日亥時塟沽美山馬路頭坐水向西

男　兆剃　兆琛

瑞求公字啓藝號懷道　景郭公長子生乾隆戊午年五月十九日丑時卒
乾隆乙卯年五月初十日午時塟沽美山坐東向西
瑞據公號德依　景郭公次子生乾隆丁卯年八月廿二日卯時卒乾隆甲
申年十二月廿九日未時塟重慶中崙尾坐向艮坤寅申
嗣男　兆聚
瑞抄公字啓膽　景指公長子生乾隆辛未年十月初五日未時卒乾隆戊
申年五月廿九日午時塟重慶中崙尾坐東向西
娶蔡氏出
男　兆轉恭
瑞忝公字啓在　景指公次子生乾隆壬午年十一月初二日酉時卒道光
丙申年四月廿九日寅時塟山後格大坵田脚
妣王恕娘謚良順生乾隆庚辰年九月廿六日辰時卒道光辛巳年十月

廿五日申時塟重慶中崙
男　兆驕　兆蝗殤　兆蝦
女　配内牛庭方
西三房長之四一酉公派　鳳樓柱
清瑞察公　景抒公子生乾隆丁巳年九月初二日酉時卒乾隆甲午年五月十一日卯時塟重慶新寨尾
瑞堪公字啓輿　景提公子生乾隆丁卯年五月廿八日酉時卒乾隆壬寅年七月十五日吉時塟重慶
瑞妥公字啓謙號文取　景閏公長子生乾隆丁卯年正月十六日亥時卒嘉慶丙子年十二月十三日未時塟重慶金字面後坐向甲庚寅申
妣安美林孫娘生乾隆戊辰年三月十三日寅時卒嘉慶庚申年二月初

七日申時塟山後格石皮垵坐向乙辛卯酉

男　兆瑞　兆衷　兆逆　兆鶴

女　配文章陳

瑞是公字啓知號則法　景閏公次子生乾隆丙子年閏九月十八日辰時

卒道光癸未年六月十四日酉時塟山後格杉林坐向未丑坤艮

妣大沽温選娘生乾隆甲午年七月初十日寅時卒道光甲午年十一月

廿一日未時塟山後格大崙崎坐向庚甲酉卯

男　兆祈

瑞鈔公　景閏公三子生乾隆辛巳年二月廿三日午時卒乾隆年間十一

月十九日吉時葬在漳州

瑞投公　景鑽公子生乾隆庚午年六月初十日未時卒嘉慶丁丑年正月

十六日寅時塟重慶中崙坐向癸丁丑未

祀田半斗付胞姪兆衷兆胆奉祀

瑞攘公字啓則號自生　景得公子生乾隆甲戌年八月十五日戌時卒嘉慶乙亥年十二月初七日子時葬重慶中崙尾坐向子午壬丙

妣内呷李綢娘生乾隆壬午年閏五月初十日巳時卒嘉慶丙子年七月十八日辰時葬山後格杉林蛇仔崙坐向庚甲申寅

男　兆胆　兆肯　兆檀　兆佳　兆鄭　兆拔

女　長配内呷李　次配下宅陳

瑞雌公　景壽公子生乾隆庚辰年十月初八戌時往廣東卒葬缺

瑞琴公　景袗公子生乾隆壬辰年九月廿四日酉時卒乾隆年間九月初八日吉時葬文章山却拔格下坐南向北

鄉飲賓文瑞公乳名瑞以字啓輔號仁德　保義公長子其為人也處世和平居然儉樸置田疇築高堂承父業以裕後昆同昆仲以延師傅亦誠實之可

風矣生乾隆丙申年正月二十日寅時卒道光庚戌年二月廿五日午時
塋文章山竹林中崙坐向午子丙壬
妣坑園陳銀娘謚如寶生乾隆戊戌年十月初八午時卒同治壬戌年十
二月初六日申時塋大垵竹林内
男　兆珍　兆捫　兆柑　兆俊
女　蜂娘配下宅陳
清鄉飲賓嘉瑞公乳名瑞御字啓駕號乘龍　保義公次子生平立心正直隨父
經營不辭况瘁守承父貲大拓產業構華屋築書舍與棣萼延名師課督
孫曹質文維謹洵不愧為繼緒之子矣又見度量甚寬不矜才氣忠誠樸
實不尚浮華凡諸義舉無不樂助成功其積德好施内外多蒙仁惠以故
壽享遐齡評高月旦一堂四代蘭桂芬芳或讀詩書或入壁雍或膺仕職
後日光大門閭猶繩繩未艾也是以姪孫生員廷琨曾題其行樂圖而褒

讚之知公之為人誠不誣矣生乾隆戊戌年五月廿四日辰時卒咸豐丁巳年十一月十三日申時享年八十塟文章山大崙尾坐向巽乾辰戌
妣下宅陳千娘謚懿貞生乾隆己亥年三月初十日巳時卒道光戊申年十一月十六日卯時塟在碼頭對面　家山石笋嶺坐向壬丙亥巳
男　兆柏　兆百　兆單　兆沙
女　次娘配下宅淵泉陳　次勑娘配亭仔呂
鄉飲賓清瑞公乳名瑞露字啓朱　保義公三子生平廉明公正質寶誠樸樂善好施排難解紛和睦宗族助脩宮廟又延師傅以督孫曹建田宅以庇後昆至於種種義舉知有不惜己費者誠足欽崇而稱道之矣生乾隆庚子年九月十六日巳時卒同治戊辰年正月初二日未時
妣胡西陳杉娘謚敬德生乾隆辛丑年八月廿七日寅時卒道光巳亥年九月十二日寅時與公合塟曽厝山仔崙尾

又妣半嶺林裕娘生嘉慶庚申年九月初九日未時卒光緒乙亥年七月
初七日卯時塟山後格馬鼻崙
男　兆⿰言盛　兆爵俱陳氏出
女　長起娘配後山余　次鸞娘配前坑余
瑞蛙公字啓吹號厚美　保義公四子生乾隆壬寅年十月二十日酉時卒
嘉慶戊辰年三月廿八日酉時塟山後格赤嶺崙坐東向西
娶呂氏出
胞姪　兆吻兆柏兆榼兆柹全奉祀
鄉飲賓人瑞公乳名瑞交字啓善號脩道　保義公五子善承父業以貽子孫其
居家室以儉其處宗族以睦其待鄉隣以和其延師傅以敬其課孫曹以
嚴其助義舉以誠種種善行可嘉蓋亦不羣人矣生乾隆戊申年五月廿
二日申時卒咸豐丁巳年正月十九日丑時塟文章山短崙仔坐向庚甲

申寅

妣内呷李誰娘生乾隆壬子年十月十九日辰時卒咸豐壬子年五月廿一日申時塟斐後林掃帚尾

男　兆柹　兆邊　兆借

女　綏娘配展厝黄

瑞斜公　景愛公長子生乾隆癸未年正月初九日午時卒乾隆乙卯年五月十三日吉時塟缺

瑞戰公　景愛公次子生乾隆乙酉年二月十一日寅時卒嘉慶丙辰年三月十三日巳時塟沽美山洪埔尾坐西向東

瑞錯公景愛公三子生乾隆戊子年十一月十一日辰時卒乾隆甲寅年八月十六日申時塟重慶新寨坐西向東

瑞簪公　景愛公四子生乾隆庚子年九月初二日酉時卒道光乙酉年八

月初五日吉時塟廈門山場
男　兆舉瑞爺五子入承
瑞帝公　景尋公子生乾隆戊子年七月初四日酉時卒嘉慶癸亥年八月
十二日吉時塟廈門山場
瑞爺公字啓魁　景波公子生乾隆戊子年九月初三日丑時卒嘉慶丁丑
年十二月初八日辰時塟重慶金字面脚坐北向南
妣仙鄉郭待娘生乾隆壬辰年七月初十日午時卒道戊戌年閏四月十
七日戌時塟林坑山築格頭坐東向西
男　兆聽　兆猛　兆遜　兆雅　兆舉出嗣瑞帝
女　長甘娘配雙溪陳　次配坑園戴
瑞兒公　景茂公長子生乾隆乙丑年二月初七日申時卒乾隆年間塟上
海　胞姪兆懷奉祀

瑞爽公　景茂公次子生乾隆甲戌年九月十一日巳時卒乾隆年間塟在上海

男　兆懷住上海

瑞圖公　景悻公長子生乾隆丙子年三月初一日子時卒乾隆年間塟在外

瑞顯公　景悻公次子生乾隆甲申年十一月初一日申時卒乾隆年間塟在廈門

瑞眉公　景補公子生乾隆壬午年七月廿一日戌時卒乾隆年間塟在廈門

瑞欺公號心誠　景培公子生乾隆庚辰年四月十六日寅時卒乾隆壬子年閏四月初五日寅時塟重慶坑仔口坐酉向東

堂弟瑞嗟瑞所仝奉祀

瑞道公號治平　景要公長子生乾隆癸未年正月廿四日丑時卒嘉慶丁巳年十一月初三日午時塟重慶樹林口坐艮向坤

娶某氏出

胞姪兆貌奉祀

瑞嗟公字啓跎號頌聲　景要公次子生乾隆癸巳年十月十八日戌時卒道光庚寅年十二月十四日辰時塟山後格斐後林脚

妣竹溪蘇寶娘生乾隆甲午年十月初一日酉時卒嘉慶癸亥年六月十一日巳時塟沽美山坐南向北

又妣北門外傅妹娘生卒年月俱缺骸罐及神主前子歸去塟祭

男　兆貌

女　配澳下盧俱蘇氏出

瑞東公字啓帶號應賓　景點公長子生乾隆辛卯年九月十九日午時卒

嘉慶丁丑年十一月二十日寅時塟文章山斐後林坐向艮坤寅申
妣陳尾娘生乾隆己亥年十月廿五日辰時卒同治年間正月廿七日未
時塟六州寨水格小寨
男　兆稽　兆拒　兆嚴　兆泰出承瑞水
女　長配杉仔尾陳　次配小沽陳　三配中埔頭林　四女配溪東
林五配小余蔡
瑞所公字啓聚號成執　景點公次子生乾隆乙巳年八月廿八日酉時卒
咸豐乙卯年七月初四日辰時塟漳州北頭山
娶潘珠娘生乾隆庚戌年十二月初三日申時卒塟缺
男　兆衆　兆輝　兆燦
女　長配溪頭蔡　次配大沽温
瑞水公字啓潤　景點公三子生乾隆己酉年五月廿八日酉時卒同治壬

戌年十二月十四日亥時塟斐後林坐東向西

男　兆秦（瑞東四子入承）

三房二可珍公派　黄蜂腰柱

瑞鴈公（字）啓音（號）一士　端好公長子生雍正丙午年五月廿八日午時卒乾隆壬辰年正月十九日午時塟沽美山坐北向南

妣陳三塓氏斷娘生年缺九月十七日辰時卒乾隆甲午年十一月初二日丑時塟沽美山坐西向東

男　兆判

女　配坑園陳

瑞鶴公　端好公次子生雍正庚戌年十二月初七日亥時卒塟缺

瑞兜公　端好公三子生乾隆庚申年正月廿一日丑時卒乾隆辛巳年十

月廿八日酉時塋沽美山坐西向東

瑞桃公　景趨公長子生年缺三月廿八日寅時卒年缺正月初五日酉時
塋沽美山坐北向南

娶某氏出

瑞李公　景趨公次子生卒塋俱缺

瑞朕公字啓惕　星德公長子生乾隆己未年十二月廿四日申時卒乾隆
庚寅年三月廿九日巳時塋缺

瑞遞公字啓迎　星德公次子生乾隆壬戌年二月初七日寅時卒嘉慶戊
辰年八月廿九日戌時塋福清靈德里虎頭山坐北向南

妣鄭協娘生乾隆庚申年五月初十日戌時卒乾隆壬子年七月初十日
午時塋福清靈德里虎頭山坐西向東

男　兆創住福清生祠

瑞賜公　星德公三子生乾隆甲子年十二月初四日未時卒乾隆乙酉年七月初二日巳時塟福清靈德里虎頭山坐西向東

瑞欣公字啓榮號茂如　星德公四子生乾隆辛未年九月初四日丑時卒道光戊子年七月廿九日寅時塟福清靈德里林泉山坐向艮坤寅申

妣童遠娘生乾隆壬申年九月廿六日卯時卒嘉慶己巳年六月廿四日巳時塟福清靈德里林泉山坐北向南

男兆松　兆楓住福清生祠

瑞深公　景武公長子殤

瑞忖公字有心　景武公次子生乾隆丁丑年三月初十日寅時卒乾隆壬寅年四月初七日吉時塟橋頭山頂端好公墓邊坐向卯酉乙辛

清耆老瑞宰公字啓家號邦治　君仁公長子生乾隆辛未年閏五月廿八日卯時卒道光丁亥年六月初一日未時塟山後格羊嶺坑湖坐向丙壬午

子

妣余配娘生乾隆辛未年十一月初九日酉時卒乾隆丙午年四月二十日辰時塟却拔内田頂坐向壬丙子午

又妣謝族娘生乾隆辛卯年四月十三日午時卒道光庚寅年九月廿九日酉時塟客鈸内掃箒崙坐向甲庚寅申

男　兆罩　兆姜　兆撻　兆恐

瑞惴公字啓慮號心齊　君仁公次子生乾隆丁丑年三月初七日亥時卒乾隆戊申年七月廿一日寅時塟缺

妣陳滿娘謚慈意生乾隆己卯年十二月初一日酉時卒乾隆戊申年七月廿五日酉時塟山后格蜈蚣牙腰坐向乙辛卯酉

男　兆忠　兆佳

女　配深垵葉

瑞類公字啓明號挺拔　君仁公三子生乾隆己卯年十二月十三日丑時卒道光癸未年四月十九日巳時塋山后格短崙仔坐向丁癸午子
妣陳香娘生乾隆丁亥年三月初三日辰時卒嘉慶乙丑年十月初六日未時塋客鈸內山寮邊坐向巳亥丙壬
又妣蔡珩娘生乾隆丁卯年五月十一日辰時卒嘉慶乙亥年十一月初一日申時塋沽美山田頂坐向艮坤寅申
男　兆件　兆悄
女　長配林柄陳　次配文章陳俱陳氏出
瑞樣公字啓奇　君仁公四子生乾隆辛卯年四月初七日午時卒道光丙申年五月初九日午時塋却拔內山寮地
妣葉乘娘生乾隆壬辰年四月廿九日子時卒道光己亥年九月十一日卯時塋漳平象湖

男　兆所　兆杉　兆跳　兆睦殤　兆怪
女　長配前街黃　次配山兜黃
清瑞合公　景佔公子生乾隆丁卯年十月初四日吉時卒缺塋在德化縣
瑞衎公　景監公子生乾隆丙寅年三月廿五日辰時卒道光壬午年三月
初九日戌時塋沽美山險墘墳
瑞磚公　美詠公長子生乾隆丙子年十二月十三日子時外出莫考
瑞埕公　美詠公次子生乾隆辛巳年三月初一日己時卒嘉慶酉年九月
十九日妣時塋缺
瑞趣公字啓雅　美詠公三子生乾隆乙酉年四月初七日午時卒道光丙
申年十二月十七日申時塋沽美山中垵坐西向東
妣陳腰娘生乾隆戊子年正月十二日戌時卒嘉慶辛未年六月廿五日
未時塋沽美山險墘貢

男　兆燮

女　配大庭戴

瑞獺公　美詠公四子生乾隆己丑年五月初四日未時卒道光丙申年十二月廿七日卯時塟洪埔尾

瑞納公字啓牗號喜約　惠和公長子生康熙庚子年五月廿五日辰時卒乾隆庚辰年十一月十二日未時塟山後格短崙仔

妣謝惈娘謚淑德生康熙丙午年三月初三日寅時卒乾隆乙丑年二月初六日申時塟山後格短崙仔坐向庚甲酉卯

男　兆神　兆敬　兆保

女　配下宅陳

瑞咸公字啓新號澤山　惠和公次子生雍正癸丑年十一月十六日卯時卒乾隆辛卯年十月初五日酉時塟重慶樹林口坐向乾巽亥巳

妣吳衍娘生乾隆庚申年正月十五日寅時卒乾隆己卯年四月初二日未時葬山後格尊字崙坐向丑未艮坤

又妣李長娘生乾隆己未年三月廿五日午時卒乾隆丙申年三月初二日丑時葬重慶新寨田角坐向辛乙酉卯

男　兆雍　兆垂俱李氏出

瑞配公字啓厚號高明　惠和公三子生乾隆丙辰年十月廿七日戌時卒乾隆乙酉年二月廿八日未時葬石門山虎探頭格外垵坐向癸丁子午

妣林觀娘謚瑞玉生乾隆癸亥年十二月初一日亥時卒嘉慶丁丑年十二月十三日丑時葬山後格洋嶺坑坐向未丑丁癸

男　兆安　兆君　兆欲養

瑞奆公字啓長號文雅　德神公嗣子生雍正甲辰年八月十九日卯時卒乾隆壬午年二月十四日未時葬虎探頭坐向戌辰乾巽

妣賴賤娘生雍正壬子年十一月十六日酉時卒乾隆丙戌年正月初五日辰時塟山后格三脚坐向庚甲申寅

男　兆椒養

女　長配鳳坡梁　次配山兜黄

端岱公字啓覲號世與　有能公子生乾隆辛酉年七月初四日亥時卒嘉慶丙辰年五月十七日巳時塟山后格尊字崙坐向寅申艮坤

妣黄英娘生乾隆庚午年七月初二日未時卒道光乙未年七月初七日未時塟文章山竹篙龍

男　兆田　兆魚　兆匹出承弟端庚　兆寢

女　長配馬洋林　次配牛嶺林

端庚公字啓水號亮金　貴重公子生乾隆庚午年九月廿二日巳時卒乾隆乙卯年五月十七日辰時塟文章山水内鬼坐向艮坤寅申

男　兆匹瑞岱三子入承

瑞堯公字啓高號維典　大猷公長子生雍正庚戌年三月廿四日寅時卒
乾隆癸卯年十一月初二日丑時塋山後格大崙尾坐向卯酉乙辛
妣呂雪娘謚仁慈生雍正壬子年三月十七日午時卒乾隆己亥年八月
廿四日卯時塋山后格杉林尾石碣坐向未丑坤艮

男　兆遜　兆可　兆某

瑞老公字啓安號文獻　大猷公次子生乾隆壬戌年十月廿九日亥時卒
隆乙未年九月廿五日寅時塋文章山三脚木崙坐向辛乙酉卯
娶林氏出

男　兆靳

瑞悦公字啓樂號怡然　大猷公三子生乾隆乙丑年七月初四日辰時卒
嘉慶丁巳年七月廿一日巳時塋山後格斐后林坐向艮坤寅申

妣吳助娘生乾隆乙亥十一月廿五日卯時卒嘉慶丁丑年六月廿二日
巳時葬山後格三脚木下坐向乾巽戌辰
男　兆狀　兆品　兆掞
女
　配內呷李
瑞內公　大猷公四子生乾隆癸酉年正月十三日丑時卒年月日缺葬石
門山坐向丑未艮坤
瑞自公字啓子號靜觀　成玉公子生乾隆丁卯年十一月廿一日酉時卒
葬南洋
瑞隈公號心法　輝朗公長子生乾隆丙子年九月初十日午時卒乾隆巳
酉年十一月初六日未時葬在客拔內坐向丙壬巳亥
瑞要公字啓錦　輝朗公次子生乾隆庚辰年九月初七日丑時卒道光癸
未年十月廿七日巳時葬重慶樹林口坐向壬丙亥巳

妣黄嬌娘謚富順生乾隆戊子年十一月廿五日寅時卒道光癸巳年九月廿九日酉時塟新寨脚坐西向東

男　榮宗

瑞瓜公字啓䏶　輝朗公三子生乾隆癸未年十一月十五日戌時卒道光庚寅年四月初十日丑時塟石門山

妣林罔娘謚明德生乾隆癸巳年正月初八日卯時卒嘉慶戊寅年五月初四日卯時塟文章山却拔内坐向癸丁丑未

又娶陳氏出

男　兆疊　兆井

女　配内呷李

瑞陳公　輝朗公四子生乾隆丁亥年三月廿七日寅時卒道光壬午年年正月三十日申時塟石門坐向甲庚卯酉

瑞伴公　振聘公子生年月缺卒乾隆丙申年月日缺

瑞顯公　景推公子生乾隆丁亥年九月初一日戌時卒乾隆己酉年十月初七日戌時葬重慶樹林口坐向壬丙子午

西三房三一詔公派　塔邊墘柱

清瑞孝公字啓慈號端行　景註公長子生雍正辛亥四月十四日辰時卒乾隆乙未年二月廿八日未時罐葬文章山過橋仔坐向丁癸未丑

妣郭莽林守娘謚貞良生乾隆巳未年十一月廿三日丑時卒乾隆丁丑年八月廿一日戌時葬重慶中崙尾坐向寅申甲庚

又妣内呷李鸞娘生乾隆乙丑年二月初六日戌時卒乾隆乙酉年正月初四日午時葬沽美山洪埔尾坐向丑未癸丁

男　兆銅

瑞範公字啓矩 景註公次子生乾隆丙辰年九月初九日酉時卒乾隆己酉年正月十三日戌時塟重慶中崙尾坐向癸丁子午

妣吳埔山陳語娘謚巧言生隆隆辛未年正月初十日酉時卒乾隆庚子年四月廿八日吉時塟文章山嶺邊格坐向子癸丁

又妣李寶娘謚金玉生乾隆甲子年三月初六日吉時卒道光癸未年正月十七日寅時塟山後格大崙尾坐向丁癸午子

男 兆枋陳氏出 兆欣李氏出

女 秀娘配文章陳陳氏出

瑞歷公號宏謨 景集公長子生雍正乙巳年十月初二日巳時卒乾隆辛未年九月廿六日辰時塟山後格石皮墘頭坐向乙辛辰戌

娶戴氏出

瑞興公字啓懷號元德 景集公次子生乾隆己未年十月初四日戌時卒

乾隆辛亥年九月初一日未時塟文章山稻馬垵崙尾坐向巽乾巳亥

妣東山張好娘謚和儉生乾隆丙寅年十一月廿六日子時卒嘉慶庚申

年閏四月初三日辰時塟山後格竹林尾坐向丙壬巳亥

男　兆民　兆淨　兆曹　兆追　兆程

女　長全娘配林柄呂　次免娘配文章陳　三沽娘配中埔頭林

瑞由公字啓勇號美玉　景解公子生乾隆丙寅年正月廿二日辰時卒嘉

慶丙辰年正月十二日卯時塟本鄉蓮山後坐向寅申甲庚

妣下宅陳蔭娘生乾隆戊寅年月日缺卒塟在臺灣

男　兆略　兆畜

瑞參公字啓魯　景素公長子生乾隆己卯年五月十九日辰時卒嘉慶戊

寅年三月廿一日丑時塟重慶樹林口

妣錢塘許快娘生乾隆庚寅年九月十七日午時卒嘉慶庚辰年正月十

四日未時塟沽美山
男　兆串
女　牽娘配大沽陳
清恩錫耆老瑞寶公乳名瑞錢號啓寶號青選　景素公次子生乾隆丁亥年八月廿三日寅時卒道光辛丑年十月初九日酉時塟沽美山蓮山後
妣林罕娘生乾隆乙未年十月初四日寅時卒咸豐丁巳年四月二十日寅時塟沽美山蓮山後
男　兆蠻　兆螺　兆蟳　兆問出嗣瑞寬　兆珪
女　長配舊門呂　次配溪東林
瑞齊公　景素公三子殤
瑞寬公字啓緩　景定公長子生乾隆壬午年九月廿二日寅時卒嘉慶丙寅年八月初一日酉時

男　兆問瑞錢四子入嗣

瑞盾公　景定公次子生乾隆壬辰年十二月初八日寅時卒嘉慶庚申年七月廿五日午時塟舊門龜山

瑞洗公字啓清　景儒公長子生乾隆戊子年八月初一日巳時卒嘉慶庚辰年十月初三日巳時塟山後格尊字崙坐向艮坤寅申

妣漳州林靜娘生乾隆戊子年十月初四日辰時卒道光甲辰年十月初十日未時塟重慶

男　兆成　兆才　兆桄

女　滿娘配永定張

清瑞迎公　景儒公次子生乾隆丁酉年六月廿五日巳時自幼外出莫考

九世西房四

弈業公派　樓脚柱

清性理公諱端窑字啓察　元達公長子分理族務參造譜牒姓字流芳到今傳聞不朽洵當時傑出之人生康熙巳巳年二月初三日巳時卒乾隆癸未年三月初三日未時塟山後格尊字崙坐未向丑

妣黄免娘生康熙辛未年八月初三日辰時卒乾隆甲午年八月十三日申時塟山后格尊字崙坐卯向酉兼乙辛

男　兆柑　兆萃　兆昔

女　二俱配下宅陳

（附記）公築一書軒遺址尚存相傳雅致幽居逍遥自適兼之一堂四代於今不祀惜哉

瑞御公字啓遲號榮緩　元達公次子生康熙壬申年八月十七日寅時卒

乾隆甲午年正月二十日酉時塟本鄉山尾墓坐辛向乙兼戌辰
妣陳寅娘生康熙庚辰年十一月廿二日寅時卒乾隆甲午年十一月十
七日未時罐塟下埔仔坐坤向艮兼未丑
男　兆兼　兆回　兆妥　兆軒
女　長配下宅陳　次配山頭陳
瑞齊公字啓宣號喜文　元達公三子生康熙丙子年七月初七日辰時卒
乾隆巳丑年七月十六日申時塟斐後林坐艮向坤兼寅申
妣林險娘謚柔慎生康熙甲申年九月十九日辰時卒乾隆甲申年十一
月初六日午時塟文章山過橋仔坐午向子兼丙壬
男　兆梧　兆魏　兆荷　兆栗　兆卑　兆映
女　一配小余蔡家
瑞試公字啓儫號晉百　元達公四子生康熙癸未年六月二十日寅時卒

乾隆戊戌年十二月十五日酉時塟缺
妣蔡緞娘謚勤慈生康熙戊子年九月十九日辰時卒乾隆壬戌年十一月初二日亥時塟文章山斐後林坐甲向庚兼寅申
又妣吳員娘生康熙甲戌年八月廿八日寅時卒乾隆庚寅年四月初九日午時塟沽美山洪埔尾
男　兆相　兆蘭
女　一配溪東林家俱蔡氏出
瑞做公　榮享公長子移居福清生祠
男　兆佛　兆香　兆星俱住生祠
瑞他公字啓日號升如　榮享公次子移居福清生祠生康熙庚辰年五月初二日辰時卒乾隆己丑年八月廿八日申時塟福清蘇田里龜坑楊齋崙坐酉向卯兼辛乙

妣林七娘生康熙庚寅年二月初一日酉時卒葬在福清相傳林氏回家
買田宅後變賣再往
男　兆雲　兆露　兆河　兆梁俱往生祠
女　長配里南陳家　次配璞船劉
瑞峙公字啓華號祝三　榮亨公三子生康熙壬午年十二月十六日巳時
卒乾隆丙申年五月廿三日辰時移居生祠塋福清蘇田里梧嶺鄉山腰
蚯蚓崙坐乾向巽兼戌辰
妣侯緞娘生康熙壬辰年六月十一日丑時卒雍正乙巳年九月初十日
卯時塋福清牛嶺山腰坐癸向丁兼子午長婦何氏附塋
又妣黄引娘生康熙丁亥年正月十三日寅時卒塋在福清
男　兆西　兆面　兆耍
女　長配葉家次配洋下余家三配溪前王俱在福清

瑞佩公　榮湖公四子移居福清生祠
男　兆怡　兆科　兆和　兆圭俱住生祠
瑞養公字啓廉號成賢　處集公長子生康熙丙申年七月初十日酉時卒
乾隆乙未年三月三十日卯時塟文章山挑水垵中崙坐己向亥兼丙壬
妣陳寡娘謚勤淑生雍正壬子年六月初五日己時卒乾隆癸丑年十一
月十二日酉時罐塟文章山尊字崙坐艮向坤兼丑未
男　兆慇殤　兆倪　兆昭
女　長配馬頭洋陳　次配格外戴　三配永福　四配仙境葉
瑞斅公字啓愛號和悅　處集公次子生雍正甲辰年十一月初五日辰時
卒乾隆戊申年三月十五日寅時塟在福清生祠後用神主附塟父處集
公母謝氏墳中
妣蔡孟娘生乾隆丙辰年九月廿八日巳時卒嘉慶辛未年四月十一日

午時柩塟文章山竹篙壠内艮坤丑未外丑未艮坤

男　兆強　兆款　兆發(殤)　兆滔　兆伐(殤)

女　長綽娘配山兜歐珠觀　次咱娘配山頭葉佳觀

瑞報公(號)元三　景仰公嗣子還居福清生祠米粉厝生康熙辛卯年正月

初十日巳時卒乾隆丁卯年六月十三日未時塟福清離遠斗坐西向東

妣顏招娘謚恭順生康熙癸巳年二月十三日巳時卒乾隆甲寅年七月

初二日午時塟福清虎頭山脚園岸坐西向東

男　兆印　兆外　兆楝　兆番　兆燦　俱住生祠

瑞赫公(字)啓巖　齊山公長子生雍正乙巳年二月初四日午時卒塟在福

清

妣同安蘇引娘生雍正癸丑年十一日廿三日子時卒塟在福清

男　兆旁　兆灶

女　一配福清王

瑞作公　景萬公子

瑞朝公　景寬公長子

瑞桑公　景寬公次子

瑞琢公　景千公子俱住溫州平陽縣

土樓仔柱　弈隆公派

端冉公字啓雍　士俸公子生雍正丁未年八月初二日巳時卒乾隆丁未年十月十九日寅時塟本山大坵田下

妣大墩張外娘謚柔順生乾隆丁巳年九月初五日午時卒乾隆己亥年四月十一日申時亙罐附塟姑勤慎陳氏壙中

繼妣黄衫娘謚慈順生乾隆年月失記卒乾隆戊申年七月初八日吉時

瓦罐附塋姑許氏墳中

男　兆覽　兆甲　兆舜　兆者　兆緘殤

女　配坑園陳倶張氏出

瑞覺公字啓思號後知　士柔公長子生康熙壬辰年十一月十七日卯時卒乾隆癸巳年六月初二日卯時塋沽美山祖墓下田后壁坐北向南

妣許氏招娘謚勤聯生康康己亥年三月十七日辰時卒乾隆甲申年三月廿九日巳時瓦罐附塋姑方氏墳中

男　兆合　兆新

女　配山兜黄

瑞枕公字啓衮號伏安　士柔公次子生乾隆癸亥年三月十四日戌時卒嘉慶壬戌年八月廿八日庚時罐塋文章山杉林中

妣林秀娘謚德順生乾隆丙寅年六月十一日辰時卒嘉慶丁卯年九月

初五日辰時塟文章山大垵格坐艮向坤兼丑未

男　兆樟　兆明出嗣兄瑞坤　兆監　兆迎出嗣瑞醉　兆連出嗣瑞醉

女　配雙溪陳

坑仔墘柱

瑞戀公　振韓公長子生康熙甲申年七月十四日子時卒缺

娶李氏改節

男　兆瑞

端正公　振韓公次子生康熙壬寅年正月初三日辰時卒缺

瑞讀公字啓籍　振處公子生康熙辛卯年十二月廿二日寅時卒乾隆辛

酉年九月初五日辰時塟重慶嶺

娶吳氏改節

瑞偉公　振邁公子生康熙庚子年二月初四日辰時遷居溫州
妣溫州銅山福鼎縣氏失記諱喜娘生卒失記塋沽美山坐壬向丙兼子
午
男　兆高
瑞良公　振厚公長子生雍正乙巳年十二月廿一日子時卒乾隆辛未年
九月十三日吉時塋在南洋
瑞坤公字啓載號物妙　振厚公次子生雍正戊申年十一月初七日卯時
卒嘉慶己未年四月初七日酉時罐塋文章山打火崙坐艮向坤兼丑未
妣黃執娘謚慈順生乾隆丙辰年十月十二日戌時卒乾隆乙卯年十一
月十七日戌時罐塋文章山嶺邊格坐壬向丙兼子午
男　兆排　兆貶　兆明兄瑞枕次子入嗣
女　長配下宅陳　次配下宅陳　三配葛頭葉

瑞帶公　振厚公三子生乾隆丙辰年三月廿四日亥時卒乾隆庚午年七月十八日巳時罐塟沽美山

瑞越公字啓國　景仙公長子生康熙辛卯年十二月十八日酉時卒乾隆丙子年二月廿二日巳時塟福清生祠橫井大圳後岸坐北向南

妣興化蕭報娘生雍正乙巳年六月初五日酉時卒乾隆甲戌年十月廿九日酉時塟福清生祠棋盤坐西向東

男　兆寅　兆月出嗣瑞熙

女　配生祠黃家

瑞徙公　景仙公次子生雍正癸卯年三月廿一日未時卒乾隆辛巳年五月廿一日巳時塟臺灣無水寮

瑞戍公字啓明　景蔭公子生雍正乙卯年七月廿九日未時卒塟在福清

男　兆棋

瑞蟹公字啓道號中理　敬軒公長子善習堪輿曾擇外都風水安厝祖父
母等墳有貽謀燕翼之志者也生雍正壬子年十二月廿五日亥時卒嘉
慶戊辰年七月初十日未時享年七十七瓦罐附塟施伯景銓公墳中
妣中埔頭林熾娘謚孝順生乾隆巳未年八月二十日辰時卒嘉慶庚午
年十二月十七日卯時享年七十三罐塟文章山客鈸内觀音子石下内
巳亥巽乾外巽乾巳亥

男　兆檀　兆榻

女　掞娘配舊門呂棟觀　儉娘配深垵葉運觀

端尾公字啓首　敬軒公次子生乾隆甲戌年四月廿五日亥時卒嘉慶甲
戌年十月十二日寅時罐塟客鈸内觀音仔崙石下坐向丙壬兼午子
妣桐林王益娘謚敬慎生乾隆癸未年二月初四日亥時卒道光壬午年
十二月三十日卯時塟文章山赤墓坪祖墓邊坐向癸兼未丑

男　兆橋　兆　兆局
女　既娘配劉林侯　花娘配劉林侯

塓腰柱　弈隆公派

瑞扶公字啓定號安國　維金公長子生康熙壬辰年六月廿七日亥時卒乾隆癸未年九月切九日未時罐塋唐帽小寨尾坐丁向癸兼午子
妣坑園陳者娘謚敬勤生康熙甲午年十一月初五日酉時卒乾隆辛酉年十二月廿三日酉時柩塋文章山短崙仔坐艮向坤兼丑未
又妣宮下黄淑娘生康熙乙未年五月十五日亥時卒乾隆壬申年十月初五日卯時瓦罐塋本處大余龜仔山尾坐坤向艮兼申寅
男　兆暢　兆討俱陳氏出　兆看　兆謀　兆蔔俱黄氏出

瑞接公字啓瘴號安政　維金公次子生雍正乙巳年九月十八日未時卒

乾隆庚寅年十二月十五日辰時塟文章山蛇仔崙尾坐巳向亥兼巽乾
妣霞宅陳起娘謚敬柔生雍正戊申年九月初二日巳時卒乾隆辛卯年
六月廿六日酉時塟文章山大材崙拾罐移塟騎龍斬坐乙向辛兼辰戌
男　兆造　兆泵　兆前　兆慶
女　配坑園陳家
瑞攝公字啓大號安邦　維金公三子生雍正壬子年三月初二日酉時卒
乾隆癸未年七月廿一日未時罐塟重慶山坐向壬丙子午
妣霞宅陳結娘謚敬慎生雍正癸丑年五月初五日午時卒乾隆癸未年
四月初十日酉時與公合塟
男　兆蓮　兆花　兆菊
瑞伋公字啓引號安進　惟珍公長子生雍正甲辰年八月初三日巳時卒
乾隆丁未年閏七月初七日巳時塟山後格石皮垵坐向寅申艮坤

妣蓬島蘇艮娘謚敬慈生雍正甲辰年六月十八日午時卒嘉慶戊午年八月二十日午時道光戊戌年鑵塋堪腰坪坐向辛乙酉卯　長男兆吉長婦謝氏附塋有豎牌爲記

男　兆告　兆踏　兆查　兆古

女　求娘舊門呂家　遠娘配雙溪陳

瑞廉公字啓節號安明惟珍公次子生乾隆甲子年十二月初六日寅時卒嘉慶乙丑年九月初二日寅時塋山後格石皮埈坐向巽乾辰戌

妣山頭葉月娘謚恩愛生乾隆乙丑年五月二十日午時卒嘉慶己卯年十月初八日辰時塋山後格尊字崙坐向丁癸未丑

男　兆餕　兆蔣　兆世

女　仁娘配格林傒家

瑞道公　景宋公長子生卒缺

瑞與公　景宋公次子生雍正乙卯年五月廿八日辰時卒乾隆甲午年十月廿九日巳時塋沽美山洪埔尾坐庚向甲兼酉卯

瑞熙公　景君公子生康熙己亥年十月初五日寅時卒乾隆戊辰年正月初一日丑時塋福清棋盤坐西向東

男　兆月瑞越次子入嗣　住生祠

弈山公派　周龍頭柱一名檀坂柱

瑞超字啓欲號茂德　輝寶公子生康熙癸巳年七月初二日亥時辛乾隆辛卯年五月廿五日巳時塋缺

男　兆受

瑞斟公　助育公長子生康熙己亥年二月十三日午時卒乾隆癸酉年二月二十日午時塋沽美山險垻頂

妣內坑歐賽娘生雍正乙卯年八月廿二日卯時卒乾隆癸酉年二月十四日子時與公合塋

瑞二公　助育公次子生康熙壬寅年五月十二日戌時卒乾隆丙子年十月初五日子時塋重慶新寨

瑞寅公　助育公三子生雍正己酉年六月十五日辰時卒乾隆癸亥年十二月初五日卯時塋缺

瑞戴公號曲禮　助育公四子生雍正壬子年九月廿公日亥時卒嘉慶乙亥年正月十六日巳時塋龜仔腰崙坐丑向未兼癸丁

男　兆某殤　兆看俱弟瑞程子入嗣

瑞慎公號嚴謹　成業公長子生康熙壬寅年十一月初三日丑時卒乾隆辛巳年八月十三日酉時塋沽美山險垻頂

娶許氏改節

男　兆理

瑞真公　成業公次子生雍正戊申年八月初二日申時卒乾隆癸未年四月十九日未時葬缺

瑞放公字啓林　成業公三子生乾隆丁巳年七月廿六日丑時卒乾隆辛卯年五月廿五日辰時塟在台灣

清耆老嘉賓公諱瑞秀字啓苗　秉均公長子爲人勤勞朴實曾鼎建大宗董脩族譜兼以排難解紛鄉黨欽爲物望太史世澤伯偕親友爲之製錦稱觴舉丈夫子五俱能克家皆公之善教督成也生康熙壬辰年五月廿六日未時卒癸丑年十一月十四日戌時享年八十二罐塟重慶嶺承買戴家穴碑鐫考嘉賓洪公墓坐壬向丙内乾子午外兼亥巳

妣胡西陳絹娘謚仁慈生康熙丙申年六月廿二日酉時卒乾隆壬寅年五月二十日午時享年六十七塟文章山大垵格内中崙石鐫清顯妣仁

慈洪母陳氏墓內有誌銘坐甲向庚兼寅申

男　兆官　兆損鄉賓　兆芽　兆重　兆威

女　配溪東林齡觀

瑞唱公　秉均公次子生康熙甲午年五月廿二日巳時卒雍正己酉年五月初八日午時罐附塋母楊氏墳在挑水垵崙坐向未丑艮坤

瑞靜公字啓言號萬安　秉均公三子生康熙辛丑年九月初六日午時卒乾隆戊戌年又六月十六日未時塋山後格石皮垵崙坐辰向戌兼乙辛娘溪東林幼娘謚德懿生雍正丁未年三月十七日寅時卒乾隆辛未年十二月廿一日辰時塋山後格石皮垵頭坐向丙壬巳亥

男　兆頂　兆楓　兆趣

女　配舊門呂家

瑞儼公字啓東號榮望　秉均公四子生雍正乙巳年九月十五日子時卒

乾隆辛卯年二月三十日酉時塟文章山尊字崙坐丑向未兼癸丁
妣霞宅陳正娘生雍正辛亥年正月初八日午時卒嘉慶乙丑年七月初
四日巳時塟文章山杉林頭坐丁向癸兼未丑
男　兆炮　兆心　兆肏　兆管　兆甲
女　長配本鄉薛家　次配小姑陳

瑞地字啓永號職載純直公長子生康熙六十一年壬寅十一月廿二日午
時卒乾隆四十五年庚子九月二十日未時罐塟文章山龜仔山坐向酉
卯辛乙
妣文章許縣娘謚淑德生雍正庚戌年十一月初十日卯時卒乾隆戊申
年七月二十日辰時塟文章山龜子山坐向辛乙酉卯
男　兆酒　兆醋　兆瓶　兆綴
女　配吉潒鄭

瑞黄公字啓通號中理　純直公次子生雍正庚戌年二月十九日巳時卒乾隆己丑年四月初十日卯時塟山后格存字崙坐向坤艮未丑
妣鳳坡梁月娘生乾隆辛酉年十一月十七日巳時卒乾隆戊子年十月初十日酉時塟文章山龜仔崙坐向庚甲酉卯
女　一配西向郭家

瑞教公字啓訓號諭遠　惟賢公長子生康熙乙未年二月初九日申時卒乾隆甲子年六月廿六日寅時塟大坵田崙坐向坤艮申寅
妣大墩張黍娘謚勤慎生康熙乙未年十二月二十日亥時卒乾隆丙戌年九月廿六日午時塟文章山大垵格坐向艮坤寅申
男　兆下

瑞專公字啓治號脩齋　惟賢公次子生康熙壬寅三月廿二日己時卒乾隆戊申年二月廿六日寅時塟重慶崙坐向癸丁丑未

妣湯邊陳好娘謚慈美生雍正乙巳年七月十七日丑時卒嘉慶丙寅年十月初四日未時塟文章山竹篙壠崙坐向寅申艮坤
男　兆本　兆舍
女　配大姑温家
瑞基公字啓丕號建業　惟賢公三子生乾隆丁巳年五月初二日戌時卒嘉慶戊寅年六月二十日辰時享年八十二塟文章山崩坪墘坐向庚甲申寅
妣桐林王花娘謚淑惠生乾隆戊午年二月十八日午時卒嘉慶壬戌年二月廿六日時塟文章山竹林内坐向艮坤寅申
男　兆劣　兆艾　兆廟
女　長配吳埔山陳　次坑園陳　三配内岬李
瑞葉公號茂盛　惟賢公四子生乾隆辛酉年九月初十日寅時卒乾隆年

失記六月十五日葬在臺

瑞反公字啓正號進孟　成武公長子生康熙辛丑年八月十八日戌時卒乾隆甲辰年四月廿九日卯時葬文章山崩坪垵坐戌向辰兼辛乙

妣永春下坵林溉娘謚淑順生康熙壬寅年八月初四日午時卒乾隆丁酉年六月十六日子時葬文章山杉林中心崙坐乙向辛兼辰戌

男　兆蒲　兆操

女　配上敬亭林家

瑞入公字啓量號存德　里仁公子生雍正丙午年三月十四日未時卒乾隆甲辰年二月十四日酉時罐葬文章山挑水垵崙坐向庚甲申寅

妣下宅陳衍娘生雍正癸卯年八月初三日子時卒乾隆庚午年七月初九日子時葬文章山過橋仔穴名沒泥蛇坐向己亥巽乾

繼妣胡尾黄素娘謚淑慎生雍正己酉年十二月初二日卯時卒乾隆癸

丑年七月廿八日卯時罐與公合塋

男　兆福　兆爺　兆帝　兆元俱黄氏出

女　長配溪頭蔡陳氏出　次配溪東林　三配坑園陳俱黄氏出

瑞瑛公　佳景公長子生雍正戊申年七月初五日寅時卒乾隆乙丑年七月初五日巳時塋山後格存字崙坐寅向申兼艮坤

男　兆鬐瑞芳次子入嗣

瑞芳公字啓菲號敦誠　佳景公次子生雍正甲寅年九月廿九日戌時卒乾隆乙巳年四月初一日酉時罐塋文章山竹林坐向乙辛辰戌

妣胡坂蔡雪娘謚淑慈生雍正甲寅年四月初三日酉時卒乾隆丙申年正月初九日午時罐塋山後格崩坪按坐向辛乙戌辰

男　兆肖　兆鬐出嗣兄瑞瑛　兆池　兆田

女　配溪東林

瑞甲公字啓科號遷義　佳景公三子生乾隆庚申年二月廿六日戌時卒乾隆乙巳年十一月初九日午時塋在廈門鴻山寺後

妣彭口李品娘謚淑端生乾隆丙寅年五月廿二日酉時卒嘉慶巳未年十一月十四日時𥌓塋山后格存字崙坐向寅申艮坤

男　兆周　兆助　兆番

瑞程公字啓法號世則　士道公子生雍正癸癸年十月廿六日戌時卒乾隆壬寅甲壬寅年七月初一日未時𥌓塋文章山尊字崙尾坐向丑未癸丁

妣下宅陳衍娘謚嘉莊生乾隆庚申年又六月十八日亥時卒道光巳丑年九月廿七日卯時享年九十塋斐后林掃手尾坐向午子丙壬

男　兆彭　兆胎　兆見　兆惠　兆葉　兆某出嗣兄瑞戴殤　兆看出嗣兄瑞戴

女　一者娘配胡西陳㫪觀

瑞園公字啓範號可求　朝朱公長子生乾隆丁己年十二月廿三日午時
卒乾隆戊申年十月廿六日酉時塟重慶崙坐向丑未艮坤
妣官園陳嫺娘謚孝端生乾隆壬戌年十一月初三日亥時卒道光甲申
年四月初四日酉時塟斐後林坐向甲庚寅申
男　兆瓜　兆侶　兆邦殤
女　郗娘配大坪陳定觀　次金娘配澳下盧緘觀
瑞但公字啓諸　朝朱公次子生乾隆甲子年二月二十五日丑時卒乾隆
乙卯年三月二十一日塟重慶園坐向癸丁子午
娶詩口吳氏改節
男　兆甜　兆鹽出嗣三房
女　繞娘配同安九都蘇
瑞磚公　朝朱公三子生乾隆辛未年三月初八日未時卒乾隆乙卯年四

月初二日塋重慶園坐向壬丙亥巳

瑞幼公　景于公長子生乾隆己巳年十一月二十四日卯時卒乾隆戊戌年十月初二日酉時塋文章山龜仔脚坐向丙壬巳亥

瑞務公　景于公次子外出生卒缺

瑞井公　景于公三子生乾隆甲戌年閏四月初九日子時卒塋在外缺

瑞雪公　景于公四子生乾隆庚辰年三月初八日申時卒乾隆年間九月二十五日塋重慶樹林口坐亥向巳兼乾巽

南安霞錦洪氏族譜世紀

卷四

霞坂洪氏族譜世紀卷四

十世西房長房長之長　石紫柱　景鍾公派

兆穰公　瑞漑公長子生康熙丙戌年四月廿四日辰時卒雍正丁未年三月十六日寅時葬沽美山險垻內坐北向南

兆稠公　瑞漑公次子生康熙甲午年八月初一日子時卒葬在外莫考

兆穗公字有信　瑞漑公三子生康熙丁酉年正月廿四日辰時卒乾隆壬午年八月初九日午時葬缺

男　必命

兆秬公　瑞　公四子生康熙己亥年九月初六日寅時卒葬在外莫考

承封公諱兆札字有書　瑞漢公長子生康熙癸巳年二月初五日酉時卒乾隆戊子年六月初二日申時葬路苧格內

妣內呷李娘謚淑順生康熙庚子年十一月初八日亥時卒乾隆乙卯年

五月廿五日辰時葬重慶皂斗崙坐向子午癸丁

男　必戎　必外　必怎　必遠　必嬪

女　長配溪前陳　次配吉祭鄭

長成公諱兆梯字有階　瑞漢公次子生雍正甲辰年十一月初三日子時

卒乾隆辛亥年二月三十日寅時葬山後格石皮崙頭

妣小岵陳脩娘謚勤慈生雍正辛亥年七月十二日午時卒乾隆辛未年

十月廿二日酉時葬路学格內坐向亥巳壬丙

又妣竹脚陳京娘謚儉順生雍正甲寅年十一月初八日辰時卒乾隆辛

丑年六月初二日戌時葬沽美山馬路頭

男　必夜　必晒

女　長次俱配宮山陳　三配鐘洋庠生易謙光

兆嬌公　瑞汎公長子生雍正丙午年月日缺卒乾隆辛巳年七月日時缺

塋臺灣萬丹埔坐西向東

兆曹公　瑞汎公次子生雍正辛亥年二月初八日寅時卒年時日缺塋在臺灣

妣余金娘生乾隆戊辰年三月廿一日酉時卒乾隆甲甲年九月初五日寅時塋臺灣萬丹埔坐西向東

又妣鄭錦娘生乾隆辛酉年正月十八日酉卒塋缺

男　必傳　必贊

兆灶公　成玉公長子生雍正癸丑年七月初五日戌時卒缺塋在南洋

兆煉公字有簡號重默　成玉公次子生乾隆己未年八月廿九日丑時卒乾隆乙卯年七月初二日辰時塋重慶坑仔口坐向乙辛卯酉

妣吉祭鄭信娘謚端義生乾隆乙亥年四月廿八日未時卒道光辛卯年正月初七日未時塋重慶皂斗崙

男　必慽　必古　必榜　必慶　必賀　必草　必蚋出嗣兆芬

女　配内呷李

兆標公字有梅號清香　成玉公三子生乾隆丁未年五月廿八日申時卒乾隆己巳年八月廿八日未時塟山後格羊嶺坑

娶蔡氏改節

女一殤

兆軒公字有晃　青峯公長子生乾隆丙寅年二月初一日卯時卒嘉慶甲子年十月廿一日丑時塟廈門太師墓邊

妣曾牽娘生乾隆二十年九月初五日酉時卒道光十四年十二月初二日申時塟廈門粟倉后鶯哥石脚

男　必進

兆宨公號有彩　青峯公次子生乾隆辛未年八月廿四日巳時卒缺十月

廿七日巳時塟廈門粟倉後
嗣孫　贊成
按公與兄移居廈門港福宮邊早歿無娶姪必進念叔父之情爰撥次子
贊成爲嗣孫

十世西房長房長之長　坑内柱　景允公派
清郡庠生礪章公諱大成乳名兆斐字有文　潔齋公長子乾隆年間取進臺灣
府學第二名生康熙辛卯年三月廿五日酉時卒乾隆甲戌年九月廿六
日戌時在臺拾罐歸塟本鄉石鼓坂附塟母呂氏墳中
娶曾氏卒塟在臺
男　必感　必戴
清耆老兆褒公字有寓　潔齋公次子生康熙辛丑年十二月十七日丑時卒

嘉慶丁巳年九月十三日午時塟文章山大坵田坐向丑未艮坤

妣楊起娘生雍正己酉年三月二十日未時卒嘉慶丙寅年七月廿七日

午時塟文章山大坵田脚坐向乾巽亥巳

男　必存　必行　必訂　必順

女　配坑園陳

兆貶公　潔齋公三子生卒塟缺

兆棓公字有多　成智公長子生康熙丁酉年三月十八日巳時卒乾隆丙

午年正月廿八日巳時塟在臺灣

娶陳氏改節

女　配英橋陳

兆夢公　成智公次子生雍正丁未年十二月廿六日巳時卒乾隆丙子年

四月十四未時塟在南洋

兆廩公字有俸　成智公三子生乾隆丙辰年八月二十日辰時卒嘉慶己卯年三月初一日申時塟重慶山坐向壬丙子午

妣卓賽娘謚恬靜生乾隆甲子年四月十五日酉時卒道光乙酉年正月廿五日巳時塟草絹尾坐向巽乾巳亥

男　必罕　必昌

兆綽公　象物公長子生康熙庚子年十一月十五日寅時卒乾隆甲戌年六月十三日巳時塟短崙仔坐南向北弟兆葛附塟

兆葛公　象物公次子生雍正丙午年七月初六日辰時卒乾隆乙亥年月日缺附塟兄兆綽公墳中

兆綿公　啓偉公長子生雍正庚戌年八月廿八日酉時卒塟缺

兆孕公　啓偉公次子生雍正乙卯年六月初六日巳時卒塟在外缺

兆妹公　啓偉公三子生乾隆壬戌年九月初三日寅時卒乾隆巳丑年十

月十八日丑時塟在漳州

兆恪公字有謹　成高公長子生雍正壬子年正月十三日卯時卒乾隆丙午年五月廿七日巳時塟在福清

妣卓挾娘生乾隆甲子年十一月初六日申時卒嘉慶丙辰年十一月十七日酉時塟大寨埃坐向甲庚卯酉

女長配官橋郭次上呷高三配德化曾

兆縷公　成高公次子生雍正癸酉年十一月廿一日亥時卒乾隆癸卯年三月十三日申時與弟兆棟附塟母陳氏墳中

兆棟公　成高公三子生乾隆辛酉年三月廿二日酉時卒乾隆乙卯年九月初四日丑時與兄兆縷附塟母陳氏墳中

男　必正

兆位公號有即　成宗公長子生雍正庚戌年四月十一日戌時卒乾隆甲

戌年十二月廿一日卯時塟唐帽寨坐向壬丙子午
妣薛反娘生雍正壬子年三月廿三日丑時卒乾隆壬申年八月十六日
卯時塟山後格尊字崙坐向寅申艮坤
兆赤公字有華號榮西　成宗公次子生乾隆丙辰年三月初三日卯時卒
嘉慶戊寅年十二月十七日巳時塟文章山紅面林坐向丙壬己亥
妣上岬莊吉娘謚儉順生乾隆庚申年正月十三日午時卒嘉慶庚午年
七月十八日未時塟文章山客鈸内坐向乙辛辰戌男必郡附塟
男　必運　必郡　必盛　必服　必尚
兆卿公字有晉號待爵　成然公長子生乾隆戊午年五月十六日卯時卒
乾隆乙卯年八月十三日卯時塟沽美山池子角坐向辛乙戌辰
妣張儀娘生乾隆戊辰年正月廿三日寅時卒嘉慶甲子年九月初十日
寅時與公合塟

男　必內

兆棗公　成然公次子生乾隆亥年九月廿二日酉時卒乾隆甲寅年八月

廿四日未時葬什坵門口岑頂坐向辛乙戌辰

養男　必君

兆桔公字有柚　成然公三子生乾隆戊辰年九月廿六日子時卒嘉慶甲

戌年十一月十五日子時葬新寨頭坐向辛乙酉卯

娶　林氏福節

男　必伴

喬山柱景郎號定宰公派

兆闢公字有望　啓超公長子生康熙丁酉年十二月十五日戌時卒乾隆

戊寅年九月廿五日吉時葬在漳州程溪

娶陳氏改節

男　必緣

兆閤公　啓超公次子生雍正甲辰年七月初十日未時卒塋在南洋

兆開公字有若號元勳　亦流公長子生康熙戊戌年九月廿九日亥時卒乾隆乙巳年十二月廿六日戌時塋沽美山外窩坐向申寅庚甲

妣陳別娘謚敬慎生康熙戊戌年九月廿四日子時卒嘉慶戊午年二月廿七日午時塋蓮山后厝角東畔坐向甲庚寅申

男　必瑞　必踏　必環

女　配溪東林

兆澗公字有濱　亦流公次子生康熙壬寅年七月初十日酉時卒乾隆癸酉年正月初九日巳時塋險埧邊路下坐向艮坤寅申

娶陳氏改節

男　必迎

兆闕公　亦流公三子生雍正甲辰年十二月初五日卒塋在臺灣

兆闖公字有雅　亦流公四子生雍正丁未年七月初二日巳時卒乾隆戊寅年四月廿七日酉時柩塋沽美山庵無傳

兆謳公字有歌　亦流公五子生雍正辛亥年十一月初八日酉時卒乾隆丁丑年十二月廿四日辰時塋南洋

兆突公字有來號迎進　桂齋公長子生雍正癸丑年二月廿九日未時卒乾隆乙巳年四月初九日申時柩塋什垃洋坐向辛乙戌辰

妣上場顏願娘謚儉節生雍正甲寅年五月十三日午時卒乾隆辛亥年正月初四日午時塋斐後林坐向辰戌乙辛

男　必座　必賜出承弟兆宊　必保　必承　必昆

女省娘配文章太學生陳淵觀

兆穴公字有臨號以莊　桂齋公次子生乾隆戊午年四月廿九日未時卒
乾隆癸巳年九月廿二日辰時沽美山坐向甲庚卯酉
娶陳氏改節
男　必性　必君　必程弟兆蹇長子入承
兆空公字有靈號以泰　桂齋公三子生乾隆辛酉年正月十二日申時卒
乾隆丁酉年二月廿八日巳時塟在外莫考
娶林氏改節
男　必賜兄兆突次子入承
兆蹇公字有溙號惠思　桂齋公四子生乾隆癸亥年十一月十九日辰時
卒嘉慶壬戌年七月初四日戌時塟山后格崩坪垵坐向辛乙酉卯
妣高嶺林惜娘謚慈賢生乾隆戊辰年六月十五日午時卒道光丙戌年
四月初二日午時塟沽美山坐向乾巽亥巳

男　必程出承兄兆穴　必祿
女　長配杉子尾陳　次配埔尾陳
兆種公字有穀號五美　正文公長子生乾隆庚申年正月十四日午時卒
嘉慶甲子年三月十八日申時塟塟山後格赤墓坪坐向辛乙酉卯
妣內呷李舜娘謚德順生乾隆己未年六月初十日卯時卒嘉慶壬申年
七月廿二日未時塟山後格短崙子坐向辛乙酉卯
男　必語　必謟　必讒　必託
女　配石鼓林謝
兆我公字有爾號履仁　正文公次子生乾隆戊辰年十一月初三日巳時
卒嘉慶甲子年五月二十日申時塟山後格騎龍斬尾坐向庚甲申寅
妣古坑黃柔娘生乾隆丙子年六月廿一日辰時卒道光辛丑年五月初
三日未時塟沽美山

男　必敲　必實　必詩出承弟兆屋

女　長配溪東林　次配内呷李　三配宫邊黄

兆儉公號節制　大明公長子生乾隆辛酉年四月廿四日辰時卒乾隆丁丑年十一月十六日巳時葬嶺邊格崙尾坐壬丙亥巳形號蛇形

男　必脩兆辰長子入承

兆辰公字有暉號明亮　大明公次子生乾隆甲子年八月初四日戌時卒嘉慶丁卯年三月初七日辰時塟斐後林坐向丙壬午子

妣大坪頭方朱娘謚慎敬生乾隆甲子年七月初四日辰時卒乾隆壬辰年二月廿八日亥時葬沽美山尖後坐甲向庚

又妣后寮方益娘謚惠恭生乾隆庚午年十一月廿六日亥時卒乾隆己亥年三月廿六日寅時塟沽美山寨子角下坐向庚甲申寅

又妣内呷李送娘謚淑德生乾隆乙丑年四月初十日寅時卒道光丙戌

年十一月廿一日寅時柩塋文章山嶺邊格半崙中坐向壬丙子午

男　必脩 慎敬方氏出出承兄兆儉　必蘇 太學生　必梁 殤 俱惠恭方氏出　必淡 鄉賓兄兆孝六

子嗣　必再 殤

兆潛公 字 有在 號 于田　起南公長子生乾隆庚申年閏六月十六日丑時
卒嘉慶庚申年五月廿六日巳時確塋山後格短崙仔坐向辛乙酉卯
妣仙鄉陳太娘謚淑貞生乾隆辛酉年八月初九日辰時卒乾隆甲戌年
三月十三日未時塋山後格龜仔崙坐向乙辛辰戌

男　必坐 殤　必寵　必兜　必用

女　長配下宅陳　次配高口馬

兆淵公 字 有顏 號 靜深　起南公次子生乾隆癸亥年八月廿八日巳時卒
嘉慶丙寅年二月初三日卯時塋山後格蛇臍坐向庚甲酉卯
妣白墓林鉞娘謚慈順生乾隆甲子年九月十三日卯時卒乾隆己酉年

七月初五日巳時塋沽美山

男　必分　必見　必抗出嗣弟兆潘

女　長配白墓林全親　次配棹埔葉　三配坑園戴

兆潘公號以卿　起南公三子生乾隆丙寅年二月廿四日寅時卒道光癸未年十一月廿七日卯時塋沽美山坐南向北

男　必抗兄兆淵子三入嗣

兆池公號沛澤　起南公四子生乾隆辛未年正月初十日亥時卒乾隆庚寅年二月二十日戌時塋山後格稻馬垵坐向坤艮申寅

兆源公號有水　起南公五子生乾隆己卯年十月十三日戌時卒乾隆丁酉年七月初四日子時塋斐後林坐向酉卯庚甲

兆澔公　起南公六子生乾隆癸未年六月十五日未時卒塋在臺灣

皇恩寵賜耆老文光公乳名兆瑛字有才號教育　得稱公長子生乾隆辛未年

六月廿三日午時卒道光甲申年二月十四日未時塟山後格斐後林坐乙向辛

妣謝妍娘謚淑勤生乾隆乙亥年四月廿四日辰時卒嘉慶庚辰年六月初三日午時塟山後隔頭坐甲向庚

男　必業　必欣　必極　必選殤　必即　必袍　必額

女　配中埔頭林

兆瑣公字有婭號仕美　得稱公次子乾隆甲戌年十一日廿七日卯時卒道光乙未年九月十九日寅時塟客鈸内坐癸向丁

妣坊前黄攀娘謚溫恭生乾隆戊寅年二月廿三日辰時卒嘉慶戊辰年六月三十日戌時塟重慶中崙尾坐寅向申

男　必傑　必倬　必信　必偶　必件　必伴殤

女　配溪東林

兆珮公字有玉號成寶　得稱公三子生乾隆丁丑年十二月十六日辰時卒嘉慶己未年六月廿九日午時塋客鈸内坐向艮坤丑未
妣文章陳汝娘謚專靜生乾隆辛巳年八月十二日巳時卒道光癸卯年十月初二日亥時塋山後格騎龍斬坐辰向戌
男　必兒兄兆丁次子入嗣　必椿　必瓊
女　長配山仔葉　次配内𠱂李
兆嚴公字有翼號以引　庶績公長子生乾隆甲戌年六月廿九日戌時卒乾隆甲寅年十月十七日巳時塋山後格竹林脚
妣陳綴娘謚孝勤生乾隆辛巳年二月初九日酉時卒道光甲申年十一月十七日未時塋山後格短崙仔脚坐向辛乙酉卯
男　必齊　必二　必束　必排
女　配大廷戴

兆紹公字有庭號于上　庶績公次子生乾隆丁丑年十二月十二日卯時
卒道光丙申年八月廿四日午時塟山後格騎龍斬坐辛向乙
妣陳盡娘謚恬美生乾隆辛巳年二月初三日未時卒道光乙未年二月
二十日酉時塟短崙子
男　必軋　必柿　必灣
女　長配内呷李　次配半嶺株　三配大庭戴

窗兜柱　景猛號政和公派

兆霸公字有伯號盟主　元亮公長子生雍正己酉年閏七月廿八日丑時
卒乾隆甲辰年十二月初六日申時塟文章山竹林下坐向艮坤寅申
妣山頭葉鑽娘謚溫惠生乾隆丙辰年四月廿三日子時卒嘉慶庚午年
二月初五日未時塟文章山溪東墓下坐向丙壬巳亥

男　必葱　必投　必宅出嗣弟兆犀　必晃

女　長友娘配舊門呂　次蕊娘配岩田蔡　三究娘配舊門呂

兆犀公字有利　元亮公次子生雍正甲寅年正月廿四日丑時卒嘉慶丙寅年正月初八日巳時塟石皮垵向乙辛辰戌

男　必宅兄兆裔三子入嗣

兆報公字有李號德仕　元亮公三子生乾隆戊午年三月初五日巳時卒嘉慶甲子年四年廿八日辰時塟文章山崩坪垵坐申寅庚甲

妣古山頭侯親娘謚仁慈生乾隆壬申年十月初六日戌時卒嘉慶丙子年七月初三日未時塟溪頭山墓宅崙坐西向東內有誌銘外有石碑

男　必達

清邑庠生文德公諱福乳名兆意字有美　重純公長子朱文宗歲試取進南安學第六名公之為人高才穎異博學經史藝術兼優未入泮時重脩家乘

敦宗睦族後採芹香報施效應積德餘慶聲名籍甚文氣得與鄉鄰齒頰由公始登本籍鵲起後進可謂卓卓人傑矣生雍正丙午年十月十三日未時生嘉慶庚申年十一月二十日酉時塋重慶里斗崙石聳下坐向癸丁丑未

妣下宅陳純官謚儉厚生雍正丙午年六月廿一日酉時卒乾隆丙午年十一月初二日未時塋頂窗厝外墩仔頂坐向丙壬午子

男　必贈　必贖　必貯　必貼

女　長英娘配坊前黃　次霜娘配楓樹林

清耆老知剛公乳名兆悻字有直　重純公次子嘉慶新君登極恩賜登仕郎生雍正己酉年六月初四日午時卒嘉慶庚甲年八月初十日未時塋沽美山尖坐庚向甲

妣竹脚陳探娘謚淑宜生雍正壬子年七月廿五日戌時卒乾隆己酉年

三月十四日辰時葬客鈸内坐向壬丙子午
男　必買　必賣　必貨　必債　必賚
女　長配東門謝　次配竹脚陳
兆然公字有超　重純公三子生雍正癸丑年六月十七日戌時卒乾隆甲辰年五月初十日亥時葬文章山赤墓坪尾坐向辛乙酉卯
妣金田卓却娘謚愛恭生乾隆丁巳年九月二十日巳時卒乾隆戊子年七月廿七日巳時葬文章山挑水埈頭坐向丁癸午子
男　必則　必卒　必劉
兆芭公字有茂號南山　重純公四子生乾隆庚申年十二月廿九日亥時卒嘉慶甲子年十一月十四日巳時葬斐後林橡脚崙坐向甲庚卯酉
妣溪頭蔡店娘謚引順生乾隆丁卯年八月初四日午時卒道光壬午年十二月初四日巳時葬文章山烏塗坑

男　必正　必新　必三　必統

女　配溪東林

兆壇公號有泰　重純公五子生乾隆甲子年三月初七日卯時卒乾隆癸卯年八月初七日寅時葬斐後林掃箒尾坐向午子丁癸

妣陳插娘謚潔慎生乾隆丁丑年正月初七日戌時卒乾隆丁酉年五月初三日卯時葬水格蛇仔崙未丑坤艮

男　必嗣

兆謀公字有成號得成　重純公六子生乾隆庚午年八月十五日寅時卒嘉慶庚辰年正月十四日丑時葬山後格稻馬垵坐向辛乙酉卯

男　必迎

兆滮公字有炳號廷日　中玉公長子業儒公性崇朴而心識義理　邑侯柳公舉任族副給以印綬譚公贈匾曰薰德奉公生乾隆戊午年六月十

四日未時卒嘉慶庚辰年三月廿二日寅時塟六份山張最淑山寮厝對
面號雞心崙坐向乙辛卯酉
妣馬頭洋陳敬娘謚恭儉生乾隆己未年五月初三日辰時卒嘉慶甲子
年九月十六日戌時塟斐後林坐向甲庚寅申縫針用甲庚卯酉
男　必讓　必諦　必讀　必誇　必詰　必詮
女　長安娘配内呷李　幼婦蔡氏陳氏 俱殤
兆浸公 字 有潤 號 世澤　中玉公次子生乾隆壬戌年九月廿三日亥時卒
嘉慶丁巳年正月十一日午時塟本鄉崎墘坑坐向乾巽亥巳
妣東門謝秀娘謚潔貞生乾隆戊辰年二月初六日酉時卒嘉慶丁巳年
十二月初八日未時塟水鬼内過橋仔坐向辰戌乙辛
男　必評　必譜 殤　必讚
女　長完娘配吳埔山陳　次推娘配鳳坡梁

兆哥公_字有高_號廣愛　種德公長子生乾隆丁巳年九月十五日寅時卒
乾隆戊子年十二月廿四日申時塟山後格湖崛尾坐向甲庚寅申
妣溪東林勤娘謚勤柔生乾隆庚申年閏六月初五日寅時卒乾隆丙戌
年五月廿一日巳時與公合塟
又娶方氏改節
嗣男　必導
女　信娘配馬頭洋陳林氏出

兆塗公字有合號連城　種德公次子生乾隆己未年十月初九日子時卒
乾隆辛亥年九月十七日申時塟文章山挑水垵頭坐向午子丙壬
妣古坑黃全娘謚慈怡生乾隆丙寅年四月初二日酉時卒乾隆庚戌年
生十月廿七日卯時與公合塟
男　必定

女　長族娘配溪東林　次配下宅陳

兆緘公號若三　種德公三子生乾隆壬戌年二月二十日酉時卒乾隆丙戌年五月十六日巳時塟山后格杉林尾長坵田頂坐向申寅坤艮

兆㔀公字有邑號知禮　惟士公長子生乾隆己巳年十二月初四日巳時卒道光戊子年六月初四日子時塟山后格短崙仔

妣中房張泳娘謚孝慈生乾隆辛未年十二月初三日丑時卒道光乙酉年七月初四日辰時塟文章山大坵田脚坐向未丑坤艮

男　必琛　必珪　必理

女　長逆娘殤　次雪娘配內呷李

兆隨公字有時號從心　惟士公次子生乾隆丙子年六月初十日子時卒乾隆癸丑年六月十一日丑時塟短崙仔坐向酉卯辛乙

兆羣公字有聚號共話　惟士公三子生乾隆癸未年十一月廿九日寅時

卒道光癸巳年二月十七日巳時塟山後格橡腳崙

妣壇仔呂柔娘謚順慈生乾隆乙酉年十二月十四日巳時卒道光辛丑年十二月廿三日午時塟竹腳林尾

男　必璉　必球

女　參娘配下宅陳

圍內柱宗任公派

兆淡公字有志　啓營公子生康熙辛卯年九月二十二日寅時卒塟在臺灣

兆迅公字有取　惟旌公長子生康熙丙申年正月十八日戌時卒乾隆年間月日缺塟沽美山中垵坐向酉卯辛乙

妣李寅娘生康熙戊戌年十月十五日亥時卒乾隆四月初三日戌時塟

沽美山池子角后

女　配中埔頭林

兆生公字有道　惟旌公次子生雍正己酉年八月二十日卯時卒乾隆年間月日缺塋沽美山中垵坐向酉卯辛乙

兆徹公字有見　啓繖公子生康熙丁亥年四月十六日戌時卒乾隆丁卯年七月十三日子時

妣陳超娘謚靜惠生康熙甲午年正月初一日酉時卒乾隆壬子年二月十二日巳時塋文章山赤墓坪坐向乙辛辰戌

男　必最　必溫　必萬

女　配烏翼余

兆繞公　成章公長子生康熙辛丑年又六月十八日卯時卒乾隆癸亥年四月廿四日寅時塋園内山坐西向東

兆前公　成章公次子生雍正己巳年九月初一日卯時卒塋在外

兆日公（字）有居　成章公三子生雍正己酉年九月廿四日丑時卒乾隆己丑年八月十二日寅時

娶張氏（改節）

養男　必文

兆月公（字）有諸　成章公四子生雍正壬子年二月廿三日戌時卒嘉慶辛酉年四月廿五日酉時塋園内山坐向壬丙亥巳

妣林候娘生乾隆丁卯年八月初七日午時卒嘉慶丁卯年六月初七日戌時塋園内山坐向辛乙酉卯

男　必武　必鋸　必馬

女　配雙墩陳

兆答公　瑞周公長子生康熙戊戌年六月廿三日未時以下住臺灣萬丹

娶薛錦娘生雍正戊午年七月廿三日辰時卒塋俱在臺灣

男　必治　必申（出嗣弟兆亞）　必友　必平

女　長配陳　次配李　三四俱未詳

兆亞公　瑞周公次子生康熙辛丑年十二月十七日巳時卒乾隆乙亥年五月初十日子時塋林仔厝坐南向北

男　必申（兄兆荅次子入嗣）

兆保公　瑞周公三子生雍正壬子年四月十七日巳時卒塋在臺

妣陳信娘生乾隆丙寅年八月廿八日申時卒塋在台

男　必郡

兆默公（字）有相　瑞聰公長子生康熙庚子年九月初九日寅時卒乾隆丁卯年十一月初四日戌時塋臺灣萬丹埔三尖子坐西向東

妣饒報娘生雍正乙巳年十二月十二日丑時卒塋在台灣

男　必套　必賴
兆宰公　瑞聰公次子生卒缺
兆因公　瑞聰公三子生卒缺
兆幸公　瑞世公子生雍正壬子年又五月廿二日辰時
妣陳却娘生乾隆丙寅年五月十八日申時卒塋俱在台莫考
男　必香
女　貝娘蔭娘配俱未詳
兆慶公　瑞譽公長子生卒缺
兆服公　瑞譽公次子生卒缺
兆塔殤
兆變公　瑞嘉公長子生乾隆庚申年四月初一日丑時
妣李引娘生乾隆辛未年十一月十八日午時卒塋俱在臺

女　秀娘配未詳

兆抄公　瑞嘉公次子生乾隆乙丑年九月初三日午時

妣鄭協娘生乾隆丙子年十一月廿一日酉時卒塋俱在臺

兆捧公　瑞嘉公三子生乾隆庚午年四月十三日亥時卒塋在臺

兆開公字有陽　成厚公長子生乾隆癸亥年三月初二日寅時

妣劉永娘生乾隆乙丑年二月十一日寅時卒塋俱在臺

男　必壽　必點　必吉

女　粉娘明娘配俱未詳

兆芳公字有菲　成厚公次子生乾隆丙寅年五月十二日寅時

妣陳越娘生乾隆己巳年十月初五日卯時卒塋俱在臺

養男　必爽

女　配楊家

兆錢公字有萬　成厚公三子生乾隆壬申年二月廿七日戌時
妣林報娘生乾隆癸酉年十月初七日寅時卒塋俱在臺
女　心娘
兆志公字有得　成厚公四子生乾隆戊寅年二月初八日辰時
妣　林香娘生乾隆己卯年二月廿二日亥時俱住台灣萬丹卒塋缺
兆怡公字有悦號元和　啓成公長子生康熙辛丑年九月廿四日辰時卒
乾隆甲寅年九月初一日戌時塋園內山
妣　陳士娘謚恭順生雍正戊申年八月初八日巳時卒嘉慶戊寅年十
一月廿二日申時塋園内坐向庚甲申寅
男　必魯　必化　必探
女　長配胡西陳　次配呂洋王
兆巖公字有石　啓成公次子生雍正甲辰年六月廿三日未時卒乾隆年

閏二月十六日吉時塟台灣

娶李氏 改節

養男　必席

女　一配缺

兆隱公 字 有迹　啓成公三子生雍正壬子年九月三十日辰時卒在南洋

兆裁公 字 有培　啓成公四子生乾隆辛酉年四月初五日亥時卒在外洋

兆倡公 字 有董　瑞久公長子生雍正壬子年四月十五日午時卒乾隆庚

辰年二月初七日寅時塟漳州嶽口埔坐西向東弟兆所附塟

兆所公　瑞久公次子生卒失記附塟兄兆倡公墳中

兆廉公 字 有珠　瑞久公三子生乾隆庚申年四月廿四日卯時卒乾隆乙

卯年十月初七日卯時塟園內山崙尾坐向申寅庚甲

妣吳氏生乾隆癸酉年七月初七日寅時卒塟缺

女　一配莫考

又妣周朱娘謚淑慎生乾隆壬午年十二月十四日寅時卒道光辛卯年

三月十七日辰時葬園內山坐向癸丁子午

男　必信　必情養

女　配上坪

兆準公　瑞理公子生雍正戊申年三月廿四日丑時卒乾隆年間十二月

十四日吉時葬臺灣

兆望公字有儼　瑞岳公長子生雍正辛亥年十一月十一日寅時卒乾隆

辛卯十一月廿六日申時葬園內山

娶陳氏改節

女　長配深垵葉　次配山內

兆緩公　瑞岳公次子生乾隆丁巳年閏九月廿五日亥時卒葬在外洋

兆話公字有慎號令儀　瑞岳公三子生乾隆辛酉年八月十五日亥時卒嘉慶丙子年八月十五日寅時塟在斐後林坐向寅申艮坤

妣顔金娘謚柔慎生乾隆戊辰年十一月廿五日辰時卒嘉慶己卯年七月廿二日酉時塟文章山赤墓坪坐向丙壬巳亥

男　必着　必執　必裼　必璋出嗣兆生

兆邁公號正直　瑞岳公四子生乾隆乙丑年五月廿五日午時卒道光乙酉年六月廿九日亥時塟文章山三脚木坐辛向乙

兆爲公　瑞云公長子生乾隆戊辰年九月初七日酉時卒塟缺

妣歐朱娘生乾隆庚午年十一月十九日辰時卒塟缺

男　必萬

女　斷娘配缺

兆諒公　瑞云公次子生乾隆庚午年七月初七日子時卒塟缺

妣許省娘生乾隆庚辰年三月十九日辰時卒塋缺
兆宙公　瑞云公三子生乾隆戊寅年十月廿八日申時卒塋缺
兆瑙公　瑞云公四子生乾隆庚辰年十一月二十日辰時卒塋缺
兆伍公　瑞云公五子生乾隆壬午年十一月初五日戌時卒塋缺

集坵柱宗文公派

兆深公　瑞泳公長子生卒缺
兆茂公　瑞泳公次子生康熙壬辰年四月初十日丑時卒乾隆甲子年五月十五日未時塋缺
兆雍公　瑞泳公三子生康熙壬寅年十二月廿五日申時移居蚶江卒塋缺
妣郭寢娘生乾隆癸丑年正月廿七日寅時卒乾隆己丑年九月初八日

辰時塟晉江廿三都蟳江土名草坂園内
又妣泉城蔡專娘生乾隆丙辰年二月初七日丑時卒塟未詳
男　必第　必喜　必參俱殤　必接　必增
女　配未詳俱郭氏出
兆肯公字有構　瑞磨公長子生康熙庚寅年閏七月初六日亥時卒乾隆
庚午年六月初五日巳時塟山后格大坵田頂
妣下寮黃氏生年失記惟記八月初十日酉時卒缺塟重慶後頭坐東向
西
男　必波殤　必愁　必蚊
兆耿公　瑞磨公次子生康熙癸巳年十月初六日寅時卒雍正年間八月
初二日吉時塟在南洋
兆錐公字有引　瑞磨公三子生康熙庚子年月日失記卒缺塟蓮山後田

頂坐向丙壬午子
妣謝𤋮娘生雍正乙卯年四月廿七日亥時卒塟缺
男　必盼　必淫
兆梅公字有條　瑞共公長子生康熙庚寅年四月初八日未時卒乾隆辛未年十月初十日酉時塟重慶𨛦斗崙頂坐北向南
娶蔡氏改節
男　必梭　必健
兆領公字有納　瑞共公次子生康熙壬辰年七月初二日酉時卒乾隆辛卯年二月初五日未時塟長岸湖斗仔崎坐南向北
妣蔡笑娘生雍正甲辰年六月十九日亥時卒塟缺
男　必唇　必區　必好　必越
女　長殤　次配舊門呂

兆勸公　瑞慶公長子生康熙乙未年二月初五日未時卒塋缺
妣劉才娘生康熙辛亥年九月十四日申時卒塋缺
男　必初　必印　必登　必科　必炎
女　長配溪頭陳　次取娘　三僭娘配俱未詳
兆標公字有鸞　瑞慶公次子生康熙甲午年八月廿四日寅時卒乾隆乙亥年五月十二日酉時罐重慶伽監公脚
妣張儼娘生康熙辛丑年十一月初六日卯時卒乾隆丁卯年五月十六日丑時塋沽美山
兆葵公字有日　瑞慶公三子生卒塋缺
妣陳德娘生康熙壬寅年八月廿一日辰時卒乾隆己巳年十一月廿三日寅時塋沽美山阿内
又娶歐氏改節

男　必戊陳氏出　必德殀

女　配下宅陳歐氏出

兆禮公字有儀　啓溢公長子生雍正丁未年十二月十四日酉時卒乾隆

癸未年十一月廿八日巳時塟洪埔尾向向寅申甲庚

娶某氏改節

兆曲公字有款　啓溢公次子生雍正甲寅年九月十三日卯時卒乾隆甲

辰年九月十四日卯時塟沽美山後坐向甲庚卯酉

妣呂　娘生乾隆丁卯年十一月廿二日申時卒乾隆癸卯年十月二十

日辰時與公合塟

男　必秉

女　配中房張

兆鑵公　瑞爵公長子生乾隆癸亥年七月十八日寅時卒乾隆甲寅年五

月廿八日子時塟重慶新寨路頂坐向酉卯辛乙

兆研公　瑞爵公次子生乾隆甲戌年五月初十日酉時卒乾隆庚戌年五月廿九日巳時塟重慶皂斗崙君宜媽墓脚坐向寅申甲庚

娶某氏改節

男　必葉殤

兆砳公字有鼎號昭明　瑞爵公三子生乾隆丙子年十一月初六日寅時卒嘉慶己卯年六月三十日戌時塟沽美山險垻墳下

妣林構娘謚勤慈生乾隆辛卯年七月初九日辰時卒咸豐癸丑年九月十六日子時塟沽美山險垻外坐北向南

男　必富　必當

女　長配下宅陳　次配下宅陳　三配内呷李

兆甕公　瑞爵公四子生乾隆辛巳年六月初八日未時卒嘉慶己未年八

月廿九日申時附塋兄兆研墳中

娶某氏改節

男　必坑殤

兆令公字有政號重尹　成中公長子生雍正庚戌年十一月廿八日亥時卒乾隆乙卯年五月初七日卯時塋斐后林掃箒尾坐向午子丁癸

妣程却娘謚謙慎生雍正辛亥年九月十二日丑時卒嘉慶戊午年四月初一日巳時塋文章山竹篙崙坐向寅申甲庚

男　必朋　必炎　必喝　必模　必桃　必挽

女　配田仔程

兆翰公字有號重懷　成中公次子生雍正癸丑年十月初九日酉時卒嘉慶己未年二月廿四日未時塋文章山赤墓坪坐向坤艮未丑

妣黃寅娘謚敬勤生乾隆癸亥年八月廿九日寅時卒乾隆辛亥年十二

月初二日未時塟文章山嶺邊格坐向艮坤丑未
男　必遮　必護　必啓
女　長配舊門呂　次配古坑黄
兆擬公字有推號惟倫　登雲公長子生雍正癸卯年正月初五日酉時卒乾隆乙卯年二月初六日午時塟文章山火敪崙坐向甲庚寅申
妣蔡絹娘謚慈順生雍正丙午年七月初七日未時卒乾隆戊戌年五月廿九日辰時塟文章山過橋仔坐向申寅庚甲
男　必作　必片　必言　必捜
女　配后廳陳
兆蔭公字有庇　登雲公次子生乾隆癸亥年十月初三日酉時卒乾隆戊申年九月廿八日丑時塟重慶新寨腰坐向辛乙戌辰
妣王招娘謚敬順生乾隆戊辰年正月廿六日酉時卒乾隆己酉年七月

十一日申時塟文章山尊字崙坐向寅申艮坤

男　必騰　必獺　必衷　必儔　必映

女　配坑枘呂

兆遇公字有逢號所合　世傳公長子生乾隆丙辰年八月廿六日寅時卒

乾隆甲寅年二月二十日辰時塟本鄉什坵洋水路頭坐向坤艮申寅

妣王器娘謚淑慎生乾隆己丑年八月十九日申時卒嘉慶辛酉年九月

二十日辰時塟唐帽寨尾坐向癸丁丑未

男　必寡　必德出嗣弟兆倪　必煎　必換　必塘　必炒　必渴

兆倪公字有雲號世中　世傳公次子生乾隆辛酉年四月廿二日辰時卒

塟缺

男　必德兄兆遇次子入嗣

兆藝公　世傳公三子生乾隆癸亥年十二月初五日亥時自幼外出卒塟

缺

兆東公字有震　懿德公長子生雍正癸丑年正月初七日午時卒乾隆癸未年九月廿四日未時塟沽美山

妣潘趨娘生乾隆辛酉年十二月二十日亥時卒嘉慶年間十二月廿九日辰時塟文章山尊字崙坐向巽乾辰戌

男　必喬　必安

兆鞭公字有執號廷嘉　懿德公次子生雍正癸丑年正月初七日午時卒乾隆戊申年十二月初八日吉時塟在臺灣

妣李聘娘謚恭順生乾隆壬戌年十二月廿一日未時卒道光癸未年四月初四日戌時塟斐后林坐向癸丁子午

男　必蕊　必省出嗣弟兆能

兆根公字有本號其源　懿德公三子生雍正乙卯年十一月十一日申時

卒嘉慶丙辰年八月初二日丑時塋文章山尊字崙坐向巽乾辰戌

妣陳全娘謚溫柔生乾隆丁卯年五月十九日子時卒嘉慶甲戌年三月

十四日酉時塋文章山雞卯崙坐向未丑丁癸

男　必從　必低　必奪

女　配林口葉

兆能公　懿德公四子生乾隆戊午年五月二十日戌時卒嘉慶壬戌年七

月十二日戌時塋斐後林坐向乙辛卯酉

男　必省 兄兆轍次子入嗣

兆賓公 字 有方 號 得義　清議公子生雍正庚戌年十月十六日酉時卒嘉

慶庚午年五月初四日寅時塋雞卯崙後坐

妣侯蕉娘謚淑順生雍正壬子年八月廿二日申時卒嘉慶庚午年五月十

七日未時塋重慶中崙尾坐丑未艮坤

男　必宗　必親　必七　必盞　必什　必㖑　必嗹　必傳

女　長配古林雷　次配半嶺林　三配十班山謝

春安坵柱宗時公派

兆廣公字有德　啓參公長子生雍正乙巳年五月廿四日酉時卒乾隆辛卯年四月初四日申時葬石岑兜坐向乾巽亥巳

娶盛氏改節

男　必肇殤　必參出嗣兆厚　必閥出嗣兆雍　必鏡

女　配内呷李

兆厚公號熱音　啓參公次子生雍正辛亥年二月二十日未時卒乾隆戊子年六月初六日巳時葬新寨内坐向酉卯辛乙

娶某氏改節

男　必啓兄兆賡次子入嗣

兆體公字有大號長人　啓參公三子生雍正乙卯年五月初六日辰時卒

嘉慶己未年正月廿八日辰時葬嶺邊格坐向丑未癸丁

妣林恩娘謚恭勤生乾隆戊午年正月十三日子時卒嘉慶甲子年七月

十六日午時葬文章山尊字崙坐向申寅庚甲

男　必宋　必乞俱養

兆罔公字有民號可為　集雅公長子生雍正庚戌年二月十二日申時卒

嘉慶辛酉年二月廿八日酉時葬文章山尊字崙坐向巽乾辰戌

妣李氣娘生乾隆丁巳年五月十七日巳時卒乾隆乙亥年十二月初二

日午時葬新寨邊坐向坤艮未丑

又妣林險娘謚慈順生雍正戊申年三月初九日午時卒乾隆己丑年八

月十四日午時葬文章山貯天燈崙坐向乙辛卯酉

男　必恁　必仰俱林氏出

女　配吳埔山陳李氏出

兆纂公字有脩號所訂　集雅公次子生乾隆丁巳年二月十六日巳時卒嘉慶丙寅年六月十七日卯時塟尊字崙坐向申寅坤艮

娶蔡氏改節

男　必盛

兆高公字有登　集雅公三子生乾隆癸亥年三月廿八日亥時卒嘉慶乙年十一月初七日戌時塟山後格尊字崙坐向巽乾辰戌

妣林桃娘生乾隆辛未年四月廿五日巳時卒乾隆乙未年五月十一日午時塟重慶中崙內坐向艮坤寅申

男　必明

女　配中房張

兆講公字有侍　瑞江公長子生雍正甲寅年十月廿四日酉時卒乾隆壬寅十二月初八日申時塋缺
妣林雪娘生雍正乙卯年三月十七日酉時卒塋缺
男　必靈　必錠
女　配後埔林
兆謗公　瑞江公次子生乾隆戊午年八月十四日巳時卒乾隆己卯年六月初一日寅時塋缺
兆諭公　瑞江公三子生乾隆壬戌年九月初八日寅時卒乾隆乙卯年五月初六日午時塋缺
娶某氏改節
女　一配十班山
兆設公　瑞江公四子生乾隆己巳年六月初七日戌時卒缺塋洪埔尾橫

路脚坐北向南

兆許公　瑞海公長子生乾隆辛酉年八月十四日酉時卒乾隆丁未年十月廿一日丑時塟沽美山馬路頭

養男　必允

兆訥公　瑞海公次子生乾隆乙丑年八月初七日辰時卒塟缺

兆誅公　瑞海公三子生乾隆己巳年五月初三日午時卒乾隆辛卯年八月十三日巳時塟缺

兆衆公　百畝公子雍正丁未年十二月初八日未時卒乾隆丙戌年正月初十日吉時塟在飛鸞

兆創公字有造　長生公長子生乾隆壬戌年二月十六日寅時卒乾隆乙巳年正月初三日辰時塟張坑内坐向丑未癸丁

妣趙進娘生乾隆丙寅年五月十三日午時卒乾隆戊申年十一日二十

日辰時罐塋重慶新寨坐向酉卯庚甲

男　必富　必不出嗣弟兆筆　必鹽

女　長配溪東林　次配社壇葉

皇恩寵錫耆老三春公乳名兆筆字有架號文藻　長生公次子生乾隆辛未年

閏五月初三日寅時卒道光癸巳年三月十九日午時罐塋騎龍斬崙邊

坐向酉卯庚甲

妣葉儉娘生乾隆辛巳年九月十八日午時卒道光己亥年五月十七日

子時與公合塋

男　必不兄兆創次子入嗣　必點　必硯　必杓

兆熾公字有昌號俾臧　啓莞公子生乾隆庚申年六月十四日戌時卒乾

隆甲寅年十月初五日辰時塋重慶新寨脚坐向乾巽戌辰

妣李過娘謚順美生乾隆辛酉年四月十七日午日午時卒乾隆甲午年

十一月廿九日子時塋文章山尊字崙坐向辛乙酉卯
又妣陳宜娘生乾隆辛未年十二月廿三日辰時卒道光乙酉年正月初
一日巳時葬重慶山坐向辰戌巽乾
男　必道　必旦（倶李氏出）　必杏（陳氏出）
女　配溪東林
兆問公（字）有答　惟量公子生乾隆己巳年二月初七日申時卒乾隆癸丑
年七月初二日戌時塋沽美山池仔角頂坐向亥巳壬丙
妣梁顏娘生乾隆丙戌年五月十三日午時卒乾隆己亥年十一月十三
日未時塋重慶山
又娶某氏椒娘（節改）
男　必寄
兆汰公　以讓公長子生乾隆甲戌年七月十六日丑時卒塋在臺灣

兆印公字有心號佩玉　以讓公次子生乾隆己卯年六月十四日酉時卒道光壬午年十月十三日戌時葬新寨　路内坐向酉卯辛乙

妣許兕娘生乾隆甲申年二月初二日吉時卒道光壬寅年五月二十日午時葬文章山尊字崙坐東向西

男　必榛　必樹

兆擲公　以讓公三子生乾隆壬午年五月初八日丑時卒葬在漳州

兆備公字有求號厚德　定集公子生雍正甲寅年正月初四日丑時卒乾隆庚戌年二月初二日卯時葬觀光尖尾坐向巳亥丙壬

妣溫儼娘生乾隆己未年正月初二日酉時卒乾隆辛丑年七月廿五日申時葬文章山竹林尾坐向亥巳壬丙

男　必濟　必等　必補　必劉出承兆汝

女　長配内呷李　次配大姑柯　三配大份溫

兆汝公號有汾字承誨　祖舜公長子生乾隆壬戌年七月初九日辰時卒嘉慶戊午年九月初九日酉時塋斐後林湖窟尾坐向寅申甲庚

妣陳來娘謚勤順生乾隆乙丑年五月十五日酉時卒乾隆壬子年五月廿一日巳時塋山後格打火崙坐向艮坤丑未

又妣呂氣娘謚德勤生乾隆甲戌年四月廿四日申時卒嘉慶癸亥年五月廿一日午時塋文章山三脚木崙坐向壬丙亥巳

男　必大陳氏出　必劉兄兆備子入嗣　必糖呂氏出

女　長配内呷李　次配高口馬

兆款公字有洽號連裕　祖舜公次子生乾隆己巳年正月十七日酉時卒乾隆丙子年十二月廿七日戌時塋文章寨挑水按頭坐向巽乾辰戌

妣呂傳娘謚柔順生乾隆丁丑年五月十三日卯時卒嘉慶丙子年十二月初十日午時塋斐後林坐向乙辛辰戌

男　必誥　必裁　必次
女　配山兜黃
兆丁公字有添號益進　祖舜公三子生乾隆甲戌年閏四月初九日寅時
卒嘉慶庚辰年正月初八日戌時塋本鄉大墓頭坐向癸丁丑未
妣陳掞娘生乾隆己卯年十二月十三日酉時卒乾隆己酉年六月十六
日未時與公合塋
又妣陳別娘謚嘉莊生乾隆乙亥年三月初七日午時卒道光壬寅年二
月十七日戌時塋文章山水鬼內坐向寅申甲庚
男　必準
女　長配小姑陳俱前陳氏出　次安娘殤後陳氏出
兆賽公字有慶號嘉喜　祖舜公四子生乾隆己卯年七月十四日丑時卒
道光庚寅年十一月初九日申時塋文章山雞卵崙坐向庚甲申寅

妣陳川娘謚儉順生乾隆癸未年四月初八日申時卒道光癸卯年正月初三日戌時塋本鄉珍重埧口圳后坐向癸丁丑未

男　必培　必年殤　必柳　必清　必乎　必禁

女　配舊門呂

兆宜公字有實號志家　祖舜公五子生乾隆乙酉年九月十七日未時卒嘉慶甲戌年十月十六日未時塋文章山紅面林頭坐向未丑丁癸

妣林早娘謚仕美生乾隆戊子年七月初七日午時卒道光庚子年十二月十五日辰時塋文章山客鈸内坐丁癸午子

男　必幼　必茂　必勵　必強　必歸　必鴉　必裘　必或

女　長配溪東林　次配内呷李

兆約公字有禮　莊敬公長子生雍正癸丑年六月十七日丑時卒乾隆乙卯年四月廿一日吉時塋文章山客鈸内

妣方勸娘謚柔恭生乾隆壬戌年七月初一日午時卒乾隆辛卯年六月初五丑時塋尊宇崙坐東向西

男　必泡　必浪

兆綏公字有安　莊敬公次子素嗜書香竟至不祀是可嘆也然附其弟兆直奉祀亦是有所歸也生乾隆丙辰年正月初二日丑時卒乾隆癸丑年二月初十日丑時塋所疑在郭山墘一堆土堆

妣黃瑾娘生乾隆庚午年五月十八日午時卒乾隆戊申年五月十五日酉時塋沽美山池仔角邊坐西向東

兆鏗公　莊敬公三子生乾隆戊午年七月廿二日辰時卒嘉慶己未年二月十四日辰時塋缺祀田一坵受子一斗土名單身坵

兆計公字有較　莊敬公四子生乾隆辛酉年三月初六日戌時卒乾隆戊申年六月廿六日辰時塋缺

娶許氏改節
男　必跂
兆直公字有伸號質仁　莊敬公五子生乾隆丙寅年十月廿二日酉時卒
道光甲申年十一月初十日午時塟南靖永溪後頭山
妣雷五娘謚順潔生乾乾辛未年二月十八日未時卒嘉慶丁丑年十一
月三十日辰時塟山後格尊字崙
男　必藥
兆兵公　莊敬公六子生乾隆己巳年六月廿八日亥時卒乾隆戊申年八
月初六日酉時塟缺　祀田一坵二坵在石仔洋厝後右畔又大宗内魁
星爺盟谷及銀可以奉祀
兆沙公字有排　允順公長子生乾隆甲戌年四月十五日丑時卒塟在臺
兆糞公字有田號取盈　允順公次子生乾隆癸未年正月初三日丑時卒

道光戊子年十月廿一日酉時塟山後格尊字崙

妣陳靜娘謚順德生乾隆丙戌年十二月初七日午時卒道光庚寅年十一月十四日酉時塟文章山杉林内

男　必夢　必靴兆砌子入嗣

兆學公字有敏號誠軒一名大昕　韞玉公長子業儒生乾隆辛未年三月初二日酉時卒嘉慶庚辰年六月廿四日申時塟文章山崩坪垵坐向丁癸未丑

妣下宅陳冕娘謚慎恭生乾隆辛未年閏五月初六日未時卒嘉慶己巳年九月初一日寅時塟尊字崙坐向乙辛卯酉

男　必涯　必澍　必汭

女　配溪東林

兆斆公字有怏　韞玉公次子生乾隆乙酉年十一月初九日寅時卒道光

丙申年九月十二日吉時塟重慶樹林口

妣高洋楊素娘謚朴實生乾隆丙申年五月初九日寅時卒道光甲午年十一月初六日申時塟尊字崙坐向辛乙酉卯

男　必捷　必鞋殤

兆僚公字有試號同寅　瑞盡公長子生乾隆壬午年正月廿三日酉時卒道光癸巳年四月十二日卯時塟重慶山

妣陳突娘謚恬慈生乾隆壬午年正月廿四日卯時卒道光癸巳年四月初八日午時塟重慶山

男　必泄　必句　必勻殤　必棖殤

兆景公　瑞盡公次子生乾隆戊子年六月初十日辰時卒道光年間十一月日時塟重慶缺

兆閩公　瑞盡公三子生乾隆丙申年五月十九日午時卒塟在外缺

兆盾公　瑞顏公長子生乾隆乙亥年七月十一日申時卒乾隆辛亥年四月十六日戌時塟在臺

兆耀公字有請　瑞顏公次子生乾隆辛巳年十一月初八日辰時卒乾隆癸丑年二月初二日戌時塟山後格石皮垵內崙

娶曾氏改節

養男　必起　必最

女　配內呷李

兆就公　瑞謝公長子生乾隆辛巳年九月十五日午時卒嘉慶戊午年十二月初八日酉時塟石皮垵

男　必擡弟兆奏子入嗣

兆奏公字有敷　瑞謝公次子生乾隆戊子年二月廿六日巳時卒道光乙酉年四月十三日巳時塟重慶祖墓崙

妣陳寅娘生乾隆庚寅年五月廿三日巳時卒道光癸卯年十二月初六
日巳時塋山后格尊字崙
男　必壗出嗣兄兆毓　必寸
女　長配周　次配邱　三配林　四配呂　五配陳
兆鋪公　瑞謝公三子生乾隆癸巳年正月廿七日巳時值乙卯大饑外出
無蹤
兆克公字有巳　甫頌公長子生乾隆己未年九月初二日丑時卒乾隆乙
巳年十月廿三日酉時塋竹林崙頭坐寅向申兼艮坤
妣陳懇娘生乾隆庚申年八月十五日巳時卒嘉慶庚申年九月十八日
申時塋竹林頭坐向辰戌巽乾
男　必治　必讁　必軌
女　長配洋尾宅　次配呂

兆主公字有忠　甫頌公次子生乾隆壬戌年八月初七日亥時卒嘉慶丙辰年十月十三日巳時塋尊字崙坐丁癸未丑
妣溫昧娘謚柔慎坐乾隆丙寅年四月廿七日卯時卒嘉慶乙丑年二月十五日辰時塋龜仔山腰坐向巽乾辰戌
男　必曾　必理　必嬌殤　必梅　必柿殤
女　長配下宅陳　次配尤溪縣林

兆諒公字有貞　甫頌公三子生乾隆乙亥年九月廿七日寅時卒乾隆癸卯年三月初七日午時塋沽美山池仔角坐向丑未癸丁
妣陳玉娘生乾隆庚寅年九月廿四酉時卒乾隆乙巳年十一月十六日酉時塋重慶犂頭崙坐向癸丁子午

兆固公字有瞻　瑞灘公子生乾隆乙丑年五月十五日酉時卒乾隆壬寅年七月十四日申時塋尊字崙坐申寅庚甲

娶林氏改節

男　必寫　必營

女　長配大姑溫　次配大坪陳

兆諸公　瑞借公長子生乾隆辛未年正月廿九日戌時卒嘉慶己卯年十月初二日巳時塋重慶祖墓邊坐向寅申艮坤

兆算公　瑞借公次子生乾隆甲申年三月初日亥時卒道光年間塋長泰赤嶺

西長房長之長房二

良泰公派

兆爺公　瑞操公子生卒俱缺

兆護公字有衛號是畝　瑞佔公長子生乾隆庚辰年十一月十二日戌時

卒道光庚寅年閏四月初四日寅時塟大坵田崙中坐西北向東南
妣吴氏生乾隆癸巳年七月廿四日寅時卒嘉慶丁巳年二月廿二日戌
時塟在廈門
又妣廈門蔡蔭娘謚嘉穀生乾隆癸巳年十二月三十日辰時卒咸豐甲
寅年八月十一子時塟沽美山中按口坐西向東
男　必光喜吴氏出　天生　蔡坤俱殤
女　長配亭仔呂　次配山兜黄
兆黑公　瑞估公次子生乾隆己丑年七月初九日酉時卒塟在台
兆返公　瑞估公三子生乾隆甲午年十二月初八日酉時卒塟在臺
西長房長之長房三良瑋公派
兆本公　瑞待公長子生康熙丁亥年二月初七日巳時卒雍正癸卯年六

月十三日戌時塋缺　以下景悅公派）

兆知公　瑞待公次子生康熙戊子年十一月初六日寅時卒乾隆癸巳年七月十九日卯塋上帝廟前坐南向北

妣陳悅娘生康熙戊戌年十二月廿二日巳時仝子必稟往臺

男　必留　必稟

女　配鳳坡梁

兆珩公　瑞待公三子生康熙辛丑年六月廿八日申時卒塋缺

兆栖公　瑞慈公長子生康熙丁酉年五月初九日子時卒塋缺

兆杞公　瑞慈公次子生康熙辛丑年八月廿九日子時卒塋在臺

妣呂未娘生乾隆己未年月日缺卒塋在臺

男　必順

兆濟公　瑞蛟公長子生雍正巳酉年正月廿三日未時卒年缺六月十九

日塋沽美山坐北向南

娶陳氏 改節

男 必篇 必道 出嗣 女配十二都

兆蒲公 瑞蛟公次子生雍正辛亥年二月初八日未時塋缺

橋格柱景全公派

兆兩公 字有輪 號雙明 貽翼公長子生康熙戊戌年二月初八日辰時卒乾隆癸巳年十月十五日卯時塋石皮垵坐向丙壬己亥

妣陳于娘謚勤謹生康熙己亥年八月廿二日丑時卒乾隆戊辰年三月十二日卯時塋重慶中崙后坐向寅申甲庚

又妣陳緞娘謚勤慎生康熙戊戌年十二月初三日酉時卒乾隆乙亥年二月十九日申時塋斐後林坐向乙辛卯酉

又妣蔡却娘生康熙壬寅年九月十三日午時卒乾隆甲寅年四月十一日巳時塋大按格坐向乙辛辰戌

男　必孫　必輔前陳氏出　必毋　必姆　必娶後陳氏出　女配湖頭林

兆琴公　貽翼公次子生雍正丙午年二月十一日亥時卒在洋

妣李玉娘謚勤儉生雍正壬子年十二月十二日亥時卒乾隆乙亥年十二月十九日未時塋湖堀尾坐向艮坤丑未

男　幼歸

兆丕公字有承號佑啓　瑞雄公長子生雍正甲辰年十二月初十日未時卒嘉慶辛酉年九月廿二日亥時塋雞卵崙坐壬丙亥巳

妣楊參娘生乾隆庚申年十月初八日亥時卒嘉慶己巳年十一月初三日亥時塟水鬼内坐未丑坤艮

男　必梭養　必簿　必易

女　長配內呷李　次配呂洋王　三配小姑陳

兆底公字有豫號成樂　瑞雄公次子生乾隆丙辰年五月廿五日巳時卒

乾隆戊申年七月廿七日子時塟斐後林篙掃尾坐向乙辛辰戌

妣林正娘生乾隆庚午年正月初一日酉時卒道光壬午年十一月廿四

日丑時塟斐后林掃篙尾坐向甲庚寅申

男　必諒　必依　必勞殤

女　長配胡西陳　次配永安西洋

兆持公字有矜號扶衡　瑞樑公長子生雍正丙午年六月初十日午時卒

乾隆戊申年五月初二日卯時塟山後格大崙頂

妣孫快娘生乾隆癸亥年正月十二日辰時卒乾隆乙卯年五月間塟永

春旦嶺崎坐南向北

男　必節　必密殤

兆煎公　瑞樑公次子生雍正庚戌年十月初六日辰時卒乾隆甲戌年十二月二十日塟南洋

兆契公字有蘭號淺葉　瑞樑公三子生乾隆己未年六月廿六日辰時卒乾隆癸丑年七月廿二日寅時塟文章山蛇臍坐向乾巽亥巳

妣雷歎娘生乾隆己巳年四月初二日辰時卒乾隆庚戌年十月初六日寅時塟蛇臍中坐向乾巽戌辰

男　必因　必耿出嗣弟兆課　必麥殤

女　配內呷李

兆課公字有洪號國典　瑞樑公四子生乾隆甲子年二月廿六日戌時卒塟在外

男　必耿兄兆契次子入嗣

兆總公字有節　寶鏡公長子生雍正戊申年七月十六日亥時卒塟在

臺
妣陳却娘生乾隆庚申年五月廿六日未時卒嘉慶乙亥年十月初七日
戌時塋墓崙坐向癸丁丑未
男　必卜　必桃　必閶殤
女　長配山頭陳　次配杉仔尾陳
兆孝公字有親號當執　寶鏡公次子生雍正辛亥年九月初四亥時卒乾
隆庚戌年三月廿九日未時塋尊字崙
妣林李娘生乾隆癸亥年十月初三日酉時卒嘉慶乙亥年十月初七日
巳時塋騎龍斬后坐向乙辛卯酉
男　必訕　必潑　必榮　必監　必籃殤　必淡出嗣兆辰
女　配柯布趙
兆院公字有岩號宮室　寶鏡公三子生乾隆甲子年十月初十日亥時卒

嘉慶己巳年二月廿八日辰時塟六份山大杞内羊廣宅坐南向北
妣盛要娘謚柔順生乾隆壬申年五月初四日未時卒道光癸未年十二
月廿二日卯時塟短崙仔坐向乾巽亥己
男　必平　必甚　必甘
女　配后山余
兆濊公字有滌　瑞拔公長子生乾隆己未年三月廿二日寅時卒乾隆庚
午年十一月廿三日午時塟斐後林坐向坤艮申寅
兆磌公字有補　瑞拔公次子生乾隆丑戌年十月十二日辰時卒乾隆丁
亥年十一月初五午時塟烏塗坑石級坐向乾巽亥巳
妣呂柬娘生乾隆庚申年九月初七日戌時卒嘉慶庚午年二月初八日
丑時塟斐后林掃手尾坐向坤艮申寅
男　必粽　必侯養

女　配深垵葉

兆鎬公字有京號正成　瑞賞公長子生乾隆己未年十二月初一日戌時

卒嘉慶丙辰年九月二十日酉時塟客鈘內坐向寅申艮坤

妣溫乃娘生乾隆庚申年七月二十日寅時卒嘉慶甲戌年閏二月十二

日酉時塟客鈘貢坐向辛乙酉卯

男　必慎

女　長配溪東林　次配大岵溫　三配蓬島蘇

兆鋭公字有智號聰敏　瑞賞公次子生乾隆戊辰年四月十八日酉時卒

嘉慶庚午年六月初二日丑時塟六份山風線嶺觀音坐殿坐向寅申艮

坤

妣蕭棗娘生乾隆辛未年十二月初五日寅時卒嘉慶丁卯年二月十五

日丑時塟客拔內坐向甲庚寅申

男　必朗　必胡

女　配吳埔山陳

兆珩公字有五號鳴玉　瑞嘗公三子生乾隆甲戌年七月廿六日酉時卒乾隆乙卯年二月廿八日酉時塋石門口坐向癸丁丑未

妣吳兑娘生乾隆戊寅年十二月三十日戌時卒嘉慶癸酉年十一月初九日丑時塋騎龍斬坐向丙壬巳亥

男　必案　必起殤　必梳

女　配上呷莊

岑脚柱景豸公派

兆粒公字有賴號積善　國寶公長子生雍正甲辰年六月廿六日寅時卒嘉慶戊午年十二月十一日巳時塋長坵田尾坐未丑坤艮

妣呂勸娘謚勤慈生雍正己酉年九月十五日酉時卒嘉慶庚申年二月

十一日酉時塟斐后林頭坐向乙辛卯酉

男　必可殤　必先　必挑

女　配胡西陳

兆誦公字有詩　國寶公次子生雍正戊申年十月初三日五時卒乾隆壬

申年十月初四日未時塟斐後林坐午子丁癸

娶陳氏改節

男　必廳弟兆守三子入嗣

胞姪必王必廷必逐仝祀

兆弼公字有輔號玉珩　國寶公三子生雍正癸丑年十一月初三日寅時

卒嘉慶丁巳年十月十八日巳時塟紙坑內坐向辛乙戌辰

妣曾雪娘謚恭順生乾隆丙辰年五月初六日酉時卒道光壬午年閏三

月十二日巳時塟尾埔溪洋坐向癸丁丑未

男　必惹　必忿　必悠　必[illegible]　必驗出嗣弟兆庚　必惉　必魚

女　配呂洋黄

兆庚公字有西　國寶公四子生乾隆甲子年三月十一時申時卒乾隆甲午年正月初六日戌時塟斐後林掃手尾坐向乙辛辰戌

娶陳氏改節

男　必迎殤　必驗兄兆弼五子入嗣

女　配呂洋黄

兆守公字有助號成富　國寶公五子生乾隆丁卯年六月廿一日亥時卒乾隆甲辰年四月十七日戌時塟短崙仔坐庚甲卯酉

妣林桃娘謚慈順生乾隆己巳年十一月廿七日辰時卒乾隆甲辰年五月初九日寅時塟客鈸格坐丁癸未丑

男　必王　必廷　必廳出嗣兄兆誦　必逐　必閏嗣兄兆竹

女　配山兜黃

附記兆守公原欲承兆誦公支派因昭穆不相應故列為國寶公五子而兆誦公忌辰現係兆守公子孫奉祀外此不與焉蓋公念父意旨爰撥第三子必廳以全承祧之典然廳雖然承繼凡父母祭祀墳墓以及田宅諸大端與兄弟四份均分後之子孫尚其永世遵守以敦親親之義焉耳

兆譜公　瑞勅公長子生雍正甲辰年二月初二日酉時卒塟在臺灣

兆低公　瑞勅公次子生雍正丙午年十二月廿四日戌時卒乾隆丙戌年五月初四日午時塟臺灣萬丹埔坐西向東

兆稱公字有心　瑞勅公三子生雍正辛亥年八月廿六日未時卒乾隆己亥年十月初九日未時塟沽美山險垻內坐向卯酉乙辛

妣廖綢娘生乾隆己巳年四月十五日卯時卒嘉慶甲戌年四月十一日亥時塋沽美山蓮山後坐向辰戌乙辛

養男　成德

墩仔尾柱宗謀公派

兆鮑公　瑞育公長子生康熙己丑年七月十六日辰時卒塋在洋

兆篇　瑞育公次子　兆剡　瑞育公三子俱幼殤

兆動公　瑞育公四子生雍正辛亥年十二月初九日酉時卒塋缺

兆烏公　瑞三公長子生雍正甲辰年六月廿三日巳時卒塋南洋

兆印公　瑞三公次子生雍正己酉年四月廿一日辰時卒塋在外莫考

兆葶公　瑞三公三子生雍正乙卯年月日失記卒塋缺

兆苗公　瑞三公四子生乾隆甲子年十月初一日酉時卒乾隆年間十二

月十二日吉時塟沽美山

兆井　兆筆　瑞崇公子俱殤

兆重公字有權　瑞民公子生雍正辛亥年九月十三日酉時卒嘉慶年間

四月十六日塟重慶坐北向南

妣林戀娘生乾隆辛酉年六月十四日辰時卒嘉慶年間三月十二日塟

沽美山坐西向東

男　必齊

女　配尾厝黃

兆佛公字有念　瑞畏公長子生雍正甲辰年十一月十七日戌時卒乾隆

戊申年四月十二日申時塟山後格

妣陳長娘生乾隆己未年十二月廿三日酉時卒隆乾辛巳年九月十二

日辰時塟長坵田頂

又妣陳兜娘生乾隆庚申年六月十五日巳時卒嘉慶壬申年七月十七日寅時

男　必墘　必闊

女　配古宅吳

兆奥公　瑞畏公次子生雍正戊申年十月廿六日卯時卒乾隆癸卯年五月廿三日巳時塋重慶山

兆荔公　瑞詩公子生雍正乙卯年九月廿一日酉時卒塋缺

妣李腰娘生乾隆甲子年八月初七日卯時卒塋缺

男　必易經

女　配未詳

兆竹公字有松　瑞伯公長子生乾隆戊午年十月初三日辰時卒嘉慶庚申年七月廿二日午時塋南靖永溪

男　必閏 弟兆守五子入嗣

兆學公　瑞伯公次子生乾隆戊辰年十二月初四日亥時卒乾隆己亥年正月十五日吉時塋洪埔尾坐西向東

耆老兆毅公 字 有嘉 號 清酒　瑞伯公三子生乾隆乙亥年六月初七日戌時卒道光辛卯年十一月初十日申時塋唐帽寨尾坐向酉卯庚甲

妣魏情娘生乾隆壬辰年三月廿二日未時卒道光甲辰年五月廿九日未時塋沽美山外埈坐西向東

男　必趨 兄兆駕次子嗣　必水 殤　必欽 養

女　配内呷李

兆駕公 字 有御 號 親征　瑞賢公子生乾隆癸亥年九月初十日辰時卒嘉慶甲子年十一月十八日卯時塋火掀崙坐向壬丙子午

妣陳雪娘生乾隆辛巳年十月初八日酉時卒道光壬辰年十一月廿九

日子時塋尊字崙

男　必正　必趨出嗣弟兆殺

兆博公字有通　瑞芬公長子生乾隆甲子年十月十五日戌時卒塋在福清

妣莊好娘生乾隆庚午年四月初二日辰時卒塋在福清

男　必皆　必鮑

兆南公字有圖　瑞芬公次子生乾隆丁卯年十一月十三丑時住福清卒塋莫考

妣林腰娘生乾隆癸未年十二月二十日申時俱在福清卒

兆滾公　瑞芬公三子生乾隆己卯年十二月十三日巳時卒乾隆丙申年四月廿五日寅時塋福清倏德里新店園頭坐乾向巽

兆謫公　瑞寵公長子生卒缺

兆捷公　瑞寵公次子生卒缺

石門柱宗信公派

兆選公　瑞布公長子生康熙丁酉年六月廿九日卯時卒塋缺

兆房公字有寶　瑞布公次子生雍正戊申年七月初三日卯時卒乾隆年間正月廿六日塋皂斗崙坐西向東

妣陳勉娘生雍正乙卯年八月廿二日酉時卒乾隆乙卯年三月初二日塋重慶皂斗崙

養男　必模

兆河公字有光　瑞壯公長子生雍正癸卯年六月十七日酉時卒乾隆庚辰年十一月初四日巳時塋重慶院邊坐壬向丙

娶陳氏改節

男　必卦

女　配前坑余

兆執公　端壯公次子生雍正丙午年四月初二日巳時卒乾隆辛未年四月十七日未時塋小寨内坐向庚甲酉卯

男　必棣弟兆永次子入嗣

兆永公字有新　瑞壯公三子生雍正己酉年四月初五日亥時卒乾隆壬辰年二月初九日寅時塋重慶山坐東向西

妣凌寡娘謚勤謹生乾隆戊午年九月初一日寅時卒乾隆乙卯年十月初一日酉時塋虎探頭

男　必返　必樣嗣兄兆執

女　長配胡西陳　次配坑園戴

兆錦公字有繡　瑞壯公四子生雍正甲寅年四月十七日酉時卒乾隆戊

戌年六月十四日塟石門山坐北向南

妣林玄娘生乾隆庚申年八月十三日酉時卒乾隆丙申年十月廿四日

申時塟重慶院冬田邊坐北向南

男　必田　必業（出嗣弟兆六）

兆香公（字）有馨　瑞壯公五子生乾隆庚申年九月十三日酉時卒慶嘉庚

申年八月初二日卯時塟唐帽寨城門下

妣王者娘生乾隆乙丑年十一月廿九日酉時卒嘉慶丁丑年八月廿九

日子時塟皂斗崙

男　必力　必劍

女　配德化

兆六公（字）有位（號）耳順　瑞壯公六子生乾隆甲子年六月初一日子時卒

嘉慶壬戌年十月廿四日寅時塟重慶嶺頭

男　必業　兄兆錦次子入嗣

兆續公　字有接　瑞壯公七子生乾隆庚午年六月十一日午時卒乾隆癸卯年七月十七日酉時塟樹林口祖墓邊坐向辛乙酉卯

妣陳旅娘謚淑信生乾隆壬午年七月十八日卯時卒道光辛丑年九月廿四日未時塟樹林口祖墓邊

男　必超

兆益公　字有三　瑞格公長子生雍正丙午年二月廿二日未時卒年缺十二月廿四日塟在漳州

妣呂吹娘生乾隆甲子年九月廿四日辰時生乾隆乙卯年九月十六日午時塟皂斗崙坐向癸丁丑未

養男　必養

女　配中房張

兆苟公　瑞格公次子生乾隆庚申年四月初五日戌時卒塟在漳州

兆瀨公　瑞格公三子生乾隆己巳年十月廿三日戌時卒塟在漳州

兆藝公字有六　瑞貢公子生乾隆辛酉年六月初三日寅時卒乾隆乙卯

年六月廿九日辰時塟石門家檜頭長頭埏

妣李萬娘謚勤慈生乾隆己巳年二月初八日辰時卒嘉慶丁丑年六月

十八日亥時塟重慶祖墓下

男　必爽　必旺　必兒出嗣弟兆年

女　配德化

兆岸公字有登號成山　瑞和公子生乾隆乙亥年九月十九日卯時卒道

光壬午年七月廿七日未時塟重慶坑仔口坐向酉卯辛乙

娶陳氏改節

男　必助　必金殤

女　配長岸戴

兆間公　瑞華公子生乾隆己巳年四月廿八日未時卒道光辛巳年十二月初七日卯時塟重慶坑仔口坐西向東

男　必兒 兄兆藝三子入嗣

西長房長之長房五良璞公派江西柱

兆俊公字有秀　瑞長公長子生康熙辛卯年十二月廿六日申時卒乾隆甲戌年七月初三日寅時塟廣豐縣廿八都野猪洞坐辰向戌

妣劉氏康熙乙未年六月十九日亥時卒塟在江西

男　必鏌　必鈹

女　長配余家　次配程家

兆儒公字有堅　瑞長公次子生康熙甲午年九月十一日亥時

妣楊氏生康熙丁酉年八月初九日午時卒塋俱在江西

男　必鉸　必鎧　必鉼　必鈺

女　配缺

兆任公字有甯　瑞長公三子生康熙丁酉年十一月十六日午時

妣蘇氏生雍正丁未年正月初一日卯時卒塋俱在江西

男　必鎬

兆偉公字有奇　瑞長公四子生雍正癸卯年十月三十日戌時

妣陳氏生雍正庚戌年三月廿九日申時卒塋俱在江西

男　必鐈

兆佟公字有萬　瑞長公五子生雍正丙午年正月十六日寅時卒塋江西

兆儘公字有藎　瑞盛公子生康熙丙申年十一月廿七日卯時

妣吳氏生康熙己亥年正月廿二日辰時卒塋俱在江西

男　必釧　必鑑　必銓
女　配錢家
西長房長之長房六
良球公派福清生祠柱及坝仔頭柱
兆入公　瑞喬公子生乾隆丙辰年十一月十一日子時
妣蘇肅娘生乾隆己卯年七月廿八日辰時卒塋俱缺
兆福公字有蒲　瑞體公子生乾隆甲戌年九月初十日寅時卒嘉慶癸亥
年五月初三日戌時塋福清靈德里林泉山坐北向南
妣張肅娘生於乾隆己卯年七月廿八日辰時卒嘉慶年間八月十九日
申時塋在福清靈德里林泉山大路下坐北向南
男　必煖　必鑑

女　長配高圳埔葉　次配溪埔吳　三配海頭魏

兆旺公字有典　瑞顯公長子生乾隆丙寅年正月初十日丑時卒嘉慶庚
午年七月十七日子時塟林泉山坐東向西

妣王三娘生乾隆乙亥年二月初一日丑時卒乾隆辛丑年十月十三日
午時塟林泉山坐北向南

又妣任快娘生乾隆丙寅年正月廿五日子時卒道光壬午年七月十八
日戌時塟林泉山坐東向西

男　必祿　必柳

女　配前宅陳

兆興公字有詩　瑞顯公次子生乾隆乙亥年正月初一日丑時卒乾隆甲
辰年四月廿四日未時葬林泉山坐北向南

嗣孫　先波

兆爕公 號有守　瑞統公長子生乾隆癸亥年正月十四日午時卒乾隆戊申年二月廿四日未時附塋父瑞統公墳中

嗣男　必求

兆眛公 字有傳　瑞統公次子生乾隆庚辰年七月廿九日子時卒嘉慶庚午年六月廿二日卯時塋虎頭山脚圓頭坐向乾巽戌辰

妣黃氏生乾隆丁亥年十月廿一日丑時卒道光丙戌年十一月廿六日戌時與公合塋

男　必柏　必庚

兆涉公　瑞汀公長子生乾隆庚申年正月初四日辰時卒乾隆壬寅年七月初七日卯時塋重慶坑仔口坐庚甲申寅

娶魏氏 改節

養男　必處

兆面公字有立　瑞汀公次子生乾隆癸亥年九月初五日辰時卒嘉慶己未年六月廿四日辰時塟重慶祖墓埈口中崙邊坐坤艮申寅

妣黃卽娘生乾隆庚午年正月廿八日丑時卒嘉慶壬申年八月初四日申時塟重慶鏡面坐酉卯辛乙

男　必早殤　必牌殤　必陣

兆猜公　瑞貌公子生乾隆丙寅年十二月初十日寅時卒塟缺

兆吝公　瑞湛公子生乾隆丙子年九月廿四日寅時卒葬缺

良球公派垻仔頭柱

兆棖公　瑞俊公長子生乾隆申年十二月十一日午時卒乾隆壬午年十一月初四日午時葬在洋

兆措公　瑞俊公次子生乾隆甲子年正月十四日亥時卒葬缺

兆員公　瑞俊公三子生乾隆甲戌年八月十四日巳時殤

兆南公字有北號迎薰　瑞謙公長子生乾隆丙子年十二月廿七日巳時卒嘉慶甲戌年十一月十八日戌時塋大坵田脚

妣温蘊娘謚懿德生乾隆壬午年七月十六日寅時卒道光癸未年四月初二日巳時塋重慶金字面坐向辛乙戌辰

男　必仁　必寶　必恭

女　二俱配雙溪陳

兆報公字有捷號瓊瑤　瑞謙公次子生乾隆己卯年四月十二日巳時卒道光甲申年閏七月初八日未時塋三脚木脚坐向申寅庚甲

妣李心娘生乾隆壬午年二月廿六日辰時卒道光壬寅年九月十六日卯時塋永春大坪岩路亭下坐向戌辰乾巽

男　必鶴　必揚　必宣　必埒　必灰　必抹

女　長配胡西陳　次配大姑柯

兆於公 字 有爰 號 敬義　瑞謙公三子生乾隆癸未年十二月廿四日午時卒嘉慶辛未年九月十五寅時塟龜仔腰內田頂坐向庚甲酉卯

妣王氣娘生乾隆庚寅年二月初五日申時卒道光丁亥年五月初三日未時塟重慶嶺崙尾

男　必兑　必澤　必窗

女　配溪東林

西長房長之二應台公派柿樹后柱

兆錠公 字 有聘　茲機公長子生乾隆戊寅年八月十四日巳時卒嘉慶乙丑年十月初八日未時塟杉林內坐向丙壬午子

妣蔡緘娘生乾隆甲申年正月十七日酉時卒嘉慶丙辰年三月二十日

子時塟龜子腰崙坐向庚甲酉卯
男　必旦　必漂
女
配文章陳
兆愴公　玆機公次子外出鈌
兆成公　瑞歲公子外出鈌
兆屋公號有富字文德　亦處公長子生乾隆甲申年八月二十日寅時卒
道光甲午年五月廿八日丑時塟斐后林坐東向西
妣奮口戴抜娘謚潔貞生乾隆丙戌年四月初七日巳時卒嘉慶丁丑年
十月十九日子時塟尊字崙坐向丑未癸丁
嗣男　必詩　或鄰　必棕俱殤
兆歎公字有自號以快　亦處公次生乾隆戊子年三月廿二日辰時卒嘉
慶乙亥年十一月初三日酉時罐塟重慶冬田邊坐向乙辛辰戌

妣張旅娘謚德順生乾隆己亥年八月十五日亥時卒嘉慶癸亥年十一月初五日巳時塟短崙子坐向申寅坤艮

又妣陳全娘生乾隆癸巳年七月廿七日戌時卒嘉慶庚辰年三月初十日丑時塟斐後林坐向乙辛卯酉

男　必盞　必鉗俱張氏出　必再陳氏出

女　長配大廷戴張氏出　次冬娘殤

兆閣公字有樓　亦處公三子生乾隆庚寅年八月廿四日酉時卒道光壬午年十月十三日辰時塟尊字崙坐酉向東

妣陳親娘謚勤儉生乾隆癸卯年六月廿二日亥時卒道光丁亥年三月十二日申時塟大材崙坐向辰戌乙辛

男　必訝殤　必雅　必註

女　長配杉仔尾陳　次配大廷戴　三配烏垵林　四窋娘殤

兆水公　瑞粕公長子生卒缺塋在海澄
兆砂公字有金　瑞記公長子生乾隆壬戌年七月十四日辰時卒乾隆戊
申年六月初六日未時塋龜仔腰坐向辛乙戌辰
妣林試娘謚貞一生乾隆戊辰年七月十四日酉時卒道光辛巳年十二
月初二日酉時塋洪埔尾坐向丑未癸丁
男　必榮　必力　必哞殤
女　配内呷李　次配長岸林
兆朝公　瑞記公次子生乾隆丁卯年十月十八日亥時卒乾隆年間六月
十五日巳時塋洪埔尾圳溝頂坐向艮坤丑未
兆曾公　瑞記公三子生乾隆庚午年七月初九日寅時卒乾隆戊申年月
日失記塋在南洋
兆印公　瑞記公四子生乾隆己卯年九月初六日辰時卒道光年間塋在

安溪西坪

兆樂公　瑞寀公長子生乾隆己巳年四月廿七日亥時卒年月失記塋在海澄

妣林窑娘生乾隆辛未年三月初三日酉時卒乾隆己丑年六月二十日戌時塋大坵田下坐向乾巽戌辰

兆貼公　瑞寀公次子生乾隆丙子年閏九月十二日未時卒嘉慶丙辰年七月十八日巳時塋在海澄

西房長房二蓮山洋柱二叔公派

兆陳公　瑞帝公子隨父往閩清生卒缺

妣姓名生卒缺

男　必右　必禮

兆生公字有易　瑞合公長子生乾隆丙子年九月初五日酉時卒乾隆戊戌年正月三十日酉時塋客鈸内
妣蔡氏改節
男　必璵　必璋兆話子入嗣
兆海公字有潮號揚波　瑞合公次子生乾隆壬午年十二月十三日寅時卒乾隆庚戌年十月初六日午時塋長坵田頂
妣黃惜娘生乾隆辛巳年十二月十九日辰時卒嘉慶丁丑年八月十六日午時塋長坵田頂
養男　必逃　必連殤　必遊
兆良公字有雲號正中　瑞合公三子生乾隆庚寅年十月廿五日寅時卒嘉慶甲戌年正月廿七日巳時
妣卓金娘謚慈春生乾隆辛卯年三月廿一日酉時卒道光癸巳年正月

十三日丑時

男　必瑞　必嘉　必勵　必玉　必專殤　必吾

女　配曾埧柯

兆天公　瑞接公長子生乾隆丙寅年閏三月初三日午時卒塋缺

兆養公　瑞接公次子生乾隆己巳年二月初二日丑時卒塋缺

兆吉公　瑞接公三子生乾隆辛丑年正月初一日卯時卒塋缺以上三人

原住德化程田寺格今不知移何處

十世西房二

兆馨公　瑞參公長子生嘉慶壬戌年四月十五日午時充入行伍在廈門港卒塋莫考

娶馬氏出

兆誥公　瑞參公次子生嘉慶丙寅年三月初一日亥時卒道光年月失記塋在臺灣

海上絲綢之路文獻集成

總主編　陳支平　陳春聲

民間譜牒編 69

主編　林　楓

海峽出版發行集團
THE STRAITS PUBLISHING & DISTRIBUTING GROUP
福建人民出版社

本册目次

［福建南靖］塔下張氏族譜不分卷〔二〕

張順良纂修

南靖塔下

張氏族譜

張氏族譜

十八代 祖 送來公
妣
房
生子
事略
備註 公係啓增公之次子

十八代 祖 慶來公
妣
房
生子
事略
備註 公係啓增公之第三子

十八代 祖 泉來公
妣 江孺人
房
生子
事略
備註 公係啓增公之第四子

十八世 祖 慶基公
妣 賴孺人
二房
生子 長 泰亨 次 泰明
事略
備註 公係順忠公之子

張氏族譜

十八代孫

十八世祖 慶煌公
妣 盧孺人
生子 四房 長 承俊 次 承台 三 承遠 四 承棕
事略
備註 公係順直公之長子

十八世祖 慶霖公
妣 江孺人 江孺人
生子 二房 長 承添 次 承端
事略
備註 公係順直公之次子

十八世祖 慶庚公
妣
生子 一房 承增
事略
備註 公係順直公之第三子

十八代祖 慶先公
妣
生子 房 長 承商
事略
備註 公係順直公之第四子

十八代祖　慶三公
妣　盧孺人　陳孺人
生子　四房　長承魁　次承嘉　三承智　四承杰
事略
備註　公係順永公之長子

十八代祖　慶堯公
妣　孺人
生子　房
事略
備註　公係順永公之次子

十八代祖　慶緣公
妣　游孺人
生子　房
事略
備註　公係順永公之第三子

十八代祖　慶圖公
妣　章孺人
生子　房　漳泳
事略　公省立龍溪中學高中部畢業
備註　公係順永公之第四子

張氏族譜

十八代祖 慶豐公
妣 江孺人

生子事略
房 長承武 次承鴻

備註
公係順恩公之子

十八代祖 慶星公
妣 曾孺人

生子事略
房 長承業 次承來 三承

備註
公係順安公之長子生於光緒十四年戊子歲八月初二日未時
曾氏生於光緒十五年己丑歲七月初七巳時

十八代祖 慶義公
妣 莊孺人

生子事略
房 長承 次承

備註
公係順安公之次子生於光緒十七年辛卯歲五月二十九日丑時

十八代祖 慶通公
妣 蘇孺人

生子事略
房 長承 次承
公於荷屬三馬林曾任中華學校財政監學

備註
公係順安公之第三子

張氏族譜

十八代祖妣 慶玉公	十八世祖妣 慶灝公	十八代祖妣 慶緘公	十八代祖妣 慶端公
生子 房	生子 房	生子 房	生子 房
事略	事略	事略	事略
備註	備註	備註	備註
公係順成公之長子	公係順成公之次子	公係順成公之第三子	公係順成公之第四子

張氏族譜

十八代祖妣	生子	事略	備註
慶全公	房		公係順養公之長子
慶火公	房		公係順養公之次子
慶祖公	房		公係順養公之第三子
慶選公			公係順養公之第四子

張氏族譜

十八代祖 慶木公
妣
生子 房
事略
備註 公係順養公之第五子

十八代祖 慶宗公
妣
生子 房
事略
備註 公係順養公之第六子

十八代祖 慶
妣
生子 房
事略
備註 公係

十八代祖 慶
妣
生子 房
事略
備註 公係

張氏族譜

祖	妣	生子	事略	備註
十八世祖　慶平公	江孺人	房		公係順懷公之長子
十八代祖　慶書公	蘇孺人	房		公係順懷公之次子
十八世祖　慶祝公		房		公係順懷公之第三子
十八代祖　慶長公		房		公係順陶公之長子

張氏族譜

十八代祖妣　慶文公　房
生子事略
備註
公係順陶公之次子

十八代祖妣　慶芳公　房
生子事略
備註
公係順陶公之第三子

十八代祖妣　慶雲公
生子事略
備註
公係順陶公之第四子

十八代祖妣　慶瑞公
生子事署
備註
公係順陶公之第五子生於光緒三十二年丙午歲七月十三日午時

張氏族譜

十八代祖　慶祥公
妣
生子　一房
事略　—
備註　公係順陶公之第六子

十八代祖　慶麒公
妣　蘇孺人
生子　房
事略　—
備註　公係順仁公之長子生於光緒二十五年己亥五月初八日卯時
蘇氏同年五月二十九亥時

十八世祖　慶鶴公
妣　翁孺人
生子　一房　承夫
事略　—
備註　公係順仁公(廿三歲生)之次子生於光緒二十九年癸卯歲七月二十一日亥時　1903

十八世祖　慶才公
妣
生子　房
事略　—
備註　公係順仁公之第三子

張氏族譜

十八代祖 慶

妣

房

生子

事略

備註

公係順華公之子

十八代祖 慶芬公

妣

房

生子

事略

備註

公係順化公之長子生於民國三年甲寅八月初五日子時

十八代祖 慶郊公

妣

生子

事略

備註

公係順化公之次子

十八代祖 慶香公

妣

生子

事略

備註

公係順化公之第三子

張氏族譜

十八代祖 慶
十八代妣
生子 房
事略
備註 公係順化公之第四子

十八代祖 慶亨公
十八代妣 陳孺人
生子 房 承松
事略
備註 公係順傳公之子

十八代祖 慶館公 字 號國春
十八代妣 蘇孺人
生子 房 長承 次承 三承
事略
備註 公係順良公之長子生於光緒三十三年丁未歲二月二十五日午時

十八代祖 慶賢公 字 號國光
十八代妣 余孺人
生子 二房 長承光 次承能
事略
備註 公係順良公之次子生於民國元年壬子二月十一日辰時

張氏族譜

十八代祖 慶中公 字敬忠 號國山
十八代妣 蘇孺人
生子
房 長
事略 公上海美專肄業曾任南報特約撰稿軍政部第十三陸軍醫院政治指導員室幹事平和香港大誠中学南靖縣中教員南靖縣政府秘書。
備註 公係順良公之第三子生於民國八年己未歲正月二十三日亥時

十八代祖 慶宏公 字 號國基
十八代妣
生子
房
事略
備註 公係順良公之第四子生於民國

十八代祖 慶革公 字 號國
十八代妣
生子
房
事略
備註 公係順良公之第五子生於民國

十八世祖 慶
十八世妣
生子
房
事略
備註 公係

張氏族譜

十八代祖 慶漢
妣 江氏
生子 長房 承惠 次房 承衆
事略
備註 公係順疇公之長子生於民國三年七十二日 時
女承彩

十八代祖 慶璋
妣 林氏
生子 長房 承敦
事略
備註 公係順疇公之次子生於民國年舊曆辛酉歲六月初二日子時、

十八代祖 慶茂
妣 許氏
生子 長房 承海
事略
備註 公係順疇公之第三子生於民國年舊曆丁卯十月廿三日子時

十八代祖 慶本
妣
生子 房
事略
備註 公係順疇公之第四子生於民國年舊曆辛未四月廿二日卯時

張氏

十八代祖 慶泰
妣 房
生子
事略
備註：公係順疇公之第五子生于民國三十六年丁亥歲舊曆十二月二十日戌時

十八代祖 慶
妣 房
生子
備註：公係順疇公之第六子

備註：公係順寬公之長子

生子
事略
備註：公係順寬公之次子

十八代孫

五一五

張氏族譜

十八代祖	十八代妣	生子	事略	備註
慶利公		房		公係順時公之長子
慶雪公		房		公係順時公之次子
慶陳公		房		公係順時公之第三子
慶		房		公係順時公之第四子

張氏族譜

十八代祖 慶
妣
房
生子
事略
備註 公係順金公之長子

十八代祖 慶
妣
房
生子
事略
備註 公係順金公之次子

十八代祖 慶同公
妣
房
生子
事略
備註 公係順流公之長子

十八代祖 慶
妣
生子
事略
備註 公係順流公之次子

張氏族譜

十八代祖	妣	生子	房	事略	備註
慶					公係順流公之第三子
慶					公係順流公之第四子
慶甲公					公係順道公之長子生於民國十二年癸亥歲
慶波公					公係順道公之次子次生於民國十九年庚午歲

張氏族譜

十八代祖 慶㯙公
妣
房
生子事略 一
備註
公係順道公之第三子生於民國二十一年壬申歲

十八代祖 慶德公
妣
房
生子事略
備註
公係順道公之第四子生於民國三十二年癸未歲

十八代祖 慶發公
妣
房
生子事略
備註
公係順道公之第五子生於民國三十三年甲申歲

十八代祖 慶建公
妣
房
生子事略
備註
公係順道公之第六子生於民國三十四年乙酉歲

十八代孫

張氏族譜

十八代祖 慶偉公
妣 房
生子
事略
備註 公係順道公之第七子生於民國三十六年丁亥歲

十八代祖 慶
妣
生子
事略
備註 公係順道公之第八子

十八代祖 慶
妣 房
生子
事略
備註 公係順棧公之長子

十八代祖 慶
妣 房
生子
事略
備註 公係順棧公之次子

張氏族譜

十八代祖妣 慶亮公
生子 三房 長承權 次承修 三承碧
事略
備註 公係順裕公之長子

十八代祖妣 慶輝公
生子 房 長承朋 次承標 三承厚
事略
備註 公係順裕公之次子

十八代祖妣 慶起公
生子 房 長承豹 次承助
事略
備註 公係順裕公之第三子

十八代祖妣 慶璠公
生子 房
事略
備註 公係順選公之長子

張氏族譜

十八代祖　慶雄公
妣
生子　房
事略
備註　公係順選公之次子

十八代祖　慶箱
妣
生子　房　長承蔣　次承内
事略
備註　公係順爐公之長子

十八代祖　慶國公
妣
生子　房
事略
備註　公係順爐公之次子

十八代祖　慶彬
妣
生子　房
事略
備註　公係順爐公之第三子

張氏族譜

十八代祖 慶桐

妣

生子 房

事略

備註 公係順爐公之第四子

十八代祖 慶蛟

妣

生子 房

事略

備註 公係順爐公之第五子

十八代祖 慶賢

妣

生子 房

事略

備註 公係順友公之長子

十八代祖 慶松

妣

生子 房

事略

備註 公係順友公之次子

張氏族譜

十八代祖　慶靖
妣
房
生子事略
備註　公係順友公之第三子

十八代祖　慶端
妣
房
生子事略
備註　公係順友公之第四子

十八代祖　慶青公
妣　孺人
房　承
生子事略
備註　公係順友公之第五子

十八代祖　慶辛公
妣
房
生子事略
備註　公係順友公之第六子

張氏族譜

十八世祖 慶熙公
妣 吳孺人
生子 一房 承敦
事略
備註 公係順德公之長子

十八代祖 慶九公
妣
生子 房 長承基 次承奮 三承法
事略 公畢法學生現任福建省政府諮議
備註 公係順德公之次子

十八代祖 慶粤公
妣
生子 房
事略
備註 公係順德公之第三子

十八代祖 慶鸞公
妣
生子
事略
備註 公係順德公之第四子

張氏族譜

十八代祖 慶琯公
妣
生子 房 長承 次承民 三作民
事略
備註 公係順德公之第五子

十八代祖 慶溪公
妣
生子 房
事略
備註 公係順德公之第六子

十八代祖 慶可公
妣
生子 房
事略
備註 公係順德公之第七子

十八代祖 慶椿公
妣
生子 房
事略
備註 公係順德公之第八子

張氏族譜

十八代祖 慶元公
妣
房
生
子
事
略

備
註
公係順德公之第九子

十八代祖 慶聰公
妣
房
生
子
事
略

備
註
公係順德公之第十子

十八代祖 慶成公
妣
房 長承光 次承蛟
生
子
事
略

備
註
公係順善公之長子

十八代祖 慶兆公
妣
房 長承漢
生
子
事
略

備
註
公係順善公之次子

張氏族譜

十八代祖 慶根公
十八代妣
生子 房 長 承武 次 承文 三 承仔
事略
備註 公係順善公之第三子

十八代祖 慶重公
十八代妣
生子 房
事略
備註 公係順美公之長子

十八代祖 慶鍾公
十八代妣
生子 房 長 總威
事略
備註 公係順美公之次子

十八代祖 慶玉公
十八代妣
生子
事略
備註 公係順源公之子

張氏族譜

十八代祖 慶廷公
妣
生子 房 長承强 [illegible]
事畧
備註 公係順發公之子

十八代祖 慶肅公
妣
生子 房
事畧
備註 公係順姜公之長子

十八代祖 慶興公
妣
生子 房 長承添 次承喜
事畧
備註 公係順姜公之次子

十八代祖 慶吉公
妣
生子 房
事畧
備註 公係順姜公之第三子

十八代孫

張氏族譜

十八代祖 慶恭公
妣
房長 承香
生子事略
備註
公係順興公之長子

十八代祖 慶錦公
妣
生子事略
備註
公係順興公之次子

十八代祖 慶雲公
妣
生子事略
備註
公係順興一之第三子

十八代祖 慶鉅公
妣
生子事略
備註
公係順興公之第四子

張氏族譜

十八代祖
妣
房
生子
事略
慶珍公
長 承訓　次 承健
備註
公係順和公之長子

十八代祖
妣
房
生子
事略
慶森公
備註
公係順和公之次子

十八代祖
妣
房
生子
事略
慶福公
備註
公係順和公之第三子

十八代祖
妣
房
生子
事略
慶流公
備註
公係順和公之第四子

張氏族譜

十八代祖　慶達公
妣
生子　房
事略　公西南聯合大學土木工程系畢業
備註　公係順心公之長子

十八代祖　慶昆公
妣
生子　房
事略　公中央軍校
備註　公係順心公之次子

十八代祖　慶光公
妣
生子　房
事略
備註　公係順心公之第三子

十八代祖　慶昌公
妣
生子　房
事畧
備註　公係順明公之長子

張氏族譜

十八代祖慶安公
妣
房
生子
事略
備註
公係順明公之次子

十八代祖慶妙公
妣
房
生子
事略
備註
公係順明公之第三子

十八代祖慶倫公
妣
房
生子
事略
備註
公係順明公之第四子

十八代祖慶魏公
妣
房
生子
事畧
備註
公係順明公之第五子

十八代祖妣 慶祿公
生子 房
事略
備註 公係順明公之第六子

十八代祖妣 慶喜公
生子 房
事略
備註 公係順財公之長子

十八代祖妣 慶賢公
生子 房
事略
備註 公係順財公之次子

十八代祖妣 慶恩
生子 房
事略
備註 公係順遠公之長子

張氏族譜

十八代孫

十八代祖 慶榮公
十八代妣
房
生子事略
備註 公係順遠公之次子

十八代祖 慶
十八代妣
房
生子事略
備註 公係順

十八代祖 慶国公
十八代妣
房
生子事略
備註 公係順坤公之長子

十八代祖 慶
十八代妣
房
生子事略
備註 公係順

張氏族譜

十八代祖 慶強公
妣
房
生子
事略
備註 公係順理公之長子

十八代祖 慶
妣
房
生子
事略
備註 公係順

十八代祖 慶年公
妣
房
生子
事略
備註 公係順茂公之長子

十八代祖 慶萃
妣
房
生子
事略
備註 公係順茂公之次子

張氏族譜

十八代祖 慶
妣
房
生子
事略
備註 公係順

十八代祖 慶衍公
妣 李孺人
房 長 承淦 次 承煒 三 承錦
生子
事略 公為泗水僑商創設新錦興號營業發達
備註 公係順振公之長子

十八代祖 慶華公
妣 蘇孺人
房 長 承堯 次 承棉 三 承耀 四 承碧 五 承昌
生子
事略 公省立廈門第十三中學畢業
備註 公係順振公之次子

十八代祖 慶重公
妣 蔡孺人
房
生子
事略 公省立龍溪第八中學畢業曾任南洋泗水海產公會會長
備註 公係順振公之第三子

張氏族譜

十八代祖　慶能公
妣　房
生子事略
備註　公係順振公之第四子

十八代祖　慶鐳公
妣　房
生子事略
備註　公係順振公之第五子

十八代祖　慶
妣　房
生子事略
備註　公係順鎮公之長子

十八代祖　慶
妣　房
生子事略
備註　公係順鎮公之次子

十八代祖 慶
妣
生子 房
事略
備註 公係順鎮公之第三子

十八代祖 慶
妣
生子 房
事略
備註 公係順祥公之長子

十八代祖 慶
妣
生子 房
事略
備註 公係順祥公之次子

十八代祖 慶朝
妣
生子 房 如勳
事略
備註 公係順恭公之子

張氏族譜

十八代孫

十八代祖	妣	生子	事略	備註
韞珀		房		公係順欽公之子
		房		公係順
		房		公係順銘公之子
		房		公係順彬公之子

張氏族譜

十八代孫

十八代祖慶朋　妣　房　如承
生子
事略
備註
公係順儉公之次子

十八代祖慶鴻　妣　房
生子
事略
備註
公係順儉公之第三子

十八代祖慶督　妣　房
生子
事略
備註
公係順儉公之第四子

十八代祖慶川　妣　房
生子
事略
備註
公係順積公之子

張氏族譜

十八世祖 慶南公
妣
生子 房 泰壽
事略
備註
公係順烟公之子

十八代祖 慶安
妣
生子 房 長 能安 次 能成
事略
備註
公係順登公之長子

十八代祖 慶雲
妣
生子 房
事略
備註
公係順登公之次子

十八代祖 慶杰
妣
生子 房 如福
事略
備註
公係順登公之第三子

張氏族譜

十八代 祖 崇添公	十八代 祖 福健公	十八代 祖 石健公	十八代 祖 合健公
妣 廖孺人	妣	妣	妣
生子	生子	生子	生子
房 流明	房	房	房
事略	事略	事略	事略
備 公係兼昌公之子	備 公係兼益公之長子	備 公係兼益公之次子	備 公係兼益公之第三子
註	註	註	註

張氏族譜

十八世祖　崇發公
妣　邱孺人
生子　三房　長德仁　次德義　三德禮
事略
備註　公係秉金公之長子

十八代祖　崇富公
妣　蘇孺人
生子　二房　長南龍　次德智
事略
備註　公係秉金公之次子

十八代祖　崇木公
妣　蘇孺人
生子　房　德信
事略
備註　公係秉金公之第三子

十八代祖　慶遠公
妣　林孺人
生子　房
事略
備註　公係祿安公之子

十八代孫

張氏族譜

十八代祖 慶南公
妣
生子
事略
備註 公係禮安公之長子

十八代祖 慶
妣
生子 ——
事略
備註 公係禮安公之次子

十八代祖 慶淵公
妣
生子
事略
備註 公係桃安公之子

十八世祖 慶元公
妣
生子 一房 良盛
事略
備註 公係金安公之子

張氏族譜

十八代祖　泉福公
妣　蘇孺人
生子　房　長良華　次良波
事略
備註　公係佑安公之長子

十八代祖　項福公
妣
生子　房
事略
備註　公係佑安公之次子

十八代祖　棣福公
妣
生子　房
事略
備註　公係石基公之子

十八代祖　彩林公　字克文
妣　莊孺人
生子　房
事畧　公幼由緬甸遣父歸國於民三十二年任滾公太經理提倡滾公建灰坟民三十三年公選塔下保長民三十五年公選修譜採訪員
備註　公係居立公之子

十八代祖 彩容公
妣 魏孺人
生
子
事
畧
房
備註 公係居善公之子

十八代祖 彩錦公 號展豪
妣 蘇孺人 陳孺人
生
子 長 德輝 次 育輝
事
畧
房
備註 公係居勝公之子

十八代祖 彩松公
妣 江孺人
生
子
事
畧
房
備註 公係居照公之子

十八代祖 彩金公
妣
生
子
事
畧
房
備註 公係居傳公之長子

張氏族譜

十八代	十八代	十八代	十八代
祖　彩東公	祖　彩生公	祖　彩	祖
妣	妣	妣	妣
房	房	房	房
生子事略	生子事略	生子事略	生子事略
備註　公係居傳公之次子	備註　公係居傳公之第三子	備註　公係居傳公之第四子	備註　公係

張氏族譜

十八世祖萬石公
妣邱孺人
生子二房 長鴻祚 次國祚
事略
備註 公係居仕公之長子

十八世祖萬卷公
妣蘇孺人
生子 房
事略
備註 公係居仕公之次子

十八世祖萬齡公
妣簡孺人
生子四房 長松祚 次桂祚 三棣祚 四相祚
事略 公性和平少代父持家民十陸年接任德遠堂經理民二十陸年南渡緬甸辭棄經理民三十二年回國同年提倡滾公太築沙灰坟民三十五年公選修譜訪員
備註 公係居由公之長子生於光緒十八年壬辰歲己酉丙寅壬辰 1892
妣生於光緒二十一年乙未歲潤五月初五申時

十八世祖萬象公
妣江孺人
生子二房 長德祚 次綿祚
事畧
備註 公係居由公之次子生於光緒二十三年丁酉歲丁未庚辰庚辰時
妣生於二十三年丁酉歲三月十三辰時

張氏族譜

十八代祖 萬磨公 字子厚
妣 周孺人
生子 三房 長慶祚 次南祚 三發祚
事略
備註 公係居由公之第三子生於光緒二十七年壬寅歲八月十六巳時

十八世祖 萬勤公
妣 蘇孺人
生子 房
事略
備註 公係居俊公之子

十八世祖 萬疆公
妣 翁孺人
生子 三房 次良作 次良扶 三良生
事略
備註 公係居等公之長子

十八代祖 萬齊公 字靖中
妣 蘇孺人
生子 二房 長良朝 次良華
事略 公於昆明發起中緬興業有限公司又提倡家鄉建設—農村勞資生產消費合作社—此舉利在地方公益事業實堪欽佩。
備註 公係居等公之次子

張氏族譜

十八世祖	妣	房	生子	事略	備註
萬福公	江孺人	長 次 良能			公係居杰公之子

十八代祖	妣	房	生子	事略	備註
萬祥公	黃孺人				公係居鵬公之長子
萬翕公					公係居鵬公之次子
萬輝公					公係居鵬公之第三子

張氏族譜

十八代祖　萬育公
妣
房
生子事略
備註　公係居台公之長子

十八代祖　萬豊公
妣
房
生子事略
備註　公係居台公之次子

十八代祖　萬祈公
妣
房
生子事略
備註　公係居台公之第三子

十八代祖　萬恩公
妣
房
生子事略
備註　公係居台公之第四子

張氏族譜

十八世祖妣 [illegible]宗公 江孺人
生子 三房 長煥彬 次質彬 炎彬
事略
備註 公係權昌公之次子

十八代祖妣 吳淼公
生子 房
事略
備註 公係權昌公之第三子

十八代祖妣 萬勇公 簡孺人
生子 房
事略
備註 公係能昌公之長子

十八代祖妣 萬生公 孺人江
生子 房
事略
備註 公係能昌公之次子

張氏族譜

十八代祖　萬意公
妣　江𤧙人
房
生子事略
備註
公係能昌公之第三子

十八代祖　萬火公
妣　蘇𤧙人
房
生子事略
備註
公係能昌公之第四子

十八代祖　萬流公
妣　黄𤧙人
房
生子事略
備註
公係聚昌公之子

十八世祖　萬壘公
妣　江𤧙人
一房　壽祿
生子事略
備註
公係河昌公之長子

十八代孫

張氏族譜

十八代祖	妣	生子	事略	備註
萬擇公	江孺人	一房 壽如		公係河昌公之次子
萬彬公	江孺人	房 長壽明		公係河昌公之第三子
萬操公		房		公係河昌公之第四子
萬啓公		房		公係河昌公之第五子

五五五

張氏族譜

十八代孫

十八代祖 萬鑑公
妣
生 房
子
事
略
備 公係河昌公之第六子
註

十八代祖 覲育公
妣
生
子
事
略
備 公係河昌公之第七子
註

十八代祖 萬田公
妣 賴孺人
生 房 長 勤祿 次 元祿
子
事
略
備 公係輔昌公之長子
註

十八代祖 萬邦公
妣
生 房
子
事
略
備 公係輔昌公之次子
註

十八代祖　萬鎹公
妣　江孺人　蘇孺人
生子　長壽徵　次壽祺　三壽檢
房
事略　公曾任塔下保長民三十二年任塔下公王廟建校委員會主任委員對桑梓熱心修橋修路均有捐款亦仁會擁戴人也。
備註　公係衍昌公之長子

十八代祖　萬成公
妣　蘇孺人
生子
房
事略
備註　公係衍昌公之次子

十八代祖　萬程公
妣　江孺人　謝孺人
生子
房
事略
備註　公係吉昌公之長子

十八代祖　萬豐公
妣　江孺人
生子
房
事略
備註　公係吉昌公之次子

張氏族譜

十八代祖萬顯公
妣江孺人
房
生子
事略
備註
公係吉昌公之第三子

十八代祖萬欽公
妣魏孺人
房
生子
事略
備註
公係吉昌公之第四子

十八代祖萬信公
妣
房
生子
事略
備註
公係賢昌公之第三子

十八代祖萬杰公
妣盧孺人
房　長
生子　壽建
事略
備註
公係賢昌公之第四子

張氏族譜

十八世祖 萬朋公
妣 江孺人
生子 房 壽處
事略
備註 公係裕昌公之長子

十八世祖 萬鎮公
妣 賴孺人
生子 房 長 壽棣 次 壽慶
事略
備註 公係裕昌公之次子

十八代祖 萬鴻公
妣 蘇孺人
生子 房 長 壽乾
事略
備註 公係裕昌公之第三子

十八代祖 萬銘公
妣
生子 房
事畧
備註 公係裕昌公之第四子

張氏族譜

十八代祖 萬遜公
妣
生子 房
事略
備註 公係裕昌公之第五子

十八世祖 萬扶公
妣
生子 房
事略
備註 公係圳昌公之子

十八世祖 慶德公
妣
生子 房
事略
備註 公係靄昌公之子

十八世祖 連勝公
妣 簡孺人
生子 二房 長坤生 次
事略
備註 公係洪輝公之子

張氏族譜

十八世祖 書春公
妣 賴孺人
生子 三房 長 吳生 次 錦生 三 長生
事略
備註 公係井旺公之子

十八世祖 聯開公
妣 江孺人
生子 四房 長 夢熊 次 夢海 三 夢蘭 四 夢貴
事略
備註 公係石培公之長子

十八世祖 聯魁公
妣
生子 房
事略
備註 公係石培公之次子

十八世祖 聯輝公
妣 魏孺人 江孺人
生子 三房 長 夢進 次 夢養 三 夢旺
事略
備註 公係石培公之第三子

十八代凉

張氏族譜

十八代祖	生子	事略	備註
聯登公 妣蘇孺人	二房 長福清 次福星		公係榮祥公之長子
聯芳公 妣江孺人	三房 長福攸 次福永 三福三		公係榮祥公之次子

十八世祖	生子	事略	備註
聯金公 妣蘇孺人	一房 福善 子[illegible]		公係榮祥公之第四子
聯源公 妣江孺人	五房 長福貴 次福恆 三福容 四福耿 五福鑾		公係榮祥公之第五子

十八世祖 聯揚公	十八世祖 聯章公	十八世祖 聯富公	十八世祖 聯恭公
妣 葉孺人	妣 黃孺人	妣	妣
生子 一房 福順	生子 一房 福水	生子 房	生子 房
事略	事略	事略	事略
備註 公係榮淵公之子	備註 公係榮洲公之子	備註 公係榮洄公之長子	備註 公係榮洄公之次子

張氏族譜

十八世祖 居安公
妣 江孺人
生子 二房 長 初輝 次 雙輝
事略 公醫學精明開設濟善堂於家鄉良藥良醫病家受益附近人士皆所敬仰現其子姪輩爵理亦然乃公醫德相傳救世也

十八世祖 居亨公
妣 江孺人 吳孺人
生子 二房 長 擢輝 次 南輝
備註 公係兆瑤公之子

十八世祖 居萬公
妣 簡孺人
生子 一房 興輝
備註 公係兆璇公之長子

十八世祖 居存公
妣 蘇孺人
生子 一房 湖輝
備註 公係兆璇公之次子 妣生於

十八代孫

張氏族譜

十八世祖　居鎮公　諱宗義
妣　英孺人　諱慈惠
生子　四房　長　定輝　次　發輝　三　照輝　四　發輝
事略　公於湖自創設源興號於本社，年四十南渡葛加錫回國後致力墾植
又北議婚偁東公遺下各坟墓碑民十陸年重渡三馬林達
備註　公係兆玖公之子，生於清同治弍年癸亥歲（一八七六）年五月初二日午時卒於民國十七年十二月初陸日巳時享壽陸旬加陸妣生於清同治十一年壬申歲七月初八日辰時卒於民國廿陸年正月廿陸日卯時享壽陸旬加陸。

十八世祖　居志公
妣　葉孺人
生子　三房　長　永輝　次　遠輝　三　昌輝
事略　公一生勤儉、青年時、研究彩紅術、及壯技藝精良前往暹羅謀生
備註　公係兆玠公之子

十八世祖　賜光公
妣　葉孺人
生子　一房　老唐
事略
備註　公係富兆公之長子

十八世祖　賜海公
妣　江孺人
生子　三房　長　端圳　次　端錫　三　端煌
事略
備註　公係富兆公之次子

張氏族譜

十八世祖 賜水公
妣
生子 一房 石永
事略
備註 公係能兆公之長子

十八世祖 賜成公
妣
生子 一房 端佑
事略
備註 公係能兆公之次子

十八世祖 賜美公
妣
生子 一房 端祿
事略
備註 公係林兆公之子

十八世祖 賜春公
妣
生子 一房 亞
事略
備註 公係秋兆公之子

張氏族譜

十八世祖友明公
妣
生子一房　增養
事略
備註　公係運揚公之長子

十八世祖友聰公
妣
生子二房　長金養　次養
事略
備註　公係運揚公之次子

十八世祖福萬公
妣江孺人
生子四房　長煌養　次煌燦　三煌進　四煌書
事略
備註　公係坤揚公之子

十八世祖振開公
妣江孺人
生子二房　長東明　次進明
事略
備註　公係兆昌公之長子

張氏族譜

十八世祖振業公
妣蘇孺人
生子事略
四房 長慶明 次慶壽 三慶福 四慶祿
備註
公係兆昌公之次子

十八世祖振輝公
妣蘇孺人
生子事略
一房 和明
備註
公係兆昌公之第三子

十八世祖啓恒公
妣
生子事略
一房 承祥
備註
公係唐漢公之長子

十八世祖啓寬公
妣江孺人
生子事略
二房 長仰祥 次信祥
備註
公係唐漢公之次子

張氏族譜

十八世祖	妣	生子	事略	備註
啓高公		一房 水祥		公係唐標公之長子
啓相公	蘇孺人	三房 長善祥 次奐祥 三東祥		公係唐欣公之子
啓繩公	賴孺人	四房 長逮祥 次瑞祥 三海祥 四如祥		公係唐周公之子
啓順公		一房 興祥		公係唐運公之子

張氏族譜

十八世祖　啓能公

妣

生子　一房　根祥

事略

備註　公係唐錦公之長子

十八世祖　啟福公

妣　江孺人

生子　三房　長輝祥　次龍祥　三鳳祥

事略

備註　公係唐錦公之第四子

十八世祖　啓發公

妣　江孺人

生子　一房　通祥

事略　公善經商，在大埧開義源商店，繼辦菸廠于上屋，川走漳廈琯埔等處，雖不致富，然幼失怙恃，撫諸小弟，培養子姪，費盡巨金，致少遺業焉。

備註　公係唐湧公之長子生于民紀元前二十二年庚寅歲正月十七日辰時，卒于民國廿八年己卯歲二月十陸日子時，陽壽五十歲，塟在山角頂艮山坤向，生下兩子，長子城祥過房啓華弟爲嗣。

十八世祖　啓華公

妣

生子　一房　城祥字乙中

事略

備註　公係唐湧公之次子仙命未詳，塟在山角頂。未配身故，由長兄啓發生之長男，過房爲嗣。

張氏族譜

十八世祖：啓宏公

妣：

生子：房

事略：

備註：公係唐湧公之第三子

十八世祖：本光公

妣：葉孺人

生子：二房　長　益端　次　賢端

事略：

備註：公係集連公之子

十八世祖：春光公

妣：

生子：三房　長　水川　次　貴端　三　石芬

事略：

備註：公係集海公之長子

十八世祖：秋光公　字　健英

妣：葉孺人

生子：二房　長　清端　次　妙端

事略：公幼有大志於暹開創芳美發展於家鄉置田建屋修橋造路賑濟在民二年坪溪新開大路以利行人民三十三年蒙南靖縣長陳給予「急公好義」獎匾。

備註：公係集海公之次子

十八世祖妣 [illegible]人 [illegible]
生子：一房 煌生字庚明
事略：公開創和生堂藥局爲人家刹使之設且公之子庚明君醫理精明醫德兼全人稱先生父子社會完人其後裔醫學亦妙手回春。
備註：[illegible]

十八世祖 漢光公
妣 蘇孺人
生子：一房 福興
事略：
備註：公係集成公之次子

十八世祖 開德公
妣 黃孺人
生子：三房 長慶安 三信安 四維安
事略：公生平勤儉兄弟有四建築源遠樓
備註：公係集遠公之長子

十八世祖 開廷公
妣
生子：二房 長茂安 次建安
事略：
備註：公係集遠公之次子

張氏族譜

十八世祖　開祥公
妣
生子　二房　長乾安　次乾順
事略
備註　公係集遠公之第三子

十八世祖　開淮公
妣　蘇孺人
生子　二房　長壽安　次蘭安
事略
備註　公係集遠公之第四子

十八世祖　石周公
妣　蘇孺人
生子　一房　茂山
事略
備註　公係集運公之子

十八世祖　聚光公
妣　李孺人
生子　一房　喜安
事略
備註　公係集道公之子

張氏族譜

十八世祖 成美公
妣 黃孺人
生子 一房 福亮
事略
備註 公係集選公之子

十八世祖 俊標公
妣 李孺人
生子 一房 仰昌
事略
備註 公係榮兆公之長子

十八世祖 俊豪公
妣 黃孺人
生子 二房 長順昌 次壽昌
事略
備註 公係榮兆公之次子

十八世祖 俊傑公
妣 江孺人
生子 四房 長視昌 次裕昌 三恩昌 四良昌
事略
備註 公係榮兆公之第三子

張氏族譜

十八代孫

十八世祖　俊閭公
妣　黄[illegible]人
生子　一房　松傳
事略
備註　公係榮兆公之第四子

十八世祖　俊全公
妣　魏孺人
生子　一房　石照
事略
備註　公係榮兆公之第九子

十八世祖　[illegible]廷公
妣　汪孺人
備註　公係華兆公之子

十八世　蘇孺人
生子　八房　長益昌　次鵬昌　三坤昌　四先昌　五遜昌　六爍昌　八正昌　九明昌
事略
備註　公係宏兆公之長子

張氏族譜

[illegible]

二十三[illegible]

事略　公沈學院科試取進縣學第十二名

註　公係宏兆公之次子

十八世祖　俊擇公　字厚民

妣　蘇孺人

生子　二房　長志昌　次永昌

事略

備註　公係松兆公之長子

十八世祖　俊伸公

妣　邱孺人

生子　一房　來昌

事略

備註　公係松兆公之次子

一

生子　一房　院昌

事略

註

張氏族譜

十八世祖 俊寶公
十八世妣
生子 一房 院昌
事略 —
備註 公係松兆公之第四子

十八世祖 俊賜公
十八世妣 莊孺人
生子 三房 長 錫昌 次 近昌 三 遠昌
事略
備註 公係松兆公之第五子

十八世祖 俊建公
十八世妣 揚孺人
生子 五房 長 壽昌 次 樹昌 三 偉昌 四 進昌 五 武昌
事略
備註 公係松兆公之第六子

十八世祖 俊雀公
十八世妣 李孺人
生子 一房 蕋昌
事略
備註 公係松兆公之第七子

張氏族譜

十八世祖	妣	生子	事略	備註
俊安公	蘇孺人 林孺人	四房 長森昌 次棣昌 三金昌 四觀昌		公係松兆公之第八子
俊榮公	蘇孺人	二房 長貞昌 次善昌		公係松兆公之第九子
俊開公	魏孺人	四房 長振昌 次信昌 三績昌 四佑昌		公係欽兆公之長子
俊選公	李孺人 江孺人	五房 長深昌 次旺昌 三綿昌 四容昌 五更昌		公係欽兆公之次子

張氏族譜

十八世祖 俊登公
妣 蘇孺人
生子事略 一房 龍昌
備註 公係欽兆公之第三子

十八世祖 俊壹公
妣 汪孺人
生子事略 一房 亮昌
備註 公係欽兆公之第四子

十八世祖 俊林公
妣 莊孺人
生子事略 四房 長廣昌 次厚昌 三蘭昌 四載昌
備註 公係添兆公之長子

十八世祖 俊迎公
妣 江孺人
生子事略 二房 長乾昌 次助昌
備註 公係添兆公之次子

十八世祖 俊祥公
妣 蘇孺人 李孺人
生子 四房 長盛昌 次璧昌 三饒昌 四鴻昌
事略
備註 公係添兆公之第三子

十八世祖 俊賢公
妣 蘇孺人
生子 四房 長琴昌 次相昌 三奕昌 四唯昌
事略
備註 公係添兆公之第四子

十八世祖 俊長公
妣 江孺人
生子 三房 長堯昌 次台昌 三練昌
事略
備註 公係添兆公之第五子

十八世祖 錦新公
妣
生子 一房 賜發
事略
備註 公係貴水公之子

張氏族譜

十八世祖	妣	生子	事略	備註
錦衍公		二房　長煌賜　次佛育		公係貴祿公之子
贈輝公	魏孺人	三房　長維千　次福慶　三福邦		公係啓兆公之長子
順輝公		三房　長福錦　次華山　三福城		公係啓兆公之次子
瑞輝公	蘇孺人	一房　福明		公係啟兆公之第三子

張氏族譜

十八世祖　嘉輝公
妣　蘇孺人
生子　一房　清抱
事略
備註　公係啓兆公之第五子

十八世祖　光輝公
妣
生子　二房　長福田　次福進
事略
備註　公係南兆公之子

十八世祖　添輝公
妣
生子　一房　福松
事略
備註　公係丙兆公之長子

十八世祖　春輝公
妣
生子　一房　福來
事略
備註　公係丙兆公之次子

張氏族譜

十八代註

十八世祖	妣	生子	事略	備註
亨輝公		一房　福		公係丙兆公之第三子
清善公		一房　長 容發		公係四魁公之次子
鼎鳳公	簡孺人	三房　次 欽元　次 欽祥　三 欽嵩		公係榮兆公之長子
德鳳公		二房　長 欽欣　次 欽寶		公係榮兆公之次子

張氏族譜

十八世祖 煌鳳公字丹亭
妣 黃孺人
生子 三房 長接福 次欽由 三欽桓
事略 公祖傳喉科聖方救世功德於世人皆敬之。
備註 公係榮昌公之第三子

十八世祖 清光公
妣
生子 一房 進泰
事略
備註 公係書昌公之長子

十八世祖 清湖公
妣
生子 一房 進良
事略
備註 公係書昌公之次子

十八世祖 騰郊公
妣 林孺人
生子 五房 長欽煥 次欽禮 三欽恒 四欽通 五欽河
事略
備註 公係仲昌公之長子

張氏族譜

十八世
祖 新旺公
妣 江孺人
生子 房
事略
備註 公係生昌公之第三子

十八世
祖 添旺公
妣 簡孺人
生子 二房 長祿松 次開松
事略
備註 公係生昌公之第五子

十八世
祖 萬旺公
妣 江孺人
生子 四房 長松福 次石水 三平福 四定福
事略
備註 公係生昌公之第六子

十八世
祖 承旺公
妣 李孺人
生子 一房 遐福
事略
備註 公係癸昌公之子

張氏族譜

十八世祖 椽生公
妣
房
生子
事略
備註 公係永貴公之次子

十八世祖 桃生公
妣
房
生子
事略
備註 公係永貴公之第三子

十八世祖 龍生公
妣
房
生子
事略
備註 公係永貴公之第四子

十八世祖 賜生公
妣 蘇孺人
房
生子
事略
備註 公係永貴公之第五子

十八代孫

張氏族譜

十八世　祖　選揚公
妣
生子　二房　長森傳　次福傳
事略
備註　公係坤松公之子

十八世　祖　萬安公
妣　江孺人
生子　一房　石佑
事略　公博學堪輿塔下順昌樓改造圓樓大門向位乃先生立向
備註　公係貴郊公之子

十八世　祖　福安公
妣　賴孺人
生子　一房　仲傑
事略
備註　公係貴祈公之子

十八世　祖　萬流公
妣
生子　房
事略
備註　公係貴落公之子

張氏族譜

十八世祖	妣	生子事略	備註
萬忠公		房	公係貴罡公之子
茂連公	賴孺人	一房 增展	公係貴金公之長子
萬春公	黃孺人 李孺人	房 長 增容 次 增勝	公係貴金公之次子
萬松公		房 增順	公係貴金公之第三子

張氏族譜

十八世祖 初開公	十八世祖 富開公	十八世祖 福春公	十八世祖 西萬公
妣 江孺人	妣 邱孺人	妣	妣
生子 一房 岩生	生子 二房 長 均生 次 亮生	生子 一房 慶和	生子 一房 慶雲
事略	事略	事略	事略
備註 公係佑興公之長子	備註 公係佑興公之次子	備註 公係佑先公之子	備註 公係佑培公之長子

張氏族譜

十八世祖	妣	生子	事略	備註
西來公		一房 慶松		公係佑培公之次子
西進公		二房 長慶雲 次慶隆		公係佑培公之第三子
西發公		一房 慶松		公係佑炮公之子
佛昌公	邱孺人 繼莊孺人	二房 長長生 次春生		公係榮蘭公之子

張氏族譜

十八世祖	妣	生子	事略	備註
煥養公	蘇孺人	二房　長 維碩　次 維祒		公係榮啓公之第三子
萬養公	汪孺人	一房　維長		公係榮海公之長子
承富公	蘇孺人	三房　長 金福　次 金善　三 金春		公係榮珍公之長子
萬富公	蘇孺人	一房　金焱		公係榮珍公之次子

張氏族譜

十八世祖 德明公
妣
生子 一房 松漢
事略
備註 公係唐錫公之子

十八世祖 德永公
妣
生子 房
事略
備註 公係光廷公之子

十八世祖 德集公
妣 簡孺人
生子 二房 長 贈季 [illegible] 贈搖 [illegible]子 [illegible]
事略
備註 公係啓明公之長子

十八世祖 佛耕公
妣 黃孺人
生子 一房 贈速
事略
備註 公係啓明公之次子

十八代孫

張氏族譜

十八世祖	妣	房	生子	事略	備註
金友公		二房	長 贈水　次 贈輝		公係啟龍公之子
賜萬公		二房	長 傳輝　次 孫輝		公係友倫公之長子
佛萬公		一房			公係友倫公之次子
周萬公	李孺人	一房	松輝		公係友倫公之第三子

張氏族譜

十八世祖 龍安公
妣 簡孺人
生子 一房 河煙
事略
備註 公係友珍公之子

十八世祖 俊萬公
妣 蘇孺人
生子 房
事略
備註 公係友呂公之長子

十八世祖 長萬公
妣 孫孺人
生子 二房 長 文達 次 文賢
事略
備註 公係友呂公之次子

十八世祖 美基公
妣 黃孺人
生子 五房 長 上達 次 必達 三 壽 四 松達 五 能達
事略
備註 公係順金公之長子

張氏族譜

十八世 祖 守基公
妣
房
生子事略
備註 公係順金公之次子

十八世 祖 棠基公
妣 黃孺人
二房
生子事略 長群煌 次群河
備註 公係順金公之三子

十八世 祖 長基公
妣
房
生子事略
備註 公係順金公之四子

十八世 祖 肇基公
妣 江孺人
四房
生子事略 長維壽 次維光 三維深 四維倉
[illegible]
備註 公係順貴公之子

張氏族譜

十八世祖：榮基公
妣：魏孺人
生子：一房 維忠
事略：
備註：公係順貴公之次子

十八世祖：茂基公
妣：蘇孺人
生子：四房 長 卯焱 次 忠焱 三 永焱 四 仁焱
事略：
備註：公係順發公之子

十八世祖：燦基公
妣：江孺人
生子：另孫萬良
事略：
備註：公係順富公之長子，往暹羅故，

十八世祖：端基公
妣：江孺人
生子：一房 壽山
事略：
備註：公係順富公之次子

十八代孫

張氏族譜

十八世祖　勳基公　字克匡
妣　蘇孺人
生子　四房：長壽朋　次壽增　三壽煌　四壽鴻
事略　公在塔下開設萬興商號民九年首先遷於曲江新市新張兼辦郵政經理三十載
備註　公係順富公之三子

十八世祖　福基公
妣　李孺人
生子　一房　壽漢
事略
備註　公係順富公之四子

十八世祖　華基公
妣
生子
事略
備註　公係順泉公之長子

十八世祖　茸基公
妣
生子
事略
備註　公係順泉公之次子

十八世祖 泰基公
妣 李孺人
生子 五房 長裕煌 次裕發 三裕東 四裕慶 五裕湖
事略
備註 公係順泉公之三子

十八世祖 南基公
妣
生子 一房 壽耕
事略
備註 公係順代公之長子

十八世祖 北基公
妣
生子 房
事略
備註 公係順代公之次子

十八世祖 勝基公
妣
生子 房
事略
備註 公係順作公之三子

張氏族譜

十八代孫

十八世祖　亮基公
妣　黃孺人
生子　二房　長　壽泰　次　壽
事略
備註　公係順代公之四子

十八世祖　旺基公
妣
生子　房
事略
備註　公係順代公之五子

十八世祖　生基公
妣
生子　一房　裕耕
事略
備註　公係順代公之六子

十八世祖　兆熊公
妣　蘇孺人
生子　四房　長　泰生　次　乾泰　三　豐泰　四　松林
事略
備註　公係來德公之長子

張氏族譜

十八世祖 理熊公
妣
生子 房
事略
備註 公係□□德公之次子

十八世祖 犀熊公
妣
生子 房
事略
備註 公係炳德公之第三子

十八世祖 院熊公
妣 江孺人
生子 二房 長洪泰 次同泰
事略
備註 公係炎芬公之長子

十八世祖 琰熊公
妣 蘇孺人
生子 一房 唐泰
事略
備註 公係禾芬公之次子

張氏族譜

十八世祖　興容公 [illegible]
妣
生子　房　龍泰
事略
備　公係來芬公之第三子
註

十八世祖　廷茂公
妣
生子　一房　壽通
事略
備　公係欣亨公之子
註

十八世祖　廷昌公
妣　江孺人
生子　三房　長乾恩　次乾壽　三乾發
事略
備　公係續貞公之子
註

十八世祖　廷裕公
妣
生子　房
事略
備　公係欣進公之長子
註

十八世祖 廷明公
妣
生 房
子
事
略
備 公係欣進公之第三子
註

十八世祖 錫林公
妣 蘇揚人
生 房
子 [illegible]福 忠福
事
略
備 公係繩昌公之長子
註

十八世祖 錫山公
妣 鄧揚人
生 二房
子 長 忠福 次 義福
事
略
備 公係繩昌公之次子
註 一

十八世祖 瑞生公
妣 蕭揚人
生 三房
子 長 鴻塘 次 鴻材 三 鴻發
事
略 [illegible]
備 公係木昌公之長子
註

張氏族譜

十八世祖	妣	生子	事略	備註
恩清公		房 鴻材		公係木昌公之次子
德清公		房 鴻州		公係木昌公之第三子
纘德公	江璹人	一房 順昌		公係等生公之子
有福公		一房 均金		公係漢署公之子

張氏族譜

十八世祖 有開公
妣
生子 一房 龍金
事略
備註 公係漢章公之長子

十八世祖 有順公
妣
生子 二房 长 富金 次 遜金
事略
備註 公係漢章公之次子

十八世祖 有萬公
妣 簡孺人
生子 二房 長 逢榮 次 逢梓字玉章
事略
備註 公係漢運公之子

十八世祖 恆泰公
妣
生子 二房 長 英豪 次 國豪
事略
備註 公係啓昌公之子

張氏族譜

十八代孫

十八世祖妣　宜豐公
生子　三房　長清亮　次清姚　三清如
事略
備註　公係建瑞公之子

十八世祖妣　廷豐公
生子　一房　清茂
事略
備註　公係建琪公之子

十八世祖妣　明琴公
生子　房
事略
備註　公係應犀公之長子

十八世祖妣　有琴公
生子　房
事略
備註　公係應犀公之次子

張氏族譜

十八世祖 瑤琴公
祖妣
生子 房
事略
備註 公係應桃公之子

十八世祖 泮琴公
祖妣
生子 一房 朝彬
事略
備註 公係應瑞公之子

十八世祖 錫榮公
祖妣
生子 四房 長含珠 次含波 三含琬 四含活
事略
備註 公係懷德公之子

十八世祖 華榮公
祖妣
生子 四房 長朝指 次朝寶 三朝紀 四朝剛
事略
備註 公係懷深公之子

張氏族譜

十八世祖	妣	生子	事略	備註
恩榮公		一房　雅化		公係懷興公之長子
爵榮公		一房　雅項		公係懷興公之次子
尚榮公		三房　長雅南　次雅演　三雅超		公係懷興公之第三子
石福公		一房　進科		公係懷昌公之子

張氏族譜

十八世祖妣：如松公
生子：二房　長定南　次定培
事略：
備註：公係懷林公之長子

十八世祖妣：錦松公
生子：二房　長定慶　次定谷
事略：
備註：公係懷林公之次子

十八世祖妣：永松公
生子：一房　定憲
事略：
備註：公係懷林公之第三子

十八世祖妣：灶生公　李孺人
生子：二房　長有章　次煥章
事略：
備註：公係寬仲公之次子

十八代孫

張氏族譜

十八世祖	妣	生子	事略	備註
高旺公	林孺人	一房　易文		公係寬信公之次子
樑賡公 字丹墀	蘇孺人　魏孺人	二房　長振豐　次榮盛		公係寬廣公之長子
高賡公 字清墀	蘇孺人	一房　榮發		公係寬廣公之次子
乃賡公 字玉墀	魏孺人	二房　長榮聯　次榮業		公係寬廣公之第三子

張氏族譜

十八世祖 祖賡公 字樹牌
妣 簡孺人
生子事略：三房 長 榮貞 次 榮幹 三 榮梅
備註：公係寬廣公之第四子

十八世祖 新賡公
妣 賴孺人
生子事略：一房 榮甲
備註：公係寬保公之子

十八世祖 調賡公
妣 莊孺人
生子事略：一房 榮科
備註：公係寬勇公之子

十八世祖 禧賡公
妣 陳孺人
生子事略：二房 長 榮瑞 次 榮基
備註：公係寬榜公之長子

張氏族譜

十八世祖雍賡公
妣黃孺人
生子　三房　長榮疇　次榮任　三榮城
事略
備註　公係寬榜公之次子

十八世祖石欽公
妣莊孺人
生子　一房　易忠
事略
備註　公係寬海公之長子

十八世祖楚欽公
妣，莊孺人
生子　一房　易知
事略
備註　公係寬海公之次子

十八世祖喜欽公
妣蘇孺人
生子　二房　長易佶　次易開
事略
備註　公係寬瑤公之子

張氏族譜

十八世祖 亮欽公
妣 蘇孺人
生子 房 易極
事略
備註 公係寬裕公之次子

十八世祖 鴻欽公
妣 陳孺人
生子 二房 長承育 次承業
事略
備註 公係寬裕公之第三子

十八世祖 衍慶公
妣
生子 二房 長朝基 次朝文
事略
備註 公係長江公之子

十八世祖 昌慶公
妣 林孺人
生子 二房 長維岳 次維祖
事略
備註 公係長林公之長子

張氏族譜

十八世祖　縉慶公
妣　蘇孺人
生子　三房　長從謙　次從林　三從悅
事略
備註　公係長芭公之長子

十八世祖　紹慶公　字振基　號先聲
妣　蘇孺人
生子　四房　長從舉　次從龍　三從南　四從回
事略
備註　公係長芭公之次子

十八世祖　秋揚公
妣
生子　一房　秉乾
事略
備註　公係長佑公之子

十八世祖　青揚
妣
生子　二房　長鍾仁　次鍾俊
事略
備註　公係長華公之長子

張氏族譜

十八世祖妣 縇揚公

生子事略：一房 鍾英

備註：公係長華公之第三子

十八世祖妣 初祥公

生子事略：三房 長延彖 次延弟 三延洪

備註：公係長茂公之長子

十八世祖妣 和祥公

生子事略：五房 長延疇 次延萊 三延篤 四延仲 五延林

備註：公係長茂公之次子

十八世祖妣 五祥公

生子事略：一房 福傳

備註：公係長安公之子

張氏族譜

十八代孫

十八世祖 符祥公	十八世祖 端祥公	十八世祖 景祥公	十八世祖 兆祥公
妣	妣	妣	妣 魏孺人
生子 二房 長 延洛 次 秋水	生子 一房 延隆	生子 一房 學原	生子 三房 長 樹南 次 樹皆 三 樹基
事略	事略	事略	事略
備註 公係長徵公之長子	備註 公係長徵公之次子	備註 公係長應公之長子	備註 公係長馨公之長子

六一六

張氏族譜

十八世祖 振祥公 字觀成
妣 黄孺人 蘇孺人
生子 四房 長樹椿 次樹桂 三樹桃 樹棣
事畧 公孫學院科試取進縣學第十弍名
備註 公係長馨公之次子

十八世祖 鐘祥公 字誠正 號
妣 簡孺人
生子 二房 長樹良 次樹健
事畧
備註 公係長芳公之子

十八世祖 鎮祥公
妣 蕭孺人
生子 一房 樹恭
事畧
備註 公係長福公之次子

十八世祖 孟祥公
妣
生子 一房 樹羣
事畧
備註 公係長福公之第三子

張氏族譜

十八世祖	妣	生子	事略	備註
惠祥公	魏孺人	一房　樹賢		公係長福公之第四子
本祥公 字玉如	蕭孺人	三房　長 樹谷　次 樹河　三 樹鎣		公係長厦公之子
招祥公	江孺人	一房　樹林	公邑庠生	公係長禧公之長子
富祥公 字玉潤	蘇孺人	二房　長 樹楷　次 樹根		公係長禧公之次子

張氏族譜

十八世祖 益祥公
妣
生子 一房 建基
事略
備註 公係長璧公之長子

十八世祖 載祥公
妣
生子 一房 建宗
事略
備註 公係長璧公之次子

十八世祖 參祥公 字受傳 諱魯濤 號省三
妣 江嫣人
生子 一房 建超
事畧 公沈學院歲試取進縣學第十六名 戴宗師歲試補增生
備註 公係長璧公之第三子

十八世祖 賜祥公
妣
生子 一房 建銘
事略
備註 公係長璧公之第四子

張氏族譜

十八代孫

十八世祖	汝祥公
妣	
生子	一房　建宏字實中
事略	
備註	公係長璧公之第五子

十八世祖	新祥公
妣	魏孺人
生子	三房　長錫鐳　次錫璠　三錫桃
事略	
備註	公係長榮公之長子

十八世祖	松祥公
妣	簡孺人
生子	三房　長錫萬　次錫金　三錫光
事略	
備註	公係長榮公之次子

十八世祖	其祥公　字受仁　諱鐘麟
妣	李孺人　邱孺人
生子	三房　長宜爵　次宜吹　三宜章
事略	公王學院歲試取進縣學第二名
備註	公係長瑜公之長子

張氏族譜

十八世祖 義祥公 字受和
妣
生子
事略
備註 公係長瑜公之次子

十八世祖 禮祥公 字
妣
生子 房
事略
備註 公係長瑜公之第三子

十八世祖 智祥公 字受成
妣
生子 房
事略
備註 公係長瑜公之第四子

十八世祖 信祥公 字受賢
妣 邱孺人
生子 房
事略
備註 公係長瑜公之第五子

張氏族譜

十八世	祖	妣	生子	事略	備註
十八世	崇和公	江孺人	一房 渭圓		公係長蘭公之子
十八世	崇永公		一房 有成		公係慶揚公之長子
十八世	崇甫公	邱孺人	一房 有昌		公係慶揚公之次子
十八世	崇山公	江孺人	一房 有良		公係慶揚公之第三子

張氏族譜

十八世祖崇善公
妣
生子一房 有定
事略
備註 公係慶揚公之第四子

十八世祖崇祿公
妣莊孺人
生子一房 有三
事略
備註 公係慶揚公之第五子

十八世祖崇泰公
妣黄孺人
生子 房
事略
備註 公係高揚公之子

十八世祖崇錦公
妣簡孺人
生子二房 長美月 次聽月
事略
備註 公係顯揚公之長子

張氏族譜

十八世祖　崇德公
妣
生子　二房　長　廷月　次　善月
事略
備註　公係顯揚公之次子

十八世祖　逢吉公
妣
生子　一房　石生
事略
備註　公係恆爽公之長子

十八世祖　逢煥公
妣　江孺人
生子　一房　燦生
事略　公悉心研究醫理藥到病除稱人如神聖之力鄰里受惠均所敬仰醫德相傳其裔孫單救世之功復見華陀。
備註　公係恆爽公之次子

十八世祖　逢興公
妣
生子　二房　長　達生　次　義生
事略
備註　公係恆爽公之第三子

張氏族譜

十八代孫

十八世祖	生子事略	備註
禮德公	房	公係恆練公之長子
禮傳公	房	公係恆練公之次子
禮丙公	房	公係河水公之子
來德公	房	公係龍柱公後裔

張氏族譜

十八世祖 添化公
妣
生子 一房 露洲
事略
備註 公係恆粹公之子

十八世祖 集養公
妣
生子 一房 炎丙
事略
備註 公係恆相公之長子

十八世祖 集卿公
妣
生子 房
事略
備註 公係恆相公之次子

十八世祖 集科公
妣
生子 房
事略
備註 公係恆相公之三子

張氏族譜

十八代孫

十八世祖	妣	生子	事略	備註
水桃公		房		公係恆相公之四子
南成公	江孺人	長華容 房		公係恆豐公之子
添福公		長金容 房		公係恆增公之子
南竹公	江孺人	房		公係恆衣公之子

六二七

張氏族譜

十八世祖 德海公
妣 江孺人
生子 房
長 應棣
次 應鴻
事略
備註 公係恆旺公之子

十八世祖 舜耕公
妣
生子 房
朝選
事略
備註 公係啓恆公之長子

十八世祖 受耕公
妣
生子 房
事略
備註 公係啟恆公之次子

十八世祖 學耕公
妣
生子 房
事略
備註 公係啟恆公之三子

張氏族譜

十八代孫

十八世祖：先海公
妣：簡孺人
生子：三房　長福純　次財純　三招純
事略：
備註：公係河清公之子

十八世祖：石銘公
妣：黃孺人
生子：一房　榮純
事略：
備註：公係河滘公之長子

十八世祖：忍鳳公
妣：
生子：一房　永純
事略：
備註：公係河滘公之三子

十八世祖：學勝公
妣：
生子：一房　登六
事略：
備註：公係坤常公之子

張氏族譜

十八世祖 學照公
妣
生子 二房
事略
備註
公係佛賜公之子

十八世祖 學亮公
妣
生子 一房 長作貞
事略
備註
公係泉常公之子

十八世祖 嵩岳公
妣 蕭孺人
生子 一房 石養
事略
備註
公係立奎公之子

十八世祖 春福公
妣 孺人
生子 一房 長鴻初
事略
備註
公係萬鐘公之子

張氏族譜

十八世祖　富岳公
妣
生子　四房　長壽齡　次壽祺　三壽松　四壽培
事略
備註　公係萬龍公之子

十八世祖　榮岳公
妣
生子　房　鴻基
事略
備註　公係萬豐公之子

十八世祖　招岳公　字榮峯
妣　江孺人　江孺人
生子　三房　長鴻亮　次鴻善　三鴻禎
事略
備註　公係萬山公之長子

十八世祖　春盛公
妣　盧孺人
生子　六房　長鴻仁　次鴻建　三鴻桂　四鴻擇　五鴻樓　六鴻聚
事略
備註　公係萬山公之三子

張氏族譜

十八世 祖 永岳公　妣 江孺人
生子 二房　長 鴻遠　次 鴻暢
事略
備註 公係萬山公之五子

十八世 祖 水岳公　妣 莊孺人
生子 房　鴻達
事略
備註 公係萬山公之六子

十八世 祖 寶岳公　妣 簡孺人
生子 三房　長 鴻曉　次 鴻育　三 鴻湘
事略
備註 公係萬光公之子

十八世 祖 玫岳公　妣
生子 房　南炎
事略
備註 公係承奎公之子

張氏族譜

十八世祖妣 增太公
生子 二房 長維雄 次維全
事略
備註 公係接輝公之子

十八世祖妣 流太公
生子 房
事略
備註 公係養輝公之長子

十八世祖妣 流彬公
生子 一房 維新
事略
備註 公係養輝公之次子

十八世祖妣 流柱公
生子 房
事略
備註 公係養輝公之三子

張氏族譜

十八世祖	十八世祖妣	生子	事略	備註
流衍公		二房 長維達 次維誠		公係養輝公之四子
流德公		房 維傑		公係養輝公之五子
永鐘公		二房 長慶光 次俊光		公係庭芳公之子
衍添公		房		公係承達公之子

張氏族譜

十八世祖 祿添公
妣 巫孺人
生子 一房 錦湖
事略
備註 公係友麟公之長子

十八世祖 賜添公
妣 江孺人
生子 一房 錦純
事略
備註 公係友麟公之次子

十八世祖 水添公
妣 陳孺人
生子 二房 長 錦樹 次 錦材
事略
備註 公係友麟公之三子

十八世祖 亮添公
妣 江孺人 林孺人
生子 二房 長 錦明 次 錦達
事略
備註 公係友化公之子

張氏族譜

十八世祖 來添公
妣 黃孺人
生子 四房 長錦秀 次錦紋 三錦鳳 四錦開
事略
備註 公係友善公之長子

十八世祖 燦添公
妣
生子 二房 長錦昌 次錦興
事略
備註 公係友善公之次子

十八世祖 祥添公
妣
生子 房
事略
備註 公係友善公之三子

十八世祖 維章公
妣
生子 房 金發
事略
備註 公係嵩萬公之長子

張氏族譜

十八世祖 維宗公
妣 蘇孺人
生子 三房 長錦順 次錦良 三錦柱
事畧
備註 公係萬全公之子

十八世祖 純善公
妣 潘
生子 房 順和
事畧
備註 公係金朝公之子

十八世祖 純業公
妣
生子 房 順華
事畧
備註 公係海朝公之子

十八世祖 康寧
妣
生子 房
事畧
備註 公係孟朝公之長子

張氏族譜

十八世 祖 福寧公
妣 黃孺人

生子 二房 長 煌輝 次 生輝

事略

備註 公係孟朝公之次子

十八世 祖 續貞
妣

生子 房

事略

備註 公係乾桼公之子

十八世 祖 鈍賢公
妣 詹孺人

生子 二房 長 開演 次 信演

事略

備註 公係成群公之子

十八世 祖 西湖公
妣 江孺人

生子 三房 長 錦榮 次 錦龍 三 錦浩

事略

備註 公係敦友公之子

十八世祖　永昌公　字　具章
　　妣　江孺人
生子　房　榮耀
事略
備註　公係敦本公之長子

十八世祖　永山公
　　妣　江孺人
生子　三房　長　榮珠　次　榮璧　三　榮瑜
事略
備註　公係敦本公之次子

十八世祖　玉慶公　字　里仁
　　妣　簡孺人
生子　三房　長　維祥　次　貴祥　三　裀祥
事略
備註　公係敦詩公之子

十八世祖　賜福公　字　錫五
　　妣　魏孺人
生子　三房　長　文彬　次　文華　三　文盛
事略
備註　公係敦和公之長子

張氏族譜

十八世祖廷傑公字錫爵
妣李孺人
生子二房　長文達　次文平
事略
備註　公係敦和公之三子

十八世祖泗吉公
妣魏孺人
生子一房　文喜
事略
備註　公係敦和公之四子

十八世祖永儀公
妣
生子一房　文周
事略
備註　公係敦和公之六子

十八世祖登連公
妣魏孺人
生子二房　長文順　次文集
事略
備註　公係敦繩公之長子

張氏族譜

十八世祖　諱連公
妣　李孺人
生子　房　文新
事略
備註　公係敦繩公之次子

十八世祖　永恭公
妣　江孺人　盧孺人
生子　五房　長文盛　次文亮　三文英　四文豪　五文溪
事略
備註　公係敦柔公之子

十八世祖　瑞麟公
妣　江孺人
生子　房　兆甲
事略
備註　公係敦銑公之長子

十八世祖　瑞芬公
妣　簡孺人
生子　二房　長兆炎　次兆柱
事略
備註　公係敦銑公之次子

張氏族譜

十八代孫

十八世	生子事略	備註
祖 瑞慶公 妣 江孺人	二房　長 兆槐　次 兆秋	公係敦裕公之長子
祖 瑞豐公 妣 簡孺人	房　兆海	公係敦裕公之次子
祖 維蘭公 妣 蘇孺人	三房　長 贈發　次 舜發　三 松發	公係敦熙公之子
祖 明謙公 妣 潘孺人	二房　長 貞鴻　次 貞發	公係敦武公之子

六四二

張氏族譜

十八世祖 全壽公
妣
房
生子事略
備註 公係敦敏公之子

十八世祖 正光公
妣
房
生子事略
備註 公係敦煥公之子

十八世祖 啟元公
妣
房
生子事略
備註 公係敦崇公之長子

十八世祖 深元公
妣
房
生子事略
備註 公係敦崇公之次子

張氏族譜

十八代孫

十八世祖	妣	生子	事略	備註
濤元公	詹孺人　林孺人	二房　長建鴻　次麟鴻		公係敦凝公之長子
濟元公		房		公係敦凝公之次子
淡元公		房		公係敦凝公之三子
松菴公		房		公係敦良公之長子

張氏族譜

十八世
祖 玉輝公
妣
房
生子
事略
備註 公係敦良公之次子

十八世
祖 德修公
妣
房
生子
事略
備註 公係敦良公之三子

十八世
祖 丕謨公
妣 莊孺人
江孺人
房
生子
事略
備註 公係敦似公之長子

十八世
祖 丕[illegible]公
妣 蘇孺人
房
生子
事略
備註 公係敦似公之次子

張氏族譜

十八代孫

十八世祖　丕顯公
妣　林孺人
生子　一房
事略
備註　公係敦似公之三子

十八世祖　丕承公
妣　莊孺人
生子　一房
事略
備註　公係敦似公之四子

十八世祖　丕鑫公
妣　黄孺人
生子　一房
事略
備註　公係敦潤公之長子

十八世祖　丕森公
妣　江孺人
生子　一房
事略
備註　公係敦潤公之次子

張氏族譜

十八世祖 丕振公
妣
生子 房
事略
備註 公係敦續公之長子

十八世祖 丕球公
妣
生子 房
事略
備註 公係敦續公之次子

十八世祖
妣
生子 佳演 房
事略
備註 公係萬鎮公之子

十八世祖 裕興公
妣
生子 房
事畧
備註 公係萬奕公之子

張氏族譜

十八世祖　石棠公
妣
生子　房
事略
備註　公係逢福公之子

十八世祖　蘇欽公
妣　簡孺人
生子　二房　長來生　次妙輝
事略
備註　公係林福公之子

十八世祖　順集公
妣　江孺人
生子　一房　堯耕
事略
備註　公係坤華公之長子

十八世祖　欽忠公
妣
生子　房　長文耕　次國耕
事略
備註　公係坤華公之次子

張氏族譜

十八世祖 順乾公
妣 余孺人
生子 房 應耕
事略
備註 公係坤蘭公之子

十八世祖 順清公
妣
生子 房
事略
備註 公係坤洛公之長子

十八世祖 順賢公
妣
生子 房
事略
備註 公係坤洛公之次子

十八世祖 順長公
妣
生子 房
事略
備註 公係坤洛公之三子

張氏族譜

十八代孫

十八世
祖
妣
房
生子事略
備
註一
公係坤芳公之長子

十八世
祖
妣
房
生子事略
備
註
公係坤芳公之次子

十八世
祖
妣
房
生子事略
備
註
公係坤芳公之三子

十八世
祖
妣
房
生子事略
備
註
公係坤芳公之四子

張氏族譜

十八世	生子	事略	備註
祖 佛生公 妣 江孺人	二房 長 慶祥 次 慶欣		公係紫恩公之長子
祖 集達公 妣 黃孺人	房 慶炎		公係紫恩公之次子
祖 錦萬公 妣 賴孺人 江孺人	三房 長 增良 次 石良 三 勝良		公係榮恩公之子
祖 德維公 妣	房		公係承春公之子

張氏族譜

十八世祖　洪理公
妣
生子　房
事略
備註　公係坤立公之子

十八世祖　福旺公
妣
生子　房
事略
備註　公係十四代贊騫公後裔

十八世祖　妙福公
妣
生子　房　東乾
事略
備註　公係長興公之長子

十八世祖　妙金公
妣
生子　房　栢壽
事略
備註　公係長興公之次子

十八世祖 妙松公
妣 葉孺人
生子 二房 長秉通 次秉寬
事略
備註 公係長興公之次子

十八世祖 妙揚公
妣 黃孺人
生子 一房 秉順
事略
備註 公係長興公之三子

十八世祖 妙化公
妣 葉孺人
生子 二房 長秉亨 次秉光
事畧
備註 公係長興公之四子

十八世祖 妙河公
妣
生子 房
事略
備註 公係串興公之子

張氏族譜

十八世祖　妙忠公
妣　江孺人
生子　三房　長錦添　次錦上　三錦嘉
事略
備註　公係松興公之長子

十八世祖　妙良公
妣　余孺人
生子　房　東發　東財
事略
備註　公係松興公之次子

十八世祖　漢錫公
妣
生子　房
事略
備註　公係立傳公之長子

十八世祖　漢月公
妣
生子　房
事略
備註　公係立傳公之次子

張氏族譜

十八世祖 漢孟公
妣 蘇孺人 盧孺人
生子 房 長仰祿 次仰乾 三仰安 四仰海 五仰
事略
備註 公係金萬公之子

十八世祖 漢興公
妣
生子 房
事略
備註 公係金輝公之長子

十八世祖 漢朋公
妣
生子 房
事略
備註 公係金輝公之次子

十八世祖 漢欽公
妣
生子 房 福山
事略
備註 公係金開公之子

張氏族譜

十八代孫

十八世祖　川富公
妣
生　房
子
事
略
備註　公係金永公之長子

十八世祖　輔海公
妣　盧孺人
生　房
子
事
略
備註　公係金永公之次子

十八世祖　佛銘公
妣　賴孺人
生　房
子
事
略
備註　公係金永公之三子

十八世祖　漢昌公
妣
生　房
子
事
略
備註　公係金俊公之長子

十八世祖 妣
房
生子事略
備註
公係金俊公之次子

十八世祖 松煌公
妣
房
生子事略
備註
公係梅生公之長子

十八世祖 吳焱公
妣 蘇孺人
三房
生子事略 長 元祥 次 享祥 三 科祥
備註
公係梅生公之次子

十八世祖 長焱公
妣
生子事略
備註
公係圳生公之子

張氏族譜

十八世祖 賜遠公
妣
生 房
子
事
略
備註 公係祈亮公之次子

十八世祖 賜全公
妣
生 房
子
事
略
備註 公係祈亮公之第三子

十八世祖 賜烱公
妣
生 房
子
事
略
備註 公係祈亮公之第四子

十八世祖 嘉仁公
妣
生 房
子
事
略
備註 公係石和公之子

張氏族譜

世祖妣

生子事略

備註

世祖妣

生子事略

備註

世祖妣

生子事略

備註

世祖妣

生子事略

備註

張氏族譜

備註	略事	子生	世祖妣
			世 祖 妣

備註	略事	子生	世祖妣
			世 祖 妣

備註	略事	子生	世祖妣
			世 祖 妣

備註	略事	子生	世祖妣
			世 祖 妣

張氏族譜

世祖妣	世祖妣	世祖妣	世祖妣
生子事略	生子事略	生子事略	生子事略
備註	備註	備註	備註

張氏族譜

世祖妣　生子　事略
備註

世祖妣　生子　事略
備註

世祖妣　生子　事略
備註

世祖妣　生子　事略
備註

六六二

張氏族譜

世祖 妣	世祖 妣	世祖 妣	世祖 妣
生子事略	生子事略	生子事略	生子事略
備註	備註	備註	備註

張氏族譜

世祖妣	生子事略	世祖妣	生子事略	世祖妣	生子事略	世祖妣	生子事略
備註		備註		備註		備註	

張氏族譜

世 祖妣	世 祖妣	世 祖妣	世 祖妣
生子事略	生子事略	生子事略	生子事略
備註	備註	備註	備註

張氏族譜

世祖妣

生子事略

備註

世祖妣

生子事略

備註

世祖妣

生子事略

備註

世祖妣

生子事略

備註

張氏族譜

世祖妣	生子事略	世祖妣	生子事略	世祖妣	生子事略	世祖妣	生子事略
備註		備註		備註		備註	

張氏族譜

生子事略	生子事略	生子事略	生子事略
世祖妣	世祖妣	世祖妣	世祖妣
備註	備註	備註	備註

張氏族譜

世 祖妣	生子事略	世 祖妣	生子事略	世 祖妣	生子事略	世 祖妣	生子事略
備註		備註		備註		備註	

張氏族譜

世祖妣	生子事略	世祖妣	生子事略	世祖妣	生子事略	世祖妣	生子事略
備	註	備	註	備	註	備	註

張氏族譜

世祖妣	世祖妣	世祖妣	世祖妣
生子事略	生子事略	生子事略	生子事略
備註	備註	備註	備註

張氏族譜

世祖 妣	世祖 妣	世祖 妣	世祖 妣
生子事略	生子事略	生子事略	生子事略
備註	備註	備註	備註

張氏族譜

世祖
妣
生子事略
備註

世祖
妣
生子事略
備註

世祖
妣
生子事略
備註

世祖
妣
生子事略
備註

張氏族譜

世祖
妣
生子事略
備註

世祖
妣
生子事略
備註

世祖
妣
生子事略
備註

世祖
妣
生子事略
備註

張氏族譜

生子事略
世祖妣
備註

生子事略
世祖妣
備註

生子事略
世祖妣
備註

生子事略
世祖妣
備註

張氏族譜

生子事略	生子事略	生子事略	生子事略
世祖妣	世祖妣	世祖妣	世祖妣
備註	備註	備註	備註

張氏族譜

世祖妣	世祖妣	世祖妣	世祖妣
生子事略	生子事略	生子事略	生子事略
備註	備註	備註	備註

張氏族譜

生子事略	生子事略	生子事略	生子事略
世祖 妣	世祖 妣	世祖 妣	世祖 妣
備註	備註	備註	備註

張氏族譜

世祖妣	世祖妣	世祖妣	世祖妣
生子事略	生子事略	生子事略	生子事略
備	備	備	備
註	註	註	註

六七九

張氏族譜

世祖 妣	世祖 妣	世祖 妣	世祖 妣
生子事略	生子事略	生子事略	生子事略
備註	備註	備註	備註

張氏族譜

生子事略	生子事略	生子事略	生子事略
世祖妣	世祖妣	世祖妣	世祖妣
備註	備註	備註	備註

張氏族譜

生子事略	生子事略	生子事略	生子事略
世 祖妣	世 祖妣	世 祖妣	世 祖妣
備註	備註	備註	備註

張氏族譜

伯叔祖坟墓地址備載表

代別	伯叔祖	坟墓地址	系別

代別	伯叔祖	坟墓地址	系別

張氏族譜

伯叔祖坟墓備覽表

代別	伯叔祖	坟墓地址	系別

代別	伯叔祖	坟墓地址	系別

開張姓二世祖文欽公遺下嫡系表

張氏族譜

始祖揮公生于四男長文欽次文選三文戚四文光其二三兩房原居黃河以北傳于散住各地而 我祖文光公遺下嫡系本譜載明是也

茲附錄文欽公遺下嫡系填載此表

代別	祖名	字名	號名	生子	註
二世	文欽公	芸		一男廣望	公係揮公之長子
三世	廣望公	顯		一男地衍	
四世	地衍公	須		二男長康意 次榆	
五世	康意公	洮		一男典顏	
六世	典顏公	師		四男長成 次宣 三穆 四雲	
七世	宣公	泰生		二男長試奇 次中	
八世	試奇公	暢		二男長安夷 次作絃	
九世	安夷公	仲益		三男長孟考 次仲疑 三叔啓	

張氏族譜

十世	孟孝公 壽光	一男 恒居
十一世	恒居公 豪	二男 長相正 次國紀
十二世	相正公 壽臣 譽	五男 長嘉發 次嘉勝 三嘉學 四嘉奇 五嘉偉
十三世	嘉奇公 孔武	二男 長琳逢 次明契
十四世	明契公 文從	一男 用梁
十五世	用梁公 奇	三男 長志恒 次志生 三志學
十六世	志恒公 德 季發	一男 世南
十七世	世南公 表	二男 長仲雄 次仲泰
十八世	仲雄公 進	二男 長濟時 次偉德
十九世	濟時公 經	一男 賢明
二十世	賢明公	二男 長康 次壽
二十一世	康公 中山	四男 長步萬 次步千 三步明字亮 四步龍字泰

南湯圻萬御駕將軍 妣趙氏孺人

張氏族譜

二十二世	步明公	亮		一男立字子呂	封燕國公鎮守冀州湖口溪門妣顏氏孺人
二十三世	立公	子呂		一男先克	
二十四世	先克公	滉		二男長引和次佐例	
二十五世	引和公			三男長成丁次生圍三振壬	
二十六世	振壬公	雍		一男明顯	
二十七世	明顯公			三男長珍次玉三珠	
二十八世	珠公	善民		二男長遜攸次遜作	
二十九世	遜作公	勉		二男長瑞昌次元和	
三十世	元和公	都		一男歸生	
三十一世	歸生公	劭		二男長順乙次順天	
三十二世	順乙公			一男虞高	
三十三世	虞高公	圍		二男長光俊次辛肅	

張氏族譜

三十四世	辛肅公		一男 成良
三十五世	成良公	允	二男 長受丁 次啓行
三十六世	受丁公	浚	一男 少壬
三十七世	少壬公	惠	一男 承厚
三十八世	承厚公	亘	二男 長賢 次穩
三十九世	穩公	季申	二男 長元 次咸
四十世	元公	光獻	一男 都正
四十一世	都正公		一男 重交
四十二世	重交公	奎	四男 長銜 次侊 三炳 四平
四十三世	炳公	御能	二男 長畢辰 次拱辰
四十四世	拱辰公	斗	一男 本泰
四十五世	本泰公		二男 長灼 字北鮮 次介

張氏族譜

世次	名諱	子嗣
四十六世	北鮮公 均	一男 史錫字宸
四十七世	史錫公 宸	二男 長偉 次驊字仁瑞
四十八世	仁瑞公 鎰	一男 廣大字宏
四十九世	廣大公 宏	一男 道行
五十世	道行公 無忌 諡獻	二男 長允恩 次仲字忠嗣
五十一世	忠嗣公 和	二男 長象字仕榮 次宣
五十二世	仕榮公 [illegible]	二男 長成 次秀字洪頌
五十三世	洪頌公 [illegible]	一男 卓茂
五十四世	卓茂公	一男 世成字憲
五十五世	憲公 世成	三男 長左吉 次守善 三敬淩
五十六世	敬[illegible]公	二男 長訓芳字義 次行正
五十七世	訓芳公 義	一男 定先

文[illegible]公遷[illegible]

張氏族譜

世	名	子
五十八世	定先公　晋	一男萬成
五十九世	萬成公　凝	一男　長正司　次佐侯
六十世	佐侯公	三男　長伯源　次仲承　三叔傳
六十一世	伯源公　老	生子未詳

說明

六十一世以下，衍派縣縣，未能勝載。

六九〇

漢代二世祖辟疆公遺下嫡系表

附錄漢代始祖良公之次子辟疆公派下嫡系表

代別	祖名	字名	號名	生子	事略備註
二世	辟疆公	讓義		一男 敦九名霸	爲侍中後遷御史大夫
三世	霸公	敦九		一男 古石名鶱字孝舉	爲相國
四世	古石公	鶱	孝舉	二男 長道達名賀 次道成名安世	帝命尋黄河源回旨有功 漢武帝封博望侯
五世	道成公	安世	子孺	一男 雍睦名譚字千秋	宣帝時封大司馬富平侯
六世	雍睦公	譚	千秋	四男 長致和名清號西安 次貴和 三光和名先 四玉和名亮遷居卜郡	任御史大夫官
七世	貴和公	明	普輝	五男 長受孟字國安遷西安 次受福字國祥號道陵 三受職字國瑞遷山東 四受祿字國器號道宏 五受恩字國直（遷江西省廣信府貴溪縣上清宮龍虎山此公爵天師真人即是此代分派）	時世族多遇害 公挾家屬五百餘口渡揚子江有易姓爲羅薛許者逐後等有四姓不聯婚之說也五世至衢州鵝林復成國族
八世	受恩公	國直		一男 以淑字開箕	
九世	以淑公	開箕		一男 莊重字堪名君時	

張氏族譜

十世	莊重公	坦瑶　君時	二男　長金全字麒為左校尉　次金福字龍遷九江府	公光武帝特為南陽太守擊匈奴開田四千萬頃民歌曰桑無附枝麥穗兩岐張君為校樂無殳也
十一世	金全公	麒	一男　玉富名顯	
十二世	玉富公	顯	一男　曰祿名應	任官為左校尉
十三世	曰祿公	應	二男　長君輔字禮宗　次君弼字禮祖	
十四世	君輔公	禮宗	三男　長子安名英遷廣西長樂　次子厚名通　三子龍名才	
十五世	子龍公	才	三男　長開阜名仁　次開栢名義　三開頌名忠	
十六世	開頌公	忠	一男　陵如名材	
十七世	陵如公	材	三男　長永盛字裕成　次永英字裕賢　三永能字裕能	
十八世	永英公	裕賢	二男　長爾福名蘭為西海太守　次爾祿名軌	
十九世	爾祿公	軌	一男　廣德名實	仕晉封西平公
二十世	廣德公	實	三男　長經餘名美為工部令　次經爵名茂　三經泰名美為山西令後遷福建	仕晉為陝西都督
二十一世	經爵公	茂	一男　緯邦名駿	封西平侯

張氏族譜

二十二世	緯邦公 駿	二男	長乾才名重華封西平侯　次坤才名重理	封西平侯
二十三世	坤才公 重理	二男	長能輝字作棟遷河南開封府　次能萬字作亨	
二十四世	能萬公 作亨	一男	超名桂	遷雲南九江居住
二十五世	超公 桂	四男	長利光字日明　次利俊字日旦遷西州寶慶府　三利千字星光　四利勝字晨星遷廣平	
二十六世	利千公 星光	三男	長貞大字品敬　次貞文字品重　三貞安字品端	
二十七世	貞安公 品端	一男	位三名淵	
二十八世	位三公 淵	二男	長育高名班　次育尊名長爲眞定縣令後爲遷寶慶	
二十九世	育高公 班	三男	長安玉字永和遷漢川　次安正字永清　三安貴字永寧	宋文帝後賜進士第
三十世	安貴公 永寧	一男	壽椿名懷	
三十一世	壽椿公 懷	二男	長萱年名偲　次萱月名傳爲參軍	齊明帝時爲吳郡太守
三十二世	萱年公 偲	六男	長同華爲西川令　次同科遷山西太原　三同榮爲常州長史　四同化名節　五同德名植　六同和名芝	梁武帝時任中郎將

[illegible]鑑分派下嫡系表

張氏族譜

三十三世	同德公　植	一男　茂連名宣	
三十四世	茂連公　宣	三男　長盛達名紹春　次盛村名紹應　三盛林名紹發	
三十五世	盛材公　紹應	一男　蘭彩名嘉	隨陽帝時爲主簿
三十六世	蘭彩公　嘉	三男　長桂玉字全爲青州令　次桂瑞字全　三桂芳字宏遷松江府	仕隨爲主簿
三十七世	桂瑞公　全	一男　奕容名文清	
三十八世	奕容公　文清	二男　長芬才　次芬薰	
三十九世	芬才公　子祿　公藝		九世同居不析唐高祖親幸其宅勅旌爲義門獻百忍圖于君
三十九世	芬薰公　仁偉	四男　長芳遠　次芳亮　三芳垂　四芳清	唐高祖時爲員外郎

說明

自三十八世以下衍派綿綿，未能勝載。

系雖別而本則一

宗晚　乙中書于修譜告竣日

六九四

中國歷代紀元表

朝代年數	國號	帝王姓名	在位年數	民國紀元前	歲次	公曆紀元前
黄帝		軒轅氏	一〇〇	四六〇八	甲子	二六九七
少昊		金天氏	八四	四五〇八	甲辰	二五九七
顓頊		高陽氏	七八	四四二四	戊辰	二五一三
帝嚳		高辛氏	七〇	四三四六	丙戌	二四三五
帝摯		帝摯	九	四二七六	丙申	二三六五
唐		帝堯	一〇〇	四二六八	甲辰	二三五七
虞		帝舜	四八	四一六六	丙戌	二二五五
夏四三二		禹	八	四一一六	丙子	二二〇五
		啓	九	四一〇八	甲申	二一九七
		太康	二九	四〇九九	癸巳	二一八八
		仲康	一三	四〇七〇	壬戌	二一五九
		相	二八	四〇五七	乙亥	二一四六
		少康	六一	四〇二九	癸卯	二一一八
		杼	一七	三九六八	甲辰	二〇五七
		槐	二六	三九五一	辛酉	二〇四〇

朝代年數	國號	帝王姓名	在位年數	民國紀元前	歲次	公曆紀元前
		芒	一八	三九二五	丁亥	二〇一四
		泄	一六	三九〇七	乙巳	一九九六
		不降	五九	三八九一	辛酉	一九八〇
		扃	二一	三八三二	庚申	一九二一
		廑	二一	三八一一	辛巳	一九〇〇
		孔甲	三一	三七九〇	壬寅	一八七九
		皋	一一	三七五九	癸酉	一八四八
		發	一九	三七四八	甲申	一八三七
		桀	三五	三七二九	癸卯	一八一八
商六六一		湯	三〇	三六九四	戊寅	一七八三
		太甲	三三	三六六四	戊申	一七五三
		沃丁	二九	三六三一	辛巳	一七二〇
		太康	二五	三五〇二	庚戌	一六九一
		小甲	一七	三五七七	乙亥	一六六六
		雍己	一二	三五六〇	壬辰	一六四九

張氏族譜

商

太戊	七五	三三四八	甲辰	一六三七
仲丁	一三	三四七三	己未	一五一二
外壬	一五	三四六〇	壬申	一五四九
河亶甲	九	三四四五	丁亥	一五三四
祖乙	一九	三四三六	丙申	一五二五
祖辛	一八	三四一七	乙卯	一五〇六
沃甲	二五	三四〇一	辛未	一四九〇
祖丁	三二	三三七六	丙申	一四六五
南庚	二五	三三四四	戊辰	一四三三
陽甲	七	三三一九	癸巳	一四〇八
盤庚	二八	三三一二	庚子	一四〇一
小辛	二一	三二八四	戊辰	一三七三
小乙	二八	三二六三	己丑	一三五二
武丁	五九	三二三五	丁巳	一三二四
祖庚	七	三一七六	丙辰	一二六五
祖甲	三三	三一六九	癸[illegible]	一二三八
廩辛	六	三一三一	丙申	一二二五
庚丁	二一	三一三〇	壬寅	一二一九
武乙	四	三一〇九	癸亥	一一九八
太丁	三	三一〇五	丁卯	一一九四

帝乙	三七	三一〇二	庚午	一一九八
紂	三三	三〇六五	丁未	一一五四

周八六七

武王	一九	三〇三三	丁卯	一一三四
成王	三七	三〇二六	丙戌	一一一五
康王	二六	二九八九	癸亥	一〇七八
昭王	五一	二九六三	己丑	一〇五二
穆王	五五	二九一二	庚辰	一〇〇一
共王	一二	二八五七	乙亥	九四六
懿王	二五	二八四五	丁亥	九三四
孝王	一五	二八二〇	壬子	九〇九
夷王	一六	二八〇五	丁卯	八九四
厲王	五一	二七八九	癸未	八七八
宣王	四六	二七三八	甲戌	八二七
幽王	一一	二六九二	庚申	七八一
平王	五一	二六八一	辛未	七七〇
桓王	二三	二六三〇	壬戌	七一九
莊王	一五	二六〇七	乙酉	六九六
僖王	五	二五九二	庚子	六八一
惠王	二五	二五八七	乙巳	六七六
襄王	三三	二五六二	庚午	六五八

張氏族譜

周

頃王	六	二五二九	癸卯	六一八
匡王	六	二五二三	己酉	六一二
定王	二一	二五一七	乙卯	六〇六
簡王	一四	二四九六	丙子	五八五
靈王	二七	二四八二	庚寅	五七一
景王	二五	二四五五	丁巳	五四四
敬王	四三	二四三〇	壬午	五一九
元王	八	二三八七	丙寅	四七六
貞定王	二八	二三七九	癸酉	四六八
考王	一五	二三五一	辛丑	四四〇
威烈王	二四	二三三六	丙辰	四二五
安王	二六	二三一二	庚辰	四〇一
烈王	七	二二八六	丙午	三七五
顯王	四八	二二七九	癸丑	三六八
慎靚王	六	二二三一	辛丑	三二〇
赧王	五九	二二二五	丁未	三一四
秦昭王	五二	二一六六	丙午	二五五
秦孝文王	一	二一六一	辛亥	二五〇
秦莊襄王	三	二一六〇	壬子	二四九
秦始皇	三七	二一五七	乙卯	二四六

秦 四〇

漢 四二五

	二世	三	二一二〇	壬辰	二〇九
	高祖	一二	二一一七	乙未	二〇六
	惠帝	七	二一〇五	丁未	一九四
	呂后	八	二〇九八	甲寅	一八七
	文帝	二三	二〇九〇	壬戌	一七九
	景帝	一六	二〇六七	乙酉	一五六
建元	武帝	五四	二〇五一	辛丑	一四〇
始元	昭帝	一三	一九九七	乙未	八六
本始	宣帝	二五	一九八四	戊申	七三
初元	元帝	一六	一九五九	癸酉	四八
建始	成帝	二六	一九四三	己丑	三二
建平	哀帝	六	一九一七	乙卯	(公曆紀元前)六
元始	平帝	五	一九一一	辛酉	公曆紀元一
居攝	孺子嬰	二	一九〇六	丙寅	(公曆紀元後)六
建國	新莽	一五	一九〇四	己巳	八
	淮陽王	二	一八八九	癸未	二三
建武	後漢 光武帝	三三	一八八七	乙酉	二五
永平	明帝	一八	一八五四	戊午	五八
建初	章帝	一三	一八三六	丙子	七六
永元	和帝	一七	一八二三	己丑	八九

張氏族譜

後漢	延平	殤帝	一	一八〇六	丙午	一〇六
	永初	安帝	一九	一八〇五	丁未	一〇七
	永建	順帝	一九	一七八六	丙寅	一二六
	永嘉	沖帝	一	一七六七	乙酉	一四五
	本初	質帝	一	一七六六	丙戌	一四六
	建和	桓帝	二一	一七六五	丁亥	一四七
	建寧	靈帝	二二	一七四四	戊申	一六八
	初平	獻帝	三〇	一七二二	庚午	一九〇
魏 四五	黃初	文帝	七	一六九二	庚子	二二〇
	太和	明帝	一三	一六八五	丁未	二二七
	正始	廢帝	一四	一六六三	庚申	二四〇
	正元	高貴鄉公	二	一六五八	甲戌	二五四
	景元	元帝	九	一六五八	庚辰	二五六
晉 一五五	泰始	武帝	二五	一六四七	乙酉	二六五
	永熙	惠帝	一七	一六二二	庚戌	二九〇
	永嘉	懷帝	六	一六〇五	丁卯	三〇七
	建興	愍帝	四	一五九九	癸酉	三一三
	建武	元帝	六	一五九五	丁丑	三一七
	永昌	明帝	三	一五八九	癸未	三二三
	咸和	成帝	一七	一五八六	丙戌	三二六

晉	建元	康帝	二	一五六九	癸卯	三四三
	永和	穆帝	一七	一五六七	乙巳	三四五
	隆和	哀帝	四	一五五〇	壬戌	三六二
	太和	廢帝	五	一五四六	丙寅	三六六
	咸安	簡文帝	二	一五四一	辛未	三七一
	寧康	孝武帝	二四	一五三九	癸酉	三七三
	隆安	安帝	二二	一五一五	丁酉	三九七
	元熙	恭帝	一	一四九三	己未	四一九
南宋五九	永初	武帝	三	一四九二	庚申	四二〇
北	景平	少帝	一	一四八九	癸亥	四二三
朝	元嘉	文帝	三〇	一四八八	甲子	四二四
	孝建	孝武帝	一一	一四五八	甲午	四五四
	泰始	明帝	八	一四四七	乙巳	四六五
	元徽	廢帝	四	一四三九	癸丑	四七三
	昇明	順帝	二	一四三五	丁己	四七七
齊 二三	建元	高帝	四	一四三三	己未	四七九
	永明	武帝	一一	一四二七	癸亥	四八三
	建武	明帝	七	一四一八	甲戌	四九四
齊	中興	和帝	一	一四一一	己卯	五〇一
梁 五五	天監	武帝	四八	一四一〇	辛巳	五〇二

六九八

中國歷代紀元表

張氏族譜

梁	大寶	簡文帝	一	一三六二	壬午	五五〇
	天正	豫章王	一	一三六一	庚午	五五一
	承聖	元帝	三	一三六〇	壬申	五五二
	紹泰	敬帝	二	一三五七	乙亥	五五五
陳三二	永定	武帝	三	一三五五	丁丑	五五七
	天嘉	文帝	七	一三五二	庚辰	五六〇
	光大	臨海王	二	一三四五	丁亥	五六七
	太建	宣帝	一四	一三四三	己丑	五六九
	至德	後主	六	一三二九	癸卯	五八三
隋二九	開皇	文帝	一六	一三二三	己酉	五八九
	大業	煬帝	一二	一三〇七	乙丑	六〇五
	義寧	恭帝	一	一二九五	丁丑	六一七
唐二八九	武德	高祖	九	一二九四	戊寅	六一八
	貞觀	太宗	二三	一二八五	丁亥	六二七
	永徽	高宗	三四	一二六二	庚戌	六五〇
	嗣聖	中宗	一	一二二八	甲申	六八四
	垂拱	睿宗	二〇	一二二七	甲申	六八五
	神龍	中宗復辟	三	一二〇七	乙酉	七〇五
	景雲	睿宗復辟	三	一二〇二	庚寅	七一〇
	開元	玄宗	四三	一一九九	癸丑	七一三

唐	至德	肅宗	七	一一五六	丙申	七五六
	廣德	代宗	一七	一一四九	癸卯	七六三
	建中	德宗	二五	一一三二	庚申	七八〇
	永貞	順宗	一	一一〇七	乙酉	八〇五
	元和	憲宗	一五	一一〇六	丙戌	八〇六
	長慶	穆宗	四	一〇九一	辛丑	八二一
	寶曆	敬宗	二	一〇八七	乙己	八二五
	太和	文宗	一四	一〇八五	丁未	八二七
	會昌	武宗	六	一〇七一	辛酉	八四一
	大中	宣宗	一三	一〇六五	丁卯	八四七
	咸通	懿宗	一四	一〇五二	庚辰	八六〇
	乾符	僖宗	一五	一〇三八	甲午	八七四
	龍紀	昭宗	一五	一〇二三	己酉	八八九
	天佑	昭宣帝	四	一〇〇八		九〇四
五代梁一六	開平	太祖	六	一〇〇四	丁卯	九〇七
	乾化	末帝	一〇	九九九	癸酉	九一三
五代唐一三	同光	莊宗	三	九八九	乙未	九二三
	天成	明宗	八	九八六	丙戌	九二六
	清泰	潞王	二	九七八	甲午	九三四
五代晋一一	天福	高祖	八	九七六	丙申	九三六

六九九

張氏族譜

五代漢 四	天福	出帝	三	九六八	甲辰	九四四
	天福	高祖	二	九六五	丁未	九四七
	乾祐	隱帝	二	九六三	己酉	九四九
五代周 九	廣順	太祖	三	九六一	辛亥	九五一
	顯德	世宗	六	九五八	甲寅	九五四
宋三一七	建隆	太祖	一六	九五二	庚申	九六〇
	太平	太宗	二〇	九三六	丙子	九七六
	咸平	真宗	二五	九一四	[illegible]	九九六
	天聖	仁宗	四一	八八九	癸亥	一〇二三
	治平	英宗	四	八四八	甲辰	一〇六四
	熙寧	神宗	一六	八四四	戊申	一〇六八
	元祐	哲宗	一三	八二六	丙寅	一〇八六
	建中靖國	徽宗	二	八一一	辛巳	一一〇一
	建炎	高宗	三六	七八五	丁未	一一二七
	隆興	孝宗	二七	七四九	癸未	一一六三
	紹熙	光宗	五	七二二	庚戌	一一九〇
	慶元	寧宗	三〇	七一七	乙卯	一一九五
	寶慶	理宗	四〇	六八七	乙酉	一二二五
	咸淳	度宗	一〇	六四七	乙丑	一二六五
	德祐	恭帝	二	六三七	乙亥	一二七五

元 九一	至元	世祖	一八	六三五	丁丑	一二七七
	元貞	成宗	一三	六一七	乙未	一二九五
	至大	武宗	四	六〇四	戊申	一三〇八
	皇慶	仁宗	九	六〇〇	壬子	一三一二
	至治	英宗	三	五九一	辛酉	一三二一
	泰定	泰定帝	四	五八八	甲子	一三二四
	天曆	文宗	五	五八四	戊辰	一三二八
	元統	順帝	三五	五七九	癸酉	一三三三
明二七六	洪武	太祖	三一	五四四	戊申	一三六八
	建文	惠帝	四	五一三	己卯	一三九九
	永樂	成祖	二二	五〇九	癸卯	一四二三
	洪熙	仁宗	一	四八七	乙巳	一四二五
	宣德	宣宗	一〇	四八六	丙午	一四二六
	正統	英宗	一四	四七六	丙辰	一四三六
	景泰	代宗	七	四六二	庚午	一四五〇
	天順	英宗復職	八	四五五	丁丑	一四五七
	成化	憲宗	二三	四四七	乙酉	一四六五
	弘治	孝宗	一八	四二四	戊申	一四八八
	正德	武宗	一六	四〇六	丙寅	一五〇六
	嘉靖	世宗	四五	三九〇	壬午	一五二二

德遠堂派下每年舉辦節令簡明表

月日	節令	舉辦情形	備考
正月初一日	元旦	宴新年	
,,初八日	頭衙	敬大埧積興壇伯公是午聚宴	
,,十一日	頭衙	敬塔下福祐壇伯公是午聚宴	
,,十五日	元宵	祖廟開花燈演戲宴元宵節	
,,二十日	酧恩	演戲集福紀念城皇媽除恭安良	
二月（清明以還不拘日）	掃墓	謁祖	
三月清明日	清明	施清明	
四月立夏日	立夏	清寧宮民主公王業前作立夏洪福	
五月初五日	端午	宴端午節	
六月初一日	田登	清寧宮民主公王業前祈禱風調雨順	
七月立秋日	立秋	清寧宮民主公王業前作立秋洪福	
,,十四日	肇基塔下紀念	慶祝肇基紀念謁祖餐宴	
八月十五日	中秋	宴中秋備月餅拜伯公	
九月（逢國曆十月十日）	國慶	提燈遊行慶祝國慶宴雙十節	
十一月（每年擇吉日）	集福	春祈秋報叩許大福演戲或建醮保安人口	
十二月十一日	尾衙	敬大埧積興壇伯公是午聚宴	
,,十三日	尾衙	敬塔下福祐壇伯公是午聚宴	
,,卅日	除夕	宴老年	每月小于廿九日舉行

張氏族譜

開基塔下始祖小一郎公遺下居住家鄉永遠通信處

The Fore-father Shiou ye Lang Kung, The first inhabitant of Tu-Hsia left the inhabitancy for a long address of his sons who live inland

中國 福建 廈門 南靖 山城 曲江

塔下
Tup-Hsia

大壩 Ta-Par.　曲江 Chiukiang.　山城 Shancheng.　南靖 Nantsin.　廈門 Amoy.　福建 Fukien.

南歐 Nan-Ou.　中國 China.

譜　族　氏　張

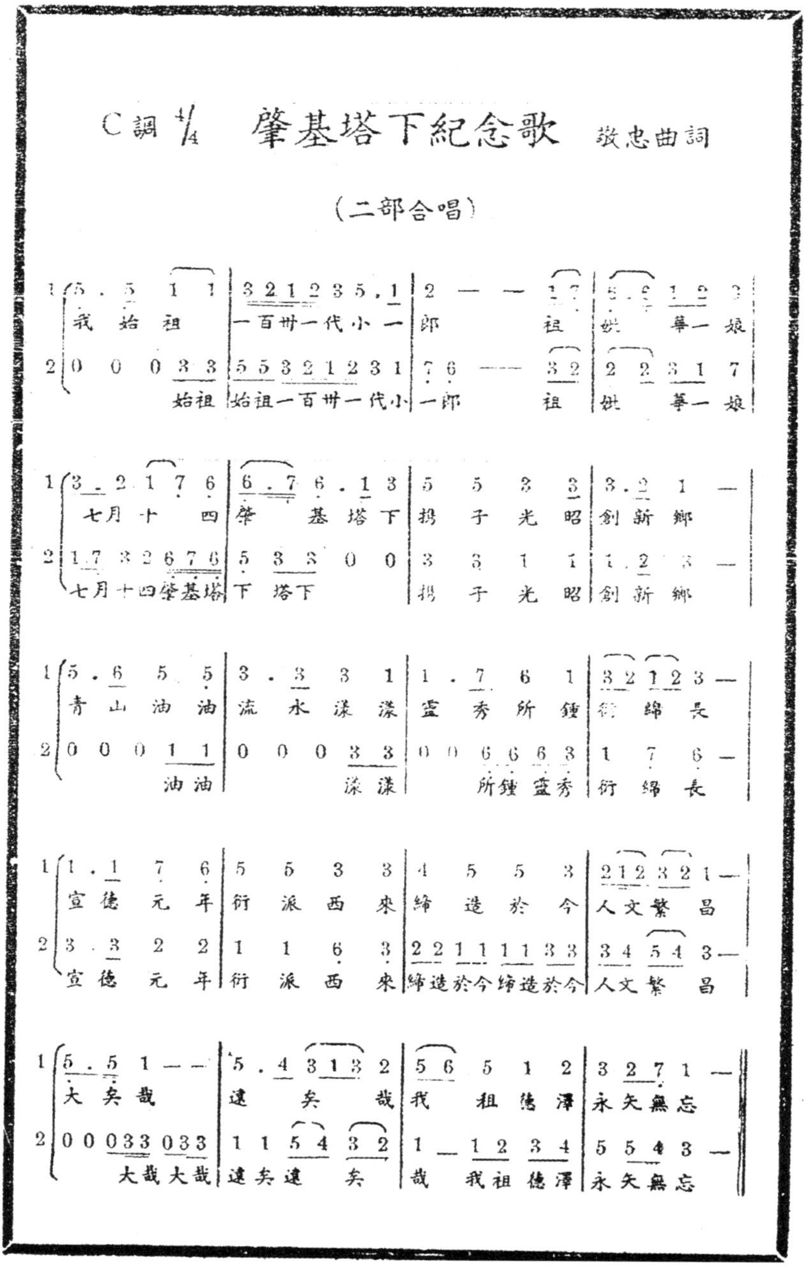
C調 4/4　肇基塔下紀念歌　敬忠曲詞
（二部合唱）
我始祖一百卅一代小一郎祖妣華一娘
始祖始祖一百卅一代小一郎祖妣華一娘
七月十四肇基塔下捐子光昭創新鄉
七月十四肇基塔下塔下捐子光昭創新鄉
青山油油流水漾漾靈秀所鍾衍綿長
油油漾漾所鍾靈秀衍綿長
宣德元年衍派西來締造於今人文繁昌
宣德元年衍派西來締造於今締造於今人文繁昌
大矣哉遠矣哉我祖德澤永矢無忘
大哉大哉遠矣遠矣哉我祖德澤永矢無忘

七〇四

一百二十三代二世祥雲公葬於永定藍崗地形略翁傍椅

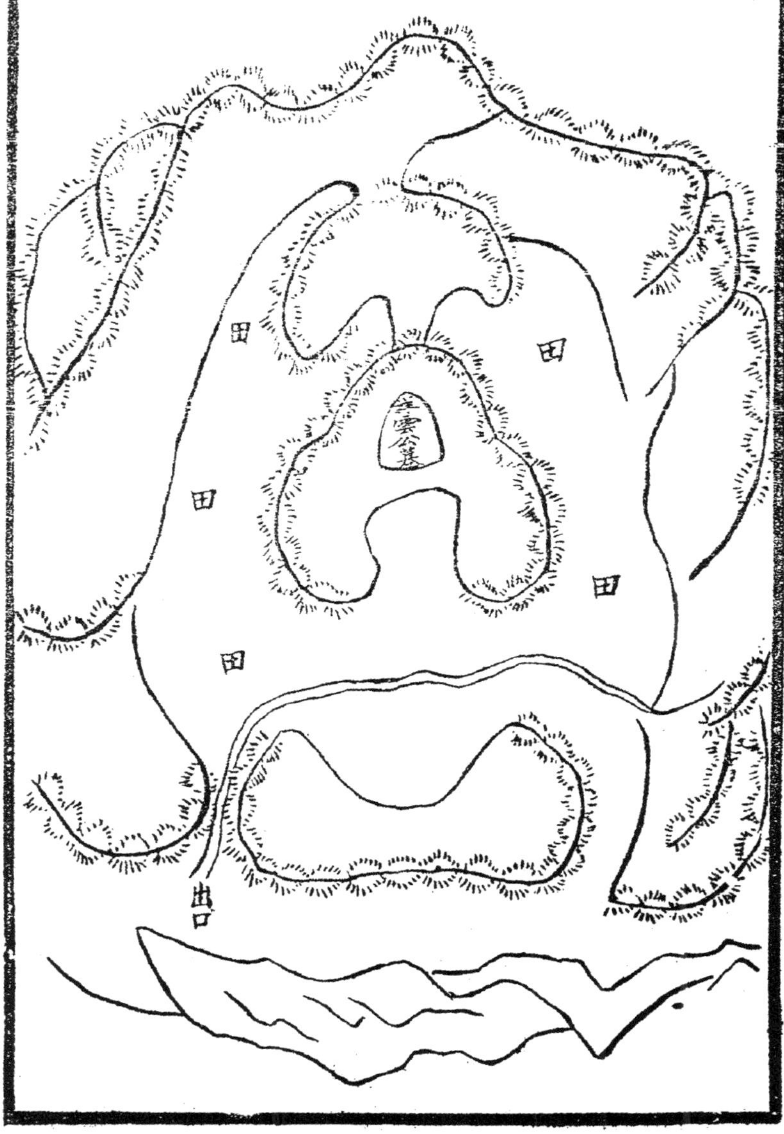

張氏族譜

一百三十五代塔下五世祖廣達公竹蹸地形

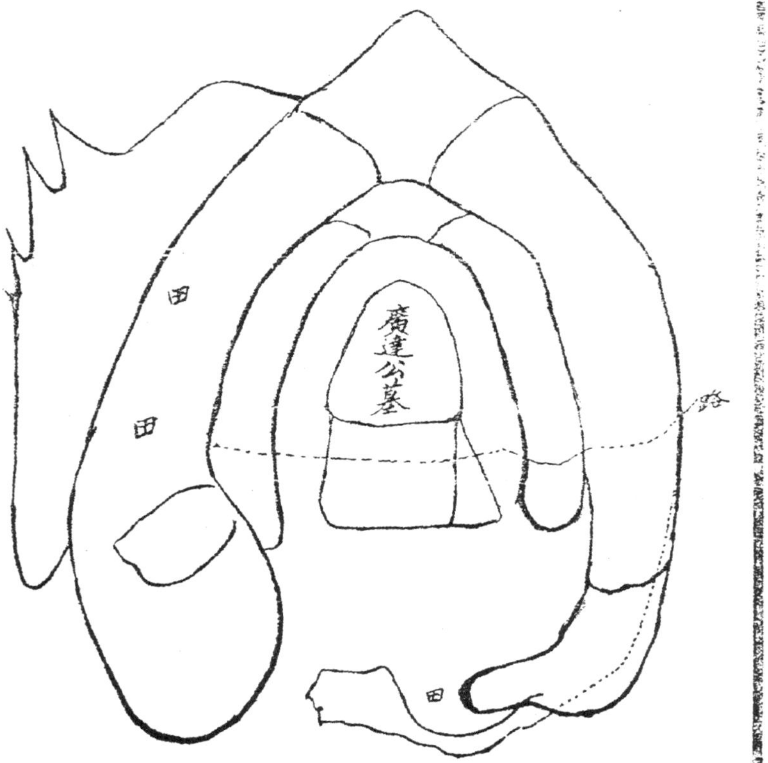

德遠堂祖廟修建年代登記表

次別	修建年代：國號帝名	修建年代：年	修建年代：歲次	興工月日	修建情形	告竣典禮：建醮安龍	告竣典禮：演戲	備註
第一次	大清乾隆	二十五年	庚辰		全座重新建築并築外門樓			此次係十三代時修建前者寅山申向後者改立甲山庚向兼寅申丙寅丙申分金
第二次	大清道光	三十年	庚戌	十一月十四日興工	修築翻蓋作棟油漆			
第三次	大清光緒	二十四年	戊戌		修築翻蓋作棟花油漆	安龍醮三旦夕	外江班五天	廟内結彩舖塘戲台朝對祖廟
第四次	中華民國	十七年	戊辰	閏七月十六日興工	修後龍土	安龍清醮三旦夕	金獅鼓戲三日	

張氏族譜

德遠堂祖廟修建年代登記表

次別	修建年代 國號帝名	年	歲次	興工月日	修建情形	告竣典禮 建醮安龍	演戲	備註
第五次								
第六次								
第七次								
第八次								

小一郎公遺下十九 二十代裔孫服任公職人員一覽表

代別	姓名	次章	資格	經歷	備註
十九	張玉章	張瑞	前清王學院歲試進取縣學第十名	曾任南靖教育局立案新民小學教員	
	張承俊		黃埔軍校第四期畢業	軍政部重慶參謀訓練班大隊長	
	張軍武		中央航空學校畢業	中國空軍訓練團轟炸總隊飛行射擊教官	
	張國亮		中央憲兵學校畢業	憲兵第二十二團第三營第七連連長平涼憲兵隊隊長	
	張寶中	建宏	永定縣縣立舊制中學畢業	歷任南洋爪哇日報南僑日報大公商報等編輯	著有子夜詩歌一集
	張善初		上海中國公學法學士	曾任上海廈門等地律師職務	
	張鴻棟		福建省立第二師範畢業	曾任曲江小學教員曲江聯保主任南靖青年團幹事曲江鄉鄉長	
	張發輝		廈門私立崇正中學畢業福建省立小教訓練所中心校長訓練班畢業	曾任本縣第三區學校長南靖縣政府教育科科員曲江鄉鄉長塔下示範國校校長梅江第一中心校長	
	張存實		廣東大埔中立舊制中學畢業	曾任山城梅江等鄉鄉長福建省政府專員僑聲報社社長	
二十	張炳明		廣東松口私立國光中學高中部畢業	曾任曲江中心小學教員校長集美長汀等中學教員	

張氏族譜

十九

張乙中　城祥　南靖縣小學師資訓練所畢業福建省清和[illegible]設民教師訓練班畢業　曾任塔下小學校長縣立曲江中心小學教員梅江鄉鄉民代表會主席

二十

張建超　福建省清和義教訓練所畢業　歷任南歐國民學校校長

張清抱　厦門私立雙十中學畢業　曾任縣立曲江中心國校教員南靖縣政府田粮科科員科長

張清溪　福建省立龍溪商易師範畢業　曾任仰光金門教小學校長縣立曲江中心小學校長

張覚文　福建省[illegible]義務訓練班畢業　曾任石橋塔下上更等國民學校校長

張年初

張炽昌　廣東私立[illegible]中學畢業　曾任曲江中心國校教員台灣國民學校教員梅江第一中心校長

張燒炘　福建省立南靖商易師範畢業　曾任塔下上更新羅等國民學校教員校長

張維岳　厦門思明中學畢業　曾任縣立曲江小學教員曲江聯保主任曲江鄉鄉長

張少松　厦門私立中華中學畢業　曾任縣立曲江中心小學教員書教梅江等鄉鄉長

張文仁　泗水中華中學畢業　曾任縣立曲江中心國校梅林小學教員南靖縣政府田粮科科員科長

張歌彰　廣東私立[illegible]中學畢業　曾任曲江中心國校教員廣東私立六甲中學教員南靖訓練所講師

十九　二十代服任公職人員表

張年康		曾任私立新民學校教員昆明緬文翻譯員世界語學校、教員
張漢清		曾任緬甸遠征軍中尉
張炳亮	廣東省立大埔中學畢業	曾任田地國校校長船南第一中心教員長汀中學助教
張仲南	廈門私立雙十中學畢業	曾任梅江第一中心教員南歐國校校長
張晉昌	廣東省立大埔中學畢業	曾任上更南歐等國民學校校長
張星沍	廣東省立大埔中學畢業	曾任山水南歐等國民學校校長

張氏族譜

編後話

本族譜於民國三十五年十月間，由順良順疇昆仲發起修譜組織機構，於民國三十八年二月間始告脫稿，歷時四載。幸賴本會同人，努力不懈，搜集各方有關族譜參考材料，不下六十餘册。荷蒙國內外我張姓名人志士，惠贈題詞，增光篇幅，又蒙本族旅星僑胞順疇君喜贈全部印刷鉅費，急公好義，全族人士莫不景仰，更蒙温清君個人墊出辦公等費暨各公公蒸津貼乾谷十石為採訪旅費，特此一一鳴謝本族、咁着重實際記載，其中各公之事畧等欄在編修期間，未得各界注意填送，是以未明詳情，庶不一一填載，敬希本族人士原諒！

編者識

民國三十八年二月二十日

於塔下修譜委員會

［福建晋江］温陵浥江鲁东分派尤氏族譜不分卷

佚名纂修

［福建晉江］《温陵滬江魯東分派尤氏族譜》不分卷，佚名纂修。滬江尤氏居今福建省晉江市深滬鎮。始祖宗文，河南光州固始人，爲王審知部將。本姓沈，因避王諱，改姓尤。隨王審知入閩，娶其女，爲駙馬都尉。生子三，次子志勇居温陵，長子志雄後裔由固始遷浙江湖州。至宋末元初，崇孝由浙復還温陵，元末崇孝之子致政由泉州衙口卜居晉江之魯東，是爲魯東開基祖。譜載族訓、序言、世系、傳記、墓銘等，於宋元先世記述尤詳備。記志勇裔孫尤賢，歸元後總管漳州，以戰功進鎮遠將軍，又授占城、充馬八兒等國宣撫使，航海訪南印度各國。清代以後，族人多赴臺灣謀生並卒於其地者。據民國間抄本影印。

尤氏族訓

一本宗數傳以來，衣冠相望，凡士農工賈，各無失其業。有不守祖訓，流為奴隸、僧道，甘於卑汙之途者，不足齒數，以絕其人，此不可不預為教戒也。

一患難必相恤，貧窮必相周，喜慶則趨賀，死葬則群祭之、則群送之穴。反是訓，共聲之罪。嗚呼！傳世幾何，竟同路人，凡我族之人，宜敦宗誼。

一忠恕待人，推之天下可行，矧在子姪，倘或因利致昏，虍言角競。當求直族長，衆聽其維持調護。而執迷不悟，致訟于官者，族長族衆即秉公僉結，勿使貧受富欺，弱為強食。其處分之人更宜揆情度理，斟酌公平，如其私所親，瞻所厚，受賄附勢，挾忿下石，慫恿者是為助虐， 祖宗其譴之。

一本宗中皆禮義世德，孝友家風。或有不肖子弟，賭蕩縱慾，忤逆父兄者，族長執之 祖先靈前，重懲笞革，毋稗莠害苗也。

一妻妾自有定分。若妻亡，以妾爲妻者，族共責之，以正倫簿而嚴名分。蓋夫婦爲人道之始，尤正家者所宜致戒說輻也。

一族中女莫贅婿，嫠莫招夫婿，婦不可強其寡守，唯願者聽。間有節烈者，女中之最罕也，必極力闡揚，以爲閨範之母儀，亦可立傳，表明貞操於千秋萬古哉。

一冠婚喪禮之大者。然宗支蕃衍，儀文頗繁，貧富不同，往返徒費，勢必至禮廢情疎。嗣後宗族儀禮，吉止一揖，凶只一哭。若親有加而情無已者，公舉儀定三五分，獨舉物止一

稍東肩龕俗㑹 有宜本

示覩無禁文也。

一伯叔兄弟相過訪，必以善言善行相規。若曰諸爲吾祖之孫者，敬父兄，慈子侄，時祭祀，勤肄業，力樹藝以時，聚首道故，或坐久待飯，止二簋一樽，總以會晤爲歡，無事飲酒之飫也。

一喪事稱家之有無。惟哭盡哀，祭盡誠，慎終追遠，合於禮制。不可誤聽僧道蠱惑，禮懺、破獄、填庫等致數年外方舉喪事。蓋喪主于戚，大祥之儀，殺乎小祥，卒哭之儀，殺乎哭內，以親亡漸久，禮不可過也。若舉喪於數年後，則餘哀已忘，服御如常，至于僧道開堂，始哭父母，衣哀經，詰朝焚楮而吉服，又故飲酒食肉如故。雖費金錢，究無哀戚之禮。嗣後父母喪家，貧不能從俗成禮，即於捐館之七日成服，朝夕奠可二簋，五七之祭可四簋，孝男孝婦盡哀，親朋族戚致吊，庶不失喪禮之遺意也。

一、世譜今既重修，精寫一本，理合珍藏。然恐有蠹害損壞與遭水火遺失，每房分有孝思者，各宜繕謄收藏，以垂世鑑，亦以便逐年稽查登載，慎無輕忽。

開閩始祖晉邑魯東分派滬江尤氏世係

一世始祖諱宗文，號思禮。 公本姓沈，因避王諱，去氵為尤，仝王諱審知開閩，為駙馬都尉，居唐郡武榮，即今溫陵是也。生子三：長志雄，留居固地；二志勇，遷于溫陵；三志威，入於挑源。築墳南廳葛坑山，坐子向午兼癸丁，傍有駙嶺、駙壩、駙唐宮，皆因公為駙馬都尉而名焉。妣王氏，閩王審知女。

二世志雄，字孟傑。思禮公長子，生前唐之季，卒石敬塘之時，留居光州固始縣。生子一，諱萍。

志勇，字仲武。思禮公次子，生前唐之季，卒晉世之時，居固始，後遷温陵。生子三，長諱芳，次諱振，三諱美。

志威，字季嚴。思禮公三子，生五代之初，奉命隨征建州，歿於王事，有利於民。時稱以身許國，嗣續無傳。惜哉。

三世萍公，字堯德，志雄公之子，生五代之間，卒大宋之初，居固始，生子二，長諱沃，次諱讀

芳公，字文愛，志勇公長子，生五代之季，卒有宋之初，居尤溪，後遷温陵，生子二，長諱溥，次諱渭

振公，字文新，志勇公次子，生宋初，卒宋初，乃桃源三世祖也，生子一，諱注

美公字舜韶志勇公三子生宋初卒宋初生子一諱沂

四世沃公字本盛萍公長子生周卒於宋居固始

讀公字本煩萍公次子生於周卒於宋生子二長諱榻

次諱椿居固始

溥公字本廣芳公長子生於周卒於宋生子二長諱森

次諱彬

渭公字本淵芳公次子生五季卒宋初

注公字本功振公之子生五季卒有宋生子二長諱揚

次諱柳

沂公字本深美公之子生於周卒於宋生子一諱梖

五世樁公字庭安讀公長子居固始失誌

椿公字庭喬讀公次子居固始失誌

森公字庭茂溥公長子生五季卒有宋建隆之間

彬公字庭均溥公次子生五季卒大宋生子一諱及遷居
江南

楊公字庭秀涯公長子生五季卒大宋興國元年遷
入桃源肇蓬壺之區居魁源增之地萬世基業自公
始也生子二長諱昃次諱煙

柳公字庭春涯公次子生五季偕兄楊公同入桃源戮力
經營創業之始也生子二長諱熿次諱炯

榻公字庭敷沂公之子生五季之世住居唐郡武榮

六世炅公字天顥揚公長子生宋太宗雍熙之世卒仁宗天聖之間生子二長諱琅次諱項

煙公字天韋揚公次子生宋太宗之世卒仁宗之間生子一諱璹

熯公字天明柳公長子生宋太宗雍熙之世卒仁宗景祐之間生子二長諱琦次諱珍

炯公字天曜柳公次子生宋太宗端拱之世卒仁宗寶元之間生子一諱瑤

七世琅公字邦貢炅公之子生宋真宗咸平之世卒仁宗康定之間生子二長諱鉦次諱銑

項公字邦玉炅公次子生宋真宗大中之世卒仁宗景祐之間止

璹公字邦貴煙公之子生宋真宗景德之世卒仁宗至和之間生子二長諱鑑次諱鐲

琦公字邦器熯公長子生宋真宗景祐之間卒仁宗嘉祐之間

生子一諱錢

珍公字邦寶燠公次子生宋真宗大中之世卒仁宗寶元之間止

瑶公字邦珪烐公之子生宋真宗大中之世卒仁宗嘉祐之間

生子一諱順

八世鉦公字恒靜琅公長子生仁宗天聖之世卒英宗平治之時

銑公字恒閏琅公次子生仁宗天聖之世卒英宗平治之時

生子二長諱龍次諱鳳

鑑公字恒察璹公長子生仁宗明道之世卒皇祐之時生子

二長諱風次諱雲

鐲公字恒器璹公次子生仁宗明道之世卒嘉祐之時止

錢公字恒用琦公之子生仁宗景祐之世卒嘉祐之時止

順公字恒和瑶公之子生仁宗景祐之世卒神宗熙甯之時

生子二長諱宇次諱宙

九世龍公字文潛銑公長子生仁宗慶歷之時卒神宗元豊之間止生子二長諱永次諱同

鳳公字文祥銑公次子生仁宗慶歷之時卒英宗平治之間止

風公字文德鑑公長子生仁宗更化之時卒神宗元豊之間止

雲公字文會鑑公次子生仁宗慶歷之時卒英宗平治之間生子三長諱春次諱夏三諱秋

宇公字文乾順公長子生仁宗更化之世卒哲宗元祐之時生子一諱冬

宙公字文坤順公次子生英宗平治之世卒紹聖之時生子二長諱忠次諱平

十世永公字時延龍公長子生治平之世卒建中之間生子一諱安

同公字時和龍公次子生治平之世卒大觀之時生子二長諱
俶次諱保
春公字時融雲公長子生熙寧之時卒政和之世生子一諱貴
夏公字時正雲公次子生熙寧之時卒政和之世生子一諱和
秋公字時清雲公三子生元豐之時卒紹聖之世止
冬公字時肅宇公長子生元豐之時卒紹聖之世止
忠公字時尚宙公長子生宋元豐之時卒元祐之世止
平公字時雍宙公次子生宋元豐之時卒重和之世生子一諱仁
十一世安公字朝寧永公之子生元祐之世卒紹興戊午生子二長
諱天麒次諱天麟
俶公字朝仲同公長子生紹聖之世卒建炎之世生子一諱長
保公字朝定同公次子生元符之世卒　之世生子一諱全

貴公字朝爵春公之子生紹興之世卒失誌止

和公字朝由夏公之子生宋興隆之世卒莫考生子一諱彰

十二世天麒公字伏禎安公長子生南宋靖康之世卒元寧慶之時生子一諱瑞

天麟公字義禎安公次子生紹興之間卒元延祐之世生子三長諱政次諱宗三諱成

尤氏舊祠堂一座在泉城義成門内魁星堂祖上所建今僅存基址無復如前之壯麗矣

左祠南宋禮部尚書兼樞密院學士諱袞公

祀南宋鵬公　異興公　宜忠公兄弟三位官至朝列大夫

祀鎮國將軍加九錫兼府尹諱賢公

祀中翼校尉思宗公

祀受武畧將軍思仁公
祀授昭信校尉思義公
祀嫡孫宏公元進士任福清縣尹
祀曾孫無咎公元進士任漳州推官
祀忠公登元火德五年進士第十八名官至惠州府尹
賢公生三子嫡子思宗襲中翼校尉任福州路治中未幾
病卒次子思仁襲武畧將軍任惠州路總管治中五月
亦卒三子思義授昭信校尉任在福州生卒失誌
思宗嫡孫諱宏公以進士任福州福清縣尹
曾孫無咎以進士任漳州推官
無咎公生四子長諱仁字良寅子孫居漳州尤溪縣西界
次諱義字允宜號恒齋隨父任漳州路推官後由漳居
泉在泉城義成門內配邱氏生子一諱良佐生子二長諱君

祐次諱君弼君祐生子四長諱長孫次諱公孫三諱仲孫
四諱季孫君弼生子四長諱仕清次諱仕銘三諱仕德四諱
仕文
第三子諱禮生子一諱良孫良孫生子一諱君承
第四子諱智生子一諱典良典良生子一諱宜始晉江西隅及
元運將終天下靡定子孫遂隱而不仕爵不襲焉嗚呼
尚書之為尚書如此其表表也宣撫之為如此其赫赫也
後世當必有聞風而起者矣今二官俱以親盡則亦不系
而載之矣然世系雖已不及見而遺像猶存茲不敢廢敬
登諸譜以示子孫

題尤氏二祖遺像

高第赫聲孰建先似沂分派本南天
淵源將相欣連踵遺像於今仰肅然

贇公字瑰齋居泉郡宋忠訓郎帶行環衛官福建路都鈐轄至元十三年歸元十四年宣授虎符昭威將軍管軍萬戶總管漳州知府尹當攻泉城九十餘日公晨夜血戰賴以安上功陞懷遠將軍萬戶建寧路總管兼府尹十一月進鎮遠將軍加九錫又授占城元馬八兒等國宣撫使奉旨昭諭蓋南毗國航海適年始至八兒國宣上威德國人從風而靡以治舟以歸十九年抵占城人繼而天來伐占城人以宣撫為治舉國判宣撫暨副將三十餘人皆被害占城破行省拘八兒表章禮物赴闕朝命賜世襲公長子思宗次子思仁三子思義其爵秩已載于上

小宗恒齋公傳

公諱義字允宜號恒齋按舊譜父進士承德郎任漳洲推官兄弟四人曰仁義禮智公其仲也與伯兄叔季二俱隨父任居漳州後伯兄與叔季居尤溪之界公乃奮然指二季自漳歸泉奉祀祖先公生宋末老於元世更歷兵火家殘缺公行實無可徵者據公一子良佐幽隱不仕人咸稱之□曰雲山叟蓋父子皆潛龍也迨傳至明之世而華人幾四百生齒日繁蟄蟄而振振焉向非公之李根厚遺澤長亦烏能使枝葉茂盛源流長遠哉公雖無足徵未始不可因此而驗其德也

義公無咎公次子娶邱氏生卒失誌墳在晋江縣三十九都

棠陰里龟山之原妣卯氏合葬

良仕字國輔號雲山叟義公之子按舊譜稱第七位處士今從之盖與漳州兄排行或與泉州舊族論次也居西隅娶紀氏生元至元十五年戊寅九月廿日辰時卒元至正十年庚寅二月十九日午時至正辛卯年二月廿三日卯時葬於龟山之原妣紀氏合　生子二長君祐　次君弼

君祐字天申號桂齋良佐長子娶莊氏繼娶龔氏生子四長諱長孫次諱公孫三諱仲孫四諱季孫墳在龟山石獅邊之原

君弼良佐次子娶葉氏生子四長諱仕清次諱仕銘三諱仕德四諱仕文生卒失誌

長孫號倜齋君祐長子娶楊氏生元至正壬午年
七月廿二日卯時卒失誌妣楊氏合葬在西竹山之原
公孫號敦齋君祐次子娶許氏生元至正十二年己丑五
月初三日未時卒莫攷墓背甲向庚妣許氏合葬
西竹山之原

仲孫君祐三子生卒失誌

季孫號勉文君祐四子娶蔡氏生元至正十四年辛卯九
月廿六日戌時妣蔡氏合葬于西竹山之原

祖山墳塋纍纍世久多傾山上大石刻尤氏山界爲記傳
自宋歷元至今本朝不科産来其名字失録者已
付無可如何其所存而書者近而至元五世生於皇明
間姑用編年填註孔内且五世當提起者此年表世次當

再提於上者不復贅於下
「按鵬公與無錫禮部尚書袁公暨公同登南宋孝宗
淳熙二年詹騤榜進仕。異興宜忠亦同登寧宗慶元二年
鄒應龍榜進士。官至朝列大夫，簪纓蟬聯，閥閱世家。
是以端明學士蔡先生、侍郎十朋王先生、諸名公巨
卿俱咏詩以贈我温陵尤氏。世系譜牒之著，自後唐始
祖思禮公，迄乎宋元，分派源流，非不燦然俱備。不意
遭元兵火，郡西祠堂廢墜，祖傳家乘殘缺。後之子孫
雖欲脩輯而弗存舊譜，末由考稽。如元末明初，某公諱
某，壽八十餘，雖承故老傳聞，手輯宗支，能言世事，但
只得其適，難稽其遠。故元初贊公傳至、曾孫無咎
公之子孫，得詳其官爵、諱號、墳塋。而南宋鵬公兄弟

三進士上承下垂，更上而與始祖世系相接，遂致湮沒無傳。追元之世人丁約四百餘，宜其近有可稽，而適值兵燹流離，遷徙名字失録，不及載者又甚多。噫！譜之散缺，其遺憾者何止居温陵哉！行目不及見，耳不及聞，焉敢妄述，即在臺之得見聞而述其概。尚有一派移住潮州饒平縣，族衆往臺營生百餘人。行詢其何祖支派，何宗世系，俱茫然莫知。但云元末自泉徙漳，自漳遷饒。至本朝皇清，衹傳祖神主一座，官鑼二面，主上多年無字可覩，內無填書生卒字諱，故第號為始祖初公，其官鑼至康熙甲寅年始廢。夫有官鑼名系官家，非元末宏公無咎之後烏得有此物哉！行聞此言，復查舊譜，不敢沒其所由來，故詳誌之，以為後世從宗合族之道焉。

乾隆二十一年歲次丙子十一月望日

裔孫大行謹誌

開基温陵魯東尤氏始祖世系誌

始祖崇孝公生於南宋，卒於元世。係志雄公留居固始之裔，後遷淛省湖州府孝豐縣。世籍朝班，宋末自温州輔弌王航海，由福州至泉州，因莆壽庚作乱，掛冠尋隐泉郡。其遺像祀在伯洪家中，墓葬南邑獅仔山。至清劉國軒圍泉州，駐兵近墓掘坑，陷墓致崩壞。生致政公，傳伯洪、伯華、伯榮。元末卜居衙口後山，後徙魯東。

一世致政公，即開基魯東祖也。生於宋末，卒於元世。子三：長伯洪、次伯華、三伯榮。墓葬龜山，失誌其處。

二世伯洪公生於元世卒於元末墳在闗鎖塔前聖峰
内碑上古東尤公生北向南生子五長孟榮次孟孜
三孟傳四孟輝五孟亨
三世孟榮伯洪長子生子以忠
孟孜伯洪次子生子以政
孟傳伯洪三子生子以雄
孟輝伯洪四子生子以友
孟亨伯洪五子生子二長以愛次以思
四世以忠孟榮長子生子基止
以政孟孜之子生子二長存爵次存茂

以雄孟傳之子生子叔文

以友孟輝之子生子二長慈欽次華欽

以愛孟亨長子　以思孟亨次子俱止

五世存爵以政長子嗣子舜德係湖尾存安五子入繼

存茂以政次子生子二長進魁次成魁

叔文以雄之子生子二長表子次元慶

慈欽以友長子生子四長體乾次體坤三體未四體爍

華欽以友次子號岱震暨妣蔡氏合葬責花石生子體寬

六世舜德存爵之子生子二長秉清次秉敬

進魁存茂長子生子三長秉華次秉聪三秉義

成魁存茂次子生子秉胤
衷子叔文長子生子三長秉儔次秉高三秉直
元慶叔文次子止
體乾懋欽長子止
體坤懋欽次子生子一秉澤
體未懋欽三子生子一秉徹
體燦懋欽四子止
體寬華欽之子生子四長秉仕次秉宗三秉忠四秉
壽墓在劉隴內坐艮坤 妣 氏合壟
七世秉清舜德長子享年七十五始造魯東房小宗族譜

生子時璹
秉敬舜德次子生子三長時通次時平三時連
秉華進魁長子　秉昭進魁次子　秉義進魁三子俱止
秉亂成魁長子生子一質高
秉儔衷子長子生子一時定
秉高衷子次子　秉直衷子三子俱止
秉澤體坤之子生子一思舉
秉徹體未之子生子一公興
秉仕體寬長子生子一思伯
秉宗體寬次子生子一思喬
秉忠體寬三子
秉壽體寬四子生子一思覲

八世時璘秉清之子生子二長邦富次邦賛
時通秉敬長子　時平秉敬次子　時連秉敬三子俱止
質高秉胤之子生女一適塔石
時定秉儔之子生子二長禹盛次禹茂
思舉秉澤之子生子一良德
公興秉徹之子生子一良脩
思喬秉宗之子諱楚陽號西園生嘉靖壬辰年七月廿二日卒萬歷丁酉年七月初八日娶郭氏生嘉靖甲辰年六月廿四日卒萬歷甲午年五月初五日考妣仝葬劉園内祖墓前生良坤生子六長良胤次良葉三良觀四良文五良登六良裔

思覲秉壽之子諱慶陽號振東生嘉靖庚申年十
月廿四日卒順治戊子年十月廿五日娶王氏生辛酉
年正月廿日卒崇禎庚辰年七月初七日合葬劉園
祖墓後艮坤向生子一良烱

九世邦富時璘長子生汝悅石湖蔡去
邦賛時璘次子號碧山仝邦富葬後山兜艮坤向
生子二長育選次主選
禹盛時定之子生子三長科一次科二三科三俱止
禹茂失誌
良德思舉之子住同安馬巷厝
良脩公興之子止

良亂號振園思喬長子生隆慶戊辰年二月十六日卒崇禎丁丑年三月十八日娶　氏生辛未年正月十三日卒順治丙申年閏五月廿九日公葬西埔西東向妣拾瓦棺葬鬐山尾石涯公墓前生子四長九選次儀選三御選四豪選

良葉號三園思喬次子娶洪氏生子一榮選

良觀號四園思喬三子生八月十五日卒萬歷丁未年十二月廿七日娶林氏拾瓦棺葬鬐告尾山生子一國選

良文號五園思喬四子娶蔡氏生子二長學聰次學第止

良烱號輝字思觀之子生萬歷丁亥年六月廿日
卒崇禎癸未年五月初四日娶洪氏生丁亥
年六月廿四日卒癸未年五月初四日合葬前菴
園生子三長學魁止次學曾三學魯

十世育選邦贊長子生子一進甫
主選邦贊次子生子一諱一娘
九選良胤長子諱稷號興台生失誌卒癸未年九
月十六日娶莊氏葬持田口止
儀選良胤次子諱學愷號興國生丁酉年三月廿三
日卒乙未年三月十二日葬前菴妣高氏生未詳
卒癸未年八月初十日葬土名田上生子一陽侯

御選良胤三子諱學元號聲臚生萬歷辛丑年
二月廿一日卒康熙丙午年十月十五日娶王氏生子
一揚敏
豪選良胤四子諱學賢號興思生辛亥年卒四月
廿三日生子諱子英失誌
榮選良葉之子失誌
國選良觀之子諱學周生己亥年四月十二日卒乙未
年六月初九日娶王氏生子一日老
志選良烱之子諱學曾生萬歷丁巳年七月初七
日長時娶黃氏生癸亥年五月廿三日戌時生子二長日
地次日旺

伯選良烱三子諱學魯曾生天啟乙丑年四月初二日
卯時娶蔡氏生壬申四月初三日卒康熙甲辰
年三月初三日墓在上坛田内南北向後娶吴氏
生丙寅年六月廿二日卯時生子一日高蔡氏出

十一世進甫育選之子生子三長可明次貽明三尚明
一娘主選之子娶盧氏生子三長可泰次可豫三可隨
揚侯儀選之子諱基封生崇禎癸亥年六月初四日卒
、甲辰年十月廿一日生子一可清
揚敏御選之子諱錫寬生崇禎乙亥年六月廿七日酉時

娶蔡氏繼娶許氏生子三長士喬次士全三士興
揚孝國選之子諱日老生順治戊子年四月廿九日午時娶
張氏生順治癸巳年十一月廿九日巳時生子一士表
揚相志選次子諱日旺生康熙庚子年十二月廿九日寅時
卒雍正戊申年正月三十日娶王氏生康熙庚戌年月
日合葬在下溪養男一士宋
揚合伯選之子諱日高生順治庚寅年正月初六日辰時卒
雍正戊申年二月初二日酉時娶蔡氏生順治丁酉年二
月初七日巳時卒雍正戊申年正月廿九日未時生子五
長士謙次士悅三士允四士賛五士趣

十二世可泰一娘長子生子一廷鳳

士喬揚敏長子生康熙戊申年七月初五日卒乾隆辛酉年十一月廿六日卯時娶蔡氏生康熙己未年六月初二日卒乾隆庚申年六月初四日公葬杏山工坛艮坤兼丑未妣葬工坛寅申兼甲庚生子五長文榮次文華三文富四文貴五文辰

士全揚敏次子生康熙乙丑年　月　日卒雍正甲寅年十月初六日時與侄文辰仝葬于覆鼎山脚坐艮向坤

士宋日旺養子生康熙壬辰年三月十九日娶李坑黄氏生康熙乙巳年生子一文課

士認日高長子字光達生康熙己未三月十九日寅時卒雍正戊辰年正月廿一日娶坑東吳氏生康熙甲子年八月廿七日卒雍正戊申年正月初九日合葬在本山土名酉井潭生乙向辛生子三文趙文淵文才

士悅日高次子生康熙甲子年卒乾隆壬申年七月廿七日墳在台娶港邊余氏生康熙癸未年

士允日高三子生康熙甲戌年四月十一日申時卒康熙壬辰年八月廿五日止

士賛日高四子生康熙辛未年八月初十日卒乾隆丁巳年二月初六日葬在本山髻尾橋生壬向丙

士趂日高五子生康熙丁丑年九月初五日亥時卒乾
隆年　月　日娶浯洲蔡氏生康熙甲申年十一月初
五日酉時生子二長文光次文侯

十三世廷鳳諱尾可泰之子生康熙癸丑年六月十一日酉時
卒乾隆癸酉年二月初一日葬半山堂右邊廟仔
溪邊後路生丑向未生子二長琳生次元生住廈門

文榮字　侯士喬長子生康熙丙子年十一月廿五日卒
康熙丙申年十月初九日葬李山許坑後

文華字　侯士喬次子生康熙己卯年閏七月廿五日卒
雍正己酉年七月廿六日墳鳳穴塚山生子一機泰

文富字　侯士喬三子生康熙壬午年五月十六日寅時
卒乾隆丁卯年五月十三日墳在臺琉球山生子一
機楚

文貴字　侯士喬四子止

文辰字　侯士喬五子生康熙丙戌年四月廿四日辰時
卒雍正庚戌年十一月初十日與胞叔士全合葬霞覆鼎山

文課字　督侯士宋之子生乾隆戊辰年四月廿六日亥時

文趙字　侯士認長子生康熙乙酉年正月初一日寅時
娶高氏生康熙辛卯年六月廿二日申時生子三長
機來次機蔭三機貴

文淵字　侯士認次子生康熙辛卯年正月廿五日卒乾
隆已未年七月廿三日墳在本山掛內
文才字　侯士認三子生康熙庚子年五月初六日卒乾
隆庚午年九月十四日墳在上坛頂
文光字　侯士趖長子生雍正丙午年九月廿九日寅時娶
坑東高氏生雍正己酉年五月十一日午時生子一子法
文侯字　侯士趖次子生雍正庚戌年五月十四日巳時卒
乾隆丙子年　月　日
十四世琳生字琅伯廷鳳長子生康熙戊戌年正月十七日丑時
娶黄氏生康熙庚子年八月初九日卒乾隆已未年

十月廿三日葬在太師墓邊後娶　氏生雍正

年　月　日生子卿

元生字亨伯廷鳳次子生雍正甲辰年四月廿五日巳時

娶蕭氏生乾隆丁巳年　月　日時

機泰字　伯文華之子生雍正乙巳年正月十九日辰時

機楚字　伯文富之子生乾隆己未年十二月初四日　時

機來字　伯文趙長子生雍正庚戌年十一月初一日亥時

機蔭字　伯文趙次子生乾隆戊午年十月初五日亥時

機貴字　伯文趙三子生乾隆乙丑年八月廿三日辰時

機法字度伯文光之子生乾隆　年　月　日時

十五世　字　卿琳生長子生乾隆丙子年六月十五日未時

致政公傳三子，次子伯華，三子伯榮派下譜牒

二世伯華公，娶魯東西舍陳氏，承崇忠公、崇孝公之後，繼美斯文。生五子：長孟陽，次孟參，三孟轉，四孟悅，五孟玉。元致和間卜居衙口後山。與里人李肇宗搆訟不休，李家坐罪抄札，而我家亦破蕩。後徙魯東外家居住。洪武九年正月初九日公故。妣陳氏繼後亦卒。公葬曾坑義石山，坐甲向庚，即今埔頂山後。妣葬杆柄東山，坐巳向亥。堂兄弟十二人，民果圖一甲一户，户頭尤明選，塩大北堤四甲總户名尤佛蔭。洪武十四年復充南京左衛軍。一門

三差云。一戶軍籍，係南京留守衛，祖尤佛蔭等接當。公故，空伍乏人承接，致蒙朝廷行勾祖存爵公於宣德五年奉命上京附籍。路中遇例發回附近泉州衛所、千戶陳國才摽下寄操。祖福保公、堯賓公每月求米八斗。南安湯邊是軍籍所也。

伯榮公生孟珂，孟珂生雍瑜，此後外出失記。

三世孟陽伯華長子生子二，長七公，次八公，葬錫坑覺海菴西碑上尤公祖塋

孟參伯華次子生子二長十二次十六葬李坑厝後
孟轉伯華三子生子一瑞光元至正年間住居十九都溪後
孟悦伯華四子生子二長十一次十四元至正間住扞柄
孟玉伯華五子卒七月十五日娶李氏合葬扞柄東山
生子二長子茂次子固
四世七公孟陽長子葬附庵西墓邊生子四長廷膺次廷
智三廷獻四廷亮
八公孟陽次子葬部貫山墓西住湖尾致富巨萬生
子三長存經次存安三存六

十二孟參長子生子一朔欽

十六孟參次子生子二長廷章次廷廣

瑞公孟轉之子生子一諱護住後溪

十一孟悅長子生子二長廷宣次廷顯

十四孟悅次子生子二長廷爍次廷玉

子茂孟玉長子卒十月十四日娶蔡氏卒十六月廿九日葬

杆柄墩北生南向北生子二長廷俊次廷魁

子固孟玉次子生子一廷貽

五世廷睿七公長子生子一舜澄止

廷智七公次子止

廷猷七公三子娶薛坑下田林葬本山許宅碑上
有廷猷公名號生子一舜興即錫坑五世祖
廷亮七公四子墳在魯東同葬為三世樂坵生子一
舜厚即魯東五世祖
存經八公長子葬尤埕尾生子二長舜友次舜貽
存安八公次子墳在曾厝生子五長舜方次欽舜三
舜敦四舜慰五舜德出繼圩頭存爵
叔存六八公三子生子二長新十次新一俱止

朔欽十二之子生子一福仔止

廷章公十六公長子生子二長愈輝次愈齊

廷廣十六公次子生子一愈坤 二房

護公瑞公之子生子二長舜惟次舜明 三房後溪

廷宣十一公長子生子二長舜擢次舜洪 俱止

廷顯十一公次子生子一舜耀止

廷爍十四公長子生子三長舜大次舜恭 三舜逸

廷玉十四公次子生子一舜年止 四房後外出

廷俊子茂公長子癸扦柄砛頭宮癸丁向生子一愈堅

廷慰子茂公次子卒三月初五日娶陳氏卒十月廿七日
移奚湯邊徐厝埔大石下坐子向午生子二長愈昭
次愈和
廷昭子固公之子生子一素大 扦栖五房
六世舜澄公廷睿公之子止
舜興廷猷公之子號義齋卒八月十七日娶後宅陳氏合
奚錫坑厝跡坐石頭尾看深滬山生子三長十二却次日
輔三日勝 錫坑
舜亭廷亮公之子墳在魯東三世樂卯生四子長日永次
日遴三早逝四日虎 魯東派

舜友存經公長子娶尤埕尾生子一秉淵
舜昭存經公次子娶崙上洪氏娶埕尾生子二長秉環次
秉玉
舜方存安公長子生子一秉玄
舜欽存安公次子生子一早逝
舜敎存安公三子生子一秉堅
舜魁存安公四子娶魯東施氏生子三長秉正次秉盛三
秉禮
舜德存安公五子出繼古東存爵湖尾
愈輝廷章公長子娶港邊陳氏生子二長命泰次命本

愈𪗉廷章公次子娶新坑蔡氏葬李坑後生子三長命宣次命宇三命伍

愈坤廷廣公之子生子命大二房

舜惟護公長子止

舜明護公次子生子一秉欽三房

舜逸廷燦公三子生子一秉昭四房

舜堅廷俊之子卒九月十五日妣卒四月十三日葬矜頭山生子一秉年

愈眙廷魁公長子生子一秉助

愈和廷魁公次子娶曾氏卒八月廿七日葬在南安

九十都雲居生子一秉澤

素大廷昭公之子卒五月初九日生子三長秉宣次

秉珪三秉章五房扞柄

七世十二郎號淳軒義齋長子娶馬平林氏葬錫坑

本山前墩生子二長則淳次則嚮

日輔義齋公次子卒十月廿二日娶龜湖塘邊蔡氏墳

附廷猷公墓左生子二長則雄次則直

日勝義齋公三子卒十月初八日娶洪氏卒十一月初一日

葬上山生子一則亢錫坑

日永舜厚公長子生子一則洪
日遴舜厚公次子生子一則富
日虎号虎泗舜厚公四子卒十月十三日娶吳氏卒四
月廿三日葬魯東東山碑三世樂邱生子二長則珍
次則祥魯東
秉淵舜友之子葬員通庵後生子二長時興次時光
秉環舜貽長子娶前港翁氏生子三長時哲次時恭
三時高
秉玉舜貽次子生子二長諱斯次諱案往仙遊住居
弘治年間遷徙自明及清路途遠涉族人未嘗

有往來乾隆丙子秋行帶祖譜到仙遊放生池張圳查其分派之世系斯号宗華橥号宗榮其丁將隣兩百其世傳至九世葉已經七世現在二世與湖尾相符詳書於譜使後世子孫知為公之派

秉玄舜方公之子墳在湖尾生子三長時顯次時泰三時袋

秉堅舜敎公之子生子一時恩

秉正舜魁公長子生子三長時舉次時惠三時登

秉盛舜魁公次子止

秉禮舜魁公三子生子一時淵湖尾

命泰愈輝公長子生子一時恢

命本愈輝公次子生子二長時和次時眭俱止

命宣愈齊公長子娶塔石余氏生子一應本

命宇愈齊公次子生子一時富住大城

命伍愈齊公三子生子四長子韶止次子春止三子成四子希 承秉忠

命大愈坤公之子孫良安止二房

秉欽舜明公之子生子一時泰正德時住南安蔡溪三房

秉昭舜逸公之子卒嘉靖卅四年生子一興宗外出四房

秉年愈堅公之子生子二長時玉次時福葵砛頭宮口

秉助　愈貽之子止

秉澤　愈和公之子卒辛酉年十月廿三日娶方氏卒

三月廿二日葬湯邊徐厝埔塘口寨前坐東向西生子

六人長堯選次堯賓三堯三四堯典五堯龍六堯

章當軍往南京奉　命歸戍湯邊寨

秉宣　素大長子止

秉珪　素大次子生子一時傳

秉章　素大三子生子一時雅

八世則淳　淳軒公長子号覺山卒六月廿三日娶塘尾陳氏

卒六月廿九日公葬上山妣葬坑尾生子三長齡霄
次齡德三齡章
則嚮淳軒公次子娶吳氏止
則雄日輔公長子娶埭頭吳氏生子二長齡鎮次齡節
葬在上山
則直日輔公次子止
則元日勝公之子卒九月廿九日止錫坑
則富日遴公之子生子一齡球
則珍日虎公長子号東園生十月初九日卒四月初二日娶林
氏繼娶許氏卒六月廿二日葬本山東山生子一齡沛

則祥日虎公次子号西園辛四月十七日娶黄氏辛
二月初九日繼娶施氏辛七月初十日生子二長齡淵
次齡耀魯東

時興秉淵長子娶洪氏

時光秉淵次子娶蔡氏生子一義珍

時哲秉環長子娶桑柄曾氏生子一禹稷

時恭秉環次子娶崙上洪氏生子一禹鑑

時高秉環三子生子一禹相

時顯秉玄長子娶儒林洪氏生子一禹德

時泰秉玄次子娶許氏生子一禹玉
時袋秉玄三子娶洪氏葬溪後埔生子一禹忠
時恩秉堅之子 娶桑 栖曽氏生子二長禹鳴禹
則
時舉秉正長子生子一禹受 住安平
時惠秉正次子生卒在明娶施氏生子一禹太 住染井橋
時登秉正三子生子一奮掃
時淵秉禮之子娶本里吳氏止 湖尾
應本命宣之子卒六月廿五日娶后城吳氏葬郭隴
池生子一良資 住大炉溪

時富命宇之子任南街生子一良仁
子希命伍之子生子一應民 二房
時泰秉欽之子生子二長洪賜次洪用 三房
時玉秉年長子娶本里蔡氏葬坑後生子二長良載
次良全
時福秉年次子生子一良當 杆柄
堯選秉澤長子生子一巍山
堯斌秉澤次子生卒在明七月廿九日娶賴氏卒四月
初二日合葬湯邊十六都太磨底生子二長其懋
次其任

堯三秉澤三子生子二長其顒 次其登

堯典秉澤四子生子一其彭

堯寵秉澤五子生子二長其敏次其執

堯章秉澤六子卒六月廿五日葬湯邊十六都塘口生子

三長士拔（外出） 次士解 三士提（湯邊）

時傳秉珪之子生子一良貴

時雅秉璋之子生子一良輔（杆柄）

九世齡霄覺山長子卒十二月三十日娶石下施氏葬古宅西

畔生子一玄選

齡德覺山次子（号）岩山卒十一月初二日娶埭頭吳氏

葬湖尾鄭貫山墓西

齡章，覺山三子，諱四郎，号新唐生嘉靖戊子年十月廿四日子時，卒萬曆丙午年正月初一日寅時。娶粘氏，倭亂故。繼娶周井姚氏，生嘉靖正月廿七日，卒萬曆甲寅年正月廿九日。氏家居以勤儉間助公致富，儼然素封，延師教孫，有賢母風焉。有來假以貲者，輒不吝。時為之新塘放焉。彭知縣丈量，都舉公為公正。卒時八旬，仝覺山合葬厝後上山，嫣從焉。卒之日丙子八孫。長文選，次台選。

齡鎮則雄長子号蓋塘娶吳氏葬墝園墘生子二長

元選次敬選

齡節則雄次子号仰塘卒五月初八日娶茂高亭陳氏

卒十月廿七日葬山后歸中一穴子一廷選二房承繼

聞仰塘公早逝氏寡守雖巾幗而勝鬚眉

其為後嗣計必本宗合貽穆方可為承祧之托

多方籌畫得爐溪良資公四子以延太高祖一派

較之螟蛉直不啻霄壤也然其知大義又不

僅此也其撫養高祖成立完婚廿九歲生曾祖

揚就公方週歲而公竟以是年謝世姑婦苦節

志凛冰霜同守曾祖一人以傳吾祖兄弟四人皆太祖妣之力也惜曾祖吾祖菁生際艱難不能上聞有司以徵其節孝行承家傳敢不詳述諸譜以為後世子孫勗錫坑

齡球則富之子生子一恒選

仝岩後公

齡沛則珍之子号望園生正月廿五日卒三月初二日娶衙口施氏生六月十九日卒十二月廿日葬岩後申寅生子七長日選次月選三通選四天選五隨選六季選七轉選　墓碑刻望園宂公貞淑孺人媽施氏

齡淵則祥長子

齡耀則祥次子卒二月初九日娶埔頭施氏卒八月

廿七日生子四長望弼次望鼎三望鵬四望麟魯東

義珍時光之子

禹稷時哲之子

禹鑑時恭之子

禹相時高之子

禹德時顯之子

禹玉時泰之子

以上俱倭亂沉湖

禹忠時袋之子号中庭卒七月十七日娶崙エ番氏
卒十一月十八日葬前岩埔生子四長夏選次惟選
三選四　去洪家

禹鳴時恩長子

禹則時恩次子

禹受時舉之子生君懷君富君弼

禹太時惠之子

奮素時登之子此係八公之子後嘉靖四十二年六月
十日倭亂肆掠四十二人長幼及婦女六十有餘俱
沒龍湖之中僅禹忠逃脫不與其難佳胡尾

良資應本之子生嘉靖壬子年五月初五日卒萬歷
癸未年六月廿五日娶廖氏生癸丑年卒辛丑年葬
糞樹尾生子四長與六選次殷選三宗魯四廷選出
繼錫坑房齡節公

良仁時富之子生子二長一龍次一鵬止

良安[illegible]命大之孫僅生一女嫁楊家止二房

洪賜時泰長子移彭內生子一揚賓

洪用時泰次子号我意卒萬歷乙卯年三月十九日娶陳
氏卒天啟癸亥年十月廿八日葬在永春十五都新
峯寨腳生子五長國三次國秀三國序四國肆五
宜貴三房住永春

良載時玉長子生明八月廿三日卒十月初六日娶魏氏生
十二月三十日卒二月三十日葬後路生子三長以遷次
昭選三光選

良全時玉次子号盛軒生嘉靖正月廿七日卒十月初七日娶
魏氏生十二月初四日卒十二月十七日葬矜頭宮生子五
長長選次仁選三懷選四成祖五烈祖

良當時福之子生子四長德選次堂選三京選四完選

巍山堯選之子生子字薦

其懋堯斌長子生子二長字藩次字醇

其任尭斌次子生子二喬相喬儒

其顒尭三長子生子四長喬璞次喬偉三喬鎮四喬棣

其登尭三次子生子三長喬鼎次喬鉉三喬弼

其彭尭典之子生子一喬楚

其敏尭寵長子

其執尭寵次子俱失誌

士解尭章次子生子二長喬盛次喬明

士提尭章三子生子一喬亮湯邊

良貴時傳之子生子二開宗闢明宗俱止

良輔時雅之子生嘉靖壬午年十月廿四日子時卒正月十九日辰時娶埔頭施氏生庚寅年八月十五日葬吳厝頭生子二長亨選次匡選杆柄

十世玄選齡霄之子号近峰生明癸丑年卒辛未年四月十一日生子一揚采

文選齡瑋長子諱一榜号振軒生嘉靖乙丑年八月廿五日戌時卒天啟辛酉年八月廿九日寅時葬蕪庄埔丁癸向生子五長揚質次揚哲三揚啟四揚楚五揚謙

台選齡瑋次子号次軒生萬歷癸未年正月初九日卒丙辰年七月初七日娶吳氏卒五月二十日公葬山后媽葬深內生子二長揚緝次揚秉

元選齡鎮長子号肖峰娶柯氏繼娶吳氏葬西厝跡子揚麗

敬選齡鎮次子娶許氏生子揚品次揚美全往處州

廷選齡節承繼子号默慕生萬歷辛己年九月初九日巳時卒庚戌年七月廿四日卯時娶埔頭施氏生萬歷丁亥年三月初二日亥時卒萬歷甲寅年九月初六日戌時合葬本山前安頭地內丁癸向生子揚就錫坑

日選齡沛長子号仰園生萬歷壬申年六月十一日辰時卒丁丑年三月廿六日寅時娶后宅池氏生萬歷己卯年十一月初八日丑時卒天啟戊寅年三月廿三日辰時合葬魯東岩山生子揚本魯東

二房

月選齡沛次子号錦園娶港邊蔡氏止

三房

通選齡沛三子号綠園止

四房

天選齡沛四子号肆園生子二復登次復伍住澎湖

五房

隨選齡沛五子諱逢治号伍園生萬歷戊子年九月廿日卒己丑年二月廿七日葬娶陳氏生萬歷乙未年

年十月廿日卒辛丑年六月廿二日葬在岩後生子三長
復長次復隆三復盛住林邊

六房

季選齡沛六子諱妹字逢智号梅園生萬歷辛卯
年六月十八日卒戊申年六月廿六日娶任氏生萬歷
辛丑年八月廿三日丑時卒六月廿九日合葬本山西宅
生子三長復殷次復祚三復昌

七房

轉選齡沛七子諱本字戢員号七園生萬歷乙未年
十二月十二日戌時卒丁酉年六月十七日葬在莊房生
子四長復榮次復環三復禮四復恢墓碑戢員暨妣齡恢吳氏

望弼齡耀長子卒七月廿二日止
望鼎齡耀次子字科選号我彬生辛卯年五月十六日
卒辛已年四月初二日葬山前岩東娶粘氏生壬
辰年二月初六日卒六月初一日葬古雷公生子三長
復甲止 次復綢 三復懋
望鵬齡耀三子生甲辰年二月廿八日卒乙巳年十月廿三
日娶黄氏生甲辰年二月二十日卒壬寅年四月廿七日
生子一復居
望麟齡耀四子生辛丑年八月初七日辛巳丑年十一月

廿六日娶埔頭施氏生壬寅年二月初五日寅時卒
八月廿七日生子三長復興次復璉三復安魯東
夏選禹忠長子止
維選禹忠次子号復吾卒八月廿七日娶吳氏卒十月
十五日葵湖尾生子二月長揚輝次揚參湖尾
興選良資長子諱宗孟号我倉生萬歷甲戌年二
月廿二日午時卒己巳年九月初一日娶林氏生丁丑年
十月廿日戌時卒乙酉年九月十三日申時葵四十四都
彭殊陳坑中崙生子三長揚遵次揚九三揚甲

殷選良資次子諱宗周号少倉生萬歷丙子年
九月初九日卒戊子年九月廿六日娶陳氏生壬午
年二月廿二日卒乙酉年七月十四日葬樹尾生子二
長揚策次揚欽
宗魯良資三子生子三長揚貴次揚治三揚漢炉溪二房
揚寶洪賜之子生子二長進富次進榮去貴溪
國三洪用長子止
國秀洪周用次子号為漢生明十一月初九日卒明閏三
月初一日生子一長孫

國序洪用三子
國肆洪用四子俱止
宜貴洪用五子生萬歷戊子年三月十四日申時卒崇
禎丁丑年七月初三日娶柯氏生萬歷癸巳年九月
廿五日酉時卒康熙十六年八月初十日辰時葬在晋
十六都白埔西頭山坑墘坐壬向丙生子三長揚齊
次揚選三揚尾三房
貽選良載次子生嘉靖甲子年三月十三日卒崇禎癸
未年四月初五日娶蔡氏生丙寅年八月十五日卒癸
未年三月十六日葬李鄉東山生子二長騰桂次騰檜

光選良載三子生七月初二日卒十月十三日生子一騰隣

長選良全長子号布軒卒十月廿八日葬新坑東西向娶陳氏卒六月初二日葬吳厝頭生子二長騰科次騰蛟

懷選良全次子止

仁選良全三子生子一揚趨

武選良全四子諱成祖号萃野生甲申十二月初三日卒癸未年七月廿一日娶杅頭吳氏生辛卯年十月初七日卒壬寅年正月廿六日葬坑後德祜乙辛向生子一揚宙

轟選良全五子諱烈祖号象軒生丁亥年卒壬寅年三月十七日娶陳氏卒四月初六日葬後溪路乙辛向妣葬清口生子一騰鵬
德選良當長子生子三長揚陶次揚涯三揚云俱止
堂選良當次子生子一揚丑止
京選良當三子止
完選良當四子止 扞柄
宇薦号振錄山巍山長子卒八月十一日娶陳邱氏卒七月十八日生子二長毓裕次毓聖

宇藩其懋長子生子二長毓秀次毓德

宇醇其懋次子娶九十都侯氏生子三毓愈毓富

喬相其任長子

喬儒其任次子生子一毓逑兄弟以康熙癸未遷徙浮文城四鋪嶺下温州是也

喬璞号致萬其顒長子卒四月初八日娶十都戴氏
卒三月十八日合葬章厝圍坐北向南生子三長毓
俊次毓香三毓新

喬偉其顒次子止

喬鎮其顒三子号思九生乙酉年娶林氏葬左湯邊

待牛山壠頭坐壬向丙生子二長毓麒次毓麟

喬棟其顒四子号位九生卒丑年娶陳氏卒五月初二日繼娶許氏生子二長毓驥次毓騂

喬鼎其登長子号心陽卒六月初七日娶九十都戴氏奚章厝園生子三長毓贊次毓載三毓禮務住南安詩內山頭

喬鉉其登次子娶陳氏生子一毓喜

喬弼其登三子娶陳氏生子一毓傳

喬楚其彭之子号茂陽卒七月廿二日娶陳氏卒三月廿二日生子二長毓嘉次毓碧

喬盛士解長子号闢興八卒九月十五日娶謝氏生
子三長毓春次毓玉三毓參
喬明字啟東号闢東士解次子娶泉城林氏生子
一毓美
喬亮士提之子娶氏止湯邊
亨選良轉長子号學新生嘉靖乙丑年八月廿八日
未時卒四月十八日娶楊厝林氏生嘉靖甲子年
十二月十五日子時卒七月初八日葬粘厝頭交輸地
東西向生子四長揚聲次揚名三揚第四揚祿
匡選良轉次子生癸酉年十一月十六日卒三月廿八日

娶蔡氏卒八月十九日合葬扦柄鄉後塔巽乾

向生子二長慎餘次慎忠 扦柄

十一世揚秉立(玄)選之子諱復光号心近生丙子年卒辛(已)丑年

正月初三日娶衙口施氏生丁丑年卒乙亥年七月

十六日生子三長晅立次晅卿三培城

揚質文選長子諱復榮号挮子生萬歷丁亥年十一月初

四日午時卒順治己丑年十月十九日申時娶石下

施氏生己丑(酉)年八月廿三日戌時卒戊子年八月廿七日

未時生子四長晅皆次晅兑三晅巽四晅琛

揚哲文選次子諱復烽号後山生辛卯年八月廿日卒庚

寅年五月廿三日娶衙口施氏生壬辰年卒戊子年
三月十二日葬張衙墓邊生子二長垣保次垣守
揚啟文選三子号明軒生丙申年二月廿三日卒崇禎己
巳年六月廿二日娶吳氏生己亥年十月十二日卒壬寅
四月十三日生子二長培履次培度
揚楚文選四子諱復煒号乘軒生己亥年十二月十四日
申時卒戊子年三月廿五日娶塘市柯氏生庚子
年卒壬寅年正月初一日考葬山後妣葬許宅西
生子三長垣岱次垣明三培賢
揚謙文選五子諱復熯号五山生癸卯年九月廿日卒

戊子年三月廿日娶陳氏葬石頭尾王氏葬張僧[illegible]

邊公葬山后岸外生子二長培夏次培秋

揚緝台選長子諱復熙号敬為生癸巳年七月廿九日

午時卒天啟五月初八日娶許氏生丙申年七月十

二日卒五月十八日繼娶龟湖鄭氏生戊戌年三月

十八日卒辛卯年八月十七日葬嶢內圝鄭氏葬深內生子

一䡖貞

揚秉台選次子諱復熜号心為生癸卯年八月廿八日巳

時墳左錫坑深內娶莊氏繼娶鍾氏生壬子年

卒九月廿二日葬南安三十二都吳坑戴氏墳邊大
石後生子二長晅植次培泰
揚麗元選之子諱復炵号象峰生癸未年二月十三
日卒正月初二日生子一培亮
揚就廷選之子諱復燧号仰為生萬歷己酉年正
月廿七日卒順治丁酉年九月廿四日卯時娶石下施
氏生萬歷庚戌年二月初十日卒順治辛丑年
七月廿五日葬本山西圳生四子長培環次培珍三
培陸四培壁錫坑

揚本日選之子諱復祖號贊仰生癸丑年九月十六日卒
壬寅年七月廿五日娶扞頭蔡氏生丙辰年五月廿日
卒七月十二日葬衙口僻后生子一光璧魯東

復登四園之子生明戊午年卒明乙丑年生子光昇住彭湖

復長五園長子生明戊午年卒明五月廿七日止

復隆五園次子生癸亥年十月廿二日辰時娶王氏生己
己年二月十二日申時公卒己巳年五月初二日妣卒丁亥
年三月廿四日生子三長光文次光寧三光順住林邊

復盛五園三子生庚午年年四月初一日娶王氏生己卯
年生子三長光祚次光戊三光參俱止

復殷梅園長子生崇禎甲子年十二月廿三日寅時卒康熙庚寅年十月廿日娶施氏生崇禎己巳年四月初七日卒順治丁酉年六月十一日繼娶許氏生崇禎庚午年七月廿三日午時卒康熙甲申年二月十六日仝公葬左風磨山卯酉向兼辛乙生子四長光庚次光徙施氏出三光参四光洪許氏出

施氏葬在破倉

復祚梅園次子生崇禎戊辰年六月廿日寅時卒康熙乙丑年八月十二日娶施氏生崇禎辛未年六月

初五日辰時卒康熙丙申年正月初二日墳在風帽
坐庚向甲兼卯酉生子六長光挺次光顯三光猛
四光鶴五光好六光合
復昌梅園三子生崇禎己卯年四月初五日午時卒
康熙庚寅年三月十五日娶蔡氏生崇禎壬午年
六月初四日巳時卒康熙甲午年正月廿八日未時葬
本山南邊地坐辛向乙兼戌辰生子四長光喜次
光珂三光回四光福
復榮柒園長子生天啟乙丑年二月十五日子時卒

康熙丁丑年五月初一日娶莊氏生崇禎壬申年五月廿九日子時卒康熙辛未年九月初三日合葬在岩後坐坤向艮兼申寅生子二長光曾次光富

復環梅園次子生崇禎戊辰年二月初二日戌時卒康熙壬寅年五月廿二日葬魯東古雷山坐酉向卯兼辛乙娶許氏生五月廿九日生子一光嫣

碑刻魯東復環尤公

復禮柒園三子生崇禎庚午年十月廿三日午時卒十八年十二月初十日申時娶王氏生甲戌年正月初十

日卒丁酉年五月十七日葬西安繼娶高氏生崇禎
丁酉年二月廿五日亥時卒十月初六日仝公合葬本
山坑墘南北向生子四長光用次光摡三光興四
光千
復恢柒園四子生崇禎癸酉年五月廿六日巳時卒
五月廿一日巳時娶蕭氏生崇禎戊寅年三月初六
日巳時卒康熙戊午年七月初六日葬上塘東西向
繼娶許氏生崇禎壬午年又十一月十九日卒康熙庚
子年十月十三日戌時葬山門公仝長子光僅合

葬本山土名橋仔頭生子二長光僅蕭氏出次光満許氏出
復綢科選次子生崇禎戊辰年正月廿日卒康熙庚寅年
八月十二日娶施氏生崇禎壬申年九月十九日卒康
熙庚寅年八月初七日墳在風帽下土名長寮地內
生子三長光添次光會三光全
復懋科選三子生崇禎乙亥年三月初一日未時卒
康熙辛卯年正月初九日娶魏氏生順治乙酉年
十二月廿五日卒雍正乙巳年三月十九日巳時合葬
在鵞溝坐癸丁兼子午生子二長光寬次光亨

復居望鵬之子生庚午年四月廿一日酉時卒　年
月　日娶施氏蔡氏俱歿繼娶蔡氏生甲戌年九
月初六日戌時生子二長光助次光富
復興望麟長子生崇禎乙巳年八月初四日寅時娶蔡
氏生崇禎壬申年卒康熙庚戌年七月廿七日止
復璉望麟次子生順治己卯年正月十七日卒康熙戊
年四月十一日娶楊氏生順治辛巳年八月初五日亥
時卒康熙十一月廿一日合葬塘赤土低南北向生子
二長光進次光瑞

復安望麟三子生順治甲申年五月十二日午時卒康熙甲申年八月廿六日葬在風帽坐庚向甲兼卯酉娶翁氏生順治庚寅年二月十六日亥時卒雍正辛亥時年二月初十日墳在鵞溝生子三長光長次光

再三光論 魯東

揚輝維選長子生隆慶庚午年十二月十三日卒庚戌年六月初九日妣吳氏杆頭鄉卒十二月卅日葬關鎖塔萬園內艮坤向生子

一培芳 公葬杆頭前山申寅向

揚參維選次子號貫吾生萬歷癸未年十二月十七日卒

庚寅年四月初八日娶施氏葬前岩生子二長培加

次培慶 湖尾

揚遵與選長子諱士長号榮谷生萬曆乙未年十月

廿一日辰時卒庚寅年四月廿二日娶謝氏生萬曆戊

戌年二月十三日丑時卒丙午年三月初二日生子二

長晅秀次晅舞

揚九與選次子諱士登号榮宗生萬曆乙巳年九月廿

六日戌時卒壬辰年九月十三日葬龍公溪厝頭崙娶

謝氏生萬曆乙巳年九月初十日戌時卒辛丑年五

月初二日葬後壠瓦窯內生子二長晅言次晅韡
揚甲與選三子諱士科生甲寅年四月十九日酉時卒乙巳
年五月十三日娶陳氏合葬下山鄉土名社山坐艮向
坤生子一震鵜
揚策殷選長子諱士樞号榮開生丙午年十一月廿九日
卒丙申年閏五月初四日葬糞樹尾娶謝氏生庚戌
年正月十五日卯時卒十一月廿九日生子五長晅儀次晅
彥三震鶘四震鴿五震鷀
揚欽殷選次子諱士揀号榮倉生萬歷乙卯年八月初

三日酉時卒癸未年十月十七日戌時娶黃氏生福厖
乙卯年九月廿五日戌時卒康熙壬申年十二月十二日
仝改葬下山厝尾坐壬向丙生子二長晅初諱部次震

寧 二房

進富揚賓長子
進榮揚賓次子 俱去貴溪
長孫國秀之子
揚齊宜貴長子
揚選宜貴次子

揚尾宜貴三子 三房

揚葉以選長子諱騰基号拔宇生萬曆丁亥年九月十二日娶顏氏生壬申年十月廿日卒順治己亥年五月十九日葬在吳厝頭生子一𤧊助

騰臣以選次子

騰新以選三子 三人俱去福州

騰寅以選四子

揚秀昭選長子諱騰桂号月瞿生辛卯年九月初八日卒癸未年四月廿六日娶陳氏生壬辰年九月初八日卒壬

寅年七月十七日全葬扞柄東山生子四長仲及次仲春
三仲懋四仲華俱止

揚任昭選次子諱騰檜号滄海生甲辰年五月初十日卒
辛丑年十二月十一日娶許氏生癸未卯年正月初三日
卒壬寅年正月初一日生子三長仲顕次仲輝三仲擢

揚礽諱騰隣光選之子生子三長仲和次仲順三仲興俱止

揚登長選長子諱騰科止

揚起長選次子諱騰蛟号抜台生辛亥年卒十二月初
三日娶施氏卒三月初七日繼娶林氏卒八月初四日生

子二長仲約施氏出次仲是林氏出

揚趙仁選之子生辛酉年六月初三日卒十二月廿日葬後

溪路娶邱氏生子二長仲彩次仲程

揚寅武選之子生壬戌年四月十四日寅時卒八月廿三日娶

王氏生乙丑年十一月廿九日辰時止

騰

鵬轟選之子生甲子年卒戊子年九月十二日生子一

仲遷杆柄

揚陶德選之子号心鑄生辛亥年六月初十日止

卯年卒

毓裕号懷盈字薦長子生子二長元宇次元爵

毓聖禹薦次子止

毓秀号懷清字藩長子娶陳氏生子一元成

毓德号懷美字藩次子止

毓愈号懷明字辰長子娶陳氏生子一元輝

毓富号懷朱字辰次子娶九十都侯氏

毓逮号僑儒之子遷徙温州

毓俊僑璞長子生子二長元佑次元嘉

毓香僑璞次子号懷馨生子一元雅毓新次子入繼

毓新号懷藩僑璞三子生崇禎丁丑年十二月廿七

日卒康熙辛巳年十月十五日娶九十都侯氏合
葬在大余坐子午兼壬丙生子四長元尚次元
雅出承毓香三元益四元秀

毓麒喬鎮長子生丙申年九月初五日卒庚寅年
四月十一日娶陳氏生庚子年九月廿三日卒丁未年
六月初二日合葬本山厝后土地后生子一元添

毓麟喬鎮次子生戊戌年三月廿七日卒己亥年八
月廿日娶陳氏生己亥年五月十七日卒辛丑年十
二月初十日改葬厝頭生子四長元祖次元培三

元愿 四元協

毓驥喬棟長子止

毓驊喬棟次子止

毓贊喬鼎長子号懷周娶本鄉葉氏卒一五月廿日

生子一元質

毓載喬鼎次子号懷玉娶謝氏生子一元案

毓禮喬鼎三子移住安南安詩内山頭

毓喜喬鉉之子移住南安十四都

毓傳喬鄕之子生子二長元觀次元聰

毓嘉喬楚長子娶黃氏生子一元韜

毓碧喬楚次子娶杜氏生子一元畧湯邊

揚聲亨選長子号奏五生萬歷乙酉年十一月十六日寅

時卒順治乙未年五月初九日午時娶赤坑黃氏

生庚寅年二月廿四日卒四月十四日公葬金剛石

南北向妣葬本鄉東山生子二長仲熈次仲禮

揚名亨選次子諱慎思生戊子年十月廿三日酉時

卒辛丑年三月廿九日寅時娶蔡氏生辛卯

年十月廿九日午時卒戊寅年六月十六日後娶

龔氏生子二長仲居次仲初

揚第亨選三子諱慎孝生戊戌年十二月十七日

卒正月初四日妣陳氏合葬李鄉東山

揚祿亨選四子外出

慎餘匡選長子止

揚謹匡選次子諱慎忠号心仰生萬曆己酉年八

月十三日卒丙午年三月廿九日子時娶高氏生己

酉年八月廿日生子二長仲卯次仲壽杆柄

十二世

晅立揚采長子諱培脩号興初生甲辰年卒丁酉

年三月初七日娶施氏生子一儀集
晅卿揚采次子諱培學号望初生乙巳年卒壬寅
娶蔡氏生子二長集淵次集添
培城揚采三子生壬戌年止
晅皆揚質長子諱培發号日省生辛亥年十月十三日
卒乙酉年十月初五日葬埔墘娶施氏生壬子年卒
癸未年八月十六日葬松栢墘生子三長録庭次録
緑三録潛去松江住
晅兑揚質次子諱培悅号日允生乙卯年八月十五日卒

乙巳年八月十九日娶姚氏生丁巳年卒甲申年五月十七日生子二長録倈次録月

晅驥揚質三子諱培嵩号惟正生戊午年十二月十九日卒甲午年十一月三十日葬崎嶺娶蔡氏子録雲瑒

晅琛揚質四子諱培昂生壬戌年七月廿六日未時卒二月十六日娶石下施氏生丙寅年四月初四日巳時卒十一月初二日合葬錫坑山后厝地生子二長録箴次録奏

晅保揚哲長子諱培護生壬戌年十月廿五日卒壬寅年二月初五日葬山后埔娶施氏生子一録恩止

晅守揚晢次子諱培栽生丙寅年辛丙辰年十二月初九日娶吴氏生子一録隱止

培履揚啟長子号惟坦生癸亥年十二月廿八日辛甲寅年七月廿七日娶施氏墳在山后厝地生子二長錡秀次錡更

培度揚啟次子号惟平生丙寅年十月初三日辛甲寅年八月十二日娶倪氏

晅岱揚楚長子諱培基生已未年辛甲午年娶陳氏生子一録儼止

晅明揚楚次子生辛未年八月十七日止

生甲申年正月廿六日
培夏揚謙長子生戊辰年辛巳未年正月廿八日子録壬
培秋揚謙次子生辛未年止
晅貞揚緝之子諱培亨号升初生戊午年九月初八日
未時卒甲辰年九月初五日辰時娶大崙蔡氏
生庚寅申年三月十五日卒六月十三日生子四長録澄
次録清三録淵四録源
晅植揚秉長子諱培茂生戊寅年五月十七日寅時
卒甲寅年十二月初三日葬佳板前面地生子二

長録順次録敬

培泰揚秉次子生順治甲申年六月廿九日卒雍正己酉年六月初一日葬在鯉魚穴坐南向北娶施氏生順治丙寅年五月十一日卒康熙辛丑年九月廿六日葬在庫前東坑坐西向東生子四長録高次録性三録祖四録貴

培高（亮）揚麗之子生甲子年娶吳氏生子一録傳

在台湾居住

培環揚就長子生順治辛未年十一月廿四日亥時卒康熙壬申年閏三月三十日卯時娶吳氏繼娶

戊寅年七月十一日午時生子二長録富次録來
培珍揚就次子生崇禎丙子年十一月十三日亥時卒
康熙乙酉年五月廿九日戌時娶楓林吴氏生崇
禎丙子年九月廿四日寅時卒康熙己丑年五月
廿四日仝葬左溪后坐癸向丁生子五長録顯次
録亮三録昇四録裕五録載
按吾祖諱培珍字晅玉号恪敦生平寬厚恪誠
内而家庭外而族黨皆以愷惻待人稱為尤佛
年六十有七忽焉謝世至三日夜復甦再享三年

之福克躋古稀之筭而動作云為起居飲食

大異常時與

祖母吳氏偕老子若孫二十有餘含飴繞膝時滑

其歡心益由其立心制行宜其獲報於天也行

耳琛叔之遺言敬登之諸譜以示於後

培六揚就三子生崇禎　年　月　日卒康熙年間閏

七月初七日墳左鄧厝

培碧字暄璽揚就四子生崇禎壬午年八月初十日未

時卒康熙丙子年二月初三日葬古湖大路墘坐

乾向巽娶林氏生順治壬辰年二月二十日卯時卒雍正丙午年四月十九日午時葬在陳店埔生子三長録賛次録助三録成錫坑

光璧揚本之子生丁丑年八月十五日巳時卒癸巳年二月初七日娶楊氏生癸未年二月十二日酉時卒辛未年八月二十日仝葬在蘇厝坐乾向巽兼戌辰生子四長應郎次應進三應聯四應皆

光昇復登之子娶　氏生子三住澎湖

光文復隆長子生崇禎庚午年四月初一日卒甲戌年十月三十日墳在沙墩坐西向東止

光寧復隆次子生順治壬辰年九月廿九日辰時卒康熙戊戌年十一月廿三日娶浯汶施氏生順治戊戌年五月初五日卒康熙甲午年十月十六日仝葬左林邊虎空埔坐卯向酉生子二長應房次應群

光順復隆三子生康熙己酉年二月初五日卒康熙丙子年七月初三日止

光庚復殷長子号壽中生順治戊子年六月廿九日卒康熙丙辰年正月廿日葬風帽卯酉向止

光徙復殷次子生順治丙申年二月廿四日卒乾隆

壬戌年十月廿九日癸卒風帽娶扞栖蔡氏生順
治庚子年九月十一日巳時卒康熙辛丑年八月十
四日癸卒破倉生子四長應和次應麟三應燦
四應麒

光參復殷三子号清中生康熙丙午年六月十九日
亥時卒雍正丁未年三月廿五日寅時癸卒坑東
髻尾坐丁向癸兼未丑娶蕭氏生康熙戊申年
十月初五日卒雍正甲寅年四月十六日癸卒鷥溝
坐北向南生子一應華

光洪復殷四子号秉中生應康熙戊申年五月十二日

亥時卒乾隆庚申年正月十一日巳時娶衙口施

氏生康熙乙卯年五月十三日卒十二月初四日葬在上

塘坐辛向乙兼壬丙繼娶茂亭陳氏生康熙　年

十月初十日卒乾隆　年十月廿八日仝公葬在本鄉西

坑墘坐庚向甲兼申寅生子六長應欽次應明

施氏出 三應選 四應聘 五應舉 六應拔 陳氏出

温陵滬江魯東分派尤氏家譜序

家之有譜所以序昭穆分親疎明貴賤別尊卑載宗族之由来詳先祖之功德揚閨範之節烈誌子孫之世系譜之義務大矣哉我族歷来已久自大唐時代始祖諱宗文号思禮公本姓沈因避王諱去氵為尤同王諱審知開閩為駙馬都尉居唐郡武榮遂開基我族焉歷歷世紀萬代源流已彰彰可考似無庸

爲之再造也伏以木本水源彌深追遠之緒故計久
脩輯我族之譜而族衆多散服賈遠方未獲聚議
然脩譜之事非衆力共策者不能故遲遲未舉延
至于今值祖宇坐山大利之吉於是奕爵奕從世錫等首倡
延師纂輯也自此以後之生娶卒葬可以隨時登載
縱年代湮遠永無遺漏之憾亦可以示厥後云尒

十九世裔孫善祖頓首拜誌

中華民國三十六年歲次丁亥葭月　日

從

滬江尤氏命諱行

公十二世 侯十三世 伯十四世 子十五世 開十六世 基十七世 茂十八世

奕十九世 世二十世 傳廿一世 芳廿二世 祖廿三世 澤廿四世 長廿五世

温陵魯東尤氏開基始祖宗支系圖 凡五世一圖

一世	二世	三世	四世	五世
致政	伯洪	孟榮	以忠	
		孟孜	以政	存爵
				存茂
		孟傳	以雄	淑文
		孟輝	以友	慈欽

華欽

孟亭

以愛 止

以思 止

伯華

孟陽

七公

廷睿

廷智 止

廷獻

廷亮

- 八公
  - 存經
  - 存安
  - 存六
- 孟參
  - 十二
    - 朔欽
  - 十六
    - 廷章
    - 廷廣
- 孟轉
  - 瑞光
    - 護公

- 孟悦
  - 十一
    - 廷宣
    - 廷顯
  - 十四
    - 廷燦
    - 廷玉
- 孟玉
  - 子茂
    - 廷俊
    - 廷鬯
  - 子固
    - 廷昭

五世 六世 七世 八世 九世

- 伯榮（六世）
  - 孟珂（七世）
    - 雍瑜（八世）
- 存爵（五世）
  - 舜德（六世）
    - 秉清（七世）
      - 時璘（八世）
        - 邦富（九世）
        - 邦贊（九世）
    - 秉敬（七世）
      - 時通止（八世）
      - 時平止（八世）
      - 時連止（八世）

存茂
進魁
秉華止
秉昭止
秉義止
成魁
秉胤
質高

淑文
衷子
秉儔
時定
禹盛
禹茂
秉高止

秉直止

元慶止

慈欽

體乾止

體坤 — 秉澤 — 思舉 — 良德住同安馬巷

體未 — 秉徹 — 公興 — 良修

體燦止

華欽

體寬 — 秉仕 — 思伯

秉宗 — 思喬

思喬之子：良胤、良葉、良觀、良文、良登、良裔

秉忠 — 子希 — 應民

秉壽

思覲

良烱

廷睿

舜澄止

廷獻

舜興

十二却

則淳

齡霄

齡德

齡瑋

則嚮止

日輔

則雄

齡鎮

廷亮

舜厚

曰勝　曰永　曰遴　曰　曰虎

則直止　則元 錫坑　則洪　則富　則珍　則祥

齡球　齡沛　齡淵

存經
- 舜友
  - 秉淵
    - 時興
    - 時光
      - 義珍
- 舜昭
  - 秉環
    - 時哲
      - 禹稷
    - 時恭
      - 禹鑑
    - 時高
      - 禹相
  - 秉玉
    - 時斯 住仙游

齡耀

時案（住仙遊）

存安

舜方
秉玄
時顯 — 禹德
時泰 — 禹玉
時袋 — 禹忠
（俱倭亂沉湖）

舜欽（早逝）

舜敎
秉堅
時恩
禹鳴
禹則

存六
新十 止

舜魁
舜德 出承存畄

秉正
秉盛 止
秉禮

時舉
時惠
時登
時淵 住湖尾

禹受 住安平
禹太 住染井橋
奮掃

新一 止

欽朔

福仔 止

廷璋

愈輝

愈齊

命泰

時恢

命本

時和

時陸

俱止

命宣

應本

良資 住大炉溪

命宇

時富 住大城

良仁

命伍

子韶 止

子春 止

子成 止

子布 出承秉忠

廷廣

愈坤

命大

衍

良安 三房份 命大孫 生女嫁楊家

護公

舜惟 止

舜明

秉欽

時泰 正德年間住南安蔡溪即三房

洪賜

洪用 分永春

廷宣

舜權

舜洪

俱止

廷顯

舜耀 止

廷爍

舜大

舜恭

舜逸

秉昭

興宗 外出

- 廷玉
  - 舜年
- 廷俊
  - 愈堅
    - 秉年
      - 時玉
        - 良載
        - 良全
      - 時福
        - 良當
- 廷尉
  - 愈貽
    - 秉助 止
  - 愈和
    - 秉澤
      - 堯選
        - 巍山
      - 堯斌
        - 其懋

邦贊
育選　主選
進甫　二娘
可明　昭明　尚明　可泰　可豫　可隨
廷鳳

禹盛
科一

良修

良亂
- 允選 止
- 儀選
  - 揚侯
    - 可清
- 御選
  - 揚敏
    - 士喬
      - 文榮
      - 文華

科二

科三

文富

文貴 上

文辰

士全

士興

子英 失誌

豪選

榮選 失誌

良葉

良觀 — 國選 — 日老 — 士表

良文 — 學聰
　　　 學第

良烱 — 學愢（止）
　　　 學曽 — 日地
　　　 學魯 — 日旺 — 士宋 — 文課
　　　 伯選 — 日高 — 士認 — 文趙

士趟　士贊　士允　士悦

文侯　文光　文才　文淵

- 齡霄
  - 之選
    - 揚秉
      - 晅立
        - 儀集
      - 晅卿
        - 集淵
        - 集添
      - 培城
- 齡瑋
  - 文選
    - 揚質
      - 晅皆
        - 錄庭
        - 錄綠 住松江
        - 錄潛

揚哲

晅兌　晅冀　晅琛　晅保　晅守

錄侯　錄月（晅兌子）
錄雲 殤（晅冀子）
錄箴　錄奏（晅琛子）
錄恩 止（晅保子）
錄悤（晅守子）

揚啟
- 培履
  - 奇秀
  - 奇更
- 培度

揚楚
- 晅岱
  - 錄儼 止
- 晅明 止
- 培賢

揚謙
- 培夏
  - 士任 出外

培秋 止

揚緝

暄貞

錄澄　錄清　錄淵　錄源

台選

揚秉

暄植

錄順　錄敬

- 齡鎮
  - 元選
    - 揚麗
      - 培亮
        - 錄傳 住台湾
  - 敬選
    - 揚品
    - 揚美
- 培泰
  - 錄高
  - 錄性
  - 錄祖
  - 錄貴

齡節

廷選（良賓四子入繼）

揚就

培環　培珍

錄富　錄来　錄顯　錄亮　錄昇　錄裕　錄戴

齡球
- 恒選

齡沛
- 日選
  - 揚本
    - 光璧 魯東
      - 應郎
      - 應進

培六

培碧
- 錄贊 錫坑
- 錄助
- 錄成

月選止

福選止

天選

復登

光昇住彭湖

復伍

隨選

復長止

應聯

應皆

復隆
- 光文 止
- 光寧
  - 應房
  - 應群 住林邊
- 光順

復盛
- 光祚
- 光戊
- 光參

俱止

季選

復殷

光庚 止

光徙

光參

光洪

應和

應麟

應爍

應麒

應華

應欽

復祚

光挺
光顯

應明
應選
杳支
應聘
應舉
應捘

復昌

光猛
光鶴
光好
光合
光喜
光珂
光回

轉選

復禮
復環
復榮

光興
光概
光用
光嫣
光富
光曾
光福

光千

復恢

光僅

光滿

齡耀

望弼

望鼎

復甲

復綢

光添

光會

魯東尤氏族譜

望鵬
望麟

復懋
復居
復興
復璉

光全
光寬
光亨
光助
光富
光進

光瑞

復安
光長
光再
光論

禹忠
夏選 止
維選
揚輝
培芳
揚參
培加

良資 住大炉溪

禹受 住安平

與選

懷君

君富

君弼

選

選 俱去洪家

揚遵

恒秀

培慶

殷選

揚九　揚甲　揚策

恒舞　恒言　恒韡　震鶩　恒儀　晅彥　震鶼

宗魯

揚貴

揚治 炉溪二房

揚漢

揚欽

晅初

震鶉 二房

震鳷

震鴿

廷選 出承錫坑齡節公

良仁

一龍 止

一鵬

洪賜

揚賓

進富

進榮 去貴溪

洪用 分永春

國三 止

國秀

長孫

良載

以選

國序 止

國肆 止

宜貴

揚齊

揚選

揚尾

揚業

騰臣

晅助

騰新　騰寅

昭選

騰桂　騰檜

仲及　仲春　仲懋　仲華　仲顯

光選

揚祁

仲輝

仲耀

仲和

仲順

仲興

良全

長選

騰科 止

騰蛟

仲約

良當

仁選　懷選止　武選　轟選　德選

揚趍　揚宙止　騰鵬　揚陶

仲是　仲彩　仲程　仲遷

巍中

堂選
京選 止
完選 止杆柄
宇薦

揚淮
揚云
揚丑
毓裕

元宇
元爵

其懋

宇藩

毓聖止

毓秀

元成

毓德止

宇醇

毓愈

元輝

毓富

其任

喬相

喬儒

毓速 從温州

番璞

毓俊　毓香　毓新

毓俊：元佑　元嘉

毓香：元雅 毓新次子入繼

毓新：元尚　元雅 出承毓香　元益　元秀

- 喬偉
- 喬鎮
  - 毓麒
    - 元添
  - 毓麟
    - 元祖
    - 元培
    - 元愿
    - 元協
- 喬棟
  - 毓驥 止

其登
- 喬鼎
  - 毓贊
    - 元質
  - 毓載
    - 元亲
  - 毓禮（住南安詩內山頭）
- 喬鋐
  - 毓喜（住南安十四都）
- 喬弼
  - 毓傳
    - 元觀
    - 元聰

毓華

其彭
- 喬楚
  - 毓嘉
    - 元韜
  - 毓碧
    - 元器

士解
- 喬盛
  - 毓春
  - 毓玉
  - 毓參
- 喬明
  - 毓美

士捷　湯邊
- 喬亮

良貴
開宗
開明
俱止

良輔
亨選
揚聲
仲熙
仲禮
揚名
仲居
仲初
揚第

喬偉

喬鎮

喬棟

毓麒

毓麟

毓驥 止

元添

元祖

元培

元愿

元協

毓華

其登
- 喬鼎
  - 毓贊
    - 元質
  - 毓載
    - 元案
  - 毓禮 住南安詩內山頭
- 喬鉉
  - 毓喜 住南安十四都
- 喬弼
  - 毓傳
    - 元觀
    - 元聰

- 其彭
  - 喬楚
    - 毓嘉
      - 元韜
    - 毓碧
      - 元畧
- 士解
  - 喬盛
    - 毓春
    - 毓玉
    - 毓参
  - 喬明
    - 毓美
- 士捷 湯邊
  - 喬亮

魯東尤氏族譜

良貴
開宗
開明
俱止

良輔
亨選
揚聲
仲熙
仲禮
揚名
仲居
仲初
揚第

揚祿 外出

匡選 扦柄

慎餘 止

慎忠

仲卯

仲壽 扦柄

温陵滬江魯東分派應選公派下尤氏生支圖

十三世　應選

十四世　伯萬

十五世　子瓊　子參

十六世　開臨上　開海子參三子入繼　開汗

十七世　基玉　基寬　基輝　基瓶

十七世

基玉

十八世

茂添

十九世

兵平（茂桂長子入継）

二十世

開燦

開海（出承子琼）

世相

世讓

廿一世

基鼎（出承開燦）

基炮

基鼎（開江三子入継）

基碭

尤氏族譜

茂桂 基寬長子入繼

奕平 出承茂添

奕源

世湀

世爐 次

世炎 三

世越 長 殤

基寬

茂桂 出承基玉

茂桐

奕旋 出承茂玢

奕潭

基輝

茂扮　茂淵

奕全　奕旋（茂捐長子入繼）　奕強　奕捒　奕爵

世獅　世忠　世佑　世祿　世懋

傳林

魯東尤氏族譜

奕宗

奕傳
- 世傑
- 世彬

奕志
- 世錫
  - 傳中
  - 傳民
  - 傳族
- 世樞 出承奕全
- 世楠 出承奕椅

世椿

基瓶

茂佐

茂風 殤

茂波 出承基炮

茂榮

奕喬

奕全

奕搏

奕熊

奕森 出承茂周

世樞 奕志次子入繼

世楠 奕志三子入繼

世華 奕謀之子入繼

茂周

奕炳
世昇（奕池長子入繼）
世恩

奕池（出承茂岩）

奕謀
世華（出承奕熊）

奕拮

奕明

奕森（茂棠次子入繼）
世宣

茂岩

奕池　茂棠四子入繼

世昇　出承奕炳

世和

基鼎　出承問燦

基炝

茂昌

奕猷

奕鐸

茂波　基瓩次子入繼

奕展

奕雄

世崇

基鼎 潤江三子入繼

茂華

奕琛

奕鈿

奕欽

奕 未名殤

世晥 殤

世潛

世俊

傳安

傳定

- 茂禎
  - 奕錦 殤
  - 奕從
    - 世任
  - 奕奇
    - 世才
  - 奕仕
    - 世龍
    - 世禮
    - 世忠
    - 世誠

奕基

世瑋

世琮

茂祥 殤

茂漢 殤

○傳中
○傳民
○傳族
○傳安
○傳定

温陵魯東分派開基滬江尤氏族譜

十三世光洪公三子

應選 號擇侯

生康熙五十一年壬辰二月廿五日戌時
卒乾隆四十四年己亥正月初三日午時

妣施氏

生康熙五十八年己亥十二月十九日寅時
卒乾隆五十一年丙午六月十三日未時

考妣俱葬魯東鄉

子一 伯萬

十四世僊選公之子

伯萬　生　十月十五日　時

卒　七月初三日　時

妣施氏　諱鴛娘　生乾隆十四年己巳十二月初二日丑時

卒嘉慶廿三年戊寅四月二十日丑時

考　誥封武義大夫墳在台湾妣享壽七十歲例授宜人

子二　長子瓊　次子參

十三世祖伯萬公，由魯東遷滬之東垵，迄今二百餘年，歷八世，枝葉繁榮，子孫茂盛，從茲生產日衆。誠恐歷久，系統乖張，貽有典（數）忘祖之羞，虽有舊譜可稽，祖德炳然，而修譜之事，乃當務之急，萬不可忽視。是以援集族中諸兄弟姪，發起重修家譜之起也。

爵髫齡時常聞先祖母口述，謂太高祖伯萬公生而頴異，少懷壯心，常自謂曰：丈夫子志在四方，豈可株守故園，終老於樵蘇之間乎。時適明社已屋，台灣校圖歸附藩清，閩人移徙其間，實繁有徒。伯萬公乘時而興，辭家東渡，寓於台之淡水。奈天不賦其志，事業未成而身先隕。凶耗傳來，舉家哀痛。吾高祖子參公尚未冠年，聞凶信悲泣，將日淚以繼血，跪求太高祖母許其渡台求父骨與歸。太高祖母泣謂之曰：尔父逝於台，尔兄歿於鄉，家門之不幸至於此極，人生到此天道寧論？況尔年尚幼，余焉能舍尔遠涉重洋，使余老眼望穿，其苦更難言矣！尔之孝思純篤，待尔年壯，求之未為晚也。高祖順母之命，中止台行，從茲思父之心不去於懷，日夜與淚洗面，鄉族人稱其孝，有口皆碑。弱冠廢讀習操舟業，藝精，兩渡台湾求父骨不得，為畢生之隱痛。曾祖揚清公克繼父業，家道日隆。於茲八代。有識者謂祖德遺蔭，子孫沐其澤者大矣。援誌於譜，俾後代子孫溯源祖德也。

十九世裔孫奕爵謹誌

民國三十六年歲次丁亥季冬　穀旦

十五世伯萬公長子

子瓊 享年三十九歲 生乾隆卅七年壬辰三月十八日寅時 卒嘉慶十五年庚午二月廿九日戌時

妣李氏 諱嫌娘 號勤慈 享年四十歲 生乾隆四十四年己亥五月初四日卯時 卒嘉慶廿三年戊寅十月十六日辰時

考妣合葬李山新祀宮東塚內長子開臨祔

子二 長開臨 次開海 子參三子入繼

十五世伯萬公次子

子參　字隱明号從善　生乾隆四十二年丁酉正月廿二日巳時　卒道光二十五年乙巳十二月初三日亥時

妣陳氏　諱間娘号慎惠　本里港內人　生乾隆四十九年甲辰正月十七日酉時　卒咸豐二年丁巳八月初八日子時

考誥封武義大夫享壽六十九

妣誥封淑人享壽七十四歲

合葬本山馬路仔東坐坤向艮兼未丑分金丁未丁丑

子三　長開江　次開燦　三開海出承子琼

女二　長曰坤適東垵吳浪官　次曰敉適南春陳慈官

從善公誌

公少失怙，十歲始遷來滬之東，遂家焉。依母偕活，家無恆產。業於漁，得錢輒以奉母，識者咸目以顯異。蓋由其天性然也。長而藝精舟師，所入頗饒。家計外，使以贏餘學計然，而所獲益裕。由是買宅建船，居然素封。而吾父以冢嗣繼起，箕裘克紹，祖武是繩，誠無慚跨竈，不愧克家。而　公亦遂退休，委以家政，而與　祖母陳氏偕老一堂之中，兒孫繞膝，古人所謂蔗境者，　公殆庶幾焉。　公居恒又每以不逮事親為憾，其孺慕之誠有不容已者。然公之創業如是，雖風木不可悼，而裕後光前，公咸有之。今也繩繩正未有艾，皆由公之詒謀遠而益。以信天之報施不爽也。爰舉實錄筆於譜，以為訓。

咸豐七年歲次丁巳端午後一日，嫡孫基輝謹誌

民國三十六年歲次丁亥葭月日重錄

十六世子瓊公長子

開臨

享年三十五歲

生嘉慶十五年庚午五月廿九日辰時

卒道光廿四年甲辰八月初十日未時

祔父葬新祀宫東塚内

十六世子瓊公次子　子參三子入繼

開海　諱開河字秀山號揚晉　生道光元年辛巳十月十七日酉時　卒光緒廿三年丁酉五月三十日午時

妣林氏　諱好娘号閨脩　生道光三年癸未七月初九日寅時　卒道光廿九年己酉十月十五日辰時

繼李氏　諱綢娘号閨秀　生道光六年丙戌四月廿六日申時　卒光緒十一年乙酉三月十八日卯時

考國子監肄業以軍功議敘洛　部題授布政司經歷

敕授宣德郎富壽七十七葬本山中赤埕穴内巽乾己亥

外乚辛辰戌

妣林氏繼李氏俱贈安人拾瓦棺合葬舊祀宫南柯厝墓邊

子二長基玉次基寬　女匾適司内陳家職員

清敕授宣德郎布政司經歷揚晉尤公墓志銘

翁尤姓，諱開河，字秀山，號揚晉。國子監生，以軍功議叙授布政司經歷。年七十有七以卒，葬有日，其孫茂桂謀所以銘翁者，重卻其請。按狀：尤之先有諱致政公者，宋季肇迹晉江魯東鄉，代有隱德。至翁祖伯萬公、父從善公，俱贈武義大夫。其遷滬也，自從善公始。翁序季，嗣伯父子瓊公。少席父業，復贊伯兄揚清公，恢而大之，家隆隆以起。性孝友，撲誠，事無鉅細，一遵伯兄命。後以生齒日繁，與兄析居，怡怡無間言。人以其訥於口，時相戲調。翁笑而受之不爲迕。蓋其酬世接物，藹然以和，煦然以惠也。好施與，戚鄰中有以急告者，靡不給其求。慶弔禮無愆。鄉有義舉，傾囊從恿之。捨藥施茶，尤罔或怯焉。余意翁好行其德，食報正未有艾。乃值歲大疫，玉折蘭摧，竟先翁而赴重泉。天何此醉？可慨也夫！翁生於道光辛巳年十月十七日酉時，卒於光緒丁酉年五月三十日午時。配林氏安人，續配李安人。子二：長恩慶，以騎射入邑庠，先歿；次基寬。女一，適陳。皆李出。男孫四：茂添、茂桂、茂

桐、茂扮。女孫三：長適陳，次適洪，三未字。基寬茂添前翁

一日歿。以光緒丁酉年十月廿三日葬翁於本山中埕穴內巽

乾巳亥外乙辛辰戌。翁孫多從余遊，且叨姻婭也。稔聞

懿行，謹叙其崖畧而爲之銘。銘曰：

履華腴而克永年，眷於德者固其宜，身康強而不逢

吉而謂天者不可知。剝極必復，丁其阨乃大其蕃。滋

幽宮永保兮，發祥衍慶以俟後之人。綿綿無窮期。

通家姻晚生吳淑輝頓首拜撰并書

孝孫茂桂 茂桐 茂扮 仝勒石

清敎授

開海公行樂圖讚

眼前有山水不必尋蓬壺胷中有邱壑不必訪仙區聊將行樂意寫入丹青圖雖曰身外身相看即故吾憩坐古松下時與僕馬俱願為市之隱弗作田之夫懷彼計然術浪迹泛五湖致茲季倫富綺樓舡綠珠納粟欣奏名清靜以自娛藉尔剞劂筆肖此古眉鬚

松龕黄登瀛甫藁

丹青之工見廼翁襟期直有古人風叔子雅度肆其外叔
度洪波闊其中鬚眉面目形酷肖婦孺侍眾皆佳妙
恪遵懿訓有尊卑奉獻茶承色笑間坐科頭羽扇
揮平矜釋躁俗情布好景樓前觀不盡鉛松怪石名
花輝況復褫鞍卧地有玉驄佩笠當階有銀鹿往來問
答免煩勞一生如此又足福

通家姪張師成拜撰稿

讚

其須曜而清，其神淵以穆，其方寸則坦夷，其虛懷則平

牧晏坐科頭，踞石聽瀑，羽扇停揮，松風謖謖，生意藹

前蘭馨桂馥，其室則遂有美如玉，聊可與娛，我馬我

僕，優哉游哉，不耕不讀，豈必逍遙乎山之巔，容與乎林之

麓。藉妙手兮長康，聊置之丹青兮一幅，試問見之者孰

不認此翁之面目

姻晚姪吳淑輝拜藁

百歲無多時，奔逐曾何益，伊人屏紛華，獨有林泉癖

门無剝啄聲，身間地更僻，囬亭叢木攢，簾幕紅塵

隔竹韻戛窗南柳陰落庭際鎮日鬥茶香消夏情彌
適嬌兒喜推書問字覲指畫飄然行地仙蓬萊咫尺

姻暄姪吳淑輝丹拜撰

凡物皆有託人生貴適志卓哉古風人迥與庸人流
異屋舍修且潔園亭巧安置迎風柳成陰消夏竹搖翠
花卉雜庭除况有佳兒侍此中樂何如妙手寫其意景
仰披圖畫稱神老彌粹敬瞻君子容俚言以為誌

悅省吳榮光拜撰

十六世子參公長子

開江 諱開淮字秀溪一字秀川号揚清 生嘉慶甲子年十二月廿七日辰時 卒光緒乙亥年九月初九日申時 享壽七十二歲

妣翁氏 諱最娘号淑德 生嘉慶九年甲子十一月廿八日亥時 卒光緒四年戊寅五月十二日戌時 享壽七十五歲

考國子監太學生例授脩職郎誥封武義大夫

妣誥封淑人

考妣合葬李山塗窟

子四 長基輝 次基瓻 三基鼎出承開燦 四基炮

皇清國學生　誥封武義大夫揚清尤府君墓志銘

歲乙亥，尤君恩元將卜葬其尊人　誥封武義大夫，乞銘於余。曰：先大父母墓志，子既不棄而為之銘，先嚴生平行事，惟子最稔。坎幽之文，恩元敢以請。余鄉人也，又世好也，何敢以不文辭。謹就其所聞見者握管而係之曰：尤之先為唐沈文宗後。文宗隨王審知入閩有功，官駙馬，避王諱去氵為尤氏。世居溫陵，後從晉邑之魯東鄉。祖伯萬、父從善，皆以恩元貴，馳贈如職。先是伯萬公卒，祖母施太淑人挈贈公從善兄弟三人来家滬之東垵，從善少而孤，得以成立者，太淑人之力也。生封翁及其弟開燦、開河。封翁以生長海濱，襲父業，起家舟楫。弱冠逐末於吳越齊魯幽冀之間。握算居奇，謀無弗遂。以故得大恢其業。然天性敦摯，事父母能得其歡心。撫弟輩以親以愛，自少及老，怡怡如也。其孝友之誠者如此。同治己巳、庚午歲，頻歉，封翁於外鄉同姓及親戚姻婭，先以錢，而繼之以米，無不滿其意去。時奉滬江奉憲平賑，封翁捐米千石為倡。鄉人賴以不飢。其恤宗黨、賑貧窮者又如此。他如祖廟傾塌，封翁不吝千金，獨力重建。與夫文祠宮觀，途路創脩，靡不喜捐樂助。為能獨識其大者。而施棺木、捨葯材、惜字、放生，又其餘事焉。當封翁壯年時，粵艇猖獗，海內患之。封翁請於觀察段公，假舟師擊之。會議撫不果，然當途者壯之。厥後賊艇突入梅林鄉、澳，掠其商船。封翁以唇齒之鄉，駕舟逐之，鄰舟得免。遠近高其義。洎乎艾年以來，有感於世道人心之變，持齋禮佛，遨遊名山，隨意所適。嘗訪道至北京，不遇而返。夫世之人於富若貴，趨之如騖者比比也。封翁以白手致家累鉅萬，一旦脱然不顧，淡泊自安。其脩持如是，宜其子若孫彬彬濟美，或習射於膠庠，或學文於藝苑，或曳履成均，或託名薇省，榮封誥鳳龍章，皆得於及身見之。則餘慶之報有自來矣。今上登極之元年，三子恩元又以督脩臺郡城功，中丞王欽差沈請奬三品銜於朝。行將為國棟樑。而封翁竟一病不起，雖及知而不及見矣。惜哉！封翁諱開淮，譜名江，字秀溪，號揚清，國學生。以子恩元貴　誥封武義大夫。生嘉慶甲子年十二月廿七日辰時，卒光緒乙亥年九月初九日申時，福壽七十有二。配翁氏，封太淑人。子四：長清輝，國學生，早卒，贈徵仕郎中書科中書；次權量，布政司經歷；三即恩元，臺郡武生，授都閫府，出承其叔父開爍；四基炮，早卒。男孫十有一：自清輝出者曰景涵，曰茂勛；自權量出者曰茂波，茂榮，茂周，茂岩；自恩元出者曰茂華，茂禎，茂祥，茂漢；自基炮出者曰茂昌。女孫三，俱婚名族。餘繩繩未艾也。銘曰：

休休其量，坦坦其裏。種其德以善其躬，為其善而報隆。匪士夫身而行誼可風。嘗擊賊於海之中。以齋素禮伽而火貶其英雄。宜乎其及身而封。為泐銘碣以鎮幽宮。

賜進士出身，欽點山西即用知縣，世愚姪黃登瀛拜撰。

光緒二十有一年歲次乙亥，裔孫景涵勒石，令將揚清公洎妣淑德拾藏瓦棺。妣生嘉慶甲子年十一月廿八日亥時，卒光緒戊寅年五月十二日戌時，享壽七十有五。再擇本年六月廿三日　時合葬於本山西土窟之原，穴坐乾向巽兼亥巳分金庚戌庚辰。爰將昔日誌銘重[illegible]

十六世子參公次子

開燦　号華熳　生嘉慶十八年癸酉十一月廿一日未時　卒道光十七年丁酉十月十六日卯時

娶侯氏　改節

考　例封武義大夫　享年二十五歲歿於臺地淡水葵濠尾

子二　基鼎開江三子入繼　基殤

十七世開海公長子

基玉　諱恩慶字聯崑生咸豐五年乙卯四月廿六日巳時
號璞軒享年廿八卒光緒八年壬午八月十三日午時

妣陳氏　諱初娘號冰清　生咸豐八年戊午二月十九日辰時
享壽五十三歲　卒宣統二年庚戌七月廿九日丑時

子二　長茂添　次茂桂基寬長子入繼

女二　長曰珮適后山吳梁灝仝郎　次曰衢適本保洪蟳官

考於光緒丁丑年歲試蒙福建提督學政孫貽經
取進晉江學武庠生第三名官章恩慶歿於台郡
妣廿五歲守節教養子女至於成立歿年五十三歲計守志
廿八年例旌節孝封安人歿時未請旌表有望於後人
葬本山大馬路坐向午子丁癸
妣係本鄉后山規伯長女

十七世開江公長子

基輝　諱清輝号聯奎生道光八年戊子六月初一日亥時
号壁軒年三十五卒同治元年壬戌九月廿三日亥時

妣王氏　諱罷娘号慈儉生道光八年戊子九月十二日巳時
享年二十六歲卒咸豐三年癸丑正月初二日卯時

繼吳氏　諱佾娘号柔和生道光十五年乙未十二月二十日辰時
享壽六十四歲卒光緒廿四年戊戌七月初八日丑時
西垵澈叔長女

側室黃氏改節

簉室戴氏　諱來春　卒塑像生卒未載

考國學生加捐同知銜　敎授奉政大夫

十七世開海公次子

基寬 字聯洪号仲容 享年三十四歲 生同治三年甲子十月十六日辰時 卒光緒廿三年丁酉五月廿九日巳時

妣陳氏 諱雪娘号坤和 享壽八十三歲 港内三落内人 生同治二年癸亥七月十一日吉時 卒民國三四年乙酉十一月初二日辰時

考 葬本山中赤埕穴巽乾巳亥

子三 長茂桂出承基玉 次茂桐 三茂扮

女曰寶 適溪西陳丙赤

[illegible][illegible][illegible]氏族譜

妣 誥贈宜人

繼妣 誥贈宜人

考暨先繼妣及長子茂淵夫婦共六位分上下堦於民國

辛巳年四月十八日酉時捨瓦棺全葬本山頭旂山穴坐乾向

巽兼戌辰 碑勒尤氏封塋

側室戴氏葬本山新祠宮前大馬路墘坐南向北

子二 長茂淵出王氏 次茂佐出吳氏 女曰研適山頭翁備官

十七世開江公次子 考妣拾瓦棺葬李山烏墩山穴丑未艮坤

基瓶 諱權量号謹齋 生道光九年己丑十二月十一日亥時 字基守 卒光緒十三年丁亥五月初六日巳時

妣陳氏 諱返娘号勤順 生道光十一年辛卯十二月廿七日丑時 富年三十八歲 卒同治七年戊辰又四月廿四日午時

繼王氏 諱庀娘号慈熙 生道光十九年己亥八月初六日戌時 富壽六十四歲 卒光緒廿八年壬寅四月初八日寅時

考 敕授脩職郎 例授布政經歷 富壽五十九歲

妣 例贈安人 繼妣例贈安人

子五 長茂風殤 次茂波出承基爐 三茂榮 四茂周俱陳氏出 五茂岩王氏出

女二 曰配陳氏出適西垵侄張苕官 次曰端適后山侄陳子清令次郎

十七世開江公三子出承開燦

基鼎

十七世開江公四子

基炮 号立毅 生道光十四年甲午九月十一日辰時 卒咸豐九年己未九月初六日卯時

妣陳氏 諱奚娘号順節 生道光十九年己亥十一月初五日亥時 卒咸豐九年己未九月初七日辰時

考妣拾瓦棺葬李山大埔内坐北向南

妣於考殁之越日遂自隨考而亡其從一之心堅矣

子二 長茂昌 次茂波 基瓶次子入継

十七世開爍公嗣子 開江三子入繼

基鼎 諱恩元字聯新 號澤堂 生道光十二年壬辰十一月十六日巳時 卒光緒二年丙子又五月十三日辰時

妣陳氏 諱香娘號懿範 生道光十四年甲午七月十三日辰時 卒咸豐十年庚申五月廿五日卯時

繼陳氏 諱鄙娘號慈和 生道光十八年戊戌十月廿一日戌時 卒光緒卅四年戊申八月十四日午時

側室黃氏 諱示娘號順宜 生道光廿三年癸卯十一月廿七日辰時 卒光緒廿六年庚子七月十八日午時

考同治壬戌年進臺郡武庠生 壽年四十五歲

欽加武義大夫 誥授武翼將軍

妣 誥封恭人 誥贈淑人 享年二十七歲

繼妣 誥封淑人 享壽七十一歲

子五 茂華出先妣 茂禎出繼妣 茂錐 茂祥 茂漢俱側室出

女曰 謨側室出 適南春

先妣懿範葬大馬路坐西南向東北

繼妣慈和與茂禎繼妣施氏仝葬馬路東畔坐東向西

側室黄氏與茂推夫婦合葬馬路仔東畔坐坤向艮兼未丑

十八世基玉公長子

茂添　字若錦　生光緒五年己卯九月初十日辰時
年十九歲　卒光緒廿三年丁酉五月廿九日辰時

聘陳氏　未娶故

子奕平　茂桂長子入繼

十八世基玉公次子 基寬長子入繼

茂桂 字若香 生光緒八年壬午八月廿二日未時 卒光緒三十年甲辰十月廿一日亥時

妻陳氏 閨名聘娘 南春保滿堂次女 生光緒九年癸未正月十九日戌時

子二 長奕平 出承茂添 次奕源 女一曰竹治 適后山吳天來三子

十八世基寬公長子出承基玉

茂桂

十八世基寬公次子

茂桐 生光緒十年甲申十月二十日酉時 卒民國三十年辛巳四月初一日寅時

妣陳氏 諱鶴娘号儉和 生光緒十三年丁亥十一月廿一日吉時 卒民國卅四年乙酉十二月初二日酉時

側室陳氏 名烏選 溜江三叔養女 生光緒廿七年辛丑 月 日 時

子三 長奕旋 出承茂枌 次奕潭 三奕泉

女三 長淑娥 次淑珍 三隨伴 治仔

十八世基寬公三子

茂扮

生光緒十七年辛卯十一月廿三日丑時
卒光緒卅三年丁未四月廿六日寅時

考葬本山烏墩山基瓶公墓后坐北向南

子一　奕旋　茂桐長子入繼

世潑　奕平三子入繼

十八世基輝公長子

茂淵 諱景涵字若澄 号鏡亭 生道光廿九年己酉十一月初二日巳時 卒光緒三十年甲辰七月十二日戌時

妣陳氏 諱草娘号璧貞 生咸豐元年辛亥八月十五日丑時 卒同治十一年壬申正月十二日子時

繼李氏 諱姚娘 号慈孝 岑兜李叔之女 生咸豐四年甲寅正月廿一日子時 卒光緒卅三年丁未六月初六日卯時 享壽五十四歲

側室楊氏 諱罔娘 生同治五年丙寅五月十一日辰時 卒民國三年甲寅四月初四日卯時

側室翁氏 諱快娘 生同治六年丁卯十二月二十日寅時 卒　年　月　日　時

考 中書科中書 欽加同知銜 誥授奉政大夫 高壽五十有六

妣　贈宜人　畐年廿二歲　繼妣　宜人　畐壽五十四歲

考與先繼妣于民國辛巳年四月十八日酉時弃璧軒夫婦拾瓦

棺分上下皆共六位合葬頭裄山坐乾向巽兼戌辰

碑勒尤氏封塋

子七　長奕強　次奕棟　三奕爵　四奕志　五奕傳　六奕宗　七奕喬

女八　長領適溪墘陳而揩　三位適新西吳吳濘炊　五曰均　七曰冰

次咏適石圳李招錫　四福適台湾張文選　六曰知　八曰貴　俱幼殤

十八世基輝公次子

茂佐 字若弼 生同治元年壬戌十月廿九日巳時
享年四十二歲 卒光緒廿九年癸卯六月十五日申時

妣王氏 諱辣娘号坤順 生同治六年丁卯十二月十九日亥時
大垵鉢官次女 卒光緒卅三年丁未五月二十日午時
享年四十一歲

考妣與長次男合葬李山馬路仔坐東向西

子二 長奕全 次奕摶

十八世基瓶公長子

茂風 殤 年十二歲

生咸豐二年壬子七月廿一日巳時
卒同治元年壬戌十月廿四日巳時

十八世基瓶公次子出承立毅

茂波

十八世基瓶公三子

茂榮　字則仁　享壽五十歲　生咸豐十年庚申十二月初三日寅時　卒宣統元年己酉七月十八日巳時

妣陳氏　諱菓娘号端品　享壽五十歲　大垵溝流達才之女　生同治元年壬戌八月廿二日子時　卒宣統三年辛亥十一月初八日戌時

考妣於民國丁亥年與繼母王氏及三子奕炳重拾瓦棺葬本山烏墩山穴艮坤寅申

子五　長奕熊　次奕森出　三奕炳　四奕池出承若聰　五奕謀

女二　長曰喜　次曰央

十八世基瓶公四子

茂周 字若愼 享年二十六 生同治三年甲子七月廿八日戌時 卒光緒十五年已丑五月初三日亥時

妣陳氏 諱茅娘號節素 后山河官次女 享年三十一 生同治五年丙寅八月初三日酉時 卒光緒廿二年丙申六月二十日丑時

考享年二十六歲葬本山舊祀宮邊妣享年三十一歲

子三長奕秸 次奕明 三奕森茂棠三次子入繼

女一 算 字陳家

十八世基瓶公五子

茂岩　字若瞻　享年三十一歲　生同治十一年壬申三月初七日子時　卒光緒廿八年壬寅四月初十日亥時

妣陳氏　諱寶娘號節儉　享年三十五歲　生同治十三年甲戌九月廿三日吉時　卒光緒卅四年戊申九月初一日吉時

子一　奕池　茂榮三子入繼　女一　婉治　未字亡

十八世基炮公長子

茂昌 字若盛号捷卿 号慎獨居士 生咸豐七年丁已九月十五日午時 卒民國十九年庚午十月十四日巳時

妣蔡氏 諱盞娘号儉順 猫頭和官之女 生咸豐十年庚申八月初三日吉時 卒民國十六年丁卯二月廿八日亥時

考妣葬本山馬路仔坐東向西考享壽七十四歲妣六十八歲

子二 長奕猷 次奕鐸殤 女一咏吟 適石下施岸舍長郎

尤老醫士昌卿之善士也生平樂善濟困扶危籍術以救濟鄉之內外受其德澤頌聲載道庚午兩陳姓棄結束樂贊鉅資兩方賴以安寧息事鄉之人感念無已也

里人陳子崑謝誌

民國庚午年正月　日

十八世基炮公嗣子 基瓶次子入継

茂波 諱景沂字若汪 号淪安 生咸豐八年戊午五月廿七日戌時 卒光緒廿六年庚子十月廿六日午時

妣陳氏 諱赶娘号坤範 生咸豐九年己未二月廿四日戌時 卒民國三年甲寅八三月十二日寅時

考例授脩職郎 享年四十三歲

子四 長奕展 次奕雄 三奕琛 四奕鈿 女一 字陳家

子七 長奕錦陳氏出敭 次奕烔即奕從 三奕渠即奕奇 四奕從 五奕奇奇

六奕仕 七奕基

女二 長好珠適泉城陳進祥 次好嬌適溪西陳禎嘉

十八世基鼎公三子

茂推 字若恕 享年三十三歲 生同治七年戊辰二月初十日吉時 卒光緒廿六年庚子七月廿九日酉時

妣陳氏 諱守娘 号持柔 后山小溪之女年十九歲 生同治六年丁卯七月十二日酉時 卒光緒十一年乙酉九月十六日子時

繼陳氏 諱巧娘 号持敏 山頭菜棵女年廿七歲 生同治七年戊辰八月廿七日午時 卒光緒廿年甲午十月十一日寅時

三張氏 諱格娘 享年廿九歲 生光緒二年丙子十月廿九日寅時 卒光緒三十年甲辰九月初十日卯時

子二長奕標 次奕鏤 女一

十八世基鼎公四子

茂祥　亡年九歲

生同治九年庚午九月廿八日寅時
卒光緒四年戊寅正月初三日吉時

十八世基鼎公五子

茂漢 三歲殤

生光緒元年乙亥 月 日 時
卒光緒三年丁丑 月 日 時

十九世茂桂公長子

奕平

生光緒廿六年庚子十一月十六日巳時

妣陳氏 諱琼娘

生光緒廿九年癸卯二月二十日寅時

卒民國廿七年戊寅四月二十日戌時

繼李氏 名秀貝 李保何篇之妹

生民國五年丙辰正月三十日酉時

子 長世湘 次世讓 三世發出承茂扮為孫

女 長蔭治

十九世茂桂公次子

奕源

生光緒廿八年壬寅九月廿七日午時

妻蔡氏 名彩蓮 洒頭良叔長女

生光緒廿八年壬寅八月廿二日戌時

子 世越 長次世爐 次三世炎

女 長珮霞適洒頭蔡衍崑 次允紅

十九世茂桐公長子出承茂扮

奕旋

十九世茂桐公次子

兵潭　又名龍潭　生民國十四年乙丑二月二十日丑時

十九世茂搁公三子

奕泉　又名龍泉

生民國廿二年癸酉正月初二日夘時

十九世茂扮公嗣子　茂桐長子入繼

生宣統元年己酉六月十一日吉時

奕旋

妣蔡氏　諱罇娘　梱頭芳普之女　享年三十四歲

生光緒卅四年戊申九月初十日巳時

卒民國三十年辛巳八月十二日戌時

繼謝氏　名敏機

生民國十一年壬戌五月廿五日戌時

子　長世獅　次世忠

十九世茂淵公長子

奕強 諱高標號偉人 生同治九年庚午八月初八日寅時 卒光緒廿一年乙未八月廿三日申時

妣陳氏 諱綉娘號璇閣 后山德良官長女 享年二十六歲 生同治十一年壬申四月廿五日吉時 卒光緒廿三年丁酉八月初五日午時

子 世佑 女一 綴治

考於光緒己丑科歲試蒙太子少保一等男爵 欽差劉取進臺湾府安平縣武庠生享年廿六考妣葬馬路仔坐南向北

十九世莪淵公次子

奕棟 殤

十九世茂淵公三子

兵爵 字文人号質庵 生光緒五年己卯三月初一日午時

妣陳氏 諱招娘号柔和 溪西涌声之女 享年廿五歲 生光緒四年戊寅九月廿九日卯時 卒光緒廿八年壬寅七月十六日亥時

繼高氏 名金環 生光緒十三年丁亥正月十九日寅時

側室蘇氏 諱銀花号柔敬 享年廿七歲 生光緒十一年乙酉五月廿七日酉時 卒宣統三年辛亥八月廿五日亥時 氏葬台南小北门外北坛边 坐東南向西北

子三 長世祿蘇氏出 次世懋 三世椿俱高氏出

女六

長玉燕陳氏出字后山陳永渾卒　三舜柳適衙口施祖懷　五舜弦適土地蔡施能發

次舜英適港內陳永鈿　四舜琴適金嶼蔡紹奇　六舜璽適鷄菴蕈施純從

五女俱高氏出

十九世茂淵公四子

奕志　字益人　生光緒十一年乙酉六月十六日丑時
享年廿四歲　卒光緒卅三年丁未六月十一日丑時

妣陳氏　諱帶娘號甫慈　生光緒十一年乙酉十一月十六日子時
后山声彬次女　卒民國廿二年癸酉六月十七日己時
享年四十九歲

考妣拾民國辛巳年四月十五日午時拾瓦棺葬本山大馬路
穴坐申向寅兼坤艮

子三　長世錫　次世樞出承奕全　三世楠出承奕搏

肅愍陳太孺人生平誌畧

先慈諱秀帶號肅愍里之后山陳声彬之次女也自幼明礼節正品行宴寡言笑行年十八來歸孝翁姑和妯娌知三從四德錫年幼常聞族鄰贊其德行年廿三丁未之冬〔夏〕不幸 先嚴益人府君 作古遺下孤兒錫不滿四歲零丁孤苦狀至慘惻寡母強振精神撫養孤兒毅然自任保家教子志堅

苦節縮衣食寒燈孤影慘以度年盡義方訓
子過於師保期望孤兒得以成立振家聲而續宗
支是歲庚申之秋錫頎成立趁船南渡菲島謀
生丙寅買掉歸省成婚追念督責之功培養
之恩筆墨難罄大小事務莫非 慈母誠摯之
精神無量之苦心以致也幸癸酉年天錫嫡孫漢
中矣 慈母苦節功成喜露 慈容一堂三代

樂何如也胡天不吊是年夏末　慈母棄不孝
輩永别於世僅享年四十九歲憶昔寡母孤兒
形影相依彌覺罔極劬勞深恩圖報無日謹
述卓絕之志於譜以誌懿德於千秋萬古哉

男世錫拜誌

中華民國三十七年歲次戊子端月　穀旦

十九世茂淵公五子

奕傳　生光緒十五年己丑二月十八日申時

妻蔡氏　名市　台南市藥皇廟人　生光緒十八年壬辰九月十二日戌時

現全家住台湾台南市南势里神農街八十一号

子　世傑

女　素治　適台南市十八洞楊坤岳官

十九世茂淵公六子

奕宗　幼殤

十九世茂淵公七子

奕喬

生光緒廿四年戊戌　月　日　時

往仰光未通音信

十九世茂助公長子

奕全　享年十七歲

生光緒十三年丁亥正月初六日辰時
卒光緒廿九年癸卯七月初一日吉時

聘陳氏　諱笑稚号式喜　未婚亡年十歲

生光緒十四年戊子五月初九日辰時
卒光緒廿三年丁酉九月廿九日巳時

陳氏葬馬路仔坐西向東

子一　世樞　奕志次子入継

十九世茂佐公次子

奕摶 亩年十四

生光緒二十年甲午二月初三日吉時
卒光緒卅三年丁未五月十八日巳時

子一 世楠 奕志三子入繼

十九世茂榮公長子

奕熊

生光緒十年甲申十一月初三日亥時
卒光緒廿六年庚子九月十八日卯時

葬在馬路仔坐西向東

子一　世華 奕謀長子入繼

十九世茂榮公次子出承茂周

奕森

十九世茂榮公三子

生光緒廿一年乙未七月廿七日辰時

卒民國十四年乙丑八月初十日午時

奕炳

娶許氏　歿節

考依父母葬在烏墩山

子一　世忍　世昇　奕池長子入繼

女三　長烏敏　適山頭翁信朝　次寶雪　適大垵王尚林　三淑芬　適泉城蘇皇華

十九世茂榮公四子出承茂岩

奕池

十九世茂榮五子

奕謀 又名奕煤　生光緒廿七年辛丑八月廿五日亥時

妻陳氏 名綿治 溪西而赤之女　生民國五年丙辰正月初十日吉時

子　世華 出承奕熊

女　長容容 次　次麗麗 三

長好智瑒

十九世茂周公長子

奕

桔 壽年十七

生光緒十二年丙戌四月十八日子時

卒光緒廿八年壬寅四月廿四日吉時

葬馬路仔與弟奕明仝穴坐西向東

十九世茂周公嗣次子茂榮次子入繼

奕森 享年三十三歲

生光緒十八年壬辰四月初九日辰時

卒民國十三年甲子四月廿六日未時

娶蔡氏 改節

葬在東安沙宮仔邊

子一 世宣

女三 長好雪 適西井仔陳而禾 次好稽 適東埈吳慶權 三扁治 適阜后詹保之令郎

十九世茂周公三子

乓明

享年十二歲

生光緒十七年辛卯九月廿二日吉時
卒光緒廿八年壬寅四月初四日寅時

十九世茂岩公嗣子茂榮四子入繼

奕池　生光緒廿四年戊戌閏三月十五日辰時

妻李氏　名饍　東垵馬舭次女　生光緒廿八年壬寅正月廿三日午時

子　世昇　出承奕炳　次世河

女　允治　適東下坑李德仁

十九世茂昌公長子

奕猷

生光緒　未詳　歿於台湾

卒

妣陳氏

諱梅娘

后山海官之女

享年廿五歲

生光緒四年戊寅十二月初八日卯時

卒光緒廿七年辛丑十二月廿五日吉時

十九世茂昌公次子

奕鐸

生卒未詳　歿於台湾郡城

十九世茂波公長子

奐展

生光緒三年丁丑八月十九日寅時

卒光緒十一年乙酉三月十八日午時

十九世茂波公次子

奕雄　字孟英　享年二十歲

生光緒七年辛巳八月三十日巳時
卒光緒廿六年庚子十二月初七日午時

妣陳氏　諱秀園，號節慧　后山金德長女　享年廿六歲

生光緒六年庚辰九月廿五日辰時
卒光緒卅一年乙巳三月廿九日卯時

葬馬路仔坐南向北

子一世崇

十九世茂波公三子

奕琛

生光緒十六年庚寅五月初九日巳時
卒宣統三年辛亥十月初九日午時

無娶

十九世茂波公四子

奕鈿

年十一歲

生光緒廿三年丁酉十二月初五日丑時

卒光緒卅三年丁未四月初十日辰時

墓與兄奕琛合葬馬路仔坐西向東

十九世茂華公長子

奕欽 字敬哉号鏡齋 生光緒元年乙亥八月十四日巳時
享年三十八歲 卒民國元年壬子十二月初十日丑時

妣吳氏 諱鶴娘号柔順 生光緒三年丁丑十二月初九日酉時
南春汝成叔之女 卒民國廿年辛未八月廿一日辰時
享年五十五歲

側室詹氏名意 生光緒十年甲申四月廿五日未時

考妣合葬新祀宮邊頭菸山坐西向東

子三 長世晥殤 次世潛 三世浚

十九世茂華公次子

奕

未命名殤

十九世茂禎公長子

奕錦 殤

十九世茂禎公次子

奕烱 又名奕從字善祖 生光緒十八年壬辰九月廿一日寅時

妻張氏 名玉梅 大安松茂之長女 生光緒十七年辛卯十二月初九日酉時

子 世任

女 浩德

十九世茂禎公三子

兵渠 又名奇字象祖 生光緒廿二年丙申五月十二日亥時

妻陳氏 名笑官又名毓芬 台南牛磨后清祺長女 生光緒廿六年庚子六月初五日吉時

子 世才

十九世茂禎公四子

奕仕　字優祖　生光緒卅二年丙午八月廿三日寅辰時

妻施氏　名英英　能花三女　生民國元年壬子十一月十七日　時

子　世龍　世禮　世忠　世誠

女　瑞珩　瑞琅　瑞玹　瑞瑶　瑞纁　瑞琨

十九世茂禎公五子

乓基 字美祖 生民國元年壬子八月初三日子時

妻許氏名詒秀 生

子世璋 次世琮

女瑞琳

十九世茂推公長子

生光緒十八年壬辰　月　日　時

卒光緒三十年甲辰九月廿一日丑時

奕標　年十三歲

十九世茂推公次子

奕鋑

生光緒廿二年丙申八月三十日吉時
卒光緒卅二年丙午正月初六日辰時

二十世奕平 長子

世湘

生民國十五年丙寅八月十九日未時

妻柯氏

名儉和

西尾鄉森叔長女

生民國十五年丙寅正月廿一日午時

二十世奕平次子

生民國廿五年丙子三月初九日卯時

世讓

二十世共平三子

生民國三十五年丙戌十二月十四日戌時

世

淼

長

世越

二十世奕源長子

生民國十一年壬戌正月　日　時
卒民國十三年甲子三月廿五日　時

二十世奐源長子次

生民國十九年庚午六月十三日亥時

世爐

二十世奕源次子三

世炎

生民國三十年辛巳三月廿九日未時

二十世奕旋之子

世忠　又名宣忠

生民國十九年庚午五月二十日吉時

二十世奕旋長子

世獅

生民國廿一年壬申四月十六日　時
生卒未詳
卒　　　　四月廿三日　時

二十世奕強之子

世佑 享年廿三歲

生光緒十九年癸巳八月初八日丑時
辛民國四年乙卯五月十二日申時

娶吳氏 改適李家

考葬南塚廍乾坐東向西

子傳琳 李孝水之子入繼

女金聽 適司內陳蘭赤

二十世英爵長子

世祿　四歲殤

生光緒三十年甲辰七月三十日申時
卒光緒卅三年丁未四月廿七日巳時

嗣子傳璋　舜英三子入繼

二十世奕爵次子

世懋　生民國九年庚申九月初三日寅時

妻陳氏　名淑端　后山永城長女　生民國十四年乙丑十一月十八日辰時

兒傳墉

女婉婉　生一九四七年農历九月初一日

二十世奕爵三子

世椿　三歲殤

生民國十七年戊辰二月廿四日未時
卒民國十九年庚午又六月初九日申時

葬馬路仔坐西向東

二十世奕志公長子

世錫 字遠山

生光緒三十年甲辰十二月三十日子時

妻吳氏 名淑珠 溪墘世玉長女

生光緒宣統元年己酉二月初五日辰時

子 漢中 次漢民 三漢族

女 素嫦 素娥 俱殤 美華

二十世奕志養次子出承奕全

世樞

二十世奕志養三子 出承奕槫

世

楠 又名樬楠

二十世奕傳長子

世傑

居台湾

生民國五年丙辰十月十二日吉時

卒民國廿九年庚辰十一月初十日丑時

二十世兵傳次子

世彬

居台湾

生民國十一年壬戌六月十八日亥時

二十世奕全嗣子奕志養子入繼

世樞　享年十一歲

生民國二年癸丑四月初四日吉時

卒民國十二年癸亥七月廿四日午時

二十世奕摶嗣子奕志三子入継

世楠 又名稊楠 諱國樑 生民國五年丙辰八月廿二日酉時

妣吳氏 名玉棉

子四 長傳景 次傳健 三傳康 四傳安

二十世奕森之子

世宣　生民國十二年癸亥二月廿六日亥時

妻顏氏名玉選　生民國十年辛酉六月初二日寅時

二十世奕炳嗣子奕池長子入繼

世昇

生民國十六年丁卯正月十八日巳時

二十世奕炳　子

生民國十九年庚午九月初二日卯時

世忍　又名存忍

魯東尤氏族譜

二十世奕謀之子

世華 又名少華

生民國廿七年戊寅五月十六日寅時

二十世奕池長子出承奕炳

世昇

二十世奕池次子

世河

生民國十八年己巳四月十一日未時

二十世 奕雄之子

世崇

生光緒廿六年庚子九月二十日吉時

君于民國三十年兵役入伍音息未通

二十世奕欽公長子

世晥 三歲殤

生光緒廿八年壬寅十一月十八日未時

卒光緒三十年甲辰　月　日　時

二十世奕欽公次子

世　潛　生光緒卅一年乙巳十月初十日未時

妣陳氏　諱稽娘　渼西南選叔之女　享年三十一歲　生光緒卅三年丁未月　日　時　卒民國廿六年丁丑十二月初六日未時

繼王氏　名美華　洒卅珍篤三女　生民國十二年癸亥十月十三日吉時

子　長傳安　次傳定

二十世奕欽公三子

世浚

生光緒三十四年戊申十二月十三日戌時

二十世　奕從長子

世任　又名元任

生民國十九年庚午己巳十二月廿二日申時

廿世奕奇之子

世才

生民國二十一年辛未 壬申 十月十二日　時

二十世奕仕長子

世龍

名元龍良

生民國廿七年戊寅十二月廿五四日未時

廿世奕仕次子

世禮 又名元禮

生民國廿九年庚辰辛巳九月初一日子時

廿世　奕仕三子

世忠　又名允忠

生民國卅五年乙酉（丙戌）七月十五（九）日寅時

廿世兲仕四子

世誠　字元誠　生民國卅七年戊子正月十四日寅時

廿世奕基長子

世瑋　字元瑋　生民國三十年辛巳八月三十日未時

廿世奕基次子

世琮

字元琮　生民國三十七年八月二日

廿一世世佑嗣子李孝水長子入繼

傳琳

廿一世 世錫長子

傳中 又名漢中

生民國廿二年癸酉三月初四日卯時

廿一世世錫次子

傳民

人名漢民

生民國三十年辛巳十一月廿一日戌時

廿一世世錫三子

傳族　又名漢族

生民國卅七年戊子正月初十日巳時

廿一世世祿公嗣子 係外甥舜英三子入承

傳璋

生民國廿八年庚卯十一月初一日卯時

廿一世　世潛長子

傳安　字永安

生民國廿二年癸未六月初二日寅時

子長佳緣次佳恩

女莉新

廿一世世潛次子

傳定 又名永定 生民國三十五年丙戌四月初三日卯時

子 佳力

女 長丹娩 次丹丹

国家出版基金项目
NATIONAL PUBLICATION FOUNDATION

海上絲綢之路文獻集成

總主編　陳支平　陳春聲

民間譜牒編　72

主編　林　楓

海峽出版發行集團
THE STRAITS PUBLISHING & DISTRIBUTING GROUP
福建人民出版社

本册目次

［福建南安］南安霞錦洪氏族譜二十卷首一卷存十九卷（世紀卷八至世紀卷一〇）

吴培奇纂修

南安霞錦洪氏族譜世紀

卷八

十二世西房長房長之長

景鍾公派石紫柱

先悵公　必戎公長子生乾隆丙申年六月廿九日丑時卒乾隆丙辰年三月初三日吉時葬沽美山外窩坐向酉卯庚甲

先槁公　必戎公次子生乾隆乙巳年十月初一日酉時卒嘉慶甲戌年三月二十日寅時葬重慶皂斗崙坐向甲庚寅申

先鑴公　必外公長子生乾隆年間月日失記卒葬在外

先顧公　必外公次子生乾隆年間月日失記卒葬在外

先百公　必嬪公長子生乾隆甲寅年十二月十二日子時卒道光乙未年九月二八日卯時葬沽美山后坐東向西

先呢公字志萬　必嬪公次子生嘉慶壬戌年八月十六日卯時卒咸豐癸丑年二月廿五日亥時葬在華封

娶蔡氏出

男　當應

女　爾娘殤

先箱公　必嬪公三子生嘉慶丙子年七月初二日巳時卒缺

先伍公字志參號以變　必夜公嗣子生嘉慶辛酉年十月初十卯時卒同

治癸酉年九月十三日巳時塟客拔鵠坐向丑未艮坤

妣永春八坑李奎娘謚如璋生嘉慶乙丑年三月初六日辰時卒同治丙

寅年十月廿九日戌時

男　當錐　當銳

女　長涼娘配大庭戴　次益娘配溪東林　三月娘殤

先忠公字志良號盡心　莞爾公長子生乾隆乙卯年二月廿六日午時卒

咸豐甲寅年二月初九日酉時塟沽美山後

妣文章邱慶娘生嘉慶乙丑年五月廿一日辰時卒咸豐甲寅年七月初
九日寅時塋沽美山外崙坐辛向乙
養男　當錫
先相公　莞爾公次子生嘉慶乙未年正月廿三日午時卒道光癸未年十
一月初十日戌時塋山後格羊嶺坑
先鉋公　莞爾公三子生嘉慶甲子年十二月初一日戌時卒咸豐辛酉年
九月初九日未時
妣黄起娘生嘉慶辛未年五月十一日申時卒光緒辛巳年十一月廿五
日申時
男　當出
女　綢娘配前街黄
先埔公　莞爾公四子生嘉慶己巳年三月初十日寅時卒道光戊子年七

月廿三日午時塟南安縣西門外延福寺後

先草公字志春　莞爾公五子生嘉慶壬申年十一月初四日酉時卒咸豐

庚申年六月廿四日丑時

娶陳氏改節

男　當仰

女　長富娘殤　次蔭娘殤　三善娘配赤嶺陳

先菁公字志義　必愜公嗣子生嘉慶癸酉年八月初一日辰時往下尾大

熖卒年鈌七月十三日吉時

妣烏塗鄭點娘生嘉慶丁丑年月日時失記卒鈌

養男　當綽　當潛

先管公　必古公長子生嘉慶庚午年八月十五日巳時卒光緒壬午年五

月廿九日未時塟重慶曹斗崙坐向艮坤寅申

妣大沽柯妹娘生嘉慶壬申年十月十八日午時卒光緒丙申年十二月
廿五日寅時塟重慶皂斗崙坐向寅申甲庚
男　當忸　當領
先床公字志象號偃息　必榜公長子生嘉慶乙亥年三月十六日戌時卒
光緒癸未年九月廿一日未時塟杉林頭坐向辛乙酉卯
妣內呷李銀娘生道光戊子年四月廿一日卯時卒光緒丙申年正月初
十日寅時塟重慶虎爪坐向乾巽亥巳
男　當覓　當文恕　當長盛　當珠
女　悦娘配下宅陳
先瀨公　必榜公次子生道光辛巳年正月初二日辰時住龍巖卒缺
娶某氏生卒缺
男　當文桂

先庥公字志祿號嘉瑞　必榜公三子生道光甲申年七月初七日卯時卒
光緒甲午年正月廿四日未時塟重慶樹林內坐向癸丁子午
妣彭口李葱娘謚惠愛生道光癸己年七月廿七日寅時卒光緒甲辰年
八月初十日未時塟杉林內坐丁癸未丑
男　當挖　當灣俱養　當建
又　妣南洋陸鴉氏生卒缺
男　當汶水　毛熊　嬌兒俱殤
先錫公　成壽公養子生道光癸未年十月十五日午時卒咸豐年間塟在
苦坑圳
先綏公號行車　必賀公長子生嘉慶戊寅年十月十二日巳時卒道光己
亥年十月初一日酉時塟在臺灣
妣林氏改天

養男　當寶

先冬福公　必賀公次養子生道光庚寅年九月初二日寅時卒光緒己丑年八月廿一日巳時塟竹林脚坐向乙辛辰戌

先蔡坤公　世芳公養子生道光庚寅年五月十六日午時住龍巖卒不知

男當灣兄先庥次子兼嗣

先三益公　必進公長子生嘉慶年月日時缺卒道光年月日時失記塟在廈門

娶某氏鳳娘生卒缺

先贊成公　兆窕公嗣孫生嘉慶年間月日時缺卒道光年間月日時缺

娶廈門某氏生卒缺

男　當景煥

十二世西房長房長之長坑内柱景允號惟中公派

先貴公　必感公長子生乾隆年月日缺卒塋缺
先榮公　必感公次子生乾隆已亥年七月二十日寅時卒道光戊申年正
月十九日卯時塋重慶坐北向南
先土公　必存公長子住臺
先坂公　必存公次子住臺
先熊公　必行公長子住臺萬丹
娶台灣某氏
先武公　必行公次子住台萬丹
娶台灣某氏
先詩公　必行三子住台萬丹
先天公號蓋高　必訂公長子生嘉慶戊午年七月廾五日丑時卒咸豐丁
已年九月十八日未時塋在大田

妣坑園陳祝娘生嘉慶丙寅年八月廿日丑時卒道光辛卯年七月廿五
日巳時塋沽美山
女　緩娘配溪東林
先地公　必訂公次子生嘉慶壬戌年六月廿三日午時卒塋缺
妣鳳坡梁真娘生道光甲申年四月初一日酉時卒塋缺
先黃公號金紫　必順公嗣子生嘉慶己巳年三月廿三日戌時卒咸豐辛
亥年三月十五日酉時在泉城亡
先假公　必昌公子生道光年月日缺塋缺
先暹公　必運公長子生嘉慶癸亥年十月初七日子時卒道光辛卯年十
二月十四日吉時塋在漳州
先恭公　必運公次子生嘉慶乙丑年九月廿二日酉時卒咸豐丙辰年四
月十八日吉時在南靖草鞋店社亡塋九字内塚

先周公　必運公三子生嘉慶壬申年二月初二日寅時卒同治壬申年十一月十三日寅時塟沽美山
先虎公　必運公四子生嘉慶甲戌年八月初二日卯時卒同治年間六月十五日吉時塟沽美山
先助公　必盛公子生嘉慶丁卯年十一月初十日辰時卒同治年間二月十五日吉時塟本厝内戶
先雷公號春發　必服公長子生嘉慶丁卯年正月十一日卯時卒道光丙申年十二月廿三日辰時塟沽美山洪埔尾崎坐向艮坤寅申
先電公號治邦　必服公次子生嘉慶壬申年十二月十二日丑時卒道光丁酉年正月初七日酉時塟沽美山險垻外四房祖墓内坐向艮坤寅申
先齒公　必服公三子生嘉慶庚辰年十月初三日戌時卒年失記六月廿四日未時塟沽美山

先薦公　必尚公長子生嘉慶己巳年十月初七日巳時卒同治辛未年十二月廿七日寅時塟本鄉鬱仔崎
娶後山余凖娘生嘉慶甲戌年九月十八日酉時卒光緒辛卯年十一月十二日未時塟沽美山
男　當新丁（先苗子兼承）
女　水娘配溪東林
先苗公　必尚公次子生道光癸卯年七月廿一日亥時卒光緒丙午年三月廿三日巳時塟本鄉石鼓埔崎
妣溪東林錐娘生咸豐壬子年四月初四日酉時卒塟缺
男　當新丁（兼祧兄先薦）　當贊殤
女　配中房張
先田公　必內公子生道光癸未年十一月初九日未時往龍巖卒塟莫考

喬山柱景郎 號 定宰公派

先唱公　興彩公子生乾隆丙午年九月十二日巳時卒道光丁酉年七月初十酉時塟沽美山蓮山厝后坐東向西

娶盛氏 改節

男　當太廟　當竊 出承弟先

先喏公　天時公子生嘉慶戊辰年二月初七日午時卒道光己亥年十一月廿八日未時柩塟險埧内頭坐東北向西南

男　當竊 先唱次子入承

先奉公　端化公長子生乾隆丁未年五月初九日辰時卒道先丙戌年十二月十六日酉時柩塟沽美山中窩邊坐向未丑丁癸

先棖公　端化公次子生嘉慶甲寨子年正月初四日戌時卒道光己丑年七月十六日未時柩塟重慶新寨

娶黃氏改節
女　柳娘配埔尾陳
先勸公　受命公長子生乾隆乙卯年六月初十日酉時外出卒塋莫考
先轉公　受命公次子生嘉慶己未年正月廿三日卯時卒道光丙申年十
月初四日吉時塋鉄上洋
男　當尊先禮次子入承
先禮公字志義號仁智　裕後公長子生嘉慶丁巳年二月十三日卯時卒
道光丙午年閏五月廿一日巳時塋騎龍斬
娶劉前陳省娘生嘉慶癸亥年十二月廿五日酉時卒向治癸酉年二月
廿四日午時塋山后格騎龍斬與母吳氏合塋
男　當記　當尊出承弟先轉　當長　當春斗出承弟先㬎　當碟殤　當鈴出弟承先婉
女　逆娘配內呷李

先响公號震聲　裕後公次子生嘉慶丁卯年三月十六日亥時卒道光丙
午年又五月十九日寅時塟重慶
男
當鈴先禮五子入嗣
先久公　後裕公三子生嘉慶丙子年六月初九日酉時卒光緒癸未年二
月十七日亥時塟缺
先哲公　興賢公長子生乾隆辛亥年三月廿五日午時出外卒缺
先伴公　興賢公次子生乾隆乙卯年八月十二日寅時外出卒缺

喬山桂正文公派
先節公字志符號若合　碩德公長子生乾隆壬子年九月十四日辰時卒
咸豐甲寅年六月初二日巳時塟重慶狗頭外坐向戌辰辛乙
妣溪頭蔡揆娘謚恬靜生嘉慶丙辰年十二月初五日戌時卒道光己丑

年十一月初一日戌時柩塟重慶坑仔口外坐向甲庚卯酉
男　當端殤　當泰殤族弟先和子入承
先思公字志尋號明辨　碩德公次子生嘉慶乙丑年八月十六日未時卒
同治壬申年六月廿一日卯時葬重慶
妣內呷李成娘謚柔惠生嘉慶丁卯年六月廿二日辰時卒光緒庚辰年
正月初二日酉時塟山后格龜仔腰邊
男　當光炳　當閱殤　當登助　當鬧
女　好娘配楓樹林
先閣公字志門號增光　爾生公長子生嘉慶甲子年正月初九日午時卒
同治庚午年閏十月初九日未時塟山後格赤墓坪
妣林炳陳坤娘謚柔惠生嘉慶丙子年二月初二日申時卒同治癸亥年
六月十三日午時塟山后格杉林

男　當做　當任
女　次娘配肥豬橋戴
先忖公字志予號有心　爾生公次子生嘉慶丙寅年五月初四日寅時卒
同治庚午年十二月十二日申時塟沽美山頂書房後
妣内呷李勅娘謚心慎生嘉慶戊寅年七月廿八日申時卒咸豐辛亥年
二月十九日巳時塟沽美山頂書房後坐向丙壬午子
男　當寅　當鎮
女　串娘配下溪吳
先丑公　貴德公子生嘉慶甲子年三月廿二日亥時卒道光丁酉年三月
廿二日辰時在安溪溺水身亡
聘林氏殤
先孫公字志蘭號桂子　寄命公長子生嘉慶癸酉年十一月初三日酉時

卒光緒丁亥年三月初九日巳時塟山後格騎龍斬
妣小岵陳法娘生道光癸未年六月初四日酉時卒塟缺
男　當長春　當垂田兼承弟先寬　當斗
女　長真娘配英橋長　次圓娘配山兜黄
先寬公號得衆　寄命公次子生道光癸巳年十一月三十日戌時卒光緒
庚寅年三月十六日巳時塟沽美山中窩口
娶杉仔尾陳敬娘生道光戊戌年八月十四日申時卒光緒辛巳年七月
廿五日巳時塟沽美山險垻貢坐
男　當垂田兄先孫次子兼承
先看公字志視　必敲公子生嘉慶己巳年七月初一日巳時卒同治庚午
年九月初二日戌時往河源亡
娶社壇葉滿娘生嘉慶乙亥年二月十二日未時卒道光丁未年八月十

五日午時塟山后格短崙仔坐向丁癸午子

男　當冬　當捋殤

女　于娘配佃坂楊

大明公派元美柱

先撑公字志相號春榮　厥成公長子生乾隆乙卯年八月初二日酉卯卒

道光辛丑年三月初九日亥時罐塟山后格短崙仔坐向辛乙酉卯

娶下宅陳雪娘謚凝膏生加慶丁巳年八月十四日申時卒咸豐庚申年

九月三十日辰時與公合塟

男　當舊　當悄殤　當宴　當江沛　當涉　當洋

女　忍娘配深埈葉

[illegible]智公諱先聰字志明　厥成公次子生嘉慶丁巳年十月廿八日丑時卒

同治癸酉年十月十六日午時塟沽美山中崙坐向庚甲酉卯
娶舊門呂英娘謚雙鳳生嘉慶丁巳年六月初一日卯時卒同治癸酉年
十二月廿九日申時塟嶺邊格坐壬丙子午
男　當搭　當掃殤　當標　當授　當挫殤　當擋炎　當扐
當招贊　當扣門
女長牧娘殤次員娘配前街職員黃𥇧觀
先痕公字志癡號平沙　厥成公三子生嘉慶庚申年七月初十日巳時卒
同治庚午年十一月十六日巳時
娶文章陳白娘謚貞靜生嘉慶丙寅年九月初八日辰時卒道光戊子年
四月十六日申時罐塟大崙坐東向西
又娶古宅吳糧娘謚文采生嘉慶戊辰年正月廿七日辰時卒光緒戊寅
年八月十四日辰時

男　當龐　當國

女　須娘殤次　快娘配半山陳

賢士公諱先多字志材　厥成公四子生嘉慶壬戌年十二月初二日未時卒道光丙午年九月初十日巳時葬騎龍斬坐西向東

娶赤嶺陳起娘謚蠶稠生嘉慶己巳年十月初三日酉時卒同治庚午年十月廿八日辰時

男　當軒　當于權　當度

女　守娘配荇內謝

作好公諱先抽字志旋　厥成公五子業儒公自少經史博通特惜未售其願咸豐己未重修家乘建大小宗遇械鬬事有功於祖有益於鄉凡所義舉無不樂從排難解紛敦宗睦族里黨咸稱善士洵無愧為豪傑中人矣

生嘉慶戊辰年又五月廿九日巳時卒同治戊辰年九月二十日子時葬

文章山斐後林美女嬌羞坐向乙辛辰戌竪碑爲記
妣文章舉人陳如璧胞妹𧺬官謚玉鳳生嘉慶庚午年九月初六日酉時
卒同治癸酉年五月初十日巳時塟文章山斐後林福鼎金頂虎形坐向
丙壬巳亥
男　當作霖　當輪奐　當從類鄉飲賓　當四知　厚土
女　緞娘配蘇美呂
行進公諱先殼字志博　東震公長子生嘉慶巳未年三月廿九日午時卒
咸豐丁巳年正月初三日午時塟大崙坐向丑未癸丁
娶小余蔡早娘謚孝順生嘉慶庚申年二月十二日未時卒咸豐丙辰年
十二月初五日酉時塟重慶坐向卯酉乙辛
男　當揖　當蓋　當憲
女　長愛娘殤　次好娘殤　三説娘殫　四久娘配溪東林

先巇公字志經號宣情　東震公次子生嘉慶乙丑年六月廿八日巳時卒
時同治丙寅年四月十五日申時塟狗母相帶格坐向酉卯庚申
娶下宅陳玉娘謚遐心生嘉慶丙寅年七月初二日丑時卒光緒辛卯年
三月初九日子時塟掃帚尾坐向庚申酉卯
男　當糘殤　當稟　當雙圈　當狐寄　當洪殤　當本
女長近娘配下宅陳　次爍娘配簪垻柯
先删公號瑚樹　東震公三子生嘉慶甲戌年正月廿六日酉時卒道光庚
寅年四月十六日辰時罐塟重慶新寨坐向乾巽亥巳
娶陳氏改節
男　當能叅　馬上叅
綠槐公諱先集字志安　東震公四子生嘉慶丙子年九月二十日寅時卒
同治庚午年二月廿五日午時

娶下宅陳彌娘謚靜恭生嘉慶丙子年五月十一日酉時卒咸豐庚申年
七月初二日子時
又娶南溪鄭蔡謚旅平生道光甲申年四月廿七日寅時卒光緒甲申年
六月廿二日未時
男　當興養　大家養　女　切娘殤　富娘配下宅陳
先杼公號新機　東震公五子生嘉慶乙卯年正月初五日寅時卒道光乙
酉年七月廿六日申時罐塋沽美山外窩
加封公諱先賞字志賜　清濃公長子生嘉慶辛未年九月十一日戌時卒
光緒癸未年三月廿三日卯時塋沽美山坐西向東
妣大庭戴未娘生嘉慶癸酉年五月十一日辰時卒同治丁卯年六月初
四日巳時塋沽美山坐西向東
又娶方茶娘謚如飴生嘉慶己巳年十月十二日寅時卒光緒甲申年正

月初九日酉時塟沽美山
男　當添　當賡　當潭　當涵
女　長学娘配内呷李　次腰娘配下　陳
正席公諱先嘗字志備　清濃公次子生嘉慶甲戌年四月十七日午時卒
光緒癸未年二月初四日未時塟客鈙格内崙
妣古坑黄選娘謚金精生嘉慶乙亥年二月十一日酉時卒道光丁未年
十月廿十日寅時塟客鈙格内崙坐向乙辛辰戌
又妣舊門呂員娘謚教子生嘉慶戊寅年九月廿九日酉時卒光緒戊戌
年十月初二酉時塟擲拔格内崙坐向乙辛卯酉
男　當飲　當甜殤俱黄氏出　當魁養　當勵呂氏出
女　長和娘配林炳陳　次合娘配大庭業儒戴仲山觀三子悟子觀
三虧娘配高口洋陳殤　四救娘配溪東林

清恩錫耆老福曜公諱先黨字志鄰　清濃公三子生嘉慶丙子年十一月初七日寅時卒光緒庚子年正月初五日午時葬客鈸內觀音崙坐向乙辛卯酉

妣上呷林穀娘謚旨酒生嘉慶庚辰年十月十四日酉時卒同治戊辰年四月廿一日酉時葬山后格灰墓頭坐向坤艮未丑

又妣鳳島郭先娘生道光丁亥年三月初六日丑時卒光緒甲辰年七月初七日寅時葬沽美山外窩坐酉卯辛乙

男　當納　當乒　當固　當鳳　當煨　當斟　當耽　當階　當

女　音娘配內呷貢生李邦彥五子朝觀

教誨公諱先負字志式　清濃公四子生道光甲申年五月十三日寅時卒光緒己亥年四月初三日辰時葬山後格大崙坐向癸丁丑未

娶馬頭洋陳苧娘謚和順生道光乙酉年六月十九日巳時卒咸豐辛亥

年七月廿六日未時塟沽美山後坐酉向東
女　傳娘配深垵葉
又娶石墓黃厝娘生道光甲申年十一月十一日午時在山後格大崙
男　當朝卜
女　志娘配馬頭洋陳
金鈴公諱先解字志曉　清濃公五子業儒生道光丁亥年十一月廿九日
寅時卒光緒乙巳年十二月三十日寅時塟觀光尖垵中坐向巽乾巳亥
娶江厝江勤娘謚儉樸生道光壬辰年二月初七日辰時卒光緒乙巳年
十月廿五日辰時塟同處觀光尖崙中左畔坐乙辛卯酉
男　當帽　當誠者　當三樂　當餘裕　當跨灶殤
女　詩娘配雙溪陳
仁德公諱先嘆字志喟　清濃公六子生道光庚寅年六月十五日午時卒

光緒甲午年六月初六日申時塟溪頭山坐向丙壬巳亥
妣下宅陳配娘謚高明生道光庚寅年九月廿九日吉時卒光緒壬午年
七月初一日午時塟竹林内坐向卯酉甲庚
又妣北溪廖玉娘謚錦繡生道光戊戌年二月十九日吉時卒光緒庚子
年七月初六日酉時塟沽美山外窩
男　當玲　當連　當開　當良　當祿　當嘓
女　綱娘配内益李

喬山安錦美柱

清先雩公　興愛公長子生嘉慶丁巳年月日時缺住在永定銅鑼坪
先徒公　崇山公嗣長子生嘉慶壬戌年外出莫考
先興公　崇山公次子生卒缺

先潑公 字志活 其力公子生嘉慶乙亥年正月初三日申時卒同治甲子年十二月初二日卯時

妣內益李綢娘生道光甲申年四月初六日午時卒光緒丙申年十月十二日酉時

男 當 當裁 出承弟先才 當蕊 出承弟先才俱養

先牛公 字志牽 和合公子生嘉慶庚申年八月十六日卯時卒道光庚戌年十二月廿二日亥時塟險塓內

妣內益李腰娘生嘉慶乙丑年月日時缺卒咸豐丙辰年正月初一日酉時塟險壙內

女 廷娘適前街黃

先砵公 字志轉 號承來 垂緒公子生嘉慶癸亥年七月十四日午時卒咸豐辛亥年十月十二日卯時塟大材崙坐向庚甲申寅

妣長岸林合娘謚符節生嘉慶己巳年五月十三丑時卒同治甲子年五月廿九日申時塟客鈫笤坐向申寅坤艮

男　當赧　當念　當耀殤　當迂　當敏

先撾公字志誨號鞍羈和悅公長子生嘉慶庚午年二月廿一日巳時卒同治甲子年十一月十三日午時

幼娶謝氏殤

妣文章陳敬娘謚慎恭生道光庚辰年正月十七日戌時卒光緒癸卯年九月初三日辰時塟險堀垵

男　當雙吉　當魧

女　聯娘適內益李

先粲公字志香　和悅公次子生嘉慶癸酉七月十七日午時卒道光丙申年四月初一日丑時塟重慶坐向庚甲申寅

先攝公字志總　和悦公三子生道光壬午年十月廿三日酉時卒咸豐庚申年九月廿三日未時塟重慶坐西向東

妣垵尾林足娘生道光乙酉年二月十一日酉時卒同治癸亥年七月十五日吉時塟

先摳公字志衣號恭如　和悦公四子生道光乙酉年正月初二日丑時卒光緒壬辰年三月十六日巳時塟龜仔腰坐向壬丙亥巳

妣　坑園陳淺娘生道光庚子年十月十二日巳時卒民國甲子年三月廿九日吉時塟沽美山

男　當栖　當士　當問

女　玉娘配坑園陳　白娘配大庭戴　添娘配中房張

先掇公字志芹號明月　品泰公子生嘉慶庚辰年十月廿三日巳時卒道光乙巳年七月廿四日卯時塟在南洋實叻石碑為記神主歸塟山後格

杉林尾坐向辛乙酉卯

妣雙墩陳居娘謚由義生道光甲申年三月十八日寅時卒光緒癸卯年八月廿五日未時塟山後格頭坐乙向辛

男　當甲

先插公號護特　好義公長子生道光癸未年十一月十五日酉時卒同治丙寅年五月二十日巳時塟龍岩上坪

男　當棍弟先揶次子入嗣

先楫公字志丹號以濟　好義公次子生道光戊子年十二月十四日巳時卒同治己巳年五月廿一日卯時塟龍岩上坪

妣烏垵林燕娘謚孝順生道光丁酉年五月十六日辰時卒同治癸亥年七月十九日寅時塟沽美山蓮山後坐向艮坤丑未

男　當蘊

先柯公 字 志斧 號 其執　好義公三子生道光庚寅年十二月初九日戌時
卒光緒乙酉十月十九日未時塟山后格掃箒尾坐向戌辰辛乙
妣内呷李甘娘謚如薺生道光戊戌年十月十九日子時卒光緒庚子年
閏八月廿一日丑時塟山后格龜仔腰内坐向庚申酉卯
男　當濫　凡在 殤　當潤 殤　當綀 殤
女 長 弄娘配雙溪陳 次 好娘 殤

先挪公 字 志菓 號 雙搓　好義公四子生道光庚子年九月廿九日丑時卒
光緒癸巳年十一月十三日酉時塟大垵口坐向乙辛卯酉
娶下宅陳夜娘謚日慎生道光壬寅年九月廿四日戌時卒光緒辛丑年
十二月初六日寅時塟斐後林坐向卯酉乙辛
男　當印　當棍 出嗣凡先栖　新興　當洪 殤
女 長 粘娘配舊門呂 次 靜娘配溪東林 三 次娘配内呷李

先琴公字志棋號以御　好義公五子生道光乙巳年十一月十八日卯時
卒光緒丁酉年十月初九日辰時塟沽美山險壩垵坐向甲庚寅申
妣古湖葉伴娘生道光戊申年十月十二日酉時卒光緒丙午年十二月
廿四日申時塟沽美山險壩垵中坐向癸丁子午
男　當坪　雙鎮殤　當窯
女　長文娘配溪東林　次芹娘配溪東林　三喊娘配山兜黃
先爆公字志竹號聲中　馨香公長子生道光壬午年四月廿六日辰時卒
同治癸亥年七月十三日未時塟到坐虎右畔崙坐向甲庚卯酉
妣文章陳正娘生道光乙酉年七月廿二日丑時卒光緒甲辰年四月初
六日巳時塟沽美山坐寅向申兼艮坤
男　當春斗兄先禮四子入嗣　當肇基　當聯登養　當奢出嗣弟先妥　當聘
當隨　當嫁殤

女長漂娘配下宅監生陳川謀　次救娘配半嶺林

先妥公號成議　馨香公次子生道光戊戌年七月初八日辰時卒道光丙午年七月十五日申時塋蓮山后坐向寅申艮坤

娶半山陳針娘改節

男　當奢兄先煤四子入嗣

先纏公字志縫號錦衣　仁德公長子生嘉慶丙寅年二月二十日亥時卒道光巳酉年二月初五日申時塋蓮山後坐向艮坤寅申

妣陳笑娘謚明言生嘉慶庚午年五月十一日未時卒道光丁酉年六月十五日午時塋山後格短崙仔尾坐向坤艮申寅

男　當琫

女　完娘配文章陳爍觀

先層公字志級號錦寶　仁德公次子生嘉慶戊辰年十二月廿五日午時

卒同治年間二月初二日巳時塋山后格龜仔尾坐向乾巽亥巳
妣奮口戴鷄娘生嘉慶丁丑年六月初六日午時卒塋缺
男　當尊殤　當重
女　權娘配中房張
先輝公雲漢公長子生道光癸未年三月廿八日巳時卒同治甲子年九月
十一日吉時塋龍岩上坪
先灘公　雲漢公次子生道光乙酉年九月廿五日丑時卒同治甲子年九
月十一日巳時兄弟同被長毛匪難
先恩公字志德號獻珠　近義公長子公生道光丁丑年二月初三巳時卒
同治甲子年九月二十日申時塋杉林尾坐向辛乙酉卯
妣内益李路娘謚純一生道光癸未年五月廿五日辰時卒同治庚午年
十一月廿一日戌時塋嶺邊格到坐虎坐向壬丙亥巳

男　當樵殤　當釣　當雪　當文娥

女長恬娘殤次尾娘配古宅吳

先忸公號思君　近義公次子生道光庚寅年六月初五日辰時卒同治乙丑年十月初九日亥時塟龍岩上坪樓仔脚牛母坑西眷樓山

先華公字志榮號文章　陽奇公長子生嘉慶己卯年十一月廿四日辰時卒光緒乙未年十二月初四日戌時塟杉林尾坐向辛乙酉卯

娶下宅陳尋娘謚寒淵生道光辛巳年十一月初一日卯時卒咸豐乙卯年十一月廿六日午時塟蓮山後坐甲庚卯酉長婦莊氏附塟

男　當鑿　當魏兼嗣弟先染

女　奏娘配溪東林

先染公字志柳號彩色　陽奇公次子生道光甲申年七月十六日午時卒光緒癸卯年九月廿五日酉時塟斐后林福鼎金頂坐向寅申甲庚

妣巷口賴怏娘謚美德生道光辛卯年七月十四日未時卒同治庚午年
十月廿一日吉時塟大安竹林内坐向癸丁子午
男　當魏兄先華次子兼嗣　當喬養
先澄公字志清號祥麟　陽奇公三子生道光丁亥年十月廿六日丑時卒
光緒壬寅年八月三十日酉時塟溪頭山小寨下坐向丁癸午子
娶古宅吳罔娘出
又娶呂春娘謚助成生道光戊戌年月日時缺卒光緒庚子年十二月廿
五日酉時塟水鬼内風鼓格第三崙坐向丙壬己亥
男　當喜　當蟾　當談　當鳳眼　當雙目　當戶養
女　長蚊娘配前坑余　次妹娘配内呷李
先向公　成聲公長子生道光癸未年七月初四日未時卒光緒乙酉年五
月二十日亥時塟龍岩上坪

男　當傳世 養

先軌公　成聲公次子生道光戊子年九月十一日戌時卒光緒乙酉年四月初十日亥時葬龍岩上坪

娶澳下盧全娘生道光庚寅年月日時缺卒光緒庚子年月日時缺葬蓮山後馬路頭

先高公 字 志低　成聲公三子生道光辛卯年八月十二日巳時卒道光丁未年五月廿四日未時葬沽美山外窩坐向艮坤丑未

先又公 號 成自　必兒公子生道光甲申年八月二十日子時卒同治癸亥年七月初十日酉時葬杉林尾出水蓮花崙中坐向丁癸午子

男　當朝宗　當捷茂　當順 俱養

先炮公　贍鯉公子生道光乙未年三月廿二時巳時卒同治甲子年十一月初四日未時

娶古宅吳炭娘生道光戊戌年十月初二日丑時卒咸豐辛酉年七月三
十日寅時塟
先金公　其何公長子生嘉慶戊寅年六月廿一日辰時卒咸豐丁巳年
八月十四日塟在源桃
娶陳氏出
先朮公　其何公次子生道光壬午年五月二十日午時卒道光己亥年二
年初十日吉時塟漳州浦南
先抄公　必柿公長子生道光壬午年八月十八日寅時卒道光辛丑年正
月初十日吉時塟龍巖州鉄上洋
先撰公　必柿公次子生道光丙申年九月廿六日寅時卒缺
先才公號有能　長仲公子道光己丑年七月十四日巳時卒光緒丁亥年
五月十四日丑時塟竹林內

男　當栽兄先發次子嗣　當蕊先發三子嗣俱養　當泉養

窗兜棋盤柱　政和公派長房

清先來公　以寸公長子生乾隆壬子年十二月廿三日亥時卒道光壬辰年

十二月廿四日未時塟洪埔尾崎坐

娶陳氏改節

男　當賜　當兜俱殤　當邦

先成公字志事號所為　以寸公次子生乾隆癸丑年十月廿三日寅時卒

道光丙午年十二月廿五日吉時塟龍巖令溪

妣內呷李春娘謚福曜生嘉慶丙辰年十月廿三日亥時道光己酉年十

月初八日申時塟重慶

養男　當做

女　長認娘配深垵葉　次千娘配内呷李

先蘭公　以寸公三子生嘉慶戊午年八月二十日寅時卒嘉慶庚辰年九月初一日亥時柩塟崩坪紅塗壠崙坐向戌辰乾巽

娶李氏改節

男　當國殤　當泰弟先彬長子入嗣

先彬公　以寸公四子生嘉慶乙丑年七月初七日亥時卒塟在漳平

娶垵尾林金娘謚錦繡年嘉慶庚午年四月十一日戌時卒塟漳平

男　當泰嗣兄先蘭　當富　當會嗣弟先象殤

大元公諱先象字志乾　以寸公五子生嘉慶戊辰年閏五月十九日午時卒道光庚子年十一月十四日未時柩塟山後隔短崙仔路下

娶林氏改節

男　當寬　嗣男當會殤

先擱公字志擷　重寶公長子生嘉慶丁巳年五月初十日午時卒咸豐壬
子年正月廿二日吉時塟在柳州
妣文章許冬娘生嘉慶癸亥年閏二月十四日亥時卒道光年潤十一月
廿五日吉時塟在柳州
男　當木　當頂殤
女　亮娘配蓮峯林
爾穀公諱先頦字志維　重寶公次生嘉慶辛酉年十月廿七日丑時卒道
光戊戌年四月十一辰時塟在沽美山外垵
娶呂氏改節
男　當雌　當勅
女　巧娘配舊門呂
先扶公字志持重寶公三子生嘉慶戊辰年五月廿八日辰時卒咸豐己未

年正月二十日丑時塋重慶
妣內益李謹娘謚恬順生嘉慶辛未年八月廿八日巳時卒同治丙寅年
五月十二日巳時塋山後格
男　當搥　當綮
先叫字志應號樹聲　以服公長子生嘉慶癸亥年三月初十日辰時卒道
光辛丑年九月廿九日午時
妣　氏生卒缺
男　當鋥　當鉗
先恩公　以服公次子生嘉慶乙亥年十月廿九日丑時卒道光己丑年十
一月廿八日未時
妣　氏生卒缺
男　當鏡

先珍公 字 志席 號 寶珠　必宅公長子生嘉慶己未年五月初二日亥時卒道光丙午年閏五月十七日申時柩塟上坪菜至光緒乙未年拾罐與妣合塟

妣宮邊黃月娘生嘉慶戊辰年閏五月初四日卯時卒同治戊辰年閏四月初一日卯時塟山後格石圾坐丙向壬兼巳亥

男　當曲 殤　當賢　當丹 出嗣弟全福　如桂 殤　當八 殤

女汝娘配杉仔尾陳

全福公 字 志祿 號 鴻禧必宅公次子生嘉慶丙寅年六月十九日辰時卒道光癸巳年十二月廿一日申時

妣　氏生卒缺

男　當丹 先珍子入承

三福公　必宅公三子生卒缺

先愈公　得意公長子生嘉慶丁卯年七月廿一日巳時卒道光己酉年十二月初三日
妣某氏缺
男　當闖
先弁公得意公次子生卒缺
先堯公得意公三子生卒缺
頂窗三落柱政和公派二房
先針公字志弈號作鈞　必贈公子生乾隆戊甲年生四月十八日辰時卒
塋在外缺
妣泉城邱西娘謚温恭生嘉慶己未年十月初七日戌時卒塋在永春備湖

男　當冬來

女　謹娘配永春西村

成文公諱光錦字志繡　風教公長子業儒生乾隆乙巳年六月廿九日辰時卒道光甲申年六月十一日酉時柩塋山後格尊字崙坐向酉卯辛乙

娶柯氏改節

男　當高攀　當捧出嗣弟先　當秤

女　幼娘配登科頭林

成金公諱先鈞　風教公次子生乾隆庚戌年十一月廿四日戌時卒嘉慶戊寅年七月初九日辰時塋南靖縣會溪山

男　當捧兄先錦次子嗣

先銃公字志火號和鳴　風教公三子生嘉慶己未年十二月廿四日酉時卒同治壬申年七月廿二日巳時

妣秋竹格林泉娘謚貞潔生嘉慶丁卯年七月十三日丑時卒道光乙未
年六月廿六日丑時塟後埔山仔尾坐南向北
養男　當復昌
先鍛公字志厲號胡然　行儀公長子生乾隆庚戌年六月廿五日未時卒
同治壬申年十一月廿九日巳時塟山后格大邱田脚
妣下宅陳案娘謚善慈生嘉慶丁巳年三月廿七日未時卒同治癸酉年
潤六月廿二日午時塟后埔山仔美騎龍斬冬田頂坐向丁癸午子
男　當獻　當雲　當四靈　長興殤　當領出嗣先來
女　長春娘配大庭戴　次玩娘配前街黃
先鎗公字志利號待用　行儀公次子生嘉慶癸亥年四月十六日酉時卒
同治甲子年二月十三日丑時塟溪頭山水格
妣舊門呂罔娘謚可為生嘉慶己巳年七月初八日午時卒道光丙申年

八月廿五日午時塟沽美山洪埔尾崎

先𩲡字志緘號自安　行儀公三子生嘉慶癸酉年十二月廿七戌時卒同

治乙丑年六月初四日午時塟永定

娶李氏出

又妣社壇葉盤娘生道光癸未年八月初二日卯時卒同治乙丑年八月

廿三日丑時塟山後格杉脚木坐向未丑丁癸

男　當掩　當遁　當鈔

其執公諱先活字志潑　選擇公長子生乾隆癸卯年四月廿一日午時卒

道光辛卯年正月十一日辰時塟杉垵獅墓坐北向南

妣東門謝振娘謚溫如生乾隆庚戌年二月十七日未時卒咸豐甲寅年

四月廿四日未時塟獅墓脚坐北向南

男　當楫殤　當芙　當潤　當程殤　當注　當汁

女長泉娘配古宅吳　次配尾厝黃幼亡

先深公子志恩號淵泉　選擇公次子生乾隆丁未年三月初十日戌時卒

咸豐甲寅年十月初三日酉時塟山后格大崙

妣文章許典娘謚溫柔生乾隆乙卯年二月廿四日子時卒道光辛巳年

六月十六日申時罐塟山後格尊字崙坐向未丑丁癸

又妣吳埔山陳梅娘謚溫玉生乾隆辛亥年三月十五日卯時卒道光丁

未年三月十二日寅時塟後埔庵坐西向東

男　當淼　當曾

先淺公字志水號游清　選擇公三子生嘉慶丁巳年九月初七日丑時卒

同治甲戌年正月十三日巳時塟杉林美坐向庚甲申寅

妣內呷李柿娘謚良梨生嘉慶戊辰年四月初六日辰時卒光緒甲申年

九月廿二日辰時塟挑水垵路頂崙中坐向丁癸午子

男　當曁　當體　當燦　當畜

女　長吉娘配内呷李　次轉娘配坊前黃　三位娘配林柄陳

先柯公字志執號以人　明士公長子生乾隆甲寅年三月十五日酉時卒嘉慶癸酉年三月初五日丑時罐塋觀光尖大崙脚坐向卯酉甲庚

娶黃氏改節

先婆公字志娑號有金　明士公次子生嘉慶甲子年五月十八日亥時卒同治甲戌年六月十五日午時塋山後格騎龍斬坐向酉卯辛乙

妣舊門呂會娘謚慈意生嘉慶丙子年十月初三日酉時卒光緒庚子年八月三十日未時塋水鬼鵠尾坐向乙辛卯酉

男　當音　當流　當拋　當暢　當茅　當迸殤　當區

先麥公字志瑞號黍稷　明士公三子生嘉慶癸酉年十月十三日丑時卒咸豐庚申年八月廿五日丑時塋山後埔龜脚坐向乾巽亥巳

妣黃氏（幼亡）
又妣舊門呂濺娘謚馨香生道光甲申年十月廿五日辰時卒光緒戊子
年四月十一日未時葬后埔山坐向乾巽亥巳
嗣男　當喃　當鍊（俱殤）　當　當起　當市（俱養）　當聲
女　（長）銀娘配溪東林　（次）配大份溫　（三）題娘（殤）

光洗公　生財公長子生乾隆壬子年十一月廿九日亥時卒道光癸卯年
七月十五日吉時葬南靖縣

先欲公（字）志所（號）亦我　生財公次子生乾隆癸丑年十月初六日丑時卒
道光年間七月十五日吉時葬在臺灣

先水公（諱）清斯　生財公三子生嘉慶乙丑年六月十一日酉時卒道光年
間七月十五日吉時葬在南靖

先佃公（號）其田　道遠公長子生乾隆庚戌年十月初一日寅時卒道光壬

辰年五月初十日卯時塟漳年縣下南鄉陳家山拾骸歸塟曾厝墓邊坐
西北向東南
男　當顏 弟先重次子入嗣
先重公 字 志厚 號 仁德　道遠公次子生乾隆甲寅年七月廿四日亥時卒
咸豐壬子年四月十六日辰時
妣內呷李鳳娘謚慈泰生嘉慶乙丑年八月初九日酉時卒咸豐壬子年
九月廿六日酉時塟山后隔短崙仔坐向卯酉庚甲
男　當玉　當顏 出嗣兄先佃　當附 出嗣弟先煖
先煖公 號 其日　道遠公三子生嘉慶丁巳年十一月廿三日亥時卒咸豐
辛亥年二月廿一日巳時塟山后隔短崙仔
男　當附 兄先重三子入嗣
先衎公 字 志嘉 號 式燕　道遠公四子生嘉慶戊辰年十二月十九日戌

時卒光緒戊寅年十月十六日午時葬特坑崙脚坐向丙壬巳亥
妣仙境葉椒娘謚恬淑生嘉慶庚午年十月初十日辰時卒咸豐戊午年
三月初九日辰時葬水鬼崙坐向甲庚卯酉
又娶山兜黄懇娘生嘉慶丙子年正月廿四日巳時卒缺葬水鬼路頂坐
向乙辛辰戌
男　當算養　當筆
寶愛公諱先轍字志通　惟善公長子生乾隆辛丑年十月十六日戌時卒
道光壬辰年十二月初十日未時葬險壩貢外田墘
妣坑園林勸娘謚善化生嘉慶丙辰年十一月十五日辰時卒嘉慶辛未
年五月廿九日申時罐葬險埧鬱墳
又妣文章陳敲娘謚慎思生乾隆壬子年四月初四日亥時卒道光壬辰
年二月廿三日巳時葬險埧鬱

男　當梭殤　當標殤　當炳陳氏出

女　長雪娘配社壇葉　次配娘配后格葉　三甘娘配坊前黄

修業公諱先進字志陞　惟善公次子生乾乾戊申年九月廿五日酉時卒

道光癸未年五月廿九日未時柩塟文章山挑水垵坐未向丑

妣文章陳京娘謚安惠生嘉慶己未年七月初五日辰時卒光緒丙戌年

七月廿九日卯時塟溪頭山水格

男　當鳩　當冷

先明公字志昭號達德　惟善公三子生嘉慶丙辰十一月初十日亥時卒

道光乙巳年十二月十四日辰時塟沽美山外垵坐西向東

娶陳氏出

男　當桃　當愛

女　長伴娘配下陳宅　次渾娘配坑園陳　三羽娘配舊門呂　四配

溪東林五　配下宅陳

先珠公字志光　回春公長子生乾隆壬子年七月初四日巳時卒道光乙巳年二月廿五日戌時葬險垻鬱坐

娶陳氏出

男　當玉香

女長勤娘配下宅陳　次逢娘配郭井林　三配下宅陳　四賜娘配

大姑陳五　花娘配壇呂呂

先瑜公號得名　回春公次子生乾隆乙卯年九月初四日辰時卒道光丙戌年十月十七日子時葬洪瀨街

先浩公　回春公三子生嘉慶乙丑年十二月初九日寅時卒葬在外

先煥公號彩雲　回春公四子生嘉慶庚午年十二月十六日丑時卒道光庚寅年十月十七日酉時葬永定縣桄後霸

先琳公　興國公子生乾隆甲寅年七月廿八日丑時卒缺塋在上坪
先瑱公　我師公子生嘉慶辛酉年二月三十日巳時辰道光癸未年十二月廿一日丑時塋南靖會溪山
先繆公　侍前公子生嘉慶壬申年十一月三十日酉時卒道光乙未年正月十八日酉時塋沽美山險堤外

下窗柱政和公派

先述公 字志聖 號禮樂　以得公長子生乾隆壬子年正月十八日戌時卒道光甲辰年十二月初一日戌時塋文章山竹林美坐向坤艮未丑
妣坑園陳仕謚恬順生乾隆甲寅年十一月廿五日酉時卒道光戊子年二月廿一日未時確塋竹林尾坐向丁癸未丑
男　當墻址　當添福 弟先适次子嗣　當堛城 殤

南容公諱先适字志斷　以得公次子生嘉慶丁巳年十二月十二日申時卒道光丁酉年四月廿九日申時罐塋重慶樹林内坐乾向巽
娶陳氏改節
男　當蔭佑　當添福出嗣兄先述
女　送娘配陳家殤
令色公諱先巧字志言　易嘉公長子生隆隆壬子年四月初一日午時卒道光丁酉年四月十八日亥時罐塋倒石虎坐向乙辛卯酉外坐辛卯辛酉
妣小余蔡月娘生乾隆壬子年四月十四日寅時卒道光丁酉年三月廿九日丑時塋竹林崙尾坐丁癸未丑
男　當丙　當甲殤　當八殤　當請
女長玉娘配坑園陳　次皆娘配頂宅陳

先超公 字志海 號挾山　易嘉公次子生乾隆乙卯年八月廿三日亥時卒
道光乙卯年八月十四日巳時塟重慶
妣內呷李配娘生嘉慶巳未年六月十三日亥時卒道光壬辰年十一月
廿九日辰時塟洋坑坐向乙辛辰戌
又妣鳳坡梁探娘謚富親生嘉慶　年　月　日　時卒道光丁酉年三
月十九日申時柩塟沽美山
男　當簡　當樑　當核 出嗣弟先亞
女　訪娘配山兜黃
先亞公　易嘉公三子生嘉慶壬戌年五月十七日酉時卒道光丁酉年二
月初一日吉時塟上坪
娶陳氏 改節
男　當根 兄先超三子入嗣

先再公字志興　易嘉公四子生嘉慶戊辰年正月初十日丑時卒光緒庚
辰年二月十八日辰時
娶下宅陳伍娘生嘉慶庚申年六月十九日吉時卒道光年間十月初五
日酉時塋沽美山垵
又娶牆運卓姜娘生嘉慶乙丑年六月廿九日子時卒缺
女　蔭娘配大岵柯陳氏出

先滾公　易嘉公五子生嘉慶癸酉年九月初七日丑時卒塋臺灣

先捷公　為學公長子生乾隆癸丑年八月十六日午時卒道光年間月日
失記塋在臺灣
娶呂氏改適

先提公字志攜號授教　為學公次子生嘉慶己未年九月廿九日未時卒
道光丁未年六月十二日申時塋斐后林

娶社壇葉接娘生嘉慶巳己年六月十三日丑時卒同治丁卯年九月十
四日未時

男　當汆　當曉 出嗣弟先拈

女　果娘配下宅陳

先拈公 號 茗香　為學公三子生嘉慶甲子年十二月廿六日午時卒光緒
丙子年四月初四日巳時

男　當曉 兄先捷次子入嗣　當趆 弟先扯次子入嗣

先扯公 字 志撮 號 惟招　為學公四子生嘉慶甲戌年八月初三日申時卒
光緒壬辰十一月二十日戌時

娶五都洋坂蔡酒娘謚順應生道光辛卯年十月初二日辰時卒同治乙
丑年八月初十日卯時

男　當稽 養　當趆 出嗣兄先拈　當董 幼殤

女長詩娘殤
先耽公字志且　聲言公長子生嘉慶丙辰年十月十六日未時卒道光辛巳年九月廿六日申時柩塟斐後林掃帚尾坐卯酉甲庚
娶呂氏改節
男　當戶位殤
先聯公　聲言公次子生嘉慶己巳年十一月初九日未時卒道光丁酉年二月十七日未時附塟父墳中
娶李氏改適
女　眼娘配山兜黃
志寶公諱先劍　就事公長子生嘉慶戊午年正月初九日午時卒道光年
聞塟在臺灣
娶陳氏改適

男　當四國 殤　守財 弟先次子入嗣

志風公 諱 先凱　就事公次子生嘉慶庚申年六月十七日未時卒道光丁酉年二月廿六日吉時塟客拔大垵冬田頂坐向艮坤寅申

妣溪東林永娘謚孝思生嘉慶戊辰年正月十七日未時卒道光乙酉年十月十七日酉時塟墓壠頭書房外坐向丁癸午子

又妣馬頭洋鄧香娘謚丹桂生嘉慶己巳年七月初九日辰時卒光緒乙酉年正月初二日子時塟沽美山垵窩頂坐向辛乙酉卯

男　當典舖　當典力 出嗣弟先鎮　當文台　當文曲 俱嗣弟先剔

女　勅娘配大庭戴

先䰟公 字 志境　就事公三子生嘉慶甲子年五月初八日寅時卒同治癸亥年正月初九日吉時塟在外

妣下宅陳雪娘謚慈順生嘉慶辛未年閏三月初九日酉時卒同治壬申

年十二月初四日卯時塟沽美山後
男　當燉煌　當守財嗣兄先劍
女　挑娘配吳埔山陳
先剔公　就事公四子生嘉慶癸酉年八月初四日酉時卒光緒丁丑年七月廿八日寅時塟斐后林坐向癸丁子午
男　當文台　當文曲二俱兄先凱子嗣
先鎮公　就事公五子生嘉慶丙子年十一月初八日酉時卒道光丁酉年五月十三日未時
男　當典力兄先凱次子入嗣
先待公號其人　爲舟公長子生嘉慶己未年十月初三日巳時卒道光乙酉十月十七日未時柩塟險壙頂山窩内坐癸丁丑未
幼娶蔡氏殤

先德公　為舟公次子生嘉慶己巳年十二月初六日酉時卒在漳州塟在
會溪
幼娶戴氏殤
先徙公　為舟公三子生嘉慶乙亥年八月十九日卯時卒塟輝鸞
幼娶林氏殤
先律公　為舟公四子生嘉慶庚辰年正月初五日卯時卒道光癸卯年八
月廿三日吉時塟在泉州城外
先衍公　為舟公五子生道光甲申年正月初十日戌時卒道光乙巳年七
月廿八日酉時塟山後

下窗柱政和公派五房

清先擨公　必琛公長子生嘉慶癸酉年三月十二日午時卒道光癸巳年二

月初三日申時塋沽美山險壙外

男　當卯殤　弟先河子入嗣　當盡善　弟先河子入嗣

先河公字　志洋　必琛公次子生嘉慶戊寅年正月十六日戌時卒光緒壬

辰年十二月初三日酉時

娶曾墘曾劉娘改節

男　當芽殤　當卯殤　嗣兄先擦　當盡善　兼嗣兄先擦　當杍殤

女長　罷娘殤　次　知娘殤

先江公字　志淮　必琛公三子生道光癸未年四月初三日寅時卒光緒甲

申年十月廿二日巳時

妣溪頭蔡協娘生道光壬辰年七月初七日卯時卒咸豐己未年八月十

九日辰時塋沽美山險塓

先其俊公　必琛公四子生道光丙戌年七月廿五日戌時卒同治辛未年

七月初三日午時塟在竹篙壠坐乙向辛兼辰戌
妣前街黄益娘生道光庚寅年八月初九日寅時卒同治丙寅年九月初
七日戌時塟在水鬼鷄蛋鵠坐寅向申兼艮坤
又妣大垻方蓮娘生道光乙酉年十月初十日寅時卒光緒丁亥年八月
十七日戌時塟在山後格短崙仔坐庚向甲兼酉卯
男　當時
女　送娘 殤
先列公　必琛公五子生道光己丑年十月十五日寅時卒光緒丙子年六
月初二日酉時
娶坑園陳籐娘 改節
男　當扮 殤
女　丑娘配溪東林

先蓮公　世祿公長子生嘉慶戊寅年十月廿二日寅時卒道光庚子年二月廿八日戌時塟沽美山外窩
先廣公字志心　世祿公次子生道光壬午年五月十五日午時卒塟在外娶杏塘陳斷娘改節
男　當課殤
先饑公字志籐　必理公嗣子生嘉慶庚辰年八月十二日戌時卒光緒甲申年正月十六時己時塟在水鬼大崙邊坐乙向辛兼辰戌
妣下宅陳幼娘生道光戊子年十一月初三日吉時卒光緒甲申年八月十三日亥時
男　當文慶殤　當唱　當玆殤
女　長笑娘配坊前黃　次草娘配溪東林
先蠷公字志上　必璉公長子生道光辛巳年八月廿三日午時卒咸豐戊

午年十月廿七日戌時塟沽美山垵窩
妣舊門呂月娘生道光甲申年六月初九日戌時卒咸豐乙卯年十月十
三日寅時塟沽美山前
男　當泵
女　縣娘配後埔羅
先扇公　必璉公次子生道光乙未年七月十三酉時卒塟在外
娶陳氏　出
先黃公　必璉公三子生道光辛丑年五月十九日酉時卒塟在外
先糴公　必球公子生道光乙未年四月十四日卯時卒光緒壬辰年閏六
月切三日午時塟在鷄蛋崙下溪東基頂坐申向寅兼庚甲
妣巖田蔡富娘生道光戊戌年八月廿二日酉時卒光緒癸未年八月初
六日卯時塟大材崙坐向丙壬午子

當　當元樹殤　當柳　當構
女長霜娘配頂宅陳次草娘殤三差娘配溪東林
圍內柱中山公派臺灣柱
志人公諱先物　興長公長子生乾隆戊寅年十月廿六日戌時卒乾隆乙卯年六月初六日未時塟圍內山中心崙坐向亥巳壬丙
娶陳氏出
男　當荔　當燕
加和公諱先撮字志要　興長公次子生乾隆壬午年六月廿八午時卒嘉慶丙寅年正月三十日午時塟圍內山中心崙坐向辛乙戌辰
妣林氏生乾隆壬辰年三月初三日午時卒嘉慶丙寅年十一月廿一日午時塟圍內山崙尾坐向庚甲申寅
又娶蔡氏改節

男　當遭往洋

剛毅公諱先侯字志伯　恭人公辰子生乾隆丙申年五月十九日酉時卒

道光壬辰年九月十二日丑時罐塟園內山

妣陳積娘謚勤柔生乾隆戊戌年十一月廿九日辰時卒嘉慶庚午年三

月初九日酉時塟園內山中心崙

男　當旺　當萼

女　新娘配李家殤

志模公諱先胚　恭人公次子生乾隆辛丑年六月十九日巳時卒道光辛

卯年四月廿七日申時罐塟園內山坐向癸丁丑未

妣林柄陳監娘生乾隆丁卯年六月廿一日寅時卒咸豐甲寅年四月廿

四日午時塟蓮山後

男　當起　當菜　當會

女長配黃埔梁　次配烏垵林　三配上呷莊
志聽公諱先打　恭人公三子生乾隆己酉年五月十六日午時卒嘉慶戊
寅年十月初九日午時塋沽美山崎
娶黃氏改適
男　當早　當妥
先居公字志邦　興選公長子生乾隆甲辰年十一月初十日寅時卒道光
庚戌年十二月廿七日巳時塋杉林崙坐向巽乾己亥
娶烏翼余好娘生乾隆丁未年九月廿六日申時卒咸豐己未年十月十
五日戌時塋圍内山坐向癸丁子午
男　當純　當有　當二出嗣弟先捆　當偏出嗣弟先彩
女長配后埔羅　次配内呷李　三配郭山黃　四配胡西陳　五配巷口
賴

先擱公字志遮　興選公次字生乾隆己酉年正月初九日寅時卒道光庚戌年七月初五日寅時塋園内山大石下坐向亥巳壬丙

妣内呷李食娘生乾隆癸丑年九月十八日午時卒嘉慶乙亥年十月初八日酉時塋園内山坐向辛乙酉卯

男　當二兄先居三子入嗣

先彩公字志煥　興選公三子生嘉慶丙辰年九月初四日卯時卒同治乙丑年六月初一日吉時在永定亡

娶中埔頭林串娘生嘉慶甲子年正月初九日寅時卒光緒乙酉年五月初一日午時塋缺

男　當偏兄弟居四子入嗣

女　姸娘適下宅陳

先海公　必文公嗣子生嘉慶己卯年十月十六日寅時外出卒塋莫考

先滂公字志沱號沛然　纘緒公長子生嘉慶乙丑年十月初六日亥時卒道光丁未年二月初三日巳時塟園内山
娶曾杉娘生嘉慶庚午年十月初七日子時卒道光甲辰年正月初二未時塟園内山
男　當泉養　當水
女　冷娘配下宅陳
先團公號方圓　纘緒公次子生道光壬午年四月十八日寅時卒道光庚戌年十一月十八日吉時塟漳平白沙
娶張氏改適
先赤公字志壁　守德公長子生嘉慶壬申年九月初十日申時卒咸豐戊午年月日失記往臺灣塟萬丹縣
妣鳳坡梁訪娘謚順美生嘉慶甲戌年正月十六日酉時卒道光丁酉年

正月廿五日午時塋園內山

又娶陳氏 出

先瑞公字志玉號輯睦　守德公次子生嘉慶甲戌年八月十七日巳時卒光緒己卯年七月初三日辰時塋園內山坐向庚甲酉卯

妣坑園陳井娘生嘉慶乙亥年七月初七日辰時卒同治辛未年十一月十四日酉時與公合塋

男　當籃　當絹

女　乖娘配舊門呂

先田公　守德公三子生道光甲申年七月十二日丑時卒道光庚戌年十一月二十日吉時塋在廣東豐市

先園公　守德公四子生道光戊子年五月廿三日亥時卒咸豐壬子年五月初五日午時沐浴沉溺塋在海澄林坑山

娶林氏出

先走公字志趨號如進　必馬公長子生嘉慶癸酉年十一月廿一日寅時卒咸豐丁巳年三月初五未時塟園內山

妣中埠頭林遣娘生嘉慶丁丑年正月廿八日辰時卒咸豐丁巳年三月初五日申時

男　當旦　當卑殤　當讒養

女　　栖娘配坑園陳

先論公字志討號大德　必馬次子生嘉慶丁丑年八月三十日寅時卒道光庚子年六月二十日巳時塟幃內山

妣澳下盧酛娘謚高明生嘉慶丁丑年二月廿九日午時卒道光乙巳年六月十一日巳時塟幃內山

男　當遠養　當汝

先約公字志禮號博文必馬公三子生道光己丑年十月十七日寅時卒同治壬申年正月十五日巳時塋園内山

娶小余蔡奚娘生道光己丑年九月初十日戌時卒咸豐戊午年七月廿六日午時塋園内山

又娶古坑黄爾娘生道光乙未年十一月十五日亥時卒光緒辛丑年十一月廿二日巳時塋園内山

男　當厥殤　當淵

女長白娘配社壇葉　次查娘配杉仔尾陳

先鄰公字志擇號爲美　必馬公四子生道光癸巳年廿月廿三日辰時卒同治己巳年四月十一日巳時塋園内山

娶后埔甘娘羅氏生道光丙申年十一月廿一日午時卒光緒戊寅年八月廿二日申時塋園内山

男　當兜

女　長朱娘配劉林侯　次盡娘配内呷李　三京娘配下宅陳

圍内臺灣柱

先鳳公　必夽公長子生乾隆辛卯年五月初七日酉時住在臺灣卒塟莫

考

先章公　必夽公次子生乾隆壬辰年十一月初四日辰時住臺灣卒塟莫

考餘派失查

先釵公　興東公長子生乾隆年間住在臺灣卒塟缺

先完公號方義　興東公次子生乾隆辛卯年十二月廿一日亥時卒嘉慶

丙戌年九月初五日辰時塟圍内坐戊辰辛乙

先同公　興誨公長子生嘉慶戊午年十二月初九日己時辛咸豐庚申年

二月十七日寅時塟園內山
娶李氏殇
先琴公　興誨公次子生嘉慶甲子年十月初一日申時卒道光年間塟在
台灣
妣陳愛娘生嘉慶甲戌年六月廿五日吉時卒道光乙酉年九月廿九日
申時塟沽美山中窩崙邊
先務公字志本　興誨公三子生嘉慶戊辰年八月初八日辰時卒塟莫考
男　當髻凡先株子兼嗣
先對公號大庭　興榜公長子生嘉慶戊午年十二月廿七日申時卒道光
丁亥年二月十五日酉時塟園內山坐向坤艮未丑
娶陳氏改適
男　當能

先葉公　興榜公次子生嘉慶癸亥年十一月廿一日未時卒道光庚寅年六月二十日巳時塟園內山

先雲公　興榜公三子生嘉慶己巳年十一月初二日戌時卒塟莫考

先恕公字志肥號吞聲　成金公長子生嘉慶乙丑年八月十四日卯時卒光緒己丑年六月初八日巳時塟山後隔短崙仔脚坐向坤艮寅申

妣香娘王氏謚孝順生嘉慶丙寅年八月廿九日卯時卒道光丁酉年正月十四日辰時塟園內山

又娶文章陳錠娘生嘉慶丙子年五月廿二日子時卒光緒庚子年閏八月十九日午時塟園內山坐向子午壬丙

男　當迎養　當玆陳氏出　當磚殇

女　長環娘配鳳坡梁　次會娘配下宅陳　三兵娘配坊前黃　四鄭娘配中房張俱王氏出　五粉娘配大坂陳　六滿娘配鳳坡梁　七銶娘配

中房張俱陳氏出

先姜公　成金公次子生嘉慶戊辰年十二月初九日亥時往外洋卒缺

先尌公號奉持　成金公三子生嘉慶壬申年十二月初五日戌時卒光緒丁酉年七月三十日寅時

養男　當春殤　當山

先挺公字志拔號長秀　成金公四子生道光丙戌年六月初八日酉時卒光緒甲午年九月十六日寅時塟在圍內山

娶下宅陳成娘謚靜潔生道光己丑年十月初八日寅時卒光緒辛巳年九月廿九日丑時塟西巖尖后坐向巽乾辰戌

男　當札　當面殤　當慶殤

女　應娘配郭井林

先搬公　文恭公長子生嘉慶壬申年六月廿二日丑時卒道光辛未年十

二月十四日申時塟園内山
先租公　文恭公次子生嘉慶甲戌年八月廿八日亥時外出卒塟莫考
先莉公　文恭公三子生道光癸未年九月十七日寅時卒光緒癸巳年十
二月初九申時塟園内山
曾姪孫思慮奉祀
先尋公　善士公長子生嘉慶壬申年三月十七日酉時卒道光乙未年九
月初二日丑時塟永定縣
娶張氏改節
女　配文章陳
先帕公　善士公次子殤
先光華公　善士公三子殤

集坵柱宗文公派

清先爾公　必富公子生道光戊子年四月初八日寅時往臺灣卒葬缺
　養男　當元泰
先圳公　必當公子生道光辛卯年三月廿二日申時殤道光丁酉年十月
　初七日未時埋短崙仔
先綿春公　必當公次子生道光己亥年六月初二日亥時往灣灣卒缺
先夏火公　必當公三子生道光癸卯年二月廿四日寅時卒塋缺
先選公　必朋公嗣子生嘉慶乙亥年六月廿五日子時卒咸豐己未年六
　月初三日卯時塋重慶
　娶中房張氏改節
　男　當粂
　女　月娘

先石公　必喝公子生嘉慶丁卯年五月廿六日子時卒道光年月日失記
塋喬山巷路邊坐南向北
先舉公字志元　必挽公長子生嘉慶丁卯年九月廿一日申時卒光緒壬
午年六月初七日亥時塋斐後林
娶溪東林螺娘生嘉慶丁丑年十月初三日辰時卒光緒壬辰年六月廿
四日申時塋斐後林坐東向西
男　當鳳
先假公　必挽公次子生嘉慶庚辰年八月初十日戌時卒同治壬申年十
二月初二日卯時塋杉林内
妣上呷林娥娘生道光丙申年十一月初四日丑卒民國甲寅年四月初
三月吉時塋樹林口
男　當球　當文勝

女長先娘配溪東林　次鍊娘配前街黃　三摘娘配南安縣蔡長坑

傳

先祉公　必遮公子生嘉慶丙辰年六月廿九日午時殤

先　公字志椿　必遮公長子生嘉慶庚申年八月廿四日辰時卒咸豐辛亥年三月初八日巳時塟文章山嶺邊格

娶下宅陳勸娘生嘉慶辛未年五月初二日申時卒塟缺

男　當諒　當權出嗣弟先祖

女　配下宅陳

先彭公字志誠　必遮公次子生嘉慶丙寅年十月十四日巳時卒咸豐辛亥年二月十一日戌時塟山後格短崙仔坐西向東

娶下宅陳英娘生道光壬午年二月十四日申時卒光緒戊寅六月初三日未時塟斐後林坐西向東

男　當楚殤　當道　當頂出嗣弟先旋
女　長愛娘配坑園陳　次肴娘配下宅陳
先祖公　必遮公三子生嘉慶庚午年正月十九日戌時卒咸豐辛亥年十
一月廿八日巳時塋缺
娶陳氏出
男　當權兄先摩子入嗣
先妙公字志貌號文贊　必護公長子生嘉慶丁丑年十一月吉日辰時卒
光緒甲申年十二月十九日子時塋什坵洋水路頂坐向巽坤巳亥
娶林氏殤
又妣坑園陳福娘生道光辛巳年七月十三日亥時卒光緒己亥年二月
廿二日丑時塋杉林尾坐向壬丙子午
男　當知殤　當杉　當貢

女　長敏娘配舊門呂　次力娘配内益李

先快公號便是必護公次子生道光癸未年十月初五日戌時卒道光己酉年正月初五日酉時塟斐後林掃箒尾

娶林胚娘出

養男　當抱　當城弟先歲次子兼嗣

先歲公字志月　必護公三子生道光丙戌年六月十三日酉時卒同治癸酉年四月初三日子時塟杉林尾坐向壬丙子午

娶温吉娘出

又妣古宅吴返娘生道光丁酉年五月十二日酉時卒光緒戊寅年十一月十三日酉時塟山後格灰墓頭

男　當繩　當城兼嗣兄先快

女　樽娘配壇宅林

先眼公　必啓公長子生嘉慶己卯年七月十三日酉時卒道光癸卯年七月十九日申時塟泉城南門外塜

先四公　必啓公次子生道光丁亥年八月十二日午時出外卒塟缺

娶陳氏 改節

先喜公　必作公子生乾隆年間卒塟在洋

先樹蘭公　必片公長子生嘉慶戊辰年九月廿六日申時外出卒塟缺

先莫公　必片公嗣子生道光丙申年十一月初四日戌時外出卒塟缺

先梅公 字 志杳　必騰公子生嘉慶丁卯年五月初五日亥時卒咸豐甲寅年三月初十日申時塟沽美山中崙

娶梁賽娘 改天

男　當吝　當寶 出嗣弟先淙

女　長次俱配舊門呂

先涼公　必衷公子生嘉慶甲戌年九月廿九日申時卒道光甲辰年十一月十四日吉時塟永春城外塚

娶陳氏 殤

男　當寶 兄先梅子入嗣

先廠公 字 志朮　必寡公子生嘉慶己未年九月廿一日丑時卒道光丙午年十一月廿三日酉時塟什坵水路田下

妣舊門呂進娘生嘉慶癸亥九月廿八日寅時卒光緒丙子年三月二十日未時塟什坵洋三角 坵坐西向東

男　當壹 養　當吟　當溪　當昨 出嗣弟先旋

先秦公　必煎公長子生嘉慶壬申年八月十四日午時往臺灣卒缺

娶陳氏 殤

又娶郭絹生道光壬午年八月十一日卯時往臺灣卒缺

男　當琳　當塗出嗣弟先孔　當全福

養女　秀娘

先孔公　必煎公次子生嘉慶丙子年四月十二日丑時往臺灣卒缺

娶黃氏殤

男　當塗兄先黍子入嗣

先旋公　必煎公三子生嘉慶乙卯年三月初十日子時卒光緒辛卯年十一月初六日辰時塟斐後林坐南向北

男　當昨兄先厰子入嗣　當頂兄先彭子入嗣

女　爻娘配下宅陳

先秘公　必換公長子生嘉慶庚辰年十二月廿七日寅時卒缺

娶陳氏殤

先朮公　必換公次子生道光壬午年四月十一日子時卒缺

先尊公　必換公三子生道光辛卯年三月初三日酉時先弟俱住仙遊卒

塋缺

先忍公　必塘公長子生道光壬午年十月初六日子時

娶下宅陳貼娘生道光甲申年七月廿九日辰時夫妻俱住仙遊卒缺

男　當忠　當通

女　月娘配楓亭林

先憐公　必塘公次子生道光戊子年十月十二日寅時

娶東湖鄉夫妻俱住仙遊卒缺

先高公　必塘公三子生道光壬辰七月廿四日寅時住封亭卒缺

光剎公字志開　必德公子生嘉慶己巳年八月十二日申時卒咸豐己未

年十一月廿九日丑時塋沽山邊坐南向北

娶烏鞍林卯娘生嘉慶丁丑年十月初十日子時卒光緒丙戌年十二月

十七日戌時塟沽美山
男　當可
女　賴娘配垵尾林
先白公　必蕊公長子生嘉慶乙亥年五月初七日戌時卒道光丁未年正
月廿四日寅時塟險埧墳坐東向西
先鎮公　必蕊公次子生嘉慶戊寅年十月初十日戌時卒咸豐辛亥年八
月廿六日酉時卒在上坪拾鑵歸塟頂什坵厝右畔厝角
先經公　必低公子生嘉慶甲戌年正月初八日酉時外出卒缺
先來公　必宗公長子生乾隆乙巳年十二月十三日亥時卒咸豐己未年
二月十三日戌時塟鷄蛋崙坐向巳亥巽乾
妣惠安陳寡娘生乾隆年間月日失記卒道光丙申年十二月十五日卯
時塟重慶

又妣臺灣花英娘生乾隆乙卯年十二月十七日卯時卒咸豐己未年六

月廿一日午時塟重慶

男　當學 殤　當嶺 弟先鍛入嗣兼嗣弟先取

女　配下宅陳 陳氏出

先法公　必宗公次子生嘉慶庚申年六月初十日寅時卒道光丙午年十

月廿九日辰時塟重慶

妣坑園陳𤋮娘生嘉慶己巳年八月初九日寅時卒道光癸卯年十一月

初一日未時塟非後林

男　當鈔

先任公 號 凝瑞　必宗公三子生嘉慶庚申年六月初十日寅時卒道光丙

戌年九月廿七日吉時

男　當典 卷

先試公　必七公子生嘉慶丙辰年二月十四日丑時卒道光戊申年七月十四日子時塟重慶

先取公　必盞公長子生乾隆乙巳年四月廿六日戌時卒道光己丑年九月廿三日申時塟重慶皂斗崙脚

男

當嶺兄先鍛子入嗣兼祧兄先來

先星公　必盞公次子生乾隆乙卯年六月初二日午時卒道光戊子年三月初六日酉時附塟先取公墳中

先旨公　必盞公三子生嘉慶戊午年六月廿三日午時卒道光甲辰年正月十八日吉時塟詔安梅州

先長公　必喊公子生乾隆辛亥年十月十五日辰時卒咸豐戊午年正月初七日酉時塟喬山巷路邊坐南向北

先裁公字志化　必嗹公長子生嘉慶丙寅年四月初九日辰時卒咸豐癸

丑年十一月初九日亥時塟沽美山外崙坐西向東

妣陳蜂娘生嘉慶年間月日時失記卒光緒癸巳年十月廿一日亥時塟重慶

男　當倫叅

女　配社壇葉

先赫公　必嗹公次子生嘉慶丁丑年三月廿六日卯時卒咸豐甲寅年十一月初九日吉時塟詔安

先兜公　必傳公長子生嘉慶乙丑年四月廿六日寅時卒道光庚寅年十月廿五日巳時葬重慶坑仔口

胞姪當研奉祀

先朕公字志兆　必傳公次子生嘉慶癸酉年五月初十日巳時卒光緒庚辰年四月廿六日戌時塟重慶

娶惠安郭瀨娘生道光丙戌年八月初三日丑時卒同治戊辰年八月廿九日午時塋重慶

男　當研　當擇　富柳

春安垢柱宗時公派

先分公　必啓公子生乾隆庚戌年七月初十日未時卒塋在外缺

先爽公　興齊公子生乾隆甲寅年正月初四日亥時卒塋永定縣古竹娶陳氏 出

先錯公　必乞公長子生嘉慶丙寅年九月初七日未時卒道光年月日時缺塋在外缺

先鐃公　必乞公次子生嘉慶己巳年十一月初二日申時卒道光年間正月十四日申時塋沽美山

先花公 字志萼 予取公長子生乾隆己酉年九月初三日戌時卒道光丁亥年閏五月十一日寅時柩塋新寨坐向未丑坤艮

娶胡西陳招娘生乾隆庚戌年十一月初三酉時卒塋缺

男 當吹 當褫 出嗣弟先接殤 當層 出嗣弟先接

女 長寶娘配雷厝 次子娘配内益李

先接公 號承修 予取公次子生乾隆甲寅年十一月廿五日辰時卒道光癸未年正月初二日寅時塋井後洋坐向卯酉庚甲

娶楊氏 出

男 當褫 兄先花公子入嗣殤 當層 兄先花公子入嗣 永發 永進 俱弟先抱子入嗣

先抱公 字志懷 予取公三子生嘉慶丁巳年十二月廿七日戌時卒塋缺

娶内呷李埒娘生嘉慶戊午年四月廿二日辰時移居永定古竹卒塋缺

男 當作 殤 當某 殤 當永發 出嗣兄先接 當永進 出嗣兄先接 當東來 出嗣弟先攬

女　配永定磜頭嶺下董

先攬公　予取公四子生嘉慶癸亥年五月十四日申時卒塋缺

男　當東來 兄先抱子入嗣

光養公 號 成金　興讚公子生乾隆壬子年十月十八日丑時卒道光癸巳

年正月十七日亥時塋新寨坐向未丑坤艮

先泵公　興諸公長子生乾隆壬子年九月廿三日寅時卒塋漳州

娶李氏 殤

先虧公　興諸公次子生嘉慶丁卯年七月十五日酉時卒塋在外缺

先柴公　好禮公子嘉慶己卯年十二月初三日巳時卒道光乙未年九月

初六日卯時塋山後格大崙坐寅申甲庚

男　當長福 兄先土五子入嗣

先星公　其梅公子嘉慶己卯年六月十二日巳時卒道光癸卯年十月廿

二日申時塋重慶祖墓崙坐北向南

先土公字志穀號寶三　為樂公長子生嘉慶乙丑年三月十八日丑時卒

光緒己丑年八月廿八日未時塋山後格大崙坐向辰戌乙辛

妣內呷李甘娘謚溫和生嘉慶丁卯年二月初三日辰時卒道光甲辰年

十二月十五日辰時塋文章山赤墓坪內坐向巽乾己亥外己亥巽乾

又妣下宅陳悻娘生嘉慶丁丑年十一月初一日酉時

男　當親　當議　當概　當尊殇　當朝拳　當猶殤　當長福出嗣弟先柴　當益

女　長妹娘配前街黃　次勤娘配內呷李

先哲公　為樂公次子生道光壬午年七月廿七日申時卒道光丙申年七

月十二日卯時塋文章山竹林尾坐癸向丁兼子午

先順公　必點公長子生道光甲申年五月廿七日寅時卒道光戊戌年正

月十九日丑時塋挑源

先㭬公　必點公次子生道光丙戌年八月十五日亥時卒塟缺
先針公　必點公三子生道光己丑年五月初六日巳時卒塟缺
先涉公號成仁　必硯公長子生道光己丑年七月十八日辰時卒咸豐辛亥年九月十五日吉時塟龍巖下溪雨亭后
娶李玉娘出
女殤
先𩞄公　必硯公次子生道光庚子年五月十三日申時卒塟在外缺
先巢公　必杓公子生道光丙申十一月十四日寅時卒塟在外缺
先謹公　行義公子生嘉慶乙亥年月日時充南澳行伍住彭湖
娶氏男俱住彭湖莫考
先粒公字志積　必橡公子生道光乙未年七月初二日丑時卒咸豐乙未年十月十五日未時塟險埧墳

娶溪東林湖娘（改節）

男　當庇　當泄柳

女　晟娘

先秋公（號）冬菊　成美公長子生乾隆丙午年七月廿六日申時卒道光癸

巳年十二月廿八日子時塟新寨山

娶温氏（殤）

又娶陳景娘生嘉慶乙丑六月十五日未時卒同治戊辰十月二十日戌

時

男　當丁（賣出）　當凑（殤）　當頂（兼嗣弟先立）

女　窗娘配深鞍葉（次）　甜娘（殤）

先立公　成美公次子生嘉慶戊辰年九月十八日亥時卒道光甲午年十

一月初四日丑時塟新寨

男　當頂兄先秋子兼嗣

先浮公　成美公三子生嘉慶辛酉年五月初二日戌時往南洋三巴壠卒

塋缺

娶南洋氏生卒缺

男　當朝宗往番

先晥公　成美公四子生嘉慶乙丑年五月初三日丑時卒道光戊戌年五

月初八日吉時外出莫考

先智公字志賢號知禮　乙巳公長子生嘉慶丙辰年十一月廿一日申時

卒同治戊辰年九月初六日辰時塋山後格短崙仔坐向坤艮申寅

妣下宅陳朮娘謚順美生嘉慶庚申年七月十五日寅時卒光緒己卯年

九月十五日巳時娘山律后格客拔内大埈後坐寅向申

男　當彩　當扳陽　當鑽　當穴

女　配坊前黃

先六公字志出旋成立　乙巳公次子生嘉慶壬申年七月廿三日申時卒

咸豐甲寅年十二月十六日寅時塋重慶新寨坐向庚甲酉卯

妣路後戴寅娘謚慎丑生嘉慶癸酉年二月廿八日未時卒光緒戊寅年

十月初五日寅時塋新寨

男　當騰

先萊公　興注公子生嘉慶庚辰年六月廿九日子時卒道光乙巳年五月

初六日寅時塋重慶新寨

娶呂氏竘殤

先箴公　美唐公長子生道光癸未年八月廿三日戌時卒在永春卓埔大

堆沙

娶蓬島郭富娘生道光丁亥年月日缺

男　當炎

先到公　美唐公次子生道光丁亥年三月十五日午時卒在永春一都

娶內呷李玉娘生道光壬辰年二月廿三日未時卒在永春一都

男　當奈

女　受娘適下宅陳

先壇公　吉成公長子生嘉慶壬戌年九月廿二日戌時卒道光壬辰年又

九月廿三日戌時塟本鄉喬山壠邊坐向丙壬午子

男　當贊 弟先端長子兼嗣

先端公 號 成思　吉成公次子生嘉慶己巳年九月初三日巳時卒咸豐壬

子年六月初一日申時塟重慶狗頭崙坐向辛乙酉卯

妣梁香娘謚至同生道光壬午年三月十三日寅時卒咸豐乙卯年九月

廿九日午時塟新寨路邊坐向辛乙酉卯

男　當贊兼嗣兄先壇　當訓
女　長悟娘配內益李　次負娘配中房張
先錐公　吉成公三子生嘉慶壬申年七月十九日未時卒同治壬申年九
月廿四日丑時塟重慶狗頭崙大石下坐西向東
娶陳氏殤
先完公　吉成公四子生嘉慶戊寅年四月十三日丑時卒年缺四月廿二
日吉時塟沽美山大墘中
先科公號及第　必裁公長子生嘉慶丙子年六月初五日辰時卒同治甲
戌年六月初五日酉時塟山后格大才崙
妣永春過溪州周審娘生道光辛卯年七月廿九日申時卒光緒庚寅年
十二月十九日未時塟新寨
男　當素　當榮出嗣弟先嗹　當望殤　當獅

先嗹公　必裁公次子生道光癸未年三月十四日巳時卒光緒戊戌年十二月十九日巳時葬新寨

男　當榮 兄先科次子兼嗣

先七公　進成公子生道光丙申年八月廿二日子時卒葬缺

先螺公 字 志田　必準公長子生嘉慶癸亥年四月初八日卯時卒同治癸亥年四月廿四日巳時葬雞蛋崙頭

妣林柄陳法娘生嘉慶庚辰年二月初二日丑時卒同治己巳年五月初一日戌時葬雞卵崙鵠坐東向西

男　當箬　當鑼 九歲殤　當衫 出嗣弟先石

女　損娘配山頭余家

先石公 號 成金　必準公次子生嘉慶癸酉年七月初七日寅時卒道光戊申年三月初二日酉時葬沽美山外垵中坐西向東

娶郭氏改節

男　當衫兄先螺次子入嗣

女　長配内呷李　次配深垵葉

先正公　必培公子生道光辛巳年七月廿二日巳時卒道光乙巳年十一

月廿五日卯時塟上坪

先棟公　連枝公子生道光甲申年九月廿五日戌時卒同治乙丑年十二

月廿二日未時塟龍巖

先峯公　必清公長子生道光戊子年九月十三日亥時卒光緒癸巳年四

月廿一日酉時塟新寨坐辛乙酉卯

娶陳奎娘改節

男　當土殤　當談

女　長涼娘配溪東林　次腰娘配社壇葉

先好公　必清公次子生道光壬寅年正月初十日戌時卒在永定金風大碑頭塋缺

先弄公　嚴示公子生道光甲申年十月十四日丑時卒塋永定金風大碑頭

先反公　必幼公長子生道光丁亥年十一月廿三日戌時卒塋永定金風大碑頭

先摺公　必幼公次子生道光庚寅年六月初八日寅時卒塋永定金風大碑頭

先箇公　有秀公子生道光癸未年六月初四日巳時卒年缺二月十七日吉時塋新寨

娶吉祭鄭琴娘生道光甲午年五月十六日午時卒光緒年間八月十八日吉時塋德化茹汰后山頂

男　當罕　當皆（秉炯弟先作）　當金鑾（秉炯弟先作）

先曉公　必鴉公長子生道光甲午年十月初九日丑時卒同治癸酉年六月十七日巳時塟新寨

娶舊門呂富娘生道光辛丑年八月廿三日辰時卒同治癸亥年十月十六日寅時塟新寨

先勺公　必鴉公次子生道光丁酉年十月初九日卯時卒同治壬戌年五月三十日辰時塟新寨

先鬧公　必鴉公三子生道光己酉年九月十九日亥時卒塟在金豐内

先作公　必或公子生道光己亥年二月三十日申時卒民國壬子年九月初三日酉時塟缺

男　當皆　當金鑾（俱兄先芍子秉炯）

先河公　必泡公長子生嘉慶辛未年六月十五日卯時卒道光戊子年二

月廿六日午時塟沽美山坐向戌辰辛乙
男　當合弟來福嗣再賣溫家
來福公字志祿　必泡公次子生嘉慶丙子年七月初一日辰時卒道光丁未年九月初十日申時塟沽美山
娶謝快娘出
男　當合嗣兄先河
女長配戴家　次配葉家
先篦公　必藥公子生道光辛巳年三月初六日辰時卒塟永溪
先場公字志陣號被化　必夢公長子生嘉慶甲戌年正月十三日寅時卒光緒癸未年九月廿九日戌時塟客拔內坐向甲庚卯酉
妣溪東林縣娘生嘉慶戊寅年六月十二日卯時卒光緒癸卯年十月十一日午時塟新寨坐向坤艮申寅

男　當啓　當綽

先爾公　必夢公次子生年年月日時失記外出卒塋缺

幼娶黃氏殤

先謏公　必靴公子生年月日時失記逃出卒塋缺

先擇公號處仁　必涯公長子生嘉慶壬戌年四月廿二日申時卒道光壬午年十一月初十日酉時塋南靖永溪墟冬坑坐向辛乙酉卯

娶陳氏改節

養男　當瑞郎　當睡

先兔公　必涯公嗣姪兼嗣弟必澍後生孫分兩承生道光辛卯年五月十九日亥時卒塋缺

先掇公　必澍公長子生道光辛巳年四月廿七日酉時

先兔公　必澍公次子兼嗣兄必涯生年月日時詳内

先炙公　必汭公子生道光辛巳年七月三十日酉時往南粤卒塋缺

先于公　必捷公子生道光癸未年十月十五日丑時卒塋缺

先鳩公　必泄公長子生嘉慶庚辰年十月十五日未時往山城莫考

娶陳氏做娘出

先題公　必泄公次子生道光甲申年卒十二月初五亥時卒塋封市

先泰公　必寸公子生道光甲午年九月十九日己時往沙縣城外卒塋缺

先文公　必譪公子生嘉慶辛酉年十一月十九日卯時外出卒塋缺

先武公　必軌公子生嘉慶癸亥年六月十二日寅時卒塋永溪

娶永定謝氏幼亡塋上坪上賴

調謦公　必曾公長子生年月日時失記外出塋缺

先淑公　必曾公次子生嘉慶己卯年二月日時失記卒塋永溪

先財公　必營公子生嘉慶庚午年六月十六日未時卒道光年間塋臺灣

十二世橋格柱景全公派

學來公諱先教字志習　南田公長子生乾隆甲辰年又三月初二日戌時卒道光辛丑年三月初九日巳時塟重慶中崙后坐向乙辛辰戌

妣王前娘生乾隆甲寅年二月廿二日卯時卒道光乙巳年正月初二日丑時塟重慶中崙后坐向乙辛辰戌

男　當甑養　當放

女　配内呷李

以報公諱先宙字志宇　良謀公長子生乾隆壬寅年二月廿二日辰時卒道光乙酉年三月十九日午時塟羊嶺坑厝下坐向申寅坤艮

妣小余蔡冬娘謚端莊生乾隆壬寅年十一月廿六日酉時卒嘉慶戊午年七月十八日午時塟沽美山坐向癸丁丑未

又妣下坑橋陳腰娘生乾隆丁未年三月十二日酉時卒道光辛丑年三月初三日午時塟重慶中崙后坐向甲庚寅申

男　當衆殤　當梓養　當廈養　當益

女長配社壇葉　次配半山陳　三配溪頭蔡

先都公字志陵　良謀公次子坐乾隆乙巳年七月三十日丑時卒道光甲午年五月十八日辰時塟永春歸洋

妣大坪陳乙娘謚恭順生乾隆壬子年四月十五日午時卒嘉慶丙寅年五月初六日午時塟沽美山

又妣林金娘謚淑莊生乾隆甲寅年八月二十日午時卒嘉慶辛未年六月初四日酉時塟沽美山

又娶林氏出

男　當磋養　當毛殤　當切嫁母林氏出

女　氣娘配永安四溪嫁母林氏出

先奚公字志政　良謀公三子生乾隆壬子年八月廿七日戌時卒咸豐丁

巳年八月初七日午時塟湖頭塚山

聘葉氏殤

又娶王氏出

男　當雨水　當福養

女長配內呷李次配坑園戴三配吳埔山陳四配小余蔡

先滿公字志金號龍完　良謀公四子生嘉慶丙辰年十一月初十日卯時

卒同治辛未十二月初二日巳時塟却拔格

妣古宅吳狠娘生嘉慶甲子年十一月十七日亥時卒光緒戊寅年七月

十六日巳時塟斐后林掃篙尾

男　當為　當磚　當撤　當淺

女長　配鳳坡梁　次　配失所　三　配社壇葉
先鄭公字志重號任仁　良謀公五子生嘉慶壬戌年五月十三日卯時卒
咸豐壬子年十月十九日申時塟大田黃辰格
妣文章陳卯娘生嘉慶戊辰年七月初九日卯時卒道光乙巳年十月十
九日申時塟大田黃辰格
男　當乳
女　配溪東林
先美公字志善號谷元　良謀公六子生嘉慶乙丑年四月廿四日戌時卒
光緒戊寅年九月初二辰時
妣蓬島蘇富娘生嘉慶癸酉年三月初四日亥時卒道光丁未年六月十
二日午時塟重慶中崙后坐向寅申艮坤
又妣馬頭黃葉娘生嘉慶甲子年二月十六日卯時卒光緒壬午年三月

廿五日酉時塟沽美山尖

男　當創 養　當麵 殤　當燦　當釵

先賑公 字 志起　書籍公長子生嘉慶壬申年三月廿二日卯時卒咸豐辛

酉年七月廿五日卯時塟水鬼大崙脚坐午子丁癸

妣坑園陳险娘生道光乙酉年五月十二日午時卒光緒乙未年三月十

一日亥時塟险埧外路脚坐癸丁丑未

男　當靜　當茂　當煥

女

配中房張 殤

先宅公　書籍公次子生嘉慶庚辰年三月初一日子時往潮州卒缺

先蓮公 字 志茹 號 拔茅　必易公長子生嘉慶甲戌年九月廿三日辰時卒

同治乙丑年九月初六日吉時塟水鬼大崙脚坐向坤艮申寅

妣曾墘曾坤娘生嘉慶丁丑年正月初六日寅時卒道光戊申年十一月

十八日寅時塋山後格尊字崙坐向甲寅坤艮

男　當逢賢 養　當佳 弟先鳳三子入嗣

女　長 配社壇葉　次 配下宅陳

先近公　必易公次子生嘉慶巳亥年二月十二日巳時卒道光年月日時

失記塋在永定

先鳳公 字 志飛 號 朝陽必易公三子生道光癸未年九月初三日申時卒光

緒戊寅年十二月初六日寅時塋水鬼大崙內

妣曾氏 殤

又妣坑園陳辰娘生道光戊子年三月初五日巳時卒光緒乙酉年十月

廿七日午時塋崩坪垵坐向亥巳壬丙

男　當蔭　當秋　當佳 出嗣兄先達　當長庚

女　長 配下田戴　次 配溪東林

先荷公　性直公子生嘉慶壬戌年九月卄一日巳時卒嘉慶丁丑年三月初十日丑時塟沽美山
先狙公　與尹公子生嘉慶丁丑年四月初四日巳時卒光緒丁亥年二月廿七日巳時塟險垻外路下坐癸丁子午
先鷄公　必因公子生嘉慶乙丑年九月初七日酉時卒塟缺
先月公　小明公子生嘉慶壬戌年三月廿六日未時卒道光己丑年九月十二日酉時塟金豐拾罐塟水鬼内
先送公字志迎號進來　揚水公長子生乾隆甲寅年四月十七日寅時卒道光癸卯年八月十七日未時塟臺灣
娶李氏出
女　配大坪陳
先欉公字志樹號山林　揚水公次子生嘉慶戊午年四月廿三日寅時卒

光緒庚辰年六月十二日巳時塟山後格尊字崙坐向卯酉乙辛
妣內益李起娘生嘉慶壬申年二月廿四日卯時卒同治乙丑年十月初
七日戌時塟山後格坐向尊字崙卯酉乙辛
男　當鑼 卷　當協 先株子入嗣
女　長 配鳳坂梁　次 配大廷戴
先盾公　興仁公子生嘉慶乙丑年六月廿四日丑時往臺萬丹卒塟缺
先剪公 號 龍南　仰觀公長子生嘉慶丁丑年十二月十五日戌時卒光緒
辛卯年二月十四日午時塟客拔挑水垵路頂坐向丙壬午子
妣永春東關陳修娘生道光癸未年月日時失記卒咸豐己未年六月廿
四日寅時塟山後格路頂大材垵坐向卯酉乙辛
男　當愛　當秀春
女　由娘配金豐黃家幼亡

先朮公號玉燦　仰觀公次子生嘉雍庚辰年十二月十九日子時卒道光
己酉年正月十九日戌時塟騎龍斬坐向丙壬己亥
娶王氏出
先角公　仰觀公三子生道光丙戌年三月三十日寅時充龍巖行伍往台
卒缺
先顯公字志赫號諸仁　必平公長子生嘉慶戊辰年四月二十日寅時卒
咸豐丙辰年四月廿八日卯時塟重慶坐向辛乙戌辰
妣下宅陳狠娘生嘉慶壬申年五月十九日寅時卒光緒辛丑年二月十
一日申時塟水鬼坐向乙辛辰戌
男　當麟　當格出嗣弟先俊　當霜出嗣弟先長
女　配吳埠山陳
先久公　必平公次子生嘉慶辛未年五月十九日卯時卒塟在外

先俊公　必平公三子生嘉慶癸酉年九月十七日子時卒道光戊申年十一月廿九日亥時塋龍岩州塚山

男　當格先顯次子入嗣

先猜公字志卜　必平公四子生嘉慶丙子年二月初九日卯時卒同治乙丑年又五月初十日申時塋龍岩州牛江山

妣龍巖州李真娘生嘉慶己卯年二月初四日申時卒同治辛未年七月初七日巳時塋龍巖州北門外牛江山

男　當六養

先講公　必平公五子生嘉慶戊寅年五月十八日子時卒莫考

先長公　必平公六子生道光辛巳年正月十九日子時卒塋在外

男　當霜先顯子入嗣

先瞞公號勉順　興吾公長子生嘉慶丁卯年十二月廿八日酉時卒同治

甲戌年三月幼九日未時

妣柯恕娘生嘉慶戊辰年十二月廿八日酉時卒光緒辛卯年正月十二
日午時塟沽美山後

男　當森

先招公　興吾公次子生缺

先滿公　興桔公子生嘉慶己卯年九月十四日丑時卒塟缺

萬物公諱先輅字志轆　稻梁公長子生乾隆辛丑年九月廿四日亥時卒
道光丁丑年三月初六日巳時

妣溪前陳悔娘生乾隆乙巳年六月廿五日丑時卒咸豐丙辰年二月初
一日子時塟山仔尖坐向甲庚寅申

男　當朝　當乾

女　配畬口戴

先套公字志悃　稻粱公次子生乾隆甲辰年五月初三日寅時卒嘉慶庚辰年十二月初二日巳時葬騎龍斬向辰戌乙辛

娶黃氏出

先汀公　稻粱公三子生乾隆庚戌年十月初一日子時卒嘉慶庚辰年七月十七日酉時葬烏塗坑石級坐向戌辰辛乙

先奪公　稻粱公四子生乾隆壬子年九月初二日午時卒道光甲午年五月十四日戌時葬重慶

娶林氏出

男　當薄

女　起娘配下宅陳

先治公字志理號國祥　稻粱公五子生嘉慶丙辰年六月十三日寅時卒道光己酉年七月初四日巳時葬沽美山險壙外

妣溪東林淯娘生嘉慶丁卯年四月初六日未時卒年失記五月二十日吉時

男　當注　當怕殤　當韮

女　于娘配山兜黃

先肥公字志腯號博碩　稻粱公六子生嘉慶辛酉年十月十一日寅時卒光緒辛巳年正月初五日辰時塟文章山水鬼內六份仔坐向艮坤寅申

妣文章許妹娘謚恭儉生嘉慶癸酉年三月十五日巳時卒光緒己丑年正月初六日丑時塟斐后林掃箒尾坐向申寅庚甲

男　當討殤　當沐　當汪　當文韜　當功大

女　順娘配舊門呂

先苑公　重省公長子生乾隆甲寅年十二月十七日戌時卒嘉慶癸酉年正月廿五日巳時塟龍岩州魚致

先買公　重省公次子生嘉慶庚申年正月十二日戌時卒道光庚子年九月十九日辰時塋沽美山外窩坐西向東
妣安海吳金娘生嘉慶甲戌年十二月廿三日巳時卒道光己亥年四月十七日巳時塋沽美山坐乙辛卯酉
先踸字志寢　重省公三子生嘉慶丁卯年十二月十六日酉時卒咸豐戊午年三月廿七日酉時塋尊宇崙坐巽乾巳亥
男
當國拳
先歲公　重省公四子生嘉慶壬申年十月初一日戌時卒咸豐癸丑年正月初八日未時塋龍巖漕溪
先漢公字志銀號玉盤　重省公五子生嘉慶丁丑年九月廿七日巳時卒同治癸亥年十一月廿九日丑時塋山後格大崙
妣後垵林惜生嘉慶丁丑年五月初四日午時卒光緒乙酉年十月十六

日卯時塟山后格大崙
男　當佃　當慶
先花公　與謹公長子生嘉慶辛酉年三月廿一日丑時卒塟在永定
先草公　與謹公次子生嘉慶癸亥年十一月廿五日丑時卒塟潮州
先葉公　與謹公三子生嘉慶辛未年九月廿三日申時卒塟南澳
先察公　昭明公子生嘉慶乙丑年十一月初十日子時卒道先庚寅年八
月廿七日卯時塟沽美山
先梅公　與帶公子生嘉慶丁卯年十月初六日午時卒失記
妣惠安吳徙娘生道光辛巳年月日不知卒咸豐甲寅年正月十三日午
時塟沽美山坐東向西
先照公字志日號太陽　文蘭公長子生嘉慶壬申年九月初八日巳時卒
同治甲戌年七月十八日戌時

妣內益李梅娘生嘉慶癸酉年七月廿八日丑時卒光緒乙酉年正月初二日丑時塟重慶
男 當纘 當面
女 配坑園陳
先東公 文蘭公次子生道光壬午年九月十八日卯時卒塟莫考
先發公 必梳公嗣子生嘉慶丁丑年三月初三日午時卒道光庚子年正月十八日寅時塟重慶
先芳公 必梳公次子生道光癸卯年十一月日時未詳往龍巖

十二世岑脚柱景豸公派

清先魁公字志向號其桓 興進公長子生乾隆辛丑年四月廿七日丑時辛道光丙午年十月十八日午時塟沽美山外垵頭坐西向東

娶戴坤娘謚柔嘉生乾隆壬寅年五月初一日辰時卒道光庚子年二月
十一日卯時塟山后格羊嶺坑坐西向東
男　當算　當佑
女　鍛娘配劉塘戴
先摘公字志取號受採　興進公次子生乾隆甲寅年九月十六日辰時卒
道光癸巳七月十八日未時塟在飛鸞
娶李氏改節
男　當諸
先桂公字志馥號蘭香　行周公長子生乾隆戊申年二月初三日寅時卒
道光壬辰三月廿五日酉時塟山後格龜仔脚坐向丁癸午子
妣侯蕊娘謚恬静生嘉慶己未年十二月初二日辰時卒同治丙寅年十
月十一日未時塟重慶右田邊大石内坐向辛乙酉卯

男 當堉 當蟬
女 長配坑園陳 次配山兜黄
先鸞公字志鳳號成緣 行周公次子生乾隆癸丑年八月廿六日丑時卒
同治甲戌年十月廿三日酉時塋斐后林坐向寅申甲庚
妣羅騫娘生嘉慶庚申年八月初三日子時卒光緒辛巳年十一月廿九
日丑時塋斐后林檺脚崙過坑溝坐向丑未癸丁
男 當剛 當聳 當袾 當墘
女 長且娘配下宅陳 次知娘配内呷李 三富娘殤
先科公字志登號榮豐 升堂公長子生嘉慶丁卯年五月初八日午時卒
同治壬申年三月十九日申時
妣陳起娘謚騰蛟生嘉慶戊寅年十月初一日丑時卒光緒己亥年三月
十四日酉時

男　當享 叅

先斜公 字 志東　升堂公次子生嘉慶甲戌年五月廿五日卯時卒咸豐己

未年十月十二日丑時塟沽美山外垵

娶溪東林草娘 改節

男　當然

女　香娘配坊前黄

先程公 字 志雲 號 萬里　佑後公子生乾隆戊戌年三月初二日卯時卒道

光丙戌年七月十二日卯時塟山後格大崙尾坐南向北

妣戴發娘生乾隆癸卯年十二月十六日辰時卒咸豐丁巳年七月二十

日酉時塟沽美山外垵崙上坐西向東

男　當謹 殤　當姣　當挨　當脾

女 長 配古宅吳 次 配下宅陳 三 配草埔頭吕 四 配大廷戴

先坐公　志發公長子生乾隆己酉年正月初五日申時卒嘉慶己卯年十一月廿六日戌時葬沽美山外垵水溝邊

娶林氏 改節

男　當溜 弟先脫三子入嗣

先脫公 字 志穎 號 出身　志發公次子生乾隆癸丑年十月廿六日寅時卒道光乙巳年八月廿四日寅時葬山後格紅面

娶許望娘 謚 儼然生嘉慶癸亥年十月初六日辰時卒同治丙寅年十二月廿二日寅時葬山後格赤墓坪頂坐向丁癸未丑

男　當曲　當淑 出嗣弟先愁　當溜 出嗣兄先坐

女　配溪東林

先愁公　志發公三子生嘉慶辛酉年二月初八日吉時卒道光戊戌年十月十二日酉時葬金豐下洋

男　當淑　兄先脫次子入嗣

先初公　志發公四子生嘉慶戊辰年二月廿二日未時卒在上坪年月日時鈌拾骸歸塋沽美山外垵口坐西向東

先章公 字 志成 號 斐然　廷祥公子生乾隆甲寅年十二月初四日戌時卒咸豐戊午年七月初一日亥時塋沽美山外垵坐西向東

娶小岾陳葉娘生嘉慶庚申年十月初九日卯時卒光緒壬午年六月初二日午時

男　當春喜　當新擯

女　配舊門呂

先勢公 號 智慧　承惠公長子生嘉慶庚申年六月十七日亥時卒道光乙丑年十月初二日申時在漳州城西横亭卒塋缺

先秋公　承惠公次子生嘉慶甲子年十二月初十日辰時往臺卒塋莫考

先于公　興求公子生嘉慶壬戌年四月廿四日卯時往詔安卒塋莫考

先轉公號如意　興效公長子生嘉慶丁巳年十一月初三日酉時卒道光癸卯年八月十八日戌時

娶黃氏改節

男　當番

女　配文章陳

先舉公　興效公次子生嘉慶壬戌年七月初七日酉時外出無蹤卒塋缺

先樓公　興效公三子生嘉慶丙寅年七月初一日寅時卒道光甲辰年十月初五日吉時塋沽美山外垵坐西向東

先芙公　興效公四子生嘉慶己巳年八月十二日酉時卒咸豐戊午年七月十九日子時塋沽美山外垵坐西向東

先逸公字志葉號世芳　書太公長子生乾隆庚戌年三月廿四日戌時卒

咸豐戊午年三月初一日巳時塟雞蛋崙到坐虎坐向辰戌乙辛

妣陳斂娘謚教誨生乾隆乙卯六月初七日巳時卒光緒戊寅年十一月初五日戌時塟水鬼内坐向辰戌巽乾

男　當義　當陋殤　當新厝　當擋來

女長配宮下黄　次麥娘配路后戴

先退公字志省號其進　書太公次子生乾隆甲寅年正月十九日戌時卒咸豐壬子年八月廿三日未時塟羊嶺坑客拔格上坐向坤艮申寅

娶後山佘串娘謚聯絡生嘉慶庚申年閏四月十八日巳時卒同治辛未年九月十七日亥時塟觀光尖後水鬼坐向己亥丙壬

男　當墜　當烹

女長配下宅陳　次配溪東林

先糙公字志美號篤實　書太公三子生嘉慶丙辰年十二月初五日子時

卒咸豐甲寅年十二月十二日子時塋山後格崩坪垵
妣楊篇娘謚謙讓生嘉慶乙丑年十月廿二日辰時卒光緒甲申年八月
廿九日辰時塋山後格掃箒尾坐向坤艮未丑
男　當井水　當文廣　當鳳毛　當侍郎
女　長配山兜黃　次河娘配半嶺林
先邊公字志側號執中　書太公四子生嘉慶己未年十二月十四日未時
卒咸豐己未年四月初三日酉時塋山後格短崙仔坐向庚甲酉卯
妣下宅陳任娘生嘉慶甲子年正月初三日酉時卒光緒癸未年五月廿
八日辰時塋斐後林掃箒尾
男　當丹殤　當破殤　當冬泉　當繫　當現殤
女　長配中埔頭林　次配大份溫　三配坊前黃
先泳公字志游號逦勉　遠至公長子生嘉慶甲戌年九月初七日戌時卒

光緒辛卯年十月廿五日酉時
娶中房張有娘謚善柔生道光壬午年八月廿九日卯時卒咸豐丙辰年
七月初一日申時塟山後格坐向坤艮申寅
又娶大垻方乖娘生道光甲申年九月廿四日午時卒光緒丁酉年十一
月十二日巳時塟沽美山坐向戌辰辛乙
男　當煥養　當衢養出嗣弟先涇　當成養
先涇公字志流　遠至公次子生道光辛巳年十月十五日寅時卒同治乙
丑年十二月廿四日申時塟山後格坐向酉卯辛乙
男　當衢兄先泳次子入嗣
先審公字志問號法度　遠至公三子生道光戊子年八月初四酉時卒光
緒乙酉年九月廿三日寅時
妣下宅陳音娘生道光庚寅年九月廿四日亥時卒光緒癸卯年六月初

八日辰時塟沽美山坐向丙壬巳亥

男　當棍　當慶殤

先高公　成德公長子生嘉慶辛未年十月廿四日卯時卒泉城内塟東門外塚山

先徒公　成德公次子生嘉慶庚辰年七月初二日卯時外出卒塟莫缺

墩仔尾柱瑞育公派

先選公　必趨公子生嘉慶辛未年十月十二日亥時卒道光年間塟在湖頭

先騫公　必欽公長子幼殤

先敬公　必欽公次子生道光甲午年十二月廿二日酉時往洋卒莫考

妣蔡技娘生道光辛丑年七月初六日戌時卒光緒壬寅年正月二十日

未時塟沽美山中窩
男　當渭　當醒　當鍊出嗣弟先琳　當簡
女長　益娘配溪東林　次　姸娘配英橋陳
先接公　必正公子生嘉慶庚午年三月初十日巳時卒道光庚戌年月日
失記塟在華封
娶葉氏出

石門柱宗信公派

先雲公　必卦公子生卒缺塟漳州
先　公字志木　必返公子生嘉慶戊辰年七月初八日酉時卒年失記十
二月十九日吉時塟缺
娶大庭戴氏改節

男　當七

女　金娘

先佃公字志租　必力公長子生嘉慶丙寅年四月廿六日巳時卒塟在外

莫考

妣陳起娘生道光丙戌年十二月初四日巳時卒年月日缺塟沽美山

男　當才　當呢

女長試娘配內岬李　次次先娘殤

先雜公字志引　必力公次子生嘉慶己卯年五月十二日丑時卒年失記

三月十八日吉時

娶梁氏改節

男　當進

女長圓娘配下宅陳　次快娘

先鎮公　必超公子生道光己丑年十二月十六日申時往惠安卒塟莫考
先請公　必養公長子生嘉慶己卯年四月十六日午時往漳洲卒塟莫考
娶漳州某氏生卒缺
男　當某殤俱往漳州
先伴公　必養公次子生道光癸未年十二月初一日亥時往龍岩卒塟缺
先幼公字志慈號尊長　必爽公長子生嘉慶己卯年九月初六日寅時卒
光緒癸巳年七月廿四日巳時塟山后格短崙仔坐向丁癸午子
娶梁氏幼亡
又娶仙遊豐亭余正娘生道光甲申年九月初一日戌時卒光緒庚辰年
七月十九日午時塟重慶犂舌崙坐向壬丙子午
男　當鉞弟先麵次子入嗣
先麵字志粿　必爽公次子生道光甲申年五月十八日巳時卒宣統辛亥

年二月初八丑時塟在重慶樹林口坐向乾巽亥巳

妣張主娘生道光乙未年十一月廿五日辰時卒光緒戊戌年六月初七日酉時塟山後格短崙仔坐向申寅坤艮

男　當水（殤）　當誠　當鉞（出嗣兄先幼）　當傳（殤）　當鐵　當灣

先富公　必助公長子生嘉慶癸酉年十月初十日巳時卒道先丙午年五月初七日巳時與父合塟

娶許貴娘（改節）

男　當添（殤）　當溪泉（弟先眉月子入嗣）

女　椒娘配永春旦嶺張

眉月公　必助公次子生嘉慶年間六月初五日巳時卒光緒乙亥年六月初五日吉時塟永春下坵

妣李註娘生道光戊子年七月十五日巳時卒光緒癸未年五月廿二日

吉時塟永春下坵

男　當良德　當溪泉（出嗣兄先富）　當江海（俱住永春州南門內）

先捷公　必兒公長子生道光癸巳年十一月廿五日子時卒咸豐戊午年七月初八日巳時塟惠安東林邊

先琳公　必兒公次子生道光庚子年正月十六日寅時卒光緒辛丑年二月初六日卯時

男　當鍊（兄先敔三子入嗣）

十二世良球公派垻仔頭柱

先云公　必仁公子生嘉慶巳卯年十一月初十日戌時卒道光庚子年月日時缺塟坎頭

先滋公　必恭公子生道光丙戌年三月初六日卯時卒道光年間月日失

記塋坎頭
娶陳氏 改節
先紫公　必鶴公長子生嘉慶辛未年正月廿二日亥時卒道光年間十一月廿四日酉時塋龍岩上坪西坑内坐北向南
男　當第 弟先妍子兼嗣
先妍公 字 志媚　必鶴公次子生嘉慶丙子年八月廿三日亥時卒同治乙丑年八月初八日酉時塋永春白馬寺護界邊
妣郭撮娘謚素持生道光壬午年十一月廿三日辰時卒同治乙丑年八月初一日酉時塋大鵬巖脚
男　當第 兼嗣兄先紫
女　治娘配溪東林
清鄉賓和盛公 名 先順 字 志清 號 呈軒　必揚公嗣子生道光丙申年十一月

廿八日卯時卒光緒壬辰年五月十四日巳時塟在永春狗腹山坐向辛
乙酉卯
娶小岵陳初娘生道光辛丑年五月初一日辰時卒塟缺
男　當炎

清鄉賓肇基公名先温字志知　必宣公長子生道光癸巳年九月初四日申
時卒宣統乙酉年閏二月十二日巳時塟在永春旦嶺
妣彭内黄葉娘謚守恭生道光癸巳年八月十一日子時卒同治乙丑年
八月初六日未時塟永春十三都狗腹山坐向卒乙酉卯
又妣旦嶺張繭娘謚恬綢生道光辛卯年五月廿三日卯時卒光緒丁酉
年四月廿八日卯時塟西清宫坐向丁癸未丑
男　當全福　當祿俱黄氏出　當壽　當喜俱張氏出
女　早娘配奮口戴　齊娘配永春東門鄭

清鄉賓先鑽字志日號呈金　必宣公次子生道光壬寅年十月初三日卯時
卒宣統庚戌年十月初　日酉時塋在白馬寺
妣邱抄娘謚儉慈生道光丁未年十月初七日酉時卒光緒己亥年六月
十一日酉時塋在白馬寺口
男　當興　當春挑殤　當吉　當泰殤
女長賽娘配後廟辜次月娘配東山顏
先祖公　必埒公長子生道光甲午年九月廿九日子時外出卒塋莫考
先景公　必埒公次子生道光戊戌年二月廿二日戌時卒塋莫考
先推公字志舉　必兌公長子生道光辛巳年七月十六日辰時卒光緒庚
子年四月初十日亥時塋山仔邊路頂
妣社壇葉尾娘生道光壬辰年五月初十日酉時卒塋缺
男　當脹

先赧公　必兌公次子生道光乙未年三月十五日丑時卒光緒乙酉年十
　二月初六日寅時葬油溪九都
先梧公　必兌公三子生道光己亥年五月廿五日午時外出無蹤卒葬缺
先碧公　必澤公子生道光乙酉年七月十八日午時外出無蹤卒葬缺
先緞公字志綢　必窗公子生道光庚寅年二月初八日未時卒同治丙寅
　年五月二十日丑時葬缺
　妣溪東林酸娘生道光丁酉年正月十四日午時卒失記
　男　當慷水

　西長房長之二柹樹后柱應台公派
先雙公　必詩公長子生嘉慶戊辰年十二月廿四日巳時卒道光年間葬
　在外莫考

娶戴氏出

男　當炒

先貺公　必詩公次子生嘉慶乙亥年二月初二日子時卒塋缺

先及公字志第　必盞公子生道光辛巳年四月初八日巳時卒道光己未年六月十七日巳時塋沽美山外垵崙邊坐西向東

妣社壇葉操娘生道光癸未年十二月十九日辰時卒塋缺

男　當喬　當饋　當趨　當灘　當瓶

女　乃娘配小余蔡

先日公　必再公子生道光己亥年七月初十時申時外出無蹤卒塋莫考

先壬公　必雅公長子生道光戊子年十二月十二日卯時卒光緒壬辰年二月十九日酉時

先佞公　必雅公次子生道光癸巳年三月初五日酉時卒光緒庚辰年三

月初五日酉時

先榜公字志標　必雅公三子生道光戊申年八月二十日寅時卒民國甲
寅年三月廿二日酉時塟新寨頭
妣内呷李專娘謚致志生咸豐乙卯年十月廿九日吉時卒光緒甲辰年
五月十六日酉時塟重慶新寨
男　當登
女　長禩娘殤　次西娘配社壇葉

西長房二叔公派蓮山洋柱俱住永春西門内

先欽公　必璵公長子生嘉慶戊辰年六月初八日未時在連城縣充入行
伍卒道光丙午年八月日時失記塟台鳳山縣

先鉦公　必璵公次子生嘉慶甲戌年四月廿九日戌時卒缺

先鐙公　必璵公三子生嘉慶丁丑年十二月廿六日戌時卒道光己亥年十月廿二日酉時塟連城縣北門外

先畬公　必璋公長子生嘉慶己卯年八月初三日申時卒道光庚戌年月日時失記塟赤水格

先纖公　必璋公次子充入行伍生道光壬午年二月十四日子時卒咸豐丁巳年月日時失記塟永安縣外

先力公　必逃公子生嘉慶戊寅年六月初三日酉時卒道光戊戌年四月日時記塟本都高楊山

清鄉飲賓諱世德名先位字志正號筆忠　必瑞公長子生道光辛巳年二月二十日丑時卒光緒戊戌年閏三月初十日午時塟永春白馬寺頂庵頭坐向丑未艮坤豎碑爲記

娶郭信娘謚貞勤生道光乙未年十一月初四日酉時卒光緒壬寅年五

月十八日申時塟永春白馬寺頂庵中崙坐向甲庚卯酉暨碑爲記

男　當坑　當榮（嗣弟先泮）　當浸　當仲　當五桂

女（長）我娘配永春山尾徐（次）尾娘配埔頭林（三）迺娘配埔頭林（殤）

清鄉飲賓（諱）天水（名）先泮（字）志樂　必吾公子生道光癸未年九月廿六日酉時卒光緒乙未年十二月廿八日酉時塟白馬寺中崙坐向壬丙兼亥巳

男　當榮（兄先位次子入嗣）

（十二世西房長終）

南安霞錦洪氏族譜世紀

卷九

霞錦洪氏族譜世紀卷九

十二西房三房長之長房長

仙井柱

清先攜公字志取號榮芃　懋德公長子生乾隆癸丑年八月初五日未時卒同治壬戌年五月初八日申時塟觀光尖後

妣郭山羅好娘生乾隆乙卯年七月十二日巳時卒道光甲辰年九月十六日子時塟尊字崙叫仔尾坐向丑未癸丁

男　當漢　當潑　當高　當諒

女　梅娘配下宅陳　次心娘配大庭戴　三乖娘配山兜黄

先昆公字志含號巧辮　懋德公次子生嘉慶庚申年六月廿八日巳時卒同治乙丑年十二月十三日巳時

妣山兜黄朮娘生嘉慶戊辰年八月十一寅時卒道光癸巳年五月廿六

日辰時考妣合塋重慶坑仔口右畔坐向甲庚寅申
又妣林柄陳霞娘生嘉慶癸亥年八月十二日亥時卒道光甲辰年十一
月十七日巳時塋重慶坑仔口
三妣鳳坡梁根娘生嘉慶辛未年二月十三日戌時卒咸豐壬子年五月
十七日酉時塋大崙繳仔尾坐向壬丙子午
男　當沛　當洴（俱黄氏出）　當漳（梁氏出）
先純公（字）志雅（號）潔齋　懋德公三子業儒生嘉慶甲子年五月初十日巳
時卒同治甲子年十一月初二日巳時塋山后格馬鼻崙
妣下宅陳帶娘生嘉慶丙子年三月十七日戌時卒光緒甲申年四月初
四日寅時塋掃手尾田頂
男　當倮　當春風（殤）　當佐　當伙
女　哂娘配亭仔　監生呂暢官四郎

先磋公字志琢號切磨　懋德公四子生嘉慶戊辰年正月廿八日卯時卒同治庚午年九月廿六日午時塟金字面脚坐向辛乙戌辰
妣中房張葱娘生嘉慶丁丑年三月十四日午時卒光緒戊寅年二月廿三日酉時塟新寨脚坐向辛乙酉卯
男　當謀養　當文殤
女　起娘配大沽柯

先掆公　明道公生嘉慶丁巳年四月初四日卯時卒塟漳州城北

先華公　必略公長子住台

先菁公　必略公次子住台

先珍公字志席號待時　襟懷公長子生嘉慶癸酉年八月初四日巳時卒咸豐乙卯年十二月初一日申時
幼娶呂氏殤

妣永春湖上黃箓娘生道光戊子年十月廿四吉時卒光緒丁丑年十月
廿八日酉時　考妣合塋金字面後坐向癸丁丑未
男　當祚　當礽
女　長謙娘殤　次桃娘配赤嶺陳
先前公字志裕號裕後　襟懷公次子生嘉慶戊寅年三月廿六日酉時卒
同治癸酉年正月十七日巳時塋水鬼鷄卵崙後坐向艮坤丑未
妣馬頭洋陳筍娘生道光己丑八月十四日吉時卒光緒丁亥年十月初
六日巳時塋大崙頭坐向甲庚寅申
男　當桃　當錦　當玉　當餠殤
女　六娘配坑園陳
先傍公字志文號正色　襟懷公三子生道光壬午年七月廿八日吉時卒
光緒乙酉年四月初三日巳時塋大崙頭坐向寅申甲庚

娶永春楊漸娘生道光癸巳年三月初七日寅時卒塟缺
男　當求殤　當掌　當黎　老彭　當巧　當輝
女　醒娘配江厝
先江公字志淮　必聰公嗣子生道光己丑年十月廿六日亥時卒光緒甲午年二月十四日未時塟新寨脚田頂坐西向東
妣登科頭林粉娘生道光辛丑年月日失記卒同治乙丑年二月廿九日卯時塟石門内
女　格娘配山兜黄
先計公　和平公子生嘉慶甲子年五月初四日午時卒塟缺
娶陳氏改天
男　當秋　當守
先衆公　見珍公長子生嘉慶己卯年三月初一日丑時卒塟飛鸞

妣中房張淙娘生道光丁亥年十二月初三日午時卒塋缺

嗣孫思八 堂姪慎國子嗣殤

天時公　必飲公長子住台

清風公　必飲公次子住台

先滿公　必飲公三子住台

文獻公　必飲公四子出承見珍公嗣住台

西房三房長之長房二良明公派美茂柱

先獅公　必吝公長子生道光丁酉年八月廿四日戌時 殤

娶陳齊娘 殤

先淺公　必吝公次子生咸豐壬子年九月廿九日辰時卒塟在外

朝二公　必渠公子生道光壬寅年九月二十日戌時卒光緒辛卯年正月廿四日酉時塟重慶山

娶社壇葉來娘生道光辛丑年十月初六日吉時卒塟缺

男　當簿　當文章　當盤庚 殤　當稅 出嗣弟昭鳳

先扮公　必梭公子生道光丁亥年十一月初四日辰時卒咸豐丁巳年五月廿八日未時塟重慶樹林口

男　當得 養

昭鳳公　必学公子生道光甲辰年十月初五日申時卒塟南洋

娶楓樹林粉娘生道光戊申年九月十五日辰時卒光緒丙子年四月初
三日午時塟樹林口
男　當稅（兄朝二子入嗣）
女　蕊娘配山兜黄
先禮公　必匣公長子生道光乙酉年六月十三日吉時卒塟在洋
先鏜（字）志錫　必匣公次子生同治乙丑年十一月初七日巳時卒民國乙
丑年二月十八日葬新寨頭坐西向東
妣中房張貯娘生同治甲戌年九月二十日子時卒光緒丁未年五月十
七日塟金獅墓後坐北向南
男　當宴　當卦
女　㨳娘配高斗泮陳
先正公（字）志宗　必璇公子兼嗣胞伯必妍生道光辛丑年九月十四日寅

時卒光緒丙戌年九月初八日午時塟新寨坐向庚甲寅申
娶大廷戴審娘生員戴拔峯之女生道光庚戌年九月廿二日巳時卒民
國庚午年六月十一日吉時塟新寨頭
男　當溫 養　當浮
女 長 先娘 次 𡟪娘 三 娘 俱殤
先快公 號 是便　必俊公長子生咸豐壬子年二月初四日亥時卒同治甲
戌年正月初五日吉時塟安溪
先仕公 字 志循 號 友官必俊公次子生咸豐己未年五月初九日卯時卒民
國癸酉年七月十二日卯時塟石門坐南向北
妣社壇葉鬖娘生同治庚午年二月十七日卯時卒光緒丙申年八月初
三日巳時塟石門山
又娶安溪朱準娘 號 懿德生同治丙寅年四月初三日卯時卒民國己卯

年六月初三日巳時塟石門坐南向北

男　當瑞琳

先海棠　必俊公次子生同治乙丑年九月十九日酉時往外莫考

先金鎮公　必樑公子生道光戊申年七月初三日亥時卒光緒丙午年四月初十日巳時塟新寨坐辛乙酉卯

先碚字志昆　必屢公長子生道光庚戌年正月十六日未時卒民國壬子年二月初一日卯時塟山后格

妣下宅陳看娘生咸豐甲寅年八月十五日酉時卒光緒丙申年九月初三日戌時塟新寨坐向庚甲酉卯後改塟山後格大崙尾

男　當痕殤　當杯　當盞殤　當慶殤　當洽

女　長修娘配大庭戴　次庄娘配內呷李　三娘配大坪陳

先行字志用　必屢公次子生咸豐己未年正月十五日丑時

娶英橋陳妹娘生同治戊辰年二月廿二日辰時卒光緒癸卯年四月初
八日巳時塋新寨頭坐向庚甲酉卯
又娶林寶娘生同治甲子年四月廿六日酉時卒光緒乙巳年五月廿九
日巳時坐向申寅庚甲
男　當近　當柑殤　當袍殤　當勸兼嗣弟先碑
女　長卜娘　次五娘俱配溪東林　三伴娘配路壁后陳
四鴦娘俱陳氏出
先漏公字志聲號金爐　必屨公三子業儒生同治癸亥年八月十三日寅
時卒光緒辛丑年二月初九日吉時塋新寨坐向坤艮申寅
娶溪東林謹娘生同治乙丑年二月十三日辰時卒光緒丙午年三月廿
八日巳時塋沽美山
男　當往　當菁

女　晟娘配后埔羅 次　配古山邊 三四　配下宅陳

先碑公 字 志箴　必屢公四子兼嗣叔必汀生同治戊辰年十月廿八日戌
時卒光緒庚子年四月初二日巳時塟南洋吉蘭

娶陳艾娘 殤

又娶李罩娘生光緒丙子年七月二十日卯時卒光緒戊戌年六月十七
日辰時塟石門坐向丙壬午子

雙承男　當勸 兄先行子兼嗣

先衢公 字 志通　必波公長子生咸豐甲寅年八月十三日寅時卒光緒戊
申年三月十五日丑時塟新寨

幼娶楊梅娘 殤

男　當合呈 殤　當富成 養兼嗣弟先擺

先撻公 字 必波公次子生咸豐戊午年七月廿三日卯時卒民國丁巳年三

月十三日子時塋樹林口
雙承男　當富成 養
先尊公　必篤公長子生道光乙酉十一月廿一日戌時卒光緒壬午年正
月廿三日卯時塋石門內坐向辰戌乙辛
妣大沽柯問娘生道光壬辰年十月十七日午時卒光緒甲午年七月廿
八日未時塋重慶樹陳口
幼娶陳桃娘 殤
先最公 字 志長必篤公次子生道光丙申年正月廿五日午時卒光緒癸巳
年九月十七日申時塋石門
妣舊門呂進娘生道光戊戌年四月初六日卯時卒同治甲子年三月
初六日巳時塋重慶崙尾
又妣張世娘生道光丙午年十月廿四日寅時辛民國甲寅年十一月十

一日吉時塟石門
男　當元張氏出
女　篇娘配内益李　次　尾娘配劉林侯俱呂氏出
先措字志持必篤公三子生道光甲辰年十月十九日巳時卒宣統己酉年
九月初五日戌時塟樹林
娶文章陳連娘生道光己酉年十二月廿四日酉時卒民國癸丑年十月
十九日子時塟山後林
男　當恭兼承兄先尊　當伋　當鈐　當镃
女　約娘配前街黃
先註字志册　必典公子生道光丙午年六月廿九日戌時卒宣統己酉年
三月廿四日吉時塟石門
男　當斤養殤

女 楚娘配尾埠馬 巷

先納 字 志聘 必流公子生道光己酉年六月十三日寅時卒塋缺
妣內洋黃活娘生咸豐乙卯年八月十五日子時卒塋缺
男 當茶
女 綿娘配下宅斗洋陳

美成柱

先毛公 字 志羽 號 豐滿 仰耀公長子生嘉慶己卯年九月初四日卒光緒
辛卯年五月初五日午時塋大燈山坐卯向酉兼甲庚
妣溪東林親娘生道光甲申年十月初五日辰時辛咸豐壬子年四月廿
七日午時塋石門大水垵邊坐向亥巳壬丙
又妣溪邊鄭惠娘生嘉慶丁丑年六月十六日卯時卒光緒壬午年年十二

月十九日未時塟短崙仔坐向癸丁丑未

男　當熊　鄭氏出

女　先娘配內益李　林氏出

先光公　仰耀公次子生道光丁亥年十一月初四日未時卒光緒丁亥年十二月二十日戌時塟沽美山次祖后

嗣孫慎盤　胞姪當熊次子入嗣

先陰公　仰耀公三子生道光戊戌年七月廿七日巳時卒咸豐己未年四月十五日戌時塟石門山坐向乙辛卯酉

娶古坑黃綏娘　改天

先縷公 字 志緒 號 絲絮　元享公子生嘉慶庚午年十月初十日子時卒同治丁卯年九月廿一日丑時塟石門山蛇仔崙成至公墓邊坐向乾巽亥巳

扳桂公字志芳號秋闈　令望公長子生嘉慶丁丑年九月初九日未時卒咸豐辛酉年正月初九日寅時塋吳埔山頭坐向癸丁子午妣坊前黃壹娘生嘉慶己卯年九月十九日未時卒光緒乙酉年四月十七日寅時塋羊嶺坑橫路下坐向丁癸未丑

男　當護持　當騫　當主　當標

女　貺娘配溪東武舉林鵬上未娶而亡塋本山石門林歸神主

良光公字志善號在田　令望公次子生嘉慶庚辰年五月初二日卯時卒同治壬申年二月十四日巳時

妣中房張辰娘生道光己丑年九月初八日午時卒光緒癸己年八月廿二日酉時塋石門大燈山坐向壬丙子午

男　當頓養　乃登　當權　當昧

女　遠娘配溪東林

濬哲公字志保號恆智　令望公三子生道光甲午年四月二十日亥時卒光緒巳卯年二月初六日申時罐塋山后大垅田脚蝦仔壠路頂坐丙向壬兼巳亥

妣大坪陳質娘謚儉直生道光丙申年四月十七日辰時卒光緒甲申年正月初九日辰時罐塋山後格大崙尾坐乙向辛兼卯酉石碑清洪母陳氏墓

男　當進騰　當搮芹殤　當萬物　當必殤　當理殤

女　貼娘殤　次能娘配大廷戴　三信娘配下宅陳

三捷公字志報號連標　安懷公長子生嘉慶丁丑年五月廿五日戌時卒光緒己卯年十月十九日寅時塋倒坐虎横路下坐向艮坤丑未

妣林月娘生道光辛巳年十一月初六日丑時卒光緒乙未年三月廿一日戌時塋山后格馬鼻崙尾坐向巽乾辰戌

男　當賜福　當時　當規　當祿殤　當坂養
女　瓜娘殤　埋尾埔溪墩
百畝公字志鑑　安懷公次子生道光癸未年七月十一日戌時卒同治庚午年十一月廿五日巳時塟倒坐虎坐向甲庚卯酉
妣登科頭林柿娘生道光丙戌年五月廿八日辰時卒光緒癸未年八月廿三日未時塟石門内坐向乙辛卯酉
男　當兩意養
女　案娘配文章陳　次　笑娘配楓樹林
春蘭公字志馨號仁和　惠保公長子生嘉慶庚辰年二月廿六日卯時卒同治戊辰年九月二十日酉時罐塟尾埔溪洋坐向癸丁丑未
妣下宅斗洋陳受娘謚懿正生道光辛巳年三月十四日寅時卒光緒甲午年九月廿五日戌時塟長岸湖頭坐向乾巽亥巳

男　家業　嘉猶　嘉柔殤　談地　進戸

女　圈娘配溪東林　次　挨娘配大庭戴

三友公字志諒號多聞　惠保公次子業儒才學兼優惜未售其願咸豐己未重修譜牒可繼彭石文德之志矣生道光丁亥三月初六日申時卒同治癸酉八月十五日亥時罐塋　蟹栖中心崙坐向巳亥巽乾

妣半嶺林推娘賓林版觀之女貢生鳳清胞姑生道光戊子年十月初三日寅時卒光緒辛巳年三月二十日酉時罐塋赤墓坪坐向壬丙子午內有誌銘

男　謙裕　跨灶殤　清裕　長安

女　稿娘配安美林　蔗娘配前坑余

榮顯公字志靈號丕謨　惠保公三子生道光己丑年九月初八日卯時卒同治己巳年三月廿二日巳時塋大燈山坐向壬丙亥巳

妣古宅吳足娘懿慈生道光辛卯年十月十二日巳時卒光緒丁未年八月十七日寅時葬長岸湖坐向丁癸午子

男　當澤　漑　硯池俱殤　謹順　廩賜俱養　山水

女　機娘配南坪呂　次　富娘　三　趁娘俱配淵泉陳　四　獺娘配八尺壟殤

維新公字志熙號百志　惠保公四子生道光壬辰年十月十六日戌時卒光緒辛卯年四月廿一日戌時葬長岸湖中崙脚坐向酉卯辛乙

妣溪東林惜娘謚勤慈增廣生廷璜永福訓道瑞璜胞妹生道光乙未年九月廿五日巳時辛光緒乙未年三月廿八日申時葬小寨垵尾坐向辛乙戌辰

男　當轉附　長發　言詞

女　款娘配鳳坡梁　次　楚娘配仙境葉　三　臘娘配宮霞黃

天錫公字志榮號宏恩　意玉公長子生道光戊子年六月初七日未時卒

咸豐丙辰年二月十六日申時塟石門短崙仔坐向癸丁子午

娶陳滿娘 出

繼男毓坤 日新長子入嗣

應奎公 字 志壁 號 聯輝　意玉公次子生道光癸巳年十月十七日寅時卒

光緒壬午年十二月十四日酉時塟石門内

妣古宅吳標娘生道光乙未年四月初九日酉時卒光緒丁酉年七月初

九日卯時塟小寨垵口

男　當垂統　樹徒

女　鸞娘 配舊門呂

開玉 字 志泰　意玉公三子生道光庚子年十二月十五日卯時卒宣統庚

戌年四月二十日寅時塟長岸湖

妣前街黃寶娘謚愛珠生道光乙巳年十二月廿四日辰時卒光緒癸巳

年十二月廿四日申時塟虎探頭格坐北向南

男　當鑴永　當餘

日新公字志又號照臨　意玉公四子生道光甲辰年十月初二日酉時卒

光緒己亥年七月廿八日未時塟石門山

妣曾垻柯見娘生咸豐辛亥年十一月三十日酉時卒宣統庚戌年二月

廿八日辰時塟小寨垵

男　當毓坤兼嗣兄天錫　下襲　超琢

女　嘯娘配大份溫殤

瓊華公字志琚號瑤林　蘊蓄公子生道光戊戌年十月初五日戌時卒民

國癸酉年九月十九日午時塟山后格大崙頭

妣馬頭泮陳簪娘生道光己亥年九月二十日申時卒民國乙卯年三月

初四日卯時塟石門鳳髻尖坐同甲庚兼卯酉

男　當進泮　當文　當紫養　當藝　當侯

女　英娘配楓樹林　次　教娘　三　悦娘俱配大廷戴　四　緞娘配社壇葉

先曉公字志聰號財如　必珠公子生嘉慶己卯年十月十八日巳時卒光緒丁亥年三月十二日午時塟石門大水垵邊坐向艮坤寅申

娶戴諒娘改天

先再興　必成公長子生道光乙巳年七月十七日午時往南洋莫考

先姜公　必成公次子生咸豐辛亥年四月初一日巳時卒光緒庚寅年八月初八日未時塟深垵　葉家山

先顏公　必達公長子生道光壬辰年九月初二日未時卒光緒己丑年正月十四日申時塟小寨垵尾坐向丁癸午子

妣呂回娘生道光庚子年三月十七日酉時卒光緒乙巳年三月初七日戌時塟石門內垵坐向乙辛辰戌

男　當細　當襖　當綴 殤

女　庄娘 配南坪呂

先再添公　必達公次子生道光癸卯年三月初八日戌時卒光緒壬辰年
十二月廿二日吉時

娶甜娘生缺卒光緒戊子年二月廿六日吉時塋德化

男　當得　當到　當海 出贅埤頭黑

先泉公　必擡公子生道光甲午年四月二十日辰時往外卒缺

娶呂洋黃罔娘 殤

先列公　必蒲公長子生道光戊申年十一月廿一日酉時卒光緒丙戌年
十一月十五日酉時

妣官布趙示娘生道光壬寅年月日時缺卒光緒庚子年十二月廿一日
卯時塋德化

男　當基

女長　來娘　次　尾娘　俱配雙墩陳

先宜公　必蒲公次子生咸豐壬子年三月初六日寅時卒光緒丁亥年九月廿七日吉時葬德化

娶蔡笑娘　出

先月公　必益公長子生咸豐辛亥年七月廿四日寅時卒光緒丙午年九月初一日午時葬臺灣

娶葉鳳娘　改天

男　當交

女　鍊娘　配溪東林　次　晟娘　配下宅陳

先傲公　必益公次子生咸豐乙卯年四月廿六日寅時卒民國丙辰年十一月初三日寅時葬樹林口坐西向東

娶溪東林拜娘生同治乙丑年七月初四日辰時卒光緒壬辰五月廿五
日午時塟新寨
男　當敦　當居　當長俱殤　當矜
女　異娘殤　次鴿娘配下宅陳
先螯公字志飭號穀祿　丁財公長子生道光己酉正月十二年寅時卒光
緒己亥年六月初二日巳時塟石門中心崙
妣中埔頭林敬娘生咸豐丁巳年七月十二日巳時卒民國戊辰年十月
初一日子時塟石門
男　當錄　當便　當跳兼嗣弟先河
女　長弄娘配坑園陳　次水娘配洋尾陳　三女殤　四綿娘配舊門呂　五每娘殤
先河公字志海　丁財公次生道光庚戌年十二月廿九日丑時辛民國戊
辰年八月十二日未時塟石門

妣南無石陳秀娘生咸豐庚申年六月廿六日寅時卒光緒癸巳年十二月初一日酉時塟石門山

先荷公　必絹公長子生道光庚寅年十二月廿三日戌時卒道光丙午年八月十二日寅時塟尾埔溪墩

男　當纏　當跳兄先埜子兼嗣

先廣字志大　必絹公次子生道光乙未年五月廿四日未時卒宣統辛亥年三月初六日寅時塟山后格

妣德化雙岸蘇柑娘生道光丁酉年十月十一日戌時卒民國乙未年十二月廿八日未時塟山后格

男　當硯　當磔　當豆出嗣弟先窗　當賓　當專出承先抱　當義

女　寶娘配大田紫溪林　次　銀娘配永春上帝洋郭

先煥公　必登公子生道光丁酉年四月廿八日巳時卒塟缺

先窗公（字）志軒　必處公子生道光己亥年九月初二日卯時卒光緒戊戌年十月廿一日未時塟石門中垵坐向卯酉乙辛

承繼男　當豆（兄先庚三子入嗣）

先姈公　必梅公長子生道光庚戌年十二月廿八日未時卒缺塟尾埔墩

幼娶林貺娘張擇娘（俱殤）

先擔公　必梅公次子生咸豐戊午年六月廿八日申時卒光緒辛巳年三月初十日午時塟蛇仔崙右畔

男

　讀書（兄先抱子入嗣）

先比公（字）志辰（號）政德合禮公次子生咸豐庚申年九月廿二日亥時卒民國壬子年三月十七日卯時塟大崙尾坐巳向亥兼丙壬

妣內呷李素娘生同治己巳年十一月廿一日酉時卒光緒癸卯年八月廿九日辰時塟石門繳仔內坐向丙壬午子

又妣馬洋林賢娘生同治辛未年九月初九日辰時卒民國庚辰年三月十九日午時塟石門内大水垵坐甲向庚兼寅申

男　當天心　天保　天助

女　晚娘（配杉仔尾陳）　次　燕娘（配内呷李）　三　僄娘（殤俱李氏出）

先邦公（字）志幾　合禮公三子生同治癸亥年十二月初六日丑時卒民國壬午年八月十九日戌時塟石門蛇仔崙

妣内呷李完娘生同治癸酉年十二月廿七日戌時卒民國甲申年五月廿七日丑時塟南洋

男　當天泰　棋林　棋灶　雙龍（殤）　當泉（殤）　當庵（殤）

女　巽娘（殤）

先抱公（字）志負（號）貿絲　必梳公嗣子生咸豐戊午年二月廿四日酉時卒光緒丁酉年二月初六日寅時塟石門山

妣寨仔後黃坤娘生咸豐辛酉年十二月初九日辰時卒民國丁丑年七
月十一日辰時塟石門
男　當專　當點紅　讀書嗣兄先掂　銀鐵
女　傳娘配大廷戴　次　板娘殤　三　鯚娘配郭井林
先春公字志暉　合禮公四子業儒必排公嗣子生同治丁卯年三月廿九
日辰時卒光緒丙午年十一月廿八日寅時塟蛇仔崙邊
娶社壇葉于娘生光緒乙亥年十一月廿七日酉時卒塟缺
男　當摘句
女　陳娘殤　次　按娘配洋尾陳　三　聽娘配下宅陳　四　免娘配溪東林　五　寅娘配下宅陳
先恩公　必雁公長子生道光庚戌年二月十三日寅時往外缺
先胚公　必雁公次子兼嗣弟必符生同治甲子年七月初五日午時卒光

緒丙午年六月廿六日巳時塟新寨坐向辛乙戌辰

男　當江諒弟先玉子兼嗣

先玉字志珠　必符公子生同治己巳年十一月初二日酉時卒塟缺

娶下宅陳菜娘生光緒乙亥年五月初三日子時卒塟缺

男　當江諒兼嗣兄先胚

西三房長之二鍾元公派

頂三落柱

清先才公字志賢號進益　必吟公子生道光己酉年十一月廿九日午時卒

光緒壬寅年十月廿七日辰時塟永定縣腦頭豹

娶大庭戴種娘生咸豐辛亥年三月初六日辰時卒光緒戊申年十二月

十七日午時塟石門

男　當闢殤　當墨　當硯殤　當紙　當改
女　配娘適舊門莊
先樹公　必妙公子生咸豐庚申年九月初三日未時往外缺
先通公　必蘭公子兼嗣堂叔必移生道光丁酉年九月初六日亥時卒光緒庚子年七月廿五日午時塟湖頭
男　當鬧殤
先恩公　必桂公子生道光辛卯年十二月廿九日申時卒光緒庚寅年五月廿六日酉時
妣葉里娘生道光戊戌年五月初四日酉時卒光緒乙未年十月初十日酉時俱塟大田
男　五六
先木公　必文公長子生道光丙申年十一月初四日戌時卒同治壬申年

十月初四日子時
妣陳盡娘生道光壬辰年十二月初二日酉時卒同治辛未年九月廿二
日巳時俱塟大田縣南門外
男　當成仁
先出公　必文公次子生道先壬寅年六月廿八日午時卒光緒庚辰年
十二月十八日亥時
娶某氏 出
男　成泉
細金公 字 志緣　必笑公長子生道光壬寅年十月初八日巳時卒光緒壬
寅年九月十二日亥時塟夢加錫
幼娶某娘 殤
妣南洋黄飲娘生道光甲辰年月日未詳卒塟在南洋

男　庇佑　托天　乾坤　奉賜

女　成珠（配張）　次　成娥　三　成利　四　成根（俱配陳）　五　成嬌

鄉賓（名）永清（諱）先白（字）志鶴　必笑公次子生道光丙午年五月十八日午時卒民國癸亥年十二月初八日寅時塟石門蛇子崙坐向癸丁丑未娶漳州黃土林益娘生咸豐戊申年五月十五日卯時卒民國癸亥年七月初七日巳時塟山後格繳子尾坐向艮坤丑未

男　當物　當犂　當鈀　當牛　當農（出嗣弟先倪）

女　獺娘（殤）　不娘（配社壇葉）

先泵（字）志波　必笑公三子生咸豐辛亥年十一月初九日酉時妻及子俱住南洋生卒塟莫考

先倪公（號）曲星　必厚公長子生道光己酉年十月初六日酉時卒同治壬申年五月廿四日卯時塟樹林口坐向癸丁子午

娶溪東林百娘生咸豐壬子年七月初七日巳時卒民國丙寅年五月十
五日卯時與嫂合塋繳子尾
男　當岱　當農五子堂兄入嗣
先毓公　必厚公次子生咸豐甲寅年九月初三日未時卒同治丙寅年三
月初六日吉時塋長泰天池山腳
娶林富娘殤
七篇公字志章　必講公長子生道光丁未年二月十四日寅時卒光緒己
卯年八月十七日子時塋樹林口
前娶黃成娘殤
妣宮邊黃衔娘生道光丁未年四月初五日戌時卒民國庚申年七月初
八日未時塋石門大燈崙邊
男　當蒲養　當响　當敬殤　當平殤

女　偶娘配社壇葉　次棉娘殤
四一公　必講公次子生咸豐辛亥年十二月初四日未時卒光緒辛丑年十二月十二日戌時塟飛鸞
妣文章陳銀娘生咸豐辛亥年四月廿四日寅時卒光緒丁未年九月廿八日戌時塟新寨後移塟石門蛇仔崙
男　當庵殤
六三字志元　必講公三子生咸豐乙卯年十一月廿四日未時卒民國乙卯年七月十八日巳時塟山后格羊嶺坑坐向巽乾巳亥
妣溪東林活娘生咸豐甲寅年二月廿五日辰時卒光緒戊寅年九月十一日卯時塟掃手尾坐向癸丁丑未
男　當滾殤　當查養
女　儆娘配山頭殤

來保公　必講公四子生咸豐庚申年九月初六日未時卒光緒丁亥年十
月十一卯時塋飛鸞
妣坑園陳悅娘生同治甲子年四月十七日吉時卒光緒戊戌年四月初
一巳時塋重慶
男　當尋
女　能娘配中房張
先註公　必錐公長子生道光戊戌年正月十七日酉時卒塋龍岩
娶陳滿娘殤
先弄公　必錐公次子生道光甲辰年十一月初四日吉時卒光緒丙申年
十二月十三日酉時塋德化雙岸
養男當倡出嗣堂弟先圀　當裕
女　配鳳坡梁次　近娘殤

先卑公　必度公子生道先庚子年二月廿六日巳時往外莫考
先藝公　必禮公長子生道光壬寅年三月廿八日酉時卒光緒丙申年十二月初八日巳時塋樹林口坐向乙辛卯酉
娶溪東林聯娘生道光庚戌年十二月廿二日巳時卒民國庚申年正月十二日酉時
男　當遠養　當伴　當善
女　配坑園陳　次配溪東林
先國公　必禮公次子生道光己酉年八月廿七日戌時卒同治甲戌年十月十一日卯時與父仝塋羊嶺坑坐丁向癸兼午子
妣陳漸娘生咸豐乙卯年十二月初五日寅時卒民國己未年九月初二日申時
男　當茂殤　當倡兄先弄子入嗣

先佃公　必斗公子生道光庚子年九月廿四日亥時往外莫考

娶李照娘亡

先棟公 字 志畫 號 雕樑　必岩公長子生道光壬辰年三月廿七日未時卒

光緒甲辰年二月初二日酉時塟山后格騎龍斬

妣前街黃巇娘生道光乙未年五月十九日巳時卒咸豐辛酉年十月初

二日未時塟石門大水垵坐壬丙亥巳

男　當闊 弟先買子兼嗣

先買公　必巖公次子生道光癸巳年七月十八日巳時卒光緒庚辰年十

一月廿三日辰時塟南洋

妣陳面娘生道光癸卯年十一月十六日未時卒光緒戊申年十月初十

日酉時塟石門大燈山邊

男　當闊 兼嗣兄先棟

女　益娘配坊前黃

先霧公字志雲　必巖公三子生道光丁酉年十月十四日寅時卒民國壬子年十月廿七日卯時塋山后格

妣上杭縣峯市陳謂梯生咸豐癸丑年六月十一日巳時卒在峯市莫考

男　當福新　當茂殤　當贊養　吉祥

女　梅每　五每　六每俱幼殤

先親公　必姣公子生道光丁酉年十月十八日午時卒光緒壬辰年七月十九日未時塋石門坐向乙辛卯酉

先胡公字志五　必儒公長子生同治丁卯年三月廿二日辰時卒光緒乙巳年九月十八日子時

妣安溪楊氏仝塋廈門南山坐西向東

男　當天送

女　家娘

先康公字志爵　必儒公次子生同治辛未年六月廿二日酉時卒光緒甲辰年五月十二日午時

妣安溪縣內下西街蔡儉娘生光緒甲申年六月十二日寅時卒光緒壬寅年六月卄五日戌時仝塋安溪東山坐北向南

男　當春福

先雕字志琢　必儒公三子生光緒丙子年十一月廿三日申時兄弟俱住安溪縣

先賓公　兩儀公子生同治戊辰年二月初一日巳時外出莫考

娶溪東林甜娘改節

男　當靜

三房長之三翼逵公派五柱長

先合公　必幼公子生道光巳丑年十二月初六日寅時卒塋在外缺

先梯　必產子生道光丙戌年六月初五日卯時現住芸蕭卒未詳

養男　當桃葉外出

先簡公　必玩公長子生道光戊子年六月廿六日酉時卒同治甲子年十一月二十日巳時塋客鈸坐向乙辛卯酉

妣坊前黃棗娘生道光癸巳年六月初七日辰時卒光緒辛丑年十一月初八日巳時塋吳埔腰長坵寮坐癸向丁兼子午

男　當言　當菊

女　午娘配大庭載

先韜公字志文號錦略　必玩公次子生道光辛卯年四月初五日丑時卒光緒庚寅年十月廿六日巳時塋漳州馬砡墟

妣中房張盡娘生道光乙未年六月初一日辰時卒光緒壬辰年六月廿
三日丑時塟石門蛇仔崙
男　當談（先床子入嗣）　當緬（殤）
女　晟娘配坊前黃　次　詩配下宅陳
先叟公　必玩公三子生道光壬寅年十月十七日申時卒同治丙寅年十
月廿六巳時塟客鈸坐己亥丙壬
娶黃氏（改天）
男　當澄清
先吉公（字）志慶　必葉公長子生道光壬辰年七月廿二日申時卒同治辛
未年四月初一日吉時塟南洋夢加錫
妣長岸林猜娘生道光乙未年十二月十二日寅時卒光緒辛巳年二月
廿八日未時塟竹林

男　當杏　當水弟先力子入嗣

先甘公字志露　必葉公次子生道光戊戌年九月廿五日巳時卒光緒辛卯年三月廿四日辰時葬重慶坐向甲庚卯酉

前娶葉次娘殤

妣中房張寅娘生道光癸卯年十月十六日辰時卒民國甲寅年三月十八日酉時

男　啓恕殤　當判殤　當河出嗣弟先戶　當石

先力公字志餘　必葉公三子生道光庚子年十月十八日未時卒光緒巳亥年七月二十日酉時葬土地崙坐丁向癸兼午子

妣下宅陳蜂娘生道光戊申年九月十八日卯時卒民國丙辰年七月十五日巳時葬土地崙坐庚向甲兼申寅

男　當水出嗣兄先吉　當提養　當總

清鄉賓玉盤公乳名先轉字志輾　必葉公四子生道光甲辰年四月廿一日日
未時卒民國癸亥年十月初三日申時塋沽美山險坱貢
妣下宅陳完娘生道光戊申年三月廿一日酉時卒光緒癸巳年十二月
初七日丑時塋沽美山險坱貢後移塋本鄉草埔坐癸向丁兼子午
又妣舊門呂英娘生咸豐壬子年十月初四日未時卒民國丙寅年六月
初八日午時塋沽美山險坱貢
男　根能　富有　皆載俱殤　當秀養　當範陳氏出　年少呂氏出
女　長閖娘　次寬娘俱殤
先戶公　必葉公五子生道光丙午年十月初十日未時卒同治辛未年十
二月初六日辰時塋到坐虎坐向壬丙亥巳
娶陳氏改天
男　當河兄先甘次子入嗣

女　配留林侯

先看公 字志事　必柄公長子生道光壬辰年八月十五日午時卒光緒戊戌年九月十七日巳時葬石門坐向寅申甲庚

妣溫花娘生道光癸巳年五月初二日午時卒光緒戊申年二月廿五日子時葬重慶

男　當由 殤　當炎 先留子入嗣　當潘 出嗣弟先受　當銅　當柴

女　藩娘 殤　次妍娘 配馬洋林

先受公　必柄公次子生道光庚子年五月十二日辰時往南洋卒葬莫考

男　當潘 兄先看子入嗣

先聲公　必傅公子生道光癸巳年五月廿六日卯時卒缺葬重慶

娶陳氏 改天

先篙公　必桃公子生道光戊戌年六月十五日辰時卒葬缺

先質公　必長公子生道光庚寅年月日缺往外卒缺

翼遠公派五柱二后埔洋柱良起公派

先稟公字志初號書報　必煌公長子生嘉慶乙亥年十月十四日亥時卒光緒己卯年十二月十四日寅時塟狗母相帶格坐乙辛辰戌

妣下宅陳正娘生道光乙酉年十月廿七日寅時卒光緒壬午年十一月初四日酉時塟山后格蜈蚣牙邊坐申寅庚甲

男　當溪　當鐫　當近　當揀

女　綿娘配下宅陳　次配後坡羅

先企公字志望號以德　必煌公次子生嘉慶己卯年二月初二日辰時卒咸豐辛酉年三月初八日巳時塟獅墓後坐未丑丁癸

妣下宅陳惜娘生道光己酉年六月十一日亥時卒宣統己酉年六月廿

四日未時塟獅墓後
男　當獺　當海　當覃耆　當麥殤
女　信娘配溪東林
先株公字志樹　必煌公三子生道光壬午年五月初五日午時卒同治壬申年九月廿九日午時塟溪頭山獅墓後坐向巽乾辰戌
娶内益李英娘生道光丙申年月日缺
男　當接　當井
女　配下宅陳
先葢公字志歡　必蔣公長子生嘉慶丙子年十二月廿八日午時卒同治己巳年二月廿六日申時塟溪頭山水格
妣溪東林嬌娘生道光乙酉年七月廿八日巳時卒光緒丁酉年八月初三日辰時塟溪頭山水格

男　當坂養　當伯

女　誨娘配下宅陳

先冰公字志霜　必蔣公次子生道光壬午年正月初八日未時卒光緒巳丑年十月廿四日辰時塋溪頭山獅墓后

妣下宅陳營娘生道光丁亥年十月廿一日辰時卒光緒辛丑年十二月初九日未時塋後井崎

男　當仍　當持出嗣弟先閩

女　配頂宅陳　次　配內益李

先閩公字志南　必蔣公三子生道光丁亥年七月三十日巳時卒同治壬申年十一月初三日辰時塋溪頭山水格

娶呂氏改天

男　當持兄先冰次子入嗣

先管公　必愴公子生道光庚寅年六月初一日辰時往外缺
先題公　必與公子生道光戊子年二月初十日寅時卒光緒丁丑年二月
初六日巳時葬在象湖
先鑒公字志登號超凡　必察公長子生道光戊子年七月十九日巳時卒
光緒甲午年三年廿八日辰時葬小寨
妣溪東林興娘謚慈惠生道光庚子年十一月十五日辰時卒民國癸亥
年二月廿四日巳時葬坑埔山
男　當選養　當冬　當暉　當騰　當全　當晒
先鈔公字志寶　必察公次子生道光壬辰年三月初一日亥時卒光緒辛
丑年六月廿七日申時葬圓山仔脚
娶囗口戴懇娘生道光戊戌年正月十五日辰時卒葬缺
男　當泉　當養　當丁　當紹出嗣淵源

女　配下宅陳

先院公　必察公三子生道光癸卯年六月初十日未時卒光緒癸卯年九月初七日巳時塟溪頭山石聳下

妣李祛娘生道光庚戌年十月十九日巳時卒光緒乙酉年正月初十日午時塟溪頭山冬田頂坐壬向丙

男　當明　當火殤

女　幼娘配曾壩柯

先快公字志愉　必片公長子生道光甲午年四月十七日巳時卒光緒丁亥月閏四月廿八日未時塟后井崎坐向巽乾巳亥

幼娶葉氏殤

妣雷笋娘生道光甲辰年九月初六日寅時卒民國丙辰年九月初八日戌時塟後頭坐向乾巽亥巳

男　當劉　當鉞　當悦　當整出嗣弟先　當問

女　長配內益李　次配溪東林　三配坑園戴

鄥知公字志詳　必片公次子生道光壬寅年七月十八日辰時卒光緒庚子年四月廿九日午時塋溪頭山寮仔格坐向庚甲申寅

妣黃坡梁推娘生道光庚戌年二月廿二日午時卒民國庚戌年二月十三日寅時

男　當稅　當蘭

女　悔娘配鳳坡梁　次楚娘配後房尾陳

先晹公字志觀　必蟾公子生道光丁未年三月初十日巳時卒光緒庚子年三月十九日寅時塋溪頭山虎形垵頂

男　當整兄先快子入嗣

先斗公字志奎　必桂公子生道光庚寅年五月廿五日卯時卒光緒甲申

年十二月二十日巳時塟圓山仔脚
妣陳蜜娘生道光癸巳年十一月十八日卯時卒光緒庚寅年十二月十
四日巳時塟水鬼山
男　當頭　當乞
女　某娘殤
先姜公字志肅　必前公子生咸豐乙卯年正月十九日戌時卒塟缺
妣小岵陳慈娘生咸豐戊午年八月廿九日辰時卒光緒癸卯年九月三
十日未時塟溪頭山獅墓后
又妣黄河娘生同治戊辰年月日時缺卒民國甲戌年三月十四日寅時
塟寮仔鵠
男　思當
先綠公　必日公長子生道光戊申年十月初七日未時卒同治戊辰年七

月初一日酉時塟重慶

娶陳來娘改天

先嚴公字志恪　必日公次子生咸豐己未年十月十三日卯時卒光緒丁未年五月廿四日卯時塟龍巖上坪

妣下宅陳近娘生同治乙丑年六月初三日卯時卒光緒丙午年六月初八日申時塟溪頭山

男　秀茂兼嗣弟先掌

女　罕娘配前街黃

先掌公　必日公三子生咸豐壬戌年六月二十日寅時卒光緒丙戌年六月初四日吉時塟南洋

男　秀茂兄先巖子兼嗣

先璉公字志瑚號洞庭　必梅公長子生嘉慶己未年七月十二日午時卒

光緒己卯年閏三月十一日未時塟水鬼大崙坐向己未巽乾
妣舊門呂富娘生嘉慶癸亥年二月初六日酉時卒同治壬申年九月初
八日巳時
男　當坪　當叟
女　配安溪
先他公字志道號正理　必梅公次子生嘉慶丁卯年六月初五日丑時卒
光緒戊寅十月廿四日亥時塟溪口九柱山
妣下宅陳貼娘生嘉慶癸酉年五月二十日寅時卒光緒丙申年正月初
二日辰時塟水鬼大崙
男　當佔　當恪殤　當算
女　配下宅陳
先楓公字志高　必梅公三子生嘉慶甲戌年正月廿四日酉時卒咸豐辛

酉年八月十八日酉時塟水鬼大崙坐向乙辛辰戌
妣溪東籃聆娘生嘉慶戊寅年四月十三日酉時卒咸豐庚申年十月廿七日丑時塟山後格蜈蚣牙邊
男　當擂　當擔　當澁
女　蜂娘配内益李　次固娘配下宅陳　三棊娘　四吉娘俱配溪東林　五碧娘配坑園戴
先半公字志鑑　必魁公長子生嘉慶辛酉年五月廿二日寅時辛咸豐戊午年八月初五日丑時塟重慶
妣宮邊黄頂娘生嘉慶癸酉年七月十八日卯時辛光緒己丑年十一月廿五日午時塟重慶坐向酉卯庚甲
男　當水
先饒公　必魁公次子生嘉慶壬申年九月廿六日酉時往外卒塟缺

先柔公　必衍公子生道光丁亥年十一月初三日巳時卒道光戊申年十
一月十二日酉時塟重慶新寨
天從公字志願　必扶公子生道光壬寅年六月初一日卯時卒同治庚午
年正月廿二日辰時塟山後格蜈蚣牙邊坐向庚甲酉卯
妣溪東林忍娘生道光己酉年十二月初二日辰時卒民國壬申年二月
廿八日巳時塟坑埔山
男　當團　當坤
先濬公字志窑　必雖公長子生道光丁未年五月三十日申時卒光緒丙
午年十一月初七日卯時塟山後格短崙子
先友公字志孝　雖必公次子生同治壬戌年十一月十三日辰時卒缺與
長兄忌辰十一月初七日同祭
娶下宅陳碟娘生同治甲子年二月廿五日辰時卒民國庚辰年八月廿

九日寅時塟杉㘭壠頭
男　當熧殤　當機會養
女　妹娘配鳳坡梁
先稿公　必壯公子生嘉慶丙寅年正月十一日巳時往外莫考
先椿公　必交公長子生嘉慶乙亥年九月初五日巳時卒咸豐丙辰年五
月初五日吉時塟臺灣
先梗公　必交公次子生嘉慶巳卯年十二月十七日申時卒道光巳亥年
十二月十四日吉時塟臺灣
先梢公　必交公三子生道光甲申年二月初二日子時卒塟缺
先帕公　必論公長子生道光庚寅年八月初八日巳時卒咸豐甲寅年三
月初九日未時塟山後格馬鼻
娶陳蟳娘殤

先元公字志亨　必論公次子生道光甲午年九月十四日酉時光緒已卯年八月廿九日辰時葬增宅山
妣南坪呂救娘生道光癸巳年三月十七日巳時卒光緒乙酉年九月廿二日卯時葬沽美山
男　當弈　當漁出嗣弟先田　當見
女　綢娘配半嶺林　銀娘配山門葉
先田公字志園號一團　必論公三子生道光壬寅年五月廿七日亥時卒光緒辛卯年七月廿八日巳時葬沽美山
妣文章陳箭娘生咸豐甲寅年二月初七日吉時卒光緒乙亥年五月初九日巳時
男　當漁兄先元次子入嗣
先然公　必勇公長子生卒缺住台彰化縣內

先旅公　必勇公次子生卒缺
娶乃娘出俱住臺
先潞公字志月號照廉　必性公長子生嘉慶庚申年閏四月十五日巳時
卒道光壬辰年六月廿七日子時塋文章龜仔崙坐向巳亥巽乾
妣舊門呂業娘生嘉慶癸亥年五月三十日申時卒光緒辛巳年二月十
九日寅時塋九柱山坊坪内崙坐向壬丙子午
男　當淹　當澳出嗣弟先漼
先漼公字志淵　必性公次子生嘉慶乙丑年五月廿二日巳時卒咸豐庚
申年三月初八日吉時塋永定陳章坑
娶永春林桃娘改天
男　當昭出嗣弟先渤　當獻
女　干娘配内益李

先漞公號平直　必性公三子生嘉慶己巳年四月初十日辰時卒道光乙
未年四月廿七日申時葬九柱山冬瓜湖尾坐向壬丙子午
男　當澳兄先灌次子嗣
先渤公號進作　必性公四子生嘉慶壬申年正月廿七日未時卒道光乙
未年閏六月廿七日未時葬九柱山坊坪崙脚坐向艮坤寅申
男　當昭兄先灌長子嗣
先澹公號明臺　必性公五子生嘉慶乙亥年八月十二日卯時卒道光乙
未年五月初八日巳時葬沽美山坐向甲庚卯酉
男　當義兄先潘子嗣
先漓公字志琉　必性公六子生嘉慶丁丑年十月初十日申時卒咸豐戊
午年十一月十二日申時葬溪頭山獅墓後坐向巽乾巳亥
先涉公　必性公七子生嘉慶己卯年九月初九日寅時卒道光壬午年九

月十七日卯時葬杉垵內池頂坐向申寅庚甲

光汁公　必性公八子殤

先潘公字志榮　必權公長子生嘉慶壬戌年九月廿七日卯時卒年月俱缺葬石碼

妣漳州某氏地娘生卒缺葬漳州石碼

男　當體殤　當極　當水　當白　當太壽　太萬　當義出嗣弟先澹

女　甘娘配田油李

先瀅公　必權公次子生嘉慶己巳年二月廿七日未時卒在南澳莫考

曾姪孫思桂奉祀

先塭公字志圩號堆金　必強公子生道光庚子年十月廿五日未時卒光緒甲辰年十一月初七日卯時葬本鄉尾墘池頂坐向申寅庚甲

妣大廷戴快娘生道光辛丑年三月十五日午時卒光緒戊戌年正月十

一日辰時塟文章寨鷄蛋崙坐向乙辛辰戌

男　當陳養

女　配下宅陳　次配坑園陳

先巾公字志綸號扭按　必揭公子生道光丁酉年十二月廿二日巳時卒

光緒己亥年六月初二日午時塟溪頭山獅墓後坐向丙壬午子

妣溪東林葱娘生道光丁未年四月十三日巳時卒光緒辛丑年八月廿

六日申時塟獅墓後坐向辰戌巽乾

男　當伍　當此　當窒

女　長配鳳坡梁　次配山兜黃

先拚公　必瓊公長子生道光戊子年十一月十三日吉時卒咸豐壬子年

七月廿七日戌時塟重慶坐庚向甲

先掟公　必瓊公次子生道光辛卯年七月初四日寅時卒咸豐辛亥年十

一月初一日亥時塟重慶

先捻公　必瓊公三子生道光甲午年五月初三日巳時卒光緒丙戌年正月初三日午時塟貢尾

妣葉恖娘生道光戊戌年六月廿六日午時卒光緒戊戌年十月廿二日丑時塟水格冬田墘

當　當篇兼嗣先灌

女　配坑園陳　次配內呷李

先兵公　必洵公長子生道光巳酉年七月初七日酉時卒光緒巳卯年四月初十日未時塟重慶新寨

先厭公字志學號成習　必洵公次子生咸豐癸丑年十二月廿七日申時卒光緒乙酉年八月十五日未時塟山後隔到坐虎

男　當返養

妣鳳坡梁滿娘生同治丙寅年十二月初四日辰時卒光緒庚辰年七月
初二日戌時塋梁家山
又妣内益李劉娘生同治戊辰年五月初十日午時卒光緒庚子年正月
初四日寅時塋山後格蜈蚣牙頂坐向午子丁癸
男
當鎧 李氏出
光對公 字 志揚　必洵公三子生同治癸亥年二月二十日巳時卒民國辛
酉年三月二十日塋水鬼内
妣林口葉宜娘同治庚午年十二月初一日吉時卒光緒丙申年十一月
廿九日辰時塋水格
又妣社壇葉偷娘生同治庚午年七月初六日卯時卒光緒戊戌年三月
十三日亥時塋山后格蛇仔崙
三妣中房張蜂娘生光緒庚辰年二月初五日卯時卒民國戊寅年十二

月廿一日未時塟山後格尊字崙

男　當允　沉香殤　連城　西風殤　德成老猴先昆子兼承

女　貞娘

先對公字志愷　必洵公四子生同治丙寅年七月十五日子時卒光緒辛丑年十月十九日未時塟后埔庵路上

男　當淵　當漚俱養

先濯公字志溉　必搜公長子生道光丙申年十二月十五日寅時卒同治丁卯年四月初八日未時塟重慶

娶葉氏出

男　當篇兄先捨子兼嗣

女　配小余蔡

先培公　必搜公次子生咸豐丙辰年五月廿五日申時卒光緒戊寅年七

月初四日未時塋南洋

先匣公　必珍公子生道光辛卯年四月十一日辰時卒光緒年間六月初

二日子時塋沽美山

翼遠公派五柱三　棋盤柱(良業公派)

先址公　必忍公子道光巳亥年五月廿一日辰時咸豐己未年九月十六

日申時塋山兜

先鎊公字志錄　必樓公長子生道光丙戌年十一月廿三日卯時卒光緒

己亥年七月初四日申時塋險埧貢

妣德化鄧旦娘生道光辛卯年六月十七日寅時卒光緒甲辰年正月初

五日戌時塋沽美山坐東向西

男　當廉國養

先龇　必樓公次子生道光癸卯年八月初四日巳時往南洋莫考

先曲公　必選公子生道光戊子年正月十五日巳時卒光緒丁酉年七月十一日酉時塟險埧貢外坐向壬丙亥巳

先杭公字志汴　必覩公子生道光甲午年七月十三日未時卒光緒辛巳年十月廿一日酉時塟山後格客拔

娶鳳坡梁稿娘生道光壬寅年六月二十日吉時卒塟缺

男　近水　當金

女　構娘殤　垂娘配鳳坡梁

先院公　必纏公子生道光甲辰年十一月吉日吉時卒同治戊辰年十二月十五日申時塟沽美山坐南向北

先元成公　必波公子生道光己酉年十一月廿五日辰時往外莫考

娶林賜娘出

男　當于殤

先漳公字志衡　必香公長子生道光戊申年九月十九日寅時卒莫缺

男　崢嶸養

先玲公字志瓏　必香公次子生咸豐乙卯年十二月廿八日寅時卒光緒

壬寅年九月廿一日寅時塟涼傘後祖墓内

娶報恩周題娘生咸豐庚申年四月十二日吉時卒塟缺

男　當挺秀養

女　昧娘配下宅陳　次對娘配内益李

先福興　必香公三子生同治乙丑年八月初一日酉時卒塟缺

翼達公派五柱四美垅柱

先恩公　必君公子生嘉慶年間八月十一日辰時往外莫考

先發公　必亢公子生嘉慶往外缺

先意公　必帮公子生道光己酉年月日缺

先係公　必林公長子生道光戊申年十二月初一日丑時往永安卒缺

先碟公　必林公次子生卒俱缺往外

先道公　必限公子生道光丙申年十二月十七日戌時往外卒缺

娶黃楓娘出

男　當乞殤

先深源公　必鑿公子往臺生卒缺

先成家公　必兑公長子生道光壬辰年七月廿二日寅時卒光緒年間八月廿四日巳時塋後垵

娶陳燮娘出

男　當富

先俊德公　必兊公次子生卒住臺未詳
先讓公　必竹公養子往外莫考
先會公 字 志合　必篆公長子生道光己丑年七月初九日酉時卒塋缺
妣深垵葉醒娘生道光壬辰年十月初二日辰時卒咸豐辛亥年十月初
五日辰時塋崎仔邊
又娶永春周烝娘生道光庚寅年十二月初五日申時卒塋缺
男　當春生 養殤　冬福
先萬公 字 志鎰 號 金生　必篆公次子生道光辛卯年六月廿三日申時卒
光緒辛卯年五月廿二日子時塋本厝角坐向乙辛卯酉
妣大坋温謹娘生道光乙未年十一月初八日寅時卒光緒甲辰年七月
廿一日戌時塋水格大垵
男　當爾　當膺　當中 出嗣弟先炮

女　月娘配杉仔尾陳　次卜娘配頂宅陳

考

先炮公字志煉　必篆公三子生道光癸卯年九月初七日亥時卒在洋莫

娶周蓮娘出

男　當忠兄先萬子入嗣

先約公字志禮　必寸公長子生道光癸巳年五月廿五日亥時卒光緒庚

子年十二月十九日辰時塟水格石皮垵

妣前街黄貺娘生道光丙申年七月十一日酉時卒光緒戊申年四月初

八日戍時塟水格内

男　當綿　當絹　當台

先為公字志謀　必寸公次子生道光己亥年六月廿七日辰時卒宣統己

酉年八月廿七日辰時塟水格内

娶小沽南巖鄭金娘生道光甲辰年十一月初九日卯時卒塋缺

男　當兒　當孝殤　有來　壬癸出嗣弟先爻

女　配前街黃

先信公　必寸公三子生道光壬寅年七月三十日亥時卒光緒辛卯年八月初一日子時塋水格内

先碩公　必寸公四子生道光乙巳年二月十二日卯時卒光緒乙巳年七月廿二日午時塋水格大垵

先爻公　必寸公五子生咸豐辛亥年十二月廿九日辰時生卒缺

男　壬癸兄先爲四子入嗣

先南公　必好公長子生道光丁未年四月初五日午時往龍巖莫考

先接公　必稅公子生咸豐丁巳年十月初一日丑時往外莫考

先取公　必付公長子生道光壬辰年正月十五日丑時卒光緒壬壬午年年

十一月初九日子時葬水格内
先搁公　必付公次子生咸豐戊午年四月十三日申時殤
先婈公　必研公子生道光癸卯年八月初七日申時卒光緒壬寅年五月初四日申時葬龍巖州長嶺下
男　當蚋弟先宣子兼嗣
先宣公字志昭　必砵公長子生咸豐甲寅年二月廿九日卯時卒宣統己酉年十二月十七日戌時葬頂厝後溝
妣内益李錐娘生咸豐戊午年十一月廿四日午時卒民國戊辰年二月廿五日未時葬頂厝後溝
男　當蚋兼嗣兄先婈
先養公　必砵公次子生咸豐辛酉年正月廿六日卯時卒光緒癸卯年二月初三日酉時葬龍巖

娶許氏改天

先倪公　必庚公子生同治戊辰年正月初一日辰時卒民國己巳年三月十九日巳時塟缺

先闊公　必業公長子生咸豐戊午年七月初四日酉時卒光緒庚寅年二月十六日寅時塟水格大埁口

妣宮下黃串娘生同治丁卯年十二月十八日辰時卒光緒丙申年十月初一日寅時塟水格口

先大公字志廣　必業公次子生咸豐辛酉年二月初二日卯時卒民國戊午年五月廿一日巳時塟缺

先紅樹　必項公子生光緒丙子年正月初三日未時卒塟缺

先嚴公字志端　必茅公長子生同治甲子年九月十六日寅時卒民國丁卯年七月廿七日巳時塟頂厝后山

妣陳寬娘生同治甲子年四月廿九日未時卒光緒壬午年八月三十日午時葬水格大垵内

又妣雙溪陳眼娘生光緒丙子年五月廿八日未時卒民國甲申年八月廿一日申時葬　仔宫

男　當學養　當奎　當冷兼嗣弟先朝陽　當胆

先王公字志崇　必茅公次子生同治戊辰年正月廿六日卯時卒宣統辛亥年二月十八日丑時

幼娶陳巧娘殤

又妣鳳坡梁晟娘生光緒己卯年四月廿一日申時卒民國乙丑年十月初六日卯時

男　當便　當蔡

女　甚娘配社壇葉　謙娘配舊門楊

朝陽公字志理　必茅公三子兼嗣弟必探生光緒甲申年八月十六日子時卒民國壬子年二月十一日巳時塟井仔宮

妣溪東林欽娘生光緒壬辰年四月初六日辰時卒民國戊寅年十月初二日未時塟井仔宮

男　當冷兄先嚴次子兼嗣　廣美

女　長晏娘配大庭戴　次嚐娘配内益李　三趖娘配坑園陳

先真公字志是　必得公長子生同治庚午年六月廿一日巳時卒光緒戊申年八月二十日寅時塟缺

妣蘇尾呂清娘生光緒丙子年四月初二日卯時卒光緒癸卯年九月廿八日申時塟水格内

女　鍊娘配鳳坡梁

先火公　必得公次子生光緒戊子年三月二十日巳時卒民國甲申年十

月初八日亥時塋井仔宮
男　廣來兼承先物　廣猫殤
先執公　必我公長子生光緒丙子年十月廿八日午時卒民國壬午年九月十三日巳時塋溪頭山
娶坑園陳德娘生光緒甲申年五月十五日午時
男　當樑
先連公　必我公次子生光緒甲申年二月廿九日辰時卒缺
妣坑園陳白娘生光緒辛卯年七月初十日巳時卒光緒乙巳年五月十八日午時塋大垵口
朝陽公字志理　必探公兼嗣子生卒詳在本支
男　長當冷兄先嚴次子兼嗣　次廣美
先物公　必糍公長子生同治乙丑年九月初二日亥時卒光緒乙未年五

月十二日吉時塟南洋

兼承子　廣來

先飽字志飫　必⿰糹茲公次子生光緒戊寅年二月廿七日亥時

幼娶陳莉娘殤

又娶坑園陳錢娘生光緒乙酉年五月二十日子時

男　當簡養　建成養　水仙　水炮　當庵殤

女　雪娘配雙溪陳次　梅娘配垵尾林三　挽娘配小岾陳

先返公必竪公子生缺卒民國庚午年九月廿七日辰時塟溪頭山

妣登埔頭林緩娘生缺卒民國乙丑年三月廿五日子時塟荒田垵

男　玉渠

先仁公字志義　必尾公嗣長子生同治丁卯年八月廿八日亥時卒塟缺

先調公字志洽　必尾公嗣次子生光緒辛巳年七月廿二日辰時卒民國

己未年五月十八日子時塟地狀尖
妣溪東林于娘生光緒庚寅年　月　日　時卒民國乙酉年三月
初八日子時塟井仔宮
男　當乳長
先椒公　必埔公長子生道光戊戌年十月初八日吉時往外缺
先攄公　必埔公次子生卒俱缺
先套公　必漱公長子生咸豐辛酉年十二月初六日卯時卒光緒甲辰年
五月廿三日巳時塟地藏
娶鳳坡梁燕娘生同治己巳年月日缺卒缺塟水格
先訓公字志謨　必漱公次子生同治甲子年七月廿三日吉時卒民國甲
子年七月十四日巳時塟南洋
妣坑園陳貴娘生同治壬申年正月十三日辰時卒光緒壬寅年七月十

三日酉時塟地藏
男　當由來兼嗣弟先奪殤
先奪公　必潡公三子生同治丁卯年五月三十日寅時卒光緒壬辰年三
月初四日酉時塟地藏
男　當由來兄先訓子兼嗣
先本公字志務　必潡公四子生同治壬申年十一月初四日戌時卒光緒
甲辰年六月初一日酉時塟水格
幼娶林珍娘殤
娶溪東林蔡娘生光緒甲申年九月初九日亥時卒民國乙丑年五月十
四日吉時塟曾厝冬田頂
男　當飛昂殤　添丁
女　截娘配杉仔美陳

先澤公字志惠　必漱公五子生光緒己卯年九月廿四日戌時卒光緒甲辰年五月廿四日寅時葬牛毛崙

先水公　必暢公長子生同治甲戌年八月十二日寅時卒葬在洋缺

先吉公　必暢公次子生光緒丁丑年七月廿一日亥時卒葬在泮缺

先明公　必暢公三子生光緒庚辰年五月十二日寅時卒光緒戊戌年正月廿九日寅時葬龍巖刀頭

先貝公　必印公長子生咸豐辛酉年五月十一日寅時光緒年間葬大垵口

男　當朝顧弟先銳三子入嗣

先銳公　必印公次子生同治乙丑年五月初九日寅時卒宣統辛亥年二月十三日酉時葬地狀

妣溪東林毛娘生同治丙寅年六月初七日未時卒民國乙亥年六月初

八日寅時塟地狀

男　長當誥　次當猴殤　三當朝顧嗣兄先貝殤　四鐉石

女　于娘配黃埔梁　次　配內益李

先札公　必甜公長子生同治甲子年六月初七日未時卒光緒戊子年七月初一日酉時塟水格

先灣公　必甜公次子生同治丁卯年六月廿三日寅時卒塟缺

先樟公　必甜公三子生同治庚午年閏十月初四日寅時卒塟缺

先等公　必爽公子生光緒癸未年六月廿二日戌時卒塟缺

十二世西三房長之四　一酉公派鳳樓石紫柱

先精公字志細　必填公長子生同治甲子年五月十四日未時卒民國癸未年二月初三日子時塟新寨頭

妣溪東林衫娘生同治乙丑年二月十九日巳時卒民國丙辰年九月初四日辰時塟新寨頭

男　當呈祥

先模公字志樣　必冬公子生同治癸酉年十月初九日寅時卒宣統辛亥年正月初五日吉時塟缺

妣英橋陳芸娘生光緒丙子年九月初二日戌時卒民國甲寅年四月廿一日子時

男　當呈華

女　妹娘配大庭戴

先鸞公　必首公長子 殤

開祥公　必首公養子生卒缺

先近公　必艳公子生道光乙未年五月十三日辰時卒塋缺

先淺公　必醒公長子 殤

先夏公 字 志楚　必醒公次子生同治乙丑年二月十五日卯時卒民國癸未年九月初八日午時塋樹林口

妣坑園戴思娘生同治戊辰年正月初四日酉時卒民國丙寅年八月十二日巳時塋長岸湖

男　當再能　再起 兼嗣弟先瑚　再發　再旺　再來

女　犹娘 配坑園陳

先瑚公 字 志珊　必出公子生光緒戊寅年六月三十日申時

娶溪東林差娘生光緒辛卯年十月初十日子時

承嗣男　再起堂兄先夏次子兼嗣　德利　德良　德好

女　抱娘殤

一酉公派鳳樓柱(保義公派)

迎花公字志來　必習公長子子咸豐丙辰年九月廿二日午時卒光緒癸

卯年四月廿八日戌時葬南洋

娶雙溪陳滿娘生同治乙丑年八月初四日午時

男　當多　當信俱養

先鏡公字志鑑　必習公次子生咸豐辛酉年二月初十日申時卒民國辛

未年正月初八日吉時葬重慶

娶前坑周倹娘生同治己巳年月日缺卒葬俱缺

先月公　必習公三子生同治甲戌年正月十八日酉時卒光緒壬寅年四月初九日酉時塟南洋

先貼公　必習公四子生光緒庚辰年九月廿四日酉時卒宣統庚戌年十二月初八日丑時

先禮公　必山公長子生同治戊辰年三月廿九日巳時卒民國辛未年十一月廿六日巳時塟内益山

娶陳滿娘殤

先地公　必山公嗣次子生光緒丁丑年十月二十日辰時卒塟缺

先通公字志貫　必舟公長子生道光戊申年二月廿四日午時卒光緒辛丑年六月廿七日吉時塟南洋

娶潭尾呂偷娘生咸豐癸丑年三月初十日丑時卒民國乙卯年八月廿七日巳時塟重慶

男　當尊　當粒　當改
女　乖娘配大庭戴　椰娘配社壇葉　門娘配大嶺方
先保公字志邦　必丹公次子生咸豐癸丑年十月十三日午時卒光緒丁
未年正月初三日巳時塋南洋
娶山頭黃究娘生咸豐辛酉年七月初五日午時
男　當光明　當緞　當騰出嗣弟先達
女　不娘配山頭黃
太陽公字志陰　必道公長子生咸豐辛亥年五月十六日亥時卒光緒乙
巳年三月十九日丑時塋南洋
娶戴片娘生咸豐庚申年九月二十日辰時卒民國己巳年九月初四日
巳時塋客拔崙
男　當綿　當秧　當茂養

女　香娘配大庭戴

先達公　必椒公子生同治甲子年十二月十七日巳時卒光緒甲辰年九月十四日午時葬南洋

妣坑園林茶娘生同治庚午年五月十五日午時卒民國癸未年十二月初五日寅時葬重慶

男　當騰兄先保子入嗣　當送

女　等娘配林抝陳

先西河公　必科公長子生咸豐癸丑年八月十一日巳時卒光緒庚辰年九月三十日辰時葬重慶

男　當坂三弟先啓長子入嗣

先全公　必科公次子生咸豐庚申年正月廿八日辰時往外卒缺

先啓字志鴻　必科公三子生同治壬戌年二月十五日酉時卒民國乙卯

年十一月十四日吉時塟重慶

妣小余蔡好娘生同治辛未年七月廿二日吉時卒民國癸亥年八月初二日吉時塟重慶

男 當坂出嗣兄西河 當亭 當宙出嗣兄先氣 當厚出嗣先宅 當抱

女 配中房弟

先合公字志同 必科公四子生光緒丙子年五月十六日寅時卒光緒辛丑年八月廿七日未時塟南洋

娶林幼娘殤

先妹公字志歸 必協公長子生咸豐丙辰年十一月十五日午時卒民國壬子年十月初四日塟廈門

妣文章陳斷娘生咸豐庚申年五月初九日未時卒同治壬申年十月十二日巳時塟文章山

又妣永春林花娘生咸豐庚申年月日時缺卒民國己巳年四月十二日酉時塋山後格

男　當遠　當坑殤

先川公字志澤　必協公次子生光緒癸未年十一月初十日辰時卒光緒甲辰年五月十九日未時塋新寨坐向酉卯庚甲

先氣公字志充　必愿公長子生咸豐辛酉年四月初一日戌時卒民國辛酉年正月初四日酉時塋重慶

妣山頭黃稅娘生光緒丙子年三月廿三日戌時卒民國乙亥年五月廿三日巳時與公合塋

男　當宙弟先啓三子入嗣　當驕　清景　當扁殤　再好殤

女　珠娘配山兜黃

先懷公字志志　必愿公次子生同治年間十月廿四日辰時卒塋缺

先臣公字志二 必愿公三子生同治庚午年六月初六日酉時卒塋缺

先壬公字志癸 必虧公長子生同治庚午年十二月十八日未時卒民國丙辰年三月初十日辰時塋新寨頭

先天公字志皇 必虧公次子生光緒丙子年七月廿五日寅時卒民國丁卯年正月廿五日子時塋客拔崙

妣永春文章陳贍娘生光緒戊子年七月十七日未時卒光緒丙午年九月廿三日戌時塋重慶

又娶內益李才娘生光緒戊子年九月十二日申時

男 當庵 清江 清魚殤

先時公字志得 必虧公三子生光緒己卯年六月廿七日午時卒宣統辛亥年六月廿九日塋南洋

娶吳麵娘出

先扇公字志棨　必同公長子生咸豐庚申年正月十五日子時卒光緒壬
寅年十月廿一日吉時塋南洋
男　當便弟東元次子入嗣
先永公字志錫　必同公次子生同治丁卯年八月十八日申時卒塋缺
東元公字志長　必同公三子生同治庚午年九月廿九日卯時卒民國戊
寅年四月十二日丑時塋重慶
妣前街黃鄉娘生光緒丁丑年八月二十日子時卒民國丁卯年七月廿
三日子時塋山后格大崙
男　當騂嗣兄先扇　當志　當益養
女　店娘配報溫陳　次　配下宅陳
先活公　必錦公長子生咸豐丁巳年十月初一日辰時卒光緒壬辰年十
月廿五日巳時塋重慶

妣大份温琵娘生同治丁卯年七月初七日午時卒民國辛未年十二月十七日巳時塋重慶

男　當應萬養

女水娘配坑園陳

先聰公　必錦公次子生同治己巳年七月廿五日未時卒光緒庚寅年四月十五日酉時往外塋缺

先蘭公　必錦公三子生同治甲戌年月日缺卒光緒丁酉年六月廿二日吉時塋南洋

先勞公　必木公長子生同治甲戌年五月十六日午時卒光緒庚寅年七月廿三日酉時塋臺灣

先健公字志乾　必木公次子生光緒丙子年六月二日戌時外出卒塋缺

娶宮下黃攕娘生光緒丙戌年十一月廿二日吉時在外卒塋缺

先壇公字志坫　必木公三子生光緒庚辰年四月初一日戌時外出卒塋缺

先還公　必溜公長子生光緒乙亥年七月初六日申時卒光緒癸巳年十一月十一日戌時往永安塋缺

龍腸公字志鳳　必溜公次子生光緒戊寅年十二月初二日寅時卒民國壬午年十二月初八日申時塋山後格大崙邊

娶社壇葉千娘生光緒乙酉年正月二十日辰時

男　榮昌

先泵公字志江　必溜公三子生光緒戊子年二月十七日寅時卒宣統己酉年正月廿五日塋重慶

先蘇公字志復　必猷公長子生光緒己丑年十月初六日丑時卒塋缺

先藻公字志採　必卜公長子生先緒乙酉年十月初一日辰時卒宣統庚

戌年五月廿九日申時塟重慶
娶社壇葉粉娘出
男　再等　真等俱養
女　長浪娘配山頭黄　次配下宅陳
先笥公　必卜公次子生光緒壬辰年十二月初一日卯時卒缺
先廳公　必卜公三子生光緒丙申年五月二十日酉時
妣楓樹林妹娘生先緒丁酉年十一月初十日卯時卒塟缺
又妣陳莊娘卒塟缺
又妣社壇葉醒娘生光緒甲辰年七月二十日卒民國甲戌年十一月廿
七日寅時塟重慶
男　文彬　文輝
先學公字志文　裕秀公長子生光緒庚辰年十二月十九日巳時卒民國

乙丑年四月初十日塟在洋
妣内益李葱娘生光緒丁亥年二月廿四日戌時卒民國乙丑年三月十
九日塟在洋
男　瑞隆　瑞典
先俯公字志仰　裕秀公次子生光緒丁亥年五月初九日午時卒民國乙
卯年六月初九日塟在南洋
先周公字志全　裕秀公三子生光緒己丑年八月初五日酉時卒民國戊
午年七月十二日寅時
妣葉城娘生光緒辛丑年月日時缺卒民國丁丑年七月廾六日俱塟在
洋
男　瑞福
先梱公　裕秀公四子生光緒辛卯年八月十四日卯時卒民國庚辰年四

月初六日亥時塋重慶
娶山門葉貌娘生光緒壬寅年十一月廿九日卯時
男　福志　福靈　福星出承王武
女　彩雲配大庭戴　次　圓娘
先王武公　裕秀公五子生光緒癸巳年十月廾六日丑時
娶何文娘生光緒乙巳年四月初七日申時
男　瑞火　福星先裀子入承　瑞添
女　瑞榮　瑞緣　瑞云
先景相公　裕秀公六子生光緒乙未年十二月　日寅時
娶楊亞汗娘生宣統己酉年十二月初九日寅時
男
先高升公　裕秀公七子生光緒戊戌年五月廿五日丑時卒塋缺

娶林緩娘出

男　芋頭

先炮公　裕秀公八子生光緒辛丑年十月初五日丑時卒民國庚午年七月廿六日酉時塋山后格

先淦公　必葛公長子生道光癸卯年七月初二日亥時卒咸豐戊午年十一月初六日吉時葬漳州

先通公　必葛公次子生道光辛丑年九月廿六日酉時卒光緒戊寅年八月初一日戌時葬南洋

妣舊門吕心娘生道光丙午年十月廿二日巳時卒同治乙丑年四月初九日午時葬缺

又妣内益李佔娘生道光丙午年十月廿六日卯時卒光緒丙午年五月初二日戌時塋新寨

男　當書殤

女　研娘配古宅吳　次　翕娘配溪東林　三　胚娘俱李氏出

先久公　必葛公三子生咸豐辛亥年七月廿八日卯時卒塋南洋缺

妣深垵葉珩娘生咸豐乙卯年二月十七日丑時卒光緒甲辰年三月廾一日巳時塋新寨

男　當賢　當鈞

先箋公字志調　必葛公四子生咸豐己未年九月廿六日巳時卒光緒庚子年十月十七日午時塋新寨

妣溪東林鏊娘生同治乙丑年二月十六日酉時卒民國甲申年八月十三日未時塋重慶中崙

男　當吾　當良殤　當續兼祧堂弟先慶

女　唖娘配社壇葉　畏娘配後房尾陳

朝宗公字志孝　必佃公長子生道光乙巳年七月廿二日巳時卒光緒癸
巳年正月初六日酉時塟樹林口
娶林柄陳性娘生道光丙午年正月初十日辰時卒民國壬子年五月十
二日塟山后格大崙頭
男　當羣　當溪　當標殤　當醉
送來公號遠迎　必　公次子生道光戊申年十一月十六日酉時卒同治
庚午年正月十三日巳時塟重慶坐向癸丁丑未
妣溪東林專娘生咸豐辛亥年三月廿三日巳時卒光緒　年四月初八
日塟重慶
男　當再興養　當灶養出嗣弟先懔
先懔公　必佃公三子生道光戊申年　月三十日丑時卒光緒乙未年閏
五月廿八日卯時塟新寨脚

承繼男　當灶二兄子入嗣

傳芳公必佃公四子生咸豐丙辰年四月十八日巳時卒民國己未年正月初七日丑時塟人心墓坐卯向酉兼甲庚

妣郭井林且娘生咸豐己未年十二月初一日申時卒民國丁卯年九月初三日未時塟在紅面坐乙向辛兼辰戌

男　當井　火恩殤　土墩　血力殤

女　趨娘配丁埔頭林

先轉公字志輾　三益公長子生咸豐甲寅年五月廿四日巳時卒光緒乙巳年三月十二日巳時塟新寨

妣舊門呂柬娘生咸豐乙卯年三月二十日卯時卒光緒丁丑年六月廿三日亥時塟

男　當齊養

女　姜娘 次 胚娘配下宅陳

先讀公 字 志經　三益公次子生咸豐辛酉年七月廿三日戌時卒光緒丙
申年九月十五日卯時塟新寨

幼娶林螺娘 殤

又娶呂研娘 改天

男　當舉

雙志公 字 志喜　必祖公長子生道光己酉年八月十一日申時卒光緒戊
子年十一月初六日酉時塟紅面山坐向庚甲申寅弟先招財合塟

娶溪東林赫娘生咸豐辛亥年七月初一日戌時卒宣統庚戌年七月廿
七日申時塟缺

男　當乞　當畝　當練　當椿　當清　當玩

女　為娘配宮下黃

巡政廳諱清高乳名秋菊字志庭　必祖公次子生咸豐壬子年七月初十日
寅時卒民國癸亥年六月廿八日酉時塋紅面山
妣大廷戴束娘生咸豐甲寅年五月初三日申時卒民國庚申年三月十
一日未時塋山後格短崙仔冬田腳
男　當壬癸殤　當養殤　當朋　當簪　當監弟先圖子兼嗣　當日養
招財公字志寶　必祖公三子生咸豐甲寅年十月廿三日寅時卒光緒丙
子年八月初二日巳時與兄合塋紅面山
妣大庭戴乃娘生咸豐乙卯年九月初四日未時光緒乙未年正月初五
日卯時塋重慶
男　當教　當爺養　當監養出嗣弟先圖兼嗣兄先秋
先圖公字志圓　必祖公四子生同治甲子年十二月十八日申時卒民國
庚申年九月廿三日卯時塋南洋

男　當監 三兄先招財子入嗣兼嗣兄秋荊

先樜公 字 志甘　必祖公五子生同治庚午年八月廿六日辰時卒民國甲申年四月十一日未時塟南洋

妣古宅吴飽娘生同治壬申年三月初三日亥時卒民國乙卯年四月廿八日酉時塟新寨頭

又娶陳栳娘生鈌

男　當永水 殤　景星 養　光輝　光明

女珠娘配山頭黄

先買公　必薰公長子生咸豐甲寅年十一月十九日亥時卒光緒辛丑年五月廿八日吉時塟外洋

妣囨口戴窕娘生咸豐丙辰年十二月初三日吉時卒光緒辛巳年正月九日丑時塟重慶

妣蓬島郭香娘生同治癸亥年十二月初五日卯時卒民國丁丑年十一月十四日卯時塟重慶中崙
男　當降　當明先格子兼承　當董先報子兼承
先格公字志物　必薰公次子生同治乙丑年八月十七日子時卒民國癸丑年九月廿五日寅時塟紅面山
妣大坋温晏娘生同治丙寅年二月十六日酉時卒光緒丙午年四月初九日吉時塟重慶新寨
男　當劉　當明兼承先買
女　夏娘殤
先報公字志捷　必薰公三子生同治己巳年五月十三日酉時卒民國壬午年六月初六日巳時塟重慶
娶下宅井子陳歉娘生同治己巳年七月十三日吉時

男　當庵殤　當董兼承先貫　當挺　再智　當樹殤　當錫殤

先耀公字志出　必薰公四子生同治癸酉年閏六月廿七日酉時卒民國癸亥年二月十四日巳時塟重慶

妣坑園陳緣娘生光緒丙子年十月十九日卯時卒光緒甲辰年十一月初一日酉時塟新寨

男　當叫養承先喬

建成公字志存　必定公長子生咸豐乙卯年十二月初七日亥時卒光緒丁酉年五月廿三日丑時塟重慶

妣坑園　圭娘生咸豐丙辰年九月初九日吉時卒民國癸未年正月廿四日酉時塟重慶

男　當廉殤　當大　當栽殤　烏品先岸子入嗣

女　掛娘殤

仲究公字志容　必定公次子生咸豐己未年九月初六日申時卒光緒庚子年六月廿九日寅時葬重慶
妣下宅陳於娘生咸豐庚申年十月十八日巳時卒光緒甲申年十一月廿五日戌時葬重慶
又妣惠書橋戴栖娘生咸豐庚申年三月初三日亥時卒民國乙亥年九月廿四日寅時葬重慶
男　當斗養　當追　當執　當挽俱戴氏出
先邁公字志美　必定公三子生同治亥年六月初四日巳時卒光緒癸卯年六月廿五日戌時葬重慶
妣宮下黃桃娘生同治癸亥年六月初四日辰時卒民國壬申年七月十一日葬重慶
男　當喊　當博

女　滿娘配大庭戴　次不娘殤

先岸字志道　必定公四子生光緒乙亥年九月初五日午時

妣前街黃領娘生光緒庚辰年七月初十日辰時卒民國甲戌年五月十八日寅時塟山后格頭

男　當文察　特羽　炳煌出嗣弟先雷　烏亮　烏店　烏品出承道成　烏滾

女淵娘殤

先雷公字志迅　必定公五子生光緒戊寅年十二月廿五日戌時卒光緒壬寅年六月十二日巳時塟重慶

娶郭井林潭娘改天

男　當丑　炳煌兄先岸三子入嗣

巡政廳增高公諱先和字志順　必諒公長子業儒生同治乙丑年五月初九日辰時卒民國戊寅年八月十二日塟南洋

妣前街黃挽娘生同治丁卯年二月初九日申時卒光緒己丑年九月廿
九日寅時葬重慶
又娶永春五斗康語娘出
男　當琴棋　琴書俱黃氏出
先郡公字志邑　必諒公次子生同治庚午年六月十一日午時卒光緒丁
未年四月十二日巳時葬新寨
妣古宅吳真娘生同治庚午年四月廿六日午時卒民國甲戌年十月十
一日酉時葬山后格兎子望月
男長當聲韻　次聲秀　三意愛先喬子兼承
女　鶴娘配鳳坡梁　年娘配澄嶺林　専娘配社壇葉
先喬公字志木　必諒公三子生光緒己卯年十二月初九日巳時卒民國
甲子年十二月廿八日卯時葬南洋

妣半山陳冬娘生光緒癸未年十二月初十日寅時卒民國己巳年八月
十五日未時塟山后格
男　當叫（先羅子兼承）　意愛（兼承先郡）
女　差娘配溪東林
先詞公（字）志華（號）能言　成業公長子生咸豐壬子年正月初四日辰時卒
光緒丙申年十一月十三日卯時塟重慶右畔柴林外
妣鳳坡梁莉娘生咸豐辛亥年九月二十日酉時卒光緒戊申年十月十
九日子時塟重慶
男　當英總（養）　當位（先鋮子入嗣）
女　伴娘配坑園陳
天池公（字）志塘　成業公次子生咸豐乙卯年八月三十日未時卒民國辛
酉年二月廿八日丑時塟山后格

妣坑園陳心娘生咸豐丙辰年八月十二日卯時卒民國癸亥年十一月二十日亥時塟山后格大崙頭
男　當提　當塔殤　當輝　當飽　當菊殤　英雁　英鶴
女　拈娘配社壇葉　次鶯娘配鳳坡梁　三勸娘配舊門呂

先鉞公字志左　成業公三子生同治戊辰年五月十一日戌時卒民國庚午年八月廿一日酉時塟山後格短崙子
妣中房張挾娘生同治壬申年三月廿一日午時卒民國戊辰年十月十二日酉時與公合塟
男　當在中殤　當鑾貊　當培　當豆　當儉殤　當位出嗣先詞
女　一娘配溪東林　儉娘配下宅陳　惜娘配戶坂林

北海公字志超號宗漢　金甌公長子生咸豐乙卯年四月廿二日巳時卒光緒丙申年十二月初二日未時塟張坑垵仔內坐癸向丁兼丑未

妣大庭戴謹娘生咸豐丁巳年正月十七日辰時卒民國丙辰年六月十六日卯時塋紅面格

男　當三喜殤　當胖養　當進　當簡　當傑

女　芸娘配社壇葉　謁娘配中房張

南河公字志清　金甌公次子業儒生平和順纂修譜稿生同治癸亥年十一月初一日辰時卒宣統己酉年十二月初五日巳時塋山後隔

妣社壇葉陰娘生同治乙丑年十月初七日吉時卒民國丁丑年十一月初十日辰時塋重慶

男　當開導養　受恩

女　看娘配雙溪陳　次悻娘配馬洋林　三鷅娘配舊門呂　四熟娘配溪東林　五尾娘配英橋陳

加修公　金甌公三子生同治己巳年十一月十三日寅時卒光緒癸卯年

三月初二日酉時塋重慶
娶戴栖娘改天
男　當應
先覺公字志知　金甌公四子生光緒丁丑年十二月初五日丑時卒民國
乙丑年四月十二日午時塟南洋
妣溪東林正娘生光緒丙戌年二月十一日丑時卒民國辛巳正月廿七
日未時塟南洋
男　當錦裳
先軋公字志直號曲文　必拳公長子生同治壬戌年三月十六日吉時卒
光緒乙酉年三月廿六日吉時塟南洋
娶黃氏出
男　當周發二弟先重子入嗣　次奇彤三弟六爻子入嗣　當文理三弟六爻子入嗣

潛重公字志厚　必扳公次子生同治丙寅二月初三日辰時卒民國己卯
年八月廿三日戌時葬山後格大崙尾
妣中房張添娘生同治丙寅年九月初二日巳時卒民國戊辰年十一月
初七日寅時葬山後格大崙尾
男　當周發嗣兄先軋　肇基　廉品殤　親切
女　長笑娘配大庭戴　次柳妣配大坪陳　珠娘殤　返娘殤
六爻公字志情　必攀公三子生同治壬申年九月廿九日未時卒民國丁
巳年十一月廿六戌時葬重慶中崙尾
娶尾埔腰娘生同治癸酉年九月廿四日午時
男　當奇形出嗣兄先軋　田潤　文理兼嗣兄先軋
女　妙娘配溪東林
加味公字志口　必扳公四子生光緒癸未年十月十九日丑時卒光緒丙

午年六月十九日丑時塋新寨
娶陳氏改節
男 當如意
先敏公字志明 必恕公長子生同治辛未年十一月初六日寅時卒宣統
己酉年九月初九未時塋新寨頭
妣溪東林柿娘生同治辛未年七月十四日酉時卒民國己巳年二月廿
五日巳時塋山后格
男 當龍材 當加財
女 把娘殤 次聘娘配溪東林
庚公字志寅 必恕公次子生同治甲戌年十月十三日戌時卒光緒戊申
年十一月初九日卯時塋新寨
娶梁咩娘殤

又妣坊前黃玉娘生光緒辛巳年八月初二日午時卒光緒乙巳年七月廿四日巳時葬新寨

淵源公字志本　必貽公長子生咸豐丙辰年九月初三日酉時卒光緒庚子年九月十九日酉時葬紅面山坐向乙辛卯酉

妣社壇葉曉娘生咸豐乙卯年九月十一日酉時卒民國癸亥年三月初十日寅時葬斐後林坐向午子丁癸

男　當少養　贊緒　贊盛

扶國公字志家　必貽公次子生咸豐庚申年五月廿五日酉時卒光緒己亥年九月初九日　時葬新寨脚

妣雙溪陳眛娘生同治癸亥年五月初四日戌時卒光緒辛卯年二月三十日午時葬永春邱家水涵山坐北向南

男　當温柔　敦厚出嗣弟擇仁

女長瑜娘配坑園陳　次斷娘配溪東林　三蕊娘配溪邊林
四孅娘配下宅陳　五惜娘配山頭顔
濟化公字志宣　必貼公三子業儒生同治己巳年正月初九日寅時卒宣統庚戌年八月廿六日辰時塋斐後林坐向巽乾辰戌
妣坑園陳桃娘生同治辛未年四月十九日戌時卒民國丙戌年三月十四日寅時塋重慶
男當聰明養　文言擇仁子兼嗣
超卓公字志出　必貼公四子生同治癸酉年七月初七日丑時卒光緒丙午年六月二十日吉時塋廈門鍾宅
妣大庭戴箱娘生同治壬申年正月十三日巳時卒民國丁亥年十二月十三日申時
男當良弼　毓發

擇仁公字志藝　必貽公五子生光緒戊寅年八月十三日午時卒民國乙丑年四月初十日丑時塟重慶

妣半山陳梅娘生光緒戊寅年二月二十日巳時卒民國丁巳年三月初十日巳時塟山后格

男　當潛殤　當敦厚扶國子入嗣　文喜　文言兼承濟化　文桐

女　紅⿰口羽娘配宮邊黃

泮林公字志入　安全公長子生咸豐戊午年五月廿七日寅時卒民國乙卯年八月十四日巳時塟山后格大崙坐向丙壬午子

妣社壇葉棗娘生咸豐己未年五月十五日酉時卒宣統己酉年八月三十日申時塟與公同穴

男　永長殤　取來養　拔眼

再復公字志時　安全公次子生同治癸亥年五月十八日酉時卒光緒丙

午年八月初九日寅時塟重慶坐東向西
妣巖田蔡姜娘生同治甲子年四月廿五日未時卒光緒甲辰年三月廿五日酉時塟獅墓頭蔡家山
男　當添權　添酬　繼昌又名添登

同慶公字志吉　安全公三子業儒生同治己巳年三月二十日辰時卒民國乙亥年七月十六日丑時塟紅面山坐向丁癸未丑
妣溪東林娥娘生同治庚午年閏十月廿二日午時卒宣統己酉年七月廿九日亥時塟客拔内
男　當文禎養　文學養　當續堂兄先箋子兼嗣
女　緩娘配大庭戴　次　罔娘配溪東林　三　韮娘配坑園陳

清太學生養元公諱再恬字志養　安全公四子生同治辛未年五月初七日辰時卒民國丙辰年二月廿三日丑時塟紅面山坐向巽乾辰戌

妣坊前黃雙娘謚順慈生同治甲戌年六月十六日午時卒民國乙卯年三月初一日卯時塟紅面山與公合壙

男　當文楷　文樹殤　文漢養

女　看娘配溪東林

先杞公字志柳　斂省公長子生同治戊辰年十月初一日辰時卒光緒癸巳年六月廿三日辰時塟南洋

妣羅埔余吟娘生同治戊辰年又四月初九日寅時卒光緒癸未年九月十一日丑時塟羅埔山

又妣大廷戴包娘生同治丁卯年四月十八日寅時卒民國己未年三月初一日申時塟紅面山坐向辰戌乙辛

男　當美玉養嗣張先抒　祖述　祖德養　敦倫先抄子兼嗣

女梅娘配大庭戴　某娘殤　俱戴氏出

先抄公字志寫　斂省公次子生光緒丙子年四月十八日巳時卒宣統庚戌年六月初一日巳時塋重慶
娶坑園戴示娘生光緒丁丑年八月廿八日丑時
男　當敦倫兼嗣兄先杞　敦龍出嗣弟先殿
女　拈娘配大姑柯　次鑯娘配舊門呂
先杍公字志機　斂省公三子生光緒己卯年五月初十日辰時卒光緒甲辰年三月廿二日辰時塋重慶
妣下宅陳玉娘生光緒甲申七月十三日卯時卒光緒癸卯年七月廾七日子時塋重慶中崙
嗣男　美玉先杞子入承
先殿公字志前　斂省公四子生緒甲申年九月二十日辰時卒光緒辛丑年十一月初五日吉時塋重慶

嗣男　敦龍先抄子入承

先鍾公字志秀　必謀公長子生同治壬申年二月十七日寅時卒宣統庚戌年二月十九日巳時葬三脚木

妣雙春陳莧娘生同治壬申年二月廿六日未時卒民國癸未年七月初九日卯時葬重慶

男　當賓養

女　椒娘配下宅陳　珠娘配楓樹林

先齊公字志賢　必謀公次子生光緒丙子年十月初五日丑時卒民國己巳年六月廿四日午時葬獅墓坐向辰戌乙辛

妣下宅陳富娘生光緒戊寅年二月廿九日亥時卒民國丁丑年四月初一日申時葬紅面山坐向乙辛卯酉

男　當文東養　當文談

女　心娘配下宅陳

先潘公字志榮　必謀公三子生光緒己卯年四月十八日子時卒民國戊辰年九月三十日申時塋山后格大崙頭坐向申兼艮坤

娶溪東林年娘生光緒甲申年三月十日未時

男　當及時殤　大田　瑞鉏　瑞家殤　瑞乾

女　勤娘配林柄陳　用娘配溪東林　痛娘配坊前黃

先善字志美　必謀公四子生光緒癸未年三月十四日子時

妣后山余霜娘生光緒丁亥年二月十七日午時卒光緒戊申年五月廿一日卯時塋重慶

又妣陳水娘生光緒丙戌年八月十七日巳時卒民國癸酉年七月初一日辰時塋重慶

男　當嚮　貴才養

先雲程 字 志鵬　必謀公五子生光緒辛卯年十一月十六日寅時

娶溪東林綿娘生光緒癸巳年正月廿二日酉時

男　文居　文聘

女　蝭娘配鳳枝梁　蟶娘 殤　色娘 殤

先標智公　必璇公長子咸豐甲寅年二月二十日午時卒塋缺

先八味公　必璇公次子生咸豐戊午年十二月三十日酉時卒光緒癸卯年四月十八日吉時塋吉鑨

先得公　天敷公長子生同治癸亥年七月廿五日吉時卒塋缺

先來寶　天敷公次子生卒塋缺

先丕公　必淑公長子生咸豐甲寅年七月初八日未時卒未詳

娶葉西娘 改天

先欽公　必淑公次子生同治庚午年八月廿九日吉時卒光緒乙酉年十

一月初六日丑時葬缺

先籍公　淑氣公三子生同治甲戌年六月十二日午時卒光緒癸卯年十月廿二日吉時葬南洋

先梯公字志雲　必茘公長子生同治癸酉年五月初八日巳時卒民國甲子年十月初六日葬在南洋

娶坑園戴差娘陳親娘俱殤

又妣舊門呂鶯娘生光緒戊子年四月初五日子時卒葬在南洋莫考

男　樹知　當焦殤　如德殤　圓仔殤

先嵩公字志山　必茘公次子生光緒戊寅年五月十六日巳時卒光緒甲辰年月日時缺葬在南洋莫考

娶葉勝娘生光緒甲午年年十一月十六日戌時

男　淵得

女長甜娘配登科頭林次金葉三玉葉　養女黃蘇娘殤

先串公字志貫　必公三子生光緒癸未年正月廿四日巳時卒民國己巳年七月初九日塟南洋

妣王綿娘生缺卒民國己未年四月十三日塟南洋

繼妣林根娘生缺卒民國癸未年十一月初六日塟在南洋

娶葉來枝生光緒癸卯年六月初二日卯時

男　源情　源孝　慈孝　貴炎

女　金柳　金珠　金蓮

來文公　必鳳公長子生同治丁卯年三月初二日亥時卒光緒甲申年四月初十日吉時往外塟缺

先楚公　必鳳公次子生光緒乙亥年三月廿九日吉時卒光緒丙戌年七月十二日午時塟沽美山險垻貢

先梅公字志莿　必鳳公三子生光緒辛巳年正月十九日丑時卒民國丁亥年又二月十八日午時塋重慶

妣中房張實娘生光緒戊寅年四月廿二日酉時卒民國乙亥年九月廿五日寅時塋客拔

男　當知殤　當妙　德仁

先福祐公　新風公長子生卒塋在南，莫

先安樂公　汪水公長子生同治戊辰年八月廿五日卯時卒光緒乙未年九月初七日寅時葬新寨坐向甲庚卯酉

妣頂宅陳梳娘生同治癸酉年八月十一日巳時卒光緒己亥年正月初四日酉時葬新寨

男　當淵泉弟先娥子兼嗣

先娥公字志嫦　必水公次子生光緒己卯年六月十七日午時卒民國戊

子年正月　日　時
娶鳳坡梁眉娘生光緒丙戌年十月初六日巳時
男　當淵泉（兼嗣兄先安樂）　銀城　震宇　震家
女　長彩寶配德化石崎鄭　次彩珍配德化樂陶鄉孫　三彩絹配下
宅陳
先登公　朱里公長子生光緒癸未年十二月十五日丑時卒光緒壬寅年
七月初五日未時塟重慶新寨坐向庚甲酉卯
益土公　朱里公次子兼嗣弟必砷生光緒丁亥年三月廿二日午時卒塟
在漳洲莫考
妣溪東林巾娘生光緒己丑年十月十六日卯時卒塟在南洋缺
男
先宅字志田　必策公子生同治丁卯年五月廿一日巳時卒塟在南洋缺

娶陳氏改天

男　當厚堂兄先啓子入嗣

先麟公字志瑞　必評公長子生同治丁卯年六月初八戌時卒塋在南洋

莫考

娶陳氏出

先縷公　必評公次子生光緒丁丑年二月十五日午時卒光緒丙申年八

月初九日吉時塋在洋缺

先再發　必評公三子生卒缺

先開張　必向公子生卒缺

先祿公字志全　天送公子中房胞姊秀娘之子入嗣　生光緒戊寅年十月初二日戌時

卒塋莫考

妣溪東林升娘生光緒癸未年十一日廿六日午時卒塋莫考

男　長當瑞成養　次當瑞泰養　瑞河

女　姜娘殤　蓮娘

西三房二可珍公派

先騫公　必什公長子生道光乙未年九月初九日戌時卒光緒年月日缺

塋沽美山邊

娶李氏改天

先飲公　必什公次子生道光巳亥年九月十六日子時卒在外缺

承繼男　當泙堂弟傳泰三子入嗣

傳泰公　必吝公長子生道光戊申年十月廿二日未時卒光緒乙巳年八月十八日巳時塋沽美山險垻貢

妣垵尾林綢娘生咸豐丙辰年二月初八日子時卒民國己巳年十一月初七日申時塟沽美山

男　升州（出嗣弟成仁）　石記　當洋（出嗣堂兄先欽）　村内

女　昧娘配馬洋林　次配英橋陳　三配鳳坡梁　四配坑園戴

成仁公　必吝公次子生咸豐癸丑年七月初一日亥時卒光緒　十一月廿八日卯時塟沽美山

承繼男　升州（兄傳泰長子入嗣）

天用公　必寶公子生咸豐丁巳年六月十一日巳時卒塟缺

先譽公（字志馨）　必贍公子生嘉慶庚申年七月十八日亥時卒道光巳丑年八月廿七日子時塟石門山

娶莊氏（出）

先忠公　必貯公次子生道光癸巳年八月初三日巳時卒咸豐辛亥年十

月二十日亥時塋新寨脚

先鑀公　必𧹍公長子生道光庚寅年二月十二日未時卒光緒壬午年六月初九日寅時塋樹林口

先淑公　必𧹍公次子生道光辛卯年三月十六日辰時往外卒塋缺

娶戴一娘出

先斗公　必𧹍公三子生道光丙申年四月初八日酉時出嗣

先鈎公　必贈公長子生道光庚寅正月廿四日申時卒同治戊辰年五月廿二日戌時塋漳州羊犀山

妣盛用娘生道光庚子年十月初六日未時卒民國壬子年十二月初二日酉時塋虎形山坐北向南

男　當權　當樹

女　香娘配溪東林　絹娘殤

先勇公　必贈公次子生道光丙午年七月初八日卯時卒光緒壬辰年三月廿九日未時塟新寨

妣下宅陳汝娘生咸豐丙辰年三月廿九日巳時卒民國辛酉年十一月廿八日午時塟樹林口

男　德林殤　當洋

女　簪娘配英橋陳

先渚公　必賜公子生道光庚寅年閏四月初七日辰時卒咸豐辛亥年九月初十日亥時塟漳州

先邦公　必答公長子生嘉慶己卯年四月廿五日未時卒道光戊戌年八月廿四日酉時塟文章杉林中崙坐向辛乙酉卯

先泉公字志流號在兹　必答公次子生道光壬午年四月初五日丑時卒同治戊辰年三月初三日未時塟文章寨坐乙向辛兼辰戌

妣陳素娘生道光己丑年三月十七日申時卒光緒庚寅年七月初七日巳時塟石門大水安頭坐向子午癸丁

男　當土　當概

女　旦娘配社墘葉

先興公字志旺　必答公三子生道光乙未年十一月初五日辰時卒宣統辛亥年正月初八日巳時塟石門

妣吳金娘生道光丁酉年十月十七日巳時卒光緒乙未年十二月初三日申時塟山後格短崙仔

男　當侯　當乞

女　配中房張

先新公　必桊公長子生道光己丑年五月廿八日申時卒年月缺塟唐帽寨尾坐南向北

先榮公　必葵公次子生道光己亥年十月初四日酉時卒咸豐乙卯年八月廿二日吉時塟豐市改塟與父合塟仝穴

先雪公　必博公長子生道光乙未年七月初八日卯時卒年月日塟俱缺

娶賴籠娘殤

先山公　必博公次子生道光乙巳年四月初九日子時卒光緒丙申年十月十五日子時塟永定陳章坑甕格

蓮堂公　必棬公子生道光壬寅年十二月十四日巳時卒豐市年月日時缺

先廣公　必戲公長子生道光庚子年五月廿六日申時卒光緒丙戌年五月十五日吉時差永定陳章坑甕格

娶陳徙娘改節

先萬公　必戲公次子生道光丙午年十月廿四日申時卒光緒庚辰年十

二月廿四日午時塟永定陳章坑甕格

先璋公　必集公長子生道光戊子年十月初二日未時往臺灣身故卒塟

缺

先巖公　必集公次子生道光丁酉年正月廿四日戌時卒同治癸酉年八

月初十日酉時塟山后格短崙仔坐向坤艮申寅

娶陳氏改節

男　當見　當蚶

女　配湖西陳改適惠書橋

先彩公　必集公三子生道光庚子年三月十三日巳時卒民國癸丑年六

月廿九日丑時塟山後格

妣楓樹林挨娘生咸豐甲寅年十一月初三日寅時卒光緒丁未年八月

初三日午時塟斐后林脚

男　當命　當梅　當猴　樹林　老婆俱殤　當扮　五只

女　配曾墘曾　次配雙溪陳

先仁和公　必海公子生咸豐辛亥年七月十一日巳時卒光緒己亥年四月廿三日辰時

娶戴丑娘出

男　當儀

女長配大沽柯　次配尾埔馬　三配大份溫

先扳公字志援　必燕公長子生道光乙巳年十二月初三日酉時卒光緒己丑年十月廿八日卯時塋樹林口

妣下宅陳富娘生道光戊申年五月十九日未時卒同治戊辰年七月初三日未時塋石門山

又妣蘇昧娘生咸豐乙卯年月日失記卒光緒丙子年十月初二日吉時

塋漳州

女　劉娘配英橋陳

先漢公號雲路　必燕公次子生咸豐辛亥年十一月初九日巳時卒光緒辛巳年正月十一日巳時塋本鄉坑仔墘圳路頂坐向未丑丁癸

娶林梳娘生咸豐乙卯年四月廿四日巳時卒民國丁卯年七月廿二日巳時塋新寨

男　當托居

女　欣娘配頂宅陳

先聯登公　必燕公三子生咸豐戊午年十一月廿七日辰時殤

劍文公　必順公子生咸豐辛亥年十月十七日申時卒同治癸酉年三月初五日辰時塋樹林口

先孝公　必元公子生道光壬寅年十月十三日未時卒咸豐庚申年八月

初十日辰時塟山后格竹篙龍
光慶公　必同公子生道光庚子年八月初七日辰時卒光緒辛丑年四月廿六日申時塟漳州劉佃
妣余佳娘生道光丙午年五月二十日辰時卒光緒乙巳年九月十四日酉時塟新寨頭
男　當寶　當普　當再得
女
先賞公　必叫公子生道光庚子年四月十六日巳時卒同治乙丑年九月廿二日辰時塟重慶
娶官布趙示娘改天
男　當梧
先榜公　必禣公子生道光丙午年三月三十日寅時往外卒塟缺

先南公　必甫公長子生道光庚戌年十一月廿一日寅時卒光緒壬辰年七月十二日吉時塟漳州
妣葉灘娘生同治壬戌年二月初四日酉時卒民國辛未年八月廿四日戌時塟樹林口
男　當滿池　當存
先閣公　必甫公次子生咸豐甲寅年三月廿四日寅時卒同治戊辰年九月十一日吉時塟漳州西門外
先敦兼　必壻公子生道光壬寅年月日時缺殤
承繼男　當旺
先俄公　必符公子生道光丁未年十二月二十日未時卒光緒乙未年四月日時缺塟安溪縣
先仍公　必僉公子生咸豐辛亥年四月廿九日巳時卒光緒乙未年十二

月日時缺塋安溪縣
娶謝魚娘生同治壬戌年十一月初一日寅時卒光緒乙巳年月日缺
先來公　必炳公子生同治丙寅年十二月十九日酉時卒光緒乙未年七
月十七日酉時塋漳州
兩承男當朱杉堂弟先昆長子兼入嗣
先昆公　必要公子生光緒戊寅年十月廿二日辰時往石碼卒塋缺
妣坑園陳連娘生光緒壬午年二月十五日午時卒民國乙卯年四月廿
三日辰時葬新寨頭
男　朱杉兼承兄先來　次祝鮀　三老猴兼承堂兄先對
女　益娘配郭井林殤

西三房三恬直公派

先興發公　往洋生卒未詳

先歆公　必引公子生道光庚子年正月十六日酉時卒同治壬申年八月
十一日午時塟南洋色武龍

先諸公　必在公子生道光丙午年九月十七日巳時卒同治乙丑年正月
廿二日巳時塟竹林尾坐向丙壬午子

先布公　必在公承繼男生咸豐己未年五月十四日卯時卒民國辛巳年
十二月初九日丑時塟樹林口

妣內呷李尋娘生光緒乙亥年十二月廿九日酉時卒民國丁卯年二月
廿六日塟沽美山

男　當祥　當蜈蜞

女　金娘配囡口戴

先作公　必宇公長子生道光乙巳年七月十二日辰時卒光緒丙戌年七月二十日巳時塋蓮山後坐向艮坤寅申

先列公　必宇公次子生咸豐癸丑年二月初六日卯時卒光緒甲午年六月十五日丑時塋杉林内杉脚木坐向乙辛辰戌

先榮公　必宇公三子生咸豐辛酉年七月二十日寅時卒光緒戊戌年八月廿六日辰時塋蓮山後

娶馬洋林賢娘改天

男　當坑殤

女　體娘配大廷戴　切娘配馬洋林

先案公　必漸公子生卒塋缺

先竪公　必淙公子生道光丙午年八月廿五日巳時卒同治乙丑年十月廿三日吉時塋龍岩

先泗公　必學公長子生光緒己亥年四月十二日巳時卒民國癸酉年三月初六日亥時塋沽美山

妣侯尾陳卜娘生光緒庚子年四月廿一日丑時卒民國癸酉年七月十四日寅時蕤沽美山

男　炳淵江德子入嗣

女　墨娘配中房張

先江德字志　必學公次子兼嗣兄必直生光緒丙午年十一月十一日戌時娶溪東林珍娘生民國甲寅年八月初六日巳時

男　炳煌殤　炳乾殤　炳淵出嗣先泗　金聖

十二世西房四

樓脚柱弈業公派

清先佞公　必謹公子生乾隆己卯年十一月廿五日戌時卒塋龍岩州

妣林騫娘生乾隆壬辰年八月初五日酉時卒塋缺

先傳公　行招公長子生乾隆丙午年九月初一日亥時外出卒塋俱缺

先辯公字志明　行招公次子生嘉慶甲子年正月初九日亥時卒同治癸亥三月十七日卯時塋缺

妣胡坂蔡貴娘生嘉慶乙丑年八月廿四日巳時卒光緒己丑年七月廿九日申時塋沽美山弈業公墓邊左畔坐壬丙亥巳

男　當向　當淵

女長配曾　曾愳次配大岵莊

先育公字志愛　褒揚公長子生乾隆辛亥年五月十三日卯時卒道光庚

戌年十月廿二日卯時塟沽美山外崙坐向辛乙戌辰
妣張縣娘生乾隆甲寅年四月廿八日未時卒咸豐癸丑年十月廿二日
戌時塟沽美山險壩崩坪内坐東北向西南
男　當瑶　當櫟　當蓄殤　當泉出嗣必寢兼嗣先茂
女　適赤嶺陳
先偶公字志奇號佳然　褒揚公次子生乾隆甲寅年十月十七日酉時卒
道光丙午年八月初八日申時塟下埔仔坐乾巽戌辰
妣内益李滿娘謚孝順生嘉慶丙寅年五月初五日酉時卒道光甲辰年
十一月初四日丑時塟下埔子坐向戌辰乾巽
男　當爍養
先次公字第號為學　知禮公長子生嘉慶丁巳年十二月廿五日酉時卒
道光庚戌年三月廿四日申時塟沽美山外崙坐向辛乙酉卯

妣溪東林損娘生嘉慶己未年二月廿七日午時卒光緒庚辰年十二月
廿八日未時塟下埔仔
男　當闖　當韮
女長配坑園陳　次配溪東　三配曹埧柯
先汶公　知禮公次子生嘉慶己巳年二月初九日卯時卒咸豐癸丑年七
月初七日未時塟沽美山外垵口坐南向北
幼娶雷省娘 殤
先初公　順美公子生乾隆丙午年七月初一日巳時卒道光年間塟廣東
遁坪
先客公 字 志起 號 受益　盈豐公長子生乾隆丁酉年八月十七日亥時卒
道光丙丁年十月廿三日酉時塟山後格大崙坐庚向甲
妣林爰娘謚順生乾隆乙巳年十月初十日寅時卒嘉慶甲戌年十一月

廿八日丑時塟山後格尊字崙坐酉向卯

繼妣林間娘謚勤順生乾隆庚子年五月十四日酉時卒道光甲辰年十

一月初四日酉時塟文章山過橋仔坐向坤艮未丑外丁癸

男　當櫼（前林氏出）　當博（後林氏出）

女　長配舊門呂　次適小余蔡

先柿公　盈豐公次子生乾隆癸卯年六月十一日申時卒道光丙午年正

月初三日酉時塟本厝左畔坐向亥巳壬丙

嗣孫慎綢（姪當櫼次子兼嗣）

先三公（號）達道　盈豐公三子生乾隆癸丑年正月十七日戌時卒嘉慶

己卯年正月初一日酉時塟下埔仔坐向壬丙亥己

男　當遯（弟先株長子兼嗣）

先株公　盈豐公四子生嘉慶丁巳年廿六日未時卒同治年間月日時缺

塋山後格大崙崎頭
妣張曲娘生嘉慶庚午年九月初十日申時卒光緒年間月日時缺塋重慶樹林口
男　當遯(兼嗣兄先三)　當協(嗣族弟先櫰)　當髻(兼嗣族弟先務)

先燕公　玉山公子生嘉慶乙丑年三月初七日戌時卒道光丁未年十月初三日申時塋重慶樹林口坐戌向辰

槪成公　必通公子生乾隆壬子年八月日時缺
妣中房張妹娘生嘉慶壬戌年月日莫考夫妻移居三沙不同卒塋俱缺

先鮑公　必昧公子生嘉慶癸酉年正月十七日巳時卒咸豐癸丑年九月初十日酉時在興化城

先才公　必芮公子生乾隆壬辰年正月二十日酉時
妣王勸娘生乾隆甲午年三月廿五日丑時住福清生祠卒塋生祠

先鼎公　必助公子生乾隆乙未年十二月十九日酉時住生祠卒塋生祠

先星公　必進公長子生咸豐丙辰年正月廿一日午時住居廣東不囘卒
塋缺

先外公　必親公長子生咸豐乙卯年三月十四日酉時住漳州不囘卒塋
缺

福清生祠米粉厝柱

先灝公字志魁　必繼公長子生乾隆丙午年六月十一日酉時卒道光丁
酉年四月初五日申時塋福清虎頭山下坐西北向東南

妣賴小妹生乾隆壬子年五月初二日丑時卒塋缺

男　當旗十五歲殤　當鼓　當炳嗣弟先清　當試嗣先洽

先洽公字志仁　必納公嗣子生乾隆己酉年正月廾公日申時卒塋缺

妣某氏生乾隆乙卯年月日時及卒塟缺

男　當試兄先灝三子入嗣

先湏公　必繼公次子生嘉慶己未年四月十九日卯時卒道光戊子年十一月廿四日巳時塟福清遁腹大墩岸坐西向東

娶魏氏改節

男　當炳兄先灝次子嗣

先田公　必籌公長子生嘉慶甲戌年二月廿七日申時卒道光丁酉年六月十八日未時塟福清虎頭山坐西向東南

先木公　必籌公次子生嘉慶己卯年閏四月十三日午時卒塟缺

先潭公　必來公子生乾隆辛亥年七月初四日亥時卒道光丙申年正月二十日亥時塟福清虎頭山坐西向東

先源公字志進　必經公長子生乾隆庚戌年　月初七日子時卒道光丁

酉年八月十九日午時塟福清虎頭山坐西向東

妣萬掞娘生乾隆丁巳年十一月初二日午時卒道光丁酉年七月初一日申時塟福清虎頭山坐西北向東南

男　當標　當番嗣弟先猴

先漢公字志孝　必經公次子生乾隆乙卯年三月初七日酉時卒道光丁酉年七月十一日午時塟福清虎頭山大岸内坐西向東

妣新店劉夏娘生嘉慶丙寅年五月二十日午時卒塟缺

男　當科

女　釆宋配魚溪陳　賽宋配雲亭陳

先猴公字志申　必經公三子生嘉慶丙寅年四月十五日午時卒道光丁酉年公月初五日巳時塟福清豐山山坐東北向西南

妣黃汝娘生嘉慶甲戌年二月十五日巳時卒道光丁酉年七月初七日

午時與公合塋

男　當番（兄先源次子嗣）

弈隆公派土樓仔柱弄下坂厝柱

先[illegible]公　必間公長子生道光戊戌年四月二十日戌時卒光緒年月日時

塋沽美山麒麟尾坐向艮坤丑未

先岸公　必間公次子生道光庚子年八月十二日酉時（殤）咸豐癸丑年塋

本厝前坑邊坐東向西

兩緘公　必象公長子生道光甲申年十月初三日戌時卒咸豐乙卯年七

月廿九日辰時塋永定縣塚

娶　氏（改節）

男　當慶雲

先遷公　必象公次子生道光甲午年十二月初一日戌時卒缺塋永定

先考公　必溪公嗣子生道光戊戌年十月初四日酉時俱住永定縣内萬壽門口卒缺塋永定

先絨公　必冊公長子生道光癸巳年十二月十七日亥時卒缺塋永定

繡花公　必冊公次子生咸豐甲寅年十月初二日巳時俱住永定金沙卒缺塋永定

來發公　必題公養子生道光年間卒咸豐年間塋在何犁

先呢後改名炎　必題公養子週歲父卒必冊收養生咸豐辛亥年二月初八日申時住南洋望加錫

娶　氏班娘生年月日時缺

男　當金水　當泉水

先龐公　必題公三子生咸豐壬子年十月二十日卯時卒葬缺

石鳳公　必題公四子生咸豐己未年三月十六日辰時俱住永定何黎不回卒葬俱缺

先瑞金字志堆　必頟公長子生道光庚寅年四月廿八日申時卒光緒甲申年三月初六日亥時塟山後格觀音子

妣曾墘曾佳娘生道光乙未年十二月初五日吉時卒光緒庚辰年四月二十日吉時與公合塟坐向午子丙壬

男　當填

女　謹娘配内益李

先紡公　必頟公次子生道光己亥年十一月廿一日戌時卒光緒辛卯年五月廿五日未時塟沽美山險堪墳坐向卯酉甲庚德亭公墓外

先鳳公　必勁公長子生道光乙未年三月初十日卯時殤丁未年塟廣東遁坪

先克公　必勁公次子生道光辛丑年八月初九日午時卒同治丙寅年正月初四日卯時塟飛鷺

先儒公　必爽公長子生道光甲午年七月初十日丑時外出金豐苦竹卒咸豐壬子年月日時及塟缺

先苗公　必爽公次子生道光癸卯年七月廿一日亥時卒塟缺

娶溪東林錐娘生咸豐壬子年四月初四日酉時卒塟莫考

苗親歿尚幼必尚公子先薦收養為弟後生男長先繼爽次繼尚餘均分

先掌公號勤斯　必爽公子兼嗣子生咸豐辛亥年八月廿七日巳時卒光緒辛丑年二月十三日寅時塟山後格挑水垵坐向丁癸午子

男　當抄卷

先迄公　必郭公長子生道光癸卯年十二月廿八日未時卒光緒辛巳年閏五月初十日未時塟南洋蒙加錫

妣舊門呂綿娘生咸豐壬子年十月廿七日亥時卒光緒甲申年五月初十日寅時葬沾美山險垻貢坐向甲庚卯酉德亭公墓外

先繃公　必郭公次子生道光巳酉年八月初九日酉時卒葬缺

養女　挑娘配半嶺林　文娘配大庭戴

先掌公號勤斯　必兩公長子兼嗣兄必爽生咸豐年月日卒葬皆記內

男　當揪養

先宇公　必兩公次子生咸豐戊午年三月十八日戌時卒葬缺

弈隆公派垻腰柱

先坑公字志儒號清溪　成文公長子生乾隆巳酉年四月廾三日巳時卒咸豐庚申年十二月初七日未時葬壩腰坪坐向癸丁丑未

妣下宅陳秀娘謚茂順生嘉慶壬戌年七月廿四日酉時卒同治戊辰年

九月十五日子時塟山後格大坵田尾

男　當闢　當闖（出嗣弟先頭）　當閭

女　長配下宅陳　次配垵尾林

先頭公字志嶸　成文公次子生乾隆癸丑年六月初十日申時卒道光戊戌年閏四月十九日辰時塟重慶樹林口坐向乙辛卯酉

男　當闖（兄先坑次子入嗣）

先埔公號有心　成文公三子生嘉慶戊辰年三月初一日未時卒光緒丁丑年二月初二日寅時塟杉林尾坐向乙辛卯酉

男　當釵　當荷　當探（俱兄先嶺子兼嗣）

先答公字志問號善語　成保公長子生嘉慶丙辰年十月初五亥時卒同治甲子年七月廿三日酉時塟山後格客鈸內坐向壬丙子午

妣朱笑娘謚佳音生嘉慶壬戌年四月廿四日子時卒同治癸酉年正月

初三日酉時塟山後格大垇田脚坐向庚申酉卯
男　當鈞　當郁
女　長配胡坂蔡　次配安美林　三配溪東林
先鑴公字志新　成保公次子生嘉慶庚申年三月十五日酉時卒道光癸
卯年十一月初六日戌時塟大材崙坐向巽乾辰戌
娶柯氏改節
女　配溪東林
先稍公字志安號超然　成知公嗣子生嘉慶戊午年十二月廿六日丑時
卒咸豐丁巳年閏五月十三日申時塟山後格短崙仔脚坐向庚甲申寅
妣雙溪陳丑娘諡順和生嘉慶甲戌年五月十九日戌時卒光緒丙申年
十月三十日酉時塟山後格旗龍斬下坐向乙辛卯酉
男　當羨　當蘟　當池

女　草娘配下宅陳

先斜公字志深　戌集公子生嘉慶癸亥年七月初八日未時卒咸豐戊午年七月初九日寅時塟南澳頭粤山坐東向西

妣文章籃娘生嘉慶壬申年九月十五日辰時咸豐庚申年六月初九日未時塟重慶樹林邊

先嶺公字志綱　戌起公子生嘉慶巳未年十一月初七日申時卒咸豐辛酉年十一月廿八日辰時塟南粤

妣吴埔山陳純娘謚玉節生嘉慶辛未年九月十二日午時卒光緒戊年五月初八日寅時塟山后格狗母相帶格

男　當敘　當荷　當丕殤　當探俱兼嗣弟先埔

女　笑娘配舊門吕

先涇公字志芩　必當公長子生嘉慶甲戌年二月十七日酉時卒同治甲

戌年九月廿九日戌時塟南澳
妣吳埔山陳圭娘生道光甲申年七月十四日午時卒光緒甲申年六月
十三日酉時塟山後格旗龍斬邊坐向巳亥丙壬
男　當糴卷
女　材娘配坑園陳
光真　春陽　俱必皆公子住臺丹丹不回卒塟俱缺
先醒公字志豁　成平公嗣子生嘉慶丁丑年四月初十日巳時卒光緒巳
卯年十一月初四日未時塟山後格杉林尾坐向丁癸未丑
娶陳氏出
女　好娘配前街黄
先誨公字志教號規矩　成茂公長子生嘉慶己卯年十一月十四日巳時
卒光緒戊子年五月廿七日戌時塟山後格龜仔腰頂坐向丙壬午子

妣溪東林居娘諡安然生嘉慶己卯年三月十一日戌時卒光緒戊子年十月十四日戌時塟山後格大埡田坐向庚甲申寅

男　當閲　當謨　當信出嗣弟先踩　當軒　當河

女　滿娘配下宅陳

先爆公字志中　戊茂公次子生道光甲申年八月廿二日寅時卒光緒戊寅年十一月十五日巳時塟壩腰坪坐向亥巳壬丙

妣垵尾林映娘生道光丁亥年三月廿三日卯時卒光緒壬寅年五月廿五酉時塟壩腰坪坐向壬丙亥巳

男　當能　當耤

女　粉娘配澳下盧

先踩公字志蹤　戊茂公三子生道光己丑年十一月初十日辰時外出南澳卒葬缺

幼娶蔡氏殤
又娶南澳吳容娘生道光庚子年七月廿六時巳時住南澳卒塋缺
男當凡先誨三子入嗣　有來　當傳
先進公　必鑾公養子生道光丁亥年九月十二日巳時卒咸豐辛亥年二
月廿二日吉時塋永定
娶盛氏改節
先令公字　志出　必鑾公養子生道光庚子年正月十三日戌時外出不回
卒塋缺
妣德化梁根娘生道光甲辰年九月十一日吉時卒光緒丁丑年八月初
九日亥時塋塓腰坪角坐向亥巳壬丙
男　當牽
先川公本名先口字　志澤　必葵公子兼嗣弟必尺生咸豐己未年十月初

九日戌時卒光緒巳亥年八月十九日巳時塟重慶崙邊

承繼曾孫從姪孫愼昆子來嗣

再興公　必鑽公養子生年月時莫考卒光緒壬寅年九月初三日巳時塟永定官山

國龍柱弈山公派

先選公　必炎公長子生乾隆甲寅年三月十八日丑時卒道光癸卯年七月日時缺塟臺灣

先龐公　必炎公次子生嘉慶丁巳年六月初一日寅時外出永福陳

先南公　必炎公三子生嘉慶巳未年十二月初十日寅時卒道光乙酉年五月廿九日辰時塟存字崙坐南向北

先水公字志色號成渠　必蜂公子生嘉慶戊午年七月廿三日寅時卒道

光巳丑年四月二十日未時塋

娶林氏改節

男　當簡

先章公　必圓公長子生嘉慶庚申年四月廿九日卯時卒道光年間流出在外莫考

先壳公　必圓公次子生嘉慶己卯年八月初九日時缺卒道光甲辰年五月十三日未時塋重慶園坐北向南

先兆公字志行號供正　成萬公長子生乾隆丁未年十二月廿四日亥時卒道光壬辰年閏九月十九日亥時塋重慶坑仔口拾鑵仍舊壙坐向寅申甲庚

妣林縣娘謚順懿生乾隆丙午年二月初八日辰時卒道光丙午年五月初九日卯時塋重慶坑仔口坐向卯酉甲庚在公右邊

男　當進記　當作出嗣弟先賜

女　長配下宅陳　次配胡西陳

先詩公字志書號雅言　成萬公次子生乾隆甲寅年二月初四日戌時卒

道光丙午年正月初八日巳時塟大坵田脚坐向丁癸未丑

妣坑園陳氣娘謚妙配生嘉慶戊午年十二月十五日辰時卒同治己巳

年正月初五日酉時塟本山三脚木坐向乾巽戌辰

男　當欽　當斗　當壁出嗣兄先飯　當籴嗣弟先賜後賣黃家

女　米娘配坊前黃

先雨公字志順號雲騰　成萬公三子生嘉慶丁巳年六月十七日丑時卒

道光壬辰年六月十三日辰時塟重慶坑仔口坐向乙辛卯酉

娶黃氏改節

男　當圭　當音出嗣弟先東

女　等娘配舊門呂

先賜公號達理　成萬公四子生嘉慶己未年十一月初三日丑時卒道光己亥年二月初二日亥時塋尊字崙坐向申寅庚甲

男　當作兄先兆子入嗣　當耀兄先詩子嗣後賣黄

先稻公　成萬公五子生嘉慶癸亥年正月十五日寅時卒塋臺灣

先六公　成萬公六子生嘉慶戊辰年五月廿二日辰時卒同治年間往漳州莫考

先飯公字志精號圖治　成時公長子幼從事文壇長精習武藝未售其願延師課督長子偕妻尊師重傅士咸稱之生乾隆癸丑年三月廿九日午時卒咸豐丙辰年九月三十日辰時移塋赤墓坪嶺邊格與里仁公妙順陳氏㳽塋俱拾瓦罐坐向乾巽亥巳

妣永春顏佔娘謚魁量生乾隆乙卯年六月廿九日巳時卒咸豐丙寅年

六月二十日未時拾罐塋三脚木坐向壬丙亥巳

男　當添二　當璧（兄先詩三子入嗣）　當業（殤）　當鳳

女　（長）差娘（殤）（次）齊娘配溪東林

先東公（字）志來（號）國治　成時公次子武藝精通經汪宗師試惜弱冠而卒

生嘉慶丁巳年十一月十八日戌時卒嘉慶丙子年閏六月初三日巳時

塋尊字崙坐向甲庚寅申

妣馬頭洋陳報娘謚崇烈矢志柏舟卒逢縣志纂修採錄節婦詳報其中

以付剞劂生乾隆乙卯年十二月十三日寅時卒道光辛卯年十二月十

一日午時塋客拔内坐向丙癸巳亥

男　進發（養）　進音（兄先雨次子入嗣）

女　次娘配山頭葉

開拔公（字）志克（號）昌後　成時公三子生嘉慶己巳年四月十八日巳時卒

同治戊辰年九月初十日酉時塟客鈸内坐艮坤丑未

妣小姑陳幼娘謚順序生嘉慶乙亥年十二月十五日辰時卒同治己巳年八月二十日未時塟下赤墓坪坐向庚甲酉卯

男　當歲　當高　當正　當葱

女　扳娘配胡西陳

開藻公字志泮號宜有　成時公四子業儒生嘉慶壬申年十月廿九日寅時卒光緒甲午年正月廿七日辰時塟山后格客拔内坐向壬丙子午

妣中埔頭林旦娘謚平意生嘉慶丁丑年正月廿二日寅時卒光緒庚寅年正月廿三日酉時塟客鈸内坐向辰戌巽乾

男　當汁鮭　當朝試　當旺算　當玉案

女　莊娘殤

先蕋公字志士號威義　成功公長子生嘉慶甲子年正月十四日申時卒

咸豐己未年三月初九日寅時罐塋本山石皮按頭坐向乾巽辰戌

妣古宅吳起娘謚助意生嘉慶癸亥年十二月初四日酉時卒咸豐辛酉年五月十二日未時塋本山觀音仔頭坐向丙壬巳亥

男　當道　當遯　當途　當迂

先蓮公字志瑞號可亭　成功公次子業儒強仕年纂修族譜厥後續修完成至今芳名遙傳惜乎學問深純書法清秀未售其願生嘉慶申子年十二月十八日寅時卒同治甲子年八月初四日戌時塋本山龜子坐向乙辛辰戌

妣社壇葉麟娘謚親意生嘉慶丙寅年十一月初四日寅時卒光緒丙子年六月十七日巳時塋客拔內坐向己亥丙壬

男　當講　當綯

女　耳娘配鳳坡梁　草娘配社壇葉

先蓀公字志茂號盛林　成功公三子生嘉慶己巳年九月十三日巳時卒
道光丙午年十一月十六日吉時葬尊字崙坐向庚甲酉卯
妣溪東林印娘生嘉慶庚午年五月初七日吉時卒同治癸酉年四月廿
八日寅時葬客拔内坐向丑未癸丁移葬客拔外坐癸向丁兼丑未
男　當顯　當豆
女　賽娘配下宅陳
先華公字志英號盛榮　成功公四子生嘉慶甲戌年九月十三日巳時卒
咸豐乙卯年八月廿一日辰時葬重慶嶺助育公墓右坐向壬丙子午
妣深　葉晝娘謚内寢生嘉慶丁丑年七月十九日戌時卒咸豐壬子年
十二月十五日戌時葬短崙仔垵頭坐向乾巽亥巳
男　當龜
女　棗娘配舊門呂

先葵公字志荍號惟有　成功公五子生嘉慶丙子年十月十六日酉時卒光緒丙子年五月十六日戌時塟本山挑水垵坐向庚甲酉卯

妣下宅陳足娘謚布懿生嘉慶己卯年六月十九日酉時卒咸豐乙卯年六月十五日卯時塟本山挑水垵坐向坤艮未丑

又妣南巖鄭程娘生嘉慶丁丑年十一月十四日午時卒同治癸亥年八月初五日吉時塟本山短崙子坐向乾巽戌辰

又妣蘇抬娘生嘉慶戊寅年九月廿二日巳時卒光緒丁丑年十月廿九日子時塟本山客鈹內坐向寅申艮坤

男　當睿智　當寬裕　當堯天

女　初娘配大建戴俱陳氏出

先著公字志舉號則明　成功公六子生道光辛巳年四月初五日亥時卒光緒甲申年十二月初十日卯時塟本山火炎崙坐向丑未艮坤

妣文章許甜娘生道光庚寅年四月十五日未時卒光緒乙巳年十月初二日巳時塟本山崩坪垵坐向未丑坤艮

男　當謪光

女　藜娘配溪東林　舌娘配中房張　儉娘配下宅陳

先茵公字志文號盛禮　成功公七子生道光丙戌年四月二十日巳時卒光緒丙子年七月初一日酉時塟本山火炎崙頭坐向甲庚卯酉

妣前街黃富娘謚助厚生道光己丑年五月十九日未時卒光緒戊戌年正月廿三日午時塟本山龜子崙坐向乙辛卯酉

男　當温水　當洞水

養女　飯窜配坑園陳

先望公　好古公長子生道光辛卯年八月十四日酉時殤道光辛丑年正月十二日卯時塟本山尊字崙坐坤艮申寅

男　當鴦弟先棟子兼嗣

先棟公字志成　好古公次子生道光甲午年五月十八日酉時卒光緒年

間在臺灣萬舟月日時及塋缺

娶大庭戴抝娘生道光丙申年十二月十九日未時卒塋缺

男　當擒　當鴦兼嗣兄先望

養女　偷娘配大坪陳

先烏悛公　好古公三子生道光乙亥年四月十二日寅時卒同治壬申年

九月十一日卯時塋本山客鈸內坐向丙壬午子

先補公　好古公四子生道光辛丑年十月初九日亥時卒同治己巳年十

月廿九日卯時塋本山三脚木仔坐向申寅坤艮

先格公字志物號致知　中立公長子生乾隆甲寅年七月初九日申時卒

道光戊子年十二月卄八日午時塋山後格頭坐向丙壬午子

娶林氏改節

男　當選

先情公　中立公次子生嘉慶丙辰年七月十八日巳時卒咸豐辛亥年五月初六日　葬漳州天寶市

先集公　中立公三子生嘉慶甲子年正月初二日申時卒道光丙午年葬臺灣

先瓊瑤公　必棹公子生嘉慶甲戌年七月廿八日亥時卒道光巳酉年十二月十八日申時葬山後格頭坐向丙壬巳亥

先賀公號善慶　良能公長子生乾隆癸丑年十月初九日申時卒嘉慶戊辰年十一月初十日　葬在白沙

男　當潑弟先抱子兼嗣

先抱公字志保號攜持　良能公次子生嘉慶丁巳年二月初八日卯時卒

道光戊申年九月十九日巳時塟杉林崙坐乾向巽
妣溪東林晟娘謚美順生嘉慶癸亥年十一月廿三日酉時卒道光戊戌
年九月廿六日申時罐塟重慶坐向亥巳乾巽
男　當潑兼嗣兄先賀
女　月娘配下宅陳　寶娘配溪東藍　三配溪東殤
先江公字志海號善宗　良能公三子生嘉慶壬申年七月廿一日子時卒
光緒己丑年九月廿二日卯時塟本山崩坪垵坐向乾巽亥巳
妣下宅陳爽娘謚快順生嘉慶乙亥年十月十三日辰時卒光緒丁丑年
三月廿二日卯時塟崩坪垵坐向乾巽戌辰在公左畔
男　當意　當改
女　敬娘配下宅陳　領娘配八尺　獭娘配胡坂殤
先遠公字志柔號義方　永吉公子生嘉慶庚申年六月廿三日卯時卒光

緒癸未年六月十二日午時塟本山杉林頭坐向巽乾辰戌
妣董宅陳愿娘謚從心生嘉慶己巳年三月十八日卯時卒光緒丙申年
六月廿一日亥時塟本山杉林頭坐向庚甲酉卯
男　當囷鄉賓　當苟　當疊殤　當庇職員
女　店娘配鳳坡梁
先旁公字志招號在上　邦俊公長子生嘉慶癸亥十一月二十日寅時卒
光緒辛巳年八月十八日未時塟本山竹篙龍頭坐丑未癸丁
妣下宅陳益娘謚姜謙生嘉慶己巳年二月初二日辰時卒光緒乙酉年
十月二十日卯時塟山後格挑水　坐庚甲申寅
男　當木　當惟
女　問娘配下埔戴　娘配溪東林
先泰公字志晉號善安　邦俊公次子生嘉慶丁卯年正月十六日寅時卒

咸豐己未年八月廿八日戌時罐葬山後格尊字崙坐向艮坤丑未
妣下宅陳文娘謚美質生嘉慶戊寅年二月二十日辰時卒光緒癸未年
三月初一日未時葬山後格坊坪　坐向乾巽戌辰
男　當　英養
先沛公字志然號善澤　邦俊公三子生嘉慶乙亥年二月十四日卯時卒
咸豐乙卯年正月初八日申時葬本山竹林坐向丙壬巳亥
妣文章陳甘娘生道光乙酉年十月二十日午時卒光緒乙巳年九月十
五日酉時葬本鄉山仔脚坐向辛乙戌辰
男　當洗
女　論娘配路後戴
先果公字志決號從政　邦俊公四子生嘉慶庚辰年十二月初二日寅時
卒光緒丁酉年六月初八日戌時葬本山挑水垵坐向庚甲酉卯

妣下宅陳旺娘生道光戊子年十月十九日吉時卒光緒丙午年六月十四日未時塋本山客鈸外坐向壬丙子午
男當權養
女約娘適坊前黃
先和公字志協　既成公長子生嘉慶丙辰年十月廿三日戌時卒同治壬戌年八月初四日吉時塋山後格大崙頭坐向寅申甲庚
妣石墓黃謹娘謚兼信生嘉慶甲子年十一月初十日卯時卒光緒甲午年十二月十九日戌時塋永春烏洋右石格壠頭
男　當荐　當寅出嗣弟先相
女　宅娘配馬洋林
先蟳公　既成公次子生嘉慶壬戌年八月初二日申時卒道光丙戌年五月初三日　塋海澄蜈蚣墩坐東向丙

先相公　既成公三子生嘉慶乙丑年九月十七日申時往臺住南路萬丹
梓宮
妣臺某氏生道光辛巳年三月初五日卯時俱不同卒塋俱缺
男　當寅兄先和次子入嗣　當奎
女　某娘配缺
先獅公　既成公四子生嘉慶己巳年九月初九日寅時卒道光丙午年十
月初九日巳時塟同安湯岸聞伊姊夫盛照觀有撥一子為嗣
先胖公字志體號安舒　高山公長子生嘉慶辛酉年九月十九日巳時卒
道光丙申年六月十六日寅時塟臺灣彰化縣南門外
妣溪東林性娘謚順德生嘉慶癸亥年正月初八日卯時卒光緒寅年四
月廿四日戌時塟本山騎龍斬脚内朋坐向巳亥丙壬
男　當爪[illegible]養

女　桃娘殤

先緘公字志啓號其金　高山公次子生嘉慶甲子年十月廿九日未時卒咸豐巳未年十一月十八日辰時塟本山大堘格内坐向艮坤寅申

妣文章黃者娘謚美懿生嘉慶壬申年四月十四日卯時卒道光乙酉年三月廿三日子時塟本山騎龍斬脚内朋坐向丙壬午子

男　當磡

女　研娘配大庭戴

先賞公　轉思公長子生嘉慶庚辰年十一月十五日巳時卒光緒己丑年七月十四日午時塟重慶嶺

幼娶林氏殤

先汝公字志賓　轉思公次子生道光丁亥年十月廿一日亥時卒光緒丁丑年十月初七日塟荷蘭吧城

妣文章廖配娘謚合義生道光己丑年十月十三日丑時卒光緒丙午年
五月初二日未時塟本山頂赤墓坪下坐丁向癸兼未丑
男　當勞　當包
女　宣娘配溪東林
先僂公　轉思公三子生道光癸巳年八月廿七日未時卒光緒丙子年四
月初四日未時塟興化地方
男　當潛
娶陳專娘出
先斜公字志垂號統緒　仰成公長子生道光壬午年閏四月廿五日丑時
卒光緒甲申年十一月十六日申時塟本山杉林尾坐向甲庚卯酉
幼娶葉送殤
又妣小岾陳味娘謚順義生道光癸未年十二月廿一日申時卒光緒丙

午年十一月初六日巳時塟本山杉林尾坐向卯酉乙辛
男　當尋　當自
女　蘭娘配坑園陳　晃娘配大坪陳
先攄公字志慮號思德　仰成公次子生道光丙戌年十一月初六日卯時
卒同治辛未年十月十六日子時
妣鳳坡梁志娘謚和氣生道光戊子年十月初一日子時卒光緒己卯年
七月十八日戌時塟本山客鈸內
男　當誇　當盛殤　當求出嗣族兄先假
先嶽公字志崧號嵩南　仰成公三子生道光庚寅年六月十八日辰時卒
光緒甲午年三月廿五日酉時塟本山客拔外坐向乙辛卯酉
妣仙鄉郭鬐娘謚良幼生道光庚子年十月初七日酉時卒光緒庚子年
十一月初十日未時

男　當閑　當碟兼嗣弟先趦　當旦殤　當天殤

女　看娘配小佘蔡

先趦公號趨進　仰成公四子生道光戊戌年十二月初九日丑時卒光緒

丁酉年十一月十二日亥時塋山後格大材崙路頂坐向巽乾巳亥

男　當碟兄先岳次子兼嗣

拔擢公諱先引字志躍　名山公長子生道光丁亥年十一月三十日戌時

卒光緒巳卯年六月十四日寅時享年五十三罐塋本山三脚木頭坐向

酉卯庚申

妣溪邊鄭雪娘生道光丁亥年十二月廿四日未時卒民國壬子年八月

廿一日丑時塋杉林尾中崙

男　當早太學王　當田太學王　當稃　當恭　當掾太學生兼嗣弟先浸　當碭

女　完娘配下美林陳坂觀

先浸公字志潤號川澤　名山公次子生道光甲午年六月廿五日丑時卒光緒癸卯年正月廿五日寅時塟本山客拔内坐向乙辛辰戌

妣古坑黃銑娘謚後啓生道光甲辰年四月十二日辰時卒同治丙寅年七月廿一日亥時塟本山頂赤墓坪坐向未丑丁癸

又妣溪邊鄭笑娘謚喜啓生道光辛卯年九月初十日辰時卒宣統己酉年六月初一日巳時塟客拔

男　當𢹂兄五子兼嗣

女　知娘配前街黃黃氏出

先廣公號模訓　名山公三子生道光戊戌年二月廿一日辰時卒光緒乙酉年十二月廿五日吉時塟在台灣

妣舊門呂妹娘生道光辛丑年十一月初十日酉時卒民國乙卯年九月初三日辰時塟客拔坐艮向坤兼丑未

男　當抵　當言

女　出娘配大廷戴　桔娘配坊前黃　柑娘配小余蔡

先軋公　必買公嗣子生道光壬午年九月初五日未時卒咸豐辛亥年五

月初一日寅時塟海澄

妣埈尾林怏娘生道光丁亥年十月十二日辰時卒塟缺

梓南公　必買公養子生道光庚子年十月十三日寅時外出卒塟缺

先漢公　必金公長子生嘉慶丙子年九月十五日丑時卒咸豐戊午年七

月廿九日子時塟海澄

妣坊前曾愛娘生道光戊子年十二月初七日卯時卒塟缺

先借公　必金公次子生道光丙戌年九月廿九日巳時卒咸豐丁巳年四

月廿七日辰時塟海澄

娶某氏改節

先埕公　必綿公長子生道光乙丑年九月初三日酉時卒光緒丁丑年三月二十日午時葬本山大坵田頂坐向申寅庚甲

娶林氏出

孫慎邀溪姪當取長子兼嗣　慎右姪當越次子兼嗣

先覭公字志號號明照　大有公子生道光辛巳年三月十八日申時卒道光己酉年三月廿六日酉時葬本山大坵田頂

幼娶顏氏殤

又娶馬頭洋陳柔娘謚懿德生道光壬午年八月廿三日巳時卒光緒丁酉年八月初四日未時葬本山大崙頭坐向乙辛卯酉

男　當取養　當士殤　當越兄先礁子入嗣

女　切娘配溪東林　初娘配長岸戴　時娘配坑園陳

先恥公字志禮號歸正　必默公長子生嘉慶戊午年閏五月初二日酉時

卒道光甲午年八月十二日巳時罐塟本山竹林路下坐北向南
娶臺某氏改節
男　當創弟先礁子兼嗣
先龍公　必默公次子生嘉慶庚申年十一月初二日申時卒咸豐庚申年五月十七日巳時
妣臺某氏妹娘生嘉慶戊辰年二月十二日巳時卒道光丙午年閏五月初八日辰時塟在臺
男　當虎
女　三俱殤
先強公　必默公三子生嘉慶癸酉年正月初七日午時卒咸豐丁巳年十一月初四日午時塟在台彰化縣
娶林驕娘改節

男　當愛

女　二娘配胡西陳

先礁公字志白　充積公子生嘉慶戊辰年三月初八日巳時卒同治戊辰年九月廿三日卯時塋重慶院前坐向寅申甲庚

妣劉林余裕娘謚温慎生嘉慶乙亥年九月二十日丑時卒光緒辛卯年二月初八日卯時罐塋本山大材崙路下坐向庚甲申寅後移坤艮未丑

男　當套殤　當越嗣弟先貺　當創兼嗣兄先耿

女　畫娘配單洋陳　冕娘配舊門呂

先什公字志篇號佰福　必蓁公子生嘉慶壬申年九月廿五日子時卒光緒辛卯年正月初三日戌時塋本山嶺邊垵坐向酉卯辛乙

妣路后蘇隱娘謚從儉生道光辛巳十二月初十日午時卒光緒戊戌年八月二十日午時塋水山大材崙路下與余裕娘墓右畔坐向坤艮未丑

男　當硎　當罐　當甓嗣兄光器　當蘊　當凍

女　品娘配下宅陳

先鈸公號超升　于淵公子嘉慶癸亥年正月二十日午時卒咸豐辛亥年二月初十日卯時塟本山騎龍斬下坐向巽乾己亥

妣下宅陳等娘謚勤慈生嘉慶丁丑年十二月十六日申時卒光緒己卯年二月十一日卯時塟本山狗母相帶格坐向乙辛卯酉

男　當久　當僔

先垻公　必剳公子生道光辛卯年三月十六日巳時道光廿四年甲辰七月十五夜隨父往順昌不同

幼娶呂三娘生道光己亥年十一月初九日午時聞在途中賣去惟堪與繼兄溫福觀在厥後卒塟在順昌

先罩公　必埈公長子生道光乙酉年九月初二日申時

先臘公　必垵公次子生道光　年　月　日　時

先佛公　必垵公三子生道光　年　月　日　時兄弟俱往桃源不同卒

塋俱缺

先來公　必山公子生年月日時莫考往沙縣不同卒塋缺

先闊公　必砛公兼嗣子生年月日記外

先晉公　善問公長子生道光戊戌年二月廿六日卯時卒同治乙丑年十

一月十九日卯時塋三脚木仔

男當尊弟長子入嗣

先棕公號德成　善問公次子生道光辛丑年二月十三日巳時卒光緒己

卯年十月十二日巳時塋本山三脚木

妣溪邊高早娘生道光乙巳年八月初八日辰時卒光緒乙亥年八月初

七日未時塋本山大材垵　坐向庚甲申寅

又妣杏塘陳晏娘生道光庚戌年七月初七日吉時卒民國乙卯年六月初二日未時塋山後格

男　當尊（養嗣兄先晉）　當享（殤）　當萷（陳氏出）

女　儉娘配下宅陳　鄭娘（殤）　于娘配英橋陳（俱高氏出）

先闊公　善問公三子兼嗣兄必砵生咸豐癸丑年十月初八日申時卒同治辛未年四月廿八日巳時塋重慶院前

先悅公　善問公四子生咸豐庚申年十一月初三日吉時卒塋缺

先囂公　兆助公嗣孫生嘉慶庚午年七月二十日申時卒道光年間塋在海澄路邊甘家社口

男　當甕（弟先什三子入嗣）

先冬公　必蚵公養子生道光庚寅年八月日時缺外出不回卒塋缺

幼娶高氏（殤）

先富成公　必能公長子生道光年間外出廣東不回卒塋缺
先名譽公　必能公次子生道光年間外出廣東不回卒塋缺
先來發公　必柏公養子生咸豐辛亥年閏八月初十日酉時外出不回卒塋缺
妣大姑柯環娘生同治壬戌年十二月十二日吉時卒塋缺
男　當浮
女　蟶娘配坊前黃　奚娘配下宅陳　為娘配鳳坡梁

南安霞錦洪氏族譜世紀

卷十

南安霞錦洪氏族譜世紀卷十

十三世西長房長之長周士公派長房

景鐘公派石紫柱

清當應公　先呢公子生道光庚子年正月廿五日寅時卒塋莫考

當錐公　先伍公長子生道光甲午年九月廿七日寅時卒咸豐辛酉年正月廿六日申時塋缺

當銳公字成進　先伍公次子生道光甲辰年十月廿二日酉時卒光緒乙巳年七月初四日巳時

幼娶葉氏殤

男　慎懷養

女　佑娘配内呷瑞龍李

當錫公號鍜　先忠公子生道光戊戌年正月初九日午時卒光緒甲辰

年十一月初一日巳時葬後林掃帚尾坐向艮坤申寅
幼娶鄭氏殤
妣佛口蔡京娘生咸豐丙辰年五月十三日酉時卒民國辛未年九月廿
五日酉時葬重慶
男　慎闖養
女　靜娘殤
當出公　先匏公子生道光戊戌年十二月十七日巳時卒同治壬申年十
二月廿八日卯時葬缺
當仰公　先草公子生道光丙午年八月十五日戌時卒同治己巳年十月
初三日吉時葬缺
當綽公　先菁公長子生咸豐丁巳年四月十三日日時卒葬在外莫考
當潛公　先菁公次子生同治壬戌年月日時失記往夷三寶顏卒光緒辛

巳年三月廿九日吉時塟三寶顏
當忸公　先管公長子生道光癸巳年六月廿七日申時卒咸豐癸丑年九
月初十日酉時塟在興化城外
當領公　先管公次子生道光丁酉年五月初十日丑時卒光緒甲辰年十
二月廿六日未時塟重慶新寨坐向庚甲申寅
當覓公號進利　先床公長子生道光丙午年五月廿五日申時卒光緒丁
未年九月廿八日卯時塟三寶顏
養男　愼露
文恕公字成質號進昇　先床公次子生道光己酉年三月初七日申時卒
光緒乙巳年二月初一日未時塟在三寶顏
妣鳳坡梁壁娘生同治己巳年十二月初五日寅時卒民國壬午年五月
廿四日子時塟新寨頭

男　慎雙泉

長盛公　先庥公三子生同治乙丑年五月初一日戌時卒光緒壬辰年十二月廿三日吉時葬仙仔眼

當珠公字成圓　先庥公四子生同治甲戌年正月十六日巳時卒民國戊午年十二月初六日丑時葬蚋卯

妣溪東林盞娘生同治甲戌年十二月廿二日卯時卒民國己未年六月廿九日酉時葬重慶

男　慎明養

文桂公　先瀨公子生咸豐戊午年十月初五日子時卒缺

當挖公字成直　先庥公長子生同治癸亥年五月十三日巳時卒民國壬戌年九月十七日卯時葬重慶虎形

妣舊門呂院娘生同治丙寅年十二月初四日辰時卒民國戊寅年十一

月廿六日辰時塋重慶
男　慎志　慎包殤
女　長珍娘配英橋陳　次晟娘配內呷李
當灣公　先麻公次子兼嗣弟蔡坤生同治乙丑年月日時缺卒塋缺
當建公字成乾　先麻公三子生同治癸酉年七月初二日酉時卒民國丙
辰年正月十四日巳時塋三寶顏
妣大份溫蓮娘生同治甲戌年十月三十日午時卒民國庚午年閏六月
初八日辰時塋重慶虎形脚
男　慎持論　慎造端　造仲殤
女　長軟娘配溪東林　鎖娘配橋頭陳
當寶公號政事　行車公子生道光甲午年六月初五日午時卒在臺灣年
失記八月廿一日未時塋缺

娶戴氏（孜節）

男　慎活水

女　懇姚配坑園陳

景煥公　贊成公子生卒缺

景允公派坑内柱

新丁公　先苗公長子兼嗣兄先薦生光緒乙亥年六月初三日亥時卒塋缺

妣大庭戴雜娘生光緒己卯年八月廿八日子時卒光緒辛丑年十一月初七日巳時塋沽美山

男　慎斜（兄當偷子入嗣）此條雙承詳記於外　送來（殤）

喬山柱景郎公派

太廟公　先唱公子生道光丁亥年月日失記往外卒塋莫考

當竊公　先喏公子生道光辛卯年卒塋在碗洋（以上俱瑞淇公派）

當尊公　先轉公子生道光甲申年八月廿五日卯時卒道光庚戌年十二月初四日塋在鐵上洋

當記公　先禮公長子生嘉慶庚辰年十月廿八日子時卒塋缺

娶盛氏出

當長公　先禮公次子生道光己丑年正月十二日酉時卒塋缺

當鈴公　先嚮公子生道光己亥年四月廿三日戌時卒塋缺

景郎公派喬山柱正文公派

光炳公字成耀號豹變　先思公長子生道光癸巳年十一月初七日寅時

卒光緒壬午年十二月十三日寅時往德化赤水格塋缺
妣下宅陳椒娘生道光辛卯年九月十二日午時卒道光庚戌年十一月
初一日戌時塋重慶皂斗崙坐向寅申艮坤
又妣溪東劉救娘生道光癸卯年十二月廿五日辰時卒光緒己亥年八
月初七日午時塋重慶
養男　慎復到　慎豪傑
女　巽娘配內呷李
登助公號懷鄉　先思公次子生道光己亥年十月初四日亥時卒光緒壬
午年十月十九日吉時往廈門塋缺
妣坑園陳玉娘生道光庚子年十月十六日酉時卒塋缺
男　慎全完　慎由天
當鬧公　先思公三子生道光戊申年十一月十一日亥時卒光緒丁未年

七月十七日戌時塟狗肚中

妣大份温昭娘生道光丁未年十二月廿六日申時卒民國甲子年七月

初七日巳時塟缺

男　桔樹　見喜　合安

女　長巧娘配鳳坡梁　次棗娘配坑園戴

當儆公字成依　增光公長子生道光庚子年七月廿九日酉時卒光緒乙

酉年十二月初一日巳時往游溪塟缺

娶舊門呂梅娘謚桂蕊生道光癸卯年八月廿一日子時卒光緒壬寅年

四月二十日午時塟沽美山外崙

男　隨意殤　秋蘭殤　進益弟當任子兼嗣

女　藴娘殤

當任公字成用　增光公次子生咸豐辛亥年正月十二日巳時卒塟缺

妣舊門呂兜娘生咸豐戊午年九月十八日酉時卒塋缺

男　進益兼嗣兄當傚

女　長溪娘殤　次讓娘配坑園戴　三別娘配下宅陳

當寅公　先忖公長子生道光壬寅年十二月十一日巳時卒塋缺

當鎮公　先忖公次子生道光戊申年二月十一日戌時卒同治乙丑年七月十六日亥時往龍巖金風塋缺

男　秋蘭殤兄當傚子兼嗣

長春公號芳草　桂子公長子生道光庚戌年七月初四日亥時卒光緒乙未年十二月初五日酉時往廈門亡

妣下宅陳錢娘謚儉用生咸豐壬子年十月十八日辰時卒光隆乙酉年六月廿一日辰時塋沽美山險垻墳

男　愼欽　愼啓

垂田公　桂子公次子兼嗣弟先寬生同治壬戌年六月廿九日午時卒塋缺
幼娶林笑娘殤
又娶林活娘殤
當斗公　桂子公三子生同治丁卯年五月初九日酉時卒光緒甲辰年十二月廿八日吉時往仙仔眼塋缺
垂田　先寬公雙承子生卒記内
當冬　先看公長子生卒塋缺
大明公派　元美柱
既升公諱當舊字成新　春榮公長子生嘉慶戊寅年十一月初四日巳時卒光緒壬辰年十二月十五日巳時塋沽美山外窩坐向酉卯庚甲弟當

涉附塋
妣古宅吳緣娘謚善慶生嘉慶庚辰年四月初八日申時卒光緒丙戌年
十月廿三日寅時塋沽美山外窩坐向寅申艮坤五弟婦黄氏附塋
男　慎補　慎仕　慎草
女　長旦娘配澳下盧　次愛娘配下宅陳
當宴公號以享　春榮公次子生道光丁亥年三月十四日巳時卒咸豐戊
午年十月初二日巳時塋金豐大溪關帝廟後坐辰向戌
娶林氏改節
男　慎底當泮子入承　大奢養
江沛公　春榮公三子生道光辛卯年九月初六日卯時外出卒塋缺
娶陳蕊娘殤
當涉公　春榮公四子生道光甲午年八月初七日酉時卒光緒戊子年七

月初十日卯時塟沽美山外寮與兄合塟

當泮公字成游　春榮公五子生道光丙申年七月三十日辰時

妣永春坑園石鼓黄片娘生道光壬子年五月廿三日卯時卒光緒庚寅

年二月十七日戌時與胞兄嫂吴氏合塟

男　慎底出承兄當宴　慎返

女　差娘配雙溪陳

恩情公諱當榕字成掛　睿智公長子生嘉慶丁丑年十二月廿九日戌時

卒光緒丁亥年十月二十日戌時塟文章山斐後林坐向甲庚卯酉

妣文章陳白娘謚潔精生嘉慶丁丑年十月廿五日酉時卒道光庚子年

正月初三日午時塟客拔内觀音仔坐向巽乾巳亥

又妣下宅陳衫娘生道光乙酉年八月十九日申時卒民國辛酉年八月

十一月未時塟在杉林紅面格坐向庚甲酉卯

男　慎汃　慎稽　慎溋　慎海　慎潘兼嗣弟當招贊　慎俊

女　喜娘殤

金榜公諱當標　睿智公次子生道光癸未年九月廿八日午時卒光緒辛巳年五月初八日卯時塋沽美山坐向庚甲申寅

妣山兜黄晏娘生道光癸未年十一月初五日午時卒光緒辛巳年十月十六日卯時塋沽美山外窩邊坐向乾巽戌辰

男　慎奇兼嗣弟當協　慎學出嗣弟當炎

心法公諱當授字成傳　睿智公三子生道光乙酉年九月十七日丑時卒光緒丙午年正月十六日酉時塋重慶坑仔口坐向癸丁子午

妣下宅陳桃娘謚言笑生道光己丑年十月初九日卯時卒光緒乙亥年十二月十一日申時塋沽美山池仔角頂崙邊坐向辛乙戌辰

又妣洪賴街汪騰娘生道光乙酉年三月初一日辰時卒光緒己亥年九

月初十日酉時塟山後格灰墓角坐向坤艮未丑
男　慎水　慎仙　慎譙有殤　慎爐
女　笋娘配巖田蔡
崑山公諱當擋炎　睿智公四子生道光庚寅年十月十六日卯時卒光緒
戊子年八月廿二日未時塟山後格騎龍斬尾坐向申寅庚甲
妣郭碟娘謚柔惠生道光庚寅年十一月初九日辰時卒同治甲子年十
一月初七日卯時塟沽美山坐向乾巽亥巳
男　慎學兄當標次子入嗣　慎富長兼嗣弟當扐
象潤公諱當扐字成再　睿智公五子生道光甲午年十月十三日戌時卒
光緒乙亥年十月初四日巳時塟沽美山中窩口坐向庚甲申寅
妣小岵陳甘娘謚慈恭生道光丁酉年十一月廿二日未時卒光緒戊戌
年正月十七日寅時塟雞卵崙頭坐巽向乾

男　慎奇兄當標長子兼嗣　慎南永殤　慎博殤　慎廣　慎富養兄擋炎次子兼嗣

女　領娘配大廷戴

拔來公諱當招贊　睿智公六子生道光戊戌年九月廿二日巳時卒同治戊辰年五月十九日午時塋沽美山坐向申寅庚甲

男慎潘兄當搭五子兼嗣

昏夜公諱當扣門　睿智公七子生道光壬寅年十月初一日戌時卒光緒甲辰年七月十四日巳時塋山後格騎龍斬鵠坐向庚甲申寅

妣坑園戴筬娘謚絲竹生道光甲辰年七月初一日卯時卒光緒乙未年閏五月初四日未時塋客鈸內觀音仔按邊坐向巽乾巳亥

男　慎月　慎買殤　慎王　慎賀殤

女　長惜娘配中房張　次宣娘配溪東林

當龐公　先痕公長子生道光甲午年十二月十三日寅時卒光緒丙申年

十二月廿七日未時
男　慎提養兼嗣弟當國
當國公　先痕公次子生道光戊戌年六月廿三日亥時卒咸豐甲寅年十
二月廿一日子時塟馬路頭
男　慎提兄當龐養子兼嗣
如輊公諱當軒　賢士公長子生道光庚寅年六月十九日巳時卒道光丙
午年七月十六日未時塟沽美山外窩坐西向東
娶李氏改節
于權公　賢士公次子生道光丁酉年九月初八日寅時卒塟臺灣年月莫
考
當度公　賢士公三子生道光庚子年六月初十日辰時卒同治甲戌年二
月二十日寅時塟沽美山

娶陳氏 殤

臘雪公 諱 作霖 字 成秋　作好公長子生道光庚寅年十一月初十日午時
卒同治丁卯年十一月十二日巳時塟沽美山池仔角外美女脱胎坐辛
向乙

男　慎滑 弟從類長子兼嗣　慎雙喜 弟四知長子兼嗣　慎宗明 弟厚土長子兼嗣

明月公 諱 當輪奐 字 成美　作好公次子生道光癸巳年九月十一日丑時
卒同治辛未年十二月初六日辰時塟沽美山横路頂
妣坊前黄專娘謚致志生道光辛丑年八月十五日戌時卒光緒丙申年
正月十三日酉時塟鷄卵崙脚路頂坐向庚甲酉卯

男　慎澀　慎潤 殤　慎孝 弟當從類次子兼嗣

女　静娘 殤

清鄉飲賓超羣公 乳名 當從類 字 成聚 號 拔萃　作好公三子生道光戊戌年十

二月初五日辰時卒光緒己亥年九月十六日申時塟文章山斐后林飛鳳落田坐向乙辛辰戌

妣深按葉銀官生道光乙巳年正月初三日酉時卒民國丙辰年五月廿一日亥時塟尊字崙

男　慎滑 兼嗣兄作霖　慎孝 兼嗣兄輪奐　慎潁　慎抄

女　担娘配下埔戴

四知公 字 成爾　作好公四子生道光戊甲年十二月廿四日寅時卒民國癸卯年八月十五日戌時塟斐後林

妣中房張尊娘生咸豐甲寅年八月十二日辰時卒民國丙寅年十月初一日未時塟斐後林

男　慎雙喜 兼嗣兄作霖　慎會元

厚土公 字 成金　作好公五子生咸豐癸丑年十一月廿一日卯時卒宣統

己酉年十月廿八日卯時葬文章山斐後林坐向丁癸午子
妣後山余陳娘生咸豐辛酉年五月初六日寅時卒民國戊辰年八月十
一日未時葬樹林口
男　慎宗明 兼嗣兄當霖　慎攀桂
女　試娘配溪東林
當揖公 字 成遜 號 讓升　先嗀公長子生嘉慶己卯年六月廿八日巳時卒
道光丁未年七月初十日巳時葬大坵田崙尾
聘陳亥娘 殤
妣宮下黃錐娘謚精義生嘉慶庚辰年七月十八日未時卒道光戊申年
五月十八日巳時葬頂厝仔后崙尾
男　慎先峯 發　慎頗 殤　慎趁
女　課娘 殤

紫雲公諱當蓋字成頂　先豰公次子生道光辛巳年十二月三十日午時
卒光緒辛巳年十一月十五日巳時塟山后格騎龍斬脚坐向丙壬午子
妣劉林候因娘謚篤慶生道光癸未年三月十八日子時卒光緒辛卯年
七月十一日午時塟客拔格短崙仔中坐向坤艮未丑
男　慎台　慎鉞　慎岸出嗣弟當憲
女　磚娘配坊前黃
文物公諱當憲字成章　先豰公三子生道光甲午年十一月十三日申時
卒同治甲子年十一月十五日寅時塟竹篙壠坐向乙辛卯酉
娶后山余氏改節
男　慎岸兄當蓋三子入嗣
請命公諱當稟字成資　先巘公長子生道光戊子年十一月十七日丑時
卒光緒壬辰年六月二十日卯時塟倒坐虎田脚坐向坤坤申寅

妣坊前黃浸娘謚濃郁生道光己丑年十月十八日未時卒光緒甲申年
九月十八日未時塟竹林内坐向卯酉乙辛
男　慎乃　慎乞（出嗣弟當雙囝）　慎得
女　帖娘配溪東林
聚才公（諱）當雙圈　先巇公次子生道光癸巳年二月初五日卒時卒同治
癸酉年四月廿七日午時塟沽美山坐向酉卯庚甲　弟當本附塟
男　慎乞（兄當稟次子入嗣）
猕寄公　先巇公三子生道光甲午年十一月十一日未時卒光緒丁未年
四月廿三日亥時塟沽美山
當本公（號）諸身　先巇公四子生道光甲辰年六月初一日申時卒同治己
巳年八月廿五日寅時與兄合塟
禮讓公（諱）當能（字）成知　瑚樹公長子生道光戊子年三月十三日未時卒

光緒辛丑年九月十八日申時葬沽美山外窩内坐向壬丙亥巳
妣溪東林妹娘生道光戊子年七月十三日未時卒同治甲子年七月十
一日己時葬山後格掃箒尾坐向戌辰辛乙
又妣劉林侯金娘謚玉振生道光壬午年六月二十日亥時卒光緒辛丑
年九月初六日卯時葬沽美山外窩坐向辛乙戌辰
男　慎福　慎北俱林氏出　慎萃侯氏出
女　成娘配苦垵陳

馬上公　瑚樹公次子生道光辛卯年十月初五日卯時卒光緒辛卯年十
一月廿九日申時葬溪頭山地藏水格坐向乙辛辰戌
男　慎筆養殤

寶藏公諱當興字成詩　緣槐公長子生道光己亥年二月十五日辰時卒
光緒戊子年九月二十日辰時

妣溪東林蟹娘生道光庚子年七月廿三日酉時卒光緒辛丑年三月廿二日巳時

男　慎秀茂　慎性

女　正娘配楓樹林

大家公　綠槐公次子生道光壬寅年十月初十日丑時卒葬在外缺

當添公　加封公長子生道光乙未年六月初一日未時卒缺葬臺灣

妣謝氏生卒莫考

男　慎烏臍任臺灣

當賡公　加封公次子生道光壬寅年十月十六日丑時卒缺葬臺灣

當潭公字成清　加封公三子生道光丙午年四月廿五日丑時卒光緒辛丑年四月初三日辰時葬沽美山中崙

妣山門葉純娘生咸豐年閏月日失記卒光緒乙己年十二月初四日卯

時塋沽美山

男　慎竅養　慎悻養殤　慎讓養殤

女　長正娘配溪東林　次乖娘配下北溪廖　三攕娘配中房張　四

配雙溪陳

當涵公　加封公四子生道光丙午年四月廿五寅時卒同治辛未年九月

廿七日子時塋在海波

男　慎肯堂弟當良長子兼嗣　慎元復殤　慎新進殤　慎增殤

德和公諱當飲字成甘　正席公長生道光乙未年十月初一日午時卒民

國丙辰年四月十九日未時塋溪頭山大寨墳坐南向北

妣內呷李八娘生道光丁酉年八月十七日亥時卒宣統巳酉年十月廿

五日寅時塋在溪頭山大寨墳坪內崙坐南向北與公墓毗連

男　應訓　慎應世養　慎鋪排　慎敬意　慎凡在

女軟娘配杉仔尾陳

當魁公字成元　正席公次子生咸豐辛亥年十二月廿五日巳時卒

年五月廿二日吉時

妣前街黃冬娘謚可愛生咸豐丙辰年十月初十日申時卒光緒巳卯年

五月十八日寅時塟山后格竹篙龍坐向巽乾巳亥

繼娶半嶺林稅娘生咸豐乙卯年三月十五日酉時卒年缺五月十八日

男　慎立準　慎束帶　慎亢宗養殤　慎千山

女　長蔭娘配社壇葉　次知娘配英橋陳　養女眛娘

清太學生鴻圖乳名當勵字成勉　正席公三子生咸豐乙卯年七月十六

日子時卒民國癸亥年四月十七日未時塟杉林

妣社壇葉素娘生咸豐戊午年八月十一日巳時卒民國甲戌年十二月

廿五日酉時塟杉林

男　慎且言　慎沙養　慎蒼殤　慎贊起養　慎資寶養
女　長省娘配護坂蔡　次便娘配溪東生員林鵬翔三子乾觀
三滿娘配護坂蔡　四園娘配溪東林殤　五截娘配溪東林
當納公字成領號軌物　福曜公長子生道光辛丑年二月十三日子時卒
同治丁卯年八月廿八日吉時塟山后格大崙頭坐向巽乾巳亥
娶內牛墿方氏改節
男　慎時　慎萬
當乒公　福曜公次子生道光甲辰年正月初三日亥時卒同治戊辰年三
月廿八日寅時塟沽美山中窩坐向酉卯庚甲
男　慎耕種弟當鳳長子兼嗣　慎石池弟當階長子兼嗣　慎加財弟當樵子兼嗣
當固公字成守號扶持　福曜公三子生道光丙午年五月廿八日午時卒
光緒癸卯年正月十九日寅時塟沽美山中窩邊

妣彭璽王謹娘謚汎愛生道光丙午年十一月初七日巳時卒光緒癸巳年三月初二日巳時塟沽美山中窩口坐向辛乙戍辰

男　慎飽煖殤　慎生員養　慎諸賓弟當煨次子兼嗣

當鳳公字成鸞　福曜公四子生道光戊申年八月二十日未時卒民國庚申年正月初五日辰時塟沽尾山外窩

妣大廷戴儉娘生同治癸亥年九月二十日未時卒宣統己酉年四月十五日酉時塟狗頭山

男　慎耕種兼嗣兄當乒　慎泡　慎樟栳

女　貌娘配溪東林

當煨公字成煖　福曜公五子生道光庚戌年十一月廿四日戌時卒民國丙辰年十一月二十日巳時塟銅帽大寨尾坐辛向乙兼酉卯

妣茉里娘生咸豐辛酉年十一月初七日巳時卒民國壬午年九月初二

日未時塟沽山外窩

男　慎金鐘　慎諸賓兼嗣兄當固　慎竹發

女　花珍郭配井林

當斟公字成酌　福曜公六子生咸豐壬子年十二月廿三日戌時卒民國

庚申年五月初三日酉時塟沽美山顯尾崙坐向丑未艮坤

娶西向郭栖娘生同治戊辰年九月廿四日未時

男　慎得宜[illegible]　慎姜懿養

女　治娘配下宅陳

當眈公　福曜公七子生咸豐乙卯年十一日辰時卒塟缺

當階公字成友號天　福曜公八子生咸豐庚申年十二月廿七日巳時卒光

緒丙午年九月廿五日巳時塟山后格灰墓頭路頂坐向坤艮未丑

妣鎮府黃春娘生同治壬戌年八月廿四日未時卒民國丙戌年十一月

廿九日吉時

男　愼石池（兼祧兄當兵）　愼振揚　愼全成

女　長椒娘（殤）　次密娘（配英橋陳）

當蔗公（字）成境（號）可假　福曜公九子生同治壬戌年十二月初四日卯時卒

光緒庚子年七月十七日吉時往洋沉船而亡

娶文章陳羽娘生同治辛未年九月廿六日辰時

男　愼加財（兼祧兄當兵）

朝卜公（字）成吉　教誨公子生咸豐己未年十二月初四日寅時卒缺塋樹

林內

妣南溪陳來娘生同治甲子年正月十七日寅時卒民國壬　年三月廿

一日申時塋樹林內

男　愼秋冬（殤）　愼恩賞（殤）　愼新取（養）　愼兢業（兄當洗子入承）　夏重（養）

當帽公　金鈴公長子生咸豐甲寅年八月二十日酉時卒同治丙寅年五月初六日申時塟沽美山中窩口路下坐向酉卯庚甲與三樂同塟

男　慎赫　慎濯 俱弟誠者長次子入承

誠者公 字 成賢　金鈴公次子生咸豐丁巳年十月廿七日丑時卒民國癸酉年十月十四日亥時塟沽美山

妣東嶺陳濺娘生同治庚午年正月初二日亥時卒民國庚午年十二月廿六日未時塟沽美山

男　慎赫　慎濯 俱入承當帽　慎勝 養　慎正道　慎正名

女　長意娘 配文章陳　次住娘配石鼓林謝　養女梁靜娘 殤

當三樂公 號 禮樂　金鈴公三子生咸豐辛酉年正月初一日申時卒同治癸酉年五月十八日午時與兄當帽合塟

餘裕公 字 成容　金鈴公四子同治癸亥年十月初十日未時卒民國丙寅

年五月二十日申時塟沽美山
妣永春西向陳實娘生光緒丙子年八月十六日卯時卒塟缺
又妣山頭黃吉娘生同治癸酉年月日缺卒民國癸未年十月廿四日未
時塟沽美山
男　慎金甌（養）　慎玉樹
女　吉娘（殤）

當玲公（字）成巧　仁德公長子生咸豐辛亥年二月初七日辰時卒民國甲
寅年十月十八日巳時塟山后格倒坐虎鵲
妣社壇葉快娘生同治壬戌年八月十三日巳時卒民國乙卯年九月廿
三日申時塟山後格短崙仔
男　慎接（養）　慎芽　慎覺　慎衮（養）　慎助成（養）
女　長耀娘配社壇葉　次鸞娘　三送娘配舊門呂（殤）

四北娘配坑園陳

當連公字成捷號登科 仁德公次子生咸豐癸丑年十月初四戌時卒光緒戊戌年七月十四戌時葬溪頭山坐向申寅庚甲

妣西向郭差娘謚則庶生同治丁卯年四月廿六日未時卒光緒乙巳年八月初四日戌時葬杉籃山掃箒尾坐西向東

男 慎嚴養 慎新置殤 慎足成弟當開長子兼嗣 慎彩養 慎肯構殤

慎元復殤 慎拔養

女 綢娘幼亡 次金配後房尾陳 三寶娘配坑園陳

當開公字成啓號駿發 仁德公三子生咸豐庚申年二月十六日戌時卒光緒癸卯年正月廿二日申時葬竹林內坐向乙辛辰戌

娶北溪許伋娘生同治庚午年十月初二日戌時卒民國甲申年九月十五日巳時葬騎龍斬

男　慎足成 兼承兄當連　慎協 養　慎贊 養　慎偶遇 殤

女　奎娘配溪東林 殤

當良公 字 成圖 號 創業　仁德公四子生同治甲子年正月廿三日未時卒

光緒戊戌年正月初五日戌時塟掃箒尾坐向男寅庚甲

妣馬頭洋陳市娘生同治壬申年正月二十日戌時卒民國癸丑年五月

廿一日寅時塟南無石山

男　慎肯堂 兼嗣兄當涵　慎恬默　慎朗道

尊重公 諱 當祿 字 成中　仁德公五子業儒生同治己巳年七月廿六日辰

時卒光緒庚子年八月初十日酉時塟重慶新寨坐向辛乙酉卯

娶溪東林禩娘生同治甲戌年五月十一日酉時

男　慎奐 養　慎昆仲 殤　慎買至

女　彰娘配大廷戴

清太學生國瑞公乳名當喃字成均　仁德公六子生同治癸酉年六月初十日酉時卒民國丁巳年正月初十日巳時塟南洋
妣溪東林燕娘生光緒戊寅年八月廿六日未時卒民國丙辰年九月廿二日寅時塟山后格
男　慎閣　慎進成

起南公派　安錦美柱

當鰍公　先潑公長子生咸豐甲寅年八月廿二日申時卒民國癸丑年四月初六日塟納園
妣戴順娘生同治壬戌年四月廿三日巳時卒民國壬申年六月十三日酉時塟沽美山
男　慎護送養　慎狄龍　慎狄虎俱養

十三世　丙長房長　安錦美　十八

得楙公派當赧公　先砵公長子生道光丁亥年七月二十日戌時卒塋缺

娶下宅陳寶娘改節

當念公　先砵公次子生道光庚寅年四月廿九日丑時卒缺

娶戴珍娘生道光壬辰年七月十五日午時卒光緒己亥年七月初五日

申時塋沽美山

女　長雙娘配坑園戴　次見娘殤

當耀公　砵公三子生道光戊戌年六月廿七日卯時殤

當迂公號震仰　先砵公四子生道光壬寅年九月初八日申時卒光緒戊

寅年七月廿五日未時塋山后格大材坐向丙壬午子

妣舊門呂揆娘生道光庚戌年十二月初二日辰時卒民國己巳年十二

月十三日巳時塋沽尾山

男　慎萃　謙諾殤

女　奈娘配馬洋林　雪娘殤　拧娘殤

當敏公　先砵公五子生道光丙午年二月十三日卯時卒民國乙丑年十二月廿二日未時葬沽美山坐癸向丁兼丑未

男　慎旺養[illegible]　慎承祖養

當雙吉公　鞍　公長子生道光癸卯年七月廿五日酉時卒葬缺

娶大廷戴山娘生咸豐辛亥年七月十七日午時

男　慎壽　慎伏　慎灶

當[illegible]公　鞍　公次子生咸豐甲寅年三月十七日戌時卒在龍巖

當肯　先攝公長子殤

當學公　先攝次子生咸豐乙卯年九月廿二日辰時卒葬缺

當緬　恭如公長子生咸豐辛酉年正月十二日子時

娶下宅陳牆娘生同治癸酉年八月初八日卯時

男　慎埔　慎海殤　慎泵系承當士

女　晏娘配馬洋林

當士公　恭如公次子生同治癸亥年十二月初八日寅時卒光緒乙酉年
六月廿四日申時塟在檳榔嶼

雙承男　慎泵

當問公　恭如公三子生同治癸酉年五月初八日寅時卒民國壬午年十
二月廿一日午時塟沽美山

妣大庭戴赤娘生光緒甲申年十二月廿二日卯時卒民國壬子年五月
初六日戌時塟沽美山

又妣蘇胚娘生同治丁卯年十二月二十日卯時卒民國丙戌年三月廾
六日申時塟沽美山

男　慎桃源殤　慎守　慎昆養

女　葉娘配缺

清例授宣德郎鴻圖公乳名當甲字成錦號登庸　明月公長子生道光癸卯年正月二十日丑時卒光緒壬寅年四月廿五日辰時塋山后格杉林尾坐向辛乙戌辰

妣英橋陳挨娘生咸豐辛亥年六月十二日寅時卒民國丙子年三月初二日申時塋斐後林

男　慎坤　慎天寶　慎裁衣　慎擇里殤

女　長根娘配鳳坡梁　次葱娘殤

當梶公號桂樹　先插公嗣子生同治壬申年二月初六日戌時卒光緒癸己年正月初二日酉時在南洋仙那港

當緼公號咏吟　先楫公長子生同治壬戌年五月初一日巳時卒光緒癸巳年十二月初四日酉時在呂宋蘇祿亡

當濫公字成氾　其執公長子生同治丙寅年八月二十日丑時卒民國甲
子年正月初三日子時塟沽美山
妣下宅陳寬娘生同治庚午年八月十三日午時卒光緒己亥年八月廿
八日己時塟沽美山險垻外坐向子午癸丁
又妣舊門呂晏娘生光緒丙子年十一月初十日酉時
男　慎龍鱗陳氏出　慎欽禮養　隆盛
女　長能娘配内呷李　次梅娘配枫樹林　俱陳氏出
三環娘配售門呂　呂氏出　四滿娘殤
當印公字成圖　雙搓公長子生同治丙寅年二月初七日亥時卒民國辛
酉年十一月廿四日辰時塟沽美山
幼娶陳遠娘
林片娘俱殤

妣方台娘生同治癸酉年四月廿八日丑時卒民國丙子年十二月廿五日午時葬沽美山
男　慎進來養
新興公字成家　雙搓公次子生光緒丙子年二月十七日己時卒民國甲申年五月二十日酉時葬後埔山仔
娶英橋陳胚娘生光緒壬午年十二月十八日戌時
男　慎進利　文舉　長泉　秀潤
女　出娘配丁埔頭林　愿娘配坑園陳
當坪公字成坡　以御公長子生同治癸酉年十一月廿一日巳時卒民國己卯年七月廿一日未時葬沽美山
妣舊門呂看娘生光緒丁丑年十月十二日寅時卒光緒戊申年四月初九日巳時葬沽美山

男　慎清明長

女　畏娘配溪東林家

當磘公　以御公次子生光緒庚寅年七月十六日丑時卒缺

娶舊門呂過娘生光緒甲辰年月日時缺

男　長江

當春斗公　聲中公嗣子生道光乙未年九月十七日未時往外卒塋莫考

肇基公號　玉衡　聲中公次子生道光壬寅年二月十一日酉時卒光緒乙

亥年七月十六日辰時塋水格内

妣戴笑娘謚美目生道光丁未年七月初三日辰時卒光緒甲午年九月

廿九日申時塋溪頭山水格内

男　慎永　慎秋蘭殤　慎帝殤　慎汀當奢子兼嗣

女　長絹娘配中房張　次宜娘配金山陳　三妹娘配溪東林

聯登公　聲中公三子生道光庚戌年九月廿五日巳時往飛鸞卒塋缺

娶坊前黃軟娘改節

當聘公　聲中公四子生咸豐甲寅年十二月初十日酉時卒塋缺

當隨公字成追　聲中公五子生咸豐庚申年正月初五日寅時卒民國庚申年四月廾九日丑時塋溪頭山坐午向子兼丁癸

妣下宅陳鸞娘謚鳳鳴生同治癸亥年十二月初九日戌時卒光緒己亥年十二月廿一日巳時塋溪頭山水格内

男　慎古意　慎長泰殤

女　長硯娘配下宅陳　次碧娘配山頭黃　三蓮娘配大廷戴

當奢公字成儉號甯固　先妥公子兄先爆四子入嗣生咸豐癸丑年正月十九日酉時卒光緒壬辰年八月廿七日酉時塋溪頭山水格内

男　慎汀養兼嗣兄肇基　慎讀書養殤

養女　富娘配山頭陳　活娘配内呷李

當琫公(字)成珠　錦衣公長子生道光丁亥年十二月廿二日酉時卒光緒
年間月日失記塋沽美山外窩

當重公(字)成威　錦寶公子生咸豐癸丑年五月廿八日午時卒光緒丁酉
年七月廿八日申時往呂宋蘇禄亡
娶社壇葉池娘生同治癸亥年十一月十四日酉時
女　長箱娘配鳳坡梁　次配英橋陳

當釣公(號)維絲　獻珠公長子生道光庚戌年六月十八日申時卒同治甲
子年九月二十日申時塋杉林尾坐向坤艮申寅

當　慎振成(養)

當雪公(字)成映　獻珠公次子生咸豐癸丑年三月初一日丑時卒民國甲
子年二月廿一日申時塋沽美山

妣坊前黄音娘生咸豐丁巳年八月十五日未時卒宣統庚戌年十一月初六日辰時塟在坐虎脚
又妣南洋老嗎生缺卒民國甲申年十月初四日塟沽美山
養男 慎王 慎昌 慎霖 慎兢業俱殤 慎福成養 天星 天錫
文娥公字成章 獻珠公三子生咸豐戊午年四月初一日酉時卒民國甲寅年四月十八日未時塟山后格倒坐虎
妣臺灣黄格娘生同治戊辰年五月初五日午時卒光緒丁未年七月初五日未時塟沽美山險壙内崙
又妣蓬島蘇察娘生同治己巳年六月廿六日辰時卒宣統庚戌年十一月十四日辰時塟沽美山
男 慎雕成殤 慎伯達 慎綿遠俱養 正合 正道
女 耳娘配英橋陳

當鑿公字成池　文章公長子生道光己酉年九月十八日巳時卒民國乙
卯年八月廿三日酉時塟山后格
妣上呷莊明娘謚敏惠生道光己酉年五月初六日未時卒光緒壬午年
二月初十日戌時附塟母陳氏墳中在蓮山後坐向甲庚卯酉
男　慎魁生　慎紫薇
女　長乖娘配內呷李　次詩娘配鳳坡梁　三筍娘配溪東林
清太學生光裕公乳名當魏字成蜀　文章公次子兼嗣弟先染生咸豐癸丑年
十月初二日午時卒民國壬申年三月初五日酉時塟在南洋
妣上塘許緞娘生咸豐己未年十一月二十日寅時卒光緒戊申年八月
十八日酉時塟溪頭山
又妣萬鵁張玉環生光緒戊寅年正月十九日未時卒在南洋缺
男　慎可傳養殤　慎元禎　慎元禧俱養　慎元禮　慎元祐　慎元祺

慎元禔 俱張氏出

女　長金釵　次金枝　三金葉 俱張氏出

當喬公 字 成濬　彩色公養子生同治戊辰年八月廿三日巳時卒民國壬午年十月二十日申時塟山后格

妣溪東林簇娘生同治癸酉年五月廿一日寅時卒年缺九月七日塟缺

男　慎擇周　慎再鴻

女　長醒娘配英橋陳　次串娘配溪東林　三青蘭配鳳坡梁

當喜公 字 成悦 號 載賡　祥麟公長子生同治甲子年八月廿六日丑時卒民國壬戌年五月初九日丑時塟溪頭山獅墓

妣古坑格黃周娘生光緒壬午年十月初一日亥時卒民國乙卯年四月初十日酉時塟沽美山

又娶曾稿娘生光緒壬午年八月十四日午時

男　東吳養殤　得時　得發　得勝　得壽

當蟾公字成蜍　祥麟公次子生同治丁卯年八月廿五日丑時卒光緒壬寅年七月初三日丑時塟溪頭山杉垵頭坐向酉卯庚甲

娶大庭戴巧娘生光緒戊寅年九月廿五日辰時

男　臥龍　天降殤　熾燉養　俊元　會元出承當戶

例授宣德郎諱卓論公乳名當談字成語　祥麟公三子生同治庚午年十月十二日寅時卒民國壬戌年十二月初四日酉時塟溪頭山

娶文章陳留娘生光緒戊寅年五月初三日寅時

側室馬氏迷咝娘生光緒年月日缺

男　西川養　西河陳氏出　西洋　西海　西浪俱馬氏出

女　長玉蘭馮氏出　次玉桂陳氏出殤　三玉安配永春鄭馬氏出

四玉鍊配蘇尾呂　五素鸞配大庭戴

當鳳眼字成丹號來儀　祥麟公四子生同治壬申年十二月廿一日巳時
卒民國丙戌年三月初九日酉時塟沽美山
娶下宅陳新娘生光緒甲申年五月十三日丑時
男　慎東震
女　玉娘殤
當雙目公字成盼　祥麟公五子生光緒丙子年二月廿七日亥時卒民國
辛巳年九月十七日午時塟萬鵝佬
娶下宅陳鏢娘生光緒乙酉年十一月初五日午時
男　添座殤　再添　再水
女　氣娘配蘇尾呂　碖娘配大庭戴
當戶公　祥麟公養六子生光緒庚辰年十一月初三日未時卒民國甲寅
年三月初一日未時塟溪頭山

嗣男會元 當蟠子入承

傳世公　先向公子生光緒戊寅年月日缺

娶萬鴉氏卒塋俱缺

朝宗公　先又公長子生道光戊戌年十月廿二日寅時往龍巖卒塋缺

當捷茂公　先又公次子生道光壬寅年三月十五日午時卒在外莫考

當順公　先又公三子往龍巖生卒缺

當栽公　先才公長嗣子生咸豐戊午年八月三十日丑時卒光緒乙酉年

四月初三日申時塋缺

娶社壇葉儉娘生同治己巳年七月初七日酉時

男　慎羆 弟當蕊子入嗣　慎長茂 養兼嗣弟當泉

女　衫娘

當蕊公 號 蘭桂　先才公次嗣子生同治癸亥年十一月初八日寅時卒光

緒戊戌年九月十八日巳時塟缺
妣下宅陳誨娘生同治戊辰年三月十六日寅時
男　慎山　慎羆出嗣兄當栽
當泉公　先才公三子生同治庚午年二月初三日酉時往南洋納閩眠夢
卒塟缺
男　慎長茂兄當栽子兼嗣

窗兜棋盤柱　政和公派

清當邦公　先來公子生道光甲申年十一月初一日巳時卒光緒丙午年十
一月十八日吉時塟永定某厝塔坐南向北
當做公　先成公子生道光丙戌年正月十二日辰時卒咸豐丁巳年六月
廿八日申時塟獅墓脚

娶陳氏出

男　慎圈

當泰公　先蘭公子生道光年間往漳平卒缺

當奮公　先彬公子生卒莫考

當寬公　先豕公子生道光庚子年十月十三日申時卒塋在外缺

當木公　先櫊公子生道光癸未年十一月初一日巳時卒塋在外缺

當雌公　爾穀公長子生道光己丑年十月廿七日寅時卒塋在外缺

當勅公字成令　爾穀公次子生道光丙申年八月廿七日巳時卒光緒壬
辰年十一月十七日卯時塋漳州

妣賴删娘謚待慎生道光辛丑年二月十四日子時卒光緒己亥年二月
二十日酉時塋重慶中崙

當槌公　先扶公長子生道光辛卯年六月廿六日寅時卒光緒丙子年十

二月初三日酉時塟沽美山
男　慎興 弟當繫次子兼嗣
當繫公　先扶公次子生道光丙申年十月廿三日卯時卒光緒己丑年十
二月廿三日未時塟望加錫山頂
娶李磚娘 改節
男　慎性　慎興 兼嗣兄當繼
女　葉娘配溪東林
當鋥公　先𠮷公長子生道光甲午年七月廿七日卯時卒塟在外缺
當鉗公　先𠮷公次子生道光己亥年十月三十日戌時卒塟在外缺
當鏡公　先恩公子生道光己丑年十月初六日亥時卒光緒辛巳年六月
十四日申時塟漳州
妣半嶺林通娘生道光乙未年九月十三日午時卒民國甲子年八月十

八日子時塟後埔庵

男　慎賜

女　長莉娘配内呷李　次莜娘配紹前陳

相利公諱當賢　寶珠公長子生道光壬辰年十月廿三日子時卒同治甲戌年四月十二日酉時拾罐塟文章山雞蛋崙坐未向丑

妣湯邊陳香娘生道光癸巳年二月十八日酉時卒宣統庚戌年五月廿六日酉時塟缺

男　慎春桂殤　慎秋桂　慎岸

女　樀娘配溪東林

當丹公字成芳　鴻禧公子生道光乙未年十二月廿六日酉時卒光緒辛丑年六月十一日未時塟龍巖上坪

妣溪東林心娘謚慎惠生道光己亥年十月初五日戌時卒光緒辛丑年

四月廿三日亥時葬山后格石圾
男　愼衛　愼萬殤
當闖公　先愈公子生道光丁酉年四月二十日亥時卒咸豐丁巳年八月
十二日吉時葬豐市
頂窗三落柱　政和公派
清冬來公　先簪公子生道光年月日時失記卒缺
高攀公　成文公長子生嘉慶丙子年十二月初六日巳時時卒葬在外缺
當秤公　成文公次子生道光甲申年四月廿三日巳時卒咸豐戊子年十
一月初二日吉時葬漳平上坂
當捧公　先鈎公子生嘉慶丁丑年六月廿五日寅時卒葬在外缺
當復昌公　先銃公子生道光甲辰年九月初十日辰時卒葬在外缺

當獻公字成足　胡然公長子生道光壬午年三月二十日酉時卒同治癸
酉八月初九子時塟寨仔兜外後拾罐移塟杉脚木坐未丑丁癸
妣舊門呂賢娘生嘉慶庚寅年四月三十日卯時卒光緒壬寅年正月廿
二日辰時塟寨仔兜外
男　慎頂長　慎真
當雲公　胡然公次子生道光甲申年七月十九日辰時卒道光丁未年十
一月初一日辰時塟后埔山仔崙外田后壁坐向申寅坤艮
四靈公　胡然公三子生道光壬辰年正月初四日辰時卒咸豐辛酉年正
月十二日未時塟寨仔兜外
娶文章許亦娘改節
當掩公　先匏公長子生道光戊申年十二月廿一日亥時卒同治乙丑年
七月十二日巳時塟永定縣

當遁公　先廸公次子生咸豐癸丑年十月十九日酉時卒塋在外缺

當鈔公　先廸公三子生咸豐己未年二月初六日亥時卒光緒庚寅年十二月十二日辰時卒南洋

當芙公　先活公長子生嘉慶丙子年正月十二日酉時卒塋在外

當潤公　先活公次子生嘉慶己卯年九月初七日亥時卒塋在外

娶黄氏 出

男　慎富足

當注公　先活公三子生道光内戌年正月廿六日酉時卒光緒甲午年四月初九日巳時

當汁公　先活公四子生道光己丑年七月十五日午時卒光緒丙子年二月十七日巳時塋后埔山仔尾

當淼公 字 成郎 號 浩蕩　先深公長子生道光甲申年四月十一日巳時卒

咸豐甲寅年三月廿六日午時塟后埔庵腳寨仔口

娶戴氏 出

男　愼森

女　長娘配坑園陳

當曾公　先深公次子生道光丁亥年閏五月初三日巳時卒咸豐年間塟

永春

當豎公 字 成教 號 安吉　先淺公長子生道光庚寅年五月初四日午時卒

光緒癸未年正月初八日卯時塟到坐虎赤墓坪坐向壬丙子午

妣郭并林滿娘謚慈順生道光丁酉年十月十五日酉時卒光緒丙申年

九月初八日午時塟客拔大垵路頂坐向巽乾巳亥

男　愼衷　愼傳成 養

女　長西娘配中房張　次美娘配下宅陳　三細娘配黃埔梁

四配社壇葉　五配郭井林　六配官園陳　七配前坑余

當體公字成熊號遐爾　先淺公次子生道光壬辰年八月廿七日午時卒光緒乙巳年九月二十日丑時塋杉林尾赤墓坪坐向乾巽戌辰

妣内呷李端娘謚正直生道光辛丑年十月初九日寅時卒光緒癸卯年八月初六日午時塋山後格

男　慎榮

女　矸娘配中房張

當爍公字成三號錦衮　先淺公三子生道光丙申年十月十六日戌時卒光緒辛丑年七月十九日未時塋山後格到坐虎赤墓坪坐向壬丙子午

妣文章陳攀娘生道光丙午年九月初三日巳時卒光緒戊申年二月十七日卯時塋后埔庵

男　慎長福　慎全永　慎既濟　慎雙印

女　長斷娘配社壇葉　次好娘配丼仔陳　三春娘配下宅陳殤
　四厚娘配溪東林　五快娘配山頭黃
當畜公字成撫號顧復　先淺公四子生道光丁未年九月二十日酉時卒
光緒己亥年十一月十三日亥時葬后埔庵脚坐向乾巽亥巳
妣羅近娘謚成信生道光庚戌年八月十九日子時卒光緒癸卯年七月
十四日卯時
男　慎逢時　慎宗寶　慎草殤　慎金和
女　禁娘配前坑余　次錦娘殤
當音公字成樂號懷德　有金公長子生道光戊戌年十月初三日子時卒
同治辛未年五月廿二日卯時塟水鬼内崙尾文章山交界坐向艮坤寅
申
妣長岸戴呢娘生道光戊戌年八月廿九日戌時卒民國辛酉年二月廿

四日辰時塋后埔山仔
男　慎歡　慎帕
女　包娘配長岸戴
當流公字成照號旁行　有金公次子生道光辛丑年九月初三日巳時卒光緒乙酉年二月初六日吉時往三寶顏塋缺
妣溪東林銀娘謚金枝生失記卒年失記五月初十日吉時塋沽美山
男　慎江山　慎景弟當踞長子入嗣
當抛字成長　有金公三子生道光甲辰年十月十九日未時卒光緒戊申年六月初一日申時塋缺
娶坑園安美林慎娘出
又娶安海劉助娘生道光戊申年八月十五日酉時卒宣統庚戌年九月十二日酉時塋缺

男　慎齊全　慎問　慎　慎草 殤俱劉氏出

女　長秧娘配永春東嶺陳　次赤娘配内牛庭張 殤

恩貢生 諱 福全 乳名 當暢 字 成茂　有金公四子生道光戊申年十一月三十

日戌時卒民國庚申年二月初十日寅時葬獅墓

妣下宅陳吉娘生咸豐丙辰年十二月十三日戌時卒同治癸酉年八月

十五日酉時葬後埔山仔尾坐向丑未艮坤

又妣溪東郭井林別娘生咸豐丙辰年五月廿二日午時卒民國己巳年

十一月廿六日卯時葬獅墓

男　慎君仁　慎文龍　慎候缺 俱林氏出

女　長粉娘配溪東林　次雪娘配文章許　三為娘配頂宅陳

四攕娘配山頭葉 俱林氏出

當茅公 字 成蓮 號 征吉　有金公五子生咸豐壬子年四月初七日未時卒

光緒戊戌年三月初九日午時塟山後格龜仔腰坐向辛乙戌辰
妣半嶺林桃娘生咸豐庚申年二月十七日未時卒光緒戊申年七月初
十日辰時塟后埔格山
男　慎好意殤　慎教
女　長能娘配杉仔尾陳　次飯娘配下宅半山陳　三配社壇葉殤
當驅公字成車號並詠　有金公六子生咸豐己未年三月廿三日申時卒
光緒甲午年九月初十日寅時往三寶顏塟缺
妣舊門呂香娘謚圓玉生咸豐己未年十一月廿四日卯時卒光緒癸卯
年二月初五日申時塟沽美山
男　慎景出嗣兄當流　慎翻成
女　長金娘　次俱配社壇葉
當掛公號拾豐　先麥公長子生道光戊戌年十月十五日午時卒光緒戊

戌年十二月初一日戌時塟后埔山仔
妣鳳坡梁緣娘謚姻慎生道光癸卯年四月十一日巳時卒光緒乙巳年
二月十八日戌時塟杉樹尾田頂
男　慎棗
女　長宻娘配溪東林　次要娘配八尺盛
當起公　先麥公次子生咸豐辛亥年四月初八日寅時卒塟在外缺
當市公　先麥公三子生咸豐戊午年七月十七日卯時卒缺
當聲公字成韻　先麥公四子生咸豐乙未年七月十六日酉時卒民國己
未年七月初三日申時塟仙仔尾
娶　溪東林辰娘出
男　慎桂順養　福順
當顔公字成色號季路　先佃公子生道光辛卯年六月廿一日子時卒光

緒壬辰年七月初四日寅時塟山后格大崙中坐向辰戌巽乾
娶陳氏出
又娶山頭陳丁娘生道光丁酉年三月十八日午時卒同治庚午年正月
初一日申時塟羊嶺坑
男　慎肝
當玉公字成寶號金石　先重公子生道光乙酉年八月初七日巳時卒光
緒庚子年閏八月十二日申時塟豎旗崙坐向乙辛辰戌
妣社壇葉橋娘謚路意生道光壬辰年七月廿一日辰時卒光緒壬辰年
八月廿三日申時塟山后格尊字崙坐向庚甲酉卯
男　慎蔡養　慎備殤　慎高談
女　仁娘殤
當附公　先煖公嗣子生道光戊戌年閏四月十一日戌時卒光緒壬午年

五月十五日酉時

當算公字成鶴號龜齡　先衍公子生道光甲辰年八月廿四日寅時卒光緒辛丑年三月初二日亥時塋竪旗崙中坐向乙辛辰戌

妣社壇葉郭娘生道光戊申年二月初二日寅時卒光緒乙巳年二月初七日辰時塋竪旂崙中坐向乙辛辰戌

男　慎水　慎秋金　慎正春　慎秀目殤　慎武德出嗣弟當筆

慎正理出嗣弟當筆

女　衫娘配社壇葉

當筆公字成陣　先衍公次子生咸豐癸丑年七月初九日辰時外出卒塋缺

男　慎武德　慎正理俱兄當算五六子入嗣

當梭公　寶愛公長子生嘉慶己卯年七月初五日巳時卒塋在外缺

當炳公　寶愛公次子生道光丙戌年六月初七日酉時卒光緒丙申年七月十四日酉時塟寨仔兜外

當鳩公　修業公長子生嘉慶己卯年三月十七日丑時卒道光辛丑年正月十九日子時塟上坪適中萊坑山

娶陳氏改節

當冷公　修業公次子生道光壬午年三月廿二日辰時卒塟在外缺

當桃公　先明公長子生道光乙酉年八月三十日巳時卒道光年間月日

失記塟洪埔尾

當愛公　先明公次子生道光壬寅年八月十八日亥時卒塟在外缺

玉香公　先珠公子生道光辛丑年十二月十六日子時卒塟在外缺

下窗柱　政和公派

當墻址字成仞　先述公長子生嘉慶癸酉年二月廿六日辰時卒同治丁卯年三月十九日巳時塟沽美山險壩鬱坐向癸丁子午

妣下宅陳錢娘謚萬選生道光丁亥年三月廿六日未時卒光緒辛丑年正月初九日未時塟沽美山險壩頂坐向癸丁子午

男　慎咸養

添福公號壽山　先述公次子生道光甲午年十月三十日寅時卒光緒庚子年六月十一日巳時塟沽美山后坐向寅申甲庚

妣內呷李謹娘謚汎愛生道光乙巳年二月廿三日丑時卒光緒甲午年二月初四日吉時塟蓮山后

男　慎細　慎厚出嗣兄蔭佑

女　長鑾娘配烏翼余　次丹娘配奋口戴

當蔭佑公 字 成庇　南容公子生道光戊子年十月初二日巳時卒光緒辛巳年七月初一日酉時塟蓮山後坐向卯酉乙辛

妣郭井林蔡娘生道光壬辰年正月初三日卯時卒光緒乙未年十一月初三日酉時塟蓮山後坐向甲庚寅申

男　慎厚 弟當添福次子入嗣

旁啓公 諱 當丙 字 成壬　令色公長子生嘉慶丙子年三月廿九日午時卒光緒癸未年八月初二日午時塟竹林內坐向丁癸午子

妣山兜黃于娘謚孝友生嘉慶庚辰年五月十四日卯時卒光緒癸卯年七月十二日酉時塟文章山斐後林坐向乙辛辰戌

男　慎漂　慎最 殤　慎麗水　慎寫 出嗣弟當請　慎惠

女　枝娘配蘇尾呂

當請公 字 成益 號 其目　令色公次子生道光辛卯年十二月十七日辰時

卒光緒己丑年三月廿九日未時塟文章山大垵坐向艮坤寅申

妣下宅陳玉娘謚滿堂生道光乙巳年八月十九日吉時卒光緒庚寅年

九月廿四日午時塟文章山斐后林艮坤寅申

男　愼寫（兄當丙三子入嗣）　愼康甯　愼府

女　長秀娘配下宅陳　次箱娘配内呷李　三奎娘配下宅陳（殤）

當簡公（字）成書（號）以臨　先超公長子生道光辛巳年六月廿五日寅時卒

同治辛未年二月廿九日未時塟山後格羊嶺坑坐向丁癸未丑

妣山兜黃諒娘生道光庚寅年二月十九日卯時卒光緒己未年五月廿

六日午時塟文章山斐後林坐向壬丙亥巳

男　愼鮘　愼畫　愼沁

女　串娘配溪東林

華堂公（諱）當樑（字）成棟　先超公次子生道光甲申年八月廿四日巳時卒

光緒甲申年十二月十二日巳時塟山后格洋嶺坑
妣西向郭栖娘生道光乙未年七月廿七日卯時卒光緒甲午年十一月
十七日卯時塟蓮山後
男　慎卦　慎艮　四西
女　辰坤娘配溪東林　次勤娘配英橋陳　三位娘殤
成穀公諱當核　先亞公嗣子生道光壬辰年七月十九日辰時卒光緒癸
未年十一月初二日巳時塟蓮山後
妣上塘許愛娘生道光乙未年二月十二日辰時卒光緒庚寅年九月廿
八日丑時塟沽美山後
男　慎望養　慎順
女　佔娘配馬洋林
當糸公號金生　先提公子生道光辛卯年三月廿七日子時卒同治戊辰

年正月廿一日申時塋斐後林脚坐向丑未艮坤

妣官報趙延娘生道光辛丑年十二月十一日吉時卒宣統己酉年七月

初四日未時塋火炎崙坐丑向未兼艮坤

男　慎南　慎狡殤　慎糖　慎劉　慎尾殤

女　甜娘配下宅陳　次店娘配溪東林

當蹺公　先祜公長子生道光乙未年十二月十六日子時卒塋在臺灣

當趄公字成來　先祜公子生咸豐庚申年六月廿二日巳時卒光緒丁未

年七月十六日戌時往三寶顔亡

妣半嶺林嬌娘謚甯妝生光緒乙亥年七月廿三日戌時卒光緒丙申年

十月廿八日辰時塋斐后林大垵口坐向乙辛辰戌

又娶彭口李瑚娘生同治庚午年八月二十日未時卒民國壬申年八月

初十日辰時塋沽美山坐戌辰

男　慎繼長養　慎新堂養
女　長惜娘配坊前黄　次送娘配社壇葉
當稽公　先扯公養子生咸豐己未年四月初八日午時卒宣統己酉年八月廿五日巳時塟南洋
妣溪東林有娘生咸豐丁巳年二月初九日申時卒民國戊午年六月初二日卯時塟山後格
男　慎繼增　慎妙
女　修娘幼亡
當守財公　志寶公子生道光壬辰年四月初八日巳時卒在臺灣
富泰公諱當典鋪　先凱公子生道光甲午年十月十二日辰時卒光緒庚子年四月十九日丑時塟客鈸大垵冬田頂坐向艮坤寅申
妣杉仔尾陳領娘謚敬慈生道光己亥年五月廿五日戌時卒光緒乙巳

年六月十四日申時塟蓮山後坐向甲庚卯酉

男　慎烘　慎通巷　慎儉（出嗣弟當文曲）　慎水（殤）

女　長桂娘配下宅陳　次尾娘配內呷李　三完娘配英橋陳（殤）

燉煌公　先剔公子生道光戊子年七月廿二日辰時卒同治己巳年十月十二日巳時塟蓮山後

娶楓兜陳云娘（改節）

文台公　先剔公長子生道光乙巳年十二月初三日寅時卒宣統辛亥年五月廿三日寅時塟沽美山

妣宮下黃溜娘謚慈愛生咸豐癸丑年十一月初六日卯時卒光緒壬辰年三月初十日亥時塟蓮山後

男　慎兆火（兄典力次子入嗣）　慎頂致

當文曲公　先剔公次子生道光己酉年正月十八日午時卒光緒己丑年

七月廿一日卯時塟大田縣外

男　慎儉兄當典舖三子入嗣

典力公　先鎮公子生道光壬寅年六月初二日卯時卒民國壬戌年五月

十四巳時塟沽美山

妣鍾洋易春娘生道光甲辰年三月十三日丑時卒民國戊午年九月廿

三日戌時塟後埔庵杉垵內

男　慎兆蚶　慎兆伙出嗣弟當文台　慎重民　慎海殤　慎[illegible]

女　雙娘配郭井林

下窓柱　政和公派

盡善公字成舉　先擳公子弟先河子兼嗣生咸豐己未年十二月廿七日卯時卒

民國庚午年四月初一日申時塟沽美山

妣埔角戴綿娘生同治壬戌年八月廿五日酉時卒民國甲子年八月廿
一日戌時塟杉垵
男　愼柱 兼嗣兄當唱
女　長寬娘配溪東林　次卜娘配鳳坡梁
當時公字成及號春雨　其俊公子生同治戊辰年八月廿三日戌時卒民
國己卯年正月十九申時塟樹林口坐向寅申艮坤
妣文章陳恨娘生同治癸亥年十一月十四日吉時卒光緒壬寅年八月
十七日午時塟溪頭山杉垵坐向巳亥丙壬
又妣溪東林賞娘生同治壬申年三月初五日卯時卒民國庚申年四月
廿六日亥時塟沽美山走馬天垵後坐向甲庚卯酉
又妣后山余戴娘生光緒辛卯年六月十六日寅時卒民國甲申年五月
初二日子時塟沽美山艮坤丑未

男　長慎助　次慎發　三慎栢

當唱公字成曲　先饍公子生咸豐己未年十月十八日卯時卒光緒甲申年二月初九日己時塟水鬼大崙邊坐乙向辛兼辰戌　兼承子慎柱

當泵公　先蝿公子生卒失記塟在龍岩

當柳公字成絮號蘭芳　先糴公長子生光緒乙亥年十月初八日午時卒民國甲子年五月十五日卯時塟溪頭山烏鴉石

幼娶大庭戴素娘殤

又娶後山余們娘生光緒癸未年七月十六日辰時

男　長正忠長　次壬癸　三順國養　四順慶

女　明娘殤　茉莉配鼓浪嶼莊

當構公字成堂　先籴公次子生光緒庚辰年十月二十日吉時卒民國辛未年三月廿三日未時塟溪頭山烏鴉石坐戌向辰兼乾巽

妣雙溪陳埒娘生光緒庚寅年十一月初五日酉時卒民國辛未年十一月廿五日寅時塟沽美山

男　循環　潤水　錦端

女　袖娘配下宅陳　營娘配溪東林　玉蘭配下宅陳　斟娘配社壇葉

宗任公派　圍內柱

當荔公　志人公長子生乾隆丙午年六月十二日亥時卒嘉慶庚午年四月廿三日辰時塟圍內山坐向辛乙酉卯

幼娶黃滿娘殤

當燕公　志人公次子生乾隆戊申年十一月初七日午時卒嘉慶庚午年六月十二日丑時塟沽美山中崙垵邊坐向酉卯卯庚甲

當遭公　志要公子生嘉慶戊午年二月初三日酉時往南洋卒塋缺
當旺公字成興　剛毅公長子生嘉慶甲子年三月廿九日酉時往永春打
庭巷卒向治乙丑年十月初六日辰時塋重慶
妣小岵陳束娘生嘉慶甲戌年正月初五日申時往永春打庭巷卒光緒
丙子年七月十九日酉時
養男　慎[illegible]　慎瞈
女　長看娘配大沽柯　次緘娘配大庭戴
當蕚公字成棣　剛毅公次子生嘉慶丁卯年四月廿三日巳時卒同治甲
戌年六月十七日巳時塋園內山崙尾坐向辛乙酉卯
妣劉林候蜂娘生道光癸未年六月十七日卯時卒光緒癸卯年九月廿
五日未時房塋園內山坐向酉卯辛乙
男　慎蘭

女　長聘娘配金山陳　次宿娘配中張　三尾娘配長岸戴

當起公號承壽　志模公長子生嘉慶甲子年五月十九日丑時卒嘉慶庚辰年十一月十七日戌時塟永定縣

男　慎秋桂弟當菜次子入嗣

當菜公字成重　志模公次子生嘉慶辛未年十一月初四日午時卒光緒乙亥年七月廿六日未時

妣巖田蔡珍娘生道光甲申年九月十三日丑時卒光緒年　月　日時

男　慎榮殤　夏蓮　秋桂出嗣兄當起　慎池　慎尾

當會公字成合　志模公三子生道光壬午年正月初一日子時卒光緒巳卯年七月廿三日戌時

娶林氏出

當早公　志聽公長子生嘉慶乙亥年十二月廿六日戌時南往洋卒塟缺

當妥公　志聽公次子生嘉慶丙子年十二月十七日己時卒道光戊子年正月十六申時塋園内山中心崙坐西向東

當純公　先居公長子生嘉慶丙寅年十二月十五日寅時卒道光戊申年五月十四日吉時塋斐后林脚

男　慎喜弟當二長子兼嗣

當有公字成朋　先居公次子生嘉慶癸酉年四月廿七日丑時卒咸豐庚申年十一月初七日吉時

男　慎儀弟當二次子兼嗣

當二公字成兼　先擱公子生道光壬午年十月初四日辰時卒同治乙丑年七月廿九日辰時塋山後格杉林頭坐向庚甲酉卯

妣下宅陳惜娘生道光庚寅年六月初六日寅時卒同治丙寅年七月廿二日已時塋沽美山後坐向寅申甲庚

男　慎喜（兼嗣兄當純）　慎儀（兼嗣兄當有）

女　一　幻亡

當偏公　先彩公子生道光丙戌年十月十二日午時卒光緒月間月日失

記

娶龍岩某氏生卒塋缺

男　長進寶裕次下洋　三廣（俱住龍巖大溪鄉）

當泉公　先滂公長子生道光辛卯年七月初四日辰時卒光緒乙酉年七

月初八日午時塋和源

娶林氏（出）　男　慎閃（弟當水子兼嗣）

當水公　先滂公次子生道光丁酉年六月初七日巳時卒光緒戊寅年正

月廿九日酉時塋圍內山坐向坤艮申寅

娶文章（許氏出）

男　慎閃（兼嗣兄當泉）　慎杯（殤）

女　賢娘

當籃公（字）成樹　輯睦公長子生道光巳亥年五月廿四日酉時卒民國辛未年二月廿九日辰時塋缺

男　慎進國（弟當絹次子入嗣）

當絹公（號）羅紱　輯睦公次子生道光庚戌年正月初九日寅時卒光緒庚子年十月三十日辰時塋圍內山坐向戌辰辛乙

妣內呷李窰娘謚又理生道光丁未年九月廿一日寅時卒光緒丁未年七月十三日未時塋園內山坐向酉卯卒乙

男　慎啓明　慎進國（嗣兄當籃）

女　長葉娘配內呷李　次笑娘配溪東林　三娘配溪東林

四益娘配內呷李

當旦公　先走公長子生道光乙亥年八月二十日戌時卒光緒庚辰年八月十八日未時塋和

妣深堗葉氣娘生道光甲辰年八月廿四日未時卒光緒戊戌年十一月十八日辰時塋園内山

男　慎冬梅（兼嗣弟當謖）　慎謖成（殤）

女　長嬌娘配戴厝　次院娘配中房張　三品娘配溪東林亡

當謖公　先走公次子生道光庚戌年九月二十日未時卒光緒乙酉年十二月十七日酉時塋園内山

男　慎冬梅（兄當旦子兼嗣）

當遠公（字）成邇（號）任重　先論公長子生道光辛卯年九月三十日巳時卒光緒戊寅年七月廿九日午時塋山後格坐向丙壬午子

妣陳快娘生道光甲午年五月廿五午時卒失記塋沽美山

又妣長岸戴慶娘生道光已亥年十一月初四日酉時卒咸豐乙卯年五月十一日酉時塟圍内山中心崙邊

又妣坑園陳柑娘謚大吉生道光壬寅年正月廿六日卯時卒光緒庚子十月初六日酉時塟圍内山坐向辛乙酉卯

男　愼傳 兼嗣弟當汝

女　長醒娘配坑圍戴

次幼娘配内益李

當汝公　先論公次子生道光已亥年五月二十日寅時卒咸豐乙卯年十月廿九日午時塟圍内山坐

男　愼傳 兄當進子兼嗣

當淵公　先約子生咸豐庚申年正月廿二日吉時出洋卒年失記四月廿八日吉時塟缺

當兜公　先鄰公養子生失記外出卒塋莫考

當鬐公　先務公兼嗣子生咸豐癸丑年四月初六日戌時外出卒塋莫考

當能公　先對公嗣子生道光乙酉年五月初五日未時往臺灣卒塋缺

當迎公 字 成接　呑聲公長子生道光己丑年三月十七日未時卒同治

丙寅年正月廿五日　時塋山后格短崙仔脚坐乾向巽

娶陳氏 出

又妣内益李蜂娘生道光壬辰年九月廿二日未時卒光緒甲辰年四月

初九日巳時塋山後格短崙仔頭

男　慎愿

當茲公 字 成念　呑聲公次子生道光丁未年十一月二十日卯時卒民國

丙寅年七月十四寅時塋園内山

妣衫仔尾陳罕娘生道光戊申年十月廿六日寅時卒同治癸酉年十一

月初三日卯時塟園内山頂崙中坐向庚甲申寅
女　阮娘配舊門呂 陳氏出
又妣坊前黄黄桃娘生咸豐辛亥年五月初九日午時卒光緒庚子年七
月十八日寅時塟園山中心崙坐向戌辰乾巽
男　慎簡 黄氏出　慎盤 殤　慎欣 殤
女　長阮娘配舊門呂　油娘配路後戴　妹娘配溪東林　忍娘配梧
壁后陳 俱黄氏出
當山公 字 成河 號 高亭　奉持公養生道光庚戌年五月十三日午時卒民
國甲寅十一月初九午時塟園内山
妣溪東林慶娘生咸豐丙辰年三月初七日辰時卒宣統辛亥年三月廿
一日子時塟園内山
男　慎湖　慎錩

女　長初娘配南坪呂　呢娘配舊門呂　三緞娘配下宅陳　四哂娘

配郭井林

當札公字成玉長秀公長子生咸豐癸丑年三月廿二日巳時卒光緒己亥

年五月二十日子時葬園内山

妣後房尾陳糖娘生咸豐巳未年八月初四日巳時卒光緒戊寅年七月

廿四日酉時

又妣鄭滿娘生咸豐癸丑年十二月廿五日巳時卒光緒丁酉年十月廿

二日寅時

又妣杏塘陳乃娘生道光戊申年二初一日巳時卒光緒丙午年正月十

七日巳時塋園内山

男　慎圖　慎炮

宗文公派　集垢柱

當元泰公　先爾公養子生卒塟莫考

當穉公　先選公子生道光戊午年十一月初三日午時卒塟在外缺

當鳳公字成鳴　先舉公子生道光壬寅年十二月十一日巳時卒民國庚申年八月初九日塟水鬼內坐甲向庚

妣英橋陳春娘生道光戊午年九九初四日巳時卒民國庚申年三月廿九日寅時塟水鬼　坐甲向庚

男　慎國　慎箴　慎進興　慎魚　慎清

當球公　先假公長子生咸豐巳年年十一月初三日卯時卒光緒巳丑年三月初一日亥時塟在南洋

文勝公　先假公次子生同治乙年三月十七日子時卒民國乙卯年七月十七日巳時塟沽美山

娶山頭黃眈娘 改天

男　慎喊　慎幷 養

當諒公　先膺公子生道光辰九月十六日酉時卒咸豐巳未年十一月十三日亥時塟重慶祖墓邊

當道公　先彭公子生道光甲辰年八月十三日亥時卒同治辛未年二月十三日辰時塟在安溪

男　慎再元 養

當權公　先祖公嗣子生道光丙申年十二初十日巳時卒缺塟在尤溪

當杉公　又贊公長子道光庚戌年三月初五日午時卒民國丁巳年九月十一日丑日塟斐後林

妣山頭黃恕娘生咸豐乙卯年三月十一日寅時卒光緒庚辰年十月廿四日亥時塟斐後林

又妣彭口李旦娘生咸豐丁巳年十月廿六日申時卒民國癸亥年十一月廿三日寅時塟沽美山

當貢公 字成賦 又贊公次子咸豐庚申年六月十九日酉時卒民國戊辰年十月十五未時塟倒坐虎

娶呂洋黃春娘生光緒丙子年十月十五日亥時卒民國辛巳年六月廿一日寅時塟新寨

男　慎進遠 養兼嗣兄當抱　致雨 養　慎忍 養　爲東 養

當抱公　先快公養子生道光巳亥月六月初十日戌時卒光緒年間月日不知

男　慎進遠 弟當貢養子兼嗣

當繩公　先歲公長子生咸豐辛酉年十二月廿五日卯時卒光緒丁丑年六月初一日巳時塟南洋

妣溪東林串娘生同治丁卯年十二月十七日戌卒光緒乙未年五月初八日己時塟重慶

男　愼麟 養兼嗣弟當城

當城公　先歲公次子生同治壬戌年二月初九日亥時卒光緒乙酉年十月十五日午時塟山後格大崙

男　愼麟 兄當繩養子兼嗣

當吝公　先梅公子生道光丙申年十月廿八日戌時卒光緒丙戌年十一月廿四日寅時塟重慶

當寶公　先涼公嗣子生道光丙午年六月廿二日申時往廈門卒塟缺

當壹公　先厰公長子生道光癸未年十月十六日酉時卒道光乙己年七月廿二日申時塟溪頭地轆院内坐西向東

娶黃氏 殤　又娶楊氏 改節

當吟公號勝國　先廠公次子生道光庚寅年四月初三日寅時卒光緒癸巳年十月十三日申時塟重慶小寨垵
妣坑園陳富娘謚欲貴生道光壬辰年九月初十日卯時卒光緒己亥年十一月初十卯時塟沽美山險壩貢
男　慎市　慎譽　慎厚基
女　悦娘配溪東林
當溪公　先廠公三子生道光戊戌年六月初七日卯時卒同治乙丑年四月廿日午時塟重慶
當琳公　先秦公長子生道光庚子年正月初八日辰時卒塟莫考
幼娶呂氏出
當全福公　先秦公次子生咸豐戊午年三月十四辰時俱往臺萬舟街後
卒塟莫考

當塗公　先孔公嗣子生卒塋缺

當昨公　先旋公嗣子生道光甲辰年八月二十日寅時卒咸豐丙辰年四月十一日辰時塋沽美山

當頂公　先旋公次子生咸豐癸丑年十月十六日申時卒光緒己亥年十二月初四辰時塋德化坐南向北

妣舊門呂救娘生咸豐庚申年三月初二日巳時卒光緒甲申年十月初一日申時塋重慶坐東向西

男　慎金安

當忠公　先忍公長子生卒缺

當通公　先忍公次子生卒缺俱住豐亭

當可公　先剎公子生道光戊戌年五月廿二日辰時卒光緒壬寅年正月初六日申時塋沽美山邊

妣呂氏錐娘生道光巳丑年二月廿一日辰卒光緒戊戌年十二月初一日申時塟沽美山

當嶺公　先來公嗣子兼嗣弟先取生道光巳丑年四月廿六日亥時卒光緒癸未年十月二十日巳時塟重慶

妣吉滐鄭氏好娘生道光戊戌年四月廿二日酉時卒光緒丁丑年正月廿七日辰時

男　慎秋菊

女　長茶娘配大廷戴　次磚娘配大廷戴

當鈔公　先法公子道光壬寅年八月廿七日未時往臺灣卒缺

當典公　先住公養子生道光丙戌年十一月十一日辰時卒光緒甲申年八月廿二日巳時塟客拔格内

妣安溪溪南張挟娘生道光庚寅年六月十五日酉時卒光緒癸卯年九

月十四日酉時塋重慶

男　慎坂

女　呢娘配坑園戴

當偷公　先栽公養子隨嫁母出在褲頭嶺侯梳官生道光庚戌年八月廿

四日子時卒光緒丁酉年十二月初九日申時塋南洋

妣文章陳草娘生咸豐戊午年十月十二日酉時卒光緒甲辰年十一月

初一日戌時塋重慶坑仔口

男　慎斜　兼嗣弟當新丁

當研公　先朕公長子生道光己酉年六月廿三日申時卒同治戊辰年正

月十七日酉時塋重慶

當撐公　先朕公次子生咸豐癸丑年十一月廿五日未時往南洋缺

當柳公　先朕公三子生咸豐辛酉年九月初七日申時卒光緒庚寅年九

月初一日丑時塋重慶

春安坵柱　宗時公派

當吹公字成日　志蕚公子生嘉慶丙子年十二月廿三日申時卒同治丁卯年五月廿九日亥時塋山後格騎龍斬坐向戌辰乾巽

妣前街黃斷娘生道光甲申年四月廿三日吉時卒光緒年間

男　慎利　慎色文　慎瓜

當層公　承修公長子道光甲申年正月廿七日戌時卒道光乙巳年九月初六日巳時塋沽美山險埧墳坐北向南

永進公　承修公次子生道光甲午年八月廿九日寅時卒道光庚戌年五月十二日辰時塋缺

永發公　承修公三子生道光庚寅年又四月廿六日辰時卒塋缺

妣李試娘生道光戊戌年三月廿三日辰時卒失記塋缺
女　桂娘
東來公　先攬公嗣子生道光丙申年十二月廿五日未時俱往永定古竹
卒缺
長福公　先柴公嗣子生咸豐丁己年十月十二日未時卒光緒丁酉年五
月初五日吉時塋吉嶺
娶社壇葉爾娘生同治丁卯年十二月　日　時卒塋缺
男　慎合海　慎存
女　連娘
當親公字成切號其篤　寶三公長子生道光庚寅年六月廿八日辰時卒
光緒丙子年三月初五日子時塋新寨坐向庚甲申寅
妣鳳坡梁良娘謚喜起生道光辛卯年十一月初八日己時卒光緒己丑

年十一月初三日戌時塟新寨坐向申寅庚甲
男　慎波　慎全　慎文　慎吉
女　銀娘配胡南坪呂
當議公字成論號憑理　寳三公次子生道光癸己年二月初五日己時卒
光緒乙己年十二月十八日酉時塟新寨坐向申寅坤艮
妣舊門呂光娘謚珠稱生道光丁酉年二月初六日巳時卒光緒甲申年
正月廿八日亥時塟羊嶺坑坐向丙壬午子
男　慎珩養　慎晏
女　有娘配内呷李
當概公字成氣　寳三公三子生道光丙申年七月十七日辰時卒宣統辛
亥年八月廿八日辰時塟新寨頭
妣大廷戴辦娘謚慎思生道光巳亥年六月初十日申時卒光緒乙酉年

七月廿八日戌時塟新寨坐向庚甲酉卯
男　慎時　慎仕　慎德　慎處明
女　腰娘配前街黃
當朝公字成宗號鳴鳳　寶三公四子生道光癸卯年四月十六日酉時卒光緒丙戌年三月初九日寅時塟新寨蜸路内坐向辛乙戌辰
妣坊前黃活娘生道光甲辰年七月初四日巳時卒宣統己酉年閏二月廿九日巳時
男　慎祿番　慎草　慎草　慎春泉　慎深
女　于娘配中房張
當益公字成加　寶三公五子生咸豐庚申年十一月初八日寅時卒民國癸丑年八月初五日午時塟樹林口
妣舊門呂爻娘生咸豐庚申年正月初七日寅時光緒辛己年正月十七

日辰時塟重慶坐向庚甲申寅
又妣坑園陳錦娘生光緒乙亥年十月十三酉時卒民國己巳年正月初
三日卯時塟樹林口
男 慎絲綢 慎聽用
女 帖娘 殤
當庇公 先粒公長子生咸豐丙辰年六月初十日巳時卒光緒壬辰年十
一月初九日酉時塟新寨坐酉卯辛乙
泄柳公 先粒公次子生咸豐巳未年六月初十日戌時 幼殤
當頂公 字 秋香公子兼嗣弟先立生道光巳亥年二月十九日丑時卒同治
辛未年四月十七日丑時塟新寨
當朝宗公 字 先浮公子生道光戊子年十二月初四日戌時卒塟番邦
當彩公 字 成文 號 英華 先智公長子生道光壬午年六月十五日巳時卒

光緒壬午年六月三十日巳時塟水鬼外出水崙坐向庚卯酉
妣馬頭洋陳余娘謚淑諸生道光丁亥年五月廿二日辰時卒光緒乙未
年九月十五日申時塟山后格短崙仔坐向庚甲酉卯
男　愼秀殤　愼胆　愼持　愼瓚
女　長絹娘配溪東林　次配内呷李
當鑽公　先智公次子生道光壬辰年十二月廿六日子時卒咸豐巳未年
七月十二日丑時塟山後格短崙仔坐向丙壬午子
當穴公號從相　先智公三子生道光丁酉年三月十五日子時卒光緒甲
午年十月二十日丑時塟新寨監路外坐向辛乙酉卯
妣舊門呂獺娘生道光丙午年四月廿八日酉時卒光緒戊申年十二月
廿八日酉時塟重慶
男　愼安　愼眼殤　愼煥殤

女　長縣娘配中房張　次于娘配楓樹林　三求娘配舊門呂

當騰公　先六公子生道光癸卯年四月廿四日子時卒在永春一都

當炎公　先箴公子咸豐壬子年三月十九日未時卒在永春卓埔大堆沙

當奈公　先到公子生卒缺塋永春乙都

當贊公　先端公長子兼嗣兄先壇生道光庚子年十一月廿九日亥時卒同治辛未年九月十一日戌時塋山后格羊嶺坑

妣黃恩娘生道光丙午年十二月十五日戌時卒光緒甲辰年三月二十日酉時塋新寨坐向庚甲酉卯

女　配內益李

當訓公字成型　先端公次子生道光甲申年正月廿八日丑時卒光緒甲辰年正月廿三日卯時塋新寨坐向酉卯辛乙

當素公　先科公長子生咸豐丙辰年三月廿二日己時卒光緒乙己年五

月十三日辰時塟新寨　路内坐向戌辰乾巽
娶侯勅娘改節
男　愼汀出
女　長配東門謝　次配大岵柯
當榮公　先公次子兼嗣弟先嗹生咸豐辛酉年　月　日　時卒宣統庚
戌年十月十一日未時塟缺
當獅公　先科公三子生同治丁卯年月日不知卒在加隆波
當箬公　先螺公子生道光庚子年正月初九日子時卒同治乙丑年九月
初十日辰時塟青州三條弄
當衫公　先石公嗣子生咸豐乙卯年十二月十四日寅時卒塟在外缺
當談公　先峯公子生光緒戊寅年月日缺卒光緒癸巳年四月廿七日午
時塟新寨

當罕公　先　公長子生咸豐戊午年十月廿二日亥時往龍岩卒缺
當皆公　先　公次子兼嗣弟先作生同治癸亥年八月廿九日吉時卒光緒壬寅年六月十七日申時塋新寨坐酉卯庚甲
金鑾公　先笛公三子兼嗣弟先作生光緒丙子年七月初七日酉時卒光緒年間月日失記往洋塋缺
當昏公　先場公長子生道光丁酉年正月初七日丑時卒年失記十一月初八日吉時塋山後格大崙坐向甲庚寅申
男　慎坑 弟當綽子兼嗣殤
當綽公　先場公次子生咸豐癸丑年六月初五日午時
妣古坑黃報娘同治丙寅年四月十四日未時卒光緒庚寅年正月十七日寅時塋山後格大崙坐向寅申艮坤
男　慎坑 兼嗣兄當昏殤

瑞郎公　先擇公長子生卒缺
當睡公　先擇公次子生嘉慶癸酉年八月十五日寅時外出卒塋缺
十三世長房長之長房三　橋格柱景全公派
當甌公　學來公長子生道光巳丑年五月初九日卯時卒咸豐丁巳年十月初二日吉時塋金豐
當放公　學來公次子生道光壬辰年五月初八日丑時卒光緒辛丑年四月廿五日巳時塋水鬼大崙頭
妣蘇氏生卒缺
男　慎元利
當梓公號輪輿　以報公長子生嘉慶壬申年正月二十日子時卒咸豐甲寅年七月十四日寅時塋重慶坐向卯酉甲庚

當廈公　以報公次子嘉慶巳卯年七月初一日巳時卒道光戊戌年九月二日酉時塟沽美山外垵坐西向東

當益公　以報公三子生道光辛巳年六月十八日巳時往臺

娶葉氏出

當磋公　志陵公長子生嘉慶丙子年八月初五日巳時卒道光癸巳年十二月廿五日未時塟沽美山外窩坐西向東

當切公　志陵公次子生道光壬午年六月廿八日辰時卒塟在外

當雨水公字成春號義敏　先奚公長子生道光巳丑年十月初三日辰時卒光緒庚寅年四月廿四日丑時塟湖頭塜山

妣彭口陳雙娘生道光壬辰年十二月廿二日未時卒光緒丁未年十一月初八日巳時塟湖頭塜山

男　慎有用　慎秋彩

女　粉娘配鳳坡梁

當福公　先奚公次子生道光辛卯年十月初七日辰時卒葬在外

當為公字成人號善仁　先滿公長子生道光戊子年十二月初五日卯時

卒光緒癸卯年十二月廿四日丑時

妣坑園陳蟳娘謚淑慎生道光庚寅年五月廿一日己時卒光緒庚子年

十一月十六日己時葬洪埔尾崎

男　慎沂　慎明德殤　慎日出嗣弟當撒

女　長泉娘配古宅吳　次水娘配溪東林

當磚公字成方　先滿公次子生道光壬辰年十一月廿三日卯時卒光緒

戊子年十二月廿三日亥時葬山後格石皮垵

妣鳳坡梁雙娘生道光乙亥年九月十一日午時卒葬缺

男　慎亨　慎三聖出嗣弟當撒

女　長配舊門呂　次配官報趙　三配溪東林

當撤公字成閑　先滿公三子生道光丁酉年四月廿六日申時卒咸豐癸丑年十月十五日未時塋重慶坐向戌辰辛乙

娶呂氏殇

男　慎三聖兄當磚次子入嗣　慎𠯋兄當爲次子入嗣　慎員弟當笉次子入嗣

當笉公字成揭　先滿公四子生道光庚子年正月廿七月辰時卒塋缺

妣社壇葉炎娘生卒缺

男　慎塔　慎員出嗣兄當撤

女　配內呷李

當乳公　先鄭公子生道光癸巳年十二月十八日子時卒塋缺

當創公　先美公長子生道光戊子年七月十五日酉時卒塋缺

娶郭氏出

又妣文章翁草娘生道光巳丑年年月日失記卒塋缺

當麵公　先美公次子殤

幼娶蔡氏殤

當倩公號巧笑　先美公三子生道光庚子年二月廿六日亥時卒光緒癸未年五月初六戌時

妣吉滌鄭任娘謚道遠生道光壬寅年五月初一日酉時卒光緒丁酉年九月十九日未時塋重慶樹林口

男　慎舉養

當釵公　先美公四子生道光癸卯年二月十一日亥時卒塋在外

娶小沽陳次娘改節

男　慎玉

女　長配宮邊黃　次配前街黃　三配簪𡑞柯

當靜公　先賑公長子生道光庚戌年十月十九日巳時卒光緒乙巳年十一月十二日吉時塟龍岩永定下洋
妣小沽陳箴娘生咸豐丁巳年正月十五日寅時卒民國壬戌年十月初九日辰時塟沽尾山
男　慎杼殤
當茂公　先賑公次子往外莫考
當煥公　先賑公三子往外生卒缺
當逢賢公　先連公長子生道光甲辰年月日失記卒塟缺
當佳公字成瑞　先連公次子生咸豐乙卯年七月十一日巳時卒民國戊寅年十月廿四日巳時塟缺
妣宮邊黃棕娘生同治乙丑年正月十五日酉時卒民國壬申年正月廿九日巳時塟缺

男　慎育　慎琬出嗣兄富秋　慎端殤　慎飽

女　長汝娘配英橋陳　次娥娘配雙溪陳　三霰娘

當蔭公字成密號揖讓　先鳳公長子生道光戊申年六月初一日子時卒光緒辛己年五月十七日午時塟水鬼内竪旗崙脚坐向丙壬午子

妣溪東高嶺林集娘生道光庚戌年十月初六日辰時辛民國甲子年三月十八日酉時塟重慶

男　慎天錫殤　慎福蘭

女　長寶娘配英橋陳　次包娘配雙溪陳

當秋公號鹿鳴　先鳳公次子生咸豐辛亥年亥年二月初十日巳時卒光緒壬寅年十一月廿六日巳時塟永定縣下洋

妣葉爽娘謚儉慈生咸豐丁巳年五月十三日午時卒光緒甲申年正月十一日辰時塟沽美山垵窩坐向酉卯辛乙

男　清琬 弟當佳次子入嗣

女　配内呷李 亡

當長庚公 字成烈　先鳳公三子生同治庚午年十月三十日寅時卒民國己未年正月廿九日寅時塟仙打眼

妣前街黄養娘生同治庚午年十月初十日午時卒光緒己亥年二月初七日卯時塟沽美山尖坐向酉卯庚甲

又妣廈門王衍娘生光緒己丑年八月十二日亥時卒民國庚午年十月初二日未月塟沽美山

男　長慎豹　次慎貌　三節忠

女　勤娘配溪東林

當糴公　先欉公長子生道光庚寅年五月十二日巳時卒咸豐年間月日缺塟潮州

娶陳氏 出

男　慎杏 弟當愛次子兼嗣

當協公　先欌公次子生道光庚子年五月廿七日卯時卒在金豐湖坑

娶李氏 殤

當愛公 字成慈　先剪公長子生道光戊戌年九月十三日巳時卒民國壬戌年九月十九日午時塟山后格

妣下宅陳切娘生道光庚子年五月十五日辰時卒民國癸亥年四月初三日未時塟山後格

男　慎芬　慎杏 兼嗣兄當𠎝　慎本　慎立

秀春公　先剪公次子生咸豐甲寅年三月初六日戌時卒民國壬子年八月廿五日塟永定粵沓

妣中房張秩娘生同治壬戌年五月廿八日酉時卒民國辛酉年七月十

五日子時塋沽美山
男　慎藏　慎錦殤
女　長桃娘殤　次村娘配溪東林　三滿娘配大庭戴殤
當𩞾公　先顯公子生道光乙未七月廿四日卯時卒葬永定縣南溪
當格公　先俊公嗣子生道光丙午年九月初四日午時卒同治甲戌年七月初一日卯時塋沽美山
當六公字成四號經藝　先猜公嗣子生咸豐癸丑二月初六日卯時卒民國甲寅年十二月初七日丑時塋軒埧貢坐癸向丁兼子午水出巽
娶林氏出
男　慎水泉
當霜公號白雪　先長公嗣子生道光庚戌年三月廿六日巳時卒光緒丙申年八月廿七日卯時塋永定古竹

妣泰平李掛娘生咸豐戊子年正月廿六日己時卒民國辛未年三月初六日戌時塟沽美山

男　慎尊敬

女　長富娘配大坪陳　次白娘殤

當森公　先瞞公子生道光辛卯年九月廿六日子時卒塟龍岩州

男　慎揚

當朝公　萬物公長子生嘉慶戊辰年正月廿三日戌時卒塟在外

當乾公　萬物公次子生嘉慶戊寅年正月十六日亥時卒同治壬申年二月十五日吉時塟水鬼内

當薄公　先奪公子生道光巳丑年六月初五日戌時卒年缺七月廿四日吉時塟山後格大崙

當注公號鎔經　先治長子生道光辛卯年正月初三日戌時卒塟莫考

娶陳氏出

又妣羅宣娘生卒缺塋騎龍斬坐向巳亥巽乾

男　慎選殤

當誰公字成猷　先治公次子生道光壬寅年六月十一日酉時卒光緒癸

未年二月廿一日丑時塋羊嶺坑墳坐向申寅坤艮

妣李偷娘生咸豐丁巳年五月廿四日吉時卒光緒庚寅年正月初二日

未時塋沽美山險埧外路頂坐向癸丁丑未

男　慎哂

女　長配溪東　次配舊門呂　三配坑園林

清太學生海源公乳名當沐字成泉　博碩公長子生道光甲午年四月廿

一日酉時卒民國癸丑年八月初三日午時塋山後格洋嶺坑

妣溪東林進娘謚廣德生道光庚子年十一月十七日辰時卒民國巳巳

年四月廿一日卯時塋斐後林掃帚尾坐巽向乾兼已亥

男　慎春山　慎夏水（兼嗣弟當文韜）　慎有金　慎花鴿　慎良言（殤）

女　長綏娘配楓樹林　次珠娘配社壇葉

當汪公（字）成量（號）海珍　博碩公次子道光戊戌年七月廿六日未時卒光緒辛卯年五月廿九日巳時塋水鬼內坐向寅申甲庚

妣社壇葉幼娘生道光癸卯年四月初五日巳時卒民國乙卯年十一月初五日子時塋水鬼

男　慎冬桂　慎怎（出嗣弟當面）　慎務（兼嗣弟當文韜）

女　長初娘配社壇葉　次涼娘配溪東林

文韜公（號）武略　博碩公三子生道光乙巳年十月初十日辰時卒光緒辛巳年九月初二日亥時塋沽美山尖坐向寅申甲庚

娶巷口賴氏（改節）

男　慎夏水兄當沐子兼嗣　慎務兄當汪三子兼嗣　慎兩承弟當功大次子兼嗣

功大公字成傳號情深　博碩公四子生道光辛亥年正月十九日丑時卒

光緒戊子年四月初五日丑時塋水鬼內坐向甲寅申

妣舊門呂裁娘生咸豐庚申年二月初六日吉時卒光緒丙午年三月廿

九日辰時塋沽美山險垻外路頂坐向丑未癸丁

男　慎鶴　慎兩承兼嗣兄當文船　慎兩固　慎清羹殤

女　長律娘　次每娘俱配社壇葉

當國公　先蹕公子生道光己丑年四月初二日巳時卒塋在外缺

當佃公　先漢公長子生道光己亥年九月初七日巳時卒塋在外年月缺

幼娶溪東林眈娘出

當慶公　先漢公次子次子生道光丁未年十一月二十日吉時卒光緒癸

卯年五月廿二日酉時塋沽美山險垻貢外坐向艮坤寅申

幼娶小姑陳香娘 殤

當纘光　先照公長子生道光己酉年十二月二十日酉時卒塋缺

當面公 號 識得　先照公次子生咸豐癸丑年十一月廿六日卯時卒光緒
庚寅年五月初八日巳時塋龍岩州坪林

男　慎怎 兄當汪次子入嗣

西長房長之長房三　岑脚柱景豸公派

當算公　先魋公長子生嘉慶丁卯年九月廿二日巳時卒道光癸卯年十
月廿八日酉時塋沽美山脚臨田處坐北向南

當佑公　先魋公次子生嘉慶戊寅年四月初二日子時卒光緒癸未年十
二月初六日寅時塋沽美山坐向壬丙子午

男慎萬 蚤

當諸公號寶三　志取公子生道光乙酉年九月初五日未時卒道光年月缺塟永安

當婿公字成婚號親迎　蘭香公長子生道光壬午年九月十九日卯時卒光緒癸未年七月初五日未時塟斐後林脚坑溝邊坐向甲庚寅申

妣坑園陳恕娘謚恬養生道光壬午年五月初五日辰時卒光緒丙申年四月十三日寅時塟粘灰門口坐向乾巽亥巳

男　慎壇　慎根　慎反

當蟬公字成蜕　蘭香公次子生道光辛卯年十一月十七日未時辛光緒辛丑年八月十八日寅時塟沽美山中窩崙邊坐南向北

娶呂氏出

又娶劉林候閂娘生道光乙未年四月十三日午時卒光緒甲辰年二月十五日巳時塟沽美山外窩崙邊

男　慎黜　慎俎豆

女　長凡娘配官報趙　次位娘配山兜黄

當功公字成名號立德　先鷺公長子生道光戊子年二月初七日辰時卒咸豐己未年十一月十九日未時塟山後格短崙仔坐庚甲酉卯

娶下宅陳寶娘改節

男　慎悔

女　滿娘配楓樹林

當聳公字成高　先鷺公次子生道光癸巳年十二月初四日寅時卒光緒乙巳年三月二十日巳時塟斐后林坐向坤艮未丑

妣竹脚亭陳密娘生道光乙未年十一月十三日亥時卒光緒壬寅年八月三十日丑時塟斐后林坐向乙辛卯酉

男　慎樣　慎鼉　慎貝

當林公字成會　先鸞公三子生道光戊戌年四月初九日辰時卒宣統庚
戌年五月廿八日申時塋山后格
妣中房張羌娘生道光壬寅年九月廿八日午時卒光緒癸卯年四月廿
八日酉時塋重慶院邊坐向癸丁丑未右畔蔭穴坐壬丙子午
男　慎忍　慎金　慎挖　慎文氣　慎門殤　慎寢
女　長巧娘配鳳坡梁　次鴛娘配英橋陳　三愛娘配溪東林
當墘公字成中號正路　先鸞公四子生道光癸卯年十月十二日戌時卒
光緒丙午年正月廿三日巳時塋毓鐘寨溪頭山馬垵格坐丁向癸兼午
子後改塋石門
妣舊門呂雪娘生咸豐辛亥年二月十四日寅時卒民國丙辰年五月十五
日午時塋沽美山
男　慎進義　慎西　慎性　慎德　慎進長

女　長哖娘配英橋陳　次香娘配社壇葉　三蔡娘殤
四羽娘配内呷李
當享公字成禮宗廟　先科公長子道光辛丑年六月初六日巳時卒光緒
壬辰年十月初七日戌時
妣溪東林　娘謚儉樸生道光甲辰年月日缺卒光緒甲辰年六月十二
日寅時
男　慎碩
女　鬢娘配英橋陳
當然公　先斜公子外出莫考
當姣公字成好號明目　先程公長子生嘉慶壬申年十二月廿四日寅時
卒咸豐戊午年二月廿七日辰時葬沽美山外垵坐西向東
妣古宅吳尊娘謚儉美生嘉慶癸酉年正月十九日丑時卒光緒癸未年

十一月廿九日卯時

男　慎布殤　慎和　慎秧

當挨公　先程公次子生嘉慶乙亥年九月廿八日未時卒咸豐丙辰年正月廿一日申時塋沽美山中崙口坐西向東

當脾公　先程公三子生道光甲申年二月十三日丑時卒光緒丁亥年十二月廿七巳時

當溜公號酒涵　先坐公嗣子生道光己亥年三月十九日酉時卒同治戊辰年五月初二日卯時

當曲公號純理　出身公子生道光乙酉年八月廿六日午時卒光緒己卯年十月十五日未時

妣鳳坡梁詩娘生道光甲午年五月十五日辰時卒同治癸酉年八月初二日午時

男　慎吉 叅

當淑公 號 黍稷　先愁公嗣子生道光庚寅年三月廿九日酉時卒光緒年

間十一月十八日吉時塋沽美山

春喜公 號 悦懌　先章公長子生道光戊子年十一月初二日巳時卒光緒

乙酉年九月廿一日酉時

妣坑園陳草娘生道光甲辰年三月廿三日午時卒光緒年間月日時缺

男　慎廉　慎朝員 出嗣弟新擯　慎枹　慎鉗　慎平

女　長配蘇尾呂　次配溪東林

當新擯公　先章公次子生道光乙未年七月十八日亥時卒塋莫考

男　慎朝員 兄當春喜次子入嗣

當番公　先轉公子生道光己亥年七月廿八日丑時卒塋缺

當義公 字 成宜 號 仁德　世芳公長子生嘉慶丁丑年九月廿六日未時卒

光緒癸巳年二月十八日丑時塟客拔坐向甲庚寅申

妣李葉娘生嘉慶丁丑年五月初三日寅時卒道光丁亥年正月十七日辰時塟沽美山

又妣上岬莊勸娘謚忠信生道光甲申年正月廿八日亥時卒光緒甲辰年九月廿八日午時塟客拔格坐向巳亥丙壬

男　愼隆　愼賾 嗣弟當陋　愼尾

女　長月娘配溪東林　次蔪娘配古宅吳　三準娘配古宅吳 幼殤

當陋公　世芳公次子生道光甲申年正月十四日丑時塟卒缺沽美山

男　愼賾 兄當義次子入嗣　愼稿 弟當擋來長子兼嗣

新厝公 字 成家 號 建居　世芳公三子生道光丙戌年六月廿一日辰時卒光緒壬辰年二月廿二日未時塟客拔格

妣陳岱丁味娘生道光乙未年六月初一日寅時卒光緒戊戌年二月廿

八日辰時塟石梯墳

男　慎與閱　慎春水　慎鈎上　慎助軍

女　砌娘幼亡

揣來公字成周號建廷　世芳公四子生道光丁酉年十二月初三日寅時

卒民國壬戌年七月初二日寅時塟沽美山

妣宮下黃時娘生道光丁未年九月十一日酉時卒民國辛酉年十月初

四日戌時塟山後格

男　慎稿兼嗣兄當陋　慎杼　慎城　慎淦

女　胚娘配三錦美陳

當墜公字成在號識大　先退公長子生嘉慶庚辰年五月廿七日未時卒

光緒乙巳年三月初二日未時塟洋嶺坑客拔格上坐向未丑丁癸

妣下宅陳説娘謚好言生嘉慶庚辰年二月初四日午時卒咸豐癸丑年

十月廿五日未時塟羊嶺坑路上窩内坐向午子丙壬
男　慎韜　慎命　慎沐
女　長問娘配戴厝　次訓娘鳳坡梁
當烹公字成飪　先退公次子生道光乙未年五月十五日午時卒缺
妣下宅陳每娘生道光己亥年十月十六日巳時卒光緒甲辰年十一月
十八日巳時塟山後格洋嶺坑客拔格上坐向未丑丁癸
男　慎撮殤　慎禮
女　近娘配楓樹林
井水公字成清號用汲　先糙公長子生道光丁亥年閏五月十七日酉時
卒咸豐庚申年九月廿八日巳時
娶陳氏出
又娶前坑黃參娘改節

男　愼柳養

女　長儉娘配洪坑呂　次軟娘配南坪呂

文廣公字成大號悉備　先糙公次子生道光庚寅年閏五月廿五日午時

卒光緒甲辰年十二月廿二日午時塟沽美山外崙坐向辛乙酉卯

妣溪東林掛娘生道光壬辰年八月廿日午時卒光緒己卯年九月初二

日酉時塟出水蓬花赤墓坪

男　愼伙殤　愼傳　愼雙出嗣弟當鳳毛

女　長勤娘配溪東林　次梅娘配前坑余

當鳳毛公字成羽　先糙公三子生道光乙未年七月初十日辰時卒咸豐

乙未年十一月廿二日酉時

男　愼雙兄文廣次子嗣

侍郎公字成尚　先糙公四子生道光戊戌年八月廿五日寅時卒同治辛

未年五月廿二日酉時
娶溪頭蔡信娘改節
當冬泉公字成活 先邊公長子生道光癸己年四月廿六日巳時卒民國
辛酉年二月初九日寅時葬重慶
妣鳳坡梁棗娘生道道光甲午年十一月十一日午時卒民國乙丑年六
月廿五日寅時葬沽美山
男 慎豎 慎備殤 慎炎殤 慎可
女 長花娘配溪東林 次端娘配中房張
當鑿公字成世 先邊公次子生道光戊戌年閏四月初九日寅時卒民國
乙卯年十月廿四日申時葬山后格
妣胡西陳間娘生道光庚子年七月十三日申時卒民國乙丑年十月廿
二日未時葬客拔格

男　慎聲　慎且　慎三白

女　錬娘配社壇葉

當煥公　先泳公長子生道光庚子年月日時缺外出莫考

當成公　先泳公次子生咸豐年間月日缺往日里莫考

娶半山陳送娘改節

男　慎碧

當衢公　先滢公嗣子生咸豐壬子年十二月廿五日午時外出莫考

當梶公號一泓　先審公子生咸豐庚申年七月初十日卯時卒光緒戊戌

年九月廿三日戌時

娶大廷戴捒娘生同治戊辰年十月初一日寅時

男　慎琴　慎吾養　慎居　慎裁益

女　長銀娘配溪東林　次萁娘配路邊林

宗謀公派　墩仔尾柱瑞伯公派

當渭公　先敬公長子生咸豐辛酉年十月十六日巳時卒光緒丙子年九十七日卯時塋沽美山中窩

當醒公　先敬公次子同治乙丑年月日失記卒光緒癸巳年四月二十日吉時塋沽美山

男　慎清海 弟當簡長子兼嗣

當簡公　先敬公三子生光緒戊寅年六月十四日戌時卒光緒丙午年八月初四日子時塋沽美山中窩邊

妣大柯岵貼娘生同治癸酉年三月十五日午時卒塋缺

男　慎清海 兼嗣兄當渭　慎清堂 出嗣兄當錄　慎昆

女　担娘配馬洋林

石門柱　宗信公派

清當七公　先話公子外出晉江小溪生卒缺

當才公　先佃公長子生咸豐壬子年六月十二日巳時往永春龍堀卒塋莫考

當哖公　先佃公次子生失記龍岩卒塋缺

當進公　先雜公子生咸豐癸丑年十月十八日戌時住居漳州卒塋莫考

當鉞公字成虔　先幼公嗣子生同治丁卯年十一月廿九日未時卒民國乙亥年六月初四日寅時

妣永春花石鄭府娘生光緒壬午年二月初七日申時卒民國甲寅十一月初八日未時塋山后格短崙仔與土樓芬妣合塋坐向午子丁癸

又娶下宅陳及娘生同治乙亥年七月十五月午時

男　慎鱉殤　慎金圳養　慎水發兼嗣弟當鐵應發

當誠公字成意　先麵公長子生同治乙丑年二月初九日亥時卒民國癸
未年九月二十日巳時葬重慶
娶長岸林正娘幼殤
又娶大廷戴樽娘生光緒乙亥年七月十六日午時卒民國甲寅年五月
初四日戌時葬石門坐向艮坤丑未
又妣德化下永鄭帛娘生同治戊辰年十一月廿四日子時卒民國己巳
年三月廿九日辰時葬樹林口
男　長慎潤澤　次慎莿桔　三德元
女　貴娘配簪垻柯　必熟娘殤　位娘配下宅陳　嘵娘配楓樹林
當鐵公字成銅　先麵公次子生同治癸酉年十月初八日丑時卒民國丙
年十月初十日申時葬座斗崙坐向丑未艮坤
幼娶中房張活娘殤

又妣内呷李不娘生同治壬申年十一月廿三日子時卒民國丙寅年十一月十六日寅時塟座斗崙坐向申甲庚

男　慎經營 養兼嗣弟當灣　慎水發 當錢子兼承

當灣公 字 成直　先緬公三子生光緒庚辰年十月初二日戌時卒塟缺

娶溪東林筬娘 殤

男　慎經營 兄當鈌養子兼嗣

娶英橋大坪陳莧娘 改天

溪泉公 字 成清　先富公嗣子生咸豐壬子年六月十三日吉時卒光緒壬辰年九月廿八日午時塟永春下垅

娶永春過溪周有娘生同治壬戌年九月十三日辰時

男　慎淵澄 俱住永春南門内

女　長問娘配小陳岵　次仁娘 殤

當良德公　先眉月公長子生道光甲辰年六月十九日吉時卒光緒庚辰年十二月廿三日亥時塟永春下坵

當江海公　先眉月公次子生同治己巳年十一月廿八日戌時往永州南門內

當鍊公　先琳公嗣子生同治己巳年六月十一日戌時卒光緒戊子年六月十五日辰時往南洋缺

男　慎清堂 弟當簡次子入嗣

良球公派　垻仔頭柱　移居永春州西門內

當第公 號後天　先妍公子兼承先絜生咸豐甲寅年十一月初七日子時卒光緒年間四月廿五日卯時塟永春山美郎軍爺

男　慎錦 兄當全福長子入嗣殤

當炎公字成光　先順公子生同治壬戌年十一月廿五日戌時
妣東門鄭于娘謚淑慈生同治庚午年五月十四日戌時卒民國庚申年
年八月初八日戌時塋永春白馬寺
男　添泉　慎焜殤
女　長文娘配生溪鄭　次春娘配山美林
全福公字成載　先溫公長子生咸豐甲寅年六月廿二日酉時卒民國壬
申年二月初十日酉時塟永春白馬寺中崙和尚墓頂
妣小沽陳準娘謚淑慎生咸豐庚申年七月十五日午時卒光緒壬午年
九月十六日巳時塋王厝山朱子崙坐南向北
又妣旦嶺張滿娘生咸豐庚申年十一月十八日辰時卒民國癸酉年二
月初三日酉時塋永春山
男　慎有煙殤　慎修蘭殤　慎錦嗣弟當第殤　慎乾

女　長勉娘　次祝娘僕幼亡　三圈娘配永春東門鄭家

當祿公字成厚　先温公次子生同治癸亥年十二月初九日戌時卒民國己未年三月廿六日未時塟在南洋

妣董埔林玉娘生光緒乙亥年二月十四日辰時卒民國甲子年四月廿八日午時

男　慎逞

女　唾娘殤　晃娘在外洋峇六甲配李貴家為媳

當壽公字成祝　先温公子生同治戊辰年二月十五日戌時卒光緒乙未年正月十七日巳時

娶張氏改節

男　慎盛眷

當喜公字成歡　先温公四子生同治辛未年八月初三日酉時卒宣統辛

亥年十月初六日亥時塟在南洋峇六甲
妣英宅鄭在娘生光緒庚辰年九月初九日丑時卒光緒辛丑年九月三
十日寅時塟白馬寺中崙坐向壬丙亥巳
又娶陳鸞娘生光緒年月日缺卒缺
男　長慎根殤鄭氏出　次繼周　三金諧
當興公公字成隆號旺相　先鑽公長子生同治戊辰年三月初三日子時
卒光緒辛丑年五月廿四日寅時塟在洋
娶邱氏改節
當吉公字成卜號後昌　先鑽公次子生光緒壬午年十二月二十日戌時
卒宣統己酉年二月初五日未時塟在外洋峇六甲
娶東山排樓張篠娘
男慎種殤

女　佃娘配後埔徐

當脤公　先推公子生咸豐丙辰年二月初九日丑時卒缺

慷水公　先緞公子外出無踪生卒缺

西長房長之二　應台公派　柿樹後柱

當炒公　先雙公子生道光己丑年四月初七日戌時往平和卒塋莫考

當喬公　先及公長子生道光庚子年八月廿九日寅時幼殤

當饋公　先及公次子生道光壬寅年十一月初三日未時卒光緒辛己年八日十六日申時

妣下宅陳瑞娘生咸豐甲寅年七月廿五日酉時卒光緒癸卯年十月十三日寅時

男　慎永卷

女　椒娘配路下陳

當趨公　先及公三子生咸豐壬子年三月初七日午時卒光緒戊戌年十一月十七日吉時

男　慎合養

當灘公　先及公四子生咸豐戊午年六月廿一日午時卒葢莫考

當瓶公　先及公五子生卒莫考

當登字成天　先榜公子生光緒壬午年三月十二日未時

娶柯倫娘　葉緣娘　陳删娘俱殤

聘内呷李不娘出

娶鳳宿洋陳早娘生光緒丁丑年三月初九日辰時

男　情樹

女　來娘殤　棉娘配溪東林

西長房二　二叔公派　蓮山洋柱　俱住永春西門内

當坑公字成玉號金聲　肇忠公長子生咸豐壬子年七月初九日巳時卒
光緒丙午年正月廿五日巳時塟南洋峇六呷庇勞公山
娶永春埔頭林惜娘生同治丁卯年　月　日　時
男　慎添來養　慎清輝殤　慎春弟當榮四子入嗣　慎珍養
女　有娘配豐山兜陳

當浸公字成滋號潤澤　肇忠公三子生同治甲子年九月初十日己時卒
光緒癸卯年九月初九日卯時塟峇六甲公山
娶陳氏改節
男　慎窺兄當榮三子入嗣　慎蟾養

當仲公　肇忠公四子生同治己巳年二月十四日未時卒光緒庚子年十
月初九日辰時塟峇六甲山

娶陳氏 改節

男　慎炳焥 弟五桂長子兼嗣

當五桂 字成攀　筆忠公五子生同治辛未年二月十二日辰時

娶上場顏冬娘生光緒己卯年八月初五日未時

男　慎炳焥 兼嗣兄當仲　慎火 殤

當榮公　先泮公子兄先位次子入嗣生咸豐辛酉年八月廿七日丑時

娶番六娘住峇叻甲干東生未查

又娶邱氏俱住峇叻呷干東生庚未查

男　慎法　慎才　慎寬 出嗣弟當浚　慎春 出嗣兄當坑　慎隆　慎寶　慎堅

慎熙 俱邱氏出

女　箴娘

十三世西房長終

国家出版基金项目
NATIONAL PUBLICATION FOUNDATION

海上絲綢之路文獻集成

總主編　陳支平　陳春聲

民間譜牒編　71

主編　林楓

海峽出版發行集團
THE STRAITS PUBLISHING & DISTRIBUTING GROUP
福建人民出版社

本册目次

［福建南安］南安霞錦洪氏族譜二十卷首一卷存十九卷（世紀卷五至世紀卷七）

吴培奇纂修

南安霞錦洪氏族譜世紀

卷五

霞錦洪氏族譜世紀卷五

十世西三房長之長房長良琬公派仙井柱

清兆攀公字有龍號附鳳　清藻公長子生乾隆壬戌年正月廿七日辰時卒乾隆庚子年四月廿五日午時塟重慶山金字面後石聳中坐向坤艮未丑

妣李議娘謚恬慈生乾隆丁卯年四月初十日酉時卒嘉慶戊辰年九月十三日酉時塟小寨垵坐向甲庚寅申

男　必全　必張殤　必理　必略　必度　必聯殤

女　配宮邊黄

兆瀉公字有潑號世百　清藻公次子生乾隆甲戌年九月十二日戌時卒乾隆丁酉年五月十一日申時塟石門山大水垵頭坐北向南

兆飽公字有持號以德　清藻公三子生乾隆己卯年十一月十三日亥時

卒道光戊子年八月十三日辰時塋石門山蛇仔崙邊坐北向南
妣尾埔馬八娘生乾隆癸未年十二月廿二日亥時卒嘉慶庚午年八月
廿日子時塋石門山中崙腰
男　必慣　必泵　必聰
女　二俱配增墘曾
兆挾公字有山號太原　魁元公長子生乾隆庚午年正月十九日戌時卒
乾隆丙午年正月初二日酉時塋石門坐東向西
妣大坪頭方雙娘謚純德生乾隆辛未年十二月廿四日亥時卒嘉慶壬
戌年八月十七日申時塋重慶中崙尾坐東向西
男　必禱　必欽出嗣兆選　必罕
女　配郭井林
兆選公字有擇號廷拔　魁元公次子生乾隆甲申年七月廿九日戌時卒

乾隆癸卯年六月廿九日午時塋永定縣龜嶺頭

男　必欽 兆扶次子入嗣

兆敏公　瑞翁公長子生乾隆戊寅年五月廿日寅時卒嘉慶年月缺塋鳳山縣萬丹埔

兆慶公　瑞齒公子坐乾隆辛巳年正月初二日卯時卒嘉慶年間塋沽美山

娶王氏 出

西三房長之長房二良明公派美茂柱

清兆濫公 字 有言　履正公長子生乾隆乙亥年十月十二日亥時卒道光辛巳年十月十三日未時

妣林成娘生乾隆甲申年三月十二日酉時卒嘉慶癸酉年八月十八日

卯時塟重慶山
女　長配大坪頭方　次配大庭戴
兆汰公號喬嶽　履正公次子生乾隆辛巳年二月初九日丑時卒道光辛
巳年四月二十日未時塟石門山
妣陳諶娘生乾隆壬午年五月十八日申時卒道光辛卯年六月廿九日
巳時
男　必巖叅
女　長配大坪頭方　次配劉林侯
兆沁公字有泓　履正公三子生乾隆戊子年八月十五日辰時卒道光辛丑
年七月廿二日申時
兆濠公字有爻號精義　履正公四子生乾隆癸巳年閏三月初九日寅時
卒道光辛巳年五月二十日亥時塟南洋

娶楊氏出

男　必吝叅

兆依公號於仁　以莊公長子生乾隆戊子年十月廿八日寅時卒乾隆己酉年四月廿三日辰時塟石門山坐卯酉

兆宅公字有居　以莊公次子生乾隆甲午年二月廿四日辰時卒道光戊子年六月十一日辰時塟石門山坐向辰戌巽乾

妣小沽陳意娘生乾隆丙戌年五月初五日亥時卒嘉慶戊辰年五月初七日辰時塟石門山

又妣蔡初娘生乾隆己丑年三月十四日酉時卒道光戊戌年九月廿八日申時塟石門山骸歸頭搭

女　長配郭井林　次配下宅陳

兆洗公字有清號浴德　潔白公長子生乾隆壬寅年九月初九日寅時卒

道光丙戌年九月初五日未時塟石門山坐向丑未癸丁
娶林氏出
男　必坪　必戒
女　配溪東林
兆皓公字有月　潔白公次子生乾隆庚戌年正月十九日巳時卒道光丁酉年四月廿九日酉時塟重慶山坐向乾巽戌辰
妣社厝黃垂娘生嘉慶癸亥年十一月廿一日酉時卒道光庚寅年四月初五日酉時
兆雩公字有詠　潔白公三子生乾隆甲寅年六月十二日戌時卒道光丙午年六月廿八日未時
妣惠安陳妹娘生嘉慶乙丑年九月廿七日亥時卒道光丙午年十月初一日申時

男　必仰出嗣兆誥　必養

女　配溪東林

兆誥公字有封號寵錫　潔白公四子生嘉慶丁巳年九月廿八日亥時卒

道光己丑年九月初九日巳時塋石門山坐向缺

娶陳氏出

男　必仰兆雩長子入嗣

兆契公　潔白公五子生嘉慶庚申年十月廿四日亥時卒道光丙午年月

日時俱缺

兆族公字有睦號和宗　彌高公長子生乾隆丁亥年四月十八日子時卒

嘉慶庚申年六月廿三日午時塋山後格大崙坐東向西

妣東門謝作娘生乾隆丙戌年十月十三日子時卒嘉慶丁巳年二月廿

五日寅時塋石門山

男　必恐

兆勞公字有愛　彌高公次子生乾隆庚寅年正月初一日寅時卒道光丙戌年三月廿六日辰時塟石門山

妣坑園陳罠娘生乾隆癸巳年十月廿四日寅時卒嘉慶乙丑年正月十五日未時塟本鄉吳埔山頭草埔内坐北向南

男　必接殇

女　配大坂陳

兆普公字有彰號厚德　琬玉公長子生乾隆己亥年九月十八日寅時卒嘉慶丙子年四月二十日戌時塟石門山

妣下宅陳幼娘謚慈愛生乾隆庚子年十月廿九日辰時卒道光戊申年九月初一日巳時塟缺

男　必等　必渠　必梭　必学　必匣

兆共公字有朋號善友　琬玉公次子業儒生乾隆甲辰年十月十六日寅時卒道光乙酉年十一月十二日巳時塟石門山

妣長岸戴鑾娘生乾隆丁未年十一月十三日戌時卒咸豐壬子年七月初二日寅時塟文章山却拔內

男　必妍　必璇　必俊

女　一幼殇

兆品公字有珍號奇寶　琬玉公三子生乾隆戊申年七月十八日巳時卒咸豐辛亥年又八月廿三日辰時塟石門蛇仔崙坐向乾巽戌辰

娶內呷李戴娘生乾隆己酉年又五月初八日辰時卒同治壬申年十一月十四日巳時塟新寨坐向辛乙酉卯

男　必翠殇　必樑　必屢　必汀　必波

女　配山兜黄

兆洒公字有是　賢德公長子生乾隆庚辰年三月初三日巳時卒道光壬
辰年五月十六日巳時葬石門山
妣中房張取娘生乾隆乙酉年十一月三十日巳時卒乾隆乙卯年八月
初二日巳時葬石門山
兆禘公　賢德公次子生乾隆丙戌年四月廿九日酉時殤
兆斷公字有誠　賢德公三子生乾隆壬辰年十月廿一日午時卒道光丙
申年八月廿八日巳時葬重慶樹林口坐北向南
妣胡西陳珪娘生乾隆壬辰年八月初六日未時卒嘉慶甲子年八月廿
一日戌時葬重慶新寨坐西向東
男　必辭
兆筵公字有賓號温其　華管公長子生乾隆甲午年七月初七日酉時卒
道光癸巳年三月十四日未時葬石門山坐向巳亥巽乾

妣溪東林椒娘謚明禮生乾隆丙申年正月初五日酉時卒咸豐辛亥年
八月十五日申時塟石門山坐向巳亥巽乾
男　必篤　必典
女　長配路後戴　次配山兜黃
兆技公號惟賢　如瑜公長子生乾隆辛丑年十一月初七日辰時卒嘉慶
乙丑年十月廿一日辰時塟石門山
兆幼公字有序　如瑜公次子生乾隆乙卯年三月二十日寅時卒咸豐甲
寅年十月十四日酉時
妣南溪鄭串娘謚垂珠生嘉慶丁卯年二月初八日卯時卒道光甲申年
二月十二日辰時塟重慶樹林口坐北向南
又妣陳栽娘生嘉慶己巳年正月十五日辰時卒道光癸巳年五月廿七
日酉時塟石門山

三妣戴飯娘生嘉慶丁卯年二月初六日寅時卒光緒戊寅年六月十二
日寅時塋沽美山
女　罔娘 殤
兆甘公 號 受和　在浚公子生乾隆丙午年六月初十日巳時卒嘉慶丙寅
年八月廿九日申時塋石門山坐西向東
兆力公 字 有智　脩實公長子生乾隆壬寅年十月初七日午時卒道光庚
寅年七月十七日未時塋重慶皂斗崙
妣坑尾方片娘生嘉慶丙辰年九月十二日丑時卒同治年間月日時失
記
男　必留　必暢　必緩 出嗣兆密
女　居娘配社壇葉
兆超公 字 有選　脩實公次子生乾隆乙巳年九月廿八日未時卒道光己

酉年三月廿五日申時

妣文章陳招娘謚儉慎生乾隆乙卯年十月廿六日吉時卒道光戊戌年三月十五日未時塟重慶新寨脚

男　以徹　必蟶　必錐

女　配山兜黄

兆夏公字有義　脩實公三子生乾隆己酉年十月廿一日寅時卒道光甲午年十二月初八日丑時塟石門山

娶陳氏出

男　必佃　必朝恩

女　長配大庭紀　次配文章陳

良明公派美成柱

兆潤公字有澤號成君　吉實公長子生乾隆壬戌年七月十七日未時卒
嘉慶庚申年十月初八日子時
妣陳服娘生乾隆己巳年二月廿七日未時卒乾隆庚子年十月廾一日
日未時
男　必別
女　配下宅陳

兆簡公號平易　吉實公次子生乾隆庚午年七月十三日巳時卒嘉慶庚
午年十月初五日辰時塟重慶樹林口犂頭崙坐戌向辰
男　必來

兆紹公字有克號箕裘　得心公長子生乾隆辛未年十月十八日巳時卒
乾隆乙卯年五月十二日丑時塟小寨垻坐西向東

兆分公字有派號均年　得心公次子生乾隆戊寅年八月十一日酉時卒

道光壬午年七月初四日申時塟重慶樹林中坐北向南
男　以蚋 兆煉子入嗣
兆越公　得心公三子生乾隆甲申年三月十九日酉時卒乾隆庚子年八
月十五日辰時塟虎探頭坐北向南
兆香公 字 有花 號 清案　德心公四子生乾隆乙未年二月初十日寅時卒
道光乙未年又六月十八日戌時塟石門山坐巳向亥
妣惠安王員娘生乾隆癸丑年八月初五日卯時卒咸豐丁巳年十月初
一日辰時塟石門山坐辰向戌
男　必燕　必魏　必雲
女　配宮下黄
兆遂公　啓樽公子生乾隆乙酉年十月十七日吉時卒年缺五月廿九日
吉時塟在南洋

妣陳質娘生乾隆丁亥年十二月初七日酉時卒乾隆丁未年五月廿九日卯時塟漳州海澄圳尾院埔下第三坵園南邊

兆豁公字有然號達士　成至公長子生乾隆庚辰年七月十一日卯時卒嘉慶丙辰年十月二十日午時塟重慶山中崙坐向甲庚寅申

妣黃桂娘生乾隆戊子年七月初二日辰時卒嘉慶庚申年八月初二日酉時塟沽美山坐庚向甲

男　必乾　必情

兆撰公字有異號生治　成至公次子生乾隆戊子年十月十八日巳時卒嘉慶辛未年四月十九日寅時葬重慶樹林口坐甲向庚

妣溪東林疋娘生乾隆丙辰年三月初十日申時卒嘉慶庚午年二月初三日申時塟重慶山坐艮向坤

男　必仁養　必鑿　必鸞

女　配溪東林

兆崢公字有嶸號出類　成至公三子生乾隆辛卯年十一月十六日申時

卒嘉慶庚辰年七月廿九㘦申時塟山後格坐向乙辛辰戌

娶黄氏出

男　必樹　必揞

女　配大庭戴

兆闓公字有瑛號和悦　義方公長子乾隆丁丑年四月十六日午時卒嘉

慶甲戌年十一月十二日巳時塟石門山中崙

妣英橋陳珁娘生乾隆壬午年九月初七日未時卒乾隆壬子年九月十

八日申時塟重慶金字面後

又妣亭仔吕全娘生乾隆壬午年七月十七日亥時卒道光庚寅年七月

十七日巳時塟石門山

男　必慰　必景　必珠出嗣兆紀　必選

女　長配大庭戴　次配下宅陳

恩賜耆老有吉公乳名兆喜字有祉號生甫　義方公次子公尊祖敬宗禮賢樂善壽躋八旬三錫稱觴製錦堂開四代一脈啓後承先故濟川戴先生祝云月恆日升九如錫嘏南杞北萊十有凝麻其獲福誠有真矣今觀三男名列辟雍六孫志勵詩書其報公之德者洵有人也生乾隆甲申年九月初五日酉時卒道光甲辰年五月十二日亥時柩塟本山文章斐後林大金蒂坐向乙辛卯酉石鐫　恩榮八品生甫洪公佳城

妣坑柄呂不娘謚淑慎生乾隆己丑年十月廿五日未時卒道光己亥年七月初五日巳時柩塟本山文章赤墓坪大砂崙坐向壬丙子午石鐫武榮霞坂洪母呂孺人墓

男　必揚　必好　必恤貢生　必美　必崇　必隱

女　長庄娘配劉林侯　次平娘配内呷李

兆紀公字有綱號敦倫　義方公三子生乾隆甲午年六月十八日酉時卒嘉慶己卯年七月初五日巳時葬石門山

妣卿源陳垂娘謚餘裕生乾隆辛丑年十二月初十日酉時卒道光庚戌年四月十二日戌時後移葬山后格馬鼻鵠坐向己亥巽乾

男　必珠兆閤子入嗣　必成養

兆知公字有誨號遵聞　爾德公長子生乾隆辛卯年九月廿六日未時卒道光癸巳年十一月十四日午時葬山後格尊字崙

女　長配馬洋林　次配下宅陳

妣下坑橋陳嬌娘謚柔姿生乾隆甲午年二月二十四日亥時卒道光癸卯年七月十五日寅時葬重慶中崙

男　必達　必子殤　必撻　必溥

女　長配陳　次三俱配葉

兆後公字有昆　爾德公次子生乾隆乙未年十二月廿二日卯時卒道光

丁亥年正月初六日卯時塋重慶樹林口

娶葉氏出

男　必益兆慈次子入嗣

兆慈公字有祥號愷惻　爾德公三子生乾隆己亥年三月初九日亥時卒

道光壬寅年十一月十三日戌時塋重慶中崙坐向甲庚寅申

妣胡坂蔡吻娘謚懿訓生乾隆壬子年四月初一日午時卒咸豐丙辰年

六月三十日酉時

男　必旺　必益出嗣兆後　必狐殤　必近養

女　長配寨埔葉　次配坑園戴

兆宗公字有主號維城　降才公長子生乾隆乙未年八月廿七日卯時卒

道光丙午年七月廿五日巳時葬重慶樹林口坐寅向申兼艮坤

妣郭井林綢娘謚閏範生乾隆甲午年十一月十一日子時卒道光甲午年四月初九日未時葬客鈸觀音崙坐乙向辛兼辰戌

男　必絹　必登　必處出嗣兆詩

女　長配上敬亭林　次配內呷李　三配郭井林

兆詩公字有禮號華國　降才公次子生乾隆戊戌年五月廿四日辰時卒道光丁亥年四月廿八日子時葬石門山跎仔崙邊坐向坤兼寅申

男　必處兆宗三子入嗣

兆僭公字有義號謙遜　降才公三子生乾隆癸卯年十月廿七日酉時卒道光乙巳年七月十七日未時葬客拔雞卯崙頭坐向未丑艮坤

妣呂洋黃𡟯娘生嘉慶戊午年六月十二日辰時卒同治庚午年正月十一日寅時葬猪母乳外崙坐向卯酉甲庚

男　必梅　必會　必梳　必排
女　配下宅陳
兆欣公　成義公長子生乾隆甲午年七月十一日卯時卒嘉慶辛未年二
月十九日亥時塋石門山
兆深公　成義公次子生乾隆年間往台
兆齡公　瑞檜公子生乾隆年間月日俱缺
兆迎公字有集號受福　盛在公長子生乾隆癸卯年正月十四日吉時卒
道光辛丑年五月廿九日寅時塋樹林口坐卒乙
妣小沽陳早娘謚寬順生乾隆丙午年七月十二日酉時卒道光乙巳年
三月廿二日午時塋石門山坐卯酉
男　必鷹　必潭出嗣兆聯　必符
女　長配雙溪陳　次配東門謝

兆連公字有甲　威在公次子生乾隆己酉年十一月十一日巳時卒咸豐丙辰年十月廿八日吉時塟大埔縣牌樓垻

娶陳氏出

男　必潭兆迎次子入嗣

女　配雙溪陳

兆歲公　律脩公長子生乾隆丙午年三月二十一日辰時卒嘉慶戊寅年三月廿五日酉時塟安溪縣古竹墟大半店后水尾坐東向西

兆權公　律脩公次子生乾隆庚戌年五月初七日卯時卒塟俱缺

兆與公字有巽　瑞過公長子生乾隆癸丑年十月初五日酉時卒同治癸酉年八月廿九日吉塟新寨繳仔頂

娶永春東山鄭痛娘生嘉慶辛未年二月十九日寅時卒年失記二月廿日日吉時

男　必榮　必華　必討

兆宣公字有著號承進　瑞過公次子生嘉慶庚申年二月十四日寅時卒道光丙申年十一月初五日酉時塟石門山

娶林氏出

男　必漂養

兆賓公字有客號明筵　瑞過公三子生嘉慶乙丑年十二月廿五日申時卒道光辛丑年十二月初一日吉時塟石下虎頭砂邱家山

妣陳逆娘生嘉慶壬申年八月十七日巳時卒道光庚子年十月廿九日申時塟石門

兆準公　瑞過公四子生嘉慶戊辰年十月廿四日申時卒咸豐丙辰年正月初十日吉時塟挑源郭鞍

妣陳狼娘生缺卒咸豐甲寅年塟桃源公山

兆炳公　瑞　公五子生嘉慶壬申年五月廿六日巳時卒咸豐甲寅年塋
　桃源公山
兆習公　士及公長子生乾隆甲午年七月廿六日午時卒道光甲辰年七
　月初九日巳時塋沽美山坐
　　鍾元公派頂三落柱
妣楊汝娘生乾隆甲辰年八月初二日酉時卒道光年間正月初九日吉
時塋沽美山
男　必創 養
兆級公　士及公次子生乾隆丁酉年十一月廿八日戌時卒在永定
兆盞公　士及公三子生乾隆辛丑年三月初七日未時卒在廣東大埔
兆長公士及公四子生卒缺

兆耽公字有資號成讀　周制公長子生乾隆壬寅年十二月初二日巳時
卒道光戊申年五月廿四日午時塟樹林內中心崙坐向癸丁丑未
娶社壇葉嬌娘謚意裕生嘉慶丁巳年三月初六日酉時卒光緒己卯年
五月十六日申時塟石門山大崙水垵邊坐向壬丙子午
男　必吟　必妙出嗣兆肥
女　起娘配馬頭黃

兆肥公號受陽　周制公次子生嘉慶丙寅年二月初一日辰時卒同治
乙丑年五月初五日丑時塟客鈸格坐丁癸未丑
男　必妙　兆耽次子入嗣　必赫養

兆諧公字有器號在和　瑞墘公長子生乾隆乙未年九月二十日酉時卒
道光壬子年六月廿二日酉時塟山后格羊嶺坑坐向丁癸午子
妣鋪前雷纘娘謚範慎生乾隆癸卯年六月十二日午時卒咸豐辛亥年

十一月初二日亥時塟山後格石皮垵坐向巽乾辰戌

男　必蘭

兆摺公 號 迎接　瑞墘公次子生乾隆己酉年正月初九日戌時卒嘉慶戊

寅年正月廿三日申時塟石門山虎探頭坐向寅申艮坤

娶葉氏 改節

兆井公 號 淵泉　瑞墘公三子生嘉慶戊午年八月十三日午時卒咸豐己

未年十月廿七日未時塟重慶坑仔口坐向丑未艮坤

男　必移 兆砌子入嗣

兆清公 字 有濁　瑞墘公四子生嘉慶丙寅年正月十五日酉時卒道光

庚寅年五月初九日戌時塟石門山中崙邊坐向癸丁子午

娶戴氏 改節

兆鐵公　瑞頓公子生卒缺

兆朕公　端送公子生乾隆丙午年十二月廿六日寅時卒乾隆乙卯年月
日缺
兆賫公　瑞挑公長子生乾隆丁酉年三月初八日亥時卒道光癸卯年十
一月初七日巳時塟重慶新寨脚坐向申寅庚甲
兆富公　瑞挑公次子生乾隆庚子年正月廿八日亥時卒在廣東大埔
兆兑公　瑞徙公子生乾隆辛亥年九月初十日寅時卒道光己亥年正月
初十日巳時塟廣東莊林
男　必標堂弟兆懷子入嗣
兆夢公　瑞著公子生嘉慶庚申年十月初十日子時卒道光癸未年二月
廿三日卯時塟重慶新寨
兆懷公字有愛　瑞春公子生嘉慶乙丑年八月十九日亥時卒咸豐庚申
年十月初四日吉時

妣吉祭鄭信娘生嘉慶甲戌年四月十五日辰時卒光緒己丑年十月二十三日丑時

男 必鉗殤 必標出嗣堂兄兆兌 必格殤

女 配下宅陳

兆返公字有意號同心 光彩公長子生乾隆丁亥年六月廿八日申時卒道光戊子年五月初五日午時葬山后格尊字崙坐向丙壬己亥

妣大坪陳眛娘生乾隆辛卯年四月初一日酉時卒道光丁酉年六月二十日寅時葬重慶樹林口坐向巽乾己亥

男 必宅 必桂 必文 必武

女 長配坑園戴 次 配半嶺林

兆僭公 光彩公次子生乾隆辛卯年三月十六日吉時卒乾隆戊戌年四月十七日吉時葬杉林內坐向己亥巽乾

兆靳公　光彩公三子生乾隆甲午年五月十六日吉時卒乾隆癸卯年三
月吉日吉時塋蛇仔崙邊
兆積公字有倉　光彩公四子生乾隆丁未年十二月廿八日辰時卒道光
己亥年十二月二十六日戌時塋永春庵邊格
妣下宅陳却娘生乾隆己酉年五月十四日亥時卒道光甲午年三月十
一日午時塋石門山坐向辛乙戌辰
男　必長　必再
女　長配文章陳　次配劉林侯　三配上呷張
兆王公字有帝　連發公長子生乾隆丁亥年七月十四日辰時卒嘉慶甲
子年十一月初四日卯時塋重慶新寨脚坐向酉卯辛乙
妣頂宅陳取娘生乾隆卯年二月卄三日戌時卒嘉慶壬戌年十二月十
九日戌時塋重慶新寨中坐向庚甲申寅

男　必鎦
女　長配内呷李　次配下宅陳

兆寄公號多脩　連登公次子生乾隆甲午年十月初九日午時卒乾隆甲寅年八月十一日巳時塟山後格石皮垵坐向丙壬巳亥

兆慈公字有祥號文進　連登公三子生乾隆丁酉年十二月初十日卯時卒道光壬辰年四月十一日丑時塟重慶坑仔口坐艮坤寅申
妣舊門呂勅娘謚孝勤生乾隆癸卯年七月十四日卯時卒道光壬辰年五月初二日亥時塟文章山杉林脚石圳頂坐向丁癸未丑
男　必笑　必厚　必講
女　長配下宅陳　次配内呷李　三配湖坂蔡　四配東門謝

兆園公字有芳號桃林　連登公四子生乾隆辛丑年十二月初四日午時卒嘉慶丁丑年十二廿三日亥時塟重慶山坐向艮坤丑未

娶某氏出

男　必華　必拎

女　長配内呷李　次配上敬亭林　乙

兆從公字有由號政治　和興公長子生乾隆甲午年十一月十四日酉

卒咸豐戊午年五月十五日申時塟斐后林坐向乾巽戌辰　午

妣内呷李勸娘謚善德生乾隆癸卯年八月初四日辰時卒道光庚寅八

十月初四日未時塟文章山斐後林與公仝塟

男　必錐　必度　必禮　必斗出嗣胞弟兆完　必僉　必係幼殤

女　長配下宅陳　次配溪東林　三配大庭戴　乙

兆丹公　和興公次子生乾隆庚子年七月十二日辰時卒嘉慶癸酉年

月初八日卯時塟石門山坐向卯酉甲庚

兆完公號新園　和興公三子生乾隆癸卯年九月初六日辰時卒道光八

戌年四月初三日巳時塋重慶中崙坐向艮坤丑未與必僉合塋
男　必斗兆從四子入嗣
兆捒公號振義　瑞八公長子生乾隆辛卯年五月廿五日申時卒道光己亥年正月初九日未時塋重慶樹林口坐向壬丙子午
妣林柄陳要娘謚懿用生乾隆戊戌年六月廿八日寅時卒道光庚寅年六月二十一日未時塋斐后林坐向丙壬午子
男　必挺　必鼎殤　必景　必恩
女　配社壇葉
兆勸公號善教　瑞八公次子生乾隆甲午年七月廿八日亥時卒嘉慶己巳年六月初九日酉時塋重慶坑仔口坐向甲庚卯酉
娶張氏出
男　必緩

兆炭公號嘉成　瑞八公三子生乾隆丁酉年九月十一日亥時卒道光丙
戌年九月初九日亥時塟唐帽寨尾坐巽乾辰戌
妣鄭解娘生乾隆辛丑年三月十五日辰時卒道光甲辰年七月十七日
戌時塟重慶坐向乙辛卯酉
男　必令　必綏殤　必姣出嗣兆低
女　配小沽楊
兆低公字有高號厚德　瑞八公四子生乾隆庚子年二月初三日辰時卒
道光戊申年十一月二十日寅時塟山后格石皮垵坐向寅申艮坤
妣深垵葉桂娘謚成梅生乾隆甲午年正月十六日申時卒咸豐戊午年
八月三十日酉時塟石門大崙大水垵頭坐向壬丙亥巳與次婦陳葉娘
合塟
男　必巖　必姣兆炭三子入嗣

兆偃公號嘉言　瑞八公五子生乾隆壬寅年十二月初八日辰時卒道光
丙戌年四月十九日戌時塟山後格短崙仔坐丙壬午子
妣深垵葉汝娘謚順玉生乾隆辛亥年五月初七日辰時卒咸豐壬子年
正月十一日巳時塟重慶山坐向寅申甲庚
男　必賞　必徹
女　長配寨埔葉　次配鳳坡梁
兆柱公號成方　大悅公子生乾隆丁酉年六月初八日辰時卒道光乙未
年七月初十日未時塟石門山
男　必慶養
兆牆公字有雕　瑞劣公子生嘉慶丁巳年二月十六日酉時卒道光己丑
年八月十六日午時塟山後格尊字崙坐癸丁丑未
娶內呷李諦娘改節

男　必蓋水 殤

兆栽公 字有培　常山公長子乾隆乙未年二月廿二日巳時卒道光丁亥
年四月初三日巳時塟山後格大崙邊坐向辛乙酉卯
妣溪東林引娘謚勤心生乾隆戊戌年正月十九日辰時卒道光甲午年
十一月廿一日巳時塟山后格尊字崙

男　必珍 兆文子入嗣

女　長次俱配下宅陳　三配溪東林

兆繞公　常山公次子生乾隆己亥年十二月十七日戌時卒嘉慶戊辰年
七月初七日戌時塟重慶新寨尾坐向酉卯庚甲

兆劉公 號成文　嘉祿公長子生乾隆辛亥年三月初十日寅時卒道光丙
申年十二月十二日辰時塟大崙叫子內坐壬丙亥巳

男　必孺 兆纮長子入嗣

兆城公字有池　嘉祿公次子生嘉慶戊午年四月初八日巳時卒年缺十一月廿一日吉時塋缺

妣內益李早娘謚成和生嘉慶甲子年九月十八日亥時卒咸豐丁巳年二月廿五日卯時塋新寨頭坐向酉卯辛乙

男　兩儀

女　長配坑園陳　次配劉林侯

兆純公字有執　嘉祿公三子現住安溪縣小東街分派生嘉慶癸亥年正月十八日寅時卒同治庚午年五月初十日午時塋安溪縣後

妣內益李熾娘生嘉慶癸酉年十二月十六日寅時卒同治己巳年六月廿八日辰時塋安溪縣後

男　必獳出嗣兄兆劉　必堯　必旦　必益

女　六娘

兆[illegible]公字有望　嘉祿公四子生嘉慶丙寅年九月初二日亥時卒年缺二
月初二日吉時塟樹林口
妣鳳坡梁蔭娘生嘉慶己卯年六月初一日辰時卒咸豐乙卯年十月初
七日辰時塟石門山坐向壬丙亥巳
男　必秋月　必廒
女　肯娘配田仔吳

翼遠公派五柱長（良碧公派）後埔洋

清兆聰公號心通　瑞表公長子生乾隆甲戌年閏四月十二日辰時卒嘉慶
庚申年十月初八日未時塟在臺灣
娶陳氏出
男　必執　必兜　必姜兆雙次子入嗣

女　配惠書橋戴

兆雙公字有對號靖鳳　瑞表公次子生乾隆丁丑年八月三十日辰時卒道光壬辰年十一月二十一日寅時塟山後格洋嶺坑坐

妣大庭戴利娘謚義德生乾隆辛卯年九月三十日卯時卒嘉慶癸酉年九月初十日丑時塟石門山坐北向南

男　必幼　必姜出嗣兆聰

女　長配安美林　次配山頭陳

兆良公　瑞表公三子生乾隆乙酉年正月二十六日午時卒乾隆戊申年十月二十二日丑時塟重慶中崙尾坐向丑未艮坤

兆添公字有色號萬壽　瑞快公長子生乾隆癸酉年三月初四日亥時卒嘉慶戊辰年四月十八日午時塟山後格尊字崙坐艮坤寅申

妣中房張鷹娘生乾隆甲申年五月二十日申時卒道光丁酉年五月十

二日卯時塟石門山繳子内坐

男　必贊　必產　必成　必乳

女　配頂宅陳

兆丁公字有兑　瑞快公次子生乾隆壬午年正月初九日子時卒乾隆戊
申年三月廿五日申時塟重慶新寨坐向申寅庚甲

娶蔡氏出

兆慊公字有自　瑞快公三子生乾隆乙酉年七月初七日戌時卒嘉慶庚
午年四月三十申時塟重慶中崙坐向乙辛卯酉

娶林氏出

男　必健

女　長配馬洋林　次配格子陳

兆口公·瑞快公四子生乾隆庚寅年十二月十四日寅時卒乾隆乙巳年

十一月初四日巳時塟重慶樹林口坐向乾巽亥巳

兆雪公字有蜜號敦詩　瑞快公五子生乾隆丙申年十二月十一日子時卒道光辛丑年五月二十日卯時塟山後格尊字崙坐向巽乾己亥

妣中房張寫娘謚心誠生乾隆乙巳年十二月十四日寅時卒道光丙午年十一月十六日卯時塟文章寨腰坐向乙辛卯酉

男　必玩　必葉　必柄　必歲

女　長配坊前黃　次配文章陳　三配下宅陳

兆磋公　瑞益公子生乾隆乙酉年三月初十日午時卒年月缺塟沽美山坐向酉卯辛乙

兆遂公　瑞益公次子生乾隆壬辰年七月十三日未時卒道光辛巳年十二月廿三日午時塟重慶樹林口坐向癸丁子午

男　必傳養

兆矼公　瑞益公三子生缺卒在廈門缺

兆挑公　瑞聳公長子生乾隆丁亥年八月廿五日亥時卒塋俱缺

娶陳氏出

兆語公　瑞聳公次子乾隆丁酉年五月廿八日戌時卒缺塋石門山大水

北向南

兆正公　瑞聳公三子生卒失記塋石門山坐北向南

兆算公　瑞聳公四子生乾隆癸卯年七月廿五日吉時卒嘉慶年間八月

十三日丑時塋重慶山坐丑未艮坤

兆辦公　瑞聳公五子生卒缺塋石門山

兆美公　瑞川公子生缺卒道光乙酉年十一月廿一日吉時塋臺灣

兆祖公　瑞玉公長子生乾隆乙亥年二月十五日辰時卒乾隆庚戌年十

二月初九日吉時塋南洋

兆仙公 字 有覺 號 良知　瑞玉公次子生乾隆己卯年三月初六日寅時卒
乾隆癸丑年七月初一日申時塋吧土名新寵
男　必碅 兆梘次子入嗣

兆饌公 字 有算　瑞玉公三子生乾隆己丑年十二月三十日未時卒塋在
南洋

兆梘公 字 有捧 號 執中　瑞玉公四子生乾隆癸巳年二月十五日亥時卒
道光甲辰年十月初七日卯時
妣大沽温雪娘謚順柔生乾隆癸巳年五月初十日卯時卒道光丙申年
四月初五日未時塋文章山土地崙坐向申寅艮坤
必桃　必碅 出嗣兆仙　必柞　必巧 出嗣兆熊　必節

兆讀公　瑞乾公子生乾隆甲午年正月廿一日亥時往台萬丹

兆深公　瑞勤公子生乾隆丙午年八月初六日巳時卒道光乙巳年十月

廿二日寅時塟莫考

兆鐫公　瑞愬公子生乾隆年間月日缺

娶某氏往台萬丹卒莫考

男　必河住萬丹

兆賽公　瑞決公長子生乾隆壬午年四月初八日丑時卒乾隆庚戌年七

月廿三日未時塟重慶新寨路脚坐向庚甲申寅

兆演公　瑞決公次子生乾隆甲申年十二月初六日寅時卒缺塟山后格

三脚木坐乾巽亥巳

兆韮公　瑞決公三子生乾隆戊子年三月二十日申時卒嘉慶丙子年三

月廿五日巳時塟重慶新寨坐酉卯庚甲

兆虎公　瑞恭公子生乾隆壬午年月日缺卒塟在廈門

兆務公　瑞旺公長子生乾隆丙寅年三月廿八日酉時卒塟在南洋

兆卯公　瑞旺公次子生乾隆戊辰年九月初四日卯時卒嘉慶甲戌年十二月初五日巳時塋文章山土地崙坐庚甲申寅

男　必長養

兆反公　瑞誇公子生乾隆戊子年十一月廿八日寅時卒塋在南洋

翼逵公派五柱二後埔洋柱良起公派

兆喜公字有燕號吉甫　拱臨公長子業儒生乾隆乙亥年正月廿三日未時卒嘉慶戊寅年十二月廿二日酉時塋本鄉杉按壠獅墓口坐向申寅庚甲

妣溪東林宰娘謚肅莊生乾隆丙子年九月十一日子時卒道光庚子年十二月初三日巳時塋山後格竹篙龍

男　必煌　必蔣

女　長配內洋黃　次配溪頭蔡

兆環公字有城號可安　拱臨公次子生乾隆丁丑年六月廿三日巳時卒

嘉慶庚申年十一月初三日戌時附塋母余氏墳中

妣郭銀娘謚孝勤生乾隆辛巳年五月十一日午時卒嘉慶丙子年十一

月十二日辰時塋後埈員山仔坐向酉卯辛乙

男　必箋　必與出嗣兆挺　必敝

兆欺公字有實號靜美　拱臨公三子生乾隆癸未年十月十三日酉時卒

嘉慶丁丑年正月二十日酉時塋客鈹格頭坐向丁癸午子

妣金田卓愛娘謚孝信生乾隆乙酉年二月初四日寅時卒道光甲午年

二月初二日午時塋沽美山

男　必愴

女　配中房張

兆挺公字有豪號興龍　拱臨公四子生乾隆戊子年三月初二日巳時卒
道光壬寅年二月初四日酉時塟文章山大崙坪蜈蚣牙邊
男　必與兄兆環次子入嗣
兆錄公字有考號拱臨公五子生乾隆辛卯年十二月初八日酉時卒道光
庚戌年八月十一日酉時塟文章土地崙
妣宮邊黃盞娘謚惠歐生乾隆甲辰年三月十四日酉時卒咸豐巳未年
九月初九日酉時塟沽美山坐東向西
男　必苗　必沸　必部
女　長配下宅陳　次配社壇葉　三幼卒
兆慶公字有賀號成吉　惟馨公長子生乾隆乙亥年二月十六日辰時卒
嘉慶己巳年五月十八日卯時塟重慶山坐向丑未艮坤
妣大沽溫敏娘謚純忍生乾隆丙子年十一月十八日未時卒乾隆庚子

年七月初三日丑時塋本鄉貢尾坐向乾巽戌辰
男　必宅
兆卜公字有年號叶吉　惟馨公次子生乾隆丁丑年四月廿八日巳時卒
嘉慶庚辰年八月廿五日酉時塋後垵員山子坐向庚甲申寅
妣下井吳要娘謚孝順生乾隆乙丑年八月十二日酉時卒嘉慶甲戌年
又二月初三日申時塋山後格烏塗坑坐向乙辛卯酉
男　必蔡　必辨　必片　必蟾
女　二俱配深垵葉
兆綿公字有長　惟馨公三子生乾隆癸未年正月三十日寅時移居福清
卒莫考
娶李氏出
男　必茂

兆勑公　惟馨公四子生乾隆乙酉年六月初二日卯時卒塟在福清

兆謨公字有誥號伊訓　惟馨公五子生乾隆丁亥年十二月二十三日未時卒嘉慶丙子年正月二十三日午時塟水鬼作格崙

男　必法

妣金田卓二娘謚恭順生乾隆癸卯年七月二十八日戌時卒同治庚午年三月二十五日酉時塟張坑墘心

男　必桂　必前　必日嗣弟兆豁

女　配觀岫陳

兆福公字有壽號安海　惟馨公六子生乾隆庚寅年四月二十日未時卒道光乙酉年七月廿一日寅時塟重慶中崙坐向丑未艮坤

妣社壇葉足娘謚柔順生乾隆庚寅年二月初四日申時卒道光癸巳年三月初六日酉時塟重慶中崙

男　必舉

兆豁公字有呈　惟馨公七子生乾隆甲午年正月二十日戌時卒道光庚年十月二十五日卯時葬山後格魚鰍肚崙

男　必日兄兆謨三子入嗣

兆潮公字有海號興淮　哲謀公長子生乾隆庚午年六月初五日巳時卒乾隆庚戌年十月二十六日酉時葬永春十二都畬厝中崙

妣烏翼余靜娘謚專心生乾隆庚午年十二月二十日巳時卒道光丙戌年正月十八日亥時葬本鄉張坑内

男　必梅

女　長配金田尤　次配内呷李

兆沱公字有沛號興洲　哲謀公次子生乾隆壬申年十月二十七日寅時卒乾隆甲辰年正月二十五日辰時卒葬在外

娶余氏出

男　必魁　必壯出嗣兆螯　必祕殤

女　配下宅陳

兆燦公　日軒公長子生乾隆丁丑年六月廿二日卯時卒道光年間月日

缺

妣　某氏生卒俱缺

男　必鎮

兆煒公字有千　日軒公次子生乾隆己卯年七月廿四日午時卒道光乙

未年十二月十六日未時塟沽美山

兆炬公　日軒公三子生乾隆壬午年正月廿八日巳時卒塟南洋

兆普公　日軒公四子生乾隆癸己年閏三月初八日巳時卒塟缺

兆緯公字有裕號餘遠　志軒公長子生乾隆癸未年七月二十五日子時

卒道光甲申年二月二十六日酉時塋山後格尊字崙頭坐向申寅庚甲

兆紼公　志軒公次子生乾隆辛卯年十月二十日巳時卒道光甲午年六月二十一日酉時塋沽美山

兆增公　吉齊公長子生乾隆戊子年十二月二十六日申時卒道光癸巳年四月二十日酉時塋山后格大崙頭

兆南公　吉齋公次子生乾隆丁酉年正月初五日戌時卒塋缺

兆衢公字有道號達里　允文公長子乾隆己丑年四月初四日寅時卒道光丁亥年四月初九日亥時塋大林山廓頭坐向午子丁癸

妣湖尾黃早娘謚端莊乾隆癸卯年十二月十二日申時卒嘉慶甲戌年十月初三日戌時與公合塋

男　必清　必偃嗣弟兆衛　必池

女　配下宅陳

兆衛公字有臻　允文公次子生乾隆辛卯年五月十四日辰時卒道光壬寅年十月初七日戌時塟水鬼大崙脚坐巽向乾己亥

男　必偃兄兆衛次子入嗣

兆助公號國寶　爾壽公長子生乾隆己亥年十二月二十八日子時卒嘉慶辛酉年八月十四日午時塟本鄉杉垵壠

兆簪公字有弈號世纓　爾壽公次子生乾隆庚戌年二月十二日辰時卒道光乙未年七月初三日未時塟土地崙坐巽向乾

妣泉城余賞娘生嘉慶丁巳年三月初六日午時卒咸豐戊午年十一月十四日辰時塟山後格

男　必扶卷　必雌卷

兆整公字有齊號懋脩　際會公長子生乾隆壬戌年八月廿四日酉時卒乾隆丙戌年九月十一日未時塟山后格大坵田下坐向壬丙亥巳

妣樓下黄捂娘謚節儉生乾隆癸亥年九月初四日卯時卒嘉慶己巳年十一日廿四日辰時塟羊嶺坑坐向申寅坤艮　道光辛卯年纂修省誌及縣誌人呂廷琮廪生葉鴻元貢生洪成時仝為申請修入實錄云

黄氏者十一都洪懋修妻太學生洪世威婦也氏獨出樓下名族能知大義十八歸夫家克盡婦道二十四夫歿甫生一男一女其翁姑在堂氏獨以義自繩矢志柏舟竭力以事翁姑義方以督兒子堂夫弟觀其為人而憐其寡嗣乃撥一男以為次嗣迨翁姑繼逝殮奠營塋又能盡哀盡禮各適其宜真為女流罕覯者

男　必安　必壯堂弟兆沱次子入嗣

女　配樓下黄

兆彬公字有質號平舉　際會公次子生乾隆丁卯年十月十七日寅時卒乾隆己亥年正月初二日辰時塟山後格大崙坐北向南

娶顏氏出
男必繞 必賛
女 配永春上場顏
兆恥公字有廉號道禮 際會公三子生乾隆乙亥年七月十三日午時卒
乾隆丁酉年正月十九日辰時塟山後格大崙
兆服公字有心號悦成 際會公四子生乾隆戊寅年四月十九日戌時卒
乾隆乙卯年閏二月初三日吉時附塟母墳中
娶吳氏出
男 必交 必論 必勇
女 配内呷李
兆緒公字有垂號弃統 維新公子生乾隆戊辰年十二月廿四日戌時卒
嘉慶庚午年五月初八日辰時塟本鄉杉挼内池頂坐向坤艮未丑

妣後山余腰娘謚寬德生乾隆庚午年二月廿二日未時卒嘉慶丙寅年
八月廿四日亥時塟山后格大坵田内螺形
男　必尚性養　必權
女　長配社壇葉　次配舊門呂　三配内呷李
兆鞠公字有恭號存敬　維癸公長子生乾隆甲申年九月初一日亥時卒
道光癸卯年十一月初五日巳時塟永春九柱山骨蛇邊坐向坤艮申寅
妣烏翼余姜娘生乾隆壬辰年五月十九日申時卒道光乙未年二月初
五日巳時塟在土地崙
男　必強　必揭
女　長配中房張　次配溪前陳　三配溪東林
兆超公字有孟　維癸公次子生乾隆辛卯年十月初五日寅時卒乾隆丁
未年四月廿九日午時塟永春北溪九柱山吊狗墘頂坐向寅申甲庚

兆永公字有為號言孝　癸公三子生乾隆己亥年六月二十日寅時卒
道光乙巳年四月廿二日子時塟重慶樹林口坐向乾巽亥巳
妣埔尾陳淡娘生乾隆己亥年九月廿五日午時卒道光乙巳年四月十
九日巳時塟烏塗坑三脚木公亦移附塟坐向庚甲申寅
男　必瓊　必洵　必搜
女　長配社壇葉　次配内益李　三配上呷莊　四配上呷高

兆藻公字有泮號成名　心筠公長子生乾隆己巳年月缺初十日巳時卒
嘉慶己巳年四月十六日午時塟沽美山坐向未丑丁癸
妣烏翼余笑娘謚温純生乾隆庚午年十二月廿四日卯時卒乾隆丁未
年四月廿七日寅時塟重慶山坐向午子丁癸
男　必記
女　長配溪東林　次配大廷戴

兆葉公字有梧號其蓁　心筠公次子生乾隆辛未年閏五月十三日戌時卒乾隆丙申年十月廿四日巳時塟沽美山坐向甲庚卯酉

娶溫氏出

女　配安溪

兆藏公　心筠公三子生乾隆己卯年五月廿五日亥時卒在臺

兆藹公　心筠公四子生乾隆壬午年十二月二十日寅時卒在臺

兆煥公字有采號開芳　居仁公長子生乾隆乙亥年十月初七日未時卒嘉慶辛酉年十月十七日卯時塟白墓貢尾坐向亥巳壬丙

娶陳氏出

兆烔公字有棠號其琛　居仁公次子生乾隆甲申年十月初八日申時卒嘉慶庚辰年十月廿八日子時葬沽美山坐向坤艮申寅

妣新樓謝成娘謚順美生乾隆壬午年四月二十日午時卒嘉慶丁丑年

六月十四日亥時葬本鄉尾墘貢頂坐向申寅坤艮
男　必泳　必珍
兆灶公　居仁公三子生乾隆丙戌年十一月十九日辰時卒在外
兆爐公字有香　居仁公四子生乾隆庚寅年十月廿八日戌時卒缺塋廈
門增宅社

翼逵公派五柱三棋盤柱（良業公派）

清兆寬公字有容　瑞好公長子生乾隆己未年六月初八日亥時卒嘉慶丁
卯年二月初六日寅時塋石門山田頂坐向辰戌乙辛
妣詩口吳卷娘生乾隆癸亥年六月初二日辰時卒嘉慶癸亥年八月初
四日未時塋沽美山尖坐西向東
男　必輝　必張出嗣弟兆每

兆宙公　瑞好　公次子生乾隆辛酉年十一月初三日亥時卒塋在臺灣

兆醒公（字）有覺　瑞好公三子生乾隆丁卯年年六月初七日亥時卒缺塋

沽美山險垻内坐向丑未艮坤

兆賤公　瑞從公長子生乾隆癸亥年四月廿九日巳時卒乾隆丁亥年閏

七月十七日卯時塋在飛鸞

兆件公　瑞從公次子生卒塋俱缺

兆能公　瑞笑公長子生卒塋俱缺

兆每公　瑞笑公次子生乾隆戊寅年六月三十日卯時卒道光年間月日

缺塋在廈門增宅社

妣埔頭黃鬐娘謚端莊生乾隆壬辰年月日時失記卒道光戊子年二月

十九日巳時塋缺

男　必張（兆寬次子入嗣）　必別（殤）　必棟（殤）

女　長配山内　次配八尺𡹎

兆真公字有凝　瑞黨公長子生乾隆辛未年十二月十九日未時卒缺塋

沽美山池仔外坐西向東

妣杉仔尾陳筍娘生乾隆辛未年閏五月二十日亥時卒嘉慶辛未年月

日缺塋隘垻外坐向癸丁子午

男　必禮　必良　必權出嗣兆緒　必娱

女　配漳平

兆謀公字有策　瑞黨公次子生乾隆壬午年十二月十九日寅時卒缺塋

重慶新寨路内坐西向東

娶戴氏出

男　必歸

兆喊公字有聲號長明　瑞黨公三子生乾隆乙酉年十一月十一日酉時

卒嘉慶庚午年六月廿四日巳時塟沽美山險垻外坐癸丁丑未

娶呂氏出

男　必忍　必衷

兆塔公　瑞珪公長子生乾隆甲申年十一月十三日申時卒在臺灣

兆石公　瑞珪公次子生乾隆癸巳年三月初九日戌時卒在南洋

兆某公　瑞珪公三子生乾隆丁酉年三月十九日卯時外出莫考

兆幸公字有喜號永欣　瑞美公長子生乾隆壬年七月初七日巳時卒嘉

慶己未年二月初五日辰時塟重慶中崙坐艮坤寅申

娶李氏出

女　英娘配半嶺林

兆杯公字有金號國器　端美公次子生乾隆乙酉年十月十九日酉時卒

道光壬午年正月初五日午時塟山后格騎龍斬

妣坑園陳罕娘生卒缺塋溪宅埔
又妣溪東林許娘生乾隆戊戌年十二月初二日辰時卒道光甲辰年九
月十七日未時與公合塋
男　必樓養
兆且公字有格號德禮　瑞姜公三子生乾隆戊子年十二月初一日辰時
卒道光癸卯年初十日辰時塋山後格客鈸頭
妣下宅陳作娘生乾隆辛酉年七月十四日酉時卒嘉慶丁卯年八月十
四日未時塋山後格客拔火炎崙頭
又妣增墘曾濺娘生乾隆丙申年九月廿三日亥時卒嘉慶庚午年六月
二十日巳時塋山後格蜈蚣牙左畔坐向丑未艮坤
男　必選兆占子入嗣
女　配深垵葉陳氏出

兆枉公字有直號服能　瑞姜公四子生乾隆壬辰年三月十五日申時卒道光辛丑年三月廿七日子時葬山後格竹篙龍頭

妣下宅陳片娘謚英言生乾隆甲辰年三月廿二日辰時卒同治丁卯年七月廿四日未時葬客拔格

男　必靚　必縷　必波　必香嗣出兆泉

女　歲娘配山頭佘　却娘配舊門呂

兆迎公　瑞錦公長子生乾隆庚寅年五月廿六日辰時卒在臺灣

妣某氏生卒莫考

男　必赫

兆怕公　瑞錦公次子生卒缺葬在臺

兆佃公　瑞錦公三子生卒缺

兆泉公號成吉　瑞白公子生乾隆戊申年二月卄一日巳時卒道光戊戌

年閏四月初四日未時塋重慶中崙坐

男　必香（兆杈四子入嗣）

兆聲公　瑞修公子生乾隆戊子年八月初九日未時往台卒缺

翼達公派五柱四　尾墘柱（良貞公派）

兆吉公　瑞卓公子生乾隆庚午年三月初十日申時往東京卒塋缺公無傳計其遺產尚有尾墘左畔大房厝一間付叔瑞華瑞豚弟兆商等執掌抵當一柱祭祀

兆商公　瑞楚公子生乾隆戊子年九月初五日卯時卒道光丙戌年二月十六日午時塋水格内崎仔邊坐南向北

妣山後陳法娘生卒缺塋重慶新寨

又妣溪頭蔡美娘生乾隆甲午年七月初五日寅時卒嘉慶辛酉年正月

二十四日卯時塟地藏院坐向午子丁癸

男　必緘叅

兆質公　理豚公子殤

兆戲公　瑞華公長子生乾隆丙申年移居飛鸞卒塟莫考

兆元公　瑞華公次子移居飛鸞生卒莫考

兆蘊公字有蓄　瑞擇公子生乾隆己巳年正月初三日午時卒乾隆乙卯

年四月初一日吉時附塟父墳中

妣古宅吳來娘謚貞潔生乾隆丁丑年七月十九日亥時卒道光壬辰年

七月二十日未時塟新寨脚橫路下

男　必君　必亢　必麥出嗣兆契

兆慶公　瑞撰公子生乾隆甲戌年三月十三日巳時外出缺

兆蘭公　瑞插公子生乾隆乙亥年三月初四日申時卒乾隆庚寅年三月

初八日吉時塟福清失糸

兆山公　瑞擯公子生乾隆癸卯年月日缺卒道光庚寅年四月十二日吉
時塟在漳卒華口

男　必成 養　必籃 兆周次子入嗣

兆續公　瑞朮公長子生乾隆庚辰年三月十三日申時卒嘉慶壬戌年二
月十七日午時塟在廈門
妣安美林送娘生乾隆戊子年正月廿七日寅時卒道光甲申年八月十
一生日寅時塟山后格草絹尾坐向乙辛卯酉

男　必布　必世　必鮑 出嗣弟兆敬

兆敬公 號 有誠　瑞朮公次子生乾隆丙戌年六月初九日己時卒道光丙
戌年六月廿七日午時塟重慶金字面后坐向乙辛卯酉

男　必鮑 兄兆續三子入嗣

兆讀公字有方號魯論　瑞朮公三子生乾隆己丑年六月二十七日巳時卒嘉慶壬申年十一月二十一日午時塟廈門失系

兆桃公字有枝號敦里　瑞　公四子生乾隆癸巳年二月廿五日卯時卒嘉慶戊辰年七月初六日未時塟廈門失系

兆源公　瑞　公五子生乾隆戊戌年閏六月二十二日丑時卒乾隆壬戌年六月初四日申時塟沽美山馬路頭坐東向西

兆聘公字有時號崇儒　瑞蔭公長子生乾隆丁亥年七月十四日辰時卒道光辛卯年四月廿七日酉時塟山後格崩坪垵

男　必認養　必帮弟兆壹次子入嗣

兆壹公字有專號粒安　瑞蔭公次子生乾隆壬寅年十月二十日酉時卒道光甲辰年九月初九日子時塟重慶虎形右崙

妣惠安王蕊娘謚香遠生嘉慶己未年五月十五日子時卒道光辛巳年

四月十四日戌時塟本鄉石岑兜
又妣古田雷浮娘謚靜恭生嘉慶己巳年三月十八日未時卒道光己亥
年正月廿八日酉時塟重慶中崙中
男　必彌王氏出　必帑嗣兄兆聘　必斜雷氏出

兆建公字有立號三重　瑞通公長子生乾隆戊戌年十二月十七日酉時
卒嘉慶己巳年四月十六日未時塟重慶新寨脚坐向酉卯庚甲

兆乃公　瑞通公次子生嘉慶丙辰年七月初四日午時卒嘉慶己巳年五
月日缺在泉城

兆回公　瑞通公三子生嘉慶己未年六月十二日卯時外出卒缺

兆熊公號維羆　瑞荷公長子生乾隆己丑年四月十二日午時卒道光丙
戌年二月十九日酉時塟山后格大崙頭
男　必巧兆梶子入嗣　必明養

兆規公　瑞荷公次子生乾隆甲午年二月初六日寅時殤

兆清公　瑞荷公三子殤

兆象公號敦篤　瑞化公長子生乾隆丁酉年七月十二日午時卒道光辛巳年六月十四日寅時塋重慶新寨脚坐向丁癸未丑

娶陳氏出

男　必花　必沃出嗣弟兆奉

女　長配漳平　次配尾厝黃　三配鳳坡梁

兆奉公號思孝　瑞化公次子生乾隆壬寅年十月十八日亥時卒嘉慶丁丑年七月初三日巳時塋重慶新寨坐向亥巳乾巽

娶林氏出

男　必沃兄兆象次子入嗣　必斗殤　必連弟兆周三子入嗣

女　配樓下黃

兆周公字有宗　瑞化公三子生乾隆丁未年十月廿二日卯時卒道光甲
午年四月廿三日未時塋重慶嶺脚坐向癸丁子午
妣白墓林玉娘生嘉慶丙辰年九月初七日辰時卒咸豐戊午年六月廿
六日未時塋水格内崎仔邊
男　必連出嗣兄兆奉　必籃出嗣兆山　必萬殤
女　長配上呷張　次配頂宅陳
兆親公　瑞育公子生乾隆年月日缺卒塋俱缺
兆寅公　瑞妙公長子生乾隆戊寅年十月十六日申時卒乾隆丁未年十
月初七日辰時塋重慶新寨脚坐向乙辛辰戌
男　必臨兆前三子入嗣
兆勳公　瑞妙公次子生乾隆辛巳年五月十七日未時卒嘉慶戊午年十
月十三日巳時塋石門山坐向酉卯辛乙

兆蘇公　瑞妙公三子生乾隆丙戌年十一月十一日午時卒塋在外缺

兆榮公字有安號尊美　瑞妙公四子生乾隆癸巳年正月廿二日午時卒
嘉慶庚申年九月廿五日申時塋重慶新寨脚坐向酉卯辛乙

兆前公字有先號明厚　瑞曄公子生乾隆甲申年正月初七日酉時卒嘉
慶戊寅年八月初八日酉時塋文章山客拔內挑水埯頭坐向辰戌巽乾
妣文章陳喜娘謚和悅生乾隆辛丑年十月十三日辰時卒道光壬寅年
七月初六日午時塋山後格烏塗坑

男　必進興　必限　必林撥嗣兆寅

女　配鳳坡梁

兆送公字有迎號嘉善　瑞眼公長子生乾隆辛巳年十二月十七日辰時
卒乾隆辛亥年十二月十六日酉時塋山後格客拔內坐向寅申甲庚
娶李氏出

男　必擡

女　配杏塘陳

兆有公　瑞眼公次子生乾隆甲申年十一月三十日寅時卒在南洋

兆閎公字有開號嘉修　瑞眼公三子生乾隆戊子年六月廿二日寅時卒

嘉慶乙亥年正月廿六日寅時塟文章山大崙蜈蚣牙後

男　必鑿兆居次子入嗣

兆居公字有懷號成安　瑞眼公四子生乾隆乙未年十月廿一日巳時卒

道光辛巳年十月廿一日午時塟山后格短崙仔坐向酉卯辛乙

妣頂宅陳滾娘生乾隆癸卯年十月廿六日巳時卒咸豐戊午年四月廿

四日戌時

男　必兌　必鑿出嗣兆閎　必榔　必竹　必邊　必守出嗣兆長

女　長配文章陳　次配鳳坡梁

兆寶公號嘉珍　瑞眼公五子生乾隆戊戌年十月初九日丑時卒嘉慶丙
寅年七月廿七日午時塟文章山客鈙內
兆長公字有留號安平　瑞眼公子生乾隆癸卯年十二月初一日卯時卒
道光丁未年正月十一日酉時塟山後格赤墓坪坐北向南
妣後垵林位娘生乾隆甲寅年九月初二日辰時卒同治甲戌年七月二
十五日未時塟后垵山仔邊坐
男　必守兆居子入嗣
兆角公號成掛　瑞眼公七子生乾隆丁未年二月初二日亥時卒道光丙
申年正月二十日戌時塟德化
兆滿公號永豐　瑞赫公長子生乾隆壬辰年八月三十日戌時卒乾隆壬
子年十月初一日戌時塟山后格坐未丑丁癸
娶李氏出

男　必攝殤　必沛兆映子入嗣殤　必月兆厚子入嗣

兆映公字有日號麗輝　瑞赫公次子生乾隆丙申年九月十三日巳時卒咸豐辛亥年閏八月初七日未時葬文章山打火崙坐向卯酉甲庚

妣溪東林洒娘謚柔質生乾隆癸巳年五月十五日午時卒咸豐庚申年十月初八日午時葬文章山斐後林尾坐向丙壬巳亥

男　必篆　必沛出嗣兆湔殤　必寸

女　長配溪前陳　次配高口馬

兆能公　瑞赫公三子生乾隆甲辰年十一月廿一日戌時卒葬在外

妣安美林虔娘謚孝誠生乾隆甲辰年四月廿七日辰時卒道光癸巳年五月初九日卯時葬小沽龍窟

男　必蛤　必冬桂

女　長配安美林　次配溪東林　三配下宅陳

兆文公字有運　瑞赫公四子生乾隆丁未年十一月初五日未時卒道光
辛丑年三月廿七日卯時塟水格内崎仔邊冬田下
妣内呷李配娘生乾隆己酉年三月廿四日丑時卒道光甲辰年十月十
四日巳時塟重慶坐向辛乙戌辰
男　必審　必珍出嗣兆栽　必成
女　長配鳳坡梁　次配雙墩陳
兆厚公字有德號和平　瑞赫公五子生乾隆壬子年六月十五日寅時卒
道光丁酉年正月初七日寅時塟文章山短崙仔
妣白墓林却娘生嘉慶己未年三月廿四日寅時卒年月日失記塟白墓
后溝坐向甲庚酉卯
男　必好　必涼殤　必[illegible]　必月出嗣兆滿
女　晤娘配舊門呂

兆寡公字有多　瑞沓公長子生乾隆壬寅年正月廿九日未時卒道光甲辰年十月初八日巳時塋重慶
妣舊門呂花娘生乾隆己酉年三月初七日丑時卒咸豐甲寅年六月廿五日午時塋山后格頭
男必富　必研　必砵
女　長配溪頭蔡　次配德化林　三配内呷李
兆淡公字有雅號言明　瑞沓公次子生隆乾丙午年十二月初五日酉時卒道光丁未年十二月初六日辰時塋水格内旂仔邊坐南向北
妣溪東林妹娘謚遲意生乾隆庚戌年正月初八日亥時卒道光戊戌年八月十三日巳時塋重慶中崙坐東向西
男　必然　必潛撥嗣兆祈　必欽
女　配奮口戴

兆祈公號成訊　瑞沓公三子生乾隆庚戌年十月初九日丑時卒道光癸未年七月十四日酉時塟安溪大嶺後

妣樓前盛蜂娘生嘉慶戊午年五月廿四日丑時卒嘉慶庚午年十月初二日酉時塟水格内崎子邊坐南向北

男　必潛兆汲子入嗣

兆緣公　瑞姿公子生卒缺塟在海澄

兆海公　瑞賓公子往福州生卒莫考

兆麵公字有時號逢年　瑞盼公長子生嘉慶戊辰年五月十六日辰時卒光緒己卯年二月十六日卯時塟山後格竹篙崙

妣馬頭洋陳愛娘謚慈玉生嘉慶辛未年六月十一日酉時卒同治乙丑年十月初五日酉時塟山后格竹篙崙

庶妣温州曾姿娘生道光己丑年八月十五日酉時卒同治丙寅年四月

十五日酉時塟德化
男　必經
女　先娘配雙墩陳
兆騷公字有成　瑞盼公次子生嘉慶丙子年五月初十日戌時卒光緒丙午年四月十三日卯時塟在泉城
兆色公字有顔　瑞貢公長子生嘉慶辛未年九月廿六日午時卒光緒丁亥年五月初三日辰時塟駕龍坑坐向乾巽戌辰
妣馬頭洋陳螢娘謚明靜生嘉慶甲戌年二月十七日申時卒咸豐丙辰年七月廿一日酉時塟水格内崎仔邊坐向乙辛卯酉
繼妣陳居娘生嘉慶庚辰年十一月初一日酉時卒光緒壬午年十一月廿五日巳時塟石門山鳳髻崙
男　必業　必基　必芬　必項

女　長兼娘配下宅陳　次令娘配半嶺林

兆省公字有吾　瑞貢公次子生嘉慶丙子年正月廿九日丑時卒光緒庚辰年五月初三日酉時塟水格内石皮垵坐向辛乙酉卯

妣下宅陳緞娘謚惠節生道光壬午年六月十六日戌時卒同治癸亥年六月十三日寅時塟水格内香田垵坐向乙辛辰戌

男　必茅　必得　必我　必探　必糍　必堅　必尾

女　勸娘配舊門呂

兆祿公字有卿　瑞京公長子生乾隆己亥年十月初八日辰時卒同治甲子年三月初五日辰時塟水格口

妣内呷李于娘謚恭順生乾隆乙巳年三月初七日辰時卒嘉慶辛未年四月十七日亥時塟重慶新寨頭坐申寅庚甲

男　必南殤　必埔　必磋殤

女　鶊娘配大墺方

兆杉公　瑞京公次子生嘉慶庚申年正月初四日辰時卒在南澳

兆才公　瑞京公三子生嘉慶甲子年五月初九日酉時卒在南澳

兆詩公號善心　瑞綢公長子生乾隆壬子年九月廿四日子時卒咸豐辛亥年四月廿九日巳時塟水格内崎仔邊坐辰戌巽乾

妣溪頭蔡案生嘉慶癸亥年八月廿三日辰時卒塟缺

男　必波殤　必陋　必梭出嗣兆畜　必課　必處

女　順娘殤

兆畜公　瑞綢公次子五嘉慶己未年九月三十日卯時外出卒塟缺

男　必梭兆詩子入嗣

兆浪公字有波　瑞云公長子生嘉慶癸亥年六月二十日巳時卒同治甲子年六月廿五日辰時塟水格口蛇仔崙

妣項宅陳講娘生嘉慶丙子年五月十五日寅時卒同治壬申年二月廿六申時塟地藏内

男　必切養　必嫩　必德　必暢

女　長湊娘配大廷戴　次先娘配内呷李　三挖娘配宮下黄

兆錠公字有彩　志云公次子生嘉慶壬申年三月廿七日未時卒光緒庚寅年八月初二日巳時塟地藏曾厝

妣下宅陳甘娘謚快意生嘉慶戊寅年四月十四日辰時卒道光己酉年九月十三日戌時塟后林山

男　必志殤　必諒殤　必印　必甜　必爽俁養

女　間娘配劉林俟

翼達公派五柱五　五坵仔柱（良炎公派）

清兆湊公　瑞滾公長子生乾隆戊辰年八月廿七日寅時外出卒塋缺

娶盛氏出

養男必衎外出

兆相公　瑞滾公次子生乾隆戊寅年八月十五日戌時外出卒塋缺

兆剎公　瑞現公長子生乾隆乙亥年二月十二日午時卒塋缺

妣内岬李湖娘生乾隆乙酉年五月初二日卯時卒乾隆戊戌年八月二十日巳時塟重慶新寨坐西向東

兆琛公　瑞現公次子生乾隆壬午年四月廿三日申時卒乾隆戊戌年十月初一日亥時塟沽美山蓮山后坐東向西

兆聚公　瑞求公子生乾隆癸巳年十月初四日亥時卒塟在臺

兆轉公　瑞抄公子生乾隆戊申年二月初二日吉時卒塟在臺

兆驕公　瑞謟公長子生嘉慶己未年正月廿六日亥時卒道光甲午年四月初六日巳時塟重慶中崙尾

娶侯氏 殤

兆蟶公　瑞謟公次子 殤

兆蝦公　瑞謟公三子生嘉慶己巳年二月初九日子時卒塟缺

西三房長之四　一酉公派　鳳樓柱 即土樓柱

兆爾公　瑞妥公長子生乾隆辛卯年三月初二日丑時卒嘉慶丙辰年十二月廿八日吉時塟在廣東

胞姪必碧奉祀

兆衷公 字 有情　瑞妥公次子生乾隆乙未年二月十五日酉時卒道光丁酉年五月廿三辰時塟石皮垵

妣坑園戴懷娘生乾隆丙申年八月十七日日巳時卒道光丁酉年五日初九日未時葬與公全穴
男　開芳長　必騷　必碧撥嗣兆鶴
女　二俱配古宅吳
兆逆公　瑞妾公三子生乾隆癸卯年七月十三日酉時卒道光丁酉年六月初九日午時塋重慶新寨頭
兆鶴公　瑞妾公四子生乾隆辛亥年正月二十日巳時卒道光年間月日
塋缺
男　必碧兆衷子入嗣
兆祈公字有禱號甘霖　瑞是公子生乾隆癸丑年十二月初四日午時卒咸豐乙卯年六月廿七日未時塋山後格大崙頭坐向庚甲酉卯
妣中房張雙娘生嘉慶戊辰年三月十四日午時卒光緒戊子年五月初

一日未時塟杉林尾坐向庚甲卯酉

男　必填　必冬　必同出嗣兆俊　必首

女　齊娘配浮橋李　次春娘配溪東林

兆胆公字有力　瑞壤公長子生乾隆己亥年八月廿五日未時卒道光丁酉年四月二十日酉時塟山后格竹篙龍

妣內呷李正娘生乾隆庚子年正月初四日辰時卒道光庚寅年十一月初一日未時塟山后嶺邊格

男　必枹　必誅

女　胃娘配舊門呂

兆肯公字有堂　瑞壤公次子生乾隆壬寅年九月初十日戌時卒道光辛卯年十一月十三日酉時塟杉林尾坐南向北

娶陳氏出

男　必兵　必燕　必磴

女　却娘配内呷李

兆檀公字有樹　瑞壤公三子生乾隆丙午年九月初十日戌時卒道光丁酉年六月初一日午時塟重慶

妣大沽温遠娘生乾隆甲寅年十月十六日丑時卒道光丁未年五月十六日寅時塟重慶中崙尾

男　必色　必形殤　必熙

女　丑娘配大沽温　香娘配宮邊黄

兆佳公字有偶　瑞壤公四子生乾隆己酉年六月廿五日未時卒道光庚戌年六月十二日寅時塟新寨

妣下宅陳貼娘生嘉慶丙辰年九月廿一日丑時卒道光壬午年十一月十八日巳時塟重慶新寨脚坐酉卯辛乙

男　必寨
兆鄭公 字 有初　瑞壤公五子生嘉慶庚申年三月十五日酉時卒咸豐庚
申年八月初一日卯時塟沽美山次祖後坐向坤艮申寅
妣內呷李儼娘生嘉慶癸亥年二月廿二日未時卒同治甲子年三月十
六日卯時塟新寨級仔頭坐向坤艮申寅
男　必醒　必圈 出嗣兆瓷　必榔　必出
女　快娘 配南邊山黄
兆拔公 字 有萃　瑞壤公六子生嘉慶乙丑年四月初三日亥時卒道光丁
酉年五月廿二日子時塟小寨垵內

一酉公派　鳳樓柱　保義公派

兆珍公　文瑞公長子生嘉慶丁巳年八月初六日辰時卒嘉慶壬申年三月廿二日申時葬重慶中崙坐乙辛辰戌

男　必習養　必山養

兆捫公字有朕號苟完　文瑞公次子生嘉慶壬戌年十二月二十日戌時卒同治甲戌年三月廿六日吉時葬短崙仔

妣內呷李愛娘謚惠慈生嘉慶癸亥年十二月廿三日午時卒道光壬寅年六月廿七日未時葬文章山斐後林坐向丙壬午子

又娶下宅陳受娘生嘉慶乙丑年八月十五日午時卒同治戊辰年十一月十九日酉時葬大崙尾

男　必舟　必轞　必椒　必枹

女　晟娘配內呷李

兆柑公字有桔號慶甫　文瑞公三子生嘉慶辛未年九月十四日戌時卒
光緒己卯年十月十八日申時葬新寨坐向乾巽亥己
妣雙溪陳約娘謚守禮生嘉慶壬申年七月廿九日戌時卒光緒丙子年
十二月十一日午時葬山后格崩坪桉坐向辛乙酉卯
男　必科　必協　必愿卷　必虧
女　白娘配東房張

清鄉飲賓英仕公乳名兆俊字有傑號碩彥　文瑞公四子生嘉慶己卯年八
月十七日戌時卒光緒丁亥年十一月廿三日丑時葬客鈸觀音仔坐向
巽乾己亥
妣內呷李問娘生嘉慶庚辰年正月十六日辰時卒光緒乙亥年十二月
十四日午時葬大崙尾坐向丁癸未丑
男　必回兆祈子入嗣　必錦　必木　必溜　必猷

女　長麥娘　次碧娘配舊門呂

兆柏公字有梓號美材　嘉瑞公長子業儒府縣試曾拔前茅生嘉慶辛酉年正月初五日寅時卒道光丁未年十一月十三日卯時塋重慶中崙

妣安美林囨娘謚明德生嘉慶乙丑年八月廿四日申時卒道光丙申年三月廿六日午時塋文章山赤墓坪

又妣萊山呂近娘謚恭悅生嘉慶甲戌年十月廿六日巳卒咸豐甲寅年二月廿一日未時塋杉林尾

男　必葛養　必佃林氏出　必三益養

女　儉娘配深垵葉林氏出　葱娘配大廷員戴濟川第五男呂氏出

皇恩三錫太學生樹茂公乳名兆百字有萬號選財　嘉瑞公次子生嘉慶甲子年二月初五日午時卒光緒壬辰年九月十三日酉時塋山后格燕仔後坐向辛乙戌辰

妣中房張坤娘謚柔亨生嘉慶丙寅年八月十二日寅時卒光緒丁亥年四月廿二日卯時塟六份山困口後騎龍斬坐向寅申甲庚内有誌銘爲記

男　必祖　必薰桊　必定　必諒

女　受娘配内岬武李生聯升　次滿娘配下宅陳

大學生樹榮公乳名兆單字有雙號宥密　嘉瑞公三子生嘉慶丁卯年八月初一日寅時卒同治癸亥年十二月十五日吉時塟鳳樓四落厝外坐申寅庚甲有石碑在

妣永春文章十二都燭庵郭連娘謚捷報享年八十四生嘉慶壬申年七月初七日辰時卒光緒乙未年又五月初十日午時塟文章溪口洪靣山坐丙壬午子

男　必成業　金鏂　高攀　永恕

女　吉娘配下宅后房尾陳

大學生樹楠公乳名兆沙字有長號仙客　嘉瑞公四子公樸誠守巳忠厚待人生平構大廈築書齋望重鄉閭於咸豐己未倡修族譜皆公之力也宜其瓜瓞綿綿芝蘭茁茁孫國學養元於光緒丁未亦克繩祖武董修譜牒世代令名皆公之德有以致也生嘉慶癸酉年十月十八日午時卒同治辛未年七月初七卯時塟官布鄉茶林山湖上劉青埃穴貓兒洗面坐向辛乙戌辰穴承買官布趙家每年墓米照納有石碑為記

妣下宅半山陳獺娘謚靜一生嘉慶乙亥年四月廿三辰時卒光緒乙酉年正月二十日未時塟塘帽寨後蔡家山坐向丁癸未丑穴承買戶坂蔡元官其墓米每年照納有石碑為記

男　貽舊　兼才　斂省　必謀卷

女　影娘殤　圭娘配溪東永福訓導林瑞璜次男　賀娘配劉林武舉侯延衡長男

兆樾公字有春號斯倉　清瑞公長子生嘉慶丙寅年五月十七日未時卒
咸豐壬子年二月初九日未時塟曾厝門口
妣溪東林益娘生嘉慶丁卯年十一月十八日寅時卒光緒壬午年十月
初四日未時塟客拔内
男　璇瑛　天敫　淑氣　夏茘
女　晏娘配溪東林　占娘配山頭黃
太學生諱達才公乳名兆爵字有尊號齒元　清瑞公次子生嘉慶戊寅十月十
八亥時卒同治辛未年十月二十酉時塟山後格頭
妣内呷李宴娘生嘉慶戊寅年二月十八日酉時卒光緒乙酉年五月十
四日午時塟水鬼
男　雙鳳　新風　江水　朱里　必擱　必碍　志忠殤
女　串娘配下宅陳　妹娘殤

兆柹公字有菓號碩望　人瑞公長子生嘉慶壬申年九月十二日巳時卒同治壬申年十月十七日申時塋石岑兜

妣坑園陳謙娘謚慈順生嘉慶壬申年九月廿六日寅時卒咸豐辛亥年七月廿三日寅時塋山後格赤墓坪

又妣劉林侯貞娘謚慎潔生嘉慶戊寅年八月十二日寅時卒同治乙丑年六月廿九日卯時塋缺

男　必褒　必策　必哲　必賒俱陳氏出　必現侯氏出

女　素娘配坑園陳　次腰娘配山兜

兆蘧公字有豆　人瑞公次子生道光乙酉年十月廿九日巳時卒光緒甲申年十二月三十日酉時塋山后格弔壁燈火

妣山兜黄奚娘謚如取生道光乙酉年八月初五日寅時卒光緒己卯年七月廿九日申時塋山後格

男　必評養　必向　必絹　必繳
女　究娘配山兜
兆借公字有問號代美　人瑞公三子生道光乙丑年三月廿三日巳時卒
光緒己丑年九月初七日巳時塟斐后林脚
妣文章後門邱審娘謚精詳生道光癸巳年正月初四日寅時卒同治壬
戌年三月初十日巳時塟短崙仔
又妣文章後門陳雪娘謚冰霜生道光甲午年十月十四日卯時卒光緒
壬辰年四月初九日未時塟重慶
男　必示　必捯俱養　必茂陳氏出
女　徙娘配曾垻　次衎娘配下宅
兆舉公　瑞簪公子生嘉慶壬申年月日往漳失記
娶溪東林泮娘生卒往漳缺

男　騰章　騰全　必德殤

兆聽公　瑞爺公子生乾隆壬子年正月十七日寅時卒咸豐乙卯年二月三十日戌時塋漳州海澄林坑山

妣舊門呂好娘生嘉慶癸亥年二月廿三日辰時卒道光壬辰年六月初八日酉時塋海澄林坑山

男　必朕　必興出嗣弟兆遜　必養出嗣弟兆猶

兆猛公字有寬號落洋　瑞爺公次子生乾隆乙卯年二月十八日寅時卒同治乙丑年十月廿五日申時塋缺

妣郭井林係娘生嘉慶乙丑年十一月初八日子時卒光緒戊寅年五月初七日申時塋溪頭山尾墘厝後墳頂

男　必然　必旺殤　必能殤

兆遜公號惠宗　瑞爺公三子生嘉慶辛酉年四月二十六日辰時卒道光

壬午年閏五月初九日巳時塟漳州海澄林坑山

男　必興兆聰子入嗣

兆雅公號聯芳　瑞爺公四子生嘉慶丙寅年六月二十日卯時卒道光癸

卯年七月十四日酉時塟漳州海澄林坑山

男　必養殤

兆懷公　瑞爽公子住居上海

娶某氏

男　不知幾許

兆貌公字有形　瑞嗟公子生嘉慶壬戌年四月初八日未時卒道光丁酉

年十二月十七日未時塟重慶新寨

娶某氏出

男　必班

兆稽公號和興 瑞東公長子生嘉慶庚申年七月廿三日巳時卒道光庚戌年十一月初二日卯時往霞陵塋缺
男 必塤兆泰子入嗣
兆拒公 瑞東公次子生嘉慶甲子年二月廿三日丑時卒道光丁酉年四月十二日未時塋重慶新寨
兆嚴公 瑞東公三子生嘉慶丙寅年七月初七日辰時外出
兆衆公字有心 瑞所公長子生嘉慶甲戌年二月廿九日辰時卒道光庚戌年六月初二日寅時葬新寨大路下
娶下宅陳看娘出
兆輝公 瑞所公次子生嘉慶庚辰年九月廿四日亥時卒缺塋坐向乙辛辰戌
兆燦公 瑞所公三子生道光甲申年八月廿三日戌時卒道光甲辰年十

一月初八日酉時塟重慶中崙坐向乙辛辰戌

兆泰公　瑞水公子生嘉慶甲戌年十月初一日酉時卒光緒甲午年正月
廿四日寅時塟唐帽寨尾坐東向西
妣曾峯娘謚意密生嘉慶癸酉年三月初九日丑時卒道光丙午年十二
月廿六日卯時塟斐後林掃簫尾坐向丙壬己亥
又妣大份溫勉娘生嘉慶乙亥年十一月初三日辰時卒光緒戊子年五
月初七日酉時塟水格溪頭山
男　必填（嗣兄兆稽）　天送
女　秀娘配東房張

應瑞公派黃蜂腰柱

兆判公字有官號剛直　瑞雁公子生乾隆辛巳年八月初十日丑時卒嘉慶甲戌年十二月廿八日吉時葬詔安縣西潭鄉牆墩山崎舍園

男　文來

兆創公字有業　瑞兑公子生乾隆甲午年七月廿三日寅時卒道光辛巳年八月初三日辰時葬福清

兆松公字有後　瑞欣公長子生乾隆辛亥年四月初二日戌時住福清生祠

妣陳却娘生嘉慶丁巳年二月十六日亥時卒嘉慶丁丑年三月十一日亥時葬福清靈德里林泉山坐北向南

男　必精兆楓子入嗣

兆楓公字有樹　瑞欣公次子生嘉慶丙辰年八月三十日酉時

娶莊勤娘生嘉慶丙寅年十二月二十日酉時住居福清生祠卒均缺

男　必精嗣兄兆松

兆罩公字有卓號禮秋　邦治公長子生乾隆壬辰年七月十五日卯時卒嘉慶戊午年四月二十日吉時葬山后格竹林頭田角坐向巽乾辰戌

兆姜公字有詩號經文　邦治公次子生乾隆甲午年五月廿八日辰時卒嘉慶癸亥年七月初十日申時葬山後格大崙頭

兆撻公　邦治公三子生乾隆癸卯年九月初四日戌時卒道光丙午年三月十五日未時葬詔安

妣漳州圓頭黃涼娘生乾隆癸丑年二月十五日午時卒同治甲戌年月日時失記

男　必愛殤　必什夭　必吝

兆恐公　邦治公四子生嘉慶庚申年二月初十日卯時卒咸豐丙辰年九

月十六日戌時葬安詔

兆忠公　瑞惴公長子生乾隆癸卯年十一月十一日亥時卒道光丁酉年十一月初五日巳時葬詔安西潭鳳髻塚坐東向西

兆佳公　瑞惴公次子殤

兆件公號生成　挺拔公長子生乾隆丁未年九月初四日戌時卒道光癸巳年七月初八日申時葬詔安西潭崎舍坐向乾巽戌辰

男　必寶兆悄子入嗣

兆悄公　挺拔公次子生嘉慶庚申年五月廿八日巳時卒失記

妣下宅陳三娘生嘉慶戊辰年七月十五日辰時卒失記

男　必寶嗣兄兆件　必聚

兆所公　瑞樣公長子生乾隆癸丑年二月初八日子時卒道光丙午年七月初八日寅時葬沽美山

兆杉公　瑞樣公次子生嘉慶丁巳年四月十二日子時卒咸豐甲寅年十二月初七日酉時塟漳州灌口

兆跳公　瑞樣公三子生嘉慶庚申年正月初六卯時卒道光乙未年九月十一日吉時塟在華封

兆睦公　瑞樣公四子殤

兆怪公　瑞樣公五子生嘉慶丙寅年七月廿八日巳時卒在漳平

應曾公派

兆變公　瑞趣公子生嘉慶丁卯年十月十六日辰時卒塟缺

九架柱應記公派

耆老兆神公字有福號國正　喜約公長子生乾隆戊辰年二月十一日亥

時卒道光壬午年正月十一日丑時塟文章山雞卯崙中必崙坐向未丑
丁癸
妣溪東林于娘謚順懿生乾隆丁卯年六月初九日卯時卒乾隆辛卯年
年四月十四日申時塟文章山崩坪垵
又妣溪東林好娘生乾隆丙子年二月廿九日辰時卒道光甲辰年十一
月初三日未時塟山後格雞卯崙
男　必贍　必貯　必矑　必贈　必賜俱林氏娘出
女　長配溪東林林干娘出　次配雙墩陳林好娘出
兆敬公字有禮號中正　喜約公次子生乾隆丙子年正月初二日巳時卒
乾隆庚子年七月廿八日巳時塟重慶樹林口可珍公墓邊向坐甲庚卯
酉
兆保公字有定號惟善　喜約公三子生乾隆己卯年九月廿三日酉時卒

乾隆乙卯年十月初四日未時塟重慶新寨脚田頂

兆雍公號面言　澤山公長子生乾隆丙戌年九月初三日亥時卒道光乙未年十月初五日卯時塟同安橋仔頭

兆垂公號時應　澤山公次子生乾隆己丑年九月初一日亥時卒道光癸己年八月初五日寅時塟石門山大水垵

男　必鷄卷

兆安公字有吉號靜隱　高明公長子生乾隆庚辰年十二月十九日午時卒嘉慶戊辰年正月廿三日酉時塟石門鳳髻尖后坐向亥巳壬丙

妣馬頭洋陳商娘謚仁德生乾隆己丑年七月廿四日未時卒咸豐甲寅年六月初四日戌時塟重慶可珍公墓下坐向亥巳乾巽

男　必答　必葵　必博　必佬　必戲

女　配萊山日

兆君公　高明公次子殤埋沾美山坐向乾巽亥巳

兆徵公　高明公三子生乾隆丁酉年五月十一卯時外出缺

兆椒公字有馨號全珍　文稚公子生乾隆丙子年五月十七日亥時卒乾隆戊申年六月十八日午時葬重慶新寨腰頭坐向庚申酉卯

娶高氏出

兆田公字有峻號種玉　世興公長子生乾隆丙申年八月廿四日亥時卒道光甲辰年三月十六日未時葬石門山

妣山兜黄成娘生乾隆丙午年月日缺卒嘉慶己未年四月廿二日巳時葬重慶中崙坐東向西

又妣蓋溪謝潛娘生乾隆癸巳年四月廿八日吉時卒咸豐壬子年八月初四日酉時葬文章山竹篙龍脚

男　必集德　必明　必海

女　配舊門呂

兆魚公字有躍　世興公次子生乾隆辛丑年五月廿五日酉時卒道光辛卯年十二月十八日申時葬山後格尊字崙坐丑未癸丁

妣晉江方鄉王日娘謚清淑生乾隆乙卯年八月十九日吉時卒咸豐戊午年二月初二日酉時葬山後格客拔

男　必燕　必順嗣弟兆寢

女　配宮山陳

兆寢公字有成號圓芳　世興公三子生乾隆庚戌年十月初十日亥時卒道光丙午年又五月廿九日卯時葬山後格尊字崙

妣侯抱娘謚信惠生嘉慶甲子年七月初八日辰時卒道光己亥年五月十八日寅時葬新寨樹林口

男　必順兆魚次子入嗣

兆四公字有志　亮金公子生乾隆甲辰年九月十三日申時卒道光甲午年七月廿四日酉時塋文章山嶺邊格坐癸向丁
妣美埔馬月娘謚光彩生嘉慶丙辰年九月十四日卯時卒道光辛巳年十月初二日卯時塋赤墓坪中心崙坐卯向酉
又妣園美蘇笑娘出
男　必元馬氏出
女　配文章陳
兆遜公字有讓　維典公長子生乾隆戊寅年三月廿七日申時卒乾隆癸丑年十月廿七日戌時塋山後格杉林湖坐向辛乙酉卯
娶陳氏出
養男　必情殤
女　配大廷戴

兆可公字有知號成禮　維典公次子生乾隆壬午年四月十七日酉時卒
嘉慶己卯年四月初五日卯時塟重慶中崙坐向子午壬丙
妣林炎娘生乾隆癸巳年三月初九日酉時卒乾隆癸丑年八月十三日
寅時塟山后格石皮垵坐向乙辛卯酉
兆萁公字有斯號如在　維典公三子生乾隆丁亥年五月初七日卯時卒
道光癸未年正月初三日戌時塟文章山雞卵崙
妣坑園陳銀娘謚言惠生乾隆丙申年三月初二日巳時卒道光壬辰年
十二月初十日巳時塟山後格尊字崙坐西向東
男　必同　必叫　必襷　必縷殤　必侃　必旋殤
女　配中房張
兆靳公字有爽號德意　文獻公子生乾隆壬辰年十二月初四日戌時卒
道光甲辰年九月廿七日申時塟斐後林

妣赤嶺陳笑娘生乾隆癸卯年十二月廿八日子時卒道光甲辰年七月廿六日未時塟客鈸內
男　必府　必堉　必縣
女　長配社壇葉　次配溪東林　三配坊前黃
兆狀公字有元　怡然公長子乾隆丙申年三月十九日午時卒道光乙巳年七月初九日巳時塟安溪西門外
妣赤嶺陳金娘謚淨玉生乾隆癸卯年十月初一日戌時卒道光己丑年六月十五日午時塟山後格尊字崙
必滔殤　必雅　必二殤　必糾殤
女　長配下宅陳　次配下坑橋陳　三配宮山陳
兆品公字有菓號吉儀　怡然公次子生乾隆戊戌年九月三十日戌時卒咸豐辛亥年十二月十二日未時塟山後格

妣溪東林起娘生乾隆己亥年六月初三日午時卒咸豐庚申年十二月十二日戌時塋沽美山

男　必扶　必僉

女　長配坑園戴　次配澳下陳

兆挾公字有送　怡然公三子生乾隆壬子年三月初十日子時卒同治壬申年十月十五日申時塋虎探頭格尊字崙坐向丑未艮坤

妣千金廟吳粱娘生嘉慶戊午年正月初一日辰時卒道光辛丑年八月初六日巳時塋山后格大才垵坐向申寅坤艮

男　必沛殤　必炳　必要

女　配千金廟吳　次配什班山謝　三配坊前黃

榮宗公　瑞要公子生嘉慶癸亥年二月十七日午時卒道光甲申年七月初十日酉時塋沽美山馬路頭

兆疊公字有積號騰雲　瑞瓜公長子生嘉慶庚申年四月十三日戌時卒
道光癸巳年九月十四日亥時塟沽美山外垵
娶余氏改夭
男　必經　必時殤
兆井公字有畒　瑞瓜公次子生嘉慶乙丑年二月廿八日丑時卒道光乙
未年又六月十七日丑時
娶蘇氏改夭
女　長配蓬島蘇　次配林　三失記
恬直公派塔邊垅柱
清兆銅公字有選　瑞孝公子生乾隆丁丑年八月十一日子時卒道光乙酉
年二月初五日酉時塟文章山大崙尾坐向未丑丁癸

妣溪東林義娘謚菁芷生乾隆乙酉年十一月廿五日酉時卒乾隆戊申年六月廿三日寅時塟文章山西巖頭坐向己亥丙壬

養男　必志（往洋）

女　窕娘配鳥翼余

兆朸公　瑞範公長子生乾隆乙未年六月廿六日寅時外出缺

兆欣公　瑞範公次子生乾隆甲辰年四月十九日午時卒道光壬辰年四月廿一日未時塟沽美山

男　必鉗（兆追子入嗣）

兆民公（字）有庶（號）宜愛　瑞興公長子生乾隆乙酉年九月初六日辰時卒道光壬辰年五月初九日午時塟騎龍嶄

妣吳埔山陳讓娘生乾隆壬辰年四月十九日亥時卒道光丙申年三月廿九日酉時塟山後格石皮埈坐向丙壬乙亥

男　必引　必檀　必在　必壁　必宇

女　雪娘配夏田戴　蜂娘配呂洋黄　奚娘配中埔頭林

兆淨公號我遺　瑞興公次子生乾隆戊子年十月十二日巳時卒乾隆丙午年九月初四日寅時塋重慶新寨尾坐向庚甲申寅

兆曹公　瑞興公三子生乾隆壬辰年三月廿六日亥時卒嘉慶辛酉年五月十九日巳時塋重慶新寨脚坐酉卯辛乙

妣林氏出

兆追公字有琢號振我　瑞興公四子生乾隆戊戌年二月十二日巳時卒道光壬辰年三月廿五日巳時塋缺

妣楓樹林春娘生乾隆乙巳年二月初四日巳時卒同治庚午年三月初十日戌時

男　必漸　必涼　必別　必緎　必鉗出嗣兆欣

兆程公字有前　瑞興公五子生乾隆戊申年四月十六日未時卒道光乙
未年又六月十六日卯時塟缺
妣溪東林廒娘生嘉慶癸亥年二月十九日寅時卒塟缺
男　必果　必磨
女　乖娘配山兜黄　濺娘配大埧方
兆略公　瑞由公長子生卒缺塟在臺
兆畜公　瑞由公次子生卒缺塟在臺
妣同安某氏出
男　必海　必山　俱住台灣
兆串公　瑞參公子生乾隆辛亥年十二月廿七日酉時卒嘉慶庚辰年三
月廿一日酉時塟山後格石皮垵内崙
兆密公字有約　瑞錢公長子生乾隆辛亥年八月廾三日巳時卒道光丁

酉年七月二十日午時塟山後格洪面林

妣内呷李三娘生嘉慶丙寅年五月初九日巳時卒光緒丙子年又五月廿五日丑時塟重慶

男　必緩兆力子入嗣　必圈兆鄭子入嗣

女　水娘配林柄陳

兆螺公　瑞錢公次子生嘉慶丁巳年六月初四日巳時卒道光壬寅年十月十一日戌時塟重慶

妣泉城李草娘改節

男　必茶養　必巾養　必慄

兆蟳公　瑞錢公三子生嘉慶庚申年正月廿六日辰時卒咸慶丙辰年八月十一日巳時塟沽美山

妣葉取娘改節

男　必進　必轉　必緝俱殤

女　救娘配前坑余　營娘配中埔頭林

兆珪公字有亨　瑞錢公四子生嘉慶丁丑年五月初八日亥時卒光緒乙未年八月初八日辰時葬沽美山蓮山後坐寅申艮坤

妣劉林俟偕娘生嘉慶己卯年五月廿二日辰時卒光緒壬寅年八月十二日午時葬蓮山後坐向寅申艮坤

男　必直　必喜出嗣　必軋　必滴　必學

兆問公字有心　瑞寬公子生嘉慶己巳年三月初九日戌時卒道光丙午年十月廿七日吉時葬缺

妣呂探娘生嘉慶壬申年四月十七日戌時卒道光乙巳年五月廿五日未時葬缺

男　必吉　必看　必烟

女　艮娘配林柄陳　器娘配山兜黃　活娘配中房張
兆成公　瑞洸公子生嘉慶庚申年九月廿五日戌時卒嘉慶戊寅年十月
廿八日戌時塟蓮山后坐東向西
兆才公　瑞洸公次子生嘉慶癸亥年十二月初四日戌時卒光緒壬午年
十一月十一日酉時塟險墘墳
兆梽公　瑞洸公三子生嘉慶己巳年十一月廿四日戌時卒光緒庚辰年
十月廿八日子時葬險墘貢
妣惠安蔡兜娘生嘉慶丙寅年七月十六日寅時卒光緒己卯年九月廿
九日寅時塟重慶
女　賓娘配中埔頭林　尾娘配大份温

十世西房四

樓脚柱弃業公派

清兆柑公字有桔　性瑞公長子生康熙辛卯年九月初八日巳時卒乾隆辛酉年十月十六日酉時確塋文章山大坵田下

妣小余蔡大娘生康熙丙申年三月十二日寅時卒乾隆辛卯年六月十五日亥時塋缺

男　必謹

女　配溪東林

兆苹公字有拔　性理公次子生康熙辛丑年十月三十日辰時往福清居住

妣田墘黄束娘生雍正癸卯年十月廿八日卯時卒塋在福清

男　必磊　必純　必述

女　長配舊門呂　次配中埔頭林

兆昔公字有昨號敬時又號榮身　性理公三子生雍正戊申年九月廿九日酉時卒乾隆戊申年二月十五日丑時塟在福清

妣鳳坡梁賢娘謚勤慎生雍正戊申年十月十七日亥時卒嘉慶戊午年八月廿三日未時塟沽美山

男　必凑　必音　必弄

女　配田墘黃家

兆兼公字有所號愛玉　榮緩公長子生康熙辛丑年四月初三日未時卒乾隆戊戌年正月初三日戌時塟文章山騎龍斬坐向未丑坤艮

妣下宅陳居娘生康熙辛丑年十二月初五日酉時卒乾隆丙戌年四月初一日巳時塟文章山龜仔對面

男　必軋　必諡

女　配劉林侯家

兆同公字有錦號織文　榮緩公次子生雍正丁未年閏三月十一日寅時
卒嘉慶乙丑年九月二十日未時罐塋文章山杉林頭坐丁向癸
妣內呷李熙娘謚敬慎生雍正辛亥年十二月廿九日亥時卒嘉慶丁巳
年三月十二日亥時罐與公合塋

男　必盞　必通嗣弟兆棠　必螢

女　長配蓬島郭　次配雷厝坑雷　三配東門謝

兆妥公字有深號近玉　榮緩公三子生雍正壬子年正月十四日午時卒
乾隆丁酉年正月十五日酉時罐塋文章山騎龍斬脚坐己向亥兼巽乾
妣內呷李酉娘謚慈儉生雍正丁巳年八月初六日酉時卒嘉慶庚申年
八月廿六日亥時塋文章山嶺邊格坐向申寅庚甲

男　必塔　必輦

女　長配高嶺林　次配溪東林

兆軒公字有昂號若冕一號宏大　榮緩公四子生雍正乙卯年正月初七日丑時卒乾隆甲午年十一月初十日午時葬文章山米粉崎坐向癸丁丑未

妣胡西陳諸娘謚淑德生乾隆甲子年四月初六日酉時卒嘉慶癸亥年十月二十日未時葬文章山斐后林

男　必性　必奢

女　長配路後戴　次配石墓黃

兆梧公字有桐號茂盛　喜文公長子生雍正己酉年七月十五日巳時卒乾隆庚寅年二月初十日未時罐葬杉林中雀仔頭中崙坐辰向戌兼乙辛弟兆映附葬

娶高氏改節

男　必送養　必分嗣弟兆映　必昧嗣弟兆平

兆魏公字有韓　喜文公次子生雍正辛亥年十二月廿九日寅時卒乾隆辛巳年四月廿三日戌時鑵塋山后格尊字崙坐向巽乾辰戌

娶林氏改節

養男　必裕

兆荷公字有華　喜文公三子生雍正乙卯年十一月初九日寅時卒乾隆壬午年二月初十巳時塋南洋咬蚋吧

養男　必引　必腰

兆粟公字有周號八士　喜文公四子生乾隆己未年九月十二日子時卒乾隆丁亥年五月初四日卯時鑵塋文章山大垵格坐卯向酉兼甲庚

妣下宅陳銀娘謚成金生乾隆丁卯年三月十五日辰時卒嘉慶戊寅年六月初八日申時塋文章山過橋仔崙坐向申寅坤艮

男　必通兄兆回次子嗣　必腰養撥嗣兆荷

養女　進娘配坑園陳猜觀

兆卑公號登高　喜文公五子生乾隆壬戌年四月廿七日寅時卒乾隆己丑年四月廿三日酉塟文章山龜仔腰坐丁癸兼未丑

娶謝氏改節

男　必昧兄兆梧三子嗣

兆映公號雪書　喜文公六子生乾隆戊辰正月十七日戌時卒乾隆丙戌年五月初七日卯時罐附塟兄兆梧公墳中

兆蘭公字有桂　晉百公次子生乾隆丁巳年四月初八日寅時卒嘉慶丁

男　必分兄兆梧次子嗣

兆相公　晉百公長子生雍正壬子年九月廿九日子時年乾隆丁丑年十一月二十五日酉時沒廈門大定外九節湖內

巳年三月十八日戌時塟在福清

妣梧宅曾集娘謚宜慎生乾隆甲子年九月十四日巳時卒乾隆乙酉年六月初七日辰時塟文章山大崙頭坐丁向癸兼未丑

繼妣後廳陳省娘謚敬慎生乾隆壬戌年二月十八日子時卒乾隆庚戌年正月廿四日未時塟沽美山

男　必卷陳氏出

女　長配水閣黃家曾氏出　次三俱配溪東林家俱陳氏出

兆佛公端做公長子

兆香公瑞做公次子

兆星公瑞做公三子生卒俱在福清生祠

兆雲公宇有智　升如公長子生雍正辛亥年八月初二日申時卒乾隆丙子年四月初四日辰時塟福清蘇田里東湖坐北向南

妣大姑陳玉娘生雍正癸丑年正月初七日酉時卒塋缺
男　必芮　必助
女　二俱配林家
兆露公　升如公次子生乾隆戊午疑此有錯記年二月廿五日戌時卒乾隆甲子年六月十六日巳時塋在福清土吐後埔仔坐西向東
兆河公字有海　升如公三子生乾隆丁巳疑此有錯記年七月廿九日巳時卒塋在生祠
妣黃胡娘生乾隆甲子年十月十四日巳時卒塋在生祠
男　必璇
兆梁公字有架　升如公四子生乾隆甲子年十月廿七日卯時卒乾隆癸巳年六月廿二日戌時塋福清龍德里覆船山腰坐北向南
妣蘇敬娘生乾隆癸亥年二月廿七日辰時卒乾隆辛卯年十一月十五

日酉時塋福清大埔尾坐北向南
男　必炎
女　一
兆西公字有隨　瑞崎公長子生雍正甲寅年六月初三日申時卒塋缺
妣阮林何進娘生雍正癸丑年七月十四日午時卒乾隆辛未年二月廿
四日辰時附塋　姑侯氏墳中
繼妣後紅郭氏生乾隆戊午年十二月十九日巳時卒塋缺
男　必煥　必連　必紅住福清
女　長配牛嶺許　次配大路洋陳　三配後紅林
兆面公字有朝　瑞峙公次子生乾隆戊午年月日缺寅時卒缺
妣東橋黃器娘生乾隆戊午年五月廿五日巳時卒塋缺
男　必汪　必超　必偶　必鈞住福清

女　長配後頭埔陳　次配南樓方　三配本鄉陳　四配圳頭陳
兆要公字有約　瑞峙公三子生乾隆甲子年三月十八日戌時卒塋在福
清
妣生祠黃宜娘生乾隆戊辰年五月十三日巳時卒乾隆丙申年正月初
七日丑時塋福清畬八坐西向東
男　必璘　必揚
女　一配缺
兆怡公　瑞佩公長子及次子兆科公三子兆和公四子兆圭公生卒俱在
生祠
兆倪公　成賢公長子生乾隆庚辰年八月十一日寅時卒道光戊子年十
二月十六日時缺塋在長泰
妣半嶺林大娘謚孝順生乾隆甲辰年二月初六日辰時卒道光丁未年

五月初九日亥時塟沽美山外垵坐西向東

男　必進

女　一配雙溪陳家

兆昭公號寶財　成賢公次子生乾隆乙酉年十月初六日午時卒嘉慶庚午年十月十七日酉時塟在長泰　後以神主附塟祖父處集公祖母謝氏胞叔和悦公墳中

妣長泰盧萃娘生乾隆甲午年十二月廿五日巳時卒嘉慶乙丑年四月十七日寅時罐塟長泰縣溪口

又妣謝限娘生乾隆乙未年十二月二十四日戌時卒嘉慶戊辰年八月二十三日亥時塟長泰林墩塚山頂坐東向西

男　必頭一名必土謝氏出

女　配長泰張家盧氏出名逆娘

兆強公　瑞歉公長子生乾隆甲申年四月二十六日未時卒塋在福清

兆款公　瑞歉公次子生乾隆己丑年十一月廿二日午時在上北船破身亡年月日時缺

兆滔公號紀南　瑞　公三子生乾隆乙未年十二月廿七日丑時卒道光壬寅年十月廿一日未時塋重慶樹林口坐辛向乙兼戌辰　公中年招養於林口蔡家至晚年攜子而歸以承禋祀血食其不斬矣

妣惠安蘇儉娘歸蔡家生卒年月不書

男　必親

兆印公字有岳號東湖　瑞報公長子生雍正辛亥年十一月二十日申時卒乾隆戊甲年二月十三日寅時塟福清林泉山坐北向南妣許氏后氏

次男必納附塋

妣許寅宋謚恭勤生雍正癸丑年年十一月十五日寅時卒乾隆庚辰年

五月廿二日申時
又妣吳衷宋謚勤慈生雍正壬子年十二月廿七日子時卒乾隆乙巳年
十二月初二日酉時俱與公合塋
男　必繼許氏出　必納　必經嗣弟兆棟　必綢俱吳氏出
女　雁宋配謝家許氏出　觸宋配宅角陳家吳氏出
兆外公　瑞報公次子生雍正癸丑年八月十一日寅時卒乾隆戊寅年六
月廿二日辰時塟福清過橋墩内坐東北向西南
妣顔氏生雍正癸丑年八月十七日酉時卒乾隆壬申年十月初四日戌
時塟福清虎頭山坐北向南
又娶某氏改節
男　必來
兆棟公字有樑　瑞報公三子生乾隆元年丙辰七月廿一日未時卒乾隆

甲戌年八月初一日丑時葬福清虎頭山坐酉向東
男　必經兄兆印三子嗣
兆番公　瑞報公四子有傳子孫在福清生祠米粉厝
兆燦公　瑞報公五子無傳
兆旁公　瑞赫公長子無傳
兆灶公　瑞赫公次子在福清生祠
養男　必富

土樓仔柱弈隆公派

兆覽公　瑞冉公長子生乾隆庚辰年正月初二日酉時卒葬在臺灣
兆甲公字有第號聯登　瑞冉公次子生乾隆乙酉年正月三十日戌時卒
道光癸己年九月十五日丑時罐初在本厝廳中後遷葬何處莫考

妣楊朱娘謚明仁生乾隆丙申年十二月初二日酉時卒嘉慶戊辰年閏五月十八日酉時𨫼塟文章山大坵田脚坐酉向東

男　必寢　必問出嗣弟兆者　必間出嗣弟兆舜

女　歉娘配上塘許家

兆舜公字有智號克讓　瑞冉公三子生乾隆戊子年五月十二日辰時卒道光庚寅年三月廿二日丑時塟山後格大坵田下坐丙向壬兼己亥

先娶陳葉娘殤

妣洋尾宅張成娘謚懿柔生乾隆癸卯年三月十四日辰時卒道光辛丑年十月廿八日未時塟沽美山坐辛向乙

男　必間兄兆甲三子入嗣

兆者公字有為　瑞冉公四子生乾隆壬辰年四月廿九日卯時卒道光癸己年五月廿三日巳時𨫼塟重慶坑子口

男　必門兄兆甲次子入嗣

兆緘　瑞再公五子生乾隆乙未年七月廿一日寅時殤

兆合公字有璧號惟玉　後知公長子生乾隆甲子年正月廿三日申時卒

乾隆乙巳年正月二十日未時罐葬沽美山中崙

妣中房張貴娘謚温儉生乾隆丙寅年三月十五日寅時卒乾隆乙巳年

八月初十日子時葬在提封三角林

男　必道　必行

女　收娘配大田朱　次配林柄陳　三爰娘配高洋楊

兆新公　後知公次子生乾隆壬申年五月廿五日未時外出卒葬在台

兆樟公　伏安公長子生乾隆丙戌年九月十二日卯時卒道光乙巳年二

月廿二日亥時葬沽美山

養男　必訓

兆監公字有殷　伏安公次子生乾隆甲午年二月十二日丑時卒道光甲申年六月初四日午時塟坑仔口
娶李氏改節
男　必友
兆瑞公　瑞戀公子生卒缺
坑仔壠柱卽下坂厝柱
兆高公　瑞偉公子住温州
兆排公　物妙公子生卒缺
兆貶公字有綏號美善　物妙公長子生乾隆丁丑年十月十五日酉時卒
嘉慶庚辰年十一月十四日午時塟山後格大材崙路下坐南向北
先娶歐陽氏因乙卯大饑出

後娶湖頭李祥舍謚德順生乾隆辛巳年五月初十日亥時卒道光壬辰年二月廿五日戌時塟大材崙路頂坐南向北

男　必象　必溪嗣弟兆明俱歐陽氏出

女　一配曾埧柯李氏出

兆明公號光彩　物妙公次子生乾隆辛卯年十二月廿一日巳時卒嘉慶庚辰年十月十七日巳時塟文章山騎龍斬脚坐酉向卯

男　必溪兄兆貶次子入嗣

兆寅公　瑞越公子生乾隆癸亥年九月初二日卯時住福清

兆棋公　端成公子生乾隆癸巳年閏三月十三日未時住福清

德亭公諱兆檀字有正　中理公長子生乾隆壬午年正月廿九日未時卒嘉慶庚午年七月廾六日戌時罐塟沽美山險埧墳坐丑向未兼癸丁

娶林氏改節

男　必頗殤　必册　必題　必福元養

女　忍娘配澳下盧　選娘配舊門呂

清恩賜耆老筵賓公諱兆榻字有棠　中瑞公次子生乾隆辛卯年三月二十日戌時卒道光己亥年六月十九日巳時塟六份山大姑垻內坐乾向巽兼戌辰石鐫清恩賜考筵賓洪公墓

妣高口馬晤娘謚勤儉生乾隆戊戌年五月初五日午時卒道光癸巳年五月廿三日巳時塟六份山石牛湖坐巳向亥兼丙壬

繼妣溪前陳看娘謚禎儉生乾隆庚子年十一月廿二日辰時卒咸豐壬子年五月初三日卯時塟重慶中崙邊坐東向西

男　必額　必勁　必爽　必郭　必兩

女　畏娘配霞田戴　狠娘配霞宅陳　乖娘配曾墘曾俱馬氏出

兆橋公字有梁　啓首公長子生乾隆辛亥年十一月十九日亥時住居永

定縣卒塋缺
娶永定劉歲娘生嘉慶戊辰年六月十九日卯時卒塋缺
男 必起發養 必新發 必登發兼嗣三弟兆局
女 二俱殤
兆窰 啓首公次子生嘉慶戊午年月日缺殤 壬申塋沽美山
兆局公 啓首公三子生嘉慶壬戌年四月十三日丑時外出永定縣南門
居住卒塋缺
娶永定劉某娘生嘉慶年間月日時卒塋失記
男 必登發兄兆橋三子兼嗣
女 一

垻壩腰柱弈隆公派

兆暢公字有盛號長豐　安國公長子生雍正壬子年十月廿八日卯時卒
嘉慶丁巳年二月廿七日巳時塟文章山客鈘内坐壬向丙兼亥巳
妣吳埔山陳夜娘謚儉慎生雍正乙卯年十二月廿四日戌時卒乾隆乙
卯年十一月初七日巳時鑵塟文章山短崙仔坐未向丑兼丁癸
男　必餘　必民　必飲　必農
女　八娘配雙溪陳家

兆討公字有論號講議　安國公次子生乾隆丁巳年閏九月初八日酉時
卒乾隆戊申年五月廿二日未時鑵塟重慶園坐甲向庚兼寅申
妣坑園戴義娘謚慈惠生乾隆癸亥年閏四月初七日卯時卒嘉慶癸亥
年八月初六日未時鑵塟三脚木坐庚向甲兼酉卯
男　必迎　必跳　必當　必皆　必崎

女　佔娘配文章陳家

兆看公　安國公三子生乾隆癸亥年十二月初八日丑時卒乾隆戊子年九月初八日辰時罐塋杉林尾坐未向五兼坤艮

兆謀公　安國公四子生乾隆丙寅年十一月二十日戌時卒乾隆戊子年二月廿五日巳時罐塋雀仔頭尾坐巽向乾兼巳亥

兆蔔公字有南號陶情　安國公五子生乾隆戊辰年十二月十九日寅時卒乾隆乙卯年六月初八日卯時罐塋大材崙坐巳向亥兼丙壬

娶張氏改節

男　必波殤　必高

兆造公字有端　安政公長子生乾隆壬申年五月廿一日丑時往臺聞再娶陳氏傳有二子

妣胡西陳尾娘生乾隆癸酉年六月廿七日未時乙卯大饑與男必栽不

知所往

男　必格殤　必栽

女　二長配本鄉薛家　次失記

兆泵公　安政公次子生乾隆乙亥年七月廿九日未時卒塋在海澄

兆前公　安政公三子生乾隆甲申年三月初十日未時卒塋在臺灣

兆慶公　安政公四子生乾隆丙戌年十二月初四日巳時卒在泉州城塋

南門外橋尾

兆蓮公字有彩號榮美　安邦公長子生乾隆辛未年六月初四日酉時卒

嘉慶癸亥年七月十九日未時罐塋文章山杉林頭坐巽向乾兼辰戌

妣中房喜娘謚淑恭生乾隆丙子年三月廿一日戌時卒嘉慶辛未年六

月廿二日巳時塋大坵田脚坐坤向艮兼未丑

男　必如

女　新娘配雷厝坑雷家

兆花公　安邦公次子生乾隆乙亥年六月廿四日午時卒乾隆癸卯年四月廿四日吉時罐塟重慶金字面崙後内崙仔坐向乾巽兼亥己

兆蔺公　安邦公三子生乾隆戊寅年三月初五日未時卒乾隆丙午年十二月廿六日吉時罐塟埧腰坪坐壬向丙兼子午

講耿公 諱兆告 字有昭　安進公長子業儒丙申纂脩本房譜稿生乾隆甲子年九月十二日巳時卒乾隆乙巳年六月廿五日午時罐葬埧腰坪附母蘇氏墳中

妣衎内謝意娘謚恬德生乾隆癸亥年正月初七日辰時卒乾隆戊申年五月初二日申時與公附塟　姑蘇氏墳中坐辛向乙兼酉卯

男　必瓊　必琫　必玷　必篤 出嗣弟兆占

女　英娘配鳳坡梁家

兆踏公字有郎號心悦　安進公次子生乾隆丁卯年七月廿一日午時卒
乾隆戊申年二月初二日巳時罐塟文章山竹篙崙坐乙辛兼辰戌
妣嶺頭郭程娘謚懿德生乾隆庚午年正月初一日卯時卒乾隆乙巳年
三月廿二日卯時罐塟文章山大垵格坐辰戌兼乙辛
男　必牆　必垻　必墩
女　省娘配下宅陳
兆查公字有尋號芳時　安進公三子生乾隆丁丑年十月初七日午時卒
嘉慶壬申年十一月廿八日未時塟堪壩腰坪坐壬向丙兼子午
妣霞宅陳究娘生乾隆辛巳年十二月十五日戌時卒道光乙巳年十一
月初四日酉時塟石皮垵坐丑向未兼艮坤
男　必留　必沉殤　必治俱殤
女　深娘配半嶺林　晞娘配大坪陳

兆占公字有魁號叶吉　安進公四子生乾隆壬午年七月初九日巳時卒
嘉慶庚午年正月十六日巳時葬山後格洋嶺坑外坐艮向坤兼寅申
妣苦垵林金娘謚仁德生乾隆己丑年十二月初十卯時卒道光甲午年
三月初二日午時與公合葬
男　必篤兄兆吉四子入嗣　必鸞　必買出嗣兆尙　必選出嗣兆且
女　畏娘配宮邊黃
兆餒公　安明公長子生乾隆丙戌年五月十二日未時卒乾隆己酉年四
月初七日巳時葬重慶園坐壬向丙兼子午
娶葉氏改節
兆蔣公字有菻號行義　安明公次子生乾隆庚寅年十二月初七日酉時
卒道光壬寅年三月初十日未時葬山後格石皮垵坐卯向酉兼申庚
妣晉江暗林鄉林針娘謚慈纓生乾隆己酉年十月廿五日午時卒咸豐

丙辰年十月十四日未時塟重慶樹林口坐艮向坤兼寅申
男　必葵養　必尺兆㞕子入嗣
兆世公　安明公三子生乾隆癸卯年七月廿三日寅時卒道光壬寅年五
月廿六日辰時塟重慶樹林口祖墓崙垵邊坐艮向坤兼寅申
養男　必鑚
兆月公　瑞熙公子生乾隆丙寅年四月十六日卯時住福清生祠
　　弈山公派　周龍頭柱
兆受公　茂德公子生乾隆年月失記卒塟在外
兆看公　曲禮公嗣子生乾隆戊戌年十一月十七日戌時卒道光戊戌年
閏四月初七日辰時塟重慶坑仔口坐北向南
養男　必步

兆理公　嚴謹公子生乾隆庚辰年五月十一日巳時卒塋在外缺

清順公乳名兆官字有爵　嘉賓公長子生雍正乙卯年九月二十日未時卒乾隆己亥年正月三十日寅時罐塋文章山斐後林坐向巽乾巳亥

妣郭井林信娘謚孝誠生乾隆癸亥年九月初三日卯時卒道光乙酉年十月廿六日戌時塋文章山尊字崙坐艮向坤兼丑未

男　必炎　必蜂　必圓

女　精娘配中埔頭林

清例贈修職郎鄉飲賓脩軒公諱謙益乳名兆損字有騫　嘉賓公次子少時服賈致養雙親壯居室始有郎延師傅課兒郎偕昆季搆居宅恢田疇卜吉地擇親墳　縣主柳舉族正授印示又欽齒德咨詳　督撫張選入鄉賓儒學　鄭劉與縣主　譚各賜匾褒揚而公志總以文武兩途為念同時為教孔孟之西席者舉人廷琮呂先生也為教孫吳之韜略者舉人萬周

陳先生也故兒子或列成均或入辟雍彬彬濟濟以振家聲而鑑塘姻翁有題行樂圖美其追步前賢云爾生乾隆戊午年九月十五日丑時卒嘉慶乙亥年十月十三日戌時享年七十八塟大垵格內坐巽向乾兼辰戌內有誌銘外有石碑

妣林串娘謚敬德勤儉治巳待人接物未嘗有吝惜德配於　公其溫惠之德尤掛人齒頰者焉生乾隆乙丑年七月初九日辰時卒嘉慶壬申年五月廿九日戌時享年六十八塟大垵格內坐甲向庚兼卯酉石碑為記

繼妣王偶娘謚令德生乾隆辛巳年八月初五日亥時卒道光乙未年八月廿八日申時享年七十五塟大坵田下坐乾向巽兼亥巳

庶妣崎路黃倜娘謚恭順生乾隆丙申年五月廿一日尾時卒嘉慶壬申年六月初七日戌時塟大坵田下坐辛向乙兼戌辰

男　成萬（養太學生）　成時（例貢生）　知來（殤）　成功（太學生俱林氏出）

振忠業儒 黄氏出

女 甘娘配溪東貢生林崑光 巢娘配胡西陳 殤僕林氏出

附行樂圖

騫翁洪太姻翁行樂圖 遙而望之道範淵淵即而親之雅度翩翩靜觀自得挹松風而忘言不會周族世態恆磊落乎人間清修評高月旦懿行追步前賢以故德隆望高 學師尊賜以褒揚之典質仁秉義 邑大夫特設嘉賓之筵登堂椿萱並茂繞膝蘭桂競妍喜奪魁而掄解如璧合而珠聯東壁牙籤備具左圖右史南窗嘯傲時聞春誦夏絃彬彬郁郁繩繩綿綿信天倫之樂事實大德之有然將古稀而矍鑠羣相推為行地仙 舉人姻晚生呂廷琮敬題

附壙誌銘

古人歿有行狀瘞有誌銘均以揚德行敘生平原委也 吾父脩軒公自

捐館舍於今十年矣原塋在永春十二都文章山土名客鈸內即大坡格
內穴負巽拱乾兼辰戌丙辰丙戌分金茲將營建灰壙以垂永久曷可不
綜在日懿行謹誌其大概父諱謙益字有騫號修軒王父嘉實公王母仁
慈陳孺人次子自少岐嶷年十三即服賈致養王父嘉實公恢拓產田構
居宅二座旁築別業父先意承志拮据贊佐之力居多生平洞達理義凡
鄉鄰有事一經排解無不冰消雪釋以故邑侯　柳公舉任族正旋延為
鄉祭酒贈匾曰質仁秉義而本學　鄭劉二老師縣主　譚公亦以吾父
德行可嘉各贈匾褒揚一曰德隆望高一曰薰德奉公雖性崇朴平居衣
服飲食惟儉素是務然至宴賓承祭以及延師儒建田宅諸大端則固未
嘗有惜費之心此尤可見其豐儉得宜而鑑塘呂姻翁為吾父題行樂圖
所由有追步前賢之稱美焉巳父生戊午卒乙亥享年七十八先娶吾母
林孺人溪東其友公次女生不孝兄弟三長成萬太學生次成時貢生三

成功太學生女甘娘配溪東鄉賢林受詢公長男貢生崑光為欲廣嗣續計爰納庶母恭順黃孺人遂生四弟振忠不幸壬申年吾母見背未幾而庶母復棄世父於是續娶桃源東熙庠生王必捷公女為不孝等繼母焉今者孫枝漸展男孫十六惟先東後公一年歿男曾孫十餘繩繩未艾何莫非父積善之致也銘曰文章挺秀鬱乎蒼蒼中開窀穸父魄攸藏穴坐巽位面拱乾方卜云其吉終兮允臧億千萬億長發其祥

榮齋公乳名兆芽字有萌　嘉實公三子酷嗜書香命次子從師多載學既有成惜志不遂生乾隆癸亥年三月十八日申時卒嘉慶壬戌年五月初十日午時塟重慶山坐向亥巳兼壬丙石鐫考榮齋洪公墓

妣內呷李轉娘謚婉益生乾隆丁卯年四月十三日卯時卒嘉慶乙亥年九月廿八日巳時塟挑水垵崙坐丁向癸兼未丑

男　必椅　必棹　必桂弟兆心次子入嗣

女　兒娘配胡西陳　報娘殤　埋沽美山　綿娘配永春埔頭監生林點元

己任公乳名兆重字有厚　嘉實公四子雅度翩翩耽樂書味始祖宇塑像大魁公力為倡始以冀文明蔚起殆有志於詩書者矣生乾隆丙寅年四月初三日卯時卒乾隆己酉年四月廿四日丑時罐塋文章山龜仔崙坐巽向乾兼己亥

妣桐林王清娘謚恩惠中年失偶撫養三男二女俱已成立紡績勤儉至老不懈尤人所欽仰者也享年八十三生乾隆辛未年閏五月初十日寅時卒道光癸巳年十一月十四日酉時塋龜仔崙頂坐酉向卯兼庚甲俱有石碑為記

男　必賢　必悔　必亮　必唐殤

女　竹娘配溪東林　雙娘配高蓋山脚林

儀容公乳名兆威字有嚴　嘉實公五子天性剛直垂訓兒曹以無越犯為誡
享年八十五生乾隆己巳年九月廿五日亥時卒道光癸巳年四月十四
日辰時罐塋文章山尊字崙坐向乙辛卯酉石碑為記
妣小姑陳珠娘謚明惠生乾隆甲戌年七月十六日辰時卒乾隆壬子年
九月初一日酉時罐塋大垵格內崙邊坐向寅申艮坤石碑為記
又妣年封林榮娘謚尊　生乾隆己卯年十月二十日午時卒道光丙戌
年四月十八日亥時葬頂赤墓坪坐申向寅兼坤艮
男　必春　必勅　世哲殤　必輾俱陳氏出　必鈁　必老俱林氏出
女　省娘配溪東林　儉娘配高口洋陳俱陳氏出　足娘配大坪陳林氏出
兆頂公號信仁　萬安公長子生乾隆甲戌年十一月初九日午時卒嘉慶
庚申年九月二十日丑時塋山后格石皮垵坐辰向戌兼乙辛
妣令內陳東娘謚儉約生乾隆辛未年四月廿四日吉時卒道光甲申年

十一月十八日辰時塟山后格存字崙邊坐酉向東
男　必佃
女　勸娘配内呷李
兆楓公　萬安公次子生乾隆丁丑年五月廿三日戌時卒乾隆乙卯年二月廿一日巳時塟山後格尊字崙
娶林成娘改節
男　必滿殤
兆趣公　萬安公三子生乾隆甲申年十月十七日寅時卒乾隆乙卯年七月十二日酉時塟本鄉沽美山
兆炮公字有　榮望公長子生乾隆己巳年五月初三日午時卒嘉慶丙子年九月廿三日戌時塟海澄城外港口穴臨港邊石鐫考有　洪公墓坐未向丑

妣李素娘謚勤順生乾隆丁卯年四月十七日卯時卒嘉慶戊午年十二
月十八未時鑵塟文章山崩坪垵坐庚向甲兼酉卯
男　必篇　必買弟兆次子入嗣

兆心公字有廣號體泰　榮望公次子生乾隆辛未年八月十七日酉時卒
嘉慶乙丑年八月初四日卯時塟崩坪垵坐酉向卯兼辛乙
妣彭口李片娘謚順柔生乾隆壬午年七月十五日辰時卒嘉慶庚午年
二月初四日丑時塟崩坪垵坐辛向乙兼酉卯
男　必長　必桂出嗣兄兆芽
女　長隱娘配文章陳　次配霞宅陳

兆肉公字有味號席珍　榮望公三子生乾隆丁丑年正月廿二日子時卒
嘉慶辛未年五月初五日戌時塟在南洋
妣山兜黃省娘謚柔儉生乾隆己丑年六月初六日午時卒嘉慶丙子年

六月初六日戌時塟杉林坐辛向乙兼酉卯

男　必金 養　必買 嗣兄兆炮

兆管公 字 有升　榮望公四子生乾隆庚辰年六月三十日午時卒嘉慶乙丑年九月初一日寅時塟山後格龜仔山坐酉向卯兼庚甲

娶黃氏 改節

男　必挨

兆甲公 字 有科 號 後登　榮望公五子生乾隆丙戌年五月十九日午時卒嘉慶戊寅年正月十七日丑時塟德化后房山

娶坑園林俗娘生乾隆癸卯年月日缺嘉慶年間還居德化後房後與子必翦再還閩清碗窰

男　必翦　必崇 出嗣兆元殤　必齡 出窀兆瓜

兆酒公 字 有詩 號 清禮　職載公長子生乾隆辛未年三月廿八日辰時卒

嘉慶戊午年八月十三日酉時塋山後格石皮垵坐甲向庚兼寅申

妣溪東林紫娘生乾隆乙酉年十二月十六日寅時卒乾隆乙巳年二月廿五日吉時塋大坵田下坐乾向巽兼戌辰

又妣莊楚娘謚善柔生乾隆乙亥年十二月廿一日酉時卒道光癸巳年二月初六日丑時塋山後格存字崙頭路下坐酉向卯

男　必綿 弟兆瓶長子入嗣

兆錯公 字 有味　職載公次子生乾隆辛巳年十一月十八日午時卒乾隆己酉年二月十三日吉時塋山后格頭祖墓邊坐甲向庚兼卯酉

娶蔡氏 改節

男　必君

兆瓶公 字 有聲 號 盈鐘　職載公三子生乾隆乙酉年四月廿九日丑時卒嘉慶甲戌年二月初七日未時塋山后格洋嶺坑大路頂坐庚向甲兼酉

卯
妣小姑陳晟娘生乾隆癸巳年七月十九日寅時卒道光甲辰年五月廿
五日寅時塟山後格大坵田頂坐坤向艮
男　必綿嗣兄兆酒　必学
女　一內呷李
兆緞公　職載公四子生乾隆庚寅年六月初八日戌時卒乾隆乙卯年二
月廿六日酉時塟沽美山
兆卞公字有和號懷玉　諭遠公長子生乾隆巳未年十一月二十日卯時
卒乾隆辛亥年十月二十日卯時塟狗母相帶格坐辛向乙兼戌辰
妣大余戴奪娘謚柔節生乾隆庚申年六月十八日丑時卒嘉慶丙子年
七月廿九日巳時塟狗母相帶格坐辛向乙兼酉卯
男　必默　必實　必鰲　必魚

女　長配文章陳　次配內呷李

兆本公字有立號道生　修齊公長子生乾隆庚午年四月初三日酉時卒道光癸巳年六月廿六日亥時塟文章山赤墓坪坐酉向卯兼庚甲

妣糧美謝見晟謚美德生乾隆甲戌年十一月十二日戌時卒道光乙亥年正月初一日辰時塟文章山大材崙坐乙向辛

男　必齊　必剖

女　一配古坑格黃

兆舍公字有宅號施澤　脩齊公次子生乾隆丙子年八月初九日未時卒嘉慶己巳年十月十五日巳時塟山后格存字崙坐艮向坤兼丑未

娶高氏改節

男　必秋　必解　必琴

女　居娘配林柄陳

兆劣公字有取號兼優　建業公長子生乾隆辛巳年十一月廿七日丑時
卒道光　年　月　日　時與男必垵遷居桃源塋在桃源
妣中埔頭林抄娘謚恬懿生乾隆甲午年七月初十日巳時卒道光己丑
年九月廿二日申時拾骸移塋桃源
男　必垵　必山　必熬
女　起娘配溪東林　活娘配溪東林　間娘配大坪陳
兆艾公字有保號裕後　建業公次子生乾隆己丑年二月初六日巳時卒
道光戊子年五月廿四日巳時塋文章山三脚木坐戌向辰兼乾巽
妣溪東林寅娘謚謹恪生乾隆乙未年四月廿二日卯時卒嘉嘉丁丑年
十月二十日丑時鑵塋崩坪垵坐庚向甲
男　必砵　必對　必蠔出嗣兆業　必賭出嗣兆侶　必麵殤
女　悟娘配半嶺林　估娘配太姑凌

兆廁公字有　建業公三子生乾隆壬辰年六月初四日子時卒道光庚子年五月廿三日己時塟重慶祖墓崙垵坐北向南
妣古坑黃雖娘生乾隆甲辰年五月廿六日寅時卒道光丁酉年七月初九日午時塟重慶嶺坑仔口坐東向西
必盤　必尺出嗣兆蔣　必潤　必貨出嗣兆井改名移
女　謹娘配英橋陳
兆蒲公　瑞反公長子生乾隆甲子年七月十七日子時卒乾隆年月日失記塟文章山倒坐虎崙虎爪坐子向午兼壬丙
兆操公　瑞反公次子生乾隆辛未年十二月廿三日寅時嘉慶元年丙辰正月十五日仝妻子不知往何處
娶惠安氏失記　錯娘生乾隆甲戌年餘失記
男　必波

女　配坑園陳古觀
兆福公字有景號清壽　存德公長子生乾隆癸酉年四月十一日丑時卒
乾隆庚戌年七月初七日寅時塋山後格短崙仔坐酉向卯兼辛乙
娶某氏改節
兆爺公　存德公次子生乾隆丙子年九月十八日丑時卒嘉慶甲子年十
一月十七日辰時塋火炎崙頭坐寅申兼甲庚
娶馬氏改節
男　心進殤　必厚殤
兆帝公　存德公三子生乾隆甲申年十一月十四日午時卒嘉慶戊辰年
四月初六日卯時塋大崙頭坐艮向坤兼丑未
兆元公號旋吉　存德公四子生乾隆己丑年正月初五日卯時卒道光己
亥年十二月初二日子時塋短崙仔邊坐戌向辰

嗣男　必崇 殤

兆[illegible]公 字 有金 號 雙鳳　瑞瑛公長子生乾隆辛巳年十一月十一日戌時

卒嘉慶庚午年正月十九日戌時葬山後格赤墓坪下崙仔坐向辛乙戌

辰妣胡坂蔡早娘謚溫惠生乾隆癸巳年五月初五日午時卒嘉慶庚午

年正月廿八日酉時葬山後格尊字崙坐寅向申兼艮坤

男　必護　必務 嗣弟兆田　必衫

女　二俱配下宅陳

兆肖公 字 有吟 號 安舒　敦誠公長子生乾隆乙亥年十二月廿三日辰時

辛嘉慶丙子年六月廿五日子時葬尊字崙坐向艮坤寅申

妣內呷李諸娘謚惠忍生乾隆辛卯年七月廿三日亥時卒嘉慶癸酉年

十二月初六日寅時與公合葬

男　必欣　心八 嗣弟兆池

女　一配胡西陳

兆池公　敦誠公次子生乾隆丙戌年二月十七日寅時卒嘉慶甲子年八月初三日塟沽美山中崙

男　必八（兄肖次子入嗣）

兆田公（字）有喜（號）大受　敦誠公三子生乾隆辛卯年六月十五日寅時卒嘉慶庚辰年十一月廿一日丑時塟重慶中崙邊坐向戌辰辛乙

男　必務（兄兆鬐次子入嗣）

兆周公　遷義公長子生乾隆辛巳年十月十五日午時出外卒塟缺

兆助公　遷義公次子生乾隆壬寅年三月初一日午時卒咸豐戊午年九月廿二日申時塟尊字崙田頂坐甲庚卯酉　公無娶又無子故取必圓之子為嗣孫以昭穆相應故也

孫　先囂（姪必圓子入嗣）

兆番公　遷義公三子生乾隆甲辰年六月十八日午時嘉慶二年外出不回

兆彭公　世則公長子生乾隆乙亥年九月廿六日酉時卒乾隆辛丑年七月廿九日午時塟沽美山尖尾寨子墘

石子柱

兆胎公字有懷號榮華　世則公次子生乾隆戊寅年十二月十五日戌時卒道光壬午年六月十九日巳時罐塟文章山大垵格坐向卯酉乙辛妣社壇葉暖娘謚柔德生乾隆壬辰年二月廿三日酉時卒嘉慶丁丑六月十六日辰時塟文章山竹篙龍崙坐向壬丙子午

男必千　必縣

女　衫娘配馬洋林

兆見公字有喜號榮美　世則公三子乾隆甲申年三月二十日申時卒道

光壬辰五月初一日丑時塋重慶坑子口
妣高口馬萊娘謚孝順生乾隆戊戌年三月初十日辰時卒嘉慶戊辰年
六月初二日酉時罐塋文章山大垵格坐向丁癸午子
男　必愿
兆惠公字有加號敦敏　世則公四子生乾隆己丑年十月十五日寅時卒
道光乙未年二月初十日巳時塋重慶脚坐北向南
妣桐林王姑娘謚慈儉生乾隆乙未年二月初八日辰時卒嘉慶己卯年
十一月初五日寅時塋重慶園坐向甲庚卯酉
男　必搖　必動殤
女　試娘配報恩楊　護娘配溪東林
兆葉公字有沃號榮茂　世則公五子生乾隆甲午年十二月廿四日辰時
卒道光癸己年三月十五日辰時塋大垵格兄兆胎公墓下

妣安溪陳成娘謚美德生乾隆丁酉年三月十二日丑時卒道光丁酉五月廿一日辰時塋缺

男　必蠔兄兆爻子入嗣

兆瓜公號瓊琚　可求公長子生乾隆辛卯年二月十六日申時卒道光戊戌年四月初六日未時塋重慶坑子口

男　必齡兄兆甲子入嗣

兆侶公號精詳　可求公次子生乾隆癸巳年七月二十日酉時卒道光戊戌年又四月廿七日辰時塋重慶坑子口

娶教杯石王寶娘生乾隆壬寅年卒道光年間正月初一日寅時塋坑子口

男　必賭兄兆爻子入嗣　必柏

兆甜公　瑞但公子生乾隆丙午年辛在晉江永寧

娶陳帶娘改節

男　必睨養　必積

南安霞錦洪氏族譜世紀

卷六

霞錦洪氏族譜世紀卷六

十一世西房長房長之長

景鍾公派　石紫柱

清必命公　兆穗公子生乾隆丙寅年十一月初三日戌時卒嘉慶戊辰年六月初九日巳時塋沽美山外窩坐向庚甲酉卯

必戎公字興甲　承封公長子生乾隆癸亥年閏四月十七日卯時卒乾隆丁未年四月廿八日戌時塋池仔角後坐向乾巽戌辰

妣李約娘謚恭順生乾隆壬申年十一月十五日酉時卒嘉慶己卯年八月廿五日午時塋池仔角后坐向乾巽兼戌辰

男　先悵　先稿

女　長配坑圍陳　次配溪東林

必外公　承封公次子生乾隆乙丑年十二月十二日戌時在外莫考

妣李趕娘生乾隆甲申年五月初九日申時卒乾隆乙卯年九月十九日寅時塟沽美山坐申向寅兼庚甲

男　先鐫　先愿

必怎公字興説　承封公三子生乾隆癸酉年二月十八日卯時卒嘉慶戊寅年二月十六日子時塟沽美山蓮山後坐向卯酉乙辛

娶溫氏改節

必遠公　承封公四子生乾隆丁丑年二月十六日酉時卒乾隆年間十二月初三日吉時塟沽美山三空口坐向丁癸未丑

必嬪公字興賓號我嘉　承封公五子生乾隆癸未年十二月二十日巳時卒道光丁未年七月十三日寅時塟山後格崩坪垵坐西向東

妣杉仔尾陳鬆娘生乾隆乙未年閏十月初五日卯時卒道光庚戌年八月十三日戌時塟重慶拾罐與父合塟墳中

男　先佰　先啅　先箱
女　長配半嶺林　次配大坪頭方　三配古宅吳　四配社壇葉
五配深垵葉
必夜公字興日　長成公長子生乾隆乙亥年十一月廿二日子時卒乾隆
戊申年十月廿四日寅時塟山後格石皮垵頭坐向乙辛辰戌
娶陳氏改節
男　先伍弟必哂三子入嗣
女　配陳家殤
必哂公字興笑號莞爾　長成公次子生乾隆戊寅年二月初十日午時卒
道光戊子年十一月初一日未時塟斐后林檬脚崙
妣下宅陳滿娘謚慈盈生乾隆丁亥年八月廿二日寅時卒道光乙巳年
十二月廿四日丑時塟山後格斐後林

男　先忠養　先相　先伍出嗣兄必夜　先鮑　先埔　先草

女　縣娘配坊前黃

必傳公　兆曹公長子生乾隆丁亥年二月廿三日子時卒塟在台莫考

妣倪涼娘生乾隆年間正月初四日寅時卒塟在台缺

必贊公　兆曹公次子生乾隆辛卯年五月初八日酉時往台莫考

必惬公　重默公長子生乾隆壬辰年六月初三日子時卒嘉慶庚申年七月廿五日未時塟沽美山馬路頭坐向辰戌乙辛

男　先菁必古次子入嗣

必古公字興前號垂後　重默公次子生乾隆甲午年九月廿七日午時卒道光丙午年閏五月十九日午時

妣安溪陳汝娘謚淑慎生乾隆戊戌年三月十五日午時卒道光丙午年十月廿六日酉時塟杉林山窩坐丁癸午子三弟婦顏氏附塟

男 先管 先菁出嗣兄必恒

女 長配文章陳 次配大岵凌 三配溪邊鄭 四配文章陳

必榜公字興文號捷登 重默公三子生乾隆丁酉年五月廿五日午時卒道光戊申年五月十七日巳時塋重慶虎爪坐向乾巽亥巳

妣顏玉娘謚靜金生乾隆己亥年十月十七日辰時卒道光戊戌年四月初九日未時與二嫂陳氏合塋

男 先床 先瀨 先休

女 長配內岬李 次配大坪頭方 三配古宅吳

必慶公字興祝號成壽 重默公四子生乾隆壬寅年十一月初九日酉時卒道光丁酉年四月十二日卯時塋重慶皂斗崙

娶鄭氏改節

男 當先錫養

必賀公字興儀號迎喜　重默公五子生乾隆戊申年二月十八日亥時卒
道光丁未年三月十八日酉時塟大崙浮銅垵頭坐向壬午子
娶王乖娘出
又妣郭井林訪娘生嘉慶丁巳年六月初十日亥時卒光緒庚辰年十二
月廿三日午時塟山后格杉林脚坐向未丑丁癸
男　先綏　先冬福
女　杖娘配溪東林羌觀
必草公字興楷號世芳　重麓公六子生乾隆庚戌年二月初四日丑時卒
道光辛丑年八月廿三日未時塟文章三脚木垵
妣黄格娘謚慈愛生嘉慶甲子年十二月十六日巳時卒道光壬寅年八
月廿五日酉時塟沽美山中窩右畔
男　蔡坤養

必進公　兆軒公長子生乾隆年間月日失記卒塟缺

男　先三益　先贊成出嗣祖叔兆窕公爲孫

坑内柱　景允公派

清必感公字興化　大成公長子生乾隆甲子年正月廿八日卯時卒乾隆庚子年四月廿九日亥時塟重慶坐向寅申甲庚

妣陳于娘生乾隆癸亥年二月十四日酉時卒嘉慶丙子年二月廿五日酉時塟文章山存字崙坐西向東

男　先貴　先榮

女　配下宅陳

必戴公字興高　大成公次子生乾隆己巳年十月十八日巳時卒乾隆年間月日失記塟在提烘

必存公字興治　有寓公長子生乾隆甲戌年七月十三日未時卒缺塟在臺灣
妣張春娘生乾隆戊子年二月初八日亥時卒嘉慶丁丑年十二月初三日酉時塟沽美山坐東向西
男　先土　先坂　先絲殤
女　配坑園陳
必行公字興伍　有寓公次子生乾隆壬午年正月廿八日寅時卒塟在臺灣
娶臺灣某氏生卒缺塟在臺灣
男　先熊　先武　先詩俱住台灣
女　二俱配在台
必訂公字興盟　有寓公三子生乾隆丙戌年三月初九日午時卒嘉慶丁

丑年十二月初八日未時塟重慶虎具照日坐向壬丙亥己
妣林寅娘生乾隆丁酉年十一月十一日寅時卒道光辛丑年四月廿三
日巳時塟沽美山池仔内坐坤向艮
男　先天　先地　先黄出承弟必順
必順公字興孝　有寓公四子生乾隆戊子年十二月初六日辰時卒嘉慶
己巳年九月廿九日丑時塟重慶祖墓邊坐向丑未癸丁
娶黄氏改節
男　先逢必訂三子入承
必罕公號成毅　兆廩公長子生乾隆癸卯年正月初一卯時卒道光甲申
年十一月初五日戌時塟沽美山險壙内坐東向西
必昌公　兆廩公次子生乾隆乙巳年月日時缺咸豐癸丑年七月初六日
在河市卒塟缺

嗣男　先假

必正公　兆棟公子生乾隆年月失記往洋卒塋缺

必運公字興廣號育化　榮西公長子生乾隆辛巳年十月廿七日戌時卒道光甲申年五月十八日辰時塋文章山赤墓坪坐向巽乾巳亥

妣王閶娘謚和靜生乾隆癸巳年六月二十日未時卒咸豐戊午年二月廿三日未時塋在坑内本厝角

男　先倒爲　先遲　先恭　先助出承弟必感　先薦出承弟必尚　先周

先虎

必郡公號爲泉　榮西公次子生乾隆丙戌年二月廿九日丑時卒道光巳丑年十一月廿八日卯時附塋母莊氏墳中

必盛公字興德號佐國　榮西公三子生乾隆戊子年十月十一日辰時卒嘉慶乙丑年六月廿八日子時塋文章山竹林崙坐向壬丙亥巳

嗣男　先助

必服公字興悦號心誠　榮西公四子生乾隆辛卯年十二月初八日亥時卒道光甲午年二月廿五日戌時塋重慶皂斗崙坐向艮坤丑未妣湘溪陳慶官謚善餘生乾隆庚子年十一月初七日戌時卒咸豐丁巳年十二月初八日酉時柩塋沽美山險壙外坐向癸丁丑未

男　先雷　先電　先齒

女　長配中房張　次尾娘配古山頭侯

必尚公字興利號亦有　榮西公五子生乾隆丁酉年六月十一日卯時卒道光丙午年八月廿五日丑時塋鬱仔坑邊坐向巽乾巳亥

嗣男　先鷹必遲五子入承　先苗舊譜載此人係是西房四必爽之子先鷹收來保養長大成人後日當以撥承必爽支派

必內公號治外　兆卿公子生乾隆戊戌年月日時缺卒道光甲辰年七月十五日午時在上烘塋缺

男　先田 養

必君公　兆卿公子生乾隆年月日失記往外卒缺

必件公　兆桔公子生嘉慶辛酉年五月十七日午時卒道光甲申年七月

廿三日吉時塟在漳州

喬山柱　景郎 號 定宰公派

清必緣公　有望公子生乾隆丁巳年十月三十日吉時在漳州卒塟缺

必瑞公 字 興祥　元勳公長子生乾隆辛酉年二月初三日未時卒乾隆壬

午年十月初七日巳時罐塟險壩湖解頭坐向癸丁丑未

必踏公 字 興彩　元勳公次子生乾隆丁卯年七月廿五日酉時卒乾隆乙

卯年五月廿六日申時罐塟蓮山后厝外長寮坵田後壁坐向丑未艮坤

妣山頭葉諸娘謚服德生乾隆癸未年十一月初七日戌時卒乾隆己酉

年七月十一日未時塟蓮山後厝外坐東向西
男　先唱
必環公字興攻號天時　元勳公三子生乾隆丙子年十一月初六日寅時
卒道光乙未年四月十六日丑時塟沽美山外窩坐向壬丙亥巳
養男　先喏
必迎公　有濱公子生乾隆辛未年九月廿九日戌時卒塟缺
必座公字興台號端化　迎進公長子生乾隆己卯年十一月十二日辰時
卒道光甲午年十月十一日酉時塟重慶新寨
妣文章陳報娘生乾隆己丑年十一月廿五日酉時卒道光戊戌年九月
初三日巳時塟重慶新寨
男　先奉養先根
女長配後山余　次配鳳坡梁

必保公字興佑號受命　迎進公次子生乾隆癸未年正月廿三日辰時卒嘉慶辛酉年十一月初三日午時葬山後格石皮按坐向卯酉乙辛

妣中房張滿娘生乾隆甲午年八月初五日巳時卒嘉慶壬戌年九月廿五日巳時葬山後格杉林坐向午子丙壬

男　先勸　先轉

必承公　迎進公三子生乾隆丙戌年三月廿九日巳時卒葬在台莫考

必昆公字興玉號裕後　迎進公四子生乾隆己丑年正月廿二日酉時卒道光庚寅年九月廿六日辰時葬山后格騎龍斬坐辛向乙

妣高口吳宜娘謚德善生乾隆丁酉年三月初六日酉時卒道光丙午年閏五月初五日午時葬山後格騎龍斬坐向辛乙與公合葬

男　先禮　先致殤　先貴殤　先旋殤　先轡　先燕殤　先久

女　長配溪邊鄭　次配山兜黃

必性公　以莊公長子生乾隆丙戌年六月十七日寅時卒年月日失記塋在沽美山

必君公　以莊公次子生乾隆壬辰年八月初六日戌時卒年月日失記塋沽美山

必程公　以莊公三子生乾隆庚子年九月廿九日寅時外出莫考

必賜公字興賢　以泰公子生乾隆癸未年正月廿三日辰時卒嘉慶丙辰年二月廿六日申時塋山後格稻馬按坐向酉卯辛乙

娶陳氏改節

男　先哲　先伴

必祿公號壽山　惠思公子生乾隆庚子年十二月廿二日申時卒嘉慶庚辰年二月初六日吉時塋在莊臨

必語公字興歌號碩德　五美公長子生乾隆庚辰年七月十四日辰時卒

嘉慶癸酉年十二月初四日卯時塟聳拔格頭坐向丁癸未丑
妣溪頭蔡兼娘謚恬慈生乾隆壬辰年十一月初六日酉時卒道光丁亥
年十二月十九日巳時塟重慶樹林口坐向酉卯辛乙
男　先節　先思　先癡殤
女長　配後埔羅次　配雙溪陳三　配社壇葉
必忝公字興所號爾生　五美公次子生乾隆己丑九月初一日午時卒道
光戊子年二月初六日子時塟山後格杉林頭坐向戌辰辛乙
妣官下黄熾娘謚端　生乾隆丁酉年八月廿四日寅時卒道光戊子年
三月初八日吉時塟山後格龜仔腰坐向卯酉乙辛
男　先閭　先忖　先孫出嗣弟必託
女長　配社壇葉次　配内岬李
必讒公字興諛號貴德　五美公三子生乾隆癸己年正月初九日戌時卒

道光己亥年十月十九日亥時塟山後格客鈸內坐向艮坤丑未

養男　先丑

必託公號寄命　五美公四子生乾隆丁酉年六月廿七日午時卒道光丙申年二月初四日辰時塟沽美山險壩坐向巽乾辰戌

妣**仙鄉郭便娘**生嘉慶辛酉年三月十七日午時卒光緒庚辰年三月廿九日亥時塟沽美山險垻貢

男　先孫必忝三子入嗣　先寬

必敲公字興推號擇交　履仁公長子生乾隆丙申年七月初十日酉時卒道光甲辰年五月初八日申時塟重慶狗肚坐向申寅庚甲

妣**小岾陳理娘**謚善義生乾隆戊戌年二月十五日吉時卒道光甲午年六月初十日午時塟沽美山險壩坐向丑未艮坤

養男　先看

必實公號誠忠　履仁公次子生乾隆甲辰年三月初七日卯時卒嘉慶丁卯年十二月初十日酉時塟文章山嶺邊格坐向戌辰乾巽

必修公字興為號厥成　節制公子生乾隆丙戌年十一月廿五日巳時卒道光乙未年閏六月廿二日寅時塟山後格大坵田頂山寮地坐向酉卯庚甲

妣洪瀨街黃柬娘謚仁心生乾隆丁酉年十月廿三日戌時卒道光甲午年六月廿二未時塟斐後林福鼎金坐向乙辛辰戌　我父經營拮据勤勞稼穡質直好義溫厚和年雖與母異年而生死則與母同日而祀豈非夫婦好合之緣子孫孝享之慶哉五男抽誌

男　先撐　先聰　先痕　先多　先抽

女長　憽娘配雙春陳　次　配李家殤　三　七娘配淵泉陳　四　畏娘配半嶺林

清太學生廷梅公乳名必蘇字興坡號東震　明亮公長子公自總角超羣異伍長與昆弟服賈建築書齋名號槐堂延西賓課督孫曹援例入雍丕振家聲於是客有往來概接之以恭敬事無大小皆處之以解釋助修祖宇捐題宮廟鄉里稱為善良閭黨推其長厚至今猶嘖嘖人口也生乾隆甲午年八月十八日戌時卒道光辛丑年六月廿八日戌時柩塟山後格草絹尾坐向丁癸未丑

幼娶張快娘殤

妣坑園陳笑娘謚美貌又號慈美生乾隆己亥年五月廿九日丑時卒咸豐乙卯年三月廿二日卯時塟山後格大坵田下

男　先殿　先熾養　先珊　先集　先杍

女　麵娘配雙春陳堯觀未嫁而殤陳家迎歸神主奉祀罐塟文章山狗母相蒂格坐東向西　粉娘殤　香娘適內呷李殤

清鄉飲賓 諱 廷芬 乳名 必淡 字 興菊 號 清濃　明亮公次子生乾隆丙午年十二月三十日酉時卒同治戊辰年正月廿六日亥時塟山後格草絹尾坐向卯酉庚甲

妣內呷李許娘生乾隆壬子年七月廿一日亥時卒同治丁卯年七月十九日午時塟山後格草絹尾坐向未丑坤艮

男　先賞　先嘗　先黨　先負　先解　先歎　先晉泰 殤

女 長 梅娘配大庭戴旁觀四子業儒仲山觀 次 配上呷林 殤

必寵公 字 興愛　于田公長子生乾隆癸未年七月初六日午時卒嘉慶辛酉年十月廿一日卯時塟缺

娶梁愛娘 出

又娶梁變娘 改節

男　先雩　先徒 出承弟必兜

必兜公字興　號崇山　于田公次子生乾隆丁亥年正月廿八日申時卒道光壬辰年五月初十日子時塋山後格龜仔

男　先徒必寵次子入嗣　先興養

必用公字興如號其力　于田公三子生乾隆乙未年十二月十四日午時卒道光癸卯年九月十七日未時柩塋山后格杉林

娶尤氏出

男　先潑

女　配舊門呂

必分公字興別號和合　靜深公長子生乾隆乙酉年五月初四日辰時卒道光癸巳年四月初五日辰時罐塋缺

妣陳杉娘謚慈善生乾隆庚寅年三月十六日辰時卒嘉慶甲子年十一月十二日巳時塋山後格杉林

男　先牛

必見公　靜深公次子生乾隆戊子年八月十八日辰時卒道光戊戌年七月廿三日巳時柩塋沽美山中窩脚坐西向東

妣載來娘生乾隆巳亥年二月初二日辰時卒道光庚子年正月初十日未時塋沽美山中阿脚坐西向東

必抗公　以卿公嗣子生卒塋莫考

必業公字興創號垂緒　教育公長子生乾隆癸巳年十一月初五日戌時卒嘉慶壬申年八月十三日寅時塋山后格蛇臍坐向辰戌巽乾

妣馬頭洋陳讀娘謚德順生乾隆丁酉年十一月初十日酉時卒嘉慶己巳年十月廿三日寅時塋斐后林坐向乙辛卯酉

男　先砵

女長配中埔頭林　次配下宅陳

必欣公字興喜號和悅　教育公次子生乾隆己亥年五月初三日巳時卒
道光甲辰年十一月十九日辰時塟斐後林坐乙向辛
妣中房張蜜娘謚恬慎生乾隆丙午年十一月十六日酉時卒道光戊子
年十二月廿三日申時塟斐後林坐乙向辛
男　先認殇　先摳　先按　先攝　先摳
女　長配半嶺林　次配宮邊黃　三配大庭戴
必極公字興樞號品泰　教育公三子生乾隆甲辰年正月十三日午時卒
道光丁未年八月初五日卯時塟斐后林大垵口冬田頂坐向乙辛卯酉
及左畔橫路上下陰穴二所
妣坑園戴勸娘生嘉慶丁巳年八月初六日丑時卒道光丁未年八月廿
八日卯時塟沽美山蓮山後坐向艮坤丑未
男　先掇眷

女長配安美林　次配宮邊黃

必即公字興時號好義　教育公四子生乾隆己酉年九月初六日巳時卒同治庚午年又十月十九日寅時塋山後格頭坐向乙辛卯酉娶內呷李招娘生嘉慶壬戌年二月初四日寅時卒光緒乙酉年三月十五日未時塋斐後林坐向卯酉乙辛

男　先插　先楫　先柯　先挪　先琴

女長腰娘殤次配大沽柯

必枹公字興柚號馨香　教育公五子生乾隆癸丑年七月十五日巳時卒同治己巳年十一月初三日午時塋斐後林坐向艮坤寅申娶雙溪陳法娘生嘉慶壬戌年九月初四日丑時卒光緒庚辰年九月廿二日戌時塋山後格到坐虎右坐向寅申甲庚

男　先爆　先殤　先妥　先郁殤

女長配雙溪陳 次桃娘配半嶺林殤 三呈娘配郭井林

必頟公 教育公六子生嘉慶戊午年三月十五日酉時卒咸豐丁巳年四
月初七日巳時在上坪身故葬西坑內
娶中埔頭林絪娘改節

必傑公字興俊號仁德 仕美公長子生乾隆甲午年十一月十四日亥時
卒道光甲午年十一月初三日丑時柩葬山後格大崙坐坤向艮
妣社壇葉卯娘謚潔順生乾隆丙午年閏七月廿九日卯時卒嘉慶丙子
年九月廿五日寅時罐葬斐後林金帝頂坐東向西
男 先纏 先曆 先鵬殤
女 配社壇葉

必倬公字興敦號雲漢 仕美公次子生乾隆庚子年三月廿六日寅時卒
道光乙巳年二月十九日未時葬沽美山險壩垵中坐東向西

娶馬頭洋陳炎娘生嘉慶丙辰年五月十六日寅時卒同治年月日失記
葬沽美山險壩垵中
男　先輝　先灘
女　寅娘配下宅陳
必信公字興忠號近義　仕美公三子生乾隆甲辰年六月三十日亥時卒
道光丁未年九月初十日亥時葬沽美山蓮山後坐東向西
妣內呷李孟娘謚慈儉生乾隆乙卯年五月廿二日亥時卒嘉慶己卯年
十一月十六日辰時葬客鈸內坐向艮坤丑未
男　先恩兄必沽六子入嗣　先忸弟必偶四子入嗣
必偶公字興佳號陽奇　仕美公四子生乾隆丁未年三月二十日午時卒
咸豐乙卯年八月初三日寅時葬文章山大垵口竹林內坐向癸丁子午
妣文章陳素娘生嘉慶庚申年十月初十日子時卒嘉慶戊寅年七月廿

六日申時塟山後格客拔内坐向乙辛辰戌
又妣坑園林劉娘生乾隆癸丑年九月十六日酉時卒同治辛未年五月
廿八日巳時塟山後格羊嶺坑灰墓頭坐向巽乾巳亥
男　先華　先染　先澄　先忸 出嗣兄必信俱林氏出
女　長祝娘配雙溪陳　次香娘配舊門呂
必件公 字興目 號成聲　仕美公五子生乾隆己酉年八月十七日未時卒
道光甲辰年十月十四日酉時塟騎龍斬垵中坐東向西
妣文章陳瑞娘謚惠和生嘉慶乙丑年九月廿六日寅時卒咸豐辛亥年
六月廿九日午時塟觀光尖下水鬼格第三崙坐向巳亥丙壬
男　先向　先軌　先高
女　長引娘配坑園陳　次銀娘配文章陳
必兒公　成寶公長子生乾隆巳酉年六月十五日寅時卒道光癸卯年三

月廿一日寅時塟沽美山險壩
男　先又養
必椿公　成寶公次子生乾隆庚戌年十一月十四日酉時卒葬俱莫考
必瓊公字興報　成寶公三子生乾隆癸丑年十一月廿四日丑時卒道光己亥年正月十八日酉時柩葬重慶
妣陳鷄娘生嘉慶己未年十月廿三日戌時卒道光甲辰年三月十三日巳時葬沽美山蓮山後
男　先炮
必齊公　以引公長子生乾隆己亥年五月初二日辰時卒嘉慶丁巳年五月初七日巳時塟沽美山池仔角坐向壬丙子午
娶曾氏幼亡
必二公　以引公次子生年月日失記乾隆乙卯大饑外出充入優班莫考

必東公號立賓　以引公三子生乾隆丙午年七月十八日辰時卒嘉慶庚辰年九月十一日申時塟在南靖永溪

必排公　以引公四子生乾隆壬子年十一月十九日亥時卒道光壬寅年月日失記塟在安溪

妣陳初娘謚懿生嘉慶壬戌年十二月初二日酉時卒道光戊子年九月廿一日卯時塟唐帽寨横路頂

必軋公字興車號其何　于上公長子生乾隆癸卯年二月廿二日卯時卒道光乙未年十月初八日卯時塟山後格大才崙坐丙向壬

妣大壩方妹娘謚勤慎生嘉慶辛酉年十月廿四日丑時卒道光甲午年八月十四日酉時塟山後格杉林内

男　先金養　先木　先才出嗣弟必潛

女　長配内呷李　次配蔡家幼亡

必柿公字興菓號寶樹　于上公次子生乾隆己酉年十月初六日午時卒

道光乙巳年十二日廿四日辰時塟蓮山後坐東向西

娶坊前黃安娘生嘉慶乙丑年八月十九日未時卒光緒己卯年三月初

五日吉時

男　先抄兄必仁次子入嗣　先嶺殤　先槙

女　配路下陳

必灣公字興台號長伸　于上公三子生乾隆癸丑年八月十九日寅時卒

道光辛巳年八月廿三日未時塟山后格短崙仔路下坐丙向壬

幼娶陳氏改配

男　先才兄必軋三子入嗣

窗兜柱

清必葱公字興度號以寸　盟主公長子生乾隆甲戌年九月十五日丑時卒道光壬午年正月初二日辰時塋山後格溪東墓邊
妣文章陳秀娘謚順惠生乾隆戊子年八月十一日酉時卒道光癸巳年二月廿七日戌時塋山後格短崙脚
男　先來　先成　先蘭　先彬　先篆
女　妹娘配山兜黃

必投公字興桃號重寶　盟主公次子生乾隆戊寅年十二月廿八日丑時卒道光戊子年六月三十日亥時塋山後格竹林
妣胡西陳濺娘謚儉德生乾隆丁亥年十一月十四日未時卒道光丁酉年二月廿九日子時塋山后格大崙
男　先檜殤　先鐫出嗣必宅殤　先撊　先頹　先扶

必冕公字興周號以服　盟主公三子生乾隆壬辰年十月十七日戌時卒
道光癸卯年十二月廿一日巳時塟斐後林坐向乙辛卯酉
妣內呷李好娘謚慎愛生乾隆戊戌年十一月廿九日辰時卒道光乙巳
年十一月廿三日未時塟沽美山池仔角崙邊
男　先叫　先恩
女長甘娘配中埔頭林　次惜娘配社壇葉
必宅公號安仁　有利公長子生乾隆己丑年五月二十日酉時卒乾隆丁
未年七月廿九日未時塟唐帽寨尾坐向癸丁子午
男　先鑴兄必投次子入嗣殤　先珍　先全福　先三福俱養
必達公字興顯號得意　德仕公子生乾隆癸卯年三月初七日丑時卒道
光癸卯年十一月廿九日申時塟沽美山外崙坐西向東
妣內呷李巽娘謚言孝生乾隆丁未年二月初七日卯時卒道光丙午年

正月廿二日巳時塟險壩路脚
男　先愈　先觧　先堯
女　富娘配安溪
必贈公　文德公長子乾隆己巳年五月初六日寅時卒乾隆辛卯年四月十七日巳時罐塟唐帽小寨内坐向巽乾辰戌弟必貯附塟
男　先針　弟必牘次子入嗣
必牘公　字興取　號風教　文德公次子生乾隆壬申年九月廿七日辰時卒嘉慶癸亥年二月初六日辰時塟文章山築格頂坐向乙辛辰戌
妣古宅吳春娘謚端人生乾隆甲申年正月初十日寅時卒乾隆壬寅年四月初六日午時塟文章山赤墓坪坐向乾巽亥巳
又妣仙鄉郭大娘謚莊慎生乾隆甲申年三月初一日辰時卒道光癸巳年五月廿五日未時

時卒嘉慶丙子年十月十七日子時塟山后格存字崙坐向申寅坤艮
妣溪前陳螢娘謚慈仁生乾隆癸巳年九月十八日未時卒道光辛丑年
八月初五日午時塟險壩內
男　先珠　先瑜　先琉殤　先浩　先煥
女　長狠娘配下宅陳　次彩娘配馬頭洋陳　三筍娘配社壇葉
必新公字興國　南山公次子生乾隆乙未年九月十四日酉時卒嘉慶戊
午年四月廿一日酉時塟沽美山坐向艮坤寅申
娶戴氏改節
男　先琳養
女　甘娘殤
必三公號我師　南山公三子生乾隆戊戌年二月初八日戌卒嘉慶辛酉
年九月十六日未時塟塔口山坐向申寅坤艮

妣下宅陳添娘謚淑愛生乾隆壬午年九月十一日亥時卒道光癸巳年三月初二日巳時塟山後格大崙
男　先活　先深　先淺
女　益娘配内益李

必賫公字興詔號明士　知剛公次子生乾隆丁丑年三月初九日酉時卒道光壬辰年十月廿五日未時塟文章山出水垵坐艮向坤
妣下宅陳經娘謚存儉生乾隆己丑年九月廿八日戌時卒道光甲申年十一月十五日申時塟山後格龜仔腰坐向辛乙酉卯
男　先柯　先按殤　先婆　先脉
女　長糍娘配杉仔尾長　次旦娘配雙溪陳　三于娘配内益李

必貨公字興殖號生財　知剛公三子生乾隆庚辰年二月十五日申時卒嘉慶乙丑年三月十一日寅時塟山後格短崙仔坐向巳亥巽乾

娶林氏改節

男　先洸養　先欲　先踈殤　先水

女　快娘配溪東林

必饋公字興重號道遠　知剛公四子生乾隆丙戌年六月初七日卯時卒

道光癸巳年二月廿九日亥時葬山後格大崙坐向申寅坤艮

妣竹脚李士娘謚慎惠生乾隆庚寅年十一月初五日午時卒道光乙未

年九月初五日午時葬山后格騎龍斬坐向未丑丁癸

男　先佃　先重　先煖　先衎

女　貴娘殤

必賚公字興與　知剛公五子生乾隆甲午年五月廿九日申時卒道光乙

未年九月初二日酉時葬后埔庵龜仔坐西向東

娶戴氏出

男　先作殤

必則公字興法號惟善　有超公長子生乾隆丁丑年五月廿六日寅時卒

嘉慶辛未年十一月初十日午時塟斐後林坐向寅申艮坤

妣下宅陳椒娘謚名慎生乾隆癸未年七月廿五日申時卒道光癸巳年

正月十二日巳時塟斐後林掃箒尾

男　先轍　先進　先明

女　長娘配下宅陳　次宜娘幼亡

必卒公　有超公次子生乾隆辛巳年二月初二日辰時卒乾隆乙卯年四

月初一日卯時塟沽美山坐向寅申艮坤

必劉公　有超公三子生乾隆甲申年十二月初八日寅時卒乾隆丁酉年

五月初一日戌時塟山後格杉林頭坐向戌辰辛乙

必正公字興元號回春　南山公長子業儒生乾隆壬辰年六月廿六日戌

時卒嘉慶丙子年十月十七日子時塋山后格存字崙坐向申寅坤艮

妣溪前陳螢娘謚慈仁生乾隆癸巳年九月十八日未時卒道光辛丑年

八月初五日午時塋險壙內

男　先珠　先瑜　先琉殤　先浩　先煥

女　長狠娘配下宅陳　次彩娘配馬頭洋陳　三筍娘配社壇葉

必新公字興國　南山公次子生乾隆乙未年九月十四日酉時卒嘉慶戊

午年四月廿一日酉時塋沽美山坐向艮坤寅申

娶戴氏改節

男　先琳養

女　甘娘殤

必三公號我師　南山公三子生乾隆戊戌年二月初八日戌卒嘉慶辛酉

年九月十六日未時塋塔口山坐向申寅坤艮

娶蔡氏改節
養男　先殤
必統公字興御號侍前　南山公四子生乾隆戊申年六月二十日申時卒嘉慶己卯年二月三十日卯時塟斐后林坐向癸丁丑未
妣內岬李寶娘生乾隆乙卯年七月廿三日午時卒道光乙未年正月廿三日吉時塟險壙內
男　先繆
女長緣娘配田仔程　次配下宅陳
必嗣公字興宗　有泰公子生乾隆丁酉年月日失記卒塟在臺灣
必迎公　得成公子生乾隆己亥年月日失記卒塟在龍巖
必讓公字興遜號以得　廷日公長子生乾隆戊寅年二月廿三日未時卒道光丁酉年五月初八日吉時

妣石鼓林謝切娘生乾隆己丑年十月十七日寅時卒道光癸未年二月
廿四日巳時與公合塋重慶樹林内坐向癸丁丑未
男　先巨殤　先述　先适
女　長幼亡　次粉娘配下宅陳
必諦公字興妙號易嘉　廷日公次子生乾隆辛巳年四月十八日亥時卒
嘉慶庚辰年十月十九日寅時塋斐后林坐乙辛卯酉
妣上呷莊曉娘謚潔柔生乾隆辛卯年七月十六日辰時卒嘉慶丙寅年
三月初三日戌時罐塋斐後林椽脚崙坐向乙辛卯酉
又妣小岵陳牘娘謚謹順生乾隆庚寅年二月十一日卯時卒道光癸巳
年四月初八日寅時鑵塋斐後林脚坐向乙辛卯酉
男　先巧　先超　先亞俱莊氏出　先再　先滚俱陳氏出
女　金娘配石鼓林謝莊氏出

必讀公字興書號為學　廷日公三子生乾隆癸未年五月初四日寅時卒
道光乙酉年十一月十五日午時塟山后格大才崙坐向甲庚卯酉
妣西坑陳紫娘謚端莊生乾隆甲午年二月十八日卯時卒道光癸巳年
二月初一日酉時罐塟山後格龜仔崙坐向乙辛卯酉
男　先捷養　先提　先拈　先扯
女　酌娘配高口馬
必誇公字興大號聲言　廷日公四子生乾隆丙戌年二月初七日戌時卒
道光癸巳年三月初一日未時塟却鈸大垵崙坐向辰戍乙辛
妣下宅陳勸娘謚以莊生乾隆丁酉年八月廿二日辰時卒道光丁酉年
二月初五日酉時塟沽美山洪埔尾
男　先耽　先聯俱養
必詰公字興問號就事　廷日公五子生乾隆戊子年十一月廿八日丑時

卒道光丁亥年正月初二日巳時葬文章山却鉞内坐向丙壬巳亥
妣馬頭洋陳美娘謚宜慈生乾隆丙申年九月初三日未時卒道光丁酉
年三月二十日申時葬拔内大垵崙坐向乙辛辰戌
男　先恭殤　先劍　先凱　先堯　先剔　先鎮
女　長往娘殤　次岸娘配雙溪陳
幼娶占娘殤

必詮公字興濟號為舟　廷日公六子業儒生乾隆乙未年閏十月十七日
丑時卒道光庚子年正月初三日午時葬文章山竹林坐向丁癸未丑
妣五都陳姜娘生乾隆癸卯年三月初五日吉時卒道光乙巳年正月十
八日申時葬險壙
男　先待　先德　先徙　先律　先衍
女　愿娘配馬頭洋陳

必評公字興品號論訂　世澤公長子生乾隆壬辰年十二月廿八日巳時
卒道光癸巳年三月初二日酉時柩塟崎壠坑
妣劉林侯姜娘謚治内生乾隆甲午年六月廿一日辰時卒道光辛丑年
四月十五日酉時塟沽美山垵頭
男　先科殤
女　長勸娘配雙路傳
必譜公　世澤公次子生乾隆丙申年八月十二日卯時殤
必讚公號敦化　世澤公三子生乾隆辛丑年六月十三日酉時卒嘉慶辛
酉年十一月初十日申時塟沽美山馬路頭坐向乙辛卯酉
必導公　廣愛公子生乾隆庚寅年九月廿九日戌時卒塟莫考
必定公　連城公子生乾隆壬辰年六月廿四日辰時卒嘉慶己卯年四月
廿七日午時塟崎壠坑坐向申寅坤艮

必琛公字興音號笑貌　知禮公長子生乾隆辛丑年九月廿一日辰時卒
道光己酉年三月十五日酉時塟山後格騎龍斬
娶貞格陳二娘謚静一生乾隆戊申年正月初十日丑時卒同治壬戌年
七月初三日申時
男　先攄　先河　先隱出嗣弟必理　先江　先其俊　先列
女　悦娘配前坑余
必珪公字興田號世祿　知禮公次子生乾隆乙巳年九月廿二日申時卒
道光乙未年十一月十三日丑時塟山后格大崙脚
妣大岵柯拨娘生嘉慶丁巳年六月初三日辰時卒咸豐辛亥年九月十
三日酉時塟險壩脚
男　先蓮　先廣　先前殤
女長醒娘配巖田蔡次衎娘配鳳坡梁三聽娘配大坂陳

必理公　知禮公三子生乾隆辛亥年十月初四日未時卒嘉慶丙子年十
二月廿二日未時葬沽美山大池外坐向酉卯辛乙

男　先鐿兄必琛三子入嗣

必璉公字興瑚號馬用　共話公長子生乾隆戊申年九月廿七日辰時卒
咸豐癸丑年二月十六日卯時葬烏塗坑石
妣溪東林片娘謚慈愛生嘉慶壬戌年十月十七日寅時卒道光庚寅年
九月初四日卯時葬山後格大坵田脚
又娶蓬島郭兼娘生嘉慶癸亥年五月十三日辰時卒同治己巳年正月
三十日酉時

男　先蠸　先扇　先黄

女長香娘配古宅吳　次棗娘配下宅陳

必球公字興琅　共話公次子生嘉慶己未年三月初六日未時卒咸豐癸

丑年二月初九日卯時
娶下宅陳旦娘生嘉慶丁卯年七月二十日申時卒光緒壬午年九月初
二日戌時
男　先譽殤　先搭殤　先羅兄必爽四子入嗣
女　長馨娘配下宅陳　次阮娘配内呷李

園内柱

必最公字興長號成德　有見公長子生乾隆己未年八月廿五日戌時卒
乾隆丁亥年九月廿七日辰時塟園内山坐戌辰乾巽
妣林朱娘謚慈淑生乾隆庚申年二月初五日申時卒乾隆己巳年十月
初五日寅時塟文章山崩坪垵崙坐未丑丁癸
男　先物　先撮

必溫公字興鄖號恭人　有見公次子生乾隆壬戌年九月廿一日申時卒
嘉慶甲子年三月初九日巳時塟園内山中垵内坐向亥巳壬丙
妣張入娘謚孝慈生乾隆丁卯年八月十五日巳時卒嘉慶庚午年三月
廿四日未時塟新寨坪坐向庚甲申寅
男　先格殤　先來殤　先倈養　先胚養　先打
女　長配烏翼余　次申娘殤
必萬公字興選號玉禮　有見公三子生乾隆乙丑年十月初八日寅時卒
嘉慶戊辰年三月廿七日辰時葬園内山坐向戌辰乾巽
妣李成娘謚德勤生乾隆辛巳年十二月廿七日戌時卒嘉慶庚午年五
月初十日申時塟文章山短崙仔坐向酉卯庚甲
男　先居　先攔　先攕殤　先彩
女　長配内岬李　次配文章陳

必文公號清理　有居公長子生乾隆丙戌年二月十五日卯時卒嘉慶丙
寅年四月初四日巳時葬在永定
男　先海弟必鋸三子入嗣
必武公字興略號纘緒　有諸公長子生乾隆辛卯年九月廿三日寅時卒
道光壬辰年閏九月二十日午時葬山后格短崙仔坐向乾巽亥巳
妣雷　娘謚宜人生乾隆戊戌年十月初十日亥時卒道光辛丑年十一
月十八日酉時葬園內山
男　先滂　先團養
女　配山兜黃
必鋸公字興切號守德　有諸公次子生乾隆戊戌年九月初一日酉時卒
道光癸巳年十一月十八日卯時葬園內山
妣陳慶娘謚積善生乾隆己酉年正月十四日午時卒道光丁酉年六月

十四日子時塋園内山崙尾

男　先赤　先瑞　先海嗣兄必文　先田　先園

女　長配葉家　次配吳埔山陳　三配古宅吳

必馬公字興騏號金鞍　有諸公三子生乾隆乙巳年十月廿五日午時卒

咸豐乙卯年九月三十日戌時塋長岸湖

幼娶吳菁娘殤

又娶永春蘇意娘生嘉慶庚申年四月初六日申時卒同治戊辰年四月

初二日酉時塋觀光尖下

男　先走兄必探四子入嗣　先論　先約　先鄰

女　長暖娘配前街黃　次逆娘配宮下黃

圍内臺灣柱

必治公　兆答公長子生乾隆己卯年八月廾六日丑時

必友公　兆答公次子生乾隆丙戌年十月初三日酉時

必平公　兆答公三子生乾隆己丑年二月廿六日酉時

娶張好娘生乾隆癸巳年二月初二日卯時

必申公　兆亞公子生乾隆壬午年十一月廿日戌時

必郡公　兆保公子生乾隆乙酉年八月初六日辰時

必套公　兆點公子生乾隆丙寅年八月十八日巳時

娶林祝娘生乾隆庚午年九月十四日酉時

男　先鳳　先章

女　扳娘

必賴公　兆默公次子生乾隆戊辰年正月十一日丑時

娶張貴娘生乾隆乙亥年四月十四日酉時
女長免娘次居娘
必香　兆幸公子生乾隆乙酉年十一月廿四日未時
必壽　兆開公長子生乾隆癸未年十二月十三日巳時
必默　兆開公次子生乾隆乙酉年十一月初九日巳時
必吉　兆開公三子生乾隆壬辰年四月廿五日巳時
必爽　兆芳公子生乾隆癸巳年六月初四日卯時
上載名目俱住籍臺灣萬丹街卒塟俱莫考

園内實行公派

必魯公字興東　元和公長子生乾隆丁丑年正月二十日丑時卒嘉慶丁
丑年正月初二日巳時塟園内山坐向戌辰乾巽

娶李氏改節
男　先釵　先完
女　任娘殤
必化公字興誨　元和公次子生乾隆甲申年正月初五日寅時卒道光壬午年九月廿八日辰時塋圍內山坐向辛乙酉卯
妣溪東林參娘生乾隆丁酉年六月二十酉時卒咸豐壬子年七月廿三日子時塋圍內山
男　先同　先琴　先務
女　長配內呷李　次配吳埔山陳
必探公字興榜　元和公三子生乾隆丁亥年十二月初七日寅時卒嘉慶丙子年六月初六日未時塋沽美山外窩邊坐向庚甲酉卯
妣莊任娘謚慈順生乾隆巳亥年四月十四日未時卒嘉慶丙子年二月

初九日丑時塟園內山坐向辛乙戌辰
男　先對　先葉　先雲　先走出嗣弟必馬
必席公　兆巖公子生乾隆壬辰年十二月廿六日酉時卒塟在外莫考
必信公號致成　有珠公長子生乾隆己亥年五月十四日寅時卒嘉慶戊
辰年十一月十六日子時塟在漳州
娶某氏出
女　謹娘配仙境葉
必情公　有珠公次子生乾隆年月日失記道光十三四年充入行伍往澎
湖卒塟在澎湖
必着公字興任號成金　令儀公長子生乾隆丁酉年五月十七日辰時卒
道光壬辰年五月廿六日戌時塟園內山
娶彭內葉益娘生乾隆甲辰年二月初二日午時卒同治甲子年十一月

初七日子時塟山後格馬鼻坐向丙壬午子

男　先恕　先姜　先尌　先挺　先向殤　先涇殤

女　格娘殤

必執公字興固號文恭　令儀公次子生乾隆巳亥年六月十二日卯時卒

道光壬辰年五月初十日未時塟圍内山

妣林氏謚詩玉生乾隆庚戌年五月初四日巳時卒道光甲午年七月二

十日未時塟圍内山

男　先搬　先租　先莉

女　長配山内　次配胡坂蔡　三配坑園陳　四專娘殤

必裼公字興在號善士　令儀公三子生乾隆壬寅年三月初一日申時卒

道光戊子年七月十八日午時往洋回沒海中

娶高氏改節

男　先尋養　先帕殤　光華殤

女　長配上呷高　次配下宅陳

必萬公　兆為公子生乾隆丙申年二月十一日卯時卒塋缺

集坵柱　景賢公派

必接公　兆雍公長子生乾隆庚辰年十一月廿一日辰時卒塋缺

妣陳恬娘生乾隆戊子年六月初一日巳時卒塋缺

必增公　兆雍公次子生乾隆癸未年七月十三日申時卒塋莫考

妣林鷄娘生乾隆癸未年正月二十日午時卒塋莫考

以上所載俱在**蚶**江

清必波公　兆肯公長子生卒塋缺

必愁公　兆肯公次子生乾隆丙寅年月日失記卒塋缺

妣黃固娘生乾隆乙亥年六月廿六日寅時卒塋缺

男　先外 殤

必蚊公　兆肯公三子生卒缺

必盼公　兆錐公長子生乾隆丁丑年十月廿二日寅時卒塋缺

妣謝忍娘生卒塋俱缺

必淫公　兆錐公次子生乾隆壬午年三月十六日酉時卒塋缺

必梭公　兆梅公長子生乾隆辛酉年正月二十日申時卒塋失記

必健公　兆梅公次子生乾隆庚午年七月初七日寅時卒乾隆乙酉年四

月吉日吉時塋缺

必唇公　兆領公長子生乾隆癸亥年八月廿八日丑時卒嘉慶庚午年四

月十三日辰時塋險壩貢坐向乙辛辰戌

必區公　兆領公次子生乾隆辛未年五月十四日巳時卒塋在臺

必好公　兆領公三子生乾隆戊寅年四月三十日巳時卒缺塟沽美山

必越公　兆領公四子生乾隆丁亥年十二月十七日午時卒缺

必初公字興當　兆勸公長子生乾隆己巳年十月十七日酉時卒塟在臺

莫考

妣黄任娘生乾隆辛未年十月十七日寅時卒塟缺

男　先壹殤　先通殤

女　鶴娘　燦娘

必印公字興祚　兆勸公次子生乾隆丁丑年九月十九日戌時卒塟莫考

妣陳推娘生乾隆丁丑年十月廿五日未時卒塟缺

必登公　兆勸公三子生乾隆壬午年十月十八日丑時卒塟缺

妣張有娘生乾隆癸未年月日失記卒塟缺

必秤公　兆勸公四子生乾隆甲申年十月十二日未時卒塟缺

妣劉敬娘生乾隆乙酉年九月吉日吉時卒塋缺

必炎公　兆勸公五子生乾隆辛卯年八月廿九日戌時卒塋莫考

必戊公　兆葵公長子生卒缺

必福公　兆葵公次子生卒缺

必秉公　兆曲公長子生乾隆甲午年正月初二日辰時卒乾隆甲寅年五月十二日戌時塋重慶樟脚頂坐向子午壬丙

必富公字興裕　兆缸公長子生乾隆乙卯年八月十八日未時卒道光己丑年九月初八日寅時塋山后格羊嶺坑遷沽美山蓮山後坐北向南

娶陳氏改節

男　先爾

女　然娘改適下宅陳

必當公字興典號足用　兆缸公次子生嘉慶己未年十月廿三日卯時卒

咸豐乙卯年十月十九日辰時塟沽美山險壩外坐北向南
娶楊居娘生嘉慶丁卯年六月廿九日寅時卒咸豐乙卯年十月十九日
辰時塟鈌
男　先圳殤　先綿春　先夏火
女　安娘配雙溪陳
必朋公字興交　兆令公長子生乾隆壬申年十月廿四日酉時卒乾隆庚
子年八月十三日未時塟皂斗崙坐向卯酉乙辛
娶陳氏改節
男　先選弟必挽四子入嗣
女　配大廷戴
必炎公　兆令公次子生乾隆戊寅年十月初四日午時卒道光乙酉年二
月廿一日酉時塟斐后林坐向丙壬巳亥

必喝公　兆令公三子生乾隆壬午年十二月初一日辰時卒嘉慶辛未年
四月初七日吉時葬皂斗崙坐向艮坤寅申
娶某氏改節
養男　先石
必謨公　兆令公四子生乾隆丙戌年四月初六日戌時卒嘉慶壬午年九
月廿四日丑時葬重慶新寨坐向庚甲申寅
必桃公　兆令公五子生乾隆庚寅年十二月初七日酉時卒嘉慶辛未年
二月十二日亥時葬重慶皂斗崙坐向甲庚寅申
必挽公字興綏號成玉　兆令公六子生乾隆甲午年十二月初七日未時
卒道光癸未年七月十六日巳時葬斐后林
娶陳未娘生乾隆乙巳年九月廿一日卯時卒同治癸亥年五月三十日
酉時葬山後格短崙仔

男　先舉　先選出嗣兄必朋　先假

必遮公字興密號成金　兆翰公長子生乾隆癸未年八月十四日申時卒

道光乙酉年十二月十四日巳時塟文章山過橋仔畲客崙遷塟大砂崙

中坐壬向丙

妣謝冕娘謚柔順生乾隆甲午年十月廿四日巳時卒道光丁未年六月

初二日酉時塟大垵崙中坐南向北

男　先祉殤　先磿　先彭　先祖

女　配鳳坡梁

必護公字興扶號以篤　兆翰公次子生乾隆甲午年三月廿六日辰時卒

道光丁酉年二月十八日卯時遷塟短崙仔

娶巖田蔡闕娘生乾隆乙巳年八月廿一日辰寅時卒同治丙寅年十二

月十六日辰時塟斐后林橼脚崙尾坐向辛乙戌辰

男　先妙　先快　先歲
女　長配鳳坡梁　次配前街黃
必啓公字興予號以明　兆翰公三子生乾隆戊戌年正月廿九日丑時卒
道光丁酉年十月廿一日申時塟文章山
妣古坑黃清娘生乾隆甲辰年五月十三日亥時卒道光丙午年十二月
初七日辰時塟山後格
男　先眼　先四
女　長配古坑黃　次配下宅陳
必作公字興起　兆擬公長子生乾隆丙寅年七月十三日未時卒乾隆丁
未年十月初三日卯時塟重慶中崙尾坐向艮坤丑未
妣李漸娘謚慈勤生乾隆庚午年七月初九日午時卒嘉慶丙辰年五月
十七日巳時塟沽美山坐向庚甲申寅

男　先喜
女　配尾厝黃
必片公字興述號惟祥　兆擬公次子生乾隆戊寅年七月初四日未時卒
道光癸未年十二月十三日申時塟文章山過橋仔路下
妣鄭勉娘謚勤順生乾隆戊子年九月初二日巳時卒道光丙申年六月
初二日巳時塟文章山竹篙崙
男　先科殤　先樹蘭　先莫弟必文子入嗣
女　長配林口蔡　次配林口葉
必言公　兆擬公三子生乾隆辛巳年四月廿六日寅時卒嘉慶辛酉年十
一月十八日未時塟在永福
必捜公　兆擬公四子乾隆丁亥年七月廿二日寅時卒塟在洋
必騰公字興國號朝陽　兆蔭公長子生乾隆丙戌年十月初六日申時卒

嘉慶甲戌年十一月初五日未時塟重慶新寨坐向戌辰辛乙
妣坑園陳玉娘謚端慎生乾隆甲午年九月十五日寅時卒道光己丑年
五月初四日巳時塟文章山竹篙崙
男　先梅　先涼 出嗣弟必衷
女　長配坑園陳　次配鳳坡梁　三配溪頭蔡

必獺公　兆蔭公次子生乾隆壬辰年二月初十日卯時卒道光丙戌年十
二月初八日亥時塟重慶新寨腰坐向庚甲申寅

必衷公　兆蔭公三子生乾隆乙未年十二月初九日寅時卒道光丁未年
二月廿五日辰時塟重慶新寨
男　先涼 兄必賸次子入嗣

必儔公　兆蔭公四子生乾隆己亥年月日失記卒乾隆乙卯年四月廿九
日酉時塟沽美山池仔外

必映公　兆蔭公五子生乾隆乙巳年六月二十日寅時卒道光辛巳年三月十五日午時在德化縣蔡見宮塋缺

必寡公字興多號成愛　兆遇公長子生乾隆癸未年二月廿二日辰時卒嘉慶癸亥年九月廿四日戌時塋斐后林掃箒尾坐向未丑丁癸

妣陳引娘諡端慎生乾隆丁酉年六月廿八日辰時卒道光丁未年六月初十日酉時塋重慶

男　先廠

必煎公字興湯號成雲　兆遇公次子生乾隆辛卯年六月初三日辰時卒道光辛卯年十二月廿一日寅時塋山後格短崙仔坐向坤艮未丑

妣鄭音娘諡端莊生乾隆甲辰年正月十一日午時卒道光丙戌年十二月廿七日酉時塋山後格大垵格頭

男　先秦　先孔　先旋

女　長配鳳坡梁　次配下宅陳　三配内呷李

必換公字興改　兆遇公三子生乾隆甲午年二月廿三日巳時卒道光丁未年八月初九日寅時住在豐亭

妣黄惜娘生乾隆辛亥年八月廿九日辰時卒咸豐壬子年五月廿六日戌時住在豐亭

男　先穩　先朮　先尊

必塘公字興鑿　兆遇公四子生乾隆己亥年十一月初一日未時卒道光乙未年二月初三辰時住在豐亭

妣黄却娘生嘉慶壬戌年二月廿八日卯時卒塋缺

男　先忍　先憐　先高

必炒公　兆遇公五子生乾隆癸卯年四月廿六日巳時卒嘉慶辛酉年七月初五日午時塋蓮山后坐向巽乾巳亥

必渴公字興飲號成治　兆遇公六子生乾隆丙午年正月二十日寅時卒道光丁未年八月初二午時塟重慶祖墓崙坐北向南

妣呂好娘生嘉慶甲子年八月初八日戌時卒道光壬辰年七月廿二日未時塟重慶小寨垵坐西北向東南

男　先鬧殤

女　長配吳埔山陳　次配尤溪縣

必德公　兆倪公嗣子生乾隆丁亥年十月初十日辰時卒嘉慶丙寅年八月初八日戌時塟文章山竹林崙尾坐壬向丙

養男　先剃

必喬公　兆東公長子生乾隆庚辰年九月廿一日子時卒乾隆甲寅年九月廿六日申時塟沽美山尖貢后坐向戌辰乾巽

必安公　兆東公次子生乾隆癸未年七月十六日午時卒乾隆己酉年三

月廿一日申時塟在海澄

必蕊公　兆鞭公子生乾隆壬辰年五月初八日申時卒道光丙午年十月初六日未時塟沽美山險壩邊坐東向西

娶縣内邱粉娘生乾隆己酉年九月廿九日戌時卒塟缺

男　先白　先鎮

女　配古坑黄

必從公字興衆　兆根公長子生乾隆己丑年正月十三日子時卒嘉慶戊辰年十一月三十日子時塟文章山尊字崙坐辰戌巽乾

娶呂氏改節

男　先鑾必低賣出

必低公字興回號成義　兆根次子生乾隆己亥年十一月初九日亥時卒道光戊子年十月十八日寅時塟沽美山險壩貢下

妣林究娘生乾隆己亥年十月初五日酉時卒道光壬午年十一月初六
日巳時塟在古坑山中
男　先經
必奪公　兆根公三子生乾隆壬寅年九月廿九日子時卒嘉慶庚午年十
二月廿六日寅時塟斐後林坐向午子丙壬
必省公號自脩　兆能公子生乾隆乙未年十二月初二日寅時卒道光乙
未年七月初十日寅時塟什坵窯邊坐南向北
必宗公字興朝號維成　兆賓公長子生乾隆庚午年十一月十三日亥時
卒嘉慶己亥年六月廿七日卯時塟山后格
妣陳隨娘謚恭勤生乾隆辛巳年五月十一日酉時卒嘉慶壬戌年六月
廿二日午時塟重慶
又妣陳氏謚德儉生乾隆丁卯年五月初五日辰時卒嘉慶辛未年三月

十二日寅時葬沽美山什坵點金後崙上坐南向北
男　先來　先法　先住
女　長配文章陳　次配大庭戴
必親公字興友　兆賓公次子生乾隆壬申年七月十六日亥時卒乾隆庚寅年六月初四日巳時葬重慶山中崙坐向卯酉乙辛
必七公字興篇　兆賓公三子生乾隆甲戌年十二月十六日寅時卒嘉慶庚申年五月初十日午時葬文章斐後林
妣莊嬌娘謚靜勤生乾隆乙酉年七月廿七日酉時卒乾隆庚戌年三月十八日午時葬斐后林坐向甲庚卯酉
又妣蘇氏改節
男　先試　先秋殤
必盞公字興珪號成軒　兆賓公四子生乾隆己卯年二月初一日卯時卒

道光辛巳年正月廿三日卯時塟文章山客拔垵中坐東向西
妣李閣娘謚慈懿生乾隆辛卯年六月初三日辰時卒嘉慶乙亥年二月
十九日寅時塟文章山竹篙崙
男　先取　先星　先旨
女　長配劉林候　次配内呷李　三配西洋
必什公　兆賨公五子生乾隆庚辰年十一月廿一日子時卒乾隆辛丑年
九月初九日巳時塟斐後林坐向甲庚卯酉
必喊公字興牙　兆賨公六子生乾隆壬午年十二月二十日巳時卒乾隆
甲寅年十月十八日戌時塟重慶中崙坐向甲庚寅申
妣出
嗣男　先長石門必封次子入承
必嗹公字興柳號逸騷　兆賨公七子生乾隆甲申年十二月廿八日卯時

卒道光戊子年八月廿四日巳時塋重慶
妣黄佃娘謚勤慎生乾隆乙未年十月三十日吉時卒道光癸巳年四月
廿二日午時塋重慶
男　先裁　先赫
女　配古坑黄
必傳公字興習　兆賓公八子生乾隆庚寅年九月十九日亥時卒道光壬
午年正月十一日午時塋重慶中崙
娶陳氏改節
男　先兜　先朕
女　長配劉林俟　次配頂宅陳　三改適安溪壇尾李

春安坵柱　宗時公派

清必肇公　有德公長子生乾隆庚午年四月初十日酉時卒乾隆丁亥年十一月十七日寅時葬在漳州

必鏡公　有德公次子生乾隆丁亥年八月初五日酉時卒乾隆戊申年五月初一日申時葬溪宅埔坐向卯酉甲庚

必啓公　兆厚公子生乾隆戊寅年八月二十日申時卒乾隆丁酉年二月初七日戌時葬重慶坐向坤艮申寅

先分（弟必宋子入嗣）

必宋公（字）興齊　長人公長子生乾隆壬午年九月初七日寅時卒嘉慶庚申年七月廿五日午時葬水鬼頭坐向乙辛卯酉

妣林秀娘生乾隆辛卯年十一月初四日丑時卒道光甲辰年八月廿五日辰時葬重慶

男　先分出嗣兄必啓　先爽

必乞公字興憲　長人公次子生乾隆癸卯年十月廿三日丑時卒道光癸巳年五月十二日申時塟沽美山險壩鬱坐東向西

妣陳月娘謚端莊生乾隆甲辰年三月十二日亥時卒嘉慶庚辰年八月初十日未時塟新寨脚坐向卯酉庚甲

男　先錯　先鐃　開芳出嗣

女　長配杉仔尾陳　次配下宅陳　三配仙鄉郭

必恁公字興受號予取　可為公長子生乾隆丁丑年四月初五日卯時卒嘉慶乙卯年六月十四日巳時塟文章山羊嶺坑坐向未丑丁癸

妣陳正娘謚柔嘉生乾隆丙戌年七月初一日午時卒道光壬寅年正月初九日寅時塟文章山尊字崙

男　先泉殤　先花　先波殤　先接　先抱　先攬　先衔殤

女　長配舊門呂　次配内呷李

仰公（字）興鑽　可爲公次子生乾隆辛巳年十二月初十日申時卒嘉慶戊午年四月初七日未時葬文章山龜仔邊坐向戌辰乾巽

娶薛氏（改節）

男　先勇

必盛公（號）興諸　所訂公子生乾隆乙酉年二月十三日辰時卒道光乙酉年十一月初六日寅時葬文章山過橋仔坐向辰戌巽乾

娶陳氏（出）

又妣吳得娘生乾隆戊子年九月十七日申時卒道光己丑年六月初一日丑時葬沽美山險壙墳坐向丑未癸丁

男　先泵　先虧

女　配山内

必明公號富物　有登公子生乾隆辛卯年七月廿七日辰時卒道光庚寅年七月廿四日辰時塋重慶中崙

必靈公　兆講公長子生乾隆乙亥年七月初三日寅時卒塋缺

必錠公　兆講公次子生乾隆丁亥年四月初一日申時卒塋俱缺

必允公　兆許公子生卒俱缺

必富公號好禮　有造公長子生乾隆丙申年九月三十日未時卒嘉慶甲子年九月初七日酉時塋山後格頭坐向巽乾辰戍

娶陳氏改節

男　先柴弟必不次子入嗣殤

必鹽公號其梅　有造公次子生乾隆癸卯年正月十四日辰時卒嘉慶己巳年九月初六日巳時塋文章山杉林内坐向酉卯辛乙

娶陳氏改節

養男 先星

必不公字興圖號為樂 三春公長子生乾隆己亥年十二月廿一日午時卒道光戊申年二月廿八日丑時柩塋尊字崙頂路内畔坐向卯酉乙辛娶馬氏好娘生乾隆乙巳年二月十三日申時卒同治己巳年四月十二日申時塋山後格頭坐向巽乾辰戌

男 先土 先柴出嗣兄必富 先哲殤

女 長配内呷貢生李邦鈞三男 次配舊門呂

必點公字興珠 三春公次子生嘉慶庚申年二月初七日辰時卒年月日時失記塋重慶坐向甲庚寅申

妣郭前娘謚靜德生嘉慶癸亥年十一月廿二日辰時卒道光己酉年十月初七日丑時塋新寨

男 先順 先枴 先針

女　長配鳳坡梁　次配内牛庭方　三配鳳坡梁　四配尾厝黄

必硯公字興池號讀書　三春公三子生嘉慶癸亥年六月廿四日寅時卒

咸豐丙辰年五月初五日寅時塟樹林口新寨垵冬田頂坐向未丑坤艮

妣呂潤娘謚善言生嘉慶壬戌年八月十四日酉時卒咸豐甲寅年九月

十八日寅時附塟讀書公墓左坐向坤艮未丑

男　先涉　先粒出嗣兄必榛　先籆

女　長配社壇太學生葉國俊次男　次配坊前黄　三配溪東林

必杓公字興斗　三春公四子生嘉慶丁卯年十一月廿八日卯時卒咸豐

甲寅年七月初十日吉時塟在臺灣

妣内呷李丑娘生嘉慶丁卯年十一月廿八日辰時卒道光丁未年十二

月十四日辰時塟新寨草埔路下

男　先盒殤　先巢

女　配馬洋林

必道公 字興訓 號行義　俾臧公長子生乾隆辛卯年十月廿五日申時卒
道光壬午年四月初八日午時塟重慶新寨脚坐向戌辰辛乙
娶侯氏 改節
男　先謹　先淑 出嗣必曾
女　長配蓬島郭　次配埔尾葉

必旦公　俾臧公次子生乾隆甲午年正月十八日辰時卒嘉慶辛酉年十
二月初十日巳時塟沽美山
胞姪　先謹奉祀

必杏公　俾臧公三子生乾隆年間往詔安卒塟缺

必寄公　有答公子生乾隆年間往龍巖卒塟缺

必橡公　佩玉公長子生嘉慶庚申年九月二十日戌時卒塟缺

男　先粒 弟必硯次子入嗣

必樹公　佩玉公次子生嘉慶甲子年十一月廿六日亥時卒道光壬午年
五月十六日酉時葬漳州雲霄

必濟公 字興立 號成美　厚德公長子生乾隆丁丑年八月十七日申時卒
道光壬午年三月初七日卯時葬文章山竹篙崙

妣梁送娘謚懿德生乾隆甲申年二月初九日巳時卒道光壬寅年八月
廿三日子時葬文章山竹篙龍

男　先秋　先按 殤　先奐 殤　先立　先浮　先晲

女　濺娘 幼亡

必等公　厚德公次子生乾隆戊子年八月廿四日辰時卒乾隆乙卯年二
月廿四日丑時葬斐後林掃箒尾弟必補附葬

娶某氏 改節

必補公　厚德公三子生乾隆甲午年二月十七日寅時卒乾隆乙卯年五月廿一日寅時附塟兄必等公墳

必大公字興上號乙己　承誨公長子生乾隆乙未年正月十四日申時卒道光戊午年二月廿一日丑時改塟客拔大按崙坐向寅申甲庚

妣溪口傅甲娘謚明德生乾隆丁酉年八月十五日巳時卒道光庚戌年九月初七日未時塟山后格打火崙坐向艮坤寅申

男　先智　先祜殤　先周殤　先儉殤　先六

女　長配路後戴　次配下宅監生陳周官長男業儒書觀　三習娘殤

必劉公字興注　承誨公次子生乾隆庚子年十一月廿九日申時卒道光丁亥年八月初一日巳時塟山後格打火崙坐向艮坤寅申

妣雷惜娘謚情實生乾隆壬寅年十一月廿九日申時卒道光戊子年五月初六日未時塟重慶樹林口

男　先磋殤　先菜

女　長配大岵柯　次配舊門呂

必糖公字興飴號美唐　承誨公三子生乾隆甲寅年十一月廿六日子時

卒道光丁亥年正月初五日辰時葬山后格三脚木坐子午壬丙

娶張氏改節

男　先箴　先到

必誥公字興封號吉成　連裕公長子生乾隆戊戌年三月初四日亥時卒

道光癸巳年八月初九日未時葬山後格洋嶺坑坐向丁癸未丑

娶溫佔娘生乾隆甲辰年正月十二日戌時卒同治壬戌年六月廿一日

午時

男　先壇　先端　先錐　先完

女　長配大庭戴　次配中房張

必裁公字興擇　連裕公次子生乾隆癸卯年十月十六日卯時卒道光丁未年正月廿一日申時塟新寨路脚坐向酉卯庚甲
娶蔡齊娘生乾隆庚戌年四月初一日辰時卒同治戊辰年九月廿八日巳時塟水鬼路頂
男　先科　先嗹　先軒殤
女　配下宅陳
必次公字興曲號進成　連裕公三子生乾隆己酉年八月初四日辰時卒道光丁酉年七月十六日巳時塟重慶新寨坐向辛乙戌辰
娶吳氏改節
男　先坐殤　先七
女　長箱娘改適金田尤　次庄娘殤　三良娘適中房張
必準公字興繩號方員　益進公子生乾隆己亥年六月廿九日午時卒道

光丁未年正月初八日卯時塋陳蕩壙口坐乾向巽兼亥巳

妣蔡桂娘謚孝節生乾隆壬寅年五月初八日子時卒道光己丑年十二月初九日申時改塋文章山客鈸崙尾坐向巳亥丙壬

男　先螺　先石　先鬱殤

女　長配舊門呂　次配深垵葉　三配盧

必培公字興栽號留蔭　嘉喜公長子生乾隆戊申年十一月廿七日寅時卒道光乙巳年七月廿九日寅時塋重慶坑溝邊坐向坤艮申寅

妣張教娘謚勤儉生嘉慶丁巳年十二月初四日丑時卒道光甲午年八月十九日申時塋重慶

男　先正

必柳公字興楊號連機　嘉喜公次子生乾隆辛亥年十一月十九日子時卒道光戊子年十月十四日酉時先塋永安縣西洋鄉後歸塋文章山水

鬼垵坐向辰戌巽乾

娶陳氏（改節）

男　先棟

必清公（號）文海　嘉喜公三子生嘉慶戊午年三月廿八日卯時卒道光丁未年九月廿三日巳時塋重慶祖墓崙

幼娶曾叩娘卒

又妣陳神娘謚恬義生嘉慶丙寅年九月十七日巳時卒咸豐丙辰年十一月初九日子時塋重慶祖墓崙垵中

男　先弄（出嗣弟必棊）　先峯　先好（住永定金豐大碑頭）

女　長配下宅陳　次配大庭戴

必手公（字）興貴　嘉喜公四子生嘉慶辛酉年八月初八日子時卒道光癸巳年十月十七日酉時塋山後格短崙仔坐向戌辰辛乙

娶陳氏改節

女　配社壇葉

必禁公號嚴示　嘉喜公五子生嘉慶乙丑年閏六月十三日卯時卒道光壬辰年二月十一日午時葬本鄉大墓頭坐向壬丙子午

聘林氏改配

男　先弄兄必清長子入嗣

必幼公字興慈號長吉　志家公長子生乾隆庚戌年正月初八日寅時卒道光丙午年七月初十日巳時葬山後格灰墓頭路脚坐向辰戌乙辛

妣趙緩娘謚儉德生嘉慶癸亥年九月廿八日卯時卒道光丙午年十二月二十日酉時葬重慶祖墓崙

男　先笛出嗣弟必茂　先反　先摺　先押殤　先作出嗣弟必彧

必茂公號有秀　志家公次子生乾隆甲寅年五月初一日申時卒道光庚

寅年五月初七日巳改塟山後格十吊山坐向未丑丁癸
男先笛兄必幼長子嗣
必勵公　志家公三子生嘉慶丙辰年正月廿六日戌時卒道光乙酉年四
月初一日辰時塟山后格灰墓崙坐向巽乾巳亥
必強公　志家公四子生嘉慶己未年二月初六日戌時卒道光丁亥年閏
五月廿八日巳時塟斐後林坐向子午壬丙
必歸公　志家公五子生嘉慶壬戌年正月初八日申時卒道光癸未年六
月廿九日寅時塟重慶新寨坐向卯酉辛乙
必鵻公字興哺　志家公六子生嘉慶甲子年四月廿四日未時卒咸豐庚
申年十一月十一日酉時
娶惠安陳推娘謚謹慎生嘉慶甲子年四月初七日寅時卒咸豐乙卯年
二月廿五日辰時塟重慶祖墓崙

男　先曉　先勺　先鬧

必裘公　志家公七子生嘉慶戊辰年七月廿二日申時卒道光戊子年十月十六日巳時塟永定縣大溪

必或公　志家公八子生嘉慶辛未年三月廿二日申時卒咸豐己未年四月廿三日酉時塟重慶新寨坐向辛乙卯酉

男　先作兄必幼子入嗣

必泡公字興参　兆約公長子生乾隆癸未年三月初六日寅時卒道光癸未年四月十八日寅時塟山後格尊字崙

養男　先河　來福

必浪公號吟風　兆約公次子生乾隆丁亥年四月初四日丑時卒道光辛巳年六月初十日午時塟華封山兜圩

必踐公　兆計公子生乾隆丙午年四月初八日吉時乾隆乙卯年饑饉外

出莫考

必藥公字興湯　兆直公子生乾隆庚戌年七月廿一日巳時卒道光甲午年二月廿五日吉時塟汀州白水鎮

娶劉氏改節

男　先[illegible]

必夢公號永思　兆冀公長子生乾隆壬子年十二月廿四日子時卒道光壬辰年十一月十二日巳時塟大崙腰中坐西向東

娶蔡氏改節

男　先場　先爾　先穇出繼　先未隨母蔡氏去在大坪頭方

女　長配社壇葉　次配山頭余

必靴公　兆冀公次子嘉慶丁卯年六月廿四日戌時卒道光丁亥年八月初五日酉時塟重慶冬田頂畲坪角

娶田氏改節

男　先謖　必圖子入嗣

必涯公字興循號引津　兆學公長子公篤實勤儉顧家因養男先擇早亡爰将先兕雙承支緒生乾隆甲午年五月初八日酉時卒道光乙巳年正月十八日申時塟重慶新寨坐西向東

妣陳好娘謚恵柔生乾隆己亥年二月十五日戌時卒道光辛卯年九月廿九日辰時塟重慶山坐東向西

養男　先擇　先兕　弟必澍次子兼嗣

必澍公字興蕭號插脩　兆學公次子生乾隆戊戌年三月二十日辰時卒道光乙未年五月廿七日申時塟重慶金字面後坐乙辛辰戌

娶田仔程女娘邑庠生諱學誠公胞姪女也生乾隆庚戌年十二月廿九日午時卒塟崩坪垵年月日時失記

男　先掇 養　先兕 兼嗣兄必涯

女　配下宅淵泉陳

必吶公 字 興嫣　兆學公三子生乾隆丁未年七月初四日子時卒咸豐壬子年六月廿三日吉時葬在上坪

男　先炙 必光喜次子入嗣

必捷公 字 興科 號 成甲　兆斆公子生嘉慶庚申年正月十一日申時卒道光乙巳年三月初八日申時葬永定縣西門外塚坐東向西

妣林讓娘生嘉慶丁卯年十二月初二日辰時卒道光丁未年十月廿三日子時葬重慶新寨坐西向東

男　先于 養

必泄公　兆僚公長子生乾隆甲辰年三月十七日亥時卒道光庚寅年十一月二十日亥時葬重慶樹林口

妣李巾娘生嘉慶癸卯年二月十一日辰時卒道光丙申年三月廿九日
寅時塟重慶
男　先鳩　先題　先滂 殤　先泰 出嗣弟必寸
必句公　兆僚公次子生乾隆癸丑年八月十六日子時卒道光乙酉年十
一月吉日吉時塟臺灣鳳山縣
必起公　兆羅公長子生卒缺塟在外
必最公　兆羅公次子生卒缺塟在外
必櫨公　兆就公子生嘉慶戊午年五月初一日申時卒道光廿五六年間
七月三十日辰時塟重慶
妣黃笑娘生嘉慶辛未年二月十五日午時卒道光年間塟缺
男　先夜 弟必寸賣去
必寸公　兆奏公子生嘉慶甲子年四月廿六日戌時流出卒道光年間塟

缺
男　先泰 兄必泄次子入嗣
必治公　有已公長子生乾隆壬午年九月十六日亥時卒塟在洋
娶莊氏 改節
必藹公　有已公次子生乾隆乙酉年九月十三日亥時卒缺塟在南靖永
溪
妣莊推娘生乾隆丁亥年十一月初二日午時卒嘉慶乙丑年十二月十
一日巳時塟文章山尊字畚坐向丑未艮坤
又妣梁哂娘生卒失記塟龍巖上坪宮後坐東向西
又妣漳州某氏生卒失記塟缺
男　先文　先武 出嗣弟必軌係莊氏出
女　配蘇坑吳

必軌公　有已公三子生乾隆癸巳年九月廿一日酉時卒道光丁亥年三月廿五日亥時塟崇安縣大山坪

男　先武兄必綸子入嗣

必曾公　有忠公長子生乾隆丁亥年七月十二日吉時卒失記塟南靖永溪

男　調馨　先淑必道子入嗣

必理公　有忠公次子生乾隆乙未年正月初二日酉時卒道光戊戌年五月二十日未時塟沽美山尖

必嬌公　有忠公三子殤

必梅公　有忠公四子生乾隆庚戌年十二月初七日辰時卒塟在南靖永溪

必柿公　有忠公五子殤

必寫公　有贍公長子生乾隆己丑年六月初三日卯時卒乾隆乙卯年月日失記塋在安溪參内

必營公　有贍公次子生乾隆丁酉年七月初一日卯時卒道光年間月日失記塋在臺灣萬丹

男　先財

西長房長之長房二　良泰公派

光喜公　兆護公子生乾隆庚戌年九月十九日巳時卒道光壬寅年月日失記塋在臺灣

妣陳獺娘謚端慎生嘉慶丁巳年閏六月初四日巳時卒道光乙未年正月初六日辰時塟喬頭山中崙坐南向北

男　先旋　先炙出嗣必汭

女　長配上呷林　次配文章陳

長房長之長房三　良瑋公派

宗伯公長房

必留公　兆知公長子生乾隆甲子年三月十八日巳時卒乾隆甲午年六月廿一日酉時塟臺灣三尖仔坐西向東

娶曾氏改節

必稟公　兆知公次子生乾隆乙亥年十一月初八日丑時卒塟在臺莫考

必順公　兆杞公子往臺生卒莫考

必篇公　兆濟公子生乾隆丁亥年十二月十九日未時卒莫考塟在臺灣

宗伯公派二房

景全公派 喬格柱

必孫公字興祖 雙明公長子生乾隆戊午年九月廿六日巳時卒乾隆甲申年十二月十三日酉時塟文章山過橋仔坐向巽乾辰戌

娶謝氏改節

必輔公字興佐 雙明公次子生乾隆癸亥年八月初五日未時卒乾隆丙戌年十二月廿八日寅時塟斐后林掃箒尾坐向丙壬午子

娶呂氏改節

必母公字興事號南田 雙明公三子生乾隆癸酉年十月初五日酉時卒嘉慶戊午年十月廿一日寅時塟文章山過橋仔格坐向甲庚寅申

妣陳香娘生乾隆己卯年七月廿五日辰時卒嘉慶癸酉年五月廿二日未時與公合塟

男　先教　先篆殤　先選殤　先令殤

女　長配德化某　次配後廳陳

必姆公字興媒號良謀　雙明公四子生乾隆乙亥年十二月初一日寅時

卒道光乙未年九月初七日酉時塟文章山築格坐向寅申艮坤

妣貞格陳色娘謚仁德生乾隆丙戌年十月十一日卯時卒道光丁未年

四月初二日丑時塟斐后林掃箒尾坐向丁癸午子

男　先宙　先都　先奚　先滿　先鄭　先美

女　長配角頭林　次配雙溪陳

必婆公　雙明公五子生乾隆庚辰年正月廿六日卯時移居福甯府

必梭公　佑啓公長子生乾隆癸未年六月十五日丑時外出莫考

必薄公字興供號書籍　佑啓公次子生乾隆辛卯年十月初五日丑時卒

道光壬午年七月初九日亥時塟文章山大崙坐向酉卯辛乙

妣下宅陳月娘謚懿德生乾隆乙未年二月十三日亥時卒道光丁酉年正月三十日辰時塟文章山客拔内坐向卯酉乙辛

男　先賬　先宅

女　配下宅康

必易字興詩號讀書　佑啓公三子生乾隆戊戌年閏六月初五日酉時卒咸豐丁巳年九月初六日酉時塟文章山尊字崙坐坤艮申寅

妣大壩方髻娘謚恬愛生乾隆丙午年正月十六日辰時卒道光丁酉年正月十二日未時塟山後格崩坪垵坐向亥巳丙壬

男　先連必驗子入嗣　先近兄必慎四子入嗣　先鳳

必諒公字興信號性直　成樂公長子生乾隆己丑年二月十四日酉時卒嘉慶丙子年六月初三日巳時塟沽美山坐向癸丁丑未男先荷附塟

男　先荷兄必候子入嗣

必伊公 字 興尹　成樂公次子生乾隆辛卯年十一月十七日酉時卒道光
丙申年十二月十七日寅時塟重慶坐北向南
娶鄭申娘生乾隆己亥年八月初十日申時卒同治癸亥年四月初九日
辰時塟沽美山
男　先狚 養
必勞公　成樂公三子生乾隆丙申年五月十二日亥時 殤
必節公 號 興廉　兆持公長子生乾隆甲申年十月十八日未時卒失記塟
山後格龜仔腰坐向坤艮未丑
必因公 字 興仍　淺葉公子生乾隆辛卯年八月十八日己時卒道光辛巳
年九月十七日巳時塟山後格大崙尾坐向寅申甲庚
娶謝氏 改節
男　先月 出嗣弟必耿　先鶊

女　配永春後苦張

必耿公號小明　國典公子生乾隆辛丑年六月廿五日未時卒道光壬午年七月廿九日子時塟山後格

男　先月兄必因長子入嗣

必卜公　兆總公長子生乾隆戊寅年二月三十日戌時卒乾隆丁未年六月三十日申時塟文章山客鈸内坐向辰戌乙辛弟必桃附塟

必桃公　兆總公次子生乾隆辛巳年正月十八日寅時卒乾隆甲辰年五月十七日寅時附塟兄必　公忌辰與必　公六月三十日仝祭

必訕公　當執公長子生乾隆甲申年正月十八日寅時卒乾隆辛丑年十一月初十日卯時塟沽美山忌辰與必榮初六日仝祭

必潑公字興活號揚水　當執公次子生乾隆丁亥年十二月十三日酉時卒嘉慶庚辰年六月廿二日戌時塟文章山稻馬埈坐向未丑丁癸

妣溪東林勸娘生乾隆乙未年七月初四日寅時卒道光丙戌年八月初十日申時塟山后格大崙路下坐向辛乙酉卯

男　先送　先欉　先盾出嗣弟必榮

女　長配內益李　次配林柄陳　三配杏塘陳

必榮公字興仁　當執公三子生乾隆壬辰年五月初二日酉時卒嘉慶乙丑年十一月初六日巳時塟文章山客鈸內

男　先盾兄必發三子入嗣

娶李氏改節

女　配吳埔山陳

必監公字興降號仰觀　當執公四子生乾隆辛丑年四月初二日戌時卒道光癸巳年六月廿四日申時塟山後格尊字崙父當執公墓下

妣安海周吉娘謚清貞生乾隆己酉年八月十八日申時卒道光丁未年

十一月十三日丑時塟山後格尊字崙

男　先育　先朮　先角

女

配中房張

必平公字興太號安全　宮室公長子生乾隆辛卯年十月初四日酉時卒咸豐乙卯年十一月廿二日卯時塟騎龍斬坐巳亥巽乾

配苦宅吳新娘謚慈善生乾隆乙巳年八月初三日子時卒咸豐乙卯年二月廿三日未時塟驕龍斬坐向巳亥丙壬

男　先忍殤　先掟殤　先顯養　先久　先俊　先猜　先講殤

先長

女

配前坑余

必甚公字興吾　宮室公次子生乾隆丙申年六月初六日午時卒道光甲申年十二月廿五日巳時塟洋嶺坑坐向辛乙酉卯

男　先瞞　先招俱族兄必默子入嗣殤

必甘公字興吉　宮室公三子生乾隆庚戌年七月廿三日辰時卒道光癸

未年十月初八日丑時塟山後格竹篙崙坐向戌辰乾巽

娶吳氏改節

男　先樠

必粽公字興泰號稻梁　成金公長子生乾隆壬午年十一月廿九日酉時

卒道光庚寅年十月初五日申時塟文章山嶺邊格坐向乾巽亥巳

妣内呷李釆娘謚勤順生乾隆壬午年九月初七日寅時卒道光乙未年

閏六月十三日申時塟嶺邊格坐向丙壬午子

男　先輅　先套　先汀　先奪　先治　先肥

女　配山兜黄

重省公諱必俟字興諸　成金公次子生乾隆戊子年四月十五日午時卒

道光庚寅年正月初三日酉時塟山後格尊字崙坐巽乾巳亥
妣後廳陳恕娘謚慈懿生乾隆庚寅年正月初一日申時卒乾隆辛亥年
九月初八日寅時塟山後格尊字崙坐向辰戌乙辛
又妣大庭戴做娘生乾隆辛卯年六月廿六日戌時卒道光丁未年五月
初四日酉時塟蓮山後坐東向西甲庚卯酉
男　先苑　先買　先䟕　先荷 出嗣少必諒　先歲　先漢
女　配大枯柯 殤
必慎公 字興謹　正成公長子生乾隆丙申年十一月初八日卯時卒道光
壬午年八月廿九日戌時塟山後格大崙坐向乙辛辰戌
妣石鼓林謝未娘生乾隆壬寅年七月初七日未時卒咸豐丁巳年正月
十二日卯時塟沽美山外埈坐西向東
男　先花　先草　先葉　先近 出嗣弟必易　先令 出嗣兄必母　先才 殤

女　長配上呷莊　次配坑園陳

必朗公字興耀號昭明　聰敏公長子生乾隆壬辰年二月十八日辰時卒嘉慶庚午年四月十二日申時塟沽美山坐東向西

娶黃氏改節

男　先察必憤子入嗣

女　配古宅吳

必胡公字興帶　聰敏公次子生乾隆丁酉年九月初三日寅時時卒嘉慶戊寅年七月二十日酉時塟文章山客鈫内坐向寅申甲庚

妣上呷莊主娘生乾隆乙巳年八月十四日酉時卒道光丁酉年正月初六日卯時塟重慶祖墓邊

男　先梅

必筞公字興香號文蘭　鳴玉公長子生乾隆庚子年九月廿八日巳時卒

道光丙申年七月初三日申時塟重慶皂斗崙
妣舊門呂受娘生嘉慶丙辰年正月十八日巳時卒道光丁巳年五月廿
六日辰時塟沽美山險壩墳鬱内坐東向西
男　先照　先發出嗣弟必梳　先東　先題出嗣必與　先騫出嗣必什
女　配東門謝

必梳公字興　鳴玉公次子生乾隆丙午年十二月廿四日酉時卒咸豐丁
巳年七月初六日卯時塟上坪
娶上坪某氏某娘改節
男　先發兄必素次子入嗣　先芳

宗伯公派三房　景豸公派　岑脚柱

必先公字興進號文質　積善公長子生乾隆乙亥年七月初六日巳時卒

道光甲午年三月廿六日丑時塋山後格龜仔崙坐乙向辛
妣李朱娘生乾隆丙子年三月初三日子時卒嘉慶丙子年四月三十日
戌時塋文章山杉林頭坐向庚甲酉卯
男　先隫殤　先曉殤　先魋　先摘殀
女　長配下宅陳　次配內呷李
必挑公字興達號行周　積善公次子生乾隆丙戌年十二月廿七日辰時
卒乾隆乙卯年五月二十日未時塋斐後林椽脚崙頭坐巽向乾兼辰戌
妣呂爰娘謚謹信生乾隆庚寅年十二月初三日酉時卒咸豐辛亥年正
月十一日卯時塋騎龍斬頂
男　先桂　先鸞
女　配坊前黃
必廳公字興頂號升堂　有詩公子生乾隆丙申年二月十六日戌時卒道

光甲辰年正月初二日子時塟斐後林掃箒尾坐向乙辛辰戌
娶侯片娘生乾隆戊戌年九月初九日酉時卒咸豐辛酉年九月十六日
戌時

男　先科　先斜

女　長配坊前黃　次改適吳洋侯

必惹公 字 興**潛** 號 **佑後**　玉珩公長子生乾隆乙亥年八月初十日亥時卒
道光癸未年六月廿三日辰時
妣謝引娘生乾隆丁丑年十一月十九日午時卒道光乙酉年十二月十
四日亥時

男　先**程**　先**泵** 殤　先胃 殤　先逞 殤

女　免娘 殤　次配草埔頭呂

必忿公 字 興憽 號 志發　玉珩公次子生乾隆庚辰年六月十九日亥時卒

嘉慶己卯年正月十二日卯時塟文章山大坵田頂坐向乙辛辰戌

妣溫蔭娘謚端莊生乾隆乙酉年九月十八日巳時卒嘉慶甲戌年六月初一日未時塟重慶坑仔口坐向巳亥巽乾

男　先坐　先脫　先愁　先察（出嗣弟必朗）　先初

女　長配展埔陳　次配赤嶺陳

必恷公（字興陳）　玉珩公三子生乾隆壬午年九月廿四日戌時卒乾隆甲寅年十一月十六日亥時塟文章山蛇才崙坐向巽乾辰戌

妣謝娥娘生乾隆戊子年十二月初十日戌時卒乾隆癸丑年三月初九日酉時塟沽美山外垵水溝邊坐向壬丙亥巳

恩賜耆老廷祥公（乳名必恣　字興漸）　玉珩公四子儒業道光元年新君登極

覃恩耆老生乾隆乙酉年九月初六日寅時卒道光癸巳年八月廿二日寅時塟沽美山中窩

妣黃蜜娘謚淑慎生乾隆辛卯年八月廿六日戌時卒嘉慶己巳年七月十一日卯時罐葢文章山大崙尾坐向丑未癸丁

男　先章　先于出嗣弟必魚

女　長配金山陳　次配胡西陳

必浤公字興恩號承惠　玉珩公五子生乾隆庚寅年八月十五日申時卒道光辛巳年三月初五日巳時葬草絹尾

妣葉箏娘謚徽懿生乾隆己亥年八月十二日午時卒道光丁酉年十二月廿七日未時葬險壩貢坑邊

男　先勢　先秋　先選出嗣必趨　先泳出嗣必逐　先恩出嗣弟必信

必魚公字興求　玉珩公六子生乾隆丁酉年五月初三日未時卒道光壬午年二月初一日卯時葬沽美山外垵水溝外坐向酉卯辛乙

妣許逆娘生乾隆庚子年十二月十三日寅時卒嘉慶戊辰年三月十二

日卯時塟沽美山外垵坐向戌辰乾巽
男　先于 兄必恣次子入嗣
必驗公 字 興效 號 立功　有西公子生乾隆戊子年正月初十日戌時卒道
光甲辰年十月十二日未時塟斐後林坐東向西
妣陳送娘生乾隆甲午年八月廿六日辰時卒嘉慶己卯年三月初十日
丑時
男　先轉　先舉　先樓　先芙　先連 出嗣弟必易
女　長配大庭戴　次改適大岵柯
者老書太公 乳名 必王 字 興道 號 正直　成富公長子生乾隆戊子年六月廿六
日亥時卒道光壬寅年七月初八日未時塟本鄉大份池坐向寅申艮坤
妣莊絹娘謚柔順生乾隆丁亥年八月初七日卯時卒道光甲辰年二月
初二日未時塟沽美山本厝角坐向酉卯辛乙

男　先逸　先邈殤　先退　先糙　先邊　先迁殤

必廷公字興試號惟謹　成富公次子生乾隆甲午年三月十四日申時卒道光戊戌年四月廿七日申時葬沽美山外垵坐西向東

必逐公字興追號遠至　成富公三子生乾隆戊戌年六月二十日巳時卒道光乙未年三月初一日未時葬山後格

妣盛暡娘生乾隆辛丑年五月廿八日午時卒嘉慶戊辰年五月二十日未時葬沽美山外窩坐西向東

又娶蘇士娘生乾隆丙午年九月初十日巳時卒同治丁卯年十二月初八日申時葬重慶

男　先泳必治子入嗣　先涇　先灶殤　先審

女　長配吳埔山陳　次改適社壇葉

宗伯公派四房

成德公字興咸　兆稱公子生乾隆丙申年十一月十六日亥時卒咸豐戊午年四月廿五日午時塟沽美山外窩坐西向東

妣陳閨娘生乾隆辛丑年五月十四日戌時卒咸豐丙辰年六月初七日申時沽美山外埈坐西向東

男　先高　先徒

女　長配大壩方　次配文章陳　三四俱幼亡

宗謀公派　墩仔尾柱

必齊公　兆重公子生乾隆年間十月廿九日酉時卒塟在外缺

必𡷊公　兆佛公長子生乾隆丁亥年二月十八日辰時卒乾隆年間正月廿七日吉時塟缺

必闊公　兆佛公次子生乾隆癸巳年四月初六日寅時卒道光壬寅年六月初七日吉時塟在南漠

易經公　兆荔公長子生乾隆辛卯年四月初四日酉時任居福清妣李甘娘生乾隆甲午年五月初一日酉時俱任福清卒塟莫考

必閏公　兆竹公子生乾隆辛丑年月日失記卒塟在臺

必趨公　兆殺公長子生乾隆庚戌年十月十八日寅時卒道光丁亥年五月十四日子時塟廣東莊林

娶戴氏改節

男　先選必驗子入嗣

必水公　兆淯公次子

必欽公字興腸　兆淯公三子生嘉慶甲子年八月十五日子時卒道光巳酉年十月初九日申時塟沽美山中垵口坐西向東

娶溫宄娘生嘉慶甲子年四月廿六日申時卒光緒壬辰年十二月初三

日酉時塋沽美山中窩邊

男　先騫殤　先敬養

必正公　兆駕公長子生乾隆丙午年九月十三日酉時卒嘉慶乙亥年九

月廿七日未時塋文章山客拔內火掀崙坐子向午

娶陳氏改節

男　先接

女　配東門謝

必皆公　兆博公長子生乾隆辛卯年十月初四日酉時卒塋缺

必鮑公　兆博公次子生乾隆甲午年十一月廿九日未時卒塋缺

宗信公派　石門柱

必模公　兆房公子生乾隆乙酉年三月廿五日辰時卒失記塋重慶山園後坐東向西

必卦公　兆河公子生乾隆丁丑年九月廿九日酉時卒道光辛卯年八月十六日吉時塋重慶院口園後坐北向南

妣卓絨娘生乾隆乙酉年十月初四日酉時卒年失記二月廿五日吉時塋文章山

又娶李氏改節

男　先長出嗣必㗭　先雲

女　配文章陳

必樣公　兆執公子生乾隆辛卯年三月初一日卯時卒失記塋重慶狗肚

必返公號回轉　兆永公子生乾隆戊子年三月廿二日寅時卒道光庚寅

年六月十六日巳時塋重慶祖墓邊

娶蔡氏改節

男　先磘弟必力次子入嗣

必田公　兆錦公子生乾隆辛卯年五月初六日酉時卒失記塋重慶樟脚

下坐東向西

必力公字興用號有餘　兆香公長子生乾隆丙申年三月十七日申時卒

道光辛卯年六月廿四日未時塋重慶祖墓邊坐西向東

妣陳寅娘謚温恭生乾隆庚子年十月十五日寅時卒道光戊申年十一

月初八日寅時塋重慶皂斗崙坐向艮坤寅申

男　先算殤　先佃　先磘出嗣弟必返　先富出嗣弟必助　先雜

女　長配石鼓林江　二三幼亡

必劍公　兆香公次子生乾隆年間四月廿一日吉時卒道光甲午年年九月

初七日吉時塟晉江盧田石頭前
必業公　兆六公子生乾隆甲午年十一月十四日酉時卒失記塟重慶畬
坪内坐北向南
必超公　兆績公子生乾隆癸卯年正月十六日寅時卒道光庚子年六月
廿四日吉時塟在福州長樂縣
娶陳氏改節
男先鎮養
女　配安美林
必養公字興保號安亭　兆益公子生乾隆甲午年二月初九日辰時卒道
光甲午年七月廿一日寅時塟皂斗崙牛運堀邊
妣黃帕娘生乾隆戊戌年七月初七日寅時卒道光庚子年十二月廿六
日卯時塟重慶嶺頭

男　先請養　先伴

女　長配胡坂蔡　次配鳳坡梁

必爽公號明恐　兆藝公長子生乾隆壬辰年十一月十五丑時卒道光丁酉年五月初七日寅時塟　斗崙牛運崛下坐向艮坤丑未

妣曾粉娘生乾隆癸丑年正月廿一日吉時卒咸豐戊午年十月初八日丑時與公合塟

男　先幼　先麵　先杉殤　先粲出嗣必求

必旺公號興清　兆藝公次子生乾隆乙未年十一月廿三日卯時卒嘉慶壬戌年正月十七日午時塟在蓬島

必助公　兆岸公子生乾隆己酉年五月十六戌時卒道光丁未年十一月初四日吉時塟永春石目格外坐北向南

妣夏寶娘生乾隆乙卯年八月廿六日卯時卒咸豐庚申年三月十七日

吉時塋永春下邱

男　先富（兄必力三子嗣）　先眉月（養）

必兒公字興孫號猶子　兆竿公子生乾隆戊申年五月初四日申時卒道光戊午年十月初二日丑時塋重慶樹林口坐西向東

娶李稅娘生嘉慶戊午年八月初二日寅時卒塋莫考

男　先福（殤）　先捷　先琳

女　長配舊門呂　次幼亡　三配坑園陳

西長房長之長房五　良璞公派　江西柱（俱住居江西生卒難查）

清必鎮公　兆俊公長子生乾隆戊辰年九月十五日酉時

娶朱氏生乾隆庚午年四月廿七日巳時

必鈸公　兆俊公次子

必鉸公　兆儒公長子生乾隆丙辰年十一月廿七日戌時
必鎧公　兆儒公次子生乾隆癸亥年八月廿五日未時
娶張氏生乾隆戊辰年五月二十日午時
必鉡公　兆儒公三子
必鈺公　兆儒公四子生乾隆己巳年十二月十八日寅時
娶鄧氏生乾隆甲戌年二月二十日戌時
必鎬公　兆任公子生乾隆癸酉年十月三十日子時
必鐈公　兆偉公子生乾隆壬申年十一月十二日午時
必釗公　兆儘公長子生乾隆癸亥年三月廿六日卯時
必鎰公　兆儘公次子生乾隆乙丑年十月廿一日子時
娶艾氏生乾隆辛未年二月十二日丑時
必銓公　兆儘公三子生乾隆庚午年八月十六日丑時

以上俱住居江西卒塋莫考

西長房長之長房六　良球公派　福清柱

必煖公　兆福公長子住居福清卒缺

必鑑公　兆福公次子住居福清

必祿公　兆旺公長子生乾隆己亥年六月十二日申時卒乾隆丙辰年十一月十一日巳時塋福清林泉山坐北向南

男　先水 弟必柳長子入嗣

必柳公 字 興春　兆旺公次子生乾隆癸巳年正月十九日巳時卒道光甲申年六月十七日巳時塋福清林泉山坐東北向西南

妣錡新娘生乾隆丁卯年五月十三日申時卒失記塋在福清

男　先水 出嗣兄必祿　先星　先波 出嗣兆興為孫　先江　先梧　先燈

女　長配蘇家　次配張家

必求公　兆燮公子生卒塋俱缺住福清

必柏公字興操　兆妹公長子生乾隆辛亥年四月初二日戌時卒缺

娶福清林氏生乾隆乙卯年十二月廿九日亥時住居福清卒缺

男　先作　先銓　先杉

女　配鄭家

必庚公字興金　兆妹公次子生嘉慶壬戌年三月初四日亥時卒缺

娶李氏生嘉慶癸亥年正月十八日亥時卒缺

側室某氏生卒缺

男　先相　先炳　先全

必處公　兆涉公子生卒失記塋沽美山外垵坐艮坤寅申

必早公　兆面公長子殤塋蓮山後坐辰戌乙辛

必陣公　兆面公次子生乾隆辛亥年四月十九日巳時卒道光辛巳年十一月廿七日戌時塋重慶大石下坐向酉卯辛乙

娶楊領娘生嘉慶甲子年三月初七日吉時卒塋缺

男　先齒　先祖出嗣必埒　先景出嗣必埒

女　長配楊家　次甜娘適荇内謝

長房長之長房六　良球公派　壩仔頭柱

必仁公號義封　迎薰公長子生乾隆丁未年三月初五日辰時卒道光壬寅年七月初八日吉時在龍巖州被洪水漂流

妣郭月娘謚明順生嘉慶丁巳年六月初一日巳時道光壬寅年七月初八日夫婦俱被洪水流去

男　先云　先抄出嗣必柿

女　配吳埔山陳

必寶公　迎薰公次子生乾隆壬子年正月初九日午時卒道光年間塟在龍巖浮光

必恭公字興寅號莊敬　迎薰公三子生嘉慶丁巳年正月初三日酉時卒道光庚子年九月廿九日丑時塟文章山龜仔邊

娶陳氏改節

男　先糍

女　配坊前黃

必鶴公字興算　瓊瑤公長子生乾隆辛丑年四月十二日亥時卒咸豐丁巳年十月初十日卯時塟永春白馬寺何介垵坐北向南

妣陳注娘生乾隆甲辰年二月十一日辰時卒道光己丑年十一月十二日寅時塟沽美山險壩路頂

男　先紫　先妍
女　配溪東林
必揚公號晴明　瓊瑤公次子生乾隆己酉年正月十四日寅時卒道光庚寅年十一月十九日辰時塟龍巖上坪西坑坐東向西
妣黄逆娘謚惠真生嘉慶庚申年二月十七日寅時卒道光戊子年八月廿一日未時塟重慶坐北向南
男　先浲殤　先順弟必宣次子入嗣
女　配大岵温
必宣公字興著　瓊瑤公三子生乾隆癸丑年五月十六日巳時卒同治庚午年十一月十四日卯時塟探花山庵頭崙金面坐丁向癸兼未丑
娶陳粉娘謚　生嘉慶丙寅年九月廿七日戌時卒光緒戊子年十月初九日寅時塟東坑仔鋏仔墓内田頭坐戌向辰兼乾巽

男　先柔殤　先溫　先順出嗣兄必揚　先鑽

女　笑娘適大嶝柯　甘娘配陳家

必埒公號安平　瓊　公四子生嘉慶庚申年十二月十九日丑時卒咸豐元年辛亥十二月初九日戌時塟沽美山險壩墳内坐東向西

嗣男　先祖　先景

必灰公　公五子生嘉慶壬戌年月日失記外出卒莫考

必抹公　公六子生嘉慶甲子年三月廿六日戌時卒失記塟在上坪西坑坐北向南

必兑公字興良號和豫　教義公長子生乾隆庚戌年十月廿六日未時卒道光己亥年三月初九日吉時塟在南澳

妣林次娘謚貞順生嘉慶戊午年十月廿六日未時卒道光庚戌年十一月初八日丑時塋重慶

男　先推　先碧出嗣弟必澤　先緞出嗣弟必窗　先赧　先梧

必澤公　敬義公次子生乾隆乙卯年九月初三日巳時卒年失記四月十四日吉時塋缺

男　先碧兄必兊次子入嗣

必窗公字興曉號思明　敬義公三子生嘉慶壬戌年九月廿三日巳時卒咸豐癸丑年二月廿七日戌時塋在南澳

妣陳伏娘謚淑德生嘉慶壬申年二月廿六日卯時卒咸豐甲寅年閏七月廿六日丑時塋重慶

男　先緞兄必兊三子入嗣

女　來娘配內山呂

應台公派　柿樹后柱

必旦公　兆錠公長子生乾隆年間往南澳卒咸豐年間塋南澳

必漂公　兆錠公次子生卒失記塋重慶樹林口坐向乾巽戌辰

必詩公　兆屋公子生乾隆戊申年正月廿一日寅時卒嘉慶壬申年十月
十三日未時塋重慶虎具照日坐向酉卯辛乙

娶呂氏改節

男　先雙養　先貺養

必盞公字興執號金甌　以快公長子生嘉慶己未年十一月十四日辰時
卒同治戊辰年四月初九日未時

娶古宅吳妹娘謚淑慎生嘉慶庚申年正月廿四日辰時卒道光甲申年
九月廿九日未時鑵塋壇園

男　先及

女　京娘殤

必鉗公　以快公次子殤塋文章山尊字崙坐西向東

必再公字興斯　以快公三子生嘉慶乙丑年七月廿六日巳時卒道光壬寅年七月廿一日戌時塟新寨崎仔頂坐向庚甲申寅

娶鄭氏改鄭

男　先日

女　配坑園戴

必雅公字興言號執禮　有樓公長子生嘉慶丙寅年十月廿五日子時卒咸豐丙辰年六月三十日酉時塟新寨崎仔頂

妣陳蔭娘生嘉慶戊辰年正月初九日戌時卒咸豐辛亥年九月初七日亥時塟重慶東田邊

男　先壬　先佞　先榜

女　長配郭井林　次配溪東林

必註公　有樓公次子生嘉慶己卯年四月三十日卯時卒咸豐辛亥年三

月廿五日吉時塟南澳
幼娶吴氏殤
必榮公　有金公長子生乾隆甲午年五月初二日辰時卒嘉慶辛酉年正
月廿八日戌時塟文章山杉林尾坐向酉卯庚甲
必力公　有金公次子乾隆丙申年十月十六日酉時卒道光癸未年十二
月三十日午時塟洪埔尾坐向癸丁丑未

二叔公派　蓮山洋柱
必右公　兆陳公長子生卒失記塟在閩清
必禮公　兆陳公次子生乾隆辛丑年十二月廿九日申時卒失記塟臺萬
丹埔
必璵公字興明號其潔　兆生公長子生乾隆辛丑年九月二十日寅時卒

咸豐丙辰年七月初八日午時塟沽美山險壩鬱内坐東向西
妣半嶺林寶娘謚意玉生乾隆戊戌年閏六月廿五日辰時卒道光丙午年八月廿九日午時塟險壩路頂坐東向西
男　先欽　先鉦　先鑁
女　配荇内謝
必璋公號華國　兆星公子生乾隆甲辰年十二月廿五日酉時卒道光丙午年閏五月十七日午時罐塟文章山草絹尾坐南向北
妣林哂娘生乾隆丁未年二月十六日未時卒道光甲辰年三月十九日辰時拾罐與公合塟草絹尾男先畓先檝
必逃公字興芙　兆海公長子生乾隆乙巳年二月十五日寅時卒道光癸巳年正月廿八日寅時塟沽美山險壩鬱坐東向西
妣楊甘娘生失記卒道光癸巳年二月初一日辰時塟沽美山險壩坐東

向西

男　先力　先爾嗣弟必遊殤

女　長配雙溪陳　次配郭山羅　三配雙溪陳　四配胡坂蔡

必遊公字興行　兆海公次子生乾隆癸丑年六月十九日丑時卒嘉慶庚
辰年九月初六日戌時

娶梁氏改節

男　先爾兄必逃子嗣殤

必瑞公字興蘭號桂馥　兆良公長子生乾隆己酉年八月廿五日寅時卒
道光癸巳年七月初一日未時塟重慶小寨垵坐東北向西南

妣陳卯娘生乾隆甲寅年八月十六日丑時卒道光丁亥年四月十二日
申時塟文章山竹林尾坐向丁癸未丑

男　先位　先洋出嗣弟必吾

女　二俱配小岵陳

必嘉公　兆良公次子生乾隆壬子年四月廿九日亥時往臺萬丹卒缺

妣陳早娘謚順德生嘉慶丁巳年六月廿五日未時卒道光癸未年七月三十日寅時塟沽美山坐西向東

女　配内呷李

必勵公號其言　兆良公三子生乾隆乙卯年二月初五日午時卒道光己丑年七月廿三日酉時塟重慶小寨垵

必玉公　兆良公四子生嘉慶壬戌年七月初七日午時往臺灣卒缺

娶臺灣某氏生卒缺

必吾公　兆良公五子生嘉慶己巳年四月初九日丑時卒咸豐壬子年正月初八日丑時塟沽美山險壙鬱内坐東向西

男　先洋兄必瑞次子入嗣

南安霞錦洪氏族譜世紀

卷七

南安霞錦洪氏族譜世紀卷七

十一世西三房長之長

仙井柱

必全公字興在號懋德　附鳳公長子生乾隆乙酉年正月初二日寅時卒道光庚寅年七月十九日戌時葬文章山騎龍斬坐向己亥丙壬

妣樓前盛益娘謚謙受生乾隆甲午年十月廿二日未時卒咸豐丙辰年二月十六日酉時葬山后格大坵田脚坐向乾巽亥巳

男　先攜養　先混　先純　先磋　先鍛殤

女　朕娘配鳳坡梁

必張公　附鳳公次子生乾隆己丑年七月初二日巳時殤

必理公　附鳳公三子生乾隆己丑年五月初九日巳時卒嘉慶甲子年四月初三日巳時葬重慶金字面下坐北向南

妣古宅呉勸娘生乾隆乙未年十二月十五日已時卒嘉慶甲子年四月初三日寅時塟文章山却拔格頭坐南向北

男　先擱

必略公字興潤　附鳳公四子生乾隆辛卯年十二月二十日丑時

妣娘子橋李素娘生乾隆己酉年二月十七日申時公妣往台居住卒塟俱缺

男　先華　先菁

女　一

必度公字興量號襟懷　附鳳公五子生乾隆甲午年二月廿七日巳時卒道光壬辰年四月初六日酉時葬重慶新寨坐向戌辰辛乙

妣上岬莊氣娘生乾隆己酉年七月初八日辰時卒咸豐丙辰年三月十九日亥時塟金字面田頂坐北向南

男　先珍　先前　先傍　先江出承必聰

女　配中埔頭林　次配上呷莊

必慣公　以德公長子生乾隆丁未年九月廿六日巳時卒道光乙丑年十月廿六日戌時葬石門繳仔内

娶蘇氏改節

男　先想殤

必泵公字興通　以德公次子生乾隆庚戌年月日缺卒道光辛巳年十一月十八日吉時葬永定上坪室中鄉

必聰公　以德公三子母嘉慶庚寅年二月十七日巳時卒咸豐戊午年十月廿一日午時葬石門山蛇仔崙邊坐北向南

男　先江兄必庋四子入嗣

必禱公字興爾號和平　太原公長子生乾隆乙未年十一月廿八日酉時

卒道光丁亥年三月十一日戌時塟石門山坐東向西

男　先計養

必罕公字興言號見珍　太原公次子生乾隆辛丑年八月初九日丑時卒

道光癸己年二月十五日卯時塟石門山短崙仔脚坐東向西

妣安海許儉娘生嘉慶丁巳年十月三十日辰時卒缺

男　先衆養文獻必飲子入嗣

女　忍娘配十七都埔頭鄉

必飲公　挺拔公子生乾隆戊戌年八月廿九日寅時卒塟台灣

娶臺某氏生卒缺

男　天時　清風　先滿　文獻出嗣弟必罕任台萬丹

西三家長之長

良明公派　美茂柱

必巖公　喬嶽公子生嘉慶己巳年十一月廿三日午時卒同治癸酉年七月初一日巳時塋樹林口

必吝公字興驕號廣識　精義公子生嘉慶壬申年十月十九日午時卒同治戊辰年六月廿四日午時塋樹林口

娶江滿娘生嘉慶丁丑年十月十五日巳時卒缺塋新寨

男　先獅殤　先淺

女　玉娘配中房張

必坪公號明廷　浴德公長子生嘉慶辛未年六月初四日辰時卒道光辛卯年九月十七日寅時塋石門山

娶方氏改節

必戒公號沐齋　浴德公次子生嘉慶庚辰年八月廿四日酉時往外卒塋缺

必糴公　兆皓公子生道光丙戌年七月廿八日戌時往外卒塋缺

必養公號為義　兆雩公子生道光戊戌年十一月初十日戌時卒缺

必仰公號彌堅　兆詒公子生道光甲午年十月初二日戌時卒缺

必恐公字與聞　和宗公子生乾隆丁未年五月初九日辰時卒道光戊申年九月廿四日丑時塋重慶樹林口

妣陳恭娘謚靜順生嘉慶辛酉年十一月廿九日戌時卒道光丙戌年六月十二日未時塋柴林口

男　先等瑒

女　新娘配大廷戴

必接公　有愛公子生卒年月塋在外缺

必鼎公號維新　厚德公長子生嘉慶癸亥年八月初七日寅時卒道光丁亥年二月初九日未時塟重慶樹林内坐壬向丙

必渠公字興活號嘉室　厚德公次子生嘉慶乙丑年又六月十六日丑時卒光緒己卯年三月廿二日巳時塟新寨

幼娶陳氏殤

妣張免娘生嘉慶丙子年二月初七日午時卒道光甲辰年三月初二日巳時塟新寨坐向辛乙酉卯

男　先朝二養

女長彩娘未配而亡塟石門山　次謹娘配馬洋林

必梭公字興績號玉尺　厚德公三子生嘉慶戊辰年九月廿八日辰時卒同治甲戌年七月初四日午時塟重慶樹林口

妣李員娘生嘉慶己未年二月十五日巳時卒道光戊戌年十月十四日

申時重慶樹林口
前娶溪邊高冬娘殤
男　先扮養
必学公字興錦　厚德公四子生嘉慶壬申年五月廿一日丑時卒光緒癸
未年七月廿四日申時塟新寨
男　先昭鳳養
必匣公字興玉號金盤　厚德公五子生嘉慶乙亥年正月廿一日丑時卒
光緒戊寅年九月廿八日辰時塟客鈸内溪東墓邊坐向庚甲申寅
妣下宅陳爲娘生道光乙酉年十二月廿四日寅時卒光緒甲辰年二月
廿八日子時塟新寨
男　先禮養　先鉒
女　看娘殤

必妍公 號 媚姿　善友公長子生嘉慶辛未年二月十一日巳時卒道光丁酉年五月廿九日酉時葬石門山

娶高氏 改節

男　先正 弟必璇長子兼嗣

女　葉娘配溪東林

必璇公 字 興璣　善友公次子生嘉慶丙子年閏六月十二日酉時卒咸豐乙卯年五月廿九日酉時葬重慶樹林口

妣埈尾林居娘生道光甲申年三月初五日申時卒咸豐甲寅年十月初二日申時葬新寨路邊

男先正 兼嗣兄必妍

必俊公 字 興傑 號 英偉　善友公三子生嘉慶庚辰年四月初八日辰時卒光緒己亥年六月十二日酉時葬石門山坐坤艮申寅

娶長岸戴勅娘生道光戊子年二月二十日卯時卒宣統辛亥年正月十三日未時塋新寨頭坐西向東

男　先快　先仕　先棠

女　所娘配坑園戴　粒娘配下宅陳

必梂公字棟號高升　奇寶公長子生嘉慶丁丑年六月初八日戌時卒同治甲戌年五月初三日卯時塋重慶大寨邊

娶羅埔余相娘生道光丙戌年九月廿五日辰時

男　先金鎮養

必屢公字興豐號依盟　奇寶公次子生嘉慶己卯年十二月初二日未時卒光緒甲申年十一月廿三日酉時塋溪東墓邊坐向庚甲申寅

妣陳痛娘生道光丁亥年十二月初十日寅時卒光緒乙酉年八月初五日午時塋山後格騎龍斬下與隨絲媽合塋坐丁癸午子

男　先碚　先行　先漏　先碑出承必汀

女　吟娘配深垵葉　雪娘配大廷戴

必汀公字興洲號澄清　奇寶公三子生道光壬午年八月廿九日巳時卒
咸豐壬戌年三月初八日未時塟在洋
妣張卯娘生道光己丑年八月廿七日卯時卒道光庚戌年十月十四日
寅時塟重慶柴林口坐庚甲酉卯

承繼男　先碑

必波公字興海號浪湧　奇寶公四子生道光乙酉年七月十四日寅時卒
光緒庚寅年二月十九日申時塟重慶樹林口
妣溪東林富娘生道光辛卯年十二月廿一日酉時卒咸豐庚申年十一
月十六日巳時塟本山新寨

男　先衢　先擡

必酬公號克誠　兆斷公子生乾隆甲寅年六月十二日午時卒道光年間
六初二日巳時塟缺
必篤公字興鸞號呈偶　兆筵公長子生嘉慶丙辰年九月十六日戌時卒
同治戊辰年四月初七日巳時塟大水垵坐向戌辰乾巽
妣鄭碧娘謚勤仁生嘉慶己未年七月初九日巳時卒道光壬午年五月
初十日酉時塟石門大水垵坐辰向戌
又妣趙蔭娘謚勤德生嘉慶癸亥年五月初五日卯時卒同治辛未年十
月十七日未時塟蛇仔崙邊坐向辰戌巽乾
男　先尊　先最　先措
女二　俱配山兜黃
必典公字興謨　兆筵公次子生嘉慶丙子年十二月十二日巳時卒咸豐
戊午年五月廿七日申時塟重慶皂斗崙脚

娶林氏改節

男　先註

必留公字興傳號相待　兆力公長子生嘉慶甲戌年十二月廿八日亥時卒光緒壬午年十二月十六日戌時塟新寨

妣永春張彩娘生嘉慶壬申年月日失記卒咸豐戊午年二月廿八日未時塟重慶中崙

又妣半嶺林愛娘生缺卒光緒辛卯年十二月十五日申時塟沽美山

男　先納　先巻殤

女　鷄娘配馬洋林俱張氏出

必暢公號松茂　兆力公次子生嘉慶丁丑年二月初六日亥時卒光緒丁丑年正月二十日卯時塟沽美山

必徹公號歌雍　兆超公長子生道光壬午年正月初一日寅時往外卒塟

缺

必蟶公　兆超公次子生道光丁亥年五月十三日辰時往外卒塋缺

必錐公　兆超公三子生道光辛卯年二月廿一日吉時往外卒塋缺

必佃公號作仁　兆夏公長子生道光己丑年十一月十八日吉時卒同治年間月日及塋俱缺

必朝恩公　兆夏公次子生道光癸巳年月日缺後隨母而出

良明公派美成柱

必別公字興辨　成君公子生乾隆辛卯年三月廿六日辰時卒道光甲午年八月廿一日未時塋石門山坐甲向庚

必來公　平易公子生乾隆辛丑年十月十七日戌時卒道光壬辰年又九月初一日卯時塋缺

必蚋公字興輝號仰耀　均平公子生乾隆壬子年十月初二日戌時卒咸豐戊午年七月十七日子時塟新寨坐庚向甲
妣黄引娘生嘉慶己未年十二月廿四日戌時卒咸豐甲寅年九月廿二日子時塟石門山坐向辰戌乙辛
男　先毛　先光　先陰
女　長配坑園戴　次女殤
必燕公　兆香公長子生嘉慶丁丑年十一月三十日辰時卒塟在外缺
必魏公　兆香公次子生嘉慶庚辰年九月廿九日寅時卒缺
必雲公　兆香公三子生道光丙戌年八月廿一日申時卒同治戊辰年四月廿二日酉時塟石門山
必乾公字興天號元亨　達士公長子生乾隆丁未年六月十四日午時卒嘉慶癸酉年二月廿六日午時咸豐戊午移塟斐後林與大倫公合塟坐

向乙辛辰戌

娶陳氏出

男　先縷

必情公字興意號協理　達士公次子生嘉慶丁巳年四月初四日寅時卒

咸豐甲午年二月廿五日酉時塟石門山坐向乙辛卯酉

妣延陵吳參娘生嘉慶庚申年九月廿三日申時卒道光庚戌年二月廿

七日巳時塟新寨路腳坐向申寅坤艮

男　國興殤　先干　先備　先作出繼

必仁公　生治公長子生乾隆甲寅年十一月二十日辰時卒道光庚子年

二月十五日巳時塟石門山坐向甲庚卯酉

必鑿公　生治公次子生嘉慶庚申年三月廿九日丑時卒外出缺

必鷺公　生治公三子生嘉慶壬戌年八月廿六日申時卒道光辛丑年八

月十五日未時塟石門山坐西向東
必樹公字興林號一枝　出類公長子生嘉慶庚申年二月初七日午時卒
咸豐乙卯年十二月初十日辰時塟山後格烏塗坑龜仔脚坐南向北
妣林好娘生嘉慶己未年五月廿八日午時卒光緒丁丑年六月初四日
午時塟新寨路脚
男　先進殤　先才養出嗣弟　冬菊
女　修娘配深垵葉　次配溪東林
必揺公字興賢　出類公次子生嘉慶癸酉年九月初三日酉時卒道光戊
寅年正月初五日戌時塟呂宋
男　先才兄子入嗣
必慰公字興起號寅恭　和悅公長子生乾隆壬寅年三月十五日丑時卒
咸豐癸丑年七月卄五日申時塟石門山中崙

妣下宅陳却娘生乾隆戊申年八月初八日戌時卒咸豐庚申年十一月
初四日申時塋石門大垵
男　先茂　先德出嗣弟必景
女　配舊門呂　次配下宅陳　三配山兜黃
必景公字興色　和悦公次子生嘉慶丙辰年九月初一日吉時卒道光丙
戌年十二月初十日亥時塋石門山坐東向西
男　先德兄必慰子入嗣
必選公號捷登　和悦公三子生嘉慶壬戌年十二月初五日辰時卒嘉慶
丁丑年五月十六日寅時塋石門
必揚公字興名號令望　生甫公長子生乾隆庚戌年四月廿八日寅時公
洞澈事理鄉隣洽望道光甲辰倡起董修譜牒今一舉而刊成譜系者非
公之力曷克臻此是亦克紹祖父董修之志也卒咸豐壬子年二月廿五

日巳時葬文章山客鈸格竹篙龍坐向壬丙子午
妣馬洋林次娘生乾隆癸丑年八月廿六日午時卒光緒庚辰年五月初
九日酉時葬却拔觀音崙坐巽向乾兼辰戌
男　先扳桂　良光　濬哲
女　旦娘配下宅淵泉陳
必好公字興音號安懷　生甫公次子生乾隆壬子年九月初八日巳時卒
道光乙酉年十一月初一日子時葬羊嶺坑炭墓頂坐向丁癸午子
妣下宅陳串娘生乾隆甲寅年十二月二十日酉時卒同治乙丑年六月
十九日子時葬却鈸觀音仔左畔鏡面坐向乙辛辰戌
男　先三捷　百畝
女　汝娘配大廷戴
恩貢生賑德公諱必恤號興丑號惠保　生甫公三子生嘉慶丁巳十月廿五

日戌時卒同治癸亥年十一月十九日寅時塟大崙尾坐辰向戌兼巽乾

妣鼎英戴銓娘謚順濟生嘉慶丁巳年五日廿八日寅時辛光緒乙亥年

十二月十八日戌時塟螃蟹栖坐乙向亥兼巽乾

男　先春蘭　先叟殤　三友　榮顯　維新

女　玉娘配溪東安美林壬觀

鄉飲賓廣德公諱必美字興材號意玉　生甫公四子生嘉慶庚申年七月

十八日酉時卒同治辛未年八月十八日寅時塟石門内坐巽向乾兼辰

戌

妣長岸戴拨娘生嘉慶甲子年三月廿三日子時卒光緒癸未年十二月

廿九日酉時塟斐后林中心崙坐坤向艮兼申寅

男　天錫養　應奎　開玉　日新

女　勸娘配深垵葉　次儼娘配舊門呂

必崇公字興石號進富　生甫公五子生嘉慶庚午年正月廿一日巳時卒道光庚寅年正月廿一日巳時葬文章山赤墓坪大砂崙坐寅向申兼艮坤穴形虎仔跳　牆公未婚娶而亡其祭祀五柱子孫輪流壬

鄉飲賓忠德公諱必隱字興信號蘊蓄　生甫公六子生嘉慶壬申年二月十六日巳時卒光緒巳五年六月十二日巳時葬大崙頭坐己向亥兼丙

妣林月娘生嘉慶己卯年正月初五日寅時卒光緒癸卯年十二月初七日酉時葬大崙頭坐丙向壬兼己亥

男　先瓊華養

必珠公字興金　敦倫公長子生嘉慶庚申年二月初四日亥時卒咸豐丙辰年十一月廿一日酉時葬永定

妣內呷李選娘生嘉慶庚申年正月初四日申時卒道光丙午年十一月

廿三日巳時塟缺

男 先曉 先嵩殤

女 配困口戴

必成公字興和號玉振 敦倫公次子生嘉慶乙亥年三月廿六日寅時卒

咸豐辛亥年十月十八日卯時塟石門山蛇仔崙坐北向南

娶呂氏改節

男 先再興 先姜

女 禩娘配中埔頭林

必達公字興發號賜芳 兆知公長子生嘉慶己未年九月初七日丑時卒

道光戊戌年正月十二日申時葬石門山坐向乙辛辰戌

娶謝氏改天

男 先顏養 先再添弟必滿長子入嗣

女　長配深垵葉　次配舊門呂

必擕公字興榮　兆知公次子生嘉慶丁卯年二月十五日酉時卒同治戊辰年十一月十二日卯時

妣陳昭娘生嘉慶甲戌年六月初八日丑時卒道光丁未年四月十五日寅時塟斐后林

男　先泉　先籃殤

必蒲公字興蘆　兆知公三子生嘉慶己巳年八月廿二日卯時卒光緒年缺十月廿一日吉時塟德化土坂洋尾

妣呂勸娘生道光壬午年七月初六日未時卒咸豐癸丑年十月廿一日子時塟石門山坐北向南

又妣大廷戴縣娘生嘉慶壬申年四月十五日寅時卒塟失記

男　先再添嗣兄必達　先列　先宜俱呂氏出

必益公字興進號集思　兆後公子生嘉慶庚辰年六月廿六日寅時卒道光辛巳年二月初六申時塟大崙

妣溪東林分娘生道光乙丑年二月廿六日寅時卒道光丙午年九月十五日卯時塟樹林口新寨坐庚向甲

又妣半嶺林等娘生道光乙酉年八月十二日辰時卒光緒壬午年正月廿六日巳時塟樹林口

男　先月爸　先傲

女　囡娘殤　次救娘配尾埔馬　三狠娘配中房張

必旺公字興時號丁財　兆慈公長子生嘉慶丙子年十月廿三日卯時卒光緒丙子年五月廿一日申時塟大崙尾坐向乙辛卯酉

妣前街黃花娘生嘉慶戊寅年正月十九月辰時卒光緒甲午年九月初一日巳時塟重慶中崙坐向卯酉甲庚

男　先整　先河

女　棗娘配垵尾林

必近公字興送　兆慈公次子生道光年間卒塟缺

必絹公字興錦　兆宗公長子生嘉慶壬戌年六月十二日巳時卒道光庚戌年正月廿八日辰時塟石門山坐乙向辛

妣內呷李送娘生嘉慶癸酉年五月十四日辰時卒道光丙午年九月初五日酉時塟石門虎形脚坐丑向未兼艮坤

男　先荷　先廣　先慶殤

女　配戴家

必登公字興科　兆宗公次子生嘉慶乙丑年五月十六日午時卒道光丙午年十一日廿六日戌時塟樹林口祖墓邊坐艮向坤

娶李氏改節

男　先煥　先窗出嗣弟必處

女　密娘配戴

必處公字興調　兆詩公子生嘉慶丁卯年九月廿六日巳時卒同治癸亥年十二月初九日辰時塟樹林口坐向戌辰辛乙

妣陳均娘生嘉慶庚午年十月初一日卯時卒道光丙申年二月初一日巳時塟重慶山坐卯向酉

男　先窗兄必登子入嗣

必梅公字興占號花魁　兆僭公長子生道光甲申年正月十九日辰時卒光緒甲午年八月十四日亥時塟蛇仔崙坐向乾巽亥巳

妣黃香娘生道光丙戌年五月初二日辰時卒同治己巳年四月二十一日亥時塟山後格繳仔頭坐乙向辛兼卯酉

男姱先　先擔

女　禁娘配內呷李
必會公字興嘉號合禮　兆僭公次子生道光戊子年二月二十二日寅時卒光緒壬辰年十一日初四日卯時葬拾吊山横路頂坐巽向乾兼巳亥
妣下宅陳惜娘生道光乙丑年七月十一日辰時卒光緒庚子年九月十八日吉時葬在山后格騎龍斬大坵田坐申向寅兼坤艮
男　先抱出嗣弟必梳　先北　先邦　先春出嗣弟必排
女　絨娘配大沽柯
必梳公字興粧號以成　兆僭公三子生道光庚寅年五月二十日戌時卒光緒己卯年正月十一日戌時葬火奄崙
承繼男　先抱兄必會子入嗣
必排公字興决號淮泗　兆僭公四子生道光壬辰年五月二十五日辰時卒光緒丁亥年六月二十九日辰時葬大寨角左畔坐向巽乾亥巳

承繼男　先春兄必會子入嗣

必雁公字興題　兆迎公長子生嘉慶甲戌年四月初三日巳時卒咸豐己未年二月初二日吉時葬大埔縣牌樓垻

妣按尾林懷娘生道光己丑年十一月廿九日酉時卒光緒戊戌年三月廿四日申時葬石門山坐向辰戌乙辛

男　先恩　先胚兼嗣弟必符

必符公字興節　兆迎公次子生道光壬午年十二月十三日寅時卒光緒戊戌年正月初八日戌時葬石門山坐向巳亥巽乾

妣林坂林壹娘生道光戊戌年十月廿五日子時卒光緒辛丑年五月初十日未時葬漳州

承繼男　先胚兄必雁子入嗣　光玉

必潭公　兆連公長子嘉慶己卯年正月初四日巳時卒咸豐己未年三月

十九日吉時塟連城縣外塚

必榮公　兆與公長子生道光癸巳年八月十二日午時卒光緒己亥年七月十四日巳時塟樹林口坐向戌辰辛乙

妣錠格陳專娘生年月日缺卒光緒丁酉年五月初五日午時塟石門内垵

必華公　兆與公次子生道光丁酉年八月初九日午時卒光緒甲申年七月十八日丑時塟缺

必討公　兆與公三公子生道光壬寅年三月廿八日午時卒光緒甲申年二月二十日辰時塟斐后林

必漂公　兆宣公子生道光庚寅年十一月廿三日吉時卒塟在外

鍾元公派頂三落柱

清必創公　兆習公子生嘉慶庚午年十二月廿五日巳時卒葬在外莫稽

必吟公號詩成　兆耽公長子生道光辛巳年十月初五日午時卒道光庚戌年九月十五日申時葬山後格馬鼻崙坐向巳亥丙壬

妣胡西陳倉娘生道光甲午年二月初二日辰時卒光緒辛丑年三月初六日辰時葬十三都社壇山

男　先才養

必妙公字興奥　兆肥公長子生道光庚寅年閏四月十五日卯時卒光緒戊戌年三月初一日卯時葬上坪

妣馬頭洋陳拔娘生道光戊戌年十月初八日未時卒同治乙丑年八月初六日巳時葬山後格馬鼻崙坐向己亥巽乾

男　先樹

必赫公　兆肥公次子生道光丙午年八月廿二午時外出缺

必蘭公　兆械公子生嘉慶丁丑年七月十四日丑時卒塟永定

娶莊氏改天

男　先通兼嗣弟必移

女　懇娘配下宅陳

必移公號新成　兆井公子生道光丁亥年二月廿四日巳時卒道光戊申年正月十一日戌時塟客拔脚坐向艮坤丑未

男　先通堂兄必蘭子兼嗣

必標公字興榜　兆兑公嗣子生道光甲辰年十二月十六日午時卒同治乙丑年十一月廿三日吉時

娶西向郭知娘改節

必宅公　兆返長子生乾隆戊申年六月初一日申時卒道光壬辰閏九月

初四日未時塟重慶山坐向壬丙子午

娶黃氏（改節）

男　先鄰（殤）

女　美娘配湖上黃家

必桂公（號）馨香　兆返公次子生嘉慶庚申年五月廿四日申時卒道光戊子年七月初二日未時塟石門山

男　先恩（弟必文子入嗣）

必文公（號）博學　兆返公三子生嘉慶癸亥年五月十五日辰時卒咸豐癸丑年四月廿二日巳時塟大田縣

妣文章陳修娘生嘉慶辛未年十月初六日丑時卒光緒乙酉年十二月廿七日卯時塟大田

男　先恩（出嗣兄必桂）　先木　先出　先四一（出嗣弟必講）

女　試娘配頂宅陳

必武公　兆返公四子生嘉慶癸酉年六月初四日辰時卒道光庚寅年十一月初四日寅時葬文章山竹　崙坐向寅申艮坤

必長公　兆積公長子生嘉慶癸酉年七月廿九日酉時卒葬在外

娶李氏改天

必再公　兆積公次子生道光戊子年三月廿八日巳時卒葬廣東缺

必笑公字興樂號然後　兆慈公長子生嘉慶丁卯年七月廿一日未時卒光緒丙戌年八月初一日子時葬竹篙龍坐向乙辛卯酉

妣下宅陳喜娘生嘉慶乙亥年十一月二十日申時卒咸豐己未年十二月初二日申時葬山後格竹篙龍坐向卯酉乙辛

男　先岳殤　先細金　先白　先泵

女　悔娘配下宅陳　次準娘配什班山江　三立娘配中房張　四爭

娘配大廷戴　五先娘配英橋陳

必厚公字興重　兆慈公次子生嘉慶癸酉年六月廿六日巳時卒光緒庚辰年十二月初四日酉時塟石門大水垵坐向癸丁卯酉

妣内呷李蘊娘生嘉慶己卯年七月十一日申時卒同治丁卯年初十日申時塟石門蛇仔崙坐向乾巽亥巳

男　先倪　先毓

女　當娘配溪東林　次腰娘配第坂呂

必講公字興求　兆慈公三子生嘉慶丙子年七月十七日卯時卒光緒丙戌年二月初五日巳時塟新寨坐向辛乙戌辰

妣下宅陳義娘生道光丙戌年二月十九日午時卒光緒乙酉年十二月初九日戌時塟竹林田脚坐向巽乾辰戌

男　先七篇族兄必對子入兼　四一堂兄必文子入嗣　六三　來保

女　闖娘配頂宅陳殇　次緬娘配内岬李　三桑娘配社壇葉

必華公　桃林公長子生嘉慶壬申年三月三十日戌時卒塟廣東缺

必　公　桃林公次子生嘉慶丁丑年十二月廿二日酉時卒塟漳州天保缺

必錐公字興立號世佳　兆從公長子生嘉慶癸亥年七月十二日戌時卒咸豐甲寅年二月廿九日酉時塟重慶中崙坐向甲庚寅申

妣内岬李招娘生嘉慶乙亥年七月二十四日未時卒道光丁未年十二月初一日巳時塟石門坐亥巳乾巽

又妣李丑娘生嘉慶戊午年三月廿九日丑時年光緒癸未年十一月三十日巳時塟石門

男先註　先弄

必度公　兆從公次子生嘉慶丙寅年三月廿二日酉時卒咸豐己未年十

一月廿三日寅時塟廣東大埔縣石下山
妣大份溫纘娘生嘉慶乙亥年三月十七日亥時卒道光丁酉年六月十
五日午時塟小寨垵頭坐向癸丁丑未
男　先阜
必禮公字興智　兆從公三子生嘉慶己巳年九月初三日巳時卒同治庚
午年二月廿二日酉時塟山後格羊嶺坑坐向丁癸午子
妣張起娘生嘉慶丁丑年月日失記卒光緒甲申年九月廿八日申時塟
樹林口
男　先藝　先國
女　祝娘配中房張　次湊娘配下宅宮崎
必僉公　兆從公四子生嘉慶丙子年三月十一日酉時卒道光己亥年十
二月十七日卯時塟重慶中崙坐向艮坤丑未與叔兆圓公合塟

必係公　兆從公五子生道光壬午年九月初九日巳時殇

必斗公　兆完公子生嘉慶癸酉年四月初七日寅時卒塟在外年失記十二月三十日吉時

娶陳氏改節

男　先佃

必挺公　兆揀公長子生嘉慶己未年十一月初六日亥時卒嘉慶壬申年八月十一日丑時塟文章龜仔崙坐向巽乾巳亥

必景公　兆揀公次子生嘉慶癸酉年十一月十九日寅時卒塟廣東龍蝦年月缺

必思公　兆揀公三子生嘉慶丙子年五月初十日亥時卒塟缺

必緩公　兆勸公子生卒缺

必令公　兆炭公子生嘉慶乙丑年三月初九日寅時卒同治壬戌年八月

初八日丑時塟石門

必巖公字興石號紫雲　兆低公長子生嘉慶丙寅年五月二十日寅時卒咸豐戊午年十月十四日巳時移塟斐后林槺脚崙坐向乙辛卯酉

妣深垵葉別娘生嘉慶辛未年六月初三日午時卒咸豐丙辰年十一月廿六日卯時移塟騎龍斬坐向庚甲申寅

男　先棟族兄必捷入嗣　先買養　先霧

女　抱娘配大廷戴　次配留林侯瑞

必妓公字興好　兆低公次子生嘉慶丁丑年六月廿六日申時卒光緒甲申年三月初八日巳時塟本鄉吳墘

妣古宅吳參娘生嘉慶戊寅年九月廿五日丑時卒咸豐癸丑年八月十五日丑時塟水魁雞心崙

又妣橋頭陳葉娘生嘉慶壬申年八月初五日午時卒同治丁卯年五月

初五日未時塟石門大水垵頭與媽葉氏合塟坐向壬丙亥巳

男　先親　先列殤　先種殤　先竅殤

女　擂娘配石古林謝　次尾娘配頂宅陳

必賞公　兆偃公長子生嘉慶壬申年十一月十一日巳時卒道光壬辰年

四月十五日吉時塟漳州天保

必徹公　兆偃公次子生道光壬午年五月初十日子時卒缺

必慶公　兆柱公養子生嘉慶癸酉年二月初八日子時外出卒缺

必蓋公　兆牆公子生道光甲申年八月廿八日寅時殤

必珍公　兆栽公子生嘉慶乙亥年八月初五日辰時外出卒缺

必儒公字興士　兆劉公繼承子生道光丙申年十月初十日午時卒光緒

辛卯年八月十二日午時塟安溪

娶戴氏改節

娶林仁娘殤

又娶安溪永安里張菓娘生道光壬寅年五月十七日午時卒光緒丁酉年十一月十四日辰時塋安溪

男　先胡　先康　先雕

必兩儀字興象　兆城公子生道光己亥年二月初七日寅時卒民國甲寅年五月十七日午時塋山后格坐丁向丑兼丁癸

妣溪東林盤娘生道光辛丑年五月十三日辰時卒光緒丙子年五月二十日寅時塋寨脚坑心坂坐向壬丙亥巳

男　先賓

女　心娘配文章陳

必堯公　兆純公長子生道光庚子年九月廿三日寅時卒塋在外缺

必旦公　兆純公次子生道光癸卯年十二月十五日卯時卒塋在外缺

必益公　兆純公三子生道光己酉年二月廿七日卯時卒塋缺
娶吳窑娘
又娶好娘俱缺
必秋月公　兆窰公長子生道光癸卯年五月十三日午時卒光緒丙午年
五月十五日辰時塋永定佬頭豹
必廢公　兆窰公次子生道光戊申年十月二十日辰時卒缺塋樹林口與
父同穴

三房長之三翼達公派五柱長

清必執公　兆聰公子生乾隆乙未年七月十七日寅時卒缺
必兜公　兆聰公次子生乾隆庚子年九月廿六日辰時卒嘉慶壬戌年十
月初八日戌時塋廈門山

必姜公字興詩　兆聰公三子生嘉慶乙未年十月廿六日卯時卒年缺八月十一日吉時塟重慶中崙尾

必幼公字興老　兆雙公子生乾隆甲寅年九月初六日卯時卒道光甲午年三月初三日申時塟石門山

妣江眛娘謚心花生乾隆甲寅年五月廿五日午時卒咸豐壬子年六月初六日丑時塟重慶山

男先合　先聲出弟嗣必傳

女　二俱配林柄陳

必贊公　兆添公長子生乾隆癸卯年九月十八日亥時往外卒缺

必産公字興業　兆添公次子生乾隆己酉年十月廿五日辰時卒咸豐戊午年四月二十日辰時塟石門山

妣呂于娘生嘉慶丁巳年十二月初八日酉時卒道光壬辰年九月廿二

日午時塟樹林口
男　先梯
必成公　兆添公三子生乾隆壬子年十二月二十日亥時卒道光甲申年六月十三日吉時塟臺灣
必乳公　兆添公四子生嘉慶丙辰年六月廿一日寅時卒嘉慶己卯年二月廿四日卯時塟樹林口坐向戌辰辛乙
必健公　兆慊公子生嘉慶戊午年十一月二十日吉時卒道光癸卯年月日未詳塟漳州天保
必玩公字興味號實學　敦詩公長子生嘉慶甲子年十月初一日巳時卒道光壬午年三月初五日寅時塟石門山蛇仔崙坐向乾巽亥巳
妣王桂娘謚餘香生嘉慶丁卯年六月廿二日申時卒咸豐壬子年七月三十日未時塟石門山坐向乾巽戌辰

又妣蓬島郭告娘生嘉慶乙丑年十月廿五辰時卒同治癸酉年正月廿
六日卯時塟石門蛇仔崙
男　先招殤　先簡　先鞱　先秘殤　先叟
女　配坊前黃　次配中房張　三配中房張
必葉公字興蓁號碧桃　敦詩公次子生嘉慶丁卯年七月初八日戌時卒
同治癸酉年十月廿二日未時塟石門大丁山坐艮坤寅申
妣雷遷娘生嘉慶辛未年十一月十七日戌時卒光緒丙申年二月二十
六日酉時塟竹林尾坐向巽乾巳亥
男　先吉恭　先甘　先力　先轉　先戶
女　長治娘配奮口戴　次柳娘配中房張　三試娘配坊前黃
必柄公字興權　敦詩公三子生嘉慶辛未年四月十六日辰時卒道光庚
子年九月廿三日午時塟文章山浮銅埈坐向酉卯庚甲

妣黃機娘生嘉慶壬申年十二月十七日午時卒光緒庚寅年三月十七
日卯時塟大崙浮銅按坐向巽乾巳亥
男　先看　先受俱養
必歲公　敦詩公四子生卒缺
必傳公　兆遂公子生嘉慶辛酉年七月初二日申時卒道光庚戌年八月
十二日亥時塟缺
男　先聲兄必㓜次子入嗣
必碣公　兆先公子生嘉慶庚申年四月十九日巳時卒年月缺塟華封
妣林企娘生嘉慶庚辰年正月初三日酉時卒咸豐辛亥年五月十七日
巳時塟新寨
女　配林口葉
必桃公號佳章　兆棍公長子生乾隆乙卯年七月十九日未時卒道光戊

中年八月十六日辰時塋缺

妣李美娘生[illegible]慶乙亥年九月十三日亥時卒光緒壬午年九月廿二日

卯時塋地藏

男　先簥

女　旦娘配七戶內石揀林

必柞公　兆梘公次子生嘉慶癸亥年十二月初八日酉時卒塋永定縣佬

頭豹

必節公　兆梘公三子生嘉慶辛未年七月廿二日酉時卒道光戊戌年四

月廿九日酉時塋新寨坐西向東

必河公　兆鑴公子住臺灣萬丹生卒未詳

必長公　兆卯公子生乾隆年間六月初四日辰時卒道光甲辰年月日失

記塋沽美山險垻貢

男　先質養

翼達公派五柱二后埔洋柱良起公派

必煌公字興燉號炳耀　兆喜公長子生乾隆戊戌年七月十二日午時卒

咸豐辛亥年九月十四日辰時塋溪頭山獅墓坐戌辰辛乙

妣晉江惠灶黃珪娘生乾隆庚戌年九月廿一日未時卒咸豐辛亥年九

月廿一日酉時塋蜈蚣牙坐坤艮申寅

男　先稟　先企　先株

女　配山兜黃　次配困口戴

必蔣公字興草號流芳　兆喜公次子生乾隆丙午年十月十一日戌時卒

道光己酉年十月廿七日寅時塋山后格客拔垵坐申向寅

妣溪東林鈎娘生嘉慶戊午年七月十三日丑時卒咸豐丙辰年三月初

三日亥時塋山后格水鬼内

男　先蓋　先冰　先閭　先蕢殤

女　配舊門呂　次配埔尾陳　三配社壇葉　四配文章許

必篯公　可安公長子生乾隆丙午年四月卅四日巳時卒塋在台莫考

必㪚公　可安公次子生嘉慶丁巳年十月十四日酉時外出缺

必愴公字興濡號如在　靜美公子生乾隆丙午年十二月廿五日辰時卒道光辛丑年四月廿九日申時塋文章山蜈蚣牙邊

妣馬宜娘生乾隆癸卯年十二月初二日午時卒同治辛未年正月初二日酉時塋沽美山

男　先管殤

女　配雙溪陳　次配溪頭蔡

必與公字興其號中直　兆挺公子生乾隆癸丑年二月初三日午時卒道光庚戌年十月十八日戌時塋後垵口

男　先題必棠子入嗣

必苗公號丕然　兆錄公長子生嘉慶巳己年七月十四日申時卒咸豐丙辰年十二月初七日辰時塟沽美山坐辰向戌

妣陳緘娘生嘉慶己卯年五月二十日未時卒道光乙未年九月初六寅時塟沽美山坐東向西

必沸公號子中　兆錄公次子生嘉慶丙子年又六月二十日辰時卒光緒甲申年三月初三日午時塟沽美山

必部公　兆錄公三子生道光乙酉年七月初一日卯時卒光緒丁亥年十一月初九日酉時塟文章山土地崙

嗣孫　當麥姪先企子嗣

必宅公　成吉公子生乾隆丁酉年十月三十日亥時卒乾隆丁未年正月十五日吉時塟沽美山

必察公 字興理 號明心　叶吉公長子生乾隆庚戌年十一月十六日巳時卒咸豐辛亥年十一月三十日寅時塟溪頭山小寨崙坐向丁癸未丑

妣泉城秦才娘生嘉慶壬戌年三月廿三日卯時卒光緒辛巳年正月十三日寅時塟畬厝墓崙

男　先墮 養　先鈔　先院

女　注娘配困口戴

必辨公 號善別　叶吉公次子生嘉慶戊午年十二月廿三日卯時卒道光癸巳年四月十四日辰時塟重慶中崙

必片公 字興長　叶吉公三子生嘉慶辛酉年六月廿二日戌時卒道光丙午年六月廿九日午時塟山後格龜仔腰

妣蘇月娘生嘉慶甲戌年三月初七日酉時卒光緒辛卯年二月廿四日巳時塟千工墓邊坐酉向卯兼庚甲

男　先快　先鄢知

必蟾公字興宮號月丹　叶吉公四子生嘉慶丙寅年二月三十日戌時卒

咸豐乙卯年正月初四日巳時塟畬厝墓崙内

娶王碧娘改節

男　先瞈

女　曉娘配下宅陳

必茂公　兆綿公子生乾隆壬子年八月初二日未時住居福清

必治公　兆勅公子生乾隆年間月日失記住福清

必桂公字興攀號榮美　伊訓公長子生嘉慶辛酉年十月初八日巳時卒

光緒乙亥年二月廿七日未時塟貢尾

男　先斗養

必前公字興裕　伊訓公次子生嘉慶乙丑年又六月十二日酉時卒咸豐
辛酉年三月廿一日申時塟水鬼作格崙
妣坑園陳試娘生嘉慶戊寅年四月十四日卯時卒光緒癸巳年十二月
廿八日戌時塟水鬼作格崙坐向乙辛辰戌
男　先姜
女　粉娘配下宅陳　次雪娘配文章陳　三甘娘配高嶺林
必舉公字興善　安海公子生嘉慶己巳年十月初六日午日卒道光戊申
年三月十九日申時塟增宅山
必日公字興時號輝光　兆谿公子生嘉慶癸酉年十月十三日亥時卒光
緒丁亥年九月初一日未時塟水鬼作格崙
妣郭井林姜娘生道光丙戌年九月初九日未時卒光緒癸卯年正月廿
六日酉時塟水鬼作格崙

男　先緣　先嚴　先掌
女　配溪東林
必梅公字興春號餘香　興淮公長子生乾隆辛卯年六月初七日酉時卒
道光癸卯年正月廿八日戌時塋沽美山
妣文章許大娘生乾隆辛丑年十月初二日午時卒嘉慶己卯年六月十
九日寅時塋文章水鬼大崙坐向乙辛辰戌
又妣中埔頭林勸娘生乾隆癸未年七月初七日酉時卒道光壬辰年三
月十九日寅時塋重慶中崙
又妣溪東林姆娘生乾隆庚子年九月廿八日吉時卒道光壬寅年正月
十二日寅時塋沽美山馬路頭坐東向西
男　先璉　先他　先猜殤　先楓　先龐殤
女　長配垵美林　次配墓兜蔡俱許氏出

必魁公字興斗號奇雄　興洲公長子生乾隆乙未年七月廿一日卯時卒
道光癸巳年三月十六日未時塟沽美山内崙哲謀公墳下
妣廈門翁爻娘生乾隆癸卯年十月初十日午時卒道光丙午年四月初
八日申時塟缺
男　先半　先鐃　　女　配官布趙
必祕公　興洲公次子殤
必鎮公　兆燦公子住福清
必清公字興河號廉直　達里公長子生嘉慶壬戌年二月十二日亥時卒
道光甲辰年二月初九日吉時塟臺灣犂頭店
必池公　達里公次子生嘉慶戊辰年六月初一日辰時卒缺
必偃公字興沃　兆衛公子生嘉慶乙丑年十月初八日卯時卒光緒己卯
年十月初八日吉時塟沽美山后

男　先柔養

必扶公字興齊號明賢　世纓公長子業儒道光甲辰纂修譜稿生嘉慶甲戌年八月十五日辰時卒咸豐丁巳年七月十三日申時附塋日軒公墳中

妣卿源陳案娘生嘉慶己卯年六月十四日戌時卒光緒己丑年四月初五日戌時塋山後格蜈蚣牙邊坐向未丑丁癸

男　先天從

女　皆娘殤　旦娘配坑園陳

必雎公字興雄號山梁　世纓公次子生道光壬午年四月十一日酉時卒同治乙丑年四月初六日未時塋山后格特坑山脚坐向午子丙壬

妣溪前陳草娘生道光庚寅年六月初十日吉時卒光緒壬午年十一月初七日辰時塋水鬼大崙脚坐向乙辛卯酉

男　先澹　先友俱養
女　益娘配下宅陳　次次娘配前坑余
必安公字興邦　懋修公長子乾隆乙酉年九月十一日子時卒葬在外缺
必壯公字興致　懋修公次子生乾隆庚子年三月二十五日午時往臺灣
卒缺
妣郭完娘生乾隆丁酉年八月初一日未時卒嘉慶壬申年六月十八日
巳時葬沽美山垵阿池仔頂
男　先稿
女　珪娘配淵泉陳
必繞公字興堦　平舉公長子生乾隆壬辰年九月初七日未時卒乾隆戊
申年六月初三日吉時葬沽美山阿池仔頂坐西向東
必贊公　平舉公次子殤

必交公 字興朋 號以吉　悦成公長子生乾隆乙巳年七月十六日丑時卒
道光壬辰年正月初二日吉時塟山后格羊嶺坑弟婦謝省娘附塟
妣馬洋林川娘生嘉慶己未年十一月時失記卒咸豐癸丑年九月廿六
日酉塟山后格
男　先椿　先梗　先梢　先旅 出嗣弟必男
女　配羅埔余

必論公 字興語 號上澤　悦成公次子生乾隆丁未年十二月廿四日申時
卒咸豐戊午年六月廿二日酉時塟山後格短崙仔
妣石鼓林謝省生娘嘉慶辛酉年十二月十八日丑時卒光緒戊寅年正
月廿三日辰時附塟以吉公墳中
男　先帕　光元　先田
女　配內呷李

必勇公字興果　悅成公三子生乾隆庚戌年十月十五日酉時卒在臺年
月缺
妣臺灣黃惜娘生卒俱缺
男　先然　先旅兄必交子入嗣
尚性公字興友號心靈　弈統公長子生乾隆庚子年正月廿七日巳時卒
道光庚戌年十二月初五日酉時塟海澄
妣郭山羅鳳娘生乾隆庚子年四月初九日辰時卒咸豐丁巳年九月二
十日未時塟獅墓口坐向庚甲酉卯
男　先澔　先潘出嗣弟必榷　必權　先漼　先溼出嗣弟必榷　先澋　先渤
先澹　先漓　先涉殤　先汁殤
女　配下宅陳
必穰公號心重　弈統公次子生乾隆辛丑年七月十二日戌時卒嘉慶戊

辰年七月初八日辰時塟小寨垵坐甲庚寅申

男　先潘　先溼俱必性子入嗣

必強公字興國號秉毅　兆菊公長子生嘉慶辛酉年五月廿三日辰時卒道光己酉年十月廿二日酉時塟文章山蜈蚣牙坐向庚甲酉卯

妣安溪陳映娘生嘉慶丁卯年十一月十一日亥時卒同治癸亥年五月初一日未時塟本鄉尾墘池頂坐向未丑丁癸

男　先塩養

必撾公字興着號重直　兆菊公次子生嘉慶丙寅年十月三十日亥時卒同治丁卯年九月廾八日寅時塟山後格龜仔腰

妣溪前陳言娘生嘉慶甲戌年十月初七日丑時卒光緒辛卯年正月初二日辰時塟竹林尾坐向巳亥丙壬

男　先巾養

女　配鳳坡梁

必瓊公字興瑤號重報　兆永公長子生嘉慶庚申年又四月初六辰時卒

道光乙巳年三月初十寅時塟山后格崩坪垵

妣宮邊黃寶娘生嘉慶辛未年十月初十日吉時卒咸豐癸丑年六月初

四巳時塟山後格倒坐虎

男　先拚　先掟　先捦　先灌出嗣弟必搜　先溼殤

女　順娘殤

必洵公字興沙號真金　兆永公次子生嘉慶戊寅年六月初十日巳時卒

光緒丁丑年七月十三日子時塟永春畲厝脚中崙

妣內呷李窗娘生道光丁亥年七月初四日吉時卒光緒癸卯年九月十

三日卯時塟溪頭山寮仔后

男　先乒　先厭　先兼出承土樓柱必愿　先對　先八

女　配社壇葉

必搜公字興尋　兆永公三子生道光壬午年十月初十日辰時卒同治壬申年九月廿一日丑時塟重慶

妣埔尾陳葉娘生道光戊子年二月廿六日寅時卒光緒丙子年九月初六日酉時塟重慶

男　先濯兄必璉子入嗣　先培　先[illegible]殤

必記公字興要號世國　成名公子生乾隆癸巳年十一月廿五日寅時卒嘉慶壬戌年九月十七日申時塟沽尾山坐向申寅庚申

必泳公號以休　其琛公長子生乾隆乙巳年六月廿五日申時卒咸豐乙卯年十月十七日辰時塟沽美山

必珍公字興寶號待時　其琛公次子生嘉慶甲子年九月二十巳時卒道光己亥年十一月初四日酉時塟臺灣

娶某氏改節　殤

男　先匣　先挑殤

女　配中房張

翼達公派五柱三棋盤柱（良業公派）

必輝公　兆寬公生乾隆丙申年十一月初八日亥時卒嘉慶辛酉年十二月十六日辰時塋沽美山

必張公　兆每公子生乾隆庚子年三月初八日卯時卒嘉慶辛酉年九月二十日子時塋缺

必禮公　兆真公長子生乾隆癸未年五月十四日寅時卒失記塋沽美山

必艮公　兆真公次子生乾隆乙未年五月二十日卒塋缺

必娛公　兆真公三子生卒缺塋沽美山

必歸公　兆謀公子生卒塟俱缺
必忍公　兆喊公長子生嘉慶乙丑年九月十五日辰時卒道光戊戌年九月初二日午時塟南澳海沙埔
妣大坪頭方寶娘生嘉慶辛未年二月廿六日寅時卒道光己亥年十二月十九日午時塟山兜狗腰山坐壬向丙
男　先扯
女　全娘配山頭呂
必棗公　兆喊公次子生嘉慶己巳年十二月廿四日巳時外出卒缺
必樓公號彩鳳　兆杯公子生嘉慶庚申年三月十四日午時卒同治壬戌年十一月初六日申時塟后林曾厝
妣下坑橋陳配娘謚柔淑生嘉慶癸亥年十一月初一日酉時卒道光庚戌年正月十二日酉時塟却拔雞心崙坐向巽乾巳亥

男　先鎊　先殤　先畝

女　挑娘配巖田蔡　次謹娘配杉仔尾陳　三險娘配上呷莊

必選公字興舉　兆且公子生嘉慶甲子年正月初八日酉時卒咸豐丁巳年十二月初四日巳時塋重慶新寨内

妣吳峯王錯娘生嘉慶戊辰年月日缺卒道光丁酉年五月十二日寅時塋山後格客鈸

男　先曲

必覲公字興聞　兆枉公長子生嘉慶丁卯年五月廿九日酉時卒同治辛未年七月初四日戌時塋山后格客鈸

妣下宅陳乖娘生嘉慶癸酉年正月初五日午時卒光緒辛巳年四月廿五日戌時塋山後格客鈸内

前娶大沽温氏殤

男　先杭

必縷公字興絲　兆枉公次子生嘉慶辛未年又三月廿八日子時卒道光戊申年四月初八日丑時塟石門叫仔内

妣中埔頭林栖娘生道光辛巳年七月初八日巳時卒道光甲辰年正月廿二日丑時塟山後格石皮垵

又娶呂氏改節

男　先院呂氏出

必波公字興浪　兆枉公三子生嘉慶甲戌年五月十五日申時卒同治丁丑年正月初八日戌時塟唐帽寨小寨垵

妣古坑黃滿娘生道光丁亥年八月廿四日酉時卒光緒己卯年八月廿三日酉時塟險埧墳外

男　先元成養

必赫公　兆迎公子住臺

必香公字興案號滿庭　兆泵公子生嘉慶己卯年十月初九日吉時卒光緒辛巳年五月初二日巳時葬沽美山坐癸丁丑未

妣報恩楊省娘生道光丁亥年十月廿五日卯時卒光緒辛卯年三月廿九日申時塟沽美山險墘貢邊坐丑未癸丁

男　先漳　先玲　先福興

女　粉娘配舊門呂

翼達公派五柱四　美墘柱

清必緘公　兆商公養子外出莫考　現有左畔尾間厝一門

必君公　兆蘊公長子生乾隆乙未年十一月十四日丑時往外卒缺

男　先恩叅

必亢公　兆蘊公次子生乾隆己亥年四月十一日未時卒道光年月缺塋永定中庵垻頭歐

男　先發養

必成公　兆山公長子生卒俱缺

必籃公　兆山公次子生嘉慶庚辰年六月十二日申時卒塋缺

必布公　兆續公長子生乾隆壬子年八月廿九日卯時卒道光年月失記塋漳平溪南

必世公　兆續公次子生嘉慶丙辰年十一月十八日子時卒道光癸卯年十月日時缺塋漳平上湖

必飽公　兆敬公子生嘉慶庚申年三月初九日戌時卒道光壬寅年十月日時不知塋漳平溪南

必認公號佃吉　兆聘公長子生嘉慶癸亥年八月廿一日卯時卒道光丙

午年十二月十四日午時塟缺
胞姪　先意奉祀
必帮公號改執　兆聘公次子生道光丁亥年正月廿九日申時卒咸豐癸
丑年四月初五日未時塟重慶中崙尾坐東向西
前娶林於娘殤
又娶按尾林氏改節
男　先意
必彌公　兆壹公長子生嘉慶甲戌年九月廿三日卯時卒咸豐戊午年十
月初二日午時塟缺
妣陳甘娘殤
必斜公　兆壹公次子生道光甲午年六月初一日辰時外出缺
必巧公　兆熊公長子生嘉慶壬申年月日缺卒塟在漳平縣

必明公　兆熊公次子生嘉慶甲戌年月日缺外出莫考
必花公　兆象公子生嘉慶丙寅年正月初一日戌時卒塋在外
娶蔡氏出
必沃公　兆奉公長子生嘉慶戊辰年八月初十日巳時卒缺塋漳平鹽場
必連公　兆奉公次子生嘉慶丁丑年十一月十三日亥時卒缺
必林公字興茂　兆寅公子生嘉慶辛未年二月十一日亥時卒同治癸亥
年五月十三日吉時塋永安
妣下宅陳起娘生道光壬午年三月初五日申時卒塋缺
男　先條　先碟
女　衍娘配南溪曾
進興公　兆前公長子生乾隆戊申年七月廿七日辰時卒道光壬辰年七
月初三日未時塋山後格烏塗坑

妣白鵜郭葉娘生嘉慶壬戌年十二月廿九日酉時卒道光辛卯年七月
廿一日酉時塟石門山中崙尾
男　先註殤
女　配下宅陳　次配白墓林
必限公字興量　兆前公次子生嘉慶壬戌年正月十四日寅時卒光緒己
卯年十一月初五日吉時塟缺
妣大坪頭方甘娘生嘉慶庚午年七月十二日午時卒光緒己丑年八月
初二日未時塟水格大垵口
男　先道　先専殤
女　仁娘配鳳坡梁
必欉公字興樹　兆送公子生乾隆庚戌年六月十七日卯時卒道光丙戌年
十月廿二日未時塟重慶金字面脚坐向戌辰乾巽　公現有古堺口厝

左畔大房一間田一斗五升土名大墩後付胞叔兆長功弟必兌等輪流抵當一柱祭祀後日若有承繼者将此田厝付其管掌

必鑿公字興時　兆閣公子生嘉慶戊辰年十二月十四日午時卒咸豐戊午年十一月初五日午時塟臺灣

妣臺灣楊進娘生卒不知

男　深源　俊德出嗣兄必兌

必兌公字興艮　兆居公長子生嘉慶壬戌年十月初五日申時卒咸豐戊午年二月廿二日卯時塟地藏坐西向東

妣內呷李親娘生嘉慶己巳年十二月初八日酉時卒道光壬寅年七月十七日辰時塟文章山土地崙頭坐向申寅坤艮

又妣鍾垂娘生嘉慶乙丑年二月初六日酉時卒年缺十二月十九日未時塟後按山仔邊

男　先成家　俊德必宋塋子入嗣

必梛公字興檳　兆居公次子生嘉慶辛未年六月廿一日卯時卒咸豐癸丑年十月廿四日吉時葬彭湖

心竹公　兆居公三子生嘉慶己卯年七月初三日寅時卒年缺九月初三日申時葬沽美山

男　先讒養

必邊公　兆居公四子生卒缺

必守公　兆長公子生道光壬午年又三月十二日辰時卒年缺二月十二日巳時葬山仔邊

必月公　兆滿公子生道光乙未年七月十二日未時往外缺

必篆公字興泰號善書　兆映公長子生嘉慶己未年九月三十日寅時卒

道光庚戌年七月廿六日未時塟山后格客鈸内坐向乙辛辰戌
妣小沽陳聬娘生嘉慶丁卯年五月初四日未時卒同治戊辰年八月廿
九日未時塟石門鳳尾尖
男　先會養　先萬　先炮
必寸公字興尺　兆映公次子生嘉慶丁卯年八月十五日寅時卒同治庚
午年九月初六日寅時塟尾墘間仔口
妣古宅吳草娘生嘉慶辛未年二月初九日酉時卒光緒丁亥年八月初
四日寅時塟本厝後墩仔
男　先約　先為　先信　先碩　先固殤　先注殤　先爻
女　汝娘配馬頭洋陳
必蛤公　兆能公長子生嘉慶庚午年九月廿四日戌時卒塟缺
冬桂公　兆能公次子生嘉慶己卯年五月廿三日巳時卒光緒丙戌年十

月廿二日子時塟白墓

必審公　兆文公長子生嘉慶壬申年六月廿二日亥時卒道光辛丑年七月日時不知塟永定金峯

必成公　兆文公次子生道光甲申年十月初九日戌時卒塟在外

必好公字興言　兆厚公長子生道光壬午年六月初一日午時卒缺十月初七日未時塟白墓

妣李進娘生道光丙戌年六月初九日巳時卒咸豐壬子年四月廿六日巳時塟重慶

又妣杉仔尾許妹娘生道光壬午年二月初三日辰時卒缺

男　先南　先接嗣弟必

必稅公　兆厚公次子生道光辛卯年五月初三日未時卒年缺二日十十六日巳時塟水格大垵坐東向西

男　先接 兄必好子入嗣

必富公字興春　兆寡公長子生嘉慶己巳年九月十九日酉時卒同治庚午年九月初六日巳時塟水格内

妣陳美娘生嘉慶丁丑年八月廿八日申時卒道光辛丑年四月初五日巳時塟水格内坐南向北

男　先取 桊　先擱 必砵子入嗣

必研公　兆寡公次子生嘉慶壬申年七月廿一日未時卒年缺十二月廿八日吉時塟龍巖大埔

男　先姣

必砵公字興碗　兆寡公三子生道光戊子年七月十四日未時卒同治戊辰年四月初四日午時塟水格内

妣陳他娘生道光癸巳年七月十五日辰時卒民國癸丑年五月廿七日

未時塟水格内

男　先宣　先擱（出嗣兄必富）　先養

女　長配内益李　次配美厝黄

必然公　兆淡公長子嘉慶壬申年七月十七日子時卒道光辛丑年七月初四日巳時塟水格坐南向北

必欽公　兆淡公次子生道光丁亥年又五月十一日卯時卒道光壬寅年正月十一日辰時葬溪頭山坐西向東

必潛公　兆祈公子生嘉慶丁丑年二月初七日戌時卒年缺十一月廿二日塟澳城

必經公　兆麵公長子生道光戊子年二月初三日辰時卒光緒年間七月廿四日卯時塟水格大埈口

必庚公　兆麵公次子生道光丁酉年九月廿九日酉時卒光緒乙未年八

月廿一日申時塟大垵中崙
妣下宅陳䆉娘生道光辛丑年三月十九日吉時卒光緒丁酉年三月十
八日寅時塟大垵邊崙
男　先坤殤　先倪　先珠殤
女　配内吅李　次配大庭戴
必裕公　兆麵公三子往外生卒未詳
必業公字興家　兆錫公長子生道光癸巳年三月廿九日辰時卒光緒甲
午年四月十六日未時葬水格頭
妣半嶺林性娘生道光乙未年六月十一日卯時卒同治甲子年正月初
十日辰時附葬水格口叔兆祿公墳中
男　先閣　先大
必基公　兆錫公次子生道光戊戌年六月初三日巳時卒光緒丁酉年三

月十三日巳時塟大垵口
必芬公　兆錫公三子生道光庚子年九月廿六日未時卒光緒庚辰年六月廿二日吉時塟大垵口
必項公　兆錫公四子生道光庚戌年十二月十九日巳時卒光緒丁酉年九月十五日申時塟水格石皮垵頭
妣舊門呂聽娘生咸豐甲寅年二月十一日午時卒光緒庚子年十一月廿四日巳時塟水格內
男　先紅樹養
必茅公字興拔　兆省公長子生道光庚子年九月初一日戌時卒光緒癸卯年四月初一日卯時塟溪頭山坐向乾巽戌辰
妣社壇葉帖娘生道光癸卯年二月三十日寅時卒民國丁巳年十一月十九日亥時塟水格山

男　先嚴　先王　先飽嗣弟必　先調嗣弟必尾　朝陽兼嗣弟必探
女　府娘配山兜黃　次活娘配内呷李
必得公字興壽　兆省公次子生道光癸卯年九月十七日辰時卒光緒庚寅年四月初八日戌時塟水格内
妣坑園陳香娘生道光丙午年九月廿五日辰時卒光緒辛丑年十二月十二日酉時塟水格内
男　先物出嗣弟必　先仁出嗣弟必尾　先真　先春傷　先火
女　配坑園陳　次配蘇尾呂
必我公　兆省公三子生道光丙午年四月十二日戌時往外卒塟缺
娶溪邊高鶴娘生道光庚戌年九月廿九日卯時卒宣統辛亥年六月廿六日未時塟石皮垵
男　先執　先連

必探公　兆省公四子生咸豐辛亥年四月十一日未時卒光緒癸卯年八
月初九日巳時塟水格山
男　朝陽兄必弟五子兼嗣
必糍公　兆省公五子生咸豐甲寅年七月廿四未時卒光緒甲申年五月
十六日午時塟水格荒田垵脚坐向辰戌巽乾
娶黃氏出
男　先飽兄必弟三子嗣　先物兄必得長子嗣
必堅公　兆省公六子生咸豐戊午年五月初六日午時卒宣統己酉年十
月廿三日辰時塟大垵路下
娶社壇葉妹娘殤
又妣謝魚娘生同治壬戌年十一月初一日巳時卒光緒乙巳年六月二
十日未時

男　先返

必尾公　兆省公七子生咸豐辛酉年八月十三日巳時卒光緒甲申年正

月廿五日卯時塟水格荒田垵

娶戴氏 故節

男　先仁 兄必得次子入嗣　先調 兄必芣四子入嗣

必埔公　兆祿公子生嘉慶甲子年五月初二日申時卒咸豐丁巳年六月

十二日吉時在軍場

妣籃里娘生缺卒年缺五月十三日吉時在澳城

男　先椒　先擾

必陋公　兆詩公長子生道光壬午年六月廿五日巳時卒塟在外

必課公　兆詩公次子生道光庚寅年九月十二日酉時卒光緒庚寅年四

月廿日申時塟水格石皮垵

必處公　兆詩公三子生卒塋缺

必梭公　兆畜公子生道光戊子年八月十五日丑時往外卒塋缺

娶蔡氏幼殤

必切公　兆浪公長子生卒塋缺

必嫩公字興泉　兆浪公次子生道光辛丑年十二月十七日卯時卒光緒甲辰年五月廿三日巳時塋地藏内

妣垵尾林千娘生道光壬寅年十月初四日辰時卒光緒甲辰年五月十七日酉時塋地藏尖

男　先套　先訓養　先奪　先本　先澤

女　配下宅陳　次配坑園戴

必德公　兆浪公三子生道光乙巳年二月廿三日巳時卒同治甲戌年七月三十日吉時塋沙絲倉尾

男　先書殤

必暢公　兆浪公四子生道光丁未年十一月廿七日巳時卒光緒戊子年五月十八日申時葬地藏內

娶前街黃絨娘生道光庚戌年八月廿四日卯時卒光緒甲辰年五月廿一日未時塟地藏內

男　先水　先吉　先明

女　錐娘配內呷李

必印公　兆錠公長子生道光己亥年四月廿六日巳時卒光緒庚寅年二月十六日巳時塟地藏旂仔崙

妣溪東林棗娘生道光癸卯年二月初十日酉時卒同治己巳年十月十三日戌時塟地藏

又妣余又娘生道光庚寅年十二月初一日吉時卒光緒戊戌年九月十

二日酉時塟水格石皮垵
男　先貝　先鋭俱林氏出
必甜公　兆錠公次子生道光乙巳年八月廿一日辰時卒光緒甲午年七月二十日未時塟地藏
妣溪東林插娘生道光丙午年正月廿一日子時卒光緒壬午年七月二十日未時塟地藏
男　先札　先灣　先樟　先開殤
必爽公　兆錠公三子生咸豐辛亥年又八月二十日丑時卒光緒戊戌年六月十四日酉時塟水格石皮垵
妣坑園陳看娘改節
男　先等
女　長三俱配坑園陳　次四俱配溪東林

冀達公派五柱五

必衍公　兆湊公子生卒年月缺外出莫考

西三房長之四一酉公派石紫柱

開芳公　兆東公長子生嘉慶癸酉年九月十三日酉時往外缺

必騷公　兆東公次子生嘉慶甲戌年八月廿六日巳時卒道光壬寅年十二月初三日辰時塟新寨脚

必碧公　兆鶴公子生嘉慶庚寅年四月十八日子時卒塟缺

必填公　兆祈公長子生道光壬辰年七月初二日未時卒光緒丙戌年九月初八日卯時塟石級圳頂坐向丙壬午子

妣大份温初娘生道光甲辰十月初十日酉時卒民國乙卯年十月十六日卯時塟重慶山

男　先精　先摸出嗣弟必冬
女　長配溪東林　次配鳳坡梁　三配坑園陳　四配馬洋林
必冬公　兆祈公次子生道光乙未年八月初八日辰時卒光緒己卯年十
一月廿日卯時塋山后格大崙崎坐向庚甲酉卯
妣許氏改節
男　先摸兄必填子入嗣
必首公　兆祈公三子生道光己酉年閏四月十三日巳時卒民國甲寅年
八月十四日戌時塋缺
娶小姑陳省娘生咸豐壬子年四月十七日吉時殤
又娶前街黃心娘生咸豐丁巳年七月廿三日吉時卒光緒甲午年六月
廿九日子時塋新寨
男　先鸞殤

女長尤娘　次箱娘　三題娘配俱缺四月娘　五成娘俱歿

必枹公　兆胆公長子生嘉慶乙丑年閏六月初六日午時卒塋缺

娶王燕娘改天

男　先近出嗣

必詠公　兆胆公次子生嘉慶庚午年五月初九日午時往外缺

娶林映娘殤

必兵公　兆肯公長子生嘉慶乙亥年二月十九日申時卒咸豐癸丑年九月廿四日巳時塋新寨

娶郭棗娘

又娶陳轉娘俱殤

必燕公　兆肯公次子生嘉慶己卯年九月廿三日寅時卒道光戊戌年八月廿五日未時塋重慶坑仔口

妣陳專娘殤
必礑公　兆肯公三子生道光乙酉年七月十一日卯時卒塟缺
必色公　兆檀公長子生嘉慶戊寅年十月廿八日酉時卒道光丁酉年五
月初五日午時塟重慶中崙尾
必熙公　兆檀公次子生道光丁亥年閏五月廿六日申時卒光緒甲申年
七月初十日未時塟新寨坑溝邊
必寨公　兆佳公子生嘉慶己卯年二月廿五日午時卒塟缺
必醒公字興覺　兆鄭公長子生道光壬午年七月十六日亥時卒光緒甲
辰年九月初五日午時塟新寨路頂坐向坤艮申寅
妣中房張圭娘生道光乙酉年四月十五日子時卒光緒乙未年六月二
十日辰時塟重慶中崙尾坐向丑未艮坤
男　先淺殤　先夏

女富娘殤

必榔公　兆鄭公次子生道光庚子年十月十三日寅時卒塋缺

必出公　兆鄭公三子生道光丙午年二月十八日丑時卒光緒戊寅年七月廿一日午時塋皂斗崙頭坐向癸丁丑未

妣戸坂蔡巧娘改

男　先瑚

一酉公派　土樓柱（保義公派）

必習公字興傳　兆珍公長子生道光戊戌年三月十一日巳時卒光緒戊戌年五月十四日丑時塋重慶中崙

妣溪東林祥娘生道光丁酉年十一月廿六日戌時卒光緒戊戌年六月廿八日寅時塋溪頭山

男　先迎花養　先鏡　先蚶殤　先月　先地出嗣弟必山　先貼

女　準娘配古宅吳

必山公號遠水　兆珍公次子生道光戊申年六月初四日巳時卒光緒甲申年八月廿七日吉時葬南洋

妣文章陳要娘生道光庚戌年正月十七日辰時卒光緒癸卯年五月十三日卯時葬水格內

男　先禮養　先地兄必習子入嗣

女　朮娘配舊門呂　次辱梅殤　三明譽殤

必舟公字興上　兆捫公長子生道光戊子年十二月廿六日申時卒光緒癸卯年十一月初七日寅時葬山后格豬高崎頭

妣內益李夢娘生道光戊子年九月廿六日辰時卒光緒丁亥年六月廿四日申時葬羊嶺坑路脚

男　先通 養　先保　先達 出嗣弟必椒
女　乙娘配鳳坡梁
必氆公 字 興詩　兆捫公次子生道光壬辰年六月廿三日未時卒同治辛未年二月十七日卯時葬臺灣
妣前坑余旦娘生道光乙未年九月廿六日亥時卒宣統庚戌年五月廿九日吉時葬掃手尾
男　先太陽 養　先物 殤
女　笑娘配鳳坡梁
必椒公 字 興梅　兆捫公三子生道光己亥年十二月十四日酉時卒同治甲子年二月十三日戌時葬缺
娶林謹娘 改
男　先達 兄必舟三子入嗣

女　切娘配林柄陳

必枹公　兆捫公四子生卒俱缺

必科公字興登　兆柑公長子生道光癸巳年八月廿四日子時卒光緒己卯年七月初二日亥時塟竹篙龍坐向艮坤寅申

妣山兜黄潤娘生道光癸巳年十二月十二日酉時卒宣統辛亥年四月廿二日巳時塟山后格

男　先西河叅　先全　先啓　先合

女　廉娘月娘俱配溪東林

必協公字興德　兆柑公次子生道光丙申年六月十九日巳時卒光緒己卯年三月十三日子時塟竹篙龍脚坐向乙辛辰戌

妣雙溪陳杓娘生道光戊戌年閏四月初六日午時卒光緒戊寅年六月三十日寅時塟火熗崙脚坐向辰戌乙辛

男　先妹（養）　先川（弟必虧子入嗣）

必愿公（字興意）　兆柑公三子生道光壬寅年五月十七日巳時卒同治甲戌年五月初五日午時塟南洋

妣下宅陳巾娘生道光壬寅年八月十一日未時卒民國庚申年十二月廿七日吉時塟重慶

男　先氣　先懷　先臣

必虧公（字興盈）　兆柑公四子生道光甲辰年七月初十日亥時卒光緒乙巳年十一月初五日申時塟溪頭山尖大垵崙坐向辛乙酉卯

妣鳳坡梁誨娘生道光丙午年六月十一日未時卒民國丙辰年九月廿五日子時塟重慶

男　先壬　先天　先時　先川（出嗣兄必協）

女　皆娘配內益李　次看娘配坑園陳

必同公字興知　兆俊公長子生道光戊戌年十一月初二日寅時往外卒
塋缺
妣内益李居娘生道光己亥年十二月初五日戌時卒塋缺
男　先扇殤　先梯殤　先永　先東元
清太學生奪標公諱必錦字興成　兆俊公次子生道光戊戌年十一月初二
日亥時卒光緒戊戌年正月十三日寅時塋重慶
妣内益李緬娘生道光己亥年三月初五日吉時卒光緒甲申年六月廿
二日丑時塋水鬼
幼娶前坑余挾娘殤
男　先活　先聰　先蘭
女　蟬娘配大庭戴　次擂娘　三菓娘俱配溪東林
必木公號方寸　兆俊公三子生道光丁未年六月初五日辰時卒光緒壬

寅年十二月初三日酉時塋南洋
妣英橋陳參娘生道光丁未年十二月十五日寅時卒光緒丙午年閏四月廿一日未時塋新寨
男　先勞　先健　先壇
清例授巡政廳捷標公諱必溜字興飲　兆俊公四子生道光己酉年十一月十一日子時卒宣統辛亥年二月初三日子時塋山后格大崙脚
妣社壇葉窗娘生咸豐辛亥年三月初七日辰時卒民國甲子年二月廿五日子時塋山后格大崙頭
男　先還養　先監殤　龍腸　先泵
女　笋娘配溪東林　次栳娘配郭井林
必猷公號有守　兆俊公五子生道光辛亥年十二月初一日寅時卒光緒辛丑年六月初八日辰時塋重慶

妣社壇葉悔娘生咸豐癸丑年三月十七日子時卒光緒甲辰年二月廿
九日寅時塋重慶
男　先蘇
女　長瞈　次圭 俱殤　三鍊娘配下宅陳　四葉娘配社壇葉
五活娘配溪東林
職員揚標公 諱 必卜 字 興慇　兆俊公六子生咸豐甲寅年十月初九日卯時
卒民國庚午年七月十七日戌時塋樹林口
妣內呷李碟娘生咸豐戊午年五月廿四日卯時卒民國丙辰年正月廿
六日卯時塋重慶
男　先貴 殤　先藻　先笱 殤　先廳
女　良娘配前街黃　次對娘
裕秀公 字 興挺　兆俊公七子生咸豐丙辰年十月初九日巳時卒民國乙

卯年正月初十日戌時塟山后格尊慈崙
妣溪東林初娘生咸豐庚申年十月初九日巳時卒民國丁卯年二月十
五日寅時塟客拔内
男　先學　先俯　先周　先菌　先王武　先景相　先高升　先炮
女　寬娘配山頭黄　次勉娘配溪東林　三院娘配山頭余
　四送娘配後埔羅俱殤
必葛公字興載　美材公長子生嘉慶戊寅年十二月十七日巳時卒光緒
壬午年九月十五日丑時塟文章山三脚木坐向酉卯庚甲
妣内呷李攜娘生嘉慶己卯年三月廿七日亥時卒光緒丁酉年八月廿
八日巳時塟重慶坐向乾巽戌辰
男　先淦　先通俱荖　先久　先篯
女　蜜娘配坑園戴

清例授巡政廳安世公名必佃字興起號書田　美材公次子生道光戊子年六月廿四日亥時卒咸豐戊午年正月十六日寅時葬紅面山坐向乙辛卯酉

妣小沽職員陳肇基女諱順娘生道光戊子年九月初六日辰時卒光緒戊戌年三月廿八日辰時葬重慶坐向乾巽亥巳

男　朝宗　送來　先懔　傳芳俱殀

女　完娘配溪東林

三益公字興請　美材公三子生道光戊戌年十二月初十戌時卒光緒辛丑年正月十六日未時葬重慶

妣內山呂敬娘生道光丁酉年二月初七日吉時卒光緒庚子年十一月初十日子時葬重慶

男　先轉嗣　先讀　同知殤

女　姸娘配溪東林　次幼娘配前街黃
恩錫鄉賓安策公名必租字興賦　兆百公長子生道光戊子年四月廿三日
辰時卒光緒壬寅年九月廿八日申時塟椽脚壠邊福鼎金脚穴號龜形
坐向辛乙戌辰
妣下宅陳茹娘生道光戊子年十月三十日子時卒同治戊辰年五月初
一日辰時塟唐帽寨後新山坐向未丑丁癸
又妣前坑余五娘生道光戊戌年二月十一日酉時卒光緒甲午年正月
十五日未時塟文章山大坵田脚坐向乾巽
男　先雙志　秋菊　招財　着月殤　先團養　先蔗余氏出　先豹殤
女　巧娘配半嶺林陳氏出
恩錫鄉賓安上公名必薰字興南　樹茂公次子生道光癸巳年三月廿六日
辰時卒光緒庚子年十月二十一日未時塟紅面山

妣永春文章鄉陳乾娘生道光乙未年七月十一日卯時卒民國丁巳年
正月十四日寅時塟山后格大崙
男　先買拳　先格　先報　先羅
女　雪娘配鳳坡梁
清例授巡政廳安邦公諱必定字興理　樹茂公三子生道光甲午年七月初
九日申時卒民國丙辰年十一月廿三日戌時塟紅面格仔墓碑為記
妣永春小沽陳醒娘生道光丁酉年八月十五日午時卒光緒丙午年閏
四月廿三日子時塟山後格大材崙坐向丁癸未丑
男　建成　仲突　先邁　先返殤　先岸　先雷
女　樟娘配杉仔尾陳　次好娘配溪東林　三綢娘配前街黃
四[illegible]娘配下宅陳
必諒公字興多號聞益　樹茂公四子業儒生道光丙午年八月十三日巳

時卒同治庚午年二月廿七日卯時塟狗母相帶格坐向艮坤寅申

妣坑園陳京娘生道光丙午年正月初十日辰時卒光緒丙申年十一月廿一日亥時塟文章山龜仔脚坐向乾巽亥巳

男　先和　先托殤　先郡養　先喬養

清太學生安奎公諱成業字興垂　宥密公長子生道光壬辰年三月初二日巳時卒光緒壬寅年三月初三日巳時塟客鈸嶺湖格頂坐乙辛辰戌

妣溪東林早娘生道光庚寅年十一月初八日午時卒光緒辛丑年七月十七日戌時塟客鈸嶺湖格頂坐向辰戌乙辛

男　先詞養　天池　先鉞

女　玉娘配坑園陳

鄉飲賓光斗公名金驪字興盞　宥密公次子生道光丙申年六月初三日午時卒光緒己亥年四月初九日巳時塟水格坐向丁癸午子

妣文章寨脚陳春娘生道光乙未年四月廿九日午時卒光緒甲辰年五月廿日午時塟紅面山坐向申寅庚甲

男　先營殤　北海養　採芹殤　先鐫殤　先孔殤　南河　加修養

先覺

高攀公字興桂號芹香　宥密公三子生道光癸卯年四月十七日辰時卒光緒己丑年二月初六日寅時塟水格溪頭山坐丙向壬兼亥巳

妣下宅陳梅娘生道光壬寅年十月初二日巳時卒光緒丁未年十二月十七日卯時塟紅面

男　先軋養　潛重　六爻　乙卯殤　加味

女　蓮娘配大庭戴

永恕公字興忠　宥密公四子生道光己酉年十一月初一日戌時卒光緒甲申年七月初一日未時塟文章紅面山坐乙向申兼辰戌

妣坑園陳鉗娘生道光己酉年七月廿三日辰時卒民國丙辰年二月初
四日丑時塟紅面山
男　先敏　先庚
女　卜娘配舊門呂　次鸞娘配前街黃　三湛娘配溪東林
清太學生安壁公諱貽舊字興福號崇實　樹楠公長子生道光丁酉年二月
初三日未時卒光緒癸巳年二月十四日丑時塟六份山草鞋嶺
妣小沽陳灣娘生道光丁酉年三月初九日未時卒光緒辛丑年十月十
九日酉時塟水鬼山雞心崙
男　先淵源養　扶國　濟化　超卓　擇仁
女　墘娘配坑園陳　次壽娘配半嶺林
鄉飲賓安全公諱秉才字興蒼號道周　樹楠公次子生道光己亥年三月初
十日未時卒光緒丙申年十二月十二日午時塟入心墓邊坐艮坤寅申

妣小沽陳徙娘謚閒義生道光庚子年七月廿三日未時卒光緒乙未年
閏五月廿八日辰時塋文章山龜仔腰坐乾巽亥巳
男　泮林養　再復養　同慶　再恬
女　玉娘配溪東武舉林鵬上次男　次謹娘配社壇葉
　三賽娘配古宅吳　四愛娘配大庭戴
太學生諱安輔公名斂省字興助　樹楠公三子生道光甲辰十一月十七日
未時卒民國癸丑年六月廿九日辰時塋紅面山
妣溪東林巽娘生道光丁未年二月初五日辰時卒同治甲戌年十二月
二十日吉時塋樹林口金字面後坐向癸丁子午
又妣惠書橋戴恕娘生咸豐辛亥年九月廿三日寅時卒光緒己丑年八
月初二日丑時塋山後格三脚木坐向未丑丁癸
繼妣溪東籃香娘生咸豐丙辰年五月十六日未時卒民國甲子年六月

十六日申時塟樹林口

男　兩載　柳金 俱瑒林氏出　先杞　先抄 俱荅　先杼　先殿 俱戴氏出

女　客娘配路後戴　次且娘配大庭戴　三尺娘配舊門呂 俱戴氏出

四雪娘配溪東林 籃氏出

必謀公 字 興相　樹楠公四子生咸豐壬子年十一月廿五日午時卒光緒丙申年九月十三日吉時塟文章水鬼山全崙坐丁向癸兼午子

娶下宅雙墩陳詩娘生咸豐癸丑年六月十九日午時卒民國丙寅年八月初十日巳時塟紅面山坐向巳亥巽乾

男　先鍾　先齊 荅　先潘　先善　先雲程

女　準娘配下宅陳

璇瑛公 字 興璣 號 玉衡　兆　公長子生道光戊子年八月廿七日巳時卒同治辛未年六月廿一日吉時往外

妣埔尾蔡貺娘生道光己丑年五月初九日午時卒葬缺

男　先標智　先八味　來文出嗣雙鳳

女　瓜娘配内呷李

天敷字興潤　兆櫶公次子生道光庚寅年九月十一日未時卒同治辛未年十月二十日酉時葬曾厝山

妣前坑余約娘生道光辛亥年十一月初九日酉時卒同治己巳年十月初七日酉時塋缺

男　先得　先來寶歿

女　面娘配山頭　次妹娘配坑園陳

淑氣公字興慎　兆櫶公三子生道光癸巳年正月十五日丑時卒同治甲戌年七月廿八日巳時塋赤墓坪

妣林柄陳月娘生道光丁酉年五月初六日酉時卒光緒癸卯年七月初

二日未時塋重慶
男　先丕　先欽堂弟必新次子入嗣　先籍四弟必荔次子入嗣
女　圓娘配下宅半山陳
夏荔公字興照　兆檓公四子生咸豐辛亥年四月十五日亥時卒塋缺
妣舊門呂笑娘生道光己酉年二月初五日吉時卒塋缺
男　先梯　先籍出嗣三兄必淑　先嵩　先串
雙鳳公字興鶴　兆爵公長子生道光己亥年十一月卄三日寅時卒光緒
辛巳年八月十六日辰時塋嶺湖格邊坐向甲庚寅申
妣馬頭洋陳蔭娘生道光戊戌年九月廿五日辰時卒光緒乙酉年四月
十九日子時塋嶺湖格邊坐向乙辛卯酉
男　先來文璇瑛子入嗣殤　先楚殤　先梅
女　求娘配英橋陳　次睇娘配馬頭洋陳

新風公字興作　兆爵公次子生道光壬寅年七月十六日午時往外卒缺

妣前坑余尾娘生道光辛丑年五月十九日酉時卒光緒戊寅年七月十二日吉時塟缺

男　先福佑　先欽出嗣堂兄淑氣

女　愬娘配報恩陳

江水公字興金號麗生　兆爵公三子生道光丁未年四月廿九日酉時卒光緒辛巳年二月十七日寅時塟水鬼

妣山頭余勤娘生道光丙午年八月三十日寅時卒民國己未年三月廿一日卯時塟德化古洋嶺頭對面

男　先安樂　先娥

女　先娘配大庭戴　聽娘配溪東林

朱里公　兆爵公四子生咸豐壬子年五月十九日未時卒光緒辛卯年七

月十四日辰時塟重慶

娶杉仔尾陳箱娘生咸豐乙卯年二月十四日子時卒塟缺

男　先登　先蓋土兼嗣六弟必砌

女　篇娘配溪東林　次鉗娘殤　三要娘殤

必撋公　兆爵公五子生咸豐丙辰年七月十八日酉時卒光緒辛卯年十

一月廿六日寅時塟重慶

娶林柄陳取娘改天

必砌公　兆爵公六子生咸豐己未年二月十二日戌時卒塟缺

男　先蓋土兄必朱里次子兼嗣

必褒公字興章　兆柿公長子生道光庚寅年十月十三日戌時卒同治己

巳年七月廿二日寅時塟石岑兜

妣杉仔尾陳草娘生道光庚寅年十二月十二日巳時卒咸豐辛亥年十

月廿一日申時塟山後格大垅田脚坐東向西
又妣大庭戴晏娘生道光庚寅年九月十二日卯時卒咸豐癸丑年九月
廿四日卯時塟重慶祖墓崙
又妣梁養娘 出
必策公 字興書　兆柹公次子生道光丙申年十二月初七日巳時卒光緒
丁酉年十二月初二日吉時葬重慶
娶烏翼余有娘生道光壬寅年六月初三日卯時卒葬缺
男　先宅
女香娘配坑園陳　琅娘 殤
必哲公　兆柹公三子生道光己亥年六月十三日酉時卒咸豐戊午年五
月初三日未時塟長岸湖寨
必賒公　兆柹公四子生道光丙午年六月初七日辰時卒塟在外缺

必現公　兆柹公五子生咸豐乙卯年六月十三日辰時卒塋南洋

必評公　兆邊公長子生道光甲辰年二月初五日午時卒光緒丁亥年六月十七日亥時塋南洋

妣片娘生道光丙午年十一月十一日戌時

又娶黄氏改天

男　先麟　先縷　再發殤

女　綢娘配馬洋林

必向公　兆邊公次子生道光戊申年二月初二日午時卒年月日缺塋南洋

妣山兜黄柳娘生咸豐壬子年月日失記卒光緒己卯年正月廿三日寅時塋重慶

男　開張殤

必絹公　兆邊公三子生咸豐庚申年三月十七日戌時往外卒塋缺

必繳公　兆邊公四子生同治甲子年七月廿九日寅時卒塋南洋

必示公　兆借公長子生道光丁未年十月初六日吉時卒同治年間十月廿八日申時塋缺

娶林氏改天

必捌公　兆借公次子生咸豐辛亥年六月初六日時卒塋在外

必茂公　兆借公三子生同治癸亥年月日失記卒光緒癸巳年十二月廿一日寅時塋重慶

妣文章陳惜娘生同治丁卯年月日失記卒光緒乙酉年九月初六日巳時塋重慶

騰章公　兆舉公長子生道光己亥年九月初四日申時卒塋缺

妣陳惜娘生道光乙巳年二月廿二日巳時卒塋缺

西三房二　可珍公派

文來公　兆判公子生乾隆戊申年八月十三日亥時卒失記塋詔安

必精公　兆松公子生道光甲申年十一月十七日申時往禮清生祠

必什公號永成　兆撻公長子生嘉慶己卯年六月廿四日辰時卒道光庚子年七月廿七日辰時塋山後格大崙頭坐向巳亥丙壬

娶謝氏改天

男　先騫必素子入嗣　先飲

必吝公　兆撻公次子生道光癸未年八月初二日丑時卒光緒丙申年正月十七日子時塋沽美山險壩墳

妣劉鄒娘生道光壬午年十二月廿六日戌時卒光緒壬辰年正月十七日未時塋山後格

男　傳泰　成仁

女　配馬洋林　次配坑園陳

必寶公　生成公子生道光甲午年二月初五日卯時卒咸豐戊午年十月初五日辰時塋詔安

妣詔安郭月娘生道光壬辰年九月初二日辰時卒塋缺

男　天用

必聚公　兆悄公子生道光壬寅年十二月初二日亥時卒塋詔安

必贍公字興足號　貲生　國正公長子生乾隆丁酉年二月初二日巳時卒嘉慶丙子年四月十九日寅時塋山後格草絹尾坐向申寅庚甲

妣陳愛娘生乾隆己亥年十一月廿七日辰時卒道光辛丑年二月廿一日亥時塋重慶樹林口

男　先譽

女　長配鳳坡梁　次配下宅陳　三配溪東林

必貯公字興用號積聚　國正公次子生乾隆辛丑年二月廿四日未時卒道光癸未年二月初七日寅時塟石門山崙頭坐向子午癸丁
妣施氣娘生乾隆壬子年五月十三日寅時卒嘉慶丙子年十一月廿八日戌時塟山後格杉木脚坐向坤艮申寅
男　先忠弟必贈子入嗣

必矑公字興儀　國正公三子生乾隆己酉年正月初六日未時卒道光丙午年閏五月十二日丑時塟新寨
妣林眛娘生嘉慶辛酉年十一月廿四日巳時卒道光丙午年五月廿三日卯時塟鳳髻尖後
男　先鏠　先淑　先斗出嗣
女　長配下宅陳　次配坑園陳

必贈公字興恭　國正公四子生乾隆癸丑年五月初一日酉時卒同治乙

丑年九月廿五日申時塟山后格短畚仔
妣威錦娘生嘉慶癸亥年五月廿九日未時卒光緒辛巳年二月廿六日
申時塟虎探頭格
男　先鈞　先忠嗣兄必貯　先諒殤　先勇
女　長配八尺盛　次配溪東林　三乃娘殤
必賜公字興達號從軒　國正公五子業儒生嘉慶戊午年四月十八日卯
時卒道光辛卯年十月十七日午時塟新寨
娶梁氏改天
男　先渚
女　配東門謝
必鶚公　兆垂公子生嘉慶年月日時缺卒塟缺
妣侯雪娘生卒塟缺

又妣呂氏改天

男　先成　呂氏出後隨母呂氏適丁埔頭楊

必答公字興問號善應　靜隱公長子生乾隆辛亥年三月廿九日卯時卒同治壬戌年二月初一日亥時塟山後格大崙尾坐向丁癸午子

妣陳旋娘生嘉慶丁巳年十月初一日子時卒同治丁丑年二月十八日未時塟石門山坐向辰戌乙辛

男　先邦　先泉　先曾殤　先興

女　配八尺盛

必蓁公　靜隱公次子生乾隆癸丑年十月廿六日午時卒道光甲辰年十二月初三日酉時男先榮合塟寨尾坐向午子丙壬

男　先新養　先榮弟必博次子入嗣

必博公字興遠　靜隱公三子生嘉慶戊午年八月廿二日亥時卒同治壬

戌年十一月初四日午時塟虎探頭格
妣羅謹娘生嘉慶癸亥年十月初十日寅時卒咸豐乙卯年九月十三日
辰時塟沽美山坐乾向巽
男　先雪　先榮出嗣兄必癸　先山
必栳公號樟仁　靜隱公四子生嘉慶壬戌年五月廿八日午時卒咸豐甲
寅年八月廿八日未時塟石門坐向癸丁午子
妣陳紫娘生嘉慶乙亥年十一月廿四日辰時卒同治庚午年十二月廿
一日亥時塟石門
男　先蓮堂弟必杏子入嗣
女　爰娘殤
必戲公號新箴　靜隱公五子生嘉慶丁卯年四月廿四日子時卒咸豐乙
卯年十二月十八日吉時塟赤墓坪坐南向北

娶黃腰娘改天

男　先廣　先萬

必集德公字興聚　兆田公長子生嘉慶乙丑年閏六月十七日申時卒同治癸亥年九月十七日酉時塟山後格尊字崙

妣陳串娘生嘉慶丁卯年二月廿八日午時卒光緒乙酉年正月初三日巳時塟唐帽寨尾坐向癸丁丑未

男　先璋　先蕨　先彩

女　靜娘　次梅娘俱配中房張　三寶娘配山頭陳

四狠娘配頂宅陳

必明公　兆田公次子生嘉慶壬申年三月初九日辰時卒塟年月失記

娶陳氏出

女　完娘配中房張

必海公字興河號如山　兆田公三子生嘉慶戊寅年八月初八日子時卒咸豐丙辰年八月廿三日未時塟石門大水垵
娶呂氏改夭
男　仁和
必燕公字興翼　兆魚公子生嘉慶戊寅年正月二十日卯時卒光緒庚寅年十二月初三日午時塟山后格大崙
妣蓬島郭免娘生嘉慶丁丑年五月廿六日寅時卒光緒丙戌年四月初九日寅時塟山後格
男　先扳　先漢　先連登殤
女　琛娘配枋前黄
必順公字興存　兆寢公子生道光丁亥年七月廿七日酉時卒同治壬戌年十一月初一日巳時塟漳州龍山

娶陳氏 出

男　劍文

必元公 字 興位　兆四公子生嘉慶乙亥年十月二十日辰時卒同治丙寅年九月廿六日辰時塋石門山

娶馬氏 改天

男　先孝

必同公　兆某公長子生乾隆乙卯年正月初二日子時卒道光庚戌年十月十二日卯時塋漳州田下

妣温悔娘生嘉慶辛酉年六月十四日酉時卒道光庚戌年七月十二日午時塋石門山

男　先慶

女　和娘配深垵葉　次配坑園陳

必叫公　兆某公次子生嘉慶壬戌年七月廿三日卯時卒年月缺塋德化

妣張奏娘生嘉慶甲子年三月十二日酉時卒咸豐戊午年三月十一日

辰時塋重慶

男　先賞

必襖公　兆某公三子生嘉慶丁卯年八月十六日巳時卒道光丁未年十

月三十日巳時塋漳州田下

娶李氏（改天）

男　先秀（殤）　先榜

女　等娘配内呷李

必侃公　兆某公四子生嘉慶癸酉年八月十一日酉時卒咸豐甲寅年十

二月初五日辰時塋沽美山

必府公　兆靳公長子生嘉慶丙寅年十一月二十日丑時卒光緒癸未年

四月廿九日酉時塟漳州
妣鄭瑞娘生嘉慶己卯年十月十一日丑時卒光緒癸未年六月初九日
酉時塟山後格大坵田脚
男　先南　先閣
女　長配雙溪陳　次配溪東林　三配大庭戴
必壻公　兆靳公次子生嘉慶辛未年四月十四日亥時卒年月日時塟缺
妣邱賤娘生道光壬午年十一月十二日午時卒失記塟重慶
男　先敦兼殤
必縣公　兆靳公三子生道光壬午年四月廿九日申時卒塟在外
娶余氏改天
必雅公　兆狀公子生嘉慶癸酉年四月十六日酉時卒塟往外失記
娶戴氏改天

男　先龍殤

女　配中埔頭林

必扶公字興持　兆品公長子生嘉慶乙亥年三月十三日寅時卒同治甲戌年十月初六日亥時塟安溪

妣葉熟娘生道光癸未年四月初四日申時卒光緒甲午年正月廿六日寅時

男　先俄　先仍嗣弟必僉

女　早娘配巖田蔡　次灌娘配楓樹林

必僉公　兆品公次子生嘉慶己卯年正月十四日寅時卒光緒庚寅年五月十二日戌時塟新寨

男　先仍兄必扶入嗣

必炳公字興煌　兆挨公長子生道光壬辰年四月十九日卯時卒光緒丙

申年正月十四日寅時塋山後格大崙坐向艮坤寅申
妣梁鉛娘生道光乙未年十二月十一日酉時卒光緒乙巳年六月十五
日吉時塋新寨
男　先來 養
女　配文章陳
必要公 字 興切　兆拨公次子生道光乙未年九月初十日未時卒光緒癸
卯年十二月初九日辰時塋新寨頭
妣戴月娘生道光庚子年九月廿一日亥時卒同治癸亥年九月初六日
丑時塋石門鳳髻后坐東向西
又妣温謹娘生道光戊申年九月十四日辰時卒光緒辛巳年九月廿八
日申時塋新寨
男　先昆 養

女　長配困口戴　次配下宅陳　三配中房張　四配大坋溫

必經公　兆疊公子生道光甲申年二月廿五日戌時往外卒塋缺

西三房三　恬直公派　塔邊墘柱

必志公　兆銅公子生乾隆乙卯年月日失記卒塋南洋

必鉗公　兆欣公子生道光甲申年三月廿四日未時卒缺

必引公號上食　兆民公長子生乾隆辛亥年正月初五日巳時卒嘉慶辛未年五月十一日午時塋沽美山窩內

男　先飲弟必壁入嗣

必檀公　兆民公次子生嘉慶戊午年十二月十九日申時卒道光庚寅年九月十五日午時塋臺灣彰化縣北門外八卦山

男　先活弟必壁入嗣殤

必在公字興自　兆民公三子生嘉慶壬戌年七月初十日未時卒咸豐甲寅年五月十二日酉時塋節頭洋

妣蓬島蘇諛娘生嘉慶壬戌年正月初七日辰時卒道光戊戌年三月十五日子時塋重慶

又妣前街黃性娘生嘉慶甲戌年五月廿五日午時卒光緒壬辰年十月廿九日酉時塋石埈頭坐卯酉乙辛

男　先坪蘇氏出殤　先諸黃氏出　先布弟必宇三子入嗣

必壁公字興泰　兆民公四子生嘉慶乙丑年六月初五日亥時卒咸豐辛亥年六月初四日未時塋新寨

妣林儉娘生嘉慶辛未年五月十九日未時卒咸豐甲寅年四月廿九日未時塋沽美山蓮山後

男　先飲出嗣兄必引　先通　先活出嗣兄必檀

必宇公　兆民公五子生嘉慶癸酉年六月廿三日辰時卒同治戊辰年五月二十日申時塟山後格坐向乙辛卯酉
妣坑園戴挺娘生道光乙酉年八月初一日酉時卒光緒己亥年十月廿二日酉時塟蓮山後坐向艮坤寅申
男　先作　先列　先布出嗣兄必在　先榮
女切娘配溪東林　次概娘配佃坂楊
必漸公　兆追公長子生嘉慶乙丑年又六月十二日寅時卒光緒己卯年十月廿七日己時塟沽美山蓬山后
娶綢娘改
男　先棨
女　配溪東林
必涼公字興林　兆追公次子生嘉慶己巳年六月初三日辰時卒咸豐丁

己年正月十八日丑塋新寨
娶山兜黃富娘改天
男　先豎　先蔗殤
女　葉娘配内呷李　次桃娘配林柄陳
必別公　兆追公三子生嘉慶丙子年六月初一日辰時卒塋缺
必緘公　兆追公子生嘉慶己卯年十月初三日酉時卒同治乙丑年九月
十八日吉時塋缺
必果公　兆程公長子生道光丙戌年十月廿三日
妣陳錠娘生道光己丑年七月十七日卒塋俱住桃源
必磨公　兆程公次子生道光己丑年六月十八日酉時住漳州
必海公　兆畜公長子
必山公　兆畜公次子俱住臺灣

必緩公　兆密公長子生道光戊子年十一月廿九日辰時卒缺

娶呂門娘生道光戊子年九月初一日吉時卒咸豐甲寅年八月初六日

亥時塋沽美山

幼娶蔡惜娘殤

必圈公　兆密公次子生道光壬辰年十月十三日巳時卒塋桃源

幼娶林藴娘殤

必茶公　兆螺公長子生道光巳丑年三月廿六日巳時卒塋在外

幼娶林先娘殤

必進公　兆蝗公子幼殤

娶草埔頭呂寶娘幼殤

必轉　必緝　兆蝗公子俱殤

必直公　兆圭公長子生道光己亥年四月廿九日午時卒光緒丁亥年七

月十七日寅時塟險壩貢坐向甲庚寅申
幼娶溫案娘 殤
必軋公　兆圭公次子生道光戊申年十一月十七日酉時卒塟在外
必滴公　兆圭公三子生咸豐癸丑年十月初四日酉時卒光緒辛巳年六月十二日巳時塟蓮山後坐坤艮丑未
必學公　兆圭公四子生咸豐己未年十一月十五日巳時卒民國戊辰年三月廿二日巳時塟山后格
妣呂洋黃包娘生同治壬申年十二月廿三日酉時卒民國辛未年九月十八日丑時塟山后格
男　先泗　江德
女　綿娘 殤
必吉公　兆問公長子生道光乙未年十二月初六日巳時卒外出缺

必看公　兆問公次子生道光庚子年十月廿七日卯時外出缺

必烟公　兆問公三子生道光辛丑年九月二十日亥時卒外出缺

十一世西房四

樓脚柱弈業公派

清必謹公字興信　兆柑公子生雍正乙卯年十月廿一日亥時卒乾隆乙巳年九月初九日辰時塋址失記

妣曾氏改節

男　先佞

必磊公　兆萃公長子生乾隆甲子年六月廿四日丑時卒塋在福清

必純公　兆萃公次子生乾隆丙子年七月十二日巳時卒塋在福清

必述公　兆萃公三子生乾隆年間卒塋在福清

必湊公號成合　敬時公長子生乾隆己巳年七月廿九日辰時卒嘉慶庚午年五月初六日巳時塋沽美山池外

必音公　敬時公次子生乾隆甲戌年十二月十二日戌時卒乾隆庚戌年

十一月廿五日酉時塟沽美山

必弄公　敬時公三子生乾隆丁亥年五月廿四日卯時卒嘉慶戊寅年月日失記塟詔安

必軏公　愛玉公長子生乾隆丁卯年七月十五日申時卒年失記七月十五日吉時塟在南洋

必盪公　愛玉公次子生乾隆甲戌年十月十四日午時卒乾隆年月失記塟在龍巖州

必盞公　織文公長子生乾隆丁丑年二月廿三日未時塟在南信

妣戴氏改節

必螢公　織文公次子生乾隆癸巳年三月廿七日辰時嘉慶八年往臺不回卒塟缺

必塔公字興雲號行招　近玉公長子生乾隆壬午年八月初四日亥時卒

道光辛丑年九月二十日午時塟文章山騎龍斬坐向巽乾巳亥
妣河市王衍娘謚孝恭生乾隆丁亥年十一月二十日辰時卒道光丁酉
年五月廿八日申時塟文章山騎龍斬坐向巽乾巳亥
男　先傳承嗣　先辯
女　推娘配石墓黃　勑娘配高嶺林
必輦公號興鳳　近玉公次子生乾隆戊子年十一月十二日戌時卒塟南
洋覓蚋甲
必性公字興善號褒揚　宏大公長子生乾隆丙戌年二月廿三日巳時卒
道光甲午年七月初一日戌時塟山後格尊字崙坐申向寅
妣郭懶娘謚懿德生乾隆己丑年二月廿一日酉時卒道光丁酉年五月
初五日寅時塟沽美山麒麟尾坐艮向坤兼丑未
男　先育　先偶

女好娘配内益李　職娘配大田　盡娘配溪東林
必奢公字興儉號知禮　宏大公次子生乾隆辛卯年十月廿一日申時卒
道光庚寅年三月十五日卯時塋山後格大才崙坐申向寅
妣英橋陳笑娘謚恬美生乾隆戊戌年九月廿五日辰時卒道光丁未年
八月十二日酉時塋本厝右畔竹脚坐北向南
男　先次　先汶
女　滿娘配坑園陳　次祝娘配路後戴　富娘配溪東林　沙娘配雙
墩陳
必送公字興交號順美　茂盛公子生乾隆丙子年二月初八日辰時卒乾
隆丁未年十二月初七日辰時鑵塋重慶坪上坐向甲庚寅申
娶李氏改節
男　先初

女　鄒娘配永春陳庄陳

必裕公字興富號盈豐　有韓公子生乾隆丙子年又九月廿四日辰時卒道光辛卯年五月廿九日戌時葬山後格尊字崙坐巽向乾

妣高口馬贖娘謚勤淑生乾隆庚辰年七月初六日亥時卒嘉慶己未年十一月初一日子時葬文章山尊字崙尾坐巳向亥

男　先掛　先棉　先三　先株

女　來娘配坊前黃泵觀　致娘配山兜黃恩觀

必引公　兆荷公子生乾隆庚午年月日失記卒葬莫考

必腰公字興身號玉山　兆荷公子生乾隆癸巳年閏三月二十日午時卒嘉慶庚辰年八月十三日未時葬山後格尊字崙頭坐向甲庚卯酉

妣曾靜娘謚貞惠生乾隆癸卯年正月廿五日寅時卒咸豐壬子年正月十四日戌時葬重慶樹林口坐辛向乙

男　先燕　先鮑嗣兄必昧
女　悅娘配貞格陳
必通公　八士公子生乾隆辛巳年十二月十五日戌時卒嘉慶壬申年十月初十日丑時葬仙遊
妣戴七娘謚仁順生乾隆甲申年二月廿二日未時卒乾隆壬子年正月十七日未時葬山後格尊字崙
又妣蔡罔娘謚勤慎生乾隆己卯年十一月十三日卒嘉慶庚辰年六月十一日丑時葬仙遊
男　先概戍
女　　栖娘配溪東林戴氏出　次配石鼓林謝
必昧公　登高公子生乾隆庚寅年六月初十日辰時卒道光壬寅年十月廿九日吉時葬在龍溪良村

男　先鮑弟必滕次子嗣

必分公　雪書公子生乾隆丁亥年五月廾八日午時卒乾隆年月失記塋在漳州

必巷公　兆蘭公子生乾隆己丑年十一月廿二日戌時卒嘉慶庚申年七月廿五日未時是時風氣不古外侮侵疆住屋幾為焚燬　公竭力禦敵挺鎗率衆前進追至溪邊不幸失在陣中與難之衆推公為首殆有功於族者也時逢大水屍因水被滅聞言埋在雙溪口石聳邊房人公鳩白金幾許付其親　褒揚公為之伸長以買祀田址在池仔尾及棋盤巷二段二坵受子五升年節祀事費用輪流耕種以報其功

必芮公字興洛　兆雲公長子生乾隆丁卯年十月廿一日巳時娶林姜娘生乾隆己巳年十二月廿八日午時住福清

男　先才

必助公字興正　兆雲公次子生乾隆甲戌年七月初八日丑時
娶陳尾娘乾隆甲戌年十一月廿九日巳時住福清
男　先鼎
必璇公　兆河公子生乾隆己丑年正月廿六日酉時
娶張送娘生乾隆庚寅年十一月初十日卯時住福清
必炎公　兆梁公子生乾隆壬午年九月初一日辰時
娶謝彩娘生乾隆壬午年九月二十日巳時住福清
必焕公　兆西公長子生乾隆戊子年七月十四日午時
娶林寅娘生乾隆壬辰年四月廿八日午時住福清
必連公　兆西公次子生乾隆辛卯年三月十五日辰時住福清
必紅公　兆西公五子生乾隆癸己年十月十六日卯時住福清
必汪公　兆面公長子生乾隆辛巳年四月初一日戌時

娶陳居娘生乾隆乙酉年月日缺住福清

必超公　兆面公次子生乾隆戊子年五月二十日巳時

娶王寶娘生乾隆庚寅年七月初六日巳時住福清

必偶公　兆面公三子生乾隆壬辰年九月初四日巳時住福清

必釣公　兆面公四子生乾隆乙未年二月廿八日丑時住福清

必璘公　兆要公長子生乾隆戊子年二月初二日申時

娶薛六娘生乾隆壬辰年八月廿二日吉時住福清

必揚公　兆要公次子生乾隆辛卯年三月初八日戌時住福清

必進公　兆倪公子生嘉慶己卯年八月十七日丑時外出住居廣東屯坪

娶陳氏某娘生道光甲午年四月十二日卯時改節

卒缺

男　先星

必頭公名必土　兆昭公子生嘉慶戊辰年八月初八戌時外出長泰不回卒塋缺

必親公　兆滔公子生嘉慶乙亥年三月二十日戌時外出住居漳城西門內河尾卒咸豐年間月日及塋缺

娶漳城謝氏銀娘生道光丙申年八月初十日午時改節

男　先外

福清生祠米粉厝柱

清必繼公字興善號必正　兆印公長子生乾隆戊寅年二月十二日丑時卒道光庚寅年十月十一日亥時塋福清靈得里遁腹大墩岸坐西向東

娶烏嶼街鄭尾娘生乾隆庚寅年六月初四日寅時卒塋在福清

男　先灝　先洽嗣弟必納　先泮十一歲殤　先渥九歲殤　先洧

女　勤娘配黃家　力娘配陳家

必納公字興祥兆印公次子生乾隆壬午年三月初四日子時卒乾隆己酉年十月十七日酉時附塋父兆印公墳中

娶謝氏改節

男　先洽兄必綢次子嗣

必綢公字興添號壽山　兆印公三子生乾隆癸巳年三月初二日巳時卒塋在福清

妣惠安鄭凸娘生乾隆戊戌年九月十六日亥時卒年月日塋福清

男　先田　先木

女　默娘配楊家　潛娘配蘇家　雪娘配陳家

必來公字興安　兆外公子生乾隆乙亥年十月初十日戌時卒乾隆丁巳年八月初三日戌時塋福清橫山坐西向東

娶黄氏改節

男　先潭

必經公字興明號心德　兆棟公嗣子生乾隆丙戌年六月十一日酉時卒

道光丁酉年八月廿三日卯時塟福清沉白山坐北向南

妣王慶娘生乾隆己丑年十一月十五日辰時卒道光丁酉年七月初九

日寅時塟福清沉白山坐北向南

男　先源　先漢　先猴

女　梅娘配沈白翁家

西四房弈隆公派　土樓仔柱

必寢公　兆甲公子生嘉慶庚申年正月初二日寅時卒道光辛巳年五月

廿四日亥時塟在福州

嗣男　冬玉殤　嗣孫當泉先育三子入承

必間公字興厝號大廈　兆舜公子生嘉慶乙丑年三月初八日酉時卒咸豐癸丑年九月廿五日辰時塋沽美山外垵口路上坐南向北

妣舊門呂巧娘謚言順生嘉慶癸酉年十二月初四日辰時卒咸豐癸丑年五月廿六日戌時塋沽美山外垵口路上坐西向東

男　冬玉嗣兄必寢　邱陵殤　先[illegible]　先岩

女　江娘配劉林傒

必門公字興開　兆者公子生嘉慶壬戌年五月初四日午時卒道光年間塋在汀州

妣李仰娘生嘉慶庚午年七月十六日時缺卒道光乙酉年五月十四日申時罐塋文章山三脚木石頭脚

必道公　惟玉公長子生乾隆乙酉年十一月三十日寅時卒道光庚子年

正月二十日塟長泰縣坑柄鄉

必行公　惟玉公次子生乾隆壬辰年十月十二日寅時外出長泰卒塟缺

必訓公　兆樟公養子生嘉慶乙丑年八月廿四日外出不回卒塟缺

必友公　兆監公子生嘉慶癸酉年十一月十五日酉時外出不回卒塟缺

下坂厝柱

必象公字興景美善公子生隆乾乙巳年正月廿六日寅時卒道光己丑年四月初一日丑時塟永定縣北門外塚坐南向北

妣晉江王慈娘生嘉慶癸亥年六月廿五日卯時卒道光廿五六年間從子往永定縣內萬壽門口居住卒塟缺

男　先兩緘　先還　先考嗣弟必溪

女　揆娘配奮口戴

必溪公　光彩公子生乾隆己酉年八月廿五日亥時卒缺塋在永定縣地
男　先考兄必象三子入嗣
必頗公　德亭公子生嘉慶丁巳年月日失記乙丑年與胞姊緬娘往澳下
二人俱溺水身亡埋在澳下
必册公字興書　德亭公長子生嘉慶庚申年四月廾九日丑時卒缺塋永
定縣
妣溪前陳勸娘生嘉慶丙子年三月十七日丑時咸豐八年四月初三夜
夫妻相隨往永定金沙卒缺塋永定
男　先絨　先陳殤　先繡花胞弟必題子入嗣
必題公字興詩　德亭公次子生嘉慶丙寅年六月十四日酉時卒咸豐壬
子年五月十六日未時塋在永　何犂石坑鄉桐鼓寨坤山艮向
妣陳勤娘生嘉慶己卯年三月十四日吉時隨夫外出往永　何黎夫卒

招養名廳者生十月十四日未時卒缺俱塋永定

男　先來發（養）　先呢　先龐　先繡花（嗣兄必冊）　先石鳳

女　周娘配永定金沙邱家　縣娘配中房張家

必福元公　德亭公三子生道光辛巳年月日缺卒道光癸卯年又七月廿四日塋在永定

聘陳氏（改婚）

必額公（字）興數　筵賓公長子生嘉慶巳未年七月十一日酉時卒咸豐壬子年月初十日卯時塋大坵田坐南向北

妣社壇葉秀娘生嘉丁卯年八月初三日午時卒咸豐壬子年四月十五日午時塋新寨崙坐西向東

男　先瑞金　先紡

女　逆娘配路後戴

必勁公字興堅　筵賓公次子生嘉慶壬戌年三月初三日巳時卒道光丁未年又五月十三日酉時塟永春烏洋三歲嶺大垵口坐南向北

娶梁氏改節

男　先鳳　先克

女　春娘配下宅陳

必爽公字興清　筵賓公三子生嘉慶庚午年正月十九日亥時卒道光戊申年三月廿七日巳時塟重慶新寨坐西向東

妣盧綏娘生嘉慶癸酉年三月初五日午時卒道光乙巳年十一月十二日巳時塟重慶樹林口坐北向南

男　先儒養　先苗　先掌胞弟必雨子兼嗣

必郭公字興儀號有容　筵賓公四子生嘉慶癸酉年三月十一日巳時卒光緒乙酉年七月五日巳時塟沽美山弈業公墓邊右畔坐向乾巽亥巳

妣嶺脚楊忖娘生道光癸未年三月十九日巳時卒光緒壬辰年四月初
十日丑時塋山後格大坵田下坐向午子丙壬
男　先迄　先繃　先曹殤
女　棗娘配溪東林　眼娘配石水矼吳　畽娘配中房張
必兩公字興斤號三才　筵賓公五子生嘉慶丙子年十一月十四日丑時
卒光緒辛卯年正月廿六日戌時塋山后格雞卯崙坐向丁癸未丑
妣石墓黃引娘謚從勝生道光甲申年四月初十日巳時卒同治丁卯年
七月十九日巳時罐塋山后格倒坐虎爪下坐向子午癸丁
男　先爾殤　先崀殤　先掌兼祠兄必爽　先字
女　甘娘配後山曾
起發公　兆橋公長子生道光壬辰年十月二十日丑時卒缺塋在永定
新發公　兆橋公次子生道光甲午年六月初五日辰時卒咸豐年間八月

初四日申時塋永定內田黃石

登發公　兆橋公三子生道光巳亥年十月初八日卯時兼嗣兆局卒缺塋

永定

幼娶永定某娘出

垻腰柱

必餘公字興力號成文　長豐公長子生乾隆乙亥年十月初六日巳時卒

道光癸巳年五月十九日申時塋本鄉垻腰坪上坐向癸丁丑未

妣柯好娘謚孝德生乾隆丁亥年三月切二日戌時卒道光戊戌年又四

月二十日丑時塋重慶山園角坐向乙辛卯酉

男　先坑　先頭　先稍嗣弟必欽　先埔

女　山娘配社壇鄉賓葉昭明公長男　端娘配仙境葉

必民公字興來號成保　長豐公次子生乾隆戊寅年十二月廿四日寅時卒道光辛卯年五月廿三日辰時塟文章山洋嶺坑坐向艮坤丑未

妣半山陳綢娘謚孝慈生乾隆庚寅年八月十一日丑時卒道光乙未年又六月廿七日戌時塟文章山大材崙坐向巽乾巳亥

男　先答　先鑴

必飲公號成知　長豐公三子生乾隆戊子年七月廿四日寅時卒道光巳丑年十月廿一日未時塟文章山杉林尾坐向坤艮未丑

男　先稍兄必餘三子入嗣

必農公號成勤　長豐公四子生乾隆癸巳年五月初三日未時卒道光甲申年七月廿一日巳時塟大坵田脚坐坤向艮兼申寅

必迎公字興祥號成集　講議公長子生乾隆乙酉年七月二十日未時卒道光壬午年十一月三十日未時原塟南澳男先斜拾骸歸塟山后格騎

龍斬脚坐向乙辛卯酉
妣舊門莊石娘謚助儉生乾隆丙申年三月二十日巳時卒道光丙午年十二月初五日辰時葬重慶園田頂坐向寅申甲庚
男　先斜

必跳公字興高號成起　講議公次子生乾隆戊子年十月廿二日辰時卒道光甲申年七月十四日午時葬南澳大坑口山坐北向南
妣洪瀨街黄聚娘生乾隆辛丑年八月廿二日申時卒咸豐戊午年十月廿三日亥時葬重慶坑仔口移葬客拔内坐己亥巽乾
男　先嶺
女　留娘配坊前黄

必當公字興典號成稅　講議公三子生乾隆壬辰年十二月初六日寅時卒道光丁未年正月初四日子時葬南澳深澳員山仔坐北向南

妣泉城林敬娘生乾隆辛亥年十二月廿六日申時卒同治己巳年九月初五日未時塟山後格三脚木頭后移塟網蒂尾坐坤艮未丑

男　先涇　先醒（出嗣弟必崎）

女　蟬娘配坊前黃　密娘配半嶺林

必皆公　講議公四子生乾隆丙申年八月廿二日子時卒道光乙酉年二月初六日酉時塟臺灣萬丹米粉埔坐東向西

妣臺灣林氏塟缺

男　光真　春陽

女　一

必崎公（號）成平　講議公五子生乾隆甲辰年四月廿五日辰時卒道光戊子年十月廿四日卯時鑵塟狗母相帶格坐向乙辛辰戌

男　先醒（兄必當次子入嗣）

必高公　陶情公子生乾隆巳酉年四月初一日未時卒嘉慶丁卯年月日
莫考塋在臺灣
必裁公　兆造公子生乾隆年月失記乙卯大饑從母陳氏不知所往
必如公字興純號成茂　榮美公子生乾隆辛丑年正月廿七日寅時卒道
光乙未年又六月廿六日辰時塋文章山大坵田下坐向辛乙酉卯
妣垵美林甘娘謚慈愛生乾隆癸丑年十一月初一日申時卒道光戊申
年九月初二日未時與公合塋
男　先鋪必魚子入嗣殤　先誨養　先爆養　先踈
必瓊公　講耿公長子生乾隆己丑年八月二十日辰時外出不回卒塋缺
必琫公　講耿公次子生乾隆辛卯年六月十六日辰時卒年月失記塋臺
灣萬丹米粉埔
必玷公　講耿公三子生乾隆癸巳年六月廿五日酉時卒道光年間月日

失記塋在臺

妣臺灣某氏卒塋缺

必墻公　心悅公長子生乾隆庚寅年九月廿九日寅時卒道光癸未年正月初七日卯時罐塋山後格石皮按坐艮向坤兼寅申

必堪公　心悅公次子生乾隆癸巳年十二月十二日寅時乙卯大饑往泉城身亡

必墩公　心悅公三子生乾乾丙申年七月廿八日酉時卒缺塋垻腰坪

必留公　芳時公子生乾隆癸卯年九月初五日寅時卒道光乙巳年五月十八日卯時塋垻腰坪坐向子午癸丁

必篤公　叶吉公長子生乾隆癸卯年五月十九日申時卒道光年間塋在南澳

必鑾公　叶吉公次子生乾隆甲寅年五月十二日卒光緒乙亥年十一月

二十日吉時塋山後格石皮垵
娶惠安林謹娘生嘉慶乙丑年十二月廿五日酉時卒同治甲戌年二月
廿八日巳時塋壩腰坪坐向丑未艮坤
養男　先進　先令
必葵公號向日　行義公子生嘉慶壬申年三月十五日吉時卒光緒壬午
年六月十九日子時塋本山大垵格内坐向乙辛辰戌
妣坑園戴春娘謚長吉生道光癸未年九月廿四日巳時卒光緒丙申年
九月初三日巳時塋本山石皮垵坐向甲庚卯酉
男先川兼嗣弟必尺　先沈殤
女　秋娘配英橋陳
必尺公　行義公次子生嘉慶乙亥年八月十八日午時卒道光丙申年八
月十五日塋在永定

男先川兄必癸子兼祧

必鑽公號彌堅　兆世公子生道光戊子年九月廿三日午時卒光緒庚寅年二月初二日寅時塟重慶園坐向艮坤丑未

養男　先再興

西四房三弈山公派周龍頭柱

必步公　兆看公養子生道光年間外出華封不回卒塟缺

必炎公字興樸號麗日　清順公長子生乾隆戊子年七月初三日巳時卒道光辛卯年三月初五日戌時塟文章山大材崙坐向巳亥巽乾

妣李粉娘謚美飾生乾隆丁亥年七月廿七日午時卒嘉慶丁丑年九月廿四日寅時塟文章山大才崙路頂附麗日公墓右坐向巳亥巽乾

男　先選　先龎　先南　先成殤　先經殤

女　驕娘配胡西草埔頭陳　春娘配烏垵林

必蜂公字興釀號良密　清順公八子生乾隆庚寅年十二月二十日寅時卒道光戊子年七月十五日酉時塟文章山崩坪垵坐酉向卯兼辛乙

妣下曾許弈娘謚徽柔生乾隆丙申年十月初七日申時卒道光癸巳年六月十九日申時塟文章山大才崙坐巽向乾兼巳亥

男　先水　先　出嗣弟成功

女　柳娘配下宅陳

必圓公字興蒲號正團　清順公三子生乾隆丁酉年正月十二日戌時卒道光丙申年十一月十四日亥時塟重慶崙尾

妣林智娘生乾隆辛丑年五月初八日申時卒道光戊子年八月初一日午時塟客鈸內外崙邊坐戌向辰後改坐辰向戌

男　先章　先囂出嗣兆助為孫　先壳　先𧭈出嗣必秾

女　栗娘配胡西陳

太學生成萬公乳名必全字興龍號純玉　脩軒公長子強仕之年援例入雍優游里巷雜務不紛生乾隆戊子年十一廿三日午時卒道光癸巳年六月十五日辰時塋文章山大垵格内敬德林氏墓右畔坐向艮坤丑未

先娶謝劉娘幼亡

妣中房張味娘謚柔慎　國學生松柏公女生乾隆庚寅年三月初十日未時卒嘉慶戊辰年六月初二日未時移塋本山崩坪垵口坐向壬丙亥巳

又妣古坑黃卯娘謚柔金生乾隆庚寅年八月廿四日辰時卒道光癸卯年十二月十四日卯時塋大垵格内成萬公墓右坐向艮坤丑未

男　先兆　先詩　先雨　先賜　先粕　先六

女 勤娘配梗坑温 配娘配古林雷乞觀俱張氏出

清例貢生成時公乳名必聘字興待號儒珍 脩軒公次子自少岐嶷篤志韜略遇試屢奪前矛年登三十七援例入成均生平樂善好施尊師重傅都人士咸尊重之生乾隆辛卯年六月初五日辰時卒道光壬辰年正月初八日亥時䊀塟本鄉郭山墘坐向辛乙酉卯

妣胡西陳兩娘謚柔儀生乾隆壬辰年十一月初五日辰時卒咸豐癸丑年十二月十六日巳時享年八十一塟文章山大垵格内坐向子午壬丙

男 先飯 先東 先開拔 先開藻

女 愍娘配舊門舉人呂廷琮三男鍾舍 快娘配古林監生雷應光長男業儒意昌

知來 修軒公子生乾隆丙申年五月廿五日亥時卒壬寅年䊀塟山后格石皮垵崙坐巽乾辰戌

清太學生成功公乳名必拱字興揖號端翼　修軒公三子自少學習經史繼文精熟韜略歷試　恩邵葉方四宗師未售其志緣膺家務至三十七歲援例入雍曾鼎力重修大小宗以及命次男修成譜稿延師課督子弟姪輩丕承父兄書香之志謂非人傑也哉生乾隆丙午年三月廿七日寅時卒道光戊申年六月初十日申時塋本鄉頂郭山墘坐向庚甲申寅有豎碑為記

妣下宅陳忍娘謚柔濟賦性柔順深詣閨範歷延名師多載禮義可風皆善內助以成之也生乾隆丁未年正月廿五日寅時卒道光己丑年十月廿六日戌時與公仝塋

又妣余質娘謚柔直生乾隆癸丑年七月十九日戌時卒道光甲午年十二月初四日戌時

又妣古坑黃廂娘謚柔美生嘉慶丙辰年十一月廿八日吉時卒道光戊

申年正月廿七日寅時與柔直余氏仝塋本山崩坪垵坐向庚甲申寅

男　先茳（兄必蜂子入嗣）　先蓮　先蓀　先華　先葵　先著　先茵

女　香娘配舊門國學生呂軒觀孫屢觀　佔娘配八尺盛玉觀　長娘

配下宅陳福觀（俱陳氏出）

必振忠公（字）興玆（號）好古　脩軒公四子業儒生嘉慶乙丑年又六月廿一

日午時卒同治庚午年十月廿二日酉時塟虎探頭坐向壬丙亥巳

妣文章廖便娘謚柔分生嘉慶戊辰年五月十一日酉時卒光緒丙子年

六月初四日申時塟水格坐向午子丁癸

男　先望（殤）　先棟　先烏悛　先補　先敷（養外出）

女　肅娘配下宅鄉賓陳君觀長孫

必椅公（字）興桐（號）中立　榮齋公長子生乾隆乙未年四月廿七日戌時卒

嘉慶丙寅二月十九日申時塟文章山挑水垵崙坐向丙壬巳亥

妣溪東林錦娘謚美金生乾隆乙未年四月初二日未時卒咸豐甲寅年
七月三十日申時塟大材崙邊路頂坐巽向乾兼辰戌
男　先格　先情　先集　先義殤　先若殤
女　挾娘配山頭染布葉

必棹公字興漢號超亭　榮齋公次子業儒才學聰明熟讀經書善草法精
匾字生乾隆己亥年十一月廿二日戌時卒道光戊申年二月廿二日寅
時塟短崙仔邊坐向辛乙戌辰
妣蘇坑陳好娘謚淑勤生乾隆戊戌年九月初七日午時卒嘉慶甲子年
七月十二日巳時塟山後格頭路頂坐向丙壬巳亥
又妣內呷李雙娘謚溫柔生乾隆乙未年又十月廿八日午時卒嘉慶丁
卯年七月廿七日申時塟重慶樹林口中崙邊坐缺
又妣泉城何延娘謚良成生乾隆癸卯年十二月廿六日丑時卒道光丁

酉年二月廿九日辰時塟山後格邊淑勤陳氏墓下坐向丙壬巳亥

男　先禮殤陳氏出　先瓊瑤何氏出

女　長配杏塘陳墀次男　次配大份溫俱陳氏出　三配內呷李　四配胡西陳
園觀　五配半山陳俱何氏出

必桂公號標香　榮齋公三子生乾隆辛亥年十一月廿六日吉時卒嘉慶
丁丑年七月十七日午時塟在南澳

必賢公字興德號良能　巳任公長子髫齡失怙事母孝處弟友生乾隆甲
午年七月二十三日卯時卒道光癸卯年六月十三日午時塟山后格杉
林崙坐向乾巽戌辰

妣大坪陳曉娘謚貞悟生乾隆癸巳年十月十一日午時卒咸豐丁巳年
九月初三日巳時塟山後格杉林崙坐辛向乙

男　先賀　先抱　先遠出嗣弟必悔　先旁出嗣弟必亮　先江　先待殤

必悔公字興祿號永吉　巳任公次子生乾隆丁酉年六月十五日卯時卒
嘉慶巳卯年二月初十日申時塟蜈蚣牙邊坐巽向乾
妣英橋陳月娘謚恬德生乾隆丁酉年正月十九日辰時卒嘉慶辛未年
八月廿九日申時塟文章山尊字崙路頂坐向庚甲酉卯
男　先遠兄必賢三子入嗣
女　狠娘配白墓林　巧娘殤
心亮公字興采號邦俊　巳任公三子業儒靈敏謹恪和陸鄉鄰晚歲善擇
吉日生乾隆庚子年四月十二日巳時卒道光甲辰年十二月十七日卯
時移塟下赤墓坪坐向丙壬巳亥
妣后垵林險娘謚貞靜生乾隆辛丑年七七月初一日卯時卒道光丙午
年二月初三日戌時移塟挑水垵坐向坤艮申寅
男　先磋殤　先旁兄必賢四子入嗣　先秦　先沛　先果

女　喜娘配曾埧柯寅觀　尾娘殤　埋土地泉

必唐公　巳任公子生乾隆乙巳年九月初六日未時殤　壬子年四月廿九日埋沽美山馬路頂

必春公字興服號旣成　儀容公長子生乾隆癸巳年六月十五日申時卒道光庚子年二月廿四日子時塟文章山客拔内坐卯向酉

妣胡西陳素娘謚端莊生乾隆乙未年三月初一日午時卒道光乙酉年三月十八日寅時塟文章山杉林紅面坐向巽乾辰戍

男　先和　先蟳　先相　先獅

女　簪娘適半嶺林算觀　乖娘配湯岸盛照觀　單娘殤

必勅公字興脩號高山　儀容公次子生乾隆乙未年九月十五日卯時卒嘉慶丙子年又六月二十日巳時塟水鬼簑格崙頭坐向丙壬午子

妣陳氣娘謚勤慎生乾隆乙未年八月初四日戌時卒嘉慶丁卯年六月

初五日未時塟文章山杉林內坐向乙辛辰戌

男　先胖　先緘

女　錯娘配杉仔尾陳

必世哲　儀容公子殤　埋築格大崙尾冬田頂坐午向子

必輾公字興側號轉思　儀容公三子生乾隆己酉年四月初六日辰時卒

光緒丁丑年八月初三日卯時罐塟本山客鈸內坐向寅申甲庚

妣山兜黃續娘謚純誠生乾隆辛亥年五月初十日丑時卒咸豐己未年

三月廿一日寅時移塟山後格頂赤墓坪下坐向申寅庚甲

男　先賞養　先汝　先僂

女　朐娘　所娘俱殤　善娘配雙春陳銃觀

必鈁公字興鉎號仰成　儀容公四子生乾隆乙卯年十月十二日辰時卒

同治壬戌年七月初十日戌時罐葬本鄉垻腰邊坐向壬丙子午

妣鳳坡梁寬娘諡純美生嘉慶丁巳年二月廿六日辰時卒道光丙申年九月十五日未時塟重慶崙坐向艮坤寅申
又妣大份溫招娘諡純寶生嘉慶丙寅年五月初五日未時卒道光壬寅年六月初六日子時塟文章山大材崙路頂坐向乙辛辰戌
又妣仙鄉郭芍娘諡純德生嘉慶丁巳年九月十七日戌時卒光緒庚辰年十一月十九日巳時塟山後格客鈸外坐向乙辛卯酉
男　先璇殤　先鈄　先攄　先嶽俱梁氏出　先趌溫氏出

必老公字興敬號名山　儀容公五子生嘉慶戊午年六月十三日未時卒光緒丁丑年五月十八日辰時享年八十塟本山頂赤墓坪坐向酉卯庚甲
妣文章廖勸娘諡純勉生嘉慶己未年五月廿二日酉時卒光緒辛巳年又七月初四日辰時享年八十三塟本山下赤墓坪坐向酉卯庚甲

男　先引　先浸　先廣

女　醒娘殤　肴娘配下宅陳程觀

必佃公　信仁公子生乾隆丁未年正月十六日丑時卒嘉慶癸酉年七月廿九日未時塟山後格石皮垵崙坐向乙辛辰戌

必篇公號行賓　兆炮公長子生乾隆乙巳年七月初六日戌時卒嘉慶辛未年九月初四日巳時塟海澄縣竹仔街後河溝邊

必買公　兆炮公次子生嘉慶己未年五月初十日午時住海澄溪頭街伽藍公庵邊不回卒塟缺

妣李進娘生嘉慶庚辰年四月初四日酉時卒塟缺

男　先軋兄必金次子入嗣　養男　梓南

養女來娘配缺

必長公　體泰公子生乾隆甲辰年十二月初六日戌時卒道光丁酉年八

月初一日卯時葬海澄港口娘仔宮
必金公字興珠號玉振　席珍公子生乾隆壬子年七月初四日寅時卒道
光癸巳年三月廿三日卯時葬臺灣嘉義
妣陳足娘生乾隆癸丑年十二月初九日寅時卒咸豐丁巳年五月初七
日寅時葬海澄
男　先漢　先軋嗣弟必買　先借
女　孌娘配内呷李
必挨公　有升公子生乾隆乙卯年三月廿三日吉時往臺新笨港葬缺
必剪公　後登公子生嘉慶丙寅年七月廿一日午時與母還居閩清碗窯
必綿公號長富　清禮公子生嘉慶申年十一月初二日戌時卒道光庚寅
卒葬缺
年十二月廿一日巳時葬文章山大材崙大坵田頂坐向酉卯甲庚

男　先埕兄必君次子入嗣　先繫弟必学長子入嗣賣出

必君公號大有　有味公子生乾隆庚戌年十二月廿九日巳時卒道光癸卯年三月十三子時塋文章山崩坪埈坐向乾巽亥巳

妣山後郭𥝱娘謚順意生乾隆巳酉年九月廿一日午時卒同治己巳年七月十九日巳時塋山後格頭坐向甲庚寅申

男　先睨　先虔殤　先埕嗣弟必綿

女　慰娘生道光癸未年十二月十五日寅時卒道光乙巳年十月初七日巳時未嫁卒在家塋山后格尊字崙頭路附近祖姆莊氏墓右畔

必学公　盈鍾公子生嘉慶癸亥年十二月十二日戌時卒咸豐庚申年七月廿四日未時塋後垵頂坐向辛乙戌辰

妣惠安鄭試謚得意生嘉慶丁丑年九月二十日寅時卒道光丙午年十月初一日寅時塋重慶山脚坐　向　兼甲庚

男　先繫嗣兄必綿
女　趁娘配坑園陳
必默公字興容號心存　懷玉公長子生乾隆辛卯年七月十五日子時卒
道光癸卯年十一月廿八日戌時塟山後格大才下坐戌向辰
妣陳近娘謚於禮生乾隆壬辰年十二月廿八日酉時卒咸豐甲寅年九
月廿五日午時塟三脚木坐壬向丙
男　先恥　先龍　先鈸出嗣弟必魚　先瞞　先招俱出嗣必甚　先強
女　梅娘配馬洋林
必實公字興信號充積　懷玉公次子生乾隆乙未年八月初一日寅時卒
嘉慶丁丑年四月初二日戌時塟文章山客拔格坐向癸丁丑未
妣劉林余玉娘生乾隆戊申年七月廿三日巳時卒道光丙午年三月十
五日卯時塟重慶院脚坐向寅申

男　先礁

女　曲娘配劉林侯

必蕎公字興書號嘉珍　懷玉公三子生乾隆戊戌年正月初三日酉時卒

道光戊申年二月十八日亥時塟山後格大才垵頭坐酉向卯

妣吳險娘謚安行生乾隆丁未年十月初三日辰時卒嘉慶乙亥年十月

十四日午時塟文章山竹嵩崙坐向乙辛辰戌

男　先竹

女　謹娘配古宅吳端觀

必魚公字興躍號于淵　懷玉公四子生乾隆庚子年十一月初三日辰時

卒道光癸未年三月二十日辰時塟山后格大坵田坐向丙壬己亥

娶李氏改節

男　先鈹兄必默三子入嗣　先鋪出嗣必如房

女　究娘配單洋陳　齊娘配劉林侯

必齊公　道生公長子生乾隆癸卯年九月廿三日戌時卒道光戊戌年二月初一日巳時塋重慶坑仔口坐東向西

必剖公　道生公次子生乾隆壬子年三月十九日丑時道光甲辰年七月十五夜攜子及幼婦往順昌縣不回卒塋缺

妣林染娘生嘉慶庚申年正月初十日酉時卒道光甲辰年四月十三日丑時塋重慶坑仔口坐癸向丁

男　先𡍣

女　柳娘配大坋温

必秋公　施澤公長子生乾隆己酉年六月十一日戌時卒塋在詔安

必解公　施澤公次子生嘉慶丙辰年六月廿三日子時外出南灣卒塋缺

必琴公　施澤公三子生嘉慶庚申年月日莫考卒塋在廣東停海

必按公　兆劣公長子生嘉慶丙辰年六月廿三日丑時遷居大田桃源卒
咸豐戊午年七月廿二日　時塋在桃
妣文章許市娘生嘉慶辛酉年十月廿九日申時卒塋在桃源
男　先罩　先臘　先佛
女　乖娘配古坑黃　佔娘配文章寨陳
必山公　兆捋公次子生嘉慶丙寅年十二月初五日酉時遷居沙縣西門
外卒塋缺
妣吳埔山陳睡娘生嘉慶戊寅年五月二十日巳時卒塋在沙縣
男　先來
必熬公　兆捋公三子生嘉慶辛未年十二月二十日辰時卒塋在南灣
必砵公　裕後公長子生嘉慶庚甲年九月二十日午時卒道光甲午年九
月初一日辰時塋永定

男　先闊 胞弟必對三子兼嗣

必對公 字 興墀 號 善問　裕後公次子生嘉慶癸亥年五月初二日寅時卒
同治乙丑年十一月初四日未時塋山後格竹篙龍脚坐向艮坤寅申
妣郭井林涼娘謚純直生道光辛巳年十二月十二日子時卒同治癸酉
年七月廿二日午時塋山後格頂赤墓坪坐向坤艮未丑
男　先晉　先棕　先闊 兼嗣兄必[illegible]　先悅
女　向娘[illegible]　倏娘配坊前黄

必盤公　兆廟公長子生嘉慶癸亥年六月十八日子時卒道光丙申年十
二月廿八日卯時塋沽美山外垵口

必潤公　兆廟公次子生嘉慶庚辰年七月初十日酉時往沙縣西門外卒
塋缺

必波公　兆操公子從父母不知所往卒塋缺

必護公　兆髫公長子生嘉慶戊午年月日時外出臺灣艋甲街

必衫公　兆髫公次子生嘉慶丙寅年往臺不回卒塟缺
妣臺氏俱不回卒塟俱缺

必欣公　兆嘯公子生乾隆乙卯年六月廿三日未時外出桃源卒咸豐三年七月日時塟在桃源

必八公　兆池公子生嘉慶辛未閏三月初三日未時外出詔安不回卒塟缺

必務公　兆田公嗣子生嘉慶癸亥年九月初十日申時殤嘉慶丙子年六月二十日酉時塟沽美山馬路頭

弈山公石仔柱

必干公　兆胎公長子生乾隆甲寅年三月廿五日寅時卒塋缺

必縣公　兆胎公次子生嘉慶庚申年正月廿五日寅時道光廿四年往臺

萬丹街尾卒廿六年四月初四日塋萬丹

必愿公字興甘　兆見公子生嘉慶己未年五月十一日卯時卒道光乙未

年七月初二日巳時塋重慶園坐向寅申艮坤

必瑶公字興琴　兆胏公子生嘉慶庚午年七月廿一日子時卒道光乙未

年四月初一日卯時塋重慶坑仔口

娶陳氏改節

必蠔公　兆葉公嗣子生嘉慶戊辰年十月十九日酉時卒道光乙巳年四

月初四日酉時塋竹篙龍邊坐北向南

妣林惜娘謚愛慕生嘉慶辛未年三月十二日寅時卒道光丁酉年九月

初十日辰時塟重慶坑仔口埈邊坐東向西
養男　先冬
女　探娘適半嶺林　盡娘配澳下盧
必齡公　兆瓜公子生嘉慶庚午年四月初六日酉時卒道光戊子年十月
十四日卯時塟本都格外官山
養男　富成　名譽
必賭公　兆侶公長子生嘉慶丙寅年三月十八日申時卒道光年間塟永
定中心坪
必柏公　兆侶公次子生道光甲申年七月初二日酉時卒光緒丙戌年六
月廿一日未時塟壩腰坪坐向甲庚寅申
妣劉杞楊娘生嘉慶己卯年七月十四日卯時卒光緒戊戌年十二月初
九日寅時塟壩腰坪坐向癸丁子午

養男　來發

必貺公　兆甜公長子生嘉慶年間月日時缺充行伍往臺卒塋缺

必積公　兆甜公次子生道光甲申年月日時缺在泉城主傀儡班不回卒

塋缺

西四房終

国家出版基金項目
NATIONAL PUBLICATION FOUNDATION

海上絲綢之路文獻集成

總主編　陳支平　陳春聲

民間譜牒編　73

主編　林　楓

海峽出版發行集團
THE STRAITS PUBLISHING & DISTRIBUTING GROUP
福建人民出版社

本册目次

〔福建南安〕南安霞錦洪氏族譜二十卷首一卷存十九卷（世紀卷一一至世紀卷一三）

吴培奇纂修

南安霞錦洪氏族譜世紀

卷十一

南安霞錦洪氏族譜世紀卷十一

十三世西三房長之長房長　良琬公派仙井柱

清當漢公字成業號建興　先擕公長生嘉慶戊寅年十月十三日寅時卒光緒丙戌年八月初三日亥時塟觀光尖後坐向丁癸午子

妣溪東林富娘生道光乙酉年十月初八日巳時卒同治乙亥年二月廿二日辰時塟大崙下叫仔尾坐向丑未癸丁

男　慎浸　慎沙　慎漠

女　取娘配鳳坡梁

當潑公字成河　先擕公次子生嘉慶庚辰年十二月初九日寅時卒光緒甲申年十一月初一日吉時塟在台

妣鳳坡梁引娘生道光乙酉年七月十一日辰時卒宣統巳酉年六月廿五日辰時塟大崙頭

男　慎帛　慎挺 養

女　瓜娘配坑園戴

當高公 號 淵深　先攜公三子生道光戊子年四月廿四日巳時卒光緒壬辰年六月廿二日酉時塋山后格頭坐向巽乾巳亥

妣陳劉娘生道光戊戌年十一月初三日寅時卒光緒庚子年又八月十八日申時塋新寨脚路下坐向酉卯辛乙

男　慎啓 養　慎雨

當諒公　先攜公四子生道光丙申年七月十九日酉時卒光緒己丑年十一月初四日戌時塋大坵田脚

當沛公 字 成澤 號 若霖　先混公長子生道光丙戌年十月初三日亥時卒光緒庚辰年九月廿一日戌時塋山後格短崙仔坐向丁癸午子

妣小余蔡且娘生道光辛卯年五月十二巳時卒光緒甲辰年八月初二

日申時塟大崙頭坐向艮坤寅申
男　愼昭　愼穆　愼三律殤愼只殤
女　長完娘配下宅陳　次尾娘配三錦美陳
當洪公號若水　先混公次子生道光巳丑年六月初二日亥時卒光緒戊
寅年九月十八日亥時塟金字面按脚坐乾巽亥巳
當漳公　先混公三子生道光丁未年九月十二日巳時卒光緒己丑年十
月十七日戌時塟金字面脚坐向辛乙戌辰
當僤公　先純公長子生道光丁亥年十二月廿二日申時殤
當佐公字成佑　先純公次子生道光己亥年九月初六日未時卒光緒己
亥年十月廿一日巳時塟新寨尾坐西向東
娶大廷戴香娘生道光壬寅年正月十六日申時卒塟缺
男　愼英　愼儒

女　近娘配鳳坡梁　次兼娘配坑園陳

當伙公號龍師　先純公三子生道光戊申年六月初二日酉時卒光緒己亥年九月初三日巳時塟沽美山

妣溪東林網娘生咸豐壬子年正月十四日辰時卒同治戊辰年六月初三日酉時塟草絹尾與母陳氏合塟

當謀公字成謨　先璉公子生道光庚子年六月初五日卯時卒宣統庚戌年十一月初五日申時塟山后格大崙尾

妣大庭戴泳娘生道光壬寅年十一月廿五日申時卒宣統己酉年六月初三日卯時塟山后格大崙頭

男　慎國　慎八繼承堂叔先衆公爲嗣孫殇　慎導

女　斷娘配佃坂楊　次發娘配大庭戴　三截娘配溪東林

當祚公　先珍公長子生道光庚戌年正月初一日辰時卒光緒癸未年二

月廿三日辰時葬新寨脚田頂

當礽公　先珍公次子生咸豐辛亥年八月十三日酉時卒同治甲戌年六月初五日未時葬石門内

當桃公　先前公長子生咸豐壬子年二月十一日亥時卒光緒乙酉年八月廿四日巳時葬新寨脚

妣大庭戴胚娘生同治戊辰年十一月十七日吉時卒光緒辛丑年八月廿三日申時葬新寨

女　姜娘殤

當錦公　先前公次子生咸豐丙辰年二月廿三日己時卒葬缺

當玉公　先前公三子生咸豐己未年十二月初九日卯時卒光緒甲辰年九月廿七日辰時葬新寨

男　慎選養

當球公　先傍公長子生咸豐甲寅年七月十八日巳時殤

當掌公　先傍公次子生咸豐庚申年二月十九日寅時卒光緒辛巳年十
一月初五日吉時塟山後格石皮垵

當藜公　公傍公三子生同治壬戌年九月廿六日申時卒光緒甲午年九
月十三日亥時塟台北頂港

當老彭　先傍公四子生同治乙丑年十一月廿五日亥時卒塟缺

當巧公字成辨　先傍公五子生同治戊辰年十一月初八日未時卒塟缺
妣馬頭洋陳良娘生光緒壬午年四月十二日寅時卒光緒戊戌年三月
十五日午時塟沽美山坐西向東
又娶中房張斷娘生光緒乙亥年十二月廿五日丑時卒塟缺
養男　慎切實

當輝公　先　公六子生光緒丙子年三月十四日巳時卒光緒甲午年九

月初六日亥時塟台北頂港

當秋公　先計公長子外出生卒塟缺

當守公　先計公次子外出生卒塟缺

西三房長之長房二　良明公派　美茂柱

當簿公　先朝二公長子生同治甲子年三月初九日寅時卒光緒甲午年十一月二十日子時塟新寨

娶大庭戴好娘生同治戊辰年二月十一日寅時卒缺

女　麥娘殤　次蠔娘配溪東林

文章公　先朝二公次子生同治辛未年四月十二日午時卒光緒年缺七月廿五日巳時塟新寨

當得公　先扮公子生道光甲辰年十一月十三日戌時卒缺

當穩公　昭鳳公嗣子生光緒年間殤

當晏公　先銈長子生光緒甲辰年十月廿六日酉時卒塋缺

娶內呷李盉娘 出

又娶小岵陳葱娘生宣統己酉年五月十七日申時

男　烏明 出承當卦 衍派

當卦　先　公次子生光緒丙午年九月初九日戌時

娶馬洋林香娘生民國申寅年十月初五日酉時

男　烏明 當晏子入承

當溫公　先正公長子生光緒壬午年六月初八日已時卒光緒乙巳年十二月三十日吉時塋在南洋

當浮公　先正公次子生光緒丙戌年十二月廿三日卯時卒塋缺

瑞琳公 字 成琪　先士公子生光緒癸卯年十二月廿四日辰時

妣葉秀英生民國癸丑年十一月十六日午時卒民國丁丑六月十九日
戌時塟石門坐東向西
又娶戴桃娘生宣統庚戌年五月十六日午時
男　樹立　典才
女　素花配社壇葉　素貞配山頭黄
當杯公　先硈公長子生光緒己卯年六月初七日酉時卒光緒乙巳年十
二月十八日吉時塟新寨坐向申寅庚甲
妣舊門呂切娘生光緒己卯年十二月廿六日丑時卒光緒癸卯年三月
十九日丑時塟新寨坐向坤艮申寅
又娶林柄陳親娘生光緒丙戌年十一月廿八日吉時
男　長慎咸呂氏出　次慎淼養　三兇絲　四全和兼嗣當富
女　掬娘殤　秀鸞配坑園陳　玉蘭配坑園陳　養女張因娘殤

當洽公　先砶公次子生光緒庚辰年九月十七日子時卒民國丙寅年十二月十二日塟南洋

幼娶林𧌑娘殤

娶舊門吕晚娘生光緒壬辰年吉月吉日吉時

男　酒鐘

當富公　先砶公養三子生光緒甲申年八月廿六日卒民國乙亥年正月廿五日申時塟金字面

男　全和當杯子兼承

當近公字成悦　先行公長子生光緒乙酉年四月初十日辰時卒民國己未年八月廿七日卯時塟沽美山

娶鳳坡梁姐娘生光緒壬辰年五月廿一日卯時卒民國癸酉年八月十六日戌時塟南洋

男　武才　武固　瓊瑤殤

當柑公　先行公次子生光緒甲午年九月十五日巳時卒光緒己亥年六月初七日午時塟沽美山

當勸公　先行公三子兼嗣弟先碑生光緒辛丑年四月十九日亥時卒民國甲寅年　月　日　時塟缺

當往公　先漏公子生光緒年　月　日　時缺卒光緒丙午年四月初三日卯時埋沽美山

當菁公　先漏公養次子生光緒乙未年十月廿五日丑時卒民國戊寅年九月初二日辰時塟新寨

娶大庭戴靖娘生光緒己亥年正月廿三日寅時

男　仁思殤　福全　福明殤　福山兼承富成　福端　福侯

女　梅英配林柄陳　秀枝配德化　梅枝殤

合呈公　先衢公長子生光緒年缺三月廿九日午時卒光緒年缺七月二十日巳時

男　慎孟珠（養）　慎憂（殤）

當富成　先衢公次子兼嗣弟先攄生光緒辛丑年十二月初八日辰時

娶南洋葉娘生卒缺

男　福山（當菁次子兼承）

當元公　先最公子生同治甲戌年十月廿十日亥時卒光緒甲辰十二月十二日吉時塋石門內

娶社厝黃綢娘（改節）

男　澤民（當燧次子兼承）

當恭公（字）成寬　先措公長子兼嗣兄先尊生同治癸酉年六月廿三日辰時卒民國己未年二月三十日辰時塋石門坐向丙壬巳亥

妣舊門呂玉娘生光緒甲申年九月初十日申時卒民國壬午年正月廿
九日戌時塟石門坐午子丁癸
男　慎河　慎錦錯　熙傳殤　烏冰出承先尊派
女　知娘配溪東林
當伋公字成乃　先操公次子生光緒乙亥年六月廿五日申時卒光緒丁
未年四月十八日寅時塟石門
妣文章陳晟娘生光緒丁亥年七月二十日吉時卒民國癸未年四月廿
一日子時塟石門
男　慎滿水殤　垂宗養　慎俊養
當鈐字成珠　先措公三子生光緒戊寅年七月三十日卯時卒民國丙辰
年六月初十日辰時塟石門
娶馬洋林白娘生光緒己丑年七月廿二日戌時

男　慎垂懿 養　慎扁　長成

當糍公 字 成米　先措公四子生光緒乙酉年二月十六日申時卒民國癸
未年八月初八日子時塋石門
娶溪東林慶娘生光緒己丑年十一月初七日子時
男　慎垂標　澤民 兼承當元　文榮　榮忠　澤泉 兼承當茶　澤思 殤　榮華 殤
女　菜娘 殤　兼娘 配格子陳　桂英 配南無石陳

當斤公　先註公子生光緒甲午年十月初七日巳時卒光緒壬寅年六月
廿四日寅時

當茶公 字 成種　先納公子生光緒辛卯年七月廿三日未時在南洋卒民
國年缺十月初三日吉時
男　澤泉 當　子兼承

良明公派美成柱

當熊公（字）成羆　豐滿公子生咸豐戊午年六月十六日未時卒民國乙卯年正月十八日子時葬石門山坐向寅申甲庚

妣内呷李密娘生咸豐己未年十月十六日申時卒民國丙子年三月十二日戌時葬石門大燈山坐向子午癸丁

男　慎象　慎盤（出嗣叔先光爲孫）　慎文獻

女　秧娘（殤）

清太學生（諱）鎮國（乳名）當虫（字）成鱗（號）錫爵　絲絮公子生道光壬寅年正月廿一日午時卒光緒丙午年五月初九日酉時葬山後格烏塗坑冬田中内坐向甲庚卯酉外辰戌乙辛有給字附外

妣舊門呂雲娘生道光丙午年正月初一日寅時卒光緒戊申年十一月廿九日酉時葬山后格大崙尾繳仔外後改葬大垃田下坐巳向亥兼丙

壬

男 慎殿 慎炮 慎翼出嗣當嵛殤

女 端娘配鳳梁 次醒娘配中房張 三石娘配溪東林

（附給字） 仝立給字人永春十二都長岸鄉戴田喜田染光周光秋等有承祖管得冬田乙坵不等坵土名坐在山後格烏塗坑尾份今因欠銀公用衆人相議托中就與南邑十一都下坂鄉

洪殿觀上出給字銀伍拾大員即日仝中修明其冬田內聽銀主開築風水一穴剪作砂水成墳塋親不敢阻當保此冬田係是承祖物業與他人無干並無不明為礙如有來歷不明戴田喜 田染 光周 光秋等自出抵當不干銀主之事日後亦不敢私造鑿傷此係甘心兩愿各無反悔不敢異言生端等情今欲有憑仝立給字壹紙付執存炤

光秋

光周
田喜
田染

光緒叁拾叁年十一月　日仝立給字人永春長岸鄉戴

中人坑園鄉陳　孝雖官
孝杞官

知見戴金充
代書戴周

當避公字成溪　龍揚公子生光緒癸未年八月三十日寅時卒塋缺
娶李帳娘出
當軋公　佳色公子生同治癸亥年二月十一日申時卒光緒戊戌年三月初五日未時塋沽美山垵窩口
妣中房張挺娘生同治丁卯年十月初四日辰時卒民國丙子年二月廿

一日巳時塟石門

男　慎鈞

女　仟娘配溪東林

當檀公號清香　先茂公子生道光丙戌年七月二十日酉時卒光緒丙午年四月初十日戌時塟石門山石公邊坐向巽乾巳亥

男　慎朝養

寬柔公　先茂公次子生道光戊戌年二月廿二日巳時卒同治庚午年十一月廿九日吉時塟沽美山

當護持公號輔翊　秋闈公長子生道光乙巳年三月初六日午時卒同治己巳年九月十六日巳時塟石門繳仔尾坐向丙壬午子

妣大垻方呢娘生道光丙午年七月廿九日吉時卒民國丁卯年七月廿五日寅時塟金字面

男　慎暉秀　慎桃源殤

當騫公字成孝　秋閬公次子生道光己酉年三月廿三日卯時卒光緒戊子年六月初九日巳時塟新寨頭坐辛乙戌辰

娶坊前黃領娘生咸豐辛亥年七月廿八日酉時卒民國庚午年正月廿七日酉時塟石門

男　慎翼殤　承繼孫思祿胞侄暉秀子入嗣

富主公　秋閬公三子生咸豐甲寅年十一月十二日巳時卒光緒辛丑年六月廿一日辰時塟沽美山坐東向西

當摽公字成榜　秋閬公四子生咸豐丁巳年八月廿八日酉時卒光緒己丑年二月十六日巳時塟石門內中垵石公下坐向巽乾巳亥

妣大庭戴快娘生咸豐丙辰年十一月初七日吉時卒光緒巳亥年五月十四日未時塟沽美山垵窩坐向北

男　慎鮑殤

女　綢娘配溪東田墘林　次裁娘配溪東庵埔林　三草娘殤　四嬌

娘配中房張

當頓公號振亨　在田公長子生咸豐壬子年十二月廿八日丑時卒光緒

丙午年四月廿七日未時葬長岸湖崙坐向乾巽戌辰

娶尾埔馬惔娘生咸豐辛亥年十一月初一日寅時卒民國丁卯年十月

初八日丑時與公合塋

男　慎丟來　慎堯出嗣弟當權棄嗣當昧　慎秋

女　六娘配囦口戴

乃登公字成聯　在田公次子生咸豐丙辰年五月廿一日巳時卒光緒癸

未年八月初八日戌時塋新寨樹林口坐向乾巽亥巳

娶林氏出

男　愼照

當權公　在田公三子生咸豐庚申年九月十四日辰時卒光緒辛卯八月十七酉時塟南洋石叻

男　愼堯兄當頡子兼嗣

當昧公　在田公四子生同治丁卯年五月廿一日辰時卒光緒甲辰年十一月初六日子時塟新寨脚頂坐向庚甲酉卯

男　愼堯兄當頡子兼嗣

清太學生諱寶珍乳名進騰字成輝號雲溪　恆智公長子生咸豐己未年十月廿八日酉時卒民國辛酉年十一月廿三日申時塟山后格騎龍斬坐向丙壬巳亥

妣溪東古山邊林添娘諡慈德生咸豐辛酉年五月廿四日辰時卒光緒庚子年五月廿九日酉時鑵塟山後格石皮垵路頂坐向巳亥巽乾

又妣内呷李銀娘生同治戊辰年正月十六日寅時卒光緒甲辰年五月初四日午時塋重慶新寨路頂坐向申寅庚甲後遷移與弟婦余氏合塋小寨埈坐向壬丙子午

三娶蓬島蘇春娘同治戊辰年正月廿二日申時

男　慎潤　慎滚　慎柱　慎柳兼嗣弟嵩萬　慎燒殤　兆斗殤

女　艮娘配下宅陳倶林氏生

萬物公字戍得　恆智公次子生同治己巳年十月廿三日卯時

妣前坑余貼娘謚勤德生光緒戊寅年二月初一日辰時卒光緒甲辰年正月初五日戍時塋石門内坐乙向辛兼辰戍後遷移與胞嫂李氏合塋小寨埈

兩承男　慎柳兄進勝四子兼嗣

女　娥娘殤

賜福公字成萬號來同　連標公長子生道光庚子年四月初八日午時卒同治丙寅年三月初二日申時塟重慶樹林口中崙坐同艮坤丑未
娶溪東林葉娘生道光甲辰年七月廿三日辰時卒宣統己酉年四月廿九日寅時塟山后格大崙坐申向寅兼庚甲
男　慎敬波　慎贊起出嗣弟當坂
女　實娘配石古林謝

當時公號待聘　連標公次子生道光辛丑年八月初二日戌時卒咸豐辛酉年九月十二日亥時塟赤墓坪
男　慎嗣基當規三子入嗣

當規公字成矩　連標公三子生道光癸卯年九月廿四日戌時卒時光緒丁亥年三月廿三日未時塟羊嶺坑崙尾坐向丁癸午子
娶英橋陳盡娘生道光丙午年八月廿三日吉時卒民國戊辰年十二月

廿九日酉時塟石門

男　慎玉振　慎金聲　慎嗣墓（出嗣當時）　慎嗣興　慎五只

女　完娘配山兜黃

當坂公（號）名義　連標公四子生道光丙午年十一月十七日酉時往外卒

缺

男　慎賛起（兄賜福次子入嗣）

當家業公（字）成基（號）創垂　仁和公長子生道光壬寅年九月十六日寅時

卒光緒乙未年十二月十五日申時塟安南珍吝

妣曾埧張情娘謚孚意生道光癸卯年二月十五日巳時卒光緒戊寅年

八月初十日巳時塟小寨澤垵口

男　慎夢麟　慎傳芳　慎元英　慎元中　慎利元

女　梅娘配坑園美林陳

當嘉猷公字成宣號佈化　仁和公次子生道光戊申年十月初三日未時
卒民國丁己年八月廿九日卯時葬三脚木
妣永春留垵劉七娘生道光戊申年正月初九日吉時卒光緒癸卯年十
二月三十日酉時葬石門山
男　慎百寮　慎百決殤　慎百祿殤　慎宇宙養
女　賽娘配大廷戴　次雍娘配大貝方　三也娘配楓樹林
當談池字成敏號雲龍　仁和公三子業儒生咸豐乙卯年七月廿六日寅
時卒光緒戊申年三月廿六日卯時葬石門
妣下宅雙溪陳心娘生咸豐己未年三月初四日寅時卒民國壬申年七
月初五日寅時葬石門
男　慎提拔　慎焜耀出承進戶
女　挑娘配英橋洋尾陳　次裁娘配溪東林

進户公 字 成門 號 闢乾　仁和公四子生咸豐庚申年八月初一日巳時卒
光緒丁酉年十一月廿四日酉時葬石門山
男　焜耀 談池子入承
謙裕公 字 成亨 號 福遜　多聞公長子生咸豐癸丑年九月十四日巳時卒
光緒甲午年四月初九日辰時葬大燈山坐向甲庚卯酉
娶梁致娘 改節
男　慎汪 弟當清子入嗣
女　長⿰忄存娘　次篇娘俱配大庭戴
清裕公 字 成國　多聞公次子生咸豐己未年九月十三日未時卒宣統辛
亥年二月十七日戌時葬缺
妣西向郭真娘生咸豐辛酉年十月廿一日寅時卒光緒庚子年八月初
十日巳時葬石門内坐向辰戌巽乾

男　慎物格　慎汪（出嗣兄謙裕）　慎悌（殤）　慎堆城（殤）　慎取來（養）　接續

女　娥娘配郭井林　次聘娘配溪東林　三砥娘　四蜂娘

長安公（號）敦仁　多聞公三子生同治甲子年三月廿九日卯時卒光緒乙未年十月十二日未時塋蛇仔崙祖墓内

娶林氏（改天）

謹順公（字）成義（號）仁禮　丕謨公長子咸豐丙辰年六月初六日寅時卒民國戊辰年三月廿六日辰時塋石門大燈山坐向丑未艮坤

妣坑園陳企娘生咸豐辛酉年月日缺卒光緒戊寅年二月十二日酉時塋石門山坐向寅申艮坤

又妣舊門呂看娘號節儉生同治庚午年九月廿七日申時卒民國癸酉年四月初五日辰時塋石門大燈山

男　慎秀松（兼嗣弟嵩廉殤）　慎秀竹（殤）　慎疊舉（兼嗣弟山水）

女　長冬娘殤　次緣娘配舊門呂俱呂氏出　三椒娘配坑園陳

廩賜公號府庫　丕謨公次子生咸豐辛酉年三月廿六日巳時卒光緒庚寅年五月廿三日寅時塟石門山

娶陳氏改天

兩承男　慎秀松兄謹順子兼嗣

山水公號本源　丕　公三子生同治丙寅年五月初二日寅時卒光緒丙戌年十一月廿五日辰時塟長岸湖坐向庚甲酉卯

娶下宅陳白娘號明珠生同治己巳年正月初十日戌時卒民國乙亥年七月十三日巳時塟石門外坐向卯酉甲庚

男　慎疊舉兄謹順子兼嗣　慎善繼殤

女　宣娘配中房張

轉附公字成坤　百志公長子生咸豐丙辰年七月十六日辰時卒光緒戊

申年四月初十日卯時塟石門

妣中房張笑娘謚懿貌生咸豐丁己年二月十六日辰時卒光緒癸卯年

又五月初三日巳時塟山後格大崙坐寅向申兼艮坤

男 慎綢繆 慎束芻殤 慎欽印殤 慎筆調殤 慎庇閭 慎經文殤 慎緯

武殤 慎錡妙出嗣弟當長發

女 爻娘配郭井林 次皆娘殤

長發公字成祥 百志公次子生咸豐庚申年七月十七日卯時卒光緒丁

酉年十月十五日辰時塟南洋加良波

妣大庭戴對娘生同治戊辰年八月廿七日申時卒民國壬戌年十一月

十七日戌時

男 慎錡妙兄當轉附子入嗣

女 灑娘配宮下黃

言詞公字成定號達理　百志公三子生同治丙寅年九月十八日亥時卒光緒己亥年八月二十日未時葬石門內坐向巳亥兼巽乾

娶葉氏改節

垂統公　聯輝公長子生同治庚午年四月廿四日巳時卒光緒戊戌年三月十五日卯時葬漳州小溪

男　慎瓜瓞兄鐫永子兼嗣

樹徙公　聯輝公次子生光緒丁丑年四月十二日戌時卒光緒壬寅年十二月初二吉時葬漳州山城

鐫永公字成從　開玉公長子生同治丙寅年十月十九日寅時卒民國癸丑年六月十九日午時葬石門

娶內呷李褀娘生同治己巳年七月初七日午時卒民國己卯年十二月十二日戌時葬石門

男　慎宰勝 兼嗣弟當餘　慎瓜瓞 兼嗣堂弟垂統

當餘公 號 善慶　開玉公次子生同治壬申年四月十五日巳時卒光緒辛丑年五月十七日未時葬南洋仙仔眼

男　慎宰勝 兄錫永長兼入嗣

毓坤公 字 成乾　日新公長子兼嗣兄天錫公生同治甲戌年十月初二日辰時卒宣統辛亥年七月初三日辰時葬耀米埔

下襲公　日新公次子生光緒丙子年正月三十日酉時卒葬缺

娶漳州平和內山張穆娘生光緒丙戌年月日時卒葬俱缺

超琢公　日新公三子生光緒戊寅年五月廿四日酉時卒民國丙辰年十二月初十日巳時葬缺

當進洋公 字 成芹　瓊華公長子生咸豐己未年十一月十六日未時卒光緒甲午年七月十二日子時葬金字面後

娶葉玉娘改節

男　慎正殤　慎墨順養

當爻公字成六　瓊華公次子生同治乙丑年五月初九日巳時卒光緒戊戌年六月十三日寅時塟南洋

妣馬頭洋陳治娘生同治甲子年十二月初七日未時卒光緒癸卯年十月初四日巳時塟沽美山大路頂

男　慎自在養

當紫公字成燕　瓊華公三子生同治庚午年四月十五日午時卒宣統庚戌年十月廿八日巳時塟山后格大崙頭

妣坑園陳爾娘生同治癸酉年二月廿二日酉時卒民國乙酉年正月廿八日酉時塟與埔山頭

男　慎飲水養兼承當藝　慎洗滌出嗣弟當侯

當藝公　瓊華公四子生光緒己卯年八月初六日寅時卒民國戊子年五
月廿四日寅時
娶梁誨娘殤
又娶下宅陳做娘生光緒己丑年七月十三日酉時
兼承子飲水　承繼孫多進
當侯公　先瓊五子生光緒甲申年九月十一日亥時卒光緒己亥年五月
初四日卯時葬石門山鳳髻尖
男
慎洗滌兄當棠次子兼嗣
當細公　先顏公長子生同治癸亥年二月廿一日戌時卒葬缺
娶郭冬娘　郭乃娘俱殤
後妣德化上坑塗妹娘生同治癸酉年五月初五日酉時卒光緒癸卯年
四月廿九日未時葬石門大垵坐向乙辛辰戌

男　慎田　慎佈　慎樴

當禩公　先顏公次子生同治壬申年三月廿六日巳時卒塋缺

娶德化林配娘生光緒丙子年十一月十五日酉時卒塋缺

男　慎賜

女　信娘殤

當得公　先再添子生同治辛未年二月廿二日巳時卒光緒戊戌年三月十五日吉時塋德化

當到公　先再添次子生卒缺

當基公　先列公子生光緒乙亥年十一月二十日申時卒光緒丁酉年十二月廿八日未時

妣叩緣娘生光緒丁丑年五月初二日巳時卒光緒戊戌年十一月初八日亥時俱塋在德化

當交公　先月公子生光緒己卯年四月十四日未時卒光緒庚子年四月
初十日午時塟新寨
兼嗣子傑氏（當矜兼承）
當長公　先傲長子生光緒丙戌年四月十一日吉時卒光緒己亥年五月
廿五日寅時塟虎形下
兼承子豪傑（當矜子兼承）
當矜公　先傲公次子生光緒己丑年十一月初一日子時卒民國甲申年
五月初二日酉時塟金字面
娶中房張卜娘生光緒庚子年十一月初五日寅時
男　俊傑（養）　傑氏（兼承當交）　豪傑（兼承當長）
女　桂英配下宅陳　桂花配內益李
當錄公　先整公長子生光緒丁丑年正月十六日亥時卒光緒戊戌年四

月十五日塋石門内
妣溪東林勸娘生光緒己卯年十一月廿四日吉時卒光緒戊戌年九月
十七日戌時塋沽美山
當便公字成禎　先整公次子生光緒丙戌年十二月初五日午時卒民國
己巳年八月廿一吉時塋南洋萬鴉佬
妣溪東林案娘生光緒癸巳年六月廿七日卯時卒民國己卯年九月初
四日戌時塋石門
男　國瑞　國章　慎還殤
女　英娘配坑園陳　菊娘配三錦美陳
當跳公　先整公三子兼嗣弟先河生光緒己亥年九月廿三日巳時卒民
國庚辰年六月廿九日辰時塋金字面
娶南洋沙撈娘改天

男　華民

女　秀英配德化林　秀枝配坑園陳

當繾公　先河公子生光緒辛卯年二初五日吉時光緒甲辰年五月初五日巳時塟尾埔溪墩

公跳公　先河公雙承子乃先鏊公三子兼承生卒詳前本支

當硯公　先廣公長子生同治壬戌年十二月初六日戌時卒民國甲戌年十一月廿一日寅時塟石門

娶永春大横蕭齊娘 幼殤

男　慎丕振 弟當豆次子入嗣

當礫公 號 肇基　先廣公次子生同治丙寅年十月十六日寅時卒光緒丁未年四月廿一日丑時塟石叻仁記山

兩承男　慎建 四弟當賓子兼嗣

當賓公字成來　先廣三子生同治壬申年十二月初七日卯時卒民國庚
午年正月初一日未時塟南洋
娶永春上峇姚卯娘殤
又娶下宅雙春陳俞娘生光緒己丑年七月廿七日申時
男　慎建兼祠兄當磺不用殤　慎魯　查某
女　長乾娘配戴　次丙娘配楊　三芳苑配蘇　四金娘殤　五殤　六亞
娩配黃
當義字成理　先廣四子生光緒甲申年八月二十日寅時
娶德化雙岸蘇墻娘殤
妣溪東林葉娘生光緒壬辰年七月十二日酉時卒民國壬戌年二月初
十日丑時塟山后格
又娶鳳坡梁蜂娘生光緒丁酉年二月十一日寅時

男　慎從　慎復　慎共

當豆公字成區　先窗公嗣子生同治己巳年十月廿一日酉時卒民國己卯年十二月二十日辰時塟石門

妣安溪崩山劉富娘生光緒庚辰年五月廿七日酉時卒民國丙戌年十月十四日卯時塟石門

男　慎覓　慎丕振出嗣兄當硯　慎聽　力水

讀書公字成韻　先擔公嗣生子光緒癸未年二月十三日巳時卒光緒甲辰年正月廿二日巳時塟石門山

娶大庭戴朮娘生光緒乙酉年十一月廿六日戌時卒民國乙卯年八月十六日吉時塟石門山

男三　慎命理　慎思　鰲頭

女案娘配溪東林

當天心公字成眷　先北公長子生光緒乙未年十月十九日未時
娶溪東林求娘生光緒庚子年九月十二日寅時
男　元炎養
女　吉娘配溪東林　定娘配坑園陳　水娘配社壇棄　甘娘配溪東林

當天保公字成定　先北公次子生光緒戊戌年十二月廿八日午時
娶雙溪陳前娘生光緒庚子年六月初七日未時
男　新致　新淵俀出承摘句殤　聰明　慎格　文明　赤婆殤
女　秀環配大庭戴　秀美配永春林

天助　先在公三子生宣統辛亥年十月初三日巳時
娶永春許棗娘生民國癸丑年六月初二日寅時
男　萬年兼承摘句

女　秀珍配大份溫　秀花配永春陳

當天泰字成山　先邦公長子生光緒庚寅年九月十六日戌時

娶下宅陳尾娘生光緒壬辰年七月廿六日戌時

男　慎重養慎奉

女　鷁娘配溪東林　次赤婆殤　養女戴旦娘陳烏娘俱殤

棋林公字成樹　先邦公次子生光緒丙申年十一月初七日亥時卒民國

丁卯年二日初十日卯時塟石門

妣陳端娘生光緒庚子年八月廿六日吉時卒民國甲申年十一月十二

日子時塟石門

男　慎量　贊發

女　碧容殤

棋灶公字成火　先邦公三子生光緒己亥年十月初十日申時卒民國甲

申年十月十一日塟南洋

妣溪東林雪娘生光緒丙午年六月廿一日辰時卒民國戊寅年六月廿八日吉時塟南洋

男　金水　金地　金發　金成出承摘共

女　玉英配楓坑張　秀娥　秀鳳

當專　先抱公嗣長子生光緒丙子年正月初四日辰時

妣林卡娘生光緒庚辰年五月廿七日酉時卒民國丙戌年十月十四日卯時塟在洋

男　來發

當點紅公字成元　先抱公次子生光緒己卯年六月廿五日卯時卒塟莫考

娶內呷李玲娘生光緒辛己年三月廿五日子時卒塟莫考

女 早娘配雙溪陳

當銀鉄公字成金 先抱公三子生光緒甲午年二月廿八日辰時卒塋缺
娶溪東林却娘 坑園陳金娘俱幼殤

摘句公字成章 先春公長子生光緒己亥年六月初七日己時卒民國戊
午年十一月廿九日巳時塋南洋
男 慎奉天泰子兼承 金成棋灶子入承 新致 新淵俱天保子入承殤 萬年天助子兼承

江諒公 先玉公長子兼嗣兄先胚生光緒戊戌年二月十九日未時卒塋
莫考

西三房長之二 頂三落柱鍾元公派

當墨公字成煙 先才公長子生同治癸酉年八月廿一日巳時卒宣統辛
亥年八月初十日辰時塋龍岩

幼娶陳緬娘 殤

妣永定縣梁䀹娘生光緒壬午年六月初六日酉時卒宣統辛亥年六月廿九日午時葬龍岩

男　慎繼 養

當紙公 字成倫　先才公次子生光緒己卯年九月十一日卯時卒宣統辛亥年五月十六日酉時葬龍岩

幼娶柯得娘 殤

又娶社壇葉美娘 改天

當改公 字成善　先才公三子生光緒甲申年又五月廿四日巳時在南洋卒葬缺

娶社壇葉約娘生光緒丙申年十一月廿二日巳時在南洋卒葬缺

當鬧公　先通公子生光緒丙戌年十月初二日巳時卒光緒癸卯年十二

月十五日吉時

幼娶柯粒娘 殤

五六公 諱 顏　先恩公子生同治丙寅年八月初五日卯時卒光緒壬辰年十一月初三日寅時

當成仁公　先木公子

成泉公　先出公子俱住大田莫考

庇佑公 字 成默　細金公長子生向同治丁卯年十二月十六日酉時卒民國壬申年十一月廿一日酉時塟石門內坐丁向癸兼未丑

娶曾壩柯寶娘生光緒丙子年九月初三日巳時

男　慎述　慎進

女　淦娘配坑園陳　次切娘配候尾陳

托天公　細金公次子生同治己巳年五月廿四日卯時在南洋卒塟缺

娶黃惜娘生同治癸酉年　月　日　時在洋卒塋缺

男　慎福賜　慎福麟

女　水娘

乾坤公　細金公三子生光緒庚辰年十二月初三日戌時出洋缺

奉賜公　細金公四子生光緒癸未年六月初一日卯時出洋缺

當物公字成萬　先白長子生光緒己卯年七月初四日寅時

幼娶陳禛娘　陳格娘俱殤

娶下宅陳栳娘生光緒癸未年十二月十六日吉時

男　慎鑨　慎擺　慎宗

女　鑾娘配山頭黃　尾娘配下宅陳　養女陳蕊娘殤

當犂公字成耕　先白公次子生光緒辛巳年十月十三日亥時卒民國甲寅年五月初二日巳時塋山后格岩頭坐向丁癸未丑

娶橋頭陳扇娘生光緒乙酉年十月初四日酉時
男 慎款養 慎愴 慎錫
女 莉娘配山頭葉
當鈀公字成鉄 先白三子生光緒甲申年二月初二日酉時
妣英橋陳可娘生光緒己丑年五月廿二日亥時卒民國庚辰年七月廿
四日巳時塋重慶廣源厝後坐向癸丁丑未
又娶中房張時娘生光緒乙未年五月初五日吉時
男 慎曹 明星養 尚律
女 綢娘配坑園陳 圈娘配大庭戴 扮娘配內益李 雍娘配大岵
柯 品娘殤 發娘殤 養女張蓮英
當牛公字成犇 先白四子生光緒丙戌年九月十三日巳時
妣坊前黃篤娘生光緒癸巳年十月廿二日吉時卒光緒丙午年閏四月

廿九日酉時塟新寨路内

繼娶社壇葉蟶官生光緒丙申年正月十二日寅時

男　慎在（養）　慎鑒　慎燦　沛澤　森程　慎智（殤）

女　桂容配社壇葉　素花配下宅陳　烏婆（殤）

當岱公（字）成泰　先倪公長子生同治庚午年正月初四日辰時卒光緒乙己年九月初二日酉時塟南洋萬鴉栳

娶萬鴉某氏生卒缺

男　慎閑英　慎清秀（殤）　尚武　華強（當農子入承）

當農公（字）成田　先倪公嗣次子生光緒壬辰年十一月初三日酉時卒民國丙戌年九月廿六日巳時塟南洋

娶坑園陳營娘生光緒庚子年九月初五日亥時

男慎展（養）　華模　華強（出承當岱）　華海　華珍（出承先白爲孫）

女　嬌娘配舊門呂　麘娘

當蒲公　先篇公長子生同治甲子年五月初四巳時卒光緒甲辰年卜月二十日戌時塟梹榔嶼

娶小沽陳富娘 改天

男　愼綿 當响子入承殤

女　于娘配溪東林

當响公 字成音　先篇公次子生光緒丁丑年四月廿九辰時卒民國己未年二月廿一日卯時塟新寨

娶古坑黃𥝱娘生光緒庚辰年三月十八日卯時

男　愼萍 出嗣堂兄當庵　愼綿 出承當蒲

當庵公　先四一公子生同治癸酉年六月初四日吉時卒同治甲戌年五月廿六日吉時

男　慎萍　堂弟當响子嗣

當查公 字 成明　六三公子生光緒甲午年正月初十日戌時卒民國己卯
年正月三十日辰時塋新寨坐向庚甲酉卯
妣南洋高峇娘生光緒庚子年十月初九日酉時卒民國乙酉年三月初
一日酉時塋新寨路頂

男　慎欣

女　看娘配山頭黃　清桂配社壇葉

當尋公 字 成芳　來保公子生光緒乙酉年二月十八日酉時卒民國乙亥
年九月初五日卯時塋新寨頭坐向庚甲酉卯
妣舊門呂爾娘生光緒庚寅年六月初六日吉時卒民國癸丑年三月初
三日酉時與公合塋
又娶德化曾輕娘生光緒庚寅年十二月廿九日

男　愼卦 呂出　槙秤 曾出

女　閣娘配溪東林

當裕公　先弄公子生光緒庚寅年九月初一日辰時卒塋缺

男　愼洴 當偈子兼承

當遠公　先藝公長子生同治壬申年四月廿八酉時卒光緒癸己年八月

初五日吉時塋龍巖州

當伴公　先藝公次子生光緒丁丑年九月廿八日辰時卒民國辛未年正

月初三日酉時塋重慶

妣楓樹林叱娘生光緒丁亥年三月十七日己時卒民國乙亥年二月初

七酉時塋重慶山

男　愼鰲 殤

當善　先藝公三子生光緒己丑年十月十八日寅時

男　金圖 后埔洋其誨子兼承

當倡公　先國公子生光緒丙子年八月廿八日寅時卒民國庚午年五月廿七日卯時塟新寨

妣英橋陳窗娘生光緒戊寅年十二月廿九日未時卒民國乙丑年十二月廿八日子時塟新寨

男　慎洪 兼承當裕

女　營娘送娘俱配英橋陳

當闊公 字 成海　先棟公雙承子乃先買公子兼承生同治甲子年九月二十日寅時卒光緒乙未年五月十一日吉時塟南洋仰光

妣溪東林寸娘生同治丙寅年十一月廿五日辰時卒光緒乙酉年二月二十日未時塟竹篙龍路脚坐向乙辛卯酉

男　慎上 養 建甯 當裕子兼承

福新公　先霧辰子往外生卒莫考

當贊公先霧次子生同治癸酉年　月　日　時卒塋缺

男　慎付殤養

吉祥公　先霧三子生光緒壬午年十月初四日巳時外出卒缺

娶上坑王四每生光緒癸未年正月十三日卯時卒塋缺

天送公　先胡公子生卒缺

春福公　先康公子生卒缺

當靜公　先賓子生光緒己丑年十月廿六日辰時卒民國己未年六月廿

日塋龍岩

娶中房張看娘出

又娶内益李垂娘生光緒戊戌年二月廿五日卯時

男　寬盛殤　建甯兼承當淵

女　桂娘配丰嶺林

西三房長之三　翼達公派五柱長（良碧公派）

當言公字成多　先簡公長子生咸豐丁己年六月十三日戌時外出卒塋

缺

妣前坑余汀娘生咸豐庚申年九月二十日酉時卒光緒戊申年五月廿

六日申時塋樹林口

男　廉儁　金處當菊子兼承

女　救娘配坑園陳

當菊公字成芬　先簡公次子生同治甲子年七月廿四日寅時卒民國辛

己年十月十五日丑時塋山后格頭路頂

妣頂宅陳粉娘生同治癸酉年十一月廿六日吉時卒民國壬午年年三月

十七日酉時塋山后格頭路頂
男　進發殤　慎求　火地　金處兼承嘗言
女　柬娘配舊門呂　娘配坑園陳
當談公字成儉　先韜公子生咸豐丁己年五月十四日辰時外出卒塋缺
妣東林蔭娘生同治癸亥年九月初五日酉時卒民國乙卯年九月廿七
日卯時塋石門蛇仔崙頭冬田
澄清公字成淵　先叟公子生同治乙丑年十一月十四日辰時卒光緒丁
酉年六月廿六日申時塋梹榔嶼
當杏公字成香　先吉公長子生咸豐戊午年二月廿四日巳時卒光緒丁
酉年十月廿五日未時塋漳州龍山萬成庵
娶前坑余螺娘出
男　慎覺

女

　偷娘配内益李

當水公（號）木本　先吉公次子生同治辛未年六月二十日未時卒光緒乙

未年九月廿三日辰時塋永定西門外

男

　慎算（當總子兼承）

當判公　先甘公長子生同治年月日缺卒塋缺

當石公（字）成皓　先甘公次子生光緒丙子年六月廿二日午時卒民國丁

己年八月十五日塋南洋

娶前街黄搞娘（改天）

男

　加羅

當提公（字）成撕　先力公長子生光緒丁丑年正月初六日酉時卒民國戊

午年四月初一日子時塋梹城

娶太和陳做娘生光緒辛己年二月初十日辰時

男　文東　武西 俱養

當總公 字 成理　先力公次子生光緒丁年七月初七日丑時

娶坑園陳稿娘生光緒丁酉年正月十三日辰時

男　進玉　慎算　自然 兼承當水

女　謹娘配赤嶺陳　劈娘配郭井林　彩絹配坑園陳

當秀公 字 成氣　先轉公辰子生同治壬申年十二月初六日巳時卒光緒

戊申年正月十六日塟新寨

幼娶溪東林楓娘 殤

姚溪東林於娘生光緒庚辰年十一月十一日午時卒光緒戊申年正月

十五日塟新寨

男　版築 殤

女　京娘 殤

當範公 字 成模　先轉公次子生光緒癸未年四月十七日巳時卒光緒戊申年正月初九日巳時塟石門短崙仔
幼娶舊門呂專娘生光緒丙戌年十一月廿九日吉時殤
妣坑園戴遠娘生先緒丁亥年九月二十日辰卒光緒戊申年正月十五日塟新寨脚
男　永美 養
女　擔娘配坑園陳

年少公　先轉公子生光緒甲午年十一月十一巳時卒民國辛未年六月廿六日酉時塟沽美山
娶頂宅陳色娘生光緒壬辰年正月十四日巳時年民國丙辰年七月廿三日申時塟缺

當河公 字 成銀　先戶公腦子生同治丙寅年十二月十四日辰時卒光緒

丁未年月日缺塋缺
妣前街黄掛娘生同治壬申年十一月初三日辰時卒光緒癸卯年正月初四日寅時塋新寨

當炎公字成勢　先着公長子生同治乙丑年十二月初二日辰時卒光緒己亥年十一月廿五寅時塋重慶
男　榮富　當銅次子入承

當銅公字成鏡　先看公次子生同治己巳年四月初九日辰時卒民國辛酉年七月初四日巳時塋龍岩陳章坑
妣坊前黄磚娘生同治癸酉年十二月廿六日辰時卒光緒戊申年正月十六日卯時塋新寨脚
又娶蓬島郭嗹娘生同治丙子年九月廿一日午時
男　琉璃殤　榮富出承當炎　來福養

女　曉娘殤養女林眷娘殤

當柴公字成望　先看公之子生同治辛未年十一月二十日未時卒民國

庚申年七月初五日卯時塟南洋

妣南洋某氏生卒缺

承繼孫　思火鍊胞姪崇富入承金蓮

女　金蘭配漳州東門鄭

當潘公字成盤　先受公子生同治丙寅年八月十三日辰時卒光緒庚子

年十一月十八日寅時塟重慶

兼承孫一良木來福長子兼承

西三房長之三　翼達公派五柱二(良起公派)後埔洋柱

當溪公字成納號長江　先稟公長子生通光己酉年九月初一日辰時卒光緒庚寅年八月十九日卯時塟溪頭山獅墓後坐乙向辛兼辰戌

妣下宅陳諒娘謚溫恭生咸豐辛亥年十月十二日寅時卒宣統己酉年八月廿九日丑時塟獅墓面

男　慎遠　慎及　慎坑　慎琛出承當近　慎教

女　西娘配霞田戴　稿娘配山頭黃

當鑴公字成刋號綱常　先稟公次子生咸豐癸丑年六月初九日巳時卒民國甲寅年閏五月十六日辰時

妣下宅陳洇娘生咸豐庚申年九月初四日酉時卒光緒壬午年六月十一日申時塟溪頭山獅墓後

又妣東門謝染娘生缺卒光緒甲辰年五月初六日酉時

男　慎忠陳氏出　慎侯　慎雲霧謝氏出

女　配溪東林

當近公字成悦　先稟公三子生咸豐己未年十月廿二日辰時卒光緒戊申年十初四日巳時

妣下北溪黄勸娘謚和順生同治乙丑年十二月初九日卯時卒光緒癸己年十二月廿五日寅時塟溪頭山獅墓面

男　慎琛當溪四子入承　慎包

當揀公字成采　先稟公四子生同治壬戌年十二月十九日寅時卒光緒乙巳年六月十二日巳時塟南洋石叻

妣坑園陳蕊娘生同治丙寅年十一月廿二日卯時卒民國壬申年十一月廿二日吉時

男　潤澤殤　慎講殤　進發養　慎連養

女　俊娘配胡南坪呂

當獺公字成淵　先企公長子生咸豐癸丑年九月廿七日寅時卒民國壬子年四月十七日卯時

妣溪頭蔡挑娘生咸豐甲寅年六月廿一日巳時卒光緒丙午年六月十五日巳時葬溪頭山坐戌向辰兼乾巽

又妣永春陳祝娘生咸豐甲寅年八月廿四日酉時卒葬莫考

男　慎鉄玉當單次子兼承

當海公字成江　先企公次子生咸豐戊午年正月初八日戌時卒民國戊辰年又二月廿六日辰時葬獅墓面

妣下宅陳新娘生同治戊辰年三月十六日未時卒民國甲申年五月廿四日寅時葬獅墓後

男　慎祿殤　慎爵殤　長發　阿秋

女　長大庭戴　次配中房張　三配官報趙　四配中房張

當覃公字成懷　先征公三子生同治辛未年八月十三日戌時卒宣統巳酉年四月初八日酉時塟杉垵墘

妣下宅陳笑娘生光緒乙亥年二月初五日午時卒民國癸酉年二月初九日己時塟獅墓

男　慎臨出承當參　慎鉄兼承當獺　金俊

女　腦娘配下宅　題娘配內益李

當接公　先株公長子生咸豐丁巳年六月十一日巳時卒光緒壬辰年八月廿六日酉時塟溪頭山獅墓後

妣陳水娘生同治甲子年五月初二巳時卒光緒巳丑年七月初十日酉時塟獅墓後

又娶陳氏出

男慎蠔殤

女　配什班山謝

當并公字成洌　先株公次子生同治丁卯年七月十五日亥時卒宣統辛亥年七月十六日卯時塟缺

當坂公字成圖　先蓋公長子生咸豐辛亥年五月三十日己時卒民國庚申年八月初六日子時塟水格內

妣溪東林掛娘生咸豐乙卯年十一月十九日巳時卒光緒丙午年五月廿七日酉時塟溪頭山

男　慎棠殤　春來出承弟當百　成吉

女　長配內益李　次配鳳坡梁　三酧娘配下宅陳

當百公字成仟　先蓋公次子生咸豐戊午年十月十五日子時卒民國丙辰年九月廿六日辰時塟寮仔鵠

男　春來 當坂子入承

當仍公　先氷公子生道光己酉年八月十七日亥時卒光緒乙酉年正月
廿二日午時塟水鬼内作格邊崙
妣坑園陳看娘生咸豐乙卯年正月廿一日午時卒民國丁丑年九月初
十日申時塟獅墓面
男　慎區　慎旨
女　長配舊門呂　次配坑園陳

當持公 字 成挾 號 議論　先閩公子生同治戊辰年二月二十日丑時卒宣
統己酉年十月十八日巳時塟水鬼内
男　慎象 養

當參公　必部公嗣孫生同治癸酉年十月初三日巳時卒光緒甲午年四
月廿六日巳時塟獅墓坐向辛乙酉卯

男　慎臨當章子入承

當選公字成衆　先墜公長子生咸豐乙卯年九月十二日巳時卒民國甲寅年六月廿一日戌時葬虎龍埃崙

妣坑園陳金枝娘謚玉葉生咸豐戊午年六月十八日卯時卒光緒丙戌年五月十二日辰時葬溪頭山石聳内

男　慎藏兼承當騰　慎權當冬子兼承

女　珠娘配下宅陳　娘配後埔羅

當冬公字成芳　先墜公次子生同治癸亥年十二月廿三日辰時卒民國戊辰年五月廿九日酉時葬在南洋日里

妣坑園陳心娘生同治丁卯年五月十三日午時卒民國乙丑年八月初十日子時葬寮仔鵲脚

男　慎休出承當騰　慎權兼承當選　嗣孫思江漢胞姪俊臨子兼承

女　担娘配坑園陳

當暉公 字 成場　先墜公三子生同治丁卯年十一月初四日未時卒民國辛未年十一月初四日戌時葬寮仔鴿

妣小余蔡羽娘生同治己巳年八月十七日酉時卒民國辛未年九月十七日戌時葬三壠山

男　慎端 兼承當晒

當騰公 字 成鳳 號 交飛　先墜公四子生同治癸酉年月初五日寅時卒光緒辛卯年二月初十日亥時葬溪頭山小寨崙

男　慎藏 當選子兼承　慎休 當冬入子承　俊臨 當全子入承

當全公 字 成純　先墜公五子生光緒丙子年七月廿七日辰時卒宣統己酉年九月廿九日辰時葬小寨

妣英橋陳玉娘生光緒庚辰年九月十九日辰時卒宣統辛亥年十月廿

七日辰時塋小寨
男　俊臨（出承當勝）　嗣孫江垂（俊臨三子入承）
女　長箱娘配山頭黃黃次截娘配英橋陳三拈娘（殤）四題娘配坑園陳
當哂公（字）成莞　先鑒公六子生光緒庚辰年六月十二日戌時卒民國癸
丑年二月初六日吉時塋在漳州
男　慎端（當硾子兼承）
當泉公　先鈔公長子生咸豐己未年五月廿六日寅時卒光緒丙申年三
月初一日辰時塋上坪
妣張富娘生同治庚午年十二月十九日辰時卒光緒甲午年八月廿二
日亥時塋圓山仔脚
當養公（字）成綏　先鈔公次子生同治癸亥年正月廿二日申時卒光緒甲
辰年六月初六日午時塋溪頭山

當丁公　先鈔公三子生同治戊辰年十二月初九日戌時外出莫考

當明公字成聰　先院公子生光緒己卯年十月初三日酉時往龍岩坎頭
卒塋莫考

當劉公字成篤　先快公長子生同治甲子年七月初三日子時卒民國癸
丑年七月十一日未時塋寮仔鵠坐丁向癸兼午子
妣下宅陳呈娘生同治丁卯年十一月初九日辰時卒民國戊午年十月
十七日寅時塋寮仔鵠坐辛向乙兼戌辰
男　慎叢出承當鋨好势
女長寬配内益李　次不娘配溪東林　三遮娘配楓樹林

當鋨公　先快公次子生同治庚午年五月十七日子時卒光緒丁酉年八
月十三日吉時塋上坪龍潭
男　慎叢當劉子入承　慎泰當悦子兼承

當悦公字成忻 先快公三子生同治甲戌年七月廿七日未時卒民國癸酉年四月十五日巳時塟石門山
妣彭口李紅娘生光緒甲申年八十五日卯時卒光緒壬寅年四月二十日戌時塟溪頭山寮仔鵠
又娶社壇葉蔭娘生光緒壬午年八月廿一日未時
男 慎昌兼承當問 慎泰兼承當鉞
當問公字成訪 先快公四子生光緒己卯年十二月十一日未時卒光緒丙午年八月初五日巳時塟廈門鐘宅社
男 慎昌當悦子兼承 當整當整子兼承
當稅公字成高 志詳公長子生同治癸酉年十二月初三日午時卒民國丙辰年三月廿四日巳時塟缺
妣下宅陳釵娘生光緒戊子年九月初七日寅時卒民國癸亥年四月廿

一日卯時塋寮仔鴿
男　慎佑
女　長改娘配下宅陳　次須娘配山兜黃
當蘭公字成馥　志詳公次子生光緒壬午年七月廿四日申時往外洋卒
塋缺
當整公字成齋　先聯公嗣子生光緒丁丑年三月初八日未時卒民國丙
寅年正月十三日塋南洋
娶下宅陳錸娘生光緒戊子年七月初七日申時
男　慎福兼承當閒
養女林糖娘殤
當頭公　先斗公長子生咸豐甲寅年七月廿四日申時卒光緒辛卯年七
月初八日子時塋水鬼內

當乞公　先斗公次子生同治庚午年正月十七日巳時卒光緒甲午年四月廿六日巳時塋水鬼內

當思公　先姜公子生光緒丁酉年九月廿九日子時往外洋卒未詳

娶前坑余立娘殤

繼娶呂銀娘出

男

秀茂公　先嚴公子兼承先掌公生光緒壬寅年九月廿九日卯時卒塋缺

當坪公字成來　先璉公長子生道光甲申年六月二十日戌時卒光緒乙未年二月初三日酉時塋水鬼大崙

妣美埔馬送娘謚愛收生道光丁亥年六月廿九日酉時卒光緒丁酉年正月十四日卯時塋後埔庵

男　慎級　慎兀出承當叟

女　配石鼓林謝

當叟公字成老號尊長　先璉公次子生道光甲午年十月廿八日未時卒光緒壬寅年六月廿三日卯時塟沽美山

妣黃好娘謚柔美生道光辛丑年二月十七日未時卒同治己巳年正月十二日巳時塟沽美山

男　慎瓦當坪子入承

女　配下宅陳

當佔公號仁德　先他公長子生道光庚寅年七月初四日午時卒光緒乙未年十二月初四日巳時塟客鈸六份子

妣郭玉娘謚慈愛生道光戊戌年月日缺卒光緒乙未年正月初二日巳時塟沽美山

男　添成出承當算　慎樹　慎錐

女　配溪東林

當算公　先他公次子生道光乙未年十月廿六日子時卒同治乙丑年二月二十日塟臺灣

男　添成　當佔子入承

當擂公　字　成執　先楓公長子生道光庚子年十月十七日未時卒光緒甲申年九月初一日寅時塟沽美山

妣下宅陳金娘生道光癸卯年十二月初十日吉時卒民國辛酉年八月初二日卯時塟人心墓

男　慎文　出承當擔　慎山

女　長配斗洋陳　次配雙溪陳

當擔公　字　成執　先楓公次子生道光巳酉年六月廿八日午時卒同治乙丑年十二月廿三日丑時塟沽美山

男　慎文當揩子入承

當澀公　先楓公三子生咸豐戊午年七月廿六日戌時往外洋莫考

當水公　先半公子生道光己亥年四月初九日巳時卒缺

當團公字成環　天從公長子生同治庚午年十二月初十日亥時卒民國

癸亥年十一月廿六日塋上坪

男　金土機會子兼承

當坤公字成輿　天從公次子生光緒丁丑年九月初四日亥時卒民國甲

子年五月廿四日戌時塋龍岩大溪

妣下宅陳鑾娘生光緒戊子年七月初十日辰時卒宣統己酉年十月十

七日酉時塋三龍山

男　慎喜殤

機會公字成葉　先友公子生光緒丁酉年十月廿六日未時卒民國丁丑

年十月十五日吉時塟龍岩
娶坑園陳格娘生光緒癸卯年八月初二日午時
男　金土兼承當囫
女　長情娘配下宅陳　次香娘配坑園陳
當弈公　先元公長子生同治壬戌年月日缺卒光緒戊戌年九月初二日
巳時塟廈門鐘宅山
當見公　先元公次子生同治癸酉年十月廿二日未時卒光緒癸己年正
月初二日子時塟沽美山
當漁公　先田公子生同治庚午年月日缺卒塟英考
當淹公字成通號達永　先濰公子生道光乙酉年八月廿七日寅時卒光
緒丙子年八月初六日巳時塟土地崙坐坤向艮兼未丑
妣困口戴儼娘謚勤慎生道光庚寅年十二月廿二日巳時卒同治庚午

年十月二十日戌時塟杉埈墓仔頭坐向子午壬丙

男　愼傳　愼專出承當渙

女　長配埔尾葉　次配坑園戴

當猷公　先漼公子生咸豐辛亥年七月初十日午時卒光緒壬寅年十月十八日寅時塟溪頭山大埔邊乾巽亥巳

當灣公字成深號江山　先潫公嗣子生道光戊子年六月十六日辰時卒光緒癸卯年八月十一日巳時塟溪頭山墳尾田頂坐庚向甲兼申寅

男　愼專當淹子入承

當昭公　先渤公嗣子生道光癸卯年十二初四日酉時卒塟缺

當義公　先澹公嗣子生卒缺

當體公　先潘公長子生道光辛巳年十月十六日外出缺

當極公　先潘公次子生道光癸卯年十二月初七日酉時卒塟缺

妣某氏生卒缺塋石碼

男　啓明　啓泉　申金　慎發

當水公　先潘公三子生道光庚戌年月日缺卒塋俱缺

妣陳勉娘生咸豐辛亥年吉月初三日丑時卒同治戊辰年十二月初十

日子時

又妣某氏後娘生咸豐戊午年六月廿四日吉時卒塋缺

男　庚申

當白公　先潘公四子生道光庚戌年十二月初八日寅時

太壽公　先潘公五子生咸豐甲寅年九月廿一日未時

太萬公　先潘公六子生咸豐丁己年八月初九日辰時

以上當極公至太萬公兄弟俱居石碼卒塋俱莫考

當陳公字成隆號善慶　先塭公子生同治己巳年十月廿五日巳時卒民

國辛未年四月廿八日卯時塟坑埔山
妣前街黃春娘生同治甲戌年二月初五日申時卒光緒己亥年十二月
十八日戌時塟土地崙坐酉向卯兼庚甲
又妣湯岸陳順娘生同治己巳年五月廿四日巳時卒民國丁卯年二月
十六日辰時塟坑埔山
男　抱負（出承當伍殤）　題金（兼承當伍）　美傑　天賜
當伍公　先巾公長子生同治癸亥年七月初十日子時卒光緒丙子年二
月廿九日巳時塟西縣陽口新街
妣陳雅娘（殤）
男　抱負（當陳子入承）　題金（當陳子兼承殤）
當比公（字）成謂　先巾公次子生光緒辛巳年正月初八日寅時卒宣統庚
戌年正月廿九日塟在龍岩

妣溪東林卜娘殤　塋溪頭山

當窰公字成灶　先巾公三子生光緒丙戌年三月十三日卯時卒塋缺

妣林柄陳蚋娘生光緒丁亥年九月初七日午時卒民國壬子年四月初一日未時塋缺

男　慎埔

當篇公字成章　先捨公子兼承叔先灌生同治甲戌年正月初六日子時卒民國辛未年十月十九日申時塋坑埔山

妣山頭黃寅娘生同治己巳年正月廿日寅時卒民國丁己年八月初九日申時塋文章山土地崙

又妣陳吉娘生光緒庚寅年月日時缺卒民國甲申年十一月初四日午時塋沽美山

男　慎汀黃氏出　慎坡陳氏出兼承先灌

女晟娘配小余蔡

當返公字成迴　先兵公子生光緒戊子年七月十三日子時卒民國辛己年六月初五日辰時塟坑埔山

妣坑園陳套娘生光緒己丑年九月初七日酉時卒民國丁丑年正月十六日午時塟坑埔山

男　瑞良　慎庵養殤

女配坑園陳

當鉦公字成達　先厭公子生光緒甲申年十一月廿四日辰時卒宣統己酉年正月初十日卯時塟鏡面崙坐丁向癸兼午子

娶溪東林錬娘出

男　千里

當允公　先對公長子生光緒癸己年十二月十八日子時卒民國壬申年

七月十四日辰時塋虎空口
妣溪東林尾娘生光緒乙未年十二月十五日丑時
男　慎贊　端德兼承沉香　慎朝養　慎泰殤
女　清娘配舊門呂
沉香公　先對公次子生光緒癸卯年十一月廿三日未時卒民國甲寅年
五月十三日吉時塋杉按壠頭
幼娶余秧娘殤
男　端德當允次子兼承
連城公　先對公三子生光緒癸卯年六月日時缺卒民國癸酉年六月初
二日午時塋新寨
娶中房張算娘生民國壬子年月日時缺
男　地龍　地虎出承堂叔先昆爲孫　地炮　慎廣殤

女　彩英　梅娘殤
養女社壇葉烏娘
西風公　先對公四子生卒缺
德成公　先對公五子生民國戊午年七月廿七日未時卒民國辛巳年六月初二日丑時塟獅墓後
娶大岾柯葉娘生民國庚申年二月初六日戌時
男　慎興
女　寶珠配舊門
老猴　先對公兼承子乃堂弟先昆子兼承生民國甲寅年十一月初一日巳時
淵景公　先八公長子生光緒辛卯年九月十六日申時卒民國戊寅年六月廿一日未時塟棉蘭

妣山兜黄草娘生光緒丙申年三月初二日酉時卒民國戊午年十月十一日辰時塟寮仔鵠

又娶英橋陳過娘生光緒丁酉年正月廿七午時

男　慎鍊養　元芳養　元亨　金定殤

女　庵婆殤

當漚公　先八公次子生光緒丙申年正月十二日子時卒民國丁卯年五月初五日巳時塟坑埔山

娶坑園陳洗娘出

妣鳳坡梁霏娘生光緒癸卯年九月初二日丑時卒民國己巳年九月十四日辰時塟坑埔山

男　江河養　天錫

翼逵公派五柱三　棋盤柱（良業公派）

廉國公　先鎊公子生咸豐甲寅年四月二十日吉時住居陽溪生卒塋莫

考

近水公字成湍　先杭公長子生同治乙丑年正月初二日巳時卒光緒丁未年九月廿三日戌時塋山后格拗鈹内

妣文章陳貴娘生同治癸酉年十月廿三申時卒光緒辛卯年七月初一日巳時塋沽美山險埧墳外

又妣增洋易蔭娘生光緒己卯年九月初四日子時卒塋俱缺

男　慎送來養

女　某娘配缺

當金公　先抗公次子生同治壬申年八月初八日寅時卒塋缺

崢嶸公　先漳公子生光緒戊寅年九月十五日巳時卒塋俱缺

挺秀公　先玲公子生光緒庚寅年三月初一日巳時卒塋缺
娶大坋温熱娘生光緒乙未年八月十二日卒塋缺

翼達公派五柱四　美墘柱

當富公　成家公子生卒缺
冬福公　先會公子生卒缺
當爾公字成雅　先萬公長子生咸豐丙辰年二月廿六日二月廿六日巳時卒光緒甲辰年七月初一日辰時塋缺
妣梁幼娘生咸豐辛酉年五月初六日戌時卒光緒己丑年七月十三日巳時塋水格頭坐乾向巽兼亥巳
男　慎第　慎令　慎潤
當膺公字成永　先萬公次子生同治乙卯年十一月初十日申時卒塋缺

妣前街黄梅娘生光緒乙亥年十月初五日亥時卒塋缺
男　招來
女　做娘
當忠公字成直　先炮公子生同治癸酉年四月初二日巳時卒宣統己酉年十二月初七日寅時塋水格内
妣中房張鉞娘生光緒辛巳年六月初五日午時卒光緒戊申年十月廿三日巳時塋水格内
男　慎烏
當綿公　先約公長子生咸豐戊午年十二月廿五日卯時卒光緒乙酉年十一月初二日酉時塋貓坪垵
兼承男永發
當絹公　先約公次子生同治癸庚年二月初九日巳時卒光緒乙酉年十

月初四日亥時塋尾墘墳

兼承男　永發

當台公字成耆　先約公三子生同治丁卯年十一月廿九日丑時卒民國

甲戌年十一月初二日申時

妣葉池娘生同治癸亥年十月初二日巳時卒民國戊寅年八月十六日

申時塋溪頭山

男　永發兼承兄當綿當絹

女箱娘配下宅陳　葉娘配英橋陳

當兒公字成童　先為公長子生同治乙丑年九月十九日巳時卒光緒壬

寅年五月廿八日卯時

有來公　先為公次子光緒乙亥年二月十六日辰時卒塋俱缺

壬癸公　先爻公子生光緒壬午年三月初三日申時卒塋缺

當蚋字成釀　先宣公子兼承功伯先姣生光緒己卯年四月廿二日未時

妣坑園陳女娘生光緒丙戌年四月廿八日巳時卒民國戊辰年二月十九日寅時塋水格內

男　建置　慎梅

當學公　先嚴公長子生光緒戊戌年二月廿一日丑時卒塋缺

當奎公　先嚴公次子生光緒辛丑年三月廿五日申時卒民國丙辰年十二月廿五日酉時塋在南洋蚋卯

娶社壇葉勤娘生光緒壬寅年正月初五日未時

男　慎生　慎夔兼承當便

當冷公　先嚴公三子兼承弟朝陽生光緒甲辰年十月十一日酉時卒民國甲申年四月初三日未時塋狗肚內崙

娶德化張紅娘生光緒戊申年十一月二十日巳時

男　泰山
養女李秀珠
當胆 字 成智　先嚴公四子生光緒戊申年正月廿八日亥時
男　慎泉 當蔡子兼承
當便公　先王公長子生光緒甲午年五月廿八日巳時卒塋缺
男　慎矍 當奎子兼承
當蔡公　先王公次子生光緒戊申年三月廿三日戌時卒民國辛未年十月初五日辰時塋井仔宫
娶下宅陳柿娘生民國壬子年七月初七日辰時
男　慎泉 養兼承當胆
女　長蝦娘　次假娘
養女陳金娘

廣美字成高　朝陽公子生民國丁卯年十月廿一日卯時

廣來字成懷　先火公長子兼承兄先物生民國甲子年四月初六日丑時

當樑字成棟　先執公子生光緒丁未年十一月十五日午時

娶下宅陳嗹娘出

男　長江玉渠子兼承

養女瑞春娘

當簡字成敬　先飽公長子生光緒丁未年十月十三日巳時

娶溪東林腰娘生民國甲寅年十月廿三日午時

男　慎正出承弟建成　國愛

女椒娘

建成公　先飽公次子生宣統己酉年九月十二日吉時卒民國乙亥年五

月初五日吉時瘞井仔宫

娶舊門呂飲娘生民國丁巳年正月十五日酉時

男　慎正 當蕭子入承 錦珍

水仙 字 成香　先飽公三子生民國庚申年四月初六日未時

娶

水炮 字 成波　先飽公四子生民國癸亥年正月初十日巳時

娶

玉渠 字 成溪　先返公子生民國癸亥年六月廿一日未時

娶文章陳沾娘生民國丁卯年十二月初九日卯時

男　長江 兼承當標

當孔公　先調公養子生光緒甲辰年月日時缺往呂宋老卯卒塋缺

娶溪東林環娘 改天

由來公　先訓公子兼承弟先奪生光緒辛丑年正月初三日巳時卒塋缺

添丁公　先本公子生光緒癸卯年閏五月初二日午時外出生卒塋缺

男　瑞扳　鍈石子兼承　兩發　殤

當詣公　先鋭公長子生光緒戊子年二月十六日巳時卒民國乙卯年九月二十日亥時塋地藏

鍈石公　先鋭公次子生光緒戊申年十月廿五日亥時卒民國壬午年五月十四日巳時塋棋仔崙

娶大份温糖娘生宣統己酉年四月廿二日丑時

男　瑞扳　兼承添丁　慎參　殤

女長素娥配坑園　次素蘭　三秀潤

西三房長之四一酉公派　鳳樓石紫柱

呈祥公字成麟　先禎公子生光緒戊子年十月廿八日午時卒民國丁丑年九月廿九日酉時塟太平

娶舊門呂遮娘生光緒癸巳年十月初十日午時

男　景福兼承呈華　壽福　美福

呈華字成山　先模公子生光緒辛丑年十一月十四日酉時

女　長秀枝配溪東林　次阿音配仙遊陳　三真珠配舊門呂

妣下宅陳乖娘生光緒丁酉年十一月初一日戌時卒民國壬子年六月十三日巳時塟新寨

男　景福呈祥子兼承

再能公字成禮　先夏公長子生光緒甲午年七月初三日酉時卒民國庚辰年九月十五日未時塟新寨

妣黃晟娘生光緒壬寅年八月初十日卯時卒民國丙寅年八月十一日

酉時塋樹林口

男　倉綿　赤狗殤

女　長厘娘殤次配大岵柯

再起字成居　先夏公次子兼承先瑚生光緒丁酉年八月廿九日戌時

幼娶柯帶娘殤

娶馬頭洋陳乳娘生光緒丙午年二月三十日寅時

男　世昌　烏狗殤福諒　世芳　世平

女　扁婆殤　類娘　鐒娘

再發公字成財　先夏公三子生光緒庚子年十一月廿六日巳時卒民國

癸亥年六月初八日未時塋缺

幼娶坑園陳富娘殤

再旺公　先夏公四子生光緒丁未年十月廿八日寅時卒民國癸酉年正月廿七日酉時塋新寨

再來公先夏公五子生民國壬子年三月廿八日申時卒民國辛未年六月十四日午時塋新寨

德利字成益　先瑚長子生光緒戊戌年八月十九日申時

娶長岸戴閃娘生光緒丁未年二月十八日戌時

男　海連

女　等娘配鳳坡梁

[redacted]

德良[redacted]字成厚　先瑚次子生民國丙辰年十月十七日巳時[redacted]

妣山頭黃萍娘生[redacted]卒欽

娶坑園陳玉珍娘生

德好公　先瑚三子生民國庚申年六月廿四日子時卒民國辛巳年九月

吉年八月初九日卒一九九二壬申年一月廿九日塋重庆

十三日塟太平

鳳樓柱保義公柱

當多公字成寡　迎花公長子生光緒己丑年二月十一日巳時卒民國丙
子年四月初一日巳時塟在外洋

當信公字成實　迎花公次子生光緒乙未年五月初八日卯時卒民國癸
酉年六月初四日酉時塟沽美山
娶黃係娘生卒缺

當尊公字成賢　先通公長子生同治辛未年十月十七日丑時卒塟缺
娶葉錐娘殤
妣坑園陳悶娘生光緒丁亥年八月廿九日卯時卒民國庚申年七月廿
一日亥時塟重慶

當粒公 字成歲　先通公次子生光緒己卯年三月初七日未時出洋卒塟
缺
當改公 字成餘　先通公三子光緒甲申十月廿一日未時卒光緒甲辰年
九月初一日寅時塟在南洋
光明公 字成智　先保長子生光緒戊寅年六月十一日亥時往外洋卒塟
缺
當緞公 字成絲　先保公次子生光緒辛巳年五月廿二日亥時往外洋塟
卒缺
當綿公 字成虔　太陽公長子生光緒戊寅年十月廿一日戌時卒民國壬
戌年十月廿九日吉時塟在外洋
娶某氏奏娘 出
男　文莉 當秧子兼承

當秧公字成初　太陽公次子生光緒乙酉年二月十四日酉時卒民國甲寅年五月十五日吉時塋在南洋

娶頂宅陳玉娘生光緒甲午年十一月廿五日辰時

男

文利兼承當綿

當茂字成松　太陽公三子生光緒巳丑年八月廿二日辰時

男

文清兼承坑園宮仔邊陳盤為孫

當騰公字成里　先達公長子生光緒乙酉年三月十九日子時卒民國甲戌年八月廿一日吉時塋在外洋

當送公　先達公次子生光緒丁酉年正月十三日寅時卒民國己卯年九月初五日子時塋重慶

娶梁點娘生卒缺

當坂字成　西河公子生光緒甲午年十二月十四日丑時

娶王淑真生光緒癸卯年三月初一日寅時卒民國癸未年十一月十四
日戌時塋在外洋
男　桐欽
女　瑞珠
當亭公字成蘭　先啓公長子生光緒庚子年八月十六日亥時卒民國戊子
年八月十三日申時塋柸城
娶陳蓮枝生光緒丁未年七月初六日子時
男　振翮殤　振盛殤　連發 現居虎市。
女　長素金配溪東林　次素意　三素英　四素圓　五素珠
當抱公　先啓公三子生光緒戊申年八月十日巳時卒民國癸酉年正
月初三日塋在外洋
當遠公字成近　先妹公子生光緒戊寅年八月初九日午時卒民國辛酉

年五月初四日塟在外洋

妣林續娘生光緒乙酉年十月初二日寅時卒民國丁己年十一月初九日子時塟重慶

男　樹乳

當宙字成宇　先氣公長子生光緒乙巳年八月廿六日亥時卒塟缺

當嬌公　先氣公次子生卒缺

娶易情娘生光緒己亥年月日時缺卒民國壬申年五月廿一日酉時塟龍山

男　福水殤

清景　先氣三子外出生卒塟莫考

當庵字成宮　先天公長子生宣統辛亥年十月十七日卯時

娶內益李霏娘生民國乙未年九月十二日子時

男　仁和　建和　仁安

女　圓英 殤

養女葉蘭娘

清江 字 成河　先天公次子生民國辛酉年正月十四日寅時

妣林揀娘生民國甲子年十一月十五日酉時卒民國庚辰年五月廿五

日卯時塟重慶

又娶郭井林素華生民國戊辰年十一月[illegible]廿四日戌時

男　加和 名致輝耀 娶

女　麗美

清魚公　先天公三子生民國丙寅年三月初六日戌時殤民國丙子年十

月初一日戌時塟缺

男　達和 當庵次子兼承　加和 名致輝耀 清江子兼承

當駢字成聯　先扇公嗣子生光緒丁酉年十二月廿七日寅時
娶英橋陳枝娘生光緒乙巳年五月初六日辰時
男　振發　振興　振文　振良
女　長蓮香配英橋陳　次蓮金
當志公　東元公長子生光緒己亥年十二月初五日寅時卒塋莫考
娶戴莉娘出
當益字成集　東元公次子生光緒丁未年十二月廿日未時
妣山頭黄烏重娘生民國壬子年四月初八日酉時卒民國戊寅年十月
廿二日亥時
又娶坊前黄彩蘭生民國癸亥年　月　日　時
男
女　蓮集　蓮花

應萬 字 成千　先活公子生光緒丙申年十一月廿四日寅時
妣鄭準娘生宣統己酉年三月初六日巳時卒民國辛未年十月廿一日
丑時葬重慶
又娶黃菜娘生光緒甲辰年正月廿八日卯時
男　棋英 殤 土地
女　芋娘
榮昌 字 成隆　先賜公養子生光緒戊申年五月初九日午時外出
男　中華 養
再等公　先祖公養長子生卒葬缺
妣蘇緞娘生缺卒民國庚申年十一月十五日葬重慶
男　玉樹 真等子兼承
真等 字 成第　先祖公養次子生光緒戊申年正月廿九日吉時

娶小岵陳認娘生民國壬子年十月十七日午時

男　玉樹兼承再等　玉沁名改玉戊

女　赤娘

文彬字成質　先廳長子

文輝字成煌　先廳次子

瑞隆公　先學公子生卒塋莫考

瑞典　先學公子生缺

娶

男

瑞福字成爵　先周公子生民國丙辰年十二月廿四日吉時

娶鄭亞妹娘生民國丁卯年四月初四日卯時

男　滿貴　滿益

福志字成顧　先捆公長子生民國丁卯年二月初六日子時
福靈字成傑　先捆公次子生民國壬申年三月十五日辰時
瑞火字成烽　王武長子生民國丁卯年十月十九日子時
福星字成雲　王武次子生民國甲戌年十一月初二日子時
瑞添字成益　王武三子民國丙子年十一月廿三日申時
芋頭字成甯　高升公子民國辛未年八月廿二日申時
當書公　先通公子生卒塋缺
當賢公字成哲　先久公長子生同治癸酉年八月廿二日午時卒民國壬申年七月十九日酉時塋新寨
妣坑園陳間娘生光緒丙子年三月初一日寅時卒民國戊辰年十一月十三日未時塋山後格大崙
男　榮華兼承當鈞　榮初

女　夜娘配山兜黄　傳娘配石空林
當鈞公字成鈞　先久公次子生光緒庚辰年八月十一日卯時卒民國壬
戌年九月初十日巳時塟重慶
娶林别娘殤
男　榮華當賢子兼承
當吾字成道　先箋公長子生光緒丁亥年六月廿六日丑時
娶大庭戴鸞娘生光緒辛丑年八月二十日巳時
男　厚和出承當續　厚平
當續公　先箋公次子兼承堂弟同慶生光緒戊戌年十月十五日子時卒
民國庚申年三月初七日塟在外洋
男　厚和當吾子入承
當羣公字成拔　朝宗長子生同治乙丑年四月廿七日巳時卒光緒辛丑

年三月廿六日申時塟新寨坐庚向甲兼酉卯
娶山頭黃出娘 殤
妣東門謝爾娘生同治甲戌年十一月廿五日子時卒光緒癸卯年五月
初六日寅時塟新寨坐酉向卯兼庚甲
男 慎趑 兼承當溪
當溪公 字 成訓 朝宗公次子生光緒丙子年八月十二日巳時卒光緒丙
申年四月十七日酉時塟在外洋
娶大庭戴甜娘 改天
男 慎趑 當舉子兼承
當醉公 字 成既 朝宗公三子生光緒乙卯年七月廿一日子時卒光緒乙
巳年九月十四日塟在外洋
妣大庭戴草娘生光緒壬午年十月十二日卯時卒民國庚午年十月十

七日酉時塋山後格大崙
男　註素庇佑養從算
再興公字成發　送來公子生同治庚午年更十月初二日子時卒光緒戊
戌年十月初五日塋在外洋
娶大庭戴氏改天
男　炳火土墩子入承
當灶公字成與　先廩公子生光緒癸未年十月十六日酉時卒光緒乙巳
年十一月初七日塋在南洋
妣大庭戴卿娘生光緒戊子年十二月廿六日辰時卒民國乙丑年十一
月初五日辰時
承繼孫青山堂姪栽瑞子入承
當并公字成舊　傳芳公長子生光緒丁丑年六月初一日亥時卒民國辛

巳年五月初九日子時塟南洋
妣坊前黄伴娘生光緒庚辰年七月十四日酉時卒民國丙戌年三月廿
三日申時塟重慶
又妣吳麵娘生光緒　年　月　日　時卒民國丁亥年正月廿四日申
時塟南洋
男　裁衣 黄氏出　裁金　裁瑞　裁發 俱吳氏出
土墩 字 成事　傳芳公次子生光緒壬辰年十月廿八日丑時
娶燭庵郭茅娘生光緒乙未年二月十二日　時
男　炳火 出承再興　炳榮　潛龍
女　長扁娘配大庭戴　次羽娘配溪東林
血力公　傳芳公三子生光緒乙未年十二月十五日酉時卒光緒丁酉年
五月廿七日

當齊公字成楚　先轉公子生光緒丙戌年正月初十日未時卒光緒丁未年六月廿六酉時塟外洋
娶林配娘出
女
載娘配鈌
當舉公　先讀公子生光緒辛卯年八月廿五日亥時卒民國辛酉年八月初七日塟沽美山
當乞公字成餘　雙志公長子生同治庚午年七月二十日戌時卒宣統庚戌年七月廿七日未時塟重慶
瑞畝公字成五　雙志公次子生光緒己卯年二月十七日巳時卒民國丁卯年六月廿四日酉時塟重慶中崙
男
再興當鍙子兼承
當鍊字成磨　雙志公三子生光緒辛巳年五月十七日巳時卒光緒丙午

年四月廿七日酉時

當椿公字成樹　雙志公四子生光緒癸未年十月十八日亥時卒塋缺

當清字成濯　雙志公五子生光緒丙戌年四月十四日巳時出洋卒塋缺

當玩字成水　雙志公子生光緒戊子年十月十五日巳時卒塋缺

當朋公字成方　秋菊公長子生光緒己卯年九月十九日寅時卒民國甲寅年十二月初七日巳時塋大坵田

妣郭并林呢娘生光緒丁亥年正月初五日辰時卒民國丙戌年九月初三日子時塋重慶崙中崙

男　慎創　慎柳兼承弟當簪

女　嬌娘配大庭戴

當簪公字成瑶　秋菊公次子生光緒癸未年十一月十二日辰時卒光緒

丁未年十一月二十日酉時塋重慶

妣中房張論娘生光緒丙戌年六月十五日申時卒光緒庚子年二月初十日丑時

又妣溪東林選娘生光緒庚寅年正月二十日寅時卒光緒戊申年四月廿一日子時塋新寨

男 慎柳（當朋子兼承） 再福（當鑒子兼承）

當日公 秋菊公三子生光緒戊戌年十二月初一日未時卒民國庚午年十二月十八日未時塋重慶中崙

娶許朝娘出

男 再興（當鑒子兼承）

當教公（字）成類 招財公長子生光緒乙亥年四月初九日巳時卒民國辛酉年二月廿八日吉時塋在狗母三帶格

妣古宅吳求娘生光緒丁丑年二月十一日巳時卒民國丁亥年五月廿
七未時葬重慶中

男　贊起　慎烏 養

當爺公 字 成魁　招財公次子生光緒乙酉年六月初六日巳時卒民國癸
亥年八月廿九日亥時葬南洋

男　再祿 當鑒子兼承

當監 字 成周　先團公嗣子兼承先秋生光緒辛卯年十二月廿五日申時
娶社壇葉着娘生光緒戊戌年十二月二十日巳時

男　再福 兼承當爺　再祿 兼承當爺　再興 兼承承兄當啟又兼弟當日

女　長菜娘配社壇葉　次挽娘配山頂彭　三彩娘配坑園陳　四葱娘
配社壇葉

養女林螺娘 殤

景星公　先櫶公長子外出生卒塋缺

光輝公　先櫶公次子生民國丙寅年月日時缺卒民國丙戌年十一月　日

時塋在外洋

娶莊路娘生民國丙寅年正月初七日辰時

光明字成照　先櫶公三子生民國戊辰年五月初八日吉時

當降公　先買公長子生光緒乙亥年十二月十三日未時卒民國癸亥年

六月十二日戌時塋重慶山

男　炳枝當明子兼承　玉兎當劉子兼承俱殤

當明字成德　先買公雙承子乃先格公次子兼承生庚詳生父支下

當董公　先買公雙承子乃先報公次子兼承生卒妻子詳在生父支下

當劉公字成侯　先格公長子生光緒丙戌年二月廿七日未時外出卒塋

缺

妣大庭戴爾娘生光緒辛卯年三月初三子時卒民國乙卯年四月廿二日未時塟重慶

男　炳昌當明子兼承　玉兎兼承當降殤

當明字成德　先格公次子兼承先買生光緒戊子年十月十二日巳時

妣下宅陳蜜娘生光緒壬辰年七月廿一日寅時卒光緒丙午年四月初五日塟後垵山仔

又娶社壇葉鶴娘生光緒戊戌年七月初七日卯時

男　炳昌兼承當劉　炳建　炳枝兼承當降殤

女　垂娘配三錦美陳　次貳貴娘配社壇葉

當庵公　先報公長子生光緒甲午年十月十八日卯時殤光緒癸卯年十月十二日巳時塟水格内

當董公　先報公次子兼承先買生光緒丁酉年十一月廿八日辰時卒民

國乙酉年九月十一日午時塟南洋
幼娶林知娘殤
又娶下宅陳欣娘生光緒壬寅年九月廿六日巳時
男　財義
女　參娘配下宅陳　釵娘配三錦美陳
當挺公　先報公三子生光緒癸卯年八月初一日辰時卒民國甲申年四
月廿六日巳時塟新寨
娶下宅陳担娘生光緒丙午年三月十五日吉時
男　紅毛殤　慎獅殤　金吉　重母慎閣兼承當叫
女　首娘配溪東林　環娘殤
再智字成謀　先報公四子生光緒乙巳年十二月初二日卯時
娶溪東林佑娘生民國壬子年十二月十四日酉時

男　四維　冬來

當叫公　先耀公子兼承先喬生光緒庚子年三月廿八日午時卒民國癸

酉年八月廿七日巳時葬重慶

幼娶林稅娘 殤

娶林忖娘 出

男　愼闊 當挺子兼承

女　鳳娘配溪東林

當大公　建成公長子生光緒辛乙年三月十三日戌時卒宣統辛亥年

六月初一日午時葬重慶

幼娶黃嚐娘 殤

雙承男　金交 烏品次子兼承

烏品 字 成吉　建成公嗣次子生民國甲寅年十一月十三日吉時

娶社壇葉改娘生民國乙卯年九月初五日申時
男　金水 兼承兄特羽　金交 兼承當大
女　長睨娘　次銅娘　三電燈娘 殤
當斗公　仲突公長子生光緒庚辰年十二月十五日子時卒光緒戊戌年
四月二十日吉時塟天寶
當追公　仲突公次子生光緒戊子年二月廿一日辰時卒光緒乙己年正
月十七日亥時
娶林柄陳葉娘 出
當執公 字 成所　仲突公三子生光緒甲午年四月廿五日未時卒民國辛
未年十二月廿四日塟重慶
男　金從 當挽子兼承
當挽 字 成喝　仲突公四子生光緒丁酉年八月初三日未時

娶古坑黃變娘生光緒戊申年十一月十三日寅時
男 金從兼承當执
女 長乖娘配溪東林 次笑娘 三篇娘 秋娥
當畯公字成响先邁公長子生光緒癸未年八月十七日子時卒民國庚辰年三月廿三日未時塋重慶
妣柯学娘生光緒丁酉年五月十八日寅時卒塋缺
男 大目殇 再炎 開準養
女 長晟娘配宮下黃 次豆娘配山兜黃 三珠金
當博字成學 先邁公次子生光緒癸巳年九月初四日巳時
妣文章陳巧娘生卒在外洋莫考
男 榮星
女 真娘配社壇葉 節娘 類娘殇

文察字成密　先岸長子生光緒戊戌年正月廿三日戌時
娶坊前黄挑娘生光緒癸卯年三月初一日辰時
男　賞來養
女　長圖娘　次絹娘
特羽字成翼　先岸次子生光緒庚子年九月廿二日酉時
娶小余蔡甘娘生光緒乙巳年七月十九日辰時
男　捷來蔡氏養　慎豬殤　金水烏品長子兼承
女　長秀蓮配鳳坡梁　次秀英配坊前黄　三秀美
烏亮字成明　先岸三子生光緒戊申年三月初七酉時
娶溪東林甚娘生宣統辛亥年十月初二日申時
男　玉貞　玉答　玉牆殤　玉印
女　端娘

烏店字成商　先岸四子生民國壬子年六月十九日吉時
娶赤嶺陳痛娘生民國丙辰年　月　日　時
男　泰山　登科殤　泰金兼承炳煌
女　長初娘　次最娘配困口戴　三糖娘配前街黃　四題娘
烏滾字成泉　先岸五子生民國己未年十月廿四日辰時
娶黃令娘生民國乙丑年八月初九日酉時
男　應望殤　欽火兼承炳煌
當丑字成寅　先雷公長子生光緒壬寅年十二月初九日辰時
娶坊前黃嬌娘生光緒甲辰年六月十五日巳時
男　純匣養　收霞
女　彩花
炳煌公字成珠　先雷公嗣次子生光緒癸卯年六月廿九日辰時卒民國

乙亥年六月初七日塟南洋

娶下宅陳看娘生光緒丁未年十月十八日　時

男　遠來養　欽火爲滚子兼承　泰金爲店子兼承

女　鼎英

琴棋公字成弈　先和公長子生光緒甲申年十月廿九日巳時卒民國庚申年七月廿一日巳時塟重慶

妣葉敬娘生光緒辛卯年十一月廿七日吉時卒民國丙戌年十一月十一日丑時塟重慶

男　慎洗養

琴書公字成禮　先和公次子生光緒丁亥年四月廿七日子時外出卒塟

缺

聘大庭戴味娘未娶

聲韻公字成音　先郡公長子生光緒丙申年十二月廿五日亥時卒民國戊午年十二月廿五日塟南洋

娶鳳坡梁錬娘生光緒己亥年七月十三日未時

男　錫家養

聲秀公　先郡公次子生光緒壬寅年五月廿七日巳時卒民國戊午年閏五月廿七日巳時塟缺

意愛字成親　先郡公雙承三子生娶詳生父支下

當叫公　先喬公雙承長子生卒男詳生父先稚支下

意愛字成親　先喬公次子兼承先郡公生民國丙辰年二月十六日戌時

娶

男

英總公字成納　先詞公長子生光緒丁丑年八月初九日午時卒光緒癸

卯年十一月廿八日戌時塋新寨
娶郭井林乒娘改天
男　慎水
當位公字成素　先詞公嗣次子生宣統己酉年五月　日卒民國辛己年
二月初四日申時塋虎頭山
娶陳轉娘出
男　福吉當豆子兼承
當題公字成名　天池公長子生光緒丁丑年三月十七日巳時卒宣統辛
亥年十二月初二日塋南洋
娶蔡梲娘生光緒　年　月　日　時
男　文德　文騫
女　玉蘭

當輝公 字 成發　天池公次子生光緒癸未年八月十五日未時卒民國庚午年十二月十六日塋南洋

妣坑園陳只娘生光緒庚寅年正月十二日卯時卒宣統辛亥年十二月廿四日丑時塋新寨

當鮑公 字 成鱉　天池公三子生光緒乙酉年二月初六日酉時卒光緒戊申年四月十五日午時塋南洋

英雁 字 成傳　天池公四子生光緒己丑年八月初二日戌時

男　兩顧 堂弟當静子入承

英鶴 字 成鳳　天池公五子生光緒癸己年七月十九日寅時

蠻貊公 字 成道　先鉞公長子生光緒丁酉年正月十一日午時卒民國壬子年四月初四日塋新寨

男　兩高 當豆子入承兼承當培

當培公字成育　先鉞公次子生光緒己亥年十月初八日丑時卒民國癸丑年　月　日　時塋新寨

男　兩高鑾貂嗣子兼承

當豆字成區　先鉞公三子生光緒壬寅年十二月廿三日丑時

妣溪東林紗娘生光緒丁未年七月十一日卒民國丁卯年九月十四日辰時塋新寨

又娶潭尾呂來娘生宣統己酉年十月十八日巳時

男　兩高出承鑾貂林氏出　榮典　福吉兼承當位

當盤字成利　北海公長子生光緒丁丑年三月十四日巳時

娶文章秋竹崙陳欣娘生光緒乙酉年九月初九日巳時

男　再泉出承弟當簡　再顯

女　辣娘配內牛庭方　扇娘配鳳坡梁

當進公字成財　北海公次子生光緒癸未年四月十一日巳時卒民國庚申年十二月二十日巳時塟重慶

妣社壇葉淺娘生光緒癸己年十一月廿一日卯時卒民國己未年八月初二日寅時塟重慶

男　天生當傑子入承

當簡公字成行　北海公三子生光緒丙戌年六月十八日巳時卒光緒己亥年四月　日　時塟新寨

男　再泉當盤子入承

當傑字成在　北海公四子生光緒己丑年十月二十日卯時

娶大庭戴巢娘生光緒辛丑年十一月二十日子時

男　天生出承當進　玉芽出承當應　天送

女　快娘配溪東林　紅婆配大庭戴　面娘　臭婆殤

開導公字成登　南河公長子生光緒己丑年二月十六日未時外出卒塋

缺

受恩字成惠　南河公次子生光緒甲午年二月初八日戌時

娶大庭戴襖娘生光緒壬寅年六月初一日未時

男　瑞托兼承錦裳　慈助殤

女長瑞蘭配宮下黄　次節娘配英橋陳

當應字成求　加修公子生光緒甲午年二月廿八日酉時

男　玉芽天福當傑子入承　慎灶

綿裳公　先覺公子生光緒丁未年九月初十日戌時卒民國丁亥年正月

廿八日子時塋南洋

娶呂佷娘生宣統己酉年十月廿四日亥時

男　瑞托受恩子兼承　有來　有興

霞錦洪氏族譜

卷十一

十三世西三房長

女　秀華
周發 字 成節　先軋公嗣長子生光緒己丑年三月初一日午時
娶陳雪娘 出
又娶南洋某氏
奇形公　先軋公嗣次子生光緒丁酉年二月十二日吉時 殤
文理　先軋公雙承子乃六爻公次子兼承生庚詳後
嗣男　錦益 田淵次子入承
肇基公 字 成蹟　潛重公長子生光緒辛卯年七月初十日午時卒年缺四
月初一日吉時塟新寨
妣中埔頭林綢娘生光緒癸己年十月初四日酉時卒民國壬子年七月
初十日塟重慶
男　榮耀 覌切子入承

親切 字成篤　潛重公次子生光緒戊戌年四月廿八日寅時

娶下宅陳奎娘生光緒戊申年八月廿九日戌時

男　榮耀（出承肇基）　榮清（兼承如意）　高郎（養兼承下宅陳六根）　逢強　兼嗣孫寶山（榮耀子兼承）

女　莊娘配社壇葉

田潤 字成多　六爻公長子樂捐巨款倡成修譜之舉其敦宗睦族之志可嘉也生光緒戊戌年九月廿一日寅時

娶尾埔馬晟娘生光緒戊申年十月廿九日吉時

男　錦順（養）　錦益（出承文理）　錦旋（出承如意）

女　芹娘配下宅陳　箱娘配山頭黃　荔金　荔花　秀華

養女林秀娘

文理 字成密　六爻公次子兼承先軋公生光緒甲辰年正月初四日戌時

娶溪東林志娘生民國甲寅年十一月十三日未時

男 錦興 兼承如意 錦益 田潤子入承承先軋公支派

女

養女林環娘

如意公 字 成志 加味公子生光緒甲辰年五月初五日午時卒塋缺

男 榮清 親切子兼承 錦興 文理子兼承 錦旋 田潤子入承

龍材公 字 成梓 先敏公長子生光緒乙未年十一月初三日酉時

娶古坑黃銀娘生光緒庚子年十月廿二日卯時

男 順興 養兼承加財

養女陳愛珠娘

加財公 字 成利 先敏公次子生光緒己亥年四月十九日辰時卒民國戊

午年三月初九日申時塋缺

男 順興 龍材子兼承

順英 先庚嗣孫

當少公字成集　淵源公長子生光緒丙子年九月初二日寅時卒民國壬子年五月初二辰時塋重慶

男　清波贊緒子入承　俊英贊盛子入承

贊緒公字成統　淵源公次子生光緒乙酉年九月廿二日戌時卒民國丙寅年十一月十六日未時塋重慶

娶舊門呂鄉娘生光緒戊子年十月十八日寅時

男　清波出承當少　朝榮養

贊盛字成裕　淵源公三子生光緒丁酉年六月初十日寅時

娶溪東林縣娘生光緒乙巳年五月十五日午時

男　俊英出承當少　弈守養兼承良弼　弈宰

女　阿婆配大庭戴　烏娘　素玉配下宅陳　阿妹配中房張

温柔公字成遠　扶國公長子生光緒己丑年五月廿二日寅時卒塋在南

洋
男　金標 養兼承文學
聰明公 字 成燦　濟化公長子生光緒辛卯年十二月十一日卒民國壬午
年四月廿一日塋南洋
幼娶陳音娘 殤
娶後山余認娘生光緒乙巳年十一月初一日巳時
男　金春 出承文喜　金鐘
女　烏娘配文章陳　㗉娘配舊門呂
養女林螺娘　梁卜娘 俱殤
文言 字 成嘉　濟化公雙承次子 生娶子詳在生父支下
良弼公 字 成帝　超卓公長子生光緒壬辰年十一月十四日子時卒
男　弈守　贊成 次子兼承

毓發公字成奮　超卓公次子生光緒乙未年三月初七日子時卒民國庚申年九月廿二日申時塟重慶

男　四海敦厚子兼承

敦厚字成經　擇仁心長子生光緒甲午年十月廿七日辰時

娶戴粽娘生光緒辛丑年九月三十日酉時

男　世雅錦昌出承文喜　四海兼承毓發

女　心娘配宮山陳　晏娘配內牛庭方　養女陳儉娘殤

文喜公字成樂　擇仁公次子生光緒乙巳年二月十一日未時卒民國辛酉年九月十二日申時塟重慶

妣陳陰娘生卒缺

又妣陳別娘生光緒甲辰年六月初十日酉時卒民國庚申年八月初八日酉時塟缺

男　世雅 敦厚子承　金春 聰明子入承　華生 文言子兼承

文言 字 成嘉　擇仁公三子兼承濟化生民國壬子年十月十八日酉時

娶黃輦娘生民國壬子年九月廿七日申時

男　華生 兼承文喜　榮生

女　美蓮　美英

文桐 字 成梓　擇仁公四子生民國甲寅年八月十三日未時

娶陳秀蓮生民國丁巳年二月廿七日寅時

男　水和

女　美伴

取來公 字 成慈　泮林公長子生光緒乙亥年三月廿一日巳時卒民國癸未年四月初四日巳時塋重慶坐向庚甲酉卯

娶社壇葉汝娘生光緒壬午年八月十六日申時

男　連全　連排（兼承添權）　連晉（殤）

女　欽娘配溪東林

拔眼（字）成江　泮林公次子生光緒甲申年十月十九日戌時

娶山兜黃晟娘生光緒戊戌年三月廿六日巳時

男　慎芽（養）

女　金娘配溪東林　庚娘　秀美

添權公（字）成柄　再復公長子生光緒甲申年五月初四日辰時卒光緒丙

午年九月初十日巳時

男　連排（取來子兼承）

添酧公　再復公次子生光緒戊子年八月廿九日戌時卒光緒甲辰年四

月廿二日戌時

繼昌公（又名）添登　再復公三子生光緒辛卯年九月廿八日巳時卒光緒甲

辰年三月廿八日戌時
文禎公字成祥　同慶公長子生光緒辛卯年九月二十日子時卒光緒乙
巳年八月十二日午時
文學公字成訓　同慶公次子生光緒辛卯年十月二十日子時卒民國乙
卯年正月十七日申時塋重慶
娶大庭戴攕娘生光緒乙未年正月初十日巳時卒缺
又妣黃神娘外出生卒塋缺
男　住黨　重標溫柔子兼承
當續公　同慶公雙承三子乃堂兄先篗子兼承生卒詳在本支下
男　厚和當吾子兼承
文楷公字成模　再恬公長子生光緒戊戌年正月初九丑時卒民國丁丑
年十月初一日申時塋重慶

娶古宅吳娘生光緒乙亥年三月廿六日酉時

男　金盾　金砵殤

女　戚娘配楓樹林　申娘配下宅陳　花棋娘

文漢公　再恬公次子生宣統庚戌年月日時缺卒塋缺

娶葉稿娘出

祖述公字成堯　先杞公長子生光緒癸巳年九月十二日辰時卒民國庚午年八月初八日子時塋重慶

娶大庭惠書橋戴麵娘生光緒辛丑年正月十九日卯時

男　慎木兼承美玉　進才兼承祖德 伯良　良進殤

女　慈愛配大庭戴　滿娘殤　阿寶殤

養女戴琴娘

祖德公　先杞公次子生光緒癸卯年七月初八日巳時卒民國甲申年三

月廿八日未時塟南洋
娶呈珍娘 出
男 進才 祖述子兼承
女 麗華
敦倫 字 成常 先杞公雙承三子 詳在本支下
敦倫 字 成常 先抄公長子兼承先杞生光緒乙未年八月廿八日酉時外
出卒塟未詳
美玉公 字 成珠 先杼公嗣子生光緒戊子年五月廿八日子時卒宣統辛
亥年二月二十日申時塟重慶
男 慎木 祖述子兼承
敦龍 字 成廣 先殿公嗣子生光緒丁酉年四月廿九日卯時
妣葉很娘生光緒癸卯年五月十五日子時卒民國丙寅年四月廿六日

申時塟重慶

當賓字成客　先鍾公子生光緒癸己年五月初九日午時

娶山頭黃送娘生光緒丁酉年四月十一日辰時

男　慎深養　慎卯

女　秀鳳配羅溪黃　綴娘配社壇葉　秀華

文東字成高　先齊公長子生光緒甲辰年十二月初二日酉時

娶内牛庭方草娘生光緒戊申年九月初一日辰時

男　庇佑殤　烏地慎地

女　查某殤　烏店娘配大庭戴　烏娘　妹娘殤

文談公　先齊公次子生光緒丁未年八月廿一日亥時卒莫考

大田公　先潘公長子生宣統己酉年五月十八日申時卒民國己巳年四

月廿二日午時塟獅墓後

男　清池（瑞鉏次子兼承）

瑞鉏（字）成鍊　先潘公次子生民國壬子年十月初一日卯時

娶坊前黃蜂娘生民國丙辰年五月廿一日申時

男　清地　清池（兼承大田）　清露

瑞家公　先潘公三子（殤）

男　振良（瑞乾子兼承）

瑞乾（字）成坤　先潘公四子生民國辛酉年七月廿八日卯時

娶張美龍娘生民國丁卯年六月廿二日申時

男　振忠　振良（兼承瑞家）

當响公　先善長子生民國甲寅年五月十九日酉時卒民國辛未年九月

十七日寅時葬重慶

娶陳參娘生民國丙辰年二月十二日酉時

男　自佐（助）（養）　自安（養出承養弟貴才）　自智（養）

養女陳月娘

貴才（字）成富　先善養次子生宣統辛亥年六月廿八日巳時

男　自安（嘗嗣子入承）

文居（字）成安　雲程長子生民國丁巳年十一月廿二日亥時

娶陳秀容生民國庚申年十一月廿五日午時

男　松碧

女　亞春　亞英

文聘（字）成儀　雲程次子生民國壬戌年五月初八日巳時

娶黃素華生民國戊辰年六月初六日子時

樹知（字）成音　先梯公子生光緒丁未年月日時缺卒民國癸酉年二月初一日塋在南洋

娶陳却娘生民國壬子年十月廿二日丑時

男 九子

女 扁娘

淵得字成深 先嵩公子生民國癸丑年正月十六日申時

娶林古董娘生民國戊午年十一月十一日辰時

男 耀宗 耀輝 耀錦

源情字成心 先串公長子生民國丁乙年四月十四日辰時

妣陳桂友娘生缺卒民國癸未年十一月初十日吉時

又娶林宣珠生民國丙寅年九月初五日辰時

男 福成殤 寶樹殤 培榮

女 素萍娘 素美娘殤

當源孝字成梯 先串公次子生民國戊午年十月廿四辰時

娶陳春香娘生民國庚午年五月廿一日午時

當慈孝字成祥　先串公三子生民國丙寅年五月十九日丑時

當貴炎字成勢　先串公四子生民國戊辰年十一月初六[illegible]日卯時

當妙字成策　先梅公長子生光緒辛丑年十二月廿四日巳時

妣葉熾娘生光緒甲辰年十一月初五日辰時卒民國丙戌年四月十八

日午時塟沽美山

男　國瑞殤　瑞發 啖良

女　蓮花配大姑柯　錐娘配下宅陳

德仁字成志　先梅公次子生民國甲寅年六月十五日巳時

娶林于娘出

男

淵泉字成湧　安樂公雙承子 生庚妻子詳在生父支下

男　安民

淵泉 字 成湧　先娀公長子兼承安樂生光緒丙午年九月十五日辰時

妣林霞娘生光緒戊申年　月　日　時卒民國辛酉時四月廿五日未

時塟德化新寨山

又娶羅菊月生民國庚申年二月廿九日寅時

男　南國　安民 出承安樂公支派

女　秀蓮配下宅陳　秀英配舊門口 下宅陳

銀城公　先娀公次子生宣統己酉年十二月初二日卯時卒民國乙卯年

十一月廿五日卯時塟永春

養男　耀庭　奇才 震家子兼承

震宇 乳名 玉殿 字 成寰 別號 亞雄　閩集美學校舊制高級師範畢業　國立

福建音樂專科學校畢業　福建省中學師範教員檢定合格　高中訓

導主任審查合格　連任省立永春中學教職十六年半獲福建省政府頒給三等及二等獎狀　曾任永春縣督學潤中公學崇賢中學教員永春縣宣委會副主任委員　永春縣青年劇社社長　福建第四行政區幹訓所教官　國民黨永春直屬區分部執委兼書記　三民主義青年團南師分團幹事　民卅五年任省立南安師範訓導主任及高蓋鄉第二中心校董會主席　現任菲律濱納卯中華中學教務　先娥公三子生宣統辛亥年四月廿二日酉時

娶永春達埔院前李佩華永春崇德女學畢業　集美學校女子師範肄業生民國癸丑年五月初一日酉時

男　建南殤　建安　建詩　建廈

女　長麗娜　次麗娟　三麗莉　四麗雄　五麗玲　六麗男

震家公　先娥公四子生民國乙卯年十一月廿五日卯時卒民國辛巳年

十二月廿九日巳時葬永春大路東岳山
娶坑園陳淑英生民國丁巳年六月初三日吉時
男　奇才（兼承銀城）
女　秀珠
當厚（字）成博　先宅公嗣子生光緒丁未年八月初十日寅時卒葬缺

鳳樓柱　瑞水公派

瑞成公　先祿公嗣長子生卒莫考
娶梁鏌娘生卒莫考
瑞泰公　先祿公次子生先緒丙午年六月廿六日丑時往廈門卒葬莫考
娶陳雪娘（改嫁）
男　清棟（養）

瑞河字成清　先祿公三子生

娶

西三房二　應瑞公派　黃蜂柱

當萍公　先飲公子生光緒乙未年正月廿五日申時卒塋缺

石記公　傳泰公長子生光緒戊子年十月初八日子時出洋卒塋缺

村内公　傳泰公次子生光緒己亥年五月十八日午時外出卒塋缺

升州公　先成仁公子生光緒癸未年正月十一日辰時卒塋缺

娶馬洋林銀娘生光緒己卯年八月十一日卯時卒塋缺

三房二 應記公派 九架柱

當權公 先鈎公長子生咸豐辛酉年月日卒俱缺

娶山頭黃氏殤

當樹公 先鈎公次子生光緒丁丑年二月十六日巳時卒光緒庚子年五月初十日寅時塟樹林口新寨頭

當洋公字成來 先勇公子生光緒己丑年十一月初三日午時卒民國丙戌年三月十六日午時塟樹林口

娶坑園陳不娘殤

妣下宅陳唖娘生光緒癸已年十二月初五日辰時卒民國丁卯年正月十三日申時塟南洋

男 慎致卷 慎丕

女 羣娘殤

當土公字成賢　先泉公長子生咸豐壬子年十一月初七日子時卒民國乙丑年十月二十日未時塋缺
妣安溪黃涼娘生同治癸亥年十一月十七日申時卒光緒己亥年十一月十九日辰時塋石門鳳髻尖後坐向巽乾己亥
男　愼聰
當概公　先泉公次子生同治癸亥年正月初九日午時卒光緒癸卯年四月廿一日吉時塋梹榔嶼
當侯公　先興公長子生同治乙丑年四月十七日亥時卒民國癸丑年九月初二日塋龍岩
娶黃水娘生光緒乙亥年九月廿一日未時
男　愼大担
女　晟娘配前街黃　益娘配坑園陳

當乞公　先興次子生同治庚午年正月廿六日午時卒民國丙寅年六月十五日塋南洋
娶陳葉娘生光緒乙亥年三月十九日巳時
男　慎江
女　意娘配山頭黃
當見公字成固號善人　先蕨公長子生同治乙巳年六月廿五日申時卒民國辛未年十一月十九日寅時塋新寨
娶中房張斷娘生光緒乙亥年正月初十日吉時卒民國辛未年六月廿五日子時塋重慶
男　慎進國養　慎弈茂　自來養
女　胎娘配山頭黃
當蚶公　先蕨公次子生同治癸酉年二月十一日午時卒民國壬子年七

月廿一日未時塟掃手尾
娶溪東林唖娘生光緒乙酉年十二月十一日巳時
男　愼大池　愼省　福全出承當知　福出承當知
女　淦娘殤　蘇娘配溪東林　秧娘配宮下
當知字成能　先蕨公嗣三子生光緒甲申年正月十九日申時
男　福全　福源俱入承
當扮公字成有　先彩長子生光緒丁丑年九月廿六日丑時卒民國乙丑
年十一月廿七日戌時塟南洋
妣舊門呂爻娘生光緒庚辰年九月廿六日申時卒光緒戊申年六月初
九日卯時塟重慶
又妣羣梅娘生光緒己丑年月日缺卒民國丁卯年二月廿二日子時塟
南洋

男　再朝養　慎春羅　天助養

五只公　先彩次子生光緒癸未年十月初六日亥時卒民庚午年九月初
六日寅時塋缺

娶舊門呂得娘出　承繼孫　美水大池子入承

當儀　先仁和子生光緒癸未年未十一月二十日未時外出缺

托居公　先漢公子生光緒庚辰年十二月二十日寅時卒民國丁己年二
月初六日申時塋新寨脚

幼娶黃真娘　陳浼娘　張痛娘　李冰娘俱殤

妣楊顏娘生卒塋缺

男　榮心

當寶公　先慶公長子生光緒乙亥年十月初三日午時卒塋缺

娶陳梅娘出

男　慎贊導

當普公　先慶公次子生光緒戊寅年九月初二日寅時卒缺塋在永春橋

頭鋪

娶永春大水路林良娘出

男　慎殤

再得公　先慶公三子生光緒乙酉年十二月十三日酉時往橋頭鋪卒塋

缺

男　古鋪殤

當梧公　先賞公子生卒塋缺

滿池公　先南公長子生光緒壬午年九月廿一日午時卒光緒戊申年二

月十二日卯時塋南洋

娶下宅陳儒娘生光緒己丑年六月十八日午時

男　庵狗　石唱出承當存　雨水殤

當存　先南公次子生光緒乙酉年七月十四日寅時

男　石唱滿池子入承

當旺公　敦兼公子生卒塋缺

朱彬公　先昆公長子生光緒戊戌年五月廿一日巳時殤

祝鮀公　先昆公次子生光緒甲辰年正月十五日子時殤

老猴字成　先昆公三子兼承堂兄先對生民國甲寅年十一月初一日巳時

男　地虎堂兄連城子入承

三房三　恬直公派　塔邊墘柱

當祥公　先布公長子生光緒癸巳年十一月廿九日卯時卒民國丁巳年七月初十日申時塟南洋實叻

男　連進 蜈蜞子兼承

蜈蜞公　先布公次子生光緒丙午年三月十五日卯時卒民國辛巳年二月廿五日申時塟沽美山

娶梁氷娘生宣統己酉年十二月十一日巳時

男　連進 兼承當祥培養

女　寶新娘寶　寶英娘配舊門呂

當坑公　先榮公子生光緒丙申年十一月初三日午時卒光緒癸卯年七月初二日未時殤

炳淵字成　先泗公嗣子生民國壬午年十月二十日巳時

金具字成　江德長子生民國甲申年八月十五日巳時

十三世西房四　弈業公派　樓脚柱

清當向公　先辯公長子生道光甲午年八月廿七日辰時外出蓮江紫溪卒塋缺

娶戴氏 出

當淵公 字 成魚　先辯公次子生道光戊戌年五月初二日寅時卒光緒丁丑年六月初六日巳時塋下埔仔坐向辛乙酉卯

妣鳳坡梁敬娘生道光戊申年五月初三日未時卒光緒戊戌年十月廿四日辰時塋下埔仔坐向辛乙酉卯

男　愼新味　愼櫞 出嗣兄當韮　又兼嗣兄當遜

女治娘 殤

當瑤公 字 成瓊　先育公長子生嘉慶甲戌年三月十五日亥時卒咸豐庚甲年二月初九日戌時塋缺

妣安溪謝察娘謚慈安生嘉慶庚辰年三月初二日辰時卒光緒丁酉年十一月初六日未時塟始祖宇后祖墓邊左畔坐向亥巳乾巽

男　慎掇

女　意娘配劉林謝

當擧公　先育公次子生嘉慶庚辰年十一月初一日午時卒道光庚戌年二月初八日午時塟下埔仔坐辛向乙

當燦公　先偶公子生道光己丑年四月初三日巳時外出飛鸞卒塟缺

當闖公宇成雅　先次公長子生嘉慶己卯年九月初二日戌時卒光緒戊子年十月十九日申時塟下埔仔坐向坤艮申寅

妣呂痛娘生道光己丑年十二月廿七日寅時卒咸豐辛亥年三月廿六日申時塟險埧崩坪内坐東向西

又妣羅埔余親娘生道光辛巳年六月初九日吉時卒光緒壬辰年三月

十一日戌時塟祖宇后榕樹脚坐向壬丙子午
女　草娘配大廷戴呂氏 出
當韮公　先次公次子生道光丁酉年四月十四日戌時卒光緒戊戌年九
月初十日未時塟下埔仔坐庚甲申寅
男　慎檬 弟當淵子入嗣兼嗣當遜
當欉公 字 成茂　先掛公長子生嘉慶丙寅年正月廿一日申時卒同治年
間塟本山大崙頭
妣胡西陳戀娘生嘉慶甲戌年五月廿二日午時卒光緒年間塟下埔子
坐向坤艮未丑
男　慎預　慎網 兼嗣叔先柿 慎眼　慎常
女　長配坊前黃　次 殤
當博公　先掛公子生道光丙戌年十月廿二日丑時往廈門不同卒塟缺

娶蔡氏 出

當遯公　先株公長子兼嗣兄先杉生道光戊戌年四廿七日子時卒光緒
甲辰年十二月二十日未時塟本鄉山尾墓

男　慎樣 弟當淵子入嗣兼嗣當韮

當鬐公　先株公子兼嗣弟先務生咸豐癸丑年四月初六日戌時往臺不
回

當鼓公　先灝公子生道光辛己丑年五月初一日寅時以下俱住福清生
祠米粉厝卒塟俱缺

當炳公　先洧公嗣子生道光乙酉年八月十四日寅時卒塟缺

當試公　先洽公嗣子生道光庚寅年四月廿二日亥時卒塟缺

當標公 字 成燈　先源公子生嘉慶丁丑年六月初七日午時卒塟缺
妣麗灣郭格娘生道光乙酉年十月初五日申時卒塟缺

當科公　先漢公子生道光丙戌年十二月十一日申時卒塋缺
當番公　先猴公嗣子生道光辛卯年十二月十一日午時卒塋缺
　弈隆公派　土樓仔柱
當泉公　必寢公嗣孫兼嗣先茂生卒缺
　弈隆公派下坂厝柱
慶雲公　先兩緘公子生咸豐壬子年六月十八日辰時住永定萬壽門口
　卒塋缺
金水公　先炎公長子生光緒癸未年六月廿九日卯時卒塋缺
　娶黎馬娘生光緒丁亥年月日時卒塋俱缺
　男　慎返來

女　香珠娘

當泉水　先炎公子生光緒甲午年六月廿二日酉時　父子俱住望加錫

莫考

當塡公　瑞金公子生同治甲子年六月十九日酉時卒光緒癸卯年四月
初七日卯時塟南洋小吡叻頂梹榔嶼

妣陳玉意娘生同治癸酉年二月廿一日酉時卒塟缺

男　慎海龍　慎海岸　慎海水　俱住小吡叻

女　蓮葉娘

當[illegible]公　勤斯公養子生光緒丁亥年二月十七日寅時卒缺

幼娶梁啞娘

妣下宅陳富娘生光緒庚寅年九月十三日戌時卒民國癸未年九月廿
五日塟重慶

男　瑞園

女　配山門葉

弄隆公派　埧腰柱

當闢公字成竀號寄望　先坑公長子生道光壬午年二月初七日午時卒光緒丁酉年三月廿六日卯時塟本山大材崙

妣吳埔山陳正娘謚令節生道光辛卯年二月廿六日丑時卒光緒壬午年四月初二日巳時塟重慶嶺坐向乙辛卯酉

男　慎眉　慎彼　慎稿　慎挑殤

女　贊娘配三仔尾陳　插娘配溪東林

當閩公字成南號荊楚　先坑公次子生道光甲午年六月十九日巳時卒光緒丙申年四月廿四日未時塟本山大材崙

妣大坋温鷞娘生道光癸卯年十一月廿九日吉時卒光緒丙午年年十二月初九日寅時

男　慎荇　慎并　慎深

女　艾娘配溪東林　滿娘殤

當闖公　先頭公嗣子生道光乙酉年七月初七日子時殤　道光戊戌年閏四月初九日午時塟重慶坑仔口坐向辰戌乙辛

當釵公　先埔公兼嗣子生卒塟記外

妣陳快娘生卒塟記外

男　慎敏　慎獮殤　慎潭　慎泉弟當荷子兼嗣

女　心娘配宮下黃

當荷公　先埔公兼嗣子生卒塟記外

娶戴艮娘生年月記外

男　愼訂殤　愼泉兼嗣兄當叙　愼奏　愼貌殤
女　梳娘配大庭戴
當探　先埔公兼嗣子生年月記外
娶李氏出
恩錫南金公乳名當鈞字成洫號盡力　善語公長子生道光辛巳年七月初七
日寅時卒光緒壬辰年十一月廿三日酉時塋飛腰邊坐向丑未癸丁
娶古宅吳香娘生道光戊子年十月初五日辰時卒民國甲寅年十一月
廿三日申時塋重慶
男　愼掩鄉賓　愼近出嗣弟當郁　愼並
女　棗娘配舊門呂　廷娘配下宅陳
當郁公字成李號文盛　善語公次子生道光癸巳年三月初一日巳時卒
光緒壬午年五月初一日子時塋本山大垢田脚

妣坑園陳時娘生道光辛丑年八月十三辰時卒同治壬戌年七月初七
日未時塋本山大崙頭坐向艮坤丑未

男　慎近兄當鈞次子入嗣

當羡公　先稍公長子生道光癸巳年十二月十九日戌時卒咸豐辛酉年
二月廿八日酉時塋本山騎龍斬坐向丁癸午子

當薩公　先稍公次子生道光乙亥年十二月廿三日辰時卒宣統己酉年
六月十二日酉時塋山後格

幼娶陳參娘殇

又娶林微娘謚家室生道光丁酉年五月初五日酉時卒光緒甲申年二
月十二日丑時塋文章山杉林尾坐向坤艮未丑

男　慎卜　慎薄

當池公　先稍公三子生道光己酉年十一月初二日巳時卒光緒庚子年

閏八月十二日吉時塋缺

當釵公字成金號利用　先嶺公長子兼嗣弟先埔生道光庚子年十月廿八日戌時卒光緒庚子年六月廿七日戌時塋重慶嶺坐卯酉乙辛

妣文章陳快娘謚順便生道光壬寅年八月初五日未時卒同治甲戌年三月初九日未時罐塋本山大材垵坐丁癸午子

男　慎敏　慎獺殤　慎潭　慎泉弟當荷子兼承

女　心娘配宮下黄

當荷公　先嶺公次子兼嗣弟先埔生道光甲辰年五月初五日寅時卒光緒乙亥年五月初五日未時塋本山杉林尾坐向辰戌巽乾

妣大廷戴艮娘生咸豐甲寅年十二月初十日卯時卒民國甲戌年三月廿五巳時塋山后格大材垵

男　慎訂殤　慎泉兼嗣兄當釵　慎奏　慎貌殤

女　梳娘配大庭戴 俱養

當探公　先嶺公三子兼嗣弟先埔生咸豐癸丑年二月廿一日巳時　卒
民國丙寅年正月廿三日未時塟重慶
娶李氏 出

當羅公 字 成足　先涇公子咸豐癸丑年四月十一日辰時卒民國甲寅年
十月初九日寅時塟山后格崩坪垵
妣中埔頭林心娘生咸豐辛酉年二月廿七日未時卒民國壬申年十二
月十八日午時塟山后格崩坪垵
男　慎中 養 慎申 養 慎返
女　儉娘 殤 鶴娘配大姑柯　戀娘配雙溪陳　善娘配半嶺林

當閱公 字 成閥 號 經歷　先誨公長子生道光戊戌年九月廿九日午時卒
光緒壬辰年十一月初八日戌時塟本山大坵田坐向庚甲酉卯

妣晉江林腰娘生咸豐癸丑年十月　日　時卒民國庚午年十月十六
日酉時塋本鄉樹林内
男　慎崑（嗣當謨兼嗣弟當信）　慎書（兼承當河）
女　寅娘配下宅陳　艸娘配胡西陳　猜娘配大坪陳　錸娘配大庭戴

當謨公　先誨公次子生道光庚子年十月初二日丑時卒光緒己卯年正
月十七日吉時塋汀州
男　慎崑（兄長子入嗣兼嗣當信）

當軒公　先誨公三子生咸豐壬子年正月十二日巳時卒民國癸丑年七
月初三日申時塋山後格大坵田

當河（字）成山（號）瑞棠　先誨公四子生咸豐戊午年七月十六日戌時
娶福州閩縣鄭邀第娘（出）
男　長慎書（兄當謨子兼嗣）　次慎少華（後改名銘官）

養女金妹娘

當能公號良禮　先爆公長子生咸豐癸丑年二月十六日巳時卒光緒庚子年四月初十日辰時塟重慶樹林口坐向艮坤寅申

娶洋柏洋陳家娘生同治壬戌年　月　日　時卒民國戊午年二月十九日酉時塟塤腰坪

男　慎享弟當耤子兼嗣

當耤公　先爆公次子生咸豐丙辰年五月十一日巳時卒民國甲寅年五月十二日戌時塟山后格

妣坑園戴閤娘生同治丙寅年正月廿一日卯時卒民國庚午年九月初二日酉時塟大坵田

男　慎享兼嗣兄當能　慎水殤　慎玉

女　長蜂娘配澳下盧　為娘配肥書橋戴　墘娘配英橋陳　首娘配

中房溪前陳

當信公　先蹂公嗣子生道光丁未年七月廿七日丑時卒同治癸亥年七月廿五日吉時塋重慶坐戌辰乾巽

男　慎昆當謨子兼承　承繼曾孫受振基思灶子入承

有來公　當傳公俱　先蹂公子生年月日時俱缺住南澳不回

當牽公　志出公子生同治丙寅年　月　日　時卒塋缺

弈山公派　國龍柱

當簡公　先水公子生道光己丑年正月初一日巳時外出無踪卒塋缺

當進記公字呈憶號學知　供正公長子生嘉慶丁卯年正月初三日辰時卒光緒丁丑年九月初七日未時塋本山客鈸格内坐向艮坤丑未

娶陳愛娘出

男　慎灰
女　傅娘配高田葉
當欽公　雅言公長子生嘉慶丁丑年五月十一日寅時充南澳行伍換班
澎湖娶氏及男住居於此卒塋缺
當斗公　雅言公次子生嘉慶庚辰年正月廿六日酉時卒光緒辛巳年五
月初五日卯時塋龍巖
妣英橋陳贊娘生嘉慶庚辰年四月初八日巳時卒光緒丙戌年六月廿
一日辰時塋重慶樹林口坐向乾巽亥巳
當圭公　雲騰公子生嘉慶戊寅年十一月十三日午時卒道光乙未年九
月廿四日亥時塋重慶猫兒洗面下石頭脚與㚑墳相近坐向丑未艮坤
當作公　先賜公嗣子生道光甲申年四月初五日寅時外出汀州不回卒
塋缺

添二公字呈籌號海岱　圖治公長子業儒生嘉慶乙亥年十一月十二日寅時卒光緒甲午年正月廿一日未時塟本山大坵田脚坐向庚甲申寅

妣蓬島蘇勸娘謚好善生嘉慶丙子年五月廿六日卯時卒光緒甲午年八月十五日申時塟本山洋嶺坑頭坐向丁癸午子

男　慎泰

當壁公　圖治公次子生道光甲申年四月初三日未時卒咸豐丙辰年十一月初八日辰時塟重慶坑仔口坐向丑未艮坤

當鳳公字呈附　圖治公三子生道光乙未年四月廿八日丑時卒光緒辛卯年十一月十三日戌時塟本山移塟狗母相帶格脚坐向丑未艮坤

男

進發公字呈祥　國治公長子生嘉慶辛未年六月十七日未時卒同治癸酉年十一月初四日寅時塟長泰黃土

妣馬頭洋陳鑾娘謚南金生嘉慶壬申年十一月初五日辰時卒咸豐辛酉年三月廿六日巳時塋本山導字崙坐乙辛辰戌

男　慎祉　慎條

女　雪娘配舊門呂

進音公號懷我　國治公次子生道光甲申年五月初四日巳時卒道光辛丑年七月初六日巳時塋廣東大埔縣龍門水口坐東北向西南

當歲公　昌後公長子生道光丙申年五月初八日亥時卒咸豐乙未年八月初四日申時塋本山尊字崙坐向庚甲申寅

娶陳尾娘殤

男　慎明次弟長子兼祠　慎學四弟長子兼嗣

當高公字呈峯號尊崇　昌後公[illegible]次次子生道光戊戌年十月二十日卯時卒光緒壬寅年十一月廿九日戌時塋本山客鈸格内坐向癸丁子午

妣文章許錠娘謚萬鎰生道光庚子年十二月初五日未時卒光緒甲午年九月廿一日寅時塟本山三[illegible]木仔坐向壬丙亥巳

又娶安溪芸尾李莊娘 改節

男　慎明 兼嗣兄當歲　慎揀 養

女　營娘配半嶺林　題娘配舊門呂　綢娘配坑園陳　閂娘配胡西陳

當正公 號道禮　昌後公三子生道光乙巳年六月十六日丑時卒光緒庚子年十月初四日寅時塟竹篙龍垵坐向艮坤寅申

男　慎玉盞 弟當慈子兼嗣

當慈公 字呈度 號龍丹　昌後公四子生道光戊申年五月初四日未時卒光緒乙亥年二月十一日戌時塟本山客鈸內坐向巽乾辰戌

妣中房張菜娘生咸豐庚申年四月十八日未時卒民國甲子年七月廿

一日寅時塟三脚木坐乙向辛兼辰戌

男　慎學兼嗣兄嵩歲　慎潤澤　慎玉盞兼嗣兄嵩正　慎湖典

女　應娘配大庭戴　綴娘配半嶺林

汁鮭公號呈珍　宜有公長子生道光戊戌年四月初六日未時卒光緒丙午年五月初一日寅時塟缺

妣馬頭洋陳呢娘生道光辛丑年六月初六日辰時卒塟缺

男　慎窕　慎丁殤　慎垻

女　傳娘配坑園陳　茅娘配内呷李

朝試公號呈昌號會選　宜有公次子生道光乙巳年八月十四日午時卒光緒庚子年十月廿八日未時塟本山客鈸内坐向乙辛辰戌

男　慎栽培四弟長子兼嗣

旺算公號呈妙　宜有公三子生道光戊申年十一月四日申時卒光緒甲

午年十二月十一日辰時塟重慶坐甲庚寅申
妣馬頭洋陳勤娘謚慈儉生咸豐庚申年九月十六日辰時卒光緒甲辰
年九月廿六日寅時
男 慎再復 慎件（養）
女 淨娘 沈娘 間娘 鈃娘 潤娘（俱殤）

玉案公（號）呈舉（號）齊全 宜有公四子生咸豐己未年八月初九日戌時卒
光緒乙巳年十二月廿九日申時塟本山崩坪垵口坐向壬丙亥巳
妣坊前黃揆娘生同治壬戌年十二月初一日辰時卒光緒丙午年又四
月廿六日未時塟本山短崙仔坐向乾巽戌辰
男 慎栽培（兼嗣兄朝試） 慎荼 慎周 慎曳
女 丕娘配南坪呂 瓜娘

當道公（字）呈正（號）謀生 盛義公長子生道光癸未年十二月初六日辰時

卒光緒辛巳年十一月三十日巳時塟本鄉椽脚壠坐辛乙戌辰
妣溪東林㖖娘謚詳慎生道光丙戌年九月十六日午時卒光緒辛卯年
二月初九日酉時塟本崩坪垵口坐向壬丙子午
男　慎孝殤　慎邦　慎抄殤　慎儀
當遜公字呈安號世吉　盛義公次子生道光甲午年七月廿七日未時卒
光緒戊子年十二十六日寅時移塟水山外客鈸坐向壬丙子午
妣坑園戴熟娘謚詳明生道光辛丑年五月十四日寅時卒同治壬申年
八月初七日子時塟本山客鈸觀音仔頭坐向丙壬巳亥
男　慎晏　慎鉚
女　嘆娘配社壇葉
當途公　盛義公三子生道光丁酉年七月初三日戌時卒光緒辛卯年十
二月初九日卯時塟本山崩垵口坐向壬丙亥巳

妣燭庵郭京娘生道光壬寅年十二月廿九日辰時卒光緒丙午年十二月八日未時塋本山短崙子坐乾向巽兼戌辰

男　慎軟　慎順殤　慎董　慎贍　慎其出嗣弟當溫

當迂公號餘足　盛義公四子生道光庚子年六月初三日戌時卒光緒己丑年十二月十四日巳時塋重慶樹林口坐向亥巳乾巽

娶呂暖娘出

男　慎遮　慎合兼嗣兄當龜

當講公　可亭公長子生道光丙戌年正月廿五日卯時卒同治癸亥年十月初四日寅時塋南靖浮山總草鞋店社后壠子塚路下坐向丁癸午子有碑為記

娶鄭　娘出

當綸公字呈紗　可亭公次子生道光庚子年十二月十五日酉時卒宣統

己酉年正月廿九日酉時塋桃水垵

男　慎輝 弟銹英子兼祠

養女誘娘配坊前黃　看娘配坑園陳

當顯公 字 呈耀 號 紹祖　盛林公長子生道光丙申年四月初三日未時卒

光緒甲午年七月十一日卯時塋南洋石叻

娶莊氏杏娘出

孫　思迎接 姪慎邦次子入殤

當豆公　盛林公次子生道光辛丑年閏三月廿六日寅時卒咸豐辛酉年

正月十五日申時塋本山短崙子坐戌辰乾巽

當龜公 號 希齡　盛榮公子生道光己亥年二月廿三日午時卒光緒壬午

年六月廿七日午時塋重慶樹林口坐乾巽亥巳

娶郭映娘出

男　慎合　弟當迂子兼嗣

睿智公　惟有公長子生道光辛丑年閏三月十三日午時卒同治壬戌年十二月十九日午時塟本山挑水垵坐向坤艮申寅

男　慎坤厚　養兼嗣弟當寬裕

寬裕公　惟有公次子生道光癸卯年九月十八日巳時卒民國甲寅年十二月十五日酉時塟挑水垵

娶黃珠　出

男　慎坤　厚兄睿智子兼嗣

堯天公　惟有公三子生道光己酉年八月初三日巳時卒光緒己丑年九月十三日子時塟重慶樹林口

靄光公　號垂氣　則明公子生咸豐乙卯時三月三十日寅時卒光緒戊戌年九月廿三日子時塟本山尊字崙坐向庚甲申寅

男　愼汀養

溫水公字呈允　盛禮公長子生道光己酉年四月初十日午時卒民國乙丑年正月十九日塋客拔內

男　愼其兄當逢子入嗣　愼注養殤

洞水公　盛禮公次子生咸豐己未年九月十八日申時往漳州卒缺

當搶公　志成公長子生咸豐丙辰年八月初八日子時卒民國壬子年十一月廿四日塋重慶

娶陳窑娘殤

嗣孫思再生愼萬子入承

當鳶公　志成公次子兼嗣兄先望生咸豐辛酉年三月十九日卯時卒民國癸酉年十一月廿七日酉時塋客拔內

妣下陳宅女娘謚坤道生同治乙丑年十月初十日亥時卒光緒庚子年

八月三十日未時塟本山尊字崙坐申寅坤艮

男 慎來 拳出嗣承望支派 慎萬

當遷公 先格公子生道光己丑年三月十六日亥時外出平和黃井林不

回卒塟缺

當潑公 字成活 先抱公子兼嗣兄先賀生道光甲申年正月廿四日丑時

卒光緒丙子年十二月廿四日辰時塟本山狗母相帶格坐向丙壬午子

妣大墩林慶娘生道光辛卯年九月初五日午時卒光緒甲申年二月廿

七日丑時本山狗母相帶格坐向坤艮未丑

男 慎兜 慎堅

女 淵娘配下宅陳 語娘配大坪陳

當意公 字成美 號心好 善宗公長子生道光甲辰年十二月初六日巳時

卒光緒乙未年九月廿五日巳時塟本崩坪垵坐向乾巽戌辰

妣曾墘曾銀生咸豐戊午年八月廿五日午時卒民國庚午年七月十八
日巳時塟拘母相帶格
男 慎卓 兼祠弟當改 慎陳 殤 慎滾 慎蓮
女 良娘 殤 樟娘配坑園陳
當改公 善宗公次子生道光庚戌年九月廿三日未時卒光緒丁丑年五
月初四日巳時塟重慶坐向甲庚卯酉
妣溪東籃玉娘謚順情生咸豐巳未年二月十五日午時卒光緒癸未年
四月初九日申時塟本山崩坪垵坐向辛乙酉卯
男 慎卓 兄當意子兼祠 慎乞 殤
清鄉賓升恆公乳名當困 字 成取 號 團圓 義方公長子生道光辛卯年八月
十九亥時卒光緒癸卯年九月十一日戌時塟山仔脚坐向壬丙子午
妣垵尾林稟娘生道光戊戌年四月廿四日卯時卒宣統己酉年六月十

五日塟崩坪埈鵠
男　慎售（養）慎總　慎雕（出嗣弟當苟）慎琰　慎蟶
女　脩娘配坑園陳　湊娘配下宅陳
當苟公（字）成有　義方公次子生道光乙未年四月廿五日申時卒同治乙
丑年正月廿四日戌時塟本山杉林頭坐向庚甲酉卯
娶呂刿娘（改節）
男　慎鋪（殤）慎雕（兄當囷子入嗣）
清登仕郎（諱）升萬公乳名當庇（字）成進（號）皆訓　義方公三子生道光甲辰
年四月廿三日申時卒光緒乙巳年十一月初七日辰時塟龜仔頂
妣下宅陳研娘生道光乙巳年十月十二日卯時卒民國　年十月初
八塟龜仔頂
男　慎藩（殤）慎鑑　慎罩（殤）慎聽令

女　捷娘配大庭戴五墩觀　胥娘配文章許鈔觀

當木公字成喬在上公長子生道光乙未年八月三十日丑時卒光緒戊申
年八月十三日未時塋竹篙壠

妣前坑余寶娘生道光戊戌年九月廿五日辰時卒宣統庚戌年十二月
廿五日申時塋火炎崙頭

男　慎郡養　新詔

女　伴娘配路后戴　略娘配溪東林　見娘配下埔戴

當懽公字成忻號怡悦　在上公次子生道光丁未年正月十二日戌時卒
光緒癸卯年二月初五日卯時塋本山竹篙龍頭坐壬向丙兼子午

娶文章陳棕娘生咸豐壬子年二月十七日戌時卒民國丙寅年八月廿
五日塋杉林尾

男　慎鈌養

銙英公 善安公子生道光甲辰年二月十三日午時卒光緒戊寅年七月廿三日巳時塟本山尊字崙坐向丑未艮坤

妣文章陳取娘生道光丙午年九月三十日巳時卒光緒癸巳年四月初八日子時塟本山尊字崙坐向丑未癸丁

男 慎輝 兼嗣兄當錡

養女 誘娘配舊門呂 銜娘配坑園戴

當洗公 善澤公子生道光巳酉年十一月廿八日卯時卒光緒丁未年正月廿二日巳時塟本山客鈸外坐向卯酉乙辛

妣社壇葉惜娘生咸豐己未年四月十七日巳時卒光緒丙午年閏四月十七日未時

男 慎柱 慎角殤 慎填 慎窯出嗣族弟朝卜

女 差娘配中房張 貴娘配胡坂蔡 尾娘配下宅陳

當權公字成大號樂變 從政公子生咸豐丙辰年七月十七日巳時卒光緒庚寅年十月十九日子時移塟本山竹篙龍坐寅向申兼艮坤

妣曾墘曾近娘謚慎義生咸豐己未年十一月廿六日巳時卒光緒甲午年十月十六日子時妣與公合塟

男 慎種 慎各殤 慎墘

女 罔娘配路后戴 淡娘配坑園戴

當薦公字成几 志協公子生道光丁亥年九月十五日寅時卒光緒丙申年正月初十日未時塟永春烏洋到坐垵

妣溪東林究娘謚順節生道光戊戌年七月廿五日未時卒光緒壬午年七月初一日未時塟永春烏洋寮尾蛇形崙

男 慎八 慎新泰俱住烏洋

女 于娘配大庭戴

當寅公　先相公長子生道光壬辰年四月廿六日亥時卒塟臺灣萬丹

當奎公　先相公次子生道光戊申年九月廿九日未時往臺不回卒塟缺

瓜瓞公號嘉綿　安舒公養子生道光丙申年七月十六日吉時卒光緒辛丑年八月初三日卯時塟本山竹篙龍坐向乙辛辰戌

男　慎酣弟當貫三子入嗣

養女　得娘配大廷戴　不娘配中房張

當砌公字成見號能齊　其金公子生道光癸巳年三月初九日亥時卒光緒甲辰年十月十四日巳時塟本山騎龍斬坐向巽乾巳亥

妣小岵陳足娘謚有餘生道光辛卯年七月十三日未時卒光緒壬寅年三月廿九日丑時塟本山客鈸内坐向艮坤丑未

男　慎三多

女　草娘配鳳坡梁　稿娘配大庭戴

當嘮公　志賓公長子生~~咸~~咸豐甲寅年正月初一日子時卒塋缺

幼娶仙鄉郭滿娘 殤　繼娶梁陰娘 出

男　慎從慶 殤

當芭 字 成竹　志賓公次子生同治甲戌年二月初四日酉時卒缺

幼娶前街黃棗娘生光緒戊寅年五月廿七日吉時卒光緒癸卯年十一
月初一日吉時塋后垵口坐西向東

妣陳須娘生光緒戊子年四月初八日未時卒民國庚申年四月十九日
申時塋客拔崙頭

男　南貞　南陽　祿業

雙承孫坤書 鍛鍊次子兼承　孔雀 乃倉次子兼承

女　長梅娘配林柄　次桂娘

當潛公　先僂公子生同治庚午年七月廿九日未時卒光緒丁亥年年七

月初三日未時塟臺灣大北府水返脚北港大尖

當尋公字成芳　統緒公長子生咸豐己未年八月十九日丑時卒民國壬申年十二月十六日酉塟重慶

幼娶陳赫娘殤

又妣坑園陳專娘謚威德生同治庚午年十月廿三日酉時卒光緒乙巳年正月廿三日巳時塟重慶崙坐

男　慎盆　慎培

當自公　統緒公次子生咸豐辛酉年十二月初四日巳時卒光緒乙未年九月　日　時塟南洋吉嘣

當搒公　思德公子生道光己酉年正月初一日酉時卒光緒己卯年八月廿七日卯時塟本山大崙頭坐向寅甲申庚在先和墓左畔

妣文章陳草娘生咸豐庚申年十月十二日亥時卒民國壬子年五月十

三日卯時塋缺
男　慎勝養　慎雍殤
女　雪娘配垵尾林
當閑公號周易　嵩南公長子生咸豐己未年十月初十日亥時卒光緒癸
卯年五月二十日辰時塋臺灣臺北府大稻埕大壠峒塚山
妣下宅陳秋娘生同治丁卯年五月廿二日寅時卒民國丙子年十一月
二十日申時塋重慶
男　慎德
女　麝娘配溪東林
當碟　嵩南公次子兼嗣先弟　生同治年月記外
男　慎欣第養
當碟公　先赴公兼嗣子生同治庚午年十一月十二日丑時卒塋缺

男　慎欣第巻

清太學生諱膺謍乳名當早字成作號圖書　拔擢公長子生道光戊申年七月三十日巳時卒宣統己酉年九月十三日巳時塟下赤墓坪坐辛向乙兼酉卯

幼娶李得娘出

妣深垵葉寶娘謚積善生咸豐己未年三月初五日申時卒民國庚辰年十月初七日戌時塟新寨虎頭與陳交界坐辛向乙兼酉卯

男　慎淵珍　慎富厚　慎壺鐵　慎鍛鍊　慎五美兼嗣弟當碭　慎毓祥兼嗣

弟當拜　慎七友　慎迴通殤

女　不娘配路後戴　筬娘配宮下黃　真娘配杉仔尾陳　躭娘配坑園戴　定娘配深垵葉　約娘配前街黃　捷娘配溪東林

清太學生諱膺祿乳名當田字成玉　拔擢公次子生咸豐辛亥年閏八月十

六日寅時卒民國庚申年六月十五日丑時塟下赤墓坪坐乾向巽兼戌
辰
妣官傅趙雙娘謚佳耦生同治壬戌年十一月十四日未時卒光緒甲辰
年十二月初六日丑時塟本山杉林尾坐南向北
又妣古山邊謝儉娘生咸豐丙辰年三月初五日酉時卒民國壬申年九
月廿四日酉時塟大崙坐南向北
男　愼意養　愼奪魁養　愼帕　愼掬
女　格娘配鳳坡梁　把娘配溪東林　循娘配溪東林　醒娘配大坪
陳
當拜公字成登號完足　拔擢公三子生咸豐甲寅年十一月廿四日巳時
卒宣統庚戌年十一月初二日未時塟下赤墓坪坐辛向乙兼酉卯
妣林柄陳擂娘生同治壬戌年十一月十五日酉時卒民國甲寅年六月

初三日子時與公合塋
男　愼虎榜 養 愼毓祥 兄當平六子兼嗣 愼甲
女　滿娘配大廷戴　親娘配溪東林　恨娘配溪東林
當恭公 字 成肅　拔擢公四子儒士爲人正直盡心纂修族譜生咸豐庚辰年十一月廿七日戌時卒宣統辛亥年九月初一日戌時塋三脚木坐辛向乙兼戌辰
幼娶陳滿娘　陳梅娘 俱殤
妣坑園戴愛娘廪膳生懷萱胞姪女生同治乙丑年六月廿六日巳時卒民國甲子年十二月廿九日子時塋麒麟胆坐坤向艮兼未丑
男　愼淋滱 兼嗣弟當攄 愼福星　愼粘地 兼嗣弟當碭 愼展帳　家彪
女　錐娘配溪東林　遷娘配林柄陳
清太學生 諱 膺助 乳名 當攄 字 成立　拔擢公五子兼嗣弟先浸生同治乙丑

年四月初七日辰時卒宣統己酉年十二月十七日巳時塟客拔

妣英橋陳環娘生光緒乙亥年五月初六日午時卒民國甲寅年五月十五日塟客拔

男　愼蚋

女　鈀娘配社壇葉

當碭公字成聲　拔擢公六子生同治己巳年二月廿二日辰時卒民國乙酉年八月廿五日丑時塟吧城井里嗎子

幼娶深安葉愛娘殤

又妣古坑黃來娘謚悅順生同治庚午年閏十月十一日寅時卒光緒戊子年十二月廿四日午時罐塟本厝新厝角左畔坐向癸丁丑未

又妣太和陳前娘謚裕順生光緒丁丑年七月廿四日酉時卒光緒壬寅年七月十二日辰時塟本山網蒂頭坐向未丑丁癸

又娶坊前黃艮娘生光緒甲申年八月十七日辰時卒民國己未年五月
十三日寅時塟網智橫路頂與長岸合界
男 慎五美 兄當平五子兼嗣 慎粘 兄三子兼嗣 慎從龍 養

清太學生 諱 膺助 乳名 當擦 字 成立 澤公兼嗣子生同治年月記內
娶英橋陳環娘生光緒年月記內
男 慎淋漓 四兄長子兼嗣 慎乃聰 養 慎棎材 慎鵬程
女 鈀娘配社壇葉

當抵公 字 成都 模訓公長子生同治辛未年正月初四日戌時卒民國辛
寅年三月初三日酉時塟大崙脚
妣坊前黃金娘生同治癸酉年六月廿三日巳時卒民國己卯年九月十
七日巳時塟客拔
男 慎蓋 慎俊

女　為娘配宮下黃

當言字成娓　模訓公次子生光緒丙子年五月初四日丑時

妣社壇葉摘娘生光緒己丑年八月廿一日未時卒民國丙辰年七月廿

四日子時塋火尖崙頭坐向甲庚卯酉

又娶林忖娘生光緒乙未年九月初三日巳時

男　慎佃殤由來養

弈山公派　周龍頭柱

當取公字成裁　先貺公長子生道光辛丑年十一月十二日辰時卒民國

壬子年九月廿二酉時塋缺

妣胡坂蔡梁娘生道光乙巳年八月十五日巳時卒同治甲子年九月廿

六日未時塋本山大材崙邊坐西向東

繼妣文章許每娘生道光甲辰年八月十五日寅時卒民國甲子年三月廿六日辰時塋山后格石皮垵

男　慎邂溪兼嗣叔先埕　慎蕫　慎崙殤　慎謙

女　綢娘配坑園陳俱許氏出

當越公字成勾　先晛公次子生道光己酉年十月廿五日亥時卒民國丙辰年八月初八日未時塋缺

妣山兜林甲娘謚發祥生咸豐庚申年八月十八日巳時光緒癸卯年九月廿四日申時塋后垵坐向辛乙酉卯

男　慎贊　慎佑兼嗣叔先

女　胚娘內呷李

當創公　先恥公兼嗣子生咸豐丙辰年七月初九日申時卒塋缺

當虎公字成龍　先龍公子生道光庚子年三廿七日巳時卒民國庚申年

十二月初一日塋沽美山巽向乾兼巳亥
男　慎泉城養
當愛公　先強公子生道光庚子年四月廿三日午時外出卒塋俱缺
當創公　志白公子兼嗣兄先恥生咸豐年月記内卒塋缺
當研公字成碉　百福公公長子生道光己亥四月廿五日午時卒宣統己
酉年二月十五日未時塋山后格大材垵
妣后山余信娘生道光戊申年七月初十日申時卒民國甲子年五月三
十日卯時大材路脚
男　慎景　慎慶文殤　慎明藩　慎春旦　慎着兼嗣弟當罐　慎綏
女　貼娘配大庭戴　見娘殤　笋娘配溪東林
當罐公號仍作　百福公次子生道光辛丑年九月十六日寅時卒光緒己
卯年十二月初八日未時塋本山大材垵邊坐向庚甲申寅

妣林柄陳噴娘生咸豐元年辛亥七月十三日午時卒民國甲子年四月初一日戌時塋客拔

男　鳳池　海棠　慎着兄四子兼嗣　慎執弟長子兼嗣　慎蚶出嗣兄當瓜瓞　慎璽出嗣弟當甓

女　樹娘殤　亞娘昧俱配溪東林　作娘配宮下黄

當蘊公字成蓄　百福公三子生咸豐乙卯年二月十二日卯時卒民國癸丑年十二月初一日辰時塋大材崙路下

妣英橋陳措娘生咸豐庚申年三月十六日丑時卒民國癸未年四月廿六日午時塋重慶廣成厝後

男慎執兼嗣兄當罐　慎浴沂　慎天賜

女　完娘配舊門呂　騰娘配郭井林　爲娘配内呷李　圭娘配坑園陳

當涑公號冰清　百福公四子生咸豐戊午年五月廿七日午時卒光緒癸

卯年九月廿四日申時塟本山嶺邊埃坐向辛乙酉卯

妣馬洋林眈娘生同治癸亥年五月初二日巳時卒民國戊午年十一月

十六日酉時山塟山后格

男　慎預　慎銃嗣兄當覧　慎壇

女營娘殤　拈娘配大庭戴

當久公字成春號敬謹　超升公長子生道光戊申年十一月十九日酉時

卒光緒癸卯年九月廿四日辰時溪頭山坐向午子丁癸

妣胡坂林蜂娘謚心悅生成豐庚申年五月初八日未時卒光緒癸卯年

九月廿四日寅時塟本山騎龍斬下坐向午子丙壬

男　慎鐘養　慎偉　慎報兼嗣弟當　慎昆能　慎從令　慎安鎮　慎信勢

女　返娘配英橋陳莊娘配大庭戴十三歲殤在家埋後安山仔坐南向

北

當傅公　超升公次子咸豐辛亥年正月初六日子時卒光緒甲午年七月
廿一日吉時塟南洋吉嘓磚仔窑頂
娶呂喜娘 出
男　慎挑 養 慎報 兄當久子兼嗣
當尊公　先晉公嗣子生同治壬申年二月十七日丑時卒民辛未年四月
廿一日戌時塟沽美山
男　瑞養 當菊子兼承
當菊公 字 成佳　德成公子生光緒己卯年八月初八日寅時卒民國乙亥
年六月初四日巳時塟台灣
妣杏塘陳器娘生光緒乙酉年六月初十日辰時卒民國丙辰年八月十
一日巳時塟山後格
又娶陳親生光緒戊戌年五月初五日巳時

男　瑞㧙　瑞得　瑞養兼承當尊

當甕公字成井先罍公嗣子生道光乙巳年三月廿六日寅時卒塋缺

妣古坑黃在娘生咸豐丁巳年八月廿四日巳時卒光緒丙午年五月十

一日午時塋重慶坐寅向申兼甲庚

男　慎朮殤　慎雙殤　慎銃弟當凍子入嗣　慎重兄當縋子入嗣

女　棗娘配內呷李

石仔柱

當浮公　來發公子生光緒丁亥年十一月初一日巳時卒光緒庚子年五

月廿一日酉塋沽美山弄隆公墓左畔坐向辛乙酉卯

十三世西房四終

南安霞錦洪氏族譜世紀

二十卷

南安霞錦洪氏族譜世紀卷十二

十四世　西長房長之長景鍾公派　石紫柱

慎懷公　當銳公養子生光緒丙戌年正月初四日寅時卒光緒壬寅年正月廿三日亥時塟詩南

慎鬮公　當錫公養子生同治年月日缺卒塟缺

男　錦水 慎志子兼承

慎露 字 修濡　當覓公子生光緒戊子年閏二月廿六日巳時

娶吳變娘 出

娶

男　思必里

雙泉公 字 修滔　文恕公子生光緒戊戌年六月初三日巳時卒民國戊寅年六月十六日子時塟蚋卯

娶黃尺娘出

男　思進來

女　長從娘配社壇葉　次扮娘配社壇葉

慎明字修　當珠公養子

慎志公字修道　當挖公長子生光緒戊子年三月十四日寅時卒民國丁卯年十月廿五日未時塋重慶造斗崙坐辛向乙兼酉卯

妣內益李八娘生光緒己丑年八月十六日寅時卒民國甲寅年四月初九日辰時與公合塋

又娶文章陳根娘生光緒己丑年月日時缺

男　錦樹養　錦水兼承慎懷　錦川殤

女　玉娘配英橋陳　心娘殤

慎包公　當挖公次子生光緒壬辰年四月二十日辰時卒光緒戊戌年七

月初三日酉時塟重慶樹林内坐向亥巳壬丙

持論公字修評　當建公長子生光緒丙申年四月廿一日未時卒民國甲戌年正月初一日卯時塟造斗崙坐辛向乙兼酉卯

娶大田范豆娘生光緒戊戌年二月廿二日酉時

男　啓詩養迎來養迎書　迎捷

女　梅英配太和陳

造端字修莊　當建公次子生光緒癸卯年八月初七日辰時

娶舊門呂章娘生光緒丁未年十一月初七日辰時

男　廣生　玉輝　玉城　玉山

女　玉華　玉瑛　玉壁　玉珠

清太學生諱源飛乳名活水字修來　政事公子生咸豐戊午年六月初四日申時卒民國乙卯年九月廿三日戌時塟山後格大崙頭

妣逢島郭昭娘生同治乙丑年二月廿二日寅時卒民國壬午年七月廿五日未時塟重慶

男　思回殤　思印殤　稱頌　載喜　新淵殤　金全　載謙　載德

女　旦娘配溪東　林好娘配坊前黃

坑内柱景允公派

慎斜公　新丁公雙承長子生光緒戊子年九月廿四日亥時卒缺

娶舊門呂豐娘改天

送來公　新丁公雙承次子殤

娶赤嶺陳杉娘生光緒丁酉年八月廿八日子時卒民國壬子年十月初七日辰時塟缺

喬山柱正文公派

復到公　豹變公長子外出生卒缺

豪傑公　豹變公次子生光緒乙亥年十月十九日卒光緒己亥年八月初七日午時往龍岩塋缺

娶溪東林氏改天

全完公　登助公長子生同治壬戌年正月十九日亥時卒光緒辛丑年正月十四日未時塋重慶樹林口

妣溪東林言娘生同治乙丑年十月初六日寅時卒塋缺

男　旣成

女長早娘配溪東林　次笑娘配胡坂林殇　三香娘配赤嶺陳　四蝦娘

由天公　登助公次子生同治甲子年六月廿三日申時往南洋卒缺

桔樹公　當鬧公長子生同治壬申年九月廿二日亥時卒宣統己酉年七月二十日亥時塟樹林口

妣溪東林佔娘生同治辛未年十月初十日戌時卒民國己巳年十二月初十日塟樹林口

男　思拱　思才　思唱　思宜養

女　市娘配社壇葉

見喜公　當鬧公次子生光緒辛巳年八月廿一日辰時卒民國乙卯卯年八月十六日丑時丑時塟樹林口

娶葉請娘改天

男　思都殤

合安公　當鬧公三子生光緒丙戌年九月十五日卯時卒民國乙亥年九月初十日塟仙子眼

妣鳳坡梁白娘生光緒甲午年九月十三日午時卒民國戊午年九月初二日塟樹林口

又娶德化賴雲娘生光緒壬辰年六月初九日申時

男　番建　候生　文山

進益公字修序　當任公子兼承兄當做生光緒壬午年五月十八日午時卒塟缺

妣西向陳奎娘生光緒庚寅年二月二十日戌時卒塟缺

慎欽公　長春公長子生同治甲戌年十月十五申時卒塟缺

慎啓公　長春公次子生光緒辛己年六月十二日寅時卒光緒庚子年十二月十九日未時塟仙子眼

大明公派　元美柱

慎補公　既升公長子生卒塋缺

慎仕公　既升公次子生卒塋缺

慎草公　既升公三子卒塋缺

慎底公字修根　當宴公嗣長子生同治癸酉年二十日辰時卒宣統己酉年十月初六日亥時塋在龍岩

妣大庭戴前娘生光緒丁丑年六月十九日辰時卒民國壬申年十一月初三日酉時塋沽美山

男　衍慶養從算大畲子兼承

女　娘配坑園陳　秀玉配中埔頭林

大畲公　當宴公嗣次子生光緒丙子年八月廿五日戌時卒民國壬午年十二月三十日申時塋沽美山

男　從算兼承慎底

慎返公字修意　當泮公子生光緒庚辰年三月二十日巳時卒宣統庚戌
年五月十五日卯時塋缺
幼娶坑園林着娘殤
妣萬鵝老某氏生卒塋缺
男　約禮殤
波上公諱慎汃　恩情公長子生道光丁未年六月初一日巳時卒光緒戊
戌年五月十八日戌時塋鷄卯崙内垵坐申向寅兼庚甲
男　癸卯養
慎稽公字修居　恩情公次子生道光庚戌年十二月初四日丑時卒民國
乙丑年八月三十日卯時塋客拔内坐乙向辛兼辰戌
幼娶呂金娘殤
妣舊門呂鄭娘謚滿慈生同治戊辰年二月十七日巳時卒光緒庚子年

六月十六日卯時塟沽美山内窩坐乙向辛兼戌辰
又妣小余蔡燕娘生同治戊辰年十月十八日卯時卒民國丙戌年八月
十七日丑時塟沽美山
男　榮華吕出兼承慎海　蓬華蔡出
女　擂娘配内山吕
慎淫公字修正　恩情公子生咸豐丁巳年九月初八日戌時卒光緒丁未
年三月廿九日戌時塟沽美山外窩
妣蘇淺娘生同治甲戌年十二月十九日卯時卒光緒庚子年六月初九
日午時塟沽美山外窩坐亥向巳兼壬丙
男　桂枝養服代
女　稅娘　瓊娘
慎海公　恩情公四子生咸豐庚申年十二月十四日卯時卒光緒甲申年

五月十七日子時塟在南洋

男　榮華 慎稽子兼承

耀祥公 諱 慎潘 字 修翰　恩情公五子兼承弟招贊生同治甲子年十月初六日子時卒民國乙亥年四月廿四日午時塟沽美山外崙

妣中房張信娘謚義勤生光緒戊寅年十二月初十日卯時卒民國戊寅年閏七月廿五日巳時塟杉林内

男　述濟 出承招贊支派　恭鏢　連綢　昆玉　玉利

女　菊娘 殤　玉娘配舊門呂

慎俊公 字 修才　恩情公六子生同治戊辰年十一月初六日子時卒民國癸亥年十二月初九日戌時塟沽美山中窩

娶内益李差娘生光緒甲申年九月初六日卯時

男　德美　德禧　德慶

祝禱公諱慎奇字修快　金榜公子兼承弟當扐生咸豐丁己年四月廿六日巳時卒宣統巳酉年十二月十七日未時塟樹林口

妣英橋陳于娘生同治己巳年四月初六日酉時卒民國癸酉年九月十五日未時塟樹林口

男　合和出承慎學殤　思抱養　貽團養　同智養

女　蒢娘配大庭戴　鴿娘殤　炭娘配山頭黃

慎水公字修活　心法公長子生咸豐己未年六月廿一日辰時卒民國戊寅年九月初十日子時塟沽美山

妣內益李雙娘生同治癸亥年十月十八日未時卒民國戊午年十二月初四日寅時塟沽美山

男　思泰　思扮　思飯　人物　思恤

女　點娘配舊門呂　奎娘配郭井林　閃娘配雙溪陳殤　守娘配內

益李　不娘配溪東林殤　獭娘配社壇葉

慎仙公字修境　心法公次子生咸豐庚申年九月廿六日申時卒民國己卯年十月廿八日酉時塟樹林口

妣舊門呂妹娘生光緒庚辰年四月廿四日巳時卒民國丁亥年二月初四日巳時塟沽美山

男　思篙養天生

慎爐公字修立　心法公三子生同治壬申年三月廿六日酉時卒民國己巳年六月廿八日午時塟三寶顔

妣中房張尾娘謚美慈生光緒庚辰年四月廿四日午時卒光緒乙未年十月十五日申時塟六份山𡵆仔寨脚坐乙向辛兼辰戌

又妣舊門呂語娘謚笑慈生光緒己卯年十二月十六日亥時卒民國己卯年八月廿五日未時塟重慶

男　思挑叅　思調　思癸
女　不娘配坑園陳　筆娘配内益李　京娘配溪東林
皆實公諱慎學　崑山公嗣長子生同治甲子年六月初六日己時卒光緒
甲午年八月廿二日丑時塋缺
男　合和慎奇子入承殤　和順慎廣子兼承　有力慎富子兼承
萬年公諱慎富字修貴　崑山公次子兼承當扨生光緒丁丑年九月二十
日申時卒民國乙亥年二月初十日卯時塋沽美山
娶坑園戴勉娘生光緒壬午年十月初七日戌時
男　有力兼承慎學　有衆　有猛叅
女　梅娘配林柄陳　秀枝配大庭戴
財源公諱慎廣字修進　象潤公長子生同治甲戌年十月廿二日寅時卒
民國乙酉年十一月廿二日未時塋仙打眼埠西甫架逢山吧内

妣內益李邊娘生光緒壬午年十月十九日酉時卒光緒乙己年六月十
八日午時塋沽美山
又娶中房張出娘生光緒戊子年十月十三日丑時
男　和順 李氏出兼承慎學　泰順 養　全順 養　上順 張出　通順 張出　金選
耀祥公 諱 慎潘　拔來公雙承子乃當　五子兼承生卒詳在生父本支下
嗣子　述濟
慎月公 字 修旦　昏夜公長子生同治丙寅年十月三十日巳時卒光緒丁
未年十一月廿八日巳時塋沽美山外窩坐辛向乙兼酉卯
幼娶英橋陳梅娘　坑園陳佑娘 俱殤
妣溪東林揶娘生同治乙丑年八月初八日巳時卒民國壬午年十月初
九日丑時塋沽美山外窩
男　歲妹 養

慎王公　昏夜公次子生光緒丙子年六月十六日辰時卒光緒己丑年三
月初七日申時塋沽美山
男　思申娶
慎提字修攜　當寵公養子兼承弟當國生光緒甲申年六月十一日巳時
雙承男逢春雙喜次子入承
慎提　當國公雙承子生庚記内
承男　逢春
慎滑　臘雪公雙承子乃從類子兼承
承男　爲寮
雙喜　臘雪公雙承子乃四知子兼承
承男　兩全
宗明　臘雪公雙承子乃厚土子兼承

雙承男　奏牆

慎澁公字修珍　明月公長子生同治丙寅年八月二十日寅時卒民國戊寅年閏七月廿六日酉時塟沽美山坐向申寅庚甲

妣大庭戴騫娘生同治戊辰年十月廿一日巳時卒民國乙亥年三月廿二日巳時塟沽美山向庚甲酉卯

男　鳳雛殤　愛寶養　思芸　再寶

女　寸娘配楓樹林

慎孝　明月公雙承次子乃從類子兼承

慎滑公字修澤　拔萃公長子兼承兄作霖業儒生同治戊辰年正月十六日辰時塟斐後林

妣社壇葉漂娘謚潔清生同治己巳年十一月初九日巳時卒光緒壬午年十月廿七日子時塟社壇山

娶溪東林素娘生同治辛未年七月廿五日子時

男　蜚鴻 殤 藻鑑　新火 兼承慎孝 爲蔡 兼承作霖 鼎鐘

女　苒娘配内益李

慎孝公 號 則忠　拔萃公次子兼承輪奐生同治辛未年七月初一日巳時

卒光緒乙未年正月廿二日巳時塟沽美山寨角坐辛向乙兼酉卯

娶梁梳娘 出

男　新火 慎滑子兼承 天蓮 慎穎子兼承 烏斗 慎抄子兼承

慎穎公 字 修淮　拔萃公三子生光緒辛己年正月二十日巳時卒民國甲

戌年五月十九日未時塟樹林口

幼娶舊門呂守娘 殤

妣赤嶺陳菜娘生光緒乙酉年十月初五日寅時卒民國乙亥年八月廿

七日申時塟樹林口

男　天蓮（養兼承慎孝）　游水（養）　水蛟（養）

女　居娘（殤）　嬌娘配舊門呂

慎抄公（字）修洶　拔萃公四子生光緒甲申年十二月廿四日寅時卒民國庚午年九月廿九日辰時塟山后格

娶大庭戴泉娘生光緒丁亥年六月初一日寅時

男　烏霞（養）　烏斗（兼承慎孝）　烏命（殤）

女　羅娘配中房張　節娘配展厝黃　荔華配大庭戴　諒娘配下宅陳

雙喜公　四知公長子兼承兄作霖生光緒丁丑年四月初六日辰時卒光緒壬寅年正月十一日巳時塟南洋

娶澳下盧筝娘生光緒乙酉年十一月二十日寅時

男　兩全（兼承作霖）　逢春（出承慎提）

會元公（字）修善　四知公次子生光緒己卯年六月十九日辰時卒民國癸

未年八月廿二日申時塋沽美山
妣舊門呂挖娘生光緒甲申年八月初二日丑時卒民國壬申年十一月
二十日午時塋沽美山
男　趙讓養文生養恭謙　思氣養光養
女　結娘殤
宗明公字修敏　厚土公長子兼承作霖生光緒癸未年二月廿一日辰時
卒民國乙亥年六月廿五日未時塋廈門
娶文章陳滿娘生光緒戊子年八月廿九日丑時
男　和墻養奏牆養兼承作霖支派
女　美蓮配溪東林
攀桂公字修折　厚土公次子生光緒丙戌年正月初六日寅時卒民國戊
辰年十月廿八日巳時塋斐後林坐乙向辛兼卯酉

妣內益李順娘生光緒己丑年十月初九日吉時卒光緒甲辰年六月初八日卯時塟杉林內

又娶英橋陳勸娘生光緒壬辰年七月廿九日卯時

男　國華 養　金榜 養　侯芬

女　燦英配劉塘戴

先峯公　當揖公子生道光庚子年二月廿二日巳時卒光緒丙申年四月廿三日酉時塟沽美山外垵坐庚向甲兼酉卯

慎趁公　當揖公次子生道光丙午年五月廿八日酉時卒在雲霄年缺五月十八日吉時

男　昌熾 慎台子兼承

慎台公 字 修應　紫雲公長子生咸豐癸丑年十月廿八日寅時卒民國丁巳年十月廿八日申時塟沽美山坐庚甲兼申寅子昌熾合塟

妣溪東林晟娘生同治壬戌年二月廿四日戌時卒光緒己卯年九月廿一日巳時塋沽美山外窩大崙尾坐丙壬兼巳亥

又娶林柄陳帶娘生咸豐癸丑年二月初九日酉時卒宣統己酉年五月初一日申時塋掃帚尾坐巽乾兼辰戌

男　呂熾（兼承慎趁）　順理（養）　厥後（養）

女　伴娘配溪東林　參娘配下宅陳

有虔公（諱）慎鉞（字）修秉　紫雲公次子生咸豐丁巳年九月廿六日戌時卒光緒辛丑年七月十二日卯時塋溪頭山水格口中心崙沽美山坐丁癸兼午子

妣社壇葉鷄娘生光緒丙子年十一月十一卯時卒民國壬申年七月十七日巳時塋沽美山坐庚甲兼申寅

男　長壽（養）　忠鑒　呈玉

女　頵娘殤　截娘配坊前黃

愼岸公字修岑　當憲公嗣子生咸豐辛酉年八月十二日巳時卒塋缺

妣下宅陳鉗娘生光緒庚辰年四月十五日午時卒光緒甲辰年六月十

一日未時塋沽美山頂坐辛向乙兼酉卯

男　州府殤養

所願公諱愼乃　請命公長子生咸豐甲寅年六月廿五日未時卒光緒甲

午年十一月廿八日吉時塋缺

妣鋪尾陳初娘生咸豐庚申年十月初七日申時卒民國壬申年八月初

四日巳時塋山后格

男　信義兼承弟愼得

女　螢娘殤

則駕公諱愼得　請命公次子生同治庚午年二月初八日丑時卒光緒辛

卯年十一月廿八日未時塋沽美山内窩坐申向寅兼艮坤與兄慎乞合塋

男　信義 慎乃兼承

慎乞公　雙圈公嗣子生同治戊辰年三月初七日子時卒光緒庚子年十二月廿三日巳時與弟慎得合塋

慎福公　禮讓公長子生咸豐辛亥年二月十八日未時光緒丁酉年八月十二日亥時塋永春官山

男　天送 慎北子兼承

慎北公　禮讓公次子生咸豐乙卯年六月廿五日戌時卒光緒辛丑年六月二十日亥時

娶八尺盛氏 改天

男　天送 兼承兄慎福

慎卒公字修明　禮讓公三子生同治癸未年正月廿二日戌時卒民國甲
子年正月廿六日丑時塋缺
妣溪東林瑚娘生光緒乙亥年四月初八日寅時卒民國癸酉年十一月
初五日未時塋缺
男　寵愛殤
養女李醒娘
秀茂公字修實　實藏公長子生咸豐戊午年十一月十三日酉時卒光緒
乙巳年七月廿一日午時塋缺
妣吉滌鄭允娘生咸豐丁巳年九月廿四日卯時卒沽缺
男　繼守養　垂珖殤
女　長看娘配鳳坡梁　次適娘配英橋陳　三蝗娘配中房張　四滿
娘配下宅陳　五悶娘配楓樹林

慎性公號杞柳　寶藏公次子生同治辛酉年二月十五日寅卒光緒甲午

年十一月十五日巳時

娶溫氏改天

男繼紹養

烏臍公　當添公子住臺灣生塋缺

慎竅公　當潭公長子出洋生卒塋缺

慎悻公　當潭公次子殤

幼娶三仔尾陳㨹娘殤

肯堂公字修升　當涵公雙承子乃創業公子兼承生卒娶詳後生父支下

雙承男　嘉順

有獲公諱應訓字修謨　德和公長子業儒生咸豐辛酉年二月初一日寅

時卒光緒丁酉年十月廿二日未時塋溪頭山墳脚半腰邊右畔坐庚向

甲兼申寅
妣董宅陳甜娘謚慈儉生同治乙丑年八月十五日辰時卒民國丁丑十二月初八戊時塟沽美山
男　聽令　新利　紳士　垂統
女　長齊娘配内益李　次好娘配内益李　三　娘配溪東林

應世公字修瑞　德和公次子生同治癸亥年三月十四日巳時卒光緒戊申年七月初十日未時塟在呂宋蘇鹿妣社壇葉鉢娘生同治戊辰年四月二十日寅時卒民國己未年五月廿八日己時塟樹林口
男　㧝拾　乘看

鋪排公字修山　德和公三子生同治癸酉年三月廿三日子時卒民國壬戌年八月廿五日卯時塟仙打眼
妣英橋陳聚娘生同治甲戌年九月初八日午時卒宣統己酉年十二月

廿三日巳時塋沽美山外窩
又妣宮下黃瓜娘生光緒丙戌年月日時卒民國壬午年八月初一日子
時塋沽美山
男　船浮 陳氏出
女　韮娘配下宅陳
敬意 字 修禮　德和公四子生光緒乙亥年正月初六日酉時
妣溪東林捷娘謚佳音生光緒庚辰年九月初七日寅時卒光緒戊戌年
四月初十日寅時塋溪頭山石坑崙
又娶下宅陳勉生光緒壬午年九月廿六日未時
男　金友 養 金倡 養 金昆 殤 金謀 殤 金石 殤
凡在 字 修自　德和公五子生光緒癸未年六月初五日亥時
娶溪東林參娘生光緒辛卯年二月初九日亥時

男　圍灶　圍成　圍池　圍奎殤　圍論殤

女　愛金配山頭黃　養女林梅娘殤

立準公字修德　當魁公長子生光緒壬午年閏五月二十日午時卒民國

年　月　日　時

娶溪東林所娘生光緒己丑年二月十五日亥時

男　嘉言　嘉偶　良生　比德

女　勤省　薇薇　妮妮

東帶公字修身　當魁公次子生光緒壬辰年十二月廿二日丑時卒

年　月　日　時

妣舊門呂月娘生光緒　年　月　日　時卒　年　月　日　時

又娶南洋呷蜜娘生光緒　年　月　日　時

男　新波　夏成　昆禮

女

千山字修青　當魁公四子生光緒戊戌年正月十五日未時

妣溪東林尋娘生光緒　年　月　日　時卒民國　年　月　日　時

又娶溪東林扁娘生光緒丙午年二月十五日未時

男　長文星養　次來耳養　三宗基　四英華

忠信公諱且言字修行　鴻圖公長子生光緒庚辰年六月十三日戌時卒

光緒壬寅年六月廿五日卯時塋沽美山外窩崙坐庚向甲兼酉卯

妣內益李戀娘生光緒乙酉年十二月廿二日亥時卒民國庚午年九月

十四日卯時

男　金鍈養　金鎖養　江成慎沙四子入承

慎沙公字修石　鴻圖公次子生光緒壬午年二月十三日戌時卒民國甲

申年七月初五日辰時樹林口

娶大庭戴唖娘生光緒丙申年四月廿三日巳時
男　思賢養　思泰養　漢雄養　江成出承且言　進好
女　碧霞配臺灣　碧英配大岵柯　早娘配下宅陳
贊起公字修成　鴻圖公三子生光緒辛卯年九月廿二日巳時卒民國癸酉年七月廿八日申時塟樹林口
幼娶坑園陳親娘殤
娶溪東林蚊娘生光緒乙未年六月十四日辰時
男　新民養　振華養　新審　光華
女　捘娘配溪東林　秀華
賫寶公字修財　鴻圖公四子生光緒己亥年十一月十二日巳時卒民國己卯年五月初九日丑時塟樹林口
妣溪東林志娘生光緒庚子年六月初九日吉時卒民國甲寅年四月廿

九日塋肚才山
又娶舊門呂真娘生光緒辛丑年八月廿六日子時
男　新忠養興安養鷺江　新興殤新發　新鰲　新相　九世殤
女　汝娘殤碧玉配楓樹林　秀玉殤
佳興公諱慎時字修宜　當納公長子生咸豐庚申年九月十六日酉時卒
光緒庚子年閏八月十八日未時塋溪頭山坐庚向甲兼申寅什召山雞
旦崙坐艮坤兼寅申
妣前坑余鰷娘謚謙卑生光緒乙亥年十月十八日子時卒光緒壬辰年
四月廿七日酉時塋沽美山外寫坐向辛乙酉卯
又妣深垵葉揀謚青錢生同治丙寅年四月十八日戌時卒光緒丙午年
四月十九日丑時塋沽美山外寫坐辛向乙兼酉卯樹林口坐艮坤兼寅
申

男　展成^養^錦成　寶成

自得公^諱^慎萬^字^修鎰　當納公次子生同治甲子年八月廿九日午時

卒光緒甲辰年九月初一日卯時塟沽美山外窩坐辛向乙兼酉卯

娶坊前黄氏^改天^

男　賀安^養^同行

女　職娘配舊門呂

耕種公^字^修作　當乒公雙承子當鳳長子兼生卒娶詳在生父支下

男

石池公^字^修清　當乒公雙承子乃當階長子兼承生卒娶詳在生父支下

男　士武^全成子兼承^

加財公　當兵公雙承子乃當樜子兼承生卒娶詳生父支下

男

生員公　當固公長子生光緒戊寅年十一月十一日未時卒光緒甲午年
十一月廿九日未塟沽美山
娶後埔羅氏改天
男　茶盧
諸賓字修筵　當因公雙承次子乃當煨次子兼生卒娶詳在生父支下
男
耕種公字修作　當鳳公長子兼承當乒生光緒癸未年八月二十日辰時
卒民國戊寅年八月初八日酉時塟蚋卯
妣京格陳妙娘生光緒辛卯年　月　日　時卒民國　年　月　日
時
男　祖瑞　思當　思量
慎泡公字修初　當鳳公次子生光緒戊子年二月初三日午時卒民國甲

申年九月初四日塋在蚋卯
妣大岵柯娥娘生光緒辛卯年十月初三日未時卒光緒戊申年五月初十日塋沽美山
又娶下宅陳趁娘生光緒己丑年十月十八日酉時
男　錦美　丕綢　錦綿　錦順　火煉
女　長瓊華配下埔戴　次瓊珠配琉塘戴　三瓊英配廈門楊
樟栳字修豫　當鳳公三子生光緒甲午年十二月十三日子時
娶大庭戴蓮娘生光緒己亥年十月初十日酉時
男　漢良　漢美　漢清　漢英　漢維　漢勇　漢民
女　秀英　桂英　玉英　幼英　梨英
金鐘字修鼎　當煨公長子生光緒乙酉年十一月初八日辰時
妣文章陳綿娘生光緒丁亥年十二月廿二日未時卒民國癸亥年十月

十五日丑時塟蚋卯
又娶蚋卯某氏缺
男　猷珠 諸賓次子兼承
諸賓 字 修筵　當熴公次子兼承當固生光緒壬辰年九月廿二日辰時
妣楓樹林雪娘生光緒甲辰年四月廿七日巳時卒民國戊寅年十二月
三十日戌時塟沽美山
又娶社壇葉夜娘生光緒乙巳年三月廿九日未時
男　猷明　猷珠 兼承金鐘　猷福 兼承竹發　猷寶
女　老璉娘配雙溪陳
竹發公 字 修憤　當熴公三子生光緒丙申年五月十八日亥時卒民國戊
辰年十一月十一日子時塟蚋卯
妣林柄陳約娘生光緒　年　月　日　時卒民國戊辰年十一月十一

日子時塟蚋卯

男　福 諸賓子兼承

美懿公 字 修敬　當斟公子生光緒丁酉年十一月十八日申時卒民國丙戌年六月廿九日卯時塟蚋卯

妣下宅陳奎娘生光緒丁酉年十一初三日戌時卒民國壬子年九月廿九日申時塟樹林口坐壬向丙兼子午

又娶葉川娘生光緒甲辰年四月初三日酉時

男　秀潤　慷慨　福星　萬里　美國 殤

女　秀玉　秀蘭

石池公 字 修清　當階公長子兼承當乓生光緒庚辰年二月初十日寅時卒民國戊午年四月初六日寅時塟沽美山

娶陳善娘生缺

男　定國振揚子入承殤　士武全成次子兼承

振揚公　當階公次子生光緒庚子年正月廿九日戌時卒民國丙戌年三

月廿一日吉時塟外洋

男　定國叒出承石池殤　士和全成子兼承

全成字修滿　當階公三子生光緒甲辰年九月十四日卯時

娶李金娘生光緒丁未年二月十八日申時

男　士美　士武兼承石池　士和兼承振揚

女　玉蘭　玉英　玉蓮　玉梅

加財公　當樜公子兼承當乒生光緒丙申年四月十三日未時卒民國丙

戌年正月十三日吉時

娶溪東林韮娘生光緒辛丑年五月初九日卯時

男　維賢　維順　維謀

女　素玉配楓樹林

新取公字修用　朝卜公長子生光緒乙酉年正月初九月初九日酉時卒

塋缺

妣溪東林兼娘生光緒庚寅年十二月二十日卒光緒乙巳年十一月初

十日子時塋沽美山外窩坐辛向乙兼戌辰

又妣馬頭洋陳圍娘生光緒丙戌年六月廿五日戌時卒　年　月　日

時塋沽美

兢業公　朝卜公嗣次子生光緒壬寅年月日時缺卒塋缺

夏重字修遠　朝卜公三子生

妣永春沈添娘生宣統已酉年　月　日　時卒民國辛巳年正月廿一

日申時塋沽美山

男　孔陽

慎赫公　當帽公嗣長子生光緒戊子年十一月廿九日丑時卒光緒壬寅年五月初八日黃時塟沽美山中寯路下

男　長成養

慎濯公　當帽公嗣次子生光緒癸巳年九月初十日辰時殤光緒壬寅年十一月初十日申時與先慎赫合塟

慎勝公　誠者公養子生光緒丁酉年十月初二日子時卒民國丙子年五月十八日午時塟永春山

正道公字修法　誠者公次子生光緒己亥年二月二十日巳時卒民國丙寅年四月廿六日寅時塟樹林口

娶黃汶娘改天

男　振盛養　錦榮殤　自順正名子兼承

正名公字修美　誠者公三子生光緒壬寅年三月廿二日寅時卒民國癸

未年十二月初二日申時塟三寶埗
娶内益李廉娘生宣統己酉年五月廿五日巳時
男　自順 兼承正道
女　文英配社壇葉
金甌 字 修盞　餘裕公長子生光緒丙申年十一月十三日辰時
男　福來 玉樹子兼承
玉樹 字 修蘭　餘裕公次子生光緒丁酉年十二月廿四日寅時
妣坊前黄爲娘生光緒　年　月　日　時卒　年　月　日　時
男　雙昆　福來 兼承金甌
慎接公 字 修續　當玲公長子生光諸甲申年四月十五日巳時卒民國癸
亥年月日時缺塟仙打眼
妣馬洋林霜娘生光緒戊子年十月十八日子時卒民國壬申年十一月

十二日巳時塟重慶崙
男　斗相兼承慎芽　鵬相兼承慎覺　學詩助成子入承
女　美珠配社壇葉
慎芽公　當玲公次子生光緒乙酉年十一月初七日申時卒光緒庚子年四月十四日辰時塟重慶坑仔邊坐酉向卯兼庚甲弟慎覺附塟
娶金山陳韮娘殤
男　斗相慎接長子兼承
慎覺公　當玲公三子光緒戊子年八月初二日寅時卒光緒庚子年年五月十五日戌時與兄慎芽合塟
娶林格娘殤
男　鵬相慎接次子兼承
慎袞公字修繡　當玲公四子生光緒壬辰年十二月廿五日巳時卒民國

戊寅年四月十五日塋南洋
娶陳井娘 出
助成公 字 修友　當玲公五子生光緒丁酉年二月廿八日申時卒民國丁亥年二月廿五日子時塋南洋
妣林晃娘生光緒庚子年十月初五日未時卒民國丙戌年三月初九日寅時塋沽美山
男　學詩 出承慎接　學賢 殤　學禮　學家
養女陳妹娘 殤
慎嚴公 字 修莊　登科公長子生光緒乙酉年三月廿八日巳時卒民國乙丑年十二月初三日丑時塋南洋
娶林千娘 出
男　天德　厚德　翁盞 第尼成子入承

女　真娘配同安

足成公　登科公雙承子乃駿發公長子兼承生娶男詳後

慎彩公字修春　登科公次子生光緒庚寅年十二月十四日申時卒民國

已卯年十一月十六塟南洋

㓜娶黃財娘殤　娶戴根娘出

男　夏德養

慎拔公字修薦　登科公三子生光緒戊戌年八月十九日辰時卒塟缺

娶陳蔭娘出

足成公字修富　駿發公長子兼承當連生光緒庚寅年二月初二日寅時

卒民國辛未年八月廿九日寅時塟倒坐虎鵠

娶社壇葉緩娘生光緒辛卯年九月三十日子時

男　翁寶兼承慎贊　翁盞出承慎嚴　翁好　翁顏

女　素文配樸兜呂　淼娘

慎協公字修和　駿發公次子生光緒辛卯年十一月二十日申時外出卒

塋缺

娶馬頭洋陳蜜娘生光緒癸己年十一月十八日戌時

男　阿平養　針芽兼承慎贊

女　寬娘配溪東林

慎贊公字修貨　駿發公三子生光諸癸己年十月十七日申時卒民國丁

亥年五月廿六日午時塋南洋

妣坑園戴贊娘生光緒丙申年　月　日　時卒民國甲寅年八月初一

日寅時塋倒坐虎脚

男　翁寶足成子兼承　針芽慎協子兼承

肯堂公字修升　創業公長子兼承兄當涵生光緒庚寅年九月廿一日酉

時卒民國丁卯年五月初一日寅時塟倒坐虎
幼娶埈尾林担娘生光緒壬辰年二月十五日丑時卒光緒戊申年七月
初十日申時塟新寨
又妣社壇葉盤娘生光緒丁酉年七月廿六日申時卒民國戊子年三月
廿七日酉時
男　嘉順　榮南朗道子兼承　嘉全兼承富涵支派
女　玉珍配廈門
養女陳庚娘殤
恬默字修金　劉業公次子生光緒癸己年六月初十日卯時
幼娶梁綴娘殤
妣舊門呂夵娘生光緒乙未年十一月廿五日申時卒民國丁卯年正月
十一日卯時塟南洋

男　德福　德謙　德修

女　唾妹配坑園林

修明公諱朗道　劉業公三子生光緒戊戌年三月初九日申時卒民國丙戌年四月十五日酉時塟蚋卯

妣林捷生光緒申辰年　月　日　時卒民國癸未年五月二十日辰時塟蚋卯

男　榮燊　榮南兼承肯堂　榮西　少華　榮燦　榮光

女　秀華　璧華　素華　長華　秀瓊　寶玲

慎輿公字修洋　尊重公長子生光緒壬辰年三月初十日巳時卒塟缺

娶葉珠娘出

昆仲公　尊重公次子殤

幼娶李滿娘殤

買至字修業　尊重公三子志切敬宗收族樂捐巨金倡成修譜洵足稱吾
宗肖子矣生光緒丁酉年十月初一日戌時
幼娶陳笑娘　戴去娘俱殤
娶大岵柯莉娘生光緒甲辰年十一月初五日辰時
男　金龍　金磚　金福　金石　金國
女　長金花　次金桂

慎闊公字修大　國瑞公長子生光緒戊戌年正月十五日辰時
幼娶趙賀娘殤
娶陳蠼娘生光緒庚子年三月廿九日辰時
男　傳和　傳文殤　傳明　傳美
女　秀英配下宅陳　秀枝

進成字修益　國瑞公次子生光緒壬寅年三月初六日寅時

娶山頭黃縣娘生光緒丙午年十二月十六日寅時

男　自謀養　自能養　自彬

女　愛華　瓊華

十四世　起南公派　安錦美柱

護送公　當鍬公長子生光緒癸未年三月初一日巳時卒光緒甲辰年三月廿六日塋南洋民里拉

娶黃縣娘生光緒壬午年九月三十日酉時

男　思萬福

狄龍公字修麟　當鍬公次子生光緒甲午年十二月廿五日吉時卒民國戊子年六月十一日巳時塋沽美山

娶後埔羅綿娘生光緒己亥年十月初三日巳時

男　思甯益

女　類英配坊前黃　現娘配溪東林　筆娘配文章陳

狄虎公　當鰍公三子生光緒年月日時卒塟俱莫考

十四世　得稱公派　安錦美柱

慎萃公　霞仰公長子生同治癸酉年六月初七日卯時卒光緒戊戌年五月三十日亥時塟仙那港

娶中房張起娘生光緒己卯年九月初二日丑時

男　思樹叅

承祖公　當敏公子往外洋生卒塟莫考

慎專公　雙吉公長子在外生卒塟莫考

憤伏公　雙吉公次子在外生卒塟莫考

慎灶公　雙吉公三子生卒塋莫考

慎埔公 字修縣　當緬公長子生光緒庚子年二月廿三日未時卒民國丁
丑年九月十七日未時塋沽美山
娶劉林俟聯娘生光緒壬寅年五月初五日巳時
男　全昌 養　全和 兼承慎泵
女　寬娘配九斗

慎海公　當緬公次子生光緒甲辰年五月廿一日辰時 殤

志道公 諱慎泵　當緬公三子兼承當士生民國甲寅年九月初二日卯時
卒民國庚辰年四月廿四日巳時塋南
娶坑園戴梅娘 改天
男　全和 慎埔次子兼承

志道 諱慎泵　當士公雙承子乃當　三子兼承 生庚辞前

雙承男　全和

守公　當問公長子生民己未年二月初一日酉時卒民國癸未年十一月十二日塋缺

娶戴紂娘生民國辛酉年六月十八日巳時

男　思延平 兼承慎昆

慎昆 字 修玉　當問公次子生民國壬戌年正月十一日酉時

妣許辣娘生卒缺

雙承男　延平

清太生 諱 載德 乳名 慎坤 字 修元　登庸公長子生同治庚午年閏十月初九日酉時卒民國丙子年閏三月廿九日子時塋在南洋

妣社壇葉晟娘生光緒乙亥年十一月初五日巳時卒光緒辛丑年十月初十日時塋山後格杉林尾坐酉向卯兼辛乙

又娶巷口賴沺娘生光緒癸未年二月廿三日辰時
男　文忠葉氏出　文傅養　文南　文才　金鎂
女　菊娘葉氏出配溪東林　親娘殤　海棠賴氏出配鳳坡梁　包娘配下宅陳　香娘配戸坂蔡　益娘殤
天寶公字修欽　登庸公次子生同治癸酉年八月十一日戌時卒民國己巳年四月初四日塟南洋
妣後山余者娘生光緒辛巳年五月廿五日巳時卒民國辛巳年七月十八日亥時塟沽美山
男　厚端養　厚往　思用養
女　先娘配内益李　妹娘配溪東林
裁衣公字修妙　登庸公三子生光緒乙亥年十二月二十日戌時
娶三錦美陳好娘生光緒癸未年十二月廿五日辰時

男　泮水殤　呈瑞養　阿四養　國瑞

女　月娘配溪東林

龍麟字修鳳　當濫公長子生光緒庚寅年正月初五日巳時

娶溪東林千娘生光緒癸巳年十二月二十日辰時

男　秋炎　鏛得　鏛錦　鏛鑽

女　招娘配溪東林　于娘配下宅陳　橘娘殤　截娘配前埔蘇　婆娘殤

欽禮字修教　當濫公次子生光緒乙巳年八月廿七日巳時

娶下宅陳貌娘生光緒丙午年十二月初八日辰時

男　玉錐養　好炮

隆盛字修昌　當濫公三子生光緒戊申年九月初三日巳時

娶山頭黃寶娘生宣統庚戌年八月十六日寅時

男　從立養　建發　潤澤

女　秀美

進來公字修益　當印公子生光緒甲午年十月初七日未時卒民國丁丑年正月十九日塋沽美山

妣内益李桃娘生光緒丙申年七月十四日午時卒民國癸未年十一月十六日塋沽美山

男　皆再　再好　金交　銀後

進利公字修義　新興公長子生光緒癸卯年十月初九日丑時卒民國甲申年十一月廿六日塋仙打眼

妣内益李毛娘生光緒乙巳年八月十一日午時卒民國乙酉年八月十八日塋仙打眼

男　金成　週星秀渕子兼承　九英殤

養女林因娘殤

文舉公　新興公次子生光緒戊申年七月廿九日申時卒民國壬申年十月廿七日未時塟沽美山

娶舊門呂菊娘 改天

男　通枝 養

長泉公　新興公三子生宣統辛亥年七月初二日辰時卒民國乙酉年九月十二日塟仙打眼

娶英橋陳須娘生民國癸丑年七月　日　時

男　戇婆　金德　紅英　女　幼女娘 殤

秀潤 字 修德　初中畢業　中央警官學校畢業曾任福建陸軍十三補訓處連長臺灣警務大隊長　新興四子生民國丙辰年四月廿三日未時

娶石鼓林謝素珠生民國庚申年十月廿一日申時

男　週星 兼承進利

女　梨里娘

清明字修奎　當坪公子生光緒辛丑年五月十七日吉時

娶丁埔頭林瓔娘生宣統辛亥年二月十一日午時

男　景成　振仁　德輝

女　玉珍　玉燕

長江字修淮　當磘公子生民國庚午年七月廿三日申時

娶

慎永公　玉衡公子生卒缺塋永定西門外

慎汀公　玉衡公雙承子乃當畬子兼承生卒詳後

雙承男　有道

吉意公字修切　當隨公子生光緒戊子年三月十八日卯時卒民國己酉

年八月十五日塋萬鴉佬

妣鳳坡梁惜娘生光緒辛卯年九月十三日午時卒宣統庚戌年七月十三日午時塟沽美山
又妣大庭戴玉娘生光緒丁酉年八月廿七日酉時卒民國甲子年十月初三日酉時塟沽美山
男　國良　國才
女　緞娘配大庭戴　養女舊門呂務娘
蘋藻公諱慎汀字修渚　當耆公子兼承肇基公生光緒庚辰年十二月十七日卯時卒民國戊寅年五月初七日未時塟後埔山仔坐庚向甲兼申寅
妣溪東林汝娘諡静居生光緒乙酉年八月廿五日寅時卒民國丙戌年六月初四日午時塟後埔山仔坐丁向癸兼未丑
男　南陽　有道兼承玉衡公　有連　有平　金鐘　江淮
女　卜娘殤　唖娘配鳳坡梁　素華配山頭黄

振成字修興　維絲公子生光緒己丑年八月廿二日巳時
男　思癡福成次子入嗣
福成公　當雪公子生光緒癸未年二月十六日未時卒宣統己酉年三月廿三日酉時塟蚋卯
娶下宅陳鈴娘生光緒丙戌年十一月廿一日申時
男　思映養思癡養出嗣振成
女　免娘配傒垵　寶娘配舊門呂
天星字修輝　當雪公次子光緒庚子年　月　日時
娶曾垻張蓮娘改天
天錫字修賦　當雪公三子生光緒壬寅年　月　日時
娶溪東林招娘生光緒癸卯年　月　日時
男

伯達公　文娥公長子生光緒壬辰年八月廿二日巳時卒塋缺

娶英橋陳勸娘 改天

男　思玉 巻

女　紅柑配内益李　紅柿配大庭戴

錦遠公　文娥公次生光緒庚子年二月十一日巳時卒民國癸酉年二月廿一日午時塋蚋卯

娶下宅陳惇娘生光緒丙午年初五日卯時

男　安定　安智

女　愛珠配内益李　愛玉配溪東林

正合 字 修圓　文娥公三子生光緒丁酉年　月　日　時

男　國和　國生　金生 俱養

正道公　文娥公四子生光緒壬寅年二月廿二日巳時卒民國辛酉年十

二月初六日申時葬南洋
魁生公字修履　當鑿公長子生同治癸酉年正月十五日酉時卒民國
甲寅年十一月初二日子時葬南洋
娶鳳坡梁奎娘生同治甲戌年八月二十日酉時
男　鏌石殤鵬程殤旺相養思諒養安養養
女　謙娘配鳳坡梁　拈娘配下宅陳
紫薇字修揚　當鑿公次子生光緒丙子年九月初六日戌時
妣下宅陳歛娘生光緒辛巳年九月二十日寅時卒民國甲子年三月初
三日戌時塋溪頭山
又娶何玉真娘生光緒辛卯年二月廿八日丑時
男　異雁殤慶豐養石竹殤思扮　碧和　碧虎　碧熊　碧霞
女　素益娘配大庭戴　素蘭　素娥

元禎公　當魏公長子生光緒己丑年五月初二日寅時卒光緒甲辰年五月十八日巳時塟溪頭山獅墓坐乾向巷兼亥巳

男　思如渴[養]

元禧[字]修鴻　當魏公次子生光緒庚寅年十月初一日申時

妣坑園陳羽娘生光緒戊子年十一月廿九日寅時卒民國壬午年六月十六日申時塟沽美山

男　如水

女　謹娘配溪東林

元禮[字]修讓　當魏公三子生光緒丁酉年十二月十六日戌時

娶石鼓林謝扁娘生光緒辛丑年十月初五日辰時

男　清和　清順　清泉

女　長桂花　次瓊花

元祐字修鑒　當魏公四子生光緒庚子年二月初六日子時
娶陳明月娘生宣統辛亥年八月十五日午時
男　振和　振興　振美　振隆
女　清蓮　清莚　梨花
元祺字修祉　當魏公五子生光緒丁未二月初二日亥時
娶浙江省平湖縣　娥生民國丁巳年九月初八日巳時
男　思深
女　麗麗　娟娟
元禔公　當魏公六子子宣統庚戌年　月　日　時在外洋卒塋缺
擇周字修魯　當喬公長子生光緒乙未年二月初十日亥時
幼娶英橋陳片娘殤
娶

男　利福　利祿　利祥
女　香娘配三錦美陳　旦娘配大庭戴
再鴻公　當喬公次子生光緒甲辰年七月廿一日巳時卒民國乙酉年十
二月初四日戌時塟南洋
娶内益李娥娘生光緒丁未年月日時
男　添根　添璟　添回
女　月英
得時字修駕　當喜公長子生光緒癸卯年十月初五日子時
娶内山呂紅娘生光緒丁未年七月初四未時
男　取貴
得發字修達　當喜公次子生光緒乙巳年七月廿七日午時
妣舊門呂來娘生宣統己酉年正月初七日戌時卒民國丁丑年八月十

四日酉時塟沽美山
男　建國　建業
女　碧珠配舊門呂
得勝字修凱　當善公三子生宣統己酉年二月初三日子時
娶大庭戴從娘生民國乙卯年十月十三日子時
男　南程　遠珍
得壽字修祿　當喜公四子生宣統辛亥年十二月初六日未時
娶
男
臥龍字修亮　當蟾公長子生光緒丙申年十月十一日卯時
妣前坑余立娘生光緒己亥年七月十四日午時卒民國壬戌年五月初
九日酉時塟溪頭山

又娶王碖娘生光緒戊申年　月　日　時

男　金水

女

熾燉公　當蟾公次子生光緒丙午年正月初五日丑時卒葬俱缺

俊元字修第　當蟾公三子生光緒　年　月　日　時

娶南洋名甲只利生缺

男　秋水

女　玉蓮

西川字修都　當談公長子生光緒辛丑年五月十三日子時

娶大庭戴窕娘生光緒甲辰年三月初五日巳時

男　保國　保民　保興殤

女　淑珍

西河字修林　當談公次子生光緒甲辰年五月十三日卯時
娶舊門呂𧟌娘生宣統己酉年　月　日　時
男　玉石　玉泉　平生
女　釆華　釆珍　秀英
西洋字修汪　當談公三子生光緒丁未年六月十九日酉時
娶大庭戴惜娘出
又娶
男　源來出承四弟西海
西海公　當談公四子生民國丁巳年　月　日　時卒民國丙子年十月
廿六日申時塟南洋
嗣男　源來三兄西洋子入承
西浪字修滄　當談公五子生民國己未年　月　日　時

娶

東震字修艮　鳳眼公子生光緒丁未年二月初一日巳時

娶下宅陳心娘生光緒丁未年七月初五日午時

男　安國　安炳

女　瑾瑜配古宅吳　瑾旋配巷口賴　養女大庭戴宗娘

再添公　雙目公長子生光緒乙巳年六月廿四日巳時卒民國戊寅年四月廿四日塟南洋

娶英橋陳八娘生光緒丁未年十二月廿二日未時

男　英後　集福

再水字修壬　雙目公次子生民國戊午年　月　日　時

娶

會元字修魁　當戶公嗣子生宣統辛亥年二月十六日寅時

娶鳳坡梁螺娘生民國乙卯年七月初五日吉時
男　金清
愼罷公　當裁公嗣長子生光緒丙戌年三月初二日申時卒塋缺
幼娶林愛娘　陳謹娘俱殤
長茂字修松　當裁公次子兼承弟當泉生光緒庚寅年二月初十日巳時
娶下宅陳桂娘生光緒癸已年五月十六日吉時
男　思綿兼承當泉　啓明出承從弟愼山
愼山公字修珍　當蕊公長子生光緒癸未年十月十六日戌時卒塋缺
妣南坪呂哂娘生光緒癸已年十月初一日戌時卒塋缺
嗣男　啓明長茂次子入承
長茂字修榮　當泉雙承子乃當裁子兼承
雙承男　思綿

窗兜棋盤柱　政和公派

慎圈公　當做公子生道光丁未年月日時缺卒同治乙丑年八月初八
日塋永定

慎興公　當槌公雙承子乃當繫公子兼承生卒詳後

慎性公　當繫公長子生光緒丙子年三月十六日巳時卒光緒甲午年六
月十一日卯時塋望加錫

慎興公　當繫公次子兼承兄當槌生光緒壬午年十月初十日寅時卒民
國乙丑年三月二十日申時

娶林鶴娘出

慎賜公　當鏡公子生道光己酉年八月廿二日巳時卒光緒甲申年四月
三十日未時

妣王千娘生卒塋缺

秋桂公字修蕊　相利公長子生咸豐壬子年九月初四日酉時卒光緒癸巳年二月廿一日戌時塋望加錫

妣馬洋林得娘生同治乙丑年三月初三日戌時卒民國己未年三月初二日巳時塋重慶

男　思斗出承第慎岸　輝臨　思強瑒　贊起瑒　思弈拳

女　蜂娘配溪東林

慎岸公　相利公次子生咸豐丁巳年正月初五日酉時卒光緒己丑年三月初九日未時塋廈門

取郭園娘改天

男　思逃　思斗秋桂長子入承

慎衛公　成芳公子生光緒丙子年八月初四日戌時卒民國壬子年七月

十六日塟龍岩
妣後山佘蚊娘生光緒庚辰年八月十一日寅時卒民國甲申年七月廿
七日寅時塟沽美山
男　思瑄　思服殤
女　勉娘配后山佘　螺娘配德化火田林

頂窗三落柱　政和公派

慎頂公當獻公長子生道光庚戌年九月廿八日卯時卒民國庚申年七月
十四日酉時塟樹林口
妣坑園陳照娘生戊豐辛酉年八月十七日巳時卒光緒丙午年又六月
二十日申時塟水格山
男　和元出承弟慎真　拔英殤　三元　吮李

女　見娘配溪東林　雙娘配溪東林　同娘配古宅

慎真公　當獻公次子生咸豐癸丑年八月十一日巳時卒同治癸酉年十一月二十日申時塟山后格騎龍斬坐辛向乙兼酉卯

男　和元慎頂子入承

富足公　當潤公子生咸豐乙卯年七月初一日午時往外洋卒塟缺

慎森公　當淼公子生道先戊申年六月十六日亥時卒塟在台灣

達情公諱慎衷　安吉公長子生咸豐丁巳年三月十三日卯時卒光緒辛卯年八月廿二日卯時塟客鈸大路頂坐坤向艮兼未丑

妣官報趙綏娘生咸豐庚申年十月初三日戌時卒光緒甲辰年十二月廿一日酉時

男　恩宜殤　恩合　恩赤　恩烏養

女　窗娘殤　珖娘配三錦美陳

傳成公字修大　安吉公次子生同治甲戌年六月二十日酉時卒光緒壬寅年二月十七日戌時葬后埔庵下牛仔頭

娶李瑩娘改天

男　思幼發殤

員新公諱慎榮字修向　退邇公子生咸豐辛酉年七月初六日申時卒光緒己亥年正月十一日亥時葬缺

妣中房張六娘生同治乙丑年七月廿八日戌時卒民國甲申年十一月初八日酉時葬牛仔頭山

男　清秀殤思住　且言殤思雍

女　勉娘殤次綱娘配中房張

百祿公諱長福字修懷　錦袞公長子生同治乙丑年六月十六日戌時卒光緒辛丑年七月十九日辰時葬山后格

妣舊門呂棗娘生同治戊辰年四月十八日未時卒民國癸酉年八月二十日子時塋杉垵內

男　思曹　思楮　思串

全永公字修多　錦衾公次子生同治癸酉年八月初八日申時卒塋莫秀

妣舊門呂筒娘謚順和生光緒壬午年二月初九日寅時卒光緒己亥年七月初三日午時塋后埔庵

男　壽祉　應隆（既濟次子兼承）

既濟公字修享　錦衾公三子生光緒丁丑年六月廿六日申時卒民國癸丑年七月初五日申時塋山仔

娶鳳坡梁試娘生光緒壬午年八月初九日午時

男　純賓　應隆（兼承全永）　國順

雙印公字修珠　錦衾公四子生光緒辛巳年正月廿一日戌時卒民國丙

辰年七月初九日申時塋南洋

妣山頭黃親娘生光緒乙酉年正月初四日午時卒民國丙戌年九月十九日寅時塋牛仔頭山

男　琴來　元英

逢時公　顧復公長子生同治己巳年九月廿五日戌時卒民國甲戌年十一月十一日辰時

娶社壇葉善娘生光統壬午年十二月廿二日寅時

男　補羽殤　天賜　天水兼承弟金和

女　趁娘配三錦美陳　蓮娘殤

宗寶公字修珍　顧復公次子生同治甲戌年十一月廿五日酉時卒民國庚午年十月十五日巳時

妣中房張杉娘生光緒己卯年五月十四日午時卒民國丁丑年十二月

廿四日戌時
男　培雁（兼承坑內柱）　水冰　新鴻（兼承金和）
女　鴛鴦配大庭戴
金和公　顧復公三子生光緒丙戌年九月初十日子時卒民國丙子年四月初七日未時塋牛子頭山
男　天水（逢時三子兼承）　新鴻（宗賓子兼承）
清太學生國清公（諱）慎歡（字）修喜　懷德公長子生同治壬戌年九月廿八日辰時卒民國甲申年十二月十三日午時塋沽美山
妣林柄陳乃娘生同治壬申年三月十五日午時卒光緒丙戌年十二月十六日丑時塋林柄山
又妣馬洋林送娘生光緒乙亥年十一月廿三日巳時卒民國甲申年八月初二日子時塋沽美山

男　啓才（養兼承慎帕）　錦繡

女　文娘（殤）

慎帕公（字）修津　懷德公次子生同治乙丑年五月初一日寅時卒塋缺

妣林柄陳春娘謚秋吉生同治甲戌年十月廿七日申時卒光緒乙未年

閏五月十八日辰時塋沽美山

又妣文章陳氣娘生光緒乙酉年十一月廿一日辰時卒光緒丁未年九

月初五日未時塋沽美山

男　啓才（慎歆子兼承）　嗣孫從春（姪錦緒子兼承）

江山公（字）修國　旁行公長子生同治甲子年八月廿三日未時卒塋莫考

新春公（諱）慎景（字）修悦　旁行公嗣次子生光緒己卯年閏三月廿二日未

時卒光緒庚子年十月廿八日丑時塋三寶壙

幼娶呂筝娘（殤）

娶林氏出

男　贊陽養殤

齊全公字修淵　當拋公長子生光緒乙亥年十月初十日寅時卒光緒戊

申年四月　日　月　時

妣舊門呂擂娘謚端靜生光緒乙亥年十二月廿六日酉時卒光緒己亥

年五月十八日卯時塟沽美山

又娶下宅陳筍娘出

男　雙芹　樹林兼承慎問殤　隋寶兼承慎婦

慎問公字修德　當拋公次子生光緒己卯年十月廿二日未時卒光緒庚

子年七月十二日酉時塟沽美山

娶陳氏改夭

雙承男　樹林殤

長順公諱愼蟳字修蠘　當拋公三子生光緒癸未年十月十三日寅時卒
光緒己亥年五月初七日午時塋沽美山
男　隋寶齊全次子兼承
清例貢生國進公諱君仁字修賢　當暢公長子生光緒己卯年三月廿二
日寅時卒民國甲戌年八月初七日寅時塋在獅墓
娶郭井林蚊娘生光緒辛巳年七月初一日未時
男　通相兼承文龍　明籌　明聰　明標　思桂殤　思英殤
女　潘娘配坑園陳　香娘配溪東林　赤娘配坊前黃
忠信公諱文龍字修鳳　當暢公次子生光緒辛巳年九月廿四日未時卒
光緒辛卯年七月廿四日辰時塋沽美山坐辛向乙酉卯
幼娶林沐娘殤
男　通相君仁子兼承　福安養

候缺公字修玉　當暢公三子生光緒辛卯年八月十九日酉時卒民國壬戌年八月廿九日卯時葬沽美山
妣舊門呂旦娘生光緒壬辰年十一月十一日酉時卒民國乙卯年四月初九日戌時葬溪頭山
又娶溪東林奎娘改天
男　副榜　泰山

慎教公字修誨　當茅公子生光緒己丑年正月廿一日吉時卒民國癸酉年六月初九日申時葬沽美山
幼娶陳氏殤
妣大田翁柑娘生光緒庚寅年六月十九日未時卒民國丙戌年正月初五日辰時葬沽美山
男　思達　思道　思長　潤澤殤

女　挖娘配下宅陳　佑娘配德化　㧊娘配坑園陳

翻成公字修器　當驅公子生光緒辛巳年十一月十九申時卒塟莫考

慎東公字修仁　當㧊公子生同治戊辰年八月廿一日寅時卒民國壬申年十月廿九日丑時塟龍岩

妣坑園陳糖娘生光緒乙亥年七月廿五日巳時卒民國丁丑年十月初九日酉時塟外山仔

男　包來養天祖

女　緩娘配山頭黃

桂順字修梅　當聲公長子生光緒癸巳年正月十五日寅時

娶社壇葉捷娘生光緒丁酉年十月十六日巳時

男　錦良

女　金枝

福順公　當聲公次子生卒莫考
慎肝公　當顏公子生卒塋莫考
葛生公諱慎蔡字修陳　金石公長子生咸豐丁巳年八月十五日午時卒
民國丁卯年七月廿二日酉時塋杉垵
妣社壇葉珠娘謚光慎生咸豐己未年五月初十日辰時卒光緒癸己年
五月初二日未時塋山后格短崙仔
又妣湖頭陳省娘生咸豐辛酉年正月廿九日巳時卒民國庚午年十月
十二日戌時與公合塋
男　思金殤中才殤思立兼承高談舉良殤國法殤思泉養
女　埒娘配大份温　莧娘配溪東林
高談公　金石公次子生同治戊辰年六月十四日午時卒光緒戊戌年十
二月十一日巳時塋南洋

男　思立 慎蔡子兼承

慎水公　當算公長子生同治丙寅年四月十八日戌時卒光緒辛己年七月初六日未時塋水鬼內坐甲向庚兼卯酉

男　來發 養 思炎 秋金次子兼承

秋金公 字 修冬　當算公次子生同治庚午年十月初七日卯時卒民國丙戌年二月十八日戌時塋沽美山

娶鳳坡梁乃娘生光緒丁丑年八月二十日巳時

男　國治 養 思炎 兼承慎水　欽賜

女　甯娘配舊門呂　担娘配社壇葉　截娘配溪東林

正春公 字 修城　當算公三子生光緒乙亥年二月廿四日寅時卒塋缺

男　國盛 養

武德公 字 修道　當筆公嗣長子生光緒癸未年四月十五日寅時卒民國

乙亥年四月十一日寅時塟后埔庵
妣社壇葉扁娘生光緒辛卯年五月初四日卯時卒光緒戊申年五月二
十日己時塟水鬼
又妣社壇葉們娘生光緒丁酉年八月廿五日丑時卒民國壬子年十二
月十一日丑時塟水鬼
又娶后山余瞈娘生光緒壬辰年三月二十日辰時
男　建烟養　建順
情思公諱正理字修法　當筆公嗣次子生光緒丙戌年二月初十日卯時
卒民國庚辰年四月廿九日戌時塟蚋卯
娶鳳埔梁壥娘生光緒辛卯年七月初一日申時卒民國丙戌年四月十
三日酉時塟東畔山仔邊
男　思錦養　欽作養　丕再養　洋溢　庵英殤

政和公派　下窗柱　瑞璞公派

慎咸公　牆址公養子生咸豐壬子年十二月廿五日申時
卒光緒乙己年七月廿一日寅時塋馬路頭
幼娶　林英娘　賴騫娘　葉鈌娘似殤

簪纓公諱慎細　壽山公長子生同治丁卯年四月初八日酉時卒光緒辛
卯年十二月廿五日戌時塋馬路頭
妣舊門呂鍊娘謚柔順生同治辛未年正月初五日午時卒光緒甲辰年
四月廿七日巳時塋馬路頭
男　致雨　思蚊養

慎厚公　成庇公嗣子生光緒辛己年二月　日　時　卒缺

慎漂公　旁啓公長子生道先辛丑年九月初五日巳時卒光緒丁未年二

月初八日寅時塟溪頭山
男　思八 卷
麗水公　旁啓公次子生道光丙午年六月初二日酉時卒光緒癸巳年八
月廿一日塟南洋
男　萬雷 慎惠長子兼承
慎惠公 字 修寬　旁啓公三子生咸豐丁己年十月十一日巳時卒民國戊
午年七月初十日午時塟山后格灰墓頭坐亥向巳兼乾巽
妣惠安潘好娘生光緒乙亥年九月十六日辰時卒民國癸丑年六月十
一日巳時塟重慶狗頭頂坐向乾巽戌辰
又娶后山余姜娘生光緒乙酉年正月初二日子時
男　萬雷 兼承兄麗水　問禮 兼承慎寫　順寶　順利　順美
女　玉梅配楓樹林

心藏公 諱 慎寫　當請公嗣長子生咸豐甲寅年八月二十日辰時卒光緒
壬寅年十月廿五日申時塟三寶
妣蓬島蘇暡娘生缺卒光緒戊子年九月初三日己時
男　問禮 慎思次子兼承
康甯公　當請公次子生同治癸酉年二月初七日寅時卒光緒丁酉年九
月初十日丑時塟三寶顏
男　思雄 慎府子入承
慎府公 字 修政　當請公三子生光緒己卯年十一月二十日寅時卒民國
癸酉年八月初四日申時塟重慶狗頭頂坐乾向巽兼戌辰
娶社壇葉呢娘生光緒丙子年十二月廿三日戌時
男　思雄 出承康甯　如竹
慎鯐公 字 修篤　當簡公長子生道己酉年七月初八日午時卒光緒癸卯

年五月十一日酉時
妣坑園陳乃娘生咸豐辛酉年二月廿三日戌時卒光緒癸卯年五月十
一日酉時
男　問孝兼承慎畫　思吾養　同聲兼承慎畫
女　輕娘配坑園戴　歪娘配下宅陳
慎畫公　當簡公次子生咸豐甲寅年正月十一日辰時卒同治癸酉年三
月十十二日塋望加錫
男　問孝慎長子兼承　同聲慎三子兼承　恩水慎泌長子兼承
慎泌公字修謀　當簡公三子生咸豐辛酉年十一月廿五日巳時卒民國
癸亥年二月十八日辰時塋沽美山
妣永春林饋娘生光緒乙亥年四月廿八日辰時卒民國壬子年四月初
七日午時塋缺

男　思良殤　思水養兼承慎益

女　變娘殤

慎卦公字修通　當樑公長子生咸豐壬戌年八月初七日寅時卒光緒癸未年六月廿一日未時

男　遠志慎良子兼承

慎良公　當樑公次子生同治乙丑年十一月初四日卯時卒宣統己酉年二月廿五日卯時塟南洋

妣溪東林等娘生同治己巳年五月初一日午時卒民國丁巳年六月初一日午時塟沽美山

男　遠志兼承慎卦　思彼養

女　葉娘配溪東林　寶娘配大岵柯　滿娘配溪東林

田西公　當樑公三子生光緒戊寅年二月初四日亥時卒民國丁己年七

月廿八日申時塟三寶顏
妣舊門呂逢娘生光緒丁亥年二月十四日酉時卒民國壬子年四月廿
八日卯時塟沽美山
男
愼望公　當核公長子生同治戊辰年四月十一日巳時卒光緒丙戌年十
月廿一日戌時
愼順公　當核公次子生同治甲戌年　月　日　時卒塟莫考
愼南公　當衆公長子生卒塟莫考
嗣男　添水　從弟全墄子入承
愼糖公　當衆公次子生光緒丙子年正月十五日寅時卒民國丁巳年十
一月初八日巳時民里蚋
妣內益李巧娘謚明言生光緒辛巳年七月十九日吉時卒光緒戊戌年

六月初五日午時塟險垻墳
又娶郭山羅玆娘生光緒甲申年正月廿二日午時
男　思耀養　思緞養　思煥養　玉麟
女　旦娘配永春九斗
愼鈞字修景　當尒公三子生光緒戊寅年十二月廿九日酉時
娶下宅陳挑娘生光緒庚寅年十二月初三日巳時
男　文侶養　朝元　朝聘　元海
女　者娘配下宅陳　趁娘配溪東林殤　連娘配大庭斗五戴
潛娘配坑園戴　桂花娘殤
繼長字修器　當趣公長子志在正本清源倡捐巨資以成修譜之舉誠無
愧為孝子賢孫也生光緒癸巳年十一月初六日子時
娶文章陳扭娘生光緒甲午年九月十八日卯時

男 建安 養 傀生 陽生 華生 南生 北生 抗日 雙生
女 全英
新堂 字 修升 當趣公次子生光緒壬寅年二月初四日巳時
妣半嶺林早娘生光緒丁未年五月十四日申時卒民國庚午年閏六月
初二日申時瑩沽美山
又娶内益李素珠娘生宣統辛亥年十一月初七日吉時
男 良儀 良江 殤 華生 兄繼長子入承 鵬峯
女 秀華配社壇葉 秀琴 秀月 秀結 秀珍 秀娥
繼增 字 修進 當稽公長子生光緒乙未年八月廿五日辰時
娶南洋某娘生光緒戊戌年 月 日 時缺
男 思禀 禮道
女 彬龍娘 帛叻娘 美惹娘

慎妙 字 修奇　當稽公次子生光緒戊戌年九月初七日巳時
娶鳳坡梁磘娘生宣統己酉年二月十二日午時
男　成業　成椒 俱養
女　金花娘　秀娘配社壇葉
慎烘公　典鋪公長子生同治甲子年九月十三日寅時卒光緒壬寅年四
月二十日酉時塟蓮山后
幼娶大坪陳笑娘 殤
男　思蠓 養
圓成公 諱 通巷 字 修里　典鋪公次子生同治辛未年七月十三日丑時卒
民國壬申年九月廿七日巳時塟沽美山
娶溪東林緩娘生光緒丙子年八月十六日酉時
男　隨到　纘緒 出承弟慎儉　瑞金

兆火公　文台公長子生同治甲戌年十月廿二日未時卒民國戊寅年八月廿一日卯時塟沽美山
男　杉木 從第慎撿子兼承

頂致公　文台公次子生光緒壬辰年二月廿六日申時卒民國壬申年四月初一日卯時塟蚋卯
娶社壇葉清娘生光緒丁酉年正月廿八日子時
男　適用 養 適燕 養 儀章
女　桂霞配內益李　秀英　秀品　秀純

慎儉公 字 修勤　文曲公嗣子生同治甲戌年二月二十日丑時卒民國癸亥年十月廿一日子時塟沽美山
妣南坪呂綢娘生光緒癸未年四月十三日巳時卒塟缺
男　纘緒 兄通巷子入承

兆蚶公　典力公長子生同治辛未年正月廿七日戌時卒光緒辛丑年三月十六日卯時塟獅墓

幼娶溪東林甚娘 殤

又妣溪東林劉娘生光緒壬午年八月十二日寅時卒光緒丁未年十二月十六日卯時塟沽美山

男　來枝 殤　進成 養　思繭 重民子兼承

重民公 字 修治　典力公次子生光緒丁丑年十一月初四日辰時卒民國辛酉年五月十五日亥時塟沽美山

妣內益李殼娘生光緒丁亥年四月十一日申時卒光緒丙午年又四月廿九日辰時塟沽美山坐巽向乾兼巳亥

又娶社壇葉過娘生光緒丁亥年又四月初八日巳時

男　思繭 兼祧兆蚶　金連 養　江淮 殤

慎搼公　典力公三子生光緒壬午年八月廿四日午時卒民國丁巳年又二月初二日巳時塋蚋卯
幼娶山頭黃奎娘殤
又妣內益李歲娘生光緒己丑年三月廿二日巳時卒民國辛巳年九月初五日申時塋沽美山
男　自成　杉木兼承從兄兆火

政和公派　下窗柱　瑞玩公派

慎柱公　盡善公子兼承先擨支派又兼承岑唱生光緒丁亥年三月十四日寅時卒民國甲戌年六月初八日吉時塋沽美山
妣佃坂楊夜娘生光緒甲午年九月十一日丑時卒民國戊午年六月初二日戌時塋沽美山

又妣尤溪董朗娘生光緒乙未年八月初五日酉時卒民國庚午年三月
十二日酉時塟同安山
男　玉義養　義法出承先燦支派　兼承當唱支派
女　珠娘配半嶺林　玉順
慎助字修協　當時公長子生光緒戊戌年六月初六日午時
娶下宅陳嫄英生光緒癸卯年十月廿一日申時
男　文英　世傑　世和
女　彩雲
討禮公諱慎發　當時公次子生光緒辛丑年二月初八日寅時卒民國壬
午年正月廿二日酉時塟斐島蚋卯
娶溪東林綢娘生光緒戊申年十月十二日未時
男　遠方殤　貽成　貽齊　貽國

女　金鸞　貽花　貽霞
慎柏公字修松　當時公三子生光緒甲辰年五月初六日辰時卒民國壬申年正月十二日申時塟沽美山
娶溪東林洗娘改天
男　繼法癸
慎柱　當唱公兼承子乃盡善子兼承生卒詳前
雙承男　義法
正忠公　當柳公長子生光緒壬寅年正月　日　時卒民國丁丑年四月廿七日未時塟蚋卯
幼娶黃攙娘生光緒癸卯年三月十一日辰時殤民國癸丑年五月廿七日午時
娶后山余歡娘改天

男　建良（養）培元（壬癸子秉承）

壬癸（字）修水　當柳公次子生光緒丙午年八月二十日亥時

妣杉仔美陳慧英生宣統庚戌年十月初五日吉時卒民國己卯年十二月初三日午時塟蚋卯嗎里　社

又娶戴軍省娘生民國己未年十一月初十日卯時

男　秉聰（殤）培元（養秉承正忠）培南　榮祥（殤）進南（戴出）光南（戴出）

女　秀齡　秀美

順國（字）修安　當柳公三子生宣統己酉年十二月廿七日午時

娶后山余搢娘生民國乙卯年二月初十日申時

男　志清（養）

順慶（字）修祝　當柳公四子生民國甲子年三月初一日卯時

娶下宅陳允英生民國戊辰年二月十二日卯時

男 志平

男 志平養

循環字修玉 當構公長子生光緒戊申年四月初五日辰時

娶佃坂楊秀絹生民國乙卯年九月十五日午時

男 佳煌養庭階

女 素華 治娘

潤水公字修癸 當構公次子生宣統庚戌年正月十一日申時卒民國甲申年十一月十五日巳時塟沽美山

錦端字修繡 當構公三子生民國丙寅年二月十一日寅時民國三十二年癸未十一月十五日奉召出征倭寇外况未詳

十四世振崑公派 園內柱

慎納公 當旺公長子生道光己丑年八月十九日申時卒光緒乙亥年十

二月初六日申時塟南洋石叻
妣蔡巧娘生道光己亥年二月廿一日子時卒光緒辛巳年二月初六日
卯時
男　雙全慎翁長子兼承　思和慎池子兼承
添益公諱慎瞈字修望　當旺公次子生道光甲辰年七月廿六日寅時卒
光緒辛卯年十一月初一日亥時塟永春萬金寨坐乙向辛兼辰戌
娶林樣娘殤
妣后山昧娘謚明懿生道光甲辰年五月初一日辰時卒光緒丁未年五
月廿二日午時
男　雙全兼承慎翁　思木兼承慎蘭　思福　思牆
女　綢娘配大岵柯　緞娘配永春後格林
慎蘭公　當蕚公子生咸豐辛亥年九月初十日寅時卒光緒乙未年七月

廿八日巳時葬園内山坐癸向丁兼丑未
妣溪東林蔭娘生咸豐乙卯年六月十五日卯時卒同治癸亥年十一月
廿四日吉時
又妣舊門呂箱娘生咸豐己未年七月十九日卯時卒光緒庚寅年八月
初七日辰時葬沽美山險垻外坐西向東
男　思木 愼蹈次子兼承　思砂 兼承兄秋桂
秋桂公　當起公嗣子生道光己酉年二月十一日酉時卒光緒丙戌年十
一月十六日子時葬園内山坐庚向甲兼申寅
男　思砂 愼蘭子兼承
夏蓮公　當菜公長子生道光甲辰年四月廿八日寅時卒光緒戊寅年十
二月廿九日未時郭忍娘與子外出卒莫考
娶郭忍娘與子外出生卒莫考

男　思平

慎池公　當菜公次子生咸豐辛亥年九月初五日時卒光緒已丑年三月十六日未時塋園内坐向辛乙戌辰

娶德化劉氏 改天

男　思和 養兼承慎儀

慎尾公　當菜公三子生咸豐戊午年五月廿六日子時卒光緒年月日時俱缺

慎喜公　當純公雙承子乃當二長子兼承生卒詳後

慎儀公　當有公雙承子乃當二次子兼承生卒詳後

男　東華

慎喜公　當二公長子兼承當純生咸豐辛亥年十二月十九日未時卒

娶李又娘 殤

慎儀公字修滿　當二公次子兼承當有生同治癸亥年六月初六日辰時

卒缺

娶深英橋胡情娘生同治丁卯年十二月初六日申時

男　東華殤兼承當有公支派

進寶公　當偏公長子

下洋公　當偏公次子

廣裕公　當偏公三子兄第俱住龍岩大溪鄉生卒俱缺

慎閃公　當水公子兼承當泉公生同治壬申年十二月十九日吉時卒塋

缺

進國公字修家　當籃公嗣子生光緒丁亥年十月廿一日寅時卒民國丁

卯年四月十八日午時塋仙打眼

娶鳳坡梁暡娘改天

又娶某氏缺

男　阿狗　文初

慎啓明公 字 修樓　當絹公子生光緒己卯年四月十一日寅時卒民國辛巳年十一月十九日酉時塟園内山

妣内益李匀娘生光緒辛巳年九月三十日丑時卒民國壬午年十一月十八日未時塟園内山

男　馴致 殤 澤秀　玉印　金鎗

女　縣娘配大庭戴　蛟蝭配社壇葉　梅娘配園林

冬梅公　當旦公子兼承當讌生同治甲戌年十月十二日卯時卒光緒庚子年正月廿六日往南洋塟缺

娶梁氏 改天

慎傳公 字 修川　當遠公子兼承弟當汝生同治辛未年正月廿九日酉時

卒民國壬午年九月初十日巳時塟在園內山
娶曾璣曾删娘生光緒癸未年十二月初八日未時
男　生來 卷 瑤琨 兼承當汝 瑤錦
女　洗娘配溪東林　每娘
慎傳公　當汝公雙承子乃當遠子　承卒詳前
嗣男　瑤琨 兼承

實行公派　園內柱
受福公 諱 慎愿 字 修恩　當迎公子生咸豐庚甲年七月十六日戌時卒光緒辛丑年八月廿九日寅時塟園內山
妣溪東林量娘生同治丁卯年十一月初三日戌時卒民國丙子年正月廿二日未時塟園內山

男　思合　思慮　思買

慎簡字修潔　當茲公子生光緒乙亥年七月廿六日子時

幼娶陳氏殤

娶廖為娘生光緒丁丑年十月初四日亥時

男　思村養　進德養　思兩　來興養

女　長次殤　三塗娘配英橋陳

慎湖公字修江　當山公長子生光緒壬午年正月初二日辰時卒塋莫考

妣下宅陳試娘生光緒己卯年三月初七日丑時卒民國乙酉年二月廿

八日未時塋圍內山

男　進伏夭

女　位娘配溪東林　葱娘配楓樹林

興玉諱慎錩字修金　當山公次子生光緒己丑年十一月十八日亥時卒

民國乙亥年十一月初六日子時塟圍內山
妣黃于娘生光緒甲午年二月十五日酉時卒民國丙寅年十月十六月巳時塟圍內山
又娶下宅陳専娘生光緒丁酉年八月初八日酉時
男　江淮養　水來養　元良　江水
女　金娘配中房張　綏娘配下宅陳　銀娘
慎圖公　當札公長子生光緒戊子年九月十九日午時卒民國壬申年十一月十三日寅時塟沽美山
妣坑園陳甚娘生光緒壬辰年三月十一日吉時卒民國癸未年十一月初四日亥時塟沽美山
男　思扁　思想　水發
慎炮公　當札公次子生光緒庚寅年三月廿六日午時卒民國癸未年十

二月廿一日午時塋在外居林
娶小岵陳眉娘生光緒壬寅年九月初六日午時
男　振成　振隆
女　寶珠娘

十四世　宗文公派　三房景右公派　集坵柱

慎國公字修治　當鳳公長子生同治己巳年十月十八日辰時卒民國戊寅年十二月二十日寅時塟沽美山

妣坑園陳莉娘生同治壬申年四月十六日卯時卒民國甲寅年七月初五日塟沽美山

女　晏娘配溪東林

慎箴公字修規　當鳳公次子生光緒乙亥年十月初三日辰時卒塟缺

娶蘇旦娘改天

男　浸端

養女戴獺娘殤

進興公字修起　當鳳公三子生緒己卯年十一月廿三日戌時卒民國丁卯年十月廿九日申時塟山后格大才頂

娶鳳坡梁不娘生光緒丙戌年九月廿三日戌時
男　乃順養　思丕
愼魚公字修龍　當鳳公四子生光緒癸未年十一月初二日戌時卒民國
辛己年十月廿三日塋仙打眼
幼娶溪東林理殤
娶溪東林拈娘生光緒癸己年十月初九日酉時
男　金水殤　助貴養　回貴兼　丁貴兼承愼清
女　桂英配配坡梁　秀娥配鳳坡梁　片娘配劉林侯
愼清公　當鳳公五子生光緒戊子年八月初二日酉時卒光緒丙午年又
四月廿五日未時塋重慶山
男　丁貴愼魚子兼承
愼喊公　文勝公長子生光緒庚子年正月十八日午時卒民國壬子年五

月廿一日塟南洋

愼井公　文勝公次子生卒缺

再元公字修吉　當道公子生同治戊辰年十二月初四日巳時往南洋卒缺

妣坑坑戴鶴娘生同治戊辰年十一月初九日酉時卒塟俱缺

女　寶娘配馬洋林

進遠公　當貴公長子兼承當抱生光緒庚子年九月十五日寅時卒民國丙寅年二月初九日卯時塟新寨頭

妣中房張晟娘生光緒庚子年十二月十九日寅時卒民國甲子年九月廿八日寅時塟新寨頭

男　阿八養

致雨公　當貢公次子生光緒辛丑年十月十五日巳時卒民國巳卯年二

月二十日酉時塋南洋

妣陳扮娘生光緒丙午年十月廿一日寅時卒民國戊寅年七月十二日

戌時塋大垵

男　金連　阿九殤　九才

女　紂娘配文章陳　池娘配大田

慎忍字修和　當貢養三子生光緒戊申年　月　日　日　時

下宅陳瞈娘生民國癸丑年　月　日　時

女　玉梅

為東字修山　當貢公四子生宣統辛亥年　月　日　時

娶文章陳扁娘生民國戊午年　月　日　時

女　麥娘配社壇葉

進遠公　當抱公雙承子乃當貴長子兼承生卒見前

男 阿八

愼麟公 當繩公子兼承當城生光緒戊子年十二月二十日卯時卒塋缺

幼娶大岵柯学娘 殤

愼市公 勝國公長子生咸豐癸丑年九月廿五日午時卒光緒乙亥年十

二月廿二日酉時塋沽美山

娶李氏 改天

男 思毓 金安子兼承殤

女 銀娘配澳下盧

愼譽公 勝國公次子生同治戊辰年三月十六日未時卒光緒乙未年七

月廿九日亥時塋海山

厚基公 勝國公三子生同治壬申年五月初十日亥時卒光緒乙未年七

月廿九日亥時塋南洋

金安公　當頂公子生光緒己卯年八月廿九日申時卒塟俱缺
娶下宅陳鴻娘 改天
男　思毓 兼承慎市殤
秋菊公　當嶺公子生同治辛未年二月十一日亥時卒光緒壬寅年十一月二十日巳時塟沽美山
慎坂公　當典公子生同治壬申年三月初八日辰時卒民國丁丑年正月廿八日塟南洋
男　紫雲 養
慎斜公　當偷公子兼承新登生光緒戊子年九月廿四日子時卒塟在南洋缺
娶舊門呂豐娘 改天

十四世　西長房長之長宗時公派長房景昉公派　春安坵柱

慎利公　當吹公長子生道光癸卯年八月廿二日寅時卒同治乙丑年九月初十日辰時在尤溪廿九都清水溪被水流去

色文公　當吹公次子生咸豐辛酉年十二月初五日寅時卒光緒乙未年十月廿四日巳時塋漳州上坪

娶溪東林添娘 改天

男　嫖致

慎瓜公　當吹公三子卒莫考

宗時公三房景水公派

合海公 字 修河　拱照公長子生光緒乙酉年十月初一日寅時卒

娶林柄陳理娘生光緒壬辰年二月初十日辰時

男　茂才 殤　茂林

慎存公　拱照公次子生光緒壬辰年九月初一日巳時卒光緒甲辰年六月十一日巳時塟沽美山后半坪

慎波公 號 溪水　其篤公長子生咸豐甲寅年七月十八日未時卒光緒庚寅年十二月三十日辰時塟新寨坐酉向卯兼庚甲

妣鳳坡梁絹娘生咸豐丙辰年九月十三日子時卒民國甲寅年四月十五日未時塟新寨

男　思敦　思發 兼承弟慎吉慎全

女　渭娘配舊門呂

慎全公 字 修備　其篤公次子生同治甲子年七月初十日卯時卒民國乙卯年四月初八日卯時塟鈌

男　思發 兄慎波子兼承

慎文公字修武　其篤公三子生同治戊辰年正月初八日寅時卒民國丁丑年二月廿四日申時塋山後格

妣古坑黃呈娘生光緒乙亥年四月十八日巳時卒民國壬午年三月廿五日子時塋狗頭山

男　天來蚤

慎吉公　其篤公四子生同治壬申年十二月十四日申時卒光緒庚子年正月二十日卯時塋新寨坐庚向甲兼申寅

男　思發慎波子兼承

慎珩公　憑理公長子生咸豐乙卯年正月廿六日巳時卒光緒己丑年七月廿三日巳時在外塋缺

娶内益李稅娘改天

男　思柱蚤

慎晏公　憑理公次子生同治庚午年十月廿二日子時卒光緒壬寅年八月十五日申時塋新寨坐庚向甲兼酉卯

妣舊門呂梅娘生同治甲戌年五月初八日寅時卒光緒甲午年九月廿八日卯時塋新寨坐酉向卯兼庚甲

慎時公號利器　當概公長子生咸豐丁巳年九月初七日戌時卒在南洋吉囒年月日缺

娶溪東林網娘改天

男　思爪出承弟慎德殤　思口養

慎仕公字修登　當概公次子生咸豐辛酉年正月廿二日未時卒宣統己酉年八月初四日戌時塋缺

妣呂蜂娘生同治甲子年七月三十日卯時卒民國癸未年七月十一日申時塋狗肚

男　思員（養）　千支（養）
女　衍娘配舊門呂
慎德公　當概公三子生同治庚午年三月十二日戌時卒光緒年缺十一
月廿六日塟在吉囒
男　思瓜（慎時子入承殤）
處明公　當概公四子生光緒辛己年十一月廿三日辰時卒光緒丙午年
十一月十五日子時塟重慶新寨坐辛向乙兼戌辰
慎祿公（字）修爵　鳴鳳公長子生同治丙寅年八月十七日申時卒民國己
未年正月廿七日午時塟南洋
妣山頭黃領娘生同治辛未年四月初一日子時卒民國壬戌年四月十
六日酉時塟新寨
男　振瑞（養）　徇俗（出承弟慎深）　徇圈（養）

慎草公（字）修碧　鳴鳳公次子生同治己巳年五月廿七日亥時卒光緒戊申年十一月廿九日辰時塟赤墓坪

妣英橋陳燕娘生同治甲戌年正月初十日巳時卒民國丁丑年九月廿二日未時塟騎龍斬

男　思榔（兼承慎深）　應額（養）　思利（養）

春泉公（字）修那　鳴鳳公三子生光緒丙子年五月十五日寅時卒民國丙寅年十二月十一日未時塟山后格騎龍斬

妣馬洋林英娘生光緒癸未年六月廿九日辰時卒民國丙子年七月廿四日午時塟山后格騎龍斬

男　聰猛　萬勝

女　準娘配候尾陳

慎深公　鳴鳳公四子生光緒庚辰年十二月十一日寅時卒光緒庚子年

五月廿七日寅時塟新寨頭樹林口坐亥向己向壬丙

男　徇俗（慎祿次子入承）　思榔（慎草子兼承）

絲綢公（字）修綴　當益公長子生光緒甲午年十一月初四日亥時卒民國

乙卯年十月三十日亥時塟南洋

聽用公（字）修應　當益公次子生光緒辛丑年十一月廿八日戌時卒塟在

南洋缺

幼娶陳章娘（殤）

娶林佔娘（改天）

宗時公四房　景山公派

義腑公（諱）慎胆（字）修忠　當彩公長子生咸豐乙卯年正月廿六日丑時卒

光緒戊申年三月廿九日巳時塟山后格

妣内益李居娘生咸豐乙卯年四月初四日子時卒宣統庚戌年七月廿

七日酉時與公合塋

男　思田　思碧　思拱　思闕　思喜養

女　雙娘配内益李　應娘配下宅陳殤　情娘配埔角戴

維齋公諱慎持字修選　當彩公次子生同治壬戌年九月廿八日辰時卒

民國戊辰年三月十七日未時塋重慶中心崙坐癸向丁兼子午

娶山頭黃晟娘生同治壬申年七月初七日丑時

男　思顩　乾養殤　桂陽兼承慎安

女　粉娘　良娘　窗娘俱殤

玉瓶公諱慎瓚字修金　當彩公三子生同治丁卯年十二月十九日寅時

卒民國壬午年七月十二日丑時塋倒坐虎

娶内益李寶娘生光緒庚辰年六月初十日寅時

男思梅養　思聘養

慎安公 當穴公子生同治癸亥年八月初四日巳時卒光緒癸未年十一月初五日子時塟新寨

男 桂陽 兄慎持子兼承

慎汀公 當素公子生光緒丙申年十月二十日亥時殤光緒甲辰年四月十九申時塟沽美山垵中

十四世 西長房長之長房三 景全公派 喬格柱

元利公 當放公子外出生卒莫考

有用公 雨水長子生咸豐甲寅年正月十五日巳時卒光緒丁未年九月二十日寅時塟湖頭塚山

妣湖頭陳于娘生同治己巳年十一月十二日子時卒光緒甲午年二月

十六日酉時

鳳齋公諱秋彩　雨水公次子生同治己巳年十一月廿九日戌時卒光緒戊戌年十一月十九日寅時塟湖頭塚山

妣湖頭李情娘謚順節生光緒丁丑年二月廿三日酉時卒光緒戊戌年六月二十日未時塟湖頭塚山

慎沂公號淮潁　當為公長子生咸豐辛亥年十月十二日酉時卒光緒乙巳年九月初四日巳時塟大福坵厝外

慎亨公　當磚公子生咸豐癸亥年十二月廿六日丑時卒光緒己亥年正月初二日申時塟大福坵厝外

三聖公　當撤公嗣長子生同治庚午年八月廿一日申時卒光緒丙申年十月廿八日戌時塟南靖縣

娶鳳坡梁滿娘殤

慎冃公　當撤公嗣次子生同治辛未年十二月十五日巳時卒塋莫考
慎員公　當撤公三子生卒莫考
慎塔公　當笱公子生卒缺塋在汀州永定縣
慎舉公　當倩公子外出生卒莫考
慎玉公　當釵公子往外洋生卒莫考
慎育公字修才　當佳公長子生光緒癸未年十一月廿八日子時卒民國
己卯年十一月廿五日未時塋在實叻
娶宮下黃頷娘生光緒辛卯年十月初六日戌時
男　順理　榮林　欽相
女　樵娘配溪東林　桂英配八尺盛　量娘
慎端公　當佳公三子生光緒乙未年十二月十二日辰時卒光緒癸卯年
閏五月初五日午時塋沽美山

求安公諱慎飽　當佳公四子生光緒丁未年十月初七日卯時卒民國癸
酉年十二月廿三日辰時塟沽美山
娶中房張出娘改天
男　榮相
福蘭公　當蔭公子生光緒乙亥年四月初二日寅時卒光緒戊申年八月
初七日辰時塟沽美山
幼娶溪東林看娘殤
娶舊門呂翕娘生光緒乙酉年十一廿九日酉時
男　國珍養　玉瑞
清琬字　修順　當秋公嗣子生光緒己丑年八月初二日辰時
娶舊門呂志娘出
又娶林銀花生宣統庚戌年九月十五日午時

男　百益卷　生意　生珍　生德　生進　生添

女　麗娟　玉娟

慎豹公　長庚公長子生光緒癸己年三月初二日巳時卒塋莫考

慎貌字修美　長庚公次子生光緒乙未年十月廿七日亥時

娶舊門呂來娘生光緒庚子年十月十三日吉時

男　應建　應泮兼承節忠　應好

女　與娘殤

節忠公　長庚公三子生宣統辛亥年七月十四日卯時卒民國丙寅年八

月初五日塋蚋卯

男　應泮慎貌子兼承

慎杏公字修竹　當粂公雙承子乃當愛次子兼承生卒詳後

嗣男　思曉

慎芬公字修芳　當愛公長子生同治丁卯年五月初六日亥時卒光緒丁未年十二月初四日巳時塟香港

妣坑園陳纓娘生同治己巳年初七日卯時卒民國辛未年十月初七日卯時塟沽美山

男　思稀

慎杏公字修竹　當愛公次子兼承當穉生當治壬申年五月廿八日辰時卒民國癸未年二月十八日辰時塟山后格

妣南溪鄭不娘生光緒丁丑年十二月廿八日亥時卒民國癸未年六月初九日未時與公合塟

男　思澤　思都　思曉出承當稚支派　思業殤

女　燕娘配溪東林　能娘配鳳坡梁

慎本公字修敦　當愛公三子生同治甲戌年十月廿九日申時卒宣統庚

戌年三月廿五日巳時塋沽美山

妣溪東林挑娘生光緒壬午年十二月廿九日巳時卒光緒丁未年七月

十三日寅時塋沽美山

男　金圳養　萬祥養

敦植公諱慎立字修身　當愛公四子生光緒庚辰年六月初十日辰時卒

民國甲寅年九月初二日卯時塋永定湖坑

幼娶溪東林碧娘殤

娶坑園陳乙娘生先緒丙戌年正月廿四日丑時

男　財富　財福

慎藏公　秀春公子生先緒己丑年三月初五日寅時卒宣統庚戌年三月

廿五日巳時塋永定

娶坊前黃劉娘生光緒丙申年九月初八日巳時

男　思針

女　趁娘配宫下梨頭畬盧

在源公諱水泉字修田　當六公子生光緒戊寅年七月初二日酉時卒民

國丙辰年十月廿七日丑時塋重慶坐癸向丁兼丑未水出丁

娶楓樹林錫娘生光緒乙酉年十月廿一日辰時

男　黄河　文海　女　招娘配内益李

尊敬公號推重　當霜公子生光緒丙子年九月初八日巳時卒民國己卯

年十一月三十日塋永定古竹

妣鳳坡梁桂娘生光緒壬辰年五月初八日卯時卒民國丙辰年四月初

二日酉時塋軒壩墳

又妣德化許榮娘生光緒癸巳年月日時缺卒民國辛巳年六月十一日

寅時塋軒壩墳

男　輝良養　輝鑾
慎揚公　當森公子生卒缺塋龍岩
慎哂公　當韮公子生光緒辛巳年九月初三日丑時卒民國戊寅年十二
月廿四日辰時塋重慶
幼娶坑園陳串娘殤
妣舊門呂者娘生光緒己丑年正月十六日巳時卒民國戊午年十一月
初十日申時塋抛拔内
又娶社壇葉圓娘生光緒癸巳年十一月初三日亥時
男　甯波養　開元　開通葉氏出
女　箏娘配鳳坡梁　先娘配舊門呂　茂娘殤
涵光公諱春山字脩晴　海源公長子生同治己巳年三月初二日子時卒
民國丁丑年五月初十日丑時塋斐後林掃帚尾坐未向丑兼丁癸

妣坑園陳救娘謚義慎生光緒丁丑年六月初九日午時卒光緒戊戌年五月廿三日子時塟重慶坐亥向巳兼壬丙

又娶奮口戴葉娘謚端茂生同治甲戌年八月廿三日辰時卒民國戊午年二月初十日酉時塟山后格頭坐巽向乾兼辰戌

又娶溪東林基娘謚靖茂生光緒己丑年六月初二日巳時

男　仁仕　深明　思酧　及時　長義殤　瑞標

女　雙娘配山頭前街黄　蟶娘配溪東林　甘娘配曾墘曾　寬娘配岩田蔡佔娘配溪東林　邱娘配内益李

夏水公字修清　海源公次子兼承文韜生同治壬申年四月十一日酉時卒民國壬申年六月廿九日子時塟重慶新寨坐壬向丙兼亥巳

妣侯尾陳晟娘生光緒辛巳年十二月初十日辰時卒民國甲戌年四月廿四日午時塟沽美山

男　錦良養　千言養　淵秀養兼承叔文韜為孫

女　綢娘配溪東林殤

有金字修玉　海源公三子生同治甲戌年十月初五日酉時

妣前街黃笑娘生光緒己丑年十一月十三日午時卒民國甲寅年五月

初六日未時塟新寨

男柳樹　淵傑養　炳煌殤　順福　順發　順籌

花鴿公字修飛　海源公四子生光緒庚辰年正月十三日未時卒民國壬

子年十一月廿四日亥時塟萬亞佬

妣山頭余類娘生光緒戊子年二月初二日午時卒民國甲申年四月廿

五日巳時稽沽美山

男　璧珍

女　草娘殤

天成公諱冬桂字修攀　當汪公長子生同治癸酉年三月廿八日未時卒
民國甲戌年十月十七日戌時塟重慶
娶鳳坡梁髻娘生光緒癸未年十二月廿五日酉時
男　宇宙　連江　三省　四川　五經殤丁卯
女　早娘配鳳坡梁　月娘配大庭戴　葱娘配大庭戴　尾娘配下宅
陳罔娘殤　養女陳晚娘梁治娘俱殤
慎務公字修本　當汪公子兼承文韜生光緒己卯十月廿八日酉時卒民
國辛未年四月十五日酉時塟重慶坐艮向坤兼丑未
娶鳳坡梁賢娘生光緒辛卯年十月初八日戌時
男　再德養再寶　得意殤　勝殤再全殤再挺養再玉陳氏出再珠兼承文韜爲孫陳氏出
女　音娘殤蘭英配社壇葉
夏水公字修清　文韜公雙承子乃海源公次子兼承生卒詳前

雙承男　淵秀

慎務公字修本　文韜公雙承子乃當汪次子兼承生卒詳後

雙承男　再珠

兩承公　文韜公雙承子乃功大公次子兼承生卒詳前

雙承男　振相

遐齡公諱慎鶴字修算　功大公長子生光緒戊寅年十二月十三日寅時

卒民國甲戌年三月廿三日酉時塋倒坐虎坐戌向辰兼乾巽

妣社壇葉吾娘生光緒辛卯年七月十四日申時卒光緒丁未年七月廿

七日戌時塋軒堪墳外坐艮向坤兼丑未

又娶鳳坡梁遠娘生光緒甲申年十二月廿六日卯時

男　新安　新秀　新湖　新強　新炎殤

女　腸娘殤

兩承公　功大公次子兼承文豁生光緒乙酉年十二月初十日卯時卒民國辛已年九月十七日亥時塟南洋

娶溪東林羽娘生光緒乙未年三月二十日未時

男　振順　振源　天送養　振興　振相兼承文船支派　振綿

兩固公　功大公三子光緒癸已年十一月初一日亥時卒民國乙亥年正月初六日卯時塟南洋

娶鳳坡梁扁娘生光緒戊戌年十一月廿三日巳時

男　萬華養　萬壽　萬福　萬益養

女　鸞娘配赤嶺陳

清羹公　功大公四子生光緒丁酉年十二月初七日申時卒光緒丙午年二月廿六日未時

慎息公　當面公嗣子光緒丁丑年七月初四日寅時卒先緒戊戌年正月

廿一日未時塟重慶坐戌向辰兼辛乙

十四世　西長房長之長房三　景豸公派　岑脚柱

慎萬公　當佑子生卒缺塟望加錫山坐西向東

前清州司馬諱恆美乳名慎壇字修文號杏安　親迎公長子生道光癸卯年九月廿三日寅時卒民國癸丑年九月十四日未時塟石碣坐戌向辰兼辛乙

妣望加錫黃玉娘生道光庚戌年八月十八日未時卒缺塟在望加錫

又妣舊門呂仁娘謚則榮生生咸豐庚申年二月廿六日未時卒光緒壬寅年六月十二日申時塟粘灰門口坐乾向巽兼亥巳

男　思三全養　興基黃氏出　思才殤　合浦呂氏出　楊震養　英烈慎根子入承

女　長配大庭戴　次配坑園陳　三配彭口李　四幼殇　五往洋俱黄氏出

公前承下宅深頭陳芹芳等山僻一所蓋築廈屋中有風水陰穴仝立合約俱各相安其陳家前承蔡高兩姓舊契一齊繳來存炤又雙溪陳祖琴等立約字一紙幷誌於後仝立約字人下宅鄉雙溪及竹籃埔衆人陳祖琴祖歲祖琛祖欣宗度宗挑宗進創團等承祖世管山乙所土名坐落黄埔尾大路下池角及風水數穴今因下坂鄉洪壇官起蓋大廈右畔欠地央親戚與琴等商議壇充出銀項完足為琴等公築祖宇之費約將黄埔尾大路下池角界址内聽壇剗掘起蓋前後左右剪做界土廁碓水井等幷黄埔尾風水約與相安此係衆人公議甘愿不敢異言生端等情其充出銀項完足仝親戚一齊即日收訖保此山地並無來歷不明如有不明琴等抵當與壇官無干今欲有憑立約字乙紙付執為炤

祖像　宗顏

秉筆柯貽和　祖歲　宗挑

光緒十七年九月日仝立約字人　陳祖琴　宗度

祖琛　宗進

祖欣　創團

羅秀詩　成三

李孝德

秉正葉乃琛　洪志曉

陳琺遠　修秉

慎根公號從頭　親迎公次子生道光丙午年四月廿二日丑時卒光緒己丑年八月初七日未時塟重慶樹林口坐乾向巽兼亥巳

妣內益李綢娘生咸豐甲寅年十月廿四卯時卒光緒癸巳年正月初三日卯時塟沽美山坐壬向丙兼亥巳

男　明姜兼嗣弟慎反　復綽　春梅　英烈出嗣慎壇

女　得娘配溪東林

慎反公　親迎公三子生道光戊申年十一月廿三日丑時卒同治戊辰年八月初十日酉時塋漳州溪波

男　明姜慎根長子兼承　文梅養殤

慎黜公　當蟬公長子生咸豐庚申年十一月初六日午時卒光緒庚辰年十月十八日吉時

男　長水慎隆子兼承

俎豆公　當蟬公次子生同治庚午年十一月二十日酉時卒塋石外莫考

幼娶英橋陳乙娘殤

言行公諱慎悔　當功公子生咸豐丙辰年九月十一日子時卒光緒丁酉年六月初六日酉時塋沽美山坐壬向丙兼子午

妣登科頭林救娘生同治甲子年十月十四日未時卒民國辛未年十月十五日辰時塋重慶

男　思養殤　思強　思溪　思忠

女　取娘配溪東林　担娘配下宅陳

慎樣公字修奇　當聳公長子坐同治壬戌年八月廿五日未時卒光緒丙午年二月廿九日丑時塋沽美山

妣小岵陳玉娘生光緒戊寅年六月十二日巳時卒光緒辛卯年六月十二日卯時塋小岵山

又娶小余蔡奎娘改天

男　雙美

女　守娘配溪東林

慎鼊公字修喤　當聳公次子生同治乙丑年五月二十日卯時卒民國庚

申年三月十九日丑時塋南洋
妣前坑余艮娘生光緒丙子年二月廿二日子時卒民國庚午年十二月
十三日寅時塋樹林口
男　怡扳（兼承弟慎挖）乃三
慎垻公（字）修作　當聳公三子生同治丙寅年九月初一日丑時卒光緒丙
午年三月廿八日塋南洋
妣西向郭領娘謚敬授生光緒己卯年四月十八日申時卒光緒丙午年
二月十四日巳時塋沽美山中窩
嗣孫　受桂心（姪乃三子入承）
女　殿娘配社壇葉
慎忍公（字）修百　當林公長子生同治甲子年十月初五日酉時卒塋在外
洋俱缺

娶德化曾桃娘改夭
男　思于養
春宵公諱慎金字修玉　當林公次子生同治丁卯年二月初九日辰時卒
塋在三寶顏缺
妣坑園陳緞娘生同治己巳年十一月初六日寅時卒光緒戊戌年五月
初三日酉時塋沽美山外窩坐北向南
男　紫雲
女　森娘配高嶺林
慎挖公　當林公三子生同治庚午年八月十四日申時卒光緒年缺正月
初八日塋在三寶顏
男　怡攀慎罍子兼承
文氣公字修武　當林公四子生同治壬申年十一月廿一日酉時卒塋在

南洋莫考
娶鄭嗹娘外出生卒缺
男　該再養　思干養
慎門公　當林公五子生光緒己卯年八月廿六日丑時卒光緒年缺十月
廿六日塋沽美山坐北南向
慎寢公字修安　當林公六子生光緒辛己年十二月二十日酉時卒民國
癸未年五月廿八寅時塋沽美山
娶路後戴親娘生光緒甲申年十一月十九日辰時
男　既土　天南　天侯
女　八娘配溪東林　玉英配鳳坡梁
進義公字修理　當墘公長子生同治壬申年六月廿二日申時卒民國乙
丑年四月廿二日辰時塋石門

幼娶梁麥娘殤

妣下宅陳片娘生光緒癸未年五月廿七日午時卒民國己卯年八月十四日寅時塋沽美山

男　嘉種出嗣慎性　新喜　猴葉兼承慎德　永加兼承慎西

女　葱娘配古宅吳　文娘配小岾陳

慎西公字修南　當　公次子生同治甲戌年十一月廿六日寅時卒光緒戊申年十一月初六日卯時塋沽美山

妣鳳坡梁秀娘生光緒甲申年十月初八日卯時卒民國丙辰年九月廿一日巳時塋沽美山

男　善嘉　永加進義子兼承

慎性公　當墘公三子生光緒丁丑年七月初一日寅時卒光緒戊戌年五月廿四日午時塋溪頭山

男　嘉種 進義子入承

慎德公 字 修業　當壠公四子生光緒庚辰年三月初四日丑時卒宣統庚戌年八月廿四日午時塟沽美山

娶雙溪陳滿娘生光緒丁亥年六月初三日酉時

男　嘉法　猴葉 進義子兼承

女　要娘

慎進公　當壠公養五子生光緒辛己年四月初三日酉時卒民國乙亥年十二月十三日未時塟沽美山

慎碩公　當享公子生卒缺

幼娶林安娘　李晏娘 俱殤

慎布公　當姣公長子生道光戊戌年五月十五日申時卒塟在外莫考

為貴公 諱 慎和　當姣公次子生道光辛丑年十一月十六日卯時卒光緒

戊戌年十二月廿四日戌時塟沽美山中窩坐南向北
男　德興 慎秋子入承　思總 殤
夏初公 諱 慎秩　當姣公三子生道光戊申年正月廿九日卯時卒光緒甲
辰年二月初四日塟南洋小飛蚋
娶望加錫黃氏 改天
娶廖滿娘謚金玉生同治丁卯年月日缺卒光緒丙午年二月廿四日酉
時塟沽美山中窩邊
男　德秀　德興 出承慎和　德清 俱黃氏出　麗水 廖氏出
女　玉瑄配泰湯　玉涼 俱黃氏出　月娘配溪東林 廖氏出
慎吉公 字 修慶　當曲公子生咸豐辛亥年十二月廿八日未時卒光緒丁
未年十二月初三日塟缺
妣下宅陳好娘生同治壬戌年月日時缺卒光緒壬寅年十一月廿八日

亥時塋缺
男　思栽　思沃
女　名娘配社壇葉
慎廉公　春喜公長子生同治甲子年十二月初二日寅時卒光緒庚寅年
八月十三日申時
慎袍公　春喜公次子生卒在外莫考
慎鉗公　春喜公三子生光緒甲戌年正月初一日卯時卒民國丙子年八
月十五日巳時塋沽美山
娶文章許哖娘生光緒辛卯年十一月初十日亥時
男　龍運
女　蚋娘配下塘許
慎平公　春善公四子生卒外出莫考

朝員公　新擯公嗣子生卒在外莫考

經史公諱慎隆字修泰　仁德公長子生咸豐甲寅年八月十二日丑時卒

光緒己亥年四月廿五日午時塟沾美山中崙坐午向子兼丙壬

妣舊門呂迎娘生同治丁卯八月初三日未時卒民國乙丑年十二月初

八日酉時塟沾美山

男　長水兼承慎炪　思炮

女　明娘配溪東林

慎尾字修驥　仁德公次子生同治癸亥年三月初七日酉時

娶坑園陳柑娘生同治壬申年十一月十一時辰時

男　思火　思桃殤　思煌　加澤　加才　思意　思愛

女　拘娘配登科頭林　為娘配古宅吳　志娘配大庭戴　樓娘配溪

東林　佑娘配三錦美陳

慎賸公字修回　當陋公嗣長子生咸豐丁巳年十一月廿三日辰時卒民國甲戌年正月十二日未時塟山后格大垵
妣英橋陳甘娘謚同墓生同治戊辰年十一月初七日寅時卒光緒甲辰年五月廿三日戌時塟重慶雙坑
又娶林治娘出
男　思祿　思通
慎稿公字修枝　當陋公雙承次子乃擋來長子兼承生卒詳後
嗣男　思答養
與閱公字修歷　建居公長子生同治甲子年十月廿五日丑時卒民國乙亥年十月十六日申時塟重慶
娶鳳坡梁呢娘生光緒丙子年七月初十日辰時
男　再興　其遜出承春水　思牆　流連

女　早娘配後戴　欶娘配大岵柯　葉娘配宮下黄　舥娘配溪東林
不娘配山兜黄　宣娘配溪東林
春水公 號 江邊　建居公次子生同治丁卯年十一月二十日午時卒光緒
乙亥年十月廿四日卯時在石叻塟缺
娶溪東林拜娘 改天
男　其遜 與閣次子入承　雙承孫錦招
女　吐娘 殤
鈎上公 字 修金　建居公三子生同治庚午年十一月二十日丑時卒民國
癸酉年七月廿三日丑時塟山后格頭
妣舊門呂冬娘生光緒壬午年九月初四日寅時卒宣統己酉年二月十
五日酉時塟沽美山
又妣李陳娘生光緒己卯年七月十九日未時卒民國壬戌年十二月初

八日巳塟沽美山

男　海潤殤和水

女　惜娘配溪東林　莉娘配英橋陳

助軍公　建居公四子生同治甲戌年十二月廿三日丑時卒光緒壬寅年十月十七日午時塟險垻貢坐面向東

妣舊門呂顏娘生光緒丙戌年六月十三日巳時卒光緒甲辰年六月初七日午時塟險垻窩頭

嗣孫錦招姪再興子入承

慎稿公字修枝　擋來公長子兼承當陋生同治庚午年九月十五日午時塟沽美山

妣巷口賴韮娘生光緒戊寅年六月二十日酉時卒民國己巳年十一月初六日巳時塟山后格

又吳妣勤娘生光緒丙申年十一月十二日辰時卒民國丁亥年九月初
九時丑時塋沽美山
男　加齊　思答養出承當陋支派　闊圳俱賴氏出　金龍吳氏出
女　蔭娘殤　碧娘配溪東林　巧娘配鳳坡梁　玲娘配溪東林俱賴氏出　法
娘配中房張吳氏出
慎杼公字修傳　擋來公次子生同治甲戌年十一月十九日戌時卒民國
壬申年八月初九日未時塋重慶
娶鳳坡梁雙娘生光緒壬午年四月初七日酉時
男　洋水　思清　烏麻　甲巳
女　秀蓮　配福州
慎城字修垣　擋來公三子生光緒辛巳年九月十六日戌時
娶大庭戴羽娘生光緒辛巳年六月廿四午時

男　庵扁　天從
女　烏娘配溪東林
慎淦公字修直　擋來公四子生光緒甲申年十月廿六日寅時卒民國甲
申年正月二十日午時葬沽美山
幼娶溪東林氏殤
又娶雙溪陳旦娘生光緒庚寅年十一月十四日戌時
男　志元　從元
女　品娘配三錦美陳
慎韜公字修略　識大公長子生道光壬寅年五月十二日寅時卒光緒癸
未年十一月十一日酉時葬羊坑掛拔格坐丑向未兼艮坤
妣溪東林湛娘生咸豐壬子年十月廿六日卒民國丙寅年十二月十一
日辰時葬羊仔坑

男　福元　思藝出承慎命　思蘊　思選　思送養
女　偷娘配溪東林殤　云娘配内益李
與仁公諱慎命　識大公次子生道光丙午年五月十五日酉時卒光緒丙
子年七月初二日午時
娶社壇葉蝦娘改天
男　思藝慎裕次子入承　思芑慎沐長子入承　宗纓慎禮長子兼承
慎沐公字修泉　識大公三子道光戊申年九月初五日申時卒民國甲子
年九月初三日丑時塟沽美山
妣社壇葉當娘生咸豐己未年九初七日子時卒民國甲寅年八月十三
日巳時塟沽美山
男　思芑出承慎命　清水
女　介娘配雙溪陳　長娘配楓樹林　最娘配溪東林

慎禮公字修樂　當烹公子生同治丁卯年十一月廿六日午時卒民國庚
辰年十一月廿一日巳時塟沽美山
妣溪東林閣娘生同治辛未年二月初三日酉時卒光緒戊申年十月初
九日亥時塟羊仔坑
又妣溪東林鶴娘生光緒甲申年十二月初七日卯時卒民國丙辰年九
月十七日巳時塟沽美山
又妣中房張菜娘生光緒戊子年七月二十日未時卒民國己卯年十二
月初四日未時塟沽美山
男　宗纓兼承慎命第一殤　思枝殤　宗乾殤
女　慈娘配蘇尾呂　陳娘殤　箱娘配中房張
慎柳公　井水公子生咸豐戊午年八月廿二日亥時光緒己亥年四月廿
四日巳時塟南洋

娶小余蔡片娘改節
男　思垂
女　佔娘配紅坑內呂　不娘配溪東林
妙術公諱慎傳字修真　文廣公長子生咸豐丁巳年十月十八日卯時卒
光緒丁未年二月廿二日寅時塟沽美山外崙坐酉向卯兼辛乙
妣下宅陳勸娘謚舉善生年缺十月初八日辰時卒光緒甲辰年五月廿
八日亥時塟沽美山險堣墳坐亥向己兼乾巽
男　思允出承慎雙　思景
女　長配下宅陳　次配山兜黃　三配溪東林　四欽娘殤　五配坑園
陳
慎雙公　鳳毛公嗣子生咸豐辛酉年八月十三日午時卒光緒辛己年五
月二十日未時塟缺

妣舊門呂珠娘生同治甲子年四月廿七日巳時卒光緒辛己年六月十九日未時塋缺

男　思允 慎傳長子入承

慎豎公　冬泉公長子生咸豐乙卯年十月廿七日丑時卒同治癸酉年六月廿二日卯時

男　綏發 堅亘子入承殤

慎可公 字 修信　冬泉公次子生光緒乙亥年正月廿六日丑時卒民國癸未年五月廿七日未時塋沽美山

妣內益李筬娘生光緒乙未年月日時缺卒民國丙子年七月十六日寅時塋沽美山

男　順興　麗淵 殤　番薯 殤

女　慧英　配溪東林

慎聲公字修教　當繫公長子生同治癸亥年八月十五日午時卒宣統庚戌年三月十七日卯時葬容拔格

妣溪東林奢娘生同治庚午年六月十四日寅時卒民國乙亥年正月廿四日亥時葬重慶

男　思業殤　思秋　思籤　論御

女　截娘配舊門呂　燕娘配溪東林

慎旦公子修評　當繫公次子生同治戊辰年八月廿三日巳時卒民國辛酉年十月十六日巳時葬在南洋

幼娶坑園陳勸娘殤

妣官報趙好娘生光緒丙子年九月十六日酉時卒民國壬午年二月初九日申時葬沽美山坐寅向申兼甲庚

男　綏玉　安利養　綏情　綏土　綏發出承慎聲

女　申娘適齊娘配官報趙

三白公字修省　當鰲公三子生光緒丙子年七月廿四日未時卒民國庚午年十一月初四日巳時塟客拔格

妣山兜黄甚娘生光緒癸未年三月十八日未時卒民國癸酉年正月初四日辰時塟沽美山坐辛向乙兼酉卯

男　順書　餘監適順修　順商　順力

女　于娘配官報趙

慎碧字修青　當成公子生光緒壬寅年二月廿七日卯時

娶

男

慎琴公　當棍公長子生光緒己丑年二月廿六日申時卒民國戊午年十二月初五日午時塟沽美山

幼娶馬洋林印娘殤
妣社壇葉烏哖生光緒丁酉年七月廿九日丑卒民國癸酉年七月廿二
日申時塋軒埧貢
男　思金樹養
慎吾字修三　當棍公養次子生光緒壬辰年七月廿九日巳時
男　奇紫裁侄子入承　奇明養
養女　溪東林秀來　坑園陳秀韮
慎居公　當棍公三子生光緒癸巳年五月初九日寅時卒民國丙辰年七
月廿三日酉時塋沽美山
幼娶下宅陳謹娘殤
妣大庭戴碟娘生光緒庚子年十月初二日戌時卒民國甲寅年十一月
三十日巳時塋沽美山

又娶坊前黄戀娘生光緒庚子年　月　日　時

男　朝發

裁益（字）修取　當梘公四子生光緒戊戌年三月初八日戌時

娶溪東林招娘（出）

娶山頭黄蝦娘生光緒乙巳年六月十五日巳時

男　奇紫（出承慎吾）　奇炮（養）　鍛鍊

女　翠花配仙都黄　翠顔配溪東林　翠貞配鳳坡梁　素玉　翠禧

織桂

西長房長之長房三宗謀公派敦仔尾柱　瑞伯公柱

清海公　當簡公長子兼承當渭生光緒庚子年二月初七日亥時卒塟莫

考

慎昆字修　當簡公次子生光緒乙巳年十一月廿二日巳時

西長房長之長房三宗信公派　石門柱　瑶貢公派

金圳字修溪　鉞公長子生光緒癸卯年十一月初八日巳時

娶郭井林柳娘生光緒甲辰年七月初一日子時

男　思拈養堅固殤　思木殤　連來

女　柿娘配下宅陳　紅柑　秀卿

水發字修坡　當鉞公次子兼承當鉄生光緒丙午年十月初六日戌時

幼娶英橋陳慇娘殤

娶英橋陳烏娘生宣統庚戌年八月十二日卯時

男　來貴養　來遠養承當鐵支派

應發字修運　當鉞公三子生宣統己酉年九月十一日寅時

娶文章陳枚娘生民國丁巳年五月初八日吉時

男　新鍛

潤澤字修滋　當誠公長子生光緒丁酉年八月初四日申時

娶廈門濟上社陳碖娘生光緒癸卯年　月　日　時

男　國斗養　錦美　錦章　錦芳　錦標　錦端　錦祥弟德元子兼承

女　玉順

莉秙公　當誠公次子生光緒己亥年十月十七日巳時卒民國壬午年四月廿五日塋蚋卯

妣馬洋林芒娘生光緒甲辰年五月廿九日午時卒民國丁己年正月十五日午時塋馬洋山

又娶黃　娘改天

又娶南洋貌緩娘生宣統庚戌年八月十五日吉時

男　思吪　思朗　思謝　思意　思楷
女　秀珠　秀琴　秀玉
德元公　當誠公養三子生光緒辛丑年十月二十日申時卒民國辛巳年
三月初四日戌時塟座斗崙
娶西向陳棕娘生光緒辛丑年四月初四日辰時
男　錦祥（兼承兄淵洋）　朝溪
女　禁娘配德化　須娘配永春龍旂寨張　信花（殤）
養女　陳乳娘
經營公　當鐵公養子兼承當灣生光緒乙巳年九月初一日卯時卒民國
乙亥年六月十九日寅時塟達崙卯
娶溪東林汀娘生宣統己酉年八月十二日辰時
男　連枝（養）　連才（出承當灣）　連星

女　玉秀配大庭戴

水發　當鐵公雙承子乃當鉞公次子兼承生庚詳前

男　來遠兼承

經營公　當灣公雙承子乃當鐵子兼承生卒詳前

男　才

淵澄字修春　溪泉公子生光緒甲申年四月十七日寅時住永春縣南門內

清堂字修居　當鍊公嗣子生光緒癸卯年二月十六日酉時

十四世　西房長之長房六　良球公派　垻仔頭柱　瑞謙公派

住永春州西門內

添泉字修源　當炎公子生光緒辛卯年十月初四日巳時
娶小岵陳箱娘生光緒壬寅年十月初五日午時
男
慎乾公字修巽　全福公子生光緒癸巳年八月十一日子時卒民國壬午年正月廿六日卯時
娶劇頭鋪施鄭娘生光緒丁酉年八月初二日亥時卒民國丙辰年正月三十日丑時
又娶埔頭林葱娘生光緒乙未年七月二日子時卒民國癸未年八月廿三日申時
男　思煉　思潮　思湖　思鎗　思鈹　思輝
女　綢娘配永春過溪周　妤娘配永春東門鄭　葮娘配永春達埔李
慎逞公　當祿公子生光緒丁酉年八月十八日午時卒民國甲戌年八月

初五日寅時

娶姚氏名石李生光緒癸卯年四月十一日辰時卒民國丙子年四月初五日酉時

男

女　唖娘殤　晃娘配在崙蚋甲李貴家爲媳

慎盛字修隆　當壽公子生光緒癸巳年十一月十一日卯時

娶

男

根源公　當喜公長子生光緒己亥年六月初三日戌時卒民國丁巳年十一月廿八日午時

繼周字修夏　當善公次子生缺

娶

男

金諧字修音　當喜公三子

慎永公字修言　當饋公子生光緒癸未年正月廿五日酉時卒塟在南洋

西長房長之二　應台公派　柿樹后

莫考

慎合字修和　當趨公子生光緒丁亥年五月廿九日吉時

娶社壇葉𦨭娘生光緒壬寅年正月十六日辰時

男

女　窕娘配文章陳　叟娘

情樣字修根　當登公子生宣統己酉年閏二月十九日辰時

妣坑園戴𢫬娘生民國丁巳年二月初一日子時卒民國庚辰年五月廿一

日申時塋重慶
又娶陳蓮照娘生民國壬子年九月廿八日卯時
男
女　亞珠娘
養女　陳錘娘

西長房二　二叔公派　蓮山洋柱　住永春州西門内
添來公　當坑公長子生光緒丙子年十一月十一日吉時卒光緒癸卯年
十月初五日申時塋嘛六呷吡嘮公山
慎春公　當坑公嗣次子乃當榮四子入承生卒缺
慎珍公　當坑公三子生卒缺
慎寬公　當浸公嗣長子乃當榮三子入承生卒缺

慎蟾　當浸公次子生光緒癸巳年五月十三日吉時後缺

炳焻　五桂公子兼承當仲生光緒癸卯年七月十六日未時後缺

慎法　慎才　慎隆　慎寶　慎堅　慎熙　俱當榮公子父子俱在南洋

嘛六呷干東生卒嗣莫考

十四世西房長終

南安霞錦洪氏族譜世紀

三十卷

南安霞錦洪氏族譜世紀 卷十三

十四世 西三房長之長房長 良琬公派 仙井柱瑞釆公派

慎浸公字修潤 建興公長子生咸豐甲寅年八月三十日未時卒宣統己酉年七月廿六日巳時塟大崙頭

妣溪東林銀娘生咸豐丙辰年二月十五日卯時卒光緒甲午年四月十八日子時塟山后格大坵田脚

男 思垂 思芸殤 思出

女 聘娘配中房張

慎沙公字修洵 建興公次子生咸豐戊午年十二月十一日巳時卒宣統庚戌年七月十三日巳時塟大崙頂

妣潭尾呂次娘生同治癸亥癸年三月十四日子時卒光緒乙未年九月廿一日申時塟大崙下繳仔尾坐丑向未兼艮坤

男　思所　思角　思挑
女　担娘配鳳坡梁　珠娘配中房張
慎漢公　建興公三子生同治壬戌年九月初七日巳時卒光緒甲申年十月十八日戌時塟山后格坐庚向甲兼酉卯
妣社壇葉單娘生同治癸酉年八月初四日寅時卒民國丙寅年十二月十三日戌時塟重慶
男　思練殤　思準　思提　思竊
女　偷娘殤　緩娘配溪東林
慎帛公　當潑公長子生咸豐丁巳年二月初一日酉時卒光緒壬寅年六月初十日丑時塟石門內
妣馬洋林仼娘生同治乙丑年十月初三日未時卒民國丙辰年十二月廿八日寅時塟新寨

男 思地殤 思熊殤 思昌兼承慎挺 天賜養

慎挺公 當潑公次子生同治甲子年十一月廿三日戌時卒民國丙辰年九月廿六日申時塋沽美山

男 思昌慎啓子兼承

慎啓公 當高公長子生同治戊辰年八月十五日巳時卒塋在南洋缺

娶箴梁娘改天

女 仁娘殤 伴娘配下宅陳

慎雨公 當高公次子生同治甲戌年八月初五日巳時外出英考

妣下宅陳員娘生光緒戊寅年八月廿五日亥時卒光緒丁酉年五月十六日戌時塋新寨坐酉向卯兼辛乙

慎昭公字修儀 當沛公長子生咸豐乙卯年十一月初二日辰時卒民國戊午年正月初六日未時塋大崙頭

妣社壇葉蘇娘生同治癸亥年九月初七日未時卒宣統巳酉年五月初
六日申時塋大崙頭
男　思濫 養
女　不娘配下宅陳
慎穆公 字 修袝　當沛公次子生咸豐己未年二月十五日辰時卒民國辛
酉年十一月初八日巳時塋山后格
妣坑園陳吉娘生同治戊辰年二月廿五日丑時卒宣統庚戌年十一月
初六日戌塋樹林口
男　弈花 養
女　守娘配中房張　聽娘 殤　兎娘配山兜黃
慎英公　當佐公長子生咸豐庚申年九月初七日寅時卒塋莫考
娶呂氏 出

慎儒公　當佐公次子生光緒辛巳年十一月廿六日子時卒民國甲申年
三月初三日塟沽美山
慎國公字修家　當謀公長子生同治辛未年正月初九日寅時卒民國癸
未年八月十四日巳時塟石門
妣溪東林鍊娘生同治癸酉年十二月初五日亥時卒民國壬午年九月
廿六日酉時塟石門
男　思要殤兌立　春琴養
女　浇娘殤　趁娘配坑園陳
慎導公字修教　當謀公次子生光緒戊寅年正月十六日辰時卒民國壬
申年十一月初十日酉時塟金字面
妣大庭戴佔娘生光緒辛巳年七月廿一日申時卒民國甲戌年七月十
五日酉時塟新寨

男　平西　甘露　祖成

女　從娘配溪東林　晏娘配溪東林　壹娘配大庭戴　祝娘配山兜

黃　金英配宮下黃

慎選公　當玉公子生光緒庚寅年九月初八日未時卒塋在南洋莫考

切實公　當巧公子生考莫

娶陳再娘出

慎八公　先衆公嗣孫生卒缺　（瑞題公派）

十四世　西三房長之長房二　良明公派　美茂柱

衍派字修昌　當晏公子生民國戊辰年十一月十四日辰時

烏明字修輝　當卦嗣子生民國甲子年二月三十日亥時

樹立字修業　瑞琳長子生民國己巳年十二月廿九日申時

典才字修訓　瑞琳次子生民國己卯年四月十六日卯時

慎戚字修恆　當杯公長子生光緒己亥年九月十二日申時卒民國甲申

年十月十九日塟沽美山

娶溪東林欣娘生民國庚申年三月初十日吉時

男　良才

兎絲公　當杯公三子生民國丙辰年十二月二十日午時卒民國壬申年

閏六月初一日寅時塟新寨頭

男　湘江全和子兼承

慎淼字修鑫　當杯公養次子生光緒丁未年八月初三日吉時

全和字修貴　當杯公四子兼承當富生民國丁卯年十月初七日酉時

娶大庭戴賽珍生民國戊辰年八月廿二日辰時

男　湘江　兼嗣兄祿

酒鍾字修宴　當治公子生娶男女俱缺

全和　當富公雙承子乃當杯四子兼承生庚詳前

兼承男　湘江

武才字修文　當近公長子生民國丙辰年　月　日　時

娶大庭戴珠娘生民國庚申年　月　日　時

男

武固字修藝　當近公次子生民國戊午年四月初七日未時

娶陳碧瑛生民國丁卯年十一月廿九日酉時

男

女　秀慧　秀治

福全字修五 當菁公長子生民國癸亥年二月三十日戌時卒葬在南洋
缺
福山字修海 當菁公次子兼承富成生民國丁卯年六月初一日戌時
聘山頭黃素英生民國辛未年十二月十六日吉時
福端公 當菁公三子生民國戊辰年九月初八日戌時殤民國戊寅年九
月初七日葬沽美山
福侯字修鄉 當菁公四子生民國壬申年四月廿六日未時
孟珠公 合呈公養子生光緒乙巳年六月初二日寅時卒葬俱缺
福山 富成雙承子乃當菁次子兼承生庚詳前
烏氷 先尊公雙孫乃當恭子入承
嗣男 輝龍
澤民 當元公雙承子乃當糍子兼承

雙承男　清發

慎河 字 修湖當恭公長子生光緒庚子年十月初十日巳時

幼娶內洋黃甯娘 殤

娶溪東林唾娘生宣統辛亥年三月十六日酉時

男 長 輝華 養 次輝火 養 輝德 輝 養 亮　輝贊

女　担娘　錦雲　秀珠

養女鳳坡梁端英

錦錯公　當恭公次子生光緒乙巳年十一月十四日辰時卒宣統辛亥年

六月　日　時塋缺

烏冰公　當恭公三子兼承先尊支派生民國甲寅年二月二十日卯時卒

民國丁丑年正月十二日卯時塋石門坐向巽乾兼辰戌

娶坑園陳送娘生民國己未年二月初六日吉時

男　錦煌 养 錦龍 出承先尊派

垂宗公　當伋公長子生光緒丁未年三月十八日申時卒民國戊午年六月廿二日亥時塟石門

娶山兜黃甜娘生宣統辛亥年十二月廿二日子時

男　清福 養承慎俊 清溪 養

女　莉珍配溪東林

慎俊 字 修哲　當伋公養次子生宣統庚戌年六月廿五日吉時

男　清福 垂宗公子人承

垂懿 字 修範　當鈐公長子生光緒丁未年十月初一日巳時往臺灣

慎扁 字 修圓　當鈐公次子生宣統己酉年九月十一日巳時

娶垵尾林長娘生民國戊午年二月初三日吉時

男　建興 養 建良

長成字修裁　當鈴公三子生民國丁巳年十月廿七日未時
娶報恩陳掀娘生民國甲子年八月廿六日吉時
男　建安養建南
垂標公　當糍公長子生光緒丙午年八月廿九日辰時卒塋莫考
澤民字修惠　當糍公次子兼承當元生宣統庚戌年八月十三日辰時
妣坑園陳柑生民國甲寅年五月　日　時卒民國庚辰年六月廿六日
戌時塋石門
男　清發兼承當元支派
文榮字修尊　當糍公三子生民國甲寅家九月廿三日辰時
娶溪東林文英生民國戊午年六月廿七日亥時
男　清才養
女　金珍　金花

榮忠字修信　當糍公四子生民國乙丑年八月十七日未時
娶報恩陳淑麗生民國己巳年五月初十日辰時
男　思清
澤泉字修川　當糍公五子兼承當茶生民國庚午年八月十六日酉時
澤泉　當茶公雙承子乃當糍子兼承生庚詳前

良明公派　美成柱

慎象公　當熊公長子生光緒丙子年十二月十二日亥時卒光緒乙巳年
二月十二日時塋大飛蚋
幼娶張伍娘殤
文獻字修足　當熊公三子生光緒庚寅年六月廿八日卯時
娶馬洋林領娘生光緒乙巳年十月廿四日未時

男　忠全

養女林淑英

慎盤字修湯　先光公嗣孫乃當熊次子入承生光緒癸未年十二月廿六日巳時

娶郭葵娘生光緒甲午年十一月廿一日寅時

男　美德　昆發養

慎殿公字修寶　錫爵公長子生同治己巳年正月十五日酉時卒民國丁丑年十一月初八日申時塋新寨頭

妣溪東林厝娘生同治甲戌年七月十八日申時卒民國丁巳年二月十一日酉時塋竹林山

娶坑園戴格娘生光緒戊子年七月初三日巳時

男　偶遇養　思藏　抵當養　棋鵬殤　棋相殤　預瑞　相樹慎炮子入承

女　砌娘許配溪東林未嫁而云塋在尾墩　次兔娘配社壇葉

慎炮公 字 修燔　錫爵公次子同治壬申年九月十九日亥時卒民國辛未年三月廿二日酉時塋大垭田

妣曾埧柯尋娘生光緒辛巳年十月二十日辰時卒民國乙卯年十月十五日未時塋山后格大垭田

又妣溪東林閑娘光緒丁未年四月廿八日酉時卒民國壬午年正月三十日卯時塋石門

男　聖賢　預昌　灌溉　相樹 出承慎殷 思芬

女　乖娘配大岵柯　票娘 殤 沙杷娘

慎釣公　當軋公子生光緒壬辰年八月廿八日亥時卒塋在萬鴉佬缺

慎朝公 字 修廟　當檀公子生咸豐庚申年十二月十一日戌時卒塋缺

妣臺灣張錦娘生光緒乙亥年七月廿五日吉時卒光緒癸巳年三月初

五日巳時塟沽美山墥窩口邊
又妣下宅陳圓娘生咸豐辛酉年十二月廿九日酉時卒光緒丙申年七
月初二日吉時塟石門繳仔內
又妣馬頭洋陳片娘生咸豐戊午年九月廿七日巳時卒塟俱缺
男　思猜 晙秀次子入承
四川公 諱 畽秀 字 修町　護持公長子生同治丁卯年四月初七日巳時卒
民國丁卯年七月初四日酉時塟山后格短崙仔
妣文章陳衍娘生同治戊辰年十月初四日亥時卒民國癸未年六月十
四日酉時塟金字面
男　思祿 出承叔翁為孫 思猜 出承慎翊 金榜　炳昌
女　辣娘配大垵陳　蔭娘 殤 瑞娘配溪東林　担娘配楓樹林
慎翼公　當騫公嗣子乃當蟲三子人承殤

嗣男　思祿秀長子入承

壬來公字修道　當頓公長子生同治辛未年十二月十三日申時卒民國
乙酉年三月初五日塋蚋卯
妣舊門呂椒娘生光緒壬午年二月十六日巳時卒民國癸酉年正月初
九日巳時塋山后格太坵田脚坐丙向壬
男　金碇　進作出承慎堯兼承慎秋　絲竹　思柿養

慎堯公字修典　當頓公次子半承當權半承當昧生光緒乙亥年正月初
八日戌時卒宣統庚戌年五月二十日巳時塋耀米埔
男　進作壬來次子兼承

慎秋公字修毫　當頓公三子生光緒戊子年十二月廿一日寅時卒宣統
庚戌年五月十九日酉時塋耀米埔
男　進作壬來次子兼承

慎照公 字 修臨　乃登公子生光緒戊寅年七月初十日戌時卒民國年月
日缺塋在仙打眼
妣社壇葉會娘生光緒己丑年七月十一日丑時卒光緒癸卯年正月初
四日卯時塋葉家山
又娶蔡驕娘生光緒乙酉年十一月廿六日戌時
男　運來
慎堯公　當權公兼承子生庚見前
兼承子　進作 丢來次子兼承
慎堯公　當昧公兼承子生庚見前
兼承子進來 丢來子兼承
潤澤 字 修圓　寶珍公長子生光緒庚辰年十二月十六日丑時
妣大庭戴甲娘生光緒癸未年三月廿一日巳時卒民國甲寅年六月初

五日辰時塟樹林口中崙坐子向午兼壬丙

又妣南洋甘敏娘生光緒壬辰年十二月十八日戌時卒民國辛未年四

月十三日酉時塟新寨頭路脚坐坤向艮兼未丑

男　思楓（兼承慎滾）　鵬程（慎滾長子兼承）　思省　思調　金城（出承慎柱）

女　安娘配郭井林

慎滾（字）修泉　寶珍公次子生光緒丙戌年六月廿一日寅時

娶埔尾陳爻娘生光緒癸己年正月初八日寅時

男　思楓（兄淵澤長子兼承）　鵬程（兼承兄淵澤）　鵬摶

女　素雲配大庭戴

慎柱公（字）修封　寶珍公三子生光緒戊子年九月十八日亥時卒民國

年　月　日　時

娶

男　思源　金城（潤澤子入承）

慎柳（字）修池　寶珍公四子兼承當萬物生光緒丙申年二月廿七日子時

娶下宅陳蜜娘生光緒己亥年十二月廿八日辰時

男　煥彩（出承叔萬物為孫）　煥章　煥然　煥宗　煥案　煥祖（出承叔萬物為孫）

女　絹娘配大庭戴　素鳳

慎柳（字）修池　萬物雙承子乃寶珍公四子兼承生庚見前

嗣男　煥彩　煥祖

長江公（諱）敬波（字）修海　賜福公子生同治甲子年十月十二日卯時卒光

緒乙未年九月十二日申時塋樹林口中崙坐丑向未兼艮坤

妣西鄉郭潘娘生同治甲子年八月二十日午時卒光緒甲辰年四月初

八日巳時塋新寨坐辛向乙兼酉卯

男　思串（出承當時為孫）　思乃（贊起長子兼承）　多稼（贊起次子兼承）

女　初娘配宮山殇　嬌娘殇

嗣基字修理　當時公嗣子生光緒己卯年十一月廿九日丑時

妣頂宅陳佔娘生光緒壬午年二月十五日未時卒光緒辛丑年三月廿

一日吉時塋石梯

又娶内益李嗇娘生光緒甲午年六月廿九日卯時

男　思串長江子入承／　文山　文鎮兼承五只

玉振公字修德　當規公長子生同治辛未年五月初三日戌時卒光緒辛

丑年九月十一日申時塋南洋

娶葉是娘改天

男　思紹養　思众養

女　聘娘配溪東林

金聲公字修紘　當規公次子生同治甲戌年正月十六日酉時卒民國乙

酉年七月十四日酉時塟石門

妣溪東林腰娘生光緒丙子年八月初四日巳時卒民國壬午年二月十

九日未時塟石門

男　思令　思沾　思淵兼承五只　思秋養

女　順娘配中房張　穩娘殤

嗣興公字修發　當規公四子生光緒癸未年十一月十四日卯時卒民國

戊辰年三月初六日巳時塟沾美山

幼娶李琚娘殤

又娶坊前黃綢娘生光緒壬辰年二月十五日午時

男　澤才

女　寬娘配溪東林

五只公字修上　當規公五子生光緒丁亥年十月廿四日丑時卒民國己

巳年六月十二日未時塟石門

男　思淵（僉舉子兼承）　文鎮（衍巷子兼承）

清太學生（諱）祥鳳（乳名）贊起（字）修訂　當㨾公嗣子為人慷慨好義光緒丙午春

捐金倡修族譜卒賴以成功（採舊譜）生同治辛未年四月十八日卯時卒民國

乙亥年五月初三日未時塟廈門

娶大庭戴楚娘生光緒丙子年十月初五日寅時

男　思乃（兼承敬波）　多稼（兼承敬波）　思執福（殤）　恩明（養）　思周（養俱戴氏出）　文華　金沙

自來（殤）　水來（俱黄氏出）

養女　莉珠

夢麟公　家業公長子生同治甲子年二月二十日巳時卒光緒丁亥年五

月初三日午時塟南洋

男　八斗（堂弟宇尚次子兼承）

傳芳公字修芬　家業公次子生同治戊辰年正月初五日丑時卒塋莫考

元英公　家業公三子

元中公　家業公四子

元利公　家業公五子　兄弟俱往安南生卒莫考

百寮公　嘉猷公長子生光緒丁丑年七月廿五日子時卒光緒庚寅年十二月十五日戌時塋石門

嗣男　鶴算宇宙長子入承

宇宙公　嘉猷公次子生光緒辛巳年七月廿四日卯時卒民國甲戌年二月廿二日辰時塋石門蛇仔崙

妣社壇葉竅娘光緒辛巳年五月十二日午時卒民國癸酉年六月二十日未時塋山后格觀音坐蓮

男　鶴算出承兄百寮　八斗兼承從兄夢麟　九曲　淵泉

女　鶴娘配中房張　味娘配坑園陳　金娘配內益李

提拔字修擢　談池公長子生光緒癸未年三月十一日戌時

娶下宅陳尾娘生光緒甲午年十一月十一日寅時

男　達柳　德勝兼承焜耀　德良　元成　尚文　福臨殤

女　鴻籌

焜耀公字修煌　進戶公嗣子生光緒己丑年十月十七日酉時卒塋莫考

男　德勝提拔長子兼承

慎汪公　謙裕公嗣子生光緒己丑年正月初九日戌時殤光緒丁酉年正月廿五巳時埋沽美山

物格公字修至　清裕公長子生光緒辛巳年閏七月廿八日未時卒光緒甲辰年六月十二日巳時塋新寨

取來公　清裕公三子生光緒庚寅年六月十八日酉時卒塋莫考

接續公　清裕公四子生卒莫考

妣林報娘生卒莫考

秀松 字 修柏　謹順公長子兼承稟賜生光緒辛卯年十一月十三日巳時

娶林柄陳擨娘生光緒甲午年十月初四日申時

男　再恬　雅意 出承稟賜為孫 思齊　金桂 出承稟賜為孫

女　金鳳配溪東林

疊舉 字 修賢　謹順公次子兼承山水生光緒己亥年九月初八日戌時

娶宮下黃滿娘生光緒丁未年五月廿七日卯時

男　山猴 殤 長福 出承山水為孫 長秀　長紫　長城 出承山水為孫

秀松　稟賜公雙承子乃謹順公長子兼承生庚見前

嗣男　雅意　金桂

疊舉　山水公雙承子乃謹順次子兼承生庚見前

嗣男　長福　長城

綢繆公字修綿　轉附公長子生光緒丙子年七月初三日申時卒民國甲子年十二月初十日卯時塟石門

妣馬洋林乘娘謚靜意生光緒癸未年四月廿五日辰時卒光緒戊戌年三月十一日戌時塟沽美山坐亥向巳兼乾巽

又娶舊門呂珍娘生光緒己丑年十一月初八日丑時

男　鎮玩　鎮瑤　鼓琴　金儀

女　蝗娘配社壇葉　甘娘配中房張　旦娘配中房張

庇閭公字修福　轉附公次子生光緒丙戌年十二月廿六日子時卒民國壬午年七月廿九日未時塟沽美山

娶呂詩娘改天

錡妙字修贊　長發公子生光緒戊戌年九月廿四日亥時

娶大庭戴梭娘生光緒壬寅年十月廿七日寅時

男　鳳明　錦明

爪瓞字修椒　垂統公雙承子乃鐫永次子兼承生庚見後

雙承男　超忠

宰勝公　鐫永公長子兼承當餘生光緒丁酉年正月初一日戌時卒民國

己未年三月十六日塋南洋實叻

男　超田　超忠俱瓜瓞子兼承又兼承當餘公支派

瓜瓞字修椒　鐫永公次子兼承垂統生光緒乙己年十月廿六日辰時

娶中房張簡娘生民國甲寅年六月初八日卯時

男　超田兼承宰勝　超忠兼承宰勝又兼承垂統公支派

女　秀娘

養女　下宅陳秀慧

宰勝公　當餘公兼雙承子乃鎸永長子兼承生庚見前

承男　超田　超忠

慎正公　進泮公長子生光緒丙戌年年二月十四日巳時卒光緒己亥年

五月十五日卯時塋沽美山

幼娶陳仁娘殤

嗣男　必進里順次子入承

墨順字修楊　進泮公次子生光緒戊戌年十月十八日巳時

娶古坑黃日娘生光緒己亥年四月十二日吉時

男　火練　必進出承慎正　深溪殤

女　嗇娘配尾厝林　素蘭配英橋陳

自在字修然　當爻公子生光緒癸卯年十月廿二日未時

娶坊前黃銀娘生光緒丁未年九月十三日亥時

男　安進　連進兄飲水子兼承

女　玉琴

養女　陳玉秀

飲水字修和　當紫公長子兼承當藝生光緒己亥年十二月初四日巳時

娶大庭戴掛娘生光緒戊戌年十一月廿六日丑時

男　龍養兼承洗滌　鼎進養　江進出承洗滌　多進出承當藝支派　連進兼承自在　瑟琴殤　衍慶殤

女　玉秧　玉環　玉勝俱配溪東林　玉蘭配下宅陳

洗滌公　當紫公次子兼承當侯生光緒丙午年八月廿五日巳時卒民國

癸亥年三月初四日未時塋石門坐卯向酉兼甲庚

男　能進飲水子兼承　江進飲水子入承

飲水　當藝公雙承子生庚見前

嗣男　多進

洗滌　當傒公　承子生庚見前
雙承男　江進
愼田 字 修芸　當細公長子生光緒丙申年六月初日辰時
幼娶林截娘　戴巧娘 俱殤
愼侑公　當細公次子生光緒戊戌年七月十六日寅時卒塋莫考
愼攄公　當細公三子生光緒辛丑年七月十四日寅時卒塋莫考
愼賜 字 修賢　當禩公子生光緒壬寅年十二月十二日午時
娶溪東林熟娘生光緒庚子年八月十二日寅時
男
傑民　當交公雙承子乃當矜次子兼承生庚詳後
豪傑　當長公雙承子乃當矜三子兼承生庚詳後
俊傑 字 修英　當矜公長子生民國丁卯年十一月初一日吉時

傑民字修明　當衿公次子兼承當交生民國甲戌年二月初八日子時

娶大岵柯溜娘生民國乙亥年十月初一日酉時

豪傑字修卓　當兼公三子雙承當長生民國丁丑年六月廿九日子時

國端字修祥　當便公長子生民國丁巳年五月初一日午時

娶內益李箱娘生民國己未年四月十二日寅時

男

女　琴珠　琴英配下宅陳

國章字修華　當便公次子生民國甲子年五月初七日未時

娶長岸戴扁婆生民國甲子年　月　日　時

男

華民字修漢　當跳公子兼承先河支派生民國甲戌年十二月初六日申時

華民　先河公雙承孫生庚見前

丕振公　當硯公嗣子生光緒乙巳年十月初五日子時卒民國壬戌年正月二十日寅時塟石門

嗣男　文秀 慎瀛子入承

慎建　當礫公雙承子乃當賓子兼承生庚詳後

男　明國

慎建 字 修成　當賓公長子兼承當礫生光緒丙午年閏四月廿二日卯時

娶林祚娘 殤

妣江鏡娘生宣統己酉年四月初八日吉時卒缺

又娶泉州史瑞娘生光緒戊申年正月初七日酉時

男　明貴　明國 出承當礫公支派

女　不治 殤 昭娣

慎魯 字修國　當賓公次子生宣統己酉年十一月十二日丑時
娶廣東卓亞彥生宣統庚戌年七月十四日吉時
男　閔發　閔貴
女　亞雷　紅毛　臭頭　小妹　英娘
查萁 字修好　當賓公三子生民國甲子年五月初十日卯時
慎從 字修順　當義長子生民國壬子年九月初七日戌時
娶溪東林陰娘生民國丙辰年三月廿三日酉時
男　亞英 叅殤 泉昌　泉發
女　美英 殤 秀珍
慎復 字修又　當義次子生民國戊午年二月廿八日戌時
娶溪東林蓮娘生民國壬戌年三月初三日酉時
男　思益

女　玉蘭　玉華

慎共字修合　當義三子生民國己巳年五月初四日子時

娶埔頭黃月花生民國庚午年正月　日寅時

男　連安

慎覓字修見　當豆公長子生光緒癸卯年六月十六日巳時

娶中房張自娘生光緒乙巳年六月十六日辰時

男　文秀出承丕报　文好

女　文英配郭井林　文清

慎聽字修從　當豆公次子生宣統己酉年十二月初十日卯時

娶黃來娘生民國甲子年十一月廿四日卯時

男　永南　春安出承力水

力水字修車　當豆公三子生民國丁巳年七月初四日酉時

嗣男　春安（慎聰子入承）

命理（字）修運　讀書公長子生光緒甲辰年五月二十日午時

娶劉陳挑娘生宣統己酉年十月廿八日子時

男　思來　思山（出承摘句為孫）　思福　思吉（出承慎恩）　思安　思英

女　蓮英　碧英　寶英

慎恩（字）修澤　讀書公次子生宣統庚戌年　月　日　時

嗣男　思吉（命理子入承）

鰲頭公　讀書公三子生民國辛巳年　月　日　時卒民國甲申年九月

初十日卯時塋南洋

元炎（字）修烈　天心長子生民國庚午六月十九日午時

聰明（字）修敏　天保三子生民國己巳年十月十一日申時

慎格（字）修致　天保四子生民國壬申年　月　日　時

文明 字修進　天保五子生民國乙亥年二月廿八日巳時

萬年 字修松　天助長子兼承摘句生民國壬申年十月十二日戌時

慎重 字修遠　天泰長子生民國庚申年五月初四日巳時

娶林秀蓮娘生民國亥午年四月十六日辰時

慎奉 字修養　天泰次子兼承從弟摘句生民國甲子年二月十七日酉時

慎量 字修權　琪林公長子生民國甲子年十二月十七日吉時

贊發 字修輔　棋林公次子生民國己巳年八月十九日未時

金水 字修玉　棋灶公長子生民國乙丑年十一月初十日巳時

金池 字修溪　棋灶公次子生民國丙寅年三月廿二日辰時

娶美英娘生民國己巳年　月　日　時

男　進來　思美

金發 字修富　棋灶公四子生民國　年　月　日　時

來發字修達　當事子生民國戊辰年四月十六日巳時

娶金蓮娘生民國丁卯年十一月十七日戌時

男

女　秀花

慎奉　摘句公雙承子乃天泰子兼承生庚見前

金成字修真　摘句公嗣子乃禖灶子入承生民國己巳年九月初四日巳

時

嗣男　思山命理次子入承

萬年　摘句公雙承子乃天助子兼承生庚見前

十四世　西三房長之二　鍾元公派　頂三落柱

慎繼公　當墨公子生卒缺

娶中房張湊娘生光緒甲辰年四月十四日戌時卒塋缺

慎述字修作　庇佑公長子生光緒庚子年七月初八日寅時

慎進字修添　庇佑公次子生宣統庚戌年九月十九日卯時

娶歐錐娘生民國癸亥年　月　日　時

男

福賜公　托天公長子生光緒乙未年五月初四日未時

福麟公　托天公次子生光緒丁酉年十月初九日酉時

慎鑨公　當物長子生光緒甲辰年九月十七日寅時卒民國庚辰年十月廿七日戌時因往洋船經泉州新橋外被風擊破沉溺身亡塋在涵江

娶呂沈娘改天

男　仙游殤　思堅養

女　琉璃配鳳坡梁　梨花配下宅陳　髻娘　銅娘配溪東林

慎擺字修正　當物次子生光緒丁未年六月十九日卯時

娶林金枝生民國戊午年十月初四日吉時

男　思明

女　阿麗

慎宗字修敬　當物三子生民國壬子年十月十四日辰時

娶郭并林[口富]娘生民國戊午年正月廿七日吉時

男　廷傑

女　玉珍

慎款公　當犂公長子生光緒癸卯年八月初四日吉時卒民國戊辰年九月初五日丑時塟南洋

娶曾埧張韮娘生光緒戊申年八月廿六日酉時
男　良源出承慎愴　良星發
慎愴字修懷　當犂公次子生光緒戊申年八月十四日未時
男　良源慎款子入承
女　素香　養女林真珠
慎錫字修申　當犂公三子生民國甲寅年四月十二辰時
娶溪東林亘娘生民國丙辰年二月初一日辰時
男　良安
女　素梅　琴英配溪東林
慎曹公　當鈀長子生民國壬子年七月初十日卯時卒民國甲申年二月
廿二日卯時葬重慶廣源厝後
娶　春娘改天

男　塞封

女　秀枝配坑園陳

明星字修朗　當鈀次子生民國庚午年三月廿四巳時

娶

尚律字修科　當鈀嗣三子生民國乙亥年十一月十三日辰時

慎在字修存　當牛長子生民國乙卯年四月初七日巳時

娶馬洋林耀娘生民國巳未年十一月初十日吉時

男

慎鑿字修開　當牛次子生民國壬戌年五月十三日辰時

娶漳州林阿燕生民國己巳年二月初三日卯時

男

女　玉英

愼爍 字修煌　當牛三子生民國乙丑年四月廿六日酉時

娶

沛澤 字修覃　當牛四子生民國庚午年四月十八日卯時

森程 字修茂　當牛五子生民國戊寅年十二月廿九日丑時

華海 字修江　當農公四子承先白公支派生民國丁丑年十一月廿四日

酉時

華珍 字修奇　當農公五子承先白公支派生民國庚辰年十一月十九日

未時

誾莫公　當岱公長子生光緒庚子年七月廿五日吉時卒民國甲寅年五

月初一日塋缺

尚武 字修經　當岱公嗣次子生民國癸酉年二月初八日酉時

華強 字修威　當岱公嗣三子生民國癸酉年七月初五日午時

華展（字）修發　當農公長子生民國乙丑年七月廿五日午時

妣中房張紅娘生民國丁卯年十一月十九日吉時卒民國丁亥年二月

廿九日未時塟新寨

娶舊門呂梅花娘生民國己巳年六月十二日巳時

男

華模（字）修規　當農公次子生民國庚午年五月初二日巳時

慎萍　當響公子出承當庵生卒詳後

雙承男　再星（兼承生父本支）

慎萍公　當庵公嗣子生光緒庚子年四月廿五日申時卒民國癸酉年十

二月十一日辰時塟南洋

娶南洋郭格娘生光緒甲辰年十月初九日酉時

男　思燒（殇）　再星（叅兼承叔當响為孫）

女　秀絹配溪東林

慎欣字修喜　當查公子生民國戊午年　月　日　時

娶

慎卦字修易　當尋公子生宣統庚戌年四月廿五日巳時

妣中房張斟娘生民國甲寅年月日時缺卒民國己巳年六月廿五日塋

缺

慎秤字修量　當尋公次子生民國壬戌年二月初一日寅時

娶下宅陳華娘生民國己巳年十月十一日丑時

男

慎洴　當裕公雙承子乃當倡子兼承生庚詳後

雙承男　水源

金圖　當善雙承子乃後埔洋其誨子兼承生庚詳其誨本支

慎洴字修甘　當倡公子兼承當裕生光緒壬寅年十月十九日卯時
娶溪東林單娘生光緒戊申年二月初七日寅時
男　水源兼承當裕支派
女　獺娘配社壇葉　淡娘配舊門呂
慎上字修高　當潤公子雙承先棟公先買公支派生光緒乙巳年九月十
一日巳時
建甯字修安　當潤公雙承子乃當靜子兼承
兩顧　當潤公雙承子乃鳳樓柱英雁子兼承生庚詳後
建甯字修安　當靜公子兼承當潤生民國庚午年正月十五日卯時卒民
國戊子年五月廿四日未時塟新寨頭

十四世　西三房長之三　翼逵公派
五柱長　良碧公派
廉雋公字修偉　當言公子生光緒壬午年五月廿二日酉時外出卒塋莫
考
幼娶馬頭洋陳筝娘生光緒戊子年四月初一日吉時卒缺
妣社壇葉朗娘生光緒乙未年七月十六日卯時卒宣統辛亥年七月
日　時塋新寨
男　昆源金處次子入承
金處字修持　當言公雙承子乃當菊子兼承生庚詳後
雙承男　徽源
慎求字修身　當菊公長子生光緒己亥年五月十七日戌時
娶溪東林戀娘生光緒丙午年二月十二日辰時

男　定顯　國顯　振耀

女　錦蓮（殤）金鑾配楓樹林　碧霞

火地（字修丙）　當菊公次子生光緒戊申年十一月初一日戌時

娶南洋麗英娘生民國丁巳年十一月十八日子時

男　福星　福璋　福亮

女　福蘭　金蘭

金處（字修持）　當菊公三子兼承兄當言生民國甲寅年閏五月廿四日寅時

娶坑園陳題娘生民國戊午年四月初八日吉時

男　徽源（兼承當言）昆源（出承廉岱）

女　碧蓮配坑園陳

慎覺公（字修悟）　當杏公子生光緒戊寅年二月廿二日辰時卒光緒乙巳

年二月十五日辰時塋檳榔嶼
慎算公　當水公雙承子乃當總次子兼承生卒詳後
兼承男　弈諒
加羅公　當石公子生卒莫考
文東公　當提公長子生光緒丁酉年十二月十一日巳時卒民國丙寅年
十月十九日丑時塋沽美山
妣溪東林姜娘生光緒甲辰年月日時缺卒民國癸亥年十月十二日丑
時塋重慶
男　弈錫進玉子入承　鑫斯武西子入承
武西字修東　當提公次子生光緒戊申年八月廿九日申時
娶溪東林算娘生民國戊午年八月二十日酉時
男　九龍　鑫斯出承文東　衍慶

女　金鑾　雙珠　桂蘭

進玉字修金　當總長子生光緒戊申年十二月初六日戌時

娶鳳坡梁枚娘生民國乙卯年二月初二日丑時

男　弈錫出承文東　弈諒兼承慎算

女　絹娘殤　參娘配鳳坡梁　寶英

養女　糖娘殤　梁素珠

慎算公　當總次子兼承當水生民國甲寅十月廿七日戌時卒民國癸酉年七月廿六日午時塋杉林坐乙丙辛兼卯酉

娶梁棉娘改天

男　弈諒進玉子兼承

永美字修滿　當範公養子生光光乙未年　月　日　時

妣顔愛娘生光緒癸卯年六月初三日巳時卒民國辛巳年七月廿二日

巳時塋重慶

男　應園

榮富字修仁　當炎公嗣子生光緒乙己年九月廿三日酉時

娶鳳坡梁葉娘生光緒丙午年八月廿八日巳時

男　清田出承來福　火鍊出承當榮為孫　金地

女　川娘配舊門呂　妹娘　清娘俱殤

養女　林祝英　梁珍娘

來福字修祿　當銅公長子生光緒丙午年三月廿九日申時

娶溪東林定娘生宣統庚戌年八月初五日吉時

男　長清田榮富長子入承　次良木兼承當潘為孫

十四世　西三房長之三巽逵公派
五柱二　良起公派　後埔洋柱
峯山公諱愼遠字修來　當溪公長子生同治己巳年十二月十八日寅時
卒民國戊午年十一月廿三日卯時塟在蚋卯
妣馬洋林田娘謚慈園生光緒丙子年又五月初十日辰時卒光緒甲午
年九月初八日酉時塟寮仔鵠内坐丁向癸兼午子
又妣大坪陳迫娘謚柔亨生光緒辛己年八月初一日申時卒民國甲戌年
六月初六日午時
男　世樹養皆土殤思閂
雲程公諱愼及字修時　當溪公次子生同治癸酉年十二月廿七日申時
卒民國辛未年十月初六日巳時塟坑埔山
妣溪東林迎娘謚謙順生光緒癸未年十一月初十日丑時卒民國戊寅

年六月廿一日吉時塋缺

男　勤孝兼承慎坑　勤慈　品正　勤耕　德興

女　語娘配舊門呂　瑕娘配山頭黃　旦娘殤　僅娘配大岵柯　皮娘

配英橋陳

慎坑公字修谷　當溪公三子生光緒辛巳年八月十二日午時卒光緒庚子年又八月十六日塋在呂宋蘇鹿

男　勤孝慎及子兼承　思治慎琛長子兼承　益裕慎琛四子入承

慎教字修道　當溪公四子生光緒辛卯年五月廿七日寅時

娶赤嶺陳担娘生光緒乙未年二月廿五日吉時

男　堅固

女　油柑娘配頂宅陳

正真公諱慎忠字修悃　當鐫公長子生光緒癸未年四月廿四日酉時卒

民國丁卯年六月廿四日巳時塋獅墓

妣溪東林每娘謚良言生光緒丁亥年十月十五日戌時卒光緒戊申年

六月初二日子時塋獅墓後

又妣官布趙滿娘謚金斗生光緒甲申年九月十五日戌時卒民國乙亥

年五月初三日辰時塋獅墓

男　清和　清貴外出

女　柬娘殇　鞋娘配坑園陳　味娘配大岵柯

慎侯字修封　當鐫公次子生光緒甲午年十一月十四日戌時

娶舊門呂興娘生光緒癸卯年四月十六日子時

男　清才　清灶兼承雲霧　清益出承宗弟再福

女　躭娘配内益李　春花

雲霧公　當鐫公三子生光緒己亥年五月廿九日辰時卒民國　年　月

日　時塟在漳州金山
妣下宅陳嫳娘生光緒丁未年十一月初十日亥時卒民國己巳年五月
廿三日寅時塟漳州金山
又娶漳州金山　氏　娘
男　清灶（慎傑次子兼承）　水連
慎琛（字）修猷　當近公嗣長子生光緒丁亥年十月初十日辰時
妣彭口李悄娘生光緒戊子年九月初五日巳時卒光緒戊戌年五月初
二日卯時塟彭口山
又妣坊前黃讋娘生光緒乙酉年六月十五日巳時卒民國丙戌年八月
初三日巳時塟後井崎
男　思治（黃氏出兼承慎坑）　益壽　益良　益裕（出承慎坑俱鄧氏出）
女　不娘（黃出）　配溪東林　竹娘（鄧出）　配三錦美陳

愼包字修涵　當近公次子生光緒己丑年六月廿七日丑時
娶坑園陳雙娘生光緒丙申年正月廿五日戌時
男　贊成養
女　秀玉　養女內山呂秀英
愼講公　當捒公長子生光緒丁酉年六月初七日寅時卒塟俱缺
進發字修典　當捒公次子生光緒壬寅年十一月廿三巳時
娶陳簡娘生光緒丙午年　月　日　時
男　珀璋
女　丹鳳娘配前坑余
愼連公　當捒公三子生卒莫考
娶下宅北溪黃秋娘改夭
鉄玉公　當獺公雙承子乃當覃子兼承生卒詳後

長發公　當海公長子生光緒甲辰年六月十三日申時卒塋缺

養男　思串 殤

阿秋公　當海公養次子生光緒　年正月　日　時卒民國　年九月廿九日辰時塋烏鴉石

娶坑園林甜娘 改天

男　隆成　仙和 養

鉄玉公　當覃公次子兼承當獺生光緒壬寅年九月初一日丑時殤民國甲寅年四月三十日卯時塋獅墓後

金俊公　當覃公三子生光緒乙已年三月初六日未時卒民國乙酉年四月廿五日巳時塋獅墓後

娶坑園戴莿娘生民國癸丑年十月二十日申時

男　國連 養

成吉 字修慶　當坂公子生光緒甲午年十二月初十日巳時

妣鳳坡梁晟娘生光緒丁酉年十一月五日申時卒民國丙戌年三月廿一日辰時塟寮仔鵠

男　思玉

女　酙娘配溪東林　伴娘配舊門呂

春來公 字修温　當佰公嗣子生光緒丙戌年七月廿三日子時卒塟在漳州缺

妣中房張吻娘生光緒癸己年八月廿七日未時卒民國庚辰年六月廿六日丑時塟寮仔鵠

男　好談　思情 兼承當弟慎休

女　挨娘配大庭戴

慎區公 字修釜　當仍公長子生光緒丙子年十月二十日亥時卒民國甲

寅年正月初十日戌時塟寮仔鵠
幼娶黃甯娘殤
妣中房張寶娘生光緒辛己年七月廿二日寅時卒民國甲戌年年九月
初二日申時塟獅墓面
男　思奚　思蟶
慎旨字修嘉　當仍公次子生光緒甲申年十月廿二日戌時卒民國己卯
年十二月廿二日申時塟蚋卯
妣郭井林盡娘生緒甲午年二月廿二日申時卒宣統己酉年十月十八
日吉時塟郭井山
妣戴芸娘生光緒丙申年十一月初五日酉時卒民國丙辰年正月初七
日未時塟寮仔鵠
妣許璇娘生光緒甲辰年二月初九日吉時卒民國丙戌年二月十一日

丑時塋鏡面山

男　怡完

愼象公　當持公養子生光緒辛卯年十月十一日午時卒宣統庚戌年三月十九日申時塋獅墓

愼臨字修莊　當参公嗣子生光緒癸己年正月初八亥時

娶坑園戴尾娘生光緒丁酉年二月初二日吉時

男　行志　瑞意

女　們娘配坑園陳　硯娘配鳳坡梁

愼藏公　當選公子兼承四弟當騰生光緒甲申年又五月十三日辰時卒

民國癸亥年十月初七日申時塋寮仔鵠

男　江淮養　震祿愼權子兼承

愼權字修衡　當選公雙承子乃當冬子兼承生庚詳後

兼承男　震

慎權 字 修樞　當冬公子兼承當選生光緒辛丑年十二月十六日卯時
幼娶溪東林惕娘生光緒癸卯年十一月二十日午時 殤
娶中房張葉娘生宣統辛亥年九月十八日戌時

男　法元 殤 德志 殤 震祿 兼承慎臧 江漢 俊臨子兼承

女　養女陳美珠

慎端 字 修方　當晅公子兼承弟當哂生光緒丁未年七月初八日丑時
娶黄傳娘生宣統庚戌年十月初五日未時

男　清瑞 兼承當哂為孫

慎藏公　當騰公雙承乃當選子兼承生卒見前

雙承男　江淮

慎休 字 修揚　當騰公嗣次子生光緒癸巳年三月三十日寅時

幼娶呂栽娘殤　戴絰娘殤

男江漢俊臨子兼承　思情堂元恭來子兼承

俊臨公　當騰公嗣三子生光緒辛丑年六月初五日辰時卒民國辛巳年

六月初一日吉時塋獅墓

娶舊門呂愛娘生光緒甲辰年八月十三日辰時

男　江漢兼承當冬爲孫　江垂出承當全爲孫　思靠殤

女　長扁娘配社壇素　次配山頭黃

愼端　當哂公雙承子乃當晅子兼承生庚見前

雙承男　清瑞

好勢字修均　當劉公子生光緒戊戌年九月廿九日戌時

妣溪東林抱娘生光緒丙午年　月　日　時卒民國乙丑年四月十八

日寅時塋杉壠山

又妣舊門呂丟娘生光緒癸卯年十月初八日卯時卒民國壬申年二月廿一日辰時塟寮仔鵠

又妣梁諒娘生光緒己亥年　月　日　時卒民國癸未年七月初一日申時塟寮仔鵠

又娶社壇葉梅娘生光緒甲辰年十月十三日卯時

男　開河兼承兄慎樣　思芋　鍛鍊殤　炳祝

女　西娘殤

慎樣公　當鉞公嗣長子生光緒庚寅年二月十七日巳時卒光緒戊申年九月初三日寅時娘小寨崙

男　開河好芬子兼承　遊悌慎昌長子兼承

慎泰　當鉞公雙承子乃當悅子兼承生庚詳後

兼承男　遊悌

慎昌公　當悅公長子兼承當問生光緒辛丑年　月　日卒民國乙酉年

正月初十日吉時塟德化山

娶內益李進娘生宣統己酉年閏二月十三日巳時

男　遊悌（兼承慎樓又兼承慎泰）　瑞助（兼承當問為孫）　江湖（殤）

女　竹娘（殤）

慎泰（字）修山　當悅公次子兼承當鉞生民國丁巳年七月初八日寅時

男　遊悌（慎昌長子兼承）

慎昌公　當問公雙承子乃當悅子兼承生卒見前

男　瑞助（雙承）

慎福公　當問公雙承子乃當螯子兼承生卒詳後

雙承男　建置

慎佑（字）修啓　當稅公子生民國庚申年十月二十日子時

娶坑園陳慶娘出
男　水龍慎福次子兼承
慎福公　當整公子兼承當問生民國壬子年四月廿二日申時卒民國丙
戌年三月初六日戌時塟獅墓後
娶內益李者娘生民國丁己年二月初十日辰時
男　建置養兼承當問支派　水龍兼承慎佑
女　吉娘配大份溫　錢娘配前坑余
慎級公字修等　當坪公子生咸豐癸丑年正月初二日寅時卒民國己未
年十一月廿六日申時塟杉壠山
妣鳳坡梁親娘咸豐丙辰年八月初一日酉時卒民國庚午年又六月初
一日申時塟杉壠山
男　思審　思葵慎氏次子入承

女　長配尾嶺陳　次配前坑余　三尊娘配內益李

慎瓦公 字修陶　當叟公嗣子生咸豐庚申年十月十一日酉時卒宣統庚戌年七月廿二日辰時塟缺

妣方𣏌娘生同治癸亥年月日時卒光緒甲午年二月二十日丑時塟沽美山

又妣林完娘生光緒丙子年月日時缺卒民國甲寅年五月十四日酉時塟缺

男　思翰　思癸 出承慎級　清龍 出承慎山

慎樹公　當佔公次子生同治庚午年三月廿九日亥時卒光緒戊戌年正月初一日辰時塟大窟田內

男　思頵 添成次子入承　再發 慎錐長子入承

慎錐公 字修刀　當佔公三子生同治甲戌年六月廿九日亥時卒民國丙

子年七月初三日申時塋石門山
妣下宅陳堅娘生光緒甲申年七月十五日丑時卒民國辛己年七月初
六日已時塋坑埔山
男　再發 出承兄慎樹　再好　加生
長福公 諱 添成 字 修籌　當算公嗣子生同治乙丑年三月十二日未時卒
民國丁卯年十二月二十日丑時塋坑埔山
妣坑園陳愛娘生同治癸酉年十二月十七日申時卒民國壬申年二月
十八日酉時塋水鬼內
男　思榔　思頣 出承慎樹　央燕
女　滿娘配后山頂周　東娘配後房尾陳　格娘配英橋陳
慎山公 字 修靜　當擂公子生同治癸酉年十一月十八日亥時卒民國庚
辰年六月廿六日卯時塋獅墓脚

幼娶英橋陳白娘殤
妣頂府謝綢修娘生光緒己丑年十一月初十日卯時卒宣統庚戌年八
月十七日亥時瘞人心墓
又娶社壇葉瑤娘生光緒庚寅年十二廿三日辰時
男　清龍慎孔三子入承　申庚
女　續娘配溪東林　鸞娘配社壇葉　秀蘭配溪東林
慎文公　當擔公嗣子生同治戊辰年十二月初九日酉時卒光緒甲午年
十月廿七日附瘞父墳中在本厝書房後坐午向子兼丙壬
男　來錢養
金土　當園公雙承子乃機會子兼承生庚詳後
金土字修地　機會公子兼承兄當園又兼承石仔堂弟當堅　生民國丁卯年六月廿八日
巳時

娶宮下黃却娘生民國戊辰年三月廿六日巳時

男

慎傳公字修真 當淹公長子生咸豐庚申年九月初二日寅時卒宣統戊

年九月十一日寅時葬山后格

妣文章陳參娘生同治丙寅年五月初五日辰時卒民國丙戌年七月十

四日未時葬坑埔山

男 思朕 思柱 思蝗 思袞殤

女 長緩娘配楓樹林 次配中房張

慎專公字修致 當灣公嗣子生同治甲子年二月十五日丑時卒民國癸

亥年九月初十日申時葬石門山

妣溪東林蔭娘謚佑順生同治戊辰年月日時缺卒光緒丙子年八月十

四日葬缺

又妣林來娘生同治戊辰年十二月初一日酉時卒民國丙子年正月十一日丑時塟坑埔山

男　思欽　思樣

題金公　當陳公次子兼承當伍生光緒壬寅年二月十四日子時卒民國癸酉年十月初十日酉時塟獅墓後

娶溪東林　娘生民國壬子年十月廿一日卯時

男　水木（美傑次子入承）

美傑字修靈　當陳公三子生光緒乙己年正月十六日子時

娶坊前黃寶娘生宣統辛亥年　月　日　時

男　朝木（兼承悏埔）　水木（出承題金）　連登

天賜字修福　當陳公四子生宣統己酉年十二月初二日酉時

娶西向陳玉願娘生民國辛酉年六月初一日寅時

男 思欲
女 秀明 秀蓮
題金公 當伍公雙承子乃當陳子兼承生卒見前
雙承男 水木
慎埔公 當窯公子生光緒丁未年二月廿四日戌時卒民國己巳年四月
廿七日亥時塟獅墓後
男 朝木 美傑長子兼承
慎汀 字修藻 當篇公長子生光緒戊戌年五月初三日寅時
幼娶林英娘 殤
娶前坑余覓娘生光緒辛丑年三月初八日巳時
男 思恩 思想 拳
養女林契娘 殤

慎坡字修平　當篇公次子兼承叔先灌支派生民國乙丑年正月初三日
辰時
娶半嶺林美英生民國己巳年十二月廿二日申時
瑞良公　當返公子生民國癸亥年十二月十九日未時卒民國甲申年九
月十三日午時塋沽美山
千里公　當鉦公子生宣統己酉年二月初一日午時卒民國丙子年閏三
月初四日酉時塋坑埔山
娶鳳坡梁驍娘生　年　月　日　時
男　連枝
慎贊字修美　當允公長子生民國戊午年九月廿四寅時
妣坑園陳綿花生民國庚申年九月十五日辰時卒民國癸未年六月初
七日卯時塋新寨

男　永通殤國平　養女呂秀桂

端德字修誠　當允公次子兼承沉香生民國壬戌年二月初二日寅時

娶李春花生民國　年　月　日　時

男

女　碧珠

慎朝字修崇　當允公三子生民國丙寅年十二月廿二日巳時

娶山頭黃淑店生民國己巳年三月十二日子時

男

端德　沉香公雙承子乃當允次子兼承生庚見前

地龍字修飛　連城公長子生民國癸酉年正月初四日酉時

地炮字修聲　連城公三子生民國癸未年六月十九日卯時

慎興字修隆　德城公子生民國辛己年九月廿七日酉時

慎鍊字修精　淵景公長子生民國己未年七月二十日子時

娶困口戴悅莖生民國卒申酉年十一月十一日辰時

男

女　烏婆娘

元芳字修芬　淵景公次子生民國乙丑年正月初九日午時

娶英橋陳蓮英生民國辛未年十月廿八日未時

男

元亨字修貞　淵景公三子生民國庚午年九月初六日丑時

娶

天錫字修壬　當漚公次子生民國丁卯年八月初九日卯時

娶

慎坡　先濯公雙承孫乃當篇次子兼承

翼逵公派　五柱三棋盤柱　良業公派

送來字修迎　近水公子生光緒壬寅年四月十八日午時

娶坑園陳朗娘生光緒乙巳年八月三十日吉時

男

翼逵公派　五柱四　美璥柱　良貞公派

慎第公　當爾公長子生光緒壬午年正月十六日丑時卒光緒壬寅年八

月二十日未時

男　榮良慎淵子兼承

慎令公　當爾公次子生光緒甲申年十一月廿八日丑時卒民國甲戌年

八日初一日辰時塟荒田垵冬田頂

妣柯頟生光緒乙未年六月廿五日酉時卒民國壬子年五月廿四日巳

時塟水格内石碎崙

又娶黃絤娘生光緒己亥年八月廿六日午時

男　源良

女　躭娘配內益李　噹娘配官布趙　霏娘配小岵陳　親娘配下宅

陳

慎潤公　當爾公三子生光緒丁亥年九月初八日丑時卒宣統庚戌年八

月十八日未時塟水格

養男　榮良 豢承慎第

招來公　當膺公子生卒缺

娶陳綢娘 出

慎烏 字 修紅　當忠公子生光緒辛丑年十一月十五日酉時

幼娶葉哖娘 殤

娶溪東林藉娘生宣統辛亥年　月　日　時

男
永發　當綿公兼承子乃當台公子兼承生庚詳後
永發　當絹公兼承子乃當台公子兼承生庚詳後
永發字修顯　當台公子兼承當綿當絹生光緒庚子年　月　日　時
妣南無石陳碧娘生光緒癸卯年三月初七日巳時卒民國辛酉年十一
月十三日亥時塟加壠
又妣林瓊娘生光緒庚子年九月十五日吉時卒民國癸亥年七月十八
日丑時塟水格内
男
養女鄭田娘殤
建置字修家　當蚋公長子生民國壬子年二月初八日卯時
娶山頭黄綿娘生民國庚申年八月十一日酉時

男　思尚

女　冕娘配八尺盛

養女呂舟娘

慎梅公　當蚋次子生民國甲寅年十二月廿九日辰時卒民國甲戌年九月初六日巳時塟南洋

慎生公　當奎公長子生民國庚申年十一月三十日戌時卒民國庚辰年六月初一日戌時塟井仔宮鵠

娶英橋陳烏娘出

養女呂秀美

慎籰字修容　當奎公次子兼承當便生民國丙寅年正月初二日辰時

娶溪東林勅娘子民國戊辰年八月廿一日午時

男

女　玉蘭

泰山字修岱　當冷公子生民國癸酉年十月十五日丑時

愼泉　當胆雙承子乃當蔡子兼承生庚詳後

愼䕶　當便公雙承子乃當奎子兼承生庚見前

愼泉字修源　當蔡公養子兼承當胆生民國甲戌年十月初四日申時

長江　當樑雙承子乃玉渠子兼承生庚詳後

國愛字修護　當簡次子生民國壬午年三月十八日酉時

愼正字修身　建成公嗣長子生民國丙子年十二月廿五日寅時

錦珍字修貴　建成公養次子生民國辛巳年八月十二日巳時

長江字修淮　玉渠長子兼承當樑生民國丁亥年十月初六日酉時

瑞扳公字修高　添丁公雙承子生卒詳後

瑞扳公字修高　鏌石公子兼承添丁生民國癸酉年七月二十日未時卒

民國戊子年二月廿二日酉時塋地狀埔

十四世 西三房長之四 一酉公派 鳳樓石紫柱

景福字修介 呈祥公長子兼承呈華生民國壬子年十月初一日辰時

娶田頭廖鄉娘生民國丙辰年九月初三日辰時

男 等仁 等忠出承呈華

女 梅桂 玉英配大岵柯 梅英

壽福字修宇 呈祥公次子生民國丙寅年五月十九日申時

娶溪東林緞英生民國戊辰年四月十四日酉時

男 昆銓 昆建 昆銓

美福字修洪 呈祥公三子生民國辛未年五月十四日申時

娶旧门吕の侃

景福　呈華雙承子乃呈祥長子兼承生庚見前

嗣男　等忠

倉綿　再能公子生民國壬戌年四月初八日申時卒未明

世昌字修裕　再起長子生民國乙丑年八月十七日寅時

娶

福諒字修原　再起次子生民國丙子年五月廿一日申時

世芳字修傳　再起三子生民國己卯年正月初二日戌時

世平字修靜　再起四子生民國丙戌年正月二十日寅時

海連字修波　德利長子生民國乙亥年十一月初五日辰時

鳳樓保義公派

文利　當綿公雙承子乃當秧子兼承生庚詳後

雙承男　思正

文利字修器　當秧公子兼承當綿生民國辛酉年十二月廿八日未時

娶內益李吉娘生民國乙丑年十一月六日子時

男　思正　思發

女　麗雲

文清字修通　當茂子生民國丙寅年二月初九日寅時

桐欽字修仰　當坂長子生民國戊辰年閏二月廿三日子時

娶

連發字修捷　當亭長子生民國　年八月十八日　時

樹乳字修柯　當遠公子生光緒戊申年十月初五日丑時卒民國丙戌年四月十四日酉時葖重慶

娶下宅陳等娘生民國壬子年八月二十日未時

男 深添

女 景霞 烏婆

仁和字修慈 當庵長子生民國戊寅年十月廿八日巳時

建和字修貴 當庵次子兼承弟清魚生民國乙酉年七月初八日午時

仁安字修宅 當庵三子生民國丁亥年五月初四日辰時

加和字修添 清江養子兼承清魚生民國乙酉年九月初五日巳時

建和 清魚公雙承子乃當庵次子兼承生庚詳前

加和 清魚公雙承子乃清江子兼承生庚詳前

娶

振發字修育 當騈長子生民國丙寅年四月十一日巳時

振興字修威 當騈次子生民國戊辰年八月廿二日卯時

振文字修化　當駢三子生民國己卯年正月廿四日子時

振良字修溫　當駢四子生民國壬午年三月初六日未時

土地字修寶　應萬長子生民國壬午年九月十八日丑時

中華公　榮昌養子生民國戊辰年月日時缺卒民國癸未年十二月廿九日未時塋重慶

玉樹字修琪　再等公雙承子乃真等長子兼承生庚詳後

玉樹字修琪　真等長子兼承再等生民國己巳年三月廿四日寅時

娶內牛庭方莉英生民國壬申年正月初四日吉時

玉沁字修潤　其等次子生民國癸未年正月廿九日戌時

滿貴字修榮　瑞福長子生民國辛巳年九月廿四日辰時

滿益字修謙　瑞福次子生民國丁亥年三月初二日巳時

榮華字修袞　當賢公長子兼承當釣生光緒辛丑年十月廿一日巳時
妣張祝娘生光緒戊申年七月二十日午時卒民國甲申年十月十八日
卯時塋南洋
男　猴精殤養順情養順意　順孝
女　娘娘配王家　完娘配鳳坡梁　免娘配溪東林　寶珠　寶珍
亞涼　寶桂殤
榮初字修基　當賢公次子生民國乙卯年四月初八日辰時
娶馬兟娘生民國乙卯年九月十二日酉時
男　金聯　再聯　再順　再寶
女　亞烏娘　玉英　玉南
榮華字修袞　當釣公雙承子乃當賢長子兼承生庚見前
嗣男　順意

厚平字修敦　當吾次子生民國丁丑年三月二十日戌時

厚和公　當續公嗣子生民國辛酉年八月初十日卯時卒民國乙卯年三月初一日申時塟南洋

慎趁字修時　當羣公子兼承當溪生光緒乙未年正月十九日申時

娶郭差娘生光緒乙巳年八月廿四日寅時

男　江得瑒　建寧　建成出承當溪　金寧

女　天花　秀鸞　金蘭　蓮萍　蓮套　蓮寶

慎趁　當溪公雙承子乃當羣子兼承生庚見前

嗣男　建成

庇佑

註素字修定　當醉公長子生光緒丁未年三月十一日戌時

娶林柄陳甚娘生民國乙丑年十一月初十日戌時

男　江海　江山出承從算

女　玉蘭　玉真　玉枝　養女尤桂英

從算公　當醉公次子生宣統庚戌年　月　日　時卒民國壬午年十一月十二日申時葬南洋

娶郭清愛出

男　江山注袁子入承

女　阿璧

炳火字修耀　再興公嗣子生民國己未年七月初三日巳時

娶溪東林粉娘生民國庚申年七月初七日吉時

男　錦錫　錦津

養女陳玉珠

裁衣字修飾　當井公長子生光緒癸卯年十月廿二日巳時

娶張便娘生光緒丁未年七月十一日酉時

男　汪洋　清洋　源洋

女　碧雲配大庭戴　碧檥　碧燕

栽金字修利　當井公次子生民國甲寅年　月　日　時

娶

男

栽瑞字修呈　當并公三子生民國戊午年十月十四日午時

娶溪東林顗娘生民國庚申年五月初八日子時

男　青山出承當灶爲孫　清海

女　碧蘭殤　蕊娘殤　養女黃彩雲殤

栽發字修輔　當并公四子生民國戊午年十月十四日亥時

娶田玉葉生民國癸亥年十一月十八日卯時

男

女　秀專　秀霞　秀鸞

炳榮字修焜　土墩次子生民國己未年七月初三日巳時

娶陳彩花生民國　年　月　日　時　男　清水　清泉

女

潛龍字修騰　土墩三子生民國庚午年九月初四日申時

娶溪東林貴娘生民國乙亥年正月初九日吉時

再興　當畝公雙承子乃當鑒子兼承

慎創字修立　當朋公長子生宣統己酉年七月初七日申時

娶報恩陳粉娘生民國癸丑年二月初一日巳時

男　梅燕　啓咸慎柳三子入承

女　緞娘　淦娘　碟娘

慎柳公　當朋公次子兼承當簪生民國壬子年十月十九日巳時卒民國

丙戌年五月廿八日丑時塟南洋
娶南洋黃阿嬌娘生民國丁巳年十月十四日亥時
男　啓窗　啓榆（出承當針爲孫）　啓咸（出承慎創）　啓泉

慎柳公　當簪公雙承子乃當朋子兼承生卒見前
嗣男　啓榆

再福　當簪公雙承子乃當鑒子兼承生庚詳後

再興　當日公雙承子乃當鑒子兼承生庚詳後

贊起公　當教公長子生光緒丁酉年十一月初八日申時卒民國丙子年
七月十九日未時塟重慶
妣劉蝦娘生宣統己酉年　月　日　時卒民國甲戌年九月三十日子
時塟蚋卯
娶社壇葉等娘生民國癸丑年十月初十日辰時

男　文安養　文良劉氏出　文傳兼承當爺爲孫　瑞火殤　松柏出承慎烏

女　玉英

慎烏字修墨　當教公養次子生光緒己亥年五月初七日午時

男　松柏贅起子入承

再祿　當爺公雙承子乃當鑒次子兼承生庚詳後

兼承男　錦榮　文傳

再福字修山　當鑒長子兼承當爺生民國丙辰年九月廿七日卯時

妣陳南娘生民國戊午年八月廿一日戌時卒民國庚辰年十月二十日

辰時塋重慶中心崙

又娶下宅陳琴娘生民國己未年八月初二日巳時

男　文標詞養兼當爺派　思洪殤　錦榮再祿子兼承

再祿字修爵　當鑒次子兼承兄當爺生民國庚申年九月廿一日巳時

娶岩田蔡來娘生民國壬戌年十月十九日巳時

男　文德　錦榮 兼承兄再福嗣

女　金花 嫡 正娘配岩田蔡

再興 字 修隆　當鑾三子兼承當畝當日生民國戊辰年二月十二日亥時

炳昌　當劉公雙承子乃當明子兼承生庚詳後

炳昌 字 修藏　當明長子兼承當劉生民國丙寅年二月初一日巳時

娶英橋陳習娘生民國己巳年十二月廿八日巳時

男

炳建 字 修國　當明次子生民國壬申年八月十三日未時

娶山頭黃粧娘生民國丁丑年五月十六日酉時

財義公　當董公子生民國己未年十一月二十日巳時卒民國甲申年十

一月十一日丑時塟新寨

妣陳吟雲娘生民國癸亥年六月初一日巳時卒民國甲申年七月初七日戌時塟重慶

女　培貞娘

金吉 字修昌　當挺公長子生民國丙子年六月十二日辰時

慎闓(鈿) 字修廣　當挺公次兼子承當吽民國壬午年八月初八日巳時

四維 字修綱　再智長子生民國戊寅年七月初二日巳時

冬來 字修藏　再智次子生民國丁亥年十一月廿八日午時

慎闓(鈿)　當吽公雙承子乃當挺次子兼承生庚見前

金交 字修連　當大公雙承子乃烏品次子兼承生庚詳後

金水 字修麗　烏品長子兼承特羽生民國丁丑年八月十三日未時

金交 字修連　烏品次子兼承當大生民國戊子年五月廿七日卯時

金從 字修師　當執公雙承子乃當挺長子兼承生庚詳後

金從字修師　當挽長子兼承當執生民國癸酉年十月二十日卯時

再炎公　當喊公長子生民國辛酉年月日時缺往南洋卒塋莫考

開準字修標　當喊公次子生民國戊寅年十二月　日　時

榮星字修奎　當博長子生民國乙丑年八月廿五日吉時

娶廣東李亞順生民國己己年六月廿一日子時

男

賞來字修獎　文察長子生民國乙丑年二月十二日巳時

娶溪東林鳳娘生民國戊辰年四月初三日巳時

男

捷來字修報　特羽長子生民國戊辰年正月十七日巳時

金水　特羽雙承子乃烏品長子兼承生庚見前

玉貞字修珉　烏亮長子生民國乙亥年九月廿三日辰時

玉答字修應　烏亮次子生民國己卯年十一月十五日寅時

玉印字修章　烏亮三子生民國戊子年七月廿九日辰時

泰山字修岳　烏店長子生民國庚辰年六月十三日巳時

泰金字修豐　烏店次子兼承炳煌生民國戊子年二月初九日卯時

欽火字修光　烏滾長子兼承炳煌生民國甲申年七月十九日未時

純匣字修品　當丑長子生民國庚午年七月二十日酉時

遠來字修朋　炳煌公長子生民國己巳年四月初六日巳時

娶

欽火　炳煌雙承子乃烏滾長子兼承生庚見前

泰金　炳煌公雙承子乃烏店子兼承生庚見前

慎洗字修滌　琴棋公養子生缺

娶山頭黃笑娘生民國庚申年　月　日　時

男

錫家字修庭　聲韻公子生民國戊辰年十二月十八日卯時

娶小余蔡花娘生民國戊辰年十二月十八日寅時

男

慎水公字修本　英總公子生光緒辛丑年十一月十六日酉時卒塋缺

福吉　當位公雙承子乃當豆子兼承生庚詳後

文德字修綏　當題公長子生民國丁巳年九月十八日巳時

娶

文騫公　當題公次子生民國己未　月　日　時卒民國壬午年四月廿

五日未時塋南洋

兩顧字修眷　英雁嗣子兼承頂三落柱當闊生民國丙寅年八月十七日

申時

娶

兩高字修深　鑾貊公嗣子兼承當培生民國丙寅年八月廿一日卯時

榮典字修謨　當豆次子兼承英雁生民國丁丑年十月十八日巳時

福吉字修禧　當豆三子兼承當位生民國庚辰年十月初一日未時

再顯字修達　當盤次子生民國丁巳年正月十五寅時

妣坑園陳滿娘生民國戊午年十一月十九日卯時卒民國癸未年十二月十二日未時塋重慶

又娶安溪佛口陳鏌石娘生民國丙寅年四月十八日酉時

男　從算養　隆生再泉子入承　詩郎

女　清珍　彩娥

天生字修賦　當進公嗣子生民國乙丑年四月十六日午時

娶

再泉 字 修汪　當簡公嗣子生光緒乙巳年十二月十二酉時

娶大岵柯秤娘生民國壬子年十月廿一日巳時

男　振昌　振華　隆生 出承再頌 別生　供生　拾生

女　月花　月嬋　月圓　月妹

天送 字 修抱　當傑三子生民國丙戌年五月初七日戌時

瑞托 字 修重　受恩長子兼承錦裳生民國乙丑年四月初二日卯時

娶鳳坡梁寶花生民國戊辰年八月廿八日戌時

男

女　秀鳳

玉芽 天福 字 修春　當應嗣長子生民國庚午年九月初一日申時

慎灶 字 修奏　當應次子生民國壬午年二月初七日亥時

瑞托　錦裳公雙承長子乃受恩子兼承生庚見前

有來字修賓　錦裳公次子生民國乙亥年十二月十一日未時

有興字修顯　錦裳公三子生民國庚辰年十一月十一日午時

錦益字修集　文理嗣子承先軋公支派乃田潤次子入承生民國乙酉年五月十五日寅時

榮耀字修稱　肇基公嗣子生民國甲子年六月十三日巳時

娶溪東林垂娘生民國己巳年二月十一日卯時

男

榮清字修潔　親切次子兼承如意生民國壬申年三月初五日戌時

逢強字修助　親切三子生民國辛巳年　月　日　時

高郎字修朗　親切四子兼承下宅陳六根生民國辛巳年十一月初三巳時

錦順字修序　田潤長子生民國庚午年七月初六巳時

錦興字修秀　文理長子兼承如意生民國甲戌年八月廿三日寅時

榮清　如意公雙承子乃親坊子兼承生庚見前

錦興　如意公雙承子乃文理子兼承生庚見前

錦旋字修旆　如意公嗣子生民國乙亥年　月　日　時

順興字修昌　龍材長子兼承加財生民國丁卯年三月廿七日寅時

娶古坑黃月娘生民國辛未年二月廿二日亥時

男

順興　加財公雙承子乃龍林子兼承生庚見前

順美字修仁　先庚公嗣孫生民國庚辰年八月廿七日午時

清波公　當少公嗣子生民國庚申年五月十一日辰時卒民國壬午年二月初四日酉時塟重慶

娶陳梅娘出

俊英公　當少公嗣次子生民國甲子年三月廿二日未時卒民國丙戌年

三月初一日未時塟獅墓後
娶楓樹林利娘生民國甲子年　月　日　時
朝榮 字修叨　贊緒公次子生民國癸亥年八月廿五日辰時
娶下宅陳住娘生民國丁卯年七月廿七日吉時
男
弈守 字修已　贊盛次子兼承從兄良弼生民國戊辰年三月初七日酉時
弈宰 字修主　贊盛三子生民民國癸未年七月廿五日申時
金標 字修香　溫柔公養子兼承文學生民國庚申年　月　日　時
金鐘 字修鏘　聰明公次子生民國甲戌年七月十二日酉時
娶林守英生民國辛巳年二月十一日午時
弈守　良弼公雙承子贊盛次子兼承生庚見前
四海　毓發公雙承子乃敦厚子兼承生庚詳後

四海字修齊　敦厚次子兼承毓發生民國丁丑年三月三十日酉時
世雅字修言　文喜公嗣長子生民國丁卯年十一月十五日申時
娶
金春字修梅　文喜公嗣子生民國戊辰年十二月廿七日巳時
娶東嶺陳量娘生民國乙丑年七月十八日卯時
男　思要
華生　文喜公雙承子乃文言長子兼承生庚詳後
華生字修民　文言長子兼承文喜生民國癸酉年十二月廿三日戌時
榮生字修仁　文言次子生民國戊寅年五月初一日辰時
水和字修融　文桐長子生民國丙戌年九月十三日丑時
連全字修完　取來公長子生光緒癸卯年六月三十日酉時
妣溪東林不娘生光緒甲辰年　月　日　時卒民國甲子年八月廿八

日申時塋重慶
又娶杏塘陳振娘生宣統庚戌年十月初四日巳時
男　偶遇
養女林秀純
連排字修張　取來公養次子兼承添權生民國壬子年六月廿九日辰時
娶烏洋黃真娘生民國甲寅年十月廿二日未時
男　棟樑
女　秀蓮
慎芽字修根　拔眼長子生民國戊午年八月十一日未時
娶大庭戴瑞水生民國丙寅年八月十八日未時
男

連排　添權公雙承子乃取來公子兼承生庚見前

雙承男　棟樑

住黨公　文學公子生民國丁己年　月　日　時卒民國丁亥年七月
日時塋仙仔眼

金標　文學公雙承子乃温柔子兼承

厚和　當續公嗣子雙承同慶派生卒詳前先箋支下

金盾字修革　文楷公子生民國乙丑年二月廿七日辰時

慎木字修樹　祖述公長子兼承美玉生民國丙辰年十月二十日申時
娶山頭黃惜娘生民國戊午年正月十二日寅時
男　建南
養女林伴娘

進才字修能　祖述公次子兼承祖德生民國戊辰年十二月廿二日巳時

娶

進才　祖德公雙承子乃祖述次子兼承生庚見前

慎木　美玉公雙承子乃祖述長子兼承生庚見前

慎深 字修純　當賓長子生民國戊午年四月三十日亥時

娶黃欃娘生民國辛酉年　月　日　時

男　發源 弟慎卯長子兼承

女　秀霞

慎卯 字修寅　當賓次子生民國乙丑年十一月十六日卯時

娶三錦美陳雙娘生民國庚午年七月廿八日午時

男　發源 兼承兄慎深

烏地 字修厚　文東長子生民國庚辰年十月初八日子時

清池　大田公雙承子乃瑞鉅次子兼承生庚詳後

清地字修博　瑞鐙長子生民國乙亥年十一月初二日戌時
清池字修亭　瑞鐙次子兼承大田生民國戊寅年三月十五日亥時
清靈字修冰　瑞鐙三子生民國丁亥年九月廿四日辰時
振良　瑞家公雙承子乃瑞乾公次子兼承生庚詳後
振忠字修貞　瑞乾長子生民國乙酉年十二月廿九日寅時
振良字修恭　瑞乾次子雙承瑞家生民國丁亥年閏二月十七日申時
自佐助字修治　當响公長子生民國壬午年九月廿九日辰時
自智字修聽　當响公三子生民國丁亥年九月十二日巳時
自安字修全　貴才嗣子生民國乙酉年十二月廿八日巳時
松碧字修鶴　文居長子生民國丁亥年八月十一日子時
九子字修牧　樹知公子生民國甲申年正月十八日丑時
耀宗字修紹　淵得長子生民國丙子年十月十七日巳時

耀輝字修星　淵得次子生民國戊寅年十一月廿七日寅時
耀錦字修衣　淵得三子生民國壬午年九月十九日酉時
培榮字修滋　源情長子生民國戊子年二月十六日吉時
瑞發(收養)字修彩　當妙長子生民國辛未年四月初八日吉時
安民字修保　安樂公嗣孫乃淵泉次子入承生民國戊寅年七月廿七日巳時
南國字修棠　淵泉長子生民國丁丑年七月初五日未時
耀庭字修階　銀城公長子生民國庚午年八月廿五日未時
奇才　銀城公雙承子乃震家子兼承生庚詳後
建安字修康　震宇長子生民國辛巳年三月廿七日巳時
建詩字修禮　震宇次子生民國丙戌年九月廿一日辰時
建廈字修華　震宇三子生民國丁亥年六月十一日辰時

奇才字修賢　震家公子兼承銀城生民國丙子年八月十八日未時

鳳樓柱　瑞水公派

清棟字修樑　瑞泰公長子生民國癸亥年　月　日　時

西三房二應記公派　九架柱

慎致字修格　當洋公長子生宣統己酉年十一月初五日子時

娶坑園戴籌娘生民國丁己年十月廿九日卯時

男　壬癸兼承弟慎丕　壬好出承賢道

慎丕公　當洋次子生民國乙卯年正月廿五日巳時卒民國戊辰年四月

初十日巳時塟南洋

男　壬癸慎致子兼承

慎聰（字）修慧　當土公子生光緒壬辰年五月廿六日酉時

娶王鸞娘（出）

男　天祥（從弟大胆子兼承）　堅地（從弟慎江三子兼承）　松柏（慎江四子兼承）

大膽公　當侯公子生光緒戊戌年二月初八日申時卒民國甲申年五月初一日吉時塟南洋

娶下宅陳椒娘生光緒己亥年三月廿五日巳時

男　天祥（兼承慎聰）　天賜　思忠（呂氏出殤）

女　長配溪東林　次配山頭黃　三配社壇葉　四春娘（殤）　五秀鸞娘（庶出）

慎江公　當乞公子生光緒戊戌年十二月初八日申時卒民國甲申年十

二月初六日亥時塟南洋
娶山頭黃錂娘生光緒丁未年七月初九日巳時
男　思淵　思良　堅地兼承慎聰　松柏兼承慎聰　思武
女　亞碹　亞鳳
進國字修本　當見公長子生光緒壬寅年七月初九日申時外出莫考
幼娶黃明娘　陳糖娘俱殤
妣溪東林苧娘生光緒壬寅年五月十四日戌時卒民國己巳年十一月
廿一日戌時塟重慶
又娶張延娘生光緒丁未年二月十九日亥時
男　連城
女　溜娘配山頭黃
奔茂字修範　當見公次子生光緒乙巳年五月廿八日寅時

娶溪東林清娘生光緒戊申年四月十六日子時
男　長潭　長才
自來字修遠　當見公三子生民國丙辰年九月　日申時
娶陳鯉娘生民國戊午年正月初一日酉時
男　招賢殤
大池字修汀　當蚶公長子生光緒丙午年六月廿一日未時
娶黃申娘生民國壬子年七月初十日吉時
男　木水養　美水出承五只為孫　贊成
女　紅婆配山頭黃　玉秀　玉蘭殤　玉蓮　玉心配楓樹林
慎省字修三　當蚶公次子生宣統辛亥年九月十二日戌時
娶社壇葉痡娘生民國戊午年二月廿二日巳時
男　好勝　好利

女　玉珠　阿霞配下宅陳　當娘配坑園陳

福全字修備　當知嗣長子生民國辛酉年十二月廿八日寅時

娶古宅吳壹娘生民國乙丑年正月廿三丑時

男　賀安

福源字修澤　當知嗣次子生民國戊辰年十一月二十日戌時

再朝字修辰　當扮公長子生民國光緒丁酉年正月廿一日卯時

娶葉膽娘光緒丙午年十月初四日未時

男　大嶺　和平　和養

女　亞漢娘

春耀字修濟　當扮次子生光緒壬寅年七月廿八日巳時

娶山頭黃担娘生光緒丙午年四月十四日巳時

男　壬水　文貴

女　千枝　菜枝

天助 字修贊　當扭公三子生民國乙卯年　月　日　時

妣黃玉娘生卒缺

男　思復

女　亞花

榮心 字修悅　托居公子生宣統庚戌年　月　日　時

娶王秀便娘生缺

男　高山　高海　高掛

女　清珠　清花

贊道 字修教　當贊公子生光緒丙午年十一月廿六日寅時外出莫考

男　壬好 慎致子出承

庵狗 字修靈　滿池公長子生民國癸丑年九月十六亥時

娶溪東林信娘生民國壬戌年二月廿一日吉時

男　良法殤

石唱字修堅　當存公嗣子生民國丙辰年十月廿五日午時

地虎字修龍老猴嗣子生民國丙子年八月廿七日丑時

西三房三　恬直公派　塔邊壠柱

連進字修陞　當祥公雙承子乃蜈蜞子兼承生庚詳後

連進字修陞　蜈蜞公長子兼承當祥生民國壬申年四月十八日戌時

培養字修訓　蜈蜞公次子生民國丙戌年八月廿八日丑時

十四世　西房四　弈業公派　樓仔脚柱

新味公　成魚公子生光緒壬午年七月廿七日子時卒光緒丙午年六月
十六日丑時塟垻腰坪

妣鳳坡梁寅娘生光緒戊子年四月十三日辰時卒塟缺

慎掇公　成瓊公子生咸豐辛亥年七月初九日丑時卒光緒癸巳年六月
十八日申時塟重慶二世祖墓崙邊

男　思贊夭

慎櫞公字修粉　當韮公嗣子兼承當遯生光緒丙戌年正月三十日寅時
卒塟缺

慎預公　當檥公長子生道光癸巳年二月廿三日巳時往永定卒塟缺

幼娶林椒娘殤

慎網公　當檥公次子兼承叔先柿生道光辛丑年正月廿七日卯時卒光

緒丙午年正月十二日亥時塋沽美山
慎眼公　當欉公三子生道光丙午年十二月十六日戌時卒同治乙丑年月日缺塋在永定
妣舊門呂箇娘生咸豐甲寅年五月初四日寅時卒同治癸酉年八月廿五日卯時塋重慶樹林口
慎常公　當欉公四子生道光庚戌年六月廿四日辰時卒光緒年月日缺塋在飛鷺
慎檬公　當遡公雙承子生卒詳前

十四世　西房四　弈隆公派　下坂厝柱

返來　金水公子生光緒丙午年十月十五日未時往南洋望加錫
海龍　當填公長子生光緒丙申年二月初四日寅時

海岸　當填公次子生光緒己亥年十一月十二日卯時
海水　當填公三子生光緒辛丑年八月廿二日卯時
以上兄弟三人俱往南洋小比叻
瑞團公　當拗公子生民國戊午年月日缺卒民國壬午年八月初一日塋
缺
娶趙英娘出
男　金秀

奔隆公派　埧腰柱

慎盾公　寄望公長子生咸豐甲寅年五月初二日巳時卒光緒戊申年正
月廿一日亥時塋重慶
幼娶内益李看娘出

又娶南坪呂芹娘（殤）

男　思筍（三弟子兼承）

慎彼公（號）加諸　寄望公次子生同治壬戌年十二月初三日巳時卒光緒

己丑年七月初十日巳時葬仙打眼

慎稿公　寄望公三子生同治丁卯年四月初三日丑時卒光緒辛卯年十

月十九日丑時葬埧腰坪坐向丑未艮坤

娶呂知娘（改天）

男　思筍（兼承慎盾）

女　歛娘配下尾林陳

慎荇公　荊楚公長子生同治己巳年六月初二日丑時卒光緒癸卯年九

月十九日寅時葬永定縣官山

妣坑園戴聯娘生同治癸酉年六月廿一日酉時卒宣統辛亥年八月初

一日未時塟山後格

男　思恩 兼承慎井

女　緩娘配溪東高嶺林　究娘 殤

慎井 字 修養　荊楚公次子生光緒丙子年八月廿一日辰時

幼娶莊伴娘 殤

男　思恩 慎矜子兼承

慎深公　荊楚公三子生光緒辛巳年五月初三日辰時卒光緒癸卯年七

月廿四日辰時塟永定縣官山

幼娶林枯娘生光緒戊子年二月二十日吉時卒光緒己亥年十一月初

一日酉時塟重慶院左畔

慎敏公　先埔公雙承孫乃當釵長子兼承生卒詳後

雙承男　思姜

慎潭公　先埔公雙承孫乃當敘次子兼承生卒詳後
慎泉公　先埔公雙承孫乃當荷長子兼承
慎奏　先埔公雙承孫乃當荷次子兼承
兼承男　思炎
清鄉賓諱其昌乳名慎掩字修可　盡力公長子生道光己酉年八月十七日
巳時卒光緒戊申年四月十六日巳時塟山后格大垵内
妣内益李蕊娘生咸豐癸丑年八月廿四日未時卒民國丙辰年十月初
十日亥時塟山后格
男　思扮養　思旺養　思四養
慎並公字修育　盡力公次子生同治癸亥年十月初二日卯時卒民國壬
申年正月十八日申時塟銅帽寨坐癸向丁兼子午
妣胡西陳跬娘生光緒乙亥年二月初三日申時卒民國丙戌年七月廿

一日未時塟重慶
男　思庭　思魯　仙游殤
女　縣娘配坑園陳
慎近公字修悅號於義　文盛公嗣子生咸豐丙辰年八月初八日辰時卒光緒己亥年十二月初八日未時塟溪頭山杉垵口坐壬向丙兼亥巳
妣大庭戴玉娘生同治戊辰年十一月初十日巳時卒宣統辛亥年十月初八日酉時塟重慶中崙
男　思勝　思沉殤思草養思咏養
女　趁娘殤
慎卜公　當蘿公長子生同治戊辰年又四月初八日子時卒民國壬子年二月初三日酉時塟山内
幼娶盧桂娘殤

妣垵尾林尾娘生光緒戊寅年八月十五日子時卒民國戊午年六月十
三日酉時塟山後格
男　思汀
慎薄公　當薩公次子生同治壬申年七月十一日未時卒民國辛巳年十
月十四日午時塟重慶
妣坑園戴把娘生光緒丁亥年四月廿三日巳時卒民國癸酉年又五月
初五日巳時塟重慶新寨坐癸向丁兼子午
男　思湯　思仙　思炎兼承從弟慎奏　思再
女　罔娘配溪東林　桃娘配大庭戴
慎敏公字修聰　利用公長子兼承先埔公支派生同治甲子年二月初八
日巳時卒光緒丙申年六月十六日午時塟臺灣七堵
娶呂挨娘出

男　思姜

慎潭公　利用公次子生同治辛未年四月十六日酉時卒光緒壬寅年十
一月初八日午時塋南洋三寶顏

幼娶戴銀娘 出

慎泉公　當荷公長子兼承兄當釵生光緒甲申年十月二十日未時卒民
國丁巳年七月十四日巳時塋重慶

娶呂雙娘 改天

男　思潘 殤

慎奏　當荷公次子生光緒己丑年九月初六日辰時

男　思炎 慎薄子兼承

慎中公 字 修和　當糴公長子生光緒壬午年十二月初三日午時卒民國
壬戌年十一月廿三日辰時塋臺灣

慎申公　當耀公次子生光緒丁酉年三月十三日午時卒民國戊子年五月十四日午時塟重慶中崙坐癸向丁兼丑未

娶英橋陳麥娘生光緒庚寅年六月十九日酉時

男　思士殤　思懷殤　思超

女　垂娘配登科頭林

娶山頭黃寶娘生光緒辛丑年三月廿六日辰時（卒一九七〇年乃庚戌一年十月十八日丑時葬林）

男　思殿　思章　福志俱殤　思昌慎返子兼承

女　学英配英橋陳

養女　張順英

慎返字修往　當耀公三子生光諸庚子年十月十八日子時

娶坊前黃置娘生光緒戊申年　月　日　時卒葬林

男　蛟龍殤　蛟鳳　思昌兼承兄慎申　思生

女　烏娘殤　秀英　秀蘭　秀蓮

慎書公字修府　經歷公子兼承當河生光緒丁亥年十二月廿三日丑時
卒民國丁亥年四月二十日戌時塟南洋
幼娶大岵柯羽娘殤
妣大庭戴寬娘生光緒丁酉年十二月廿八日酉時卒民國丁卯年六月
廿四日巳時塟南洋
繼妣趙吉娘生光緒丙午年八月廿二日卯時卒民國戊辰年十一月十
二日辰時塟重慶
又娶陳叫治生光緒丁未年二月初六日吉[illegible]
男　明欽　統一出承當河　強國出承當河　勝利俱拳　成珍慎崑子兼承
女　甜娘配登科頭林　鹽娘配犬庭戴　文英　素英

慎崑字修崙　當謨公嗣子兼承當信生光緒甲申年正月十一日丑時卒

民國戊子年六月廿九日

妣溪東林雪娘生光緒辛卯年十一月初一日酉時卒民國庚午年十月初四日戌時塟大坵田

又娶内益李飛娘生光緒丙午年二月十五日酉時卒塟缺

男　思灶（出承從伯先川為孫）　思頂　位賓（出承當信支派）　成珍（兼承慎當）

女　麗英配宮下黄　担娘配溪東林　柑娘配坑園陳　氆娘

養女黄環英

慎書公　當河公雙承子乃當閱子兼承生卒見前

嗣男　統一　強國

少華公（後改名）　銘官　當河公次子生光緒乙巳年六月初八日巳時卒塟缺

慎享公　當能公雙承子乃當藉子兼承生卒詳後

雙承男　思轄

慎享公　當藉公長子兼承當能生光緒丁亥年六月廿二日戌時卒民國戊寅年六月廿九日申時塟山后格

娶大庭戴截娘生光緒乙未年五月廿一日吉時

男　思轄

慎玉字修堆　當藉公次子生光緒丙午年八月二十日亥時

娶溪東林珠娘生民國丙辰年四月二十日卯時

男　多福養

女　桂英　菊英

慎崑　當信公雙承子乃當謨子兼承生庚見前

嗣男　位賓

西房四　弈山公派　國龍柱

慎灰公　學知公子生道光丙午年三月十九日午時卒塟莫考

魯所公 諱 慎泰 字 修巖　海岱公子生道光丙申年三月十六日未時卒光緒癸巳年二月十七日辰時塟倒坐虎坐乙向辛兼卯酉

妣頂壯溪許巧娘生道光癸卯年二月十一日酉時卒民國乙卯年八月初四日戌時塟與[illegible]公合塟

男　洞稼　洞茂　思稱　金豹　思椂

女　玉娘配溪東林　注娘 殤 坤娘配大庭戴

慎祉公 字 修樂 號 文聲　呈祥公長子生道光丙申年正月初六日午時卒光緒戊寅年正月初七日巳時塟漳州長泰 黃土

妣下宅陳片娘謚寡言生道光己亥年四月十五日丑時卒光緒己卯年閏三月二十日卯時塟漳州長泰黃土

男　思壹

中正公諱慎條字修真　呈祥公次子生道光乙酉年十一月廿五日酉時

卒光緒癸卯年三月初七日未時塟山后格坐丙向壬兼巳亥

妣坊前黃淺娘咸豐己未年二月十七日酉時卒民國乙酉年二月十六

日未時塟新寨

男　大快　思妙

女　所娘配社壇蔡　遂娘配坑園陳

慎明公　當歲公雙承子乃當高子兼承生卒詳後

男　君子兼承

慎學　當歲公雙承子乃當葱子兼承生庚詳後

雙承男　吉珍

慎明公　尊崇公長子兼承當歲生同治癸酉年五月廿八日戌時卒光緒

戊甲年二月初九日亥時葬山後格短崙仔
妣下宅陳惕娘生光緒丁丑年十二月初七日戌時卒民國壬午年十月
廿六日酉時葬大崙
男　嘉錦　嘉樂　君子兼承當歲　進財　天良長
女　鯥娘
慎棟公　尊崇公次子生光緒辛巳年六月廿六日申時外出莫考
玉盞公　道禮公雙承子乃當慈子兼承生卒詳後
兼承男　定見
慎學字修訓　龍舟公長子兼承當歲生光緒庚辰年五月十八日亥時卒葬林
妣中房張輕娘謚順儉生光緒癸未年七月初七日丑時卒民國乙丑年
四月廿六酉日時葬杉林坐向巽乾巳亥
又娶英橋陳進娘生光緒甲申年四月　日　時卒葬林

男　吉珍養定見兼承 玉盞 定業 殤 子俊 殤

女　三娘配郭井林　秧娘配英橋陳　閂娘配溪東林　扯娘配中房

張　惜娘配社壇葉　吻娘配坑園陳

潤澤公 字 修致　龍舟公次子生光緒丙戌年六月十五日申時卒民國戊

午年九月十九日辰時塟缺

雙承孫　怡和 堂姪吉珍子兼承

玉盞公　龍舟公三子兼承中正生光緒庚寅年十二月廿五日亥時卒

民國癸亥年五月十一日辰時塟重慶

男　定見 慎學子兼承

雙承孫惟孝 定見子兼承

湖典公　龍舟公四子生光緒癸巳年十二月初四日巳時卒光緒丙午年

又四月十九日未時塟重慶

慎窕公　呈珍公長子生同治戊辰年二月初八日寅時卒塋俱缺

妣下宅陳于娘生同治辛未年十月廿六日酉時卒民國癸酉年八月十一日寅時

男　新火兼承慎垻

女　篇娘　養娘俱配溪東林

慎垻公　呈珍公次子生光緒己卯年十一月初十日辰時卒光緒壬寅年正月十三日戌時塋重慶嶺頭坐卯向酉兼甲庚

男　新火慎窕子兼承

栽培公　會選公雙承子乃玉案長子兼承生卒詳後

雙承男　江滄

再復公字修巳　呈妙公長子生光緒辛巳年五月初十日戌時卒塋在德化缺

妣中房張冕娘生光緒己丑年七月廿三日丑時卒光緒丙午年五月初八日未時塋缺

繼妣蘇晟娘生卒塋缺

男　思國　雙花殤

慎件公　呈妙公次子生光緒庚子年十月初十日午時卒民國年月日缺

栽培公字修材　齊全公長子兼承朝試生光緒辛巳年九月初七日辰時卒民國年月日缺

娶溪東林嗟娘生光緒戊子年五月廿七日吉時卒葬缺

男　江滄

女　兜娘

慎茶公字修明　齊全公次子生光緒甲申年五月廿四日未時卒民國己卯年四月十四日午時

妣葉卯娘生光緒年月日缺卒民國癸亥年十月廿五日酉時

娶呂銀娘生光緒乙未年二月十三日辰時

男　日出　思頭 葉氏出殤

女　井娘 呂氏出殤

慎周 字 修夏　齊全公三子生光緒庚寅年三月廿四日亥時卒缺詳

娶山頭黃雙娘生光緒乙未年五月廿五日吉時缺詳

男　昭誠　昭發　昭榮　昭業

女　金英

慎曳公　齊全公四子生光緒戊戌年四月十六日辰時外出卒塋缺

幼娶陳色娘 出

有家公 諱 慎邦 字 修國　謀生公長子生咸豐丁巳年二月初一日申時卒

光緒戊戌年七月廿六日巳時塋本山石皮垵頭坐丙向壬兼巳亥

娶曾桃娘 改天

男 思賓 迎接 出承當顯為孫

慎儀公 字 修禮 諆生公次子生同治乙丑年九月廿六日子時卒光緒丁未年十月十六日未時塟南洋小吡叻雞心山後

妣舊門呂冬娘生同治戊辰年正月廿一日戌時卒光緒丙午年四月廿八日寅時塟重慶樹林口

男 思愷 殤 淡潤

女 東娘配大庭戴

慎晏公 字 修節 世吉公長子生同治癸亥年十月初七日寅時卒民國乙卯年五月十一日卯時塟火炎崙

妣馬頭洋陳審娘謚儉慈生光緒乙亥年四月十一日酉時卒光緒丙午年又四月廿二日寅時與公合塟

又妣溪東林宣娘生同治甲戌年十月十八日寅時卒民國庚辰年正月
廿三日申時塋火炎崙
男　思琥　兼水　繼承（出承弟慎鄉 俱陳氏出）　雙鮑　雙燕　守慶　水亮（俱林氏出）
女　唖娘配坑園陳　莉娘配下宅陳　梭娘配坑園陳

慎鄉公（字）修飾　世吉公次子生同丙寅年十二月初十日寅時卒宣統辛
亥年六月初一日未時塋火炎崙
妣下宅陳栖娘生同治己巳年二月十五日辰時卒民國乙丑年五月初
六日卯時塋重慶
男　昌京　繼承（胞兄三子入承）

慎軟公　當途公長子生同治戊辰年三月初二日辰時卒光緒辛卯年三
月初三日塋在南洋石叻
娶梁妹娘（出）

慎董公　當途公次子生同治甲戌年十二月廿四日申時卒塋在龍巖莫
考
慎贍公字修給　當途公三子生光緒己卯年九月廿四日巳時卒民國辛
未年六月初七日申時塋山后格頭
男　思衆養兼承從弟坤厚
慎遮公　餘足公長子生同治辛未年三月初九日寅時卒光緒庚寅年七
月初五日辰時塋本山短崙仔頭
幼娶陳胚娘殤
慎合公字修侯　餘足公次子兼承當龜生光緒辛巳年三月十三日午時
卒民國癸丑年九月初一日塋天平雞心山
慎輝公字修燦　呈紗公雙承子乃錡英子兼承生光緒己卯年七月十五
日亥時卒民國癸亥年正月初一日亥時塋在南洋

妣詳生父支下

雙承男　火炎

慎合公　希齡公雙承子乃當迂子兼承生卒詳前

坤厚公睿智公子兼承寬裕生光緒壬午年二月初五日卒塋缺

妣曾晟娘生光緒乙酉年正月十五日吉時卒民國丙子年正月廿五日

申時塋山后格頭

男　文章恭　思衆慎增子兼承

女　葉娘殤

坤厚公　寬裕公雙承子乃膚智公子兼承生卒詳前

雙承男　文章

慎汀公　垂氣公子生光緒年月日缺外出莫考

慎其公　呈允公嗣子生光緒癸未年十月十七日戌時卒國民甲子年八

月廿二日未時塋山后格
妣陳數娘生光緒丙申年三月十三日卯時卒民國辛未年五月初二日
未時塋山后格
男　仍春
女　銶娘配山頭黃
慎來　當鶩公養子承先望支派生光緒丁亥年十一月初四日吉時
雙承男再吉慎萬子兼承
慎萬公　當鶩公養子生光緒己丑年十一月十四日酉時卒民國甲申年
十一月十四日酉時塋重慶
娶中房張麥娘生光緒戊戌年十一月初四日卯時
男　再鋤　再花　再吉兼承慎來　再生出承肥伯當鶩為孫
女　類娘配永春桂洋林　燕春殤　燕玉配雙溪陳　燕美

養女陳浼娘 殤

慎兜公　成活公長子生同治甲子年月日缺卒光緒丁亥年月日缺塋南洋

慎堅公 字修志　成活公次子生同治己巳年五月廿七日子時卒塋缺

幼娶戴聽娘 殤

慎卓公 字修犖　心好公長子兼承當改生光緒辛巳年十月十六日子時卒宣統己酉年正月十二日塋龍岩

幼娶陳盡娘 殤

娶社壇葉鑶娘 出

男　丙戌 慎滾子入承

慎滾 字修世　心好公次子生光緒丙戌年十一月初七日卯時

娶楊歆娘生光緒丙申年　月　日時

男　玉樹兼承慎蓮　培牆慎蓮子兼承　兩成出承慎卓　玉枝　玉麟

女　桂花

慎蓮字修花　心好公三子生光緒戊子年十二月廿二日戌時

娶溪東林賀娘生光緒丙申年二月廿六日巳時

男　玉樹慎滾子兼承　玉才眷　培牆兼承慎滾　炳福

女　稅娘配溪東林　粮娘殤

慎卓公　當改公雙承子乃當意子兼承生卒見前

兼承男　兩成

慎售公字修見　升恆公長子生咸豐己未年五月初八日戌時卒民國甲

子年九月廿一日丑時塋崩坪垵

妣坑園陳領娘生咸豐辛酉年十月廿二日巳時卒民國戊寅年六月廿

三日巳時塋杉林尾

男　思訂叅
女　奚娘配社壇葉　過娘配坑園陳
慎總公字修制　升恆公次子生咸豐辛酉年十一月廿二日寅時卒光緒
壬寅年二月十九日申時塟紅面格仔
妣鳳坡梁蜜娘生同治乙丑年二月廿一日卯時卒民國丙寅年八月初
二日巳時與公合塟
男　思殲　思魚
女　鄭娘配溪東林
慎琰公字修圭　升恆公三子生同治辛未年八月初四日丑時卒宣統庚
戌年十一月廿八日酉時塟後垵
妣小余蔡巧娘生光緒辛巳年十月二十日戌時卒光緒丙午年四月初
二日酉時塟重慶中崙

男

女　鎮娘配溪東林

如蚌公 諱 慎蜓　升恆公四子生光緒丙子年八月初七日戌時卒光緒丁酉年四月十二日戌時葬檳榔嶼

男　思坵 慎雕子入承殤

慎雕公　成有公嗣子生同治戊辰年閏四月廿五日卯時卒光緒癸卯年四月廿九日丑時葬杉林頭坐辛向乙兼戌辰

妣杜壇葉看娘生光緒乙亥年五月十三日辰時卒光緒癸卯年七月初五日未時葬重慶嶺坐癸向丁兼子午

男　思坵 出承慎蜓 貼園

慎鑑 字 修注　升萬公長子生光緒乙亥年二月廿一日巳時

妣舊門呂鳳娘生光緒乙亥年四月廿八日亥時卒民國癸丑年六月廿

六日酉時塋龜仔頂
又妣蘇籐娘生同治甲戌年月日時缺卒民國己巳年月日時缺塋南洋
三妣戴博娘生光緒壬辰年月日時缺卒民國己卯年六月十二日寅時
塋南洋
男　新按　新牆
女　柿娘配大庭戴　且娘配鳳坡梁
聽令公字修南　升萬公次子生光緒戊子年八月廿八日未時卒塟在南
洋莫考
娶溪東林安娘生光緒己丑年六月十九日巳時卒塟缺
男　泗良
慎郡公字修府　成喬公長子生同治癸亥年十月廿三日未時卒光緒庚
子年九月廿九日巳時塋石岑兜山仔脚坐壬向丙兼子午

妣大庭戴越娘生同治丙寅年十月廿一日辰時卒民國乙丑年十月二十日酉時塟重慶
男　誥西　子龍卷
女　準娘配坊前黄　珪娘配山頭黄
新詔公字修京　成喬公次子生光緒庚辰年十一月廿四日卯時卒民國戊午年九月廿七日辰時塟南洋
娶鳳坡梁不娘生光緒戊子年九月廿四日巳時
男　美成叁　美助　美芳　良禎兼承慎鈌
女　水娘配大庭戴
慎鈌公字修盈　怡悦公子生光緒辛巳年正月初十日辰時卒民國庚午年二月初九日塟南洋
妣下埔戴簪娘生光緒乙丑年三月初七日卯時卒光緒丙午年又四月

初四日申時塟挑水垵坐庚向甲兼酉卯

男　仕乾　良禎（慎斬郎子兼承）

女　滿娘配坑園陳

慎輝公（字）修燦　錡英公子兼承當緺生光緒己卯年七月十五日亥時卒

民國癸亥年正月初一日亥時塟南洋

妣陳蚵娘生光緒戊子年十一月廿三日未時卒塟在洋缺

男　文炎（兼承當緺支派）

慎柱公　當洗公長子生光緒癸未年七月廿四日巳時卒光緒辛丑年六

月初三日丑時塟重慶坐甲向庚兼寅申

男　賞賜（慎種四子入承）

慎填（字）修長　當洗公次子生光緒丁酉年十月初七日戌時

男　泥水（慎種子入承）

慎種公　成大公長子生光緒壬午年八月廿四日酉時卒民國己未年六
月初六日卯時塟火炎崙
娶傅店娘生光緒乙未年九月廿二日寅時
男　露珠　泥水養出承慎墳　金利養　賞賜養出承慎柱
女　玉蘭　玉我　玉雀
慎㟴字修坪　成大公次子生光緒庚寅年八月初九日亥時卒葬缺
娶溪東林香娘生光緒丁酉年十月廿八日辰時卒葬缺
男　卯陵　文周　文智　永來
女　珍娘　福娘　賴娘配中房張
慎八公　當薦公長子生同治癸亥年十二月初七日寅時卒光緒丁亥年
十二月廿四日巳時塟永春烏洋大官條山
新泰公　當薦公次子生同治辛未年五月初一日辰時卒塟在永春烏洋

妣永春陳格娘生光緒乙亥年七月十四日巳時卒塋在永春烏洋
男　思熊　思梅殤　思認兄弟俱住烏洋舍內
女　登娘
慎酣公　嘉綿公嗣子生光緒壬午年十二月初十日未時卒民國甲戌年
五月十八日子時塋重慶
妣鳳坡梁胥娘生光緒癸巳年八月十七日巳時卒民國乙卯年五月初
四日酉時塋重慶
男　欽水　清姜養
女　色娘殤　晛娘配三錦美　銅娘配苦胡
三多公字修永　成見公子生同治丁卯年九月十二日未時卒宣統己酉
年四月十九日酉時塋捌拔
妣內益李鳳娘生同治己巳年三月十八日午時卒光緒戊戌年十一月

十一日酉時塟杉林尾坐巽向乾兼辰戌在大姆端莊陳氏墓左
又娶王炊娘出
男　順禮卷
女　㰖娘配鳳埔梁
南貞字修元　當芭長子生民國壬戌年四月初九日卯時
娶
南陽字修亮　當芭次子生民國甲子年四月十九日卯時
娶
男　坤書鍛鍊子兼承
祿業字修爵　當芭三子生民國丙子年八月初八日巳時
愼盆公字修蜜　成芳公長子生光緒壬辰年九月初十日丑時卒民國庚
午年十二月初八日塟臺灣

慎培公　成芳公次子生光緒丁酉年十二月廿三日酉時卒民國壬子年五月初九日卯時塟重慶

慎⿰貝勞公　當搒公子生光緒庚辰年八月廿二日未時卒宣統庚戌年七月廿七日酉時塟重慶

幼娶梁皆娘殇

妣坑園陳攵娘生光緒戊子年二月廿一日丑時卒民國壬子年五月廿二日辰時塟重慶

慎德公字修滋　周易公子生光緒己丑年四月廿九日卯時卒民國戊午年九月十六日申時塟重慶

妣陳碅娘生光緒辛卯年四月十四日未時卒民國甲寅年五月廿六日酉時塟重慶

男　炳爐

欣第公　當碟公子兼承先�公支派生光緒乙未年十月初七日申時卒

塋缺

欣第公　先碟公雙承孫乃當碟子兼承生卒詳前

淵珍公字修珀　圖書公長子生光緒丁丑年十月初二日巳時卒民國壬

子年十二月廿七日辰時塋梹城大山脚

娶陳賀娘改天

男　鈞增殤　文良兼承富厚　文頂殤

女　糖娘配溪東林

富厚公字修貴　圖書公次子生光緒壬午年九月廿九日申時卒光緒丙

午年又四月廿七日丑時與父合塋下赤墓坪

娶黃緦娘出

男　呈瑞養　文良淵珍子兼承

壺鐵公字修瓊　圖書公三子生光緒甲申年二月二十日子時卒民國乙卯年十一月廿三日戌時塋下赤墓坪坐辛向乙兼酉卯

幼娶陳菊娘殤

娶坑園陳丹娘生光緒丁亥年九月十三日酉時

男　洋溢　鎮河養

鍛鍊字修礦　圖書公四子光緒乙酉年十一月十八日丑時

妣溪東林柿娘謚致順生光緒壬辰年七月十五日巳時卒民國己巳年七月初五日辰時塋外捌拔改頭坐乙向辛兼辰戌

又娶陳碟娘生光緒乙未年正月初七日辰時

男　文筆　坤書兼承堂叔嵩包為孫　潭溪

女　墨娘配英橋陳　麽娘配戶房陳　硯娘配邦溪俱林氏出　錦文陳氏出

配林柄陳

五美 字修梅　圖書公五子兼承當碭生光緒己丑年三月十一日戌時
妣溪東林鑾娘生光緒癸巳年二月十三日寅時卒光緒丙午年四月廿
六酉時塋溪東山
又娶中房張穩娘生光緒癸巳年五月廿九日巳時
男　炳章 養 炳煌 兼承當碭支派
毓祥 字修吉 又名杏　圖書公六子兼承當舜生光緒庚寅年八月廿一日酉
時
妣鳳坡梁蜂娘謚謙德生光緒辛卯年三月十七日未時卒民國丁亥年
正月廿五日卯時塋新寨脚路頂
又娶東門謝場娘生光緒丙申年十月初五日戌時
男　應枝　源枝 出承當舜梁氏出
女　最英配困口戴　美玉配下宅陳 梁氏出

七友字修舜 圖書公七子生光緒丙申年十一月廿一日子時
幼娶柯芒娘殇
娶溪東林碧娘生光緒己亥年五月初五日吉時
男 泉枝 泉樑 泉榮 坤垣 坤茂 坤中
女 秀英 秀鳳 秀娥 秀玉 秀梨 秀金
迴通公 圖書公八子生光緒癸卯年又五月初五日寅時卒光緒丙午年
四月廿四日未時塟皂斗崙脚
慎意公字修正 成玉公長子生同治甲戌年五月廿一日申時卒民國乙
亥年正月廿五日亥時塟重慶
娶郭擲娘生光緒壬辰年月日時缺卒民國辛巳年四月初四日塟南洋
男 學士 思沃夭 泮水俱奪魁子兼承 思情殇 思齊 阿禮 良合
奪魁公 成玉公次子生光緒庚辰年十一月初十日未時卒光緒丁酉年

十一月初九日巳時塟重慶邑斗崙坐子向午兼癸丁
妣下宅陳好娘生光緒壬午年八月三十日午時卒民國癸丑年六月十
八日未時塟客拔坐東向西
男　學士　思沃殤　泮水俱兼承慎意

慎帕公　成玉公三子生光緒戊子年八月十二日戌時卒民國丁巳年八
月初八日丑時塟下赤墓坪坐西向東
娶杏塘陳籌娘生光緒庚寅年十二月初十日巳時
男　思冰

慎掬公　成玉公四子生光緒甲辰年九初八日戌時卒民國己巳年二月
初六日塟廈門鼓浪嶼
娶戴點娘生光緒乙巳年八月十五日巳時卒民國戊子年九月十三日
未時塟重慶中崙坐乾巽兼亥巳

男　開科　開樹

女　類娘配下宅陳　彩桂

虎榜公　完足公長子生光緒丙子年十二月廿九日酉時卒光緒甲辰年

月日鈌塋南洋小呲叻

幼娶黃就娘殇埋皂斗崙在奪魁公墓右

毓祥　完足公雙承子乃當早六子兼承生庚見前

嗣男　源枝

慎甲字修發　完足公三子生光緒庚子年十月初四子時鈌祥

娶南洋亦止娘生光緒癸卯年五月廿六日寅時

男　應玉養

淋漓字修甘　成肅公長子兼承當擦生光緒丙戌年八月廿四日辰時鈌祥

妣溪東林款娘生光緒庚寅年八月初三日亥時卒民國己未年十一月

十五日未時塟山後格杉林尾

男　和榮夭　涉地乃聰子兼承　村謀兼承成立公

女　莉娘配下宅陳

福星字修耀　成肅公次子生光緒壬辰年八月初四日寅時

幼娶陳送娘生缺卒光緒壬寅年七月初二日塟重慶

妣漳州蘭因娘生光緒己亥年七月二十日亥時卒民國己巳年八月十

七日申時塟重慶虎形頭坐戌向辰兼乾巽

又娶陳茅娘生光緒甲辰年十月初七日丑時

男　廷燓　焜輝

女　灶娘殤　石娘配布氏　泉娘配雙墩陳　祝娘配下宅陳　玉蘭殤

貴娘配溪東林

粘埊公字修彤　成肅公三子兼承當碭生光緒丁酉年八月廿七日巳時

卒民國壬戌年八月十七日酉時塟在吧城萬福間
娶社壇葉敬娘生光緒乙巳年七月廿七日戌時
男　瑞發養坤成出承當錫支派
展帳公字修元　成肅公四子生光緒辛丑年七月二十日戌時卒民國己
未年十一月廿九日子時塟山後格兎仔望月坐戌向辰兼乾巽
男　江龍叅淵賓家彪次子兼承
娶社壇葉駹娘生民國壬子年十月十六日辰時
家彪字修彫　成肅公五子生宣統己酉年又二月廿五日巳時
男　淵泉　淵賓兼承展帳　淵卿
女　珀娥
慎蚋字修傳　成立公子承拔漼公支派生光緒丙申年正月十九日子時
娶前坑余宿娘生光緒甲辰年二月十九日戌時

男　振章　村生（爲程子入承）　振森　快鎗（殤）

女　𧮰娘配溪東林　秀娥（殤）秀鳳配安溪　秀蓮　秀環　秀滿　秀結

五美　成聲公雙承子乃當早子兼承生庚詳前

雙承男　炳煌

粘埊公　成聲公雙承子乃成肅子兼承生卒見前

嗣男　坤成

從龍公（字）修應　成聲公養子生光緒庚子年十二月二十日辰時卒民國

乙酉年九月初三日巳時塟吧城井哩妹仔

娶太和陳敦娘生光緒乙巳年二月初一日巳時[illegible]

男　貞多（眷）　貞福（眷）

淋漓　成立公雙承子承川澤公支派乃成肅長子兼承生庚見前

雙承男　村謀

乃聰公字修智　成立公次子承川澤公支派生光緒壬辰年四月廿五日
未時卒民國癸酉年十二月初五日酉時塟掬拔
妣林貌娘生光緒壬辰年七月十一日酉時卒民國庚申年三月十一日
卯時塟掬拔
又娶陳俗娘生光緒戊戌年正月初十日辰時
男　涉地兼承淋淌　孔雀兼承當包為孫　正水殤　源水係陳氏出
女　謹娘配鳳坡梁　線娘配舊門呂　秀蘭殤
樑材字修家　成立公三子承川澤公支派樂捐巨貲贊成修譜洵吾宗之
苗裔生光緒辛丑年十一月廿五日戌時缺
娶溪東林姜娘生光緒丙午年十二月廿三日寅時缺詳
男　建南養晏年　晏騰
女　彩鸞　彩珠　彩嬌　彩霞

鵬程公 字修萬　成立公四子承川澤公支派生光緒丁未年八月初四日辰時卒民國己卯年五月二十日卯時塋吧城井里嗎仔

娶黃草娘生宣統庚戌年正月十九日午時

男　國華 殤 國榮　漢溪　村生 出承慎炳

女　淑真

慎蓋 字修彰　當抵公長子生光緒甲辰年十一月初一日戌時

妣葉箱娘生宣統己酉年十月十五日酉時卒民國甲戌年十一月廿三日戌時塋重慶

又娶姚志生民國甲子年　月　日　時

男　炳成　炳福　端陽　炳光

女　湍娘配邦溪戴

慎俊 字修傑　當抵公次子生光緒戊申年四月廿一日子時

娶溫現娘生民國癸丑年三月初四日辰時[illegible]

男　炳輝　炳星　炳耀　炳鑫

女　桂花　碧花　梅娘　明珠

由來字修旋　當言養子生民國己未年五月廿二日午時

娶溪東林秀絹生民國辛酉年二月廿一日酉時

男　志銘

女　綢娘　綴娘

十四世　西房四　弈山公派　周壠頭柱

邂溪公　先埕公雙承孫乃當取長子兼承生卒詳後

雙承男　連城

慎**佑**公　先　公雙承孫乃當越次子兼承生卒詳後

溪公 字 修**尹**　成裁公長子兼承先埕支派生同治庚午年十一月初三日卯時卒民國癸亥年三月初一日戌時塟後垵山仔

娶後山余順娘生光緒丙戌年正月初一日巳時[illegible]

男　連城 兼承先埕公支派　連書 出承慎蘲　連慶 出承慎謙

女　**緞**娘配林柄陳　羽娘配坑園陳

慎蘲公　成**裁**公次子生光緒乙亥年二月十七日亥時卒光緒乙巳年正月初二日午時塟林

娶陳氏 改天

嗣男　連書遐溪子入承

慎謙公字修益　成裁公三子生光緒丙戌年十月三十日寅時卒民國癸亥年七月初七日塋在南洋

妣陳揣娘生光緒丙申年十月十四日吉時卒民國乙卯年十一月廿一日未時塋重慶

男　連慶遐溪子入承

慎贊公字修助　當越公長子生光緒丙子年九月十四日戌時卒塋在南洋缺

妣呂担娘生光緒乙未年十月廿六日卯時卒民國丙寅年正月初四日塋在南洋

男　純色

養女許何毛娘殤

慎佑公 字 修有　當越公次子兼承先埕公支派生光緒乙未年九月十六
日戌時卒塋在南洋缺
娶大坪陳出娘 改天
泉城公　成龍公長子生同治癸酉年正月十五日戌時卒民國辛未年五
月初七日申時塋沽美山
娶社壇葉謹娘生光緒癸未年九月初三日午時[illegible]
男　思巨 殤 春水 出承堂弟慎鐘 超強　添水 兼承胞兄慎南
一好公 諱 慎景　當研公長子生同治乙丑年七月初六日午時卒光緒庚
子年十月初七日酉時塋實叻大吧窰山
娶黃夢娘 改天
男　思串
女　聰娘 殤 趁娘配下宅陳

明藩公字修翰　當研公次子生同治辛未年三月十九日巳時卒民國丁卯年九月十二日塋崩坪垵

娶內益李柳娘生光緒丙子年二月初一日午時

男　有國兼承春旦　尚雲養

春旦公　當研公三子生光緒戊寅年三月初三日午時卒光緒庚子年五月初三日寅時塋龍巖上坪

男　有國明藩子兼承

慎着公字修快　當研公四子兼承當罐生光緒庚辰年五月初六日午時卒民國丁卯年六月十四日塋萬鴉佬

娶坑園陳卜娘生光緒庚寅年四月初十日子時

男　思協養雙承　思緩兼承慎綏　思芸兼承坑園外祖

女　秀英殤

養女林胆娘 殤
慎綏公　當𤦎公五子生光緒乙酉年十月廿八日寅時卒光緒戊申年七月初二日午時塋南洋
聘宮邊黃掛娘 出
男　思緩 慎着子兼承
樂奏公 諱 鳳池 字 修龍　當罐公長子生同治辛未年八月二十日巳時卒民國癸酉年正月初九日丑時塋溪頭山
妣羅埔余好娘生光緒乙亥年七月十三日子時卒民國乙丑年三月初九日子時塋重慶
男　欽鑾　炎上　思馬　和毛 殤
女　錸娘配社壇葉　過娘配下宅蔡　菜甫 殤
海棠公 字 修紅　當罐公次子生光緒己卯年十月十一日寅時卒民國丙

辰年四月廿九日寅時塋沽美山
[illegible]戴片娘生光緒戊子年十一月初九日巳時
男　榮華養　清燕　金春殤
女　絲娘配楓樹林　區娘殤　紅毛殤
慎着公　當罐公雙承子乃當研子兼承生卒見前
雙承男　思協
慎執　當罐公雙承子乃當蘊子兼承生庚詳後
雙承男　阿英
慎執字修雅　當蘊公長子生光緒壬午年五月十八日辰時卒民國戊子
年七月初八日子時
幼娶李榔娘殤
[illegible]溪東林次娘生光緒己丑年正月十八日卯時[illegible]

男　阿某　阿英（兼承當蘊）阿九（殤）　幼英（殤）

女　蝭娘配舊門呂　巧娘配宮下黃　蟶娘（殤）

浴沂公（字）修清　當蘊公次子生光緒戊子年四月廿八日巳時卒宣統

酉年八月初六日塟在南洋

幼娶林送娘（殤）

男　俊輝（天賜子入承）

天賜公　當蘊公三子生光緒丁酉年二月初一日亥時卒民國辛巳年十

月初十日塟南洋

娶永春顏續娘生光緒丁未年　月　日　時

男　俊玉　俊輝（出承浴沂）　福慶

女　金娥配大田

養女郭愛枝（殤）

愼預公字修色　當湅公長子生光緒壬午年六月初九日酉時卒民國甲戌年五月初九日未時塋山後格

妣社壇葉桂娘生光緒庚寅年十一月初九日午時卒塋在南洋缺

男　思榮　再炎　補鼎殤　九英殤　扁鼻殤

女　導娘殤　很娘配下宅陳　扁娘配坑園戴

愼壇字修樹　當湅公三子生光緒辛卯年十二月初六日戌時卒民國戊子年六月初六日酉時塋南洋

幼娶林晟娘殤

娶陳兼娘生光緒　年　月　日　時

男　良火　良玉　良山

徽音公諱愼鐘字修佳　敬謹公長子生光緒丙子年十月初一日丑時卒光緒甲午年十月廿九日酉時塋騎龍斬坐巳向亥兼丙壬

妣溪東林寬娘生光緒丙子年十一月初七日卯時卒民國丁卯年十一
月十八日酉時塟山後格頭
男　推排　春水 堂兄泉城子入承兼慎偉
慎偉 字 修梧 號 奇盛　敬謹公次子生光龍辛巳年四月廿五日卯時卒光
緒癸卯年九月十八日申時塟大臍崙路下坐戌向辰兼辛乙
娶林綢娘 改節
男　春水 慎鐘子兼承　俊傑 安鎮子兼承
捷標公 諱 慎報　敬謹公三子兼承當傳生光緒甲申年三月十六亥時卒
光緒癸卯年九月廿五日卯時塟後垵坐辛向乙兼酉卯
妣鳳坡梁歲娘謚年成生光緒甲申年二月十九日酉時卒光緒癸卯年
九月廿九日丑時塟後垵坐辛向乙兼酉卯
男　思灶 養

昆能公　敬謹公四子生光緒丙戌年七月初六日辰時卒光緒壬寅年十
一月初四日辰時塟獅墓后坐丁向癸兼未丑
妣鳳坡來娘生光緒庚寅年四月廿二日巳時卒光緒癸卯年九月廿五
日寅時塟重慶
男　元龍 從令子兼承　俊章 安鎮子入承

從令公 字 修愿　敬謹公子生光緒己丑年三月初三日巳時卒民國丙寅
年五月十九日巳時塟蚋卯
幼聘後房尾陳箱娘生光緒戊子年月日缺卒光緒庚子年十二月　日
塟下宅山
娶溪東林文娘生光緒丙申年四月十一日巳時
男　水龍 養　元龍 兼承兄昆能　錦龍
女　佔娘配溪東林　蘇娘配溪東林

安鎮字修稷　敬謹公六子生光緒丙申年九月廿三日子時

娶溪東林妹娘生宣統己酉年三月初一日吉時

男　俊和　俊英　俊侯　俊傑兼承瑱侎　俊章出承昆能　俊祥　俊平　俊福

俊寶

女　秀華　秀碧

慎挑公　當傳公子生光緒辛巳年二月初十日午時卒塟在南洋莫考

捷標公諱當傳公雙承子乃當久子兼承生卒見前

雙承男　思灶慎報子兼承

鍴養字修涵　當尊公雙承子乃當菊子兼承生庚詳後

瑞掬公　當菊公長子生宣統庚戌年年月日缺卒民國乙亥年九月初十

日塋臺灣

娶坑園戴伴娘出

瑞得 字 修道　當菊公次子生民國戊午年十二月十二日未時

娶大姑柯秀玉 卒一九九〇庚午年十月初四日吉

男　仰錦 仰發

瑞養 字 修教　當菊公三子兼承當尊生民國乙丑年九月十一日寅時

娶　卒年於二月十六日葬缺

慎銃公　當甕公嗣長子生光緒甲申年十二月十七日未時卒光緒丙午年閏四月三十日午時葬重慶坐卯向酉兼乙辛

娶鳳坡梁氏 改天

男　思朗 巻

慎璽公　當甕公嗣次子光緒辛卯年八月初三日子時卒葬在南洋缺

妣文章陳悻娘生光緒丙申年九月廿二日卯時卒民國乙亥年四月初二日子時葬在水鬼

男　思庵

女　葉娘配溪東林　硯娘

十四世西房四終

海上絲綢之路文獻集成

總主編　陳支平　陳春聲

民間譜牒編

75

主編　林　楓

海峽出版發行集團
THE STRAITS PUBLISHING & DISTRIBUTING GROUP
福建人民出版社

国家出版基金项目
NATIONAL PUBLICATION FOUNDATION

本册目次

［福建南安］南安霞錦洪氏族譜二十卷首一卷存十九卷（世系圖卷二至世系圖卷四）

吴培奇纂修

南安霞錦洪氏族譜世系圖

卷二

南安霞錦洪氏族譜世系圖

卷二

西三房長之長房長良琬公派　仙井柱

九世
瑞釆　子四　號清棨

十世
兆扳　子六　號附鳳

十一世
必全　子五　號懋德

十二世
先擕　子四　號榮芃
先混　子三

十三世
當漢　子三　號建興
當潑　子二
當高　子二
當諒　止
當沛　子四
當洴　止

必張 殤
必理 子一

先純 子四
先磋 子二
先鍛 殤
先撊 止

當漳 止
當俾 殤
春風 殤
當佐 子二
當伙 止
當謀 子三
當文 殤

南安霞錦洪氏族譜世系圖

卷二　西三房長之長　良琬公派仙井柱　二

- 必略 子二
  - 先華
  - 先菁 兄弟在台莫考
- 必度 子四
  - 先珍 子二
    - 當祚 止
    - 當礽 止
  - 先前 子四
    - 當桃 止
    - 當錦 止
    - 當玉 子一
    - 當併 殤
  - 先傍 子六
    - 當球 殤
    - 當掌 止

兆拙 殤

兆瀉 止

兆飽 子三

必瞈 殤

必慣

必彖 止

先江 出承必聰

先想 殤

當黎 止

老彭 止

當巧 子一

當輝 止

瑞題 子三

兆挾 子三
兆選

必聰
必禱 子一
必飲 出承兆選
必罕 子二 號見珍
必飲 子四 入承

先江 止 入承
先計 子二
先衆
文獻 必飲子入承 住台鉄
天時
清風
先滿
文獻 出承必罕 兄弟俱住台

當秋 止
當守 止

嗣孫一

瑞翁 子二
- 兆敏 止
- 兆慶 出承瑞齒

瑞齒
- 兆慶 止 瑞翁子入承

西三房長之長房二良明公派　美茂柱

九世　十世　十一世　十二世　十三世

瑞端 子四
- 兆濫 止
- 兆汰 子一
  - 必巖 止
- 兆沁 止
- 兆潒 子一
  - 必吝 子二
    - 先獅 殤

瑞臨子二
- 兆依止
- 兆宅止

瑞皎子五
- 兆洸子二
  - 必坪止
  - 必戒止
- 兆皓子一
  - 必羅止
- 兆雩子二
  - 必仰出承兆誥
  - 必養止
- 兆誥子一
  - 必仰止入承
- 兆契止

先淺止

瑞閲 子二
瑞閃 子三 號琬玉

兆族 子一
兆勞 子一
兆普 子五 號厚德

必恐 子一
必接 止
必鼎 止
必渠 子一
必梭 子一
必学 子一
必匣 子二

先等 殤
朝二 子四
先扮 子一
昭鳳 子一
先禮 止

當簿 止
文章 止
盤庚 殤
當穩 出承昭鳳
當得 止
當穩 入承 殤

- 兆共 子三 號善友
  - 必妍 兼承子一
    - 先正 必璇子兼承
  - 必璇 子一
    - 先正 子二 兼承必妍
      - 當温 止
      - 當浮 止
  - 必俊 子三
    - 先快 止
    - 先仕 子一
      - 瑞琳 子二
    - 海棠 止
- 兆品 子五
  - 必翠 殤
  - 必樑 子一
    - 金鎮 止

- 先銈 子二
  - 當晏 子二
  - 當卦 嗣子一

必屢 子四

先碚 子六

先行 子四

當痕 殤

當杯 子四

當盞 殤

當慶 殤

當洽 子一

當富 兼承子一

當近 子三

當柑 殤

當抱 殤

當勸 止 兼承先碎

- 必汀
  - 先碑 入承
    - 當勸 止 雙承
- 必波 子二
  - 先衢 子二
    - 合呈 子二
    - 當成 雙承子一 兼承先
  - 先擡
    - 當成 雙承

- 先漏 子二
  - 當往 止
  - 當菁 子六
- 先碑 出承必汀

- 瑞獻 子三 號賢帕
  - 兆洒 止
  - 兆祢 殤
  - 兆斷 子一
    - 必酔 止

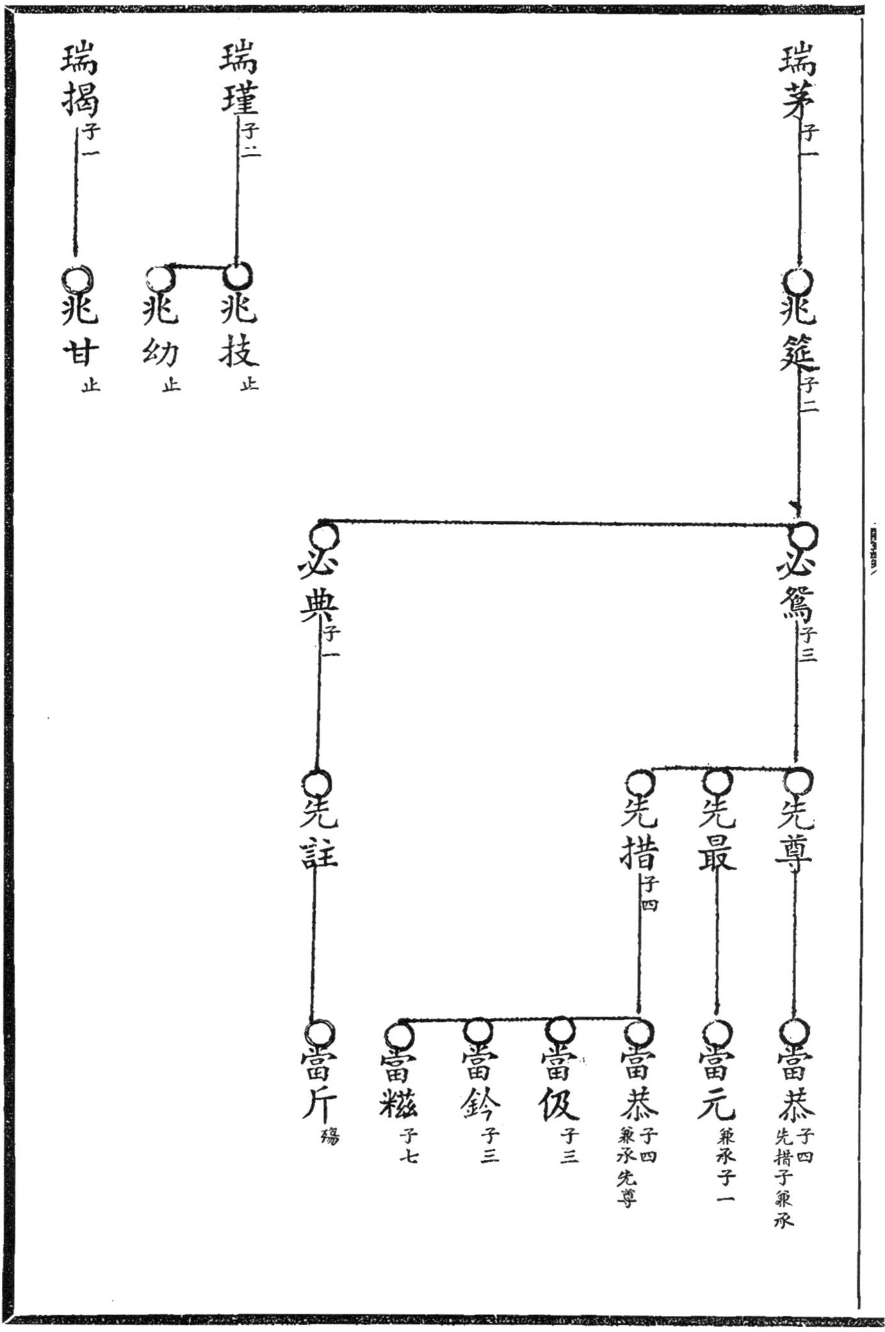
瑞茅 子一
兆筵 子二
必篤 子三
先尊
當恭 子四 先措子兼承
先最
當元 兼承子一
先措 子四
當恭 子四 兼承先尊
當伋 子三
當鈐 子三
當糍 子七
必典 子一
先註
當斤 殤
瑞瑾 子二
兆技 止
兆幼 止
瑞揭 子一
兆甘 止

南安霞錦洪氏族譜世系圖　卷二　西三房長之長　良明公派美成柱

- 瑞樸　子二　號修貫
  - 兆力　子三
    - 必留　子二
      - 先納　子一
        - 當茶　嬰承子一
      - 先卷　殤
    - 必暢　止
    - 必緩　出承兆宏
  - 兆超　子三
    - 必徹　止
    - 必蝗　止
    - 必錐　止
  - 兆夏　子二
    - 必佃　止
    - 朝恩　鈌
- 瑞堅　子二　號吉貸
  - 兆潤　子一
    - 必別　止

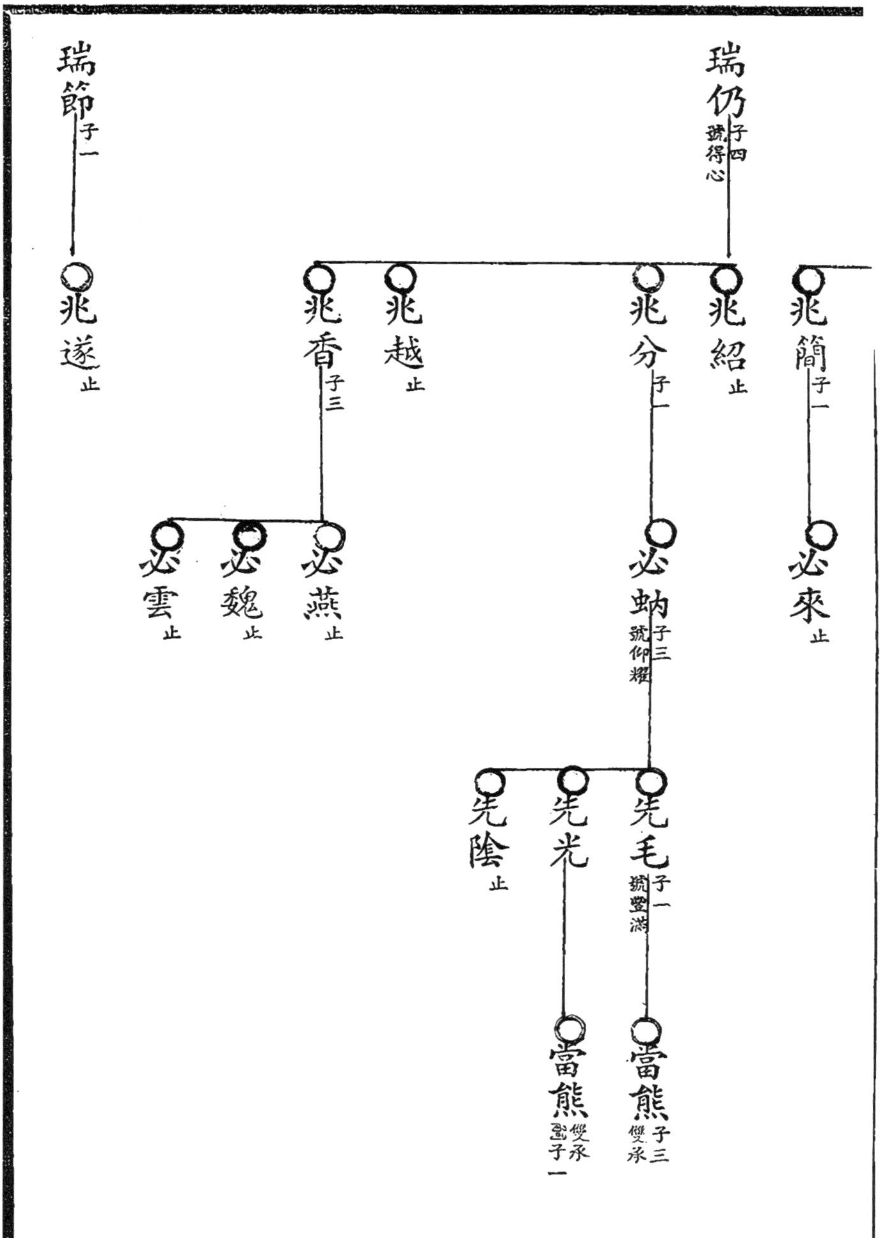

瑞仍 子四 號得心
兆簡 子一
必來 止
兆紹 止
兆分 子一
必蚋 子三 號仰耀
先毛 子一 號瑩淵
當熊 子三 雙承
先光
當熊 雙承 子一
先陰 止
兆越 止
兆香 子三
必燕 止
必魏 止
必雲 止
瑞節 子一
兆遂 止

南安霞錦洪氏族譜世系圖

卷二

西三房長之長　良明公派美成柱

瑞遲　子三　號成至

兆豁　子二　號達士
兆撰　子三　號生治

必乾　子一
必情　子四
必仁　止
必鑿　止
必鸞　止

先縷　子三
國興　殤
先千　止
先備
先作　出承

當蟲　子三
當忍　殤
當抵　殤
當遐　止　冬荀子入承

八

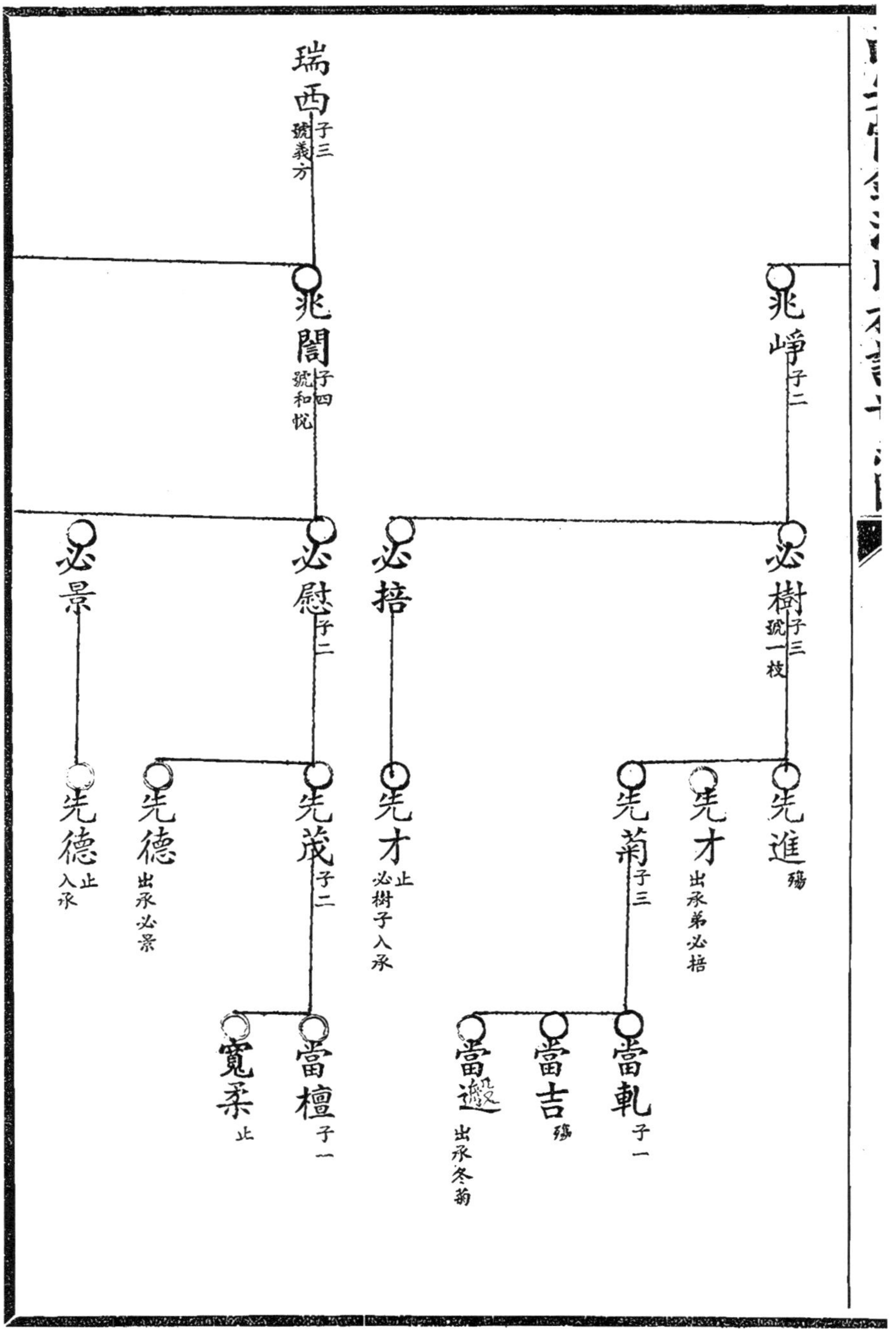
瑞西 子三 號義方
兆閭 子四 號和悅
兆崢 子二
必景
必慰 子二
必揞
必樹 子三 號一枝
先德 止 入承
先德 出承必景
先茂 子二
先才 止 必樹子入承
先菊 子三
先才 出承弟必揞
先進 殤
寬柔 止
當檀 子一
當邀 出承冬菊
當吉 殤
當軌 子一

南安霞錦洪氏族譜世系圖　卷二　西三房長之長　良明公派美成柱　九

兆喜 子六 號生甫

必珠 出承兆紀
必選 止
必揚 子三 號令望

振桂 子四 號秋閣
良光 子四 號在田

護持 子二
當騫 子一
當主 止
當摽 子一
當頓 子三
乃登 子一
當權 兼承子一
當眛 兼承子一

濬哲 子五 號恆智

進騰 子六

採芹 殤

萬物 兼承子一

當必 殤

當理 殤

必好 子二 號安懷

三捷 子五 號連標

賜福 子二

當時 子一

當規 子五

當祿 殤

當坂 嗣子一

南安霞錦洪氏族譜世系圖

卷二　西三房長之長　良明公派美成注　一〇

必恤 子五 號愚保

春蘭 子五 號仁和
- 家業 子五
- 嘉猷 子四
- 嘉柔 殤
- 談池 子二
- 進戶 嗣子一

百畝 子一
- 兩意 止

先叟 殤

三友 子四 號多聞
- 謙裕 子一
- 跨灶 殤
- 清裕 子六

必美 子四 號慈玉

天錫

榮顯 子五 號丕謨

維新 子三 號百志

長安 止

澤溉 殤

硯池 殤

謹順 子三

廩賜 雙承子一

山水 子二

轉附 子八

長發 嗣子一

言詞 止

毓坤 止 日新子兼承

必崇 止

必隱 子一

瓊華 子五

進泮 子二

當文 子一

應奎 子二 號聯輝

垂統 兼嗣子一

樹徙 止

開玉 子二

鐫永 子二

當餘 兼承子一

日新 子三

毓坤 止 兼承天賜

下襲 止

超琢 止

瑞念 子三 號爾德

兆紀 子二 號敦倫　兆知 子四

必珠 子二 兆閏子入承　必成 子二　必達 子二

先曉 止　先葛 殤　再興 止　先姜 止　先顏 子三

當紫 子二　當藝 兼承子一　當侯 嗣子一　當細 子三　當禊 子一　當緞 殤

兆後

必子　殤
必⿰木盡　子二
必蒲　子三
必益　子二　兆慈子入承

再添　子三
先泉　缺
先籃　殤
再添　出承必逵
先列　子一
先宜　止
先月　子一

當得　止
當到　止
當海　出贅捕頭
當基　止
當交　雙承子一

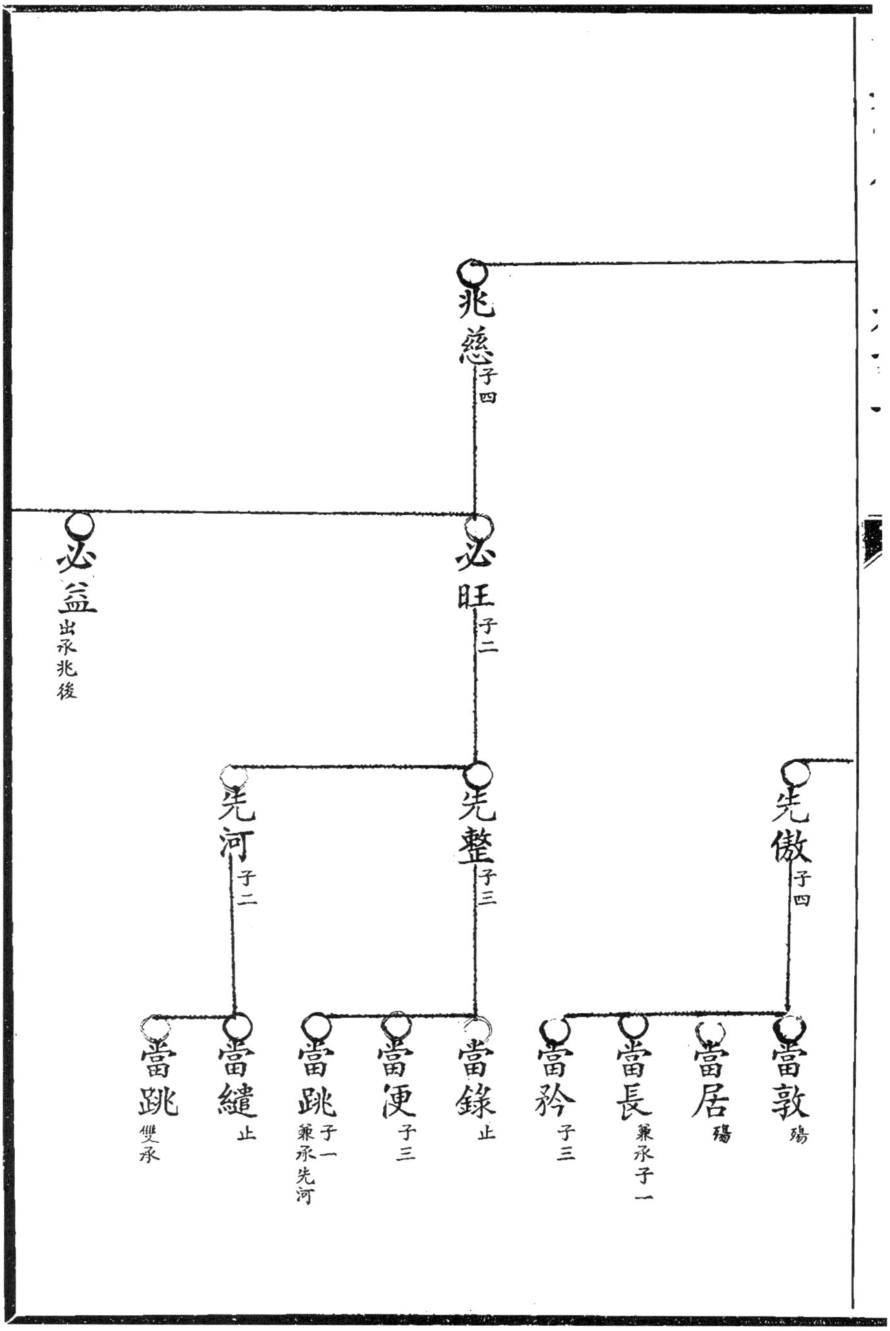
兆慈 子四
必旺 子二
必益 出承兆後
先傚 子四
先整 子三
先河 子二
當敦 殤
當居 殤
當長 兼承子一
當矜 子三
當錄 止
當便 子三
當跳 子一 兼承先河
當繾 止
當跳 雙承

瑞殊 子四

兆宗 子三

必狐 殤
必近 止
必絹 子三

先荷 止
先廣 子六
先慶 殤

當硯 嗣子一
當檪 雙承子一
當豆 出承先宿
當賓 子四
當專 出承先抱
當義 子三

兆詩

兆僭　子四

必登　子二

必處　出承兆詩

必處　入承

必梅　子二

必會　子四 號合禮

先煥　止

先窗　出承必處

先窗　入承

先姱　止

先擔

先抱　出承必杭

先北　子三

當豆　子四 入承

讀書　子三 先抱子入承

天心　子一

天保　子六

天助　子一

必杭

先邦 子六
先春 出承必排
先抱 子四 必會子入承

天泰 子二
棋林 子二
棋灶 子四
雙龍 殤
當泉 殤
當庵 殤

當專 先廣子入承
點紅 止
讀書 出承先掊

瑞利 子二

瑞檜 子一

瑞醉 子二 號威在

兆淺 殤

兆欣 止

兆深 往台莫考

兆齡 止

兆迎 子三

必排

必鴈 子二

必潭 出承兆達

必符 子二

先春 子一 必會子入承

先恩 止

先胚 兼承必符

先胚 必鴈子兼承

銀鉄 止

摘句 子二

江諒 止

江諒 止 先玉子兼承

兆連
必潭 止

瑞侶 子二
兆歲 止
兆權 止

瑞過 子五
兆與 子三
必榮 止
必華 止
必討 止
兆宣 子一
必漂 止
兆賓 止
兆準 止

先玉
江諒 止 兼承先胚

西三房長之二鍾元公派　頂三落柱

九世　十世　十一世　十二世　十三世

兆炳 止

瑞皆 子四
- 兆習 子一
  - 必創 止
- 兆級 止
- 兆盞 止
- 兆長 缺

瑞區 子四 號周制
- 兆耽 子二
  - 必吟 子一
    - 先才 子五
      - 當鬪 殤
      - 當墨 子一

瑞巄 子四

兆朕 出承瑞送
兆夢 出承瑞著
兆肥 子二
兆詣 子一
兆摺 止

必妙 出承兆肥
必妙 入承
必赫 止
必蘭

先樹 止
先通 兼承必移

當硯 殤
當紙 止
當改 止
當閘 殤

兆井 — 必移 — 先通（必蘭子兼承） — 當鬧（殤）

兆清（止）

瑞頓 — 兆鉄（止）

瑞送 — 兆朕（止，瑞區子入承）

瑞挑（子三） — 兆鳳（殤）、兆賁（止）、兆富（止）

瑞徙 — 兆兊 — 必標（止，兆慎子入承）

瑞著 — 兆夢（止，瑞區子入承）

瑞春（子三） — 兆劍（殤）

- 瑞輪 子四
  - 兆返 子四
    - 必宅 子一
      - 先鄰 殤
    - 必桂
      - 先恩 必文子入承
        - 五六 止
    - 必文 子四
      - 先恩 出承
      - 先木 子一
        - 成仁 止
      - 先出
        - 成泉 俱住大田
      - 四一 出承必講
  - 兆音 殤
  - 兆懷 子三
    - 必鈕 殤
    - 必標 出承兆兌
    - 必格 殤

瑞科 子四

兆僭 止
兆靳 止
兆積 子二
兆王
兆寄 止
兆慈 子三

必武 止
必長 止
必再 止
必鋁 止
必笑 子四

先岳 殤
細金 子四

屁佑 子二
托天 子二

必厚 子二

先白 子五
先泵 止
先倪 子二

乾坤 缺
奉賜 缺
當物 子三
當犂 子三
當鉋 子三
當牛 子六
當農 子五 兼承先倪
當岱 子四
當農 子二 堂兄五子兼承

兆園 子二

必華 止

必講 子四

先毓 止

七篇 子四 族兄必封子入承

四一 必文子入承

六三 子二

來保

當蒲 子一 殤

當响 子二 出承

當敬 殤

當平 殤

當庵 殤 嗣子一

當滾 殤

當查 子一

當尋 子二

瑞法 子三

兆從 子六

必搒 止
必錐 子二
必度
必禮 子二

先註 止
先弄 子二
先卑 止
先藝 子三
先國 子二

當倡 出承先國
當裕 嬰承子一
當遠 止
當伴 子一 殤
當善 兼承子一
當茂 殤
當倡 先弄子入承

瑞八 子六

兆丹 止
兆完
兆揀 子四
兆勸 子一

必斗 出承兆完
必僉 止
必係 殤

必斗 兆從子入承
先佃 止

必挺 止
必鼎 殤
必景 止
必思 止

必緩 止

兆炭 子三

必令 止

必綏 殤

必姣 出承兆低

兆低 子二

必巖 子三

必姣 子四 兆炭子入承

先楝

當闊 子一 先買子兼承

先買

當闊 兼祠子一 雙承

先霧 子四

福新 止

當茂 殤

當贊 子一 殤

吉祥 止

先親 止

瑞若　瑞劣 子二　瑞樵 子二

兆偃 子二　兆位 殤　兆柱 瑞昂子入承　兆牆　兆盤 殤　兆裁

必賞 止　必徹 止　必慶 止　盖水 殤　必珍 止

先列 殤　先種 殤　先篍 殤

南安霞錦洪氏族譜世系圖　卷二　西三房長之二　巽遠公派五柱長　二一

- 瑞印 子四
  - 兆繞 止
  - 兆劉
    - 必孺 子三 兆純子入承
      - 先胡 子一
        - 天送 止
      - 先康 子一
        - 春福 止
      - 先雕 兄弟俱往安溪縣
  - 兆城 子一
    - 兩儀 子一
      - 先賓 子一
        - 當靜 子二
  - 兆純 子四
    - 必孺 出承兆劉
    - 必堯 止
    - 必旦 止
    - 必益 止
  - 兆窯 子二
    - 秋月 止

必廏止

西三房長之三翼達公派五柱長　良碧公派

九世
瑞表子三

十世
兆聰子三
兆雙子二

十一世
必執止
必兜止
必姜止 兆雙子入承
必幼子二
必姜出承

十二世
先合止
先聲出承必傳

十三世

- 瑞快 子五
  - 兆良 止
  - 兆添 子四
    - 必贊 止
    - 必產 子一
      - 先梯 子一
        - 桃葉 外出
    - 必成 止
    - 必乳 止
  - 兆丁 止
  - 兆慊 子一
    - 必健 止
  - 兆口 止
  - 兆雪 子四 號敦詩
    - 必玩 子五
      - 先招 殤
      - 先簡 子二
        - 當言 子二

- 必葉 子五
  - 先韜 子二
    - 當談 止
    - 當絚 殤
  - 先秘 殤
  - 先叟
    - 澄清 止
  - 先吉 子二
    - 當杏 子一
    - 當水 兼承子一 先力子入承
  - 先甘 子四
    - 啓恕 殤
    - 當判 殤
    - 當河 出承先戶

- 當菊 子四

先力 子三
當石 子一
當水 出承
當提 子二
當總 子二

先轉 子六
根能 殤
當有 殤
皆載 殤
當秀 子一殤
當範 子一
年少 止

瑞益 子三

兆磋 止
兆遂 子一

必傳

先聲 止

必柄 子二
必歲

先戶 子一
先看 子五
先受 子一

當河 止 先甘子入承
當由 殤
當炎 子一 先笛子入承
當潘 出承先受
當銅 子三
當柴 承繼孫一
當潘 兼承孫一

瑞聳　子五

兆矼　止
兆挑　止
兆語　止
兆正　止
兆算　止
兆辦　止

瑞川　子一

兆美　止

瑞玉　子四

兆祖　止
兆仙　子一
兆饌　止

必[石區]　止

兆梶 子五

必桃 子一

先蓊

必⿰石區 出承兆仙

必柞 止

必巧 出承兆熊

必節 止

瑞乾 子一

兆讀 往台

瑞勤 子一

兆深 止

瑞懇 子一

兆鐫 子一

必河 往台未詳

瑞決 子三

兆賽 止

兆演 止

兆韮 止

瑞恭 子一
- 兆虎 止

瑞旺 子二
- 兆務 止
- 兆卯
  - 必長
    - 先質 止

瑞誇 子一
- 兆反 止

西三房長之三翼逵公派五柱二良起公派　後埔洋柱

九世　十世　十一世　十二世　十三世

瑞星 子五 號拱臨
- 兆喜 子二
  - 必煌 子三
    - 先稟 子四
      - 當溪 子五
      - 當鑴 子三

必蔣 子四

先葢 子二

先株 子二

先企 子四

當佰 嗣子一

當坂 子三

當井 止

當接 子一

當麥 出承必部爲孫

當覃 子三

當海 子四

當獺 子一

當揀 子四

當近 子二

兆環 子三
必筊 缺
必與 出承兆挺
必儆 缺

兆欺 子一
必愴 子一
先管 缺

兆挺 子一
必與 入承
先題 止 必素子入承

兆錄 子三
必苗 止

先氷 子二
當仍 子二
當持 出承先閫

先閫
當持 子一 先氷子入承

先費 殤

瑞龍 子七 號慎齋

兆慶 子一
兆卜 子四

必沸 止
必部
必宅 止
必察 子三

先墜 子六
先鈔 子四

當麥 子一 先企子入承
當選 子二
當冬 子二
當畽 子一
當騰 嗣子三
當全 子一
當哂 雙承子一
當泉 止

南安霞錦洪氏族譜世系圖

卷二　西三房長之三　五往二後埔洋往　二七

必辨 止

必片 子二

先怏 子五

先院 子二

當劉 子二

當鉞 承繼子二

當悅 子二

當整 出承先瑜

當火 殤

當明 缺

當紹 出承淵源

當丁 缺

當養 止

兆綿 子一
兆勅 子一
兆謨 子三

必蟾 子一
必茂 住福清
必法 住福清
必桂 子一
必前 子一
必日 出承兆谿

鄗知 子二
先嗡 子一
先斗 子二
先姜 子一

當問 嫂承子二
當稅 子一
當蘭 止
當螯 子一
當頭 止
當乞 止
當恩 子一

- 瑞政 子二
  - 兆潮 子一
    - 必梅 子五
      - 先璉 子二
        - 當坪 子二
        - 當叟 子一
      - 先他 子三
        - 當佔 子三
        - 當恪 殤
        - 當算 子一
      - 先猜 殤
  - 兆豁 子一
    - 必日 子三 兆潮子入承
      - 先緣 止
      - 先嚴 子一
        - 秀茂 止 雙承
      - 先掌
        - 秀茂 止 雙承
- 兆福 子一
  - 必舉 止

瑞旭 子四

兆沱 子三
兆燦 子一
兆煒 止

必魁 子二
必壯 出承兆埜
必祕 殤
必鎮 住福清

先楓 子二
先龐 殤
先半 子一
先鐃 止

當擂 子二
當擔 子一
當沚 止
當水 止

兆炬 止

兆普 止

瑞昂 子三
- 兆綽 止
- 兆紼 止
- 兆柱 出承瑞若

瑞旦 子二
- 兆增 止
- 兆南 止

瑞昌 子二
- 兆衢 子三
  - 必清 止
  - 必偃 出承兆衢
  - 必池 止

- 兆衛 子一
  - 必偃 子一
    - 先柔 養止

- 瑞爔 子二
  - 兆助 止
  - 兆簪 子二
    - 必扶 子一
      - 天從 子二
        - 當團 子一
        - 當坤 子一
    - 必雌 子二
      - 先滄 止
      - 先友 子二
        - 當煖 殤
        - 機會 子一

- 瑞雲 子四
  - 兆甃 子二
    - 必安 止
    - 必壯 子一 兆沱子入承
      - 先稿 止
  - 兆彬 子二
    - 必繞 止

南安霞錦洪氏族譜世系圖

卷二　西三房長之三　五柱二後埔洋柱

兆恥 止

兆服 子三

必贊 殤

必交 子四

必論 子二

先椿 止

先梗 止

先梢 止

先旅 出承必勇

先帕 止

先元 子三

當弈 止

當漁 出承先田

當見 止

瑞殿 子一

兆緒 子二

尚性 子十

必勇 子二

先田

當漁 止 人承

先然 住台灣缺

先旅 必交子入承 住台缺

先澔 子二

當淹 子二

當澚 子一 出承先澝

先潘 出承必樵

先漼 子二

當昭 出承先渤

當猷 止

先涇 出承必樵

先澝 子一

當澚 入承 承繼子一

必權 子二

先勃 子一
當昭 止 入承

先澹
當義 止 先潘子入承

先漓 止

先涉 殤

先汁 殤

先潘 子七 入承
當體 止
當極 子四 住石碣
當水 子一 住石碣
當白 缺
太壽 缺

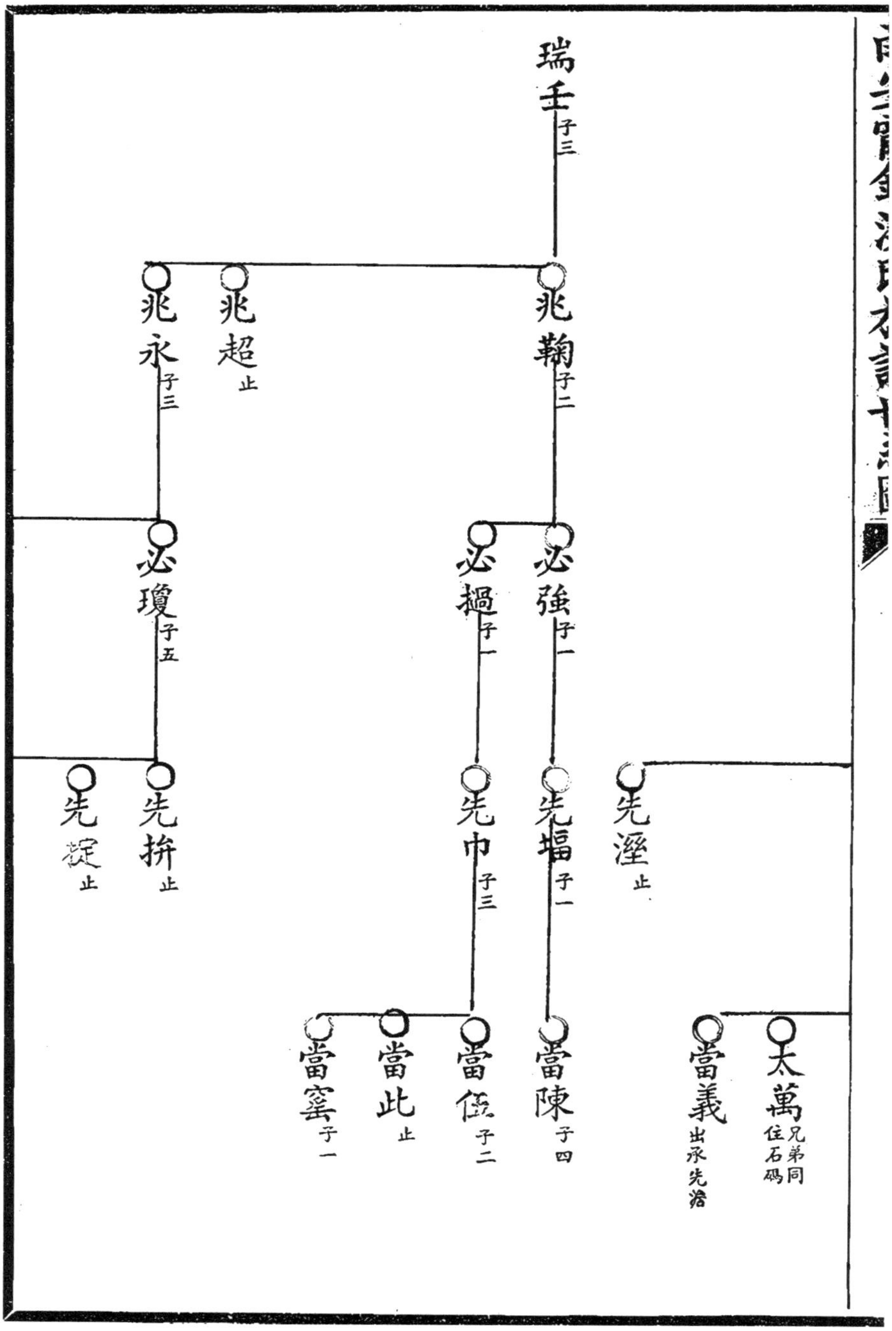
瑞壬 子三
兆鞠 子二
兆超 止
兆永 子三
必強 子一
必撾 子一
必瓊 子五
先涇 止
先堛 子一
先巾 子三
先拚 止
先淀 止
太萬 兄弟同住石碼
當義 出承先洽
當陳 子四
當傜 子二
當此 止
當窑 子一

洪氏[illegible]第十六至第十八世圖

卷二　西三房長之三　五往二後埔洋往　三二

必淘 子五 [illegible]

- 先捨 子一
  - 當篇 子二 兼承先灌
- 先灌 出承必撥
- 先涇 殤
- 先兵 子一
  - 當返 子二
- 先厭 子一
  - 當鋌 子一
- 先對 子六
  - 當允 子四
  - 沉香 殤 兼承子一
  - 連城 子四
  - 西風 殤
  - 德成 子一

老猴 先昆子兼承

先八 子二
- 淵景 子四
- 當漚 子二

先氣 出承必顧（土樓柱）

必捜 子三
- 先濯 必瓊子入承
  - 當篇 先　子兼承
- 先培 止
- 先纚 瑒

必記 止

瑞取 子四
- 兆藻 子一
- 兆葉 止
- 兆藏 缺住台

- 瑞義 子五
  - 兆薾 住台 缺
  - 兆煥 止
  - 兆炯 子二
    - 必泳 止
    - 必珍 子二
      - 先匣 止
      - 先挑 殤
  - 兆灶 止
  - 兆爐 止
  - 兆炷 出嗣

南安霞鋪洪氏族譜世系圖

西三房長之三翼逵公派五柱三良業公派　棋盤柱

九世　十世　十一世　十二世　十三世

瑞好 子三
- 兆寬 子二
  - 必輝 止
  - 必張 出承兆每
- 兆宙 止
- 兆醒 止

瑞從 子二
- 兆賤 止
- 兆件 止

瑞笑 子二
- 兆能 止
- 兆每 子三
  - 必張 止 入承

必別 殤
必棟 殤

瑞黨 子三
兆真 子四
必禮 止
必艮 止
必權 出承兆鍺
必娛 止

兆謀 子一
必歸 止

兆喊 子二
必忍 子一
先址 止
必棗 止

瑞硅 子三
兆塔 止

南安霞鍾洪氏族譜世系圖

- 兆石 止
- 兆萁 止

瑞姜 子四
- 兆辛 止
- 兆杯 子一
  - 必樓 子三
    - 先鐐 子一
      - 廉國 止
    - 先桼 殤
    - 先訦 止
- 兆且 子一
  - 必選 子一
    - 先曲 止
- 兆枉 子四
  - 必覩 子一
    - 先杭 子二
      - 近水 子一
      - 當金 止
  - 必縷 子一
    - 先院 止

瑞錦 子三
瑞稅 子一
瑞白 子一

兆迎 子一
兆怕 往台缺
兆佃 止
兆來 殤
兆泵 子一

必波 子一
必香 出承兆泵
必赫 往台缺
必香 子三 兆柱子入承

元成 子一
先漳 子一
先玲 子一
福興 止

當于 殤
崢嶸 止
挺秀 止

西三房長之三翼逵公派五柱四良貞公派　美乾柱

九世	十世	十一世	十二世	十三世
瑞卓 子一	兆吉 止			
瑞楚	兆商	必緘 外出莫考		
瑞豚	兆質 殤			
瑞華 子二	兆戲			
	兆元 兄弟移居飛鷺莫考			
瑞擇 子一	兆蘊 子三	必君 子一	先恩 缺	
		必亢 子一	先發 缺	
		必麥 出承兆契		

南安霞錦洪氏族譜世系圖

- 瑞撰 子一
  - 兆慶 止
- 瑞插 子一
  - 兆蘭 止
- 瑞擯 子一
  - 兆山 子二
    - 必成 止
    - 必籃 止 兆周子入承
- 瑞朮 子五
  - 兆績 子三
    - 必布 止
    - 必世 止
    - 必鮑 出承兆敬
  - 兆敬 子一
    - 必鮑 止 入承
  - 兆讀 止
  - 兆桃 止

兆源 止

瑞蔭 子二

兆聘 子二

兆壹 子三

必認 止

必帮 子一 兆壹子入承

先意 止

必彌 止

必帮 出承兆聘

必斜 缺

瑞通 子三

兆建 止

兆乃 止

兆回 止

瑞荷 子三

兆熊 子二

必巧 止 兆梶子入承

瑞化 子三

兆規 殤　兆清 殤　兆象 子二　兆奉 子三　兆周 子三

必明 止　必花 止　必沃 止 出承　必沃 入承　必斗 殤　必連 止 入承　必連 出承　必籃 出承兆山

必萬 殤

瑞育 子一
- 兆親 止

瑞妙 子五
- 兆寅 子一
  - 必林 子二 兆前子入承
    - 先係 止
    - 先碟 止
- 兆動 止
- 兆前 出承瑞瞱
- 兆蘇 止
- 兆榮 止

瑞瞱 子一
- 兆前 子三 瑞妙子入承
  - 進興 子一
    - 先註 殤
  - 必限 子二
    - 先道
      - 當乞 殤

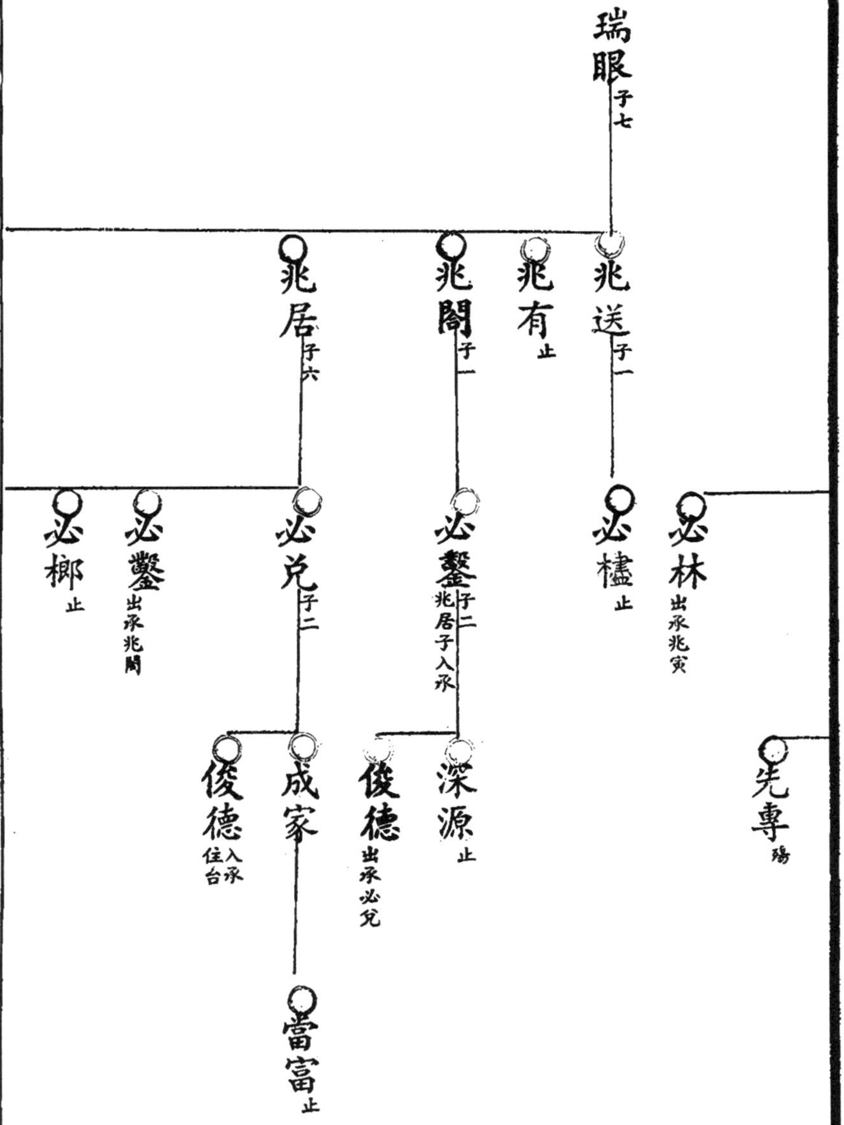

瑞眼 子七
兆送 子一
兆有 止
兆閣 子一
兆居 子六
必林 出承兆寅
必櫨 止
必鑒 子二 兆居子入承
必兑 子二
必鑾 出承兆閣
必榔 止
先専 殤
深源 止
俊德 出承必兑
成家
俊德 入承住台
當富 止

瑞赫 子五

兆寶 止

兆長

兆角 止

兆滿 子三

兆映 子三

必竹

必邊 止

必守 出承兆長

必守 止 兆居子入承

必攝 殤

必沛 殤 兆映子入承

必月 止 兆厚子入承

必篆 子三

先謖 缺

先會 子二

春生 殤

必沛 出承殤

必寸 子七

先萬 子三

先炮 子一

先約 子三

先爲 子四

冬福 止

當爾 子三

當膺 子一

當忠 出承先炮

當忠 子一 入承

當綿 兼承子一

當絹 兼承子一

當台 子一

當兒 止

兆能 子二

必蛤 止

冬桂 止

先信 止

先碩 止

先固 殤

先注 殤

先爻

壬癸 止 先爲子入承

當孝 殤

有來 止

壬癸 止 出承先爻

瑞沓 子四

兆文 子三
兆厚 子四
兆寡 子三

必審 止
必珍 出承兆哉
必成 止
必好 子二
必涼 殤
必稅
必月 出承兆滿
必富 子二

先南 止
先接 出承必稅
先接 止 入承
先取 止
先擱 殤 必砵子入承

瑞姿 子二

兆淡 子三
兆祈 子一
兆統 止
兆緣 止

必研 子一
必砵 子三
必然 止
必潛 出承兆祈
必欽 止
必潛 止 入承

先姣 子一
先宣 子一
先擱 出承
先養 止

當蚋 先宣子兼承
當蚋 子二 兼承先姣

兆葵 殤

瑞賓 子一
兆海 止

瑞盼 子三
兆待 殤
兆麵 子三
兆騷 止

兆麵 子三
必經 止
必庚 子四
必裕 缺

必庚 子四
先坤 殤
先倪 止
先珠 殤
先騁 殤

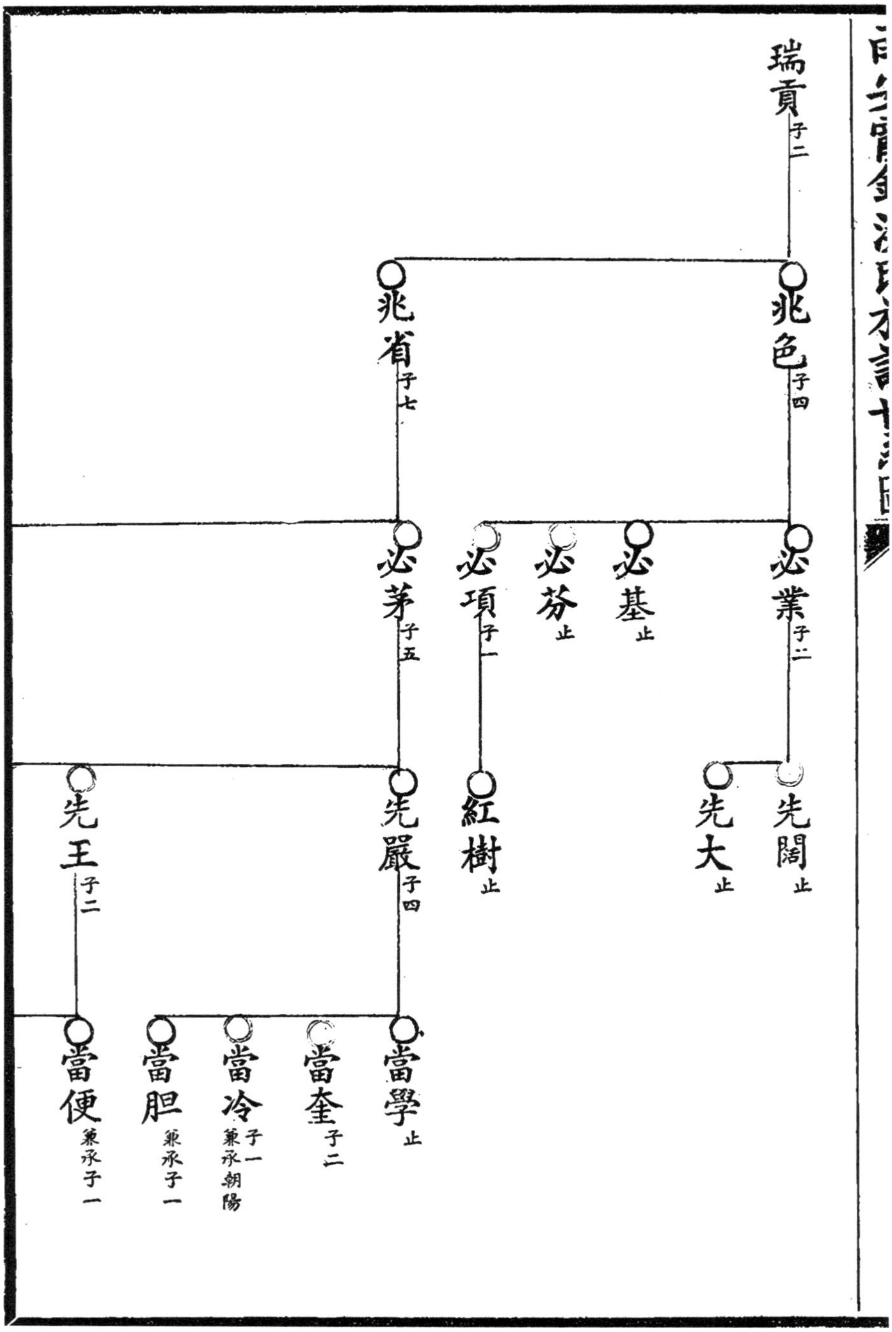
瑞貢 子二
兆色 子四
兆省 子七
必業 子二
必基 止
必芬 止
必項 子一
必茅 子五
先閪 止
先大 止
紅樹 止
先嚴 子四
先王 子二
當學 止
當奎 子二
當冷 子一 兼承朝陽
當胆 兼承子一
當便 兼承子一

必得 子五

先飽 出承必糍

先調 出承必尾

朝陽 兼承必採

先物 出承必糍

先仁 出承必尾

先真 止

先春 殤

先火 子二

當蔡 子一

當冷 先嚴子兼承

廣美

廣來 養兼承先物

必我 子二

必探

必糍 子二

先執 子一

先連 止

朝陽 必茅子兼承

先物 必得子入承

先飽 子五

廣貓 殤

當樑 雙承子一

當冷

廣美

廣來 先火子兼承

當簡 子二

建成 子二

水仙

水炮

瑞京 子三

兆祿 子三
兆杉 止
兆才 止

必南 殤
必埔 子二
必磋 殤

先椒 止
先擾

必堅 子一
必尾 子二

先返 子一
先仁 止 必得子入承
先調 必矛子入承

當庵 殤
玉渠 子一
當孔 止

- 瑞綱 子三
  - 兆詩 子五
    - 必波 殤
    - 必陋 止
    - 必梭 出承兆畜
    - 必課 止
    - 必處 缺
  - 兆猜 殤
  - 兆畜 子一
    - 必梭 止 兆詩子入承
- 瑞芸 子二
  - 兆浪 子四
    - 必切 缺
    - 必嫩 子五
      - 先套 止
      - 先訓
        - 由來 殤 兼承先套

兆錠 子五

必德 子一
必暢 子三
必志 殤
必諒 殤

先奪
先本 子二
先澤 止
先書 殤
先水 止
先吉 止
先明 止

由來 殤 雙承
飛昂 殤
添丁 子二

必印 子二
- 先貝 子一
  - 朝顧 殤 先銳子入承
- 先銳 子四
  - 當誥 止
  - 當猴 殤
  - 朝顧 殤 出承
  - [illegible]石 子二

必甜 子四
- 先札 止
- 先灣 止
- 先樟 止
- 先開 殤

必爽 子一
- 先等 止

西三房長之三翼達公派五房五良炎公派　五坵仔柱

九世 十世 十一世 十二世 十三世

瑞滾 子二
- 兆湊 子一
  - 必衎 外出缺
- 兆相 止

瑞現 子二
- 兆剎 止
- 兆琛 止

瑞求 嗣子一
- 兆聚 缺

瑞抄 子一
- 兆轉 缺

瑞忝 子三
- 兆驕 止
- 兆螳 殤

兆蝦 止

西三房長之四一酉公派 鳳樓柱即土樓柱

九世　十世　十一世　十二世　十三世

鳳樓石紫柱

瑞妾 子四

兆爾 止

兆東 子三

兆逆 止

開芳 缺

必騷 止

必碧 出承兆鶴

南安霞錦洪氏族譜世系圖　卷二　西三房長之四　一酉公派樓風柱　四六

- 兆鶴
  - 必碧 止 入承
- 瑞是 子一
  - 兆祈 子四
    - 必填 子二
      - 先精 子一
        - 呈祥 子三
      - 先摸 出承必冬
    - 必冬 子一
      - 先摸 子一 必填子入承
        - 呈華 兼承子一
    - 必回 出承兆俊
    - 必首 子二
      - 先鸞 殤
      - 開祥 止
- 瑞壤 子六
  - 兆胆 子二
    - 必枹 子一
      - 先近 出嗣止
    - 必誅 止
  - 兆肯 子三
    - 必兵 止

兆檀 子三　兆佳 子一　兆鄭 子四

必燕 止　必礌 止　必色 止　必彤 殤　必熙 止　必寨 止　必醒 子二

先淺 殤　先夏 子五

再能 子二　再起 子五 兼承先瑚　再發 止

兆拔 止

必圈 出承兆蜜

必榔 止

必出 子一

先瑚 子四

再旺 止

再來 止

再起 先夏子兼承

德利 子一

德良 止

德好 止

鳳樓柱　保義公派

瑞以 子四 號文瑞

兆珍 子二

必習 子六

必山 子二

迎花 子二

先鏡 止

先蛸 殤

先月 止

先地 出承必山

先貼 止

先禮 止

先地 止 入承

當多 止

當信 止

- 兆捫 子四
  - 必舟 子三
    - 先通 子三
      - 當尊 止
      - 當粒 止
      - 當改 止
    - 先保 子三
      - 光明 止
      - 當緞 止
      - 當騰 出承先達
    - 先達 出承必椒
  - 必鐇 子二
    - 太陽 子三
      - 當綿 兼承子一
      - 當秧 子一
      - 當茂 子一 養

兆柑 子四

必椒 子一
必抱 止
必科 子四

先物 殤
先達 子二 必舟子入承
西河 子一
先全 止
先啓 子五

當騰 止 入承
當送 止
當坂 子一
當坂 出承先啓
當亭 子三
當宙 出承先氣
當厚 止 出承先宅

必協 子二
必愿 子三

先合 止
先妹 子二
先川 止 必蔚子入承
先氣 子五

當抱 止
當遠 子一
當坑 殤
當宙 止 先啓子入承
當驕 子一殤
清景 鈌
當扁 殤
再好 殤

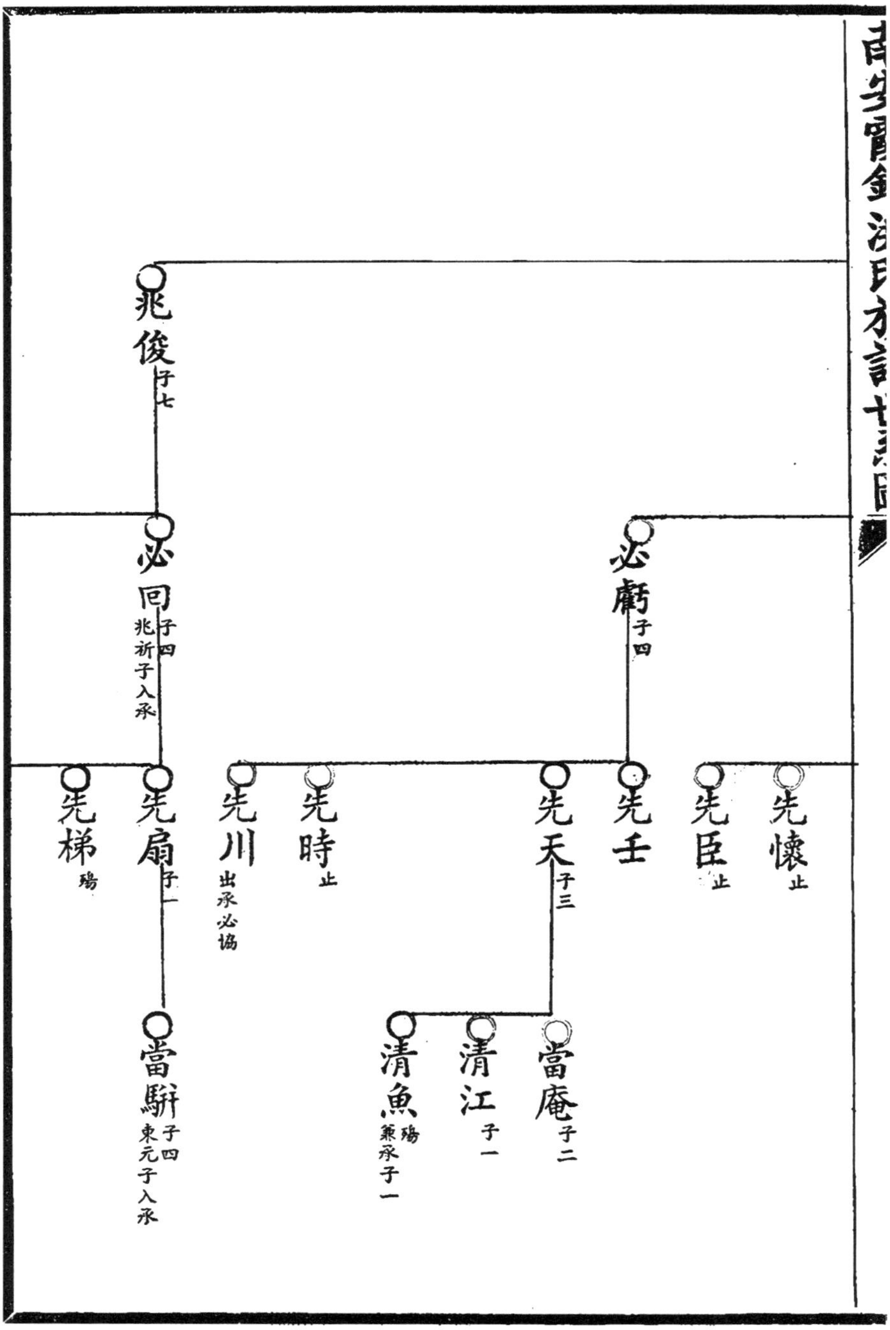
兆俊 子七
必回 子四 兆祈子入承
必虧 子四
先梯 殤
先扇 子一
先川 出承必協
先時 止
先天 子三
先壬
先臣 止
先懷 止
當駢 子四 東元子入承
清魚 殤 兼承子一
清江 子一
當庵 子二

必錦 子三
必木 子三

先永 止
東元 子三
先活 子一
先聰 止
先蘭 止
先勞 止
先健 止
先壇 止

當駢 出承
當志 止
當益
應萬 子二

必溜 子四
- 先還 止
- 先監 殤
- 龍腸 子一
  - 榮昌 子一
- 先泵 止

必猷 子一
- 先蘇 止

必卜 子四
- 先貴 殤
- 先藻 子二
  - 再等 兼承子二
  - 真等 子二
- 先笱 殤
- 先廳 子二
  - 文彬 子

裕秀 子八

先學 子二
先俯 止
先周 子一
先梱 子三
王武 子三

文輝 子
瑞隆 止
瑞典 子
瑞福 子二
福志
福靈
福星 出承王武
瑞火
福星

瑞御 子四

兆柏 子三

必萬 子四

景相 子

高升 子一

先炮 止

先淦 止

先通 子一

先久 子二

先篓 子三

瑞添

芋頭

當書 殤

當賢 子二

當釣 雙承子一

當吾 子二

當良 殤

必佃 子四 清巡政廳

朝宗 子四

送來 子二

先懷 嗣子一

傳芳 子四

當續 子一 兼承同慶

當羣 子一

當溪 兼承子一 [illegible]

當標 殤

當醉 子二 [illegible]

再興 子一

當灶 出承先懷

當灶 入承 嗣孫一

當井 子四

火恩 殤

三益 子三

先轉 子一

先讀 子一

同知 殤

兆百 子四

必租 子七

雙志 子六

王墩 子三

益力 殤

當齊 止

當舉 止

當乞 止

當畝 兼承子一

當練 止

當椿 止

當清 止

秋菊 子六
- 當玩 止
- 壬癸 殤
- 當養 殤
- 當朋 子二
- 當簪 兼承子一
- 當監 先圖子兼承

招財 子三
- 當日 兼承子一
- 當教 子二
- 當爺 兼承子一
- 當監 出承先圖

必薰 子四

先買 子三
先豹 殤
先樵 子四
先團 子一
着月 殤

當董 先報子兼承
當明 先格子兼承
當降 兼承子二 俱殤
光明 止
光輝 止
景星 止
永水 殤
當監 子三 招財子入承 兼承秋菊

必定 子六

先格 子二
先報 子六
先糴 子一
建成 子四

當劉 子二
當明 子三 兼承先買
當庵 殤
當董 子一 兼承先買
當挺 子四
再智 子二
當樹 殤
當錫 殤
當𠮩 雙承子一 兼承先喬
當廉 殤

仲穾　子四

先邁　子二

先返　殤

當大　雙承子一

當栽　殤

烏品　子二　先岸子入承

當斗　止

當追　止

當執　承兼子一

當挽　子一

當喊　子三

當博　子一

必諒 子四

先和 子二
琴棋 子一

先雷 子二
當丑 子一
炳煌 子三 先岸子入承

先岸 子七
文察 子一
特羽 子四
炳煌 出承先雷
烏亮 子三
烏店 子三
烏品 出承達成
烏滾 子二

兆單 子四 貳宥寄

成業 子三

先托 殤
先郡 子三
先喬 子二
先詞 子二
天池 子七

琴書 止
聲韻 子一
聲秀 止
意愛 先喬子兼承
當叫 先朵子兼承
意愛 兼承先郡
英總 子一
當位 兼承子一 先鍼子入承
當題 子二

先鉞 子六

當塔 殤
當輝 止
當鮑 止
當菊 殤
英雁 子一
英鶴
在中 殤
鑾貊 子一
當培 兼承子一
當豆 子三

金甌 子八

先營 殤
兆海 子五
採芹 殤
先鑴 殤

當儉 殤
當位 出承先祠
三喜 殤
當盤 子二
當進 子一
當簡 嗣子一
當傑 子三

高攀 子五

先孔 殤
南河 子二
加修 子一
先覺 子一
先軋 子三
潛重 子四

開導 止
受恩 子三
當應 子二
錦裳 子三
周發 子一 先董子入承
奇形 殤 六爻子入承
文理 嗣子一 六爻子兼承
周發 出承
肇基 嗣子一

永恕 子二

兵文 子三

乙卯 殤

加味 子一

先敏 子二

先庚

廉品

親切 子四

奇形 出承

田潤 子三

文理 子二 兼承先軋

如意 兼承子三

龍材 子一

加財 兼承子一

嗣子一

兆沙 子四

貽舊 子五

淵源 子三
扶國 子二
濟化 子二
超卓 子二
擇仁 子五

當少 嗣子二
贊緒 子二
贊盛 子三
溫柔 子一
敦厚 出承擇仁
聰明 子二
文言 擇仁子兼承
良弼 兼承子一
毓發 兼承子一
當潛 殤

兼才 子四

洋林 子三

再復 子三

敦厚 子二 扶國子入承

文喜 嗣子三

文言 兼承濟化

文桐 子一

永長 殤

取來 子三

拔眼 子一

添權 兼承子一

添酬 止

繼昌 止 又名添登

斂省 子六
- 兩載 殤
- 柳金 殤
- 先杞 子四
  - 美玉 出承先杍
  - 祖述 子三

同慶 子三
- 文禎 止
- 文學 子一
- 當續 嗣子一 先箋子兼承

再恬 子三
- 文楷 子二
- 文樹 殤
- 文漢 缺

必謀 子五

先抄 子二
先杼 子一
先殿 子一
先鍾 子一
先齋 子二
先潘 子五

祖德 兼承子一
敦倫 先抄子兼承
敦倫 兼承先杞
敦龍 出承先殿
美玉 兼承子一 先杞子入承
[illegible]龍 先抄子入承
當賓 子二
文東 子二
文談 缺
及時 殤

先善 子二

雲程 子二

太田 兼承子一

瑞鉭 子二

瑞家 兼承子一 瑒

瑞乾 子二

當响 子三

貴才 嗣子一 養

文居 子一

文聘 子

瑞露 子二

兆樾 子四

璇瑛 子三

標智 止

八味 止

天數 子二

淑氣 子三

夏荔 子四

來文 出承雙鳳

先得 止

來寶 止

先丕 止

先欽 止 必新子入承

先籍 止 必荔子入承

先梯 子一

先籍 出承淑氣

先嵩

先串 子四

樹知 子一

淵得 子三

源情 子三

兆爵 子七

雙鳳 子三

新鳳 子二

來文 止 璇瑛子入承

先楚 殤

先梅 子三

福佑 止

先欽 出承淑氣

源孝

慈孝

貴炎

當知 殤

當妙 子二

德仁 子一

江水 子二

安樂

淵泉 先娥子入承

先娥 子四

淵泉 子二 雙承

銀城 子二

震宇 子二

震家 子一

朱里 子二

先登 止

蓋土 兼承必

必撋 止

必[illegible]

蓋土 朱里子兼嗣

志忠 殤

- 瑞交 子三
  - 兆柿 子五
    - 必褒 止
    - 必策 子一
      - 先宅
        - 當厚 止 先啓子入承
    - 必哲 止
    - 必賒 止
    - 必現 止
  - 兆邊 子四
    - 必許 子三
      - 先麟 止
      - 先縷 止
      - 再發 殤
    - 必向 子一
      - 開張 殤
    - 必絹 止

必繳 止

兆借 子三
- 必示 止
- 必掬 止
- 必茂 止

瑞箬 嗣子一
- 兆舉 子三 瑞爺子入承
  - 騰章 止
  - 騰全 止
  - 必德 殤

瑞爺 子五
- 兆聽 子三
  - 必朕 止
  - 必興 出承兆遜
  - 必養 出承兆雅

兆猛 子三
必然 子二
先皇 殤
必旺 殤
必能 殤

兆遯
必興 止 兆聰子入承

兆雅
必養 殤 入承

兆舉 出承瑞睿

瑞爽 子一 住上海
兆懷 子缺 住上海

瑞嗟 子一
兆貌 子一
必班 止

瑞東 子四
兆穡
必垻 止 兆泰子入承

兆拒 止

瑞所 子五

兆嚴 止

兆泰 出承瑞水

兆衆 止

兆輝 止

兆燦 止

瑞水 嗣子一

兆泰 子二

必堉 出承兆稽

天送 嗣子一

先祿 子三 胞姊子入承

瑞成 止

瑞泰 子一

瑞河 子

西三房二可珍公派黃蜂腰柱 應瑞公派

九世 十世 十一世 十二世 十三世

- 瑞鳫 子一
  - 兆判 子一
    - 文來 止
- 瑞遞 子一
  - 兆創 住福清生祠
- 瑞欣 子二
  - 兆松 子一
    - 必精 兆楓子入承 自祖住福清生祠
  - 兆楓 子一
    - 必精 出承兆松
- 瑞宰 子四
  - 兆罩 止
  - 兆姜 止
  - 兆撻 子三
    - 必愛 殤
    - 必什 子二
      - 先騫 止 必索子入承

瑞類 子二
瑞惴 子二

兆恐 止
兆忠 止
兆佳 殤
兆件 子一

必寶 子一 兆俏子入承

天用 止

必斉 子二

先欽 嗣子一
傳泰 子四
成仁 子一

當萍 止 傳泰子入承
升州 止 出承成仁
石記 止
當萍 出承先欽
村內 止
升州 止 入承

兆悄 子二
- 必寶 出承
- 必聚 止

瑞榛 子五
- 兆所 止
- 兆杉 止
- 兆跳 止
- 兆睦 殤
- 兆怪 止

應曾公派

瑞趣 子一
- 兆變 止

應記公派　九架柱

- 瑞納 子三
  - 兆神 子五
    - 必贍 子一
      - 先譽 止
    - 必貯 子一
      - 先忠 止 必贈子入承
    - 必贐 子三
      - 先鍰 止
      - 先淑 止
      - 先斗 出承
    - 必贈 子四
      - 先鈞 子二
        - 當權 止
        - 當樹 止
      - 先忠 出承必貯
      - 先諒 殤

瑞咸 子二
瑞配 子三

兆敬 止
兆保 止
兆雍 止
兆垂 子一
兆安 子五

必賜 子一
必鷂 子一
必答 子四

先勇 子二
先渚 止
先成 隨母嫁丁埔頭林家
先邦 止
先泉 子二

德林 殤
當洋 子二
當土 子一
當概 止

必棻 子二
必博 子三
必梳 子一
必戲

先曾 殤
先興 子二
先新 止
先榮 止 必博子入承
先雪 止
先榮 出承
先山 止
蓮堂 止 必杏子入承
先廣 止

當侯 子一
當乞 子一

兆君 殤

先萬 止

兆歡 止

瑞套 子一

兆椒 止

瑞岱 子四

兆甲 子三

集德 子三

先璋 止

先蕨 子三

當見 子三

當蚶 子四

當知 子二

先彩 子七

當命 殤

當梅 殤

兆魚 子二

必明 止
必海 子一
必燕 子三

仁和 子一
先扳 止
先漢 子一
連登 殤

當儀 缺
托居 子一

當猴 殤
樹林 殤
老婆 殤
當扮 子三
五只 嗣孫一

瑞庚 子一
瑞堯 子三

兆匹 出承瑞庚
兆寢
兆匹 子一 入承
兆遜 子一
兆可 止
兆某 子六

必順 出承兆寢
必順 子一 兆魚子入承
必元 子一
必情 殤
必同 子一
必叫 子一

劍文 止
先孝 止
先慶 子三
先賞

當寶 子一
當普 子一
得再 子一
當梧 止

- 必禣 子二
  - 先秀 殤
  - 先榜 止
- 必縷 殤
- 必侃 止
- 必旋 殤

- 瑞老 子一
  - 兆靳 子三
    - 必府 子二
      - 先南 子二
        - 滿池 子三
        - 當存 嗣子一
      - 先閣 止
    - 必壻 子一
      - 敦兼 殤
        - 當旺 止
    - 必縣 止

- 瑞悅 子三
  - 兆狀 子四
    - 必滔 殤
    - 必雅 子一
      - 先龍 殤
    - 必二 殤
    - 必糾 殤
  - 兆品 子二
    - 必扶 子二
      - 先俄 止
      - 先仍 出承必僉
    - 必僉 子一
      - 先仍 止 入承
  - 兆掞 子三
    - 必沛 殤
    - 必炳 子一
      - 先來
        - 朱彬 先昆子兼承
    - 必要 子一
      - 先昆 子三
        - 朱彬 殤 雙承

祝鮀 殤

老猴 子一 兼承堂兄先對

瑞耍 子一

榮宗 止

瑞瓜 子二

兆疊

必經 止

必時 殤

兆井 止

三房三恬直公派　塔邊墘柱

九世　十世　十一世　十二世　十三世

瑞孝 子一

兆銅 子一

必志 缺 出洋

瑞範 子二
- 兆枋 止
- 兆欣 子一
  - 必鉗 止 兆追子入承

瑞興 子五
- 兆氏 子五
  - 必引 子一
    - 先飲 止 必壁子入承
  - 必檀 子一
    - 先活 殤 必壁子入承
  - 必在 子三
    - 先坪 殤
    - 先諸 止
    - 先布 子二 必宇子入承
      - 當祥 兼承子一
      - 蜈蜞 子二
  - 必壁 子三
    - 先飲 出承必引
    - 先通 缺

兆淨 止

兆曹 止

兆追 子五

必宇 子四

必漸 子一

必涼 子二

先活 出承必樘

先作 止

先列 止

先布 出承必在

先榮 子一

先案 缺

先竪 止

先樜 殤

當坑 殤

必別 止
必緘 止
必鉗 出承兆欣

兆程 子二
必果 止
必磨 止

瑞由 子二
兆略 止
兆畜 子二
必海
必山 兄弟往台灣

瑞参 子一
兆串 止

瑞錢 子五
兆蜜 子二
必緩 止 兆力子入承

兆螺 子三
兆蟳 子三
兆問 出承瑞寬
兆珪 子五

必圈 止 兆鄭子入承
必茶 止
必巾 缺
必慄 缺
必進
必轉
必緝 俱殤
必直 止
必善 出承

必軌 止
必滴 止
必學 子二
　先泗 子一
　　炳淵 江德子入承
　江德 子四
　　炳煌 殤
　　炳乾 殤
　　炳淵 出承
　　金罌

瑞寬 子一
　兆問 子三 瑞鋑子入承
　　必吉 止
　　必看 止
　　必烟 止

瑞洸 子三

兆成 止

兆才 止

兆桄 止

西四房弈業公派　樓脚柱

九世　十世　十一世　十二世　十三世

- 瑞密 子三
  - 兆柑 子一
    - 必謹 子一
      - 先佼 止
  - 兆莘 子三
    - 必磊
    - 必純
    - 必述 父子住福清
  - 兆昔 子三
    - 必湊 止
    - 必音 止
    - 必弄 止
- 瑞御 子四
  - 兆兼 子二
    - 必軋 止

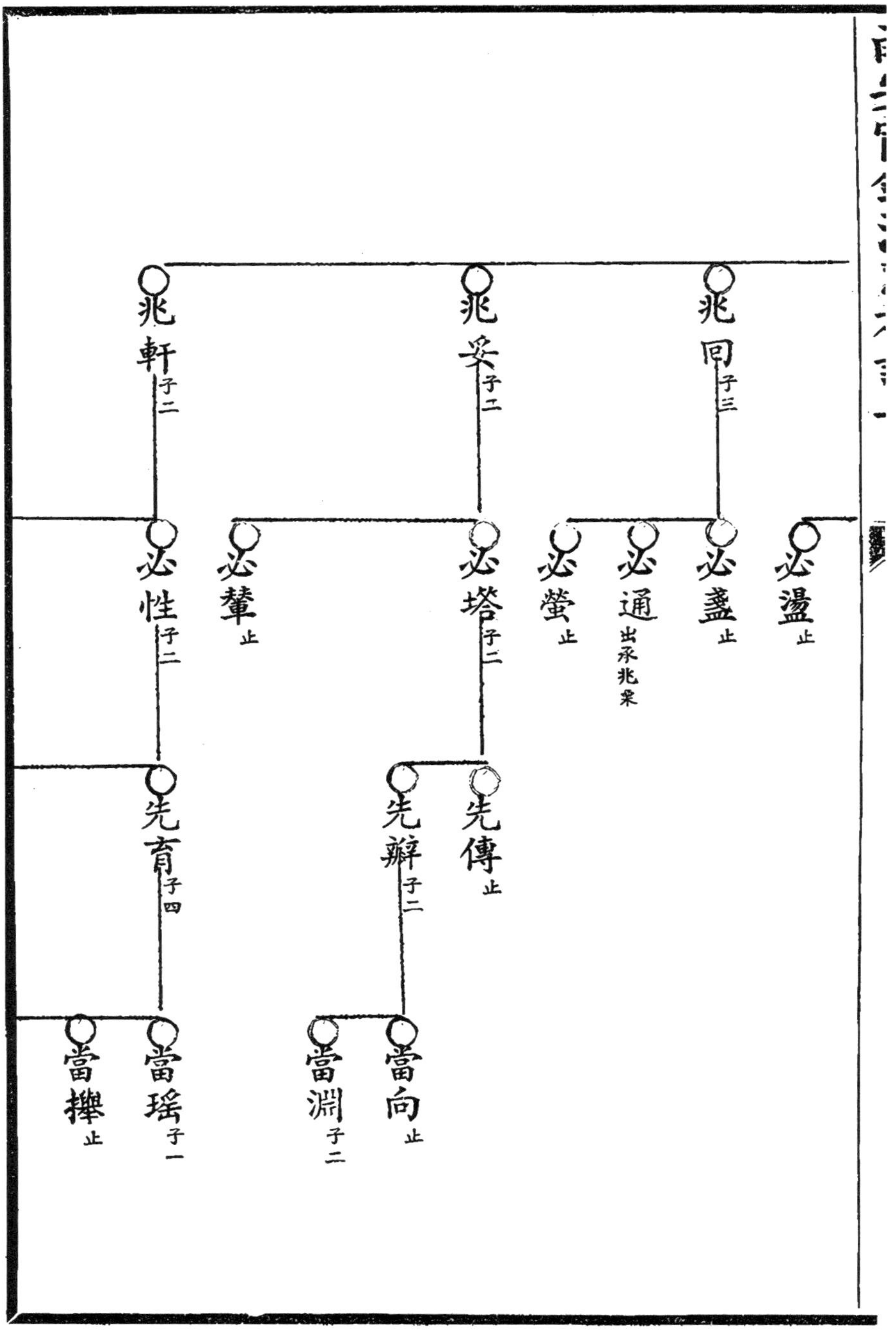
兆同 子三
兆妥 子二
兆軒 子二
必盪 止
必盞 止
必通 出承兆采
必螢 止
必塔 子二
必輦 止
必性 子二
先傳 止
先辯 子二
先育 子四
當向 止
當淵 子二
當瑶 子一
當擧 止

瑞齊 子六

兆梧 子三
兆魏 子一

必奢 子二
必送 子一
必分 出承兆映
必昧 出承兆卑
必裕 子四

先偶 子一
先次 子二
先汶 止
先初 止
先掬 子二

當蓄 殤
當泉 出承必寵兼承先茂
當燦 止
當闖 止
當韭 嗣子一
當欉 子四

兆荷 養子二
兆栗 子二

必引 止
必腰 子二
必通 子一 兆回子入承

先燕 止
先鮑 出承必昧
概成 止

先柹
先三
先株 子三

當博 止
○ 嗣孫一
當遯 先株子兼承
當遯 雙承 嗣子一
當協 出承族弟先櫰
當磬 止 兼承族弟先務

瑞試 子二
瑞儆 子三
瑞他 子四

兆卑
兆映
兆相 止
兆蘭 子一
兆佛
兆香
兆星 父子同住福清
兆雲 子二

必腰 養出承兆荷
必昧 兆梧子入承
必分 止 兆梧子入承
必卷 止
必芮 子一
必助 子一

先鮑 止 入承
先才
先鼎

- 兆露 止
- 兆河 子一
  - 必璇
- 兆梁 子一
  - 必炎 歷代任福清生祠
- 瑞峙 子三
  - 兆西 子三
    - 必煥
    - 必連
    - 必紅
  - 兆面 子四
    - 必汪
    - 必超
    - 必偶
    - 必鈞

兆要 子二
必璘
必揚

瑞佩 子四
兆怡
兆科
兆和
兆圭 以上觀派同住福清生祠

瑞養 子三
兆愬 殤
兆倪 子一
必進 子一
先星 止
兆昭 子一
必頭 又名必土 父子居長泰缺

瑞歡 子五
兆強 住福清

瑞報 子五 福清生祠 米粉厝柱

- 兆款 止
- 兆發 殤
- 兆滔 子一
  - 必親 子一
    - 先外 缺 住漳州
- 兆伐 殤
- 兆印 子四
  - 必繼 子五
    - 先灝 子四
      - 當旗 殤
      - 當鼓 止
      - 當炳 出承先洧
      - 當試 出承先洽
    - 先洽 出承必納
    - 先泮 殤

兆外 子一　兆棟 子一

必納 子一　必經 出承兆棟　必調 子二　必來 子一　必經 子三 入承

先渥 殤　先湑　先洽 子一 入承　先田 止　先木 止　先潭 止　先源 子二　先漢 子一

當炳 止 入承　當試 缺 入承　當標 缺　當番 出承先猴　當科 缺

先猴 子一
當番 缺 入承

兆番 子孫俱住福清

兆燦 止 以上瑞報公派俱住福清生祠米粉厝

瑞赫 子二

兆旁 止

兆灶 子一

必富 三代俱住福清

西四房弈隆公派　土樓仔柱

瑞冉 子五

兆覽 止

兆甲 子三

必寑 嗣子一

冬玉 瑞

當泉 缺 先育三子入承 兼承先茂

必門 出承兆者

必間 出承兆脣

兆舜 子一
- 必間 子四 入承
  - 冬玉 殤 出承必寵
  - 邱陵 殤
  - 先髦 止
  - 先岦 殤

兆者
- 必門 止 兆甲子入承

兆緘 殤

瑞覺 子二
- 兆合 子二
  - 必道 止
  - 必行 止
- 兆新 止

瑞枕 子五
- 兆樟 子一
  - 必訓 止
- 兆明 出承瑞坤
- 兆監 子一
  - 必友 止
- 兆迎 出承瑞醉
- 兆連 出承瑞醉

坑仔墘柱卽下坂厝柱

瑞戀 子一
- 兆瑞 止

瑞偉 子一
- 兆高 居溫州

瑞坤 子三
- 兆排 止
- 兆䝱 子二
  - 必象 子三
    - 兩絨 子一
      - 慶雲 父子住永定

瑞越 子二
瑞成 子一
瑞蠏 子二

兆明 子一 瑞枕子入承
兆寅 住福清
兆月 出承瑞熙
兆棋 住福清
兆檀 子四

必溪 出承兆明
必溪 子一 入承
必頗 殤
必册 子三 住永定

先遷 止
先考 出承必溪
先考 入承 父子住永定
先絨 缺
先陳 殤

兆榻 子五

必題 子五 住永定
福元 止
必額 子二

繡花 缺 住永定
來發 缺
先哖 子二 改名炎
先龐
繡花 出承必册
石鳳 兄弟俱住永定
瑞金 子一
先紡 止

金水 子一
泉水 父子俱往望加錫莫考
當塡 子三 父子在洋

必勁 子二
- 先鳳 殤
- 先克 止

必爽 子三
- 先儒 止
- 先苗 止
- 先掌 養子一 必雨子兼承
  - 當拗

必郭 子三
- 先迄 止
- 先綳 止
- 先曹 殤

必雨 子四
- 先爾 殤
- 先崀 殤

瑞尾 子三

兆橋 子三

兆磘 殤

兆局

起發

新發

登發 兼承兆局 父子俱住永定

登發 雙承

先掌 子一 兼承必奐

先字 止

當抄 子一

垻腰柱

瑞扶 子五

兆暢 子四

必餘 子四

先坑 子三

當闞 子四

當闖 出承先頭

必欽

必民　子二

先稍　子三　必餘子入承

先鑴　止

先答　子二

先埔　兼承子三

先稍　出承必欽

先頭

當羨　止

當郁　嗣子一

當鈞　子三

當探　止　俱先埔子兼承

當荷　子四

當釵　子四

當闖　止　入承

當閩　子三

- 兆討 子五
  - 必農 止
  - 必迎 子一
    - 先斜 止
  - 必跳 子一
    - 先嶺 子四
      - 當釵 子四
      - 當荷 子四
      - 當丕 殤
      - 當採 止 兄弟俱秉承先埔
  - 必當 子二
    - 先溼 子一
      - 當糴 子三
    - 先醒 出承必崎

- 當薩 子二
- 當池 止

瑞接 子四
- 兆看 止
- 兆謀 止
- 兆菊 子二
  - 必波 殤
  - 必高 止
- 兆造 子二
  - 必格 殤
  - 必栽 缺
- 兆泵 止

必皆 子二
- 光真
- 春陽 父子俱住台灣

必崎 子一
- 先醒 止 入承

瑞攝　子三

兆前　止

兆慶　止

先蓮　子一

必如　子四

先鋪　殤

先誨　子五　養

先爆　子二　養

當閱　子二

當謨　嗣子一

當信　出承先揲

當軒　止

當河　子二

當能　兼承子一

當耤　子三

瑞伋 子四

兆花 止

兆菊 止

兆告 子四

兆踏 子三

必瓊 止

必琫 止

必玷 止

必篤 出承兆占

必牆 止

先蹂 子三

當信 子一 雙承先誨子入承

有來 止

當傳 止

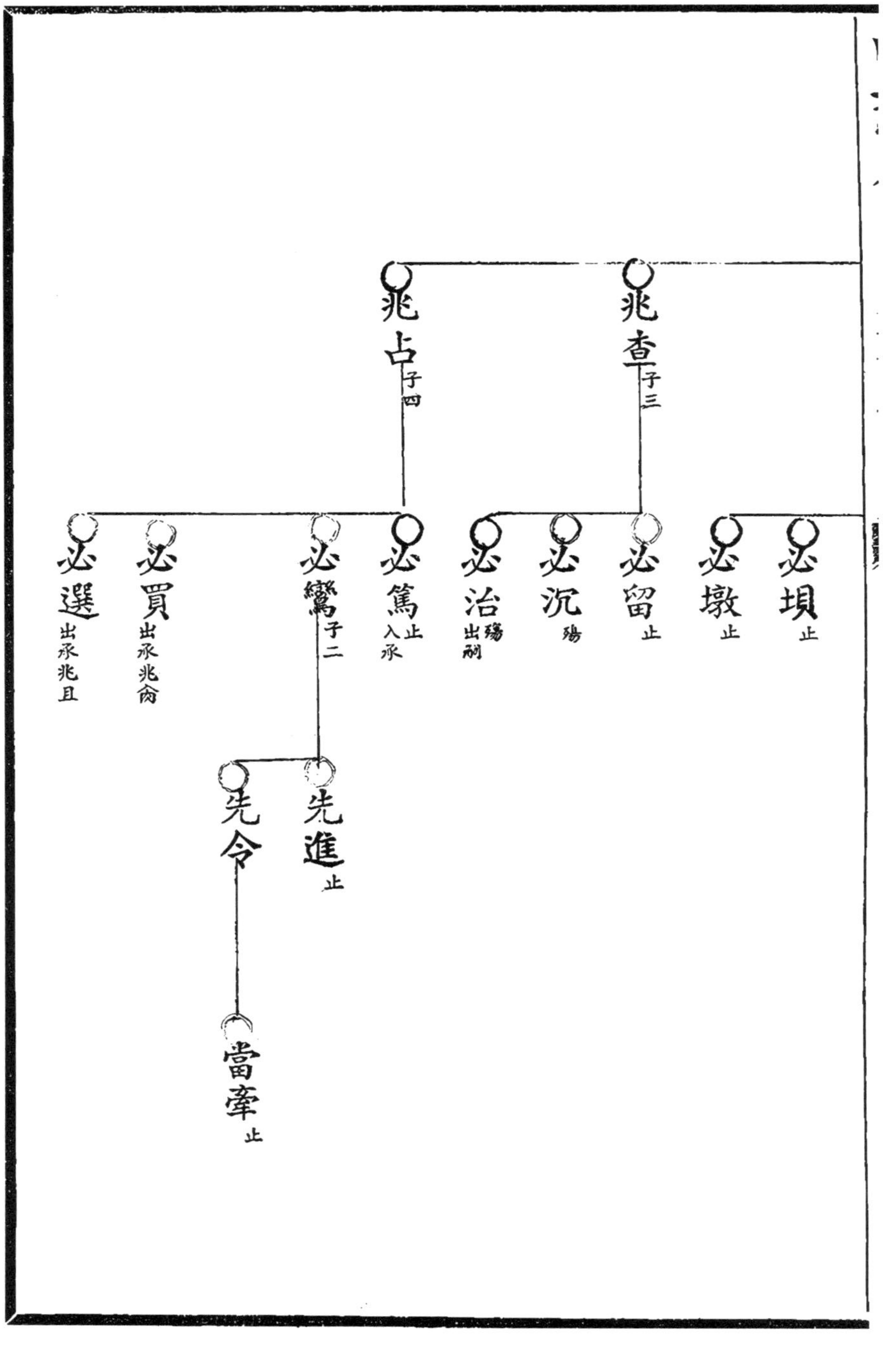
兆查 子三
兆占 子四
必埧 止
必墩 止
必留 止
必沉 殤
必治 殤 出嗣
必篤 止 入承
必鸞 子二
必買 出承兆冏
必選 出承兆且
先進 止
先令
當牵 止

瑞廉 子三
- 兆餒 止
- 兆蔣 子二
  - 必癸 子二
    - 先川 兼承必尺
      - ○ 嗣曾孫一
    - 先沈 殤
  - 必尺 兆扇子入承
    - 先川 雙承
- 兆世 子一
  - 必鑽 子一
    - 再興 止

瑞熙 子一
- 兆月 瑞越子入承住福清生祠

弈山公派周龍頭柱 一名檀坂柱

瑞超 子一
- 兆受 止

瑞戴 子二
- 兆某 殤
- 兆看 子一入承 俱瑞程子
  - 必步 止 卷

- 瑞慎 子一
  - 兆理 止
- 瑞秀 子五
  - 兆官 子三
    - 必炎 子五
      - 先選 止
      - 先龐 止
      - 先南 止
      - 先成 殤
      - 先經 殤
    - 必蜂 子二
      - 先水 子一
        - 當簡 止
      - 先[illegible] 出承成功
    - 必圓 子四
      - 先章 止
      - 先囂 出承兆助為孫

兆損 子五 鄉賓

成萬 子六 太學生

先壳 止

先謏 出

先兆 子二

進記 子一 號學知
當作 出承先賜

先詩 子三

當欽 住彭湖缺
當斗 止
當壁 出承先飯

先雨 子二

當圭 止
進音 出承先東

先賜

當作 止 先兆子入承

成時 子四 例貢

先柏 止

先六 止

先飯 子四

先東 子二

開拔 子四

添二 子一 業儒號海岱

當壁 止 先詩子入承

當業 殤

當鳳

進發 子二 號呈祥

進音 止 先兩子入承

當歲 兼承子二

當高 子二 號尊崇

知來 殤

成功 子七 太學生

開藻 子四

先茬 子四 必焠子入承

當正 兼承子一

當葱 子四

汁鮭 子三

朝試 兼承子一

旺算 子二

玉案 子四

當道 子四 號謀生

當遯 子二 號世吉

當途 子五

先蓮 子二

當迂 子二 號餘足

當講 止

當緆 兼承子一

先蓀 子二

當顯 嗣孫一

當豆 止

先華 子一

當龜 兼承子一

先葵 子三

睿智 子一

寬裕 雙承子一

堯天 止

先著 子一

靄光 子一 號垂氣

南安霞錦洪氏族譜世系圖　卷二　西四房　弈隆公派國龍柱

振忠 子五 號業儒
先茵
溫水 子二 號呈允
洞水 止
先望
當鳶 子一 先棟子兼承
先棟 子二
當搖 嗣孫一
當鶩 子一 兼承先望
烏悛 止
先補 止
先敷 外出止
兆芽 子三
必椅 子五
先格 子一
當遷 止
先情 止

兆重 子四

必樟 子二
必桂 止 兆心子入承
必賢 子六

先集 止
先義 殤
先若 殤
先禮 殤
瓊瑤 止
先賀
先抱
先遠 出承必悔
先旁 出承必諒

當潑 子二 號成活 先抱子兼承
當潑 子二 兼承先賀

必悔

先遠 子四 必賢子入承

當困 子五 號升恆

當苟 子二

當疊 殤

當庇 子四 號升萬

先江 子二

當意 子四 號心好

當改 子二

先待 殤

必亮 子五

先磋 殤

先旁 子二 必賢子入承

當木 子二 號成喬

當懽 子一 號怡悅

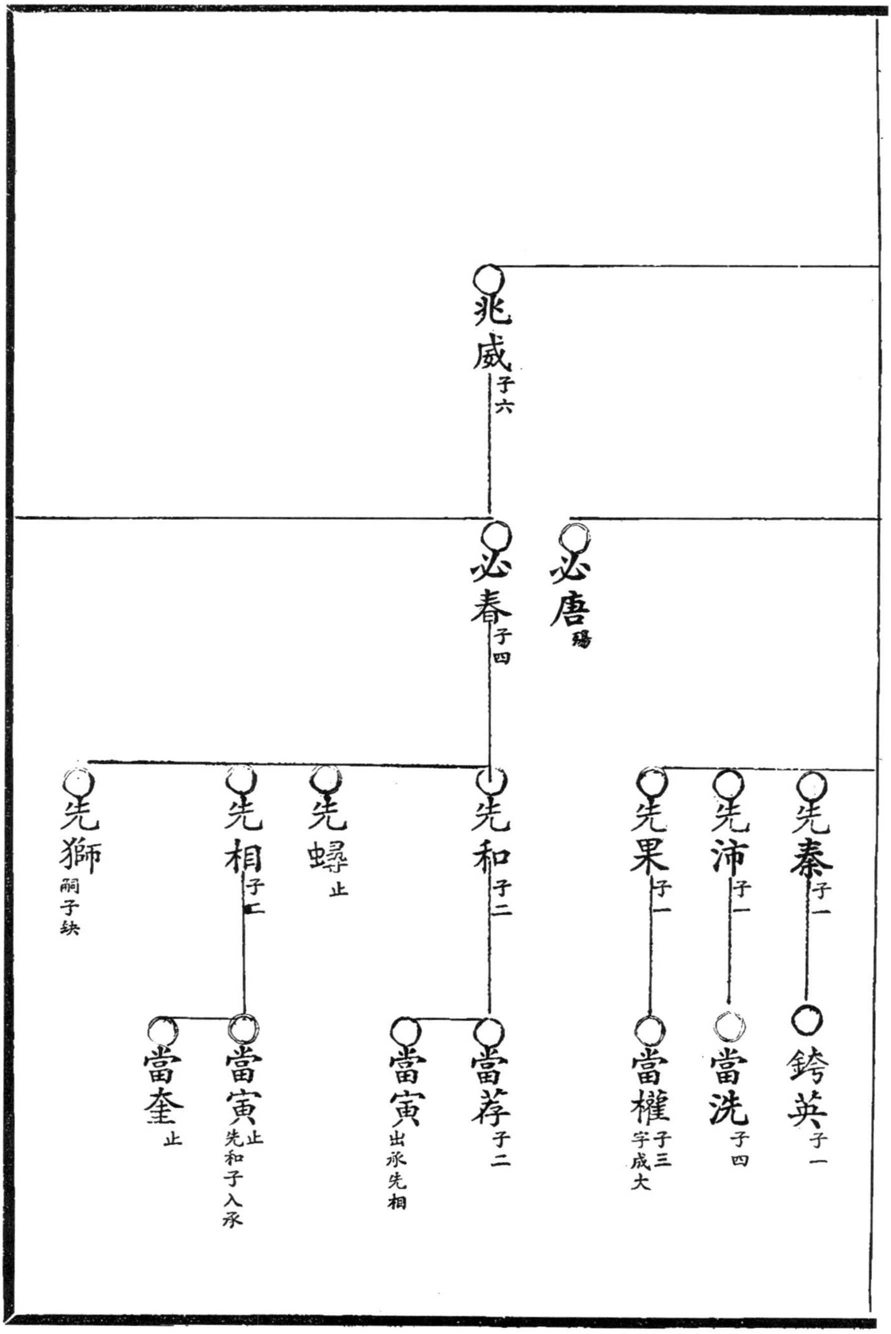
兆威 子六
必春 子四
必唐 殤
先秦 子一
先沛 子一
先果 子一
先和 子二
先蟳 止
先相 子二
先獅 嗣子缺
錡英 子一
當洸 子四
當權 子三 字成大
當荐 子二
當寅 出承先相
當寅 止 先和子入承
當奎 止

南安霞錦洪氏族譜世系圖

卷二　西四房　弈隆公派國龍柱

- 必勅 子二
  - 先胖 子一
    - 瓜瓞 嗣子一
  - 先絨 子一
    - 當硎 子一 字成見
- 世哲 殤
- 必輾 子三
  - 先賞 止
  - 先汝 子二
    - 當嘮 子一
    - 當芭 子三
  - 先僂 子一
    - 當潛 止
- 必鈁 子五
  - 先璇 殤
  - 先鈄 子二
    - 當尋 子二 字成芳
    - 當自 止

必老 子三

先攄 子三

先嶽 子四 號嵩南

先逵 號超進

先引 子六 號拔擢

當拸 子二

當盛 殤

當求 出承族兄先假

當閑 子一

當碟 子一 兼承先逵

當旦 殤

當天 殤

當碟 子一 雙承

當早 子八

當田 子四

南安霞錦洪氏族譜世系圖 卷二 西四房 弈隆公派國龍柱 九〇

瑞靜 子五

兆頂 子一
必佃 止

兆楓 子一
必滿 殤

兆趣 止

當拜 子三

當恭 子五

當擦 子一 兼承先浸

當碭 子三

先浸 號川浮
當擦 子四 雙承

先廣 子二 號樸訓
當抵 子二
當言 子二

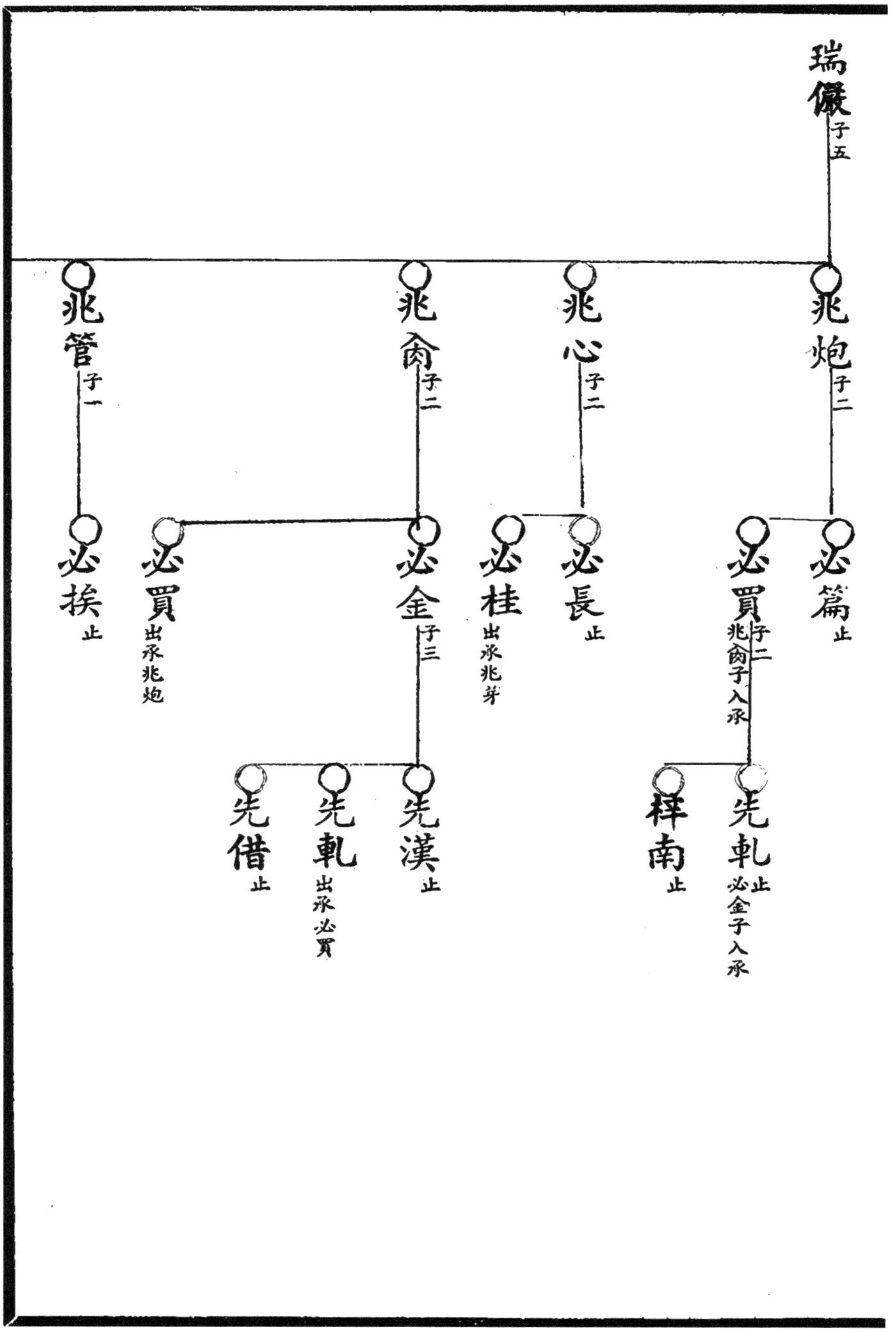
瑞儼 子五
兆炮 子二
兆心 子二
兆匈 子二
兆管 子一
必篇 止
必買 子二 兆匈子入承
必長 止
必桂 出承兆芽
必金 子三
必買 出承兆炮
必挨 止
先軋 止 必金子入承
梓南 止
先漢 止
先軋 出承必買
先借 止

瑞地 子四

兆甲 子三　兆酒 子一　兆醋 子一

必剪 遷居閩清　必崇 殤 出承兆元　必齡 出承兆瓜　必綿 子二 兆瓶子入承　必君 子三

先埕 必君子入承　兼承孫二　先繫 出 必芓子入承　先鼑 子三　先虔 殤　先垾 出承必綿

當取 子四　當士 殤　當越 子二 先礁子入承

瑞教 子一

兆瓶 子二
兆綴 止
兆卞 子四

必綿 出承兆酒
必苧 子一
必默 子六
必實 子一

先繫 出承必綿
先聰
當創 止 先礁子兼承
先龍 子一
當虎 子一
先鈸 出承必魚
先瞞 出承必甚
先招 出承必甚
先強 子一
當愛 止
先礁 子三
當套 殤

當越　出承先覘

當創　止　兼承先恥

必鰲　子一

先什　子五　號百福

當斫　子六

當罐　子六

當甕　出承先囂

當蘊　子三

當湅　子三

必魚　子二

先鈸　子二　必跃子入承

當久　子七

當羊　子二

先鋪　殤　吊承必如

- 瑞尃 子二
  - 兆本 子二
    - 必齊 止
    - 必剖 子一
      - 先埧 缺 父子往顺昌
  - 兆舍 子三
    - 必秋 缺
    - 必解 缺
    - 必琴 缺
- 瑞基 子三
  - 兆岁 子三
    - 必按 子三
      - 先罩 缺
      - 先臘 缺
      - 先佛 父子俱往桃源缺
    - 必山 子一
      - 先來 止
    - 必熬 止

兆艾 子五

必砵
先闊 必對子兼承

必對 子四
先畨
當尊 子一 先棕子入承

先棕 子三
當尊 出承
當享 殤
當菊 子三

先闊 止 兼承必砵

先悅 止

必蚵 出承兆茉

必睹 出承兆侶

必麵 殤

兆廁 子四
- 必盤 止
- 必尺 出承兆蔣
- 必潤 止
- 必貧 出承兆井改名移

瑞反 子二
- 兆蒲 止
- 兆操 子一
  - 必波 缺

瑞入 子四
- 兆福 止
- 兆爺 子二
  - 必進 殤
  - 必厚 殤
- 兆帝 止

瑞瑛 子一
- 兆髻 子三
  - 必護 止
  - 必務 出承兆田
  - 必衫 止

兆元 子一
- 必崇 殤

瑞芳 子四
- 兆肖 子二
  - 必欣 止
  - 必八 出承兆池
- 兆髻 出承瑞瑛
- 兆池
  - 必八 止 入承
- 兆田
  - 必務 止 入承

瑞甲 子三
- 兆周 止

瑞程 石仔柱 子七

- 兆助
  - ○
    - 先鼂
      - 當甕 子四 先什子入承
- 兆番 止
- 兆彭 止
- 兆胎 子二
  - 必千 缺
  - 必縣 止
- 兆見 子一
  - 必愿 止
- 兆惠 子二
  - 必瑶 止
  - 必動 殤
- 兆葉 子一
  - 必蚵 兆文子入承
    - 先冬 止
- 兆某 殤 出承瑞戭

兆看 出承瑞戴

瑞圍 子三

兆瓜
必齡 子二 兆甲子入承
當成 止
名譽 止

兆侶 子二
必睹 止
必柏 子一
來發
當浮 止

兆邦 殤

瑞但 子二

兆甜 子二
必貺 止
必積 止

兆鹽 出承三房

南安霞錦洪氏族譜世系圖

卷三

南安霞錦洪氏族譜世系圖

卷三

長房長之長景鍾公派　石紫柱

十三世	十四世	十五世	十六世	十七世
當銳 子一	慎懷 子一	錦水 子一 慎志子兼承	良美	
當錫 子一	慎闖 止			
當覔 子一	慎露 子一	必里 子		
文恕 子一	雙泉 子一	進來 止		
當珠 子一	慎明 缺			
當挖 子二	慎志 子三	錦樹 子二	炳林 出承錦川	

當建 子三

慎包 止
持論 子四
造端 子四

錦水 子二 兼承慎懷
錦川
啓詩 止
迎來
迎書
迎捷
廣生

江林
良美 出承慎懷支派
廷章
炳林 錦樹子入承

當寶 子一

活水 子八 監生

造仲 殤

思同 殤

思印 殤

稱頌 止

載喜 止

新淵 殤

金全 止

玉輝

玉城

玉山

載謙

成國

載德 止

長房長之長景允公派　坑内柱

新丁 雙承先麗派

愼斜 止 當偷子兼承

送來 殤

新丁 先苗本支

愼斜 止

送來 殤

長房長之長喬山柱　正文公派

十三世　十四世　十五世　十六世　十七世

- 十三世 光炳 子二 號豹叟
  - 十四世 復到 止
  - 十四世 豪傑 止
- 十三世 登助 子二
  - 十四世 全完 子一
    - 十五世 既成 子一
      - 十六世 好晉
  - 十四世 由天 止
- 十三世 當鬧 子三
  - 十四世 桔樹 子四
    - 十五世 思拱
      - 十六世 清河 雙承
    - 十五世 思才
      - 十六世 清河 兼承
    - 十五世 思唱
    - 十五世 思宜

見喜
思都 殤

合安 子三
番達 止
侯生
文山

當做 子三
隨意 殤
秋蘭 殤 兼承
進益 止 雙承

當任 子一
進益 止 兼承

當鎮
秋蘭 殤 雙承

長春 子二
慎欽

長房長之長元美柱　大明公派

十三世　十四世　十五世　十六世　十七世

慎啓 俱止

當舊 子二 號既升
- 慎補 止
- 慎仕 止
- 慎草 止

當宴 子二
- 慎底 子二 當泮水入承
  - 衍慶 殤
  - 從算 子一 大奢子兼承
    - 連升 入承
- 天奢 子一
  - 從算 子三
    - 連晉

主義 殤

連升 出承

當洋 子二

愼底 出承當宴

愼返

約禮 殤

當塔 子六 號恩情

愼沁 子一 號波上

癸卯 子五

詩書

若鵬

執禮 殤

詩禮

傳家

新壽

清潤

- 慎稽 子二
- 慎淫 子二
- 慎海 兼嗣 子一
- 慎藩 子五 兼承招贊

- 榮華 子四 兼承慎海
- 逢華
- 桂枝 止
- 服代 止
- 榮華 子一
- 述濟 出承招贊
- 綦鏢 子五

- 騰雲
- 欄領
- 烏猛 出承慎海支派
- 嗎領
- 興利
- 烏猛
- 淨流

- 益成

南安霞錦洪氏族譜世系圖

慎俊 子三

德美 子一

必勝

玉利

昆玉 嗣子二

淨南 恭錄三子入承

清池 連綢次子兼承

連綢 子二

清泉

清池 兼承昆玉

淨發

淨源

淨南 出承昆玉

淨金

德禧

德慶 止

當標 子二 號金榜

慎奇 子四 兼承當[illegible]

合和 嗣 出承慎学

思抱 子四

振利 子一

璧聯

振發

振興

戰勝

貽團 止

同智 子二

乾瑞

乾戊

卷三　長房長之長　元美往大明公派　六

當授 子四 號心法

慎學 出承擋炎

慎水 子五

慎仙 子二

思黍 子二

思扮 止

思飯 子一

人物

思恤 子一

思篙 止

天生 子四

金欺 子一

江護

受面 兼承

受面 雙承

培發

世春 止

昭福

寶連

譙有 殤
慎爐 子三

思挑 子三
思調 子四

受平
受忠
烏炭
高山
烏鍾 殤
吾魯 止
日山
日增
日添

木火

擋炎 子二 號崑山

慎學 當標子入承
慎富 子三 兼承當协

思葵 子一
合和 瑒 慎奇子入承
和順 慎廣子兼承
有力 慎富子兼承
有力 子三 兼承慎學
有衆 子三

永湖
賢讀 入承
國珍 入承
國心
國珍 出承慎學
平安
志雄
志協
志達

民生

有猛 缺

當朸 子五 號泉澗

慎奇 當樑子兼承

南永 殤

慎博 殤

慎廣 子六

和順 子四 兼承慎學

泰順 子二

自由 止

自遠

賢讀 出承慎学

自強

育傑

育燦

南安爵鉛洋氏族譜世系圖

全順 子五
- 碧林
- 錦河 殤
- 寶平
- 采委
- 尕婆

上順 子八
- 漢哲
- 仲哲 殤
- 冀哲
- 大捷 殤
- 采華

南安霞錦洪氏族譜世系圖

招贊 號抜來

慎藩 嘗洽子兼承

慎富 擋炎次子兼承

述濟 子三

金選

通順 子四

開懷

衛端 殤

衛民

衛邦 殤

三川

采北

小捷 殤

采星

國棟

國樑

扣門（子四 號昏夜）

- 慎月（子一）— 歲妹 — 受彪（殤）、連強（殤）
- 慎買（殤）
- 慎王（子一）— 思申（止）
- 慎賀（殤）

當龐（子一）— 慎提（子一 兼承當國）— 逢春（雙喜子入承 兼承）— 金山（兼承）

當國 — 慎提（雙承）— 逢春（雙承）— 金山（雙承）

作霖（兼承子三 號臘雪）— 慎滑（從類子兼承）— 為寮（兼承）— 加添（兼承）— 瑞端（兼承）

輪奐 子三 號明月

雙喜 四知子兼承
宗明 厚土子兼承
慎溢 子四

兩全 兼承
奏牆 兼承
鳳雛 殤
愛寶 子四
思芸
再寶

文魁 雙承
建安 雙承
烏命 兼承思芸
三陽
春芳 出承思芸
運派
烏命 愛寶子兼承
春芳 愛寶子入承
建車

清波 雙承
清波 雙承

南安曾錦湖氏族譜世系圖

從類 子四 號拔年

慎潤 殤

慎孝 從類子兼承

慎滑 子五 業儒 兼承作霖

新火 雙承

斐鴻 殤

藻鑑 子四

新火 兼承慎孝

建美

堅偉 雙承

金瑞

讀書

漢註

金庭 兼承為祭

堅悌

堅偉 兼承慎孝支派

福興

錦峯 堅悌子兼承兼

錦峯 兼承金瑞

慎孝 雙承子三 兼承輪奐

爲寮 子三 兼承作霖支派

鼎鍾

新火 慎滑子兼承

天蓮 慎穎子兼承

堅助

受振

加添 子二 兼承作霖支派

金庭 藻鑑子兼承

純仁

純治

堅偉 雙承

世榮 雙承

瑞端 出承加添

瑞祥 兼承加添

瑞端 兼承作霖支派

瑞祥 雙承

南安霞錦洪氏族譜世系圖

慎顏 子三

慎抄 子三

烏斗 慎抄子兼承

天蓮 子二 兼承慎孝

游水

水蛟

烏霞 子二

亞南 雙承

平治 止

世榮 游水子入承 兼承慎孝支派

世榮 出承

建國

建民 兼承水蛟

平治 天蓮子兼承

建民

應金 殤

錦元 烏斗子兼承

- 四知 子二
  - 雙喜 子二
    - 兩全 子三 兼承作霖派
      - 受倍
      - 文魁 兼承作霖派
      - 文正
    - 逢春 出承慎提
  - 會元 子五
    - 趙讓 子一
      - 鍊來
    - 文生
      - 子中
- 烏命 殤
- 烏斗 兼承慎孝
  - 錦南
  - 錦元 兼承烏霞
  - 亞南 兼承慎孝支派

厚土 子二

宗明 子二 兼承作霖
攀桂 子三

恭謙
思氣 止
光養
和墻
奏墻 兼承作霖派
國華

子英
金水 光養子兼承
金水 兼承恭謙
大港 殤
建玉
建柳
建安 出承
建安 入承 兼承作霖派
正福

- 金榜 — 圖南
- 金榜 — 圖國
- 侯芬 — 世吉
- 侯芬 — 世昌

元美柱二房

- 當揖 子三 — 先峯 止
- 當揖 — 慎頒 殤
- 當揖 — 慎趁 子一 — 昌熾 慎台子兼承 — 登耀 雙承 — 景宗 雙承
- 當蓋 子三 踴紫雲 — 慎台 子三 — 昌熾 子二 兼承慎趁 — 登耀 兼承慎趁 — 景宗 兼承
- 當蓋 — 慎台 — 昌熾 — 登耀 — 景枝

[illegible]氏族譜世系圖

慎岸 出承當憲

厥後 子五

順理

華謹

覽文

扮樹

敦領

敦養

榮祥

粹凡 兼承繼守

建忠 殤

良川 兼承繼守派

景成

當憲 子一
當稟 子三 號請命
雙圈 子一
當能 子三 號禮讓

慎鉞 子三 號有度
慎岸 當蓋次子入承
慎乃 子一
慎乞 出承雙圈
慎得
慎乞 止 當稟次子入承
慎福 雙承

長壽
忠鑒 止
呈玉
州府 殤
信義 子二 兼承慎得
信義 慎仍子兼承
天送 雙承

國基
榜生 止
夏木 兼承慎得派
夏木 雙承
再生 雙承

瑞玉 殤

南安霞錦洪氏族譜世系圖

慎兆 子一
天送 兼承慎福
再生 兼承慎福派

慎萃
龍愛 殤

馬上
慎筆 殤

當興 子二、ヨ 號寶藏
秀茂 子二
繼守
粹凡 昌熾子兼承
良川 雙承
垂珠 殤
慎性
繼紹 止

當添 子一
烏臍 住台灣莫考

當潭 子三
慎窽 止
慎悻 殤
慎讓 殤

當涵 子四
肯堂 嵩良子兼承
元復 殤
新進 殤
慎增 殤
嘉順 雙承

當飲 子五 號德和
應訓 儒業子四 號有獲
聽令 子二
新利 子一
紳士 子四
及第
保順
首悦
如珍
乾生
秋生
金錫
金谷
賢德
壽星

南安霞錦洪氏族譜世系圖

應世（子二） 鋪排（子一） 敬意（子五）

垂統（止） 掛拾 乘看 船浮（子一） 金友

如壁 如炳 如海 受衍（殤） 永福 審察 受德（殤） 勇進

壽林 佳石

金倡

贊盛

金昆 殤

金謀 殤

金石 殤

凡在 子四

團灶

安然

團成

團奎 殤

團論 殤

當魁 子四

立準 子四

嘉緣

嘉偶 字永亮

進美

東帶 子三
元宗 殤
千山 子四

良生
比德
新波
夏戍
昆福

文星
來耳
宗基

光輝
清潔

當勵 子五 號鴻圖

且言 子三 號忠信
慎沙 子五

英華
金鏷 止
金鎖 子二
江成 慎沙四子入承
思賢
思泰
漢雄
江成 出承且言
進好

毛洗
毛福 出承思賢
毛福 入承
培德

南安霞鋪洪氏族譜世系圖

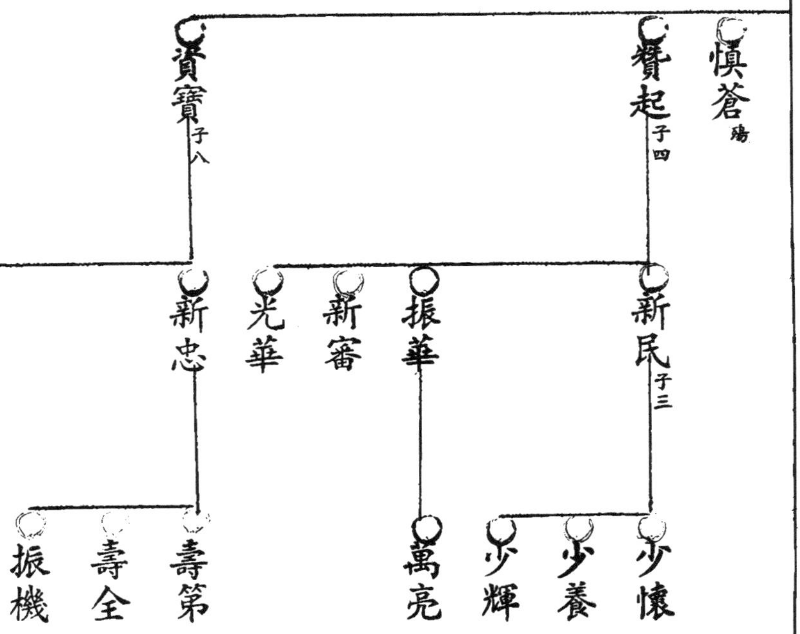

當納 子二

慎時 子三 號佳興

展成 子三

文輝

碧江

碧懷

碧霖

興安

鷺江

綿生

新興 殤

新發

新鰲

新相

九世 殤

南安寶鈔洪氏族譜世系圖

慎萬 子二
賀安 止
同行 止

當弁 雙承子三
耕種 當夙長子兼承
石池 當階長子兼承
加財 當磁子兼承

當固 子三
飽煖 殤

錦成 子二
國明
海南
國瑞

寶成
文錠 展成次子兼承

文錠 兼承寶成

當鳳 子三

生員 子一
諸賓 當煖子兼承
耕種 子三 兼承當乒
慎泡 子五

柰盍 子三
祖瑞
思當
思量
錦美

進福
進經
進美
受福

樟桄 子七

丕綢 子一

錦綿

錦順

火鍊

漢良

福德

安禮

受義

受廉

受恥

漢美

漢清

漢英

漢維

漢勇

漢民

當焜 子三

金鍾

猷珠 諸賓子兼承

諸賓 子四 兼承當圖

猷明

猷珠 兼承金鍾

猷福 兼承竹發

南安翼錦洪氏族譜世系圖

猷寶

竹發

猷福 諸賓子兼承

當斟 子二

得宜 殤

姜懿 子五

秀潤

清圖

慷慨

福星

萬里

美國 殤

當階 子三

石池 子二 兼承當兵

定國 殤 入承

士武 全成次子兼承

振揚
定國 殤 出承
士和 全成三子兼承

全成 子三
士美
士武 兼承石池
士和 兼承振揚

當樵 子一
加財 子三 兼承當兵
維賢
維順
維謀

朝卜 子五
秋冬 殤
恩賞 殤

南安寶針洪氏族譜世系圖

新取 止

競業 止

夏重 子一
- 孔陽

當帽 嗣子二
- 慎赫 誠者長子入承
  - 長成 止
- 慎濯 止 誠者次子入承

誠者 子五
- 慎赫 出承當帽
- 慎濯 出承當帽
- 慎勝 止
- 正道 子三
  - 振盛 止
  - 錦榮 殤

南安霞錦洪氏族譜世系圖

自順 正名子兼承

餘裕 子二

正名 子一
自順 雙承

金甌
福來 雙承

玉樹
雙昆
福來 兼承金甌

當玲 子五

慎接 子三
斗相 兼承慎芽
克智
克理 兼承慎接支派
鵬相 兼承慎覺
學詩 助成子入承

慎芽
斗相 慎接子兼承
克理 雙承

慎覺

鵬相 慎接子兼承

慎袞 止

助成 子四

學詩 出承慎接

學賢 殤

學禮

學家

當連 子七 號登科

慎嚴 子三

天德 止

厚德 止

翁壽 足成子入承

介山 翁好子兼承

新置 殤

當開 子四 號駿發

足成 當開子兼承
慎彩
肯構 殤
元復 殤
慎拔 止
足成 子四 兼承當連

夏德 止

翁寶 兼承慎贊
翁盞 出承慎嚴
翁好 専師畢業 號騰淵

金深 兼承翁顏
選枝 兼承慎贊支派
介森
介山 兼承翁盞

當良 子三 號創業

慎協 子二

慎贊

偶遇 殤

肯堂 子三 兼承當涵

恬默 子三

翁顏

阿平

針芽 兼承慎贊

翁寶 足成子兼承

針芽 慎協子兼承

嘉順 兼承當涵支派

榮南 朗道子兼承

嘉全

德福

金深 翁寶子兼承

篤信

選枝 雙承

炳光 殤

金成

朗道 子六 號修明

榮燊

榮南 兼承肯堂

榮西

少華

榮燦

榮光

德謙

德修

金展

當祿 子三 號尊重

慎煥 止

南安霞錦洪氏族譜世系圖

昆仲 殤

貫至 子五

金龍

水來

金磚

長春

金福

金石

金國

當嘯 子二 號國瑞

慎闊 子四

傳和

受國

受家

傳文 殤

傳明

傳美

進城 子三

自謀
自能
自彬

安錦美柱　起南公派

十三世
十四世
十五世
十六世
十七世

當鍬 子三

護送 子一
狄龍 子一
狄虎 止

萬福
寧益

金石

南安霞錦洪氏族譜世系圖

安錦美柱　得稱公派

當迁 子二 號震仰
愼莘 子一
謙諾 殤
思樹 子二
自來
榮源

當敏 子二
愼旺 殤
承祖 止

雙吉 子三
愼壽 止
愼伏 止
愼灶 止

當硒 子三
愼埔 子二
全昌

當士
當問 子三
當甲 子四 號登庸

慎海 殤
慎泵 兼承當士
慎泵 雙承
桃源 殤
金守 子一
慎昆
慎坤 子五 號載德

全和 兼承慎水
全和 慎捕子兼承
全和 雙承
延平 兼承慎昆
延平 雙承
文忠 止
文博 子一
文南

通來
瑞彬

天寶 子三
- 厚端 子一
  - 鎮安
- 厚往 子三
  - 受賓 養
  - 成雙 養 出承思用
  - 建家 養 殤
- 思用
  - 成雙 入承

文才

金鏌 子一
- 彩強

裁衣 子四
- 洋水 殤
- 呈瑞 子二
  - 受爍 養
    - 棟木
  - 以謀 養 出承阿四

擇里 殤

阿四 養
- 以謀 入承

國瑞
- 清漢 殤養

當濫 子三
- 龍麟 子四
  - 秋炎 子二
    - 元成 殤
    - 錫壬
  - 鏛得
  - 鏛錦
  - 鏛鑽
- 欽禮 子二
  - 玉錐 止
  - 好炮

隆盛 子三

玉桂

從立

建發

潤澤

當印 子一

進來 子四

皆再 止

再好

金交

銀後

新興 子四

進利 子三

金成 止

週星 秀潤子纂承

允英 養

文舉 子一
通枝
置業

長泉 子三
戇婆 止
金德 止
紅英

秀潤
週星

當坪 子一
清明 子三
景成
振仁
德輝
德和

- 當磘 子一
  - 長江
- 肇基 子四 號玉衡
  - 慎永 止
  - 秋蘭 殤
  - 慎帝 殤
  - 慎汀 當畬子兼承
    - 有道 雙承
      - 受文
- 當隨 子二
  - 古意 子二
    - 國良
      - 達夫 南陽五子兼承
    - 國才 止
  - 長泰 殤
- 當畬 子二
  - 慎汀 子六 號蘋藻 兼承肇基
    - 南陽 別號大亮
      - 達三
      - 達四

有道　兼承玉銜公支派
受文　雙承

有連
達德　南陽子兼承
建中
建華
建民

有平
建全

達五
達德　兼承有連
達夫　兼承國良
達義

當釣 子一 號維綵

當雪 子七

讀書 殤

振成 嗣子一

慎王 殤

慎昌 殤

慎霖 殤

兢業 殤

福成 子二

金鍾

江淮

思痴 止 福成次子入承

思映 子一

思痴 出承振成

錦章

- 天星 止
- 天錫
- 文娥 子五
  - 雕成 殤
  - 伯達 子一
    - 思玉
  - 綿遠 子二
    - 安菴 止
    - 安智
  - 正合 子三
    - 國和 養
    - 國生 養
    - 金生 養
  - 正道 止

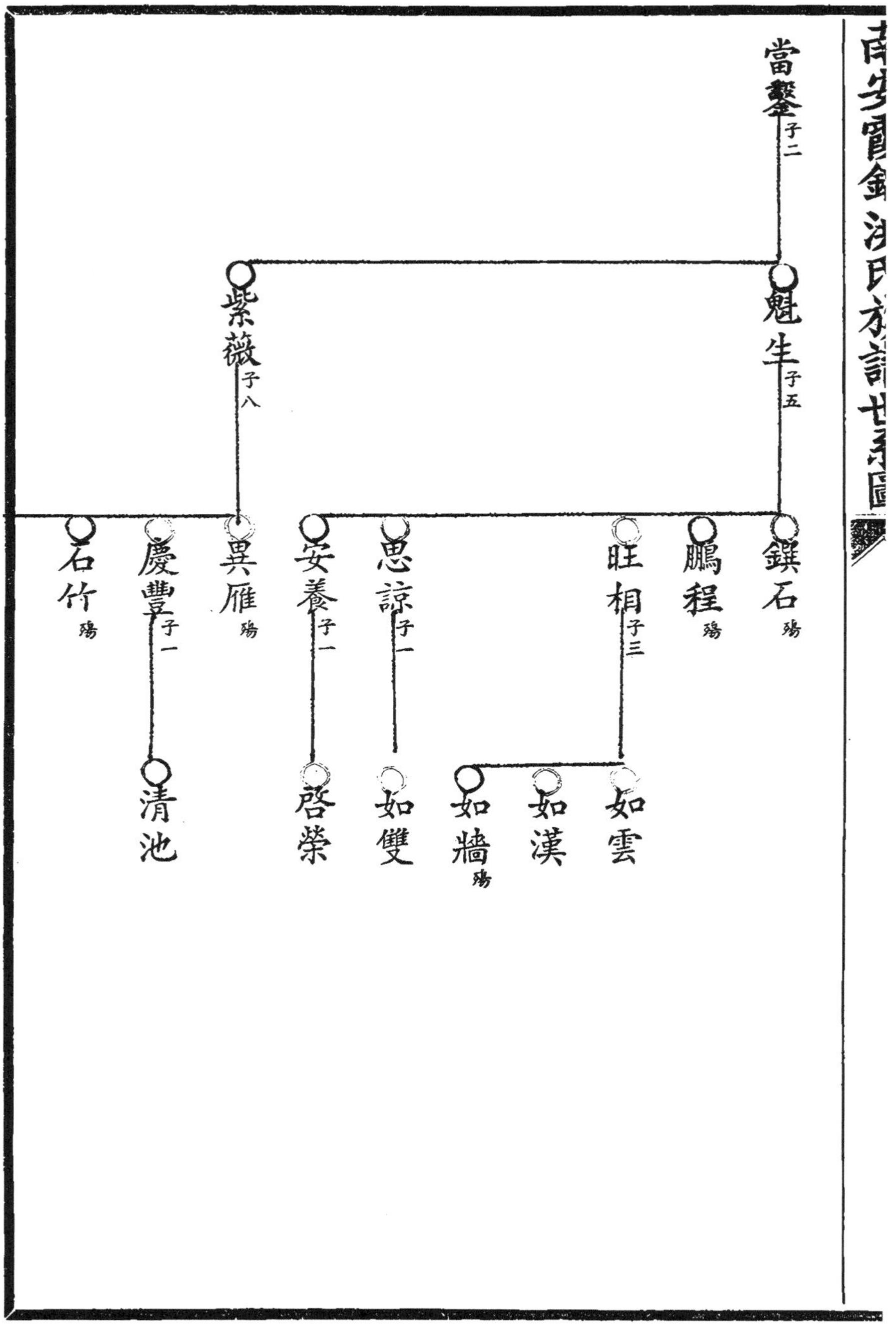
當鑒 子二
魁生 子五
紫薇 子八
鍈石 殤
鵬程 殤
旺相 子三
思諒 子一
安養 子一
異雁 殤
慶豐 子一
石竹 殤
如雲
如漢
如牆 殤
如雙
啓榮
清池

思扮 子三
文指
文理
文連

碧和
碧虎
碧熊
碧霞

當魏 子七 兼承先染
可傳 殤
元禎 子一
如渴 子一
繼祖 兼承如水
元禧 子一
如水
繼祖 雙承

- 元禮 子三
  - 清和
  - 清順
  - 清泉
- 元祐 子四
  - 振和
  - 振興
  - 振美
  - 振隆
- 元祺 子一
  - 思深
- 元禔 止

- 當喬 子二
  - 擇周 子三
    - 利福 子一
      - 受懿

南安霞錦洪氏族譜世系圖　卷三　長房長之長　安睇美注得舜公派　三二

利祿
利祥

再鴻 子三
添根
添㮾
添回

當喜 子五
東吳 殤
得時 子一
取貴
得發 子二
建國
建業
得勝
南程

得壽
- 遠珍

當蟾 子五
- 臥龍 子一
  - 金水
- 天降 殤
- 熾燉 止
- 俊元
  - 秋水
- 會元 出承當戶

當談 子五
- 西川 子三
  - 保國
  - 保民
  - 保興 殤

鳳眼 子一
雙目 子三

西河 子三
西洋
西海
西浪
東震
添座 殤
再添 子二

玉石
玉泉
平生
源來 出承西海
源來 入承
安國
安炳
英俊

再水
集福

當戶 子一
會元 當蟾子入承
金清

當栽 子二
慎罷 止 當蕊子入承
長茂 子二 兼承當泉
思綿 兼承當泉
啓明 出承

當蕊 子二
慎山
啓明 長茂次子入承
慎罷 出承當栽

當泉
長茂 當栽子兼承
思綿 雙承

窗兜棋盤柱　政和公派

十三世　十四世　十五世　十六世　十七世

當倣 子一
- 慎圈 止

當梍
- 慎興 止 當縏子兼承

當縏 子二
- 慎性 止
- 慎興 止 兼承當梍

當鏡 子一
- 慎賜 止

當賢 子三 號相利
- 春桂 殤
- 秋桂 子五
  - 思斗 出承慎光
  - 輝臨 子四
    - 啓運 殤

當丹 子二 號成芳

慎岸 子二

慎衛 子二

思強 殤

贊起 殤

思弈

思逃 止

思斗 秋桂子入承

思瑄 子一

思服 殤

啓聰 止

聰明 兼承思斗

正義 兼承思弈

正義 輝臨子兼承

聰明 輝臨子兼承

和順 缺

慎萬 殤

項窗三落柱　政和公派

當獻 子二

慎頂 子四

慎真 嗣子一

和元 出承慎真

拔英 殤

三元 子三

咾李

和元 子六 慎頂子入承

貴祥 止

擇良

文明 兼承咾李

文明 三元子兼承

順成

當澗 子一
富足 止

當淼 子一
慎森 止

當暨 子二 號安吉
慎東 子四 號達情
思宜 殤
思合 子二
清閑
清田 止

順長 止
昆章
塞泰
昆角
昆華 殤
昆堯

思赤 子一
鍊思 止

思烏 子一
振凱

傳成 子一
思發 殤

當體 子一 號遐邇
慎榮 子四
清秀 殤
思任 子三
勸世 殤
松栢
建輝
鵬輝 兼承有土
志輝
有土
鵬輝 雙承
且言 殤

當燦 子四 號錦余

○長福 子三 號百祿

○思雍 子一
○良慶
○成燕
○成輝

○思曹 子二
○天送 兼承思楮 又承壽祉
○天錫

○思楮
○天送 兼承
○協華 思串子兼承

○思串 子四
○協華 兼承思楮
○明華 兼承壽祉
○文華
○長華

- 全永 子二
  - 壽祉 雙承子四
    - 天送 思曹子兼承
    - 明華 思串子兼承
    - 文理 純賓子兼承
    - 家正 琴來子兼承
  - 應隆 止 既濟子兼承
- 既濟 子三
  - 純賓 子二
    - 文理 兼承壽祉
    - 文海 殤
  - 應隆 止
  - 國順
- 雙印 子二
  - 琴來 子二
    - 家端

當畜 子四 號顧復

逢時 子三

宗寶 子三

元英

補羽 殤

天錫 子二

天水 兼承金和

培雁 子一 兼兼坑內桂

水冰

新鴻 兼承金和

家正 兼承壽祉

標池 天水子兼承

義方

標池 兼承天賜

劍方 兼承金和派

木春

- 當音 子二 緘慎德
  - 慎歡 子二
    - 啓才 子一 兼承慎帕
      - 玉潤 兼承慎帕派
        - 金灶 止
        - 金清 殤
        - 建居 兼承慎帕派
    - 錦繡 子四
      - 從愿 兼承雙芹
      - 從淵 殤
      - 從春 兼承慎帕派
      - 從詩
- 金和
  - 天水 逢時子兼承
    - 劍方 雙承
  - 新鴻 宗賓子兼承
- 慎草 殤

慎帕
啓才 慎嶽子兼承
玉潤 兼承
從春 錦繡子兼承
建居 兼承

當流 子二 號旁行
江山 止
慎景 當驅子入承
贊陽 殤

當抛 子四
齊全 子三
慎問
慎蟳
慎草 殤

雙芹
樹林 兼承慎問 殤
隋寶 兼承慎蟳
樹林 殤 雙承
隋寶 雙承

從愿 錦繡子兼承

當暢 子三

君仁 子六 號國進 清例貢生

通相 子五 兼承文龍

明籌 子五

培植

培元

培英

培深

培添 殤

振華

振漢

受一

受二

受三

衍慶 殤

南安霞鍊洪氏族譜世系圖

文龍 子二 號忠信

侯鈌 子二

明聰

明標

思桂 殤

思英 殤

通相 君仁子兼承

福安 子二

副榜

泰山

心遠

連來

連壁

金章

金法 殤

當茅 子二
- 好意 殤
- 慎教 子四
  - 思達 止
  - 思道
  - 思長
  - 潤澤 殤

當驅 子二
- 慎景 出承當流
- 翻成 止

當抑 子一
- 慎棗 子二
  - 包來
    - 清意
  - 天祖

當聲 子二
- 桂順 子一
  - 錦良

當顏 子一
當玉 子三 號金石

福順 止
慎肝 止
慎蔡 子六
慎備 殤
高談

思金 殤
中才 殤
思立 兼承高談
舉良 殤
國法 殤
思泉
思立 慎蔡子兼承

水土 兼承思泉
水土 雙承

當算 子六

愼水 子二
秋金 子三
正春
秀目 殤

來發 嗣子一
思炎 秋金子兼承
國治
思炎 兼承愼水
欽賜
國盛

受全 思炎子入承
棟樑 思炎子兼承
受賓
棟樑 兼承國治
受文
受全 出承來發
棟美
服眼 殤

當筆 嗣子二

武德 出承當筆

正理 出承當筆

武德 子二

正德 子五

建烟

建順

思錦

欽作 子三

丕再 止

洋溢

受美 建順子兼承

受美 兼承建烟

錫封 欽作三子兼承

王瑞

海瑞

錫封 兼承思錦

庵英 殤

下窗柱　政和公派

牆址 子一

慎咸 止

添福 子二 號壽山

慎細 子二

慎厚 出承蔭佑

蔭佑 嗣子一

慎厚 缺

致雨 子三

思蛟

進發

來發 殤

羅是

淮水

當丙 子五 號旁啓

慎漂 子一
慎最 殤
麗水
慎寫 出承當琦
慎惠 子五

思八 止
萬雷 慎惠長子兼承
萬雷 子三 又名思閩 兼承麗水
問禮 止 兼承慎寫
順寶 子四

景星 雙承
景亮
景星 兼承麗水派
景祥
明吉
受創 出承順利

明由

明照

順利 子三

里道

受創 順賓子入承

達道

順美

應世

聽從

當請 子三

慎寫 當丙子入承

問禮 止 慎患子兼承

康寧

思雄 慎府子入承

偶然

慎府 子二

思雄 出承

- 如竹 子四
  - 震華 殤
  - 建烟 殤
  - 文然
  - 自然

- 當簡 子三
  - 慎鯵 子三
    - 問孝 子二 兼承慎畫
      - 進添 子一
        - 金魚
      - 秀清 兼承思吾又承慎畫派
    - 思吾
      - 秀清 雙承
    - 同聲 兼承慎畫
      - 春桂 兼承
  - 慎畫
    - 問孝 慎鯵子兼承
      - 秀清 雙承
    - 同聲 慎鯵三子兼承
      - 春桂 雙兼

當樑 子三

- 慎沁 子二
  - 思良 殤
  - 思水 兼承慎畫
    - 救國 雙承
- 慎卦 嗣子一
  - 遠志 子二 慎艮子入承
    - 金火
    - 金樹
- 慎艮 子一
  - 思彼 子四 養
    - 金益
    - 金標 出承田西爲孫
    - 扮樹
    - 美道
- 田西
  - 金標 思彼次子入承

（右接前頁）思水 又名帆 慎沁子兼承
- 救國 雙承

當核 子二
- 愼望 止
- 愼順 止

當冰 子五
- 愼南
  - 添水 子三 全城子入承
    - 集儒
    - 炳煌 殤
    - 懷儒
- 愼狡 殤
- 愼糖 子四
  - 思耀 子六
    - 受英 殤
    - 受蕙 殤
    - 江元 殤
    - 煇煌

慎釣 子四

思綴 子一
思煥 止
玉麟
文侶 子四

秀木 兼承玉麟
受井 殤
受榜
碧和
秀木 思耀子兼承
明德
明亮
明庭
明秀

猷仲 殤

當趆 子二

繼長 子八

慎尾 殤

建安 子四

元海

朝聘

朝元

世利

世潤

世才

建信

建忠

招珍

招武 兼承朝元

高麗 殤

招武 朝聘子兼承

福興

新堂 子四

愧生

陽生

華生 出承弟新同

南生

兆生

抗日

雙生

良儀

華生 兄繼長子入承

良江 殤

鵬峯

當稽 子二

繼增 子二

思禀

禮道

愼妙 子二

成業

成椒

典鋪 子四

愼烘 子一

思壕 子二

連捷

連全

通巷 子三

隨到 子二

德安

和鏊

文台 子二

文典 子一

慎儉 出承文典

慎水 殤

兆火 典力子入承

頂致 子三

慎儉 典鋪子入承

纘緒 出承慎儉

瑞奎 子二

杉木 慎操子兼承

適用

適燕

儀章

纘緒 子五 適巷子入承

良基

榮泉

開科

雷震

志華

南安霞鋪洪氏族譜世系圖

典力 子五

兆蚶 子三

來枝 殤

進成 子五

光華

光輝

光榮

光耀

應龍

應得

應星

應謀

應曾

兆火 出承文台

重民 子三

慎海 殤

慎捀 子二

盡善 子一

慎柱 兼承先掠 兼承當唱

思蘭 重民子兼承

全興

思蘭 子二 兼承兆坩

全福

全興 出承兆坩支派

金連

金龍

江淮 殤

自成

杉木 兼承兆火

玉義

昌良

義法 兼承先控當唱支派

當時 子三

愼助 子三

文英

世傑

世和

愼簽

遠方 殤

賠成

賠齊

賠國

愼柏

繼法

當唱

愼柱 盡善子兼承

義法 雙承

- 當柳 子四
  - 正忠 子二
    - 建良
    - 培元 壬癸子兼承
  - 壬癸 子六
    - 秉聰 殤
    - 培元 兼承正忠
    - 培南
    - 榮祥 殤
    - 進南
    - 光南
  - 順國
    - 志清
    - 永鐘

南安霞錦洪氏族譜世系圖

順慶
- 志平

當構 子三
- 循環 子二
  - 佳煌
  - 庭階
- 潤水 止
- 錦端 缺

圍内柱　振崑公派

十三世
當旺 子二
當𢒰 子一

十四世
慎緉（當旺子）
慎瞈 子四（當旺子）
慎蘭 子二（當𢒰子）

十五世
雙全 慎瞈子兼承（慎緉子）
思和 慎池子兼承（慎緉子）
雙全 止（慎瞈子）
思木 兼承慎蘭（慎瞈子）
思福 止（慎瞈子）
思牆 止（慎瞈子）
思木 慎瞈子兼承（慎蘭子）
思砂 子二 兼承秋桂（慎蘭子）

十六世
宗法 思砂子兼承（思木子）
宗法 兼承（思木子）
宗讀 兼承秋桂派（思砂子）

十七世
錦水 宗讀子兼承（宗法子）
錦福（宗讀子）

古宅實錦湖氏族譜世系圖

錦水 兼承宗法

錦羊 兼承秋桂派

宗法 兼承思木 — 錦水 宗讀子兼承

當起 子一 — 秋桂 當菜子入承 — 思砂 慎蘭子兼承 — 宗讀 雙承 — 錦羊 雙承

當菜 子五
- 慎榮 殤
- 夏蓮 子一 — 思平 外出
- 秋桂 出承當起
- 慎池 子一 — 思和 止 兼承慎紹
- 慎尾 止

當純 — 慎喜 止 當二子兼承

當有
- 慎儀（當二子兼承）
  - 東華（殤　雙承）

當二（子二）
- 慎喜（止　兼承當純）
- 慎儀（兼承當有）
  - 東華（殤　雙承）
  - 成器
    - 普恩
    - 俊仁

當偏（子三）
- 進寶
- 下洋
- 廣裕（兄弟俱住龍岩大溪鄉生卒未詳）

當泉
- 慎閃（止　當水子兼承）

當水（子二）
- 慎閃（止）

慎杯 殤

當籃
- 進國 子二 當絹子入承
  - 阿狗 止
  - 文初
    - 子龍

當絹 子二
- 啓明 子四
  - 馴致 殤
  - 澤秀 殤
  - 玉印 殤
  - 金鎗
    - 受英
- 進國 出承當籃

當旦 子二
- 冬梅 止 兼承當設
- 冀成 殤

當譏 — 冬梅 止 雙承

當遠 子一 — 慎傳 子三 兼承當汝 — 生來 止；瑤琨 兼承當汝 — 連枝 兼承；瑤錦

當汝 — 慎傳 當遠子兼承 — 瑤琨 雙承 — 連枝 雙承

圍內柱　實行公派

當迎 子一 — 慎愿 子三 號受福 — 思合 子二 — 書香 子二 — 封庵 進發子承承；清悦 進筆子兼承

思合 — 贊成 思慮子入承

思慮 子七

進發

進筆

贊成 出承思合

馬佞

綿流

南民

勝利

封庵 兼承書香

清楷

清悅 兼承書香

思買 止

當茲 子三

慎簡 子四

思村 子二

愛玉

當山 子二

慎盤 殤
慎欣 殤
慎湖 子一
慎錩 子四

進德
思兩 子二
來興 止
進伏
江淮
水來

江漢 出承進德
江漢 止 入承
文溜
文賓
進淵 衆承元良

元良
進淵 江淮子兼承

江水

當札 子二
慎圖 子三
思扁
思想
水發 止
慎炮 子二
振成
振隆

集坵柱　景右公派

十三世　當鳳 子五

十四世　慎國 止　慎箴 子一　進興 子二

十五世　浸端 止（慎箴子）　乃順 子三（進興子）　思丕 子三（進興子）

十六世　潤澤　潤忠　潤福（乃順子）　明福　受英 殤　能福（思丕子）

十七世

文勝 子二
當道 子一
當貢 子四

慎魚 子四
慎清
慎喊 止
慎井 止
再元 止
進遠 子一 兼承當抱
致雨

金水 殤
助貴
同貴 止
丁貴 兼承慎清
丁貴 慎魚子兼承
阿八
金連

福氣 丁貴子兼承
福氣 兼承助貴

- 慎忍
- 為東
- 阿九 殤
- 九才
- 當抱
  - 進遠 當貢子兼承
    - 阿八 雙承
- 當繩 子一
  - 慎麟 止 兼承當城
- 當城
  - 慎麟 止 雙承
- 當吟 子三 號勝國
  - 慎市
    - 思毓 殤 金安子兼承
  - 慎譽 止
  - 厚基 止

南安霞鍾洪氏族譜世系圖

十三世　十四世　十五世　十六世　十七世

當頂子一 — 金安 — 思毓殤

當嶺先鍛子入承兼承先取 — 秋菊止

當典子一 — 慎坂子一 — 紫雲子二 — 玉交殤、再生殤

當偷子一 — 慎斜止兼承新丁

春安坵柱　景昉公派

當吹子三 — 慎利止、色文子一 — 嫖致止

春安坵柱　景水公派

慎瓜止

長福子二號洪照

合海子二

茂才

國瑞

茂林

加里

慎存止

當親子四號其篤

慎波子二

思敦子四

雅烈

以諾

仁榮

學優兄弟隨父住台灣生卒缺

思發 兼承慎吉慎全
受回 出承慎全支
培源 出承慎吉支派
培玉
培成 出承天來

慎全
思發 兼承
受回 入承
雲星
震星 養

慎文
天來
培成 思發子入承

慎吉
思發 兼承
培源 入承

當議 子二 號悠理
慎珩 子一
思柱 止
慎晏 止

- 當概 子四
  - 慎時 子二
    - 思瓜 殤 出承慎德
    - 思口 子一
      - 才貴 兼承千支
        - 建民
        - 建國 出承千支支派
        - 建興
  - 慎仕 子二
    - 思員 止
    - 千支
      - 才貴 思口子兼承
        - 建國 入承
  - 慎德 嗣子一
    - 思瓜 殤
  - 處明 止
- 當朝 子四 號鳴鳳
  - 慎祿 子三
    - 振瑞 止
    - 徇俗 出承慎深

慎草 子三　春泉 子二　慎深 子二

徇圈 止　思榔 止 承兼慎深　應額　思利　聽猛　萬勝 子一　徇俗 子四 慎祿子入承

連枝 思利子兼承　連枝 兼承應額　江淮　連順　華山　奇瑞 殤　鎮江 殤

當益 子二
- 絲綢 止
- 聽用 止

思榔 止 慎草子兼承

青陽 殤

春安坵柱　景山公派

當彩 子四
- 慎秀 殤
- 慎胆 子五
  - 思田 子一
    - 當然 子一
      - 清溪
  - 思碧 子二
    - 欽敬 兼承思喜
      - 錦標 殤
      - 耀南 出承思喜支派

慎持 子三

思拱 止

思闕 殤

思喜

思頤 子二

乾養 殤

桂陽 兼承慎安

王亮 殤

欽敬 思碧子兼承

銘才

澤元

瑞氣 出承慎安

鎮衆

耀輝

耀南

裕泰

慎瓚 子二
- 思梅 子三
  - 國璋
  - 國水
  - 應洲
- 思聘
  - 國民

當穴 子三
- 慎安
  - 桂陽 慎持子兼承
    - 瑞氣
- 慎眼 殤
- 慎煥 殤

當素 子一
- 慎汀 出

春安埕柱　景彼公派

當屑
- 慎坑 殤 雙承

當綽
慎坑 殤 兼承當脣

西長房長之長房三　良瑋公派

喬格柱　景全公派

當放 子一
元利 止

雨水 子二
有用 止
秋彩 止

當為 子三
慎沂 止
明德 殤
慎月 出承當撤

當磚　子二
- 慎亨　止
- 三聖　出承當撤

當撤　嗣子三
- 三聖　止
- 慎日　止
- 慎員　止

當笱　子二
- 慎塔　止
- 慎員　出承當撤

當倩
- 慎舉　止

當鈙
- 慎玉　止

當靜　子一
- 慎杍　殤

當佳 子四 先闕子入承

慎育 子三　清琬 出承當秋　慎端 殤　慎飽 子一

順理　榮林　欽相　榮相

相碧

當蔭 子二

天賜 殤　福蘭 子二

國珍 子一　玉瑞 子一

厚木　厚鑾

當秋 嗣子一

清琬 子六 當佳子入承

百益

長庚 子三

慎豹 止
慎貌 子三
節忠

應達
應泮 兼承節忠
應好
應泮 慎貌次子兼承

生意
生珍
生德
生添
生進

當耀
- 慎杏（當愛子兼承）
  - 思曉　子二（慎杏子入承）
    - 沛然
    - 青龍（出承思澤）

當愛　子四
- 慎芬　子一
  - 思稀　嗣子一
    - 當炎（思都次子入承）
- 慎杏　子四（兼承當耀）
  - 思澤　子二
    - 世宗
    - 青龍
  - 思都　子二
    - 甘露
    - 當炎（出承思稀）
  - 思曉（出承當耀支派）
  - 思業（殤）
- 慎本　子二
  - 金圳（止）

- 慎立 子二
  - 萬祥 止
  - 財富 止
  - 財福
- 秀春 子二
  - 慎藏 子一
    - 思針 止
  - 慎錦 殤
- 當六 子一
  - 永泉 子二
    - 鴻河 子四
      - 瑤池
      - 瑤坤
      - 瑤欽
      - 瑤斌
    - 文海

當霜 子一 先顯子入承
尊敬 子二
輝良 缺
輝鑾 缺 兄弟俱住永定

當森 子一
慎揚 止

當注 子一
慎選 殤

當韭 子一
慎哂 子三
寧波 子二
相星
聰榮
開元 子三
從令 殤
聰儀
聰秀
開通

- 當泍 子五 號海源
  - 春山 子六 號涵光
    - 仁仕 子二
      - 受昌
      - 受輝
    - 深明
      - 福志
    - 思酹 子二
      - 善才
      - 受鍔
    - 及時
      - 泰炎
    - 長義 殤
    - 瑞標
  - 夏水 子三 兼承文榕
    - 錦良 止
    - 千言

當汪 子三

有金 子六
花鎢 子一
良言
冬桂 子六

淵秀 兼承文韜支派
柳樹 止
淵傑 子一
炳煌 殤
順福
順發
順籌
壁珍 子一
宇宙

受林
原諒

慎怎　出承雷西
慎務　子八　兼承文輯支派

連江　子二
三省
西川
五經　殤
丁卯
再德　子一
再寶
得意　殤

元南
志訓
建彩
從應
培南

南安寶錦劉氏族譜世系圖

再勝 殤

再全 殤

再挺
- 同國

再玉

再珠 兼承文翰支派

文翰 雙承子三
- 夏水 當沐子兼承
  - 淵秀 雙承
- 慎務 當汪子兼承
  - 再珠 雙承
- 兩承 功大子兼承
  - 振相 雙承

功大 子四
- 慎鶴 子五
  - 新安 子二
    - 志輝
    - 志芳

兩承 子六 兼承文韜

新秀
和平

新湖
文輝
文通

新強

新炎 殤

振順 子一
涵養

振源 止

天送

振興

振相 兼承文韜支派

兩固 子四

清羨 殤

當面 嗣子一

振綿

萬華

萬壽

萬福

萬益

慎忞 止 當汪子入承

岑脚柱　景豸公派

十三世　當佑子一　當墻子三號親迎

十四世　慎萬止　慎壇子六號古安

十五世　三全子四

十六世　受竹嗣子一　盤古　天降子五

十七世　封蛸子一盤古子入承　封蛸出承　水源　瑞慶子二　瑞祥　艮籌　瑞瑶

興基 子三

加添
鼎輝 子二
鼎卦
鼎彝 子六

耀輝
石龍
石南
萬水 子一
文錦 鼎彝子入承
文昌 入承
榮華 殤
文昌 出承鼎卦
文華
山筆 殤

慎根 子四

思才 殤

合浦 缺

楊震

英烈 慎根子入承

明姜 子一 兼承慎反

泰山 雙承

復綽 子一

高山 止

春梅 子一

秀山 止

英烈 出承慎壇

大鼻 殤

文錦 出承鼎輝

- 慎反 子二
  - 明姜 慎根子兼承
    - 泰山 雙承
  - 文梅 殤
- 當蟬 子二
  - 慎點
    - 長水 慎隆子兼承
      - 朝慶 雙承
  - 俎豆
- 當功 子一
  - 慎悔 子四 號言行
    - 思養 殤
    - 思強
      - ○
        - 封量 乃端子入承
    - 思溪 子一
      - 乃端
        - 封量 出承
        - 鴻英
    - 思忠 子二
      - 乃法
        - 封炳
      - 乃春

當聳 子三
- 慎樣 子一
  - 雙美 止
- 慎鼉 子二
  - 怡扳 子二 兼承慎挖
    - 天民
    - 采民
  - 乃三 子二
    - 桂心 出承慎垻為孫
    - 桂明
- 慎垻
  - ○
    - 桂心 姪乃三子入承

當林 子六
- 慎忍 子一
  - 思于 止
- 慎金 子一
  - 紫雲 止
- 慎挖
  - 怡扳 慎鼉子兼承
    - 天民 雙承
- 文氣 子二
  - 該再 止

當墘 子五

慎門 殤　慎寢 子三　進義 子四

思千 止　旣土 子三　天南　天侯　嘉種 出承慎性　新喜　猴葉 兼承慎德

連開　連明 出承天南　連發　連明 入承　妙宗 兼承猴葉　妙宗 新喜子承兼

當享 子一
當妓 子三

慎西 子二
慎性 嗣子一
慎德
慎進 止
慎碩 止
慎布 止
慎和 子二

永加 兼承慎西
嘉綿
永加 進義子兼承
嘉種
嘉法
猴葉 進義子兼承
德興 止 慎秧子入承

妙珍
圓頭
妙鐘
山羊 從兄庵扁子兼承

當曲 子一
春喜 子五

慎秧 子四
慎吉 子一
慎廉 止
朝員 出承淅横
慎枹 止

思總 殤
德秀 止
德興 出承
德清 止
麗水 止
思栽 止
思沃

慎鉗 子一
龍運

慎平 止

新擯 嗣子一
朝員 止

當義 子三 號仁德
慎隆 子二
長水 兼承慎炏
朝慶
思炮
江漢 思煌子兼承
江河 思火子入承

慎韥 出承當陋

慎尾 子七
思火 子六
聽法
淡法
江領 殤

○思桃 殤

○思煌 子三

○加澤 子六

○江派

○再炎 出承思煌

○江河 出承思炮

○江漢 兼承思炮

○江池

○再炎 思火子入承

○清流 殤

○文林

○文燦 殤

- 文輝 殤
- 文湖
- 金錫 思敎次子入承

船才 子三
- 文炳
- 文能
- 文川

思意 子四
- 漢濱
- 漢宗
- 宗木
- 宗發

當陋 子二

慎贖 子二 當義子入承

思愛

錦墩

金錫 出承加澤

思祿 子四

受培

章算 兼承桐金

金國

芳元 朝金子兼承

朝金 子二

芳元 兼承金國

芳順

金泉 出承思通

思通 子三

桐金

章算 受培子兼承

萬金

金泉

慎稿 擋來子兼承

思答 子二

水交

水木

新厝 子四 號建居

與閱 子四

再興 子五

採智

俊秀

錦招 出承助軍支派

錦文

改成 殇

定國 流連子兼承

其遜 出承春水

思牆 子三

文深

文美

春水 嗣子一

鈎上 子二

流連 子四

其遜 子四 與閱次子入承

海潤 殤

文發 出承和水

樹林 殤

倡治 殤

安邦

定國 兼承再興

麗淵

錦招 助軍嗣孫兼承

麗國

麗盛

擋來 子四

助軍
慎槁 子四 兼承當陋

和水 子三
（○）
加齊 子二
思答 出承當陋支派
閪圳 子三

文良
鴨仔 殤
文發 思牆子入承
錦招 再興子入承
錦美
水鏌
炳祥
炳文
光明

慎杼 子四　慎城 子二

金龍　泮水 子二　思清 子一　烏麻 子二　甲已　庵扁 子三

漢章　漢議　鼎元　銅石　兩發 甲已子入承　兩發 出承　彩發　取用　水應

榮泉

當隊　子三　號棣大

慎韜　子五
慎淦　子二

福元　子五
從元　止
志元　子一
天從

受籬　子一
受賀　子五
清江
山羊　兼承嘉法

猷存
猷美
東壁
玉書　出承祖茂
志平
志光

思藝 出承快命

思藴 子二

思選 子三

思送 子三

順安 兼承思選

永裕 止

祖茂

天賜 殤

加興

治安 兼承思送

捷昆 殤

順安 福安子兼承

治安 思遵子兼承

玉書 受賀子入承

漢卿 子二

愼命 嗣子三

思藝 子四 愼韜子入承
思芭 子二 愼沐子入承

受寶 殤
長安 殤
加進 止
受闊 子二
加慶 子三
百年 殤
順會

油花 缺
封蟳 殤
金佐
金龍
歪頭
錦綏

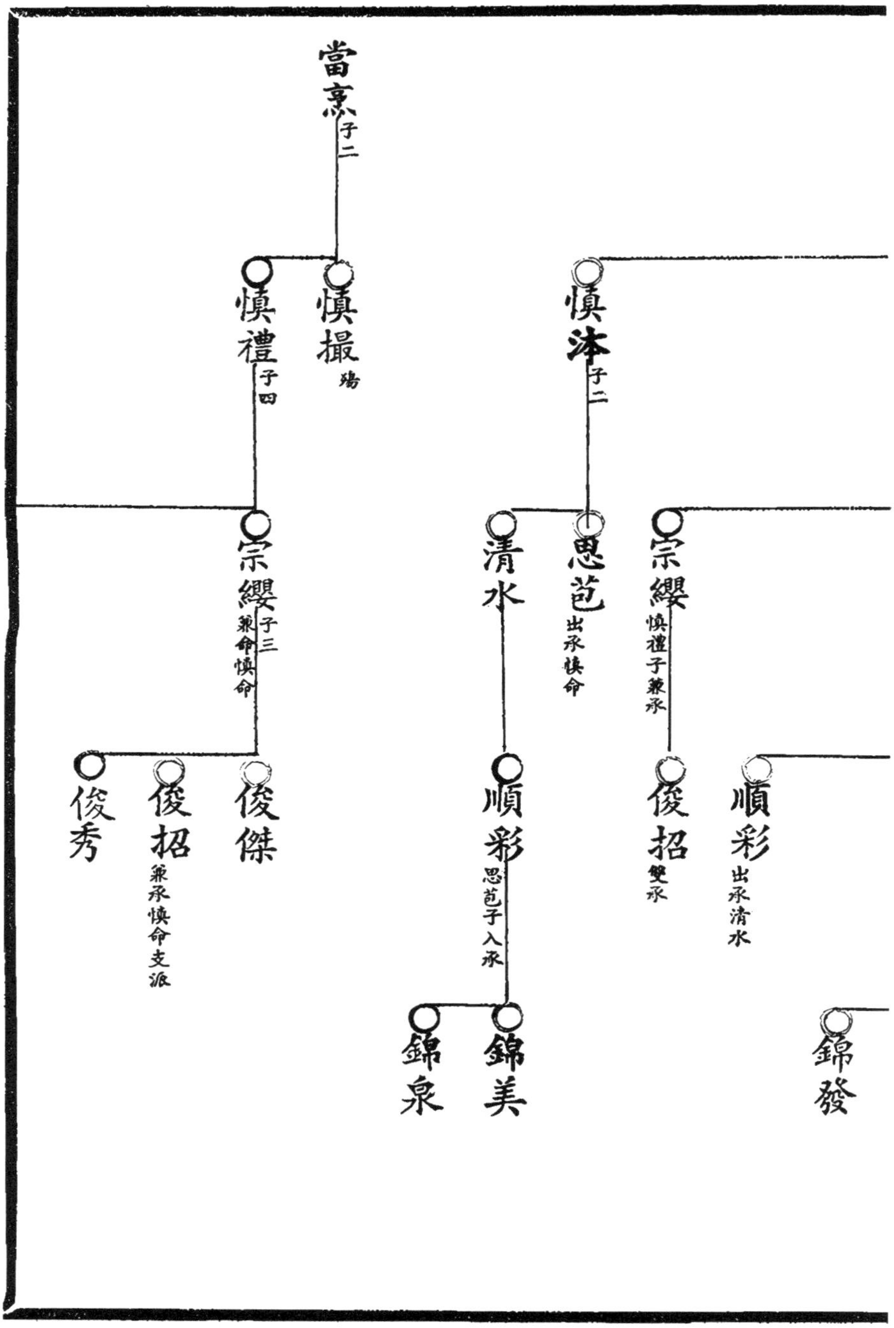
當烹 子二
慎撮 殤
慎禮 子四
慎沐 子二
宗纓 子三 兼命慎命
清水
思芭 出承慎命
宗纓 慎禮子兼承
俊秀
俊招 兼承慎命支派
俊傑
順彩 思芭子入承
俊招 雙承
順彩 出承清水
錦泉
錦美
錦發

- 第一 殤
- 思枝 殤
- 宗乾 殤

- 井水 子一
  - 愼柳 子一
    - 思垂 子一
      - 天全

- 文廣 子三
  - 愼伏 殤
  - 愼傳 子二
    - 思允 出承愼雙
    - 思景 子三
      - 永法 殤
      - 德意
        - 聰明
      - 文鈞
  - 愼雙 出承鳳毛

- 鳳毛 嗣子一
  - 慎雙
    - 思允 止 慎傳子入承
- 冬泉 子四
  - 慎堅 子一
    - 綏發 殤 慎旦子入承
  - 慎備 殤
  - 慎炎 殤
  - 慎可 子三
    - 順興
    - 麗淵 殤
    - 番薯 殤
- 當繫 子三
  - 慎聲 子四
    - 思業 殤
    - 思秋 子五
      - 玉金
        - 自諒
      - 順金
        - 自才

- 慎旦 子五
  - 綬玉 子三
    - 庵流 殤
  - 論御 子二
    - 俊英
    - 俊輝
  - 思籤 子四
    - 受丑 殤
    - 鴻枝
    - 鴻章
    - 光輝
  - 克全
  - 美全
  - 厚全

三白 子五

安利 止
綏情 子三
綏土
綏發 出承慎暨
順書 子二

金鎗
金源
天良
天星
天機
金章
金鏢

當成 子一
　慎碧

當梘 子四
　慎琴 子一
　慎吾 子二
　慎居 子一
　栽益 子三

餘監 殤
順修
順商 止
順力

金樹
奇紫 栽益子入承
奇明
朝發
奇紫 出承慎吾

奇炮
鍛鍊

敦仔尾柱　瑞伯公派

當渭
清海止雙承

當簡子三
清海止兼承當渭
清堂出承當鍊
慎昆

石門柱　瑞貢公派

當鉞 子四
- 慎鱉 殤
- 金圳 子四
  - 思拈
    - 江漢
  - 堅固 殤
  - 思木 殤
  - 連來
- 永發 子二 兼承當鐵
  - 來貴
  - 來遠 兼承當鐵支派
- 應發
  - 新鍜

當誠 子三
- 潤澤 子八
  - 國斗
    - 受福 殤

[illegible]桔 子五

思老

錦美

錦章

錦芳

錦標

錦端

錦山

錦祥 德元子兼承

思老

思朗

思謝

思意

思楷

德元 子二
- 錦祥 兼承潤澤
- 朝溪

當鐵 子二
- 經營 子三 兼承當灣
  - 連枝
  - 連才 出承當灣
  - 連星
- 水發 當鉞子兼承
  - 來遠

當灣
- 經營 當鉄子兼承
  - 連才

溪泉 子一
- 淵澄 住永春城南門內

當鍊 子一
　清堂 當蒴子入承

垻仔頭柱 瑞謙公派 住永春州西門內

當第
　慎錦 殤 雙承

當炎 子二
　添泉
　慎棍 殤

全福 子四
　有煙 殤
　修蘭 殤
　慎錦 兼承當第
　慎乾 子六
　　思煉 止

思潮

思湖

思鎗

思錶

思輝

當祿 子一
慎逞

當壽 子一
慎盛

當喜 子三
根源 殤
繼周
金諧

當吉 子一 — 慎種 殤

長房長之二　柿樹後柱　應台公派

當饋 子一 — 慎永 止

當趨 子一 — 慎合

當登 子一 — 情樹

西長房二　二叔公派　蓮山洋柱

當坑 子四 — 添來 止；清輝 殤

當浸 子二
慎窺 當榮三子入承
慎蟾 缺

當仲
炳官 雙承

五桂
炳官 兼承當仲

當榮 子八
慎法
慎才
慎窺 出承當浸
慎春 出承當坑

慎春 止 當榮四子入承
慎珍 止

慎隆

慎寶

慎堅

慎熙　父子俱在南洋麻六甲干東歿後未詳

西長房長之長房三　岑脚柱

十七世　十八世　十九世　十二世　廿一世

封蚶 — 子龍

瑞慶 子二 — 子建、松柏 殤

萬水——贊起

漢卿——伯達
　　　——伯适

南安霞錦洪氏族譜世系圖

卷四

南安霞錦洪氏族譜世系圖

卷四

西三房長之長房長良琬公派　仙井柱　瑞采公派

十三世　當漢 子三 號建興

十四世　慎浸 子三

十五世　思乘 子四

十六世　受轟 殤　受養 子二　泗成 子二　淇水 子二

十七世　文斌　文甫　文發　文輝　文才

慎沙 子三

思芸 殤
思出 子五
思所 子一

受坑 子二
冬桂
夏來 止
加興
來水
自遠 子二

文學
文卿
贊成
文秀
良才
良發 出承思角支派

思角
- （○）
  - 良發 自遠子入承

思挑 子三
- 金魚 止
- 通全
- 金水 殤

慎漢 子四
- 思練 殤
- 思準 子一
  - 水源
- 思提 子一
  - 賢士
- 思竊 止

當潑 子二
- 慎帛 子四
  - 思地 殤
  - 思罷 殤

思昌 子五 兼承慎挺
- 專明 兼承慎挺支派
  - 文郎 兼承慎挺支派
- 其美 出承天賜
- 偏才 殤
- 其山 出承天賜
- 其發 兼承思溢

天賜 嗣子二
- 其美
- 其山 係思昌子入承

慎挺
- 思昌 慎弟子兼承
  - 專明 雙承
    - 文郎 雙承

當高 子二
- 慎啓 止
- 慎雨 止

- 當沛 子四
  - 愼昭 子一
    - 思濫 子四
      - 叔夜 止
      - 其發 思昌子兼承
      - 歲英 殤
      - 受廣 殤
  - 愼穆 子一
    - 弃花 止
  - 三律 殤
  - 愼只 殤
- 當佐 子二
  - 愼英 止
  - 愼儒 止
- 當謀 子三
  - 愼國 子三
    - 思要
      - 再傳 兌立子入承

慎八 殤 出承先衆為孫

慎導 子三

兄立 子四

春琴 子一

平西 子一

甘露 子二

祖成

再寶 止

再傳 出

堅固

福良

再來

淵源

菴佑 殤

泉源

當玉 子一
慎選 止

當巧 子一
坊實 止

西三房長之長房二良明公派　美茂柱

當晏 子二
烏明 出承當卦
衍派

當卦 嗣子一
烏明

瑞琳 子二
樹立
典才

當杯 子四
慎咸
良才 殤

慎森

冕絲
湘江 全和子兼承

全和 兼承當富
湘江 兼承冕絲

當洽 子一
酒鐘

當富
全和 當杯子兼承
湘江 兼承

當近 子三
武才
金漢
金山
武固
瓊瑤 殤

當菁 子六
仁思 殤

福全 止

福明 殤

福山 兼承富成

福端 殤

福俟

合呈 子二 → 孟珠 止

合呈 子二 → 慎憂 殤

富成 兼承先搥 → 福山 當箸子兼承

當恭 兼承先尊派 → 烏冰 兼承先尊派 → 輝龍 入承先尊派

當元 → 澤民 當禮子兼承 → 清發 雙承

當恭 子四 先措本支

慎河 子五

輝華

炳星

輝火

輝德

輝亮

輝贊

錦錯 止

熙傳 殤

烏冰 子二 兼承先尊派

輝煌

輝龍 出承先尊派

當伋 子三

滿水 殤

當鈴 子三

當茲 子七

垂宗 子二
- 清福 出承慎俊
- 清溪

慎俊 子一
- 清福 垂宗子入承

垂懿 往台灣

慎扁 子二
- 建興
- 建良

長成 子二
- 建安
- 建南

垂標 止

澤民 兼承當元
- 清發 雙承

文榮 — 清才

榮忠 — 思清

澤泉 兼承當茶

澤思 殤

榮華 殤

當茶 — 澤泉 當檖子兼雙

良明公派　美成柱

當熊 子三 — 慎象 止

慎盤 出承先光爲孫

- 文獻 子一
  - 忠全
- 當熊 雙承先光
  - 慎盤 子二 入承先光支派
    - 美德
    - 昆發 子一
      - 春木
- 當蟲 子三 太學生 號錫爵
  - 慎殿 子七
    - 偶遇 子三
      - 架業
      - 受桶 兼承思藏
      - 受田 出承思藏
    - 思藏 子二
      - 受桶 偶遇子兼承
      - 受田 偶遇子入承
    - 抵當 子三
      - 玉錐 兼承預瑞
      - 玉增 止

慎炮 子五

棋鵬 殇

棋相 殇

預瑞 子二

相樹 慎炮子入承

聖賢 子四

玉印

玉錐 抵當子兼承

玉鼎 相樹子兼承

玉鼎 兼承

榮昆

振昆

受達 兼承預昌

建地 兼承預昌

預昌 子四 雙承

受炎 殤

英麗 殤

受杉 灌溉子兼承

土及 入承

少英 灌溉子兼承

受達

建地 俱聖賢子兼承

灌溉 子三

受杉 兼承預昌

土順

土及 出承預昌派

火水

少英 兼承預昌

當軋 子一

當檀 子一

護持 子二

愼翼 殤 出承當壽

愼鈞 止

愼朝 嗣子一

畽秀 子四

相樹 出承愼殿

思芬

思猜 止 秀子入承

思祿 出承當壽爲孫

思猜 出承

金榜 嗣子二

火鍊

長存 思祿子入承

長益 思祿子入承

成都 殤

江東 俟兼承長吉

當騫 嗣子一
慎翼 殤
思祿 子八

桃源 殤

炳昌 子一
星來

思祿子：
受魚 殤
受池
長存 出承金榜
長吉
長裕 殤
受車

受池子：
封圓
封田 殤

長吉子：
成都 殤
江東 俱長存子兼承

當標 子一
慎鮑 殤

當頓 子三
丟來 子四
金碹 子三
進作 出承慎堯 兼承慎秋
思柿
絲竹

長水
長益 出承金榜
元演 出承絲竹 兼承思柿
元鰲
元諒 兼承從弟運來
元演 金碹子兼承
元演 雙承
元燦 進作子兼承

乃登 子一
慎照 子一
運來
元諒 金瘤三子兼承

當權
慎堯 當頃子入承
進作 兼承
元燦 兼承絲竹
元筆 雙承

慎堯 出承當權當昧
慎秋
進作 丟來次子兼承

當昧
慎堯 雙承
進作 兼承
元筆 雙承

進騰 子六 太學生號賓珍
潤澤 子五
思楓 兼承慎滾 中學生名元才
達真 兼承慎滾派
天真
國真

鵬程 慎滾子兼承 中學生
志高 雙承

慎滾 子三

慎柱 子二

思省

思調

金城 出承慎柱

思楓 潤澤子兼承

鵬程 兼承潤澤 中學生

鵬摶 高中生

思源

金城 潤澤子入承

清江

清湖

榮生 鵬摶子兼承

達真 雙承

元諒 兼承從弟運來

志高 兼承潤澤派

榮生 兼承思調

慎柳 子六 兼承嘗萬物

煥彩 出承萬物支派

煥章

[illegible]錫

煥然

煥宗

煥案

煥祖 出承萬物派

慎燒 殤

兆斗 殤

萬物

慎柳 嗣子二 進騰子兼承

煥彩

煥祖

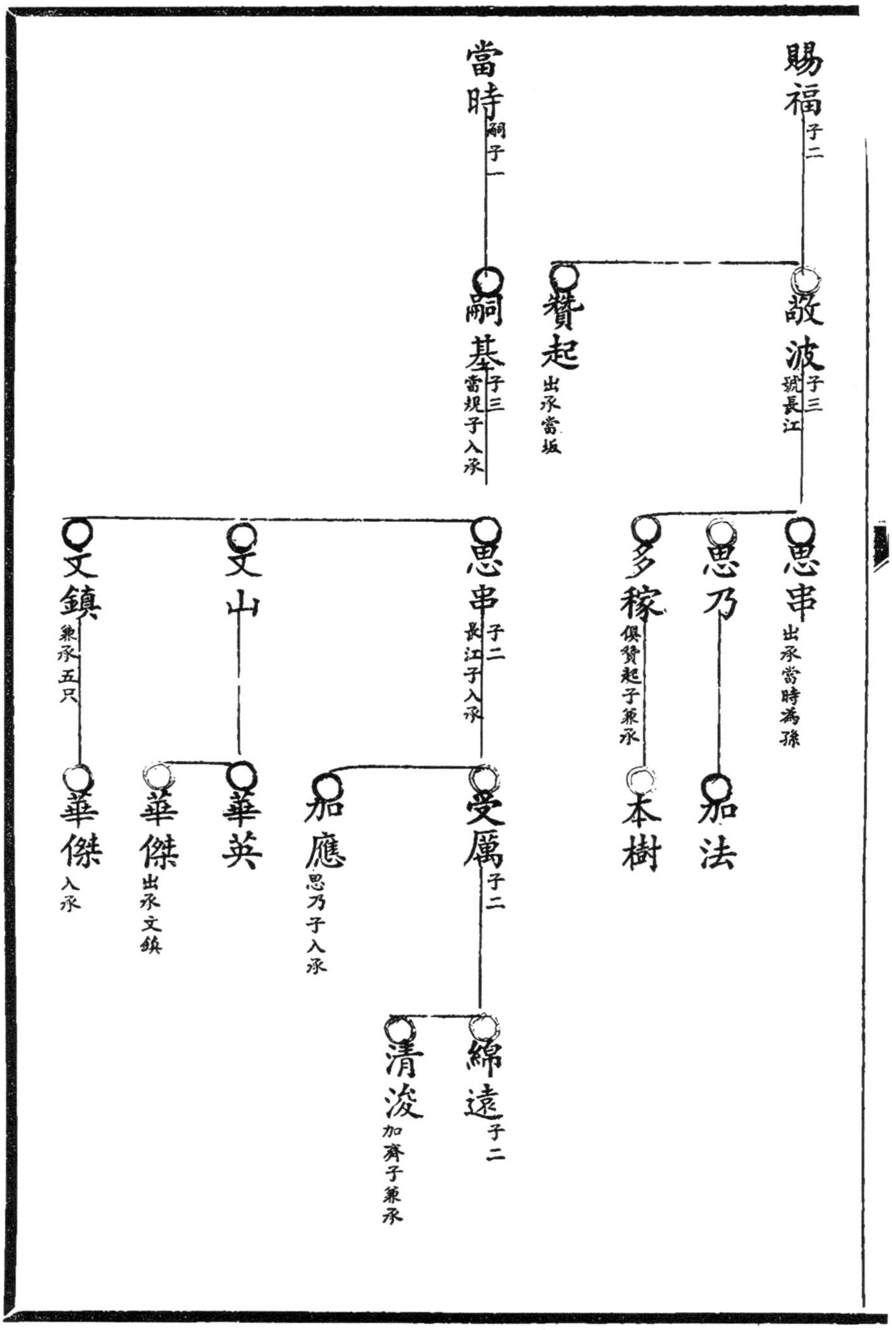
賜福 子二
當時 嗣子一
敬波 子三 號長江
贊起 出承當坂
嗣基 子三 當規子入承
思串 出承當時爲孫
思乃
多稼 係贊起子兼承
思串 子二 長江子入承
文山
文鎮 兼承五只
加法
本樹
受厲 子二
加應 思乃子入承
華英
華傑 出承文鎮
華傑 入承
綿遠 子二
清浚 加齊子兼承

當規 子五

- 玉振 子二
  - 思紹 止
  - 思耀
    - 華俊
    - 華美
    - 華光
    - 華雄
- 金聲 子四
  - 思令
  - 思沾
    - 稟作 思秋子兼承
  - 思淵 止 兼承五只
  - 思秋
    - 稟作 兼承思沾
- 嗣基 出承當時

嗣興 子一
澤才 缺

五只
思淵 止 金聲子兼承
文鎮 嗣碁子兼承
華傑 雙承

當坂 嗣子一
贊起 子九 賜福子入承
思乃 子二 兼承敬波
多稼 子五 兼承敬波

加齊
養成
清浚 兼承受屬
加應 出承思串
加法 出承敬波派

受鏗
本樹 出承敬波派
受成

南安霞錦洪氏族譜世系圖

卷四　西三房長　美成柱良明公派　一三

執禮 殤

思明 子三

受遠
受擡
炳爍

思周 子一

受卷 殤

文華 子三

萬鎮
把把
千鎮

受全
受道

金沙
自來 殤
永來

金沙 —— 受隆、受裕

受隆
受裕

家業 子五

夢麟
傳芳 止
元英
元中
元利 兄弟俱往安南未詳

夢麟 —— 八斗 宇宙子兼承

八斗 —— 酒港 兼承

嘉猷 子四

百寮

百寮 —— 鶴算 止 宇宙子入承

百決 殤
百祿 殤
宇宙 子四
談池 子二
提拔 子六

鶴算 出承百家
八斗 兼承夢麟
允曲 子一
淵泉
達柳
德勝 兼承娓耀
德良

泗海
泗港 兼承夢麟派
秉順
平喜
才益
亞仁 元成子兼承

進戶 嗣子一

謙裕 子一

清裕 子五

焜耀 出承進戶

焜耀

德勝 提拔子兼承

才益 雙承

愼汪 殤

物格 止

汪愼 出承謙裕

愼悌 殤

堆城 殤

元成

亞仁 兼承德良

尚文 止

福臨 殤

取來 止

接續 止

謹順 子三

秀松 子四 兼承康賜

秀竹 殤

登舉 子五 兼承山水

再恬 子三

雅意 出承康賜派

思齊

金桂 出承康賜派

山猴 殤

樹林

應林

植林

建華

長福 出承山水派
長秀
長紫
長城 出承山水派

廩賜 雙承子一
秀松 瑾順子兼承
雅意
正心
金桂

山水 子二
疊舉 瑾順子兼承
長福
建國
長城
善繼 殤

轉附 子八
綢繆 子四
鎮玩

秉芻 殤

欽印 殤

筆調 殤

庇閭 止

經文 殤

鎮瑤 子二

秀成 殤

世榮 鼓琴子兼承

鼓琴 子二

世育

世榮 兼承鎮瑤

金儀

長發 嗣子一
垂統
鐫永 子二
當餘

緯武 殤
錡妙 出承長發
鍏妙 子二 入承
瓜瓞 鐫永子兼承
宰勝 兼承當餘
瓜瓞 兼承垂統
宰勝 雙承

鳳明
錦明
超忠 雙承
超田
超忠 俱瓜瓞子兼承
超田
超忠 俱兼承宰勝 又承垂統派
超田 兼承

進泮 子二
慎正
必進

墨順 子三
火練
必進 出承慎正
深溪 瑒

超忠 兼承

當文 子一
自在 子二
安進
連進 飲水子兼承

當紫 子二
飲水 子七 兼承雷藝
能進 兼承洗滌
耀華 兼承洗滌派
鼎進
玉華
江進 出承洗滌

洸滌 兼承當侯

多進 出承當藝派

連進 兼承自在

瑟琴 殤

衍慶 殤

能進 飲水子兼承

耀華 雙承

江進 飲水子入承

當藝

飲水 當崇子兼承

多進 入承

當侯 一子雙承

洸滌

江進 雙承

當細 三子

慎田

慎佈 止

○慎樾 止

當禢 子一
○慎賜

當交
○傑民 當矜子兼承

當長
○豪傑 當矜子兼承

當矜 子三
○俊傑
○傑民 兼承當交
○豪傑 兼承當長

當便 子三
○國瑞
○國章
○慎還 殤

當跳 子一 先整子兼承先河
　華民 兼承

當跳 先河雙承子
　華民 雙承

當硯 子一
　丕振 當亘子入承
　　文秀 慎寬子入承

當磉
　慎建 當賓子兼承
　　明國

當賓 子四
　慎建 子二 兼承當磉
　　明貴
　　明國 出承當磉派
　不用 殤
　慎魯 子二
　　閔發
　　閔貴
　查某

當義 子三

- 慎從 子三
  - 亞英 殤
  - 泉昌
  - 泉發
- 慎復
  - 思益
- 慎共
  - 連安

當豆 子四

- 慎覓 子二
  - 文秀 出承振丕
  - 文好
- 丕振 出承當硯
- 慎聽 子二
  - 永南
  - 春安 出承力水

力水 嗣子一

春安

讀書 子三 入承先掘

命理 子六

思來

思山 出承摘句派

思福

思吉 出承慎恩

思安

思英

慎恩

思吉 命理四子入承

鰲頭 止

天心 子一

元炎

天保 子六
- 新致 殤 出承摘句
- 新淵 殤 出承摘句
- 聰明
- 慎格
- 文明
- 赤婆 殤

天助 子一
- 萬年 兼承摘句

天泰 子二
- 慎重
- 慎奉

棋林 子二
- 慎量

贊發

棋灶 子四
- 金水
- 金池
  - 進來
  - 思美
- 金發
- 金成 出承摘句

當專 入承先抱
- 來發

摘句
- 金成 棋灶子入承
  - 思山 命理子入承
- 新致 殤
- 新淵 殤 俱天保子入承

萬年 天助子兼承

西三房長之二鍾元公派　頂三落柱

當墨 子一 — 慎繼 止

庇佑 子二 — 慎述、慎進

托天 子二 — 福賜、福麟

當物 子三 — 慎鑨 子二 — 仙游 殤、思堅

慎擺 — 思明

慎宗 — 廷傑

當犖 子三

慎款 子二 — 良源 出承慎愴；良星

慎愴 — 良源 慎款子入承

慎錫 — 良安

當鈀 子三

慎曹 — 塞封

明星

尚律

當牛 子六

慎在

當農 子五 兼承先倪

慎鑾

慎燦

沛澤

森程

慎智 殤

慎展

華模 俱出承先倪

華強 出承當公

華海

華珍

- 當岱 子四
  - 間英 止
  - 清秀 殤
  - 尚武
  - 華強 當農子入承
- 當農 子二 先役支派
  - 慎展
  - 華模
- 當蒲 子一
  - 慎綿 殤 當晌子入承
- 當响 子二
  - 慎萍 出承當庵
    - 再星 雙承
  - 慎綿 殤 出承當蒲
- 當庵 嗣子一
  - 慎萍 當響子入承
    - 思燒 殤

再星 兼承當響為孫

當查 子一
　慎欣

當尋 子二
　慎卦 止
　慎秤

當裕
　慎洴 當偈子兼承
　　永源 雙承

當伴 子一
　慎鰲 殤

當善
　金圖 後埔洋其譁子兼承

當倡 先弄子入承
　慎洴 兼承當裕
　　永源 兼承

當闊 先棟雙承子
　慎上 雙承

當闊 先買子
　慎上 兼承

建寧　當静子兼承

當贊

愼付　殤

當静　子二

寛成　殤

建甯　兼承當澗

西三房長之三翼逵公派　五柱長　良碧公派

當言　子二

廉儁　子一

昆源　金處子入承

金處　當菊子兼承

徵源　兼承

當菊　子四

進發　殤

愼求　子三

定顯

國顯

振耀

火地 子四

福星

福璋

福謙

福亮

金處 子二 兼承當言

徵源 兼承

昆源 出承廉傷

當杏 子一

慎覺 止

當水 子一

慎算 當總子兼承

弈諒 兼承

當石 子一
- 加耀 止

當提 子二
- 文東 子二
  - 弈錫 進玉子入承
  - 螽斯 武西子入承
- 武西 子三
  - 允龍
  - 螽斯 出承文東
  - 衍慶

當總 子二
- 進玉 子二
  - 弈錫 出承文東
  - 弈諒 兼承慎算
- 慎算 兼承當水
  - 弈諒 雙承

當秀 子一
- 版築 殤

當範 子一
永美 子一
應園

當炎 子一
榮富 子三 當銅子入承
清田 出承來福
火鍊 出承當柴爲孫
金地

當銅 子三
琉璃 殤
榮富 出承當炎
來福 子二
清田 榮富子入承
良木 兼承當藩爲孫

當柴
火鍊 榮富子入承

當藩
良木 來福子兼承

五柱二良起公派　後埔洋柱

- 當溪 子五
  - 慎遠 子三
    - 世樹 子一
      - 培植
    - 皆土 殤
    - 思閂 止
  - 慎及 子五 號雲程
    - 勤孝 子二 兼承慎坑
      - 高翔 兼承慎坑派
      - 高攀 兼承德興
    - 勤慈 子一
      - 榮歸
    - 品正 子一
      - 三敦
    - 勤耕 缺
    - 德興
      - 高攀 勤孝子兼承

- 當鑴 子三
  - 慎坑
    - 勤孝 慎及子兼承
      - 高翔 雙承
    - 思治 慎琛子兼承
      - 活源 雙承
    - 益裕 慎琛子入承
      - 水洋 兼承益良
  - 慎琛 出承當近
  - 慎教 子一
    - 堅固
      - 仙游 養
  - 慎忠 子二
    - 清和 子二
      - 榮生
      - 受椿
    - 清貴 缺
  - 慎侯 子三
    - 清才
      - 錦川 兼承清灶
    - 清灶 兼承雲霧
      - 錦川 雙承

當近　子二

雲霧　子二
慎琛　子四　當溪子入承

清益　出承宗弟再禍
清灶　慎俟子兼承
水連
思治　子三　兼承慎坑
益壽
益良　嬰承子二
益裕　出承慎坑

受記　兼承益良
受南　殤
活源　兼承慎坑派
受記　思治子兼承
水洋　益裕子兼承

慎包
贊成 子三
文春
文輝
文民

當捒 子四
潤澤 殤
慎講 殤
進發
珀璋
慎連 缺

當獺 子一
鉄玉 殤 當華子兼承

當海 子四
慎祿 殤
慎爵 殤

長發 子一
思串 殤

阿秋 子二
隆成 子一
自然
仙和

當覃 子三
慎臨 出承當參
鉄玉 殤 兼承當瀾
金俊 子一
國連

當接 子一
慎壕 殤

當坂 子三
慎棠 殤
春來 出承當百
成吉
思玉

當佰 嗣子一

○春來 子二 當坂子入承

○好談

○立業 [illegible]

○思情 兼承慎休

當仍 子二

○慎區 子二

○思奚 子一

○受榮

○思[illegible]

○慎旨 子一

○悟完

○雙乾

當持 子一

○慎象 止

當參 子一

○慎臨 子二 當章子入承

○行志

○瑞意

當選 子二

○慎藏 兼承當臓

○江淮

○震祿 慎權子兼承

慎權 當冬子兼承
- 震祿 兼承

當冬 子二
- 慎休 出承當騰
- 慎權 子四 兼承當選
  - 法元 殤
  - 德志 殤
  - 震祿 兼承慎藏
  - 江漢 浚臨子兼承

當睡 子一
- 慎端 兼承當哂
  - 清瑞 兼承當哂派

當騰 子三
- 慎藏 當選子兼承
  - 江淮 雙承
- 慎休 當冬子入承
  - 江漢 俊臨子兼承
  - 思情 春來子兼承

俊臨 子三 當全子入承

江漢 兼承當冬派

江垂 出承當全派

當仍 子二

慎區 子二

思靠 殤

當全 子一

俊臨 出承當勝

江垂 俊臨子入承

當哂

慎端 當子兼承

清瑞 雙承

當劉 子二

慎叢 出承當鉞

好勢 子四

開河 兼承慎叢

受煥 出承慎叢派

思苧

鍛鍊 殤

炳祝

當鉞 子二
- 慎欉 當劉子入承
  - 開河 好勢子兼承
    - 受煥
  - 遊悌 慎昌子兼承
- 慎泰 當悅子兼承
  - 遊悌 慎昌子兼承

當悅 子二
- 慎昌 子三 兼承當問
  - 遊悌 兼承慎叢慎泰
  - 瑞助 兼承當問派
  - 江湖 殤
- 慎泰 兼承當鉞
  - 遊悌 慎昌子兼承

當問
- 慎昌 當悅子兼承
  - 瑞助 雙承
- 慎福 當埜子兼承
  - 建置 雙兼

當稅 子一
- 慎佑
  - 水龍 慎福子兼承

當整 子一
- 慎福 子二 兼承當問
  - 建置 兼承當問派
  - 水龍 兼承慎佑

當思 子一
- 失名

當坪 子二
- 慎級 子二
  - 思審
    - 連成
  - 思葵 止 慎瓦子入承
- 慎瓦 出承當曳

當曳 子一
- 慎瓦 子三 當坪子入承
  - 思翰 止
  - 思葵 出承
  - 清龍 出承慎山

當佔 子三
- 添成 出承當算

- 慎樹 子二
  - 思頤 子二 添成子入承
    - 連水
      - 源枝
    - 連珍 出承思榔
  - 再發 慎錐子入承
    - 詩禮
- 慎錐 子三
  - 再發 出承慎樹
  - 再好
    - 天錫 殤
  - 加生
    - 武烈

- 當算 子一
  - 添成 子三 當佔子入承
    - 思榔
      - 連珍 思頤子入承
    - 思頤 出承慎樹
    - 央燕 止

- 當擂 子二
  - 慎文 出承當擂

慎山 子二
清龍 子二
申庚 子二
慶垂
混璋
洋水
江水

當擔 子一
慎文 當擔子入承
來錢 止

當團
金土 機會子兼承

當坤 子一
慎喜 殤

機會 子一
金土 兼承當團

當淹 子二
慎傳 子四
思朕 子四
受玉 子四
再寶
再喜

思柱 子四

思[illegible] 子三

受國 止

意愛

清浚 殤

受璇

受廠

受都

受綿

助成

賜寶

秀品

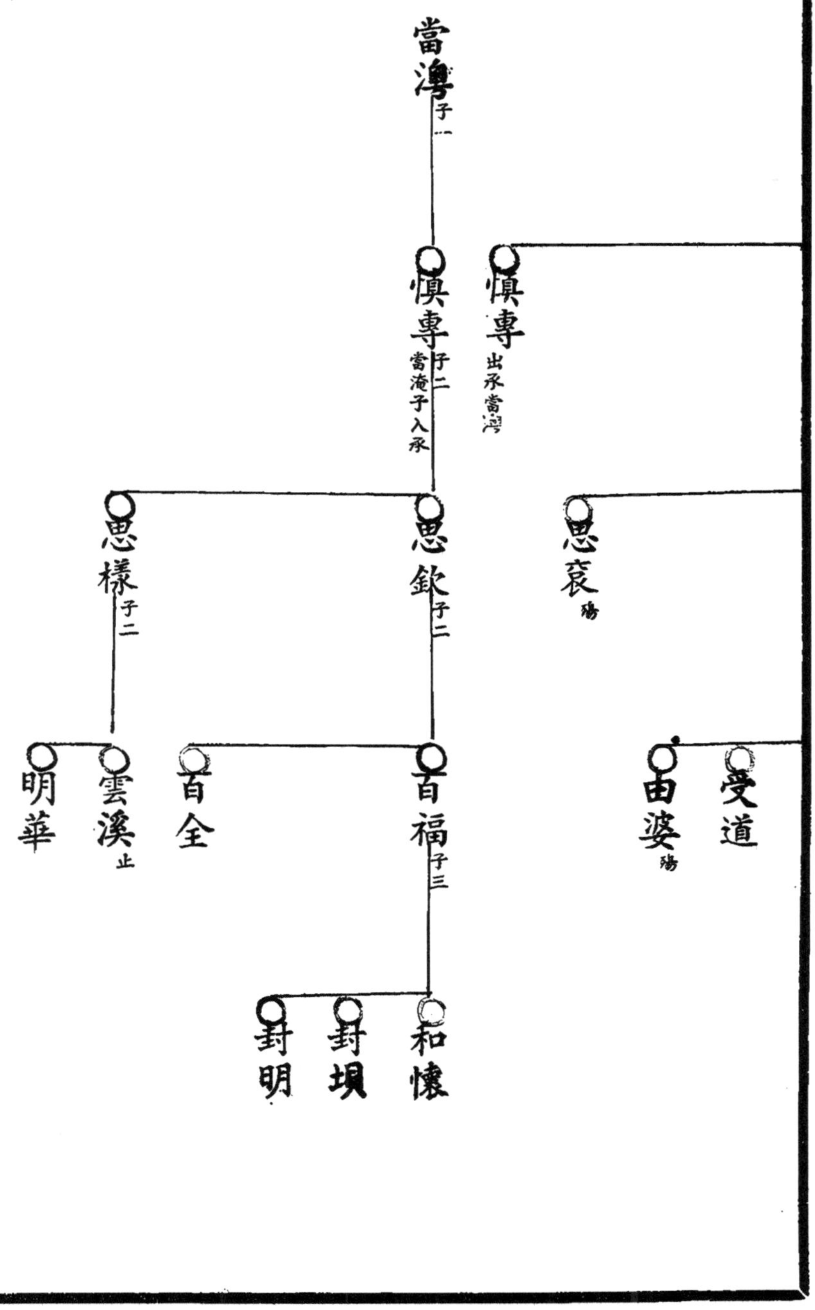

當灣 子一
愼專 出承當灣
愼專 子二 當淹子入承
思袞 殤
思欽 子二
思樣 子二
受道
由婆 殤
百福 子三
百全
雲溪 止
明華
和懷
封埧
封明

當極 子四
啓明
啓泉
申金
慎發

當水 子一
庚申 以上當極當水父子慎居石碼厥後未詳

當陳 子四
拖負 殤 出承當伍
題金 兼承當伍
水木 美傑子入承 兼承當伍派
美傑 子三
朝木 兼承慎捕
水木 出承題金
運登

當傑 子二　當窯 子一　當篇 子二 兼承先灌　當返 子二

天賜 子一　抱員 殤 入承　題金 當陳子兼承　慎埔　慎汀 子二　慎坡 兼承先灌　瑞良 止　慎庵 殤

思欲　水木 雙承　朝木 美傑子兼承　思恩　思想

榮輝　榮利

當鋥 子一
千里 子一
連枝

當允 子四
慎贊
永通 殤
國平
端德 兼承香沉
慎朝
慎泰 殤

沉香
端德 當允子兼承

連城 子四
地龍
地虎 出兼先昆為孫
地炮

慎廣 殤

德成 子一
慎興

淵景 子四
慎鍊
元芳
元亨
金定 殤

當漚 子二
汪河
天錫

當篇 兼承先灌派
慎坡 雙承

五柱三良業公派　棋盤柱

- 近水 子一
  - 送來

五柱四良貞公派　美墘柱

- 當爾 子三
  - 慎第 子一
    - 榮良 慎潤子兼承
  - 慎令 子一
    - 源良
      - 炳全
  - 慎潤 子一
    - 榮良 兼承慎第
- 當膺 子一
  - 招來 止
- 當忠 子一
  - 慎烏
- 當綿
  - 永發 兼承

當絹
永發 兼承

當台 子一
永發 兼承當錦當絹

當蚋 子二
建罝
思尚
思梅

當奎 子二
慎生
慎雙 兼承當便

當冷 先嚴派
泰山 兼承

當胆
慎泉 當蔡子兼承

當便
慎雙 當奎子兼承

當蔡 子一
慎泉 兼承當胆

當冷 朝陽派 — 泰山 雙承

當樑 — 長江 玉渠子兼承

當簡 子二 — 慎正 出承建成；國愛

建成 子二 — 慎正 當簡子入承；錦珍

玉渠 子一 — 長江 兼承當樑

添丁 子二 — 瑞扳 止 鎸石子兼承；兩發 殤

鎸石 子二 — 瑞扳 止 兼承添丁

西三房長之四一酉公派　鳳樓石紫柱

慎參 殤

呈祥 子三
- 景福 子二 兼承呈華
  - 等仁
  - 等忠 出承呈華派
- 壽福
- 美福

呈華
- 景福 呈祥子兼承
  - 等忠

再能 子二
- 倉綿 缺
- 赤狗 殤

再起 子五 兼承先瑚
- 世昌

烏狗 殤

福諒

世芳

世平

德利 子一

海連

鳳樓保義公派

當綿

文利 當秧子兼承

思正 雙承

思發

當秧 子一

文利 兼承當綿

思正 兼承

當茂　子一
　文清

當坂　子一
　桐欽

當亭　子三
　振翮　殤
　振盛　殤
　連發

當遠　子一
　樹乳　子一
　　深添

當庵　子三
　仁和
　建和　兼承弟清魚
　仁安

清江　子一
　加和

清魚殤
建和雙承

當駢子四
振發
振興
振文
振良

應萬子二
棋英殤
土地

榮昌子一
中華止

再等
玉樹真等子兼承

真等子二
玉樹兼承再等

玉沁

瑞福 子二
- 滿貴
- 滿益

當賢 子二
- 榮華 子四 兼承當鈞
  - 猴精 殤
  - 順情
  - 順意 兼承當鈞派
  - 順孝
- 榮初 子四
  - 金聯
  - 再聯
  - 再順

再寶

當鈞
榮華 當賢子兼承
順意 雙承

吾厚 子二
厚和 出承當續
厚平

當續 兼承同慶
厚和 入承

當羣 子一
慎趁 子四 兼承當溪
江得 殤
建寧
建成 出承當溪派
金寧

當溪 雙承子一
慎趁 嗣子一 當羣子兼承
建成

當醉 子二
- 註素 子二
  - 江海
  - 江山 承出從算
- 從算 嗣子一
  - 江山 入承

再興 嗣子一
- 炳火 土墩子入承
  - 錦錫
  - 錦津

當灶 嗣孫一
- ○
  - 青山 義瑞子入承

當井 子四
- 義衣 子三
  - 汪洋
  - 清洋
  - 源洋
- 義金

裁瑞 子二
- 青山 出承當坟爲孫
- 清海

裁發

土墩 子三
- 炳火 出承再興
- 炳榮 子二
  - 清水 殤
  - 清泉
- 潛龍

當畝
- 再興 當鑒子兼承

當朋 子二
- 慎創 子二
  - 梅燕
  - 啓咸 慎柳子入承

慎柳 子四 兼承當籓

啓窗

啓榆 出承當籓派

啓戚 出承慎創

啓泉

當籓

慎柳 兼承當朋

啓榆 入承

再福 當鑾子兼承

文標 雙承

當日

再興 當鑾子兼承

當教 子二

贊起 子五

文安

文良

文傳 兼承當斧為孫

當爺 雙承子一

當監 子三 兼承先莉

慎烏 嗣子一

再祿 當鑾子兼承

再福 子三

再祿 子一 兼承當爺

瑞火 殤

松柏 出承慎烏

松柏 入承

錦榮 殤 雙承

文傳 贊起子兼承

文標

思洪 殤

錦榮 殤 再祿子兼承

錦榮 殤 兼承再福

再德

再興 兼承當畝當日

當降 承雙子二
- 炳枝 殤
- 玉兎 殤

當劉 子二
- 炳昌 當明子兼承
- 玉兎 殤 兼承當降

當明 子三 兼承先買
- 炳昌 兼承當劉
- 炳建
- 炳枝 殤 兼承當降

當董 子一 兼承先買
- 財義

當挺 子四
- 紅毛 殤

- 慎獅 殤
- 金吉
- 慎闊 兼承當吽

再智 子二
- 四維
- 冬來

當吽 兼承先裔
- 慎闊 當挺子兼承

當大
- 金交 烏品子承兼

烏品 子二
- 金水 兼承特羽
- 金交 兼承當大

當執
- 金從 當挽子兼承

當挽
- 金從 兼承當執

當喊 子三
- 天目 殤
- 再炎 缺
- 開準

當博 子一
- 榮星

文察 子一
- 賞來

特羽 子三
- 捷來
- 慎猪 殤
- 金水 烏品長子兼承

烏亮 子四
- 玉貞

玉答

玉牆 殤

玉印

烏店 子三
- 泰山
- 登科 殤
- 泰金 兼承炳煌

烏滾 子二
- 應望 殤
- 欽火 兼承炳煌

當丑 子一
- 純匣

炳煌 子三
- 遠來

欽火 烏滾子兼承
泰金 烏店子兼承
琴棋 子一 — 慎洗
聲韻 子一 — 錫家
英總 子一 — 慎水
當位 子一 — 福吉 當豆子兼承
當題 子二 — 文德、文騫 止
英雁 子一 — 兩顧 堂弟當晴子入承、榮典 當豆次子兼承

蠻貊 子一
- 兩高 當豆子入承 兼承當培

當培
- 兩高 雙承

當豆 子三
- 兩高 出承
- 榮典 兼承英雁
- 福吉 兼承當位

當盤 子二
- 再泉 出承當蘭
- 再顯 子三
  - 從算
  - 隆生 再泉子入承
  - 詩郎

當進 子一
- 天生 當傑子入承

當簡 嗣子一
再泉 子六
振昌
振華
隆生 出承再顯
別生
供生
拾生

當傑 子三
天生 出承當進
玉芽 出承當應
天送

受恩 子三
瑞托 兼承錦裳

正道 殤

慈助 殤

當應 子二

玉芽 當傑子入承

慎灶 養

錦裳 子三

瑞托 受恩子兼承

有來

有興

周發 子一

文理 燮承先軋派

錦益 田潤次子入承

肇基

榮耀 親切子入承

寶山 兼承親切爲孫

親切 子四
- 榮耀 出承肇基
  - 寶山 雙承
- 榮清 兼承如意
- 高郎 兼承下宅陳六根
- 逢強

田潤 子三
- 錦順
- 錦益 出承文理
- 錦旋 出承如意

文理 六爻公子
- 錦興 兼承如意
- 火德 田潤子入承
- 錦益 出承先軌支派

如意
- 榮清 親切子兼承
- 錦興 文理子兼承
- 錦旋 田潤子入承

龍材 子一
- 順興 兼承加財

加財
- 順興 龍材子兼承
- 順美 先庚嗣孫

當少 嗣子二
- 清波 贊緒子入承
- 俊英 贊盈子入承

贊緒 子二
- 清波 出承
- 朝榮

- 贊盛 子三
  - 俊英 出承雷少
  - 弈守 兼承從兄良弼
  - 弈宰
- 溫柔 子一
  - 金標 兼承文学
- 聰明 子二
  - 金春 兼承文喜
  - 金鐘
- 良弼
  - 弈守 贊盛子兼承
- 毓發
  - 西海 敦厚子兼承
- 敦厚 子二
  - 世雅 出承文喜
  - 西海 兼承毓發

文喜 嗣子三
- 世雅 敦厚子入承
- 金春 聰明子入承
  - 思要
- 華生 文言子兼承

文言 子二 兼承濟化
- 華生 兼承文喜
- 榮生

文桐 子一
- 水和

取來 子三
- 連全 子一
  - 偶遇
- 連排 子一 兼承添權
  - 棟樑 雙承
- 連普 殤

拔眼 子一
- 慎芽

- 添權
  - 連排 雙承
    - 棟樑 承雙
- 文學 子二
  - 任黨 止
  - 銓標 溫采子兼承
- 當續 雙承子一 雙承同慶派
  - 厚和 當吾子兼承
- 文楷 子二
  - 銓盾
  - 銓砵 殤
- 祖述 子三
  - 慎木 兼承美玉
    - 建南
  - 進才 兼承祖德
  - 良進 殤
- 敦倫
  - ○
    - 建安 雙承

祖德 — 進才 祖述子兼承

美玉 — 慎木 祖述子兼承

敦龍 — ○ — 建安 雙承

當賓 子二 — 慎深 — 發源 慎卯子兼承

　　　　 — 慎卯 — 發源 兼承慎深

文東 子二 — 屁佑 殤

　　　　 — 鳥地

大田 — 清池 瑞鉏子兼承

瑞鉏 子三 — 清地

　　　　 — 清池 隸兼大田

清露

瑞家 — 振良（瑞乾子兼承）

瑞乾（子二） — 振忠、振良（兼承瑞家）

當响（子三） — 自佐、自安（出承貴才）、自智

貴才 — 自安（當响子入承）

文居 — 松碧

樹知 — 九子

南安霞錦洪氏族譜世系圖　卷四　西三房長　鳳樓柱保義公派　四八

淵得 子三
- 耀宗
- 耀輝
- 耀錦

源情 子三
- 福成 殤
- 樹寶 殤
- 培榮

當妙 子二
- 國瑞 殤
- 瑞發

德仁 子一

淵泉 繼承安樂派
- 安民 入承

淵泉 子二 先城本支
- 南國
- 安民 出承安樂

銀城 子二
- 耀庭
- 奇才 霞家子兼承

霞宇 子四
- 建南 殤
- 建安
- 建詩
- 建廈

霞家 子一
- 奇才 兼承銀城

瑞泰 子一
- 清棟

瑞河

西三房二九架柱　應記公派

十三世　十四世　十五世　十六世　十七世

- 當洋 子二
  - 慎致 子二
    - 壬癸 兼承慎丕
    - 壬好 出承贊溥
  - 慎丕
    - 壬癸 慎致子兼承
- 當土 子一
  - 慎聰 子三
    - 天祥 大胆子兼承
      - 受美
    - 堅地 慎江三子兼承
    - 松柏 慎江四子兼承

- 當俟 子一
  - 天膽 子三
    - 天祥 子二 兼承慎聰
      - 受美 出承當土支派
      - 受利 兼承天賜
    - 天賜
      - 受利 天祥子兼承
    - 思忠 殤
- 當乞 子一
  - 慎江 子五
    - 思淵
    - 思良
    - 堅地 兼承慎聰
    - 松柏 兼承慎聰
    - 思武
- 當見 子三
  - 進國 子一
    - 連城

當坩 子四

奔茂 子二
- 長潭
- 長才

目來
- 招賢 殤

大池 子三
- 木水
- 美水 出承五只爲孫
- 贊成

慎省 子二
- 好勝
- 好利

福全 出承當知

福源 出承當知

當知 嗣子二
- 福全 當紂三子入承
  - 貿安 殤
- 福源 當紂四子入承

當扮 子三
- 再朝 子三
  - 大嶺
  - 和平
  - 和養
- 春采 子二
  - 壬水
  - 文責
- 天助
  - 思復

五只
- ○
  - 美水 大池子入承

托居 子一
- 榮心 子三
  - 高山

高海

高樹

當寶 子一 — 贊導 嗣子一 — 壬好 慎致子入承

當普 子一 — 慎炎 殤

再得 子一 — 古樹 殤

滿池 子三 — 庵狗 — 良法 殤

滿池 — 石唱 出承當存

滿池 — 雨水 殤

當存 嗣子一 — 石唱

老猴 兼承先對 — 地虎 連城子入承

西三房三塔邊墘柱　恬直公派

十三世　十四世　十五世　十六世　十七世

當祥 — 連進（蜈蜞子兼承）

蜈蜞（子二） — 連進（兼承當祥）、培養

西四房樓仔脚柱　弈業公派

十三世　十四世　十五世　十六世　十七世

當淵 子二
- 新睩 止
- 慎橡 止 出承當韮兼承當遴

當瑤 子一
- 慎掇 子一
  - 思贊

當韮 嗣子一
- 慎橡 止 兼承當遴

當欉 子四
- 慎預 止
- 慎網 止 兼承先柿為孫
- 慎眼 止
- 慎常 止

當遜——愼檬 止 雙承

下坂厝柱　弈隆公派

金水 子一——返來 缺

當填 子三——海龍
——海岸
——海水 父子俱在小比叻

當拗 雙承——瑞團——金秀

垻腰柱　弈隆公派

當闕 子四
- 慎盾
  - 思笥 三弟子兼承
    - 受水 入承
- 慎彼 止
- 慎稿 子一
  - 思笥 子五 兼承慎盾
    - 受維
      - 芳明
      - 芳傑
    - 受水 出承慎盾派
    - 受俊
    - 受智
    - 懷母
- 慎挑 殤

當閫 子三 號荊楚

慎荇 子一
思恩 子一 兼承慎井
受抵 兼承
封遠 兼承

慎井
思恩 雙承
受抵 雙承
封遠 雙承

慎深 止

當釵 先埔派

慎敏 雙承
思姜 雙承

慎潭 雙承

慎泉 雙承

當荷 先埔派

慎秦 雙承
思炎 雙承

當鈎 子三

慎掩 子三
思扮 子二
受標 子三
連霞

封洲 受燦子兼承

金錐 受水子兼承

慎近 出承雷郁

慎並 子三

思旺 子二

思四

思庭 子四

受清 思四子兼承

受樟

受註 殤

受清 兼承思扮 又兼承長房進德

受燦 子二

受水 兼承思魯

受宗

受場

封洲 兼承受樑

建亞

金錐 兼承受樑

亞洲

- 當郁
  - 慎近 子四
    - 思魯
      - 受水 雙承
        - 金錐 雙承
    - 仙游 殤
    - 思勝 子二
      - 受槍 兼承思草
        - 秀山 兼承思草思咏爲孫
      - 受江 出承永福
    - 思沉 殤
    - 思草
      - 受槍 思勝子兼承
        - 秀山 兼承
    - 思咏
      - ○
        - 秀山 兼承

- 當薩 子二
  - 慎卜 子一
    - 思汀 子二
      - 春成
      - 春法 殤
  - 慎薄 子四
    - 思湯
      - 碧玉 思仙子兼承

思仙 子二
- 碧玉 兼承思湯
- 活源

思炎 兼承慎奏

思再

當釵 子四 先嶺派
- 慎敏 兼承
  - 思姜 兼承
- 慎獺 殤
- 慎澤 上兼承
- 慎泉 當荷子兼承
  - 思潘 殤

當荷 子四 先嶺派
- 慎訂 殤
- 慎泉 兼承當釵
  - 思潘 殤

當糴　子三

慎秦　雙承先埔
慎貌　殤
慎中　子三
慎申　子四

思炎　慎滂子兼承　雙承先埔派
思士　殤
思懷　殤
思超　子二
思殿　殤
思章　殤
福志　殤
思昌　慎返子兼承

德興
錦錫

慎返 子四

蛟龍 殤

蛟鳳

思昌 兼承慎申

思生

當閱 子二 戴熤歷

慎崑 出承當談 兼承當信

慎書 子五 兼承當河

明欽 子二

統一 出承當河

強國 出承當河

勝利

金山

金海

- 成珍 慎崑子兼承

- 當謨 嗣子一
  - 慎崑 子四 兼承當信
    - 思灶 出承從伯先川支派
    - 思頂 嗣子一
      - 振國 思灶子入承
    - 位賓 出承當信支派
    - 成珍 兼承慎書

- 當河 子二
  - 慎書 當閱子兼承
    - 統一
    - 強國
  - 少華 止 改名銘官

- 當能
  - 慎享 當藉承子承
    - 思轄 雙承
      - 炳卿 雙承

- 當藉 子三
  - 慎享 子一 兼承當能
    - 思轄 兼承
      - 炳南 兼承

慎水 殤

慎玉 子一

多福

當信

慎崑 以當祺子兼承

位賓

先川支派

先川支派

思灶 子五

炳瑯

振基 思灶子入承

振華

振國 出承思顶

振基 出承

振煌

振淵 殤

國龍柱弈山公派

進記　子一

○慎灰　止

添二　子一　業儒號海公

○慎泰　子五

○洞稼　子二

○受府

○冏禮　殤

○良慶　子二

○天富

○金爐　殤

○洞茂　子一

○受緝　兼承思穉

○思穉

○受緝　雙承

○流水　思穉子兼承

○金豹　子二

○文正

○桂洋　兼承從叔瑞萬爲孫

○湖海

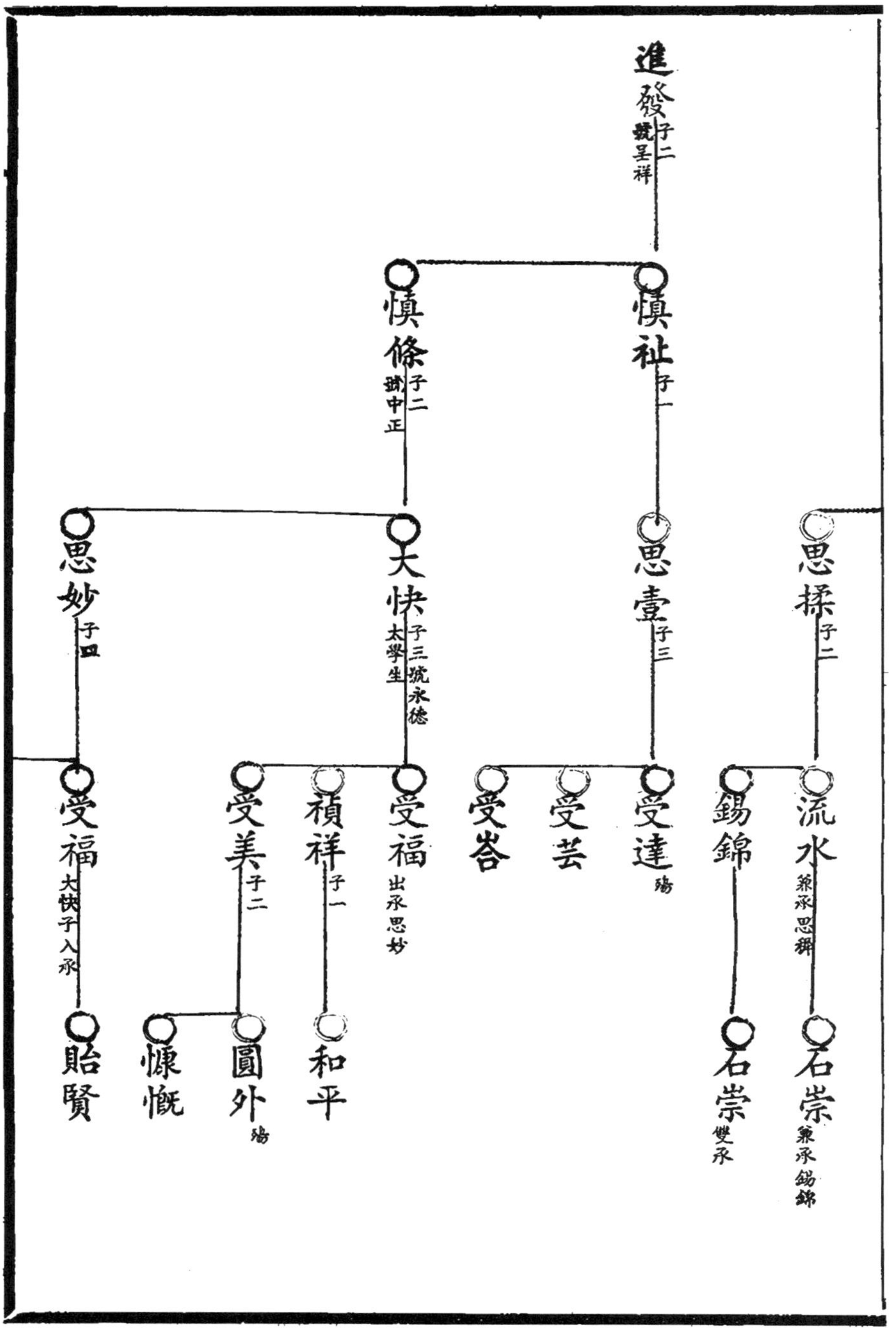
進發 子二 號呈祥
慎祉 子一
慎條 子二 號中正
思揉 子二
思壹 子三
大快 子三 號永德 太學生
思妙 子四
流水 兼承思稱
錫錦
受達 殤
受芸
受咨
受福 出承思妙
禎祥 子一
受美 子二
受福 大快子入承
石崇 兼承錫錦
石崇 雙承
和平
圓外 殤
慷慨
貽賢

當歲 兼承子二
當高 子二 出嗣崇

愼明 次弟子兼承
愼學 四弟子兼承
愼明 子五 兼承當歲

君子 雙兼
吉珍 雙承
嘉綿 子一
嘉樂 止
君子 子二 兼承當歲

屁佑 子三
南生
南發
金水 雙承
怡和 雙承
順車
金水 兼承

亞狗
亞呇
泉成

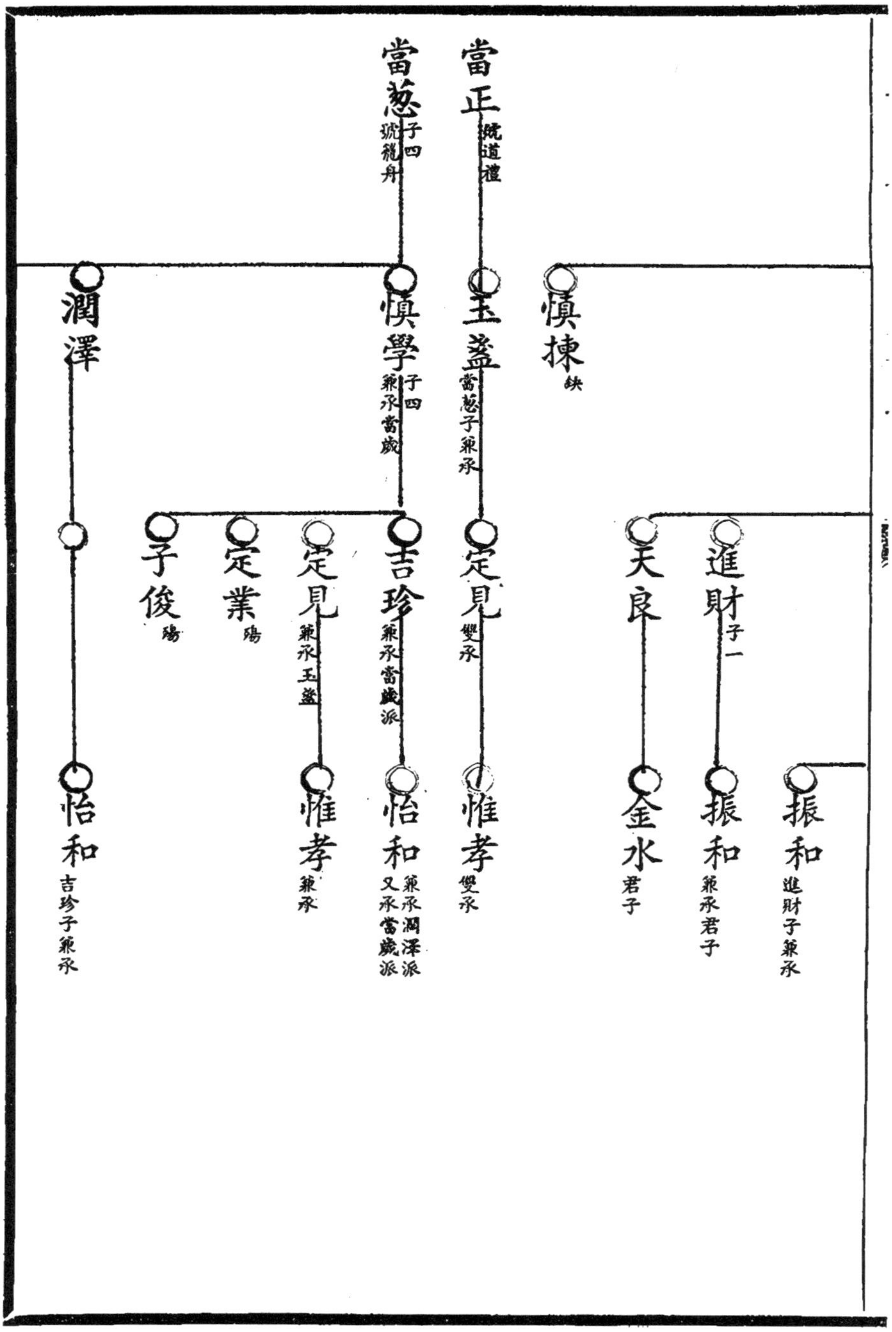
當正 號道禮
當葱 子四 號龍舟
潤澤
慎學 子四 兼承當歲
玉盞 當葱子兼承
慎棟 缺
子俊 殤
定業 殤
定見 兼承玉盞
吉珍 兼承當歲派
定見 雙承
天良
進財 子一
怡和 吉珍子兼承
惟孝 兼承
怡和 兼承潤澤派 又承當歲派
惟孝 雙承
金水 君子
振和 兼承君子
振和 進財子兼承

玉盞 兼承雷正 — 定見 慎學子兼承 — 惟孝 兼承

湖典 止

汁鮭 子三 號呈珍
- 慎窕 子一 — 新火 兼承慎垻 — 受彩 兼承
- 慎丁 殤
- 慎垻 — 新火 慎窕子兼承 — 受彩 雙承

朝試 號會選
- 栽培 四弟子兼承 — 江滄 雙承 — 文川 雙承

旺算 子二 號呈妙
- 再復 子二
  - 思國
  - 雙花 殤
- 慎件 止

玉案 子四
- 培 兼承朝試 — 江滄 兼承 — 文川 兼承

當道 子四 號謀生

慎荼 子二
慎周 子四
慎曳 止
慎孝 殤
慎邦 子二 號有家

日出
思頭 殤
昭誠
昭發
昭榮
昭業
思賓
迎接 殤 出承當頭為孫

堆增 淡淵長子兼承

當遜 子二 號世吉

慎晏 子七

思褫 子二

賜來

福泉

慎抄 殤

慎儀 子二

思愷 殤

淡潤 子六

堆增 兼承思賓

堆羅

堆磚

堆石

堆順

堆盛

兼水 子三
- 受江
- 受炳 出承雙燕
- 受河

繼承 出承慎鄉

雙鮑 子一
- 清泉

雙燕 子二
- 湘江
- 受炳 兼水子入承

守慶 子六
- 登山 殤
- 秀全 殤
- 秀良 殤

慎鄉 子二

- 昌京 子二
  - 守業
  - 建業
- 繼承 子四 兄三子入承
  - 創業
  - 心業 出承守慶
  - 營業
  - 錦業 出承守慶

永亮 子一

- 受隆

心業 繼承次子入承

錦業 繼承四子入承

來興

當途（子五）

慎軟（止）

慎順（殤）

慎董（止）

慎贍（子一）

思衆（兼承坤厚）

慎其（出承當溫）

當迂（子二　號餘足）

慎遮（止）

慎合（止　兼承當龜）

當綿（子一　號呈紗）

慎輝（銙英子、兼承）

火炎（雙承）

有福

建隆

當顯

○

迎接（殤）

- 當黽 號希齡
  - 愼合 止 當迂子兼承
- 睿智 子一
  - 坤厚 子二 兼承寬裕
    - 文章 止
    - 思衆 愼聰子兼承
- 寬裕
  - 坤厚 睿智子兼承
    - 文章 雙承
- 靄光 號垂氣
  - 愼汀
    - ○
      - 傳世 仍春子入承
- 溫水 子二
  - 愼其 子一 當迂子入承
    - 仍春 子二
      - 傳世 兼承靄光派
      - 千枝 出承思庵
  - 愼注 殤
- 當鳶 先望派
  - 愼來 入承
    - 再吉 愼萬子兼承
- 當擒
  - ○
    - 再生 愼萬子入承

- 當鶱 子二 先棟派
  - 慎來 出承先望派
  - 慎萬 子四
    - 再鋤 子二
      - 慶雲 殤
      - 永福 養
    - 再花 殤
    - 再吉 兼承慎來
    - 再生 出承當谿為孫
- 當潑 子二 號成活
  - 慎兜 止
  - 慎堅 止
- 當意 子四 號心好
  - 慎卓 兼承當改
    - 兩成 慎滾子入兼
  - 慎陳 殤

- 慎滾 子五
  - 玉樹 兼承慎蓮
    - 金發 雙承
  - 培牆 慎蓮子兼承
  - 兩成 出承慎卓
  - 玉枝
  - 玉麟
- 慎蓮 子四
  - 玉樹 慎滾子兼承
    - 金發 雙承
  - 玉才
  - 培牆 兼承慎滾
  - 炳福
- 當改 子二
  - 慎卓 當意子兼承
    - 兩成

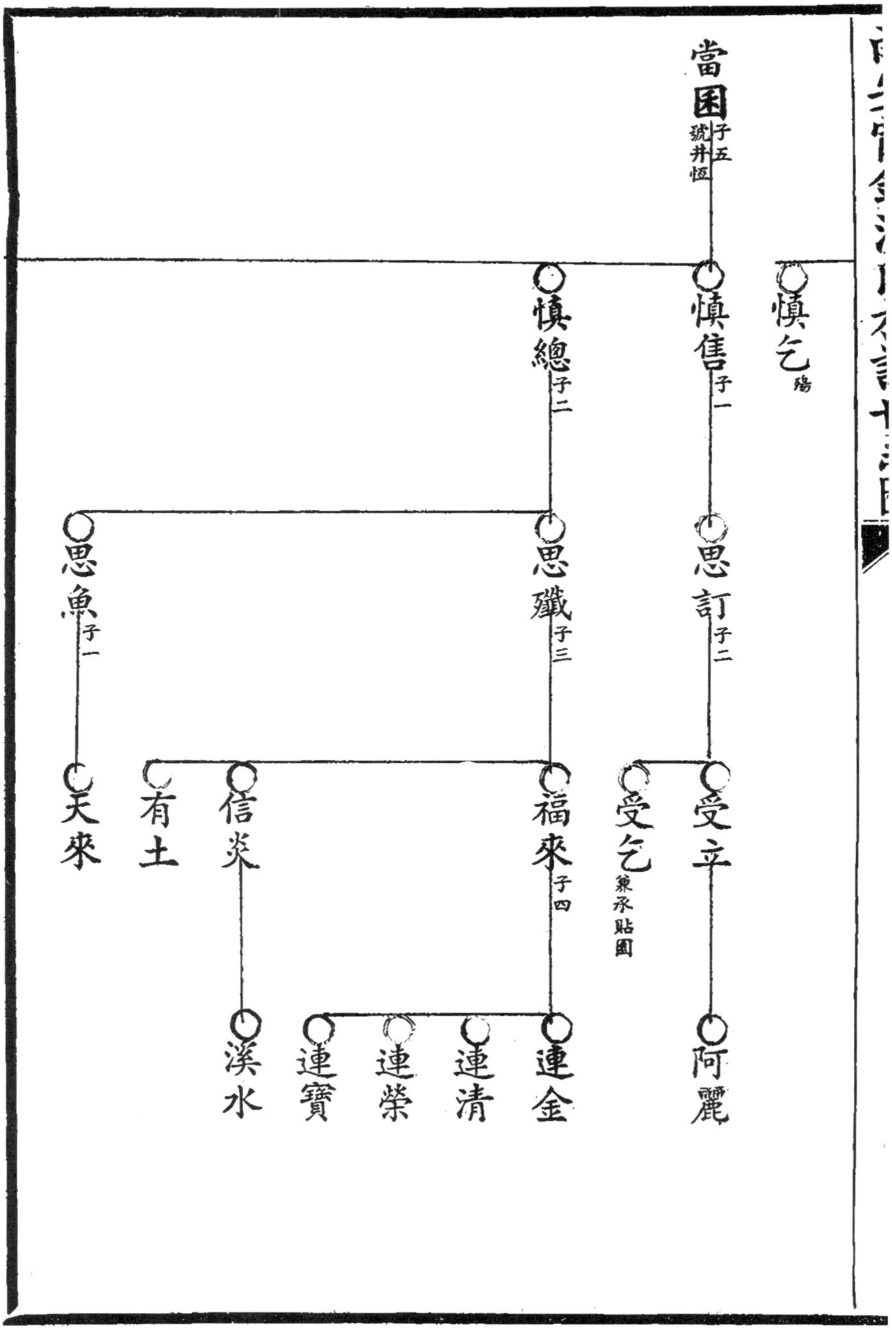
當囷 子五 號井恆
慎乞 殤
慎售 子一
慎總 子二
思訂 子二
思殲 子三
思魚 子一
受辛
受乞 兼承貼圍
福來 子四
信炎
有土
天來
阿麗
連金
連清
連榮
連寶
溪水

當筍 子二 號成有

當庇 子四 登仕郎 號升萬

慎雕 出承當筍

慎琰 止

慎嫛 子一

思坵 止 慎雕子入承

慎鋪 殤

慎雕 子二 當囷子入承

思坵 出承慎嫛

貼園

受乞 思訂子兼承

慎藩 殤

慎鑑 子二

新垵 子一

受唐

福才

新牆 止

慎罩 殤

聽令 子一
洒良
昆成

當木 子二 字成喬
愼郡 子二
語西 止
子龍
新詔 子四
美成 子一
文均
美助
美芳
良禎 兼承愼缺

當慊 子一 號怡悅
愼缺 子二
仕乾 子二
金連
錦發
良禎 新詔子兼承

- 錡英 子一
  - 慎輝 子一 兼承當綿
    - 火炎 子四 兼承當綿派
      - 有福 出承當錫派
      - 受登
      - 天心
      - 建隆 出承當綿支派

- 當洸 子四
  - 慎柱 子一
    - 賞賜 慎種子入承
  - 慎角 殤
  - 慎塡 子一
    - 泥水 子二 慎種子入承
      - 奎璧 殤
      - 受慶 兼承露珠
  - 慎窯 出承族弟朝卜

- 當權 子三 字成大
  - 慎種 子四
    - 露珠
      - 受慶 泥水子兼承

泥水 出承慎墳
金利
賞賜 出承慎柱

慎各 殤
慎墘 子四
邱陵
楷銘
文周
文智
永來

當薦 子二
慎八 止
新泰 子三
惠熊

瓜陡 嗣子一
○慎酣 子二 當貴子入承
○思悔 殤
○思認 兄弟隨父往永春烏洋翁內厭後未詳
○飲水 子一
○飛龍 殤 應機子兼承
○清美

當 子一 字成兒
○三多 子一
○順禮 止

當嘮 子一
○從慶 殤

當芭 子三
○南貞
○坤書 鍛鍊子兼承
○南陽
○祿業

當尋 子二
○慎盆 止

慎培 止

當摻 子二
慎勝 止
慎雍 殤

當閑 子一
慎德 子一
炳爐 子一
永水

當碟 子一 先檝派
欣第 止 雙承

當碟 先趚派
第欣 止 雙承

當早 子八 太學生號圖書
淵珍 子三
均增 殤
文良 兼承富厚
添丁 兼承
文頂 殤

富厚 子二
呈瑞
喜義 文筆子兼承

- 文良 濯珍子兼承
  - 添丁 雙承
- 鐵壺 子二 字修瓊
  - 洋溢 子一
    - 維錐
  - 鎮河
- 鍛鍊 子三 字修碳
  - 文筆 子五
    - 喜慶
    - 喜吉
    - 喜義 兼承呈瑞
    - 喜強
    - 喜進
  - 坤書 兼承堂叔當芭為孫
  - 潭溪

- 五美　子二　字修梅　兼承嵩暘
  - 炳章
    - 泗濱
  - 炳煌　兼承嵩暘支派
- 毓祥　子二　又名杏　字修吉
  - 應枝　子三
    - 飛龍　暘　兼承欽水
    - 飛鳳
    - 飛虎
  - 源枝　出承嵩犽
- 七友　子六　字修舜
  - 泉枝　子二
    - 國雄　暘
    - 國材
  - 泉樑
  - 泉榮
    - 光輝

當田 子四 太學生字成玉

迴通 殤

慎意 子七

坤垣

坤茂

坤中

學士 止

思沃 殤

洋水 止 俱奪魁子兼承

思情 殤

思齊 止

阿禮

當拜 子三 號完足

奪魁 子三
慎帕 子一
慎揃 子二

良合
學士 止
思沃 殤
洋水 止 仍兼承慎意
思氷 子一
開科 子二
開樹

虎榜 止
毓祥 嗣子一 當早子兼承

源枝 入承

江洲
烔熙 兼承開樹
鍾熙
烔熙 雙承

- 當恭 子五 字成肅
  - 慎甲 子一
    - 應玉
  - 淋漓 子三 兼承當滚
    - 和榮 止
    - 涉地 乃聰子兼承
    - 村謀 兼承成立公
  - 福星 子二
    - 廷榮
      - 戊辰 兼承從龍
    - 焜輝
  - 粘坣 子二 兼承當湯
    - 瑞發
    - 坤成 兼承當湯支派
  - 展帳 子二
    - 江龍
      - 戊辰 廷熒子兼承
    - 淵賓 家彪子兼承

家彪 子三

當擦 子一太学生 號成立先引本支

慎蚋 子四

當碭 子三 字成犖

五美 當早子兼承

粘地 當恭子兼承

從龍 子二

淵泉

淵賓 兼承展帳

淵卿

振章

村生 鵬程子入承

振森

怏鎗 殤

炳煌 兼承

坤成 俊承

貞多

貞福

當擦 子四號成立 承先沒派

淋漓 當恭子兼承
- 村謀 嬰承

乃聰 子四
- 涉地 兼承淋漓
  - 順義
  - 順民
- 孔雀 兼承當包為孫
- 正水 殤
- 源水 止

樑材 子三
- 建南
- 晏年
- 晏騰

鵬程 子四
- 國華 陽
- 國榮
- 漢溪
- 村生 出承慎納

當抵 子二
- 慎蓋 子四
  - 炳成
  - 炳福
  - 端陽
  - 炳光
- 慎俊 子四
  - 炳輝
  - 炳星

炳耀

炳鑫

當言 子二

慎佃 殤

由來

志銘

周龍頭柱　弈山公派

○ 先埕兼承孫二

遜溪 當取子兼承

連城 雙承

慎佑 當越子兼承

當取 子四 字成戴

遜溪 子三 兼承先埕爲孫

連城 兼承

連書 出承慎蕘

- 當越 子二
  - 慎蕫 嗣子一
    - 連書 遜溪次子入承
  - 慎崙 殤
  - 慎謙 嗣子一
    - 連慶 遜溪三子入承
  - 連慶 出承慎謙
  - 慎贊 子一
    - 純色
  - 慎佑 止 兼承先埕派
- 當虎 子一
  - 泉城 子四
    - 思巨 殤
    - 春水 出承堂弟慎鐘
    - 超強
      - 壁輝
    - 添水 子二 兼承叔兜慎南
      - 集儒

當研 子六

慎景 子一 號一好
慶文 殤
明潘 子二
春早
慎着 子三 兼承當滋

思串 子一
有國 兼承春旦
尚雲 子一
有國 明潘子兼承
思協 兼承當滋派
思緩 子五 兼承慎綏

炳煌 殤
天成
情興
金斗 兼承春旦為孫
金斗 雙承
長樹 雙承
志民
志勇 出承慎綏派
志國

當罐 子六

慎綏　鳳池 子四　海棠 子三

思芸 兼承坑園外祖　思緩 慎着子兼承　欽鑒 子二　炎上 嗣子一　思馬 子一　和毛 殤　榮華 子一

志強　志猛　連水　志勇　沛然　受嘐 殤 出承炎上　受嘐 殤　受福　炳奎 清燕子兼承

當蘊 子三

慎着 當纘子兼承

慎執 當蘊子兼承

慎紺 出承瓜瓞

慎重 出承當覺

慎執 子四 兼承當纘

清燕 子二

金春 殤

思協 雙承

阿英 雙承

阿菓

阿英 兼承當纘派

阿九 殤

炳奎 兼承榮華

受扁 殤

長樹 雙承

幼英 殤

浴沂 子一
- 俊輝 天賜子入承

天賜 子三
- 俊玉
- 俊輝 出承浴沂
- 福慶

當溱 子三
- 慎預 子五
  - 思榮
  - 再炎 止
  - 補鼎 殤
  - 九英 殤
  - 扁鼻 殤

當久 子七 號敬謹

慎銃 出承當燹
慎壇 子三
慎鐘 子二 號徽音
慎偉 雙承子二

良火 子一
良玉
良山
推排 止
春水 泉城子入承 兼承慎偉
春水 雙承

兩固 兼承良
兩固 雙承
勝利
明深
明志 兼承慎偉派
明遠
明志

慎報 子一 兼承嵩萌

昆能 子二

從令 子三

安鎮 子八

俊傑 安鎮子兼承

思灶 止

元龍 從令子兼承

俊章 安鎮子入承

永龍

國華

元龍 兼承昆能

錦龍

俊和

俊英

俊俟

南安霞錦洪氏族譜世系圖　卷四　西四房　周龍頭柱弈山公派　七六

俊傑 承承慎偉

俊章 出承昆能

俊祥

俊平

俊福

俊寶

信勢 殤

當傳 子二

慎挑 止

慎報 當久子兼承

恩灶 止 雙承

當尊 子一

瑞養 當荊子兼承

當菊 子三
- 瑞掬 止
- 瑞得
  - 仰發
- 瑞養 兼承當尊

當饔 子四
- 慎朮 殤
- 慎雙 殤
- 慎銃 當凍子入承
  - 思朗 止
- 慎璽 子一 當龍子入承
  - 思庵 嗣子一
    - 千枝 殤 堂弟仍春次子入承

西三房長之長　美成柱

十七世　十八世　十九世　二十世　廿一世

綿遠 ─ 天年
　　　 天時

圖書在版編目（CIP）數據

海上絲綢之路文獻集成．民間譜牒編．第九輯 / 林楓主編．-- 福州：福建人民出版社，2024.7.
ISBN 978-7-211-09488-2

Ⅰ. K203

中國國家版本館CIP數據核字第20245NU832號

海上絲綢之路文獻集成·民間譜牒編（第九輯）

主　　編　林　楓
責任編輯　劉挺立
美術編輯　白　玫
出版發行　福建人民出版社
電　　話　0591-87533169（發行部）
電子郵箱　fjpph7221@126.com
地　　址　福建省福州市東水路 76 號
經　　銷　福建新華發行（集團）有限責任公司
印刷裝訂　上海中華印刷有限公司
地　　址　上海市青浦區匯金路 889 號
電　　話　021-69213456
開　　本　787 毫米 ×1092 毫米　1/16
印　　張　422.25
版　　次　2024 年 7 月第 1 版第 1 次印刷
書　　號　ISBN 978-7-211-09488-2
定　　價　4800.00 元（共 12 册）

国家出版基金項目
NATIONAL PUBLICATION FOUNDATION

海上絲綢之路文獻集成

總主編　陳支平　陳春聲

民間譜牒編 74

主編　林　楓

福建人民出版社
海峽出版發行集團
THE STRAITS PUBLISHING & DISTRIBUTING GROUP

本册目次

［福建南安］南安霞錦洪氏族譜二十卷首一卷存十九卷（世紀卷一四至世紀卷一六）

吴培奇纂修

南安霞錦洪氏族譜世紀

卷十四

南安霞錦洪氏族譜世紀卷十四

十五世西長房長之長房長　景鍾公派　石紫柱

錦水字永清　慎懷公雙承子乃慎志子兼承生庚詳外

男　良美

必里字永宅　慎露子生卒缺

娶缺

男缺

進來公　雙泉公子生民國甲子年十二月十八日巳時卒民國庚辰年三月十九日巳時塟沽美山

錦樹公　慎志公長子生光緒丁未年十月十二日巳時卒民國庚辰年九月廿六日未時塟重慶

娶湖頭王殿娘生宣統庚戌年三月十六日巳時

男　炳林（出承弟錦川）　江林

錦水（字）永清　慎志公次子兼慎懷生民國甲寅年二月初九日酉時

娶鳳坡梁蘭英生民國丙辰年三月初四日酉時

男　良美（出承慎懷支派）　廷章

女　淑女配長泰嚴溪壠仔底陳家　淑英（殤）　幼女

錦川公　慎志公三子生民國甲子年二月十九日巳時殤民國癸酉年九

月廿七日酉時塟重慶

男　炳林（錦樹長子入承）

啓詩公　持論公長子生民國戊午年三月初八日未時卒民國庚辰年十

一月十四日塟福清

娶社壇葉桐娘（改節）

迎來（字）永備　持論公次子生民國壬戌年七月十四日巳時

迎書字永車　持論公三子生民國丙寅年八月廿七日巳時

迎捷字永傳　持論公四子生民國壬申年十一月初九日丑時

廣生字永澤　造端長子生民國辛酉年四月廿二日巳時

玉輝字永炎　造端次子生民國庚辰年二月十三日丑時

玉城字永金　造端三子生民國辛巳年四月十二日酉時

玉山字永翠　造端四子生民國壬午年六月十三日卯時

稱頌公字永雅　活水公長子光緒辛卯年四月初二日申時卒宣統庚戌
年五月廿五日酉時葬新寨
聘三錦美陳四娘生光緒辛卯年四月初二日申時卒光緒癸卯年未娶
月日缺
妣蓬島郭甘娘生光緒癸巳年六月二十日酉時卒宣統己酉年二月初
二日巳時葬新寨

又妣山頭黃醒娘生光緒甲午年六月十八日未時卒民國甲寅年五月十一日申時塟新寨

載喜公　活水次子生光緒癸巳年二月初八日酉時卒民國乙酉年月日時缺塟納卯

娶蓬島蘇寬娘生光緒戊子年月日時缺

養女溪東林秀英　返娘配小余蔡

金全公字永安　活水公三子生光緒乙未年五月廿八日寅時卒民國甲寅年五月初十日巳時塟新寨頭

妣溪東林試娘生光緒丁酉年正月初三日寅時卒民國壬子年十二月初四日巳時塟缺

載謙字永船　活水公四子生光緒庚子年正月十二日巳時

娶蓬島郭莉娘生光緒乙巳年六月十四日未時

男　成國
養女英橋陳蘭娘
載德公字永恩　活水公五子生光緒甲辰年五月廿一日辰時卒民國乙
酉年四月二十日塟蚋卯
妣劉省娘生宣統乙酉年月日時缺卒民國甲戌年十二月初一日寅時
塟新寨頭
女　諒娘配德化

十五世喬山柱　正文公派

既成公　全完公子生光緒戊子年六月十三日午時卒塟俱缺
幼娶林富娘殤
娶大庭戴神娘生光緒丁酉年　月　日　時

男　好晉

思拱公　桔樹公長子生光緒乙未年正月十六日未時卒民國壬子年八
月十一日戌時塋缺

男　清河（思才子兼承）

思才公　桔樹公次子生光緒庚子年七月廿四日卯時卒民國　年　月
日　時

妣

男　清河（兼承思拱）

思唱公　桔樹公三子生光緒甲辰年四月初七日卯時卒民國年　月
日

妣坊前黃嬌娘生民國壬子年八月初八日巳時卒民國戊辰年六月初
一日午時塋山仔

又妣登科頭林榴娘生民國乙卯年九月十一日戌時卒民國丁丑年六
月初四日塟仙打眼
又娶溪東林香娘生
男
思宜字永利　拮樹公四子生民國癸丑年十一月　日吉時
番達　合安公長子生民國甲寅年七月廿七日巳時卒塟在南洋缺
妣文章陳惜娘生民國丙辰年十一月初九日子時卒民國壬申年五月
二十日未時塟沽美山
俟生字永卿　合安公次子生民國辛酉年六月廿九日巳時
娶鳳坡梁真娘生民國癸亥年十二月十五日寅時
文山字永祥　合安公三子生民國乙亥年六月十六日申時

大明公派　元美柱長房

衍慶公　慎底公子生光緒丁酉年正月廿八日巳時殤　光緒乙巳年十一月十六日巳時塋沽美山外窩

從算公　慎底公雙承子生卒妻子詳在生父支下

嗣男　連升

從算公　大奢公子兼承慎底生宣統辛亥年十月初一日辰時卒民國壬午年正月二十日塋蚋卯

娶永春橋頭鋪張儋娘生民國乙卯年十二月二十日子時

男　連晉　主義殤　連升出承慎底公支派

癸卯字永日　波上公子生光緒乙酉年九月初二日申時

娶大庭戴淦娘生光緒癸巳年十月十七日卯時

男　詩書　執禮蚤殤　詩禮　傳家　新壽　清潤

女　金蓮配菲律賓人

榮華字永仁　慎稽公長子兼承弟慎海生光緒甲午年九月初五日寅時

娶社壇葉奎娘出

男　騰雲　欄領　烏猛出承慎海　嗎領

蓬華字永萊　慎稽公次子生光緒甲辰年二月十一日辰時

娶舊門呂等娘出

又娶帛叻娘生民國丙辰年六月廿六日吉時

男　興利

女　羅洲　里來　殊舍

桂枝公　慎淫公長子生光緒甲午年十月初十日巳時卒塋俱缺

服代公　慎淫公次子往仙打眼生卒俱缺

榮華字永仁　慎海公雙承子乃慎稽公兼承生娶詳內

嗣男　烏猛

恭鏢（字）永標　慎潘公次子生光緒丙午年十二月二十日亥時

娶下宅陳敏娘生宣統戌年八月十六日寅時

男　淨流　淨金　淨南（出承昆玉）　淨源　淨發

連綢（字）永年　慎潘公三子宣統己酉年九月初九日卯時

娶舊門呂莉娘生民國乙卯年七月廿五日卯時

男　清泉　清池（慎承昆玉）

女　麗珠　愛珠

昆玉公　慎潘公四子生民國丁巳年二月初五日丑時卒民國辛巳年正月廿八日塋蚋卯

嗣男　淨南（恭鏢三子入承）　清池（連綢次子兼承）

玉利（字）永發　慎潘公五子生民國庚申年七月十八日亥時

德美字永謙　慎俊公長子生光緒辛丑年十月初六日子時
妣內益李貪娘生光緒乙巳年八月初八日丑時卒民國己卯年六月十
一日未時塋沽美山
男　必勝
女　麗珍配陳厝後陳
德禧字永祉　慎俊公次子生光緒戊申年十月初十日子時
德慶公　慎俊公三子生民國戊午年二月十三日丑時卒民國甲申年九
月廿九日塋蚋卯
思抱字永懷　慎奇公長子生光緒丁酉年十一月廿一日巳時
娶溪東林矛娘生光緒己亥年十一月十一日寅時
男　振利養振發養振興　戰勝
貽團公　慎奇公次子生光緒壬寅年月日時缺卒塋缺

同智公　慎奇公三子生光緒甲辰年四月二十日巳時卒民國壬午年七月初七日塟蚋卯

娶溪東林尾娘 改天

男　乾瑞　乾戊

思泰公 字 永稷　慎水公長子生光緒丙戌年九月初四日未時卒民國乙酉年三月廿九日塟仙打眼

娶舊門呂戛娘生光緒甲午年正月初九日酉時

男　金欺 養 江護

思扮公 字 永來　慎水公次子生光緒戊子年六月初六日卯時卒民國癸亥年四月初四日未時塟沽美山

娶大庭戴千娘 改天

思飯公 字 永三　慎水公三子生光緒庚寅年二月廿六日辰時卒民國壬

申年二月廿一日酉時塟沽美山
妣下宅陳慶娘生光緒庚子年七月廿七日酉時卒民國己卯年七月十
一日巳時塟沽美山
男　受面 養兼承入物
人物公 字 永在　慎水公四子生光緒戊戌年三月十四日寅時殤卒宣統
辛亥年五月初四日午時塟沽美山
男　受面 思欽子兼承
思恤公 字 永周　慎水公五子生光緒丙午年六月初三日酉時卒民國乙
酉年十一月廿七日塟仙打眼
妣內益李務娘生光緒戊申年十一月十九日酉時卒民國庚午年七月
廿七日巳時塟沽美山
又娶坊前黃貌娘生光緒庚子年　月　日　時

男　培發
思篙公字永梁　慎仙公長子生光緒辛丑年九月十四日巳時卒光緒戊
申年月日時缺
天生字永德　慎仙公次子生光緒癸卯年正月廿一日巳時
妣岩田蔡煙娘生光緒癸卯年三月初三日巳時卒民國甲戌年二月初
五日未時塟沽美山外窩
又娶內卯白君省娘生民國壬子年正月十八日吉時
男　世春養昭福
女　香蓝配內牛庭　碧玉
思挑公字永斗　慎爐公長子生光緒庚子年八月十八日巳時卒民國丁
丑年九月廿八日亥時塟蚋卯
妣內益李硯娘殇

娶溪東林知娘生光緒辛丑年二月廿一日寅時
男　烏炭　高山　烏鐽[殤]
女　淑珠
思調[字]永和　慎爐公次子生光緒甲辰年十月初四日巳時
娶內益李好娘生光緒戊申年五月十八日午時
男　吾魯　日山　日增　日添
女　淑華配溪東林　蓮花
思葵公　慎爐公三子生民國壬子年十月二十日午時卒民國乙酉年正
月十六日塟內卯
娶下宅陳寶娘[出]
男　水湖
和順[字]永親　慎學公雙承子乃慎廣子兼承生庚詳外

嗣男　賢讀

有力字永才　慎學公雙承子乃慎富子兼承生庚詳外

嗣男　國珍

有力字永才　慎富公長子兼承慎學生光緒壬寅年十月初四日酉時

娶大庭戴乙娘生光緒甲辰年七月十六日酉時

男　國心養國珍出承慎学　平安

女　彩娥

有衆字永多　慎富公次子生光緒乙巳年八月十四日巳時

娶大庭戴外娘生宣統己酉年五月初七日辰時

男　志雄　志協　志達

女　牡丹　送花配大庭戴

有猛字永強　慎富公三子生光緒戊申年正月十七日巳時

幼娶大庭戴鈌娘殤
娶大岵柯如賓娘出
女　秀珍配東門

和順字永親　慎廣公長子兼承慎學關懷宗族樂輸巨款倡成修譜之舉
志足尚馬生光緒庚子年四月廿六日亥時
娶大庭戴錬娘生光緒辛丑年五月廿七日辰時
男　自田　自遠　賢讀養出承慎學　自強養

泰順字永豐　慎廣公次子生光緒壬寅年八月十五日巳時
娶大戴積娘生光緒丙午年四月十八日未時
男　育傑　育爍
女　寶珠

全順字永宜　慎廣公三子生光緒丙午年二月廿九日巳時

娶溪東林總娘生宣統己酉年十月十八日吉時

男　碧林　錦河殤　寶平　采委　采婆

女　玉花　銀花　桂花

尚武乳名上順字永陞　上海暨南大學肄業　慎廣公四子生宣統庚戌年

九月十八日未時

娶舊門呂珠鑾生宣統庚戌年四月初四日卯時

男　漢哲　仲哲殤　翼哲　大捷殤　采華　采星　小捷殤　采北

女　采冬　采絲　采蘭

通順字永平　慎廣公五子生宣統辛亥年十月廿七日未時

娶舊門呂淑仁生民國乙卯年九月初九日吉時

男　三川　衛邦殤　衛民　衛端殤

女　彩霞　幼霞

金選字永青　慎廣公六子生民國乙丑年三月初八日巳時
娶林金釵生民國癸亥年二月初十日午時
述濟字永施　慎潘公子承胞叔招贅支派生光緒甲辰年四月初三日辰時
娶社壇葉旦娘出
娶戴描冷娘生民國乙丑年六月十七日辰時
男　開懷　國棟　國樑
女　碧珠　彩珠　素珠
歲妹字永成　慎月公子生光緒乙未年二月廿三日子時
娶山頭黃垂娘生光緒丙午年三月十九日吉時
男　受彪殤　連強殤
女　璣娘配德化上坑涂　素文配下宅陳　開娘配下宅陳

椿娘配德化紙頭洋涂

思申公　慎王公子生光緒己丑年十月廿八日巳時卒民國甲寅年四月初六日戌時塋沽美山外崙

幼娶李浪娘林閃娘 俱殤

逢春公 字 永泰　慎提嗣子雙承當寵當國支派生民國壬子年十月二十日戌時卒民國甲申年三月十五日辰時塋蚋卯

娶社壇葉婆娘生民國庚申年四月二十日巳時

男　金山

愛寶公 字 永惠　慎漎公長子生光緒甲午年十一月二十日巳時卒民國己卯年二月初九日酉時塋沽美山外窩坐向亥己乾巽

娶雙溪陳招娘生光緒丙申年九月二十日酉時

男　烏命 兼承思芸　三陽　春芳 出承思芸　連派

女　問娘配德化涂　圓娘　素蘭配下宅陳

思芸公 字 永埔　慎澁公次子生光緒辛丑年六月初二日未時殤民國壬子年十月初六日巳時塟沽美山坐向辛乙戌辰

男　烏命 愛寶長子兼承　春芳 愛寶三子入承

再寶 字 永珠　慎澁公三子生光緒壬寅年十一月初七日未時

娶中房張泗娘生光緒丙午年四月廿四日亥時

男　建車　建美

女　秀敏配舊門呂

藻鑑 字 永明　慎滑公長子生光緒丙申年六月初三日亥時

娶溪東林住娘生光緒戊戌年十一月二十日酉時

男　金瑞　讀書　漢註 俱養　金庭 陳氏出兼承為祭

女　碧珠陳氏 出

新火字永燈　慎滑公次子兼承慎孝生光緒己亥年九月廿五日未時

娶溪東林過娘生光緒己亥年九月十五日丑時

男　堅悌　堅偉兼承慎孝支派　堅助

女　荷領娘

為霖公字永寀　慎滑公三子兼承作霖支派生光緒癸卯年六月十七日

戌時卒民國甲子年八月十四日亥時塋三寶顏

娶下埔戴蔭娘號純貞生光緒甲辰年三月十九日子時

男　受振養　加添兼承作霖派　金庭添繼子兼承

鼎鐘字永玉　慎滑公四子國立暨南大學肄業性疎狂好吟咏著有疑夢

集生光緒丁未年正月十五未時

娶同安蘇秀鸞生宣統辛亥年二月十九日丑時

男　純仁　純治養

女　玉華

新火字永燈　慎孝公雙承子乃慎滑子兼承生庚詳內

雙嗣男　堅偉

天蓮　慎孝公雙承子乃慎頴子兼承生庚詳外

雙承男　世榮

烏斗字永升　慎孝公雙承子乃慎抄子兼承生庚詳外

雙嗣男　亞南

天蓮公　慎頴公長子兼承慎孝生光緒甲辰年三月十三日酉時卒民國

甲申年五月廿四日塟蚋卯

娶林朕娘出

男　平治兼承水蛟　世榮游水子入承兼承慎孝公支派

游水字永沂　慎頴公次子生宣統己酉年二月十八日巳時

娶郭井林竹娘 出

娶宮下黃烏梅生民國卒酉年十二月初二日吉時

男　世榮 出承天蓮　建國　建民 兼承水蛟

女　美蓮

水蛟公　慎穎公三子生民國乙卯年十二月初五日巳時卒民國乙卯年正月十七日巳時塋蚋卯

男　平治 天蓮子兼承　建民 游水子兼承

烏霞公　慎抄公長子生光緒甲辰年十月廿六日辰時卒民國丁丑年九月初十日子時塋沽美山

妣中房張梅娘生光緒丁未年正月廿四日辰時卒民國己巳年正月廿九日戌時塋沽美山

男　應金 殤　錦元 烏斗子兼承

烏斗字永升 慎抄公次子兼承慎存生光緒丙午年九月初四日亥時
妣溪東林妹娘生光緒戊申年五月十二日午時卒民國丁卯年五月十
二日卯時塋沽美山
又娶內益李鏁娘生民國甲寅年八月廿八日寅時
男 錦南叅 錦元兼承烏霞 亞南兼承慎孝公支派

兩全字永順 雙喜公子兼承作霖支派生光緒丙午年五月十五日午時
娶溪東林笑娘出
又娶在南洋 帖娘民國癸丑年正月廿七日亥時
男 受倍叅 文魁兼承作霖派 文正
女 彩珠

趙讓公 會元公長子生光緒辛丑年十月廿三日申時卒民國壬戌年十
一月十七日亥時塋蚋卯

男　鍊來（養）

文生（字）永雅　會元公次子生光緒壬寅年七月初七日午時

娶三錦美陳麵娘生光緒乙巳年十二月廿二日子時

男　子中　子英

女　鳳英　雲英　雪英

恭謙公　會元公三子生宣統辛亥年正月廿五日卯時卒民國丙寅年十

一月廿七日戌時塋樹林口

男　金水（弟光養子兼承）

思氣公　會元公四子生民國甲寅年十二月初九日午時卒民國壬申年

七月廿九日未時塋龍岩

光養（字）永育　會元公五子生民國戊午年八月十三日子時

娶社壇葉絹娘生民國壬戌年九月廿五日亥時

男　金水 兼承恭謙

和牆 字 永藩　宗明公長子生光緒甲辰年十月十二日酉時

娶坑園陳糖娘生宣統辛亥年六月十四日午時

男　大港 殤 建玉 養 建柳　建安 出承奏牆

女　玉珍

奏牆公　宗明公次子兼承作霖支派生民國甲寅年二月廿三日巳時卒

民國丙子年三月十九日塟香港

娶内益李鴦娘 改天

男　建安 和牆子入承兼承作霖支派

國華 字 永耀　攀桂公長子生宣統辛亥年六月廿六日巳時

娶溪東林美娘生民國壬子年三月初八日寅時

男　正福 養

女　瓊珍配後埔羅

金榜字永魁　攀桂公次子倡捐巨金贊成修譜其敬宗收族之志有足稱者生民國甲寅年二月廿六日巳時

妣胡秀團生民國辛酉年六月　日　時卒民國壬午年十一月廿四日亥時塋蚋卯

又娶施冷娘生民國癸亥年八月十九日吉時

男　圖南胡氏出　圖國施氏出

女　素美　素真　素娥

侯芬字永芳　攀桂公三子生民國甲寅年六月十六日午時

娶陳蘭花生民國丁己年六月廿四日寅時

男　世吉養　世昌

女　瓊珠

大明公派　元美柱二房

昌熾公字永臧　慎趁公雙承子乃慎台子兼承

兼嗣男　疊耀

昌熾公字永臧　慎台公長子兼承慎趁生光緒癸未年十月十三日寅時

卒民國壬戌年九月十八日寅時塟三寶顔

妣坊前黃燕娘生光緒壬午年九月三十日丑時卒民國壬申年十月初

七日戌時塟沽美山坐申乙兼酉卯

男　疊耀兼承慎趁支派　粹凡兼承繼守

順理公　慎台公次子生光緒乙酉年九月十四日午時卒

妣永春碼頭洋陳貴娘生光緒庚子年五月初八日子時卒民國甲申年

二月十二日巳時塟沽美山

男　榮祥丢

厥後（字永昌）　慎台公三子生光緒辛卯年正月十四日巳時

娶黃捷冷娘

男　華謹　覽文　扮樹　敦領　敦養

長壽公　有虔公長子生光緒癸巳年十二月廿七日午時卒民國癸未年

十二月初二日寅時葬沽美山

娶坊前黃省娘生宣統己酉年十月初四日寅時

男　國基

女　長女英　蓮英　銀英（殤）

忠鑒公　有虔公次子生光緒丙申年正月廿九日亥時卒宣統己酉年十

二月廿四日辰時葬缺

娶林綢娘（改夭）

呈玉（字）永潔　有虔公三子生民國壬子年四月初四日酉時

信義公字永智　慎乃公子兼承慎得生光緒癸未年正月初九日子時卒
民國戊寅年五月十二日塟在呂宿霧
妣鳳坡梁秧娘生光緒戊子年十一月初九日辰時卒宣統己酉年四月
廿九日塟缺
又娶水閣黃妹娘生光緒戊戌年正月初九日寅時
男　榜生養　夏木養兼承慎得公支派
信義　慎得公雙承子乃慎乃公子兼承生卒詳內
雙嗣子　夏木
天送公　慎福公雙承子生卒詳外
雙承男　再生
天送公字永德　慎北公子兼承慎福公生光緒丁酉年九月廿三日戌時
卒民國丙寅年正月廿四日辰時塟缺

妣舊門呂响娘生光緒乙巳年八月初二日辰時卒民國丁丑年十一月
十五日子時塟沽美山
男　再生 兼承慎福公支派

繼守公　秀茂公子生卒塟莫考
男　粹凡 呂娥次子兼承

繼紹公　慎性公養子生光緒己丑年二月十七日巳時卒光緒癸卯年六
月初二日寅時塟缺
幼娶文章陳寶娘 殤

嘉全當涵公嗣孫乃肯堂公次子兼承生庚詳外
男

儀嚴公 諱 聽令 字 永從　有獲公長子生光緒己卯年八月廿二日戌時卒
民國丙寅年十月初六日巳時塟溪頭山　坐　向　兼

娶大庭戴坫生光緒甲申年正月初三日戌時

男　及第　保順

女　麐娘配坊前黃

新利 字 永美　有獲公次子生光緒壬午年二月十四日巳時

幼娶太和陳粽娘 殤

娶文章陳勸娘生光緒己丑年正月初九日辰時

男　首悅 養

紳士公 字 永舉　有獲公三子生光緒己丑年八月廿四日辰時卒民國戊子年二月十八日丑時塟沽美山内窩

娶文章陳蟶娘生光緒癸巳年八月十七日卯時

男　如珍 養　如璧　如炳　如海

女　娷娘配邦溪戴

垂統公　有獲公四子生光緒壬辰年六月十九日丑時卒光緒乙巳年十
二月廿五日未時葬缺
掬拾公字永全　應世公長子生光緒丁亥年十二月初九日辰時卒民國
乙卯年三月初九日申時葬沽美山中窩
娶三錦美陳勅娘出
男　受衍殤
乘看公字永顧　應世公次子生光緒乙未年三月十四日戌時卒民國乙
酉年六月廿四日卯時葬長泰
娶內益李銅娘生光緒乙巳年五月廿八日巳時
男　受永福
女　輝耳娘配德化　烏娘配溪東林
船浮字永載鋪排公子生光緒丁酉十一月十七日未時卒民國丁丑年十

二月十二日寅時塋蚋卯

幼娶李謂娘殤

娶蚋卯維董娘出

男 審察眷

養女坑園林因娘

金友字永朋 敬意長子生光緒乙亥年八月初五日未時

娶溪東林劉娘生光緒戊戌年六月初八日酉時

男 受德殤 勇進

金倡字永玉 敬意次子生光緒丙午年四月十二日辰時

娶溪東林盾娘生宣統辛亥年四月廿四日辰時

男 贊盛養

女 椰英 秀蘭

團灶字永規　凡在長子生民國丁巳年十一月初一日巳時
娶溪東林彩珠生民國辛酉年六月十九日午時
男　安然養
女　紅娘
團成養永豐　凡在次子生民國癸亥年正月初一日辰時
娶前坑余肯英生民國戊辰時年七月初三日寅時
男
團池字永月　凡在三子生民國戊辰年十二月廿五日申時
嘉緣公　立準公長子生　年　月　日　時卒
娶　氏出
男
嘉偶字永亮　菲律濱大學畢業現任菲律濱銀行營業主任　立準公次

子生宣統己酉年十月二十日酉時
娶楊能静生民國乙卯年八月廿七日吉時
男　進美
女　麗兒
良生字永溫　立準公三子生民國庚申年八月十五日吉時
比德字永盛　立準公四子生民國戊辰年四月初二日吉時
新波字永楊　東帶公長子生　年　月　日　時
娶
男
夏戌字永寅　東帶公次子生　年　月　日　時
男
娶
男

昆福 字永祿　東帶公三子生民國　年　月　日　時

文星 字永奎　千山長子生民國辛酉年十二月二十日巳時

娶林新華生民國庚午年七月初一日寅時

男　光輝　清潔

來耳 字永聰　千山次子生民國壬戌年十一月初二日巳時

宗基 字永丕　千山三子生民國戊辰年十二月廿五日巳時

英華 字永觀　千山四子生民國丁丑年四月初三日酉時

金鏌公　且言公長子生光緒甲辰年七月十五日酉時卒葬俱缺

金鎖公　且言公次子生光緒戊申年三月廿七日巳時卒民國乙丑年十二月初六日辰時葬沽美山

娶溪東林得娘生宣統己酉年十一月十四日酉時

男　毛洗 叅　毛福 出承思賢

江成字永東　且言公嗣三子生民國甲戌年四月廿三日戌時

思賢字永齊　慎沙公長子生宣統己酉年月日

嗣男　毛福金鎖子入承

思泰字永恆　慎沙公次子生民國乙卯年　月　日　時

娶三錦美陳椿娘生民國辛酉年八月廿一日酉時

男　培德

女　淑琴

漢雄字永傑　慎沙公三子生民國辛未年十二月廿一日巳時

進好慎永吉　慎沙公五子生民國庚辰年正月廿八日寅時

新民字永善　贊起公長子生民國壬子年八月廿五日酉時

娶溪東林鮑英生民國壬子年十月十日酉時

男　少懷　少養　少輝

女　淑珍殤

振華字永中　藝專學校畢業　贊起公次子生民國乙卯年三月廿七日午時

娶廣西葉因娘生民國　年　月　日　時

男　萬亮

新審字永明　贊起公三子生民國癸亥年二月十六日寅時

娶大庭戴珍娘生民國庚午年四月十五日辰時

男

光華字永豪　贊起公四子生民國丁卯年十二月十七日丑時

新忠字永貞　資寶公長子生民國丙辰年十二初九日申時

娶溪東林醒英生民國己未年二月初八日酉時

男　壽第發　壽全　振機

女　秀花

興安字永展　資寶公次子生民國甲子年十二月廿四日酉時

娶蕭阿詳娘生民國戊辰年七月初九日未時

男

女　彩絲

鷺江字永固　資寶公三子生民國丙寅年七月十八日子時

娶英橋陳彩玉生民國庚午年二月初六日吉時

男　綿生

新發字永揚　資寶公四子生民國庚午年十月初八日子時

娶

新鰲字永靈　資寶公五子生民國壬申年九月廿五日卯時

新相字永命　資寶公六子生民國己卯年七月廿七日子時

展成公字永大　佳興公長子生光緒丁亥年八月十八日巳時卒民國辛酉年十二月十五日巳時塟蚋卯

妣內益李悅娘生光緒丙午年九月初八日卯時卒民國丁亥年二月十八日申時塟沽美山外窩

男　文輝　文錠養系承寶成

女　會娘配溪東林

錦成公字永上　佳興公次子生光緒乙未年十月初二日亥時卒民國甲戌年八月廿六日寅時塟沽美山外窩

娶陳輕娘出

又娶大庭戴喃娘生光緒乙巳年十二月廿八日寅時

男　國明　國瑞

寶成公字永珍　佳興公三子生光緒戊戌年八月十九日卯時卒民國戊

午年八月十二日未時塟納卯
男　文錠 展成次子兼承
賀安公　慎萬公長子生光緒辛丑年九月初六日巳時卒民國乙未年十
一月十七日巳時塟蚋卯
同行公　慎萬公次子生光緒乙巳年正月廿六日亥時卒塟俱缺
思　耕種公　子入承當兵公支派生庚詳外
男
士武　石池公雙承子 乃全成子兼承 兼承當兵公支派生庚詳外
男
茶亖 字 永香　生員公子生光緒丙申年正月廿八日酉時
娶溪東林担娘生光緒丁未年九月初四日辰時
男　進福　進經　進美

女　配娘配山頭黃　素英配下宅陳

祖瑞字永顯　耕種公長子生

娶

男

思當字永進　耕種公次子生

娶

思量字永涵　耕種三子生

錦美字永華　慎泡公長子生宣統辛亥年　月　日　時

妣霞田戴俗娘生光緒戊申年四月廿七日卯時卒民國辛未年四月三

十日申時葬沽美山外窩

又娶大庭戴淑蘭生民國　年　月　日　時

男　長受福　次　三　四　五

女　免娘

丕綢公　慎泡公次子生民國丁巳年　月　日　時卒民國己巳年十月二十日吉時

男　福德養

錦綿字永延　泡慎公三子生民國　年　月　日　時

娶蕭秀金生民國己未年　月　日　時

男

女

錦順公　慎泡公四子生民國辛酉年　月　日　時卒民國　年　月　日　時塋蚋卯

火鍊字永剛　慎泡公五子生民國乙丑年七月初五日午時

娶廈門林連珠生民國己巳年　月　日　時

男

漢良字永英　樟桄長子生民國丙辰年六月初一日酉時

娶黃雲英生民國甲子年五月十五日辰時

漢美字永俊　樟桄次子生民國甲子年正月初十日巳時

男　安禮　受義　受廉　受恥

娶埔頭鄉黃華英生民國辛未年十月初二日未時

男

漢清字永澄　樟桄三子生民國丁卯年六月廿一日寅時

娶

漢英字永士　樟桄四子生民國己巳年正月廿四日巳時

漢維字永四　樟桄五子生民國壬申年廿六日午時

漢勇字永謀　樟桄六子生民國丙子年十二月十九日亥時

漢民 字永族樟栳七子生民國戊寅年九月初一日辰時

猷珠 字永琛 金鐘雙承子乃諸賓次子兼承生庚詳外

男

猷明 字永哲 諸賓長子生民國壬戌年三月廿七日丑時

娶

猷珠 字永琛 諸賓次子兼承金鐘生民國甲子年五月廿五日寅時

猷福 字永祺 諸賓三子兼承竹發生民國戊辰年九月廿九日辰時

猷寶 字永三 諸賓四子生民國庚辰年九月初八日子時

猷福 竹發公雙承子乃諸賓三子兼承生庚詳前

秀潤 字永澤 姜懿公長生民國己未年三月十九日辰時

娶溪東林玉英生民國己未年九月廿二日卯時

男 清圖 養

女　翠環

慷慨字永節　姜懿公次子生民國壬戌年六月十二日午時

娶陳瑞娘出

福星字永照　姜懿公三子生民國己巳年十二月十五日未時

萬里字永遠　姜懿公四子生民國戊寅年四月十五日巳時

士武　石池公雙承子乃全成次子兼承當階支派生庚詳外

士和　振揚公雙承子乃全成三子兼承生庚詳外

士美字永賢　全成長子生民國丁丑年三月廿六日未時

士武字永文　全成次子兼承石池生民國己卯年十月廿七日寅時

士和字永衷　全成三子兼承振揚生民國壬午年六月初一日戌時

維賢公　加財公長子生民國壬戌年三月初一日申時卒民國乙酉年六月十二日吉時

維順字永恭　加財公次子生民國甲子年八月十八日申時
娶林舒霞生民國戊辰年十二月廿五日吉時
男
維謀字永烈　加財公三子生民國辛未年六月二十日丑時
孔陽字永明　夏重之子生
娶
長成公　慎赫公養子生民國壬子年六月廿八日巳時卒塋在南洋缺
妣小岵陳緬娘生民國乙卯年月日時缺卒民國辛未年五月二十日午
時塋沽美山
振盛公　正道公長子生民國癸亥年九月十二日申時卒民國壬午年十二
月初八日卯時塋沽美山
自順字永謙　正道公雙承子乃正名子兼承生庚洋外

自順 字永謙　正名公子兼承正道生民國戊辰年閏二月十七日未時

娶溪東林淑生民國己巳年六月十七日卯時

女　梅娥

福來　金甌雙承子乃玉樹次子兼承生庚詳外

雙昆 字永佳　玉樹長子生民國丙寅年十二月初九日辰時

福來 字永旋　玉樹次子兼承金甌民國甲戌年八月十五日未時

斗相 字永高　慎接公長子兼承慎芽生光緒戊申年二月初一日巳時

娶中房張喤娘生民國癸丑年五月廿九日未時

男　克智　克理

女　月珠　月琴配下宅陳

鵬相 字永程　慎接公次子兼承慎覺生宣統辛亥年十月初二日酉時

娶

男

學詩字永言　慎接公嗣三子生民國辛酉年八月十九日巳時

娶

男

斗相字永高　慎芽公雙承子乃慎接長子兼承生庚見內

男

鵬相字永程　慎覺公雙承子乃慎接次子兼承生庚見內

男

學禮字永立　助成公長子生民國壬申年八月十九日巳時

娶

學家字永興　助成公次子生民國己卯年　月　日　時

天德公　慎嚴公長子生光緒丙午年八月廿七日辰時卒民國壬戌年八

月十二日塟南洋

厚德　慎嚴公次子生民國甲寅年月日缺外出莫考

翁盞 字 永杯　慎嚴公嗣三子生民國丁巳年九月十九日辰時

娶葉民娘 出

娶林色娘生民國乙丑年二月十二日吉時

男　介山 翁好子兼承

夏德公　慎彩公子生卒塟缺

翁寶 字 永瑜　足成公長子兼承慎贊生宣統庚戌年七月十四日丑時

娶陳英娘 出

又娶鳳坡梁舜音生民國己未年五月廿二日未時

男　金深 兼承翁頫　選枝 兼承慎贊公支派　介森

騰湧 乳名 翁好 字 永範福建省立師範專科學校文史系畢業歷任福建省公

私立中等各校教師現任省立南安師範學校教務主任
足成公次子生民國庚申年七月廿七日卯時
娶山兜黃雪懷省立南安師範本科畢業生民國戊辰年十月初五日卯
時
男　介山兼承翁盞
翁顏公　足成公三子生民國癸亥年九月十九日未時卒民國乙亥年十
月初十日寅時塋沽美山
男　金深翁贇子兼承
阿平字永靜　慎協公長子生光緒丙午年正月廿日巳時
娶黃厥娘生光緒丙午年八月十二日午時
男　篤信
女　素團配大庭戴　素美

針芽字永長　慎協公次子生民國己巳年二月十六日巳時

翁寶字永瑜　慎贊公雙承子乃足成子兼承生庚詳內

雙承男　選技

針芽字永長　慎贊公雙承子乃慎協次子兼承生庚見前

嘉順字永情　肯堂公長子生民國丁巳年四月廿三日午時

娶鳳坡梁榮娘生民國乙丑年五月初十日辰時

男　炳洗殤

女　嬌燕

榮南字永道　肯堂公雙承子乃朗道次子兼承生庚詳外

嘉全字永周　肯堂公次子兼承當涵支派生民國壬申年十二月廿七日未時

德福字永壽　恬默長子生民國乙卯年　月　日　時

娶大庭戴偏娘生民國　年　月　日　時

男　金成　金展

德謙字永恭　恬默次子生民國　年　月　日　時

娶

德修字永年　恬默三子生民國庚午年　月　日　時

榮燊字永輝　修明公長子生民國　年　月　日　時

妣李秀英生民國甲子年四月廿五日卯時卒民國癸未年五月二十日

辰時塟南洋

榮南字永東　修明公次子兼承肯堂倡捐巨資贊成修譜其敦宗睦族之

志可嘉也生民國甲子年　月　日　時

榮西字永成　菲律濱大學肄業　修明公三子生民國乙丑年　月

日　時

少華字永堅　修明公四子生民國　年　月　日　時

榮燦字永芳　修明公五子生民國　年　月　日　時

榮光字永煌　修明公六子生民國　年　月　日　時

金龍公　買至長子生民國己未年五月初九日午時卒民國丙戌年二月
初十日戌時南洋

男　水來叅

金磚字永垣　買至次子生民國辛酉年正月初三日吉時
娶黃瓊娘生民國戊辰年四月廿八日吉時

男　長春

金福字永綏　買至三子生民國乙丑年九月廿三日午時
娶下宅陳玉玲生民國壬申年八月十一日酉時

金石字永心　買至四子生民國甲戌年五月初一日巳時

金國字永元　買至五子生民國戊寅年七月初一日酉時
傳和字永濟　慎闊長子生民國丁巳年九月初六日亥時
娶葉秀珍生民國壬戌年三月十六日申時
男　受國　受家
女　秀英　秀枝
傳明字永朗　慎闊次子民國丁卯年七月十九日未時
娶
傳美字永垂　慎闊三子生民國壬午年二月廿七日卯時
自謀字永謨　進成長子生民國
娶
自能字永多　進成次子生民國丁卯年八月初九日辰時
娶戴秀梨生民國戊辰年十一月初八日午時

男

自彬 字 永質　進成三子生民國辛巳年六月十八日辰時

十五世　起南公派　安錦美

萬福 字 永同　護送公長子生光緒癸卯年八月廿二日巳時

娶坊前黄⿰高并娘生宣統辛亥年七月初七日酉時

男　金石 叅

女　彩玉配英橋陳　彩真

兩管公　護送公次子生民國丁巳年正月廿四日巳時卒民國戊寅年正

月十六日巳時瘞南洋

寧益 字 永康　狄龍長子生民國壬戌年閏五月十六日辰時

十五世　得稱公派　安錦美柱

思樹字永桂　愼萃公子生光緒庚子年正月初八日酉時

娶霞田戴況娘生光緒丙午年八月初一日寅時

男　自來　榮源

女　素琴配山頭黃　玉蓮　玉美　玉蘭　玉珠　玉梅

養女下宅陳寶英

全昌字永隆　愼埔公長子生民國丁卯年四月初五日午時

全和字永貴　愼埔公次子兼承愼泵生民國丙子年八月初三日子時

全和字永貴　愼泵公雙承子兼承當士公支派乃愼埔公次子兼承生庚

詳前

延平字永宗　金守公子兼承愼昆生民國壬午年七月初七日卯時

延平字永宗　愼昆雙承子乃金守公子兼承生庚詳前

文忠公字永章　慎坤公長子生光緒己亥年十二月廿七日亥時卒民國
辛未年七月廿三日申時塋沽美山
娶文章陳蜂娘改天
文博公字永照　慎坤公次子生光緒丙午年八月十五日吉時卒缺塋萬
鴉老
娶英橋陳拈娘生光緒丙午年正月初三日寅時
男　通來叅
文南字永化　廈門中西中學畢業　慎坤公三子生光緒戊申年十二月
初五日戌時
娶薛秀英生缺
男　瑞彬
女　荃芳

文才字永藝　慎坤公四子生民國乙卯年四月十五日酉時
娶蕭月娥生民國庚申年三月初三日吉時
男
金鏷公　慎坤公五子生民國癸亥年四月二十日亥時卒民國壬午年五
月初三日辰時塟永泰
男　彩強養
厚端公字永高　天寶公長子生光緒壬寅年正月十三日午時卒民國庚
辰年三月初二日塟南洋紹坡
妣溪東林點娘生光緒丙午年六月十九日亥時卒民國甲戌年九月廿
四日未時塟沽美山
男　鎮安
女　秋蘭配宮下黃

厚往公　天寶公次子生宣統己酉年七月廿五日子時卒民國癸酉年七月二十日辰時塟南洋

娶溪東林差娘生宣統辛亥年七月初七日酉時

男　受賓養　雙成出承養弟思用養　建家殤養

養女溪東林彩華

思用字永行　天寶公養三子生宣統辛亥年九月十四日巳時

男　成雙厚往子入承

呈瑞公字永祥　裁衣公長子生光緒乙亥年十月廿九日卯時卒民國丁卯年九月初四日巳時塟沽美山

娶下宅陳攏娘生光緒甲辰年十一月十六日寅時

男　受燦養　以謀養出承阿四

養女林準娘殤

阿四 字 永知　裁衣公養次子生光緒辛丑年六月十六日寅時

男　以謀 呈瑞子入承

國瑞公　裁衣公三子生光緒丙午年四月二十日巳時卒民國辛酉年五月十六日酉時塟沽美山

養男　清漢 殤

秋炎 字 永山　龍麟長子生民國壬子年二月十五日酉時

娶溪東林早娘生民國癸丑年正月十一日吉時

男　元成 殤　錫壬　建忠 出承弟鏘得

女　羣英　蓮英

鏘得公 字 永道　龍麟次子生民國丙寅年七月十六日巳時卒民國乙酉年四月初九日申時塟仙打眼森森山坐北向南

妣山頭黃緩娘生民國辛酉年月日時缺卒民國壬午年二月初七日卯

時塋仙打眼伯公山坐北向南

鋿錦字永繡　龍麟三子生民國己巳年六月初三日酉時

娶廣東海陸豐錢大梅生民國庚午年十月三十日亥時

男

鋿鑽字永助　龍麟四子生民國壬申年十二月三十日寅時

娶

玉錐公　欽禮長子生民國戊辰年九月廿三日辰時卒民國丁亥年五月

廿一日塋長泰縣

好炮字永聲　欽禮次子生民國辛未年正月廿五卯時

玉桂字永馥　欽禮三子生民國乙酉年正月十五日卯時

從立字永卓　隆盛長子生民國甲子年三月廿三日申時

娶

建發字永丕　隆盛次子生民國辛巳年六月廿九日戌時
娶
潤澤字永滋　隆盛三子生民國　年　月　日　時
皆蒋公　進來公長子生民國乙卯年十一月十九日酉時卒民國戊寅年
五月初三日未時葬浯美山
再好字永金進來公次子生民國癸亥年　月　日　時
金交字永敬　進來公三子生民國爲日本抗戰奉召出征生卒未明
銀後字永超　進來公四子生民國戊辰年二月初十日吉時
娶
成公　進利公長子生民國甲子年四月初一日吉時卒民國乙酉年六月
十四日巳時
週星字永雪進利公雙承次子乃秀潤子兼承生庚詳後

通枝字永林　文擧公子生民國戊辰年十一月十二日申時

娶大庭戴金杯生民國己巳年十二月廿四日卯時

男　置業

甕婆公　長泉公長子生民國丙子年月日時缺卒民國乙酉年九月廿九日塟仙仔眼

金德公　長泉公次子生民國丁丑年三月十一日未時卒民國乙酉年六月十七日吉時塟仙打眼

紅英字永紫　長泉三子生民國癸亥年　月　日　時

週星字永雪　秀潤長子兼承進利生民國庚辰年十二月十八日申時

景成字永仰　清明長子生民國丁卯年十月二十日吉時

娶

振仁字永里　清明次子生民國戊寅年六月初九日卯時

德輝 字永修清明三子生民國乙酉年七月初四日子時

德和 字永祥清明四子生民國戊子年三月廿九日亥時

有道　玉衡公雙承孫乃慎汀次子兼承生庚詳後

雙承男　達義 南陽六子兼承

國良公　古意公長子生民國甲寅年二月十六日巳時卒民國壬申年三月廿三日申時塋南洋

雙承男　達 南陽五子兼承

國才公　古意公次子生民國丁巳年六月十九日吉時卒民國丁亥年二月廿五日塋長泰縣

娶林救娘 出

男

女　目娘　秀珠配大宇

大亮乳名南陽字永洛　廈門中華中學畢業歷任進化一校霞錦小學校長及高蓋鄉調解委員會主席　蘋藻公長子生光緒甲辰年五月十一日未時

娶內益李迎娘生光緒乙巳年八月二十日子時

男　達三　達四　達五　達德兼承有達　達仁殤　達夫兼承國良　達義

女　素珠配內益李　秀鳳配下宅陳

有道字永志　蘋藻公次子兼承玉衡公支派生宣統己酉年　月　日　時

妣舊門呂香娘生宣統庚戌年　月　日　時卒民國己卯年七月廿三日未時塋沽美山

男　受文

女　真珠配英橋陳　螺娘殤　壽娘殤

有連字永翮　蘋藻公三子生民國癸丑年十一月廿六日卯時
娶舊門呂瑞花生民國丙辰十一月十八日午時
男　達德南陽子兼承　建中　建華　建民
女　梅蘭殤　安麗　素姜　素瓊
養女大庭戴淑珍
有平字永正　蘋藻公四子生民國己未年十二月初二日卯時
娶溪東林于英生民國己未年十一月十三日未時
男　建全
女　荔卿配下宅陳
養女鳳坡梁秀珠
金鐘字永靈　蘋藻公五子生民國乙丑年六月十九日巳時
娶下宅陳金蘭娘生民國己巳年五月十九日卯時

江淮字永洙　蘋藻公六子生民國庚午庚午年六月廿四日戌時

思痴字永精　振成嗣子生民國乙卯年六月廿七寅時外出莫考

思映字永施　福成公子生光緒癸卯年二月廿四日申時

娶陳伯娘出

男　錦章

女　晟娘配中房張　錦妹娘配后山余

思玉字永潤　伯達公子生民國甲子年月日時缺為抗戰奉召出征生卒

永明

安益公　綿遠公長子生民國癸亥年二月十四日申時卒民國癸未年八月廿四日塋南洋

安智字永慧　綿遠公次子生民國辛未年十二月十三日子時

國和字永平　正合養長子生民國己巳年七月初一日酉時

國生字永家　正合養次子生民國庚午年七月十四日未時
金生字永玉　正合養三子生民國壬申年十月初六日卯時
旺相字永寬　魁生公長子生光緒辛丑年十月初七日未時
娶馬洋林絲娘生光緒辛丑年十一月十四日寅時
男　如雲　如漢　如牆殤
女
養女溪東林綢娘
思諒字永原　魁生公次子生光緒壬寅年八月十五日未時
妣南洋陳賓娘生光緒甲辰年月日時缺卒民國乙酉年正月廿三日塟
南洋
男　如雙
金娘配山兜黃

安養字永懷　魁生公三子生光緒丙午年九月十九日巳時

娶林蚊蜓娘出

又娶

男　啓榮叅

慶豐字永功　紫薇長子生光緒辛丑年十二月初二日申時

幼娶大庭戴后娘殤

娶下宅陳套娘生光緒乙巳年二月初八日吉

男　清池

女　玉茘　玉堂配大庭戴

思扮字永均　紫薇次子生光緒癸卯年正月十五日巳時

娶官布趙筂娘生光緒戊申年二月十一日酉時

男　文指　文理　文連

女　金花　金梅
碧和字永璞　紫薇三子生民國丁巳年六月廿六日卯時
碧虎字永寅　紫薇四子民國庚申年六月廿八日未時
碧熊字永夢　紫薇五子生民國乙丑年五月十三日卯時
碧霞字永彩　紫薇六子生民國丙子年七月初一日丑時
如渴公　元禎公子生光緒戊申年正月廿七日巳時卒民國庚辰年四月初九日巳時塋沽美山
妣南洋陳荔花生民國壬子年　月　日　時卒民國丙子年九月十七日午時塋獅墓
男　繼祖養兼承弟如水
如水字永深　元禧子生民國壬子年五月初五日戌時
娶溪東林鎮英生民國辛酉年十一月十三日戌時

男　繼祖 如淍養子兼承

清和 字 永濟　元禮長子生民國甲子年四月廿五日未時

清順 字 永遂　元禮次子生民國壬申年四月初六日辰時

清泉 字 永湧　元禮三子生民國甲戌年九月廿五日酉時

振和 字 永中　元祐長子生民國戊辰年五月十五日辰時

振興 字 永孝　元祐次子生民國癸酉年十二月廿二日子時

振美 字 永由　元祐三子生民國乙亥年八月初二日亥時

振隆 字 永乾　元祐四子生民國丁丑年十一月十三日巳時

思深 字 永純　元祺長子生民國壬午年十一月十六日巳時

利福 字 永民　擇周長子為抗戰出征生卒未明

娶下宅陳肯娘 出

男　受戇

利祿字永沾　擇周次子生民國丁卯年　月　日　時
娶
利祥字永集　擇周三子生民國庚午年正月初九日吉時
添根字永本　再鴻公長子生民國壬申年二月初五日巳時
添樑字永香　再鴻公次子生民國庚辰年八月初八日申時
流回字永淵　再鴻公三子生民國壬午年九月初九日申時
取貴字永富　得時長子生民國庚午年十二月廿三日丑時
建國字永福　得發長子生民國丁卯年十二月十九日卯時
娶林柄陳珠玉生民國戊辰年正月十二日卯時
建業字永守　得發次子生民國辛巳年三月初三日午時
南程字永馳　得勝長子生民國戊寅年八月廿二日辰時
遠珍字永瑤　得勝次子生民國庚辰年六月初六日辰時

金水字永式　臥龍長子生民國庚申年十月十二日未時

娶

男

秋水字永澄　俊元長子生民國丙寅年八月十五日吉時

保國字永家　西川長子生民國丙寅年二月廿九日午時

娶

保民字永生　西川次子生民國戊辰年四月廿三日酉時

玉石字永壁　西河長子生民國己巳年七月廿四日戌時

玉泉字永清　西河次子生民國丙子年十月初九日未時

平生字永居　西河三子生民國乙酉年十月十二日未時

源來字永泉　西海公嗣子生民國　年　月　日　時

安國字永鎮　東震長子生民國戊辰年八月廿五日巳時

娶

安炳字永烈　東震次子生民國乙亥年五月初五日子時

英俊字永奇　再添公長子生民國戊辰年十一月初五日未時

集福字永綏　再添公次子生民國庚午年六月十八日未時

金清字永江　會元長子生民國己卯年三月廿九日巳時

思綿字永慶　長茂長子兼承當泉公支派生民國壬戌年閏五月十五日亥時

娶陳美玉生民國壬戌年八月初四日丑時

男

女　清麗　秀領　秀珍

啓明字永庚　慎山公嗣子生民國戊辰年八月初八日巳時

娶黃珠蘭生民國戊辰年二月三十日亥時

男

思錦 字永慶　當泉公雙承孫即長茂子兼承生庚詳前

十五世　政和公派　窗兜棋盤柱

輝臨公　秋桂公長子生光緒庚寅年十一月廿二日巳時卒民國辛酉年

二月初一日酉時塟蚋卯

娶鳳坡梁根娘生光緒戊戌年九月十九日子時

男　啓運 殤　啓聰　聰明 養兼承思斗　疋義 養兼承思奕

思弈 字永葉　秋桂公養次子生光緒庚寅年十一月初七日戌時

男　正義 輝臨子兼承

思逃　慎岸公長子生卒舊譜缺

思斗字永箕　慎岸公嗣次子生光緒丙戌年二月十一日酉時
妣馬洋林田娘生光緒丙戌年十月二十日申時卒光緒乙己年四月初
八日未時塟沽美山
男　聰明焜臨子兼承
思瑄公　慎衛公子生光緒甲辰年二月三十日午時卒民國辛酉年二月
初一日酉時塟蚋卯
男　和順養

十五世　政和公派　頂窗三落柱
三元公　慎頂公長子生光緒辛卯年正月十一日丑時卒民國壬申年三
月初一日未時塟水格山

妣陳燕娘生光緒戊戌年四月初十日吉時卒民國癸丑年五月廿二日
酉時塋樹林口
又娶下宅陳時娘生光緒癸卯年十月三十日酉時
男　貴祥養　擇良　文明兼承咾李
女　花配山兜黄
咾李公　慎頂公養次子生光緒丙午年五月二十日吉時卒民國戊寅年
五月十六日申時
男　文明三元子兼承
和元字永捷　慎真公嗣子生光緒庚辰年十月初七日酉時
娶鳳坡梁絹娘生光緒癸未年十一月初四日酉時
男　順成養　順長　昆章　昆角　昆華殤　昆堯
女　玉英配深垵葉　玉蓮配下宅陳

思合公字永完　情公長子生光緒癸未年十一月廿四日申時卒民國壬午年正月十七日申時塟仙打眼
幼娶陳滴娘殤趙謳娘殤
妣内益李針娘生光緒甲午年八月初十日吉時卒民國庚午年三月初一日酉時塟杉垵内
男　清閑叅清田叅
女　振花　扁娘　見娘俱配下宅陳
思赤公　達情公次子生光緒辛卯年正月廿九日申時卒塟在仙打眼莫考
妣林柄陳朗娘生光緒己亥年月日時缺塟在仙打眼莫考
男　金鍊
思烏字永青　達情公三子生光緒丁酉年六月初七日酉時

娶社壇葉朕娘生光緒丙午年四月廿一日卯時
男　振凱
思住公　慎榮公長子生光緒乙酉年八月廿七日戌時卒民國甲申年十
月廿八日子時塋牛仔頭山
妣溪東林鏘娘生光緒丙戌年十一月十三日申時卒民國丁丑年十二
月十八日酉時塋杉垵口圳溝脚
男　勸世殤　松栢　有土
女　配娘配社壇葉
思雍公　慎榮公次子生光緒癸己年十月廿二日卯時卒民國丙寅年十
二月初六日吉時塋蚋卯
娶舊門呂筬娘生光緒丙申年正月二十日午時
男　良慶養

女 瑞娘配內益李 格娘配社壇葉

思曹公 百祿公長子生光緒壬辰年七月廿三日午時卒民國甲申年六月十四日子時塟萬亞佬

娶社壇葉勉娘生光緒庚子年九月三十日卯時

男 天送（養兼承次弟思楮 又兼承從弟壽社） 天錫

女 連娘配內益李

思楮公 百祿公次子生光緒乙未年五月廿九日亥時卒光緒丁未年七月初四日戌時塟山后格

男 天送（思曹子兼承） 協華（思串子兼承）

思串（字）永聯 百祿公三子生光緒戊戌年二月廿二日申時

娶文章陳獺娘生光緒丙午年五月初七日午時

男 協華（養兼承思楮） 明華（兼承壽社） 文華 光華

女　春花配社壇葉

養女葉魚娘 殤

壽祉公　全永公長子生光緒己亥年七月初三日辰時卒民國丙戌年八月二十日午時塋南洋

男　天送 思曾子兼承 明華 思串子兼承 文理 純賓子兼承 家正 琴來子兼承

純賓公　既濟公長子生光緒甲辰年十二月十八日未時卒塋莫考

妣南洋挪嚇娘生光緒戊申年九月三十日吉時卒生民國丙戌年六月初六日戌時塋杉垵丙

男　文理 兼承壽祉 文海 殤

養女葉彩玉

應隆公　既濟公次子兼承全水生光緒丁未年六月三十日未時殤光緒戊申年二月二十日未時塋杉垵丙

國順字永存　既濟公三子生民國壬子年七月初七日午時

琴來公　雙印公長子生光緒戊申年九月初十日辰時卒民國乙亥年正月初三日子時塋萬亞佬

妣溪東林栳娘生光緒戊申年二月廿八日酉時卒民國癸丑年五月十五日酉時塋缺

男　家端養　家正養兼承壽祉

元英字永乾　雙印公次子生民國甲寅年十月十八日吉時

娶

男

補羽公　逢時公長子生光緒乙已年六月初六日戌時殤民國甲寅年閏五月初八日申時

天賜公　逢時公次子生民國癸丑年十二月十五日寅時卒民國乙酉年

六月廿六日辰時塟在南洋

娶社壇葉担娘生民國甲辰年八月廿九日吉時

男　標池 天水子兼承 義方 養

養女社壇葉素嬌

天水 字 永沛　逢時公三子兼承金和生民國丙辰年十一月初二日寅時

娶溪東林心娘生民國甲子年二月廿五日卯時

男　標池 兼承兄天賜 劍方

女　素珠

培雁公　宗實公長子兼承坑丙柱　生光緒申辰年十一月十九日亥時

卒民國壬午年八月廿九日子時

妣大庭戴長娘生民國癸丑年十一月廿三日酉時卒民國戊子年正月

初二日丑時塟牛仔頭山

男　木春
女　木蘭殤　秀花殤
水永字永白　宗寶公次子生光緒丁未年十月十八日卯時
娶鳳坡梁厝娘生民國丙辰年六月初十日卯時
男
新鴻字永飛　宗寶公三子兼承金和生民國癸丑年八月十五日亥時
娶坑園陳就娘生民國癸亥年五月初四日巳時
男
啓才公字永廸　慎歡公長子兼承慎帕生光緒己丑年三月十八日未時
卒民國丙寅年十一月廿二日未時塋在杉垵内
妣社壇葉昧娘生光緒庚寅年八月廿八日午時卒宣統庚戌年十月廿一日吉時杉垵内

又娶溪東林鬆娘生光緒壬辰年十月廿六日丑時
男　玉潤（兼承慎帕公支派）
女　金花配溪東林
錦繡（字）永珠　慎歡公次子生光緒丙午年二月初七日辰時
妣舊門呂千娘生光緒丙午年五月初六日未時卒民國庚午年八月初
六日辰時塋沽美山
又妣下宅陳葉娘生宣統己酉年八月十七日巳時卒民國己卯年三月
初八日卯時塋沽美山
又娶社壇葉素鸞娘生民國丙辰年五月廿一日吉時
男　從愿（兼承雙芹）　從淵　從春（兼嗣二叔慎帕為孫）　從詩
女　雲英
啓才　慎帕公雙承子乃慎歡子兼承生庚詳前

男　玉潤雙承　從春錦緒子兼承

雙芹公　齊全公長子生光緒甲午年正月初九日酉時卒葬莫考

男　從歷錦緒長子兼承

隋寶字永瑛　齊全公次子兼承慎蟳公

通相公字永寶　國進公長子兼承弟文龍生光緒己亥年八月初十日子

時卒民國丙戌年三月初一日酉時葬沽美山坐　向　兼

娶社壇葉惦娘生光緒庚子年二月廿八日未時

男　培植　培元　培英　培深　培添殤

女　玉蘭配溪東林　淑蘭　彩蘭配社壇葉

明籌公字永登　國進公次子生光緒壬寅年二月廿九日丑時卒民國甲

申年五月　日　時葬在蚋卯

妣社壇葉玉娘生宣統己酉年十二月初四日卯時卒民國　年

月　日　時塟蚋卯

男　振華　振漢　受一　受二　受三

女　受蘭配大庭戴

明聰字永哲　國進公三子生民國己未年二月十四日丑時

娶石鼓林謝雙璧生民國乙丑年十月十六日未時

男

明標別名徽塵　集美高中肄業歷任蓮臺小學校長及中心小學教員國

進公四子生民國壬戌年四月初八日亥時

娶大庭戴黎娘生民國甲子年十二月十三日卯時

男　心遠

女　玲玲

通相公　忠信公雙承長子國進公子兼承生卒詳前

男
福安公　忠信公次子生光緒庚子年　月　日　時卒民國己卯年五月
三十日巳時塋沽美山
妣東嶺陳堅娘生光緒壬寅年　月　日　時卒民國己卯年五月廿七
日午時塋沽美山
男　連來　連璧殤
女　烏婆配雙溪陳　秀緞配社壇
副榜字永科　傒鈌公長子生光緒戊申年九月廿四日未時
娶中房張欉娘生民國甲寅年正月初七日子時
男　金章　金法殤
泰山字永嵩傒鈌公次子生民國壬子年十二月廿九日亥時
娶溪東林扁娘出

男

思達公　慎教公長子生民國癸丑年十月初十日亥時卒民國乙亥年九
月十四日未時塟沽美山

思道字永守　慎教公次子生民國丙辰年十一月　日　時

娶

思長字永綿　慎教公三子生民國乙丑年十二月初九日吉時

娶官布趙愛英生民國戊辰年四月初四日寅時

男

女　紅姑娘

包來字永實　慎棗公長子生光緒丁未年正月廿五日巳時

男　清意

女　素梅

天祖字永皇　慎棗公次子生光緒戊申年　月　日　時
錦良字永器　桂順子生民國乙卯年四月初十日巳時
娶英橋陳臣娘生民國甲子年七月初七日午時
男
女　素娥
思立公　慎蔡公長子兼承高談生光緒己丑年二月初四日酉時卒民國戊午年十一月初三日酉時塋山后格
娶後山余碣娘生光緒丁酉年五月廿一日寅時
男　水土兼承弟思泉
女　儉娘配大份温　劉娘配泉州　團娘配溪東林
思泉字永盈　慎蔡公養次子生光緒庚子年十一月廿一日午時
男　水土思空子兼承

來發公　慎水公養子生民國丁未年十月初六日午時卒塋莫考

男　受全 思炎四子入承

國治公　秋金公長子生卒缺

男　棟樑 思炎次子兼承

思炎 字 永涼　秋金公次子生宣統辛亥年九月廿七日寅時

娶雙溪陳竹娘生民國壬子年十一月初七日辰時

男　受賓　棟樑 兼承國治　受文　受全 出承來發

女　賓珠

欽賜 字 永封　秋金公三子生民國甲寅年七月十九日巳時

娶社壇葉坦娘 出

娶大岵柯近娘生民國丁卯年四月廿二日卯時

男　棟美 養

國盛公　正春公養子生民國庚子年九月初一日吉時卒民國辛未年九月初一日申時塟蚋卯
娶蚋卯領旱娘改天
男　服眼殤
女　侯伯配貞洋易　理沙殤
建烟字永香　武德公長子生光緒丁己年五月初四日申時
娶鎮府黃蘭娘生民國庚申年　月　日　時
男
女　英娘　桂英
建順字永序　武德公次子生民國甲子年十一月初一日巳時
娶山兜黃實娘生民國丁卯年正月初七日未時
男　受美

思錦公　正理公長子生宣統庚戌年十一月廿六日申時卒民國丙子年十一月十九日戌時塋蚋卯

男　錫封 欽作三子兼承

欽作 字 永俞　正理公次子生民國壬子年十一月廿一日卯時

娶社壇葉素貞生民國戊午年四月廿三日申時

男　王瑞　海瑞　錫封 兼承思錦

丕再公　正理公三子生民國己未年四月初四日午時卒民國癸酉年三月廿二日巳時塋杉垵

男

洋溢 字 永名正理公四子生民國乙丑年正月廿一日卯時

娶社壇葉鎮娘生民國甲子年十月廿五日丑時

男

女　秀珍　秀娥

政和公派下窗柱　瑞璞公派

致雨公　慎細公長子生光緒庚寅年二月廿八日申時卒民國甲戌年十一月初三日卯時塋在内卯

妣洒溜氏生光緒丁酉年月日時卒塋在小呂宋缺

男　進發　來發瑒

女

思蚊字永騰　慎細公次子生光緒己亥年十二月廿五日未時

娶社壇葉早娘生缺

男　淮水

思八公　慎漂公子生光緒年月日時缺卒光緒辛丑年十月廿六日卯時

塋沽美山後

萬雷　麗水公雙承子乃慎惠長子兼承生庚列後

男　景星

萬雷又名思閩字永震　慎惠公長子兼承麗水生光緒丙申年三月廿七日

午時倡捐巨金促成修譜之舉誠敦宗睦族之孝子賢孫也

幼娶文章陳前娘殤

娶社壇葉垂娘生光緒癸卯年八月三十日卯時

男　景亮　景星兼承麗水支派　景祥

女　彩娥配蓬島林　瑞霞　伊仁亞

問禮公　慎惠公次子兼承慎寫生卒莫考

順寶字永益　慎惠公三子生光緒壬寅年四月初九日巳時

娶山頭黃扁娘生民國甲寅年十二月廿五日午時

男　明吉　受創出承順利　明由　明照

女　象娘

順利字永裕　慎惠公四子生光緒丁未年七月初八日申時

妣社壇葉蜓娘生宣統庚戌年二月十三日酉時卒民國癸酉年閏五月

初四日亥時塋沽美山

又娶俞民那娘生民國丁巳年五月初二日吉時

男　里道　受創順寶次子入承　達道

女　詩呇　詩花　詩菊

順美字永満　慎惠公五子生民國丁巳年五月初二日巳時

娶英橋陳紅娘生民國乙丑年十一月十二日吉時

男　應世養聽從

思雄公　康寧公嗣子生光緒壬寅年十一月廿七日卯時卒民國辛酉年

十月廿六日巳時塟内卯
男　偶然卷
如竹字永松　慎府公子生光緒丁未年九月廿二日亥時
娶鳳坡梁苑英生宣統辛亥年九月初二日子時
男　震華殤　建烟殤　文然卷　自然
女　淑題配舊門呂　淑英　淑妹配鳳坡梁
問孝公　慎鰺公長子兼承慎畫生光緒辛己年三月初初十日卯時卒民
國甲寅年五月初九日巳時塟三寶顏
妣溪東林乖娘謚巧笑生光緒癸未年十一月廿七日戌時卒光緒辛丑
年九月廿八日酉時塟蓮山后
又娶坊前黄近娘生光緒甲申年五月十一日卯時
男　進添　秀清兼承思吾又兼承慎畫公支派

思吾公　慎鯵公養次子生光緒丁亥年四月十四日巳時卒民國甲申年
十一月十四日卯時塟沽美山
男　秀清 問孝次子兼承
同聲公　慎鯵公三子兼承慎畫生光緒辛丑年十月二十日丑時卒民國
辛酉年十二月初二日申時
娶坑園陳乾娘 改天
男　春桂 養
女　于娘配溪東林
問孝公　慎畫公雙承子乃慎鯵長子兼承生卒詳前
男　秀清 承兼思吾
思水　慎畫公雙承子乃慎沁公子兼承生庚詳後
雙承男　救國

思水（又名）思帆（字）永真　慎沁公子兼承慎畫生光緒甲辰年二月初五日巳
時
幼娶陳對娘（出）
娶坑園林親娘生光緒丙午年六月初九日吉時
男　救國（兼承慎畫公支派）
女　彬華配陳國壬　玉華　愛華　麗華　美華
遠志公　慎卦公嗣子乃慎艮公長子入承生光緒甲午年正月十六日戌
時辛宣統己酉年六月廿五日酉時
娶社壇葉最娘生光緒丁酉年十二月十八日卯時
男　長金火（養）次金樹（養）
養女　蝦娘配后埔羅　秀鸞配鳳坡梁
思彼（字）永美　慎艮公養子生缺

娶南洋林安娘生光緒戊戌年十月十八日吉時
男　金益　金標 出承田西爲孫　扮樹　美道
添水 字 永培　慎南公嗣子全城子入承生民國丁己年十月十三日亥時
娶雙溪陳類娘生民國己未年十月十三日亥時
男　集儒　炳煌 殤　懷儒
思耀公　慎糖公長子生光緒戊戌年正月初三日巳時卒民國丙戌年正
月　日　時塟德化
娶梁杉娘 出
妣南洋乳那娘生宣統己酉年月日時缺卒民國乙酉年四月　日　時
塟德化
男　受英 殤　受戇 殤　江元 殤　輝煌　秀木 兼承玉麟　受井 殤　受榜
女　庵婆配游溪

思緞公　慎糖公次子生光緒辛丑年五月初十日巳時卒民國壬戌年十一月初八日巳時塋內卯

妣杜壇葉鉗娘生光緒辛丑年　月　日時卒民國癸亥年十月十八日亥時塋沽美山黄埔尾坐壬丙兼子午

男　碧和

思焕公　慎糖公三子生光緒甲辰年八月二十日未時卒民國甲寅年七月十六日辰時

玉麟字永書　慎糖公四子生民國丁己年七月十八日申時

娶梁視娘生民國丁卯年八月初十日辰時

男　秀木思耀子兼承

文侶字永緣　修京長子生光緒丙午年十二月初七日午時

妣馬洋林揪娘生光緒丙午年十一月廿三日丑時卒民國癸未年十月

十六日午時瑩沽美山坐壬丙兼子午
又娶山頭黃傳娘生民國癸亥年十一月十五日卯時
男　明德 叅 明亮 叅 明庭　明秀
朝元公　修京次子生宣統辛亥年九月廿三日丑時殤民國丁巳年七月
廿九日未時瑩沽美山
男　招武 朝聘子兼承
朝聘 字 永尊　修京三子生民國甲寅年二月十五日寅時
娶英橋陳蜜娘生民國乙卯年九月廿一日丑時
男　高麗 殤 招武 兼承朝元 招珍
女　素香　香蘭
元海 字 永潮　修京四子生民國辛酉年二月十七日卯時
娶雙溪陳錦花娘生民國癸亥年三月二十日丑時

男 建忠養 建信

女 秀瑾殤

建安字永國 繼長長子生民國甲寅年四月十九日未時

娶雙溪陳錦娘生民國甲寅年四月十五日巳時

男 世才 世潤 世利 福興

女 淑花 淑蘭 淑明

愧生字永志 繼長次子生民國癸亥年九月十九日亥時

娶胡彩鸞生民國丁卯年十二月廿九日寅時

男

女 琪英

陽生字永武 繼長三子生民國戊辰年十二月十八日辰時

南生字永薰 繼長五子生民國辛未年十二月廿六日辰時

北生字永辰　繼長六子生民國癸酉年八月初五日子時
抗日字永勝　繼長七子生民國丁丑年四月廿九日丑時
雙生字永多　繼長八子生民國己卯年二月廿一日丑時
良儀公　新堂長子生民國丁卯年八月　日　時卒民國壬午年四月廿
三日午時塟南洋
華生字永悟　新堂嗣次子生民國庚午年六月初九日未時
鵬峯字永呈　新堂三子生民國丁丑年十月廿一日寅時
思稟字永資　繼增長子生民國己未年　月　日　時
娶
男
禮道字永齊　繼增次子生民國壬午年　月　日　時
成業字永統　慎妙長子生民國乙丑年八月初一日酉時

娶

成椒 字永聊　慎妙次子生民國丙寅年正月十七日巳時

娶

思蠔 字永中　慎烘公養子生光緒戊戌年正月十七日寅時

娶大庭戴駝娘生光緒丙午年十二月十九日申時

男　連捷 養 連全

隨到 字永聚　通卷公長子生光緒己亥年十二月十九日酉時

娶社壇葉探娘生光緒癸卯年閏五月廿一日辰時

男　德安 養 和鑾 殤

瑞金 字永麗　通卷公次子生光緒戊申年四月十七日辰時

娶苦湖葉麟娘生民國癸丑年十月十八日亥時

男　良基　榮泉

女　根娘配社壇葉　水心殤　彩真配英橋陳　彩寶配安溪

杉木字永松　兆火公雙承子乃慎㩗公子兼承生庚列後

適用字永持　項致公長子生民國戊午年五月廿七巳時

娶溪東林菊英生民國壬戌年六月初七日戌時

男　開科

適燕字永鴈　項致公次子生民國丙寅年　月　日　時

娶

儀章字永禮　項致公三子生民國壬申年四月十四日吉時

娶

纘緒字永紹　慎儉公嗣子生光緒癸卯年八月廿一日丑時

娶下北溪許卜娘生光緒戊申年八月十二日午時

男　雷震　光華　光輝　光榮　光耀

女　長桂華　次寶華

進成公　兆蛸公長子生光緒辛丑年五月初七日巳時卒民國壬午年十

一月二十日辰時塋蚋卯

娶社壇葉對娘生光緒甲辰年八月初十日亥時

男　應龍　應得　應星　應謀　應曾

女　井娘　省娘

思藺　兆蛸公雙承子乃重民次子兼承生庚詳後

男　全興

思藺字永帛　重民公長子兼承兆　生光緒丙午年正月初二日辰時

娶內益李縣娘生光緒丙午年四月廿四日酉時

男　全福養　全興養出承兆蛸支派

女　轉娥　蘊玉　麗蘭　玉珠殤

金連 字永絡 重民公次子生民國己未年八月初五日辰時

娶雙溪陳玉英生民國甲子年三月初三日丑時

男 全龍

女 彩珍 彩梅

自成 字永守 慎掄公長子生民國乙卯年八月初二日午時

娶下宅陳曉娘生民國戊午年 月 日 時

男

杉木 字永松 慎掄公次子兼承兆火生民國戊辰年九月十八日巳時

娶

政和公派 下窗柱 瑞玩公派

玉義 字永俠 慎柱公長子生民國 年 月 日 時

娶鳳坡梁把娘生民國　年　月　日　時

男　昌良

義法字永嚴　慎柱公次子出承先擬支派兼承當唱支派生民國丁卯年

月　日　時

娶

文英字永晶　慎助長子生民國丙寅年七月廿三日午時

娶社壇葉明珠生民國己巳年十月廿二日辰時

男

女　璧珍

世傑字永豪　慎助次子生民國丙寅年正月初二日戌時

娶內益李淑端生民國庚午年十月廿八日申時

男

世和字永寬　慎助三子生民國己巳年四月十二日午時
娶
貽成字永繼　慎簽公長子生民國丁卯年正月廿七日申時
娶
貽齊字永修　慎簽公次子生民國壬申年正月十九日辰時
國字永課　慎簽公三子生民國丙子年十二月廿三日申時
繼法字永循　慎柏公養子生民國癸亥年三月初一日巳時
娶安海黃玉笑生民國庚午年八月十二日酉時
義法　當唱公雙承孫乃慎柱次子兼承生庚詳前先擴支下
建良字永宏　正忠公長子生民國戊辰年七月初七日巳時
培元　正忠公雙承子乃壬癸長子兼承生庚詳後
培元字永固　壬癸長子兼承正忠生民國癸酉年十月二十日酉時

培南字永金　壬癸次子生民國丙子年十二月初九日戌時

進南字永斗　壬癸三子生民國辛己年十月廿二日亥時

光南字永溪　壬癸四子生民國乙酉年八月廿四日亥時

志清字永廉　順國長子生民國丁丑年五月初四日午時

永鐘字永琴　順國次子生民國丁亥年十一月十三日戌時

志平字永愛　順慶長子生民國丁亥年九月初六日吉時

佳煌字永炳　循環長子生民國戊寅年十月初一日巳時

庭階字永堂　循環次子生民國　年　月　日　時

十五世　園內柱　振崑公派

雙全公　慎瞈公長子兼承慎納生同治甲戌年三月初六日戌時卒塋莫

考

娶石壁寨梁隆娘 改天

女　担娘

養女埔頭林富娘

思木公　慎瞈公次兼承慎蘭光緒辛巳年十一月初八日丑時卒生民國
戊午年五月初四日塋缺

娶永春鄭取娘 改天

男　宗法 思砂次子兼承

思福公　慎瞈公三子生光緒乙酉年八月初二日巳時卒光緒丁未年六
月初二日卯時

思牆公　慎瞈公四子生光緒戊子年正月廿八日未時卒光緒丁未年五
月廿七日卯時

思木公　愼蘭公雙承子乃愼嗡次子兼承生卒詳前

雙承子　宗法

思砂公　愼蘭公子兼承秋桂生光緒乙酉年十一月初一日申時卒民國

丙寅年九月廿一日戌時塋檳榔嶼

娶半山陳尊娘出

娶坑園陳音娘生光緒丁亥年十一月初十日酉時

男　宗讀兼承秋桂公支派　宗法兼承思木

思砂公　秋桂公雙承子乃愼蘭公子兼承生卒見前

男　宗讀兼承

思平公　夏蓮公子生同治隨母外出生卒莫考

思和公　愼池公子兼承愼蒳生光緒乙亥年月日時缺卒塋莫考

東華公　愼儀公子兼承當有支派殤

幼娶溪東林西娘莫考

成器字永材　慎儀公養子生光緒乙未年八月廿八日酉時

娶林西娘生光緒丁酉年十一月初六日寅時

男　晉恩　俊仁

阿狗公　進國公長子生光緒壬寅年月日時缺卒民國辛未年五月初五
日酉時塟仙打眼

文初字永基　進國公次子生民國壬子年二月十五日

娶張秀枝生宣統庚戌年六月十三日寅時

男　子龍

女　麗純

澤秀公　啓明公長生光緒乙巳年十二月十六日巳時卒民國甲寅年十
一月廿七日巳時塟缺

玉印公　啓明公次子生民國壬子年四月十一日寅時卒民國己未年七
月初四日午時塟沽美山
金鎗公　啓明公三子生民國甲寅年九月廿六日卯時卒民國甲申年十
二月廿六日子時塟沽美山
娶大場温雪娘生民國壬戌年八月十四日酉時
男　受英
生來公字永發　愼傳公長子生光緒辛丑年七月廿六日未時卒塟缺
娶郭井林矇娘殤
瑶琨公　愼傳公次子兼承當汝公支派生光緒戊申年九月初八日辰時
辛民國戊辰年十一月初四日塟蚋卯
男　連枝養兼承當汝公支派
瑶錦字永瑾　愼傳公三子生民國癸丑年八月廿九日巳時

娶
瑤琨公　當汝公嗣孫乃慎傳次子兼承生卒見前
男　連枝雙承

十五世　園内柱　實行公派
思合公字永好　受福公長子生光緒癸未年十月十九日戌時卒宣統己酉年六月初一日吉時塟園内山
妣大坋溫暖娘生光緒癸未年十二月初二日吉時卒光緒癸卯年二月廿三日亥時塟園内山
又妣坊前黃棕娘生光緒庚寅年四月初七日吉時卒宣統辛亥年六月廿六日戌時塟園内山

男　書香 養 贊成 思慮三子入承

思慮 字 永快　受福公次子生光緒戊子年七月二十日戌時

娶溪東林媪娘生光緒壬辰年三月十五日吉時

男　進發 養 進筆　贊成 出承思合 俱林氏出　馬佞 [illegible]　綿流　南民　勝利 俱庶出

女　喜蓮　文英　敦領　萬撈　甘茗

思買公　受福公三子生光緒乙未年十一月廿七日申時卒光緒癸卯年

三月十一日寅時塟沽美山

思村公　慎簡長子生光緒乙未年二月廿二日午時卒民國甲寅年四月

廿九日丑時塟圍內山

幼娶戴氏 殤 娶大坂陳勤娘生光緒辛丑年十一月二十日吉日時

男　愛玉 養　江漢 養出承進德

女　養菜娘配永泰　獮娘配英橋陳

進德公　慎簡次子生光緒辛丑年二月初七日午時卒民國辛未年四月初二日未時塋圍內山
男　江漢思村子入承
思兩字永全　慎簡養三子生光緒辛丑年六月十三日戌時
娶溪東林尺娘生光緒辛丑年正月廿二日巳時
男　文溜養　文賓養
女謹娘殤
來興公　慎簡四子生光緒壬寅年十二月十八日午時卒塋在南洋缺
幼娶呂韮娘殤
進伏字永井　慎湖公子生民國戊午年九月初五日申時
娶
江淮字永湖　慎錩公長子生民國己未年九月十一日巳時

娶中埔頭林㖡娘生民國己未年十月廿七日卯時

男進淵兼承元良

水來字永洋　慎鍋公次子生民國乙丑年正月初十日子時

娶

元良公　慎錩公三子生民國戊辰年九月三十日亥時卒民國乙酉年二月廿三日卯時塟沽美山

男　進淵江淮子兼承

江水字永流　慎　公四子生民國庚午年十月十八日酉時

思扁字永圓　慎圖公長子生民國戊午年二月十八日吉時

娶

思想字永達　慎圖公次子生民國癸亥年　月　日　時

娶

水發公　慎圖公三子生民國丙寅年月日時缺卒民國丁亥年十月初十日卯時塟沽美山

振成字永集　慎炮公長子生民國甲子年四月十六日未時

振隆字永裕　慎炮公次子生民國庚辰年十一月初一日酉時

十五世　集坵柱　景右公派

浸端公　慎箴公子生光緒丁未年九月十七日巳時卒民國癸亥年七月初三日巳時塟南洋

乃順字永清　進興公長子生光緒丙午年四月初七日巳時

娶溪東林臣娘生宣統辛亥年六月二十日未時

男　潤澤　潤忠　潤福

養女呂美蓮
思丕 字 永宏　進興公次子生民國甲寅年十月廿七日卯時
娶社壇葉鏌娘生民國壬戌年八月廿一日未時
男　明福 養 受英 殤 能福
養女碼頭黃烏炭
助貴公　慎魚公長子生民國丙寅年二初二日巳時卒民國戊寅年五月
十九日塋檳城
娶溪東林先娘 出
娶梁前娘 改天
男　福氣 弟丁貴子兼嗣
女　烏粿娘 殤
回貴公　慎魚公次子生民國甲子年八月初二日巳時卒缺

妣溪東林鏢娘生民國戊辰年三月初二日吉時卒民國甲申年閏四月十四日亥時塟沽美山

丁貴字永利哼慎魚公三子兼承慎清生民國丁卯年九月初一日寅時

娶下宅陳哼娘生民國丁卯年十二月廿三日巳時

男　福氣養兼承助貴

丁貴　慎清公雙承子乃慎魚三子兼承生庚見前

嗣男

阿八字永仙　進遠公養子生民國丁巳年十一月十六日亥時

娶坑園戴冬娘生民國辛酉年八月十三日申時

男

金連字永錫　致雨公長子生民國戊辰年八月十六日吉時

娶　氏　娘

九才字永高　致雨公次子生民國丁丑年二月十五日戌時

阿八　當抱公雙承孫乃進遠子兼承生庚見前

紫雲字永瑞　慎坂公子生光緒丁酉年　月　日　時

娶黃嬌娘生宣統辛亥年　月　日　時

男　玉交殤再生殤

十五世　宗時公長房景昉公派　春安坵柱

嫖致公　色文公子生光緒年月日時缺外出卒缺

宗時公三房景水公派

茂才公　合海公長子生卒當缺

養男　國瑞

茂林字永芭　合海公次子生宣統辛亥年　月　日　時
娶山頭黄專娘生民國丙辰年十二月十八日吉時
男　加里

思敦公字永本　溪水公長子生光緒甲申年九月初七日戌時卒民國丁卯年十一月初五日塟臺灣
娶廖美娘生庚缺
男　雅烈　以諾　仁榮　學優

思發字永才　溪水公次子兼承弟慎全慎吉生光緒丁亥年十一月初七日寅時
妣南無石陳梭娘生光緒癸卯年　月　日　時卒民國乙丑年十一月十五日卯時塟重慶山

又妣鳳坡梁瓶娘生光緒甲辰年七月十三日寅時卒民國庚辰年十月
初一日未時塋重慶山
男　受同（出承慎全爲孫）　培源（出承慎吉爲孫）　培玉　培成（出承天來）
思發　慎全公兼承子生庚見前
嗣男　受同（入承）
天來（字）永賦　慎文公子生民國戊午年五月初九日　時
娶沈春英生民國壬戌年正月初二日卯時
男　培成（思發四子入承）
女　秀蘭　秀卿　秀香
思發　慎　公兼承子生庚見前
男　培源（入承）
思柱公　慎珩公子生光緒庚子年六月初四日未時卒塋在南洋莫考

思口公　慎時公子生光緒丁亥年十一月十六日巳時卒塋缺
妣南坪呂能娘生光緒乙未年二月二十日午時卒民國甲申年十一月
三十日巳時塋狗肚山
男　才貴 兼承千支

思員公 字 永生　慎仕公養子生光緒戊寅年六月初一日未時卒光緒丙
午年二月十四日塋在龍岩

千支 字 永傳　慎仕公次子生光緒辛卯年五月初六日巳時
娶舊門呂柿娘 出
男　才貴 思口子兼承

思爪公　慎德公嗣子生光緒甲午年六月初六日未時殤光緒乙巳年六
月二十日午時塋沽美山險垻鬱

振瑞公　慎祿公子生光緒癸己年十月二十日午時卒塋俱缺

徇圈公　慎祿公次子生光緒甲辰年正月廿六日未時卒塋在仙打眼缺

思榔公　慎草公長子兼承慎深生光緒己亥年十二月廿九日丑時卒塋缺

應頟公　慎草公次子生光緒己亥年四月廿一日午時卒民國己巳年正月十八日辰時塋新寨頭

娶内牛庭方稿娘生光緒丁未年十一月初一日酉時

男　連枝兼承思利

女　珠娘配舊門呂淦娘配社壇葉

思利字永義　慎草公三子生光緒戊戌年五月初五日午時

男　連枝兼承

聰猛公　春泉公長子生光緒甲辰年十一月初六日午時卒民國乙卯年三月廿九日申時塋沽美山

男　江淮養
萬勝字永營　春泉公次子生宣統辛亥年十二月初一日申時
娶黃位娘出
又娶因冷娘生民國己未年三月初八日辰時
男　江河　連順
女　玉秀　玉梅
徇裕字永正　慎深公嗣子生光緒乙未年三月初八日午時
娶呂重娘出
娶賤内娘生宣統己酉年月日時缺
男　華山　奇瑞殤　鎮江殤　青陽殤
女　玉蘭　金綿

宗時公四房　景山公派

思田公字永疇　愼胆公長子生光緒癸酉年八月廿三日子時卒民國丙辰年十月廿五日午時塟捔拔格

妣社壇葉先娘生光緒癸未年十一月二十日酉時卒民國乙卯年四月十九日午時與公合塟

男　當然

女　蛭娘配坑園陳　蝦娘配溪東林

思碧公字永珠　愼胆公次子生光緒庚辰年九月初八日寅時卒民國癸丑年七月十九日丑時塟重慶

娶鳳坡梁醒娘生光緒癸巳年正月初五日卯時

男　欽敬兼承思喜　土亮殤

女　玉霞配大岵柯　妹娘配社壇葉　秀枝配山頭黃　卜娘殤　陰娘殤

思拱公　慎胆公三子生光緒丙戌年十二月初六日辰時卒光緒庚子年十一月初七日丑時塟沽美山垵中

思闕公　慎胆公四子生光緒己丑年四月十一日卯時卒光緒庚子年十月初八日戌時塟沽美山垵中與拱並坐

餘慶公諱思喜字永泰　慎胆公養五子生光緒戊子年八月初三日未時卒民國甲申年九月初八日申時塟在狗肚山

男　欽敬思碧子兼承

女　娘配大岵柯　妹娘配下宅陳　秀姫配山頭黃

其樂公諱思頷字永笑　慎持公長子生光緒癸巳年五月十九日卯時卒民國辛巳年五月十三日酉時塟陽上燕

娶坑園陳乖娘生光緒丁酉年正月十九日子時

男　澤才　澤元

桂陽字永馨　慎持公次子兼承慎安生民國癸丑十一月廿九日未時

娶宮下黄勸娘生民國丁巳年十二月廿一日子時

男　瑞氣出承慎安支派　鎮衆

女　秀美　秀玉配山頭陳殤

思梅字永竹　慎瓚公長子生光緒壬寅年八月初五日巳時

妣溪東林追娘生光緒甲辰年十一月十五日酉卒民國癸酉年六月初

一日巳時塋重慶

又娶下宅陳挑娘生宣統己酉年十二月廿七日申時

男　國璋　國水　應洲

女　佑娘殤

思聘公　慎瓚公次子生光時乙巳年四月廿七日巳時卒民國甲申年五

月初一日巳時塋沽美山

娶文章陳有娘生民國丁巳年二月廿七日卯時
男　國民 耋
桂陽　慎安公雙承子乃慎持子兼承生庚詳前
嗣男　瑞氣

十五世　長房長之長房三景全公派　喬格柱
順理 字 永和　慎育公長子生民國丁巳年五月廿八日戌時
娶戸坂蔡蒜娘生民國壬戌年五月初四日吉時
男　相碧 耋
榮林 字 永蔭　慎育公次子生民國丙寅年二月初十日巳時
娶五都樹下鄉王淑賢娘生民國戊辰年三月初三日酉時

欽相字永申　慎育公三子生民國壬申年四月十七日未時

榮相字永仁　慎飽公長子生民國壬申年五月初九日吉時

國珍公　福蘭公長子生光緒壬寅年九月初五日巳時卒民國癸酉年十月十八日吉時塋南洋

娶英橋陳途娘光緒甲辰年八月初三日卯時

男　厚木養

女　銀花殤　淑蓮

玉瑞字永麟　福蘭公次子生宣統辛亥年七月初六日亥時

娶山頭黃烏題娘生民國庚申年五月十五日酉時

男　厚鑾養

百益字永多　清琬長子生民國丙辰年六月十九日巳時

生意字永利　清琬次子生民國壬申年三月十五日戌時

生珍字永奇　清琬三子生民國丁丑年五月廿六日酉時

生德字永聖　清琬四子生民國庚辰年十二月廿五日巳時

生進字永展　清琬五子生民國癸未年十二月初十日寅時

生添字永丁　清琬六子生民國丁亥年十月廿九日戌時

應建字永業　慎貌長子生民國癸亥年十一月廿四日子時

應泮字永芹　慎貌次子兼承節忠生民國丁卯年六月初二日日卯時

應好字永友　慎貌三子生民國辛未年六月初九日午時

應泮　節忠公雙承子乃慎貌次子兼承生庚詳前

思曉字永旭　當糴公嗣孫乃慎貌三子入承生光緒丁未年四月廿三日亥時

娶溪東林知娘生民國壬子午年五月十七日卯時

男　沛然　青龍 養出承思澤

思稀公　慎芬公子生光緒辛卯年九月十四日亥時卒民國丙辰年八月初五日吉時塋沽美山

娶陳看娘 改天

男　當炎 思都次子入承

思澤公　慎杏公長子生光緒丙申年七月十五日亥時卒民國丁卯年五月十五日亥時塋南洋

娶陳縣娘 改天

男世宗 養　青龍 思曉次子入承

女　變娘配丰嶺林

思都 字 永川　慎杏公次子生光緒甲辰年二月初八日亥時

娶內盆李徒娘生光緒戊申年五月初八日酉時

男　甘露　當炎出承思稀

金圳公　慎本公長子生光緒丁未年四月廿四日子時卒娘莫考

萬祥公　慎本公次子生　　年正月廿九日巳時卒民國乙丑年四月廿七日未時塋沽美山

財富公　慎立公長子生宣統辛亥年三月二十日吉時卒民國庚午年六月廿一日塋南洋

財福字永源慎立公次子生民國甲寅年九月十三日巳時

娶登科頭材烟娘生民國戊午年四月初五日未時

男

養女蔡素霞

思針公　慎藏公子生民國丙辰年七月初六日巳時卒民國國壬午年三月廿八塋檳城

黃河字永清　水泉公長子光緒丁未年四月廿七日亥時
娶舊門呂罔娘宣統辛亥年閏六月初六日卯時
男　瑤池　瑤坤　瑤欽　瑤斌
女　彩卿
文海公號斗山　水泉公次子生宣統庚戌年九月十四日未時卒民國乙
丑年正月初五日酉時塟沽美山
男　受培殤
輝良　尊敬公長子生民國癸丑年七月初八日午時往永定莫考
輝鑾　尊敬公次子生民國戊午年九月廿四日卯時往永定莫考
寧波公　慎哂公長子生光緒癸卯年四月初八日巳時卒民國甲申年十
一月十八日酉時塟南洋
妣舊門呂應娘生光緒丁未年十二月廿九日巳時卒民國癸未年十月

十二日戌時塟沽美山
男　相星 ^養 聰榮
女　茶娘
開元 ^字 永黄　慎哂公次子生宣統辛亥年九月初八日子時
娶鳳坡梁欣娘生民國丙辰年十月十三日吉時
男　從令 ^殤 聰儀 ^養 聰秀
女　配英
開通 ^字 永吉　福建立南安師範學校普師畢業　慎哂公三子民國丁卯
年二月廿八日丑時
仁仕 ^字 永世　涵光公長子生光緒丁酉年三月十五日卯時
娶黄錯娘 ^出
娶馬頭陳園娘生光緒戊申年　月　日　時

男　受昌　受輝

女　慶蓮配下宅陳　爭娘　美蓮

深明公字永聰　涵光公次子生光緒己亥年四月十二日亥時卒民國甲子年二月廿四日子時塋重慶坐甲向庚兼酉卯

娶社壇葉娘改天

男　福志養

思酔公字永恩　涵光公三子生光緒癸卯年九月十一日丑時卒民國甲申年十一月十九日塋萬鴉佬

娶大岾柯滿娘生光緒戊申年二月十二日申時

男　善才　受鰐

女　芳娘配德化吳　攔娘配長泰　日英配畲口戴　目娘配德化

及時字永宗　涵光公四子生宣統庚戌年十二月初六日巳時

娶蘇坑王任娘 出
妣山頭黃秀玉生民國戊午年八月三十日酉時卒民國己卯年十月廿
三日未時塟沽美山
又娶大庭戴梭娘生民國戊午年三月廿七日寅時
男　泰炎
養女林素梅
瑞標 字 永樹　涵光公五子生民國己巳年七月十九日寅時
錦良公　夏水公長子生光緒甲辰年九月初八日酉時卒民國甲戌年八
月廿五日申時塟萬鵝佬
娶溪東林掞娘 改夭
千言 字 永命　夏水公次子生光緒丁未年　月　日
娶溪東林拈娘 出

男

女　靡娘配赤嶺陳

淵秀字永浩　夏水公三子兼承文翰爲嗣孫生民國丙辰年四月廿六日

寅時

娶

柳樹公　有金長子生光緒癸卯年七月廿六日午時卒民國甲寅年六月

廿五日寅時塋缺

淵傑公　有金次子生光緒丁未年月日時缺卒民國乙酉年二月初五日

丑時塋沽美山

娶南洋某氏改天

男　受林

順福字永祺　有金三子生缺

娶
順發字永財　有金四子生缺
娶
順籌字永添　有金五子生缺
璧珍字永珪　花鵲公子生光緒丁未年五月初二日亥時
娶坊前黄井娘生宣統辛亥年十一月初十日寅時
男　原諒
宇宙字永洪　冬桂公子生光緒乙巳年三月廿八日未時
娶余用娘出
男
連江字永閩　冬桂公次子生光緒丁未年八月廿二日卯時
娶頂宅陳稿娘生宣統己酉年二月十四日巳時

男　元南　志訓

女　蜜娘適梅英

三省字永曾　冬桂公三子生宣統辛亥年十一月廿二日寅時

娶坡梁庵娘生民國甲寅年八月廿三日丑時

男　建彩

四川字永都　冬桂公四子生民國甲寅年五月初五日酉時

娶黃錢娘出

丁卯字永辰　冬桂公五子生民國丁巳年四月初七日子時

再德字永欽　愼務公長子生光緒丙午年九月十七日未時

妣鳳坡梁萃娘生光緒丙午年四月初五日巳時卒民國壬申年十二月

初六日子時塟沽美山

又娶玫瑰娘生民國戊午年　月　日　時

男　從應^(養)

再寶^(字)永善　愼務公次子生民國丙辰年五月二十日寅時

娶山頭黃題娘生民國戊午年五月初四日丑時

男　培南

再挺^(字)永拔　愼務公三子生民國戊午年正月廿二日丑時

娶鳳坡梁兜娘生民國己未年十月初九日子時

男　回國

再玉^(字)永崑　愼務公四子生民國甲子年四月十二日酉時

娶溪東林淑英生民國戊辰年四月廿九日巳時

男

再珠^(字)永冠　愼務公五子兼承文韜爲孫生民國丙寅年四月十四日酉時

淵秀　文韜公雙承孫乃夏水子兼承生庚見前
再珠　文韜公雙承孫乃慎務子兼承生庚見前
振相　文韜公雙承孫乃兩承公子兼承生庚詳後
新安字永興　遐齡公長子生光緒戊申年十二月初七日寅時
娶大庭戴躭娘生宣統庚戌年五月廿三日寅時
男　志輝蚤　志芳
新秀字永妙　遐齡公次子生民國癸丑年六月十四日丑時
娶坑園陳晃娘生民國丁己年十二月十九日午時
男　和平蚤
新湖字永江　遐齡公三子生民國己未年五月初十日子時
娶中房張京娘生民國辛酉年　月　日　時
男　文輝　文通

新強字永盛 遐齡公四子生民國丙寅年五月廿七日戌時

聘下宅陳金蓮生民國辛未年 月 日 時

振順公 兩順公長子生民國癸丑年六月初三日午時卒民國壬午年十

二月三十日巳時塋南洋

娶鳳坡梁援娘改天

男 涵養養

振源公 兩承公次子生民國乙卯年正月廿四日午時卒民國癸未年在

南洋船沉滅頂

天送公字永賦 兩承公三子生民國丁己年七月廿四日午時

振興字永強 兩承公四子生民國己未年十月二十日吉時

聘

振相字永端 兩承公五子兼承文韜為嗣孫生民國辛未年六月 日

時

振綿 字 永陞　兩承公六子生民國甲戌年　月　日　時

萬華 字 永實　兩固公長子生民國甲寅年六月初三日午時

娶

萬壽 字 永齡　兩固公次子生民國辛酉年　月　日　時

萬福 字 永集　兩固公三子生民國庚午年　月　日　時

萬益 字 永求　兩固公四子生民國甲戌年四月十四日未時

十五世　西長房長之長房三景豸公派　岑脚柱

三全公 字 永齊　杏安公長子生咸豐丁己年八月十五日己時卒民國戊辰年十二月初四日未時塋蚋仔崙

妣溪東林乳娘生同治丁卯年十一月初五日辰時卒民國丙戌年八月十九日亥時塋沽美山
男　受竹　盤古養　天降養　加添
女　佃娘配溪東林殤　葱娘配雙溪陳　腰娘配下宅陳　元娘五配坊前黄
興基公字永開　杏安公次子生同治壬申年十月初九日未時卒民國壬戌年四月廿七日未時塋樹林口
娶社壇葉真娘生光緒丙子年九月十五日辰時
男　鼎輝養　鼎封　鼎彝養
女　瑞珍配溪東林殤
合浦公　杏安公三子生光緒乙酉年八月初六日巳時卒在南洋莫考
妣溪東林珍娘生卒莫考

男

揚震字永廉　杏安公四子生光緒丙戌年七月初八日未時

娶

男

英烈字永惠　杏安公嗣五子生光緒壬辰年十二月廿二日寅時

娶

男

明姜公字永邑　愼根公長子兼承弟愼反生同治辛未年十月十五日酉時卒民國丁卯年四月廿一日卯時塋沽美山

妣下宅陳旺娘生同治己卯年八月廿四日辰時卒民國戊辰年九月初二日卯時塋沽美山

男　泰山叅兼承愼反公支派

復綽公字永餘　慎根公次子生同治甲戌年五月廿七日未時卒民國辛
未年十月十八日塟南洋
幼娶社壇葉活娘殤
妣三錦美陳妥娘生光緒甲申年三月十五日辰時卒民國丁巳年七月
十七日卯時塟南洋
男　高山叁
女　晟娘殤
春梅公字永蕊　慎根公三子生光緒庚寅年二月初一日寅時卒民國壬
申年七月十一日卯時塟沽美山
妣大庭戴艮娘生光緒甲午年二月十六日辰時卒宣統辛亥年二月卅
一日丑時塟沽美山
男　秀山

明姜公　慎反公雙承子乃慎根長子兼承生卒詳前

男　泰山雙承

長水公　慎黜　公雙承子乃慎隆子兼承生卒詳後

男　朝慶雙承

思強公　言行公長子生光緒甲申年六月廿六日辰時卒光緒丙午年二
月初七日丑時塟南洋

嗣孫　封量侄乃端子入承

思溪公字永水　言行公次子生光緒戊子年五月初四日戌時卒民國壬
子年正月廿三日子時塟沽美山

妣文庭戴椒娘生光緒乙未年七月十八日午時卒民國乙卯年九月十
五日戌時塟沽美山

男　乃端

思忠（字）永信　言行公三子生光緒壬辰年三月初三日巳時

娶苦坑黄圓娘生光緒庚子年三月十一日未時

男　乃法　乃春

雙美公　慎樣公子生光緒庚子年五月廿四日辰時卒民國乙卯年月日

時缺塟南洋

娶張針娘（改天）

怡扳（字）永躋　慎麗公長子兼承慎挖生光緒甲辰年十一月初三日巳時

娶溪東林裕娘生光緒乙巳年十一月廿一日午時

男　天民（兼承慎挖公支派）　釆民

乃三（字）永省　慎麗公次子生宣統己酉年二月廿二日卯時

娶前坑余妹娘生民國壬子年十月十五日辰時

男　桂心（出承慎貝爲孫）　桂明

女　玉蘭

思于　慎恐公子往南洋生卒莫考

紫雲公　慎金公子生光緒丁酉年正月十七日丑時卒民國癸未年　月

日塋南洋

娶　嬌娘往永春莫考

怡扳　慎挖公雙承子乃慎鼉子兼承生庚見前

男　天民雙承

該再字永初　文氣公養長子往南洋生卒未詳

思千字永倉　文氣公次子往南洋生卒未詳

旣土字永奠　慎寢公長子生宣統己酉年十二月廿九日卯時

娶大坋温柿娘生民國丁巳年正月初八日辰時

男　連開　連發

女　慧蘭

天南公　慎寢公次子生民國甲寅年十二月初五日卯時外出卒塋莫考

娶陳扁娘 改天

男

女　諒娘

養女黃銅貴

天俟 字 永卿　慎寢公三子生民國甲子年十一月初七日辰時

娶溪東林垂娘生民國丁卯年九月十五日寅時

男

新喜 字 永慶　進義公長子生宣統庚戌年十一月廿一日辰時

娶古宅吴寬娘生民國癸丑年九月廿三日申時

男　妙宗 兼承猴葉

女　淑美

猴葉字永枝　進義公次子兼承慎德生民國甲寅年十一月十五日吉時

娶葉最娘出

又娶黄班枝生民國庚午十二月十三日申時

男　妙宗淅喜子兼承　秀平

永加公進義三子兼承慎西生民國甲戌年月日時缺爲日本抗戰奉召出

征卒莫考

男　妙珍養

嘉綿公　慎西公生光緒乙巳年月日時缺往南洋卒塋缺

娶下宅陳芃娘生光緒丁未年七月廿八日寅時

男　圓頭

女　香娘配下宅陳　大目娘配安溪

嘉種　慎性公嗣子生光緒壬寅年四月十七日巳時
幼娶陳蟶娘 殤
娶廖銀花娘生宣統己酉年月日時缺
男　妙鐘 癸

嘉法 字 永訓　慎德公長子生光緒丙午年八月初五日巳時
娶文章陳先娘 出
男　山羊 從兄庵扃子兼承

德興公　慎和公嗣子生光緒丙戌年九月十九日酉時卒光緒壬寅年五
月十三日午時葬在龍巖

德秀公　慎秧公長子生光緒甲申年外出卒葬莫考
娶後廳陳富娘 改夭

德清公　慎秧公次子生光緒壬辰年外出卒葬莫考

麗水公　慎秧公三子生光緒戊戌年十月廿四日戌時卒塟莫考
思栽公　慎吉公長子生光緒甲申年正月十二日戌時卒塟莫考
娶郭井林絹娘殤
思沃　慎吉公次子生光緒次子乙未年二月十二日亥時
龍運字永昌　慎鉗公子生民國辛酉年三月十三日申時
娶玉珠娘生民國戊辰年　月　日　時
男
女　寶珠
長水公　慎隆公長子兼承慎點生光緒甲午年十一月十三日丑時卒民
國甲申年八月廿三日辰時塟新加坡
娶大庭戴針娘生光緒壬寅年九月初二日酉時
男　朝慶叄

女　見治殤

思炮公　慎隆公次子生光緒丁酉年十二月廿九日戌時卒民國戊辰年
七月三十日午時塋沽美山

娶陳拈娘出

男　江漢思煌子兼承　江河思火子入承

思火字永烈　慎尾長子生光緒戊子年七月初三日亥時

娶溪東林看娘生光緒乙未年八月廿九日寅時

男　聽法叅　淡法　江領殤　江派　再炎出承思煌　江河出承思炮

女　眼娘配大庭戴　腰娘配登科頭林　烏娘配溪東林

思煌公　慎尾次子生光緒壬辰年七月三十日午時卒民國庚午年二
月初八日酉時塋石門

幼娶大庭戴省娘殤

妣坑園陳雪娘生光緒癸卯年四月十二日子時卒民國癸酉年七月三
十日戌時塟沽美山外崙坐壬向丙兼亥巳
男　江漢兼承思炮　江池養　再炎思丈子入承
女　朕娘配下宅陳
加澤字　永川　慎尾三子生光緒丁酉年八月初七日戌時
娶溪東林晏娘生光緒辛丑年十月初十日卯時
男　清流殤　文林　文燦殤　文輝殤　文湖　金錫思愛次子入承
女　扁娘配社壇葉　金枝　妹妹殤　英娘殤　亞妹殤　亞結
加才字　永猷　慎尾四子生光緒乙巳年十二月初二日戌時
娶下宅陳甲娘生民國壬子年十一月廿一日卯時
男　文炳　文能　文川
女　美蘭　美容　美珍　美芳

思意字永東　愼尾五子生光緒戊申年正月十六日未時
娶舊門呂從娘生民國壬子年七月廿六日巳時
男　漢濱　漢宗　宗木　宗發
女　螺娘　莉蘭　莉香
思愛字永　南安私立成功中學畢業　愼尾六子生民國壬子年八月
十七日卯時
娶坊前黄玉貌生民國丁巳年三月初八日亥時
男　錦墩　金錫出承加澤
女　秀珠　秀球　秀清
思祿字永新　愼牘公長子生光緒庚寅年十月初四日辰時
妣溪東林趁娘生光緒乙未年五月二十日辰時卒民國乙亥年十一月
三十日未時塟沽美山坐亥向巳兼壬丙

又娶中房張錸娘生光緒戊戌年六月十二日未時

男　受培（養）　金國（養）　朝金（林氏出）　金泉（林氏出出承思通）

女　所英

思通公　慎贖公次子生光緒己亥年六月十六日巳時卒民國丙寅年十月十五日酉時塟沽美山坐子向午兼壬丙

幼娶溪東林富娘（殤）

娶大庭戴錯娘（改天）

男　相金（養）　萬金（殤）　金泉（思祿四子入承）

思答公（號）酧恩　當陋公嗣孫乃慎稿次子入承生光緒丁未年正月廿二日巳時卒民國辛未年九月三十日子時塟沽美山

娶溪東林純娘生光緒丁未年九月初八日子時

男　水交　水木（養）

女 柳珍配登科頭林

再興公字永陸 與閱公長子生光緒戊戌年二月十三日丑時卒民國庚辰年八月十六日寅時塋在實叻

娶埧壠底戴趁娘生光緒庚子年十一月初三日巳時

男 採智 錦承出承慎平為孫 錦文 改成殤 定國流連子兼承

女 扁娘配溪東林 邁娘 萬娘 勳娘 小娘殤

思牆字永垣 與閱公次子生光緒癸卯年八月二十日戌時

娶鳳坡梁莉娘生宣統庚戌年六月初六日酉時

男 文深 文美 文發出承和水

女 波珍 心富 素珍

流連字永樂 與閱公三子生光緒丁未年七月十九日酉時

娶溪東林褀娘生宣統辛亥年四月廿四日未時

男　樹林殤　倡治殤　安邦　定國兼承再興

其遜字　永讓　春水公嗣子生光緒庚子年八月十八日午時

妣溪東林奎娘生　年　月　日　時卒　年　月　日

時塋沽美山

娶林柄陳蓮娘生宣統辛亥年五月十六日酉時

男　麗淵　錦招叻罕孫兼承　麗盛

雙承孫封俊秀乃採智子兼承

女　亞螺　亞信　亞春　亞吉

養女林玉蘭

和水字　永波　鈞上公子生宣統己酉年五月初一日巳時

娶大庭戴香娘生宣統庚戌年十月廿六日午時

男　文良　鴨仔殤　文發思福三子入承

女　蘭娘　過娘殤　八娘

加齊字永楚　慎稿公長子生光緒庚子年八月九日寅時

妣大庭戴廒娘生光緒壬寅年　月　日　時卒民國戊寅年七月初二

日塟南洋

男　錦美殤　水鏌

潤圳字永沱　慎稿公三子生宣統辛亥年七月廿九日戌時

娶溪東林權娘生民國壬子年　月　日　日

男　炳祥　炳文　光明

女　柳英　柳月　柳花

金龍字永笱　慎稿公四子生民國乙亥年九月廿五日子時

泮水字永池　慎杼公長子生光緒乙巳年十月十八日巳時

娶大庭戴位娘生光緒丁未年五月十九日酉時

男　漢章養　漢議

女　美華

思清字永琴　慎杼公次子生光緒戊申年九月十一日戌時

娶鳳坡梁出娘生民國壬子九月初五日午時

側室林玉英生民國己巳年九月廿六日未時

男　鼎元養

女　秀珠　丹婆　蝦娘配鳳坡梁

烏麻公　慎杼公三子生民國壬子年正月十九日寅時卒民國癸未年十二月十二日酉時塟南洋

娶社壇葉截娘生民國甲寅年九月廿四日申時

男　銅石　兩登甲巳子入承

女　樹乳

甲巳字永植　慎杼公四生民國丁巳年十二月十八日戌時

娶俟　娘生民國辛酉年二月十九日巳時

男　兩發出承烏脉　彩發

女　彩霞

養女劉幼珠

庵扁公　慎城長子生光緒癸卯年二月初二日巳時卒民國己巳年四月

初二日酉時塋沽美山

娶坑園戴粧娘生光緒丁未年九月初四寅時

男　取用　水應殇　山羊兼承從弟加法

女　淑珍

天從字永願　慎城次子生民國巳未年五月初六日巳時

娶大庭戴金蓮生民國癸亥年十月初二日寅時

男

女　阿珍

志元字永掄　慎塗公長子生光緒戊申年十月初二日辰時

娶溪東林最娘生民國癸丑年十二月廿五日卯時

男　清江

女　秀玉

從元公　慎塗公次子生民國庚申年六月廿二日辰時卒塋莫考

娶大庭戴香娘生民國甲子年四月十九日寅時

福元公字永多　慎翰公長子生同治壬申年八月二十日巳時卒民國丙寅年十一月廿六日卯時塋沽美山

妣内益李凉娘生同治甲戌年十月初一日亥時卒宣統己酉年四月廿四日巳時塋沽美山

又妣山兜黃片娘生光緒甲申年九月廿二日吉時卒民國戊寅年十月十一日丑時塋沽美山

男 受羅 受賀 順安 兼承思選 永裕 祖茂

女 坤娘配內益李 再娘配大庭戴 謹娘配中房張

思蘊公 字 永藏 慎韜公次子生光緒辛巳年七月三十日未時卒民國辛酉年二月廿二日未時塋沽美山

娶雙溪陳葉娘生光緒戊子年二月廿一日申時

男 天賜 殤 加興 養

思選 字 永萬 慎韜公三子生光緒丙戌年三月初五日卯時卒宣統辛亥年三月廿七日辰時

幼娶葉蟶娘 殤

娶溪東林遠娘生光緒甲午年二月廿九日戌時

男　治安（兼承思送）　捷昆（殤）　順安（福元子兼承）
女　清花配馬頭鄭　桂香配内益李
思送公　慎韜公養四子生光緒丙戌年六月十一日申時卒民國甲戌年
二月初一日午時塟沽美山
男　治安（思選子兼承）　受寶（養殤）　長安（殤養）
思藝公（字）永六　慎命公嗣長子生光緒丁丑年十一月廿六日吉時卒民
國丁卯年九月初四日亥時塟南洋
娶下宅陳専娘生光緒丙申年八月初四日子時
男　加進（養）受闊　加慶（養）百年（殤）
思苞公（字）永竹　慎命公嗣次子生光緒庚辰年十二月初六日子時卒民
國壬子年二月廿二日卯時塟重慶
妣溪東林尺娘生光緒甲申年二月十七日酉時卒民國壬申年七月廿

二日子時塟沽美山
男　順會 養 順彩 出承清水
女　齊娘配溪東林　粉娘配溪東林
宗纓　慎命公雙承三子乃慎禮子兼承生庚詳外
雙承男　俊招
清水公　慎沐公次子生光緒乙未年三月廿九日巳時卒宣統己酉年九月十八日申時塟羊仔坑路頂
娶葉蘇娘 改天
男　順彩 思苞子入承
宗纓 字 永簪　慎禮公長子兼承慎命生光緒甲午年五月十六日巳時
妣大圿温㜽娘生光緒辛卯年八月廿二日巳時卒光緒甲辰年九月廿五日亥時塟沽美山外窩坐壬向丙兼子午

又妣葉蠡娘生光緒癸卯年十月廿七日辰時卒民國庚辰年十二月廿九日亥時塋沽美山

又娶陳茅娘生民國甲寅年六月十四日午時

男　俊傑　俊招（兼承慎命公支派）　俊秀

宗乾公　慎禮公次子生光緒丁未年七月廿一日申時幼殤

思垂公　慎榔公子生光緒癸己年二月廿九日戌時卒民國庚午年十月初六日吉時塋沽美山

幼娶張扁娘（殤）

妣林柄陳鄭娘生光緒丁酉年七月廿七日吉時卒民國癸酉年二月廿四日巳時塋沽美山

男　天全

女　款娘配長泰

思景公　慎傳公子生光緒癸巳年七月十七日戌時卒民國辛酉年十月十五日寅時塟沽美山坐丑向未兼艮坤

娶舊門呂卜娘生光緒丁酉年二月十八日卯時

男　永法殤　德意養　文鈞

女　秀鸞配溪東林

思允公　慎雙公嗣子生光緒壬午年六月廿六日未時卒塟莫考

幼娶溪東林錢娘殤

妣舊門呂綽娘謚有餘生光緒癸未年月日時缺卒光緒癸卯年八月初六日辰時塟沽美山外窩坐庚向甲兼申寅

順興字永寶　慎可公子生缺

娶　金蓮娘

男

思秋字永冬　慎聲公長子生光緒庚寅年八月十四日辰時卒民國戊寅
年三月廿九日子時塟南洋
妣英橋陳片娘生光緒壬辰年十月初十日卯時卒民國辛未年四月十
四日未時塟南洋
又妣陳弄娘生光緒丁酉年月日時缺卒民國庚辰年十月十八日辰時
塟南洋
男　玉金養順金養克金　美金　厚金
思鐵字永茂　慎聲公次子生光緒丙申年二月初一日吉時
幼娶林柿娘殤
妣社壇葉營娘生光緒己亥年十二月廿四日申時卒民國戊午年三月
十五日亥時塟沽美山
娶鳳坡梁遠娘生光緒甲辰年　月　日　時

男　受丑殤　鴻枝養　鴻章養　光輝宋氏出

女　莉明娘宋氏出

論御字永齊　慎聲公三子生光緒甲辰年九月十一日辰時

娶鳳坡梁改娘生宣統己酉年十月十四日酉時

男　俊英　俊輝

女　素珠配下宅陳　素梅配鳳坡梁

綏玉字永懋　慎旦公長子生光緒丁酉年六月廿三日巳時

幼娶什班山謝爲娘生光緒壬寅年二月初二日午時卒民國己未年十

月初三日亥時塟沽美山

娶頂宅陳粧娘生光緒乙巳年七月初五日巳時

男　庵流　金鎗　金源

女　美珠配英橋陳　美蘭配下宅陳　美英

安利公　慎旦公次子生光緒戊戌年三月廿七日申時卒民國辛巳年十二月　日　時塋缺

娶梁瓊娘孜天

綏情字永重　慎旦公三子生宣統庚戌年六月初二日申時

娶山頭黃格娘生民國戊午年四月十七日吉時

男　天良　天星　天機

女　秀英　玉梅

綏土字永人　慎旦公四子生民國丁巳年二月初八日巳時

娶溪東林綠娘生民國癸亥年七月十一日午時

男

順書字永博　三白公長子生光緒癸卯年九月十二日未時

娶郭井林影娘生光緒甲辰年五月廿一日酉時
男　金章　金鏢殤
女　鳳娘配山頭黃　清花殤
餘監公　三白公次子生光緒丁未年卒塋缺
順修字永純　三白公三子生宣統庚戌年　月　日　時
順商公　三白公四子生民國丙辰年十一月十一日酉時往南洋卒塋莫考
順力字永毅　三白公五子生民國壬戌年十一月十一日酉時
金樹字永芬　慎琴公子生民國庚申年三月二十日巳時
娶
男
奇紫又名丁旦字永翠　慎吾嗣子生民國庚午年十一月廿六日申時

奇明字永秀　慎吾養子生民國丙子年七月十四日卯時

朝發字永達　慎居公子生民國壬子年　月　日　時

娶文章陳担娘生民國甲寅年六月十五日吉時卒民國壬申年五月二

十日未時塟沽美山

男

奇炮又名丁賜字永隆　栽益次子生民國丁丑年又七月廿三日午時

鍛鍊又名丁貴字水精　栽益三子生民國辛乙年十二月廿九日辰時

十五世　西長房長之長房三　石門柱　瑞貢公派

思拈公　金圳養長子生民國庚申年七月初二日申時卒塟莫考

娶坑園林于娘生民國癸亥年　月十五日子時

男　江漢

連來字永進　金圳次子生民國戊子年六月廿一日未時
來貴字永顯　水發長子生民國庚午年五月初八日午時
娶內益李挑娘生民國己巳年正月廿二日寅時
男
來遠字永懷　水發次子兼承當鐵公支派生民國丁丑年四月十八日申
時
新鍛字永陶　應發長子生民國癸酉年八月廿一日申時
國斗字永奎　潤澤長子生宣統戊年十二月廿二日寅時
娶溪東林慈娘出
男　受福殤
美字永華　潤澤次子生民國庚申年八月廿七日辰時
娶永春嶺格鄭瑞英生民國辛酉年十月十六日未時

男

錦章字永文　潤澤三子生民國乙丑年十月十九日子時

娶

錦芳字永踪　潤澤四子生民國癸酉年九月初五日卯時

錦標字永香　潤澤五子生民國　年　月　日　時

錦端字永方　潤澤六子生民國己卯年六月廿八日戌時

錦山字永壽　潤澤七子生民國癸未年四月十七日未時

錦祥字永禧　潤澤雙承八子乃德元長子兼承生庚詳後

思咾字永俞　莿桔公長子生民國丙寅年六月十三日吉時

思朗字永潤　莿桔公次子生民國戊辰年正月初一日吉時

娶林錫英生民國癸酉年六月十六日吉時

思謝字永草　莿桔公三子生民國癸酉年六月十八日吉時

思意字永情　莿桔公四子生民國乙亥年五月十二日吉時

思楷字永楧　莿桔公五子生民國癸未年四月十一日吉時

錦祥字永禧　德元公長子兼承潤澤生民國辛巳年二月二十日戌時

朝溪字永山　德元公次子生民國辛未年十一月初七日寅時

連枝字永茂　經營公長子生民國己巳年二月十四日戌時

娶

連星字永光　經營公三子生民國壬午年十二月廿八日巳時

來遠　當鐵公雙承孫乃水發子兼承生庚見前

連才字永器　當灣公嗣孫乃經營次子入承生民國庚午年五月廿三日巳時

十五世　西房長之長房六良球公派

垻仔頭柱　瑞謙公派　住永春城西門内

思煉公　慎乾公長子生民國癸丑年十月廿三日卯時卒民國癸酉年閏五月廿九日巳時

思潮字永宗　慎乾公次子生民國丁巳年八月二十日亥時娶東山顔氏生缺卒民國乙亥年四月廿九日丑時

男

思湖字永海　慎乾公三子生民國乙丑年三月初十日寅時

思鎗字永劉　慎乾公四子生民國丁卯年正月廿三日辰時

思鑲字永時　慎乾公五子生民國戊辰年十二月初六日丑寅國

思輝字永焜　慎乾六子生民國癸酉年二月初七日戌時

南安霞錦洪氏族譜世紀

五十卷

南安霞錦洪氏族譜世紀卷十五

十五世　西三房長之長房長　良琬公派

仙井柱　瑞釆公派

思垂字永裕　慎浸公長子生光緒戊寅年十一月初五日寅時

幼娶黃勸娘殤

娶社壇葉佃娘生光緒癸未年十一月初二日辰時

男　受轟殤　受養　泗成　淇水俱養

女　並娘殤　實娘配大庭戴

養女　林雙娘殤

思出公字永岫　慎浸公次子生光緒庚寅年十一月初三日申時卒民國

辛巳年六月初四日酉時塋大崙尾

妣溪東林早娘生光緒庚寅年正月十八日戌時卒宣統庚戌年四月廿

九日寅時塋樹林口

又娶大庭戴領娘生光緒癸巳年五月初四日辰時

男　受坑林氏出　冬桂　夏來　加興　來水俱戴氏出

女　敏娘配大庭戴　金英配永春橋頭鋪

養女　陳愛娘殤

思所公字永基　慎沙公長子生光緒甲申年十一月十九日寅時卒民國

丙辰年十月廿二日塋在南洋

娶壩壠底戴桓娘生光緒辛卯年二月十九日巳時

男　自遠

女　莉娘配大庭戴　樹娘配林柄陳

思甪公　慎沙公次子生光緒丁亥年五月十四日巳時卒民國丙子年二

月廿五日申時塋在南洋

嗣孫　良發 自達次子入承

思挑公 字 永荊　慎沙公三子生光緒己丑年八月廿四日酉時卒民國乙
酉年三月十三日塟南洋
妣溪東林妹娘生光緒癸巳年五月十二日巳時卒民國癸酉年四月初
六日未時塟新寨頭
又娶下宅陳樟娘生光緒乙巳年十月初二日酉時
男　金魚　通全　金水 殤
女　見娘 殤　艮娘　奎娘配下宅陳

思準公 字 永金　慎漢公長子生光緒乙未年九月十七日未時卒民國乙
卯年正月廿三日辰時塟南洋
幼娶雙墩陳能娘 殤
妣內益李差娘生光緒庚子年八月初四日吉時卒民國丙寅年十二月

十九日巳時塋沽美山
又娶廣東楊嬌娘生民國壬子年正月十三日吉時
男　水源 養
女　娥娘 殤
養女　林參娘 殤
思提公　慎漢公次子生光緒丁酉十二月十九日戌時卒民國己卯年六
月十五日寅時塋南洋
幼娶牛庭方返娘 殤
又娶下壯溪許辣娘生光緒辛丑年三月十二日巳時
男　賢士 養
女　儉娘配大庭陳　綱娘 殤
養女　葉却娘 殤

思竊公　愼漢公養三子生光緒丁未年六月十八日卯時卒塟缺

思地公　愼帛公長子生光緒己丑年月日時缺卒光緒戊戌年三月十二
日戌時塟沽美山

幼娶林綏娘 殤

輔佐公 諱 思昌　愼帛公次子兼承愼挺生光緒戊子年十月初七日寅時
卒宣統庚戌年十一月十六日寅時塟在金字面

娶內益李節娘生光緒甲午年十一月初六日申時

男　專明 兼承愼挺　其美 出承天賜　偏才 殤　其山 出承天賜　其發 兼承思盡

女　越娘配困口戴　蓮娘配坑園陳　傳娘配山兜黃　獺娘 殤

天賜公　愼帛公養三子生光緒癸巳年六月十一日卯時卒民國乙酉年
十二月十四日酉時塟金字面坐東向西

嗣男　其美　其山 俱思昌公子入承

思昌公　慎挺公雙承子乃慎帛公次子兼承生卒見前

雙承男　專明

思濫字永順　慎昭公子生光緒辛卯年十二月初八日巳時

娶溪東林卜娘生光緒甲午年十一月初八日巳時

男　叔夜　其發思昌子兼承　歲英殤　受廣殤

女　寬娘配山兜黃

弃花公　慎穆公子生光緒庚子年十一月十一日巳時卒民國年月日時

缺塋在南洋

妣文章陳粽娘生光緒丁未年十月十四日吉時卒民國年月日時缺塋

在南洋

思要公　慎國公長子生光緒甲午年月日缺殤光緒辛丑年五月十二日

未時塋沽尾山

嗣男　再傳 兌立次子入承

兌立 字 永恆　慎國公次子生光緒戊戌年十二月十九日申時

妣大庭戴滿娘光緒丙申年月日時缺卒民國甲子年九月廿九日卯時

塋新寨

又娶石古林謝筍娘生光緒辛丑年正月初十日寅時

男　再寶　再傳 出承恩要　堅固　福良

女　音娘

春琴公　慎國公三子生光緒丙午年七月十三日申時卒塋在廈門缺

幼娶林勸娘 殤

娶戶坂蔡爲娘生民國甲寅年五月二十日午時

男　再來

女　蘭娘配尾埔馬

平西公　慎導公長子生光緒辛丑年十二月十五日戌時卒民國辛巳年十一月十八日子時塟南洋

妣針壩柯約娘生光緒癸卯年十一月廿八日吉時卒民國戊子年三月廿四日申時塟金字面

男　淵源

甘露公　慎導公次子生光緒甲辰年六月廿一日酉時卒民國丙戌年正月初八日申時塟納卯

妣下宅陳絹娘生光緒戊申年二月二十日吉時卒民國癸未年二月十六日巳時塟金字面

男　庵佑殤　泉源

祖成字永　慎導公三子生民國丁巳年月日時

十五世　良明公派　美茂柱

良才公　慎戚公子生民國乙亥年八月二十日卯時卒民國甲申年六月十六日辰時塋缺

湘江　兎絲公雙承子乃全和子兼承生庚詳後

湘江字永南　全和長子兼承兄兎絲又兼承當富支派生民國丁亥年八月廿八日辰時

金漢字永陽　武才長子生民國丁丑年六月初八日未時

金山字永仁　武才次子生民國乙酉年三月十四日卯時

輝龍字永潛　先尊公嗣曾孫乃烏冰次子入承生民國丙戌年六月初八日巳時

清發　當元公雙承孫乃澤民子兼承生庚詳後

輝華公　慎河長子生民國丁卯年六月十七日申時卒民國丙戊年七月

十三日卯時塟南洋

輝火字永光　慎河次子生民國丁卯年五月廿八日未時

娶溪東林真珠生民國癸酉年六月初三日吉時

輝德字永道　慎河三子生民國乙亥年正月廿五日寅時

輝亮字永明　慎河四子生民國丁丑年五月十三日吉時

輝贊字永襄　慎河五子生民國癸未年正月十一日申時

輝煌字永炳　烏氷公長子生民國甲戌年四月廿八日巳時

清溪字永流　垂宗公養子生民國甲戌年五月十八日申時

清福字永祺　慎俊嗣子生民國壬申年月日時

建興字永盛　慎扁長子生民國甲戌年八月初二日巳時

建良字永恭　慎扁次子生民國丁亥年十二月十三日未時

建安字永懷　長成長子生民國丙戌年二月廿七日巳時

建南字永東　長成次子生民國丁亥年九月廿二日寅時
清發字永昌　澤民長子生民國癸酉年十一月初四日申時
清才字永高　文榮長子生民國　年　月　日　時
思清字永白　榮忠長子生民國　年　月　日　時

十五世　良明公派　美成柱

忠全字永釵　文獻長子生民國甲子年正月初一日申時
娶大岾柯玉柳生民國丙寅年八月十一日子時
美德字永儉　慎監長子生民國壬子年五月十四日酉時
娶
昆發公　慎盤次子生民國丁巳年二月初二日巳時卒民國乙酉年三月
十二日塟在仙打眼

娶大庭戴巧娘生民國戊午年八月初一日辰時

男　春木養

女　金鍊　金蘭配坑園陳

偶遇公　慎殿公長子生光緒甲午年五月初十日寅時卒民國癸丑年八月廿五日辰時塋石門

娶大庭戴營娘生光緒丙申年九月初八日申時

男　架業　受桶兼承思藏養　受田養出承思藏

女　幼娘配下宅陳

養女陳絹娘

思藏字永行　慎殿公養子生光緒　年九月初五日亥時

男　受桶偶遇次子兼承　受田偶遇三子入承

抵當公字永柱　慎殿公三子生光緒丁酉年五月初一日巳時卒民國丙

子年十月初八日未時塟廈門
幼娶陳信娘 殤
娶石古林謝織娘生光緒壬寅年四月十六日寅時
男　玉錐 兼承弟預瑞　玉增　玉印
女　桃娘　菜娘

預瑞公　慎殿公四子生光緒辛丑年十二月廿二日辰時卒民國癸丑年
九月初十日丑時塟石門
娶陳氏 出
男　玉錐 抵當子兼承　玉鼎 相樹子兼承

相樹 字 永林　慎殿公嗣五子生宣統辛亥年二月廿七日丑時
娶針垻柯錢娘生民國癸丑年十一月十二日未時
男　玉鼎 兼承預瑞　榮昆　振昆

女　玉蓮　玉霞　玉珍

聖賢公　慎炮公長子生光緒丙申年四月十二日未時卒民國辛巳年八月十三日申時塟石門

妣郭燒娘生光緒丙申年八月初一日未時卒民國辛未年三月十二日丑時塟石門

男　受達 兼承預昌　建地 兼承預昌　受炎 殤　英麗 殤

女　妹娘配英橋陳

預昌公　慎炮公次子生光緒癸卯年九月十二日丑時卒民國乙卯年十月十四日戌時塟石門

男　受杉　少英 俱灌溉子兼承　受達　建地 俱聖賢子兼承

灌溉 字 永潤　慎炮公三子生光緒丁未年四月初十日辰時

娶林稿娘生光緒癸卯年七月十一日巳時

男 受杉（兼承預昌） 火水 少英（兼承預昌）

女 秀珠 美珠 秀英 秀珍

思芬（字）永芳 慎炮公四子生民國壬戌年又五月廿六日丑時

娶舊門呂粒娘生民國甲子年七月十八日卯時

男 火鍊

思猜公 慎朝公嗣子乃暉秀公次子入承生光緒甲午年三月廿八日巳時

娶柯送娘（出）

金榜公 暉秀公三子生光緒丁酉年八月廿一日巳時卒宣統己酉年五月十三日卯時塟金字面脚

男 長存（思祿子入承） 長益（思祿子入承）

炳昌（字）永隆 暉秀公四子生光緒丁未年十月初二日未時

娶溪東林德娘生光緒壬子年二月十五日丑時

男　星來

女　佳章

思祿字永爵　當騫公嗣孫乃暒秀公長子入承生光緒辛卯年三月十九日時

娶　文章陳驕娘生光緒乙未年七月十三日子時

男　受魚殤受池　長存出承金榜長吉　長裕殤受車　長水　長益出承金榜

金磑字永精　丢來公長子生光緒己亥年九月二十子時

娶舊門呂標娘生光緒丙午年十月二十日巳時

男　元演出承絲竹兼承思柹元鰲　元諒兼承從弟運來

女　罔娘配晉江　莉珍配大庭戴　尖嘴配大庭戴　額娘

思柹公　丢來公養三子生光緒戊申年月日時缺卒塋缺

男　元演 金碹子兼承

絲竹公　丢來公四子生民國甲寅年六月十四日巳時卒民國辛未年十二月廿九日亥時塟石門

娶梁訮娘 改天

男　元演 金碹長子入承兼承思柿　元燦 進作子兼承

進作　慎秋公雙承乃丢來次子兼承生庚詳後

運來公　慎照公子生民國丁巳年七月廿一日酉時卒民國己卯年七月廿二日未時塟仙打眼

男　元諒 金碹三子兼承

進作 字 永述　慎堯公雙承子即雙承當權當昧支派由丢來公次子入承

生光緒乙巳年四月十四日巳時

娶社壇葉碖娘生宣統己酉年閏二月廿三日午時

男　元燦(兼承餘竹)　元筆

女　淑扁

充才(乳名)思楓(字)永秀　泉州私立初級中學畢業　潤澤長子兼承胞弟慎滾生光緒丁未年十一月初七日辰時

娶溪東林蕙蘭生宣統庚戌年七月十一日申時

男　達真(兼承慎滾)　天真　國真

女　貴真(殤)　勵真　果真(殤)　更真

鵬程(字)永大　潤澤雙承次子乃慎滾長子兼承生庚詳後

雙承男　志高

思省(字)永三　潤澤三子生民國丙辰年正月初十日寅時

娶下宅陳扁娘生民國丙寅年十一月十二日辰時

男　清江　清湖

女 寶珠

思調 字 永和 潤澤四子生民國丁巳年六月廿四日未時

娶

雙承男 榮生 鵬摶長子兼承

充才 乳名 思楓 慎滾雙承長子乃胞兄潤澤長子兼承生庚詳前

雙承男 達真

鵬程 字 永大 永春省立初級中學畢業慎滾次子兼承胞兄潤澤生民國乙卯年十月廿二日午時

娶溪東林慧嬌生民國己未年五月初四日巳時

男 志高 兼承潤澤派

鵬摶 字 永安 集美高級中學肄業慎滾三子生民國壬戌年二月初四日丑時

娶溪東林務英生民國丁卯年十一月廿九日辰時

男　榮生 兼承思調

思源 字 永泉　慎柱公長子生民國　年　月　日　時

金城 字 永都　慎柱公嗣次子生民國癸亥年三月廿七日巳時

煥章 字 永文　慎榔長子生民國甲子年十月初十日丑時

娶馮玉珍生民國戊辰年　月　日　時

男　瑞錫

煥然 字 永新　慎柳次子生民國己巳年十一月廿四日丑時

煥宗 字 永廟　慎柳三子生民國癸酉年四月初十日丑時

煥棨 字 永東　慎柳四子生民國丁丑年十一月廿一日丑時

煥彩 字 永瑞　萬物長嗣孫生民國己未年九月廿七日丑時

娶溪東林申娘生民國壬戌年三月廿五日卯時

男

煥祖字永宗　萬物次嗣孫生民國丁丑年四月廿七日吉時

思乃　長江公雙承子乃贊起長子兼承生庚詳後

嗣男　加法

多稼　長江公雙承子乃贊起次子兼承生庚詳後

嗣男　本樹

思串公　嗣基長子當時公嗣孫乃長江公子入承生光緒甲午年四月廿五日丑時卒宣統庚戌年五月十七日寅時塋樹林口

娶黃滿娘出

男　受厲　加應從弟思乃子入承

支山字永忠　嗣基次子生民國乙丑年六月十八日寅時

娶馬洋林紅娘生民國丁巳年十月初十日吉時

男　華英　華傑 出承弟文鎮

文鎮公　嗣基三子兼承五只生民國丁卯年十二月廿四日辰時卒民國

癸未年五月廿八日未時塟金字面

苗娶林毛娘

嗣男　華傑

思紹公　玉振公長子生卒莫考

思䍦 字 永濟　玉振公次子生光緒癸卯年　月　日　時

娶

養男　華俊　華美　華光　華雄

思令 字 永命　金聲公長子生光緒　年　月　日　時

娶溪東林欣娘生民國　年　月　日　時

男

思沾公　金聲公次子生民國　年　月　日　時卒民國壬午年正月初五日子時塋石門

妣馬洋林懷娘生民國甲寅年二月廿一日酉時卒民國乙酉年七月二十日申時

男　稟作（思秋子兼承）

女　素娥　月娘配英橋陳　素英

思淵公　金聲公三子兼承五只生民國辛酉年正月廿五日吉時卒民國　年九月廿九日塋石門

思秋（字）永春　金聲公四子生　年八月十八日丑時

娶大庭戴枚娘生民國丁巳年七月初一日子時

男　稟作（兼承兄思沾）

女　素蓮

澤才 字永民 嗣興公子生民國年月日缺外出莫考

思乃 字永願 贊起公長子兼承敬波生光緒丁酉年十月初一日卯時

妣內益李銅娘生光緒戊戌年十月十六日酉時卒塟缺

又娶社壇葉皮娘生民國丁酉年正月初五日寅時

男 加齊 養 加應 養出承思串 加法 養出承敬波

多稼 字永豐 贊起公次子兼承敬波生光緒癸卯年二月初六日戌時

娶坑園陳好娘生光緒乙巳年十一月十四日吉時

男 受鏗 本樹 出承敬波 受成 受全 受道

女 本乜 殤 雪娘 殤俱陳氏出 秀英 秀芬 芝杳 秀玉 俱庶出

養媳陳蘭娘

思明 字永聰 贊起公三子生光緒乙巳年二月初十日寅時

娶彭珠娘生宣統庚戌年十二月廿八日未時

男　受遠　受擬　炳爍
女　琴娘　最娘配文章陳　夜娘
養女陳担娘
思周公　贊起公四子生宣統己酉年十一月　日　時卒塋莫考
娶文章許底娘出
男　受𡇙殤
女　樹娘配溪東林
文華字永清　贊起公五子生宣統庚戌年　月　日
娶賴碧鳳娘生民國辛酉年　月　日　時
男　萬鎮　把把　千鎮
金沙字永芳　贊起公六子生民國丁巳年十二月廿七日吉時
娶鍾明月娘生民國戊午年六月初三日吉時

男　受隆　受裕

水來（字）永源　贊起公七子生民國甲子年　月　日

八斗（字）永才　夢麟公雙承子生光緒壬寅年十二月十九日卯時

雙承男　泗港（由宇宙本支下兼承）

鶴算公　百寮公嗣子生光緒己亥年十二月廿三日卯時卒塋缺

八斗（字）永才　宇宙公長子兼承從兄夢麟生光緒壬寅年十二月十九日卯時

娶舊門呂快娘生光緒丙午年八月廿七日子時

男　泗海　泗港（兼承夢麟支派）

女　香娘配下宅陳　秀珠配山頭黃

九曲字永珠　宇宙公次子生光緒乙巳年十月初七日辰時
娶尾厝黃鄭娘生民國癸丑年九月初六日辰時
男　秉順
女　婀珍配馬洋林　婀麗　來好殤
淵泉字永深　宇宙公三子生民國辛酉年十一月廿五日吉時
娶社壇葉翠雲生民國乙丑年五月初三日巳時
男　平善
女　婀蓮
達柳字永楊　提拔長子生民國癸丑年五月廿三日吉時
娶
德勝字永讓　提拔次子兼承焜耀生民國癸丑年七月廿四日丑時
娶內益李金珠生民國乙卯年九月廿二日寅時

男　才益

女　梅花

德良公　提拔三子生民國丙辰年五月初五日午時卒塟在南洋莫考

男　亞仁 元成子、兼承

元成公　提拔四子生民國丁巳年七月十七日酉時卒民國乙酉年十二月十二日戌時塟莆田

男　亞仁 養兼承德良

尚文公　提　五子生民國辛酉年七月初二日丑時卒民國丁亥年二月初四日酉時塟漳州

德勝　焜耀雙承子乃提拔次子兼承生庚見前

雙承男　才益

再恬 字 永靜　秀松長子生宣統己酉年九月初九日未時

幼娶許勸娘殤

娶山頭黃鸞娘生宣統庚戌年十月廿八日丑時

男　樹林　應林　植林

女　真珠

思齊字永賢　福建私立集美高級中學畢業歷任高蓋第二中心小學教員校長　秀松三子生民國己未年七月初五日丑時

娶林柄陳美綿生民國甲子年十一月十二日戌時

男　建華

長秀字永清　泉州私立中學高級肄業　疊舉長子生民國丁卯年九月初七日申時

娶

長紫字永紅　疊舉次子生民國庚午年六月十二日子時

雅意字永謙　廩賜嗣孫乃秀松子入承生民國乙卯年七月廿四日巳時
娶山頭黃灑娘生民國丁巳年八月廿二日子時
男　正心
金桂字永芳　廩賜公嗣孫乃秀松四子入承生民國丙子年八月十二日
卯時
長福字永祥　山水公嗣孫乃疊舉次子入承生民國壬戌年正月二十日
申時
娶頂宅陳奎娘生民國丙寅年六月初十日寅時
男　建國
女　琴英　瑟英
長城字永都　山水公嗣孫乃姪疊舉五子入承生民國甲戌年三月初七
日辰時

鎮玩 字永游 號鎮遠　泉州私立中學畢業　綢繆公長子生光緒丙午年十一月初一日亥時

娶

鎮瑤公　綢繆公次子生民國乙卯年八月初十日申時卒民國己卯年四月十七日酉時塟南洋

娶中房張玉蘭娘生民國乙卯年十一月廿二日申時

男　秀成 殤　世榮 鼓琴次子兼承

鼓琴 字永音　綢繆公三子生民國丁巳年十一月十二日巳時

娶中房張金定娘生民國庚申年四月廿五日酉時

男　世育　世榮 兼承鎮瑤

女　鳳枝

金儀 字永象　綢繆公四子生民國壬戌年五月廿九日亥時

娶中房張敏英生民國己巳年十一月廿九日申時

男

鳳明字永梧　錡妙長子生民國庚申年十二月十二日寅時

娶

錦明字永華　錡妙次子生民國庚午年十一月廿八寅時

娶

超忠　垂統公兼承孫乃瓜瓞次子兼承生庚詳後

超田　宰勝公雙承子乃瓜瓞長子兼承生庚詳後

超忠　宰勝公雙承子兼承當餘公支派

超田字永書　瓜瓞長子兼承宰勝生民國甲戌年五月初七日卯時

超忠字永義　瓜瓞次子兼承宰勝生民國甲申年十月十二日亥時

超田　當餘公兼承孫生庚見前

超忠　當餘公兼承孫俱宰勝雙承子兼承生庚見前
必進字永超　慎正公嗣子生民國辛巳年九月二十日寅時
火練字永奮　墨順長子生民國癸亥年七月初七日未時
安進字永順　自在長子生民國戊辰年三月十一日巳時
連進　自在　承子乃飲水五子兼承生庚詳後
能進字永昇　飲水長子雙承洗滌生民國辛酉年十一月廿九日午時
娶内益李敦娘生民國壬戌年二月廿三日吉時
男　耀華
女　秀梅
鼎進字永高　飲水次子生民國壬戌七月初二未時
娶中房張庄娘生民國癸亥年二月十三巳時
男　玉華

連進字永捷　欽水五子兼承自在民國庚辰年八月廿九日寅時
能進　洗滌公雙承子乃欽永長子兼承生見前
雙承男　耀華
江進字永湧　洗滌公嗣子乃欽水三子入承生民國辛未年八月初五日戌時
多進字永展　當藝公嗣孫乃欽水四子入承生民國丁丑年二月廿三日酉時
江進　當侯雙承孫乃洗滌公嗣子兼承生庚見前
文秀字永雅　丕振公嗣子乃慎覔長子入承生民國壬申年九月十二日巳時
明國字永和　當𥓌公嗣孫乃慎建次子入承生民國丙戌年三月廿三日辰時

明貴字永清　慎建長子生民國甲戌年四月十八日吉時
閔發字永遠　慎魯長子生國丙子年三月初五日吉時
閔貴字永得　慎魯次子生民國丙戌年六月初一日卯時
泉昌字永盛　慎從長子生民國壬午年七月廿九日寅時
泉發字永興　慎從次子生民國丙戌年七月初五日巳時
思益字永進　慎復長子生民國辛巳年三月十八日寅時
連安字永然　慎共長子生民國戊子年十月初五日丑時
文好字永通　慎覔次子生民國丙子年二月初六日申時
永南字永道　慎聽長子生民國癸未年四月初八日午時
春安字永吉　力水嗣子乃慎聽次子入承生民國丙戌年正月廿四日午時
思來字永平　命理長子生民國庚午年十二月廿四日寅時

思福字永祝　命理三子生民國乙亥年七月廿二日子時

思安字永全　命理五子生民國己卯年十月初一日亥時

思英字永俊　命理六子生民國壬午年三月廿五日丑時

思吉字永祥　慎恩嗣子乃命理四子入承生民國戊寅年七月二十日子時

進來字永招　金池長子生民國丁亥年七月廿五日戌時

思美字永里　金池次子生民國戊子年八月廿五日未時

思山字永觀金成嗣子卽摘句公嗣孫乃命理次子入承　生民國辛未年三月廿二日丑時

十五世　西三房長之二　鍾元公派　頂三落柱

思堅字永仰　慎鑨公養子生民國庚辰年六月十一日吉時

思明字永達　慎擺長子生民國甲申年九月廿三日吉時

廷傑字永哲　慎宗長子生民國丙子年十一日二十日巳時

良星字永奎　慎款公子生民國丙子年八月廿四日巳時

良源字永泉　慎愴嗣子生民國壬申年九月初七日丑時

良安字綏永　慎錫長子生民國壬午年三月十七日未時

塞封字永固　慎曹公子生民國丙子年十一月初九日亥時

再星　當响公雙承孫乃慎萍子兼承生庚詳後

再星字永魁　慎萍公子兼承當响公支派生民國癸亥年二月初四日申時

娶社壇葉姸娘生民國丁卯年十二月十七日申時

男

女

水源　當裕公雙承孫乃慎洴長子兼承生庚詳後

水源字永長　慎洴長子兼承當裕公支派生民國戊辰年四月初二日未

時

娶鳳坡梁美英生民國乙亥年二月十四日吉時

十五世　西三房長之三　翼達公派

五柱長　良碧公派

昆源字永滋　廉雋嗣子乃金處次子入承生民國癸未年十月十六日亥

時

徵源　當言公雙承孫乃金處子兼承生庚詳後

定顯字永貴　慎求長子生民國丁卯年六月初三日丑時
娶内益李秀蓮生民國戊辰年十一月十六日申時
男
國顯字永揚　慎求次子生民國戊寅年又七月初四日午時
振耀字永燦　慎求三子生民國丁亥年正月初八日卯時
福星字永照　火地長子生民國庚辰年正月廿四日子時
福璋字永珪　火地次子生民國辛己年七月十五日午時
福謙字永和　火地三子生民國壬午年十二月十八日寅時
福亮字永明　火地四子生民國丁亥年正月十三日申時
徽源字永洞　金處長子兼承當言公支派生民國丁丑年十月十二日亥
時
弈諒　當水公兼承孫乃慎算雙承子兼承生庚詳後

弈錫字永叨　文東公嗣長子生民國癸酉年六月十三日辰時

敍斯字永麟　文東公嗣次子生民國壬午年五月廿四日亥時

九龍字永鳳　武西長子生民國戊寅年十月廿七日巳時

衍慶字永祝　武西三子生民國甲申年九月　日申時

弈諒字永信　進玉次子兼承慎算生民國丙子年三月十一日戌時

弈諒　慎算雙承子兼承當水公支派乃進玉次子兼承　生庚見前

應園字永林　永美長子生民國壬申年九月廿一日巳時

金地字永瑶　榮富三子生民國丙戌年九月十二日辰時

清田字永心　來福嗣長子生民國己巳年九月廿一日巳時

良木字永材　來福次子兼承當藩公支派生民國丁丑年二月初十日酉時

火錬字永陶　當柴公嗣孫生民國壬申年十二月廿七日申時

良木　當藩公雙承孫乃來福次子兼承生庚詳前

十五世　西三房長之三　翼逵公派

五柱二良起公派　後埔洋柱

世樹公　峯山公長子生光緒辛丑年十月初十日未時卒民國甲申年八月廿一日申時塋寮仔鵠

妣陳只娘生光緒乙巳年月日時缺卒民國辛巳年閏六月廿八日辰時塋獅墓鵠

男　受培植

女　貼娘配社壇葉　為娘配大庭戴　緩娘配溪東林

養女葉等娘殤

思問公　峯山公次子生宣統辛亥年三月廿七日辰時卒民國辛未年八月十六日午時塟獅墓坪

勤孝字永家　雲程公長子兼承慎坑生光緒辛丑年十一月初七日未時

娶郭井林妹娘生光緒乙巳年八月十六日吉時

男　高翔兼承叔慎坑為孫　高攀兼承弟德興

女　金英配溪東林　金蓮殤　金梅　金桂

養女李麗華

勤慈字永仁　雲程公子生光緒壬寅年十月廿五日未時

娶南洋林寶娘生光緒甲辰年　月　日　時

男　榮歸

品正公　雲程公三子生光緒甲辰年正月初八日申時卒宣統庚戌年六月初二日酉時塟寮仔鵠

男　三敦養

勤耕公　雪程公四子生光緒丁未年九月三十日巳時卒塋缺

德興公　雪程公五子生民國乙卯年八月初一日申時卒民國辛未年十

一月十六日辰時塋烏鴉石内

娶余稽娘改天

男　高攀勤孝次子兼承

勤存　慎坑公雙承子乃慎及長子兼承生庚見前

承男　高翔

思治　慎坑公雙承子乃慎璪長子兼承

雙承男　活源

益裕字永厚　慎坑公嗣次子生民國甲子年十二月十六日午時

娶坑園陳銓娘生民國乙丑年六月廿四日吉時

男　水洋 兼承益良

堅固 字永實　慎教長子生民國癸亥年二月十六日亥時

娶山兜黃宿娘生民國丁卯年四月十二日巳時

男　仙游 養

清和 字永梅　正真公長子生宣統辛亥年十一月廿七日戌時

娶漳州適中謝金枝生民國丙辰年正月十三日酉時

男　榮生　受椿

清貴　正真公次子生民國庚申年十一月初七日寅時外出

清才 字永純　慎侯長子生民國丙寅年正月廿九日申時

娶社壇葉荼娘生民國戊辰年七月十九日午時

男　錦川 兼承清灶

清灶公　慎侯次子兼承雲霧生民國庚午年五月初八日巳時卒民國乙

亥年七月十四日午時塋獅墓後
男　錦川 清才子兼承
清灶公　雲霧公雙承子生卒詳前
水連 字 永波　雲霧公子生民國庚午年　月　日　時
思治 字 永國　愼琛長子兼承愼坑生宣統己酉年十一月初三日寅時
娶溪東林圓娘生宣統辛亥年五月廿六日酉時
男　受記 兼承益良　受南 殤　活源 兼承愼坑支派
女　錫霞　錫英配中房張　錫卒配頂宅陳　錫花配大庭戴
益壽 字 永年　愼琛次子生民國戊午年三月廿七日寅時
娶
男
益良公　愼琛三子生民國己未年十月廿九日戌時卒民國辛巳年八月

廿六日為抗日本出征陣亡塟福清虎頭山

男　受記（思治子兼承）　水洋（益裕子兼承）

贊成（字）永能　慎包長子生民國壬子年三月廿一日巳時

幼娶內益李茅娘生民國甲寅年九月初三日未時卒民國丙寅年九月

廿三日丑時寮仔鵠

娶大岵柯每娘生民國辛酉年八月廿五日酉時

男　文春　文輝　文民

珀璋（字）永瑤　進發長子生民國己巳年九月初一日巳時

思串公　長發公子生卒缺

隆成　阿秋公養長子生民國癸丑年七月十二日酉時為抗日出征生卒

未明

娶坑園陳雪娘生民國戊午年八月廿八日申時

男　自然

仙和字永衷　阿秋公養次子生民國壬子年十一月三十日酉時

國連字永強　金俊公子生民國壬申年十月初八日丑時

思玉字永金　成吉子生民國壬戌年　月　日　時

好談字永評　春來公長子生民國戊午年六月　日　時

娶大坋溫恩娘生民國壬戌年　月　日　時

男　立業養

女　秀花

思情字永悰　春來公次子兼承堂弟慎休生民國丙子年三月初七日寅時

思奚字永正　慎區公長子生光緒丁未年三月十三日未時

娶坊前黃乳娘生民國乙卯年六月十二日辰時

男　受榮

思塋字永甘　慎區公次子生宣統　月　日　時

娶

男

怡完字永合　慎旨公子生民國甲子年二月十八日辰時

妣呂清正娘生民國甲子年正月十四日寅時卒民國丙戌年三月初一日酉時塋杉垵壠頭

又娶陳月英生民國乙丑年七月初七日辰時

男　雙乾

女

養女葉金香

行志字永伸　慎臨長子生民國庚申年五月初六日巳時

娶郭阿閣生民國乙丑年十月初八日吉時
男
女　扁迎娘　秀春
瑞意字永祥　慎臨次子生民國壬申年八月廿六日辰時
江淮字永漢　慎藏公子生民國乙丑年四月十一日申時
娶
震祿　慎藏公雙承子乃慎權子兼承生庚詳後
震祿　當選公兼承孫乃慎權子兼承
震祿字永爵　慎權養長子兼承當選公支派又兼承慎藏生民國丙子年八月十八日申時
江漢　慎權公雙承子兼承當冬公支派乃俊臨子兼承
清瑞字永隆　慎端長子兼承當哂公支派生民國乙酉年七月廿四日辰

時

江淮　當騰公雙承孫乃慎藏子兼承

江漢　慎休雙承子乃俊臨子兼承

思情　慎休雙承子乃春來次子兼承生庚見前

江漢字永潔　俊臨公長子兼承慎休又兼承當冬公支派生民國辛未年

正月十八日子時

江垂字永潮　當全公嗣子生民國丁丑年十二月十一日子時

清瑞　當哂公雙承孫乃慎端子兼承生庚詳前

開河字永黃　好勢長子兼承慎欉生民國乙丑年二月廿七日巳時

娶內益李見娘生民國甲子年十一月初一日寅時

男　受煥出承慎欉支派

思苧字永絲　好勢次子生民國甲戌年五月　日　時

炳祝字永慶　好勢三子生民國甲申年八月初八日丑時
開河　慎檥公雙承子乃好勢長子兼承生庚見前
嗣男　受煥
遊悌　慎檥公雙承子乃慎昌長子兼承生庚詳後
遊悌　慎泰兼承子乃慎昌長子兼承
遊悌字永孝　慎昌公長子兼承慎檥慎泰生民國壬申年十月廿五日戌時
瑞助字永贊　慎昌公次子兼承當問爲孫生民國巳卯年九月廿六日亥時
遊悌　慎泰雙承子乃慎昌長子兼承生庚見前
瑞助　當問公雙承孫乃慎昌子兼承生庚見前
建置　當問公雙承孫乃慎福子兼承生庚詳後

水龍　慎佑雙承子慎福次子兼承生庚詳後

建置字永業　慎福公長子兼承當問公爲孫生民國辛未年正月廿九日申時

娶發科頭林敏娘生民國壬申年十月三十日吉時

男

水龍字永鯉　慎福公次子兼承慎佑生民國甲申年十月廿二日丑時

思審公　慎級公長子生光緒丁亥年八月十四日巳時卒民國戊午年十一月十一日申時塟南洋

娶黄胆娘改天

男　連成

思癸公　慎級公嗣子生民國甲辰年四月廿七日卯時卒塟莫考

思翰公　慎瓦公長子生光緒庚子年八月十一日巳時卒塟莫考

思頵 字永聽　慎樹公嗣長子生光緒丙申年十一月十五日辰時
幼娶陳銀娘 殤
娶德化吳憂娘生光緒丁酉年正月初五日卯時
男　連水　連珍 出承思榔
再發　慎樹公嗣次子生光緒丙午年八月初八日卯時卒民國年月日缺
塋蚋卯
娶雙溪陳問娘生光緒戊申年九月十二日卯時
男　詩禮 養
女　連娘配雙溪陳　豆䜵娘
再好公　慎錐公次子生宣統辛亥年五月十七日巳時卒民國癸亥年八
月廿一日卯時塋龍岩
男　天錫 殤養

加生字永成　愼錐公三子生民國丁巳年　月　日　時
娶溪東林淦娘生民國乙卯年　月　日　時
男　武烈
女　麗珠配宫下黄
思榔公　長福公長子生光緒癸巳年十二月廿一日寅時卒民國辛未年
十二月初九日戌時與父合塋坑埔山
娶李菜娘改天
嗣男　連珍思頌次子入承
央燕公　長福公次子生光緒甲辰年八月初七日午時卒民國甲寅年五
月十八日未時塋缺
娶陳愁娘殤
清龍字永鳳　愼山公嗣長子生光緒丁未年八月廿七日巳時

娶溪東林否娘生民國癸丑年七月初九日巳時
男　慶垂　混璋
女　珠英
申庚字永壬　慎山公次子生民國戊午年五月十九日午時
娶舊門呂踏娘生民國乙卯年六月初八日酉時
男　洋水養江水
女　輝英
養女陳妹娘
來錢公　慎文公子生光緒庚寅年正月廿九日寅時卒塋缺
思朕公字永躬　慎傳公長子生光緒乙酉年正月二十日未時卒民國丁
亥年二月初一日戌時塋坑埔山
娶前街黃垂娘生光緒戊子年七月初三日辰時

男　受玉　受國　意愛俱養　清俊殤

女　添娘配山頭黃

思柱字永礎　慎傳公次子生光緒壬辰年十一月十三日酉時

娶黃素娘出

又娶巷口賴笑娘生光緒甲辰年十月初三日亥時

男　受璇養　受廠養　受都　受綿

女　店娘

思[illegible]公　慎傳公三子生光緒辛丑年五月初七日巳時卒民國丙子年三

月初一日酉時塟獅墓後

娶下宅陳鮭娘生光緒戊申年九月廿八日子時

男　助成養　受道　由婆殤

女　查某殤

思欽字永仰　慎專公長子生光緒壬辰年十一月初二日卯時
娶潭尾呂螺娘生光緒乙未年十二月十九日午時
男百福　百全養
女　扁娘配坑園陳　梅英配尾嶺劉
思樣公　慎專公次子生光緒己亥年正月廿九日未時卒民國癸未年七
月廿六日吉時
妣下宅陳回娘生光緒丙午年九月十六日辰時卒民國癸亥年七月廿
四日未時
男　雲溪　明華
水本字永樹　題金公嗣子生民國甲戌年十月廿三日巳時
朝木字永喬　美傑長子兼承慎埔生民國庚午年三月初八日戌時
連登字永捷　美傑次子生民國癸未年五月初五日午時

思欲字永從　天賜長子生民國丁亥年九月廿八日酉時
水木　當伍公雙承孫乃題金子兼承生庚見前
朝木　慎埔公雙承子乃美傑長子兼承生庚見前
思恩字永德　慎汀長子生民國己未年正月二十日午時
娶溪東林殊英生民國癸亥年九月廿四日戌時
男　榮輝　榮利
思想字永靈　慎汀次子生民國癸酉年十二月十三日申時
連枝字永蕃　千里公子生民國癸酉年　月　日　時
國平字永治　慎贊養長子生民國己卯年八月十九日巳時

翼逵公派　五柱四良貞公派　美垙柱

榮良　慎第公雙承子乃慎潤子兼承生庚詳後

源良字永温　慎令公子生民國丙寅年七月初七日午時
娶大庭戴昧娘生民國庚午年正月初七日巳時
男　炳全
榮良公　慎潤公養子兼承慎第生民國乙丑年正月廿一日巳時往南洋
卒塋未明
思尚字永　建置長子生民國乙卯年十月二十日戌時
娶溪邊鄭蜜娘出

十五世　西三房長之四　一酉公派
鳳樓石紫柱
等仁字永慈　景福長子生民國戊寅年十月初四日亥時

等忠字永存　呈華嗣孫乃景福次子入承生民國辛巳年九月初一日亥時

鳳樓保義公派

思正　當綿公雙承孫乃文利長子兼承生庚詳後

思正字永中　文利長子兼承當綿公支派生民國癸未年八月初十日卯時

思發字永揚　文利次子生民國戊子年九月十八日辰時

深添字永增　樹乳公子生民國甲戌年三月十四日寅時

順情字永悅　榮華次子生民國甲戌年十一月十四日巳時

順意字永親　榮華三子生民國丁丑年十月十六日辰時

順孝字永恭　榮華四子生民國庚辰年六月初九日巳時

金聯字永登　榮初長子生民國乙亥年十月十八日卯時

再聯字永捷　榮初次子生民國丁丑年三月初十日未時

再順字永從　榮初三子生民國壬午年七月十七日卯時

再寶字永玉　榮初四子生民國乙酉年四月十六日午時

順意字永親　當鈞公雙承孫乃榮華子兼承生庚見前

建寧字永安　慎趁長子生民國庚午年三月十一日寅時

建成字永功　慎趁次子生民國辛未年九月初九日寅時

金寧字永京　慎趁三子生民國戊寅年正月初十日寅時

建成字永功　當溪公嗣孫乃慎趁子入承生庚見前

江海字永湖　註素（庇佑）長子生民國癸酉（甲戌）年十二月廿二日酉時

江山字永復　從算公嗣子生民辛巳年十二月初九日寅時

錦錫字永錬　炳火長子生民國壬午年五月初十日辰時

卷十五　十五世西三房長之四　三十一

錦津字永天　炳火次子生民國戊子年十月初五日丑時

青山字永嵐　當灶公嗣孫乃裁瑞長子入承生生民國己卯年三月初二日辰時

汪詳字永滿　裁衣長子生民國丙寅年七月十七日酉時

娶張秀鳳生民國己巳年十一月廿七日卯時

男

清洋字永澄　裁衣次子生民國丁丑年十月廿八日辰時

源洋字永泉　裁衣三子生民國甲申年十一月十七日辰時

清海字永東　裁瑞次子生民國乙酉年六月廿二日辰時

清水字永真　炳榮長子生民國辛巳年十一月廿八日巳時殤

清泉字永源　炳榮次子生民國乙酉年十月廿六日辰時

梅燕字永鶯　慎創長子生民國辛巳年九月廿九日寅時

啓咸字永恆　慎創嗣次子生民國己卯年正月初八日子時
啓窗字永軒　慎柳公長子生民國丙子年七月廿七日辰時
啓泉字永湧　慎柳公四子生民國乙酉年三月廿七日子時
啓榆字永燊　當簪公嗣孫乃慎柳次子入承生民國丁丑年十一月廿三
日巳時
文標嗣　當簪公雙承孫乃再福長子兼承生庚詳後
文安字永全　贊起公長子生民國壬戌年初三日吉時
娶陳頭娘出
文良字永珠　贊起公次子生民國庚午年正月初三日申時
娶英橋陳寶玉生民國壬申年正月廿九日未時
男
文傳字永習　贊起公三子兼承當爺為孫生民國丙子年十二月廿八日

未時

松栢字永茂　慎烏嗣子生民國癸未年七月初九日未時

文傳　當爺公雙承孫乃贊起三子兼承生庚見前

錦榮　當爺公兼承孫乃再祿子兼承生庚詳後

文標字永風　再福長子兼承當簪支派生民國乙亥年四月廿四日未時

錦榮　再福雙承子乃再祿子兼承生庚詳後

文德字永綏　再祿長子生民國辛巳年三月五日　時

錦榮字永心　再祿次子雙承再福生民國乙酉年十一月廿六日巳時殤

從算字永應　再顯長子生民國庚辰年七月初十日卯時

隆生字永貞　再顯嗣次子生民國庚辰年七月十二日辰時

詩郎字永吟　再顯三子生民國丙戌年四月廿七日亥時

振昌字永興　再泉長子生民國癸酉年五月初五日酉時

振華字永文　再泉次子生民國己卯年四月十二日戌時

別生字永正　再泉公三子生民國辛巳年十月十二日未時

供生字永求　再泉四子生民國乙酉年六月初五日辰時

拾生字永傳　再泉五子生民國戊子年五月十七日申時

寶山字永瑶　榮耀長子兼承親切為孫生民國戊子年八月初六日寅時

寶山　親切公雙承孫乃榜耀長子兼承

思要字永重　金春長子生民國戊子年九月十三日巳時

偶過字永逢　連全長子生民國甲子年十一月初六巳時

娶坑園陳粿娘生民國戊辰年五月十三日辰時

男

楝櫟字永選　連排長子生民國己卯年六月廿七日申時

楝樑　添權公雙承孫乃連排子兼承生庚見前

建南 字 永邦　慎木長子生民國庚辰年十一月初六日吉時

建安 字 永康　敦倫公雙承孫生民國辛巳年十月初五日吉時

建安 字 永康　敦龍公雙承孫生庚見前

發源　慎深雙承子乃慎卯子兼承生庚詳後

發源 字 永流　慎卯長子雙承慎深生民國戊子年正月廿七日申時

十五世　西三房二　應記公派　九架柱

壬癸 字 永水　慎致長子兼承弟慎丕生民國己卯年二月廿三日子時

壬癸　慎丕雙承子乃慎致子兼承生庚見前

天祥　慎聰雙承長子乃大膽公長子兼承生庚詳後

嗣男　受美

堅地　慎聰雙承次子乃慎江公三子兼承生庚詳後

松柏　慎聰雙承三子乃慎江公四子兼承生庚詳後

天祥 字 永瑞　大膽公長子兼承慎聰生民國己卯年十月廿八日申時

娶蘇絲娘生民國癸亥年十二月初十日巳時

男　受美 出承當土支派　受利 兼承天賜

女　妹娘配坑園陳

天賜公　大膽公次子生民國癸亥年十月廿六日申時卒民國壬午年正

月十二日塟南洋

男

思淵字求深　愼江公長子生民國乙丑年四月十八日戌時

娶林柄陳胚娘生民國戊辰年十月廿七日卯時

男

受利天祥子兼承

思良字永佳　愼江公次子生民國庚午年七月初九日巳時

堅地字永固　愼江公三子兼承愼聰生民國癸酉年正月初四日戌時

松柏字永苞　愼江公四子兼承愼聰生民國丙子年六月初九日辰時

思武字永斌　愼江公五子生民國庚辰年正月十六日巳時

連城字永璧　進國公子生民國壬申年十一月初一日寅時

長澤字永情　弈茂長子生民國庚午年正月廿六日亥時

長才字永華　弈茂次子生民國乙亥年八月初四日卯時

木水字永甲　大池長子生民國庚午年六月初四日申時

贊成字永輔　大池三子生民國丙戌年六月廿三日丑時

好勝字永優　慎省長子生民國癸未年十月初十日巳時

好利字永義　慎省次子生民國丙戌年八月初六日子時

賀安字永祝　福全長子生民國戊子年三月廿七日丑時殤

大嶺字永岡　再朝長子生民國癸酉年九月廿四日辰時

和平字永寬　再朝次子生民國戊寅年九月初六日寅時

和養字永育　再朝三子生民國庚辰年十二月廿六日丑時

壬水字永癸　春耀長子生民國己巳年十二月廿五日午時

文貴字永顯　春耀次子生民國乙亥年六月初七日寅時

思復字永恢　天助長子生民國丙子年七月初九日未時

美水字永濟　五只公嗣乃大池次子入承生民國壬午年六月初二日申時

高山字永泰　榮心長子生民國戊寅年三月十八日子時

高海字永福　榮心次子生民國己卯年五月十四日寅時

高樹字永培　榮心三子生民國壬午年十月十九日丑時

壬好字永寅　贊導公嗣子乃致次子入承生民國丁亥年七月初一日寅時

十五世　西房四弈業公派　樓仔脚柱

思贊字永起　愼掇公子生光緒辛巳年二月廿二日吉時

弈隆公派　下坂厝柱

金秀字永明　瑞團公子生民國丁丑年十二月廿五日吉時

弈隆公派　埧腰柱

思笱　愼盾公雙承子乃愼稿子兼承生庚詳後

嗣子　受水

思笱字永梁　愼稿公子兼承愼盾生光緒癸巳年六月十四日巳時

娶中房張南英生光緒乙巳年八月廿四日未時卒民國丙子年七月十

五日亥時塋實叻

男　受維　受水出承慎盾支派　受俊　受智　懷母

女　彩愛　彩鳳

思恩字永惠　慎荇公子兼承慎井生光緒丙申年九月十七日未時

娶呂柿娘生光緒丙申年十月三十日卯時

男　受抵

女　雪英

思恩　慎井雙承子乃慎荇子兼承生庚見前

雙承男　受抵

思姜　慎敏公子兼承先埔公支派生庚詳後

思炎　慎奏公雙承子兼承先埔公支派

思扮公字永隆　其昌公長子生光緒庚辰年六月十九日巳時卒民國甲

申年十二月初五日塟南洋

娶坑園戴雪娘生光緒壬午年八月初十日戌時卒民國壬子年五月初四日辰時塋重慶

又娶詹金地娘生光緒乙未年十二月十二日丑時

男 受標 受清 思四子兼承

女 凉娘配坑園陳

思旺公 字永相 其昌公次子生光緒己丑年三月十九日亥時卒民國丁巳年三月廿一日塋寶叻

妣内益李草娘生光緒辛卯年十一月廿一日吉時卒民國癸未年八月廿一日辰時塋重慶

男 受樟 受註 殤

女 唾娘配大庭戴 粽娘配中房張 蓮英配溪東林

思四公 其昌公三子生光緒壬辰年月日時缺卒民國壬戌年八月初四

午時塋重慶

男　受清（養兼承兄思扮又兼承長房族弟進德）

思庭字永寶　修育公長子生光緒辛卯年九月十一日卯時

娶坑園陳氣娘生光緒甲午年六月十三日子時

男　受爍　受水（兼承思魯）　受宗　受場

女　秀枝

思魯公　修育公次子生光緒乙未年十二月十二日亥時卒宣統庚戌年

四月十六日塋重慶

男　受水（思庭次子兼承）

思勝公字永鳳　於義公長子生光緒戊子年正月廿六日巳時卒民國丁

己年十二月初四日卯時塋臺灣

娶舊門呂幼娘生光緒壬辰年正月廿四日巳時卒民國戊辰年十一月

九日申時塟山后格大崙
男　受槍（兼承思草）　受江（出承永福）
女　参娘配溪東林
思草（字）永暉　於義公養次子生光緒辛卯年四月初七日巳時
妣馬洋林琴娘生年缺四月十四日丑時卒塟在永福缺
男　受槍（思勝子兼承）
思詠公　於義公養三子生光緒丙申年月日時缺卒民國戊午年二月廿
六日塟實叻
娶溪東林曉娘（改天）
雙承孫　秀山（受槍子兼承）
女　筝娘配大庭戴
思汀公　慎卜公子生光緒癸卯年又五月初三日巳時卒民國甲戌年十

一月初十日酉時塟德化

幼娶陳送娘 殤

娶陳爲娘生缺

男 春成 春治 殤

女 妹娘配德化

思湯公 慎薄公長子生光緒丙午年二月十三日寅時卒民國乙亥年二月十一日卯時塟重慶

幼娶葉趁娘 殤

男 碧玉 思仙子兼承

思仙 字永神 慎薄公次子生民國丁巳年八月廿一日巳時

娶舊門呂粒娘生民國辛酉年五月初三日酉時

男 碧玉 兼承思湯 活源

養女羅綢娘
思炎字永熾 慎薄公三子兼承從弟慎奏生民國癸亥年十一月初四日丑時
娶社壇葉瑞珠生民國戊辰年十一月廿五日卯時
男
思再字永可 慎薄公四子生民國巳己年十月廿九日子時
娶
思姜公 慎敏公子兼承先埔公支派生光緒己丑年八月十五日亥時卒
塋在外未明
思炎 慎奏公雙承子乃慎薄子兼承生庚見前
思超字永拔 慎中公子生光緒戊申年十月初六日午時
娶羅勉娘生宣統庚戌年十月十四日亥時

男　德興　錦錫

女　淑英

思昌　慎申公雙承子乃慎返子兼承生庚詳前

蛟鳳 字 永騰　慎返長子生民國乙亥年六月廿四日吉時

思昌 字 永藻　慎返次子兼承兄慎申生民國甲申年三月初五日吉時

思生 字 永德　慎返三子生民國丁亥年正月初十日吉時

明欽 字 永崇　慎書公長子生民國乙卯年六月　日　時

娶湯邊陳碧玉生民國癸亥年十二月十六日吉時

男　金山　金海

女　秀花

勝利 字 永強　慎書公四子生民國甲申年八月廿一日吉時

成珍 字 永奇　慎書公雙承子乃慎崑子兼承生庚詳後

思頂公　慎崑次子生民國乙卯年十月　日　時卒民國庚辰年二月
十四日塟南洋
娶林惜娘 改天
男　振國 思灶子入承
成珍 字 永珠　慎崑四子兼承慎書生民國丁亥年十一月二十日子時
統一 字 永總　當河公嗣長孫乃慎書公次子入承生民國癸酉年十二月
廿五日吉時
強國 字 求富　當河公嗣次孫乃慎書公三子入承生民國戊寅年八月初
二日吉時
思轄　當能公雙承孫乃慎享子兼承生庚詳後
雙承男　炳鄉
思轄 字 永全　慎享公子兼承當能公支派生民國癸丑年十月初四日戌

時
娶林百花生民國乙丑年五月　日　時卒民國丙戌年三月廿八日
巳時塋新寨
又娶大庭戴彩蓮生民國己未年十二月十三日辰時
男　炳瑯
養女林蜜娘
多福字永三　慎玉長子生民國丁丑年十二月十八日申時
位賓字永朋　當信公嗣孫乃慎崑三子入承生民國辛巳年八月二十日
寅時
嗣男　振基乃思灶三子入承
思灶字永安　先川嗣曾孫乃慎崑長子入承生民國壬子年十月　日
寅時

妣中房張讋娘生民國壬子年九月廿五日戌時卒民國丁卯年七月十五日辰時塟新寨

又妣雷來娘生民國甲寅年月日缺卒民國壬申年七月廿七日塟新寨

又娶南洋美達娘生民國癸亥年　月　日　時

男　振華　振國出承思項　振基出承當信為曾孫　振煌　振淵殤

弃山派　國龍柱

洞稼公字永多號長田　魯所公長子生咸豐辛酉年七月初五日戌時卒光緒甲辰年十一月初七日未時塟小吡叻

妣大坪陳品娘生同治癸亥年三月廿五日辰時卒光緒辛丑年九月廿七日酉時塟大才垵坐巳向亥兼丙壬

繼娶李禮娘出

又娶李宜娘改天
男　受府養良慶
女　枝娘　葉娘男女俱後李氏出
洞茂公字永才號暢勝　魯所公次子生同治乙丑年七月三十日巳時卒
光緒壬寅年五月廿九日戌時塋在重慶坐卯向酉兼乙辛
妣坑園陳卜娘生光緒乙亥年十一月廿八日戌時卒宣統辛亥年七月
初十日吉時塋大崙
男　受緝養兼永思穉
女　泰娘殤　乖娘　任娘配溪東林
思穉公號有子　魯所公三子生同治戊辰年十一月十九日子時卒光緒
甲午年四月初一日戌時塋本山崩坪垵口坐壬向丙兼亥巳
娶蘇伴娘出

男　受緝 洄戊子兼承 流水 思樸子兼承

金豹公 字 永虎　魯所公四子生光緒己卯年七月初一日酉時卒民國辛未年四月二十日丑時塟山后格大坵田

娶林閣娘生光緒癸未年十二月初十日辰時

男　文正　湖海

女　英娘配溪東林　耳娘配中房張

思杼 字 永升　魯所公五子生光緒甲申年十二月廿三日巳時

妣林園娘生光緒戊子年七月廿三日卯時卒民國庚申年十月十二日未時塟山后格大崙

男　流水 兼承思彝 錦錫

女　返娘配坑園陳

思壹公 字 永清　文聲公子生咸豐庚申年十二月十二日子時卒宣統己

酉年二月廿九日申時塟缺

妣林軋娘生同治甲子年十月二十日戌時卒塟缺

男　受達殤　受芸　受沓

清太學生諱清輝乳名大快字永德　中正公長子生光緒癸未年九月廿七日

午時卒民國乙酉年二月十三日戌時塟新寨

妣舊門呂垂娘生光緒癸未年十二月十六日吉時卒民國庚辰年六月

十六日吉時塟山後格大崙

又娶林勸娘生光緒己亥年九月廿七日卯時

男　受福出承弟思妙　禎祥　受美

女　淑娘配郭斉林　尾娘

思妙公　中正公次子生光緒丙戌年十二月二十日巳時卒塟在南洋莫

考

娶社壇葉伴娘生光緒壬辰年九月十二日亥時
男　受福大快子入承　庇佑　南生　南發
君子公　當歲公雙承孫乃慎明三子兼承生卒詳後
男　金水雙承
吉珍　當歲公承雙孫乃慎學長子兼承生庚詳後
兼承男　怡和
嘉綿字永延　慎明公長子生光緒戊戌年九月十二日未時
娶溪東林浮娘生光緒壬寅年二月十四日午時
男　順車
女　烏拈娘配坑園林　烏柅娘　烏婆娘
嘉樂公字永麂　慎明公次子生光緒庚子年十一月廿一日巳時卒光緒
戊申年十月廿三日戌時葖重慶

幼娶坑園陳穩娘生光緒癸卯年十一月廿二日酉時卒葬莫考

君子公　慎明公三子兼承當歲公支派生光緒丙午年十一月廿七日申時卒民國巳卯年十一月十二日巳時葬在南洋

娶宮下黄把娘生民國甲寅年五月十三日巳時

男　金水 兼承　振和 進財子兼承

進財 字 永多　慎明公四子生民國壬子年二月廿六日寅時

娶溪東林貌娘生民國己未年七月十六日吉時

男　振和 兼承君子

女　金花　金枝　金錐

天良 字 永平　慎明公五子生民國甲寅年正月十五日酉時

男　金水 君子公長子兼承

定見　道禮公雙承孫乃玉盞公雙承子兼承生庚詳後

承男　惟孝

吉珍字永貴　慎學長子兼承當歲公支派生光緒丙午年十二月廿九日酉時

妣葉霏娘生宣統辛亥年七月初六日午時卒民國乙酉年六月十一日塟在南洋

又娶溪東林梅娘生民國庚申年十一月廿七日巳時

男　怡和兼承堂叔潤洋爲孫

女　蓮英　秀英殤　秀琴　秀諒

定見字永持　慎學次子兼承玉盞生民國戊午年二月十六日未時

娶羅梅英生民國己未年九月初八日巳時卒民國戊子年四月廿四日未時塟重慶

男　惟孝兼承玉盞爲孫

養女林蜂娘

定見　玉盞公雙承子乃慎學次子兼承生庚見前

雙承男　惟孝

新火字永炎　慎宼公子兼承慎垻生光緒癸卯年八月十三日酉時

娶陳認娘生民國甲寅年十二月初七日酉時

男　受彩

女　粧娘配社壇葉

新火　慎垻公雙承子乃慎宼子兼承生庚見前

雙承男　受彩

江滄　會選公雙承孫乃栽培子兼承

雙承男　文川

思國字永家　再復公子生缺

江滄 字 永海　栽培公子兼承朝試支派生民國丙辰年六月廿五日申時
娶陳壁式娘生民國丙辰年三月初四日丑時
男　文川 兼承朝試支派
女　明心　明柳　明鑽　明仁
日出 字 永旭　慎荼公子生民國甲子年十二月廿八日辰時
娶溪東林淑玉生民國戊辰年七月十二日申時
男
昭誠 字 永實　慎周長子生民國丙寅年正月廿七日子時
娶林金珠生民國丁卯年八月初八日辰時
男
昭發 字 永展　慎周次子生民國戊辰年正月初十日未時
昭榮 字 永仁　慎周三子生民國壬申年九月廿一日巳時

昭業字永恢　慎周四子生民國乙亥年十月廿一日卯時

思賓公　有家公子生光緒丁亥年七月十三日戌時卒塟缺

男　堆增淡潤長子兼承

淡潤公字永圓　慎儀公子生光緒乙未年九月廿九日戌時卒民國乙酉

年三月初五日午時塟南洋永梧山

娶坑園陳梅娘生光緒乙巳年十月十四日午時

男　堆增　堆羅　堆磚　堆石　堆順　堆盛

女　秀心　秀慧　秀華　秀珠　秀鳳　阿蘭

思褫字永敲　修節公長子生光緒己亥年三月初十日未時

妣下宅陳春娘生宣統己酉年又二月初四日丑時卒民國丙戌年四月

廿七日戌時塟新寨頭

又娶坑園戴緩娘生民國壬戌年八月廿四日子時

男　賜來　福泉
女　桂枝　秀珠
養女　下北溪許秀華
兼水字永全　修節公次子生光緒辛丑年十二月十六日寅時
娶中房張月英生宣統辛亥年二月廿二日午時
男　受江養　受炳出承雙燕　受河
女　秀蘭　秀花
雙鮑字永魚　修節公三子生光緒丁未年九月廿六日丑時
妣林當娘生光緒丙午年五月十四日午時卒民國辛巳年十二月初六
日塋太平雞心山
又娶許音娘生民國丙辰年四月十七日午時
男　清泉

女　阿得娘配下宅陳　秀謹　秀金　秀絲　秀土　秀乳

雙燕公　修節公四子生光緒丁未年九月廿六日寅時卒民國丙子年正月初七日塟南洋大比叻

娶下宅陳綠娘 改天

男　湘江　受炳 兄兼承子入承

守慶 字 永餘　修節公五子生宣統己酉年十二月廿三日寅時

娶陳附鳳娘生民國丁巳年六月廿四日丑時

男　登山 殤 秀全 殤 秀良 殤 心業 兄繼承次子入承 錦業 繼承四子入承 來興

女　秀梅　秀芸　秀珠

水亮 字 永清　修節公六子生民國甲寅年十二月廿五日丑時

娶社壇葉寶玉娘生民國辛酉年十二月十八日酉時

男　受隆

女　秀欽　秀鳳

昌京字永都　慎鉶公長子生光緒癸巳年十月十九日子時

妣大庭戴英娘生光緒癸巳年五月廿八日戌時卒民國甲寅年三月廿

二日辰時塋重慶

又娶陳卿娘生　年　月　日　時

男　守業　建業

繼承字永祧　慎鉶公嗣次子生光緒甲辰年正月十八日寅時

娶下宅陳鐵娘生宣統辛亥年十二月廿四卯時

男　創業　心業出承守慶　營業　錦業出承守慶

女　金叩　金川

思衆字永愛　慎贍公養子兼承從弟坤厚生宣統辛亥年二月廿九日吉

時

娶文章陳裁英生民國丙辰年五月廿四日申時
男
女　秀絹配溪東林　秀香配坑園戴
養女戴淑延
火炎字永烈　呈紗公雙承孫乃慎輝子兼承生庚詳後
嗣男　受有福　建隆
文章公　坤厚公長子生民國甲寅年六月初五日午時卒民國癸未年五
月十二日申時塋新寨
思衆　坤厚公雙承子乃慎贍子兼承生庚見前
男
文章公　寬裕雙承孫乃坤厚子兼承
仍春字永志　慎其公生民國丁巳年正月十一日子時

娶西向陳匾娘生民國辛酉年三月廿五日辰時
男　傳世 兼承叔爲光爲曾孫　千枝 出承堂兄思庵
女
養女呂碧玉娘
再吉　慎來公雙承子乃慎萬子兼承生庚詳後
再生 字永頌　當搖公嗣孫生民國丁丑年八月十六日寅時
再鋤公　慎萬公長子生民國甲寅年九月十六日巳時卒民國丙子年五
月十四日申時塟重慶
娶坑園陳茅娘生民國丙辰年正月　日　時
男　慶雲 殤　水福 養
再花公　慎萬公次子生民國丙寅年十月廿五日巳時殤民國辛未年七
月十三日辰時塟内益山

再吉字永元　愼萬公三子兼承愼來生民國壬申年二月初八日寅時
娶呂玉花生民國癸酉年十月十四日辰時
兩成字永圓　愼卓公嗣子生民國己巳年八月初四日酉時
玉樹字永琪　愼滾長子兼承愼蓮生民國壬戌年八月初八日未時
妣下宅陳阿婆娘生民國壬戌年五月廿四日吉時卒民國丙子年九月
初六日戌時塋重慶
又娶坑園陳把娘生民國辛酉年八月初十日寅時
男　金發
培牆　愼滾雙承子乃愼蓮子兼承生庚詳後
玉枝字永瑜　愼滾三子生民國丙子年　月　日　時
玉麟字永書　愼滾四子生民國戊寅年　月　日　時
玉樹　愼蓮雙承子乃愼滾子兼承生庚見前

雙承男　金發

玉才 字 永白　慎蓮次子生民國辛未年十月初四日未時

培牆 字 永垣　慎蓮三子兼承慎滾生民國甲戌年八月廿一日巳時

炳福 字 永禧　慎蓮四子生民國戊寅年七月廿三日丑時

丙成　當改公雙承孫乃慎卓子兼承生庚見前

思訂公　慎售公子生民國己卯年八月十六日巳時卒民國癸酉年九月
廿三日申時塟龜仔頂

幼娶林鮑娘 殤

妣葉英娘謚慈順生光緒辛卯年七月廿七日寅時卒民國丙戌年三月
十三日丑時塟新寨

男　受立　受乞 兼承從弟貼圓

女　長梅娘配下宅陳　次滿娘配社壇葉　三配長泰　四配大庭戴

思⿰犭戠公字永隆　慎總公長子生光緒癸未年十一月廿四日申時卒民國
庚辰年十二月十五日塟在南洋
娶溪東林基娘生光緒甲午年七月廿九日戌時
男　福來　信炎　有土
女　欣娘配溪東林
思魚字永鯉　慎總公次子生光緒丁酉年十二月初八日戌時
幼娶葉氏葉娘殤
娶林⿰高井娘生光緒丙申年八月廿六日酉時
男　天來
貼園公字永圓　慎雕公子生光緒庚子年二月十三日酉時卒民國乙丑
年三月廿四日寅時塟重慶
妣南坪呂摺娘生光緒壬寅年正月廿七日卯時卒民國丙寅年九月初

十日己時塋重慶
男 受乞 從兄思訂次子兼承
新姲 字 永蔭 慎濫長子生光緒丙申年正月十二日申時
娶戴營娘生光緒戊戌年二月初九日吉時
男 受唐
女 振娘配千金廟黃 寅娘配馬頭宙 緣娘
新牆公 慎濫公次子生光緒戊申年三月十六日吉時卒民國癸亥年十
月廿五日塋南洋
泗良 字 永洙 聽令公子生光緒戊申年九月廿七日申時
娶林勅娘 出
男 昆成
誥西公 字 永謨 慎郡公長子生光緒癸巳年八月三十日卯時卒民國癸

未年九月初五日申時塋重慶
幼娶呂吻娘殤
子龍字永麟　慎郡公次子生光緒丙午年十二月初五日申時
美成字永達　新詔公長子生光緒丙午年二月初二日辰時
娶戶坂蔡正娘生光緒戊申年三月十五日吉時
男　文均叅
美助字永贊　新詔公次子生民國丁巳年正月二十日寅時
妣戴返娘生民國戊午年九月十二日巳時卒民國辛巳年四月廿四日
卯時塋重慶
美芳字永郁　新詔公三子生民國　年　月　日　時
良禎字永祥　新詔公四子兼承弟慎缺生民國己巳年十月十二日辰時
仕乾字永震　慎缺公長子生宣統辛亥年九月十九日酉時

娶下宅陳純娘出
男 金連 錦發
女 桂娘
良禎 慎缺公雙承子乃新詔次子兼承生庚見前
大炎字永煖 慎輝公子兼承當緲支派生民國壬子年十月初十日吉時
娶溫清綢娘生民國丁巳年十二月廿五日卯時
男 有福出承當緲支派 受登 天心 建隆出承當緲支派
賞賜字永福 慎柱公嗣子生民國丁丑年十二月十八日丑時
泥水字永泉 慎塡嗣子生民國庚申年七月十三日戌時
娶社壇葉玉妹娘生民國壬戌年十月十三日亥時
男 奎璧殤 受慶兼承兄露珠
露珠公字永玉 慎種公長子生宣統庚戌年正月初二日丑時卒民國丙

寅年四月十九日卯時塟南洋

男　受慶 泥水子衆承

金利 字 永財　慎種公次子生民國己巳年七月初七日辰時

娶張金葉生民國壬申年四月廿九日辰時

邱陵 字 永高　慎墘長子生民國戊午年四月二十日酉時

娶張便娘生民國癸亥年十一月十六日卯時

男　楷銘

文周 字 永夏　慎墘次子生民國甲子年八月廿三日酉時

文智 字 永慧　慎墘三子生民國戊辰年六月十四日午時

永來 字 永招　慎墘四子生民國己巳年十月十四日辰時

思熊 字 永熊　新泰公長子生光緒癸己年二月廿四日午時

幼娶新溪鄭趁娘 殤

娶氏　男名住永春翁内未查

思認 字 永明　新泰公次子生光緒癸卯年十二月初七日寅時

娶氏男名在烏洋翁内未查

欽水公　慎酣公長子生宣統庚戌年九月廿八日酉時卒民國癸酉年八

月初一日塟南洋

男　飛龍 堂弟應機子兼承殤

清美 字 永奐　慎酣公嗣次子生民國壬戌年五月初十日酉時

娶大坪陳燕娘生民國己巳年正月初七日寅時

男

順禮公 字 永書　三多公子生光緒戊戌年二月初七日酉時卒民國庚申

年十月十一日卯時塟缺

炳爐 字 永紅　慎德公子生民國　年　月　日　時

妣陳紅娘生民國戊午年四月廿四日酉時卒民國乙亥年十一月初六
日丑時塟重慶
男　永水
文良字　永韜　淵珍公長子兼承富生光緒乙巳年三月初七日辰時
娶林哂娘生民國壬子年十月二十日卯時
男　添丁
女　彩絹　彩花　彩菊　彩蘭　彩珠
呈瑞字　永發富厚公長子生民國己巳年七月廿七日戌時
娶
雙承男　喜義文筆子兼承
文良　富厚公雙承子乃淵珍子兼承生庚見前
雙承男　添丁

洋謚字永通　修瓊公長子生宣統己酉年六月十八日申時
幼娶陳趁娘殤
娶戴梅娘生民國乙卯年十一月十七日卯時
男　維錐養
女　麗枝
鎮河字永海　修瓊公次子生民國辛未年五月廿六日辰時
文筆字永盛　修礦長子生民國壬子年十二月初三日戌時
娶葉蘭最娘生民國乙卯年六月廿三日寅時
男　喜慶　喜吉　喜義兼承呈瑞　喜強　喜進
女　清秀娘
坤書字永讀　修礦次子兼承堂叔當包為孫生民國癸亥年十月廿六日
子時

娶登科頭林培英生民國辛未年五月廿五日亥時

男

潭溪字永澄　福建省立南安師範學校普師肄業　修礦三子生民國丁卯年正月初一日戌時

娶

炳章字永忠　修梅長子生民國丁巳年正月廿九日申時

娶戴甘娘生民國丁巳年三月初九日巳時

男　泗濱

炳煌字永熙　修梅次子兼承當碭支派生民國甲子年八月初十日寅時

娶莊溪尾娘生民國壬申年二月廿五日吉時

應枝字永興　修吉長子生宣統辛亥年八月廿三日未時

幼娶胡西陳浪娘殤

娶廣東李產梅娘生民國丙辰年八月廿三日午時

男 飛龍（兼承欽水房） 飛鳳 飛虎

女 舜英 舜華

泉枝（字）永惠 修舜長子生民國庚申年二月初八日寅時

娶陳秀娘生民國甲子年 月 日 時

男 國雄（殤） 國材

泉樑（字）永敏 修舜次子生民國辛酉年二月廿二日未時

娶

男

泉榮（字）永華 修舜三子生民國癸亥年十二月廿九日亥時

娶林素延娘生民國壬戌年八月二十日寅時

男 光輝

女　月霞　慧霞

坤垣字永墻　修舜四子生民國癸酉年九月廿五日卯時

坤茂字永培　修舜五子生民國丁丑年六月十七日丑時

坤中字永厚　修舜六子生民國壬午年八月十五日吉時

學士公　慎意公雙承子

泮水公　慎意公雙承子俱奪魁子兼承生卒詳後

思齊公　慎意公三子生民國丙辰年十二月　日　時卒民國乙亥年正月十五日亥時塟重慶與父合塟

阿禮字永意　慎意公四子生民國甲子年八月初十日卯時

娶林全金娘生民國戊辰年四月廿六日戌時

良合字永和　慎意公五子生民國丙寅年　月　日　時

學士公　奪魁公長子兼承慎意生光緒壬寅年九月廿八日寅時卒塟缺

泮水公　奪魁公次子兼承慎意生光緒丁未年十一月廿一日亥時卒塋缺

思水字永淵　慎帕公子生民國甲寅年十月廿四日亥時

娶小余蔡洗娘生民國甲寅年四月廿九日卯時

男　江洲

女　珠蘭　珠華　珠璧

開科字永芳　慎掬公長子生民國庚申年十一月十七日辰時

娶社葉素英生民國丙寅年十二月初六日辰時

男　炯熙承承弟開樹　鍾熙

開樹公　慎掬公次子生民國己巳年二月初八日申時卒民國庚辰年十二月廿九日未時塋重慶

男　炯熙開科子兼承

源枝字永昌　定足公嗣孫乃修吉次子入承生民國壬申年十二月廿九
日亥時
娶舊門呂笑英生民國壬申年三月初十日巳時
應玉字永潤　慎甲長子生民國甲戌年五月廿五日亥時
和榮公　淋漓長子生宣統辛亥年二月十九日巳時卒民國丁卯年十月
初七日申時塟梧山頭
幼娶許印娘改天
涉地　淋漓雙承子乃倉子兼承生庚詳後
村謨字永謨　福建省立南安師範學校普師畢業　淋漓次子兼承成立
公支派生民國丁卯年八月三十日午時
廷熒字永日　福星長子生民國辛酉年三月初八日子時
娶小岵陳月娘生民國甲子年十月廿二日吉時

男　戊辰 兼承從弟江龍

焜輝 字 永光　福星次子生民國乙亥年七月十六日卯時

瑞發 字 永煥　粘坣長子生民國壬戌年十二月十九日辰時

娶小岵陳參娘生民國癸亥年二月廿九日巳時

男

坤成 字 永亨　粘地次子兼承當碭支派生民國己巳年三月初八日丑時

江龍 字 永化　展帳公養子生民國丙寅年十一月十一日亥時

男　戊辰 廷燓子兼承

淵賓 字 永敬　展帳公雙承子乃家彪次子兼承生庚詳後

淵泉 字 永深　家彪長子生民國己巳年三月初五日午時

淵賓 字 永敬　家彪次子兼承展帳生民國己卯年正月廿九日子時

淵卿 字 永爵　家彪三子生民國癸未年三月廿六日巳時

振章字永文　慎蚋長子生民國癸酉年　月　日　時
村生字永育　慎蚋嗣次子生民國丁丑年十二月初三日亥時
振森字永茂　慎蚋三子生民國庚辰年九月初十日巳時
炳煌　成聲公雙承孫乃五美次子兼承生庚見前
坤成字永享　成聲公雙承孫乃粘埊次子兼承生庚見前
貞多字永鴻　從龍長子生民國甲子年十月初十日巳時
娶
榮瑞字永宏　從龍次子生民國己卯年六月十三日卯時
村謀　成立公雙承孫乃淋漓次子兼承生庚見前
涉地字永跋　乃聰公子兼承淋漓生民國乙卯年四月初二日酉時
幼娶陳苫娘生民國己未年十一月廿八日亥時卒民國辛未年八月廿
七日未時葬內益山

娶林招娘生民國庚申年四月二十日酉時

男　順義　順民

孔雀字永金　乃聰公次子兼承堂叔當包為孫生民國乙丑年十一月初十日亥時

源水公　乃聰公三子生民國辛未年正月廿七日午時卒民國丙戌年三月十二日酉時塋重慶

建南字永山　樑材長子生民國戊辰年四月初二日申時

晏年字永慶　樑材次子生民國壬午年八月初一未時

晏騰字永飛　樑材三子生民國癸未年二月十七日亥時

國榮字永叨　鵬程公長子生民國戊辰年十二月廿八日未時

娶漳州莊秋蓮生民國庚午年　月　日　時

男

漢溪 字永川　鵬程公次子生民國戊寅年七月初六日卯時

炳成 字永謀　慎蓋長子生民國己巳年十月二十日寅時

炳福 字永受　慎蓋次子生民國壬申年十月十六日巳時

端陽 字永蒲　慎蓋三子生民國甲申年五月初五日申時

炳光 字永昭　慎蓋四子生民國丙戌年二月十五日辰時

炳輝 字永映　慎俊長子生民國丙子年正月十一日巳時

炳星 字永辰　慎俊次子生民國乙酉年十一月廿四日巳時

炳耀 字永煥　慎俊三子生民國丙戌年三月廿八日未時

炳鑫 字永森　慎俊四子生民國丁亥年四月初四日申時

志銘 字永箴　由來長子生民國壬午年三月廿六日午時

弃山公派　周龍頭柱

連城字永泰　避溪公長子兼承先埕公支派生光緒丙午年三月初五日戌時

娶南洋某氏

男

女　謹仔

連書字永經　慎薑公嗣子生宣統辛亥年五月初五日辰時

連慶字永揚　慎謙公嗣子生民國甲寅年七月十九日卯時

純色字永潔　慎贊公子生民國乙卯年　月　日　時

超強字永勇　泉城公長子生民國癸丑年十一月初九日寅時

娶文章許早娘生民國丁巳年十月十二日巳時

男　壁輝養

女　秀鸞　秀利

養女陳秋娘

添水字永潤　泉城公次子兼承窗兜慎南生民國丁巳年十月十三日亥

時

娶雙溪陳瀕娘生民國巳未年十月十三日亥時

男　集儒　炳煌殤

思串公　一好公子生光緒庚寅年九月十五日子時卒民國乙亥年八月

廿八日辰時塟南洋

娶黃耳娘生光緒庚寅年十一月十九日巳時

男　天成

女　玉梅

有國公　明藩公長子兼承春旦生光緒癸巳年十月十三日午時卒民國

乙酉年三月初七日酉時塟重慶新寨崙
妣坑園戴趁娘生光緒乙己年十一月十四丑時卒民國己卯年五月十
九日未時塟沽美山
男　情興
女　絹娘配中房張　真娘配中房張　碧燕配永春橋頭舖　碧珊配
下宅陳
尚雲公　明藩公次子生光緒戊戌年五月廿二日卯時卒民國丁丑年九
月初七日吉時塟缺
娶下宅陳秀潤生宣統巳酉年三月初八日巳時
男　金斗 兼承叔春旦為孫
有國公　春旦公雙承子乃明藩子兼承生卒見前
雙承男　金斗

思協公　慎着公長子兼承當雄支派生光緒丁未年七月十六日申時卒
民國甲申年二月十七日巳時塋重慶
娶郭勅娘（改天）
男　長樹（兼承當雄支派）
思綏（字）永鋭　慎着公次子兼承慎綏生宣統辛亥年七月十六日辰時
娶林雪珠生民國辛酉年　月　日　時
男　志民　志勇（出承慎綏支派）　志國　志強　志猛
女　麗英　麗紅　麗蘭
思芸（字）永莘　慎着公三子兼承坑園外祖生宣統辛亥年八月廿二日巳
時
娶林腰娘生民國戊午年三月十六日吉時
男　連水

思綬　慎綬公雙承子乃慎着子兼承生庚見前

嗣男　連興

欽鑒公 字 永火　鳳池公長子生光緒己亥年七月十三日丑時卒民國甲申年正月廿四日亥時塋重慶

娶埔尾馬德娘生光緒丙午年八月廿五日子時

男　沛然　受嘐 出承炎上殤

女　乜娘 殤俱馬氏出　秀殿配內山呂　北狗娘配楓樹林

炎上公　鳳池公次子生光緒甲辰年六月廿八日巳時卒民國壬子年月日時缺塋缺

男　受嘐 欽鑒子入承殤

思馬 字 永策　鳳池公三子生宣統庚戌年五月初七日未時
娶德化林雪英生民國癸丑年　月　日　時
男　受福
女　潤嘴娘配坊前黃　扁娘配楓樹林
榮華公　海棠公養長子生民國丙辰年十月十四日未時卒民國甲申年
十二月初八日午時塟重慶
男　炳奎 清燕子兼承
清燕公　法棠公次子生民國戊午年四月二十日辰時卒民國丁丑年九
月十六日申時塟重慶
娶林粮娘生民國庚申年四月初三日巳時
男　炳奎 養兼承養兄榮華　受扁 殤
女　茉莉

思協公　當罐公雙承孫乃慎着子兼承

雙承男　長樹

阿英　當罐公雙承孫乃慎執子兼承

阿某字永卯　慎執長子生民國丁卯年八月初五日吉時

娶

阿英字永烈　慎執次子兼承當罐支派生民國巳己年十一月初十日午

時

俊輝字永豪　浴沂公嗣子生民國丁卯年十一月初三日甲時

娶

俊玉字永瑤　天賜公長子生民國己巳年八月十六日酉時

福慶字永喜　天賜公三子生民國己卯年正月初七日亥時

思榮字永寵　慎預公長子生宣統己酉年十二月初四日丑時

娶程阿富生民國丙寅年十二月初二日酉時

再炎 字 永熱　慎預公次子生民國　年　月　日　時卒民國年月日時

缺塋在南洋

良火 字 永炎　慎壇長子生民國辛酉年五月十一日辰時

妣劉梅娘生民國癸亥年十月初一日巳時卒民國壬午年正月初九日

子時塋南洋

男　兩固 兼承弟良玉養

女　美蓮

良玉公　慎壇次子生民國甲子年正月初一日子時卒民國壬午年二月

初四日巳時塋南洋

娶戴廣娘生民國庚午年二月初九日巳時

男　兩固 良火子兼承

良山字永峯　慎壇三子生民國丁亥年二月二十日巳時

推排公　徽音公長子生民緒己亥年九月廿九日卯時卒宣統庚戌年七

月初九日巳時塟沽美山

幼娶陳起娘殤

春水字永綠　徽音公嗣次子兼承慎偉生宣統辛亥年五月廿九日丑時

娶下宅陳垂雨生民國甲寅年三月初二日酉時

男　勝利　明深　明志兼承慎偉　明遠

女　彩珠

春水　慎偉雙承子乃慎鐘子兼承生庚見前

嗣男　明志

俊傑　慎　雙承子乃安鎮子兼承生庚詳後

思灶公　慎報公子生光緒甲辰年九月十四日巳時卒民國丙子年八月

思朗公字永星　慎銃公子生光緒壬寅年十一月十四日午時卒塋缺

思庵公　慎重公子生民國丙辰年　月　日　時卒民國壬午年　月

日　時缺塋仙打眼

男　千枝堂弟仍春次子入承

南安霞錦洪氏族譜世紀

六十卷

南安霞錦洪氏族譜世紀卷十六

十六世　西長房長之長房長　景鍾公派　石紫柱

良美 字采　錦水長子入承慎懷公支派生民國戊寅年九月廿一日申時

江林 字采東　錦樹公子生民國戊寅年十一月廿六日丑時

廷章 字采文　錦水次子生民國丁亥年十月十八日巳時

炳林 字采煌　錦川公嗣子生民國乙亥年十二月廿三日未時

成國 字采家　載謙長子生民國乙亥年十月十七日子時

喬山柱　正文公派

好晉 字采秦　旣成公子生民國己卯年十一月　日　時

清河 字采清思拱公雙承子乃思才子兼承生庚詳外

清河字采清思才公子兼承思拱公生民國丁丑年　月　日　時

十六世　大明公派　元美柱長房

連升字采堂　從算公次子入承慎底公支派生民國戊寅年三月初九日未時

連晉字采展　從算公長子原大房公支派生民國壬申年三月十九日巳時

詩書字采敦　癸卯長子生宣統庚戌年八月初九日子時

娶五縣陳鳳英生民國辛酉年十月初四日吉時

男　若鵬

女　蕙蘭　玉華

詩禮字采雅　癸卯次子生民國戊午年八月十五日巳時

傳家字采箴　癸卯三子生民國辛酉年正月十七日未時

新壽 字采祺 癸卯四子生民國丙寅年二月廿六日午時

清潤 字采身 癸卯五子生民國壬申年七月十九日辰時

騰雲 字采山 榮華長子生民國乙卯年八月廿八日巳時

娶社壇葉歪娘生民國乙丑年正月十六日卯時

男 益成

欄領 字采望 榮華次子生民國 年 月 日 時

嗎領 字采教 榮華四子生民國 年 月 日 時

興利 字采新 蓬華長子生民國甲申年七月廿七日吉時

烏猛 字采強 慎海公嗣孫乃榮華三子入承生民國 年 月 日 時

淨流 字采潔 恭鏢長子生民國己巳年九月十四日巳時

淨金 字采錚 恭鏢次子生民國壬申年九月十九日辰時

淨源字采澄　恭鏢四子生民國己卯年十一月廿九日亥時
淨發字采奮　恭鏢五子生民國乙酉年八月廿九日午時
清泉字采廉　連綢長子生民國甲申九月十二日戌時
清池字采水　連綢次子兼承昆玉生民國丁亥年四月十四日卯時
淨南字采金　昆玉公嗣長子生民國甲戌年十一月十四日寅時
清池字采水　昆玉公雙承次子乃連綢次子兼承生庚詳内
必勝字采名　德美長子生民國辛未年三月初二日未時
振利　思抱長子生民國乙卯年十月二十日巳時卒民國壬午年正月廿
四日塟蚋卯
娶英橋陳緞娘生民國己未年十月廿四日巳時
男　璧聯
女　金花

振發字采揮　思抱次子生民國甲戌年十二月十八日巳時
振興字采業　思抱三子生民國乙亥年三月十七日卯時
戰勝字采功　思抱四子生民國壬午年八月初九日亥時
乾瑞字采天　面智公長子生民國丁卯年　月　日　時
乾戌字采辰　面智公次子生民國癸酉年五月十五日時
金歎公　思泰公長子生民國丁巳年十二月廿七日酉時往向山卒塋缺
妣舊門呂縷娘生民國丙辰年十一月初六日卯時卒民國戊寅年十月
初三日辰時塋沽美山
男　寶連養
江護字采保　思泰公次子生民國辛酉年十二月廿三日卯時
受面字采心　思飯公子生民國壬戌年十一月初九日巳時
娶社壇葉芙蓉生民國乙丑年十一月初六日午時

男

受面　人物公雙承子乃思飯公子兼承生庚見前

培發字采成　思恤公子生民國壬午年七月十九日卯時

世春公　天生長子生民國壬戌年十二月初三日巳時卒民國乙酉年十二

月十四日未時塋浦城

娶楓樹林傳娘改天

昭福字采德　天生次子生民國甲戌年十月廿三日戌時

受平字采和　天生三子生民國庚辰年正月初六日辰時

受忠字采貞　天生四子生民國甲申年二月初四日未時

烏炭字采潤　思挑公長子生民國庚申年正月廿八日午時

娶溪東林淑珍生民國乙丑年三月初一日辰時

男　木火

女　琴華

高山字采遠　思挑公次子生民國癸亥年正月初五日戌時

吾魯公　思調子生民國癸亥年十二月十八日巳時卒民國己卯年五月十八日申時塟沽美山

日山字采星　思調次子生民國壬申年二月十二日卯時

日增字采宏　思調三子生民國丁丑年八月廿八日巳時

娶溪東林呈治生民國辛巳年二月十八日巳時

日添字采丁　思調四子生民國乙酉年十月十五日辰時

水湖字采洞　思葵公子生民國辛巳年九月十四日未時

賢讀字采通　和順三子入承慎學公支派生民國丙寅年七月十四日巳時

國珍字采奇　有力次子入承慎公支派生民國己巳年五月十九日丑時

國心字采平　有力長子生民國戊辰年十一月十九日辰時
娶葉淑卿生民國己巳年十一月初九日戌時
男　民生

平安字采春　有力三子生民國壬午年十一月　日　時

志雄字采豪　有衆長子生民國丁卯年十一月初四日申時
娶大庭戴　秀月娘生民國庚午年九月初二日辰時

志協字采和　有衆次子生民國壬申年七月十八日亥時

志建字采立　有衆三子生民國甲申年七月十九日丑時

自由公　和順長子生民國辛酉年五月初九日未時卒民國壬午年十二
月十八日塋蚋卯

自遠字采明　和順次子生民國癸亥年十二月初十日辰時
娶呂重花娘生民國丁卯年九月初八日午時

男

自強字采盛　和順四子生民國庚午年四月十九日寅時

育傑字采魁　泰順長子生民國癸酉年四月廿四日巳時

育燦字采輝　泰順次子生民國甲申年四月初四日巳時

碧林字采楓　全順長子生民國辛未年二月廿八日寅時

娶

寶平字采安　全順次子生民國甲戌年正月廿六日卯時

采委　全順三子生民國己卯年二月十九日未時

采婆　全順四子生民國庚辰年十一月三十日未時

漢哲字采傑　上順長子生民國辛未年八月廿四日未時

翼哲字采明　上順次子生民國甲戌年十一月初二日寅時

采華　上順三子生民國辛巳年六月廿四日巳時

采星　上順四子生民國壬午年十二月廿六亥時

采北　上順五子生民國丁亥年四月廿一日寅時

三川字采洋　通順長子生民國辛未年十二月九日子時

衛民字采康　通順次子生民國壬午年二月十六日酉時

開懷字采寬　述長子承招贊支派　生民國庚午年五月廿九日未時

國棟字采楨　述濟次子招贊支派生民國壬午年五月初五日寅時

國樑字采基　述濟承招贊支派三子生民國丁亥年十二月初九日巳時

金山字采堆　逢春公子生民國丁丑年十月初十日子時

烏命字采玉　愛寶公長子兼承思芸生民國丙辰年五月十六日申時

娶中房張成娘生民國戊午年十一月初五日亥時

男　清波養

三陽字采綿　受寶公次子生民國癸亥年正月十六日寅時

連派字采安　愛寶公三子生民國辛未年十月廿八日寅時

烏命字采玉　思芸公雙承子乃愛寶子兼承生庚詳內

雙承男　清波

春芳公字采福　思芸公嗣子生民國己巳年四月初二日卯時卒民國戊子年七月初二日未時

建車字采意　再寶長子生民國辛酉年九月初五日午時

娶　美玉生民國庚午年九月廿一日子時

男

女　秀花　彩英

建美字采重　再寶次子生民國戊寅年八月廿六日申時

金瑞公　永明長子生民國壬子年六月廿六日未時卒民國癸未年十一月廿五日申時

娶陳慶娘 改夭

男　金峯 堅悌子兼承

讀書 字 釆賢　永明次子生民國乙丑年七月十六日未時

娶林蔗娘生民國丁卯年六月初七日吉時

漢註 字 釆箋　永明三子生民國庚午年七月廿五日酉時

娶大庭戴勤娘生民國癸酉年四月初一日未時

金庭 字 釆階　永明四子兼承為寮生民國丙子年二月廿九日卯時

堅悌 字 釆琳　永燈長子生民國癸亥年十月十六日未時

娶溪東林腰娘生民國丁卯年十一月初六日卯時

男　錦峯 兼承金瑞

堅偉 字 釆豐　永燈次子兼承慎孝支派生民國己巳年二月十八日巳時

娶山頭黃惜娘生民國辛未年十一月初　日吉時

男

堅助 字 采忠　永燈三生民國丁丑年四月十二日午時

受振 字 采宗　永宲公長子生民國壬子年十一月初六日巳時

娶灣下盧胚娘生民國戊午年十月廿三日丑時

男　瑞端 養出承加添　瑞祥 兼承加添

加添公　永宲公次子兼承作霖支派生民國辛酉年三月十二日巳時卒

民國庚辰年十一月二十日辰時塋沽美山

男　瑞端 受振子入承　瑞祥 受振子兼承

純仁 字 采純　集美學校高中肄業　永玉長子生民國己巳年四月十四

卯時

娶

純治 字 采隆　永玉次子生民國辛巳年四月廿一日卯時

堅偉　新火次子兼承慎孝公支派生庚詳內
世榮　天蓮公次子兼承慎孝公支派生庚詳外
亞南　烏斗三子兼承慎孝公支生庚詳外
平治公　天蓮公子兼承水蚊生民國丁卯年十月初六日吉時卒塋缺
世榮字采聲　天蓮公嗣子兼承慎孝公支派生民國戊辰年　月　日
時
娶
建國字采勳　游水次子生民國戊寅十一月廿一日辰時
建民字采治　游水三子兼承水蛟生民國辛巳年十月十四日丑時
錦元字采三　烏霞公雙承子乃烏斗次子兼承生庚詳外
錦南字采南　烏斗長子生民國癸酉二月初四日申時
幼娶南無石陳秀琴殤

娶下宅陳紅娘生民國乙亥年二月初八日吉時

錦元字采三　烏斗次子兼承烏霞生民國己卯年八月十八日巳時

亞南字采雄　烏斗三子兼承慎孝公支派生民國乙酉年三月廿九日未時

受倍字采多　兩全長子生民國丁卯年正月十七日申時

娶社壇葉芙蓉生民國庚午年六月十四日酉時卒民國戊子年四月初九日子時塟沽美山

男

文魁字采梧　兩全次子兼承作霖支派生民國癸未年正月十七日酉時

文

文正字采秀　兩全三子生民國乙酉年三月十三日未時

鍊來字采精　趙讓公子生民國甲戌年十二月十二日酉時

子中字采正　文生長子生民國辛巳年三月三十日子時

子英 字采風　文生次子生民國癸未年三月三十日酉時

金水 字采蘭　恭謙公雙承子乃光養子兼承生庚詳外

金水 字采蘭　光養長子兼承恭謙生民國乙酉年十月十九日巳時

大港公　和牆長子生民國戊辰年八月十五日卯時卒民國甲戌年四月廿三日巳時

建玉 字采金　和牆次子生民國己巳年二月十七日申時

建柳 字采梅　和牆三子生民國乙亥年十二月廿二日卯時

建安 字采定　奏墻公嗣子生民國壬午年七月初二日子時

正福 字采五　國華養子生民國丙子年十月初七日巳時

圖南 字采西　金榜長子生民國庚辰年五月十四日卯時

圖國 字采興　金榜次子生民國丁亥年二月初九日子時

世吉 字采祥　侯芬長子生民國戊寅年三月廿七日申時

世昌字采丕　侯芬次子生民國癸未年七月初七日亥時

大明公派　元美柱二房

疊耀字采徽　昌熾公長子兼承慎趁公支派生庚詳外

雙承男　景宗

疊耀字采　昌熾公長子兼承慎趁公支派生光緒壬寅年七月廿二日未時

妣大庭戴權娘生宣統己酉年二月初二日卯時卒民國辛未年十一月十一日酉時塟沽美山坐辛乙兼酉卯

又娶大庭戴瓊英生民國壬子年四月初六日卯時

男　景宗兼承慎趁公支派　景枝養

粹凡字采純　昌熾公次子兼承繼守生光緒乙巳年十一月十五日申時

娶山頭黃玉娘生宣統庚戌年九月十九日巳時

男　建忠養殤　良川養兼承繼守支派　景成養

女　進英配下宅陳

養女胡坂林阿妹

榮祥字采祿　順理公養子生民國庚申年十一月廿一日申時

娶

華謹字采言　厥後長子

覽文字采誦　厥後次子

扮樹字采榆　厥後三子

敦領字采篤　厥後四子

敦養字采育　厥後五子生俱缺

國基字采端　長壽公子生民國庚午年八月二十日辰時

娶

榜生公　信義公長子生卒莫考

妣備湖陳郭娘生民國壬子年月日時缺卒民國癸酉年十一月十三日

巳時塟沽美山

夏木字采喬　信義公次子原慎乃公支派生光緒乙巳年　月　日　時

妣孝美陳況娘生宣統辛亥年九月初五日辰時卒民國壬午年年三月初

一日申時塟沽美山

男

瑞玉殤

夏木　信義公次子兼承慎得公支派生庚詳前

雙承男

再生字采恩　天送公子兼承慎福公支派生庚詳後

男

再生字采恩　天送公子原慎北公支派　生民國丁卯年十一月初三日未時

娶

粹凡字采純　繼守公雙承子乃昌熾次子兼承生庚詳前

雙承男　良川

及第字采元　儀嚴公長子生光緒丙午年九月三十日午時

娶溪東林且英生光緒丙午年八月廿九日酉時

男　乾生　秋生

保順字采寧　儀嚴公次子生宣統辛亥年閏六月初三日辰時

娶惠場陳梅娘生民國癸丑年十一月初七日寅時

男　金錫　金谷

養女溪東林春玉

首悅字采誠　新利養子生光緒甲辰年九月初六日辰時

娶溪東林蛟蝭生光緒戊申年五月三十日巳時

男　賢德

女　玉蘭

如珍字采瑛　紳士公長生宣統辛亥年正月廿三日巳時

娶內李秀蓮生民國己未年十二月廿四日酉時

男　壽星　壽林

如璧字采珪　廣西陸軍學校畢業曾任上尉連長　紳士公次子生民國

丙辰年二月廿四日巳時

娶晉江石獅林惟真　生民國甲子年五月廿四日酉時

男　佳石

女　亞靈

如炳字采榮　紳士公三子生民國壬戌年九月十二日午時

如海字采深　紳士公四子生民國甲子年正月廿六日午時

永福字采澤　乘着公子生民國癸酉年四初十日巳時

審察字采文　船浮公子生民國庚午年十二月十四日申時

勇進字采智　金友長子生民國庚午年　月　日　時

贊盛字采進　金倡長子生民國壬午年十一月十二日巳時

安然字采綏　團灶長子生民國乙酉年十月二十日巳時

進美字采錦　永亮長子生民國丁亥年二月初三日巳時

光輝字采烈　文星長子生民國丙戌年十一月廿五日卯時

清爍字采白　文星次子生民國戊子年九月十九日吉時

毛洗字采白　金鎖公長子生民國戊辰年三月廿四日申時

毛福字采壽　思賢嗣長子生民國癸酉年六月廿一日卯時

培德字采容　思泰長子生民國庚辰年三月初三日子時

少懷字采柔　新民長子生民國癸酉年六月初一日卯時

少養字采育　新民次子生民國壬午年二月廿六日巳時

娶

少輝字采黄　新民三子生民國　年　月　日　時

萬亮字采雪　振華長子生民國　年　月　日　時

壽第字采宇　新忠養長子生民國癸未年三月廿二日丑時

壽全字采祝　新忠次子生民國癸未年十一月十六日吉時

振機字采靈　新忠三子生民國丙戌年五月初二日卯時

綿生字采椒　鷺江長子生民國戊子年十月初一日酉時

文輝字采奎　展成公長子生光緒丁未年廿六日巳時

娶溪東林梅娘生宣統庚戌年二月廿一日午時

男　碧江　碧懷　碧霖

女　秀花　秀菊

文錠 字 采珍　展成公次子兼承弟寶成生民國辛未年八月廿四日未時

娶

國明 字 采聰　錦成公長子生民國庚申年八月廿九日巳時

娶坊前黃秀英生民國癸亥年十月十三日辰時

男　海南

國瑞 字 采鍾　錦成公次子生民國己巳年四月初四日巳時

娶

文錠 字 采珍　寶成公雙承子乃展成次子兼承生庚詳前

進福 字 采慶　茶盂長子生民國甲子年九月初十日酉時

娶

進經 字 采學　茶盂次子生民國壬申年二月十五日丑時

進美字采登　荼盍三子生民國辛巳年三月十九日丑時
受福字采申　錦美長子生缺
福德字采厚　丕綢公養子生民國戊辰年五月廿六日午時
娶下宅陳玉英娘生民國辛未年正月廿八日卯時
安禮字采立　漢良長子生民國辛巳年十月二十日卯時
受義字采正　漢良次子生民國甲申年十月十四日未時
受廉字采介　漢良三子生民國丙戌年七月十二日辰時
受恥字采榮　漢良四子生民國戊子年八月十三日午時
清圖字采謀　秀潤長子生民國丁丑年二月廿三日卯時
克智字采圓　斗相長子生民國癸未年七月十七日辰時
克理字采義　斗相次子生民國乙酉年十一月十九日辰時
金深字采高　翁寶長子兼承翁顏生民國乙亥年七月初三日丑時

選枝字采茂　翁寶次子生民國辛巳年二月廿八日卯時

介森字采林　翁寶三子生民國戊子年七月十一日午時

介山字采逸　騰湧長子生民國丁亥年九月十六日丑時

金深字采高　翁顏雙承子乃翁寶長子兼承生庚詳前

篤信字采醇　阿平長子生民國丙子年十月廿九日亥時

選枝字采茂　翁寶次子兼承慎贊公支派生庚見前

金成字采黃　德福長子生民國　年　月　日　時

娶

金展字采發　德福次子生民國　年　月　日　時

水來字采本　金龍公養子生民國壬午年八月初五日吉時

長春字采鶯　金磚長子生民國丙戌年二月初十日吉時

受國字采強　傳和長子生民國己卯年正月十七日午時

受家字采齊　傳和次子生民國庚辰年十二月廿四日巳時

十六世　起南公派　安錦美柱

金石字采言　萬福長子生民國丁卯年二月廿八日申時

娶

十六世　得稱公派　安錦美柱

自來字采化　思樹長子生民國戊午年七月初六日午時

娶英橋陳錦珠生民國壬戌年正月初七日酉時

男

榮源字采泉　思樹次子生民國癸未年五月十三日午時

通來字采權　文博公子生民國戊辰年三月十九日巳時

瑞彬字采溫　文南長子生民國　年　月　日　時

彩強字采盛　金鍡公養子生民國丁丑年七月初七日巳時

鎮安字采懷　厚端公子生民國乙丑年六月初二日戌時

受賓字采友　厚往公長子生民國乙亥年十二月初八日巳時

成雙字采美　思用嗣子生民國丙戌年十二月十四日巳時

受爍字采光　呈瑞公養子生民國壬戌年正月廿三日巳時

娶社壇葉逐娘生民國甲子年十一月初十日申時

男

養女林遠珠

以謀字采猷　阿四嗣子生民國戊寅年三月十八日巳時

錫壬字采蝦　秋炎長子生民國乙酉年三月十五日丑時

建忠字采勤　錩得公嗣子生民國　年　月　日　時

置業字采家　通枝長子生民國戊子年二月十九日寅時

達夫字采廉　國良公雙承子乃大亮五子兼承生庚詳後

達三字采民　大亮長子生民國丙寅年三月十八日酉時

娶内益李彩玉娘生民國辛未年九月廿四日酉時

達四字采方　大亮次子生民國辛未年七月廿六日申時

達五字采倫　大亮三子生民國癸酉年七月廿六日未時

達德字采祥　大亮四子兼承有連生民國丙子年三月初九日卯時

達夫字采廉　大亮五子兼承國良生民國壬午年九月廿八日亥時

達義字采文　大亮六子生民國丙戌年三月十二日巳時

受文字采謨　有道長子生民國丁丑年八月初八日戌時

達德　有連雙承子乃大亮子兼承生庚見前

建中字采和　有連長子生民國癸未年十二月廿一日午時

建華字采夏　有連次子生民國丙戌年五月廿七日巳時

建民字采生　有連三子生民國戊子年十月十一日申時

建全字采剛　有平長子生民國丁亥年九月廿二日寅時

錦章字采妙　思映長子生民國戊辰年七月廿八日申時

如雲字采友　旺相長子生民國辛酉年七月十二日丑時

娶洪瀨戴秀英生民國甲子年　月　日　時

男

如漢字采華　旺相次子生民國癸亥年四月十二日巳時

娶

如雙字采全　思諒長子生民國辛酉年九月初五日午時

啓榮字采仁　安養長子生民國癸酉年九月十五日巳時

清池字采鳳　慶豐長子生民國辛未年十月十八日戌時
文指字采陞　思扮長子生民國丁卯年十月廿一日巳時
文理字采藝　思扮次子生民國庚午年二月十一日丑時
文連字采武　思扮三子生民國壬申年二月十八日卯時
繼祖字采紹　如渴公子兼承如水生民國己卯年九月十八日巳時
繼祖　如水雙承子乃如渴子兼承生庚見前
受藼字采賢　利福公子生民國癸未年　月　日　時

十六世　政和公派　窗兜棋盤柱

啓聰公　輝臨公長子生民國庚申年八月廿二日巳時卒民國壬午年十月十八日未時塟蚋卯

聰明 字采俊 輝臨公次子兼承思斗生民國癸亥年十月廿二日丑時

娶山頭黃祝珠生民國戊辰年七月廿六日卯時

男

女 麗琴

正義 字采信 輝臨公三子兼承思弈生民國辛巳年六月十九日亥時

正義 思弈雙承子生庚見前

聰明 思斗雙承子生庚見前

和順 思瑄公養子生民國丁巳年外出莫考

十六世 政和公派 頂窗三落柱

貴祥 三元公長子生民國甲子年四月廿三日戌時外出莫考

擇良 字采師 三元公次子生民國丙寅年八月十八日未時

文明字采昌　三元公三子兼承咾李生民國壬申年九月廿九日寅時

文明　咾李公雙承子生庚見前

順成字采序　和元長子生宣統己酉年九月十四日申時

妣鄭硯娘生民國癸丑年　月　日　時卒民國乙亥年十一月初四日

塋泉州

順長公　和元次子生民國丙辰年五月初二日巳時卒民國庚午年三月

十二日酉時

昆章字采典　和元三子生民國甲子年　月　日　時

娶社壇葉徙娘生國民庚申年三月初四日丑時

男　塞泰

昆角字采商　和元四子生民國丙寅年九月初一日午時

娶

昆堯 字采唐　和元五子生民國丁卯年九月初六日寅時

清閑 字采安　思合公長子生民國乙巳年十月廿四日吉時

娶内益李桂娘生宣統己酉年五月初二日吉時

男

女　長情娘配溪東林　次娘配坑園陳

清田公　思合公次子生民國癸亥年十月十九日午時卒民國甲申年六月十六日塟蚋卯

娶蚋卯某氏生卒莫考

金鍊公　思赤公子在仙打眼殉難生卒莫考

振凱 字粲旋　思烏長子生民國壬申年三初五日未時

松栢 字采茂　思任公長子生宣統辛亥年十二月廿九日酉時

娶坑園陳麵娘生民國癸丑年十月初十日午時

男 建輝 鵬輝（養兼承有土） 志輝
養女下宅陳瑞美娘
有土 字釆德 思住公次子生民國乙卯年三月初三日辰時卒未明
男 鵬輝（松柏次子兼承）
良慶公 思雍公子生民國己未年二月十八日巳時卒民國戊寅年四月
初十日吉時塋龍巖
娶林柄陳不娘生民國壬子年十月廿二日子時
男 成燕 成輝
女 羽娘
天送 字釆申 思曹公長子兼承（次弟思楮 從弟壽祉）生民國辛酉年四月廿六日巳時爲
抗戰奉召出征生死未詳
天錫 字釆齡 思曹公次子生民國己巳年九月初五日子時

娶社壇葉閣娘生民國戊辰年九月三十日午時

天送　思楮公雙承子生庚見前

協華　思楮公雙承子生庚見後

協華字采賓　思串長子兼承思楮生民國丙寅年九月廿九日巳時

明華字采顯　思串次子兼承壽祉生民國辛未年三月十八日辰時

文華字采彬　思串三子生民國乙亥年七月十三日亥時

長華字采錦　思串四子生民國丁亥年六月初十日子時

天送　壽祉公雙承子乃思曹長子兼承生庚見前

明華　壽祉公雙承子乃思串次子兼承生庚見前

文理　壽祉公雙承子乃純賓長子兼承生庚見後

家正　壽祉公雙承子乃琴來次子兼承生庚見後

文理字采書　純賓公子兼承壽祉生民國己巳年四月三十日辰時

家端字采方　琴來公長子生民國戊辰年八月十三日未時
　娶溪東林理娘生民國辛未年四月廿五日申時
家正字采規　琴來公次子兼承壽祉生民國丙子年四月廿五日申時
標池　天賜公雙承長子民乃天水長子兼承生庚見前
義方字采五　天賜公次子生民國甲戌年四月十七日酉時
標池字采榜　天水長子兼承天賜生民國甲申年九月廿二日寅時
劍方字采冠　大水次子生民國丁亥年七月十二日巳時
木春字采暉　培雁公子生民國丁丑年九月初九日巳時
玉潤字采朗　啓才公子兼承慎帕公支派生民國壬子年十月初六日卯時
　娶内益李菊娘生民國甲寅年五月廿二日午時
　男　金灶　金清殤　建居養兼承慎帕公支派

女　素娥　素英

從愿字采志　錦繡長子兼承雙芹生民國丙寅年四月十六日申時

娶

從淵公　錦繡次子生民國己巳年七月十一日酉時卒民國辛巳年五月

初十日未時塟沽美山

從春字采寅　錦繡三子兼承慎帕公支派生民國辛巳年三月廿九日寅

時

從詩字采書　錦繡四子生民國戊子年六月十五日戌時

玉潤　慎帕公雙承孫乃啓才子兼承生庚見前

男　建居

從春　慎帕公雙承孫乃錦繡子兼承生庚見前

從愿　雙承芹公雙承乃錦綉子兼承生庚見前

培植字采槐　通相公長子生民國戊午年七月廿四日未時

娶社壇葉椒娘生民國己未年二月十八日酉時

男　衍慶殤

培元字采本　通相公次子生民國乙丑年二月廿八日申時

培英字采烈　通相公三子生民國丙寅年九月廿六日午時

培深字采賢　通相公四子生民國己巳年十二月二十日子時

振華字采中　明籌公長子生民國丙寅年　月　日　時

娶

振漢字采亞　明籌公次子生民國辛未年十月初十日吉時

受一字采品　明籌公三子生民國己卯年　月　日　時

受二字采義　明籌公四子生民國辛巳年　月　日　時

受三字采尊　明籌公五子生民國甲申年　月　日　時

心遠字采會　明標長子生民國丁亥年閏二月廿四日午時

連來字采捷　福安公子生民國癸亥年十一月十四日亥時

娶

金章字采勳　副榜長子生民國丙子年四月廿一日巳時

清意字采水　包來長子生民國丙寅年八月初二日辰時

水土字采堅　思立公子兼承思泉生民國丙寅年七月初十日未時

娶楓樹林愛娘生民國丙寅年正月初六日辰時

水土　思泉雙承子生庚見前

受全字采健　來發公嗣子生民國丙戌年　月　日　時

棟樑字采材　國治公雙承子生庚見後

受賓字采敬　思炎長子生民國己卯年　月　日　時

棟樑字采材　思炎次子　承國治生民國庚辰年三月廿八日巳時

受文字采經　思炎三子生民國辛己年　月　日　時

棟美字采輪　欽賜長子生民國丁亥年三月初八日丑時

受美字采富　建烟雙承子乃建順子兼承

受美字采富　建順長子兼承建烟生民國戊子年八月十八日未時

錫封　思錦　公雙承子乃欽作三子兼承生庚詳後殤

王瑞字采聖　欽作長子生民國辛己年六月初二日申時

海瑞字采波　欽作次子生民國甲申年四月初九日巳時

錫封字采功　欽作三子兼承思錦生民國丁亥年八月十六日巳時殤

十六世　政和公派下窗柱　瑞璞公派

進發字采騰　致雨公長子生缺

羅是字蚋栳　致雨公次子生民國癸丑年三月十八日吉時

娶南洋峇產裏踏生民國辛酉年三月十七日吉時

女　素玉　素寶

淮水字采泗　思蛟長子

景星　麗水公雙嗣孫乃萬雷次子兼承生庚詳後

景亮字采雪　萬雷長子生民國癸亥年十一月初五日子時

娶戴淑姿生民國　年十一月十六日辰時

景星字采照　萬雷次子兼承麗水公支派生民國乙亥年六月十四日寅時

景祥字采瑞　萬雷三子生民國丙子年正月三十日申時

明吉字采良　順寶長子生民國壬申年七月初二日卯時

明由字采從　順寶次子生民國庚辰年十一月十二日寅時

明照字采光　順寶三子生民國癸未年七月初八日寅時

里道字采仁　順利長子生民國戊寅年五月十五日午時

受創字采垂　順利嗣次子生民國國戊寅年六月初五日卯時

達道字采五　順利三子生民國辛己年十月初一日巳時

應世字采益　順美長子生民國壬午年七月廿七日巳時

聽從字采善　順美次子生民國戊子年二月十七日丑時

偶然字采定　思雄公子生民國丁卯年四月初四日未時

文然字采章　如竹長子生民國己巳年正月十八日申時

自然字采順　如竹次子生民國丙子年十二月廿六日戌時

進添公　問孝公長子生光緒己亥年五月廿四日巳時卒民國甲戌年二月十八日未時亥外洋

妣蘇來娘生光緒辛丑年二月初一日吉時卒民國癸未年七月廿三日

巳時塋泉州

男　金魚

秀清字采潤　問孝公次子兼承思吾又兼承慎畫公支派生民國乙卯年
六月初八日巳時
娶社壇葉英娘出

秀清　思吾公雙承子生庚見前

春桂字采秋　同聲公養子生光緒甲辰年月日時缺

秀清　慎畫公雙承孫生庚見前

救國　慎畫公雙承孫生庚見前

救國字采誠　思水長子兼承慎畫公支派生民國辛未年正月十三日吉
時

金火字采丁　遠志公長子生民國癸亥年十一月十五日巳時

娶社壇葉敬娘生民國己巳年十一月十三日寅時

金樹字采寶 遠志公次子生民國丁丑年十一月廿五日巳時

金益字采萬 思彼長子生民國乙丑年十月廿五日申時

娶黃秀英生民國丁卯年 月 日 時

枌樹字采梓 思彼次子生民國戊辰年 月 日 時

美道字采高 思彼三子生民國庚午年 月 日 時

金標字采香 田西公嗣孫乃思彼長子入承生民國丙寅年 月 日

時

集儒字采士 添水長子生民國己卯年四月十七日子時

懷儒字采崇 添水次子生民國戊子年二月二十日巳時

輝煌字采炳 思耀公長子生民國癸酉年十月十五日卯時

秀木字采良 思耀公次子兼承玉麟生民國丁丑年九月廿九日子時

受榜字采標　思耀公三子生民國庚辰年十二月廿三日寅時

碧和字采衷　思緞公子生民國丁巳年二月十九日巳時

娶羅絲踏娘生民國戊辰年十二月初十日寅時

秀木　玉麟雙承子乃思耀子兼承生庚見前

明德字采馨　文呂長子生民國丙寅年十一月初一日巳時

娶下宅高斗洋陳片英生民國己巳年八月初二日寅時

男　猷仲殤

明亮字采昭　文呂次子生民國癸酉年十二月廿七日午時

明庭字采瑤　文呂三子生民國辛己年九月初五日丑時

明秀字采雅　文呂四子生民國丁亥年六月廿一日亥時

招武　朝元公雙承子生庚見後

招武字采緯　朝聘長子兼承朝元生民國甲戌年四月十二日申時

招珍字采奇　朝聘次子生民國庚辰年九月廿六日丑時

建忠字采恕　元海長子生民國戊寅年十二月廿六日巳時

建信字采恭　元海次子生民國辛己年八月初六日卯時

世才字采真　建安長子生民國戊寅年六月十八日寅時

世潤字采身　建安次子生民國辛己年八月廿九日卯時

世利字采祿　建安三子生民國癸未年三月初四日丑時

福興字采隆　建安四子生民國乙酉年九月廿三日卯時

連捷字采報　思蠔長子生民國癸亥年正月初七日卯時

娶溪東林月英生民國丁卯年二月十一日子時

男

連全字采來　思蠔次子生民國乙丑年十月十八日酉時

德安字采悦　隨到長子生民國乙丑年五月十八日申時

娶鳳坡梁雪英生民國己巳年二月二十日卯時

男

良基字采端　瑞金長子生民國丙子年七月初二日辰時

榮泉字采湧　瑞金次子生民國辛巳年九月十九日辰時

開科字采甲　適用長子生民國戊寅年六月初五日巳時

雷震字采風　纘緒長子生民國丙寅年五月初三日巳時

娶蘇尾呂淑英生民國戊辰年六月廿九日巳時

男　志華叁

光華字采南　纘緒次子生民國戊寅年八月廿一日吉時

光輝字采炎　纘緒三子生民國庚辰年十二月廿七日吉時

光榮字采尊　纘緒四子生民國辛己年七月廿四日吉時

光耀字采遠　纘緒五子生民國壬午年十二月廿八日吉時

應龍字采雲　進成長子生民國甲子年九月初九日未時
娶社壇葉娥英生民國丁卯年十一月十九日辰時
男
女　鴛鴦
應得字采素　進成次子生民國癸酉年十二月廿一日巳時
應星字采辰　進成三子生民國戊寅年六月初八日卯時
應謀字采烈　進成四子生民國庚辰年正月廿七日子時
應曾字采顏　進成五子生民國壬午年三月初四日巳時
全興　兆蚶公嗣孫乃思繭次子入承生庚詳後
全福字采備　思繭長子生民國己巳年二月十三日巳時
娶溪東林彩雲生民國庚午年六月十一日辰時
男

全龍字采飛　金連長子生民國乙酉年四月二十日巳時

政和公派　下窗柱瑞玩公派

昌良字采世　玉義長子生民國壬申年　月　日　時

十六世　振崑公派　圍內柱

宗法字采典　思木公雙承子承慎聯公本支生庚詳後

男　錦水宗讀次子兼承

宗法　慎蘭公雙承孫生庚詳後

宗讀字采吟　思砂公長子兼承秋桂公支派生民國戊午年十月十八日酉時

娶舊門呂鏢娘生民國辛酉年十二月廿九日酉時

男　錦福（養）錦水（兼承宗法）錦羊（兼承秋桂公支派）

宗法（字）采典　思砂公次子兼承思木生民國庚申年六月廿四日午時

男　錦水（宗讀次子兼承）

宗讀　秋桂公雙承孫生庚見前

男　錦羊（繼承）

普恩（字）采澤　成器長子生民國癸亥年九月初四日寅時

娶鄭清秀生民國乙丑年三月初五日午時

男

女　馬利娘

俊仁（字）永英　成器次子生民國戊寅年十二月二十日巳時

子龍（字）采田　文物長子生民國乙酉年十一月十八日卯時

受英（字）采華　金鎗公子生民國壬午年十一月廿六日戌時

連枝字采樹　瑤琨公養子兼承當汝公支派生民國壬午年九月廿九日
卯時

十五世　實行公派　圍内柱

書香公　思合公長子生光緒丁未年八月初八日巳時卒民國辛酉年四
月廿五日卯時塋沽美山
男　封庵進發子兼承　清悦進筆子兼承

贊成字采襄　思合公嗣次子生民國丙寅年二月廿三日未時
娶

進發字采奮　思慮長子生民國甲寅年十一月初一日午時
娶中房張　娘生民國丙辰年九月廿二日午時

男　封庵兼承書香　清楷
女　類娘
養女劉林侯淑琴
進筆字采江　思慮次子生民國庚申年九月初四日子時
娶溪東林萬娘生民國甲子年九月廿二日吉時
男　清悅兼承書香
馬佞字采美　思慮四子生民國甲戌年五月廿九日亥時
綿流字采椒　思慮五子生民國丙子年五月初二日申時
南民字采薰　思慮六子生民國甲申年三月廿五日子時
勝利字采優　思慮七子生民國丙戌年八月二十日辰時
愛玉字采崑　思村公養子生民國庚申年十月十六日午時
江漢字采湖　進德公嗣子生民國丙寅年二月十八日辰時卒民國丙戌

年九月十三日午時塋仙打眼
文溜字采騰　思兩長子生民國丙寅年十月初一日巳時
娶
文賓字采延　思兩次子生民國丙子年四月初二日巳時
進淵字采冰　江淮長子兼承元良生民國壬午年五月十九日巳時
進淵　元良公雙承子乃江淮子兼承生庚見前
十六世　集坵柱　景右公派
潤澤字采培　乃順長子生民國戊辰年七月廿九日酉時
娶
潤忠字采勤　乃順次子生民國乙亥年十一月廿一日未時

潤福字采富　乃順三子生民國丁亥年四月廿九日子時

明福字采聰　思丕長子生民國辛巳年正月初四日未時

能福字采多　思丕次子生民國丁亥年十月初一日卯時

福氣　助貴公雙承子生庚見後

福氣字采量　丁貴長子生民國癸未年九月廿七日申時

十六世　春安坵柱　景水公派

國瑞字采珍　茂才公養子生民國己卯年三月初五日巳時

加里字采仁　茂林長子生民國丁丑年　月　日　時

雅烈字采績　思敦公長子

以諾字采信　思敦公次子

仁榮字采尊　思敦公三子

學優字采仕　思敦公四子　兄弟隨父住臺灣生卒未詳

培玉字采器　思發子生民國庚午年九月十七日未時

受同字采淵　慎全公嗣孫乃思發長子入承生民國丙辰年三月廿四日

酉時

娶舊門呂素月生民國丁巳年正月十七日卯時

男　雲星　震星養

培成字采集　天來嗣子生民國丙子年十一月初七日未時

培源字采浚　慎吉公嗣孫生民國丙寅年七月初三日巳時

娶社壇葉素娥生民國戊辰年九月初九日未時

男

才貴字采權　思口公子兼承從弟千支生民國癸丑年十二月初十日寅

時
娶小余蔡須娘生民國丁巳年八月初六日巳時
男　建民　養　建國　出承千支爲嗣孫　建興
女　香娘
養女下宅陳羊娘
才貴　千支雙承子乃思口子兼承生庚詳前
嗣男　建國
連枝　應額公雙承子乃思利子兼承生庚詳後
連枝　字　采蕃　思利長子兼承應額生民國丁丑年十二月十八日未時
江淮　字　采泗　聰猛公養子生民國丙寅年八月十八日午時
娶下宅陳秀花生民國己巳年十月十二日辰時

達順字采利　萬勝次子生民國癸未年四月十六日辰時

華山字采嵐　俗長子生民國壬午年正月初三日酉時

十六世　春安坵柱　景山公派

當然字有力　思田公子生民國癸卯年二月廿一日辰時

娶埔尾陳痛娘生光緒戊申年九月廿八日申時

男　清溪

女　秀桃

欽敬字有崇　思碧公子兼承思喜生民國丁巳年八月初二日申時

妣施玉枝生民國甲子年三月十七日亥時卒民國辛巳年十一月初二日未時葬南洋

又娶施玉添生民國丙寅年八月廿八日子時

男　錦標殤　耀南出承思喜爲孫　耀輝

女　來意　來燕

欽敬　思喜公雙承子乃思碧子兼承生庚詳前

嗣男　耀南

澤才字有佩　思頵公長子生民國己未年三月初四日未時

幼娶呂莉娘殤

娶社壇葉秀娥生民國壬戌年四月十五日卯時

男　裕泰

澤元字有川　思頵公次子生民國丁卯年十一月初四日巳時

娶舊門呂秀蘭生民國辛未年六月初三日吉時

鎮衆字有撫　桂陽長子生民國丁亥年十二月廿四日卯時

國瑋字有珪　思梅長子生民國乙丑年六月初二日亥時

國水字有海　思梅次子生民國辛未年十二月初一日酉時

應洲字有洋　思梅三子生民國辛巳年六月廿四日未時

國民字有生　思聘公子生民國乙亥年二月廿八日巳時

瑞氣字有呈　慎安公嗣孫乃桂陽長子入承生民國乙亥年十一月廿八日巳時

十六世　長房長之長房三　景全公派　喬格柱

相碧字采丹　順理長子生民國庚辰年八月十三日巳時

厚木字采材　國珍公養子生民國丙寅年五月初二日未時

娶林柄陳箱娘生民國癸酉年九月廿九日子時

厚鑾 字采鳴　玉瑞子生民國乙酉年八月廿五日巳時

沛然 字采雨　思曉長子生民國己巳年十月十七日未時

當炎 字采夏　思稀公嗣子生民國癸酉年二月廿七日子時

世宗 字采師　思澤公養長子生民國戊辰年四月廿四日巳時

青龍 字采鳳　思澤公嗣次子生民國乙酉年四月廿三日午時

甘雲 字采珠　思都長子生民國庚辰年四月三十日午時

瑤池 字采華　鴻河長子生民國丙寅年七月十六日酉時

娶

瑤坤 字采乾　鴻河次子生民國辛未年三月廿八日巳時

瑤欽 字采國　鴻河三子生民國庚辰年二月十七日寅時

瑤斌 字采略　鴻河四子生民國癸未年三月十二日亥時

相星 字采燦　寧波公長子生民國己巳年十一月廿七日卯時

聰榮字采敏　甯波公次子生民國辛己年七月廿四日卯時

聰儀字采通　開元長子生民國庚辰年十一月十二日巳時

聰秀字采偉　開元次子生民國甲申年九月廿二日寅時

受昌字采源　仁仕長子生民國丁卯年五月十九日巳時

娶

受輝字采揚　仁仕次子生民國戊辰年十月廿五日午時

福志字采宏　深明公養子生民國甲子年　月　日　時

善才字采卓　思酎公長子生民國庚午年九月十四日子時

受鰐字采魚　思酎公次子生民國庚辰年正月廿二日戌時

泰炎字采豐　及時長子生民國丁丑年十一月初五日酉時

受林字采森　淵傑公子生民國　年　月　日　時

原諒字采寬　璧珍長子生民國戊寅年正月初十日午時

元南 字采金　連江長子生民國乙亥年十二月初七日巳時

志訓 字采誥　連江次子生民國己卯年十一月十九日寅時

建彩 字采烈　三省子生民國己卯十一月十五日子時

從愿 字采坤　再德長子生民國己巳年五月十四日巳時

培南 字采斗　再寶長子生民國　年　月　日　時

回國 字采旋　再挺長子生民國　年　月　日　時

志輝 字采光　新安長子生民國癸酉年二月初六日巳時

志芳 字采郁　新安次子生民國丁丑年五月初一日酉時

和平 字采敦　新秀長子生民國丙子年二月廿九日未時

文輝 字采映　新湖長子生民國癸未年九月十三日亥時

文通 字采順　新湖次子生民國甲申年九月十九日巳時

涵養 字采修　振順公養子生民國甲戌年八月初二日午時

加添 字采丁　三全公四子生光緒戊申年六月初二日辰時
娶登科頭林誨娘生民國壬子年十一月二十日卯時
男　石龍　石南
燈輝 字采騰　興基公長子生光緒癸巳年三月初四日寅時
娶鳳坡梁授娘生光緒辛丑年八月廿六日子時
男　萬水　文錦 鼎彝子入承
鼎卦 字采易　興基公次子缺
嗣男　文昌 鼎彝子入承
鼎彝 字采鐘　興基公三子生光緒戊申年六月十一日未時
娶黃近娘生民國丙辰年十月廿二日丑時
男　榮華 殤　文昌 出承鼎卦　文華　山 殤　大鼻 出承鼎輝
女　椒治　月嬌　美嬌　美蓮

十六世　西長房長之長房三　景豸公派　岑脚柱

受竹公　三全公長子生光緒乙酉年十二月十一日巳時卒光緒辛丑年六月初九日午時塟沽美山外窩

嗣男　封蚶 盤古子入承

盤古 字 釆闢　三全公次子生光緒壬辰年十二月初二日巳時

娶溪東林件娘生光緒乙未年四月初三日巳時

男　封蚶 出承受竹　水源

女　長娘配雙溪陳　次紅瓜配英橋陳 殤

天降 字 釆讁　三全公三子生光緒庚子年四月十九日巳時

娶社壇葉蹄娘生光緒乙己年七月初五日辰時

男　瑞慶 養　瑞祥 養　良籌　瑤瑞　耀輝

女　金蓮配大庭戴　麗珠配中房張　金春　金花娘　金鸞娘

泰山字采岳　明姜公養子生光緒乙巳年九月十六日巳時
娶郭井林設娘生　年　月　日　時
男
高山公　復綽公養子生光緒乙巳年七月十三日巳時卒塋在南莫洋考
秀山字采岫　春梅公子生民國壬戌年　月　日　時卒民國癸未年
七月十五日寅時塋仙遊
泰山　慎反公雙承孫乃明姜子兼承生庚見前
朝慶　慎黜公雙承孫乃長水子兼生庚詳後
男
字民諱乃端字采莊　廈門大學理學院畢業福州警官學校畢業中央警
官學校畢業　思溪公子　君幼孤聰穎有大志自廈門大學卒業後執
教詩山中心小學抑鬱不得志會福州設警官學校投考受訓畢訓後遞

升詔安警察局長時日寇攻詔安代縣長督師守城奮不顧身轉戰五晝夜以衆寡懸殊退守後方整補旋克復詔安中央嘉其忠勇記大功一次遂奉省召保送重慶中央警官學校深造旋任晉江警察局長兩年餘治績輝煌民心悅服抗日期間奸匪盤踞仙遊乘機蠢動奉派仙遊督剿匪平轉任同安警察局長翼年任福州市　察局臺江分局長所到風移俗易有口皆碑抗日勝利後臺灣收回應任臺中市政府主任秘書同年任臺中市　察局長值臺灣事變獨能相機應變地方安然事平辭職返閩復任同安　察　長感戎馬之倥　宦海之飄忽乃辭職出國游菲志在深造他日東山再起前途未可量也（鼎鐘謹敘）生民國壬子年二月十六日戌時

娶大庭戴南娘生民國甲寅年九月十九日丑時

男　封量（出承胞伯思強為孫）　封霖　鴻英

女　霞娘　露娘　仁娘　霏娘

乃法字釆令　思忠長子生民國丁己年二月初八日申時
娶郭清秀生民國庚申年九月十九日未時
男　封炳

乃春字釆初　思忠次子生民國庚申年四月初八日巳時
娶溪東林梅英生民國甲子年十一月二十日申時
男

天民字釆蒸　怡扳長子兼承慎挖公支派生民國甲子年正月初二日戌時
娶坑園戴乖娘生民國戊辰年三月初三日未時
男

釆民字釆國　怡扳次子生民國庚辰年　月　日　時

桂明字采蠬　乃三次子生民國甲戌年七月十五日辰時

桂心字采馨　慎垻公嗣孫乃乃三長子入承生民國辛未年十一月初九
日卯時

天民　慎挖公雙承孫乃怡扳子兼承生庚見前

連開字采源　旣土長子生民國戊寅年　月　日　時

連發字采奮　旣土三子生民國乙酉年　月　日　時

連明字采哲　天南嗣子生民國壬午年　月　日　時

妙宗字采祖　新喜長子兼承猴葉生民國癸酉年五月初五日亥時

妙宗　猴葉雙承子生庚詳前

秀平字采和　猴葉子生民國戊子年三月廿九日未時

妙珍字采奇　永加公養子生民國丙戌年八月十五日巳時

圓頭字采倫　嘉綿公子生民國辛巳年　月　日　時

妙鍾字采旆　嘉種長子生民國癸酉年正月十七日吉時

山羊　嘉法雙承子乃從兄庵扁子兼承生庚詳後

朝慶字采歌　長水公子生民國戊辰年六月十六日辰時

江漢　思炮公雙承子乃思煌長子兼承生庚詳後

江河字采溯　思炮公嗣子生民國丁丑年七月廿一日子時

聽法字采圖　思火長子生民國丁己年十二月十九日未時

娶社壇葉錐娘生民國辛酉年十二月廿七日酉時

男　　女　秀文

淡法字采恬　思火次子生民國甲子年十二月初一日巳時

娶溪東林素花生民國戊辰年十一月初五日亥時

男

江領公　思火三子生民國丙寅年九月十六日巳時卒民國丙子年十二

月初六日酉時塋沽美山

江派字采淋　思火四子生民國戊辰年六月廿七日辰時

江漢字采濯　思煌公長子兼承思炮生民國丙寅年正月初三日酉時

妣大庭戴桂娘生民國丙寅年八月十一日戌時卒民國甲申年九月十九日未時塋沽美山

又娶安溪陳配娘生民國戊辰年十一月十二日子時

男

江池字采園　思煌公次子生民國庚午年九月初三日巳時

娶

再炎字采燭　思煌公嗣三子生民國壬申年八月十九日申時

文林字采儒　加澤長子生民國丙寅年八月初十日卯時

娶三錦美陳香沙娘生民國庚午年十一月廿一日子時

文湖字采洞　加澤次子生民國庚辰年三月十一日午時

金錫字采石　加澤嗣三子生民國丙戌年六月十三日辰時

文炳字采烱　加才長子生民國辛未年十一月廿四日未時

文能字采彬　加才次子生民國甲申年五月十六日辰時

文川字采湧　加才三子生民國乙酉年十一月廿六日未時

漢濱字采湄　思意長子生民國庚午年十二月初三日未時

娶

漢宗字采唐　思意次子生民國甲戌年二月十四日巳時

宗木字采梁　思意三子生民國己卯年十二月廿六日辰時

宗發字采棠　思意四子生民國戊子年正月廿七日辰時

錦墩字采原　思愛長子生民國癸未年九月廿九日子時

受培字采植　思祿長生民國壬子年十月初九日巳時

娶古宅吳桃娘生民國甲寅年二月十八日未時
男　章算（兼承弟相金）
女　碧娥　碧珠
金國公　思祿次子生民國戊午年八月初四日未時卒民國丙戌年十一
月二十日巳時塋沽美山坐壬向丙兼亥巳
妣溪東林筍娘生民國庚申年　月　日　時卒民國戊寅年十月初三
日申時塋溪東山
又娶鳳坡梁寶花生民國壬戌年十月初五日吉時
男　芳元（朝金子兼承）
朝金（字采闕）　思祿三子生民國辛酉年十一月初七日卯時
娶羅月娘生民國丁卯年三月初一日未時
男　芳元（兼承兄金國）　芳順

相金公　思道公長子生民國己未年二月廿六日巳時卒民國乙酉年
月　日時塋外洋
娶下宅陳綢娘 改天
男　章算 受培子兼承

金泉 字 采漳　思通公嗣次子生民國甲子年六月初六日酉時
娶坊前黃歲娘生民國庚午年二月十九日未時

水交 字 采融　思答公長子生民國丁卯年四月初一日子時
娶鳳坡梁珍珠生民國辛未年六月十九日寅時

水木 字 采蔭　思答公次子生民國戊辰年十一月十三日申時
娶宮下戴肯生民國壬申年八月廿八日未時

採智 字 采學　再興公長子生民國庚申年十一月廿五日午時
娶西向郭鳶娘生民國壬戌年七月廿四日吉時

男　俊秀

女　長玉娘

錦文字采博　再興公次子生民國丙子年十一月初三日巳時

定國字采綏　與公雙承三子乃流連子兼承生庚詳後

文深字采淵　思墻長子生民國庚午年四月初一日午時

娶梁麗珍生民國癸酉年十一月十一日午時

文美字采備　思牆次子生民國乙酉年四月十二日酉時

安邦字采懷　流連長子生民國丙子年八月十八日酉時

定國字采綏　流連次子兼承再興生民國辛巳年閏六月十八日丑時

麗淵字采涵　其遜長子生民國戊辰年十一月廿五日巳時

麗國字采華　其遜次子生民國癸酉年十二月廿七日丑時

麗盛字采會　其遜三子生民國丁亥年六月廿九日未時

文良字采雅　和水長子生民國癸酉年七月初十日辰時

文發字采軔　和水嗣次子生民國丙戌年十一月初八日亥時

錦招字采扳　助軍公嗣孫兼承慎春水為嗣孫乃再興次子入承生民國甲戌年十一月初五日巳時

振美字采利　加齊長子生民國乙丑年　月　日　時

娶張欉英生民國庚午年八月廿四日申時

水鏌字采瓊　加齊次子生民國丁卯年　月　日　時

炳祥字采禎　闊圳長子生民國乙亥年三月初七日寅時

炳文字采昌　闊圳次子生民國戊寅年正月初三日子時

光明字采磊　闊圳三子生民國丙戌年八月十五日卯時

漢章字采文　泮水長子生民國己巳年三月初六日巳時

娶溪東林春蘭生民國丁卯年五月初十日亥時

男　榮泉

漢議字采商　泮水次子生民國戊寅年十一月廿九日巳時

鼎元字采彝　思清長子生民國戊寅年三月廿九日巳時

銅石字采金　烏麻公長子生民國乙亥年二月十二日巳時

兩發字采昇　烏麻公嗣次子生民國癸未年七月初二日丑時

彩發字采烈　甲己長子生民國乙酉年十一月廿六日子時

取用字采任　庵扁公長子生民國乙丑年十二月二十日卯時

娶坑園戴聯娘生民國丁卯年五月初四日寅時

男

山羊字采鹿　庵扁公次子兼承從弟加法生民國丙戌年六月初一日酉

時

清江字采湘　志元長子生民國乙亥年正月十四日寅時

受籬公　福元公長子生光緒丁酉年十月　日　時卒民國辛己年正月
初六日午時塟南洋
娶楓樹林積娘生光緒辛丑年十二月初二日寅時
男　猷存養
女　阿迎
受賀字采燕　福元公次子生光緒庚子年八月初十日巳時
娶大坪陳珠娘生　年　月　日　時
男　猷美養東壁　玉書出承祖茂　志平　志光
女　月桂　月華
順安字采舟　福元公三子兼承思選生　年　月　日　時
妣陳合娘生民國乙卯年九月初一日亥時卒民國壬申年十月二十日
酉時塟沽美山

又娶葉意娘 出

男

永裕公　福元公四子生民國乙卯年七月十四日子時卒民國丁卯年九月二十日午時塋沽美山

祖茂公　福元公五子生民國戊午年九月廿四日酉時卒民國戊寅年十二月廿六日酉時塋南洋

娶　明娘 出

嗣男　玉書 受賀三子入承

加與公　思蘊公子生卒莫考

娶溪東林昔娘 出

男　漢卿

女　瓊花

治安字采靖　思選公長子兼承思送生宣統庚戌年四月初四日申時
妣埔尾陳卯娘生民國丙辰年正月廿五日吉時卒民國壬午年四月廿七日酉時塟南洋
又娶郭玉珍生民國丁卯年八月初十日吉時
男
女　秀蘭
順安字采舟　思選雙承子乃福元子兼承生庚詳前
治安字采靖　思送公雙承子乃思選子兼承生庚詳前
加進公　思藝公長子生光緒丁酉年九月初八日巳時卒民國戊辰年二月廿四日巳時塟南洋
娶梁麵娘出
受闊字采綽　思藝公次子生光緒壬寅年十一月十八日子時

娶内益李蓮出

娶大坋溫數娘生民國壬戌　月　日　時

男　油花　封蟳殤

加慶公　思藝公三子

妣鳳坡梁準娘

男　金佐　金龍　歪頭

女　亞密

順會字釆輔　思芭公長子生光緒丁未年九月初五日午時

妣内益李衍娘生光緒戊申年十一月十七日子時卒民國庚午年五月十四日酉時塋沽美山

又娶中房張燮娘生民國癸丑年九月二十日酉時

男　錦綏　錦發

女
養女張玉蘭
俊招　慎命公雙承孫乃宗纓次子兼承生庚詳後
順彩字采斌　清水公嗣子生宣統辛亥年八月十九日酉時
娶前坑余鏌娘生民國壬子年六月廿九日辰時
男　錦美　錦泉
女　紅娘　秀珍娘
俊傑字采豪　宗纓長子生民國庚申年十月十六日辰時
娶西向郭翠娘生民國乙丑年七月初一日卯時
男
俊招字采求　宗纓次子兼承慎命公支派生民國戊辰年十二月十七日丑時

俊秀字采翹　宗纓三子生民國甲戌年十月二十日卯時
娶山頭黄素清生民國己卯年十月十八日吉時
天全字采畢　思垂公子生民國乙丑年七月初七日巳時
娶
德意字采誠　思景公長子生民國甲寅年二月十八日巳時
娶溪東林兜娘生民國丙辰年正月廿六日卯時
男　聰明叁
女　秀花
文鈞字采秉　思景公次子生民國戊辰年九月二十日申時
娶易英娘生民國庚午年八月初三日寅時
玉金公　思秋公長子生民國乙卯年九月廿七日申時卒民國己卯年五
月廿九日申時塟南洋

妣溪東林寶娘生民國戊午年九月廿二日巳時卒民國壬申年八月初六日未時塋沽美山
又娶張雪英改天
男　自諒養
順金字采純　思秋公次子生民國庚申年九月十二日午時
娶溪東林文英生民國癸亥年三月初三日子時
男　自才
克金字采劍　思秋公三子生民國壬戌年　月　日　時
娶雙溪陳秀花生民國甲子年五月廿七日午時
男
美金字采真　思秋公四子生民國　年　月　日　時
厚金字采鍊　思秋公五子生民國丙子年　月　日　時

鴻枝字采猷　思籖長子生民國　年　月　日　時

娶

鴻章字采綸　思籖次子生民國　年　月　日　時

光輝字采充　思籖三子生民國癸未年三月十二日吉時

俊英字采偉　論御長子生民國乙亥年正月初九日卯時

俊輝字采哲　論御次子生民國戊寅年三月十四日未時

庵流公　綏玉長子生民國辛酉年十二月初七日酉時卒民國甲戌年二
月初九日申時塟沽美山坐丑向未兼艮坤

金鎗字采林　綏玉次子生民國戊辰年九月初二日丑時

金源字采富　綏玉三子生民國戊寅年十一月十一日戌時

天良字采孚　綏情長子生民國甲戌年八月廿二日子時

天星字采炳　綏情次子生民國癸未年六月十七日巳時

天機字采暢　綏情三子生民國丙戌年九月廿二日未時

金章字采勳　順書長子生民國丙寅年九月廿八日辰時

十六世　西長房長之長房三　石門柱　瑞貢公派

江漢字采淮　思拈公子生民國庚辰年八月十六日未時

十六世　西三房長之長房長　良琬公派

仙井柱　瑞采公派

受養公　思垂長子生光緒壬寅年六月初一日午時卒民國乙酉年七月初二日塋仙仔眼

娶溪東林齊娘生宣統己酉年五月廿四日午時

男　文斌養　文甫

養女易連娘殤　葉桂娘殤

泗成字采洙　思垂次子生民國甲寅年八月十九日午時

娶溪東林淵娘生民國丙辰年三月初一日寅時

男　文發　文輝

養女戴謹娘殤

淇水字采風　思垂三子生民國辛酉年七月廿五日午時

娶溪東林素英生民國癸亥年三月初一日巳時
男　文才　文學
受坑字采溪　思出公長子生宣統己酉年十一月十三日酉時
娶坑園戴此娘生宣統庚戌年十月二十日午時
男　文卿　贊成
女　木德殤　緞娘配下宅陳
養女陳山英殤
冬桂字采芳　思出公次子生民國甲寅年九月十四日巳時
娶林蚊娘出
夏來公　思出公三子生民國癸亥年正月初二日辰時卒生民國甲申年
八月廿七日塋南洋
加興字采仁　思出公四子生民國乙丑年十二月廿四日丑時

娶溪東林彩英生民國戊辰年六月十五日戌時

男　文秀

來水字采長　思出公五子生民國乙亥年七月二十日丑時

自遠字采朋　思所公子生民國乙卯年八月廿九日子時

娶王香娘生民國戊午年八月十八日吉時

男　良才　良發出承思角為孫

女　愛治

金魚公　思挑公長子生民國壬戌年七月廿八日巳時卒民國甲申年十一月十九日塟外洋

通全字采順　思挑公次子生民國乙丑年十一月十四日巳時

娶

水源字采浚　思準公子生民國己巳年三月初八日巳時

娶下宅陳笑娘生民國壬申年三月初九日寅時

男

賢士字采尊　思提公子生民國壬申年十一月廿一日申時

專明字采哲　思昌公長子兼承慎挺公支派生宣統辛亥年二月初六日申時

娶潘秀月生民國辛酉年二月廿二日午時

男　文郎

女　彩英　雲英

其發字采揚　思昌公四子兼承思滥生民國壬申年十一月十三日午時

其美字采錦　天賜公嗣長子生民國壬戌年十二月初七日未時

娶舊門呂秀清生民國丙寅年十月初四日亥時

男

其山字采峯　天賜公嗣次子生民國甲子年十月廿二日午時

專明　慎挺公雙承孫乃思昌長子兼承生庚見前

雙承男　文郎

叔夜公　思濫公子生民國丙辰年五月廿五日寅時卒塟在南洋莫考

其發　思濫公雙承子乃思昌四子兼承生庚見前

再傳字采習　思要公嗣子生民國丁卯年十月廿六日戌時

再寶字采琛　兑立長子生民國戊午年三月十四日酉時卒塟在仙打眼

缺

堅固字采實　兑立三子生民國壬申年三月廿二日午時

苗娶李美珠生民國甲戌年九月十三日吉時殤民國乙酉年十二月十

四日卯時塟沽美山

福良字采申　兑立四子生民國丙子年五月十一日戌時

再來字采涎　春琴公子生民國乙酉年六月廿二日午時

淵源字采深　平西公子生民國己巳年八月二十日寅時

娶舊門呂金珠生民國庚午年十一月初一日卯時

泉源字采科　甘露公子生民國戊寅年三月初八日戌時

十六世　良明公派　美茂柱

炳星字采奎　輝華養子生民國丁亥年五月十六日辰時

十六世　良明公派　美成柱

春木字采培　昆發公子生民國己巳年十二月初二日未時

娶

架業字采書　偶遇公長子生民國壬子年正月三十日巳時

娶楓樹林菊娘出

男

女　碧瑛配劉林侯

受桶字采盛　偶遇公次子兼承思藏生民國庚午年八月初四日巳時

受桶　思藏公雙承長子生庚見前

受田字采心　思藏公嗣次子生民國丙子年六月廿五日申時

玉錐字采劍　抵當公長子兼承預瑞生民國己未年十一月初四日辰時

娶中房張慧美生民國庚午年六月廿六日酉時

男

玉增公　抵當公次子生民國癸亥年二月廿三日子時卒民國壬午年四

月廿三日亥時塋南洋

玉印字采綏　抵當公三子生民國丙寅年十月初六日子時

玉錐　預瑞公雙承子乃抵當長子兼承生庚見前

玉鼎　預瑞公雙承子乃相樹長子兼承生庚詳後

玉鼎字采彝　相樹長子兼承預瑞生民國壬申年正月初九日未時

榮昆字采金　相樹次子生民國丙戌年十月三十日未時

振昆字采玉　相樹三子生民國戊子年四月初八日巳時

受達字采通　聖賢公長兼承預昌生民國己未年八月十八日亥時

建地字采坤　聖賢公次子兼承預昌生民國丙寅年四月廿二日未時

受杉　預昌公雙承子乃濯溉長子兼承生庚詳後

嗣男　土及

少英　預昌公雙承子乃濯溉三子兼承生庚詳後

受達　預昌公雙承子乃聖賢長子兼承生庚見前

建地　預昌公雙承子聖賢次子兼承生庚見前

受杉 字采林　灌漑長子兼承預昌生民國壬戌年九月廿七日申時

娶大岾柯簡娘生民國丁卯年二月十八日辰時

男　土順　土及（出承預昌支派）

火水 字采濟　灌漑次子生民國庚辰年二月初七日辰時

少英 字采偉　灌漑三子兼承預昌生民國甲申年九月廿一日卯時

火鍊 字采精　思芬長子生民國壬午年七月十四日卯時

長存 字采興　金榜公嗣長子生民國壬戌年七月初二日寅時

娶陳月娘生民國癸亥年三月初十日卯時

男　成都（兼承長吉殤）　江東（兼承長吉）

女　美英

長益 字采友　金榜公嗣次子生民國庚辰年二月初二日酉時

星來 字采拱　炳昌長子生民國丙子年十月廿八日戌時

受池字采城　思祿長子生民國丙辰年九月十九日辰時
娶社壇葉寶娘生民國丙寅年三月初二日卯時
男　封圓　封田殤
女　金英
長吉公　思祿三子生民國丙寅年正月初三日午時卒民國己卯年六月
廿四日卯時塋金字面
男　成都殤兄長存子兼承　江東長存子兼承
受車字采輔　思祿四子生民國丁卯年十一月廿一日寅時
娶坑園陳儉娘生民國庚午年二月初七日未時
男
長水字采海　思祿五子生民國甲戌年九月廿七日辰時
苗娶溪東林柑欖生民國丁丑年十二月初七日　時

元鰲字采崢　金磑次子生民國辛未年正月三十日

元諒字采嶸　金磑三子兼承運來生民國辛己年九月廿一日戌時

元演　思柹公雙承子乃絲竹嗣子兼承生庚詳後

元演字采天　絲竹公嗣子兼承思沛生民國甲子年三月廿七日未時

元燦　絲竹公雙承子乃進作長子兼承生庚詳後

元諒　運來公雙承子乃金磑三子兼承生庚見前

元燦字采輝　進作長子兼承絲竹生民國壬午年四月初四日申時

元筆字采江　進作次子生民國丁亥年六月十八日戌時

達真字采通　充才長子兼承慎滾支派生民國癸酉年　月　日　時

天真字采聰　充才次子生民國戊寅年正月十一日辰時

國真字采楨　充才三子生民國乙酉年四月廿八日辰時

志高　鵬程雙承子兼承潤潭支派生庚詳後

清江字采湘　思省長子生民國乙酉年二月十五日辰時

清湖字采南　思省次子生民國戊子年正月十五日吉時

榮生　思調雙承子乃鵬摶子兼承生庚詳後

達真　充才雙承子兼承慎滾支派生庚見前

志高字采上　鵬程長子兼承胞伯潤澤支派生民國丙子年三月初四日午時

榮生字采尊　鵬摶長子兼承思調生民國丁亥年十月十三日丑時

珖錫字采蝦　煥章長子生民國戊子年五月二十日吉時

加法字采章　長江公嗣孫乃思乃三子入承生民國庚午年九月初八日午時

本樹字采芹　長江公嗣孫乃多稼次子入承生民國庚午年四月十七日卯時

受厲公　思串公長子生光緒壬寅年十二月初六日午時卒民國丙子年

十二月十八日塋在南洋

娶廖節娘生光緒　年　月　日　時

男　綿遠　清浚（加齊子兼承）

加應（字采求）　思串公嗣次子生民國己未年十二月廿九日卯時

華英（字采歐）　文山長子生民國乙酉年七月十三日辰時

華傑（字采亞）　文鎮公嗣子生民國戊子年七月廿六日辰時

華俊（字采哲）　思羅長子生民國甲戌年十月廿二日酉時

華美（字采奐）　思羅次子生民國丙子年十二廿五日巳時

華光（字采鑑）　思羅三子生民國辛己年十月十四日亥時

華雄（字采偉）　思羅四子生民國丙戌年七月十一日戌時

稟作　思沾公雙承子乃思秋子兼承生庚詳後

禀作 字 采賦　思秋長子兼承思沾生民國乙酉年二月初十日申時

加齊 字 采修　思乃長子生民國丙辰年六月十六日巳時

娶下宅滿英生民國辛酉年三月廿八巳時

男　養成　清浚 兼承兄受屬

受鏗 字 采音　多稼長子生民國丁卯年二月廿八日申時

娶

受成 字 采材　多稼三子生民國丙子年三月廿三日巳時

受全 字 采周　多稼四子生民國庚辰年十月二十日酉時

受道 字 采志　多稼五子生民國乙酉年四月廿八日酉時

受遠 字 采懷　思明長子生民國己巳年三月十六日午時

受拯 字 采逢　思明次子生民國癸未年十二月初七日戌時

柄燦 字 采輝　思明三子生民國戊子年七月廿一日子時

萬鎮字采奠　文華長子生民國己巳年正月初五日吉時

把把字采守　文華次子生民國壬申年十一月切七日吉時

千鎮字采定　文華三子生民國丁亥年六月十五日午時

受隆字采重　金沙長子生民國乙酉年二月初三日吉時

受裕字永綽　金沙次子生民國戊子年六月十四日吉時

泗港　夢麟公雙承孫乃八斗次子兼承生庚詳後

泗海字采揚　福建省立南安師範學校普師肄業　八斗長子生民國戊
辰年六月廿九日戌時

泗港字采樵　八斗次子兼承夢麟公支派生民國庚午年九月初十日子
時

秉順字采時　九曲長子生民國辛未年八月二十日酉時

平喜字采悅　淵泉長子生民國甲申年四月廿八日辰時

才益字采多　德勝長子生民國己卯年八月廿六日卯時

亞仁　德良公雙承子乃元成子兼承生庚詳後

亞仁字采義　元成公子兼承德良生民國庚辰年七月初二辰時

才益　焜耀公雙承孫乃德勝子兼承生庚見前

樹林字采谷　再恬長子生民國壬申年八月廿二日未時

應林字采總　再恬次子生民國乙亥年十一月初三日戌時

植林字采森　再恬三子生民國庚辰年四月十二日丑時

建華字采歐　思齊長子生民國壬午年十月初二日未時

正心字采誠　雅意長子生民國癸酉年四月初四日午時

建國字采綱　長福長子生民國壬午年十二月十七日未時

世榮　鎮瑤公雙承子乃鼓琴子兼承生庚詳後

世育字采三　鼓琴長子生民國壬午年四月初五日丑時

世榮字采裕　鼓琴次子兼承鎮瑤生民國乙酉年四月初六日亥時

耀華字采美　能進長子兼承洗滌公支派生民國癸未年九月廿九日巳
時

玉華字采珠　鼎進長子生民國戊子年八月十四日巳時

耀華　洗滌公雙承孫乃能進長子兼承生庚見前

十六世　西三房長之三　五柱二　良起公派　後埔洋

培植字采滋　世樹公子生民國　年　月　日　時

高翔字采飛　勤孝長子兼承叔慎坑為孫生民國丁卯年十一月初十日
巳時

娶大庭戴琴英民國己巳年十月廿九日巳時

高攀字釆丹　勤孝次子兼承德興生民國癸酉年七月廿二日巳時
榮歸字釆載　勤慈長子生民國乙丑年八月三十日未時
娶下宅陳蓮英生民國己巳年十二月廿五日申時
三敦字釆崇　品正公子生民國丁巳年月日時缺民國戊寅年爲抗日出
征莫考
娶下宅陳美玉娘出
高攀　德興公雙承子乃勤孝次子兼承生庚見前
高翔　慎坑公雙承孫乃勤孝長子兼承生庚見前
活源　慎坑公雙承孫乃思治次子兼承
水洋字釆洲　益裕長子兼承益良生民國乙酉年十一月廿六日丑時
仙游字釆神　堅固長子生民國戊子年五月初七日巳時
榮生字釆魁　清和長子生民國丁丑年八月十七日卯時

受椿字采萱　清和次子生民國辛巳年五月廿七日亥時
炳川字采澤　清才長子兼承清灶生民國戊子年八月初十日酉時
受記字采序　思治長子兼承益良生民國甲子年三月十六日未時
　娶
活源字采水　思治次子兼承慎坑支派生民國丙戌年八月廿八日申時
受記　益良公雙承子乃思治子兼承生庚見前
水洋　益良公雙承子乃益裕子兼承生庚見前
文春字采和　贊成長子生民國庚辰年十二月廿一日未時
文輝字采運　贊成次子生民國癸未年四月十九日未時
文民字采武　贊成三子生民國乙酉年十月初八日酉時
自然字采期　隆成長子生民國戊寅年七月初九日亥時
立業字采建　好談長子生民國丙戌年六月初一日未時

受榮字采炳　思奚長子生民國癸酉年正月初一日巳時
雙乾字采貞　怡完長子生民國戊子年四月十二日未時
受煥字采發　慎檥公嗣孫生民國乙酉年五月初二日辰時
連成字采絡　思審公子生民國乙丑年　月　日　時
連水字采潤　思頔長子生民國己巳年十二月廿九日午時
娶官布趙壹娘生民國丙寅年正月初五日辰時
男　源枝
詩禮字采戴　再發公子生民國丁卯年十月十一日酉時
武烈字采丕　加生長子生民國丁丑年七月十五日巳時
連珍字采壁　思榔公嗣子生民國壬申年八月十二日辰時
慶垂字采傳　清龍長子生民國壬申年五月十七日子時
混璋字采珪　清龍次子生民國丁亥年正月廿六日子時

洋水字采藻　申庚長子生民國甲戌年十二月廿五日巳時

江水字采波　申庚次子生民國丙戌年正月二十日卯時

受玉字采瑜　思朕公長子生民國癸丑年四月廿七日午時

男　再寶養　再喜養　賜寶　秀品

女　炳英

受國公　思朕公次子生卒莫考

意愛字采敬　思朕公三子生民國丁卯年六月二十日辰時

娶溪東林秀珍生民國己巳年十月十三日未時

男

受璇字采璣　思桂長子生民國癸亥年正月十九日戌時

妣山頭黃秀娥生民國乙丑年十一月初八日申時卒民國癸未年十二月初二日寅時塟沽美山

受廠字采寬 思柱次子生民國丁卯年二月廿四日未時
娶
受都字采軒 思柱三子生民國癸酉年正月廿四日未時
受綿字采衍 思柱四子生民國戊寅年二月十九日巳時
助成字采襄 思蠷公長子生民國戊辰年六月二十日辰時
娶溪東林秀枝生民國戊辰年十月十七日吉時
男
受道字采志 思蠷公次子生民國辛未年六月廿六日巳時
娶
百福字采祿 思欽長子生民國壬子年九月十三日亥時
男
和懐養封垻 封明
女
唖娘

百全字采滿　思欽次子生民國戊辰年十月初二日未時
雲溪公　思樣公長子生民國辛酉年八月初三日未時卒民國丙戌年正
月十九日巳時塋沽美山
娶大庭戴趙英改天
明華字采煥　思樣公次子生民國丁卯年　月　日　時
榮輝字采煌　思恩長子生民國壬午年七月廿四日卯時
榮利字采潤　思恩次子生民國戊子年三月廿八日卯時
十六世　西三房二　應記公派　九架柱
受美字采完　慎聰嗣孫乃天祥長子入承生民國辛巳年四月廿三日亥
時
受利字采名　天祥次子兼承天賜生民國丙戌年八月十五日亥時

受利　天賜公雙承子乃天祥次子兼承

西三房長之三　五柱四良貞公派　美崐柱

炳金字采光　源良長子生民國戊子年九月初二日寅時

十六世　西房四弈隆公派　堣腰柱

受水字采流　慎盾公嗣孫乃思笱次子八承生民國丁卯年四月十二日卯時

受維字采四　思笱長子生民國癸亥年八月二十日寅時

娶黃清玉生民國丙寅年三月十五日寅時

男　芳明　芳傑

女　美蓮娘

受俊字采奇　思笱三子生民國戊辰年十一月初十日丑時
受智字采世　思笱四子生民國乙亥年年六月十一日丑時
懷母字采萱　思笱五子生民國丙子年七月十三日子時
受抵字采足　思恩長子兼承慎井支派生民國庚申年十月初一日子時
娶坑園陳萊包娘生民國戊辰年五月廿八日卯時
男　封遠
女　金花
受抵　慎井公雙承孫乃思恩子兼承生庚見前
雙承男　封遠
受標公　思扮公長子生宣統己酉年十一月初十日辰時卒民國己巳年
十二月初九日酉時塋永春山
娶陳悻娘生宣統辛亥年九月　日　時

男 連霞 封洲（受燦長子兼承） 金錐（受水子兼承）
女 赤娘
受清 思扮公雙承子乃思四公子兼承生庚詳後
受樟（字）采梓 思旺公長子生民國甲寅年五月廿四日戌時
娶許好娘生（缺）
受清（字）采真 思四養子雙承兄思扮又兼承長房進德生民國庚申年九
月十四日丑時
娶後埔羅秀雲生民國辛未年二月初二日卯時
男
受燦公（號）秀倩 成功中學畢業 思庭長子生民國乙卯年四月初七日
巳時卒民國甲申年九月廿一日辰時塟重慶
娶文章陳差娘生民國乙卯年九月廿九日申時

男　封洲兼承受標　建亞

女　婆娘配溪東林　查某

受水字采洪　思庭次子兼承弟思魯生民國丁巳年十月十四日子時

幼娶陳猢椒娘殤

娶溪東林梅娘生民國癸亥年五月初三日申時

男　金錐兼承從兄受標

女　祝英　美英

受宗字采紹　思庭三子生民國壬戌年二月廿四日亥時

娶

受場字采合　思庭四子生民國甲子年四月初一日卯時

娶王明芳娘生民國乙丑年六月初一日申時

男　亞洲

受水　思魯公雙承子乃思庭次子兼承生庚見前

受槍 字 采林　思勝公長子兼承思草生民國壬戌年四月十六日丑時

娶内益李梅娘生民國癸亥年六月廿九日酉時

男　秀山 兼承叔思草思詠為孫

養女溪東林親娘

春成 字 采桐　思汀公子生民國乙丑年月日時缺

娶德化燕娘生缺

碧玉　思湯公雙承子乃思仙子兼承生庚詳後

碧玉 字 采振　思仙長子兼承思湯生民國癸未年九月十五日寅時

活源 字 采湖　思仙次子生民國丁亥年八月十三日酉時

德興 字 采隆　思超長子生民國丙子年三月十五日巳時

錦錫 字 采類　思超次子兼承慎中公為孫生民國癸未年三月十九日午

時

金山字采化　明欽長子生民國辛巳年八月初七日吉時

金海字采田　明欽次子生民國壬午年十一月十九日吉時

振國字采駕　思頂公嗣子生民國壬午年正月十二日午時

炳瑯　當能公雙承曾孫乃思轄子兼承

炳南字采風　思轄公長子生民國己卯年六月初一日未時

炳瑯字采玕　思轄公次子兼承當能支派生民國辛巳年十月廿八日卯

時

振基字采固　位賓嗣子（承當信公支派）生民國癸未年　月　日　時

振華字采民　思灶長子生民國乙亥年二月廿三日申時

振煌字采炳　思灶四子生民國乙酉年正月　日　時

弈山公派　國龍柱

受府公　洞稼公長子生光緒己丑年十一月初九日巳時卒民國庚午年十二月廿八日塟内益山

妣坑園陳接娘生光緒壬寅年十一月初五日酉時卒民國甲申年正月廿九日未時塟重慶

男　阿禮殤

良慶字采祜　洞稼公次子生光緒癸卯年四月　日　時

娶山頭黃謹娘生光緒戊申年七月二十日酉時

男　天富　金爐殤

女　英殤　寶珠　寶玉　寶順　寶清　寶珍

養女許雪愛娘殤

受緝字采熙　洞茂公子兼承弟思稱生光緒壬寅年正月初十日丑時

娶
男
受緝　思穉公雙承子乃洞茂子兼承
流水　思穉公雙承子乃思揉子兼承
文正字采范　金豹公長子生民國甲寅年十二月廿四日酉時
妣葉娥娘生民國甲子年十一月初十日申時卒民國乙酉年十月十九
日卯時塟新寨
又娶溪東林彩珠生民國己未年三月廿三日吉時
男　桂洋兼承從叔瑞萬爲孫
湖海字采豪　金豹公次子生民國丙辰年十一月初九日卯時
娶
流水字采音　思揉長子兼承思穉生民國丙辰年七月廿七日寅時

娶胡坂蔡卜娘生民國壬子年七月初三日酉時
男　石崇 兼承弟錫錦
錫錦公　思揉次子生民國己未年七月廿五日卯時卒民國壬午年九月
二十日亥時塟南溪山
娶陳鳳娘 改天
男　石崇 流水子兼承
受芸公　思壹公長子生光緒壬辰年五月廿一日戌時卒民國　年十
二月廿五日塟在南洋
妣陳有娘生光緒丁酉十二月初一日申時卒民國丁卯年十一月廿七
日塟山后格大崙美
男
女　蘭娘配大庭戴

受咨 字 采緘　思壹公次子生光緒辛丑年十二月初二日寅時

禎祥 字 采興　永德公長子生光緒丁未年九月廿二日卯時

娶大岵柯四娘 出

男　和平

受美 字 采完　永德公次子生宣統辛亥年十一月初八日戌時

娶胡坂蔡萍娘生民國乙卯年正月十九日酉時

男　圓外 殤　慷慨

養女陳振汝娘

受福 字 采官　思妙公嗣子生光緒癸卯年九月廿二日申時

娶舊門呂炭娘生民國丙辰年十一月十一日子時

男　貽賢

女　水柳　冬桂　金桂

庇佑字采保　思妙公次子生民國癸丑年正月十八日子時
娶李荥娘生民國辛酉年二月十四日卯時
男　亞狗　亞沓　泉成
南生字采東　思妙公三子生民國戊辰年正月十四日卯時
南發字采興　思妙公四子生民國丙子年三月十五日巳時
金水　君子公雙承子兼承當歲公支派生庚詳後
怡和　吉珍雙承子兼承當歲公支派
順車字采蓋　嘉綿長子生民國己巳年四月二十日辰時
金水字采清　君子公長子兼承天良又兼承當歲公支派生民國壬申年
五月廿三日亥時
振和　君子公雙承子乃進財子兼承生庚詳後
振和字采柔　進財長子兼承君子生民國辛巳年八月初九日寅時

金水　天良兼承子乃君子公子兼承

惟孝　定見長子兼承道禮公支派生庚詳後

怡和字采愉　吉珍長子兼承當歲支派又兼承堂叔潤澤公為孫生民國乙亥年九月廿三日申時

惟孝字采政　定見長子兼承玉盞為孫又兼承道禮公支派生民國戊子年二月廿五日申時

怡和　潤澤公雙承孫乃吉珍子兼承

惟孝　定見長子兼承玉盞公支派生庚見前

受彩字采錦　新火長子兼承慎墺支派生民國庚辰年二月廿九日巳時

幼娶陳品華生民國戊寅年正月初一日辰時

受彩　慎墺公雙承孫乃新火長子兼承

文川　江滄長子兼承會選公支派

文川 字采淵　江滄長子兼承會選公支派生民國丙子年十一月廿九日卯時

堆增 字采益　淡潤公長子兼承思賓生民國癸亥年十月十九日申時

娶黃珠音生民國乙丑年九月初二日卯時

女　銀桂　銀娥　細銀

堆羅 字采烈　淡潤公次子生民國戊辰年六月十三日辰時

堆磚 字采華　淡潤公三子生民國庚午年八月廿八日酉時

堆石 字采金　淡潤公四子生民國甲戌年十二月廿九日卯時

堆順 字采升　淡潤公五子生民國丙子年三月十六日子時

堆威 字采昌　淡潤公六子生民國甲申年六月正九日戌時

賜來 字采施　思褫長子生民國壬申年十月初一日申時

福泉 字采壽　思褫次子生民國丁丑年四月初二日巳時

受江字釆滄　兼水長子生民國己巳年三月初六日寅時
　娶坑園陳秀琴生民國癸酉年十月廿三日酉時
受河字釆黄　兼承次子生民國己卯年十月十二日亥時
清泉字釆桔　雙鮑長子生民國己巳年十月初五日辰時
湘江字釆原　雙燕長子生民國癸酉年　月　日　時
受炳字釆昭　雙燕嗣次子生民國己卯年十月十二日亥時
心業字釆傳　守慶嗣長子生民國戊寅年十二月廿六日卯時
錦業字釆紹　守慶嗣次子生民國丙戌年正月三十日子時
來興字釆奮　守慶三子生民國丙戌年八月十六日巳時
受隆字釆重　水亮長子生民國乙酉年二月初二日卯時
守業字釆墨　昌京長子生缺
建業字釆創　昌京次子生缺

創業 字采開　繼承長子生民國癸酉年五月廿三日寅時

營業 字采經　繼承三子生民國辛巳年六月廿八日辰時

有福 字采貽　呈紗公嗣曾孫乃火炎長子入承生民國戊寅年九月十二日戌時

建隆 字采昌　火炎四子入承呈紗公派生民國丙戌年五月初十日申時

傳世　垂氣公嗣曾孫乃仍春長子兼承生庚詳後

傳世 字采芳　仍春長子兼承垂氣公支派生民國癸未年九月廿三日亥時

水福 字采洪　再鋤公嗣子生民國乙酉年十二初三日巳時

金發 字采揮　玉樹長子生民國戊子年正月初三日巳時

金發 字采揮　慎蓮雙承孫乃玉樹長子兼承

受立公　思訂公長子生卒外出莫考

妣林臣娘生缺卒民國乙酉年十一月廿四日塟南洋

男　阿麗

受乞字采餘　思訂公次子兼承從弟貼園生民國己巳年五月廿三日子時

福來字采集　思讖公長子生宣統己酉年正月初八日亥時

娶林銓娘生民國癸丑年二月初六日吉時

男　連金　連清　連榮　連寶

女　秀鳳

信炎字采烈　思讖公次子生民國癸亥年正月廿二日子時

娶盧真娘生民國庚午年五月初十日午時

男　溪水

有土字采領　思讖公三子生民國丙寅年八月十九日寅時

妣林芽娘生民國壬戌年五月十四日巳時卒民國甲戌年九月初四日寅時塋重慶
又娶陳素吉生民國丙寅年四月二十日寅時
男
天來字采眷　思魚長子生民國辛未年五月廿四日未時
娶黃前娘生民國辛未年十一月十七日未時
男
受乞　貼園公雙承子乃思訂次子兼承生庚見前
受唐字采堯　新垵長子生民國乙丑年八月三十日巳時
娶顏玉明生民國己巳年正月初一日戌時
男　福才養
昆成字采金　泗良長子生民國乙亥年四月初四日申時

文均字采平　美成長子生民國癸酉年十月十二日酉時

金連字采捷　仕乾長子生民國壬午年六月十八日亥時

錦發字采箋　仕乾次子生民國丙戌年八月初三日亥時

受登字采扳　火炎次子生民國庚辰年六月十一日卯時

天心字采鑒　火炎三子生民國辛巳年三月初十日酉時

受慶字采祝　泥水長子兼承露珠生民國丙戌年五月廿六日巳時

受慶　露珠公雙承子乃泥水子兼承生庚見前

楷銘字采題　邱陵長子生民國壬午年九月二十日子時

永水字采潤　炳爐長子生民國乙亥年十月初八日午時

添丁字采甲　文良長子生民國戊寅年九月廿四日寅時

喜義　呈瑞雙承子乃文筆三子兼承生庚詳後

添丁　富厚公雙承孫乃文良子兼承生庚詳前

維錐字采毛　洋溢長子生民國壬申年五月廿九日巳時
幼娶葉清鳳殤
喜慶字采燕　文筆長子生民國丁丑年四月初十日巳時
喜吉字采安　文筆次子生民國辛巳年十一月十五日戌時
喜義字采信　文筆三子兼承呈瑞生民國壬午年八月十八日未時
喜強字采健　文筆四子生民國乙酉年六月廿七日卯時
喜進字采發　文筆五子生民國丁亥年十月十五日亥時
泗濱字采淮　炳章長子生民國戊寅年七月廿八日酉時
飛鳳字采翔　應枝長子生民國己卯年十月十二日未時
飛虎字采熊　應枝次子生民國辛巳年九月廿六日亥時
國材字采棟　泉枝長子生民國丁亥年七月十四日亥時
光輝字采炎　泉榮長子

江洲字采洋　思氷長子生民國丁丑年閏七月廿五日巳時

炯熙字采雍　開科長子兼承開樹生民國乙酉年九月初三日辰時

鍾熙字采毓　開科次子生民國戊子年正月初十日卯時

炯熙　開樹公雙承子乃開科長子兼承生庚見前

戊辰字采明　廷熒長子兼承江龍生民國丁亥年十一月初六日申時

戊辰　江龍雙承子乃廷熒子兼承

順義字采俠　涉地長子生民國丙戌年正月廿七日午時

順民字采進　涉地次子生

弈山公派　周龍頭柱

璧輝字采璵　超強長子生民國壬午年三月十一日午時

集儒字采雅　添水長子生民國己卯年四月十七日子時

天成字采定　思串公子生民國　年四月十六日丑時

娶黃賢娘生民國甲子月正月廿四日寅時

男

女

情興字采意　有國公子生民國辛未年四月十八日亥時

娶李秀珠生民國己巳年八月廿四日未時

男

金斗字采箕　尚雲公子生民國癸酉年九月廿一日子時

金斗　春旦公雙承孫乃尚雲子兼承生庚見前

長樹字采竹　思協公子兼承當罐支派生民國癸酉年三月十九日戌時

志民字采三　思緩長子生民國甲戌年十二月初八日吉時

志國字采家　思緩三子生民國甲申年六月十五日吉時

志強字采雄　思綏四子生民國乙酉年四月初五日吉時

志猛字采英　思綏五子生民國丁亥年三月廿三日吉時

連水字采深　思芸長子生民國己卯年七月初五日亥時

志勇字采展　愼綏公嗣孫乃思綏次子入承生民國庚辰年十一月二十
日吉時

沛然字采霖　欽鑒長子生民國戊辰年十一月廿四日巳時

受嘐公　炎上公嗣子生民國辛未年八月初六日子時殤民國戊寅年閏
三月十二日塟缺

受福字采綏　思馬長子生民國丁丑年五月初七日未時

炳奎　榮華公雙承子乃清燕子兼承生庚詳後

炳奎字采魁　清燕公長子　承榮華生民國辛巳年五月初十日辰時

長樹　當罐公雙承曾孫乃思協子兼承

兩固 字采全　良火長子兼承良玉生民國乙酉年二月廿八日未時

兩固　良玉公雙承子乃良火子兼承生庚見前

勝利 字采克　春水長子生民國戊寅年十一月十一日卯時

明深 字采資　春水次子生民國辛巳年八月十八日辰時

明志 字采達　春水三子兼承慎偉生民國癸未年十二月廿四日寅時

明遠 字采懷　春水四子生民國乙酉年七月十七日酉時

明志　慎偉公雙承孫乃春水子兼承生庚詳前

國華 字采精　水龍公養子生民國辛己年八月廿一日申時

千枝 字采株　思庵公嗣子生民國丙戌年十二月初十日亥時殤

十七世　西長房長之長房長　元美柱

若鵬字榮程　詩書長子生民國甲申年十月十二日未時

益成字榮德　騰雲長子生民國丙戌年二月十六日巳時

璧聯字榮奎　振利公子生民國甲申年二月廿九日申時

寶連字榮珠　金欺公子生民國丁亥年正月二十日卯時

木火字榮炎　烏炭長子生民國丁亥年十月初十日申時

民生字榮成　國心長子生民國戊子年　月　日　時

清波字榮濤　烏命長子兼承思芸支派生民國乙酉年九月廿三日亥時

福興字榮發　建車養子生民國丙戌年八月初三日午時

錦峯字榮嵐　金瑞公兼承子生庚詳後

錦峯字榮嵐　堅悌長子兼承金瑞生民國丁亥年八月廿七日巳時

瑞祥字榮慶　受振次子兼承加添生民國丙戌年十月初九日巳時

瑞端字榮基　加添公嗣子受振子入承生民國戊寅年二月廿二日申時

景宗字榮仰　叠耀長子兼承慎趁公支派生民國戊辰年六月初九日未時

景枝字榮茂　叠耀次子生民國己卯年十一月初八日未時

良川字榮山　粹凡長子兼承繼守支派生民國辛巳年閏二月廿三日申時

景成字榮功　粹凡次子生民國壬午年六月廿八日午時

乾生字榮元　及第長子生民國丙寅年正月廿二日巳時

娶鳳坡梁秀諒娘生民國戊辰年七月十八日巳時

秋生字榮清　及第次子生民國辛巳年七月初六日寅時

金錫字榮康　保順長子生民國戊寅年六月初六日巳時

金谷字榮仙　保順次子生民國戊子年八月十七日午時

賢德字榮達　首悦長子生民國戊寅年五月廿三日寅時

壽星字榮庚　如珍長子生民國丙戌年七月初十日未時

壽林字榮齡　如珍次子生民國戊子年八月廿二日　時

佳石字榮堅　如璧長子生民國乙酉年十二月初九日寅時

碧江字榮東　文輝長子生民國辛未年十一月初七日卯時

娶

碧懷字榮安　文輝次子生民國己卯年二月初八日卯時

碧霖字榮民　文輝三子生民國癸未年五月初九日酉時

海南字榮道　國明長子生民國甲申年十一月初七日丑時

十七世　安錦美柱

棟木字榮楨　受燦長子生民國戊子年五月初十日卯時

十七世　頂窗三落柱

塞泰字榮豐　昆章長子生民國丙戌年十二月初一日辰時

建渾字榮樹　松柏長子生民國己卯年十一月十八日子時

鵬輝字榮高　松柏次子兼承弟有土生民國庚辰年八月廿三日酉時

志輝字榮氣　松柏三子生民國戊子年正月廿七日子時

鵬輝　有土公雙承子乃松柏次子兼承生庚詳前

成燕字榮聲　良慶公長子生民國癸未年六月廿八日酉時

成輝字榮耀　良慶公次子生民國丙戌年八月十三日巳時

金灶公　玉潤長子生民國　年　月　日　時卒民國乙酉年十月廿一日申時葬□美山

建居字榮資　玉潤次子兼承慎帕公支派生民國巳卯年二月廿一未時

十七世　下窗柱

金魚字榮龍　進添公子生民國乙丑年三月十四日亥時

娶

志庭字榮漢　雷震長子生民國丁亥年七月十二日申時

十七世　圍内柱

錦福字榮祺　宗讀長子生民國丁丑年十一月初九日申時

錦水字榮澤　宗讀次子兼承弟宗法生民國甲申年正月廿七日子時

錦羊字榮禮　宗讀三子兼承秋桂公支派生民國丙戌年五月廿一日子時

錦水　宗法公雙承子生庚見前

錦羊　雙承秋桂公支派乃宗讀三子兼承生庚見前

封庵　書香公雙承子乃進發子兼承生庚見後

清悅　書香公雙承子乃進筆子兼承生庚見後

封庵字榮堂　進發長子兼承書香生民國甲戌年三月廿二日未時

清楷字榮端　進發次子生民國戊子年七月十三日辰時

清悅字榮詩　進筆長子兼承書香生民國甲申年閏二月二十日未時

十七世　春安坧柱

雲星字榮祥　受回長子生民國丙子年八月廿六日寅時

震星字榮譽　受回次子生民國丙戌年五月月十二日午時

建民字榮權　材貴長子生民國丙子年二月十一日午時

建興字榮威　材貴三子生民國戊子年七月初十日未時

建國字榮勳　千支嗣孫乃才貴次子入承生民國己卯年十月十一日巳

時

清溪字榮川　當然長子生民國辛未年十二月初二日子時

耀輝字榮光　欽敬次子生民國　年　月　日　時

耀南字榮天　思喜公嗣孫乃欽敬長子入承生民國辛巳年三月十二日

卯時

裕泰字榮恆　銘才長子生民國庚辰年十一月初三日酉時

十七世　西長房長之長房三景豸公派　岑腳柱

封坩字榮甲　受竹公嗣子生民國丙辰年九月二十日未時

娶大庭戴田娘出

男　子龍養

水源字榮泉　盤古長子生民國丙寅年十二月廿三日丑時

娶鳳坡梁金珠生民國甲戌年六月廿四日吉時

瑞慶字榮彩　天降長子生民國丙寅年七月初五日巳時

娶宮下黃酛娘生民國癸亥年五月初五日巳時

男　松柏殤　子建養

瑞祥字榮呈　天降次子生民國壬申年十一月十五日巳時

良籌字榮展　天降三子生民國戊寅年七月初七日丑時

瑞瑤字榮璠　天降四子生民國　年八月廿三日吉時

耀輝字榮騰　天降五子生民國乙酉年七月十七日吉時

石龍字榮雲　加添長子生民國庚辰年六月廿六日吉時

石南字榮星　加添次子生民國丙戌年五月廿六日申時

萬水字榮宗　鼎輝長子生民國丙寅年　月　日　時

娶蔡頭娘生民國庚午年　月　日　時

男　贊起

女　素芬

文錦字榮衣　鼎輝嗣次子生民國丙戌年三月十五日戌時

文昌字榮明　鼎卦嗣子生民國丙子年五月十八日午時

文華字榮身　鼎彝三子生民國己卯年六月初十日午時

封量字榮宏　思強公嗣孫乃乃端長子入承生民國戊寅年十一月廿二日未時

封霖字榮甘　乃端次子生民國壬午年二月廿二日辰時

鴻英字榮傑　乃端三子生民國丁亥年九月十三日子時

封炳字榮昭　乃法長子生民國辛己年七月廿七日巳時

章算字榮鶴　受培長子兼承弟相金生民國辛未年四月初五日丑時

芳元　金國公雙承子乃朝金子兼承生庚詳後

芳元字榮乾　朝金長子兼承金國生民國丙戌年九月三十日卯時

芳順字山從　朝金次子生民國戊子年八月十二日卯時

章算字榮鶴　相金公雙承子乃受培子兼承生庚詳前

俊秀字榮才　採智長子兼承思其為孫生民國　年　月　日　時

榮泉字榮源　漢章長子生民國丁亥年八月十四日子時

猷存字承昌　受籬公養子生民國癸亥年正月　日酉時

娶蔡芙蓉娘生民國己巳年十月十七日酉時

緣美公　受賀長子生民國丙寅年月日時缺外出莫考

東壁字榮府　受賀次子生民國己卯年三月十四日子時

志平字榮寬　受賀四子生民國乙酉年二月十五日丑時

志光字榮明　受賀五子生民國丁亥年六月廿五日辰時

玉書字榮麟　祖茂公嗣子生民國辛巳年十月初四日巳時
漢卿字榮俟　加與公子生民國丙寅年九月初八日巳時
娶下宅陳碧玉生民國丁卯年十一月初八日申時
男　必達　必适
油花字榮香　受闊長子生民國丙寅年月日時缺外出莫考
金佐字榮治　加慶公長子生民國壬申年　月　日　時
金龍字榮蟠　加慶公次子生民國甲戌年　月　日　時
歪頭字榮正　加慶公三子生民國戊寅年　月　日　時
錦綏字榮介　順會長子生民國丁卯年二月廿八日子時
錦發字榮昌　順會次子生民國　年　月　日　時
錦美字榮善　順彩長子生民國壬申年正月初五日辰時
錦泉字榮壽　順彩次子生民國戊子年二月初一日子時

聰明字榮敏　德意長子生民國丙子年十月十二日辰時
自諒字榮信　玉金公子生民國丙子年三月初三日巳時
自才字榮卓　順金長子生民國己卯年十一月十六日丑時

十七世　西三房長之長房長　良琬公派
仙井柱　瑞采公派

文斌字榮經　受養公長子生民國戊辰年九月十三日未時
文南字榮申　受養公次子生民國　年　月　日　時
文發字榮祥　泗成長子生民國戊寅年三月廿三日戌時
文輝字榮耀　泗成次子生民國　年　月　日　時
文才字榮華　淇水長子生民國辛巳年四月初八日辰時

文學字榮深　淇水次子生民國　年　月　日　時

文卿字榮任　受坑長子生民國甲戌年三月廿三日亥時

贊成字榮美　受坑次子生民國壬午年三月初五日子時

文秀字榮佳　加興長子生民國戊子年四月初五日午時

良才字榮卓　自遠長子生民國辛巳年三月十四日卯時

良發字榮揚　思角公嗣孫生民國癸未年　月　日　時

文郎字榮琳　專明長子兼承慎挺支派生民國乙酉年十二月初七日寅時

文郎　慎挺公雙承曾孫乃專明子兼承生庚見前

良明公派　美成柱

土及字榮親　預昌公嗣孫乃受杉子入承生民國　年　月　日　時

全民字榮安　受杉長子生民國乙酉年八月初四日吉時

成都字榮川　長存長子兼承長吉生民國乙酉年九月廿九日丑時殤

江東字榮鄉　長存次子兼承長吉生民國丁亥年十一月廿六日亥時

封圓字榮規　受池長子生民國乙酉年五月初五日午時

成都　長吉公雙承子乃長存子兼承生庚見前

江東　長吉公雙承子乃長存次子兼承

綿遠字榮延　受厲公子生民國癸亥年八月廿六日吉時

娶同安林彩霞生民國乙丑年　月　日　時

男　天年　天時

清浚字榮源　受厲公雙承子乃加齊子兼承生庚詳後

養成字榮育　加齊長子生民國癸未年九月初六日寅時

清浚字榮源　加齊次子兼承受厲生民國丙戌年十一月廿六日巳時

十七世　西三房長之三　翼逵公派

五柱二　良起公派　後埔洋柱

源枝字榮茂　受水長子生民國戊子年三月初八日戌時

再寶字榮三　受玉長子生民國乙亥年正月廿九日申時

再喜字榮慶　受玉次子生民國丙子年三月十五日巳時

賜寶字榮善　受玉三子生民國辛巳年六月廿三日辰時

秀品字榮題　受玉四子生民國戊子年七月廿四日寅時

和懷字榮寬　百福長子生民國癸酉年正月十五日巳時

封塤字榮溪　百福次子生民國乙酉年十月初四日戌時

封明字榮哲　百福三子生民國丁亥年十一月十九日寅時

十七世　西房四弈隆公派　埧腰柱

芳明字榮麗　受維長子生民國丙戌年二月廿四日卯時

芳傑字榮萸　受維次子生民國戊子年八月初七日午時

封遠字榮高　受抵長子兼承慎井公支派生民國丙戌年五月十五日午時

封遠　慎井公雙承曾孫乃受抵子兼承生庚見前

封霞字榮色　標公長子生民國丙子年四月十六吉時

封洲字榮洋　受標公雙承子乃受爍長子兼承生庚詳後

金錐字榮劍　受標公雙承子乃受水長子兼承生庚詳後

封洲字榮洋　受爍公長子兼承受標生民國丙子年二月廿五日巳時

建亞字榮歐　受爍公次子生民國己卯年十一月十八日寅時

金錐字榮劍　受水長子兼承受標生民國壬午年四月初六日巳時

亞洲字榮歐　受場長子生民國戊子年五月廿六日未時
秀山字榮仁　受槍長子兼承思草思詠支派生民國乙酉年十二月十八日戌時
秀山　思草兼承孫生庚見前
秀山　思詠公兼承孫生庚見前

弈山公派　國龍柱

天富字榮裕　良慶長子生民國辛未年　月　日　時
桂洋字榮芬　文正長子兼承從叔瑞萬爲孫生民國戊子年八月廿六日子時
石崇字榮尊　流水長子兼承錫錦生民國壬午年八月初二日酉時
石崇　錫錦公雙承子乃流水子兼承生庚見前

和平字榮昇　禎祥長子生民國丁丑年九月初十日辰時
慷慨字榮義　受美長子生民國丁丑年二月十七日申時
貽賢字榮哲　受福長子生民國己卯年六月十五日亥時
亞狗字榮品　庇佑長子生民國己卯年正月廿一日未時
亞咨字榮虎　庇佑次子生民國壬午年六月廿七日申時
泉成字榮幸　庇佑三子生民國乙酉年六月廿七日午時
阿麗字榮秀　受立公子生民國己卯年　月　日　時
連金字榮珠　福來長子生民國癸酉年十二廿一日寅時
連清字榮廉　福來次子生民國丙子年九月廿九日亥時
連榮　福來三子生民國己卯年三月十四日寅時
連寶字榮興　福來四子生民國丙戌年四月廿九日戌時
溪水字榮江　信炎長子生民國丙戌年六月十一日卯時

福才字榮氣　受唐長子生民國丁亥年八月十五日申時

十八世　觀字　光字

西長房　岑脚柱

子龍字光趙　封蚶長子生民國戊寅年十月廿四日巳時

子建字光福　瑞慶養長子生民國丁亥年五月廿四日午時

松柏字光茂　瑞慶次子生民國丁亥年十二月廿四日未時殤

贊起字光輔　萬水長子生民國戊子年四月廿三日卯時

伯達字光孝　漢卿長子生民國戊子年四月廿八日卯時

伯适字光容　漢卿次子生民國戊子年四月廿八日卯時

十八世　西三房長之長　美成柱

天年字光齡　綿遠長子生民國乙酉年七月廿一日卯時

天時字榮和　綿遠次子生民國丁亥年十月初十日子時

側室補遺

鳳樓柱

特羽字成翼　先岸次子生光緒庚子年九月廿二日酉時

庶妣張貌娘生宣統辛亥年十一月十三日巳時卒民國甲戌年六月廿

三日卯時塋重慶

美成柱

贊起字修訂　生庚在原譜

側室黃品娘生光緒丙申年十二月廿六日吉時

男　文華　金沙　自來殤水來

元美柱

凡在字修自　生庚在原譜

側室眉龍娘三寶頰生　生光緒戊子年　月　日　時

男　團馳　團奎殤　團論殤

女　愛金配山頭黃

美成柱

提拔字修擢　生庚在原譜

側室李佳娘生光緒丁酉年年四月初六日吉時

男　德良　元成　尚文　福臨殤

女　鴻籌

后埔洋柱

慎琛字修猷　生庚在原譜
側室鄧金美生光緒　年　月　日　時
男　益壽　益良　益裕出承慎坑
女　娘配三錦美陳
喬格柱
慎務字修本　生庚在原譜
側室陳買娘萬亞老僑生　生光緒丁未年七月廿七日巳時
男　再玉　再珠
女　音娘　蘭英
三房石紫

慎求字修身　生庚在原譜
側室李崙娘萬亞老生　生宣統庚戌年七月十六日寅時
男　定顯　振耀
女　金鑾配楓樹林　碧霞

美成柱

慎柳字修梅　生庚在原譜
側室温敬娘生光緒丙午年十月初一日辰時
男　焕祖

國龍柱

慎俊字修傑　生庚在原譜

側室林玉娘生民國乙卯年三月廿五日巳時
男　炳耀　炳鑫
女　梅娘　明珠

三房石紫
大胆公　生庚在原譜
庶妣呂珠娘生民國乙卯年　月　日　時卒民國壬午年年正月十二日
塋南洋
男　思忠 殤

鳳樓柱
再泉 字 修汪　生庚在原譜

側室柯秀枝生民國丁卯年十月廿四日巳時

男　別生　供生　拾生

女　月圓　月妹

圍内柱

思慮字永快　生庚在原譜

側室　生　年　月　日　時

男　馬佞　綿流　南民　勝利

女　喜蓮　文英　敦嶺　萬撈　甘茗

岑脚柱

思鐵字永茂　生庚在原譜

側室同安陳梅娘生民國戊午年十一月十七日吉時
男　金庭
女　碧珠
美成柱
八斗字永才　生庚在原譜
側室廣東趙安縣李賽英生民國丁己年四月十八日酉時
男　泗港變承
女　亞綠
多稼字永豐　生庚在原譜
室世仁你亞示老生宣統庚戌年三月廿五日酉時
男　受成　受全　受道

女　秀英　秀芬　芝沓　秀玉

周壠頭柱

欽鑒公　生卒在原譜

庶妣黃麗珠生民國壬子年　月　日　時卒民國壬午年五月初五日

申時葬重慶

男　受　嘐瑒出承炎上

美成柱

德勝字永讓　生庚在原譜

側室李變娘生民國辛酉年七月十八日寅時

淵泉字永深　生庚在原譜

側室易梅枝生民國己巳年二月廿一日寅時